浙江工商大学东亚研究院
日本研究中心资助成果

浙商大日本研究丛书
王金林日本史研究著作选集

简明日本古代史

王金林 著

浙江工商大学出版社
ZHEJIANG GONGSHANG UNIVERSITY PRESS
·杭州·

图书在版编目(CIP)数据

简明日本古代史 / 王金林著. —杭州:浙江工商
大学出版社,2022.12
(王金林日本史研究著作选集)
ISBN 978-7-5178-5328-2

Ⅰ.①简… Ⅱ.①王… Ⅲ.①古代史—研究—日本
Ⅳ.①K313.207

中国版本图书馆 CIP 数据核字(2022)第 242081 号

简明日本古代史
JIANMING RIBEN GUDAI SHI

王金林 著

策划编辑	姚 媛
责任编辑	鲁燕青
责任校对	何小玲
封面设计	朱嘉怡
责任印制	包建辉
出版发行	浙江工商大学出版社
	(杭州市教工路198号 邮政编码310012)
	(E-mail:zjgsupress@163.com)
	(网址:http://www.zjgsupress.com)
	电话:0571-88904980,88831806(传真)
排 版	杭州朝曦图文设计有限公司
印 刷	杭州宏雅印刷有限公司
开 本	710mm×1000mm 1/16
印 张	102.5
字 数	1781千
版 印 次	2022年12月第1版 2022年12月第1次印刷
书 号	ISBN 978-7-5178-5328-2
定 价	298.00元(全五册)

前　言

光阴荏苒,我的日本史研究不觉已度过60年岁月。60年一甲子,今年适逢其时。浙江工商大学东亚研究院筹划将若干拙著重印出版,纳入该院的学术研究著作系列。当今,浙江工商大学东亚研究院是我国研究日本历史和文化的重镇之一,人才聚集,成果丰硕,闻名于国内外。拙著能列入该院的学术研究著作系列,深感荣幸。

本选集由5部著作组成,具体如下:

《简明日本古代史》

《日本弥生时代史》

《汉唐文化与古代日本文化》

《日本人的原始信仰》

《中国的日本史研究史略》

上述著作,反映了我的日本史研究生涯的基本轨迹,从中也可以看出我的研究方法的变化、课题选择范围的不断扩大,以及研究深度的渐进。

5部著作中,除《中国的日本史研究史略》是近年完成的,其他均成书于20世纪的80年代初至21世纪初。时间最早的《简明日本古代史》,距今约有40年,较近的《日本人的原始信仰》距今也约有15年之久了。因此,每部著作的资料来源、阐述内容和观点分析等,都明显地带有各阶段的时代烙印。

一

《简明日本古代史》成稿于1980年,1984年付梓。当时,国门刚刚打开,学术

1

交流尚浅,有关日本史的原始资料奇缺。撰写此书时的参考资料,大多依赖于北京图书馆的日文藏书、天津图书馆的日文旧藏和1972年中日建交后天津社会科学院前身——天津市历史研究所陆续购进的日文书籍。受条件所限,使用的资料大多为第二手资料。

从今天的视角来看,该书中的部分知识和结论,特别是原始时代部分的一些知识与结论,明显已经过时。原始时代的知识,是依据"二战"后日本的考古学资料和当时学界公认的观点整理出来的。在20世纪70年代末80年代初,这些认知尚属前卫。可是,21世纪初,风云骤变,动摇了学界原有的认知。导因是日本考古学界爆出造假丑闻,事情发生在2000年。那一年的11月5日,日本《每日新闻》头版头条揭露了考古学者藤村新一在宫城县上高林旧石器时代遗址的造假事件,涉及多项旧石器时代考古结论。此事如同强烈的地震,震动了日本考古学界,引发了人们对日本旧石器时代遗址和发掘物,包括古人类遗骨和石器等结论的质疑。造假丑闻被揭露以后,日本学界在对日本的旧石器时代遗址、古人类遗骨及出土器物等的复核中,发现了由于当时科技检测水平有限,鉴定结论存在偏差的情况。

按理,《简明日本古代史》中的这一部分内容应该好好研究重写,但如今我已入耄耋之年,实在是力不从心。有鉴于此,在此次出版之前,我决定将原第一章第一节全部删去。《简明日本古代史》是在当时学术背景下写就的著作,反映了20世纪70年代末80年代初的研究状况和学界的普遍认知。它的存在本身,就说明学术认知是不断改正、充实、提高的过程。因此,其他章节保持原状,不做删改。在此谨向读者说明。

二

《日本弥生时代史》是我在日本出版的3部相关著作的合译本,由浙江工商大学陈红、程璐璐等人翻译,首次在国内刊印。3部著作分别为『古代の日本—邪馬台国を中心として—』(《古代的日本——以邪马台国为中心》)、『邪馬台国と古代中国』(《邪马台国与古代中国》)、『弥生文化と古代中国』(《弥生文化与古代中国》)。因为主要都是探索公元前3世纪至公元3世纪弥生时代的日本,故将此合译本取名为《日本弥生时代史》,但各部分维持原内部结构。

有关公元前3世纪至公元3世纪弥生时代日本列岛的史料,除我国史籍中有限的记载以外,并无更多的文献资料可寻。由于史料的匮乏,日本史学界对于这段历史中的某些问题的论争已延续多年。"二战"后,日本考古学有了惊人的发

展,弥生时代遗址不断被发现,考古发掘资料日益丰富,这就为探索弥生时代日本列岛提供了极有利的条件。在日本学界友人的支持和鼓励下,我积极涉足弥生时代研究领域,在中日学界已有研究的基础上,通过有限的文献资料和丰富的考古资料进行研究分析、对比,探秘公元前3世纪至公元3世纪日本列岛的实态。《日本弥生时代史》就是相关研究成果之一。

通过对日本弥生时代文化的研究,我在书中提出了若干观点:第一,针对日本学界关于弥生时代的日本地域发展最发达的地区是九州北部还是畿内大和地区的论争,提出了当时日本地域发展的多元论,在九州北部存在邪马台国的同时,在畿内大和地区也已存在同样发展水平的国家;第二,阐明中国史籍所载的邪马台国的性质,主张它已是一个统一的地域国家;第三,中国古代沿海文化是日本弥生文化的主要渊源;等等。

虽然在弥生时代史研究方面有所收获,但我毕竟不是考古学专业出身,对考古资料的选择、应用与释解肯定有不妥之处。此次翻译出版,在某些专业知识的表述上或许也会存在这样那样的不足,特别是对于同一类出土器物,中国与日本的学术称谓有所不同,因而部分器物仍然使用原著中的日本名称。

三

《汉唐文化与古代日本文化》是1996年出版的著作。读者定会发现,此书的内容与我在日本出版的几部著作(即此次选集中的《日本弥生时代史》与另一部日文著作《奈良文化与唐文化》)多有重合。关于此事,我在《汉唐文化与古代日本文化》的"后记"中有交代,此次出版之际,有必要进一步说明。

20世纪80年代中后期和90年代初,我的4部日文版拙著先后问世,并得到国内外学界的诸多正面评价。国内同人建议我在国内出中文版。我受此建议的启发,曾为此做过努力,因为当时我国学界对隋唐文化与日本文化交流的研究较多,而对从春秋战国、秦汉至魏晋南北朝的两国交流的研究较少,有关这一时期的两国文化的比较研究成果,更是凤毛麟角。我希望把我的研究成果呈献给国内读者,然而实现起来困难很大。主要困难有二:其一是版权。此事虽然不能说没法解决,但是解决起来过程繁杂,出版社难以为一本不见经传的"赔本"的书,花时间和精力去与国外的出版社商谈版权。其二是出版费。当时,出版专业书大多需自掏腰包,我难以割舍有限的工资去出一本书,于是出中文版的意愿终未实现。

天津人民出版社长期以来一直扶植学术著作的出版。大概是在1994年秋,

天津人民出版社的编审李洁萍告诉我,可以给我出一本本版书(即列入出版社出版计划,且无须著者付出版费的书)。听到这一消息,我喜出望外,感激之情难以尽言。我终于有了实现上述未了心愿的机会。

《汉唐文化与古代日本文化》虽然在具体的史事叙述方面与我在境外出版的著作多有重合,但是该书的内容比我在境外出版的著作更丰富、充实,其中增加了不少新的研究成果。例如"从大和国的'司马''典曹''舍人''史''藏'职看中国官职的影响""大陆先进军事性手工业技术的引进""中国的天地观和祭祀制与日本的古坟文化"等章节,都是新研究的成果。

"从大和国的'司马''典曹''舍人''史''藏'职看中国官职的影响",通过对文献记载的"司马"一职和文物刀铭中所载的"典曹人"称谓的分析论证,提出了大和国已实行类似中国的"府官制"和"典曹官制"的观点;"大陆先进军事性手工业技术的引进",则针对大和国出土的进攻性武器与防御性武器,从武器技术的视角论证了技术源自中国的观点,并考察了大和国的骑兵及其装备;"中国的天地观和祭祀制与日本的古坟文化",对日本学界论争很久的关于前方后圆坟的渊源问题提出了自己的看法,对天地崇拜、神祇信仰、天圆地方观与古坟建筑结构等进行了翔实而系统的论述,并对古坟时代筑造前方后圆坟的思想价值和社会价值做了分析;等等。这些新内容、新观点都是我在境外出版的著作中所没有的,是通过《汉唐文化与古代日本文化》一书首次披露的。除增加了研究新成果之外,《汉唐文化与古代日本文化》在整体结构设置上也呈现了系统展现从春秋战国、秦汉至唐时期中日文化交流史的特点。这些新的内容、观点和特点,正是我决定将此书纳入本选集的原因。

四

有关日本人的原始信仰,日本学界已有较长的研究史,著述也不少。但是,从诸多研究成果分析,大致以20世纪50年代为分水岭,此前的研究主要依赖于两本古籍,即《古事记》和《日本书纪》。可是,这两本古籍成书于8世纪初,书中的神代篇和早期天皇的纪事,虽然在一定程度上反映了日本的古代社会和早期信仰,但毕竟成书较晚,且其中不乏掺杂后人的思维与观点,因此不可避免地使这一时期的研究带有很强的局限性。进入20世纪50年代以后,随着"二战"的结束,改革的推进和资产阶级民主化的建设,大多数学者开始科学地审视日本的历史和文化。由于考古学的发展,以及文化人类学、民俗学研究方法的引入,学界对原始信仰的研究出现了前所未有的新局面。考古学家和史学家的结合,使研

究成果有了新的深度。《日本人的原始信仰》就是相关研究成果之一。

《日本人的原始信仰》一书中叙述的内容,跨越了几千年的时空。在这一时空内,按考古学的时代划分法,日本经历了绳纹时代、弥生时代和古坟时代。人们的生产活动从狩猎、捕捞发展到农耕,特别是稻作农耕。生产技术随着生产活动变化,也从木、石器并用发展到木、铁器并用。与生产活动和生产工具的进步相适应,人们的信仰也从自然崇拜逐渐地发展到原始宗教的状态。4世纪以后,在外来文化的影响下,日本人的原始信仰逐渐发生质的变化,到7世纪后半期嬗变为早期神道。

五

《中国的日本史研究史略》是新近完成的书稿,首次付梓。本书主要由3部分组成:一是我的学习笔记,梳理中国自古至今的日本史研究成果;二是对中国日本史学会的人与事的回顾,通过我的亲身经历,展现改革开放后中国日本史研究者相互支持的精神和研究队伍不断壮大的过程;三是具有自传性质的内容,叙述我作为一名普通日本史研究者的成长历程,通过个体事例,力图说明我们这一代人所达到的研究水平。

本书旨在利用我国日本史研究的历史传统与继承、研究者群体与个体相结合的结构模式来呈现中国日本史研究的学术史,可以说是我的一次尝试。

浙江工商大学东亚研究院江静院长亲自策划、组织了本选集的出版工作。东方语言与哲学学院吴玲副院长、薛晓梅等老师,以及浙江工商大学出版社的各位编辑在本选集的出版过程中操心、费力殊多。翻译日文拙著的几名研究生和多名校对书稿的同学认真努力,为本选集出了力。在此,我对一直关心、支持我的学界挚友,一并深表感谢!

拙著多有不足和谬误,敬请读者诸君一如既往,予以批评、指正。

王金林

2020年中秋于杭州西山国家森林公园山麓

西湖区社会福利中心怡竹斋

目　录

第一章

日本历史的开端

第一节　绳纹时代

距今1万年左右时,日本由旧石器时代进入新石器时代。在新石器时代的遗址中,人们大量发掘出一种手工制作的陶器。这种陶器外部有草绳样花纹,有的还带有美丽的凸凹纹饰,因此被称为"绳纹式陶器"。与之相应的历史时期,被称为"绳纹时代"。

一、绳纹文化的形成

绳纹文化遗址遍布日本全国。从遗址中已发现数千具人类遗骨。[①]属于早期绳纹时代的人的遗骨,有平坂贝冢人、津云贝冢人、吉胡贝冢人、太田贝冢人、龟山贝冢人、国府贝冢人等。这些人骨显示了共同的体形特征,属于同一系的人种。

绳纹文化与旧石器文化的关系,虽然至今还难以做出确切的结论,但从长崎福井洞穴、泉福寺洞穴,爱媛县上黑岩,广岛县马渡,新潟县谷洞穴、小濑泽洞穴等遗址的发掘看,已明显表明绳纹文化与旧石器文化是有密切关系的。在爱媛县的久万川彼岸,屹立着屏风般的石灰岩断崖。在断崖的西南侧,有一个能避风雨的岩石隐蔽处。这是原始日本人相当理想的居住之处。据发掘,这是介于旧石器时代晚期和绳纹时代初期的遗址。在遗址相当于12000年前的第9层位中,发现了木叶形石枪、有舌尖头器和细隆纹陶器。这是日本最早的陶器,说明旧石

---

① 镰木义昌编《日本考古学2:绳纹时代》(河出书房新社1973年版,第340页)载,已发现6000具遗骨。另据冈本勇《关于原始时代的埋葬问题》(《考古学研究》1960年第1期)一文,已发现遗骨2000具。

器时代晚期,在一部分原始日本人中间,已应用陶器进行炊煮,他们的饮食生活发生了变化。在相当于1万年前的第6层位中发现了无纹陶器、小型石镞。在相当于8000年前的第4层位中,又发现了押线纹陶器等。这些遗迹都生动地表明,陶器文化产生于旧石器时代末期,它和旧石器时代相杂而存在,并在此基础上成长发展。[①]

陶器的出现,意味着人类智慧发展到了新阶段。食物的煮沸加工,扩大了食物来源的范围,提高了对食物的消化、吸收和杀菌作用,促进了人类体质的增强和平均寿命的延长,同时也使食物的储藏有了可能。陶器的发展,给人类社会的发展带来了重大的影响。

二、原始公社和母系氏族制

绳纹时代的日本社会,已处于母系氏族公社阶段,形成了以血缘为纽带的由一个个母系家庭构成的原始共产制经济单位。氏族成员共同居住,共同劳动,共同享受劳动所获。妇女在氏族中处于重要地位。在绳纹时代遗址中发掘出大量陶俑,其中绝大部分是女性。当时,人们以简单、朴素的写实手法,塑造了各种女性的形象,反映出对女性的崇敬。日本的古代传说也多崇敬女子,用"亲"字表示母亲。日本古语中,"母亲"即表示祖先的意思。

以母系血缘为纽带的氏族成员,共同居住在一定的区域,住的是简陋的竖穴。竖穴的规模,随着时代的发展而不断变化。早期绳纹竖穴多是呈现圆形平面或方形平面的小竖穴。

静冈县池平遗址、青森县赤御堂贝冢遗址发掘的竖穴,其圆形平面直径在1.5—3米之间,面积相当小,一个竖穴只能住几个人。[②]绳纹时代中期以后,竖穴面积逐渐增大。在滋贺县番面遗址,发现了长、宽4米的方形竖穴遗迹。[③]在属于后期的京都府浜诘贝冢中,则发现了长8.3米、宽5.8米的长方形竖穴遗迹。[④]竖穴是通过在地面挖一个半米深的土坑,中间竖数根木柱,上架横木,覆盖茅草而建成的。因为面积小,所以早期竖穴内没有炉灶,炉灶都设在屋外。中期以后技术渐有改进,出现了平地建筑,为防水在建筑物周围开沟筑堤。竖穴内部设有炉灶,炉灶旁置有陶钵,是装水或保存火种用的。中期以后,一般10余户竖穴组成

① 江坂辉弥编:《古代史发掘2》,讲谈社1973年版,第23—24页。

② 江坂辉弥编:《古代史发掘2》,讲谈社1973年版,第27页。

③ 藤冈谦二郎编:《日本历史地理总说:总论·先原史编》,吉川弘文馆1977年版,第98—100页。

④ 藤冈谦二郎编:《日本历史地理总说:总论·先原史编》,吉川弘文馆1977年版,第98—100页。

一个居住遗址群。在每一个居住遗址群中,除了有氏族成员所住的竖穴外,还辟有全体成员祭祀或公共活动的场所。[1]

由于生产力的发展,氏族人口逐渐增加,不断有女儿氏族从母氏族内分离出去。这种派生的女儿氏族与母氏族结成胞族关系。随着氏族的不断繁衍,若干有血缘关系的胞族又组成部落。胞族内的各氏族间,在经济上是独立的,但彼此间也有偶然的平等交换。神奈川县的夏岛贝冢是绳纹时代初期从事捕捞为主的氏族的贝壳遗址,在贝冢最下层的贝壳中,发现了野猪骨、鹿骨和骨角器等遗迹。这些野猪和鹿,很可能是与从事狩猎为主的氏族交换来的。氏族间不仅交换食物,而且还交换生产工具。长野县和田峠的黑曜石制成的石镞,在东京的花草遗址、大藏町遗址都有出土。伊豆半岛天城山制作的石镞,在千叶县的姥山贝冢遗址、加茂遗址都有发现。

绳纹时代的埋葬设施是极简单的。死去的氏族成员,一般都埋葬在聚落居住点旁的贝壳层底部或贝壳层中间,也有的埋葬在聚落居住点内。葬式有屈葬、蹲葬。屈葬中有仰卧屈葬、俯卧屈葬、侧卧屈葬。此外也有伸展葬,但以屈葬居多。幼儿遗骸采用瓮葬。埋葬多取单葬,移骨合葬的资料还不多见。随葬物甚少,除了简单的装饰品外,有的胸腹部抱一块扁平的石头,遗骸旁放置大小石块。有的用陶器覆盖头部。石块和陶器是他们制作工具的原料和生活器具。这种伴葬,意味着对死者死后生活的朴素祈求。[2]

三、绳纹人的拔牙风俗

在绳纹人中,盛行拔牙之风。[3]不论男女,多拔去犬牙、门牙、小臼齿。福岛县市久保作洞穴出土的第1号男性人骨,拔除了上下4颗犬牙和上左第二门牙。爱知县伊川津贝冢出土的第44号人骨,拔除了上颌左右犬牙、第一小臼齿、下颌4颗门牙。绳纹人的拔牙率是相当高的。宫城县里浜贝冢发掘的13具遗骨中,有11具拔过牙,拔牙率为84.6%。爱知县稻荷山贝冢发掘的41具遗骨,全部拔了牙。吉胡贝冢的133具遗骨,有125具拔了牙,拔牙率为94.0%。冈山县津云贝冢

---

[1] 千叶县东葛饰郡有一个绳纹时代贝冢群,面积达13000平方米。在已发掘的991平方米中,发现了23个竖穴遗迹,并在直径150米的环状贝冢中央,有一个直径达50米的没有贝壳的凹地,学者认为这里很可能是氏族的集体活动场所。

[2] 林谦作:《绳纹期的葬制1:研究史》,《考古学杂志》1977年第4期,第261—279页。

[3] 拔牙风俗,在我国山东城子崖遗址、河南安阳殷墟遗址、山东大汶口遗址均有发现。例如,大汶口遗址的拔牙率,男性为64%,女性为80%。

的拔牙率为86.3%。[①]根据日本学者的研究,绳纹时代的拔牙有3种意义:一是表明男女青年已进入成年,通过拔牙这种肉体考验之后,正式享有原始公社中参加会议、议论公社大事和保卫公社的权利;二是表明拔牙者已获得了成婚资格;三是表示近亲死亡,或表示配偶死亡。[②]

四、偶像的崇拜

在氏族社会,每个氏族都有自己的崇拜物,并且以此作为自己氏族的标志,以区别于其他氏族。日本神话传说中的日神、月神、海神、草神、山神、土神、木神、八雷神、八岐大蛇等,大概是指分别以日、月、海、草、山、土、木、雷电、蛇为图腾的氏族所崇拜的神。恩格斯说:"在原始人看来,自然力是某种异己的、神秘的、超越一切的东西。在所有文明民族所经历的一定阶段上,他们用人格化的方法来同化自然力。正是这种人格化的欲望,到处创造了许多神……"[③]地下发掘的大量陶俑证实,绳纹人囿于自然力的束缚,把很多自然物作为崇拜偶像。猫、蛇、猪、狼、熊、犬、蛙等都是被崇拜的对象。但是,最广泛地受到崇敬的偶像则是女性。[④]女性被视为丰产的象征,是人们得以生存的力量之源。因此,绳纹人塑造了无数栩栩如生的女性神形象。有的是手抱婴儿或背负幼子的母性;有的是抱壶劳作的妇女;有的则是全身赤条条,一丝不挂;有的乳房丰满;有的身有妊娠,腹部圆鼓;有的还特别突出女性生殖器。女性神也被视为避邪驱恶的神灵。从北海道南部至本州岛中部地区的绳纹时代末期的遗址中,发掘了不少头部有王冠样装饰、胸前乳房突出的陶俑。这种陶俑制作精巧、土质细密,烧制后又经研磨,光泽灼然。特别是面部,在小嘴和鼻子之上,有一对椭圆形的大眼眶,眼眶中有一条细长的眯着的眼缝,这象征着对邪恶的自然物的威慑和蔑视。

五、绳纹时代的经济

随着氏族制度的逐步发展,社会经济也取得了显著的进步。在绳纹时代,人的活动范围大大扩展。处在不同地域的氏族,根据自己所在地区的特点,在当时条件许可的情况下,利用和改造自然,开辟和扩大衣食来源,不断改变自己的经济

---

① 春成秀尔:《拔齿的意义1》,《考古学研究》1973年第2期,第25—48页。

② 春成秀尔:《拔齿的意义1》,《考古学研究》1973年第2期,第25—48页。

③ 恩格斯:《〈反杜林论〉材料》,《马克思恩格斯全集》第20卷,人民出版社1971年版,第672页。

④ 原始日本人对女性的崇拜,可追溯到旧石器时代末期。爱媛县上黑岩遗址第9层位发现了一件刻线砾,在扁平的砾石上用细线条刻有长长的头发和乳房,推测是一件原始宗教遗物。

生活和文化面貌。沿着海岸、河川,形成了以捕捞为主的经济。森林地带则形成了以狩猎、采集为主的经济。在丘陵台地或平原地区,日渐有极原始的农耕出现。

恩格斯说过:"自从有了这种新的食物以后,人们便不受气候和地域的限制了;他们沿着河流和海岸,甚至在蒙昧状态中也可以散布在大部分地面上了。"[1]绳纹时代的日本海沿岸、太平洋沿岸和濑户内海地区,捕捞经济相当发达。绳纹人不但深入河、海采集贝类、海藻,而且用多种渔具捕捞各种鱼类。在内海海湾地区,绳纹人或各自手执鱼叉捕捉,或10余人集体撒网捕捞。[2]

在伊豆诸岛的御藏岛等岛屿上,人们发现了早期的绳纹遗址。这说明绳纹人已经从事远距离海洋捕捞。鱼类的遗骨也反映了海洋捕捞的存在。至今已发现的鱼类遗骨品种有魟鱼、黑鲷、鲈鱼、棘鬣鱼、鲸鱼、海豚、金枪鱼、鳕鱼、鲨鱼、鲽鱼、鳗鲡等,其中不少是深海鱼,有的甚至是栖息在海底的鱼类。[3]此外,从事海洋捕捞乘坐的船也已有发掘。[4]

狩猎经济发展的主要标志是弓箭的广泛应用。"由于有了弓箭,猎物便成了日常的食物,而打猎也成了普通的劳动部门之一。"[5]绳纹时代的弓箭陆续有所发现,千叶县加茂遗址出土了圆木弓,青森县是川绳纹晚期遗址也出土了制作精巧的10余张木弓[6],其中最完整的一张长达159厘米。有3张弓涂有朱漆,有1张涂有黑漆,都裹有山樱皮。[7]绳纹人在广泛应用弓箭捕猎的同时,已经饲育猎犬。[8]用猎犬追逐受伤的野猪、狼等动物,提高了捕捉效率。为了防止乱捕乱杀,造成野生动物

---

[1] 恩格斯:《家庭、私有制和国家的起源》,《马克思恩格斯选集》第4卷,人民出版社1972年版,第19页。

[2] 日本各地绳纹遗址中发掘了不少石网锤、陶网锤。网捕技术在日本流传很久。《后汉书·鲜卑传》中载:"闻倭善网捕。"网捕尤以日本东部最盛。从福岛县到神奈川县的太平洋地区最显著,占40%以上。(参见藤冈谦二郎编:《日本历史地理总说:总论·先原史编》,吉川弘文馆1977年版,第114页)

[3] 藤冈谦二郎编:《日本历史地理总说:总论·先原史编》,吉川弘文馆1977年版,第101页。

[4] 绳纹时代的独木舟已有出土,如千叶县丸山町、检见川都有出土。加茂遗址不但出土了独木舟,而且还发现了6支橹。滋贺县近江八幡市茎町出土了7只独木舟,其中有全长8米余、宽75厘米以上的。(参见江坂辉弥:《古代史发掘2》,讲谈社1973年版,第78—79页)

[5] 恩格斯:《家庭、私有制和国家的起源》,《马克思恩格斯选集》第4卷,人民出版社1972年版,第19页。

[6] 镰木义昌编:《日本考古学2:绳纹时代》,河出书房新社1973年版,第287页。

[7] 儿玉幸多编:《图说日本文化史大系1:绳纹、弥生、古坟时代》,小学馆1956年版,第140页。

[8] 绳纹时代早期就已养狗,贝冢中发现有完整的狗骨,如爱知县渥美郡田原町吉胡贝冢发掘出10具完整狗骨,其横卧葬法表明,是死后埋葬的。

资源的日渐枯竭,绳纹人不乱捕幼兽,不捕或少捕母兽。①

采集经济在绳纹时代仍相当盛行,主要由妇女和儿童进行。茂密的森林和野草丛生的丘陵、草地,是绳纹人的天然粮仓。杨梅、山茱萸、松子、核桃、栗子、橡子、朴树子、黄檗果、七叶树子、木天蓼子,以及草本植物的块茎,都是很好的食物。采集过多时,绳纹人就在地下挖一个小竖穴储藏起来。小竖穴内用圆木组成井字形,吊挂用树皮编成的袋筐,装满采集来的坚果、块茎等物。②有的还将块茎之类的植物性食物压成粉状,经过晒洗,用水拌和,然后在火上烤、蒸、煮,以防腐烂,便于较长时间的储存。③绳纹人在长期的采集生活中,从一些植物发芽、生长、开花、结果、枯竭的往复现象中,悟识到植物生长的简单规律。为了确保季节性植物食品的稳定收获,植物的栽培便应运而生了。

六、原始农耕的出现

日本的农耕经济始于何时,日本学术界至今仍有不同意见。但随着考古发掘材料的日益丰富,越来越多的事实说明,绳纹时代已经出现原始农耕。恩格斯指出:人类从蒙昧阶段进入野蛮阶段,是"从制陶术开始"④的,而植物的种植是野蛮时代的特有标志之一。绳纹时代的陶器制作已相当普遍,虽还不能断言绳纹陶器是与农耕相伴而产生的,但在绳纹中期的陶器中,已出现蒸食芋类淀粉质食物的器具。在从关东地方的西南部到八岳山麓地区的陶器文化中,还发现了不少独具特色的蛇纽陶器。在世界古代史上,石器时代以蛇为装饰的陶器、陶制品,多是与原始农耕紧紧相连的。故可以认为,从绳纹中期以后,日本可能有芋类、百合、豆类栽培。作为掘土工具的石斧,在爱知县五贯森、奈良县丹治、冈山县原、山口县岩田等石器遗址中,已广泛发现。1973年,仅在京都府舞鹤市桑饲下遗址,就发现了打制石斧800件以上。在大分县大石遗址中,还发现了如同中

---

① 据《古代史发掘2》载,横滨市菊名贝冢发掘的鹿,头骨都有角座,说明只捕雄鹿,不捕雌鹿。野猪雌雄难以区别,所以遗骨中有雌骨,但也只占雄骨的1/3,而幼兽骨几乎没有发现。

② 在佐贺县有田町坂下遗址中发现的储藏小竖穴,袋筐内塞满了山毛榉、枹等可食植物。山口县岩田遗址、冈山县南方前池遗址发现有橡实、七叶树子、栗子的贮藏坑群。

③ 岐阜县下吕町峰一合遗址(绳纹前期),长野县富士见町曾利遗址(绳纹中期),福岛县二本松上原遗址、冲原遗址(绳纹中期),都发现了植物食物的炭化物,其中有直径为10厘米的面包状炭化物、2—3厘米的小甜饼状炭化物。

④ 恩格斯:《家庭、私有制和国家的起源》,《马克思恩格斯选集》第4卷,人民出版社1972年版,第20页。

国东北地区用来研磨黍米的板形石磨盘、石磨棒。[1] 摘穗用的石刀(或爪镰)在九州、中国[2]、四国、畿内地区都有广泛发现。[3] 近年来,在一些绳纹后期的遗址中,陆续发现炭化米、大麦粒和米的压痕。[4] 北九州福冈市板付遗址中,发现了绳纹后期的水田遗址。水田置有调节水量的堰水栅、水沟、田间小道。在陶器残片上,有稻壳的压痕和100多粒炭化米的痕迹。[5] 这些发现,生动地说明在绳纹后期,人们已栽培粟、麦、稻等作物了。后期绳纹人的这种耕作经验的积累,为后来弥生时代水稻的广泛耕作打下了坚实的基础。

七、原始手工业

绳纹人由于生产范围的扩大,物质生活比过去有了明显的改善,流动生活逐渐被定居生活所取代。捕捞、狩猎、原始农耕经济的发展,也促进了原始手工业的发展。

主要表现在制陶技术的进步上。早期绳纹陶器是尖底深钵,这是与绳纹人流动生活相适应的。随着人们生活的安定,尖底深钵逐渐被淘汰,代之以平底的圆筒形深钵。绳纹中期以后,陶器制品日趋多样,有钵、壶、瓮、皿、杯等。青森县出土的长方形浅钵和台式皿,图案复杂,是当时独特的艺术作品。在流经新潟、长野两县的信浓川流域,发掘出火焰式把手的陶器,其给人以热情奔放的感觉,反映了绳纹人对生活的进取精神。后期的陶器,体积日趋小型化,而用途更趋广泛。这一时期出土的陶器,色彩多样,有赤褐色、绿色,美观而富有光泽;还有涂有树脂颜料的陶器,有黑色、红色、褐色等。学者们分析,这种树脂颜料很可能是漆。[6]

绳纹时代的石器制作技术,有打制、磨制2种。打制普遍采用间接打击法。这种石器多是小型的,以尖端或边缘处呈尖锐形为主。绳纹时代的石镞、石枪、石匕、石锥、小刀形器具,都是用这种方法制成的。原料多采用黑曜石、硅石、粘板岩、玄武岩、安山岩、沥青石等。弓箭的箭尖主要采用石镞,也有少量骨镞。

---

[1] 小林干男:《女王卑弥呼和倭五王》,评论社1972年版,第26页。

[2] 中国指中国地区,日本一个区域概念,包含冈山、广岛、山口、岛根、鸟取5县。

[3] 石毛直道:《关于日本稻作的谱系——石刀》,江上波夫等:《论集日本民族的起源》,大和书房1978年版,第190—191页。

[4] 发现炭化米、稻谷、麦压痕的遗址,有熊本县上原遗址、大泽町遗址、佐贺县宇木汲田遗址、长崎县山寺遗址、原山遗址、筏遗址,广岛县帝释名越岩阴遗址,等等。

[5] 《朝日画报》1978年7月21日。

[6] 江坂辉弥编:《古代史发掘2》,讲谈社1973年版,第44页。

绳纹人的装饰品,在早期墓葬和后期墓葬中发现颇多。有头部的发饰、耳饰、首饰,胸部的垂饰,以及腕饰、腰饰、足饰,种类甚多。原料取自鹿、熊、狼、犬、猪、鸟等兽骨,以及鱼骨、玉石、贝壳等。福冈县山鹿贝冢出土的2具女性人骨,其中一具的双耳上有用鲨鱼牙齿做的耳饰,胸部有2个鹿角制的垂饰品、1枚硬玉大珠,右腕有5个贝环,左腕有11个贝环,头部有2枚骨制簪。[①]

第二节　弥生时代

大约在公元前3—前2世纪,日本进入了一个新的时期。在这一时期的遗址中,发现了大量比绳纹陶器更显进步的新式陶器,因为它首先发现于东京都文京区弥生町,所以命名为弥生式陶器。与之相应的历史时期,也被称作"弥生时代"。

当日本列岛处在绳纹时代,原始氏族公社制社会缓慢地向前发展的时候,与之隔海相望的中国,正处在奴隶制社会向封建制社会转变的时期。先进的中国文明,在绳纹时代晚期,通过朝鲜半岛,陆续传入日本列岛。首先传入的地区是与大陆国家较近的北九州地区。先进文化与绳纹文化相结合,立即开出绚丽之花。[②]当然,如果没有大陆新文化的影响,经过绳纹文化的缓慢发展,最后也必然会出现转折,但大陆的新文化起到了催化剂的作用。

一、水稻的传入和农耕技术的进步

水稻的种植和铁器的开始应用,是弥生文化的重要特征。关于水稻的传入,现在虽有各种说法[③],但据一些学者对已发掘的稻谷、米和稻谷压痕进行的研究,结果表明:弥生时代日本种植的稻谷,同中国长江下游地区大量发现的稻谷极为

---

① 江坂辉弥编:《古代史发掘2》,讲谈社1973年版,第50—51页。
② 关于弥生文化的产生,日本学者意见不一。一种意见认为,弥生文化完全是由大陆传入的;再一种意见认为,是在日本独立发展起来的;还有一种意见认为,是以绳纹文化为基础,吸收大陆新文化而形成的。本书同意最后一种意见。
③ 关于水稻传入日本有各种说法,但大多数学者认为,是从中国长江流域及华中地区渡东海,经朝鲜半岛南部传入北九州的。参见藤森荣一:《绳纹中期文化的构成》,《考古学研究》1963年第9卷第4期;酒诘仲男:《试论日本原始农业》,《考古学杂志》1956年第42卷第2期;澄田正一、诹访兼位:《对浓飞山地出土的石磨盘的研究》,名古屋大学文学部编:《名古屋大学文学部十周年纪念论文集》,名古屋大学文学部1959年版,第477页。

相似。①

水稻传入不久,农耕技术迅速从九州地区传到近畿地区,并波及整个日本。水稻的种植,使原始日本人从采集、狩猎、捕捞为主的经济,急速地转入以农耕为主的经济。

弥生初期,水稻种植比较粗放。中期以后,逐渐摆脱了粗耕。由于水利技术的进步,耕种地域也不断扩展,弥生人不仅在河流的冲积平原、低湿地带耕种,而且在中部的山岳地带也开辟了水田。到了后期,耕作技术有了很大的提高。属于弥生后期的登吕遗址的发掘,展现了弥生人的水田耕作技术所达到的高度水平。

登吕遗址位于静冈县南部。站在生机盎然的登吕,环视四野,北有滚滚西流的登吕川,东南是开阔的平原,远处是美丽的富士山峰。这是弥生人从事农耕的理想地区。在登吕川的堤岸上,弥生人建筑了东西向带状居住区,盖起了草房。居住区的四周有杉木、橡木、樟木林,形成了天然的防风屏障。在居住区东南方的大片低湿地上,弥生人作畦培埂,开垦了块块水田。每块水田面积不尽相同,小的300平方米,最大的达2300平方米,一般都在1400平方米左右。据估计,登吕遗址的总耕作面积约为7万平方米。②水田整齐排列,畦与畦之间用木板和木桩相隔。木板长1厘米,宽30厘米,厚4厘米。一块水田,大约需要这种木板1000块以上,足见工程的艰巨。尤堪赞叹的是水田间有良好的水利设施。有一条全长500米的灌溉水系和排泄水系相并行的水渠,在水渠的中途有2个堰,调节灌水和排水。灌溉水路和排泄水路相交叉的地方,安置了木制的过水通道。③

弥生时代的农业,除了水田种植外,在山地地带还有旱地耕作。从西部日本的弥生时代遗址中发现的旱地作物,有大麦、粟、稗子、大豆、小豆、豌豆、绿豆、蚕豆、梅、桃、杏等。这表明西部日本的旱地农耕,与大陆上中国的旱地农耕也有着密切的联系。④

---

① 加藤茂苞博士把稻分为印度型、日本型两个系统。松尾孝岭博士又把日本型分为A型、B型。B型在中国北部地区多见,A型在中国长江下游地区大量发现。参见稻作史研究会编:《出土古代米》,农林协会1954年版,第24—25页。

② 杉原庄介:《登吕遗址水田址的复原》,藤冈谦二郎编:《日本历史地理总说:总论·先原史编》,吉川弘文馆1977年版,第151页。

③ 儿玉幸多编:《图说日本文化史大系1:绳纹、弥生、古坟时代》,小学馆1956年版,第176—179页。

④ 小野忠凞:《弥生时代的西日本》,藤冈谦二郎编:《日本历史地理总说:总论·先原史编》,吉川弘文馆1977年版,第139页。

农耕需要掌握气候的变化和季节的更替。考古发掘证实，弥生人已掌握了季节知识。香川县、兵库县等地出土的铜铎上，都绘有与农耕、季节密切相关的图案。如用早春出动的龟蛇和播种水稻时的锄舞，表示春天的降临和春耕的开始；用双人手执木杵臼米，表示秋季收获季节的繁忙；以鹿、猪和长眠的蛇，表示冬天的降临和冬猎活动的开始。

在弥生时代中后期，弥生人已有深埋杂草做肥料的习惯。[1]播种采用直播法。收割采用割穗法，即用石镰和铁制割穗器将成熟的稻穗割下，收入仓库，然后用杵臼脱粒。[2]

二、金属器的传入和冶炼技术的发展

旱地和水田的开辟，水利工程技术的进步，都是与生产工具的进步分不开的。弥生初期，农耕工具虽然主要还是木器、石器，但在中期以后，已从大陆传入铁制工具[3]，铁器与木器、石器相杂而使用。

铁器的使用，引起了手工业生产技术的变化。主要表现为冶炼技术的发展。弥生时代的冶炼技术，主要体现在青铜器的制作和铁器的制作2个方面。

弥生时代的青铜器，也是从大陆传入的。开始时被当作工具，但不久便失去了实用性，只作为祭祀用具或人们喜爱的珍品。从考古发掘分析，弥生时代的青铜器可划分为以北九州为中心（包括中国、四国）和以畿内[4]为中心的2个文化圈。以北九州为中心的文化圈，主要以铜剑、铜铧等武器为代表。以畿内为中心的文化圈，则以铜铎为代表。[5]剑铧有直接从大陆输入的，但数量不多，大部分是仿照大陆式样的模制品。铜铎则完全是日本自己铸造的，至今已发掘了300余件。铜剑、铜铧、铜铎的铸造大约是从弥生中期开始的。制造铜器的模具，在福冈、佐

---

① 木下忠：《弥生式文化时代施肥问题》，《史学研究》1954年第57期；铸方贞亮：《本邦古代肥料考》，《经济史研究》1943年第4期。

② 静冈县发掘出杵臼实物，木臼高51厘米，竖杆长61厘米。

③ 据乙益重隆《熊本县斋藤山遗迹》一文载，在斋藤山发现了长4.2厘米的两刃铁斧，表明弥生早期已用铁器；又据都出比吕志《农具铁器化的时期划分》（《考古学研究》1967年第13卷第3期）分析，日本铁制农具的出现有2个阶段：弥生中期出现了铁制的锄、镐、直刃镰，稍晚有耙；5世纪初叶和中叶，U形锄、犁代替了简单的锄、镐，曲刃镰代替了直刃镰。

④ 畿内：亦称近畿。日本古代称皇城一带为畿内，后泛指京都一带。这里的"畿内"系指京都、大阪、滋贺、兵库、奈良、和歌山、三重等府县。

⑤ 自1979年以来，在九州地区相继发现了铜铎的铸型（熔范）多件。有学者认为，弥生时代中期以后北九州已生产铜铎了。

贺、大分等县都有发现,总数约达30件,多是用砂岩雕刻成剑、锋的形状,上下两块复合而成。与铜剑、铜铧、铜铎并行,弥生时代中期以后,弥生人还从中国引入铜镜。在北九州弥生时代中期的瓮棺中发现了大量汉镜,在后期的瓮棺中则发现了许多后汉镜。青铜还被用来制造其他器物,如在北九州发现有铜锄头、铜手镯等。

铁器制作主要采用锻造法[1],铁料是从大陆输入的。地下发掘的铁器除了农耕具外,还有许多手工业工具,如锯、刨、铍、凿等。[2]

铁器工具的使用,对木器制作产生了很大影响,特别是锯、刨、铍、凿的出现,产生了榫接技术。在无钉的时代,采用榫接,无疑是一项具有重要意义的革新。

三、制陶术与纺织技术

弥生式陶器首先产生于西日本,具有强烈的统一性,其中以远贺川式陶器为代表。这种陶器在制作的技巧上,与绳纹晚期的陶器有不少共同性。弥生中期以后,逐渐出现了具有地方特色的陶器,其中以畿内为中心的栉目纹陶器最为典型,影响全国。该时期制陶已采用陶轮。所制陶器,器身细薄,外形美观,精致光滑,呈红褐色或黄褐色。后期弥生式陶器,技术进一步发展,称为"土师器"阶段,土质细腻,纹饰消失,显得简素划一。陶器的种类显著增多,并具有实用性,其中有蒸米饭用的甑、煮水用的瓮、贮藏用的壶。在北九州和南关东地方[3],有一种口径极细长的壶,是贮藏酒之类液体物品用的。还有祭祀用的高杯、碗形器,以及用途不明的手炉形陶器等。陶窑的状况,因至今尚未发现完整的窑址,所以不甚清楚。鹿儿岛市一宫遗址发现的窑址,也因上部结构损坏,不能获得比较全面的认识。据仅剩的残部分析,可能是一座半球形的封窑,基础部分有用黏土黏合的浮石,西侧有烧火口,中间有2块并列的砾石,窑的内部积有大量炉灰。这种窑还没有达到充分利用反射热的技术水平,所以一般窑温在800摄氏度左右。

---

[1] 属于弥生中期的福冈立岩遗址,从一竖穴中发现了很多铁滓;大分县佐伯市下城遗址,从竖穴中除发现铁滓外,还发现了风箱和尚未锻制的铁器具。

[2] 兵库县伯母野山遗址出土了凿状铁器。大阪府古曾部遗址出土了扁平片刃铁斧。属于弥生后期遗址的兵库县会下山遗址,出土了铍、刨、斧、凿等20多件铁器。

[3] 南关东地方:关东,古代指缝坂关(今滋贺县大津市南)以东地方,后指箱根关(神奈川县足柄下郡)以东地方,包括今东京都、神奈川、埼玉、群马、栃木、茨城、千叶等6县。此处的南关东系指关东的南部地区。

纺织技术也有了发展。纺织用的各种工具如梭、杼都有所发现。[①]当时,人们用大麻、楮树的纤维搓捻成线,纺织成布[②],并简单缝制成衣。所谓男子"木绵抬头,其衣横幅,但结束相连,略无缝",女子"作衣如单被,穿其中央贯头衣之",[③]大概就是反映这一时代人们的衣着状况。

四、父权制的确立

农业的发展,铁器工具的应用,引起了社会的一系列连锁反应。首先是社会生产的分工。一般地说,只要劳动过程稍有发展,它就需要经过加工的劳动手段。稻作的种植,使劳动所获更有保障,一年收获的粮食除了食用还有剩余[④],这就为其他劳动部门的发展提供了有利条件,许多专业性的劳动部门相继出现,如石器制作场[⑤]、陶器制作场、专业捕鱼集团[⑥]、狩猎集团、专业食盐烧制部门、金属工具制造部门、纺织部门等。农业发展和相继出现的社会分工,使当时日本的原始氏族公社发生了极大变化,父权制代替了母权制。随着低湿地的广泛开垦,水稻种植成为人们主要的生产活动,人们也逐渐转移到平原地区定居下来。手工业的专业分工和较大规模的水利灌溉设施,使以血缘为纽带结成的氏族已不能适应新的要求。在生产活动过程中,需要同地域的许多氏族联合起来共同和大自然做斗争,需要氏族间的交流和支持。这样,地缘联结逐渐加强,各地出现了以部落共同体为基础的村落。许多弥生遗址表明,这种村落四周多筑有土垒和沟渠[⑦],这在绳纹时代是不曾有过的。村落内有水井或溪水,有公共的贮藏

---

① 奈良唐古遗址发现了梭、杼。

② 佐贺县南高来郡三会村景化园遗址的一口合瓮中,发现了一寸见方的残布片,是平织物,经纬密度是经线40—50根、纬线30根左右。另外,在登吕遗址中,也有布片发现,是用大麻或楮木纤维纺制的。

③ 《三国志·魏书·乌丸鲜卑东夷传·倭》,为方便叙述,本书统一简称为《魏书·倭人传》。

④ 据杉原庄介《登吕遗址水田址的复原》一文分析,登吕遗址水田面积共70585平方米,按每3.3平方米收1日升计算,大约可收2万日升(1日升为1.805升)。登吕遗址中的竖穴共12栋,按每栋5人计算,共60人,一年最低消费量为6000日升,消费有余。

⑤ 饭冢市立岩遗址发掘了500件以上的石刀成品和半成品,显然是制造石器的专业场所。

⑥ 自东海沿岸开始的关东南部的太平洋地区,发现了骨角的铦钩针,管状的陶网锤、石网锤。从东海地方到长野、新潟,发现了球块状的大型石网锤,表明集团捕渔业的存在。

⑦ 这种村落四周的土垒、沟渠,在福冈市比惠遗址、大分县安国寺遗址等都普遍存在。位于岛田川中游的冈山遗址,沿着小丘的南麓有一条长达100米的半月形沟渠。沟渠呈V字形,上宽1.8—2.5米,底宽0.2—0.48米,深1.28米。在半月形沟渠范围内有居住遗迹。

库[1]，以及进行集体活动的广场。房屋构造仍以竖穴为主，形状则有圆形、正方形、椭圆形、长方形。遗址所反映的婚姻状况，似乎是对偶婚或一夫一妻制。

其次是墓葬。墓葬制度也与绳纹时代有着显著的差别。公共墓地多与居住地分开。[2]一般在离村落不远而地势又高的地方。埋葬形式有瓮棺、箱式石棺[3]、石盖土圹[4]、支石墓[5]。以瓮棺葬较普遍，在瓮上盖石或木板，或2个瓮相合。瓮棺葬的死者多是屈葬。箱式石棺、石盖土圹和支石墓葬，则多取伸葬。瓮棺葬、石盖土圹、支石墓为单体葬，而箱式石棺为合葬，多至数人。公共墓地虽然各种墓式交杂其间，但排列并不杂乱。

在前、中期的墓葬中，没有特殊的伴葬物，除了支石葬的工程较费劳力外，其余都比较简陋。说明在这一时期，人们还是生活在以集体公有为基础的原始社会里。但从墓式的大小、花费劳动力多寡的不同可以窥见，原始公社制已出现瓦解的征兆。

第三节　古代传说

日本原始社会的一般情景，除了考古发掘提供了可靠的实物证据外，还可以从丰富的古代传说中窥测其发展的梗概。[6]

传说中最早的创世神，是伊奘诺尊和伊奘冉尊兄妹。相传他们创造了淡道之穗之狭别岛（淡路岛）、伊豫之二名岛（四国）、隐岐之三子岛（隐岐岛）、筑紫岛

---

① 登吕遗址中发现了2个高床仓库。福冈市比惠遗址在5—6栋住屋的村落中有一个仓库。据静冈县山木遗址发掘的仓库遗迹分析，这种仓库在地上埋有若干根高1.5米左右的柱子，柱与柱之间距离1.15—2.45米，柱上铺板，板四周用高1米左右的板做壁，上盖屋顶，库的一旁有梯子。

② 居住区域内的埋葬仍偶有发现，如大分县安国寺遗址，在竖穴群之间发现了5个瓮棺。

③ 箱式石棺是用扁平的石板组合成棺，上盖石板。

④ 在地上挖一个船形或箱形的土坑，放入死者后上盖石板。

⑤ 在墓葬的地面上，用几块石头支撑一块大磐石。

⑥ 《古事记》《日本书纪》《日本风土记》记录了大量古代传说。对这些传说，日本学者有2种不同的态度：一种完全否定，认为纪、记中的记载是作者虚构的；另一种则认为纪、记中虽有润色、虚构的成分，但是其基本内容仍可资参考。笔者认为，这些传说长期流传民间，"贵贱老少，口口相传，前言往行，存而不忘"（《古语拾遗》），反映了远古日本人的生活，不应取完全否定的态度。

(九州)、壹岐岛、津岛(对马)、佐渡岛、大倭丰秋岛(本州)等"大八洲国"。接着又创造了岛国的山川草木,生育了治理国土的神。

众神中,最高的统帅神是天照大神,她治理着高天原。在她的领导下,高天原生产发展,人口增加。她不断地分派子女去开发高天原以外的国土。天照大神分派五子的故事,反映了母氏族与女儿氏族分离的状况。

天照大神的弟弟素戈鸣尊,是一个目无秩序的神。他曾到天照大神的高天原去探望姐姐。他在高天原胡作非为,毁坏田埂,填塞沟渠,杀死了斑驹,吓死了正在纺织的织女,引起了众神的怨愤。最后由800万神共同议定,切除素戈鸣尊的胡须,拔去手脚指甲盖,驱出高天原。这一段传说生动地表明:在氏族社会里,氏族内部的秩序和集体劳动的成果是靠集体来维持和爱护的,谁违犯了集体的利益,就要受到制裁。

素戈鸣尊被逐出高天原后,就降临到出云地方。在簸川附近,他斩杀了危害生命的8个脑袋、8条尾巴、身长横跨8个山谷和8个山峰的大蛇,从大蛇的腹中得到了天丛云剑。随后,他开始治理出云地方。后来,素戈鸣尊把国土统治权交给了最能干、最诚实的儿子大国主神,势力不断扩展。与此同时,统治高天原的天照大神,要派自己的儿子来统治"大八洲国",便派使者向大国主神传达旨意说:"你所领有的苇原中国,本是属于我儿子统治的。"最后,大国主神顺从地把领地奉献给了天照大神。

大国主神归顺后,天照大神改派孙子琼琼杵尊前去统治。行前,天照大神给孙子3件宝器,即八尺勾玉、神镜和草薙之剑。这就是以后成为历代天皇标榜正统的三神器。

这一段传说说明,母氏族和女儿氏族结成胞族,若干有亲缘关系的胞族又连成部落。部落与部落之间,并不是相安无事的。实力强的部落,常常侵占实力弱的部落的居住地区。大国主神禅让主权的故事,就是强弱部落间权力转让的反映。琼琼杵尊率5个有技术特长的部族到了苇原中国。他死后,由彦火火出见尊治理国土。这位传说中的彦火火出见尊,被日本统治者捧为开国之王,为其立传,称"神武天皇"。传说他自九州东征,最后在大和橿原即位,国号"秋津洲"。

古代史

第一章

大和时代（2世纪—6世纪）

第一节　原始公社制的瓦解

一、私有财产的出现

农业的日益发展,"使人的劳动力能够生产出超过维持劳动力所必需的产品"[1],出现了手工业和农业的分离。手工业的独立,使生产者不仅是为了自身的需要而生产,而且是为了交换而生产。他们拿自己的生产物去换取生活必需品。这种以物易物的简单交换,最初是通过公社的首领进行的,交换来的东西属于公社集体所有。但随着农产品的丰富,手工业产品交换范围的扩大,管理公社财产和负责交换的公社首领,便凭借他们的有利地位,占有了大量公社财富。这样,在共同劳动、共同享受劳动成果的氏族制度里,便注入了一个全新的因素——私有财产。在大家都是平等的、自由的集体中,出现了贵者和贱者、富者和贫者的身份差别。这种差别从考古发掘的居住遗址、坟墓和副葬等方面都得到了证实。首先表现在居住方面,过去在一个居住区域里,公社成员的住房大小基本上一致,但现在大小不等的住房到处出现。从登吕的 12 栋弥生后期的房屋遗迹中可以看出,大部分房屋的规模基本相同,如果按房屋的外径计算,多是长 7—8 米、宽6—7 米,唯有村南侧的 3 栋房屋比较大,其中的 2 栋长 11 米、宽 9.7 米,另一栋长11.8 米、宽 10.6 米。山口县光市冈原遗址,在三面倾斜的陡坡台地的南端,有一片弥生人居住群,房屋的构造有 2 种式样:一种是简陋的竖穴,另一种是较讲究的平地住屋。平地住屋建在台地上,而竖穴则是沿着台地的边缘建筑的,反映了身

---

① 恩格斯:《家庭、私有制和国家的起源》,《马克思恩格斯选集》第 4 卷,人民出版社 1972 年版,
　　第 161 页。

份的差别。其次,在墓葬方面,以北九州的墓葬为例,弥生文化中期出现了规模和副葬品与众不同的少数坟墓。到了后期,则更显出特殊性。在福冈县的八并遗址,有一周围挖了沟的圆形墓建在丘陵之上,而与其相对,在丘陵的边缘地带则有61座坟墓相杂而存。①从副葬品看,大部分坟墓并无贵重器物副葬,仅是一些生前使用的普通装饰物,而少数坟墓则有大陆传入的铜镜、铜剑、铜铎等副葬品。中国的古镜是显示当时人们社会地位尊卑的主要伴葬物。福冈县三云遗址的一坟墓中,出土西汉铜镜35面、细形铜矛2具、细形铜剑1具、细形铜戈1具,以及玉器、铁镞等。比三云坟墓遗址稍晚,属于弥生中期末的井原键沟遗址的瓮棺中,出土了东汉方格规矩四神镜21面及刀、剑等物。福冈县须玖冈本遗址出土了30面西汉镜、铜矛、铜剑等。这样大量汉制铜器的副葬品,反映出死者生前是拥有相当大的权力和财富的人。

二、部落国家的建立

水田的不断扩大、耕作技术的日益精细、铁器农具的使用,使个体劳动能力大为提高,小规模经营农田成为一种可行的形式。于是,以家庭为单位的个体劳动,逐渐代替了氏族的集体劳动,生产资料的私有制逐渐代替了氏族公社的公有制。在残留着以血缘关系为纽带结成的氏族关系的基础上,地域联络日渐发展。大约在公元前1世纪,日本列岛出现了许多部落小国。"夫乐浪海中有倭人,分为百余国,以岁时来献见云。"②这是《汉书·地理志》记载的日本境内的社会概况。班固的《汉书》成书于东汉章帝建初年间(76—83年),因此上述记载大致反映了公元前1世纪至公元初之间日本境内小国林立的情况。所载"分为百余国",是泛指数目之多,并非确数。这些部落小国每年独自与汉朝定期友好交往。这种积极与汉朝沟通友谊的行为,动机之一是提高自己在其他部落小国中的地位。当时部落小国间的关系并不是和平的,较强的部落国家为了掠夺领土,抢劫邻国的财富和劳动力,总是向邻国挑起战争,而较弱的部落国家为免于受侵害,必须建立武装防卫。在濑户内海沿岸,包括畿内、中国、四国、北九州等广泛地区的山地斜坡、高地、山顶上,普遍发现高地住宅遗址筑有壕沟,拥有大量石制武器,尤其以石镞最多。③在水田农耕有了相当发展的时期,人们在山

---

① 高仓洋彰:《从坟墓看弥生时代社会的发展过程》,《考古学研究》1973年第20卷第2期。

② 《汉书·地理志》燕地条。

③ 香川县丰郡托间町紫云山山顶住宅遗址,发现了石镞321个,还有石枪、石刀等。

顶、高地挖沟、建房，并拥有大量石制武器，这些绝不是一般性的住宅，而是军事性的防卫据点。这些部落国家，经过一个多世纪的发展，相互拼战，弱国逐渐被强国所并，存者领土益大，势力益强。《后汉书》载："旧百余国，汉时有朝见者。今使译所通三十国。"①与东汉发生关系的国家减少到30余国。这30余国，大概都是占据相当领土的部落国家或部落联盟，其中的倭奴国②，曾在汉光武帝中元二年（57年）遣使来汉通好。使节自称"大夫"，汉光武帝"赐以印绶"，以示友好。③

西汉史籍中记载的中日之间的往来，从日本的考古发掘中获得了印证。在北九州地区，不仅发现了大批汉镜，而且发掘了汉光武帝赠送给倭奴国的印章。

汉光武帝赠送给倭奴国王的金印，是1784年（阴）二月二十八日在北九州的志贺岛上发现的。上刻"汉委奴国王"5字，2.3厘米见方，0.8厘米厚，蛇形纽，阴文篆书。它与我国云南晋宁发现的西汉金印"滇王之印"，在金质、雕刻方法、字形和蛇纽等方面相似；与1981年2月江苏扬州甘泉山附近出土的"广陵王玺"，除印纽不同外（"广陵王玺"为龟纽），其他在金质、形制、字体、大小、重量等方面相近。④依据汉代印绶之制，天子玉印，诸王和宰相金印紫绶，九卿银印青绶，其下依次为铜印黑绶、木印黄绶。倭奴国王被授予金印紫绶，以诸王规格相待，说明汉朝对东邻的重视。

距离大陆最近的北九州诸国，在与先进的大陆国家交往过程中，不断吸取先进的生产技术和政治统治制度，促进了经济的发展和社会的进步。其中较强的邪马台国，首先步入阶级社会，建立了国家机器。

---

① 《后汉书·东夷传》。

② 关于倭奴国的读法，有2种意见：一种读为倭（wō）之奴（nú）国，一种读为倭奴（yīdū）国。奴国在今福冈县，倭奴国在今佐贺县。

③ 《后汉书·东夷传》及《光武帝本纪》中元二年（前148年）春正月辛未。

④ "广陵王玺"重123克，2.3厘米见方，0.9厘米厚，阴文篆书。

第二节　邪马台国

一、日本列岛上的第一个国家政权

邪马台国是公元1世纪末2世纪初①出现在北九州②的新兴国家政权。它统治着北九州地区的20余个小国。国内"尊卑各有差序，足相臣服"，"下户与大人相逢道路，逡巡入草。传辞说事，或蹲或跪，两手据地，为之恭敬"。③这种严格的上下、贵贱的差别，说明了邪马台国国内阶级制度的成熟，以及身份秩序的确立。邪马台国国内存在着"大人""下户""奴婢"等阶级。"大人"是包括上自卑弥呼、下至基层官吏在内的贵族。他们拥有种种特权：居"宫室"，有奴婢侍奉；无偿占用下户创造的物质财富；出入宫室，行于衢道，威风凛凛。下户相遇，皆须回避让路，与之谈事，更要跪拜在地。"大人"还拥有一夫多妻的特权。"下户"，根据《三国志·魏书》记载分析，基本上包含2部分人：一部分人的社会地位恰如平民阶级，"下户或二三妇"，可以拥有一夫多妻的权利；另一部分人的社会地位要低于平民阶级，但略高于奴婢。他们与奴婢不同的是"有屋室"，男耕女织，每年按规定缴纳贡赋。但他们在贵族面前卑贱如奴婢，"见大人所敬，但搏手以当跪拜"。这部分人的社会地位与后来的部民近似。奴隶阶级，也是由2部分人构成的。一是服侍贵族的家内奴隶，称"奴婢"。以卑弥呼为例，服侍她的奴隶多达千人，其死后还选择百余人殉葬。二是从事物质财富生产的奴隶，称"生口"，他们常被当作礼

---

① 一般认为邪马台国出现于2世纪末，但《后汉书·东夷传》载："桓灵间，倭国大乱，更相攻伐，历年无主，有一女子名曰卑弥呼……共立为王。"《北史》及《太平御览》载："灵帝光和中，其国乱，递相攻伐，……卑弥呼……国人共立为王。"表明2世纪70年代，邪马台国已处于女王卑弥呼统治之下了。《魏书·倭人传》载："其国本亦以男子为王，住七八十年，倭国乱，相攻伐历年，乃共立一女子为王，名曰卑弥呼。"也就是说，在卑弥呼之前，邪马台国已存在七八十年了。若以2世纪70年代为基准，上推七八十年，邪马台国建立的时间当在1世纪末2世纪初。详见王金林：《从〈魏书·倭人传〉看邪马台国的性质》，《文稿与资料》1980年第4期。

② 关于邪马台国的所在地，日本学者素有大和、北九州两说之争。笔者同意邪马台国在北九州。

③《三国志·魏书·东夷传》。本节以下引文凡不注出处者，皆引自此书。

物相赠。①

邪马台国已建立了统治下户和奴隶的国家机器。首先,自上而下地设置了各级行政机构,并"分职命官,统女王而列部"②。其官吏从中央到地方,共有7级。国中最高的权威是国王,国王之下是辅臣。在卑弥呼统治期间,总揽大政的辅臣是男弟。凡中央一级的官吏,在其官衔前皆冠以"大"字,分别掌管政治、贸易、外交、军事。如"大率"的主要职责是"检察诸国",其权力如同我国汉魏时期的刺史。③地方官吏的褒贬,全仗着"大率"向国王呈词的美言与否。因此,各地方官对其皆"畏惮之"。统管贸易的中央官吏是"大倭"。"国有市,交易有无,使大倭监之。"此外,还有"大夫"。"自古以来,其使诣中国,皆自称大夫。"在《三国志·魏书》记载中,邪马台国先后出现过3个"大夫",即难升米、伊声耆、掖邪狗。他们都是先后与曹魏打过交道的外交使节。可见"大夫"一职乃是一种外交官衔。从"大率""大倭""大夫"3个中央官职来看,不难想象邪马台国一定还有"大将",统率全国军卒。

邪马台国的地方官吏,情况较为复杂。其中如伊都国,还保留着该地区原部落国家的世袭王,而其他各国则不见有王存在。伊都国的世袭王之所以能够继续存在,大概是因为在邪马台国的统一过程中,伊都国王主动地表示臣服,所以邪马台国统一北九州地区后,仍保留了伊都国王原有的统治地位,而对于那些抗拒臣服的国王,则一概取消了王一级的统治。伊都国王虽然继续保持着原有的称呼,但其性质已由独立部落国家的王,转变为统一国家管辖下的一名地方官,受命于中央,效忠于中央,和其他地方官一样,要受到"大率"的监督。除了保存世袭王的伊都国外,其他各国,都按其大小、战略地位的重要与否,设置相应的行政官吏。中央政权所在地的邪马台,设四级地方官。伊都国在王之下,设三级地方官。其他诸国设二级地方官。邪马台各级官吏关系如图2-1所示。

---

① 中国史籍中有关邪马台馈赠生口的记载如下:107年(汉永初元年),男王帅升遣使东汉,献生口160人;239年(魏景初三年),卑弥呼遣大夫难升米向曹魏赠男生口4人、女生口6人;243年(魏正始四年),卑弥呼又派使献生口等;247年(魏正始八年),女王台与"献男女生口三十人","诣中国,恒使一人……若行者吉善,共顾其生口财物"。
② 《翰苑》倭国条。
③ 《后汉书·百官志》《文献通考·职官考》十五州牧刺史条载,在汉魏时,刺史之位"次九卿,九卿缺,以高第补"。主要职务在于"督察郡国,吏人安平","旧常以八月,巡行所部郡国,录囚徒,考殿最初,岁尽,诣京都奏事"。

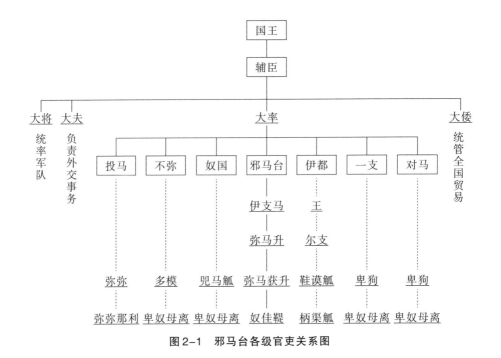

图 2-1　邪马台各级官吏关系图

近年来,日本考古学者先后在北九州地区的大分县大野川的中、上游,福冈县的东部和南部,长崎县的北部,熊本县的北部,以及壹岐岛等地,即以博多湾为中心的 50—100 千米的范围内,发现了 30 多枚东汉铜镜的残片。学者认为,残片都是人为地被切割的。①发现这些残镜片的地区,正是邪马台国所在的地区。残镜片表明的年代,也正是邪马台国存在的年代。把象征权威的铜镜有意识地切割,并有规则地分散各地,显然是中央赠赐给地方统治者的。它意味着,拥有汉铜镜某一部分的地方统治者是统一政权任命的官吏,其管辖的地区是邪马台不可分割的一部分。同时表明,邪马台国已在组织上紧紧地把北九州地区原有的部落国家置于自己的统治之下了。

邪马台国有一支维护统治秩序和对外战争的军队。当时邪马台国的处境并不是安如磐石的。国内偶有人民的反抗发生。国外则有诸强国相峙:南有狗奴

---

① 贺川光夫《北九州周围地区后汉镜片的出土背景》(古稀纪念论文集编委会编:《别府大学学长佐藤义诠先生古稀纪念论文集》,古稀纪念论文集委员会 1978 年版)一文指出,残镜片有3 个特点:一是汉镜残片散布是有规则的,一村发现一个;二是分割的地方都磨得很光滑;三是从切开的部位看,切割是人为的。

国,两国"素不和",经常发生纠纷,"(互)相攻击";东有本州岛上的强国崛起[1],虽然尚未发生直接的军事接触,但不能不说是影响其统治的潜在威胁;北有朝鲜半岛的新罗隔海相望。从避免南北夹击的政治、军事目的出发,邪马台国曾对新罗采取睦邻政策。但是,它并没有始终不渝地恪守诺言。一旦其统治处于相对稳定的时候,就违约渡海侵扰朝鲜半岛南部地区,掳掠财物与劳动力。频繁的对外战争是需要有一支常备军的。《三国志·魏书》中没有记载邪马台国的军事编制情况,却载明了军队使用的武器:"兵用矛、盾、木弓、竹箭,或铁镞,或骨镞。"近年来,学者们在北九州地区的33个弥生时代中期的遗址中,发现了157件铁剑、铁镞武器[2],生动地表明邪马台国的武器装备是比较先进的。

列宁说过:"为了维持驾于社会之上的特殊社会权力,就需要捐税和国债。"[3]邪马台国就是通过征收租赋来维持国家机器和官吏的一切费用的。"收租赋,有邸阁。"这里所说的"邸阁",是储藏谷物的仓库[4],国家每年向下户征收的实物租赋,储藏在国库内,以备国家的常年费用。

邪马台国已有不成文的法律和刑罚。"其犯法,轻者没其妻子,重者灭其门户。"《三国志·魏书》只记载了"没妻"和"灭其门户"2种刑罚,但从国内的阶级状况看,刑罚绝不会只有2种。《日本书纪》一书极其丰富地记载了许多古代民间传说,其中就有许多因犯罪而处刑的故事,涉及的刑罚除诛斩、没妻为奴外,还有赐死[5]、墨刑(黥面)[6]、杖流[7]、贬姓[8],以及神祇探汤[9]等。我国的《北史·倭国传》也有记载:"俗,杀人、强盗及奸皆死。盗者计赃酬物,无财者没身为奴,自余轻重,或流或杖。每讯冤狱,不承引者,以木压膝,或张强弓以弦锯其项,或置石于沸汤

---

[1] 主张邪马台国在大和的学者,一般认为邪马台国即大和国。根据史籍记载和考古发掘分析,本书认为,当邪马台国在北九州地区兴盛之时,大和地区也兴起了新兴的国家,它是大和国的前身。

[2] 吉田晶等编:《学习日本史1:原始·古代》,有斐阁1975年版,第34—35页。

[3] 列宁:《国家与革命》,《列宁选集》第3卷,人民出版社1972年版,第180页。

[4] 《三国志·蜀书》卷3"后主传"载:"亮使诸军运米集于斜谷口,治斜谷邸阁。"同书卷10"魏延传"注:"《魏略》:'长安中,惟有御史京兆太守耳,横门邸阁与散民之谷,足周食也'。"此处所说邪马台国的"邸阁"似有同样含义。

[5] 《日本书纪》卷6,垂仁二十八年十一月。

[6] 《日本书纪》卷12,履中五年九月。

[7] 《日本书纪》卷13,允恭二十四年六月。

[8] 《日本书纪》卷13,允恭二年二月。

[9] 《日本书纪》卷10,应神八年四月。神祇:"神"指天神,"祇"指地神。"神祇"泛指神明。

中,令所竞者探之,……或置蛇瓮中,令取之。"上述种种刑罚虽不能说邪马台国时都已施行,但可以说其中的一些刑罚也是存在过的。

邪马台国的经济以农业为主,"种禾稻、苎麻、蚕丝",等等。农业生产水平日趋提高,酿酒业已相当普遍。史料说:"人性嗜酒。"如果没有足够的粮食,酿酒是不可能的,更难以养成人们的这种嗜好。临海地区,捕鱼仍是人们食物的重要来源。手工业已同农业分工,有生产兵器、工具者,有纺织手工业者。出产的细苎、缣、棉、班布、倭锦、绛青缣等,统称为"异文杂锦"。绛青缣是一种红色的织物。班布则是一种杂色的麻织物。锦、缣、棉的出现,还说明当时已有手工缫丝业。此时也出现了专门制作供贵族们赏玩、装饰等的工艺品的部门和工匠。据《三国志·魏书》记载,邪马台国第三代王台与,曾向曹魏赠送白珠50孔[1]、青大句珠2枚、异文杂锦20匹。白珠即珍珠,是九州地区的传统产物。珍珠经加工穿孔,作为缀衣之饰和悬颈垂耳的珍品。青大句珠系指青玛瑙大句玉,是用玛瑙加工而成的。

农业的发展和手工业产品的增多,相应地促进了贸易的发展。邪马台国下属各国都设有贸易集市,"国国有市,交易有无"。除了特定区域内的集市贸易外,还有远距离贸易,如对马国"乘船南北市籴"。一支国"差有田地,耕田犹不足食,亦南北市籴"。

恩格斯曾明确地指出:"国家和旧的氏族组织不同的地方"主要在于:一是国家"按地区来划分它的国民";二是公共权力的设立,这种公共权力已不再同自己组织为武装力量的居民直接符合了,"公共权力"的核心,是武装、官吏和法律;三是为了维持"公共权力",必须设立捐税,"捐税是以前的氏族社会完全没有的"[2]。从前面的叙述中可以清楚地看出,恩格斯所指出的这些特征,在邪马台国已经完全具备了。因此,我们认为邪马台国不是一个部落联盟国家,而是日本历史上第一个阶级统治的机关[3]。

---

[1] 《太平御览》卷802引《魏书》:"献真白珠五十孔,青大句珠二枚。"又《渊鉴类函珍宝部》载:"《魏书》曰,倭国王台与适大夫率善等,献白珠五千孔,青大句珠一枚。"后书所载的"白珠五千孔"的"千",恐怕是"十"之误。

[2] 恩格斯:《家庭、私有制和国家的起源》,《马克思恩格斯选集》第4卷,人民出版社1972年版,第170—171页。

[3] 关于邪马台国的社会性质,学术界观点不一,除笔者的观点外,尚有3种:一是认为是部落国家,或部落联盟国家,这种意见占多数;二是认为已孕育着身份差别和阶级的隶属关系,表现出专制君主制的萌芽;三是认为邪马台国已有大人—下户—奴婢的身份秩序,但处在向总体奴隶制转化过程中。

二、"倭国乱,相攻伐"

有阶级就有阶级矛盾和斗争,邪马台国当然也不例外。其具体的表现就是先后发生的2次大动乱。①中国史籍记载,"其国本亦以男子为王,住七八十年,倭国乱,相攻伐历年",说明第一次大乱发生在邪马台国建国后的第七八十年间,即2世纪60—70年代间。第二次大乱发生在247年(魏正始八年),与第一次动乱相隔七八十年。自邪马台国建立至男王死亡的七八十年间,邪马台国的统治是建立在残酷剥削下户和奴隶的基础上的。下户和奴隶除了承担日常的租赋和劳役外,还要承受防卫狗奴国侵扰的经济负担,再加上天灾频发,人民生计艰难,下户、奴隶屡有逃亡。②下户和奴隶的不满积聚日深。在男王死后,不满表面化,形成了骚乱,事态日渐严重。中央统治集团一方面实行武装镇压,另一方面则召开紧急会议,商议缓和之策。商议的结果,是一致拥立名叫卑弥呼的女子为王。卑弥呼上台后,集政教于一身,利用宗教式的"鬼道",使贵族阶级的残酷剥削蒙上神鬼的圣衣,"安慰"和迷惑笃信鬼神的邪马台国的被压迫者,要他们忍耐和服从现实社会中的一切。正是在这一前提下,第一次动乱被平息了。

第一次动乱的平息,并不意味着阶级矛盾的缓和。这从卑弥呼森严的防卫中可以清楚地得到说明。她"自为王以来,少有见者","居处宫室楼观,城栅严设,常有人持兵守卫"。这样森严的防卫,主要还是害怕下户和奴隶们的反抗。

卑弥呼依靠神灵和剑,使贵族统治又度过了七八十年。然而,至247年,卑弥呼死去时又发生了一次动乱。动乱的导因表面上是反对新男王继承王位,而实际上则是随着神灵的代言人卑弥呼的死亡,人们骤然失去了精神寄托。男王没有神的代言人的权威,因此人们认为他上台后绝不会给神的子女以恩惠。对男王的不信任和对统治者残酷压迫的不满,紧密地交织在一起。面对人民的反抗,统治者故技重演,一面实行血腥镇压("当时杀千余人"),一面急忙协议,变更了拥立男王的前议,拥卑弥呼13岁的宗女台与为王,随后国中又趋平静。台与的威力,显然不在于她是女性,而在于她继承了卑弥呼"事鬼道,能惑众"的衣钵。马

---

① 关于这两次动乱,史学界也有不同看法:有的认为,动乱"反映了部落长们之间的激烈斗争";有的认为,是倭国联合政权内部,部落国家之间要求重编联合政权的斗争;有的则认为,动乱是各自分裂的部落国家之间的战争,邪马台国在长期的部落战争中获胜,其领袖卑弥呼做了女王;也有的认为是外力入侵,是北九州势力(邪马台)和南九州势力(狗奴国)之间的抗争。

② 朝鲜《三国史记》伐体尼师今十年夏六月条载:"倭人大饥,来求食者千余人。"

克思在《论犹太人问题》一文中谈到基督教国家的阶级实质时说过："在所谓基督教国家,实际上发生作用的不是人,而是人的异化。唯一发生作用的人,即国王,是与众不同的存在物,而且还是被宗教化了的、和天国与上帝直接联系着的存在物。这里占统治的关系还是宗教关系。"① 在邪马台国,卑弥呼及其宗女台与就是被宗教化的人物,她们既是国王,又是和神直接联系的人,王权通过宗教发生作用。

三、与东亚各国的关系

邪马台国建国之初,国王特别注重与东亚诸国建立正常关系。《后汉书》载:"安帝永初元年(107年),倭国王帅升等献生口百六十人,愿请见。"② 其中所说的"倭国王帅升",从其在位的时间分析,就是卑弥呼女王以前的邪马台国的男王。123年,他又与新罗媾和,建立睦邻关系。③ 邪马台国男王在统一初期,积极与新罗、汉朝通好,其目的:一是要借助友邻道义上的支持,抗御狗奴国的入侵;二是要积极吸取大陆的政治统治经验,以便根据本国的实际,建立一套新的统治制度。邪马台国的睦邻政策至女王卑弥呼时,进一步获得了发展。173年(阴)五月,"倭女王卑弥呼遣使来聘"④,与新罗建立睦邻关系,两国使节彼此往还相当频繁。但是,3世纪初以后,与新罗的关系又趋紧张,邪马台国渡海侵扰半岛南部事件屡见不鲜。

如果说邪马台国同朝鲜半岛诸国的关系时善时恶的话,那么它与汉、魏的关系却一直是亲善友好的。238年(阴)六月,卑弥呼派大夫难升米、副使都市牛利到带方郡,表示与曹魏友好之意。带方郡太守刘夏遣吏护送难升米一行到达洛阳。使节向魏帝献本国土特产及生口(奴隶)。魏帝对卑弥呼的友好情意表示赞赏,特授卑弥呼为"亲魏倭王"称号及金印紫绶。为嘉奖邪马台国使节"涉远道路勤苦",特命正使难升米为"率善中郎将",副使都市牛利为"率善校尉"。难升米、都市牛利归国时,魏国以绛地交龙锦5匹、绛地绉粟罽(jì,用毛做成的毡子)10张、蒨绛50匹、绀青50匹的厚礼作为回赠。另外,还单独赠送卑弥呼绀地句文锦3匹、细班华罽5张、白绢50匹、金8两、五尺刀2把、铜镜百枚等。240年,魏使建

---

① 马克思:《论犹太人问题》,《马克思恩格斯全集》第1卷,人民出版社1956年版,第433—434页。

② 《后汉书·东夷传》。

③ 朝鲜《三国史记》祇摩尼师今十二年春三月条载:"与倭国讲和。"讫解尼师今三年春三月条载:"倭国王遣使为子求婚,以阿湌急利女送之。"

④ 朝鲜《三国史记》阿达罗尼师今二十年夏五月条。

中校尉梯儁赴邪马台国,拜会卑弥呼并赠送礼物。243年(阴)十二月,卑弥呼又派大夫掖邪狗等8人来魏,赠生口,以及倭锦、绛青缣、帛、布等物。魏帝赠掖邪狗"率善中郎将"称号。247年,卑弥呼遣倭载斯乌越等人到带方郡,诉说与邻国不和的状况,并要求予以支持。为此,塞曹掾史张政奉魏帝之命前往邪马台国。张政到达之时,正值卑弥呼死,国内动乱。待台与继位,张政立即向新女王表达了魏国继续支持邪马台国的立场。张政归国时,率善中郎将掖邪狗等20人陪送至中国。根据《三国志·魏书·东夷传》倭人条统计,239—247年的8年间,邪马台国遣使4次,魏向邪马台国遣使3次,平均1年零2个月就有一次国使交往。这样频繁的交往,在古代中日关系史上是少见的。

第三节　大和国家的统一

一、"渡海千余里复有国"

《三国志·魏书》载"女王国东,渡海千余里复有国,皆倭种",说明邪马台国存在的同时,在近畿地区也已有国家兴起。大量考古发掘显示,近畿地区的国家在政治、经济、军事等方面已达到相当高的水平。在该地区发现了许多古铜铎和汉中期铜镜。这些铜铎和铜镜都分布在大阪湾北岸、猪名川、淀川、大和川地区[①],布局集中且有规则,说明大和国已建立了政治统治制度。

大和国兴起的时间,大约在3世纪。象征大和国统治者权威的遗迹是古坟。[②]古坟的规模比较大,以现存大阪府堺市大仙町的仁德陵规模最大,封土长487米,陵的前方部宽305米,后圆部的直径为245米。仁德陵的周围有陪冢13座。履中陵全长360米,应神陵全长430米,景行陵全长288米,箸墓长278米,崇神陵长240米,其他古坟也都在50—200米间。陵墓的副葬品有铜镜、玉杖、玉叶和铁器等。大型古坟的出现,是以能够组织庞大的劳动力的政治权力、建筑工程技术的进步和铁器工具的大量使用为前提的。

大和国所在的地区,是大陆先进文化输入近畿以东地区的门户。在近畿地

---

① 川西宏幸:《铜铎的埋藏和传世镜》,《考古学杂志》1975年第61卷第2期。
② 古坟:自三四世纪至7世纪日本贵族建造的规模宏大的陵墓。在日本考古学上,这一时期被称为"古坟时代"。

区的古坟中,日本考古学者发掘出大量三角缘神兽镜(已超过300枚)。长期以来,多数日本学者认为这是由中国传入的魏镜。但据中国考古学者的研究,它不是魏镜,在制作上虽与吴镜有许多相同之处,但也不是吴镜,它是由东渡日本的吴国工匠制作的。在制作技术上综合了吴国的神兽镜、画像镜的传统特点。[①]此说如果成立,那么由此便可证明,在北九州的邪马台国与曹魏发生频繁交往的同时,近畿地区的大和国也同长江流域的吴国有联系。

> 大和哟,国中最好的地方,
> 青翠叠嶂,群山环抱,
> 你是多么秀丽![②]

这里有大片冲积平原,水利方便,土地肥沃,又受大陆先进的农业、手工业生产技术影响很深。因此,至3世纪中叶,大和国已成为可与北九州的邪马台国相抗衡的国家。

与大和国日趋兴盛相反,北九州地区的邪马台国却日渐衰落。这是与国际环境的变化分不开的。如前节所述,邪马台国的对外政策,是通过与大陆各国的往来,取得强国的支持以增强自己的地位的。可是3世纪以后,这种支持日渐减弱。220年,东汉王朝灭亡。此后中国经历了约半个世纪的分裂。280年,晋武帝征服吴国,实现了统一。但由于皇室、贵族的腐败,各谋私利,很快发生了"八王之乱",统一又趋分裂。由于汉族统治阶级长期以来对中国北部、西部边境少数民族的歧视和残酷压迫,加上西晋官吏经常掳掠他们充当奴隶,各少数民族的反抗此起彼伏。各少数民族乘"八王之乱"纷纷起义,各自建立政权,出现了中国史上的"五胡十六国"。与这种政治形势相对应,汉、魏、晋封建统治者在朝鲜半岛的统治日趋孤立和削弱。朝鲜半岛以高句丽、百济、新罗为中心,分别统一了其他小国,出现了三国鼎立的局势。随着形势的变化,邪马台国与中国的密切交往不久就中断了。邻国支持的丧失,国内下户、奴隶的反抗,以及大和国的崛起,都给邪马台国的统治以严重的威胁。邪马台国衰落以后,统一日本的历史任务便落到了大和国身上。

---

① 王仲殊:《关于日本三角缘神兽镜的问题》,《考古》1981年第4期。
②《古事记》中卷。

二、大和国统一日本

大和国在农业生产迅速发展的基础上,逐渐地向周围大小国家发动武力兼并。"躬擐甲胄,跋涉山川,不遑宁处"[①],把大批土地纳入自己的版图。大和国的兵器已广泛使用铁器。天理市鸟见古坟群的一座古坟中,发现了铁短剑215把。大和盆地的佐纪、盾列古坟群的日叶酢姬命陵的陪冢中,发现铁刀27把,铁剑、铁锋头85把。大阪府三岛古坟群中的紫金山古坟,发现铁刀剑70余把。黑姬山古坟中,还发现了24副铁甲胄。铁制武器的大量应用,使大和国的武装成为相邻诸国望而生畏的力量。

关于大和国四方出征,威震列岛的情景,在《古事记》《日本书纪》[②]中有很多生动的记载。如崇神天皇派遣大彦命征北陆,武渟川别征东海,吉备津彦征西道,丹波道主命征丹波的故事,等等。在记载武力统一的许多故事中,尤以大和武尊的故事最能说明大和国统一日本是经过长期的奋战,克服了重重障碍和困难,牺牲了无数英雄人物和大批部民所取得的。

《古事记》《日本书纪》中描述的大和武尊,是一个勇敢而多谋的人物。他16岁时,因熊袭地方酋长"不肯服从",致使该地久未征服,大和国王便派遣他前往征讨。武尊到达熊袭后,发现熊袭酋长防守甚严,难以武攻,便决定智取。他怀藏短剑,乔装少女,在熊袭酋长欢庆新居落成的时候,混在人群中进入熊袭酋长驻地。熊袭酋长对这位乔装的"少女"十分喜爱,让"她"坐在自己身边寻欢作乐。当熊袭酋长酒酣以后,武尊拔出短剑,刺死了他。熊袭酋长临死时,称颂武尊为大和国最英勇的人。熊袭平定之后,武尊又受命东征十二国。在征途中,他转战各地,历尽艰辛,经受了奸敌的陷害,以及狂风、波涛、雨雪、冰雹等自然灾害的袭击。东国平定了,但武尊因长期征战的疲劳而身患重病,在东国满目稻禾的田野上死去。[③]在长期的征战中,大和国"东征毛人五十五国,西服众夷六十六国,渡平海北九十五国"[④],终于在4世纪末5世纪初基本上完成了统一事业。日本列岛的主要地区,"王道融泰,廓土遐畿"[⑤],在统一的大和政权下,更迅速地向前发展。

---

① 《宋书·夷蛮传》。

② 《古事记》:日本现存最早的史书。太安万侣撰,712年成书,共3卷。《日本书纪》:日本古史书。舍人亲王、太安万侣等撰,用汉文本纪体记述了日本开天辟地至7世纪末的传说和史事。

③ 《古事记》中卷。

④ 《宋书·夷蛮传》。

⑤ 《宋书·夷蛮传》。

三、倭五王时期的内政外交

进入 5 世纪后,大和国的最高统治者大王,先后由赞、珍、济、兴、武 5 人担任,史称"倭五王"①,控制了西至九州、东至关东的广大地区。②为了巩固大和政权,倭五王先后采取各种措施,建立了较邪马台国更为完整的政治、经济制度。第一,确立贵族阶级的氏姓等级制。根据贵族出身的高下以及在统一过程中的功绩,由大王授予氏姓。上层贵族分别授予"臣""连""宿弥""造"等姓,地方贵族授予"直""君""首"等姓。氏姓成为各级贵族在政治、经济上享受世袭特权的依据。拥有氏姓者,才能被委任为从中央到地方的各级官职。

随着贵族间权势的变化、年代的更迭和贵族家庭的繁息,不断发生"或误认己姓,或故认高氏"之类矛盾,以致发展成为"上下相争"。③为纠正氏姓的混乱,5世纪中叶,大王济曾进行了一次全面的整顿。他召集群臣并发诏全国,申明要"举失正枉而定氏姓"④。责令各级贵族必须在指定的日子里,参加"盟神探汤",以定氏姓。"盟神探汤"和前述"神祇探汤"一样,是一种具有宗教色彩的原始法律。它意味着谁要是冒犯神威或违背神的安排,就要受到神的惩罚。据载,在大王济指定的那天,贵族们集聚在飞鸟⑤的甘橿丘,接受"神"的检定。贵族们依次"各著木绵手缲,而赴釜探汤"⑥,伸手到沸水锅内取小石。手入锅不坏者,被认为没有冒犯神威,他自认的氏姓也就被判为属实。反之,则被认为亵渎神灵,虚冒氏姓,以假乱真,最后被撤销氏姓,予以惩罚。经过整顿,大和国内"氏姓自定,更无诈人"⑦。

第二,在确立氏姓等级制的同时,还整顿、完善各级统治机构,以图巩固"普天率土,莫不王臣"的权威,达到"拨贼反正",防止部民反抗的目的。⑧

在中央,由势力较强的葛城、平群、三轮等氏组成最高执政机构,并由中臣

---

① "倭五王"之称,见于《宋书·夷蛮传》。多数日本学者认为,《宋书》中的五王就是《日本书纪》上所载的仁德、反正、允恭、安康、雄略。
② 熊本县江船山古坟出土的大刀和 1968 年在埼玉县稻荷山古坟出土的铁剑的铭文,都表明大和国统治着九州至关东的广大地区。
③《日本书纪》卷 13,允恭四年九月。
④《日本书纪》卷 13,允恭四年九月。
⑤ 飞鸟:今奈良县橿原市和高市郡一带。
⑥《日本书纪》卷 13,允恭四年九月辛巳。
⑦《日本书纪》卷 13,允恭四年九月辛巳。
⑧《日本书纪》卷 7,成务四年春二月。

氏、忌部氏主持祭祀,大伴氏、物部氏、久米氏等主持军事,苏我氏主持财政。在地方上,则"隔河山而分国县,随阡陌以定邑里"①,分别设置"造长""稻置",以及"村主"等官职。管理国郡的"国造",一般都委任拥有"直""君"氏姓的贵族担任,重要区域的国造则委任"臣""连"氏姓的贵族担任。

第三,治水辟田,扩大中央直辖土地。大和国统一日本后,中央曾三令五申,"率土之下(上),莫非王封,普天之上(下),莫非王域"②,企图实行中央集权统治。然而,由于各级豪强贵族的雄厚实力,这种天下之地皆属朝廷的理想始终未能获得彻底的贯彻。从大和国的土地制度看,当时主要存在2种土地占有形式:一是中央直属的官有土地,包括屯仓、屯田、神田和各级官吏的封田;二是王族和豪强贵族的私有地,称之为子代、名代、私屯仓和田庄。在2种土地占有形式并存的情况下,为巩固中央统治,首要的任务之一,就是加强中央的直辖领地。扩大直辖领地的主要途径是治水辟田。"令诸国多开池沟,数八百之,以农为事。"③由于各任大王力主开沟造渠,挖掘水池,河内平原地区迅速获得了开发。大王赞时,在今天的大阪、奈良地区修筑水利工程多处,增辟了许多新田。仅感玖一地,开垦水田就达4万余顷。④人们还在蜿蜒的山脚下,种了山田,地下埋管,引水灌田,水田种植扩展到了丘陵地带。⑤

在开辟大批新田的基础上,中央直辖的屯仓、屯田广泛建立。据史籍记载,大化改新前,共设立屯仓90处,计畿内18处,东海道6处,东山道10处,北陆道3处,山阴道6处,山阳道20处,西海道8处,南海道18处,另一处所在不明。仅535年(阴)五月,大王一次宣敕建立的屯仓就有26处。⑥

中央除了直接主持垦田设屯仓、屯田外,还凭恃自己的权威,命令地方贵族在其领域内割肥沃土地献于中央。如534年(阴)闰十二月,"天皇使大伴大连问良田于县主饭粒,县主饭粒庆悦无限,谨敬尽诚,仍奉献上御野、下御野、上桑原、下桑原,并竹村之地,凡合肆拾町"⑦。中央以此设立了竹村屯仓。

第四,积极开展对外活动。4世纪中叶以后,朝鲜半岛北部的高句丽积极南

---

① 《日本书纪》卷7,成务五年九月。

② 《古事记》,垂仁天皇。

③ 《日本书纪》卷6,垂仁三十五年十月。

④ 《日本书纪》卷11,仁德十四年十一月。

⑤ 《古事记》,允恭天皇。

⑥ 《日本书纪》卷18,安闲二年五月,元年闰十二月。

⑦ 《日本书纪》卷18,安闲元年闰十二月。

下,南部的百济与新罗之间也互相侵扰,百济受高句丽、新罗两面夹击。为摆脱这种处境,百济采取"西与中国北方诸政权通好以牵制高句丽,东与日本结交以牵制新罗"的政策。大和国统治者一直把朝鲜半岛视为"宝国",觊觎日久。因此,它利用了半岛三国之间抗争的形势,响应百济结交通好的要求,乘机渡海侵占了新罗的伽倻(日本称"任那")地区。①百济肖古王特赠7支刀以表示对大和国占伽倻、解后顾之忧的感谢和巩固两国的结盟。②

4世纪末,高句丽在广开土王(347—412年)的领导下大举南进,并与新罗协同,围百济,攻伽倻。391年,大和国军渡海攻新罗。399年,百济、大和国联合攻新罗。新罗求救于高句丽说:"倭人满其国境,溃破城池,以奴客为民。"③400年,高句丽"遣步骑五万,救往救新罗"④,击退大和国军。404年,"倭不轨,侵入带方界",最后又遭惨败。⑤

在朝鲜半岛屡遭挫折之后,大和国的统治者虽然在军事上未敢再轻举妄动,但是一直没有放弃其重振威势的思想。进入5世纪后,倭五王采取远交近攻政策,与中国南北朝时的刘宋建立了密切的国交关系。421年,大王赞首先遣使刘宋,表示通好。宋武帝刘裕称赞他"万里修贡,远诚宜甄"⑥。425年,赞又派使来宋。赞死,其弟珍继位后,也积极遣使刘宋,自称"使持节、都督倭百济新罗任那秦韩慕韩六国诸军事、安东大将军、倭国王",并要求宋承认这一连串称号。宋只承认了"安东将军、倭国王"称号。443年,大王济也获得了同样的称号。462年,大王兴遣使刘宋,宋帝赐以"安东将军、倭国王"称号。大王武曾于478年(阴)五月遣使递送国书,明确要求宋朝支持他称霸朝鲜半岛的对外政策。宋顺帝承认他为"使持节、都督倭新罗任那加罗秦韩慕韩六国诸军事、安东大将军、倭王"称号。他要求中的"都督百济"一项则仍未承认。宋朝的承认,虽然在一定程度上增强了大王武在国内的威望,却仍然挽救不了他在朝鲜半岛上的败局。

---

① 日本史学界普遍认为,在公元4世纪末以后,日本在朝鲜南部曾控制了一些地区,其范围大致在今庆尚南道釜山、金海一带,并设置了任那日本府。但朝鲜史学家提出了截然相反的见解。详情参见《人民日报》1963年10月18日发表的金锡亨等《关于世界通史有关朝鲜的叙述的严重错误》及(朝鲜)《历史科学》1963年第2期有关文章。

② 7支刀藏于奈良县天理市石上神宫,刀的背面有铭文:"先世以来未有此刃。百济王世子,奇生圣音(晋),故为倭王旨造,传不(示)□世。"

③ 《广开土王陵碑文》。

④ 《广开土王陵碑文》。

⑤ 《广开土王陵碑文》。

⑥ 《宋书·夷蛮传》。

四、部民制

大和国社会财富的创造者称为"部民"。他们是根据技术特长和贵族的生活需要,分别组编成"部"的。"部"是当时社会生产的最基层组织。①

"部"的形成、发展和衰落,从日本列岛出现国家政权时算起,至7世纪70年代止,前后经历了四五个世纪。"部"这种组织形式,最早是与神的祭祀相关联的。后来因统一战争的迫切需要,进而扩展到与军事有关的各生产领域。大和国统一日本后,部民制又进一步被推广到全国各地和所有的生产领域。专门从事手工业生产的部民称"品部民"(又称"伴部民");从事农耕的部民称"田部民";负责政府机关某项事务,或侍奉、卫护的部民称"杂部民"。仅《日本书纪》记载,从事手工业生产的品部达百种以上。②品部民由3类人构成:一是平民、贵族中因犯法被贬者或战俘。他们大多从事饲养动物、掩埋死人、看守山陵等低贱的劳动,一般都被黥面,作为卑贱的标志。二是从大陆迁移来的汉人和韩人(称为"归化人"),大多是有一技之长的手工业者,有的会养蚕③,有的能织绢④,有的擅长木工,能造楼阁⑤,有的会缝衣⑥。大和国还经常派人到中国、朝鲜招聘技工。三是分布在日本广大乡间的原居住民。他们根据地区的特点,组成生产某一产品的部,如擅长烹调的膳部、宍人部,捕捞海味的海部、鹈饲部,狩猎或采集山野珍品的国樔部、山部,制作陶器的土师部、土贽部和陶部,等等。

品部民的隶属关系基本上可分为公有品部民和私有品部民2种。公有品部民直辖于政府机关,只有大王有权调动,其他人不仅无调动权,更不允许兼并,违犯者轻则警告,重则剥夺氏姓和领地。⑦公有品部民由朝廷任命的官吏具体负责,最高的负责官吏一般由臣、连氏姓的贵族担任,冠以某某部臣(或连)之姓,其下则任命直、君姓的地方豪族负责管理,称某某部直(或君)之姓。每一个最基层

---

① 王金林:《日本古代部民的性质——兼论日本未经历奴隶制社会》,《历史研究》1981年第3期。

② 太田亮《日本古代社会组织的研究》一书载,品部多达160种。

③《古事记》载,韩人奴理能美会养蚕,"她所养的虫(蚕),第一回是爬行的虫(蚕),第二回是壳(茧),第三回乃是飞鸟(蚕蛾),是会变三色的奇异的虫"。

④《日本书纪》卷14,雄略十五年。

⑤《日本书纪》卷14,雄略十二年十月。

⑥《日本书纪》卷10,应神十四年二月,应神三十七年二月。

⑦《日本书纪》卷12,履中五年十月。

的部都设有部首。这种自上而下层层设置的部的官吏,统称为"部职",朝廷的各项指令就通过层层下达而得以执行。私有品部民的所有者,大多是地方实权的控制者。他们依据自己的需要,将统治区域内的手工业者组编成部,"分其品部,别彼名名",冠以种种名称,致使"其民品部交杂"。①私有品部民的管理,一般由该贵族的亲信,或归属于该贵族的村首管理。

由于大和国的土地占有形式有公有地和私有地之分,所以从事农耕的田部民也有公有田部民和私有田部民之分。公有田部民耕种直辖于朝廷的屯仓、屯田,神社的神田,各级官吏的封田。私有田部民则耕种豪强贵族私有的屯仓、田庄,以及王族的子代、名代②的屯仓、田庄。

公有田部民中,虽然有被贬的罪犯③和大批从大陆来的归化人④,但主要的还是原居住民。

私有田部民基本上由3种人构成:一是豪强贵族的"从类""奴""奴婢"⑤;二是身份比"从类""奴""奴婢"自由的"民部""部曲之民"⑥;三是租种豪强之地,定期缴纳租赋的农奴。"有势者分割水陆,以为私地,卖与百姓,年索其价。"⑦这里所说的"卖与百姓",就是租给农奴耕种之意;"年索其价",就是指每年收取地租。

杂部是一种特殊的部。从现有史料看,藏部、史部、舍人部,以及隼人、虾夷人等少数族组成的部,都属于杂部范围之内。不过除少数族部民外,其他如藏部、史部、舍人部,虽然被冠以"部"的名称,但从这些部的成员的出身和地位分析,都是统治阶级营垒中的一分子,与我们所说的部民的含义是完全不同的。⑧

总体来说,不论公部民还是私部民,其内部部民之间的社会地位和阶级属性呈现出多样性,基本上有以下3种类型。

第一,私有田部中的从类、奴、奴婢,杂部中的虾夷人、隼人,公田部和品部中

---

① 《日本书纪》卷25,大化二年八月。

② 子代、名代:王族的私有民,常常冠以大王、王族的名号、宫号。

③ 《日本书纪》卷12,履中元年四月。

④ 《日本书纪》卷19,钦明十七年十月

⑤ 《日本书纪》卷21,崇峻即位前纪。

⑥ 《日本书纪》卷25,大化元年八月。

⑦ 《日本书纪》卷25,大化元年八月。

⑧ 藏部是收藏、出纳国库物资的政府官吏和职员。史部是以大陆移民中的知识人为主体的下级文职官吏,主要职责是抄录官事、勘署文案、申读公文。舍人部主要职责是充任王公贵族的近卫,由东部日本的贵族子弟担任。与舍人部相近的采女,则是内宫的侍女,由"郡少领以上姊妹及子女形容端正者"(《日本书纪》卷25,大化二年正月条)充任。

的罪犯、战俘,都属于奴隶型部民。他们没有人身自由,"连同自己的劳动一次而永远地卖给自己的主人了"①。

第二,民部(或部曲)、屯仓、屯田里的部民,名代、子代,以及绝大多数品部民,其身份介于奴隶和农奴之间。这一类型的部民有5个共同的特点:一是允许建立家庭并编贯户籍;二是拥有数量有限的、质量较粗糙的生产工具;三是每户从朝廷和领主那里领取一定数额的土地,生产维持自己生活的必要产品;四是定期向朝廷或领主服劳役和贡纳产品,而以服劳役为主,这已经不是奴隶制的剥削形式了;五是没有迁徙自由,一生和那块份地及所在的集体——"部"紧紧地联系在一起,主人可以把他和土地一起赠送给别人。这些特点,与恩格斯所说的隶农的特点是相吻合的。恩格斯称这种身份既非奴隶又非农奴的隶农是"依附的小农""中世纪农奴的前辈",是"农奴的先驱——细小农户,确立了一种孕育着中世纪生产方式的萌芽的生产方式"②。为此,我们把这一类型的部民称为具有封建主义萌芽因素的隶农型部民。第三,公部民中的封民和私部民中租佃领主土地的农奴,属于农奴型部民。这一类型的部民与隶农型部民的区分在于:一是他们每年向土地的占有者缴纳实物地租和徭役地租,且以实物地租为主。这种地租形式使生产者把剩余生产品以实物形式交给领主,因此在经济地位上较隶农更显独立,有可能以自己的劳动获得除了满足自己必要的需求以外的某些剩余产品。二是在人格上虽然他们与隶农型部民一样,必须依附于领主,被束缚于土地之上,但隶农型部民是领主直接的私有物,而农奴型部民从严格意义上说,已不算是领主的直接私有物了,只要他们按时贡纳租赋和服一定的劳役,领主就不会更多地限制他们的生产活动。

奴隶型部民、隶农型部民和农奴型部民虽然并存,但在数量上以隶农型部民占大多数。因此可以说,古代日本没有经历过奴隶占有制社会发展阶段。自公社瓦解以后,便直接向封建社会过渡,大化改新前的几百年间,就是这个过渡时期。

日本的奴隶制不发达的原因主要有4点。

第一,奴隶来源的枯竭。整个世界历史表明,奴隶制赖以生存和发展的奴隶劳动力主要是通过战争和劫掠获得的。但是,当日本进入阶级社会的时候,相邻的朝鲜半岛诸国已是封建制国家。大和国多次向朝鲜半岛南部地区发动战争,

---

① 马克思:《雇佣劳动与资本》,《马克思恩格斯选集》第1卷,人民出版社1972年版,第355页。

② 恩格斯:《法学家的社会主义》,《马克思恩格斯全集》第21卷,人民出版社1965年版,第552页。

大多以失败告终,因此不可能从国外得到大批奴隶。①在国内,由于广大劳动者是带着自然血缘关系的脐带进入阶级社会的,所以氏族关系的束缚难以使劳动者脱离集体而奴隶化。被俘的虾夷人、隼人,虽也有作为官僚贵族的家奴的,但人数并不多,大部分虾夷人、隼人由于发展较迟,自然的血缘关系更牢固,大和国统治者很难冲破这种血缘关系,把他们单个地作为奴隶来处理。②再则,因为货币经济的不发达,也不能产生大批债务奴隶。③

第二,大陆先进生产技术和生产工具的传入,迅速改变了生产面貌,奴隶制生产方式不利于这些先进技术和工具的吸收,不利于生产力的发展。

第三,随着大片低湿地的开垦,农田面积的急速增加,劳动力的需求量也相对地急速增加。可是,劳动力的增长跟不上需求,采用比奴隶制更进步的生产方式,有利于提高劳动者的积极性。

第四,大批大陆知识人的迁入,带来了先进的封建文化和有关封建政治、经济制度的知识,引起了大和国统治者的兴趣,促发了他们在政治、经济上效法大陆国家,采取既符合当时日本国情,又与大陆国家的生产方式比较接近的以隶农型部民为主体的管理方法。

五、部民的反抗

部民们的劳动和创造,使大和国的经济面貌发生了急剧变化。耕地日增,产量上升,手工技术日趋精细。大和国"频使饶园"④、"国家殷富"⑤,物质资料的丰富,使各级贵族的生活越发腐化。群马县保渡田八幡山遗址出土的一组陶俑群,栩栩如生地刻画了当时贵族阶级生活的情景。在陶俑群的中间,是一个坐在椅子上的男性长老,他正手握酒杯,接受一位秀丽的少女献酒。在长老的周围,有一群举壶忙碌的女子、礼装的文人和戎装的武人。另外,还有一些饲养猪、马、鸡、鹰的人物。举壶忙碌的女子和饲养牲畜的人,无疑是受这位手握酒杯的长老压迫

---

① 有不少人认为,日本的奴隶的主要来源之一是朝鲜半岛的俘虏。其实,日本从朝鲜半岛获得的战俘人数是极有限的,据《三国史记》,在4—5世纪,日本从朝鲜半岛掠走的劳动力,有据可查的仅数千人。(参见《三国史记》新罗本纪第2、第3)
② 周一良:《亚洲各国古代史》,高等教育出版社1958年版。
③ 吴廷璆:《大化改新前后日本的社会性质问题》,《南开大学学报》(人文科学版)1955年创刊号。
④ 《日本书纪》卷17,继体七年十二月。
⑤ 《日本书纪》卷16,安闲二年春正月。

的部民。而礼装的文人和戎装的武人,则是保护这位长老的特权的官吏和武装。

贵族们不但活着的时候"纵靡靡之声,日夜常与宫人沉湎于酒,以锦绣为席,衣以绫纨"①,"穿池起苑,以盛禽兽"②,而且还希望死后继续寻欢作乐。为此,经常征调大批部民,建筑规模宏大、工程复杂的陵墓。以现存的应神陵为例,用土1400万余立方米,用石18000余立方米,伴葬的陶俑13000余个。如果按一人运一立方米计算,需动用部民144万人次。若一天1000个部民劳动,那么仅建造坟丘一项,就需费时4年多。在一切都是手工操作的年代,建造如此宏大的陵墓,其艰巨性是可以想见的。当时流传着这样一首民谣:"运往大阪的石头,是用手传送的。"

部民们除了负担繁重的劳役和贡赋外,还受到贵族们的凌辱,尤其是女性部民。统治者制造了种种酷刑,使全国人民"咸皆震怖"③。如:强迫女部民"脱衣裙而著犊鼻"④,在露天地里相扑;或令赤裸的女性排坐在平板之上,然后牵来雄马加以凌辱;或将部民悬吊树上,用弓箭射杀;或用绳索缚住头发,悬挂树梢,砍倒树木,以观摔死惨象为趣;或剖孕妇之腹而观其胎;或强迫奴婢趴于流水之中,用三刃矛射杀为快;等等。⑤

虽然有关部民反抗的文字资料不多,但是从现有的史籍中还是可以找到一些痕迹的。部民的反抗,不但边远地区有,畿内地区也有。因此,大和统治者十分恐慌,惊呼"历巡诸国,既至平治,未被朕治,有异徒乎"⑥。部民的反抗形式,有潜逃的,也有聚众武力相抗的。在肥后国(今熊本县)益城郡,以打猴、颈猴2人为首,聚众180余人相抗。⑦常陆国(今茨城县)茨城郡有名叫山之佐伯、野之佐伯的2个人,"自为贼长,引率徒众,横行国中"⑧。据《日本书纪》,在5世纪初,畿内地区也发生了多起叛乱。⑨469年,播磨国(今兵库县)的一部分部民,在一个名叫文石小麻吕的人领导下,起而反抗。他们"路中抄劫,不使通行。又断商客艇舸,悉以夺取,兼违国法,不输租赋"⑩。479年,更有虾夷士兵起义。被征调去进攻新罗

① 《日本书纪》卷16,武烈八年。
② 《日本书纪》卷16,武烈八年。
③ 《日本书纪》卷16,武烈即位前纪。
④ 《日本书纪》卷14,雄略十三年九月。
⑤ 《日本书纪》卷16,武烈二年秋七月,四年夏四月,五年夏六月,七年春二月,八年春三月。
⑥ 《肥前风土记》,《宁乐遗文》下卷,东京堂1944年版。
⑦ 《肥后风土记》,同上书。
⑧ 《常陆风土记》,同上书。
⑨ 《日本书纪》卷11,仁德六十七年。
⑩ 《日本书纪》卷14,雄略十三年秋八月。

的500名虾夷士兵,行至吉备地方时,听到大王武死去的消息,认为这是反叛的好时机,"乃相聚结",举行起义。大和政权派兵镇压,虾夷士兵英勇反击,在娑婆水门一战中,他们"或踊或伏",顽强战斗,使官军"恐而自退"。①

六、地方豪强势力的发展和磐井兵变

5世纪中叶以后,土地私有化日趋严重。身为伴造、国造的豪强贵族,凭恃自己在地方政权中的地位和权力,不断扩张自己的势力,各种名目的私民部充盈于国。国有土地逐渐被分割。为了抢夺"国县、山海、林野、池田",地方豪族之间"争战不已"②,有的竟"兼并数万顷田"③。随着经济实力的膨胀,地方豪强在生活上也日益奢华。大王武去河内巡察时登山远望,忽见环山之间有人家,房屋建筑豪华,屋顶用坚鱼木装饰。大王见此问道:"屋顶做坚鱼木者,是谁人家?"回答说:"这是几志的大县主的家。"大王十分生气地说:"奴才把他自己的家造得同大王的宫殿相似。"说罢便要派人去烧这座房子。大县主获知,赶快谢罪送礼,才免遭厄运。④私有土地的扩大和地方豪强势力的增强,严重地威胁着中央政权。每到秋后上交调赋时节,"臣、连、伴造等先自收敛,然后分进",不像以往那样"一事当前,唯从王命"了。⑤534年,安闲大王派使奉敕到河内地区,"简择良田",新设屯仓。大王的使者看上了地方豪强味张私有的"雌雄田",便命令味张迅速献出来,但味张回答说此田"天旱难灌,水潦易浸,费工极多,收获甚少"⑥,婉转拒绝。地方豪强藐视中央,据地自强,莫过于527年筑紫国(今福冈县)国造磐井发动的武装叛乱。磐井起兵叛乱,表面上是阻挡中央军远征新罗,实质上它反映了地方势力对中央的抗衡。磐井所管辖的地区,正是日本与大陆联系的要冲,是经济上较发达的地方。磐井凭借有利的地理和自然条件,大力扩充自己的势力,"豪强暴虐,不拢皇风"⑦,独霸一方。磐井密谋反叛已经多年,因"恐事难成,恒伺间隙"⑧。这一谋反计划被新罗获知,便暗中贿赂,支持磐井对抗中央,并要他设法

---

① 《日本书纪》卷14,雄略二十三年八月。

② 《日本书纪》卷25,孝德大化元年九月甲申。

③ 《日本书纪》卷25,孝德大化元年九月甲申。

④ 《古事记》卷下,雄略天皇。

⑤ 《日本书纪》卷25,孝德大化元年九月甲申。

⑥ 《日本书纪》卷18,安闲元年七月。

⑦ 《古风土记逸文》卷下。

⑧ 《日本书纪》卷17,继体二十一年夏六月。

阻止中央军出兵朝鲜半岛。527年(阴)六月,由毛野臣率领的6万大和国军,准备经筑紫渡海远征朝鲜半岛。磐井乘此发兵起事,除了驻守筑紫国外,还占领"火、丰二国"①,使中央十分震惊。继体大王(450—531年)紧急召集重臣会议,商讨对策。最后任命物部麁鹿火为征讨叛乱的大将军。麁鹿火临行时,大王亲授"斧钺",赋予他生杀大权,"专行赏罚,勿烦频奏",并沉重地对他说:"大将,民之司命,社稷存亡,于是乎在。"②说明磐井反叛的严重性。物部麁鹿火率领的中央军并没有能够轻易地镇压叛乱。磐井进行了长达1年零3个月之久的抵抗。528年(阴)十一月,中央军与磐井的叛军会战于筑紫国的御井郡,"旗鼓相望,尘埃相接"③,战斗异常激烈。最后,磐井被杀,叛乱终于被平。磐井被杀后,他的儿子筑紫君葛子惧怕因父罪受牵连,就把自己的糟屋屯仓献给大王,以赎死罪。

七、抑制豪强势力的措施及其影响

磐井叛乱给大和政权的统治者敲了警钟,他们深感抑制地方豪强势力是当务之急。于是采取了如下应急措施。

第一,重新确立中央对地方的干预权。凡抵制中央旨意者,不仅不能晋升,而且要受到降职、罢官等惩处。

第二,更广泛地设置中央所属的屯田、屯仓,增加王宫贵族私有的子代、名代。仅534—539年的6年间,中央在东至房总半岛、武藏,西至火国的广泛范围内,设置了近40处屯仓。

第三,努力推行一元化的中央集权体制。为了能紧紧控制国造、伴造,自6世纪起,在中央和国造、伴造间,新增设了一级行政官吏,由大王的亲信担任。这种官吏的任命,最早出现于西日本,称为"凡直国造"(大国造)④,它统辖几个国造。在西日本以外地区,则任命国司、国守,代表王权统一对地方实行管理,国造、伴造等地方官吏,听其吩咐。589年,崇峻大王(? —592年)派遣近江臣、宍人臣、阿倍臣3名大臣,分别巡视东山、东海、北陆。这一行动标志着全国统治区重新划定工作的完成,以及"凡直国造""国司""国守"新一级统治机构的普遍确立,为大化改新时全面推行国司制做了准备。

――――――――――――――――

① 火国:指肥前、肥后,即今熊本、佐贺两县。丰国:指丰前、丰后,即今大分县。
②《日本书纪》卷17,继体二十一年夏六月。
③《日本书纪》卷17,继体二十二年十一月。
④ 八木充:《古代地方组织发展的一考察》,《史林》1958年第41卷第5期;山尾幸久:《大化改新论序说》,《思想》1968年第529、531期。

第四，整顿屯田、屯仓所属的部民。由于地方豪强的争夺，公田部民脱离屯田、屯仓的现象不断发生。"父子易姓，兄弟异宗，夫妇更互殊名，一家五分六割"[①]，造成田部之制的严重混乱。贵族之间，为争夺部民的归属，"争竞之讼，盈国充朝"[②]。对大和政权来说，部民脱离屯田、屯仓，实质上就是挖了中央财源的墙脚，影响了国库的收入。因此，钦明大王（约510—571年）以"量置田部其来尚矣，年甫十余，脱籍免课者众"[③]为由，直接派遣"田令"，整顿旧有屯田、屯仓。以白猪田部为例，569年，中央派田令白猪胆津进行整顿。经过一番整顿之后，该田部的部民皆"依诏定籍，果成田户"[④]，即以田户为单位，编制了户籍。

中央政权采取这些措施的结果，确实有力地加强了中央的统治，同时也促进了封建因素的进一步增长。田部的整理，使隶农型部民（田户）更广泛、更普遍。中央派遣的田令，为了能够按时征收贡赋，千方百计地笼络部民，不使他们脱离公有土地，因此在管理上改变以往的做法，给部民们以更多的自由。与此同时，地方豪强为把更多的劳动力吸引到自己这边来，也采取了比中央政权更灵活的剥削形式，即把土地租给部民，定期收纳租赋。随着田部民的独立化发展，从事手工业生产的品部民也发生了相应的变化。

证实这种部民独立化的考古资料，就是从5世纪末至7世纪日本列岛上突然出现的群集坟。群集坟最早出现在大和盆地的南部[⑤]，此后逐渐地扩展到南至鹿儿岛、北至青森县的广大地区。群集坟以小规模的圆坟[⑥]为主，每一个群集坟墓区，一般都有100至数百座坟墓。据调查，仅群马县就有群集坟8423座，其中约90%是6—7世纪建造的。冈山县津山市的佐良山群集坟，在方圆4000米的范围内有172座，除4座前方后圆坟外，80%是小规模的圆坟[⑦]，多数也是6—7世纪建造的。大阪府八尾市的高安千冢中，保存良好的坟墓有97座，其中有5座是6世纪初造的，23座是6世纪前半期造的，67座是6世纪后半期造的。[⑧]这些小规模圆

---

① 《日本书纪》卷25，大化二年秋八月。

② 《日本书纪》卷25，大化二年秋八月。

③ 《日本书纪》卷19，钦明三十年春正月。

④ 《日本书纪》卷19，钦明三十年春正月。

⑤ 在今橿原市新泽、冈山平原的总社町南部和纪川流域的和歌山岩桥一带。

⑥ 圆坟规模一般多在直径15米以下。

⑦ 门胁祯二、甘粕健：《民众史的起点》，三省堂1974年版，第117页。

⑧ 白石一郎：《畿内后期大型群集坟试探——以河内高安千冢及平尾千冢为中心》，八木充等：《岩波讲座日本历史2：古代2》，岩波书店1975年版，第104页。

坟出现和发展的时期,恰好与土地私有化、部民制的日渐瓦解、独立的个体劳动者广泛产生的时期相一致。

橿原市新泽千冢有400座群集坟,其中除少数前方后圆坟、前方后方坟外,几乎全是小圆坟。这些小圆坟中的随葬品,有铁制的镰、斧等农具,直刀、铁镞等铁制武器,以及生活用的陶器。这表明死者是从事农耕而又有服兵役义务者。这些有限的随葬品,是他们生前最珍贵的财产。

群集坟的墓室不是采用巨型古坟的竖穴式石室,而是采用横穴式石室。安葬遗体和随葬品的墓室与外部之间有一个墓道,入口处置石板,可以随时追葬。一般的群集坟中,一座埋葬死者多在数人或十数人,说明一座坟墓正是一个家族的合葬墓。

根据上述情况,可以说群集坟中的死者,其社会地位远低于巨型古坟的死者,但高于奴隶型和隶农型部民。他们不但有家室,有私有的铁制生产工具,而且还有武器;不但耕种土地,缴纳年贡,而且还有义务从军戍边。具有这种权利和义务的人,正是农奴。在6世纪末叶,这种农奴已经普遍地存在了。

图2-2是大和国时期的大王世系图。

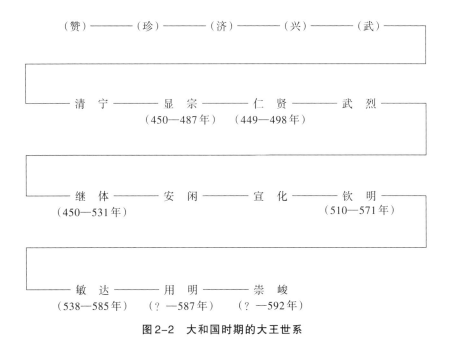

图2-2　大和国时期的大王世系

第三章

飞鸟时代（593—710年）

第一节　推古朝改革

从推古王朝至8世纪初,历代王朝的都城都在飞鸟地区(今奈良县根原市和高市郡),史称"飞鸟时代"。

一、崇佛与排佛之争

5世纪末叶至7世纪中叶的150余年间,是日本社会变化相当剧烈的时期。各种社会矛盾错综复杂,交替发展。封建因素的不断增长、部民内部农奴人数的发展,以及大陆封建文化的大量传入,促发了社会结构的深刻变化。就在这种变化过程中,统治阶级内部贵族之间也发生了尖锐的矛盾和斗争。

掌握大和国中央政权的贵族,大致可以分为2类:一类是葛城氏、平群氏和苏我氏,是以大和平原为中心发迹起来的豪族;另一类是大伴氏和物部氏,他们掌握着统治全国品部的实权。这2类贵族的政治地位,前者高于后者,葛城氏、平群氏、苏我氏都是臣姓,而大伴氏、物部氏都是连姓。这两股贵族势力为了争夺中央实权,长期以来尔虞我诈、彼此倾轧。在互相斗争中,葛城氏、平群氏和大伴氏相继衰落。至6世纪中叶前后,苏我氏和物部氏成为总揽朝政的两大势力,矛盾尖锐。苏我氏和物部氏之间的矛盾斗争,具体的表现就是排佛与崇佛之争。

552年(阴)十月,百济圣明王(？—554年)派使节向大和国钦明大王赠送释迦佛金铜像、幡盖经籍等物。使节说:"佛法'于诸法中最为殊胜','此法能生无量无边福德'。"[1]钦明大王听后甚为喜悦,说"朕从昔来,未曾闻如是微妙之法",并询问群臣能不能接受佛法,尊重礼拜。对此,苏我稻目(？—570年)竭力主张

---

[1]《日本书纪》卷19,钦明十三年十月。

接受,说各国都在崇拜,唯日本拒绝是不合适的。物部尾舆和中臣镰子则力主拒绝,认为日本历来祭祀天神地祇,现在改尊外国神,将招致国神的愤怒。针对2种不同主张,钦明大王宣布先让苏我稻目"试令礼拜"。事也凑巧,不久国内发生大瘟疫,人民多遭死亡。反对派物部尾舆、中臣镰子便借故上诉,说国内瘟疫四起,皆因苏我氏崇佛所致,要求大王下令尽速放弃佛法,毁坏佛像。钦明大王也信以为真,便依物部氏、中臣氏所奏,命令投佛像于江河,火焚伽蓝。自此,物部氏与苏我氏更结怨仇。苏我稻目死后,其子苏我马子(?—626年)尊佛更诚。他"修治佛殿",独行佛法,顶礼"三尼","深信佛法,修行不懈"。[1]585年(阴)二月,又遇疾疫,"民死者众"[2]。物部尾舆之子物部守屋(?—587年)、中臣镰子之子中臣胜海上奏敏达大王(538—585年),力劝:"疫疾流行,国民可绝,岂非专由苏我臣之兴行佛法欤。"[3]物部守屋得到敏达大王的默许,亲自率人推倒苏我氏建造的佛塔,纵火烧毁佛像、佛殿。物部氏与苏我氏的矛盾越发尖锐。587年,矛盾终于发展为武力冲突。这一年(阴)四月,用明大王病逝。(阴)五月,物部守屋欲立穴穗部皇子(?—587年)为王。苏我马子获悉,遂派兵杀死了穴穗部皇子。接着,苏我马子又把矛头转向物部守屋。(阴)七月,苏我马子和诸王子、群臣、豪族等密谋杀害物部守屋之计,然后苏我马子亲自带领群臣和王子,"俱率军旅",声讨物部氏。物部守屋也"亲率子弟与奴军,筑稻城而战"[4],但因寡不敌众,物部守屋及其子被杀,其所属田庄、部民悉被没收。

物部氏与苏我氏的排佛和崇佛之争的实质,不在于佛,而在于权。事实上,不论是苏我氏、物部氏,还是后来大化改新中反对苏我氏的中大兄皇子(626—671年)、中臣镰足(614—669年),都是积极主张吸取大陆文化的上层贵族。因此,不能简单地认为崇佛与排佛是革新与保守的斗争,而是大和政权内部的不同利益的政治集团,通过崇佛与否这一问题展开的一场争夺朝政控制大权的殊死斗争。

二、圣德太子摄政

物部氏被灭之后,苏我马子独揽朝政大权。587年(阴)八月,崇峻大王即位,苏我马子以大臣身份执政。崇峻大王"刚肠嫉恶",对于苏我马子飞扬跋扈、藐视

---

① 《日本书纪》卷20,敏达十三年、十四年。
② 《日本书纪》卷20,敏达十四年春二月。
③ 《日本书纪》卷20,敏达十四年春三月。
④ 《日本书纪》卷21,崇峻即位前记。

王公贵族的做法极为不满。592年,有人向大王献野猪。崇峻大王见猪而想到苏我马子的可恶,无限痛恨地说:"何时如断此猪头,断朕所嫌之人。"①此话传入苏我马子耳中,随后,苏我马子于(阴)十一月指使亲信,在朝集殿上杀死了崇峻大王。安葬崇峻大王之日,不造殡宫,不行仪式,冷冷清清,似同平民。

崇峻大王被害不久,苏我马子向群臣保荐自己的外甥女、敏达大王的王后炊屋姬为王,称推古女王②(554—628年)。593年(阴)四月,推古女王立厩户皇子为太子(即圣德太子),并"录摄政,以万机悉委"③,把管理国家大权交给了他。

圣德太子(574—622年)幼年时,曾拜高丽僧慧慈修研内教,向觉哿(gě)学外典,"博览典籍",大量吸收了从中国、朝鲜传入的各种先进的思想和文化。在步入政治舞台的过程中,他目睹社会的动荡与矛盾的激化,改革政治的强烈欲望常常激荡着他年轻的胸怀。但是,物部氏的嚣张、苏我氏的专横跋扈,特别是592年苏我马子杀死"刚肠嫉恶"的崇峻大王一事,给他留下了不可磨灭的印象。他期望改革政治,重振皇室权威。但他也意识到,在豪强势力如此强大,特别是在苏我氏擅权的情况下,要进行改革几乎是不可能的。当时,王公贵族无力同时与物部氏和苏我氏较量。因此,圣德太子只能利用豪强之间的矛盾,先依靠苏我氏打击物部氏,设法进入政权的核心,再伺机排除苏我氏。为此,他积极加入了苏我氏声讨物部氏的行列。物部氏消灭后,苏我氏的势力更加膨胀了,"内恣私欲,外矫饰佛教"④,骄暴于朝,横行于世。圣德太子自感力薄,"无敢与忤","隐忍累日"。⑤他不但自己隐忍,而且奉劝其他对苏我氏的骄横心怀不满的王公贵族忍让。例如,当崇峻大王叹息何时"断朕所嫌之人"时,圣德太子就曾借用佛典之词,奏请大王隐忍自重,不要露言于口。⑥

推古女王即位,苏我氏是寄予很大期望的。可是,推古女王对苏我马子的残暴和骄奢也是有看法的。这具体反映在她对圣德太子改革的支持和对舅父苏我马子的无理要求的抵制上。例如,苏我马子曾派人奏报女王,要求把整个葛城县割为他的封地。对此,推古女王愤然表示:我为苏我氏所生,对舅父提出的要求,自是迫不及待地日不到夜,夜不待明。然而,当今由我执政,无故割封县邑,后代

---

① 《日本书纪》卷21,崇峻五年十月。

② 后称"推古天皇"。

③ 《日本书纪》卷22,推古元年夏四月。

④ 藤原兼辅:《圣德太子传历》,转引自《大日本史》卷87,列传。

⑤ 《愚管钞》。

⑥ 藤原兼辅:《圣德太子传历》,转引自《大日本史》卷87,列传。

君王定将骂我"愚痴妇人临天下,以顿亡其县,岂独朕不贤邪"①,故予以拒绝,致使苏我马子的欲望骤然变成了泡影。

推古女王的贤明,增强了圣德太子实行政治改革的信心。603年(阴)十二月,圣德太子首先实行了"冠位制",用德、仁、礼、信、义、智来表示冠位的大小②,用紫、青、赤、黄、白、黑等颜色的冠帽、官服区别等级。"冠位制"的实施,表面上似乎只是用不同颜色的服饰表示官阶的形式上的改革,但实质上,它是用不能世袭的官阶等级表示身份高低,是封建等级制的雏形。授予冠位的大权,掌握在王室手中,其锋芒所指,是那些骄横的世袭贵族。604年(阴)一月,推古女王正式向诸臣"赐冠位"。(阴)四月,圣德太子又进一步制定了《十七条宪法》③,初步确定了统一中央集权政治的原则。

三、《十七条宪法》

《十七条宪法》是根据当时政治斗争的需要,兼取中国的法、儒、墨及佛家等思想,结合日本具体情况制定的。它贯穿着中国法家的"明分使群"思想和儒家的"君、臣、父、子"的严格等级观念。它规定了人与人之间不同的名分等级、社会地位和权利义务,明确指出"国靡二君,民无两主,率土兆民,以王为主,所任官司,皆是王臣""君则天之,臣则地之"④这一不可颠倒的等级和地位原则。

《十七条宪法》对各级官吏的权利和义务规定得尤为详细。归纳起来,就是为臣者,必须治心、治身、敦教化、尽地利、擢贤良、恤狱讼、均赋役。《十七条宪法》规定,为臣者必须"无忤为宗",要"每事有信",铲除"不顺君父,乍违于邻里"的意念。处身行事要不忘"承诏必慎,不谨自败"和"以礼为本",遵守封建的政治、法律制度和道德规范。要"背私向公",若"以私妨公,憾起则违制害法"。"大事不可独断,必与众宜论",这才是为臣之道。强调法治,要求各级官吏"明辨诉讼""见恶必匡""明察功过,赏罚必当"。对于那些"谄诈者",必须严惩,因为这些人是

---

① 《日本书纪》卷22,推古三十二年十月。

② 冠位:共分十二阶,即大、小德,大、小仁,大、小礼,大、小信,大、小义,大、小智。

③ 《十七条宪法》的要点如下:一、以和为贵,无忤(不和睦)为宗;二、笃敬三宝;三、承诏必谨;四、群卿百寮,以礼为本;五、绝餮弃欲,明辨诉讼;六、惩恶劝善;七、人各有任,掌宜不滥;八、群卿百寮,早朝晏退;九、信是义本,每事有信;十、绝忿弃瞋(发怒),不怒人违;十一、明察功过,赏罚必当;十二、国司、国造,勿敛百姓;十三、诸任官者,同知职掌;十四、群臣百寮,无有嫉妒;十五、背私向公,是臣之道;十六、使民以时;十七、大事不可独断。

④ 《日本书纪》卷22,推古十二年四月。本小节引文,凡不注出处者,皆引自此书。

"覆国家之利器""绝人民之锋剑"，"是大乱之本"。主张举贤良，认为"贤哲任官，颂音则起；奸者有官，祸乱则繁""事无大小，得人必治；时无急缓，遇贤自宽"。因此要摒弃以势居官的旧俗，应当"为官以求人，为人不求官"。各级官吏在自己统治的区域内，要"使民以时"，农桑时节，不可使民，征调赋役，也不可过度。

《十七条宪法》是日本历史上第一个较完整且具体提出建立中央集权统治的政治纲领。在当时的历史条件下，圣德太子能够并且敢于提出这样新鲜的、进步的主张，是非常可贵的，为大化改新奠定了思想和理论基础。

但是，在实行"推古朝改革"的过程中，圣德太子、推古天皇等人的软弱性也暴露无遗。由于他们与世袭贵族制度有着千丝万缕的联系，与豪强贵族存在着这样那样的亲缘关系，所以不能聚集力量，坚决打击豪强贵族，彻底废除世袭贵族制，而是一味地强调"以和为贵""以礼为本"，轻信豪强贵族能够"恪守信义"，协同改革。这就决定了改革必然失败的命运。

四、小野妹子和裴世清

圣德太子摄政期间，特别加强了同中国隋朝的联系。577年，北周灭北齐，中国北方实现统一。581年，杨坚篡政，改北周国号为隋。589年，隋军渡长江南攻，灭陈朝，全中国复归统一，结束了长期分裂割据的局面。

为沟通中日关系，圣德太子、推古女王于607年亲自派大礼小野妹子为使节，鞍作福利为翻译，携带国书前来隋朝。国书中写道"日出处天子致书日没处天子"，以"天子"自称。隋炀帝杨广接见了使者，并于608年任命文林郎裴世清为使，陪送小野妹子一行归国。裴世清到达日本时，朝廷"设仪仗，鸣鼓角来迎"[1]。推古女王、圣德太子和群臣百官亲切会见，并设宴招待。（阴）九月，裴世清辞行，圣德太子又派小野妹子为陪送使，吉士雄成为副使，再次来隋。同行的还有高向玄理、旻、南渊请安等8名留学生和学问僧。

这一次日本使者递交的国书中，一开头就写道："东天皇敬白西皇帝。"[2]这是日本历史上第一次使用"天皇"这一名称，表达了推古女王、圣德太子力图在国内加强中央集权，在国外采取与中国发展对等关系的方针。

614年，圣德太子又遣犬上君御田锹、矢田部造赴隋。618年，隋朝灭亡后，日本遂与唐朝开展了更为频繁的交往。

---

① 《隋书·倭国传》。
② 《日本书纪》卷22，推古十六年九月。

622年(阴)二月,圣德太子逝世。628年,推古女王也离开了人世。他们所主持的改革随之流产。推古朝改革虽失败了,但是它为大化改新积累了经验和教训。

第二节　大化改新——建立封建制度的政治改革①

一、苏我虾夷父子的暴戾

圣德太子、推古女王相继去世后,苏我氏立即展开了反扑。推古女王的葬礼刚刚结束,苏我氏便歪曲篡改推古女王关于皇位继承问题的遗嘱,打击、排挤圣德太子一族。推古女王病重之时,曾先后召见了田村皇子和圣德太子的儿子山背大兄王(? —643年)。她曾对山背大兄王说:"朕以寡薄久劳大业,今历运将终,以病不可违,故汝本为朕之心腹,爱宠之情不可为比,其国家大基是非朕世,自本务之,汝虽肝稚,谨以言。"②明确地表明让他继承王位,谨慎治政。对此遗言,苏我虾夷(? —645年)篡改为:你不要喧哗,依从群言,谨慎勿违。苏我虾夷还扬言,天下大任,女王已委于田村皇子。

苏我虾夷原打算独自决定皇位继承问题,但"顾畏群臣不从"③,便略施计策,把群臣都邀到家中会宴。在酒酣将散之时,要各大臣表态支持田村皇子。群臣沉默不答。苏我虾夷再三催促,仍然无人表态。最后在他强逼下,诸臣只得表态。5人以既然推古女王已有遗嘱,就按遗嘱办理为由,同意田村皇子;3人推荐山背大兄王;另1人苏我仓麻吕(苏我虾夷之弟)保留意见,未置可否。由于群臣意见不一,宴会不欢而散。苏我虾夷仍不甘心,继续用种种威胁、强迫手段,让大家支持田村皇子登基。境部臣摩理势是苏我虾夷的叔父,他与山背大兄王的异母弟泊濑仲王甚好。苏我虾夷曾单独问过摩理势:"当今扶谁为天皇?"摩理势推举山背大兄王。不久,苏我虾夷又派人追问,摩理势十分气愤地说:"先前苏我大臣已亲自问过我,何故还来问我!"说罢辞官而去。苏我虾夷又进一步威胁他:

---

① 关于日本封建社会从何时开始的问题,至今众说纷纭。日本史学界有大化改新封建说、平安中期封建说、镰仓封建说、南北朝封建说、太阁检地封建说,以及幕藩体制封建说。在中国史学界主要有3种意见,即大化改新封建说、平安中期封建说、镰仓封建说。

② 《日本书纪》卷22,舒明前纪。

③ 《日本书纪》卷22,舒明前纪。

"汝遂有不从者,我与汝有瑕,则国亦乱。"①摩理势不予理会,前往山背大兄王所在的斑鸠宫②,并住在泊濑仲王的宫内。苏我虾夷派人威逼山背大兄王,要他交出摩理势。山背大兄王无奈,力劝摩理势不要"因汝一人而天下应乱",让其离开泊濑仲王宫。摩理势忍让归家。10余日后,泊濑仲王突然"病死"。紧接着,苏我虾夷遣兵围攻摩理势,使之被害而死。对于自己的亲叔伯,因意见不一,就不惜采取置其死地而后快的手段,可见苏我虾夷的专横残暴。苏我虾夷杀一儆百,使得山背大兄王及群臣不敢公开反对他。629年春,田村皇子继位,称舒明天皇(593—641年)。641年,舒明天皇去世,皇后宝皇女即位,称皇极天皇(594—661年)。在舒明、皇极两朝期间,苏我氏大兴土木,劳役人民。639年,"以西民造宫,东民作寺"③。642年,征调越国(今新潟、福井两县)、近江国(今滋贺县)人民造大寺。同年,又私立祖庙,铺张庆贺,举行"八佾(yì)之舞"④,还征调"举国之民并百八十部曲",为他父子预造2座规模巨大的陵墓。甚至任意调用圣德太子所属的"乳部之民",致使圣德太子之女愤慨地骂道:"苏我臣专擅国政,多行无礼,天无二日,国无二主……何由任意悉役封民,自兹结恨,遂取俱亡。"⑤643年,苏我虾夷患病不起。他不经朝廷批准,向其子苏我入鹿(?—645年)私授紫冠⑥,让其执掌国政。苏我入鹿"为人暴戾""威权过父"⑦,篡夺皇权的活动更加放肆。他继承父业所进行的第一件事情,就是派兵围困圣德太子的儿子山背大兄王,迫使山背大兄王及其子弟、妃妾自杀身死。464年,苏我入鹿又征调役丁在甘梼岗⑧为其父子建筑宫室,称其父苏我虾夷家为"宫门",自己的家为"谷宫门",其子女皆称"王子",宫室周围做城栅,门旁造兵库,"恒使力人持兵守家"。宫室工程刚竣工,又调人造梓削寺⑨,还在亩旁山东造住宅,起库储箭。他出入经常有50名士兵护卫,俨然以国家最高统治者自居。

---

① 《日本书纪》卷22,舒明前纪。

② 《日本书纪》卷22,推古九年条载:春二月,皇太子(即圣德太子)初兴宫室斑鸠。圣德太子死后,其子山背大兄王、泊濑仲王等人居于此。

③ 《日本书纪》卷23,舒明十一年七月。

④ 《日本书纪》卷24,皇极元年十二月。

⑤ 《日本书纪》卷24,皇极元年十二月。

⑥ 紫冠:朝廷最高官阶大德所戴冠帽的颜色是紫色,故大德也称紫冠。

⑦ 《大日本史》,苏我入鹿传。

⑧ 甘梼岗,今奈良县高市郡明日香村丰浦。

⑨ 梓削寺:据《大和志》,该寺古址在今奈良县高市郡丹生谷村。

苏我氏频繁的徭役征调,弄得全国民不聊生。大批劳力往返旅途,常常"卧死路头"①,社会生产力遭到严重破坏。田园荒芜,灾害频起,"老者啖草根而死于道,幼者含乳,以母子共死"②的惨状比比皆是。为求生,部民们或隐匿逃亡,"自托势家求活"③,或铤而走险,结伙聚众,抢劫为生,"强盗、窃盗并大起之,不可止"④。苏我氏的暴虐骄横,在统治阶级内部结下了无数的怨仇,促使反苏我氏势力的集聚,逐步形成了既反对苏我氏专权,又主张学习唐代封建制度,对现有政治制度进行改革的政治集团。这个集团的核心人物就是中大兄皇子和中臣镰足。

二、中大兄皇子和中臣镰足

中大兄皇子生于626年。⑤当时,正是社会剧烈动荡的时代。他既目睹了苏我虾夷、苏我入鹿等人背道逆世的行为,又亲身饱尝过苏我氏的排挤之苦。⑥因此,他立志革新政治,以增强王室的权威。为此,他求教于留学隋唐归来的学生和僧侣,探索革新的道路。中臣镰足深受中国儒家思想的影响,"年幼好学,博涉书传,每怀太公《六韬》,未尝不反复诵之"⑦。他对苏我入鹿父子"失君臣长幼之序,挟窥觊稷社之权"⑧的行为十分愤慨,决心不在苏我入鹿属下居官图安,更不愿助纣为虐。644年,他被任命为主持祭祀的神祇伯,但他称病推辞,决意隐退。其间,他认真观察政情,结识反对苏我入鹿的势力和主张革新的知己。他先与当时"患脚不朝",实际上不满苏我入鹿的轻皇子⑨结交。后有意接近中大兄皇子,交往甚密,推心置腹,肝胆相照,常常"俱手把黄卷",学习中国的古籍。他们共拜留学隋唐归国的南渊请安为师,了解隋唐封建制度和唐太宗巩固封建统治的各种措施,并结合日本国情,"并肩潜图,无不相协"⑩,秘密地着手制订打倒苏我入鹿和实行政治改革的计划。在准备过程中,中大兄皇子和中臣镰足采取的第一

---

① 《日本书纪》卷25,大化二年三月。
② 《日本书纪》卷22,推古三十四年是岁。
③ 《日本书纪》卷25,大化二年三月。
④ 《日本书纪》卷22,推古三十四年是岁。
⑤ 据室町时代成书的《本朝皇胤绍运录》,中大兄皇子生于614年,与《日本书纪》中的记载相差12年,本书取《日本书纪》中的记载。
⑥ 中大兄皇子之母皇极天皇在位时,苏我氏曾多方藐视、冷落。
⑦ 《大织冠传》,《人物日本历史1》,小学馆1975年版,第901页。
⑧ 《日本书纪》卷24,皇极三年正月。
⑨ 轻皇子:皇极天皇的弟弟,中大兄皇子的舅舅,后为孝德天皇。
⑩ 《日本书纪》卷24,皇极三年正月。

个措施是在苏我氏的营垒里,团结那些不满苏我入鹿专横的人,主要是苏我入鹿的堂兄弟苏我石川麻吕(? —649年)。由中臣镰足说合,中大兄娶石川麻吕的女儿远智娘为妃,结成婚姻关系。第二个措施是争取掌握军事实权的官吏的支持。中臣镰足把担任宫廷警卫的佐伯连子麻吕、稚犬养连网田、海犬养连胜麻吕等人争取了过来。第三个措施是争取其他有势力的朝廷重臣的支持,如重臣阿倍内麻吕(? —649年)等。①第四个措施是同从唐朝留学归来的知识人取得联系,把他们作为革新政治的智囊。一切准备就绪之后,就等待时机了。

三、宫廷政变

645年(阴)六月,机会终于来了。十二日,将是三韩使者向朝廷进赠礼品的日子,中大兄皇子等人决定利用这次机会发动政变。中大兄皇子、中臣镰足、苏我石川麻吕、海犬养连胜麻吕、佐伯连子麻吕、稚犬养连网田等人做了严密的分工后便开始行动。

(阴)六月十二日清晨,苏我入鹿前往早朝,在殿门前遇见了一个歌舞伎。歌舞伎巧言嬉谑,使入鹿"笑而解剑"②。入鹿进入宫门后,太极殿的12道大门即刻关闭上锁。中大兄皇子亲自召集全部门卫,以俸禄相许,获得卫士们的支持。

大殿上,早朝仪式正在进行,苏我石川麻吕在唱读三韩赠送礼品的表文。大殿之旁,则隐藏着手执武器的中大兄皇子、中臣镰足、佐伯连子麻吕等人,气氛极为紧张。按照事先约定,石川麻吕唱读之间,由佐伯连子麻吕冲出刺杀苏我入鹿。可是,佐伯连子麻吕畏惧苏我入鹿,唱读快完时,仍未动手。苏我石川麻吕一时紧张,不觉"流汗浃身,乱声动手"。苏我入鹿见此,十分诧异,问苏我石川麻吕为何颤抖。苏我石川麻吕回答:"恐近天皇,不觉流汗。"在此紧急时刻,中大兄皇子当机立断,率先冲入大殿,以枪剑刺伤苏我入鹿头肩。苏我入鹿惊跳而起,佐伯连子麻吕紧接着挥剑伤其一脚。苏我入鹿带伤跑近皇极天皇御座,叩头作揖说:"臣不知罪,乞垂审察。"皇极天皇也很惊恐,问中大兄皇子发生了什么事情。中大兄皇子回答说:"苏我入鹿尽灭天宗,将倾日位。"听罢,皇极天皇默默退殿,佐伯连子麻吕、稚犬养连网田迅即斩杀了苏我入鹿。

斩杀苏我入鹿之后,中大兄皇子等人立即采取了应变措施。苏我虾夷获知苏我入鹿被杀后,"总聚眷属,擐甲持兵",企图进行武装反扑。中大兄皇子获悉

---

① 《天智天皇》,《人物日本历史1》,小学馆1975年版,第92—93页。
② 《日本书纪》卷24,皇极四年六月。本小节不注出处者,皆引自此文。

后,立即派将军巨势德陀等人到与苏我入鹿父子有联系的各大臣、军队和眷属中间,展开政治攻势,宣传"天地开辟,君臣始有",揭露苏我入鹿专横跋扈、违君之道的罪行,要他们当机立断,决定去从。经过宣传和策动,苏我虾夷父子所属部下纷纷"解剑投弓,舍此而去"。苏我虾夷深感众叛亲离,便于苏我入鹿被杀的第二天,纵火烧宅,自焚而死。中大兄皇子发动的宫廷政变取得了成功,一场新的大规模的政治改革开始了。

四、孝德天皇即位和新官职的设立

宫廷政变的第三天,645年即(阴)六月十四日,皇极天皇"思欲传位于中大兄",宣布退位。在中臣镰足的忠告下,中大兄皇子将王位让于舅舅轻皇子。轻皇子即位,称孝德天皇(597—654年)。

孝德天皇博览中国典籍,对远自黄帝、尧、舜,近至汉唐诸帝的治国之术颇有了解,一直有志于改革陈腐的政治。他与中大兄皇子、中臣镰足关系密切,政治主张也一致。因此,他上台伊始,就仿照唐代官制,设立了左大臣、右大臣、内大臣、国博士等职。立中大兄皇子为皇太子,辅助政事,任阿倍内麻吕为左大臣,苏我石川麻吕为右大臣,中臣镰足为内大臣。内大臣一职,名义上位次低于左、右大臣,而实际上"进退废置,计从事立"[1],无不参与议定,或出自他的主张。孝德天皇还任命从唐朝留学回国的僧旻、高向玄理为国博士,作为新政改革的智囊。

(阴)六月十九日,宣布年号为大化。(阴)七月十二日,申明新政府的政治原则是:"当遵上古圣王之迹而治天下,复当有信可治天下。"[2]这里所说的"上古圣王之迹"系指圣德太子所实行的推古朝改革,所说的"信",却是指中国法家的"信赏必罚"。

在稳定中央政局之后,中大兄皇子等人立即着手控制地方政权。(阴)八月,择选"良家大夫"8人为国司,分赴东国[3]、大和等6县。东国是皇室财政上赖以生存的地区,也是豪强势力强盛之地,因此新政权十分重视对这一带的控制。在国司赴任之前,孝德天皇给他们规定的任务主要是:"作户籍""校田亩",所有公私所属的百姓,都要登记成册;山林池塘等不许任何人依仗权势霸用;国郡之内,私有刀甲弓矢,收缴入库。同时指示他们治政一定要先正己而后正他,说"如不自

---

① 《日本书纪》卷25,皇极四年六月。
② 《日本书纪》卷25,大化元年七月。
③ 东国:指京都以东的镰仓、江户等地方。

正,何能正人""汝率而正,孰敢不正",要他们廉洁奉公,不得贪赃贿财,不能裁决刑事案件,不许劳民。此外还申明官吏"奉法必须褒赏,违法当降爵位"。

为了广开言路,朝廷还"设钟匦于朝",号召各级官吏对不法官吏进行揭发,以防"懈怠不理""阿党有曲"之徒。(阴)九月十九日又宣布:臣、连、伴造、国造各级官吏不得任意占据国县、山海、林野、池田和兼并百姓土地。与此同时,以国博士僧旻、高向玄理等人为核心的一批知识人,专心于新的统治制度的制定。他们参照唐朝的《武德令》《贞观令》等律令,以及日本本国固有的习惯法,进行深入的研究。[1]

上述各项措施,都是大规模改革的前奏。大规模的改革是从646年开始的。

五、《改新之诏》

646年(阴)一月一日,孝德天皇发布《改新之诏》[2],实行一系列政治、经济改革。改新的内容,归纳起来主要有以下4点。

第一,废除世袭氏姓贵族制度,确立中央集权的官僚政治体制。"改去旧职,新设百官。"在中央设二官、八省、一台。[3]在地方上建立国、郡、里统治机构。国设国司,郡设国造(或评造[4]),里设里长(每50户为一里)。里下又设10保(5户为一保),每保以一人为长。地方官吏录用"明廉强直堪时务者"和"清正强干者"担任。各级地方官吏的任命、罢免权属于中央,从而打破了氏姓贵族世袭要职的特权。

第二,废除贵族私有的土地制度和部民制,即所谓罢"子代之民,处处屯仓"及"部曲之民,处处田庄"。将土地、部民全部收归国有,成为公地、公民。同时,国家赐给大夫以上的官僚贵族以一定数量的土地和人口,称为"食封",用封给他

---

[1] 井上光贞:《日本律令的制定及其注释书》,《日本思想大系3:律令》,岩波书店1973年版,第751页。

[2] 关于《改新之诏》,日本史学界有3种不同看法。坂本太郎、关晃认为,诏文基本上是当时的原诏文;津田左右吉、井上光贞、八木充、石母田正等人认为,诏文的主要部分是原诏文,而解释部分是后来加上的;岸俊男、原秀三郎、关口裕子等人则认为,诏文是《日本书纪》的作者虚构的。

[3] 二官:神祇官、太政官。太政官相当于唐代的尚书省,下设左、右辨及少纳言三局。八省:中务(掌撰写诏书、修史、天文历法等);式部(掌官吏任免);治部(掌贵族的继承、结婚、国家礼典、僧侣及对外事务);民部(掌民政户籍);兵部;刑部;大藏(掌财政);宫内(掌宫中及天皇家的事务等)。一台:弹正台(监察官纪)。

[4] 评造:大化改新后开始新设的郡一级地方官吏。一般是新设的郡称评造,原有的郡仍称国造。因此,郡一级官吏有2种称呼:一为评造,一为国造。

们的"封户"缴纳的租赋的一部分,作为他们的俸禄。

第三,施行班田收授法。凡6岁以上公民,由政府班给口分田,男子2段[①],女子为男子的2/3。官户奴婢的口分田与公民相同,私户奴婢则给公民的1/3。口分田是不允许买卖的,也不是永业田,受田人死后一律交回。口分田每隔6年重新收一次。一般都是就近分给,若本郡田数不足,也有分给外郡土地的。为了统一田亩测量,还具体规定了丈量面积的标准,即每段土地长30步、宽12步,10段为1町。

班田收授法自646年(阴)一月实行,至650年(阴)十二月基本结束,前后达6年之久。表面上班田法是平均分配土地,而实际上是不平均的。官僚贵族们以各种名目(如功田、位田、职田、赐田)获得的土地是相当大的,这一点在后文有所印证。

第四,统一租税,实行租庸调制。大化政权实行租税制的统一,在法制上肯定了封建的剥削形式,废除了贵族们"各置己民,恣情驱使",毫无节制地征调赋役的权力。租庸调制规定,凡受口分田者,每年向政府缴纳田租。每段土地交租稻2束2把。[②]田调,每段绢1尺,绁2尺。户别调,布1丈2尺。劳役,凡21—65岁男子,每年服役10天。如不服役,可出布绢代替,每天纳布2尺6寸。

大化新政权除了实施上述改革外,还改革旧风俗。如646年(阴)三月二十二日,公布了薄葬令,改变了4—5世纪以来筑高冢、行厚葬的旧俗。与此同时,在殉葬、婚姻等方面也都做了新规定。

新政的实施,并不是一帆风顺的,也在不断地受到豪强贵族和习惯势力的反抗和抵制。645年(阴)九月,与苏我入鹿有关系的古人大兄皇子,曾勾结旧豪族密谋反叛。647年(阴)十二月,中大兄皇子的住处突遭火灾。648年(阴)四月,实行新冠制,"左右大臣仍戴古冠,以相抵制"。649年,苏我日向诬告大化改新功臣苏我石川麻吕,说他图谋陷害中大兄皇子,致使苏我石川麻吕一家自杀。接着,中大兄皇子与孝德天皇也因某些政见上的不同看法而不和。孝德天皇在抑郁之中离开人世。

六、天智天皇定氏上、民部、家部

655年,中大兄皇子之母皇极天皇再次登基,称齐明天皇。她"悉以庶务委太

---

① 段(反):土地面积单位,一段相当于991.7平方米。
② 束把:日本古代计算粮食的单位,一束10把。

子"，中大兄皇子仍然掌握大权。661年，齐明天皇去世，中大兄皇子以太子身份总揽大政，名为"称制"。"称制"的第七年，即668年，中大兄皇子正式继承皇位，称天智天皇。

天智天皇前后在位（包括"称制"）10年，在内政方面，主要实行了以下4项改革。

第一，增换冠位阶名。圣德太子实行的冠位十二阶（12阶），在647年被新政府改为13阶。664年，天智天皇又增加到26阶。阶位的递增，反映了封建官僚等级更严密、更复杂。

第二，定氏上。关于定氏上的具体情况，史书记载甚简，因此史学界有多种解释。有不少人认为，天智天皇定氏上，反映了他在改革后期对豪族势力的妥协。这种看法值得商榷。大化新政权曾明确宣布过：凡凭借原有氏姓奉职的"卿、大臣、臣连、伴造、氏氏人等"，一律"改去旧职，新设百官及著位阶，以官位叙"。随着豪族特权的废除，旧有的氏姓制度已失去了它原有的意义。天智天皇所实行的定氏上，就是在这一法令基础上进行的。其所定的氏上，并没有实际的含义，只不过是给某些效忠于新政权的豪族的一种荣誉称呼罢了。以后又逐渐地发展为赐给有功之臣的一种尊称。凡定为大氏的氏上者，赐给大刀；小氏的氏上者，赐给小刀；伴造等氏上者，赐给干楯、弓矢。

第三，定民部、家部。新政府实行的班田收授法能否实施的关键，在于全国公私所属人口的稳定性。为防止国家所属的公民沦为豪族的私民，天智天皇特别规定了民部、家部，这是一项积极的措施。

第四，编法典、年籍。668年，天智天皇命中臣镰足等人将大化改新以来发布的诏书编纂整理成法典。因当时建都近江，所以称这部法典为《近江令》[①]，是日本历史上第一部正规法典。它表明日本开始走上法制完备的轨道。670年，编制了包括畿内、东海、山阳、南海、西海等地区的公民、家人、奴婢的户籍。这就是驰名于后世的《庚午年籍》，是日本最早的比较完备的户籍。"法律就是取得胜利、掌握国家政权的阶级的意志的表现。"[②]《近江令》《庚午年籍》的编纂和实施，标志着大化政权推行的改新事业已初步完成。

[①] 关于制定《近江令》一事，《日本书纪》中没有记载，而《弘仁格式》记载颇详，该书在序中载道："天智天皇六年，制令廿二卷，世人所谓近江朝廷之令也。"

[②] 列宁：《列宁全集》第13卷，人民出版社1959年版，第304页。

七、白村江战役

天智天皇在位期间,发生的另一件重大事件是出兵朝鲜半岛,在白村江口(今韩国锦江下游)与唐朝军、新罗军进行了一次激烈的海战。

562年,新罗兼并了与日本关系甚密的朝鲜半岛南端的任那。至7世纪中叶,高句丽、百济、新罗之间展开了激烈的争战。654年,新罗武烈王(?—661年)即位,采取与唐朝结盟的对外政策,以牵制高句丽、百济势力。659年,百济攻新罗,武烈王求援于唐朝。660年,唐高宗(628—683年)派大将军苏定方率水陆军13万人援助。(阴)七月,百济大败。(阴)九、十月,百济2次派使往日本求援,并要求送还在日本做人质的丰璋王子。662年春,天智天皇用170艘军船护送丰璋王子归国。丰璋归国后继位执政。其间,日本还以矢10万枚、丝500斤、棉1000斤、布1000端[①]、鞣皮1000张、稻种3000石相助。663年初,百济君臣内讧,新罗乘机进攻。(阴)三月,日本获悉,急派军27000人支援百济。(阴)八月,又派万余人支援。

得知日本军事动向的唐、新罗联合军,以战舰170艘埋伏于白村江口。(阴)八月二十七日,日本先遣军的船只到达白村江口,与埋伏的唐、新罗联军交战,不利而退。二十八日,日本军诸将和百济王会议,商讨对策。由于日本诸将和百济王妄自尊大,低估对方实力,错误地认为"我等争先,彼应自退",未加整顿部署,便"率日本乱伍中军之卒,进打大唐坚阵之军"。结果,唐、新罗联军"左右夹船绕战",打乱了日本军的船阵,致使日军"赴水溺死者众,舻舳不得回旋",惨败而归。[②]

军事上失败后,天智天皇深恐唐、新罗联军进攻本土,自664年开始,花费巨额资财,先后建筑了4道防线,即以对马、壹岐、筑紫为第一线,长门(今山口县)为第二线,赞岐的屋岛城(今香川县屋岛)为第三线,大和的高安城(今奈良县的高安山)为第四线。然而,唐朝和新罗并没有进军日本本土。

白村江一战的失败,使天智天皇不得不重新审查自己的对外政策。他省悟到与唐朝对立既不利于东亚的稳定,又不利于日唐之间的经济、文化交流。于是,他及时地修正了对外政策,先后与唐朝、新罗恢复了邦交关系。

---

① 端:日本奈良时代的度量衡。
② 《日本书纪》卷27,天智二年八月。

第三节　中央集权统治的巩固和发展

一、"羞无监抚术，安能临四海"

671年(阴)十二月，天智天皇逝世。至此，创立大化新政权的开国元勋，都已去世。①由谁来主持新政权，巩固和发展中央集权统治？这是当时摆在新贵族面前的紧要课题。就当时的情况看，在有资格继承改新事业的人物中，呼声最高的是天智天皇的兄弟大海人皇子(？—686年)。

大海人皇子的青年时代，是在大化改新的激烈斗争中度过的。他热情地投入了政治改革运动，成为天智天皇和中臣镰足的助手。因为在革新事业中，他表现出非凡的才能，所以在天智天皇掌权以后，他便以代言人的身份出现在政治舞台上。664年，他代表天智天皇宣读了著名的《甲子之诏》，宣布增换冠位阶名，定氏上，定民部、家部。668年，又被正式立为东宫，作为皇位的继承者。大海人皇子聪慧、爽直、直言不讳，对天智天皇晚年"朝廷无事，游览是好"，沉湎于"置酒浜楼，酒酣极欢"②的举动很有意见。在一次宴会上，曾以长枪刺穿地板来表示不满，差一点被天智天皇送上断头台。

669年中臣镰足死后，大海人皇子的地位发生了急剧的变化。由于天智天皇对自己的儿子大友皇子(648—672年)过分宠爱，大海人皇子逐渐地被疏远了。大友皇子有很深的文学修养，擅长五言汉诗，但缺乏治理国家的政治阅历和斗争经验。这一点，他自己也毫不隐讳。他曾写过一首感叹自己无能的汉诗：

道德承天训，盐梅③寄真宰。

羞无监抚术，安能临四海④。

---

① 649年，左大臣阿倍内麻吕病死。同年，苏我石川麻吕被诬陷而自杀身死。654年，孝德天皇病死。669年，中臣镰足病死。

② 《大织冠传》，《人物日本历史1》，小学馆1975年版，第141页。

③ 盐梅：原义为调味，指人们做汤羹时，盐、酸要适中。人们常常将其转义为臣下辅佐君主理治政。此诗中的"盐梅"指宰相(太政大臣)。

④ 《怀风藻》，《宁乐遗文》下卷，东京堂1944年版，第912页。

可是,自愧无能治国的大友皇子,却于671年(阴)一月二日,被天智天皇任命为太政大臣,总揽朝廷大权。与此同时,天智天皇还命苏我赤兄为左大臣,中臣金连为右大臣,苏我果安、巨势比登、纪大人臣为御史大夫。这些人多是对大化改新阳奉阴违的人物,尤其是苏我赤兄是一个投机钻营、两面三刀的人。他早在658年就曾挑动孝德天皇的儿子有间皇子(640—658年)对中大兄皇子的不满。他抓住中大兄皇子执政中的缺点错误,煽动有间皇子说:当今治政有三大过失,一是"大起仓库,积聚民财",二是"开凿渠水损费公粮",三是"用舟运石堆积为丘",[①]策动有间皇子谋反。当有间皇子着手谋反的时候,他却向齐明天皇和中大兄皇子告发了这一阴谋,并派人把有间皇子的住宅包围起来,致使有间皇子被捕并被处以绞刑,而他却因告发有功,钻进了大化政权内部。此后,他一边表示对天智天皇的忠诚,一边奉承大友皇子,打击和孤立大海人皇子,以图进一步篡夺权力。天智天皇还健在的时候,苏我赤兄就居心叵测地对大友皇子说:"恐圣朝万岁之后,有巨猾间衅。"[②]暗示他及早动手消灭争夺皇位的敌手。

671年(阴)十月,天智天皇病危在床的时候,曾召见大海人皇子,表示自己即将离世,要大海人皇子主持大政。可是,大海人皇子拒绝了这一嘱托。有着多年政治斗争经验的大海人皇子,早已觉察到大友皇子、苏我赤兄等人的异常行动。因此,他要求天智天皇允许他削发为僧,脱离政治,移居吉野(今奈良县南部山岳地带)。结果,天智天皇同意了。

大海人皇子的出走,对大友皇子、苏我赤兄等人来说是既喜又惧的事情。喜的是他离开了京都,给他们篡权提供了方便;惧的是怕他积聚力量,东山再起。(阴)十月十九日,大海人皇子离开京都以后,他们曾惶恐不安地说:"虎著翼放之。"[③]二十三日,大友皇子篡权心切,背着病床上的天智天皇,在西殿和苏我赤兄、中臣金连、苏我果安、巨势比登、纪大人臣等人泣血誓盟。苏我赤兄等人发誓拥戴他登基,并说谁若违背盟约,则"子孙当绝,家门必亡"。[④]二十四日,近江宫大火。二十九日,正当天智天皇弥留之际,苏我赤兄等人一齐拥至天智天皇跟前,迫他认可大友皇子为皇位的继承人。(阴)十二月二日,天智天皇逝世。五日,丧事未了,大友皇子便匆匆登基,称弘文天皇。

---

① 《日本书纪》卷26,齐明四年十一月。

② 《怀风藻》,《宁乐遗文》下卷,东京堂1944年版,第912页。

③ 《日本书纪》卷28,天武即位前纪。

④ 《日本书纪》卷27,天智十年十一月。

大海人皇子以他丰富的经验和判断力,意识到今后的斗争是激烈的。他在离开近江京移居吉野的途中曾吟过一首和歌,表露了他对困难前景的充分估计,其歌词大意是这样的:

> 三吉野山耳我岭,
>
> 雪纷飞,雨绵绵。
>
> 恰似纷飞的雪、绵绵的雨,
>
> 我思绪万千,
>
> 攀登这曲折的山径。①

二、壬申之乱

大海人皇子曾是天智天皇亲自诏立的东宫,是合法的继位人。因此,大友皇子篡位之后,首先要办的事,就是杀害远在吉野的大海人皇子。672年(阴)五月,大友皇子以修造山陵为名,征调军兵、百姓,在近江京和大和京一带屯兵积粮,准备袭击吉野。消息很快传到大海人皇子耳中,他不觉愤起,"其祸招身,何然止哉"②,当机立断,决定进行反击。(阴)六月二十二日,大海人皇子秘密派遣村国连男依等3名心腹之臣,急往美浓国(今岐阜县),命令八磨郡郡领和美浓国司发兵,"急塞不破要道"③。不破要塞是近江京与东部各国联系的必经之道,占据了这一要塞,等于扼住了近江京方面的咽喉。二十四日,大海人皇子一行数十人极秘密地踏上了前往美浓、尾张(今爱知县)的征途。他们日夜兼行,仅用3天时间就到达了目的地。大海人皇子神速而果断的措施,使近江京"群臣悉愕,京内震动"④。大海人皇子获得了东部地方贵族的拥护,队伍一下子发展到数万人。

(阴)六月底,大友皇子、苏我赤兄等人2次发动进攻,企图攻占不破要塞,但两战皆遭失败。(阴)七月初,大海人皇子乘胜分兵两路直逼近江国。(阴)七月二十二日,兵临近江京,"京内并以骚动"。大友皇子亲率大军,成阵濑田桥西,企图决一死战。濑田桥西"旗帜蔽野,埃尘连天,钲鼓之声闻数十里,列弩乱发,矢下如

---

① 《万叶集》卷1,佐竹昭广等:《万叶集译文篇》,塙书房1975年版,第8—9页。

② 《扶桑略记》第5,天武天皇。《扶桑略记》共30卷,史书,皇圆著,成书于平安末期,汉文编年体,记载了神武天皇至崛河天皇的传说和史事。

③ 《日本书纪》卷28,天武元年六月。

④ 《日本书纪》卷28,天武元年六月。

雨"。①大海人皇子军"披矢入阵",勇敢战斗。

大友皇子军终因抵挡不及,"悉乱而散走",大友皇子也"仅脱身逃散"。②
(阴)七月二十三日,在四面楚歌之中,大友皇子"走无所匿",遂自杀身死。

这场经历一个多月的战争,便是日本历史上的壬申之乱。

三、天武之治

大海人皇子之所以能够在短短的时间内打败篡权的大友皇子,其主要原因
有三。一是军纪严明。大海人皇子明令全军:"发兵之原意非杀百姓,是为元凶,
故莫妄杀。"③军队所过沿途,只打击那些死心投靠和暗通苏我赤兄、大友皇子者,
因此深得民心。二是分化瓦解。凡反戈投诚者,都予以信任或重用。如近江京
方面的将军羽田八国及其子,"率己族来降,因授斧钺、拜将军"④。三是行动果
断,指挥正确。起兵伊始,马上占领不破要塞,确保了东国的兵力和财力,在军事
上为最后胜利奠定了基础。

673年(阴)二月二十七日,大海人皇子正式继位,称天武天皇。他在大化改
新的基础上,又进一步模仿唐代政治制度,实行了新改革。有一些他未能实施的
措施,后来由继承他事业的持统(645—702年)、文武(683—707年)、元明(661—
721年)等天皇付诸实施。

天武天皇首先废除了天智天皇任命的,而又被大友皇子、苏我赤兄等人把持
的太政大臣、左大臣、右大臣、御史大夫4个官职;其次建立了从中央到地方的三
级领导体制,即天皇之下设太政官和大弁官。太政官、大弁官没有实际权力,直
接听命于天皇,只起上下联络作用。太政官直接联络中央六官——大藏官、法
官、理官、兵政官、刑官、民官。⑤大弁官直接联络全国各地方官。⑥天武天皇通过
这一套官制,把中央和地方的权力全部集中在自己手里。

---

① 《日本书纪》卷28,天武元年七月。
② 《扶桑略记》第5,天武天皇。
③ 《日本书纪》卷28,天武元年秋七月。
④ 《日本书纪》卷28,天武元年秋七月。
⑤ 法官相当于吏部,理官相当于治部,兵政官相当于兵部,刑官相当于刑部,民官相当于户部
   或民部。
⑥ 早川庄八:《律令制的形成》,八木充等:《岩波讲座日本历史2:古代2》,岩波书店1975年版,
   第217—220页。

676年(阴)二月,天武天皇宣布废除天智天皇给各豪族规定的家部之制①,对先前赐予亲王以下诸臣的"山泽岛浦,林野陂池",一律收归国家所有。677年(阴)四月,天武天皇又宣布诸王诸臣的封邑"除以西国,相易给以东"②,用转移封邑的办法,使贵族们同他们精心经营的势力范围脱离,防止地方势力的壮大。680年,公布"有食封者,先后限三十年,若数年满三十则除之",进一步限制了贵族的特权。683年取消了食封制,亲王以下诸臣的食封,一律"更返于公"。③至此,彻底废除了旧贵族拥有的世袭经济特权,从而加强和发展了封建国家的经济基础。

在用人政策上,天武天皇特别重视才能。他曾三令五申,用人应"选简其才能,以充当职"④。选择人才时,要"选进德行,德行同,取才者,才用同,取劳效多者"⑤,即使是"庶人""妇女",只要"其才能长",都应"准官人之例"。天武天皇还提倡国家官吏不论官位高低,对时政都应"各述己见",认为只有"上责下过,下谏上暴,乃国家治焉"。⑥凡是有利于国家统治的意见,应当及时上达,说得有理,则可"立为法则"⑦。为了有利于上述用人政策的实施,685年,天武天皇宣布了"更改诸氏之族姓",实行新的"八色之姓"⑧。定姓的标准是"唯序当年之劳,不本天降之绩"⑨。686年,天武天皇又宣布"更改爵位之号",增加阶位。上述措施,使那些在壬申之乱中有功而地位又较低的人也能够晋级、赐位,步入各级封建统治机构。690年公布的《考仕令》又明确规定,各级官吏根据任职成绩,分成9等。四等以上者,再依"其善最功能,氏姓大小量授冠位"⑩。至文武天皇时,还不断地派出巡察使检察地方官吏的功过,政绩显著"依令称举",有过失者"依律推断"。⑪

加强军备是天武天皇及其以后历届天皇甚为重视的问题。天武天皇再三说

① 《日本书纪》卷29,天武四年二月载:"甲子年诸氏被给部曲者,自今以后除之。"
② 《日本书纪》卷29,天武五年四月。
③ 《日本书纪》卷29,天武五年四月。
④ 《日本书纪》卷29,天武五年四月。
⑤ 《令义解》卷4,选叙令。
⑥ 《日本书纪》卷29,天武八年冬十月。
⑦ 《日本书纪》卷29,天武九年十一月。
⑧ 八色之姓:真人、朝臣、宿袮、忌寸、道师、臣、连、稻置。
⑨ 《古语拾遗》,《元弘本古语拾遗》,北京图书馆藏本。
⑩ 《日本书纪》卷30,持统四年四月。
⑪ 《续日本纪》卷3,大宝三年十一月。

过:"凡政要者军事也。"①他要求政府文武官员都要"习用兵及乘马",经常进行军事训练,并不断派人到各地督促检查。他曾亲自检阅军队和装备。693年还派"阵法博士等教习诸国"②。在京城设立卫府,在地方上建立军团,负责中央和地方的治安。

"定律令,改法式",实行法治。天武年间,朝廷规定:凡犯法者,不论朝廷之人或地方官吏,都要在犯罪的地方,受到谴责。对于罪恶重大者,"应请则请③,当捕则捉",倘若顽抗,可"起当处兵而捕之"。那些罪恶昭著,还欺言无罪者,更要罪上加罪,严加惩处。④681年,开始进行新律令的编纂。次年(阴)八月完成,定名为《飞鸟净御原朝廷令》。689年,持统天皇将《飞鸟净御原朝廷令》(22卷)颁发诸司,付诸实施。700年,文武天皇任命以刑部亲王(? —705年)、藤原不比等(659—720年)为首的19人,"以净御原朝廷(令)为准正",增纂律令。701年(大宝元年)(阴)八月编纂完毕,共制成律6卷、令11卷⑤,称为《大宝律令》。718年(养老二年),藤原不比等又在《大宝律令》的基础上,增补成律10卷、令10卷,称《养老律令》。⑥

从天智天皇编纂《近江令》开始,经《飞鸟净御原朝廷令》《大宝律令》,至《养老律令》的制定过程,也就是日本中央集权的封建国家体制逐渐走向完善的过程。律令是大化改新以来,政治、经济等方面统治经验的总结。《大宝律令》《养老律令》表明,日本已成为一个法式完备的中央集权的封建制国家。

由于天武、持统、文武、文明等天皇都着眼于经济的发展、政局的安稳,推行了一系列适合当时国情的措施,所以在天武天皇以后的半个多世纪,是日本封建中央集权政治的昌盛期,各方面都取得了长足的进步。

图3-1和表3-1分别显示了《养老律令》规定的中央机构和中央、地方职务。

---

① 《日本书纪》卷29,天武十三年闰四月。
② 《日本书纪》卷30,持统七年十二月。
③ 这里的"请"指请示之意。按律令规定,爵位高的贵族犯罪,刑事机关要将有关材料呈送天皇,请天皇裁决。
④ 《日本书纪》卷29,天武十一年十一月。
⑤ 律为刑法;令包括国家组织、行政法、民法、诉讼法,以及其他各种制度的规定。律、令都旨在加强中央集权和政治统一。
⑥ 《飞鸟净御原朝廷令》是以天武天皇的皇宫所在地命名的,也可称《天武令》。《大宝律令》是以文武天皇的年号命名的。《养老律令》是以元正天皇的年号命名的。

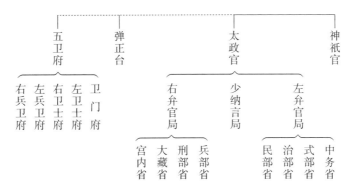

图3-1　《养老律令》规定的中央机构

表3-1　中央和地方职务

机构名称	神祇官	太政官	中务省	省	弹正台	大宰府	大国	上国	中国	下国
长官	伯	太政大臣 左大臣 右大臣	卿	卿	尹	帅	守	守	守	守
次官	大副 少副	大纳言	大辅 少辅	大辅 少辅	大弼 少弼	大式 少式	介	介		
判官	大祐 少祐	少纳言 大弁 中弁 少弁	大丞 少丞	大丞 少丞	大忠 少忠	大监 少监	大掾 少掾	掾	掾	掾
主典	大史 少史	大外记 少外记	大录 少录	大录 少录	大疏 少疏	大典 少典	大目 少目	目	目	目

第四节　大化改新后的阶级状况

大化改新后,社会中的阶级关系发生了深刻变化。这种变化,用一句话概括,就是经历了几百年发展的部民制被废除了,绝大部分部民转变为国家的公民,许多拥有部民的旧贵族转化为以剥削公民为主的封建贵族。应当承认,在日本封建制度建立的过程中,旧势力的反抗和抵制虽然不断发生,但与世界上其他主要国家相比,却是局部的、短暂的。为什么这么一场涉及社会政治、经济结构的变革,进行得如此顺当呢? 其关键就在于大化改新是部民制发展的必然结果。

第二章第三节曾较详细地叙述了部民制的特点,其中部民是由3种不同类型的劳动者组成的,即奴隶型部民、隶农型部民和农奴型部民。大化改新前,从总体上说,隶农型部民占多数。但是,随着时间的推移,农奴型部民的人数逐渐增多,特别是在5世纪末叶以后,其发展的速度更快。与农奴型部民发展相伴随的,是相当一部分拥有部民的各级贵族,逐渐地转化为以剥削农奴型部民为主的封建农奴主。他们就是大化改新中改革派的社会基础。大化改新的各项措施,是符合农奴主利益的。而对于那些拥有隶农型部民的贵族来说,也没有根本的利害冲突。隶农型部民的生产方式,本身就具有封建的因素。因此,只要革新派不使拥有隶农型部民的贵族的利益受到损害,他们不但不会成为障碍,而且还会成为革新派的同盟军。这一点已经为大化改新、壬申之乱过程中的许多史实所证明。

大化改新后,社会的阶级关系究竟发生了哪些变化呢? 我们从被剥削阶级和剥削阶级2个方面做一简略的分析。

大化改新后,处于社会底层的被压迫、被剥削阶级,大致由3部分人组成:公民,官户、家人,奴婢。与此相对立的剥削阶级,也是由3个阶层组成的,即皇室、有位者集团和地方豪强。

一、公民

根据班田制规定,公民都从政府那里领得一份土地。他们对分得的土地即口分田,只有使用权,没有所有权。此外,政府还按户分给公民一定数量的园田宅地,并规定可以买卖。从现有的历史记载可以看出,公民的经济状况也是不尽相同的,有的富一些,有的则相当贫困。在7世纪中叶,公民被分成上、中、下三等。[1]

718年制定的《养老律令》又将农户分成9等。[2]从正仓院[3]所存的奈良时代的帐籍中发现,实际上分成10等。[4]据730年越前国(今福井县)义仓帐载,该国总户数为1019户,其中:中下户以上的39户,占总户数的3.8%。下户69户,等外

---

[1] 676年天武天皇的诏书中说:在给农民贷稻种时,应"先知贫富,简定三等"(《日本书纪》卷29,天武四年四月)。

[2] 《令义解》卷3,赋役令。9等:上上户、上中户、上下户、中上户、中中户、中下户、下上户、下中户、下下户。

[3] 正仓院:现存的东大寺储藏珍贵物品的仓库。正面长33.1米,进深9.4米,高13余米,藏1万余件珍品,至今保存良好。

[4] 10等:除了《养老律令》规定的9等外,再加"等外户"(泷川政次郎:《日本奴隶经济史》,刀江书房1972年版,第267—268页)。

户 920 户,两者相加共 989 户,占总户数的 97%。^①据 750 年安房国(今千叶县南部)义仓帐载,该国总户数为 415 户,其中,等外户 327 户。由上可见,公民中 90%以上是贫困的下户和等外户。他们光靠班给的口分田是无法维持温饱的,所以他们还必须靠租佃富户、贵族的土地耕种,有的则要出卖劳力,成为富户人家的雇工。

公民的负担,主要是租庸调。他们在维持自己生活的必要劳动之外,用实物地租和劳役地租 2 种形式,把全部剩余劳动贡纳给国家。除了租庸调外,还要负担杂徭和兵役。杂徭,正丁 60 天,次丁 30 天,中男 10 天。兵役,征集 1/3 的正丁编成地方军团,轮番交替。

从公民所受的剥削形式,以及他们对土地所有者——国家的依附关系可以看出,公民就是农奴。日本史书上所载的品部、杂户是属于农奴范畴的手工业者,他们以特有的技术生产手工业品,供统治者享用。

二、官户与家人

官户与家人的身份是相同的,不同的只是所属关系。官户隶属于官厅和朝廷,家人隶属于贵族个人。据《养老律令》的记载分析,官户、家人有如下 4 个特点。一是不许买卖。劳动强度也轻于奴婢。“凡家人所生子孙,相承为家人,皆任本主驱使,唯不得尽头驱使及买卖。”^②二是自立户头,建立家庭。三是律令中虽规定“陵户、官户、家人、公私奴婢,皆当色为婚”^③,但在实际生活中,他们“与良人为夫妻”的情况是很多的。四是社会地位比奴婢高一等。“凡放家人、奴婢为良及家人者,仍经本属申牒除附”^④,“凡放贱为家人及官户,逃亡经三十日,并追充贱”^⑤。由上述特点可以看出,官户、家人的阶级地位低于公民,又高于公私奴婢。

三、奴婢

奴婢处于社会的最下层。“奴婢各同资财”^⑥,主人可以如同牛马一样驱使他

---

① 《正仓院文书》正集 19,儿玉幸多等编:《从史料看日本的发展:古代编》,吉川弘文馆 1960 年版,第 184 页。

② 《日本思想大系 3:律令》户令,岩波书店 1977 年版,第 237—238 页。

③ 《日本思想大系 3:律令》户令,岩波书店 1977 年版,第 237—238 页。

④ 《日本思想大系 3:律令》户令,岩波书店 1977 年版,第 237—238 页。

⑤ 《日本思想大系 3:律令》狱令,岩波书店 1977 年版,第 473 页。

⑥ 《日本思想大系 3:律令》贼盗律,岩波书店 1977 年版,第 87 页。

们负担沉重的劳役,可以将他们买卖、交换、赠予、抵押。他们的婚配受到严格的限制,只允许婢与奴之间相婚,所生子女归主人所有。

官户、家人、奴婢约占总人口的10%。[①]其分布密度以近畿地区为第一,西海道、山阴道次之,东海道、东山道再次之。表3-2是根据正仓院遗存的户籍,择有代表性的乡里制作而成的。

表3-2　代表性的乡里奴婢所占总人口比例

地区	帐籍名称	总人口/人	其中奴隶数/人	百分比/%
畿内	神龟三年云上里云下里计帐	428	79	18.4
东海道	养老五年大岛等乡户籍	702	8	1.1
东山道	大宝二年春部等里户籍	2454	114	4.6
西海道	大宝二年川边等里户籍	1152	67	5.8

资料来源:泷川政次郎:《日本奴隶经济史》,刀江书房1972年版,第213—214页。

被压迫、被剥削阶级中,除去上述10%左右的官户、家人、奴婢外,占绝大多数的则是具有农奴性质的公民。因此,我们说大化改新以后,在被压迫、被剥削的阶级中,虽然仍存在着奴婢,以及地位高于奴婢、具有明显的隶农性质的官户和家人,但是占主导地位的是公民。他们是决定大化改新以后社会性质的最基本的因素。

四、皇室

天皇是中央集权国家的最高权威。"天地生乎万物,万物之内,人是最灵。最灵之间,圣为人主,是以圣主天皇。"[②]它自诩为神的代言者,"兼并天下,可使万民"[③],把全国的土地和人民控制在自己手中。天皇是大化改新后统治阶级中势力最盛、财产最富者。新政权的第八代天皇圣武天皇(701—756年)就曾得意地说过:"有天下之富者朕也,有天下之势者朕也。"[④]天皇拥有大量公田、园田、山

---

① 泷川政次郎:《日本奴隶经济史》,刀江书房1972年版,第196—199页。
② 《日本书纪》卷25,大化二年八月。
③ 《日本书纪》卷25,大化二年三月。
④ 《续日本纪》卷15,天平十五年十月。

林、河川。公田由国司管理,园田由宫内省直接管理。公田的经营方式主要是出租,"诸国公田,国司随乡土沽价赁租,以其价送太政官,以供公廨"①。园田则是征派徭役耕种的,所获稻谷全数交宫内省。

天皇作为全国土地的所有者和主权者而君临天下,并以租庸调的形式征收租税、课以徭役,从而表明他就是最高的农奴主。这种土地所有制和租税制,只能是封建性质的。②

五、有位者集团

为了巩固封建政权,大化改新后的历届政府,都致力于加强封建的社会基础,确立了较为完善的官吏晋升制度。"凡臣事君,尽忠积功,然后得爵位,得爵位然后受官。"爵位是步入仕途的跳板,因此,大化改新后,从中央到地方涌现了一大批持有爵位的官僚贵族,统称为"有位者集团"。据令制规定,亲王自一品至四品,诸王诸臣自正一位至少初位,爵位多达数十阶。凡有位阶者,在政治、经济等方面享有国家保护的特权。位阶越高,特权越优厚。具有一品或正一位、从一位爵位的贵族才能任太政大臣。具有二品或正二位、从二位爵位者可担任左大臣、右大臣。有阶位又任官职者,经济上享有双重特权,既享受位阶的俸禄,又享受官职俸禄。以左大臣为例,按《官位令》,授予位田、位封、职田、职封。左大臣的位阶是正二位或从二位,给位田60町或40町,职田30町。职田不纳租,收获全部归大臣所有。按当时田地的收获标准上等田收500束计算,左大臣的位田可收3万束,职田可收1.5万束,扣除杂项费用,可净得稻谷3.6万束,折合米相当于今天的720石。③除了上述田地外,左大臣还有职封2000户、位封200户,共计2200户。以50户为1乡计算,相当于44个乡的户数。按规定,这2200户缴纳的租的一半(另一半归国家),庸、调的全部,以及征调的仕丁,归左大臣享用和调动。714年,朝廷又将"其食封田租全部给封主"④。根据这一诏令推算,50户封户每年要向封主缴纳122石租庸调。左大臣每年共收封户缴纳的租庸调为5300多

① 《续日本纪》卷12,天平八年三月。

② 吴廷璆:《大化改新前后日本的社会性质问题》,《南开大学学报》(人文科学版)1955年创刊号。

③ 按奈良时代的度量核算,1束稻舂米5升。当时的1升,合现在的2升,所以按今天的度量计算,约50束折米1石。

④ 《续日本纪》卷6,和铜七年正月。

石。①很明显,左大臣每年从职田、位田、职封、位封上掠取的米可达6000多石,这还不包括季禄、马料、月料等津贴。一些功勋卓著的大臣,天皇还给予数量很大的功封。如藤原镰足一次接受的功封就达1.5万户。707年,藤原不比等接受的永世功封也有5000户。

六、地方豪强

地方豪强是处于国家政权最基层的土地所有者。他们的官位不高,有的还没有官位,但经济实力相当丰实。他们凭恃自己的一官半职或在地方上的实力,横行乡里,兼并土地,用出租土地和雇工劳动的形式,剥削广大农民。他们还把积聚起来的稻谷进行放贷。761年(阴)二月,越前国加贺郡的少领道公胜石,一次就发放6万束私稻(折合1200石)。②越后国(今新潟县)蒲原郡豪强笠雄麻吕,蓄稻达10万束。③786年,为营建长冈京(今京都府乙训郡长冈町、向日町附近),近江国豪族胜首益麻吕在(阴)二月至十月间,进调役夫3.6万余人,平均每日出130人,并以私粮给养。这些事例说明,地方豪强不仅积蓄田宅、资财,而且还支配着相当数量的劳动力。④

财富的积聚,使地方豪强的政治地位也相应地获得了晋升。无位者步入有位者行列,低阶位者可以向高阶位提升。765年,朝廷曾敕令全国,凡郡司六位以下至白丁,粜米300石,可以叙位一阶,每加200石再进位一阶。出卖绝600匹、丝1600斤、调庸棉6000屯、调布1200端、布3500段者,也可各叙位一阶。⑤766年,豪族橘户高志麻吕、伊吉连真次和日下部净方3人,因各献铜钱百万,分别晋升了阶位。⑥

上述分析表明,大化改新后社会的阶级关系俨然分成了2个对立的阵线,统治阶级以天皇为首,包括有位者集团和地方豪强的农奴主阶级;被统治阶级则以农奴阶级(公民)为主体,包括官户、家人、公私奴婢。建立在农奴主和农奴两大

---

① 竹内理三:《律令制和贵族政权2》,御茶水书房1958年版,第258—260页。

② 《续日本纪》卷23,天平宝字五年二月。

③ 《续日本纪》卷38,延历三年十月。

④ 历史学研究会、日本史研究会编:《日本历史讲座》第2卷,东京大学出版会1956年版,第29页。

⑤ 《续日本纪》卷26,天平神护元年六月。匹、屯、端皆是奈良时代的度量衡。长5丈1尺、宽2尺2寸为一匹。4两为一屯。长4丈2尺、宽2尺4寸为一端。

⑥ 《续日本纪》卷27,天平神护二年二月、九月。

阶级对立基础上的上层建筑,就是中央集权的封建制国家机器。

图3-2是飞鸟时代天皇世系图。

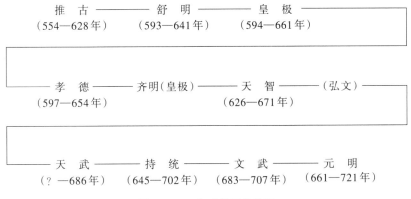

图3-2 飞鸟时代天皇世系

第四章

奈良时代（710—794年）

第一节 社会经济的发展

从推古王朝到大化改新，历代王朝的都城都没有离开过飞鸟地区。壬申之乱后，天武天皇曾计划选择新址重建都城。在他死后的第二十四年（即710年），这一夙愿终于实现了。710年的（阴）三月十日，在元明天皇的主持下，京城从飞鸟的藤原宫（位于今奈良县橿原市）迁到平城京（即奈良城）。此后近一个世纪，历史上称为"奈良时代"。由于这一时期社会安定，统治者重视农耕，注重文化的发展，出现了前所未有的太平盛世。

一、农业的发展

奈良时代的统治者都效仿隋、唐，十分重视农业的发展。"食之为本，是民所天，随时设策，治国要政。""用兵之要，衣食为本，镇无储粮，何堪固守。"①从这种思想出发，他们大力奖励开垦土地，兴修水利。政府把建设和维修水利灌溉工程作为国家的基本事业，明文规定建造渠、池、堤的费用均以"杂徭充之"。治理水利工程的规模，仅以畿内地区为例，先后治理了4条大河，以及水池14处、堤坝21条、沟渠7处。再如播磨国的大津茂川、揖保川一带的平原地区，原是河水横溢、土地荒芜、人烟稀少的荒凉之地，经过治理之后，良田片片，村落座座，面貌为之一新。

在治理水利的过程中，政府还培养了一批治水技工。在日本古籍上，把专门

----

① 《日本书纪》卷29，天武四年四月。

从事开沟的技工叫水工①，专门从事土木建筑的技工叫解工②。中央常常派遣技工到地方上进行技术指导。

与水利灌溉设施的建设相适应，田地的规划也日渐规范化。在主要水田区，特别是在畿内、北九州、濑户内海沿岸、近江，以及浓尾、越前两平原地区，广泛实行土地的"条里制度"③。把土地按东西、南北，有规则地加以划分，长宽各1町的正方形称1坪，长宽各6坪（面积36町）的大正方形称1里，6个里东西相并列称为1条。条、里之间都以水渠、畔和道路为界线。条里制度充分反映了奈良时代在土地管理方面已达到相当高的水平。

政府为了使各级官吏都重视农业，甚至制定条例，用"务课农桑"的好坏来考核官吏。凡"劝课农桑，国阜家给""繁殖户口，增益调庸""敦本弃末，情务农桑"的官吏，给予褒奖、晋升，而对那些"田蚕不修，耕织废业"，管辖境内"农事荒，奸盗起"的官吏，则予以贬斥、罢官。④当时，在统治阶级内部确也涌现了一批擅长农业管理及促进地域经济繁荣的官吏。道君首名和藤原保则就是这方面有名的人物。道君首名8世纪初曾出任筑后国（今福冈县）国守，并兼管肥后国。在任期间，他大力提倡农牧副业，总结了本地区农业生产的经验，对耕田、植树、种菜、养鸡、养猪等都——制定了操作章程，下令所属的郡司强制执行，如有违者，严加处分。开始时，大家对道君首名这种严厉的农耕制度不理解，怨恨咒骂者皆有之。但是秋后一看，确有显著的成效，大家"莫不悦服"。他还积极兴筑陂池，以利灌溉。据载，在他任期内，筑后、肥后两国"往往陂池皆是"。⑤藤原保则曾任备中（今冈山县）国司。在任期间，他积极奖励垦殖，扩大耕地，使备中国"田园尽辟，户口殷盛""府藏多蓄，赋税倍入"，成为远近驰名的富裕殷盛之地。

奈良时代，水稻种植技术又有了进一步的发展。稻的种类已有早稻、晚稻之分。⑥牲畜也普遍地用于生产。令制规定，每2町官田配置牛1头。在《续日本

<hr />

① 《日本书纪》卷26，齐明二年。

② 《续日本纪》卷7，养老五年正月。

③ 条里制度始于何时，日本学者意见不一，但奈良时代已广泛存在则是一致的看法。

④ 《类聚三代格》卷7，牧宰事，天长元年。《类聚三代格》共30卷，法令集，编者不详。分类编纂了弘仁格、贞观格、延喜格，是研究奈良时代末期，特别是平安时代的重要资料。

⑤ 《续日本纪》卷8，养老二年四月。

⑥ 《续日本纪》养老六年七月戊子诏曰："宜令天下国司劝课百姓，种树、晚禾、荞麦、大小麦，藏置储积，以备荒年。"

纪》①中也有"马牛代人,勤劳养人"的记载,表明牛马已逐渐地代替人的繁重劳动。朝廷也经常发诏保护耕畜,禁止任意宰杀。若有违犯者,按国法治罪。②与牛马耕作相适应,出现了带有铁刃的犁和马耙。种植程序也日渐完善和精细,一般都经过耕地、碎土、分畦、掘畦沟、施肥、下种籽、移植、除虫、培土、除草、收获、脱粒等过程。《今昔物语》③一书记载,土佐国(今高知县)博多乡的农民已施行育秧法,即先将稻种撒在精心整理过的田里,成苗以后再进行移栽,恰似中国的插秧法。除水田外,旱地、园田种植也有发展。693年,持统天皇曾下诏:"令天下劝植桑、纻、梨、栗、芜菁等草木,以助为谷。"④713年,为奖励种植杂粮,政府下令每个男夫必须兼种麦2段,并准许以粟代替稻谷充赋税。766年,政府还选拔国司、郡司各1人,专门从事有关奖励种麦之事。从史书记载可以看出,旱地种植的杂粮有粟、大麦、小麦、大豆、小豆、荞麦,园田种植品种有蒜、韭、葱、姜、款冬瓜、芋等,此外还有桑、麻、漆树等经济作物。

奈良时代的农具,除仍有一部分木制农具外,铁制农具如锹、镢(锹)、锄、镰等,已比过去得到更普遍的使用。一些古典小说中也多有使用铁制农具情景的描写。在畿内地区和其他地方,已有专门负责饲养牲畜的部门,除了养育耕牛、战马外,还饲养乳牛。牛乳、乳制品是既供食用,又供药用的。在中央的典药寮内设有"乳长上"一职,是专门管理乳牛户的官吏。⑤713年,山背国被指定的乳牛户有50户⑥,朝廷还"令诸国定牧区"⑦。

养蚕业也获得了发展。714年,朝廷命令出羽国(今山形、秋田两县)养蚕。⑧与此同时,规定相模(今神奈川县)、常陆、上野(今群马县)、下野(今栃木县)、武藏(今东京都及埼玉县)5国的户调,由原来交布,改为绝、布并进,说明了养蚕业的发展。

---

① 《续日本纪》共40卷,菅野道真等编,697—791年的编年史,是奈良时代的基本史料。
② 《日本书纪》卷29,天武四年四月。
③ 《今昔物语》共31卷,说话集,据说编者是源隆国,大约12世纪前半期成书,集录了中国、印度、日本的古今佛教、世俗故事。
④ 《日本书纪》卷30,持统七年三月。
⑤ 《续日本纪》卷8,养老三年六月。
⑥ 《续日本纪》卷6,和铜六年五月。
⑦ 《续日本纪》卷1,文武四年三月。
⑧ 《续日本纪》卷6,和铜七年二月。

二、矿藏开采和手工业

由于铸造钱币,建筑宫殿、官衙、寺院,以及军事装备的需要,金属矿藏的开采也相应地有了发展。中央为此设立了典铸司、锻冶司、造兵司等技术管理机构。

开矿技术方面,主要采用3种开采法:一是沿着矿床走向,挖成沟状的沟掘法;二是竖穴掘法;三是斜掘法。[①]据《对马贡银记》,采集的银矿石先堆积成山,用松枝燃烧数十天,使矿石中所含杂质彻底酸化,然后用水淘洗。铜的提取也采用这种烧矿酸化法。奈良时代已逐步形成了地区性的采矿、冶炼中心,如武藏、周防(今山口县)、长门的铜,伊势(今三重县)的水银,对马、摄津(今兵库县、大阪府)的银,下野、陆奥(今青森县)的金,美作(今冈山县)、备中、备后(今广岛县)、近江的铁,等等。

纺织业的发展也相当突出。按租庸调制规定,农民每年要缴纳户调绢、绨、丝、棉、布。这些庸调,主要是靠农家妇女手工纺织成的。除了这种农家手工纺织外,还有专门从事纺织的技工。中央设立了织部司,内有专门技术的挑文师、挑文生,下属有数百户织人。仅河内地区(今大阪地区)就有绢织人350户,锦绫织人110户。这些织人,有的轮番到京城纺织,有的就地编织,工房、工具、原料均属官有。当时,已使用编织锦、绫、罗的织机。在《越前国郡稻帐》中,曾有用3400束稻换取锦机2具,罗机2具,绫机9具和原料的记载。这些织机能编织多种花纹,结构也比过去复杂。为奖励和推广纺织手工业,中央政府还派挑文师、挑文生到全国各地教习织锦绫的技术。[②]8世纪初,日本已有21国能织造锦、绫等高级纺织物。

三、商业

由于农业和手工业的发展,商品交换日趋兴盛,在国衙所在地、水陆交通要道、寺庙神社门前,陆续出现了市场。较著名的有大和(今奈良县)的海石榴市、三轮市、高市、飞鸟市、盘余市,摄津的难波市、阿斗桑市,备后的深津市,美浓的

---

① 《灵异记》《今昔物语》中有从矿井底救役夫的故事,说明当时已采用竖穴掘法。《三代实录》中有"对马银穴深40丈,底部积水"的记载,《对马贡银记》中有"掘穴渐深,由入口至底部深二三里"的记载,都表明当时采用的是斜掘法。
② 《续日本纪》卷6,和铜四年六月。

小川市,近江的粟津市,以及播磨地区的饰磨市。特别是中央政府所在地的奈良,人口已达20万,设有东市和西市。

根据718年的《关市令》,东、西两市分别设有市司,对商品的质量、价格等进行检查和控制,并按质量把商品划分为上、中、下3等,每一等又分为3种价格。商品价格的标价以时价为标准,每10天记账一次。开市时间每天从正午开始,日落鸣鼓3次后散市。商人都在市司注册,市司每年造"市人籍账"1次。除了市场贸易外,各地之间的行商贸易也相当活跃,"往来商贾,相继不绝"[①]。这与交通干路的建设是分不开的。为加强对全国各地的控制和出于经济发展的需要,以奈良为中心,修建了奈良到东海、东山、北陆、山阴、山阳、南海、西海[②]7条主要干路和许多支路。在各条干路上,每隔30里(1里等于3924米)设一个驿站,供官吏商贾食宿。驿站还饲养马匹,大路每站驿马20匹,中路10匹,小路5匹,供官吏商贾和旅客乘骑。759年,留唐学问僧普照还建议绿化交通要道:"道路百姓来去不绝,树在其旁,足息疲乏,夏则就荫避热,饥则摘子啖之,伏愿城外道路两边栽种果子树木。"[③]交通干路、支路的建设,大大沟通了全国的物资交流,促进了商业的发展。

随着商业活动的开展,以前那种以物易物或以物作为货币的交易方法,已经不能适应新形势的发展,作为新的交换手段的货币便应运而生了。708年,仿照唐朝的"开元通宝",奈良朝廷铸造"和铜开珎"[④],开始在市场上流通。为广泛推广钱币,政府推行"蓄钱叙位法"。官吏的俸禄也一度改为以货币为主,近畿附近的伊贺(今三重县)、伊势、尾张、近江、越前、丹波(今京都府)、播磨、纪伊(今和歌山县)等国,开始缴纳钱调。尽管如此,近畿以外地区仍以稻、布等实物作为交易手段。

---

① 《类聚三代格》卷6,公粮事,大同四年正月。

② 日本古代行政区划分畿内、山阴道、山阳道、西海道、南海道、东海道、北陆道、东山道8道。畿内在今近畿地区。山阴道在今中国地方的日本海沿岸。山阳道在今山口、广岛、冈山、兵库等县。西海道在今九州地区。南海道在今四国地方。东海道在今关东地方。北陆道在本州中部面向日本海的地方。东山道在今东北地方及福岛、栃木、群马、长野等县。

③ 《类聚三代格》卷7,牧宰事,天平宝字三年六月。

④ 《古泉汇·利集》卷17,外国钱日本条载:"和同开珎,日本元明天皇铸。日本大成年代广纪四十三代元明,唐景龙二年立,改元和铜。今铜字省作同,宝(寶)字省作珎,钱仿开元,即摘取开元(通宝)首尾二字为文也。"

第二节　奈良文化

奈良文化的繁荣,与朝廷推行文化奖励政策是分不开的。朝廷明确宣布:"文人武士,国家所重,医卜方术,古今斯崇。""优游学业,堪为师范者,特加赏赐,劝励后生。"[1]对技术超群者,即使其身份地位低微,也可以破格晋升。[2]这种奖励政策大大推进了文化的发展。

一、佛教的兴盛

奈良时代,在思想领域占统治地位的是以佛教为主的唯心主义思想。佛教最早流行于古印度,后传入中国。隋唐以后,中国佛教已基本上走向独立发展的道路。[3]受中国佛教的影响,日本的佛教有法相宗、三论宗、华严宗、律宗等。佛教的传布得到了日本朝廷的支持和提倡。737年(阴)三月,圣武天皇诏告全国:"令造释迦佛像一躯,兼写《大般若经》一部。"740年(阴)六月,又令天下诸国,每国写法华经10部并建七重塔。741年(阴)二月,仿效隋朝大云寺、唐朝开元寺之制,令全国普建金光明四天王护国寺、法华灭罪寺。每寺置国师,与行政上的国司相并列,推行王法和佛法。747年,派专使到各地监督寺院的建造。752年,孝谦天皇(718—770年)亲自主持东大寺高约16米的卢舍那大佛[4]铜像的开眼典礼。765年(阴)闰十月,任命道镜和尚(?—772年)为太政大臣禅师。次年(阴)十月,更授予太政大臣法王称号。僧侣步入中央统治机构,佛教与政治紧密地结合在一起。

马克思说过:"理论在一个国家的实现程度,决定于理论满足这个国家的需要的程度。"[5]佛教之所以受到日本封建统治阶级的重视,关键就是它适应了统治

---

① 《续日本纪》卷8,养老五年正月。

② 713年,杂户伴作磨心因精于锦、绫纺织技术,政府把他从杂户中解放出来,并赐姓柏原村主,次年又授从五位下爵位。从五位爵位的地位是相当高的,《大宝律令》施行时,五位以上的官员仅250人。

③ 任继愈:《汉唐佛教思想论集》,人民出版社1973年版,第17页。

④ 卢舍那大佛:佛教天台宗认为此佛次于释迦牟尼。也称毘卢舍那佛,梵文作 Vairocana,汉译称大日如来。

⑤ 马克思:《〈黑格尔法哲学批判〉导言》,《马克思恩格斯选集》第1卷,人民出版社1972年版,第10页。

者的需要。当时,中央封建集权政治虽处在繁荣阶段,但这种繁荣是建立在对农民残酷压榨的基础上的,社会矛盾十分尖锐。在地主阶级的压迫下,农民日渐贫困,"逃亡他所,父子流离,夫妇相失"①屡见不鲜。农民阶级的反抗斗争不断发生,"京及畿内盗贼滋起"②,甚至有的还"亡命山泽,挟藏军器"③。统治阶级内部门阀之间相互争斗的事件也屡屡发生,再加上天平年间(729—748年)灾害频生、时疫流行,更使民心浮动、社会不稳。在这些社会矛盾面前,固有的神道,不但没有一套较完整的理论来欺骗群众,而且朝廷屡次"祈祷山川,奠祭神祇,未得效验"④,使神道的威望大减。与神道相比,佛教对封建统治者更加有利。佛教的传布者公开声言"护寺镇国,平安圣朝,以此功德永为恒例"⑤。朝廷对此十分赞赏,明确表示:"诚欲赖三宝之威灵,乾坤相泰,修万代之福业,动植咸荣。"⑥

奈良初期,法相宗深得朝廷支持。该宗的代表人物是留学唐朝廷的学问僧道昭(629—700年)、道慈(？—744年)、玄昉(？—746年)。他们认为,僧、姑"寂居寺家",遵奉佛典,不可越法,"若顺经典,能护国土。如违宪章,不利人民"。⑦因此,他们对于那些深入民间传道修善的僧侣百般指责,说他们"诈称圣道,妖惑百姓,道俗扰乱,四民弃业"⑧。与之相反,出身社会下层的行基和尚(668—749年)则认为僧侣的职责在于"周游都鄙,教化众生",应走出寺院,"随器诱导,咸趣于善",布施修善,发扬佛心,广泛"慕化追从者"。⑨为僧者不应该"寂居寺家,受教传道"⑩,拘泥于经典、佛堂而不能自拔。统治者开始并没有觉察到行基这种独特的宣教方法对群众更具有欺骗性,对他们更有利,所以,曾指责他"零叠街衢,妄说罪福,合构朋党"⑪。但是,当看到行基宣道达到慕化追从者"动以千数""争来礼拜"的惊人效果时,统治者骤然对行基产生了兴趣,任命他为管理全国僧侣的大僧正,完全肯定了他的作为和主张。

① 《续日本纪》卷12,天平九年九月。
② 《续日本纪》卷3,庆云三年二月。
③ 《续日本纪》卷3,庆云三年二月。
④ 《续日本纪》卷12,天平九年五月。
⑤ 《续日本纪》卷12,天平九年四月。
⑥ 《续日本纪》卷15,天平十五年十月。
⑦ 《续日本纪》卷15,天平十六年十月。
⑧ 《续日本纪》卷7,养老元年二月。
⑨ 《续日本纪》卷17,天平胜宝元年二月。
⑩ 《续日本纪》卷17,天平胜宝元年二月。
⑪ 《续日本纪》卷7,养老元年二月。

律宗在日本引起注意,是在鉴真和尚(688—763年)东渡以后。当时,孝谦天皇曾派使者慰问鉴真,热情地说:"自今以后,受戒传律,一任和尚。"①为了鉴真一行传布律宗,朝廷赐田地,建寺院,予以支持。律宗在日本获得广泛传布。

二、儒学

奈良时代,统治阶级在支持、推广佛教的同时,对儒家学说和神道也是十分重视的,尤其是对儒家的忠、孝、礼、义特别推崇,鼓吹这些东西是"治国""治民"的准绳。孝谦天皇一再要求各级官吏"事君致命,移孝为忠"②,宣传"治民安国必以孝理,百行之本莫先于兹"③,"安上治民莫善于礼"④。说尽忠尽心,可以流芳百世,"洗心励节,输款尽忠,事美一时,誉流千载"⑤。她一再发诏,要各级统治者重视儒学的宣传,应"习礼于未识,防乱于未然"⑥。757年,她还特别颁发一道诏书,"令天下家藏孝经一本",要全国上下"精勤诵习,倍加教授"⑦。对于"孝行通人"者,应"具以名荐";而那些"不孝""不恭""不顺者",要予以惩罚、判罪、流放。

当时已出现了儒佛合流的倾向。留唐学生吉备真备(693—775年)归国以后,就以《颜氏家训》为范本,糅合儒学和佛学的思想观点,写了一本题为《私教类聚》的家训书,颇得统治者的赏识。

三、建筑艺术

奈良文化的繁荣与佛教的盛行密不可分。为了积极吸取佛教教义,6世纪末叶起,大批学问僧、请益僧到中国巡礼求法,其人数之多远超留唐学生。⑧据统计,有据可查的留唐学问僧多达92人,占留唐学生、学问僧总数的78%。他们广泛求师,如饥似渴地吸收佛教文化,把大量佛经带回日本,仅玄昉就曾带回经论

---

① 真人元开著,汪向荣校注:《唐大和上东征传》,中华书局1979年版,第92页。

② 《续日本纪》卷12,天平八年十一月。

③ 《续日本纪》卷20,天平宝字元年正月、二月。

④ 《续日本纪》卷20,天平宝字元年正月、二月。

⑤ 《续日本纪》卷20,天平宝字元年正月、二月。

⑥ 《续日本纪》卷20,天平宝字元年四月。

⑦ 《续日本纪》卷20,天平宝字元年八月。

⑧ 胡锡年:《唐代的日本留学生》,中国日本史研究会:《日本史论文集》,生活·读书·新知三联书店1982年版。

5000余卷。振兴佛教,就需要建造佛寺,办理各种慈善事业。因此,学问僧留唐期间,还十分专心地学习建筑、雕刻、绘画、工艺、医药知识。

6世纪末,日本已有四天王寺、法隆寺等数十所寺院。8世纪后,寺院的建立更为普遍,从中央到地方,寺院总数达400所,连边远的北方和列岛南部都建有佛寺。地方寺院的建筑面积一般多是4町见方,建有食堂、讲堂、七重塔、僧房、经藏、钟楼、回廊、中门、南大门等。数百所寺院中,比较有名的是8世纪初建造的福兴寺、大安寺、药师寺、元兴寺,以及8世纪50年代以后建造的东大寺、西大寺和唐招提寺等。其中,东大寺的规模最大,其佛殿的圆柱直径3尺8寸,高130尺。743年,圣武天皇仿照唐朝在洛阳铸的大佛,也在东大寺铸造卢舍那大佛像,铜佛像高约16米,重5吨,前后费时3年,分8次铸造而成,用铜13万余贯、锡2200余贯、金100余贯、水银600余贯。[①]唐招提寺是在鉴真和尚和他的弟子如宝、军法力、义静等人的主持下建造的,充分显示了唐代寺院建筑的特点,殿宇宏伟,既有供奉佛像的金堂,又有供僧尼学习的讲堂。现在,只有金堂一处保存无损,是奈良时代遗存的建筑物中最大、最美的,单层7间4面,立于石坛之上,柱子粗而圆,雄大的3层斗拱,支撑突出的屋檐,屋盖4注,屋脊两端有鸱尾(又称鸱吻),结构精巧,幽雅而又庄严。

奈良时代的建筑水平,还反映在奈良(平城京)的市政建设上。奈良是模仿唐都长安、洛阳建造的。在洛阳有嵩山、洛水,而奈良则有比睿山、贺茂川。奈良城南北长4.95千米,东西宽4.4千米,面积约为长安的1/4。城的北端有边长为870米的正方形宫城。宫城之内建有许多宏伟而优美的宫殿。宫城四周有12道门,出朱雀门(南门)有南北走向、85米长的朱雀大路两分市街。大道东侧为左京,西侧为右京,左右两京街道如棋盘,纵横道路相交,有规则地划出方形的坊里,坊内又划分成坪或町,街道干线都直对一个城门,显出整个城市结构划一,布局严整。与庄严的官殿、寺院相衬托,京城内的王公贵族的住宅幽雅舒适,铺瓦的房顶,赤白两色的柱子和墙壁。这些充分反映了奈良时代的建筑艺术水平。

四、美术

奈良美术丰富多彩,绚丽夺目。雕塑、绘画自具风格。工匠们形象地展现了群神栩栩如生的形象:有的娴静秀丽;有的虔诚、和善、丰满;有的双目怒视,脚踏妖魔。奈良佛像的造像法,根据材料的不同,大致有泥塑、干漆、铜、银、金、石、

---

① 儿玉幸多:《日本史:上》,筑摩书房1956年版,第56页。

砖、木等多种类型,其中泥塑、干漆最盛。

泥塑、干漆法都直接吸收了中国唐代的技艺。泥塑的黏土中,掺入抄纸、楮树纤维、麻刀等物。佛像表面的细土中掺有云母。干漆法分为脱干漆和木心干漆法2种。脱干漆是先用泥土雕塑成佛像,再一层一层地漆上七八层麻布,漆干后取掉中间的泥土,使之成为一尊空心的佛像。木心干漆法的制法如同脱干漆,只是造成后木心仍保留在佛像内部。干漆造型艺术在奈良后半期不仅应用于佛像,而且也开始用于塑造人物形象,最杰出的作品是《鉴真和尚像》。它是用脱干漆的手法制成的。

木雕艺术也受唐代技巧的影响。在鉴真的主持下,由中日两国能工巧匠建造的唐招提寺内的佛像多数是木雕。以一木雕成为主,佛像躯体肥大,衣饰贴身,肉体透露,色彩鲜艳。寺内木雕佛像的规模,小至尺、寸,大至丈余,特别是在1丈6尺卢舍那佛背后,雕刻了864个小佛。这种规模和木雕技术水平在奈良时代是绝无仅有的。雕塑艺术的发展培养了许多雕塑专家,如巧匠李田次鹰,既精泥塑,又长于脱干漆,又如漆部造弟麻吕、物部广足、净福等人,都是泥塑大师。

五、教育

为培养效忠于封建统治的人才,政府模仿唐制,设立了专门的教育机构。在中央设大学寮,直属式部省管理,在地方设国学。大学寮的学生主要招收五位以上至史部等官僚贵族的子弟,"成绩优等"的八位以上的官僚子弟也被列入招收范围之内,年龄多在13—16岁之间。地方国学属国司管理,招收国司、郡司子弟。

大学寮设有大学头、助理大学头等官吏,总理全寮事务。执教人员有博士和助教,分科教育学生。大学寮开设明经、纪传、明法、书道、算道、音道6科,各科都有法定的学习书目。明经科学生必读《周易》《尚书》《周礼》《仪礼》《礼记》《毛诗》《春秋左氏传》《孝经》《论语》[①];算道科学生必修《孙子》《五曹》《九章》《海岛》《六章》《缀术》《三开重差》《周髀》《九司》;明法科学生主要学习隋唐律令;纪传科学生必学《史记》《汉书》《后汉书》等。

大学寮的学制是9年,毕业时参加步入仕途的国家考试。考试分4科进行,

---

① 这9种书按《学令》规定,采用固定的注释本。如《周易》用郑玄或王弼注本;《尚书》用孔安国或郑玄注本;《周礼》《仪礼》《礼记》《毛诗》用郑玄注本;《左传》用杜预注本;《孝经》用孔安国注本;《论语》用郑玄或何晏注本。

即秀才科、明经科、进士科、明法科。秀才科,主要撰写论文2篇,陈述大事要略,文理优秀者授正八位上官阶。明经科,主要回答《孝经》《论语》和其他经文中的10个问题,全对者授正八位下官阶。进士科,撰写论述治国时务之策的文章2篇,并口试《文选》《尔雅》中的10个问题,凡"其策文词顺序,义理糙当"[1],口试中又对答通畅者为优,授从八位下官阶。明法科考律令中的10个问题,凡"识达义理,问无疑滞者为通"[2],授大初位上官阶。

六、汉方医学

7世纪以后,在吸取中国医学的基础上,逐步发展为具有日本民族特色的汉方医学。701年,政府正式建立了内药司和典药司,并设立典药寮,培养医务人才,聘有名的医博士、针(灸)博士、按摩博士,分别教授医生、针(灸)生、按摩生,学习《甲乙经》《脉经》《本草》《素问》《皇帝针经》等。奈良时代的"汉方医药"已实行分科,有体疗科(内科)、疮肿科(外科)、少小科(小儿科)、耳目齿口科(五官科),以及女医科(妇产科)等。通过医疗实践积累了丰富的经验,9世纪初叶和中叶出现的《大同类聚方》《金兰方》2本医书,就是广泛收集民间长期流传的古医方而编写的。[3]

七、文学

奈良文学,大致可分为散文和韵文2类。著名的散文有《古事记》《日本书记》《风土记》《日本灵异记》[4],以及人物传记《唐鉴真大和尚东征传》。韵文有《万叶集》和《怀风藻》等。日本古籍载:"(日本)上古之世,未有文字,贵贱老少,口口相传,前言往行,存而不忘。"[5]5世纪时,日本人民开始以汉字为音符表达自己的语言,记录本民族的歌谣和历史传说。这种表示音符的汉字,称为"万叶假名"。《古事记》和《万叶集》就是用"万叶假名"写成的作品。《古事记》既是史书,又是优秀的文学作品,全书共3卷,生动地记叙了日本远古的神话、传说和帝王世代相续的

---

① 《日本思想大系3:律令》考课令,岩波书店1977年版,第300页。
② 《日本思想大系3:律令》考课令,岩波书店1977年版,第302页。
③ 《大同类聚方》,是808年由出云广贞、安倍真直等人征集各地医方汇编成的;《金兰方》共50卷,是868年由菅原岑嗣和诸名医一起撰编的。以上两书已失传。
④ 《日本灵异记》,全称为《日本国现报善恶灵异记》,共3卷,日本最早的说话集,景戒著,822年成书。
⑤ 《古语拾遗》,《元弘本古语拾遗》,北京图书馆藏本。

谱系。书中虽有许多伪造文饰的地方,但仍然保存了不少远古时代人们生活和斗争的真实风貌,尤其是质朴、粗犷的歌谣,既歌唱了人们狩猎、捕鱼、农业生产的情景,又形象地描绘了男女之间纯朴的爱情。《万叶集》是一部抒情诗集,收录了5—8世纪中叶的歌谣4500首。作者既有天皇、贵族,又有普通民众,其中以柿本人麿、山部赤人、山上忆良、大伴旅人、大伴家持最有名。诗集中的民谣,如卷13的歌谣、卷14的东歌、卷20的防人之歌等,真实地反映了封建制度下贫苦农民的生活、丈夫应征戍边时妻子的怀念,以及在劳动中男女青年的爱情等。

6世纪以后,由于中日交流日趋频繁,涌现出一批精通汉文的人才和用汉文书写的著作,如《日本书纪》《风土记》《怀风藻》等。《日本书纪》是模仿中国史书编写的国家正史,书中记述的丰富史实,为研究古代日本提供了有价值的史料。《风土记》记载了各地的气候、物产、土地的肥瘠、山川地名的由来等。《怀风藻》是汉诗集,大多是朝廷贵族侍宴、从驾、应召时赋吟的应景诗,其中以五言诗居多。有不少诗在文字、意境等方面都有独到之处。"金乌临西舍,鼓声催短命。泉路无宾主,此夕谁家向。"[①]这是大津皇子在临刑前写下的一首五言绝句,把当时的环境、气氛和诗人的内心活动刻画得细致入微。

奈良文化是丰富多彩的。我们透过这些光彩夺目的文化宝藏,看到了日本人民的智慧和他们的历史功绩。

第三节　西南诸岛和东北地区的开发

一、西南诸岛隼人的归顺

西南诸岛(主要在大隅、萨摩地区)居住着以捕捞为生的隼人。这里不但是海产物的丰富产地,而且也是日本与唐朝往来的新航路的起点,故引起了朝廷的重视。早在698年(阴)四月,文武天皇就派遣文博士等8人出使西南诸岛,进行和亲归属工作,取得了显著成果。699年(阴)七月,当文博士返京时,随同前来归属的有多禰(种子岛)、夜久(屋久)、奄美(奄美大岛)、度感(德之岛)等主要岛屿的隼人首领。为了便于对西南诸岛的联系和管理,之后在九州岛的南端,政府设立了大隅国(今鹿儿岛县)。

---

① 《怀风藻》,《宁乐遗文》下卷,东京堂1944年版。

二、东北地区的开发

如果说,西南诸岛因对外关系具有重要战略地位而引起朝廷重视的话,那么,东北地区则是因"其地膏腴,田野广宽"[1],吸引着朝廷。

大化年间,政府设立了道奥国(也称陆奥国)[2],意指东海、东山二道的深远之地。沿日本海岸的北陆道,当时最北端也只到达越后国的念珠关(今山形县和新潟县境内)。念珠关以北地区还处在落后的虾夷人控制之下。进入8世纪后,朝廷着手东北地区的开发。708年,在越后国的北侧建立了出羽栅。712年,在出羽栅的基础上建立了出羽国。这样,出羽国和陆奥国成为朝廷伸入虾夷人居住地区的前沿阵地。此后,又分别在陆奥、出羽地区建立了桃生城、伊始城、觉鳖栅、雄胜城、胆泽城、德丹城、城轮栅等。据考古发掘分析,这些城栅大致分为2种类型:一是军事性质的城栅,多建在交通要道附近或险峻之地;二是具有政治经济性质的城栅,主要谋求政府本身势力的扩张和农地的垦殖,所以多建筑于土地丰润的平原、丘陵,运输方便的河流两岸和滨海地区。后一种城栅内,建有政府官厅、官舍、仓库、佛寺等。大量窑群遗址的发现,说明城栅附近还居住着手工业专业集团。[3]为了充实城栅,政府采取了奖励移民的政策。从714年至769年,不断有东海道、东山道、北陆道所属的各国比较富裕的农民和逃亡后被抓获的农民、官奴、婢集体迁移到这些城栅落户,成为栅户。所谓栅户,就是平时耕种、战时从军的屯田户。他们在栅内建家,每当春风化雪、耕耘季节到来的时候,就到栅外的广阔土地上开垦、播种。一旦虾夷人来犯,他们就武装卫戍城栅。实际上,从7世纪末至8世纪60年代,东北地区比较平静,大和人和虾夷人之间基本上也是和睦的。北迁的大和族农民,带去了先进的铁制农具、生产技术和耕种方法。通过相互之间的交流,陆续传授给虾夷人。政府则采用安抚措施,赐给虾夷酋长以"君"姓,赠送种子、农具,鼓励他们耕田从农。受先进技术的启蒙,不少虾夷人在酋长的带领下,主动要求建立郡家,定居务农,成为封建中央集权制度下的"编户

[1]《续日本纪》卷7,灵龟二年九月。

[2] 陆奥国:现在的福岛、宫城、岩手、青森4县。

[3] 斋藤忠:《东北古代城栅的特质》,伊东信雄教授还历纪念会编:《日本考古学·古代史论》,吉川弘文馆1974年版,第239—250页。

民",定期缴纳贡赋。①根据史籍,虾夷人缴纳的贡赋主要是布。但自752年开始,以陆奥国的多贺城为界,"以北诸郡令输黄金",正丁4人贡黄金1两,"以南诸郡依旧输布"。②

开发北疆的另一件大事,就是克服奥羽山脉的天然屏障,打通了陆奥国与出羽国之间的通路。

724年,政府在陆奥国建立了重镇多贺城(今宫城县多贺城市)。这里既是陆奥国镇守府、国府的所在地,又是控制陆奥、出羽两国按察使的居住地。可是陆奥和出羽国之间有奥羽山脉相隔,没有往来的通路,使按察使不能对出羽国实行有效的控制。因此,737年(阴)一月,按察使大野东人向朝廷提议,从陆奥国开辟一条直通出羽国的道路。这项提议得到了朝廷的批准,并任命兵部卿藤原麻吕为持节使,主持开道工作。(阴)三月一日,6000名军卒从多贺城出发。他们"或克石伐树,或填涧疏峰",在"雪深马乌难得(行)"的情况下,③终于打通了一条160里的道路。此后,政府利用这条通道加紧对东北地区的开发。759年(阴)九月,政府又相继建立了雄胜、玉野、避翼、平戈、横河、助河、岭基等驿家(站)。

奈良时代对东北地区的开发,东侧进到今日的宫城县,西侧进至今日秋田县的中央地区,使国土日渐扩展。

第四节　对外关系的推进

一、7—8世纪的东亚形势

7—8世纪的东亚大陆各国,都发生了极大的变化。朝鲜半岛上,由于新罗的强盛,终于先后灭百济、高句丽而实现了统一。在中国领土的东北地区,鞨鞨族首领大祚荣,在7世纪末叶,以今天的吉林敦化市附近的敖东城为京城,建立了震国。在大祚荣的统治下,震国势力日盛,"地方五千里,户十余万,胜兵数万"④。

---

① 《续日本纪》卷7、卷10、卷11,有关虾夷人要求建郡的记载:"陆奥虾爽……请于香河村,建造郡家,为编户民,永保安堵。""虾夷……请于香河村,便建郡家,……永不阙贡。""田夷村虾夷等永悛贼心,……请建郡家于田夷村,同为百姓。"

② 《续日本纪》卷18,天平胜宝四年二月。

③ 《续日本纪》卷12,天平九年四月。

④ 《新唐书》卷219,渤海传。

713年,唐朝廷派使册封大祚荣为左骁卫大将军渤海郡王。[①]此后,专称渤海国。位居中原地区的唐朝,正处在封建文化鼎盛时期,经济繁荣,文化发达。

在东亚各国统一、安定、繁荣的局势下,日本作为其中的一员,与东亚各国开展了友好的交往,在政治、经济、思想、文化各个方面进行了广泛的交流。

二、日本与新罗的关系

奈良时代,日本改变了过去对朝鲜半岛的分裂政策,与统一的新罗国建立了友好的睦邻关系。两国使节往返频繁,互送书信、礼物。在整个奈良时代,新罗派使22次,日本派使16次。从687年至707年的21年间,新罗派国使赴日9次,日本派国使赴新罗7次,平均一年余,双方就有一次使者相访。709年,右大臣藤原不比等曾破例单独接见新罗国使金信福,明确表示:"今日披晤者,欲结两国之好,成往来之亲也。"[②]732年以后,奈良朝廷曾规定新罗使者每3年赴日一次,但新罗常常不到3年就派使通交。在日本与新罗的交往过程中,日本朝廷中的一些人虽也常常流露出对新罗国的野心,如759年,朝臣惠美押胜(又名藤原仲麻吕,706—764年)等人曾谋划过攻击新罗的计划,企图重温侵略朝鲜半岛的迷梦,但因大势所趋,民意不从,计划不得实行。

日本与新罗的贸易活动相当兴盛,从新罗输入日本的货物有金、银、铜、铁、霞锦、绫罗、彩绢、鹿皮、虎豹皮,以及马、骡、工艺品等。新罗的铁自古有名,因此,铁是新罗输入日本的重要产品。日本输出的物产则主要是绝、绢、丝、棉等。

三、日本与渤海国的关系

8世纪20年代以后,日本与渤海国的交往日渐密切。整个奈良时代,渤海国遣使日本共11次,日本方面也不断派使前往。渤海王于727年(阴)十二月首次派高齐德、高仁义等人出使日本。渤海王在致日本天皇的国书中,表示要与日本"永敦邻好","通使聘邻,始乎今日"。[③]渤海王睦邻友好的意向得到圣武天皇的响应。他表示:"沧波虽隔,不断往来。"[④]758年,日本派使到渤海,渤海王热诚款待。归国时,渤海王"遣承庆等23人同往答聘"[⑤],一行之中有渤海国著名诗人杨

① 《新唐书》卷219,渤海传。
② 《续日本纪》卷4,和铜二年五月。
③ 《续日本纪》卷10,神龟五年正月。
④ 《续日本纪》卷10,神龟五年四月。
⑤ 《渤海国志长编》卷18。

泰师,受到淳仁天皇(733—765年)3次接见,并置酒宴招待,席间"作女乐于舞台,奏内教坊踏歌于庭"[1]。

渤海国的使者,大多是擅长汉诗文的学者,如杨泰师,以及814年和882年分别赴日的王孝廉、裴颋。他们在日期间,与朝廷官员、贵族、文人赋诗应对,留下了许多名篇,被收入日本的《经国集》《文华秀丽集》[2]等汉诗集。杨泰师的《夜听捣衣》[3]、王孝廉的《和坂领客对月思乡见赠之作》[4]颇受日本诗人的称颂。

渤海国的音乐、舞蹈别具风格,日本曾派遣留学生学习渤海音乐。渤海国的舞乐对日本的神乐、舞乐有过一定的影响。

狩猎是渤海国的重要生产部门。当时有人说:"渤海三人,能擒一虎。"因此,皮毛和其他狩猎品成为与日本交易的珍品。渤海人常"携带珍货",与日本"诸市人互相交易"。[5]渤海输日商品有貂皮、虎皮、黑皮、豹皮、貂裘、人参、麝香等。日本则以绵、绢、丝、棉、彩帛、黄金、水银、金漆等相交易。

四、日唐关系

日本与东亚诸国的交往,其规模之大,内容之丰富多彩,莫过于同唐朝的往来。

从7世纪前半叶至9世纪前半叶的200年间,中日两国的密切交往主要是通过日本遣唐使、留学生、学问僧进行的。[6]

遣唐使是日本朝廷派遣的国使,主要职责有3点:政治上发展与唐朝的睦邻关系,经济上交换宫廷贵族需求的珍贵物产,文化上积极地吸取唐代丰富的文物制度等。

据史籍记载,日本朝廷曾先后任命过19次遣唐使。其中,有2次任命最终未能成行,1次为专为迎接日本遣唐使回国的"迎入唐使",3次为陪送唐朝赴日使节回国而派遣的"送唐客使"。因此,实际上正式派遣到唐朝的外交使节共有13次。

---

① 《续日本纪》卷22,天平宝字三年正月。
② 《经国集》共20卷(现存6卷),敕撰汉诗文集,良峰安世、滋野贞主撰,收集了178人的诗赋、策文,反映了平安初期汉文学的盛况。《文华秀丽集》共3卷,汉诗集,藤原冬嗣、菅原清公等编,818年成书,收集了28人的148首诗,诗风受唐诗影响很深。
③ 《夜听捣衣》一诗,载《经国集》卷13。
④ 《和坂领客对月思乡见赠之作》一诗,载《文华秀丽集》上卷。
⑤ 《渤海国志长编》卷10。
⑥ 王金林:《隋唐时期的中日友好往来》,《历史教学》1979年第1期。

遣唐使团的规模,初期每次一两艘船,每船约载120人。8世纪以后,规模扩大,每次4船,总人数达五六百人。使团成员有持节使、押使、大使、副使、判官、录事。有各种专门家,如:制造和维修船只的造舶都匠、船匠;负责安全和健康的射手、医生;担任翻译和记录的译语、史生;活跃海上文化生活的音声长、音声生;还有大批舟师、水手长、水手、画师、玉生、铸生、细工生等。

派遣遣唐使是日本朝廷的一件大事,每次任命的遣唐大使都是朝廷中的四位官或五位官,天皇总是告诫使者:"卿等奉使,言语必和,礼义必笃,毋生嫌隙,毋为诡激。"[1]使节出船之前,天皇常设宴相送,授刀赠诗,相当隆重。第十次遣唐使藤原清河出发前,孝谦天皇赋用和歌相送,预祝他旅途平安,早日返归。[2]

> 唯我大和国兮,
> 渡海如平地,
> 乘船如坐床。
> 大神镇国兮,
> 四船紧相连,
> 不日平安而归航。
> 归航共庆贺兮,
> 举杯同相饮,
> 丰美之酒浆。[3]

如果说遣唐使是肩负着增进两国睦邻关系使命的国使,那么随使入唐的留学生、学问僧,可以说是一群热情的民间使者了。留学生、学问僧多是风华正茂的青年,他们为探求新知识,不畏艰险,横渡大海来到长安,如饥似渴地吸取唐文化。他们为改革日本政治制度,发展日本的科学、文化、艺术做出了贡献。阿倍仲麻吕、僧旻、南渊请安、吉备真备、大和长冈、橘逸势、道慈、玄昉、空海、最澄都是学有成就的留学生和学问僧。唐文化通过他们不同程度地传入日本,对奈良文化的发展产生了极大影响。唐朝也有许多中国人赴日,包括朝廷使节、僧侣、

---

① 《续日本纪》卷34,宝龟七年四月。
② 藤原清河在归途中遭风暴,漂流至安南,几经周折,重回唐都长安,在唐任特进秘书监,最后客死唐都。
③ 《万叶集》卷9。

商人,以及具有专门技术的专家、工匠等。如擅长唐代文字声韵和音乐的袁晋卿、皇甫东朝,著名佛教律宗大师鉴真等,他们都为中日文化交流做出了贡献。

当时,中日两国之间的航路有4条,即北路、南路、渤海路和南岛路。

著名诗人山上忆良,曾随第七次遣唐使团来中国,任使团的少录。他在唐期间写过一首和歌:"津浦滨海边,亲人翘首望。赤子赴唐国,何日归大和?"[1]诗中的津浦就是难波的三津浦(今大阪三津寺町)。遣唐使团大多从这里出发,经瀬户内海向西航行,至大津浦(博多,今福冈市的一部分),等候顺风前往中国。从大津浦经壹岐、对马,绕过朝鲜半岛南部,沿半岛西岸北上至辽东半岛、山东半岛的登州,这是北路(也称新罗道)。初期遣唐使多取这一航路,虽费时较长,但基本上是沿岸而行,比较安全。7世纪末叶以后,又开辟了南岛路,即从大津浦南下多褹、夜久、奄美,然后横渡东海,到江苏扬州或浙江明州(宁波)靠岸。这条航路因东海变幻莫测,险情较大。8世纪后期,又开辟了南路(又称大洋路),从大津浦出发,经今长崎县的平户岛、五岛列岛,直航长江口。这条航路航程最短,若遇顺风,8天就可到达。除以上3条航路外,还有一条渤海路,穿过日本海,途经渤海国,到达长安。这条航路路程最长,但较为安全。

> 沧海西畔望,一望一心摧。
> 地即同正朔,天教阻往来。
> 波翻夜作电,鲸吼昼为雷。
> 门外人参径,到时花几开。[2]

这是描述唐时中日航路艰险的诗。中日使者历尽千辛万苦开辟的友谊之路,为发展两国睦邻关系做出了不朽的贡献。

第五节　豪强贵族势力的增长

奈良王朝历时80余年,中央集权的封建统治达到了未曾有过的顶峰。可是,自8世纪初叶以后,在奈良盛景之下,已开始逐渐显示出中央集权制衰微的征兆。

---

[1] 《万叶集》卷1。
[2] 林宽:《送人归日本》,《全唐诗》卷606,中华书局1960年版,第700页。

其主要表现是作为封建集权统治链条上的重要环节的国司、郡司和里长,即豪强势力的增长。这种势力的增长,加重了对农民的剥削,引起农民的不满和逃亡,动摇了中央集权制赖以生存的经济基础——班田制。

一、豪强势力的发展

在中央集权体制下,封建政权最基层的统治机构是国、郡、里[1],负责官吏分别为国司、郡司、里长。他们具体掌握着一国、一郡、一里(乡)的土地、户籍、租赋、徭役。因此,这些地方官吏的政绩优劣、执行朝廷指令的勤惰,直接影响中央集权制度的巩固与否。自8世纪以后,地方官吏"背公家向私业"[2],增强实力抗拒朝命的事情屡见不鲜。

国司、郡司、里长等地方豪强,其扩张势力的手段是很多的。他们"多占山野,妨百姓业"[3],侵吞公田,兼并农民土地;或"缘些恩借,安生方便,害政蠹民,莫斯为甚"[4];或利用国家放贷稻谷之机,从中渔利;或"隐截官稻",不按时运输调庸,隔月移年,使朝廷"自春亘夏,既乏支度之用"[5];或借贷私稻,春天发放,秋后收回本息,利息高达1倍。

问题的严重性,不仅在于这种"身在公庭,心顾私门,妨夺农业,侵蚀万民"的私势力的扩张,而且还在于中央的王公大臣和寺院势力同地方豪强势力相勾结的现象。他们通过地方豪强的资助,"多占山泽,不事耕种,竞怀贪婪"[6]。凭借一两亩赐田,却"逾峰跨谷,浪为境界"[7],大量兼并公、私田地。他们还将私稻"储蓄诸国",通过地方势力"出举百姓,求利交关"[8],获取高额利息。许多地方豪强为了确保自己的田园、财产日后免遭官府的干预,也都纷纷主动与中央王公大臣和寺院势力挂钩,以求庇护。例如,占据淀川沿岸肥沃土地的豪强百济王氏,与朝廷大臣藤原继绳结为亲家;山背国(今京都府)豪强秦岛麻吕与藤原小黑麻吕结

---

① 715年,里改为乡,建立国、郡、乡、里制。据统计,日本全国共有67国、555郡、4012乡、
　12036里。
②《续日本纪》卷12,天平六年十一月。
③《续日本纪》卷5,和铜四年十二月。
④《续日本纪》卷5,和铜五年五月。
⑤《续日本纪》卷35,宝龟十年十一月。
⑥《续日本纪》卷3,庆云三年三月。
⑦《续日本纪》卷3,庆云三年三月。
⑧《续日本纪》卷12,天平九年九月。

为姻亲,彼此利用,互相依靠。另外,豪强将自己的土地寄进寺院的情况也是非常普遍的。他们主动将私有土地送给寺院,寺院又将这些寄进的土地交由豪强全权管理。这样,在王公贵族和寺院的大纛(dào)下,豪强势力更加有恃无恐。

地方豪强势力和王公贵族的扩张与兼并,造成了大批班田农民的破产。他们纷纷脱离户籍,逃亡异乡。中央集权制下的公田公民,不断地变为私田私民。此外,豪强贵族势力的扩张,还加剧了统治阶级内部的矛盾。"京官禄薄,不免饥寒之苦,国司利厚,自有衣食之饶。"①这虽然有些夸张,但也反映出京城的中下级官吏的生活比之贵族和国司,确有"寒酸"之感。国司之任是当时京城中下级官吏垂涎的肥缺,因此许多官吏往往不安于京职而盼外任。因为一旦外任3年,其搜刮的民脂民膏便可供他享乐一生。

为巩固中央集权统治,抑制豪强势力的进一步扩张,朝廷相继采取了2项应急措施。

第一,加强了对国司、郡司的督促检查,抑制亲王及豪强兼并土地和隐匿逃亡农民。

712年(阴)五月十六日,元明天皇公布了考核郡司政绩优劣的标准。户口繁殖,调庸增加,人口不虚,帐籍真实,境内治安者,为"在职匪懈,立身清慎";反之,公务不举,假公济私,肆行奸猾,田畴不开,调庸减少,户口不增,帐籍多虚者,则为"居官贪浊",治绩不善。②十七日,宣布设置巡察使,每年赴各地"检校国内丰俭得失"③。713年,规定诸寺不能"多占田野,其数无限",超过法律规定之数者,一概收公。④719年,任命巡察使分管各国,进一步明确他们的职责在于亲自巡省其所管国司的不法行为,并酌情处置。元正天皇(680—748年)称巡察使为"朕之股肱,民之父母"。因此,巡察使的待遇也高于群臣,"寄重务繁,与群臣异,加禄一倍"⑤。720年,又规定国家放贷,取利30%,私人放贷,利息不得超过半倍;并宣布718年(养老二年)以前农民所欠的公私债务,一律从免。⑥744年,圣武天皇敕颁32条官吏政绩考核标准,要巡察使公正巡察,根据国郡官吏治绩的善恶,妥善

---

① 《续日本纪》卷35,宝龟十年十一月。
② 《续日本纪》卷5,和铜五年五月。
③ 《续日本纪》卷5,和铜五年五月。
④ 《续日本纪》卷6,和铜六年十月。
⑤ 《续日本纪》卷8,养老五年六月。
⑥ 《续日本纪》卷8,养老四年三月。

处理或具情上报,以使"泾渭殊流,贤愚得所"[①]。对那些不行法令,不畏宪章,擅求利润,以致公民岁蹙,私门日增的国郡官吏,必须严加处分,罢黜官职。746年,禁止诸寺院"竞买百姓垦田及园地永为寺地"[②]。

第二,鼓励开垦荒地,增加耕田面积。723年,宣布"三世一身法",即"营开垦者,不限多少,给传三世,若逐旧沟池,给其一身"[③]。就是说,凡新垦生荒地,可传三代,而后归公;开垦熟荒地者,可享受一生私有,本人死后交公。"三世一身法"的实施,虽也促进了荒地的垦殖,但往往在三世期满、土地收公之后,就发生"农夫怠倦,开地复荒"的情景。743年,为防止土地复荒,朝廷宣布"自今以后,(垦田)任为私财,无论三世一身,咸悉永年莫取"[④]的"垦田永世私有令";并规定,亲王一品及一位准垦500町,二品及二位400町,三品三位300町,四位200町,五位100町,六位以下、八位以上50町,初位至庶人10町,郡司大领、小领30町,主政、主帐10町。749年(阴)七月,又规定了各寺院的垦田数,其数最高为4000町,最低为500町。[⑤]这种规定,表面上是对各级贵族、官吏和寺院的限制,实际上则是一种鼓励。抑制豪强与"垦田永世私有令",是两项极其矛盾的措施。前者是禁止豪强贵族吞并田地、山林,后者却鼓励有力者大量垦殖荒地。实际上,"垦田永世私有令"全盘否定了抑制豪强势力的措施,为豪强势力的进一步发展大开方便之门,促进了大批国有土地的私有化。

"垦田永世私有令"公布以后,骤然出现了"天下诸人竞为垦田"的局面,"势力之家驱役百姓,贫穷百姓无暇自存"[⑥],贫者更贫,富者更富。王公贵族、有势之家掠夺了大片田园、山林。

在"垦田永世私有令"的实施过程中,朝廷曾明文规定,凡开垦空闲地,必须经国司准许。国司在所属界内,掌握着决定垦田的大权。因此,他们上与诸王群臣,下与郡司、乡里豪强相勾结,势力更盛,更加漠视朝令,8世纪60年代,竟发展到"曾无一国守领,政合公平""贪浊人多,清白吏少"的局面。761年,淳仁天皇曾严厉指责国司"在国无忠,见利行非,临财忘耻,上交违礼,下接多谄,施政不仁,

---

① 《续日本纪》卷15,天平十六年九月,十五年五月。
② 《续日本纪》卷16,天平十八年五月。
③ 《续日本纪》卷9,养老七年四月。
④ 《续日本纪》卷15,天平十六年九月,十五年五月。
⑤ 朝廷颁布的寺院垦田数,计:大倭金光明寺4000町;元兴寺2000町;大安、药师、兴福、大倭、法华及各国国分寺为1000町;其他为500町。
⑥ 《续日本纪》卷26,天平神护元年三月。

为民苦酷,差遣边要,诈称病重,任使势官,竟欲自拜",并说:"如此之流,伤风乱俗,虽有周公之才,朕不足观也,自今以后,更亦莫任,还却田园,令勤耕作。"[①]奈良朝廷采取的应急措施,不但没有能够抑制豪强势力,反倒使之进一步发展。豪强势力的发展反映在政治上,便是统治阶级内部权势的争斗。

二、长屋王事件

724年(阴)二月,元正天皇让皇位于太子,新天皇称圣武天皇。圣武之妻是已故左大臣藤原不比等的女儿光明子(701—760年)。藤原氏企图利用这一机会左右朝政。727年(阴)闰九月,光明子生下一子。(阴)十月五日,天皇发诏赦免国内罪犯,以示庆贺。(阴)十一月二日,又破例立年仅1月余的皇子为太子。(阴)十一月十四日,大纳言多治比池守率领史生以上政府官吏朝拜皇太子。这些违例的举动,遭到左大臣长屋王(684—729年,天武天皇之孙)、中纳言大伴旅人的抵制。大伴旅人不久被改任大宰府长官,远去九州,朝中只剩长屋王一人。长屋王深有教养,善诗词,常在宅邸聚会吟诗,颇使藤原氏不安,生怕他联络势家贵族,反对自己。因此,视长屋王如肉中之刺,决意除之。

728年(阴)九月,刚满1岁的皇太子夭折。5个月后,即729年(阴)二月十日,在藤原氏策划下,有人诬告长屋王"私学左道,欲倾国家"。当夜,由式部卿藤原宇合为总指挥,包围了长屋王宅邸。次日,知太政官事舍人亲王(676—735年)以下各政府大臣到长屋王家中问罪。十二日,长屋王不堪被辱,偕同家人自杀。密告者漆部君足、中臣宫处东人,却因此升爵晋官。

长屋王事件后,光明子被立为皇后,其兄弟藤原武智麻吕、房前、宇合、麻吕4人分别成为大纳言和参议,藤原氏势力控制了朝政。

三、藤原广嗣事件

藤原氏的好景并不长。737年夏,全国流行天花,藤原氏四兄弟感染病疫,先后死去。此后,圣武天皇重用橘诸兄(684—757年),以及刚从唐朝留学归国的学问僧玄昉、留学生吉备真备,形成了新的领导集团。橘诸兄出身皇族,玄昉、吉备真备出身地方豪族。藤原氏一族对新的领导集团非常反感,远在北九州的藤原宇合之子藤原广嗣(?—740年)首先起来反对。740年(阴)八月,他从九州大宰府上书天皇,"指时政之得失",要圣武天皇罢黜玄昉、吉备真备等人。(阴)九月三

---

① 《续日本纪》卷23,天平宝字五年八月。

日,又举兵叛乱,对抗朝廷。朝廷立即任参议大野东人为大将军,率军征讨。广嗣竭力抵抗,战事延续2个月之久。(阴)十月下旬,广嗣乘船西逃,至九州的北海岸,二十三日在值嘉岛被捕,(阴)十一月一日被杀,叛乱平息。

四、藤原仲麻吕事件

749年(阴)一月,圣武天皇因病退位,出家为僧。(阴)七月,孝谦天皇即位。孝谦天皇系光明皇后所生,与藤原氏有血缘关系,因此,藤原氏势力又乘势兴起。孝谦天皇的表兄弟藤原仲麻吕受到了特别的器重,先后担任紫微令和中卫大将,掌握了军政大权。758年(阴)八月一日,孝谦天皇让位淳仁天皇,藤原仲麻吕威势更盛。二十九日,仲麻吕改姓名为惠美押胜,朝廷的官职名称也做了改变,太政官称乾政官,太政大臣称大师,左大臣称大傅,右大臣称大保。惠美押胜任大保。760年,惠美押胜升为大师。762年(阴)二月,又赐最高爵位正一位。

正当藤原仲麻吕(惠美押胜)势力急剧扩张的时候,退位的孝谦天皇却与道镜和尚关系甚密。为了抑制藤原氏的势力,762年(阴)六月三日,孝谦上皇①宣布:自今之后,除日常祭祀和小事仍由淳仁天皇奉行之外,国家大事、赏罚大权均由她自己掌握。此举大大缩小了藤原氏和藤原氏扶植的淳仁天皇的权限。藤原仲麻吕为了挽回失去的权势,也采取了多种措施,如相继任命自己的3个儿子为右虎贲(右兵卫府)长官、越前国长官和美浓国长官,分别控制京城和军事要塞爱发关、不破关的实权。764年(阴)九月,藤原仲麻吕以“都督四畿内、三关、近江、丹波、播磨等国兵事使”,召集兵士,准备用武力铲除孝谦上皇、道镜的势力。(阴)九月十一日,详知此项阴谋的高丘比良麻吕向孝谦上皇揭发了此事。孝谦上皇即刻发诏全国,宣布因藤原仲麻吕及其家族阴谋反叛,剥夺其官位及一切特权,取消藤原之姓。当夜,藤原仲麻吕率领亲信逃向近江。可是,孝谦上皇早已派兵占领近江,并烧毁了通往近江的重要桥梁势多桥。藤原仲麻吕等人只得改变路线向越前国方向逃奔,企图扼守爱发关。然而爱发关也已被孝谦上皇的军队占领。藤原仲麻吕又转战琵琶湖北一带。终因水路被阻,走投无路,全家自杀于琵琶湖畔。

藤原仲麻吕事件后,孝谦再次执政,称为称德天皇,道镜和尚总揽大政。

图4-1和表4-1分别显示了奈良时代天皇世系和派出的遣唐使名单。

---

① 上皇:天皇退位后的称呼(或称太上天皇),以现任天皇保护人的形式参与政治。这种君主制在中国、欧洲的历史上是不曾有过的,是日本独特的制度。

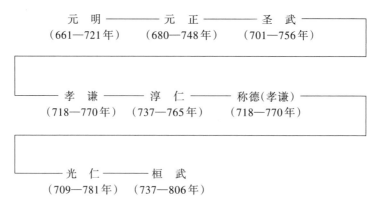

图4-1　奈良时代天皇世系

表 4-1 奈良时代遣唐使一览表

次数	1	2	3	4	5	6	7	8	9	10	11	12	13
出发年	630	653	654	659	665	669	702	717	733	752	777	804	838
出发月	八	五	二	七	十二		六	三	四	闰三	六	七	七
归国年	632	654	655	661	667		704	718	735	754	778	805	839
归国月	八	七	八	五	十一		七	十	三	三	十	六	八
使节姓名	犬上三田耜、药师惠日	(大)吉士长丹(副)吉士驹；(大)高田根麻吕(副)扫守小麻吕	(大)河边麻吕(副)药师惠日(押)高向玄理	(大)坂合部石布(副)津守吉祥	守大石、坂合部石积	河内鲸	(执)栗田真人(大)坂合部大分(副)巨势邑治	(押)多治比县守(大)大伴山守(副)藤原宇合	(大)多治比广成(副)中臣名代	(大)藤原清河(副)吉备真备(副)大伴古麻吕	(副)大神末足(副)小野石根	(大)藤原葛野麻吕(副)石川道益	(持)藤原常嗣
船数/艘		1；1	2	2				4	4	4	4	4	4
人数/人		121；120						557	594	500			651
随同赴唐者		道昭、定惠、弁正、巨势药、冰老人、坂合部盘积等					山上忆良、道慈	玄昉、吉备真备、大和长冈、阿倍仲麻吕	荣叡、普照			空海、最澄、橘逸势	圆仁

第五章

平安时代（794—1184年）上

第一节　桓武之治

　　765年,淳仁天皇去世,孝谦天皇重新登位,是为称德天皇。称德天皇在位6年间,朝廷大权掌握在道镜和尚手中。道镜本是僧侣,却热心权术,官至太政大臣禅师,得意忘形,竟以八幡神梦谕为由,企图篡位当天皇,结果引起了朝野的反对,史称"道镜皇位事件"。770年,称德天皇去世,道镜下野。天智天皇之孙白壁王登基,称光仁天皇(709—781年),是年62岁。光仁天皇在藤原百川(732—779年)、藤原永手(714—771年)的辅助下,虽也进行了一些恢复中央集权的措施,但大多因不合时宜而未见成效。

一、桓武天皇重振中央集权体制

　　就在中央集权制日益受到削弱的时候,781年桓武天皇(737—806年)继位,开始重振中央集权体制。他采取了一些维护中央集权的有力措施,尤其着力于整肃纲纪。首先是裁减冗官。781年(阴)六月,针对各级官僚数目冗多,"譬如十羊更成九牧"的情况,宣布额外编制一概废除。[①]786年(阴)四月十一日,再次发诏,指责国、郡司的弊政,"诸国所贡,庸调支度等物,每有未纳","物漏民间,用乏官库"。在治政方面,国、郡司屡违朝廷,致使"廉平称职(者),百不闻一,侵渔润身,十室而九"。[②]为改变以上弊病,制订了国、郡司褒贬条例十六条[③]。还三令五

---

① 《续日本纪》卷36,天应元年六月。

② 《续日本纪》卷39,延历五年四月。

③ 褒奖者:抚育有方,户口增益;劝课农桑,积实仓库;贡进杂物,依限送纳;肃清所部,盗贼不起;判断合理,狱讼无冤;在职公平,立身清慎;且守且耕,军粮有储;边境肃清,城隍修理;到任三年,政治灼然。贬斥者:在官贪浊,处事不平;肆行奸猾,以求名誉;数游无度,扰乱百姓;嗜酒沉湎,废阙公务;公节无闻,私门日益;放纵子弟,请托公行;逃失数多,克获数少;统摄失方,成卒违命。

申,国、郡司不得在公廨田外再营水田和私贪垦辟,侵害百姓农桑地。违反者,收获之实,垦辟之田,都应没收,并罢官归乡。王臣、诸司、寺院不得兼并山林,独专其利,如有违犯,按违犯敕令罪处之,有关官吏包庇纵容,同罪处置。贡进调庸,规格品质,本有法定,但多年来,"诸国贡物,粗恶多不中用",应根据其贡物滥秽不堪的程度,依法惩罚,国司违犯则革职罢官,永不录用,郡司违犯,除革职罢官外,还要断其谱第,革除爵位,其他官员违犯,按级科罪。凡贪沾国税者,严惩不贷。如国司一人犯用,余官同罪,一并解任,永不叙用。790年(阴)十一月,又发诏宣布:历年来各国拖欠租税按大国3万束,上国2万束,中国1万束,下国5000束的数目,每年造册填补,若依然拖欠不纳,朝廷则将退回税账,按情节轻重科罪。[1]798年,宣布国司、郡司除正职之外,副职一律废除。

天平以来,寺院屡受朝廷奖励,赐田、赐物,享有种种特权。寺院依仗权势,利用寄进、收买等手段,不断兼并农民土地。783年,桓武天皇断然对寺院采取抑制措施:不许滥造寺院,"私立道场,及将田宅园地舍施,并卖易与寺",违反者主典以上一律罢官,主典以下一律杖八十,官司放纵不禁,同罪。[2]

桓武天皇抑制豪强、寺院势力,维护中央集权的果断措施,引起了以国司、郡司为代表的豪强势力的反抗。反抗的手法之一是烧毁储藏国家正税的仓库,然后以"神火"之名上报朝廷。关于正仓屡次失火的原因,朝廷也很清楚:"正仓被烧,未必由神,何者?谱第之徒害傍人而相嫉,监主之司避虚纳以放火。"[3]对于国司、郡司的纵火反抗行为,桓武天皇坚决给予严惩,明确规定,凡正仓被烧,剥夺国司等公廨,以补火灾损失,郡司之责也不能赦免。

二、迁都平安城

桓武朝的一系列维护中央集权制的措施,确实取得了显著的效果。794年(阴)十一月,桓武天皇把京城迁到了位于京都盆地的平安京(今京都)。795年(阴)一月十六日,贵族们在新京欢度元宵佳节,歌舞升平,热闹非凡。诗人们谱写了新的踏歌[4]歌词:

---

[1]《续日本纪》卷40,延历九年十一月。

[2]《续日本纪》卷37,延历二年六月。

[3]《续日本纪》卷39,延历五年八月。

[4] 踏歌:唐代传入日本的歌舞,颇受王公贵族喜爱。

山城显乐旧来传,帝宅新成最可怜。

郊野道平千里望,山河擅美四周连。①

唱完这吉祥之歌,歌舞者便狂热地欢呼:"新京乐,平安乐土,万年春!"

"平安乐土,万年春!"这就是桓武天皇迁都平安京的用意。"平安之城"的名称,虽然事实上不可能显示政局的平稳,但是桓武天皇加强中央集权的措施,使他及后嗣者确实在政治上维持了70余年的小康局面。

第二节　农民的反抗

一、农民的沉重负担

如前所述,按班田制规定,班田农民每年必须向国家缴纳租庸调,其数额大约占每户农民口分田总收获量的20%。在当时的生产水平下,这种剥削率已经不轻了。可是,农民所受的剥削远不止于此,他们还要受超经济的封建剥削,杂役、兵役、高利贷更是套在农民脖子上的3条绳索。

根据律令规定,"凡正丁岁役十日"②,即20—60岁的男子(正丁),每年要到京都为朝廷无偿服劳役10天。服役期间的粮食、费用自理。这种劳役往往都会超过规定期限。都城的频繁迁徙,大兴土木,修建宫殿、寺院,都要征调大批劳动力服役,动辄数万、数十万人。784年(阴)五月,朝廷决定在山背国长冈村(今京都府乙训郡向日町)建都,(阴)七月便征调民工31万余人。此项工程未完,又于793年(阴)一月改选山背国葛野郡为新宫址,并"令五位以上及诸司主典以上,进役夫筑新京宫城"③。797年(阴)三月,又令远江(今静冈县)、骏河(今静冈县)、信浓(今长野县)、出云(今岛根县)等国进雇夫2万余人。工程进度迟缓,长年征调不绝,使百姓极度疲惫,就连热衷于营造宫室的桓武天皇也不得不承认:"宫室未

---

① 《类聚国史》卷72,岁时三,踏歌。《类聚国史》,本卷200卷,目录2卷,帝王系图3卷,菅原道真编,892年成书。

② 《令义解》卷3,赋役令。

③ 《日本纪略》卷13,桓武延历十二年正月、三月。《日本纪略》共34卷,著者不详,成书于平安末期,是从神代至一条天皇,即11世纪初的编年史。

就,兴作稍多,征发之苦,颇在百姓。"①"方今天下所苦,军事与造作也②,停此两事,百姓安之。"③

农民所担负的徭役,不仅有中央朝廷的征调,而且还有国、郡的征调。"凡令条外杂徭者,每人均使,总不得过六十日。"④该条明确规定国司每年有权征调每个农民服役60天。⑤实际上,国司、郡司征役农民经常超过60日。他们以征役为名,任意驱使农民去垦殖其所属的私有土地或从事种种杂务。许多农民因过度劳累而折筋断骨,甚至终身致残或死亡。农民每年缴纳的庸调,都要以国为单位送往京城。一般是(阴)八月中旬起运,按距离京城远近,分别在(阴)十月三十日、(阴)十一月三十日、(阴)十二月三十日以前纳齐,"其运脚均出庸调之家"⑥。运送这些物品的劳力、开销、牲畜、工具全由农民负担。运送庸调的农民历尽艰辛,许多人即使把庸调运到京城,也往往因粮食断绝,无法返回。"市边多饿人,寻问其由,皆曰:诸国调脚不得还乡,或因病忧苦,或无粮充饥"⑦,有的则因"食粮绝乏,多馑道路,转填沟壑"⑧而惨死在途中。尸体被遗弃在荒野,而"故乡的亲族也不知其忌辰,盼夫返归的爱妻也不知丈夫的墓地"⑨。

兵役是农民另一种繁重的负担。《养老律令》规定,按国组成军团,轮番交替。被征卫戍京城的称为卫士,守卫西部边疆的称防人,卫士1年一征,防人3年一征。每次征集正丁的1/3⑩编成军团。被征者,名义上服役1年、3年轮换,但常常是"壮年赴役,白首归乡"。被征兵士,在军团里受着军毅⑪的歧视和压迫,"名是

① 《续日本纪》卷39,延历七年九月。

② 军事:指征伐虾夷。造作:指建设平安京。

③ 《日本后纪》卷13,延历二十四年十二月。

④ 《令义解》卷3,赋役令。

⑤ 据史籍记载,"杂徭六十日制"有过多次变动。757年,孝谦天皇宣布改为30日,但不久又恢复为60日。795年,桓武天皇又重申实行孝谦天皇宣布的30日制。862年,清和天皇宣布减京畿杂役10日。864年,减七道诸国杂徭20日。907年制定的《延喜式》中规定,杂徭仍然是30日。

⑥ 《令义解》卷3,赋役令。

⑦ 《续日本纪》卷22,天平宝字三年五月。

⑧ 《续日本纪》卷5,和铜五年正月。

⑨ 《东大寺讽诵文》,门胁祯二、甘粕健:《民众史的起点》,三省堂1974年版,第260页。

⑩ 据《图说日本文化史大系3:奈良时代》(儿玉幸多编,小学馆1956年版)第116页,征兵率实际是1/4。

⑪ 大化改新后的军团设大毅1人、少毅2人,下有校尉、旅帅、队正。兵士以5人为伍,50人为队,旅帅领100人,军毅领1000人。

兵士,实同役夫"①。

兵役之苦,超过了年贡、赋税。健壮劳力每年被征,使农村劳力渐乏,更使无数家庭蒙受父子、夫妻常年分离之苦。著名诗集《万叶集》中,留下了不少描述壮丁戍边生离死别的悲惨情景。

繁重的租税、徭役,使农民辛苦一年的成果所剩无几,一家老小难以糊口。到了春天播种季节,常常连一粒种子也没有。大多数农民只得借债交租,借粮糊口,借种育秧。春天借债,秋后偿还,借贷的利息很高,官方借贷利率达50%,私人的借贷利率竟高达100%。"负人如奴,物主如君,负人如雉,物主如鹰。"②

高利贷主的手段是极其恶毒的,他们明知农民一时偿还不起,便故意催还本利,最终迫使许多父辈债务,"令其子侄易命重举"③,致使一代借债,二代、三代都偿还不清。高利贷剥削加剧了两极分化,放债者"竞求利润,或举少钱,贪得多利,或期重契,强责质财,未经几月,忽然一倍",成为富翁,而"穷民酬赏,弥致灭门","无物可偿,遂乃卖家卖田,浮逃他乡"。④因负债而家破人亡者,比比皆是。法律还规定,卖尽家业仍不能抵偿债务的,负债人应以身折酬(役身制)。拖欠官债,不论债务多少,负债人必须无偿劳动1—5年;拖欠私人债务,役身时间不受限制,长的可达数十年⑤,许多人因此终身沦为债务奴隶。

律令制下农民生活极其悲惨。著名诗人山上忆良(660—733年?)写过一首《贫穷问答歌》,真实而具体地描述了在官府逼债下,农民贫困到山穷水尽的情景:

> 简陋倾圮屋,地上铺茅草。
>
> 父母枕边愁,妻子脚下忧。
>
> 灶里无炊烟,釜中结蛛网。
>
> 忘却炊饭事,只闻呻吟语。
>
> 咆哮如劈物,手持刑笞具。
>
> 五十户长声,呼哨到寝处。

----

① 《类聚三代格》卷18,军毅兵士镇兵事,弘仁四年八月九日。

② 《日本灵异记》下卷。

③ 《续日本纪》卷8,养老四年三月。

④ 《续日本纪》卷35,宝龟十年九月、十一月。

⑤ 《令义解》卷10杂令载:"役身折酬者,……唯于私物者,不立程限,故知据当时当乡庸作之价,以役折,即不限年远近,皆以尽债为限也。"

似此人间事,欲呼亦无术。①

二、农民的反抗斗争

8世纪至11世纪初,农民的反抗斗争不断发生。斗争的形式多种多样,其中以逃亡、集体诉讼、武装起义为主。

逃亡。"天下百姓,多背本贯,流宕他乡,规避课役。"②这种状况遍及全国。772年,仅下野国逃入陆奥国的农民,就达870人。③逃亡现象在畿内地区也是相当严重的,"京户百姓,规避课役,浮宕外国,习以为常,其数实繁"④。京都盆地的山背国,有一村庄叫爱宕郡,据遗存下来的《山背国爱宕郡计帐》载,733年,这个村有居民340人,已有33人(占总人数的约10%)逃亡他乡。逃亡者多是强劳力,其中正丁15人,丁女、丁妻7人,占逃亡者的2/3。逃亡的正丁占全村正丁总人数的约20%(全村共有正丁77人)。⑤从这一个村的情况,便可估计当时日本农村的大致面貌及农民逃亡的概况了。

集体诉讼。这种斗争形式始于9世纪前半叶。834年(阴)十一月,佐渡国(今新潟县)三郡农民上京控告国守嗣根的胡作非为。状纸中指控嗣根犯有两大罪状:一是依仗权势,搜刮民财,建筑新的馆舍;二是独霸海滨、山泽之利,横行乡里。856年,赞岐国(今香川县)农民控告国司弘宗王。慑于群众的威力,弘宗王只得承认自己的罪恶,最终被政府撤职、禁锢。到了10世纪,诉讼斗争更趋活跃。据统计,974—1041年间,较大的上告斗争有18次,波及尾张、加贺(今石川县)、伊势、近江、大和、丹波、和泉(今大阪府)、淡路(今兵库县)、但马(今兵库县)、因幡(今鸟取县)、伯耆(今鸟取县)、赞岐12国。其中以988年(阴)十一月尾张国8个郡的郡司、百姓控告国司藤原元命的斗争最为有名,上告书中列举了藤原元命的31条罪状。⑥

---

① 《万叶集》卷5。此译文是天津社会科学院日本研究所聂长振先生翻译的。

② 《续日本纪》卷6,灵龟元年五月。

③ 《续日本纪》卷32,宝龟三年十月。

④ 《续日本纪》卷23,天平宝宇五年三月。

⑤ 稻垣泰秀、户田实芳编:《日本民众的历史2:土一揆和内乱》,三省堂1975年版,第7—8页。

⑥ 据《尾张国郡司百姓等解文》载,藤原元命的31条恶政中,主要是公然违犯法令,横征暴敛,任意加征正税33万余束,取利息12万余束;任意加征每段3斗6升租谷;在正税利稻外,任意额外征收稻谷,派人运到京都藤原元命府邸;等等。

逃亡、诉讼斗争虽然打击和动摇了中央集权统治,但是带有很大的局限性。斗争偶尔也能取得一些胜利,个别明目张胆违法乱纪、欺压农民的酷吏,也可能被撤换,但不能从根本上触动封建制度。农民们只是把改革弊政的希望寄托于天皇、中央官僚机构,因此斗争常常被国司、郡司、乡吏所利用,作为他们之间争权夺势的工具。一旦达到目的,他们又勾结起来对农民实行残酷的压迫,大批参加诉讼斗争的农民被流放、监禁或杀戮。

9世纪后半叶至10世纪末,与逃亡、诉讼并存的另一种斗争形式,就是武装起义。从皇室所在地的京城到边疆地区,都有农民武装起义发生。

730年,京城及全国各地"盗贼"群起,打击领主豪富。在安艺国(今广岛县)、周防国及京城左侧山区,"聚集多人,妖言惑众,多则万人,少乃数千"[1]。861年,武藏国"凶猾成党,群盗满山"[2]。889年,东国地区爆发了物部氏永领导的农民起义,袭击官仓,阻击运往京城的物品。统治者调兵镇压,起义者英勇机警,迂回各地,长期作战达10年之久。[3]在10年之内,朝廷没有能够镇压起义,充分说明起义的规模之大和斗争策略之灵活。在物部氏永起义前后,信浓、上野、甲斐(今山梨县)、武藏等地发生了"僦马党"[4]起义。这是以脚夫为主的农民斗争。他们路头结党,拦截驮马,聚集津边,阻夺运船,活跃在关东平原的两大交通要路东山道和东海道上,直接影响了朝廷奢侈物品的供应。统治者调集上野、相模等国的反动武装进行围剿,但斗争仍接连不断。935年前后,在西海、南海一带海盗盛行。982年(阴)二月,伊豫国(今爱媛县)爆发了能原兼信领导的起义。统治者到处张贴告示,宣称"追讨贼首能原兼信,即可巨额悬赏"[5]。在封建统治的中心地平安京,形势也颇为紧迫,"日者京师不闲,足可惊怪,群盗盈巷,杀害连日"[6]。

在边远少数族地区,人民斗争也不断发生。720年(阴)二月,九州岛南端的隼人杀死了大隅国守阳候史麻吕。770年,前已归顺的虾夷首长宇汉迷公宇、屈波宇等人忽率徒族逃离城栅,并扬言将"率一二同族,必侵城栅"[7]。774年(阴)

---

① 《续日本纪》卷10,天平二年九月。

② 《日本三代实录》,贞观三年十一月十六日。《日本三代实录》共50卷,藤原时平等撰,907年成书,是清河、阳成、光孝3名天皇30年间的编年实录。

③ 《扶桑路记》第22载:"东国强盗者物部氏永等发起,追捕之间已及昌泰(898—901年)。"

④ 僦马:雇运货物之马。僦,租赁之意。

⑤ 《小右记》,天元五年二月。

⑥ 《小右记》,天元五年二月。

⑦ 《续日本纪》卷30,宝龟元年八月。

七月,陆奥国沿海地区虾夷人"忽发徒众,焚桥塞道,既绝往来",进攻桃生城,"镇守之兵,势不能支"。①776年(阴)五月,出羽国志波村虾夷人起义,"与国相战,官军不利"②。虾夷人"蚁结肆毒,出羽国军与之相战,败退","官军不利,损失器仗"。③780年(阴)三月,陆奥国上治郡大领呰麻吕(虾夷人)发动起义,在觉鳖栅杀死了陆奥按察使纪广纯及其同行牡鹿郡大领道嶋大楯。数日后又率军南下,攻入多贺城。781年,伊佐西古、诸绞、八十嶋、乙代等人率4000余人反叛。他们"蜂屯蚁聚","攻则奔逃山薮,放则侵掠城塞",④使官军疲于奔命,处处挨打。789年(阴)三月,又有大墓公河弖流为等人领导的虾夷人,阻击官军向胆泽盆地扩展。在北上川河岸一战中,官军战死25人,中矢负伤245人,投河淹死1030余人,生还者仅1250人,而虾夷人仅伤亡80多人。⑤

广大农民和少数族人的斗争极大地震撼了中央集权制封建统治。

第三节 班田制的破坏

一、农村户口的锐减

户籍的真实,是实行班田制的基础,也是中央集权政府收调庸、举正税、征劳役的依据。8世纪末叶以来,户口严重不实,虚报户口的现象极为普遍。"授田之日,虚注不课,多请膏腴土地,差科之时,规避课役,常称死逃欺妄。""畿内百姓,奸诈多端,或竞增户口,或浪加生年。"⑥进入9世纪以后,这种现象更趋严重。不少人家,都以年迈的老妇、老翁为户主。在户主名下,或是一群年幼的少年,或是出生年月不明的男人。有的户口,全家11口人,只有一个男孩。有的则全是妇女。户口的不实,使纳税服役人数(课口)锐减,免税免役人数(不课口)剧增,有

---

① 《续日本纪》卷33,宝龟五年七月。
② 《续日本纪》卷34,宝龟七年五月。
③ 《续日本纪》卷34,宝龟八年十二月。
④ 《续日本纪》卷36,天应元年六月。
⑤ 《续日本纪》卷40,延历八年六月。
⑥ 《类聚国史》卷159,田地上口分田。

的乡不纳税、不服役的人数竟达纳税、服役人数的数倍以至十数倍。[①]虚报户籍,一方面反映了农民对领主阶级压迫的反抗,另一方面也反映了国、郡司等地方官吏欺瞒朝廷,隐没口分田,以增加自己收益的舞弊行为。864年(阴)一月,朝廷明确指出:造成这种状况的原因,是国司等热衷于户口增益,以不课之男女,编附簿帐。有的国,这种户口达1万余人,有的达五六千人,致使"空有增益之名,且无一物之贡"[②]。914年(阴)四月,朝臣三善清行在向朝廷提出的《十二条谏书》中写道:"臣伏见诸国大帐(户籍)所载百姓,大半以上,此无身者也。"[③]这是说,各地的户籍中,大半的户口都是有名而无实的一纸空文。"牧宰空怀无用之田籍,豪富弥收并兼之地利,非唯公损之深,亦成吏治之妨。"[④]

在农村户口虚增的背后,却是许多郡乡由于农民的或逃或迁,景况日渐衰敝的事实。备中国下道郡迩磨乡就是一个典型。该乡在7世纪60年代时,"户邑甚盛",壮丁兴旺。政府曾在这里征得壮丁2万人充任军卒,为此,乡名改为二万乡。至8世纪60年代时,"此乡户口才有课丁千九百余人"。至9世纪50年代,户籍所载课丁,只剩70余人。10世纪初,该乡已"无有一人"了。一个户口繁盛之乡,在200余年间由盛到衰,以致最后绝灭,其"衰敝之速",连封建贵族也惊恐不已,哀叹"以一乡推之,天下虚耗,指掌可知"。[⑤]

与班田农户衰减相反,各地豪强的私自隐匿户急剧增加。据史书记载,828—875年的47年间,在畿内地区,隐匿户多达五六百户,少则八九十户。[⑥]

二、班田制的破坏

户籍的虚假,田地的大量兼并、隐匿,使口分田日渐缺乏,以致班田制难以实施。

根据令制,班田每6年重班一次,但实际上,自800年起,6年一班的规定常常

---

① 据《平安遗文》1—188载,延喜二年(902年),阿波国板野郡田上乡户籍,全乡户口合计5户,
共435人,课口仅24人,不课口达110人,后者是前者的约4.5倍。周防国玖珂郡玖珂乡户
籍,全乡13户,共329人,其中课口66人,不课口263人,后者是前者的近5倍。(参阅竹内理
三编:《体系日本史丛书6:土地制度史Ⅰ》,山川出版社1973年版,第113页)

② 《日本三代实录》,贞观六年正月。

③ 《本朝文粹》卷2,善相公《十二条谏书》。

④ 《本朝文粹》卷2,善相公《十二条谏书》。

⑤ 《本朝文粹》卷2,善相公《十二条谏书》。

⑥ 《类聚三代格》卷17,募赏事,贞观十七年八月二十二日。

不能实现。以畿内地区为例,800年进行了一次班田,理应在806年重新班行,但直到810年才实行①,相隔10年。此后又经过了18年,在828年实行一次。②834年,朝廷不得不将6年一班改为12年一班。但是,12年一班也基本上没有实现。861年,朝廷宣布不再向畿内地区派遣班田使,有关事宜均由各国国司处理。③由此,畿内地区的班田就基本上停止了。"自天长五年(828年)至于今兹,总四十六个年,班田之事,绝而不行。"④直至881年,才又实行了一次。⑤这是畿内地区的最后一次班田。后来虽然在902年,由于朝臣们的上谏,希望朝廷"令诸国阅实见口,班给其口分田"⑥,醍醐天皇(885—930年)重新采用12年一班制,但最后也是一纸空文,未能付诸实施。

畿内地区,班田制屡遭破坏,而其他地区的情况也并不乐观。据史籍记载,西海道的筑前国(今福冈县)至873年,筑后国至880年,肥前国(今佐贺、长崎两县)至881年,班田制已分别停止21年、30余年、40年了。⑦东山道的上野国,811—885年间共实行6次班田,但实施的间隔年限极其混乱⑧,少则4年,长则20余年。

至9世纪末10世纪初,中央集权制的经济基础——班田制已在日本的历史上销声匿迹。

三、敕旨田、公营田的增设

班田制的崩溃,造成了封建政权的财政危机。在班田制的瓦解过程中,朝廷采取增设敕旨田、公营田和扩大官田的应急措施,以克服严重的财政危机。

敕旨田是由天皇发布敕令进行占有和开垦的,多是空闲地、荒废田和未开垦的处女地。⑨其面积小的10町,大的900余町,而以100町以上的面积占多数。

---

① 《大和国添下郡班田图——京北三条》,竹内理三编:《体系日本史丛书6:土地制度史Ⅰ》,山川出版社1973年版,第106页。

② 《类聚三代格》卷15,校班田事,承和元年二月三日。

③ 《日本三代实录》,贞观三年五月。

④ 《类聚三代格》卷17,募赏事,贞观十七年八月二十二日。

⑤ 《类聚三代格》卷15,校班田事,延喜二年三月十三日。

⑥ 《本朝文粹》卷2,善相公《十二条谏书》。

⑦ 《日本三代实录》,贞观十五年十二月,元庆四年三月,元庆五年三月。

⑧ 据《平安遗文》中的《上野国交替实录帐》载,6次班田的年份分别为811年、828年、851年、855年、865年、885年,2次班田之间的间隔分别为17年、23年、4年、10年、20年。

⑨ 石母田正:《古代末期政治史序说》,未来社1977年版,第21页。

828—889年,总面积约有6182町。[1]主要征用农民的徭役进行开垦、种植,收入归皇室所有。因此,敕旨田实质上是凭借天皇权力建立的皇室私有田。

在确立敕旨田的过程中,产生了2个矛盾。第一,它虽是皇室的私田,其劳动力来源却是农民,按照律令规定的劳役天数征集。由于班田制的衰落和崩溃,劳动力很难得到保证。第二,它占据的多是空闲地、荒废田和处女地,这就与皇室以外的官僚、豪强势力的扩张发生利益冲突。902年(阴)三月,在左大臣藤原时平(871—909年)的主持下,以"顷年敕旨开田遍在诸国,虽占空闲荒废之地,是夺黎元产业之便"[2]为由,宣布今后不再新设敕旨田,企图以此缓和皇室和官僚豪族势力之间的矛盾。此令还明确规定以往已开的敕旨田,皆"令民负作",亦即改以往征集农民劳役的经营方式为租赁给农民。这种做法,在此前日本历史上是颇为罕见的。这既反映了天皇权威的衰落,又表明了中央集权制下强制性的劳役地租已经行不通了。就这一点而论,这项敕旨田停止令的宣布,标志着封建剥削形式的一个转折,具有重要的历史意义。

公营田始于9世纪20年代,是应大宰府的大式小野岑守的倡议而建立的。823年,小野岑守曾上表说,近年相继灾荒,农业歉收,再加上疫病流行,大宰府管辖范围内民情艰苦,严重影响了国家的收入。如果因此而减课赋、省徭役,则与国不利。若依据律令规定惩役人民,则人民会更加不堪忍受。为求全计,他建议从大宰府管辖下的76000余町的水田中,提出上田12000余町作为公营田,征用徭丁6万余人进行耕种,按每人平均一年劳动30天计算。徭丁服役,付给实物(称"功稻"),每町120束,每日每人给伙食费(食料)4把。凡应征服役者,其应付的田租和庸调一律从总收获中扣除。小野岑守说,这样既可以防凶年,又可以增盈国库。从史书记载看,实施公营田的地区,除了大宰府管辖区域外,还有石见国(今岛根县)、上总国(今千叶县)等地。

四、官田的扩大

大约比公营田晚半个世纪,879年,朝廷正式在畿内地区设置官田,共有良田(上田、中田)4000町,计山城国(今京都府)800町,大和国1200町,河内国(今大阪府)800町,和泉国400町,摄津国800町。

---

[1] 竹内理三编:《体系日本史丛书6:土地制度史Ⅰ》,山川出版社1973年版,第122页。

[2] 《本朝文粹》卷2,太政官符"应停止敕旨开田并诸院诸宫及五位以上买取百姓田地舍宅,占请闲地荒田事"。

官田的名称,在《大宝令》《养老律令》中即已出现,主要是为供应天皇生活而设的,数量总计只有100町,分散在畿内地区,耕作由国司征派徭役进行。可是,9世纪中叶设置的官田,无论在数量上还是在耕作方式上,都与以前的官田有明显的不同。

新设官田的经营方式,比公营田有明显的改进。不论是上田还是中田,都给耕作者偿付实物,每町给稻120束。在估产时,每町田的产量都低于标准产量。按标准产量,上田每町年产量500束,中田400束;而官田规定,上田320束,中田300束,这对耕作者有利。

管理某地官田的人称"正长"。本着"济事之道,在于得人"的原则,只要有耕作经验,不论是有正式户口的人,还是背井离乡的浮浪,皆可被推为"正长"。"正长"之上有"总监",监督一个乡的官田。

官田采取2种劳动方式:一是雇佣劳动,农民定时定点到官田劳动,政府付给实物;二是租佃,农民缴纳地租。交租的时间,没有硬性规定,春前、秋后皆可,比较灵活。

881年以后,4000町官田中,分出1200余町作为政府机关中53个省、寮、司官吏的津贴田。不久,大部分官田又都转化为诸司田。

总之,敕旨田、公营田、官田都是在班田制瓦解过程中设置的。朝廷为了确保财源,维持中央集权统治,不得不在经营方式和对农民剥削上加以改进。但是,在朝廷扩大敕旨田、公营田、官田的同时,一种新的封建土地制度——庄园制广泛地发展起来了。

第四节　庄园的发生和发展

在日本史籍中,庄园有多种叫法,常见的有庄、庄园、庄家、田舍、田圃、薗、厨、杣、牧等。名称虽异,本质相同,都是指大土地私有者建立的封建农业生产组织。

一、庄园的形成

日本的庄园,最早产生在何年,至今没有确切的定论。一般认为,8世纪中叶以后,庄园的存在已毋庸置疑,而促使庄园产生的因素——大土地私有,在班田制占统治地位的时期就已经存在了。

如前所述,中央集权制下有2种土地占有形式:一种是农民从国家那里领取的班田;另一种是王公贵族、神社、佛寺等特权阶级占有的职田、位田、功田、赐田、神田、寺田及封户。表面上这2种占有形式都严格地受到中央集权国家的控制,而实际上两者的差异是相当明显的。第一,特权阶级占有的土地不受班田制的制约。班田是6年一班,而"神田、寺田不在此限"[①]。其他职田、位田、功田、赐田也不受班田制的影响。第二,特权阶级占有的土地,虽然表面上是国家所有,但实际上,除职田以外,其他各田基本上成了世袭田。第三,在剥削方式上,权门贵族占有的田地比班田制更灵活,主要采取租赁给班田农民、收取实物地租的方式。第四,特权阶级占有的土地受到政府和法律的保护。从中可以看出,特权阶级占有的土地,实质上是一种国家所有形式下的私有土地。这种私有土地的一部分,后来转化为庄园。8世纪中叶以后,情况发生了根本的变化。743年,朝廷颁布了垦田永世私有令,朝野有势者据此竞占旷野荒原,驱使农民垦殖,私有土地由此获得合法的地位,发展更为迅速,全国涌现了一批新庄园。

进入9世纪后,主要通过购买、兼并、寄进等手段,庄园又有了新的发展。在垦地私有令下,一些农民在豪强势力竞垦的夹缝中也零星地开垦了数量有限的荒地。农民的开垦田或口分田常常与王公贵族、寺社私有土地犬牙相错地连在一起,因而首当其冲地成为兼并的对象,如越前国坂井郡东大寺田界内,就交错着许多农民的口分田和开垦田。寺院便以"彼此零落,临耕营时,寺家不便,百姓不安"[②]为由,强迫农民把口分田换到别处,或将开垦地卖给寺方。又如农民田边来女,在寺田旁有开垦田,因与寺田"相接尤甚,地势一院(圆),沟堰同用",寺院就借口"若有他交,每事不安",[③]通过地方当局的干预,兼并了这块开垦田。

所谓"寄进",是地方豪强为了避免国司干预、侵蚀其土地私有权,将自己的土地悉数寄进给中央的权门势家和寺社。名义上土地属于中央权门势家,实际上自己作为权门势家的代理人,仍然掌握着土地的实权。所谓"诸国奸盗百姓,为遁课役,动赴京师,好属豪家,或以田地,诈称寄进,或以舍宅,巧号卖与,遂请使牒,加封立牓(同榜)。国吏难知矫锵(故意造作掩饰之意)之计,而惮权贵之势,钳口卷舌,不敢禁制"[④],就是指地方豪强寄进权门势家这类事情。

---

① 《令义解》卷3,田令。
② 《东南院文书·越前国司解》,《宁乐遗文》下卷,东京堂1944年版,第687页。
③ 《东大寺庄庄官符》天平神护三年,《宁乐遗文》下卷,东京堂1944年版,第656页。
④ 《类聚三代格》卷19,禁制事,延喜二年三月十三日。

以开垦田,或兼并、寄进田为基础建立的庄园,一般每年都要向国库输纳年贡。具有不纳租税特权的庄园,起初只有寺田、神田。但是,后来王公贵族利用他们的地位和权力,以种种借口,要求朝廷给予他们的庄园以不纳租税的特权。这种要求一旦获得承认,都由太政官或民部省发给官符,以资凭证。因此,历史上把这种持有官符且拥有不纳租税特权的庄园,称为"官省符庄"。大约9世纪中叶至10世纪间,不纳租税庄园增加得很快。

后来,这种庄园除了有不纳租税的特权外,还拥有"不入权",即拒绝国家派遣的检田使等官吏进入庄园,排除国家行政机关对庄园事务的干预,这种既不纳租税又拥有"不入权"的庄园,统称为"不输不入权庄园"。

不输不入权庄园的发展,对中央集权制造成了2个直接威胁。第一,公田面积的锐减和班田农民的流亡。"田地遂为豪家之庄,奸构之所损,民烟长失农桑之地,终无处于容身,还流冗于他境。"①第二,国库收入发生危机。"收纳之时,蓄谷私宅,不运官仓",遂使"赋税难济"。②这种威胁使朝廷深为不安,惊叹"八埏之地有限,百王之运无穷,若削有限之壤,常奉无穷之运,则后代百姓可得而耕乎"③。为使公田不再继续受侵蚀,从10世纪初起,朝廷对庄园进行了一系列的整顿。

二、庄园整理令

庄园的整顿,首先开始于902年(阴)三月,年仅18岁的醍醐天皇在左大臣藤原时平的辅佐下,于十二日、十三日连续发布了庄园整理令,史称"延喜整理令"。十二日令宣布,除了内膳司领有的"御厨"外,其他的"厨",不论是朝廷的,还是王公贵族私有的,一律取消。十三日令宣布:第一,禁止诸院、诸宫④及王公家占有山川薮泽和私占公私田地,其所占田地,各按土地证券,归还原主;第二,禁止"百姓以田地舍宅卖寄权贵",违犯者不论身份高低,罚以鞭杖六十;第三,禁止购买百姓田宅并侵占闲地荒田,不许谋百姓私宅,擅立庄园,若不从此令,按违敕罪论处。有关官吏放纵不管,则鞭杖六十。整理令虽然严格地限制了新庄园的建立,但同时申明:"原来相传为庄家,券契分明,无妨国务者,不在此限。"⑤

---

① 《类聚三代格》卷19,禁制事,延喜二年三月十三日。
② 《类聚三代格》卷19,禁制事,延喜二年三月十三日。
③ 《类聚三代格》卷19,禁制事,延喜二年三月十三日。
④ 院:平安以后,上皇、法皇的住处称院。皇后、中宫、皇女受上皇、法皇之赐,也有称院的。此处系指上皇、法皇及受赐的皇后、中宫、皇女等。宫:指皇族。
⑤ 《类聚三代格》卷19,禁制事,延喜二年三月十三日。

　　延喜庄园整理令表明,醍醐朝廷的主要着眼点是禁止那些用不正当手段建立的非法庄园。对券契齐全的庄园,不但允许继续存在和发展,而且加以保护。这样一来,反而给庄园的合法存在和进一步发展开了方便之门。

　　第二次大规模的庄园整理是在1045年,朝廷颁官符于五畿七道诸国,规定以前任国司的任期为界限,凡任期以后建立的新庄园一律停止,并声言国司违犯此令,解除任职,永不叙用。但是,此令也未能真正贯彻。

　　10年以后,即1055年,朝廷第三次命令五畿七道:"禁止宽德二年(1045年)以后新立庄园,若好立庄园者,勘录子(仔)细,召进其身。国司若忘符之旨,无心勘行,则解却见任,永不叙用。"[①]

　　第四次整理令颁布于1069年(阴)三月。这一次整理令的规定比以前几次更明确:第一,停止宽德二年(1045年)以后新建庄园;第二,宽德二年(1045年)以前建立的庄园,凡没有券契的,也一律停止;第三,庄园领主在本令送达之日起,应向朝廷提交庄园的书面证据,以证明其合法性。[②]1069年(阴)闰十月,朝廷成立了"记录庄园券契所",专门核查庄园契约文书的真伪。这一机构是吸取前几次整理庄园的经验而建立的。3次整理庄园的过程中,整理事务主要依靠国司进行。国司在任职初期,比较积极地推行整理政策,通过没收非法庄园来壮大自己的经济实力。但是,在他们任职的中后期,大多希望任满之后留在当地,成为该地有势力的庄园主。为此,他们觉得与其积极推行整理令而招致权门势家的反目,不如迎合他们更为有利,不但当初那种取缔非法庄园的积极性消失了,而且违背朝令,私自重新承认那些已被取缔的庄园,并发给"国判"证书。正是由于国司的消极抵制,历次庄园整理收效甚微。延久年间(1069—1074年)建立的记录庄园券契所,把券契的审核权集中到中央,反映了后三条天皇抑制庄园发展的决心。在延久庄园整理过程中,虽然也受到了权门势家的抵制,但与前三次相比,是有成绩的。如石清水八幡宫领有的庄园有34处,经过记录所的勘查,券契合法,允许继续存在的有21处,其余13处皆因手续不全、券契不明,被命令废除。[③]再如,当时藤原氏势力很盛,横行于朝,不可一世。但在这次整理中也不得不接

①《勘仲记》,天喜三年三月十三日,安田元久:《日本庄园史概说》,吉川弘文馆1958年版,第94页。

②《百炼抄》第5,后三条天皇延久元年二月二十三日。《百炼抄》共17卷,历史书,编者不详,镰仓时代后期成书,是968—1259年间的编年史,是平安末期及镰仓时代关于京都方面政情的重要史料。

③《平安遗文》1083号,安田元久:《日本庄园史概说》,吉川弘文馆1958年版,第98页。

受记录所的检查,将庄园文书"依召所进"①。其所属的武藏国土井庄也因非法,被宣布停止。

三、庄园的发展

902—1069年的167年间,朝廷虽先后进行了4次较大的整顿,但总的来说,成效不大,庄园仍然不断增加。11世纪中叶以后,其增长速度十分惊人。如伊贺国所辖4郡17乡,至1053年(阴)七月时,"三分之二已成高家庄园,不随国务"②。1106年,纪伊国所辖7郡中,已有6个郡"每郡十分之八九已为庄领,公地不几",其中"伊都、那河两郡中,十分之九已为庄领,仅所残一两村也"。③1122年,伊贺国达到"庄园甚以巨满,国郡殊以凋敝,更无立针之地"④的程度。

在"诸国庄园溢满"⑤的情况下,剩余的公田也日趋庄园化。国司乘中央集权制衰落,扩大权势,谋求私利,由国家政权机构中的官吏,变为"财货盈藏,米谷敷地,庄园家地布满天下"⑥的豪富。至12世纪,中央贵族为增加收入,往往兼任地方国司,却不赴任国,住在京都"遥控国务",具体事务皆委任给自己的代理人(目代、掾)处理。这种任命遥授国司坐收公廨稻的制度,称为"知行国制"。在知行国制下,国衙管理下的公地,遂质变为国司的私有领地,而管理的实权,却掌握在国司代理人手里。这样,国司代理人成为国衙领地的实际领主("在地领主")。他们与国司的关系恰如庄官和庄园领主的关系。国衙领地的庄园化,标志着庄园制完全取代了中央集权的国有土地所有制。

四、庄园的阶级结构和经营方式

庄园在发展的不同阶段,呈现出不同的特点。庄园制的发展大致以10—11

---

① 《后二条师通记》,康和元年六月十三日。《后二条师通记》,也称《后二条关白记》《师通公记》,关白藤原师通的日记(1083—1099年),是研究藤原氏与皇室关系的重要史料。

② 《平安遗文》704号,儿玉幸多等编:《从史料看日本的发展:古代编》,吉川弘文馆1960年版,第265页。

③ 《平安遗文》1670号,儿玉幸多等编:《从史料看日本的发展:古代编》,吉川弘文馆1960年版,第265页。

④ 《平安遗文》1974号,竹内理三编:《体系日本史丛书6:土地制度史Ⅰ》,山川出版社1973年版,第165页。

⑤ 《后二条师通记》,宽治七年三月三日。

⑥ 《续本朝往生传》,儿玉幸多等编:《从史料看日本的发展:古代编》,吉川弘文馆1960年版,第309页。

世纪作为分期。前期庄园是以开垦土地为基础建立的,称为"垦地型庄园";后期庄园主要是以地方豪富寄进的土地建立的,称为"寄进型庄园"。

垦地型庄园的领主,一般都直接过问庄园的经营管理,但具体事务多由庄官去处理。庄官的名称很多,在8世纪时称田使、庄目代、庄领等,9世纪以后则称庄长、庄别当、专当、庄检校、庄司、下司等。田使、庄目代、庄领大多是权门贵族的亲信。这些人不熟悉地方的情况,对农业经营不太懂行,所以管理成绩都不太好。9世纪后,庄官基本上委任地方豪富担任,因而成绩比较显著。庄官之下则是庄田的耕种者。初期庄园的劳动力,主要是班田农民、浮浪(破产的班田农民)和领主私有的奴婢。

班田制下的农民,单靠口分田是维持不了生活的,庄园形成后,居住在庄园周围的农民都成为庄园领主雇用的劳动力,替庄园主垦殖荒地。荒地开垦后,领主也转租给他们,每年收取田租。如越前国桑原庄,其全部开垦土地都直接租给了周围的班田农民。

浮浪是新立庄园的廉价劳动力来源之一。庄园初建时,领主招募他们开垦,付给功稻。开垦完毕,则让他们定居庄内,租给田地。从史料中可见,奴婢也是庄园的劳动力之一,如东大寺领伊贺国玉泷庄、黑田庄等,就是由东大寺寺奴开垦的。土地开垦后,大多转化为庄民。由于庄园的扩大和巩固,领主希望在劳动关系方面实现单一化。因此,逐渐对既耕种庄园土地又耕种口分田的农民实行限制,要他们二者择其一,而不得一身兼二。由于权贵们的庄园拥有不输不入特权,依附庄园可以免去繁杂的劳役,因此班田农民也就纷纷投向庄园,成为庄民。

8世纪以来,地方豪强用各种手段积聚了财富和土地。他们由于没有中央权门贵族那样的政治、经济特权,不可能使自己领有的庄园获得不输不入的特权。为确保自己的实际权益,地方豪强纷纷将自己领有的庄园,依附于权门势家,借以获得政治上的庇护和经济利益的保障。10—11世纪以后,寄进型庄园占主导地位。寄进庄园时,权门贵族与地方豪强之间大多以书面形式(也有口头形式)订立契约关系。权门贵族作为领主(或本家)掌握庄园的所有权,地方豪强则作为领主委任的庄官具体管理庄园。领主从庄园的土地中拨出一定数额的土地给庄官做俸禄。其余的土地则按照契约,由庄官每年向领主缴纳年贡。

庄官的俸禄收入主要有2种:一种称"给田"①,另一种称"给名"②。"给田"的

---

① "给田":又称"人给",全部免除年贡、课役。
② "给名":又称"庄官名"(或预所名)、"杂免",只免除课役。

数目多少不尽相同,但一般占庄园总面积的10%—20%。"给名"田的数目比"给田"大,如备后国太田庄的某庄官,享有的"给田"只有3町,而"给名"竟达50町。

关于"给田"的数量,可从表5-1得知大概。

表5-1 "给田"的数量

庄园名	年份	总田地数	"给田"所占的比例
弓削岛庄	1160	323反88步	10%
稻毛本庄	1171	2066反300步	3%
阿氏河庄	1193 1137	上庄500反80步 下庄515反240步	8%
大井庄	1214	1536反20步	25%
若槻庄	1307	387反240步	17%

资料来源:永原庆二:《日本经济史大系2:中世》,东京大学出版会1965年版,第90页。

"农奴制经济的剥削手段是把劳动者束缚在土地上,分给他们土地。"[1]在中央集权制下,封建贵族通过班田收授法把农民束缚在土地上。在庄园制下,则是通过名田制来实现的。所谓"名田制",就是庄园领主为确保年贡收入的一项组织措施。除领主的直辖田[2],庄官的"给名""给田"外,所有的庄园土地,领主(通过庄官)分别交给庄园领域内的豪富和一部分富裕的自耕农管理。这种土地,在帐籍上都记有管理人的名字,故称"名田",管理人称"名主"(也称"田堵"或"田刀")。庄园领主以名主为核心,建立了管理、组织生产,缴纳年贡和服劳役的一套统治制度。

名主领有的名田数额多寡不一,畿内地区大体上在2—3町之间,边远地区有多达数十町的,但也有只有几反耕地的小名主。大名主领有的名田,主要出租或雇人耕种,小名主则自力耕种。因此,可以说,大名主实际是庄园制剥削体系中最基层的剥削者。

处于庄园最底层的是庄民。庄民中包括小名主、小百姓、田夫、田民、作人、下作人,以及各种名称的雇农(间人、所从、下人)。除小名主、小百姓占有少量土地外,其他人均无土地。他们或租耕庄官的"给田""给名",或租耕名主的名田。

① 列宁:《十九世纪末俄国的土地问题》,《列宁全集》第15卷,人民出版社1959年版,第62页。
② 庄园领主的直辖田有多种名称,如庄田、散田、间田、余田、别作、一色田等。

庄民的负担主要是3项,即年贡、公事和夫役。年贡按耕种田地的数目缴纳,以纳米为主。各庄园年贡数量不一,由领主自定。[①]每段水田3斗、5斗、6斗不等,大致相当于收获量的1/3。旱地的年贡称"地子",多以纳麦为主。年贡之外,庄官、名主还以各种名目向庄民加征。加征的征收率随庄官、名主需要而定。年贡与加征相加,使庄民每年所纳的贡赋可高达总收获量的一半。[②]

公事是一种用实物代替的劳役,与班田制的调庸相仿,根据庄园的生产品种和领主日常生活、节日、祭祀的需要由名主定时、定物、定量从庄民那里征集上交。如每日所需的杂菜,作为燃料用的糠、稻草、麦秆、炭,以及节日所需的用具、食品等,都应随时贡上,绝不允许延误。

夫役是无偿征用庄民的劳动力,从事领主、庄官的日常杂务的劳动,如警卫、运输、人夫、土木工程和耕种领主的直辖田[③]等。庄民不但受到经济上的残酷剥削,而且在政治上还要受到严格的控制。庄园都订有庄规,对庄民的越轨行为实行严酷的制裁。如西大寺所订的《寺敷地四至内检断规式》,就是庄园的刑法。《寺敷地四至内检断规式》上列有对犯有杀害、刃伤、谩骂拼斗、盗窃、沽酒、放火、隐匿等罪行者的刑罚。如犯谩骂拼斗者,驱逐出境,3年内不得重返庄园。

五、庄园手工业和商业的发展

庄园经济是以庄园为基础的自给经济。庄园领主一方面从庄民那里取得年贡米和基本生活用品,另一方面招聘工匠,在庄园内从事各种手工业生产。1162年,隶属于醍醐寺的手工业者有20余人,其中工匠9人、铁匠4人、泥水匠2人、铜工2人、陶工5人、瓦工3人、画工1人。著名的《宇津保物语》[④]记述了一个名叫神南备种松的大庄园主在自己的庄园内,建造仓库160栋,储藏绫、锦、棉、丝、缣等物,还建有牛屋、马屋、酒房、工艺所、铸工房、锻冶场、织物所、染房、丝房等。

庄园领主的生活用品基本上由庄园供给,但不是每一件东西都能自给,特别

---

① 《东大寺文书》,儿玉幸多等编:《从史料看日本的发展:古代编》,吉川弘文馆1960年版,第275页。

② 当时每段的收获量在1石5斗左右。

③ 12世纪以后,在畿内地区,领主直辖田的耕种采取平均分配给名主,并由名主组织庄民耕作的方法,史书上称为"均等名"。

④ 《宇津保物语》,又称《空穗物语》,共20卷,成书年代有两说:一说在平安时代,一说在镰仓时代。作者也有两说:一说是源顺,一说是藤原为时。

是奢侈品,大多通过市场交易取得。由于耕地面积的扩大[1]、年贡米征收量的增加和庄园手工业的发展,庄园主手中能够拿到市场上交易的米和土特产也增加了,给市场提供了较过去更为丰富的物质财富,促进了市的发展。在京城,东、西两市更加繁荣。东市有店家 51 廛,西市有 33 廛,"高家比门连堂,小屋隔壁接檐"[2]。在各地,以庄园为核心,广泛出现了定期的集市贸易。奔波于各地的行商也相当活跃,《新猿乐记》中描述了一个名叫八郎真人的商人,重利而不顾妻室,为私而不顾他人。说他东到北陆,西达海岛,一年四季往返奔波,或宿泊浦,或夜投村邑,难得在家居住。"贮财宝于波涛之上,任风前浮沉;交运命于街衢之间,悬生死于路头。"他贩运的货物,有从中国输入的沉香、麝香、巴豆、雄黄、龙脑、白檀、赤木、紫檀、虎皮、琉璃壶、绫、锦、罗、缎等,也有日本各地的特产,如镶嵌工艺、珠玉、珠贝、琥珀、水银、白镴(锡与铅的合金,也称镴)、铜、铁、缣、绢,以及染料等,相当典型地反映了庄园制下贸易活动的发展。

---

① 据《倭名类聚抄》载,当时全日本耕地面积为 872000 余町。据《拾芥抄》载,为 946000 余町。

② 庆保胤:《池亭讯》,《本朝文粹》卷 12。

第六章

平安时代（794—1184年）下

"政治制度是经济基础的上层建筑。"①庄园制形成后,上层建筑领域也发生了与之相适应的新变化。统治阶级内部,因占有土地的多寡、亲疏远近,以及政治利益的不同,分裂为4个政治集团:一是以藤原氏为首的外戚集团;二是上皇和国司等中、下级官吏结成的官僚集团;三是武士集团;四是神社、寺院势力。4个政治集团从各自的利益出发,不断分裂组合,争夺政治上的支配权。从9世纪80年代到11世纪中叶,大约170年间,在政治舞台上左右一切的是以藤原氏为代表的外戚贵族集团。而从11世纪中叶以后的一段时期内,以上皇为中心的官僚集团在政治舞台上风云一时。至12世纪中叶,武士势力登上了政治舞台,掌握了国家政治大权。

第一节　藤原氏外戚专权

自794年桓武天皇奠都平安京开始,至12世纪70年代止的300多年间,皇系延续了30代。在这30代天皇中,虽也有几位"多才的君主",但多数是庸碌无为的"短命"天皇或儿童天皇。自9世纪80年代起,皇权日渐转入外戚之手,其间势力最盛的外戚就是藤原氏。

藤原氏的始祖是中臣镰足,因在大化改新中立有大功,在他弥留之际,天智天皇授以大织冠位(最高官阶),并赐藤原之姓。藤原氏因此受到历代天皇的倚重。其子藤原不比等,其孙武智麻吕(南家)、房前(北家)、宇合(式家)、麻吕(京家),都成为朝廷的重臣。后来北家势力发展较盛,著名的外戚藤原良房(804—

---

① 列宁:《马克思主义的三个来源和三个组成部分》,《列宁选集》第2卷,人民出版社1972年版,第443页。

872年)、基经(836—891年)都是北家的子孙。

9世纪中叶以前,尽管藤原氏的权势超越群臣,但对天皇仍然奉若神明,不敢亵渎。但9世纪中叶以后,藤原氏不再满足于奉旨行事的政治地位,开始觊觎中央大权,企图左右朝政,建立藤原氏专政。为了实现这一目的,藤原氏施展了种种阴谋手段,打击和排挤异己。

一、承和之变

842年(承和九年)(阴)七月,朝廷发生的"承和之变",便是藤原氏阴谋篡政的开始。(阴)七月的某一天,春宫坊带刀①伴健岑秘密地私访了已故平城上皇(774—824年)的儿子阿保亲王,告诉他嵯峨上皇(786—842年)病危,并坦率地告诉他要乘机到自己的领地去,积蓄力量,起兵反抵抗藤原氏势力,以争取皇位。伴健岑的私访,很快被中纳言藤原良房得知。(阴)七月十七日,近卫军突然包围了伴健岑和但马权守橘逸势(?—842年)的私邸,将两人逮捕。接着,又以"谋反"的罪名横加拷问,逼他们交代"谋反之由"②。二十三日,近卫军包围了皇太子恒贞亲王(825—884年)的住处,解除了春宫全体带刀舍人的武装,软禁东宫周围的官吏。二十四日,在藤原氏的控制下,朝廷宣布废恒贞亲王的皇太子身份。二十八日,伴健岑、橘逸势分别被流放到伊豆(今静冈县)、隐岐(今岛根县)两地。不久,藤原良房的亲外甥道康亲王被立为皇太子。

"承和之变"的内幕,由于史料限制,无法了解全貌。但事态的发展清楚地表明,虽然伴健岑曾建议阿保亲王掀起事变,夺取皇位,但此事并未付诸行动。再则,橘逸势、伴健岑这样官位低、权力小的贵族,且橘逸势年老多病,显然是难以挟持皇太子篡权谋政的。而恒贞亲王也不是贪图权欲的人,在被册立为皇太子的过程中曾再三上表,要求辞退任命。退一步说,即使他有权欲,也很难设想他会依靠一无权势、二无兵力的秀才和病弱的老人,匆匆发动篡权夺位的政变。许多迹象表明,"承和之变"是藤原良房策划的。事变的性质则是要立与藤原氏有血缘关系的皇子为皇太子,为日后控制皇权奠定基础。

850年,仁明天皇(810—850年)去世,道康亲王继位,称文德天皇(827—858年)。即位不久,藤原良房就胁迫文德天皇册封诞生才9个月的惟仁亲王(藤原良

---

① 春宫坊带刀:皇太子住处称东宫,也称春宫。776年起,春宫设10名带刀舍人(后增至30人),以善射骑者担任,除侍奉皇太子外,还担任皇太子的警卫。

② 《续日本后纪》卷12,承和九年七月。

房之女明子所生)为皇太子。857年(阴)二月,文德天皇又以"朕之外舅"辅政有功为名,任命藤原良房为太政大臣。858年(阴)八月,文德天皇突然死亡,年仅9岁的皇太子惟仁亲王即位,称清和天皇(850—880年)。藤原良房则以太政大臣和外戚的双重身份独揽朝政。挟持幼主摄政天下,是藤原良房长期以来梦寐以求的事情,而今终于实现。但在朝廷大臣中,除藤原氏外,尚有一些要职由异姓贵族担任,如嵯峨天皇的皇子、左大臣源信,大纳言伴善男(809—868年)等人。这些大臣的存在,有碍藤原良房在朝廷中的行动。因此,排除异己就成为藤原良房的当务之急了。

二、火烧应天门

866年(阴)闰三月十日夜,朝廷举行重要仪式的朝堂院正门——应天门,突然火光冲天,浓烟翻滚,"噼噼啪啪"的声响震动了整个平安京。

应天门的灰烬未冷,朝臣之间立即展开了一场互相倾轧的角斗。大纳言伴善男由于与左大臣源信长期不和,便与藤原氏结合,诬陷应天门之火是源信放的。右大臣藤原良相(良房之弟)据此派兵包围了源信宅邸,准备抄捕。当时藤原良房正在病中,获知此情,考虑到在证据不足的情况下逮捕源信会惹起麻烦,于是亲自阻止了良相的行动。源信虽未被逮捕,但其政治生涯自此衰落,2年后含愤而死。

源信殁后,伴善男和藤原良相分任左、右大臣。正当伴善男扬扬自得的时候,(阴)八月三日,备中权史生大宅鹰取向藤原氏"密告"伴善男及其子伴中庸"同谋火烧应天门"[1]。四日,大宅鹰取立刻受到保护性拘禁,伴善男父子被捕。大伴氏一族及亲友也惨遭株连。十九日,藤原良房正式"摄行天下之政"[2],俨然以父皇帝横行于朝。从应天门事件前后朝廷贵族之间角逐的情况分析,可以肯定,火烧应天门是藤原氏策划的。他先借伴善男之手打击源信,后又诬陷伴善男等世家贵族,从而为自己独揽朝政大权扫清了道路。

三、摄政、关白之始

872年(阴)九月,藤原良房病死。当时23岁的清和天皇决定亲临朝政,不再任命太政大臣一职。这一举动引起了藤原良房之子藤原基经的愤慨。877年

---

[1]《日本三代实录》卷13,贞观八年八月。
[2]《日本三代实录》卷13,贞观八年八月。

（阴）一月,藤原基经胁迫清和天皇退位,把政权让给年仅9岁的皇太子,称阳成天皇(868—949年)。藤原基经以外舅身份摄政。阳成天皇在位8年之后,又被藤原基经断然废黜,拥立了年已55岁的时康亲王,即光孝天皇(830—887年)。但光孝天皇与藤原基经没有直接的亲戚关系,藤原基经为什么要立他为天皇呢? 其实际意图在于一箭双雕:一是为了掩人耳目,抑制日益抬头的反藤原氏势力;二是为了更加巩固自己的权势。他认为,光孝天皇老年登基,对自己的扶植一定感恩不尽,甘心听从自己的摆布。果然,光孝天皇一即位,就褒奖藤原基经的定策之功,下诏让藤原基经摄行万政,"自今日就坐官厅,万政领行,入辅朕躬,出总百官,应奏之事,应下之事,必先咨禀,朕将垂拱而仰"[1],甘心情愿地充当傀儡。

光孝天皇在位3年半病亡。死前,他将21岁的第七皇子定省托付给藤原基经,并告诉定省,对待藤原基经要"亲如父子""交如鱼水"。定省即位称宇多天皇(867—931年)。宇多即位之始便发诏天下:"万机巨细,百官总己,皆关白于太政大臣,然后奏下,一如旧事。"[2]自此至11世纪末,"摄政""关白"[3]独揽大权,史称"摄关政治"。200多年间,藤原氏囊括了摄政、关白两职,同族兄弟间不时地发生争夺权力的斗争。

其实,宇多天皇也并非甘心充当儿皇帝,只是慑于藤原基经的威势而不敢不从。891年(阴)一月,藤原基经病死,宇多天皇决意恢复天皇应有的权威,他重用了藤原保则(825—895年)和菅原道真(845—903年),任藤原保则为左大弁,菅原道真为右大臣。藤原保则一直在地方上任职,政绩卓著,经验丰富。菅原道真则以学问优秀著称,他体察民情,对农民的生活甚为同情。[4]

宇多天皇重用保则、道真,使权门贵族们为之愕然。因为在当时的日本,恰如中国六朝时代,"上品无寒门,下品无势族"。菅原道真出身儒士,晋升右大臣,自感身份不相称,所以再三上表辞退:"臣,地非贵种,家是儒林……今日升进之次,无寝无食,以思以虑,人心已不纵容,鬼瞰必加睚眦。""犹蹈炉炭以待烧亡,履消冰而期陷没矣。"他恳请"赐解臣官,改授他人","削臣官以全臣福,搭臣宠以保

---

[1] 《日本三代实录》,元庆八年六月五日。

[2] 《政事要略》卷30,年中行事,阿衡事条。《政事要略》共130卷,法制书,惟宗允亮著,成书于1008年左右,广泛收集了11世纪前后的政务制度和事例。

[3] 摄政、关白:天皇幼时,辅政者称摄政;天皇年长,辅政者称关白。

[4] 菅原道真在其诗集《菅家文草》中著有《寒早十首》诗,抒发了他对人民疾苦的同情。

臣身"。①道真就是在这种心情下,最后遵从皇命,跻身于朝廷显贵之列的。不到2年,事情果如菅原道真所料,897年(阴)七月,宇多天皇让位于与藤原氏有亲缘关系的醍醐天皇。901年(阴)一月,藤原基经之子藤原时平诬陷菅原道真企图废黜天皇,策动醍醐天皇,将其贬为大宰权帅,朝廷大权复又落入藤原氏之手。

醍醐天皇时期(898—930年)和村上天皇时期(947—967年),被后世统治者誉为"延喜、天历之治"。在此期间,朝廷编纂和颁布了新的法律《延喜格》《延喜式》,采取了一些政治和经济措施,提倡各级官僚、文人"各上封事,匡朕不逮"②。可是,延喜、天历之治的一时繁荣,挽救不了中央集权统治的衰退之势。就在延喜、天历时期,在东国、西海地区相继发生了"平将门之乱"和"藤原纯友之乱"。

四、平将门之乱与藤原纯友之乱③

平将门(? —940年)是桓武天皇的第五代孙,他的祖父是高望王(生卒不详)。890年,宇多天皇授予平氏之姓,不久又被任命为上总介。平氏便以上总国为据点发展势力。平将门原为权门贵族的武士,后返回自己的领地——下总国(今茨城县、千叶县)猿岛郡,经营私田,积聚武装。平将门欲娶堂妹(下总介平良兼之女)为妻,良兼不同意,叔侄间结下怨仇。937年,叔侄交战,平将门占领了良兼领地,不久又将势力扩展到常陆国。938年,武藏国地方豪族发生内讧,平将门乘机把势力推进到武藏国、相模国等地。

939年(阴)十一月二十一日,平将门起兵反抗朝政,势力波及常陆、武藏、下野、上野、上总、安房、相模、伊豆8国。(阴)十二月十九日,更以下总国为根据地,自立为"新皇",下设左、右大臣及八省百官。消息传至京城,"京官大惊,宫中骚动"④,惊呼"开(天)辟(地)以来,本朝之间,叛逆之甚,未有此比"⑤。

藤原纯友(? —941年)本是伊予国(今爱媛县)的掾⑥,长期居住在该地,成为

① 《本朝文粹》卷5,菅大相公:《辞右大臣第一表》《辞右大臣第二表》《辞右大臣第三表》。

② 《本朝文粹》卷2,《令上封事诏》。

③ 平将门、藤原纯友之乱,又称"承平·天庆之乱",因分别发生在承平(931—937年)、天庆(938—946年)年间,故名。

④ 《将门记》,儿玉幸多等编:《从史料看日本的发展:古代编》,吉川弘文馆1960年版,第287页。

⑤ 《本朝文粹》卷2,"应拔有殊功辈加不次赏事";《扶桑略记》卷25,天庆三年正月十一日。

⑥ 掾:律令规定,地方上设守(司)、介、掾、目四等官吏,掾是三等官。

地方豪强的首领。936年,他利用各路反对朝廷的势力"结党屯聚"[1],置船千余艘,在濑户内海一带"押取官物,烧亡官舍"[2]。939年(阴)十二月,藤原纯友风闻东部地区平将门起兵反朝廷,决定东西呼应,竖起反旗,并准备聚集叛军,向京城挺进,使中央统治集团十分恐惧。藤原纯友率领的叛军一直坚持到940年末,转战伊予、赞岐、阿波(德岛县)、安艺、周防国等地。

这2起叛乱蔓延17个月,最后被镇压。

五、"斯世我所有"

地方势力的叛乱,并没有影响藤原氏在朝廷的角逐。从9世纪80年代到10世纪60年代的80年间,藤原氏的权势虽不断发展,但也不是十分稳固的。其中将近40年,由天皇亲政,没有设立摄政、关白两职。从10世纪60年代(冷泉天皇)到11世纪初(白河天皇)的100年间,藤原氏才又稳掌朝权。这一时期,藤原氏之所以能够左右皇族,使天皇俯首帖耳,主要是因为冷泉(950—1011年)、圆融(959—991年)、花山(968—1008年)、一条(980—1011年)、三条(976—1017年)、后一条(1008—1036年)、后朱雀(1009—1045年)、后冷泉(1025—1068年)等天皇都是藤原氏的外甥或外孙。有的天皇出生在藤原家,又在藤原家中长大,加之天皇冲龄即位,万事均在藤原家决断,"化家为国",公私混杂,久而久之,朝廷变成了举行仪式的场所,藤原氏的私邸却成了国家的权力中心。"摄政即天子,关白惟百官总己,犹在臣位。"[3]

藤原氏势力最盛之时,是藤原道长担任左大臣和内览的时期。藤原道长在一条天皇和三条天皇在位期间,虽然没有被正式委任为关白,但他始终稳居公卿的首位,地位与关白毫无差异。道长曾先后将自己的3个女儿立为皇后,大女儿彰子为一条天皇的皇后,次女妍子为三条天皇的皇后,小女威子为后一条天皇的中宫,这是没有前例的。藤原道长对自己的盛势十分得意。他曾吟咏过一首和歌:

斯世我所有,一如我所思;

---

[1]《日本纪略》后篇,儿玉幸多等编:《从史料看日本的发展:古代编》,吉川弘文馆1960年版,第289页。

[2]《扶桑略纪》卷25,天庆三年十一月二十一日。

[3]《台记》,仁平元年三月。《台记》也称《宇槐记》《槐记》《宇左记》《宇治左府记》《治相记》,共12卷1册,左大臣藤原赖长的日记,今尚存1136—1155年部分。

皎皎十五夜,满圆无缺时。①

这首诗真实地表明了外戚专权,皇权旁落,中央集权政治已经名存实亡。

第二节　院政的出现

一、藤原氏势力的衰落

藤原氏外戚集团在长达一个半世纪里的专权,招致了上自皇族,下至国、郡司官僚们的怨恨。1068年(阴)四月,后三条天皇即位。他是自10世纪60年代冷泉天皇以来,唯一与藤原氏没有联姻关系的天皇。这就为反藤原氏的各种势力提供了有利的机会。

后三条天皇重用了自己的亲信源师房(? —1077年)、东宫侍读大江匡房②(1045—1111年)、东宫学士藤原实政(1019—1093年)等人,打破了藤原赖通(990—1074年)一家对朝政的垄断。紧接着,在延久整理庄园过程中,藤原赖通所属的庄园又受到了"记录庄园券契所"的检验。在藤原氏外戚专权时期,全国各地有许多豪强势家将庄园寄进于藤原氏门下,不少庄园只是采用口头上寄进的形式,并没有签署契约。庄园券契所的检验,使藤原赖通一时手忙脚乱,只得向后三条天皇承认自己领有的大部分庄园没有文书契约。从而,有的庄园被迫停止或没收。

在延久整理庄园的过程中,天皇权威恢复,许多豪强纷纷脱离藤原氏,而投靠皇室。至11世纪中叶以后,皇室拥有的庄园急剧增大。据日本史学家八代国治所著《国史丛说》载,院政时期皇室拥有庄园之数达千余所,其所领之地遍及59国。

二、院政的开始

后三条天皇之后,虽然皇权有了显著的增长,但天皇还不能随心所欲地贯彻

---

① 《小右记》,宽仁二年(1018年)十月十六日。《小右记》,也称《野府记》《小记》《小右相记》《续冰心记》,卷数不详,为藤原实资日记(978—1032年),是藤原氏专权时代最盛时期的重要资料。
② 大江匡房:官僚、歌人,著有《江谈抄》。

自己的旨意，因为藤原氏仍然掌握着相当一部分实权。

1072年，白河天皇继位。1086年（阴）十一月，白河天皇（1053—1129年）在位的第十四年，宣布让位于年仅8岁的堀河天皇（1086—1107年），自己成为上皇（后出家，称法皇），并在居住的宫殿内建立院厅①，开始了"法王执天下政"②的院政时代（1086—1192年）。

院政建立后，朝廷日常事务仍由以太政官为首的官吏处理，重大事情由公卿会议议定，但最后的抉择权掌握在上皇手里。另外，官吏的任命、叙位大权也属于上皇。

院厅设有院别当、年预、判官代、主典代、藏人等官员，处理院厅事务。院厅可直接发布"院宣"或"院厅下文"，其权威性高于天皇的诏敕。院厅的保卫由北面武士（系指武士居上皇院邸的北面）承担。

院厅的官员都是上皇的贴身近臣。白河上皇的近臣大多是历任国守等职并积有巨富的中、下级官僚。如六条显季，曾任过赞岐、丹波、尾张、伊予、播磨、美作等国的国守。高阶为章曾担任过越后、但马、加贺、丹波等国的国守。大江匡房担任过备中、美作、备前（今冈山县）、周防、越前等国的权守，以及大宰府③权帅。叶室显隆出身皇室的乳母世家，社会地位虽低，但与上皇私交甚密，常在夜间到白河上皇住处商谈天下大事，有"夜关白"之称。"天下之政在此一人言也，威震一天，富满四海，世间贵贱，无不倾首。"④由于这些近臣代表大多数中、下级官吏的意志，所以院厅发布的院宣，各国国守大都积极贯彻，而对当朝天子发布的敕旨却消极怠慢，不予贯彻。他们认为"法皇执天下政，仍（乃）先奉归法皇也"⑤，"太上天皇就是正帝"⑥，而"天子（指天皇）如春宫（皇太子）"⑦。

---

① 院厅组织始于9世纪，当时嵯峨天皇逊位后建立后院（冷泉院）。但"院厅"一词，从10世纪末园融上皇时才开始使用。自白河上皇开始，院厅一直延续到1840年光格上皇，但所谓"院政时代"只限于白河、鸟羽、后白河三代。
② 《玉叶》第3，建久元年十一月。《玉叶》，又名《玉海》，共66卷，是九条兼实的日记（1164—1200年），其与《吾妻镜》是研究平安末期镰仓初期政情、朝仪的重要史料。
③ 大宰府：管理西海道诸国，防御外敌入侵，开展对外贸易的机构，府址在今北九州地区。
④ 《中右记》（六），大治四年正月十五日。《中右记》，又名《宗忠公记》《愚林》，写本共109册，是研究院政时代的重要史料。
⑤ 《玉叶》第3卷58，建久元年十一月九日。
⑥ 《长宽勘文》，藤木邦彦、井上光贞编：《体系日本史丛书1：政治史Ⅰ》，山川出版社1965年版，第205页。
⑦ 《玉叶》第3卷58，建久元年十一月九日。

院厅建立后,藤原氏势力进一步受到排挤。后三条天皇时,中央的公卿总数为24名,其中藤原氏占14—15名,皇族出身的源氏占6—9名。至1093年,源氏与藤原氏势力开始逆转,左右大臣、左右大将中,源、藤原两氏人数相等,而5名大纳言中,源氏占3名;5名六卫府督全由源氏担任;七弁之中,源氏占4名。①1103年时,24名公卿中,源氏超过了半数。藤原氏对于自己势力的减弱,虽然口头上说这是"天之令然也",但心里是不服气的,始终没有放弃挽回局势的念头。至12世纪20年代鸟羽院政时期,院厅与藤原氏之间的矛盾表面化,最后酿成了1156年的保元之乱和1159年的平治之乱。

三、保元之乱

院厅建立后,由于政出多门,政治局面更加混乱,皇室内部及贵族间的对立越加复杂。12世纪中叶,因皇位继承问题,鸟羽法皇(1103—1156年)和崇德上皇(1119—1164年)间发生了对立。皇室内部的对立,又与藤原忠实(1078—1162年)、藤原赖长(1120—1156年)父子和藤原忠通(1097—1164年)之间的矛盾交织在一起。双方为了制服对方,都暗自招募武士,准备用武力决一死战。1156年(阴)七月二日,鸟羽法皇去世,崇德上皇、藤原赖长决定乘此机会"同心发军,欲奉倾国家",推翻鸟羽法皇扶植起来的后白河天皇(1127—1192年)。对于崇德上皇的谋反,鸟羽法皇在世时早有戒备,曾召集武士"源氏平氏辈,皆悉率随兵,祗候于鸟羽殿"②(阴)七月八日,后白河天皇未等崇德上皇、藤原赖长动手,就先发制人,占领了赖长的府邸东三条殿。之后,崇德、赖长议定在十日发兵攻占后白河天皇所在的高松殿。后白河天皇很快获悉上述情报,便依靠武士平清盛(1118—1181年)、源义朝(1123—1160年)于十一日拂晓进攻崇德、赖长谋叛的据点白河殿。经过4小时的激战,崇德上皇、藤原赖长方面大败。这一事件发生在保元元年(1156年),史称"保元之乱"。

四、平治之乱

保元之乱后,后白河天皇在近臣信西③(1106—1159年)的辅佐下,亲临朝政。

---

① 《中右记》(一),宽治七年十二月二十七日。
② 《兵范记》,保元元年七月五日。《兵范记》又称《平信记》《平洞记》《平兵部记》《人车记》,现存25卷,是研究平安末期社会形势的重要史料。
③ 信西是藤原通宪的俗名,出身国司家庭,是一名精通历史、法律的政治家。

亲政的第三年,即1158年,后白河天皇让位二条天皇(1143—1165年),开后白河院政。信西更加得宠,这引起了院厅别当藤原信赖(1133—1159年)的嫉恨。与此同时,二条天皇的外戚藤原经宗、藤原惟方因对后白河院政不满,便与藤原信赖结成了反院政集团。参加这一集团的武士是源义朝。源义朝在保元之乱中是立了大功的人,但是平乱之后,他只得到正五位下的爵位和左马守一职,而战功比他小的平清盛却获正四位下爵位和播磨守。有愤于此,源义朝便背离院政而投靠藤原信赖等人。

1159年(阴)十二月,平清盛一族离京城前往熊野神宫(今和歌山县东牟娄郡)朝圣,藤原信赖、源义朝乘机于九日发兵,拘禁了后白河上皇和二条天皇,杀死了信西。政变消息很快传到正在前往熊野神宫途中的平清盛耳中,他迅即率兵回京,挫败了政变,扭转了局势。藤原信赖被杀。源义朝仓皇东逃,在尾张国被杀。这次政变中,源氏家族几乎全遭株连,年仅13岁的源赖朝幸免一死,被流放到伊豆岛。他在流放期间,一直不忘东山再起,最后终于击败群雄,建立了武士政权,这是后话。

保元之乱和平治之乱表明,无论是皇室还是藤原氏,虽然都拥有大量庄园,并且在长期尔虞我诈的争斗中积累了施展谋略和权术的经验,可是他们都有一个致命的弱点,那就是都没有自己掌握的武装力量。因此,不论是皇室还是藤原氏,若想巩固和发展自己的势力,压倒对方,达到号令天下的目的,就必须依靠武士阶层,用巨大的政治代价换取武力支持。其结果,不是皇室势力的增强,也不是藤原氏势力的伸张,而是给武士阶层登上政治舞台,最终夺取政权提供了有利的条件。正是从这一点上说,在保元之乱和平治之乱中,真正取得胜利的不是皇室,而是武士阶层。

第三节　武士的兴起

一、健儿制的衰亡

武士的产生,是与中央集权制度的瓦解、庄园制的发展相关联的。大化改新后,新政府曾实行"义务兵役制"。随着中央集权制的衰弱,义务兵役制也日趋松弛。至826年改行"健儿制",规定应征入伍的"健儿",必须是郡司、豪强、富家子弟。应征"健儿"成为贵族阶层专享的特权,军队的素质也就一落千丈。纨绔子弟的风流娴雅习气充斥军营,致使"武备渐弛","呼召进退仪容大整,而兵威益衰"。①最后,健儿制也就名存实亡了。

二、庄园武装的产生

随着庄园的普遍建立,庄园间的矛盾和斗争日渐增多。领主为了不断扩展领地,常常把本庄园内的一部分庄民强行派到别人的领地上去开垦、耕种、建立新庄园。被侵占的领主则极力抵制,双方常常诉诸武力。就在这种纠纷和争斗中,部分庄民被武装起来了。被武装的庄民称军兵、兵士。开始时,他们以农为主,以武为辅,平时从农,战时从戎。后来逐渐变成以武为主,甚至完全脱离农业,成为保卫庄园和对外争斗的武装力量。在寺院、神社庄园内也出现了神人、僧兵的武力团体,特别是延历寺、福兴寺、东大寺等势力强大的寺,各自组织了数千僧侣,依仗神权和武力,"不论京畿,不嫌边陲,结党成群,填城溢国"②,到处侵占公私田地,掠取国家和百姓的财物。

三、国司与郡司的武装化

庄园的扩展和庄园武装的建立,对于地方的治安,以及国司、郡司的权力和利益,都是严重的威胁。为维护地方秩序,保护自身的利益,国司、郡司深感自身武装化的必要,"捕纠私带兵仗之辈,及勤行警固之状……若无弓矢之储,何御非常之危?"③国司、郡司属下的武士多是居住在当地的豪富,称郎从、郎等、家子。他们与国司、郡司结成主从关系,有一些人受命担任押领使、追捕使、检非违使等职。

国司、郡司属下的武士人数多少不等。据载,988年,尾张国国司藤原元命手下,"郎从之徒,如云散满部内,屠脍之类,如蜂移住府边"④。常陆国的佐竹氏,也是"权威及境外,郎从满国中"⑤的武士豪强。《宇槐记抄》中说,有名的武士平忠盛

---

①《大日本史·兵志2》。

②《石清水文书之一》,儿玉幸多等编:《从史料看日本的发展:中世编》,吉川弘文馆1958年版,第30页。

③《朝野群载》卷22,儿玉幸多等编:《从史料看日本的发展:古代编》,吉川弘文馆1960年版,第283页。

④《平安遗文》339号,《尾张国郡司百姓等解文》。

⑤《吾妻镜》,治承四年十一月四日、八日。《吾妻镜》,镰仓幕府组织撰写的幕府正史,成书于14世纪初叶,记录了源赖朝至宗尊亲王时期(1242—1274年)的历史。

（1096—1153年）"经数国吏,富累巨万,奴什^①满国,武威轶人",他的势力也是在国司任上积累的。

11世纪初期以后,武士势力发展势头加快,逐渐形成了超越庄园范围的地区性武士集团。无数分散的武士集聚在这一地区势力最强的豪强贵族的旗麾之下,接受统一指挥。在众多的武士团的首领中,势力最强者就是源氏和平氏。

四、源氏的发展

源氏之姓始于814年,是嵯峨天皇向诸皇子赐源朝臣的氏姓。此后,14代天皇^②也相继给自己的皇子赐源氏之姓。源姓皇子一般都离开京都,居住在自己的领地。这些源氏子孙中,以武士著称的是清和源氏。

上层贵族倚重清和源氏,始于清和源氏的曾孙源满仲(913—997年)。^③他是藤原氏家的侍从,他的儿子源赖光(948—1021年)、源赖信(968—1048年)也是藤原兼家、藤原道长的侍从。正是凭着与摄关家的这种关系,源氏曾被任命为国司,逐渐积累了巨大的财富。1018年,关白藤原道长建造宅邸时,身为伊予国守的源赖光曾以珍奇物品相赠,礼物之豪华,连藤原氏也很惊讶,说这是"稀有之稀事也"^④。这既反映了源氏搜刮民脂民膏之多,又反映了他与藤原氏之间关系的密切。

源氏势力的大发展是在1028—1031年间。当时,下总权介平忠常(967—1031年)杀死安房国守,占领了安房国。事件发生后,朝廷派遣右卫门尉平直方前往征讨,但毫无结果。接着,改任源赖信为追讨使。源赖信、源赖义父子"勇决拔群",迅速地镇压了平忠常,恢复了安房国的正常秩序。从此,源赖信父子声名大振,"坂东武士,多乐属者","会东弓长之士,大半为门客",^⑤队伍迅速扩大。

11世纪中叶,陆奥地区的豪强安培氏横行六郡,不服中央命令,历届国司都不能制服他。朝廷擢用源赖义及其子源义家进行讨伐,凡9年,终于平定了安培氏(史称"前九年之役")。紧接着,源赖义父子又衔命出羽国,镇压了清原氏之乱

---

① 奴什:武士。
② 嵯峨以后的14代天皇为淳和、仁明、文德、清和、阳成、光孝、宇多、醍醐、朱雀、村上、冷泉、圆融、花山、三条。
③ 《本朝续文粹》卷6,《源赖义奏请重任伊予守状》。
④ 《小右记》,宽仁二年六月二十日。
⑤ 《陆奥话记》,儿玉幸多等编:《从史料看日本的发展:中世编》,吉川弘文馆1958年版,第1—2页。

(史称"后三年之役")。自此,源氏以"天下第一武勇之士"出入朝廷。诸国势家慕其武名,纷纷以"田、地、公验,好寄义家朝臣"[①],源氏成为大庄园主。

五、平氏的发展

平氏是桓武、仁明、文德、光孝4位天皇赐给一部分皇子的氏姓。平氏子孙中作为武士著名的是桓武天皇的曾孙高望王系统的子孙。

平氏势力的发展是从平正盛开始的。1097年,平正盛将自己领有的伊贺国鞆田村、山田村的20余町土地,寄进于白河法皇隶属的六条院,正式与院政建立了经济上的从属关系。寄进以后,平正盛受到了白河法皇的器重,先后任命他担任了隐岐、若狭(今福井县)、因幡等国国司,同时又是保护院厅的北面武士,多次征讨院厅的政敌,因功而平步进入中央政治舞台。

经过保元之乱和平治之乱,平氏势力急速上升。平正盛的孙子平清盛由正三位的参谋,先后升任为纳言、内大臣和太政大臣,获得了显赫的政治地位。

六、平氏政权

为了巩固自己的地位,进一步控制皇室和权贵势家,平清盛施展了种种手段。第一,他安插亲属,控制中央要害部门。"(平氏)一门,公卿十六人,殿上人三十余人,诸国受领、卫府、诸司共达六十余人,实为世上人罕见。"[②]其长子平重盛(1138—1179年)任内大臣、左大将,次子平宗盛(1147—1185年)为中纳言、左大将,平知盛(1151—1185年)为权中纳言。平清盛的兄弟经盛为参议,教盛(1128—1185年)为权中纳言,赖盛(1131—1186年)为权大纳言。"恣心升进,过分荣幸,冠绝古今者欤。"[③]第二,通过联姻关系,同皇室、贵族结盟。平清盛把妻妹滋子嫁给后白河天皇,1171年更把女儿德子推为高仓天皇(1161—1181年)的中宫。与此同时,还将另外3个女儿分别嫁与摄政藤原基实、大纳言藤原隆房和关白藤原基通等权门贵族。第三,委任亲信控制地方政权。平氏亲信控制的知行国达30余国,占当时全国地方政权的一半。第四,在经济上则大肆扩大庄园。据统计,平清盛拥有庄园500余所。第五,他还直接控制对外贸易的要地大宰府,垄断了对宋代中国的贸易。据《平氏物语》记载,平清盛当时是拥有"扬州之金,荆

---

① 《百炼抄》第5,堀河宽治五年六月十二日。
② 《平安物语》,上横手雅敬:《源平的盛衰》,讲谈社1975年版,第80页。
③ 《玉叶》第2,卷36,治承五年闰二月五日。

州之珠,吴郡之绫,蜀江之锦,七珍万宝,无所不有"的豪富。

随着政治、经济实力地位的巩固和加强,平清盛更加骄横,引起了中央权贵们的不满。1177年(阴)五月,后白河院的近臣权大纳言藤原成亲(1137—1177年)、僧西光(?—1177年),检非违使平康赖,法胜寺执行俊宽(?—1179年)等人结成反平氏集团,在京都东山的鹿谷密谋征讨平氏。此事被平清盛获悉,发兵镇压。(阴)六月一日拂晓,"武士充满洛中,云集禁里"[①],一举逮捕了僧西光、藤原成亲等人。在审讯中僧西光供认:"法皇及近臣等,令谋议。"[②]说明幕后指挥者是后白河上皇。平清盛虽然斩了僧西光,流放了其他参与者,但对后白河上皇没有采取任何行动,只是派了大批少年流动于京都城内,密探反对平氏的言行。

七、治承三年政变

鹿谷事件失败后,后白河上皇并没有屈服,一直伺机反击平氏势力。1179年(治承三年),平清盛与后白河上皇之间的矛盾再次激化。这一年(阴)六月,平清盛嫁给藤原氏的女儿盛子死亡,后白河上皇乘机没收了她拥有的大批庄园。(阴)七月,平清盛的儿子平重盛死亡,后白河上皇又乘此没收了他的知行国——越前国。(阴)十一月,后白河上皇故意冷落平清盛推荐的关白藤原基通。后白河上皇对平氏的一系列挑战,激怒了平清盛一族。(阴)十一月十四日,平清盛亲自率领数千军兵,从自己的住地福原(今神户市西部)开入京都,幽禁了后白河上皇,驱逐了反平氏势力。十五日,胁迫后白河上皇"自今以后,不过问万机"[③],停止了院政,在朝廷确立了平氏的独裁统治。

平氏独裁政权的确立,也是平氏衰落的开始。平清盛的独断专行不但引起了皇室、贵族的不满,也引起了广大武士阶层的反目。武士阶层的基础是地方豪强。它的兴起,在政治上反映了地方豪强对以皇室为中心的上层权门贵族的腐败、奢侈、骄恣横暴的不满。他们希望对封建政权实行有利于本阶层的某些改变。但是,作为武士阶层代表之一的平氏,在步入中央政权以后,不但不对腐败政治进行一丝一毫的改变,却与皇室、贵族为伍,醉心于权力的扩张,成为"强大威势,满于海内"[④]的新贵。各地武士"怨气答天,四方……成变"[⑤],全国反平氏的

---

① 《玉叶》第2,卷24,安元三年六月一日。

② 《玉叶》第2,卷24,安元三年六月二日。

③ 《百炼抄》第8,治承三年十一月十五日。

④ 《玉叶》第2,卷36,治承五年闰二月五日。

⑤ 《玉叶》第2,卷36,治承五年闰二月五日。

势力也接踵而起。在平治之乱中受到平氏沉重打击的源氏,乘机举起了反对平氏的大旗。

第四节 源氏和平氏的抗争

一、以仁王令旨

在四方怨怒声中,首先举起反平氏旗帜的是后白河上皇的第二个皇子以仁王(1151—1180年)。他是一位有才有识的皇子,通管弦,善诗歌,但受平氏轻视,终身不遇。他与宫廷武士源赖政(1104—1180年)关系甚密。源赖政是平治之乱中唯一未被株连的源氏一族中的武士。他出身行伍,又善诗道,有"性正直,勇名闻天下"之誉。在平氏专权的夹缝中,他虽侥幸叙升三位,但始终不忘源氏一族的遭遇,总希望有朝一日驱逐平氏,重振源氏之威。

1180年(阴)四月九日夜,源赖政及其子伊豆守源仲纲等聚集在以仁王的住所,秘密地商讨了征讨平氏的计划。以仁王以正统自居,宣布继承皇位,向各地以源氏为核心的武士发布了声讨平氏的"以仁王令旨"。令旨声称,征讨平氏,是与历史上的壬申之乱具有同等意义的举动,呼吁全国源氏立即起兵响应[1],"讨彼氏族(指平氏)可令执天下"[2]。源赖政立即派其时恰好在京都的源义盛,急赴东国各地传达"以仁王令旨"。为防机密泄露和外人怀疑,源义盛改名行家,以八条院[3]的藏人[4]的身份进行活动。

(阴)五月,源赖政亲自联络了南都、北岭的寺院武装和京都周围地区的武士,以园城寺为据点,正式举兵声讨平氏。但因延历寺、园城寺内的座主、僧纲等上层僧侣与平氏相通,密告了源赖政的进攻计划,再加上势弱兵少,很快被平清盛镇压了,以仁王、源赖政在激战中自刎而死。

---

① "以仁王令旨"文本,只见于《源平盛衰记》。有人认为是该书作者的伪作;也有人认为,虽然对文本有种种疑问,但此令旨确是在历史上存在过的。

② 《吾妻镜》,治承四年四月九日。

③ 八条院:名暲子(1136—1211年),鸟羽天皇第三皇女。1140年,鸟羽上皇赐其庄园12处。1160年,其母美福门院得子死后,继承遗产,庄园达230处。这批领地后来一直成为皇族的重要经济来源。此处所说的八条院,指八条院的领地。

④ 藏人:掌管宫廷文书总务等事务的官吏。

以仁王、源赖政发动政变后,平清盛为避免被南北僧兵和武士夹击,立即宣布迁都福原,并着手筹划"追讨国国(各地)源氏"。将都城迁往平清盛的住地福原,更激起了朝野的怨声,人们纷纷斥骂这是"天狗之所为"。

以仁王、源赖政在京都举兵虽然失败,但消息传入东国之后,各地源氏纷纷响应,奉"以仁王令旨"举兵讨伐平氏。

二、源赖朝起兵讨平氏

"以仁王令旨"传到伊豆半岛是1180年(阴)四月二十七日。这里住着平治之乱中被流放来的源赖朝。经过20个年头,源赖朝已是34岁的壮年了。20年来,他卧薪尝胆,日夜想着打倒平氏。(阴)八月,他在其岳父伊豆豪强北条时政(1138—1215年)等人的支持下,正式竖起声讨平氏的旗帜,率领武装进攻相模。(阴)九月七日,源赖朝的从兄弟源义仲(1154—1184年)在信浓木曾地方举兵响应。源赖朝率兵进入相模不久,便与平氏部将大庭景新在石桥山发生激战。源赖朝以百余骑奋战敌3000余骑,最后因寡不敌众,遭遇惨败。源赖朝只身由海路逃到安房国。因得到安房国安西景益、上总国平广常(?—1183年)、下总国千叶常胤(1118—1201年)等地方武士团首领的支援和臣服,源赖朝便以偏僻小村镰仓(今神奈川县)为据点,重整旗鼓。

源赖朝的举兵颇使平清盛震惊,说赖朝之举犹如当年平将门之乱[1],惊呼源氏"相语凶徒凶党,欲掳掠当国、邻国"[2]。

(阴)九月,平氏挟持安德天皇(1178—1185年)发布了"讨伐赖朝及其同党"[3]的宣旨,任命平维盛(1158—1184年)为讨伐使,发兵东国,宣旨并呼吁甲斐国武田信义、常陆国佐竹义政、陆奥国藤原秀衡配合平维盛,四面围攻源赖朝。但由于源赖朝的策反,武田信义首先倒戈,与源氏结成联合战线。

三、富士川之战

1180年(阴)十月二十日,平维盛的讨伐军到达富士川西岸。此时,源赖朝处境甚恶,前有征讨军相峙,后有常陆国佐竹义政军围剿,但源氏军士气极高。是夜三更,源赖朝指挥武田信义率军偷袭平氏军后路。武田军在偷袭途中,通过富

---

① 《玉叶》第2,卷35,治承四年六月二十二日。

② 《玉叶》第2,卷35,治承四年六月二十二日。

③ 《玉叶》第2,卷35,治承四年九月十一日。

士沼泽地时不意惊动了栖息于沼泽地的大群水鸟,水鸟成群成群地惊慌而飞,"羽音偏成军势之壮,依之平氏等惊骚"[①]。水鸟击翅惊飞的声音使平氏军闻之丧胆,以为大军来袭,纷纷弃械而逃。征讨使平维盛出征时可谓威武豪壮,逃回京都时却十分狼狈,随从者仅10骑而已。

平氏军的溃败,更使源氏军士气大振。源赖朝打算乘胜进攻京都,但千叶常胤、平广常等人力谏停止追击。他们说,当今东国未平,不宜远征,应"先平东夷之后,(才)可至关西"[②]。源赖朝接受建议,率军返归镰仓,开始致力于巩固根据地的建设。

富士川一战,源氏获胜,各地反平氏势力纷纷起兵。(阴)十一月十七日,美浓国的源氏攻占了美浓、尾张两国。十九日、二十一日,近江国也被反平氏势力占领,阻塞了京都与北部地区的联系,"凡北陆道运上(运往京都)物,悉以点取"[③]。二十三日,摄津国源氏手岛藏人放火烧掉了福原的平氏住宅。在各地反对平氏斗争日趋高涨的形势下,源赖朝却扎扎实实地经营着关东地区。他宣布冻结原有领主对庄园的支配权,但对于响应"以仁王令旨"者,一切权益予以保护。这项政策赢得了广大武士的支持和拥护。分散各地的大小武士团纷纷集结于源赖朝的麾下,受其保护,听其指挥,结成了相依为命的主从关系。

四、源赖朝与后白河法皇的秘密会谈

1181年(阴)闰二月,平清盛因病去世。临终前,他曾派遣使者谒见后白河法皇,示意自己死后,由儿子平宗盛继承一切权力。[④]对此,后白河法皇无动于衷,冷言相答。平清盛获悉,十分不快,"有含怨之色"。最后,他告诫家族说:天下事听从平宗盛指挥,"不可有异论","非啻东国之寇,又有中夏之乱欤"。[⑤]

1181年和1182年,连续2年的瘟疫和大饥荒直接影响着兵、粮的征集,源、平氏之间的战事暂时停止。然而斗争并未停息。1181年(阴)七月,源赖朝密派使者与后白河法皇会谈,申述起兵的目的在于讨伐法皇的宿敌,维护法皇的权威。使者还向法皇提出了和解的方案:第一,法皇应恢复旧例,相并重用源氏、平氏;第二,关东地区由源氏支配,海西地区(指关西)仍由平氏管辖;第三,全国国司的

①《吾妻镜》,治承四年十月二十日。

②《吾妻镜》,治承四年十月二十一日。

③《玉叶》第2,卷35,治承四年十一月二十三日。

④《玉叶》第2,卷36,治承五年闰二月五日。

⑤《玉叶》第2,卷36,治承五年闰二月五日。东国:指源氏。中夏:指平氏控制的近畿地区。

任命权在院厅;第四,若有违抗国家的叛逆者,应由源、平两氏共同讨伐。①很明显,这一方案的核心就是要与平氏两分天下,再伺机消灭平氏。可是,这一方案未能得到后白河法皇的同意,密谈毫无结果。

当源赖朝与平氏之间的斗争处于拉锯状态的时候,源义仲势力的发展却十分显著。1183年(寿永二年)(阴)五月间,源义仲军与平维盛的征讨军在越中国砺波山(今富山县)会战,平氏军大败而逃,军卒损失大半。(阴)七月,源义仲军逼近京都,平氏、皇室一片惊慌。"前内大臣以下不残一人,六波罗、西八条等舍屋不残一所,皆化为灰烬。一时之间,烟炎满天。"②平氏挟持安德天皇西走,后白河法皇则隐居比睿山。(阴)七月二十八日,源义仲军进入京都,并参见后白河法皇。(阴)八月,拥立后鸟羽天皇(1180—1239年),源义仲因此而成为京都守护。至此,天下武士分别以京都源义仲、西国平氏、东国源赖朝为核心,形成三足鼎立之势。从力量分析,西国平氏虽挟持安德天皇,但大势已去。进据京都的源义仲,由于奔战各地,没有稳固的后方,加之历年干旱,粮食接济严重困难,军兵为求生计,到处抢劫,畿内一带田地上的庄稼全被刈取。庄园和国衙运送京都的粮物,"不论多少,不嫌贵贱,皆以夺取"③,招致了京都贵族、寺社、百姓的反感。军容严整、士气高昂的只有源赖朝军。自源义仲进入京都后,他曾多次呼吁源赖朝迅速进京,但源赖朝稳居镰仓,静观形势,等待时机。(阴)九月末,源赖朝再次遣使与后白河法皇密谈,并且再次提出了3项倡议:第一,可发院宣,凡被平氏占据的神社、佛寺的庄园,迅速归还原主;第二,被平氏劫掠的院、宫及诸权门贵族领有的庄园也应归还原主,以息人怨;第三,倒戈投诚的武士,一律宽恕其罪,赦免斩杀。④这一倡议博得了多方面的好感,尤其是受到几年来庄园被占、丧失年贡的贵族们的欢迎。后白河法皇接受了这一倡议。(阴)十月十四日,后白河法皇发布宣旨(史称"寿永宣旨"),命令东海、东山、北陆诸国原属神社、佛寺及王臣家领有的庄园一律归还原主,若有"不服之辈"听任源赖朝全权处置。⑤"寿永宣旨"既承认了源赖朝在东国地区的权力,又使他获得了在东海、东山、北陆诸国的行政、司法权,有利于源赖朝势力的进一步发展。院厅与源赖朝的联系,以及对源赖朝的重用,使源义仲非常不满。他对后白河法皇说:"怨君之事有二:一是无视义仲的反

---

① 竹内理三:《日本的历史6:武士的登场》,中央公论社1976年版,第470页。

② 《玉叶》第2,卷38,寿永二年七月二十五日。

③ 《玉叶》第2,卷38,寿永二年九月三日。

④ 《玉叶》第2,卷39,寿永二年闰十月十三日。

⑤ 《玉叶》第2,卷39,寿永二年闰十月十三日。

对,敦促源赖朝上京;二是发院宣承认源赖朝拥东山、东海、北陆道的行政权。"[1]他强烈要求后白河法皇断绝与源赖朝的联系,并发布声讨赖朝的院宣。对此,后白河法皇不但不允,反而敦促源赖朝急速进京。源赖朝应后白河法皇之召,派弟弟源义经(1159—1189年)、源范赖(？—1193年)两人率兵西进。义经、范赖军进抵伊势国,京都气氛顿时紧张。皇室、贵族们以京都可能成为战场为由,要源义仲退出京都。源义仲愤于院厅对自己的蔑视,遂于(阴)十一月九日拘捕了后白河法皇,并自命为征夷大将军。源赖朝获悉义仲政变,急令义经军、范赖军火速挺进。1184年(阴)一月二十日,在宇治、势多会战中,义仲军大败,接着又在近江的粟津激战中失利,义仲战死。

五、平氏的灭亡

源义仲的灭亡,使三足鼎立的形势又恢复为源、平两大势力的对立。在范赖、义经战败义仲的第六日,院厅便发布宣旨,任命源赖朝为征讨平氏的征讨使。

平氏自逃出京都以后的1年间,利用源氏内部的争斗之机,以山阴、山阳、南海、西海各道为中心,募集武士,以图据地自强。为拒源氏军于西国门外,又特别在摄津、播磨接境的战略要地一谷(今大阪、兵库)构筑城堡,由数万骑武士日夜防守。

1184年(阴)二月初,9万源氏军在义经、范赖的率领下西征平氏。五日,抵达摄津国。七日,会战于一谷要地。据《吾妻镜》载,两军短兵相接,战事极为激烈,"源平军士等互(相)混乱,白旗赤旗交色,斗战为体,响山动地"。源氏军施展了正面强攻和背后包抄相结合的战术,派了一支轻装部队,攀过鹎越山天险,袭击敌后,致使平氏军"失商量败走,或策马出一谷之馆,或棹船赴四国之地"[2],仓皇逃窜。

一谷激战后,大约有半年之久的休战,双方各自休整,准备决战。溃败的平氏以屋岛为中心,在濑户内海一带巩固阵脚。至(阴)八月,战事再开。源氏军分兵两路进击,一路以范赖为首,进山阳道入长门,再渡海进入九州,截断平氏退路。但由于兵粮和船只不足,战果不显。另一路以义经为首,于1185年(阴)二月,冒暴风雨渡海,在阿波国的胜浦登陆,从背后袭击屋岛平氏据点,平氏大败。(阴)三月二十四日,源、平两军在坛浦海面(今下关海峡)决战。平氏以500艘战

---

[1]《玉叶》第2,卷39,寿永二年闰十月二十日。
[2]《吾妻镜》,寿永三年二月。

船防守,源氏以800艘战船进攻。在激战中,平氏军将卒多被击沉海底。平氏挟持的幼主安德天皇连同象征皇位正统的三神器之一的玉剑一起,也淹没在海浪之中。平氏全军覆没。

第五节　平安文化

如果说,奈良文化是直接吸取唐文化的精粹而繁荣的话,那么平安文化则不同,它是在继承、总结、提炼日本文化遗产的基础上,消化唐文化之后发展起来的独具民族风格的新文化。

一、佛教

奈良时代的佛教,是得到朝廷支持的国家佛教,它是维护中央集权统治的工具。平安时期的佛教在其发展初期,虽也标榜"镇护国家",并获得朝廷的支持,但是从总的方面看,它是在中央集权制日渐衰落的背景下发展起来的,主要支持它的是以私有经济为基础的权门贵族。为了保全自己的政治特权和经济利益,权门贵族急切地求助于披着袈裟的佛教僧徒。但他们所依靠的不是以奈良为中心的旧有六宗[①],而是以平安京为中心的天台、真言两宗。

天台宗哲学思想的核心是"无情有性"。它认为佛教的佛性无处不在,无处不有,"囊括宇宙,统贯天人"[②],连草、木、砖、瓦、石都有佛性,何况人乎?从而认为人们步入天国,修炼成佛(入涅槃)的渡桥是普遍存在的,关键在于抛弃淫欲瞋恚,达到忘我的境界。

真言宗又称"密宗"。它的核心思想是"即事而真"[③]。也就是说,世界上的一切事物中,都神秘地寓意着真理。只要接受传法师(阿屠梨)的灌顶洗礼,依据佛授予的真实言——《大日经》《金刚顶经》,排除杂念,进入"一心寂静不二相"[④]的

---

① 佛教在日本分为"南都六宗"和"大乘六宗"。"南都六宗"为三论宗、法相宗、华严宗、律宗、成实宗、俱舍宗;"大乘六宗"为三论宗、法相宗、华严宗、律宗、天台宗、真言宗。前者以奈良为中心,后者以平安京为中心。

② 湛然:《金刚锥》,任继愈:《汉唐佛教思想论集》,人民出版社1973年版,第84页。

③ 空海:《十住心论》,川崎庸之、笠原一男编:《体系日本史丛书18:宗教史》,山川出版社1964年版,第59页。

④ 空海:《秘藏宝钥》,石田一良编:《日本思想史概论》,吉川弘文馆1963年版。

境界,便可成佛。

日本天台宗的创始人是最澄(767—822年),真言宗的创始人是空海(774—835年)。他们都曾到唐代中国求法。最澄在中国期间,求法于天台宗传法师湛然[①]的2个得意门生道邃和行满,得正统天台宗的秘传而归日本。空海在长安,求法于惠果[②]。

9世纪以后,随着中央集权制的衰落和庄园制的发展,寺院和贵族的结合日趋紧密,寺院外的私僧坊和分寺的独立性也大大加强。分寺、私僧坊的法师和贵族建立了师檀关系。受到贵族保护的分寺,在经济实力上往往超过本寺。11世纪前后,贵族子弟进出寺院,出现了"权门座主",显示出佛教的贵族化。

与天台宗、真言宗盛行同时,在民间广泛传布的是净土宗。净土宗渲染它是佛教诸宗中成佛最易的法门。它说人世是秽土,阿弥陀佛世界是极乐之境,只要一念阿弥陀佛,迟则七日,快则一日,便可成为八级菩萨。

二、"本地垂迹说"

在佛教尚未传入前,日本民间广泛崇敬神。随着佛教的传布,这种原始的神祇信仰也发生了变化。有相当一部分僧侣,为了使人们接受佛教的思想,巧妙地把佛教和神祇崇拜相糅合,佛就成为众神之一。广大日本人民把佛作为"新来的神"而加以接受。平安时代以后,进一步发展为"本地垂迹说",用佛教的释迦现身、普济众生的思想来解释日本历来崇拜的神。佛教认为佛陀(本地)为救众生而降世于人间,他的化身就是释迦牟尼(垂迹)。日本的"本地垂迹说"则认为,天照大神乃大日如来之化身。佛陀为拯救迷茫中的日本民众,便降生到日本列岛,化身为各地的神,从而把神归于佛,使神佛合一,为以后出现的神道奠定了基础。在这一理论的基础上,平安时代已经出现把神称为菩萨,并派高僧到神社诵读佛经的现象。

三、汉文学的发展

日本研究汉文学的历史,根据11世纪诗人大江匡房的主张,可分为4个时

---

① 湛然:天台宗第六代法师,死于782年,享年72岁,著有《净名广略疏》《涅槃后分疏》《金刚锌》等佛书。

② 惠果:唐京兆府昭应县(今陕西临潼)人,曾受到唐代宗、德宗、顺宗的器重,尊为国师,著有《阿屠利大曼荼罗灌顶仪轨》《金刚界金刚密号》等佛书。

期,即"起自弘仁(810—823年)、承和(834—847年),盛于贞观(859—876年)、延喜(901—922年),承平(931—937年)、天历(947—956年)年间中兴,长保(999—1003年)、宽弘(1004—1011年)时期再昌"[①]。9世纪初至11世纪初,是日本汉文学的兴盛时期。当时较为有名的诗文集有《凌云集》《文华秀丽集》《经国集》《性灵集》《入唐求法巡礼行记》《行历抄》《都氏文集》《田氏家集》《菅家文草》《纪家集》,以及论述创作汉诗方法的《文镜秘府论》等。[②]《文华秀丽集》序言说:"未逾四祀(年),卷盈百余。"[③]814年撰《凌云集》以后不到4年,各类汉文诗文集已达100余卷,可见汉文学的繁盛。

四、假名字母的产生

平安时期,日本民族文化发展的最大事件,莫过于日本人民在长期劳动生活的实践中,在直接使用汉字(真名)的过程中,不断地改造和简化汉字,使之与日本民族语言相适应,经过"万叶假名"[④]阶段,最后在9世纪中叶,正式形成"假名字母"。日本假名有楷书体、草书体2种。前者是片假名,取汉字的偏旁、部首,或汉字的一部或全部而创制的;后者是平假名,是在汉字的草书基础上创制的。

关于假名字母的创制者有种种说法,不少人认为是留唐学生吉备真备和留唐学问僧空海。相传空海自唐归国后,把假名字母编成七言歌(通称《伊吕波歌》[⑤])广泛传诵,对普及假名字母起了推动作用,因此说他是创造平假名的始祖。

在假名字母的创制过程中,吉备真备、空海无疑是起过很大作用的。但是,"语言本身是一定集体的产物"。文字是以语言为基础的,它的创造当然不是某一两个人的功绩,而是日本人民在长期生产、生活中吸取中国先进文化,并总结

---

① 大江匡房:《诗境记》,儿玉幸多编:《图说日本文化史大系4:平安时代》上,小学馆1958年版,第206页。

② 《凌云集》,敕撰汉诗集,小野岑守、菅原清公撰,814年成书;《文华秀丽集》,敕撰汉诗集,藤原冬嗣、菅原清公撰,818年成书;《经国集》,敕撰汉诗集,良岑安世等撰,827年成书;《性灵集》,汉诗集,空海弟子真济著,835年左右成书;《菅家文草》,汉诗、汉文集,菅原道真著,900年成书;《文镜秘府论》,文学理论书,空海著,成书于819—820年间。

③ 与谢野宽等编:《日本古典全集》第2册,日本古典全集刊行会1926年版,第75页。

④ 万叶假名:借用汉字的音、训,表达日本语。《万叶集》里的和歌主要是用这种方法记载的,所以有此名称。

⑤ 日文为『いろは歌』,共由41个假名组成,歌词内容是《涅槃经》中的一首偈诗"诸行无常,是生是灭,生灭灭已,寂灭为乐"的译语。关于《伊吕波歌》的作者,日本学者有不同看法,有人对吉备真备、空海所作说持怀疑态度。

自己民族语言的结果。

　　长时期以来,日本采取用汉字作音注的方法来记录本民族的语言,但是汉字毕竟不是本民族的文字,在应用上极不方便。假名字母的产生,为日本文学的繁荣开辟了广阔的途径。日本文坛上的和歌,就是因此而获得迅速发展的。表6-1为汉字与假名关系表。

表6-1　汉字与假名关系表

平假名					片假名				
以い	呂ろ	波は	仁に	保ほ	阿ア	伊イ	宇ウ	江エ	於オ
部へ	止と	知ち	利り	奴ぬ	加カ	幾キ	久ク	介ケ	己コ
留る	遠を	和わ	加か	與よ	散サ	之シ	須ス	世セ	曽ソ
太た	礼れ	曽そ	川つ	祢ね	多タ	千チ	川ツ	天テ	止ト
奈な	良ら	武む	宇う	为ゐ	奈ナ	二ニ	奴ヌ	祢ネ	乃ノ
乃の	於お	久く	也や	未ま	八ハ	比ヒ	不フ	部ヘ	保ホ
計け	不ふ	己こ	衣え	天て	末マ	三ミ	牟ム	女メ	毛モ
安あ	左さ	幾き	由ゆ	女め	也ヤ	伊イ	由ユ	江エ	與ヨ
美み	之し	惠ゑ	比ひ	毛も	良ラ	利リ	流ル	礼レ	呂ロ
世せ	寸す				輪ワ	井ヰ	宇ウ	惠ヱ	乎ヲ

五、和歌

　　平安初期,因汉文学的兴盛,和歌一时处于不振状态。9世中叶以后,由于假名的普及,和歌日渐兴起。当时最著名的歌人有僧正遍昭（816—890年）、在原业平（825—880年）、文屋康秀、僧喜撰、小野小町、大伴黑主6人,号称“六歌仙”。他们都有个人的诗集,诗风自具特色。但与《万叶集》相比,缺乏雄健、朴实、真挚的风格。“六歌仙”之后,直至平安时代结束,和歌的发展可以从著名歌集的编辑中了解其一斑。根据天皇或太上皇敕令编辑的歌集有《古今和歌集》《后撰和歌集》《拾遗和歌集》《后拾遗和歌集》《金叶和歌集》《词花和歌集》《千载和歌集》,总称“七代集”。

　　《古今和歌集》是奉醍醐天皇之命,由诗人纪友则（？—905年）、纪贯之

（868—946年）、凡河内躬恒、壬生忠岑等人,以各自的家集和"古来旧歌"分类编纂而成的,共20卷。初名《续万叶集》,后更名为《古今和歌集》。编纂此诗的中心目的是"适遇和歌之中兴,以乐吾道之再昌"①,反映诗人们强烈的民族文化自豪感和试图以民族诗文与汉诗文媲美的民族意识。

与和歌相并行,用音乐伴奏的歌谣也获得显著发展。如在祭神时吟唱的《神乐》,歌词短则两句,长则十数句;还有宫廷贵族娱乐的《催马乐歌》《东游歌》《风俗歌》《今样》等,歌词有长有短,内容包括爱情、传说、神话、风土人情等诸方面。此外,还有一种用笙、筚篥、横笛等乐器伴奏的《朗咏》,歌词多取自和、汉诗文中的佳句和短歌。

六、小说与散文

在平安时代,小说创作空前活跃,涌现出一批优秀的文学作品。最早的小说是《竹取物语》。故事叙说了一位老翁(即"竹取翁"②)在深山砍竹,从竹中得一女孩,带回家抚养,取名赫耶姬。女孩成人后,才貌出众,远近驰名,求婚者不绝。有5名纨绔公子前来求婚,赫耶姬不堪缠扰,分别出了5个难题,约定解出难题者可与之婚配,但5人都告失败。天皇获知赫耶姬的美貌,要聘她为妃,也遭到了婉言谢绝。一个中秋之夜,赫耶姬给竹取翁留下了一封书信和一帖长生不老药,便登天而去。这是一部带有神话色彩、憧憬天国理想的小说。以后出现的《宇津保物语》《落洼物语》等作品,皆受《竹取物语》的影响。

《源氏物语》是日本古典文学的杰作,在世界文坛上也是佳作之一。作者紫式部(? —1016年),原是皇宫中的女侍,她出身学者之家,父亲和兄长都是擅长和歌的诗人。长期的宫廷生活奠定了她创作《源氏物语》的基础。有人认为,《源氏物语》是一部淫秽之作,这种评价是不公正的。《源氏物语》产生的时代,正是中央集权政治由盛转衰的时期。社会的动荡把上层社会的每一个人,无论是天皇、皇妃、皇族,还是官僚贵族,都卷进了时代变幻的旋涡。《源氏物语》形象地描绘了这一时代上层社会尔虞我诈、阴谋争斗的情景:得势者荣华富贵,失权者落魄流离。小说塑造了一批男女贵族青年,既描写了他们彼此爱慕、追求青春的欲望,

---

① 纪贯之:《古今和歌集真名序》,儿玉幸多等编:《从史料看日本的发展:古代篇》,吉川弘文馆1960年版,第332页。

② "竹取翁"之称,见于《万叶集》,也见于印度和中国文献。在《大宝广博楼阁经序品》和《后汉书·西南夷传》中有"竹取人"之称记载。《竹取物语》中的一些动物名取自佛典。

又揭示了他们内心的空虚。他们已无力去拯救渐渐下沉的中央集权制这条航船,只是软弱无力地哀叹:"连幻梦里都遇不到的魂啊,飞过天空而逝,究竟飘向何处去了呢?"因此可以说,《源氏物语》是平安时代中、后期,贵族阶层政治、经济、思想、生活状况的文艺实录,是日本文学史上不朽的宝贵财富。

在《源氏物语》以后,虽也出现过不少爱情小说,如《狭衣物语》《今昔物语》等,但多为模仿作品,缺乏特色。平安末期还出现了一种以历史为题材的历史小说,代表性的作品有《荣华物语》《大镜》《今镜》《增镜》①等。

散文作品有日记文学和随笔文学。前者的代表作是《土佐日记》(纪贯之著)、《蜻蛉日记》(藤原通纲之母著),以及《和泉式部日记》《紫式部日记》《更级日记》《赞岐典侍日记》等。后者的代表作是《枕草子》(清少纳言著,成书于10世纪末11世纪初)。《枕草子》的文学地位可与《源氏物语》相媲美。它的价值在于以纤细入微的优美文字,描述了日本列岛的春云、夏雨、山林、风物,展现了当时的风俗情趣和人世感怀。

七、美术

在奈良美术水平的基础上,平安美术有了新的发展。奈良美术受唐代技法的影响颇深,而平安美术在消化了唐代技法之后,无论是在主题的意境,还是在创作技法方面,都有大胆的创新。其中最为突出的是绘画。平安时期的绘画主题主要有2个方面:一是佛像和天国境界,二是贵族阶层的风俗情趣等。前者虽未摆脱唐代风格的影响,但在佛像的塑造上,已由过去的娴静、虔诚的静态,向虔诚而奔放的动静相结合的方向发展;后者因具有浓厚的日本民族的生活气息,所以被称作"大和绘"。其中以《源氏物语绘卷》最有名。绘卷取材于《源氏物语》一书。凡书中富有情趣的章、节均化为画面,可以说这是一部"美术物语"。除《源氏物语绘卷》外,还有《信贵山缘起绘卷》等,在画风上都有独到之处。当时日本施用褶扇,所以扇面画也极逼真,后流入中国,在市场上出售。

此外,平安时代的音乐、歌舞、杂技、书法、工艺等,也都达到了新的高度。

图6-1、图6-2、图6-3分别显示了藤原氏系谱、平氏系谱和源氏系谱。

---

① 《荣华物语》又称《继世物语》,共40卷,著者不详,11世纪成书,记载了宇多天皇至堀河天皇200年间宫廷贵族的历史。《大镜》又称《世继物语》,共8卷,著者不详,用对谈的形式记述了850—1025年间的历史。《今镜》又称《小镜》《继世镜》,共10卷,作者一说是中山忠亲,一说是源通亲,1170年成书,记述1025—1170年间天皇、藤原氏、村上源氏等的传记逸话。《大镜》《今镜》《增镜》《水镜》统称"四镜"。

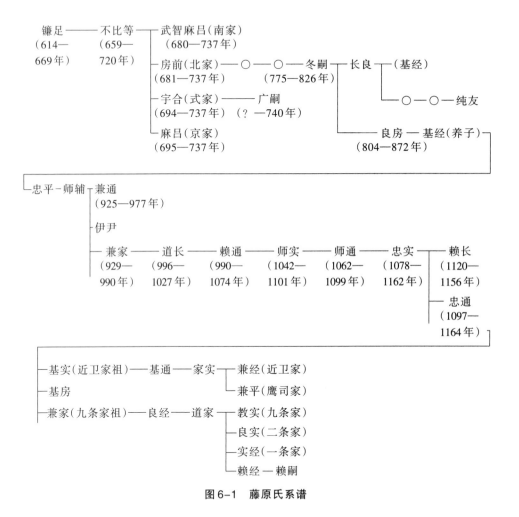

图 6-1　藤原氏系谱

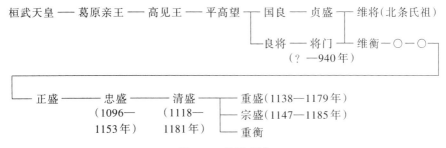

图6-2　平氏系谱

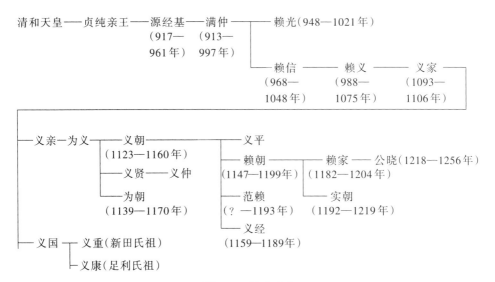

图6-3　源氏系谱

第七章

镰仓时代（1184—1333年）

第一节 镰仓幕府的建立

坛浦战役的决定性胜利,为源氏控制国家大政扫除了主要障碍。然而,对于源赖朝来说,从坛浦战役到确立其对全国的统治,还有一个曲折的过程。

一、赖朝、义经兄弟阋墙

源赖朝的同胞兄弟源义经,是坛浦决战中的有功之臣,按照常规,应受到重赏。可是,源赖朝不但不予奖励,反而没收了原先奖给他的24个庄园,并下令禁止他返回故里,宣称:违犯此令,严惩不贷。

源赖朝为什么这样对待亲兄弟呢? 当初在开创镰仓根据地的过程中,为了确立对武士的绝对控制,源赖朝曾经宣布过一条规矩:"御家人勋功之赏,必须听命赖朝定夺。"1184年(阴)二月,一谷战役后,源义经受命驻守京都。当时,后白河法皇为了牵制源赖朝,打算在赖朝和义经兄弟之间打进不和的楔子。(阴)八月,后白河法皇任命源义经为从五位下检非违使、左右门少尉,并敕准其出入院厅。源义经因此而违反了御家人的规矩,导致了源赖朝对他的不信任,并予以冷酷的惩罚。源义经曾再三恳请源赖朝谅解,但源赖朝坚决不允。(阴)十月十七日,源义经在自己的宅邸内抓到了源赖朝派来的刺客,矛盾白热化。"骨肉同胞之情,既似空。"[①]十八日,在源义经的强烈要求下,后白河法皇颁发了征讨源赖朝的院宣。宣旨颁布的第五天,源赖朝获知。二十五日,源赖朝急派先遣部队上京。二十九日,源赖朝又亲自率军西上,行至黄濑川,不再前进,静观京都动向。源赖朝的进军,使富有政治经验的后白河法皇很不安。本来,他以为重用源义经,并

---

① 《吾妻镜》,文治元年五月二十四日。

发布征讨赖朝令,会得到武士们的响应,结果适得其反,不但追随源义经的武士不多,而且招致了源赖朝的仇视。他深知眼下源赖朝势盛,源义经不足恃,便在源赖朝军西上期间陆续将源义经等人远封九州、四国之地,让其撤离京都。源义经撤出后的第三日,源赖朝的先遣部队到达京都。源赖朝本人因获知源义经已退出京都,便率军从黄濑川返回镰仓。

源赖朝的先遣部队进驻京都后,后白河法皇马上起用与镰仓方面关系密切的右大臣九条兼实(1149—1207年),并派使者急赴镰仓,向源赖朝诉说发布征讨令是出于被迫,完全是源义经等人的"天魔行为"。

后白河法皇的为人,源赖朝是了如指掌的。他那种翻手为云、覆手为雨的阴谋权术,曾使不少武将兴而覆灭。源赖朝曾称他为"日本最大的天狗"。对源赖朝来说,法皇是可恶的,但天下初定,内乱未平,如果以发布征讨令之罪幽禁法皇,必然会招致贵族、寺社的反感,自己就会重蹈平清盛、源义仲的覆辙。经过再三权衡利弊,源赖朝出人意料地以宽容的态度对待法皇。表面上一再表明自己对皇室的虔诚,"苟以忠贞奉公,继家业守朝家"[①],"天下落居(稳定)之后,万事当仰君王裁定"[②],并说"违背君王裁定者,……岂可不当其罪哉?若吾辈稍有不当,也应蒙君王处置"[③],背地里却一刻也不放松对后白河法皇的警惕。

二、守护、地头的设置

1185年(阴)十一月十二日,源赖朝的心腹大江广元(1148—1225年)慎重地对他说,"世已浇季,枭恶者尤得秋也"[④],东部地区"虽令静谧",但"奸滥定起于他方欤"。他建议源赖朝在全国地方行政机关内设立守护职,在各庄园内设置地头职。一则可以控制庄园,防止"天下有反逆辈";二则一旦叛乱发生,征集武士,筹备军饷,均有更广泛的来源,也就没有什么可怕的了。[⑤]二十八日,源赖朝接受了大江广元的建议,特派北条时政前往京都,向院厅要求以下权力:第一,在全国实施守护、地头制;第二,"不论庄(园)、公(领)",一律征收每段5升的兵粮米。[⑥]院

---

① 《吾妻镜》,建久二年五月三日。

② 《吾妻镜》,建久元年六月二十九日。

③ 《吾妻镜》,建久元年二月二十二日。

④ 《吾妻镜》,文治元年十一月十二日。浇季:意即晚季、末世。秋:指秋天,意指日子不长了。

⑤ 《吾妻镜》,文治元年十一月十二日。

⑥ 《玉叶》第3,卷43,文治元年十一月二十八日。

厅第二天就同意了这个要求。

这是一件重大的事情，其意义之深，"盖非言语之所及"[1]。它为源赖朝的镰仓政权干预全国土地所有权打开了合法之门。守护是镰仓政权安插到各地国衙内的政治代表，一般都派遣源赖朝信任的、有势力的御家人担任。其主要职责，日本历史上概称为"大犯三条"，即：对辖区内犯有谋叛、凶杀的罪犯进行检察、审判、镇压；组织武士定期轮番上京，守卫京都宫室（史称"京都大番役"）；兼管辖区内的社寺、交通道路等行政事务。各国守护在行使权力时，常常越出职权范围，侵夺国衙的权力，并凭恃自己拥有的"大犯三条"的特权，以维持治安、行使警察权为名，不断向"不输不入"的庄园渗透。

地头是幕府派驻庄园的政治代表，一般都由幕府的御家人担任。地头的设置并不是新创，早在平氏专权时期已有地头之设，但那时的地头完全是隶属于庄园主的私人庄官。"以往所称地头者，多为平家家人也。并非朝廷恩施。"[2]源赖朝所设的地头，不仅承袭过去地头的称呼和它所拥有的权力，而且赋予了其新的权力，它既拥有武士御家人的镇压庄民反抗、追捕"夜袭""强盗"的警察权，又拥有征收年贡、兵粮米的权力，以及拥有庄官的职权。这种一身兼有多种职能的地头是前所未有的。它不受庄园领主的制约，只受命于镰仓幕府，并侵犯领主所持有的特权。

三、"肃清庙堂"

1185年（阴）十一月六日，源赖朝进一步要求后白河法皇整顿朝廷的官员，驱逐大藏卿高阶泰经等12名反镰仓派的公卿、贵族，推荐亲镰仓派的九条兼实为内览，并以九条兼实为首的10名公卿为朝廷的"议奏"[3]。朝廷的重大政务都要由他们联合商定。表面上，"议奏"是辅助朝廷和院厅"兴行善政"，以尊"忠臣之礼"，实际上是通过"议奏"贯彻源氏的旨意，一切重大政治决策皆掌握在源氏之手，使法皇和天皇虚有其位。源赖朝曾给"议奏"之一的藤原兼光写过一封信，指出："天下政道者，依群卿之议奏。"因此，"议奏"们应"无私不谀"，凡违背世道、引起社会混乱的事，即使是天皇或法皇的宣敕，都要再三复奏，加以阻止。倘若知而

———————

① 《玉叶》第3，卷43，文治元年十一月二十八日。
② 《吾妻镜》，文治元年十二月二十一日。
③ 10名议奏是内览九条兼实，内大臣实定，大纳言实房，权大纳言宗家、忠亲，权中纳言实家、通亲、经房，参议雅长、兼光。

不申,思而不言,那就是失职,"定非忠臣之礼"①。源赖朝对"议奏"职的设置极为重视,说这正是"天下之草创也"②。

四、后白河法皇反控制的斗争

源赖朝提出的一系列要求都获得了院厅的同意。然而,实施过程并不顺利,以后白河法皇为首的皇室、贵族势力进行了多方的抵制。以设置地头为例,从一开始,贵族、寺社等庄园领主就强烈反对,尤其是畿内近国地区,反对设地头的呼声尤烈。源赖朝也不得不做了一定的退让。可是,院厅一步紧逼一步。1186年(阴)六月,后白河法皇发布院宣,宣布美浓、尾张以西37国,除没收的平氏庄园领地和"枭徒隐住所处之外",所有权门势家的庄园内一律停止设立地头职。③(阴)十一月,又宣布原属平氏的庄园均已归公,因此不应按谋叛者的所领对待。④这就是说,在原来平氏的庄园内也停止设立地头职。院厅的反控制措施使源赖朝实际控制的地区又缩小到以镰仓为中心的东部地区。

五、源赖朝平定奥州

后白河法皇和贵族势力的反控制行动,源赖朝必然是要反击的,可是源赖朝认为,当时对其威胁最大的不是这些权门贵族,而是在奥州平原地区经营多年的藤原秀衡(? —1187年)父子。一旦藤原秀衡势力与院厅结合,南下中原,就会造成对镰仓的严重威胁。因此,源赖朝一方面对院厅做适当让步,另一方面决意发兵奥州,先消灭藤原秀衡势力。

藤原秀衡在奥州经营多年,他的祖父藤原清衡在后三年之役后控制了陆奥地区,被称为"俘囚的首领"。至其父基衡时,势力更盛。1170年,藤原秀衡继任镇守府将军,1181年又任陆奥守。由于陆奥盛产黄金,藤原秀衡凭恃北国的财富,以平泉为中心,模仿京都,把奥州建成了独立国,以"北方王者"自称。在源、平氏的斗争中,藤原秀衡是双方都希望争取的力量。平氏灭亡后,京都皇室和贵族看重源赖朝,而把藤原秀衡的奥州视为夷狄。从奥州运送上京的物品也要通过镰仓方面转手。为谋求北国的和平,藤原秀衡一直从避免与源赖朝发生冲突

---

① 《吾妻镜》,文治二年四月三十日。

② 《玉叶》,第3,卷43,文治元年十二月二十七日。《吾妻镜》,文治元年十二月六日。

③ 《吾妻镜》,文治二年七月七日。

④ 《吾妻镜》,文治二年十一月二十四日。

出发,委曲求全。然而,镰仓、平泉对等的思想一直指导着他的行动。

1185 年（阴）十一月,源义经乘船离开京都时,因遇风浪,一直隐居在京都附近的山区。1187 年（阴）二月,源义经辗转周折,逃入奥州,投奔藤原秀衡。藤原秀衡从对抗源赖朝的战略思想出发,欣然接受了源义经的避难要求。（阴）十月,藤原秀衡死,源义经失去了政治保护,于 1189 年（阴）闰四月,被藤原秀衡之子藤原泰衡（1155—1189 年）杀害。本来,藤原泰衡杀死源赖朝的政敌源义经,源赖朝是没有理由出师征讨的。可是,源赖朝一心要征服奥州,不等院厅的宣旨下达,便于 1189 年（阴）七月十九日,亲率大军北上奥州。经过激战,于（阴）九月间战胜了藤原泰衡,控制了奥州。至此,与源赖朝抗衡的武士势力基本上已不存在了。

六、征夷大将军源赖朝

平定奥州之后,源赖朝受后白河法皇之请,于 1190 年（阴）十月率 1000 余骑武士进京,在京都停留 1 个月之久。其间源赖朝与后白河法皇进行了秘密的长谈。源赖朝希望得到“征夷大将军”称号,院厅不同意,只任命他为权大纳言、右近卫大将两职。（阴）十二月一日,朝廷举行盛大的任命仪式。源赖朝因未能得到称心的任命,便在任命仪式之后辞退了两职,愤然返回镰仓。

1192 年（阴）三月,被武士们称为“和汉之间少见的昏主”[1]、“不辨黑白”[2]的后白河法皇逝世,亲源赖朝派的九条兼实在朝廷的地位进一步巩固。（阴）七月,后鸟羽天皇正式任命源赖朝为“征夷大将军”,使之实现了夙愿。源赖朝经营多年的镰仓政权正式改称为“幕府”[3]。此时,国家实权基本上控制在源氏手中。[4]

---

[1]《玉叶》第 3,卷 40,寿永三年三月十六日。

[2]《玉叶》第 3,卷 38,寿永二年九月六日。

[3] “幕府”一词原出自汉语,意为将军出征时的营幕。日本借用“幕府”一词来称呼武将建立的政权和政厅。

[4] 关于镰仓幕府建立的时间,日本史学界有不同看法:有 1180 年起兵即幕府建立说;公文厅、问注厅建立的 1184 年说;院厅承认东国行政权的 1183 年说;设置守护、地头的 1185 年说;任命征夷大将军的 1192 年说;等等。本书认为幕府政权的建立是经过相当长的一个过程的,大致从 1184 年公文厅、问注厅建立开始,到 1192 年最终确立。

第二节　镰仓幕府的组织机构

一、源赖朝取得胜利的原因

源赖朝自1180年伊豆举兵至1192年被任命为"征夷大将军",前后共12年。一个只身流放伊豆的"逆贼叛臣"能够制服群雄而扬威于天下,其原因主要有4点。

第一,建立了进可攻、退可守的镰仓根据地。镰仓三面丘陵围绕,南临相模湾,滑川水系流经全域,所过之处,土地肥沃,是鱼米之乡。镰仓不但地势险要,物产丰富,而且还是源赖朝的父亲源义朝经营多年的地方,附近的武士团都曾与源义朝有过联系。因此,当源赖朝初到镰仓,立足未稳之时,便派使者前往安房、下野、下总、武藏、千叶等地,同各地武士团联络。由于源赖朝是源义朝的嫡子,所以很快得到了各地的支持。首先表示支持的是与其父有亲缘关系的千叶常胤。源赖朝非常感激,经常请常胤坐座右,说:"须以司马(指常胤)为父。"①继千叶常胤之后,又有上总、武藏、下野、上野、甲斐等武士团来投,兵力迅速达到5万余人,源赖朝成为统率关东地区各武士团的总指挥。

第二,建立御家人制。历史经验表明,得到各地武士团的暂时归附和支持是比较容易的,平清盛、源义仲等人都曾得到过大批武士团的支持。但是,他们都没有能够使这种支持维持多久,很快又被各武士团所抛弃。源赖朝为使武士们长期效忠于自己,明确宣布:凡是拥护"以仁王令旨"、服从他指挥的武士,"私领本宅,领掌如故"②,经济上的一切权益都给以保护。有功者除拥有原来的土地之外,还授予新恩地。在政治上则宣布各级武士原来所任的职务执行如故。③在组织上建立了专门管理武士的机构——侍所④,确立了源赖朝和武士之间相依为命的主从关系,这就是被称为"御家人"的制度。成为御家人的武士,源赖朝对他们信任器重,功赏过罚,奖惩严明。

---

① 《吾妻镜》,治承四年九月十七日。

② 《吾妻镜》,寿永三年二月十四日。

③ 《吾妻镜》,治承四年十二月十四日。

④ 侍所的长官是和田义盛,他是最早追随源赖朝的功臣之一,也是有名的弓箭手。

第三,广招贤士,按能授职。源赖朝出身行伍,但他认识到打天下、治天下光凭武力是不行的。他毫不隐讳自己"适禀武器之家,虽运军旅之功,久住远国,未知公务"①的缺点,希望能有大批懂吏务的文人、官吏辅佐政治,以弥补自己的不足。他积极招聘贤士,邀请京都方面精通吏务的大江广元、三善康信(1140—1221年)、藤原行政、足立远元、平贺义信、大中臣秋家、藤原邦道、中原亲能等人到镰仓任职。1184年(阴)十月,源赖朝在侍所之外,又增设了公文所和问注所。公文所是行政办事机构,任命大江广元为该机构的长官(别当)。问注所是民事诉讼裁判事务机关,任命三善康信为长官。大江广元、三善康信成为源赖朝处理政务的左膀右臂,尤其是大江广元被称为源赖朝的心腹,一切重要文书,如源赖朝与京都方面往来的书信,以及在征讨平氏的历次战斗中的"东国武士勋功登记册"②等,都由他保管收藏。

第四,对敌军分化瓦解,保护投诚者,打击顽固者。在征伐平氏的整个过程中,源赖朝比较注意笼络收买平氏属下的武士。凡转向投诚者,既往不咎,免除斩罪。对于平氏经营多年的畿内、近江和西国地区的武士,脱离平氏而宣誓效忠源赖朝者,一律宣布为御家人,其原有的庄园、领地、财产皆受保护。对于那些在源、平之间犹豫不决者,则遣送文牒,敦促抉择。即使是与平氏过往甚密的豪强武士,源赖朝也以宽宥的态度,努力争取。如1183年(阴)二月,源赖朝曾指令当时在京都的源义经,应派使节招请纪伊国武士汤浅重宗,着力安抚,即使反复再三也在所不惜。③1185年(阴)一月,他又指示源范赖在西征过程中,不要在西国地区妄征兵粮,"万万不可因此而引起当国人的共同憎恨",要力施怀柔之策,使当地人怀有好感。④

源赖朝的上述各项措施,使他赢得了广大武士的拥护,加速了斗争的胜利进程。

二、幕府的机构

源赖朝在升任"征夷大将军",镰仓政权改称幕府前后,对幕府的政治机构进行了整顿,主要是充实和完善原已设立的侍所、公文所、问注所。1191年,他将公文所改称"政所",扩大规模,增加编制。在政所别当之下,设令、知家事、案主等

----

① 《吾妻镜》,文治二年四月三十日。
② 《吾妻镜》,贞永元年十二月五日。
③ 《崎山文书》,寿永三年二月四日,安田元久:《日本全史4:中世1》,东京大学出版会1958年版,第83页。
④ 安田元久:《日本全史4:中世1》,东京大学出版会1958年版,第72页。

职;在问注所长官执事之下,设寄人、问注奉行、赋奉行等职。

为了加强对地方的控制,1185年,源赖朝在京都设立了京都守护,在大宰府设立镇西奉行。1189年,他在奥州设立陆奥留守、陆奥总奉行,为统治各地的御家人,进一步加强了守护制度。图7-1显示了镰仓幕府的机构设置。

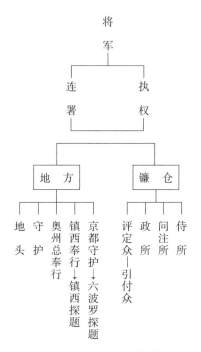

图7-1 镰仓幕府的机构

三、幕府的阶级基础——御家人

如前所述,源赖朝取得胜利的原因之一,就是建立了御家人制度。御家人大多是地方豪强。开始时,以关东地区的地方豪强为主体,所以也称"关东御家人"。幕府确立后,御家人制由关东地区扩大到全国各地。

地方豪强要取得御家人身份必须通过一定的手续。东国武士要取得御家人身份必须觐见源赖朝,从他那里直接取得"本领安堵"的手书。这种严格的手续,随着占领地区的扩大也日渐简化。通过源赖朝的代理人,领取源赖朝的文书,便可以成为御家人。西国地区的手续更简便,只要源赖朝的代理人同意就行了。

御家人与源赖朝(或他的后嗣者)之间的主从关系,不是像中世纪的欧洲那样,仅仅是通过臣主之间的契约把两者联系在一起的,而主要是建立在封建道德的基础上的。这种道德的核心就是"忠"和"信"。御家人对将军要忠,将军对御家人要信。御家人要无条件地服从将军的领导,要负担军役和公役,如守卫京都的京都大番役、守卫镰仓的镰仓番役等。一旦发生紧急情况都要勇敢出阵,为将军不惜个人安危。将军对于誓死效忠的御家人的报答就是保证御家人世袭的领地和财产不受侵犯,并根据战功的大小分给新的领地。源赖朝就是用这种封建的道德观把大批的武士聚集在自己的周围,成为镰仓幕府赖以存在的阶级基础。

四、幕府的经济基础

镰仓幕府的经济基础主要来自3个方面。第一,将军的领地("关东御领地")。因征讨平氏有功,由皇室赏赐的原属平氏的庄园共有500余所,由将军分别交给御家人管理。第二,将军的知行国("关东御分国"),包括伊豆、相模、上总、信浓、越后、骏河、武藏、下总、丰后(今大分县)9国。知行国的国司由幕府推荐的御家人担任,国务由幕府统一管理。第三,由御家人充当地头的庄园("关东御口入地"①)。幕府利用地头的权力干涉原有领主对土地的所有权,征收兵粮米等。

从以上3种经济来源可以看出,幕府的经济基础是庄园制经济,将军就是一个大庄园主。在将军领地和知行国庄园内的农民受着幕府、御家人的压迫剥削。在幕府拥有"御口入权"的庄园内,农民不但受着原庄园领主、庄官、大名主的剥削,还受到幕府、地头的剥削。剥削加重了,但阶级关系并未改变。就阶级本质来说,镰仓幕府的性质与以皇室为中心的封建国家政权没有根本的区别。所不同的只是掌握封建国家实权的,已不是代表上层领主利益的皇室和贵族,而是代表中、下层领主利益的武士了。

第三节　镰仓幕府的巩固和发展

一、源赖朝的逝世和北条氏的抬头

1199年(阴)一月,源赖朝逝世。继承将军职位的是他的长子源赖家(1182—

---

① 关东御口入地:"口入"是出头干涉或斡旋的意思。镰仓幕府时期,在庄园内设地头职时,称这种"口入权"为"关东御口入",称这种土地为"关东御口入地"。

1204 年),时年 18 岁。源赖朝在世时,由于他个人的卓越才能和政治手腕,幕府内部御家人之间,以及御家人与幕府的文职官员之间的矛盾,都得到了调和。源赖家却缺少驾驭御家人的才能和权威,加以年少气锐,行动多专恣,偏爱、重用岳父比企能员(? —1203 年),排挤、抑制幕府元老,日益激起了东国武士们的反目。源赖家的所作所为也引起了他的母亲北条政子(1157—1225 年)和其外公北条时政的担心。他们一则怕幕府的实权落入源赖家的岳父比企能员之手;二则怕御家人的不满日渐表面化,导致幕府的动摇。为了巩固幕政,在北条时政和北条政子的推动下,于 1199 年(阴)四月,改变了御家人诉讼由将军独裁的制度,实行由北条时政、北条义时(1163—1224 年)、大江广元、三善康信、中原亲能、三浦义澄(1127—1200 年)、八田知家、和田义盛(1147—1213 年)、比企能员、安达盛长、足立远元、梶原景时、藤原行政 13 名元老共同商议裁决的合议制度。这是幕府内部各方面矛盾妥协的结果。这种做法在源赖朝死后的一段时间内确实使政局得到相对的稳定。可是,在这种表面稳定的背后却潜伏着御家人之间互争权力的危机。至(阴)十月,有力御家人间潜伏的矛盾表面化。曾经是源赖朝宠臣的梶原景时因"谗言"结城朝光,受到了诸有力御家人的反击。以千叶常胤、三浦义澄、畠山重忠、和田义盛等为首的 66 名御家人联合署名弹劾,诬告梶原景时有背叛将军之心。(阴)十二月,梶原景时被撤掉一切职务,逐出镰仓。次年(阴)一月,在幕府军的追剿中战死。此后,不断有叛乱发生。与此同时,追随源赖朝创建幕府的老臣足利义兼、三浦义澄、千叶常胤又相继病死。就在这种政治局势的动乱中,北条时政一方面依靠北条政子打着源赖朝嫡妻的旗号笼络御家人,另一方面争取富有政治经验的大江广元的协助,逐渐扩大自己的势力。

北条时政和北条政子为了抑制源赖家的妻子若狭局和岳父比企能员,不使源赖家的长子一幡继任将军职位,于 1203 年(阴)八月,策划将源赖家的财产和权力一分为二:关西 38 国的地头职交给源赖家的弟弟千幡(实朝)(1192—1219 年)掌管,关东 28 国及全国的守护职交给一幡管理。此事被若狭局、比企能员探悉,并告诉了病中的源赖家。愤慨的源赖家立即与比企能员商谈了打倒北条氏的计划。计划未及实现,却被北条氏察知。北条时政乘机大肆宣传"(比企)能员有叛逆之意",以争取其他有力御家人的支持,并于(阴)九月初先后杀死了比企能员一家及源赖家的长子一幡。源赖家万分气愤,召见了有力御家人和田义盛、仁田忠常,命令他们驱逐北条时政。可是,源赖家已失去了调动御家人的威望,和田义盛将情况秘密通报北条时政。北条时政断然杀死了执行源赖家命令的仁田忠常,并废黜了源赖家,把他幽禁在伊豆修禅寺。(阴)九月七日,得到天皇的宣旨,千幡(实朝)继任第三代将军。北条时政与大江广元一起,成为幕府政所的别当,以将军辅佐者的资格左右幕政。1204年(阴)七月,北条时政怀疑深居伊豆的源赖家有恢复将军职位之志,便派人将他杀害,当时他才23岁。

1205年(阴)闰七月,北条时政的嫡子北条义时夺取了父亲的权力,成为幕府的政所别当,并自称幕府的"执权"。所谓"执权",就是代将军掌握政治权力的意思。北条义时为了在幕府内部建立北条氏独裁统治,对有力御家人采取了抑制政策。1209年(阴)十一月,以各地守护消极怠工为由宣布取消守护终身制,代之以定期轮换制。接着,又于1213年(阴)五月,借故杀死了侍所别当和田义盛。此后,北条义时便一身两任,兼任了政所别当和侍所别当两职,把幕府的军政实权牢牢地抓在自己的手里。

二、承久之乱

镰仓幕府内部御家人之间的纷争对于京都方面的皇室、贵族来说,是一个积聚力量、开展倒幕活动的良机。以后鸟羽上皇为核心,进行了大量倒幕准备。后鸟羽上皇指使他的儿子尊快法亲王以天台座主之名,联络熊野三山的僧兵;在院厅内,除原有的北面武士外,又设置了西面武士,积极集结兵力。

院厅倒幕的根本原因,就在于镰仓幕府确立以后,以皇室为中心的公家政权全面受到了武家政权的抑制,经济利益受到了侵蚀。

1219年(承久元年)以后,公武之间的矛盾骤然激化,最后导致了1221年的武力冲突,史称"承久之乱"。

承久之乱的直接导火线有二:一是镰仓幕府将军的继承人问题;二是关于罢免摄津国长江、仓桥两庄园的地头问题。

第三代将军源实朝是一个沉溺于歌道、蹴鞠,不事幕政的人。1204年,他娶了京都贵族坊门信清的女儿为妻,便逐渐失去了镰仓武士的信赖。因为源实朝无子,北条氏打算从京都迎皇族继承将军职位。为此,1218年(阴)二月,北条政子由北条时房(1175—1240年)、二阶堂行光陪同,以参拜熊野神宫为名进入京都。经过与院厅方面的密谈,双方协定以冷泉宫赖仁亲王为幕府将军的继承人。密约一经确立,院厅方面迫不及待地希望源实朝早日死亡,以便皇室后嗣接任幕府将军。从盼望源实朝早死这一点说,北条义时与后鸟羽上皇是相同的。因此,1219年(阴)一月二十七日,在北条义时的指使下,源实朝遭杀害。

杀害源实朝后,北条义时派遣二阶堂行光上京,要求院厅督促皇子赖仁亲王东下镰仓,继承将军职。可是,后鸟羽上皇方面有2个考虑:一是对北条义时不放心,他既然可以随意杀死三代将军,那么赖仁亲王的安危也是难以保证的;二是北条义时的非常手段有可能引起幕府内讧。因此,后鸟羽上皇认为,与其由皇族继承将军,不如待其内乱而自亡为好。北条义时看到院厅方面态度的变化,生怕发生不测之事,便派伊贺光季、大江亲广为京都守护,监督院厅的行动。

继(阴)二月撕毁密约之后,院厅于(阴)三月,又要求幕府罢免摄津国长江、仓桥两庄园的地头,理由是上述两庄园地头蔑视两庄园领主,即上皇宠姬龟菊。院厅之所以小题大做,其真实用意不在于罢免地头,而在于企图通过此事试探幕府的态度,了解源实朝死后幕府内部的真实状况。对上述要求,北条义时的态度十分强硬,他以源赖朝任命的地头决不能轻易变动为由,拒绝了院厅的要求。(阴)三月十五日,又任命其弟北条时房为答使,率1000名骑武士上京,显示幕府的威容。

幕府为了迅速解决将军后继人问题,巩固对御家人的统治,决定撤回迎皇族为将军的协定,并于(阴)六月间拥立了与源氏有血缘关系的左大臣藤原道家(1193—1252年)的儿子、年仅2岁的藤原赖经(1218—1256年)为四代将军。幕府的局势很快稳定了下来。

曾寄希望于幕府发生内讧的院厅,由于幕府内部的安定,感到只有用武力才能推翻幕府。于是,以后鸟羽上皇、顺德天皇(1197—1242年)等人为核心开始商议讨幕计划。参加商议讨幕计划的有后鸟羽的外戚藤原忠信、信成、亲兼、亲仲、亲忠,顺德天皇的姻戚藤原范茂,大臣藤原光庆、源有雅等人。1121年(阴)四月,倒幕计划进一步具体化。顺德天皇为了行动自由,让皇位于仲恭天皇(1218—1234年),也以上皇的身份和后鸟羽上皇一起指挥倒幕活动。与此同时,院厅还收买了有力御家人三浦胤义,并通过他策动在镰仓的哥哥三浦义村做内应。对京都守护伊贺光季、大江亲广也进行收买。结果大江亲广被收买,投靠院厅。

(阴)五月十四日,院厅以举行骑射为名,秘密地召集畿内、近国皇室贵族直属庄园的武士和诸寺院的僧兵,拘捕了与幕府关系甚密的西园寺公经父子。十五日,杀死了拒不投降的京都守护伊贺光季,并正式发布院宣和敕令,号召诸国守护、地头起来声讨北条义时。接着,又派密使潜入镰仓,敦促三浦义村等有力御家人急速响应。

当时,北条义时最担心的不是院厅倒幕活动的猖獗,而是御家人的向背。因此,刻不容缓的事情是统一御家人的意志和行动。为此,北条政子亲自出面邀集有力御家人商议时局。其时,她悲壮激越,力劝大家同心同德。她说:"大将军(指源赖朝)征伐朝敌、草创关东以来,赐以官位、俸禄,其恩既高于山岳,深于溟渤,报谢之志浅乎!"而今"依逆臣之谗,发布非义纶旨",望大家协力同心,声讨逆贼,以"全三代将军遗迹"。①

事实上,当时除少数御家人在倒幕派的策反下背叛幕府外,大多数御家人虽然对北条义时有不满情绪,但都认识到,代表他们阶级利益、维护他们既得权益的不是皇室,而是幕府。因此,一经北条政子的动员和说服,思想很快统一了,甚至连准备做内应的三浦义村也宣誓效忠于幕府。

(阴)五月十九日,京都发动倒幕叛乱的消息传到镰仓,幕府立即召开会议,研究对策。会上,大江广元提出主动出击京都的主张。他说,据守镰仓,势必"延误时机,生意外事端,仍(乃)可造成败北之因",当今可取之策,应即刻发遣军兵,直捣京都。②大江广元的建议颇得北条义时的赞同。北条义时说:"不进兵京都,更难挫败官军。"③于是,幕府紧急动员东国御家人,集19万军④,分别由北条时房、北条泰时(1183—1242年)统率,分兵东海、北陆、东山三路,⑤于二十二日至二十五日相继出发,直奔京都。

幕府军的神速挺进颇使京都上下骇然震栗,急忙部署力量,分兵把守东海、北陆、东山三路通向京都的要塞。(阴)六月五日、六日,两军会战于杭濑川,皇室倒幕军不战而溃。十日,后鸟羽上皇逃入比睿山,倒幕军妄图以宇治川之险阻挡幕府军进入京都。十二日,幕府军分别从势多、宇治出发,夹攻京都。十四日,幕府军渡河成功。十五日,攻入京都。在大军压境的形势下,后鸟羽上皇被迫撤销讨幕院宣,并表示他愿听从幕府的指示。十六日,北条时房、北条泰时进驻六波罗馆,宣告承久之乱失败。

叛乱一平,幕府方面立即对叛乱的首犯进行惩处。投降院厅的御家人,除三浦胤义等人自杀,大江亲广认罪免死外,其他人一律处以极刑。对皇室,幕府逮捕了大纳言忠信、中纳言宗行、有雅、光亲、范茂、信能6人,其中除大纳言忠信(三代将军实朝的妻兄)免死外,其他5人都在解往镰仓的途中被处死。紧接着,废黜了仲恭天皇,扶后堀河天皇(1212—1234年)即位。后鸟羽、顺德两上皇分别被流

---

① 《吾妻镜》,承久三年五月十九日。

② 《吾妻镜》,承久三年五月十九日。

③ 《吾妻镜》,承久三年五月十九日。

④ 据《承久记》载,北条义时在发兵同时致函后鸟羽上皇,信中说:"派19万大军,请见情迎战。若仍感不足,我将亲率20万大军赴京都。"

⑤ 三路军兵力分配如下:东海道军10万余骑,由北条时氏、三浦义村、足利义氏负责;北陆道军4万余骑,由北条朝时、结城朝广负责;东山道军5万余骑,由武田信光、小笠原长清、结城朝光负责。

放到隐岐岛和佐渡岛。后鸟羽上皇的皇子冷泉宫赖仁亲王被流放到备前国,六条宫雅成亲王被流放到但马国。

三、六波罗探题的创设

承久之乱时,西上的幕府军随着京都局势的稳定陆续离开京都返回镰仓。然而,当时进驻南北六波罗馆的幕府军大将军北条时房、北条泰时仍旧留在京都,代表以前的京都守护监视朝廷,维持京都的治安,负责畿内及西国的行政、诉讼等事务。

北条泰时、北条时房驻守的六波罗馆改名为"六波罗府",首脑称"探题",也称"六波罗殿"。北条泰时住在北六波罗府,称为"北殿";北条时房住南六波罗府,称为"南殿"。六波罗府成为幕府统辖畿内、近国及西国地区的常设行政机关。其所辖区域内的重大事宜必须听从幕府的指示,而尾张国以西各国的具体事务,皆由探题全权处理。后来,六波罗府的建制日臻完备,成为幕府控制西国、近畿地区的重要机构。南北两探题也一直由北条氏一族世袭。

四、新地头的广泛设立

在处理承久之乱的过程中,幕府清查和没收了参与叛乱的皇室、贵族、寺社的庄园3000余所,对这些庄园内的所有庄官、地头都重新进行了任命。[1]幕府按照"勇敢勋功之深浅"[2],把大批御家人派去管理这些庄园。

除对没收的庄园任命新庄官、新地头外,在其他所有未曾设置地头的庄园内,也一律补任了新地头。早先源赖朝未曾实现的愿望终于获得了实现。镰仓幕府通过新地头的任命,把自己的统治推广到全国各个角落。

五、新地头利益分配法

新地头的任命,固然反映了幕府权力的伸张,可是也带来了不少问题。其中之一就是新地头依仗幕府的权威和实力,"各超涯分,恣侵土宜"[3],胡作非为,酿成许多纠纷,引起了广泛的不满,诉讼事件频繁发生。新地头的行为,如果不加

---

[1]《吾妻镜》,承久三年八月七日。

[2]《吾妻镜》,承久三年八月七日。

[3]《(近卫家本)式目追加》,儿玉幸多等编:《从史料看日本的发展:中世编》,吉川弘文馆1958年版,第128—129页。

以制止，就会破坏业已安定的政局，直接影响幕府统治的巩固。为此，幕府在1223年(阴)六月通过朝廷发布了新地头利益分配法("新率法")。(阴)七月，又对新地头的职权范围做了规定。

新地头利益分配法规定了3条。第一，在新地头管辖范围内，每11町土地，给地头免田(给田)1町。其余10町属于庄园领主、国司的法定收入。但允许地头征收每段5升的"加征米"。第二，地头不得侵犯寺社、国司的职权，山野河海的收获，地头与领主、国司对折平分。第三，犯罪者的庄园被没收后，该庄园的收益，按"领家、国司三分之二，地头三分之一"的比例分配。

承久之乱后，幕府进行的另一件工作就是在1222—1223年间对全国土地状况的调查，并将调查结果分别编制成"大田文""图田帐""田数帐"。通过这一次调查，幕府发现了一些长期隐瞒的土地和没有合法手续的庄园，增补了地头。

六、执权政治的确立

承久之乱后，北条义时成功地在幕府内确立了北条氏的"执权体制"。图7-2为镰仓幕府执权系谱。

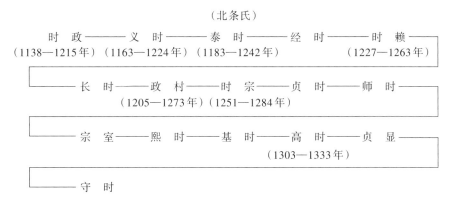

图7-2　镰仓幕府执权系谱

1224年(阴)闰六月，北条义时去世。为防止幕府内部因争夺执权大权而再次发生内乱，北条政子紧急召回六波罗探题北条泰时、北条时房。北条泰时、北条时房一回镰仓，北条政子便力劝北条泰时继承父职，担任执权。北条泰时自知事态重大，又与大江广元等老臣商议，最后接受了北条政子的劝告，正式接任执权之职。

北条泰时是一位有智有谋的武士。在他担任六波罗探题期间就已表现出非凡的才能。继任执权以后,他的才华获得了充分的发挥。他任职期间,成为镰仓幕府成立以来政局较稳定的时期。

北条泰时上台之后,首先着手改变历任执权独断专横的作风,推行较为"民主"的政治。他任用大江广元、叔父北条时房为顾问,以执权、顾问组成最高领导,凡大政要事,联合商议决定,史称"联署"。1225年(阴)六月,大江广元去世。(阴)七月,北条政子也因病去世。至此,幕府建立以来的功臣和元老基本上都已离世。这就为北条泰时毫无顾忌地推行幕政改革提供了条件。

1225年(阴)九月,北条泰时召集幕府各机关人员,宣布由他掌握幕府实权,实行赏贤罚愚,严整御家人风纪。不久,又规定了御家人轮番警卫幕府的镰仓守卫制("镰仓大番制")。(阴)十二月,设立了"评定众"新建制,任命有政治能力的御家人中原师员、二阶堂行村、三浦义村、中条家长、町野康俊、二阶堂行盛、矢野伦重、后藤基纲、太田康连、佐藤业时、斋藤长定11人为"评定众"。"评定众"是次于执权、联署的重要职务,凡幕府政所、问注所掌管的重大事宜,财政和诉讼案件的裁判,都必须经"评定众"讨论通过。

北条泰时之所以推行这种较为"民主"的集体合议制,其目的无疑是赢得广大御家人的支持,借以达到执权政治的巩固。这些措施与以皇室为中心的上层领主的腐败政治相比,与他的前任推行的专制独裁的统治相比,不能不说具有革新政治、稳定政局、推动生产力发展的重要意义。

七、武士的法律《贞永式目》

北条泰时在实施上述措施的基础上,又于1232年(阴)五月在"评定众"太田康连的主持下,由法桥圆全执笔,着手制定武士法——《御成败式目》[①],于(阴)八月完成。因制定于贞永元年,又称《贞永式目》。北条泰时给他的弟弟北条重时的两封信中说,《贞永式目》是幕府推行"政道之要点",是"武家之习,民间之法"的成文化,是用平常的"道理"规定的裁判条文。制定《贞永式目》的用心有三。一是"防止无视是非曲直,凭恃当事者的势力强弱,而妄加裁决的事态"发生。制定式目之后,则可实现"定裁判之体,不拘人之高下,裁决全部平等"。二是教育御家人知法遵法。"律令格式原是国家之法,然武家之中,全无知此者。不知法而犯罪,以不知法而审判,因而,其裁决可谓五花八门,甚为迷惘",今日制定的《贞永式目》,"虽文盲之辈,也能背记"。三是"舍非赏直,安定庶民",实现"仆忠主,

---

① 成败:审判、惩罚。式目:法规。

子孝父,妻从夫"。①

《贞永式目》共51条,内容涉及意识形态、行政、民事、刑事、诉讼等各个方面,通篇贯穿封建统治阶级依法治国的思想。有功之辈,"随奉公之浅深"予以奖励;有罪之人,即使有"权门之威",也要加以惩处。各级武士都要严守职责,向公背私,不得越权妄为,严禁"非国司而妨国务,非地头而贪地利"②。

《贞永式目》也规定了对广大人民进行镇压的条文,如第9条、第33条都规定,对所谓"谋叛""强窃""盗",均可以"且任先例,且依时议",不必受条文的限制,任意加以镇压。这说明,不论是京都的皇室,还是镰仓的武士,对人民都是从来不施仁政的。

第四节　镰仓时期的经济和文化

镰仓时期150年间,由于日本人民的辛勤劳动和创造,经济和文化都有较显著的发展。

一、农业

镰仓时期的农耕技术有了明显的进步。稻谷下种前都要进行浸泡,稻的品种已有粳、糯之分。除从中国引入"太唐米"品种外,日本人民自己培育了无芒而分蘖好的新品种,不少地区已有一年两熟稻,有的地区种植早、中、晚稻,其中以中稻所占比率最大③。麦和其他杂粮也广为种植。奈良和平安时代,种植麦和杂粮是一种备荒措施;镰仓时代,麦成为主要的粮食作物之一,有的地方稻、麦间作④。在田边地头,大豆、小豆、豇豆等作物也多有种植,其他还有粟、荞麦、瓜、牛蒡、莴苣、茄子,果树有栗、柿、梨、胡桃、蜜柑等。⑤

---

① 《北条泰时函札》,儿玉幸多等编:《从史料看日本的发展:中世编》,吉川弘文馆1958年版,第131—132页。

② 《御成败式目》,儿玉幸多等编:《从史料看日本的发展:中世编》,吉川弘文馆1958年版,第133页。

③ 以13世纪时的若狭国太良庄为例,种植的早稻占20%,中稻占65%,晚稻占15%。

④ 李氏朝鲜的使者宋希璟写的《老松堂日本行录》中载:"日本农家秋耕水田,种大小麦,明年夏刈之,即刻插秧,初秋刈之,又种米麦,冬初刈之,以一水田一年三熟……"

⑤ 13世纪后半叶,出现了地域性特有农作物,如丹波、大和的瓜,丹波的栗,近江、大和的柿子,山城栂尾等地的茶,若狭的桑,纪伊的蜜柑,等等。

两季作物的普遍化,急切要求追加肥料。平安时代主要以草木灰做肥料;镰仓时代除施草木灰外,还采用人畜粪尿。当时有名的说话集《沙石集》①中,就有运"粪"施田已成为"田舍风习"的记载。灌溉的方法因水源而异:一是利用地下水的自然喷涌,二是筑池塘蓄水,三是用提水工具从河流中引水。9世纪时,政府虽曾指令全国仿照中国的水利技术,在"堰渠不便之处,多构水车,无水之地,以斯不失地利"②,但未能普及。及至镰仓时代,由于庄园林立,各自割据,水源纠纷屡有发生。为了把公共河流中的水引入自己的庄园领地,水车乃得广泛应用。著名的文学作品《徒然草》③中有这样的描述:"命宇治乡人制作的水车,在大堰川上不停地转动着。"说明水车制作技术已普及乡间。抗御灾害的办法也日渐增多。如在稻熟期间,为防止鸟群啄食庄稼,田间普遍使用一种名叫"鸣子"的驱鸟器,即在木板上系若干竹管,拽绳而鸣。兽害中以野猪最严重,经常侵入田园,糟蹋庄稼,农民则砍竹作"鹿(猪)垣",使兽类不得入内。

二、手工业

过去,手工业者是从属于庄园领主的。他们从领主那里领取原料,产品全部归领主。他们的生活则以领主分配一定数目的土地为生。至镰仓时代,手工业者已日渐摆脱庄园领主的庇护,并和农业脱离,成为专业手工业职人,靠出卖手艺或产品为生。手工业者的专业化,使技术更熟练,产品质量更精细,涌现出许多驰名全国的地方手工业特产,如阿波绢,美浓八丈,常陆绸,甲斐班布,备中刀,能登(今石川县)釜,河内锅,出云锹,伊予手箱、帘,武藏铠,但马纸,越后、陆奥漆,等等。

三、商业

镰仓时代,从城市到乡村都有定期的贸易市场。京都、奈良等政治中心逐渐向经济中心的方向发展。以京都下京区的中心街道为例,已经成为商业密集的町,"商贾充满,海内财货积聚于此"④。

镰仓时代中期以后,在寺院神社门前、国衙所在地、交通要道、港湾地区,新

---

① 《沙石集》共10卷,佛教说话集,无住一圆著,1283年成书。

② 《类聚三代格》卷8,农桑事,天长六年五月二十七日。

③ 《徒然草》共2卷,随笔集,吉田兼好著,1330—1331年成书。

④ 《明月记》,文历元年八月,藤冈谦二郎编:《日本历史地理总说:中世编》,吉川弘文馆1975年版,第18页。

建了许多城镇。14 世纪,仅畿内及其附近地区就出现新城镇 387 座。[①]

在港湾和重要城市,还出现了专门从事物资管理和以跑合为职业的掮客——"问丸"。为了垄断某一地区的原料和商品的销售,出现了专业商人、手工业者成立的同业行会——"座"。如在备前国西大寺的门前寺,有酒座、鱼座、饼座、铸物座。又如镰仓城东南的和贺江有木材座,城内有绢座、炭座、米座、马商座等。随着商业的发展,高利贷商人也出现了,称为"借上"[②]和"土仓"[③]。

四、镰仓佛教

武士阶层获得统治地位后,上层贵族推崇的旧有佛教各宗,由于养僧戒武、娶妻养妇、投放高利贷等恶事充满山门,日渐失去了它的欺骗作用。为适应当时的社会需要,出现了一些佛教的新教派。

净土真宗,首创人是亲鸾(1173—1262 年)。他的学说认为:单纯地专心念佛是不能超度众生的,决定一个人能否往生极乐世界,在于佛陀的本意。亲鸾改变了历来佛教各宗渲染的善人超度说,认为佛法的本意是"恶人"往生,而不是"善人"往生。[④]亲鸾的教义,在民间受到了广泛的欢迎,却遭到了统治阶级的抑制和镇压。

日莲宗,创始人是日莲(1222—1282 年)。日莲宗提倡"立正安国论",鼓吹佛法与国家密不可分,"天下太平,国土安稳","国亡人灭,佛谁可崇法,谁可信哉",还说国安民泰是"君臣所乐,土民所思"。日莲宗排斥其他各宗,说"念佛无间,禅天魔,真言亡国,律国贼",唯独日莲宗完美无缺。但因日莲宗批评幕府政治是

---

① 14 世纪畿内地区新兴城镇统计表:

地　区	建成镇数	地　区	建成镇数
京　都	34	兵　库	41
福　井	3	三　重	41
奈　良	79	和歌山	22
大　阪	132	滋　贺	35
总　计	387		

资料来源:藤冈谦三郎编:《日本历史地理总说:中世编》,吉川弘文馆 1975 年版,第 34 页。

② 借上:指身份高的人向高利贷商人借钱。

③ 土仓:借钱时要以物品做抵押,因保管的需要,建立仓库,贮藏抵押品。

④ 《叹异钞》,儿玉幸多等编:《从史料看日本的发展:中世编》,吉川弘文馆 1958 年版,第 196 页。

"两日并现,薄蚀无恒,黑白二虹,表不祥相"[1],也受到了幕府的抑制。

禅宗[2]。禅宗鼓吹"夫参禅者,静室宜焉,饮餐节矣,乃放舍诸缘,休息万事,不思善恶,莫管是非,停心意识之运转,止念想观之测量"[3],要人们安于现状,对不合理的社会现象要妥协而不要反抗。日本的禅宗僧侣竭力渲染"兴禅护国论",因此受到幕府的赞赏。禅宗大师荣西(1141—1215年)、道元(1200—1253年),以及从中国东渡的禅宗僧侣兰溪道隆(1213—1278年)、无学祖元(1226—1286年)都得到幕府的器重。幕府的执权北条时赖、北条时宗都信奉禅宗。

五、宋学和禅宗的结合

宋代中国的唯心主义哲学思想——理学,于12世纪末13世纪初传入日本[4],引起了武士们的兴趣。理学宣扬精神先于物质,认为"理"是世界万物产生的根源,封建秩序和忠、孝、仁、义等道德也都渊源于此。它提倡万民百姓"各依本分,凡事循理",决不能"以下犯上,以卑凌尊",更不可有"悖逆作乱之心"。这些理论非常符合幕府的政治需要。幕府执权北条时赖曾召见过访问过中国的僧侣圆尔辨圆,专门听他讲述《大明录》。日本僧侣在钻研禅宗的同时,研究朱学,并努力将两者思想融会在一起。东渡的宋僧兰溪道隆、兀庵普宁、大休正念等人也主张宋学与禅宗融合。因此在日本,宋学是伴随禅宗而渗入武家政治的。

六、建筑

镰仓时代的佛寺建筑受宋代建筑的影响,出现了2种不同风格的建筑式样:一种是大佛样(又称"天竺样"),另一种是禅宗样(又称"唐样")。大佛样的典型建筑是重建的东大寺,禅宗样的典型建筑是镰仓的建长寺、圆觉寺。前者造型优美,后者细腻纤巧、精致美观。在幕府的支持下,日本僧侣和工匠还仿效南宋五

---

① 日莲:《立正安国论》,儿玉幸多等编:《从史料看日本的发展:中世编》,吉川弘文馆1958年版,第209页。

② 禅宗在唐时已传入日本,但并未盛行,12世纪70年代日僧觉阿来中国学临济宗,80年代荣西渡宋,此后禅宗才在日本盛行。

③ 日莲:《立正安国论》,儿玉幸多等编:《从史料看日本的发展:中世编》,吉川弘文馆1958年版,第209页。

④ 宋学是由日僧俊芿、圆尔辨圆传入日本的。俊芿于1199年及1211年2次入宋,回国时带回书籍256卷,其中不少是朱熹的作品。圆尔辨圆于1235年入宋,携回书籍数千卷,其中有朱熹的《大学》《大学或问》《中庸或问》《论语精义》《孟子精义》《集注孟子》等。

山十刹①,分别在镰仓、京都相继建造了五山十刹②。其建筑结构都表现出受到宋代建筑的影响。与佛寺建筑相适应,雕塑艺术也相当繁荣。佛像的雕塑采取浓厚的写实主义手法,每尊雕塑各有独自的性格,面部表情的喜怒悲乐,举止的动静,衣着服饰的细腻复杂,都刻画得栩栩如生。其间涌现了一大批美术家,其中最著名的有康庆、运庆、湛庆、快庆等人。运庆擅长塑造强壮威武的男性人物,快庆擅长塑造秀丽娴雅的女性。

七、镰仓文学

镰仓文学越出了宫廷贵族文学所局限的男女情爱的主题范围,出现了描写武士阶层和民间世俗人情的新作品,创作了大批说话集。《平家物语》描写了平清盛兴衰的全过程。无论是人物性格的刻画,还是战争场面的描绘和文字的精练,都达到了日本文学的新水平。文章一开始,就从武士的立场揭示了平氏政权必亡的哲理:"祇园精舍的钟声,是诸行无常之响;娑罗双树的花色,现盛者必衰之理。奢侈者必不久,恰似春夜之梦,即使猛醒遂免灭亡,也如同风前之尘。"《平家物语》受到武士阶层的广泛欢迎,并由民间的琵琶法师(盲僧艺人)编成曲调,在乡间说唱。原来只有3卷本的原作,被增补到20卷,最后又演变成48卷本的《源平盛衰记》。

文学随笔有鸭长明(1153—1216年)的《方丈记》、吉田兼好的《徒然草》。2人都是厌世出家的僧侣。他们从佛教思想的角度反映了社会的灾害、饥馑、疫病和动乱不安。纪行文则有《海道记》、《东关纪行》(作者不详)、《十六夜日记》(阿佛尼著),大多是京都人到镰仓的所见所闻,是研究镰仓时期人情风俗、地理历史的宝贵资料。

和歌有《新古今和歌集》(藤原定家、藤原家隆等著)、《新敕撰和歌集》,全都是宫廷贵族的纤弱的感伤诗,单纯追求写作技巧,思想贫乏,内容空洞。与此相反,三代将军源实朝的《金槐和歌集》却反映了武士的威武凛然的气概。历史哲

---

① 南宋五山十刹是指以下诸禅寺。五山:径山(杭州)、灵隐(杭州)、天童(明州)、净慈(杭州)、育王(明州)。十刹:中竺(杭州)、道场(湖州)、蒋山(建康)、万寿(苏州)、雪窦(明州)、江心(温州)、雪峰(福州)、双林(婺州)、虎丘(苏州)、国清(台州)。

② 镰仓五山十刹是幕府执权北条氏主持下建立的。五山:建长、圆觉、寿福、净智、净妙。十刹:禅兴、瑞泉、东胜、万寿、东渐、万福、大庆、兴圣、法泉、长乐。京都五山十刹建筑时间较镰仓五山十刹晚。五山:南禅、天龙、相国、建仁、东福。十刹:等持、临川、真如、安国、宝幢、普门、广觉、妙光、大德、龙翔。

学书籍有中世纪代表性史书《愚管抄》。记述武家草创天下的史书有《吾妻镜》。

镰仓幕府积极收藏日本书籍,并输入中国的政治、文化书籍,13世纪中叶还在金泽(今横滨市金泽区)建立了金泽文库。据日本学者考证,金泽文库藏有大量中国和日本的珍贵书籍,如《群书治要》《令义解》《本朝文粹》等。

第五节 10世纪至13世纪日本与东亚各国的关系

一、日本与中、朝的民间贸易

在10世纪后的近300年间,日本与东亚各国都没有国交关系,国与国之间的交易也很少。与此相反,民间贸易却十分兴盛。当时,王公贵族们对中、朝两国的锦绮珍货,都是极为喜好的。因此,朝廷和幕府允许中、朝商人到大宰府交易,并明文规定:凡中国商船到达,先由政府的贸易官交易,若"官司未交易之前,私共蕃人交易者,准盗论,罪至徒刑三年";私自交易,"为人纠获者,二分其物,一分赏纠人,一分没官"。[①]这种禁令并不能抑制私自交易。"唐人商船来著之时,诸院、诸宫、诸王臣等,于官使未到之前,遣使争买。又墺内富豪之辈,心爱远物,踊直贸易。"[②]有的朝臣在给中国朝廷贵族的私信中直言不讳地说:"人臣之道,交不出境,锦绮珍货,奈国宪何。然而,志绪或织丛竹之色,德馨或引沈檀之薰,爱之则虽忘玉条(国家禁令),辞之恐嫌兰契(友好情谊)。"[③]表达了由于对中国锦罗绫缎的酷爱,不顾国家禁令的真实心情。

随着庄园经济的发展,北九州和日本海沿岸地区的庄园领主更无视朝廷的禁令,积极地开展与中、朝商人的私人贸易。有的还派人冒名"日本国使""州使",私自载货到邻国贸易。据高丽朝的记录,1047—1095年间,日本人到高丽进行贸易达20次之多。[④]

11世纪后,日中贸易积极展开。北宋时,中国赴日贸易商船有据可查的就有70多次。南宋时更趋频繁,明州(宁波)一地的海商结伙成帮,经常向日本派遣船

---

① 《类聚三代格》卷19,禁制事延喜三年八月一日。

② 《类聚三代格》卷19,禁制事延喜三年八月一日。

③ 《本朝文粹》卷7,《为右丞相报吴越公书》。

④ 三浦圭一:《十世纪至十三世纪的东亚和日本》,历史学研究会、日本史研究会编:《日本历史讲座》第2卷,东京大学出版会1956年版,第257页。

头、船员和商人进行贸易。不少商人还与日本朝臣和九州地区的权势之家结成"寄人"关系,利用权势之家的声威,取得在日本贸易的立足之地。如宋商人周良史,日本名为宪清,他以生母是日本人为由,向关白藤原赖通递呈姓名簿,希望得到日本的爵位。后又与大宰府的官吏藤原惟宪关系甚密,曾作为大宰府进贡使,向明州市舶司赠送日本特产。那时,日本海沿岸地区都有宋商居留,重要港口敦贺、博多地区,居留宋商尤多。据载,1151年,在博多地区居留的宋人就有1600余家。

12世纪,平清盛执政以后,立即改变闭关锁国的对外政策,积极谋求与宋朝的友好,扩大两国贸易。1170年(阴)九月,后白河法皇行幸平清盛的福原山庄,并在此接见了宋商人,这是自延喜以来未曾有过的事。平清盛为改变日宋贸易局限大宰府一地的规定,特意疏浚濑户内海航路,扩展了音户的濑户(今广岛县吴岛与仓桥岛之间的海峡),并修筑了兵库港,允许宋商船直接驶入濑户内海,停靠兵库港码头。镰仓幕府的三代将军源实朝曾立志到宋朝访问,1216年指定宋朝工匠陈和卿等建造航船,后因所造航船"不能浮出"而作罢。

宋朝运往日本的货物,主要是绢、绫、锦、香料、瓷器、苏芳、文具、铜钱等。日本输出到中国的货物,主要是黄金、水银、硫黄、木材、刀、扇等。

二、忽必烈觊觎日本

13世纪初,蒙古族在成吉思汗的领导下建立了蒙古汗国。不久,相继消灭了西夏和金,并分路进攻南宋。1260年(阴)三月,忽必烈(1215—1294年)在开平(今内蒙古多伦县附近)自称大汗,1271年改国号为元。忽必烈即位以后,把军事目标指向南宋的同时,开始觊觎日本。1266年(阴)八月,他派使赴日。国书虽然要求"自今以往通问结好,以相亲睦",但最后以"以至用兵,夫孰所好,王其图之"相威胁。[①]因此,遭到日本方面的拒绝。1269年(阴)四月,忽必烈对高丽王的使者李藏用说,"往谕尔主,速以军数实奏,将遣人督之,今出军,尔等必疑将出何地,或欲南宋,或欲日本。尔主当造舟一千艘,能涉大海,可载四千石者"[②],准备使用武力。(阴)十二月,元使赵良弼赴日,又以强硬的口气要日本臣服,并说:"其或犹豫,以至用兵,夫谁所乐为也,王其审图之。"[③]镰仓幕府执权北条时宗

---

① 《元史》卷6,世祖本纪六。

② 《元史》卷208,外夷传高丽条。

③ 《元史》卷208,外夷传日本条。

(1251—1284 年)认为蒙古人不怀好心,窥伺本朝[1],再次拒绝了元朝国书。至此,忽必烈决意用兵征服日本。

三、文永之役

1274 年(文永十一年)(阴)十月,忽必烈任命凤州经略使忻都、高丽军民总管洪茶丘为征东正、副帅,以 900 艘大小战船、2 万余兵力,远征日本。五日,占领对马岛。十四日,登上壹岐岛。十九日,进攻博多地区。元军每到一处便抢掠烧杀,激起了日本军民的愤恨,纷纷奋起抗击。虽然元军势众,在战术上采用集团战法,又施用火炮、毒矢,但日本军民不畏强敌,英勇抵抗,尤其是肥前松浦郡豪强松浦氏,以一族之众数百人抗击元军,或战死或被俘,甚为壮烈。二十日,元军登陆博多,日本骑兵勇猛反击,两军激战至日没,元军兵疲箭尽,退回船舰。是夜,风雨大作,海涛滚滚,元军数百军船被风浪所卷,沉没于海,死亡军卒 1.3 万余人,大败而归,史称"文永之役"。

四、弘安之役

第一次征日失败后,忽必烈移兵攻打南宋。1275 年(阴)四月,又派使杜世忠赴日劝降。(阴)九月,镰仓幕府在镰仓斩杜世忠。1279 年,又于博多斩元使周福、栾忠。镰仓幕府深知元使被斩,元朝定将遣军东攻,因此加强了戒备,命令长门、周防、安艺、备后等要塞之地尤要警戒,"有夷贼来,宜勠力防战"[2]。动员筑前、筑后、肥前、肥后、丰前、丰后、日向(今宫崎县)、大隅、萨摩(今鹿儿岛县)等国军民,沿博多湾(从筥崎至今津),建筑长 10 余千米、高 3 米的石墙,并对九州地区兵员、船只进行了调查。调西海道及阿波、赞岐、伊豫、土佐武士驻守博多,令山阳、山阴两道武士卫护京都,东山、北陆两道武士守卫敦贺津等,坚固博多的侧翼和后方。

1281 年(弘安四年),忽必烈再次发动对日远征。元军兵分两路,东路军由忻都、洪茶丘率军 4 万,乘兵船 900 艘,(阴)五月初从高丽的合浦(今朝鲜庆尚南道的马山)出兵,经对马、壹岐,直指九州。(阴)六月六日到达博多湾,只见沿岸石墙

---

[1] 《新式目》,儿玉幸多等编:《从史料看日本的发展:中世编》,吉川弘文馆 1958 年版,第 162 页。
[2] 《东寺百合文书》,建治二年八月,儿玉幸多等编:《从史料看日本的发展:中世编》,吉川弘文馆 1958 年版,第 164 页。

延宕,岸上还不时发射箭矢,无法攀登,于是转攻志贺岛、能古岛,也因防守较严,未能攻破。当时,日军战术灵活,常采取夜袭,"夜将半,贼兵□□来袭"[1],元军大骇。只得舳舻10里,用锁链连接战船,环形相卫,不敢妄动。南路军由范文虎率领10万人,于(阴)六月十八日乘3000余艘战船从庆元(宁波)出发。(阴)七月,抵达平户岛与东路军会合。后转移鹰岛(又称"五龙山"),拟攻大宰府。(阴)闰七月一日夜半,突然飓风大作,海鸣山震,雷轰电闪,元军战船大多翻沉,尸体随潮流入港湾,港湾为之堵塞。幸存的两三万兵卒又因受到日军的袭击,"多以殒命,或又被生虏"[2]。声势浩大的第二次东征,"十万之众,得还者三人耳"[3],又以惨败而告终。

五、元军失败的原因

元军的失败,绝不是因为偶遇飓风,即使没有风涛袭击,其失败也是必不可免的。这主要是因为以下3点。

第一,元军善陆战,不惯海战。忽必烈曾认为征服日本轻而易举。他说:"日本则朝发而夕至,舟中载米,海中捕鱼而食之,则岂不可行乎?"[4]忽略了元军不习水性的弱点。再则,举不义之师,孤军无援。正如元礼部尚书刘宣所说:"动众履险,纵不遇风,可到彼岸,倭国地广,徒众猥多,彼兵四集,我师无援,万一不利,欲发救兵,其能飞渡耶?"[5]

第二,元军中大量的宋民和高丽民虽然"习海道",但都是被强征来的,有的还被"黥其面"而充军,当然不可能为元朝统治者去卖力,因此一旦临战,内部"互相嫌忌""官军不整"[6],士气大失。

第三,朝鲜等地人民的反抗,有力地支援了日本人民的斗争。为出兵日本,元朝统治者到处征兵、征夫、征粮,弄得民不聊生。"以征日本,民间骚动,盗贼窃

---

[1] 《皇元故敦武校尉管军上百户张君墓碑铭》。碑铭现藏旅顺博物馆。此处引文转引自旅顺博物馆金培锟《从张成墓碑看元初对日本的侵略战争》一文。

[2] 《勘仲记》,弘安四年闰七月十四日,儿玉幸多等编:《从史料看日本的发展:中世编》,吉川弘文馆1958年版,第168页。

[3] 《元史》卷208,外夷传日本条。又,卷11世祖本纪载:"为风涛所激,大失利,余军回至高丽境,十存一二。"

[4] 《元史》卷208,外夷传高丽条、日本条。

[5] 《元史》卷168,刘宣传。

[6] 《元史》卷28,外夷传高丽条、日本条。

发。"①江南人民甚至举行武装斗争,总数达200次之多。②在朝鲜半岛,则有著名的三别抄军的武装抗元起义。这支由农民组成的队伍,提出了"蒙古兵大至,杀戮人民,凡欲辅国者,皆会球庭"③的爱国口号,获得了广泛的响应。三别抄军以朝鲜半岛西南角的战略要地珍岛(今全罗南道)为根据地,以南海岛(庆尚南道)为前哨阵地,并控制了黑山列岛、济州岛,直接威胁忽必烈筹军造船远征日本计划的进行。

正是由于以上因素,忽必烈才不得不终止征日活动。当元朝统治者宣布不再征日后,"江浙军民,欢声如雷"④。一些诗人挥笔疾书,揭露元朝统治者的侵略野心,表达了人民的欣喜心情:

> 即今犬羊贪犹炽,瞠目东望心如虎,
> 驱兵驾海气吞空,势力虽强天弗与。
> 鬼吹黑潮播海翻,雹大于拳密于雨,
> 七千巨舰百万兵,老龙怒取归水府。⑤

第六节　镰仓末期社会矛盾的激化

忽必烈发动的征日战争破产,使日本幸免了一场灾难。可是,它对日本的政治、经济却产生了深刻的影响,促发了社会诸矛盾的激化,加速了镰仓幕府统治的衰亡。镰仓幕府在执权北条泰时统治期间,是政局最稳定的时期,从朝廷到武士,普遍赞誉泰时"心正政直,爱育人才,不奢侈物质,思朝廷之事,止庄园领主之不满,风前无尘,天下则平"⑥。可是,自1268年北条时宗成为幕府执权的时候起,镰仓幕府便开始由盛转衰。

---

① 《元史》卷12,世祖本纪第12。
② 《元史》卷173,崔彧传。
③ 《高丽史》卷130,裴仲孙条。
④ 《元史》卷168,刘宣传。
⑤ 郑思肖:《元鞑攻日本败北歌》。
⑥ 《神皇正统记》。《神皇正统记》,原本2卷,流传本6卷,历史书,北畠亲房著,1343年成书,记述了从神代至14世纪中叶的史事。

一、地头的不法行为

地头的不法行为是导致幕府统治动摇的最基本因素。地头常常凭借幕府的权威在庄园内胡作非为，不断蚕食庄园领主的权益，迫使庄官服从自己的领导，架空庄园领主。为此，领主一再警告庄官"不可容身于武家，号称御家人"[①]，"不可与地头同心"，"不应违奉领家，寄事于御家人"[②]。

地头对庄民的压迫剥削是很残忍的。他们任意征调百姓"造地头屋"，并让百姓无偿地为他们耕种土地。[③]对于那些忍受不住暴征而逃亡的人，则拘捕其妻子，施以"割耳削鼻，拔头发"等酷刑。[④]

地头无视庄园领主，长年不纳年贡米。以丹波国雀部庄为例，地头大宅光信每年应向领主缴纳25石年贡米。可是1221—1237年的17年间，竟颗粒未纳，拖欠总数达420余石[⑤]，致使庄园领主的年贡收入日益减少。为确保自己的利益，领主们只得向幕府提起诉讼，指责地头的不法行为。这种诉讼往往延宕数年，付出极大的代价，结果多不甚理想。

二、地头土地承包制和领地均分法

诉讼解决不了庄园领主和地头之间日益尖锐的矛盾。于是，领主们直接与地头谈判（"和与"），寻求解决矛盾的新途径。当时，领主与地头间通过协商，采取2种办法来缓和彼此的矛盾：一是地头土地承包制（"地头请所"）；二是领地均分法（"下地中分"）。地头土地承包制是地头和领主双方协定，以领主不再派遣庄官，庄园事务全由地头承包为条件，让地头每年向领主缴纳年贡，不论年景好坏，概不延误。例如，备后国地毗本乡的领主和地头协商后，签署了以下协定：

> 永远结束诉讼，当乡土地事务，永为地头承包。有关领家年贡事宜，以领家不再向庄园派遣使者为条件，自延庆二年开始，不论收成丰歉，地头每年向领家缴纳钱四十五贯。分两次交清，年内付贰拾伍贯，

① 《东寺百合文书》，安田元久：《日本庄园史概说》，吉川弘文馆1958年版，第176页。

② 《萨藩旧记》，安田元久：《日本庄园史概说》，吉川弘文馆1958年版，第176—177页。

③ 《东文书》，儿玉幸多等编：《从史料看日本的发展：中世编》，吉川弘文馆1958年版，第145页。

④ 《高野山文书》之六，儿玉幸多等编：《从史料看日本的发展：中世编》，吉川弘文馆1958年版，第140页。

⑤ 《东文书》，儿玉幸多等编：《从史料看日本的发展：中世编》，吉川弘文馆1958年版，第140页。

次年二月付贰拾贯。若领家违犯此约,破坏承包,地头每年可从四十五贯年贡内扣除一半;地头违约,拖延年贡,不履行承包之职,则听任裁决,领家当派庄官进入庄园,执掌所务。[①]

领地均分法是领主和地头为避免日后矛盾的激化,经双方同意,领主将庄园土地的一部分划归地头领有,互相"永世不相违乱"[②]。领主不干涉这部分土地范围内的一切事务,地头也不干涉仍属领主领有的那部分土地内的一切事务。这种二分庄园土地的和解法,镰仓中期以后甚为普遍。

领地均分并不都是平均对分的,其具体划分法各地并不一致。有的是按土地的优劣划分;有的是按地块,一块一块地平分,这就形成了领主的领地和地头的领地犬牙交错的状态。在土地分配的数量上也没有统一的标准,有的是二分庄园土地[③],有的1/3给地头,2/3仍归领主[④]。

地头土地承包制和领地均分法的实行,标志着地头势力的大大发展。原来只拥有警察、征税权力的地头,一跃而成为领有土地的地头领主。原来属于庄园领主的土地,现在变成了领主、地头共同所有了。这种土地所有关系的变动,使大多数庄民受到了更沉重的剥削。领主企图从庄民身上刮取更多的财物,以弥补自己的损失。地头则强使庄民听命于己,驱使他们从事种种劳役,缴纳繁杂的赋税。在领主、地头的双重压迫下,庄民逃亡的情况日渐增多。

三、北条时宗的专权

1268年,北条时宗任镰仓幕府第八任执权。他公然破坏了北条泰时建立的执权政治的集体评议体制。北条时宗经常在自己的私邸,召集北条氏嫡系家族(史称"得宗")、外戚和家臣(或称"御内人")裁定幕府大事。

这种抛开幕厅,以私邸为据点议决大事的聚会,历史上称为"御寄合"。北条时宗控制了一切大权,如人事调动过去皆由"评定众"决定,现在则规定:"诸人官

---

① 《山内首藤家文书》,儿玉幸多等编:《从史料看日本的发展:中世编》,吉川弘文馆1958年版,第146—147页。

② 《石水清文书之一》,儿玉幸多等编:《从史料看日本的发展:中世编》,吉川弘文馆1958年版,第148页。

③ 备后国神崎庄领主、地头协定:"平分田地山河,各据一方。"(《金刚三昧院文书》)

④ 伊予国弓削岛庄领主、地头协定:"该岛田地、山林、盐浜等地,相分三份,三分之二归领家,三分之一归地头。"(《东寺百合文书》)

途事,自今以后罢评定之仪,直听御恩(指执权时宗)裁决。"①北条时宗无视传统制度的行为,连北条氏一族的人也很惊愕。

在抵御元军入侵的过程中,北条时宗还把嫡系亲属派往各地担任守护职。在元军败退之后,他的嫡系掌握了播磨、备中、安艺、伯耆、丰前、肥前、肥后、筑后、日向、大隅等国的守护大权。源赖朝在世期间,全日本的守护中,北条氏只有2名,1284年前后增加到26名,至1333年时达到30名,占全国守护总数的50%。

北条时宗偏爱嫡系、御内人("得宗"),排斥旁系御家人("外样御家人")的结果,使旁系御家人与嫡系家族之间的对立深化。

四、霜月骚动

1284年(阴)四月,北条时宗去世,幕府内部的矛盾激化。1285年(阴)十一月发生的霜月骚动,便是这种对立的必然结果。

霜月骚动中对立双方的代表人物,一个是安达泰盛(1231—1285年),一个是平赖纲(?—1293年)。安达泰盛曾于1256年任幕府评定众,其女嫁北条时宗。北条时宗死后,他的外孙北条贞时(1271—1311年)继任执权。平赖纲是幕府执权的内管领,掌握幕政实权,他"一心篡政,诸人恐惧"②。安达泰盛与平赖纲的矛盾,与旁系御家人和北条氏嫡系家族之间的矛盾纠缠在一起。安达泰盛在旁系御家人的支持下,同平赖纲展开了争斗。因此,安达泰盛与平赖纲之间的对立,既是外戚与内管领的对立,又是旁系御家人与御内人的集团之争。平赖纲利用实权,向执权北条贞时诬告泰盛父子企图谋叛,北条贞时信以为真,立即将安达泰盛父子及其家族全部杀死,受株连的御家人达500余人,波及全国。

五、御家人制的动摇

经过霜月骚动,曾经与幕府将军相依为命的御家人,进一步失去了幕府的保护,他们对幕府的不满更加强烈。这样,镰仓幕府赖以生存的阶级基础——御家人制动摇了。导致御家人制动摇和瓦解的因素,除了上述抑制、排挤外,还有2个重要因素。

---

① 《建治三年日记》,儿玉幸多等编:《从史料看日本的发展:中世编》,吉川弘文馆1958年版,第170页。

② 《实躬卿记》,正应六年四月二十六日,藤木邦彦、井上光贞编:《体系日本史丛书1:政治史I》,山川出版社1965年版,第291页。

第一,御家人自身内部,维系其存在的父系家长制的削弱。御家人本是父权家长制统治下成立的宗族联合体,按照继承制度规定,所有的男子平分家业,但以长子为家族的代表,由他统治其他庶子和同族,对幕府的义务也由长子负责完成。因此,长子又称为总领。13世纪以后,庶子不服长子统治,拒绝承担一切义务的行为不断发生。再加上在2次抗元战争中,幕府为扩大军事编制直接招募了大批庶子参军,从而打破了以御家人一族为基础组成作战单位的制度,使幕府的军事编制发生了根本的变化。

第二,御家人的贫困化。地头土地承包制和领地均分法的推行,固然使一批担任地头的御家人发展成握有实权的领主,但并不是所有的御家人都能成为这样的领主,御家人发生了分化。尤其是中下层御家人,在抵御元军入侵的过程中,蒙受了沉重的军事和经济负担,加上商业发展后生活上的支出增加,有些人处在入不敷出的困境之中,为求生计只得向高利贷者借贷。这些高利贷的利息十分高昂,条件也是苛刻的。借贷者必须用实物抵押,有的用土地,有的用地头职,有的甚至用珍贵的武器。

在高利贷的盘剥下,御家人的土地日渐减少。"往者,多数御家人拥地千町以上,如今,拥有千町者不过十余人。十分之九乃是拥有四五十町,或二三十町,十二、十余町者。"[1]处在穷困境地的御家人,当然无意于定期去卫戍京都、镰仓,也不能承担幕府下达的种种义务,"难济公家之正税,懈怠武家之所课",直接影响了幕府的财政收入,"历多年,仓廪不实,礼节无辨之至也"。[2]

六、德政令的发布

面对着御家人的贫困,幕府不得不采取措施来保护御家人的利益,首先是防止御家人占有土地的流失。

关于御家人土地买卖问题,在《贞永式目》中规定,只有祖传的私有土地必要时允许买卖,而由幕府奖给的"御恩地"是严禁买卖的,"若违令买卖者,卖者、买者一同处罪"[3]。

1240年(阴)五月,幕府进一步宣布:"自今以后,纵虽私领,凡卖渡给凡下之

---

① 《平政连谏草》,儿玉幸多等编:《从史料看日本的发展:中世编》,吉川弘文馆1958年版,第182页。
② 《平政连谏草》,儿玉幸多等编:《从史料看日本的发展:中世编》,吉川弘文馆1958年版,第182页。
③ 《贞永式目》第48条。

辈和高利贷者,依近例将该所领充公。"①1267年(阴)十二月,又宣布"不论御恩、私领,一律停止买卖和抵当",已经出卖和抵押的,按原价赎回。②

1297年,幕府实行对御家人更彻底的保护政策。(阴)三月发布了"德政③令":第一,因债务、利息"越级上诉逐年增加,弃置之辈多疲滥诉"④,自今以后,幕府不再受理此类诉讼;第二,御家人为取得钱币,不顾利重,致使"富有之人,专其利润,穷困之族,日益失意",自今以后,御家人所欠"利息和借贷概不赏还";⑤第三,非御家人因放债而买御家人的土地,不论年限远近,一律归还原主,但担任地头的御家人所买的土地,年限过20年的,可以不归还原主。⑥

幕府的一纸命令,勾销了御家人的一切债务,夺回了失去的土地。可是在实施过程中产生了种种混乱,矛盾、争讼频频发生。因此,1298年(阴)二月,幕府不得不宣布取消"德政令"。在不到1年的时间内,一项重要经济政策的一禁一解,既反映了御家人制的瓦解已是大势所趋,又暴露了幕府的软弱无能,从而在广大御家人的心目中丧失了它的权威性。

七、下层人民的反抗——"恶党"运动

与御家人没落并存的另一个社会矛盾,就是下层人民反抗运动的活跃。13世纪以后出现的"恶党"运动就是斗争的具体表现。

"恶党"运动的基本成员是庄园农民。鉴于生活所迫,不少人沦为盗贼,"不论昼夜,常伺路边,剥取旅客、商人衣服,夺取所持之物"⑦,或闯入富有之家,"悉

---

① 《新篇追加》,儿玉幸多等编:《从史料看日本的发展:中世编》,吉川弘文馆1958年版,第183页。

② 《新篇追加》,儿玉幸多等编:《从史料看日本的发展:中世编》,吉川弘文馆1958年版,第183页。

③ "德政"系"仁政"或"善政"之意。奈良、平安时代,受中国儒家思想影响,政府常在天灾、人祸、病疫之时宣布"德政",除害祈福。但在镰仓幕府时期,"德政"的含义已经完全不同了。

④ 《东寺百合文书》,儿玉幸多等编:《从史料看日本的发展:中世编》,吉川弘文馆1958年版,第185页。

⑤ 《东寺百合文书》,儿玉幸多等编:《从史料看日本的发展:中世编》,吉川弘文馆1958年版,第185页。

⑥ 《东寺百合文书》,儿玉幸多等编:《从史料看日本的发展:中世编》,吉川弘文馆1958年版,第185页。

⑦ 《高野山文书之七》,儿玉幸多等编:《从史料看日本的发展:中世编》,吉川弘文馆1958年版,第160页。

取资财杂物,然后焚烧住宅"[1],或闯入田地,割取庄稼,等等。庄民的斗争后来同破产的中小御家人和对领主、地头不满的名主相结合,发展成为一村或数村的数百人的斗争。"恶党"的发展威胁着社会秩序的安定。幕府通令各地守护、地头"诸国恶党蜂起……狼唳之甚,不可不诚,不能视而不见,充耳不闻"[2],并宣布守护、地头巡警不力,"所领之内隐藏恶党,一经发觉,虽本人不在国内,也当没收领地三分之一",主持实际事务的代官,则要"严究其咎,永不叙用"。[3]"恶党"的发展,使守护、地头望而生畏,"警固守护,恐彼(恶党)权威,征伐武士也畏避而还"[4]。

至此,镰仓幕府已陷入错综复杂的矛盾深渊而不能自拔,灭亡的日子指日可待。

第七节 镰仓幕府的灭亡

一、后醍醐天皇亲政

13世纪中叶以后,皇室内部为争夺徒有其名的皇位,分裂成两大派别,即以后深草天皇(1243—1304年)为首的持明院派和以龟山天皇(1249—1305年)为首的大觉寺派。[5]为了实现利己的目的,他们都竭力讨好镰仓幕府,以取得幕府的支持。开始时,幕府对两派采取不偏不倚政策,明确地表示:皇位由两派交替轮流继位。1301年又宣布:有关皇位事,听候天皇钦定,幕府不再干涉。幕府这种公平的政策,由于受到往来于京都、镰仓间的贵族西园氏的影响而被抛弃,结果招致了皇室两派的不满。

1318年(阴)二月,大觉寺派的后醍醐天皇(1288—1339年)即位。后醍醐天

---

① 《高野山文书之七》,儿玉幸多等编:《从史料看日本的发展:中世编》,吉川弘文馆1958年版,第160页。

② 《吾妻镜》,正嘉二年九月二十一日。

③ 《近卫家本式目追加条》,儿玉幸多等编:《从史料看日本的发展:中世编》,吉川弘文馆1958年版,第158页。

④ 《峰相记》(《播磨地志》,1卷,作者及成书年代不详),冈田章雄等编:《日本的历史5:北朝和南朝》,读卖新闻社1972年版,第26页。

⑤ 后深草退位后居持明院,龟山退位后居大觉寺,因此历史上将对立两派分别以上述两上皇居所名之。

皇喜好学问,尤通宋学,最赞成宋学的正君臣父子的名分思想,主张以"君主之德"治天下。他有志于革新朝政,重振皇威。他重用吉田定房(1274—1338年)、万里小路宣房、北畠亲房(1293—1354年)、日野资朝(1290—1332年)、日野俊基(？—1332年)等人。这些人都是"天皇正统论"者。他们认为日本是"神明加护之国",天皇受神之命统治国家;君主治世则在于选贤任能,治理国郡,无私公平,信赏必罚;为臣者必须尊奉圣主,尽忠捐躯。[①]这一套政治思想,实际上是日本的神道和中国的宋学的混合。

1321年(阴)十二月,后醍醐天皇宣布停止院厅干预朝政,恢复庄园记录所,亲自裁决诉讼纠纷。后醍醐天皇的行动改变了相当一个时期来天皇碌碌无为的政治傀儡的形象,给皇族和贵族以新的希望。他们赞赏地说:"近日政道归于淳素,君已成圣主,臣也有多人。"[②]

二、正中之变

后醍醐天皇清楚地意识到,要实现皇政一统,改变100多年来皇权旁落的政治局面,镰仓幕府是一大障碍。不打倒幕府,一切抱负和理想都不可能实现。他在大臣们的协助下,秘密地开始了倒幕活动,借诗会、游宴之名,频繁地召集贵族密议对策,并四处派人联络倒幕的武士和僧兵,策动御家人倒戈。1324年(正中元年)(阴)九月,应皇室之召,美浓国豪强土岐赖兼、多治见国长等人悄悄到达京都,密议起兵倒幕事宜。上述活动被六波罗府探知。二十九日,六波罗探题北条范贞发兵包围了土岐赖兼、多治见国长的住处,迫使两人自杀。接着逮捕了日野资朝、日野俊基、房祐雅等人。(阴)十月,日野资朝等3人被押至镰仓。后醍醐天皇大为惊惧,急忙派遣老臣万里小路宣房赴镰仓,向执权北条高时(1303—1333年)表示自己与事件毫无牵连。实际上,当时幕府也并不完全了解事情的全貌,因此只加罪于日野资朝一人,将其流放佐渡岛,并驱逐房祐雅。日野俊基因证据不足,被释放回京都。这一事件发生在正中元年,故称"正中之变"。

三、元弘之乱

1326年(阴)三月,皇太子邦良亲王死。后醍醐天皇企图立自己的皇子为太

---

① 《神皇正统记》。
② 《花园天皇宸记》,元亨三年二月,新田英治等:《岩波讲座日本历史6:中世2》,岩波书店1975年版,第33页。

子,但幕府坚持以往的由皇室内两派轮流继位的原则,不支持后醍醐天皇。后醍醐天皇怀恨在心,再次策划讨幕。首先为了集聚武装,他立护良亲王(1308—1335年)和宗良亲王(1311—?年)两皇子为延历寺天台宗座主,掌握僧兵。其次,亲自行幸畿内地区的重要佛寺,企图以比睿山为基点,以寺院僧兵为核心,确立倒幕武装。

1331年(元弘元年)(阴)四月,大臣吉田定房向幕府密告了后醍醐天皇阴谋兵变的计划。幕府获知后,火速命令六波罗府逮捕了主谋者日野俊基、僧文观、圆观等人,并密令"捕天皇,远流绝岛",后醍醐天皇仓皇潜逃奈良,以木津川南岸地势险要的笠置城为据点,招兵抗幕。其间,河内国豪强楠木正成(?—1336年)来投。天皇问楠木正成:"草创天下,有何计谋可致稳操胜券,四海太平?"楠木回答说:"天下草创之功,在于武略和智谋。若以势而战,即使集六十余州之兵,也难胜武藏、相模(指幕府);若以谋而争,当可摧而即垮,攻而破坚,东夷武力,不足为怖。"[①]经过精心密商后,楠木决定在河内国赤坂城起兵讨幕。与此同时,幕府派大佛贞直、金泽贞冬、足利高氏(1305—1358年)西上,攻陷笠置城。后醍醐逃向楠木正成的赤坂城,在中途被幕府军捕获,1332年(阴)三月被流放隐岐岛。日野俊基和原先已流放佐渡岛的日野资朝被斩。这次未遂的倒幕政变,史称"元弘之乱"。

正中之变和元弘之乱虽然失败了,但它们促使全国倒幕势力集结。后醍醐天皇的斗争,改变了长期以来人们对皇室软弱无能的看法,骤然唤起了倒幕势力对皇权的倾慕,衰落的御家人、新兴的领主、各地的"恶党"怀着各自的目的,纷纷竖起勤王倒幕大旗。

四、镰仓幕府的灭亡

当时,镰仓幕府内部日趋不稳,执权北条高时昏庸无能,不事幕政,只好斗狗,饱肉着锦之犬充满镰仓,数达四五千,因而人们称北条高时为"狗将军"。管领长崎高资乘机独揽大权,引起幕府各级官员、武士的不满。

1332年末,后醍醐天皇的护良亲王、楠木正成分别于吉野、河内再次举兵讨幕。1333年,九州、播磨、伊予等地也相继响应。(阴)闰二月,后醍醐天皇被伯耆武士名和长年(?—1336年)等人营救,逃出隐岐岛,以伯耆船上山为据点,重竖倒幕大旗。

---

① 《太平记》,青木武助:《新订大日本历史集成》第2卷,隆文馆1933年版,第406页。

同年(阴)四月二十九日,幕府军中的足利高氏宣布倒戈。(阴)五月七日,足利高氏和倒幕军千种忠显、赤松则村配合,攻占京都。

继足利高氏倒戈的御家人,上野国的新田义贞(1301—1338年)于(阴)五月十七日分兵三路围镰仓。经过5天激战,镰仓陷落,执权北条高时及其家族、随从数百人在东胜寺并枕切腹。京都被占和镰仓陷落的消息,鼓励了全国倒幕志士,陆奥、能登、越中、筑前、丰后、肥后相继平定。延续150余年的镰仓幕府宣告正式灭亡。

图7-3显示了镰仓末期、南北朝时期的天皇世谱。

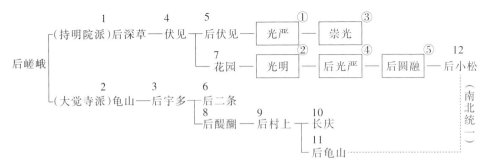

图7-3 镰仓末期、南北朝时期天皇世谱

(数字为嗣位顺序,加○者为北朝天皇)

第八章

室町时代（1336—1573年）

第一节　建武中兴

镰仓幕府灭亡后的次月,后醍醐天皇重返京都,亲掌朝政。1334年(阴)一月,改年号为建武,开始实行一系列"新政",史称"建武中兴"。

建武政权是各反幕势力与幕府激烈斗争的产物。[①]当时各种势力尚没有代表自身利益的领袖,更没有一个能够号令天下的权威,而各种反幕势力又各有所图:广大庄园农民希望出现一个轻徭薄赋的皇权;新兴领主企望依仗皇权,排除北条氏的专横;那些曾在幕府机构中任职的有力武士,如足利高氏等人,则企图借助天皇的旗号,取北条氏而代之;皇室、贵族朝思暮想的政治目的,则是要重振昔日之威,集大权于一身,号令天下。在这种情况下,100多年来不被人们重视的天皇,便成为各种势力可以共同接受的偶像。可以想见,这样建立起来的政权,自然是不会有所作为的。它想复古又不敢复古,想实行"新政"又不能实行"新政"。因为要推行有利于皇室、贵族的政策,就必然招致新兴领主和武士的不满,反之亦然。因此常常朝令夕改,摇摆不定。

建武新政权在短短的2年(1334—1335年)时间内,曾宣布过如下几项"新政"。

第一,制定了《所领个别安堵法》。这是一项以挽救士卒民庶的贫困为目的、安定社会人心的措施。

第二,1334年(阴)五月,宣布新"德政令",以图恢复原土地领有者的权利。

第三,1334年(阴)八月五日,任命了新国司和新守护,企图恢复平安时期的

---

① 关于建武政权的性质,日本史学界有2种不同看法:一种意见认为是复古倒退的反动政权;另一种意见认为它是从镰仓封建制向室町封建制转化的中介体,是当时历史发展的必然归结。参见日本历史学会编:《日本史的问题点》,吉川弘文馆1965年版,第95—97页。

知行国制,给权门势家以支配知行国的特权,并试图将新国司和新守护两职的权力渐趋合一。有的一身二任,有的身任其中一职,而兼有两职权力。

第四,对倒幕过程中的有功之士进行奖赏。

第五,整顿统治机构,在中央取消院政,并不设关白、摄政,一切大事由天皇亲自裁决。下设记录所、杂诉决断所、武者所、洼所4个办事机构。记录所是行政办事机构;杂诉决断所是诉讼机关;武者所、洼所是卫戍京城的武力机构。

上述"新政",确是当时的大事,但多数没有执行。有的发令不久就宣布取消,如"所领个别安堵法";有的因意见不一,结果是议而不决,决而不行,如杂诉决断所的诉讼裁决。武者所、洼所虽是京都的治安机关,可是京都秩序并不安宁,"目前,京城流行的是:夜间抓人、盗窃、假传圣旨、囚犯、快马和无事惊扰"[①]。对有功之士的论功行赏,也由于恩赏不公,陷入极度混乱,"捧申状望恩赏之辈成千上万"。有功之将居功贪赏,无功之辈更暗通近臣宠姬,内奏天皇领取恩赏,以致"无忠之辈也给五个十个所领","郢曲妓女之辈,蹴鞠技艺之徒,乃至卫府诸司女官僧,通过内奏,赏给一所二所"。结果是"今六十六国内,已无赏给武士的立锥之地"[②]。行赏的不公,使皇室和勤王倒幕武士集团之间十分脆弱的关系破裂了。既然新政权不能满足他们的欲望,保护他们的利益,他们和新政权也就分道扬镳了。

第二节　室町幕府的建立

一、"公武如水火"

足利尊氏(1305—1358年)[③]是拥立建武政权的有功之臣。他背叛镰仓幕府,投奔后醍醐的本意,是借天皇之旗达到取代北条氏、确立足利氏统治的武家政权之目的。因此,其所作所为颇使后醍醐天皇不安。建武政权建立后,皇子护良亲王曾向后醍醐天皇进言:"今日四海暂定,万民齐夸太平,皆因陛下圣德,微臣之

①《建武年间记》,儿玉幸多等编:《从史料看日本的发展:中世编》,吉川弘文馆1958年版,第261页。

②《太平记》卷12,儿玉幸多等编:《从史料看日本的发展:中世编》,吉川弘文馆1958年版,第259页。

③ 1333年(元弘三年),足利高氏将"高"字改为"尊"字,故称足利尊氏。

军功。然而其足利尊氏,仅以一战之功,欲立万人之上。今应乘其势尚弱灭之。"①后醍醐天皇以战乱甫止,不宜妄加用兵为由,没有同意。表面上仍然任命尊氏为左兵卫督,官至二位,其弟足利直义(1306—1352年)任左马头,官至四位,暗地里却对足利尊氏加以限制。

1334年春,后醍醐天皇密旨护良泉王与新田义贞、楠木正成、名和长年等勤王武士,商议诛杀足利尊氏。至(阴)六月,秘密泄露,世间风传"亲王欲图谋尊氏"。足利尊氏立即禀告后醍醐天皇,提请他注意,但天皇并未收敛。(阴)十月,后醍醐天皇又授意护良亲王紧急募集兵力。不料,募兵信函又被足利尊氏截获。足利尊氏立即谒见天皇,指责护良亲王的行为,强烈要求天皇严惩之。因有实物为证,天皇无言答对,被迫下令拘捕了护良亲王。(阴)十一月,护良亲王被递解至镰仓,次年(阴)二月被杀。护良亲王的失败,增强了足利尊氏的地位,并为日后推翻建武新政、重开幕府,创造了有利的条件。"公武如水火"②(公指朝廷,武指武士),至此,足利尊氏和皇室之间已无共同的利害可言,分裂已不可避免。

二、足利尊氏与建武政权的决裂

1335年(阴)七月,镰仓幕府执权北条高时之子北条时行(？—1353年)在信浓豪强诹访赖重和滋野氏的支持下举兵,企图重振北条氏的旧威。北条氏军由信浓突入武藏,直指镰仓。当时足利尊氏的弟弟足利直义驻守镰仓,因屡战失利,被迫撤出镰仓。足利直义带领残兵逃至三河矢矧(今爱知县碧海郡),派人急赴京都向足利尊氏求援。为此,足利尊氏乃上奏后醍醐天皇,"直义兵寡,又困于途中,臣请往讨贼",指望借此理由,后醍醐天皇能任命他为总追捕使或征夷大将军职。然而,后醍醐天皇不允。(阴)八月二日,足利尊氏愤然离京,率军东下,在三河矢矧与直义会师,十九日收复镰仓。后醍醐天皇乘机传圣旨给足利尊氏,让他速速班师归京,接受犒赏,并称他为"征东大将军"。足利尊氏犹豫不决,足利直义竭力劝阻说:今日返京无疑是再赴虎口,还是居留关东为好。足利尊氏接受足利直义的建议,决定据守镰仓。

足利尊氏无视圣旨,不返京都,使后醍醐天皇勃然大怒,遂任命尊良亲王为上将军、新田义贞为副将军,声讨足利尊氏。同时命令据守陆奥地区的北畠显家

---

① 《太平记》,村田正志:《南北朝和室町》,讲谈社1975年版,第75页。

② 《梅松论》上,藤木邦彦、井上光贞编:《体系日本史丛书1:政治史I》,山川出版社1965年版,第333页。

(1318—1338年)南下围歼镰仓。

同年(阴)十二月,足利尊氏兄弟粉碎尊良亲王的围歼,迫近京都。1336年(阴)一月,足利尊氏和足利直义分兵合击,突入京都。(阴)二月,陆奥的北畠显家与新田义贞军会合,西上解京都之危。在激烈的巷战中,足利尊氏军败不能支,只得退出京都,在播磨得赤松则村(1277—1350年)等人之助,重整队伍。在摄津国与楠木正成会战,又不利,退守兵库。此时,赤松则村建议说:"我军士卒疲敝,难能成功,当暂退西国休息养锐,以议再举。今官军挟天皇锦旗,而我无之,以何免恶名耶?北条氏亡后,持明院上皇深怀怏郁之心。若请其院宣,揭锦旗而指挥天下之兵,不无从者,此乃当今之良策也。"①

足利尊氏欣然赞同,马上派密使与持明院派的光严上皇(1331—1364年)取得联系,得到了"征讨新田义贞"的院宣。(阴)三月,足利尊氏进兵九州。(阴)四月三日,离大宰府经备后国,分兵进发播磨。(阴)五月二十六日,在兵库凑川大败新田贞义军和楠木正成军。楠木正成身负十余处伤,杀出一条血路。突围后在广严寺山下,与同族一起剖腹自杀。②后来,日本统治者把楠木正成树为"武士道"的典范。足利尊氏军再次攻入京都。(阴)八月,足利尊氏拥光严上皇的皇弟丰仁亲王为天皇,称光明天皇(1321—1380年)。

三、建武新政的结束

足利尊氏重返京都的时候,后醍醐天皇逃往比睿山延历寺。足利尊氏为了标榜自己扶植的光明天皇为正统,便向后醍醐天皇发出邀请,迎他返回京都。表面上尊他为上皇,实际上是要迫使他交出象征皇权的神器。后醍醐天皇在返京前,将皇太子恒良亲王(1324—1338年)托付给新田义贞,请他扶持皇子前往北陆,伺机再度振兴。1336年(阴)十一月二日,在足利尊氏的强压下,后醍醐天皇将神器让渡给光明天皇。③至此,建武新政便悄然而亡了。

---

① 青木武助:《新订大日本历史集成》第2卷,隆文馆1933年版,第538页。

② 《乡史》,杜山悠:《神户历史散步》,创元社1974年版,第62页。

③ 有的日本学者认为后醍醐天皇让渡给光明天皇的神器是假的,真正的神器后来他又带到了吉野山,成为南朝正统的标志。

四、《建武式目》

1336年（阴）十一月七日，足利尊氏公布了施政方针——《建武式目》[①]，足利幕府[②]的统治自此开始。从严格意义上说，《建武式目》不能说是施政方针，而是道德行为的规范。但在当时战乱的时代，切实可行的道德规范比无人遵奉的法典和方针更具有现实意义。

《建武式目》以平安时代和镰仓时代为楷模，"远以延喜、天历两圣[③]之德化，近以义时、泰时父子之行状"。它既着眼于稳定当时的形势，又着眼于总结镰仓幕府失败的教训。《建武式目》明文指出，镰仓幕府失败的原因就在于"禄多权重，极骄恣欲，积恶不改"。认为执政者政绩的善恶，是决定政权兴衰的关键。"方今诸国干戈未止"，"居安犹思危，今居危，盖思危哉"，因此当务之急是"政在安民"，"早休万人愁"。

为了安定民心，《建武式目》拟定了17条必须遵守的规约，主要有：禁奢侈，行俭约；镇暴行，止贿赂；戒官员缓怠，选贤者为吏；京中空地归还原主；受理贫弱之辈的诉讼；兴办专营金融借贷的土仓；禁止抢占贫弱之人的私宅，减少浮浪；委任忠诚于足利氏的有军功、有才干者为守护；等等。这些条款在一定程度上反映了当时各阶层人民的要求。这也是足利尊氏能够击败南朝的主要原因之一。

五、室町幕府的机构

在幕府的机构设置上，如图8-1所示，足利尊氏也仿效镰仓幕府建立政所、侍所、问注所。由这3个机构的所司组成"评定众"。所司中较有名的有山名、一色、京极、赤松四氏，史称"四职"。室町幕府不设"执权"，只设"执事"。它辅助将军处理具体事务，但无实权，一切重大事情皆由将军抉择。1362年，"执事"改称"管领"，著名的管领有畠山、斯波、细川三氏，史称"三管领"。在地方上，为控制关东十国，足利尊氏设置了镰仓府，长官称镰仓公方，由尊氏的儿子基氏（1340—1367年）一族担任。另外还设九州探题、奥州探题、羽州探题、中国探题，并任命有军事、经济实力的亲信担任守护大名，控制各地军政大权。图8-2则为室町幕府将军（足利氏）系谱。

---

① 参与制定《建武式目》的人有：原镰仓幕府的"评定众"是圆（原名二阶堂道昭）、真惠；奉行太田七郎左卫门、明石民部大夫行连、布施彦三郎入道；儒学者日野藤范、玄惠法师。从参加者也可看出，《建武式目》是以《贞永式目》为蓝本，以儒学为指导思想的。

② 足利幕府又称"室町幕府"。室町幕府之称是1378年3月足利义满移居京都室町后才出现的。

③ 两圣：指醍醐天皇、村上天皇。

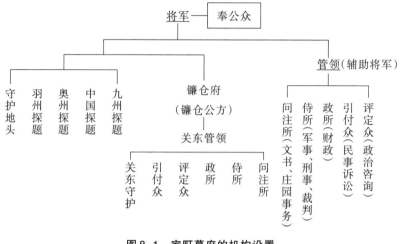

图8-1 室町幕府的机构设置

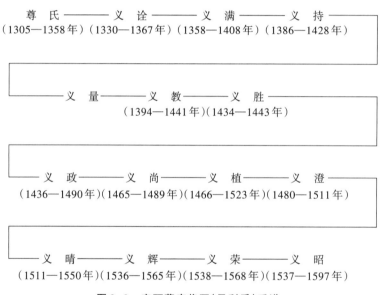

图8-2 室町幕府将军(足利氏)系谱

第三节 南朝与北朝的对立(1336—1392年)

一、南朝的建立

后醍醐天皇返回京都后,一直被幽禁在花山院,虽然身陷囹圄,但他仍盼重新掌握皇权。1336年(阴)十二月二十一日夜,他乔装成女子,巧妙地再次逃出京都,潜入大和国的吉野山。二十五日,他送信给据守陆奥的北畠显家,通告"已逃出京都,移住和州吉野郡",要北畠"相催诸国,重举义兵,速率官军,发向京都"。[①]二十九日,他宣布"天子尊治"[②],重开朝政。自此,京都光明天皇的朝廷称"北朝",吉野山后醍醐天皇的朝廷称"南朝"。南北朝之间的对立长达57年。

后醍醐天皇选择大和吉野山为南朝的根据地,不仅因为这里是战略要地,而且因为吉野山周围地区的勤王势力较强。吉野山区有金峰山寺、吉水神社等大神社、寺院,拥有数千僧兵。在大和地区,有一批长期以来对武家政治不满的非御家人武士,如楠木正成的嫡子楠木正行(?—1348年),他的勤王之志不亚于父辈。还有不少商人、手工业者也与后醍醐天皇保持着联系。再加上据守吉野山,西可与九州菊地武重,东可与奥羽北畠显家、北陆新田贞义等勤王势力相联络。

二、南朝的惨淡经营

后醍醐天皇建立的南朝政权从地理位置和基础条件来说并不劣于足利氏控制的北朝。但是,由于南朝政权一味考虑加强自己的权势,而不能采取有效的措施来满足支持自己的武士、商人、手工业者和农民的要求,以致这种支持日渐削弱。再加上战斗的连续失败,主要将领新田义贞、北畠显家、结城宗广、吉田定方等人相继死亡,南朝日趋衰弱。后醍醐天皇感到前途渺茫。

后醍醐天皇写过不少和歌,真实地反映了他的悲凉心绪。下面3首和歌就是反映这种心绪的代表作:

(一)

门庭人稀落,预知我世寝。

(二)

云天红樱盛,花香满青岭。

只叹良辰短,瞬时即凋零。

(三)

尚思捐身躯,安能保圣座。

---

① 藤木邦彦、井上光贞编:《体系日本史丛书1:政治史Ⅰ》,山川出版社1965年版,第337页。

② 《纪伊金刚峰寺藏后醍醐天宸翰》,青木武助:《新订大日本历史集成》第2卷,隆文馆1933年版,第582页。

民心诚可畏,江山实难治。[①]

就在这种冷清、悲凉的叹息中,1339年(阴)八月十六日,后醍醐天皇离开了人世。此后,在后村上(1328—1368年)、长庆(1343—1394年)、后龟山(? —1424年)3代天皇的主持下,南朝惨淡地延续了52年。南朝之所以还能够延续半个世纪,其重要原因是幕府方面的内讧。

三、室町幕府的内部分裂

军事上不断取得胜利的室町幕府,内部又因为争夺实权和对皇室、贵族的政策上的分歧而发生了分裂。斗争的双方是足利直义和幕府执事高师直(? —1351年)。为了排斥对方,双方都准备诉诸武力。1349年,高师直强求足利尊氏革除了足利直义的一切职务。次年,足利直义叛离北朝,联合南朝声讨高师直。足利直义的来投,使南朝后村上天皇十分高兴,特颁诏书予以嘉奖。诏书说"温故知新好明哲,拨乱复正良将先",要求足利直义"速扬义兵,运静谧天下之策"。[②]

1351年(阴)二月十七日,足利直义率南朝军与高师直、高师泰(? —1351年)兄弟率领的北朝军会战于摄津国的打出浜,结果北朝军大败,高师直、高师泰兄弟负伤。足利直义在要求罢免高师直、高师泰一切职务的条件下同足利尊氏议和。足利直义返回京都。但不久,足利直义又和尊氏及其子义诠发生不和,原因是南北朝和解问题。足利直义一直主张南北统一。但足利直义的主张和行动引起了尊氏父子的不满。足利直义恐怕遭到尊氏父子的暗算,便于(阴)七月三十日离开京都前往镰仓。(阴)十月,足利尊氏一反常态,废黜了北朝的崇光天皇,投靠南朝,表示愿后村上天皇速回京都亲政。(阴)十月二十四日,后村上天皇对足利尊氏的行动表示赞赏,颁旨征讨足利直义。足利尊氏马上率兵东下讨伐足利直义。1352年(阴)二月二十六日,足利尊氏在镰仓杀死了同胞兄弟足利直义。

正当足利尊氏全力声讨足利直义之时,南朝军攻入京都,拘留北朝的皇室主要成员,并驱逐了留守京都的足利义诠。慑于形势危急,足利尊氏复摒弃南朝,转而扶持北朝,拥立后光严为北朝天皇。经过了2年多的拉锯战,至1355年(阴)

[①] 《新叶和歌集》,冈田章雄等编:《日本的历史5:北朝和南朝》,读卖新闻社1972年版,第120页。

[②] 房玄:《观应二年记》,村田正志:《南北朝和室町》,讲谈社1975年版,第161页。

三月,幕府统治才逐渐稳定。1358年(阴)四月三十日,足利尊氏病故,足利义诠继任室町幕府第二代将军。1367年(阴)十二月,足利义诠去世,足利义满继任第三代将军。

四、足利义满的统治

足利义满继任将军时,年仅10岁。足利义诠临终时,把足利义满托付给管领细川赖之(1329—1392年)。细川赖之为了不使足利义满自幼受到不良的教育,特别制定了"内法三条",严格要求接近足利义满的人,不要"以不善充善言""引他堕入恶道",禁止"为达私恨,假借公事,吹毛求疵,花言巧语,密诉幼君",不可"以恶人充善人,诬善人为恶人",反对"专事私用,以游乐为事"和"背公立私"。他说,这些行为都是"政道之邪恶""天下大乱之端,亡国之根"。违犯上述各条者,皆是"奸人""佞人""幼君之怨敌"。[①]细川赖之的精心培育,使足利义满受到了良好的教育,为日后幕府的稳固做出了贡献。[②]

足利义满年长亲政以后,于1385—1390年巡察了畿内、东国、西国、四国、北陆等地。一方面对神社、寺刹势力进行笼络、怀柔,另一方面了解各地武士的动向。在巡察过程中,足利义满强烈地感到一些守护权力过强,这是对幕府的严重威胁。因此,他决定削弱和抑制这些守护的实力。

1390年,占据东海要路并身任美浓、尾张、伊势三国守护的土岐氏家族发生内讧,足利义满乘机进行干预,成功地削弱了土岐氏的势力。1391年(明德二年),又镇压了山名氏势力(史称"明德之乱")。山名氏是身任山城、纪伊、和泉、丹波、但马、美作、备后、伯耆、出云、隐岐等11国的守护。当时全日本共有66国,山名氏占1/6,所以当时的人称其为"六分之一殿",即占1/6土地的将军。1399年(应永六年),又平定了以周防为根据地、拥有6国守护职的大内义弘(1356—1399年)的叛变(史称"应永之乱")。此后,实力较强的守护,也都销声匿迹了。

---

① 《细川赖之记》,青木武助:《新订大日本历史集成》第2卷,隆文馆1933年版,第678—679页。
② 细川赖之因执政严厉,与同僚缺乏协调,后遭土岐赖康等人诬告,被足利义满疏远,1379年辞职时,写有汉诗一首,表示对诬告者的蔑视:"人生五十愧无功,花木春过夏已中。满室苍蝇扫难去,起寻禅榻卧清风。"

五、南北两朝的统一

在室町幕府的统治日渐稳定的过程中，1392年（阴）十月十三日，足利义满致函南朝后龟山天皇，要求在4个条件下实现南北朝的统一。这4个条件分别是：第一，象征皇权的三神器和皇位让给北朝；第二，今后皇位由皇室两派交替继承；第三，各地国衙领有的庄园、领地，全部归南朝（大觉寺派）支配；第四，分散各地的长讲堂①领有的庄园归北期（持明院派）所有。②收到足利义满的统一条件后，后龟山天皇以"圣运泰否，全任天道神虑，当休民间之忧"③为由，同意南北统一。（阴）闰十月三日，后龟山天皇返归京都。五日，后龟山天皇将神器让渡给北朝的后小松天皇（1377—1433年），至此，半个多世纪的南北朝对立基本结束。

六、后南朝的活动

南北朝统一后，南朝遗臣的子孙仍在各地展开反抗统一的斗争，大约断断续续地延续了1个世纪左右。南北朝统一后，足利义满并没有实践自己的诺言。事实表明，他谋求统一的真实意图是把南朝掌握的神器转到北朝手中。对此，南朝的皇族、公卿、将士异常愤慨，后龟山天皇也感到自己上了当。1408年，足利义满去世。1410年，后龟山天皇突然逃出京都，再次进入吉野山重建南朝，史称"后南朝"。

1412年（阴）八月，京都的后小松天皇让位嫡子称光天皇。因此，南朝方面企图接任天皇的愿望完全破灭。后南朝虽然在各地有些零星斗争，但是已经完全失去了挽回大局的条件和可能。

第四节　农民运动的高涨

在长期频繁的战乱和动荡的政局中，最受损害的是广大农民，他们承担了战

---

① 长讲堂全称为法华长讲弥陀三昧堂，系后白河天皇的领地，共180处，后让给皇女宣阳门院。镰仓幕府建立后，曾一度被武士侵占（后被源赖朝制止）。后因宣阳门院的犹子雅成亲王参与承久之乱，长讲堂领地被幕府没收。

② 《近卫家文书》，儿玉幸多等编：《从史料看日本的发展：中世编》，吉川弘文馆1958年版，第306页。

③ 《吉田兼敦日记》，应永九年三月二十日，冈田章雄等编：《日本的历史5：北朝和南朝》，读卖新闻社1972年版，第245页。

乱的一切经济负担。官僚贵族、幕府将军、守护大名、在乡领主及城乡高利贷者一齐向农民伸手,"公事课役重叠,年贡难以按约缴纳"。为了维持生存,争取最起码的生产和生活条件,处于水深火热中的农民们被迫起来斗争。

一、农民暴动[①]

室町时期农民斗争的基本要求是减免年贡和繁杂的赋税、劳役。这一时期农民斗争的形式多以"惣""惣村"(室町时代的农村自治组织)为基本单位,集体斗争代替了以往分散的零星的斗争。农民们在"惣"的领导下,或集体请愿,或集体逃跑,依靠集体力量的斗争,取得不同程度的胜利,大大增强了农民们斗争的信心和决心。如1407年(阴)十二月,丹波国大山庄一井谷村农民拒绝守护摊派的夫役、杂税,集体逃跑。他们在给领主的申诉书中明确地说:逃跑是"百姓们采用的计策","若要百姓回来耕种,必须答应提出的要求"。[②]1446年,上久世庄农民集体请愿,坚持了30个昼夜。1457年(阴)八月,河内国农民、脚夫展开反税卡、关所的斗争,捣毁了600余处税卡、关所。

1459—1461年间,由于水、旱、虫、疫,京都一带饿殍遍野。"站立四条坊桥上,溯望上游,流尸无数,如块石磊落,流水壅塞,其腐臭不可当也。东去西来,为之寒心。"仅1461年(阴)一、二月,京都城内"死者八万二千人"[③]。京都如此,其他地方更可想而知了。在灾害、饥馑、赋税的逼迫下,1462年(阴)十月,京都郊外农民在"一揆[④]大将"莲田兵的卫率领下,"自城外鼓噪而攻洛"。起义农民鸣钟伐鼓,据要道,毁寺院,围攻京都达10天之久,使京都"道路不通,商贾咸止","米谷不至,仆告晨炊不给","天下为之忧"。[⑤]

1461年(阴)六月,备中国新见庄农民反对领主代理人在饥荒之年横征暴敛,在神社前集会,举行饮"神水"仪式,表示勠力同心。愤怒的农民把领主代理人安富氏驱逐出境。后来,安富氏借助幕府管领细川胜元的力量,企图重返新见庄。

---

① 日本史书把这一时期的农民暴动称为"土一揆"。
② 《东寺百合文书》,儿玉幸多等编:《从史料看日本的发展:中世编》,吉川弘文馆1958年版,第337页。
③ 《碧山日录》,宽正二年二月,儿玉幸多等编:《从史料看日本的发展:中世编》,吉川弘文馆1958年版,第346页。
④ 一揆:意指起义、暴动。
⑤ 《碧山日录》,宽正三年十月,儿玉幸多等编:《从史料看日本的发展:中世编》,吉川弘文馆1958年版,第346页。

四五百名农民壮丁立即身披铠甲,佩带弓矢,切断山路,严阵以待。新见庄农民的斗争延续了10年,可见其时农民的斗争性和组织能力。

二、德政一揆

15世纪20年代以后,反对高利贷盘剥的"德政一揆"运动高涨。随着封建庄园制的日渐瓦解,商品经济和市场的发展,在室町时代,酒屋、土仓相当兴盛。[①]酒屋原以酿酒为业,但因具有雄厚的经济实力,逐渐兼营高利贷。土仓则是专业高利贷者存放当物的仓库。因此,酒屋、土仓成为高利贷的代名词。酒屋、土仓主与封建领主的关系相当密切,主要表现在以下2点。

第一,酒屋、土仓缴纳的税收,是幕府财政收入的主要来源之一。1393年,室町幕府公布了《洛中及周围地区土仓酒屋条例》,把酒屋、土仓置于幕府控制之下,规定土仓、酒屋每月都要缴纳税款。税收总额一年达6000贯文。为了保证这一财源,幕府对酒屋、土仓实行保护政策。

第二,酒屋、土仓主又是土地的主要兼并者。一方面,他们凭借债权,千方百计地掠夺土地所有权,使农民处于无地的状态,直接受其剥削;另一方面,他们还把高利贷的债权放在封建主的地租权的可靠基础上,与向他们贷款的封建领主分享年贡。正因为酒屋、土仓强化了封建剥削,所以它成为农民斗争的主要目标。"农民起义直接冲击的,是已经被高利贷活动强化了的封建剥削和其剥削已经充分封建化了的高利贷资本。农民反酒屋、土仓的斗争,从广义上来讲,是反对整个封建制度的。"[②]

这一时期农民斗争的主要要求是取消一切债务,史称"德政一揆"。"德政"一词本是封建统治者维护统治阶级利益(在镰仓时代末期则是维护武士利益),欺骗农民的口号。然而,至15世纪初,日本农民接过"德政"这一口号,并加以改造,成为反封建的斗争口号。"德政一揆"首先开始于近江。1428年(阴)九月十八日清晨,"醍醐乡农民起义,……各种债券,悉数焚之。故德政始自江州"[③]起义得到了广泛的响应,"天下土民蜂起,以德政为号,捣毁酒屋、土仓、寺院等,恣取杂物,废除全部债务"。统治者惊呼"亡国之基莫过于此,日本开国以来,土民暴动

---

① 以14世纪末15世纪初的京都为例,有土仓335家、酒屋342家。

② 童云扬:《日本室町时代的"酒屋土仓"和农民运动初探》,《日本史论文集》,生活·读书·新知三联书店1982年版,第96页。

③ 《大乘院日记目录》,正长元年九月,儿玉幸多等编:《从史料看日本的发展:中世编》,吉川弘文馆1958年版,第345页。

以此为始也"。①(阴)十一月,京都、奈良等大和地区农民也纷起响应。(阴)十一月二日夜,奈良兴福、西大、东大、药师等寺的钟声突然响彻寂静的夜空,宣布奈良农民起义的开始。八日,数千起义者占据了般若寺。十九日,山城国的数千运输业者支援农民,攻打奈良。与此同时,大和南部农民攻占了长谷寺,并自行宣布实行"德政"。至此,奈良实际上处于南北两支起义军的夹击之中。(阴)十一月二十五日,在农民起义的威胁下,掌握大和国守护权的兴福寺举行"众徒佥议",决定发布德政令。这项德政令共有7条,主要内容:一是抵押、借款、借米,一律按1/3偿还;二是会钱和拖欠的年贡一律废除;三是5年以上的借款全部作废,因为5年中偿还的利息已够本钱。大和地区的农民起义以全面实现了斗争目标而宣告胜利结束。

在大和国农民斗争的鼓舞下,吉野、伊贺、纪伊、河内、播磨等国农民也相继揭竿而起。其中以播磨国的农民起义规模最大。根据史书记载,播磨农民起义的打击目标是"国中武士"和"各庄园代官",口号是"国中不许有武士"。②如此明确地提出政治口号,这在日本农民起义史上还是第一次。这次起义最后被镇压,"国中不许有武士"的斗争口号虽然未能实现,但在经济上却迫使守护宣布"买卖土地不满二十一年者,一律归还原主"。

1441年,京都郊外农民乘幕府将军足利义教被守护赤松满祐(1381—1441年)杀害之机,于(阴)八月打出"依照先例,改朝换代之始发布德政令"的旗号,包围京都城。(阴)九月七日,京都城内"满巷溢郭"贴满了农民军的"不交出债券,可放火焚烧"的告示。在农民军割断京都与外界一切联系以后,幕府不得不发布"德政令",宣布农民所借债务一笔勾销。

可是,幕府的"德政令"并没有满足那些加入起义行列的农村上层人物的欲望。他们以"百姓们无特殊借物,无特殊抵押物",而公家、武家则普遍迫切要求施行"德政令"为由,要求"德政令"扩大到公家、武家,并声言:如不答应,便要烧毁全部佛寺神社。(阴)九月十二日,幕府进一步发布"一国平均德政令",即凡有债务者,不论身份贵贱、地位高低,均有享受废除债务的权利。

"一国平均德政令",只解决了债务问题,而未能解决起义者提出的归还因债

---

① 《大乘院日记目录》,正长元年九月,儿玉幸多等编:《从史料看日本的发展:中世编》,吉川弘文馆1958年版,第345页。

② 中山定亲:《萨戒记》,儿玉幸多等编:《从史料看日本的发展:中世编》,吉川弘文馆1958年版,第346页。

务而卖掉的土地问题,所以斗争仍然未能平息。(阴)闰九月十日,幕府再度公布"德政令",规定:第一,出卖的土地,已超过20年的,属于买主,原主无权索回,而未满20年的则归还原主;第二,一般农民买卖的土地,不受年限限制,由领主相计裁定;第三,本钱已经偿还的土地、房屋,归还原主;第四,抵押地除超过抵押期的之外,归还原主;第五,所借钱款,全部勾销。由于农民起义的平息,幕府又对上述规定做了修改,如将"年限在20年内的卖地归还原主"条改为"年限在20年内的卖地不可改动"。

三、一向宗农民暴动

佛教一向宗是净土真宗的俗称,它的始祖是亲鸾。他主张不分老少、贵贱、善恶,皆可步入极乐世界。这种平等思想受到了农民和手工业者的欢迎,当然也遭到了统治者的反对。到亲鸾的第八代弟子莲如(1415—1499年)时,一向宗有了更大的发展。莲如奉行法主和佛徒在佛陀面前一律平等的准则,和农民信徒促膝交谈,用通俗的语言宣讲教义,吸引了大批信徒。

一向宗建立了一套完整的"本山本愿寺—末寺—道场—讲"的组织系统。"道场"是各村门徒举行集会的场所。这种集会称"讲"。一个道场少则一个"讲",多则四五个"讲"。每一"讲"的门徒少则几十人,多则几百人。这种"讲"原来是"互相交谈对弥陀本愿信仰之心"的集会,后来逐渐变成门徒们发泄对现实社会不满的集会,成为以宗教为外衣的农民群众团体。[1]在一向宗盛行的地区,这种宗教组织往往和"惣""惣村"等村落自治体结合在一起。随着社会矛盾的深化,农民群众利用这一宗教组织,展开反对统治阶级的斗争。恩格斯曾指出,在欧洲"反封建的革命反对派活跃于整个中世纪。革命反对派随时代条件之不同,或者是以神秘主义的形式出现,或者是以公开的异教的形式出现,或者是以武装起义的形式出现"[2]。在日本,一向宗农民暴动也正是日本农民利用公开的"异教"形式进行的武装斗争。

一向宗农民暴动主要发生在经济比较发达的近畿、北陆、东海等地区,其中以加贺、越中、越前、飞驒、三河等国最活跃。1460年,东大寺八幡宫高濑庄发生一向宗农民抗交年贡的斗争。1474年,以加贺国为中心,一向宗农民起义达到高潮。

1473年,围绕加贺国守护职问题,该国豪强富樫政亲(1455—1483年)和富樫

---

① 张玉祥:《关于日本中世纪加贺国一向宗门徒起义的几个问题》,《日本研究》第26期。

② 恩格斯:《德国农民战争》,《马克思恩格斯全集》第7卷,人民出版社1959年版,第401页。

幸千代兄弟发生对立。加贺农民和国人、地侍①利用豪强之间的矛盾,在一向宗的旗号下举行武装起义。起义军先与富樫政亲联合,于(阴)十月驱逐了守护富樫幸千代。富樫政亲继任守护。可是,富樫政亲一上台,便对一向宗农民起义进行严酷的镇压。农民们以村、乡为据点进行反抗,逐渐地使村、乡成为幕府势力不敢深入的自治村、自治乡。至1482年时,加贺国已控制在一向宗农民手里。统治者惊叹:"近年加贺政情,国务重职被逐,已成无主之国,土民之徒,横行乡里,挟持武将,权同守护,此乃下克上之基。"②1487年,守护富樫政亲应幕府之召,征讨近江国守护六角氏。加贺国农民、国人、地侍联合抵制上缴兵粮米,拒征夫役。(阴)十二月,加贺一带的农民集聚在一向宗旗号下,进攻守护富樫政亲。1488年(阴)五月,20万③一向宗起义大军,包围了富樫氏据守的高尾城。富樫政亲在箭绝粮尽的情况下,于(阴)六月九日自杀。一向宗僧徒奉富樫氏一族的泰高为守护,而实权操在起义者手中,加贺国成了"百姓掌权之国"④。组织严密、参加人数众多的一向宗农民暴动,断断续续地进行了一个多世纪,到16世纪中叶渐趋失败。其重要原因有3点。

第一,暴动的领导人大多是国人和地侍。这些人是农村中的有势力者,且具有很大的动摇性。当守护横征暴敛、损害其利益的时候,他们便和农民在一起,甚至站在斗争的最前列,率领农民同守护做斗争。一旦斗争胜利,他们便不惜挑起起义军内部的分裂来争夺胜利果实。1531—1537年间,一向宗起义军内部发生的多次武装冲突,都是这些人挑起的。

第二,一向宗教主不准信徒反对统治阶级。为了使参加暴动的信徒回到静心念佛的囚笼里去,莲如制订了11条教规,其中的第5条规定:念佛者应听从守护、地头等(封建)领主的命令。1474年,又进一步动员信徒尊重守护、地头,按时缴纳年贡。1475年,又增添了3条戒规,其中一条是"不可疏慢守护、地头"⑤。进入战国时代后,教主更推行"王法为本"。如不顺从,就会被逐出教门。一旦被开

---

① 地侍:又称地士、国侍,日本中世时期农村的有势力武士(不是在幕府供职的武士)。

② 《山门大讲堂集会评定书》,稻垣泰彦、户田芳实编:《日本民众的历史2:土一揆和内乱》,三省堂1975年版,第388页。

③ 围攻高尾城的一向宗起义军人数,《荫凉轩日录》载是20万人,《后法兴院记》载是数万人,《官知论》载是十数万人。

④ 《实悟记拾遗》,佐佐木润之介编:《日本民众的历史3:天下统一和民众》,三省堂1974年版,第87页。

⑤ 儿玉幸多编:《图说日本文化史大系7:室町时代》,小学馆1957年版,第194页。

除教籍,就失去了法的保护,精神上和物质上都要陷入苦境。为了谋求生计,大多数教徒被迫放弃斗争。

第三,统治阶级用武力进行了残酷的镇压。

第五节 室町时代阶级关系的变化
和庄园制的日渐瓦解

室町时代是以争乱始,而又以争乱终的动乱时代。自1336年(阴)十月公布《建武式目》起,至1573年(阴)五月,末代将军足利义昭被逐出京都、流放河内止,历时230余年。其间,除第三代将军足利义满统治时有过短暂的安定外,其余时间都处在动乱之中。幕府统治的中叶,即1467年以后,出现了群雄割据的战国时代。这种动荡的政治局面,是与庄园制的日渐瓦解和随之而来的阶级关系大动荡分不开的。

前文曾经说过,庄园制下的阶级关系是领主(本家)、庄官、大名主和庄民之间的关系。自镰仓幕府设置地头以后,庄园领主、庄官的权力日渐受到地头的侵蚀。13世纪末叶以后,庄园领主赖以生存的剥削体制进一步发生了动摇,阶级关系也发生了新的变化。

一、名主阶层的变化

大名主阶层本是庄园体制中直接控制庄民的最基层的剥削者。但由于商品经济的发展、高利贷的剥削,相当一部分名主因无法维持生计,出卖了名田和名主职。有的名主则因子息相嗣,不断地分家,使拥有的名田一年小于一年。这样,不少旧日的大名主沦落为小名主、小百姓(自耕农)或一般庄民。山城国上久世庄原有13个名主,到了14世纪20年代,13个名主领有的土地,却被51个新名主分割。[1]和泉国大鸟庄原有10个名主,在13世纪末叶的庄园帐籍上,却出现了50个名主。[2]摄津国垂水庄在1189年拥有4町以上土地的名主有22人,至1343年减少到6人。相反,拥有4町以下的名主却由70人激增到143人。其中占地1町以下的名主达106人,占名主总数的71%(见表8-1)。

---

[1] 历史学会、日本史研究会编:《日本历史讲座》第3卷,东京大学出版会1956年版,第70页。
[2] 历史学会、日本史研究会编:《日本历史讲座》第3卷,东京大学出版会1956年版,第70页。

表8-1　摄津国垂水庄名主变化表

单位:人

年份	0.5町以下	0.5(含)—1町	1(含)—4町	4(含)—10町	10町(含)以上	合计
1189	29	12	29	15	7	92
1343	96	10	37	5	1	149

资料来源:永原庆二:《日本封建社会论》,东京大学出版会1955年版。

这些数字说明,原来集中在少数名主手中的名田,已经被分割得相当零散。除少数旧名主仍保持着原有的经济实力外,大部分已经沦落为只拥有4町以下土地的小百姓。

新出现的名主,占地面积多则数町,少则一二町,所以他们已经不是原来意义的名主了。他们从旧名主那里继承下来的权利,就是向领主缴纳年贡。名主阶层已经徒有虚名,名田制也已名存实亡了。

二、自耕农人数的增加

增加的自耕农,主要来自2个方面:一方面是上述名主阶层的分化,产生了一大批小名主、小百姓;另一方面是一些劳动力强、耕作技术较高的租佃农地位的上升。这些租佃农地位上升的关键在于开垦荒田。

中世纪以后,庄园土地的耕作日渐精细,庄园领主和庄官、地头(或称在乡领主)主要关心原有田地的年贡和赋税的征收,而对于散布在庄园内的荒野,并不热心于组织开垦。这就为劳动力强的租佃农(作人、下作人)提供了有利的条件。他们在劳动之余,对田边、宅后和其他荒地进行开垦。这些被开垦地,虽然仍受着在乡领主的约束,但在一定年限内允许免纳年贡和赋役,并允许开垦者自由买卖耕作权,所以实际上成了农民的私田。1214年,美浓国茜部庄有土地77町,大约经过1个世纪,增加了45町。肥后国人吉庄的南部,1198年总田数为122町余,1212年增加了41町,1244年又增加了10町,增加的田数相当于原有总田数的30%。[①]

三、地域共同体"惣"的出现

随着名主阶层的分化、自耕农人数的增加,庄民在生产中的自主性也相应地

---

① 小泉宜右:《内乱期的社会变动》,新田英治等:《岩波讲座日本历史6:中世2》,岩波书店1975年版,第129页。

增强了,尤其在比较先进的地区,商业活跃,货币流通,诱使自耕农把农产品投入市场。再加上农业生产过程中,开发山野、修治水利都需要互相协作,逐渐地形成了自治的农村组织——"惣"。开始以村为单位,后来发展到几个村,或以庄、乡为单位,组成"惣村"。

"惣"有独立的组织机构,一般由当地威望高、资产厚,又有武力的地侍主持,每有村政大事就举行"村政合议"。出席合议的人大多是拥有较强经济实力的长者,日本古籍上称他们为"大人""老长""乙名""年寄""宿老"等。"惣"这种农民自治的村政组织,实质上是庄园制内部滋长起来的新的社会体制,既是生产上的协议机构①,又往往是农民社会活动的组织者和指导者。

四、国人领主势力的发展

庄园体制中的庄官层的利益,由于地头势力的发展受到了极大的损害。尤其是镰仓幕府末期,庄园领主和地头实行的"地头土地承包制"和"领地均分法",是以损害庄官的利益为前提的,庄官的处境也更为艰难。他们上受庄园领主的控制,下遭广大庄民的反抗,又要时时防备地头势力的侵蚀。随着庄园领主势力的衰弱,庄官们感到依靠领主已无法确保自己的权益,唯一的办法就是增强实力,抵御地头势力。庄官力量的增强,导致他们与领主那种相依为命的主从关系逐渐松弛。进入室町时代,地方上的实权已经坚实地掌握在领主化的地头和庄官手里了。历史上把这些人称为"国人"或"国人领主"。

五、守护大名

在镰仓时代,守护的职责是维持社会治安和管理御家人。然而,室町时代,守护大名的职权范围扩大了。《建武式目》明确规定:"守护职者,上古之吏务也,国中治否,只依此职。择有才干者任之,此乃抚民之要也。"②"委任守护之本意,为治国安民也。"③表明守护大名对于巩固幕府统治的重要性。1346年,在追加法

---

① 《革岛文书》载:山城国桂川流域的久世、河岛、寺户3个乡,曾共同协商利用桂川水源。3个乡订立的契约说:"三乡同心共济,结成一体,宣誓不怀邪恶之意。若有背约之乡,则当停止其使用河水。"参见儿玉幸多等编:《从史料看日本的发展:中世编》,吉川弘文馆1958年版,第340页。

② 《建武式目》。

③ 《建武以来追加》,儿玉幸多等编:《从史料看日本的发展:中世编》,吉川弘文馆1958年版,第267页。

中规定,守护大名除原有的"大犯三条"的职权外,还有2项职权,即有权调查、处理刈田的非法行为和贯彻执行幕府关于诉讼案件的裁决。这2项新增加的职权,为守护大名随意进出庄园打开了合法的大门。1352年,幕府宣布:为征集"兵粮料",对近江、尾张、美浓、伊势、志摩(今三重县)、伊贺、和泉、河内8国实行"当年年贡均分"的"半济制度"。[①]就是说,每年上交给领主的年贡之一半,由幕府征收。这种战时的临时税,后来不但正式固定下来,而且扩大到畿内、九州地区。1368年(阴)六月十七日,足利义满又进一步宣布:除皇室、摄关家、寺社亲自管辖的庄园不实行"半济制度"外,"其余诸国庄园,皆暂行均分"[②],把"半济制度"强行推广到全国。后来,幕府还设置多种税收,如土地税("钱")、户税("栋别钱")、夫役("守护役")。在关卡、港湾征收关税("津料")、通行税("关钱"),对当铺(土仓)、酒屋征收营业税("仓役""酒屋役")。

幕府的一系列军事、行政、经济措施的推行,都委于守护大名贯彻执行。因此,随着职权范围的扩大,守护大名更加骄恣。他们在执行幕府的指令时,常常掺杂私利。他们借口领主对庄园没有直接控制,没收了大批庄园领地。"当今诸国守护,处处大名,独自强占寺社、本所领地"[③],使庄园领主们大为惊愕,惊叹此种行为"实为罕见"[④]。守护大名权势的扩张,不但严重地影响了庄园领主的经济收入,而且削弱了地方政府的国衙的职权,"凡国衙之事,皆属守护职"[⑤]。

面对着守护大名对庄园的侵蚀,庄园领主为保障年贡的收入,不得不采取"守护承包制"的形式,即在守护大名保证每年缴纳年贡的许诺下,将庄园全权让与守护大名[⑥],使守护大名成为拥有军事、政治、经济大权的一国或数国的统治者。

---

① 《建武以来追加》,横井清编:《史料大系日本历史3:中世2》,大阪书籍1978年版,第75页。

② 《建武以来追加》,儿玉幸多等编:《从史料看日本的发展:中世编》,吉川弘文馆1958年版,第277页。

③ 《神木入洛记》,历史研究会、日本史研究会编:《日本历史讲座》第3卷,东京大学出版会1956年版,第47页。

④ 《建内记》,文安元年五月二十八日,田沼睦:《公田段钱和守护领国》,小川信编:《室町幕府》,有精堂1975年版,第134页。《建内记》,又名《建圣院内府记》,约50卷,万里小路时房日记是1428—1447年间的重要史料。

⑤ 《上杉家文书》,青木和夫等:《岩波讲座日本历史3:古代3》,岩波书店1976年版,第11页。

⑥ 1413年长讲堂领有的23座庄园中,有14座让权于守护大名或守护代,法金刚院领有的7座庄园中有4座让权于守护大名。

六、守护大名与国人的结合

守护大名扩张权势的过程并不是一帆风顺的,其最大的障碍之一就是掌握地方实权的在乡领主。他们把守护大名视为入侵的外来势力。为反对守护大名危害自己的利益,他们采取的主要手段是发动暴动("国人一揆"),数人、数十人联合起来斗争。①图8-3显示了庄园制阶级关系的变化。

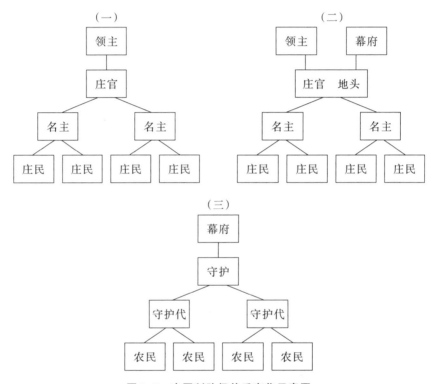

图8-3　庄园制阶级关系变化示意图

守护大名为打破国人的抵抗,与愿意臣服的国人相提携,结成主仆关系,委任他们为自己的代理人("守护代"),具体管理一庄、一地或一国。守护大名和国人的结合,使庄园体制中统治阶级内部的关系发生了根本变化,即原来的领主、庄官、名主的关系转变为幕府、守护大名、守护代的关系。这种转变是日本从封建庄园制经济向江户时代的封建分封制,即马克思所说的"纯粹封建性的土地占

---

① 14世纪三四十年代发生的丰后角违暴动,参加的国人有60—70人。1377年(阴)十月发生的南九州暴动,共有61人参加,参加人的地区涉及日向、大隅、萨摩、肥后等国。

有组织"[①]过渡的阶级关系。因为这种阶级关系是封建制发展过程中2个阶段交替时期的过渡，所以它是不稳固的，是处在不断变动之中的阶级关系。

七、幕府抑制守护大名的措施

守护大名本是室町幕府统治体制的重要环节，一直由足利氏一族和忠诚于幕府的有实力的旁系武士担任。足利义满时代，足利氏一族的守护领有29国，旁系守护（"外样守护"）领有14国。可是，15世纪后，守护大名势力日益扩展，出现了势跨数国的大守护，如：细川氏统领经济、军事上都有重要意义的赞岐、阿波、土佐、淡路、摄津、丹波、备中7国之地；畠山氏领有能登、越中、河内、纪伊4国；斯波氏领有越前、尾张2国；一色氏领有丹后、若狭、三河3国；旁系大名山名氏领有石见、伯耆、因幡、备后、安艺；大内氏据守周防、长门；赤松氏占据播磨、备前。守护大名势力的发展，直接威胁着室町幕府的统治。直属将军管辖的关东管领下的10国，九州探题管领的11国，以及奥、羽2国，日益受到蚕食。为了避免经济利益被侵占，幕府采取了2项对策。第一，幕府利用国人阶层与守护大名之间的不稳固的关系，越过守护大名，同国人阶层联系，以国人领主们尊奉幕府为条件，组成"奉公众"，将幕府的直辖领地（"御料所"）[②]，交给有力"奉公众"管理。"奉公众"犯法，守护大名无权干预，一律听候幕府处理。第二，扩大将军直辖领地，宣布山城国为"将军料国"。

幕府的上述措施并没有挽救它的颓势。幕府、守护大名、国人领主之间为着各自的利益，不断地排斥对方，蚕食对方的领地，使矛盾日益深化。

第六节　室町时代日中、日朝关系

13世纪中后期，与日本相邻的中国、朝鲜、琉球都发生了新的变化。1368年，朱元璋率领农民军推翻了元朝的统治，建立了明朝。1392年，李成桂推翻了王氏高丽，建立李氏朝鲜。琉球地区的中山、山南、山北的首领按司，竞相向明朝发展关系，并与朝鲜、安南、爪哇等国进行贸易。就在这种新旧交替的国际形势下，日

---

① 马克思：《资本论》第1卷，人民出版社1975年版，第785页。

② 据桑山浩然研究，幕府的直辖领地有200余处，散布在38国（《日本经济史大系2：中世》，东京大学出版会1965年版）。据井上清研究有600处（《日本历史》中册，岩波书店1965年版）。

本也与东亚诸国积极发展国交。当时,日本与中、朝之间的关系,主要是围绕着倭寇问题展开的。

一、倭寇的形成和发展

"倭寇"一词最早见于朝鲜古籍《高丽史》:"倭,寇固城、竹林、巨济、合浦……倭寇之侵,始于此。"[①]在我国,最早则见于《(明)太祖实录》:"倭寇出没海岛中,屡次侵略苏州之崇明,杀伤居民,夺财货。"[②]

这里所说的倭寇,是指13—16世纪在朝鲜半岛、中国沿海地区活动的日本海盗集团。倭寇的构成是很复杂的。当时,由于幕府权威的衰落,地方领主势力的增强,再加上庄园制的日渐瓦解,大批破产农民、下级武士沦为海盗。元末以后,中、朝都实行海禁,日本与两国的贸易受到严格的限制。为打破这种局面,在日本九州地区的领主大内氏、今川氏、宗氏、松浦氏等的支持下,商人和海盗结合起来,组成武装贸易集团,以船队航行于中、朝沿海各地,强行交易,若不得允许,则抢劫掳掠,扫荡而去。倭寇船队少则两三艘,多则两三百艘;人数少则五六人,多则三四百人。掠夺的目标主要是米谷、货物和劳动力。

倭寇的发展,大致以16世纪初(明嘉靖年间)为分界,前期以侵扰朝鲜半岛、山东半岛为主,也波及江苏、浙江、福建,后期以浙江、福建等东南沿海为主。

前、后期倭寇的成员是有变化的。前期以日本海盗为主,后期则以中国海盗为主。"今之海寇动计数万,皆托言倭奴,而其实出于日本者,不下数千,其余则皆中国之赤子无赖者入而附之耳。"[③]"大抵真倭十之三,从倭者十之七。"[④]出生安徽歙县的汪直(或称"王直")、杭州僧侣徐海等人,都是后期倭寇的首领。前者以舟山群岛的烈港为前沿基地,后者以柘林、乍浦为前沿基地,袭击苏、浙、闽沿海地区,"流劫浜海郡县,延袤数千里,咸遭荼毒"[⑤]。不难看出,后期的所谓"倭寇"与前期的倭寇有本质上的区别,后期"倭寇"成患的原因不在日本,而是由于中国内在的诸多因素所致。

---

① 《高丽史》,忠定王二年二月。
② 《太祖实录》,洪武二年四月戊子。
③ 《筹海图编》卷11。
④ 《明史》卷322。
⑤ 《筹海图编》卷9。

二、日朝通交和朝鲜的倭寇政策

李氏朝鲜建立后不久,太祖李成桂便派遣僧觉锤为使者,赴日聘好复交,要求禁止海寇扰边。幕府将军足利义满虽对使者表示"海隅民,败坏教化,实我君臣所耻也。今将申命镇西守臣禁遏贼船,放还俘虏,必当备两国之邻好,永结二天之欢心,实所愿也",但以"我国将臣自古无疆外通问之事"为托词,没有响应李成桂复交的呼吁。[①]1398年,朝鲜恭靖王派秘书监敦朴之为使,向幕府呈递国书和赠送礼物。此时,因实现了南北朝的统一,足利义满对朝鲜使者表示了极大的热情。他在给恭靖王的复信中表示:"当遣偏师,尽歼海岛残寇,以通往来舟船,而结两国欢心。"[②]自此以后,日朝国交恢复。1419年,足利义持重申"海内无事,两邦通好"[③]的原则。

李氏朝鲜在积极推进两国关系的同时,还充实军备,巩固海防。在1401—1418年间,兵船达到613艘,拥有水军55000人,并对倭寇实行怀柔政策。对于表示洗手不干的倭寇给予居住权,有的还委以官职。专门开辟富山浦(今釜山)、乃而浦(今熊川)、盐浦(今蔚山)3港为日商贸易区。因此,朝鲜沿海的倭寇急速减少,残剩的一部分倭寇也转向中国沿海地区。

三、日朝之间的信牌贸易

由于采取了怀柔政策,海寇陆续转为海商,从西日本、九州方面到朝鲜经商的人数大量增加。为了限制来航者的人数,1407年,朝鲜政府实行"路引(许可证)制"。规定只有那些在朝鲜任职和持有"路引"的人(被称为"授职人"和"授图书人")才能从事贸易。这种人最多时达数十名。1414年以后,又被限制在10人左右。

1443年,日本与朝鲜缔结《癸亥协定》(日本又称《嘉吉协定》)。双方约定:两国贸易实行"信牌制";凡赴朝贸易者,必须持有对马大名宗贞盛签发的信牌;朝鲜开辟富山浦、乃而浦、盐浦为日商船泊靠港口;日商船每年限50艘。15世纪末,居住在三浦的日本人达3000余人。日本人与当地朝鲜人不时发生冲突,1510年日本侨民受对马名主宗盛顺的指使,杀死了当地朝鲜官吏,史称"庚午倭变"。

---

① 瑞溪周凤:《善邻国宝记》,国会刊行会1975年版,第92页。

② 瑞溪周凤:《善邻国宝记》,国会刊行会1975年版,第93页。

③ 瑞溪周凤:《善邻国宝记》,国会刊行会1975年版,第116页。

李朝中宗即位后,对日本实行居留、贸易限制。1512年,日朝签订《壬申条约》,朝鲜只开乃而浦一港,且不允日本人居留,两国贸易日衰。

当时,由日本输往朝鲜的货物,由于产地不同,品种也不同。畿内地区出口的多半是织物、手工艺品,如扇子、屏风、刀剑等。生产力水平较低的对马、壹岐、松浦及南九州地区则以出口马、武具、硫黄等为主。除上述产品外,还有铜、苏木、犀角、肉桂、沉香等。从朝鲜输入的物品,也因各地需要不同而相异。对马、壹岐等地因"四面皆石山,土瘠民贫,以煮盐捕鱼贩卖为生"[1],主要换取米、豆等粮食。对马大名宗贞盛曾与朝鲜约定,每年送船50艘,得米、豆2万石。南九州不缺粮食,需要的是布匹、棉麻,畿内地区需要的则是人参、皮毛、螺钿、陶瓷等奢侈品和文化书籍,如《大藏经》等佛典[2]、儒教经典等。

四、明太祖的对日政策

明朝建立的第二年,即1369年(阴)一月,倭寇侵扰山东。(阴)三月,朱元璋便派杨载前往日本,递送国书,"诘以入寇之故"。国书中说:"朝朝来廷,不则修兵自固,倘必为寇盗,即命将徂征耳。"当时,镇守九州大宰府的是南朝的怀良亲王(1329—1383年),其嫌明朝国书语气傲慢,予以拒绝。1370年(阴)三月,明太祖又遣赵秩赴日,在大宰府与怀良亲王再次交涉。其间,怀良亲王对赵秩说:"吾国虽处扶桑东,未尝不慕中国,只因蒙古侵我之事,至今余悸尚存。今日新帝登位,难道又要先礼后兵?"对此,赵秩详细阐明朱元璋的对外政策,一再说明绝无先礼后兵之计。怀良亲王这才疑惑释解,赵秩归国时,派僧侣祖来等随来明朝报聘,并送还被倭寇俘掠的明州、台州居民70余人。1372年,明朝廷派僧侣祖阐、克勤等8人送日使祖来归国。行前,朱元璋亲自告诫祖阐等人说:"尔僧使远方,毋得多生事。人为佛弟子,出为我朝使。珍重浦泉经,勿失君臣义……行止必端方,毋失经之理,入国有斋时,斋毕还施礼。是法皆平等,语言休彼此,尽善化顽心,了毕才方止。"[3]表明了明朝对恢复两国国交的诚意。祖阐等人还带去《大统历》和文绮纱罗等物。祖阐等人在博多登岸。当时,南朝在九州地区的统治日益不稳,无暇顾及明朝使节。祖阐等人在筑紫的圣福寺停留了1年余。在滞留期间,祖

---

[1] 申叔舟:《海东诸国纪》,青木和夫等:《岩波讲座日本历史3:古代3》,岩波书店1976年版,第169页。

[2] 1409年、1422年,足利义持2次遣使赴朝求《大藏经》,1423年获得此佛典,1424年又派使索求《大藏经》镂板。朝鲜以仅有一板,不能外流为由,予以拒绝。

[3] 伊藤松:《邻交征书》,国书刊行会1975年版,第140页。

阐、克勤等人对日本的国情日渐了解,得知当时日本有南、北2个朝廷,而掌握大权的是幕府将军足利义满。于是,两人便秘密写信给日本天台宗座主尊道,申述他们出使的真实意图是"告(日本)王知之,大国之民数寇我疆,王宜禁止。商贾不通,王宜通之、与之,循唐宋故事,修好如初"[①]。尊道法师得信后,即转交足利义满。

五、足利义满推进日中复交

足利义满接获祖阐、克勤信后,便迎他们入京都。足利义满答应在国内政局稍安,南北统一后,与明朝通交。1392年,南北朝统一。1394年(阴)十二月,足利义满把将军职让予亲子足利义持,自己剃发出家,号道义。

1401年(阴)八月,足利义满派遣筑紫商人肥富为正使,僧侣祖阿为副使,来明朝修复国交。此时,明太祖已去世,成祖在位。足利义满在致明帝的国书中说:"日本国开辟以来,无不通聘于上邦,某幸秉国钧,海内无虞,特遵往古之规法,而使肥富相,副祖阿,通好献方物。"[②]明成祖十分满意。1402年(阴)八月,肥富归国,明成祖派天伦道彝、一庵一如为使,陪送赴日。明成祖在复信中称足利义满为"日本国王源道义",称赞他"逾越波涛,遣使来朝,归逋流人",称颂日本为"素称诗书国""忠义之邦",是与明朝关系最近的国家。[③]

六、勘合贸易

邦交的恢复,使政府间的贸易也活跃起来。为了防止倭寇冒充国使和贸易使,保证正常贸易的进行,明朝政府和室町幕府商定实行"勘合贸易制"。[④]

"勘合贸易"大致分2个时期:第一期从1406年(明永乐四年)至1419年(永乐十七年),共13年;第二期从1432年(明宣德七年)至1547年(明嘉靖二十六年),共115年。

1406年订立了《永乐勘合贸易协定》。双方一致同意,两国每"十年一贡,人止二百,船止二艘,不得携军器,违者以寇论"[⑤]。为了贯彻协议,明成祖于当年派专使赴日,带去永乐年号的本字勘合100道,日字勘合底簿1扇,并赐足利义满刻

---

① 瑞溪周凤:《善邻国宝记》,国会刊行会1975年版,第89页。
② 瑞溪周凤:《善邻国宝记》,国会刊行会1975年版,第94页。
③ 瑞溪周凤:《善邻国宝记》,国会刊行会1975年版,第96—97页。
④ 勘合贸易凭证,由明朝政府制定,骑缝一剖为二,一扇送日本,一扇留中国。
⑤ 《明史》卷322。

有"日本国王"的龟钮金印1枚。[①]第一次勘合贸易期间,共派贸易船6次,共37艘。

1408年(阴)五月,足利义满去世。将军足利义持反对足利义满向明朝称臣的做法,认为有失国体,于1419年断绝了两国关系。

1428年,足利义持去世,其弟足利义教任将军。由于幕府财政上的困难,义教迫切希望改善同明朝的关系。这时明宣宗在位,也希望恢复同日本的通交。1432年明宣宗曾遣使琉球,通过琉球中山王尚巴志从中斡旋,调和两国关系。足利义教欣然响应,派龙室道渊为使,分乘5艘船来明和好。在北京签订了《宣德勘合贸易协定》。该协定仍保持两国10年一贡的规定,但人数和船只稍有增加,"人毋过三百,舟毋过三艘"[②]。第二次勘合贸易期间,日本共派贸易船11次,平均每10年一次。时间上基本符合《宣德勘合贸易协定》,船只、人数上则屡有超过。船只多至9艘,人数多至千人。[③]第二次勘合贸易与第一次不同的是,幕府船极少,在总共50艘贸易船中,幕府派遣的只有7艘,朝廷派遣的1艘,其余42艘都是大名、寺社派遣的。[④]不论是幕府派遣的,还是大名、寺社派遣的船只,都搭乘了许多客商,多是博多、门司、堺等地的商人。他们直接参与了这些遣明船的筹建,不少船只主要是依靠他们的钱筹建的。大量私商的搭乘,致使"贡物外,所携私物增十倍"[⑤]。私商之数常占每次来明总人数的半数以上。[⑥]

这种受限制的勘合贸易,就其每一次的贸易额来看还是不小的。以1451年为例,持"勘合"来明的贸易船共9艘,总贸易额达20.7万余两白银。[⑦]双方交易的物品从矿物、手工业品、药物到日常生活的布帛针线,范围甚广。由明朝输出的主要有生丝、绸缎、药物、陶瓷器、书籍。《明史·日本传》载:"日本遣商人来易铜钱。"可见铜钱也是输出品之一。1454年来明的日本使节东洋允澎,就曾要求明朝廷资助铜钱:"永乐年间,多给铜钱,近无此举,故公库索然,何以利民,钦待周急。"[⑧]1475年,将军足利义政派遣使节赴明,专门求助铜钱、书籍。明宪宗应其所求,赐铜钱5万文。1483年,足利义政再次遣使求铜钱。他在国书中写道:"抑弊

① 瑞溪周凤:《善邻国宝记》,国会刊行会1975年版,第102页。

② 《明史》卷322。

③ 木宫泰彦著,胡锡年译:《日中文化交流史》,商务印书馆1980年版,第551页。

④ 木宫泰彦著,胡锡年译:《日中文化交流史》,商务印书馆1980年版,第552页。

⑤ 《明史》卷322。

⑥ 1539年,日商船3艘来明贸易,乘员总人数为456人,其中私商297人,占65%。

⑦ 《明史》卷322。

⑧ 瑞溪周凤:《善邻国宝记》,国会刊行会1975年版,第195页。

邑久兼,焚荡之余,铜钱扫地而尽,官库空虚,何以利民,今差使者入朝,所求在此耳。圣恩广大,愿得壹拾万贯。"[1]从日本输入中国的货物,以刀剑、硫黄、苏木的输入量最大。刀的输入量最多时达3.8万余把,硫黄39万余斤,苏木10万余斤。

对于日本的大名、寺社和商人来说,往返明朝一次,获利极大。一艘遣明船,从中国可载回价值3万—4万贯的货物,转手之后可得纯利1万贯左右。[2]正因为有这样大的利益,大名和商人都争相赴明贸易,以至到达中国后,互争真伪,动武格斗。[3]

1551年(阴)九月,大内氏在战国群雄的争斗中被杀,他所掌管的勘合符被兵火所焚,再加上战国混战,幕府已名存实亡,无暇顾及遣使赴明索取勘合符,因此,勘合贸易断绝。

---

① 瑞溪周凤:《善邻国宝记》,国会刊行会1975年版,第199页。

② 佐佐木银弥:《海外贸易和国内经济》,青木和夫等:《岩波讲座日本历史3:古代3》,岩波书店1976年版,第180页。

③ 1523年,大名大内氏派遣僧侣宗设谦导入明,不久大名细川氏也派僧侣瑞佐、宗素卿入明。2个大名使者在宁波相遇,互争真伪,以至于杀死了明朝都指挥刘锦等人,遂使日明贸易一时中断。

第九章 战国时代（1467—1568年）和安土桃山时代（1573—1600年）

第一节　战国大名的崛起

此起彼伏的农民暴动,动摇了室町幕府的统治基础,幕府内部争权夺势的斗争也日趋激烈。

1438年,幕府的镰仓管领足利持氏(1398—1439年)图谋窃取将军职位,秘密策划了"永享之乱"。1441年(阴)六月,又发生了播磨国守护赤松满祐杀死将军足利义教事件("嘉吉之乱")。足利义教被杀后,虽然其幼子义胜(1434—1443年)、义政(1436—1490年)相继任将军职,但足利氏的威望已一落千丈。据《应仁记》[①]载,足利义政在职期间不务政事,整日沉醉于酒色、淫乐之中,不顾百姓贫困,广征赋税,聚集诸国巨木奇石,修建豪华的"银阁"[②],激起了举国上下的怨声,甚至连当时无权的后花园天皇也看不惯,特意写了一首讽喻诗表示不满:"残民争采首阳薇,处处开炉锁竹扉。诗兴吟酸春二月,满城红绿为谁肥?"再加上足利义政之妻日野富子聚敛钱财,放高利贷盘剥武士,并且囤积大米,哄抬米价,引起了京都文武官员的怨恨。

在这种政治混乱中,幕府内部武将之间为争夺权力形成了以山名宗全(又名持丰,1404—1473年)和细川胜元(1430—1473年)为首的两大对立集团。

一、应仁之乱

1467年(应仁元年),两大对立集团终因幕府将军的继承人问题发生了武装冲突,史称"应仁之乱"。将军足利义政一心沉湎于酒色,有意让位于弟弟足利义

---

① 《应仁记》共2卷,军记,作者及成书年代不详。
② 银阁:与第三代将军足利义满在京都北山建造的"金阁",并称室町时代的豪华建筑。

视。幕府管领细川胜元积极支持,而山名宗全则表示反对,力主立足利义政刚刚诞生的幼子义尚为将军,矛盾骤然尖锐。

1467年(阴)一月八日,在山名宗全的竭力要求下,足利义政罢免了支持细川胜元的管领畠山政长。他的管领职由支持山名宗全的斯波义廉接替。十五日,山名宗全聚集30余名将领,进一步密议讨伐细川氏派。当晚,山名宗全要求足利义政发布征讨细川胜元、畠山政长令。十八日,畠山政长遭围攻,因无后援而惨败。

为替畠山政长报仇,细川胜元决心与山名宗全决一死战。山名宗全也调兵遣将,积极备战。经过紧张的募集,各国守护大名,分别投靠细川氏和山名氏。畿内、北陆、四国和中部地区的守护大名多响应细川胜元之召,集16万之众。山阳、山阴、东山、东海等较远地区的守护大名大多声援山名宗全,聚兵11万余。细川胜元统率的军队,因占据京都东北部,故称"东军";山名宗全的军队据守京都市中心之西,故称"西军"。足利义政害怕京都成为战场,向双方下达命令:"先战者罪之。"可是,两军相峙,战事已无法制止。(阴)五月下旬,战幕揭开。(阴)六月,细川胜元挟持将军足利义政;(阴)八月,又挟持后土御门天皇、后花园上皇,打着幕府和皇室两面大旗,声讨山名宗全。

战事互有胜负,进入拉锯状态。至1473年,西军首领山名宗全、东军首领细川胜元相继死亡。两军军卒厌战情绪骤增。再加上各地政局不稳,参战的各守护大名相继抽调兵力返回领地。1477年(阴)九月,畠山义就率军返回河内。(阴)十一月,大内政弘率军退出京都。西军不宣而散,战乱基本结束。战乱从1467年开战至1477年,长达10年之久。表9-1显示了应仁之乱中东西两军的力量对比情况。

表9-1　应仁之乱中东西两军力量对比

	守护	细川胜元家族	畠山政长	斯波义敏	京极持清家族			赤松政则	富樫政亲	武田国信
东军 领国		丹波　摄津 和泉　阿波 土佐　淡路 三河　备中	纪伊 河内 越中	（越前）	近江　飞騨 隐岐　出云			（播磨）	加贺	安艺　若狭
西军 守护		山名宗全家族	畠山义就	斯波义廉	畠山义统	六角高赖	一色义直	土岐成赖	河野通春	大内政弘

续　表

西军	领国	但马 伯耆 美作 备后	因幡 石见 备前 播磨	(河内 大和)	越前 尾张 远江	能登	近江	丹波 志摩 伊势	美浓	伊予	周防 长门 筑前 丰前

注:加括号表示不是该地的守护,却是有势力者。

应仁之乱使古城京都地区遭到了严重的破坏。"汝知京都艳,今朝遍荒野。黄昏云雀飞,悲凉泪满颜。"(《应仁记》)

许多名刹古寺、公私宅邸、优秀文物化为灰烬。地方上拥有实力的武士、领主乘乱世之危扩充势力,抢占一城、一地、一国,违抗上命,自立为王,战国大名崛起。"室町霸业衰,中原乱如麻,天地杀气满,山河战场多。"(藤田东湖《咏史》)

在这动荡的"下克上"的混乱中,日本历史进入了长达120余年的战国时代。

二、战国大名和守护大名的比较

战国大名与守护大名最根本的区别在于:守护大名由幕府任命,受幕府统治。他们在所治理的地区具有一定的独立性,但不能超越他的权限。幕府有权撤换或征召守护大名镇压暴乱和民众起义。战国大名则不同,他们是独立于幕府体制以外、与幕府对立的地方领主,以军事实力为后盾,把所控制的地域变成独立王国。实力雄厚者,霸占一国或数国;实力较弱者,占据一城或半城。[①]为了争夺和扩大领地,大名之间,乃至父子、兄弟之间,经常发生互相争斗残杀。

战国大名主要由2种身份的人转化而来:一是原幕府守护大名,乘战乱之机宣布独立,如常陆守护佐竹氏,安艺守护武田氏,肥前守护今川氏,周防、长门守护大内氏,大隅、萨摩守护岛津氏,丰前、丰后守护大友氏,等等;二是国人领主或守护大名的家臣,凭借武力或权术杀掉守护大名,排除异己势力,跻身于战国群雄之列,如三好氏、松永氏、浦上氏、毛利氏、吉川氏、尼子氏、长宗我部氏、朝仓氏、浅井氏、斋藤氏、织田氏、松平(德川)氏、伊达氏等。此外,也有从食客或商贾发展起来的,其中最典型的人物就是控制美浓国的战国大名斋藤道三(1494—1556年)和驰骋关东地区的北条早云(1432—1519年)。

---

① 战国大名大约有200人,而幕府属下的守护大名有60多人。

三、群雄割据

斎藤道三出身浪人家庭,是一个多才的人物。他不但钻研过佛学、儒学和日本、中国的兵书,而且能歌舞、通乐曲。其岳父是灯油商,斎藤道三也一度贩卖过灯油。16世纪初,他弃商从武。1527年(阴)八月,他驱逐了美浓国守护土岐盛赖,奉自己的主人土岐赖艺为守护。1542年(阴)五月,他又驱逐了土岐赖艺,自己做了美浓国国主。

北条早云是一个浪人,因其妹是骏河国今川义忠之妾,得以寄身于今川氏门下为食客。后因今川氏内部发生了继承家业的争斗,北条早云以其善辩之才说服了双方,拥立自己的外甥继承今川氏家业,他也因此成为伊豆国兴国寺城的城主。1491年,据守伊豆堀越的幕府代理人("关东公方")足利政知家族内讧,北条早云乘机奇袭堀越城,进而完全控制了伊豆半岛。1495年,又夺取了相模国的战略要地小田原城。

在甲斐、信浓、越后、越中地区,以长尾景虎(后改名上杉谦信,1530—1578年)、武田信玄(1521—1573年)为最强。1561年,上杉谦信取代其父,成为越后国和关东北部地区的统治者。武田信玄占领甲斐、南部信浓和骏河、远江的部分地区。1553—1564年间,上杉谦信和武田信玄之间发生了5次激战,其中以1561年(阴)九月的川中岛会战最为激烈。武田军高举青色布旗,上书金色大字"疾如风,徐如林,侵掠如火,不动如山"[1]。上杉谦信军则高扬白绢大旗,上用墨书写一个"毘"[2]字。战斗中,武田信玄大摆"诸葛亮八阵图"[3],而上杉谦信则采用孙武的车轮阵,结果车轮阵战胜了八阵图,武田信玄失败。

在东部沿海地区骏河、远江、三河、尾张、美浓一带的群雄中,以三河国松平乡小领主出身的松平广忠和他的儿子松平家康(即德川家康,1542—1616年)、尾张国织田庄小领主出身的织田信秀和他的儿子织田信长(1534—1582年),势力最盛。

在中国地区,本来以大内氏势力最强,管辖周防、长门、丰前等国。1551年(阴)八月,国主大内义隆(1507—1551年)因家臣陶晴贤(又名陶隆房,1521—1555年)叛乱,被迫自杀,大内氏家的实权落入陶晴贤手中。中国地区形成了陶

---

① 语出我国《孙子》。原文是:"不知山林险阻沮泽之形者,不能行军。不用乡导者,不能得地利。故兵以诈立,以利动,以分合为变者也。故其疾如风,其徐如林,侵掠如火,不动如山,难知如阴,动如雷霆。"

② 毘:指佛教的毘沙门天战神。上杉谦信自诩为毘沙门天战神的化身。

③ 武田信玄所摆的八阵为鱼鳞、鹤翼、长蛇、偃月、雁行、锋矢、方向、衡轭。

晴贤、尼子经久(1458—1541年)、毛利元就(1497—1571年)三雄对峙。1555年(阴)十月,毛利元就与陶晴贤会战于严岛,陶晴贤军惨败。此后,毛利元就威震中国地区。

九州地区,在15世纪末至16世纪间出现龙造寺氏、大友氏、岛津氏三分九州的形势。其中以龙造寺氏势力最盛,先后控制了肥前、筑后、肥后等地区。1581年,龙造寺氏与岛津氏为争夺肥前国的统治发生争斗。1584年,龙造寺隆信(1529—1584年)发兵2.5万人征讨肥前南部地区,岛津氏以不满1万之兵抵御。两军在岛原一战,岛津氏以弱制强,大败龙造寺氏。至此,九州的三足鼎立变成大友氏与岛津氏的对峙:大友氏割据九州北部,岛津氏割据九州南部。

四国地区,土佐的小领主长宗我部元亲(1539—1587年)在1574年把土佐守护一条氏赶出国外,夺取了土佐的实权。1575年,又出兵占据阿波国、赞岐国、伊予国。1585年,实现了制霸四国的野心。

在陆奥地区,有战国大名20余人。其中以据守山形城的最上氏、伊达郡的伊达氏为最强。16世纪中叶以后,伊达氏势力渐盛,逐步制服其他各大名。

第二节　战国大名的治国之策

战国大名中,许多人既是战场上的武将,又是善于文治的统治者。如前所述,战国大名由守护大名、国人领主和守护大名的家臣转化而来,对社会底层情况比较熟悉。他们从自身的经历中认识到:控制领国内的小领主和安定农民生活、保证农民从事农耕的起码条件,是巩固领国统治的两大基础。大多数战国大名正是首先从这2个方面着手治理领国的。

一、家臣团的建立

战国大名在建国之初,对领国内的小领主一般都采取渐进的控制政策,逐步把他们纳入自己的统治体制。只要小领主表示服从统辖,则对其领有的土地、财产实行保护,对其原来拥有的一切权利不予剥夺。这就减少了战国大名与小领主之间的摩擦。当然,这种对小领主的保护政策,只不过是立国之初稳定局势的权宜之计。战国大名站稳脚跟之后,就着手削弱或剥夺小领主的经济和军事实权,通过"家臣制",把小领主原有的领地转化为大名的直辖领地。虽然领地的经营管理仍由小领主负责,但已成了大名恩赏给他们的"封地"。有人曾这样形容战国时期主臣之间的关系:"君是船,臣是水,水涨船浮,水涸船也难行。"①

关于家臣团的组织,虽然情况不尽相同,但其基本的结构则大同小异。家臣一般都分为上层家臣和下层家臣。上层家臣称"寄亲",下层家臣称"寄子"。②"寄亲"包括与大名关系较亲近的领主、大名的血缘亲属和追随大名有过功绩的亲信,如武田氏有"武田二十四将",北条早云有"家老众二十人"等。大名主要依靠这些人控制领国:他们有的被安置在大名的近侧,作为"中央"机构的官吏、军师;有的被分配到分国和要塞,作为大名的代理人实行政治、经济、军事的全面统治。他们既是各级行政官吏,又是军事指挥者。"寄子"隶属于"寄亲",大多是地方上的国人。他们的义务是平时治理乡村,战时从军出阵,一般都是军团中的骨干。③平时,家臣一般都集中住在大名的城下町,其所管辖的乡村交给代理人或下司管理。

二、战国家法的制定

战国大名把领国内的原有领主纳入家臣制之后,便开始制定战国家法,详细地规定君主与家臣之间的关系和家臣必须遵循的法规。据现存史料可知,制定过家法的战国大名有12家。其条文虽有详有略,但核心思想都是为臣者必须忠于君主。家法中除各自的特殊条款外,普遍都具有下述内容:一是禁止领有土地的买卖和转移;二是实行长子继承法;三是婚姻和财产继承必须得到君主许可;四是家臣不得相争;五是凡违法者,处以锯、火烤、车裂、串刺、斧砍等酷刑,并株连一族一村。此外,如周防国商业比较发达,其家法中对麻布尺寸、金银成色等都有具体规定;越前国大名朝仓孝景是一个笃信孔孟学说的人,因此在《朝仓孝景十七条》中专门规定家臣必须以儒学修身。表9-2详细列出了战国家法。

表9-2　战国家法一览表

战国大名	所辖领国	家法名称	条数	制定年份
大内氏	周防	大内家壁书	50	1439—1495年

---

① 小和田哲男:《战国大名战斗集团的编成》,《历史与人物》1979年第4期。

② "寄亲""寄子"最早出现于奈良、平安时代,当时称"寄口""寄人",是一种保护与被保护的关系。他地移居来的人需要有保证人,保证人称"亲",被保证人称"子"。后来"亲""子"关系发展为隶属关系。"寄亲"插秧、刈稻、盖房时,"寄子"要无偿地服劳役。战国时代,将这种隶属关系纳入家臣团的组织。

③ 小和田哲男:《战国大名战斗集团的编成》,《历史与人物》1979年第4期。

续　表

战国大名	所辖领国	家法名称	条数	制定年份
朝仓氏	越前	朝仓敏景十七条	17	15世纪
北条氏	伊豆、相模	早云寺殿二十一条	21	15世纪
相良氏	肥后	相良家法度	7—21	1493—1555年
今川氏	骏河	今川假名目录	32	1526年
伊达氏	陆奥	尘芥集	170	1536年
武田氏	甲斐	信玄家法	55	1547年
结城氏	下总	结城家法度	106	1556年
六角氏	近江	义治式目	67	1567年
长宗我部氏	四国	长宗我部元亲百条	101	1597年
三好氏	阿波	新加制式	22	16世纪
吉川氏	安艺	吉川氏法度	？	1617年

三、安抚农民的措施

为了使国内民心稳定,统治巩固,战国大名十分重视对农民的安抚。他们安抚农民的政策归纳起来,主要有如下4个方面。

第一,积极谋求农业人口的增加。镰仓幕府末期以来,由于租赋沉重,农民纷纷逃亡。战国大名明确宣布允许逃亡农民返回故乡("人返""还住")。凡返归乡里者,"可免除以往的一切债务"[1]。而且,限制农民自由迁移,对逃亡者实行严厉惩处。

第二,不误农时。战国时期虽然战争不断,但也不是毫无节制,一般情况下,农忙季节是不进行战争的。从应仁之乱到德川家康时期,有名的大会战有几百次,但大部分是在(阴)八月、十二月、一月农闲期进行的。[2]这种共同遵守的农忙期不发动战争的不成文准则,在日本历史上是很少见的。

第三,整顿赋税制度。南北朝时代以来,农民们的赋税、徭役日益加重,除了

---

① 《天文十九年四月朔日(北条氏)虎印判状》,佐胁荣智:《关于后北条氏的税制改革》,《日本历史》1962年第163期。

② 杉山博、南条范夫:《乱世出革新》,《历史与人物》1979年第4期。

固定的地租(年贡)、户税(栋钱)外,还有数不清的苛捐杂税和夫役。战国时代,多数大名都在不同程度上改革了旧税制。如北条早云占领伊豆后,便宣布实行四公六民的租税制,除年贡外,"不再加征公役,若有违背此法者,百姓等可向上告发。地头违法,当罢免其职"。1550年(阴)四月,北条早云之孙北条氏康又对杂税杂役实行整顿,宣告"以往所定之诸公事,悉皆赦免",并以"反钱"代替杂役,"每百贯之地,缴纳六贯",亦即每反土地抽产值的6%,分别于(阴)六月、十月缴纳入库。[①](阴)闰五月,又实行"悬钱制",代替以往的杂捐("万杂公事")。"悬钱"的税率是抽产值的4%。[②]经过一系列的改革,在北条氏的领国范围内,农民每年所负担的地租、户税和杂捐杂役比以往明显地减轻了。[③]这一改革的重要意义,在于以统一的租税代替了繁杂的苛捐杂税,抑制了乱征乱役,固定税率,固定缴纳日期,使农民能够不失农时地耕耘、收割。赋税制度的整顿,提高了农民的劳动积极性。

第四,兴修水利,开垦农田。水利是农业发展的关键,战国大名要想维持强大的军事实力,提高领国的经济水平,就不能不重视水利灌溉事业。因此,不少战国大名亲自抓治水事业,陆奥的伊达政宗挖贞山渠,北条氏房在武藏国井草村辟荒川堰,上杉谦信的养子景胜在越后国刈羽郡的鲭石川建藤井堰,最上义光在出羽国开凿从立谷泽川引水的北楯大学堰。治水最突出的还是武田信玄,他在甲斐国内的河川沿岸建造了不少河堤(一般称"信玄堤")。

由于兴修水利,大批沼泽地和其他荒地辟成了新田,耕地面积显著增加。室町时代初期,日本全国水田面积为94万町步,而到了战国时代,即16世纪末,达到了163万町步,增长了约73%。[④]

第三节　安土桃山时代[⑤]

战国群雄经过近100年的争战,至16世纪50年代基本上实现了地域性的统

---

① 《天文十九年四月朔日(北条氏)虎印判状》。
② 佐胁荣智:《关于后北条氏的税制改革》,《日本历史》1962年第163期。
③ 据记载,当时北条氏收年贡每反地500文,按当时市场米价折算,合米6斗,相当于每反田产量的40%,若再加上4%的"悬钱"、6%的"反钱",大致在产量的50%—60%之间。这一剥削量虽然仍很重,但比此前任意征收的情况有所减轻。
④ 北岛正元编:《体系日本史丛书7:土地制度史Ⅱ》,山川出版社1975年版,第28页。
⑤ 安土桃山时代(1573—1600年)又称织丰政权时代。

一。此后,统治各地域的霸主开始争夺全日本的统治权。从当时的形势分析,要制霸全国,就必须牢固地控制近畿和关东地区;而为了实现对这2个地区的控制,又必须占据介于近畿、关东之间的战略要地尾张、三河、远江等国。事实上,争夺制霸全日本权力的斗争也确实是首先从尾张、三河、远江开始的。

一、桶狭间战役

16世纪50年代,尾张国控制在织田氏之手,三河国则由松平氏(即德川氏)控制,远江国被今川氏占领。三强中以今川氏势力最强。今川氏以雄厚的实力,迫使三河的松平氏屈从,结成主从关系,把三河国变成自己的保护国。

今川义元(1519—1560年)素有称霸天下的强烈欲望,但实现这一欲望障碍重重。尾张的织田氏,美浓的斋藤氏,近江的浅井氏、六角氏等都是其不可忽视的强敌。为了制胜强敌,今川义元于1554年与甲斐国的武田信玄、伊豆和相模的北条氏康(1515—1571年)结成"三国同盟",解除了后顾之忧,开始觊觎尾张。

1560年(阴)五月一日,今川义元以其主力(号称4万)西进。十八日,主力部队进驻尾张国的沓挂城。十九日,分兵出击,由松平元康(即德川家康)等人率军攻取丸根、鹫津两城。将卒因胜而骄,宿营桶狭间,全军饮酒歌舞,一片欢腾,却放松了警戒。

桶狭间,恰如其名所示,是一块狭长的凹地。5000余今川军宿营此地,纵向延伸,首尾难以照应,极易被分割包围。织田信长获此情报,急率2000骑兵,冒滂沱大雨,以急行军速度于午后2时登上桶狭间背后的太子岭,乘今川军欢庆无防,从岭上冲杀下去。今川义元起初还以为是自己的部将叛变,当他发现织田信长亲率兵卒冲杀阵前时,不禁大惊失色,仓皇遁逃,最终被织田信长的家臣毛利新助捉获,砍下了首级。统帅被杀,军无指挥,幸存者逃回骏河国。从此,今川氏一蹶不振。

二、清洲会盟

桶狭间战役之后,松平元康于1561年(阴)二月宣布与今川氏断绝主从关系[①],而与织田信长议和,并会盟于尾张国的清洲城,史称"清洲会盟"。双方约定:今后互相支援,互相协作。织田信长专事于向西发展,德川家康致力于向东

---

① 松平元康6岁时被作为人质,先后寄居于织田信秀和今川义元门下10余年。桶狭间战役后,返归冈崎城。1570年复姓德川氏,改名家康。

部的远江、骏河方向发展。清洲盟约是战国时期许多盟约中缔结双方恪守诺言最好、维持时间最长的一个盟约，一直坚持到织田信长死去。

清洲会盟后，德川家康统一了三河国，并把势力伸入远江国。织田信长则染指西邻美浓国。1561年（阴）五月，织田信长渡过墨俣川，进入美浓西部。（阴）九月，派羽柴秀吉（即丰臣秀吉）构筑墨俣城堡。在这期间，织田信长还采取远交近攻政策，以和亲的办法，与近江的浅井长政（1545—1573年）、甲斐的武田信玄、越后的上杉谦信建立同盟，孤立斋藤氏，减少进攻美浓的阻力。1567年（阴）八月十五日，斋藤军内部叛乱，在织田军的攻击下弃稻叶山城而逃。织田信长完全控制了美浓国。（阴）九月，织田信长移住稻叶山城，将稻叶山城改名为岐阜①，并开始使用"天下布武"的印章②，表明了武力统一全国的思想。不久，又在近江、伊势等国获得了发展。

三、织田信长进驻京都

正当织田信长在军事上取得节节胜利的时候，1567年（阴）十一月，他接到了京都的正亲町天皇（1517—1593年）的信。天皇夸奖他"平定诸国，武勇出众"，是古今无双的名将，并希望依靠他的武力恢复皇室的经济来源。1567年（阴）七月，室町幕府将军足利义昭（1537—1597年）也致函织田信长，表示愿依赖他的实力，恢复室町幕府的权势。天皇和将军的信赖，更坚定了织田信长制霸全国、威压群雄的决心和信心。1568年（阴）九月七日，织田信长率军向京都进发。二十六日，进入京都。自此，织田信长据京都，挟持天皇和将军，号令天下，奠定了统一全国的基础。

织田信长之所以能够在较短的时间内，在政治、军事上取得显赫的战果，其主要原因有4点。第一，他在战略战术上敢于创新，不受旧有条框的局限。指挥上善于利用当时当地的条件。在武器方面，他使用了葡萄牙人传入的鸟铳，并对战斗队伍进行重新编制。第二，尾张、美浓平原是鱼米之乡，这就保证了战争的军需供应，而且地近京都，较其他战国大名有利。第三，他在自己的领国内奖励农田开垦、改革交通，并推行乐市、乐座，宣布乐市商人免纳捐税，确保乐市町人

---

① 岐阜，是根据我国周文王以岐山为据点建立周王朝的历史故事而取名的，表明织田信长一统天下的决心。

② 战国大名的印章多以动物为记，如北条早云的虎印、武田信玄的龙印等。织田信长则用字印，其子信孝、信雄也用字印，分别为"壹剑平天下""威加海内"。

的债权,博得了商人的好感,控制了堺和近畿地区的各大贸易市场。第四,德川家康恪守盟约,牵制了东方的敌对势力,保证了织田信长后方的安稳。

四、长篠城决战

织田信长进据京都,虽然为统一全国迈出了坚实的一步,但前面的道路仍然是不平坦的。当时,影响他实现统一事业的有3股势力:一是以北岭南都为中心的大寺院、大神社势力;二是一些实力雄厚的战国大名,其中威胁最大的是势及骏河、远江、三河、美浓、甲斐的武田氏;三是一向宗农民暴动。织田信长充分发挥了他的政治、军事才能,先后战胜了敌手和镇压了农民暴动。1571年(阴)九月,他袭击了寺院、神社势力的核心比睿山延历寺,烧毁佛寺,杀戮叛僧。1573年,室町幕府将军足利义昭在山城国槇岛城举兵声讨织田信长。织田信长迅速地迫使足利义昭投降,并于(阴)七月将其逐出京都,流放到河内国。至此,室町幕府寿终正寝。1574年后,织田信长先后镇压了越前、加贺等地的一向宗农民暴动。1575年,又与武田氏在三河国长篠城决战。

长篠城是从甲斐、信浓通向东海地区的交通要道,地形极为险要。该城本由武田氏控制,1573年武田信玄去世后,被德川家康占领。信玄之子武田胜赖(1546—1582年)决意要夺回该城,便于1575年(阴)五月围攻长篠城。因防守森严,久攻不下。武田军采用封锁战术,企图断绝城内粮草,迫使守军降伏。在此危急形势下,织田信长率3万大军支援德川家康。织田、德川两军会合,并在连子川右岸摆开决战的阵势,诱敌来战。织田信长在延宕数十里的右岸,挖战壕、筑土墙、建木栅栏,每隔80—90米开一个出击口。木栅栏后面,配备了3000名鸟铳枪手。二十日,以骑兵战著称的武田氏军果然来攻。这是一场旧式骑兵队与新式鸟铳枪队之间的决战。那时鸟铳枪的有效射程是八九十米,并需临时安装火药,难以快速连续射击。织田信长为克服这一缺陷,特将鸟铳枪手分成3个梯队,当第一梯队发火后,立即退居三线安装火药,第二梯队上前发火射击,第三梯队进入二线,准备发火,这就保证了射击的连续不断。在密集的射击下,武田骑兵队大多在信长军建造的木栅栏前倒下,担任突击冲杀任务的许多名将被击毙。最后,信长军总反攻,武田军土崩瓦解,数万之众,生还者仅3000人。

长篠之战使织田信长排除了关东地区的强敌,在统一的道路上又前进了一大步。长篠之战也是日本战史上的一大转折,从重装盔甲的骑兵战术,转变为身着甲胄,手执弓、矛和鸟铳枪的"足轻"①组成的集团性轻装战术。特别是鸟铳战法,自长篠之战后更加普遍地在战场上被使用了。为了进一步实现制霸全日本的宏愿,织田信长在长篠之战后的第二年,即1576年,在琵琶湖旁建筑安土城②,作为控制近畿地区的根据地。

五、织田信长之死

建立安土新城后,织田信长开始西征。1582年(阴)三月,派羽柴秀吉(即丰臣秀吉)进攻备中国,围高松城。不料,受到了毛利辉元(1553—1625年)、小早川隆景(1533—1597年)等联军的反围攻,形势十万火急。织田信长接到羽柴秀吉的求援信后,亲自率军西援。二十九日,离安土城,到京都停留数日,住本能寺。家臣明智光秀(1528—1582年)早有取织田信长而代之的企图,乘织田信长在京都停留之机,于(阴)六月二日黎明,发动叛变,包围本能寺。织田信长被困无援,寡不敌众,最后烧殿自焚。(阴)六月三日,织田信长自焚的消息传到羽柴秀吉军中。羽柴秀吉意识到问题的严重性,便决定和毛利辉元等人停战议和,并于六日率军回师,声讨叛贼明智光秀。十三日,羽柴秀吉率4万军卒进军京都,明智光秀军在山崎、八幡之间的淀川河谷地带阻击,但被秀吉军冲垮。明智光秀逃往近江坂本城,途经小栗栖时,遭到当地农民的阻击,身负重伤,最后在随从的协助下切腹自杀③,弃尸山沟,时距织田信长死去仅11天。

六、羽柴(丰臣)秀吉统一全国

平定明智光秀后,羽柴秀吉俨然以织田信长的后继者自居,引起了织田信长的家臣、宿将柴田胜家(1522—1583年)和织田信长的第三子信孝(1558—1583年)的不满。1583年(阴)四月,秀吉军和柴田胜家军会战于近江的贱岳山,柴田胜家惨败自杀。不久,织田信孝也自杀了。至此,织田信长的宿将中已无人可与羽柴秀吉抗衡,唯一使羽柴秀吉不安的是织田信长的第二子织田信雄(1558—1630年)。羽柴秀吉立意清除织田信雄,织田信雄遂求援于德川家康,举兵与羽

---

① 足轻:行动迅速的轻装步卒。由于步兵的集团战逐渐代替骑兵战,足轻因此日益活跃。

② 安土城建筑在琵琶湖畔的安土山。此山东北、东、西临湖,南北狭长,长1000米,是当时的军事要地。安土城筑成后,有人作诗云:"六十扶桑第一山,老松积翠白云间。宫高大似阿房殿,城险固于函谷关。"(熊仓功夫编:《史料大系日本历史4:近世1》,大阪书籍1979年版,第49页)

③ 明智光秀切腹前曾吟有辞世歌一首:"逆顺无二门,大道彻心源。五十五年梦,觉来归一梦。"

柴秀吉抗衡。1584年(阴)四月,两军在长久手附近交战,秀吉军大败。两军主力又在小牧山地区会战,胜负难分。羽柴秀吉自觉战事难以速决,便决定和织田信雄、德川家康握手言和,(阴)十一月十一日达成和议。至此,羽柴秀吉用文武兼用的战略战术,统一了织田信长诸家臣的势力,确立了领导地位。紧接着,又平定了四国、九州,除陆奥外,其他地区已告统一。

第四节　羽柴(丰臣)秀吉巩固统治的措施

贱岳山战役后,羽柴秀吉认识到有两大弱点制约着自己政治地位的巩固:第一,虽然长期受织田信长的重用,转战东西,屡建战功,但没有建立一个足以支撑自己制霸群雄的基地;第二,出身农民家庭[①],社会地位低下,在尊贵卑贱等级森严的封建社会里要跻入封建统治者最高阶层,并号令全国,必将遇到种种障碍。为了弥补自己的不足,羽柴秀吉煞费苦心,潜心经营。

一、大阪城的建造

1583年(阴)九月,羽柴秀吉选择大阪建设根据地。大阪位于淀川河口,面对肥沃的冲积平原,气温适宜,水源充足,是鱼米之乡。据守大阪,北可通京都,西扼濑户内海,南有商业城堺,是对内、对外贸易的基地。

为尽速建成大阪城,羽柴秀吉征调大批劳力,花费了巨额资财,每日劳动的农民不下两三万人,大阪湾的运石船超过千艘。

大阪城规模可观,建筑宏伟,周围区域达13千米。围绕城市筑有2条护城河,城中心有高9层的天守阁,巍巍壮观,登高远眺,蜿蜒平川,涛涛濑户,尽收眼底。

1584年(阴)八月,羽柴秀吉迁入大阪城。接着命令臣服于己的大名离开领地,集居大阪城下町,以便加强监督,防止谋反。随着大名们的迁居,手工业者和商人们也大批集聚大阪城下,逐渐形成了新的手工业生产和商业贸易中心。

二、太政大臣丰臣秀吉

大阪城建成后,羽柴秀吉便积极地谋求与皇室发生联系,借以抬高自己的身

---

① 秀吉父亲木下弥右卫门,是尾张国的土百姓(自耕农),在秀吉8岁时病死。后母亲改嫁,秀吉改姓羽柴,继父是下级武士。

份。战国以来,皇室久被群雄遗弃,织田信长虽也与皇室联系,但对皇室并不尊奉,在经济上也没有给予特殊的照顾和保证,所以两者的关系若即若离。羽柴秀吉则不同,他以出身贫贱为耻,一心追求权贵的荣誉,对皇室确有虔诚之情。长期遭到冷落的皇室,对这位叱咤风云的武将所给予的尊奉受宠若惊。为了依仗羽柴秀吉的武力,重振威势,皇室于1584年授羽柴秀吉为权大纳言,1585年升任内大臣。羽柴秀吉仍感不足,企望获得"征夷大将军"一职。然而,这一职务自镰仓幕府始一直由源氏担任。羽柴秀吉出身寒门,不能破例重任。

织田信长死后,羽柴秀吉曾改姓平氏。大阪城建成后,羽柴秀吉曾邀请被织田信长驱逐的原室町幕府末代将军足利义昭,表示甘为义昭之子,承袭源姓,以获得担任"征夷大将军"的合法权利。但足利义昭嫌其出身卑微,拒绝了他的要求。1585年,朝廷违例任命羽柴秀吉为关白。1586年(阴)十二月,朝廷又违例任命他为太政大臣,并授以丰臣之姓。一个寒族之子,就这样成为与历史上的源、平、藤、橘等豪门齐名的贵族。

1588年(阴)四月,丰臣秀吉在宅邸聚乐第[①]接待后阳成天皇。十五日,丰臣秀吉将京中的户税5000余两金的收入奉献给天皇,作为皇室的日常费用。同时,又将近江国高岛郡的土地分赠给公卿贵族,博得了皇室、公卿的欢心。同一天,丰臣秀吉让德川家康等29名大名向天皇誓忠:一是保证缴纳皇室领地税收;二是保证子孙万代尊奉皇室;三是永远尊奉关白秀吉。[②]这种誓言与其说是表忠于天皇,莫如说是向丰臣秀吉的誓忠。

丰臣秀吉对寺院、神社势力也进行了安抚和拉拢。他批准重建织田信长烧毁的延历寺,命令大名资助复兴比睿山佛教圣地和春日神社,使自织田信长以来武家与佛教僧侣之间的紧张关系得到了缓和。通过这些积极而有效的活动,丰臣秀吉极大地巩固了自己的地位。

三、刀狩令

镰仓幕府末期,农民武装起义蓬勃发展,再加上战国动乱,战事不息,农民得以掌握大批武器。这对统治阶级来说是很大的威胁。"(农民)贮藏武具,必使年

---

① 聚乐第:又名聚乐城,丰臣秀吉在京都建造的城郭式宅邸,1586年春动工,秋季建成。

② 《聚乐第行幸记》,东京大学文学部史学会编:《新订史料日本史》上卷,山川出版社1968年版,第195页。

贡杂赋滞纳,企谋暴动。"①为此,丰臣秀吉于1588年(阴)七月八日发布《刀狩令》。令文宣称,收缴武器目的在于"怜悯百姓",指出农民的责任乃是"精勤农桑",因此应"持有农具,专事耕作"。《刀狩令》要求各地大名坚决没收"诸国百姓所持刀、腰刀、弓、矛、枪支等武器",以免酿成暴乱及"田地荒芜,封邑丧失"。

据统计,收缴的武器,仅加贺国江沼郡就有刀1000余把,腰刀1500余把,枪160支,其他武器1000余件。②1590年(阴)十月,在比较落后的出羽国仙北郡也收缴了4500余件。③

四、"太阁检地"

由于长期动乱和分裂,封建土地所有权严重混乱。最严重的时候,一块土地竟同时有几个所有者。丰臣秀吉自幼生活在下层农民中间,很清楚这种社会现象的弊害。1582—1598年间,他首先在自己的领地内整顿土地所有权,后扩大到全国。其目的是要通过土地的丈量,确立土地耕种者,建立中央—大名—农民之间的统治、被统治关系。这次清丈土地,史称"太阁④检地"。

丰臣秀吉的检地工作也遭到了种种抵制,但是由于丰臣秀吉态度坚决,措施强硬,得以逐步推行。他三令五申,指示大名说:丈量土地之旨,要"反复谕示各地,若有阻碍,应一一惩处",不但城主悉知,而且国人及百姓也应"悉皆知晓"。若有不晓者,"应逐乡宣示,毫无遗漏",一定要把检地之事"传遍(全国)六十余州"。⑤

丈量土地分3个阶段进行:第一阶段自1585年至1588年,在山城、大和、若狭、纪伊、肥后等地进行;第二阶段自1589年至1592年,在美浓、陆奥、出羽、丰前、丰后,以及关东地区进行;第三阶段自1593年至1598年,在畿内、九州等地进行。⑥

"太阁检地"的重要成果之一,就是确定了年贡的负担者。每个村都建立了"检地帐",把田地的耕作者,即年贡的负担者及其耕种土地数登录在册,从而否定了地方豪强对土地的所有权,丰臣秀吉成为土地的实际掌握者。虽然丰臣秀

① 《刀狩令》,熊仓功夫编:《史料大系日本历史4:近世1》,大阪书籍1979年版,第83页。
② 熊仓功夫编:《史料大系日本历史4:近世1》,大阪书籍1979年版,第84页。
③ 佐佐木润之介编:《日本民众的历史3:天下统一和民众》,三省堂1974年版,第259页。
④ 太阁:平安时代对摄政、太政大臣的尊称,后称辞去关白职任内览者,或让关白职于子的人为"太阁"。丰臣秀吉让关白职于秀次,故自称"太阁"。
⑤ 东京大学文学部史学会编:《新订史料日本史》上卷,山川出版社1968年版,第200页。
⑥ 儿玉幸多编:《图说日本文化史大系8:安土桃山时代》,小学馆1956年版,第134页。

吉把土地又重新分配给大名、领主,但是这已具有了新的意义。重新获得土地者变成了丰臣秀吉的家臣,被分得的土地只不过是家臣的采邑地罢了。另一成果便是丰臣氏的直辖领地扩大了,达到了全国土地总数的12.2%。[1]1586年,丰臣秀吉还规定农民不许任意迁徙。任意迁徙者,不仅本人,而且连土地的领有者也要受到惩处。1597年,丰臣秀吉实行"十人组",让农民相互监督,把农民和土地紧紧地束缚在一起。

五、统一度量衡

战国时期群雄割据,各行其是,度量衡也是规格不一、方圆不同。不统一度量衡,就会阻碍丈量土地的进行。因此,在实行"太阁检地"的同时,丰臣秀吉也统一了度量衡,规定以6尺3寸(约191厘米)为1间,1间平方为1步,以300步为1反。量具一律以京都使用的京斗为标准。另外,经过丈量,将全国的土地按肥、瘠分为上、中、下三等,每等按产米量折合成每段土地的产值("田高"):上田1石5斗,中田1石3斗,下田1石1斗;上地1石2斗,中地1石,下地8斗。租税按每段固定产值抽取,若以四公六民租税制计算,上田每段纳租6斗,其他以此类推。

六、兴修水利开垦荒地

丰臣秀吉继承战国时期大名治水筑堤的有益措施,进行了更大规模的水利建设。1594年,对木曾川流域进行治理,仅4个月就完成了筑堤任务。以海东郡为例,20天时间,筑堤153千米。中岛郡征集6000余人,筑堤140千米,平均每人约17米。[2]

与治理水利相并行,丰臣秀吉还奖励开垦荒地。1588年,在肥后治水开田2000余町。丰臣秀吉还强迫游手好闲者归田,把全国各地"不事田地"的阴阳师130余人集中到清洲城附近开荒,供给开垦者基本生活费用。

七、丰臣政权的行政机构

为了加强对全国的统治,丰臣秀吉还设置了中央政府的各官僚机构。1585年设立"五奉行",由浅野长政、石田三成、增田长盛管理行政、司法、丈量土地,长束正家(1562—1600年)管理财政,前田玄以负责京都市政、寺社事务。"五奉行"

---

① 熊仓功夫编:《史料大系日本历史4:近世1》,大阪书籍1979年版,第79页。

② 冈田章雄等编:《日本的历史7:天下统一》,读卖新闻社1973年版,第114页。

平时各行其是,但每遇大事,"五人合议,妥善裁决"。1591年后,又设置了"五大老",由有力大名德川家康、前田利家(1538—1599年)、宇喜多秀家(1573—1655年)、毛利辉元、小早川隆景5人组成,与"五奉行"共同商定大事。后来又设置了"三中老",由中村一氏、生驹亲正、堀尾吉晴担任。设置中老的目的,主要是在"五奉行"与"五大老"之间起缓冲作用。

第五节　室町时代至安土桃山时代的经济与文化

一、农业技术的提高

室町时代,日本的农业出现了新的面貌。水田耕种从下种育秧到收割、脱粒、交租,都有明确的季节规定。16世纪中叶编写的农书《清良记》记载,水稻耕作程序是灌田、耕耙、作田埂、施肥、插秧、调节水量、挠秧收割、脱粒、运送年贡归仓。

稻作种植也开始因地制宜。东部日本多种早稻和中稻,西部地区多种中稻和晚稻,稻的品种已达到96种之多。此外,五谷杂粮的种植相当普遍。每一种杂粮的品种有好几个,如大、小麦有12个品种,小米、黍、豆等也有10余个品种。生产过程中已普遍使用畜力,自耕农基本上都有牛、马。

肥料除草木灰外,还广泛利用人粪尿、牛马厩肥、酒糟和油渣等。由于水、肥、畜力及耕作技术的推广,当时的农业产量有了较大的提高。近畿地区,每段收获量平均可达1石3斗至1石4斗。农业生产除栽种粮食作物外,在市镇近郊广种蔬菜、果木。水果的品种有桃、栗、梨、柿、柚、柑、橘、葡萄等,其他作物有如绢、麻、苎等纤维原料,蓝、茜、红花等染料也多有种植。棉花已由中国、朝鲜传入,先在三河地区种植,之后逐渐普及全国。

二、金银的开采

战国大名普遍重视金、银等矿产的开采。16世纪中叶以后,金银的开采尤为兴盛。1533年,冶炼工宗丹、桂寿采用从中国传入的银矿石精炼法——灰吹法,获得成功,从而使银产量激增。金的开采,在16世纪以前主要用淘金法,而16世纪以后,矿冶法逐渐盛行,金产量有了明显的增加。著名的金矿有甲斐的黑川金矿,骏河的富士金矿、梅岛金矿。

三、手工业生产

在农业、矿业发展的基础上,室町时代的手工业取得了长足的进步,有如下3个特点。第一,战国大名们为了统辖手工业者,使其摆脱旧领主属下的行会组织"座"的控制,宣布废除"座"垄断的特权,承认手工业者自由经营。对那些技术水平高又有势力的手工业者进行收买,任他们为同业手工业者的"职人头"或"师傅",由他们去联络各行业的手工业者,直接听命于大名。第二,随着城下町、港町的发展,大名们都积极招揽手工业者集居城镇,给手工业者以免除户税和徭役的优待。因此,原来散住在农村的大批手工业者逐渐地涌向城镇,从而和农业彻底分离。第三,吸收外国新技术,除了同中国、朝鲜交往外,开始与西方国家接触。东方和西方的先进技术,促进了日本手工业生产的发展。比如许多高级绸、缎、锦、绌等衣料,在吸取国外先进技术后均能自己生产。自16世纪中叶,随着西方冶炼技术的传入,冶铁也有了长足的进步。在堺和近江国都设有专门制造鸟铳的工场。

四、商业贸易

战国大名对商业实行保护政策,宣布商业贸易免除商人徭役和关税,并允许本国商人进入敌方领地,尤其支持商人从敌区购买铁、鸟铳和制造火药的原料,以及其他特产。

各大名在领国内广泛建立市场。市场开市的日期是相交叉的,彼此轮流开放,形成了地区性的贸易圈。大名、家臣集居的城下町及交通要道沿线的城镇,日渐发展为工商业相当繁荣的城市。战国时代,城镇人口急速增加,总数达两三百万人,大约占全日本总人口的30%。[①]

大名领国内的商业活动,通过行商的沟通,把各领国的商业活动联系在一起,逐渐地形成了范围更大的商业区。如以淀川水路为中心的畿内商业区,瀬户内海商业区,伊势湾沿岸商业区,以及东海道、北陆、北九州等商业区。

五、乐市与乐座

区域性商业的发展,使原有的专业性乐市、乐座商业及手工业"座"已不适应需要。这种垄断的闭塞性的组织形式,成为制约商业、手工业的障碍。自15世纪

---

① 奥野高广:《战国大名》,塙书房1963年版,第241页。

起,各大名广泛地实行了"乐市""乐座"政策。所谓"乐",就是自由的意思。最早实行"乐市""乐座"的是近江佐佐木氏的城下町万寺。该市自1549年宣布停止"座"的特权,市场自由开放。

"乐市""乐座"政策的实施,促进了城市的"自由化",涌现出一大批居住在城镇专门从事工商业的町人。这些拥有相对经营自由的町人,逐渐在维护共同利益的基础上结合起来,组成城镇的自治组织,由町人协商推举领导核心,以维护行商自由。后来,自治组织的职能从维护行商自由,又发展到保卫整个城镇的安全。最典型的自由城市就是堺市,它是联系濑户内海沿岸和畿内地区的要港,又是外贸港口。早在14世纪末叶,这里已出现了大批发商("纳屋贷")们组成的自治组织(由36人组成),称"会合众"。16世纪以后,堺成为各战国大名争夺之地。为了町人的利益不受损失,堺市自治组织决定在城市周围挖壕沟,雇用闲散武士和组织町人守护。当时,城市人口已超过5万,其繁荣程度可与当时中国的广州、泉州、明州、扬州媲美。

六、安土桃山文化

历史上把战国以后至江户时代初期的文化称为"安土桃山文化"。它是以织田信长的安土城、丰臣秀吉晚年居住的桃山城(原名伏见城)命名的。安土桃山文化最具特色的方面是建筑、绘画和茶道。这一时期的建筑,已从镰仓时代的以佛寺为主转向以封建领主的生活需要为主,主要是住宅、城郭和茶室的建筑。城郭的建筑都着眼于军事防守,如这一时期建造的安土城、荻城、彦根城、冈山城等,都以海、川、湖为背景,三面挖战壕、筑土垒,城门有两重,城郭有数层,建筑物的石壁上都有枪眼,建筑物的外部抹有一层防火壁,城内道路曲折,并设有死胡同。

安土桃山时代的壁画相当发达,已普遍使用金箔,使画面尤显豪华。壁画大师狩野永德(1543—1590年)是代表人物。安土城、聚乐第、大阪城的壁画都是出自他的手笔。

室町时代以后,茶道盛行。当时最著名的茶道大师有今井宗久(1520—1593年)、津田宗及(?—1591年)和千利休(宗易,1521—1591年)。

七、平民文化

长期以来,文化艺术被王公贵族和武士阶层占有,贫苦的农民没有享受的权利。但是,在"下克上"、农民暴动纷起的年代里,农民在某一个时期、某一个地区成了主人,他们创作了自己喜闻乐见的文艺形式和作品,从而打破了贵族对文化的垄断。

大众文化的代表作,有戏剧"能"①、"狂言"②,对咏的"连歌"③、歌谣,大众小说("御伽草子")和以五山十刹为中心的五山文学,等等。

第六节　丰臣秀吉的对外扩张及其破产

1598 年(阴)八月,丰臣秀吉逝世。这位风云一时的人物离世前曾吟咏了一首哀伤的和歌:

> 吾似朝霞降人世,来去匆匆瞬即逝。
> 大阪巍巍气势盛,亦如梦中虚幻姿。④

丰臣秀吉在政治舞台上的迅速消逝,并不是因为他国内政策的失败,主要在于他的对外政策的错误。这就是他企图侵朝鲜、占中国、霸亚洲,建立丰臣氏的亚洲王国。

一、丰臣秀吉发动侵朝战争的原因

丰臣秀吉的扩张主义曾不断地溢于言表,但因忙于国内的统一和巩固,始终没有提上行动日程。然而他任太政大臣之后,扩张主义思想便急速地变成了行动。1591 年(阴)九月,他下令各大名征兵备粮,准备出兵朝鲜。(阴)十月,他又在北九州的肥前国能够眺望朝鲜海峡的荒野上建造名护屋城,作为进攻朝鲜半岛的前哨基地。1592 年(阴)一月五日,丰臣秀吉正式发布了出征朝鲜令;(阴)三月,侵朝军从名护屋出发;(阴)四月进攻釜山。⑤

丰臣秀吉发动侵略战争的原因主要有三:一是以丰臣秀吉为首的军事封建

---

① 能:室町时代形成的歌舞剧,配以伴唱和乐队。

② 狂言:也称能狂言,广义指剧,狭义指滑稽的对话剧。

③ 连歌:两人以上轮流吟咏的诗歌。

④ 丰臣秀吉:《辞世歌》,井上锐夫:《信长和秀吉》,讲谈社 1975 年版,第 283 页。

⑤ 丰臣秀吉的侵朝战争始于 1592 年,终于 1598 年,日本称为"文禄庆长之役",朝鲜称为"壬辰丁酉卫国战",明朝称为"万历朝鲜之役"。

领主,企图通过对外扩张掠取更多的财富;二是长期以来在财源上支持织田信长、丰臣秀吉的豪商巨贾,为了获得更多的利润,迫切要求开展海外贸易,打通中朝两国的门户[1];三是在实施《刀狩令》、"太阁检地"、兵农分离的过程中,产生了许多没有土地的武士,再加上检地运动后,大批国人阶层丧失了减免年贡的特权,1590—1594年间不断有国人阶层和下级武士参加的暴动发生。为了转移国内矛盾,丰臣秀吉对外发动了战争。

二、文禄之役

侵朝日军共分9军,总兵力为18万余人。1592年(文禄元年)(阴)四月十二日,小西行长(？—1600年)率领的第一军在釜山登陆,接着加藤清正(1562—1611年)的第二军、黑田长政的第三军相继登陆。守护釜山的全体朝鲜军民英勇奋战,全部阵亡。敌军分兵北犯,沿途朝鲜军民虽顽强抵抗,但终因"朝鲜承平久,兵不习战"[2],屡屡溃退。(阴)五月二日,京城陷落。(阴)六月十六日,平壤失守。(阴)七月,临海君、顺和君两王子被俘,朝鲜大片国土沦陷。

军事上的胜利,使丰臣秀吉得意忘形,进而策谋:首先,他自己乘船渡海,"居留宁波府",并进而"占领天竺(指印度)";其次,令丰臣秀次于次年年初占领北京,领有"北京周围百国(县)";最后,1594年迁都北京,将京城周围十县,"贡圣上(指天皇)御用"。[3]

正当丰臣秀吉沉湎于黄粱美梦的时候,朝鲜军民以民族英雄李舜臣(1545—1598年)为首,重创了日本海军,粉碎了日本侵略军"水陆并进"的军事部署。

三、明朝抗倭援朝

中朝两国山水相连,唇齿相依。明朝政府早已获悉日本"欲侵中国、灭朝鲜"的阴谋,并将此情报告知朝鲜王李昖,而李昖对敌情却"杳无所闻"。至平壤失守,李昖方遣使告急。明朝廷派兵部右侍郎宋应昌、辽东总兵李如松等率军渡鸭绿江,支援邻邦。中朝联军并肩奋战,于1593年(阴)一月收复平壤。在中朝联军追击下,日军损失惨重,陆军主力被困京城。由于海路被截,供应中断,京城变成

---

[1] 杨昭全:《论丰臣秀吉发动朝鲜战争的原因与性质》,《学术研究丛刊》1980年第3期。

[2] 《明史·朝鲜传》。

[3] 《丰臣太阁御事书》,青木武助:《新订大日本历史集成》第3卷,隆文馆1933年版,第1187,1184—1185页。

饥饿之城,疫病流行,死者遍地。在这种困境下,(阴)四月,日方代表小西行长与中朝方代表沈惟敬等人达成了龙山停战协定。议定日军从京城撤至庆尚道一线。(阴)六月,丰臣秀吉提出讲和条件:一是明朝神宗皇帝"以公主嫁大日本皇帝";二是开海港,两国船只"均无所阻";三是将罢战联和之意,布告于众;四是朝鲜8道,只归还4道,另4道继续由日本占领;五是朝鲜王子和大臣一二人到日本做人质;六是朝鲜赔银500万两;七是朝鲜要宣誓称藩于日本。[1]对此,中朝方面针锋相对地提出了议和三原则:"一、勒倭尽归巢;二、既封不与贡;三、誓不犯朝鲜。"[2]经过双方使者协商,最后以明朝的三原则为基础达成协议。可是,1596年(阴)六月,丰臣秀吉撕毁协议,准备重开战争。

四、庆长之役

1597年(庆长二年)(阴)一月,丰臣秀吉以新编14万陆军、数百艘战舰发动了第二次侵朝战争。日军仍以小西行长、加藤清正两军为先导,占釜山后,进而占领庆尚、全罗、忠清三道,并一再声言:"依约献四道(即朝鲜南部地区),王子前来谢罪,当可班军回朝。"

根据前次入侵经验,日军加强了对朝鲜水军的进攻。由于朝鲜方面撤掉了李舜臣的水军统制职,以昏庸无能的元钧代之,因此水军损失惨重。迫于战事紧张,李氏朝廷不得不重新重用李舜臣。[3]李舜臣以"战船虽寡,微臣不死,则(倭)不敢侮我"[4]的英雄气概,重整水军,先后于鸣梁口、露梁的海战中大败日水军,重新掌握了制海权。在陆上,明朝以兵部尚书邢玠为总督、辽东布政使杨镐为经略、巡抚麻贵为大将,相继赴朝,与朝鲜军民联合抗击日本侵略军。

在中朝联军的反击下,日军阵地逐渐缩小,最后只得龟缩在半岛南海岸的蔚山、泗川、顺天等城。

五、日朝《己酉条约》

在战事失利、将帅互疑、士卒厌战、国内不满情绪日增的困境下,丰臣秀吉忧

---

[1] 嵇翥青编:《中日历代战史》下册,上海文化印刷社1936年版,第258页;《太阁记》,东京大学文学部史学会编:《新订史料日本史》上卷,山川出版社1968年版,第207页。

[2] 《明史·朝鲜传》。

[3] 李舜臣在重新被任命为三道水军统制使后曾咏诗言志:"水国秋光暮,警寒雁阵高。忧心转辗夜,残月照弓刀。"

[4] 《李忠武公全书》。

忿成疾,卧病不起,至1598年(阴)八月十八日去世。

丰臣秀吉死后不久,"五大老"命令结束侵朝战争。(阴)十二月,全部侵略军撤回日本。从1599年开始,中、朝、日三国会谈。后因日本国内发生内战,和谈暂停。德川家康代丰臣秀吉统治天下后,和谈重新恢复。1609年,日朝签订《己酉条约》,恢复了邦交。

古代史

第十章

江户时代（1600—1853年）上

第一节　江户幕府的建立

一、德川家康的崛起

织田信长被杀以后,德川家康以三河、远江、骏河三国为基地,积聚力量。他专心于东部地区的经营,势力迅速扩大到甲斐、信浓,成为拥有五国领地的大名。他在五国境内,整顿农政机构,丈量土地,编造土地册,公布有关征役农民的规定等,使领国内民情稳定,生产有所发展。

1584年,德川家康与丰臣秀吉在长久手、小牧山交战并议和,德川家康臣服于丰臣秀吉。丰臣秀吉畏惧德川家康的强盛,便于1590年(阴)七月,将德川家康的领地从旧五国转封到关东地区的武藏、相模、伊豆、上总、下总、上野六国,领地250万石,成为丰臣政权下最大的大名。(阴)八月一日,德川家康迁入江户城。在新领地内,德川家康采取了如下措施。第一,向家臣们分配了知行地。他把江户城周围地区百万余石的土地作为自己的直辖领地,把靠近江户城40—80千米的土地分配给中、下级家臣。上层家臣则多被分配在较远的地区,去据守城堡和战略要地。第二,在领国内相继实行检地。通过丈量土地,不仅具体了解了领域内的土地状况,而且使年贡、夫役的征收有了可靠保证。在检地的基础上,推行以"石"①计算产量的新制。第三,对领国内的寺院、神社采取安抚政策,承认它们原有的领地,借以稳定一部分与寺院、神社有联系的人。第四,德川家康亲自巡回农村,视察民情和代官们的政绩。遇有不称职代官,立即进行处分。既惩处了不

---

① 石(dàn):从"太阁检地"到明治维新时期地税改革止,日本全国通行的土地生产量的计算单位。

法官吏,又防农民暴动于未然。德川家康对关东六国领地的精心治理,不但使领国内政局稳定、经济繁荣、军事力量增强,而且为日后江户幕府的统治积累了经验。江户幕府的许多政策和做法,有不少来自治理关东六国时期。

二、关原之战

在丰臣秀吉未死以前,他的近臣已分裂成 2 派,即以负责检地、商业、贸易的官僚大名石田三成(1560—1600 年)、小西行长为首的文吏派和以军事将领加藤清正、福岛正则(1561—1624 年)等人为首的强权派。丰臣秀吉死后,分裂愈烈。文吏派与"五大老"之一的前田利家关系密切,而强权派与德川家康相通。双方势均力敌,互相抗衡。1599 年(阴)闰三月,前田利家病逝,两派均势发生变化,德川家康乃成为继承统一大业的有力人物。文吏派的石田三成策动毛利辉元、上杉景胜(1555—1623 年)、宇喜多秀家、小早川秀秋(1582—1602 年)、岛津义弘(1535—1619 年)、长宗我部盛亲(1573—1615 年)、小西行长、长束正家等西部大名,组成约 8 万兵力的西军,声讨德川家康。对此,德川家康则率领臣服于己的诸大名,联合丰臣氏的强权派加藤清正、福岛正则等,组成了约 10 万兵力的东军,西上迎战。1600 年(阴)九月,东军进至尾张清洲,十四日,攻取石田三成的根据地佐和山,摆开进攻大阪的态势。是日夜,西军连夜冒滂沱大雨,从大阪城调兵进驻关原要地,以阻挡东军。关原,旧称不破关,与伊贺的铃鹿关、越前的爱发关统称为日本的"三关",地势极为险要。十五日晨,雨后浓雾,德川军旌旗招展,冒雾挺进到关原,两军遭遇。激战持续 6 小时,西军全线溃退,东军大胜。关原一战奠定了德川家康制霸全国的大局。

关原之战后,西军首领石田三成、小西行长被处以极刑,长束正家被迫剖腹自杀,增田长盛被幽禁于武藏国岩槻。其他参加西军的大名,有的(如毛利辉元、上杉景胜等人)被削减封邑,并强迫转移封地;有的(如宇喜多秀家等 90 多人)全部封邑被没收[1];只有岛津氏因事后向德川家康谢罪,才被免予处分。据统计,关原之战后,丰臣氏属下的大名被没收、削减封邑共约 660 万石[2],没收、减封、转移封地的比率相当大,中部地区达 73%,中国地区 86%,四国 80%,近畿 67%,东北

---

[1] 据栗田元次《江户时代史上》记载,没收全部封邑的大名是 91 家;中村孝也《德川家康文书研究》中载是 90 家;藤野保《幕政和藩政》载,没收的是 88 家,削减封邑的是 5 家。

[2] 关原之战后,没收的领地共约 438 万石(其中宇喜多秀家 57 万石,小西行长 20 万石,石田三成 19 万石,长宗我部盛亲 22 万石等),削减封邑 4 人,约 221 万石。合计约 660 万石。

地区60%,九州46%,关东45%。[1]

丰臣秀吉之子丰臣秀赖,与关原之战并无直接关系,但德川家康也乘机把他的领地削减到65万石。

三、江户幕府的建立

1603年(阴)二月十二日,后阳成天皇发布敕令,任命德川家康为右大臣和征夷大将军。德川家康立即召集近臣井伊直政、本多忠胜、本多正信、榊原康政等人,宣布建立幕府。江户城即成为幕府的政治、经济、文化中心。德川家康任征夷大将军的第三年,即1605年(阴)四月,他把大将军一职让予亲子德川秀忠(1579—1632年),自己却引退骏府(静冈)视政。德川家康的这一举动,一是为了培养和锻炼德川秀忠,使之增长才智;二是向天下大名宣示,今后将军一职将由德川氏世袭,他人不得染指。这也是对身为内大臣的丰臣秀吉之子丰臣秀赖的一大打击。

四、大阪战役

德川家康深居骏府视政以后,有一件事颇使他不安,就是丰臣秀吉的儿子丰臣秀赖已成才,文武双全,据守大阪,日后对德川氏是一大祸患。为此,德川家康决定以老年之躯,亲自筹划消灭丰臣秀赖。

为削弱丰臣氏的资财,德川家康曾2次劝丰臣秀赖建造佛寺。1609年正月,为祈求丰臣秀吉在天之灵和丰臣氏的"武运长久",丰臣秀赖听从德川家康的劝说,动用积聚的资财,在京都造方广寺(1611年建成)。1614年(阴)四月,又用19000贯铜钱(合64吨重)铸方广寺铜钟,并镌刻诗铭四言38句。其中有这样的诗句:"东迎素月,西送斜阳……所庶几者,国家安康,四海施化,万岁传芳,君臣丰乐,子孙殷昌。"[2]德川幕府借此挑起事端,把这几句诗解释为:关东为阴,大阪为阳;以丰臣为君,斩杀"家康",才能"国安"。德川家康以此大做文章,采用种种手段,使丰臣氏近臣之间发生内讧,进而发兵进攻大阪。(阴)十一月十五日,德川家康、秀忠父子亲率15万大军包围大阪。大阪城外有两道护城深壕,德川军屡攻不下。于是,德川家康改变策略,采用瞒天过海之计,暂与丰臣氏议和。(阴)十二月二

---

[1] 藤野保:《新订幕藩体制史的研究——权力结构的确立和发展》,吉川弘文馆1975年版,第207页。

[2] 《京都方广寺铜钟铭》,黑板胜美:《资料摘录国史概观》,吉川弘文馆1936年版,第268页。着重号系引者所加。

十日,双方议和,战事暂停,史称"大阪冬战"。在谈判中,德川氏提出的主要条件之一是填平大阪城的外壕,丰臣氏被迫接受。德川氏急派人昼夜兼程,不但填平了外壕,而且违约填平了内壕,甚至城墙也遭毁坏,遂使大阪成为不设防的城市。

大阪防御工事既毁,德川家康便于1615年(阴)三月向大阪方面发出最后通牒,强迫丰臣秀赖撤离大阪,迁居大和。丰臣秀赖拒绝迁移,积极备战。(阴)五月初,两军重新开战。七日,德川军攻入大阪城。八日,丰臣秀赖剖腹自杀,其母及近臣也多随之殉死,丰臣氏被灭,史称"大阪夏战"。至此,江户幕府名副其实地成为号令全国的权力机构。

德川家康之所以能够在与群雄的斗争中取得胜利,原因很多,但是最主要的一点是他爱才。他身边集聚了一批出色人才,成为他治军、治政、发展经济文化的"智囊团"。在军事方面有酒井忠次(1527—1596年)、本多忠胜(1548—1610年)、榊原康政(1548—1606年)、井伊直岐等勇将;在治政方面则有本多正信(1538—1616年)、本多正纯(1565—1637年)父子,德川家康的许多政策都出自此两人之手。德川家康手下还有精通农政的伊奈忠次(1550—1610年),擅长矿山经营的大久保长安(1545—1613年),著名的铸金工后藤庄三郎掌握货币的制造。此外,还有医生片山宗哲,町人茶屋四郎次郎、角仓了以,学者藤原惺窝(1561—1619年)、林罗山(1583—1657年),僧侣天海(1536—1643年)、崇传(1569—1633年)。外国顾问则有英国航海长三浦按针(1564—1620年)[①]、荷兰人耶扬子等。

图10-1为江户时代将军系谱。

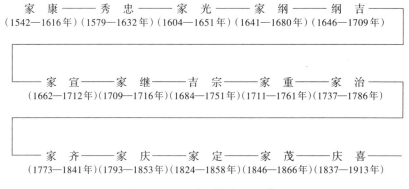

图10-1　江户时代将军系谱

---

① 三浦按针:原名威廉·亚当,1600年3月其所乘探险船漂到丰后国,德川家康请其讲造船术、航海术及天文地理,待之甚厚,授相模国三浦郡(今横须贺市)250石领地,在江户日本桥附近按针町居住,故改名三浦按针。

第二节 幕藩体制

幕藩体制是江户幕府控制大名和统治广大民众的封建统治体制。它模拟中国的封建制,以大名作为幕府的藩屏,通过藩制[1],把二百六七十个大名置于将军的绝对领导之下。用严格的身份等级、武士的戒规等手段,使全国上下都屈服于幕府的强权统治。幕藩体制实际上萌芽于日本战国时代,在统一全国的过程中,通过建设城下町,乐市、乐座制,"太阁检地",没收武器等兵农、兵商分离政策而逐步形成。德川家康集战国以来诸国大名统治经验之大成,建立了一整套以幕府为核心、诸藩为支柱的统治体制。

幕藩体制的特点是,各藩既有地方分权的自治性,又必须受到幕府的强力统治。同镰仓幕府和室町幕府相比,江户幕府更具有集权性。

一、幕府的财源和军事力量

幕府的财政来源,主要来自直辖领地("天领")的年贡和旗本[2]知行地的贡纳。江户初期,幕府的直辖领地约250万石,至中期达到420万石,加上旗本知行地约300万石,号称800万石,约占全国大名领地总数的30%。此外,还控制了全国主要城市和矿山,垄断金银开采、货币铸造和工商业者的税金,等等。幕府将军成为诸大名中经济实力最强者。

全国的军事指挥权由幕府将军直接控制。直辖将军的常备军称"家臣团",是以俸禄不满1万石的旗本和御家人为核心的。旗本可以直接谒见将军。常备军的人数号称"旗本八万骑",实际上只有2万余人。这2万余人分别编成番、组,设番头、组头。番主要有大番、书院番、小姓组番、新番。[3]常备军在战时是冲锋陷阵的先锋,平时则担负幕府和江户城的守护。

按《军役令》,每有战事,各大名都应按其封邑大小,率领兵卒从军。1649年

---

[1] 藩:江户时代大名支配的领地及其统治机构。正式把大名领地及其统治机构称为藩,实际上是在明治维新以后。新政府实行废藩置县时,把旧大名领地称为藩。

[2] 旗本:江户时代领地1万石以下的幕臣中,能面谒将军者。据1772年调查,旗本总数约5200人,其中领地100—500石者约占60%。

[3] 大番:江户幕府官名,负责警备江户城。书院番:负责门卫。小姓组番:负责警卫幕府各种会议、仪式、将军出巡,有时到骏府城负责警备。三者以大番地位最高。

《庆安军役令》规定：封邑1000石的大名应出军役21人，铁炮1门，弓1张，枪2支；1万石的大名应出235人，骑兵10骑，炮20门，弓10张，枪30支；10万石的大名应出2155人，骑兵170骑，炮350门，弓60张，枪150支。按照这一比例，大约可以征集兵力6.7万余人，加上常备军，总数可达8万余人。

二、藩制

幕府对大名的控制主要采取藩制，将幕府直辖地以外的大部分领地[①]分封给260多个藩主（大名），俗称"三百诸侯"。其中20万石以上的强藩有20余个（见表10-1）。

表10-1　江户时代中期藩主情况表

藩主	50万石以上	20万石以上	10万石以上	5万石以上	5万石以下	合计
亲藩	2	4	8	1	8	23
谱代	0	2	16	33	94	145
外样	5	9	8	12	64	98
合计	7	15	32	46	166	266

资料来源：伊东多三郎：《幕藩体制》，清水弘文堂书房1969年版。

幕府将诸藩按亲疏关系分为3类，即亲藩、谱代、外样。亲藩是指德川氏家族，包括御三家（水户、尾张、纪伊三藩）、御三卿（田安、一桥、清水三藩）等直系家族及以"松平"为姓的"御家门"；谱代是关原之战以前一直臣服于德川家康的大名；外样则是关原之战后新臣服的大名。凡是地处要害的藩，多配置亲藩或谱代管辖，外样不但不能参与幕政，而且都配置在边陬之地，在其周围又配置谱代大名，进行监视，使其难以相互联系。如为了监视奥羽地区的伊达（仙台）、蒲生（会津）、最上（山形）、上杉（米泽）、佐竹（秋田）等外样大名，在关东出入口的水户藩（今茨城县）配置了德川赖房，在北部地区的福井、高田地区配置了德川秀康和松平忠辉，对伊达等外样大名实行前后钳制。德川幕府对诸藩的态度虽然亲疏不同，但是对他们都怀有戒心，并采取种种措施，以抑制藩主势力的伸张。其主要

---

① 18世纪初，全国耕地分配状况大致如下：幕府领地400万余石，旗本御家人知行地约300万石，皇室3万石，公卿贵族7万石，寺社40万石，各大名（藩主）2250万石。

措施有4个。第一,实行"参觐交代制",即各大名定期到江户参谒将军。参觐之制始于1602年,至1635年由三代将军德川家光通过对武士法令的修改而制度化。各藩大名,除关东藩主每半年"交代"一次外,一般一年居领地,一年居江户,轮番交替。大名居领地时,其妻子作为人质留居江户。第二,禁止诸藩在各要隘设立关卡和关所。第三,经常秘密地派巡察使视察藩政,对藩主实行监督。第四,利用各种机会,用没收、削减封邑、转移封地的办法,削弱诸藩实力。从德川家康到十四代将军家茂止,被没收、削减封邑的藩主达235家。[1]仅二代将军秀忠至五代将军纲吉的90年间,取消和削减封邑的就有134家。诸藩在绝对效忠幕府的前提下,在自己的封邑(亦称版籍。版,土地册;籍,户籍册)内,具有相对独立的统治权力。诸藩也如幕府那样,设立藩政机构,置家老、用人、町奉行、郡奉行、代官等官职。武士作为御家人,编成家臣团,统称"藩士"。各藩的藩士人数多寡不一,如松江藩(今岛根县),1639年时有藩士1978人;鹿儿岛藩(今鹿儿岛县),1708年时有大小藩士14000余人。藩主还仿照幕府,将封邑的40%—50%的土地("知行地"),分封给上层藩士[2],中下层藩士则给以俸禄[3]。

三、武家诸法令的公布

为了牢固地控制广大武士,德川家康在攻占大阪城后,便命令崇传和尚起草武士戒规,并于1615年(元和元年)用德川秀忠的名义予以公布,史称《元和令》,共13条。到三代将军家光时,又进行了增补、修订,增至21条,史称《宽永令》。以后每当新将军上任,都对武家法令进行增删,但大多不出《宽永令》的范围。

《元和令》的主要内容是:武士的基本职责是"专心致志,修炼文武艺能","弓马之事乃武家之要项",切不可停止和放松;武士必须守法,"法者礼节之本也,法以治理,理不能逾法",违法之徒,必遭重刑;禁止结党、叛逆、凶杀,"野心之徒乃是倾覆国家之祸首,危害人民之蟊贼",决不能姑息容忍;禁止武家之间私结婚姻,"以姻成党者,是奸谋之源",禁止各藩之间私自交往,"以本藩秘事告之于他藩,或以他藩秘事告之于本藩,奸诈之事,由此发端";禁止各藩国构筑、修缮城垣,"城过百雉,国家之害,深沟高垒,大乱之本",如需修筑城垣,必须事前呈报;

---

[1] 藤野保:《新订幕藩制度史的研究——权力结构的确立和发展》,吉川弘文馆1975年版,第348—349页。

[2] 各藩分封的土地比例不尽相同,如:水户藩约占50%,尾张藩占75%,荻藩占41%,大村藩占45%。(参见《日本历史讲座》第3卷,东京大学出版社1965年版,第249页)

[3] 据1625年调查,荻藩内分给知行地的藩士有1764人,而领取俸禄的则有4465人。

大名到江户参觐,不得20骑以上集体行进,平时也不得任意结集部族,要节俭,制止群饮佚游,"耽溺于女色,耽于赌博,亡国之根源也";各藩必须依法治国,选拔良才,"治国之道在于得人,明察功过,赏罚必当,国有善人则其国殷盛,国无善人,其国必亡,此先哲之明诫"。①

1635年,德川家光公布的《宽永令》增补了很多条文,最重要的有2条:一是规定各藩大名实行"参觐交代制",参觐的日期定于每年(阴)四月,"往来江户,悉应遵照法令规定,随从多寡各按身份行事"②;二是重申幕府和将军的绝对权威,"江户颁布之一切法令,全国各地均应遵从"③,"(将军)谕旨,无论由何人传布,不可违背"④。

四、对皇室和寺社的政策

镰仓幕府建立以来,皇室和幕府之间的关系相当紧张,双方常常酿成武力争斗。即使如此,皇室至高无上的地位在名义上并没有改变,事涉国家大政,幕府都呈送天皇批准。可是,江户幕府建立后,天皇仅有的这点权力也被剥夺了。

德川家康确立的幕府与皇室关系的准则,用一句话概括就是幕府将军名义上臣服天皇,但天皇对政事一律无权过问。1615年,幕府公布了《禁中并公家诸法度》17条,详细地限制了天皇和公卿贵族的权力和行动。《禁中并公家诸法度》明确规定,天皇"以学问为第一"⑤。所谓"学问",《禁中并公家诸法度》特举出"古道"和"和歌"。《禁中并公家诸法度》还规定,武家官位的任命,天皇必须听由幕府推荐,天皇无权向僧侣封法号、赠紫衣等。《禁中并公家诸法度》中唯一保留天皇权力的条文只有第八条,即天皇有权按本朝先规决定年号。这样具体地用法令的形式限制天皇的权力和行动,在日本历史上是第一次,并一直持续到幕末。

德川氏一方面严格地限制天皇的权力,另一方面又同皇室攀亲。1620年

---

① 《元和武家法令》,张荫桐选译:《一六〇〇——九一四年的日本》,生活·读书·新知三联书店1957年版,第1—3页。

② 《宽永武家法令》,张荫桐选译:《一六〇〇——九一四年的日本》,生活·读书·新知三联书店1957年版,第4—5页。

③ 《宽永武家法令》,张荫桐选译:《一六〇〇——九一四年的日本》,生活·读书·新知三联书店1957年版,第4—5页。

④ 《宽永诸士法令》,张荫桐选译:《一六〇〇——九一四年的日本》,生活·读书·新知三联书店1957年版,第9页。

⑤ 平凡社编辑部编:《日本史料集成》,平凡社1963年版,第319—320页。

(阴)六月,德川秀忠的第五个女儿和子被送进皇宫,1624年(阴)十一月,成为后水尾天皇(1596—1680年)的中宫。1627年,后水尾天皇敕许70余名僧侣紫衣,幕府以违背《禁中并公家诸法度》为由,取消了天皇的敕许,并逮捕、流放有不满情绪的僧侣(史称"紫衣事件"),后水尾天皇为此激愤让位。新登位的明正女皇(1623—1696年)是德川秀忠的外孙女,自此德川氏在朝廷的威势更盛。

织田信长、丰臣秀吉对寺院神社是采取军事的、经济的手段进行控制的,德川家康和他的后继者则主要采取行政的和法律的手段加以统治。1615年(阴)七月,德川家康公布了有关寺社的法令,规定每宗必须遵守的法式和寺院的规式,严厉禁止妄立异说,或聚集徒党图谋斗争。1665年幕府将历年宣布的有关寺社法令,编辑增补成《诸宗寺院法度》《诸社神官神主法度》,在行政上设置了寺社奉行,确立了幕府对寺社的控制。

五、幕府的组织机构

江户幕府建立之初,幕府的事务主要依靠德川家康的"智囊团"直接贯彻执行。直至秀忠、家光时代,相继建立了幕府的官僚机构,设置了相应的官职,行政制度才日臻完善。幕府的组织机构分为中央机构和地方机构。中央机构是统治全国的行政机关,地方机构主要负责幕府直辖领地的有关事务。

中央机构。在将军之下,设大老、老中、若年寄3个执政要职。大老是临时性的职务,根据幕府政事的需要而设置。有资格担任大老的大名,只限于拥有10万石以上俸禄的井伊、酒井、土井、堀田等谱代大名。老中是常设的,是负责日常行政事务的官吏,任命拥有2.5万—10万石俸禄的谱代大名4—5人担任。1634年(阴)三月实施的《老中职务定则》规定,老中负责与朝廷的联系,管理1万石以上的大名,以及财政、神社、外交等事务。若年寄由俸禄较少的4名谱代大名担任,辅助老中管理旗本、御家人。此外,还设立大目付(4—5人)、目付(10人)和三奉行等官职。大目付属老中领导,主要负责对各大名的监察。目付属若年寄领导,监察旗本和御家人。三奉行就是寺社奉行、勘定奉行、町奉行的统称。寺社奉行负责管理寺院、神社、僧侣、神官,以及寺院、神社和关东八国以外幕府直辖领地人民的诉讼。勘定奉行管理幕府直辖领地内的财政、民事诉讼。后来,勘定奉行又分为专门管理财政、贡租的"胜手方"和专门负责处理诉讼事务的"公事方"。町奉行负责城市的行政、警察、裁判、诉讼事务。

地方机构。设有京都所司代、城代、远国奉行、郡代、代官等职。京都所司代,主要负责与皇室、公卿贵族的交涉和监督。城代,据守战略地位十分重要的城市,如大阪城代,兼有监督西部大名的任务。远国奉行,负责管理各直辖城市的民政和诉讼。在10万石以上的直辖领地设郡代,如关东郡代、美浓郡代、飞驒郡代、西国郡代。10万石以下的直辖领地设代官,代官之数多达四五十人。

幕府的最高议事机关是评定所。重大事宜多在评定所议决,参加评定所的有老中、若年寄、三奉行、大目付、目付,特别重大的事宜将军也会出席。图10-2详细展示了江户幕府的机构设置。

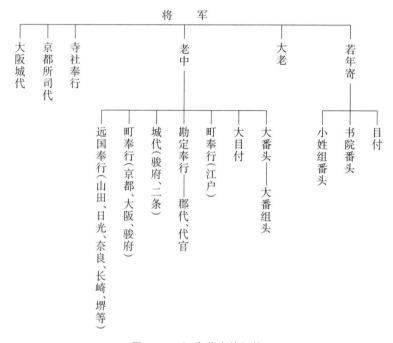

图10-2 江户幕府的机构

第三节 幕藩体制下的民众

江户时代,将军、大名,以及他们的家臣、武士,构成封建统治阶级,约占全国总人口的10%;以百姓(农民)、町人(工商业者)为主体的被压迫民众约占人口总数的90%。如何严密地控制被压迫民众,是幕藩体制能否巩固的关键。因此,江户幕府不但从政治、经济方面,而且从思想方面对广大民众实行全面的统治。

一、严格的身份制度

在江户时代,等级是十分森严的。除少数公卿贵族外,人们被区分为武士、百姓（农民）、町人（工商业者）,俗称为"士、农、工、商"。

士即武士,是封建统治阶级。根据他们门第的高低和政治权力的大小,又分为20余个等级,上自将军、大名、家臣,下至足轻（步兵）、小者（仆役）、散居农村的乡士和失去俸禄的牢人（浪人）。虽然他们的地位不同,但都拥有"苗字带刀"[①]的特权。就是最低等级的武士,也可以平白无故地斩杀平民百姓,而不受法律的制裁。

农、工、商三者的次序是不能颠倒的。农在工、商之上,但并不说明农民地位比手工业者和商人高,而是反映了农业生产是江户时代的基本产业,农民是幕府的主要剥削对象,是赖以生存的财源基础。工、商虽然地位排在农之下,但是他们的负担比农民要轻一些,尤其是商人,是封建制度下的新兴势力。他们既有同封建领主矛盾的一面,又有与封建领主相勾结剥削农民、手工业者的一面。

百姓、町人内部也是分阶层的,这一点后面还会谈及。在百姓、町人之下,还有被称为"秽多""非人"的贱民阶层。他们的住处、职业、婚嫁都受到极严格的限制。他们只能从事皮革、殡仪、曲艺和其他被鄙视的职业。沦为贱民的人,其子女也都是贱民。

二、农村的阶级结构

江户幕府建立之初,便公布了《检地令》,全面丈量土地。幕府责令大名、家臣一定要注意农村的稳定,防止农民的破产,指出"（百姓）上、中、下位次交错",就会产生"年贡米、金不足"的现象。[②]检地的目的就在于"定乡村之丰歉,百姓之富贫",以保证"五十年、一百年,乃至世世代代,勤奉贡租赋役,长年收纳"。[③]

检地确定了幕藩体制下最基本的剥削对象,称"本百姓"。根据史料分析,"本百姓"的经济地位是不尽相同的:大致拥有10石以上耕地的本百姓,是农村中的上层,拥有5—10石耕地的是农村中的中层,拥有4石以下耕地的是农村中的下层。

[①] 苗字带刀:苗字,指姓。江户时代,一般百姓、工商业者是不许称姓的,但允许武士和有功的百姓、工商业者称姓带刀。

[②]《德川实纪》第3编,《条令拾遗》第46号。

[③]《德川实纪》第3编,《条令拾遗》第50号。

上层户,尤其是拥有 20 石以上的上层户,一般都雇用长工和季节工,或土地的一部分雇工耕种,一部分转租给其他农民耕种。虽然他们自己也参加一些劳动,但是其一半以上的收入是靠剥削租佃农和雇工的剩余劳动而获得的。拥有 5—10 石土地的中层户,大多是自耕农。他们拥有不足 1 町的土地,完全靠自己的劳动耕种。劳动力强的家庭,常年收入可以富裕一些。劳动力弱的家庭,一年辛劳后还常常是入不敷出。

拥有 1—4 石土地的农民,占农村人口的最多数。根据检地帐统计,天正年间(1573—1591 年),尾张藩大野郡小野村土地在 3 反以下的农民占全村户数的 85%,落合村占 71%,池田郡胫长村占 60%;庆长年间(1596—1614 年),则分别为 78%、53%、68%。①

除了上述拥有土地的农户外,还有没有土地的农户(水吞、家抱、名子等)。他们是农村中的租佃农和雇农。据统计,在摄津国的上瓦林村,这类农户的人数与全村总人口相比,1569 年为 24.7%,1673 年为 18.7%。②东城郡大今里村,在 1672 年为 17%。在棉花种植地和商业较繁华的地区,租佃农、雇工所占比率更高。备中仓敷村,1695 年全村总户数 912 户,内农户 889 户,农户中"借地、借屋"者达 781 户。1739 年,1500 余农户中,"借地、借屋"者达 1237 户。③从社会地位上看,雇工的处境比租佃农更低。许多遗留下来的检地帐表明,江户时代普遍地存在着隶属性很强的世代雇工("谱代下人"和"门者"),经主人的允许,他们可以建立家庭,但家庭成员的人身受主人支配。

从上述对农村百姓阶层的分析可以得出这样的结论:幕藩体制主要是建立在对大批自耕农、租佃农的剥削基础上的。幕府和藩通过控制自耕农和租佃农,把农民禁锢在小规模园艺式的农业中,以广泛的小农④劳动力的巨大浪费为代价,来支撑幕府的统治。马克思所说的"日本有纯粹封建性的土地占有组织和发达的小农经济"⑤,大概是指此而言的。

---

① 伊藤忠士:《检地和对农民的统治》,古岛敏雄编:《日本经济史大系 3:近世上》,东京大学出版会 1965 年版,第 192 页。

② 古岛敏雄:《日本农业史》,岩波书店 1965 年版,第 225 页。

③ 古岛敏雄:《日本农业史》,岩波书店 1965 年版,第 318—319 页。

④ 小农既指拥有的土地耕种面积,又指家庭结构的小型化。以信浓国诹访郡濑泽村为例,1755 年 8—13 人的家庭占全村总户数的 54%,而 1830 年 2—5 人的家庭占全村总数的 68%。

⑤ 马克思:《资本论》第 1 卷,人民出版社 1975 年版,第 785 页。

三、对农民的限制和剥削

正因为小农经济是幕藩体制的经济基础,所以幕府十分重视小农经济的稳定和防止小农的破产。17世纪中叶以后,幕府采取了行政和法律的措施,对农民加以种种限制。1642年(阴)五月至九月,先后5次公布了《乡村诸法令》。1643年,进一步制定了《土民管制条例》17条,以及《代官服务条例》《乡村告示》等法规。这些条令规定:第一,"禁止永久出卖田地"[①],因为"富裕百姓买田益富,贫乏百姓卖田益贫"[②],就会造成小农的破产;第二,禁止农民迁徙,"不事耕作则一村遭难,因此擅自背井离乡,迁移他地,可谓严重违法之事"[③]。凡违犯上述法令者,都要受到惩罚。如买卖土地者,或入狱或流放,卖主"本人死则子同罪"[④]。买主和中间人也要受刑事处分。事实上,因买卖土地受刑者确实不少。仅以武藏、下总、上总为例,1683—1694年间就有12件。1683年(阴)九月,武藏稻子村农民喜兵卫被判处流放罪,理由是其父在26年前出卖田地和屋基地,虽然当时他父亲已经去世16年。[⑤]

1673年,幕府又发布了《分家限制令》,明文规定禁止拥有2町(20石)以下土地的村吏和1町(10石)土地以下的农民分家分地,"若有违反,当以违法论处"[⑥],以图保持乡村的稳定。

江户幕府对农民的剥削原则,是"使农民财物无所余又无不足"[⑦]。德川家康曾露骨地说过:"对百姓可以让其不死不活地进行征收。"[⑧]农民所受的剥削是很重的。不论是幕府的直辖领地,还是各藩,农民的主要负担是4种。一是年贡("本途物成"),大体上四公六民或五公五民,即收成的40%—50%缴纳给领主。因为幕府对租率没有做过明文规定,所以实际上领主的征收常常超过50%。年贡以纳实物为主,但货币地租在一定的地区已开始与实物地租混合使用。如长

---

① 《德川禁令考》2786号。

② 《御触书宽保集成》1309号。

③ 《德川禁令考》2788号。

④ 《德川禁令考》2787号。

⑤ 北岛正元编:《体系日本史丛书7:土地制度史Ⅱ》,山川出版社1975年版,第99页。

⑥ 儿玉幸多、大石慎三郎编:《近世农政史料集1:江户幕府法令上》,吉川弘文馆1970年版,第77页。

⑦ 《本佐录》,山本武夫:《新研究日本史》,旺文社1979年版,第249页。

⑧ 《升平夜话》,山本武夫:《新研究日本史》,旺文社1979年版,第249页。

州藩(今长门、周防)在1609年发令,"自今年起,水田一律纳米,旱地一律纳银",实行米银并用。二是杂税("小物成"),包括山林河海的特产和工商贸易的营业税等。三是夫役("高挂物")。四是国役,包括河川土木工程、外国使者接待、幕府日光东照宫法会①的临时费等,多要求用银缴纳,更加重了农民的负担。

四、村政机构的设置

幕府还通过村政机构的整顿来确保农村统治的稳定。中世纪以来,自然形成的乡村带有明显的自治性质。可是,江户幕府建立后,幕府和诸藩却把它纳入幕藩体制,作为幕府、藩统治广大农民的基层行政单位。幕府利用村政的自治性,巧妙地使它担负起统治农民、收缴年贡的任务。

村政机构设立村役人,由名主、组头②、百姓代组成,俗称"村方三役"。他们既是村内行政负责人,又是村自治代表。名主由本百姓中有实力者担任,原是由村内最强的上层本百姓世袭的,后来则通过村民选举或上层本百姓间协商轮流执政。名主的职责主要是年贡的分配、征收、上交,管理户口和传达幕府、藩的政令,等等。组头由选举产生,主要辅助名主管理村政,大多出身上层本百姓家庭。百姓代是广大百姓的代表,主要是对名主、组头进行监督,由百姓选举1—3人担任。每遇村政大事,由名主召集全体本百姓会议("寄合")商议决定。

为了防范农民斗争,"使歹徒无法存身"③,幕府在全国乡村市镇建立"五人组"制度。"五人组"的编制,即"在市镇则挨户编成,在乡村则以相邻的五家编成一组"④。"五人组"制严格规定:"若有恶徒发现,首先查究五人组;情节严重时,邻近诸人,亦须加以处分。""村中如发现有歹徒奸人,必须立即告发……若是隐匿不报,至为他人发现时,则一经查明,自五人组以至于村长,均须处罪。""村中发现歹徒时,应鸣锣聚众,闻锣而不往者,经查明后,须受处分。"⑤

---

① 日光东照宫:德川家康死后被德川氏奉为神灵,称"东照大权现"。1637—1645年间,幕府在日光山筑东照宫灵庙,每年定期朝拜。

② 名主是东部地区的称呼,西部地区称庄屋。组头,又称肝煎。

③《1637年幕府发给关东各地代官的命令》,张荫桐选译:《一六〇〇——九一四年的日本》,生活·读书·新知三联书店1957年版,第29页。

④《1725年某村五人组记事簿序言》,张荫桐选译:《一六〇〇——九一四年的日本》,生活·读书·新知三联书店1957年版,第30页。

⑤《1637年幕府发给关东各地代官的命令》,张荫桐选译:《一六〇〇——九一四年的日本》,生活·读书·新知三联书店1957年版,第29—30页。

五、对町人的统治

随着诸藩的建立，藩的中心地城下町，日渐繁荣。大批武士、手工业者、商人纷纷聚居城下町。这些从事商业和手工业者的町人，和农村的农民一样，也是贫富不等的，其中有地有房的称为"本町人"，无地无房的称为"地借""店借"。这些人有的成为商家的伙计、徒工，有的是手工业师傅，有的则作为徒弟在手工业师傅门下求生。本町人有权参与町政，而地借、店借则无权参与。本町人对幕府有缴纳房地税（"地子钱"）和负担公役、町役、缴纳营业税（"冥加金""运上金"）等义务。

城下町的行政事务，由町奉行、町年寄、町名主负责。町年寄、町名主大多是世袭的职务。江户时代世袭町役人有 200 余人。[1]有的城下町，在町年寄、町名主之下，又设立月行事，辅助町年寄、町名主管理具体事务，人选由本町人推举产生。为控制町人，幕府在町内也推行了"五人组"制。

六、幕藩体制的精神支柱

德川家康及其后嗣为维护德川氏的一统天下，一方面制定和完善各种法制，实行依法治国，另一方面则"欲以诗书之泽，销兵革之气"[2]，实行思想控制。儒学，特别是朱子学[3]，受到了幕府的赏识和推崇，成为维护幕藩体制的官学。儒学者受到了将军的器重，招为近臣。德川家康聘儒学者藤原惺窝讲《贞观政要》，录用林罗山为幕僚，专司文化、学问之事，并将金泽文库的古籍移至江户城，新设红叶山文库。至五代将军德川纲吉，亲自向大名、旗本讲授《四书》《孝经》《周易》等著作，一直坚持了 8 年之久，共讲了 2400 次。1690 年（阴）七月，又在江户汤岛建立孔子圣堂。六代将军家宣时，重用儒学者新井白石（1657—1725 年），结成君臣鱼水之交。

在幕府的提倡下，各藩主如保科正之（1611—1672 年）、池田光政（1609—1682 年）、德川光国（1628—1700 年）等，也大兴儒学。他们聘儒者，刊儒书，设藩校，极为活跃。水户藩德川光国招聘大批儒者，以程朱理学的"大义名分"思想为

---

① 杉原庄介等：《日本史的基础知识》，有斐阁 1979 年版，第 250 页。
② 黄遵宪：《日本国志》卷 32，汉学。《日本国志》共 40 卷，1887 年成书，共 50 万言。
③ 朱子学：又称"宋学"，在镰仓时代初期由五山僧侣传入日本，江户时代达到顶峰。

指导,编纂了历史巨著《大日本史》①。

儒学之所以受到幕府的推崇,主要是因为它的理论适合幕府统治的需要。日本朱子学者鼓吹"君臣上下,尊卑大小,各尽其分而已,无浸渎之患,则天下治矣",并说:"人有四等,曰士农工商。士以上劳心,农以下劳力;劳心者在上,劳力者在下。劳心者心广志大而虑远,农以下劳力自保而已。颠倒则天下小者不平,大者乱矣。"②他们要广大民众安于现状,忍受剥削,说:"富贵贫贱安荣忧患,无所往而不乐,虽有少不快者,如室之有蚊蝇,躯之有蚤虱,驱逐之而已矣。"③他们宣扬的这套理论,正好与江户幕府推行的严格身份制相吻合。

经过幕府的强行推崇,儒家学说广泛而深刻地渗入社会的各个阶层。君臣、父子、男女、兄弟之间不可逾越的尊贵卑贱的次序,紧紧地束缚着将军以下的诸武士和民众。在封建伦理道德的桎梏下,地位最低、处境最惨的是日本的女性。她们"在家从父,出嫁从夫,夫死从子"④,完全成了男性的附庸。

第四节　锁国

一、江户初期的外交方针

德川家康统治期间,摒弃了丰臣秀吉黩武主义的对外政策,积极开展和平外交。与邻近的朝鲜缔结了《己酉条约》,恢复国交,发展了贸易。每年有20艘商船赴朝鲜交易,从朝鲜输入米、棉、人参、皮革、书籍等,向朝鲜输出矿物、染料、香木等。德川家康更希望恢复与明朝的关系,恢复勘合贸易。1610年,藩主岛津氏受德川家康之旨,通过琉球致函福建巡抚,要求:允许日本商船往中国各港口贸易;

① 《大日本史》共397卷,纪传体史书,奉水户藩主德川光国编纂,1906年完成,以大义明分的史学观点记述了日本神代至后小松天皇时期的历史。

② 雨森芳洲:《橘窗茶话》,北京大学哲学系东方哲学史教研组编:《日本哲学二:德川时代之部》,商务印书馆1963年版,第15页。

③ 雨森芳洲:《橘窗茶话》,北京大学哲学系东方哲学史教研组编:《日本哲学二:德川时代之部》,商务印书馆1963年版,第18页。

④ 贝原益轩:《和俗童子训》,山本武夫:《新研究日本史》,旺文社1979年版,第253页。

欢迎明朝商船赴日交贸;交换使节。①

丰臣秀吉发动侵朝战争以后,明朝政府一直对日持不信任的态度。再加上倭寇扰边、西方资本主义国家来侵,以及国内矛盾的尖锐,明政府推行锁国政策,因此对德川家康的积极行动未能予以响应。但当时,明朝有相当一部分官吏主张允许中国商人赴日贸易,认为"私贩日本一节,百法难防,不如因其势而利导之,弛其禁而重其税"②。在明政府的默认下,中日之间的私人贸易是相当兴盛的。每年赴日贸易的货船常有六七十艘。与此同时,江户幕府还积极推进与东南亚各国的关系,分别与安南、暹罗、柬埔寨、占城等国家和地区恢复了关系,相互开展了频繁的贸易活动。大批持有幕府批准书("朱印状")的商船往来于日本和东南亚之间。据统计,16世纪末17世纪初,持有批准书的商船("朱印船")多达355艘,平均一年11艘。几乎每个月都有1艘船开往东南亚。在吕宋、马尼拉等地都有日本人的侨居地。对于西方各国的贸易商船,德川家康也采取了积极欢迎和支持的态度。

二、欧洲人的东来和"铁炮"③的传入

当日本封建制缓慢地向前推进的时候,欧洲各国正处在资本主义原始积累时期。欧亚新航线开辟以后,西方殖民者绕道非洲好望角,先后来到东方。葡萄牙人以印度的果阿、中国的澳门为据点,扩大对亚洲各国的贸易。

早在13世纪,通过马可·波罗的介绍,日本就以"金银之岛"④闻名于欧洲。1543年,3名葡萄牙人乘船到达今鹿儿岛县之南的种子岛,是最早来日本的欧洲人。据载,(阴)八月中旬,种子岛西村居民发现一艘大船停泊岸边,"不知由何国来,船客百余人,其形不类,其语不通,见者以为奇怪"⑤。后经船中向导(中国人)介绍,方知"是西南蛮种⑥之贾胡"。葡萄牙人带来了许多日本人不曾见过的货

---

① 小叶田淳:《中世南岛通交贸易史的研究》,刀江书院1968年版,附录"近世初期的琉明关系",第51页。

② 《海防纂要》卷1,福建事宜海禁条。

③ 铁炮:又称火枪,我国史书称"鸟铳"。有记载说:"鸟铳传自倭夷,十发九中,即飞鸟皆可射落,因是得名。"

④ 《马可·波罗行记》下册。

⑤ 《铁炮记》,青木武助:《新订大日本历史集成》第2卷,隆文馆1933年版,第998页。

⑥ 西南蛮种:亦称"南蛮人",指经由西南方(南洋、中国澳门)来的葡萄牙、西班牙人。英国人、荷兰人则被称为"红毛人"。

物。其中最引人兴趣的是鸟铳,长两三尺,中空外直,装入火药可以射击百步之外的目标物,发火时"光如掣电,声如惊雷,闻者无不掩耳"。这"稀世珍物",惊动了种子岛的居民。好奇者率直地提出要学习使用和制作技术,而葡萄牙商人为博得岛民的好感,也毫不保守,诚心相教。种子岛岛民很快掌握了火药的"捣筛和合法"及鸟铳的使用方法,更有数名铁匠悉心模仿制造,但因技术不过关,未能成功。

第二年,葡萄牙商人又来到种子岛,其中也有会制造鸟铳的人。岛民金兵卫尉清定奉岛主时尧之命,虚心请教,勤奋学习。传说他担心葡萄牙人不肯传授妙术,便将17岁的女儿嫁与葡萄牙人技师(不久她因病死亡)。经过月余,金兵卫尉终于完全掌握了制作技术。"于是,经岁余,新制铁炮数千"[1],日本有了自己制造的鸟铳。后来,鸟铳和鸟铳的制作法由种子岛转入九州、本州的西部、畿内和关东地区,"耸动扶桑六十州,且铁匠知制作之道者,遍于五畿、七道"[2]。

三、天主教的传布

葡萄牙人和继葡萄牙人而来的西班牙人,逐渐成为当时日本西部地区各大名的贸易伙伴。他们往来于中国澳门和长崎等地,用中国的生丝、丝织物换取日本的银,从中渔利。

16世纪末叶,葡萄牙、西班牙势力衰落,代之而起的是英国和荷兰。荷兰人于1609年,英国人于1613年,相继来到日本,在平户设立了商馆,并从德川家康那里获得了到各地贸易的特许权。

伴随贸易而来的是天主教的传入。西方殖民者企图以宗教为掩护,进一步打开日本的市场,进而控制这个闻名于世的"金银之岛"。最早来到日本的天主教传教士是耶稣会传教士方济格(1506—1552年)。1549年(阴)六月,他从马六甲乘船出发,(阴)八月十五日到达鹿儿岛,受萨摩国主岛津氏招待,在鹿儿岛停留10个月。1550年,方济格经平户,过博多、山口,前往京都。由于战乱,仅在京都停留11天,便又启程返回山口。方济格受到周防国国主大内义隆的欢迎,在山口建立了传教基地。其间,方济格还会见过丰后国国主大友宗麟。方济格在日本活动3年,了解了日本国情,发展了一批教徒,为天主教耶稣会在日本的进一步传播奠定了基础。他离日后,不断有新的传教士被派来日本。16世纪60年代,

---

① 《铁炮记》,青木武助:《新订大日本历史集成》第2卷,隆文馆1933年版,第998页。
② 《铁炮记》,青木武助:《新订大日本历史集成》第2卷,隆文馆1933年版,第998页。

传教活动扩大到东部地区。到16世纪80年代,由于战国大名的支持,东自美浓,西至萨摩,教堂有200多处,教徒发展到15万人。战国大名,如丰后国的大友宗麟、肥前国的大村纯忠、有马晴信,摄津国的高山右近等人,都成为耶稣会的信徒。到16世纪90年代,教徒发展到30万人,占当时日本总人口的1.3%。

四、天主教对幕藩体制的威胁

江户初期,德川家康从发展经济、沟通国外贸易出发实行开放政策,欢迎葡萄牙、西班牙商船前来通商。对于随之而来的天主教的传布也持默许态度。有的时候,为了贸易的实利,还依赖传教士在幕府与商人之间起中介作用。但是,随着天主教的广泛传布,西方的宗教与东方封建专制统治之间的矛盾日益尖锐。它威胁着幕府统治的稳定。其具体表现有5点。

第一,天主教主张世间的一切都是天主创造的,人不论高低都是上帝的臣民,因此彼此之间都是平等的。这种平等的思想与幕府推崇的君臣父子等级森严的封建秩序是格格不入的。这种宗教上的人类平等思想,一旦被广大武士和民众接受,必然会导致封建统治的垮台。

第二,天主教渗入大名、武士阶层,使已统一的日本又潜伏着分裂的危机。西部地区的不少大名不但是虔诚的天主教徒,而且多是丰臣秀吉的旧臣。他们对德川家康深怀不满,站在丰臣秀赖一边,对抗德川氏。在德川家康进攻大阪丰臣氏的战争中,这些天主教大名大多加入了丰臣氏的营垒。对于这些大名,在大阪战役之前,德川氏就已加强了监视。

第三,天主教深入民间。据传教士报告,1605年,日本全国的天主教徒达到75万人,从西部的九州一直波及虾夷地区(今北海道),而且渗透到民众之中,将农民信徒编成讲、组。小农的稳定是幕府统治稳固的基础,天主教的行动必然会使德川家康回忆起当年一向宗农民暴动的情景。因此,他决不会听任天主教的发展。

第四,教会还直接在幕府内部和将军近侧,秘密发展信徒。典型的事例就是"冈本大八事件"。冈本大八(？—1612年)是德川家康的亲信本多正纯的与力①。他为了收复失去的领地加入了天主教,并与天主教大名有马晴信有勾结,从有马氏那里收取贿赂,后事情被幕府发觉。同时在江户和骏府的德川家康身边,揭出

---

① 与力:也称"寄骑",中世以后援助或附属于较强的武士、官吏的武士,江户时代成为职名,在町奉行之下有町与力。

了不少与此事相牵连的秘密天主教信徒,使德川家康惊愕不已。

第五,殖民主义侵略野心的日渐暴露。天主教与资本主义的殖民地政策相联系,在丰臣秀吉的时候就已被察知。1596年(阴)八月,一西班牙船员就曾透露了天主教与西班牙侵略政策的密切关系。为此,丰臣秀吉马上逮捕了传教士巴布基斯及信徒26人,在长崎处以磔刑(把肢体分裂的酷刑)。

16世纪末叶以后,英国、荷兰势力的东来,与西班牙、葡萄牙利益相冲突。这种冲突又与宗教矛盾纠缠在一起。作为新教国的英、荷两国,为了争夺日本市场不断地向江户幕府揭露旧教国西、葡两国侵略领土的许多实例,引起了幕府和将军对西、葡两国的警觉。江户幕府的禁止天主教政策,就是建立在上述危机感的基础上的。

五、禁止天主教

面对着天主教日益加深的威胁,德川家康及其继承者当然不会容忍上帝的神灵来取代自己的威严,任其破坏国家的统一和民族的独立。幕府开始实行一系列的抑制措施。1609年(阴)九月,禁止西部诸藩拥有和建造运载500石以上的大船,理由是"西国大名近年持有大船,有可能秘密聚集大军,谋图暴乱"[1]。但实际上抑制了朱印船贸易,削弱了西部藩主的实力。

1612年,德川家康致函西班牙总督,严正声明:"吾国乃神国也。尊神崇佛,始自日本肇国。佛即神,神即佛,两者同一。固君臣忠义之道,坚守国家一统,乃吾日本向神誓忠及崇仰神之明证也。……仁、义、礼、智、信之理,亦皆包含在神意之中。此乃与贵邦殊为相异者也。"[2]同年(阴)三月,从京都开始禁教。凡旗本、家臣及居住在江户的各大名的妻室中有天主教之疑者,一律强迫其改变信仰或驱逐之。江户、大阪、京都、长崎等地的天主教堂相继被毁。

1613年(阴)十二月二十三日,德川向全国公布驱逐天主教令。驱逐令揭露了天主教的危害,说:"爱吉利支丹之徒党,适来于日本,非啻渡商船而通资财。叨欲弘邪法,惑正宗,以改域中之政。""彼判天连[3]徒党,皆反忤政令,嫌疑神道,诽谤正法,残义损善,见有刑人,载欣载奔,自拜自礼,以是为宗之本怀,非邪法何哉?实神敌佛敌也,急不禁,后世必有国家之患。"通令严正宣布:"日本者神国、

---

① 佐佐木润之介编:《日本民众的历史3:天下统一和民众》,三省堂1974年版,第276页。
② 佐佐木润之介编:《日本民众的历史3:天下统一和民众》,三省堂1974年版,第291页。
③ 判天连:神父,是葡语Padre的日语译音。

佛国,尊神敬佛,专仁义之道,匡善恶之法。有过犯之辈,随其轻重,行墨、劓、剕、宫、大辟之五刑。"幕府还任命大久保忠邻(1553—1628年)为禁教总奉行,强迫天主教徒改宗,凡拒绝者皆流放边陲之地。

1618年(阴)八月,宣布长崎、平户为对外贸易港口,不允许葡、英等国商船到其他港口贸易。1619年(阴)十月十七日,京都所司代板仓胜重将53名教徒处以火刑。1622年(阴)九月,又在长崎将55名信徒处以火刑和磔刑。1628年,进一步宣布日商赴马尼拉均需登记,禁止天主教的日本信徒出国,禁止日本商船雇用葡萄牙水手,葡萄牙人应离开日本等。

六、岛原、天草农民起义

岛原半岛,原是岛原藩(今长崎县)藩主有马氏的领地,有马氏是天主教徒。1616年,因禁教不力,被移封他地。新藩主松仓重政(？—1630年)父子对岛原人民进行了残酷的镇压。1628年,松仓氏强迫领地内的天主教徒改变信仰。改变者发给"转宗证文",拒不改变者,或受水刑,或受火刑,或在面孔上烙印"天主教"字样,或剥衣半裸游行,或缚于闹市受冻馁2日。据说有200余人因拒不改变信仰,被用竹锯锯下脑袋,刑罚之惨,使人毛骨悚然。

松仓氏在禁教的同时,广征民夫,大兴土木,并巧立名目,赋敛新税,逼迫农民缴出他们所不可能负担的高额贡米。凡缴不出的农民,都要穿上蓑衣受刑。这种蓑衣刑是极残酷的。受刑时,把蓑衣捆在颈上与身上,另用绳索反绑双手,然后在蓑衣上点火。受刑者在蓑衣燃烧时,有的狂窜乱跳碰地而死,有的则跳水丧生。这种惨剧,叫作"蓑衣舞"。对妇女则将其"赤裸全身,倒吊起来,百般凌辱"[①]。

1634年开始,岛原、天草地区连年灾荒,饿殍遍野。松仓氏的剥削和压迫却有增无减。与岛原半岛仅一水之隔的天草岛的领主寺泽氏,也以同样手段迫害天草岛农民,终于激起了广大农民的起义。

1637年(阴)十月,岛原藩有马村名叫角藏和三吉的2个农民,违反幕府、藩主的禁令,公开悬挂天主圣像,附近信奉天主教的农民闻风前去参拜。不料被代官发觉,逮捕了角藏、三吉,并递解至岛原城,最后将他们残杀。以此为导火线,愤怒的农民们揭竿而起,袭击并杀死了代官。各地农民纷纷响应,占领了各个村

---

① 《柯基伯克尔致房地曼的信》(1638年1月10日),张荫桐选译:《一六〇〇——一九一四年的日本》,生活·读书·新知三联书店1957年版,第23页。

庄。这样,广大农民反压迫、反剥削的斗争便和天主教徒反禁教相结合,震撼了幕府的统治。起义农民拥戴 14 岁的益田时贞(或称"天草四郎")为领袖。起义军模仿藩军进行编组。益田时贞称总大将,下有指挥作战的总头(30 人)、军奉行(5人)、铁炮头等,还有筹划粮草的后勤人员。起义军的参谋大多是因拒绝改变信仰被贬为农的武士。

起义军先后攻打了岛原城和天草岛上的富冈城,但相继失利。(阴)十二月,起义军攻占了半岛南部有马氏的一座废城——原城,凭险坚守。聚集原城的起义军达 3.7 万余人,其中岛原农民 2.4 万人、天草农民 1.3 万人。但如果除去老人、妇幼,有战斗力的只有 1.3 万余人。岛原半岛南部布津、堂崎、有家、有马、串山、口津、加津佐村的全部村民都加入了起义军。

起义不久,幕府派重兵围攻。起义军英勇抵抗,藩军损失惨重。幕府派首席智囊老中松平信纲督战,集西部地区 12 万余藩军围城。松平信纲采取"不可轻易损失士卒,须等待城中粮尽,使叛军日趋溃灭"[1]的围而不攻战术,并辅之以种种谋略,如:威逼被捕起义者家属,向城内写信进行策反;利用有马氏的旧关系,动员起义军中的有马氏旧家臣投诚;向城内发射矢文,对起义者进行威吓、怀柔;等等。

藩军还求助于荷兰军舰,从海上炮击岛原城。荷兰军舰在岛原附近海面停泊的 15 天中,向原城发射了 400 余发炮弹。荷兰人自认:"必须承认,由于我们怕像葡萄牙人一样被逐出这个宝库,迫使我们不得不在 1638 年帮助日本人围攻岛原,并且帮助日本人杀害了几万个基督徒。"[2]

在长期的围困下,起义军粮尽弹绝。1638 年(阴)二月二十八日,藩军发起总攻,益田时贞为首的起义者全部英勇牺牲,岛原、天草农民起义失败。

七、锁国体制的完成

1633 年开始,幕府从单纯的禁教转化为锁国政策。(阴)二月,颁布了《锁国令》17 条,主要内容是:"严禁日本船只驶往外国。""日本人不许出国,如有偷渡者,应处死罪。""已去国外定居之日本人,若有返归者,即可处以死罪。""若有传

---

[1] 《柯基伯克尔致房地曼信》(1638 年 2 月 17 日),张荫桐选译:《一六○○——九一四年的日本》,生活·读书·新知三联书店 1957 年版,第 25 页。

[2] 《凯姆贝尔日本史》第 2 卷,张荫桐选译:《一六○○——九一四年的日本》,生活·读书·新知三联书店 1957 年版,第 16 页。凯姆贝尔是当时荷兰赴日特使的侍从医生。

布耶稣教之'南蛮人',或其他邪言惑众者,应即押解至大村藩之牢狱。"①幕府在长崎附近海面建造了一个名为"出岛"的岛屿。小岛四面环海,与长崎只有石桥相通。竣工后,把葡萄牙人、西班牙人全部迁居岛上,严格控制出入。

虽然幕府实行锁国政策,但也不是一律排斥外国商人。1636年(阴)五月十九日,幕府公布了第二次"锁国令",内容上做了新的补充。主要补充内容是:第一,"不得收留南蛮人之子孙,此事务须切实严禁,若有违法收留者,本人应处死罪外,其亲属亦须依罪行之轻重,各处徒刑";第二,"南蛮人在长崎所生之子女,以及接受此等子女作为养子养女之人,一律判处死罪","匿救(此等子女)者本人,应处死刑,匿救者之亲属,亦须按罪行轻重,各处徒刑";第三,对中国、荷兰商船,则不在限制之列,"中国船舶,船小货少,可由其自行交易","中国船舶之归期,可以在西洋船限期以外,斟酌办理之"。②(阴)九月,幕府令葡萄牙人全部离开长崎。

岛原起义后,幕府更加加紧推行锁国政策。1638年,发令全国,号召检举潜伏的天主教神父和信徒,"检举之辈,纵虽同宗,声明改宗,可宽恕其咎,予以奖励"③。1639年(阴)七月,宣布"自今以后,停止葡萄牙船前来贸易,如若违犯,可破其船,斩其船上乘员"④。此后,除与中国、荷兰进行有限的贸易外,日本基本上断绝了与外界的一切联系。⑤至此,锁国体制完成。

八、锁国政策的评价

对于锁国政策的评价,学者中存在不同的看法。有的人认为锁国政策维护了日本的统一和安泰⑥,割断了日本与外国的联系,对于武器装备尚落后的日本来说,避免了"难免发生的骚乱"⑦。有的人则认为,锁国政策禁锢了日本民族,

---

① 《锁国令》,熊仓功夫编:《史料大系日本的历史4:近世1》,大阪书籍1979年版,第231页。

② 《宽永十三年令》,张荫桐选译:《一六〇〇——一九一四年的日本》,生活·读书·新知三联书店1957年版,第12—13页。《德川禁令考》4052号。

③ 《御当家令条》220号,儿玉幸多、大石慎三郎编:《近世农政史料集1:江户幕府法令上》,吉川弘文馆1970年版,第17页。

④ 《御触书宽保集成》1228号,儿玉幸多、大石慎三郎编:《近世农政史料集1:江户幕府法令上》,吉川弘文馆1970年版,第18页。

⑤ 1641年,荷兰商馆迁入出岛。1688年,中国商人被限制在长崎市外的"唐人住宅区"。

⑥ 《内田银藏遗稿全集》第3卷,海老泽有道:《锁国史论》,东洋堂1944年版。

⑦ 粟田博士:《锁国的成文及其影响》,海老泽有道:《锁国史论》,东洋堂1944年版。

"有百害而无一利"①。

评价锁国政策的功过,首先应把禁止天主教和锁国相区别。锁国虽与禁教有联系,但其内容和性质是不同的。天主教和其他宗教一样,是当时用来传播西方思想的工具。幕府根据自己的需要,对其采取排斥政策是可以理解的。更何况天主教来到东方是和殖民主义相联结的,往往成为侵略的先锋。马克思在《资本论》中把它称为"基督教殖民制度",并引用威廉·豪伊特的话指出它"在世界各地对他们所能奴役的一切民族所采取的野蛮和残酷的暴行,是世界历史上任何时期,任何野蛮愚昧和残暴无耻的人种都无法比拟的"②。为防止继天主教传布而来的殖民统治,江户幕府采取抑制政策也是无可非议的。但问题是,在禁教过程中,幕府把西方文明和天主教一起加以禁止,把大批汉译西学书籍列为禁书,如1630年对利玛窦等传教士著的30多种汉译书加以禁止,其中大多是自然科学书籍。昏庸无知的官吏不问书籍内容,只要有耶稣、欧洲、利玛窦等字样,一律查封销毁,从而阻塞了正常地输入国际文化的渠道,这与日本人民善于吸取外国先进文化、推进本国文化发展的历史传统是截然相反的。

如果说江户幕府禁止天主教还有可以肯定的根据,那么它所推行的锁国政策则是难以肯定的。幕府曾大肆渲染天主教国的侵略意图,但当时尚不存在现实的威胁。锁国政策确立的过程,正好与幕藩体制的确立过程同步,都是从德川家康开始,经过秀忠,到三代将军家光时完成的。它是作为"强本弱干"的重要环节而推进的,是德川氏加强集权统治的组成部分。"幕府以天主教国的侵略,乃至以外扰的恐怖的宣传,借以利用来强化自己,维护幕府的利益。"③通过锁国,幕府的统治确实获得了巩固和加强。可是,锁国政策恰如一个密封的外罩,把封建的木乃伊与新鲜的空气相隔绝,它阻碍了经济上可能取得的更大发展。幕末进步思想家佐久间象山说过:"无国力与伎俩,即无锁国之手段。""始终锁国,国力与伎俩均劣于外国,终至不可锁国。"④锁国之前,日本的国力在东亚诸国中是较强的。国内经济由于统一,有了明显的发展,对外贸易颇为兴盛。1604—1635年间,出海贸易者达8万人,"商客之通外夷者殆二十国,自有我邦以来未有如今之

---

① 井上清:《日本历史》上册,岩波书店1963年版。
② 威廉·豪伊特:《殖民和基督教:欧洲人对待所有殖民地人民的通俗历史》,1838年伦敦版,第9页,转引自马克思:《资本论》第1卷,人民出版社1975年版,第820页。
③ 海老泽有道:《锁国史论》,东洋堂1944年版,第57页
④ 植手通有:《日本近代思想的形成》,岩波书店1974年版,第46页。

多且盛也"①。1613年,仙台城主伊达政宗的家臣支仓常长(1571—1622年)甚至横渡太平洋,经墨西哥越大西洋,到达欧洲。可是,由于锁国政策的禁锢,原有的进步消失了,稍有所强的国力减弱了。18世纪中叶以后,民族危机反而加深了,日本终至被迫开港。

---

① 《长崎逸事》,古田良一:《日本通史》,国立编译馆1942年版,第144、215页。

第十一章

江户时代（1600—1853年）下

第一节　文治政治

日本历史上把三代将军德川家光（1604—1651年）以前的江户幕府的统治，称为"强权政治"；四代将军德川家纲（1641—1680年）至七代将军德川家继（1709—1716年）统治的时期，称为"文治政治"。所谓"文治政治"，就是在强权政治时期奠定的基础上，采用儒家思想为治国的指导思想，进一步强化封建统治。

一、"强权政治"向"文治政治"的转变

"强权政治"向"文治政治"的转变，是与当时日本社会矛盾的新发展相适应的。关原之战后，由于德川家康对西部大名实行强制措施，或没收封邑，或削减封邑，或转移封地，结果产生了为数可观的失去主人和俸禄的武士。这些武士称为"牢人"（或"牢笼人""浪人"），严重影响了社会治安，幕府一直采取取缔政策。1623年，发布"牢人驱逐令"，不许牢人匿居京都。[①]1623年的《诸士法度》中又明文规定牢人不能重新就职。岛原起义后，幕府对牢人的控制更严。1651年（安庆四年）四月，德川家光去世，牢人的不满日益显露。以由井正雪（1605—1651年）、丸桥忠弥为首的2000余牢人，企图以京都、大阪、江户3个城市为中心，举行暴动（"庆安之变"）。[②]因秘密泄露，由井正雪等人被害，暴动计划破产。

1652年，发生了牢人别木庄左卫门企图袭击寺院事件。四代将军德川家纲

---

① 《金戒光明寺文书》，熊仓功夫编：《史料大系日本历史4：近世1》，大阪书籍1979年版，第249页。

② 《严有院殿御实纪》卷1，熊仓功夫编：《史料大系日本历史4：近世1》，大阪书籍1979年版，第267—268页。

在保科正之的辅助下采取了一些措施,以避免社会矛盾的激化。一是减少或避免没收、削减封邑。二是改变以往禁止养子继承财产令。1651年(阴)十二月,宣布"各御家人,在五十岁以上愿招养子者,可依其门第立为后嗣"[①]。三是加强儒学的宣传,鼓吹"仁政""忠孝"。1663年公布的《武家诸法度》21条中,德川家纲特别强调"孝",增加了对父母不孝者严加处罚的条款。同时还宣布取消江户初期以来追随主君切腹殉死的行为,指责这种行为是"不义而无益"[②]的;宣布废除各大名家眷扣留江户的人质制度。"强权政治"逐渐向"文治政治"转化。

二、德川纲吉的天和之治

1680年,35岁的德川纲吉(1646—1709年)继任第五代将军。他是江户幕府诸将军中,学问最卓著的一个。他不但自己笃信、钻研儒学,而且亲自向大名、旗本宣讲,这在日本历史上很少见。德川纲吉治政的原则,是以儒家的"忠""孝"思想为指导,使人们遵纪守法。1682年(阴)五月,全国主要场所都竖立了"忠孝碑",上刻7条戒规。第一条就是"奖励忠孝,夫妇、兄弟、亲属和睦相处","若有不忠、不孝者,当处重罪"。[③]德川纲吉很注重农民的安稳,1680年(阴)八月,任命老中堀田正俊(1634—1684年)专管对农民的统治,并在堀田正俊之下设京都町奉行(2人)、勘定头(4人),共同商议和执行幕府直辖领地的事务。同年(阴)闰八月,公布《代官令》,指出"民是国之本",代官的首要职责在于"常察民之辛苦,无饥寒之愁"。[④]德川纲吉对于那些玩忽职守,致使诸民困穷的代官等的处罚甚严。在其统治的29年间,受处罚的代官达34人[⑤],约占幕府代官总数的68%—85%[⑥]。轻者转封、免职、驱逐、流放,重者迫其切腹,或处以斩刑。除代官外,对旗本、大名的处罚也屡见不鲜。据统计,受处罚的旗本有100家,大名有46家。受处罚的大名中,谱代大名29家,外样大名17家。处罚的原因,主要是家臣间为争夺遗产,发生亲属相斗,以及行为不良、藩政不良等。1681年,越后大名松平光长的家族发生争斗。为解决此事,德川纲吉在江户城内设立法庭,亲自裁决,以对属下

---

① 《德川禁令考》,2262号。

② 《殉死禁止令》,《德川禁令考》,159号。

③ 《御当家令条》,270号。

④ 《御触书宽保集成》,1312号。

⑤ 辻达也:《享保改革的研究》,乾宏巳编:《史料大系日本历史5:近世2》,大阪书籍1979年版,第20页。又据森杉夫《代官所机构的改革》载,处罚代官有51人。

⑥ 按幕府代官总数40—50名计算所得的百分数。

管教不严为由,没收松平光长的全部封邑。对于这次争斗的参与者,德川纲吉毫不犹豫地予以严惩,厉声地宣布:"马上死! 这就是决案!"[①]这次审判在武士中产生了极深的影响。德川纲吉对大名家臣之间的角斗严加惩处的另一件事,就是有名的"元禄事件"(或称"赤穗事件")。事情发生在1701年(元禄十四年)(阴)三月十四日,赤穗藩(今兵库县赤穗郡)藩主浅野长矩和幕府仪礼官("高家")吉良义央发生口角,长矩用刀刺伤了吉良义央,结果受到了切腹的惩罚。长矩的家臣大石良雄等46人[②],因愤于主人被害,便于(阴)十二月十四日,冲入吉良义央宅邸,杀死了义央一家,为主人报了仇。对46人的行为,一方面,幕府表示了鼓励,称赞他们对主人的忠孝;另一方面,又以幕府之法不可违的严厉态度,命令他们切腹自尽。在他们切腹自尽后,幕府又在江户、大阪、京都等地,用文艺形式大肆宣传他们的"义举"。后来,日本统治者把这46人的行为奉为武士的典范,从而收到了思想上和政治上的双重效果。

三、狗将军

德川纲吉的赏罚严明政治,确实使社会秩序出现了江户幕府建立以来从未有过的安定。大名、旗本、代官的不法行为也有所收敛。可是,这种局面未能维持多久。1684年,刚直不阿的大老堀田正俊在江户被人刺杀。善于阿谀奉承的柳泽吉保(1658—1714年)、松平辉贞等人成为德川纲吉的近臣("侧用人")。自此,德川纲吉逐渐地沉溺于歌舞、游宴、女色,甚至干出了许多招致万民同怨的恶政。

德川纲吉的恶政之一,就是1687年颁布的《怜悯生类令》。在令条中,他不但禁杀各种牲畜,而且要对狗之类的动物加倍爱护。德川纲吉对狗的特别爱护,可说是到了荒谬绝伦的地步,为此人们赠以"狗将军"名号。他宣布:对狗的任何不敬都是不允许的,即使是杀死一条野狗,或对狗加以追赶、棒打,都要受到法律的制裁,轻则监禁,重则死刑,致使全国城乡恶狗横行。那时,幕府把对狗的管理作为幕政大事,专门设立了"犬目付"官职,整天巡视市街,检查有无违反《怜悯生类令》的人。还专门建立了狗的户籍簿,载明毛色、模样、性别、年岁和饲主。狗死

[①] 菊池宽:《新日本外史》,非凡阁1941年版,第323页。

[②] 一般称"四十七义士",但实际上在冲击吉良义央宅邸时,有一人溜掉了,所以只有"四十六义士"。(参见《幕府申渡书》,乾宏已编:《史料大系日本历史5:近世2》,大阪书籍1979年版,第91页)

了要申报奉行所,待犬目付验明死因后才能入棺土葬。1695年,在江户近郊建造了2.5万坪的狗屋,收养无主野狗近5万只。所需费用全部转嫁到广大农民和町人身上,称为"犬运上金"。新井白石批判《怜悯生类令》说:"为一禽一兽,身陷极刑,株连族门,流窜、放逐,人人不得安生。其父母、兄弟、妻子,流离散亡,不知有几千几万人。"[1]据统计,因违反此令而被监禁的人数近9000人。

德川纲吉的恶政之二,是改铸货币。由于他生活放荡,动用巨资营造神社、寺院,把幕府积聚多年的库金几乎花费一空,至1709年,"国库所藏之金,仅剩三十七万两"[2]。作为幕府经费不足的对策,德川纲吉接受勘定奉行获原重秀(1658—1713年)的建议,推行改铸货币政策。将庆长金银改铸成元禄金银。在金币中掺入银、铜,在银币中掺入铜、锡,以致货币品质低劣,信誉扫地,当时的人称之为"恶币",不愿通用。通过改铸,8年间幕府获利约500万两黄金,暂时躲过了财政上的困难局面。可是,大量投放恶币,引起了物价暴涨,造成了社会经济的混乱,加剧了武士、町人和农民生活的动荡。再加上天灾频起、官吏不法,幕府的财政又陷入了危机。幕府企图通过改铸货币来挽救财政困难的政策,终于宣告彻底失败。此后,德川纲吉及其近臣们竟一筹莫展,毫无应对之策。

诸多的恶政引起社会的强烈不满。"此将军政务30年间,岁岁无吉事。诸民愁忧,日日增益。"人们都希望他及早退出政治舞台。

四、正德之治

1709年(阴)一月,德川纲吉在民怨声中去世。因其无子,由其侄德川家宣(1662—1712年)继任将军。德川家宣也是儒家思想的虔诚信奉者,与大儒新井白石结为至交,并跟从白石攻读《春秋》《礼记》《孝经》《周易》《资治通鉴》《通鉴纲目》等,甚为勤奋。他任将军之后,继续用封建的道德纲纪重整士风,重用家臣间部诠房(1667—1720年)、侍讲新井白石辅助幕政。1712年(阴)十月,德川家宣病逝,其5岁幼子德川家继任第七代将军,新井白石等人继续辅助政务。德川家继在位的7年间,在新井白石的主持下,实行了一些新政,其内容主要有五。一是废除德川纲吉的《怜悯生类令》,全部释放了因违反此令而被拘禁的人。新井白石认为,不大赦天下,难以慰藉万民,振兴纲纪。二是修订《武家诸法度》,将德川家

---

[1] 新井白石:《砍柴记》卷中。《砍柴记》共3卷,新井白石自传,1716年成书,是江户时代中期政治史的重要资料。

[2] 新井白石:《砍柴记》卷中。

纲时期公布的21条改为17条。《武家诸法度》贯穿儒家学说中的"仁政"思想,强调武士之责在于"修文武之道,明人伦,正风俗","国郡家中之政务,各尽其心力,不致士民怨苦"。[1]三是整顿幕府的仪式、典礼,改革接待国宾的礼仪,节省开支。四是改善与皇室的关系,增加朝廷的领地。五是整顿财政和贸易。首先,稳定因元禄年间改铸货币而造成的经济混乱,于1714年开始实行新的《金银改铸令》。货币的品位恢复到庆长年间的标准,即金币含金85%,银币含银80%。[2]为控制金银的外流,整顿长崎进出口贸易,减少进口,增加出口。对外贸易不用金银,只用棹铜[3]。1715年发布的《正德新例》[4]中规定,长崎用于交易的棹铜,每年限制在400万—450万斤之间;与中国的交易,每年限定商船30艘,贸易额银6000贯,其中包括铜300万斤;与荷兰的贸易,每年船2艘,银3000贯,其中包括铜150万斤。[5]同时实行"信牌制",凡不持信牌的中、荷货船禁止靠岸。

新井白石的新政,在某些方面收到了一定效果,但是在经济和贸易方面的政策,并未能获得较好的结果。由于金银不足,新货币的铸造量不多,劣币不能顺利回收,社会经济状况仍然很不景气,幕府的财政未能得到改善。对于本来贸易额已经很少的日中、日荷贸易进行限制,实际上既不能控制金银的外流,又堵塞了极微细的外贸渠道,不但挽救不了幕政的困境,反而抑制了长崎贸易的繁荣。

第二节　商品经济的发展

一、农业生产力的提高

江户幕府的检地,使大多数农民从幕府那里得到了一块分地,尽管分地的面积小得可怜,封建领主攫取的租税又很高。然而,剥削率和劳役的征召比较稳定。这就意味着产量越提高,农民自己享受的劳动成果就会相对增加。因此,江户时代的农民对劳动的兴趣和改进生产技术的积极性较高。正是在此基础上,农业生产获得了显著的进步。

---

① 《御触书宽保集成》,7号。

② 《御触书宽保集成》,1800号。

③ 棹铜:船形的铜块。棹,摇船工具,或指船,此处指船形。

④ 正德:年号,1711—1715年。

⑤ 《德川禁令考》,4117号。

水利灌溉是农业发展的基础。江户幕府和各藩都十分重视治水。就幕府直辖地的代官而言,其首要任务就是"每年自正月十日起,专心于堤川的修治","干旱之时,致力于寻求用水。水害之时,组织开凿排水渠"。[①]日本自奈良时代至19世纪60年代,全国修筑的大水利工程共118项,其中1596—1867年江户幕府进行的大工程有81项,约占总数的68.6%。[②]

随着水利工程的推进,大片沼泽地变为良田,耕地面积有了明显的增加。如果以1450年的耕地面积为100的话,那么1600年为173,1720年为314。[③]200多年间,耕地面积增长了2倍多。

耕作技术日趋精细。马克思曾把日本的农业称为"小规模园艺式的农业"[④]。田畦整齐,莠穗杂草常除,"田边阡陌,虽是片土寸隙,亦应种植大豆、小豆等物"[⑤]。种子是经过精心选择的,每年"秋初小心选择,妥加保藏",第二年春(阴)二月浸种,(阴)三月播种。18世纪后,日本人民培植了"米质好、收获多"的"白川"(或称"京白川")良种。

肥料的来源相当广泛,一是人粪,二是畜粪。1649年,幕府向农民颁布的《庆安告谕》中,一再告诫"储藏肥料,为农民之要事",并具体介绍了积肥的方法:"厕所要宽敞;落雨天不可使雨水流入粪坑。夫妇两口之家,倘若无力养马,又无钱构筑厕所,应在屋后挖地成沟,宽三尺,长十二尺左右,将垃圾及野草投入其中,加注清水,做成肥料,用于耕作。""牛马越好,粪肥越多,无家产者,虽无力饲养,也要随时积储牛马粪肥。"[⑥]较富裕的农民,还从商人那里购买榨油剩下的渣滓,以及鲱鱼、干鳁等做肥料。当时,农户每年生产费用的开支,以肥料费最多,占总生产费用的52%。[⑦]

---

① 《御当家令条》,282号。

② 《明治以前日本土木史》第一篇,北岛正元编:《体系日本史丛书7:土地制度史Ⅱ》,山川出版社1975年版,第25页。

③ 《明治以前日本土木史》第一篇,北岛正元编:《体系日本史丛书7:土地制度史Ⅱ》,山川出版社1975年版,第28页。

④ 马克思:《资本论》第3卷,人民出版社1966年版,第93页。

⑤ 《条令拾遗》,46号,张荫桐选译:《一六○○——一九一四年的日本》,生活·读书·新知三联书店1957年版,第33页。

⑥ 张荫桐选译:《一六○○——一九一四年的日本》,生活·读书·新知三联书店1957年版,第34页。

⑦ 《耕稼春秋》,佐佐木润之介:《幕藩权力的基本结构——"小农"自立和军役》,御茶水书房1964年版,第42页。《耕稼春秋》共7卷,农学书,土屋又三郎著,成书于1707年。

适应深耕的备中锹被广泛使用。这种锹有2—4个齿,不但适用于重黏土壤地带,而且适用于犁耕无法进行的地块。日本人还发明了适应中耕的刃薄、小型、重量轻的小镐和除稻株间杂草的小铁耙。脱粒器具,原来是用脱粒筷子,后来发明了千齿脱粒机、扇车、簸米箱。18世纪初著的《倭汉三才图绘》中记载说,千齿脱粒机是和泉大鸟郡的木工发明的,它的效率比脱粒筷子高10倍。

生产技术的进步,大大提高了劳动生产率。在先进地区,每1反田所需的劳动力,16世纪为50人,17世纪末减少到40人。稻米的产量也有了明显的增长,江户初期稻米生产总额为1800万石,17世纪末至18世纪初为2500万石。

在农业技术进步的基础上,出现了介绍农业生产经验和技术的书籍,较有名的有《才藏记》《百姓传记》《耕稼春秋》《农业全书》[①]等。

二、经济作物的种植

为满足日益增长的商品需求,首先要求农村生产出足够的手工业原料,因此经济作物的种植日趋扩展。17世纪后,四木(桑、楮、漆、茶)、三草(蓝、麻、红花)、棉花、烟叶、马铃薯、甘蔗、葡萄、蜜柑等,多有种植。由于幕府的奖励,在17世纪六七十年代,关东、奥羽、东海、北陆地区的养蚕业非常兴盛,丝的产量成倍增长,基本上实现了自给,至幕末出现了生丝出口。

经济作物的种植,是从先进地区逐步地向后进地区扩展的。以种植棉花为例,开始以畿内地区种植最多。18世纪50年代,大和盆地种棉面积为3400町,河内国为8500町。后来,由于近畿以外地区植棉面积增加,畿内地区的种植面积相对减少。

米是封建统治者每年征收的主要年贡物。18世纪后,由于町镇的发展,米的消费量也增大了。农民开始把剩余的米通过米谷商流入市场。封建领主为获取大量日用品、奢侈品,也把征收的相当数量的年贡米投入市场,作为封建地租的米也变成了商品。

由于食用和肥料的需求量增加,水产业也获得了发展。全国形成了4个渔业中心,即北海道、牡鹿半岛、长门肥前、富山湾。捕捞方法普遍采用网捕,小的有个体操作的兜网、捞网,大的有百余人集体协作的拖网和渔船的牵引网。捕捞的鱼有鲱鱼、大马哈鱼、沙丁鱼、鲔、鲣、鲑、鳟、鲸、海豚等。

其他如制盐、林木业也都因产品作为商品投入市场而获得了显著的发展。

---

① 《农业全书》共10卷,农学书,宫崎安贞著,1697年刊,受中国《农政全书》的影响很深。

三、手工业商品的生产

经济作物的种植,首先促进了农村家庭手工业和町镇手工业的发展。比如著名丝织中心桐生地区,农村家庭手工业就比较发达。"上州山田郡桐生领内五十四村及其邻国,野州足利郡,地处山间狭谷,少田地,土有砂,是不宜农作之处,故百姓艰难。往昔百姓们自农业之暇,以养蚕、漉纸、织绢为业。"[1]"农业之余,妇女等以养蚕、缲丝、织物为生。"[2]地方丝织手工业的发展,直接影响着大城镇的丝织手工业的生产。如京都的西阵,原来丝织业最盛,1730年有织机7000台以上。至18世纪八九十年代,"因诸国日渐发展,屡致停产,其所织产品,价高滞销而致穷困"[3],织机台数一下降至2600台。相反,地方绢,特别是称作"田舍绢"的产量明显增加。1756年,从各地运入京都的绢为40万匹;19世纪30年代,达到62万余匹。

酿酒业以畿内的伊丹(兵库县伊丹市)、滩五乡(濑户内沿岸)最著名。据记载,1697年运往江户的酒达到64万樽。人们生活必需的酱油酿造业,随着城镇人口的增加,发展也十分迅速。以京都为例,最盛时酿造酱油者有250余家。1764年,大阪的酱油酿造者有700家左右。1730年,由外地运入江户的酱油达16万樽。陶瓷除尾张濑户外,在肥前国的有田,又发展了"有田烧"。这种陶瓷是丰臣秀吉侵朝战争时,佐贺国主锅岛直茂从朝鲜带回的技工制造的。同县的"唐津烧"也受到朝鲜制陶技术的深刻影响。其他如造纸、漂白、染色、建筑,都有相当程度的发展,生产技术有长足的进步。

四、城市的发展

地区性商品经济的发展,促使城市、町镇的迅速发展,在交通、河运要道涌现了许多町镇。如越后西蒲原郡吉田村,本是一个种植稻米的村庄,因其地处要道,至幕末,已由100余户的农村发展成拥有700余户的町镇。其中从事农业的只有73户,其余都是从事机织、弹棉、商业、船工、木工、杂业、雇工的町户。上野山田郡市场町,是供应桐生绢织原料的集散地,1780年有550户1800余人,到1828年达到689户3200余人。不到半个世纪,户数增加24%,人口增加76%。[4]

---

① 《桐生织物史》中卷,1938年刊,第3页。

② 《桐生织物史》中卷,1938年刊,第5页。

③ 竹内诚等:《岩波讲座日本历史12:近世4》,岩波书店1976年版,第61页。

④ 竹内诚等:《岩波讲座日本历史12:近世4》,岩波书店1976年版,第79页。

各藩的城下町也有了明显的扩展,诸如金泽、名古屋、仙台等地,人口都在数万人以上。

城下町和町镇增加的人口中,以从事城乡商业活动的商贩最多。伊予松山町,1784年时,全町居民4200户,其中商人1300余户,占总户数的约1/3。又如上田藩,1836年时,在乡商人共445人,其中小商贩占一半。信浓地区小商贩占当地商人总数的20%,武藏为11%,甲斐为9%,相模为40%。在关东养蚕地区,竟达90%。①正是通过这些小商贩的活动,把分散的小农经济和城町相沟通,进一步促进了商品经济的发展。

在地区性城市、町镇发展的同时,各大城市成了全国或地区商业贸易的中心。京都一方面仍保持着悠久的文化艺术传统,另一方面却成为全国首屈一指的丝织品、染色加工的手工业中心。江户是当时最大的消费城市,它不但成为与关东、东北、东海等米产地直接联结的米市场,而且是把京都、大阪、东海地区的物产转销关东、东北地区的中继商业城市。大阪是最大的商业城市②,它地处交通要道,与奈良、堺、京都相近,北有贺茂川、白川、桂川、淀川、宇治川等大河流,河运发达,五畿七道之物云集此地,成为商业贸易的富裕之港。著名作家井原西鹤(1642—1693年)在《日本永代藏》(1688年成书。永代藏,意为商人致富术)一书中,这样描绘大阪的繁荣景色:

> 自难波桥西望,数千家批发商号,鳞次栉比。白色的墙壁,如白雪那样耀眼,杉木堆积如山。拉着木材的马车,在大道上蜿蜒前进,轰轰隆隆,声如惊雷。满载货物的船只,漂浮于河川之上,恰如深秋柳叶,洒满水面。扛米的青年,你追我赶,如竹林之虎,勇猛非凡。帐页如空中的白云,来回翻动。算盘之珠,如冰雹四散。称金银时天平发出的声响,恰似晨夕寺刹的钟声,清脆悠扬。③

此段文字的描写,虽有夸张,却也十分形象逼真,如同一幅素描,把大阪风貌

---

① 大口勇次郎:《幕末养蚕业的发达和农村结构》,竹内诚等:《岩波讲座日本历史12:近世4》,岩波书店1976年版,第80页。
② 江户、京都、大阪史称"三都"。三都的消费人口在18世纪初增加十分迅速。1721年,江户的町人有50万人,再加上幕府家臣和参觐交代的武士约50万人,合计100万人。大阪的町人有38万人,京都的町人近40万人。
③ 井原西鹤:《日本永代藏》卷1,"风平浪静中的神通丸"。

活生生地展现在人们的眼前。

五、金融制度的确立

金融货币制度也随着全国性商业的发展渐趋确立。货币的发行权原则上由幕府垄断,金、银、铜3种矿产由幕府直接控制。货币铸造机关是金座、银座和钱座。当时虽然金、银、铜3种货币同时流通,但"自铸宽永钱以来,大宗足用金银,小宗足用钱货"[1]。3种货币间有法定的比率,大体上是1两金抵60冈银、4贯铜钱。

随着交换经济的兴盛,纸币也开始在市场上出现。纸币中最多的是各藩及旗本领地发行的"藩札"。"藩札"最早始于1661年,在越前福井藩(今福井县)发行。17世纪80年代后,逐步扩大到88个藩、1个旗本领。货币的流通,促进了信用业务的开展,出现了货币兑换商("两替商"),专事货币本身的买卖。后来,逐渐发展为钱庄("两替屋"),开展存款、贷款、票据和汇兑业务。为维持同行业的信用和相互间进行监督,大钱庄间成立了同业公会("十人两替")。信用业务以大阪最盛,江户次之。钱庄中以大阪鸿池、江户三井为最富。鸿池、三井后来成为以幕府、大名为放贷对象的高利贷者。

六、交通的发达

由于商品经济的发展和诸藩大名"参觐交代制"的需要,从江户到全国各地的水陆交通更趋发达。以江户为中心,有东海道、中山道、日光街道、奥州街道、甲州街道5条干线通向全国。干线的开辟,促进了邮递事业。为传递幕府的文件,设立了"继飞脚",从京都至江户,四五日就可到达。大名之间设立了"大名飞脚",民间的通信则依靠"町飞脚",实行每月3次的定期邮递。水路运输以大阪、江户之间的太平洋沿岸航路最为发达,主要控制在菱垣船行和樽船行手中,2家船行拥有400艘以上的船只。此外,还开辟了从松前、出羽各港口,经日本海航向太平洋和濑户内海的航路,以及从陆奥沿岸经太平洋至江户的东部航路。

第三节　动摇幕藩体制诸因素的发展

商品经济的发展,逐渐影响着封建领主经济结构。虽然这种影响是缓慢的、

---

[1] 太宰春台:《经济录拾遗》,泷本诚一编:《日本经济丛书》第6卷,大镫阁1923年版,第291页。

渐进的,但却是十分明显的,它最终必然会导致幕藩体制的瓦解。

一、商人兼地主的出现

随着商品经济的发展,出现了一大批钱财殷实的豪商。在锁国的状态下,他们不可能扩大对外贸易,只能在幕府允许的范围内寻求出路。当时,幕府允许的主要出路之一,就是投资于土地的垦殖。江户幕府和各藩在元禄(1688—1703年)、享保(1716—1735年)年间进行过大规模的河川治理和冲积地区的垦殖。工程浩大,费用甚巨,从当时幕府、藩的财力而言,是负担不了的。于是,他们就依靠豪商,利用他们的财富来实现治水垦田的目的。通过投资河川的治理和土地的垦殖,豪商又成为土地的拥有者。

1727年,幕府批准开垦越后蒲原郡紫云寺海滩地,19年内开拓了2000町土地。从事这一开拓事业的中心人物是江户商人竹前权兵卫,协助他的成田佐左卫门、宫川四郎兵卫也都是商人。这项开拓事业共投资1万两黄金,其中除幕府承担2000两外,竹前权兵卫出5000两,成田、宫川合出3000两。开垦出来的2000町土地,按约定,其中给竹前权兵卫300町,佐左卫门50町,四郎兵卫150町。出卖1100町,得1万两黄金,其中6000两作为开垦费用归竹前权兵卫等人,4000两上缴幕府。在这项投资中,竹前权兵卫成了拥有300町土地的大地主。在同一时期,诸如名古屋藩、冈山藩(今冈山县)的新田,也多是通过这种形式开垦的。结果,在幕藩体制下出现了既拥有商品、钱庄,又拥有大量土地的商人兼地主。他们把资金转化为土地,通过租佃关系剥削农民的剩余劳动,转过来又用地租收入从事商业活动。

二、问屋制手工业的发生

问屋制手工业是建立在分散的家庭手工业基础上的一种新的生产方式。许多家庭手工业者在批发商人控制下进行协作劳动,受其剥削,从而具有资本主义因素。

问屋制手工业有3种形式:第一,由商人贷给原料或原料补贴金,家庭手工业者则用产品归还所借费用;第二,以原料与产品交换,但以家庭手工业者保证不为另一商人加工为前提;第三,商人不仅向家庭手工业者提供原料,而且还提供生产工具。秋田藩(今秋田县)的横手,是有名的棉纺织生产地,这里的生产主要采用贷给原料和租赁纺织机的形式。商人山中新十郎拥有840台纺织机,采取贷给原料和租赁纺机的形式,控制了数千名分散的手工业者。

问屋制手工业生产虽然受着封建经济的严重束缚,但是正如马克思指出的那样,"数量较多的工人受同一资本指挥,既是一般协作的自然起点,也是工场手工业的自然起点"[1],孕育着资本主义萌芽。事实上,自18世纪末至19世纪,在问屋制手工业兴起的同时,也出现了雏形工场手工业。不少商人常常是问屋制手工业和雏形工场手工业的兼营者。如1804—1829年间,在生产白木棉、纹羽织的和泉地区,有织户440户,其中集中的"机屋"户20户,问屋制的"赁织"户420户。"赁织"户是"机屋"户的21倍。[2]至19世纪30年代,"机屋"户发展到40户,"赁织"户则达千户。[3]在某些先进地区,雏形工场手工业超过问屋制手工业而占主导地位。如尾张平原的西大海道村,全村有织屋23户,拥有织机113台,其中出租的只有13台,其他都集中在一起进行生产。在桐生、足利地区,1830年时,有织机的户"拥有的机数有20台、30台,或50台、100台、200余台不等"[4]。织工来源于农村手工业者,"桐生领内皆以高金聘雇织工"[5],足利也是"以高金聘进农家妇女"[6]。按纺织工序分工计算,拥有10台织机的"机屋",雇工人数必须在10人以上。

三、下级武士的贫困

商品经济的发展,货币的流通,使金、银、铜钱成为人们追求的财富。著名思想家山片蟠桃曾这样描述金银在当时社会中的作用:

> 若有金银,遂致家富,愚者变智,不肖之徒也成贤者,恶人也成善者。若无金银,遂致家贫,智者变愚,贤者也成不肖之徒,善者也成恶人。终于,依此兴废继绝,生死盛衰皆以有无金银为凭,上自公侯,下至士农工商,皆以是为保身命之第一宝物也。[7]

就在这种背景下,封建统治者,上自将军、大名,下至一般武士,奢侈不减,费

---

① 马克思:《资本论》第1卷,人民出版社1975年版,第398页。
② 历史科学协议会编:《历史科学大系7:日本从封建制向资本制的过渡》,校仓书房1975年版,第173页。
③ 儿玉幸多编:《体系日本史丛书11:产业史Ⅱ》,山川出版社1965年版,第260—261页。
④ 《桐生织物史》中卷。
⑤ 《桐生织物史》中卷。
⑥ 《桐生织物史》中卷。
⑦ 山片蟠桃:《梦之代》,泷本诚一编:《日本经济丛书》第25卷,大镫阁1923年版,第30页。

用增添,收支失去平衡,"国用不足年事已久,上下困穷日甚"①。水户藩自1701年起,每年财政不足35万石,1704年甚至连武士的俸禄也难以支付。

加贺藩本是个富藩,但在1682年一年就亏缺7000贯银,只得向京都、大阪富商借贷,以弥补赤字。至1837年,该藩要偿还的债务约5万石米,相当于该藩年收入的1/3。萨摩藩在宽永(1624—1643年)末年借贷额达500万两,连藩主参觐时的费用也支付困难。

藩主的经济如此拮据,一般武士就更不用说了。他们一方面因开支的增加,经常入不敷出,另一方面又因幕府、藩财政的困难,俸禄很难保证。为求享乐,开始时只得典当、变卖家藏珍品,最后甚至把值钱的衣服也当光了,以致有些穷武士,为了参觐当值,必须向当铺借衣服穿,回来时径奔当铺脱衣奉还。有人嘲笑他们说:"穿起脱上脱下的上下礼服,上下大道参觐当值。"②贵重东西当完之后,武士们便"倾心垂首依附町人",以自己的俸禄、官爵、领地作为抵押借钱用。"家臣借俸禄者,少则十分之一,多则十分之五、六、七也。尚感不足,借町民之金以救急。犹不足,借江户、京都、大阪富商之金,此类事年年不已。"③这些作为抵押的财产,由于无力偿还,最后落入高利贷者之手,武士遂致破产。破产的武士,有的依附豪农、豪商,有的转化为知识分子(教师、医生等),有的把亲生女卖为妓女,有的收养町民的子女,定期收取抚育金,有的与商人结为姻亲,等等。至此,"丧失了武士道的武士,十人之中要占到七八个,而且正直的武士,十人之中难于找到二三个"④。

武士贫困、破落,而商人则因此控制武士,夺取了武士享有的种种特权,如俸禄、苗字带刀等。按照幕府规定的等级制度,商人位处于士、农、工之下,可是如今,"商人中已有了超凌武士身价的大豪杰了"⑤。昨日的町人,今日成了拥有财富和封建特权的"武士",而昔日的武士,却沦落为平民。封建统治的柱石之一的身份等级制,由于武士的穷困动摇了。

---

① 山崎阁斋:《盍彻问答》。

② 《世事见闻录》,张荫桐选译:《一六〇〇——九一四年的日本》,生活·读书·新知三联书店1957年版,第48页。

③ 太宰春台:《经济录拾遗》。

④ 《世事见闻录》,张荫桐选译:《一六〇〇——九一四年的日本》,生活·读书·新知三联书店1957年版,第49页。

⑤ 《世事见闻录》,张荫桐选译:《一六〇〇——九一四年的日本》,生活·读书·新知三联书店1957年版,第47页。

四、农民的分化

不论是商人的暴富,还是武士的贫困,最后的受害者都是广大农民和城市贫民。"商人过富,武士贫困。武士贫乏,则取民之事益多。"[①]统治者把债务都转嫁到广大农民身上。江户初期推行的"让百姓无所余,又无不足""让其不死不活地进行征收"的原则,现在却变成了"芝麻和百姓越榨越出油"[②]了。只要能从农民身上榨出油来,就顾不得他们的死活了。

江户中期以后,农民在原有封建领主的剥削之外,由于商品经济的发展,货币的流通,又增加了商人和高利贷者的剥削。大批小农失去土地,农村出现了两极分化。《世事见闻录》记载:"当今天下,出现一个富人,也就在那地方同时出现了20个以至于30个贫困百姓。"那时的农村,"既有了田连阡陌的人,也就有贫无立锥之地的人。既有人在缴去些许年贡之后,依然是余粮满仓;也有人为了缴不出贡米,而遭到'领主'或'地头'的处分。有的人出卖余粮两三百袋之多,有的人过年过节都吃不到白米饭,连春节里的年糕都做不起。有的人把儿女宠爱得娇生惯养,有的人却须出卖亲生骨肉。有的人身着丝绸,住屋精美,陈设华丽;有的人衣不蔽体,饥寒交迫,住的地方更是墙塌壁倒,破陋不堪"[③]。

丧失土地的小农,大部分沦为租佃农。以关东南部为例,1741—1743年间,"国土之田地,持主亲自经营者,十不存一二","拥有田地二十石至百石余之百姓,亲自经营者,十无存一",[④]表明土地耕作的佃农化。另一部人,则流入城镇。根据井波町立图书馆所藏《井波町人别书上帐》记载,1806年,井波町总户数551户,贫民354户。其中明确标明由乡村流入的贫民是117户,他们来自75个村。除贫民外,还有下人、下女258人,来自99个村。

小农的破产,从根本上动摇了幕藩体制的基础。

五、农民起义

从德川家康成为将军的1603年起,至江户幕府消亡的1867年止,农民斗争

---

① 熊泽蕃山:《集义外书》。

② 本多利明:《西域物语》,林基:《百姓一揆的传统》,新评论社1955年版,第132页。

③ 《世事见闻录》,张荫桐选译:《一六〇〇——九一四年的日本》,生活·读书·新知三联书店1957年版,第46页。

④ 田中丘隅:《民间省要》,泷本诚一编:《日本经济丛书》卷1,大镫阁1923年版,第280页。

的次数多达千余次。①大致以元禄年间为分水岭。前期除岛原起义外,大多采取逃亡、上诉、请愿等形式。请愿斗争多半是针对直接压迫农民的下级官吏。1652年(阴)十二月,下总国印藩郡、千叶郡、相马郡和上总国武射郡、山边郡共340个村的农民,为反对领主每石年贡增加1斗2升和现金缴纳杂物税,推佐仓宗吾郎等7人为总代表,越级到江户向幕府上诉。诉状中说,在领主的苛政下,百姓们变卖妻、子、衣物,或杂具、家财,被迫迁徙他国他领。有的倒毙旅途,有的加入盗贼之伙,恳求将军"以宽容怜悯之怀,使百姓安然生存"②。结果,佐仓宗吾郎全家遭捕,并处以极刑。1677年,上野国山田郡台乡村农民,反对增加年贡,推出小沼庄左卫门等18名代表上江户申诉。18人在江户被捕,并引渡给他们所在的馆林藩(今群马县),被处以极刊。③1681年春,上野利根郡月夜町农民茂左卫门等反对领主增赋增役,拦轿上诉,控告领主擅自丈量土地,缩短竿尺,增加租赋,致使"邪侈日盛,无谓摊派日增,百姓难以为生",请求将军以"慈悲之心,倾听各村贫困之情,解除众百姓之困穷,救一息生命,蒙受莫大的仁惠和恩德"。④结果,茂左卫门也被押上了断头台。

后期的农民起义,无论是斗争的规模,还是斗争的策略和组织,都发生了质的飞跃。具体而言,有如下特征。一是人数多,规模大,动辄千人、万人,以至数十万人,范围波及一藩或数藩。1764年末,在今日的埼玉、群马地区,沿交通要道的各村农民为反对征收接待朝鲜使节的招待费("传马役"),数万人向江户进发,沿途不断有人加入,最后达到20万人。幕府只得取消了"传马役"临时税。1786年,福山藩(今青森县)农民反对藩主征收神社修筑费,在秘密指挥部领导下举行起义,取得了胜利。二是斗争矛头直接针对幕府、藩主和他们的代官,以及豪商。由于商品经济的发展,贫困的下级官吏、武士也被卷入农民斗争的洪流,不少人还成为农民起义的领导者。1841年(阴)十一月,京都知府衙门宣布,要在琵琶湖四周地区实行检地。检地范围包括湖边、河边各村的空地,以及堤外渚滩的新垦地。(阴)十二月,检地官市野茂三郎到达野洲乡的野村,首先收了全村户籍,接着以"官房印信和官家用物,都是极贵重的物件,务必严厉防火"为由,禁止全村百姓用火。再加上丈量土地的尺子有弊,激起了农民和乡吏的不满,于1842年(阴)

---

① 据林基《百姓一揆的研究》一书统计,农民斗争数达1500次。又据青木虹二《百姓一揆总合年表》记载,仅1821—1865年间就有1500次。

② 青木虹二:《编年百姓一揆史料集成》第1卷,三一书房1979年版,第245—246页。

③ 青木虹二:《编年百姓一揆史料集成》第1卷,三一书房1979年版,第432页。

④ 青木虹二:《编年百姓一揆史料集成》第1卷,三一书房1979年版,第501页。

九月发动起义,迫使市野茂三郎画押结具,"野洲乡沿河各村土地检查之事,因有请愿,特准许延期十万日"①,取得了胜利。三是斗争的目的开始越出经济要求的局限。1722年,越后国颈城郡农民提出了"全部典当土地归还原主"的口号。1837年佐渡岛农民起义时,曾要求关于计算年贡的事情归农民自己办理。1842年,近江农民起义,撕毁了土地测量簿。四是有较严格的组织性和纪律性。1754年春,久留米20万农民起义。起义军按乡驻扎在八幡河的河滩上,储备了大米17万余石、战马1000匹、鸟铳1.8万支等。②1768年,福井藩263个村庄23万农民起义。起义军分成5队,有组织有计划地围攻福井城,并订有必须遵守的纪律,即"留心福井城的防火""不许残害人命""不许隐藏财宝以满私欲"。③五是城町人民和农民起义相呼应。1738年(阴)十二月十六日,但马国生野银山矿工及家属2000余人起义。二十八日,矿区附近大批农民也举行起义。幕府调集12个藩的军队镇压,矿工和农民组成联合军奋力抵抗。又如1768年,在涌井滕四郎的率领下,以新潟市下层市民为主体发动起义,驱逐代官,夺取市政大权达2个月之久。

六、大阪市民暴动

1837年初,大阪城的市民发动了一次影响极大的暴动。它的领导者是大盐平八郎(1793—1837年)。大盐平八郎本是大阪町奉行所的与力,每年有200石的俸禄,是王阳明学说的信奉者。1833—1836年间,全国发生了大灾荒,大阪城米价飞涨,饥荒袭击着广大市民。隆冬季节,每日冻饿而死者有三四十人。④然而富商们却乘荒年之机,囤米谷,抬物价,"目睹天灾天罚不知自检,置平民乞食于不顾"⑤。大阪市政官吏不但拿不出救济百姓的办法,反而与商人勾结,"朝夕蝐聚堂岛⑥,计议米价行情,而置下民于不顾"⑦。

---

① 张荫桐选译:《一六○○──一九一四年的日本》,生活·读书·新知三联书店1957年版,第57页。

② 张荫桐选译:《一六○○──一九一四年的日本》,生活·读书·新知三联书店1957年版,第40—42页。

③ 林基:《百姓一揆的传统》,新评论社1955年版,第81页。

④ 《平户藩士闻书》,冈本良一:《大盐平八郎》,创元社1975年版,第32页。

⑤ 大盐平八郎:《檄文》,北京大学哲学系东方哲学史教研组编:《日本哲学二:德川时代之部》,商务印书馆1963年版,第173页。

⑥ 堂岛:大阪市内街名,当时是米谷商人的集中地。

⑦ 大盐平八郎:《檄文》,北京大学哲学系东方哲学史教研组编:《日本哲学二:德川时代之部》,商务印书馆1963年版,第173页。

大盐平八郎认为,平民饥苦的根源在于"小人治国"。"在上者日益骄逸,穷奢极侈,达官要人之间,贿赂公行,交相赠纳,甚至不顾道德仁义,以内室裙带之缘,奔走钻营,得膺重任;于是专求一人一家之私肥,课领内百姓以重金","终至于四海困穷,人人怨嗟"。[1]他要求改革吏治,"除衙蠹(奸吏),锄民害,规僧风"[2],并决定用武力来讨伐世间的不平。(阴)二月十九日上午8时左右,大盐平八郎以他的洗心洞私塾[3]为据点,以他的门徒为核心,发动了武装暴动。

暴动前,大盐平八郎曾秘密地向摄津、河内、和泉、播磨等国的农村散发了长达2000多字的《檄文》,装入精致的绢袋,上书"天降"字样,旁侧写着"送各村贫农"。《檄文》指出,暴动的目的在于"减轻各处年贡诸役,并欲中兴神武天皇之政道",重建"道德纪纲,一扫年来骄奢淫逸之风",口号是"奉天命,行天罚"。

起义军从早8时开始,一直战斗到黄昏时刻。以3人伤亡的代价,捣毁了众多的富家大户、官吏住宅和米店、银座、寺院等。据统计,共捣毁宅邸3389家,烧毁1万余间房屋。起义军所过市町达120条町(街),约占大阪三乡总町数的20%。幕府调动大军镇压,暴动者寡不敌众,很快就失败了。大盐平八郎突出重围,隐入农村,后又潜回大阪。1个月后,在官军的包围中,大盐平八郎父子二人自杀身死。

大盐平八郎暴动失败的根本原因,在于没有真正地组织和发动贫农及贫苦市民,没有获得人民的广泛支持和参加。[4]虽然《檄文》中曾要求贫农们"闻及大阪城中骚动一起,各村百姓即须不问路途之远近,火速驰来大阪",但这只是一般性号召,并没有进行艰苦的发动和组织工作,当然不可能形成浩荡的反幕大军。暴动发生后,闻讯赶来的农民仅300人左右。

起义军之所以不能广泛发动农民及城市贫民,归根结底是由大盐平八郎为首的起义核心成员的阶级地位所决定的。这次起义的核心成员,除大盐平八郎父子外,尚有地主、富裕农民11人,下级武士6人,[5]神官1人,医师1人。地主、富

---

[1] 大盐平八郎:《檄文》,北京大学哲学系东方哲学史教研组编:《日本哲学二:德川时代之部》,商务印书馆1963年版,第172页。

[2] 大盐平八郎:《辞职诗并序》,冈本良一:《大盐平八郎》,创元社1975年版,第76页。

[3] 1830年大盐平八郎愤于幕政腐败而辞职,开办私塾,称洗心洞私塾,专心研究阳明学。

[4] 邹有恒:《1837年日本大盐平八郎起义的失败原因及其历史意义》,《东北师大科学集刊》(历史)1957年第3期。

[5] 原有12名地主、富裕农民参加起义,后临阵脱逃1人,剩11人;参加起义的武士原有10人,在起义过程中叛变2人,临阵脱逃2人,所以实际上是6人。

裕农民多是商品作物的经营者,有反对奸吏、豪商的一面,但又惧怕农民崛起,因此对于发动、组织农民参加起义表现得犹豫、动摇。下级武士蔑视处于水深火热中的城市贫民,视之为"无赖者""游民",当然不可能去依靠和组织他们投入战斗。因此,尽管大阪市民有群众斗争的光荣历史传统,但当大盐平八郎等人发动暴动时,大多数市民却没有起而响应。

暴动虽然失败了,影响却很深远:首先,大盐平八郎在《檄文》中,把"中兴神武天皇之政道"和"减轻各年贡诸役"作为斗争目标,首次提出了改革幕藩体制的要求,把江户时期的人民斗争提高到了一个新的境界。从这一意义上说,这次起义是倒幕运动的先声。其次,从大盐平八郎的政治地位来看,他是大阪城内一位有名的负责治安的下级武士。他背叛武家法规,不尊幕府权威而敬"天命",不行天子之令,而行"天罚"的行动,预示着武家体制的崩溃。大盐平八郎是倒幕派武士的先驱。最后,大阪是全国商业中心,起义对全国影响很大,从此各地暴动连绵不断。

第四节　挽救幕藩体制的改革

17世纪末叶以后,社会矛盾十分尖锐。商品经济的迅速发展,幕府和诸藩财政拮据,武士破产,农民分化,再加上天灾频生,城乡人民纷纷起义等,都严重地动摇着幕藩体制。为防止幕藩体制的瓦解,江户幕府先后实行了3次幕政改革,即享保改革、宽政改革和天保改革。

一、享保改革

1716年(享保元年)(阴)六月,原纪州藩(今和歌山县)藩主德川吉宗(1684—1751年)任第八代将军。当时,阶级矛盾激化,幕府财政危机严重。由于他在纪州藩的出色政绩,封建统治者对他的出任寄予希望。33岁的德川吉宗也有志于整顿日趋腐化的幕政。他上任不久,便宣布自己治政的宗旨是"诸事按照权现样(德川家康)确定的方针办",企图重现德川家康的"廉洁政治"。

德川吉宗整顿幕政的第一步,就是改变自第三代将军德川家光以来将军不亲政的弊政,一切大权独揽一身。他亲自召见各藩大名及藩府官吏,一见面便说:"余自藩镇进承大统,故,不识者多。"①给人以一种亲近感。就在这种毫不拘束的接触中,了解考察了大名、官吏,"可者庆之,不可者贬之"②。他又于1721年限制了老中的实权。过去,幕府大政皆由老中会议决定,现在改变惯例,把老中降低到将军辅助官的地位。他不拘一格选人才,录用了一批身份较低而有能力的人。

1723年(阴)六月十八日,他制定了"官职补贴制"("足高制"),任职期间按官职高低在原俸禄基础上给以应得的补贴,退职后补贴取消。这一制度有利于选贤罢愚,提拔身份低而有能力的人。据统计,自"官职补贴制"公布以后至宽政年间(1789—1800年),身份较低而担任大目付者40人,占大目付总人数的80%,其中原俸禄不足500石者13人,不足1000石者12人,1000石者15人;担任町奉行者19人,其中原俸禄不足500石者6人,不足1000石者6人,1000石者7人,占总数的86%;担任勘定奉行者49人,其中原俸禄不足500石者、不足1000石者、1000石者分别为22人、8人、19人,占总数的90%。③在享保改革中发挥重要作用的大冈忠相(1677—1751年)等人,就是身份不高的中下级武士。在整顿纲纪方面,德川吉宗于1717年(阴)三月重新颁布了《武家诸法度》。他宣布:大名和官吏,不论过去犯有多大错误,凡"自今以后渐施善政"④,改邪归正者,既往不咎。1719年(阴)五月,他公布《改新政务呈报令》,凡以往颁布的各项法令,若有不当或不合时宜,或拟采用新法规者,均应及时地、毫无顾忌地呈报幕府。后来,他又在江户设立诉怨箱("目安箱"),凡各级官吏的所作所为,町人、百姓皆可直诉将军,"以广开言路,沟通下情"⑤。

德川吉宗的经济改革主要采取了如下措施。第一,在农村,广泛推行定产定租法("定免法"),以每块土地过去10年间的平均年贡率为标准确定租额,取消过去根据年景估产定租("检见法"或"亩引检见")的做法。"定免法"使农民的租税负担固定化。在缴去租税之后,多收多得,有利于激发农民的积极性。但租率由

① 《续三王外记》,德富苏峰:《近世日本国民史:吉宗时代》,时事通信社1964年版,第74页。

② 《续三王外记》,德富苏峰:《近世日本国民史:吉宗时代》,时事通信社1964年版,第74页。

③ 泉井朝子:《关于足高制的考察》,乾宏巳编:《史料大系日本历史5:近世2》,大阪书籍1979年版,第143页。

④ 室鸠巢:《兼山丽泽秘录》,德富苏峰:《近世日本国民史:吉宗时代》,时事通信社1964年版,第74页。

⑤ 《有德院御实纪附录》,德富苏峰:《近世日本国民史:吉宗时代》,时事通信社1964年版,第237页。

五公五民提高到六公四民①,使农民负担增加而更为贫困,而受到好处的则是幕府和富裕农民。德川吉宗还奖励开垦荒地,鼓励种植多种经济作物。第二,在城市,加强了对町人和商业的统治和管理。1721年(阴)七月,公布禁止制造、出售新式商品令。(阴)十一月,命令所有商人、工匠按行业组织行会("株仲间"),贯彻幕府政令,实行成员之间的监督。为了控制米价,1725年设立堂岛米市场,视行情收售,以稳定米价。如1730年收成较好,米价下跌,幕府便发布"买米令",要求商人买米囤积。遇到荒年,则要求放出囤积之米,增加市场流通量。德川吉宗还对货币实行改良,1718年发布"新金银货币通用令"。根据货币所含金银纯度,订出交换比率,回归旧币,力求结束货币的混乱局面。后来,又让江户的钱庄组成金融兑换行会,企图通过这一组织,促进货币交换和货币市场的稳定。1723年,旧币兑换完毕,通货终于实现统一。第三,1722年(阴)七月,为解救幕府财政上的燃眉之急,德川吉宗向各大名宣布了"上米令"。在令文中,德川吉宗承认幕府已无力发放御家人的俸禄米,要求各藩将每年米产量的1%无偿上缴幕府。作为交换条件,大名参觐时在江户居留的时间缩短到半年。②通过"上米令",幕府每年可得17万—18万石米,可支持御家人俸禄的一半。此令一直延续到1730年。

此外,德川吉宗还进行了法令的编纂。1738年开始编纂审判条例(《公事方御定书》)和法令集(《御触书集成》)。德川吉宗奖励学问,热心办学,不但出版荻生徂徕(1666—1728年)训点的《六谕衍义》,更值得一提的是,他解除了禁止洋学输入令。他亲自召见长崎的荷兰商馆长,询问西洋文明,学习天文、地理、船舶、医学等知识,还经常派学者到江户荷兰人的住处请教专门知识,学习荷兰语。大批汉译洋书也不断传入日本。

德川吉宗的改革,使幕府的财政,以及大名、旗本等武士的纲纪、社会秩序,都有明显的好转。仅财政而言,1722—1731年的约10年间,幕府的黄金储备回升到100万两,每年平均有3.5万石米和13万两黄金的节余,为幕府赢得了一个相对的小康局面。

二、田沼意次的幕政改革

1751年德川吉宗死后,先后接任将军职的是德川家重(1711—1761年)、德川家治(1737—1786年)父子。德川吉宗的侍童田沼意次(1719—1788年)日渐受到

---

① 《形钱须知》,乾宏巳编:《史料大系日本历史5:近世2》,大阪书籍1979年版,第148页。
② 《御触书宽保集成》,1709号。

器重,1767年,成为德川家治的"侧用人";1769年,又破例提升为老中,其子田沼意知(1749—1784年)担任了若年寄。田沼意次的为人,学者们有不同评价。客观地说,田沼意次在私生活上是一个财欲熏心的人。他曾说过:"予日日登朝,为国操劳,一刻不得安心。只是在退朝之后,见宅邸长廊之下,堆积无数贿赂,始觉意满心慰。"[1]可是,他在治政方面却相当出色。例如,为了增加财源,依靠大阪富商投资,大规模地开垦印旛沼地、手贺沼地;鼓励农民广泛种植棉、烟草、菜、茶、桑、蚕、麻、蓝等经济作物和加工农副产品;为统制商品生产,陆续批准了一批新的行会,组织商人的"座""会所",准许他们进行特产品的专卖,但行会必须保证缴纳杂税;支持各藩推行新兴产业,谋求藩经济的强化;垄断对清朝的民间贸易,出口棹铜、海带、干鲍鱼等土产,使对外贸易出现盈余。他还奖励学术,特别推崇洋学,因此被称为"兰癖",兰学者经常出入他的宅邸。在田沼意次的支持下,日本引进了不少洋学书籍和技术。

综上所述,可以看出田沼意次是江户时代比较开明的人物,他的各项政策,不仅促进了商品经济的发展,而且显露出"开国"的意向。可惜由于1786年(阴)八月德川家治病死,田沼意次失去了支持,改革也因此中断了。

三、宽政改革

1787年(阴)三月,15岁的青年德川家齐(1773—1841年)任将军。(阴)六月,在亲藩和谱代大名的支持下,30岁的松平定信(1758—1829年)担任首席老中,掌握了幕府实权。其时,由于连年天灾,农业歉收,饥荒频发(史称"天明饥馑"),米价暴涨,政情不稳。当年(阴)五月,江户发生市民捣毁运动,连续6天捣毁米店980家。此外,还捣毁了油店、酒店和当铺等。捣毁运动迅速波及全国35个城市。面对这种严重危机,松平定信以必死的决心实行改革,称为"宽政改革"。

宽政改革的核心思想是遵循享保年间德川吉宗的方针,努力稳定农村,抑制商品经济的发展,以巩固幕藩体制。其农村政策的着眼点是恢复和增加农村人口,垦殖荒地,恢复和增加耕地面积,保护封建领主土地所有制,压制农民的反抗,保证年贡的稳定收入。恢复农村劳动力的主要措施,就是让流入城市的农村人口返回乡里,禁止农村人口的流动。1789年(阴)十二月,宣布限制农民任意离乡做活。1790年(阴)十一月、1791年(阴)十二月、1793年(阴)四月,又先后颁布《返归乡里奖励令》("旧里归农令"),凡流入城市的农民,返回者发给路费,并贷

---

[1]《江都闻见集》,德富苏峰:《近世日本国民史:田沼时代》,时事通信社1964年版,第20页。

给口粮、农具等。①同时，严禁农民杀婴（"间引"②）和外流。作为防备荒年的对策，1789年（阴）九月，发布《粮食储备令》（"围米令"），规定自1790年开始，5年内各大名领邑收入按5‰的比例储备粮食。③与此同时，还发令勤俭节约。

松平定信的城市政策则着眼于解决武士的贫困和社会秩序的稳定。主要采取4项措施。第一，抑制旧特权商人，取消田沼时代给予特权商人的商品专卖权，废除了一部分"座"和商业行会。与此同时，为弥补幕府财政不足，利用江户金融市场的富商建立"勘定所"，请他们参与幕府重要经济政策的制定，协调市场的物价。④第二，对江户城的经费开支加以限制。1791年实行《町费用储备金制》（"七分积金令"），将市町经费的7成作为常年的储备，每遇灾年用作救济。⑤第三，为挽救旗本、御家人的贫困，于1789年（阴）九月颁布《弃捐令》，宣布6年以前借债款全部作废。5年以内所借债款，按年利6厘（6%）逐年偿还。今后债息不得超过年息12%。⑥据统计，被废除的债务总额达118万余两黄金。第四，在石川岛建立收容所（"人足寄场"），专门收容流落江户街头的贫民和"盗""贼"，用其技术从事各种手工业劳动。收容满6年者，可以释放，交给亲属。

在思想领域，松本定信推行独尊朱子、严禁异学的政策，史称"宽政异学之禁"。他不仅限制兰学⑦，甚至因林子平（1738—1793年）著的《海国兵谈》要求重视北地边防，就将其视为"处士横议"而幽禁。松平定信曾经夸口许诺，他上台以后，若"米谷缺少，物价上涨，百姓困穷，威信仁德不行，人人破产，愿立即以死殉职"。可是，他的改革并未能改变困难的现实，反而引起了多方面的批评。1793年，他被迫引咎辞职，宽政改革亦随之流产。

四、天保改革

宽政改革流产以后，幕府统治危机越加严重。武士的贫困、小农的破产、农民起义、市民暴动，再加上西方殖民主义者频来叩关，内忧外患一起威胁着幕府

---

① 《御触书天保集成》，6568号、6569号。

② 间引：意犹"间苗"。江户幕府270年中，严重歉收130次，其中享保、天明、天保3次大饥荒最惨重，农民和下层町人无力抚养子女，堕胎、溺婴习以为常。

③ 《御触书天保集成》，5893号、6033号。

④ 参加勘定所的有10名富商，都是当时江户金融市场的实力者。

⑤ 《诚斋杂记》，乾宏已编：《史料大系日本历史5：近世2》，大阪书籍1979年版，第252页。

⑥ 《御触书天保集成》，6204号。

⑦ 兰学：由荷兰人传入日本的洋学。

的统治。1840年中英鸦片战争中清政府的失败,更强烈地冲击着江户幕府。

1837年(阴)八月,即大盐平八郎暴动不久,德川家齐退居幕后,德川家庆(1793—1853年)虽任将军,实权仍在德川家齐手中,史称"大御所时期"①。德川家庆重用首席老中水野忠邦(1794—1851年),开始天保改革。1841年(阴)一月,德川家齐病逝。(阴)五月十五日,水野忠邦宣布实施新政,"治政之事,代代尊意毋庸置疑,享保、宽政之旨意,更不可违,故皆应深加领会,勤谨奉行"②,表明天保改革是享保、宽政改革的继续。不过,由于社会矛盾的程度不同,其措施和结果与前两次改革也有所不同。

水野忠邦主要从以下5个方面进行了改革。第一,压缩政府机构。裁减冗员,推行节俭政策,严禁买卖高价物品。第二,抑制商业和手工业。1841年(阴)十二月,发布《解散行会令》("株仲间解散令"),解散江户城内的大特权行会菱垣回船③、江户十组④等。1842年(阴)三月,把解散行会令扩大到全国。1843年(阴)三月,发布《回乡令》,禁止农村人口盲目流入城市,已经流入的,除已有常年职业和妻室者外,一律返回乡里。今后只允许短期雇工进入江户,一俟期满,必须返回,不得永住。⑤第三,1842年(阴)十月,发布《禁止国(藩)产专卖令》,以控制各藩经济实力,增加江户、大阪的物资供应,使物价降低。第四,1843年(阴)九月,发布《上交知行地令》,将江户周围10日里⑥、大阪周围5日里之内的土地全部收归幕府,成为幕府的直辖领地。原在这一地区的大名、旗本转封他地。第五,鉴于外国舰只不断前来叩关,幕府曾于1825年发布了《驱逐异国船只令》。1840年鸦片战争后,幕府在严重的危机感下,取消了《驱逐异国船只令》。与此同时,聘高岛秋帆(1798—1866年)训练洋式军队和炮术,命江川英龙(1801—1855年)

---

① 大御所:镰仓时代以后,亲王、公卿、将军等的隐居处,转而作为其人的尊称。江户时代,德川家康、德川家齐在让将军职以后,都以大御所作为尊称。此处所说的"大御所时期",指德川家齐隐退后仍然控制幕政的时期(1837—1841年)。这一时期也称"文化文政时代"(文化、文政皆是年号)。

② 《德川十五代史》,东京大学文学部史学会编:《新订史料日本史》下卷,山川出版社1968年版,第96页。

③ 菱垣回船:17世纪前期垄断大阪、江户之间海运的船行,因船舷上装有防止货物掉入海内的菱形竹篱笆而得名。17世纪末期又出现了樽航船,主要装运酒等酿造物。

④ 江户十组:1694年由江户商人大阪屋伊兵卫提倡,并得到幕府承认的10个批发行会组织。它们都是从大阪用船运商品到江户的批发商,10个组分别按行业组成。

⑤ 东京大学文学部史学会编:《新订史料日本史》下卷,山川出版社1968年版,第97页。

⑥ 1日里合3.924千米。

铸造大炮,着手加强军队,防止外敌入侵。

天保改革的各项措施,大多没有获得贯彻,往往宣布不久便行不通了。如《解散行会令》,不但未使物价下跌,反而造成商业凋敝,流通阻滞,幕府不得不在1851年(阴)三月发布《行会再兴令》。再如《禁止国(藩)产专卖令》,也因各藩的反对而未能实施。《上交知行地令》一发布,便遭到大名、旗本的抵制,也被迫撤销。

五、三大改革失败的原因

综观三大改革,除享保改革获得一定的成效外,宽政、天保两大改革都失败了。失败的根本原因,在于封建体制内部已经孕育着对抗领主经济的新因素,而幕政改革者不从根本上改变幕藩体制来适应新因素的发展,却顽固地站在封建专制主义立场,企图削足适履,抑制商品经济,防止武士贫困,其结果不能不使社会矛盾更加尖锐。

六、诸藩的藩政改革

与幕府的改革失败相反,一些藩,主要是萨摩、长州、土佐、肥前等强藩,通过藩政改革,在经济、军事方面都有了比较显著的发展。综观各藩的藩政改革,大致有如下几方面的政策是相近的:一是清理藩债,实行财政改革,推行节俭令,抑制高利贷商人;二是着力恢复农村经济,保护本百姓,实行新的检地和开发新田,以增加年贡收入;三是奖励本地特产,实行藩专卖制度;四是控制金融,发行藩札;等等。

长州藩。藩主毛利敬亲(1819—1871年)于1838年重用武士村田清风(1783—1855年),着手藩政改革。当时,该藩有8.5万贯银的债务。藩政改革便首先从改善财政入手。同时,为安抚农民,采取了减缓年贡、救济贫困等政策,并在下关设立产物总会所等贸易机关,增加货币收入。总之,通过这些措施,藩国财政迅速好转,并为实行军备的近代化奠定了经济基础。

萨摩藩。1827年时,有500万两黄金的巨额债务。藩主岛津重豪(1745—1833年)重用下级武士出身的调所广乡(1776—1848年),进行财政改革。首先,奖励国产,对蜡、明矾、硫黄、茶种等强制执行藩专卖,对奄美大岛、德岛、鬼界岛出产的黑砂糖也实行强制性收购,运至大阪贩卖,获利甚巨。同时,与琉球进行秘密贸易也得益不小。对农民则增收年贡。这些办法行之有效,据说至1848年时,萨摩藩已有50万两黄金的储蓄。财政的好转促进了藩营工场的发展,实行了军事改革,增强了藩的军事实力。

第五节 江户时代的文化

江户幕府独尊儒术,视其为巩固幕藩体制的精神支柱。儒学以外,其他思想、学术一律禁止,统称为"异学",指斥为"谋叛之学""蛇蝎之学"。但是,就在这种严厉的禁锢中,"异学"不仅存在,而且倔强地发展了,呈现出从未有过的学术思想的活跃。文化艺术已越出贵族、武士阶级的狭小范围,扩及町人和小农,日本的民族文化发展到一个新的高度。

一、阳明学派

阳明学派以中江藤树(1608—1648年)、贝原益轩(1630—1714年)、熊泽蕃山(1619—1691年)、大盐平八郎、吉田松阴(1830—1859年)等人最有名。这些人开始时大多是朱子学者,但在研究过程中对朱子学产生了怀疑以至批判,转而钻研王阳明学说,成为阳明学的崇拜者、宣传者。中江藤树批判朱子学的强制性道德修养,他认为"知"与"心"(知,指规范的知识;心,指经过内省的修养实践)是统一的。"身心须臾不离知,则明德昭明,而光于四海,通于神明。"反之,如果"与知相离",则"昏乱迷妄,视而不见,听而不闻,食而不知其味"。[①]熊泽蕃山、大盐平八郎等人更把"知行合一"思想贯彻于政治行动之中。熊泽蕃山任备前藩藩士时,与藩主池田光政相配合,力行藩政改革。大盐平八郎愤于统治者的穷奢极侈,发动了武装暴动。

二、古学派

古学派以山鹿素行(1622—1705年)、伊藤仁斋(1627—1705年)、荻生徂徕最有名。多数古学者原是宋学的追随者,后来由于怀疑宋学和孔子、孟子的原意不同,改而提倡古学,呼吁从孔孟的原著中去探索儒学的真意。他们说:"后世儒者不识先王之道,乃逞其私智,以谓为善而去恶,扩天理而遏人欲也,此见一立,世

---

① 中江藤树:《经解》,北京大学哲学系东方哲学史教研组编:《日本哲学二:德川时代之部》,商务印书馆1963年版,第139页。

非唐虞,人非圣人,必恶多而善少,则杀气塞天地矣。"①"后儒之说天理人欲,致知力行,存养省察,粲然明备矣,以我观于孔门诸子,盖有未尝知其说者焉。"②荻生徂徕的弟子太宰春台(1680—1747年)指责宋儒是"不奉文礼之教,而以心性为学,是名为仲尼之徒而实畔(叛)之也"③。

三、国学

在幕藩体制动摇、社会矛盾尖锐时期,民间学者在批判儒学的过程中,研究汉学传入以前的日本文化,形成了"国学"。该学派的元老有契冲(1640—1701年)、下河边长流(1624—1686年)、户田茂睡(1629—1706年)等人。他们从研究、考证和歌("歌学")开始,进而扩大到研究考证日本古典著作。18世纪以后,出现了荷田春满(1669—1736年)、贺茂真渊(1697—1769年)、本居宣长(1730—1801年)、平田笃胤(1776—1843年)四大国学者。荷田春满是稻荷神社的神官,是他把国学的研究从"歌学"进一步推广到整个古典学范围。他曾建议在京都设立国学学校。他在《创学校启》中详细地阐述了发扬日本固有文化、振兴国学的主张。贺茂真渊则特别注重于对《万叶集》的研究,著有《万叶考》《国意考》,颂扬古代日本人崇高正直的灵魂。到本居宣长时期,国学达到其发展的顶峰,他的门徒近500人,遍布全国。他明确地规定了国学的含义,说:"学问者乃皇朝之学问也。"④本居宣长通过严密的考据,研究了日本的重要古典,著有《玉小梳》(《源氏物语》的研究成果)、《古事记传》等。反映本居宣长政治主张的书籍是《玉胜间》和《秘本玉胜间》。⑤后者是他在纪州藩供职时,与藩主之间的问答集。在该书中,他一针见血地指出社会不安、农民起义频繁的原因,"皆由上非所起"。但是对于种种改革,他持消极态度。

本居宣长的国学,后来又扩展到文献学和复古神道学。前者的代表人物塙

---

① 荻生徂徕:《辨道》,北京大学哲学系东方哲学史教研组编:《日本哲学二:德川时代之部》,商务印书馆1963年版,第118页。

② 荻生徂徕:《辨道》,北京大学哲学系东方哲学史教研组编:《日本哲学二:德川时代之部》,商务印书馆1963年版,第120页

③ 大宰春台:《内外教辨》,北京大学哲学系东方哲学史教研组编:《日本哲学二:德川时代之部》,商务印书馆1963年版,第136页。

④ 乾宏巳编:《史料大系日本的历史5:近世2》,大阪书籍1979年版,第319页。

⑤ 《玉胜间》共15卷,随笔集,1793年起稿,至1801年成书。《秘本玉胜间》共2卷,政治思想书籍,成书于1787年,1851年刊印。

保己一（1746—1821 年），在江户设立了和学讲谈所，编纂了规模巨大的《群书类从》（正编 530 卷，续编 1150 卷，共 1845 册）。复古神道学的代表者平田笃胤，著有《古史徵》《古道大意》。

国学者所主张的神代信仰和排斥儒佛的思想，后来既是尊王攘夷的思想推动力之一，又是排外主义、复古主义、国粹主义的渊源。

四、町人思想

由于商业和城町的发展，町人势力日渐壮大。代表町人利益的思想家也不断出现，其代表人物是海保青陵（1755—1817 年）、山片蟠桃（1748—1821 年）。他们的核心思想是重商主义。他们认为，在离开商业就不能生存的现实社会中，儒学只不过是一种空论，买卖就是社会的基本原理。当今世界的一切社会关系都是一种买卖关系，连君臣关系也不例外，"君买臣，臣卖于君"。

五、农民思想家安藤昌益

安藤昌益（？—1762 年）是一位深入民间的医师。他对中医学、本草学有较深的研究，对中国哲学思想也有广泛的接触。在长期的行医中，他目睹日本农民受到的残酷压迫，深恶朱子学说的思想束缚，毅然站在农民阶级的立场上，对幕府推崇的朱子学进行抨击。他强调农民的劳动道德，把"不耕食、不织衣之辈"斥之为盗、贼、国虱，主张人人劳动，"不语苦乐，不怠直耕"。[1]他反对封建等级制度，憧憬建立一个"彼无富，此无贫"，无上下，无剥削，无奢欲，"不耕贪食之徒"的平等相爱的极乐世界（"自然世"）。[2]安藤昌益的思想闪烁着朴素的唯物主义思想，反映了农民要求平等、太平的愿望。但在当时商品经济相当发达的条件下，安藤昌益憧憬的"自然世"并不是引导人们朝前看的理想世界，而是引导人们去追求根本不可能实现的乌托邦。[3]正是由于这一根本弱点，再加上幕府的严密控制，安藤昌益的理论只在一小部分信徒中传授，而未能在社会上广

---

① 安藤昌益：《良演哲论》，北京大学哲学系东方哲学史教研组编：《日本哲学二：德川时代之部》，商务印书馆 1963 年版，第 183 页。

② 安藤昌益：《自然世论》，北京大学哲学系东方哲学史教研组编：《日本哲学二：德川时代之部》，商务印书馆 1963 年版，第 188—189 页。

③ 朱谦之：《安藤昌益——十八世纪日本反封建思想的先驱者》，《北京大学学报》（人文科学版）1962 年第 2 期。

泛流传。①

六、西学

西学,或称"洋学",是指16世纪兴起的欧洲近代科学。最初多由葡萄牙人传入,又称"南蛮文化"。17世纪三四十年代,在幕府实行锁国政策以后,西学也遭到了禁止。可是,锁国并没有使日本完全闭锁于世界之外。②西学书籍通过各种途径仍有秘密输入,虽然数量极有限。一些知识分子通过长崎这个对外窗口,仍在秘密勤奋地考察世界的情况。1695年,西川如见(1648—1724年)著《华夷通商考》,介绍了中国、亚洲各国和欧洲的交通、物产、风俗。1708年,新井白石通过审讯潜入日本的意大利传教士西笃梯等途径,将获得的知识编撰成《西洋纪闻》《采览异言》,介绍了世界历史、地理和风俗。

1720年,德川吉宗提倡实学,下令弛禁,凡与天主教无关的汉译西书不再禁止。从此,日本的西学由中断转入再传布阶段。再传布的西学,主要由荷兰人传入,被称作"兰学"。1740年,幕府命青木昆阳(1698—1769年)、野吕元丈(1693—1761年)习荷兰语。1774年,杉田玄白(1733—1817年)等人译成《解体新书》,介绍维萨里斯解剖学,这是日本第一部大型西学译著。此后,西学如"滴油入水而布满全池",从医学、军事发展到各种学科,从长崎、江户发展到京都、大阪以至许多藩国。经百余年传布,一个愿意学习西方的新知识分子集团逐渐形成。18世纪末叶,江户有兰学四大家(杉田、桂川、大槻、宇田川),其中大槻玄泽(1757—1827年)设立的芝兰堂,1789—1826年署名在册的门徒有94人。另据1796年和1798年江户兰学者2次集会的名单,删除重复的,共有104人。其中身份可考者67人,其中官医、藩医26人,町医8人,藩主阶层7人,幕臣、藩士7人,庶民6人,翻译3人,其他10人。③1824年,德国学者西博尔德在长崎设鸣泷塾舍,培养了一批洋学者,高野长英(1804—1850年)、伊藤圭介(明治维新后第一批5名理科博士之一)是其中最著名的。这个先进知识分子集团如饥似渴地汲取欧洲的近代知识,出版介绍哥白尼、牛顿、拉瓦锡、道尔敦学说的图书。据统计,1744—1852年的108年间,共有翻译西洋书籍的学者117人,译书约500部。④

---

① 安藤昌益的名字和著作被埋没了100多年,直到19世纪末才被发现。

② 参阅信夫清三郎:《日本政治史》第2卷,南窗社1976年版,第21—24页。

③ 杉本勋:《体系日本史丛书19:科学史》,山川出版社1967年版,第263页。

④ 穗亭主人:《洋学家译述目录》,郑学稼:《日本史》第4册,台湾黎明文化事业公司1977年版,第294页。

随着洋学书籍的输入,要求学习西方的进步思潮潜流暗涌,日益发展。1775年,杉田玄白在《狂医之言》中说:"地者,一大球,万国分布,所居皆中,任何一国皆可为'中土',支那亦东海一隅之小国也。"1788年,大槻玄泽在《兰学阶梯》中也说:"腐儒庸医,罔知天地世界之大,妄惑于支那诸说。仿效彼等,尊之为'中国'或'中华之道'……或以支那之外皆蛮夷而不屑一论,何其学之粗且陋也。"①

日本封建阵营在分化,新知识分子在形成,部分下级武士的世界观在转变。尽管幕藩统治者借端镇压,制造了"西博尔德事件"②和"蛮社之狱"③等,但已无法防止革命思潮和革命势力的发展。④

七、科学

江户时代日本的科学,受到以中国为代表的古代东方科学的影响,又得到了西方科学的启迪,在已有成就的基础上获得了新的发展,作为东方科学一部分的"和算"(日本数学)进步尤为突出。从战国时代以来,军事、城市建设、丈量土地、治理水利、商业买卖等社会需要,推动了算术的研究,出现了不少数学著作,毛利重能的《割算书》就是其中的一部佳作。著名算术家关孝和突破了过去从中国传入的旧算法,发明了使用独特记号的笔算来解多元方程式。他在行列式、圆周率、球体积、角、方阵等方面都有杰出的研究成果。

在医学方面,受李时珍《本草纲目》的启示,贝原益轩于1708年编成了《大和本草》16卷。其中除中国书籍所载本草外,还记载了作者在日本各地亲自采集、观察、记录到的300多种动、植、矿物。后来稻生若水又编成了巨著《庶物类纂》362卷。小野兰长的《本草纲目启蒙》48卷,收录了日本列岛生长的本草1800多种,确立了精密的植物分类法,并说明中日名称的异同。在西学的影响下,日本学者编译了《解体新书》《疡医新书》《西说内科选要》《泰西眼科全书》《和兰局方药谱》等书,介绍西方医学。

17世纪以后,一批爱国者对日本领土进行了实地勘踏。1635年,松前藩的家

---

① 《日本思想大系64:洋学》上,岩波书店1976年版,第230、339页。

② 西博尔德:长崎兰馆副医官。1828年回国时,以《荷兰王国海外领土地图》与幕府官吏、兰学者高桥景保交换《大日本沿海舆地全图》。事发后,西博尔德被驱逐出境,高桥景保被捕入狱。

③ 蛮社:兰学者渡边华山、高野长英等人于19世纪30年代组成以研究新知识为目的"尚齿会",又称"蛮学社"。1839年,幕府以诽谤政治等罪名逮捕渡边华山(高野长英逃亡)。1841年渡边华山自杀,1850年高野长英自杀,史称"蛮社之狱"。

④ 吕万和、罗澍伟:《西学在封建末期的中国和日本》,《历史研究》1981年第3期。

臣左卫门广仪调查了东虾夷地,绘制了国后、择捉和北方各岛的地图。1644年,幕府编纂了《正保日本地图》。该图也标录了千岛群岛和北方诸岛。1785年,农民出身的最上德内(1754—1836年)探察了得抚岛。1798年,近藤重藏(1771—1829年)在择捉岛上竖立了日本领土的界标。1809年,间宫林藏(1780—1844年)勘探了北库页岛对岸,发现库页岛与西伯利亚之间有海峡相隔。后人将此海峡称为"间宫海峡"(即鞑靼海峡)。1821年,伊能忠敬根据实地测量,绘制了从九州至北海道南部的全日本地形图《大日本沿海舆地全图》,使日本人民首次对自己的国土有了科学的认识。

八、文学的繁荣

江户时期诗歌、小说、散文、戏剧等也呈现出前所未有的繁荣。诗歌有3种形式,即由连歌发展而来的俳句、脱颖于短歌的狂歌、发源于俳句的川柳。[1]

俳句诗人,首推西山宗因(1605—1682年)和松尾芭蕉(1644—1694年)。西山宗因摒弃了前辈陈腐的形式主义,主张废除一切约束,用诙谐而通俗的语言抒发情感。他以独特的风格,树立了新的学派——谈林派。[2]在谈林派下聚集了一批出色的诗人。松尾芭蕉出身武士家庭,自幼为藩主的伴读。37岁时,在门人的帮助下迁居深川芭蕉庵。庵中有一株芭蕉,他的雅号也因此得名。芭蕉的俳句的美学观点是"幽玄闲寂"。他厌弃社会上的尔虞我诈,对祖国山河却无限爱慕。

江户时期的小说,以反映市民生活的通俗小说居多,初期有全部用假名写的小说,称作"假名草子"(草子,带图的小说)。最杰出的"假名草子"作家是浅井了意,著有《御伽婢子》《浮世物语》。《御伽婢子》是模仿中国明代瞿佑的传奇小说集《剪灯新话》中的故事写成的。《浮世物语》则是描写一个轻佻的僧侣"风花雪月,及时行乐,饮酒作歌,放荡不羁"[3],最后得道成仙的故事。

继"假名草子"而发展的是"浮世草子"(浮世,即尘世、人世之意),或描写男女爱情,或描写人情世故。其作家以井原西鹤为代表。他写的《好色一代男》《好色一代女》《好色五人女》《日本永代藏》等,均是日本文学名著。应当指出,井原

---

① 连歌:日本诗歌的一种体裁,由两人以上分别轮流咏上下句,通常以100句为一首。俳句:由五七五共17个假名组成的短诗。狂歌:在下层人民中流传的鄙俗的滑稽歌。川柳:由17个假名组成的诙谐、讽刺的短歌,1765年江户浅草名主柄井川柳著《诽风柳多留》,因此得名。

② 1675年,西山宗因创作《谈林千句》,其诗派就以"谈林"为名。

③ 《浮世物语》序文,西乡信纲:《日本文学史》,人民文学出版社1978年版,第178页。

西鹤的作品并不是单纯地描述男女情欲和金钱,而是歌颂青年男女敢于蔑视封建道德,争取个性解放,反映了町人阶层反封建的一面。

在戏剧艺术方面,净瑠璃和歌舞伎占有重要的位置。净瑠璃最早起于室町时代中期,由琵琶法师演奏。后来,中国的三弦(三味线)传入日本后,遂以三弦和词说戏。再后,又用木偶("操人形")来表演,于是成了戏剧艺术。净瑠璃艺人以竹本义大夫(1651—1714年)的成就最为卓越。他独创了净瑠璃曲调,被称为"义太夫节",风行全国。竹本义大夫演唱的剧本,大多是近松门左卫门(1653—1724年)创作的。他一生中发表了110余篇净瑠璃、28篇歌舞伎剧本,被誉为"东方的莎士比亚"。其代表作有《曾根崎心中》、描写郑成功的《国姓爷[①]合战》,以及反映农民到城市求生却又走投无路的作品。

歌舞伎用的乐器有许多是由中国传入的,人物角色有"主役"(善良者)、"敌役"(恶人)、"道外方"(丑角)、"亲仁方"(老生)、"花东方"(老旦)、"若众方"(小生)、"若女方"(旦)、"子役"(儿童)。歌舞伎演出时,演员主要是表演动作,歌唱由其他演员担任,或一人独唱,或众人齐唱。

九、美术

从16世纪末叶到17世纪初,风俗画开始广泛流行,如《洛中洛外图》就是代表性杰作之一。其中,除描绘自然环境外,还充满了五光十色的人物。17世纪后半叶,风俗画的风格、内容发生了重大改变,从原来流行的画面大、人物多的画法,转变为单个形象的较小画面。在京都、江户开始出现大量美人画。随着木版印刷技术的发展,出现了带有插图的书籍(即"绘本"),其内容大多是描述花街柳巷中的爱情场面。因此,人们把这种美术画称为"浮世绘"。18世纪末叶以后,浮世绘又有了新发展,喜多川歌麿(1753—1806年)采用了"大面部"特写式的新风格("大首绘"),集中表现人物的面部。继喜多川歌麿之后,葛饰北斋(1760—1849年)、安藤广重(1797—1858年)等人的造诣也很深。葛饰北斋的名作《富岳三十六景》不仅用多种手法表现了象征日本的富士山,而且反映了人民的斗争精神。如《神奈川的浪涛里》一画,远处屹立着富士山,近处则是冲天的浪涛,人们伏在小木船中搏浪前进,显示了日本人民的无畏精神。

除浮世绘外,由中国传入的南画和写实主义的西洋画、铜版画、装饰画也很盛行。

---

① 国姓爷:郑成功(1624—1662年)。

总的回顾 古代史的几个特点

本书叙述及此,行将结束。现在,就有关古代史中的某些重要问题,加以总的回顾,以此作为本书的结束语。

一、没有经历过奴隶制社会

公元2世纪初以后,北九州和畿内地区首先出现阶级国家。从阶级国家诞生之日起,它就处在东亚封建文化的强烈影响之下。大陆国家先进的生产技术和工具的传入,使日本的生产面貌发生了迅速的变化。大批大陆知识人的迁入,带来了先进的文物制度,给日本统治者以有益的启发。再加上奴隶来源的枯竭,使日本的奴隶制度未能获得发展。大和国统一日本以后,广泛地推行部民制。作为社会财富创造者的部民,其内部的阶级属性是相当复杂的。通过对部民的剖析,可以发现部民有3种类型,即奴隶型部民、农奴型部民和具有封建主义萌芽因素的隶农型部民。其中以隶农型部民占多数。上述内外因素,决定了日本自原始公社解体以后便直接进入向封建社会过渡的历史时期。

二、大化改新标志着封建社会的开始

5世纪末叶以后,农奴型部民日渐增多。6世纪中叶,日本列岛上突然增加的群集坟,表明封建生产关系中的农奴,已经相当普遍地存在了。与此相伴,一部分旧贵族转化为以剥削农奴型部民为主的封建农奴主。在生产关系发生明显变化的基础上,加以留唐学生的陆续回国,带回了丰富的封建文化和统治经验,新兴的农奴主以中大兄皇子为首,于645年发动了宫廷政变,开始了大化改新。

大化改新是一次确立封建统治的政治改革。之所以说它是一次封建性的变革,主要是因为3点。第一,它废除了旧贵族的世袭特权,建立了中央集权的政治体制,从中央到地方,封建等级森严。中央集权的指导思想是由中国传入,并经过消化了的儒、法、佛诸学思想。第二,废除了贵族私有的土地制,一切土地收归国有,实行按口班田和租庸调制。第三,大化改新后,社会的阶级关系发生了根本变化。被剥削被压迫阶级是公民(农奴)、官户、家人和奴婢。官户、家人及奴婢占总人数的10%左右,而公民(农奴)则占绝对多数。公民是大化新政权剥削的主要对象。剥削阶级则是封建农奴主阶级,它由皇室、有位者集团、地方豪强组成,天皇则是三者的总代表,拥有绝对的、至高无上的权力。

三、封建土地所有制的变迁

封建土地所有制形式,欧、亚各地具有明显的差别。在欧洲,封建社会中占绝对支配地位的基本经济单位是庄园,封建领主土地所有制贯穿始终。在中国,封建社会中占绝对支配地位的基本经济单位是小农,封建地主土地所有制贯穿始终。然而,日本的土地所有形式则要复杂得多。从大化改新至江户幕府,它的土地所有形式发生了3次变化。第一次,经过大化改新,实行了土地国有,天皇作为大地主控制全国土地,广大农奴(公民)则从国家那里分得一块分地进行耕种。这种制度到奈良时代末期便日渐瓦解。与此同时,庄园日渐发展。平安时代是中央集权土地所有制与庄园领主土地所有制相交替的时期。第二次,从严格意义上说是从平安末期开始,贯穿镰仓时代,庄园领主土地所有制占统治地位。土地庄园化的结果,使中央权力分散,天皇本身也沦为封建领主的平辈。这一段历史与欧洲封建化的过程极为相似。封建领主势力的发展最终导致了社会的分裂。室町时代战国大名的崛起便是典型的事实。战国大名为了增强领国的政治、经济实力和军事力量,采取了类似8世纪初期法兰克实行的封建采邑制。这种分封制,后来经过"太阁检地",直至德川家康建立江户幕府,进一步获得了发展。这是第三次土地所有形式的变化,幕藩体制就是以此为基础的。有人说,江户时代的分封制与欧洲的封建土地制相似;有人说,它是亚细亚生产方式,即土地国有化的典型之一。如果仔细剖析江户时代的土地制度,应该说它在形式上与欧洲封建时代的分封制相似,但实质上更具有东方的特色。第一,社会中占支配地位的基本经济单位是小农。第二,幕藩体制是以将军为核心的君主专制体制,全国土地的所有权控制在将军手里,绝对禁止土地私有。藩主稍不顺从,将军即可没收、减少、转移他们的领地。各藩主在自己的领国内对家臣也实行同样的政策。第三,欧洲的分封制,封主和受封者的关系是以受封者履行军事义务为条件的。而江户时代的幕藩之间,或藩主和家臣之间的关系,则是以封建儒家道德的"忠""信"思想,把他们牢牢地连接在一起的。

四、天皇专制主义的兴衰

在中国,封建专制主义中央集权是与君主专制制度相结合的。君主的权力高度集中,国家的一切权力,包括立法权、司法权、政权、财权和军权,全部掌握在君主手里。在日本,一切权力集中于天皇之手的时代也是存在过的,大约从7世纪中叶至8世纪末叶,即自大化改新至平安时代初。天皇为控制全国百姓,建立了一套官僚制度。官僚之首,在中国是宰相,在日本是太政大臣。由于太政大臣大多是建国元勋或建国元勋的子嗣,颇受天皇的倚重。又由于太政大臣大多与皇室结成姻亲,因此相权和外戚融为一体。天皇依靠太政大臣(亦即外戚)来强化王权,巩固君主专制统治,最后由于太政大臣权势的伸张,托孤辅政,进而篡权,招致了皇权的衰落。9世纪80年代至11世纪中叶,以藤原氏为代表的外戚集团控制了朝廷大权,天皇成为政治傀儡。11世纪中叶以后,为摆脱外戚专权,出现了以太上皇为核心的院政时代。但是,由于中央集权的君主专制制度赖以存在的土地制度业已瓦解,因此院政不能,也不可能恢复原来天皇那种至高无上的权威。

12世纪后叶,武士政权建立,出现了二元政治。天皇不仅经济实力明显衰微,而且完全丧失了对军事力量的控制,其政治地位极度虚弱。不过,在镰仓时代或室町时代前期,天皇在形式上仍然是国家的最高统治者,国家大事最后都需通过他发布敕令。

如果说自镰仓时代以后,天皇在形式上曾在相当长的一个时期内,仍然保留着国家最高统治者的地位的话,那么到了江户时代,连这种形式也被剥夺了。幕府用法律的形式规定了天皇的权力只是按照先规决定年号,一切权力归将军。国家的最高统治者不是天皇,而是德川将军,出现了以德川将军为核心的君主专制政治。

在东亚各国封建社会的历史中,像日本这样皇权只兴盛了1个多世纪便迅即衰落,恐怕也是绝无仅有的。

五、吸收外来文化的特殊能力

日本古代史向我们揭示了这样一个事实,即日本民族是勤于学习、善于思考的民族。他们把其他民族的先进文化吸收进来,并加以消化,变成了本民族的文化,不断地推动着日本历史的迅速发展。在古代,日本与美索不达米亚、印度、埃及和中国等文明古国相比,落后两三千年以上;与古希腊、古罗马相比,落后1000

年左右。可是，它通过学习、吸收中国文化，获得了惊人的发展。大约在公元2世纪前后，北九州、近畿地区迅速地度过了人类历史的野蛮阶段，步入了文明时代。紧接着又经过了四五百年，到了7世纪中叶，跃入封建社会，成为与东亚诸国平等相处的强国。日本民族的这一优秀品质，在近代继续获得了发展。当欧美各国步入资本主义社会的时候，它还在封建制度的囚笼里慢慢地蠕动。可是，一旦结束锁国政策，学习了西方先进文明，经过明治维新，便在极短的时间内，跻入了世界资本主义强国之列。又如在第二次世界大战战败后，在不到25年的时间内，吸取欧美的生产技术，在战争的废墟上奇迹般地发展成为世界第三工业国。这种飞跃式发展，在世界史中是相当特殊的。

附 录

大事年表①

时代	公元年份	日本年号	日本纪事	世界纪事
弥生时代	57		倭奴国王遣使东汉	
	107		倭国王向东汉献生口	
	239		倭女王卑弥呼遣使与曹魏通交	
	266		倭女王台与遣使入西晋	
大和时代	391		倭军侵入朝鲜半岛，破百济、新罗（好太王碑）	395年罗马帝国分裂为东西两部
	413		倭王遣使入东晋	
	421		倭王赞遣使刘宋	476年西罗马帝国灭亡
	538		由百济传入佛教	529年拜占庭帝国制定《查士丁尼法典》
	587		苏我马子灭物部氏	589年隋统一中国
飞鸟时代	593		圣德太子摄政	
	603		制定冠位十二阶	
	604		制定《十七条宪法》	

---

① 此年表起自最早的史书记载。

续　表

时代	公元年份	日本年号		日本纪事	世界纪事
飞鸟时代	607			遣小野妹子出使隋朝。翌年隋使裴世清赴日	618年唐朝建立
	630			第一次遣唐使	
	645	大化	一	大化改新开始	
	646		二	宣布改新之诏	
	663	天智天皇	二	日军在白村江战役中惨败于唐、新罗联军	660年百济灭亡
	670		九	制定《庚午年籍》	668年高句丽灭亡
	672	弘文天皇	一	壬申之乱	676年新罗统一朝鲜半岛
	684	天武天皇	十二	制定八色之姓	
	689	持统天皇	三	施行《飞鸟净御原令》	
	694		八	迁都藤原京	
	701	大宝	一	制定《大宝律令》	
	708	和铜	一	铸造和同开珎	
奈良时代	710		三	迁都平城京(奈良)	
	712		五	太安万侣上《古事记》	
	713		六	令诸国编《风土记》	713年渤海国建立
	718	养老	二	制定《养老律令》	
	720		四	《日本书纪》写成	
	723		七	推行垦田三世一身法	
	727	神龟	四	渤海国遣使赴日	
	729	天平	一	长屋王之变	
	740		十二	藤原广嗣之乱	
	741		十三	诏令各地建立国分寺	
	743		十五	制定垦田永世私有法	
	754	天平胜宝	六	鉴真到达日本	755年唐朝发生安史之乱

时代	公元年份	日本年号		日本纪事	世界纪事
奈良时代	765	天平神护	一	道镜和尚任太政大臣禅师	768年法兰克王国查理大帝即位
	784	延历	三	迁都长冈京	
平安时代	794		十三	迁都平安京	
	805		二十四	最澄从唐归国,传天台宗	
	806	大同	一	空海从唐归国,传真言宗	
	810	弘仁	一	设置藏人所	
	820		十一	制定《弘仁格式》	
	842	承和	九	承和之变	
	858	天安	二	藤原良房任摄政	
	866	贞观	八	应天门之乱	
	888	仁和	四	藤原基经关白万机(关白一职自此开始出现)	
	894	宽平	六	停止派遣遣唐使	
	902	延喜	二	首次发布《整顿庄园令》	907年唐朝灭亡
	914		十四	三善清行上《意见封事》12条	918年高丽建国
	927	延长	五	制定《延喜格式》	926年渤海国灭亡
	939	天庆	二	平将门之乱。藤原纯友之乱	935年高丽统一朝鲜半岛
	969	安和	二	安和之变	960年北宋建立
	988	永延	二	尾张国郡司、百姓反对国守	962年神圣罗马帝国成立
	996	长德	二	藤原道长任左大臣	
	1028	长元	一	平忠常之乱	
	1051	永承	六	前九年之役	
	1069	延久	一	设立记录庄园券契所	
	1083	永保	三	后三年之役	
	1086	应德	三	白河上皇开始院政	1127年北宋亡,南宋兴
	1156	保元	一	保元之乱	

续 表

时代	公元年份	日本年号		日本纪事	世界纪事
平安时代	1159	平治	一	平治之乱	
	1167	仁安	二	平清盛任太政大臣	
	1175	安元	一	法然倡导净土宗	
	1180	治承	四	源赖朝在伊豆举兵反平氏。设置侍所	
	1181	养和	一	东大寺开始重建	
镰仓时代	1184	寿永	三	源赖朝设置公文所、问注所	
	1185	文治	一	平氏灭亡。源赖朝设置守护、地头	
	1192	建久	三	源赖朝任征夷大将军。镰仓武士政权成立	
	1202	建仁	二	源赖家任征夷大将军	
	1203		三	源实朝任将军,北条时政控制幕政	1206年成吉思汗(元太祖)即位
	1213	建保	一	和田义盛之乱	1215年英王签署《自由大宪章》
	1219	承久	一	三代将军源实朝被杀	
	1221		三	承久之变	
	1224	元仁	一	亲鸾传播净土真宗	
	1225	嘉禄	一	设置评定众	
	1226		二	藤原赖经任幕府将军	
	1227	安贞	一	道元归国传播曹洞宗	
	1232	贞永	一	制定《御成败式目》《贞永式目》	1241年汉撒同盟成立
	1252	建长	四	宗尊亲王任将军	1260年忽必烈(元世祖)即位
	1253		五	日莲在镰仓宣讲法华宗	1265年英国成立国会
	1274	文永	十一	元朝第一次侵日(文永之役)	1271年忽必烈改国号为元
	1281	弘安	四	元朝第二次侵日(弘安之役)	1279年南宋亡
	1297	永仁	五	永仁"德政令"	1318年俄罗斯大公迁都莫斯科

时代	公元年份	日本年号		日本纪事	世界纪事
镰仓时代	1321	元亨	一	后醍醐天皇亲政	1321年但丁作《神曲》。意大利开始文艺复兴
	1324	正中	一	后醍醐天皇策谋推翻幕府(正中之变)	
	1331	元弘	一	元弘之变	
	1333		三	镰仓幕府灭亡	
南北朝时代	1334	建武	一	建武中兴	
	1335		二	足利尊氏兵变	
	1336	延元	一	足利尊氏制定《建武式目》。室町幕府建立	
	1338		三	足利尊氏任征夷大将军	
	1339	延元历应	四二	北畠亲房写成《神皇正统记》	1339年英法百年战争开始(至1453年结束)
	1341	兴国历应	二四	派天龙寺船至元朝交易	1368年元朝灭亡,明朝建立
	1378	天授永和	四四	营造花御所	
	1391	元中明德	八二	明德之乱	
	1392	元中明德	九三	南北朝统一	1392年高丽灭亡,李氏朝鲜王朝建立
室町时代	1394	应永	一	足利义满任太政大臣	
	1397	应永	四	足利义满建造金阁	
	1399		六	应永之乱	
	1401		八	足利义满遣使节赴明朝	1403年朝鲜应用金属活版印刷术
	1404		十一	日本和明朝的勘合贸易开始	
	1428	正长	一	近畿爆发土一揆("正长土一揆")	

续 表

时代	公元年份	日本年号		日本纪事	世界纪事
室町时代	1438	永享	十	永享之乱	
	1441	嘉吉	一	嘉吉之乱	1453年东罗马帝国灭亡
	1457	长禄	一	太田道灌筑江户城	1492年哥伦布到达美洲
战国时代	1467	应仁	一	应仁之乱爆发（至1477年）	1498年葡萄牙瓦斯科·达·伽马开通印度航线
	1485	文明	十七	山城国一揆,实行自治达8年之久	
	1488	长享	二	加贺国爆发一向一揆	1517年马丁·路德开始进行宗教改革
	1543	天文	十二	葡萄牙人到达种子岛,传来火枪(鸟铳)	1522年葡萄牙人麦哲伦首次实现环球航行
	1549		十八	西班牙传教士方济格传来天主教	1524—1525年德国农民战争
	1560	永禄	三	桶狭间战役	1540年罗马教皇批准耶稣会
	1568		十一	织田信长入京	
	1573	天正	一	室町幕府灭亡	
安土桃山时代	1575		三	长篠战役	
	1576		四	织田信长任内大臣	1581年荷兰脱离西班牙而独立
	1582		十	本能寺之变。织田信长亡。丰臣秀吉开始实行丈量土地（"太阁检地"）	
	1583		十一	丰臣秀吉筑大阪城	
	1585		十三	丰臣秀吉任关白	
	1587		十五	驱逐天主教传教士	
	1588		十六	丰臣秀吉发布《刀狩令》	1588年英国舰队打败西班牙无敌舰队
	1590		十八	丰臣秀吉平定全国	
	1592	文禄	一	丰臣秀吉远征朝鲜（"文禄之役"）	
	1597	庆长	二	再次出兵朝鲜（"庆长之役"）	
	1600		五	关原之役。天主教在日本盛行	1600年英国建立东印度公司

时代	公元年份	日本年号		日本纪事	世界纪事
江户时代	1603		八	德川家康任征夷大将军。开幕府于江户	1602年荷兰建立东印度公司
	1609		十四	萨摩藩岛津氏征讨琉球王国	
	1613		十八	文仓常长乘日本船横渡太平洋。同年,幕府严禁天主教	
	1615	元和	一	丰臣氏灭亡。制定《武家堵法度》及《禁中并公家诸法度》	1620年英国清教徒移民北美洲
	1635	宽永	十二	禁止日本人出国,已出国者禁止回国。实行参觐交代制	
	1637		十四	岛原、天草农民起义(至1638年)	
	1639		十六	驱逐葡萄牙人。加强禁止天主教	
	1641		十八	荷兰商馆迁至长崎出岛。锁国体制完成	
	1643		二十	禁止田地永久买卖	1644年明朝亡
	1649	庆安	二	公布《庆安法令》	1649年英国革命,推翻斯图亚特王朝,宣布实行共和政体
	1657	明历	三	德川光国设史局,着手编纂《大日本史》	1660年英国王朝复辟
	1673	延宝	一	发布《限制分地令》	1664年法国建立东印度公司
	1687	贞享	四	公布《怜悯生类令》	1682年俄国彼得大帝即位
	1694	元禄	七	江户十组问屋(批发店)成立	1688年英国发生"光荣革命"
	1695		八	荻原重秀改铸货币	1689年中俄签订《尼布楚条约》
	1709	宝永	六	幕府重用新井白石	1707年大不列颠王国成立
	1716	正德	五	公布《海舶互市新令》	
	1716	享保	一	德川吉宗任将军。享保改革开始	
	1720		五	放宽禁书令,凡与基督教无关之洋书准予进口	
	1722		七	制定《上米令》	

续　表

时代	公元年份	日本年号		日本纪事	世界纪事
江户时代	1733		十八	米价飞涨,江户爆发捣毁町人财物的暴动	1739年英西殖民战争
	1767	明和	四	田沼意次掌握幕府实权。"明和事件"(非难幕政的山县大式被处死刑,竹内式部被流放)	1762年卢梭的《民约论》出版
	1772	安永	一	田沼意次任老中职	
	1774		三	杉田玄白等译成《解体新书》	1775年美国独立战争(至1783年)
	1778		七	俄国船到根室附近活动	1776年美国发表《独立宣言》
	1782	天明	二	天明大饥荒(至1787年)	1783年英国承认美国独立
	1787		七	松平定信任老中	
	1789	宽政	一	宽政改革开始	1789年法国大革命,发表《人权宣言》
	1790		二	宣布除朱子学以外,禁止一切"异学"	
	1792		四	俄国使节拉克斯曼到根室要求通商。林子平著《海国兵谈》,遭禁锢	
	1798		十	近藤重藏到达择捉岛	
	1804	文化	一	俄国使节列扎诺夫到长崎,要求俄船出入日本各港	1804年拿破仑称帝
	1808		五	英国军舰菲顿号闯入长崎。间宫林藏探险至库页岛(至1809年)	1806年神圣罗马帝国解体
	1811		八	俄国军舰狄亚纳号哥洛宁少校等擅在国后岛登陆被拘捕监禁(至1813年获释)	
	1825	文政	八	发布《驱逐异国船只令》	
	1830	天保	一	萨摩藩进行藩政改革	
	1832		三	大饥荒(至1839年)	
	1837		八	大盐平八郎起义。摩理逊号事件	
	1838		九	长州藩进行藩政改革	

时代	公元年份	日本年号		日本纪事	世界纪事
江户时代	1839		十	蛮社之狱	1840年第一次鸦片战争爆发
	1841		十二	水野忠邦实行天保改革	
	1842		十三	发布供应外国船只薪水令	1842年中英签订《南京条约》
	1850	嘉永	三	佐贺藩建设"反射炉"(1852年建成)	
	1853		六	美国使节柏利抵浦贺,强迫要求通商	

后　记

　　我自20世纪60年代初大学毕业至今,从事日本历史的研究,名义上也有22年了,但实际上真正坐下来读点有关日本史的书,研究一些问题,还是近几年的事。

　　和成千上万的中年知识分子一样,我怀着喜悦的心情欢呼科学春天的到来,又惶恐地感到肩头的压力。毕竟学业荒疏多年,自己究竟还能有多大作为? 但是,振兴中华,繁荣学术,提高整个民族文化水平的责任感,鞭策着我不甘落后。"千里之行,始于足下",一切从头开始。我就是在这种情况下开始摸索日本古代中世纪史的。因此,可以说这本《简明日本古代史》,是近几年来学习的结晶,是一部学步之作。

　　本书的历史分期,采用日本学者中比较通行的分期法,即按政治中心地划分历史阶段。从远古到1853年开港前夕,共分11章。第一章主要叙述考古发掘所反映的日本列岛原始人类的劳动、生活的基本状况;第二章着重叙述日本自原始氏族公社瓦解以后,奴隶制不发达,径直向封建社会过渡的情况;自第三章至第十一章,主要叙述日本封建制度产生、发展和衰落的历史。在叙述方法上,力求运用马克思主义的观点和方法,用较丰实、典型的史料,概述各个历史时期的基本史事。对经济、政治、军事、文化和对外关系,都给予应有的重视。对历史人物的评价,力求做到把人物放在特定的历史条件下进行分析。只要对日本的历史发展起过积极作用,不论他是劳动群众,抑或统治者,都实事求是地给予应有的肯定。史料的引用,尽量使用第一手资料。书中凡注明原著者,皆是国内有藏书的第一手资料。国内不见原著,或尚未找到原著的,则引用学者编纂的原始资料集。在原始资料集也未载的,则转引自学者的专著、论文。

　　本书成稿于1980年,吸取了国内外学者的许多研究成果,但近年来的考古发掘和研究成果未及吸收。书中的年代,一律采用公历。为便于史事的记述,月、日则采用农历,一般在月前加"(阴)"字。

　　为便于读者进一步学习、研究,书末附录大事年表。

　　在本书编著过程中,一直得到我的业师、南开大学历史研究所所长吴廷璆先生,天津社会科学院顾问田琛先生,复旦大学日本史组负责人吴杰先生的关怀和支持。哈尔滨师范大学历史系赵连泰,辽宁大学日本研究所张玉祥,北京大学考古系严文明、吕遵锷,北京大学历史系沈仁安,复旦大学历史系张荫桐、赵健民,南开大学历史研究所武安隆,天津社会科学院吕万和9位先生,分别对书稿的有关章节进行了审阅,提出了许多极宝贵的意见。天津社会科学院日本研究所金桂昌先生为本书的引文一一做了核校。天津社会科学院图书馆、日本研究所资料室也对本书给予了极大支持。对上述师友的关怀和支持,谨表衷心的感谢。

由于学识浅陋,疏漏、谬误之处一定在所难免,亟盼批评指正。

王金林

1984年1月

浙江工商大学东亚研究院
日本研究中心资助成果

浙商大日本研究丛书
王金林日本史研究著作选集

日本弥生时代史

王金林 著

浙江工商大学出版社
ZHEJIANG GONGSHANG UNIVERSITY PRESS

·杭州·

图书在版编目(CIP)数据

日本弥生时代史 / 王金林著. —杭州:浙江工商
大学出版社,2022.12
(王金林日本史研究著作选集)
ISBN 978-7-5178-5328-2

Ⅰ.①日… Ⅱ.①王… Ⅲ.①日本—历史 Ⅳ.
①K313.0

中国版本图书馆 CIP 数据核字(2022)第242938号

日本弥生时代史
RIBEN MISHENG SHIDAI SHI
王金林 著

策划编辑	姚　媛	
责任编辑	董文娟　鲁燕青	
责任校对	李远东	
封面设计	朱嘉怡	
责任印制	包建辉	
出版发行	浙江工商大学出版社	

（杭州市教工路198号　邮政编码310012）
（E-mail:zjgsupress@163.com）
（网址:http://www.zjgsupress.com）
电话:0571-88904980,88831806(传真)

排　版	杭州朝曦图文设计有限公司	
印　刷	杭州宏雅印刷有限公司	
开　本	710mm×1000mm　1/16	
印　张	102.5	
字　数	1781千	
版 印 次	2022年12月第1版　2022年12月第1次印刷	
书　号	ISBN 978-7-5178-5328-2	
定　价	298.00元(全五册)	

前　言

光阴荏苒,我的日本史研究不觉已度过60年岁月。60年一甲子,今年适逢其时。浙江工商大学东亚研究院筹划将若干拙著重印出版,纳入该院的学术研究著作系列。当今,浙江工商大学东亚研究院是我国研究日本历史和文化的重镇之一,人才聚集,成果丰硕,闻名于国内外。拙著能列入该院的学术研究著作系列,深感荣幸。

本选集由5部著作组成,具体如下:

《简明日本古代史》

《日本弥生时代史》

《汉唐文化与古代日本文化》

《日本人的原始信仰》

《中国的日本史研究史略》

上述著作,反映了我的日本史研究生涯的基本轨迹,从中也可以看出我的研究方法的变化、课题选择范围的不断扩大,以及研究深度的渐进。

5部著作中,除《中国的日本史研究史略》是近年完成的,其他均成书于20世纪的80年代初至21世纪初。时间最早的《简明日本古代史》,距今约有40年,较近的《日本人的原始信仰》距今也约有15年之久了。因此,每部著作的资料来源、阐述内容和观点分析等,都明显地带有各阶段的时代烙印。

一

《简明日本古代史》成稿于1980年,1984年付梓。当时,国门刚刚打开,学术

交流尚浅,有关日本史的原始资料奇缺。撰写此书时的参考资料,大多依赖于北京图书馆的日文藏书、天津图书馆的日文旧藏和1972年中日建交后天津社会科学院前身——天津市历史研究所陆续购进的日文书籍。受条件所限,使用的资料大多为第二手资料。

从今天的视角来看,该书中的部分知识和结论,特别是原始时代部分的一些知识与结论,明显已经过时。原始时代的知识,是依据"二战"后日本的考古学资料和当时学界公认的观点整理出来的。在20世纪70年代末80年代初,这些认知尚属前卫。可是,21世纪初,风云骤变,动摇了学界原有的认知。导因是日本考古学界爆出造假丑闻,事情发生在2000年。那一年的11月5日,日本《每日新闻》头版头条揭露了考古学者藤村新一在宫城县上高林旧石器时代遗址的造假事件,涉及多项旧石器时代考古结论。此事如同强烈的地震,震动了日本考古学界,引发了人们对日本旧石器时代遗址和发掘物,包括古人类遗骨和石器等结论的质疑。造假丑闻被揭露以后,日本学界在对日本的旧石器时代遗址、古人类遗骨及出土器物等的复核中,发现了由于当时科技检测水平有限,鉴定结论存在偏差的情况。

按理,《简明日本古代史》中的这一部分内容应该好好研究重写,但如今我已入耄耋之年,实在是力不从心。有鉴于此,在此次出版之前,我决定将原第一章第一节全部删去。《简明日本古代史》是在当时学术背景下写就的著作,反映了20世纪70年代末80年代初的研究状况和学界的普遍认知。它的存在本身,就说明学术认知是不断改正、充实、提高的过程。因此,其他章节保持原状,不做删改。在此谨向读者说明。

二

《日本弥生时代史》是我在日本出版的3部相关著作的合译本,由浙江工商大学陈红、程璐璐等人翻译,首次在国内刊印。3部著作分别为『古代の日本—邪馬台国を中心として—』(《古代的日本——以邪马台国为中心》)、『邪馬台国と古代中国』(《邪马台国与古代中国》)、『弥生文化と古代中国』(《弥生文化与古代中国》)。因为主要都是探索公元前3世纪至公元3世纪弥生时代的日本,故将此合译本取名为《日本弥生时代史》,但各部分维持原内部结构。

有关公元前3世纪至公元3世纪弥生时代日本列岛的史料,除我国史籍中有限的记载以外,并无更多的文献资料可寻。由于史料的匮乏,日本史学界对于这段历史中的某些问题的论争已延续多年。"二战"后,日本考古学有了惊人的发

展,弥生时代遗址不断被发现,考古发掘资料日益丰富,这就为探索弥生时代日本列岛提供了极有利的条件。在日本学界友人的支持和鼓励下,我积极涉足弥生时代研究领域,在中日学界已有研究的基础上,通过有限的文献资料和丰富的考古资料进行研究分析、对比,探秘公元前3世纪至公元3世纪日本列岛的实态。《日本弥生时代史》就是相关研究成果之一。

通过对日本弥生时代文化的研究,我在书中提出了若干观点:第一,针对日本学界关于弥生时代的日本地域发展最发达的地区是九州北部还是畿内大和地区的论争,提出了当时日本地域发展的多元论,在九州北部存在邪马台国的同时,在畿内大和地区也已存在同样发展水平的国家;第二,阐明中国史籍所载的邪马台国的性质,主张它已是一个统一的地域国家;第三,中国古代沿海文化是日本弥生文化的主要渊源;等等。

虽然在弥生时代史研究方面有所收获,但我毕竟不是考古学专业出身,对考古资料的选择、应用与释解肯定有不妥之处。此次翻译出版,在某些专业知识的表述上或许也会存在这样那样的不足,特别是对于同一类出土器物,中国与日本的学术称谓有所不同,因而部分器物仍然使用原著中的日本名称。

三

《汉唐文化与古代日本文化》是1996年出版的著作。读者定会发现,此书的内容与我在日本出版的几部著作(即此次选集中的《日本弥生时代史》与另一部日文著作《奈良文化与唐文化》)多有重合。关于此事,我在《汉唐文化与古代日本文化》的"后记"中有交代,此次出版之际,有必要进一步说明。

20世纪80年代中后期和90年代初,我的4部日文版拙著先后问世,并得到国内外学界的诸多正面评价。国内同人建议我在国内出中文版。我受此建议的启发,曾为此做过努力,因为当时我国学界对隋唐文化与日本文化交流的研究较多,而对从春秋战国、秦汉至魏晋南北朝的两国交流的研究较少,有关这一时期的两国文化的比较研究成果,更是凤毛麟角。我希望把我的研究成果呈献给国内读者,然而实现起来困难很大。主要困难有二:其一是版权。此事虽然不能说没法解决,但是解决起来过程繁杂,出版社难以为一本不见经传的"赔本"的书,花时间和精力去与国外的出版社商谈版权。其二是出版费。当时,出版专业书大多需自掏腰包,我难以割舍有限的工资去出一本书,于是出中文版的意愿终未实现。

天津人民出版社长期以来一直扶植学术著作的出版。大概是在1994年秋,

天津人民出版社的编审李洁萍告诉我,可以给我出一本本版书(即列入出版社出版计划,且无须著者付出版费的书)。听到这一消息,我喜出望外,感激之情难以尽言。我终于有了实现上述未了心愿的机会。

《汉唐文化与古代日本文化》虽然在具体的史事叙述方面与我在境外出版的著作多有重合,但是该书的内容比我在境外出版的著作更丰富、充实,其中增加了不少新的研究成果。例如"从大和国的'司马''典曹''舍人''史''藏'职看中国官职的影响""大陆先进军事性手工业技术的引进""中国的天地观和祭祀制与日本的古坟文化"等章节,都是新研究的成果。

"从大和国的'司马''典曹''舍人''史''藏'职看中国官职的影响",通过对文献记载的"司马"一职和文物刀铭中所载的"典曹人"称谓的分析论证,提出了大和国已实行类似中国的"府官制"和"典曹官制"的观点;"大陆先进军事性手工业技术的引进",则针对大和国出土的进攻性武器与防御性武器,从武器技术的视角论证了技术源自中国的观点,并考察了大和国的骑兵及其装备;"中国的天地观和祭祀制与日本的古坟文化",对日本学界论争很久的关于前方后圆坟的渊源问题提出了自己的看法,对天地崇拜、神祇信仰、天圆地方观与古坟建筑结构等进行了翔实而系统的论述,并对古坟时代筑造前方后圆坟的思想价值和社会价值做了分析;等等。这些新内容、新观点都是我在境外出版的著作中所没有的,是通过《汉唐文化与古代日本文化》一书首次披露的。除增加了研究新成果之外,《汉唐文化与古代日本文化》在整体结构设置上也呈现了系统展现从春秋战国、秦汉至唐时期中日文化交流史的特点。这些新的内容、观点和特点,正是我决定将此书纳入本选集的原因。

四

有关日本人的原始信仰,日本学界已有较长的研究史,著述也不少。但是,从诸多研究成果分析,大致以20世纪50年代为分水岭,此前的研究主要依赖于两本古籍,即《古事记》和《日本书纪》。可是,这两本古籍成书于8世纪初,书中的神代篇和早期天皇的纪事,虽然在一定程度上反映了日本的古代社会和早期信仰,但毕竟成书较晚,且其中不乏掺杂后人的思维与观点,因此不可避免地使这一时期的研究带有很强的局限性。进入20世纪50年代以后,随着"二战"的结束,改革的推进和资产阶级民主化的建设,大多数学者开始科学地审视日本的历史和文化。由于考古学的发展,以及文化人类学、民俗学研究方法的引入,学界对原始信仰的研究出现了前所未有的新局面。考古学家和史学家的结合,使研

究成果有了新的深度。《日本人的原始信仰》就是相关研究成果之一。

《日本人的原始信仰》一书中叙述的内容,跨越了几千年的时空。在这一时空内,按考古学的时代划分法,日本经历了绳纹时代、弥生时代和古坟时代。人们的生产活动从狩猎、捕捞发展到农耕,特别是稻作农耕。生产技术随着生产活动变化,也从木、石器并用发展到木、铁器并用。与生产活动和生产工具的进步相适应,人们的信仰也从自然崇拜逐渐地发展到原始宗教的状态。4世纪以后,在外来文化的影响下,日本人的原始信仰逐渐发生质的变化,到7世纪后半期嬗变为早期神道。

五

《中国的日本史研究史略》是新近完成的书稿,首次付梓。本书主要由3部分组成:一是我的学习笔记,梳理中国自古至今的日本史研究成果;二是对中国日本史学会的人与事的回顾,通过我的亲身经历,展现改革开放后中国日本史研究者相互支持的精神和研究队伍不断壮大的过程;三是具有自传性质的内容,叙述我作为一名普通日本史研究者的成长历程,通过个体事例,力图说明我们这一代人所达到的研究水平。

本书旨在利用我国日本史研究的历史传统与继承、研究者群体与个体相结合的结构模式来呈现中国日本史研究的学术史,可以说是我的一次尝试。

浙江工商大学东亚研究院江静院长亲自策划、组织了本选集的出版工作。东方语言与哲学学院吴玲副院长、薛晓梅等老师,以及浙江工商大学出版社的各位编辑在本选集的出版过程中操心、费力殊多。翻译日文拙著的几名研究生和多名校对书稿的同学认真努力,为本选集出了力。在此,我对一直关心、支持我的学界挚友,一并深表感谢!

拙著多有不足和谬误,敬请读者诸君一如既往,予以批评、指正。

王金林

2020年中秋于杭州西山国家森林公园山麓

西湖区社会福利中心怡竹斋

本书由浙江工商大学陈红、程璐璐等人翻译，在此致以诚挚的谢意。

目　　录

1

邪马台国与古代中国

弥生文化与古代中国

古代的日本——以邪马台国为中心

古代的日本

第一章

原始的日本

第一节　原始人类遗骨的发现

大量考古资料表明,早在距今约百万年前,中国的陆地上就已经有人类存在。原始人类在与大自然的斗争中,创造了璀璨的石器文化。那么,与中国毗邻的日本是否也存在原始人类呢?

"二战"前,人们普遍认为日本不存在原始人类,也没有旧石器文化,而且人们把日本列岛视为一个不毛之地,认为它并不适合人类生存和居住。当时,这种消极的看法占据主流,而部分日本学者则积极主张日本曾存在旧石器时代的古人类。但由于考古资料不足,这一观点未能令人信服。"二战"后,学者们特别是考古学者取得的杰出研究成果,使得日本没有原始人类和旧石器文化的观点逐渐消失,取而代之的是日本也曾有原始人类的观点,新的研究成果吸引了日本及海外广大学者的关注。

日本曾存在原始人类的确切依据主要有3个:第一,几乎整个第四纪冰期期间,亚洲大陆与日本列岛的陆地是相连的[1],当时日本的气候和动物种类与中国基本相同;第二,"二战"后,原始人类的遗骨在日本被陆续发现;第三,到1984年为止,日本已经发现了将近4000处旧石器时代的遗迹和大量旧石器遗物。

自第四纪大冰期的恭兹冰期以来,东亚大陆曾发生过4次大冰期,即恭兹冰期、明德冰期、里斯冰期和玉木冰期。每一次大冰期都会形成大规模的冰河,就连浩瀚的黄海也会变成陆地。在距今2万年前的玉木冰期,海平面下降了140—

---

[1] 裴文中:《从古文化及古生物上看中日的古交通》,《科学通报》1978年第12期,第705—707页。

180米。如果按现在的水深来计算,可以推断黄海、朝鲜海峡、对马海峡、宗谷海峡、鞑靼海峡在当时应该都是平原,或者说现在的海底当时裸露在地表,日本与大陆曾是一个整体,亚洲大陆可能就是太平洋上一个突出的半岛。日本靠近海洋暖流,受海洋性气候的影响,其低洼地带在冰川时期也曾植被茂盛,针叶林与常绿阔叶林交错生长。如此良好的自然环境为当时大陆的动物群提供了赖以生存的条件,大批生活在大陆的动物通过大陆桥来到日本。在更新世(洪积世)早期,曾广泛分布在中国华北地区的泥河湾生物群,有一部分通过黄海平原来到日本。在更新世前期,也有中国南方的东方剑齿象、大熊猫、长臂猿、野牛、水牛、大貘、纳玛象等迁移至日本。在更新世中期,中国北方周口店动物群中的纳玛象、中国鬣狗、剑齿虎、梅氏犀、三门马、大河狸等也迁移到了日本。在更新世后期,日本与大陆之间曾有2条联络通道:一条是经由西伯利亚和库页岛向南延伸到北海道;另外一条是经由中国华北、东北到达日本的九州、四国。分布于欧洲北部、西伯利亚、堪察加半岛、阿拉斯加的猛犸象动物群通过第一条通道进入日本,分布于中国北部的黄土区第四纪哺乳动物群中的蒙古马、野驴、鹿、野牛、河套大角鹿等物种则通过第二条通道到达日本。①上述动物的遗骨均曾在日本被发现,考古学及古生物学的发掘结果证明了它们是在各冰河期从大陆迁移到日本的。②这些动物在当时曾是原始人类的狩猎对象,因此可以推测,大陆的原始猎民可能在追捕这些动物的过程中移居到了日本。③

关于大陆的原始人类移居到日本的推测,已经得到了大量考古发掘成果的佐证。日本也相继发掘出了古人类遗骨。

众所周知,日本列岛最早是在1931年1月发现了古人类遗骨。直良信夫在兵库县明石市西八木海岸的一处10米高的断崖下采集到了人类左腰骨化石。④

---

① 镰木义昌:《旧石器时代论》,朝尾直弘等编:《岩波讲座日本历史1》,岩波书店1980年版;龟井节夫:《动物》,杉原庄介编:《日本考古学1:先土器时代》,河出书房新社1965年版,第59—70页;裴文中:《从古文化及古生物上看中日的古交通》,《科学通报》1978年第12期,第705—707页。

② 杉原庄介编:《日本考古学1:先土器时代》,河出书房新社1965年版;芹泽长介编:《古代史发掘1:旧石器时代》,讲谈社1974年版。

③ 龟井节夫:《动物》,杉原庄介编:《日本考古学1:先土器时代》,河出书房新社1965年版,第59—70页。

④ 直良信夫:《日本旧石器时代的研究》,宁乐书房1954年版;直良信夫:《日本旧石器人的探索》,六兴出版社1985年版。

虽然没有在这块化石周边发现动物遗骨，但1929年11月，直良信夫在西八木海岸附近发现了人类加工过的旧石器、古象腭骨和植物化石。

明石原人腰骨在"二战"中化为灰烬。"二战"以后，长谷部言人对幸存的腰骨石膏模型和照片展开了研究，结果表明明石原人腰骨有许多与现代人类明显不同的特征，与后来全新世的人类腰骨也有诸多相异之处。这块腰骨较小，髂骨后端开叉较宽，看上去像是女性骸骨，不过跟髂骨的高度相比，其宽度相对较窄，因此被推断为男性骸骨。此外，节窝部位的厚度是2厘米，非常薄，坐骨结节又窄又短，髂骨疏不厚，髂骨棘和坐骨棘等都很小，髂骨和耻骨的连接部位没有隆起等，这些都与类人猿相似。①它在时间上要晚于北京猿人的遗骨，被称为"明石原人"。②贺川光夫在研究了中国、朝鲜、日本的古人类遗骨后，明确指出明石原人腰骨的发现地是剑齿龙、纳玛象等动物化石所在的地层，明石原人与中国的蓝田猿人、北京猿人一样，曾存在于70万—50万年前的玉木冰期。③

1950年6月，人们在日本栃木县安苏郡葛生町的石灰岩裂缝中发现了下颌骨、上腕骨、大腿骨等6块人类遗骨化石，它们位于更新世中期的地层，被称为"葛生原人"。④

1957年8月，在爱知县丰桥市的牛川町，人们发现了古人类的上腕骨片和大腿骨片。据铃木尚的研究，上腕骨为女性遗骨，全长230毫米。根据上腕骨的长度，推测牛川人的身高应该在134.8厘米，属于俾格米人（矮人）。观察遗骨的坚硬度、扁平度、扭动性、厚度，结合三角肌粗隆不够发达、骨前部弯曲等特点，可以看出牛川人与早期智人非常相似。⑤在其同一地层中，人们还发现了啮齿类、食虫类的动物化石。

次年10月，铃木尚又在静冈县引佐郡三日町发现了2块前头骨片、2块头顶骨片、1块左侧头骨片、1块右髂骨，以及右大腿骨干等人类遗骨化石，即"三日人"，同时还发现了河套大角鹿、老虎、大象等动物化石。据调查，三日人的头盖

① 大场磐雄等：《图说日本文化史大系1：绳纹、弥生、古坟时代》，小学馆1965年版。

② 长谷部言人：《明石市附近西八木最新世前期堆积出土人类腰骨的原始性》，《人类学杂志》1948年第1期，第32—36页。

③ 贺川光夫：《黄土地带游记——追寻人类的起源》，六兴出版社1984年版。

④ 直良信夫：《葛生前河原洞窟及其出土的人类化石骨》，《考古学杂志》1953年第2期，第79—100页；直良信夫：《日本旧石器时代的研究》，宁乐书房1954年版。

⑤ 铃木尚：《日本洪积世的人类》，杉原庄介编：《日本考古学1：先土器时代》，河出书房新社1965年版，第101—117页。

骨侧壁是垂直的,与晚期猿人、早期智人有明显区别。从右眼窝上部的骨片来看,三日人的眉间和眉上弓有明显隆起,颊骨短且向外突起,底部呈平面状,形成所谓眼窝上平面。通过大腿骨的测量值可知,三日人的身高与周口店山顶洞人、早期绳纹人接近,是生活在更新世早期的新人类。[①]

20世纪60年代以后,人类遗骨的发掘取得了巨大收获。日本考古学家在静冈县滨北市发现了原始人类的头盖骨、锁骨、上腕骨、尺骨、大腿骨、胫骨,同时还发现了老虎、熊、猪、鹿等动物的遗骨。[②]在大分县佐伯市圣岳洞穴中也发现了人类后头骨。此外,在冲绳县岛尻郡具志头村港川发现了人类骨盆、头盖骨、髋骨、大腿骨、上腕骨、智齿等遗骨。据调查,姑且不论滨北人的骨形,就其所在地层来看,也比三日人更接近人类,属于新人类。[③]从后头骨片的形状和特质来分析,圣岳人与中国周口店山顶洞人类似,也属于新人类。[④]港川人的头盖骨又薄又圆,额头笔直,牙齿小,嘴巴凹陷,下巴突出,眉骨未突出,这样的身体结构与现代人十分相似。[⑤]20世纪80年代初,日本学者又在冲绳县宫古岛发现了旧石器时代的头盖骨片、脊椎骨和牙齿。据鉴定,这些是距今2万年的人类遗骨。后头骨有明显的横向隆起,表明了这些遗骨的原始性。与之同时出土的还有麋鹿和山猫的遗骨。许多学者认为"宫古原人"是从中国南方迁移而来的。

在日本发掘的原始人类遗骨数量并不多,学者对它们持不同意见。不过这些出土的人类遗骨有力地证明了日本存在过古人类,而且这些古人类与中国的古人类密切相关。

第二节　日本旧石器文化与东亚旧石器文化的共同特质

如果目前已发掘的古人类遗骨仍不足以证明日本曾有古人类存在,那么大量旧石器的出土则充分弥补了这一不足。1949年夏初,相泽忠洋在日本群马县

[①] 铃木尚:《日本人的遗骨》,岩波书店1963年版;松崎寿和:《日本猿人的99个谜——50万年前开始的日本历史》,产报出版社1975年版。

[②] 铃木尚:《日本人的遗骨》,岩波书店1963年版。

[③] 铃木尚:《日本人的遗骨》,岩波书店1963年版。

[④] 贺川光夫:《黄土地带游记——追寻人类的起源》,六兴出版社1984年版。

[⑤] 芹泽长介编:《古代史发掘1:旧石器时代》,讲谈社1974年版。

岩宿遗址中发现了旧石器,自那以来,已经有几千处旧石器遗址被陆续发掘。其分布地区北至北海道,南达冲绳,覆盖了全日本。

日本的旧石器文化已经充分展示了其特质,同时也反映了与东亚大陆的旧石器文化之间紧密的源流关系,而这种源流关系贯穿了日本旧石器文化的早、中、晚期。

日本早期旧石器文化的代表性遗址是大分县早水台遗址的下层、群马县岩宿遗址的表层、栃木县星野遗址的下层。从这些遗址中出土的石器表现出与中国周口店等地的石器文化相同的传统。早水台遗址下层发现的石器与周口店第15地点发掘出的石器有许多相似之处:(1)石器的原料相同。早水台石器的主要原料是石英脉岩与石英粗面岩,周口店第15地点的石器主要使用的是石英岩、石英脉岩和燧石等,其中石英脉岩的含量最多[1]。(2)石器的种类十分相似。两地都出土了单面加工的砾石石器、双面加工的砾石石器、尖状器和刮削器[2]。(3)加工方法相同。两地出土的石器都采用了锤击法,即将一块大石料作为加工底座,将打制材料石英脉岩放在底座上,左手紧握石英脉岩,防止其滑动,右手持别的石块用作石锤,自上而下猛烈锤击。对锤击后的石器互相进行再加工,使之具有实用价值。使用这种方法制作打制石器,一般底部会残留原石的砾石面,头部则非常尖锐[3]。此外,星野遗址第10、第11层出土的石器主要以硅岩为原料,形状特质和制造技术与周口店第1地点的第1、第2文化层石器有许多共同点。岩宿遗址表面文化层出土的硅岩石器多为砾石石器、尖状器、刮削器等,与早水台石器和周口店石器十分相似。从葛生遗址中发现的象骨制斧状骨器,其制作方法与北京猿人的骨器制造技术相同[4]。

到了旧石器时代中期,石器技术得以进一步交流。具体表现为华北旧石器文化的标志石球和对日本产生影响的大尖状器制作技术。

中国的山西省襄汾县丁村遗址、西安半坡遗址、许家窑遗址,以及河南省三门峡地区都发掘出土了石球。其中,许家窑遗址出土的石球数量有千余枚。关于石球的用途,有许多不同看法。其中,用于狩猎的投掷说最具说服力。旧石器

① 裴文中:《从古文化及古生物上看中日的古交通》,《科学通报》1978年第12期,第705—707页;芹泽长介:《日本旧石器时代》,岩波书店1982年版。

② 杜耀西、黎家芳、宋兆麟:《中国原始社会史》,文物出版社1983年版。

③ 裴文中:《中国的旧石器时代》,杉原庄介编:《日本考古学1:先土器时代》,河出书房新社1965年版,第324—350页。

④ 芹泽长介:《日本旧石器时代》,岩波书店1982年版。

时代中期的非洲人就曾用石球来狩猎。这种石球在日本鹿儿岛县的上场遗址中也有发现。

大尖状器广泛存在于中国更新世中期和晚期的遗址中。在西侯度遗址、蓝田遗址及周口店遗址中,尖状器均有发现,贾兰坡称之为"三棱大尖状器"①。裴文中将丁村遗址中发现的尖状器称为"三棱尖头器"或"鹤嘴状石器"②。贺川光夫则称之为"丁村尖头器"(石核石器)③,认为这是丁村遗址中最典型的代表。其特征如下:(1)石材以石英岩为主,一般选用粗重的石英岩;(2)将大砾石的一面剥离,选用其中较为粗大的部分;(3)使用锤击法制成刀刃;(4)尖端部分经过加工形成左、中、右3个棱,呈三棱状。这样的石器逐渐向东方传播,首先传播到了朝鲜半岛。朝鲜的平安南道祥原郡黑隅里遗址中就出土了用石英岩制成的尖状砾石石器,其形状特质及制作技术都酷似中国蓝田文化中的砾石石器。朝鲜半岛南部的忠清南道公州郡石壮里遗址中发掘出了大量手握式石斧、尖状器和砾石石器。这种手握式石斧实际上就是尖状砾石石器。位于韩国首尔以北50千米处的京畿道涟川郡全谷里先史遗址还发掘出了与中国陕西、河南、山西一带的旧石器文化相同的尖状砾石石器和石球④。这种尖状器在日本的旧石器遗址中也有发现。大分县北海部郡丹生遗址中发掘出的石器就有这种尖状器,它是一种"山形刃割器"的尖状砾石石器。早水台遗址中也有前端加工过的嘴状砾石石器,与中国和朝鲜半岛的尖状砾石石器非常相似。星野遗址、权现山遗址也分别出土了手握式石斧的尖状砾石石器⑤。日本旧石器时代后期之初的遗址中也发掘出了用这种技术制作的尖状砾石石器。例如,九州的神野洞穴第8层就发掘出了长达107毫米的尖状砾石石器。其基部做了较大调整,背面保留了大块平坦面,为自然面或主要剥离面;刃部的左右两端都从正反两面进行打制,做成了较厚的尖状。这种加工技术与中国丁村遗址的三棱尖状器有着极为显著的共同

① 贾兰坡:《山西襄汾县丁村人类化石及旧石器发掘报告》,《科学通报》1955年第1期,第46—51页。
② 裴文中:《中国的旧石器时代》,杉原庄介编:《日本考古学1:先土器时代》,河出书房新社1965年版,第324—350页。
③ 贺川光夫:《黄土地带游记——追寻人类的起源》,六兴出版社1984年版。
④ 金元龙:《韩国考古学概说》,西谷正译,六兴出版社1984年版。
⑤ 贺川光夫:《黄土地带游记——追寻人类的起源》,六兴出版社1984年版。

特征①。

进入旧石器时代后期之后,中日之间仍然保持着石器工艺技术的交流。

杉原庄介曾将日本的石器文化分为4个阶段,即打器文化、刃器文化、尖状器文化、细石器文化。②细石器文化在世界范围内分布甚广,可分为2个系统:一是几何形细石器文化,起源于地中海沿岸,分布区域涉及欧洲、非洲、西亚、中南半岛、澳大利亚;另一个是细石叶细石器文化,起源于中国华北的河套文化,分布区域涉及东亚、北亚,以及北美的阿拉斯加。芹泽长介曾指出日本的细石器文化有3个特征:(1)属于细石叶细石器文化,而非几何形细石器文化;(2)日本的细刃器在旧石器时代最为兴盛;(3)进入绳纹时代后,日本的细刃器制作技术完全消失了③。由此可知,日本的细刃器文化属于河套细石器文化圈。

日本的细刃器制作方法大体上可分为2种:一种是涌别技法④,另一种是西海技法⑤。涌别技法出现在北海道的涌别川流域,纹别郡的札滑遗址、白泷遗址和北见市的上常吕遗址等发现的石器都是这一技术的代表,本州中部新潟县北鱼沼郡荒屋遗址发现的细刃器也采用了这一技术。涌别技法以双面加工的大尖状器为原料,取尖头的前端制成半截尖状器,并沿边缘剥取纵长的石片。⑥这种石片剥取技术与中国河套文化的技术相同。与这一技术制品有共同特征的石器还存在于哈尔滨的顾乡屯、黑龙江中游的海兰泡、符拉迪沃斯托克的虎河、双城子附近的奥西诺夫卡等遗址中。由这些遗址的年代顺序可知,河套技术大体上起源于华北,经东北地区,沿松花江、黑龙江、乌苏里江进入西伯利亚东部地区,然后渡过海峡,经库页岛到达北海道,再传播到日本本州中部地区。

考古学家曾在属于涌别技法范畴的新潟荒屋遗址中发掘出大量石器,其中细刃器677件、雕刻器401件。荒屋遗址出土的雕刻器体现出独有的特色。芹泽长介将荒屋型雕刻器分为3种形态:第一种是背面无加工痕迹,石器的一侧有凹槽状剥离;第二种是背面边缘和基底周边略有切割,基底呈舌状;第三种是形似

---

① 坂田邦洋:《神野洞穴中的旧石器文化研究》,《别府大学亚洲历史文化研究所报》1983年创刊号,第13—76页。

② 杉原庄介编:《日本考古学1:先土器时代》,河出书房新社1965年版。

③ 芹泽长介:《日本的细石器文化》,《历史教育》1961年第3期。

④ 吉崎昌一:《白龙遗址和北海道的无土器文化》,《民族学研究》1961年第1期,第13—23页。

⑤ 麻生优:《细石器文化》,杉原庄介编:《日本考古学1:先土器时代》,河出书房新社1965年版,第161—172页。

⑥ 北见市、北见市教育委员会编:《北见市上常吕遗址》,北见市教育委员会1959年版。

栗状。[1]若将荒屋型雕刻器与中国江苏省北部望海楼遗址中发现的同类石器比较,就会发现两者有着惊人的相似度,简直像是出自同一石工之手。

本州中部地区的杉久保刃型石器文化和茂吕刃型石器文化的石器工艺采用的都是纵剥法,从调整后的石核中剥取纵长的剥片进行加工,制成刃器。[2]这一点与河套文化十分相似。

西海技法制成的石器分布于日本九州西北部附近。长崎县佐世保市牟田张遗址,福井岩阴第2、第3层,佐贺县唐津市枝去木牟田辻遗址中发现的石器都是这一技术的代表。这种工艺技术与中国虎头梁遗址中广泛采用的一种工艺顺序十分相似。尤其值得注意的是,这种技法在朝鲜半岛南部锦江右岸的旧石器时代晚期遗址中也有发现。说明就像河套文化经由中国东北、库页岛,进入北海道形成涌别技法那样,虎头梁文化经由朝鲜半岛进入日本九州西北部,形成了西海技法。这说明在旧石器时代晚期,中国与日本之间存在南北2条文化传播路线。

除上述涌别技法与西海技法外,在旧石器时代,日本还有一种石器制作技术,那就是广泛存在于濑户内地区的濑户内技法。这种技术的特殊之处在于采用的是横剥法,将坚硬的黑曜石做成圆筒形和圆锥形石核,然后用石锤将其横向一层一层剥离,再对剥离后的石片进行加工,制成石刃石器。

日本的刃器工艺技术并不是在旧石器时代晚期突然出现的,考古学家在旧石器时代中期的遗址中就已发现刃器工艺技术。涌别技法、西海技法及濑户内技法也并非各自独立发展起来的,而是在继承了各地区传统技术的基础上,相互影响、相互融合而形成的产物。

第三节　火的应用与陶器使用的开端

放眼世界,旧石器时代人们一般会利用天然洞穴与岩阴等作为自己的栖身之所。但是,日本有所不同。根据对已经发掘到的旧石器时代早期遗址的分析,旧石器时代早期的日本人普遍在丘陵、山麓和斜坡上建造竖穴。在已经发现的1000余处旧石器时代晚期的遗址中,大部分遗址位于斜坡与丘陵地带的开阔地,

---

[1] 芹泽长介:《新潟县荒屋遗址中的细石刀文化和荒屋形彫刻刀(预报)》,《第四纪研究》1959年第5期,第174—181页。

[2] 镰木义昌:《旧石器时代论》,朝尾直弘等编:《岩波讲座日本历史1》,岩波书店1980年版。

洞穴遗址非常少。已发现的洞穴主要有长崎县的福井洞穴和大分县的圣岳洞穴等[1]。

旧石器时代晚期,火在日本已经广泛使用,这具有重要的历史意义。日本已发现数十处窑炉遗址。在大分县神野洞穴遗址的三四万年前的文化层中发现了窑炉的痕迹和燃烧过的兽骨。其中,燃烧过的兽骨占已发现的兽骨总数的1/4[2]。在静冈县上野遗址的2万—1.5万年前的文化层中也发现了窑炉的痕迹。此外,在静冈县休场遗址的1.5万—1.4万年前的文化层中发现了2座外形保存良好的用石头围成的窑炉,直径1米到几米,由几十个或几百个拳头大小的砾石围成。在广岛县的帝释观音堂遗址中发现了用火烧过的大角鹿遗骨,其他遗址中也发现了被烧过的木炭类遗物。上述实例都表明人工用火是毫无疑问的事实。摩擦升火是人类最早掌握的支配自然的能力,也是明显区别于动物的能力。火的使用不仅使原始日本人能够御寒、防御野兽攻击,提高与大自然斗争的本领,还改变了人们的生活习惯,饮食方面从生食变为熟食,促进了人类体质的进步和智力的发展。

日本旧石器时代晚期的另一特征是部分原始日本人已经开始了陶器的制造与应用。根据世界史的普遍观点,陶器文化的出现始于西亚,是在农耕开始后相当长的时期内逐渐产生的。但考古学家在日本旧石器时代晚期的遗址中也发掘出了陶器。长崎县福井洞穴约1.2万年前文化层中出现了细石刃与隆线纹陶器片,同一遗址的约1.1万年前文化层中出现了爪形纹陶器片。爱媛县上黑岩遗址位于久万川沿岸的石灰岩断崖上,是原始日本人的理想居住地。这是一处旧石器时代晚期与绳纹时代初期重叠的遗址,其约1.2万年前的文化层中出土了木叶形石枪、有舌尖状器和细隆纹陶器,在约1万年前的文化层中发现了无纹陶器和小型石镞,在约8000年前的文化层中发现了押线纹陶器。在新潟县田泽遗址中也发现了有舌尖状器、单刃石斧和细隆纹陶器。九州的福井洞穴等遗址出土了隆线纹陶器、细隆纹陶器和细石刃。九州以外地区,如爱媛县上黑岩遗址、广岛县马渡遗址、长野县柳又遗址、新潟县田泽遗址等出土了细隆纹陶器和有舌尖状器[3]。这些遗址发掘中有共同的规律,即陶器是与石器被一起发掘出来的。这些

---

[1] 芹泽长介编:《古代史发掘1:旧石器时代》,讲谈社1974年版。

[2] 坂田邦洋:《神野洞穴中的旧石器文化研究》,《别府大学亚洲历史文化研究所报》1983年创刊号,第13—76页。

[3] 镰木义昌:《绳纹文化概观》,镰木义昌编:《日本的考古学2:绳纹时代》,河出书房新社1965年版,第1—28页。

陶器的出土，一方面说明旧石器时代晚期的原始日本人创造了日本的陶器文化，另一方面说明当时日本列岛上的人类已经开始使用陶器盛装和烹饪食物了。

目前还没有充分的资料证明上述日本最早的陶器——细隆纹陶器与中国之间的关系。但是，根据部分学者的推测，这些陶器与中国的陶器文化有一定的联系。在黑龙江省齐齐哈尔市郊外的额拉苏遗址曾发现了细石刃，并一起出土了石刃镞和平底细隆纹陶器。在库页岛，宗仁式陶器、有舌尖状器、石刃等一起出土。由此可见，日本与中国的陶器存在一定关联。①

火的应用与陶器的创造意味着人类智力的发展，同时也给日本原始社会带来了重大转折。

第四节　社会形态的变迁

在旧石器时代，原始日本人经常遭受猛兽等的威胁，离开群体，任何人都可能成为猛兽的猎物。因此，原始日本人不得不过着群居生活，十几人或几十人一起生活，共同劳动，互相协助。这样的群体就是原始的社会组织，"男女杂居，少有分别"②。随着人类智慧的发展和生产技术的进步，出现了年龄分层与简单的社会分工，原本杂乱的生活逐渐趋于稳定，并带来生产关系的变化。首先表现为原始日本人群体内部婚姻状况的改变，婚姻关系开始出现，人类进入血缘群婚阶段，即血缘家族公社阶段。这是迈向氏族社会的一个重要阶段。

根据人类史的一般发展规律，日本应该在旧石器时代末期进入原始氏族社会。但从现有资料来看，尚无法断言。实际上，在距今9000年甚至1万年前，即绳纹时代早期，日本就已经进入了原始氏族制社会。绳纹人以血缘关系为纽带，构成母系家庭，形成原始公社的经济单位。氏族成员共同居住，共同劳动，共同享受劳动成果。根据考古发掘，绳纹时代的家庭成员组成情况是不断变化的。表1-1是对不同时期的3处遗址，即神奈川县南堀贝冢、长野县尖石遗址、静冈县蚬冢遗址的发掘成果的整理。属于绳纹早期的南堀贝冢有33座方形竖穴，其中人口在2—6人的占52%，7—8人的占24%，11人以上的占24%。在绳纹中期的

---

① 芹泽长介：《与周边文化的关系》，镰木义昌编：《日本的考古学2：绳纹时代》，河出书房新社1965年版，第418—442页。

② 《日本书纪》卷7，景行二十七年二月条。

尖石遗址中,人口在2—6人的占62%,7—8人的占27%,11人以上的占11%。在绳纹晚期的蚬冢遗址中,人口在2—6人的占88%,7—8人的占12%。这表明,无论早期、中期还是晚期,绳纹人的家庭成员多为6人以下,并且随着时间的推移,这一占比逐渐增大。

表1-1　绳纹时代家庭构成表

时　　期		2—6人		7—8人		11人以上		合　计	
		穴数/座	占比/%	穴数/座	占比/%	穴数/座	占比/%	穴数/座	占比/%
早期	南堀贝冢	17	52	8	24	8	24	33	100
中期	尖石遗址	16	62	7	27	3	11	26	100
晚期	蚬冢遗址	21	88	3	12	0	0	24	100

以血缘关系为纽带的若干个绳纹人家庭形成氏族公社。一般来说,绳纹早期的一个氏族公社由六七户同一血缘的家庭组成。中期与晚期则由10户左右同一血缘的家庭组成。[①]正如许多遗址展示出来的一样,一个原始公社的成员大多会建造环状或弧状竖穴群,环状或弧状竖穴群的中央是用来召开公社会议和举行集体活动的地方。

从人类社会发展的一般过程来看,绳纹时代已经进入了族外婚阶段,某一氏族的姐妹嫁给其他氏族的兄弟,互通杂婚,成为丈夫的其他氏族的兄弟必须入赘女方氏族。随着生产力的发展,氏族人口逐渐增加,女儿的氏族不断从母系氏族中分离。派生出来的女儿氏族就与母系氏族成为胞族关系,随着氏族的不断繁殖,若干个有亲族关系的胞族就形成一个部落。

在绳纹时代,妇女在氏族中有着重要地位。在从绳纹遗址中发掘出的大量土偶中,大部分是女性土偶,有的怀抱婴儿,有的背着婴儿,有的抱着壶正在劳作,有的腹部肥大,呈现出怀孕的状态。这些女性塑像简单朴素、形态逼真,表现了绳纹人对女性的崇敬。

氏族大多都有自己的崇拜物,并将其作为自己氏族的象征。日本的古代神话与传说中,有许多与日神、月神、海神、山神、土神、木神、雷神、蛇神等相关的故事,应该就是将自然界中的日、月、海、山、土、木、雷、蛇等,作为图腾和氏族崇拜

---

① 麻生优:《住居与寸落》,镰木义昌编:《日本的考古学2:绳纹时代》,河出书房新社1965年版,第322—334页。

的神。从地下发掘出的土偶正好证实了这一点,绳纹人确实十分崇拜、信仰自然界的东西。不过,他们最崇拜的还是女性神。在从北海道南部到本州中部地区的绳纹晚期遗址中,出土了许多头戴王冠一样的头饰且胸部与乳房突出的土偶。这些土偶的面部都有一双椭圆形的大眼睛,眼窝处有一条又细又长的凹槽,这应该是象征女神对邪恶的威慑与蔑视。

绳纹人不停地利用和改造自然,开拓了衣食之源,也改变了自己的经济生活和文化样貌。在绳纹时代的早期和中期,绳纹人根据自己居住地的特点,从事不同的生产劳动。活动在海岸与河边的绳纹人以捕鱼为主,生活在山地与丘陵地带的绳纹人则以狩猎和采集经济为主。从事不同经济活动的氏族之间互相进行平等的经济交换。交换的东西除食物外,还有生产工具。在以捕鱼为主的神奈川县夏岛贝冢这一绳纹早期遗址中,发现了猪骨、鹿骨,以及用猪骨和鹿骨制成的骨角器。这明显是与以狩猎为主的氏族交换得来的。在东京的花草遗址、大藏遗址中,发现了在长野县用黑曜石制成的石镞。在千叶县的姥山贝冢、加茂遗址中,则发现了在伊豆半岛天城山制作的石镞。①

在绳纹时代,各氏族还十分流行拔牙。根据对发掘出土的遗骨的分析,当时的拔牙率相当高。在宫城县里滨贝冢发掘的遗骨中,拔牙率高达84.5%;爱知县稻荷山贝冢的拔牙率则达到100%;吉胡贝冢达到93.9%;冈山县津云贝冢达到86.3%。②这种拔牙的习俗在中国古代遗址中也能寻到痕迹,例如山东省城子崖遗址、河南省安阳殷墟遗址、山东省大汶口遗址等。其中大汶口遗址的拔牙率,男子为64%,女子达到80%。③这种拔牙习俗可能是氏族社会中的一种成人仪式。男女青年到了一定年龄,拔牙之后才能被正式接纳为共同体的成员,可以参加氏族的会议,或者可以得到受氏族保护的权利。

从原始社会的一般规律来看,大约在绳纹时代中晚期,母系氏族社会逐渐转变为父系氏族社会。其原因主要是农耕的产生与发展。

随着大陆先进文化的影响与农耕生产技术的飞跃发展,生产力不断提高,日本的父系氏族社会发生急剧变化,开始向农村公社转变。大约公元前3世纪前后,即从弥生时代开始,日本进入原始氏族公社的最后一个阶段——农村公社阶

---

① 藤冈谦二郎编:《日本历史地理总说:总论·先原始编》,吉川弘文馆1975年版。
② 江坂辉弥编:《古代史发掘2:绳纹时代1》,讲谈社1973年版;春成秀尔:《拔齿的意义》,《考古学研究》1973年第1期,第25—48页。
③ 颜間:《大汶口新石器时代人骨的研究报告》,《考古学报》1972年第1期,第91—134页。

段。由于父系氏族社会尚未得到充分的发展就迅速转变为农村公社,因此在相当长一段时间内仍保留了母系氏族社会的痕迹。

第五节　生产技术的进步

大量出土的文物表明,绳纹时代中期以后,生产上发生了巨大变化,生产技术与生产工具都有了显著的进步。

首先是捕鱼方面。在绳纹时代,绳纹人不仅潜入河海捡拾贝类,还会使用各种渔具捕捞各种鱼类。在各地的绳纹遗址中出土了不少渔网上的石锤、土制锤。石锤和土制锤在东日本数量最多,其中,从福冈县到神奈川县的太平洋沿岸数量最为显著,占到出土总数的40%。[1]在近海岸的遗址中也多次发现大型石锤[2],证明人们曾用渔网捕鱼。绳纹人不仅在内海湾捕鱼,还会利用圆木舟到深海域捕鱼。在贝冢中发现的鱼骨里,有不少是外海鱼类,如鲷鱼、鲕鱼、鲣鱼、金枪鱼,甚至还有海豚、鲸鱼等。[3]九州的贝冢中甚至还发现了用鲸鱼的脊椎骨制成的陶器制作台。这充分证明当时已有了深海捕鱼技术。配合深海捕鱼的圆木舟与多钩状鱼叉也陆续被发现。绳纹时代的圆木舟在多处遗址中都有出土,如千叶县丸山町遗址出土了早期圆木舟。同样位于千叶县的检见川遗址也发掘出了3只绳纹晚期的圆木舟。千叶县大境遗址、加茂遗址、畑町遗址中也都出土了圆木舟,其中加茂遗址中还发现了6根船橹。滋贺县近江八幡市茎町遗址出土了7只绳纹晚期的圆木舟。[4]

从日本海沿岸到西九州一带的贝冢中发现了用鲨鱼骨制成的耳饰。此外,还发现了用于捕捉海豚、鲸鱼的石制鱼叉、渔具等,这些都表明日本海沿岸到西九州一带也和太平洋沿岸地区一样,曾经盛行深海捕鱼。

到了绳纹时代,狩猎技术得到了飞速发展,主要依据是弓箭的广泛应用。有了弓箭,人们就可以从很远的地方攻击野兽或鸟类,能更灵活地利用人的体力。

---

① 藤冈谦二郎编:《日本历史地理总说:总论・先原始编》,吉川弘文馆1975年版。

② 冈本勇:《劳动工具》,镰木义昌编《日本的考古学2:绳纹时代》,河出书房新社1965年版,第286—302页。

③ 金子浩昌:《贝冢和食品资源》,镰木义昌编《日本的考古学2:绳纹时代》,河出书房新社1965年版,第372—398页。

④ 江坂辉弥编:《古代史发掘2:绳纹时代1》,讲谈社1973年版。

弓箭的发展对绳纹时代社会生产力的发展起到了重要作用。从日本的自然条件来看,可以用于制作弓箭的原材料有竹子和木头2种。木制弓箭在许多遗址中都有出土。例如,绳纹晚期的青森县是川遗址中出土了10余把木弓,其中保存最完整的一把长达159厘米,还有4把涂了"漆"。①千叶县加茂遗址中也发现了圆木弓。②各地遗址中都普遍可以看到石镞、骨镞。石镞的原材料因地域不同而有所差异,一般以黑曜石、硅岩、硬质页岩、安山岩等为主。石镞有2种:一种是无茎镞,另一种是有茎镞。无茎镞呈等边三角形,有茎镞是绑在木棍或竹棍上使用的。

一般认为弓箭是用于狩猎的锐利工具,这在考古发掘方面已经得到了证实。例如,静冈县蚬冢贝冢中发现了射入猪骨的石镞。这里必须指出的是,弓箭还具有别的功能。氏族公社间发生矛盾冲突时,它还被用作人与人之间斗争的武器,这也是在考古发掘中发现的。在九州的枌洞穴遗址中发掘出了4具成年男性遗骨,他们的胸腔内和身体的各个部位上都有残存的石镞,这说明他们是被弓箭射杀的。③

用于远距离射杀的工具,除了弓箭,还有具备刺杀功能的有舌尖状器(枪刺)。这种有舌尖状器在九州以外地区的遗址中也较为常见。

绳纹人在弓箭、枪的帮助下,狩猎技术取得了飞跃性的进步。他们已经开始饲养猎犬,用于追赶受伤的野兽,使狩猎效果倍增。在爱知县绳纹早期的吉胡贝冢中,不仅发现了33具人类遗骨,还发现了10具保存完整的犬骨。从犬骨横卧埋葬的方法来看,显然是死后埋葬的。④

随着绳纹人生产范围的扩大,物质生活逐渐得到改善,生活状况也由流动转向稳定,绳纹陶器的制造技术也取得了一定的进步。早期陶器是尖底深钵,中期以后逐渐被淘汰,取而代之的是平底圆筒形深钵。中期以后,陶器的样式逐渐变得丰富,有钵、壶、瓮、坯等,形状也富于变化。例如,信浓川流域出土的带有火苗状手柄的马高式陶器是非常出色的作品,富有艺术造型美,给人一种热情洋溢的感觉。

---

① 大场磐雄等:《图说日本文化史大系1:绳纹、弥生、古坟时代》,小学馆1965年版。

② 冈本勇:《劳动工具》,镰木义昌编:《日本的考古学2:绳纹时代》,河出书房新社1965年版,第286—302页。

③ 贺川光夫:《枌洞穴调查及存在问题——绳纹期人骨出土及埋葬问题》,《考古学日志》1979年第1期,第73—75页。

④ 文化遗产保护委员会编:《吉胡贝冢》,吉川弘文馆1952年版。

由于烧制陶器使用的是松枝、木材,因此温度只能达到五六百摄氏度。绳纹早中期的陶器大多呈红褐色。但是,到了绳纹晚期,由于采用了新的烧制方法,陶器呈绿色光泽,色彩非常鲜艳。绳纹晚期,从北海道到九州的广阔地区,烧制出了经研磨后表面呈黑色光泽的陶器,反映出制作技巧的变化。

石器广泛采用间接打击法。使用这种方法剥取的石器大多较小,尖端或边缘往往呈尖锐形。前面讲到的石镞、石枪都是使用这种方法制作的。绳纹晚期,随着原始农耕的出现,石斧、石刀、石镰、石匙、石皿等农耕工具广泛使用。

绳纹时代的人们已经掌握了原始的织布技术。布及其使用的痕迹在绳纹晚期遗址中已经被频频发现。宫城县山王遗址中发现了织布,佐贺县笹尾遗址中发现了带编布与织布痕迹的陶片①,北海道斜里町朱丹遗址中发现了炭化的布痕。②

绳纹人在饰品的制作技术方面也有相当高的水平。从绳纹早期到晚期的遗址中都有饰品。饰品的形状多种多样,有发饰、项链、垂饰、腕饰、腰饰、足饰等。原材料取自兽骨、鱼骨、贝壳、玉石、竹木等,制作非常精巧。最令人惊叹的是其开孔技术相当突出,例如蚌制、贝壳制的有孔垂饰,鹿角制的有孔发饰,熊牙制的垂饰,带孔的硬玉、大珠,用猪牙做成的像手镯一样的有孔饰品③。

关于绳纹文化与大陆文化之间的关系,许多学者否定两者的关联,认为绳纹文化是在日本独立发展起来的文化。但是,也有部分学者认为,当时东亚大陆文化遥遥领先于日本,尽管两者之间存在地理上的障碍,但这些先进的文化还是对日本产生了一定的影响。持这种观点的学者从20世纪二三十年代就开始探索这一课题了。喜田贞吉、鸟居龙藏、梅原末治、柴田常惠、山内清男、八幡一郎等人都为这一观点做出了贡献。目前,虽然还不能说绳纹文化是受到大陆文化的影响而发展起来的,但是大量文物表明,绳纹文化在某些方面与大陆文化有一定的关系。例如,北九州常见的石锯,在中国东北地区、朝鲜半岛也广泛分布。④日本出土的玦状耳饰在中国长江中下游的南方也广泛存在。⑤日本出土的擦截石斧

---

① 石田英一郎等:《日本文化的源流:农耕文化的起源》,角川书店1975年版。

② 吉田格:《日常生活用具》,镰木义昌编:《日本的考古学2:绳纹时代》,河出书房新社1965年版,第303—321页。

③ 吉田格:《日常生活用具》,镰木义昌编:《日本的考古学2:绳纹时代》,河出书房新社1965年版,第303—321页。

④ 芹泽长介:《与周边文化的关系》,镰木义昌编:《日本的考古学2:绳纹时代》,河出书房新社1965年版,第418—442页。

⑤ 安志敏:《长江下游史前文化对海东的影响》,《考古》1984年第5期,第439—448页。

在从中国东北地区到西伯利亚的广阔区域都多有发掘。[①]在日本发现的平织布与布片痕,经研究,制作技术也是从大陆传来的。[②]有学者认为,在九州发掘出的绳纹后期的黑川式陶器受到了中国黑陶的影响。[③]在日本发掘出的研磨石器,例如石刀、蛤刃石斧、扁平片刃石斧、磨制石镞等都与大陆的磨制石器技术有密切关系。[④]从大石遗址中发掘出的黑色研磨硬质陶器片,形似中国用于摘稻穗的工具——陶刀。[⑤]此外,在圆凿形石斧、定角式石斧、乳棒状石斧、石镞、骨铊、漆器,以及拔牙传统、埋葬方式、坟墓形式、绳纹人的形体特质等方面,都很难说与大陆文化毫无关系。

第六节　原始农耕的开始

在绳纹时代,采集经济仍然是不可或缺的经济支柱之一,主要从事者是妇女和儿童。日本已发现植物性食物的绳纹遗址就有170多处。山地与丘陵地带树木的果实、野草丛生的草地和池沼中的植物性食物都是绳纹人的天然粮仓。绳纹人经常采集的植物或果实有杨梅、黑胡桃、栗、麻栎、山椒、黄檗、南酸枣、日本七叶树和葛枣猕猴桃的果实,还有莲藕、丘角菱、菱角、茭白、野蒜,以及其他可食用的植物球茎等。[⑥]采集的东西丰富多样,当有剩余时还会进行储藏。例如,将某一季节的植物球茎磨成粉,加水,再或蒸或烤,使其能够长时间储存。岐阜县峰一合遗址、长野县曾利遗址、福岛县二本松上原遗址、冲原遗址中都发现了植物性食品的炭化物,其中有直径长达10厘米的面包状炭化物和直径在2—3厘米的小型饼状炭化物。[⑦]绳纹人在漫长的生活实践中,认识到了植物生长的简单规

---

① 芹泽长介:《与周边文化的关系》,镰木义昌编:《日本的考古学2:绳纹时代》,河出书房新社1965年版,第418—442页。

② 石田英一郎等:《日本文化的源流:农耕文化的起源》,角川书店1975年版。

③ 橘昌信:《绳纹晚期的石器——九州西北绳纹时代的石器研究(六)》,《别府大学史学论丛》1984年第15期,第103—140页;芹泽长介:《与周边文化的关系》,镰木义昌编:《日本的考古学2:绳纹时代》,河出书房新社1965年版,第418—442页。

④ 石田英一郎等:《日本文化的源流:农耕文化的起源》,角川书店1975年版。

⑤ 芹泽长介:《与周边文化的关系》,镰木义昌编:《日本的考古学2:绳纹时代》,河出书房新社1965年版,第418—442页。

⑥ 江坂辉弥编:《古代史发掘2:绳纹时代1》,讲谈社1973年版。

⑦ 江坂辉弥编:《古代史发掘2:绳纹时代1》,讲谈社1973年版。

律,为了确保植物性食品的稳定收获,还研究出植物栽培的方法。

日本的农耕经济源于何时?学界对此至今仍有争议。长期以来,人们并不认为绳纹时代存在原始农耕经济。20世纪60年代以后,随着考古发掘的深化与发展,上述观点开始动摇。现在,认为绳纹时代没有农耕经济的人应该没有那么多了。但是新的问题又出现了,原始农耕究竟是始于绳纹中期还是绳纹晚期呢?

提倡中期农耕论的学者以遗址中发掘出的食物、石器(打制石斧、石皿等)与陶器,以及集落的扩大和领地的变化等为依据,认为绳纹中期已经有了"烧荒陆耕"。[1]然而许多学者的观点与上述观点相反。我认为中期农耕论多少还是有些问题的,有待进一步的发掘与研究,但从已经发掘到的文物来分析,毫无疑问当时已经栽培了土豆、稗等食用性植物。当然,我认为单凭土豆、稗类植物的栽培,并不能说原始农耕已经开始。因为当时这些植物的栽培在社会生产中还没有占据重要地位,只是采集经济的辅助性活动。应该说真正的农耕始于绳纹晚期。在这一时期,农耕经济逐渐替代采集经济,与捕鱼、狩猎一起成为社会上不可或缺的生产范畴。

正如拥有农耕文化的绳纹晚期遗址所示,与之相关的文物多发现于西日本一带,其中以九州地区最为丰富。森贞次郎指出,九州绳纹晚期文化研究确切证明了弥生文化的诸要素——米、纺锤车、织布等已经存在于绳纹晚期文化中[2]。

绳纹晚期已经开始农耕活动的主要依据有如下几点。

第一,出现了大量农耕石器工具。在西日本地区广泛发掘出了掘土工具石斧,割穗工具石刀、石镰,研磨工具石皿、凹石,等等。京都府舞鹤市桑饲下遗址中出土的石斧数量超800件。九州地区,特别是九州北部和东部的遗址中无一例外都发现了石器农耕工具。佐贺县唐津市菜畑遗址、福冈县糸岛郡曲田遗址等遗址中都出土了粗型蛤刃石斧、石刀等。[3]此外,福冈县三云石桥等地区都发掘出了打制石斧、石皿、磨石和石杵形状的石器[4],大分县大石遗址不仅出土了石

① 藤森荣一:《日本原始陆耕的诸问题——关于中期绳纹时代的一种生产形态》,《历史评论》1950年第4期,第41—46页;澄田正一:《日本原始农业发生的问题》,《名古屋大学文学部研究论文集》1955年第11期,第87—110页;渡边诚:《绳纹时代的植物食物》,雄山阁1975年版。
② 森贞次郎:《九州》,和岛诚一编:《日本的考古学3:弥生时代》,河出书房新社1966年版,第32—80页。
③ 森贞次郎:《九州的古代文化》,六兴出版社1983年版。
④ 小池史哲:《石桥、萨基佐诺地区的绳纹时代遗址和遗物》,《三云遗址2》,福冈县教育委员会1981年版。

刀,还发掘出了石臼、石杵形的石器①,十郎川遗址也发掘出了不少与大陆石器相似的磨制石器。其中除石斧外,还有石镰10件、石刀19件。②此外,长崎县佐世保市宫本,大村市黑丸,南高来郡朝日山,福冈县的广田、长行、有田等遗址中出土了石斧等农耕石器。这些农耕石器在本州岛的爱知县五贯森、奈良县丹治、冈山县原、山口县岩田等遗址中也有大量发现。

在绳纹晚期的石器工具中出现了石斧,这一点必须引起注意。打制石斧的出土数量约占出土石器总数的60%。③日本的石斧一般是有柄的,有"纵斧"与"横斧"的区别④,用途十分广泛,既是砍伐工具,同时也可以用来掘土。从出土情况可以看出,制作石斧是绳纹人的一项重要劳动。如前所述,从桑饲下遗址、大石遗址出土的石斧数量可以明显看出,其生产量十分可观。此外,在福冈县北九州市长行遗址出土的150件石器中,60%—70%是扁平式打制石斧和磨制石斧。⑤打制石斧生产量大的主要原因应该是消耗量大。贺川光夫指出,打制石斧被用于烧荒,消耗度非常高,考古发掘出的打制石斧中有半数都是从中间折断的。⑥

在绳纹晚期,农耕工具除大量石器外,还有木制工具。⑦

第二,陶器的种类逐渐增多。绳纹晚期的陶器制作水平非常高,形状与种类也逐渐趋于多样化。特别是有一种陶器,就像钵和甑那般,与农耕生活有着密不可分的关系。从濑户内地区出土的中津式陶器底部有几个孔,明显是用来蒸食物的甑。钵是用于盛装食物的工具,形状有深有浅。在西日本地区发掘出土的绳纹晚期陶器中,深钵与浅钵有半数以上。⑧关东地区八岳山麓的陶器文化中发现了不少蛇钮柄陶器。在世界古代史中,石器时代装饰着蛇的陶器大部分与原始农耕有着紧密的关系。我认为日本也不例外。

第三,稻谷压痕和炭化米的广泛发现。现今发现的稻谷压痕和炭化米遗址

① 石田英一郎等:《日本文化的源流:农耕文化的起源》,角川书店1975年版。
② 橘昌信:《绳纹晚期的石器——九州西北绳纹时代的石器研究(六)》,《别府大学史学论丛》1984年第15期,第103—140页。
③ 贺川光夫《关于绳纹晚期农耕论的备忘录》,《史丛》1977年第20期,第76—88、109页。
④ 佐原真:《石斧论——从横斧到竖斧》,松崎寿和先生退官纪念事业会1977年版。
⑤ 橘昌信:《绳纹晚期的石器——九州西北绳纹时代的石器研究(六)》,《别府大学史学论丛》1984年第15期,第103—140页。
⑥ 贺川光夫《关于绳纹晚期农耕论的备忘录》,《史丛》1977年第20期,第76—88、109页。
⑦ 杉原庄介:《日本农耕社会的形成》,吉川弘文馆1981年版。
⑧ 佐原真:《农耕的开始与阶级社会的形成》,朝尾直弘等编:《岩波讲座日本历史1》,岩波书店1980年版。

主要分布在从九州到畿内的所有地区。除此之外,在山口、广岛、岛根、兵库、大阪等府县也都有所发现。[①]但是,在九州地区发现的比上述几个府县更为丰富。在佐贺县唐津市宇木汲田贝冢绳纹晚期的陶器(夜臼式)层中,同时发现了石斧和炭化米。[②]熊本县菊池郡蛙石遗址的浅钵形陶器中有玄米的压痕,同县的上原遗址还出土了炭化米。[③]长崎县南高来郡山寺遗址、原山遗址的夜臼式陶器中发现了稻谷压痕[④],同县的百花台遗址和砾石原遗址的黑川式陶器中也发现了稻谷压痕[⑤]。板付绳纹晚期遗址文化层中也检测出了炭化米。[⑥]大分县惠良原遗址中也发现了炭化米。

上述稻谷压痕和炭化米的发现说明,在绳纹晚期,西日本地区确实存在农耕,并且大米是当时主要的粮食之一。

第四,水田遗迹的发掘。以前,人们普遍认为日本的水稻栽培始于弥生时代。但是,考古发掘结果彻底推翻了这一观点。在九州北部的菜畑(唐津市)、曲田(糸岛郡)、板付(福冈市)3处遗址中发现了水田的痕迹,使得日本的水稻种植时间追溯到更早的时代。据森贞次郎的研究,菜畑、曲田、板付3处遗址具有以下共同特征:(1)3处都属于刚进入绳纹晚期的遗址,菜畑比曲田、板付在时间上略早。(2)3处遗址都出土了与大陆石器相似的磨制石器类文物,主要有粗型蛤刃石斧、扁平单刃石斧、棒状单刃石斧、抉入单刃石斧、石刀、石剑、石镞、土制纺锤车。(3)3处遗址都发现了炭化米或稻谷压痕,并且稻米都属于日本品种(粳稻)。除曲田遗址外,其他2处都发掘出了木制农具。(4)发现了比较大型的壶形陶器和丹涂磨研壶形陶器,它们都明显受到朝鲜半岛无纹陶器的影响。(5)3处遗址都表明绳纹晚期就已经有水稻栽培。(6)在绳纹晚期水田遗迹的上层,重叠着弥生水田遗迹,在绳纹晚期竖穴住所的上层,重叠着弥生时代的竖穴住所,这些生动地表现出绳纹文化对弥生文化产生的影响。[⑦]

① 森贞次郎:《九州的古代文化》,六兴出版社1983年版。
② 森贞次郎:《九州的古代文化》,六兴出版社1983年版。
③ 上之原遗址调查委员会编:《熊本市健军町上之原遗址调查报告书》,熊本市教育委员会1971年版。
④ 森贞次郎:《九州的古代文化》,六兴出版社1983年版。
⑤ 乙益重隆:《九州西北部》,镰木义昌编:《日本的考古学2:绳纹时代》,河出书房新社1965年版,第250—267页。
⑥ 贺川光夫:《关于绳纹晚期农耕论的备忘录》,《史丛》1977年第20期,第76—88、109页。
⑦ 森贞次郎:《九州的古代文化》,六兴出版社1983年版。

从目前的发掘情况来看,绳纹晚期水田遗迹的规模与设备,堪比弥生时代登吕遗址的水田遗迹。

佐贺县的菜畑遗址位于唐津市菜畑松圆寺的山丘顶,丘陵山脚有人类住居遗址,该遗址往南地势逐渐变低。山坡上有不少文物、板桩和沟壑,在扇形山谷的中央低地还有水田遗构。据 1981 年的发掘结果,水田遗构比海拔 2 米的住居遗址低 2—3 米。遗构的发掘范围为南北约 20 米、东西约 15 米。此外,发掘出的水田共 4 块,每块水田的面积在 30 平方米以上。水田之间用田埂进行划分,并用板桩和木桩加固。[①]

板付绳纹晚期的水田遗迹发掘于 1977 年,它位于板付弥生水田遗迹的下方。发现水田的同时,还发现了附设的水路、井堰、入水口和排水口等。水路宽 2 米、深 2 米,横截面呈 U 字形,水路正中央有堰。为了调节水量,在水田的入水口处打上了 2 列木桩和板桩,水路与水田之间筑有宽 1 米、高 30 厘米的田埂。田埂的西侧用木桩和板桩加固,用横木对木桩和板桩进行固定。水田之间的田埂宽 55 厘米,两侧也用细长的板桩和木桩加固。水田遗迹上有大量炭化稻壳和绳纹人耕作时留下的足迹。

绳纹晚期水田遗迹在菜畑遗址和板付遗址上的发掘雄辩地证明了绳纹人已经掌握了高度的栽培管理技术和土木技术,这在日本古代史上具有划时代的意义。[②]当时,九州地区的陆耕技术也比较先进,例如为了保护地力,阿苏山的东方台地已经开始采用休耕和烧荒的轮耕制度。[③]

总而言之,上述事实说明,在绳纹晚期西日本地区确实存在农耕技术;同时还说明,九州北部的农耕技术比西日本地区和日本列岛上的其他地区更先进。九州北部的绳纹人已经掌握了大陆的水稻栽培和管理技术。

为何农耕首先出现在西日本地区呢? 九州北部为何成为日本第一个水稻栽培地区呢? 要想准确回答这些问题的确很困难。但根据学者们的研究,至少下面 2 个原因是可以肯定的。首先,劳动工具的进步、人口的增加、动物的滥捕和野生植物的大规模采集,使得自然资源本就比东日本贫乏的西日本的绳纹人逐渐感受到危机。在危机感的压力下,他们不得不寻找新的稳定的粮食来源,于是开

---

① 中岛直幸:《菜畑遗址》,唐津湾周边遗址调查委员会编:《末卢国:佐贺县唐津市东松浦郡的考古学调查研究》,六兴出版社 1982 年版,第 37—52 页。

② 森贞次郎:《九州的古代文化》,六兴出版社 1983 年版。

③ 贺川光夫:《关于绳纹晚期农耕论的备忘录》,《史丛》1977 年第 20 期,第 76—88、109 页。

始进行粮食的栽培,如水稻种植。[①]其次,从地理位置上看,九州北部与大陆的距离最近,大陆先进的稻作技术必然先传播到该地区。[②]

关于水稻种植传播到日本的路线,学者间也有分歧。主要观点有日本自生说、华北(经朝鲜)经由说、华南经由说、南洋经由说等。[③]其中,以华北经由说和华南经由说为主。多数考古学者主张华北经由说,而大多民俗学者和农学者则主张华南经由说。相信大家对日本学者的观点都已有所了解,我就不再赘言,在这里我想介绍一下中国学者的观点。

据考古资料可知,中国的稻作农耕最早诞生于秦岭—淮河以南地区。在这些地区的新石器时代遗址中发现了广泛分布的炭化米、稻谷、稻草和陶器上的稻谷压痕。[④]从稻作遗址的分布地区来看,长江下游有12处、中游有12处,东南地区有4处,西南地区有4处。[⑤]同时,在以黄河流域为中心的黄土地带也有20多处农耕遗址,主要栽培粟和黍。[⑥]中国考古学家安志敏表示,在华北和黄河流域发现了稻痕,但至今还未有科学的鉴定。因此,这还不能作为支持华北稻作论的依据。[⑦]安志敏在研究中国资料的同时,还将其与朝鲜半岛的农耕资料进行了比较。朝鲜半岛北部是粟和黍的栽培地区,虽然在朝鲜半岛南部发现了稻痕,但数量非常少。安志敏认为,大概从无纹陶器时代,即公元前10世纪前后,朝鲜与日本同时开始稻作农耕,农耕技术都是从中国的稻作发祥地——长江中下游地区直接经过东海,同时传播到九州和朝鲜半岛。[⑧]为了进一步说明绳纹晚期的稻作技术直接源自长江中下游地区,安志敏还对绳纹文化中的玦状耳饰、漆器和住居形式与从长江以南地区发现的进行了比较。以玦状耳饰为例,在长江中下游和

---

① 和岛诚一:《弥生时代社会的结构》,和岛诚一编:《日本的考古学3:弥生时代》,河出书房新社1966年版,第1—30页。

② 潮见浩:《围绕中·四国绳纹晚期的两三个问题》,考古学研究会十周年纪念论文集编委会编:《日本考古学的诸问题——考古学研究会十周年纪念论文集》,考古学研究会1964年版,第17—28页。

③ 藤森荣一:《绳纹中期文化的构成》,《考古学研究》1963年第6卷第1期,第28—29页;酒诘仲男:《日本原始农业试论》,《考古学杂志》1957年第42卷第21期,第1—12页。

④ 严文明:《中国稻作农业的起源》,《农业考古》1982年第1期,第19—31页。

⑤ 安志敏:《长江下游史前文化对海东的影响》,《考古》1984年第5期,第439—448页。

⑥ 黄其煦:《黄河流域新石器时代农耕文化中的作物——关于农业起源问题的探索》,《农业考古》1982年第2期,第55—61页。

⑦ 安志敏:《长江下游史前文化对海东的影响》,《考古》1984年第5期,第439—448页。

⑧ 安志敏:《长江下游史前文化对海东的影响》,《考古》1984年第5期,第439—448页。

华南地区的新石器遗址中发现了140件;而在黄河流域,只在河南省孟津的龙山文化遗址中发现了1件(见表1-2)。安志敏认为,绳纹文化中的玦状耳饰无论从时代性还是其分布地区来看,与其说受到殷周时代玉玦的影响,不如说受到吴越文化的影响更为合理。[①]

表1-2　长江中下游、华南地区出土的玦状耳饰数量

单位:件

浙江	上海	江苏	四川	湖北	广东	台湾
15	1	58	43	1	20	3

　　安志敏的观点非常值得关注。但遗憾的是,他的论文中没有将长江中下游新石器遗址中发现的稻米,与日本绳纹晚期或弥生早期的遗址中发现的稻米做进一步的比较。关于日本稻米的品种,日本学者进行过非常细致的比较研究。加藤茂苞将水稻分为印度型和日本型2个系统。松尾孝岭又将日本型水稻分为A型和B型,A型在中国长江中下游地区被大量发现,B型在华北地区有所发现。[②]永松土巳指出,印度型水稻以长粒为主,日本型则是短粒。森贞次郎进一步指出,九州北部出土的炭化米和稻谷压痕都是短粒米。这种短粒米在朝鲜半岛的金海贝冢也有出土。中国华北、华中地区出土的炭化米也是短粒米。品种相同,不仅反映了中国华北、朝鲜南部与日本的稻作文化有着密切关系,也反映了华北地区与长江中下游地区的短粒米之间的渊源关系。[③]

　　我认为稻作技术传播到日本的路线并非1条,而是2条。其中一条是从长江中下游地区直接经东海到达日本,另一条是从长江中下游地区经华北、朝鲜南部进入日本。主要依据除上述学者们提出的理由外,还有长江中下游地区以南的气象条件和习俗与朝鲜南部和日本九州北部一样。[④]例如,坟葬的土圹墓在中国湖南、湖北、安徽等地,以及朝鲜南部和日本九州北部都有发掘。坟墓中以铜镜、铜剑、铜钺为陪葬品的习俗也与上述地区十分相似。从大量农耕石器中也可以看出2条传播路线。在东亚地区发掘出的摘穗用的石刀按照外形可分为5种,分

①　安志敏:《长江下游史前文化对海东的影响》,《考古》1984年第5期,第439—448页。

②　稻作史研究会编:《出土古代米》,农林协会1956年版。

③　森贞次郎:《九州的古代文化》,六兴出版社1983年版。

④　板桥旺尔:《奴国发掘》,学生社1973年版。

别是双面打击形、长方形、半月形直刃、半月形外弯刃、纺锤形。①其中,长方形、纺锤形、半月形直刃3种形式存在于长江流域、华北、东北,以及朝鲜半岛,日本的九州、濑户内等地区。这是从长江流域经华北、东北、朝鲜半岛传播到日本的。其中,半月形外弯刃石刀在长江下游三角洲地区和日本九州北部最为集中。②这显然是从长江三角洲地区传播到日本九州北部的路线。其他石器、石斧也存在类似情况。如前所述,在朝鲜南部和日本出土的炭化米、稻谷压痕都是短粒米,属于日本型稻米。而长江中下游地区出土的炭化米和稻谷压痕也多属短粒米。③例如,浙江省的吴兴钱山漾,上海的青浦崧泽,江苏省的草鞋山,四川省的巫山大溪,湖北省的京山屈家岭等遗址中都有出土。

农耕的开始具有划时代的重大意义,不仅促进了日本社会的急速发展,也带来了社会结构的连锁变化。

---

① 安志敏:《中国古代的石刀》,《考古学报》1955年第2期,第27—51、143—150页;石毛直道:《日本稻作的谱系——石菜刀》,《日本民族的起源——倭与倭人》,大和书房1978年版。

② 曾昭燏、尹焕章:《试论湖熟文化》,《考古学报》1959年第4期,第47—58页;罗宗真:《苏州市和吴县新石器时代遗址调查》,《考古》1961年第3期,第151—159页;浙江省文物管理委员会、浙江博物馆编:《浙江新石器时代文物图录》,浙江人民出版社1958年版。

③ 丁颖:《江汉平原新石器时代红烧土中的稻谷壳考查》,《考古学报》1959年第4期,第31—34、110—111页;浙江省文物管理委员会:《吴兴钱山漾遗址第一、二次发掘报告》,《考古学报》1960年第2期,第73—91、149—158页。

第二章

邪马台国成立前的日本

第一节 东亚各国的动向和对日本的影响

公元前1000年左右到公元元年,正是东亚地区政治局势发生剧烈动荡,经济与文化都取得飞速发展的历史时期。

首先我们来看中国的动向。大约公元前1046年,周武王讨伐商纣,与商纣王的军队在牧野(今河南卫辉)会战。最终,纣王的军队败北,商朝灭亡。武王建立周朝,定都镐京(今陕西西安)。为稳固政权,周朝实行分封制,将国土分给亲族和忠臣。公元前770年,周平王迁都洛邑(今河南洛阳),史称"东周"。东周前期,即公元前770—前476年,史称"春秋时期";东周后期,即公元前475年—前221年,史称"战国时期"。春秋时期,中国出现了封建生产关系,部分奴隶主转化为地主,部分奴隶转化为农奴。随着封建剥削方式的变化,土地的占有关系也发生了变化。周天子统治天下后,土地制度逐渐转变为私有制,各诸侯与卿大夫之间通过互相争夺、合并,逐渐形成地方强权势力。到了公元前453年,"三家分晋"以后,形成了齐、韩、赵、魏、秦、楚、燕七大强国互相对峙的局面。在这七大国间又有十几个小国。强国之间"合纵连横",互相征战,中国进入战国时期。战国时期的战争性质与春秋时期不同,各国基本上都已建立封建政权,所以战争性质是封建兼并战争。

战国时期的战争,以秦国的商鞅变法为界,分为2个时期。前期战争规模不大,各大国的精力主要放在内部改革上。战争的主要目的是吞并七大国间存在的小国。与前期相比,后期战争规模逐渐变大,一场战争动辄波及几十万到上百万人。战争的目的是击溃对手,或占领对方的领土。在强国间的战争过程中,秦国日益强盛,力压群雄。公元前246年,秦王嬴政即位后,秦国采取远交近攻的策略,不到10年,就相继灭掉了韩、赵、燕、魏、楚、齐,长达数百年的战国时期宣告结束,中国实现统一,并建立了封建专制主义的中央集权国家。秦王朝建立以后,采取了一系列稳固统一政权的措施。在政治制度方面,实行郡县制,在全国设置了36个郡,郡下辖县,县下置乡。为削弱地方割据势力,秦将六国的贵族与富户共12万户迁至咸阳地区进行管治;为防止农民反抗和富户谋反,下令没收个人所持的武器进行集中销毁;为得到地主阶级对秦王朝的支持,在法律上承认土地的私有制;为开拓疆土,北击匈奴,南伐五岭;为巩固国境,修建了长达5000千米的长城。秦王朝的各种举措不仅巩固了统治,还扩大了其统治范围。

公元前210年,秦始皇东巡途中驾崩于河北省的沙丘,秦二世即位。由于秦二世愚钝,国内阶级矛盾逐渐激化,公元前209年爆发了陈胜、吴广农民起义。接着,刘邦和项羽也相继起兵反秦。公元前206年十月,刘邦率兵攻入咸阳,秦灭亡。

公元前202年,刘邦在垓下(今安徽灵璧)击溃项羽军队,实现全国统一,在长安(今陕西西安)建立西汉王朝。西汉时期,封建政治、经济、文化得到了进一步发展。尤其是汉武帝刘彻在位时,不仅经济与文化得到进一步发展,边境地区也有了进一步开发,国内各民族间的联系得到加强,与亚洲各国间的交流也日益频繁。

公元初年,西汉陷入危机,王莽乘机夺取政权,建立新朝。王莽效仿西周的制度,实行"复古改制",社会矛盾进一步激化,新朝最终因农民起义而覆灭。25年,刘秀自称为帝,定都洛阳,建立东汉王朝。东汉建立后,刘秀开始梳理并恢复地主阶级的统治秩序:首先赐予功臣官职、爵位;其次,奖励荒地开垦,扩大生产;再次,7次下诏释放奴婢,宣布所有奴婢都是庶民,主人若不予释放,依照卖人法处罚。杀害奴婢或对奴婢施以烙印者,皆要受到法律的制裁。由于其举措实行彻底,东汉政权日益稳固,经济、文化取得了显著的进步。

综上所述,中国从西周到东汉的1000多年间,社会发生了巨大变革,从奴隶社会转变为封建社会。经过秦、汉2个朝代,封建制度得到了进一步的发展。

社会发展与生产力的提高、经济的繁荣有着密不可分的关系。从西周到东汉,经济文化日益繁荣,生产技术迅猛发展。这里简单介绍一下农耕技术和金属冶炼技术的发展。

关于中国农业的记载最早见于商代的甲骨文。卜辞中不仅记载有"我田有麦""我田有黍",而且还能经常看到"农""田""禾""黍""麦""粟""耤"等与农作物相关的文字。这说明,当时在黄河流域已经广泛种植五谷。到了西周,农耕技术取得了长足进步。为了便于灌溉,人们在农地上挖沟渠、筑田埂,并且已经开始施肥、除草、实施休耕。农作物品种繁多,黍、稷、麦、麻、稻、菽、粱、秬、秫都有广泛种植。

春秋时期,中国的生产力进入新的发展阶段,主要标志是铁器的应用与牛耕。关于铁的记载最早见于《诗经》。春秋时期,铁被广泛应用。"美金以铸剑戟,试诸狗马;恶金以铸锄、夷、斤、斸,试诸壤土。"①"美金"指的是铜,用来制作利器宰杀犬马;"恶金"指的是铁,用来制作农具耕田。在春秋时期的齐国,耒、耜、铫等农具,以及介、锯、凿等木制工具已经十分普遍。②据《左传》记载,晋国已经用铁铸造刑鼎。在考古发掘中还发现了春秋时期的铁锄、铁削。③

战国时期,铁制农具的普及率更高。在河南辉县的魏墓、湖南长沙的楚墓、河北省的燕国遗址中不仅发现了农具,还发现了铁范。在河北省石家庄市的赵国遗址发掘出的铁制、石制农具中,铁制农具占60%。④铁器的普及必然需要很多铁匠。以春秋战国时期的齐国为例,仅"造铁徒"就达4000人。齐国的临淄是一个繁华的城市,据考古发掘结果,城内炼铁的场地有6处,制铜的有2处。⑤在炼铁技术上,除铸铁工艺外,当时的人们还掌握了锻造技术。⑥铁制农具的广泛使用促进了水利建设的扩大。在中国历史上,有名的西门豹"引漳水灌邺"、李冰修建都江堰都是为了灌溉良田,郑国的"郑国渠"等都是在战国时期建成的。秦汉时期,统治者们提倡农业发展,重农抑商,"薄赋敛,广畜积"⑦,粮食充足。西汉前期,"太仓之粟陈陈相因,充溢露积于外,腐败不可食"⑧。秦朝时,铁的冶炼也更加繁荣。在秦朝都城咸阳宫殿附近发现的铸铁场地遗址,到处都有铁渣。⑨随着农业技术的进步,总结农耕经验的书籍也相继出版。春秋战国时期,《后稷农书》问世,这本书记述了关于土、水、肥、种子、管理、时节等内容。著名的《吕氏春

① 《国语·齐语》。

② 《管子·海王》。

③ 中国科学院考古研究所:《长沙发掘报告》,科学出版社1957年版。

④ 孙德海、陈惠:《河北省石家庄市庄村战国遗址的发掘》,《考古学报》1957年第1期,第7页。

⑤ 群力:《临淄齐国故城勘探纪要》,《文物》1972年第5期,第45—54页。

⑥ 华觉明、杨根、刘恩珠:《战国两汉铁器的金相学考查初步报告》,《考古学报》1960年第1期,第73—88、136—143页。

⑦ 《汉书·食货志》。

⑧ 《汉书·食货志》。

⑨ 林剑鸣:《秦史稿》,上海人民出版社1981年版。

秋》中关于田的部分,也有对农业进行专门论述的文章。

西汉的炼铁技术又有了新的发展。汉武帝时期,曾在全国各地设置铁官,官营的炼铁场多达46处。[①]从河南巩义的汉代炼铁遗址中发掘出的炼铁炉有十七八座,从河南南阳古宛城遗址中发掘出了17座炼铁炉,此外还发现了铸造和锻造的器具。[②]

西周至东汉时期的农耕技术、铁的铸造与锻造的普及不仅为中国自身的经济发展做出了贡献,而且对周边各国的经济发展也产生了积极影响。朝鲜和日本由于引进了中国的铁器和农耕技术而迅速发展。

以上是中国的动向,接下来看朝鲜半岛的动向。

关于古朝鲜的历史资料主要来自中国的史籍。传说周武王推翻商朝后,商纣王的叔父箕子率5000人逃亡到朝鲜半岛,将炼铁、农耕等生产技术也一起带到了朝鲜。战国时期,朝鲜侯(箕子后裔)见周朝衰弱,自立为王;与此同时,燕国脱离周,也自立为王,并企图征服朝鲜。正当朝鲜侯打算起兵对抗时,大臣礼进言说不如用外交手段与燕结为友好关系。朝鲜侯采纳了礼的进言,并派礼前往燕国。礼到燕国后劝说燕王,两国应当休战,和平共处。于是燕王断了东征的念头。到了秦朝,中国的农民由于沉重的劳役和租税,"男子疾耕不足于粮饷,女子纺绩不足于帷幕"[③],痛苦之深令他们无法正常生活。秦朝末年,百姓不得已起来反抗,还有一部分逃亡到其他地方。其中,燕、齐、赵等地的农民相继逃到了朝鲜。西汉初年,燕人卫满带领1000多人前往朝鲜,投靠朝鲜君主准。准封其为博士,并赐予疆土和百姓,命其镇守西部边境。公元前194年,卫满起兵推翻准,自立为朝鲜君王,定都王俭城(今平壤)。在卫满的领导下,朝鲜势力不断向南扩张,到达朝鲜南部。汉武帝时期,卫氏朝鲜极力阻止朝鲜半岛上的其他小国与汉朝往来,并且不断引诱齐、燕等地的汉人。因此,公元前109年,汉武帝派兵讨伐朝鲜,翌年朝鲜投降。西汉在朝鲜设置乐浪、临屯、真番、玄菟4郡,直接统治朝鲜半岛。真番郡、临屯郡不久后就被废止,玄菟郡的大部分管辖区被合并到乐浪郡,但西汉仍然在朝鲜维持着强有力的统治。

受中国文化影响,公元前10世纪前后,朝鲜半岛开始了水稻栽培。其中,朝

---

① 《汉书·地理志》。

② 赵国璧:《河南巩县铁生沟汉代冶铁遗址的发掘》,《考古学报》1960年第5期,第13—16页;
   裴明相:《南阳汉代铁工厂发掘简报》,《文物》1960年第1期,第58—60页。

③ 《汉书·主父偃传》。

鲜南部土地肥沃,适宜五谷及水稻的栽培。朝鲜有铁矿,因此公元前3世纪前后就已经开始使用铁器了。1956年,大邱市飞山洞遗址出土了约50件青铜器和铁器。1969年,金海市良洞里发现了10件青铜器和4件铁器(2把铁剑、2支铁矛);大邱的坪里遗址发现了铁制的锛。到了公元元年前后,铁器的应用更加广泛。朝鲜半岛南部地区出土的文物非常多,如釜山市熊川贝冢出土的铁器有80多件,其中包括斧、镰、小刀、钓针、铦、大刀、镞、枪、铁钥匙等。金海贝冢中发掘出了斧、镰、刀等。①铁器的广泛应用反映了生产力的发展。

朝鲜半岛在汉文化的影响下,经济飞速发展。公元元年前后,各国的生产关系发生了变化,高句丽、百济、新罗及六伽耶地区先后建立了阶级国家。

第二节 "分为百余国"

公元前3世纪左右,日本进入弥生时代。这是日本历史发展的关键时期。其间,日本人宣告结束人类社会发展过程中的野蛮时代,迅速迈进文明时代。

关于弥生时代的起始年代,学者间仍有不同的意见。有学者认为大体上相当于中国西汉与东汉时期②,有学者则更加明确地提出始于公元前2世纪前后,止于公元3世纪前后。③还有学者认为始于公元前3世纪前后,止于公元3世纪。④上述观点尽管各不相同,却一致认为弥生时代止于公元3世纪前后。关于弥生时代各阶段的具体划分方法,杉原庄介认为,公元前3世纪至公元前1世纪为早期,公元前1世纪至公元1世纪为中期,公元1世纪至公元3世纪为晚期。森贞次郎认为,公元前1世纪至公元1世纪中叶为中期,公元1世纪中叶至公元3世纪为晚期。柳田康雄则认为,公元前2世纪至公元元年后的几年间为中期。⑤虽然日本

---

① 金廷鹤:《任那与日本》,小学馆1977年版。

② 冈崎敬:《中国——秦汉帝国及其时代》,和岛诚一编:《日本的考古学3:弥生时代》,河出书房新社1966年版,第406—422页;樋口隆康:《中国的情况》,近藤义郎、藤泽长治编:《日本的考古学4:古坟时代上》,河出书房新社1966年版,第552—572页。

③ 森贞次郎:《九州的古代文化》,六兴出版社1983年版;佐原真:《农耕的开始与阶级社会的形成》,朝尾直弘等编:《岩波讲座日本历史1》,岩波书店1980年版。

④ 杉原庄介:《日本农耕社会的形成》,吉川弘文馆1981年版。

⑤ 柳田康雄:《伊都国考古学——对外谈判的开始》,九州历史资料馆编:《大宰府古文化论》上卷,吉川弘文馆1983年版,第1—32页。

学者在年代划分上不一致,但我认为这些观点都大同小异,意见分歧并不大,基本上是相似的。为方便叙述,本书基本上采用了杉原庄介先生的划分方法。

严格来说,日本与东亚大陆间的正式往来开始于弥生时代。东亚大陆各国(特别是中国)的王朝兴替、疆域消长、文化繁荣都直接或间接地影响了日本。公元前108年,汉武帝在朝鲜半岛设置乐浪、临屯、真番、玄菟4郡后,中国先进的政治、经济、文化、技术给日本的政治、经济、文化的发展带来了直接的影响。可以说,日本也是从这一时期开始正式成为东亚汉文化圈中的一员。

当然,弥生文化是诸多要素在比较漫长的时期内融合形成的。从手头的考古资料来判断,弥生文化主要由3个要素融合而成,即绳纹时代的要素、大陆文化要素和弥生文化独特的要素。[1]在这3个要素中,最终究竟哪个要素占据主要地位,目前还很难下结论。但有一点是明确的,如果没有大陆文化的影响,随着绳纹文化的缓慢发展,日本最终应该也会进行历史转变,但其历史发展过程必定十分漫长。大陆的先进文化不仅促进了弥生文化的发生与发展,还加速了日本的历史发展进程。就这一点而言,大陆文化要素在弥生文化的形成过程中扮演着非常重要的角色。

弥生文化的重要特征是水稻农耕的扩大和铁器的应用,而水稻农耕和铁器也是汉文化的主要特征之一。

弥生时代的稻作农耕继承了绳纹晚期已经达到的技术水平,又进一步直接受到两汉稻作技术的影响,取得了飞速发展。如前所述,稻作农耕首先出现在九州北部。大体上,绳纹晚期与弥生早期的前半期,稻作农耕在九州北部一带十分兴盛,并且扩散到西日本。大约在弥生早期的后半期传播到东海道西部;在中期的前半期扩散到东海道中部、关东南部、关东北部和东北地区南部;在中期的后半期传播到东北地区中部;在弥生晚期扩散到除北海道以外的日本全境。[2]以上是日本考古学界的普遍观点。但是,在东北地区发掘出了远贺川式陶器和炭化米后,新的观点出现了。伊东信雄认为,公元前2世纪稻作文化到达东北地区北部。理由有二:一是日本的稻作起源年代在九州北部可以追溯到绳纹晚期;二是在东北北部发现了远贺川式陶器,在龟冈遗址的大洞A层出土了稻壳和炭化米,出土的稻谷压痕陶器比田舍馆遗址出土的还要早,因此东北地区稻作农耕的开

---

① 佐原真:《农耕的开始与阶级社会的形成》,朝尾直弘等编:《岩波讲座日本历史1》,岩波书店1980年版。

② 杉原庄介:《日本农耕社会的形成》,吉川弘文馆1981年版。

始时间或许可以追溯到更早的年代。①弥生时代,除稻作农耕发达以外,旱作农耕也取得了显著的发展。在低湿地和灌溉条件相对较好的地方以水稻栽培为主,在高地和丘陵地带则采用旱作。旱作农耕的遗址在水稻栽培十分发达的地方,如九州北部、西日本都有大量发现。作物主要有粟、小麦、大麦、稷、大豆、小豆、豌豆、绿豆、蚕豆等②,这显然与大陆的旱作农耕有着密切关系。

弥生中期以后,水稻农耕技术受东汉农耕技术的影响,取得了显著进步。东汉时,尚书崔寔总结整理当时的农耕经验,著成了《四民月令》,详细记录了各种农作物的栽培方法,其中尤以水稻栽培技术的记载为最。《四民月令》中记载的田植法应该对日本产生了一定影响。③在弥生中期以后,特别是晚期发掘出的农耕工具表明这种田植法确实在日本存在过。④弥生时代的人们已经逐渐掌握了农耕生产中不可或缺的与季节相关的知识。香川县与兵库县出土的铜铎上都画着与农耕和季节有紧密关系的图案。例如,早春时节出没的龟、蛇,展示种植水稻的锄舞,秋收后手持木杵捣米的农民、冬眠的蛇、狩猎的猎人、鹿、猪。弥生中晚期,人们已经懂得施肥,深埋杂草用作肥料的习惯在当时已经存在。⑤虽然还不清楚当时是否用人的屎尿做肥料,但从日本古代的保食神被杀后,腹部长出稻,阴部长出麦子和小豆之类的神话传说来看,应该一定程度上还是使用了屎尿做肥料。

弥生人的水稻耕作已经脱离了粗耕,开始精耕,其典型遗址就是弥生早期的板付遗址和弥生晚期的登吕遗址。

弥生早期的板付遗址位于绳纹晚期的水田遗迹上层。在 1968 年和 1978 年的发掘中,考古学家发现了灌溉水路的木桩列和水田的田埂,还发现了与水路成直角的给水沟和排水沟的横截面。

登吕遗址位于静冈县南部,北边有宽 50 米的安倍川,东南边有宽阔的大平原。安倍川河岸附近是弥生人建造的东西带状村落,与村落相连的东南方宽阔

① 伊东信雄:《东北地方的稻作农耕》,八幡一郎先生颂寿纪念考古学论文集编委会编:《日本史的黎明——八幡一郎先生颂寿纪念考古学论集》,六兴出版社 1985 年版。

② 森贞次郎:《九州的古代文化》,六兴出版社 1983 年版。

③ 冈本明郎:《工具》,和岛诚一编:《日本的考古学 3:弥生时代》,河出书房新社 1966 年版,第 222—232 页。

④ 木下忠:《田植与直播》,考古学研究会十周年纪念论文集编委会编:《日本考古学的诸问题——考古学研究会十周年纪念论文集》,考古学研究会 1964 年版,第 43—58 页。

⑤ 木下忠:《弥生式文化时代的施肥问题》,《史学研究》1954 年第 57 期,第 36—43 页。

的低湿地平原上有水田遗迹,至今已经发掘出50处水田遗迹。水田总面积约7万平方米,每块水田的面积大小不一,最小的有375平方米,最大的有2300多平方米,一般在1400—1700平方米之间。田与田之间筑有田埂。水田遗迹的地势从北向南倾斜,为防止田里的水流失,一般情况下,每块水田西南方和东南方的田埂用板桩加以保护,西北方和东北方的田埂用小木桩加固。据调查,每块水田大概需要1000多块长1米、宽35厘米、厚4厘米的板桩,可见工事之巨大。登吕遗址的水田不是同时建造的,而是逐渐扩建的,即从靠近村落的地方依次向外扩展。①在登吕遗址中还发现了从西向东南方向延伸数百米的水渠。这是用于灌溉和排水的水利设施。水渠的两侧是水田,正中央建了两个调节水量的堰。灌溉水渠与排水渠交汇的地方制作了木制的通水管道。②如此壮观的农耕地和水利建设,生动地表明在弥生晚期,弥生人已经掌握了相当高水平的稻作管理技术。

日本最早开始使用铁器是在弥生早期。熊本县斋藤山遗址中发现了长4.2厘米的双刃铁斧。分析结果显示,斋藤山的铁斧是从大陆传来的典型的锻造品③。虽然弥生早期已经出现铁器,但数量并不多,当时的生产工具仍以木器和石器为主。弥生中期以后,铁器的数量逐渐增加,与木器、石器一起被人们使用。日本出土的弥生中期后半期以后的石器数量明显减少,铁器逐渐普及。出土的铁器有用作农耕工具的镰、锹、锄,用作木制工具的斧、凿、铇,用作武器的枪、剑、刀、戈、镞等。

弥生中期以前日本使用的铁器大部分是从大陆传来的。中期以后,日本已经开始了小规模的铁器制作,具体表现为:在中期或晚期遗址中,铁器的出土量剧增,磨制的片刃石斧等农耕石器数量锐减;大量的木器文物上有非常明显的铁器痕迹;其制作原材料长方形铁板和棒状铁的出土等。④这表明,铁器的制作方法也取得了显著进步。早期的斋藤山铁斧与在朝鲜发现的铁器十分相似,属于厚重的锻造品;随着铁器需求量的增大,中期以后的铁器制作方法变得简单,基本上使用的是把铁板一端的两侧折弯,另一端用作铁刃的方法。⑤《三国志·魏

① 杉原庄介:《登吕遗址水田遗迹的复源》,《案子山》1968年第2期,第3—7页。
② 儿玉幸多:《图说日本文化史大系1:绳纹·弥生·古坟时代》,小学馆1956年版。
③ 乙益重隆:《熊本县斋藤山遗址》,日本考古学协会编:《日本农耕文化的形成》第1册,东京堂1961年版,第119—132页。
④ 冈崎敬:《日本初期铁制品的问题》,《考古学杂志》1957年第42卷第1期,第14—30页。
⑤ 森贞次郎:《九州的古代文化》,六兴出版社1983年版。

书·韩传》记载："国出铁,韩、濊、倭皆从取之。"由此可见,制铁的原料主要从朝鲜半岛输入。但是,也不能排除精炼国内的铁矿来制造铁器的可能性。从世界史的发展顺序来看,人类生产工具的制造与使用都是按照石器、铜器、铁器的顺序发展的。但是,日本没有经历过青铜器时代。青铜器从大陆传来的同时,铁器也传到了日本并被应用于生产。日本的青铜器没有用作生产工具,而是作为祭祀工具广泛使用。因此,日本与世界上的许多国家不同,是从石器时代直接进入铁器时代的,因而称这一时期为金石并用时代。这应该也是日本能从原始氏族公社迅速进入阶级社会的根本原因之一。

以水稻为主的农业发展和铁器工具的应用,引起了社会上一连串的连锁反应。这种反应涉及多个方面,但主要表现在以下3点。

第一,促进了社会劳动生产的分工。农业的发展保证了人们维持生命所需的粮食。以登吕遗址为例,总共发掘出了12座住居遗址,按照一户5人来计算,整个村落共有60人。即使算上未发掘的遗址,总人口也不会超过90人。登吕遗址的水田总面积有7万多平方米,一年的粮食总量应该有100石。当时人们以大米为主食,以兽类和鱼类作为辅食,成人、儿童平均每天所需的米大约是3合,一年所需的量是1石多。全登吕村人一年的总需求量是60—90石,收成与消耗相抵后,还有剩余。[1]剩余的粮食有可能催生专业的劳动部门,于是金属冶炼、石器制作、陶器制作、纺织等专业劳动者逐渐增加。以石器为例,福冈县饭冢市立岩地区发现了1000多件石刀(见表2-1),这说明当时应该有生产石刀的组织。福冈县冈垣町大坪遗址发掘出土了39件石刀的成品和半成品,说该地应该也是石刀生产的主要地点。

表2-1　福冈县立岩地区发现的石刀数量

单位:件

石刀种类	下方	烧正	高尾山	甘木山	川岛	立岩	立岩地面	堀田	合计
成品	20	42	3	1	36	93	9	1	205
半成品	41	104	1	6	112	430	28	561	1283
合计	61	146	4	7	148	523	37	562	1488

第二,促进了基于部落共同体的村落的出现。随着水田的开拓,水稻栽培成

---

[1]　杉原庄介:《日本农耕社会的形成》,吉川弘文馆1981年版。

为人们主要的生产活动。人们的生活趋于稳定,逐渐转移到平原地区定居。手工业的专业化分工,以及更大规模的水利灌溉设施的建设与使用,使得以血缘为纽带而形成的氏族已无法适应新的需求。在生产活动过程中,同一地区的多个氏族不得不联合起来,共同对抗大自然,这就必然需要多个氏族间的交流与支持。就这样,地缘关系的联合逐渐超越血缘关系的联合,于是以部落共同体为基础的村落就应运而生。许多遗址表明,这些村落的周围都有土制的堡垒和沟渠,村落内有井有河,有共同的仓库和可以举行集体活动的广场。

第三,出现贫富差距。农业的发展除提供粮食外,还为手工业的发展提供了条件,逐渐实现了农业与手工业的分离。手工业的独立使生产不仅满足自身需要,还可以用于交换,用自己生产的物品换取自己所需的生活必需品。这种交换最初通过公社的首领进行,而且只是简单的物物交换,交换得来的物品归集体所有。但随着农产品日趋丰富、手工业品交换范围扩大,兼负管理氏族公社财产交换责任的公社首领利用他们的有利地位,将大量公社财产占为己有。于是,在理应共同劳动、共同享受劳动成果的氏族制度中出现了私有财产,人人平等自由的集体中出现了贫富与贵贱的身份差别。这种差别在考古发掘的住居遗址、坟墓、陪葬品中得到了证实。在住所方面,弥生早期每个村落的住居遗址规模基本上是一致的;但是,中晚期出现了规模大小不一的建筑。登吕遗址的12处住居遗址中,有9处规模基本相同(长7—8米、宽6—7米),但村落南侧的3处住居遗址的规模则相对较大,其中2处的大小分别为长11米、宽9.7米,长11.8米、宽10.6米。[1]山口县光市冈原遗址中有弥生人的住居遗址,沿台地边缘而建的住所是竖穴,而台地中心的住所则是建在平地上的。这种差别反映出身份上的差异。在墓葬方面,弥生中期以后开始出现少数有别于常规的坟墓,如支石墓。早期支石的大小大概两三个人就能移动,大多使用当地的材料。随着时间的推移,墓上的支石逐渐变大,移动支石需要10人或10人以上的人力,多数支石是从几千米外搬运来的。这也反映了权力社会的存在。[2]此外,在福冈县八并遗址的丘陵上有一座圆形的坟墓,周围有环形壕沟,与此相对的丘陵山脚下,61座坟墓纵横交错。[3]

---

① 杉原庄介:《登吕遗址水田遗迹的复源》,《案子山》1968年第2期,第3—7页。

② 森贞次郎:《九州》,和岛诚一编:《日本的考古学3:弥生时代》,河出书房新社1966年版,第32—80页。

③ 高仓洋彰:《从坟墓看弥生时代社会的发展过程》,《考古学研究》1973年第2期,第7—24页。

自汉朝在朝鲜设郡后,随着交流范围的扩大,这种贫富与阶级差距进一步扩大,主要反映在陪葬品的显著差异上。大部分坟墓的陪葬品都极为简朴,不过是一些生前普通的装饰品。部分坟墓里有从大陆传来的铜镜、铜剑、铜矛等陪葬品。例如,1984年,在福冈市西区吉武高木遗址的第3号木棺墓中发现了多钮细纹镜(1件)、细铜剑(2件)、细铜戈(1件)、细铜矛(1件)、勾玉(1件)、管玉(95件)。[1]此外,在福冈县三云、须玖冈本、前原町井原镳沟等弥生中晚期遗址中也发现了几十件铜镜、铜剑、铜戈、铜矛和玉器等。[2]中国的铜镜是体现当时人们社会地位尊卑的主要陪葬品。须玖冈本遗址巨大的支石墓中发掘出了20多件铜镜,距离冈本1000米的伯玄社遗址和3000米的金隈遗址中分别有约300座瓮棺墓,但其中并没有发现铜器陪葬品。[3]拥有如此大量珍贵铜镜的墓主,想必生前拥有相当大的权力和财产吧。

从上述基础资料来看,大约公元前1世纪,日本,特别是九州北部地区出现了许多原始小国。

这些小国的疆域有多大,是一个十分有趣而又很难回答的问题。近年来,有学者开始利用考古资料来探索原始小国的基础状况。贺川光夫的论文《原始国的崩坏与古代国家的成立过程》就是其中之一。该论文以福冈县东小田遗址为中心,描述了当时原始小国的状况:"东小田原始国以朝仓郡夜须町为中心,三面分别被宝满山、基山和城山环绕,另一面则是宝满川河流。环绕夜须盆地的主要遗址就有40处。……盆地中央的扇形平原就是东小田遗址,出土了青铜文物和镕范,仿佛支配着整个盆地。该遗址群按地缘关系将各集团组织统合在这里。其范围以位于盆地中央的东小田遗址为中心,跨度达半径6000米的区域。如果把夜须盆地周边的遗址视作地域统合,就不难想见这里曾存在过小国。"[4]

像这样的小国是否只存在于以东小田遗址为中心的地区呢?贺川光夫在论文中写道:"观察九州北部其他地区,就会发现唐津平原上聚集在以汲田遗址为中心、半径6000米以内的遗址群也有这样的小国。此外,聚集在以三云遗址为中心的糸岛平原周边山麓上、半径6000米以内的遗址群也有这样的小国。以有田

---

① 柳田纯孝、横山邦继:《吉武高木瓮棺遗迹的调查》,《文化遗产月刊》1985年第266期,第11—18页。

② 森贞次郎:《九州的古代文化》,六兴出版社1983年版。

③ 佐原真:《农耕的开始与阶级社会的形成》,朝尾直弘等编:《岩波讲座日本历史1》,岩波书店1980年版。

④ 贺川光夫:《原始国的崩坏与古代国家的成立过程》,《生活与科学》1973年第13期。

遗址为中心的早良平原及其周边也同样在半径6000米以内聚集着遗址。以须玖遗址为中心的福冈平原、以多多罗遗址为中心的东福冈地区、以立岩遗址为中心的饭冢盆地,在半径6000米左右的范围内也都存在着许多遗址群。"①

根据贺川光夫的观点,这些小国大体上有4个特征:(1)基本上以平原、盆地为中心,有河流流经小国所在的地区;(2)经济活动以农耕为主,在平原上栽培水稻,在台地、丘陵地带种植杂谷;(3)领土范围一般在半径6000米以内;(4)中心地区的遗址发掘出了大量汉铜镜、铜剑、铜戈、铜矛、古玉等青铜利器和宝器文物。

我认为当时这种小国不仅仅存在于九州北部,还广泛存在于本州的中西部地区,以及濑户内地区。

中国的史书《汉书》中也有对这些小国的记载:"夫乐浪海中有倭人,分为百余国,以岁时来献见云。"②

《汉书》完成于东汉章帝建初年间,书中记载的"百余国"反映了大约公元前1世纪至公元初期日本国内小国林立的状况。

分为百余国的小国开始单独通过朝鲜半岛上的乐浪郡等与汉朝建立关系,"以岁时来献见",说明每年都有来往。他们与汉朝结为友好关系的动机之一应该是为了在与其他小国的竞争中强化自己的地位。小国之间并不太平,实力较强的小国不断吞并实力较弱的小国来扩张自己的领土与势力。

第三节 东汉与奴国的关系

关于中日交流的文字记录,最早出自中国古籍《山海经》。书中记载"钜燕在东北陬""盖国在钜燕南、倭北。倭属燕"③。

"钜燕"指的是今河北、北京、天津、辽宁等古燕国所在地。"盖国"在史籍中并不常见,《三国志·魏书》中有"东沃沮在高句丽盖马大山之东,滨大海而居"④的记载,可知盖国(盖马高原)位于古燕国之南、倭(九州北部)之北。那么倭就位于朝

---

① 贺川光夫:《原始国的崩坏与古代国家的成立过程》,《生活与科学》1973年第13期。
② 《汉书·地理志》。另外,本书中的着重号均为笔者所加。
③ 《山海经·海内东经》《山海经·海内北经》。
④ 《三国志·魏书》。

鲜的南边。[①]

"倭属燕"一句历来有很大争论。争论的焦点是"属燕"的"属"字。有人说日本是离岛,与中间隔着朝鲜半岛,为何说它属于燕呢?但是实际上,在中国古代,"属"字的意思除"所属"外,还有"连""结""通""至""近"等多种意思。《汉书·张良传》的颜师古注中就有"属,近也"。按照这层意思来理解,"倭属燕"应当解释为"倭靠近燕"。《说文解字》中记载"属,连也",段玉裁注"属,相续"。按照这层意思来理解,"倭属燕"应当解释为"倭通燕",或"倭与燕相连"。战国时期,燕国称霸北方,势力波及中国东北地区和朝鲜半岛的博川(今平壤南部),倭与燕完全有可能相互往来。事实上,考古发掘结果也证实了燕与倭确实有往来。燕国的货币——明刀钱,不仅在中国天津、河北、辽宁,以及朝鲜平安南道渭原郡等地有出土,在日本也有发现。[②]

东汉王充的《论衡》中也记述了春秋战国时期的中日关系。"周时天下太平,越裳献白雉,倭人贡鬯草","成王之时,越裳献雉,倭人贡畅"[③]。根据《诗经·大雅》和《说文解字》的解释,"鬯"与"畅"相通,是一种珍稀的香草,叫姜黄,与谷物混合用于酿造祭酒。《论衡》虽然言及倭人,但语言过于简略,存疑颇多。

从战国时期到秦汉,中国的政治局势变化多端,不少汉人为逃离战乱纷纷迁至朝鲜。其中有人经朝鲜到达九州北部。金关丈夫、内藤芳笃2名学者通过对弥生人遗骨的研究,认为九州北部和山口县存在2种类型的弥生人:一种是以长脸、高个为特征的九州北部山口型弥生人,从山口县的土井滨、佐贺县的三津和二豕山发掘出的弥生人遗骨就是这一类型的代表;另一种是以脸扁平而宽、矮个为特征的九州西北型弥生人,从长崎县的深堀、根狮子、滨乡,以及宫本遗址出土的弥生人遗骨是这一类型的代表。2名学者认为,长脸、高个的弥生人是渡海而来的大陆人与当地日本人的混血儿。[④]这种情况并不限于以九州北部为中心的地区,大阪国府遗址出土的弥生人遗骨及其风俗也表明该地区的弥生人与大陆人关系

---

① 和田清:《比东洋史更值得一看的古代日本》,哈佛燕京同志社东方文化讲座委员会1956年版。

② 樋口隆康编:《古代史发掘5:弥生时代2》,讲谈社1973年版。

③ 《论衡·恢国篇》。

④ 金关丈夫:《人种的问题》,杉原庄介编:《日本考古学讲座》第4卷,河出书房1955年版,第238—252页;内藤芳笃、松下孝幸:《弥生时代人骨》,《人类学》1981年第12卷第1期,第27—37页。

密切。①

1984年6月,我有幸在内藤芳笃的陪同下参观了长崎大学医学部解剖学第二教室,亲眼见到了九州北部山口型和九州西北型弥生人遗骨。

大陆人的到来为日本带来了先进的农耕文化和手工技术,成为弥生文化飞速发展的契机。②秦汉以后,中日间的交流日益频繁。西汉时百余国派使臣前来寻求交往。到了东汉,遣使通汉的国家只有30个左右。大量铜器的发掘证实了这些交流的存在。例如,开始制作于秦始皇时期、流通于西汉中期的半两钱,西汉武帝时期铸造的五铢钱,王莽时期铸造的货币——货泉,以及西汉时期的铜镜、铜剑等,在日本各地的弥生遗址中都有发现。

与东汉有过交流的30余国中,东汉王朝特别重视其中的倭奴国。汉光武帝中元二年(57年),"倭奴国奉贡朝贺,使人自称大夫,倭国之极南界也。光武赐以印绶"③。

1784年2月23日,在福冈县志贺岛发现的"汉委奴国王"金印证实了《汉书》的记载是可信的。

关于志贺岛发现的金印,学者间也有争论。争论的核心问题之一是"委奴国"的读法;其二是金印的来源,是否真的是汉光武帝所赐。关于前者,在明治中期以前,大多数学者都认为"委奴国"就是伊都国;明治中期以后,三宅米吉发表了"委奴国"是奴国的新观点,"汉委奴国"应当读作「漢ノ倭ノ奴ノ国王」④。这一观点如今基本上已成为普遍观点。关于金印的可信度,虽然之后也有持怀疑态度的人,但随着中国考古调查发现,汉代的印章相继被发掘出来,逐渐证实了"汉委奴国王"金印确实是汉光武帝所赐。

1957年,中国的考古学家在云南省晋宁区石寨山发掘出了蛇纽金地的"滇王之印"。1981年,又在江苏省扬州市郊外的邗江区甘泉镇出土了"广陵王玺"。将"汉委奴国王"金印与"滇王之印""广陵王玺"进行比较发现:(1)3枚印章都是金色质地;(2)字体都是阴刻篆体;(3)形状都是正方形;(4)"滇王之印"与"汉委奴国王"金印都是蛇纽;(5)"广陵王玺"与"汉委奴国王"金印的边长、高度都极为相近(见

---

① 金关丈夫:《人种的问题》,杉原庄介编:《日本考古学讲座》第4卷,河出书房1955年版,第238—252页。

② 冈田茂弘:《近畿》,镰木义昌编:《日本的考古学2:绳纹时代》,河出书房新社1965年版,第193—210页。

③ 《后汉书·倭传》。

④ 读音为"kan no wa no na no kokuou"。(译者注)

表2-2）。这样比较来看,可以断定"汉委奴国王"金印就是汉朝的印章。

表2-2 中日出土的汉代金印比较

金印名	印形	印纽	边长/厘米	高/厘米	重量/克	字体
"汉委奴国王"金印	方	蛇	2.3	2.2	108	阴刻篆文
滇王之印	方	蛇	2.3	1.8	89.5	阴刻篆文
广陵王玺	方	龟	2.3	2.1	123	阴刻篆文

这枚象征着中日交往的珍贵金印自57年由倭奴国的使节带回日本以来,距今已有近2000年,自1784年发现这枚金印,至今也有200多年了。1984年6月,我在福冈县教育委员会文化课柳田康雄的陪同下去过金印的发现地——志贺岛,并在福冈县教育委员会文化课的帮助下,在福冈市美术馆见到了这枚宝物。他们说我是自金印发现以来,第一位见到金印的中国人,这令我感到无限光荣。

中国的印绶制度规定,天子受玉印,诸王和宰相受金印紫绶,九卿受银印青绶,九卿以下受铜印黑绶、木印黄绶。东汉将倭奴国(即委奴国)作为诸王、宰相同等对待,赐金印紫绶。从《后汉书》的记载来看,东汉王朝向外国授予金印紫绶的情况并不多见。仅有屈指可数的几次,大多授予了西域、南蛮的国王和大将。在东亚地区,除明确记载授予倭奴国金印紫绶外,120年还赐予了扶余王印绶、金帛,但没有明确记载是金印紫绶。这充分反映了东汉王朝对倭奴国的重视。

倭奴国是面朝博多湾的一个小地域国家,领土范围大概是福冈县的筑紫、早良、粕屋等郡,以及跨越福冈市的那珂川、御笠川流域。东汉之所以如此重视倭奴国,应该是出于自身的外交战略配置考虑。其战略目的是与倭奴国结为同盟,以压制朝鲜半岛(特别是乐浪郡以南地区),对于反抗汉朝的朝鲜独立势力形成腹背夹击之势。

与倭奴国相邻的小国是伊都国,在今糸岛地区,是与大陆交流的交通要塞。在倭奴国和伊都国的辖区内发掘出了77面西汉铜镜,反映出两小国与大陆的密切关系,两小国统治者的权威也可见一斑。佐原真指出,须玖冈本遗址出土大量铜镜、铜利器的支石墓是倭奴国的王室墓,三云遗址出土铜镜、铜利器的墓是伊都国王的墓。①

----

① 佐原真:《农耕的开始与阶级社会的形成》,朝尾直弘等编:《岩波讲座日本历史1》,岩波书店1980年版。

据中国史籍记载,1世纪中叶,倭奴国前来朝贡,却没有任何对伊都国的记载。我认为当时的倭奴国与伊都国应该在某种程度上已经进行了联合。

随着汉文化的传播和经济的发展,日本列岛上的原始小国群或联合或吞并。1世纪中叶以后,逐渐形成了势力相对较强的地域国家。从考古发掘来看,势力相对较强的地域国家主要有九州北部的邪马台国和畿内的"原大和国"。其他地区,以岛根县为中心的出云国应该也是地域国家。门胁祯二对地域国家定义如下:(1)地域国家的领域以广阔的冲积平原为中心,沿河流和交通要道聚集着许多农业共同体;(2)地域国家的国王凌驾于各共同体之上,领导地域内的土木、灌溉等重大工程,提高地域生产力,开展独立的外交活动;(3)建立统治国家的官僚群体和武士集团,农民向国家缴纳税物;(4)为维护统治体制,制定了适用于各共同体的法律。地域国家已经是进行阶级统治的国家权力①。

地域国家形成后,日本历史的发展迈入了一个崭新的阶段。

---

① 门胁祯二:《日本古代政治史论》,塙书房1981年版。

第二章

邪马台国的成立时间与所在地

第一节　邪马台国的成立时间

大多数历史学家认为,邪马台国的成立时间是2世纪末或3世纪初。但我认为可以追溯到1世纪,大约是1世纪末或2世纪初。从考古学的角度来看,大概相当于弥生中期的后半阶段或弥生晚期之初;从文献学的角度来分析,相当于东汉中期。后面论述弥生中晚期九州北部的文化特质时,我会再详细介绍这一观点的考古发掘依据,这里不做展开。在此我主要从文献记载的角度探讨邪马台国的成立时间。首先我想从中国史籍记载的资料入手。

> 桓、灵间,倭国大乱,更相攻伐,历年无主。有一女子名曰卑弥呼。……于是共立为王。(《后汉书·倭传》)
>
> 灵帝光和中,其国乱,递相攻伐,历年无主。有女子名卑弥呼……国人共立为王。(《北史·倭传》)
>
> 其国本亦以男子为王,住七八十年,倭国乱,相攻伐历年,乃共立一女子为王,名曰卑弥呼。(《魏书·倭人传》[①])

基于以上3则文献资料,可以得出以下结论:(1)根据《魏书·倭人传》可知,在女王卑弥呼以前,"本亦以男子为王,住七八十年",也就是说邪马台国的第一代君主是男王,其统治时间长达七八十年。文中记载的"住"在汉语中的意思是"统

---

① 《魏书·倭人传》,全称《三国志·魏书·乌丸鲜卑东夷传·倭》,为方便叙述,本书统一简称为《魏书·倭人传》。

治"。（2）根据《后汉书·倭传》可知，女王卑弥呼统治期间，正值中国东汉的桓帝和灵帝在位。桓帝在位期间是146—167年，灵帝在位期间是168—189年。（3）《北史·倭传》则给出了卑弥呼即位更加具体的时间——东汉灵帝光和年间。"光和"是灵帝的年号，对应的是178—184年。因此，卑弥呼即位的时间也就是2世纪70年代或80年代前后，以卑弥呼即位时间为基准，加上前一代男王的统治时间并进行倒推，应该就是邪马台国的成立时间。如果以2世纪70年代前后为基准，追溯到七八十年前，就是1世纪末或2世纪初。

如果这一假设成立，我认为《后汉书·倭传》中记载的东汉安帝永初元年（107年），向汉王朝进献女奴的倭国大概就是早期的邪马台国，国王帅升就是卑弥呼之前的第一代男王。关于永初元年进献女奴一事，《后汉书·倭传》中有如下记载：

> 安帝永初元年，倭国王帅升等献生口百六十人，愿请见。

这里有2个问题：一是既然帅升是邪马台国的第一代男王，那么为何史料中还要在"帅升"之后加上带有复数意义的"等"字呢？二是史料中"倭国王"3个字为何在北宋版《通典》中写作"倭面土国王"呢？

许多学者认为，《后汉书·倭传》记载的"帅升等"的复数形式，反映了倭国是一个联合政权。[①]但我认为这是出于外交的需要，而并非倭国内部政权形式的反映。前面我们已经讲到东汉光武帝赐予倭奴国国王金印紫绶。倭奴国在东汉王朝的外交战略上有着重要地位。帅升统一九州北部地区以后，面临的一个严峻问题就是如何巩固自己的统治，让被统一的各国臣服于自己的领导。为此他采取了以下措施：对内依然保留发誓效忠于他的原国王（如伊都国王）的名号，以笼络人心；对外加快与东汉的交往，试图借用与东汉的关系来增强自身的威信。但是，东汉王朝依然信任原倭奴国国王。用现在的话说就是，原倭奴国国王是老朋友，帅升是新朋友。帅升为了尽快取得东汉的信任，毅然选择了与原各国国王联名向东汉进贡。这一举措收效显著，帅升很快就得到了东汉的信任。这就是《后汉书·倭传》记载"倭国王帅升等"的缘由。

日本学者也讨论过"倭国王"和"倭面土国王"的不同记载。最先研究这个问题的学者是内藤湖南，他认为"倭面土"应当读作"yamato"，指的是大和国统一后的日本。白鸟库吉认为，"面土国"的"面"字与"回"的古文字相似，"面土国"应该是"回土（eto）国"，后变为"怡土（ito）国"。桥本增吉认为，从日语古音韵的角度来

---

① 森克己、沼田次郎编：《体系日本史丛书5：对外关系史》，山川出版社1978年版。

分析,"面土国"与"梅豆罗(mezura)"的发音接近,应读作"末卢国(mastura)"。之后学者们的意见也大多不出上述几种观点的范围。为便于分析,我们将有关"倭面土国"的不同记载列举如下:

    A."倭国王帅升等"(《后汉书·倭传》)

    B."倭面土国王师升"(《通典》)

    C."倭面上国王师升"(《翰苑》)

    D."倭面土地师升"(《唐类函·倭国》)

    E."倭面国"(《释日本纪》)

从以上各例来看,(1)"倭"字都相同;(2)资料A的"国"字在资料B、C、D、E中都换成了"面"字;(3)资料A的"王"字在资料B、D中改成了"土"字,在资料C中改成了"上"字;(4)资料A的"帅升"在资料B、C、D中都写作"师升"。"帅"与"师"在字形上十分相似,写成错别字问题倒不是很大,最大的问题是(2)和(3)两项。为究明原因,我们首先来看"国""面""王""土""上"的古文字字形。

从上面的字形来看,中国古代汉字中"国"与"面"的字形十分相似,"王"、"土"和"上"的字形也同样十分接近。因此可以得出以下结论:"面"是"国"的错别字,"土"是"王"的错别字,"上"是"土"的错别字。中国古代书籍印刷时,雕刻者会依据作者的手稿进行雕刻,因字形相近而雕刻错误的事时有发生。我认为这是雕刻者的失误,《后汉书》中的"倭国王"才是正确的写法。同样的记载不仅见于《后汉书·倭传》,在《后汉书·安帝本纪》中也有"倭国遣使奉献"的记载[①],在此之后的《隋书》和《北史》也都采用了《后汉书》的记载,称东汉安帝时前来朝贡的日本列岛上的国家为"倭奴国",而不是"倭面土国"。

第二节　邪马台国的所在地

一、日本学者几百年来的争论

关于邪马台国所在地的争论,若从明治维新开始算,已经持续了百余年;若

[①]《后汉书·安帝本纪》,永初元年冬十月。

从江户时代后期开始算起,则已经持续了200余年。实际上,九州说与大和说的对立最早可以追溯到15世纪中叶。最早提出邪马台国在九州的人是禅僧周凤,他在《善邻国宝记》一书中阐述了九州说的观点。1688年,松下见林在《异称日本传》中提出邪马台国在大和的观点。这就是邪马台国所在地争论的源头。

江户时代,儒学家新井白石和国学家本居宣长分别作为2种观点的代表人物展开了论争。1718年,新井白石出版了《古史通或问》。该书在充分肯定《魏书·倭人传》的史料价值的前提下,对邪马台国的里程和道路进行仔细的推量后,提出了邪马台国位于大和的观点。但是,之后新井白石又改变看法,认为邪马台国在九州筑后国的山门郡。而本居宣长则从皇国史观的视角出发,极力否定《魏书·倭人传》的史料价值。他认为往来于魏的使臣是九州的熊袭酋长派出的假的邪马台国使者;真正的邪马台国在大和,而卑弥呼就是神功皇后。新井白石与本居宣长观点的对立就是九州说与大和说争论之嚆矢。

明治维新以后,受西洋史学理论的影响,邪马台国研究也迎来了新局面。1878年,那珂通世从考据学的角度推断神功皇后比卑弥呼约晚120多年,否定了神功皇后就是卑弥呼的观点。因此,邪马台国也不可能在大和。[1]那珂通世的观点引起了广泛的争议,有反对者也有支持者。尽管这场争论没有得到任何结果,但是大多数人还是倾向于神功皇后不是卑弥呼的观点,这一点还是值得肯定的。

20世纪初,论争进一步加剧。1910年,白鸟库吉和内藤湖南分别发表了《倭女王卑弥呼考》和《卑弥呼考》。2篇论文针锋相对,观点相悖。白鸟库吉以《魏书·倭人传》的记载为依据,认为从里程上看,带方郡到邪马台国是12000多里,到不弥国是10700多里,因此从不弥国到邪马台国只有1300多里,换算成日本的距离,只不过几十日里,还没到近畿。由此他认为,邪马台国的位置在不弥国的南面,从不弥国到女王国走的是内海航线,邪马台国位于九州北部。[2]内藤湖南则从《魏书·倭人传》中记载的道路方向上进行探究。中国古籍中经常将东与南、西与北混淆,因此他将"南至投马国"的"南"换为"东",即邪马台国位于投马国的东面。从投马国到邪马台国行水路需1日,行陆路需1个月也并非荒谬。在当时的条件下,只有近畿地区能找到拥有7万多户的大国。因此,他认为邪马台国在大和。[3]白鸟库吉和内藤湖南在邪马台国所在地这一问题上观点完全对立。但是,

---

① 佐伯有清:《研究史邪马台国》,吉川弘文馆1971年版。

② 白鸟库吉:《倭女王卑弥呼考》,三品彰英编著:《邪马台国研究总览》,创元社1970年版。

③ 内藤虎次郎:《卑弥呼考》,三品彰英编著:《邪马台国研究总览》,创元社1970年版。

在神功皇后并非卑弥呼这一点上又是一致的。

继白鸟库吉与内藤湖南的论争之后是桥本增吉与山田孝雄的争论。桥本增吉批判了内藤湖南的观点,他指出内藤湖南随便找一个近畿地区的同音地名来确定邪马台国所属各国的位置是不科学的,因为类似的地名在其他地方也能找到。他认为邪马台国不在大和,而是位于九州的筑后国山门郡。[①]赞同内藤湖南观点的山田孝雄则认为邪马台国和狗奴国在本州,而不是九州。[②]

20世纪20年代初,日本的考古学家也参与邪马台国问题的讨论,打破了单一的文献资料的局限性,讨论的视野更加广阔,考古资料补充了文献资料的不足。1920年,考古学家富冈谦藏发表了《再论日本出土的中国镜》,根据畿内古坟中出土的铜镜,提出当时日本的文化中心在大和而非九州。第二年,梅原末治出版了《佐味田及新山古坟研究》一书,旗帜鲜明地提出"邪马台就是大和"的观点。1922年,高桥健自发表了论文《从考古学上看邪马台国》,认为邪马台国所在地既是政治中心又是文化中心,并且还是一个容易受到中国文化影响的地方,具备以上条件的地区并不是九州,而是大和[③]。此后,《考古学杂志》相继发表了不少相关文章,推动了对邪马台国问题更深层次的研究。

"二战"结束后,邪马台国问题又引起了激烈讨论。讨论范围已经不仅仅局限于地理位置、方向和日程,还延伸到邪马台国的社会特质和阶级状况。在社会形态方面的讨论中,做出重要贡献的有藤间生大、石母田正、井上光贞、北山茂夫、上田正昭、直木孝次郎、山尾幸久等学者。以上诸位学者的观点大致可以总结如下。(1)藤间生大认为,弥生中期,尽管部分地区已经出现身份差别,但总体而言原始公社仍然占据主导地位,卑弥呼是受互相联合的各部落首长制约的统治者[④];直木孝次郎认为邪马台国是一个弱小的联合体[⑤];井上光贞认为邪马台国是拥有自主权的诸小国的联合体,如果没有这些小国联合的政治支持,就无法保障政治上的稳定[⑥]。(2)石母田正认为,3世纪时邪马台国显然已经存在阶级差别,

---

① 桥本增吉:《论邪马台国和卑弥呼》,三品彰英编著:《邪马台国研究总览》,创元社1970年版。

② 山田孝雄:《狗奴国考》,三品彰英编著:《邪马台国研究总览》,创元社1970年版。

③ 高桥健自:《从考古学上看邪马台国》,《考古学杂志》1925年第12卷第5期。

④ 藤间生大:《被埋没的金印——女王卑弥呼与日本的黎明》,岩波书店1950年版。

⑤ 直木孝次郎:《国家的产生》,家永三郎等编:《岩波讲座日本历史1》,岩波书店1962年版。

⑥ 井上光贞:《日本国家的起源》,岩波书店1960年版。

有刑罚、租税和统治机构,因此可以把它看作国家政权的雏形①。(3)北山茂夫认为邪马台国的政治形态处于向奴隶制度发展的转型期②;上田正昭指出邪马台国与其属国的关系绝不只是松散的联合或单纯的部落联盟,而是以阶级关系为前提的阶级社会③。

"二战"后,关于邪马台国地理位置的理论著作有很多,大部分都没有跳出此前的大和说和九州说。然而,许多学者都在各自不同的领域内加深了研究,这一点尤其值得关注,如小林行雄、室贺信夫、榎一雄等。小林行雄根据从古坟中发掘出的三角缘神兽镜的研究,探讨了铜镜的传世与同范镜的关系。他发现这些铜镜主要集中在畿内大和地区,而且从全国各地的古坟中发掘出的同范镜都与京都椿井大冢山古坟出土的铜镜密切相关,因此他认为邪马台国位于大和,而非九州。④室贺信夫从地理学的角度出发,指出中国古代地图对日本列岛的地形方位及排列有误,论证了邪马台国位于大和。榎一雄在对《魏书·倭人传》进行深入研究的基础上,详细论述了从带方郡到邪马台国的方向和里程。他认为迄今为止对倭奴国及其他各国用直线相连的做法,实际上是对《魏书·倭人传》原文的误解,正确的理解应该是从伊都国到倭奴国、不弥国、投马国、邪马台国,都以伊都国为起点。⑤

几百年来,尽管关于邪马台国所在地的争论逐渐深入而细致,但由于拘泥于《魏书·倭人传》中的文字记载,加上学者间观点相左,一直未能得出一个统一的结论。实际上,我认为如果学者们仍拘守于《魏书·倭人传》中的记载,即便再讨论200年,九州说和大和说对立的情形仍会持续。"二战"以后,日本的考古学取得了飞速发展,出土了大量考古学文物。虽然考古学者们利用发掘出的丰富文物参与邪马台国问题的讨论,但不可否认,他们依然存在试图用考古学资料来解释《魏书·倭人传》的倾向。这样一来,非但没能解决问题,反而还使问题复杂化了。

二、中国学者的邪马台国争论

日本学者关于邪马台国的所在地争论了几百年,而中国学者对这一问题的

---

① 石母田正:《邪马台国的时代》,家永三郎等编:《岩波讲座日本历史1》,岩波书店1962年版。

② 北山茂夫:《民族的心——英雄时代与今日》,《改造》1953年第12期,第83—92页。

③ 上田正昭:《大和王权的历史考察》,《日本史研究》1954年第21期,第2—13页;上田正昭:《邪马台国问题的再探讨》,《日本史研究》1958年第39期,第1—36页。

④ 小林行雄:《关于邪马台国的所在论》,《历史学》1952年第4期,第1—10页;小林行雄:《古坟文化的形成》,家永三郎等编:《岩波讲座日本历史1》,岩波书店1962年版。

⑤ 榎一雄:《邪马台国》,至文堂1978年版。

讨论,严格来说自1980年"中国日本史学会"成立才开始。1949年以前,中国也有关于日本历史与现状的文章和著作,其中大多数也提到了邪马台国,但都非常简单,算不上研究。除黄遵宪在《日本国志》中提到"邪马台即大和的音译"①外,其他的作品大多只是介绍日本学者的观点。

自20世纪80年代起,邪马台国问题在中国史学界引起了广泛关注,不少人都在研究。中国学者不仅在国内展开讨论,还与日本学者共同研究。1981年,东北师范大学日本研究所所长邹有恒发表了《古代日本"邪马台国"所在地争论浅见》一文,指出日本史学界对邪马台国所在地的研究一直处于停滞状态,基于文献的研究已经达到顶峰,很难再有突破。他对邪马台国所在地争论的发展趋势有以下3点思考:(1)九州说与畿内大和说都有一定的可靠性,真正的邪马台国在畿内大和,假的邪马台国在九州;(2)邪马台国既不在九州,也不在大和。如果在本州的中国地区②发现了类似邪马台国的遗址,那么邪马台国也有可能在中国地区;(3)若2种学说任选其一,则邪马台国必定不在九州而在大和,这也是当今日本学界和中国日本史学界的主流观点。③

1982年,中国社会科学院世界史研究所汪向荣研究员出版了《邪马台国》一书。这是中国学者系统研究邪马台国的最早的学术专著。该书用了近一半篇幅介绍日本学界的争论史和日本学者的研究成果。

《邪马台国》一书最值得推崇的地方是最早提出了从生产发展水平的角度探索邪马台国所在地的观点。汪向荣对九州与大和地区在弥生晚期的生产力水平做了比较,他认为生产力水平高的地方就是政治、文化的中心,也就是邪马台国的所在地。他还认为铜铎的生产反映了这一时期日本列岛上最先进地区的生产力发展状况,出土数量最多、铸型(镕范)集中的地区是当时日本列岛上文化最先进的地区,应该也是经济与生产技术最发达的地区。从这个角度可以推断邪马台国在畿内大和,而非九州。④然而汪向荣这一观点的致命缺点是,在他认为畿内是铜铎生产的中心时,九州北部发掘出土了早期铜铎的铸型。这样一来,他的观点就面临着严峻挑战。

---

① 黄遵宪:《日本国志·邻交志》。
② 日本一个区域概念,包含冈山、广岛、山口、岛根、鸟取5县。本书涉及日本的中国地区时,皆指该意。
③ 邹有恒:《古代日本"邪马台国"所在地争论浅见》,《外国问题研究》1981年第2期,第1—6、13页。
④ 汪向荣:《邪马台国》,中国社会科学出版社1982年版。

　　汪向荣的著作出版后,中国学者中也有持不同意见的人。中国日本史学会会长、南开大学历史研究所所长吴廷璆认为,要想确定邪马台国的地理位置,不应该只看生产力水平。他在综合考虑《魏书》所书的年代与古坟时代的时间差,考古发掘出的金印、铜铎、铜镜及镕范,特别是生产关系的基础上,认为邪马台国应该位于生产力水平不发达,但容易接受大陆文化、阶级矛盾与阶级斗争又非常尖锐的九州地区。他认为通常弥生晚期已经具备早期国家形成的充分条件。①

　　中国社会科学院考古研究所所长王仲殊对三角缘神兽镜的研究成果,对提升邪马台国问题研究的深度起到了不可忽视的作用。王仲殊的主要观点如下:(1)日本国内发掘出的三角缘神兽镜,无论是在中国北方的黄河流域还是南方的长江流域,任何年代的工匠都没有铸造过。(2)东汉中期至三国时期,中国流行的神兽镜都是平缘的,将各种平缘神兽镜与三角缘神兽镜相比,可以发现除缘部不同外,形状与纹饰等方面也有许多显著区别。镜子内侧的神像和兽形都非常相似,这只能证明日本的三角缘神兽镜是参考了中国的平缘神兽镜设计而成的。(3)中国的平缘神兽镜一直是长江流域生产的,而非黄河流域,因此三国时期流行的平缘神兽镜是吴镜,而不是魏镜。这种铜镜的出土地方都在长江以南地区,如江苏、浙江、安徽、江西、湖北、湖南、福建、广东、广西等地。(4)三国时期的各种画像镜与日本的三角缘神兽镜相似,主要标识是缘部断面都呈三角形,内侧和外侧呈车马形状,外侧的纹带十分相似。这表明日本的三角缘神兽镜是参考了中国的平缘神兽镜或三角缘画像镜制作而成的。(5)三角缘神兽镜是吴国工匠渡日后在日本制作的。这种铜镜虽然具备吴镜的风格,但具体的形状和纹饰有所不同,甚至与魏镜等其他任何中国的铜镜都不同。(6)三角缘神兽镜不是魏国赠予邪马台国卑弥呼的铜镜,那么魏国赠予的百枚铜镜究竟是怎样的镜子呢?经考古发掘证明是魏晋时期中国北方流行的方格规矩镜、内行花纹镜、兽首镜、夔凤镜、盘龙镜、双头龙凤纹镜、"位至三公"镜等。因此,魏国赠予邪马台国的铜镜并没有超出上述铜镜的范围。实际上,除双头龙凤纹镜外,上述各种铜镜在日本都有发现。②王仲殊的观点对邪马台国九州说十分有利。

① 吴廷璆:《日本古代国家形成的决定因素问题》,杨正光等编:《中日文化与交流》第一辑,中国展望出版社1984年版,第1—3页。

② 王仲殊:《关于日本三角缘神兽镜的问题》,《考古》1981年第4期,第346—358、395—396页;王仲殊:《关于日本的三角缘佛兽镜——答西田守夫先生》,《考古》1982年第6期,第630—639、683—684页;王仲殊:《日本三角缘神兽镜综论》,《考古》1984年第5期,第468—479、487—488页。

1980年以来,我也发表过几篇相关论文,如《从〈魏书·倭人传〉看邪马台国的社会性质》《曹魏与邪马台国的关系浅析》《邪马台国的若干问题》等,还出版了《简明日本古代史》一书,论述了邪马台国的地理位置、成立时间、社会构造和对外关系,提出了弥生时代中晚期日本列岛文化发展的多元论,认为九州北部和畿内地区的发展程度非常接近。

三、弥生中晚期九州北部的文化特质

1984年6月,我在贺川光夫和佐贺县文化课课长助理高岛忠平的带领下,参观了唐津·名护屋史迹。站在蜿蜒的唐津·名护屋附近的海岸边远眺北方,低低的水平线尽头隐约可见一个岛,那就是壹岐。贺川光夫和高岛忠平告诉我,从壹岐向北眺望,可以看见对马。从对马北端再向北眺望,可以看到朝鲜半岛。我站在海边眺望了片刻,脑海中浮现出《魏书·倭人传》里的记载,魏国的使臣大概就是从这里进入日本本土的。

古代的九州北部利用离大陆较近的地理优势,最早受到大陆文化的影响。绳纹晚期,稻作农耕开始兴起,长期以来的捕鱼和采集经济迅速被农耕经济取代。大量考古发掘结果证明,进入弥生时代以后,九州北部地区成为日本稻作文化的发祥地,其稻作文化已经相当发达,在全国各地传播开来。稻作文化的发展为社会提供了丰富的维持生命的食物,继而促进了手工业的发展,而手工业的发展又促进了社会经济的繁荣。

有中国学者为了说明邪马台国在畿内大和,将弥生中晚期的九州北部视为生产力落后的地区。[1]我认为这种观点有失公允。生产力是什么?生产力指的是人类征服、改造自然的能力。它由2个要素组成:一是有生产技能和生产经验的劳动者,二是以生产工具为主体的劳动资料。从考古资料来看,弥生中晚期的九州北部与日本其他地区相比,上述要素仍然处于领先地位。

还有人认为九州北部的生产力落后,大多数文物都是当时从中国或朝鲜半岛传来的舶来品,尽管其中也有一些仿造品,但像畿内地区大量出土的铜铎那样完全由自己制造的独特物品非常少。[2]九州北部的弥生文化是否真的没有独创性呢?事实并非如此,九州北部与弥生中晚期的畿内一样,在吸收大陆文化的基础上,创造性地发展自身独特的文化。弥生中晚期九州北部的文化特质主要表

---

① 汪向荣:《邪马台国》,中国社会科学出版社1982年版。
② 汪向荣:《邪马台国》,中国社会科学出版社1982年版。

现在以下4个方面。

第一,由于耕地的扩大和生产工具的进步,以家庭为单位的个人劳动取代了集体劳动。这种个人劳动的出现一方面是随着生产力的发展,对劳动形式变革提出了要求;另一方面也反映出随着人们的生产经验变得丰富,一个家庭拥有了可以防御自然灾害、管理水利设施的能力。

日本福冈县的考古学家在三云地区进行了全面发掘,发现了大量弥生中晚期的住居遗址。在三云地区的番上、仲田、サキゾノ(sakizono)、加贺石等地发掘出了18处弥生中期的住居遗址、38处弥生晚期的住居遗址。从出土的文物来看,在18处中期遗址中,2处有铁器,14处有石制农具,18处有陶器;在38处晚期遗址中,20处有铁器,20处有石制农具,35处有陶器(见表3-1)。这样看来,弥生中期以后三云地区的大部分农户是独立的,并且都拥有农具。虽然弥生中期已经有了铁器的应用,但石制农具仍然占主导地位;到弥生中期末,铁器才逐渐演变成主要的生产工具。在弥生晚期的住居遗址中我们发现,有的农户拥有的生产工具十分丰富,既有铁器农具,又有石制农具。有的不仅有生产工具,还有铁制、石制武器。这些都表明当时盛行以家庭为单位的个人劳动。

表3-1 三云地区住居遗址发掘情况

单位:处

时期	遗址地	陶器	石制农具	石制武器	石(陶)制纺锤车	玉	铁器
弥生中期	番上(8)	8	5	2	2	0	1
	仲田(3)	3	2	0	1	0	0
	サキゾノ(2)	2	2	0	1	0	1
	加贺石(5)	5	5	2	3	0	0
弥生晚期	番上(9)	9	8	5	5	0	8
	仲田(18)	16	9	0	5	7	5
	サキゾノ(10)	9	3	1	5	5	6
	加贺石(1)	1	0	1	0	1	1

注:本表由笔者根据柳田康雄《三云遗址1》(福冈县教育委员会1980年版)、柳田康雄等《三云遗址2》(福冈县教育委员会1981年版)、柳田康雄《三云遗址3》(福冈县教育委员会1983年版)制作而成。

第二,铁制生产工具的使用在当时的日本最具优越性。这一点从弥生时代的铁器出土情况就能明显看出(见表3-2)。日本全国发现了203处有铁器的遗址,出土了542件铁器文物。其中九州地区有110处遗址,344件铁器文物,占遗址总数的54%,占发掘出的铁器文物总数的63%。其中明显属于弥生中晚期的铁器,九州地区发掘出了275件,畿内地区发掘出了71件,中国地区发掘出了20件[1],九州地区的发掘数量大约是畿内地区的4倍,而且从形态上来看,九州地区的铁器也远比畿内地区的先进。九州地区出土的铁制工具有55件,畿内27件;九州地区出土的铁制农具有39件,畿内0件;九州地区出土的铁制武器有131件,畿内23件[2](见表3-3)。弥生中晚期,九州的弥生人已经完全掌握了铁制工具的使用方法,这怎能说九州地区的生产力落后呢?

表3-2 弥生时代不同时期的铁器出土情况

地区	早期		中期		晚期		不明		合计	
	遗址数/个	铁器数/件	遗址数/个	铁器数/件	遗址数/个	铁器数/件	遗址数/个	铁器数/件	遗址数/个	铁器数/件
东北	0	0	1	1	0	0	1	1	2	2
关东	0	0	7	8	12	15	1	2	20	25
中部	0	0	1	3	15	25	2	5	18	33
畿内	2	5	4	6	16	65	2	4	24	80
中国	2	7	4	5	9	15	6	13	21	40
四国	0	0	2	11	5	6	1	1	8	18
九州	2	3	33	157	39	118	36	66	110	344
合计	6	15	52	191	96	244	49	92	203	542

表3-3 弥生时代出土的铁器的形态分类

单位:件

地区	工具					农具		渔具		武器				其他			合计
	斧	铇	刀子	凿	錾	锄	镰	铦	钓针	剑	刀	戈	矛	镞	钏	钉	铁片	
东北	1	0	0	0	0	0	0	1	0	0	0	0	0	0	0	0	0	2

① 洼田藏郎:《铁的考古学》,雄山阁1979年版。
② 洼田藏郎:《铁的考古学》,雄山阁1979年版。

续　表

地区	工具					农具		渔具		武器					其他			合计
	斧	铔	刀子	凿	錾	锄	镰	铦	钓针	剑	刀	戈	矛	镞	铋	钉	铁片	
关东	3	1	1	0	0	0	0	1	1	0	1	0	0	3	0	1	13	25
中部	2	6	1	0	0	0	0	0	0	2	0	0	0	7	1	0	14	33
畿内	2	10	6	4	5	0	0	0	1	1	0	0	0	22	1	3	25	80
中国	3	4	6	0	0	0	0	0	1	0	0	0	0	7	0	2	17	40
四国	1	2	1	0	1	1	0	0	0	1	0	0	0	6	0	0	5	18
九州	20	17	18	0	0	17	22	2	2	51	10	10	9	51	7	62	46	344
合计	32	40	33	4	6	18	22	4	5	55	11	10	9	96	9	68	120	542

第三，冶炼技术有所提高。冶炼技术分为2个方面：一是铁的冶炼和铁器的制造，二是铜的冶炼和铜器的制造。铁的冶炼技术究竟始于何时，学界对此有不同的看法。20世纪六七十年代，在长崎县南高来郡有明町大三东小原下的绳纹晚期遗址、南高来郡国见町筏的绳纹晚期遗址中发现了铁镞和刃物残片状铁器，特别是在小原下遗址中还发现了炉子般的遗构。遗构长约1.5米，宽40—50厘米，周围散落着铁渣，似乎绳纹晚期就已经有了制铁技术。[①]就绳纹晚期是否已经有制铁技术这一问题，因资料不足，尚难以做出推断，但毫无疑问弥生中期以后已经有铁的冶炼和铁器制造。长崎县壹岐郡胜本町（原鲸伏村）香良加美和芦边町原之辻的弥生中晚期遗址中，不仅发现了铁制的锄、锹、镰、斧、铔、刀子、镞、铦、钓针等铁器，还出土了长方形的铁板片原材料。[②]大分县下城的弥生早期至中期的文物中，除铁镰、锹形铁器、尖状铁器、纺锤形铁器、钉形铁器外，还发现了大量铁渣。研究结果表明，出土的铁器含碳量相当高，属于铸造品，而下城遗址是制铁遗址。[③]中山平次郎曾在福冈县糸岛郡志摩村御床字松原弥生中期的沙丘遗址中，发现了铁的残片、木炭、炉灰和铁渣。[④]森贞次郎指出，这种火炉痕迹

① 洼田藏郎：《铁的考古学》，雄山阁1979年版。
② 森贞次郎：《九州的古代文化》，六兴出版社1983年版。
③ 贺川光夫：《关于丰后国下城弥生式遗迹中铁器遗物编年的考察》，《大分县地方史》1954年第1—2期，第20—30页。
④ 中山平次郎：《关于九州北部的史前原史两时代中间期间的遗物》，《考古学杂志》1917年第1期，第667—700页。

尽管尚不清楚,但九州北部北海岸的沙丘地带是表层风化土中析出的砂铁矿床,以此作为原料,可以进行季节性的制铁生产,以弥补进口的短缺。[1]此外,在熊本县下前原遗址也发现了铁渣,在福冈县发现的弥生时期的制铁遗址有60多处。可见,当时人们已经掌握了原始的炼铁技术。人们会选择晴朗的天气,在木柴上堆积砂铁,再在砂铁上堆积木柴,通过自然通风,使之燃烧好几天,这样就做成了粗糙的铁块。将其从砂中取出后,再在火上加热,反复用锤子锤打以剔除杂质、充分吸收碳元素,如此铁具就制成了。

我们再谈谈铜器的制造吧。日本大概在弥生早期开始使用铜器,它们大部分来自中国。弥生中期过半时,日本也开始生产铜剑、铜矛、铜铎、铜钏等。在九州地区发掘出的铜器中,既有从汉朝传来的铜镜,也有大量从汉朝传来的器具,以及模仿这些器具制成的青铜剑、矛、戈等武器。这些青铜兵器在形态上大体可分为4种,即细形、中细形、中宽形和宽形。九州地区发现的青铜器遗址大约有280处,文物多达600件。其中,出土细形和中细形青铜器的遗址约120处,文物约180件;出土中宽形和宽形青铜器的遗址约160处,文物约400件。[2]遗址涉及九州中部、东部和南部地区,属九州北部最为集中。

铜制利器的制造与传播大概与弥生中晚期人们的信仰有关。中国自秦汉至魏晋南北朝时期,道教盛行。该宗教主要宣扬长生不老和死后升天的思想。道教在进行祈祷和祭祀仪式时,有祭祀者舞剑之类的场面。人人都有祈求长生不老的心理。大概在弥生时代与中国来往的过程中,祭祀仪式和工具传到了日本——虽然道教并未作为宗教传入日本。这种祭祀仪式和工具的传播并非只停留在统治者之间,还涉及普通民众。随着祭祀仪式的传播,作为祭祀工具的铜剑、铜戈、铜矛等的需求量大增,仅仅依靠从大陆输入已无法满足需求,于是人们开始在日本制作仿制品。如表3-4所示,在九州和畿内发掘出土的铜器铸型(镕范)总计116件,其中九州北部有79件,占总数的68%;畿内只有37件,占总数的32%。从铜器的形态进行统计,九州北部的铜剑铸型占87.5%,畿内占12.5%;九州北部的铜戈铸型占87%,畿内占13%;铜矛铸型100%都在九州北部;九州北部的铜铎铸型占19.5%,畿内占80.5%;其他铜器则100%全都在九州北部。由此可明显看出,畿内地区只在铜铎的数量上占优势,而其他铜器都是九州北部领先。

---

[1] 森贞次郎:《九州的古代文化》,六兴出版社1983年版。

[2] 森贞次郎:《武器》,和岛诚一编:《日本的考古学3:弥生时代》,河出书房新社1966年版,第289—299页。

表3-4　九州北部和畿内的铜器铸型出土数量

单位:件

地区	铜剑	铜戈	铜矛	铜铎	其他	合计
九州北部	7	20	31	8	13	79
畿内	1	3	0	33	0	37
合计	8	23	31	41	13	116

注:本表由笔者根据中村茂夫《弥生时代手工业的实际情况——特别从北部九州的石器生产来看》(《考古学研究》1980年第27卷第1期,第81—88页)制作而成。

值得一提的是,在九州北部发现铜铎铸型具有重要意义。以前曾有学者以铜铎及其铸型主要出土于畿内地区为依据,否定九州北部地区生产力的先进性。但自1980年以来,在九州北部的佐贺县安永田遗址和福冈县赤穗浦遗址等地相继发现了铜铎铸型,表明弥生中晚期的九州北部与畿内地区在铜器的生产水平方面不相上下。经调查表明,安永田遗址是冶炼青铜器的村落。[1]在发现铜铎铸型的住居遗址中还发现了砥石、炭化物和烧土,地面呈红褐色,这可能是铸造工棚。在出土了铜铎铸型的住居遗址附近及其他住居遗址中,还发现了铜矛铸型、鞴羽口片、火炉痕迹和铁渣,不少遗址中还发现了大量烧土和炭化物,经化学分析,部分烧土中含有铜。[2]

出土青铜器铸型的弥生时代中晚期的住居遗址,不止安永田遗址这一处,在其他诸如福冈县的板付、大南、大谷、赤井手、冈本等遗址中也都有发现。除生产青铜器的住居遗址外,在九州北部还发现了生产其他生产工具的住居遗址及其文物。例如,福冈县三云遗址仲田地区的18号和21号住居遗址,集中出土了玻璃制的小玉。此处应该是以附近的水晶原石为原料的工棚。[3]在石器制造方面,除前面提到的石刀的专业制作外,也包括石斧。使用福冈县今山的玄武岩制成的粗型蛤刃石斧,广泛分布于糸岛平原、福冈平原,以及大分、佐贺、熊本3个县的

① 高岛忠平:《共同讨论——铜铎与邪马台国的时代》,松本清张编:《铜铎和女王国的时代》,日本放送出版协会1983年版。
② 藤濑祯博:《安永田遗址的铜铎铸型》,松本清张编:《铜铎和女王国的时代》,日本放送出版协会1983年版。
③ 柳田康雄:《三云遗址2》,福冈县教育委员会1981年版。

部分地区,各地也都有陶器的制作遗址。①

第四,生产方式发生明显变化。要想说明一个地区或一个国家是先进还是落后,只强调生产力是不够的,还必须看生产方式的发展程度。生产方式是指社会生活所必需的物质资料的获取方式。它由两部分组成,一是生产力,二是生产关系。前面已经对生产力的发展做过论述,那么生产关系是否发生了变化呢?如果生产力发展了,生产关系却没有发生根本性变化,社会发展停滞不前,那么这一地区就称不上先进。

弥生时代九州北部的生产关系确实称不上发生了根本性变化。我在上一章已经具体提及,大约公元前1世纪至公元元年,九州北部广泛出现了许多原生小国,到公元1世纪中叶,分立的"百余国"或联合或被吞并,强者生弱者亡,地域国家逐渐出现。墓制的变化和东汉铜镜的保存与分布便是很好的证明。

弥生时代的墓葬形式大体分为瓮棺墓、土圹墓、箱式石棺、支石墓、配石墓和木棺墓。各种形式的墓一般会混杂存在,同一墓地上呈现多种坟墓形式。九州北部在弥生早期以瓮棺墓为主,中期以后,其他墓葬形式不断出现,但瓮棺墓仍十分兴盛。到了弥生中期末晚期初,墓制开始发生明显变化。瓮棺墓急速衰退,被组合箱式石棺、土圹墓、石盖土圹墓取代。弥生早期,遗体的埋葬方式采用屈葬,弥生中期采用屈肢葬,中期末至晚期初采用伸展葬。②伸展葬的出现表明人们的思想意识从古老巫术的压抑下解放出来,反映出人类在社会中的地位变化。墓制的变化使得墓中的陪葬品也相应地发生了变化。王莽时期和东汉的铜镜取代了西汉镜,而且弥生早期和中期流行的青铜利器也在墓葬中消失不见。③弥生晚期过半以后,九州北部出现了方形周沟墓。在福冈县糸岛郡前原町平原遗址的方形周沟墓中,陪葬的东汉镜约有33面、仿制镜5面,此外还出土了素环头大刀和大量玉器。④该地的方形周沟墓的规模和丰富的陪葬品,一定会让人们联想到《魏书·倭人传》中记载的卑弥呼的墓和魏国赠予卑弥呼的宝物。这种方形周沟墓在九州北部一直到古坟时代早期都有出现。平原上的方形周沟墓埋葬的大

---

① 佐原真:《农耕的开始与阶级社会的形成》,朝尾直弘等编:《岩波讲座日本历史1》,岩波书店1980年版。

② 森贞次郎:《九州的古代文化》,六兴出版社1983年版。

③ 森贞次郎:《九州的古代文化》,六兴出版社1983年版。

④ 原田大六:《实际存在的神话——发掘出来的"平原弥生古坟"》,学生社1977年版;森贞次郎:《九州》,和岛诚一编:《日本的考古学3:弥生时代》,河出书房新社1966年版,第32—80页。

多是统治九州北部的地域国家的王或大臣。

东汉镜片的发掘表明,存在一个制约九州北部的地域国家。据统计,九州各地出土的20多块东汉残破镜片大部分是在箱式棺中发掘出土的,还有一部分来自住居遗址。这些残破镜片有3个特征:(1)打碎镜子后特意磨掉折损部分;(2)分割镜大多是东汉前半期的镜子,部分是王莽时期的方格规矩镜;(3)已经发现的20多块残破镜片分布均匀,大多是一个地方1块。[1]九州北部出土的西汉镜及其分布范围没有超出福冈平原和糸岛平原,但东汉镜片的出土地区有所扩大,东起丰前行桥一带,西至有明海沿岸,多集中于以博多为中心直径50—100千米的范围内,最远的地方直径达150千米。特意分割镜片的习俗大概发生在东汉初期至中期,即弥生中晚期。有意将象征着权威的铜镜进行分割,并规则地分给各地,说明掌握镜片分授权的是当地的最高统治者,接受镜片的则是各地的统治者。地区统治者管辖的是最高统治者领土的一部分,这基本反映了当时的社会状况。

根据贺川光夫的分析,掌握铜镜片分授权的最高统治者是东汉安帝永初元年(107年)向汉朝进献160名女奴的倭国王帅升。[2]这一推论正好与前面讲到的倭国王帅升是邪马台国第一代男王的说法不谋而合。假如这一推论正确,那么镜片的出土地就是邪马台国的所在地,有意分割镜片并授予各地的时间正是早期邪马台国时期。关于邪马台国时代的生产关系,《魏书·倭人传》中已有明确记载,当时日本国内已有明显的阶级差别,被压榨者不仅社会地位低下,还必须缴纳租赋,没有人身自由的女奴、奴婢要承受更加严酷的压榨。关于邪马台国阶级关系的具体情况将在下文详细介绍。

总之,弥生中晚期的九州北部是当时日本国内的先进地区,先进的生产力和与之相适应的生产关系对立统一,为九州北部地域国家的诞生奠定了基础。

四、弥生中晚期畿内与九州北部的文化比较

我虽然强调弥生中晚期九州北部生产力和生产关系发展的先进性,但并没有否定同一时期畿内文化的先进性。下面就畿内文化发展与九州北部文化发展的差异做一番简单论述。

---

[1] 贺川光夫:《北九州外域的东汉镜片的出土背景》,《别府大学学长佐藤义诠先生古稀纪念论文集》,古稀纪念论文集委员会1978年版。

[2] 贺川光夫:《北九州外域的东汉镜片的出土背景》,《别府大学学长佐藤义诠先生古稀纪念论文集》,古稀纪念论文集委员会1978年版。

　　"畿内"一词出自中国的《诗经·商颂》"邦畿千里,维民所止",指的是古代王都及其周围千里以内的地区。日本的畿内地区大体上包括京都、奈良、大阪、兵库等府县。这一地区的弥生文化有自己的特质。从时间上来看,畿内的弥生文化比九州北部起步要晚。畿内的弥生文化在早期受到了经九州北部传来的中国文化的影响,又受到绳纹文化的影响,因此其文化比九州北部更为强大。[①]畿内弥生文化产生与发展的基础必然带来与九州北部的弥生文化不同的特质。佐原真将这不同的特质总结为以下5个方面:祭器的不同、生产文化与墓葬文化的不同、铁器出土数量的不同、墓制的连续性与非连续性的不同、村落的连续性与非连续性的不同。[②]具体而言,畿内祭祀喜用铜铎,而九州北部则爱用青铜利器;畿内坟墓内的陪葬品鲜少,而九州北部的陪葬品则极为奢华;畿内发掘出土的铁器文物数量较少,而九州北部的出土数量则颇丰;畿内的村落极其稳定,从始至终一直存在,而九州北部村落的变化极大;畿内的坟墓形态变化不大,而九州北部的墓制一直处于变化中。

　　畿内文化与九州北部文化的上述不同是基于考古资料得出的结论,不容置疑。问题是如何评价这些不同特质。有人强调畿内文化发展的稳定性,否定九州北部文化发展的变化性,认为畿内文化更先进。也有人正好相反,强调九州北部文化发展的变化性,否定畿内文化发展的稳定性,认为九州北部文化更先进。

　　我认为上述2种看问题的方法都不全面。人类社会的发展错综复杂,不能简单地肯定或否定某一时期社会的变化与稳定,而应该看到变化与稳定是否有利于社会发展。如果社会不停变化,但这种变化并没有促进社会的发展,当然不值得肯定。相反,如果社会稳定,但固守陈规,拒绝吸收新文化,那么这种稳定当然也不被认可。实际上,日本弥生中后期的九州北部和畿内都不属于这2种类型。九州北部的持续变化是不断吸收先进文化的结果,这不仅对九州北部,甚至对整个日本的社会发展都是有利的。畿内地区的稳定性也并非停滞不前,而是在当地固有文化的基础上,消化吸收新的外来文化的结果。虽然它吸收新文化的时间比九州北部略长,但文化基础更牢固。

　　弥生中后期畿内地区的生产力水平达到了什么样的程度呢?我们从当时人们使用的生产工具和掌握的手工业技术水平来寻找答案。

---

① 杉原庄介:《日本农耕社会的形成》,吉川弘文馆1981年版。

② 佐原真:《铜铎与武器形祭器》,松本清张编:《铜铎和女王国的时代》,日本放送出版协会1983年版。

从考古发掘结果来看,整个弥生时代,畿内地区的生产工具大体经历了3个阶段。前期虽然已经在使用铁器,但主要的生产工具仍然是石器和木器。其中木制工具的出土数量非常多,有纺织器具、容器具、日用品器具、木弓、脱谷用的竖杆和农具等。农具种类的多样性证明了低湿地带农耕的发达程度。①中期石器十分兴盛。石器兴盛一时的原因尚不明确,应该与水田面积的扩大、农业的发展和农具需求量大增密切相关。因为铁器农具数量不足,不得不使用石器作为补充。到了晚期,石器开始消失不见,说明铁器已经普及。总体而言,畿内地区发掘出的铁器文物数量远不及九州地区。但是,低湿地带不适合保存铁器,所以发掘数量少并不能说明畿内地区的铁器使用量也少。如东海地区的登吕遗址中几乎没有发现铁器(仅在3-50号遗址中发现了一块小铁片),但是木桩和板桩上都有铁刃的痕迹。兵库县伯母野和大阪府古曽部等弥生中期遗址中发现了錾状的铁器和扁平片刃的铁斧。兵库县会下山、大中、五个山等弥生晚期遗址中也发现了铁制品。特别是会下山遗址中发现了包括铇、凿、斧等在内的20多件铁器。20世纪80年代,在弥生中期以后的遗址中不仅发现了上述铁器,还相继发现了制铁技术的遗址。其中最为重要的一例便是1984年在丹后半岛峰山町扇谷的弥生中期初期遗址中出土铁渣一事。扇谷遗址是一处长880米、宽36米的环濠集落遗址,在遗址中发现了大量陶器、纺锤车、半加工的管玉,由此推测该处为生产农具和生活用具的遗址。铁渣便发掘自这环濠集落遗址,如拳头般大小,长6厘米、宽4厘米,厚3厘米,表面呈凹凸状。经检测鉴定,这是用砂铁原料锻造铁器时产生的铁渣。这说明,在弥生中期初,丹后半岛已经开始采矿并冶炼砂铁了。除扇谷遗址外,在京都府熊野郡函石浜遗址中也发现了铁渣。这些发掘成果说明弥生中期以后,畿内地区与九州北部一样,已经掌握了铁器工具的制造技术。

除铁器的冶炼技术外,畿内地区的生产技术水平还体现在铜器制造上。弥生时代,日本有2个青铜器制造中心:一个是以筑前为中心的九州北部,另一个是畿内地区的大阪湾沿岸。②九州北部主要生产兵器形的青铜祭器,也生产铜铎。大阪湾地区主要生产铜铎,也生产兵器形祭器。在茨木市东奈良、兵库县等地还

---

① 田边昭三、佐原真:《近畿》,和岛诚一编:《日本的考古学3:弥生时代》,河出书房新社1966年版,第108—140页。

② 中村茂夫:《弥生时代手工业的实际情况——特别从北部九州的石器生产来看》,《考古学研究》1980年第27卷第1期,第81—88页。

发现了铜戈等铸型片。[1]如前所述,日本全国范围内发掘出土的铜铎铸型共计41件,其中畿内地区出土33件,占总数的80.5%。若按纹样对铜铎进行分类,可分为横带纹、流水纹、袈裟襷纹和突线带纹;若按钮式进行分类,则可分为菱环钮式、带外缘钮式、扁平钮式、突线钮式。在已经发掘出土的350余件铜铎中,小的高20厘米左右,大的高130厘米左右。[2]若没有一定的技术水平,很难完成这种纹样复杂、大小各异的铜器。这说明当时畿内和九州北部都有相当熟练的铜铎工匠,在工匠数量上,畿内地区比九州北部略多。

除铜铎外,畿内地区还出土了大量三角缘神兽铜镜。这些铜镜的制造大约始于弥生晚期,且多发掘自古坟。关于三角缘神兽铜镜,学界的意见存在很大分歧。有学者认为它们是魏镜,是魏国赠予邪马台国王卑弥呼的礼物[3];也有学者认为日本大量出土的三角缘神兽铜镜在中国一件也不曾发现,因而它们大多是仿制品,是从中国到日本的工匠在日本制作的[4]。中国的考古学家王仲殊也认为这是吴国的工匠在日本制作的。这种铜镜精巧的工艺反映了当时先进的铸造技术水平。铜镜的分布状况说明,至少在弥生晚期末,畿内地区已经有了掌握三角缘神兽铜镜的制作和分授大权的最高统治者。

此外,陶器的生产也反映了弥生中晚期畿内地区生产水平的先进性。弥生中期以后,日本的陶器生产出现了3个不同纹样的地域生产圈:一个是以九州北部为中心的凸带纹陶器文化,一个是以畿内和东濑户内为中心的栉描纹陶器文化,还有一个是东日本的绳目纹陶器文化。其中,绳目纹陶器深受栉描纹陶器的影响,而凸带纹陶器和栉描纹陶器间的差异极多。弥生中期后半期,畿内地区发展起来的栉描纹陶器技术直接对九州东部产生影响;到了弥生晚期,这种影响甚至扩大到九州南部。[5]尤其值得注意的是,一种地方性陶器技术,能影响波及东至东日本、西至九州东部和南部的广大区域。

弥生中晚期畿内地区生产关系的变化可以从以下3个方面进行分析。

---

[1] 佐原真:《农耕的开始与阶级社会的形成》,朝尾直弘等编:《岩波讲座日本历史1》,岩波书店1980年版。

[2] 坂本太郎:《日本史概说》,至文堂1964年版。

[3] 小林行雄:《古镜》,学生社1965年版。

[4] 森浩一:《日本的古代文化——古坟文化的成立与发展诸问题》,石母田正等编:《古代史讲座3:古代文明的形成》,学生社1962年版,第197—226页。

[5] 森贞次郎:《九州的古代文化》,六兴出版社1983年版。

(一)墓制的变化

与九州北部相比,畿内地区在墓制方面不明确的地方较多,但随着考古发掘的进展逐渐变得清晰。弥生时代,畿内地区存在壶棺和土圹墓,壶棺比较集中于弥生中期。[①]方形周沟墓出现于弥生中晚期,墓域内大多埋葬多个土圹,个人墓的情况较为少见。方形周沟墓中的陪葬品不多见,除少量陶器外,几乎找不到贵重的物品。仅凭陪葬品,很难看出当时社会的变化。但若与同时期并存的土圹墓相对比,差别就很明显。大阪府宫前弥生中期遗址中发现了20座方形周沟墓和100座土圹墓。大阪府瓜生堂弥生中期遗址中也发现了方形周沟墓和土圹墓,其间有沟隔开,形成各自的墓群。方形周沟墓是1米高的坟丘,周围有沟,与土圹墓群隔沟相望,显然方形周沟墓主人的社会地位高于土圹墓的墓主人。2个墓群的差异与阶级分化有关。[②]

弥生晚期至古坟早期畿内地区的墓制,大体是从方形周沟墓向方形墓、再向大型前方后圆坟或前方后方坟发展的。[③]方形周沟墓是大型古坟形成过程中不可或缺的阶段,也是古坟的原始阶段。由此可知,它们是古坟的原始阶段时期社会地位较高者的坟墓,反映了当时社会的阶级差异。当时的阶级差异不仅体现在方形周沟墓与土圹墓的区别上,在有些墓制中,坟丘的构造和陪葬品也明显具有特殊性。例如,兵库县尼崎市田能遗址发掘出的17座墓葬中,16号墓出土的陪葬品有铜钏和600多件管玉。[④]兵库县神野遗址的一座坟墓,其墓圹的石墙内发现了铁剑和内行花纹镜。[⑤]在冈山县宫山遗址发掘出的墓群中,有的坟丘用土堆成前方后圆形,坟丘周围还摆放有特殊的器台和陶器等。以上种种现象都反映了社会的尊卑上下之别。

(二)铜铎的生产

如果墓制的变化反映了阶级差异,那么上文提及的铜铎的生产与分布则进

---

① 森浩一、石部正志:《畿内及其周边》,近藤义郎、藤泽长治编:《日本的考古学4:古坟时代上》,河出书房新社1966年版,第255—318页。

② 佐原真:《农耕的开始与阶级社会的形成》,朝尾直弘等编:《岩波讲座日本历史1》,岩波书店1980年版。

③ 甘粕健:《方形周沟墓的研究》,直木孝次郎编:《日本历史2:日本国家的形成》,学生社1971年版。

④ 森贞次郎:《九州的古代文化》,六兴出版社1983年版。

⑤ 西川宏等:《濑户内》,近藤义郎、藤泽长治编:《日本的考古学4:古坟时代上》,河出书房新社1966年版,第175—224页。

一步说明，当时畿内地区存在一种新的政治形态。至今日本全国已经发掘出的铜铎有数百件，大致有规律地分布于4个区域内：一是福井县若狭湾至岛根县的日本海沿岸地区；二是濑户内海北岸地区，包括京都府和大阪府的吹田、神户、姬路、冈山等区域；三是濑户内海南岸，以及自德岛县至香川县一带的区域；四是大阪湾至和歌山一带的区域。[1]其中最为集中的区域是大阪湾北岸、猪名川、淀川、大和川西岸，分布集中并有规则，这说明当时畿内地区已经确立了政治统治权。[2]

一般认为，铜铎是祭祀用的器具，埋藏铜铎以祈求农业的丰收。但是，埋的数量既有单数，也有复数，有时多达十几个，可见铜铎应该不单是为了祈求农业的丰收。从埋藏地点来看，铜铎与从住居遗址和墓中发现的铜镜、铜利器不同，大多位于丘陵、山地的倾斜地带或海岸附近平地上的巨石里面。我认为祭祀者不单纯是为了祈求丰收，还有更大的企图。埋在丘陵或山地的倾斜面上的铜铎象征着对天神的祭祀，埋在近海平地上的铜铎象征着对地神、海神的祭祀。这种对天神、地神、海神的祭祀在日本古代史上一直都存在。推古天皇十五年（A）和大化二年（B）的2份诏书反映了这些祭祀的存在。

  A. 朕闻之，曩者我皇祖天皇等宰世也，跼天蹐地，敦礼神祇。周祠山川，幽通乾坤。是以，阴阳开和，造化共调。今当朕世，祭祀神祇，岂有怠乎。故群臣共为竭心，宜拜神祇。[3]

  B. 原夫天地阴阳不使四时相乱，惟此天地生乎万物，万物之内，人是最灵，最灵之间，圣为人主，是以圣主天皇，则天御寓。[4]

A句的中心意思是祭祀天神地祇历来是大和国大王必须尊奉的国家大事。祭祀的目的是祈求"阴阳开和"（风调雨顺，万物繁茂）和"造化共调"（政治稳定，统治稳固）。B句的中心意思是说世间唯天皇最神圣，代表天神地祇的意志。我认为A、B体现的最高统治者的思想传承自远古时代，弥生中晚期埋铜铎祭祀天地，意在祈求丰收和巩固统治。这种思想一直影响着此后大和国的统治者。据此可以推测，当时畿内地区已经存在地域国家，使用铜铎祭祀天地是地域国家的

---

[1] 水野正好：《共同讨论——铜铎与邪马台国的时代》，松本清张编：《铜铎和女王国的时代》，日本放送出版协会1983年版。

[2] 川西宏幸：《铜铎的埋藏和传世镜》，《考古学杂志》1976年第61卷第2期，第87—117页。

[3]《日本书纪》卷22，推古十五年春二月庚辰条。

[4]《日本书纪》卷25，大化二年八月庚申条。

王最为重要的国事。

(三)高地性集落

高地性集落表明阶级矛盾的存在。不少资料直接显示,弥生中晚期畿内地区已经存在阶级矛盾。例如,在大阪府丰中市胜部遗址出土的人的腰骨中,发现有长14厘米、宽4厘米的石枪[1],这应该是争斗所致。铜铎上也画有争斗的场面。画面上,一人手握棍棒,另一只手抓住别人的头,正在殴打对方;被殴打者双手护头,还有一人正试图阻止行凶者。这幅图生动地描绘出当时的阶级矛盾。

弥生中晚期,畿内地区广泛出现高地性集落。如六甲山南侧斜面的五个山、会下山、城山、保久良、伯母野山,生驹山西侧斜面的山畑、高尾山,东侧斜面的小平尾,和歌山的向山、岩仓山、高地山等高地上都有集落,海拔多在100米以上。[2]这些集落中发现了大量石制武器,这表明在稻作农耕普及时期,这些高地性集落并非一般的住居集落,而是带有军事性质的集落。有学者认为这些高地性集落带有烽火台的功能[3],也有人认为这反映了弥生中期以后畿内、濑户内海沿岸地区紧张的军事形势。这是因为随着水田面积的扩大,各集落间围绕土地和水利问题的矛盾与斗争不断激化,集落间的斗争遂发展为集落联合体间的斗争,而后又进一步发展为占领较大地区的联合体与畿内地区的联合体之间的政治军事斗争。[4]这也是畿内的地域国家发展进程中不可避免的军事斗争。

从上述分析可知,弥生中晚期,畿内地区的生产力水平相当高,与生产力相适应的生产关系也发生显著变化,阶级差异与阶级矛盾已经凸显,统治全畿内地区的地域国家已然形成。

通过弥生中晚期九州北部与畿内地区的对比分析,我们可以得出以下结论:(1)两地的文化发展程度各具优势,基本上达到相同水准;(2)两地都产生了阶级和阶级矛盾,并且都有统治各自地区的国家政权。因此,我们可以比较清楚地掌握公元元年前后至公元3世纪日本主要地区的生产与社会状况,了解九州北部和畿内地区都有可能存在过邪马台国。但邪马台国只有一个,它不是位于九州北

---

① 森贞次郎:《九州的古代文化》,六兴出版社1983年版。

② 田边昭三、佐原真:《近畿》,和岛诚一编:《日本的考古学3:弥生时代》,河出书房新社1966年版,第108—140页。

③ 都出比吕志:《古坟出现前夜的集体关系——以淀川水系为中心》,《考古学研究》1974年第20卷第4期,第20—47页。

④ 佐原真:《农耕的开始与阶级社会的形成》,朝尾直弘等编:《岩波讲座日本历史1》,岩波书店1980年版。

部，就是在畿内的大和。根据所得资料，我发现邪马台国位于九州北部，而位于畿内地区的则是之后统一全日本的大和国的前身——前大和国。

五、九州北部的邪马台国

要解开邪马台国所在地的谜底，如何解释《魏书·倭人传》中的下列记载是关键：

> 从郡至倭，循海岸水行，历韩国，乍南乍东，到其北岸狗邪韩国，七千余里，始度一海，千余里至对马国。……又南渡一海千余里，名曰渤海，至一大（支）国。……又渡一海，千余里至末卢国。……东南陆行五百里，到伊都国。……东南至奴国百里。……东行至不弥国百里。……南至投马国，水行二十日。……南至邪马台国，女王之所都，水行十日，陆行一月。……自郡至女王国万二千余里。[①]

关于这段记载，主张九州北部说的学者为了说明邪马台国位于九州北部，将"陆行一月"改为"陆行一日"；主张畿内大和说的学者为自圆其说，将原文中的"南"改为"东"。尽管《魏书·倭人传》中确有误刻之处，但在没有确凿证据证明方向与日程有误的情况下，不应该私自更改原文。我认为学者们若能撇去门户之见，那么就上述《魏书·倭人传》中有关方向与里程的记载是可以达成统一意见的。在《魏书·倭人传》中，从狗邪韩国到邪马台国的记载，从汉语语法上来看，前后是有区别的。区别大体如下。

A. 始渡一海	千余里	至	对马国
又南渡一海	千余里	至	一大（支）国
又渡一海	千余里	至	末卢国
东南陆行	五百里	到	伊都国
B.（伊都国）	东南至	奴国	百里
	东行至	不弥国	百里
	南至	投马国	水行二十日
	南至	邪马台国	水行十日，陆行一月

---

① 文中引用部分的译文参照石原道博：《译注中国正史日本传》，国书刊行会1975年版。

A组的"始渡……又南渡……又渡……东南陆行",说明行程路线是直线连续行走的,用现代汉语来说,即从狗邪韩国出发,经对马国、一支国、末卢国,到达伊都国。简化表示即为"甲国—方向—距离—乙国—方向—距离—丙国",甲国是去往乙国的起点,乙国是去往丙国的起点。例如,对马国是去往一支国的起点,一支国又是去往末卢国的起点,末卢国是去往伊都国的起点。

但是,B组路线有所不同,它是"方向—国名—距离—方向",很明显,行文中并没有表明行程路线是直线连续行走的文字。对A组而言合理的"甲国—方向—距离—乙国"在B组中完全不存在。在B组路线中,甲国与乙国没有直接的起点与终点的关系。奴国不是去往不弥国的起点,不弥国不是去往投马国的起点,投马国也不是去往邪马台国的起点。如果奴国、不弥国、投马国、邪马台国之间没有行程中的起点关系的话,那么它们各自的起点又在哪里?显然,伊都国就是到达这些国家的共同起点。即从伊都国出发,采取中国俗语所称的"四至法"(日本叫"放射式")。这一段《魏书·倭人传》中的记载用现代汉语解释就是,从伊都国向东南方向出发到达奴国,两地相距百里;从伊都国向东出发到达不弥国,两地相距百里;从伊都国向南出发到达投马国,行水路需要20日;从伊都国向南出发到达邪马台国,行水路需要10日,陆路需要1个月。

我的观点与榎一雄一致。

方向问题解决后,另一个关键问题就是里程问题。根据《魏书·倭人传》的记载,从带方郡经狗邪韩国、对马国、一支国、末卢国到达伊都国,里程共计10500里,从带方郡到邪马台国的距离是12000里,因此伊都国到邪马台国的里程应该是1500里,相当于从一支国经末卢国到达伊都国的里程。假设从一支国到伊都国的实际距离是7.8万米,那么从伊都国到邪马台国的实际距离也应该在7.8万米的范围内。这个距离表明显然邪马台国没有出九州北部地区。此地又恰好是东汉铜镜片出土最为集中的地方,即以博多为中心直径5万—10万米的范围内。[①]东京大学的平山朝治曾运用高等数学中的最小二乘法计算过邪马台国的里程。其结果表明从伊都国到邪马台国的距离是12.8万米,方位角是139.6度。他又根据概率论中的"随机行走"理论,指出郡使的路线既有水路,又有陆路,表面看来走了很多路,但实际行走的路线呈"コ"字形,实际距离只有12.8万米的

---

① 贺川光夫:《北九州外域的东汉镜片的出土背景》,《别府大学学长佐藤义诠先生古稀纪念论文集》,古稀纪念论文集委员会1978年版。

1/3,约5万米。

既然从伊都国到邪马台国的实际距离这么近,那么《魏书·倭人传》中为何会记载需要"水行十日,陆行一月"才能到达呢?要想解决这个问题,我认为不能随意推测,既不能随意更改《魏书·倭人传》原文中的时间,也不能当作郡使没有去过邪马台国,认为所谓"水行十日,陆行一月"纯属虚构。《魏书·倭人传》中明确记载,正始元年(504年)魏使梯俊"奉诏书、印绶诣倭国,拜假倭王,并赍诏赐金帛、刀、镜、采物,倭王因使上表,答谢恩诏",说明魏使确实去过邪马台国。我同意一位日本学者的观点,我们不应该用现代的眼光去看待古代的旅程记录。

分析该问题时,我们首先必须考虑到当时日本的交通工具,特别是陆上交通工具极为落后。汉魏时期,中国已经将马、驴、骡等家畜广泛用作交通工具。考古学证明,日本在弥生时代就有马了[1],但是《魏书·倭人传》中记载"其地无牛马虎豹羊鹊",可见当时日本还没有将马等动物用于交通工具,至少郡使在日本没有看到过。因此郡使在陆上旅行期间,应该是或坐轿或步行。其次应当考虑到当时日本的道路并不像近代这样平坦宽阔,"道路如禽鹿径",狭窄蜿蜒。水路"或绝或连",弯弯曲曲,还要受到暗礁、潮汐、泥沼、天气等的影响,前进速度确实受限。加之外国使节来访,必定队伍庞大,开道者、随从、仪仗、护卫,浩浩荡荡,昼行夜伏,自然移动滞缓。虽然从伊都国到邪马台国的直线距离不过5万—10万米,但由于道路迂回曲折,若将曲折度计算在内,则实际所走路程远多于直线距离。

九州的乡土史学家村上健治依据史料,探索了神功皇后所走的水路和武内宿祢徒步从耳纳连山走到都城的路线,指出从今天的久留米市到福冈县山门郡濑高町(他认为此处是邪马台国都城所在地)有水、陆2条路。水路是从久留米沿筑后川顺流而下,出有明海,继而沿海南下,再沿矢部川逆流而上,到达山门郡濑高町,全长50里,所需10日。陆路是从久留米登高良山,经耳纳连山向东行,接着南下,沿着险峻蜿蜒的山路,穿过矢部川上游,再翻过位于西边的月足山、本田山等,向北越过古僧都山,到达濑高町,整个行程都是山路,兼有几条河流,全都蜿蜒曲折,且得穿过上游浅滩,需耗时1个月。[2]村上健治从方向这一角度提出直

---

[1] 马的遗骨在日本各地都有发现。例如,名古屋市热田高仓贝冢发现了马的牙齿,大阪府国府遗址发现了马的胫骨、桡骨、掌骨、臼齿,熊本县轰贝冢发现了马的牙齿,鹿儿岛县出水贝冢发现了马的臼齿、门齿、桡骨。此外,岩手县、富山县的遗址中也有马的牙齿、桡骨、腭骨等遗骨。

[2] 村上健治:《谁也写不出来的邪马台国》,佼成出版社1978年版。

线行进说,他的研究表明当时交通受到严酷的自然条件的限制,这一点可谓难能可贵。

以上我们从方向和里程的角度论述了邪马台国位于九州北部。

我们还可以从语言的角度,佐证邪马台国在九州北部。语言学家长田夏树对此有过研究。他把日本的古代语言分为3个不同的地域方言,即S音的九州北部方言、ts音的近畿方言和tʃ音的东国方言。这3种方言与大陆语言特别是朝鲜语密切相关。他认为《魏书·倭人传》中的内容是用洛阳话的音来表示日语的。从音译的角度看《魏书·倭人传》中的语言,它们基本上是用S、ś、ź来表示的,明显属于S方言。据此推测,他认为邪马台国的语言圈使用的是S方言,日本的S方言圈正好在九州北部。[①]

我之所以认为邪马台国在九州北部,还因为九州北部在魏国的外交战略中占有重要地位,这可以作为间接证明。邪马台国成立后,汉朝在朝鲜的势力衰退,时常与在半岛北部势力逐渐壮大的高句丽及南部的百济发生冲突。三国时期,魏国的政敌吴国不停地从背后包抄魏国,使魏国受到腹背夹击的严峻威胁。为阻止吴国的海上势力北上,并抑制朝鲜半岛的独立势力,魏国迫切需要在朝鲜半岛的南面建立自己的盟友。这就是魏国重视地处九州北部的邪马台国的原因。

六、畿内的前大和国

我主张邪马台国位于九州北部,是否意味着轻视了畿内地区的文化发展水平呢? 并非如此。前面我在分析弥生文化时,已经对畿内文化的先进性做了充分说明。我认为邪马台国不在畿内的观点对大和说而言并无任何损失。因为坚持大和说的学者们的努力弥补了《魏书·倭人传》的不足。由于魏国使者所去的地方有限,他们只看到了九州北部的政治、经济、文化状况,没能深入日本列岛内部,因此也没能看到内部地区的政治、经济、文化状况。虽然如此,他们在一定程度上听到了一些内部地区的事情。"女王国东渡海千余里,复有国,皆倭种"[②],应该就是他们听说的情况。资料中所言"女王国东渡海千余里"是本州西部、濑户内地区。正如有学者所言,这里的"复有国"不是单数,而是复数。[③]这一点已经得到考古发掘结果和文献资料的证实。考古学资料显示,弥生时代的本州西部

---

① 长田夏树:《邪马台国的语言》,学生社1979年版。

② 《魏书·倭人传》。

③ 榎一雄:《邪马台国》,至文堂1978年版。

和四国地区存在着畿内铜铎文化,而濑户内海沿岸的中国和四国地区则是平形铜剑文化,东国地区也有像登吕遗址那样发达的农耕文化。

1984年七八月间,在岛根县簸川郡斐川町神庭西谷的荒神谷遗址发掘出了大量铜剑,共计358件。[1]这表明在以岛根县为中心的出云地区也存在铜剑文化。门胁祯二指出,弥生中晚期,大和盆地上形成了大和国家,并不断发展壮大,同时在木津川、淀川水系及大和平原西部与西南部都有若干小国家,在古代统一国家形成以前,日本列岛的许多地区都已经形成了地域国家。[2]这些小国或地域国家都是各地区经济发展的产物。查阅文献资料,478年大和国大王武(雄略)送给宋顺帝的上表书中有如下记载:

> 自昔祖祢,躬擐甲胄,跋涉山川,不遑宁处。东征毛人五十五国,西服众夷六十六国,渡平海北九十五国,王道融泰,廓土遐畿。[3]

文中的"五十五国""六十六国"等应该就是分布在日本列岛上的地方小国。这些小国在日本统一以前,分别创造了各自的地域文化。

畿内的前大和国在本州地区是势力最大的地域国家。弥生晚期过半,前大和国的势力逐渐扩大,并开始压制日本西部地区;到古坟初期,其势力又扩大到九州、关东地区。从畿内地区早期古坟中发现的弥生中期汉镜和大量三角缘神兽镜可以看出弥生晚期畿内王权的实力。这些陪葬的弥生中期汉镜带有传世镜的特征。[4]

前大和国与中国三国时期吴国之间的民间往来频繁。《三国志·吴书》记载,孙权即位后不久,曾试图寻找海上盟友,以便从战略上孤立魏国。230年初,他曾派遣将军卫温和诸葛直率兵1万,"浮海求夷洲及亶洲",但因亶洲太远而以失败告终。这里提到的"亶洲"究竟是哪里?有学者认为是济州岛。据原田淑人证明,亶洲是位于九州南部的种子岛。日本的大多数学者都认同这2种观点,而中国考古学家王仲殊则认为,亶洲在当时还是日本列岛的一部分,未必一定就是种

---

[1] 足立克巳:《岛根县荒神谷遗址铜剑发掘调查概况》,《考古学杂志》1984年第70卷第2期,第153—160页。

[2] 门胁祯二:《日本古代政治史论》,塙书房1981年版。

[3]《宋书·倭国传》。

[4] 小林行雄:《铜镜古坟年代研究》,《考古学杂志》1952年第38卷第3期,第169—198页。

子岛。①我赞同这一看法。《三国志·吴书》记载："亶洲在海中,长老传言秦始皇遣方士徐福将童男童女数千人入海,求蓬莱神山及仙药,止此洲不还。世相承有数万家。"唐代《括地志》记载:"亶洲在东海中,秦始皇使徐福将童男童女入海求仙人,止在此洲……吴人外国图云亶洲去琅邪万里。"五代后周时的《义楚六帖》也有记载:"日本国亦名倭国,东海中。秦时,徐福将五百童男、五百童女,止此国。"上述资料明确记载亶洲在东海中,是秦朝时徐福东渡的地方。日本恰好在东海中,又是徐福东渡的地方,因此可以说亶洲就是日本。据王仲殊分析,从畿内的古坟中发现的对置式神兽镜、重列神兽镜、画纹带对置式神兽镜、画纹带环状乳神兽镜、神人车马画像镜、二神二兽画像镜等都是吴国的镜子。②这说明三角缘神兽镜出自吴国工匠之手,而亶洲应该就是畿内地区。

《三国志·吴书》记载:"其上(亶洲)人民,时有至会稽货布,会稽东县人海行,亦有遭风流移至亶洲者。"《古事记》《日本书纪》中常称东晋和南朝为"吴国",称人民为"吴人",称呼从长江流域来到日本的技术工匠时,也都在前面加一个"吴"字,这些工匠居住的地方被称为"吴原"。追溯日本古籍中记载的这些"吴"字的渊源就会发现,此"吴"不同于三国时期的"吴"。

总之,1世纪末至3世纪,日本列岛上已形成了若干地域国家,其中以位于九州北部的邪马台国和位于畿内的前大和国最为强盛。邪马台国与前大和国在各自地域并存、发展,形成了2个不同的政治、经济中心,产生了2种不同的文化。前者以青铜利器为代表,后者以铜铎为代表,它们分别与在中国南北对峙的2个国家有外交上的联系,前者与魏国有外交关系,而后者与吴国有民间往来。邪马台国与前大和国的发展为日后日本的统一打下了基础。

---

① 王仲殊:《关于日本三角缘神兽镜的问题》,《考古》1981年第4期,第346—358、395—396页;王仲殊:《关于日本的三角缘佛兽镜——答西田守夫先生》,《考古》1982年第6期,第630—639、683—684页;王仲殊:《日本三角缘神兽镜综论》,《考古》1984年第5期,第468—479、487—488页。

② 王仲殊:《关于日本三角缘神兽镜的问题》,《考古》1981年第4期,第346—358、395—396页;王仲殊:《关于日本的三角缘佛兽镜——答西田守夫先生》,《考古》1982年第6期,第630—639、683—684页;王仲殊:《日本三角缘神兽镜综论》,《考古》1984年第5期,第468—479、487—488页。

补 记 荒神古遗址与铜铎、铜矛的发现

脱稿后,我读到了《荒神古遗址铜剑发掘调查概报:岛根县簸川郡斐川町神庭西谷所在》一文,了解了铜剑出土的遗构、埋藏状况、土层等信息,尤其是掌握了该遗址铜剑的2个特征,即"现阶段出土的铜剑全部属于中细铜剑""考虑到铜剑样式单一,应该是在铸造后较短时间内掩埋的"①。

据日本报纸报道,继在岛根县的荒神古遗址发现358支铜剑后,又发现了6个铜铎和16支铜矛。出云地区也发现了铜铎、铜矛和大量铜剑,引起了学界的轰动。关于其意义,众说纷纭,但在出云地区的同一个地方出土了弥生时代的铜剑、铜铎和铜矛,确实是意义重大。虽然发掘出的铜铎、铜矛尚存疑问,但我想在此说明3点意义。(1)从地理位置上看,出云地区位于九州北部文化圈和畿内文化圈之间,因此在同一地方出土了铜铎和青铜兵器,表明出云文化与九州北部文化、畿内文化密切相关。(2)我在第二章"东汉与奴国的关系"一节中写道:"1世纪中叶以后,逐渐形成了势力相对较强的地域国家。从考古发掘来看,势力相对较强的地域国家主要有九州北部的邪马台国和畿内的'原大和国'。其他地区,以岛根县为中心的出云国应该也是地域国家。"此次铜铎和青铜兵器在同一个地方出土,为研究出云地区文化发展的内容和水平提供了新资料。这次发掘正好说明了出云地域国家确实存在过,有力地证明了邪马台国时代日本文化的发展是多元的。(3)如前所述,九州北部地域国家国王权威的标志主要是青铜兵器,而畿内地域国家国王权威的标志主要是铜铎。但是,我认为出云地域国家的王权标志是铜铎和青铜兵器。

---

① 岛根县教育委员会编:《荒神古遗址铜剑发掘调查概报:岛根县簸川郡斐川町神庭西谷所在》,岛根县教育委员会1985年版。

第四章

邪马台国的社会及其消长

第一节　邪马台国的社会性质

前面已经讲过,日本史学界对于邪马台国的性质问题有不同的观点。为了叙述方便,下面将其中的代表性观点再次总结如下:(1)邪马台国不是专制国家,而是各小国的联合体;(2)虽然邪马台国存在部分的奴隶和身份差别,但总体来看还是一个共同体社会,卑弥呼受到各联合国国王势力的制约;(3)邪马台国正如其官制所示,表现出专制君主制的萌芽形态;(4)邪马台国社会内部已经出现了"大人—下户—奴隶"的身份秩序,可以看出向"总体奴隶制度"的转化。上述观点虽各不相同,但有一点是一致的,即不认为它是某个阶级压迫其他阶级的国家政权。

1982年,中国学者曾就邪马台国的社会性质问题召开研讨会,会上主要提出了3种不同观点。以辽宁大学日本研究所的张玉祥、禹硕基,中国社会科学院研究生院的沈才彬,西南师范学院(今西南大学)的陈相武、王兴运等为代表的大多数学者认为,邪马台国是具有初步规模的奴隶制国家,但由于刚刚脱离原始社会,还保留着许多原始氏族社会的痕迹;以河南大学赵步云、湖北大学黄道立、河北师范大学王广奇等为代表的部分学者认为,邪马台国是一个部落联盟国家;而以我为代表的少数学者则认为,邪马台国是日本列岛上最初的国家政权,拥有比较完备的中央和地方统治机构。

邪马台国究竟是一个什么社会性质的国家呢?在下结论之前,我们先来分析一下它的政权机构,以及维持这一政权的经济来源、法律和武装力量。

一、官僚机构

有关邪马台国官僚机构的原始资料非常少,但其大致轮廓通过中国现有史书的记载可见一斑。

唐代张楚金在《翰苑》中记载"分职命官,统女王,而列部",表明邪马台国已经设置了管理国家政务的官吏,由女王统辖,但在官吏的职权范围内,又各自拥有权力,各司其职。综合《魏书·倭人传》中的记载可知,邪马台国从中央到地方共有7个等级的官吏,最高权威者是国王,国王之下有辅臣。在卑弥呼统治期间,总揽国务的辅臣是男弟。中央的一级官吏分管政治、贸易、外交等事务,在官职前似乎都会冠以"大"字。

"国有市,交易有无,使大倭监之。"大倭即统管贸易的中央官吏。

"自女王国以北,特置一大率,检察诸国,诸国畏惮之。"大率即中央派往地方的检察官,职权与中国古代的刺史相同。《文献通考·职官考》"州牧刺史"条记载,刺史的主要职务是"督察郡国,吏人安宁",每年八月巡察管辖区域,视察调查官吏的政务和社会秩序,年末将搜集到的情况上奏中央。因此,地方官吏都非常畏惧大率。

"自古以来,其使诣中国,皆自称大夫。"大夫是处理外交事务的中央官吏。《魏书·倭人传》记载,邪马台国先后有3位大夫,即难升米、伊声耆、掖邪狗。他们都是奉命在魏国和带方郡开展外交活动的外交使节。从这一点来看,"大夫"一职是外交官。

虽然《魏书·倭人传》中没有关于军事方面官职的记载,但从当时邪马台国与狗奴国之间紧张的军事关系可推测出,一定有统率军队的"大将"。

邪马台国地方官吏的情况比较复杂。如图4-1所示,一般情况下,会根据所属各国的大小、战略地位的重要性设置相应的行政官吏。对马国设置了大官卑狗和副官卑奴母离2级官吏,一支国也设置了卑狗和卑奴母离2级官吏。奴国设置了兕马觚和卑奴母离,不弥国设置了多模和卑奴母离,投马国设置了弥弥和弥弥那利。

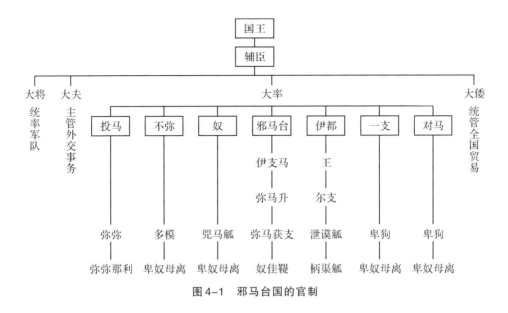

图 4-1　邪马台国的官制

上述各国都设置了2级官吏,而伊都国的官吏制度却有一定的特殊性。这个国家不仅设有官吏,也保留了国王。《魏书·倭人传》中有如下记载:

> 东南陆行五百里,到伊都国,官曰尔支,副曰泄谟觚、柄渠觚。有千余户,世有王,皆统属女王国,郡使往来常所驻。

由此可见,伊都国的最高指挥者是王,王之下设有尔支、泄谟觚、柄渠觚3级地方官吏。在邪马台国的属国中,只有伊都国保留了原来的国王。伊都国之所以能够一直保留国王,大概是因为在统一北九州的过程中,伊都国王积极誓表忠诚,对邪马台国的建立起到了重要的作用。此外,伊都国的地理位置十分重要,"郡使往来常所驻"。这个国家也是与大陆交流的窗口,其国都或许具有女王国第二国都的性质。由于伊都国的地理位置十分重要,因此官吏制度也比其他各国多了一个等级。

邪马台国国王所在地的官吏设置又比伊都国更加完善,设有伊支马、弥马升、弥马获支、奴佳鞮4级官吏。

通过上述邪马台国的官制可知,其官僚机构的设置已经十分完善。

二、租税制度

为了维持官僚机构的生存,需要丰富的物质财富。如果没有丰富的物质基础，就会使国家机构和官吏断了财政根源。因此，为了维持这些凌驾于社会之上的特殊社会权力，征税和国债是必要的。邪马台国作为阶级统治的政治形态，必然会对其统治之下的臣民进行征税。这种税在《魏书·倭人传》中被记载为"租赋"。"收租赋。有邸阁国，国有市"，这里说的"邸阁"就是用来储存谷物的仓库。关于邸阁，在《三国志·蜀书·后主传》和《三国志·蜀书·魏延传》中均有记载：

> 亮使诸军运米，集于斜谷口，治斜谷邸阁。(《三国志·蜀书·后主传》)
> 长安中惟有御史、京兆太守耳，横门邸阁与散民之谷足周食也。
(《三国志·蜀书·魏延传》)

前者是诸葛亮在斜谷口建仓库，集中储存军粮，以备战时之用；后者是京兆太守建仓库储存稻谷，以备荒年。"邸阁"一词在《三国志·魏书》中共出现了11次，均理解为"仓库"。因此，《魏书·倭人传》中的"邸阁"也应该理解为储存谷物的仓库。

当时的日本也确实有储存谷物的仓库。在北九州和畿内地区弥生前中期的遗址中，广泛发现了储存用的竖穴群。以在福冈县板付发现的储存用竖穴为例，其口径为1—2.6米，深1米，呈方形。①虽然在北九州还未发现弥生晚期的储存仓库，但在东海地区的静冈县登吕遗址发现了高床仓库，可以推测出日本西部地区储存仓库的形态。一般而言，弥生晚期的仓库大多会选在地势较高、干燥和通风良好的地方，建筑上采用高床式。仓库主体一般距地面1米左右，进出使用梯子，还装有防鼠设备。

三、不成文法

邪马台国时代已经有了不成文法和刑罚。"其犯法，轻者没其妻子，重者灭其门户。"《魏书·倭人传》明确记载了"没其妻子"和"灭其门户"2种刑罚，但从当时邪马台国的阶级状况来看，绝不止上述2种刑罚。结合《日本书纪》，可以从早期皇纪中看到更多关于刑罚的记载。我认为早期皇纪中的这些记载，都可以作为研究邪马台国刑罚的参考。接下来我们就来引用并分析《日本书纪》中有关刑罚的记载。

日本应神九年(278年)，武内宿弥受命赴筑紫巡察民情。其弟甘美内宿弥向

---

① 镜山猛：《北九州的古代遗址》，至文堂1956年版。

大王诬告武内宿弥意欲在筑紫谋反,武内宿弥急忙赶回朝廷,辩解自己无罪。虽然大王直接讯问武内宿弥兄弟二人,但二人争论不休,难分胜负,大王遂命以"神祇探汤"决出胜负,最终武内宿弥胜利。[1]

日本仁德四十年(352年),大王命佐伯直阿俄能胡等人追杀隼别皇子和雌鸟皇女。阿俄能胡等人杀害皇子和皇女后,盗了皇女随身佩带的美玉。后来事情败露,阿俄能胡本该被判处死刑,但他献出自己的土地免去了死罪。[2]

日本履中元年(400年),阿昙连滨子和仲皇子合谋反叛,意欲推翻国家,大王问责,论罪当诛,但最终恩赦免去了他们的死罪,处以科墨刑。[3]

日本允恭二年(413年),斗鸡国造对忍坂大中公主出言不逊。公主在成为皇后以后,又见到了斗鸡国造,"数昔之罪,以欲杀"。斗鸡国造跪地叩头,乞求宽恕,皇后最终赦免了他的死刑,贬斥其姓。[4]

日本允恭四年(415年),大王为整顿氏姓,命令全国拥有氏姓的人"沐浴斋戒,各为盟神探汤"。[5]

日本雄略二年(458年),百济池津媛违抗大王的行幸,与石河楯发生淫乱行为,大王非常愤怒,将这对夫妇的四肢绑上木桩,放在架子上,以火刑处死。[6]

上述《日本书纪》中记载的"神祇探汤""死罪""科墨""贬姓""火刑",以及其他记载中提到的"杖流""赐死"等都是古代流行的刑罚,也许在邪马台国时代就已经开始使用。

中国的《北史·倭传》中也有关于日本古代原始刑罚的记载,全文如下:

> 俗,杀人、强盗及奸,皆死;盗者计赃酬物,无财者,没身为奴;自余轻重,或流或杖。每讯冤狱,不承引者,以木压膝;或张强弓,以弦锯其项。或置小石于沸汤中,令所竞者探之,云理曲者即手烂;或置蛇瓮中,令取之,云曲者即螫手。

《北史》中的这段记载与《日本书纪》中的记载基本符合,例如"死刑""没身为

---

[1]《日本书纪》卷10,应神九年夏四月条。

[2]《日本书纪》卷11,仁德四十年春二月条。

[3]《日本书纪》卷12,履中元年春二月条。

[4]《日本书纪》卷13,允恭二年二月条。

[5]《日本书纪》卷13,允恭四年九月条。

[6]《日本书纪》卷14,雄略二年秋七月条。

奴""杖流""置小石于沸汤中"等。有些刑罚在《日本书纪》中也并无记载。例如"以木压膝""张强弓以弦锯其项""置蛇瓮中"等,因而《北史》比较完整地记载了日本古代的刑罚。

《三国志·魏书》以后的史书中也有关于邪马台国法律的记载。《后汉书》记载邪马台国"法俗严峻",《北史》《隋书》也记载邪马台国"法令严苛"。这说明邪马台国不仅有不成文法,而且法令的执行非常严格,刑罚的种类也不少。

四、军队

在《魏书·倭人传》中并无关于邪马台国军队编制情况的记载,只记载了军队使用的武器。使用的武器有矛、楯、木弓。木弓上长下短,竹尖或为铁镞或为骨镞。

从当时邪马台国的内外局势来分析,邪马台国必然拥有维持其统治秩序并进行对外战争的武装力量。首先,国内政局尚不稳定,人民因不满有时也会反抗,需要军队进行防卫和镇压。其次,统治者和各级官僚机构也需要军队来防卫。例如,卑弥呼女王就必须由军队保护。"宫室楼观,城栅严设,常有人持兵守卫",所谓"持兵守卫"的人也就是武装军人。再次,为防止外国入侵、进行对外掠夺都需要武装力量。邪马台国南面有狗奴国,卑弥呼女王与狗奴国王卑弥弓呼长期不和,两国经常交战。因此,卑弥呼曾特地派使者前往带方郡,诉说两国"互动干戈的情况",乞求魏国的支持。邪马台国不仅与狗奴国发生武力冲突,有时还向朝鲜半岛南部出兵,掠夺财物和劳动力。朝鲜的《三国史记》中记载了战争的有关情况。例如:

208年六月,"倭人犯境"。[①]
232年四月,"倭人猝至围金城"。[②]
233年四月,"倭兵寇东边"。同年七月,"伊凔于老与倭人战沙道"。[③]
249年四月,"倭人杀舒弗邯于老"。[④]
287年四月,"倭人袭一礼部,纵火烧之,虏人一千而去"。[⑤]

---

① 《三国史记·新罗本纪》,奈解尼师今十年夏六月条。
② 《三国史记·新罗本纪》,助贲尼师今三年夏四月条。
③ 《三国史记·新罗本纪》,助贲尼师今四年夏四月、七月条。
④ 《三国史记·新罗本纪》,沾解尼师今三年夏四月条。
⑤ 《三国史记·新罗本纪》,儒礼尼师今四年夏四月条。

289 年五月，"闻倭兵至"。[①]

292 年六月，"倭兵攻陷沙道城"。[②]

294 年夏，"倭兵来攻长峰城，不克"。[③]

这些资料表明邪马台国确实存在对内镇压百姓、抵抗外敌入侵，以及对外发起战争的军队。

截至 1975 年底，考古学家在九州北部的 33 处弥生中期遗址中发现了 157 件铁剑、铁镞武器[④]，有力地证明了邪马台国的军队武装十分先进。

五、早期的国家政权

恩格斯在《家庭、私有制和国家的起源》一书中阐述的"国家与旧氏族组织的不同之处"理论讲到阶级国家诞生的主要标准：第一是按照地域划分国民，第二是设立公共权力。这些公共权力的核心是武装、官吏、法律、纳税等。如果按照这 2 个标准来评判邪马台国，那很明显，它具备了阶级国家的各项条件。正如部分学者所说，尽管邪马台国仍然存在氏族社会的残余，但它终究不是氏族社会，而是阶级社会。从官僚机构、法律、武装、赋税等的发达程度来看，邪马台国也不是什么部落联盟国家，而是日本列岛上早期的国家政权。

日本学者中也有人与我的上述观点十分相似。门胁祯二提出，从王与官僚制度、税制、法制层面来看，"邪马台国及其女王卑弥呼统属下的各国已经具备了官吏机构、租赋、统一的法律和市场等"；从统治区域层面来看，"南北方向上末卢国距女王国和狗奴国的边境约 2000 里，东西方向上从末卢国到邪马台国东方的倭种国约 1500 里"；从统治思想层面来看，"还未创建独特的建国神话和统治理念，而是以鬼神之道代替"。根据以上 3 点，门胁祯二认为，邪马台国"基本具备了作为原始地域国家的各项条件"。[⑤]

我认为邪马台国成立之时，东亚各国已相继进入封建社会，先进的生产力和文物制度不断对其产生影响，但由于缺乏奴隶基础，邪马台国未能发展成发达的

---

① 《三国史记·新罗本纪》，儒礼尼师今六年夏五月条。

② 《三国史记·新罗本纪》，儒礼尼师今九年夏六月条。

③ 《三国史记·新罗本纪》，儒礼尼师今十一年夏条。

④ 吉田晶等编：《学习日本史1：原始·古代》，有斐阁 1975 年版。

⑤ 门胁祯二：《女王国——西与东》，松本清张编：《铜铎和女王国的时代》，日本放送出版协会 1983 年版。

奴隶制国家政权,而是发展成了奴隶制并不十分发达的贵族国家政权。

第二节 从《魏书·倭人传》看邪马台国的生产水平

前面我们已经从考古发掘的角度看到了九州北部的生产水平。那文献记载的邪马台国的生产水平是否与考古资料一致呢?

一、农耕

从《魏书·倭人传》中的记载可知,邪马台国的国民经济基础是农耕经济。"种禾稻、纻麻,蚕桑"。

"种禾稻"是人们维持生计的粮食生产,"种纻麻,蚕桑"是人类生活必需品——衣服的原料生产。就邪马台国全国而言,地区不同,禾稻的栽培面积和收获量也有所不同。对马国是一个"土地山险,多深林,道路如禽鹿径"的地方,因此,"无良田,食海物自活"。一支国在郡使眼中是一个"多竹木丛林……差有田地,耕田犹不足食"的岛国。末卢国也是一个"滨山海居,草木茂盛,行不见前人",少水田,"好捕鱼鰒"的海滨之国。这些记载也确与实际情况相符。例如,对马全岛面积的87%是山林,耕地率不足5%。因此,仅靠农耕很难维持生计,不得不依靠捕鱼和对外交换来维持生计。

前面讲到以福冈平原、筑紫平原为中心的弥生中晚期农耕遗址是反映邪马台国农耕水平的典型遗址,证明了邪马台国中心地区经济的繁荣。那么,邪马台国周边地区的农耕生产情况又如何呢?

北松浦半岛的里田原遗址位于邪马台国的西北地区,属于周边地区。[1]考古发掘结果表明,该地区的农耕,特别是稻作农耕十分发达。在1972—1976年间,里田原遗址先后经过了13次发掘。这是一处弥生中期前半期的农耕遗址。遗址中发现了大量石器农具。例如,除磨制蛤刃石斧、扁平片刃石斧,以及农耕家庭的生活用具——陶器外,还发掘出了大量木制品,其数量、种类及技术水平与从畿内和东国地区的弥生晚期遗址中发掘出的木制器具相当。里田原遗址出土的木制器具有农具、狩猎工具、日用器具、工具等,其中农具当属木锹最多。发掘出

---

[1] 长崎县教育委员会编:《长崎文化遗产调查报告书25:里田原遗址》,长崎县教育委员会1976年版。

的木锹大都是长35厘米、宽15厘米的统一尺寸。除锹以外,还有竖杵和锄头的半成品。竖杵长120—125厘米。工具以锛子的手柄居多,应该是安装在石斧上的。除成型的工具以外,还有切开的原木,这是制作木锹所必经的第一道工序。在几次调查中,还发现了汀线遗构,是由木板和木桩组合建成的。在汀线遗构内部发现了23处竖穴遗址,表明这是一个以农耕生产为主的地域共同体。整个遗址的土壤是黑色的黏土层,黏土层中完好地保存着植物的种子,如稻米、瓜、葫芦等。

根据弥生中期前半期里田原遗址达到的生产水平,我们可以推测整个邪马台国的生产水平。弥生中晚期,邪马台国地区的生产水平进一步提高。这一新水平体现在铁器农具的广泛使用上,如水稻收割工具——铁镰,在福冈市的井尻、长崎县的原辻、熊本县的下前原、大分县的下城等遗址中也都有发现。[1]在对马的阜采、壹岐的香良加美等遗址中也发现了铁镰和铁制锄头、铲尖。[2]铁镰的应用表明水稻的收割方法已经从摘穗法转变为割茎法。铁锄、铲子的应用表明农耕地域进一步扩大,耕地面积逐渐增加,收获的粮食除了供人们食用外还有剩余。《魏书·倭人传》记载,邪马台国"人好酒",每当有婚嫁、丧祭,人们就会"歌舞、饮酒"。酒是用谷物酿造的,如果没有剩余的谷物,就不可能酿酒,那么"好酒"的习俗也就无从说起。因此,邪马台国的农业生产发展水平,仅从饮酒这一点便可见一斑。

二、冶炼技术与在九州发现铜铎铸型的意义

《魏书·倭人传》中没有关于冶炼情况的详细记载,但是在讲武器的时候提到了铁镞,这说明邪马台国时代已经有了比较高超的冶炼技术。这一点在考古资料中也得到了证实,关于青铜利器、铁器的冶炼技术,前面已多次提及,这里就不再赘述。

学者们都认为,铜铎的生产反映了当时的最高技术水平,这是因为铜铎的制造比青铜利器的制造更加复杂。因此,我认为有必要对九州北部铜铎铸型的发掘意义进行论述。

---

[1] 藤田等:《大陆石器——磨制石镰刀》,考古学研究会十周年纪念论文集编委会编:《日本考古学的诸问题——考古学研究会十周年纪念论文集》,考古学研究会1964年版,第81—98页。

[2] 丰田武编:《体系日本史丛书10:产业史1》,山川出版社1964年版。

1980年以前，大多数学者认为，铜铎是畿内弥生文化的典型代表。尽管在九州北部也发现了小型铜铎及其铸型，但有学者并不认为九州可以生产铜铎。但是，1980年，佐贺县鸟栖市安永田遗址出土了铜铎铸型；接着，1982年春天，在福冈市博多区席田赤穗浦遗址也发现了铜铎铸型。这样一来，九州北部不能生产铜铎的老观点就不成立了。

九州北部出土铜铎铸型是否只是偶然事件呢？并非如此。在此前后，九州北部又先后出土了朝鲜型小铜铎铸型（2例）和小铜铎（2例）。研究结果表明，朝鲜型小铜铎是弥生中期传入日本的，传入后日本开始在国内生产小铜铎。弥生中期末或晚期初，在小铜铎生产的基础上，又进一步生产出安永田、赤穗浦型铜铎。在安永田、赤穗浦发现的铸型都是外缘带钮式横带纹铜铎铸型。与之十分相似的铜铎分别在广岛、冈山、岛根、鸟取都有出土，只有畿内地区没有发现类似的铜铎。这表明弥生中期以后，日本的铜铎生产可能在畿内和九州北部存在2个不同的流派，和青铜利器一样，九州北部的铜铎技术逐渐影响到本州的中国和四国地区。[①]

铜铎铸型在安永田、赤穗浦的出土解决了九州北部也能生产铜铎的问题，除已经出土的铸型外，我们必须承认在九州北部至少有一件尚未发掘出的铜铎（除朝鲜小铜铎以外）。为何在九州北部还没有发掘出铜铎呢？有2种可能：一是当时的九州北部也和畿内、中国、四国地区一样，盛行埋藏铜铎的祭祀活动，被埋藏的铜铎有待今后发现；二是当时的九州北部流行埋藏铜利器和铜镜的习俗，几乎没有埋藏铜铎的祭祀活动，因此也就不可能有埋藏的铜铎。我认为第二种可能性更大一些。如果真是这样的话，那么九州北部生产的外缘带钮式横带纹铜铎主要就是交易品，即根据中国、四国地区的需求，利用自己高超的技术水平生产铜铎。这应该就是在中国、四国地区发现了外缘带钮式横带纹铜铎，却没有发现铜铎铸型，而在九州北部发现了外缘带钮式横带纹铜铎的铸型，却没有发现铜铎的原因。从这个角度来讲，我完全赞同高仓洋彰的九州北部就是铜铎故乡的观点。[②]

不仅能够生产铜铎，还有专门生产铜铎的部门，这难道不就是对邪马台国冶

---

① 高仓洋彰：《共同谈论——铜铎与邪马台国的时代》，松本清张编：《铜铎和女王的时代》，日本放送出版协会1983年版。

② 高仓洋彰：《共同谈论——铜铎与邪马台国的时代》，松本清张编：《铜铎和女王的时代》，日本放送出版协会1983年版。

炼水平最充分的说明吗？

三、纺织技术

《魏书·倭人传》中多处记载了邪马台国国民的服饰情况。例如：

> 男子皆露纷，以木绵招头。其衣横幅，但结束相连，略无缝。妇人
> 被发屈纷，作衣如单被，穿其中央，贯头衣之。

这是普通百姓的服饰，贵族阶级的服饰应该会更加奢华。

《魏书·倭人传》记载，当时生产布匹的主要原料是纻麻和蚕丝。从考古资料来看，还有栲、楮、葛藤等原料。使用的原料不同，织出来的布当然也有所不同。用普通的麻、栲、楮、葛藤类织出来的称为"班布""绵衣""帛布"，用蚕丝织出来的称为"倭锦""绛青缣""异文杂锦"。这些高级织物不仅要供给贵族阶层，还作为珍贵的赠礼呈送给魏国。

在弥生时代的遗址中广泛发现了织物和纺织工具，长崎县景华园遗址的瓮棺中发现了3.3平方厘米布的碎片，经纬密度为经线约40根、纬线约30根。[1]此外，在福冈县和佐贺县也发现了布的残片和压痕。[2]捻线用的纺锤车也在弥生晚期遗址中屡有发现。以前文提到的三云地区住居遗址的发掘为例，18处弥生中期的住居遗址中有7处发现了纺锤车，占遗址总数的38.9%；38处弥生晚期遗址中，有15处遗址出土了纺锤车，占遗址总数的39.5%。这些比例反映了邪马台国已经有了相当广泛的家庭手工织布来满足家庭的需求。此外，还发现了木制纺织工具，如中筒、贯、刀杼、综等。当时已经有了与纺织相匹配的原始染色技术，像"倭锦""绛青缣""异文杂锦"都是颜色鲜艳的丝织物。

四、贸易与交换

《魏书·倭人传》中还有多处提到了贸易与交换。首先是对马国，"无良田，食海物自活，乘船南北市籴"。其次是一支国，"差有田地，耕田犹不足食，亦南北市籴"。这里可以明确的是，对马和一支两国最欠缺的就是粮食，常用海产品去交换大米。需要注意的是"南北市籴"这一句，所谓"南北"指的是北方的朝鲜

① 小林干男：《女王卑弥呼与倭五王》，评论社1972年版。
② 丰田武编：《体系日本史丛书10：产业史1》，山川出版社1964年版。

半岛南部地区和九州北部。他们的交换还带有国际交换的意义。《魏书·倭人传》记载，邪马台国领域内"国有市，交易有无，使大倭监之"。由此可见，交换是很平常的事情，国与国之间、各国内部已经形成了贸易网。为使交易顺利进行，中央还专门设置了贸易官吏——大倭。当时货币还未流通，交换只是物物交换。随着农耕技术的进步，粮食开始有富余，因此手工业者的出现必然会使交换物变得十分广泛。粮食、生产工具、海产品、山珍、班布、帛布、丝织物、珍珠、青玉、陶器等都成为市场上的交换物。从考古资料中也可以了解到交换的存在。例如，伊都国生产的石斧、奴国生产的铜器、不弥国的石刀，都广泛分布在九州北部各地。现在还很难确定在这些数量庞大的物物交换中，是否存在中间商人，但小野忠熙通过分析《魏书·倭人传》中的记载，认为存在"南北市籴"的半专业商人。[1]

除邪马台国领域内的交换外，还有与较远地方的贸易。例如，当时作为装饰品的圆形铜钏就是从朝鲜半岛交换而来的；一种暗绿色的装饰用管玉的产地是今岛根县的玉造町[2]；九州北部出土的类似硬玉制勾玉的玉石也不是九州北部的产物，而是从畿内交换来的[3]。九州北部生产的青铜利器和外缘带钮式铜铎也经售卖或交换，传到了本州西部及濑户内地区。此外，还从朝鲜半岛进口铜、铁等原料。卑弥呼派遣使者赠送给魏国的礼物实际上就是一种国际间的交换。239年，难升米奉命前往魏国都城时，携带的礼物为"男生口四人，女生口六人，班布二匹二丈"。魏帝为了回应卑弥呼献上的贡物价值，送上了绛地交龙锦5匹、绛地绉粟罽10张、蒨绛50匹、绀青50匹作为回礼。除上述公对公的交换外，魏帝还另送了绀地句文锦3匹，细班华罽5张，白绢50匹，金8两，五尺刀2口，铜镜百枚，珍珠、铅丹各50斤，卑弥呼的赠礼与魏帝的回礼显然不是等价交换。魏帝回以如此丰厚的礼品并非出于经济上的考虑，主要是出于政治层面的考量。

---

① 小野忠熙：《弥生时代的西日本》，藤冈谦二郎编：《日本历史地理总说：总论·先原始编》，吉川弘文馆1975年版。

② 森贞次郎：《九州的古代文化》，六兴出版社1983年版。

③ 小林行雄：《女王国的出现》，文英堂1976年版。

第三节　邪马台国的内部社会矛盾

一、森严的等级制度

在邪马台国,贫富、尊卑差别已经非常明显。这样的差别不仅反映在政治、经济层面,还反映在婚姻、风俗方面,这些在《魏书·倭人传》中均有记载:

尊卑,各有差序,足相臣服。

下户与大人相逢道路,逡巡入草。传辞说事,或蹲或跪,两手据地,为之恭敬。

其俗,国大人皆四五妇,下户或二三妇。

诸国文身各异,或左或右,或大或小,尊卑有差。

这些上下、尊卑差别说明了邪马台国内部阶级制度的成熟和身份秩序的确立。

据《魏书·倭人传》记载,邪马台国有大人、下户、生口、奴婢4个等级。

大人阶层上至卑弥呼,下至官吏贵族,拥有无偿享受下户、生口、奴婢们创造出的财富特权。当他们出入宫室、走在街上遇到下户时,下户都会礼貌避让。讲话时,下户甚至要跪在地上。

下户是邪马台国的主要劳动力。他们有房屋,过着男耕女织的生活(这在弥生住居遗址的发掘成果中得到了证明)。他们每年向国家缴纳租税,生活并不富裕,虽然也种植水稻,但还不够自家食用,穿班布、绵帛,富贵者则穿异文杂锦。"富贵者以锦绣杂采为帽"[1],而下户只能"以木绵招头"。下户在贵族面前就像奴仆一样卑贱,"见大人所敬,但搏手以当跪拜"。贵族阶层有鞋穿,而庶民几乎都是赤脚。

关于生口阶级的属性问题,众说纷纭。有人认为生口是邪马台国派往国外学习先进技术的人,也有人认为生口是掌握技术的奴隶,还有人认为生口是俘

---

[1]《梁书·倭传》。

虏。中国的大多数学者都认可生口是奴隶这一观点。①关于"生口"的记载,不仅见于《魏书·倭人传》,《魏书·濊传》和"好太王碑"文中也均有记载:

> 其邑落相侵犯,辄相罚责生口牛马,名之为责祸。
>
> 残主困逼,献出男女生口一千人,细布千匹,跪王自誓,从今以后,永为奴客。

《魏书·濊传》和"好太王碑"文中记载的生口都与牛、马或细布有关,社会地位卑贱,基本上都是奴隶或俘虏,这一点非常明确。那么,邪马台国的生口是否也与上述濊国和百济的生口类似呢? 我们来看《魏书·倭人传》中的记载:

> 带方太守刘夏遣使送汝大夫难升米、次使都市牛利奉汝所献男生口四人,女生口六人,班布二匹二丈,以到。
>
> 台与遣倭大夫率善中郎将掖邪狗等二十人送政等还,因诣台,献上男女生口三十人,贡白珠五千,孔青大句珠二枚,异文杂锦二十匹。

邪马台国的生口不仅仅是外交上的赠礼,还用于奖励。例如:

> 其行来渡海诣中国,恒使一人,不梳头,不去虮虱,衣服垢污,不食肉,不近妇人,如丧人,名之为持衰。若行者吉善,共顾其生口财物;若有疾病,遭暴害,便欲杀之。

上述资料证明,邪马台国的生口社会地位很低,卑弥呼最初进献生口给魏国是和班布一起的,第二次台与进献生口是和白珠、异文杂锦一起的。但是据记载,邪马台国的生口除具备奴隶的特质外,还有其他方面的特质,那就是不能随意杀死他们,而奴隶是可以随意杀死的。卑弥呼死时,殉葬的奴隶达百余人,但没有生口殉葬。我认为不能随意杀死生口的主要原因是他们人数不多,并掌握有特殊的技能。在外交上,能作为一个国家赠礼的一般都是在国内有特色的东西,邪马台国的国王将生口作为第一等赠礼,表明生口不是一般的奴隶,而是拥有特殊技能的人。我认为这种人应该就是大和国时代的品部民的前身。

---

① 汪向荣:《邪马台国》,中国社会科学出版社1982年版。

二、倭国大乱

森严的等级制度和对下户、生口、奴婢的压迫必然会产生社会矛盾和斗争。具体表现为2次大乱相继发生。

《魏书·倭人传》记载，邪马台国的第一次大乱发生于男王统治末期，"其国本亦以男子为王，住七八十年，倭国乱，相攻伐历年"。《后汉书·倭传》中记载此次大乱发生在"桓、灵间"，《北史》《太平御览》中记载此次大乱发生在"灵帝光和中"。由此可见，第一次大乱大体上发生于160—170年间。《魏书·倭人传》记载，第二次大乱发生在247年，与第一次大乱间隔了七八十年。

关于这2次大乱，史学界也有不同的观点。有观点认为，动乱反映了部落族长间发生的激烈斗争；有观点认为，动乱是在倭国联合政权内部，部落国家间要求重组联合政权而发生的斗争；也有观点认为，动乱是分裂的各部落国家间的斗争，而邪马台国在长期的部落战争中取得胜利，部落首长卑弥呼成为女王；还有观点认为，动乱是外国势力的入侵。上述这些观点的共同点都是以邪马台国是一个部落国家或部落联盟国家为前提的。

前面讲过，邪马台国建国以后，统治者实施自上而下的专制统治，设立臣服于中央的各级行政机构，经常派遣巡察使监督地方官吏，考察官吏的成绩并实施赏罚。在这种严密的统治下，虽然不能说不会出现反抗中央的势力，但在统治者内部，发生全国性的反抗中央政权的大规模动乱是难以想象的。那么动乱是外国势力的入侵吗？我并不这么认为。《魏书·倭人传》中明确记载，"卑弥呼以死……更立男王，国中不服"，指出此次动乱的原因在于国内，并不是来自国外。《魏书·倭人传》中并未明确记载第一次动乱的原因，但记述了"倭国乱，相攻伐历年，乃共立一女子为王"。据此，无论如何也无法得出这次动乱是由于外国势力入侵的结论。从汉语语法上来看，文中的"乃"字是一个关键字，在这里应解释为"于是"。那么，这则史料翻译为现代汉语就是："邪马台国的男王统治了七八十年以后，国内发生动乱，相互之间经年征战，于是立了女王。"从译文来看，第一次动乱发生的原因就是在国内，完全看不出外国势力入侵的意思。既不是地方政权反抗中央政权的动乱，又不是外国势力的入侵，那么这究竟是一种什么性质的动乱呢？我认为在等级森严、存在阶级压迫的情况下，这应该是当时阶级矛盾激化的具体表现，是被压迫阶级向统治阶级表达不满的斗争。在斗争的具体过程中，完全存在下级官吏与贵族企图利用被统治阶级的力量来达到自己的目的，从而也参与了斗争的可能性。

从邪马台国建国到男王去世的七八十年间,国家政权的稳固和发展建立在对下户、生口、奴隶的残酷剥削之上。以下户为中心的被压迫阶级除日常的租税、劳役外,还要承担防御外国侵略的经济负担,再加上天灾,人民生活困苦,相继逃亡,不满的情绪与日俱增。因天灾而逃亡的记载见于朝鲜的《三国史记》:"倭人大饥,来求食者千余人。"①人民的不满在男王统治末期演变成骚乱,持续数年,事态逐渐变得严峻。为了缓和矛盾、稳定政局,统治集团一边采取武力弹压,一边召开会议,一致拥立卑弥呼为王。之所以拥立卑弥呼为王主要是因为她"事鬼道,能惑众"。在邪马台国,人们笃信鬼神。依据是:(1)弥生时代,九州北部的埋葬方式大部分为屈葬,将死者的四肢屈折,使遗体呈弯曲形状,应该是出于对死神的忌讳。(2)《魏书·倭人传》记载,举行完死者的葬礼后,"举家诣水中澡浴,以如练沐",这是去除污秽的习俗。此外,像"持衰"这一类习俗也是避开鬼神、祈求平安的举动。(3)邪马台国内部流行占卜,"其俗举事行来,有所云为,辄灼骨而卜,以占吉凶,先告所卜,其辞如令龟法,视火坼占兆"。20世纪七八十年代,占卜用的卜骨在壹岐的香良加美遗址中被发现。1977年发现了4件卜骨,是用鹿的肩胛骨做成的,上面有排列规则的烧灼斑点;1982—1984年发现的一件卜骨正面下方、中央稍偏左的部分有3个连续的圆形烧灼痕迹,背面左下方灼烧面积稍广,有4个圆形的灼烧痕迹。②这些都反映了当时的九州北部确实存在事鬼道、信鬼神的习俗。而卑弥呼应该就是占卜者中的最高权威。在一个人人笃信鬼神的社会里,人们受到愚昧又落后的思想的严格约束,神权在一定程度上比王权更有声望。卑弥呼就任王位是邪马台国统治集团在"相攻伐历年"的危机之际,利用神权守护王权的重要策略,使统治阶级的残酷剥削披上神的圣衣,慰藉和迷惑被压迫者,以使他们服从现实社会的压迫和剥削。果然,卑弥呼一就任就平息了动乱,政局再次恢复正常。但是,战乱的平息并不意味着矛盾的彻底缓和。这一点体现在卑弥呼严密的防卫上。她称王以后深居简出,"宫室楼观,城栅严设,常有人持兵守卫",这种森严的防卫不外乎是害怕人们的反抗。

以卑弥呼为首的统治集团利用剑和妖术又维持了70余年的统治。247年,卑弥呼于国内外矛盾日益尖锐之时去世。她死后,邪马台国又发生了新的动乱。从史书记载来分析,这次动乱的原因是反对新男王的继位。实际上是因为天国

---

① 《三国史记·新罗本纪》,伐休尼师今十年夏六月条。
② 木村几多郎:《长崎县壹岐岛出土的卜骨》,《考古学杂志》1979年第64卷第4期,第283—304页。

神灵的代言人——卑弥呼的死,导致笃信鬼神的邪马台国臣民突然失去了精神支柱,而男王又没有作为神代言人的权威,因此在人们心里,男王的就任无法给他们带来安宁。在对统治者严酷压迫的不满和反对男王就任的情绪下,部分地方发生了武力骚动。于是,中央的统治集团派兵镇压,"杀千余人"。与此同时,急忙变更此前拥立男王的决议,推举卑弥呼13岁的宗女台与为王,国内才再次恢复了平静。台与的威力不仅在于她是女性,而且她明显继承了卑弥呼"事鬼道,能惑众"的衣钵。这里的统治关系是宗教关系,卑弥呼和台与都是被宗教化的人,她们作为国王的同时,还是神的代言人。在人们心目中,她们是与神有直接联系的人,王权通过宗教起作用,宗教关系掩盖了阶级矛盾。

第四节　邪马台国与魏国的关系

一、东汉灭亡后的东亚局势

在东汉中期以后的中国,豪族地主随意吞并农民的土地,外戚、宦官争权夺利,官僚、贵族横行于世,社会危机日益严重。

东汉末期,发生了大规模的黄巾起义。虽然农民的奋起反抗最终被东汉政府和地方豪族镇压,但是东汉王朝的统治也从此一蹶不振,地方豪族乘机而起,占领土地自立为王,称霸一方。

在各地混战中,势力最强大的是曹操。196年,他迎汉献帝到洛阳,后又迁至许昌,挟汉献帝以令天下。220年曹操死后,其子曹丕废汉献帝,自称皇帝,改国号为魏,并占领了黄河流域和东北地区。

曹丕自称皇帝以后,221年,刘备在成都称帝,定国号为汉,俗称蜀。223年,刘备死后,其子刘禅继位,由诸葛亮统理一切政务。

222年,孙权自称为王(229年称帝),定国号为吴,定都建业(今南京),控制长江中下游和长江以南地区。中国进入魏、蜀、吴三国鼎立时期。

同一时期的朝鲜半岛也分为北方的高句丽、西南方的百济和东南方的新罗。其中,高句丽的势力发展最为迅速,不仅向南方扩张,在2世纪,甚至还入侵到了辽河沿岸。百济基本上和邪马台国一样,在1世纪末至2世纪初就已经建立了国家体制。国内等级分明,已经设有官僚机构,也征收租税。2世纪以后,百济主要向南方扩张,吞并马韩并将之纳入自己的版图,在3世纪已经完全占领了朝鲜半岛的西南地区。新罗在2世纪前半期也已经建立了国家体制。在百济和新罗之间还有独立的地方势力，即今朝鲜庆尚地区的六伽倻。

东亚局势对邪马台国既有利也有弊。有利的是东亚各国的政治、经济、文化都比较先进，邪马台国与之相比，各方面都有较大的差距。这些先进的国家成为邪马台国学习和模仿的对象。弊端是经常会受到来自强国的威胁，如果处理不当，一旦成为敌国，邪马台国就会腹背受敌，南有狗奴国，北有朝鲜半岛的各个强国。对外采取怎样的外交方针对于邪马台国来说是十分重要的国家大事。因此，1世纪末至2世纪初，从男王执政到卑弥呼女王统治前期，邪马台国一直谨慎采取睦邻友好政策。其间，除曾对朝鲜半岛东南部有过一次侵略外[1]，此后再未发生过类似事件，反而屡屡向大陆派遣使者开展睦邻友好外交。107年，男王帅升派遣使者前往东汉缔结外交关系；123年，派遣使者前往朝鲜半岛东南部主动请求讲和[2]；158年，又派使者前往新罗表达亲善之意[3]。

二、吴国孙权的外交攻势

三国时期的魏、蜀、吴三国中，属魏势力最为强盛，蜀和吴虽然实力不及魏，但在诸葛亮的策划下，于227年正式签订了盟约，表明今后"若有害汉，吴国伐之；若有害吴，则汉伐之"[4]。

孙权从即位开始便专注于从后方包围并攻击魏国，与蜀联盟，解决了后顾之忧以后，开始寻找海上的盟友。229年，孙权派张刚等人前往辽东地区活动。230年正月，派将军卫温、诸葛直率1万将士"浮海求夷洲及亶洲"。但是，由于亶洲"所在绝远，卒不可得至"，最终未能成功。[5]232年，孙权又派将军周贺、校尉裴潜由海路北上前往辽东，唆使魏国的辽东太守公孙氏背叛魏国。

辽东地区自东汉末期以来一直掌握在公孙氏的手中。辽东太守公孙度目睹了东汉末期政局混乱的局面，决定乘势自立为王。曹操称帝后，曾封公孙度为"永宁乡侯"。公孙度反驳道："我王辽东，何永宁也！"[6]将曹操赐予的印绶丢弃在兵器库里。公孙度死后，继位者表面上继续执行魏国的命令，暗地里却采取独立

---

① 《三国史记·新罗本纪》，祇摩尼师今十年四月条。

② 《三国史记·新罗本纪》，祇摩尼师今十二年二月条。

③ 《三国史记·新罗本纪》，阿达罗尼师今五年三月条。

④ 《三国志·吴书·吴主传》。

⑤ 《三国志·吴书·吴主传》

⑥ 《三国志·魏书·公孙度传》。

的方针。

228年,公孙渊夺位后,主动脱离魏国,意图称霸辽东及更远的地方。于是,孙权遣使撺掇公孙渊独立,此举正合公孙渊的心意。232年10月,公孙渊派使者前往吴国,提议与孙权一起从南北夹击魏国。孙权喜出望外,说道:"朕之得此……普天一统,于是定矣。"①

通过以上论述,我们可以看出吴国孙权想要通过外交战略来战胜曹魏。

三、魏国的外交战略

公孙渊与孙权的结盟令魏国十分震惊和愤慨,魏明帝立刻派遣使者前往辽东,指责公孙渊的行为是"厌安乐之居,求危亡之祸"②,并警告公孙渊若不改过,将以武力惩罚。魏明帝的警告使公孙渊不得不考虑脱离魏国、与吴联盟的利弊得失。当时,公孙渊与朝鲜半岛的高句丽等国有时会发生矛盾和战争,他感到后方不稳定,若魏国真的出兵惩罚,仅凭自己的力量很难抵御,而吴国距离遥远,力量也不够强大,"恐权远不可恃"③。于是,公孙渊不得不违背与吴国的约定,又表示对魏国忠诚。233年2月,公孙渊杀死吴国使节。魏明帝称赞公孙渊的"忠贞",并封他为大司马,"封乐浪公,持节、领郡如故"④。实际上,公孙渊对魏国表明"忠贞"只不过是权宜之计,魏国再次重用公孙氏也不能完全放心。

公孙渊违反盟约,杀害使节的行为令孙权非常愤怒,他立刻派遣使节前往隔海相望的高句丽,打算与之结盟袭击辽东。但是,高句丽拒绝与吴国联盟,并杀害了吴国使节,还将此事通报给了魏国。魏国担心发生意外,于是派兵驻扎在辽东南部以作警戒。

237年,公孙渊宣布独立,自称燕王,置百官,定年号为绍汉。燕国建立后,公孙渊立即开展了2项外交活动:一项是唆使鲜卑侵扰魏国北部国境;另一项是再次与吴国联盟,请求吴国派兵支援北伐。燕国的活动令曹魏非常恐慌。若不灭掉燕国,魏国必将受到来自汉、吴、燕、鲜卑四方的包围,这是非常严重的威胁。因此,魏国不得不从军事、外交方面对燕国展开攻势。军事上,由太尉司马懿亲自率兵征讨;外交上,联系高句丽等国协同夹击燕国。高句丽派主将率数千人予

---

① 《三国志·吴书·吴主传》。
② 《三国志·魏书·公孙渊传》。
③ 《三国志·魏书·公孙渊传》。
④ 《三国志·魏书·公孙渊传》。

以协助。与此同时,魏国秘密派遣刘昕、鲜于嗣渡海前往带方和乐浪两郡,对公孙氏任命的两郡官吏做策反工作,切断了公孙渊的后方。

238年六月,司马懿率4万将士到达辽东;七月,将公孙渊包围在襄平(今辽阳);八月,斩杀公孙渊,燕国灭亡。自此"辽东、带方、乐浪、玄菟悉平"[1]。魏国铲除了后患,长期断绝往来的辽东与朝鲜半岛之间的交通道路也终于畅通了。

消灭公孙氏以后,曹魏殷切希望东北国境今后能够长期稳定,因此非常积极地与邻国发展平等友好关系。对邪马台国热情的态度就是建立在上述战略思想的基础上的。

四、卑弥呼和台与的远交近攻政策

卑弥呼登上政治舞台后,为了巩固自己的地位,不仅需要和平稳定的国际环境,还迫切希望得到国际支持。于是,她从即位开始就完全继承了前任男王确立的睦邻友好政策。173年五月,卑弥呼遣使至新罗,对朝鲜半岛南部的国家表达了友好和诚意。由于正确践行了睦邻友好的外交政策,从1世纪末至3世纪初的百余年间,邪马台国取得了长足的进步和发展,大陆先进的文物制度、生产技术和器具不断传到九州北部地区。邪马台国的统治者结合国情效仿大陆国家,在政治上,设置了自上而下的一系列官僚机构,实行租税制度,强化军队装备。在生产领域,使用金属工具,推广先进的农耕技术,由此邪马台国成为日本列岛上比较强大和隆盛的国家。

自3世纪初起,由于国际环境的变化和国力的增强,卑弥呼女王改变了以往的外交政策,开始采取远交近攻的政策。

3世纪初以后,邪马台国周边相继出现了能与之对抗的强国。南有狗奴国,隔海相望的朝鲜半岛南部地区逐渐被新罗压制,东部的畿内地区有前大和国崛起。在这样的局势下,邪马台国东、南、北三面都受到来自强国的威胁。在这3个强国中,直接构成威胁的是狗奴国和新罗。狗奴国长期与邪马台国不和,卑弥呼执政期间,狗奴国男王卑弥弓呼时常武力侵犯邪马台国,使邪马台国的南部边境经常处于紧张状态。201年,在朝鲜半岛南部,伽倻国在新罗的威胁下与之讲和。212年,伽倻国将其国王子作为人质,向新罗表明忠诚,因此邪马台国与伽倻诸国的紧密关系受到明显影响。对邪马台国来说,伽倻地区的局势变化不仅带来了经济上的损失,而且就政治和军事层面的影响而言,随着新罗势力的南进,邪马

---

[1] 《三国志·魏书·公孙渊传》。

台国面前突然出现了一个经济和军事实力都比自己强大的封建制国家,使之处于腹背受敌的不利地位。

那么,如何消除这种腹背受敌的形势就成为邪马台国面临的严峻外交课题。从3世纪初开始,邪马台国曾尝试通过武力改变现状。《三国史记·新罗本纪》记载,208—294年,常年有战争(见表4-1)。但战果并不可观,陷入窘境的邪马台国的统治者自然开始想办法疏通与中国的关系,非常希望通过中国来牵制朝鲜半岛各国的势力,缓和对自己的威胁,从而可以抽出精力应付狗奴国。但是,曾经极为隆盛的东汉帝国也处于严重的社会危机之中,已经是徒有虚名。这使邪马台国取得东汉支援的希望化为了泡影。魏国成立后,由于通往洛阳的道路不便,邪马台国无法立即疏通与魏国的关系。当时,公孙氏盘踞辽东,势力甚至波及朝鲜半岛,涵盖了汉朝在朝鲜设立的乐浪郡及其以南的带方郡。《三国志·魏书·韩传》记载,带方郡成立后,"倭韩遂属带方"。虽然不能据此断定邪马台国与公孙氏压制的带方郡产生了联系,但从当时邪马台国所处的境遇来分析,也不是没有这种可能。因为这种联系有利于缓和邪马台国孤立的窘境。魏国平定公孙氏后不久,邪马台国马上向洛阳派遣了使节。

表4-1　208—294年朝鲜半岛发生的战争

时间	事件
208年四月	倭人犯境
232年四月	缓人困金城,溃败
233年四月	倭兵寇东边
233年七月	倭人与新罗兵敌于沙道
249年四月	倭人杀舒弗邯于老
287年四月	倭人袭一礼部房千人
289年五月	倭兵至
292年六月	倭兵攻陷沙道城
294年夏	倭兵攻长峰城

239—247年的8年间,邪马台国与魏国的交流多达7次。其中邪马台国向魏国(包括带方郡)4次派遣国使,魏国向邪马台国3次派遣国使。平均每1年零2个月就有一次国使交流,如此频繁的交流在古代中日关系史上实属不多见。

邪马台国第一次派遣使节是在239年(景初三年)六月①。卑弥呼派遣大夫难升米、都市牛利等人作为国使先前往带方郡,请求谒见魏帝。十二月,太守刘夏派遣官吏专门护送难升米一行人到达洛阳。当时魏明帝已经去世,幼帝齐王在位,但实权掌握在曹爽、司马懿手中。曹爽和司马懿都是深谋远虑的政治家、军事家,他们非常热情地接待了邪马台国的使者,封卑弥呼女王为"亲魏倭王",并授予金印紫绶。魏国只授予过2人这样的尊称:一位是在229年十二月授予的大月氏王波调,称他为"亲魏大月氏王";另一位就是卑弥呼。由此可以充分看出魏国对邪马台国的重视。此外,还封难升米为"率善中郎将",封都市牛利为"率善校尉"。"率善中郎将"这样的称号除授予过难升米外,只在231年四月授予过鲜卑附义王轲比能,称他为"护匈奴中郎将"。

240年正月,魏国使节梯俊等人奉诏至邪马台国,向卑弥呼女王献上金印紫绶。

243年十二月,卑弥呼派遣大夫掖邪狗等8人前往魏国,向魏国赠送了生口、倭锦等回礼。魏国封掖邪狗为"率善中郎将"。

245年,魏帝赐给难升米黄幢,命令带方郡派遣使者前往授予。

247年,邪马台国与狗奴国之间发生武力冲突,邪马台国派遣使节载斯乌越等人前往带方郡,请求魏国支援。魏国迅速派塞曹橡史张政持国书前往邪马台国,从道义上表示支持。张政到达日本时,正赶上卑弥呼女王去世和新女王台与继承王位。于是,张政既是吊唁使,又是祝贺使,这样一来,邪马台国的威信大增。张政归国时,台与还组织了20人的使节团欢送。

上述史实证明,魏国特别重视邪马台国,给其国王和使节的待遇远远超过其他东亚各国。同时,这也证明了邪马台国的远交近攻政策在一定程度上取得了成功。

第五节　前大和国的发展和邪马台国的没落

一、前大和国的发展

我们在第三章详细分析了畿内地区的生产力水平和生产关系的变化,承认

---

① 关于邪马台国第一次遣使的时间,《魏书·倭人传》中记载"景初二年六月"。有学者认为"景初二年"是"景初三年"的误记,我也赞同这种观点。

在弥生中晚期,压制整个畿内地区的地域国家——前大和国已经成立。3世纪中叶以后,前大和国的发展变得更快。迅速发展的原因有2个:第一,畿内地区各小国的分裂状态宣告结束,在前大和国的统一指导下生产取得了发展;第二,畿内地区同时吸收并消化了中国的北方文化和长江中下游流域文化。虽然前大和国主要是通过九州北部间接吸收中国的北方文化,但也不能排除通过朝鲜半岛直接吸收的可能性。根据安乐勉的研究,弥生中期以后,朝鲜半岛与日本的交流可能有3条路线:(1)金海→对马中部→浅茅湾→对马南部豆酘→壱岐西海→唐津;(2)朝鲜半岛→对马北部鳄浦→东海岸南下→壱岐→博多湾;(3)朝鲜半岛→对马北部→冲岛→濑户内海。如果确实存在第三条路线,那么畿内的前大和国极有可能通过这条路线与朝鲜半岛直接联系,对长江中下游流域文化的输入和吸收应该是通过九州南部,经由濑户内海进行的。

前大和国以其固有的文化发展为基础,又吸收了中国南北两大文化流派,为其生产力的发展带来了惊人的变化,国力日益增强。3世纪末和4世纪初,前大和国已经成为日本列岛上实力最强盛的国家。这种实力强盛的具体象征为古坟的出现。大型古坟的出现是以能够组织庞大劳动力的政治权力、建筑工程技术的进步和铁器工具的大量使用为前提的。

关于古坟的成立时期众说纷纭。有观点认为是3世纪中叶出现的[1];有观点认为是3世纪末或4世纪初出现的[2];也有观点认为进入4世纪以后,古坟迎来了繁荣期[3]。尽管意见还未统一,但各学者在3世纪末或4世纪初日本就已经存在古坟这一点上是一致的。作为一种墓葬制度,这绝不是突然形成的,而是经过一定的时间演变而来的。有学者强调外来因素,认为古坟是突然出现的。当然,这种全新墓式的出现肯定会有外来因素的作用,但如果内在因素不适合,那么也无法发展。因此我认为古坟发展的内在因素是前大和国生产力水平的提高。前大和国生产力水平的提高在弥生前期古坟的陪葬品中可以得到证明。弥生前期古

---

① 甘粕健:《方形周沟墓的研究》,直木孝次郎编:《日本历史2:日本国家的形成》,学生社1971年版。

② 直木孝次郎:《大和政权的成立》,直木孝次郎编:《日本历史2:日本国家的形成》,学生社1971年版;小林行雄:《同范镜古坟年代研究》,《考古学杂志》1953年第38卷第3期,第169—198页。

③ 杉原庄介:《日本农耕社会的形成》,吉川弘文馆1981年版;大冢初重:《古坟的变迁》,近藤义郎、藤泽长治编:《日本的考古学4:古坟时代上》,河出书房新社1966年版,第39—100页。

坟的陪葬品由铜镜、玉器、兵器和生产工具组成,铜镜除部分是汉代中晚期的以外,基本上都是在日本制造的三角缘神兽镜。京都府的大冢山古坟、奈良县的佐味田宝冢及新山古坟等的陪葬铜镜数量都在30件以上。兵器陪葬品有大刀、剑、铁镞等,其中值得关注的出土品是短甲和胄。大阪府紫金山古坟中除出土了约80把陪葬刀剑以外,还发现了革缀短甲。京都府大冢山古坟出土了300把刀剑。①至古坟前期末,陪葬品的数量更多,例如大阪府黑姬山古坟出土了24件短甲、11件冲角付胄、13件眉庇付胄。此外,大阪府七观古坟出土的陪葬刀剑达300件,旗冢古坟南、北、中央3处出土的铁制品总数也达3000件。陪葬的生产工具有铁镰、斧、刀、铊、锥、凿等。仅从这座古坟北侧出土的铁斧就有134件,铁镰有201件,锯有7件,凿有90件。如此大量的铁器陪葬品恰恰说明了铁器制造业的繁荣和铁器工具的普及。这些铜镜、玉、武器和生产工具的集中陪葬也说明了生产关系的变化。在弥生晚期,是否有陪葬铜铎的权利及铜铎数量的多少是评定前大和国国王权威的标志,发展到古坟时代前期,评定国王权威的标志则变成了陪葬品中是否有镜、玉、剑、胄和大量生产工具。在弥生时代,国王主要通过祭祀,即通过神来保障自己的统治地位。而现在,为了保障自己的统治地位,除了利用神的威严迷惑被统治者,还用武力、生产工具和土地去压制或约束被统治者。这些变化反映了社会思想意识的变革,也反映了国家统治制度的进步。

生产力的提高、农业和手工业生产的发展使前大和国的经济日益繁荣,为统治者建造大型古坟提供了物质基础。实际上,巨大的古坟本身就是统治者权威的象征,也是前大和国经济繁荣的标志。前大和国在这样的物质基础上开始了统一日本的事业。从古坟中出土的武器、甲胄等来分析,古坟埋葬的应该是前大和国国王、在统一日本的过程中立下战功的功臣,以及贵族和王室成员。

从古坟的分布和古坟内同范镜的分布状况来看,大概在4世纪末,前大和国先后向西统一了九州,向东统一了东日本的群马县和神奈川县一带。在这片广阔的地域内出土的同范三角缘神兽镜以大冢山古坟为中心,互相联系的古坟有39座,同范镜的种类多达36种。这种以畿内为中心、分布于各地的同范镜现象证明了畿内地区压制着九州和东国。5世纪初,古坟甚至还出现在东山、北陆、山阴、东北南部地区。

自前大和国统一九州和关东地区的4世纪末开始,日本历史上地域国家分立

---

① 樋口隆康:《山城国相乐郡高丽村椿井大冢山古坟调查略报》,《史林》1953年第36卷第3期,第289—291页。

的状态基本结束。随着领域的扩大,前大和国完成了其原有地域国家的使命,迈入大和国家统治时期。

二、邪马台国的没落

在前大和国势力发展的同时,邪马台国的势力逐渐衰弱,最终被前大和国吞并。

邪马台国的没落是各种因素综合作用的结果。但我认为根本原因有2个:一是东亚局势的变化导致国际支持力度减弱,二是国内统治中缺乏强有力的政治措施。

邪马台国一贯采取远交近攻的政策,以确保得到魏国的支持,缓和自己所面临的困境,得以与南边的狗奴国、北边的新罗相抗衡。《晋书》记载,263年,司马昭被任命为相国、晋公后,邪马台国仍然又数次派遣了使者。265年,晋武帝即位,次年,邪马台国又"遣使重译入贡"[①]。280年,晋武帝灭吴国,三国鼎立的局面由此宣告结束。但由于皇室和贵族的政治腐败,各谋私利,各自称霸,不久就制造出了"八王之乱",晋朝再次陷入分裂状态。边境地区的少数民族不堪忍受民族压迫,乘"八王之乱"蜂拥而起,自立政权。为了应对这种混乱的政治局面,蜀、魏、晋的统治者在朝鲜半岛建立殖民地,又日益陷入孤立和没落的境地。在这种情况下,邪马台国不得不中断与中国的往来。突然失去国际支持,使历来奉行的远交近攻外交政策也露出了破绽。随着前大和国的强盛,新罗和狗奴国的南北夹击之势愈演愈烈。

在这种严峻的局势下,如果邪马台国的统治者有政治对策,会利用九州北部丰富的资源,调动所属领域内贵族和人民的积极性,或许还能抵御来自东、南、北三面的包围和进攻,从而维持并巩固自己的统治,使邪马台国位列强国。但是,据《魏书·倭人传》,从卑弥呼就任到台与继位的整个统治期间,统治集团主要将"鬼神"作为统治的法宝来维持自己的统治。虽然这种通过思想在国内确保统治集团权益的做法在一定历史阶段内能起到一定程度的作用,但如果没有其他政治、军事上强有力的措施,很难维持国内的政治稳定,阻止外国的武力进攻。邪马台国走向没落的致命原因就在于此。

许多日本学者认为,日本的统一是从西向东推进的,九州北部的势力统一了畿内地区。我不认同这种观点。虽然《日本书纪》和《古事记》详细记载了神武天

---

① 《晋书·倭人传》。

皇东征的传说,但众所周知,那只是传说而已,可信度一贯存疑。如果将4世纪末畿内地区和九州北部的考古资料进行比较,可以明确看出当时畿内地区的发展水平确实在九州北部之上,九州北部的文化已经受到畿内文化的深刻影响。

邪马台国的没落与大和国的成立掀开了日本历史上的新篇章。

古代的日本

第五章

大和国的发展——倭五王时代

第一节 "好太王碑"中的倭国

大约4世纪末期,前大和国的势力发展到九州和关东地区。由此,日本列岛的主要地区得以统一,开始了大和国时代。

关于大和国(中国史书称"倭国")的记载最早见于中国南北朝的《宋书》。自266年邪马台国向晋朝进贡,到421年倭国王赞遣使到南朝宋的前后150余年间,日本列岛上的国家从中国史书上消失了。在这150余年间,中日关系中断的主要原因是中国政局的不稳定。对于日本自身而言,因为要全身心地巩固统一和统治,也无暇顾及与中国的联系。与中国的往来中断期间,大和国与朝鲜半岛各国间战争不断。这期间,反映大和国在朝鲜半岛活动的原始资料就是高句丽的"广开土王碑"(又名"好太王碑")和《三国史记》。高句丽的"好太王碑"文在永乐六年、九年、十年、十四年条中都提到了倭国。为了方便了解,下面将提到倭国的碑文全部列举于下:

> 百残、新罗,旧是属民,由来朝贡;而倭以辛卯年来,渡海破百残,□□新罗,以为臣民,以六年丙申,王躬率水军,讨伐残国。……逼其国城。残不服义,敢出迎战。王威赫怒,渡阿利水,遣刺迫城,残兵归穴,就便围城。
>
> 九年己亥,百残违誓,与倭和通。王巡下平穰,而新罗遣使白王云:倭人满其国境,溃破城池,以奴客为民,归王请命。太王恩慈,称其忠诚,特遣使还,告以密计。
>
> 十年庚子,教遣步骑五万往救新罗。从男居城至新罗城,倭满其

中。官军方至,倭贼退。自倭背急追至任那加罗从拔城,城即归服,安
罗人戍兵。拔新罗城,盐城,倭寇大溃,城内十九,尽拒随倭,安罗人戍
兵。……残倭溃逃。拔□城,安罗人戍兵。

十四年甲辰,而倭不轨,侵入带方界,和通残兵,□石城,□连船□
□□,王躬率往讨,从平穰□□□锋相遇,王幢要截盪刺,倭寇溃败,斩
煞无数。①

"好太王碑"文中关于上述倭国条目的解释,在学者间也有各种不同的看法,
其中对于"辛卯年"条目的见解最多。现在,中国、日本、朝鲜的学者对于"倭以辛
卯年来,渡海破百残,□□新罗,以为臣民"一句的解释有明显不同。

日本学者普遍认为"辛卯年"条目应当解释为:百残新罗旧是属民,由来朝
贡。而倭以辛卯年来渡海,破百济和□□、新罗,以为臣民。但是,朝鲜学者的观
点与此相反。他们认为日本学者的上述观点导出的结论是4世纪后半期,日本就
已经是一个统一的国家,统治九州北部,并且这个统一的国家还出兵百济、新罗,
获得胜利,在伽倻地区设立了"任那日本府"这一统治机构。朝鲜学者认为"任那
日本府"是虚构出来的。他们对于"辛卯年"条目的解释也与日本学者有明显不
同。1955年,韩国的郑寅普发表了《广开土境平安好太王陵碑文释略》。②他认为
"渡海"的主语是高句丽。1963年,朝鲜的金锡亨发表了《关于三韩三国的日本列
岛内分国》一文。③1966年,他又出版了《初期朝日关系研究》一书。他认为"倭以
辛卯年来,渡海破百残"一句中"渡海"的主语是倭国,"破"的宾语是百济。他还
特别提出碑文中的"倭"实际上是百济在九州北部建立的分国。百济为了防御高
句丽的进攻,于辛卯年动员九州北部的分国,意图缓和本国的危机。因此,辛卯
年来的"倭"是"为了故国,被动员而来的"。④继郑寅普、金锡亨之后,1966年,朝
鲜的朴时亨出版了《广开土王陵碑》一书,他对于"辛卯年"条目的看法和郑寅普
十分接近。他认为"渡海"的主语是高句丽,"破"的宾语是倭国,这段碑文应当解
释为:百残新罗,旧是属民,由来朝贡,而倭以辛卯年来,(高句丽)渡海破(倭)。

---

① 以上碑文抄录自吉林省考古研究所王健群所著的《好太王碑研究》(吉林人民出版社1984
年版)一书。
② 收录于井上秀雄、旗田巍编:《古代日本和朝鲜的基本问题》,学生社1974年版。
③ 收录于井上秀雄、旗田巍编:《古代日本和朝鲜的基本问题》,学生社1974年版。
④ 金锡亨:《初期朝日关系研究》,朝鲜社会科学出版社1966年版。

百残招倭侵罗,以为臣民。[①]

朝鲜学者的新观点在日本学者中引起了极大的反响,并纷纷质疑新观点。

1972年,李进熙出版了《广开土王碑研究》一书,对碑文中有争议的问题发表了自己的见解。他的观点总结起来有6点:(1)广开土王碑(即好太王碑)被再次发现是在1880年,当时还制作了双钩本;(2)酒匂景信将双钩本带回日本是在1884年2月以前;(3)酒匂景信制作双钩本时替换了碑文;(4)双钩本被带回日本后,在参谋本部,以横井忠直为中心的学者对碑文进行了解读和解释;(5)1900年前后,参谋本部为了掩盖酒匂景信替换碑文的事实,进行了"石灰涂抹作战";(6)之后不久,对碑面进行了第三次加工,参谋本部对"石灰涂抹作战"时出现纰漏的地方进行了修补。[②]日本学界对于李进熙的观点提出严厉批评,李进熙又针对这一批评进行了反驳。

中国学者一直埋头于"好太王碑"文的研究。他们以严肃的学风,经过缜密的考察,直到1984年才初次发表了研究成果。吉林省考古研究所所长王健群出版了《好太王碑研究》一书,针对长期以来引发争论的问题提出了自己的见解。王健群的观点总结起来有以下6点。(1)酒匂景信的"双钩加墨本"不是他自己制作的,而是从当地的拓工手上得到的。(2)将现在的酒匂本与碑文进行对照,尽管有些字句有误,但文字、字体、部位、点画等都尽量忠实于原碑,看不出故意替换的痕迹。(3)"倭以辛卯年来,渡海破百残,□□新罗,以为臣民"一句中的各个字在原碑中就是这样,这里没有做过修改。字形、点画也与原碑相同。(4)碑上确实涂有石灰,文字也有改动。但是,这是中国的拓工所为,也就是说,并不存在所谓参谋本部的"石灰涂抹作战"。(5)"倭以辛卯年来,渡海破百残,□□新罗,以为臣民"一句中"渡海"的主语是倭。"以为臣民"应当解释为"倭以百济、新罗为臣民"。从语法上来看并没有问题,但是"倭以百济、新罗为臣民"只不过是夸张的说法,历史上的事实绝不是这样。(6)从历史上来看,当时的日本还没有形成统一的政权,侵略百济、新罗的倭只不过是九州北部一带的海贼。也就是说,"以为臣民"只不过是一时的压制,并非国家间的统治关系。"任那日本府"也并不存在。[③]

王健群长期以来致力于碑文的研究,他的观点大多令人信服,但是我对"倭当时还没有形成统一的政权""侵略百济、新罗的倭只不过是九州北部一带的海

① 朴时亨:《广开土王陵碑》,朝鲜社会科学出版社1966年版。
② 佐伯有清:《研究史广开土王碑》,吉川弘文馆1974年版。
③ 王健群:《好太王碑研究》,吉林人民出版社1984年版。

贼"这2个观点实难苟同。我认为,为了批判日本军国主义建立的"任那日本府",就否定它的存在,甚至否定日本历史上确实存在过的统一的倭国(大和国)是非常不客观的。日本军国主义利用"好太王碑"文作为发起侵略战争的根据固然应该得到清算,但就算"任那日本府"不存在,已经统一的大和国是否也就不存在呢?入侵到朝鲜领域内的大和国军队是否也就变成了海贼呢?我认为统一的倭国在历史上是客观存在的。我在上一章详细论述了统一的大和国(倭国)在4世纪末就已经成立,这在考古资料中已经得到了证实,而且从《三国史记》和"好太王碑"文的记载中也可以看出倭国确实存在。《三国史记》中的记载表明倭国在朝鲜半岛的所作所为并不是出自杀人掠夺的海贼,而是谋略。倭国对百济采取友好政策,对新罗采取侵犯掠夺的武力政策,这种行为与"好太王碑"文中的记载基本吻合。在《三国史记》中,倭与百济结为同盟,在"好太王碑"文中,也是倭与百济结为同盟,我认为这是对抗高句丽和新罗的联盟。当然,尽管倭与百济联盟,但两国的目的有所不同。百济与倭结为同盟是为了对抗北边的高句丽,侵略南边的新罗;倭与百济结为同盟的目的则是占据朝鲜半岛南部的伽倻地区。虽然还不能肯定"任那日本府"一定存在过,但在相当长的历史时期内,倭国的势力在一定程度上对伽倻地区产生了影响,这一点是可以肯定的。

4世纪末至5世纪初,倭国在朝鲜半岛上的活动大体如下。

391年,大和国出兵渡海,进攻百济和新罗。393年,又出兵围攻新罗王城,与此同时,高句丽自广开土王即位以来,积极向南发展。392年,广开土王亲自率兵4万,攻陷了百济10余座城[1],还派使者前往新罗,新罗王将自己的侄子实圣作为人质送到高句丽[2]。因此,大和国的进攻受到了句丽势力的阻击。395年,高句丽王又出兵百济,占领了58座城和700个村庄。[3]高397年,百济迫于高句丽的压力,与大和国结为同盟,并将太子腆支送去作为人质。[4]399年,百济出兵与大和国共同作战,大和国进攻新罗,并且百济备好了军队准备北伐高句丽,但这事被新罗知道了,当时恰逢广开土王巡察平壤。新罗王立即派使者向高句丽王报告,"百济违誓,与倭和通","倭人满其国境,溃破城池,以奴客为民"。[5]400年,广开土王派出5万士兵协助新罗,从男居城到新罗城"倭满其中",高句丽一发兵,大和

---

① 《三国史记》,百济本纪辰斯王八年七月条。

② 《三国史记》,高句丽本纪故国境王九年条。

③ 《广开土王陵碑》,六年丙申条。

④ 《三国史记》,百济本纪阿莘王六年条。

⑤ 《广开土王陵碑》,九年己亥条;《三国史记·百济本纪》,阿莘王八年条。

国就迅速撤退,高句丽一直追倭兵到任那加罗从拔城。[1]《三国史记》记载,402—418年,百济和大和国之间使节频繁往来,关系非常亲密,但是大和国和新罗一直不和。402年,新罗实圣王将奈勿王子未斯欣作为人质送往大和国求和,但大和国仍然出兵入侵了新罗。大和国的侵犯受到了新罗军民的抵抗,大部分以失败告终。

总而言之,大和国曾试图在朝鲜半岛上扩张势力,但由于高句丽与新罗的联盟而屡屡受挫。

第二节　倭五王与中国南朝的关系

大和国成立后,不断向朝鲜半岛扩张势力;与此同时,中国也在经历战乱后重新走向统一。420年,南朝在南方成立。439年,北方实现统一,建立了北朝。由此,中国迈入了南北朝对峙的时期。

《宋书》记载,从南朝刘宋成立后的第二年开始,此后数十年间,大和国的5位大王相继与刘宋建立了外交关系。这5位大王就是赞、珍(弥)、济、兴、武,史称"倭五王"。许多学者认为,倭五王就是《日本书纪》中的仁德、反正、允恭、安康、雄略5位天皇。

关于倭五王的记载,《梁书》和《宋书》稍有不同,那便是关于赞之后的大王,《宋书》中记作"珍",《梁书》中记作"弥"。"珍"和"弥"究竟是两个人还是一个人呢?学者们对此有不同的意见。从文字方面来看,"珍"和"弥"二字在字形上十分相似,我认为有可能是刻板时出错,实际上"珍"和"弥"是同一个人。

大王赞遣使至刘宋是在421年,正是刘宋建立后的第二年。宋武帝刘裕欣然称赞赞"万里修贡,远诚宜甄"[2],并赐予爵号。425年,大王赞再次遣使入宋,并献上各种礼物,使臣为司马曹达。赞死后,其弟珍(弥)继承王位。438年,珍(弥)派遣使者到刘宋,自称"使持节、都督倭百济新罗任那秦韩慕韩六国诸军事、安东大将军、倭国王",请求得到刘宋的认可。宋帝仅授他为"安东将军、倭国王",又应大王珍(弥)的要求,封倭隋等13人"平西、征虏、冠军、辅国将军"的称号。第三个与刘宋建立外交关系的大王是济。433年,济遣使入宋请求通交,宋帝又封他为

①《广开土王陵碑》,十年庚子条。
②《宋书·倭国传》。

"安东将军、倭国王"。451年,宋文帝又加封大王济"使持节、都督倭新罗任那加罗秦韩慕韩六国诸军事","安东将军"的爵号照旧。此外,还应济的请求,授予另外23人军郡。济之后,其子兴继承王位,并于462年遣使到中国,宋朝授予他"安东将军、倭国王"的爵号。兴死后,其弟武继位。从赞到兴,4代大王虽然都与宋朝有过几次来往,但地位都不及高句丽。例如,462年,大王兴只得到了"安东将军、倭国王"的称号,但是第二年,也就是463年,宋朝授予了高句丽王"车骑大将军、开府仪同三司"的称号。因此,大王武为了使大和国得到刘宋的重视,并意欲借助刘宋的势力,在朝鲜半岛上重整旗鼓,特地于478年遣使入宋。向刘宋呈送的表文长达200多个汉字,表文内容如下:

> 封国偏远,作藩于外,自昔祖祢,躬擐甲胄,跋涉山川,不遑宁处。东征毛人五十五国,西服众夷六十六国,渡平海北九十五国,王道融泰,廓土遐畿,累叶朝宗,不愆于岁。臣虽下愚,忝胤先绪,驱率所统,归崇天极,道径百济,装治船舫。而句丽无道,欲图见吞,掠抄边隶,虔刘不已,每致稽滞,以失良风。虽曰进路,或通或不。臣亡考济实忿寇雠,壅塞天路,控弦百万,义声感激,方欲大举,奄丧父兄,使垂成之功,不获一篑。居在谅暗,不动兵甲,是以偃息未捷。至今欲练甲治兵,申父兄之志,义士虎贲,文武效功,白刃交前,亦所不顾。若以帝德覆载,摧此强敌,克靖方难,无替前功。[①]

接着他要求刘宋赐予他和高句丽长寿王一样的"开府仪同三司"和"安东大将军"等爵号。最终,刘宋授予了他"使持节、都督倭新罗任那加罗秦韩慕韩六国诸军事、安东大将军、倭王"的爵号。这是刘宋赐予倭五王的爵号中地位最高的。南齐时,又主动授予武"镇东大将军"的爵号。

在《日本书纪》的记载中,武是一个非常残忍的人。但是,从统一大业的全局角度来看,他在日本历史上也做出了非常大的贡献。至少,在他统治下的大和国政局稳定,生产也得到了发展。

埼玉县稻荷山古坟出土的铁剑上有铭文"获加多支卤大王",熊本县江田船山古坟出土的大刀上有铭文"获□□□齿大王",根据岸俊男的研究,两者为同一

---

① 《宋书·倭国传》

个大王,即武大王。[1]铁剑和铁大刀上的铭文表明武大王统治了从九州到关东的广阔地域。

第三节　倭五王统治下的日本

进入5世纪以后,大和国在积极开展与中国南朝的外交活动的同时,还将精力投入国内建设。大和国侵犯朝鲜半岛的目的主要是掠夺技术劳动者和生产资料。

倭五王统治下的大和国在内政上做了哪些事呢?可以概括为以下几点。

第一,建立了贵族阶级的氏姓等级制。氏姓是大和国大王赐予贵族和在统一过程中立功的功臣们的等级标志。赐予上层贵族"臣""连""宿祢""造"等姓,赐予地方贵族"直""君""首"等姓。氏姓成为各级贵族在政治、经济上的世袭特权依据,只有拥有氏姓的人才能担任各级官职。因此,关于氏姓的矛盾和斗争也时有发生。再加上权势变化、年代更迭,以及贵族家族子孙后代的增加等因素,5世纪中期前后,氏姓已经相当混乱了。大王济曾整理过一次氏姓。他在味橿丘进行"盟神探汤",用原始的刑法来判断氏姓的真假。这次整理之后,"氏姓自定",混乱状态得到了整顿。[2]

第二,在整理氏姓的同时,还整理完善了各级官僚机构。中央拥有"臣""连"氏姓的贵族分别掌管祭祀、军事和财政,在地方实行国、县、邑制。地方机构的首长大部分是在统一过程中归顺大和国的土著豪族。

第三,促进了农业生产的发展。进入5世纪以后,朝廷奖励治水和开垦,水田面积逐渐增大,耕地从平原发展到山间。《日本书纪》和《古事记》中常有"山田""浮田""板田""杭田"等的记载,由此可以看出开垦技术取得的长足进步。大王赞在位时,开垦了许多新田,仅感玖一处开垦的水田就达"四万余顷"[3]。与开垦相对应的是治水。"令诸国多开池沟,数八百之,以农为事。"[4]今大阪、奈良的很多地方还留有水利工程,山谷普遍挖有水池等。

---

① 岸俊男:《谜是如何解开的》,《历史与人物》1979年1月。

② 《日本书纪》卷13,允恭四年秋九月条。

③ 《日本书纪》卷11,仁德十四年十一月条。

④ 《日本书纪》卷6,垂仁三十五年十月条。

第四节　部民制

大和国在努力整顿国内、完善政治制度、发展生产的同时,还直接面临着如何统治劳动者,采取怎样的生产方式才有利于经济发展和政治稳定等重大问题。当时,摆在大和国统治者面前的生产方式有3种:一是集团奴隶劳动;二是学习中国,实行封建的生产方式;三是在经过较长时期发展而来的"部"的基础上,根据当时的实际需要再整理完善。从当时的具体条件来分析,第一种生产方式缺乏奴隶的供给,在大陆先进的生产方式不断传来的情况下,不利于促进生产力的发展。第二种生产方式虽然先进,但由于步入阶级社会的时间尚短,对于封建要素尚未充分发展起来的大和国来说明显是不现实的。与前2种生产方式相比,"部"这种组织形式相对具有优越性。第一,大和国统治者对于"部"的统治管理有一定的实际经验;第二,"部"有利于吸收大陆的先进技术,而且便于安置拥有技术的渡来人;第三,部民是按专业分编成不同的部,便于统治管理,生产者在单一的生产中,能够源源不断地创造出统治者所需的物质财富;第四,部民组织不破坏残留在原住民中的氏族关系,不改变各地豪强的私有土地和私有民,减弱了豪强势力对中央的对抗,有利于国家政局的稳定。大和国在这样的条件制约下,积极推进部民制。5世纪初,部民组织扩大到所有的生产领域。

由从事的生产范围来看,部民大体上可以分为3类:一是专门从事官僚机构中的事务,服务并守护王宫贵族的杂部,例如藏部、祭部、史部、舍人部、采女、隼人、虾夷人等少数民族组成的部都属于这个范畴;二是从事各种手工业产品生产的品部(伴部);三是专门从事粮食等农产品生产的田部。由于杂部、品部、田部的生产范围各不相同,社会地位也不同,互相之间产生了差异,即使在同类别的部中,情况也是错综复杂。

一、杂部

杂部所做的事情非常复杂。有些部的成员,如藏部、祭部、史部、舍人部、采女等的政治地位较高。藏部设有4级官职,下级成员分为物资收入和出纳,这些人一般由低级别者担任。史部主要由大陆移民中的知识分子组成,大部分在中央和地方的官僚机构中担任录史、史生等职位,属于下级行政事务官。①舍人部成员的 70% 出身国造、郡领家庭。另外 30% 虽然不是国造、郡领出身,但大部分也出身有位阶、有官职的家庭。采女的身份和地位也比一般的女性部民高,大多数出身地方豪族家庭。②隼人和虾夷人组成的少数民族部民身份最低,他们被迫做最严酷的苦役和出征作战,而且还可以被随意转赠或杀害。

二、品部

仅根据《日本书纪》中的记载,品部有百余种。③品部民由 3 种人组成:一是因犯法被降级的部民或俘虏。二是从大陆移民来的汉人和韩人手工业者。例如,462 年,大王武将百济来的一群技工分编成陶部、鞍部、画部、锦织部等,让他们集中居住在上桃原、下桃原、真神原 3 个地方。④471 年,又将 18600 多名秦民分编成 92 部,让他们从事养蚕和织绸工作。⑤三是居住在广阔地区的广大原住民。根据他们的地区特色,将他们分编成生产某一种产品的部。以上 3 种品部民的社会地位各不相同,地位最高的是从大陆移民来的手工业者,最低的是被降级的犯罪者,居住在广阔农村地区的原住民的地位介于两者之间。

品部民又分公有品部民和私有品部民。公有品部民由朝廷派遣负责官吏进行管理,私有品部民大部分受地方豪强的统治管理。

除被降级的犯罪者和俘虏外,各品部民都有如下 3 个特征。(1)他们可以结婚组建家庭。(2)他们大部分在农村集体居住,他们的生活主要靠从朝廷或领主那里得到一定的土地,自己生产维持生活所需的粮食和日常用品,但是朝廷和领主可以随时收回他们的土地。(3)他们必须定期或根据需要,向朝廷和领主缴纳自己生产的物品,以及服劳役。上述特征证明,无论是缴纳生产物品的品部民,还是负担劳役的品部民,他们的劳动都被明显地划分为 2 个部分,即不仅要在划分给自己的土地上进行必要的劳动以维持自己的生计,还要通过以劳役为主的劳动形式为朝廷和领主贡献剩余劳动。这种劳役劳动已经超越了奴隶制的剥削形式。

---

① 直木孝次郎:《古坟、部落与氏族》,直木孝次郎编:《日本历史 2:日本国家的形成》,学生社 1971 年版。

② 井上光贞:《大和国家的军事基础》,井上光贞:《日本古代史的诸问题》,思索社 1949 年版,第 99—184 页。

③ 太田亮:《日本上代的社会组织研究》,基部甲阳堂 1929 年版。

④《日本书纪》卷 14,雄略七年八月条。

⑤《日本书纪》卷 14,雄略十五年条。

三、田部

大和国有2种土地所有形式：一种是公有制，另一种是私有制。公有地包括中央直辖的屯仓、屯田、神田和各级官僚根据官阶大小被授予的封地，私有地包括王族私有的子代、名代和各地豪强贵族私有的田庄、私屯仓等。由于土地有公私之分，所以田部民也有公田部民和私田部民之分。

屯仓、屯田是国家所有的经济单位，包括储存土地、谷物的仓库和所属的田部民。屯仓是国家为防备不测而设置的，"收藏谷稼，蓄积储粮，遥设凶年，厚飨良客，安国之方，更无过此"①，由大王直接统治。屯田是各级政府机关掌握的公田。所谓"官司处处屯田"，即用屯田的收入作为各级官厅的费用支出。

屯田、屯仓的发展与农耕田的水利建设有着密不可分的关系。《日本书纪》《古事记》中有关治水和开垦的记载非常多。例如：

> 于倭国作高市池、藤原池、肩冈池、菅原池，山背国掘大沟于栗隈，且河内国作户刈池、依网池，亦每国置屯仓。②
>
> 使秦人服役，作茨田堤，及茨田屯仓。③

朝廷除直接治水和开垦以外，还利用自己的权威命令国造和县主割让肥沃的私有地献给国家，设置新的屯田、屯仓。

据史书记载，大化改新之前，共设置了90处屯仓。535年五月，安闲大王发出敕令，一次设立了26处屯仓。④

耕作屯田、屯仓土地的公田部民有被降级的犯罪者、来自大陆的移民，但大多数还是居住在农村的原住民。他们大部分成独立的一户，称为"田户"。田户被紧紧束缚于其所属的田部集团和土地，没有朝廷的命令，不得随意去往别处。公有田部民不仅可以自成田户，还会被编入户籍。⑤

《大化改新诏书》第四条记载，"罢旧赋役，而行田之调"⑥，说明在大化之前，

---

① 《日本书纪》卷18，宣化元年五月条。
② 《日本书纪》卷22，推古十五年七月条。
③ 《古事记》，仁德天皇条。
④ 《日本书纪》卷18，安闲二年五月条。
⑤ 《日本书纪》卷19，钦明元年八月条；钦明三十年正月、四月条；卷20，敏达三年十月条。
⑥ 《日本书纪》卷25，大化二年正月条。

对田部民广泛实行赋役制度。从史书来看,劳役主要有2种。一种是每年定期自带工具,在公田进行赋役劳动,这种称为"镢丁"。例如,534年设立的竹村屯仓就是在每年的春秋季节定期由镢丁进行播种和收割。"每郡以镢丁,春时五百丁,秋时五百丁,奉献天皇。"[①]另一种是临时被征用的劳役,主要用于宫殿、神社、陵墓等的建造。

5世纪初到大化改新,各个大王都建立了个人所有的名代、子代,综合起来有雀部(仁德)、稚樱部(履中)、蝮部(反正)、飞鸟部(允恭)、穴穗部(安康)、长谷部(雄略)、白发部(清宁)、三枝部(显宗)、石上部(仁贤)、小长谷部(武烈)、弟国部(继体)、勾部(安闲)、桧前部(宣化)、金刺部(钦明)、他田部(敏达)、仓桥部(崇峻)。[②]除此之外,还以各种名义为王后、王妃、王子建立了私有领地。

名代、子代的土地主要通过4种方式获得:第一,大王遣使臣随意占据并开垦的土地[③];第二,大王强制命令国造和地方豪强割让出的部分领地和部民[④];第三,地方豪强为了讨好王室,主动向王公贵族献上自己的私有地和部民[⑤];第四,犯法的豪族为了赎罪而献出的私屯仓和部民[⑥]。名代、子代所属部民的基本情况和劳动形式与公有田部民基本相同。

私有田部民基本上由3种人组成:第一种是豪强贵族所有的奴隶,他们没有人身自由,可以被没收、转移、买卖;第二种是民部、部曲之民,他们的劳动形式与公有田部民非常相似,从领主那里得到部分土地,以户为单位进行劳动维持自己的生活,而且在农忙期的春秋两季,男丁(镢丁)还要带着生产工具在领主的土地上劳动,女丁从事其他的杂务劳动;第三种是农奴,他们从领主那里借来耕地耕种,并向领主缴纳实物佃租。"有势者分割水陆,以为私地,卖与百姓,年索其价。"[⑦]这里的"卖"其实就是佃作的意思,"价"指的是佃租。从"大连等民部广大,充盈于国"[⑧]来分析的话,3种私部民中,民部(或部曲)的人数最多。

---

① 《日本书纪》卷18,安闲元年闰十二月条。

② 井上光贞:《大和国家的军事基础》,井上光贞:《日本古代史的诸问题》,思索社1949年版,第99—184页。

③ 《播磨国风土记》,宁乐遗文卷下。

④ 《日本书纪》卷18,安闲元年八月条。

⑤ 《日本书纪》卷18,安闲元年闰十二月条。

⑥ 《日本书纪》卷18,安闲元年四月、闰十二月条;卷17,继体二十二年十二月条。

⑦ 《日本书纪》卷25,大化元年九月条。

⑧ 《日本书纪》卷14,雄略二十三年八月条。

第五节　没有经历过奴隶制社会的日本

根据上述对部民的分析可知,根据当时生产资料的占有形式不同,有国家所有的公有制,也有官吏和豪强贵族所有的私有制。与生产资料的占有形式相适应,作为社会最基本的生产劳动单位——部与部民也分为公部民和私部民。而且无论是公部民还是私部民,其内部部民之间的社会地位和阶级性也呈现出多样性。所有的公、私部民基本上都有3种类型。[①]第一种是私有田部中的奴仆,杂部中的虾夷人、隼人等少数民族,公有田部和品部中的犯罪者、俘虏,他们没有人身自由,属于奴隶型部民。第二种是民部(或部曲)、屯仓、屯田中的部民,以及大多数品部民,他们有以下5个共同点:(1)可以拥有家庭;(2)拥有一定数量的生产工具;(3)每户能从朝廷或领主那里得到一定数量的土地,生产维持自己生活所需的物品;(4)定期向朝廷或领主缴纳一定数量的劳役和生产物品,而且以服劳役为主;(5)没有移居的自由,一生都与所分到的土地和所在的集团——部紧紧连接在一起,主人可以将他们连同土地一起赠送给他人。这些特征与恩格斯在《家庭、私有制和国家起源》一书中讲到的隶农的特征十分相似。这种既不是奴隶也不是农奴的隶农是农奴的先驱,是包含了封建生产方式萌芽的生产方式。因此,我将这种类型的部民称为"具有封建主义萌芽因素的隶农型部民"。第三种是农奴型部民,即公部民中的封民和私部民中的佃农。农奴型部民与隶农型部民的区别在于:农奴型部民每年向土地所有者缴纳实物地租和劳役地租,但以实物地租为主,这种地租形式使生产者的经济地位比隶农更加独立;虽然农奴型部民在人格上与隶农型部民一样,必须依赖领主,也与土地紧紧地束缚在一起,但隶农型部民是领主的直接私有物,而农奴型部民严格来说并不是领主的直接私有物,他们只是定期缴纳租税,服一定的劳役,领主对他们的生产活动没有更多的限制。

参照社会发展史的一般规律来看,隶农一般出现在奴隶社会的末期。但是,日本恰恰相反。1世纪末至2世纪初,从邪马台国成立开始,即进入阶级社会开始,隶农型部民就已经出现,并且逐渐在数量上占据主导地位。这一历史现象的

---

① 王金林:《日本古代部民的性质——兼论日本未经历奴隶制社会》,《历史研究》1981年第3期,第47—60页。

出现是由当时日本国内的条件和国际环境决定的,具体总结为4点。(1)奴隶的供给不足。世界历史证明,奴隶制的生存与发展依靠奴隶的劳动力,主要通过战争和掠夺获取。但是,日本进入阶级社会时,隔壁的朝鲜半岛在政治、经济方面的发展都超过日本。虽然大和国曾不断地对朝鲜半岛的国家发动战争,掠夺劳动力,但据史书记载,掠夺的劳动力人数非常少。大和国发起的战争大部分以失败告终,因此也就无法从国外获得大量奴隶。在国内,由于许多劳动者是带着自然血缘关系的残余进入阶级社会的,氏族关系的束缚使劳动者很难脱离集团成为奴隶。成为俘虏的虾夷人、隼人虽然被迫成为官僚、贵族的家仆,但人数并不多。由于大部分虾夷人和隼人的发展相对迟缓,自然血缘关系更加牢固,大和国统治者很难打破这种血缘关系,无法将他们单独作为奴隶处理。此外,由于货币经济发展迟缓,无法产生大量负债奴隶。(2)大量大陆先进技术和生产工具的传来迅速改变了生产状况。奴隶制生产方式不利于这些先进技术和生产工具的吸收,也不利于生产力的发展。(3)随着生产工具的进步,广阔低湿地和丘陵山谷的开垦使耕地面积迅速增加,劳动力的需求也相对迅速增加。但是,劳动力的增加量赶不上需求量,与奴隶制生产方式相比,采用更先进的生产方式有利于调动劳动者的积极性。(4)大量大陆知识分子的移居带来了先进的封建文化和与封建制有关的政治、经济制度知识,引起了大和国统治者的兴趣。大和国统治者始终企图让自己成为东亚的强国,这促使他们在政治、经济上都效仿大陆国家的治国之策,采用既符合当时的日本国情,又比较接近大陆国家生产方式的以隶农型部民为主体的管理方法。

通过以上分析可知,日本社会的发展没有经过典型的奴隶制社会阶段。原始社会瓦解后,在奴隶制度并不十分发达的情况下,日本直接进入了向封建社会过渡的历史阶段,这一过渡阶段历经几百年,直到大化改新才落下帷幕。

古代的日本

第六章

大化改新——日本封建社会的开端

第一节　大化改新以前的社会矛盾

5世纪期间,在倭五王的精心管理下,大和国取得了显著的进步,国内政局稳定,经济繁荣。由于积极开展与刘宋的外交活动,其国际地位也日益提高。

进入6世纪以后,在大和国自身生产发展和大陆封建文化的影响下,自古以来的生产关系和政治制度受到巨大的冲击,社会矛盾变得错综复杂。当时的社会矛盾具体体现在3个方面:一是占据中央要职的大氏姓贵族间的矛盾;二是地方豪强势力的发展和日趋严重的土地私有化;三是百姓、部民和统治阶级间的矛盾激化。

大氏姓贵族间的矛盾首先体现在继体大王死后的王位继承争夺上。以苏我氏为首的大氏姓贵族拥立钦明大王,在矶城岛金刺宫即位,以大伴氏为首的大氏姓贵族拥立安闲大王,在大和勾金桥宫即位,形成了钦明和安闲两朝对立的局面。这一对立一直持续到宣化大王死后才告终。[①]王位之争以后,苏我氏与物部氏之间又发生了争斗。苏我氏与物部氏之间的矛盾和斗争表面上是信奉还是反对佛教之争,实际上反映了统治集团内部的权力斗争。在这场权力斗争中,苏我氏占上风,并逐渐变得蛮横,引起王公贵族的不满。崇峻大王曾刺穿献上的野猪,说道"何时如断此猪之头,断朕所嫌之人"[②],发泄对苏我氏的不满。结果崇峻大王因此而蒙难,不久就被苏我氏杀害。

---

① 和田萃:《见濑丸山古坟的被葬者——关于"继体·明明两朝内乱"》,横田健一编:《日本书纪研究7》,塙书房1973年版。

② 《日本书纪》卷21,崇峻五年十月条。

　　地方豪族势力的发展体现在私有土地的扩大和不服从中央事件的屡屡发生。以伴造和国造为首的地方官僚贵族常常在自己的地方政权上，凭借地位和权力不断侵犯国有土地，并将之据为己有。"割国县山海林野池田，以为己财，争战不已。"[①]有些甚至吞并"数万顷田"[②]。私有土地的扩大和地方豪强势力的增强必然会使大和国的集权统治受到影响。以前遇到事情时，地方官吏一心服从大王的命令，而现在首先考虑的是自己的利益。例如，缴纳租税时，"臣连、伴造等，先自收敛，然后分进"[③]。534年，安闲大王派遣使者去河内地区选良田、设屯仓。使者选定了一块肥沃的水田，但这是地方豪强——味张的私有水田。虽然使者命令味张尽快献上水田，但味张断然拒绝。[④]

　　527年，筑紫国国造磐井发起武力叛乱。[⑤]这是地方豪强轻视中央的代表性事件。磐井的叛乱是地方势力对中央的反抗。磐井之乱波及今九州北部的福冈、大分、佐贺、熊本等地。磐井守住要塞，阻断了日本和朝鲜之间的交通，大和朝廷非常震惊。朝廷召开紧急会议商讨对策，最后决定派物部麁鹿火率兵镇压。面对强大的中央军的镇压，磐井继续抵抗，与中央军的交战持续了1年零3个月。虽然最后被镇压，但这次叛乱也动摇了大和王朝的集权统治。

　　进入6世纪以后，由于土地的私有化和生产水平的提高，大和国的生产关系也发生了变化。这种变化具体表现为日本列岛上出现的群集坟。考古发掘结果表明，群集坟的分布范围非常广泛，北自青森县，南至鹿儿岛县。其中具有代表性的群集坟是大阪的陶器千冢、信太千冢、高安千冢、冢原古坟群，兵库县的烧山古坟群，奈良县的鸟屋千冢，和歌山县的岩桥千冢，长野县的大室古坟群，等等。如表6-1所示，虽然地域不同，群集坟的规模大小也不相同，但总体来看，这些群集坟以小规模的圆坟为主，直径15米左右[⑥]。

---

① 《日本书纪》卷25，大化元年九月条。

② 《日本书纪》卷25，大化元年九月条。

③ 《日本书纪》卷25，大化元年九月条。

④ 《日本书纪》卷18，安闲元年七月条。

⑤ 《日本书纪》卷17，继体二十一年六月条。

⑥ 大冢初重：《古坟的变迁》，近藤义郎、藤泽长治编：《日本的考古学4：古坟时代上》，河出书房新社1966年版，第39—100页。

表6-1　群集坟的规模比较

群集坟	全古坟数/个	直径20米以上		直径10米以下	
		数量/个	占比/%	数量/个	占比/%
信太千冢(大阪府)	85	31	36	2	2
佐良山(冈山县)	116	7	6	39	33
乘附(群马县)	139	3	2	96	69

注:本表由笔者根据甘粕健《古坟时代的展开及其终结》(《日本的考古学5》,河出书房新社
　　1966年版,第389—454页)制作而成。

关于群集坟埋葬者的阶级属性问题,尾崎喜左雄认为建造古坟的阶层已经
扩及乡户的下层[1],近藤义郎认为在以"阶层性"差异逐渐形成的家长制家族中,
一座小古坟的建造在当时这一地区也处于上层[2]。我认为要判断群集坟埋葬者
的阶级属性应该从坟墓规模及其所需的劳动力,还有陪葬品等方面进行考察。
普通的群集坟埋葬的死者有几人或十几人,十几个人的群集坟大概需要花两三
个月的时间才能建好。[3]虽然群集坟中的陪葬品并不丰富,但反映了死者生前的
社会地位,从群集坟中发掘出的遗物有铁制农具和工具,此外还有刀、镞、短甲、
剑等铁制兵器。上述情况说明:(1)一座圆坟是一个父系家长制家庭的合葬墓;
(2)铁器已经相当普及,随着铁器生产专业团队的发展,农民可以从手工业者那
里直接获得铁制农具;(3)建造群集坟要花费两三个月的时间,因而在坟墓的建
造过程中,应该有家族间的互助;(4)被埋葬者已经拥有农耕工具和武器,表明他
们不仅仅耕作土地、负担租赋,还承担着参军戍边的义务。他们的社会地位远低
于巨大古坟中的死者,但又比部民中的奴隶型部民和隶农型部民要高。因此,我
认为他们由农奴型部民发展起来,是大化改新后班田农民的前身。

生产力的发展、生产关系的变化,以及统治阶级内部的矛盾和斗争动摇着古
老的政治制度和经济制度。若不实行新的改革,那么上层结构很难适应经济基
础的发展。在这种背景下,统治阶级内部的一支新生产关系的代表者开始登上
历史舞台,积极开展新的社会变革。

---

[1] 尾崎喜左雄:《古坟文化中出现的地域社会——毛野》,后藤守一等编:《日本考古学讲座》第
　　5卷,河出书房1955年版,第47—78页。
[2] 近藤义郎:《佐良山古坟群研究》第1册,津山市教育委员会1952年版。
[3] 《日本书纪》卷17,继体二十一年六月条。

第二节　圣德太子的功绩

严格来说,新的社会改革是从推古朝实施一系列新政开始的。

虽然推古朝只有短短36年,但它对日本历史产生了重大深远的影响。这一时期不仅出现了著名的思想家、政治家——圣德太子,而且他还实施了一系列的政治改革,为日本带来了一个具有划时代意义的局面。

圣德太子自幼接受良好的教育,曾在高丽僧慧慈、博士觉哿的指导下博览群书,大量吸收中国文化。在登上政治舞台的过程中,他目睹了社会矛盾的激化,虽然抱有强烈的政治改革愿望,但大氏姓贵族的傲慢,特别是592年苏我氏杀害崇峻大王的事件给了他巨大的冲击。他意识到在大氏姓贵族掌握朝廷大权的情况下,改革是不可能进行下去的。同时,削弱并除掉大氏姓贵族物部氏和苏我氏也十分困难。因此,圣德太子积极利用大氏姓贵族间的矛盾,首先依靠苏我氏灭掉了物部氏,而后进入了政权的核心。592年,推古女王即位。她立圣德太子为皇太子,"录摄政,以万机悉委"[①]。圣德太子决定利用自己"摄政"的权力实行改革。

圣德太子最早实行的政治改革是603年十二月制定的"冠位十二阶制"。日本和中国的史书中都有对这一冠位制实行情况的记载:

> 十二月戊辰朔壬申,始行冠位,大德、小德、大仁、小仁、大礼、小礼、大信、小信、大义、小义、大智、小智,并十二阶。(《日本书纪》)
>
> 内官有十二等:一曰大德,次小德,次大仁,次小仁,次大义,次小义,次大礼,次小礼,次大智,次小智,次大信,次小信,员无定数。(《隋书·倭国传》)

两国史书记载的内容基本相同,只是在十二阶冠位的排列顺序上稍有差别,《日本书纪》中的排序为"德仁礼信义智",《隋书·倭国传》则是按照儒教"五常"的惯例排序,顺序为"德仁义礼智信"。

"冠位十二阶制"不仅仅是以不同颜色的服装和冠帽来表示官位的高低,更

---

① 《日本书纪》卷22,推古元年四月条。

深层的意义是削弱世袭大氏姓贵族的势力。冠位的授予权掌握在朝廷的手中。冠位授予的主要依据是个人的才能和功绩，不看门阀，成绩优秀者就能晋升。这一措施有利于打破此前氏姓门阀的世袭制，强化皇室的权威。

圣德太子实行的第二项政治改革是制定《十七条宪法》。这是圣德太子吸收中国诸子百家思想的结晶。《十七条宪法》的条文中，直接引用收录的中国经典书籍多达 10 余种，有《诗经》《尚书》《礼记》《左传》《论语》《孟子》《韩非子》《韩诗外传》《孝经》《管子》《墨子》《庄子》《史记》《汉书》《文选》《说苑》等。《十七条宪法》是根据当时政治斗争的需要，以中国的诸子思想为模板，结合日本的具体情况制定的。条文内容自始至终贯穿着中国法家"明分使群"的思想和儒教的君臣父子这一严格的等级观念，规定了人与人之间不同的名分等级、社会地位和权利义务，明确规定了"国靡二君，民无两主，率土兆民，以王为主，所任官司，皆是王臣"和"君则天之，臣则地之"[①]这种不可逆转的等级和地位。

《十七条宪法》更加详细地规定了各级官吏的权利和义务，总结起来，即为臣者必治心、治身、敦教化、恤狱讼、擢贤良、尽地利、均赋役等。

治心：《十七条宪法》中规定，为臣者必须"无忤为宗""每事有信"，应当去除"不顺君父，乍违于邻里"的思虑。

治身：处身谋事应不忘"承诏必慎""以礼为本"，应当"绝忿弃瞋，不怒人违"，应遵守封建法律制度和道德规范。

敦教化：应当"背私向公"，若因私妨公，即"违制害法"，遇大事时应"不可独断，必与众宜论"。

恤狱讼：各级官吏应当"明辨诉讼""见恶必匡""明察功过，赏罚必当"，对于"谄诈者"必严惩，因为他们是"覆国家之利器，为绝人民之锋剑"，是国家大乱的源头。

擢贤良：《十七条宪法》指出"贤哲任官，颂音则起，奸者有官，祸乱则繁"，为了国家的长治久安，必须"事无大少，得人必治，时无急缓，遇贤自宽"。因此，应当弃旧俗，"为官以求人，为人不求官"。

尽地利、均赋役：各级官吏应节制对人民的劳役。"使民以时，古之良典。"冬季农闲期可以使用人民，但春季到秋季正值农耕和养蚕的季节，不得驱使人民。"不农何食，不桑何服。"出赋役时也不可越度。

在当时的历史条件下，圣德太子竟然能且敢于提出如此新颖的革新思想是

---

① 《日本书纪》卷 22，推古十二年四月条。

非常难能可贵的。这是日本历史上首次从理论上比较完整地明确叙述了君臣父子的等级制度,为大化改新建立统一的中央集权国家提供了理论基础。

圣德太子的第三大功绩是与中国建立了外交关系。《隋书·倭国传》记载,600年(推古八年,开皇二十年),倭王向隋朝派遣使者,隋文帝向使者询问了日本的风俗。使者公然答道:"倭王以天为兄,以日为弟。"[1]607年,小野妹子作为使节入隋请求邦交。带来的国书上写道:"日出处天子致书日没处天子,无恙。"[2]次年,隋炀帝遣裴世清送小野妹子回日本。裴世清归国时,小野妹子又受命前往中国,还带了8名留学生和学问僧随行。这次的国书写道:"东天皇敬白西皇帝。"[3]

614年,圣德太子又派遣了犬上君御田锹作为国使出使隋朝,同行者中有留学生和学问僧。

倭五王时代,倭王皆自称中国王朝之臣,积极要求中国的册封,以成为中国王朝的诸侯国为荣。然而圣德太子一改前例,"以天为兄,以日为弟",与隋朝皇帝并肩,自称"日出处天子""东天皇",称隋朝皇帝为"日没处天子""西皇帝"。不得不说这是外交政策上的一种质的变化。

圣德太子不仅为日本经济的发展、文化的繁荣做出了贡献,而且上述3项功绩都名垂青史,对以后的日本历史发展产生了深远的影响。

第三节　中大兄皇子的抱负

圣德太子的改革在移植引进大陆的先进文化、提高皇室地位、强化中央集权、提升日本在古代东亚的国际地位等方面都取得了显著的效果。但是,由于圣德太子的改革主要着眼于上层结构的改革,没有触及经济基础和部民制度,因此不能从根本上打击世袭大氏姓贵族集团。622年圣德太子去世,628年推古天皇去世,"推古朝改革"也随之流产。于是,朝政大权又被大氏姓贵族苏我氏握在手中。苏我氏随意打压和杀害王族,借其权势大兴土木,强迫人民服劳役,使社会各阶级的矛盾进一步激化。此外,天灾频繁发生,田地荒废,生产力被严重破坏。

---

① 《隋书·倭国传》。

② 《日本书纪》卷22,推古十二年四月条。

③ 《日本书纪》卷22,推古十六年九月条。

百姓或饿死或逃亡或结伙当了盗贼。[①]距离中央遥远的虾夷人甚至还发起了武装反抗。

日本国内矛盾屡次产生的同时,中国却变得更加强盛,朝鲜半岛上的新罗也异军突起,对日本形成无形的压力。日本统治者不得不探寻新的发展道路。

在这样内忧外患的局势下,怀着振兴日本这一雄心壮志的青年——中大兄皇子登上了历史舞台。

中大兄皇子成长于动乱的时期,他目睹了苏我虾夷和苏我入鹿的傲慢,亲身体会了苏我氏的冷酷,对苏我氏的无法无天一直心怀不满。之后,他与中臣镰足结识,两人意气相投,决心开始政治改革。

中臣镰足自幼好学,博览群书,深受中国封建思想的影响,为人忠实。他对苏我氏"失君臣长幼之序,挟窥觊社稷之权"[②]的做法感到非常愤慨,决心不在苏我氏翼下为官。644年,他被任命为神祇伯,却称病拒绝。他先是罹患了当时的一种足病,与不满苏我氏的轻皇子结识,后又与中大兄皇子成为好友,两人一起研究中国的经典书籍,一起拜留学隋唐后归国的南渊请安为师,学习隋唐的封建制度和唐朝统治者为巩固封建统治而采取的有力措施。他们结合日本国情研究对策,决定铲除大氏姓贵族苏我氏的专权,学习中国实行中央集权统治。

为了实现自己的抱负,中大兄皇子和中臣镰足秘密为发动武力政变做了各种准备,他们首先找到了苏我氏内部的同盟者——苏我仓山田石川麻吕。中大兄皇子通过中臣镰足的介绍,娶了仓山田石川麻吕的女儿为妃,结为姻亲关系,又将担任宫廷警卫的军事氏族佐伯连子麻吕、稚犬养连网田、海犬养连胜麻吕等人拉入自己麾下。政变之前,还得到了阿倍内麻吕等朝廷重臣的默许,一切都准备就绪,只等下手的机会。[③]

645年六月十二日是朝鲜半岛各国使者向日本朝廷送交礼品的日子。正是这一天,中大兄皇子等人发起了宫廷政变,斩杀了苏我入鹿。其父苏我虾夷不得不在自己家中放火自杀。苏我氏手下的兵也相继丢剑弃弓投降。

宫廷政变的成功为实施社会变革创造了条件。

六月十四日,轻皇子继位,称孝德天皇,改年号为大化,立中大兄皇子为皇太子。

---

① 《日本书纪》卷22,推古三十四年是岁条。

② 《日本书纪》卷24,皇极三年正月条。

③ 直木孝次郎:《天智天皇》,《人物日本历史1》,小学馆1975年版。

646年正月，孝德天皇发布《改新诏书》，宣布废除皇室、豪强对土地和人民的私有制。皇室的屯仓和部民、豪族的田庄和部曲全部变成"公地公民"，废除世袭氏姓贵族制度，确立中央集权的官僚政治体制。废除古老的赋役制度，实施"班田收授法"和"租庸调制"。

通过大化改新一系列改革，日本社会发生了根本性的变化。为了说明大化改新以后日本社会发生的质的变化，我认为有必要从政权结构、班田制和阶级结构的变化等方面进行更深入的剖析。

第四节　政权结构的变革

建立中央集权的官僚政治体制来取代世袭氏姓贵族制度是大化改新的主要目标之一。在大化改新之前，圣德太子派到隋唐的留学生、学问僧相继归国。他们在中国期间，亲眼见证了中央集权的稳固和统治制度的完善。因此，他们一回国就极力主张与中国经常交流，并称赞唐朝的集权统治，说道"其大唐国者，法式备定，珍国也"[1]。留学唐朝的学生，如僧旻、高向玄理等都成为大化改新的中心成员。大化改新期间推出的许多法令和制度大部分都出自他们之手。他们参考唐朝的《武德令》《贞观令》，结合日本固有的习惯法进行研究，加以应用。

根据井上光贞的研究，日本积极吸收中国的政治和法律制度，大体上可以分为3个阶段：第一阶段是部分片段式的吸收时期，主要是在圣德太子制定《十七条宪法》之前；第二阶段是全面系统的吸收时期，这一阶段始于推古朝，大化时期最为鼎盛；第三阶段是日本律令成立的时期。[2]第二阶段时，主要依据唐令发布了许多单行法令，例如官僚制、公民制、郡县制、租税制、良贱制等。到了第三阶段，在完全消化了唐代律令知识的基础上，编纂了独特的成文法。日本最初的法典是671年制定的《近江令》，之后是681年编纂的《净御原朝廷令》和701年编成的《大宝律令》。718年，又在《大宝律令》的基础上，增补修订了《养老律令》。

从天智天皇开始编纂《近江令》，到《净御原朝廷令》《大宝律令》《养老律令》颁布的整个过程，反映了日本的封建国家体制逐渐走向完备的过程，证明日本已经是一个法律较为完备的中央集权国家。

---

① 《日本书纪》卷22，推古三十一年七月条。
② 井上光贞：《日本律令的成立及其注释书》，《日本思想大系3：律令》，岩波书店1977年版。

　　大化改新以后，日本以唐代的中央集权官僚体制为范本，创造性地建立了自己的官僚体制，确立了以天皇为中心，上自朝廷、下至各村的统治网。各级官吏都按严格的品位制等级任官，其职责和权限都有明确规定。在当时的东亚地区，拥有如此庞大又精密的官僚统治系统的国家，除了中国，就只有日本。

　　日本的中央集权官僚体制包括品位制和官位制。这些基本上都是吸收唐代的官品制而建立的。

　　日本的位阶最早是圣德太子制定的"冠位十二阶"。大化三年（648年）改为十三阶，大化五年（650年）改为十九阶，天智三年（664年）又增至二十六阶。天武年间制定的《净御原朝廷令》，将亲王、诸王的位阶和诸臣的位阶分设，亲王、诸王设十二阶，诸臣设三十二阶。日本正式实行品位制是在《大宝律令》制定以后。《大宝律令》和《养老律令》中的品位制度规定亲王分四品，诸王、诸臣分三十位。亲王的四品制继承了推古朝以来实施的冠位制的传统，诸王、诸臣的三十位制完全效仿了唐代的《贞观令》《永徽令》《开元二十五年令》中的品阶制。只不过唐代的正九品在日本被改成了大初位，从九品被改成了少初位。

　　品位是官僚制的根本，没有品位的人很难进入官界，品位的高低又是任官高低的依据，高位者任高官，低位者任低官。严格的官僚阶梯将统治阶级内部划分为上下尊卑。

　　大化改新以后，日本的中央政权机构实行二官八省一台制。这种设置也是参考了唐代的中央政权机构的设置。唐代实行三师三公三省六部制，皇帝之下设三师（太师、太傅、太保）、三公（太尉、司徒、司空），再往下有尚书、门下、中书三省，尚书省统辖管理吏、户、礼、兵、刑、工六部。日本的二官八省一台制的核心是太政官制。在唐代，皇帝的诏敕由中书省负责起草，门下省进行审核并再次上奏，尚书省执行。因彼此有重复，日本就将门下、尚书两省的职责合并，建立了太政官制。诏敕的起草等事宜归属太政官下八省之一的中务省，门下省的部分事务也归到中务省。此外，根据日本固有的传统信仰，还设置了与太政官并列的神祇官，职责类似于唐代三公掌握的祭祀权和礼部的祭享权。左右大臣之下设置了大纳言一职，职责与唐代门下省侍中的职责十分相似。除上述各官职外，其他中央各官职的职责与权限也基本上都是从唐代官制中引进的（见表6-2）。

表6-2 日本与唐代的品位制度比较

日本《大宝律令》《养老律令》		唐《开元二十五年令》
亲王	诸王、诸臣	品阶
一品	正一位 从一位	正一品 从一品
二品	正二位 从二位	正二品 从二品
三品	正三位 从三位	正三品 从三品
四品	正四位上 正四位下 从四位上 从四位下 正五位上 正五位下 从五位上 从五位下 正六位上 正六位下 从六位上 从六位下 正七位上、下 从七位上、下 正八位上、下 从八位上、下 大初位上、下 少初位上、下	正四品上 正四品下 从四品上 从四品下 正五品上 正五品下 从五品上 从五品下 正六品上 正六品下 从六品上 从六品下 正七品上、下 从七品上、下 正八品上、下 从八品上、下 正九品上、下 从九品上、下

日本中央官职

太政大臣　师范一人,仪形四海,经邦论道,燮理阴阳。

左、右大臣　统理总务,举持纲目,总判庶务,弹正纠不当,兼得弹之。

式部卿　内外文官名帐、考课、选叙、校定勋绩,论功封赏。

民部卿　诸国户口、名籍、赋役。

治部卿　本姓、继嗣、婚姻、祥瑞、丧弃、赠赙、国忌、诸蕃朝贡等。

兵部卿　内外武官名帐、考课、选叙、位记、兵器等。

大藏省　掌出纳,诸国调及钱、金银等。

刑部卿　鞫狱,定刑名,决疑谳,囚禁、良贱名籍。

弹正台尹　肃清风俗,弹奏内外非违事。

唐朝中央官职

三师　训导之官,天子所师法。

三公　论道经邦,燮理阴阳。

左、右仆射　统理六官,纲纪庶务,总判省事,御史纠劾不当,兼得弹之。

吏部尚书　天下官吏选授、勋封、考课。

户部尚书　掌天下田户、均输、钱谷。

礼部尚书　天下礼仪、祭享、贡举。

兵部尚书　天下武官选授,及地图与甲仗。

大府寺卿　掌邦国财货。

刑部尚书　天下刑法及徒隶、勾覆、关禁。

御史台大夫　持邦国刑宪典章,肃正朝廷。

　　通过以上比较可知,大化改新以后,日本的中央官僚机构及其主要职责和权限基本上与唐朝的封建官僚机构及其职责和权限相同。单就这一点来说,可以总结出如下结论:(1)大化改新后的中央官僚机构与大化改新前相比,已经发生了质的变化;(2)统治机构的完备和精密程度已经达到了与唐朝一样的水平;(3)大化改新以后,国家的最高统治者是天皇。天皇不仅是国家财产的所有者,"有天下之富者朕也,有天下之势者朕也"[①],而且还是天神的弟弟,替神行道,掌握一切大权。天皇自称圣主的思想与中国皇帝自称天子的思想是一脉相承的,天皇与中国皇帝总揽大权的形式基本上也十分相似。因此,大化改新以后的中央集权天皇制本质上是一种以中国的封建王权为范本,又带有日本特色的新的政治制度。

第五节　班田制与均田制的比较

　　大化改新期间,新的统治者在确立中央集权统治的同时,对土地制度也进行了改革。大化二年(647年)的《改新诏书》废除了"处处屯仓""处处田庄",明确宣

---

① 《续日本纪》卷15,天平十五年十月条。

布所有的土地都是公有地,还宣布了班田收授法。"以收数田,均给于民。"①

关于班田制制定的目的及其内容、实施、崩溃的原因等,日本学者进行了深入研究。②我并不想通过这有限的篇幅去全面探讨班田制的问题,只粗略地对班田制和均田制的关系做个比较。

许多学者认为,班田制是受唐朝均田制的影响制定的,称唐朝的均田制为"班田制的母法"。但是,也有人持不同的观点,否定均田制对班田制的影响。持这种观点的有日本学者,也有中国学者。我主张均田制是班田制的母法,这一观点是在比较了唐代的田令和日本奈良时代的田令之后得出的结论。

根据《唐六典》《旧唐书》《新唐书》《唐会要》《唐律疏议》《唐令拾遗》等史书记载的唐令可知,唐朝的均田法共有39条。根据《养老律令》可知,日本的班田法共有37条。逐条比较就会发现其中的异同。

第一,班田令基本上照原样抄录了均田令中适应日本国情的条文全文。像这样的条文在班田令中共有11条,占班田令全部条义的29.7%,例如宽狭乡条、宅地条、授田条、竞田条等,有些是保留全文,有些是删除了几个字:

唐令

【宽狭乡条】其州县界内所部受田,悉足者为宽乡,不足者为狭乡。诸狭乡田不足者,听于宽乡遥受。

【务从便近条】诸给口分田,务从便近,不得隔越。若因州县改易,隶地入他境及犬牙相接者,听依旧受。

【授田条】诸授田,先课役后不课役,先无后少,先贫后富。

【竞田条】诸竞田,判得已耕种者,后虽改判,苗入种人;耕而未种者,酬其功力。未经断决,强耕种者,苗从地判。

养老律令

【宽狭乡条】凡国郡界内,所部受田,悉足者为宽乡,不足者为狭乡。凡狭乡田不足者,听于宽乡遥受。

【务从便近条】凡给口分田,务从便近,不得隔越,若因国郡改隶,地入他境,及犬牙相接者,听依旧受。

---

① 《日本书纪》卷25,大化二年八月条。
② 村山光一:《研究史班田收授》,吉川弘文馆1978年版。

【授田条】凡授田,先课役,后不课役。先无,后少。先贫,后富。

【竞田条】凡竞田,判得已耕种者,后虽改判,苗入种人,耕而未种者,酬其功力。未经断决,强耕种者,苗从地判。

第二,引用唐代均田令条文的基本原则,并根据日本国情进行了增减和修改。这样的条文在班田令中有16条,占全部条文总数的43.2%,例如均田令规定授田年龄为18岁以上,而在班田令中则规定为6岁以上。此外,虽然中、日田令都规定老弱病残者可授田,但授田额有所不同,均田令规定"老男、笃疾、疾病,各给口分田四十亩",班田令则规定为二段。均田令规定老人、残疾者、患病者死后,其分得的世业田可传与子孙耕作,但是口分田"则收入官,更以给"。日本班田令规定"若以身死应退田者,每至班年,即从收授",未达班年的则由其亲属暂代管理。关于妇女授田,班田令规定"凡给口分田者,男二段(女减三分之一)"。这一条在唐代均田令中并未见到,但与北魏的均田法十分相似。北魏的均田法规定"诸男夫十五以上,受露田四十亩,妇人二十亩"[①]。北魏时,妇女可以得到男子二分之一的田,而日本规定为三分之二。关于荒废地的佃作问题,唐代均田令十分简单地规定为"令其借而不耕,经二年者,任有力者借之",而班田令则有非常详细的规定,条文中明确规定:荒田的佃作必须得到官府的认可,佃作年限为私有田3年,公有田6年,佃作期满必须归还原主。开垦的公有田弥补了口分田不足的部分。地方官吏也允许佃作,年限以当地任官的年限为基准。

第三,均田令中不太符合日本国情的条文均未被引入班田令中。这样的条文在均田令中共有6条,其中4条是关于官吏的永业田和公廨田的规定,1条是关于道士和僧侣的规定,还有1条是关于工商业者授田的规定。由于这些条文都不符合日本的实情,所以都没有吸收采纳。关于工商业者的授田,唐代均田令规定"诸以工商为业者,永业口分田,各减半给之,在狭乡者并不给"。唐代的这项规定是基于唐代物资丰富、商业繁荣而制定的。但是,在当时的日本,虽说商业也取得了一定的发展,但无论是手工业者还是商人,他们大部分都以公民的身份入户籍,与家人一起接受口分田,没有必要制定新的条文。关于道士、僧侣的授田条文,均田令中规定"诸道士受老子经以上,道士给田三十亩,女冠二十亩,僧尼受具戒准此"。这项条文也不符合日本的实情,所以班田令没有采纳。日本虽然引进了佛教,但是一直没有引进道教,没有道士、女冠,所以也就更没有给他们授

---

① 《魏书·食货志》。

田的必要了。佛教僧侣的经济来源主要依靠国家赐予的寺田的收入,寺田不受班田令的限制,因此也没有必要在班田令中进行规定。

第四,班田令中还有独创的条文。这样的条文共有9条,占全部条文的24.3%。例如,关于土地的买卖,唐代均田令中规定,若百姓死亡或家境贫寒,可以卖掉永业田,若百姓移居他乡,可以卖掉口分田。日本班田令对土地买卖的限制非常严格,为防止土地私有化,规定绝对禁止土地的买卖、让渡,甚至还限制土地的租赁,规定不允许超过1年。园田和宅地在唐朝是公有地,不属于永业田,而日本则规定"凡给园地者,随地多少均给,若绝户还公",只要户籍存续,就可以永久私有。但在均田令中并未见到公田条,可见这是日本独创的。北魏、北齐时期,虽然曾对奴婢实施过授田制,但到唐代就取消了奴婢的受田资格。日本班田令规定奴婢受田"凡官户奴婢口分田,与良人同。家人奴婢,随乡宽狭,并给三分之一"。表面上看几乎与北魏均田令一样,但实际并非如此。北魏时,奴婢受田必须承担租税,而日本的奴婢属于"不课口",不用承担租税。政府分给奴婢的口分田归奴隶主所有。因此,拥有大量奴婢的贵族掌握的口分田也多,租税反而少。

比较分析上述内容可知,班田令基本上是以唐代均田制为范本,以日本国情为依据制定的中央集权土地所有制。在班田令73%的条文中都能不同程度地见到唐代均田令条文的痕迹。因此,我认为部分学者否定均田制对班田制的影响是不符合事实的。

作为国家土地制度,虽然班田制的实施时间不长,但从班田制施行到瓦解也大概持续了2个半世纪。严格来说,班田制真正实施也就只在7世纪中叶到8世纪的百余年间,而且施行班田制的地区主要集中在畿内及其周边地区。有学者认为班田制的实施时间短,推广地区有限,从而否定它的历史价值。这种观点也是非常不客观的。

如前所述,大化改新的矛头指向世袭氏姓贵族制度。为了彻底打破这一旧制度,大化新政权首先从旧制度赖以生存的经济基础进行改革,废除了部民制和土地私有制。新政权的上述措施有利于生产力的发展。在大多数部民变成公民,大片的私有地被国有化的情况下,迫切需要一种新的土地制度来代替旧的土地制度。适用于中央集权的唐代均田制自然成为大化新统治者学习的范本。暂且不说效仿唐代均田制的班田制是否完全适应日本国情,但从实施班田制,到743年发布"垦田永年私财法"的百年间,班田制守护了以天皇为中心的中央集权体制,激发了广大公民劳动的积极性,在发展生产、繁荣经济、推动历史前进等方面都起到了无法忽视的积极作用。

第六节　社会阶级结构的变化

大化改新以后,日本的社会阶级结构发生了变化,形成了由天皇、有地位的贵族、地方豪强组成的统治阶级和由公民、杂户(包括品部)、官户、家人、奴婢等组成的被统治阶级。日本的大多数学者认为,公民、杂户(品部)、官户、家人、奴婢都是奴隶,而中国的大多数学者认为,公民是农奴,杂户、官户、家人、奴婢是奴隶。我认为要想正确判断公民、杂户(品部)、官户、家人、奴婢的阶级属性,需要对他们在社会中所处的社会地位及所受的剥削形式进行缜密分析后才能得到客观的答案。因此,下面我们就对上述几种人进行粗略的分析。

一、公民

根据《改新诏书》及其他敕令,公民是由大化改新前的公、私田部民转化而来的,按照人口数量从政府那里得到土地,即口分田。此外,公民还能得到一定数量的园地。按规定,口分田不得买卖,每到班年重新授受。园地不受班田制的限制,只要户籍还在,就永远不回收,只要得到官府的同意,就可以进行租赁和买卖。公民作为国家的臣民,必须定期缴纳租庸调。每年每段土地交租稻2束2把,正丁每年服10天劳役,以庸代役者缴纳2丈6尺的布。调主要是缴纳绢、绝、丝和土特产。租庸调3项大概占每户口分田总收获量的20%。除此之外,公民还要服各种杂役。

在公民层内部,根据各户间的贫富差距划分了几个等级。《养老律令》将公民分为九等。大体上分为上、中、下三组,各级又划分成上、中、下三等。从正仓院遗存下来的帐籍来看,公民户实际上被分为十等。除上述的九等户以外,还有一种"等外户"。根据730年越前国义仓帐籍的记载,越前国的总户数有1019户,其中下户69户,等外户920户,2种加起来共有989户,占总户数的97.1%。根据750年安房国义仓帐籍的记载,安房国的总户数是415户,其中等外户和下户共计410户,占总户数的98.8%。公民中的上等户在生活富足的富裕家庭,除口分田以外,还拥有垦地和奴婢。中等户虽不像上等户一样生活富足,但胜过下户和等外户,能够自给自足。下户和等外户虽然也能从国家那里分到口分田,但分到的田地基本上都是贫瘠的土地,"国内水田必不一等,上中田少数,下下田多数"[①],贫弱户因此"空有二段之名,只作一段之实,所以百姓穷弊,公役难堪"[②]。地方官吏常将荒废不用的田地分给百姓,百姓空有土地的名头,连租税都缴纳不起。[③]下户和等外户仅仅依靠口分田的收入根本无法维持生活,因此他们不得不依靠佃作,或成为雇工,或借高利贷。

下户和等外户佃种的土地,一是地方官吏管理的公有地,二是公、私荒地。此外,也存在佃种有位者贵族的位田、功田、职田,以及富裕之家的口分田、垦田的情况。史书记载:

> 问:租何人出。
>
> 答:佃人出耳。卖进之田主不输也。[④]

当时的佃农是非常普遍的,但是佃作的期限受到官府的严格限制,"赁租田者,各限一年"[⑤]。

雇工的形式多种多样,有些是年期工,"庸赁而受年价"[⑥],有些是季节工。史书中所载的"寄口"类似于作男。雇工的租金因技能、年龄、体质的不同而有所差异。在奈良时代,一个男子一天的平均租金大约是 10 文钱,女子是 5 文钱。10 文钱可以买 2 升 5 合米。[⑦]尽管被严重剥削,但除了能挣到自己的口粮,还能有 2 升 5 合的米钱收入,这对于那些贫穷的公民而言,确实是一个战胜饥饿的办法。

借贷有 3 个出处:一是政府出举的官稻,二是富裕百姓出举的钱财,三是有位者贵族的私稻。借贷的利息非常高,官稻的利息最高达 50%,私稻的利息高达100%。沉重的高利贷剥削迫使公民百姓"资财既罄遂偿田宅"[⑧]、"卖家卖田"、"浮逃他乡"[⑨]。有的人终身都被当作债务抵押,实际上已经沦为债务的奴隶。

---

① 《类聚国史》卷80,政理二意见条。

② 《政事要略》卷53,交替杂事(杂田)。

③ 《续日本纪》卷40,延历十年五月条。

④ 《政事要略》卷53,交替杂事(杂田)。

⑤ 《养老律令·田令》。

⑥ 《日本灵异记》下,浮流大海敬称夫迦佛各得全命缘第二五。

⑦ 泷川政次郎:《奴隶经济史》,刀江书房1972年版。

⑧ 《续日本纪》卷11,天平六年五月条。

⑨ 《政事要略》卷59,交替杂事。

总而言之,大化改新以后,占社会人口最多的公民有两大特征。(1)他们除了在自己的口分田上进行维持自己生活所需的劳动外,每年还必须向国家交租税、服劳役。国家通过劳役地租和产品地租来剥削公民的剩余价值。(2)在公民内部,根据贫富划分为10个等级,人数最多的是下户和等外户,他们是直属于国家的班田民,是租税和劳役的主要承担者。但是,他们为了维持最低限度的生活,除了耕作自己的口分田,还必须佃种公、私耕地,出卖劳动力。他们在承受国家剥削的同时,还要承受私人领主的剥削。因此,他们既是国家的公民,同时也是公私土地所有者的佃农和雇工。他们受到的剥削形式明显属于封建性剥削范畴,他们是农奴,而不是奴隶。

二、杂户

大化改新以前的品部民中,除了一部分拥有特殊技能的人仍然保留了品部组织的形式外,大部分都转为了杂户。杂户、品部的人数占全国人口总数的比率不大,只有4000余户。他们直属于中央官僚机构各寮司的管辖,所属寮司对他们的剥削方法多种多样。其一,根据需要临时被派去服劳役。平时在家劳动,一旦有需要,便立刻前往所属寮司服劳役。其二,每户按顺序前往所属寮司服劳役,轮流的时间并不相同,有时一年轮到一次,有时按季节服劳役。其三,虽然不需要去寮司服劳役,但每年必须按规定向寮司缴纳一定数量的生产物品。

杂户、品部自立一户,编入户籍,根据家庭人口数量获得口分田,以农产品维持生活。杂户大部分拥有姓,以原有的部名作为姓,他们的结婚与良民无异,《户婚令》规定杂户、品部可以与良民通婚。

杂户、品部的身份与奴婢完全不同。他们身上还残留着部民制时代的一些痕迹,虽然他们与朝廷的依赖关系非常严格,但在人身束缚方面较以前更自由,平时在自己的土地上耕作,获得维持生活所需的生产物品,每年以劳役地租的形式为朝廷进行剩余劳动。这种必要劳动和剩余劳动虽然也存在于奴隶经济中,但在奴隶经济下,这两种劳动并没有完全分开。奴隶在劳动的时间和空间上没有自由,一切听从主人的命令。但杂户、品部的这两种劳动在时间和空间上是分开的,在朝廷规定的时间里为朝廷服劳役,劳役结束后,在自己的土地上和家人一起生产维持劳动力所需的粮食。若仍有余力,还可以制作自己拿手的手工艺品,用来交换自己所需的物品。由此可见,杂户、品部是掌握手工业技能的农奴。

三、家人、官户

《养老律令》将官户、家人、陵户、官奴婢、私奴婢称为"五色之贱"。因此，许多史学家把官户、家人看作奴隶。但是，官户、家人与奴婢的社会地位有明显区别。《令集解·户令》中有如下记载：

> 问：官户驱使之法若为？
> 答：不载文，然可准家人。

官户、家人的性质明显相同，但不同的是官户属于朝廷、官府，家人属于贵族、豪强势力之家。从史料来分析，官户、家人的地位比公民低，比奴婢高，下面的史料可以证明：

> 免官户十一人为良，除奴婢十人从官户。①
> 凡放家人奴婢为良及家人者，仍经本属，申牒除附。②

官户、家人犯罪在处刑上比奴婢轻一等，比良人重一等。官户、家人都拥有自己的家庭，婚姻都是"当色为婚"，不允许与良人通婚。官户、家人虽然属于官府、领主所有，但法律规定主人"不得尽头驱使及卖买"③。这里的"不得尽头驱使"是什么意思呢？《令义解》记载：

> 谓假有家人男女十人者，放三、两人，令执家业也。

这说明统治者在使用官户、家人时，要保证官户、家人可以进行维持最低限度生活的必需品的生产。

为了弄清楚官户、家人的性质，我们在此再将其与唐代的部曲进行比较。唐代的部曲有6个特征：(1)可以建立家庭；(2)奴婢的基本属性是物，部曲是人；(3)奴婢可以自由买卖，部曲不允许买卖；(4)奴婢可以无限制地使唤，部曲不能无限

---

① 《续日本纪》卷8，养老四年八月条。
② 《养老律令·户令》。
③ 《政事要略》卷57，交替杂事（杂公文）。

制地使唤;(5)部曲可以与良人通婚;(6)部曲拥有姓。日本的官户、家人与唐代的部曲相比,除了不能与良人通婚、没有姓,其他几点完全相似。

通过以上分析可知,日本的官户、家人不属于奴隶阶级,也没有农奴的特性,介于两者之间,是带有封建主义萌芽因素的隶农,也可以将他们看作部民时代隶农型部民的残余。

四、奴婢

奴婢大部分是由世袭的奴隶型部民转化而来的,小部分是因债务或犯罪而沦为奴婢的良人。奴婢分为官奴婢和私奴婢2种。与世界上大多数奴婢一样,日本的奴婢也没有自己独立的家庭。官奴婢中身体有残疾的或年过66岁的人可以初次"令为户者,并为官户"[1]。奴婢作为主人的私有财产,可以赠送或买卖。"凡卖奴婢,皆经本部官司,取保证,立券付价。"[2]从奈良时代的奴婢价格来看,拥有技能的男奴(车匠)价格达1400束稻谷,20—40岁的青年奴婢价格最高达1000束稻谷,未婚或端庄秀丽的女婢可以卖到1000束稻谷。平均起来,标准价格是一个成人男奴800束稻谷,一个女婢600束稻谷[3]。在奈良时代,一头牛的价格大约是500—600束稻谷,一匹马的价格大约是800—1000束稻谷。由此可见,女婢的价格相当于1头牛,男奴的价格相当于1匹马。

由于没有留下完整的户籍,很难准确统计大化改新以后日本社会上的奴隶数量,但根据残留下来的不完整资料仍然可见一斑。根据正仓院的文献记载可知,奴婢的人数在总人口中所占的比例根据地区有所不同。如表6-3所示,奴婢在总人口中所占的比例,属畿内地区最高,西海道、东山道、东海道次之。日本学者普遍认为,奈良时代的奴婢占总人口的10%,这10%里面还包括带有封建萌芽性质的官户、家人等。如果去掉这部分人,真正的奴婢数量不超过10%。

表6-3 云上里等户籍中的奴隶占比情况

地域		总人口/人	奴隶数/人	奴隶占比/%
畿内	云上里、云下里(山背国)	428	79	18.4

---

① 《政事要略》卷57,交替杂事(杂公文)。

② 《养老律令·关市令》。

③ 泷川政次郎:《奴隶经济史》,刀江书房1972年版。

续 表

地域		总人口/人	奴隶数/人	奴隶占比/%
西海道	川边里(筑后国)、塔里、贺久地、丁里(丰前国)、群里(丰后国)	1152	67	5.8
东山道	春部里、栖太里、肩肩里、半布里、三井田里(美浓国)	2454	114	4.6
东海道	大嶋乡、意布乡、小幡乡(下总国)	702	8	1.1

对于奴婢在社会生产中的作用和在生产关系中的地位问题,学者间有不同的观点。但是,必须指出的是决定奴婢在生产中的作用主要看奴婢在社会财富的生产中是否占主导地位,奴婢在生产关系中的地位主要看奴婢在当时的社会生产力中是否已经成为决定要素。为了说明这个问题,我想引用一下门胁祯二所著《日本古代共同体的研究》一书中的两个数据。(1)如表6-4所示,根据美浓国对加茂郡半布里的户籍记载,四户县主拥有的奴婢共计19人,其中,4—16岁的奴婢有6人,17—20岁的奴婢有4人,21—60岁的奴婢有7人。这些数字显示,成年奴婢较少,少年奴婢最多。在春部里也有与此类似的情况存在。这说明奴隶绝不是基本的劳动力。(2)从奴婢在总人口中所占的比例来看,在春部里残存的总人口631人中,奴婢有20人,占3.1%;在半布里残存的总人口1118人中,奴婢有24人,占2.1%;在川边里残存的总人口564人中,奴婢有42人,占7.4%;在丁里残存的总人口462人中,奴婢有15人,占3.2%。在其他地区也存在与此类似的情况。由此来看,奴婢在总人口中所占的比例很低。如此低的比例很难使奴隶成为当时生产关系中的决定因素。

表6-4 美浓国加茂郡半布里的奴婢数量

年龄	奴	婢	合计
3岁以下	1	1	2
4—16岁	5	1	6
17—20岁	3	1	4
21—60岁	3	4	7

注:本表由笔者根据门胁祯二:《日本古代共同体的研究》(东京大学出版社1960年版)制作而成。

通过对公民、杂户(品部)、官户、家人、奴婢的具体分析,我们可以明确大化改新以后的被统治阶级是由带有农奴性质的公民、杂户(品部),带有封建萌芽因素的官户、家人,以及奴婢构成的。从人数来看,公民、杂户(品部)占绝对多数,奴婢占总人口的比例不到10%。以天皇为中心的统治阶级主要通过掠夺公民、杂户(品部)的劳役地租和产品地租来维持官僚机构的存在。由此可知大化改新以后的日本社会的封建性质。

第七节　进入东亚封建列强行列的日本

日本学者大多认为镰仓幕府的成立是日本封建社会的开端[①],中国也有部分学者赞同镰仓封建说。但是,中国的大多学者都认为大化改新是日本封建社会的开端。[②]中国学者就日本封建社会的起点问题召开过数次会议。大化改新封建说、平安中期封建说和镰仓封建说之间的争论也相当激烈。我觉得提倡镰仓封建说或平安中期封建说的中国学者主要受到2个问题的束缚:一是欧洲封建制度范本的束缚,他们将欧洲封建制度视为典型的封建制度,以此为范本去看待大化改新以后的日本社会;二是受限于马克思、恩格斯的某些言论。马克思、恩格斯曾说过东方国家存在"总体奴隶制",有学者就用日本的历史来解释马克思、恩格斯的观点。实际上,马克思、恩格斯所说的"总体奴隶制"是一种泛论,并没有特指东方的某一个国家,况且也没有明确指代日本。[③]受到上述思想束缚的镰仓封建说不仅忽视了日本历史发展的独特性和与东亚封建制度的共通性,而且还使日本封建社会的形成时间倒退了400年乃至500余年。

我认为,要想探究日本封建社会的起点,必须从2个方面着手:一是必须从日本社会内部发生的变化来探索其内在的本质;二是应该从先进的隋唐封建文化对日本产生的影响来探索外部因素的作用。

前面已经对大化改新以后的政权结构、土地制度和阶级结构进行了比较分析。得出的结论是,大化改新以后,日本社会内部发生了明显变化。阶级结构迎

---

① 野村忠夫:《研究史大化改新》,吉川弘文馆1973年版。

② 何成:《我国史学界1980年对日本史的研究》,《世界历史》1981年第3期,第67—74页。

③ 王金林:《论大化改新后日本社会阶级结构的变化》,中国日本研究会编:《日本史论文集》,辽宁人民出版社1985年版,第1—31页。

来了根本性的变化,公民、杂户(品部)与以天皇为中心的官僚贵族间的矛盾基本上取代了部民与氏姓贵族间的对抗关系。大化改新以前,拥有土地和部民的贵族大部分转化为在中央集权制度下领取封禄的统治者。以天皇为中心的官僚贵族集团通过租庸调的方式直接占有生产者的剩余劳动。此外,国家还对公民实施超经济强制(杂役、兵役等)的剥削。班田制实质上是中央集权的封建土地所有制。上层结构也发生了质的变化,其统治机构的完备度和精细度已经达到与唐朝相同的水平。大化改新后建立的中央集权天皇制,实际上是以中国封建王权为范本的带有日本特色的封建政权。无论是经济基础,还是上层结构,都带有鲜明的封建特性。因此,可以说大化改新是一场封建性质的社会变革,大化改新以后,日本开始进入封建社会。

大化改新以后,日本不仅在经济上取得快速发展,而且国际地位也日益提高。753年正月,唐玄宗在蓬莱宫接见文武百官和外国使节,外国使节分东、西两列而立。长时间以来,日本的使节一直是被排在朝鲜半岛的新罗国之后的,但在这次的排序中,日本使节藤原清河、副使大伴古麻吕被排在吐蕃之后的西侧第二个位置,新罗则被安排在东侧的第一个位置。这样的话,日本还是被排在新罗国之后。藤原清河和大伴古麻吕极力争辩日本应该排在新罗之上,最终获得唐玄宗同意,换了顺序,日本跃居东侧第一的位置,新罗反而被安排在了西侧第二个位置。这不仅仅是简单的位置变更,还反映了大化改新以后日本国力的增强和国际影响力的扩大。这也是日本正式跻身于东亚封建列强行列的标志。

邪马台国与古代中国

第一章

日本古代文化的国际性

第一节　日本民族的复合多元结构

一、日本人的民族性

在中日两国的一些著作中，有些是从岛国人的封闭性、偏狭性和排他性的角度来描述日本人的民族性，将日本古代文化发展的落后性归因于"岛国根性"。我认为仅根据封闭性、偏狭性和排他性来讨论日本人的民族性，是很片面的。[①]与封闭性、偏狭性和排他性相对的另一方面是，日本人对世界文化的开放性和追随世界先进文化发展的进步性。也正因为他们的开放性和进步性，日本才得以在极短的时间内吸收和消化外来文化，迅速摆脱落后地位，成为东亚强国之一。

如果拿日本的古代文化与中国的古代文化相比，前者确实非常落后。但这种落后不是人为的，也不是生活在日本列岛上的人们的偏狭性和排他性导致的，而是地理条件和生产技术落后的结果。如果我们从客观的角度看待日本古代历史的发展，即使在极度困难的条件下，生活在古代日本列岛上的人们也从未中断与大陆间的文化交流。我们可以清楚地看到，他们逐渐接受了大陆人带来的先进文化。如果生活在古代日本的人们对外来文化采取封闭的、偏狭的和排他的态度，那么我们今天如何能看到弥生文化的繁荣，古坟文化、飞鸟文化、白凤文化和天平文化的兴盛呢？

因此，我认为我们考虑中国文化与弥生文化之间的关系时，需要对古代日本

---

① 王金林:《日本文化的多重结构及其源流的多元性》,《日本研究》1991年第4期,第32—36、83页。

人的民族性有一个全面准确的认识。不仅看到地理环境导致的封闭的、偏狭的一面,还应该看到积极接受世界先进文化的开放的一面。开放性和进步性在日本古代历史的发展中起着至关重要的作用,这一点不容忽视。

二、日本民族的多元结构

民族结构是形成民族文化特征的基础。日本的民族结构是怎么样的呢?关于日本人的起源问题,日本学界长期以来一直争议不断。

坪井正五郎的阿伊努传说中的矮人民族说,鸟居龙藏、小金井良精的阿伊努人说,长谷部言人和铃木尚等人的日本民族起源于石器时代人之说,以及江上波夫的骑马民族征服说等,都引起了学界的广泛关注。直到今天,日本人的祖先问题仍然受到人们的关注。

江上波夫认为,日本列岛上的日本人分为3种:狩猎·捕鱼型、农耕型和游牧型,这3种类型具有鲜明的地域特征。狩猎·捕鱼型分布在东北地区和日本海一侧,农耕型分布在从濑户内到近畿、东海地区的广大区域。在弥生时代,游牧型日本人经朝鲜半岛进入农耕地区,并与农耕民族融合。[1]此外,江上波夫还指出,日本人和日本民族的根源就是狩猎·捕鱼型日本人,同时也强调,日本因地理环境和风土的原因被分割成多个地区,每个地区的特征都得到了很好的保留。在那个时代,不可能通过全面的征服使日本变成一个整体。但他没有对日本民族的多样性和统一性给出令人满意的解释。

年轻一代的学者们一直在研究日本民族的多样性和统一性,并发表了许多研究成果。石上英一的"日本民族复合多元结构论"是其中值得重视的新观点之一。石上英一指出:"古代的日本是复合多元民族结构的一元化,是以拥有朝廷权力为核心的倭人,即日本人群体统一日本列岛并实现文化、政治同质化的过程。"[2]他将日本人分成以下3个系列:

A. 处于统治地位的民族群体——倭人;

B. 生活在日本列岛内的诸民族群体(虾夷、隼人、南岛人、国栖人);

C. 从日本列岛外迁徙而来的民族群体(中国人、朝鲜人、东北亚人、其他)。

---

[1] 江上波夫:《日本人的多样性和统一性》,江上波夫等:《日本人是什么——寻求民族的起源》,小学馆1981年版。

[2] 石上英一:《古代东亚地域和日本》,朝尾直弘等编:《日本的社会史》第1卷,岩波书店1987年版。

石上英一的三系列日本人理论有3个特点:其一,日本人和日本民族多元结构的起源是A,即处于统治地位的民族群体——倭人;其二,从东亚世界的角度看日本民族的形成;其三,从历史发展的角度看日本民族的形成与发展。他认为,在与A群体进行文化交流的过程中,B诸民族群体的文化和C自列岛外迁入的诸民族群体带来的民族文化,被A群体选择性地吸收。总体而言,对A群体文化发展所有有益的要素都被吸收并融合到A群体的文化中,在此过程中,B和C诸民族群体掌握的技术、习俗和民族语言等逐渐消失。于是,外来民族群体成员失去其独特性,并"内化"成为日本民族群体的一员。这些民族群体共同构成了日本民族的复合多元结构。

图1-1进一步展示了石上英一的理论。

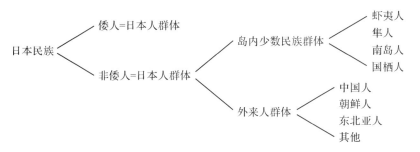

图1-1　石上英一关于日本民族的理论示意图

日本民族的复合多元结构是在数百年的历史发展过程中逐渐形成的。它的形成最早可以追溯到弥生时代初期。其中有些地区,如九州北部甚至可以追溯到绳纹时代晚期。我非常赞同日本民族的形成是以倭人,即日本人群体为核心的这一观点。但我想指出的是,在考察日本民族文化的发展时,绝不应忽略或忽视外来诸民族(即渡来人)群体的积极作用。这些被"内化"的民族群体不仅迅速使日本民族文化登上了东亚世界的舞台,而且在日本古代国家形成的过程中发挥了积极的作用。正如铃木靖民所说:"渡来人的技术和思想对倭人政权的发展产生了强烈的影响,在日本古代国家的形成过程中起到了奠基的重要作用。"①

---

① 铃木靖民:《古代国家史研究的步伐——从邪马台国到大和政权》,新人物往来社1983年版。

第二节　日本文化起源的多样性

一、大海的功过

日本是一个岛国,四面环海。有人说,海洋阻碍了日本与世界的交流,使日本孤立于海洋之中。这其实是一种静态的、带有偏见的看法。如果我们以全面的、发展的、辩证的眼光来看待环绕日本的海洋,大海就是将日本与外界联系起来的通道,是作为日本多元文化根源的外来文化传播的桥梁。

正如内田银藏在《国史总论》中指出的那样,海洋固然使国家与国家之间分隔开来,但同时也连接了各个国家,既是阻碍,也是通道。实际上,环绕日本列岛的太平洋、东海、日本海和鄂霍次克海为生活在日本列岛上的人们提供了丰富的食物资源,同时也打开了日本与东亚、东南亚及太平洋地区各民族间相互交流的局面。现代人总是会以现代人的思维方式来看古代,并对古人能够渡过四面环绕的大海,与外界展开交流的可能性表示怀疑。但事实远超我们的想象,古人经常渡海进行文化交流。这些频繁的交流是在满足以下3个基本条件下进行的:首先是日本暖流与千岛寒流汇合成了一条日本海环流路线,其次是航海知识的积累,最后是造船技术的发展。当时整个东亚世界在航海知识和造船技术方面都取得了一定的进步。

例如,在中国的春秋战国时期(公元前770—前221年),虽然当时日本的航海知识和造船技术还比较落后,但中国人已经取得了长足的进步,并且在对航海至关重要的风向和天文学方面也有了很高的认识水平。当时的人们已经了解了"八方风"和"十二方风"。"八方风"是指东北风、东风、东南风、南风、西南风、西风、西北风、北风[1];"十二方风"是指一季一风,根据一年中12个月份进行分类的风向,即一月北风,二月东北风,三月东北东风,四月东风,五月东南东风,六月东南南风,七月南风,八月西南南风,九月西南西风,十月西风,十一月西北西风,十二月西北北风。[2]在天文学领域,人们已经了解了北斗七星实际上是指向北方

---

[1] 《吕氏春秋·有始》记载:"何谓八风? 东北曰炎风,东方曰滔风,东南曰薰风,南方曰巨风,西南曰凄风,西方曰飓风,西北曰厉风,北方曰寒风。"

[2] 孙光圻:《中国古代航海史》,海洋出版社1989年版。

的。在航海造船方面,中国沿海地区的齐、吴、越已经取得了长足的进步。齐国被称为"海王之国";吴国拥有各种类型的船,包括大翼、小翼、突冒、楼船、桥船等①;越国更是被称为"以船为车,以楫为马"②的国家,戈船、楼船可以在海上自由航行。到了秦汉时期,远洋航海的知识和技术进一步发展,为中日间的交流创造了条件。

二、日本文化的源流

许多研究领域都试图探索日本文化的源流,这已成为学界的热门课题。朝鲜半岛说、中国华北说、长江下游说、华南说等,呈现出百家争鸣的局面。考虑到日本所处的地理环境,若将某一个地区或某一地区的文化认定为日本文化的唯一源流,岂非太过片面?

樋口隆康指出:"日本是一个岛屿,四周都是大海。拥有无论从哪里都能进入的得天独厚的环境,这一点是必须考虑到的。"③

考古学、人类学、民俗学、语言学、历史学等资料已经表明,日本的古代文化受到了大陆文化的广泛影响。其范围之广,南自中国长江南部,北至俄罗斯东部沿海地区,在这个狭长的大陆地带曾经拥有蓬勃的文化。这些文化主要集中在黑龙江、松花江、辽河、黄河、淮河及长江中下游地区。稻作文化传到日本以后的各种文化均可以在上述地区的考古发掘中寻到根源。日本列岛的中部和东北地区与中国的东北地区渊源颇深,西日本则与北自辽东半岛、南至长江以南地区的沿海文化密切相关。由于受大陆多民族文化的影响,日本形成了不同地区特有的文化。

例如,北海道地区的续绳纹文化的构成元素与西日本的弥生文化的构成元素就明显不同。大场利夫、千代肇认为,北海道的续绳纹文化是受绳纹文化、弥生文化、北亚及北太平洋文化的共同影响而形成的。他们还指出:"若通过球形陶器、杯形陶器、鱼形石器和熊装饰纹等元素去考察续绳纹文化的形成过程,相比本州,更能够强烈地感受到北亚大陆文化的色彩。"④

日本的农耕文化究竟出现于何时?学界对此有许多不同的看法,在绳纹时

---

① 《太平御览》卷770。
② 《越绝书·记地传》。
③ 樋口隆康:《从大陆看古代日本》,学生社1990年版。
④ 大场利夫、千代肇:《北海道》,和岛诚一编:《日本的考古学3:弥生时代》,河出书房新社1966年版,第378—391页。

代晚期水稻传入之前,日本就已经有了种植粟和小麦等农作物的技术。还有观点认为:"若进一步追根溯源的话,可能会追寻到中国北方山东半岛的大汶口、龙山的粟和小麦种植文化。"①

九州、四国、中国、近畿等地稻作文化的主要来源是以长江下游为中心的江南地区。

北陆地区的考古学家发现在竖穴式住居的柱穴中有马和牛的牙齿,这反映了北陆地区曾经盛行的一种信仰。这种信仰与中国华北地区祈雨、镇邪的信仰有关。从民俗学的角度来说,日本古代的嫁入婚与东北亚各民族的婚姻习俗有很多共同之处。根据江守五夫的研究,这些共同点表现为4个方面:复婚、寡妇继承婚姻(迎娶继母的婚姻)、姐妹型一夫多妻制;结婚相关礼仪;结婚仪式中包含的各种奇特的巫术习俗;日本古代与蒙古不成文法中关于婚礼聘金与持有财产的规定。②

上述婚姻习俗也盛行于中国古代北方地区的匈奴、乌恒、鲜卑、柔然、突厥、女真、扶余和高句丽等民族中。

受海流的影响,日本各地的文化受到了多种文化的深刻影响。例如:弥生时代的青铜器文化受到中国江南及北方的技术影响;三角缘神兽镜是吴越技术与中原技术相结合的产物③;弥生时代的墓葬形式受到中国江南墓葬形式的影响的同时,也受到华北和东北地区墓葬形式的影响,呈现出多样性。

第三节　日本古代文化中发现的中国文化要素

一、弥生文化诸要素

有学者认为弥生文化是继绳纹文化之后,自大陆传来的一种新文化。但弥生文化并不是突然出现的,而是随着时间的推移,各种文化要素相互融合的产物。④根据考古资料,弥生文化至少包含3个要素,分别是绳纹文化要素、大陆文

---

① 春成秀尔:《弥生时代的开始》,东京大学出版会1990年版。
② 江守五夫:《家族历史民族学——东亚与日本》,弘文堂1990年版。
③ 王金林、贺川光夫:《镜师陈是与神兽文饰的源头》,《别府大学纪要》1989年第30期,第41—52页。
④ 王金林:《古代的日本——以邪马台国为中心》,六兴出版社1986年版。

化要素和弥生文化自身要素。①

鬼头清明对构成弥生文化的三要素进行了比较,如表1-1所示。②

表1-1 弥生文化三要素比较

方面	序号	外来要素	绳纹要素	自身要素
生产技术	1	水田农耕	狩猎、捕鱼、采集	—
	2	铸铜	种植	—
	3	铸铁	打制石器技术	—
	4	玻璃加工	陶器制作技术	—
	5	搬运巨石技术	陶器图案	—
	6	织布	—	—
生活方式	7	高层仓库	竖穴住居	—
	8	环濠集落	梳子漆器	—
	9	穴仓	—	—
生产用具	10	磨制石斧	木器	木制农具
	11	石刀、石镰	骨角器	铁锹
	12	铁制农具、工具	打制石镞	巴形铜器
武器	13	细铜剑、铜矛	石锤	打制石枪
	14	石剑、石锹	—	—
	15	铜镞	—	—
	16	铁镞	—	—
	17	金印	勾玉	铜制手镯
	18	货泉	—	小型镜
	19	西汉镜	—	—
	20	汉太刀	—	—
	21	汉马铃	—	—
	22	多钮细纹镜	微型陶器	铜铎、铜矛

① 佐原真:《农耕的开始与阶级社会的形成》,朝尾直弘等编:《岩波讲座日本历史1》,岩波书店1980年版。

② 鬼头清明:《日本古代民族文化形成的诸前提》,《历史评论》1990年第1期,第22—38页。

续　表

方面	序号	外来要素	绳纹要素	自身要素
宗教	23	卜骨	贝轮	大型铜剑
	24	木鸟	—	瓶棺墓
	25	支石墓	—	方形周沟墓

尽管上述分类仍有有待商榷的地方，但总体而言，比较具体地反映了弥生文化三要素的基本情况。

通过上述分类，我们至少可以获得以下几点认识。首先，弥生文化的基础包括绳纹文化要素，绳纹文化的发展为吸收外来文化创造了内在条件。其次，外来文化要素在弥生文化的各要素中占有重要地位，这些外来文化要素在当时处于文化的最高水平，无疑对古代社会的发展起到了重要的推动作用。再次，弥生文化自身要素虽然在数量上不及外来文化和绳纹文化，但其思想意识及生产技术在当时都已达到了最高水平。实际上，弥生文化的自身要素也是日本固有的信仰、习俗与大陆的思想技术相互融合的结果。因此，我认为弥生文化自身要素最能反映古代日本人的聪明和智慧。

二、中国文化要素

鬼头清明列举的弥生文化的外来要素共有26项。根据现有资料，除来自朝鲜半岛和其他地区的部分要素外，大部分都来自中国，并且都能在中国找到其文化原型。以下各章节将对此进行详细描述。关于中国文化在日本古代文化中的地位和作用，日本学者有如下比较客观的论述。

大庭修在1986年于上海举办的国际中国文化学术研讨会上讲道："日本列岛在地理位置上与中国非常接近，因此，自古以来受到中国文化的影响。如果我们从日本文化中严格筛选并删除其中起源于中国文化的内容，那么日本的古代文化还将剩下些什么？除了绳纹陶器和与之相关的东西，几乎没有什么值得看了。"[①]

大庭修的这一观点是客观而科学的。从弥生文化到平安中叶的日本古代文

---

① 大庭修：《保存在日本文化中的中国文化的特征》，复旦大学历史系：《中国传统文化的再估计》，上海人民出版社1987年版，第461—466页。

化,无一例外地受到了中国文化的影响。

许多学者认为,古坟时代的前方后圆坟起源于朝鲜半岛,因为在朝鲜半岛发现了与之类似的坟墓。但是,若从思想上追溯前方后圆坟的起源,则其源头还是在中国。石田一良指出,即使在中国没有看到像前方后圆坟那样的坟墓,但左右完全对称的巨型建筑是明显受到中国北方古代文明的影响的。[1]如果从思想意识层面来解释前方后圆坟,我们可以看到它受到了中国老庄思想的深刻影响。庄子将天称为"圆天",将地称为"方地"。庄子认为"上法圆天,以顺三光;下法方地,以顺四时;中和民意,以安四乡"[2](上以天为法则,日月星辰皆有顺序;下以地为法则,春夏秋冬四季轮回;中若顺应民意,则四方太平)。前方后圆坟的形状正是"圆天""方地""中和"思想的具体体现。

无论是形式还是内容,在飞鸟文化、白凤文化和天平文化中都能看到中国文化的痕迹。虽说平安文化是日本特有的国风文化,但确切地说,平安时代的王朝文化并不是国风文化,而是中国文化国风化的产物。[3]简言之,中国文化在日本古代文化的形成和发展中起着重要的作用。

我对中国文化发挥作用的强调绝不是否认日本固有传统文化的作用,更没有否认日本先民们在日本民族固有文化的基础上,积极吸收、融合外来文化的历史功绩。

"文化交流就像高山流水,从高处流向低处,从发达的国家和地区流向落后的国家和地区。"[4]古代中国比日本发达,中国文化涌入日本是极为正常的现象,就像明治维新以后日本文化流向中国一样。

① 石田一良:《日本文化——历史的展开与特征》,许极燉译,上海外语教育出版社1989年版。
②《庄子·说剑》。
③ 石田一良:《日本文化——历史的展开与特征》,许极燉译,上海外语教育出版社1989年版。
④ 王金林:《奈良文化与唐文化》,六兴出版社1988年版。

第二章

弥生稻作文化与源流

第一节　东亚稻作农耕的发生与发展

一、亚洲稻作的起源

　　确定东亚稻作农耕的发生与发展的关键在于首先确定亚洲稻作的发源地。稻作的发源地究竟在何处？亚洲各国的学者间仍有很多争议。很多学者认为栽培稻的发源地在自己国家，这样的情况在中国也同样存在。认为中国栽培稻的发源地在太湖一带的学者居多。吴汝祚认为，太湖一带过去的农业以水稻为主，在那里发现的 7000 年前的稻谷是世界上最早的稻谷标本之一，同时也证明了中国是水稻发源地之一。[①] 王在德基于考古资料和生态学分析认为，杭州湾沿岸及太湖平原是中国最早的渔业、稻作农耕文化的发源地。[②] 童恩正指出，亚洲栽培稻的发源地是中国长江流域以南，地点有 2 种可能，一个是杭州湾一带，另一个是云南、广西、广东地区，后者的可能性更大。[③] 李昆声认为栽培稻发源地的范围存在于亚洲的广泛地区，他认为从中国的浙江、福建、江西、台湾、广东、广西、云南，到东南亚的越南南部、缅甸北部、老挝北部、印度阿萨姆邦，以上广阔的弧形地带都是亚洲栽培稻的发源地。理由如下：在这个弧形地带中的云南地区的先民是古代百越族的祖先，栽培稻是从百越族的某些集落开始种植的，浙江余姚的河姆

[①]　吴汝祚：《太湖文化区的史前农业》，《农业考古》1987 年第 2 期，第 103—111 页。

[②]　王在德：《论中国农业的起源与传播》，《农业考古》1986 年第 2 期，第 25—32 页。

[③]　童恩正：《略述东南亚及中国南部农业起源的若干问题——兼谈农业考古研究方法》，《农业考古》1984 年第 2 期，第 21—30、82 页。

渡与桐乡罗家角2处遗址是现今世界上较早的稻作遗址,特别是根据同工酶分析,云南现在种植的水稻的祖先很可能就是云南常见的野生稻。由于植物资源丰富,以及特殊的地理环境和气候条件等作用,云南地区成为作物的变异核心地。因此,云南是栽培稻发源地的可能性最大。[1]

还有学者推测安徽的合肥、凤阳、怀远地区的湖沼中自然生长的粳型野生稻是粳稻的祖先。游修龄认为,亚洲栽培稻的发源地是以中国的云南和印度的阿萨姆邦为中心的地带,太湖地区的稻作是从云南、阿萨姆邦经海路传入的。这一理论的根据在于,同工酶分析的结果显示,亚洲北部(中国华北、朝鲜、日本)及亚洲南部(斯里兰卡)地区的同工酶分析的变异比较简单,反而是尼泊尔以东的阿萨姆邦、缅甸、泰国和中国云南地区的同工酶分析的变异最丰富。显然,后者是栽培稻的中心地区,前者是稻作的重要发展地区。[2]

关于中国的野生稻,游修龄指出,中国古典中记载了太湖地区有野生稻,如"由拳野稻自生"[3](由拳,现浙江嘉兴的古名),"吴兴生野稻"[4],"腹馁口饥,顾得生稻而食之"[5],等等。古典中记载的"野稻""生稻"可能是一年生的野生稻。多年生的野生稻是亚洲种植稻的祖先。一年生的野生稻是种子繁殖,多年生的野生稻是宿根繁殖。

关于亚洲稻作的起源问题,日本学界也是众学说纷纭,有低纬度低湿地起源说,也有高纬度高原地带起源说。其中,渡部忠世的阿萨姆邦、云南起源说[6]受到了许多学者的赞同,如今也越来越引起中国学者的关注。渡部忠世为了探寻亚洲的稻作起源地,付出了数十年的努力,历访了南亚、东南亚及中国的西南地区、长江下游地区。[7]在实地调查的基础上,提出了亚洲稻作传播的三系列学说,即"湄公系列"水稻群、"孟加拉系列"水稻群、"长江系列"水稻群。3个系列水稻群的起源都是以阿萨姆邦、云南为中心的地区。湄公系列的传播是从云南沿湄公河南下,途中经湄公河的各支流,传入泰国、老挝,同时从云南出发,沿萨尔温江、

---

① 李昆声:《亚洲稻作文化的起源》,《社会科学战线》1984年第4期,第122—130页。

② 游修龄:《太湖地区稻作起源及其传播和发展问题》,《中国农史》1986年第1期,第71—83页。

③ 《三国志·吴书·吴主传》。

④ 《南史·梁本纪》。

⑤ 《吴越春秋·夫差内传》。

⑥ 渡部忠世:《稻之道》,日本放送出版协会1977年版。

⑦ 渡部忠世:《亚洲稻作文化之旅》,日本放送出版协会1987年版。

伊洛瓦底江传入缅甸。此外,还有可能经红河传入越南。这个系列水稻群地区,即老挝、泰国北部与东北部、缅甸的掸邦和克钦邦的部分地区、中国云南和广西的部分地区,以及印度的阿萨姆邦东部等地区是粳稻或类似粳稻的分布圈。

孟加拉系列水稻群主要是籼稻种植地区,其分布为印度的各海岸平原、三角洲等低湿地带,特别是奥里萨邦的杰伊布尔周边的湖沼地带,以及东南亚的越南、柬埔寨、泰国、缅甸等的海岸三角洲、湖沼周边的低湿地带。这一种植圈的源头是阿萨姆邦,阿萨姆邦的布拉马普特拉河、苏尔马河流域的湿地是籼稻祖先的诞生地。稻种南下传入孟加拉湾沿岸的湿地,然后继续经孟加拉湾东渡,传入缅甸、泰国、老挝、柬埔寨、越南。

长江系列水稻群的源头在云南,其传播路线为云南地区的龙川河、普渡河、牛栏江、天关河等支流与长江上游的金沙江合流后,流向长江中下游地区,此外还经西江上游的各支流东下,与西江合流,到达广西、广东。长江系列传播的稻种可能以陆稻和粳稻为主,经由西江传播到广西、广东的水稻主要是籼稻,华南地区的籼稻是沿古老的西江传入,后来孟加拉系列末端的籼稻也融入其中。

渡部忠世写道:"粳稻和籼稻分别经由长江和西江,一起从云南传向中国内陆。在广袤的中国,这两种水稻分别选择各自适宜的地方分布,虽然有些地方的分布会有混合,但系谱基本上是分开的。"这一说法与中国的考古发掘资料也是一致的。长江系列水稻群与后来传到日本的水稻品种有密切的关系,根据农学与植物学者的调查,云南地区的稻作品种呈现出复杂多样性,尤其需要注意以下3个方面。

(一)存在粳籼未分化的中间型品种

在中国的云贵高原,栽培稻的品种有3000余种,根据高度和气温不同而种植不同的品种。一般来说,种植地海拔越高,气温越低,种植粳稻;反之,种植地海拔越低,气温越高,种植籼稻。以贵州为例,1600米以上种植粳稻,1400米以下种植籼稻,两者之间,即1400—1600米间是粳、籼混种地带。云南的种植情况也与此类似,约1700米以下是籼稻种植地带,2000米以上是粳稻种植地带,两者之间,即1700—2000米间是籼、粳混种地带。①

渡部忠世在云南的西双版纳调查时,曾对籼粳中间型品种做过实地考察。

---

① 丁颖:《中国水稻品种的生态型及其与生产发展的关系》,《丁颖稻作论文选集》,农业出版社1983年版,第121—128页;丁颖:《中国栽培稻种的起源及其演变》,《丁颖稻作论文选集》,农业出版社1983年版,第25—39页。

他在探访勐海县南糯山、半坡寨哈尼族的村庄时,发现了中间型稻种。以下是他调查记录的部分内容,虽然有点长,但学术价值颇高,故抄录于此:

> 　　进去谷仓,带路人向我介绍了チェク和珍白[1],チェク较多。取一些观察,珍白一看就是籼稻,チェク似乎既不是籼稻也不是粳稻。……由于日本禁止携带种子类的物品入境,我们只取了100粒チェク的稻谷带到住处仔细研究,谷粒长度平均1.77毫米,介于籼稻与粳稻之间。用备好的苯酚试剂进行检测,苯酚反应可区分籼稻和粳稻,反应结果为正是籼稻,结果为负是粳稻。……取20粒稻谷试验,结果令人吃惊。10粒反应结果为正,另外10粒结果为负。从谷粒上看,チェク属于籼稻和粳稻的中间型,从苯酚反应结果来看,也可以说是两者的混合。而且如前所述,陆稻与水稻的性状还是未分化的品种,不得不说这是一种极为复杂的稻种。较早的栽培稻还很有可能具有更多未分化的性状,可以说チェク就是类似这样的稻种,这种稻的广泛分布也是这一地区稻作历史悠久的一个证明。[2]

(二)多年生野生稻广泛存在

野生稻有一年生与多年生之区别,至今人们都认为一年生的野生稻是栽培稻的祖先。但是,现在很多学者认为多年生的野生稻才是亚洲栽培稻的祖先。云南地区普遍存在多年生的野生稻,据调查,确认有以下3种野生稻:普通野生稻、药用野生稻、疣粒野生稻。其中,普通野生稻与亚洲栽培稻渊源最深。据广东农林学院(现已拆分为华南农业大学和中南林业科技大学)的调查,这种普通野生稻有多种名称,如学禾、鹤禾、野禾、鬼禾等,也叫多年生、宿根生植物,每年9—11月抽穗,进入冬季后茎开始枯萎,次年春天再发芽生长,茎干匍匐于地面,从茎上长出稻株。稻株高100—150厘米,谷粒狭长,粒长8—9毫米,有长芒,芒的颜色为紫色或红色。[3]

---

① チェク是旱田品种,珍白是水田品种。
② 渡部忠世:《亚洲稻作文化之旅》,日本放送出版协会1987年版。
③ 广东农林学院农学系:《我国野生稻的种类及其地理分布》,《遗传学报》1975年第1期,第31—36页。

(三)糯稻的种植

据古典记载,中国秦汉以前就种植过糯稻,当时称为稌。从长江系列的传播路线分析,糯稻的源流是云南高原地区的可能性较大。云南高原地区确实存在糯稻,即便是现在,云南的少数民族也将糯稻作为主食,且用来酿造米酒。渡部忠世经过数年的调查,提出了"糯稻种植圈"学说。其范围包括印度的阿萨姆邦,中国的云南、广西,老挝、泰国北部和东北部,缅甸的部分地区。中国的历史资料显示,在云南、四川、湖北、江苏、浙江等"长江系列"稻群地区,从古代就开始种植糯稻。在中国古代,"稻"和"稌"的意思是一样的,如"稌,糯稻也"(《集韵》),"稻之粘者为稌"(《古今注》)等。从以上记载中可以看出,中国古代将有黏性的农作物称为稻或稌,将没有黏性的称为谷、禾。据游修龄的调查,糯稻的种植年代久远,种植和食用比重大,随着年代推移,比重逐渐减小。例如,宋代的12种地方史中记载的水稻品种共有301种,其中糯稻有88种,占总数的29.2%,这个比重较秦以前明显降低。[①]

二、中国江南地区的稻作发展与传播

至今,中国的考古学者共发现了72个新石器时代的稻作遗址,其中长江流域52个,黄淮流域9个。长江中下游一带的楚、吴、越是稻作发达地区,尤其是吴越地区,稻作发展的顺序十分清晰:河姆渡→桐乡罗家角→马家浜→崧泽→良渚。

浙江省的河姆渡遗址距今有7000多年,于1973年夏季被发现,1973—1974年进行了第一次发掘,发现了4个重叠文化层。[②]由于第三层和第四层内容丰富,1977—1978年又进行了第二次发掘。4个层位具有上下承接关系,并有共同的文化特征,因此被命名为"河姆渡文化"。[③]在河姆渡文化的第四层发现了大量栽培稻的稻谷、谷粒、稻秆、稻叶的堆积,厚度为20—50厘米,最后的地方竟达1米,如此厚的堆积在世界考古史上也十分罕见。此外,在第四层还发现了176件骨耜,由此可见,河姆渡人已经开始了熟荒耕作制。在此之前,是刀耕火种的生荒耕作制阶段。[④]河姆渡的稻种有籼稻和粳稻,应该是2个品种混合种植的。继河姆渡

---

① 游修龄:《百越农业对后世农业的影响》,《浙江学刊》1990年第6其,第31—34页。

② 浙江省文物管理委员会:《河姆渡遗址第一期发掘报告》,《考古学报》1978年第1期,第39—94、140—155页。

③ 河姆渡遗址考古队:《浙江河姆渡遗址第二期发掘的主要收获》,《文物》1980年第5期,第1—15、98—99页。

④ 董楚平:《吴越文化新探》,浙江人民出版社1988年版。

遗址之后,在浙江又发现了桐乡罗家角遗址。这一遗址的下层文化层与河姆渡文化接近,在第三层和第四层发现了稻谷,虽然籼稻和粳稻混合在一起,但以籼稻为主。比河姆渡、罗家角遗址稍晚的稻作遗址是属于马家浜文化的江苏吴县(今吴中区)草鞋山遗址,在其下层发现了籼稻、粳稻和陶杵。[①]属于良渚文化的钱山漾遗址、水田畈遗址也都是稻作遗址,在钱山漾遗址中发现了籼稻和粳稻的堆积,以及陶臼。此外,发现稻谷的遗址还有江苏无锡的锡山公园、湖北京山屈家岭、天门石家河、武昌洪山放鹰台、江西清江营盘里、福建的福建东张、广东的曲石硖马坝等。从以上各遗址的发掘成果可以看出,在公元前5000—前2000年间,长江下游及江南地区的稻作农耕盛行(见表2-1)。稻种则大部分是籼稻和粳稻混合,根据这一现象可以推测,长江下游的吴越地区是"长江系列"的粳稻与经由西江传播的籼稻的合流地带。

表2-1　中国粳稻炭化米的出土遗址[②]

流域		出土遗址	年代
长江下游	浙江	桐乡罗家角	5190 B.C
		余姚河姆渡	4780±90 B.C
		吴兴钱山漾	4568±100年前
	上海	青浦崧泽	3395±45 B.C
	江苏	苏州草鞋山	4290±205 B.C
		无锡仙蠡墩	4300—3700 B.C
		南京庙山	4900—5000年前
		苏州摇城	约4500年前
		常州圩墩	4300—3700 B.C
	安徽	含山仙踪	4000余年前
		肥东大陈墩	约4000年前
	江西	湖口文昌洑	约4000年前

---

① 南京博物院:《江苏吴县草鞋山遗址》,文物编辑委员会编:《文物资料丛刊3》,文物出版社1980年版,第1—24页。

② 陈文华:《中国稻作的起源和东传日本的路线》,《文物》1989年第10期,第24—36页。

流域	出土遗址		年代
长江上流	湖北	京山屈家岭	4600余年前
		武昌放鹰台	4000余年前
		随州冷皮垭	4600余年前
		天门石家河	4000余年前
	河南	淅川黄楝树	2900—2600 B.C
黄淮流域	河南	渑池仰韶村	4000余年前
	山东	栖霞杨家园	4000余年前
其他	云南	元谋大墩子	1470±55 B.C
	广东	曲江石峡	约4500年前
	台湾	台北芝山岩	3000余年前

如前所述,自河姆渡、罗家角两遗址被发掘以来,几乎所有的学者都认为这是中国最早的稻作遗址。但中国考古学者又发掘了湖南澧县的彭头山新石器时代早期遗址,通过地貌、花粉分析,彭头山遗址距今约8000年,遗址中还发现了炭化水稻谷粒。[①]

在比河姆渡、罗家角更早的遗址中发现的稻谷究竟是栽培稻还是野生稻呢?我们发现从遗址中出土的陶器的泥料中混有稻谷,从这个情况来看,我认为当时是有栽培稻的。另外,根据花粉分析,在遗址文化层中发现了禾本科植物花粉,虽然数量不多,但每个花粉都在37.5微米以上,萌发孔及边缘厚度为10—11微米,与现代水稻十分接近,与河姆渡遗址中的水稻花粉性状一致。[②]

中国有考古学者认为太湖地区是稻作传播的中心。严文明在长江下游及其附近是中国种植稻的重要起源中心这一观点的基础上,提出了4个波浪式稻作传播时期理论。[③]第一波浪期是公元前4300—前3700年,从发现河姆渡遗址的杭

---

① 裴安平、曹传松:《湖南澧县彭头山新石器时代早期遗址发掘简报》,《文物》1990年第8期,第17—29、102页。

② 顾海滨:《湖南澧县彭头山遗址孢粉分析与古环境探讨》,《文物》1990年第8期,第30—32、69页。

③ 严文明:《中国稻作农业的起源(续)》,《农业考古》1982年第2期,第50—54页。

州湾到长江下游三角洲海岸地,即在以马家浜文化期为代表的遗址范围内传播。第二波浪期大约是公元前3700—前2900年,在长江沿岸向西的两湖盆地,即阴阳营文化、大溪文化的分布地带内传播。第三波浪期大约是公元前2900—前2100年,在长江下游与杭州湾的良渚文化、两湖盆地的屈家岭文化、北江流域的石硖文化及黄淮平原、江汉平原等范围内传播。第四波浪期是夏商周时期,在长江上游、黄河中下游以北及台湾等地发展。

对于严文明的这一观点,游修龄提出了不同的意见。[1]他认为长江中游的江汉平原的楚文化具有独特的历史背景,由于该地区出土的稻作遗迹在时间上要比太湖地区晚,因此对于稻作文化是从长江下游传来的这一观点无法认同。他还提出,从江苏、浙江的水稻品种丰富度和地域性来看,华中、华南的稻作文化不可能受到长江下游的影响,而是由水稻发源地——云南先经由西江传播到广东北部、广西北部、湖南、江西,后由以上地区传播而来,同时还向黄河中游地区传播。而太湖地区的稻种是通过海路传来的。我比较赞同楚文化地区与吴越文化地区的稻作文化并进的观点。前面提到的湖南澧县彭头山遗址中发现的距今约8000年的稻谷进一步证明了两地区稻作文化并进说的科学性。湖北江陵凤凰山西汉墓中出土了4束稻穗,且稻穗、茎、叶的外形全部保存良好,不仅颜色新鲜、谷粒饱满,还有炭化物。研究人员对其中的5株稻穗进行了农业技术性检测,结果显示无论是穗长、粒重,还是发育期、稻芒和谷粒形状,都与现代的粳稻十分似,这也表明了该地区稻作文化的独特性。

一直以来,中国的很多学者都认可淮河以南的稻作文化地带,因此对1921年从仰韶遗址中出土的稻谷一直采取谨慎的态度。但在20世纪80年代,在安徽、河南、陕西地区稻作遗址,以及位于安徽含山县大城墩新石器时代遗址的二里头文化层位中,都发现了大量炭化稻谷。[2]此外,在河南卢氏县祁村湾新石器时代房屋遗址的壁土中发现大量谷粒,地下的洞穴里也有稻谷。[3]在洛阳西高崖遗址第二期遗构中发现的泥制坯(半成品)中有稻谷的压痕。[4]陕西南部汉水上游的西乡李家村、何家湾遗址的红烧土也发现了谷粒的压痕。[5]陕西勉县老道寺遗址

---

① 游修龄:《太湖地区稻作起源及其传播和发展问题》,《中国农史》1986年第1期,第71—83页。

② 张敬国:《含山县大城墩新石器时代遗址》,《中国考古年鉴(1985)》,出版者不详。

③ 宁景通:《卢氏县祁村湾新石器时代遗址》,《中国考古年鉴(1984)》,出版者不详。

④ 曾意丹、朱亮:《洛阳西高崖遗址试掘简报》,《文物》1981年第7期,第39—51页。

⑤ 魏京武、杨亚长:《从考古资料看陕西古代农业的发展》,《农业考古》1986年第1期,第91—100页。

的4号汉墓中出土了几个土器模型,其中有釉陶冬水田模型。这个水田模型为方形、直壁、平底,全长39厘米,宽22厘米,高3.5厘米,水田中央有一个田畦,将水田左右一分为二。其中一侧中央的田畦下有直径1厘米左右的放水孔,水田里有田畦状的不规则横线。[①]随着新石器时代至汉代的考古资料的增加,黄河流域的稻作农耕与粟麦农耕同时存在的可能性越来越明显,但是相比粟麦农耕,稻作农耕的范围与面积较小。

三、中国古代稻作技术的发展

中国稻作农耕的发展最早是从山地丘陵地带的陆稻开始的。以长江下游的越国为例,最初的活动区域主要是山地、丘陵地带。《吴越春秋》记载:"随陵陆而耕种,或逐禽鹿而给食。"越人最早是过着农耕狩猎的生活,后从山地向平原、江河、大海沿岸迁移,从事农耕和捕鱼。《史记·货殖列传》记载:"楚越之地,地广人稀,饭稻羹鱼,或火耕而水耨。"《汉书·地理志》记载:"江南地广,或火耕水耨。民食鱼稻,以渔猎山伐为业。"文中的"饭稻羹鱼"生动地描绘了楚人、吴越人的生活场景,"火耕水耨"描写了原始的农耕技术,即"生荒耕作制"。

在中国古典中,如《墨子》《论衡》等有"象耕鸟耘"的记载,至今有学者认为这种耕作方法只是神话传说,但这是确实存在过的。《论衡》中对这一耕作方法有如下记述:"苍梧多象之地,会稽众鸟所居。……象自蹈土,鸟自食苹,土蹚草尽,若耕田状,壤糜泥易,人随之种。"

古代的长江中下游地区不仅有"象田",还有"麋田",很多麋鹿进入沼泽地将土踩实,沼泽地的土壤就变成了耕地,越人便在此播种。之后,由"象(鹿)耕鸟耘"发展为"牛踏耕""马踏耕"。从中国古代越人开始出现的"踏耕"如今在东南亚地区仍能看到。渡部忠世在1964年探访斯里兰卡等东南亚各国时,就发现了"牛踏耕"。他写道:"不仅在斯里兰卡,在东南亚的热带岛屿地区,如菲律宾(特别是吕宋、莱特、萨马尔诸岛)、印度尼西亚(苏门答腊、加里曼丹、苏拉威西岛、帝汶等岛屿),(牛踏耕)都是相当常见的耕作技术,马来半岛、喀拉拉邦的海岸地带、马达加斯加也都有所分布。此外,日本的西南诸岛,如与那国岛、石垣岛、冲绳本岛、龙美大岛和种子岛上至今仍有拥有踏耕经验的长者健在。"[②]

公元前7000年左右,中国江南地区的稻作农耕脱离了原始的耕作方法,开始

---

① 郭清华:《陕西勉县老道寺四号汉墓发掘简报》,《考古与文物》1981年第1期。
② 渡部忠世:《亚洲稻作文化之旅》,日本放送出版协会1987年版。

进入锄耕(耜耕)阶段。耜是用木、石、骨等材料制作而成,用来挖土的工具,河姆渡遗址出土的骨耜、木耜就是这种农具的典型代表。继河姆渡文化之后,马家浜文化、崧泽文化、良渚文化时期的石制、木制工具变得更加多样化。耕田工具有三角形犁状器、双翼耕田器;收割工具有双孔或无孔长方形石刀、半月形石刀、石镰、蚌镰、骨镰;脱谷工具有杵、臼,其中臼有石臼。《周易·系辞下》中也有记载:"断木为杵,掘地为臼。"

夏商周时期以后,铜器也开始被应用于生产中,与此同时,水稻技术也在进步。水稻离不开水,彼时人们的水利知识已十分丰富。《周礼》记载:"以潴蓄水,以防止水,以沟荡水,以遂均水,以列舍水,以浍泻水。"这就是对当时灌溉、排水的概括。潴即堰,防即土堤,沟、遂则是小沟,列即畦,浍即大沟。《诗经》记载,稻从大的类别上分为粳、糯、籼3类。籼稻又分为白稻、棱稻、櫺稿。春秋战国时期,稻的耕作已经有了精细的传统。公元前3世纪问世的《吕氏春秋》就收录了几篇有关农业技术方面的论文。其中,《上农》《任地》《辨土》《审时》4篇最为有名。《辨土》记述了对不同土壤结构耕地的耕作顺序、合理密植的考虑和耕作方法;《任地》记述了通过土壤改良、轮作制、施肥来保持土壤湿度等来增加土壤肥力的方法;《审时》则记载了将水稻分成早稻和晚稻。

秦汉之时,由于王室的重视,农业又得到了进一步发展。汉武帝曾说:"农,天下之本也,泉流灌浸,所以育五谷也。"[1]他还认可"通沟渎,畜陂泽,所以备旱也"[2]。当时,水田灌溉特别注意调节水温,农民会根据季节通过水的流动来调节温度。初次种植时需要温水,所以切断田畔,使水流水平流入。夏至之后天气变热,再将田畔复位,使水流形成跌差。

当时,铁器已经普及,水田耕作也普遍推行了牛耕。"用耦犁,二牛三人"[3],这是典型的使用铁犁和牛的耕作方法。

总结起来,水稻农耕的一般技术,即整地、播种、中耕、除草、灌溉、收割、脱谷、入库、选种等,基本上是在秦汉时期形成的。

---

[1]《汉书·沟洫志》。

[2]《汉书·沟洫志》。

[3]《汉书·食货志》。

第二节　日本稻作农耕的发展与传播

一、稻作文化——弥生文化的基础

关于弥生时代的定义有许多说法。有学者认为是因为这个时代使用弥生陶器[1]，也有学者认为因为这个时代是日本开始以粮食生产为基础的生活时代[2]。我认为弥生时代应该被称为"稻作文化时代"。弥生时代发生重大变化的原因与稻作农耕有着密切的关系。首先，稻作农耕的产生推动了生产方式和生活方式的变化。虽然有些地区仍保持以往的狩猎、捕鱼、采集经济，但在大部分地区，稻作已逐渐成为粮食生产的主要内容，随着稻作农耕的发展，生产工具也逐步改良。

弥生人根据地理环境、土壤条件制作了不同类型的木、石、骨等材质的农具，进入弥生中后期之后，开始使用更先进的金属农具。由于稻作农耕，人们的生活方式也由游居变为定居。人们对大自然的崇拜与信仰也开始与稻作联系起来。这种生活方式与生产方式的改变也促进了社会结构、审美观、价值观等的变化。稻作农耕为社会提供粮食，并可能有富余的积蓄，因此生产管理者逐渐变成富余部分的支配者和占有者，进一步拉大了贫富差距、阶级差别、地域差别，为阶级社会的产生准备了条件。

弥生时代，阶级国家最早或相对较早出现的地区，一般是稻作农耕较早开始的地区。北九州、近畿地方就是这样的地区。弥生时代的陶器、石器、青铜器及用作装饰品的玉石、骨、具制品中开始表现出审美意识，但基本上都与稻作农耕有关。例如，铜铎的图案中有斗争图、纺织图、杵臼图及纹样。此外，弥生陶器的多样性也与稻作农耕、食米生活有关。弥生时代的埋葬方式，根据不同地区呈现出不同的形式，有的地区受到外来埋葬文化的影响，而有的地区仍然保持绳纹时代的埋葬文化传统。但是，弥生时代的埋葬文化的变化都是在稻作农耕开始后发生的。

---

[1] 小林行雄：《弥生时代》，水野清一、小林行雄编：《图解考古学辞典》，创元社 1959 年版。

[2] 佐原真：《农耕的开始与阶级社会的形成》，朝尾直弘等编：《岩波讲座日本历史1》，岩波书店 1980 年版。

在绳纹文化发展期间,中国相继出现了仰韶文化、大汶口文化、良渚文化及夏商文化。这些文化虽对绳纹文化产生了一定的影响,但并未促使其发生根本性的变化。到了公元前4—5世纪,弥生文化取代了绳纹文化,根本原因在于稻作文化的传播与推进。可以说,"弥生革命"在日本历史上,与大化改新、明治维新、战后改革具有同样重要的意义。

二、稻作农耕的开始

自在板付、菜畑、曲田3处遗址中发现水田以来,很多学者都认可绳纹晚期稻作农耕说。但是,如此先进的稻作生产是突然出现的,还是在此之前很长时期的发展过程中就存在的呢?又或者是在绳纹人的原始农耕基础上吸收了外来技术而形成的呢?虽然稻作毫无疑问是从外部传入的,但若没有绳纹人原始农耕的经验和基础,那么稻作的先进技术不可能迅速在日本各地传播开来。

中国的稻作是从陆稻(即旱稻)向水稻发展的,那么在先进的稻作技术传入板付、菜畑、曲田等地之前,这些地区是否也像中国一样有过陆稻种植期呢?渡部忠世在《稻之道》中关于"传播到日本的稻是陆稻还是水稻"这一问题有如下见解:

> 简而言之,很难判断绳纹末期传入日本的稻种是水稻还是陆稻,我认为两者都有的可能性很大。……这一时期中国种植的品种很可能是以种植在雨水田等地的早稻为主,正如我们在中国地区的各例中看到的那样,我认为日本的水稻最初一定也是种植在山间倾斜坡地的雨水稻田里的。在低湿地区以清晰的水田形式种植水稻至少是在进入弥生时代以后才开始的。[1]

渡部忠世的这部著作初版出版于1977年。当时,板付、菜畑、曲田等绳纹时期的水田遗迹还未被发现,因此他才会提出"种植水稻至少是在进入弥生时代以后才开始的"这一观点。但我从渡部忠世的观点中受到了重要的启发。绳纹时代晚期(佐原真称为弥生Ⅰ期[2]),在开始种植水稻之前,日本也有过雨水稻田种植。可能日本的稻作农耕经历了从山间倾斜坡地的雨水田种植到低湿地水田种

---

① 渡部忠世:《稻之道》,日本放送出版协会1977年版。
② 佐原真:《种米和日本人》,每日新闻社1990年版。

植的发展过程。

20世纪50年代,有考古学者提出了绳纹农耕论,也有学者提出绳纹中期存在旱地农耕[1],还有学者认为农耕是在绳纹晚期开始的[2],九州的阿苏山高原还推行过休耕和旱地轮作制[3]。当时,绳纹农耕论受到了激烈的批判,但随着考古学的发展,绳纹晚期农耕论至少已经受到了广泛的认可,绳纹中期农耕论却仍然得不到重视。随着考古发掘的进展,相信绳纹中期农耕论一定也会被学界认可。

根据现有的考古资料可以明确的是,在长崎、大分、熊本县等的火山高原地带,绳纹晚期就有陆稻种植,而且一直持续到弥生时代。[4]不仅是九州地区,关东地区的丸子遗址、佐渡遗址、池上遗址也都有陆稻种植。[5]长野县下伊那郡北原遗址是弥生中期遗址,在其中出土的陶器中发现了谷粒的痕迹。由于遗址中还出土了许多打制石镞(大型石镞57件,小型石镞44件),有学者认为陶器中的谷粒是水稻的稻谷,也有学者认为是陆稻的稻谷。[6]

简单来说,日本的稻作农耕中,陆稻可能比水稻早,还有可能陆稻与水稻同时传入,分别选择各自适宜的土地生根发芽,共同存在。

三、菜畑、板付、曲田遗址的发现及其意义

菜畑、板付、曲田3处绳纹水田遗迹的发掘将学界对绳纹农耕的争论画上了句号,不仅使农耕开始的时间推至更早的时代,而且开拓了绳纹文化、弥生文化研究的新视野。绳纹水田遗迹的发现并非偶然,而是日本考古学者们经过长期坚持不懈的调查的结果。1952—1954年取得了明显的进展,例如在福冈县板付遗址中发现了壕沟和竖穴仓库群,而且证实了最古老的弥生式陶器的样式(板付Ⅰ式)与绳纹晚期的刻目凸带文(夜臼式)陶器同时存在。此外,炭化谷粒、谷粒

---

[1] 藤森荣一:《日本原始陆耕的诸问题——关于中期绳纹时代的一种生产形态》,《历史评论》1950年第4期,第41—46页;澄田正一:《日本原始农业发生的问题》,《名古屋大学文学部研究论文集》1955年第11期,第87—110页。

[2] 杉原庄介:《日本农耕社会的形成》,吉川弘文馆1981年版;贺川光夫:《农耕的起源》,讲谈社1972年版。

[3] 贺川光夫:《关于绳纹晚期农耕论的备忘录》,《史丛》1977年第20期,第76—88、109页。

[4] 春成秀尔:《弥生时代的开始》,东京大学出版会1990年版。

[5] 春成秀尔:《弥生时代的开始》,东京大学出版会1990年版;小林达雄:《图说发掘所说的日本史2:关东·甲信越篇》,新人物往来社1986年版。

[6] 神村透他:《北原遗址》,高森町教育委员会1972年版。

压痕、深钵形的甑在2种陶器上都存在。①板付遗址的新发现吸引了考古学界的注意,考古学者们对绳纹文化进行了更进一步的探究,以九州地区为中心展开了广泛的调查和发掘,例如长崎县的原山、山之寺、小滨,岛原市的砂石原等。通过这一阶段的调查,得出了以下几点新的认知:(1)绳纹文化是弥生文化的重要构成要素之一;(2)因为弥生前期已经有了使用高技术的农耕,所以可以认为在此之前也存在一定程度的农耕;(3)弥生文化的形成过程十分复杂,是多种文化元素相互融合的结果。

进入20世纪60年代后,在50年代的调查和发掘的基础上,考古学者又开始了对绳纹农耕的追踪调查。70年代在板付遗址发现了绳纹水田遗迹。紧接着,在80年代前后,于唐津市菜畑、福冈县糸岛郡曲田遗址中又发现了绳纹水田遗迹。在日本考古学者的共同努力下,终于打开了绳纹稻作农耕的神秘大门。

板付的绳纹水田延伸至集落的高原两侧的冲积地②,水田遗迹上面重叠着弥生前期的水田遗迹。在遗址中还发现了与水田有密切关系的设施,例如水路、井堰、给水排水口、畦畔等。水路宽2米,深1米,截面呈U形,长约300米,水路上用木桩做了井堰,在井堰上流,南侧水田的排水沟与水田入水口之间有一个交汇点,排水沟及水口处设了用木桩或板桩做成的小型堰,利用三层堰来达到蓄水、给水、排水的功能。水路沿线的水田里有用木桩、板桩加固的用土堆起来的畦畔,畦畔宽50厘米,高100厘米,上面横置短木,两端用木桩固定。水田的一部分是沿水路的长方形,东西向宽6—10米,南北向长50多米,面积超过500平方米。

菜畑水田遗构是至今所知的早期稻作遗址,位于唐津市菜畑松丹寺山顶,扇形谷的中央低洼地。根据发掘结果,水田遗构南北约20米,东西约15米,共发掘出4个水田,每块水田的面积约30平方米。

森贞次郎在对菜畑、曲田、板付遗址进行比较研究后,指出了以下几个共同点:(1)3处遗址都是绳纹晚期初的遗址;(2)3处遗址都出土了大陆系磨制石器,如大型哈刃石斧、扁平片刃石斧、棒状片刃石斧、抉入片刃石斧、石刀等;(3)3处遗址中均发现了炭化米或在出土的陶器表面发现有稻壳压痕;(4)3处遗址均发现了朝鲜式的支石墓;(5)出土的陶器中有较多大型壶形陶器和丹涂磨研壶形陶器;(6)都在遗址的高原低地附近种植水稻,并建有水路、给水排水的灌溉

---

① 森贞次郎:《九州的古代文化》,六兴出版社1983年版。

② 山崎纯男:《北部九州的初期水田——开田地的选择和水田构造的探讨》,《九州文化史研究所纪要》1987年第32期,第127—186页。

设施。[①]

绳纹稻作遗址的发现具有划时代的意义,人们一直认为稻作文化是突然出现的,但现在看来,这种观点很难成立。绳纹稻作遗址的发现证明了从绳纹晚期的稻作向弥生稻作的发展是一个渐进的发展过程。在夜臼式——板付Ⅰ式之间,还存在着夜臼Ⅰ、Ⅱ、Ⅲ的文化阶段。在夜臼Ⅰ、Ⅱ时期,水稻种植地区呈点或线状分布,从夜臼Ⅱ—Ⅲ时期开始,进入由点、线状分布,向面状分布延伸的阶段。

绳纹水稻农耕遗址发现的意义,不仅在于证明了绳纹晚期稻作种植技术的较高水平,而且证实了在技术上达到这种较高水平之前,存在着从低水平向高水平发展的过程,或者在达到这种高水平之前,存在着吸收、消化大陆的高技术的过程。

四、稻作的传播

一般认为,日本的稻作传播是以九州地区为起点,自西向东呈波浪式推进的。也就是说,弥生前期,即公元前100年前后,到达今福井县至爱知县地区;弥生中期,即公元100年前后,扩展至岩手县、秋田县一带;公元300年前后,传播到本州最北的青森县。至此,除北海道以外,日本各地都实现了农耕化。但是,考古发掘的结果开始向这一传统观点发起挑战。首先是稻作的传播时期可以追溯到更早的时代。

森贞次郎提到,在九州至畿内地区发现炭化米后,在山口、广岛、岛根、兵库、大阪等各府县也发现了绳纹晚期后半期的遗址。[②]春成秀尔认为,至此,证实了在绳纹晚期后半期至末期,即凸带文陶器时期,九州、四国、中国、近畿地区已经有了水稻种植。[③]实际上,近畿和濑户内地区的绳纹稻作也达到了相当高的水平。

虽然大阪府茨木市牟礼遗址还未确定是否有水田遗迹,但已经发现了水田稻作必需的灌溉设施。例如,水路宽6—7米,还有井堰和取水路,都用木桩加固。冈山市的津岛江道遗址发现了小块的水田,显示了水田耕作的精细化。香川县高松市林·坊城遗址也发现了水路遗迹和木制农具。若进行花粉分析,可能将会

① 森贞次郎:《日本农耕文化的起源》,《九州考古学》1960年第10期。
② 森贞次郎:《日本农耕文化的起源》,《九州考古学》1960年第10期。
③ 春成秀尔:《弥生时代》,小林达雄:《图说发掘所说的日本史2:关东·甲信越篇》,新人物往来社1986年版。

发现更多绳纹晚期遗址中存在过稻作农耕[①]，例如高知县的中村遗址、石川县的近冈遗址[②]等。

东北地区的考古发掘也有了新的进展。在这一地区北部发掘出远贺川式陶器的遗址中，陆续发现了炭化米、稻壳压痕。如在龟冈遗址中，发掘出大洞A式期陶器的同时，还发现了稻谷和炭化米，此外还出土了比田舍馆期更早的带有稻壳压痕的陶器。这也说明东北地区稻作农耕的开始可能要追溯到更早的时代。[③]宫城县栗原郡山王围遗址中虽然没有发现稻壳痕迹和炭化米，但出土了盖子、罐子和石刀等物品。其中陶器的组套与近畿地区弥生前期的陶器组套非常相似。伊东信雄等人据此推断，即使是东北地区，以稻作农耕为基础的早期农民的生活方式，在绳纹晚期之后也已经从西日本传播开来。[④]1987年，在龟冈遗址附近的沙泽遗址中发现了水田遗迹。该遗迹位于流入日本海的岩木川左岸自西侧丘陵处派生出的舌状微高地的东边，有3—5块近似方形的区划水田，明确区划的A、B两块水田面积分别约为800平方米和70平方米。[⑤]通过以上各遗址的发掘资料，大概可以推断在弥生时代前期水稻农耕就已经传播到了东北地区。

进入弥生时代以后，稻作农耕技术进一步发展。究其原因，主要是绳纹晚期稻作经验的积累和外来新技术的传入，弥生时代水稻农耕技术的水平从以下所举的几个典型遗址中可见一斑。

（一）板付弥生前期水田遗构

遗构位于绳纹板付遗址的上层，其中的水路、堰、畦畔、水田等均与绳纹时代的水田遗迹没有什么区别，但在规模、设施的完备程度上，都明显比后者发达。水路不仅有主路，还增加了支路。绳纹时期的水路宽只有2米，弥生时期已达10

① 藤则雄：《从花粉分析看稻作的起源1》，《考古学期刊》1971年第53期，第15—21页；藤则雄：《从花粉分析看稻作的起源2》，《考古学期刊》1971年第54期，第2—10页。

② 藤则雄、四柳嘉草：《从金泽的绳纹晚期近冈遗址发现水稻》，《考古学研究》1970年第17卷第3期，第9—28页。

③ 伊东信雄：《东北地方的稻作农耕》，八幡一郎先生颂寿纪念考古学论文集编委会编：《日本史的黎明——八幡一郎先生颂寿纪念考古学论文集》，六兴出版社1985年版；斋野裕彦：《东北地区水稻种植的开始期及其转折期》，日本考古学协会编：《日本稻作农耕的起源与展开》，学生社1991年版。

④ 须藤隆：《弥生、续绳纹时代》，林谦作编：《图说发掘所说的日本史1：北海道·东北篇》，新人物往来社1986年版。

⑤ 斋野裕彦：《东北地区水稻种植的开始期及其转折期》，日本考古学协会编：《日本稻作农耕的起源与展开》，学生社1991年版。

米,深2米,水路两侧建有自然堤坝。堤坝两侧是水田,水田呈细长矩形,每块水田的面积与绳纹时期的水田面积完全相同。遗构中各种设施规模的扩大、水田总面积的增加,都显示出管理系统的完备化和管理技术的进步。

(二)冈山县原尾岛水田遗迹

该遗址长80米,宽40米,与弥生中期的水田遗迹和弥生后期的水田遗迹上下重叠。水田位于遗址的微高地边缘及较低地带,内有大小畦畔、田地、堰、水口等设施,特别是在三坪调查区发现了大量稻株痕迹,这也说明了当时该地区已经在使用水田种植法。

(三)大阪市山贺遗址与若江北遗址

山贺遗址中发现了弥生前期的水田遗迹,水田长100多米。在山贺遗址附近的若江遗址中发现了弥生前期至古坟时代初期的水田遗构。弥生前期的水田遗迹中发现了3条南北走向平行的畦畔,畦畔间隔为5—10米,单块水田的面积最大为140平方米,最小为49平方米。与福冈的板付遗址一样,在水田中发现有人的足迹。

(四)高崎市日高遗址的水田遗迹

该遗址位于高崎市日高町村西,水田遗迹利用了自北流向的宽30—40米的旧河川的湿润地带。推测长度为550—650米,呈细长的蛇形带状,水田被大小两种畦畔区划开来。总体呈现的情况是,被大畦围起来的区域被小畦进一步划分成2—3个小区域。在调查范围内,小块水田共有50块左右,单块面积大概是60—180平方米,总面积约为2万平方米。水田遗构的中央有较大的水路,东侧台地边缘地带有小规模的水路。

(五)登吕遗址的水田遗迹

登吕遗址是弥生时代有名的水田遗迹,位于安倍川左岸的微高地,微高地的东南侧是水田耕作区,1949—1950年间进行了数次发掘。后来因东名高速公路计划从该遗址的南部穿过而进行了紧急调查,新的发掘资料补充了旧资料的不足。根据对新旧资料的研究,我对水田遗迹的所在位置、构造及面积又有了新的认识。首先关于水田的水利设施完备。由于水田的地势是自北向南倾斜的,水很容易从水田南侧流失,为防止水流失,弥生人将水田的西南和东南侧的畦畔全部用板桩加固。每块水田长约1米,宽35厘米,使用了1000多块厚达4厘米的板桩。在水田遗迹中,有长约365米、自西北向东南方向延伸的水路,水路上有给水、排水设施,为防止给水和排水混淆,在给水路与排水路交叉处设有木制的通水路。水路两侧就是水田。

如表2-2所示,根据水田遗迹的复原,共有50块水田,总面积7万余平方米。单块水田的面积最小为300平方米,最大为2300平方米,其中1400平方米的水田有10块,1500平方米的水田有5块,1600平方米的水田有3块,1700平方米的水田有5块,1400—1700平方米的水田共有23块,占总体的46%。由此可知,登吕遗址的特征是大区块田、水田大小虽无规律性,但水利系统已十分先进。

表2-2　登吕遗址的水田面积表[1]

单块水田面积/平方米	数量/个	单块水田面积/平方米	数量/个	单块水田面积/平方米	数量/个
300	1	1100	1	1800	1
400	2	1200	1	1900	2
600	6	1300	2	2000	1
700	1	1400	10	2100	2
800	3	1500	5	2200	2
900	1	1600	3	2300	1
1000	1	1700	5		

根据杉原庄介的推算,70585平方米约等于21389坪。假设1坪收获1升稻谷,总计可以收获2万余升粮食。在登吕的集落里发现了12户住宅,假设1户住5个人,那就有60人,即使还有未发现的住宅遗址,也不会多于90人。当时,登吕的弥生人还过着狩猎捕鱼的生活,猎物、渔物和稻米是人们日常的食物。因此,若按照成年人和儿童平均一日三餐的食用量,那么作为主食的大米一年大约需要100升,登吕集落全部人口一年所需的量是6000—9000升。[2]

关于弥生时代稻谷的产量和对人们生活产生的影响,寺泽薰持有不同的看法。[3]在弥生时代,即使是被修整得非常广阔且产能又高的低地大型水田和微高地水田,单位面积的产量也很少能超过100千克,大多是60千克左右。可以推知,在技术尚不成熟的弥生前期阶段产量更低(约30—50千克)。这个数量与现

---

① 杉原庄介:《日本农耕社会的形成》,吉川弘文馆1981年版。

② 杉原庄介:《日本农耕社会的形成》,吉川弘文馆1981年版。

③ 寺泽薰:《弥生时代的植物食物》,*Museum Kyusshu*1989年第31期。

在的水稻产量相比,相差甚远。此外,未成熟的稻谷也很多。例如,弥生前期末至中期初的山口县绫罗木遗址中有27%的未成熟的稻谷,大阪府池上遗址中弥生中期前半期的未成熟稻谷有22%,中期中叶的有43%,中期后半期的有29%。若进行逆向推算消费量,即使是弥生时代后期,在某些情况下也不得不寻找大约占全部食物一半的主要淀粉类食物,而在弥生前期至中期初,有70%—80%的食物不得不来源于稻米以外的植物型食物。

(六)东北地区的水田遗迹

近年来,东北地区的水田遗迹不断被发现。仙台平原的富泽遗址中发现了桝形围时期的水田遗迹和水路[1],山口遗址中也发现了水田遗迹,秋田县若美町的横长根A遗址的竖穴住居地面上发现了炭化米[2]。宫城县角田市鲈沼弥生初期的遗址中也发现了大量炭化米。[3]此外,阿武隈川下游左岸一个10米高的河岸阶地有绳纹晚期至弥生时代的集落遗构,在临近冲积地的台地边缘,形成了弥生时代的文化层。这一文化层出土了大量弥生初期陶器,同时还出土了石刀、炭化米和有稻壳压痕的陶器。在这个集落的前方冲积地上是一片水田,推断是用来种植水稻的。有学者对其中发现的58粒炭化米进行了测量,得出了如下数值:粒长最长为5.5毫米,最短为4.1毫米,平均值是4.8毫米;粒宽最长为3.3毫米,最短为2.2毫米,平均值是2.9毫米。米粒长宽比的平均值是1.86,全部是短粒的粳稻。

青森县田舍馆垂柳遗址是弥生中期的稻作遗址,位于津轻平原东部、浅濑石川左岸的冲积地,水田已被火山灰掩埋。发掘资料显示,整个遗址的总面积约为3万平方米,水田面积是3966.55平方米,共有656块水田。[4]田舍馆遗址中也出土了200多粒炭化米和带有稻壳压痕的陶器。[5]由此可以看出,在东北地区弥生稻作农耕较为盛行。

对于东北地区稻作的传播路线,传统观点认为是九州—西日本—关东地区—东北地区的波浪形推进说。但是,随着近年来的考古发掘,东北地区的考古

---

① 仙台市教育委员会:《富泽水田遗迹》,出版者不详,1984年。

② 秋田县若美町教育委员会:《横长根A遗址》,出版者不详,1984年。

③ 志间泰治:《鲈沼遗址》,东北电力株式会社1971年版。

④ 青森县埋藏文化遗产调查中心:《垂柳遗址发掘调查报告书》,青森县教育委员会1985年版。

⑤ 伊藤玄三:《东北》,和岛诚一编:《日本的考古学3:弥生时代》,河出书房新社1966年版,第204—120页。

学者提出了"日本海传播路线说"。他们根据青森、秋田、山形的弥生前期遗址中出土的陶器,认为东北的稻作是从西日本经由日本海传来的。尤其是1987年在沙泽遗址中发现了弥生前期的水田遗迹,更加有力地佐证了"日本海传播路线说"。

综上所述,我认为东北地区的稻作与九州地区时间相差无几,很有可能是直接从大陆传入的。当然,在强调日本海传播路线说和大陆传来说的同时,也不应忽视从西日本经由东海、关东传来路线说。

第三节　水稻农耕的传来路线

一、学界的争论

水稻农耕的传来路线与日本文化的源流问题不无关系,历来受到很多学者的重视,但学界一直争议不断,无法达成统一意见。概括起来主要有以下5种观点。

A. 自中国南部(如福建)经由台湾、冲绳传播到九州。

B. 自长江下游直接传来。

C. 自山东半岛直接传来,或者自山东半岛经由朝鲜半岛传播到日本。

D. 自山东半岛与长江下游之间的某处向东传来。

E. 沿海岸线向东传来,即山东半岛沿岸—辽东半岛沿岸—朝鲜半岛西侧沿岸—北九州。

从地理条件、气候条件及生态学考古资料的角度来分析,以上5种观点均有可能成立。

C学说虽也可能成立,但能够加以佐证的稻作出土实例并不多。现在,只有山东的栖霞龙山文化遗址中发现了稻谷和稻壳压痕。这处遗址位于北纬37.15度,在中国是史前最北端的稻作种植遗址。从栖霞遗址出土的稻谷和稻壳压痕现今陈列于山东省烟台市博物馆。1990年秋季,我到访山东时曾用肉眼观察过,其稻谷品种应该属于粳稻。

D学说,向东传来的出发地更广阔。从长江下游的出海口以北到山东半岛的长长的海岸线上有许多古老的港口,从地理、气候、生态学等条件来看,这一带虽然适合水稻栽培,但稻作的出土实例也很少。除了上述的山东栖霞遗址外,再就是江苏北部的东海县焦庄遗址,其中发现的稻谷属于粳稻。①焦庄遗址的年代是西周时代,虽然比山东的栖霞遗址晚,但这里极有可能在西周以前就开始栽培水稻了。

对于A学说,学界有不少批评的声音。有学者认为,台湾与冲绳之间有深深的海峡,对古代人能用船渡过海峡抱有疑问。还有学者指出,冲绳地区没有发现弥生时代以前有过稻作的证据,而且若依据此学说,那么稻作文化应该是到达南九州之后,再向北九州扩散。但实际上与此相反,稻作是从北九州向南传播的。②虽然以上看法都有一定的道理,但我认为稻作文化不是没有可能经过台湾、冲绳北上到达九州。古代的航海受海流影响较大,日本暖流流经中国台湾东侧,那么航船有可能乘着日本暖流北上,到达日本。此外,据考古资料显示,台湾在距今3000—4000年前就已经开始了稻作农耕。在台北市芝山岩遗址的下层发现了捆扎稻穗的工具,稻谷品种像是粳稻。该遗址的文化与福建、浙江的新石器文化有亲缘关系。③

随着考古发现不断增多,B学说的赞成者与日俱增。人类学、民俗学、语言学、海洋学、考古学、文献学、植物学、农学等诸多领域的学者对此展开了研究,还有很多学者进行了合作研究,发现长江下游地区的古代文化与北九州文化有诸多关系。过去有很多人对B学说持怀疑态度,那么吴越人究竟有没有能力渡过东海呢?答案是肯定的,这一内容将会在第四章论述。春秋战国时期,长江下游的吴、越两国拥有强大的水军和多种类型的战船。在越王勾践时期,越人被分为“内越”和“外越”,“外越”是指居住在岛屿上的越人,他们的航海、捕鱼技术精进,农耕技术成熟。他们是越人中掌握航海技术,并将越文化带到海外的先锋。④

要渡过东海,除了需要船和航海经验外,还需要气象和天文知识。在气象知识方面,前面我们已经讲到,早在殷商时期,古代中国人就能够精确地观测风向。东风称为“劦”,西风称为“彝”,南风称为“凱”,北风称为“狠”,风力在大的类别上分为小风、大风、大飓风、大狂风。当时已经能够预测两三天后的天气,是晴、阴,还是雨、雪、雷、雾等。在春秋战国时期,人们已经掌握了海洋潮流的知识。《管子》记载:“渔人之入海,海深万仞,就彼逆流,乘危百里,宿夜不出者,利在水也。”

---

① 南波:《江苏省东海县焦庄古遗址》,《文物》1975年第8期,第45—50、60页。

② 角林文雄:《倭与韩》,学生社1983年版。

③ 游学华:《介绍台湾新发现的芝山岩文化》,《文物》1986年第2期,第31—36、43页。

④ 董楚平:《吴越文化新探》,浙江人民出版社1988年版。

《禹贡》中写道:"潮汐迎之,则逆行而上。"这两句话的意思是"船出航一定要选在潮汐时,乘着潮流航行能到达很远的地方",或者"要想让船行得远,就要充分利用海流的流动,顺着潮流流动的方向,就能到达目的地"。[①]

虽然战国时期已经发明出了磁石式的司南,但还没有应用到航海当中,航海途中的方位观察主要还是依靠北极星和太阳。

综合上述事实,稻作文化自长江下游直接传入日本的可能性很大,而且这种可能性从考古学和民俗学等方面也得到了证实,具体内容将在下一章节讲述。

二、朝鲜半岛的稻作及其源流

在朝鲜半岛发现的有稻壳和稻壳压痕的遗址很少,仅有以下几处,从南向北分别是全罗南道的郡谷里,庆尚南道的勒岛、东外洞、朝岛、大坪里、江楼里、府院洞、会岘里,全罗北道的松龙里、磐谷里、所山里,庆尚北道的城洞,忠清南道的松菊里,忠清北道的荷川里,京畿道的丽妓山、欣岩里,江原道的中岛,安南道的南京里。

根据以往的学说,朝鲜半岛的稻作农耕文化始于无纹陶器时代。很多朝鲜学者认为,无纹陶器时代的上限是公元前1000年左右。但日本学者认为是公元前600年左右。金元龙指出,在无纹陶器时代前期,即公元前10世纪朝鲜就已经有了稻作农耕。[②]具有代表性的遗址是平壤附近的南京遗址、南江汉流域的欣岩里遗址(公元前8世纪至前四五世纪)、锦江流域的松菊里遗址(公元前5世纪至前3世纪)。金元龙还认为,朝鲜的稻作农耕文化的传播路线是陆路,即从山东半岛经过辽东半岛传来的。樋口隆康提出,朝鲜半岛上最古老的稻作遗址是京畿道的欣岩里遗址,经碳-14测定,其年代是公元前1260±70年至前670±100年。[③]春成秀尔指出,平壤南京遗址的稻作是从京畿道附近北上传播而来的。[④]

朝鲜半岛的文化与史前中国文化渊源颇深。自汉武帝在朝鲜设置乐浪、临屯、玄菟、真番4郡以后,更是直接受到汉文化的影响。但是,详细考察来看,朝鲜北部和南部受到的中国文化的影响还有所不同。北部主要受中国北方的辽东文化、燕文化的影响,南部主要受从长江下游至山东半岛的沿海文化的影响。从农

---

① 孙光圻:《中国古代航海史》,海洋出版社1989年版。
② 金元龙、贺川光夫、安志敏:《联结中、日、韩:稻之道》,*Museum Kyusshu*1989年第31期。
③ 樋口隆康:《从大陆看日本文化》,学生社1990年版。
④ 春成秀尔:《弥生时代》,小林达雄:《图说发掘所说的日本史2:关东·甲信越篇》,新人物往来社1986年版。

耕方面来看,朝鲜北部受到粟、麦种植技术的影响较深,南部则主要受到稻作文化的影响。甲元真之根据土壤将朝鲜的农耕分成了以下4类。[1]

A. 东北部:种植粟、稗。

B. 东北部:种植粟、黍、高粱、稗。

C. 西北部:种植小麦。

D. 西部、南部:种植水稻。

准确来说,A、B、C三个类型都出现在朝鲜北部,主要的农作物是粟、稗、黍、小麦等,基本上没有水稻。D型出现在朝鲜西部和南部的沿海地区,正好是中国的沿海文化能够到达的范围。

根据金廷鹤的研究,在全罗道所山里遗址出土的无纹陶器的底部发现了稻壳压痕,由此证明此地在公元前就已经有稻作文化了。[2]对于从金海贝冢发现的炭化米,学界素有争议。有学者认为,从与之一起出土的红褐色陶器来看,炭化米是公元前的遗存物。[3]也有学者认为,从与之一起出土的货泉来看,应当是公元1世纪的稻米。[4]金廷鹤还提出,从炭化米所在的Ⅶb层还出土了红色素烧陶器、黑褐色素烧陶器、灰褐色硬质陶器,但红色素烧陶器的容器口有双层陶器片。像这样的双层口红色素烧陶器,在与金海贝冢遗址几乎同一年代——1世纪左右的釜山东莱民乐洞贝冢中也有发现,虽然都属于无纹陶器系列,但不确定是否为公元前的物品。[5]

从受中国文化影响的时间来看,虽然朝鲜比日本早,但在稻作农耕文化方面是例外。佐贺县菜畑遗址的年代是公元前1000年左右[6],可以说日本与朝鲜的稻作文化几乎是同一时期。对在朝鲜发现的炭化米和稻壳压痕进行测量后发现,大部分属于粳稻品种。中国长江下游以北地区(包括长江下游)、朝鲜、日本构成了粳稻耕作圈。

三、从水稻品种看江南传播路线

最初传播到日本的水稻品种究竟是粳稻还是籼稻,或者两者都有呢? 关于

---

① 甲元真之:《朝鲜初期的农耕文化》,《考古学研究》1973年第20卷第1期,第71—89页。

② 金廷鹤:《任那与日本》,小学馆1977年版。

③ 有光教一:《金海贝冢陶器的上限和下限》,《考古学杂志》1954年第40卷第1期,第1—9页。

④ 浜田耕作、梅原末治:《金海贝冢发掘调查报告》,朝鲜总督府1920年版。

⑤ 金廷鹤:《任那与日本》,小学馆1977年版。

⑥ 樋口隆康:《从大陆看日本文化》,学生社1990年版。

这个问题,正如前面讲到的那样,有学者指出,日本出土的炭化米中籼稻品种的资料非常少,尽管存在籼稻与粳稻一起传来的可能性,但日本大部分的土地气温并不适合这一品种生长,于是渐渐被淘汰了。[1]

现在已有的考古资料中有籼稻品种吗? 1990年5月,我参加了在佐贺市举办的"稻之道——吉野里与中国江南文化研讨会",会上听取了佐贺大学农学部和佐野喜久生的研究报告《稻之道——吉野里与中国江南》。该报告特别强调了籼稻品种曾传到日本的事实,其主要论据如下。

首先,佐藤敏也的著作《古代的日本米》一书中详细记述了绳纹晚期至弥生后期的稻粒、年代及发掘地。其中,熊本县的一处绳纹遗址里的稻壳压痕(2)(括号内是佐藤敏也著作中的编号)、福冈县南部的弥生前期至后期的3处遗址(8、10、11)和东部的一处遗址(9)全都有印度型稻粒。其次,在筑后川下流域的有明海岸也发掘出了印度型水稻。特别是1981年,在吉野里遗址附近的神崎郡三田川町的田手二本黑木遗址,发现了数百粒炭化米。根据和佐野喜久生的研究,虽然这些炭化米主要是粳稻品种,但其中也有与籼稻近似的品种。

如果和佐野喜久生的说法成立,那么对以长江下游为中心的江南传播路线说就非常有利。因为从长江下游的河姆渡、罗家角,以及太湖平原的新石器时代遗址中发现的稻谷、稻壳,都是粳稻与籼稻2个品种混合的。在有明海沿岸出土了粳稻和近似籼稻的水稻品种,证明了江南传播路线的存在,以及有明海文化与江南文化之间曾有过文化交流的事实。

---

① 渡部忠世:《稻之道》,日本放送出版协会1977年版。

第二章　弥生时代的日本社会

第一节　多元的地域国家

一、绳纹文化的历史作用

一种新文化的发生与发展，一般都会遵循"外部元素通过内部元素起作用"的规律。我们在探讨弥生文化的外来元素时，决不能忽略日本的内部元素，即绳纹文化在促进弥生文化发生发展过程中所发挥的重要作用。我在第一章中列举了弥生文化的三要素，还讲到绳纹文化是弥生文化发生的基础。因为如果没有绳纹文化创造的文化基础，没有绳纹人对新文化的追求，那么先进的大陆文化不可能迅速在日本传播开来。

考古资料显示，弥生文化与绳纹文化有承接关系。这种关系在东日本体现得比较明显，在西日本虽然体现不多，但也有实例。例如在福冈县板付遗址的夜臼、板付Ⅰ式期的下层，存在不含板付式陶器的单纯夜臼式文化层。相关的研究报告称，从至今出土的陶器样式来看，年代可以追溯到绳纹晚期至末期，而且主要由深钵、浅钵、大小壶和高环组成，这与弥生时代的陶器品种构成完全相同，在生产地址、用具、容器等各方面也都体现着弥生时代的特性。①

此外，在和歌山县的太田、黑田遗址，考古学者发现了弥生前期底部穿孔的瓮和与绳纹晚期的船桥式非常类似的深钵形陶器。②据调查，这种绳纹系陶器的

① 福冈市教育委员会编：《福冈市埋藏文化遗产调查报告书》，福冈市教育委员会1979年版。
② 森浩一、白石一郎：《南近畿的前中期弥生式土器的一种情况——和歌山市太田、黑田遗址的调查》，《考古学期刊》1969年第33期，第13—19页。

遗存不仅存在于太田、黑田遗址,在和歌山市周边、九州、四国、东海地区,甚至近畿等地的弥生遗址中,也都发现了带有明显的绳纹式陶器传统煮沸形态的瓮。这说明弥生时代的食物烹制方法,甚至饮食生活在绳纹时代后期并未发生太大变化。

绳纹人对弥生文化最大的贡献在于农耕知识的积累。学界很多人认为日本的农耕技术是外来的,这种观点虽然没错,但过于片面。更准确地说,日本的农耕文化是大陆的先进技术与绳纹人的农耕经验相结合的产物。或许有人会问,绳纹人以采集和狩猎经济为主,会有农耕经验吗? 知识和经验的积累都有一个发展过程。如果没有绳纹人农耕知识的积累,大陆先进的农耕技术就无法在日本迅速传播。渡来人将先进的技术带到日本,虽然能在有限的地区进行示范,但要将其传播到广泛的地区是不可能的。正是绳纹人及其子孙将稻作农耕技术迅速传播到西日本和更广泛的地区。

藤间生大认为,绳纹晚期的日本人,特别是西日本的人们主动接受这种外来文化以丰富他们的生活。他还指出,让绳纹文化成为历史,并创造弥生文化最重要的措施就是吸收了稻作文化这一历史大事件,仅靠几个外来人是无法做到的。说到底,这是世代居住在日本的全体人民的决定与努力的结果。[1]

各种各样的条件促使居住在日本的人做出了这样一个具有划时代意义的决定和努力,其中最为重要的就是农耕知识的积累,也就是在水稻农耕传来以前,绳纹人就已经开始了农作物的耕种。

日本的农耕到底是什么时候开始的呢? 学界对此有许多不同的看法。30多年前,藤森荣一等人根据考古发掘出的食物、石器、陶器,以及集落地的变化与扩大认为,早在绳纹中期就已经有了"旱地陆耕"[2],但"绳纹中期农耕论"受到了许多学者的反对。1986年,我也发表了我的看法:"绳纹中期已经种植马铃薯、稗等食用植物,这一点应该是毋庸置疑的。当然,我并不是认为仅凭马铃薯、稗类植物的种植就能说明原始农耕已经开始,并不是因为这些作物的种植在社会生产中还没有占据那么重要的地位,而是因为它仅仅是作为采集经济的辅助性活动而存在的。应该说真正的农耕开始于绳纹晚期,而后渐渐取代采集经济,与捕

---

① 藤间生大:《日本民族的形成——在与东亚各民族的关联中》,岩波书店1951年版。

② 藤森荣一:《日本原始陆耕的诸问题——关于中期绳纹时代的一种生产形态》,《历史评论》1950年第4期,第41—46页;澄田正一:《日本原始农业发生的问题》,《名古屋大学文学部研究论文集》1955年第11期,第87—110页。

鱼、狩猎一起成为社会生活中不可欠缺的一个生产范畴。"①

我的上述观点是遵循无论任何事物都会按照从小到大、从局部到全面发展的自然规律。绳纹中期的"旱地农耕"的意义不在于是否在生产中占据主导地位,而是预示了一种新的生产方式即将到来。尽管农耕技术相对原始,农作物种类较少,但它确实打破了采集狩猎的经济模式,使绳纹人在获取食物方面有了全新的基础。这似乎就是绳纹中期以后出现的原始农耕,它为绳纹晚期至弥生初期稻作农耕的兴起积累了经验并打下基础。

考古资料显示,绳纹晚期的稻作农耕在九州地区最为普遍,九州各县的很多遗址都出土了稻壳、农耕工具,正说明了这一点。之后菜畑(唐津)、曲田(糸岛郡)和板付(福冈市)3处绳纹水田遗迹的发现,更进一步证实了绳纹晚期农耕生产的先进性。②表现之一就是水利设施的完备。水是水田农耕的生命,衡量稻作技术水平的主要条件就是水利设施,正如在北九州发现的水田遗迹中看到的那样,水路的结构也具有相当的科学性和合理性。例如,板付绳纹水田遗迹中的水路宽2米、深1米,横截面呈U形,水路上还设有井堰、入水口和排水口。用畦畔将水田划成长方形则体现了耕作的精细化。为了加固水路和畦畔,也为了衡量水流是否疏通,还运用了木桩、板桩技术。这些技术与当时中国的耕作技术几乎没有差别。

我们需要注意的是,在日本中国、四国、畿内等绳纹晚期的遗址中还在陆续发现与稻作农耕相关的资料。1988年10月,在日本考古协会成立40周年纪念大会上,森冈秀人罗列了近畿地区出土了稻壳压痕、炭化米的绳纹晚期遗址。③

A. 今宿丁田遗址(兵库县姬路市),晚期,船桥式,稻壳压痕陶器。

B. 岸遗址(兵库县加古川市),晚期,船桥式,稻壳压痕陶器。

C. 口酒井遗址(兵库县伊丹市),晚期,滋贺里Ⅳ式——船桥式,稻壳压痕陶器、稻壳、炭化米。

D. 四池遗址(大阪府堺市),晚期,船桥式,稻壳压痕陶器。

E. 铃之宫遗址(大阪府堺市),晚期,长原式,稻壳压痕陶器。

---

① 王金林:《古代的日本——以邪马台国为中心》,六兴出版社1986年版。

② 山崎纯男:《九州北部的初期水田——开田地的选择和水田构造的探讨》,《九州文化史研究所纪要》1987年第32期,第127—186页;中岛直幸:《菜畑遗址》,唐津湾周边遗址调查委员会编:《末卢国:佐贺县唐津市东松浦郡的考古学调查研究》,六兴出版社1982年版,第37—52页。

③ 日本考古学协会编:《日本稻作农耕的起源与展开》,学生社1991年版。

F. 长原遗址(大阪府大阪市),晚期,长原式,稻壳压痕陶器。

G. 鬼冢遗址(大阪府东大阪市),晚期,滋贺里Ⅳ式,稻壳压痕陶器。

H. 久宝寺遗址(大阪府八尾市),晚期,长原式,稻壳压痕陶器。

I. 京大构内遗址(京都府京都市),晚期,船桥式,稻壳。

除了以上遗址外,还在茨木市的牟礼遗址中发现了灌溉设施。[1]例如,冈山市津岛江道遗址中发现了水田遗迹[2],高知县中村遗址发掘出了水稻花粉,香川县的林坊城遗址发掘出了突带纹时期的木制手锹、广锹、无齿耙等农耕工具[3],北陆地区的石川县金泽近冈绳纹晚期遗址中也发现了水稻花粉[4]。这些资料表明,水田、稻谷、稻穗收割工具确实在比弥生前期更早的时代就已经存在了。[5]从牟礼遗址的水路构造、江道遗址中被小畦规划的水田(用畦畔将水田划分成"田"字形)等一系列技术来分析,中国、四国、畿内地区绳纹晚期的稻作文化水平应该不比九州地区晚。从陶器的年代来看,九州以东地区的稻作遗址与九州地区的遗址有一定的时间间隔,这可能表明稻作是从西向东传播的。但是,我认为中国、四国、畿内地区绳纹晚期的稻作文化与九州时间相差不多,有可能直接受到大陆稻作文化的影响。

绳纹晚期出现的稻作文化像是小小的火花,散落在九州、中国、四国、畿内,以及日本海一侧的北陆地区,到了弥生时代,以野火燎原之势迅速传播开来。公元前2世纪,稻作文化传播到东北地区的北部。[6]弥生时代中期已经扩散到全日本,并成为弥生时代的经济支柱。

农耕经济的发展催生了社会的重大变革。春成秀尔将这次变革称为"弥生革命"[7],具体表现为贫富、阶级和地缘社会的出现。根据现在已知的考古资料,绳纹文化具有强烈的地域特征,小林连雄认为日本的绳纹文化可以分为五大地

---

[1] 宫胁薫:《绳纹晚期水田遗迹——大阪府牟礼遗》,《季刊考古学》1986年第15期,第83—84页。

[2] 冈山县津岛遗址发掘调查团编:《冈山县津岛遗址调查概况》,冈山县教育委员会1970年版。

[3] 春成秀尔:《弥生时代的开始》,东京大学出版会1990年版。

[4] 藤则雄、四柳嘉草:《从金泽的绳纹晚期近冈遗址发现水稻》,《考古学研究》1970年第17卷第3期,第9—28页。

[5] 春成秀尔:《弥生时代的开始》,东京大学出版会1990年版。

[6] 伊东信雄:《东北地方的稻作农耕》,八幡一郎先生颂寿纪念考古学论文集编委会编:《日本史的黎明——八幡一郎先生颂寿纪念考古学论集》,六兴出版社1985年版。

[7] 春成秀尔:《弥生时代的开始》,东京大学出版会1990年版。

域,并以此为基础提出了绳纹时代的地域构造三元说理论,即大领域—若干中领域—若干核心领域。[1]同一地域的文化具有多样性的同时,还体现出一定的统一性。地域内的陶器、生产工具、祭祀用的遗物反映出地域内的技术流派、传统的生产内容和共同信仰。以血缘为纽带的共同社会在绳纹中期末以后广泛出现。例如,东京湾周边有很多绳纹时代的贝冢。在以加曾利遗址为代表的马蹄形贝冢的中央,有一个像"广场"一样的遗构。这明显是生活在这块土地上的绳纹人举行团体活动(会议、祭祀)的公共场所。在这样的绳纹时代共同社会中,是否已经有了高低贵贱的差别呢? 对于这个问题,人们一直持否认态度,认为那是一个平等的社会。但是,越来越多的学者提出绳纹社会是一个"阶层社会"。[2]随着生产的发展和扩大,绳纹人逐渐从游居转变为定居的生活方式,由于生产分工进步带来的专业化,工艺、技术的高度化和特殊化,以及在共同社会内部首长权力的增大,在生产领域技术熟练者和不熟练者的社会地位的差异逐渐显现。这些差异必然会带来人们身份的高低与贵贱之分化。在绳纹晚期,这种分化更加明显。小林连雄认为,承载着绳纹文化的绳纹时代已经是一个有结构的、有身份差别的阶层社会的时代。[3]他甚至还认为绳纹晚期已经出现了奴隶。

在绳纹晚期至弥生初期,随着农耕的发展,人们生存所必需的粮食得到了基本的保障,促进了与农业相关的水管理、生产工具的制造与管理,以及祭祀管理等权力的扩大和社会分化,阶层社会开始向阶级社会转变。

二、原生小国的出现

中国的早期国家(如夏、商、周)的诞生都与农业和水管理有关,且早期首领,如尧、舜、禹等大多是治水的英雄人物。日本初期国家的诞生是否也与农业和水管理有关呢? 要回答这个问题,我们首先来看一下滋贺县大中的湖南弥生中期遗址吧。

大中是琵琶湖东岸的一个内陆湖,湖的南侧有一片小小的沙滩,在这个小沙滩的南岸发现了住居遗址,附近还发现了水田遗迹。住居区与水田区之间有一条水沟,沿着水沟自东向西大约分布着8个单位的遗址,每个单位由住居和水田

[1] 小林达雄:《绳纹时代领域论》,国学院大学文学部史学科编:《日本史学论集——坂本太郎博士颂寿纪念》上卷,吉川弘文馆1983年版。

[2] 渡边仁:《绳纹式阶层化社会》,六兴出版社1990年版。

[3] 小林达雄等:《日本文化的源流》,学生社1988年版。

构成。从沙滩南斜面上的小贝冢的规模来看,第一个单位遗址有一两处住居。水沟南侧的水田遗迹呈扇形,北边长75米,东边长90米,南边长125米,面积约为9200平方米,住居区与水田区之间应该有桥连接。第二单位、第三单位的情况与第一单位基本相同,第二单位的面积约为6300平方米,第三单位的遗址上已经确认有2栋住居遗址。第四单位与第三单位之间的距离约250米,在住居区发现了住居和道路状遗构。第四单位以后的各单位遗址虽然还未展开调查,但情况应该与上述4个单位没有太大差别。

大中的湖南遗址向我们展示了以下事实:(1)弥生中期之初,这一地区已经有了发达的水田农耕,技术水平也相当高,水沟、水田和住居的分布比较合理,水沟和水田之间用板桩加固,整排木桩将水田划分开来。(2)这一地区已经有了水管理体制。沿着其中一条水沟,分布着约8个生活生产单位,如果没有超越血缘单位的管理,这一状况是很难维持下去的,所有单位都有合作与协商,并且可能存在超越合作与协商的管理机构。(3)从遗址中各单位内水沟的加固情况来分析,在水管理体制的指导下,各单位经常对水沟进行修补和保护。伴随水管理体制的出现,必然会产生与之相应的管理层,可以想象这一管理层已成为该地区社会的支配者。他们的权力与地位基于不断发展的生产,管理阶层具备了转化为富有者、政治支配者的基本条件。农耕与水管理体制加速了靠血缘关系连接的氏族社会,向以地缘关系为基础的村落,甚至是更大范围的地域社会转化,也加速了贫富差距和阶级分化。

根据高仓洋彰的研究,弥生社会大体上经历了家族集团—地域集团—地域性统一集团等发展阶段,地域集团由几个家族集团组成,其主要功能是调整和利用同一水系家族集团之间的关系,在形成统一意志的基础上扩大生产。[①]地域性统一集团的功能是,在开发新的农耕地和建设水利设施等活动时,对地域集团间的权益进行适当的保障与调整。北九州地区的地域性统一集团表现为4个特征:(1)地域性统一集团所处地区大部分以平原、盆地为中心,并有河流流经;(2)经济上以农耕为主,在平原上种植水稻,在山地丘陵地带种植杂粮;(3)在集团中心地区的大部分遗址中发现了中国汉代的铜镜、青铜器和玉器等物品;(4)集团范围内的重要遗址都建有防御设施,例如以福冈县朝仓郡夜须町为中心的宝满川流域中期遗址群构成的地域性统一集团。这个统一集团的东、南、北3个入口处的田屋、三泽、常松遗址全都建有地沟,常松的地沟贯通了4个丘陵地带,长达

---

① 高仓洋彰:《弥生时代社会的研究》,宁乐社1981年版。

1000米,明显带有防御功能。①

贺川光夫将这样的地域性统一集团称为"原生小国",像这样的原生小国在北九州很常见。除了上述在宝满川流域形成的小国,贺川光夫还提出,唐津平原上以汲田遗址为中心,半径6000米以内有一组遗址群,糸岛平原上以三云遗址为中心,聚集在周边山麓的遗址也是在半径6000米的范围内。以有田遗址和今山遗址为中心的早良平原及其周边的遗址也同样集中在半径6000米以内。以须玖遗址为中心的福冈平原、以多多罗遗址为中心的东福冈地区、以立岩遗址为中心的饭冢盆地在半径约6000米以内的范围,也都分布着许多大大小小的遗址。

这一地域性的新的社会形态——小国,不仅仅存在于北九州地区,在以大阪湾沿岸为中心的畿内地区也有分布。酒井龙一的弥生中期畿内的"据点集落"理论②是非常具有启发性的研究成果。根据他的理论,弥生中期的畿内据点集落中基本的生活区域与生产、祭祀、墓域等社会机能活动空间是直径大约700米的范围。若考虑与人类生活相关的生态系统,那么据点集落的区域应该在半径5000米的范围内,面积约为20平方千米。畿内地区具备据点集落条件的遗址多达53处③,其中的田能、东奈良、安满、鬼虎川、瓜生堂、龟井、四池、池上、唐古等遗址就是典型的据点集落。从据点集落的分布状况来看,主要集中在摄津平原东部、河内平原北半部和大和盆地南半部,并形成聚集区,一处位于河内区,一处位于大和区,还有一处位于摄津区。这3个聚集区的社会机能值得进一步研究。从考古发掘结果来看,各聚集区的文化具有共同性。有可能以据点集落为基础,各聚集区形成了一个原生国家。如果这一观点成立,那么在弥生时代中前期的畿内地区已经有了阶级国家。

三、地域国家

根据中国史书的记载,日本初期国家的成立经历了3个发展阶段:百余

---

① 贺川光夫:《原生国群的崩坏与古代国家的成立过程》,《生活与科学》1973年第13期。

② 酒井龙一:《弥生时代》,水野正好编:《图说发掘所说的日本史4:近畿篇》,新人物往来社1985年版。

③ 根据酒井龙一的研究,在畿内地区很可能有据点集落的遗址如下:加茂、宫前、胜部、田能、上津岛、东奈良、耳原、安满、神足、鸡寇井、中久世、深草、中臣、南滋贺、服部、目垣、大冢、柱本、太秦、森小路、森宫、中垣内、鬼虎川、绳手、瓜生堂、桑津、龟井、恩智、山内、瓜破、国府、四池、池上、男里、北田井、太田黑田、冈村、喜志、涌出宫、佐纪、平等坊岩室、唐古、长柄、三轮、坪井大福、多、保津宫古、中曾司、竹内、鸭都波、新泽一、四分等。

国①→三十许国②→邪马台国③。我前面提到的北九州的小国群与畿内地区的地域集落群大概就是"百余国"或者处于从"百余国"向"三十许国"发展的过渡阶段。从"百余国"向"三十许国"转变的阶段是社会发展的一大进步,日本正是这样一步一步实现地域统一的。

中国史书中没有详细记载"三十许国"的具体情况。但是,从考古发掘资料来分析,这30多个国家主要分布在北九州、中国、近畿地区。以北九州为例,在这一地区弥生中后期的遗址中发现了很多厚葬的坟墓,出土的大量贵重汉制品遗物也客观地证明了这一地区存在过与汉文化有过交流的若干王权。

(一)以须玖、冈本遗址为中心的奴国

其范围大概是福冈县的筑紫、早良、粕屋等郡,以及流经福冈市的那珂川、御笠川流域。位于须玖遗址D地点稍南的瓮棺墓中出土了大量遗物,其中包括数百个汉代镜片,经过复原,大概有30面铜镜。全部是西汉时期的镜子,有重圈、内行花纹清白镜、精白镜、昭明镜、日光镜、重圈四乳叶纹镜、草叶纹镜等。铜镜外是铜剑、铜矛、琉璃璧等。镜、剑、璧都是权威和财富的象征,其中琉璃璧的发现暗示了奴国与西汉之间有可能存在"册封"关系。

东汉时期,奴国与汉之间的"册封"关系进一步加强。"册封"的证据就是57年,汉光武帝赐予奴国的金印。1784年2月,在福冈县志贺岛发现了"汉委奴国王"金印。关于这枚金印是否为汉光武帝所赐的问题,又引起了广泛的争论。许多人对这枚印章是汉代遗物表示怀疑,但随着中国考古学者不断发掘出汉代印章,证明了这枚印章确实是汉代遗物,同时也将争论画上了句号。

表3-1所列的"滇王之印""广陵王玺""文帝行玺"都是在中国发现的汉代金印。"滇王之印"是1957年在云南晋宁区石寨山发现的,"广陵王玺"于1981年在江苏扬州邗江区甘泉镇出土,"文帝行玺"是汉代南越国第二代国王的印章,这是迄今为止在中国发现的西汉时期最大的金印,也是1983年广州市考古发掘中出土的唯一一枚皇帝印。将中日的汉代金印进行一一对比,会发现如下特点:A、B两枚印章的印纽、印形、边长、字体相似,A、C两枚印章的印形、边长、高、字体也相似,A、D两枚印章的印形、字体相似。从以上事实可以得出的结论是,"汉委奴国王"印确是汉代印章无疑。

---

① 《汉书·地理志》。

② 《后汉书·倭传》。

③ 《魏书·倭人传》。

表3-1　中日出土的汉代金印表

序号	金印名	印形	印纽	长/厘米	高/厘米	重量/克	字体	现藏所
A	"汉委奴国王"金印	方	蛇	2.3	2.2	108	阴刻篆文	福冈市博物馆
B	滇王之印	方	蛇	2.3	1.8	89.5	阴刻篆文	中国国家博物馆
C	广陵王玺	方	龟	2.3	2.1	123	阴刻篆文	南京博物院
D	文帝行玺	方	龙	3.1	1.8	148.5	阴刻篆文	南越王博物馆
E	偏将军印章	方	龟	2.4	2.0	108.9	阴刻篆文	重庆中国三峡博物馆
F	朔宁王太后玺	方	龟	2.4	2.0	112.6	阴刻篆文	重庆中国三峡博物馆

(二)伊都国

糸岛是连接大陆的交通要塞。《魏书·倭人传》中记载"有千余户,世世有王",表明王权长期存在。考古学者在这一地区发掘出了很多非常贵重的文物。三云南小路遗址出土了56面以上的汉镜[1],其中1号瓮棺墓出土了35面以上的铜镜,除了2面战国镜,其余全是西汉镜(主要为连弧纹清白铭镜),2号瓮棺墓出土了21面以上的西汉镜。此外,1号瓮棺墓还发现了琉璃璧8个、有柄中细形铜剑1把、细形铜矛1支、中细铜戈1支等遗物,2号瓮棺墓也发现了垂饰、硬玉勾玉、琉璃勾玉等。这些"王墓"的年代大约是公元元年前后,即弥生中期。在南小路遗址的"王墓"南侧100米的井原镥沟遗址也发现了厚葬的"王墓",其中出土了数百块铜镜碎片和21个印纽。镜边的文字主要有唐草文、流云文和兽文等。"王墓"的年代大概是1世纪末,相当于弥生中期末到后期初之间。

1965年,考古学者在三云遗址西侧的曾根丘陵上发现了弥生时代的坟墓,这就是有名的平原遗址。根据原田大六的调查,主要有如下收获:(1)发现了弥生文化中最初的割竹形木棺;(2)薄薄的炭化层与木棺内涂了一层鲜艳的朱红(硫化汞);(3)在坟墓的方坑周围发现了整齐的柱穴群,可能是与坟墓有关的遗构;(4)发现一把长约75厘米的素环头太刀;(5)发现了西汉中期至东汉前半时期的铜镜37面,即35面方格规矩四神镜、1面内行花纹镜和1面四螭镜,除了这些,还有5面仿制镜;(6)发现了大量玉器。[2]

---

[1]　柳田康雄:《伊都国考古学——对外谈判的开始》,九州历史资料馆编:《大宰府古文化论》上卷,吉川弘文馆1983年版,第1—32页。

[2]　原田大六:《实际存在的神话——发掘出来的"平原弥生古坟"》,学生社1977年版。

伊都国的3个王墓之间有一定时间顺序。三云南小路最早,井原键沟次之,有田平原最晚。从王墓中出土的资料来看,平原王墓拥有非常大的权威,素环头太刀象征着力量与权威,铜镜是用来祭祀天神的物品。伊都国王掌握着政治、祭祀和外交大权,处于与大陆交流的第一阵地,无疑很早就开始受到大陆先进文化的影响。因此,这一地区的社会发展进度自然比其他地区快。

(三)以唐津平原为中心的末卢国

末卢国是从壹岐、对马经朝鲜半岛与大陆展开交流最近的地方。菜畑遗址中水田遗迹与炭化米的发现表明,绳纹晚期的唐津平原地区就已经受到了大陆文化的影响,到了弥生前期,稻作农耕技术在以宇木汲田为中心的地区迅速发展。宇木汲田的弥生中前遗址中发掘出了许多陪葬品,其中包括多钮细纹镜、铜剑、铜矛、铜戈、石斧、石刀、石镞等。[①]多钮细纹镜与中国东北地区的多钮镜有明显的源流关系。《魏书·倭人传》记载,末卢国以捕鱼为生。但是从菜畑遗址的情况来分析,《魏书·倭人传》的记载是片面的。结合文献记载和考古发掘成果来看,在末卢国的生产活动中,稻作与捕鱼具有同样重要的地位。

(四)吉野里王国

脊振山南麓的佐贺平原拥有天然的利于农耕的自然环境。在考古发掘中,该地区出土了大量青铜器和铁器遗物,其中包括铜铎、铜剑、铜戈、巴形铜器等铸造铜器,表明该地区也是弥生时代北九州地区的文化中心之一。吉野里遗址的发掘不仅展示了佐贺平原上弥生国家的情况,而且展示了九州地区初期国家的构造形态,具有划时代的意义。

从考古资料入手,对吉野里遗址进行全面分析,会发现吉野里遗址在佐贺平原上已经具备了作为弥生中期阶级国家的重要基础。尽管国家机能尚不完备,但已经迈出了作为一个国家的坚实的第一步。主要依据列举如下。[②]

第一,存在拥有权威和实力的国王。

根据发掘结果,吉野里丘陵地带只有一处坟丘墓。现存坟丘南北约40米,东西约30米,高约2.5米,横截面呈椭圆形。[③]这座坟丘墓建于弥生中期。在坟丘的西、北侧分别有外壕沟,东侧有长约50米、宽约5米的祭祀遗构,南侧有被认为是

---

① 高岛忠平:《佐贺县宇木汲田遗址》,佐原真、工乐善通编:《探访弥生的遗址:西日本篇章》,有斐阁1987年版。

② 王金林:《中国江南文化与弥生文化》,《读卖新闻》1990年7月5日晚刊。

③ 佐贺县教育委员会编:《环城河村落吉野里概况》,吉川弘文馆1989年版。

墓道的沟状遗构,以上种种都说明这座坟丘墓的规模之大。

如表3-2所示,在坟丘内发现了8副瓮棺,除1008号的儿童瓮棺外,其余7副均是成人瓮棺,并且体现着共同的埋葬习俗。棺的内面或外面,抑或内外两面涂有不明材料的黑色涂料。棺内有红色颜料(水银红)。陪葬品主要是铜剑,特别是1002号瓮棺中发现了制作极为精巧的把头饰付有柄铜剑和约75件琉璃制管玉。铜剑和玉象征着权威,坟丘墓的埋葬形式和出土文物与该遗址中的其他大量瓮棺墓相比有明显的区别。坟丘墓上7副瓮棺的埋葬者可能是吉野里王国的历代国王或王族成员。

表3-2 吉野里坟丘墓内的瓮棺中出土的文物

编号	时期	红色颜料	涂黑	出土文物	备注
1002瓮棺	弥生中期中(新)	有	有	把头饰付有柄铜剑 琉璃制管玉	成人棺
1003瓮棺	弥生中期中	—	有	不明	未调查,成人棺
1004瓮棺	弥生中期中	有	有	无(破坏?)	成人棺
1005瓮棺	弥生中期中	有	有	细形铜剑	成人棺
1006瓮棺	弥生中期前半(新)	有	有	细形铜剑	部分人骨(牙齿),成人棺
1007瓮棺	弥生中期中	无	有	细形铜剑 青铜制十字形把头饰	部分人骨,成人棺
1008瓮棺	弥生中期	—	—	不明	未调查,儿童棺
1009瓮棺	弥生中期中	有	有	细形铜剑	成人棺

第二,已经建立了某种秩序。

吉野里遗址展示了该地区的瓮棺埋葬形式有3种。其一就是上述坟丘墓形式。其二是规则的成列墓葬。例如,志波屋四的坪地区在弥生前期末至中期前半期形成的成列墓葬,两列之间有3—4米宽的空白区域。这种成列墓葬长约650米。另外,在吉野里地区(Ⅱ、Ⅲ区)、吉野里丘陵地区(Ⅲ区)和志波屋四的坪地区(Ⅴ区)都发现了这种墓葬方式。其三是成列墓葬周边不规则的瓮棺墓群。这3种墓葬方式反映了3种社会地位和社会秩序。虽然不能就此证明已经存在王、臣、民的等级关系,但无疑已经有了身份的高低贵贱之分。

第三,已经实行原始的课税。

从出土的石器、木器、铁器等工具可以看出,吉野里地区的生产以水稻农耕为主,稻作、养蚕、绢织物是当时人们基本的生产内容,稻作的开发增加了社会财富,将剩余的粮食储存起来以备天灾,成为一种必要的方式。在吉野里遗址中发现了2种粮食储存设施:一种是土圹储藏穴,还有一种是掘立柱建筑——高床仓库。土圹储藏穴与竖穴式住居一样,高床仓库是竖穴群中没有的一种新的建筑。吉野里环沟集落的高床仓库与竖穴住居的集中地是分开的,这个高床仓库群位于外壕西外侧的丘陵裾至低地一带,据调查共有18栋。大部分高床仓库是分为2间,横梁长3.5—6.5米,距地面高度为2.2—4.5米。在全世界范围内,国家诞生之时,课税便出现了。一般是统治者将征收来的课税集中在政治中心地或附近,并建造仓库群用来储存。吉野里的高床仓库群表明了原始课税的出现。

第四,拥有武器与武装。

在吉野里地区发现了石镞、铁镞武器,瓮棺中出土的铜剑剑端相当锋利。说明这些都是实用的武器,铜制、铁制武器是当时东亚地区最先进的战斗工具。吉野里遗址及其附近遗址出土的人骨有表现出异常死亡的迹象,如有被石剑刺入的人骨,也有被箭射中的人骨。这些异常死亡的人骨表明此地曾发生过军事斗争。

以上种种情况均在说明佐贺平原上已经出现了地域国家。

(五)古出云国

在北九州地区存在地域国家的同一时期,中国地方是否也有类似的地域国家呢?我认为是有的。出云地区在当时已经有了地域国家。出云国的名称在《古事记》《日本书纪》中均有记载:

> 自后,国中所未成者,大己贵神,独能巡造,遂到出云国,乃兴言曰:"夫苇原中国,本自荒芒,至及磐石草木咸能强暴。然,吾已摧伏,莫不和顺。"遂因言:"今理此国,唯吾一身而已。"(《日本书纪》)
>
> 素戋鸣尊,自天而降到于出云国簸之川上。(《日本书纪》)
>
> 速须佐之男命……故,所避追而,降出云国之肥上河上名鸟发地。(《古事记》)

根据田中卓的研究,作为大国的出云国在出现之前,"出云国作为一个小国,与其他许多并列小国一样,很早就存在于该地区"①。

1985 年和 1986 年,对岛根县簸川郡斐川町大字神庭字西谷的荒神谷遗址的发掘表明,传说中的出云国确实存在。②考古学者在狭长的山谷最深处、标高 28 米有余的小丘陵斜面上发现了 4 列中细形 C 类铜剑,其中 A 列 34 把,B 列 111 把,C 列 120 把,D 列 93 把。除此之外,还有铜矛 16 支(其中中细形 2 支,中宽形 14 支),铜铎 6 个(菱环钮式 1 个,外缘付钮 5 个)。年代大约是弥生中期至弥生后期。荒神谷遗址的发掘虽然令人欣喜,但没有在出云地区发现比中细形 C 类更早的铜剑,因此中细形 C 类铜剑的起源就引起了学界的关注。近藤乔一提出了如下问题:"这些铜剑数量之多,让人难以想象。可能大家很自然地就会认为这些铜剑是在这一地区制造的,但至今在出云地区尚未发现比这一类型更早的铜剑,那么我在想,这些铜剑为何会在这一地区突然出现呢?"③

对于这个问题,田中卓从文献学的角度进行了分析。"在同一个地方一次性发现数量如此庞大的铜剑,并且迄今为止尚未在出云发现更古老的铜剑,确实不太正常。这让我想到在有限区域内发生的一种特殊现象。因此,在我看来,神武天皇统治前后,我认为是公元 1 世纪左右,如果出云人是从畿内迁徙而来,那么这些青铜器有可能是他们从畿内带到出云的,或者他们迁到出云之后,用他们的双手在此地制造了这些青铜器,又或者是从其他地方传入的。"④田中卓的观点表明弥生中期的出云国与畿内及北九州有过密切的经济文化交流。

上田正昭认为,假设荒神谷神庭遗址的铜剑是在出云制造的,将铜矛视为北九州系,铜铎视为近畿系,那么北九州系的青铜器文化与近畿系的青铜器文化以出云为媒介进行了融合。这表明在弥生时代,出云郡周边存在着强大的势力。⑤

从考古发掘结果来看,位于松江市的布田遗址中出土了大量弥生前期至弥生中期的壶、瓮、高环形陶器,夫敷遗址中发现了弥生中期的水田遗迹,古浦沙丘遗址中发现了卜骨及弥生人的拔齿习俗,志谷奥遗址中发现了与荒神谷遗址同样类型的中细形 C 类铜剑、外缘付钮及扁平钮铜铎。对岛根县内的弥生文化遗

---

① 田中卓:《日本国家的成立和诸氏族》,国书刊行会 1987 年版。

② 岛根县教育委员会编:《荒神谷遗址铜剑发掘调查概况》,岛根县教育委员会 1985 年版;岛根县教育委员会编:《荒神谷遗址铜剑发掘调查概况 2》,岛根县教育委员会 1986 年版。

③ 近藤乔一:《弥生时代青铜器的性格——岛根县荒神谷的铜剑、铜矛和铜铎》,《历史手帖》1986 年第 14 卷第 4 期,第 53—60 页。

④ 田中卓:《日本国家的成立和诸氏族》,国书刊行会 1987 年版。

⑤ 上田正昭:《出云的众神——神话与氏族》,筑摩书房 1987 年版。

物和遗址进行综合分析,我们会明显发现,弥生中期,在古代出云地区确实存在独立统一的政治、经济实体。这里的文化受到畿内文化与北九州文化的影响,由于地处临近日本海的对马海流经过的地方,还具备直接接受大陆文化影响的条件。虽然荒神谷遗址中埋有大量铜剑的原因尚不明确,但可以确定的一点是,古代出云国地区拥有大量铜剑,并出现了掌握祭祀大权的权威。弥生后期,出云地区出现了带有明显地域特色的"四隅突出型坟丘墓"。其中位于出云市西谷遗址的坟墓最大。田中义昭指出:"试想西谷遗址的四隅突出型坟丘墓中埋葬的人物,很有可能就是统治出云平原上各个小国的大首领及其家族。"[1]

(六)畿内地区的地域国家

畿内地区的地域国家虽然没有像北九州地区的奴国和伊都国那样有明确的名称,但我认为类似的地域国家在当时也已经出现。那么畿内地区的地域国家是什么样的呢?

这里我特别想介绍一下寺泽薰的大阪湾沿岸的"农耕共同体论"[2]。他将大阪湾沿岸地区约250处弥生时代的遗址,根据位置和发展状况等分为8个类型的地域农耕共同体。这8个类型的地域农耕共同体的情况如下。

A群分布于木津川、宇治川和桂川汇合形成的淀川左岸,以及沿着淀川的生驹山地北端至枚方丘陵广阔的洪积阶地高位面。

B群遗址位于生驹山西麓的阶地低位面及在其上形成的扇形地,还有西面邻接的河滩沼泽边界附近。遗址附近有流向北方的恩智川。

C群集中在石川流域的丘陵地带。

D群几乎涵盖了散布在最广阔的河内平原上的所有遗址。

E群的部分遗址位于石津川、大津川、春木川和津田川等沿岸的复杂支丘和山谷平原上,石津川下游的平原上也聚集着低地性集落。

F群是平原上的低湿地型集落群,分布于淀川右岸。

G群总体上集中在武库川以东的猪名川水系。

H群(东六甲山麓群)的遗址基本上分布在汇入大阪湾的许多小河流沿岸的丘陵和阶地上。

---

① 田中义昭:《地方联合的证明——四角突出型坟丘墓》,历史群像特别编:《最新邪马台国论——复活的女王国和吉野里遗址》,学习研究社1989年版。

② 寺泽薰:《大阪湾沿岸地区弥生时代遗址群的展开及其社会(下)》,《古代学研究》1979年第73期,第21—34页。

基本上各群遗址中都有核心遗址,出土了相当丰富的遗物。例如 B 群的恩智,E 群的池上,D 群的瓜破、瓜生堂,F 群的安满,G 群的加茂,等等。正如考古资料显示,弥生时代的Ⅰ—Ⅳ样式间畿内地区的农耕共同体有 6 个特征:(1)从发掘出的石器、木器农具来分析,各遗址主要从事稻作农耕;(2)生产工具除石器、木器外,已经将铁器也应用到生产当中;(3)各群区域范围内都有至少一条河流流经;(4)同一地区内拥有共同的信仰和习俗;(5)同一地区的诸集落之间有明显的高地位集落和低地位集落的区别;(6)已经存在阶级和斗争。大阪府尼崎市的田能遗址发现了 5 具身体内被刺入石镞的人骨,还有被石枪深深刺入腰骨的人骨。[1]田能遗址 16 号棺中的人骨被涂上了水银。[2]水银的使用反映了权威者追求长生不老的信仰。依据上述情况我们可以推测,在大阪湾沿岸地区至少存在 8 个地域国家。这些地域国家成为日后形成的"原大和国"的基础。

第二节　璧的出土与弥生国家的封爵

一、琉璃璧在日本的出土

璧在中国历史上被视为十分贵重的宝物,与铜镜相比贵重百倍。因此,璧的出土比铜镜的出土具有更加深远的意义。璧的出土在日本实例很少,至今已知的就是福冈县的三云遗址、须玖遗址、夜须町峰遗址等。宫崎县串间市王之山出土过软玉制的完全璧,然而对于该完全璧的具体出土地,考古学界至今仍有疑问。这些璧都是在弥生中期遗址中发现的,并且都是中国制造的。

最早发现琉璃璧的是青柳种信,他在 1822 年出版的《柳园古器略考》一书中,对三云 1 号瓮棺墓中发现的琉璃璧进行了如下介绍:"镜子重叠起来,每两个之间有插入物,是表面平滑的圆形,中间有直径 2 寸 8 分的孔,孔径 7 分,两面都涂有埋土一样的霰文,厚度 2 分左右。"除三云 1 号瓮棺墓出土的 8 片琉璃璧外,须玖冈本奴国王墓中也发现了琉璃璧。

关于在三云、须玖遗址中发现的琉璃璧,学者们尝试提出了许多观点。对于

---

①　尼崎市田熊遗址发掘调查委员会编:《田能遗址概况》,兵库县社会文化协会 1967 年版。

②　安田博幸、鹤崎晓子:《尼崎市田能遗址 16 号棺材的人骨附着的朱红色物质的成分》,《古代学研究》1967 年第 49 期,第 9—10 页。

有学者认为琉璃璧是制作勾玉的原料这一观点,柳田康雄指出:"至少琉璃璧不是作为琉璃勾玉和琉璃管玉的原料输入的,但破损后会进行再利用。对收到的璧保持原形以体现尊重。福冈县鞍手町高木7号土圹墓出土的琉璃粒应该才是作为原料输入的,同时出土的螺旋状琉璃制品等也都是输入品,由此可见,除琉璃璧以外,其他都是作为原料输入的。"[①]柳田康雄还认为三云王墓中的琉璃璧是伊都国王去世时汉王朝赠送的葬品。

贺川光夫对三云、须玖遗址出土的琉璃璧性质发表了极具启发性的新观点。[②]他认为中国的殷朝三爵和周朝五爵中的爵位都是用玉器来象征帝王身份的,璧相当于周制中的子爵,璧的持有者是一个王,而这块璧就是他身份的象征,因此璧是远比铜镜重要的物品。在三云和须玖遗址中发现的龟棺中的被葬者,也是这块璧的持有者,应该是汉代被赐予爵位的人。贺川光夫根据须玖冈本遗址南侧的朝仓郡夜须町峰遗址10号瓮棺中发现的2片再生璧指出,奴国国王与峰遗址的地方首长之间存在封爵关系。与在北九州各地发现的东汉镜的碎片再生镜相同,当时的人们学习中国的爵位下赐,对璧进行再生分割。由此可见,弥生时代的支配关系是学习中国的封爵制度,峰遗址出土的璧的再利用是由奴王(须玖冈本遗址)赐予地方首长(峰遗址)的物品。峰遗址10号瓮棺墓中的再生璧位于遗体上半身,由此推测,这应该是非常贵重的物品。

综合贺川光夫的观点可知:以琉璃璧、铜镜、金印为媒介,弥生时代的奴国、伊都国等国接受了古代中国的封爵制度;奴国、伊都国等国学习中国的封爵制度,在属于自己的领域内实施封爵,很有可能将再生璧和被分割的铜镜作为地方首长的身份象征。

二、东汉镜的分割与分授

虽然琉璃璧是非常贵重的遗物,但其数量有限,不可能广泛用作封爵的标志。当时,能够代替琉璃璧用作王权标志的物品就只有汉镜了。东汉镜的分割与分授就是在这样的背景下登上了历史舞台。

九州地区发现东汉镜片的遗址有20多处,大多数是在箱式石棺中发现的,其

---

① 柳田康雄:《伊都国考古学——对外谈判的开始》,九州历史资料馆编:《大宰府古文化论》上卷,吉川弘文馆1983年版,第1—32页。

② 贺川光夫:《明文化圈与吉野里》,《历史与旅行》1989年第16卷第11期,第64—69页。

余的是在住居遗址中发现的。根据高仓洋彰和贺川光夫的研究①,作为陪葬品的汉镜片有如下特征:(1)镜片限于王莽(新)时期与东汉的铜镜,其中以内行花纹镜和方格规矩镜为主;(2)镜片的部分折损基本上都有明显的磨损,其中几块有悬垂孔或补修孔,可以看出折损后仍在长期使用;(3)镜片的分割一般是以边缘为中心在含有钮的地方对折;(4)考古发掘资料显示,弥生遗址中出土的西汉镜的分布范围最多在福冈、糸岛平原地区,而东汉镜的范围略有扩大,其中一部分在丰前行桥周边一带及其西侧的有明海岸上,分布范围主要集中在以博多附近为中心直径50—100千米的区域内,虽然在直径150千米范围内也有分布,但还没有达到外围区域。

对象征权威的铜镜进行有意分割,并且规则地分配给各地,这表明掌握镜片分授权的人就是这一地区的最高权力者,接受镜片的人是各地方的统治者。②

三、璧与古代中国的封爵制与祭祀制

在古代中国,玉器是神圣之物,是权力与身份的象征,也是祭祀天地诸神最贵重的礼器。我们首先来看一下玉器与封爵制的关系。

中国的封爵制始于商朝,持续到秦汉。商朝时期,朝廷将国都以外的领地分给诸侯。诸侯又分侯、伯、甸三爵。周朝以后,等级逐渐森严,在天子之下,将诸侯分为公、侯、伯、子、男五等。上述五等侯爵均以玉器作为他们地位的标志。《周礼》记载:"以玉作六瑞,以等邦国。王执镇圭,公执桓圭,侯执信圭,伯执躬圭,子执谷璧,男执蒲璧。"意思就是说,用玉制成6种祥瑞之物,以保国家安定统一。其中提到的"镇圭""桓圭""信圭""躬圭""谷璧""蒲璧"就是所谓的6种祥瑞之物,分别象征着爵位的高低。圭是一种斧形玉器,周朝时前端尖锐的圭较多,汉代时山形圭居多。根据《周礼》中的规定,公、侯、伯、子、男在朝见君王,以及诸侯间互相拜见时,必须把代表自己身份的玉器拿在手上,君王的"镇圭"的"镇"字意为使四方安定,镇圭长1尺2寸,约39.5厘米。代表公爵的"桓圭"的"桓"字意为王室的支柱,指公爵是国家重臣,桓圭长9寸,约30厘米。代表侯爵的"信圭"的"信"字是"身"字的错字,与代表伯爵的"躬圭"一样,意为应当慎重对待万事,身圭、躬圭

---

① 高仓洋彰:《弥生时代社会的研究》,宁乐社1981年版;贺川光夫:《北九州外域的东汉镜片的出土背景》,《别府大学学长佐藤义诠先生古稀纪念论文集》,古稀纪念论文集委员会1978年版。

② 王金林:《古代的日本——以邪马台国为中心》,六兴出版社1986年版。

长都是7寸,约23.5厘米。子爵的璧上有稻谷纹样,男爵的璧上有蒲草纹样。稻谷养育人们,蒲草可做成草席供人们休息。谷璧和蒲璧直径均为5寸,约16.5厘米,谷纹璧和蒲纹璧在春秋战国时期才出现,因此对应的爵位也是在春秋战国时期才流行起来的。

璧的贵重在史书中可见一斑。《史记》中记载的"完璧归赵"的故事至今在中国广为人知。故事讲的是赵惠文王得到了楚王的和氏璧,秦昭王知晓此事后,遣人送信给赵惠文王,愿用15座城池换取和氏璧。赵国国力不如秦国,赵王不得不从,便派大臣蔺相如携和氏璧前往秦国。蔺相如看出秦王并没有打算给赵国15座城池,于是手持和氏璧,站在秦王宫殿的柱子旁,对秦王说:"依臣所见,您并没有打算用15座城池换赵国的和氏璧,若我要将此璧带回赵国,想必您也不肯。那今天只有让臣的头颅和这玉璧一起碎于此柱。"秦王害怕玉璧破碎,终于放下邪念,允许蔺相如带着和氏璧返回赵国。此类故事在《左传》《战国策》中也屡见不鲜。这些故事都表明璧在古代被当作与权力和领土一样重要的东西。

在古代中国,玉器还被用作祭祀的礼器,称为"六器",《周礼》记载:"以玉作六器,以礼天地四方。以苍璧礼天,以黄琮礼地,以青圭礼东方,以赤璋礼南方,以白琥礼西方,以玄璜礼北方。"其中的"苍璧""黄琮""青圭""赤璋""白琥""玄璜"就是所谓的六器。六器中数璧器最为贵重,是祭天的礼器,黄琮次之,是祭地的礼器。璧为圆形,象征天圆,琮为方形,象征地方,因此璧、琮二者意为"天圆地方"。六器的形状、颜色和祭祀的神灵,与中国的五行思想有密切的关系。在五行中,中属土,东属木,西属金,南属火,北属水,土为黄色,木为青色,金为白色,火为红色,水为黑色。木星是青龙,金星是白虎,火星是朱雀,水星是玄武。因此,六器中除圆形的祭天璧以外,其他五器的色彩与形状都与五行思想相呼应。青龙似蛇,蛇身长,因此祭祀东方的圭就是扁长状;祭祀西方的玉呈扁平状,上有虎纹;祭祀南方的璋呈鸟状;祭祀北方的璜形似龟甲。

除用作祭祀外,玉器还是帝王贵族的陪葬品。《周礼》记载,陪葬品的位置一般是圭在左,璋在首,琥在右,璜在足,璧在背,琮在腹。

中国战国时期,除玉璧外,还出现了琉璃璧。两汉时期,琉璃璧与玉璧一样十分盛行。

总而言之,璧主要用于封爵、祭祀、赠礼等。到了汉代,其用途更加广泛,但仍然是最贵重的物品。从史书记载来看,尽管汉代的册封已经不用璧,改用金印紫绶,但璧依然是贵重的物品。

四、奴国与伊都国的琉璃璧

下面我们来看在日本出土的璧。三云、须玖冈本和夜须町峰遗址出土的琉璃璧都是谷纹璧,谷纹璧在中国战国时期最为流行。与琉璃璧一起出土的还有铜镜,并且都是西汉时期的铜镜,其中重圈彩画镜是战国末期至西汉初期的铜镜,雷纹镜、草叶纹镜是西汉前半期至中期的铜镜。由此推测,奴国、伊都国地区与中国战国时期的北方诸国有着密切的关系,秦汉时期,这种交流最为频繁。琉璃璧传入日本的时间最早可追溯至战国时期,最迟为西汉前半期之后。最为贵重的璧的授予反映了奴国、伊都国等国在当时中国的统治者眼中有一定的地位。

虽然接受了谷纹琉璃璧的奴国、伊都国的国王不能按照《周礼》归为子爵,但毋庸置疑,奴国、伊都国已经被纳入了中国的册封体制中。东汉光武帝时期,奴国曾遣使者前来朝贡。据记载,"使人自称大夫"[1]。我认为"大夫"之称并非奴国使者随意所取。在西汉,卿、大夫都是高级官员,将琉璃璧与"大夫"之称联系起来,不难表明在西汉奴国就已经被授予了高级爵位。

接下来看一下出土的琉璃璧的埋藏位置。柳田康雄指出,应该是为了方便在瓮棺中埋葬尽量多的铜镜,所以将两面以上铜镜重叠起来,排列在死者周围,琉璃璧夹在两面铜镜之间,但由于铜镜直径在15厘米以上,而琉璃璧直径在12厘米以下,特别是遇到连弧纹清白镜时,琉璃璧就落入铜镜边缘的内侧,由于钮的突出,铜镜只能是倾斜的状态。[2]琉璃璧和铜镜位于死者周围(包括死者背部)是非常重要的信息。夜须町峰遗址10号瓮棺出土的2块再生璧位于死者的上半身。[3]这里所说的上半身可能指的是胸部或背部。根据中国的《周礼》,陪葬品中的璧一般位于死者背部。古代背为阳,腹为阴,璧的陪葬位置最为重要。但是,从考古发掘结果来看,璧的陪葬位置也有在胸部、头部的,可能是因为胸部、头部也是重要的位置。据此推测,当时的奴国、伊都国中璧的陪葬方法基本上与古代中国相似。

从须玖冈本遗址到峰遗址中璧的出土,以及北九州地区存在的铜镜镜片的

---

① 《后汉书·倭传》。

② 柳田康雄:《伊都国考古学——对外谈判的开始》,九州历史资料馆编:《大宰府古文化论》上卷,吉川弘文馆1983年版,第1—32页。

③ 贺川光夫:《北九州外域的东汉镜片的出土背景》,《别府大学学长佐藤义诠先生古稀纪念论文集》,古稀纪念论文集委员会1978年版。

分割与分布来看,北九州地区确实存在地位高的王向地位低的王分封的情况。虽然现在还不能断定是否采用了爵位制,但这种形式的分封应该是受到了古代中国封爵制的影响。从这个意义上讲,我们不能低估弥生中期日本先进的地域社会和政治所取得的发展水平。

第四章

原大和国与邪马台国

第一节 邪马台国研究及其问题点

一、"历史热"与邪马台国

20世纪90年代前后,我先后5次去过日本。其间感受最深的一点是人们对于文化遗产和历史有非常大的兴趣。1990年5月,我到东京时,东京国立博物馆正好在举办"日本国宝展"。令我吃惊的是,每天有成千上万人排队,秩序井然地等上几个小时前去参观。类似这样人们喜爱文化遗产和历史的场面我还见过几次。一次是在千叶县木更津市的鹿岛冢A遗址的发掘现场说明会上,除了著名学者,现场还有许多家庭主妇、老人和孩子,他们对发掘出来的遗址表现出极大的兴趣;一次是在横滨的一家百货店举办的"法隆寺秘宝展"上,前去参观的人一半以上是女性;还有一次是在佐贺市举办的"吉野里研讨会"上,旁听者达千余人,文化会馆里座无虚席,很多旁听者是从事稻作生产的农民。此外,在吉野里遗址,我还看到成百上千的中学生和小学生由教师带队,前去参观2000年前的遗址。只有理解本国文化与历史的人才是真正的爱国者。我认为国民对本国文化和历史感兴趣也是历史学繁荣的一个重要因素。

日本人喜爱历史的另一个表现是对邪马台国的兴趣。战后邪马台国研究的一大特色就是除专家学者外,还有许多业余爱好者的参与。通过报纸、杂志、电台、电视乃至小说等传播媒介,邪马台国问题进入千家万户。2000年前的一个历史问题,能够引起国民如此的关注和兴趣,在当今世界上是极为罕见的事情。

二、如何看待《魏书·倭人传》

邪马台国问题的争论若从江户时代后期开始算起,已经持续有200余年了,主要有九州说和大和说两大对立面,争论主要围绕《魏书·倭人传》的记载展开。原因在于对《魏书·倭人传》的记载出现了不同的理解,从而产生了不同的结论。

围绕《魏书·倭人传》的争论中,有学者对《魏书·倭人传》的可信度表示怀疑,甚至认为其史料价值很小。另外,有学者根据陈寿《东夷传》中最后一段文字推测,陈寿本人对东夷诸国的记述由于资料不足或不实而缺乏自信。[1]陈寿的记述如下:"魏世匈奴遂衰,更有乌丸、鲜卑,爰及东夷,使译时通,记述随事,岂常也哉!"[2]意思是曹魏之时,北方匈奴渐渐衰落,乌丸、鲜卑及东夷诸国反而屡派使者,常与魏交好。《东夷传》中记述了当时的交流过程,因此不可能尽善尽美。这段文字反映了作为史学家的陈寿在记述历史事实时表现出的严谨、客观的态度。他在《东夷传》(包括《倭人传》)中的记述,并非来自他自己的体验,而是通过往来使节翻译而来的记录,因此是有根据的。但由于不是他的创作,而是当时往来使节提供的材料,因此存在错误在所难免。

我认为陈寿这种对待历史的研究态度给后人2点启示:其一,《东夷传》(包括《倭人传》)中记载的大部分内容还是可信的;其二,在使用他提供的史料时,还应该注意其中的记载未必全都可信。基于以上认知,再来看《魏书·倭人传》,那么轻率地否定其可信度显然是错误的,但也不能认为它完全可信。

水野祐对究竟该如何看待《魏书·倭人传》有明确的记述。他认为,中国史官自汉代以来,通过直接或间接与中国交流的倭国使节的言行,或中国使节的所见所闻形成原始资料,因此这种记述方式虽然囿于见闻上的局限性,但也不能说所有的记载都是虚假的。但是,对于异邦不同的风俗习惯和制度,通过不确定的外语只能得到表层的理解,并且带有自己的主观判断,加上对古代其他国家特有的偏见,毫无疑问必须排除从这种偏见出发带来的误解和错误。尽管其中多少有些错误,但至今也没有其他可依据的史料供我们去了解2—3世纪的日本实情,《魏书·倭人传》可以说是这方面唯一的珍贵史料。[3]

我十分赞成水野祐的观点:一方面,要肯定《魏书·倭人传》的可信度;另一方

---

① 井上秀雄等译注:《东亚民族史——正史东夷传》,平凡社1976年版。

② 《三国志·魏书·东夷传》。

③ 水野祐:《日本古代国家的形成》,讲谈社1967年版。

面,必须找出其中存在的错误和误解。如果仔细阅读《魏书·倭人传》,会发现这样的错误和误解确实存在。下面列举几个例子。

(1)关于里程。

在《魏书·倭人传》中,从带方郡到不弥国全都标记了具体的里程。(A)郡至狗邪韩国7000余里(实际约800千米);(B)狗邪韩国至对马国千余里(实际约100—160千米);(C)对马国至一支国千余里(实际约80—120千米);(D)一支国至末卢国千余里(实际约30—60千米);(E)末卢国至伊都国500里(实际约33—45千米);(F)伊都国至奴国百里(实际约9千米);(G)伊都国至不弥国百里(实际约10千米)。

从以上所列举的例子可以看出,其记述的里程与实际距离的差距非常大,无效数字很大。据此推断,"南至投马国,水行二十日"与"南至邪马台国,女王之所都,水行十日,陆行一月"的描述也有误差。其中的数字一定超过实际所需的天数。由于研究者们对地理位置的确认无法得出统一的观点,这样的误差也成为邪马台国问题争论的主要原因之一。

(2)关于方向。

《魏书·倭人传》记录的方向大致分为前后两个阶段,前一阶段是海上航行,其方向从一开始就是错的。《魏书·倭人传》记载:"从郡至倭,循海岸水行,历韩国,乍南乍东。"但朝鲜半岛的方向是自西北向东南,因此沿朝鲜半岛海岸向南和向东行驶,绝不会是正南和正东方向。依此类推,狗邪韩国→对马国→一支国→末卢国的方向也存在上述误差。我认为这样的误差主要是源于中国使节缺乏航海经验。他们踏上九州的陆地后,就将这一误差纠正过来了。总体来看,《魏书·倭人传》中从末卢国向东南陆行至伊都国,从伊都国向东南而行至奴国,向东行至不弥国的记载是正确的,向南行至投马国、向南行至邪马台国的记录也基本上是正确的。这种对方向的正确认知的根据来自魏使节的陆行经验。前一阶段海上航行方向的误差也令人怀疑后一阶段陆地方向判断的正确性。方向误差成为邪马台国问题争论的原因之一。

(3)关于投马国。

投马国问题仍然是一个里程与方向的问题。《魏书·倭人传》记载:"南至投马国,水行二十日……可五万余户。"水行20日至邪马台国,因此距离上是水行10日的2倍,给我们的感觉是投马国位于比邪马台国更远的南方。但《魏书·倭人传》又有记载:"自女王国以北,其户数道里可得略载,其余旁国远绝,不可得详。"据此判断,投马国应该位于邪马台国的北方,并且其户数和里程均有明确记录。

因此,这里记录上的矛盾也成为畿内说学者将方向由南改为东的理由。

（4）记录中的其他错误。

《魏书·倭人传》记载:"其地无牛马虎豹羊鹊。"以马为例,目前发现的遗址中发掘出许多与马有关的物品。名古屋市热田高仓贝冢中发掘出了马的牙齿,大阪府国府遗址中发掘出了马的胫骨、桡骨、掌骨和臼齿,熊本县轰贝冢中发掘出了马的牙齿,鹿儿岛县出水贝冢中发掘出了马的臼齿、门齿、桡骨,岩手县、富山县的遗址中也发掘出了马的牙齿、桡骨、腭骨等。以上种种都说明日本在弥生时代就有马的存在。

三、邪马台国研究新论

《魏书·倭人传》的记载虽然有一定的误差,但对其史料价值的影响并不大。"二战"后,日本的许多学者秉持着基于客观事实来进行历史研究的态度,都通过《魏书·倭人传》展开了对邪马台国的研究,并开始研究2—3世纪的日本社会。

"二战"后的邪马台国研究在此前研究成果的基础上涌现出了许多新论。其中,我认为在以下3个方面有非常大的贡献:其一是在地理位置方面的研究,提出了放射性路线学说;其二是对邪马台国的社会性质和阶级状况的重视;其三是邪马台国与原大和国并存论。

首次提出放射性路线学说的是榎一雄,榎一雄学说的意义在于突破了传统学说的限制,使穷途末路的邪马台国的位置研究柳暗花明。[1]尽管这一学说受到了许多学者的支持,但同时也有许多批评的声音。批评者指出了该学说的不足和错误之处。在这样的状况下,有学者在支持榎一雄的放射性路线学说的基础上,从客观的立场出发,对榎一雄学说进行了补充和修正,从而使之成为更完整、更有说服力的学说。田中卓就是这一行动的代表人物之一。[2]

榎一雄学说的主要观点以邪马台国九州说为前提。他提出:"从带方郡沿朝鲜西海岸南下,向东至狗邪韩国,经对马、一大(一支,即壹岐),在末卢,即松浦(名护屋或唐津附近)登陆,陆行到达伊都(怡土、糸岛郡深江附近),对这一段路线大家都没有异议,但对于此后的路线争议较大,出现了各种不同的观点。""对此,我认为至今为止对下列地名尝试进行直线连接的解释,实际上是对《魏书·倭人传》文本的误解,奴国及其之后所表示的里程和距离是从伊都国分别到奴国、

---

① 榎一雄:《邪马台国》,至文堂1978年版。
② 田中卓:《邪马台国与稻荷山刀铭》,国书刊行会1988年版。

不弥国、投马国、邪马台国的,这样的解释才是正确的。"他将《魏书·倭人传》中记载的里程路线分成了A、B两组:A组是从狗邪韩国到伊都国的路线,行程表示为"甲国→方向、距离,乙国→方向、距离,丙国→方向、距离,丁国→方向、距离,戊国",是直线连续行程;B组是从伊都国分别到奴国、不弥国、投马国、邪马台国,记录方式完全不同,采用了"方向—国名—距离—方向"的记录方法。即甲国与乙国并没有直接的起点与终点的关系。奴国不是前往不弥国的起点,不弥国不是前往投马国的起点,投马国也不是前往邪马台国的起点,他们的起点都是伊都国。从伊都国开始,其行程采用了中国的"四至法"(日本称为"放射式")。

基于上述观点,榎一雄经过比较,推定了各国的位置:对马=对马,一支=壹岐,末卢=名护屋或唐津附近,伊都=今糸岛郡深江附近,奴=今博多附近,不弥=太宰府或宇美,投马=日向的都万,邪马台国=筑紫平原的御井。

此外,榎一雄还指出:"据此,女王国的领土范围除筑前、筑后、肥前、肥后4国外,还包括丰前、丰后和日向。"[1]

榎一雄提出此学说后,许多学者发表了对放射性路线的进一步研究。首先是高桥善太郎对《魏书·倭人传》中"至"和"到"的意思进行了探究,提出以末卢国为中心的放射性路线学说。[2]他认为末卢国是郡使直线路线的最后一站,前往陆上各国的路线均是从末卢国出发的。

田中卓对榎一雄的学说和高桥善太郎的学说做出了评论。他在文中写道:"提出以伊都国为中心(放射性路线)的榎一雄学说,是对《魏书·倭人传》中的日程记录非常合理的解释。榎一雄从这些地点彼此具有独立性的角度出发,形成自己新的理论,具有非常重要的意义。"[3]

对于高桥善太郎的学说,田中卓指出,如果"至"与"到"二字明确的区别不是那么严格的话,那么就放射性路线学说而言,高桥善太郎的学说似乎更有影响力。

田中卓在肯定榎一雄和高桥善太郎二人学说的同时,也指出了其中的不足之处,并且在二人学说的基础上提出了"邪马台国新论"[4],要点如下。

第一,根据《魏书·倭人传》的记载,邪马台国以北的8个国家中,只有末卢国

---

① 榎一雄:《邪马台国》,至文堂1978年版。
② 高桥善太郎:《围绕〈魏书·倭人传〉的里程碑》,《爱知县立大学文学部论文集》1968年第19期,第24—35页。
③ 田中卓:《邪马台国与稻荷山刀铭》,国书刊行会1988年版。
④ 田中卓:《邪马台国与稻荷山刀铭》,国书刊行会1988年版。

没有设置官吏,而伊都国不仅设置了官职,还有世袭王(世世有王),伊都国的国王与其他周边诸国相比,拥有更强大的权力。因此,末卢国实际上是在伊都国的统治之下。此外,伊都国还设置有"一大率"官职,此官职的职责之一就是魏使节到达倭国时,"皆临津搜露,传送文书赐遗之物诣女王"。魏使节的实际登陆地点在末卢国,这里的"津"无疑就是末卢国。这样看来,"一大率"平时是在伊都国,一旦有外交上的问题,就必须赶赴末卢国处理事务。因此,末卢国在行政上应该受伊都国支配,但在外交方面又受到由邪马台国派出的"一大率"的检察。

基于以上考虑,田中卓对榎一雄的以伊都国为中心的放射性路线学说,以及高桥善太郎的以末卢国为中心的放射性路线学说进行折中,提出了以伊都国(包括末卢国)为中心的修正·放射性路线学说。

第二,不弥国位于志贺岛。从以伊都国(包括末卢国)为中心的放射性路线学说来看,自伊都国东南百里为奴国,奴国就是滩津,东行百里的话,正好到达位于等腰三角形顶点上的伊都国,等腰三角形2条相同的边长为百里,形成45度的角。伊都国和奴国(滩津)都在东南百里线上,这条线一直延伸到博多湾。《魏书·倭人传》记载"东行百里至不弥国",那么从伊都国东行百里正好是以博多湾的志贺岛为中心的地区。但由于一般认为去不弥国走的是陆路,因此至今为止学界还未关注到这一地区。实际上,《魏书·倭人传》只写了"东行",并没有提到陆行。志贺岛正是"汉委奴国王"金印的出土地,因此不弥国与古奴国之间有一定的关系。当时的奴国拥有广阔的领土,我认为《魏书·倭人传》中记载的不只是奴国的领土范围,至少还包括不弥国周边的区域。3世纪左右,古奴国瓦解,剩下小"奴国"和不弥国合并成为以邪马台国为中心的女王国联邦中的一个小国。

第三,投马国位于五岛列岛南端以福江岛为中心的岛屿上。投马国的地理位置也是邪马台国争论中的一个主要焦点,因此这一问题的解决非常重要。田中卓运用音韵学、航海学、考古学、历史学等多领域知识指出,"投马"是日语「トホシマ」(tohoshima)的汉字表示,「トホシマ」(tohoshima)就是千岛,即五岛列岛南端的福江岛。这样一来,如果将福江岛及其附近地区视为投马国所在地,那么它在地图上的方位就是末卢国的西南方,实际航行路线是从呼子向西南方向前行进入平户,而后从平户岛东侧向南行驶到志志伎,然后沿五岛列岛东侧向南行驶到达福江岛。因此,从船上人员的角度来看,感觉就是沿着列岛一直向南走。所以这与《魏书·倭人传》中的记载基本上不矛盾。

第四,通往邪马台国的新航路。田中卓提出了邪马台国筑后山门说。根据

《魏书·倭人传》的记载,从伊都国(末卢国)到邪马台国有水、陆2条路线,陆行需要1个月的时间,水行只需要10天,陆行需要水行3倍的时间。魏使节应该就是选择了水行。水行最好的航线是从北松浦半岛上现在的佐世保市出发,进入大村湾,穿过现在的谏早市,即彼杵半岛与岛原半岛交叉的地峡,再直接进入有明海。在地峡地带,有一个叫作船越的地方,据说古代从大村湾到有明海的交通是在船越地区乘船穿过不到1000米的峡谷。

田中卓的学说具有独到的见解。坂本太郎对他的学说给予了非常高的评价:"读了田中卓的新论,令我刮目相看。他对我们一直以来难以解读的诸问题给出了极为合理优秀的见解。其中,对不弥国与投马国新的比较推定,以及发现水行10日的航线是本书的3个优势。至此,克服了放射性路线解读方法中的难点,并为邪马台国筑后山门郡说提供了极为有力的根据。其对学界的影响不可估量。"[①]

关于邪马台国社会性质的研究。长期以来,对邪马台国地理位置的研究非常兴盛,然而极少有人关注到邪马台国的性质与社会构造。我认为地理位置的明确对邪马台国研究固然重要,但也应该关注到其社会构造与性质方面,这样才能对弥生时代的社会及其社会发展阶段有一个正确的认知。令人欣慰的是,"二战"后,对于邪马台国性质与社会构造的研究也取得了丰硕的成果。井上光贞、石母田正、藤间生大、上田正昭、北上茂夫、直木孝次郎、山尾幸久等学者都为此做出了自己的贡献。

藤间生大指出,随着稻作农耕的发展,弥生中期日本的生产力有了地域上的差异,尽管部分地区出现了奴隶制,但整体来看,共同体的社会构造仍然处于支配地位。邪马台国女王卑弥呼并非统治联邦国家,而是受到构成这种体制的人们的制约。[②]

上田正昭指出,邪马台国与其统属国的关系绝不只是松散的联合或部落联盟,而是涉及地位与阶级的统治者集团的统属关系,可以认为这已经是君主专制制度的萌芽。[③]

石母田正指出,3世纪的邪马台国已经有了明显的阶级差别,有了刑罚、租税

---

① 坂本太郎:《书评田中卓博士著〈海写在海里的邪马台国〉》,《神道史研究》1976年第24卷第1期。

② 藤间生大:《被埋没的金印——女王卑弥呼与日本的黎明》,岩波书店1950年版。

③ 上田正昭:《大和王权的历史考察》,《日本史研究》1954年第21期,第2—13页;上田正昭:《邪马台国问题的再探讨》,《日本史研究》1958年第39期,第1—36页。

和统治机构,因此邪马台国可以看作是国家政权的雏形。①北上茂夫认为邪马台国的政治形态处于向奴隶制发展的过程。②直木孝次郎认为邪马台国是一个较弱的国家联合体。③井上光贞认为邪马台国是由各个拥有主权的小国组成的联合体,若没有各联合小国的政治支持,就没有政治上的安定。④

要想清晰地解决邪马台国问题,仅仅通过文献研究是非常困难的。值得称赞的是,许多学者开始吸收考古成果,将文献资料与考古成果结合起来进行研究,这样能够掌握以邪马台国为中心的弥生时代的社会构造与性质。

关和彦的《邪马台国论》⑤可以说是相关研究的代表作。他结合考古资料和《魏书·倭人传》的记载,得出的结论如下:在3世纪阶段,农业共同体的支配与被支配关系不断发展,出现了以邪马台国为中心的王权,展开了以拥有内部秩序的农业共同体的征服与被征服为主线的阶级分化。处于支配地位的共同体拥有土地重新分配等的优先权,并维持以邪马台国为中心的王权在法律秩序上的优势地位。

关于邪马台国与原大和国并存论。日本最早提出邪马台国与原大和国并存论的学者是水野祐⑥,中国最早提出这一观点的人就是我。水野祐在1967年出版的《日本古代国家的形成》一书中指出,邪马台国的研究尚有盲点,提出九州说的学者热衷于邪马台国位于九州的研究,却忽视了彼时大和地方的状况如何,被称为大和国家或大和朝廷的大和国家与女王国、狗奴国等九州国家间的关系如何。他指出,在九州国家与大和国家的对立时代,铜剑铜矛文化圈与铜铎文化圈的对立同样适用。即在九州地区进行"倭奴国—女王国—狗奴国"这样的政治势力更新迭代期间,本州岛上也有与之相应的其他政治势力的抬头,至少到2世纪可以看作是大和国的前身的国家成立了。

1981年,我在参加中国日本史学会举办的"邪马台国问题研讨会"时发表了"邪马台国虽然在北九州,但与此同时,畿内地区也存在同样发达的国家——前大和国"⑦的观点。

---

① 石母田正:《邪马台国的时代》,家永三郎等编:《岩波讲座日本历史1》,岩波书店1962年版。
② 北山茂夫:《民族之心——与当代国民课题的联系》,《改造》1953年第12期,第83—92页。
③ 直木孝次郎:《国家的产生》,家永三郎等编:《岩波讲座日本历史1》,岩波书店1962年版。
④ 井上光贞:《日本国家的起源》,岩波书店1960年版。
⑤ 关和彦:《邪马台国论》,校仓书房1983年版。
⑥ 水野祐:《日本古代国家的形成》,讲谈社1967年版。
⑦ 王金林:《古代的日本——以邪马台国为中心》,六兴出版社1986年版。

在研究邪马台国问题的过程中,长期以来,两派学者无法统一观点的一个重要原因在于,许多人受到《魏书·倭人传》作者的影响,用一元论的观点去看待当时日本的发展。随着考古的发展,特别是"二战"后,日本考古学界的优秀成果雄辩地证明了邪马台国时代的日本,其经济和文化的发展都是多元化的。邪马台国存在的同时,日本还存在与之发展程度近似的一两个地域国家。

我知道水野祐早在20世纪60年代就提出了这一观点,非常钦佩他敏锐的学识,同时也对日本史学界多年来居然没有重视水野祐的并存说感到惊讶。长期以来,学界一般认为邪马台国是弥生时代日本唯一最先进的地方,许多人将争论点聚焦在邪马台国的位置上,认为邪马台国在 A 地,A 地就是最先进的地方,在 B 地,那么 B 地就是最先进的地方,2 种观点的对立长达 200 余年,而且这种争论与对立还将会持续下去。但是,在考古资料相当丰富的今天,如果仍然执着于邪马台国是最先进的地方这一观点,那实在是有失偏颇。

《魏书·倭人传》的记载是魏使节去过的地方,而那只不过是日本的一角,魏使节对于更广阔的地区全然不知。但是,魏使节不了解《魏书·倭人传》中未记载的地方,并不意味着就不是与邪马台国同样先进的社会。考古资料显示,九州的弥生文化与大陆文化关系非常密切,可以说是移植了大陆文化发展后的产物,可以看出弥生时代的畿内文化也同样受到大陆文化的影响。但是,其中仍然保留了深厚的绳纹文化的传统。因此,畿内文化是日本的本土文化与大陆文化融合发展的产物。两个地区的文化有一定的共同性,又保持着各自独有的特质。现在正是用文化发展的多元论去分析邪马台国时代日本社会的最好时机。

关于畿内说和九州说的研究产生了丰富的成果,在这些研究成果的基础上,不同领域的合理的研究成果得到认可,如果从东亚或者全日本这样更广阔的视角去分析邪马台国时代的日本,那么我们就能够打破《魏书·倭人传》的局限,看到更加广阔的天地。实际上,部分学者已经明确指出了畿内政权与九州邪马台国并存的可能性,铃木靖民就是其中一位。他指出:"《魏书·倭人传》中主要记述了九州,但与以往观点不同,我并不认为邪马台国是当时日本唯一最发达的地域政权。因此,关于最先进的地方到底是九州还是畿内的争论是不成立的。"[1]

我相信弥生时代日本社会文化发展的多元论,以及邪马台国与原大和国并存说一定会受到越来越多的学者的支持。

---

[1] 铃木靖民:《倭政权的形成与东亚》,石野博信等:《古墓为什么被建造——倭王权形成史的再探讨》,大和书房1988年版。

第二节　原大和国

一、大和地区为何会出现早期国家

《魏书·倭人传》记载:"女王国东渡海千余里,复有国,皆倭种。"据此推测,魏使节并未去到女王国以东的地区,只是记录了女王国以东千余里的地方也有国家。"皆倭种",强调了女王国以东的国家与邪马台国的人种一致。考古资料表明,畿内地区的社会发展进度并不比九州地区慢,这一点我在上一章节也已提到。弥生前期末以后,畿内地区的社会逐渐向原始小国发展,进入弥生中期后,很可能出现了地域国家。大和、河内、大阪湾地区的诸地域国家成为范围更辽阔的原大和国的基础。

畿内或近畿地区的社会发展进度与北九州地区基本同步的原因取决于多种因素。

首先,以大阪湾为中心的地区可以通过多条路线吸收外来文化。从南太平洋北上的日本暖流在日本以南的海域一分为二继续北上,主海流沿日本东侧的太平洋北上,另一条海流经过对马海峡汇入日本海,继续沿日本西侧北上。这样的海流可能从3个方向将大陆文化传到畿内地区。一条是从东侧北上的日本暖流路线,另一条是日本海沿岸路线,还有一条是经北九州和濑户内海的路线。

畿内地区不断发现的绳纹晚期的稻作文化遗物表明,畿内地区的稻作文化开始的时间和水平与北九州相近。虽然不排除畿内地区的稻作文化是经九州传来的可能,但也不能否定时间上与北九州相近,直接从大陆传来的可能性。

从绳纹时代开始,畿内地区就是日本东西文化的交汇处。冈田茂弘指出,畿内地区不是单一文化地区,而是东日本和西日本绳纹文化之间的交汇地带,这也是该地区最大的地域特色。[①]他还将畿内地区的绳纹文化(以陶器为中心)的变迁进行了归纳。

畿内地区绳纹早期前半期是单一文化,到了早期后半期,表日本受到东海地区的强烈影响,而里日本却分布着与北陆、山阴地方相关的陶器。到了绳纹前

---

① 冈田茂弘:《近畿》,镰木义昌编:《日本的考古学2:绳纹时代》,河出书房新社1965年版,第193—210页。

期,与濑户内地方基本相同的文化遍布畿内地区,这个倾向持续到绳纹中期前半期,后半期开始受到东日本的文化影响。绳纹中期末,畿内各地区分布着各种形式的陶器。绳纹后期初,分布着各种形式陶器的地区又逐渐表现出受到濑户内地方的影响,到了后期中叶,基本上与濑户内地方相同的文化覆盖了整个畿内地区,直到绳纹晚期末,保持着与濑户内地方文化同一步调,继续发展。

在绳纹时代,对周边地区文化的开放态度必然是推进畿内地区弥生文化发展的一个重要因素。绳纹文化的传统与稻作文化一起成为畿内地区国家形成、发展的基础。长期以来,学界一般认为畿内地区进入弥生时代的时间与北九州地区进入弥生时代的时间有一定的时间差。但是越来越多的考古资料证明,北九州地区与畿内地区基本上是同时进入弥生时代的。由于地域上的差异,两个地区的弥生文化各具特质。

二、畿内弥生文化的特质

佐原真指出,畿内的弥生文化与北九州的弥生文化各具特质。[1]在祭器、墓制、陪葬品、生产用具的出土数、村落变迁等方面有明显的不同。畿内地区的祭器使用的是铜铎,而北九州地区使用的是青铜利器;畿内地区坟墓内的陪葬品非常少,而北九州地区非常豪华;畿内地区铁器的出土数很少,而北九州地区很多;在村落与墓制方面,北九州地区变化较大,而畿内地区则相对比较稳定。那么,如何看待畿内文化的稳定性呢? 稳定就意味着落后吗? 我认为,对于在一定历史时期内社会变化的稳定性,我们不能简单地做出肯定或否定的评价。而应该去看变动与稳定对社会发展是否有利。如果社会不停地变动,却没有起到对社会发展的促进作用,那么显然是无法肯定的。与此相反,即使社会一直处于稳定的状态,固守着古老的规矩,拒绝吸收新文化,那么这种稳定当然也是不值得肯定的。事实上……北九州地区的文化不停地变化正是不断吸收先进文化的结果,而这不仅对北九州地区,甚至对全日本的社会发展都是有利的。畿内地区文化的稳定性也不是处于停滞不前的状态,而是在当地原有文化的基础上,消化吸收新的外来文化的结果。[2]

畿内地区文化的稳定性与北九州地区文化的变化性,均与东亚的局势变化、

① 佐原真:《铜铎与武器形土器》,松本清张编:《铜铎和女王国的时代》,日本放送出版协会1983年版。
② 王金林:《古代的日本——以邪马台国为中心》,六兴出版社1986年版。

文化传播程度有直接的关系。公元前四五世纪以后,中国的政局一直处于动乱之中。政局的动乱促使了社会人口的流动。人们为了躲避压榨和课税,纷纷逃亡,以寻求一片能够稳定生活的乐土。位于东方的朝鲜及日本西部地区就是中国北方的齐人、燕人及长江下游的吴越人迁移的目的地之一。随着团体或个人的流动,当地的文化也随之传播过去。

绳纹后期以来,虽然畿内地区与北九州地区一起都接触了大陆文化,但由于北九州距离大陆更近,受到大陆文化的冲击更强烈,一种新的文化传来,还未及消化完,又有更新的文化传来。就这样源源不断地传播而来的新文化,有的因朝代更替而变化,有的因地域不同而变化。总是有好几种文化同时对北九州地区产生影响,北九州的弥生人无法消化和吸收这众多的外来文化,就囫囵吞枣地接受了。这也是北九州的弥生文化一直变化的根本原因。与北九州地区相反,畿内地区由于地理位置距离大陆稍远,尽管大陆文化也源源不断地影响着该地区,但产生的影响不像北九州那么强烈,这一地区固有的文化基础没有受到像北九州那么强烈的震撼。因此,畿内地区在保持绳纹文化传统的同时,逐渐选择性地消化、吸收大陆文化。这也是畿内地区弥生文化保持稳定的原因。

文化的变化性与稳定性共同创造出的日本弥生文化遗产非常灿烂。无论是北九州地区的弥生文化,还是畿内地区的弥生文化,都达到了当时东亚最高的文化水准。但是,北九州地区的弥生文化中,大陆文化元素占有重要的地位,与此不同的是,畿内地区的弥生文化中,其自身独特的文化元素非常鲜明。这种弥生文化自身独特的文化元素既不是固守传统文化的旧习,也不是照搬照抄外来文化,而是基于传统文化与外来文化的文化再创造。这个层面的内容将会在之后详细论述。

三、近畿地区的生产水平

地域国家的诞生与发展都必定有与之相应的经济基础。那么弥生时代近畿地区的生产水平如何呢? 我将从稻作农耕水平、生产工具和制炼技术 3 个方面来考察。

(一)稻作农耕水平

根据都出比吕志的研究,古代日本的水田大致可分为 A、B 两种类型。[1]A 型

---

[1] 都出比吕志:《古代水田的两种类型》,樋口隆康等:《展望亚洲考古学——樋口隆康教授退休纪念论集展望亚洲考古学》,新潮社 1983 年版。

即以板付遗址和登吕(静冈市)遗址为标准样式,大块的规划田里没有分成小块的规划田。这类水田用木桩、板桩对畦畔进行加固,并且位于地下水位高的土地上。B型即以服部遗址和冈山县百间川遗址为标准样式,大块的规划田里又分成小块的规划田,还可能进一步细分。这类水田的特征是位于冲积地与段丘面的缓倾斜地上,畦畔上开有水口。

A、B两种类型的水田在近畿地区都有。滋贺县大中的湖南遗址、京都府森本遗址、冈山县津岛遗址的水田遗迹都属于A类型,滋贺县服部遗址、冈山县百间川遗址都是B类型水田的典范。服部遗址位于琵琶湖东岸的一处据点集落。[①]这里发现了260块弥生前期的水田。已确认的水田总面积达18700平方千米,水田分布于从弥生前期住居所在的微高地到低湿地的平缓坡地上。各块水田由黑色黏土垒起的大畦畔和小畦畔划分开来。

冈山县百间川原尾岛遗址不仅展示了弥生时代近畿地区的水田建造技术,还展示了当时农村的形象。考古学者在遗址的微高地发现了从弥生前期至后期的住居遗址和生活设施,其中竖穴住居28户、掘立柱建筑13栋、水井24座、土坑245座、沟渠109条,在微高地边缘和低地带是水田区。弥生中期与后期的水田遗迹上下重叠。同时还发现了用于规划水田区内水田的大小畦畔、田地,用于引水的水路、堰和水口,等等。水田内小块规划田的存在体现了耕作技术的精细化,大块规划田适合粗耕,小块规划田适合细耕。为了适应小块规划田的耕作,还出现了苗代育苗和田植法。

木下忠根据出土的木制农具认为弥生后期开始了田植法。[②]近藤义郎认为弥生中后期已经普遍使用苗代育苗。[③]特别是从百间川原尾岛遗址、今谷遗址中发现了大量稻株痕迹。[④]这说明弥生中期的近畿地区已经开始使用田植法(当然也有反对意见)。田植法的采用是稻作农耕生产技术的一个飞跃的体现,表明当时对种子、季节和水温的掌握,以及水田整理等一连串技术发展到了一定水平。这种技术的直接效果就是生产力的增加,粮食的增加保证了社会的稳定,生产领

---

① 水野正好编:《图说发掘所说的日本史4:近畿篇》,新人物往来社1985年版。

② 木下忠:《田植与直播》,考古学研究会十周年纪念论文集编委会编:《日本考古学的诸问题——考古学研究会十周年纪念论文集》,考古学研究会1964年版,第43—58页;木下忠:《农具》,和岛诚一编:《日本的考古学3:弥生时代》,河出书房新社1966年版,第233—248页。

③ 近藤义郎:《弥生文化论》,家永三郎等编:《岩波讲座日本历史1》,岩波书店1962年版。

④ 日本考古学协会编:《日本稻作农耕的起源与展开》,学生社1991年版。

域的分工也进一步细化。最明显的一个表现是家庭纺织的发展。

大阪府和泉市池上遗址被称为"弥生典型村"[1]，在该遗址内发现了住居 11 栋、高床建筑 3 栋、沟渠 30 条、水井 13 座、方形周沟墓 10 座、陶器棺墓 13 座、包含墓在内的土坟 100 座，以及石制、木制农具等。这是一个典型的农耕村落。此外，还从遗址中发掘出纺织工具 2 件、织机 54 个、纺锤车 1 辆，这表明除农耕以外，家庭纺织也相当繁荣。

（二）生产工具

弥生时代近畿地区的生产工具主要是石器、木器和铁器。随着时间的推移，从弥生前期到后期，石制和木制工具的数量不断减少，铁制工具逐渐增加。虽然木器和石器在生产工具中占主导地位，但并不能说明还未使用铁制工具。从弥生早期的唐古遗址、瓜破遗址中出土的木器可以看出，此时已经开始使用铁器。[2]因为如果没有铁制工具的话，无法做出那样精细的木器。出土的木器主要有锹、锄、无齿耙、锤、杵、臼等，石器主要有粗形蛤刃石斧、柱状片刃石斧、扁平片刃石斧、环状石斧、石锥、石小刀和叩石等。锹的手柄角度可变。打锹适用于 60—80 度的角度，易于深耕。[3]唐古遗址中发现的股锹是一种有 5 根齿的农具，手柄周围有舟形隆起，锹身与手柄的角度为 70 度，适用于黏土土壤。[4]唐古、大阪瓜破、池上、爱知县的瓜乡、京都深草等遗址都出土了大量用于挖土的锄头，而且还发现许多半成品。无齿耙是水田农具，其作用是平整水田，以确保水均匀分布。[5]大阪府池上遗址中也发现了这样的农具[6]，唐古遗址出土了与此类似的农具[7]。

近畿地区出土的铁器在数量上远不及九州地区。从弥生时代的遗址中出土的铁器，九州地区共有 344 件，近畿地区共有 80 件。[8]但是，出土数量的多少并不

① 水野正好编：《图说发掘所说的日本史 4：近畿篇》，新人物往来社 1985 年版。
② 洼田藏郎：《铁的考古学》，雄山阁 1979 年版。
③ 木下忠：《农具》，和岛诚一编：《日本的考古学 3：弥生时代》，河出书房新社 1966 年版，第 233—248 页。
④ 小林行雄、末永雅雄：《木器类及植物制品》，京都帝国大学文学部考古学教室编：《京都帝国大学文学部研究报告》第 16 册，桑名文星堂 1943 年，第 144—182 页。
⑤ 木下忠：《农具》，和岛诚一编：《日本的考古学 3：弥生时代》，河出书房新社 1966 年版，第 233—248 页。
⑥ 水野正好编：《图说发掘所说的日本史 4：近畿篇》，新人物往来社 1985 年版。
⑦ 木下忠：《农具》，和岛诚一编：《日本的考古学 3：弥生时代》，河出书房新社 1966 年版，第 233—248 页。
⑧ 洼田藏郎：《铁的考古学》，雄山阁 1979 年版。

能说明其实际的使用情况。弥生前期的大阪府堺市四池遗址、兵库县明石市玉津町吉田遗址 D 地点、奈良县唐古遗址中相继发现了刀状、板状、棒状铁制品。从日本各地出土的 3 世纪前后的铁制武器,九州地区占 37%(福冈占 22%,佐贺占 15%),近畿地区占 30%(奈良占 10%,京都占 14%,大阪占 6%)。在这一方面,九州地区与近畿地区相差不大。[①]根据以上情况推测,近畿地区的出土量少可能与该地酸性土壤不适合铁器保存有关。

(三)制炼技术

弥生时代制炼技术的中心主要在九州和近畿 2 个地区。制炼技术分为 2 种:一种是铁器的制炼,另一种是铜器的制炼。

日本大概是从弥生前期开始使用铜器的,大部分是从中国传来的。弥生中期以后,弥生人开始自己制造铜器,九州地区主要制造铜镜、铜剑、铜戈和铜矛,近畿地区主要制造铜铎。此前学界一直认为近畿地区是日本唯一的铜铎制造地,但是,1980 年以后,在北九州的佐贺县安永田遗址、福冈县赤穗浦遗址等遗址中也发现了铜铎的铸型。并且从制造技术来看,九州地区和近畿地区的制造水平相同。尽管九州地区也出土了铜铎的铸型,但仍然无法改变近畿地区作为铜铎制造中心的地位。同样,近畿地区虽然也发现了铜剑和铜戈的铸型,但也改变不了九州地区作为铜利器制造中心的地位。据统计,近畿地区与九州地区发现的铜器铸型如下。

近畿地区:铜铎 33 件,占铜铎总数的 80.5%;铜利器 4 件,占铜利器总数的 6.5%。

九州地区:铜铎 8 件,占铜铎总数的 19.5%;铜利器 58 件,占铜利器总数的 93.5%。

出土数量的百分比清晰地表明了 2 个地区分别在 2 种青铜器制造方面的中心地位。铜铎的制造技术是一种新的制造技术,主要体现在以下 3 个方面:(1)铜铎中的锡含量比铜利器中的锡含量少,因此熔化温度相对较高[②];(2)形态多样,铜铎由身、鳍和钮 3 个部分构成,鳍和钮有左右对称的饰耳,大多数铜铎上有一定形状的孔,一般身上有 2 个,两面有 8 个,共计 10 个;(3)有复杂多彩的纹样,铜铎全身大部分地方铸有纹样。镰木义昌对此有如下描述:"铜铎身上铸的图案以流

---

① 金关恕:《解邪马台国的 13 个键图》,历史群像特别编:《最新邪马台国论——复活的女王国和吉野里遗址》,学习研究社 1989 年版。

② 根据梅原末治的研究,铜利器中的铜锡比为 67∶33,铜铎约为 81∶10。

水和裂裟襬为主,也有绘画图案、锯齿图案、涟涡图案。鳍原则上带有锯齿图案,钮沿轮廓叠加有多个带状图案,其中几何图案居多,也有极少数带有绘画图案。"[1]如此复杂的样式和图案,若没有高超的技术是很难做到的。

由于近畿地区发现的铁器较少,长期以来这一地区的铁器制炼技术都不明确。但随着考古发掘成果的不断增加,特别是在丹后半岛的峰山町扇谷遗址、京都府熊野郡函石浜遗址等遗址中发现了铁渣,这一地区的制炼技术情况也逐渐变得明朗。扇谷环濠集落遗址中出土的铁渣形状如拳头大小,长6厘米,宽4厘米,厚3厘米,表面呈凹凸状。鉴定结果显示,这是使用砂铁系原料锻造铁器时的铁渣。扇谷遗址还出土了大量正在加工的管玉,初步推测该遗址是劳动工具和生活用具的制造地。冈山县的弥上遗址中也发现了铁块。[2]此外,以近畿为中心的弥生中期至后期的遗址中发现了20个板状铁斧,这也证明近畿地区从弥生中期就已经掌握了铁的制炼和铁器的生产技术。

四、从坟墓来看近畿的弥生社会

综合来看考古资料,近畿地区弥生时代的墓葬文化大体上经历了如下阶段:土圹墓・壶墓→方形周沟墓→坟丘墓→古坟。

土圹墓・壶墓是弥生前期至中期的墓葬方式,一般一个土圹墓内埋葬1—3个壶形陶器。这种土圹墓式的墓葬方式在琵琶湖西岸山裾台地上的南滋贺遗址、大阪平原南部海岸的黄金山遗址、大阪府安威遗址、六甲山南斜面的会下山遗址、兵库县名古山遗址等都有发现。[3]除此之外,在奈良、大阪、兵库、京都的多处遗址中发现了"带有盖子的陶器"。

弥生前期后半期以后,方形周沟墓开始出现在近畿地区,东大阪市瓜生堂遗址的2号墓中,在150平方米的坟丘内埋葬了3组男女夫妇的木棺,还有6口小型瓮棺。这是埋葬了3代以夫妇为核心的世代相传的家庭墓葬。方形周沟墓内的陪葬品非常少,贵重的物品更少。但是,如果从墓地面积、坟墓规模大小方面来比较方形周沟墓和土圹墓,可以看到弥生中期阶层分化的状况。例如,大阪府宫

---

① 镰木义昌:《祭祀和信仰》,和岛诚一编:《日本的考古学3:弥生时代》,河出书房新社1966年版,第327—348页。

② 冈本明郎:《弥生时代金属生产的技术和社会诸问题——关于冈山县熊山町弥上发现的弥生时代铁块的试论》,《古代吉备》1962年第4期,第139—147页。

③ 冈田茂弘:《近畿》,镰木义昌编:《日本的考古学2:绳纹时代》,河出书房新社1965年版,第193—210页。

前遗址中有100座土圹墓,而方形周沟墓仅有20座。弥生中期的瓜生堂遗址中,方形周沟墓群与土圹墓群明显划分开来,2个墓群之间还挖了一条沟。方形周沟墓内有1米高的坟丘。这样的差异明显与阶级分化有关。

进入弥生时代后期,近畿地区出现了一种更能反映权威的新墓式,那就是坟丘墓。即便同样是坟丘墓,坟丘的形式也有所不同,有的是圆形,有的呈方形台状,有的是中心呈圆形,两侧呈方形突出状的双方中圆形。具有代表性的坟丘墓是大阪平原上的加美遗址1号墓、西条古坟、冈山县仓敷市的楯筑坟丘墓等。坟丘墓的出现最早可追溯到弥生中期后半期。位于大阪市东南部的加美遗址1号墓就是其中一个例子。[1]这座1号墓南北约26米,东西约15米,高约3米,还有宽6—10米、深0.6—1米的周沟。坟丘内埋藏有14口长2米左右的成人木棺,9口1米左右的小型(儿童用)木棺。木棺中还发现了铜钏和琉璃玉。从坟丘和周沟中出土了陶器、石器和铁器。

楯筑坟丘墓具有独特的坟丘形态[2],即中心坟丘呈圆形,两侧呈方形突出状的双方中圆坟,其中圆形坟丘直径约50米,推测双方中圆坟全长80米。木椁墓室内埋有木棺,明显是受到了大陆墓葬方式的影响。大阪平原上的西条52号坟是圆形坟丘的石椁墓。据调查报告记录[3],主体部分是将依山的土地挖成矩形,呈"コ"字形堆砌石头,东面将山体作为一面墙壁而不用堆砌石头,这样堆砌出来的墓室乍看很像该地区弥生前期古坟的竖穴石室,石椁深约0.9米,宽1.4米,长3.5米。但是,堆砌的石头并非板石的横向堆砌,而是用粗碎的石头杂乱地堆砌。为了防止塌陷,石椁的宽度随着高度上升而变宽,并且内侧涂有黏土用来加固。石椁的地面铺有碎石,上面散乱地撒着朱砂。土坟丘高1米,直径20米。主体部分出土的遗物有铁剑1把、内行花纹镜1面、弥生式陶器碎片若干等。坟墓中同时出土的铁剑、铜镜和朱砂在近畿地区极少能够见到,铁剑和铜镜是权威的象征,朱砂是信仰与富有的表现。

许多学者认为古坟出现在4世纪之初,但白石一郎认为是在3世纪后半期[4]。其中,具有代表性的古坟就是位于奈良盆地东南部的箸墓。箸墓全长272米,后

---

① 佐原真:《农耕的开始与阶级社会的形成》,朝尾直弘等编:《岩波讲座日本历史1》,岩波书店1980年版。

② 关川尚功:《畿内的古代遗址》,历史群像特别编:《最新邪马台国论——复活的女王国和吉野里遗址》,学习研究社1989年版。

③ 西条古坟群发掘调查团编:《西条古坟群调查简报》,西条古坟群发掘调查团1964年版。

④ 白石太一郎:《古坟建造的时代》,每日新闻社1989年版。

面圆形部分的直径为157米,前面方形部分的宽为125米。《日本书纪》记载,箸墓的建造还有一个传说。[1]据说这座坟墓是倭国的迹迹日百袭姬命的坟墓。迹迹日百袭姬命是大物主神之妻,但结婚之后,妻子白天看不到丈夫的身影,丈夫总是在夜晚与妻子相会。有一天,迹迹日百袭姬命对大物主神说:"我白天总是见不到夫君,一直不曾见过你的尊容。今天你就别回去了,在我这里住一晚,待天亮时,我想看看你美丽而威武的容仪。"大物主神回应道:"你说的有道理。天明时,我就在你的梳妆盒里,希望你看到我不要吃惊。"迹迹日百袭姬命疑惑不解,等到天明,她打开梳妆盒一看,里面躺着一条像衣带一样的美丽的小蛇,顿时惊恐万分,失声惊呼。大物主神感觉自己受到了侮辱,忽然变成人形,对妻子说:"你惊恐呼叫,让我受辱,我绝不原谅你。我现在就回去,下次让你尝尝羞辱的滋味。"说完便径直登上御诸山而去。迹迹日百袭姬命望着远去的夫君懊悔不已,遂用筷子戳自己的阴部而亡。因在此处建造墓地埋葬,当时的人们就将其称为"箸墓"。从这个传说和规模宏大的墓葬面积来看,我们不难想象3世纪时近畿地区就有了王权的存在。

总而言之,从土圹墓到方形周沟墓到坟丘墓再到前方后圆坟的发展过程就是近畿地区阶级社会发生与发展的过程,也是近畿地区各个分立的小国逐渐走向统一的过程。到了弥生后期,统一强大的地域国家已经在近畿地区出现。

五、屯田型军事性高地集落

在濑户内海沿岸的近畿、中国、四国地区广泛分布着弥生时代中后期的高地性集落。这些集落大部分位于标高几十米到几百米的山地上。[2]例如,和歌山的向山(80米)、高地山(200米)、岩仓山(80米),六甲山南斜面的五个山(140米)、会下山(200米)、城山(250米)、保久良(175米)、伯母野山(200米),生驹山西斜面的山田(60—80米)、高尾山(鹰巢山,280米)、奈良县东大寺山遗址(30米),等等。关于高地性集落遗址的性质,许多学者主张是军事性质[3],也有学者认为这

---

[1] 《日本书纪》卷5,崇神纪十年。

[2] 冈田茂弘:《近畿》,镰木义昌编:《日本的考古学2:绳纹时代》,河出书房新社1965年版,第193—210页。

[3] 香川县三丰郡诧间町文化遗产保护委员会编:《紫云出》,香川县三丰郡诧间町文化遗产保护委员会1964年版;冈田茂弘:《近畿》,镰木义昌编:《日本的考古学2:绳纹时代》,河出书房新社1965年版,第193—210页。

只是农耕村落①。小野忠熙曾主张高地性集落是军事性遗址。1953年,他还指出这种军事性遗址与《魏书·倭人传》中记载的"倭国大乱"有关。②但经过此后若干年的调查研究,小野忠熙放弃了原先的主张,由于高地性集落遗址中战斗工具和设施非常少,石镞的数量也很少,这样的遗址毫无疑问与田地农耕有关。与此相反,田边昭三和佐原真认为,弥生中期以近畿为中心的地区,在石器武器的质和量上都有明显的发展,这种质与量的提高适应许多高地性遗址的形成。③但是,田边昭三和佐原真也不排除存在农耕的可能性。他们在著作中写道:"由于高地性遗址的特殊地理位置,有必要考虑除水稻之外的农耕。紫云出山遗址中发现的黍或粟的炭化物就是佐证这一观点的一个实例。"

根据现今已知的高地性集落资料来分析,我们既无法否定其军事特征,也不能无视农耕生产的客观事实。那么,这种兼具军事和农耕功能的高地性集落到底是什么类型的遗址呢?我认为它与中国汉魏时期的军事屯田类似。作为镇守边境军事要塞的军队,自己开垦荒田,生产粮食,解决军粮问题。屯田兵战时参加战争,没有战事时从事农业生产。濑户内海沿岸地区的高地性集落就类似于军事屯田遗址,因此我将其称为"屯田型军事性高地集落"。

我将高地性集落称为"屯田型军事性高地集落"的依据主要有以下4点。

第一,这类遗址集中在濑户内海沿岸的中国、四国、近畿地区,作为普通的居住地来说有诸多不便,却是利于眺望的地方,这明显带有军事目的。

第二,在高地性集落中发现了石制、铜制、铁制武器和生产工具。石器主要有凸基石镞,这是一种具有杀伤力的武器。其重量基本与铜镞、铁镞相当,前端的角度也非常锐利。会下山遗址中发现了铜镞、汉式三角镞和铁镞。铁制工具的出土实例也不少。例如,在兵库县伯母野山发现了錾状铁器;在会下山遗址发现了20余件铁斧及其他铁制品;大中、五个山遗址中也发现了铁器。④以上种种表明高地性遗址的武器和工具都是当时最先进的工具。而这一情况也与中国汉魏时期的屯田相似。汉魏朝廷为奖励军事屯田,时常赐予先进的武器和工具。

---

① 小野忠熙:《濑户内地区的弥生式高地性村落及其功能》,《考古学研究》1959年第6卷第2期,第2—12页。

② 小野忠熙:《岛田川》,山口大学岛田川遗址学术调查团1953年版。

③ 冈田茂弘:《近畿》,镰木义昌编:《日本的考古学2:绳纹时代》,河出书房新社1965年版,第193—210页。

④ 冈田茂弘:《近畿》,镰木义昌编:《日本的考古学2:绳纹时代》,河出书房新社1965年版,第193—210页。

第三,高地性集落的构造反映了集落内部的阶层等级。石野博信对会下山遗址进行了调查,对于会下山遗址的构造有如下详细的描述:"在山脊位置最高的地方建造了村落中最大的部落住居。住居后面,有用一块大石头做成的用于祭祀的地方,住居前面有几个柱穴状的洞,还建了栅栏一样的东西。住居后面星星点点地分布着几户房屋,有建造墓地和生火的地方。在弥生后期的会下山村落中,只有那户大住居里拥有青铜镞。而且,普通的家庭都没有建造火炉,只有那户大住居里有盛大华丽的火炉,是一座在物质方面有异常之处的住居。这样看来,在弥生后期的高地性集落中存在阶层等级,即便是在同一个村落,不同的家族也会有区别对待。"[1]

弥生后期的大阪东山遗址中也发现了能看出阶层化的住居遗址。[2]山脊顶部有1处,山脊中间各1处,在每个山脊的顶端各有六七处。这些都表明军事屯田阶层的存在。

第四,高地性遗址中发现了铜铎、铜利器、铜镜,以及祭祀地址等。这些特殊的遗物明显与农耕信仰有关。

总之,"屯田型军事性高地集落"不仅反映了弥生中期至后期近畿地区的军事防御,也反映了农耕技术的进步和耕作范围的扩大。其背后是统一支配畿内或近畿地区的拥有强大实力的王权,而这个王权就是原大和国。

第三节 邪马台国

关于畿内地区原大和国的社会构造和国家构造的文字记载很少,因此我们还无法描绘出其准确的形象。但是,以目前已知的考古资料为基础,可以推测其发展过程与北九州的邪马台国基本相似。因此,邪马台国的社会、国家形态实际上就是我们认识原大和国(或其他的地域国家)的社会、国家形态的一面镜子。我会在接下来这一节里重点分析邪马台国的社会构造。

---

① 石野博信:《弥生的城与突出墓》,石野博信等:《古墓为什么被建造——倭王权形成史的再探讨》,大和书房1988年版。

② 近藤义郎:《弥生文化论》,家永三郎等编:《岩波讲座日本历史1》,岩波书店1962年版;近藤义郎:《共同体与单位集团》,《考古学研究》1958年第6卷第1期,第13—20页。

一、社会构造

近藤义郎认为弥生时代的社会构造可以分为以下3个阶段：5栋左右住居组成的经营消费共同体形成"一个经济体（单位集团）"，以水利为轴心的共同体的上层机构通常会对各工作单位（经营单位）进行一定的限制，从而形成"更大的生产集团（集落）"，受限于水系和地形环境的各生产单位相互结合，又形成"地域性统一集团（农业共同体）"。

高仓洋彰也对此进行了更为深入的研究，指出弥生社会的集团构成也经历了3个阶段。[①]其一，以血缘关系为纽带，会分享以饮食生活为首的日常生活并履行家庭功能的家族集团，像这样的家族集团的住宅栋数在西日本是5栋左右，在东日本是7栋左右。其二，由若干个住居群组成的村落形成的地域集团，地域集团的功能是使农业生产力增大，例如建成面积更大的水田，构建水利设施并合理利用等。其三，地域性统一集团，其功能是在开发新的农耕地和建造水利设施等工程时，对地域集团间产生的权益进行适当的保障和调整。高仓洋彰还指出上述3个发展阶段也是向阶级社会发展的过程。

考古学家们提出的社会集团在《魏书·倭人传》中是否有所体现呢？我们来看其中的记载："有屋室，父母兄弟卧息异处。""其犯法，轻者没其妻子，重者减其门户。"

从上述记载可以看出，在邪马台国时代，日本社会基层已经有了"屋室""门户"等社会单位。"屋室""门户"之间明显有血缘关系。在中国古代，"屋室"和"门户"都解释为"家"，《魏书·倭人传》中的"屋室"和"门户"虽然也可以解释为"家"，但"屋室"的家和"门户"的家，其所指范围和地位有所不同。"门户"的地位比"屋室"要高，"屋室"显然是隶属于"门户"。据此推测，"屋室"可能就是高仓洋彰所说的"家族集团"的成员，相当于一所住居。"门户"则是指"家族集团"，相当于一个住居群。《魏书·倭人传》中记载的"门户"是若干个有血缘关系的"家族集团"名称。《尔雅》中记载"父之党为宗族"，《周礼》中记载"以饮食之礼亲宗族兄弟"。从这些记载可以看出，尊崇共同祖先的兄弟家族集团被称为"宗族"。沈仁安认为宗族就是农业共同体[②]，这种观点是错误的。因为农业共同体是超越血缘关系的组织。农业共同体由几个或十几个宗族组成。基于上述解释，就揭开了当时下

---

① 高仓洋彰：《弥生时代社会的研究》，宁乐社1981年版。

② 沈仁安：《倭国与东亚》，六兴出版社1990年版。

层社会的社会构造(见图4-1)。但还有必要再补充说明2点:第一是"子屋室"由夫妇及其未婚子女构成,属于"门户"之下类似于小家庭的组织;第二是图采用了男性系谱。因为据《魏书·倭人传》的记载,当时男性的社会地位比女性高。

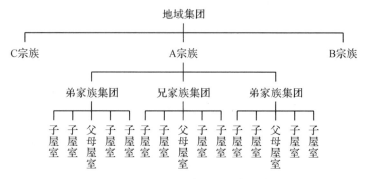

图4-1　弥生时代的下层社会构造

　　地域集团(国家)在弥生中期的北九州和畿内地区十分常见,关于这一点,我在上一章节已详细讲过。这些小国家为了扩大农耕面积、争夺水源和劳动力,相互之间发生过战争。这也是可以想象到的。相互争夺的结果就是区分出强国和弱国。强国逐渐成为更大地区的盟主,弱国则被迫合并,成为强国的属国。邪马台国就是北九州地区的盟主,其属国有近30个国家。因此,以北九州为中心,弥生中期、后期的社会构造从上到下呈现为如下状态:邪马台国(统一的地域集团)→国(地域集团)→宗族→家族集团→屋室。

二、阶级关系

　　邪马台国的社会构造已经厘清,接下来探讨邪马台国的性质。要想弄清楚邪马台国的性质,就要从阶级关系、王与官僚制、租税制、刑法制等方面入手。首先来分析邪马台国的阶级关系。

　　北九州地区在弥生前期末期就已经出现了阶级分化,这一点在考古资料中也得到了证实。弥生中期以后,阶级分化更加明显。那么《魏书·倭人传》的记载中是否能看到具体的阶级关系呢? 实际上,《魏书·倭人传》中清晰地记载了邪马台国的阶级和上下尊卑的区别:"诸国文身各异……尊卑有差。""尊卑各有差序,足相臣服。"特别需要注意的是"尊卑各有差序"一句。其中的"差序"指的就是"等级秩序"。这说明当时的人们必须遵守等级秩序。关于此处的等级秩序,虽然《魏书·倭人传》中没有详细的记述,但我们也能从中看出大致秩序。《魏书·倭人传》中提到的阶级有"王""大人""下户""生口""奴婢"。下面对这些阶级进行简单的描述。

《魏书·倭人传》中与"大人"有关的记载有 3 处,分别为"见大人所敬,但搏手以当跪拜""其俗,国大人皆四五妇""下户与大人相逢道路,逡巡入草"。从以上 3 个例子可以看出,在"大人"阶级内部又分为不同的阶层,最上层称为"国大人",应该包括邪马台国及其属国的高级官吏。"大人"是中下贵族的称呼,应该包括女王国及其属国的中下级官吏,以及有势力的家族集团的首长。他们拥有特权,一般的臣民与他们相遇时,需要避让或行跪拜之礼。在婚姻习俗方面,"大人"娶妻纳妾的数量也比一般的臣民多。"国大人""大人"都是受邪马台国王支配的阶级。

《魏书·倭人传》中与"下户"有关的记载有 2 处,分别为"其俗,国大人皆四五妇,下户或二三妇""下户与大人相逢道路,逡巡入草。传辞说事,或蹲或跪,两手据地,为之恭敬。对应声曰噫,比如然诺"。"下户"的社会地位明显比"大人"低。中国学者对于"下户"的阶级属性有许多不同的看法。[1] 有人认为"下户"是自由民或农奴阶级,也有人认为"下户"类似于古希腊斯巴达的千人奴隶,属于农耕奴隶。《三国志·魏书》中关于"下户"的记载除了邪马台国外,在记载高句丽、夫余、濊、韩等国时也多次出现。例如:

> 其国中大家不佃作,坐食者万余口,下户远担米粮鱼盐供给之。
> (《高句丽传》)
> 邑落有豪民,名下户皆为奴仆。(《夫余传》)
> 有敌,诸加自战,下户俱担粮饮食之。(《夫余传》)
> 自汉已来,其官有侯邑君、三老,统主下户。(《濊传》)
> 其俗好衣帻,下户诣郡朝谒,皆假衣帻。(《韩传》)

有学者认为,邪马台国的下户与上述各国的"下户"一样,既不是自由民,也不是封建农奴,而是奴隶。[2] 这种奴隶有家庭,也有耕地,还缴纳地税,因此称为"下户分与地耕作奴隶"。这种观点我实难苟同。因为据《三国志·魏书》的记载,

---

[1] 赵秉新、胡玉兰:《略论"下户"的身份问题》,中国日本研究会编:《日本史论文集》,辽宁人民出版社 1985 年版,第 32—48 页。

[2] 中山平次郎:《〈魏书·倭人传〉中的生口》,《考古学杂志》1928 年第 18 卷第 9 期,第 525—542 页。

无法得出邪马台国与高句丽、夫余、濊、韩的"下户"就是奴隶这一结论。决定下户到底是奴隶还是农奴的依据主要取决于其寄人篱下的程度。也有学者认为，从邪马台国的"下户"对"大人"卑躬屈膝的态度，以及与"大人"间的臣服关系来看，"下户"是受"大人"完全占有的，与高句丽的"下户"担鱼、盐、粮食供给国内的富裕人家、"大家"是奴隶和奴隶主的关系一样。无论再怎样详细分析《三国志·魏书》中的记载，也无法得出"下户"就是奴隶的结论。

根据《三国志·魏书》的记载，"下户"有如下共同特征。第一，"下户"有属于自己的家庭，"下户"的"户"字就是家庭的意思。第二，"下户"的婚姻与奴隶有所不同，他们也有娶妻纳妾的权利。第三，他们是社会财富的主要生产者，种植水稻、纻麻，绩续蚕桑。第四，他们有缴纳租税的义务。邪马台国的租税主要由"下户"缴纳，高句丽的"下户"要将粮食、鱼、盐运到很远的地方，供养"坐食者"也与缴纳租税是同样的性质。第五，租税来源于土地。"下户"的耕地到底是什么性质的耕地呢？假如"下户"是奴隶，那么其耕地及生产物品应该都属于奴隶主。但史料对此毫无记载。

我们从前面提到的《三国志·魏书·高句丽传》的记载中可以得到新的启发。特别值得注意的是"大家不佃作"一句。"大家"指的是身份高的家族或有财力和势力的家族。"佃作"指的是从事农业生产活动。这句话的意思是"高句丽有势力、有地位的家族不从事农业生产"，像这样"不从事耕作的人达万余人，他们的生活都依靠'下户'供养"。可以说维持有势力、有地位家族生活的"下户"就是从事农业生产的家庭。"佃作户"就是小规模的农业生产。

中国的《六部成语》"户部·佃户"中有"本身无田，租富豪之田而耕，佃户是也"的记载。租借富豪的田地，定期缴纳实物租税，绝不是奴隶制的榨取形式，而是封建性的榨取形式。

第六，"下户"有人身自由。邪马台国的"下户"见到"大人"时行跪拜之礼，回应时答"是"。另外，将"下户"在路上遇见"大人"时躲入草丛看作没有人身自由是不正确的。东亚各国在封建时期，平民百姓见到官吏或有权势者时，都要行跪拜之礼并躲避以让开道路。虽然不能说这种尊卑区别导致的礼仪一点都不限制人身自由，但也不能说没有人身自由。

正如《三国志·魏书·韩传》记载，"下户"可以独自前往汉朝在朝鲜设立的带方郡朝谒，并接受郡衙授予的衣帽，这无论如何也不能说没有人身自由吧。

第七，"下户"有支援军事的义务。《三国志·魏书·夫余传》中"有敌，诸加自战，下户俱担粮饮食之"就是最直接的证明。

综合以上观点,我认为"下户"是类似于农奴的劳动者。

对于"生口"的解读,日本学界众说纷纭,有的认为"生口是日本最初的留学生"[①],有的认为"是喜欢抓鳆鱼的人"[②],还有"捕虏"说[③]、"未开化人"说[④]、"遭遇奴隶境遇的人"[⑤]等说法。中国许多学者将"生口"视为奴隶阶级。但我认为,邪马台国的"生口"社会地位低,卑弥呼最初就是将"生口"与班布一起献给魏国的,第二次台与献上的"生口"则是与白珠、异文杂饰一起。但是,据记载,邪马台国的"生口"除了具有奴隶的特征外,还有其他方面的特征,那就是不能随意杀戮他们。卑弥呼死时,殉葬的奴隶达百余人,但没有"生口"殉葬。我认为不能随意杀戮"生口"的主要原因是他们人数较少,并且掌握着某种特殊技能。在外交上,国家赠送礼物一般都是本国有特色的东西,邪马台国王将"生口"作为第一等赠礼,说明"生口"不是一般的奴隶,而是掌握某种特殊技能的人。我认为这应该是大和时代的品部民的前身。[⑥]

三、官僚机构

从《三国志·魏书》中可以看出,在东夷诸国中,国家官僚机构相对完备的国家只有3个,即夫余、高句丽和邪马台国。夫余有国王,国王之下设有马加、牛加、猪加、狗加、大使、大使者、使者7个官职。高句丽在国王之下也设有各级官吏,官名分别为相加、对庐、沛者、古雏加、主簿、优台丞、使者、皂衣先人等。与夫余、高句丽相比,邪马台国的官僚机构相对更加完备。邪马台国在国王之下设置了中央和地方2种官吏,地方官吏根据地域的重要性设有四等官(例如邪马台、伊都)或二等官(例如对马、一支、奴、不弥、投马)(见图4-2)。设有四等官的邪马台是国都所在地,伊都国是国际交流的重要场所,也是中央派遣巡官的常驻地。

---

① 桥本增吉:《关于〈魏书·倭人传〉中的"生口"》,《考古学杂志》1929年第19卷第1期,第1—11页。

② 波多野承五郎:《生口即俘虏》,《考古学杂志》1929年第19卷第5期,第336—337页。

③ 市村瓒次郎:《〈魏书·倭人传〉的解释——关于生口的问题》,《史学杂志》1930年第41卷第3期。

④ 桥本增吉:《生口问题再考察》,《史学杂志》1930年第41卷第5期。

⑤ 王金林:《古代的日本——以邪马台国为中心》,六兴出版社1986年版。

⑥ 王金林:《古代的日本——以邪马台国为中心》,六兴出版社1986年版。

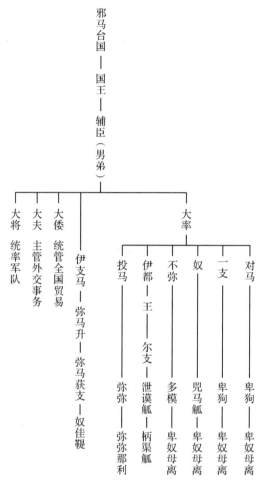

图 4-2　邪马台国的官职

　　伊都国的四等官中包括《魏书·倭人传》中记载的"世有王"的王。在女王国的统辖之下,伊都国还保留了"王位",但这是归属于女王国的地方政权的王。

　　关于邪马台国的地方官吏问题,日本学界已经出版了许多论著,在这里我就不再赘言。下面就邪马台国的中央一级官吏进行分析。

　　据《魏书·倭人传》的记载,在女王卑弥呼统治期间,总揽国务的辅臣是男弟。男弟之下有中央官吏,中央一级官吏的官职前都带有"大"字,分别管理政治、贸易、外交等。[1]中央一级官吏的设置是适应于国家机构的完备而存在的。

----

① 粟原朋信:《邪马台国与大和朝廷》,《史观》1964 年第 70 期,第 2—35 页。

（一）大倭

有学者将大倭理解为"大和朝廷"[①]，这显然是对汉文的误解。《魏书·倭人传》记载："收租赋。有邸阁国，国有市，交易有无，使大倭监之。"理解这段话的关键是"使大倭监之"一句中"使"和"监"二字。在相关资料中，"使"和"监"有如下释义：

"使"："使，令也"（《说文解字》）；"使……令人治事也"（《正字通》）；"使，役也，令也"（《广韵》）。

"监"："监，临下也"（《说文解字》）；"监，察也"（《方言十二》）；"监，领也，察也"（《广韵》）。

《魏书·倭人传》中记载的意思是，女王命令大倭监察收租赋、交易事宜。这样来看，大倭应该是统辖全国经济的中央官吏。

当时，邪马台国的贸易处于物物交换的阶段，还没有货币，这种物物交换存在于国际和国内贸易。例如，青铜礼器和制造铁器的原料等物品就是通过国际贸易从大陆输入的。《三国志·魏书·弁辰传》中有"国出铁，韩、濊、倭皆从取之"，说明铁器原料的主要供应端是朝鲜。国内贸易主要是交换有无。例如，对马国以捕鱼为主，经常撑着船在南北市场上用海产品换大米，一支国出产竹木，便用竹木在市场上换取食物。当时，在女王国统辖下的诸国都设置有交易市场，并设有专门的官吏进行管理，可以想象出市场秩序井然的场景。此外，大倭还掌管着租税或仓库。

（二）大率

《魏书·倭人传》记载："自女王国以北，特置一大率，检察诸国，诸国畏惮之。常治伊都国，于国中有如刺使。王遣使诣京都、带方郡、诸韩国，及郡使倭国，皆临津搜露，传送文书赐遗之物诣女王，不得差错。"从这则史料可以看出，大率是女王特设的中央官职，其政府机构所在地在伊都国。大率职责有二，一是巡察女王国以北各国的政况和官吏的清廉，"于国中有如刺使"指的就是这种职责。中国的刺史始于汉武帝时期，并一直延续到三国时期。虽然官职名称时有变化，有时称为"刺史"，有时称为"州牧"，但职责内容没有变化，最初是巡察官，汉灵帝以后，甚至掌握一个州的军政大权。从史料来分析，大率一职并未掌握地方的军政

---

① 王金林：《古代的日本——以邪马台国为中心》，六兴出版社1986年版。

大权,而是直接受命于女王,奖励廉正、惩罚贪污。因此,各国的官吏都畏惧他。大率的职责之二是女王国向中国和诸韩国派遣使节时,或中国的使节来到女王国时,大率前往出发地或登陆港检查证明文件和行李物品,女王收到的文件和礼品由他负责传送,不得有丝毫差错。如此来看,大率一职还带有海关的性质。

(三)大夫

关于"大夫"一职,学界对其名称的起源及其爵位有过考证。但是,对其在邪马台国的地位和职责的研究不多。多年前,我曾提出"大夫是管理外交事务的官吏"[①]。《魏书·倭人传》中有"自古以来,其使诣中国,皆自称大夫"的记载。也就是说,派往中国的使节(指正使)都有"大夫"职称。例如,景初三年(239年)的正使难升米,正始四年(243年)的使节伊声耆、掖邪狗等人均自称"大夫"。之后台与派遣掖邪狗送魏国带方郡郡使张政返回,掖邪狗的官职仍然是"大夫"。

汉魏以前,在东亚各国中,有"大夫"名称的国家只有中国和倭国2个国家。中国的"大夫"一职始于夏商周时期,当时设置了卿、大夫、士三级官职。秦朝时,"大夫"一职成为一个封赏功臣的爵位。汉代以后,又成为中央要职之一,有御史大夫、中大夫、光禄大夫等官职。我认为邪马台国外交官的"大夫"称号是受到了中国的影响。负责女王国外交事务的官吏地位大概仅次于辅臣(男弟)。如果辅臣(男弟)相当于中国的卿,那么卿一职之下就应该是大夫。

(四)大将

大将(或称作"大军")这个官职在《魏书·倭人传》中没有明确的记载,是我从《魏书·倭人传》中关于军事的记载中推测的。弥生时代中后期,北九州和畿内地区处于严峻的军事情势下,畿内地区的高地性集落、北九州地区的炮塔遗迹就是明证。邪马台国要想统一北九州,若没有强大的军事力量作为背景是很难实现的。同时,邪马台国还经常受到来自狗奴国的威胁,两国之间经常发生军事冲突。另外,根据朝鲜《三国史记》的记载,3世纪时,倭国(实际上是邪马台国)不停地派兵侵犯朝鲜南部地区。综合以上信息,无论是对国内还是对国外,邪马台国都必须拥有军队。当时,邪马台国与魏国的外交中主要内容之一就是军事。在魏王心里,女王国是一个拥有武装力量的国家,因此魏王向女王国的使节授予官爵,并且不是文职官爵,而是军事官爵。难升米被授予率善中郎将一职,并被赐予黄幢,都市牛利被授予率善校尉一职,掖邪狗也被授予率善中郎将一职。赐予难升米的黄幢实际上就是军旗。授予如此高的军事官职与邪马台国军事立国有

---

① 吉田晶等编:《学习日本史1:原始·古代》,有斐阁1975年版。

着密切的关系。考古资料显示,北九州地区 33 处弥生中期的遗址中共发现了 157 件铁剑、铁镞,由此可以看出其军事装备的先进性。[①]

四、租赋制度

租赋是国家财政的主要来源,邪马台国是否也有租赋呢?《魏书·倭人传》记载"收租赋。有邸阁国",说明邪马台国不仅有租赋,而且还有用于储藏租赋的仓库。邪马台国时期还没有文字,无法像奈良、平安时代那样留下缴纳租赋的账簿,但用来储藏粮食和财物的仓库遗构随处可见。在吉野里遗址,距离竖穴住居集中地遗址稍远的地方,确认有被认为是高床仓库的掘立柱建筑遗址。这种高床仓库与一般的建筑物相比面积大两三倍。像这样的仓库现今已确认的共有 18 栋,在西侧调查范围外的区域或许还有更多这种仓库群,这种规模巨大的仓库群的存在就是租赋制度存在的证明。

租赋制度是以经济发展为基础的产物,那么邪马台国的经济状况如何呢?

首先来看农业经济。关于弥生时代北九州的稻作农耕技术我们已有不少了解。古代的稻作农耕技术是否先进,主要体现在水利设施、水田构造和生产工具上。从福冈县板付遗址的考古结果可知,在绳纹末期稻作技术就达到了相当高的水平。据山崎纯男的调查,进入弥生时代后更是有了进一步的发展,水路添加了主水路和支水路,并且水路上设有井堰,给水渠和排水渠相互交错,水田用畦畔划分成小块。[②]《魏书·倭人传》记载:"种禾稻、纻麻,蚕桑、缉绩,出细纻、缣绵。"这段简洁的文字为我们描绘了一幅农村风景画。水田里茂盛的禾苗绿油油的,竖穴住居前后种着桑树,蚕房里传出蚕吃桑叶时发出的窸窸窣窣的"沙沙"声。有妇人用纻麻、蚕丝为原料织布和绢,农村呈现出一派繁忙兴盛的景象。

考古资料显示,邪马台国时代虽然仍使用石器和木器,但铁器已相当普及。据 1979 年的统计调查[③],在九州地区发现的有铁器出土的遗址有 110 处,遗物有 344 件,其中铁制工具有 55 件,铁制农具有 39 件。铁制农具主要有镰刀、锄头、铲子。铁制镰刀的应用表明水稻收割方法已经从摘穗法转变为刈根法。铁锄、铁铲的应用说明农耕区域的进一步扩大,耕地面积增加,收获量也增加。弥生人的

---

① 佐贺县教育委员会编:《环城河村落吉野里概况》,吉川弘文馆 1989 年版。

② 山崎纯男:《北部九州的初期水田——开田地的选择和水田构造的探讨》,《九州文化史研究所纪要》1987 年第 32 期,第 127—186 页;山崎纯男:《福冈县板付遗址》,佐原真、工乐善通编:《探访弥生的遗址:西日本篇章》,有斐阁 1987 年版。

③ 洼田藏郎:《铁的考古学》,雄山阁 1979 年版。

铁器所有量如何呢？以三云弥生后期住居遗址中的发掘数量为例，番上9户住居遗址中出土了8件铁器，仲田的16户住居遗址中出土了5件，萨基宗的10户住居遗址中出土了6件，加贺石的1户出土了1件。[①]实际所有量或许更高。随着铁制工具的广泛使用及水利设施的完备等技术水平的进步，邪马台国的农业生产也与日俱增，并且随之还出现了酿酒工艺。

邪马台国的租赋制度是在农业经济发展的基础上建立的。

五、不成文律法与刑罚

邪马台国还有刑罚。《魏书·倭人传》记载："其犯法，轻者没其妻子，重者灭其门户。"虽然文字很简单，但"轻""重""没""灭"几个字表明了刑罚的等级。《魏书·倭人传》中仅仅记载了"没其妻子"和"灭其门户"2种刑罚，但参考《日本书纪》中关于早期皇纪的记载，会发现有更多的刑罚。《日本书纪》中记录的刑罚除了"没其妻子""灭其门户""灭其宗族"外，还有"神祇探汤""死罪""科墨""大刑""贬姓""杖流""赐死"等。

从《三国志·魏书》的记载来分析，当时，东亚各国除中国外，只有夫余和邪马台国有完备的刑罚。夫余国的刑罚有3种：一是杀人者处以死刑，没收其妻为奴；二是偷盗者处以所盗之物的12倍偿还；三是男女淫乱均处死刑。被杀者被弃于荒山，直至尸体腐烂，家属收拾尸体时，须用牛马拉回。相比夫余的刑罚，邪马台国的刑罚似乎更加完备。

尽管邪马台国当时还没有明文律法，但社会上下必须遵守的刑罚作为不成文的律法而存在。

六、邪马台国的社会性质

回顾邪马台国研究史，大多数学者主张邪马台国是一个由小国家联盟组成的国家，其主要依据为《魏书·倭人传》中记载的2次大乱，那是小国家间要求联合政权再编而引发的斗争，或是联合政权内部的斗争，卑弥呼则是受到各小国首长制约的统治者。

邪马台国到底是不是由小国家联盟组成的国家呢？动乱又是如何反映国内矛盾的呢？下面我们一起来分析历史事实。

---

① 柳田康雄：《三云遗址1》，福冈县教育委员会1980年版；柳田康雄等：《三云遗址2》，福冈县教育委员会1981年版；柳田康雄：《三云遗址3》，福冈县教育委员会1983年版。

首先,邪马台国并不是由小国家联盟组成的国家,而是一个统一的地域政权,由女王(通过男弟)实施集中统治。第一,经济、外交、军事大权均掌握在女王手中,具体事务则全部由女王任命的大倭、大夫等中央官吏来执行。如果卑弥呼受到各小国首长的制约,那么她是如何派遣大率,对各国的贸易进行监督和管理的呢?

第二,女王所属的地方官吏均受到女王的监督和统治,伊都国王也不例外。"伊都国……世有王,皆统属女王国。""统属女王国"的意思就是伊都国的历代国王都归顺于女王国。

如果伊都国王和卑弥呼分别是各自所在小国的首长,并且卑弥呼还必须受到伊都国的制约,那么伊都国王为何要受到女王国的统属呢?同样的道理也适用于其他国家。卑弥呼对各地方官吏实施监督和统治,实际上是通过"大率"进行的。正如《魏书·倭人传》的记载:"(大率)检察诸国,诸国畏惮之。"假如邪马台国是一个联盟国家,那么各联盟国家的地位应当是平等的,这样一来,卑弥呼有什么权利对各国进行监督呢?各国又有什么必要畏惧女王派遣的检察官吏呢?这种畏惧正反映了女王对各国官吏的权威性。

第三,卑弥呼死后,举行了特殊的葬礼仪式。《魏书·倭人传》记载:"卑弥呼以死,大作冢,径百余步,殉葬者奴婢百余人。"这种特别规模的坟墓与殉葬,反映了邪马台国王崇高的地位。相反,《魏书·倭人传》中对各级官吏(包括伊都国王)的葬礼仪式都没有特别的记载。如果其他各国首长的地位与卑弥呼一样,那为何死后没有建造百余步的大冢,也没有百余人的奴婢殉葬呢?这只能说明其他各国首长是卑弥呼属下的臣子或官吏,墓葬规模不能在其之上。

下面来分析一下邪马台国的2次大乱。《后汉书》《北史》《太平御览》等史料记载,第一次大乱发生的年代大概是160—170年之间,第二次大乱发生在247年,2次大乱间隔七八十年。《魏书·倭人传》记载,邪马台国有三代国王:第一代是男王,统治了七八十年;第二代是女王(卑弥呼),也统治了七八十年;第三代也是女王(台与),在位时间不详。邪马台国的2次大乱都是在安定了七八十年后,王位交替之时发生的。因此,我认为大乱与王位有关。

第一次大乱"倭国乱,相攻伐历年"是男王死后,为了争夺王位,各小国彼此分割走向对立,对立集团应该都是邪马台国的上层势力集团。男王一派的势力集团想要继续执政,而反对男王一派的势力集团则欲乘机夺取王权,由于两股势力势均力敌,经过了数年的战斗也没有得出什么结果。最终拥戴卑弥呼才得以缓和矛盾。我认为卑弥呼应该是出身两股势力集团中有势力的贵族阶级家庭。

第二次大乱也是由王位问题引发的,有人认为要"更立男王",而有人对此不服,反对男王执政。反对者中一定有卑弥呼一派的势力集团。如前所述,卑弥呼在统治期间对各级官吏实施极为严格的统治。《魏书·倭人传》记载:"当时杀千余人。"动乱发生时,卑弥呼所在势力集团一定也对反对者进行过镇压。这里的"千余人"指的就是镇压的人数。由于卑弥呼一派的势力集团统治了中央,因此卑弥呼的宗女台与便继承了王位。

综观东亚各国的古代历史,贵族集团间为争夺王位而使国内陷入混乱的情况时常发生,并不稀奇,邪马台国也不例外。若站在邪马台国是一个早期阶级国家的立场来看待2次大乱,那么问题就变得简单明了了。

第五章

弥生时代的中日关系

第一节　春秋战国时期中国沿海渔民的东渡

一、倭与倭人的起源

关于倭与倭人的起源问题,很多人都理所当然地认为"倭"就是古代日本,"倭人"就是居住在日本列岛上的古代日本人。那么"倭人"究竟是不是从很久以前就一直居住在日本列岛上的人呢? 很多学者就这个问题提出了新的学说。其中我了解到的日本学者有井上秀雄[1]、角林文雄[2]、田中胜也[3]、江上波夫[4]、国分直一[5]、山尾幸久[6]。这些学者的观点虽然不尽相同,但大多认为古代倭人不仅生活在日本列岛上,还曾居住在朝鲜半岛和东海沿岸地区。提出新学说的中国学者有李江浙[7]、董楚平[8],他们主张倭人的起源是中国。

李江浙的主要观点如下:"倭"原本写作"委",最早见于甲骨文卜辞。其原本

---

[1] 井上秀雄:《中国古典的朝鲜与倭》,国分直一编:《倭与倭人的世界》,每日新闻社1975年版。

[2] 角林文雄:《倭与韩》,学生社1983年版。

[3] 田中胜也:《环东海神话学——倭韩始祖传承》,新泉社1984年版。

[4] 江上波夫:《从倭人之国到大和朝廷》,平凡社1984年版。

[5] 国分直一:《东海之道——倭与倭种的世界》,法政大学出版局1980年版。

[6] 山尾幸久:《〈日本书纪〉中的朝鲜》,吉田晶等:《共同研究:日本与朝鲜的古代史》,三省堂1979年版。

[7] 李江浙:《倭人考》(未刊论文)。

[8] 董楚平:《吴越文化新探》,浙江人民出版社1988年版。

的意义是妇女摘稻穗的象形文字。7000余年前,黄海、渤海沿岸地区居住着"大费族",当时大费族已经将野生稻培育成栽培稻。大费族成员之一的禺族发展成为渤海湾地区的大族,被称为"北海之神"。在古文献中,"禺"与"倭"相通。实际上,"禺族"就是"倭族"。李江浙还认为长江中下游的吴越人是倭人的后裔,倭族的部分人还利用海流渡海,去到朝鲜半岛和日本。

中国古籍中最早对倭人有所记载的是《山海经》,其次是《论衡》《汉书》。接下来一起看这些古籍中对倭人的记述:

A. 钜燕在东北陬。盖国在钜燕南,倭北。倭属燕。(《山海经·海内东经》)

B. 成王之时,越裳献雉,倭人贡畅。(《论衡·恢国篇》)

C. 周时天下太平,越裳献白雉,倭人贡鬯草。(《论衡·儒增篇》)

D. 乐浪海中有倭人,分为百余国,以岁时来献见云。(《汉书·地理志》)

以上4则史料中,只有D反映了汉代时日本的状况及当时的中日关系。学界对此也基本上都表示认同。A、B、C三则史料说明了春秋战国时期倭的地理位置,以及倭人与周人之间的关系。在这一点上,学者们的观点并不统一。主要的争论点是倭人与倭是否指日本人与日本。为了解开这一问题,有必要对上述史料进行详细的分析。

首先来看A史料。A史料的问题点是"盖国"究竟为何处?许多学者认为"盖国"在朝鲜半岛。理由是其位于钜燕之南,方向正好在朝鲜半岛的位置。同时,朝鲜半岛有西盖马县(《汉书·地理志》),高句丽也有盖马大山(《后汉书·东夷传》),因此认为"盖马"就是"盖国"。若据此观点,那么下面3个问题就很难解释:一是在中国古典中,没有将"盖马"略称为"盖"的资料[1];二是假设"盖马"在朝鲜半岛上,那么其位置应该在朝鲜半岛的东北部,方位与"在钜燕南"的记述有出入;三是《山海经》中,燕、盖、倭均属于"海内"国家,如果倭是日本列岛上的国家,那么这与《山海经》原本的意思相悖。

井上秀雄认为倭在中国东北地区的南部,主要根据之一是《后汉书·鲜卑列传》。据记载,鲜卑族的王檀石槐于178年攻击酒泉,彼时,他看见乌侯秦水长数

---

[1] 董楚平:《吴越文化新探》,浙江人民出版社1988年版。

百里,水流不止,河中有许多鱼,但由于当地人们不了解捕捞方法,因此无法将鱼作为食物。他听说倭人善于用网捕鱼,于是讨伐倭人,俘虏了千余户倭人,并让他们迁徙到秦水,命令他们捕鱼,以补充粮食的不足。井上秀雄认为,这里提到的倭人国就位于中国东北地区的南部。关于《后汉书》中此项史料的可信度,沈仁安指出,这里的"倭人""倭人国"是《后汉书》的记述错误,若参照《三国志·魏书》,这里的"倭人"是"汗人"的谬误,"倭人国"是"汗国"的谬误。[①]因此,倭在中国东北地区南部的说法也是很难成立的。

那么,《山海经》中的倭究竟又是何处呢?董楚平提出了非常有说服力的新观点[②],即"盖国"在山东曲阜,是古代的奄国。在先秦古典中,"奄"就是"盖",属于同声字。《墨子》《韩非子》中记载了周公伐商盖的故事。"商盖"实际上就是"商奄",也就是曲阜的奄国。曲阜位于燕国南部,与《山海经》中的"盖国在钜燕南"的记载一致。"倭"字在中国古代有3种读音,分别是"wěi""wō""wǒ"。其中,"wǒ"的读音与"越"的古音相近,"wō"的读音与"瓯"的古音相近,越与瓯属同族,据此可以推测,越、瓯、倭很有可能是中国东南地方的同族土著。《山海经》又是南方人的著作,《论衡》的作者王充是会稽(古代越地)人,对倭的了解必然胜过他人。

根据上述分析,董楚平认为,大概春秋以前江南的土著民被称为"倭",春秋以后,被称为"越",并且江南的倭与燕有往来关系。在这样的背景下,"盖国在钜燕南,倭北。倭属燕"一句就非常容易理解了。日本的倭人则是从中国江南地区东渡而去的。

此外,依董楚平的解释,《论衡》中的倭人也很容易理解。此倭人并非日本的"倭",而是"越"的同族,即中国江南地方的倭人。倭人进贡的鬯草是一种珍稀的香草,被称为郁金香,中国古代用这种草来制作祭祀用的香酒,但并未听说古代日本有这种香草。

我认为,原本居住在江南地方的倭人因各种因素逐渐向江南以外的地方发展,移居到朝鲜半岛南部和日本列岛西部地区。

二、箕子东迁朝鲜

在东亚各国间,人类的交流、移居时常发生。这种交流和移居自旧石器时代就已经开始,这一点从许多石器遗物的共同性上也能得以证明。中国古典中记

① 沈仁安:《倭国与东亚》,六兴出版社1990年版。

② 董楚平:《吴越文化新探》,浙江人民出版社1988年版。

载的最早的移居是商代箕子东迁朝鲜。《尚书大传》《史记》记载,箕子是商纣王的叔父,官至太师。商朝末期,纣王在政治上昏庸无能,生活上奢靡无度。眼看国家日渐衰落,箕子遂向纣王谏言。纣王非但不听,反而将其投入监狱。周朝灭商后,箕子得以释放,周武王封其为朝鲜侯。由于箕子是前朝高官重臣,具有较高的文化和政治能力。他在统治朝鲜期间,教化人们礼仪、农耕和养蚕,还制定了《乐浪朝鲜民犯禁八条》。这8条犯禁内容如今只知3条,即"相杀者以当时偿杀""相伤者以谷偿""相盗者男没入为其家奴,女子为婢,欲自赎者人五十万"[①]。由于治政严明,社会十分安定,无人偷盗,甚至没有必要锁门。

箕子前往朝鲜是公元前11世纪的事情。这件事虽然与古代日本没有直接的关系,但我们可以从中得到启发。商周时期,中国的辽宁、山东、江苏、浙江沿海一带的东夷人(包括倭、越)不停地利用海路前往朝鲜半岛南部、日本九州、日本海沿岸地区,以及日本的太平洋沿岸地区。日本绳纹人的部分习俗,如拔齿、断发、文身,以及文物如玉玦、勾玉等都与中国沿海各民族相似,这就是非常有力的证明。

三、吴越人的大迁徙

秦汉以前,长江中下游地区的居民主要是越族人。由于集落较多,又名"百越"。从长江至渤海湾南部的沿海地区也有古越(倭)族的后裔。中国历史上越人的大量迁徙发生在公元前4世纪前后。当时由于战乱,社会不稳定,人们饱受战争之苦。越国的敌国主要是相邻的吴国。公元前6世纪初,长江中游的楚国和黄河流域的晋国争夺中原霸权,晋国为破楚国,与吴结成联盟,于是吴国势力变得更加强大。公元前506年,吴国进攻楚国,吴军五战五胜,威胁楚国都城郢都(今湖北江陵),楚国受到屈辱,感到不快。于是制定了"连越制吴"的战略,帮助越国增强实力。公元前496年,吴、越在槜李(今浙江嘉兴西南)会战,吴军大败,吴王阖闾负伤而亡,其子夫差继位。公元前494年,吴、越再战,越国大败。越国灭亡后,吴王夫差带兵北上,争夺中原霸权。吴军北进期间,大臣伍子胥向吴王夫差进言越王是心腹大患,吴王置若罔闻。结果,越王勾践经过10年卧薪尝胆,乘吴国兵力空虚之际,进攻吴国都城。吴国求和,于是两国停战。公元前473年,越国再次攻打吴国,吴王自杀,吴国灭亡。灭吴后,越王又步吴王的后尘,继续北上争夺中原霸权,与齐、晋诸侯会于徐州(今山东滕州)。当时,"越兵横行于江、

---

① 《后汉书·濊传》。

淮东,诸侯毕贺,号称霸王"①。越王无疆(公元前342—前333年在位)统治时期,越国再次发兵,北伐齐国,西伐楚国。此后,越军大败于楚军,无疆被杀,楚军遂占领吴越之地,越国从此分裂。

在战乱和亡国的背景下,长江下游的越人开始了大迁徙。迁徙路线有2条。一条是南下,分散于湘、粤、南海,再沿西江向广西、云南地区发展。《汉书·地理志》记载"自交趾至会稽七八千里,百越杂处,各有种姓",中国南部广袤的土地上"百越"杂处而居的情况就是在越国灭亡后形成的。另一条路线是通过海路到朝鲜半岛和日本列岛。

上述2条越人的迁徙路线的根据有以下几点。

第一,《论衡》记载"倭人贡鬯草"。汉代时,中国西南部的郁林郡出此香草。郁林在今广西桂平,《太平寰宇记》载"郁林郡为西瓯"。西瓯是越族的一部分,东瓯则是指长江下游地区的越族。《山海经》中郭璞的注释写道:"瓯在闽海中,郁林郡为西瓯。"由此记述可知浙江、福建的越族与广西的越族之间的关系:广西的越族是从长江下游地区迁徙而来的。②

第二,《后汉书·西南夷传》记载了西南境内的白狼国国王唐蕞创作的《慕汉歌》,歌中白狼语的发音与日语有诸多相似。举例如下:

汉语	白狼语	日语
大汉	堤官	タイカン
来	支流	ツャル
子孙	莫稚	ムス
人	菌	ジン
年	度洗	トシ
盐	粗	シオ
谷(麦)	沐	ムギ
域(城)	息落	シロ

根据中国学者孟宪仁、夏恒翔的研究,白狼语就是古纳西语(也叫"么些

①《史记·越王勾践世家》。
② 董楚平:《吴越文化新探》,浙江人民出版社1988年版。

语")。纳西族的《东巴经》中有些语言也与日语近似。[①]举例如下：

汉语	纳西语	日语
熊	qu	クマ
象	tsho	ゾウ
声	kao	コエ
眼	mi	メ
女	mi	メ
虎	la	トラ
锁	kuso	クサリ
出	tu	デル

第三,纳西族的《木式宗谱》至今仍有保存。据此宗谱,纳西族的八代祖先均娶"吴女"为妻。"吴女"即吴地女儿家,这表明纳西族的远古祖先与越族有一定的关系。

第四,据伊藤清司的研究[②],纳西族的创世神话中有许多与《古事记》神代卷中的描述相似的地方。此外,在习俗方面,自古居住在西南地区的人们的习俗也与古代越人及日本绳纹人、弥生人的习俗相似,例如石室墓、断发、文身等。

从历史学、民族学、语言学、民俗学等各方面综合考察来看,越人、云南的土著民与日本的绳纹人、弥生人之间,确实在起源问题上存在一定的关系。这种关系发展的第一步是春秋战国时期的越人大迁徙。

第二节 徐福的传承与秦汉人渡日

一、徐福传承的真伪

关于徐福的传承,《史记》的《秦始皇本纪》《封禅书》《淮南衡山列传》中均有记载。综合史籍记载,徐福传说的梗概大体如下。

---

① 夏恒翔、孟宪仁:《从语言化石看吴越人东渡日本》,《辽宁大学学报》(哲学社会科学版)1987年第4期,第63—69页。

② 伊藤清司:《日本神话与中国神话》,学生社1979年版。

秦始皇统一天下后,生活上日益奢靡。建宫殿,造坟墓,甚至追求长生不老。始皇二十八年(公元前219年),秦始皇巡泰山,东至芝罘(今山东烟台北),南至琅琊,并在此处建琅琊台(今山东青岛南)。所到之处皆立歌颂秦始皇统一天下之功绩的石碑。传说燕齐地方居仙人,有长生不老之药。秦始皇巡游到这一带时,也逐渐听闻了这样的传说。琅琊台的刻石完成后,有一个叫徐福(也叫"徐市")的齐人向秦始皇上书称:"大海之中有蓬莱、方丈、瀛洲三座神山,上居仙人。臣请命前往以求长生不老之药。"秦始皇欣然应允,然而徐福的船队刚出海就遭遇暴风,未能成功。始皇二十九年(公元前218年),秦始皇再次东游,东行至芝罘。秦始皇此行与徐福入海求仙药有明显的关系。徐福此次耗资巨大,却仍旧未取得任何收获,恐招致秦始皇的愤怒,于是徐福在拜见秦始皇时谎称他在海中的神山见到了大神,与大神有如下对话。

大神:"你是西皇帝的使节吗?"

徐福:"是的。"

大神:"你为求何物前来?"

徐福:"望赐延年益寿之药。"

大神:"你带来的秦王的礼物太少,延年益寿之药只能借你一观,不能让你带走。"

徐福:"那要带多少礼物,才能得到仙药呢?"

大神:"童男童女和百工工匠即可。"

秦始皇闻之不仅不怒,反而非常欣喜,命徐福率三千童男童女,带百工和五谷渡海求仙药。不久徐福渡海到达平原广泽地区,再也未归。

传说的内容大体如上所述。关于这个传说,学界一直对其真实性表示怀疑,甚至许多人不认可徐福的存在。那么徐福渡海求仙药的故事究竟是否可信呢?我认为虽然其中确有夸张成分和神秘色彩,但根本的东西还是可信的,主要依据如下。

第一,在中国,战国时期的齐、燕等国就曾流行渡海求仙药。《史记》记载:"自威、宣、燕昭使人入海求蓬莱、方丈、瀛洲。此三神山者,其传在渤海中,去人不远;患且至,则船风引而去。盖尝有至者,诸仙人及不死药皆在焉。"意思是说,齐威王、齐宣王及燕昭王时期,曾遣人前往蓬莱、方丈、瀛洲三座神山求仙药。三座神山在渤海之中,渡海前去不远,顺风时利用海风即可到达。曾有人到过这三座神山,岛上确有仙人和不死之药。齐、燕两地长期流行的寻求长生不老之药的习俗与仙人信仰,流传到秦始皇时期也并无稀奇。中国帝王身居高位,食、住、行皆非比寻常,人生已无别的追求,唯愿长生不老,这也在情理之中。徐福是齐国的方士,为了迎合秦始皇长生不老的愿望,要求出海也是有可能发生的。

第二,秦始皇于公元前219年开始东巡,见到徐福后又多次东巡,这明显与想要得到仙药的愿望有关。见到徐福的第二年,即公元前218年再次东巡,见未得仙药,非常失望。始皇三十二年(公元前215年),秦始皇再次巡游碣石(今河北昌黎北)。此时,又派了燕人卢生等人入海求"不死之药"。这件事载于《秦始皇本纪》的"三十二年"条,这条记载是可信的。据此推测,4年前他派遣徐福从琅琊入海求仙药也是可信的。

第三,秦始皇于公元前210年东巡后,在返京途中死亡。这次东巡首先去了吴越之地,接着又去了琅琊、芝罘,目的明显是找仙药。这时距徐福为求仙药出海已经过去数年,秦始皇对结果翘首以盼,然而徐福未归,秦始皇非常失望,快快不快地在返京途中病死。假如秦始皇没有派徐福去求仙药,那么他为何要亲自数次巡游东海之滨呢?

第四,《史记》的作者司马迁生于公元前145年,与徐福出海的年代仅差65年。司马迁的父亲司马谈几乎与徐福是同时代的人,公元前140年任太史令,不可能对方士徐福出海一事完全不知。

综合上述理由,我认为徐福的传说是可信的。

二、徐福其人

要验证徐福的事迹是否存在还须进一步了解徐福本人。徐福究竟是否真实存在过呢?经过多年的研究,徐福的生平逐渐明朗。现将已知的徐福生平做如下介绍。

徐福,又名徐市,本名议,字君房。战国时期齐国人,据考证,生于公元前255年。现存《徐氏宗谱》显示,其祖先是西周东方一个诸侯国的君主,被称为"徐偃王"。徐福是徐偃王的第二十九代子孙,其伯祖父官至朝议大夫,伯父为京兆尹。齐国在战国时期是君临东方的强国,领土北至渤海(今河北、天津一带),东至黄河,农业、渔业、手工业、商业均十分发达,是东方的政治、经济、文化中心。徐福成年后,成为齐国方士。所谓方士,即当时有知识和才能的人,崇拜道家哲学,掌握天文、地理、医学、养生、炼丹、植物等知识。徐福敢冒生命危险向秦始皇上书就足以说明他的才能与知识非同常人。南朝梁武帝天监年间(502—519年)著成的《百家谱》(王增孺著)记载:"议(即徐福)受秦始皇之命往蓬莱,居东海,今日本国。"此外,《鉴汀谱》载:"秦始皇时,议领童男童女三千,往蓬莱山采药,因阻风不还,居东海,号徐福国,今日本是也。"

1984年,罗其湘发表文章称发现了徐福的故乡[1],在中国学界引起极大的反响。此后,中国的徐福研究日益繁荣,徐福确实存在过的说法也得到越来越多的学者的支持。

三、徐福研究的现状

自20世纪80年代起,关于徐福以及徐福东渡日本的研究在中国兴盛起来。这种研究热潮的兴起源于徐州师范大学(今江苏师范大学)地理学科教授罗其湘发现徐福村。

1982年5月,罗其湘在江苏连云港市赣榆县(今赣榆区)进行地名调查时,根据地理沿革、宗谱、地理环境及考古资料等发现了徐福的故乡。此后,以徐州师范大学(今江苏师范大学)为中心,相关学者展开了徐福学的研究,这所大学还开设了徐福学研究室。1986年5月,在赣榆县(今赣榆区)召开了"江苏省第一届徐福学会"。1987年4月,中国太平洋史学会、中国日本史学会等学术团体联合举办了"全国第一次徐福学术研讨会",之后还出版了《徐福研究论文集》。1990年10月,山东省社会科学院等在山东黄县举办了"徐福的籍贯学术研讨会"。同年12月,在江苏省赣榆县(今赣榆区)举行了徐福节,其间还举办了学术研讨会。

根据现有的研究,中国学界对徐福其人是否存在的问题已经没有争议,但对于徐福的籍贯,以及出海后到达的"平原广泽"是否为日本的问题还有争议。

关于徐福的籍贯问题,目前有2种观点。一种观点认为在江苏的赣榆,其主要观点是从地理沿革方面进行分析的。今徐州一带是徐夷(东夷族的一支)的所在地。徐夷建立的徐国领土包括山东南部、江苏北部、安徽北部地区,徐国在徐偃王时期成为强大的国家,与西周分庭抗礼。今赣榆徐福村在徐国的领土上,再结合徐氏家族的系谱资料来看,徐福是徐偃王的第二十九代孙,因此徐福的故国是徐国,即今徐州地区。

另外一种观点认为在山东黄县(今属龙口市)。[2]这种观点出自清代学者王先谦,他在《汉书补注》中提出徐福的故乡是汉代的徐乡县,也就是山东黄县。提

---

[1] 罗其湘、汪承恭:《秦代东渡日本的徐福故址的发现与考证》,《光明日报》1984年4月18日。

[2] 王大均:《徐福故址新考——兼与罗其湘先生商榷》,《东岳论丛》1987年第1期,第19—21页;李永先:《徐福故里赣榆说质疑》,《烟台师范学院学报》(哲学社会科学版)1989年第2期,第21、29—35页;李永先:《黄县为徐福故里新证》,《烟台师范学院学报》(哲学社会科学版)1989年第4期,第3—10、33页;李永先:《徐福故里黄县说补证》,《烟台师范学院学报》(哲学社会科学版)1990年第3期,第57—65页。

出黄县说的重要根据是《史记·秦始皇本纪》中记载的"徐福是齐人"。在战国时期，黄县是齐国的一个城邑。赞同黄县说的学者认为江苏赣榆在战国时期属于楚国。而且他们认为，齐国建造了长城，城北为齐，城南为楚。赣榆与齐国长城相距数百里，因此不是齐国的领土。徐福在琅琊向秦始皇上书。公元前222年，秦国将天下分为36郡，在原齐国地方设置了齐郡和琅琊郡，黄县就属琅琊郡。据此推测，徐福为山东黄县徐乡人。与此相反，主张赣榆说的学者对此进行了批判。他们认为齐郡是在西汉元封元年（公元前110年）设置的，徐福虽生于战国时期的齐国，但齐国与齐郡并非同一概念。[①]

关于徐福是否到达日本的问题，研究中国史的学者认为徐福"止而不归"的"平原广泽"就是日本。许多航海学家从航海的海流、天文、气象学分析，也赞成徐福到达了日本的说法。相反，研究中日关系史、日本史的大多数学者对此持谨慎的态度。他们认为中国重要的史籍《史记》等资料中没有关于徐福确实到达了日本的记载。在缺乏史料依据的当前，断定"平原广泽"就是日本有失妥当。

汪向荣发表了如下观点[②]：由于《史记》《汉书》《后汉书》等的记载中，徐福入海与当时的"倭"（即日本）没有关联性，因此不能与徐福到达了日本混为一谈。前者的事实毫无疑问，后者却应当审慎对待，在没有掌握准确资料的如今，无法得出结论。但是，公元前二三世纪，即弥生初期，大量外国移民到达日本。这些外国移民大部分来自中国，他们经朝鲜半岛南部到达北九州，继而从九州向东，经瀬户内海到达近畿地区。到弥生中期以后，近畿地区已经成为生产方面最发达的先进地区之一。

1988年，我也发表了一些浅见。[③]关于徐福东渡的记载非常少，仅仅依靠现存的记载，很难得出徐福到达日本的结论。但是，从弥生时代的生产技术与秦代的生产技术比较来看，可以推测秦代有许多秦民移居日本。因此，徐福等人很有可能只是当时移居日本的秦人中的一队。

四、徐福东渡的可能性

徐福亲自向秦始皇上书，提出出海寻求仙药一事似乎带有很强的政治动机。

---

① 罗其湘的赐教。

② 汪向荣：《徐福——日本的中国移民》，《徐福研究》1987年第5期。

③ 王金林：《从西汉初期以前中日文化交流看徐福东渡的可能性》，中国航海学会、徐福师范学院主编：《徐福研究论文集》，中国矿业大学出版社1988年版，第141—151页。

当时,秦国政治严苛,租赋与夫役负担很重。秦始皇对知识分子又施以压制。齐国是秦始皇新征服的土地,因恐秦的暴政而出逃者为数不少。《新撰姓氏录》记载的"左京诸藩大秦公,秦始皇三世孝武王之后"就反映了秦末沿海地方秦民的逃亡情况。徐福是方士出身,对政治情形非常了解。对于秦始皇来说,他的上书实际上是以寻求长生不老药的名义,取得了正当出国的权利。以徐福的社会地位与学识,他深知一旦逃亡失败,将面临严酷的处罚,因此事先对逃亡的可能性做了周到的准备,其中包括海上航行的能力、逃亡航线、到达异乡后如何生存下去等一连串问题。

那么在当时的条件下,徐福是否有组织船队航行的能力呢?首先来看造船技术和航海知识。

春秋战国时期,沿海、沿江诸国,即齐、燕、吴、越、楚等国的造船业相当发达,船不仅被用于捕鱼,还用于战争。当时船的种类繁多。[①]以战船为例,有大翼、中翼、小翼、突冒、楼船、桥船、戈船、太白、飞云、苍隼、金船、小儿、先登、飞鸟等,分别在海战中担负不同的任务。船舶构造相当坚固,已经运用了铁钉技术,承载量也明显增加。秦国似"飞云"状的船长50步,吴国的战船"大翼"长约27.6米、宽约3.6米,"中翼"长约22米、宽3.1米,"小翼"长约12.9米、宽约2.76米。一只"大翼"可以乘坐91人。越国的"戈船"可以乘坐两三百人。"楼船"是有2层或多层的战船。

以这样的造船技术为基础,出现了吴、越、齐等海军强国,相互间屡屡发生过海战。公元前485年,吴国派遣海军"自海入齐",吴国与齐国的船队在黄河水域会战。[②]春秋战国时期,沿海诸国航行海上已是日常。公元前473年,越国灭吴后,越国的势力范围到达今山东地区。公元前468年,越王迁都琅琊就是用海军进行的,士兵8000人,军船300只。[③]当时,各国船队拥有严密的阵法,具备组织远距离航行的能力。

秦汉之时,造船与航海技术进一步发展。特别是风帆、船尾舵的应用,使得航海等国借用海风的助力,船尾舵则在波浪起伏的情况下,能够有效地掌控航行方向。徐福生于有"海王之国"之称的齐国,一生在沿海一带活动,应该熟知航海知识,并且具备组织远洋船队的能力。

在上述分析的基础上,我们再来分析徐福船队的前进方向。《史记》记载:"三

---

① 孙光圻:《中国古代航海史》,海洋出版社1989年版。

② 《左传》,哀公十年条。

③ 《绝越书·记地传》。

神山者,其传在渤海中。"从历史地理学方面考察,秦代的渤海包括今渤海、黄海(古称东海),今天的东海在古代称为南海。徐福想要避开秦国,就必须去秦国统治范围以外的遥远地方。当时,秦国的统治范围到达朝鲜半岛的平壤附近,"三神山"不可能在渤海范围内的各个海湾。如果在这些地方,那么随时有可能被抓问罪,因此徐福的船队一定去了更远的地方。黄海以外的"平原广泽"只有3个地方:一个是菲律宾诸岛,一个是台湾岛,还有一个是日本列岛。由于"三神山""在渤海中",菲律宾与中国台湾均在此范围之外,那么最有可能的地方就是日本。

如果这一分析成立,那么徐福船队的航行路线是怎样的呢?中国的航海学者和海洋学者分别提出了不同的意见。

航海学者认为,考虑徐福船队的航线时应该注意以下3点:(1)航线必须受到地理条件和海洋条件的制约;(2)受秦代航海工具与航海技术的影响;(3)必须尽量符合考古成果和古代文化的传播路径。在此基础上,他们认为徐福船队的航行是沿着海岸阶段性前进的,航行顺序为琅琊港—芝罘港—庙岛群岛—辽东南端的老铁山—鸭绿江口—朝鲜半岛西海岸—釜山—巨济岛—对马国—冲岛—大岛—北部九州沿岸—关门海峡—濑户内海—大阪湾—和歌山。[1]

海洋学者则着眼于海流提出了不同的看法。[2]他们从史料记载进行推测,认为徐福的出航时间在农历二月下旬至三月上旬之间,这一时期正好是季风转换期,风向变化大,东北季风逐渐变成西南季风的同时,仍然继续存在。台湾以北的近海海流是沿岸流,外海是日本暖流。日本暖流的主流从台湾北部开始,从北向东流向冲绳海沟。同时,主流又分成2个支流,一个支流向北形成对马暖流,另一个支流则形成黄海暖流汇入黄海。无论徐福的船队从山东半岛的任何地方出发,其航线都会受到黄海沿岸流的影响,向南或东南方向航行。如果黄海南侧的海域没有风浪,船就可以顺着日本暖流到达日本。如果遇上东北大风,航行方向就会变为向南,有可能到达台湾。尽管会受到风浪的影响,但如果航海技术精湛,仍然可以使航向继续保持东南方向,继而进入日本暖流的主流中,最终可以到达冲绳、九州及日本东侧海岸。

徐福的船队十分庞大,童男童女和百工、弓箭手等加起来超过了3000人。按照一只戈船可以乘坐300人来计算,至少需要10余只;按照一只"大翼"可以乘坐

---

① 孙光圻:《中国古代航海史》,海洋出版社1989年版。

② 李文渭:《论徐福等入海之去向》,中国航海学会、徐福师范学院主编:《徐福研究论文集》,中国矿业大学出版社1988年版,第194—200页。

百人来计算,则需要30余只。这样的一支船队如果按照山东半岛—朝鲜半岛—日本列岛的航行路线,那么有可能在通过对马暖流时,船队的大部分到达北部九州,另一部分则顺着暖流漂流到日本海沿岸地区。

如果采用上述海洋学者提出的路线,那么船队有可能被冲散。一部分沿着日本暖流北上,到达日本太平洋一侧的沿岸地区,一部分到达九州西侧的有明海,北侧的唐津湾、博多湾,以及日本海一侧的沿岸地区。总之,无论走哪一条航线,如此庞大的船队都不可能全部到达同一个地方。因此,徐福率领的船队像播种一样散落在日本列岛、朝鲜半岛南部的许多地方。但是根据史料的记载,徐福本人到达了"平原广泽"这一地方,据此推测,有相当数量的船只并未被冲散,而是跟随徐福到达了"平原广泽",并在此定居。

那么"平原广泽"究竟在何处呢? 放眼日本境内,虽然琵琶湖与近江平原有些狭小,但宍道湖与出云平原、有明海与其沿岸的筑紫平原、濑户内海与冈山平原等地方皆有可能。

随着吉野里遗址的发掘,有明海沿岸说得到了越来越多学者的关注。伊藤清司指出,有明海的入口通过岛原半岛与天草岛扼守的狭窄的早崎海峡与外海域相连,从地形来看,与大泽、广泽的描述并无明显偏差。另一方面,筑紫平原是仅次于关东平原和浓尾平原的广阔平原,仅看坐落于筑紫平原一角上的吉野里遗址,可以判断有明海沿岸土地广阔,人口众多,与中国的江南相似。[1]

关于秦人渡海赴日,日本史料中也有少许记载。《日本书纪》钦明元年条记载:"八月……召集秦人、汉人等诸蕃投化者,安置国郡,编贯户籍。秦人户数总七千五十三户。"按照一户5人计算,就是35000余人。当然其中还包含了在日本出生的秦人后裔。为了证明秦人确实曾渡海赴日,我们再来看与日本一衣带水的朝鲜南部诸小国的秦人状况。

《后汉书·三韩传》记载,朝鲜半岛南部的部分小国与秦人有密切的关系,例如,辰韩就是由秦人创建的,"耆老自言秦之亡人,避苦役,适韩国,马韩割东界地与之"。辰韩人的语言与秦语十分近似,称国为邦,弓为弧,行酒为行觞,贼为寇。在习俗方面,婴儿出生后,会将其脑袋弄扁。这一习俗与在山东半岛的龙山、大汶口遗址发掘出的变形头骨十分相似。马韩人的许多习俗也与战国以来中国沿海地区的习俗相似,例如"知田蚕,作绵布""露紒""建大木以悬铃鼓,事鬼神"[2]

---

① 伊藤清司:《从中国看倭》,网野善彦等:《从海的对面看到的吉野里遗址——寻求卑弥呼的原像》,社会思想社1991年版。

② 《后汉书·三韩传》。

等。秦末至汉初,经常发生战争,逃亡到朝鲜半岛的人更多,其中,燕、齐、赵3个国家的人为数最多,燕人卫满至滅国,驱逐本国国王,自立为王。

以上就是朝鲜半岛南部秦人情况的简单介绍。据此推测,日本可能也有秦人建立的小国。

五、汉人东渡

关于汉人东渡,这里仅就文献资料进行简单的分析。《日本书纪》中对汉人东渡有所记载。神功皇后五年(204年),新罗国遣使者3人前往日本朝贡。3位使者还有一个使命,就是想办法让滞留在日本的人质回国。于是使者教唆一个名为许智伐旱的人质去见神功皇后,并对皇后说:"使者告知,我父王认为我在日本的滞留时间太长,若我不返回,便要让我的妻子变为奴婢。请允许我临时回到故国。"神功皇后深信不疑,便遣葛城袭津彦陪同许智伐旱一起前往新罗。但是,当船到达对马时,新罗的使者悄悄地让许智伐旱乘船逃跑。翌日天明,葛城袭津彦发现人质逃跑,于是立即杀了3位使者并前往新罗,进入蹈鞴津,甚至攻陷草罗城。还俘虏了许多工匠返回日本。这些工匠就是日后桑原、佐糜、高宫、忍海四村的汉人始祖。

上述记载反映了以下几个事实:(1)朝鲜半岛南部的沿海地区有许多汉人;(2)葛城袭津彦俘虏的工匠均是汉人,而不是新罗人;(3)蹈鞴津的"蹈鞴"二字是用脚踩马鞍的意思,蹈鞴津有可能是精炼手工业的中心地。[1]在这里抓到的俘虏有可能是精炼工匠。

《日本书纪》中还有关于弓月的记载:

是岁,弓月君自百济来归,因以奏之曰,臣领己国之人夫百二十县而归化。然因新罗人之拒,皆留加罗国。爰遣葛城袭津彦,而召弓月之人夫于加罗。然经三年而袭津彦不来焉。[2]

诏之曰,袭津彦久之不还,必由新罗之拒而滞之。汝等急往之击新罗,披其道路。于是,木菟宿祢等进精兵于新罗之境。新罗王愕之,服其罪。乃率弓月氏之人夫与袭津彦共来焉。[3]

---

[1] 吴杰:《从〈日本书纪〉看中国侨人的记载》,中国日本史学会编:《日本史论文集》,生活·读书·新知三联书店1982年版,第138—154页。
[2]《日本书纪》,应神十四年是岁条。
[3]《日本书纪》,应神十六年八月条。

《日本书纪》中的"百二十县"意指人数多,就像徐福船队的童男童女一样,是从各个地方招来的。从新罗王阻止弓月等人前往日本一事可以推测这一行人中有百名工匠,因为百名工匠对新罗而言是非常贵重的财富。

继弓月之后,大规模的汉人东渡则是以阿知使主及其子都加使主为首的东渡集团:

> 秋九月,倭汉直祖阿知使主、其子都加使主,并率己之党类十七县而来归焉。①

阿知使主及其子曾奉命前往中国江南招揽缝工织女。结果只招来兄媛、弟媛、吴织、穴织4名女织工。②

公元前108年,汉朝在朝鲜设乐浪、临屯、玄菟、真番4郡后,移居到朝鲜半岛上的汉人也与日俱增。其中,许多工匠是经朝鲜半岛南部到达日本,并且日本也有意识地派人前往朝鲜半岛招揽汉人工匠。《日本书纪》中就有记载。吉备的上道臣田狭之妻稚媛温顺貌美,雄略天皇想要占为己有,便任命田狭为任那国司。田狭担任任那国司期间,雄略天皇行幸了稚媛。田狭知晓此事后,便唆使新罗国断绝与大和国的外交关系。雄略天皇立即派弟君臣、赤尾臣讨伐新罗。与此同时,一位名叫欢因知利的才伎上奏雄略天皇,称"韩国技术工匠众多,应该将他们招来日本"。于是,欢因知利与弟君臣一同出发前往朝鲜半岛,从百济率"手末才伎"返回日本。这些工匠大概就是汉人工匠及其子孙。

第三节　奴国与东汉的关系

一、东汉初的外交政策与奴国的册封

《后汉书》记载,东汉成立以后,博多湾沿岸的奴国曾遣使者朝贡。光武帝特别隆重地接待了,并授予了诸王、宰相规格的金印紫绶。1784年2月23日,考古

---

① 《日本书纪》,应神二十年秋九月条。
② 《日本书纪》,应神三十七年春二月条。

学家在福冈县志贺岛发现了"汉委奴国王"金印,同时也证实了中国史籍记载的可信性。日本的一个小国为何会受到汉光武帝刘秀如此的重视呢？对此,我认为,东汉王朝之所以重视奴国,应该是出于自身外交战略上的考虑。其战略目的是与奴国结为同盟,以压制朝鲜半岛(特别是乐浪郡以南地区),对反对汉朝的朝鲜独立势力形成腹背夹击之势。[1]

有学者认为东汉与奴国不可能结为联盟,理由有3点:(1)当时,朝鲜半岛局势稳定,汉朝没有必要利用日本压制朝鲜;(2)远交与联盟对象只是平等的合作关系,而奴国是东汉的属国,并非平等的合作关系,因此就谈不上远交与联盟;(3)自汉武帝灭朝鲜以来,中国历代的封建王朝统治者都没有实施过联合日本夹击朝鲜的外交政策,也没有提出过这样的政策思想。[2]

这种观点正确与否仍须做深入的分析,因为这涉及东汉的东亚局势和中日关系等重要问题。

第一,汉光武帝时代中国周边的局势。

有学者指出,25年,刘秀称帝后,逐渐开始平定汉周边的动乱。相反,出现了周边诸民族积极地向汉朝贡和归属的"国际潮流"。

表面来看,刘秀称帝后,东亚确实出现了稳定友好的局面。但实际上,这种"国际潮流"的背后隐藏了诸多不稳定的因素,时常威胁着东汉王朝的稳定与繁荣。汉王朝也始终对这种威胁保持警惕。南匈奴归汉时,朝廷就警惕"南匈奴单于有二心"。南匈奴前来请求和亲,朝廷真心答应,然而单于不讲信义,仍然不信。49年,乌桓前来归顺,而后叛逃,并制造寇乱。33年,高句丽前来朝贡,然而49年就侵扰右北平、渔阳、上谷、太原等地。汉王朝镇压这次侵扰后,高句丽欲扩大在朝鲜半岛的势力,对汉王朝的殖民地乐浪郡构成威胁。与此同时,朝鲜半岛南部,特别是乐浪郡附近的诸地域国家日益发展壮大,也成为乐浪郡潜在的威胁。汉灵帝末年,这种威胁变得公开。正如《后汉书·三韩传》记载,"灵帝末,韩、濊并盛,郡县不能制,百姓苦乱,多流亡入韩者",说明了朝鲜半岛南部人民反乱的强化与乐浪郡势力的衰弱。

有学者认为只关注表面的稳定与归顺,反而会忽视潜在的危险,从而缺乏对局势的正确判断。作为军事家、政治家的汉光武帝刘秀,为防止周边局势突然变化,始终保持着居安思危的警惕。首先,为保证师旅费用,他恢复了国家对盐、铁

---

[1] 王金林:《古代的日本——以邪马台国为中心》,六兴出版社1986年版。

[2] 沈仁安:《倭国与东亚》,六兴出版社1990年版。

的专售权。从这一点上就能看出光武帝的深谋远虑。

第二,汉光武帝的外交策略。

东汉时期,比起武力,更重谋略。51年,匈奴饥荒,大臣们上书建议光武帝乘饥荒灭掉匈奴。光武帝并不赞成,他采取"以柔胜刚,以弱胜强"的外交政策,认为应采用和平的方式实现周边地区的安宁。光武帝时期,东汉的外交策略大体如下。

一是以夷制夷。这一策略主要针对匈奴。48年,南北匈奴分裂,南匈奴前来请求归顺。为此,光武帝召开了朝廷会议听取诸大臣的意见。大多数大臣认为天下初定,国力衰弱,并且尚不知南匈奴的单于是否有归顺的诚意,应当拒绝南匈奴归顺的要求。只有驸马校尉耿国与诸大臣的意见不同,他认为应当答应南匈奴归顺,若与南匈奴结盟,东可压制鲜卑,北可御北匈奴,以保国境安宁。光武帝听取了耿国的建议。后来南匈奴也确实在抵御北匈奴方面立了功绩。在南匈奴的压制下,北匈奴退却千里。

二是施行对周边国家首长的安抚政策。49年,乌桓归顺,汉王朝封81位渠帅为侯、王、君、长。41年,祭肜任辽东太守,任职期间,对鲜卑、高句丽、乌桓采取间隔政策。当时,匈奴、鲜卑、乌桓联合侵扰汉王朝边境,祭肜先是以财物引诱鲜卑,降服了鲜卑的大都护,而后借鲜卑之力讨伐匈奴。49年,高句丽扰乱汉边境,祭肜采用安抚之策加以平定,最终,实现了辽东国境的稳定。

三是远交与联盟。这也是光武帝另一个重要的策略。这一策略的具体表现为对西域莎车国和东方倭奴国的重视。有学者认为,由于倭人初次登上东亚的历史舞台,东汉王朝不可能与倭奴国实行远交近攻的政策。实际上,倭奴国绝不是初次登上东亚的历史舞台。《三国史记》记载,从公元前1世纪末开始,倭人就与朝鲜半岛南部诸国之间有频繁的交流关系。乐浪郡也曾利用倭人与新罗的战乱来扩大自己的领域。14年,倭人派400余只战船入侵新罗,新罗举全军之力进行反抗。乐浪郡乘此机会进攻新罗的金城。由此,汉王朝就很容易认识到倭国在压制韩人反抗势力方面的重要性了。

也有学者认为,光武帝授予倭奴国金印紫绶只是一种特别的礼仪,并没有外交层面的意思。东汉时期,朝廷很少对周边诸国授金印紫绶,更不会随意授予。表5-1显示了东汉时期被授予侯爵印绶的周边国家的具体信息。

表5-1　东汉时期被授予侯爵印绶的周边国家

顺序	年份	国王名	东汉皇帝的诏书与出典
1	26年	南单于	诏赐单于冠带、衣裳、黄金玺、盭绶绶(《后汉书·南匈奴列传》)
2	41年	莎车王贤	赐贤西域都护印绶,及车旗黄金锦绣(《后汉书·西域传》)
3	57年	倭奴国王	倭奴国奉贡朝贺……光武赐以印绶(《魏书·倭人传》)
4	97年	掸国王雍由调	掸国王雍由调遣重译奉国珍宝,和帝赐金印紫绶(《后汉书·西南夷传》)
5	107年	掸国王雍由调	掸国西南通大秦。明年元会,安帝……封雍由调为汉大都尉,赐印绶(《后汉书·西南夷传》)
6	115年	西羌号多	(元初)二年春,号多等率众七千余人……降,遣诣阙,赐号多侯印绶遣之(《后汉书·西羌传》)
7	116年	左鹿蠡王须沈	度辽将军邓遵率南单于及左鹿蠡王须沈万骑,击零昌于灵州,斩首八百余级,封须沈为破虏侯,金印紫绶(《后汉书·西羌传》)
8	121年	西羌麻奴	麻奴等孤弱饥困,其年冬,将种众三千余户诣汉阳太守耿仲降。安帝假金印紫绶(《后汉书·西羌传》)

　　前三次授金印紫绶均发生在光武帝时期,其中,授予莎车国王贤印绶后马上撤销,更是授予了大将军印绶。授予南匈奴金印紫绶的目的如前所述,是为了压制北匈奴,授予倭奴国金印紫绶的目的自然就是压制朝鲜半岛。综观古今世界历史,远交与联盟的对象从来都不是平等的合作关系。外交政策是国内政策的延伸,任何国家的外交活动都是为了守护本国利益。"若无永久的敌国,就无恒久的友邦",从古至今都是世界各国外交政策的座右铭。如果对本国有利,大国就会与"不平等的"小国结为联盟;相反,小国也可以根据自己的目的,选择成为大国的盟友。这样的结盟在世界历史上也经常发生。强国与弱国、大国与小国之间结为君臣联盟对其自身而言就是一种"不平等"。东汉之初,倭奴国、南匈奴、莎车国与东汉王朝相比,无论国力还是领土都难以望其项背,因此显然存在这种"不平等"的联盟。但是,正因为这种"不平等",倭奴国、南匈奴等小国才会臣服于东汉,光武帝也利用这种不平等的臣属关系营造和平睦邻的国家关系。虽然金印紫绶有特别的礼仪之效,但更是远交与联盟的信物。

二、倭国还是倭面土国

《后汉书·倭传》记载：“安帝永初元年，倭国王帅升等献生口百六十人，愿请见。”就这则史料，学界提出了许多不同的观点。首先是国名问题，这里记载的“倭国”与其他几处古典中记载的“倭面土国”“倭面上国”“倭面土地”等意思一样。内藤湖南和桥本增吉认为，《后汉书》中的“倭国”就是原先的“倭面土国”。[①]白鸟库吉认为，“倭面土国”的读法应为“倭，面土国”，而“面土国”指的就是伊都国。[②]还有人认为“倭面土国”指的是末卢国。[③]但也有许多学者提出，应当尊重《后汉书》的记载，“倭国”是正确的，“倭面土国”是错误的。[④]我也认同倭国说。我曾经从字形学的角度调查过“面”“土”“王”“上”等古字形的异同，提出了“面”是“国”的误字，“土”是“王”的误字，“上”是“土”的误字的观点。[⑤]这项研究有必要在今后进行深入。

但是，有一点是确定的。如表5-2所示，记载着“倭面土国”“倭面上国”“倭面土地”的古籍都非敕撰史书，并且著作年代较晚：《通典》《翰苑》为唐代著作，《释日本纪》为日本镰仓末期著作，《日本书纪纂疏》为日本室町时代著作，《唐类函》为明代万历年间著作，《异称日本传》为1687年的著作。《日本书纪纂疏》《释日本纪》是《日本书纪》的注释本，《异称日本传》《唐类函》《通典》均为类书，这些著作的权威性自然不及敕撰的《后汉书》。

表5-2　非敕撰典籍中有关倭国的记载

编号	书名	原文
1	《翰苑》	倭面上国
2	《日本书纪纂疏》	倭面上国
3	《释日本纪》	倭面国
4	《通典》	倭面土国（北宋版）、倭面土地（元大德版）

① 内藤湖南：《倭面土国》，佐伯有清编：《邪马台国基本论文集1》，创元社1981年版；桥本增吉：《从东洋史上看日本上古史研究》，东洋书林1982年版。
② 白鸟库吉：《卑弥呼问题的解决》，佐伯有清编：《邪马台国基本论文集2》，创元社1981年版。
③ 沈仁安：《倭国与东亚》，六兴出版社1990年版。
④ 角林文雄：《倭与韩》，学生社1983年版。
⑤ 王金林：《古代的日本——以邪马台国为中心》，六兴出版社1986年版。

续　表

编号	书名	原文
5	《唐类函》	倭面土国、倭面土地(明版)
6	《异称日本传》	倭面土地

上述古籍中的不同之处很多,例如,北宋版《通典》记为"倭面土国",元大德版《通典》记为"倭面土地"。此外,不同版本的《唐类函》,其记载也有所区别,明版《唐类函》将"倭面土国"记为了"倭面土地"。

我认为《后汉书》中记载的"倭国"才是正确的表达,并且历代敕撰史大家也都是这么认为的。下面列举几例敕撰正史中有关倭国的记载:

> "倭国王帅升等""桓、灵间,倭国大乱"。(《后汉书》)
> "倭国乱""郡使倭国""正始元年,太守弓遵遣建中校尉梯儁等奉诏书印绶诣倭国,拜假倭王"。(《三国志》)
> "倭国在高丽东南大海中。"(《宋书》)
> "倭国,在带方东南大海岛中。"(《南齐书》)
> "倭(国)者,自云太白之后,俗皆文身""汉灵帝光和中,倭国乱"。(《梁书》)
> "倭国,在百济、新罗东南。"(《隋书》)
> "倭国在百济、新罗东南""从带方至倭国,循海水行"。(《北史》)

在以上所列的敕撰正史中均没有"倭面土国"的记载。如果《后汉书》的记载有误,那么后世的诸位敕撰史学家们一定会发现的。梁代刘昭、唐代李贤、清代惠栋与王先谦等诸位大家都对《后汉书》进行过校注。刘昭是最先对范晔所著的《后汉书》作注的史学家,正如"集《后汉》同异以注范晔书"[①]所言,他注释的重点是校订史实的真伪。最终,刘昭并未指出《后汉书》中"倭国"的记载有误。唐代章怀太子李贤对《后汉书》中的纪、传做了注释。后世刘攽也著有《东汉刊误》一书,惠栋著有《后汉书补注》,王先谦著有《后汉书集解》,以上著作都没有对范晔记载的"倭国"提出异议。假如范晔的"倭国"记载有误,那么注释、校订的诸位大

---

① 《梁书·刘昭传》。

家一定会加以订正的吧。

总而言之,敕撰的《后汉书》上的记载是可信的,非官方编撰的许多著作却漏洞百出,不可取信。

三、东汉王朝重视倭国使节

《后汉书》中关于"倭国"的记载还有一个争议是"倭国"使者是否拜会过汉安帝。有学者认为,"没有关于汉安帝引见过帅升派遣的使者的记载,也没有史料表明安帝赐予使者印绶",而且汉安帝没有引见帅升派遣的使者,也没有赐予印绶的原因非常简单。因为这一时期前来朝贡的主体既非独立的政治实体(如奴国王),也非统一的政治实体(如邪马台国女王),而是以面土国王为首的诸国王的联合体。①

上述观点是对《后汉书》中"愿请见"的误解。他们认为,"愿请见"就是字面意思,请求引见东汉皇帝的意思。但是,在中国古典中,"愿"字有很多释义,最常见的几个释义如下:(1)请求、希望、垦愿;(2)愿意、情愿(真心请求);(3)打算;(4)敬慕、爱慕等。根据《后汉书》的记载,"愿请见"的"愿"字应解释为"愿意","请"字则解释为"请求","召"的释义更为贴切(师古曰,"请,召也")。因此,"倭国王帅升等献生口百六十人,愿请见"一句翻译为现代汉语应为:以国王帅升为首的倭国,派遣使节前往东汉朝贡,献上生口160人,孝安帝允许召见。

当时,孝安帝幼年继位,永初元年(107年)十月,倭国使者到达都城时,才做了14个月的皇帝,倭国使者也是安帝继位后,最先到中国的外国代表团。召见外国使者既可以标榜外番朝贡,又能提高安帝的国际形象,而且少年皇帝还能实践召见外番使者的礼仪。因此,我认为汉安帝召见倭国使者是合乎情理的。

至于是否授予印绶,并不能说明对倭国使者是重视还是轻视。如前所述,东汉时期,虽然外番使者被光武帝召见的情况很多,但极少会被授予印绶。东汉皇帝对待外国使者通常会采取3种方式:(1)仅召见,不授予爵位、印绶;(2)召见并授予爵位,但不授予印绶;(3)召见并授予印绶,但没有爵位。

鉴于上述3种方式,仅通过是否授予印绶来判断对使节重视还是轻视,显然有失妥当。

---

① 沈仁安:《倭国与东亚》,六兴出版社1990年版。

四、"倭人字砖"的出土及其意义

1977年,中国的考古学者在安徽亳州的汉末曹氏墓中发现了刻有字的砖。[①]其中有一块砖上刻有"有倭人以时盟否"。中国学者将其称为"倭人字砖",出土于元宝坑1号墓。同时发现的文字砖中,以下几例特别引人关注(阿拉伯数字为砖的编号):

    (1)会稽曹君;

    (3)会稽曹君丧躯;

    (4)会稽曹君天年不幸丧躯;

    (9)建宁三年四月四日;

    (10)比美诗之,此为曹腾,字季兴;

    (11)故颍川……曹褒;

    (12)长水校尉曹炽,字元盛;

    (13)故长水校尉沛国谯炽;

    (16)吴郡太守曹鼎,字景节;

    (74)有倭人以时盟否。

以上文字砖至少说明了以下几点:第一,文字砖出土坟墓的主人是会稽郡太守曹氏;第二,根据第9块砖可知时间为建宁三年(170年)四月四日以后,坟墓的建造时间为170年,即汉灵帝时期;第三,墓主人曹氏生于官宦家庭。第10块文字砖上的"曹腾"是三国时期曹操的祖父,官至宦官,受东汉顺帝、安帝颇多恩宠,并被赐授"亭侯"爵。曹腾利用自己的地位,使家族之人任会稽太守、吴郡太守、校尉等官职也就没什么奇怪的了。

据研究,以上文字砖中出现的人物之间的关系大致如下。曹鼎、曹褒、曹腾为兄弟,曹炽是曹褒之子,也就是曹操的叔父。只是他与墓主人曹氏的关系尚不明确。桓帝在位时,曹腾是朝廷大臣,墓主曹氏应该也是仰仗曹腾的权势才得以被任命为会稽郡太守。他可能是曹腾的弟弟。文字砖上的"天年不幸"意指墓主人突然生病故去。

[①] 李灿:《亳县曹操宗族墓葬》,《文物》1978年第8期,第32—45页;田昌五:《读曹操宗族墓砖刻辞》,《文物》1978年第8期,第46—50页。

有趣的是从会稽郡曹氏的坟墓中出土了"倭人字砖",如果曹氏墓的建造年代确为170年,那么这一年应该就是曹氏故去之年。假设曹氏担任会稽郡要职的时间为160—170年之间,那么"倭人联盟"应该就发生在曹氏统治会稽郡期间。倭人曾根据本国局势,多次赴会稽郡请求联盟。那么倭人为何会前往会稽郡请求联盟呢?田中胜也认为,从东亚局势的角度出发,100年以后,由于北方的诸骑马民族(高句丽、扶余、乌桓等)、朝鲜半岛的各族(韩、濊等),以及辽东、乐浪各郡境内的动乱,东亚的稳定局势岌岌可危。而且由于公孙氏在辽东地区的独立,倭人与东汉展开交流的"北方路线"被切断。在这种情况下,倭人开始开拓与会稽郡展开交流的"海上南方路线"。[①]

这里的倭人是一个什么样的集团呢?田中胜也指出,这里的倭人是一个国家团体,当时正处于倭国大乱的时期,这里的倭人国家并非统一的国家,其内部很不稳定,外交上也没有统一。田中胜也的观点虽然具有一定的启发性,但深入调查就会发现,160—170年期间,实际上朝鲜半岛与中国东北地方的局势还没有到"北方交流路线"被切断的地步。当时,虽然扶余、高句丽、鲜卑、乌桓等国屡屡侵扰东汉国境,但最终都被平定了。

161年,扶余王遣使朝贡;166年,南匈奴、乌桓率兵20万投降;167年,扶余袭击玄菟郡,但很快就被平定;169年,高句丽进攻辽东,也很快就被平定。在辽东地区,时而有异军突起者自称为王,但都很快失败了。公孙氏占领辽东则是之后发生的事。从这些史实来看,北方路线尚未完全被切断,"倭人"没有必要冒鲸波之险去开拓南方路线。我认为前往会稽郡请求盟约的倭人并非北九州的"倭国"(即邪马台国)使者,而是与北九州势力敌对的"倭人国",这个"倭人国"有可能就是《魏书·倭人传》中记载的狗奴国。

《魏书·倭人传》记载:"其南有狗奴国,男子为王,其官有狗古智卑狗,不属女王。""倭女王卑弥呼与狗奴国男王卑弥弓呼素来不和,遣倭载斯、乌越等诣郡说相攻击状。"虽然邪马台国与狗奴国之间的对立攻击发生在170年以后,但两国之间的冲突及军事斗争似乎在卑弥呼继位之前就有,在矛盾与对峙中,由于邪马台国掌握着与东汉展开交流的北方路线,因此阻断了狗奴国通过北方路线与汉交流的道路。在这样的政治背景下,狗奴国为了与东汉交流只能开拓南方路线。狗奴国使者之所以没有继续前往会稽郡,应该是因为南方路线过于艰险。

"倭人字砖"的发现反映了弥生中后期,日本列岛上的各国根据本国的条件

---

① 田中胜也:《环东海神话学——倭韩始祖传承》,新泉社1984年版。

与能力展开多元的外交活动。由此可以证明,中日交流的南方路线在东汉时期确已开通。

第四节　邪马台国时代的中日关系

一、邪马台国的成立年代与男王帅升

在讲邪马台国的外交关系之前,首先应该弄清楚邪马台国的成立年代。许多学者人为规定了邪马台国的成立年代为2世纪末至3世纪初,与卑弥呼的继位时间相近。根据史料记载推定,卑弥呼称王的时间大概是170—180年,认为卑弥呼称王的时间就是邪马台国的成立时间的看法是不正确的。因为《魏书·倭人传》中明确记载,卑弥呼以前,邪马台国的统治者是男王:"其国本亦以男子为王,住七八十年,倭国乱,相攻伐历年,乃共立一女子为王,名曰卑弥呼。"

从这条记载可知,卑弥呼是在男王统治七八十年后成为国王的。因此,以卑弥呼成王的170—180年为基准,追溯到七八十年前,邪马台国的成立年代应当为1世纪末至2世纪初,正是弥生中期后半期或后期初,中国历史上的这一时期正处于东汉和帝、安帝在位期间(89—125年)。《后汉书》记载,中元二年(57年),倭奴国"奉贡朝贺"后大概有50年没有遣使者前往东汉朝贡。而这50年间日本列岛上正处于激变的时代,诸小国或分裂,或联合,逐渐实现地域统一。在这种不稳定的背景下,日本列岛上的诸国根本无暇遣使朝贡。

107年,即倭奴国"奉贡朝贺"50年后,日本再次派遣了使节团。派遣者为"倭国王帅升等",作为恢复国交关系的贡物,使节团向东汉皇帝献上了"生口百六十人"。从献上的生口人数可以推测,倭国王帅升在结束国内的吞并战争后,很快就派遣了使节团。我认为,如果这一推测成立的话,那么《后汉书》记载的汉安帝永初元年向汉王朝进献生口的倭国应该就是早期的邪马台国,国王帅升应该就是卑弥呼之前的第一代男王。[①]在假设帅升为邪马台国第一代男王的基础上,我们再来分析以下2个问题:第一,如何理解《后汉书》中记载的"倭国王帅升等","等"字是什么意思;第二,帅升为何在建国后不久遣使节团前往东汉,有什么外交目的。

---

① 王金林:《古代的日本——以邪马台国为中心》,六兴出版社1986年版。

首先来分析"倭国王帅升等"。如果稍微懂一点汉语就会知道,这里的"等"指的是复数和"从属者"的意思。翻译为现代汉语应为"倭国王帅升及其属下"。但是,有中国学者认为,"等"既非复数,也非从属者的意思,而是"等同""平等"的意思,指除国王帅升以外,还有别的国王,这些国王彼此地位平等。因为当时还未形成统一的政治实体。[①]"等"在汉语中有10余种释义,除"等同""平等"外,还有"同一""阶级""类""辈""待""等闲"等多种解释,"倭国王帅升等"中的"等"并非"平等"的意思,而应解释为复数。《后汉书》中类似的记载有很多,下面略举几例:

> 建武十三年,广汉塞外白马羌豪楼登等率种人五千余户内属,光武封楼登为归义君长。(《西羌传》)
>
> 建武二十年,韩人廉斯人苏马諟等诣乐浪贡献。光武封苏马諟为汉廉斯邑君。(《三韩传》)
>
> (建武)二十三年冬,句丽蚕支落大加戴升等万余口诣乐浪内属。(《高句丽传》)

这样的记载有数十处,这里的"楼登等""苏马諟等""戴升等"均有2层含义,"以某某王为首"及"某某王及其属下"。同倭国王帅升一样,楼登、苏马諟、戴升都是其所属国的首长或权威人物,"等"所包含的人物是他们的属臣,根据《后汉书》中的这种表达结构可知,倭国王帅升是当时北九州统一的政治实体的统治者。

接下来分析帅升王建国后立即遣使者前往东汉的目的。在古今历史上,国与国之间的交流都是带有外交意图的,倭国王帅升也不例外。我在第三章"弥生时代的日本社会"中讲过北九州地区地域小国林立的状况。在众多地域小国中,伊都国、奴国、末卢国等国力强盛,并且与汉王朝有密切的联系。经过数十年的吞并战争,实际上,邪马台国统一北九州地区是一个十分艰辛的过程,尤其是令伊都国、奴国、末卢国等全部臣服,若没有一定的实力,应该是很难实现的。因此,帅升统一北九州后仍然面临着严峻的局势。为了守护统一的成果,首先必须巩固自己作为统治者的地位,其次必须防范统治领域以外的敌国的侵扰。帅升正是在这样的背景下派遣使节团前往东汉的。东汉王朝曾与倭奴国交好。史料

---

① 沈仁安:《倭国与东亚》,六兴出版社1990年版。

中虽没有记载其与伊都国交好,但从考古发掘成果可以看出,汉王朝对伊都国与倭奴国同样重视。

帅升遣使团去东汉的意图之一是向东汉通报新的国家政权的确立,并表明自己是这个新政权的统治者。再者是与此前的奴国、伊都国一样,表明愿与东汉继续保持传统关系的决心。对于帅升而言,与东汉建立新的关系,在国内可压制奴国、伊都国等国的反抗,在国外可将东汉作为自己的后盾,在与周边诸国的交流中提升自己的权威,最终达到巩固统治地位的目的。帅升统治的七八十年间,邪马台国与周边地区的关系基本上是友好的,国内政局也很稳定。这样看来,邪马台国的男王取得了内政和外交上的成功。也有学者认为我对帅升做出了过高的评价而提出批评,认为刚刚登上国际舞台的倭人完全不可能采取这种外交策略。[①]这种批评的声音不仅仅针对我对帅升的评价问题,甚至对日本古代史上的其他问题,如邪马台国的性质、古代的部民制、大化改新等问题,都对我的观点做出了批评。实际上,我并没有对日本古代史上的几个重大历史事件和人物做出"过高评价",反而是个别学者对古代日本的发展进程,以及日本在东亚世界中的地位做出了过低的评价。

二、三国鼎立与东亚

东汉灭亡后,统一的中国又变成了分裂状态。同时,以东汉为中心的东亚世界的稳定也被打破。地域政治开始重新分配组合。三国时期,魏、蜀、吴三国中,最有实力者当属魏国,但面临的局面最严峻的也是魏国。北方有乌桓、鲜卑,东北有高句丽和发展中的新罗、百济,西南有敌国蜀国,南方有敌国吴国。206年,曹操率军征服乌桓,杀了乌桓首领蹋顿,解除了乌桓之患,然而公孙氏又占领辽东,并与鲜卑串通,一起对抗魏国。高句丽也与鲜卑一样,时而求和,时而袭击边境。

东汉末期,朝廷为了辽东、玄菟两郡的安定,攻打了高句丽。高句丽王室一边请求投降,一边悄悄派兵攻打玄菟,放火烧城,杀戮吏民。王死后,其子伯固继位,势力一度延伸到朝鲜半岛内部,甚至还杀了带方郡郡令,俘虏了乐浪郡太守及其妻子。169年,在汉军的攻伐下,伯固投降。

三国时期,高句丽王曾在魏国讨伐公孙渊时,派主簿大加将率数千人支援魏

---

① 沈仁安:《〈汉书〉〈后汉书〉倭人记事考释》,《北京大学学报》(哲学社会科学版)1987年第4期,第30—39、58页。

国,然而242年,高句丽再次叛变,侵扰魏国国境。北方的边境局势对魏国是极其不利的。实际上,魏国经常处于腹背受敌的状态。

对魏国而言,北方诸异族国是威胁北部边境安定的存在,而占据辽东地区的公孙氏的叛变更是一个不稳定的因素。公孙氏与鲜卑、乌桓一起结成北方的军事联盟,又通过海路与吴国联盟,对魏国形成南北夹击的态势。

公孙氏一派的势力始于公孙度。公孙度原是玄菟郡的郡吏,因玄菟郡太守公孙域的特殊厚爱而习得学问。后借董卓部下徐荣的声誉成为辽东太守。在任期间,东击高句丽,西袭乌桓,名声俱增。190年(汉献帝初平元年),闻知朝廷内部纷争四起,公孙度对亲近者说:"汉朝可能即将灭亡,我打算与诸卿一起另立国都,自立为王。"于是伺机扩张领土,并设营州刺史,自称为辽东侯、平州牧。曹操十分了解公孙度的所作所为。但是,为了避免武力冲突,曹操封公孙度为武威将军、永宁乡侯。对此,公孙度当面反驳道:"我是辽东之王,为何要做永宁乡侯。"最终将曹操授予的印绶丢弃在兵器仓库里。

公孙度死后,其子公孙康因杀了袁尚而被封为左将军、襄平侯。曹丕废汉称帝后,曾遣使者拜公孙恭为车骑将军,封平郭侯,还追封公孙康为大司马。魏国此举明显是为了安抚公孙氏,以保北部边疆的安宁,这样就可以集中兵力攻打吴国和蜀国。但是,228年,因公孙渊夺取辽东太守一职,形势又发生了新的变化。尽管魏明帝封公孙渊为扬烈将军,但公孙渊仍旧日益背离魏国。他表面上是魏国的大臣,背地里却与吴国的孙权交往密切,并不停地派遣使者前往吴国。他在送给孙权的表文中明言道:"魏国已不能采纳忠善,亦不能褒奖功臣,只会听信谗言,臣对魏绝无不忠之心,反而却被魏抛弃。"同时表达了想要背离魏国、投靠吴国的意愿。

孙权得此表文大喜,立即派张弥、许晏二人携金银珠宝北上,教唆公孙渊建立燕国。魏国得知公孙渊与吴国频繁联络后,送文书给辽东、玄菟两郡的将校、吏民,暴露了公孙渊背叛魏国、投靠吴国之事,并且指出叛魏降吴是为"厌安乐之居,求危亡之祸,贱忠贞之节,重背叛之名"[①],还宣布即便是与吴国有联系的人,只要立下忠于魏国的誓言,以往的罪过皆可赦免。当时,公孙渊与高句丽、濊貊等国矛盾冲突不断,在这种形势下,若再与魏国起纷争,高句丽必定会乘机侵扰。而自身的力量并不足以防止腹背受敌。吴国地处遥远的南方,赶来助阵也是无望。

---

① 《三国志·魏书·公孙渊传》。

于是,害怕处于孤立无援境地的公孙渊为了自己的安全,斩杀了吴国使者张弥、许晏等4人,又派遣使者带着吴国使者的首级和孙权授予的印绶前往魏国都城,向魏明帝奉上了立誓忠诚的表文。魏明帝大喜,拜公孙渊为大司马,并封为乐浪公、持节、辽东太守。尽管如此,公孙渊还是未对魏国尽忠。237年,公孙渊宣布独立,自称燕王,设百官、有司,取年号绍汉。还授鲜卑单于印玺,引诱鲜卑攻击魏国北部边境。238年,魏国太尉司马懿率军征讨公孙渊,公孙渊在都城20余里的地方挖掘壕沟固守。魏军使用围而不攻的策略,等待燕军内部溃败。最终,燕军粮食吃尽,士兵溃散,公孙渊及其子也被斩杀。至此,辽东、带方、乐浪、玄菟终于得以安宁,魏国也解除了后顾之忧。

魏国与吴国在公孙渊独立的问题上分别都有出谋划策,但又都为了防止公孙渊的背叛,而最终采取了让他独立的策略。吴国曾通过公孙氏的辽东地区2次派遣使者前往高句丽。第一次派了秦旦、张群、杜德、黄疆等人,高句丽的王室也派遣了25名使者随秦旦等人一同去往吴国,还向孙权献上了貂皮千张、鹖鸡皮10具。次年,吴国又派谢宏等人带着孙权的诏书及赏赐的珍贵物品去往高句丽,高句丽以马百匹作为回礼。魏国也曾与高句丽取得联系,目的是形成对燕国的夹击之势。如前所述,高句丽曾派将士助阵魏军。此外,魏国还曾秘密派遣刘昕、鲜于嗣去往带方、乐浪两郡,唆使两郡中公孙氏的官吏臣服于魏国,以此来切断燕国与后方基地的联络。

吴国不仅渡海出兵到燕国、高句丽,甚至在230年派遣将军卫温、诸葛直,率万余士兵渡海征讨夷洲、亶洲。

《三国志·吴书·吴主传》记载:"亶洲在海中,长老传言秦始皇帝遣方士徐福将童男童女数千人入海,求蓬莱神山及仙药,止此洲不还。世相承有数万家。"

关于亶洲的所在地,《三国志·吴书》记载为"所在绝远,卒不可得至"。从地理和历史方面分析,夷洲应该是中国台湾,亶洲应该是日本。史籍中并未记载孙权想要到夷洲和亶洲的目的,但从吴国与魏国的敌对关系、吴国与公孙渊及高句丽的关系来分析,其战略意图十分明显,即夺取海上霸权。这也是当时吴国与魏国共同的战略目标。从海上统治能力看,吴国胜于魏国。当时,吴国已经拥有能载万斛的大船,孙权还曾遣使者去往东南亚、南亚及西亚诸国交流。使者朱应、康泰"其所经及传闻,则有百数十国"[1],吴国不仅到达扶南、林邑,甚至还与大秦有往来。魏国面对吴国如此强大的海上势力,保持很高的警惕。魏明帝时期,为

---

[1]《梁书·海南传》。

了加强海上的军事实力,曾在青、充、幽、冀4州造船。魏国的战略意图明显是要打破吴国包围海上的局面,以确保与朝鲜半岛、日本的联络路线的安全。

三、魏国与邪马台国

107年,自倭国王帅升遣使朝贡以来,中国史料中完全没有关于到达过洛阳的倭国使者的记载。虽然史料没有记载,但并不能说就没有来往与交流。这期间的往来应该是通过乐浪郡进行的。《三国志·魏书·韩传》记载:"建安中,公孙康分屯有县以南荒地为带方郡,遣公孙模、张敞等收集遗民,兴兵伐韩濊。……是后倭韩遂属带方。"这则史料表明,公孙康设带方郡以前,韩、倭并不属于带方郡,而是属于乐浪郡。

考古资料显示,在1世纪末至3世纪初的百年间,邪马台国专注于国内建设。引进大陆的先进制度和生产技术并消化吸收,社会发展和生产力水平都明显提高。从3世纪初开始,随着国力日渐强盛,邪马台国开始活跃在东亚世界。随着经济的不断发展,手工业所需的原料和劳动力非常欠缺。因此,邪马台国首先利用朝鲜半岛南部诸国间的对立关系,在当地发展自己的势力。

这一时期的情况在《日本书纪》《三国史记》中均有记载。当时,朝鲜半岛上以高句丽、新罗、百济为核心的国家逐渐走向对立。进入2世纪后,百济逐渐吞并马韩与朝鲜半岛西南地方,2世纪末至3世纪初,新罗的势力延伸到朝鲜半岛南部的六伽倻地方。201年,伽倻国降于新罗。212年,伽倻国又将本国王子作为人质送到新罗。随着新罗势力的不断发展,百济与新罗也逐渐走向对立。六伽倻离日本较近,与北九州一衣带水,这里不仅铁资源丰富,还聚集了许多汉人工匠,是日本势力延伸的理想之地,因此新罗不敢轻视。

《日本书纪》中记载了神功皇后对朝鲜半岛的政策。学界对神功皇后有许多不同的看法。例如,有学者认为神功皇后就是卑弥呼女王,在这里对神功皇后不做评价。但我认为《日本书纪》中反映的思想就是那个时代日本统治集团的对外思想。值得注意的是《日本书纪》的神功皇后四十七年四月条,如下所示:

> 百济王,使久氐,弥州流、莫古,今朝贡。时,新罗国调使,与久氐共诣。于是,皇太后、太子誉田别尊,大欢喜之曰:"先王所望国人,今来朝之。痛哉,不逮于天皇矣。"群臣皆莫不流涕。

从"先王所望国人"一句可知,神功皇后之前的统治者怀有朝鲜半岛南部诸国皆为自己属国的大志向。百济与新罗的使者一同前来朝贡,神功皇后对两国使者的态度却截然不同。[①]对百济的使者表现出友好和亲善,对新罗的使者却表现出冷淡与敌视。当时,倭国与新罗之间时常发生战争。

下面是《三国史记》中的记载[②]:

> 158年三月,倭人来聘。
>
> 173年五月,倭女王卑弥呼遣使来聘。
>
> 193年六月,倭人大饥,来求食者千余人。
>
> 208年四月,倭人犯境。
>
> 232年四月,倭人猝至围金城。
>
> 233年四月,倭人寇东边。
>
> 233年七月,与倭人战。
>
> 249年四月,倭人杀舒弗邯于老。
>
> 287年四月,倭人袭一礼部,虏人一千而去。
>
> 292年六月,倭兵攻陷沙道城。
>
> 294年夏,倭兵攻长峰城。

从以上记载可以看出,2世纪时,倭国与新罗基本上是睦邻友好的关系,但进入3世纪后,两国关系日益变得严峻。

这期间,邪马台国还受到狗奴国的军事威胁。3世纪三四十年代,矛盾与对立更加严峻。在这种情形下,卑弥呼的女王国采取了新的外交策略:一是对新罗停止军事行动;二是派遣使节去往魏国,与魏联盟,得到魏国的支持;三是对狗奴国进行决定性的军事反击。这应该就是249—287年的30余年间倭国没有攻伐新罗的原因。

下面来看邪马台国与魏国交流的军事意图。239—247年,邪马台国与魏国共计相互遣使7次。其中,邪马台国5次,魏国2次。

卑弥呼第一次派遣以难升米、都市牛利为首的使节团前往魏国是景初三年(239年)六月。邪马台国的使节团是魏国在辽东战争胜利后,第一个到达魏国都

---

① 《日本书纪》,神功皇后五十一年三月条。

② 《三国史记·新罗本纪》阿达罗尼师令条,伐休尼师令条,奈解尼师令条,助贲尼师令条,儒礼尼师令条。

洛阳的外国使节团,自然受到了十分隆重的接待。魏帝对邪马台国使节团的到来表示了嘉奖。魏明帝在给卑弥呼的诏书中称赞道:"汝所在逾远,乃遣使贡献,是汝之忠孝,我甚哀汝。"①魏明帝为嘉奖卑弥呼和使者,首先封卑弥呼为"亲魏倭王",并赐予金印紫绶,封难升米为"率善中郎将",封都市牛利为"率善校尉",并分别赐予银印青绶。同时,将绛地交龙锦5匹、绛地绉栗罽10张、蒨绛50匹、绀青50匹作为对邪马台国送来的礼物的回礼。此外,还特别赠予卑弥呼绀地句文锦3匹,细斑华罽5张,白绢50匹,金8两,五尺刀2口,铜镜百枚,珍珠、铅丹各50斤。

"亲魏倭王"这个称号在魏国授予周边诸国的称号中级别是最高的,同样的称号在229年十二月,还曾授予大月氏王波调。魏国虽然经常对北方周边诸国进行封爵,但从未有过像卑弥呼这么高的封爵。《三国志·魏书》记载,魏国对东北方诸国的爵封如下:延康元年(220年),魏文帝封辽西鲜卑素弥加为归义王,封轲比能为附义王。文帝即位后,鲜卑步度根遣使献马,文帝封步度根为王。青龙元年(232年),鲜卑归泥率部众归降,拜归义王,赐幢麾、曲盖、鼓吹。景初二年(238年),封诸韩国首领为邑君、邑长,并授予印绶。此前曾在辰韩的辰王之下设魏率善邑者、归义王、中郎将、都尉、伯长。正始八年(247年),濊国朝贡,封其王为不耐濊王。

上述诸国的册封与邪马台国的册封相比,明显有本质区别。鲜卑诸首长只是被册封为王,在"王"的称号之上还加了"归义""附义"等附加语,颇有"改邪归正"的意思,并且爵号还有严格的时间限制,即今日前来归降被册封为王,若明日叛变,则王的爵号无效。即便如此,也只有朝鲜半岛的辰韩得到了王的爵号,其他诸国都被封为邑君、邑长。尽管卑弥呼和辰王都被授予了王的爵号,但在与魏国的亲密程度上,明显是卑弥呼更胜一筹。为何邪马台国的使者会受到魏国的特殊接待呢? 主要原因是魏国在战略层面上出于对敌国吴国的考虑。正如坂元义种所说:"更深层次的原因在于,除掉侧面威胁魏国的公孙氏之后,魏国最大的敌人就是华南地区的吴国。魏国与邪马台国的外交有一半必定与这个问题有关……魏国与邪马台国的外交中,绝对有牵制吴国的成分。"②

前面讲到邪马台国对于魏国的外交策略而言具有重要的地位。那么,邪马台国又从这种特殊的待遇中获得了怎样的利益呢? 总的来说,获益很大,可以说这是邪马台国在外交上的一大胜利。如前所述,邪马台国在与狗奴国的矛盾对

---

① 《魏书·倭人传》。
② 坂元义种:《古代东亚的日本和朝鲜》,吉川弘文馆1978年版。

峙中,派遣使节团前往魏国。其外交目的就是要利用魏国道义上的支持,使自己在与狗奴国对抗的过程中可以得到有利的国际优势。而卑弥呼完全达到了这一目的。被封为"亲魏倭王"的邪马台国成为魏国的臣属国,因此卑弥呼从魏国那里获得了统率日本列岛上诸国王的权力,在与狗奴国男王卑弥弓呼的对峙中也明显展现出外交上的优势。魏明帝在诏书中写道:"其绥抚种人,勉为孝顺。"[1]由此可见,魏明帝认可了卑弥呼"正当代表倭人种族全体",并显示出地位的唯一性。[2]

难升米、都市牛利"率善中郎将""率善校尉"的爵位都是军事层面的,"率善中郎将"仅次于卿,汉代时,中郎将的爵禄为2000石,掌管朝廷的官卫、侍从。汉朝设"使匈奴中郎将",令其管理南匈奴,还设有"护乌桓校尉""护羌校尉",分别管理乌桓和西羌,爵禄1000石。

魏明帝的诏书和赠礼于次年,即240年由带方郡使者建中校尉梯俊等人带到邪马台国。对此,邪马台国大喜,再次派遣使者向魏国奉上表文,对封爵和赠礼表示感谢。这就是第二次遣使。

邪马台国第三次遣使是在243年,派遣了以大夫伊声耆、掖邪狗为首的8人使团。赠礼为生口、倭锦、绛青缣、棉、布、丹木、弣、短弓矢等。这次遣使也与战争有关,弣、短弓矢有可能是战利品。弣是弓的手柄。用弓的手柄作为一国赠礼,表面上看很荒诞,但如果将其看作战利品的话就不足为奇了。作为倭人正当代表的邪马台国王,通过向魏国献上战利品来展示自己的力量与战绩,并希望借此得到魏国的支持,这也是此次遣使的目的。使节团到达洛阳后受到了魏帝的接见,掖邪狗、伊声耆等人被拜为"率善中郎将"。有学者认为,《魏书·倭人传》中"掖邪狗等壹拜率善中郎将"一句中的"等"字指的是使节团全体8人,即8人全部被授予"率善中郎将"。这种观点是错误的。因为"率善中郎将"的爵禄为2000石,不可能将这一爵位赐予使节团全员,并且使节团成员之间也有地位高低、身份贵贱之分,使节团8人中被授予"率善中郎将"爵位的只有掖邪狗和伊声耆2人。

第四次遣使是247年,使者只到达带方郡。此次遣使也与军事情势紧张有关。《魏书·倭人传》记载:"倭女王卑弥呼与狗奴国男王卑弥弓呼素不和,遣倭载斯、乌越等诣郡说相攻击状。"显然,派遣使者的目的就是寻求带方郡的直接支

---

① 《魏书·倭人传》。
② 山尾幸久:《古代的日朝关系》,塙书房1989年版。

援。在事态紧急的情况下,带方郡太守王颀立即派了张政等人前往邪马台国。张政的官职为带方郡塞曹掾史,汉代所有的郡府都设有诸曹掾史,管理府内的具体事务。由于带方郡为边远地区的郡府,塞曹一职可能是主管与朝鲜半岛、日本列岛诸国的外交事务的官职。

张政等人到达邪马台国后,首先向难升米宣读了魏齐王曹芳的诏书,并授予黄幢。黄幢就是黄色的军旗。因此,授予黄幢时一定是非常庄严的。此外,值得注意的是《魏书·倭人传》中"为檄告喻之"一句。有学者认为,张政宣喻的檄文应该是《对狗奴国的纠弹告示书》。在古代中国,"檄"指的是使者携带的木简文书。张政携带的檄文应该是带方郡太守王颀书写的文书。内容应该也不是对狗奴国的纠弹告示书,而是激励被授予魏国爵位的难升米等人的斗志,坚定其击退狗奴国进攻的决心。

郡使张政等人没有立即返回,这并不符合常例。按照惯例,宣读完诏书、檄文,授予黄幢之后,张政的使命就完成了,应当返回带方郡。但他们完成使命后仍然留在邪马台国。这说明张政等人除了宣读诏书、檄文和授予黄幢外,还有更重要的使命。这一使命很有可能与邪马台国边境的军事冲突有密切的关系。他们作为军事顾问团紧急前往邪马台国。《魏书·倭人传》记载,张政等人在邪马台国停留期间,狗奴国的侵扰没有发生。应该是在这场军事对峙中,邪马台国取得了胜利。

张政等人在邪马台国停留期间,邪马台国发生了3件大事:一是卑弥呼女王去世;二是为了争夺王位继承人,邪马台国发生了内乱;三是卑弥呼13岁的宗女台与继承王位,成为邪马台国的第三代王。这3件大事均发生在与狗奴国的战争结束之后。卑弥呼是正常死亡,《魏书·倭人传》记载,她继承王位时,"年已长大",到247年至少也有80岁了。从张政的职位来看,卑弥呼没有接见的必要,但张政作为特别使者,在形势十分严峻的时候来到邪马台国,从外交礼仪上来看,卑弥呼应该接见特使,然而她没有。原因是当时卑弥呼已经生病了,并预料到了死亡的来临,举行了盛大的葬礼仪式。《魏书·倭人传》记载:"做大冢,径百余步,殉葬者奴婢百余人。"

在日本古代,大王和天皇死后,经常会因为王位继承问题,统治集团内部出现激烈的斗争。因此,卑弥呼一生病,邪马台国上层阶级内部的不同势力集团间一定会围绕继承者问题悄悄展开斗争。但是,女王还没有死,加上此时还有狗奴国的侵扰,因此矛盾还没有表面化。狗奴国败北、卑弥呼去世后,邪马台国很快就爆发了内乱。张政的停留一定对亲卑弥呼一派的势力集团有利,因为内乱的平定、新女王的确立都说明了亲卑弥呼一派的胜利。卑弥呼宗女台与继承王位则保证了亲魏政策的存续。这也可以说是魏国在外交上取得的胜利。

台与继承王位后，正如《魏书·倭人传》所记载的，"政等以檄告喻台与"，张政代表魏国带方郡郡守对新女王表示祝贺。至此，张政的特殊使命才圆满完成。张政等人返回带方郡时，台与令掖邪狗等20人相伴，甚至还让掖邪狗等人前去洛阳。携带的赠礼有男女生口30人、贡白珠5000枚（可能是50的误写）、孔青大句珠2枚、异文杂锦20匹。

魏国对邪马台国的内部事情如此关心是非常罕见的，我认为其中应该有战略目的。邪马台国的稳定与坚固一方面可以牵制朝鲜半岛，另一方面可以抑制吴国的海上势力。

之后邪马台国与魏国的关系就中断了，原因是魏国内部发生了纷争。265年，司马炎灭魏。次年十月，女王台与遣使"重译贡献"。这次遣使后的约150年间，中国的史籍中没有关于倭国的记载。

但是，《晋书》中有许多关于"东夷"诸国向晋朝朝献的记载。略举几例如下[1]：

> 晋咸宁四年（278年），东夷六国来献。
>
> 晋太康元年（280年），东夷二十国朝献。
>
> 晋太康二年（281年），东夷五国朝献。
>
> 晋太康十年（289年），东夷绝远三十余国……来献。
>
> 晋太熙元年（290年），东夷七国朝贡。
>
> 晋太元七年（382年），东夷五国遣使来贡方物。

所谓"东夷"，在汉魏晋时期的中国古籍中主要指朝鲜半岛和日本列岛上的古代国家，有时也指中国东北地区的少数民族。上述朝贡的东夷诸国中一定包括倭国。这期间，东亚局势激荡，日本列岛上的局势也处于激变中，日本列岛上逐渐形成更加强大的统一国家。

---

[1]《晋书·武帝纪》《晋书·孝武帝纪》。

弥生文化与古代中国

第一章

铜镜的源流与三角缘神兽镜

第一节　对汉镜和东亚的影响

一、古代中国铜镜的演变

中日两国学者发表过诸多研究中国铜镜的论文与著作。特别是在进入20世纪以后,日本学者对汉镜的研究取得了很大进展。日本早期研究汉镜的学者主要有山田孝雄、富冈谦藏、梅原末治、中山平次郎、高桥健自、后藤守一等,"二战"后伴随着考古学的发掘,日本学者对汉镜的研究有了进一步的发展。这一时期,研究汉镜的代表著作主要有驹井和爱的《中国古镜研究》(1953年),以及樋口隆康的《古镜》(1979年)等。在九州北部地区,也有森贞次郎、冈崎敬、贺川光夫、柳田康雄、高岛忠平、小田富士雄、高仓洋彰等很多优秀汉镜研究者。

20世纪三四十年代,中国就已经有不少优秀的铜镜研究者,如罗振玉、郭沫若、梁上椿等。中华人民共和国成立以后,研究者们以浙江、上海、湖北、河南以及北京等地的考古学研究组织、博物馆为中心,开展了有关出土铜镜的整理与研究工作。目前,古代中国铜镜的形成与发展过程已相当明确。

甘肃齐家坪坟墓出土的青铜素镜及青海贵南县乃马台遗址[①]出土的七角星纹镜是中国最古老的铜镜。以上2处为齐家文化时代的遗址,距今已有4000年。进入商周时代以后,铜镜的资料逐渐增多。出土的商代铜镜共有5面,其中4面出土于河南安阳殷墟妇好墓[②]。这5面商代铜镜中,2面为叶脉纹镜,2面为多圈凸弦纹镜,还

---

① 游学华:《中国早期铜镜资料》,《考古与文物》1982年第3期,第40—42页。
② 中国社会科学院考古研究所:《殷墟妇好墓》,文物出版社1980年版。

有1面是从安阳侯家庄出土的平行线纹镜。出土的西周铜镜共有16面[1]，其中有14面素纹镜、1面重环纹镜、1面鸟兽纹镜，主要分布在河南、陕西、北京、辽宁等地。

进入春秋战国时期以后，中国的铜镜制造越来越盛行。根据孔祥星、刘一曼[2]的研究，春秋战国时期铜镜的主要纹饰大致可以分为13种：

①素镜类　素镜、弦纹素镜、宽弦纹素镜

②地纹镜类　羽状地纹镜、云雷地纹镜

③花叶镜类　叶纹镜、花瓣镜、花叶镜

④山字镜类　三山镜、四山镜、五山镜、六山镜

⑤菱纹镜类　折叠式菱纹镜、连贯式菱纹镜

⑥禽兽纹镜类　饕餮纹镜、兽纹镜、凤鸟纹镜、禽兽纹镜

⑦蟠螭纹镜类　蟠螭纹镜、四叶蟠螭镜、蟠螭菱纹镜

⑧羽鳞纹镜

⑨连弧纹镜类　素地连弧纹镜、云雷纹地连弧纹镜、云雷纹地蟠螭连弧纹镜

⑩彩绘镜类

⑪透雕镜类　蟠螭透纹镜、禽兽透纹镜

⑫金银错纹镜类　金银错狩猎纹镜、金银错虺龙纹镜

⑬多纽镜类　雷纹缘镜、三角勾连雷纹镜、蛛网纹镜

图1-1　战国时期的羽状地纹镜拓本(河北邯郸百家村3号墓出土)[3]

注：转引自刘一曼《试论战国铜镜的分区》。

---

① 孔祥星、刘一曼：《中国古代铜镜》，文物出版社1984年版。

② 孔祥星、刘一曼：《中国古代铜镜》，文物出版社1984年版。

③ 本部分为『弥生文化と古代中国』的汉译本，原书使用图表在正文中一般无对应文字叙述，本部分图表遵从日文原版书位置摆放。

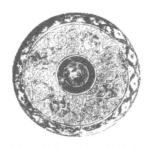

图1-2 战国时期的兽纹镜拓本(湖南长沙斗笠坡744号墓出土)

注:转引自刘一曼《试论战国铜镜的分区》。

图1-3 战国时期的蟠螭纹镜拓本(陕西咸阳黄家沟49号墓出土)

注:转引自刘一曼《试论战国铜镜的分区》。

图1-4 战国时期的金银错虮龙纹镜拓本(传河南洛阳金村出土)

注:转引自刘一曼《试论战国铜镜的分区》。

发掘出的关于这一时期的铜镜有上千面,其种类和纹饰多样,就连纹饰的表现手法也千差万别。例如,浅肉雕、高肉雕、透空雕、金银错、嵌石、彩绘等。春秋战国时期的铜镜技术为汉代铜镜的发展奠定了基础。

汉代,铜镜的制造技术达到了顶峰,出土地遍布全国。最丰富的出土地莫过于中原地区。从河南、广州等地的汉墓出土的铜镜数量如下:

　　①从洛阳烧沟的225座汉墓中出土118面铜镜。(《烧沟汉墓》)

　　②从洛西地区的217座汉墓中共发现175面铜镜。(《洛西汉墓》)

　　③从广州地区的409座汉墓中找到157面铜镜,其中西汉镜88面,东汉镜69面。(《广州汉墓》)

　　④从广西贵县的25座西汉墓和104座东汉墓中共发现西汉镜13面,东汉镜90面。(《广西贵县汉墓的清理》)

　　汉代,尤其是东汉中期以后,形成了几个铜镜制作中心。首先是洛阳地区,那里有制作皇室专用铜镜的"尚方"官署。其次是会稽郡山阴(今浙江绍兴)、江夏郡(今湖北安陆地方)、广汉郡(今四川广汉)、蜀郡(今四川成都)等地。该时期铜镜的类型也发生了变化,最流行的纹饰类型有以下15种[1]:

　　①蟠螭纹镜类　缠绕式蟠螭纹镜、间隔式蟠螭纹镜、规矩蟠螭纹镜

　　②蟠虺纹镜类　方格四虺纹镜、连弧蟠虺纹镜

　　③草叶纹镜类　四乳草叶纹镜、四叶花瓣草叶纹镜、规矩草叶纹镜

　　④星云纹镜类

　　⑤连弧纹铭文镜类　日光连弧纹镜、昭明连弧纹镜、清白连弧纹镜、铜华连弧纹镜、日有喜连弧纹镜

　　⑥重圈铭文镜类　日光重圈镜、昭明重圈镜、宜佳人重圈镜

　　⑦四乳禽兽纹镜类　四乳四虺镜、四乳禽兽纹镜、四乳四神镜

　　⑧规矩纹镜类　四神规矩镜、鸟兽纹规矩镜、几何学纹规矩镜、简略规矩镜

　　⑨多乳禽兽纹镜类　多乳四神禽兽纹镜、多乳禽鸟纹镜、多乳禽兽纹镜

　　⑩连弧纹镜类　云雷连弧纹镜、长宜子孙连弧纹镜、素连弧纹镜

　　⑪变形四叶纹镜类　变形四叶兽首镜、变形四叶夔纹镜、变形四叶八凤纹镜

　　⑫神兽镜类　重列式神兽镜、环绕式神兽镜

　　⑬画像镜类　历史人物画像镜、神人车马镜、神人禽兽画像镜、四神禽兽画像镜

────────────

[1] 孔祥星、刘一曼:《中国古代铜镜》,文物出版社1984年版。

⑭夔凤(双夔)纹镜类　直行铭文双夔纹镜、双头龙凤纹镜

⑮龙虎纹镜类　龙虎对峙镜、盘龙镜

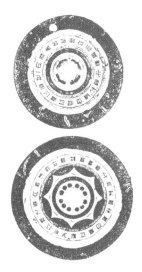

图 1-5　汉昭明镜拓本(江苏扬州出土)

注:转引自王勤金、李久海、徐良玉《扬州出土的汉代铭文铜镜》。

图 1-6　汉清白镜拓本(江苏扬州出土)

注:转引自王勤金、李久海、徐良玉《扬州出土的汉代铭文铜镜》。

图 1-7　汉清明镜拓本(江苏扬州出土)

注:转引自王勤金、李久海、徐良玉《扬州出土的汉代铭文铜镜》。

西汉前期的铜镜技术、样式还未完全脱离战国时期铜镜的影响。但到中期以后,开始出现了新样式的铜镜。其主要特征是以四乳为基点,采用四分法装饰纹样。而且,地纹逐渐消失,铭文成为铜镜纹饰的重要组成部分。

西汉末王莽新朝时期,铜镜的技术、样式发生了更大的变化。以四神为中心的神兽成为铜镜纹饰的主题。铭文内容也丰富了起来,出现了官铸的尚方铭文与私铸的姓氏铭文。

到东汉中期以后,神兽镜和画像镜再次兴盛起来,中国历史上自古流行的神仙思想和传说构成了铜镜纹饰的主要内容。因此,实用道具铜镜成了带有宗教色彩,祈求升官、平安、富贵、多子多孙的器物。

图 1-8 汉规矩镜拓本(江苏扬州出土)

注:转引自王勤金、李久海、徐良玉《扬州出土的汉代铭文铜镜》。

这一时期的铜镜纹饰区域划分和技术也发生了变化。东汉中期以前,纹饰划分多运用"点对称"的布局手法,但到了中期以后,逐渐使用类似重列式神兽镜、双头龙凤神兽镜的对称布局手法。另外,技术层面的肉雕式技法在铸造神兽镜、画像镜、龙虎镜上得到了充分的发挥。这种肉雕式技法在视觉上使铜镜的纹饰从线条式的平面状变成半立体式,是后世铜镜高超的圆肉雕技法的基础。

从整个三国时期来看,铜镜的制作技术、样式并无太大变化,继承了东汉后期的铜镜样式,铸造了相当多的神兽镜、变形四叶纹镜、夔凤纹镜、瑞兽镜、对置式神兽镜、画纹带佛镜等。

其中,画纹带佛兽镜①是新的铜镜类型,迄今为止在中国只出土过1面,出土地为湖北鄂城,制造于吴国后期,呈圆形,圆钮,内区有4组神像和4个神兽。4组神像中,一组是东王公,一组是西王母,一组是二侍神(胁侍),还有一组是2尊佛

---

① 王仲殊:《关于日本的三角缘佛兽镜:答西田守夫先生》,《考古》1982 年第 6 期,第 630—640 页。

像。2尊佛像的其中一尊呈站立状,另一尊坐于莲花座上。神兽纹饰的外面有半圆方乳,外区有直径为15厘米的禽兽纹带和流云纹平缘。

根据樋口隆康[1]的调查,从古坟出土的这一类型铜镜有4面,分为2种形式。

第一种形式的神像分为4组,和蟠龙相对。4组神像中,2组装饰2尊神,2组装饰3尊神。2尊神中的一尊呈站立状,另一尊坐于莲花座(或狮首座)上。3尊神中,一尊站立于正中间,一尊坐于莲花宝座上,还有一尊坐在狮首座上。

图1-9　东汉神兽镜拓本(江西铅山县出土)

注:转引自王立斌《江西铅山县发现东汉神兽镜》。

第二种形式的神兽布局和第一种相同,但3尊神像中的1尊胁侍呈半跏趺、思考状。另2尊胁侍则站立在莲花宝座上。镜缘全部为平缘。

以上是中国铜镜的发展脉络,接下来我们来探讨一下中国发达的铜镜文化对东亚地区产生的影响。

二、多钮式铜镜的传播

迄今为止,日本出土的多钮式铜镜有6面,分布在佐贺、福冈、山口、奈良、大阪、长野等地。这些多钮式铜镜是由哪里传来的呢? 一般认为其是从朝鲜半岛传来的。朝鲜半岛曾经盛行制造此类铜镜,因而出土了相当多的此类铜镜。

朝鲜半岛大约从公元前1000年进入青铜器时代。以公元前5世纪为界,在此之前为前期,在此之后的一个世纪为后期。朝鲜半岛前期出土的多钮镜大部分为粗纹多钮镜,后期出土的大部分为细纹多钮镜。朝鲜学者[2]指出,粗纹多钮镜起源于中国辽宁等地,而粗纹多钮镜到细纹多钮镜的发展则发生于朝鲜半岛,

---

① 樋口隆康:『古鏡』,新潮社1979年版。(应版权方要求,本部分涉及的日文信息资源均需使用日文原版作品语种,不宜自行翻译。)

② 金廷鶴:『日本の歴史:別巻1 任那と日本』,小学館1977年版。

继而人们造出了无论在技术上还是外观上都相当出色的青铜镜。实际状况究竟如何？我们先来看一下多钮镜在中国的情况。

多钮镜多出土于春秋至战国中晚期的墓中。其主要分布地区为辽宁的西部、中部，吉林的松花江流域，以及鸭绿江流域等地。从发掘出的多钮镜样式来看，可以分为与朝鲜相同的粗纹多钮镜和细纹多钮镜[①]。

1. 粗纹多钮镜

粗纹多钮镜可分为2种类型。

（1）一型

镜缘边有纹饰，在辽宁朝阳十二台营子遗址出土了4面[②]。纹饰由曲尺纹、三角形纹、长方形纹、梯形纹、平行四边形纹等几何图形组成。外圈的纹饰比较粗糙，内圈的纹饰细腻，镜钮全部在背面，有三钮或四钮。直径为20.4厘米，厚为0.2—0.6厘米。

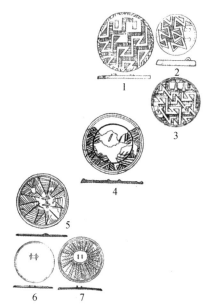

1. 本溪梁家；2. 沈阳郑家洼子；3. 朝阳十二台营子；
4. 桦甸西荒山屯；5. 集安五道岭；6—7. 丹东赵家堡。

图1-10　中国东北地区出土的多钮铜镜图

注：转引自张锡瑛《试论东北地区先秦铜镜》。

①　张锡瑛：《试论东北地区先秦铜镜》，《考古》1985年第2期，第163页。

②　朱贵：《辽宁朝阳十二台营子青铜短剑墓》，《考古学报》1960年第1期，第63—73页。

（2）二型

纹饰和镜钮全部在背面，主要纹饰是复线三角勾连雷纹，雷纹之间有短平行线，朝阳十二台营子出土1面①，沈阳郑家洼子第三地点出土1面②，本溪梁家出土1面③。朝阳十二台营子出土的1面多钮镜直径22.5厘米，厚0.8厘米，钮长3.3厘米，宽1.3厘米，长0.5厘米，镜缘边缠绕着呈凸起状的几何学短线。3个镜钮呈"川"字形，镜钮的上面遍布了复线曲折纹。沈阳郑家洼子出土的1面多钮镜，直径8.8厘米，厚1.0厘米，镜体很厚且有相当的重量，背面有朴素的复线曲折纹。本溪梁家出土的1面多钮镜直径12.8厘米，厚0.5厘米，纹饰和朝阳十二台营子出土的一样，镜钮为双钮式。在以上3面多钮镜中，朝阳十二台营子出土的最为精致，沈阳郑家洼子出土的最为朴素。

2. 细纹多钮镜

这种多钮镜的纹饰由凸状的细单线构成，分为2种类型。

（1）一型

一般以镜钮为中心，一些线由内向外呈现出放射状。放射线之间遍布了叶脉状细线。整体的纹饰和蜘蛛网非常相似。迄今为止仅出土了2面：一面出土于吉林省集安市五道岭的沟门④，直径13.9厘米，厚0.2厘米；另一面出土于丹东宽甸赵家堡⑤，直径12.3厘米，厚0.4厘米，钮长1.3厘米，高0.4厘米。两镜均为双钮，镜缘呈凸起状，截面呈三角形。

（2）二型

纹饰是斜线三角纹，镜子背面划分为3个区，外区是尖端朝外的三角形，三角形之间填充了平行的斜线。中区是横、斜交叉的交叉线纹，内区有素面钮座。这种铜镜仅在吉林省桦甸西荒山屯出土了1面。双钮，直径10厘米，厚0.3厘米，镜缘呈凸起状，截面呈三角形。

辽宁、吉林的多钮镜和朝鲜相比，无论是粗纹多钮镜，还是细纹多钮镜，都有共通性。另外，在朝鲜半岛出土的细纹多钮镜并不能说明是朝鲜半岛形成的个

① 朱贵：《辽宁朝阳十二台营子青铜短剑墓》，《考古学报》1960年第1期，第63—73页。

② 沈阳故宫博物馆、沈阳市文物管理办公室：《沈阳郑家洼子的两座青铜时代墓葬》，《考古学报》1975年第1期，第141—157页。

③ 魏海波：《本溪梁家出土青铜短剑和双组铜镜》，《辽宁文物》1984年第6期，第25—27页。

④ 张雪岩：《集安发现青铜短剑墓》，《考古》1981年第5期，第467页。

⑤ 许玉林、王连春：《丹东地区出土的青铜短剑》，《考古》1984年第8期，第712—715页。

例。在朝鲜半岛西古都里五金山、平安南道成川、全罗南道高兴郡小鹿岛、扶余莲花里、大田市槐亭洞等遗址出土的多钮镜中,有和中国东北地区的细纹多钮镜相似的,尤其是纹饰、多钮的位置、镜缘等。很多日本学者[1]认同朝鲜和日本的多钮镜祖型源于中国辽宁一带这一观点。

三、汉式镜在朝鲜半岛的传播

从地理位置来看,朝鲜半岛与中国相邻,汉代铜镜文化对朝鲜的影响比对日本的影响更强烈,一些考古学资料也证实了这一点。

20世纪20年代,梅原末治、后藤守一等对朝鲜半岛的汉式镜进行了采集和调查。根据后藤守一所著的《汉式镜》一书,截至1926年,在朝鲜半岛出土了190余面汉式镜。其中,南部地区出土18面,北部地区出土170余面。南部地区的出土地有庆尚北道永川郡琴湖面(16面)、同庆州郡入室里(1面)、庆尚南道晋州邑内(1面)。北部地区的出土地主要是平安南道大同郡大同江流域附近。此外,黄海道凤山郡养洞里、同松山里、平安南道中和郡法桦里等地各出土1面。北部地区汉式镜的出土地正属汉朝所设乐浪郡境内(大同江流域)。

高仓洋彰所著《日本金属器出现期的研究》一书详细介绍了朝鲜半岛南部出土的汉式镜的情况。1969年以后朝鲜半岛出土的汉式镜具体如下:

庆尚南道金海郡良洞里　方格规矩四神镜镜片20余件(1969年)

庆尚南道固城郡固城邑东外洞　汉镜片1件(1974年)

庆尚北道大邱市坪洞里　四乳虺龙纹汉镜1面,仿制重圈纹日光镜5面(1974年)

庆尚北道庆州市朝阳洞　汉镜4面:内行花纹日光镜1面,重圈纹日光镜1面,家常富贵镜1面,昭明镜1面(1981年)

全罗北道益山郡平章里　蟠螭纹镜1面(1987年)

庆尚南道义昌郡茶户里　内行花纹星云镜1面(1988年)

庆州博物馆藏,传庆尚北道大邱市池山洞　汉镜6面:内行花纹日光镜4面、重圈纹日光镜1面、内行花纹昭明镜1面

其他出土地不明的汉式镜有2面(传庆尚道1面,不明1面),如果加上战前出

---

[1] 梅原末治:『漢以前の古鏡の研究』,東方文化学院京都研究所1936年版。

土的18面汉式镜,那么在朝鲜半岛南部出土的汉式镜共计33面、汉镜片共计21件。

朝鲜半岛南北两地出土的汉式镜的样式和汉代铜镜相吻合。例如,朝鲜半岛北部出土的汉镜样式如下所示[1](括号内是中国铜镜的名称):

内行花纹清白镜(清白连弧纹镜)7面

内行花纹日光镜(日光连弧纹镜)2面

蝙蝠形纹内行花纹镜(四乳禽兽纹镜)15面

四叶纹内行花纹镜(草叶纹镜)30面

圆座钮内行花纹镜(连弧纹镜)7面

TLV式镜(规矩镜)41面

神兽镜6面

画像镜5面

盘龙镜12面

兽带镜7面

兽形镜(蟠虺纹镜)14面

凤凰纹镜(夔凤纹镜)4面

蟠螭纹镜5面

细线地纹T字镜(山字纹镜)、星云镜、细形锯齿纹镜、夔凤镜各1面

以上除细线地纹T字镜之外,都是汉式镜。

汉代铜镜诸多样式的流行情况如下。西汉初期流行蟠螭纹镜、蟠虺纹镜、草叶纹镜,中期起初流行草叶纹镜,后又流行星云镜、日光镜、昭明镜。末期王莽新朝时期,日光镜、昭明镜最为流行,禽兽纹镜、规矩纹镜开始出现。东汉早期,规矩纹镜最为流行。东汉中期,在规矩纹镜流行的同时,出现了连弧纹镜(内行花纹镜)、夔凤镜。同一时期,长江中下游地区出现了神兽镜和画像镜。东汉晚期,变形叶纹镜、龙虎镜也流行起来。

从整体来看,在朝鲜半岛出土的西汉初期流行的铜镜较少,西汉中期以后流行的铜镜较多。

朝鲜半岛的铜镜文化与中日两国相比并不算盛行。具体可总结为以下3点:

---

[1] 後藤守一:『古漢鏡』,雄山閣1973年版。

第一,出土的汉式镜和仿制镜分布地区狭窄,北部集中在大同江流域。铜镜的使用者可能仅限于在乐浪郡的汉人。南部主要集中在东半部分的庆尚南道和庆尚北道。西半部分的忠清道、全罗道暂未出土过铜镜①,究其原因,虽然至今还无法弄清,但可以推断从朝鲜半岛北部出土的汉式镜像是由汉人直接传入的,朝鲜半岛南部的汉镜则应是通过日本再传到朝鲜的。

第二,另有发现朝鲜产的仿制镜,如从庆尚北道永川郡琴湖面渔隐洞②出土的日光仿制镜有12面、镜片2件,从庆尚北道大邱市坪里洞出土的日光仿制镜4面、内行花纹放射状纹仿制镜1面,加上出土地点不明的1面③,仅出土完整镜子18面和镜片2件。出土的为数不多的汉式镜和仿制镜表明,当时朝鲜半岛的人们还没有使用铜镜的习俗。他们更不会像日本的弥生人一样几乎把铜镜视为神圣和权威的象征。

第三,更需要注意的是,从庆尚南道咸安郡沙内里和济州道济州市健入洞等遗址④出土了日本产的弥生时代仿制日光镜和镜片。这一发现表明,铜镜铸造在朝鲜半岛南部并不盛行。

上述内容对"日本青铜器文化的源流在朝鲜半岛"这一传统观点提出了挑战。至少在东亚世界中,日本的铜镜制作和使用比朝鲜更加兴盛。

四、弥生时代汉式镜的分布和特征

弥生遗址出土了很多汉式镜,从160余处遗址出土了320面汉式镜。关于其分布,弥生中期的前半时期主要集中在九州北部地区,后半时期扩展到了日本西部各地。

弥生时代随葬的铜镜的样式也随着时间的流逝发生了变化⑤。其变化形式与汉代流行的镜式变化相吻合。汉代中期(公元前140—公元前33年),草叶纹镜、星云镜、日光镜和清白镜等铜镜开始流行。

从福冈县三云、须玖、立岩等弥生中期遗址的5处墓地中出土了铜镜95面,其中1面是三云南小路一号瓮棺里的随葬品重圈彩画镜,1面是战国雷纹镜,其余93面全是汉镜。如果根据镜式的多少来排列顺序的话,那么可以形成如下顺

---

① 高倉洋彰:『日本金属器出現期の研究』,学生社1990年版。
② 後藤守一:『古漢鏡』,雄山閣1973年版。
③ 高倉洋彰:『日本金属器出現期の研究』,学生社1990年版。
④ 高倉洋彰:『日本金属器出現期の研究』,学生社1990年版。
⑤ 高倉洋彰:『日本金属器出現期の研究』,学生社1990年版。

序:连弧纹清白镜31面,占全部出土数的32.6%;连弧纹日光镜22面,占23.0%;连弧纹昭明镜15面,占15.7%;重圈纹清白镜10面,占10.5%;星云镜6面,草叶纹镜3面,全部是西汉中期最流行的铜镜样式。

公元前32年—公元75年,正值西汉晚期、王莽新朝时期、东汉早期,这期间正是汉朝历史的转换期,铜镜文化也发生了新的变化。除日光镜、昭明镜继续流行之外,方格规矩镜、虺龙纹镜等新样式的铜镜也开始出现。尤以方格规矩镜居多,在《洛西汉墓》中展现的175面汉镜中,规矩镜有47面,占出土铜镜的26.8%。在《广州汉墓》中展现的32面东汉前期铜镜之中,规矩镜有17面,占53.1%;同样在其所展现的34面东汉后期镜之中,规矩镜有16面,占47.1%。有中国学者提出规矩镜是王莽新朝或稍后时期的产物。但也有学者认为西汉末期已经出现了规矩镜,并在王莽新朝时期达到鼎盛。

弥生时代中期末到后期中段出土的汉镜基本上和西汉晚期到东汉早期流行的铜镜样式相吻合。数量可观的随葬铜镜包括连弧纹昭明镜、虺龙镜、方格规矩镜等。从福冈县糸岛郡井原镭沟遗址的一个瓮棺里出土了21面汉镜。另外,唐津市樱马场遗址也有出土。

根据镜子背面的纹饰,大致可将方格规矩镜分为四神规矩镜、鸟兽纹规矩镜、几何学纹规矩镜这3种,其中四神规矩镜最为流行。从井原镭沟遗址出土的21面汉镜都是四神方格规矩镜。这种铜镜一般为圆钮四叶纹钮座或圆钮座,钮座外侧有方形边框,有的方形边框里面刻着"子、丑、寅、卯、辰、巳、午、未、申、酉、戌、亥"12字铭文。边框的外围,有相对着的"T""L"字形符号,方框的四角还有相对着的"V"字形符号。"T""L""V"将内区分为8等,内置四神或者青龙、白虎、朱雀、玄武,以及羽人、鸟纹等。外区有铭文带,主要铭文是"尚方"。镜缘纹饰呈多样化,以锯齿纹、波纹、流云纹为主。

弥生后期中段以后,汉镜的出土情况发生了变化。其一是出土的完整铜镜数量有所减少,而镜片的出土数量则明显有所增加。其二是分布地区从西日本延伸到了东日本。并且,随着随葬汉镜数量的减少,仿制镜在逐渐增加。据统计[1],从这一时期的135处遗址中出土了169面汉镜。其中有完整汉镜38面,破镜87面,另有出土时虽然镜片化,但因看不到研磨等二次加工痕迹,从而判断为并非破镜的有44面。

随葬破镜片不仅反映出汉镜输入不足,也反映出弥生后期社会结构的阶级

---

[1] 高仓洋彰:『日本金属器出現期の研究』,学生社1990年版。

化和区域化。

弥生后期,昭明镜、虺龙镜、方格规矩镜等镜式流行起来。福冈县平原弥生遗址[1]共计出土了42面铜镜。其中,汉镜37面,仿制镜5面。37面汉镜中,方格规矩镜有35面。

长宜子孙连弧纹镜为新流行的铜镜样式,这种形式的铜镜区别于云雷纹铜镜和蝙蝠座纹铜镜,云雷纹比蝙蝠座纹更早。长宜子孙连弧纹镜的完整铜镜和镜片出土于福冈县的三云、山田后山、笹原、宫原、稻童石并、日佐原、上所田,佐贺县的一本松、大曲,大分县的二本木,兵库县的大中,大阪府的瓜破北等遗址,以及岐阜县的瑞龙山古坟、福冈县的铫子冢古坟、奈良县的天神山古坟、静冈县的松林山古坟等地。蝙蝠座纹铜镜是从福冈县的三云寺口、前田山、颖天町谷头,筑紫野市萆城及宫崎县、爱媛县、岛根县、广岛县、兵库县、岐阜县等早期古坟中出土的,从这些古坟中也出土了夔凤镜、平缘神兽镜等。

弥生时代后期出现的小型仿制镜应该受到关注,其出土量截至1985年就已达到184面[2]。再加上从朝鲜半岛出土的仿制镜仅有18面,说明日本的仿制镜比朝鲜半岛更加兴盛。

我们可以从出土的仿制镜知晓如下内容。早期的仿制镜多以汉式镜为原型制造,而且在这之后,仿制镜发生了多种变化。主要变化是镜子纹饰呈简单化和抽象化。日光连弧纹(内行花纹日光)汉式镜,一般都是平缘、圆钮、圆钮座,钮座外侧环绕8瓣连弧纹,外区有铭文带,铭文和铭文之间有"🐍"和"🔱"类符号。日本连弧纹仿制镜钮座外侧的连弧纹花瓣是8瓣的很少,一般都是在8瓣以下。仿制镜有的是连弧纹,有的是双线连弧纹,铭文带上多装饰蕨手状纹、兽形纹、栉齿纹、"S"字纹等花纹。重圈纹日光仿制镜也基本相同,其铭文带和背面纹饰都相当简单,有的做成拟铭文带,用涡纹、蕨手纹、菱形纹、兽形纹、栉齿纹等装饰,也有的没有拟铭文带。

仿制镜的铸造技术虽然不及汉式镜,但凭弥生人从简单的小铜镜中学习到铸造仿制镜的技术这点,我们可以看出弥生人不断吸收、融合外来文化的精神。有学者指出仿制镜是在汉镜停止输入之后出现的,是弥生人为了适应社会的需要而铸造的。这种观点虽然有一定的道理,但我们不能全盘接受。

准确而言,有2个方面的原因:其一为汉镜输入的停止。其二为在长时期的

---

① 原田大六:『実在した神話:発掘された「平原弥生古墳」』,学生社1966年版。

② 高倉洋彰:『日本金属器出現期の研究』,学生社1990年版。

汉镜输入和传播过程中,弥生人逐渐掌握了中国铜镜的铸造技术。因此,由于镜子原料的输入,弥生人有意识地从汉镜成品的输入阶段转移到仿制镜的铸造阶段。其技术虽然尚处于不成熟阶段,但是其创造意识有了飞跃式的发展。这种创造意识正是"弥生革命"的思想要素。

第二节 三角缘神兽镜

一、关于三角缘神兽镜的争论

根据《魏书·倭人传》,卑弥呼于景初三年(239年)六月[①]派遣大夫难升米出使魏国,同年十二月,魏帝赠送邪马台国和卑弥呼一批礼品,其中便有"铜镜百枚"。但在魏帝诏书中并未明确此"铜镜百枚"究竟为何种镜式,由此引发了后人对这一问题的争论。从日本古坟中出土过大量三角缘神兽镜,其中存在一些刻有"景初三年"和"始元年"等年号的魏国纪年镜。三角缘神兽镜虽为古坟中的一种随葬品,但由于其涉及邪马台国与魏国之间的文化交流,因此在研究弥生文化的时候,不得不论及三角缘神兽镜的问题。

关于三角缘神兽镜是否就是卑弥呼获赠的"百枚铜镜"这一问题,学界展开了广泛的研究和讨论。樋口隆康[②]指出:"在刻有魏国年号的铜镜中,除三角缘神兽镜之外,还包括兽首镜或对置式平缘神兽镜,因而其他种类的铜镜当然也在'铜镜百枚'之中。"

关于三角缘神兽镜的争论在于其制作地究竟所在何处? 此前关于该问题的讨论仅限于日本学界,但进入20世纪80年代以后,中国学者也参与其中,并展开了激烈的争论。

王仲殊[③]于1981—1984年连发数篇论文,就三角缘神兽镜的问题提出了自己的新学说。其主要论点如下:

---

① 关于邪马台国的第一次遣使年月,《魏书·倭人传》里记载为"景初二年",多数学者认为景初二年是景初三年的误记,笔者也持同一观点。

② 樋口隆康:『大陸からみた古代日本』,学生社1990年版。

③ 王仲殊:《关于日本三角缘神兽镜的问题》,《考古》1981年第4期,第346—359页;《关于日本的三角缘佛兽镜:答西田守夫先生》,《考古》1982年第6期,第630—640页;《日本三角缘神兽镜综论》,《考古》1984年第5期,第468—480页。

①不论是在中国的南方还是北方，任何时代都没有铸造过三角缘神兽镜，也没有出土过一次三角缘神兽镜。

②自东汉中期至三国时期，中国所流行的神兽镜均为平缘样式，各种平缘神兽镜与三角缘神兽镜相比，除了缘部不同以外，在形制和纹饰等方面也有许多明显区别。仅有铜镜内区的神像和兽形存在相似之处。由此可以证明，日本的三角缘神兽镜主要是参照中国的平缘神兽镜制作的。

③中国的平缘神兽镜历来是长江流域而非黄河流域的产品。因而三国时期流行的平缘镜应是属于长江流域的吴镜，而非黄河流域的魏镜。这类铜镜的出土地主要在江苏、浙江、安徽、江西、湖北、湖南、福建、广东、广西等地。

④中国三国时期的各种画像镜与日本的三角缘神兽镜之间存在一些相似之处，主要在于：缘部断面均呈三角形，镜子内区饰有车马形象的花纹，两者外区的波纹带装饰图案亦十分相似。

⑤三角缘神兽镜是由中国的吴国工匠东渡后制作的。此类铜镜虽具有吴镜的风格，但就其具体的形制和纹饰而言，确实不同于中国的吴镜，更不同于魏镜和其他任何中国镜。

⑥三角缘神兽镜并非赠送给邪马台国卑弥呼的铜镜。魏国赠给邪马台国的铜镜是魏、晋时期流行于中国北方的方格规矩镜、内行花纹镜、兽首镜、夔凤镜、盘龙镜、双头龙凤镜、"位至三公"镜等。除双头龙凤镜以外，上述诸多铜镜在日本皆有出土。

⑦在中国发现的铜镜上，都没有看到三角缘神兽镜上常见的笠松形纹样。镜上虽有"铜出徐州"的铭文，但其产地徐州和铜矿山之间没有明确关系，"师出洛阳"的铭文也只不过是一种表示资格的虚词，并不足以说明其是洛阳产品。

1986年10月，从京都府福知山市广峰15号古坟墓出土了1面景初四年（240年）铭盘龙镜。不久，辰马考古资料馆宣称藏有1面与其相同的同范镜，一时聚集了世人的目光。王仲殊认为这面"景初四年"铭镜进一步证明了三角缘神兽镜是由东渡到日本的吴国工匠制作的。

王仲殊的这一观点引起了日本学界的注意，既有人赞同，也有人反对，但反对者居多。

田中琢①认为,三角缘神兽镜的图像中虽包含各种要素,却存在共通性,有可能是魏帝为了赐给卑弥呼而命令属于几个不同系统的工匠集中制作的。

福山敏男②从文献学的立场批判了王仲殊所提出的徐州未曾冶铜的观点。

王仲殊认为身处日本的吴国工匠是在并不知晓魏国改元的情况下制作了景初四年铭镜。近藤乔一③对这一观点提出了批判,同时指出"铜镜百枚"是应卑弥呼的要求特制的。

贺川光夫④也对王仲殊所说的吴国工匠是在逃亡日本后制作了魏国纪年镜这一说法提出了质疑。仅凭神原神社古坟出土的景初三年铭镜上有"绝地亡出"的铭文,柴崎古坟出土的正始元年铭镜上有"杜地命出"的铭文,景初四年铭盘龙镜在改元后仍使用旧年号,王仲殊教授便提出"陈是亡命故乡出国,至海东绝域",认为吴国工匠亡命日本后于日本制作了这些铜镜。但是,贺川光夫认为即使陈是的亡出地不是日本而是魏都也说得通。近藤乔一也曾指出陈是在改元后仍使用旧年号的例子,认为陈是在吴国样式的铜镜上标记改元前的魏国旧年号时身处魏都反而更加自然。

樋口隆康⑤强烈批判了王仲殊的学说,要点如下:

①制作铜镜不可能只靠一个工匠来完成,必须有做设计的人、制作器物模型的人和制作模型后进行铸造的人。此外,当时的日本并不产铜,要制作数百面三角缘神兽镜的话,就必须有制镜的强大团队将制镜素材一起带到日本。然而,这是不可能的。

②铜镜上的铭文是一句句优美的诗句,当时的日本人是作不出这样的诗句的。

③王仲殊对研究资料的态度有所偏见。其对符合自己见解的材料则采用,不符合的则丢弃。例如,"用青铜至海东"符合其所述观点,则

① 田中琢:「三角縁神獣鏡のイコノグラフィー」,『日本の美術(178)』,至文堂1981年版,第56—61頁。

② 福山敏男:『「銅出徐州」の徐州』,『京都府埋蔵文化財情報』1981年第2号。

③ 近藤乔一:《景初四年铭镜私考》,《考古杂志》1988年第73卷第3期,第38—53页。

④ 贺川光夫:「同向式神獣鏡と景初・正始年鏡」,『別府大学紀要』1989年第30号,第53—62頁。

⑤ 樋口隆康:『大陸からみた古代日本』,学生社1990年版。

认为可以相信,而"铜出徐州""师出洛阳"不符合其观点,则认为是虚词。

④假设吴国工匠是在日本铸造了三角缘神兽镜的话,那么应当使用吴国年号而不是魏国年号,这是相当奇怪的。

⑤徐州指的是长江以北的广阔地区,这一地区南部产铜,因而"铜出徐州"并不是虚词。

中国学者大多赞同王仲殊的学说,很少有学者提出反对意见。

笔者虽对铜镜知识了解不够深入,但因其和古代中日文化交流密切相关,所以笔者对三角缘神兽镜颇感兴趣,并于近年开始了对铜镜的研究。因此,为了考察中国江南地区古代文化(包含铜镜),笔者于1985年和1987年2次前往了长江下游地区,有幸见到了在南京、上海、杭州、绍兴的铜镜实物。

二、自古就是铜产地的徐州

在日本出土的三角缘神兽镜之中有镂刻"铜出徐州""师出洛阳"铭文的铜镜。对此,王仲殊提出,三国时代彭城(即徐州)及其附近是绝对不可能产铜的。他解释道,汉代时期的徐州及其附近产铁,且设置铁官机构,但没有铜矿山,在后世的唐、宋史籍中也有关于徐州一带产铁的记载。根据明清时代的史籍,徐州有铜山,产铜,但王仲殊认为这一记载是没有根据的。那么,王仲殊的"徐州不产铜"这一说法是否成立?

孔祥星、刘一曼[1]主张刻有"铜出徐州"铭文的铜镜至少说明了在那一带有铸造铜器的优质原材料。罗其湘、武利华[2]发表了1篇证明徐州自古以来就是产铜地的论文。以下为该论文的主要内容。

自古就有"徐州"这个地名。《禹贡》中记载有"海岱及淮惟、徐州",当时的徐州是指东临大海、北至秦山、南达淮河的广阔地区,相当于现在的山东东南部、江苏,以及安徽的淮北地区。西汉时期,设置有"刺史部十三州",徐州便是其中之一,根据《汉书·地理志》,其管辖范围包括琅邪、东海、临淮三郡,以及广陵、泗水、楚。东汉时期,楚被改称为彭城国,仍属于徐州。三国时期,徐州属于魏国领土,

---

① 孔祥星、刘一曼:《中国古代铜镜》,文物出版社1984年版。

② 罗其湘、武利华:《日本出土三角缘神兽镜铭文"铜出徐州"考辨》,《徐州师范学院学报》1987年第1期,第85—89页。

徐州刺史所治理的范围被移到彭城(今徐州)。

徐州及其附近地区是铁、铜等多种金属的矿床地带。徐州一个叫利国的地区是铁及铜、钴、金、银的混合矿区,另一个叫班井的地区是铜及金、银的混合矿区。利国铁矿区的高铜磁铁矿石、高铜赤铁矿的含铜量平均达到0.03%,最高含量在20%以上[1]。

古代冶炼炉的构造很简单,炉的温度很低,将含铜量为10%—20%的矿石放入冶炼炉中,矿石中含有的铁极少还原,因此就能得到纯度较高的铜[2]。考古学资料也证明徐州及其附近地区曾经产铜。1955年,在辽宁省辽阳市三道壕的晋墓[3]中出土了1面铜镜,镜上刻有"吾作大镜真是好,同(铜)出余(徐)州(清)且明兮"铭文,是方格规矩镜。此外,1955年,在徐州地区的北洞山楚王墓及云龙山下的圆坟分别出土了西汉"四铢半两""五铢钱"铸型的铜范[4]。

1986年,从北洞山西汉楚王的石室墓中出土了几万枚被铸造成"半两"的铜钱[5]。《汉书》中记载"更置五铢钱,民多盗铸,楚地尤盛"[6],其中"楚地"指的便是古徐州,出土的大量铜钱也说明该地区盛行百姓私自铸造铜钱。铸造业以采铜业、冶炼业为前提,由此表明"铜出徐州"并非虚词。

三、三角缘神兽镜并非中国铸造?

自从王仲殊发表了"在中国国内无论是南方还是北方都没有铸造过三角缘神兽镜"的观点之后,三角缘神兽镜并非中国制造这一观点一度在中国学术界占据主导地位,虽也有学者持反对意见,但也是微乎其微。

1985年12月,笔者随贺川光夫一同考察长江下游的铜镜文化,在上海复旦大学停留期间,和中国博物馆学术研究班的人员一起参加了"中日考古学的诸多问题"学术研讨会。当时,洛阳关林管理处的赵振华在发言中说道:"洛阳博物馆内藏有2面三角缘神兽镜,一面是蔡氏作镜铭的东汉镜,另一面是日月天王神兽镜。"数年来,笔者一直想看这2面铜镜,但因琐事缠身,还未能见其真容。

---

① 徐州利国铁矿矿志办公室:《徐州利国铁矿简志》,1985年编印。

② 北京钢铁学院《中国古代冶金》编写组:《中国古代冶金》,文物出版社1960年版。

③ 王增新:《辽阳三道壕发现的晋代墓葬》,《文物参考资料》1955年第11期,第37—46页。

④ 南京博物院:《江苏省出土文物选集》,文物出版社1963年版。

⑤ 《光明日报》,1986年10月11日。

⑥ 《汉书·汲郑传》。

1990年,贺川光夫①发表了论文「三角縁神獣鏡の源流 日月天王環状乳神獣鏡(洛陽鏡)」,具体论述了洛阳博物馆所藏的三角缘神兽镜的相关情况。

图1-11　日月天王神兽镜(洛阳金谷园站东北处出土)

注:原载于北京钢铁学院《中国冶金简史》编写组《中国古代冶金》。

1983年,在冈山市东方美术馆举办的"古都洛阳秘宝展"上展出了洛阳博物馆所藏的2面三角缘神兽镜。同年出版的『古都洛陽秘宝展図録』②中写道:"这2面铜镜是中国唯一的装饰有神兽画像、边缘为三角缘的神兽镜。洛阳博物馆所藏的2面三角缘神兽镜是于1982年在洛阳市金谷园站东北处出土的,一面是三角缘神兽镜(日月天王神兽镜),另一面是三角缘画像镜。"

根据贺川光夫的研究③,日月天王神兽镜有如下特征:

　　①日月天王神兽镜直径14.3厘米,镜钮2.8厘米,半钮,连珠文钮座,镜子内区纹饰为半肉雕,四神左右各有胁侍,胁侍下端设8个环状乳划分内区。在胁侍下方环状乳之间装饰朝右且几乎相同的瑞兽,整体以四神、八胁侍、四兽画像构成。

　　②日月天王神兽镜的画像以镜钮为中心呈放射状,东王父、西王

① 賀川光夫:「三角縁神獣鏡の源流 日月天王環状乳神獣鏡(洛陽鏡)」,『九州上代文化論集:乙益重隆先生古稀記念論文集』,乙益重隆先生古稀記念論文集刊行会1990年版,第591—604頁。

② 山本遺太郎、谷一尚、藤井純夫:『古都洛陽秘宝展図録』,岡山市立オリエント美術館1983年版。

③ 賀川光夫:「三角縁神獣鏡の源流 日月天王環状乳神獣鏡(洛陽鏡)」,『九州上代文化論集:乙益重隆先生古稀記念論文集』,乙益重隆先生古稀記念論文集刊行会1990年版,第591—604頁。

母、伯牙、黄帝四神对置而设。洛阳所藏的三角缘神兽镜与上海博物馆所藏的永康元年铭平缘神兽镜、中平四年铭神兽镜有诸多相似点。例如,它们都是画文带环状乳神兽镜。另外,它们在四神和胁侍的布局,内区的外带交替设置方格、半圆形,方格内划分为四区并刻有铭文,外区设计画文带这些方面是基本相同的。

③洛阳的三角缘神兽镜与日本古坟出土的铜镜也有诸多相似的地方。出土于大阪府和泉黄金冢古坟中央樟棺外的铜镜基本上属于东汉末画文带神兽镜的范围,洛阳镜和黄金冢镜在神像画文上并不完全一致。但无论是东汉末在吴地流行的东王父、西王母、伯牙、黄帝四神,以及胁侍的配置,还是冲衔兽形的配置,它们都是相同的。另外,洛阳镜上有"日月天王"铭文,在京都府椿井大冢山古坟、福冈县石冢山古坟、筑紫野市原口古坟、大分县宇佐市赤冢古坟中出土的三角缘神兽镜上也可以看到与之相同的铭文。

洛阳日月天王神兽镜的出土意义重大,至少证明了中国在东汉末已经制造了三角缘神兽镜。其制造技术与吴越地区的神兽镜有很深的渊源。另外,它的出土动摇了中国从未制造过三角缘神兽镜这一说法。

四、陈氏镜及其技术源流

在出土的刻有制作者铭文的铜镜中,陈氏镜数量最多。

研究陈氏镜对追溯三角缘神兽镜的制作地和技术源流大有裨益。1989年,笔者发表了1篇题为「陳氏鏡に関する若干の問題」[1]的论文,拙作要旨如下:

如表1-1所示,至今所发现的陈氏镜共有28面,也可能有一些笔者没注意到的。在28面陈氏镜中,除了"陈建作镜"和"陈孝然作镜",其他26面铜镜的制作者铭文都是"陈氏""陈世""陈是","氏""世"及"是"在中国古代是同义词。因此,可以认为陈氏、陈世、陈是都是工匠陈氏家族的成员。

在28面陈氏镜中,①至⑦是平缘镜,都是在中国本土,尤其是长江流域出土的。其他都是三角缘镜,于日本出土,分散在以畿内为中心的地区(日本的京畿、中国、中部、关东)。根据小林行雄关于日本铜镜地区的分类,它们属于"东方型"[2]。

---

① 王金林:「陳氏鏡に関する若干の問題」,『別府大学紀要』1989年第30号。

② 小林行雄:『古墳時代の研究』,青木書店1961年版。

表 1-1　陈氏制铜镜一览表

陈氏镜	地点
①黄武七年七月　对置式神兽镜	五岛美术馆
②黄龙元年七月　重列神兽镜	五岛美术馆
③黄龙元年七月　重列神兽镜	富冈谦藏氏旧藏
④黄龙元年七月　重列神兽镜	广西贵县
⑤黄龙元年七月　重列神兽镜	湖北鄂城
⑥黄龙元年九月　重列神兽镜	富冈谦藏氏旧藏
⑦陈建作镜　对置式神兽镜	南京
⑧景初三年　画文带同向式神兽镜	和泉黄金冢
⑨景初三年　同向式神兽镜	岛根县神原古坟
⑩景初四年　盘龙镜	广峰
⑪景初四年　盘龙镜	兵库县西宫市辰马考古资料馆
⑫正始元年　同向式神兽镜	兵库县森尾古坟
⑬正始元年　同向式神兽镜	群马县柴崎山古坟
⑭正始元年　同向式神兽镜	竹岛
⑮陈孝然作镜　波纹神兽镜	传兵库县芦屋市翠丘亲王冢
⑯六神三兽镜	奈良县佐味田古坟
⑰四神二兽镜	奈良县佐味田古坟
⑱五神四兽镜	兵库县天神山古坟
⑲四神二兽镜	滋贺县古富波古坟
⑳四神四兽镜	京都府大冢山古坟
㉑四神四兽镜	福冈县小仓高校
㉒四神二兽镜	冈山县车冢
㉓六乳车马山岳神兽镜	冈山县车冢
㉔四神四兽镜	冈山县立博物馆
㉕二神二车马镜	山梨县铫子坂冢
㉖二神二兽骑马镜	滋贺县大岩山古坟
㉗六神四兽镜	福冈县妙法寺
㉘六神四兽镜	枚方市万年山

陈氏镜大多有铭文,经整理分类,铭文有如下4类[1]:

A类

(a)黄武七年七月丙午朔七日甲子,纪主治时,大镜陈世严作明镜,服者立至公(对置式神兽镜,东京五岛美术馆)

(b)黄龙元年太岁在己酉七月壬子□十□甲子,师陈世造作百涑明竟,其有服者,命久富贵,宜□□□(重列神兽镜,东京五岛美术馆)

(c)黄龙元年太岁在丁酉七月壬子朔十三日甲子,师陈世造三涑明镜,其有服者久富贵,宜□□□□□(重列神兽镜,富冈谦藏氏旧藏)

(d)黄龙元年太岁在丁酉七月壬子□十三日甲子,□陈世□造作三涑明镜,其有服者,命久富贵(重列神兽镜,广西贵县)

(e)黄龙元年太岁在丁酉七月壬子朔十三日甲子,师陈世□造作三涑明镜,□□□□,□久富贵(重列神兽镜,湖北鄂城)

B类

(a)景初三年陈是作镜,自有经述,本是京师,绝地亡出,吏人□□,□□三公,母人铭之,保子宜孙,寿如金石兮(岛根县神原古坟)

(b)景初四年五月丙午之日,陈是作镜,吏人铭之,位至三公,母人铭之,保子宜孙,寿如金石兮(京都府福知山市广峰古坟,兵库县西宫市辰马考古资料馆)

(c)正始元年陈□作镜,自有经□,本是□□,杜地命出,寿如金石,保子□(群马县柴崎山古坟)

(d)正始元年陈是作镜,自有经述,本自荆□,杜地命出,寿如金石,余子宜孙□□(兵库县森尾古坟)

C类

镜陈氏作佳大工,荆幕周歧用青铜,君宜高官,至海东,保子宜孙(滋贺县大岩山古坟)[2]

---

[1] 樋口隆康:『古鏡』,新潮社1979年版;後藤守一:『古漢鏡』,雄山閣1973年版;王仲殊:『呉の「鏡師陳世」製作の神獣鏡を考える』,奈良国立文化財研究所1986年版。

[2] 樋口隆康认为是"镜陈氏作甚大工(巧),荆(型)莫(模)周(彫)刻用青同(铜),君宜高官,至海东,保子宜孙"。

D 类

（a）陈氏作镜甚大好，上有□□□守龙虎，身有文章口衔巨，□有圣人，东王公西王母，渴饮玉泉（奈良县佐味田古坟）

（b）陈氏作镜真大好，上有神守及龙虎，身有文章口衔巨，古有圣人东王公西王母，渴饮玉泆（泉）饥食枣，长相保（兵库县天神山古坟）

（c）陈氏作竟甚大好，上有仙人不□□，位至高官，保子宜孙，寿如金石□（奈良县宝冢）

（d）陈氏作竟甚大好，上有王父母，左有仓龙右白虎，宜远道相保（京都府大冢山古坟）

（e）陈氏作竟甚大好，上有越守，左龙右虎身有文章口衔巨，上有圣人王父母，渴饮玉泉饥食枣（滋贺县古富波古坟）

（f）陈氏作竟甚大好□上有仙人不知老□、古有圣人已龙虎□，身有文章口衔巨□（□中各放"位至三公"铭文的一个字）（福冈县小仓高校）

（g）陈氏作镜甚大好，上有王父母，左有仓龙右白虎，宜远道相保（冈山县车冢）

（h）陈氏作镜甚大，上有仙人不知老，君宜高官，保子孙，寿如金石（冈山县车冢）

（i）陈氏作镜□青同，上有仙人不知，君宜高官，保子宜孙，长寿（山梨县铫子坂冢）

（j）陈是作竟甚大好，上□有神守及龙虎，有□文章口衔巨，古有圣人□东王父，渴饮玉溧饥食枣□（□中各放"君宜高官"铭文的一个字）（福冈县妙法寺，枚方市万年山）

（k）陈氏作镜（冈山县立博物馆）

从以上铭文可以看出，A 类镜都是平缘镜，同时也是纪年铭文镜，上面刻有制造的年月日。在三角缘镜中，纪年镜仅有 B 类镜的"景初三年""景初四年""正始元年"，其他都不是纪年镜。C 类镜只有从滋贺县大岩山古坟出土的 1 面，因有"至海东"的铭文，其意义重大。D 类镜的铭文全部是陈氏镜，描画了神、兽的位置和状态，例如，有"上有仙人""东王公西王母""左龙右虎""身有文章口衔巨"等铭文。

陈氏镜的风格，即构造、纹饰均具有自己的特征。其主要特征表现为：

第一，镜子中间有一个大型圆盘状钮座，周围多环绕珠文乳圈。

第二,内区画像是东汉、三国时期长江流域流行的神兽镜、佛兽镜、画像镜等上的画像。另外,内区被几个捩形座乳等分,里面各自交替配置了神、兽。

第三,内区画像中的龙,口衔一种棒状物(钜)。

第四,有铭文带,最长的铭文有30余字,字和字之间由乳隔开,衔接铭文带的是栉齿文带,镜中内区和铭文带之间有外行锯齿文。

第五,外区以外行锯齿文带、复线波文带(或单线波文带)结束。

总的来说,大型半圆座钮、珠文乳圈、神兽、画像、捩形座乳铭文带、栉齿文带、外行锯齿文带、复线波文带等构成了陈氏镜考究的特征。

图1-12　三角缘画像镜(浙江省绍兴市出土)

注:原载于北京钢铁学院《中国冶金简史》编写组《中国古代冶金》。

东汉中叶以后,长江中下游的会稽郡山阴(今浙江绍兴)、江夏(今湖北安陆)地区成为制作中国神兽镜、画像镜的中心地。陈氏制作的神兽镜、画像镜和长江流域的制镜技术有何关联?笔者和贺川光夫走访了南京、上海、杭州以及绍兴,在南京博物院、上海博物馆、浙江省博物馆、绍兴市文物管理局等处见到了10余面东汉镜。其中有神兽镜、画像镜、盘龙镜、规矩纹镜,这些东汉镜的缘主要是平缘,但也有半三角缘(斜缘)、三角缘。西汉中期以后,中国的黄河流域盛产方格规矩镜、连弧纹镜、禽兽纹镜、变形四叶纹镜、夔凤纹镜,鲜有神兽镜、画像镜,但长江流域盛产神兽镜、画像镜。陈氏镜大部分是神兽镜,其技术深受吴国技术的影响。

从上海、杭州、绍兴等地保存的铜镜来看,吴镜和日本出土的三角缘神兽镜、画像镜之间有着密切关系。

其一,陈氏制作的三角缘神兽镜内区刻画的神像及兽形与吴国平缘、半三角缘神兽镜的图像非常相似。

其二,吴国三角缘画像镜、盘龙镜是日本出土的三角缘画像镜、盘龙镜的直接源流。

其三,陈氏镜的纹饰,如珠纹乳圈、栉齿纹、外行锯齿纹等全部是吴铜镜的常用花纹。

其四,东汉中叶以后,吴铜镜的缘历经了平缘→半三角缘(斜缘)→三角缘的发展过程。

上海的三角缘东王父西王母画像镜和杭州的三角缘车马人物画像镜表现出了当时吴国工匠制镜技术的高超。这便意味着在日本出土的三角缘镜的缘制作技术并不是新技术,而是直接从吴国传入的。当时,长江下游地区的铜镜工匠已具备制作这种铜镜的条件。例如,上海博物馆所藏的东汉中平四年铭镜上就有如下铭文:

中平四年　五月午日　幽涷白同

早作明镜　买者大富　长宜子孙

延年命长　上如父王　西王母兮

大乐未央　天王日月　太师命长

而且,该铭镜在画像上刻有头戴三山冠的东王父,以及盘着双涡形发型的西王母。其铭文、画像和三角缘神兽镜都有诸多相似之处。中平四年的神兽镜是平缘,由于以上提到的上海、杭州的画像镜是三角缘,因此将两者合在一起就形成了三角缘神兽镜。

五、陈氏的亡命地是日本还是魏国

根据出土的陈氏镜,可以清楚地知道黄龙元年(229年)以前制作的黄武七年(228年)、黄龙元年的纪年铭镜分散在长江以南地区,景初三年(239年)、正始元年(240年)的铭镜则是从日本各地的古坟中出土的。这里有个问题,从黄龙元年到景初三年的10年间,是陈氏镜的空白期吗?这10年时间,从铜镜来看,陈氏的所在地既不是吴国,也不是日本。笔者认为在魏都洛阳的可能性很大,理由如下。

第一,陈氏的景初三年镜有"本是京师、绝地亡出"铭文,正始元年镜有"本是荆师、杜地命出"铭文。关于"本是京师、绝地亡出"及"本是荆师、杜地命出"铭文,王仲殊[1]提出"陈氏自称'本是京师',是因为他本来是吴国首都(今江苏省镇江市)的镜师,另有陈氏自称'本是芮师'(即州师)是因为他是在扬州出生的镜师",另外他还指出"'绝地亡出''杜地命出'是陈氏在自述自己从故乡逃亡出国至海东一事"。

对于王氏的观点,笔者有如下几点疑问。

根据史籍,现在的江苏省镇江市在三国时期被称为"京口",而不是"京"。的确吴国孙权曾经占领过这里,并称之为京城,但这并不是都城的意思。212年九月,孙权在迁都建业(今江苏南京)之后,将京城改为京口。

图1-13　魏、吴的扬州位置图

222年,孙权自立于武昌,229年四月称帝。同年九月,设建业为都城,256年又将都城迁至武昌。镇江从来都不是吴国的都城。因此,认为江苏省镇江市是都城的这一看法是不合适的。《后汉书》《三国志》中记载的"京师"指的是洛阳,并不是吴国国都的镜师。"本是京师"指的是"原本在洛阳生活"的意思。把"本是芮师"解释为"扬州出身的镜师"也是不合适的。"芮"在古代是花的名字,而"州"在古代指的是地方行政机构,将"芮师"当作扬州是很勉强的。

在西汉武帝时期,扬州境域相当于现在的安徽、江苏、江西、浙江、福建,以及湖北的一部分县。东汉时期,其范围仅在寿春(今安徽寿县)、合肥西北。三国时

---

① 王仲殊:《景初三年镜和正始元年镜的铭文考释》,《考古》1984年第12期,第1118—1124页;《景初三年镜和正始元年镜铭文补释》,《考古》1985年第3期,第267—269页。

期,魏和吴都设置了扬州。魏的扬州原是寿春,吴的扬州原是建业(今江苏南京)。史籍中很少称扬州为"州"。

滋贺县大岩山古坟出土的陈氏铭镜的铭文中有句"荆幕周岐用青同",有学者[1]认为"荆幕周岐"是镜师的名字。另外,樋口隆康也把其当作"型模雕刻"的异体字。但是,实际上"荆幕"指的是夏、商朝(殷),"周岐"指的是周朝。在中国,有大禹在荆山(今陕西富平县)铸鼎,古公亶父在岐山下的周原(今陕西岐山县)开创周国的传说。由此,笔者认为"本是苪师"的"苪"可能就是"荆"。

公元前770年,周平王迁都洛邑(今河南洛阳)。铜器的制作开始在镐京和洛邑盛行,以镐京和洛邑为中心形成了周文化圈。周文化地域是中国铜镜制作最早、最发达的地域。

迄今为止,在甘肃、青海发现了4000年前齐家文化时期的铜镜2面,在河南、陕西发现了商周时期的铜镜11面[2]。陈氏用铭文"镜陈氏作佳大工,荆幕周岐用青同"来强调自己的制镜技术深受中国周文化传统技术的影响。而且,所谓的"苪(荆)师"大体和铜镜制作相关联,这是镐京和洛邑地区制作者之间的一种符号,专门指冶炼业发达的镐京和洛阳。

第二,在日本发现的纪年铭镜全部使用的是魏国的年号。如果在这10年间,陈氏是在吴国的话,作为江南镜师的他一定会继续制作"黄龙二年""黄龙三年"乃至"嘉禾"纪年的铭镜,但是完全没有发现陈氏所制作的"黄龙二年""黄龙三年""嘉禾元年"等纪年的铭镜。如果这10年间他在日本的话,那么作为原吴国镜师,他应该绝不会制作魏国的"景初""正始"纪年铭镜,而应该制作吴国"赤乌"纪年铭镜。但是,在日本也没有发现由陈氏制作的"赤乌"纪年铭镜。

第三,在日本发掘的上述D类镜的陈氏镜铭文深受尚方镜铭文的影响。在中国出土的尚方镜常用铭文如下[3]:

(a)尚方作竟真大好,上有仙人不知老,渴饮玉泉饥食枣,徘徊神山采其草,寿敝金石西王母

(b)尚方作竟真大好,上有仙人不知老,渴饮玉泉饥食枣,浮游天下

① 後藤守一:『古漢鏡』,雄山閣1973年版。

② 游学华:《中国早期铜镜资料》,《考古与文物》1982年第3期,第40—42页。

③ 罗振玉:《辽居杂著》,出版者不详,1929年;洛阳市文物管理委员会:《洛阳出土古镜(两汉部分)》,文物出版社1959年版;陕西省文物管理委员会:《陕西省出土铜镜》,文物出版社1959年版。

敖四海,寿如金石为国保

（c）尚方作竟,明如日月不已,寿如东王,公西王母,长宜子孙,位至三公,君宜高官

（d）尚方作竟自有纪,良时日家大富,九子九孙各有喜,位至三公中常侍,上有西王母东王公,山人子乔赤由子□

（e）尚方作竟大母伤,左龙右虎辟不羊,朱鸟玄武顺阴阳,子孙备具居中央,长保二亲乐富昌

（f）尚方作竟大母伤,巧工刻之成文章,左龙右虎掌四旁,朱鸟玄武利阴阳,子孙备具居中央,上有仙人高敖羊,长保二亲乐富昌,寿如金石为侯王

将陈氏的三角缘镜铭文与平缘镜铭文相比,二者的铭文风格完全不同。但将尚方镜铭文与陈氏的三角缘镜铭文相比,二者的风格基本相同。例如,尚方镜中的"尚方作竟真大好""尚方作竟自有纪""上有仙人不知老""渴饮玉泉饥食枣""长宜子孙""君宜高官""上有西王母东王公""左龙右虎""巧工刻之成文章""寿如金石为侯王"等铭文全部对D类陈氏镜有直接影响。如果陈氏没有在尚方局长时间生活过的话,是不可能受到如此深刻影响的。由此也可以证明陈氏确实在洛阳生活过。

也许陈氏在入洛阳后成了尚方局的镜师。如此一来,我们也就可以理解他作镜时在吴国流行的神兽画像上加入魏国铭文的原因了。笔者认为与其考虑他是从吴国流亡到日本,不如考虑他是魏国的尚方镜师。

六、魏国纪年铭镜制造于何处

关于在日本出土的三角缘神兽镜等汉式镜,迄今为止在中日学界有2种学说:一种是三国时期魏国的输入品说,另一种是吴国工匠在日本的制作品说。接下来,试就陈氏的东渡可能性做一探讨。

从陈氏的作镜来看,镜师陈氏的生涯可分为以下3个时期。

第一时期,是吴国的镜师期即陈氏的吴镜制作期。从黄武七年到黄龙元年间,制作了吴国特有的神兽镜,并刻吴纪年铭文。

第二时期,是陈氏逃亡魏国,作为洛阳尚方镜师的制镜时期。陈氏在吴式镜上刻魏纪年铭文（景初和正始等纪年铭）。景初三年镜和正始元年镜都是同向式神兽镜,景初四年镜是盘龙镜。

第三时期,是陈氏在日本作为镜师没有采用吴或魏纪年来制作三角缘神兽镜的时期。

在日本出土的景初三年、景初四年以及正始元年铭镜,是由陈氏在第二时期作为魏国的尚方镜师在洛阳制作后被带到日本的。

接下来便会产生这样的疑问:陈氏作为尚方镜师,是出于何种目的制作了景初四年镜?

将景初四年铭镜与景初三年铭镜、正始元年铭镜相比,无论是镜子内区纹饰,还是铭文风格,都有明显的不同。

其一,景初三年铭镜和正始元年铭镜同是神兽镜,与之相对,景初四年铭镜是盘龙镜。

其二,纪年铭文不同。

（a）景初三年,陈是作镜

（b）景初四年,五月丙午之日,陈是作镜

（c）正始元年,陈是作镜

表1-2　从景初元年到正始元年间的六十干支丙午日

月丙午日年	1	2	3	4	5	6	7	8	9	10	11	12
景初元年				9日		10日		11日		12日		13日
景初二年		14日		15日		16日		17日		18日	闰19日	
景初三年	20日		21日		22日		23日		24日		25日	
景初四年 （景初三年后 十二月）	25日											
正始元年		26日		27日		28日		29日			1日	

（a）和（c）仅有制作年代,没有月、日,而（b）不仅有制作年代,还有月、日。但是,翻查中国历史上的历日[①],并没有景初四年的年号,在正始元年五月中也没有"丙午之日"。关于此事,学界有各种学说。

---

① 方诗铭、方小芬:《中国史历日和中西历日对照表》,上海辞书出版社1987年版。

　　王仲殊[1]认为，景初四年镜是陈氏在日本不知道正始元年改年号的情况下制作的。也有日本学者[2]认为景初四年镜是应日本的要求而在魏国特别制作的铜镜。

　　虽然在中国历史上的历日中没有景初四年的年号，但在景初三年十二月以后，加上"后十二月"确实是历史上的一个事实。魏将景初三年十二月之后的正月（丑月）宣布为后十二月。

　　正因如此，景初三年变成了13个月。一般来说，除去有闰月的年份，一年有13个月是极其少见的。因此，皇帝虽宣布"景初四年正月"为景初三年的"后十二月"，但是在实际生活中，把"后十二月"当作"景初四年正月"按常理是讲得通的，这和正始改元的论点没什么不同。

　　同理，可以理解陈氏在铜镜上面刻"景初四年"的纪年铭文一举。在历日中虽然没有"五月丙午之日"，但这个铭文是吉祥的象征。景初三年铭镜、正始元年铭镜都具有政治意味。陈氏在正始元年铭镜上镌刻铭文表明原本自己的居所（"本是苆（荆）师"），奉命东渡（"杜地命出"）。"杜地命出"意指为报魏国之恩而去往日本。景初三年铭镜上的"绝地亡出"也是带有政治意味的语句，也就是自己舍弃吴国而成为魏国尚方镜师的意思。

　　从中明显可以看出，景初三年、景初四年、正始元年铭镜都是陈氏在前往日本之前，作为尚方镜师所制作的最后的作品。

　　另一个问题是：为什么在制作正始元年铭镜之后，陈氏纪年铭镜的制作时期就结束了？陈氏从魏国洛阳出发，经过朝鲜半岛到达日本，在异国日本像以前那样制作魏国的纪年铭镜已没有任何意义。笔者认为在那之后，他在日本制作了没有年号、只刻有铭文的三角缘神兽镜。陈氏由此开始了其生涯的第三时期。

　　陈氏从第一时期到第二时期的这段时间被认为是从吴国的黄龙元年到魏国的景初三年之间的10年。笔者认为，第二时期到第三时期，即陈氏东渡日本的时期，是从景初三年后十二月（即景初四年正月）到正始元年初。

---

① 王仲殊：『呉の「鏡師陳世」製作の神獣鏡を考える』，奈良国立文化財研究所1986年版。
② 近藤乔一：《景初四年铭镜私考》，《考古杂志》1988年第73卷第3期，第38—53页。

第二章

青铜器的类似性与创造性——以青铜剑为中心

第一节　铜原料和中国的采矿、冶炼

一、铅同位素比值法的新成果

1990年,马渊久夫、平尾良光[1]使用铅同位素比值法研究了福冈县内出土的青铜器及朝鲜半岛南部出土的一部分青铜器。他们共测定211件青铜器,得出这些青铜器的时代是在弥生时代到历史时代[2]之间。这一测定结果颇为有趣。

柳田康雄[3]指出,马渊久夫、平尾良光的研究有以下5个方面的成果:

第一,从古式细形铜剑及相同时期的铜钏中检测出"华北系铅"。

第二,从与西汉镜相伴出土的细形铜剑中也检测出"华北系铅"。这一时期正值弥生中期的后半期。

第三,有节柄中国式铜剑B型出土于日本(主要是九州北部)、朝鲜半岛。但是根据测定,这种类型的铜剑并不是在中国本土制造的。因此,这些有可能是在朝鲜半岛或日本制造的。

第四,古坟时代初期的遗址中出土的西汉镜型铜镜,含有"华北系

---

① 馬渊久夫、平尾良光:「福岡県出土青銅器の鉛同位体比」,『考古学雑誌』1990年第75卷第4期,第385—404頁。

② 历史时代是指通过文献和记录可以了解过去人们的社会和文化的时代。在日本,它指的是6世纪后期。

③ 柳田康雄:「鉛同位体比法による青銅器研究への期待」,『考古学雑誌』1990年第75卷第4期,第405—420頁。

铅"。不光是弥生时代的出土物,从古坟时代的出土物中也检测出了"华北系铅"。

第五,舶载的三角缘神兽镜和同时期的仿制三角缘神兽镜、珠纹镜,以及铜镞、筒形铜器的铅测定值是一致的。由此可以知晓,当时在三角缘神兽镜传入的同时,也引进了镜子的制作原料以在国内进行生产。

关于舶载的三角缘神兽镜,也有其是由吴国工匠在国内生产的说法,但至少原料的输入地不可能是在吴国领域,在魏国领域的可能性较大。顺便说一下,也有报告指出吴国的纪年镜"赤乌元年"对置式神兽镜和魏国的纪年镜"景初三年""正始元年"三角缘阶段式神兽镜的测定值不同。

除以上5个方面的成果之外,检查报告中[1]有以下几点也值得关注:

其一,在甘木市出土的2件中国式铜剑B型的测定值也是"华北系铅",传三云的中国式铜剑A型是"华南系铅"。

其二,从筑紫野市隈、西小田出土的细形铜剑(BII),小郡市三泽北牟田遗址发现的细形铜剑的尖端和朝鲜半岛出土的同类铜剑中都同样检测出"华北系铅",可知它们的原料是一样的。由此可以认为,当时无论是朝鲜半岛还是日本,都引进了相同的华北系的原料。

其三,在唐津市久里出土的中广形、广形铜矛是用华北系的原料制作而成的,其铅测定值和近畿式、三远式铜铎的铅测定值相同。由此可想象近畿式、三远式铜铎也是用华北系的原料制作而成的。

朝鲜半岛和日本弥生时代青铜冶炼技术的发展,与铜原料的供给有着密切的关系。根据铅同位素比值法,弥生时代的日本、朝鲜的铜原料除本国的青铜原料之外,大部分原料都是从中国引进的。当时,正因为铜矿开采业和冶炼业十分发达,中国不仅能供给本国冶炼业铜原料,还会将铜原料出口到周边国家。

---

[1] 馬渕久夫、平尾良光:「福岡県出土青銅器の鉛同位体比」,『考古学雑誌』1990年第75卷第4期,第385—404頁。

二、古代中国的铜矿开发与冶炼

中国最早使用铜器是在距今约4000年前。在甘肃的武威皇娘娘庙台遗址发现了数件小型铜器，一般认为是用自然铜制成的。虽在距今约3000年前的甘肃、河北、山东、陕西等新石器时代遗址出土了含有铅或锡的青铜器，但其技术很原始。商周以后，铜的采掘和冶炼日益兴盛，铜器的制造技术也逐渐提高。全国发现了多处采矿、冶炼遗址。这些遗址反映了商周以来各时代铜矿开发的盛况。

1. 郑州、安阳商代的铸铜遗址[1]

郑州遗址位于该市南关外，规模很大，面积约1000平方米，从遗址中发现了坩埚残片、红烧土、铜渣、木炭，以及陶范1000余件。安阳的铁路苗圃北地遗址是更大的冶炼遗址，从中发现了陶范三四千件。陶范由外范、内范、陶模构成，其复杂构造展示了商代青铜器铸造技术之高。

2. 洛阳的西周冶铜遗址[2]

洛阳北窑遗址是西周前期的青铜器制作场遗址，从中发现陶范15000余件，其中花纹陶范有200余件，形状可识别的土器有500余件。陶范是将细土、细沙进行调和，再晒干而制成的。陶范由母范、外范和内范组成，外范又分内层和外层，一般2层的厚度共约4厘米。在出土的陶范当中，最多的是外范，内范、母范比较少。在可识别器形的陶范中，礼器范占大多数，车马器范、兵器范很少。礼器的铸范主要是鼎、簋、卣、尊、爵、觚、觯、罍、钟等。

从该遗址中还发现了数千件熔炉残壁。熔炉壁是将石英砂、黏土进行调和，再用泥条盘作法制作而成的，有的熔炉残壁下缘部还保存着风箱的风口。该遗址还出土了数十件卜骨、卜甲。

该遗址是研究西周前期青铜器铸造技术的珍贵资料，展示了西周技术和工艺的独立性。其基本技法是分铸法和分片合范法，技术已经相当成熟。中国古

[1] 胡洽坤：《中国古代文明的基石：殷商文化述略》，《中国文化研究集刊（第五辑）》，复旦大学出版社1987年版，第108—130页。

[2] 洛阳博物馆：《洛阳北窑村西周遗址1974年度发掘简报》，《文物》1981年第7期，第52—63页；洛阳文物工作队：《1975—1979洛阳北窑村西周铸铜遗址的发掘》，《考古》1983年第5期，第430—441页。

籍中有"具炉橐,囊以牛皮"①、"伎童女童男三百人鼓橐装炭"②等内容。其中的"橐"是指风箱,一般由牛皮制作而成。在洛阳北窑遗址的熔炉残壁中发现的风箱风口证明了古籍记载的可靠性。卜骨、卜甲以及非正常死亡的人和兽的骨头的发现表明,当时在冶炼过程中举行了占卜、人祭、活祭等活动。

3. 江西瑞昌铜铃商周铜矿矿冶遗址③

该遗址面积约10000平方米,在已发掘的300平方米范围内,挖掘出采矿竖矿井24口,坑道3条,露天采矿坑1处,表明当时采用竖矿井、坑道、坑采等组合的采矿法。

4. 辽宁林西县大井古铜矿④

在该遗址的2.5平方千米范围内发现了40余处采铜坑,表明其为露天采矿。主要采矿用具是石器,在采矿坑附近有冶炼痕迹。虽然也发现了熔铜炉、陶质鼓风管、陶范等,但数量较少,大部分铜矿石好像都被运到别的场所进行了冶炼。

5. 安徽6县的采铜、冶铜遗址

1986年以来,考古学家在南陵、铜陵、贵池、青阳、繁昌等6个县进行了考古学调查⑤。其间发现了从西周到唐宋时期的遗址共60余处。仅铜陵市就发现了27处,其中西周晚期到战国时期的冶铜遗址有8处。最大的万迎山铁石窑遗址⑥的面积在5万平方米以上,一般的遗址面积在1万—2万平方米。遗址中到处可见冶炼铜渣、红烧土和各式陶器残片。文化堆积层的厚度为0.5—2.0米,当时的冶铜燃料是木炭。在铜陵市的凤凰山地方有个金牛洞西汉采铜遗址⑦,该遗址是当地的矿工在采矿时发现的,他们不慎使古矿井的上部地层遭到了破坏。

考古学家紧急挖掘了c1、c2地点的遗构,在40平方米的范围内发现了竖矿井、斜矿井3口,坑道数条。挖掘深度距地表20米,坑道曲折蜿蜒有长有短,呈鼠

---

① 《墨子·备穴》。

② 《吴越春秋·阖闾内传》。

③ 《中国文物报》,1989年1月24日。

④ 辽宁省博物馆文物队:《辽宁林西县大井古铜矿1976年试掘简报》,《文物资料丛刊》1983年第7期,第138—146页。

⑤ 华觉明、周建勋:《冶金考古》,《中国考古学年鉴:1989》,文物出版社1990年版,第100—107页。

⑥ 杨立新:《铜陵市西周至宋代铜矿矿冶遗址》,《中国考古学年鉴:1988》,文物出版社1989年版,第169页。

⑦ 杨立新:《铜陵市金牛洞西汉采铜遗址》,《中国考古学年鉴:1988》,文物出版社1989年版,第171页。

穴状。

一般而言,坑道设置有用木材做的框架,框架组成"八"字形,与立柱、顶架、地栿配套。

主柱的顶端呈"Y"字形,该"Y"字形使用的材料是人工物品和自然的树木。立柱的底部放置木段或方木,称为"地栿"。在立柱的上方放置一根圆木,将其作为顶梁,在顶梁和顶梁之间以及坑道两侧放置薄的板桩或者小圆木棍。有些"Y"字形的主柱高达2.63米。坑道的断面面积一般在0.9—1.2平方米,采矿时采用水平分层法。

使用的采矿工具主要为铜、铁器,例如铜凿、铁斧、铁锄等。该遗址的采矿技术、木立柱构造和湖北黄石市铜绿山古矿遗址的基本类似。

6. 湖北黄石市铜绿山古矿遗址[①]

遗址南北约2千米,东西约1千米,有些遗构表面的炼渣厚度达到1米。炼渣的重量共约4亿千克,据科学分析,炼渣含铜量0.7%、含铁量50%,据此可知炼渣即是铜的炼渣。古矿井的泥土含铜量为12%—20%,由于块状孔雀石的含铜量是20%—57%,考古学家认为铜和渣的冶炼比例是1∶10,因此4亿千克铜渣是冶炼出400万千克红铜的结果。该遗址在古代冶铜遗址中占有重要地位。

在铜绿山遗址中发现了古式炉型[②]。这个古式炉是竖炉,由炉基、炉缸、炉身构成。炉基设在地表以下,里面设置"一"字形或者"T"字形的风沟(或称为防潮沟),风沟的沟壁用火烧干。在炉基上制作炉缸,炉缸的断面是椭圆形或方形,炉缸的内径长轴约70厘米,短轴约40厘米,炉缸侧壁构筑金门,其内宽外窄、内低外高,顶端呈拱形。炉缸内壁和金门口之间加入耐火材料,在炉缸的长轴两端设置鼓风口。

---

① 湖北省博物馆:《湖北古矿冶遗址调查》,《考古》1974年第4期,第251—254页;中国社会科学院考古所铜绿山工作队:《湖北铜绿山东周铜矿遗址发掘》,《考古》1981年第1期,第19—23页;夏鼐、殷玮璋:《湖北铜绿山古铜矿》,《考古学报》1982年第1期,第1—15页。

② 卢本珊、王富国:《湖北铜绿山春秋时期炼铜遗址发掘简报》,《文物》1981年第8期,第30—39页;卢本珊、华觉明:《铜绿山春秋炼铜竖炉的复原研究》,《文物》1981年第8期,第40—45页;夏鼐、殷玮璋:《湖北铜绿山古铜矿》,《考古学报》1982年第1期,第1—15页。

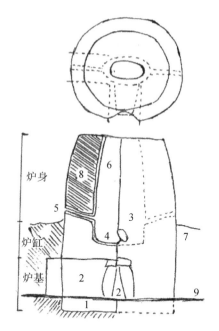

1. 基础；2. 风沟；3. 金门；4. 排放孔；5. 风口；
6. 炉内壁；7. 工作台；8. 炉壁；9. 地平面。

图2-1　中国春秋时期的冶铜竖炉复原图

注：转引自卢木珊、华觉明《铜绿山春秋炼铜竖炉的复原研究》。

根据碳-14测定，铜绿山Ⅱ号古矿井距今2485±75年，若根据年轮来看是距今2530±85年，也就是公元前465±75年，修正后是公元前580±85年。Ⅶ号古矿井和Ⅱ号古矿井几乎是在同一时期，12号线老窿被测定为距今2600±130年，2575±175年，2075±80年。由上可知，铜绿山是战国到西汉时期的铜矿遗址。

为了防止矿井四壁在采矿途中坍塌，铜绿山遗址设置有木质的方形支架，在竖矿井里放置的木质支架基本有2种形式：一种是用榫卯法制作方形框架，另一种是用密集法搭口式制作方形框架。

竖矿井重叠放置此类方形框架，并在竖矿井和横坑道的连接处制作门，俗称马头门，马头门是根据榫卯法由四根竖立的圆木制作而成的。为了防止岩石掉落到横坑道中，铜绿山遗址和安徽金牛洞遗址一样放置了木材支架。

立柱也呈"Y"字形，上设横梁，底置地袱，支架和支架的间隔大约1米，立柱的外侧和顶端用细木棒制作护板，有些在细木棒外侧加上了苇帘。

矿井中有排水坑道，还有2个辘轳轴，作用是从深矿井的底部将铜矿石运上来，其基本原理可能和明朝人宋应星的《天工开物》中的辘轳形相类似。

　　以上各遗址反映了商周时代中国南北两地采矿、冶炼业日益发达,且技术也达到了很高的水平。

　　铜绿山遗址的发掘,证明了古代青铜业已实行分工,即采用了专业化的采矿、冶炼、铸造等工序。从铜绿山遗址的炉渣推测出其铜产量为400万千克,这实在令人震惊。由此可看出古代中国青铜制造业之繁荣。

第二节　中国青铜剑的地域分布及其特征

一、中国青铜剑的分类及其源流

　　中国的青铜剑因时代和地域不同而各有特征。因此,铜剑的分类也呈现出多样性。

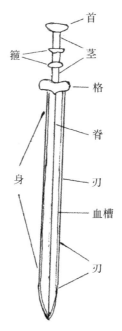

图2-2　中国铜剑的部位名称

有人主张应该将春秋战国时期[1]的铜剑分为6种,有人提议分为5种,有人[2]提议分为3种,也有人提议分为4种。至今仍未统一。

中原地区的学者将该地区出土的铜剑与全国各地出土的铜剑进行比较,提议分为4类。所谓中原地区,是指春秋战国时期的周、郑、晋、卫、燕范围内的地区,相当于现在的河南、河北、山西、陕西各省。

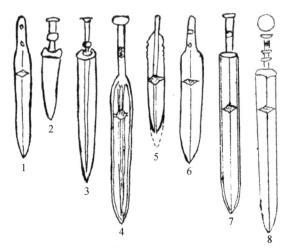

1—2. A型;3. D型;4. Ba型;5. Bb型;6.A型;7. C型;8. D型。

图2-3 中国中原地区(以河南为中心)的铜剑分类

注:转引自李伯谦《中原地区东周铜剑渊源试探》。

李伯谦[3]、林寿晋的研究将中原地区的铜剑分为A、B、C、D这4种类型:

①A型 剑身较短,呈柳叶形,扁茎,无格、无首、无箍,剑茎上有1—2个小圆孔。此形式铜剑的源流是柳叶形铜剑。柳叶形铜剑主要分布在中国的西部、北部。大约在东周时期受到柳叶形铜剑的影响,A型铜剑在中原地区诞生。这种类型的铜剑出土于甘肃灵台、陕西宝鸡、西安张家坡、北京房山、河南洛阳等地。

②B型 分为Ba、Bb这2种亚形,其主要特征是剑身脊部与茎部是

① 高明:《建国以来商周青铜器的发现及研究》,《文物》1959年第10期,第24—32页。

② 林寿晋:《东周式铜剑初论》,《考古学报》1962年第2期,第75—84页。

③ 李伯谦:《中原地区东周铜剑渊源试探》,《文物》1982年第1期,第44—49页。

一根连续的圆柱体,无格无镎。Ba有剑首,Bb无剑首。从连体合铸式脊柱、无格、无镎来看,B型类似于东北地区的青铜短剑。但是,青铜短剑的剑刃为曲刃,且是"丁"字形剑首。从这一点来看,两者又有所不同。B型剑的出土数量较少,至今仅在洛阳、陕县、山东蓬莱等地出土过,因此学者们从出土的数量推测这种铜剑的源流并不在中原地区。

③C型 圆形中空或半空剑茎,窄格,无镎,有剑首。

④D型 圆形实茎,在剑茎上铸有两三条凸起的圆镎。剑格比C型更宽,也有剑首。从形状来看,D型和C型比较接近,两者之间可能存在相互影响。D型铜剑的源流是吴越的青铜剑。

表2-1将中原地区和长江中下游地区的铜剑进行了分类。

表2-1 中原地区和长江中下游地区的铜剑分类及其分布

地区	A型		B型		C型		D型	
	数量	%	数量	%	数量	%	数量	%
河南·河北·山西(周·郑·晋·卫·燕)	24	42	5	8	14	25	14	25
湖北·湖南·安徽(楚·蔡)	12	11	0	0	31	28	68	61
江苏·浙江 (吴·越)	1	3	0	0	11	38	17	59

从出土数量可知,A型剑流行于北方地区,B型剑集中在中原地区,尤其是河南。C型、D型剑集中在长江中下游地区。

二、越族文化圈中的青铜剑的特征及其分布

《汉书·地理志》中所记载的注释文"自交趾至会稽七八千里,百越杂处"表明"百越"的分布地域之广。从长江中下游地区到广东、广西,以及云贵高原的一部分地区是古越族的活动地区,在该地区出土的秦以前的青铜剑具有鲜明的特征。根据研究,在这一广阔地区出土的青铜剑有5种类型[①]:

①A型 扁茎无格,剑茎与剑身的交接处呈弧形或斜削肩形。整

---

① 贺刚:《先秦百越地区出土铜剑初论》,《考古》1991年第3期,第252—263页。

体形如柳叶,剑身断面呈扁菱形或三角形,两刃无血槽,扁茎上有1—2个穿孔。通长一般为15—30厘米。有学者将此类剑称为"青铜匕首"或"青铜短剑"。主要分布在广东、广西、湖南、福建等地,在广东、湖南南部、广西东北部最为常见。

②B型　此类铜剑的整体形态虽然和A型相似,但剑茎与剑身成折,两刃有血槽,剑身断面有明显凸起的柱脊,有分铸的剑首。主要分布在广东、广西、湖南、湖北等地,以广西东部地区最为密集,在山东沂水等地也有少量出土。

③C型　剑身通长一般在30厘米以上,大部分两刃平斜、钝刃,铸有血槽的少。剑格比A型、B型更宽,呈"凹"字形,圆形实茎或空茎,茎上铸1—2条圆箍。剑首呈喇叭形,有的在剑身上装饰暗菱纹图案,有的铸上铭文。有名的铸有"越王""吴王"铭文的铜剑就属于此类型,主要分布在浙江、江苏、江西、福建等地。铸有"越王""吴王"铭文的剑分布范围更广,在湖北、山西、山东、安徽、河南等地均有发现。在已经发现的17把铸有"越王""吴王"铭文的剑当中,属于此类型的有9把,占出土数的53%。

④D型　剑身类似C型,中空圆形茎,茎上无箍,"一"字形薄格。分布地区和C型基本一致。此类剑的源流为吴越地区。

⑤E型　剑身类似A型,但两刃无血槽,剑身断面呈扁菱形,薄格,柄和茎为连体合铸。少数在剑身上铸有纹饰、符号。分布在湖南、广西等地。

A型、B型、E型铜剑分布在中国的中南部或从中南部到西部地区,C型、D型铜剑分布在东南部、江淮流域、中原地区。该地区的C型和中原地区的D型为同一类型[1],该地区的D型和中原地区的C型也是同一类型。

三、华北、东北地区的鄂尔多斯短剑与触角式短剑

从商代后期到春秋战国时期,在中国的河北、山西、内蒙古、吉林等地流行一种短剑,该短剑被称为鄂尔多斯青铜剑,属直刃剑,其剑柄与剑身为一次铸成。按柄首形式可分为3种类型:

---

[1] 李伯谦:《中原地区东周铜剑渊源试探》,《文物》1982年第1期,第44—49页。

①A型　柄首呈动物形或铃形,柄部弧曲,剑身平面呈长三角形,发现于河北青龙抄道沟[①]、山西柳林高红[②]等地。

②B型　柄首呈蘑菇状或动物形,直柄,剑身呈柳叶形。出土于北京昌平的白浮村[③]。

③C型　柄首呈单环或双环形,直柄。主要分布在河北怀来县[④]以及内蒙古的杭锦旗[⑤]、和林格尔县[⑥]、凉城县[⑦]等地。

鄂尔多斯的A型、B型、C型短剑的发展序列是A型→B型→C型。C型双环柄首短剑代表着鄂尔多斯短剑的繁盛期[⑧]。

顺便说一下,在云南德钦县的纳古石棺墓中发现了2支和鄂尔多斯A型短剑非常相似的剑[⑨]。其中之一的(a)呈长三角形,双环柄首,通长26.7厘米,剑身长17厘米,宽5厘米。另一个(b)柄部弯曲,通长34.4厘米,剑身长24厘米,宽4.6厘米。纳古石棺墓中出土的短剑在西周晚期到春秋早、中期之间,鄂尔多斯A型短剑约在商朝晚期到周朝初期。纳古石棺墓的构造与东北地区的小型石棺墓有相似之处,因此笔者对2个地区青铜短剑的类似性有很大的兴趣。

鄂尔多斯C型短剑后来发展成触角式铜剑。触角式青铜剑的剑柄与剑身同时铸造,为一个整体,柄首铸有双环状触角。

触角式铜剑出土数量少,可以了解到的内容如下。1977年,在吉林市郊外的西半山遗址发现了1把[⑩]。1979年在吉林省桦甸县西荒山[⑪]发现了3件剑片,1981

① 田广金:《近年来内蒙古地区的匈奴考古》,《考古学报》1983年第1期,第7—25页。

② 杨绍舜:《山西柳林县高红发现商代铜器》,《考古》1981年第3期,第211—213页。

③ 北京市文物管理处:《北京地区的又一重要考古收获:昌平白浮西周木椁墓的新启示》,《考古》1976年第4期,第246—258页。

④ 刘来成:《河北怀来北辛堡战国墓》,《考古》1966年第5期,第231页。

⑤ 田广金:《桃红巴拉的匈奴墓》,《考古学报》1976年第1期,第131—144页。

⑥ 李逸友:《内蒙古和林格尔县出土的铜器》,《文物》1959年第6期,第79页。

⑦ 田广金:《近年来内蒙古地区的匈奴考古》,《考古学报》1983年第1期,第7—25页。

⑧ 张锡瑛:《试论我国北方和东北地区的"触角式"剑》,《考古》1984年第8期,第744—751页。

⑨ 张新宁:《云南德钦县纳古石棺墓》,《考古》1983年第3期,第220—225页。

⑩ 吉林市博物馆所藏。

⑪ 吉林省文物工作队、吉林市博物馆:《吉林桦甸西荒山屯青铜短剑墓》,《东北考古与历史(丛刊)第一辑》,文物出版社1982年,第141—153页。

年在吉林市永吉县乌拉街发现了1把完整的①。

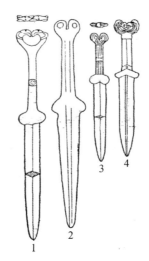

1. 杭锦旗桃红巴拉;2. 和林格尔范家窑子;3. 怀来北辛堡;4. 凉城毛庆沟。

图2-4　鄂尔多斯双环柄首短剑

注:转引自张锡瑛《试论我国北方和东北地区的"触角式"剑》。

　　梅原末治在伦敦发现了1把,是Eumorfopoulos的收藏品。还有1把是山本梯二郎的收藏品。

　　在日本也出土了2件触角式剑柄:一件是在佐贺县唐津市柏崎石藏出土的,另一件是从长崎县上县郡峰村三根高松之壇②出土的。森贞次郎将这2件不完整的触角式铜剑归为细形铜剑类,认为前者是BⅠa型细形剑,后者是BⅡ型细形剑。这2件触角式铜剑的剑柄是从何处传来的? 关于这一问题,学界有多种看法。梅原末治③认为其铸造于中国东北地区,是从中国传到朝鲜半岛和日本的。森贞次郎④认为其是从朝鲜半岛传入的。此外,江上波夫⑤主张其铸造于朝鲜半岛南部和日本的西南部(主要是九州北部)。这里,笔者认为梅原末治的看法比较有说服力。

① 陈家槐:《吉林永吉县乌拉街出土"触角式剑柄"铜剑》,《考古》1984年第2期,第189—190页。

② 森贞次郎:『九州の古代文化』,六興出版1983年版。

③ 梅原末治:「有柄細形銅剣の一新例」,『考古学雑誌』1945年第17卷第9期,第616—617頁。

④ 森贞次郎:『九州の古代文化』,六興出版1983年版。

⑤ 江上波夫:「徑路刀考」,『東方学報』1932年第3卷,第331—349頁。

如果将吉林市永吉县乌拉街出土的触角式铜剑与唐津市柏崎石藏出土的柄首进行实际比较,两者的柄首构造基本相同,铜剑柄首的2个触角也都向内弯曲90度,有2个圆孔。在厚重的柄首中央有个呈"Ɣ"形的孔,孔上有反方向的斜线纹饰,在柄首和剑身的连接处即剑格处有"Ƚ"纹饰。其实,这个柄首的造型是2只伫立的鹤回头相对,低头在用嘴梳理羽毛。触角即鹤的长颈,斜线纹则表示羽毛。

关于从唐津市柏崎石藏出土的不完整的触角式铜剑,虽不清楚其剑身构造,但从柄首相似处可以推测出其剑身与从吉林市永吉县乌拉街出土的铜剑相似。从乌拉街出土的触角式铜剑通长47厘米,剑身长33.5厘米。剑身上宽下窄,上面较宽部分与下面狭窄部分的比例约是1:2。剑脊成柱状,柱脊两侧各有锋槽,从触角式铜剑的构造来看,笔者认为将这种铜剑归为细形铜剑类是不太合适的。

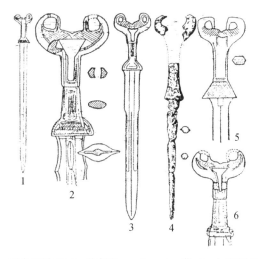

1. 西丰西岔沟;2. 伦敦 Eumorfopoulos 藏;3. 永吉汪屯;
4. 桦甸西荒山;5. 东辽石站;6. 佐贺县唐津市柏崎。

图2-5 中日出土的触角式剑

注:1—5转引自张锡瑛《试论我国北方和东北地区的"触角式"剑》;6转
引自森贞次郎『九州の古代文化』。

四、曲刃短茎式铜剑(琵琶形铜剑)

春秋战国时期,在中国的东北地区尤其是辽宁、吉林等地盛行制造曲刃短茎式青铜剑。日本学界将这种铜剑称为琵琶形青铜剑。

此种铜剑有如下4种特征。

第一，曲刃剑身，大部分呈琵琶形。

第二，有"T"字形斜柄，柄的顶端有横盘状柄首，横盘里装有用石头做的类似枕头的东西。

第三，剑柄与剑身并非同时铸成，而是分别铸成的。

第四，剑茎较短。一般在3厘米左右，最短处只有2.4厘米，最长处也不超过4厘米。

这种铜剑形式较多，如曲刃銎柄式、曲刃短茎式、曲刃匕首式等。在此只想简单地叙述一下曲刃短茎式铜剑，因为曲刃短茎式铜剑的源流可能在朝鲜半岛、日本之间。

根据目前的发现，曲刃短茎式铜剑大致可分为以下3种类型。

①A型　整体形态类似于琵琶。剑身正中间有柱脊，柱脊上有脊突，剑刃两侧有节尖，脊突和节尖一般在剑身中部即1/2处。但也有放在剑锋附近，即剑身1/4处的。曲刃弧度较大，剑身宽度为5.2—5.6厘米。主要分布在辽宁旅顺口[①]、锦西[②]、朝阳十二台营子[③]、宁城南山根[④]、辽阳二道河子[⑤]、建平[⑥]、新金双房[⑦]，吉林省吉林市永吉[⑧]、磐石吉昌小西山[⑨]等地。

②B型　与A型相比，曲刃弧度变窄，锋部长度增加。血槽尖部也有所下移，无脊突，节尖不清晰。剑身后部弧度较小。此类型铜剑是从辽宁抚顺市将军堡[⑩]、丹东宽甸县双山子乡[⑪]，以及锦西寺儿堡等地出土的。

---

① 许明纲：《旅顺口区后牧城驿战国墓清理》，《考古》1960年第8期，第12—18页。

② 刘谦：《辽宁锦西县乌金塘东周墓调查记》，《考古》1960年第5期，第7—9页。

③ 朱贵：《辽宁朝阳十二台营子青铜短剑墓》，《考古学报》1960年第1期，第63—73页。

④ 辽宁省昭乌达盟文物工作站、中国科学院考古研究所东北工作队：《宁城县南山根的石椁墓》，《考古学报》1973年第2期，第27—39页。

⑤ 邹宝库：《辽阳二道河子石棺墓》，《考古》1977年第5期，第302页。

⑥ 靳枫毅：《辽宁建平县的青铜时代墓葬以及相关遗物》，《考古》1983年第8期，第679—694页。

⑦ 许明钢、许玉林：《辽宁新金县双房石盖石棺墓》，《考古》1983年第4期，第293—295页。

⑧ 吉林市博物馆、吉林县文化馆：《吉林永吉星星哨石棺墓第三次发掘》，《考古学集刊：第3集》，中国社会科学出版社1983年版，第109—125页。

⑨ 张英、王侠：《吉林磐石吉昌小西山石棺墓》，《考古》1984年第1期，第51—58页。

⑩ 王秀媚：《抚顺地区早晚两类青铜文化遗存》，《文物》1983年第9期，第58—66页。

⑪ 许玉林、王连春：《丹东地区出土的青铜短剑》，《考古》1984年第8期，第712—715页。

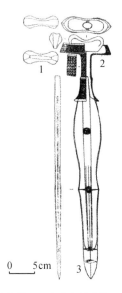

1. 剑把头饰物；2. "T"字形剑柄；3. 剑身。

图2-6　着柄曲刃青铜短剑(辽宁朝阳北票三宝何家沟出土)

注：转引自靳枫毅《朝阳地区发现的剑柄端加重器及其相关遗物》。

③C型　剑身明显细形化。剑身较长，剑尖也很长。刃部前端几乎无弧度，后部也没有A型、B型那样的曲刃弧度，反而后端比前端更宽，但是比A型、B型要窄。有脊柱，无脊突。出土于集安太平乡[①]、同玉道沟门方坛[②]、丹东东沟县合隆[③]、抚顺新宾大四平东升半拉岭[④]、同马架子[⑤]等遗址。从年代来看，C型铜剑是最晚的。大致从战国时期流行到汉代。另外，从形状来看，这种铜剑可能与朝鲜半岛、日本的细形铜剑有源流关系。

表2-2　中国曲刃青铜短剑的计测值

单位：厘米

类型	遗址	全长	剑长	剑身最大幅	茎长
A	辽宁金双房	27.6	23.1	4.5	3.6

① 张雪岩：《集安发现青铜短剑墓》，《考古》1981年第5期，第467页。

② 林沄：《中国东北系铜剑初论》，《考古学报》1980年第2期，第139—329页。

③ 许玉林、王连春：《丹东地区出土的青铜短剑》，《考古》1984年第8期，第712—715页。

④ 王秀嫚：《抚顺地区早晚两类青铜文化遗存》，《文物》1983年第9期，第58—66页。

⑤ 沈阳故宫博物馆等：《沈阳郑家洼子的两座青铜时代墓葬》，《考古学报》1975年第1期，第141—157页。

续　表

类型	遗址	全长	剑长	剑身最大幅	茎长
A	辽宁建平	35.8	30.9	5.2	4.9
	抚顺大甲邦	26.0		5.6	3.8
	抚顺清原门睑	21.8	19.4	5.2	2.4
	抚顺清原李家堡	21.9	18.6	5.2	3.3
B	辽宁建平	31.9	27.9	4.1	4.0
	辽宁丹东	33.0	31.0	3.8	2.0
C	吉林集安太平乡	34.0		3.0	
	辽宁丹东东沟县	32.0		3.3	3.0

　　如前所述,曲刃青铜剑都是"T"字形剑柄,柄端配有横盘状柄首。因剑的整体由剑身、剑柄、柄首组合而成,在实战时,柄首和剑柄容易和剑身分开。这是这种铜剑的缺点。目前发现的曲刃铜剑大多没有剑柄、剑首。近年,又发现了很多"T"字形剑柄、柄首的剑把头饰物(又称"加重物")。这些剑把头饰物呈蘑菇状、枕状、瓜棱状、凹槽状、兽乳状,以及其他不规则形状,剑把头饰物的材料为木石、铁矿石、青铜、陶土等。

　　"T"字形剑柄的基本构造都相同,只是剑柄的纹饰、剑柄横盘的形状和长度、柄身长度不同。纹饰一般为三角形锯齿鳞纹、菱形格纹、弦纹、勾连雷纹等,剑柄包括柄筒和横盘。辽宁朝阳市边杖子出土的铜剑柄筒长 9.35 厘米,横盘长 10.2 厘米,柄筒长度和横盘底长度比为 0.92,同凌源市汤沟遗址出土的铜剑柄筒长 9.5 厘米,横盘底长 10.7 厘米,两者比为 0.88[①]。

　　将中国(主要是东北地区)出土的曲刃青铜剑"T"字形剑柄与朝鲜半岛,以及日本(如山口县向津具、佐贺县吉野里遗址)出土的配有饰物的有柄铜剑[②]相比较,可以看出配有饰物的有柄铜剑很明显是由"T"字形剑柄的曲刃青铜剑发展而来,是在由中国(主要是东北地区)→朝鲜半岛→日本传播的过程中不断发展起来的。朝鲜半岛的有柄铜剑剑身与剑柄为分别铸成,和中国(主要是东北地区)

---

① 靳枫毅:《朝阳地区发现的剑柄端加重器及其相关遗物》,《考古》1983 年第 2 期,第 133—145 页。

② 佐贺县教育委员会:『環濠集落吉野ヶ里遺跡概報』,吉川弘文馆 1990 年版。

出土的曲刃青铜剑相似。如前所述,这种组合式铜剑最大的缺点是剑身和剑柄容易分离。因此,这种铜剑在传到日本后,日本人为了弥补以上缺点,舍弃了组合方式,逐渐采取一次性铸成剑身与剑柄的方式。日本出土的一次性铸成式把头付有柄铜剑制造于日本,其源流是中国的"T"字形有柄曲刃青铜剑。

五、辽宁铜剑文化在朝鲜半岛的传播

1947年,梅原末治和藤田亮策[①]发表了朝鲜半岛铜剑文化的形式分类。二人将朝鲜半岛的细形铜剑分为3种类型:Ⅰ型剑身宽且细长,刳方不明显,剑身中央部位有锋利的镐;Ⅱ型两刃刳方稍明显,刳方下面较宽;Ⅲ型剑身的下半部分呈扁平广形状,刳方不锋利。

近藤乔一[②]和冈内三真[③]认为朝鲜半岛的铜剑变迁应分为以下6个时期。Ⅰ期、Ⅱ期是中国东北曲刃短剑的输入时期,相当于中国春秋中期到战国前期。Ⅲ期为细形铜剑BⅠ式时期,相当于中国战国后期。Ⅳ期即BⅠ、BⅡ式时期,相当于中国秦朝到汉朝前期。Ⅴ期是BⅡ、BⅢ、BⅣ式的并行时期,相当于中国西汉后期。Ⅵ期是CⅠ、CⅡ式时期,相当于东汉前期。

朝鲜半岛出土曲刃青铜短剑的遗址较少,目前只有平安南道龙兴里、石岩里、平壤市兄弟山区的西浦洞、忠清南道松菊里、全罗南道云岱里、江原道春川郡等遗址。曲刃短剑传入时期的铜剑形式即藤田亮策、梅原末治二人提出的Ⅲ型,是朝鲜半岛铜剑文化的最古老形式,也是BⅠa型的祖型[④]。

关于朝鲜曲刃青铜剑的分类问题,学界有多种见解。朝鲜学者[⑤]主张这些是古朝鲜文化,而大多数的中国学者[⑥]、日本学者则认为是东胡文化。此外,有人认为是滅貊、真番和朝鲜的祖先的共有文化[⑦];还有人[⑧]主张是燕文化。

考虑到历史的发展、民族间的战争、移居等,笔者认为东胡文化说和燕文化

---

① 梅原末治、藤田亮策:『朝鮮古文化綜鑑:第1卷』,養徳社1947年版。
② 近藤乔一:《日、朝青铜器的诸问题》,《东亚世界的日本古代史讲座2》,学生社1984年版。
③ 冈内三真:「東アジアの青銅文化」,『弥生人の造形』,講談社1989年版。
④ 森贞次郎:『九州の古代文化』,六興出版1983年版。
⑤ 朝鲜民主主义人民共和国科学院历史研究所:《朝鲜通史:上卷》,吉林人民出版社1973年版;崔泽善、朱蓝羽:《古朝鲜问题研究论文集》,朝鲜社会科学出版社1977年版。
⑥ 朱贵:《辽宁朝阳十二台营子青铜短剑墓》,《考古学报》1960年第1期,第63—73页。
⑦ 林沄:《中国东北系铜剑初论》,《考古学报》1980年第2期,第139—329页。
⑧ 辽宁省博物馆:《概述辽宁省考古新收获》,《文物考古工作30年》,文物出版社1979年版。

说比较有说服力。

在朝鲜半岛,曲刃青短铜剑在流行的同时,有柄式磨制石剑也在流行。关于磨制石剑的祖型,有人主张是中国江南地区的桃氏剑。但是,春成秀尔①指出"桃氏剑的剑柄横断面和基端的锷都是圆形,与之相反,石剑的剑柄断面为镜片形,在这一点上有很大的不同"。他还指出"剑柄被称为I段柄式,并且完全没有节带形式的磨制石剑与中国鄂尔多斯地方游牧民族所拥有的鄂尔多斯式铜剑相类似"。

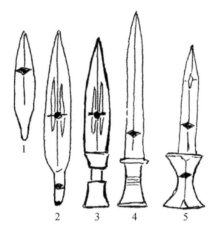

图2-7　朝鲜的磨制石剑

注:转引自春成秀尔『弥生時代の始まり』。

实际上,朝鲜的磨制石剑受到多种青铜剑文化的影响。磨制石剑的剑身主要吸收了鄂尔多斯青铜短剑的形式。其剑柄主要受到了曲刃短剑"T"字形剑柄的影响。其中,有节有柄式石剑的剑柄采用了中国江南桃氏剑剑柄的丹箍、曲刃短剑"T"字形剑柄的喇叭形柄筒。磨制石剑的剑柄融合了中国南北两地的技术。由此可以说,磨制石剑借鉴了中国多种铜剑形态。

朝鲜式细形铜剑的B型、C型与中国东北地区的青铜剑有何种源流关系?在此,根据金廷鹤的研究成果②,笔者想简单分析一下在朝鲜半岛南部任那地区出土的几把细形铜剑。

从朝鲜半岛南部的大邱飞山洞遗址中出土了很多青铜器,其中也有细形铜

---

① 春成秀尔:『弥生時代の始まり』,東京大学出版会1990年版。

② 金廷鶴:『日本の歴史:別巻1 任那と日本』,小学館1977年版。

剑。基本上细形铜剑剑身下部两刃的抉入部较浅,脊棱线到达剑基的形式较多。最应该关注的是鸭形柄头饰铜剑。该铜剑的柄头饰物完整雕刻了2只背靠背的鸭子低着头、回首相对的形象。

此外,在大邱晚村洞遗址也出土了3件细形铜剑。其中,有2件是完整的,属于同一种类型。铜剑下部左右刃的抉入部相当清楚,末端在关部稍微翻转,脊棱线直达剑基。另外一件锋部残缺,但下部抉入非常浅,有2条血槽沿背左右行进,直达关部。这和飞山洞遗址的铜剑相似。从金海良洞遗址中也出土了2件铜剑。铜剑下部无抉入部,剑身较细且锋利,血槽直达关部。一件在茎部穿了1个孔,另一件在关的内侧穿了2个孔。

朝鲜半岛的细形铜剑似乎与中国东北地区的C型曲刃青铜短剑有源流关系。C型曲刃青铜短剑的剑刃下部无抉入部,但有很清晰的翻转,脊棱线直达剑基,有血槽。从飞山洞遗址中出土的触角式剑柄受到了中国2种类型铜剑柄式的影响,该剑的柄部与中国的曲刃铜剑"T"字形剑柄相似。即柄的下部呈喇叭形,柄的中间部位有凸节。其柄头的触角和中国东北地区的触角式剑的剑柄触角非常相似。柄头的装饰物兽形虽然不同(即一个是鸭形,另一个是鹤形),但基本构造是相同的。2只鸭(或是2只鹤)回头相对,展现出低头梳理羽毛的状态,构成了对称的触角圆孔。樋口隆康[1]称"琵琶形的曲刃铜剑经过不断变化,演变成了朝鲜半岛的细形铜剑"。如此一来,即使说朝鲜半岛的B型、C型铜剑与以辽宁为中心的中国东北地区出土的诸类铜剑有密切的源流关系也不为过吧。

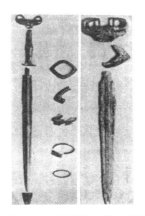

图2-8　朝鲜南部大邱飞山洞出土的细形铜剑和柄头饰物

注:转引自金廷鹤『日本の歴史:別卷1 任那と日本』。

---

[1] 樋口隆康:『大陸からみた古代日本』,学生社1990年版。

第三节　日本青铜利器的生产及其源流

一、日本式青铜剑及其特征

弥生时代的日本，以九州北部为中心，盛行青铜利器。青铜剑是青铜器文化的主要部分之一，从考古学资料来看，日本的青铜剑大致可分为2类：一类是舶载剑，其中便有从中国传入的有柄式铜剑、从朝鲜半岛传入的细形铜剑；另一类是在日本制造的仿制细形青铜剑。

根据森贞次郎[1]的研究，舶载品和仿制品的区别如下：舶载品剑身的抉入是在铸造之后由人工研磨出来的，而仿制品的抉入是铸造时做成的。

青铜剑大致是在弥生时代前期传入日本的，从中期左右开始出现了仿制细形铜剑。笔者认为舶载铜剑是作为实战武器而传入日本的。这与当时的社会形势关系密切。弥生中期以后，日本逐渐实现了地区统一，铜剑及其他青铜利器也被用作礼仪用具。伴随着这种情况的出现，青铜剑的形态也在朝大型化和非实用化的方向变化。

我们之所以说早期的舶载品被作为实战武器传入日本，是因为在弥生中期的坟墓中发现了细形铜剑的碎片。将铜剑片作为坟墓陪葬品大致发生在弥生前期的前半期到中期的中间时期，其出土地区主要分布在九州北部。随葬的铜剑片以细形铜剑的剑尖为多。剑尖是铜剑最锋利的地方，从剑尖的折损状况来看，用来陪葬的折损剑尖最长的是13厘米，最短的是3.1厘米。随葬铜剑片到底具有怎样的意义？这是一个令人感兴趣的问题。

高仓洋彰[2]指出："随葬细形铜剑碎片，绝不是为了解决铜剑数量不足的问题，我们必须从其他方面寻求其意义所在。至少剑尖碎片被随葬的这一事实意味着对细形铜剑剑锋的重视。"

---

[1] 森贞次郎：『九州の古代文化』，六興出版1983年版。
[2] 高倉洋彰：『弥生時代社会の研究』，寧楽社1981年版。

表2-3 随葬铜剑片出土状况

遗址	时期	铜剑碎片
长崎县原之辻遗址	中期中叶	战国式铜剑的剑尖碎片
佐贺县宇木汲田遗址	中期初—前半	细形铜剑的剑尖碎片
佐贺县大牟田遗址	中期前半期	细形铜剑的剑尖碎片
福冈县北牟田遗址	前期末	细形铜剑的剑尖碎片
佐贺县铇田遗址	中期	细形铜剑的碎片
山口县中之浜遗址	前期前半—中期	细形铜剑的剑尖碎片

注：转引自高仓洋彰：『弥生時代社会の研究』。

笔者认为必须从军事方面考虑陪葬剑尖碎片的理由。实际上，从筑紫野市永冈遗址中发现了2片刺入人骨的细形铜剑片。东汉镜片的陪葬与社会权力关系密切。同样地，铜剑剑尖碎片的陪葬也应与军事斗争有关。

陪葬剑尖碎片的坟墓主人大概是战斗中的有功之臣或是军事指挥者。剑尖象征着勇敢和无敌。由此可以推断，九州北部出土的磨制石剑的陪葬也具有同样的意义。

传入日本的细形铜剑主要有B型、C型这2种铜剑，根据森贞次郎[1]的分类，B型可进一步分为BⅠa、BⅠb、BⅡ这3种类型。BⅠ型的共同点如下。

①剑身很宽。有构成剑身中轴的棒状部分，剑身最大幅是在剑身两侧被称为刳方的刃部内弯部分的下方位置。

②脊棱线是将剑脊两侧研磨成斜面时削成的，脊棱线末端和刳方下端位置相同。

③剑刃和脊棱线的斜面在同一水平面上，这点表明它们是同时研磨而成的，刃部下端与脊棱线下端是一致的。BⅠa和BⅠb的区别主要在于剑身的宽度。BⅠa型剑身宽度是剑脊宽度的3倍，BⅠb型剑身宽度是剑脊宽度的2.5—3.0倍。BⅡ型剑身宽度是剑脊宽度的2.0—2.5倍，刳方下端的剑身较细，脊棱线比BⅠ型长，长达剑身末端。C型铜剑的特征是剑身窄小，约为脊宽的2倍，长脊棱线，短茎。其中也有在剑身上制作数条凹面浅导水管的剑。

仿制细形铜剑大致分为中细、中宽、宽形3种类型。森贞次郎论及"中细、中

[1] 森贞次郎：『九州の古代文化』，六興出版1983年版。

宽、宽形的一般倾向是：中细样式与细形相比，长度的增加明显大于宽度，中宽长度的增加则更多，达到了极限，宽形则仅仅是宽度的增加非常明显"[1]。中宽、宽形铜剑以细形铜剑的BI型为祖型，分别出现了BI′a、BI″a、BI‴等样式。中细形也以C型细形铜剑为祖型，分为C′、C″等样式。仿制细形铜剑的流行反映了弥生时代中期以后九州北部地区冶炼技术的快速发展。仿制剑形状的大型化和非实用化表明，在青铜利器流行地区存在着共同信仰和祭祀活动。

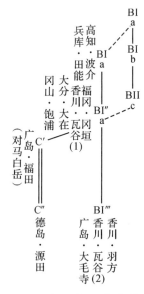

图2-9　B型、C型细形铜剑的系谱

注：转引自森贞次郎『九州の古代日本』。

二、铜矛、铜戈的铸造及其源流

在细形铜剑兴盛的同时，铜矛、铜戈制造也相当盛行。铜矛、铜戈以最大幅为基准进行分类，可分为细形、中细、中宽、宽形。若以锋部长短为基准的话，则大致可分为短（A）、中（B）、长（C）等样式。细形铜矛、铜戈多为舶来品。以铜矛为例，其分布地区扩展到了对马、唐津平原、线岛平原、早良平原、福冈平原，以及玄界滩沿岸的诸多平原。这些地区集中出土了89%的细形铜矛[2]。

细形铜矛、铜戈与细形铜剑同样具有很强的杀伤力，笔者认为其是作为武器

① 森贞次郎：『九州の古代文化』，六兴出版1983年版。

② 高倉洋彰：『日本金属器出現期の研究』，学生社1990年版。

被顺便引进的。中细、中宽、宽形的铜矛、铜戈是日本的制造品。随着实用性的降低,铜矛、铜戈的造型也在逐渐发生变化。目前发现的铜矛共计457支,其中有35支为细形、中细形,除去形式不明的,在剩下的422支中,中宽形有202支,宽形有162支,介于中宽形与宽形之间的有58支[①]。铜矛的分布地域随着样式的发展而不断扩大。

根据高仓洋彰的研究[②],中细形铜矛的分布范围已经超过细形铜矛的分布范围,南至朝仓平原、筑后平原、远贺川流域以及熊本县北部。中宽形铜矛的范围更大,森贞次郎指出"在福冈平原铸造的中宽形铜矛分布在到达对马的北进路线,以筑后、肥后为目标的南进路线,以及在途中溯筑后川而上,经过丰后、丰前到达四国西部的东进路线上"。宽形铜矛分布在对马、福冈平原、大分平原、丰前、丰后沿岸,并东至四国西南部[③]。尽管铜矛的分布范围在不断扩大,但其生产地一直未改变,依然以福冈平原为中心。

关于日本国内生产的铜矛、铜戈的祖型或源流问题,学界有多种观点。但多数学者把目光集中在朝鲜半岛,主张铜矛、铜戈的源流是在朝鲜半岛。从现有资料来看,朝鲜半岛的细形铜矛、铜戈起源于弥生时代前期末或中期前半左右。这与日本的细形铜矛、铜戈的开始基本属于同一时期。从佐贺县的总座遗址和吉野里遗址中出土了细形铜矛的铸型,就其出土的情况来看还不能确定铜矛铸型的具体年代,但从这种类型铜利器的传入和发展过程来看,基本可以认定九州北部是在弥生前期末或中期前半制造了细形铜矛。在朝鲜半岛和日本(主要是九州北部),这种铜利器几乎盛行于同一时期。由此很难说清楚谁先谁后,谁受了影响。特别是吉野里遗址出土的铜矛铸型,据说其"骹部有三条沟即节带,两侧有耳"[④]。骹部上附节带、两侧附耳的手法是中国铜矛的传统手法。

在中国的商朝至战国时期,青铜利器的发展分为4个阶段,即:殷商早期为起始期,商朝为发展期,西周到春秋时期为成熟期,到战国时期为衰退期。铜矛、铜戈的盛衰与青铜利器的发展同步。中国早期铜矛起源于长江中下游地区,而商代的铜矛历经了以下发展过程:

---

① 高仓洋彰:『日本金属器出現期の研究』,学生社1990年版。
② 高仓洋彰:『日本金属器出現期の研究』,学生社1990年版。
③ 高仓洋彰:『日本金属器出現期の研究』,学生社1990年版。
④ 高仓洋彰:『日本金属器出現期の研究』,学生社1990年版。

锋部　柳叶形→窄三角形→宽三角形或凹腰尖叶形

骹部　圆形→椭圆形或菱形

骹部下端　无双耳→有双耳或有穿孔

到了春秋战国时期,形式进一步多样化,锋部有柳叶形、三角形、剑形等,锋部中央有的有脊柱,有的无脊柱。骹部大部分是圆筒形,但也有椭圆形。骹部一般附耳,有些是双耳,有些是单耳,也有无耳的。有的铜矛骹部下端有2条或3条节带,中国的铜矛一般全长为20—25厘米。

从日本出土的细形铜矛(A型)的构造来看,一般认为其受到了中国铜矛的直接影响。相似的铜矛几乎都发现于长江中下游的楚、越地区,以及北方的燕国地区。

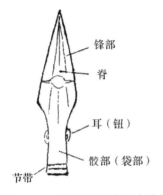

图2-10　中国的铜矛部位名称

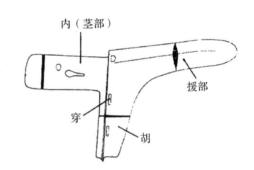

图2-11　中国的铜戈部位名称

锋部与铜剑形状相似是朝鲜半岛和日本出土的细形铜矛B型、C型最大的特征。锋部长度是骹部的2—3倍,骹部末端有单耳。在中国巴蜀(四川)、关中(陕西①)一带出土了相似的剑形铜矛,骹部扁短,无耳,与日本、朝鲜半岛出土的B型、C型铜矛有明显区别。现在还没有确切的证据表明其为日本式细形B型、C型铜矛的祖型。

中国长江下游的吴越地区是中国历史上为数不多的铜矛、铜剑产地。春秋时期中晚期,吴越铜矛的锋部逐渐从短而宽转变为长而窄,出现了一种短剑式铜矛。

① 陈平:《试论春秋型秦兵的年代及有关问题》,《考古与文物》1986年第5期,第84—96页。

安徽贵池、湖北江陵马山五号墓等处出土的铜矛[①]上刻有"吴王夫差"铭文，其属于短剑式铜矛。这种类型的铜矛矛体狭长，有脊，在脊的中央线上有凹槽，骹部扁圆且短，上有穿钮。骹部末端的銎口呈凹叉形，锋部非常锋利，上饰菱形几何学暗花纹。

至今还未发现比这种铜矛更加细长的铜矛。因此，不能说这种铜矛是日本式细形B型、C型铜矛的祖型。

从构造上来看，日本式细形B型、C型铜矛是剑和矛的结合产物。其锋部的剑形和长江中下游的楚、吴、越地区的铜剑剑身非常相似，长骹、单耳，像这样的骹部构造铜矛在吴越地区出土非常多。据此，可以看出日本式细形B型、C型铜矛是在受到吴越铜剑和铜矛的影响下创造出来的。从这点来说，日本式B型、C型铜矛必须加上弥生文化独有的元素。这种类型的铜矛虽受到中国青铜器文化的影响，但是在中宽形、宽形铜矛中完全看不出中国大陆的元素。

接下来我们来探讨一下铜戈。铜矛是突刺兵器，而铜戈是勾兵器。商（殷）以后，中国的铜戈按照装柄方法，大致分为茎（内）装柄法和銎装柄法。各种装柄法可根据样式进一步细分为直内（柄）式、曲内（柄）式、带胡型。到西周时期，銎式、曲内式逐渐消失，直内式和直内短胡式开始流行，且直内短胡式更加兴盛。朝鲜半岛和日本出土的细形、中宽形、宽形铜戈样式属于直内式，其祖型似乎是中国直内式铜戈。

中国的考古学者在贵州省赫章县可乐地区发现了2件直内式铜戈。内（柄）呈长方形，内（柄）后端部分饰有弦纹和斜线纹，在援部中央有脊，末端有2个穿孔。这2件铜戈的基本形态和朝鲜半岛、日本的铜戈非常相似。

贵州省赫章县可乐地区在古代被称为汉阳县。秦始皇三十三年（公元前214年）在贵州设立象郡之后，汉阳县便属于该郡。汉武帝建元六年（公元前135年），设犍为郡，汉阳县又隶属于犍为郡。出土直内式铜戈的坟墓是汉代濮族墓。由考古学资料可知，濮族有"椎髻""耕田"的习俗，居住建筑为"干栏式"（高床）建筑。濮族是古越族的一个分支，他们使用的铜戈和朝鲜半岛、日本出土的铜戈非常相似，笔者认为这可能与春秋战国时期越族的移居有关。考古学者在陕西、四川、河南、北京、江苏、安徽、浙江、湖北、广东等地也发现了直内式铜戈。其中，江

---

① 文化部文物局、故宫博物院：《全国出土文物珍品选》，文物出版社1987年版；萧梦龙：《吴国青铜兵器研究》，《考古学报》1991年第2期，第141—165页。

苏省句容县[①]、湖北省盘龙城[②]、浙江省长兴县长兴港[③]等吴、越、楚地方遗址出土的直内式铜戈的形态与朝鲜半岛、日本的铜戈最为相似。在越族故地发现的这种直内式铜戈暗示着中国铜戈与日本、朝鲜铜戈之间的源流关系。

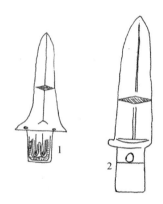

1. 贵州省赫章可乐出土;2. 河南省安阳苗圃出土。

图2-12　中国的铜戈

注:1.转引自贵州省博物馆考古组等《赫章可乐发掘报告》;2.转引自中国社会科学院考古研究所安阳工作队《1980—1982年安阳苗圃北地遗址发掘简报》。

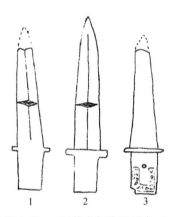

1. 江苏省句容县赤山湖水库;2. 江苏省句容县后白;3. 浙江省长兴县长兴港。

图2-13　吴越地区出土的铜戈

注:转引自刘兴《东南地区青铜器分期》。

---

① 镇江市博物馆:《句容县赤山湖及其附近出土的商、周铜器》,《文物考古资料汇编》,镇江市博物馆1976年版,第52页。

② 湖北省博物馆:《盘龙城商代二里冈期的青铜器》,《文物》1976年第2期,第26—41页。

③ 刘兴:《东南地区青铜器分期》,《考古与文物》1985年第5期,第80—111页。

　　综上,细形青铜剑的源流是以辽宁为中心的中国东北地区的曲刃青铜短剑,其传播路线为:中国(主要是东北地区)→朝鲜半岛→日本。但是,从盛行时期和样式来分析的话,朝鲜半岛和日本出土的铜矛、铜戈是受到楚越青铜文化的影响而发展的。铜矛、铜戈的传播路线和铜剑的传播路线相反:中国(主要是江南地方)→日本(主要是九州北部)→朝鲜半岛。

第二章

铜铎之谜

第一节　朝鲜小铜铎是铜铎的祖型？

考古学者们在以近畿为中心的地区，即东边的福井县、岐阜县、长野县、静冈县，到西边的岛根县、广岛县、香川县、高知县这一广泛范围内，发现了400余件青铜遗物——铜铎。出土地主要集中于大阪湾北岸、猪名川、淀川，以及大知川西岸等地区，从其分布位置来看存在着一定的规律性[①]。

铜铎的埋藏地与铜镜、铜利器的埋藏地截然不同。镜、剑、矛之类的铜器多被作为坟墓中的随葬品，而铜铎则被发现于山腰、平原、河川沿岸、海岸岩阴等与大自然直接接触的地方，其埋藏数量或为单数，或为复数，其中有的多则有几十件。在琵琶湖东岸的小筱原遗址周边的3处遗址中就出土了24件铜铎。

值得注意的是铜铎与铜利器被共同埋藏的现象，如在岛根县荒神谷遗址中就发现有6件铜铎与16根铜矛被埋藏在一起。此外，在神户樱丘遗址中也发现有14件铜铎与7根铜戈被埋藏在一起。

铜铎的制造展现了弥生时代青铜器制造技术的最高水准，其纹饰和钮式呈多样化。纹饰有横带纹、流水纹、袈裟襷纹、突线带纹等样式。钮式按照年代顺序有菱环钮式、外缘附钮式、扁平钮式、突线钮式等样式。铜铎的铸型也不断被出土，到20世纪80年代初为止，日本全国共发现了41件。其中畿内地区发现有33件，占出土总数的80.5%。因此很长一段时间里，铜铎的制作地都被认定为在畿内地区，并认为九州北部不生产铜铎。但是在1980年到1982年之间，佐贺县鸟栖市安永田遗址，以及福冈市赤穗之蒲遗址相继出土了铜铎的铸型。过去"北

[①]　川西宏幸:「銅鐸の埋蔵と鏡の伝世」,『考古学雑誌』1976年第61卷第2期,第87—117頁。

部九州不产铜铎"的观点至此被推翻。安永田遗址和赤穗之蒲遗址中发现的铸型皆为外缘附钮式,横带纹,纹饰中有钓针状纹和疾走的鹿。这种类型的铜铎在广岛、冈山、岛根、鸟取等县也有发现。

随着铜铎的发掘和研究的深入,许多一直以来的谜题也逐渐得到了解答,例如铜铎的制作年代等。但未得到解决的问题依旧有很多,如铜铎的祖型在哪里?其作用与意义又是什么?

关于铜铎的祖型问题,有3种观点:其一为朝鲜小铜铎祖型说[1];其二为中国编钟祖型说[2];其三为弥生时代自生说[3]。其中,主张朝鲜小铜铎祖型说的人数最多。

佐原真发表的朝鲜小铜铎祖型说经过高仓洋彰的研究,变得更加系统化和理论化。高仓洋彰[4]将朝鲜小铜铎到日本铜铎的成立分为5个发展阶段,即:第一阶段,祖型朝鲜小铜铎的传入;第二阶段,仿制的开始;第三阶段,小铜铎的日本化,尤其是纹饰的出现;第四阶段,圆环钮式等不规则铜铎的出现;第五阶段,菱环钮式铜铎的诞生。

到目前为止,在朝鲜半岛共出土了37件小铜铎,其中35件的出土情况如表3-1所示。

表3-1　35件朝鲜小铜铎的出土情况

地点	数量/个	墓别
平壤贞柏洞	12	夫租薉君木棺墓
平壤贞柏洞	6	不明
平壤石岩洞	1	木棺墓
平壤梧野里	4	23号墓

---

① 佐原真:「銅鐸の鋳造」,『世界考古学大系:第2卷』,平凡社1960年版,第92—104頁;田中琢:『古代の日本:第2卷』,角川書店1971年版;高倉洋彰:『弥生時代社会の研究』,寧楽社1981年版。

② 梅原末治:「銅鐸攷」,『考古学雑誌』1963年第48卷第3期,第1—13頁;樋口隆康:『日本人はどこから来たか』,河出書房新社1971年版。

③ 伊藤禎樹:「銅鐸をめぐる諸問題」,『日本考古学の諸問題:考古学研究会十周年記念論文集』,考古学研究会1964年版,第69—80頁。

④ 高倉洋彰:『日本金属器出現期の研究』,学生社1990年版。

续　表

地点	数量/个	墓别
大同郡上里希昌洞	3	木棺墓
殷栗郡云城里	4	土圹墓
大田市槐亭洞	2	石室墓
庆州市九政洞	1	土圹墓
月城郡入室里	2	木棺墓

从技术和外形来看,朝鲜小铜铎为日本铜铎祖型这一观点有待商榷,主要原因如下。

第一,朝鲜小铜铎的制作技术尚不成熟,多数小铜铎在被制造出来后,未进行再加工。有的铜铎在浇铸过程中,流动不充分,导致铜铎各部位出现许多小孔,铎身比较薄。如此粗制滥造的器物完全没有模仿的价值,且当时日本的青铜冶炼业的水准也比该朝鲜小铜铎要高。

第二,朝鲜小铜铎的体型较小,最大的高度也只有14厘米,普遍在10—13厘米。而日本早期的菱环钮式铜铎一般都有20厘米左右高。

第三,朝鲜小铜铎没有纹饰,但日本铜铎的铎身都有纹饰。

第四,朝鲜小铜铎皆是坟墓中的随葬品,而日本铜铎则是作为一种神圣的祭祀神器。

第五,朝鲜小铜铎的出土地主要集中于以平壤为中心的地区。在发现的37件小铜铎中,在朝鲜半岛南部出土的只有5件,而北部出土的占出土总数的比例超过86%。

第六,九州北部出土的小铜铎外形与朝鲜小铜铎相似,但在细节上多有不同。日本小铜铎的制造技术要比朝鲜小铜铎更为精细。日本出土的小铜铎,除福冈县嘉穗郡原田墓域出土的小铜铎及春日市冈本四丁目瓮棺墓的一个角落里出土的小铜铎铸型以外,其他小铜铎皆出土于竖穴式房屋及水沟中。这一点明显区别于朝鲜小铜铎。

综上所述,关于朝鲜小铜铎是否为日本铜铎祖型这一问题,仍存有许多未解的疑点,有待今后进行更进一步的研究。

第二节　中国的青铜乐器与铜铎

　　有学者主张中国的编钟才是日本铜铎的祖型。那么，中国的青铜乐器与铜铎存在怎样的关系呢？我们先来了解一下古代中国青铜乐器的情况。

　　《古今乐录》中记载："凡为乐器有六，皆钟之类也。曰钟、曰镈、曰錞、曰镯（铃）、曰铙、曰铎。"[1]钟、铙、镈、铎的祖型为镯（铃），铎出现于商代后期[2]。3个或5个铎组成一套，挂在木架上，被作为打击乐器使用，被称为编铎。编铙、编钟的使用开始于西周早中期，到西周末年，编镈开始盛行。

　　图3-1表示铃、铎、钟、镈四者之间的关系，以及它们各自盛行的时期。铎是诸乐器中承继铃的乐器。

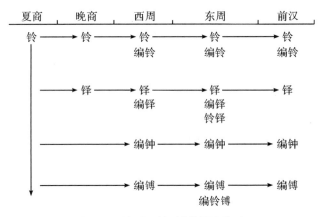

图3-1　铃、铎、钟、镈的源流关系

　　注：转引自张亚初《淅川下寺二号墓的墓主、年代与一号墓编钟的名称问题》。

关于铜铎，中国古籍中有许多记载：

　　　　木舌金铃曰铎，军中执之，以通鼓也。（《周礼》）（木头之舌，称之为金属铃或铎，军中之人拿着它，以附和鼓声。）

---

[1]　意为：大凡乐器皆为钟类，大致分为6类，即钟、镈、錞、铃、铙、铎。

[2]　张亚初：《淅川下寺二号墓的墓主、年代与一号墓编钟的名称问题》，《文物》1985年第4期，第54—58页。

铎如铙，以木为舌、摇之和鼓也。(《大同正乐》)(铎如同铙一般，以木头制舌，摇动它以附和鼓声。)

木铎者铃也，主铜为之，以木作舌。(《乐书》)(所谓木铎即为铃，用铜制作，用木头制舌。)

由以上记载可知，铎是用铜制造的，其外形与铃和铙非常相似，并用木头制其舌，摇动时会发出声音与鼓声相和，被作为乐器使用。

铎铜的使用方法只有这一种吗？在湖南长沙马王堆三号汉墓出土的55号竹简[①]中，记载有"四人击鼓、铙、铎"的文字。该记载说明除有舌铎之外，还有通过敲打的方式使其发出声音的无舌铎。

在河北平山县中山王之墓出土的"中山王厝鼎"铭文中[②]，有句"敊桴農铎"。据考证，"敊"="奋"，"農"="震"，译成现代汉语的话，即"奋槌震铎"(手握槌奋然击铎)，这说明在战国时期的中山国流行无舌铎。此外，在《国语·吴语》中也记载有"鸣钟、鼓、丁宁、镎于、振铎"，其中"振铎"也是敲打之意。

中国在很长一段时间里将铜铎与甬钟、钮钟混淆，它们在很多方面存在相似之处。例如，扁形钟体，梯形截面，钟口边缘线呈弧形。同时，铜铎与甬钟、钮钟也在许多方面截然不同，如铜铎的甬较短，大部分呈方形或长方形，甬身中空，连通钟体内腔。体形较小，饰有花纹的铜铎很少。铜铎铭文一般只有几个字，刻有数十字铭文的极少。

由曹淑琴的整理[③]可知，传世品和发掘出的先秦时期的铜铎有以下15例(包括流出到国外的文物)。

首先是考古学发掘的7例：

(a)新中国成立之初，湖南长沙东郊楚墓[④]中出土1件铜铎，通高6.5厘米，无纹饰，短甬，呈方形。

(b)1973年，广东四会鸟旦山战国墓中出土1件铜铎[⑤]，通高7.5厘

① 傅举有：《关于长沙马王堆三号汉墓的墓主问题》，《考古》1983年第2期，第165—172页。

② 曹淑琴：《先秦铜铎及其相关问题》，《文物》1991年第3期，第56—60页。

③ 曹淑琴：《先秦铜铎及其相关问题》，《文物》1991年第3期，第56—60页。

④ 交道义：《长沙楚墓》，《考古学报》1959年第1期，第41—60、112—126页。

⑤ 何纪生、杨少祥、彭如策：《广东四会鸟旦山战国墓》，《考古》1975年第2期，第102—108、138—139页。

米,铣距(最宽)7.4厘米,短甬,中空,甬中部有纹饰,上下饰细线三角雷纹,舞部饰勾连雷纹。

（c）1976年,湖北宜城县楚墓皇城的雷家坡[1]中出土1件铜铎,通高7.0厘米,铣距6.5厘米,甬及舞部饰有云纹和S形纹。出土时,甬部残存长约20.0厘米的木柄。

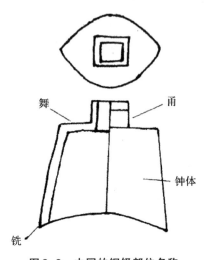

图3-2　中国的铜铎部位名称

注:转引自邱立诚、毛衣明《广东罗定背夫山战国墓》。

（d）1978年,湖南浏阳北星乡纸背村战国墓[2]中发掘1件铜铎,通高6.2厘米,铣距6.0厘米,方形甬,中空并与钟体内腔相通,无纹饰。

（e）1981年,湖南临澧九里茶场楚墓[3]中出土1件铜铎,通高3.5厘米,无纹饰。

（f）1983年,广东罗定背夫山战国墓[4]中出土1件铜铎,通高6.6厘米,铣距6.6厘米,短甬,甬前后两面均有纹饰。由于锈蚀,无法看清纹饰,甬中有朽木痕迹。

① 楚皇城考古发掘队:《湖北宜城楚皇城勘察简报》,《考古》1980年第2期,第114页。

② 熊传新:《湖南新发现的青铜器》,《文物资料丛刊(5)》,文物出版社1981年版,第103页。

③ 湖南省博物馆、常德地区文物工作队:《临澧九里楚墓》,《湖南考古辑刊(3)》,岳麓书社1986年版,第87—111页。

④ 邱立诚、毛衣明:《广东罗定背夫山战国墓》,《考古》1986年第3期,第210—220页。

（g）1986年，长沙荷花池战国墓[1]中出土1件铜铎、1件铎槌，同为随葬品的还有瑟、鼓等礼器。

其次是传世品与古籍记载的8例：

（a）故宫博物院藏有1件。铎体较短，截面呈扁梯形，方形短甬，甬和铎身中部饰有斜方格麻点状纹，铎身两侧刻有"□郢率铎"铭文。（容庚《商周彝器通考》）

（b）故宫博物馆藏有1件。方形甬，铎身下部饰有细兽面纹，上部刻有"□外卒铎"铭文，有铜舌。（容庚《颂斋吉金续录》）

（c）容庚《颂斋吉金图录》中记载有1件。方形甬，铎身中部有横向平行线纹和三角云纹。

（d）梁上椿旧藏1件。方形甬，有凸棱，甬的一侧刻有"王"字，通高7.5厘米，传出土于安徽寿县。

（e）京都大学文学部藏有1件。长方形甬，有凸棱和小方孔。

（f）梅原末治所著《日本蒐储中国古铜精华》中记载有1件。通高18.6厘米，铣距13.8厘米，甬呈扁方形，体部饰有怪禽蟠螭纹，此纹饰与洛阳金村出土的铜镜纹饰相同。

（g）《洛阳故城古墓考》中记载有1件，方形扁体，已流失至国外。

（h）瑞典斯德哥尔摩远东古物馆中藏有1件。方形甬，无纹饰。

从上述15例先秦时期的铜铎来看，其主要特征是：体形较小，一般高度为6—7厘米，铣距（最宽）基本上与通高持平。战国至西汉时期，铜铎在外形上的最大改变在于铎高增加，而铣距则越来越窄。汉朝以后，铜铎的通高与铣距之比，甚至有大到2∶1的[2]。

从其整体构造来分析，我们看不出中国铜铎与日本铜铎之间存在源流关系。那么，中国像铃、钟、镈之类的其他青铜乐器与日本铜铎之间又有怎样的关系呢？

首先，我们来探讨一下铃。作为乐器的铃，也被称为镯。而作为实用器物的

[1] 张一兵：《沙市荷花池1号战国木椁墓发掘报告》，《湖南考古辑刊》1989年第1期，第52—60页。

[2] 曹淑琴：《先秦铜铎及其相关问题》，《文物》1991年第3期，第56—60页。

铃,又被命名为马铎。铜铃多出土于中国北方地区。宁夏固原地区出土的铜铃[①]共计18件,一同随葬的还有车马器、马衔等物品,很明显这些铜铃是被作为马铎来使用的。河北柏乡县东小京战国墓出土的铜铃[②],以及河北中羊泉的东周墓出土的铜铃[③],共计52件。以上3个地方出土的铜铃,在构造、样式上都各有不同。

1—9. 宁夏固原地区出土的铜铃;10—11. 河北柏乡县东小京战国墓出土的铜铃;
12—15. 河北中羊泉的东周墓出土的铜铃。

图3-3　中国铜铃资料图

注:1—9转引自罗丰、韩孔乐《宁夏固原近年发现的北方系青铜器》;10—11转引自史
　　云征、李兰坷、李振奇《河北柏乡县东小京战国墓》;12—15转引自李振奇、张友功、赵
　　秀双《河北临城县中羊泉东周墓》。

编号1、2、3、5、8的铜铃,其截面呈椭圆形,有方形或圆形桥式钮,铃体中看不见铃舌,其中一个铜铃的铃面有4个长方形孔,可能是型持孔。通高8.0—9.5厘米,口径5.6—8.0厘米,底部的弧度并不明显,基本上呈直线。

① 罗丰、韩孔乐:《宁夏固原近年发现的北方系青铜器》,《考古》1990年第5期,第403—418、
　　484—486页。
② 史云征、李兰坷、李振奇:《河北柏乡县东小京战国墓》,《文物》1990年第6期,第67—71页。
③ 李振奇、张友功、赵秀双:《河北临城县中羊泉东周墓》,《考古》1990年第8期,第693—702、
　　769页。

编号4、6、7的铜铃体形比较大,底部呈直线,椭圆形铃口,顶端有方形桥式钮,钮的下方有一圆孔,大概是放置铃舌的部位,但未见铃舌,铃体有长方形型持孔。最大通高18厘米,口径16.6厘米,最小通高12.5厘米,口径15厘米。

编号9的铜铃,其铃身有中脊,铃口微微向内收拢,截面呈菱形,顶端有桥钮,铃体一侧有2个长方形型持孔,另一侧则有3个长方形型持孔,通高5.5厘米,口径4厘米。

编号10、11的铜铃体形小巧。编号10通高3厘米,编号11通高1.6厘米。底部呈弧形,铃体有纹饰。编号10纹饰有乳丁纹和"十"字纹,编号11纹饰有几何学纹。

编号12—14的铜铃截面为椭圆形,底部呈弧形,两角下垂,顶端有半环首钮,铃身顶部有舌钮,铃体饰有几何学纹、圈点纹、粟粒纹,通高3.9—4.9厘米,最宽处3.9—4.1厘米。

编号15的铜铃截面为椭圆形,底部呈弧形,两角下垂,顶端有半环钮,通高4.6厘米,最宽处2厘米。

将中国的铜铎、铜铃与日本的小铜铎、铜铎相比较来看,铜铃与小铜铎之间存在比较多的相似性。如桥钮、型持孔,以及钮的下方有可用来挂铃舌的小孔,在福冈县嘉穗郡原田出土的小铜铎下端也饰有几何学纹等。

钟和镈在中国南北方的多处遗址中有发现,一般来说能够用钟、镈随葬的坟墓主人是社会地位较高的人。如在长江中游的楚王墓[1]中,未发现鼎、玉器之类的随葬品,但有好几套编钟、编镈、编磬。在被认定为封君和上大夫的墓穴中,随葬的有乐器编钟、编磬,但未发现编镈。下士大夫的墓穴中随葬的有鼓、琴、瑟,但完全没有钟、镈、磬。

由以上考古发现可知,编镈、编钟在当时是贵重物品。而且,每套编钟或编镈的数量不尽相同。如河南固始侯古堆一号墓中出土的一套编镈数量是8件、一套编钟数量是9件[2]。在江苏丹徒县背顶山出土的413件青铜器中,一套编钟的数量是7件,一套编镈的数量是5件[3]。在广东兴宁县发现的编钟6件成一套[4],

[1] 郭德维:《楚墓分类问题探讨》,《考古》1983年第3期,第249—259页。

[2] 固始侯古堆一号墓发掘组:《河南固始侯古堆一号墓发掘简报》,《文物》1981年第1期,第1—8页。

[3] 纪仲庆:《丹徒县背山顶春秋墓》,《中国考古学年鉴:1985》,文物出版社1985年版,第136页。

[4] 杨少祥:《兴宁县出土战国铜编钟》,《中国考古学年鉴:1985》,文物出版社1985年版,第203页。

在山东滕州公丘城故址所出土的青铜乐器中,有一套名为"滕皇"的编钟,共9件[1]。而山西省潞城县潞河战国墓中出土的铜镈4件成一套、甬钟8件成一套、钮钟8件成一套[2]。

为了得到理想中乐器的声音,一套编钟或编镈里个体的体形和大小皆不同。如表3-2所示,山西省潞城县潞河战国墓中出土的7件甬钟的大小完全不同,最大的甬钟通高48.5厘米,最小的则为22.5厘米。最大的铜镈通高40.2厘米,最小的通高30.4厘米。除残缺品之外,钮钟最大的为23.6厘米,最小的为12.5厘米。

表3-2 中国战国时期甬钟、铜镈、钮钟的测量值

单位:厘米

乐器	编号	通高	甬(钮)高	舞幅	于长	厚
甬钟	M7:4	48.5	13.6	22.0	残	0.15
	M7:5	42.9	11.5	18.0	30.0	0.15
	M7:8	40.3	11.0	16.0	27.0	0.15
	M7:10	32.0	8.0	14.0	21.0	0.13
	M7:13	28.3	8.0	12.5	18.5	0.13
	M7:15	23.5	6.7	10.5	15.2	0.12
	M7:14	22.5	6.7	9.2	13.5	0.12
铜镈	M7:11	40.2	8.6	25.0	28.0	0.5
	M7:12	35.7	8.3	22.5	26.0	0.5
	M7:6	33.1	7.8	19.4	18.6	0.5
	M7:7	30.4	7.4	18.0	17.0	0.5
钮钟	M7:58		残	18.0	23.0	0.1
	M7:59	23.6	4.6	13.8	21.0	0.1

---

[1] 吴文祺:《滕县西周"滕皇"编钟》,《中国考古学年鉴:1984》,文物出版社1984年版,第121页。

[2] 陶正刚、李奉山:《山西省潞城县潞河战国墓》,《文物》1986年第6期,第1—19、97—100页。

乐器	编号	通高	甬(钮)高	舞幅	于长	厚
钮钟	M7∶60	21.6	4.5	12.6	18.0	0.1
	M7∶61	18.3	3.3	9.0	14.5	0.1
	M7∶62	17.7	4.0	8.2	13.5	0.1
	M7∶55	15.1	3.1	7.6	12.0	0.1
	M7∶56	14.6	3.1	7.2	12.0	0.1
	M7∶57	12.5	2.8	6.5	10.2	0.1

注：转引自陶正刚、李奉山《山西省潞城县潞河战国墓》。

铜钟、铜镈的构造与铜铃、铜铎相比更为复杂。首先，铜钟、铜镈的钮部呈多样化。如铜镈的钮有扁方形钮、伏兽状钮、左右纹样对称钮等，钟体钲部全是乳状圆珠，被称为"枚"。"枚"数量的多少并不相同，如山东海阳嘴子村出土的铜镈，其钲部前后共有6组"枚"，每组"枚"有3枚，合计18枚。"枚"的顶部有纹饰，皆为盘龙纹、涡纹、云纹。

钟和镈的舞部、钲部、鼓部也有纹饰，主要为云纹、回纹、S形双头夔龙纹、贝纹、三角纹、涡卷纹、兽首纹、蟠螭纹。钟和镈的底部并非弧形，一般呈直线形。钟、镈体形比铃、铎更大。

图3-4　铜镈(上海博物馆藏)

图 3-5　铜镈（河南省固始侯古堆一号墓出土）

注：原载于固始侯古堆一号墓发掘组《河南固始侯古堆一号墓发掘简报》。

在广东省博罗县出土了 7 件春秋时期的铜甬钟[1]，其中最大的通高 50.9 厘米、重 10.75 千克，最小的通高 22 厘米、重 1.8 千克。在广东省兴宁县发现的 6 件铜编钟[2]中，最大的通高 50.5 厘米、重 14.25 千克，最小的通高 38.1 厘米、重 7.75 千克。

虽然大多数铜镈和铜钟都是从坟墓中出土的，但长江流域发现的早期铜钟和铜镈则埋藏在丘陵、河川沿岸[3]，一般都是单独埋藏的，基本上未发现与其他种类器物共同埋藏的情况。

从以上关于铜镈、铜钟的分析来看，日本的铜铎在多个方面与中国的铜镈、铜钟相似。

第三节　铜铎的祖型与特性

铜铎是弥生文化的典型代表，其生产、发展展示了弥生人的智慧与才能。当然，弥生文化的发展与东亚世界的文化发展有着紧密的联系。因此，即使是独特

---

[1] 滕鸿儒、王洪明：《山东海阳嘴子前村春秋墓出土铜器》，《文物》1985 年第 3 期，第 12—19 页。

[2] 丘立诚、黄观礼：《博罗县出土春秋青铜甬钟》，《中国考古学年鉴：1985》，文物出版社 1985 年版，第 202 页。

[3] 杨少祥：《兴宁县出土战国铜编钟》，《中国考古学年鉴：1985》，文物出版社 1985 年版，第 203 页。

性很强的铜铎,也不能说它没有受到东亚青铜器文化的启发和影响。从东亚世界整体的青铜器文化发展视点来分析,我们不应该在朝鲜半岛寻找铜铎的祖型。笔者认为日本铜铎祖型系谱如图3-6所示。

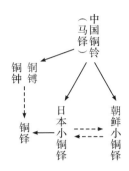

图3-6 日本铜铎祖型系谱

如果该系谱成立的话,那么朝鲜小铜铎与日本小铜铎都是直接受中国铜铃影响的。虽然朝鲜小铜铎与日本小铜铎之间有几点共通性,但朝鲜小铜铎并非日本小铜铎的祖型,日本小铜铎的祖型为中国铜铃。日本铜铎的基本形态是基于日本小铜铎发展而来的,且在其形成与发展的过程中受到了中国铜镈、铜钟等青铜乐器的形态构造、纹饰等方面的影响。因此,可以说是外来文化的启发与影响,再加上弥生人自身的智慧与创造力,造就了独特的日本铜铎文化。

由于日本铜铎并不像中国的铜镈、铜钟一样被作为乐器使用,因此在构造上增加了许多创意,如钮式的多样化。一般会在钟钮基础上,增大钮宽,增加厚度,并加上装饰,在钟体两侧制作鳍,使钟体更具美感。中国铜镈和铜钟的钮部、舞部,以及钟体上虽有纹饰,但非常少。中国铜镈和铜钟的纹饰较为抽象,显得庄重而威严。而日本铜铎在保留了部分抽象纹饰的同时,还加入了现实性元素。这种将抽象性与现实性相结合的构想,反映了弥生人追求安定富裕的现实生活及崇拜神明的观念。

日本铜铎上的纹饰基本上都能在中国的青铜器上看到,但与中国青铜器的纹饰相比,其更为简洁、朴素,纹饰主要有涡卷纹、锯齿纹、斜格纹、栉齿纹、流云纹、横带纹等样式。此外,一种名为邪视纹铜铎的铎身上饰有大眉、大眼,以及大鼻花纹,应是由中国青铜器上的饕餮纹简化而来的。实际上,在中国良渚文化遗址出土的玉器上也可寻见此类大眉、大眼、大鼻纹饰,如图3-7所示。

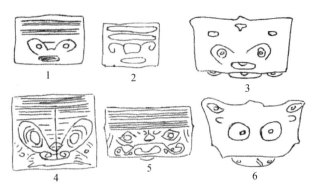

1. 江苏寺墩;2. 张陵山;3. 草鞋山;4. 广东石峡文化;5. 江宁咎庙;6. 草鞋山。

图3-7　良渚文化诸遗址出土的玉琮、玉佩纹饰

注:转引自周南泉《试论太湖地区新石器时代玉器》。

中国的铜铃、铜镈、铜钟等作为实用器物流传于世。在北方地区,铃是马的装饰物,多作为马的随葬品被埋藏。镈和钟则是贵重的乐器,常被作为随葬品埋藏于高官、贵族的墓穴中,以此来象征坟墓主人的社会地位。

日本铜铎很少被用作随葬品,一般被埋藏于山地、平原、海滨等场所。

采用此类埋藏方法的铜铎究竟有怎样的特性呢?有学者[1]将其视为有权势的人的传世宝器;有学者[2]认为铜铎是共同体用于表示农耕关系的祭祀活动中的器物;有学者[3]认为铜铎是稻魂信仰的产物;有学者[4]认为铜铎是鬼道的祭祀用具;还有学者[5]认为铜铎是用于抵御境域以外的"恶灵"入侵的器物。

从日本铜铎的构造来看,其并非实用的乐器。从埋藏场所来分析,它也并非某个有权势的人的个人宝器。它应该是与当时人们的信仰有关的祭祀工具,这说明在以畿内为中心的广泛地区内存在着共同信仰,也说明了这种信仰有其独特的祭祀方法。有学者[6]认为埋入铜铎是为了祈祷农业丰收,镇压邪神。

从铜铎上的绘画来看,铜铎不只是与农耕、镇邪有关的祭祀器物。根据铜铎

① 曹淑琴、殷玮璋:《早期甬钟的区、系、型的研究》,《考古学文化论集:二》,文物出版社1989年版,第231—254页。

② 樋口隆康、間壁忠彦、大林太良他:『図説 日本文化の歴史1』,小学館1956年版。

③ 水野清一、小林行雄:『図解考古学辞典』,創元社1958年版。

④ 春成秀尔:「銅鐸のまつり」,『国立歴史民俗博物館研究報告』1987年第12期,第1—38頁。

⑤ 水野正好:『銅鐸と女王国時代』,日本放送出版協会1983年版。

⑥ 酒井龍一:「銅鐸とその内なる世界」,『摂河泉文化資料』1978年第10期。

的化学分析①及铅同位素比值②分析,其大部分原料是从中国和朝鲜半岛引进的。在古代日本,将使用进口贵重原料铸造的特殊器物埋入山地、平原、海滨等场所并非易事,可能是因为发生了什么重大事件吧。如在外敌入侵、率兵出征,或是火山、地震、疫病等灾害发生的时候,人们可能会通过埋入铜铎的方式来祈求天神地祇的庇护,祈愿"国泰民安"。

使用贵重的青铜来铸造铜铎绝非个人的工作,在当时的畿内地区肯定存在着铜铎的生产管理体制。而且,应该只有社会上层的少数人拥有铜铎的祭祀、埋入权等。他们也许是以畿内为中心的统一国家的国王,或者是专门掌控祭祀活动的大臣(巫师)。日本历史上的神祇官之类的源流大概就是弥生时代掌管祭祀活动的大臣(巫师)吧。

---

① 兵庫県教育委員会:『兵庫県文化財調査報告:第 1 冊』,兵庫県教育委員会 1969 年版。

② 馬淵久夫、平尾良光:「鉛同位体比からみた銅鐸の原料」,『考古学雑誌』1982 年第 68 巻第 1 期,第 42—62 頁。

第四章

农耕工具的相似性

农耕的发生与发展带来了生产工具的改良与革新。日本的稻作农耕是从中国传来的,那么其农耕用具是否也与中国的农具有源流关系呢? 在给出答案之前,笔者认为应该先将日本与中国的石制农具、木制农具以及铁制农具进行比较。

第一节　石制农具

一、用于割稻穗的石刀

石刀在中国是铁器农具盛行之前所使用的割稻工具。石刀的使用在中国可追溯至仰韶文化时期,根据地域的不同,甚至可以迟至汉代。石刀在中国各地均有出土。根据形态,各地出土的石刀可分为以下5种类型[①]:

①抉入打制型;

②长方形型;

③半月形直刃型;

④半月形外弯刃型;

⑤纺锤形型。

除①以外,②—⑤全是磨制石器。整体来说,虽然各种类型混淆在一起分布于各地,但根据地域不同,又各有各的特征。

---

① 江上波夫他:『論集日本民族の起源:倭と倭人』,大和書房1978年版;安志敏:《中国古代的石刀》,《考古学报》1955年第10期,第27—51页。

　　西北地区虽然出土有长方形型、抉入打制型、纺锤形型、半月形直刃型、半月形外弯刃型石刀,但更多的还是抉入打制型和长方形型石刀。抉入打制型集中出土于甘肃、陕西、山西、河南等地。陕西省商县紫荆遗址[①]中出土了250多件石刀,其中抉入打制型约占86%。在洛河上游的焦村遗址、沟滩遗址[②]中,石刀的出土数量很少,却是非常典型的长方形型、纺锤形型,两端皆有抉入。

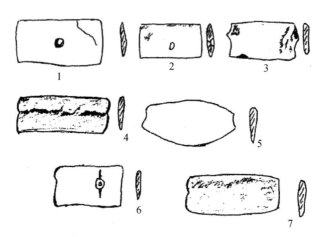

1—3. 陕西省姜寨;4—6. 焦村遗址;7. 沟滩遗址。

图4-1　中国西北地区出土的石刀

注:转引自陕西省商洛地区图书馆《陕西洛河上游两处遗址的试掘》。

　　在黄河、淮河中下游地区,即以河南、河北、山东、江苏北部为中心的地区,主要盛行长方形型石刀。在这一地区发现的长方形型石刀皆为磨制品,通常上有单孔、双孔或三孔,五孔、七孔的也有,但数量较少。

　　长江下游地区,即以江苏、浙江、上海、江西为中心的吴越地区出土的石刀类型呈多样化,虽然也有长方形型,但最多的还是半月形直刃型和半月形外弯刃型。

---

① 商县图书馆:《陕西商县紫荆遗址发掘简报》,《考古与文物》1981年第3期,第33—47页。

② 陕西省商洛地区图书馆:《陕西洛河上游两处遗址的试掘》,《考古》1983年第1期,第10—16页。

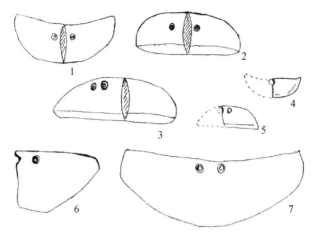

1—3. 江苏句容城头山；4—5. 江苏镇江马迹山；
6. 浙江吴兴钱山漾；7. 浙江杭州老和山。

图4-2　吴越地区出土的石刀

注：1—3转引自刘建国《江苏句容城头山遗址试掘简报》；4—5转引自肖梦龙《镇江市马迹山遗
　　址的发掘》；6—7转引自汪济英、牟永抗《关于吴兴钱山漾遗址的发掘》。

编号1—3及7为半月形外弯刃型，弦形刃部，背部内曲。编号4—6为半月形
直刃型，弧形背部，平直刃部。

该地区还盛行一种庖丁形石器，其样式主要分为2类①：

①半月形，凹弧背，双刃呈弧形，通常宽5厘米，长11—13厘米，有的有一孔，
孔径约1厘米，有的则没有孔。

②刃部呈钝角，上部有凸脊，有1个穿孔，孔径0.4厘米，长11.6厘米。

关于这种石器的用途，学界有各种各样的看法。有人认为是耕田用的器具，
有人认为其用途与石刀类似。

从形状等方面来看，这种庖丁形石器可能是石刀的变形，也许是稻禾生长期
的耕田器具或收获期的割稻穗器具。

① 钱公麟、姜节余、丁金龙等：《江苏吴江龙南新石器时代村落遗址第一、二次发掘简报》，《文
　物》1990年第7期，第1—28页；汪遵国、李文明、钱锋：《1982年江苏常州武进寺墩遗址的发
　掘》，《考古》1984年第2期，第109—129、194—197页。

山东省潍坊、日照两市,以及河南省信阳市的文化遗址①多有石刀出土。

图4-3为中国东北地区出土的石刀的情况。

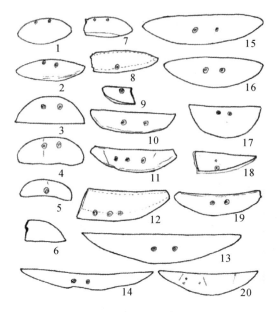

图4-3　中国东北地区出土的石刀

注:转引自瑜琼《东北地区半月形穿孔石刀研究》。

编号4、5、17为半月形型,其他皆为长方形型,其中带有双孔的石刀数量最多。从刃部来看的话,有双刃和单刃2种类型。从整体形态来看的话,有弧背直刃和直背直刃2种类型。编号6、8、9、11两侧略呈弧形,10、15两侧呈斜直线,14一侧呈微弧形,另一侧呈直线。这些石刀都曾被打磨过,有光泽,刃部基本上都留有使用痕迹。

中国东北地区出土的石刀,除抉入打制型之外,其他各类型也均有发现。尤以半月形直刃型、半月形外弯刃型以及近似纺锤形型为多,发现有半月形石刀出土的遗址有40余处。

出土的石刀大致可分为4种类型②:

① 曹远启、杨传德:《山东潍坊县狮子行遗址发掘简报》,《考古》1984年第8期,第673页;杨深富、徐淑彬:《山东日照龙山文化遗址调查》,《考古》1986年第7期,第680—702、769—770页;王吉怀:《河南信阳南山咀新石器时代遗址试掘简报》,《考古》1990年第5期,第385—389页。

② 瑜琼:《东北地区半月形穿孔石刀研究》,《北方文物》1990年第1期,第3—9页。

①A 型：近似纺锤形型

其背部、刃部皆呈弧形，且表现出典型的左右对称。编号 1、2、7、8、15、16 的石刀有单孔或双孔，有的有多次使用的痕迹。长度最短 10 厘米，最长 30 厘米，宽 5—7 厘米。

②B 型：半月形直刃型

编号 3、4、5 的石刀背部为弧形，刃部呈直线或凹线，有单孔或双孔，长 9—12 厘米，宽 3—5 厘米。

③C 型：半月形弯刃型

编号 9、10、11、13、18 的石刀背部为直线，刃部呈弧形，有单孔或双孔，三孔的极少，一般长 22 厘米，最长的有 40 厘米，宽 4—7 厘米。

④D 型：弯月形型

背部为凹形，刃部呈弧形。编号 12、14、19、20 的石刀，有双孔或三孔，长度一般在 20 厘米左右，也有长达 33 厘米的，宽 4—6 厘米。

关于以上所述各类型石刀的分布地区，A 型、B 型盛行于辽东半岛，以及辽宁西部，C 型、D 型主要分布于吉林长春地区。黑龙江、绥芬河流域也盛行 B 型，牡丹江流域也盛行 D 型。上述石刀的原材料主要为板岩、页岩、角岩以及砂岩等。

东亚地区除中国以外，朝鲜半岛和日本也曾使用过石刀。朝鲜半岛北部出土的石刀深受中国北方地区石刀类型的影响，且朝鲜半岛南部出土的多为半月形外弯刃型，与长江下游地区出土的石刀类型[1]极为相似。

在日本，石刀与水田遗构、水路、木制农具一同被视为弥生时代存在农耕文明的证据[2]。石刀盛行于弥生时代的前、中期，有些地区一直沿用到弥生时代末期。如在福冈县三云地区的サキゾノ、仲田、深町等遗址[3]的末期居住址中，发现有石刀。甚至在仲田遗址的弥生时代末期至古坟时代初期的 21 号居住址中也出土了石刀，有些是随铁镰一起出土的。

石刀在日本的分布地区非常广泛，尤以九州、濑户内沿岸、中部、东北地区的出土数为多。九州地区集中于福冈县和佐贺县，在福冈县饭冢市立岩遗址[4]中发

① 江上波夫他：『論集日本民族の起源：倭と倭人』，大和書房 1978 年版。

② 近藤義郎：『岩波講座日本考古学 6：変化と画期』，岩波書店 1986 年版。

③ 福岡県教育委員会：『福岡県文化財調査報告書：第 58 集』，福岡県教育委員会 1980 年版；福岡県教育委員会：『福岡県文化財調査報告書：第 60 集』，福岡県教育委員会 1981 年版。

④ 中村修身：「いわゆる立岩産輝緑凝灰岩製石製石庖丁の再検討」，『地域相研究』1983 年第 13 号。

现的完整和残缺石刀共有1488件,其中完整品有205件。

表4-1　福冈县饭冢市立岩遗址出土的石刀

单位:件

编号	遗址名	完整度	粗割	打裂	敲打	琢磨	穿孔	完成品	剥片	合计	
1	下之方	完整品	2	14	0	4	0	0		20	61
		残缺品	0	7	0	6	14	14	0	41	
2	嘉穗东高校（烧之正）	完整品	4	31	0	7	0	0		42	146
		残缺品	0	22	0	7	52	23	0	104	
3	高尾山	完整品	0	1	0	1	0	1		3	4
		残缺品	0	1	0	0	0	0	0	1	
11	甘木山	完整品	0	1	0	0	0	0		1	7
		残缺品	0	2	0	4	0	0	0	6	
5	川岛	完整品	0	11	0	7	0	18		36	148
		残缺品	4	67	0	36	0	0	5	112	
8	立岩	完整品	0	86	0	2	0	5		93	523
		残缺品	0	168	0	77	185	0	0	430	
10	立岩 ground	完整品	0	6	0	0	0	3		9	37
		残缺品	0	21	0	6	1	0	0	28	
7	堀田	完整品	0	0	0	1	0	0		1	562
		残缺品	0	0	0	0	0	0	561	561	
	合计	完整品	6	150	0	22	0	27		205	1488
		残缺品	4	288	0	136	252	37	566	1283	

注:转引自中村修身「いわゆる立岩産輝緑凝灰岩製石製石庖丁の再検討」。

中国、四国地区出土的石刀集中于濑户内沿岸,在香川县西部、爱媛县东部、兵库县西南部、冈山县南部、广岛县东南部[①]等地均有发现。

---

① 潮見浩、藤田他:「中国・四国」,『日本の考古学・弥生時代』,河出書房新社1967年版,第81—107頁。

在中部地区,沿着信浓川和天龙川,出土有很多打制和磨制的石刀[1]。

在关东地区发现石刀的情况并不多,但在南关东地区发现了很多贝庖丁[2],这反映了其地域性特征。

在东北地区的福岛、山形、宫城、岩手县等地的弥生遗址中出土了很多石刀,在仙台市南小泉、藤田新田、今泉城等弥生初期的遗址中也都出土了石刀。此外,从仙台平原到相马、磐城地区的100处遗址[3]中也出土了石刀,在福岛县天神泽遗址[4]出土了大量石刀的完整品及制作中的半成品。

从石刀的形态来分析的话,在日本出土的除长方形型以外,抉入打制型、半月形型、纺锤形型均有发现。

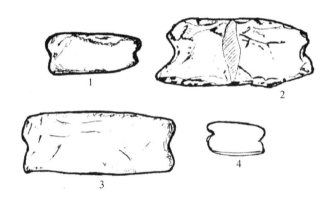

1. 香川县城山;2. 香川县紫云出;3. 宫崎县日向;4. 宫崎县妻。

图4-4　日本出土的抉入打制石刀

注:1、4转引自小林行雄『日本考古学概説』;2转引自小林行雄、佐原
真「紫雲出」;3转引自和島誠一:『日本の考古学・弥生時代』。

抉入打制型主要分布在以香川县西部为中心的濑户内沿岸地区。该地区出土的石刀是由古铜辉石安山岩制作而成的,此原石非常坚硬,因此想要穿孔的话特别困难。但为了能够装柄,还是一定会在石刀的两侧打制出抉入状的。九州的宫崎县也出土了抉入打制型石刀。

---

① 神村透:「中部高地」,『日本の考古学・弥生時代』,河出書房新社1967年版,第151—161頁。

② 赤星直忠:「海蝕洞窟:三浦半島に於ける弥生式遺跡」,『神奈川県文化財報告:第20集』,出版者不明,1953年。

③ 坪井清足監修,林謙作編:『図説発掘が語る日本史:第1巻』,新人物往来社1986年版。

④ 坪井清足監修,林謙作編:『図説発掘が語る日本史:第1巻』,新人物往来社1986年版。

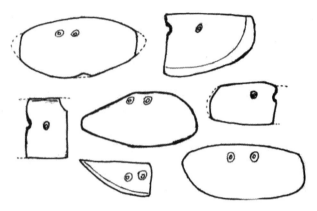

1. 福冈县サキゾノ;2—3. 福冈县番上;4. 福冈县仲田;
5. 福冈县屋敷;6. 福冈县加贺石;7. 佐贺县撰分。

图 4-5　九州北部出土的石刀

注:1、4转引自福冈县教育委员会『福冈県文化財調査報告書:第60集』;2、3、5转引自福冈县教育委员会『福冈県文化財調査報告書:第63集』;6转引自福冈県教育委员会『福冈県文化財調査報告書:第58集』;7转引自佐賀県教育庁文化課『佐賀県文化財調査報告書:第87集』。

　　在各种形态中,半月形型数量最多,尤以直刃背部、刃部呈弧形的外弯刃型为多。除少量单孔或三孔之外,大部分都是双孔。器身整体都经过打磨,有光泽。福冈县饭冢市立岩遗址出土的石刀中有近似三角形的类型,这种近似三角形的石刀是由半月形外弯变化而来的,因此也应属于外弯刃型的范畴。

　　当时,日本各地都出现了专业制作石刀的集团。使用辉绿凝灰岩制作而成的石刀广泛分布在整个九州北部地区,在中部山地的阿苏、人吉盆地、宫崎县西南山地、大分县东部地区也发现有用同样石材制成的石刀。有学者[1]认为九州北部地区辉绿凝灰岩制成的石刀都是在福冈县饭冢市立岩遗址制作的。但也有学者[2]认为辉绿凝灰岩制成的石刀不仅仅是在福冈县饭冢市立岩遗址制作的,因为在九州东部地区的多处遗址,如大坪遗址,也发现有以辉绿凝灰岩为石材制成的石刀和半成品。由此可知,在九州东部地区,人们应该是从福冈县饭冢市立岩遗

① 下条信行:「鋳型と立岩石庖丁・今山石斧の分布」,『奴国展:稲と青銅の弥生王国』,夕刊フクニチ新聞1972年版。
② 中村修身:「いわゆる立岩産輝緑凝灰岩製石製石庖丁の再検討」,『地域相研究』1983年第13号。

址引进了辉绿凝灰岩石材,而后在当地制作了石刀。

石刀的制作及其分布,与稻作农耕的发展及金属农耕工具的未普及化相对应。石刀制作的中心地除九州的立岩、大坪遗址之外,还有东北地区的仙台平原、福岛县的天神泽、以香川县为中心的濑户内沿岸等地。

从上述中国、日本、朝鲜半岛的石刀来看,东亚世界的石刀形态基本一致。从整体来看,抉入打制型主要分布在中国的西北地区和日本的濑户内海沿岸地区,而半月形型主要分布在中国的长江流域、华北地区、东北地区,朝鲜半岛南部,以及日本的九州、濑户内海沿岸等地区。其中,半月形外弯刃型主要集中于中国长江下游地区及日本九州北部地区。

二、石斧

石斧与石刀一样,都是新石器时代的主要生产工具,分布在东亚整个地区。日本将石斧分为3种,即太形蛤刃石斧、抉入石斧、扁平片刃石斧。中国石斧的名称与日本的称呼稍有不同。下文所列是中国学者对石斧的分类及其称呼。

1. 石斧

(1)无孔石斧

器身较厚,厚度与宽度比约为1:2,也有更厚的。一般上窄下宽,双刃,截断面呈椭圆形、隅丸长方形或长方形,器身有扁平长方形和方柱形,在中国全国各地均有发现。这种石斧与日本的太形蛤刃石斧相似。

(2)有孔石斧

器身扁平且薄,大部分上窄下宽,呈梯形或方形,一般在器身上部即靠近顶端处有穿孔。这种石斧在长江下游地区最为盛行,在其他地区也有出土,如陕西省商县紫荆遗址[①]、姜寨遗址[②]、河北省唐山市等。此外,在日本的福冈县板付遗址中也发现有这种类型的石器。

---

① 商县图书馆:《陕西商县紫荆遗址发掘简报》,《考古与文物》1981年第3期,第33—47页。

② 西安半坡博物馆:《临潼姜寨遗址第四至第十一次发掘纪要》,《考古与文物》1980年第3期,第1—13页。

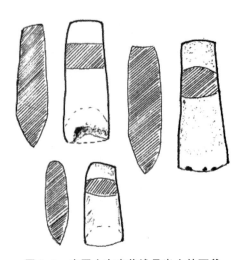

图 4-6　中国山东省临沭县出土的石斧

注：转引自王亮《山东临沭县北沟头和寨子遗址调查》。

2. 石锛

（1）常型石锛

单刃，与日本的扁平片刃石斧相似。

（2）有段石锛

方柱形器体，单刃，背面有段，主要分布在长江流域以南地区。关于有段石锛的起源，目前有河姆渡文化及马家浜文化 2 种起源说[1]。

朝鲜半岛和日本出土的很多抉入石斧与有段石锛相比，在安装位置的处理上存在差异。有段石锛背部做成段，而抉入石斧器身朝内形成凹入状。两者虽有差异，但目的完全一致，即都是为了装柄。因此，有日本学者认为抉入石斧与有段石锛之间存在源流关系。八幡一郎[2]指出："抉入石斧多分布在西日本，在东日本分布较少。此外，其在朝鲜半岛的北部分布较少，而在南部则分布较多。本石器的祖型为有段石斧，与其他文化要素一起组成华中、华南系先史文化的系谱。"樋口隆康[3]也指出中国的有段石锛技术是从长江下游传入朝鲜半岛南部及西日本，再变形成抉入石斧的。从"有段"到"抉入"的变化，实际上是石斧技术上

---

[1]　傅宪国：《论有段石锛和有肩石器》，《考古学报》1988 年第 1 期，第 1—31 页。

[2]　八幡一郎：「抉入石斧を繞ぐる諸問題」，『信濃』1966 年第 18 卷第 8 期，第 600—605 頁。

[3]　樋口隆康：『大陸からみた古代日本』，学生社 1990 年版；松原正毅：「弥生式文化の系譜についての実験考古学的試論：抉入片刃石斧をめぐって」，『季刊人類学』1971 年第 2 卷第 2 期，第 144—191 頁。

的一次革新。

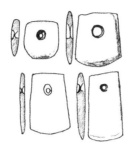

图4-7 上海福泉山遗址出土的有孔石斧

注:转引自孙维昌《上海青浦福泉山良渚文化墓地》。

3. 石铲

器形扁平且宽,双刃,有的器身上部有双肩,被称为"有肩石铲(或有肩石斧)"。这种石器在日本也有发现,但数量很少。在中国出土的石铲基本都是磨制品,而在日本出土的则主要是打制品,分布在九州南部及南岛。有学者[1]指出:"这种石器的特征是头部制成短长方形,肩部有棱角,与肩部相连的刃部呈很长的纵向长方形,其外形与中国的石铲相似。"

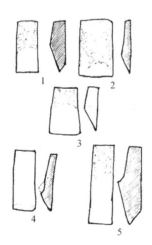

1. 清江县大城遗址;2—5. 同凤凰山遗址。

图4-8 石锛、有段石锛

注:转引自江西省文物考古研究所《清江山前遗址调查简报》。

---

[1] 八幡一郎先生頌寿記念考古学論集編集委員会:『日本史の黎明:八幡一郎先生頌寿記念考古学論集』,六興出版1985年版。

石斧、石锛、石铲皆是农耕工具，这些器具一般都各自经过从打制到磨制的发展过程。在中国河北省磁山新石器时代遗址[1]的第一文化层出土的石器中，打制品占34.2%，而磨制品占57%。但在第二文化层出土的石器中，打制品的数量明显减少，磨制品数量反而增加，前者占21.8%，后者占65%。

从这些石器的构造来看，大部分都是装柄的复合工具。无论是中国还是日本，都出土了被用来组装的木柄。

如在河姆渡遗址[2]的第四层中发现了无孔石斧用的木柄，在江苏省吴县澄湖湖底及溧阳沙河乡洋渚[3]等良渚文化遗址中发现了带木柄的石斧和石锛。澄湖湖底出土的一件石斧，柄长约76厘米，出土的时候可清楚看到木柄上有被灼烧过的痕迹。带柄石斧呈梯形棒状，长约20厘米，宽约7厘米，厚约4厘米。

关于带柄石斧，在一些陶器的画中也能看到。如在河南临汝县阎村[4]出土的仰韶时期的沙质红陶缸上，画有带柄石斧及鹳捕鱼的图画。实际测量此画后可知，画上所绘木柄长37厘米，石斧长15厘米，与实际出土的实物大小接近。在山东省莒县陵阳河大汶口时代的遗址[5]中也出土有陶缸，陶缸上也画有带柄有孔石斧的图案。在日本的福冈县比惠遗址、长崎县里田原遗址[6]、大阪市鬼虎川遗址、山口县宫久保遗址、岛根县西川津遗址[7]等处也出土过带木柄的石斧。

三、环状石斧

环状石斧被发现于中国、朝鲜、日本的多处遗址中，学者们将其称为"环刃石器""环状石器"或"多头石器"。这种环状石斧的基本特征[8]如下。

① 孙德海、刘勇、陈光唐：《河北武安磁山遗址》，《考古学报》1981年第3期，第303页。

② 河姆渡遗址考古队：《浙江河姆渡遗址第二期发掘的主要收获》，《文物》1980年第5期，第1—16页。

③ 肖梦龙：《试论石斧石锛的安柄与使用：从溧阳沙河出土的带木柄石斧和石锛谈起》，《农业考古》1982年第2期，第108—113页。

④ 汤文兴：《临汝阎村新石器时代遗址调查》，《中原文物》1981年第1期，第5—8、67—75页。

⑤ 山东省文物管理处、济南市博物馆：《大汶口 新石器时代墓葬发掘报告》，文物出版社1974年版。

⑥ 正林護：「里田原（さとたばる）遺跡出土木器の復原的考察」，『古代学研究』1976年第79号，第22—28页。

⑦ 東大阪市文化財協会：『鬼虎川の木質遺物：第7次発掘調査報告書第4冊』，東大阪市文化財協会1987年版；佐原真、工楽善通：『探訪弥生の遺跡：西日本編』，有斐閣1987年版。

⑧ 云翔：《我国发现的环刃石器及相关问题》，《考古》1986年第6期，第535—547页。

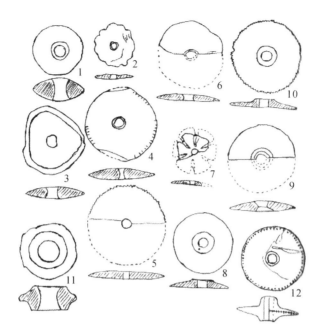

1—4. Ⅰ型A式;5. Ⅰ型B式;6. Ⅱ型A式;7. Ⅱ型B式;8、9. Ⅲ型A式;
10. Ⅲ型B式;11. Ⅳ型A式;12. Ⅳ型B式。

图4-9 中国出土的环状石斧

注:转引自云翔《我国发现的环刃石器及相关问题》。

形状呈圆盘状,中央有1个圆形穿孔,边缘双刃或单刃,制作技术精良,多数整体都经过打磨,有光泽。就其大小而言,平均外径13厘米,孔径2.8厘米,厚2.8厘米。根据其器体的基本特征,可分为4种类型。

①Ⅰ型:扁平圆盘状,两面隆起,边缘为双刃,中央有穿孔,多从两面穿,孔缘一般较大。

②Ⅱ型:呈扁平圆盘状,一面扁平,且稍向内侧凹陷,另一面隆起。边缘为单刃,器体一般比较薄,因此刃部锐利,且中央有穿过两面的穿孔。

③Ⅲ型:呈圆盘状,一面扁平,且稍向内侧凹陷,另一面微微隆起。而且中央的穿孔周围呈圆台状隆起,圆台的高度一般在1厘米以下,器身边缘为单刃。

④Ⅳ型:呈圆盘状,两面的中央穿孔周围隆起呈圆台状,也有圆台高度在2厘米的。圆台以外的器身扁平且薄,边缘为双刃。

从Ⅰ型到Ⅳ型的变化呈现了环状石斧的发展过程。

日本关于环状石斧的研究开始于20世纪30年代,八幡一郎[1]、水野清一[2]是这种石器研究的先驱。在20世纪40年代,中国的安志敏也曾发表过相关论文[3]。

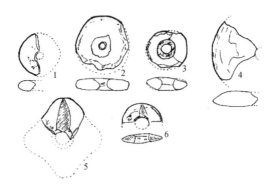

1—4.三云番上遗址;5.宫城南小泉;6.冈山用木山遗址。

图4-10　日本出土的环状石斧

注:1—4转引自福冈县教育委员会『福冈县文化财調査報告書:第58集』;5转引自和島誠一『日本の考古学・弥生時代』;6转引自冈山县山陽町教育委员会『用木山遺跡:他　惣図遺跡第2地点・新宅山遺跡』。

从所有能够入手的资料来看,环状石斧主要分布在中国东北地区[4],即:东始吉林省东边,西至内蒙古赤峰市,北起吉林省北部,南达辽东半岛南端。其中,辽东半岛南部、丹东地区,吉林省长春地区、延边地区等地最为集中。在东北地区之外的地方,如在河南省陕县庙底沟、江西省万年仙人洞、广西桂林甑皮岩、广东省潮安梅林湖等地的遗址中也有发现。

在朝鲜半岛西北部出土的环状石斧数量较多。日本虽然出土的环状石斧总量不多,但在九州、畿内、中部地区、东北地区等地也有发现。

说起中国出土的环状石斧年代,上可追溯至公元前2000年,下可达公元元年。在日本绳纹时代晚期的某些地区,环状石斧就已经被使用。如中部地区西部的绳纹晚期遗址[5]中就出土有环状石斧。福岛县天王山弥生后期遗址[6]、福冈

① 八幡一郎:「環状石斧類」,『考古学』1930年第1卷第2期。

② 水野清一:「抉状多頭石器」,『人類学雑誌』1935年第50卷第5期。

③ 安志敏:《环状石斧》,《天津益世报》,1948年9月28日。

④ 云翔:《我国发现的环刃石器及相关问题》,《考古》1986年第6期,第535—547页。

⑤ 冈本勇:「労働用具」,『日本の考古学・縄文時代』,河出書房新社1965年版,第286—302頁。

⑥ 林謙作:「東北」,『日本の考古学・縄文時代』,河出書房新社1965年版,第64—96頁。

县番上弥生后期遗址①中环状石斧是与磨制石斧、石刀等农具一同被发现的。上述发现至少表明环状石斧一直被使用到弥生时代后期。池上遗址②中发现有9件环状石斧及其穿孔工具。

环状石斧是装柄的复合工具。京都府森本弥生中后期遗址③中出土的环状石斧器身中央的穿孔留有安装木柄的痕迹。

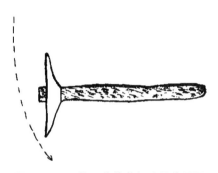

图4-11 环状石斧的装柄法及使用图

注：转引自王培新《吉林延边出土的环状石器及其用途》。

关于这种石器的用途，众说纷纭，有敲砸工具说④、纺锤说⑤、掘土器说⑥、狩猎具说⑦、原始武器说⑧、作为权力象征的指挥棒说⑨、佩饰说⑩、毛皮刮削器说⑪等。从与环状石斧一同出土的石器、陶器来看，一般认为其是与农业相关的器具。

① 福冈县教育委员会：『福岡県文化財調査報告書：第58集』，福冈县教育委员会1980年版。
② 坪井清足监修，水野正好编：『図説発掘が語る日本史：第4巻』，新人物往来社1985年版。
③ 加藤晋平他：『縄文文化の研究2：生業』，雄山閣1983年版。
④ 八幡一郎：「環状石斧類」，『考古学』1930年第1卷第2期；加藤晋平他：『縄文文化の研究2：生業』，雄山閣1983年版；许玉林：《试谈辽宁出土的环状石器与石棍棒头》，《博物馆研究》1984年第2期，第83—91页。
⑤ 李恭笃：《辽宁东部地区青铜文化初探》，《考古》1985年第6期，第550—557页；张英、贾莹：《试论环状石器及其用途》，《中国考古学会第五次年会论文集：1985》，文物出版社1988年版，第167—168页。
⑥ 酒詰仲男他：『考古学辞典』，改造社1951年版。
⑦ 王培新：《吉林延边出土的环状石器及其用途》，《文物》1985年第4期，第65—69页。
⑧ 水野清一、小林行雄：『図解考古学辞典』，創元社1959年版。
⑨ 李云铎、顾铭学：《通过墓葬考察朝鲜青铜时代的社会关系》，《东北亚历史与考古信息》1984年第3期，第33—50页。
⑩ 王培新：《吉林延边出土的环状石器及其用途》，《文物》1985年第4期，第65—69页。
⑪ 云翔：《我国发现的环刃石器及相关问题》，《考古》1986年第6期，第535—547页。

第二节　木制农具

在东亚世界的早期农耕社会里,木制农具曾与石制、铜制、铁制农具一同发挥了重要作用。在铁制农具普及之后,石制、铜制农具消失了,但木制农具依然被使用。

考古学者在浙江省河姆渡遗址发现了木耜、木铲,这表明木器在7000年前的长江下游地区是稻作农耕的重要工具。而且,即使是在铁器盛行的汉代,木器也依然被使用。在长江中游的湖北、湖南,以及黄河流域的河南、陕西南部等稻作农耕地带的多处汉墓中出土了陶俑。很多陶俑上都绘有农具,所绘农具一般为"ᕕ"形,与中国古籍上记载的"木耒"十分相似。在湖南省长沙市西汉墓中发现了8件木耒的模型。尤其在湖北省江陵县纪南城北82号井[①]中出土了1件完整的木耒,由此可证明在汉代人们仍在使用木耒。在长沙咸家湖的西汉墓[②]中也发现了完整的木锹,从其构造来看,可以清楚地知晓它是翻土工具。

木制农具与铁制农具并用主要缘于以下2点:

其一,木质材料比铁材料更容易实现供给。

其二,河川冲积地、沼泽地的土壤软且肥沃,即使是木制农具也能开垦,木制工具比较适合江南地区的农耕生活。

在中国,关于木器的使用有这样一个传说。很久以前,一个名叫神农氏的人,用木头制作了耜、锹、耒等农具,并教导人们开垦荒地,在荒地上耕种五谷,从而收获了丰富的粮食。神农氏是制作木器的始祖。中国从新石器时代到春秋战国时期,再到汉代为止,在多处遗址中都发现了木制农具。考古学者从浙江宁波市慈湖文化遗址[③]中发现有木耜,从苏州市新庄东周遗址[④]中发现有木臿,木耜和木臿均为挖土工具。

---

① 陳文華、渡部武:『中国の稲作起源』,六興出版1989年版。

② 肖湘、黄纲正:《长沙咸家湖西汉曹女巽墓》,《文物》1979年第3期,第1—16页。

③ 王海明:《宁波市慈湖新石器时代遗址》,《中国考古学年鉴:1989》,文物出版社1990年版,第158页。

④ 王得庆:《苏州新庄东周遗址试掘简报》,《考古》1987年第4期,第311页。

图4-12　中国浙江省宁波慈湖文化遗址出土的木锹

注:转引自王海明《宁波市慈湖新石器时代遗址》。

　　多数学者认为耒和耜是同一个翻土工具的2个部分,即耒为柄,耜为挖土的部位。但也有学者提出耒和耜是分开的2种农具。《管子·海王篇》中记载:"耕者必有一耒、一耜、一铫,若其事立。"《盐铁论·国疾》中也有"秉耒抱耜"这样的记载。从以上记载可知,耒和耜应是2种完全不同的木器具。

图4-13　中国浙江省宁波慈湖文化遗址出土的木锄

注:转引自王海明《宁波市慈湖新石器时代遗址》。

　　从文字学来看,耒和耜是2种不同的东西。耒是双齿挖土农具,耜是锹形器。古籍中记载的"臿"也是一种锹形挖土用木制农具。耒的最初形态是单齿尖头棒,后来才逐渐发展为双齿。战国、西汉以后,单齿耒及双齿耒才发展为多齿锄。多齿木锄在中国还未被发现,但在日本的弥生遗址中出土有这种木制农具,其样式有三齿、四齿、五齿,甚至六齿。

　　木制农具的保存非常困难,中国出土的木器具与石器、骨器、金属器相比,数量并不多。相对而言,日本弥生时代遗址中出土的木器具数量更多,而且种类也更多。从某种意义上来说,也许可以从弥生时代的木器来推测中国古代的木器具的盛行情况。

　　出土木器具的弥生时代遗址的分布较广,主要集中在日本中部和西部。如静冈县的登吕和山木、爱媛县的瓜乡和筱束、奈良县的鸭都波和唐古、京都府的深草、大阪府的瓜破和中垣内、兵库县的上之岛、滋贺县的苇刈、岛根县的西川津、山口县的宫久保、福冈县的板付、长崎县的里田原、大分县的安国寺等遗址中出土了大量木器具。此外,在东北地区的宫城县仙台市的中在家南遗址①中也发现了150件木器具。

　　在长崎县里田原遗址②中发现了1000多件木制品,其中农具占多数。在池上遗址③出土的木器具中,农具有147件,其中锹74件,锄47件,耙2件,锤4件,杵4件,臼16件。在江上A遗址④中发现了约300件木器具,其中木制农具52件,约占总数的17%。

　　弥生遗址中出土的最基本的农具为挖土农具、平土农具、收获农具、脱粒农具。其中挖土农具有锄、锹,平土农具有耙、田木屐、田舟,收获农具有镰,脱粒农具有杵、臼、叉子形木器等。一般认为锄和锹是中国的耒和耜的变形,即耒发展为多齿锄,耜转变为锄和锹。从技术层面来看,耒和耜一般为一体式,属于直式农具。而日本出土的锄、锹、多齿锹都是组合式的,柄与器身之间一般呈60—80度角。为了安装木柄,锄、锹、多齿锹器身的上部或中部均可见圆形或方形的穿孔。

　　田木屐、田舟等在中国出土的极少,如浙江省考古研究所的考古学者在浙江省慈溪市发现了田木屐。

①《河北新闻》,1990年3月5日。

② 田平町教育委員会:『里田原 田平町文化財調査報告書:第3集』,田平町教育委員会1988年版。

③ 坪井清足監修,小林達雄編:『図説発掘が語る日本史:第2巻』,新人物往来社1986年版。

④ 富山県埋蔵文化財センター:『北陸自動車道遺跡調査報告:朝日町編』,富山県教育委員会1984年版。

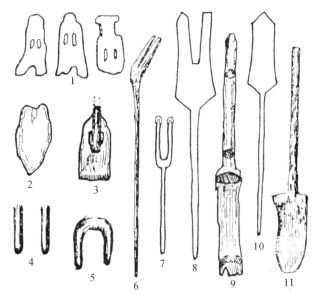

1. 河姆渡遗址出土的骨耜；2. 河南南阳黄山新石器时代遗址出土的石耜；3. 河姆渡遗址出土的木耜；4. 庙底沟遗址木耒痕迹；5. 殷墟窖壁的木耒痕迹；6. 湖北江陵凤凰山西汉墓木俑的耒；7. 江苏铜山小李村汉墓画像石中的耒；8. 湖南长沙西汉墓木俑的耒；9. 湖南长沙曹女巽墓（西汉）出土的木锹；10. 长沙西汉墓木俑的耒；11. 湖北铜绿山出土的木锹（春秋）。

图 4-14　中国的耒、耜

注：转引自陈文华《试论我国农具史上的几个问题》。

　　木器具的盛行并不意味着金属生产工具的落后或金属器数量的稀少。至少木器的盛行在日本并不意味着以铁为主的金属器具的落后，反而暗示了在弥生时代木器盛行背景下金属生产工具相较而言的进步以及技术集团的存在。

　　由考古学的资料可知，高水准技术工匠及其所在的技术集团除生产农业工具之外，还制造日常生活用具。产品种类非常丰富，奈良县唐古遗址[①]出土的木器就包括农具、纺织具、容器和日用杂器。富山县江上A遗址[②]中出土的木器有农具、狩猎具、渔劳具、纺织具、容器、食器、乐器、建筑材料等。此外，静冈县田方郡山木遗址[③]中出土的有锄、田木屐、大木屐、叉子形木器、耙、槌、斧柄、弓等木制

---

①　冈田茂弘：「近畿」，『日本の考古学・縄文時代』，河出書房新社 1965 年版，第 193—210 页。

②　富山県埋蔵文化財センター：『北陸自動車道遺跡調査報告：朝日町編』，富山県教育委員会 1984 年版。

③　後藤守一：『伊豆山木遺跡：弥生時代木製品の研究』，築地書館 1962 年版。

生产工具,盘、高脚盘、单嘴钵、钵、勺子、匙、杵、桶底、盖、椅子、点火具等木制生活用具,带把手的槽、独木舟等木制搬运工具,以及梯子、柱、础板、横梁、防鼠装置等木制建筑用具。

木器的制造需要伐木、制材、切割、切削,以及穿孔等技术。使用石器工具显然无法生产出如此精巧的木器,也不可能实现木器的量产化。

只要有铁制工具,就有可能制作出复杂、精巧的木器,也能实现量产化。正林护针对长崎县里田原遗址中出土的木制宽锹的制作工序做了一份详细的报告。[①]首先将直径50厘米的高大栎树制成50厘米长的圆木原材,然后将原材切为8等份以制作8个锹身,接着经过加工、切削、穿孔等工序后,实用的宽锹就制作完成了。铁工具在整个过程中发挥了重要的作用。

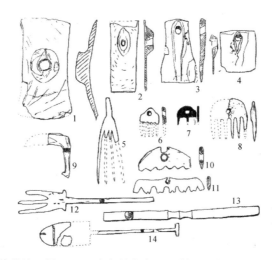

1、13. 长崎县里田原;2、14. 奈良县唐古;3. 爱知县瓜乡;4、8、9. 岛根县西川津;5、11. 静冈县山木;6. 静冈县登吕;7. 爱知县筱束;10. 静冈县内中;12. 福冈县板付。

图4-15　弥生时代的木制农具

注:1、13转引自田平町教育委员会『里田原　田平町文化財調査報告書:第3集』;2、14转引自京都帝国大学文学部考古学教室『京都帝国大学文学部考古学研究報告:第16冊』;3转引自豊橋市教育委员会『瓜郷』;4、8、9转引自佐原真、工楽善通『探訪弥生の遺跡:西日本編』;5、11转引自後藤守一『伊豆山木遺跡:弥生時代木製品の研究』;6转引自日本考古学協会『登呂』;7转引自小坂井町誌編纂委员会『小坂井町誌』;10转引自和島誠一『日本の考古学・弥生時代』;12转引自杉原荘介『日本農耕社会の形成』。

---

① 佐原真、工楽善通:『探訪弥生の遺跡:西日本編』,有斐閣1987年版。

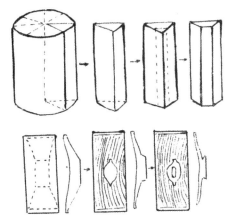

图4-16　木制宽锹的制作工序

注:转引自佐原真、工楽善通『探訪弥生の遺跡:西日本編』。

留在木器遗物表面的铁器具使用痕迹及所安装铁器的出土都表明,木器的盛行与铁工具的使用之间有着密切关系。由洼田藏郎[1]的统计可知,日本出土的弥生时代铁器具有115件,其中铁斧32件,占出土总数的27.8%;铁铇40件,占34.8%;刀子33件,占28.7%;其他还有凿子4件、錾刀6件。这些铁器具正是制作木器的基本工具。

弥生时代就已经应用了中国的榫卯技术,学会了将榫材与卯材相接合,这也是弥生时代最先进的木器制作技术。

杉原庄介[2]指出:

> 在弥生时代,木器制作因金属器的使用而兴盛起来,特别是利用榫材与卯材使木材之间的紧密连接成为可能,从而开始了组合工具的制作。无论是小规模的耕作具、餐具、点火器,以及织布具等,还是大规模的房屋、船只,都受益于该技术。

如上所述,这种将榫材与卯材相接合的技术已经在中国的河姆渡遗址中被应用过。随着稻作农耕的传播,榫卯技术肯定也随之传至日本。

---

① 窪田藏郎:『鉄の考古学』,雄山閣1979年版。
② 杉原荘介:『日本農耕社会の形成』,吉川弘文館1981年版。

第三节　铁制农具

一、弥生时代的铁器文化

如果说稻作文化推动日本社会发生了根本性变化的话，那么铁器文化的出现则为日本社会的发展做出了贡献，帮助日本更快一步迈入了早期国家的行列。

在石器时代与铁器时代之间，中国经历了漫长的青铜器时代，铜制的生产工具及实用工具对社会发展也起到了一定的作用。考古学者虽然在日本弥生时代的遗址中发现有大量青铜器，但主要是用于礼仪和祭祀活动的器具，几乎都不具有实用性功能。因此，铜器在日本社会的生产发展过程中所起到的作用很小，可以明确日本在历史发展进程中没有青铜器时代。

在任何文献资料中都查阅不到有关铁器文化在日本出现的记载。由于日本湿润多雨的气候，铁器极其容易被腐蚀，因此很难有准确的资料留存下来[1]。但是，即使是在如此难以保存的条件下，仍发现有几例关于铁器的考古资料。其中之一是在长崎县南高来郡有朋町大三东小原下的绳纹晚期遗址[2]中发现的铁器遗物和炉的遗构。遗构长约1.5米，宽0.4—0.5米，周围散落有铁渣，好像绳纹时代晚期已开始制作铁器。

出土过绳纹时代晚期铁器的遗址有福冈县糸岛郡曲田遗址[3]。从该遗址夜臼单纯期的住居遗址中发现了一件小铁片，从其形状来判断，一般认为是板状铁斧头的残片。1978年，在板付遗址中发现了用于加固水田田埂的木桩上的削痕，山崎纯男[4]据此推断福冈县的水田遗址已开始使用铁器，且该遗址铁器的使用年代比熊本县斋藤山遗址还要早。

高仓洋彰在其著作『日本金属器出现期の研究』中更明确地提出了绳纹晚期的铁器使用说。高仓洋彰写道："在（曲田遗址）夜臼单纯期的16号住居遗址地面

① 窪田藏郎：『鉄の考古学』，雄山閣1979年版。
② 窪田藏郎：『鉄の考古学』，雄山閣1979年版。
③ 橋口達也：『今宿バイパス関係埋蔵文化財調査報告：第9集　石崎曲り田遺跡2』，福冈県教育委员会1984年版。
④ 山崎純男：「福冈市板付遺跡の縄文時代水田址」，『月刊文化財』1978年第181号，第9—15頁。

上检测出小铁片,从形状推断应是板状铁斧的头部。由进一步分析的结果可知,该铁片是以铁矿石为原料制成的。如此,日本列岛开始使用铁器的时间可追溯至绳纹时代晚期末。"

笔者赞成以上观点。绳纹晚期正值中国铁器文化向民间普及的阶段,当时长江下游的吴越地区、黄河下游的齐鲁地区,以及渤海湾西岸的燕国地区等均是铁器文化发展地区,同时也是铁器文化与农耕文化并存的地区。因此,随着农耕文化的传播,铁器及冶铁技术也随之传至日本。也许日本列岛开始使用铁器的年代比青铜器的传入还要早。

铁器传入初期,铁器的拥有者好像是地区集团的首长。至于一般氏族成员,是否拥有如此先进的铁制工具的条件并不明确。不过随着时代的发展,铁器逐渐增多,在民间的普及程度也日益提高。

到了弥生前期,铁器的使用范围变广,如在奈良、兵库、广岛、山口、福冈、熊本、鹿儿岛县等地的弥生前期遗址中均发现了铁器。弥生中期以后,铁器应用开始进入新的阶段,其最重要的标志是铁器普及率的提高。由数年前的统计[1]可知,出土弥生前期铁器的遗址有6处,出土的铁器有15件;出土弥生中期铁器的遗址有52处,出土的铁器有191件;出土弥生后期铁器的遗址有96处,出土的铁器有244件。加上出土遗址不明的铁器,弥生前期到后期合计203处遗址中共出土有542件。

考古学资料清楚地展现了日本弥生时代铁器发展的阶段[2],即绳纹晚期至弥生中期铁工具的普及阶段、弥生中期后半至后期铁制武器的普及阶段、弥生后期后半至末期铁制农具的普及阶段。这样的铁器发展阶段与弥生社会的发展相对应。

在稻作传入及农耕发展的过程中,需求最大的莫过于生产工具。随着需求量的增加,人们必然开始追求新技术和新制作方法。在这样的背景下,铁斧、铁铊、铁凿、刀子等铁工具从中国传至日本。弥生中期以后,日本社会发生了巨大的变动,地区国家开始形成。随着地区国家的发展,国家间不可避免地发生战争。在此情势下,在中国普及的铁制武器必然会传至日本。铁制武器拥有很强的杀伤力,因此使用铁制武器能够提高战斗力。这正是弥生中期以后铁制武器开始在日本列岛盛行的主要原因。

---

[1] 窪田藏郎:『鉄の考古学』,雄山閣1979年版。
[2] 高倉洋彰:『日本金属器出現期の研究』,学生社1990年版。

实际上,铁制武器的传入开始于弥生时代早期。福冈县春日市冈本四丁目遗址[①]中出土的短剑,表明该地区在弥生早期就已开始重视铁制武器。福冈县饭冢市立岩堀田的弥生中期遗址[②]中出土有铁剑(4把)、铁戈(2根)等武器,表明当时该地区的统治者已掌控了铁制武器,并将其投入了应用。

环头大刀是一种兼具杀伤力与指挥权的武器,在日本和中国均有出土。在日本发现的环头大刀长50—80厘米,与中国出土的同类大刀长度相近。图4-17为中国江西省南昌市吴国墓[③]中出土的环头大刀,长74厘米。

图4-17　中国江西省南昌市吴国墓出土的环头大刀

注:转引自唐昌朴《江西南昌东吴墓清理简记》。

弥生后期铁制农具的普及与地区统一、社会安定、农业生产发展、技术进步,以及和中国交流的增进等有着密切的关系。

铁器的发展经历了一个从少数人拥有到多数人拥有的过程。铁器的民间拥有率是衡量铁器对社会生产影响程度的基准。铁器的民间拥有率越高,铁器给军事、经济、生产所带来的影响就越大。

1990年,京都府长冈市神足遗址中发现有弥生中期后半的完整铁斧。类似这样的铁斧在扇谷遗址中也有发现,其出土地是极其常见的竖穴式住居。在如此普通的住居中却发现了贵重的铁斧,正表明了弥生中期后半铁工具在畿内地区的普及程度。根据《京都新闻》[④],出土的完整铁斧长4.5厘米,刃尖宽3.0厘米,根部宽2.2厘米,厚0.5厘米,是一把小型纵斧。可能因为它的一边有磨损,所以人们将木柄与刃进行了平行固定。其用于木制品加工的可能性极大。

弥生中期至后期,板状铁斧在畿内地区出土了20件。奈良县唐古、键遗址[⑤]

① 丸山康晴他:『須玖・岡本遺跡:福岡県春日市岡本町四丁目所在遺跡の調査概要』,春日市教育委員会1980年版。

② 福岡県飯冢市立岩遺蹟調查委員会:『立岩遺跡』,河出書房新社1977年版。

③ 唐昌朴:《江西南昌东吴墓清理简记》,《考古》1983年第10期,第903—907页。

④ 『京都新聞』,1990年7月3日。

⑤ 『奈良新聞』,1990年7月29日。

中出土的1件铁斧的出土地为环濠。福冈县三云地区的各住居遗址①中常常有铁器被发现,其出土状况也表明当时铁器在民间的普及率。表4-2为三云地区的番上、仲田、サキゾノ、加贺石等弥生后期遗址中铁器的出土情况。

表4-2　主要弥生后期遗址中铁器的出土情况

遗址	住居遗址数/个	出土铁器数/件	普及率/%
番上	9	8	89
仲田	18	5	28
サキゾノ	10	6	60
加贺石	1	1	100

注:转引自福冈县教育委员会『福冈县文化财調査报告书:第58集』;福冈县教育委员会『福冈县文化财調査报告书:第60集』;福冈县教育委员会『福冈县文化财調査报告书:第63集』。

铁器在番上的普及率达89%,仲田的普及率为28%,サキゾノ的普及率为60%。加贺石遗址虽只有一处住居遗址,从中也出土了1件铁器,还是反映了当时的普及程度。

在日本铁器文化初期,出土的铁器大部分是舶来品。但随着普及率的提高,可以明确地说不可能所有铁器,尤其是铁镞之类的小型铁器都从中国引进,日本的冶铁技术和铁器生产也因此逐渐发展了起来。

弥生时代的冶铁技术开始于何时?桥口达也以九州北部的资料为基础,提出弥生前期末说。②但从学界整体来看,弥生前期说或中期说的主张者很少。有学者指出弥生中期虽制造铁器,但其规模极小,技术非常原始,产量也不高。然而,有很多考古资料表明在日本弥生中期确实存在锻造技术。

锻造技术是一种造型加工技术,如果能够保证铁原料供应的话,这项技术的推广就会变得轻而易举。弥生中期以后,中日之间的交流更为频繁,毫无疑问,在中国极为普遍的技术很快就传入了日本。在日本西部确实发现了弥生时代的锻造遗构。福冈县赤井手遗址③中有铁器制作遗址,从该制作遗址出土了铁原

---

① 福冈县教育委员会:『福冈县文化财調査报告书:第58集』,福冈县教育委员会1980年版;福冈县教育委员会:『福冈县文化财調査报告书:第60集』,福冈县教育委员会1981年版。

② たたら研究会:『日本制鉄史論集』,たたら研究会1983年版。

③ 丸山康晴他:『赤井手遺跡:福冈县春日市大字小仓所在遺跡の調査』,春日市教育委员会1980年版。

料、铁器半成品、铁镞等。长崎县壹岐郡香良加美及芦边町原之辻等弥生中后期遗址[1]中不仅出土有铁制的锄头、锹头、镰、斧、铊等,还发现有方形的铁板片原料。在熊本县西弥护免遗址的一处弥生后期住居遗址中发现了约300件铁片和铁镞,发掘者[2]认为此遗构是一间小的锻造工作室。

除锻造技术之外,当时的日本也有冶铁技术。虽然能够证明这种技术存在的资料还并不多,但仍有证明其存在的实例。大分县下城弥生前期至中期的遗址中出土了铁镰、锹形铁器、尖头状铁器、纺锤形铁器、钉形铁器,与此同时还发现了大量铁渣。根据贺川光夫的研究[3],出土的铁器均含有较多碳元素,据此推测它们是铸造品。如果该推测成立的话,那么下城遗址应当是铁器铸造遗址。

20世纪20年代,中山平次郎在福冈县糸岛郡松原弥生中期的沙丘遗址中发现了铁碎片、木炭、炉灰,以及铁渣。森贞次郎[4]阐明了弥生人在该遗址进行冶铁的可能性,他指出:"虽然从炉迹等残留痕迹中无法得出结论,但在九州北海岸的沙丘地带上发现有从花岗岩表层风化土中析出的铁砂矿床,可以看出当时是以此为原料来进行季节性冶铁,从而弥补引进不足的。"在熊本县下前原遗址中也发现有铁渣。据说福冈县发现的冶铁遗址多达60处。先不论弥生时代冶铁技术水准的高低,由上述几例可知弥生时代前期末至中期,日本部分地区确实存在冶铁。

弥生时代的铁文化明显受到了外来铁文化的影响。那么,日本的铁文化是从朝鲜半岛,还是从中国传入的呢? 在此,笔者试从东亚世界的角度来探讨日本铁文化的源流。

二、中国的铁器文化及其发展

中国最早使用铁器的时间可追溯至商代,但在技术层面上展现出进步并受到重视是在春秋时期以后。当时,春秋各国为征服敌国,各自推行"富民强国"政

---

① 森貞次郎:『九州の古代日本』,六興出版1983年版;安楽勉、藤田和裕:『原ノ辻遺跡』,長崎県教育委員会1978年版。

② 瀬丸敬二他:『西弥護免遺跡調査概報:阿蘇実験考古学研究所文化財調査報告』,阿蘇実験考古学研究所1980年版。

③ 賀川光夫:「豊後国下城弥生式遺跡における鉄器遺物の編年に関する一考察」,『大分県地方史』1954年第1号,第20—30頁。

④ 森貞次郎:『九州の古代日本』,六興出版1983年版;安楽勉、藤田和裕:『原ノ辻遺跡』,長崎県教育委員会1978年版。

策,实施了国政改革。其中,齐国(现在的山东省)取得了最为杰出的改革成果。齐桓公重用管仲,委任其实行新政。新政的其中一项便是推行盐铁政策,这促进了铁器在民间的普及。

《管子》中有关于齐国的记载[1]:

> 美金以铸戈、剑、矛、戟;恶金以铸斤、斧、锄、夷、锯、欘。
>
> 一农之事,必有一耜、一铫、一镰、一耨、一椎、一铚;一车必有一斤、一锯、一釭、一钻、一凿、一𨨏、一轲;一女必有一刀、一锥、一箴、一𬭚。

齐国都城中的冶铁遗址面积达40万平方米。除了齐国,其他各国也重视冶铁业的发展,因此形成了多个冶铁手工业的中心地,如宛(现在的河南南阳)、邓(现在的河南孟县)、邯郸等地。河北省易县燕下都遗址中有3处冶铁遗构,总面积达30万平方米。在河北省石家庄市赵国遗址中出土了大量农具,其中铁制农具占所有出土农具的65%。辽宁省抚顺莲花堡燕国遗址[2]中出土的铁制农具占所有出土农具的85%以上。

春秋战国时期,中国的铁器制作技术经历了3个重要发展阶段。

第一阶段是生铁铸造技术的诞生。铸造技术的出现使制造器形复杂的铁器成为可能。公元前513年,晋国依靠铸造技术制成铁刑鼎,即在铁鼎上镂刻晋国刑法。由考古学资料可知,春秋战国时期,锻造和铸造2种技术并存。江苏省六合程桥遗址[3]的二号墓中出土的铁丸是由生铁铸造而成的,同墓中出土的铁条为块状炼铁,是锻造而成的。湖北省铜绿山遗址[4]的2号线老窿(战国时期遗构)中既出土了锻铁工具,也出土了铸铁工具,二者数量相当。

根据上述成果,学者们认为在中国古代冶铁制品的生产和发展过程中,铸铁和锻铁技术出现的年代可能十分相近。一般来说,在制作具有延展性的铁器时会使用锻造技术,在制作器形复杂的铁器时则会使用铸造技术。[5]

---

[1] 《管子·小匡》。

[2] 杜石然、范楚玉、陈美东等:《中国科学技术史稿:上》,科学出版社1984年版。

[3] 南京博物院:《江苏文物考古三十年》,《文物考古工作三十年:1949—1979》,文物出版社1979年版,第198—216页。

[4] 冶军:《铜绿山古矿井遗址出土铁制及铜制工具的初步鉴定》,《文物》1975年第2期,第19—26页。

[5] 杜石然、范楚玉、陈美东等:《中国科学技术史稿:上》,科学出版社1984年版。

第二阶段是钢器物的出现。在湖南长沙出土了一把春秋末期的钢剑。这把剑的碳元素含量为0.5%—0.6%,属于中碳钢,剑身截面上可见反复锻打过的痕迹。依靠钢技术,能为社会生产出比铁还要锐利坚硬的高质量兵器及生产工具。

第三阶段是铸铁柔化技术的产生。铸铁脆弱易折,因此铸铁器极易损坏。为了攻克这个弱点,必须提高器物的强度和韧性。在战国时期早期,中国就已经掌握了能够克服这项弱点的热处理方法,即通过淬火来调节降温时间,以此来柔化铸铁器脆弱易坏的弱点。在洛阳水泥工厂的战国早期废坑中出土了铁铸和铁铸,经考察可知,该铁铸是经过比较低温的淬火处理后制成的,铁铸则是经过高温及长时间的淬火处理后制成的。

随着铸铁柔化技术的产生与发展,人们开始使用生铁制作各式各样的生产工具,这不仅能够延长铁器的使用期,同时也推进了铁器的普及。

到了汉代,铁器基本在民间得到了普及,铁制农具与工具取代了骨器、石器、铜器,以及大部分木器。汉代铁器的普及与当时推行的盐铁政策有密切的关系,当时在现在的陕西、河南、山西、山东、江苏、湖南、四川、河北、辽宁、甘肃等地区设置有49名铁官,以管理铁的生产。

自20世纪60年代以来,有多处炼铁遗构被相继发现。山东省鲁南地区的泰山郡赢、琅琊郡东武和莒、原鲁国的鲁、东平国的无盐、山阳郡等地方均设有铁官。20世纪60年代,山东省滕州市薛国故城遗址[①]中出土了带有"山阳""钜野"等铁官署名的铁铸范。此外,滕州宏道院出土的汉代画像石[②]上描绘有汉代冶铁用的风箱及锻打的情景。现在的河南舞阳县在汉代是西平县,当时也设有铁官,在该地区也发现有古代的冶铁遗址[③]。在以谢古洞遗址为中心的450千米范围内发现了30多处铁矿遗构及8处战国至西汉期间的铸铁遗址。河南省新安县孤灯村的一处汉代窖藏中发现了铁范83件,其中的4件铁范上有"弘一""弘二"字铭。新安县在汉代隶属于弘农郡,铁官设置在渑池。带有"弘一""弘二"字铭的铁范

---

① 李步青:《山东滕县发现铁范》,《考古》1960年第7期,第72页。

② 蒋英炬、吴文祺:《试论山东汉画像石的分布、刻法与分期》,《考古与文物》1980年第4期,第108—114页。

③ 李京华:《舞阳钢区古冶铁遗址》,《中国考古学年鉴:1989》,文物出版社1990年版,第186页。

可能出自弘农郡铁官管理下的冶铁场①。陕西韩城在汉代被称为"夏阳",那里也曾设有铁官。近年来,在韩城芝川镇发现了总面积4万平方米的冶铁遗址,其东部有厚为1.6—2.0米的炉渣堆积,其西部有55件农具和工具的陶范。

铁在汉代虽然由国家实行管理,但民间的冶铁业仍非常兴盛,有的地方甚至出现了大铁商。如南阳郡的宛城就有一个名为"孔氏"的铁商人,他手上拥有"大鼓铸""规陂池",以及数千个工人。所谓"大鼓铸",是指大鼓风和大规模炉,而"规陂池"大概是指在水中热处理用的铁池吧②。

在未设置铁官的地方,人们也发现了几处冶铁遗址。如岭南地区在汉代虽未设铁官,但在广西平南县六阵地区曾发现有汉代的冶铁遗址,其分布范围为以遗址为中心的100千米,遗址范围内的山坡地带到处散落有铁渣、生铁、风管、炉壁、铁矿石、土器片等。其中在屋脊岭、六穴岭还发现了6座熔铁炉③。

汉代时冶铁技术得到进一步完善,在冶铁炉、鼓风、耐火材料等层面都有了改良。河南巩县的铁生沟冶铁遗址④属于西汉中晚期遗址,这里曾是采矿、冶炼、制造的中心,完整配备了各式冶炼炉18座、熔炉1座,以及配料池、铸造坑、淬火坑、埋藏坑等,展现出基本的选矿、配料、入炉、熔炼、出铁的制造过程。

鼓风技术是铁生产的关键,在河南省铁生沟、郑州古荥镇、南阳瓦房庄、鹤壁市等地的汉代遗址中均出土有鼓风管。根据陶质鼓风管的燃烧程度来测定,炉温应该达到了1250—1280℃⑤。汉代时的鼓风动力⑥早已由人力转变为家畜力和水力。由铁生沟炉渣的化学分析结果可知,其中含有碳酸钙(41.99%)、碳酸镁(3.32%),表明当时使用了碱性熔剂。在冶炼时,先用生铁加热法使铁变为半液体状态,然后利用空气或铁矿粉中的氧气,提取出不含碳元素的熟铁或钢。这表明当时的冶铁技术已经有了相当大的进步。

1974年,在山东省苍山县发现了汉永初六年(112年)的"三十炼环首钢刀"。1978年,在徐州的汉墓中也发现了汉建初二年(77年)的"五十炼钢剑"。所谓"三

① 方燕明:《2003年华夏考古学术论坛举办报告会》,《华夏考古》1988年第2期,第111—112页。

② 窪田藏郎:『鉄の考古学』,雄山閣1979年版。

③ 郑超雄:《平南县六陈汉代冶铁遗迹》,《中国考古学年鉴:1989》,文物出版社1990年版,第236页。

④ 赵国璧:《河南巩县铁生沟汉代冶铁遗址的发掘》,《考古》1960年第5期,第13—16页。

⑤ 杜石然、范楚玉、陈美东等:《中国科学技术史稿:上》,科学出版社1984年版。

⑥ 《后汉书·杜诗传》。

十炼"和"五十炼"指的是去除碳元素的技术,表明该器物曾经过反复锻打。

综上所述,汉代的冶铁技术已经非常成熟,其对东亚世界铁器文化的形成与发展产生了重要的影响。

三、铁器文化的东传

根据一直以来的观点,普遍认为铁器文化的东传路线是从华北的燕赵两地经由朝鲜半岛北部传至朝鲜半岛南部。日本的铁器文化是从朝鲜半岛传入的。朝鲜半岛的铁器文化可分为2个发展阶段。其发展前期主要局限于朝鲜半岛北部,出土的铁器基本上都是铸造品,一起出土的有明刀钱,很明显是受到了燕国铁器文化的影响。即使在朝鲜半岛北部已有燕国的铁器文化传入,铁器文化在朝鲜半岛南部也不怎么发达,铁器出土例极少[1]。铁器文化在朝鲜半岛南部的出现与发展时期为公元前3世纪末至2世纪初。多数学者认为朝鲜半岛南部地区铁器文化的出现与发展是在公元前108年,与西汉设置乐浪等四郡一事有直接关联。然而,这种观点忽略了秦代有大量秦民流入朝鲜半岛南部这一史实。《魏书·东夷传》中记载:

陈胜等起,天下叛秦,燕、齐、赵民避地朝鲜数万口。燕人卫满,魋结夷服,复来王之。

辰韩在马韩之东,其耆老传世,自言古之亡入避秦役来适韩国,马韩割其东界地与之。[2]

根据上述史料,逃到朝鲜半岛的秦人多数是燕、齐、赵三地的人,这三地正好是春秋战国至秦汉时期中国沿海地区铁器文化非常发达的地区。

数万移民中一定有冶铁及制造铁器的工匠。《魏书·东夷传》中还记载了王莽新朝时期,辰韩有伐木汉人1500人,让他们从事山上的伐木工作,明显是为了制作冶铁用的木炭[3]的相关事宜。

辰韩虽然有丰富的铁资源,但若没有精通采矿、冶炼的工匠,铁矿石是绝不可能变成铁的,铁也绝不可能变成铁器。笔者认为辰韩成为铁矿石的开采、冶

---

[1] 高倉洋彰:『日本金属器出現期の研究』,学生社1990年版。
[2] 陈寿:《三国志:图文珍藏本》,岳麓书社2005年版,第571、574页。
[3] 窪田藏郎:『鉄の考古学』,雄山閣1979年版。

炼,以及铁原料供给地的主要原因是其要依靠秦国移民的力量。

以陈胜为首的农民起义发生于公元前209年,而汉武帝设置乐浪郡等四郡是在公元前108年,如果燕、齐、赵三地居民的东迁是朝鲜半岛南部铁器文化的起源,那么朝鲜半岛南部铁器文化的出现可能比乐浪郡等四郡的设置要早约100年。乐浪郡等四郡的设置则起到了进一步推进铁器文化发展的作用。如果上述朝鲜半岛南部的铁器文化开始期说成立的话,那么中国的铁器文化向朝鲜半岛传播的路径就不只有陆路,因为从燕、赵、齐前往朝鲜半岛南部,海路比陆路更为便利。

很多学者认为日本的铁器文化与朝鲜半岛的铁器文化之间有继承关系,朝鲜的铁器文化要比日本早100—200年。朝鲜半岛出土的铁器种类和制作技术(如锻造技术)与日本的非常相似,也有学者据此推断铁器文化由中国传至日本时经过了朝鲜半岛。

笔者根据板付遗址中木桩的削痕及曲田遗址中出土的铁器,在前文中已探讨过日本铁器使用的开始时期可追溯至绳纹时代晚期。然而,关于弥生时代的时期划分,学界一直有不同的看法。如有公元前200年左右开始进入弥生时代的说法,也有九州北部在公元前5世纪末就已经进入弥生时代的说法,但研究者们一般采用公元前300年左右开始进入弥生时代的说法。如果以公元前300年左右为弥生时代开始时期的话,那么绳纹时代晚期则在公元前500年至公元前300年之间。这一时期与朝鲜半岛铁器文化的开始时期几乎为同一时期,若与朝鲜半岛南部相比较的话,日本铁器文化的开始时期则要比朝鲜半岛南部早很多。这表明日本的早期铁器文化并不是经由朝鲜半岛传入的,而是从中国经海路直接传至日本的。

经海路直接传至日本的中国铁器文化,除前述燕、赵、齐等地之外,也不可忽视长江下游地区铁器文化的影响。长江下游地区中铁器的出土例虽然并不多,但该地区在吴、越、楚的统治时代,铁的冶炼业和制造业都非常发达。

关于这一点,史籍中也多有记载。如《吴越春秋·阖闾内传》中记载:

> 干将者吴人也,与欧冶子同师,俱能为剑。
>
> 莫耶,干将之妻也。干将作剑,采五山之铁精,六合之金英,候天伺地,阴阳同光,百神临观,天气下降而金铁之精不销沦流……于是干将妻乃断发剪爪,投于炉中,使童女童男三百人鼓橐装炭,金铁乃濡,遂以

成剑。阳曰干将,阴曰莫耶。[1]

此外,根据《越绝书》,吴国有名的工匠干将和越国有名的工匠欧冶子,一起铸造了3把铁剑。

江苏、浙江屡屡出土铁器。1958年,在绍兴的西施山[2]发现有铁制农具和工具。1964年和1972年,在江苏省六合程桥遗址[3]中发现有铁条和铁丸。1983年,在吴县五峰山一带的春秋时期土墩墓[4]中发现有铁器2件,在浙江省温州的永嘉地区也发现有春秋战国时期的铁舌[5]。

这些出土案例说明了吴越地区不仅仅是先进的青铜冶炼地,也是先进的冶铁和铁器制造地区。

如前文所述,日本在铁器的使用上具有阶段性。尽管铁器的使用重点有所改变,但各种铁器具仍被并行使用。在朝鲜半岛并不能看到日本铁器使用的阶段性特征。因此,日本铁器具的类型变化与其说是受朝鲜半岛的影响,不如说是受中国沿海地区的影响更大。

接下来,笔者将尝试以锄、锹、镰为中心来分析铁制农具的异同。

铁制农具的普及首先是通过木制锄、锹尖端的铁器化实现的。铁制锄口和铁制锹口在弥生后期遗址中常有发现。制作锄口、锹口一般使用的长方形铁板,首先将其短的两边弯折,使其呈袋状,然后锻打其中一侧长边,使其成为刃尖,最后装在木锄、木锹的前端,便可使用。

铁口技术的源流是中国的金属舌口制作技术。早在中国的商周时代,就已出现在木器的前端装上金属的农具。进入战国、汉代以后,金属制的舌口有了进一步的发展。商周时期的舌口与战国西汉时期的舌口的不同之处在于,前者是铜制品,而后者是铁制品。铜口、铁口的平面形状基本上有2种类型:一种呈凹字形,刃部为直刃或呈微弧形;另一种呈长方形,刃部为平刃。这种铁口木舌农具

① 于石、王光汉、徐成志:《常用典故辞典》,上海辞书出版社1985年版,第17页。

② 沈作霖:《古代越国的农耕具》,《农业考古》1984年第2期,第100—103页。

③ 江苏省文物管理委员会、南京博物院:《江苏六合程桥东周墓》,《考古》1965年第2期,第105—115页;南京博物院:《江苏六合程桥二号东周墓》,《考古》1974年第2期,第116—120、138—140页。

④ 邹厚本:《吴县五峰山石室土墩遗迹》,《中国考古学年鉴:1984》,文物出版社1984年版,第105页。

⑤ 徐定水:《浙江永嘉出土的一批青铜器简介》,《文物》1980年第8期,第16—17、99页。

在中国的南北朝时期仍被使用[1]。凹形铁口与长方形铁口相比,长方形平刃铁口的出土例较少,可能是因为这种铁口在安装之后容易从木器上脱落。

日本列岛发现的锄口、锹口与中国出土的基本相同,即有凹形和长方形平刃2种类型。在福冈县三云地区仲田遗址[2]的十八号住居遗址的地面上发现有铁锄口,宽11厘米,长4.8厘米,袋部两侧弯折,上端做成了0.7厘米的厚度,木制锄身可插入的深度有3.1厘米。佐贺县砾石B遗址[3]中发现有铁锹口2件,其中一件稍微小一点,宽10.1厘米,长4.5厘米,其制作技术与仲田遗址的铁锄口相近。

1. 河南邓县画像砖墓的踏臿图;2. 四川郫县东汉墓出土的执臿石俑。

图4-18 中国的铁锸图

注:转引自陈文华《试论我国农具史上的几个问题》。

顺便提一下,笔者虽然在前文说过日本没有铜器的生产工具时代,但有时会在遗址中发现有铜工具。

----

① "1975年在北京海淀区紫竹院中发现一件铁口木臿。铁口长20厘米,上口宽16.5厘米,刃宽16厘米,厚0.25厘米,应属东汉末至北朝时期。"(张先得:《北京西郊出土古代铁口木臿》,《文物》1983年第7期,第49页。)

② 柳田康雄:「仲田地区の調査」,『福冈県文化財調査報告書:第60集』,福冈県教育委員会1981年版。

③ 佐贺県教育庁文化課:『佐贺県文化財調査報告書:第91集』,佐贺県教育委員会1989年版。

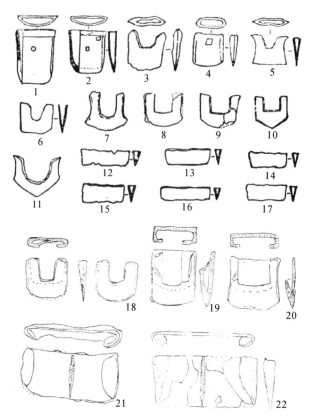

1、2. 商代铜耜(湖北盘龙城);3. 西周铜耜(湖北圻春毛家嘴);4. 西周晚期铜
耜(河南三门峡);5. 西周铜耜(江西奉新县);6. 春秋铜耜(江苏六合程桥);
7. 春秋晚期铁耜(长沙识字领);8. 战国铁耜(广西平乐);9. 战国铁耜(湖北
宜丰昌);10. 汉代铁耜(陕西兰田);11. 春秋铜耜(江苏丹徒);12. 战国铁耜
(洛阳西郊);13. 战国铁耜(郑州二里岗);14. 战国铁耜(河南辉县固围村);
15、16. 汉代铁耜(洛阳中州路);17. 东汉铁耜(河北定县);18. 弥生时代铁耜
(锄头,佐贺县千塔山);19、20. 弥生铁耜(福冈县下稗田);21. 弥生铁耜(佐贺
县砺石B遗址);22. 弥生铁耜(福冈县三云仲田)。

图4-19 中日出土的铜、铁锄口和锹口

注:1—17转引自陈文华《试论我国农具史上的几个问题》;18转引自中牟田贤
『千塔山遺跡:弥生環溝集落·古墳·中世墳墓の調査』;19、20转引自高倉洋
彰『日本金属器出現期の研究』;21转引自佐賀県教育庁文化課『佐賀県文化財
調査報告書:第91集』;22转引自福岡県教育委員会『福岡県文化財調査報告
書:第60集』。

　　考古学者在佐贺县千塔山遗址[①]的居住环濠中发现石器、土器、铁器的同时,

——————————

① 中牟田賢:『千塔山遺跡:弥生環溝集落·古墳·中世墳墓の調査』,基山町遺跡発掘調査団
　1978年版。

还发现了4件青铜制锄口,均呈"凹"字形,与中国的青铜臿非常相似,一般认为这是舶来品。

作为收割工具的铁镰也被视为铁制农具普及的重要指标之一。东亚世界中镰的发展大多都经历了图4-20所示的过程。镰的祖型为蚌镰和石镰,石刀是蚌和石镰的变形。石镰(包括石刀)曾有一阶段发展为铜制锯齿镰,最终发展为铁镰。石刀除发展为锯齿镰之外,还曾发展变形为石刀形铁镰和手镰。蚌镰、石镰、石刀等在日本均有出土,只是还没有发现过铜制锯齿镰。在岛根县西津川遗址中出土了一件木镰,其与中国湖北襄阳出土的有柄锯齿镰极为相似。

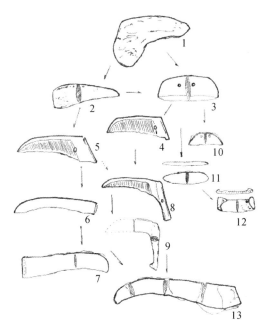

1. 蚌镰;2. 石镰;3. 石刀(江苏句容城头山);4、5. 铜铚(江苏高淳县、苏州);
6. 铜镰(江苏淹城);7. 铁镰(福冈县仲田);8. 铜镰(湖北襄阳);9. 木镰(岛根县西川津);10. 铁庖丁(朝鲜龙渊洞);11. 铁庖丁(福冈县加贺石);12. 铁手镰(熊本县西弥护免);13. 铁镰(佐贺县城之上)。

图4-20 东亚蚌、石、木、铜、铁镰的系谱

注:1—2、4—6、8笔者绘;3转引自刘建国《江苏句容城头山遗址试掘简报》;7转引自福冈县教育委员会『福冈县文化财调查报告书:第60集』;9转引自佐原真、工乐善通『探訪弥生の遗跡:西日本編』;10、12、13转引自高倉洋彰『日本金属器出現期の研究』;11转引自福冈县教育委员会『福冈县文化财調查报告书:第58集』。

日本铁镰的形态基本上与中国铁镰相似。虽然在朝鲜半岛的渭原道龙渊洞遗址和日本的福冈县加贺石遗址中均有发现石刀形铁镰,但形状有所不同。龙渊洞遗址出土的石刀形铁镰为半月形直刃,而加贺石遗址出土的则为纺锤形,背部与刃部皆呈弧形。日本出土的手镰是石刀形镰的变形,手镰和石刀形镰可能各自有不同的用途[①]。

笔者认为中国数量可观的铜制锯齿镰之所以没有传至日本,可能与日本青铜生产器具的不发达有关。庖丁形镰在中国没有出土案例,在日本也并不盛行。这大概与收割方式已经从割穗法转变为根割法有关。因为铁镰能够适应收割方式的新变化,所以出土例较多。

综上所述,弥生时代铁器文化的发展具有其自身的特征。日本铁器文化的出现与朝鲜半岛几乎在同一时代,而且比朝鲜半岛南部要早。日本弥生时代的铁器文化早期是直接从中国的沿海地区传入的,到了后期,发展为经过海路与陆路(即朝鲜半岛)2条路线传至日本,且以海路为主。

日本的铁器文化与中国战国至秦汉时期的吴、越、楚、齐、赵、燕等地的铁器文化有很多共通之处。

---

① 高倉洋彰:『日本金属器出現期の研究』,学生社 1990 年版。

第五章

弥生时代的墓与古代中国

墓葬是人类社会地位和生活样式的延续。墓葬反映了被葬者生前的基本情况,以及当地的习俗、信仰等。因此在研究弥生时代文化的时候,有关墓的文化是一个重要领域,不容忽视。

弥生时代的坟墓呈现多样性。不同时期与地区,日本在坟墓形式上也显示出各自的特征。如九州的支石墓、瓮棺墓,近畿的方形周沟墓,山阴、北陆的方形台状墓,关东、东北地方的再葬壶棺墓等。坟墓形式反映了各个地区的习俗,也显示出各个地区受到不同外来文化的影响。

多数学者认为日本的墓文化与朝鲜半岛的墓文化之间存在直接的源流关系。然而实际上,弥生时代的墓文化与其他文化领域一样,其源流是呈多元性的。朝鲜半岛的墓文化只是诸源流之一,并不是唯一的。

弥生时代的墓文化是否与古代中国的墓文化有关联?与这一问题相关的研究较少,进入20世纪60年代后,渐渐有学者开始关注这个问题。目前,虽然不能说弥生时代的墓文化都受到了古代中国墓文化的影响,但可以明确的是,古代中国墓文化的影响既广泛又深入。在本章中,笔者试比较几种墓葬形式。

第一节　瓮棺葬

瓮棺葬的出现可追溯至绳纹时代前期[1],主要分布地区为近畿、东北、关东、四国等地。然而进入弥生时代以后,九州北部地区成为瓮棺葬的中心,尤其集中在福冈县和佐贺县。成百上千的瓮棺墓群分布在从脊振山群到佐贺平原之间的丘陵上。

---

① 和島誠一:『日本の考古学・弥生時代』,河出書房新社1967年版。

弥生时代的瓮棺与绳纹时代的瓮棺相比,有如下 2 点区别。

其一,绳纹时代的瓮棺规模较小,弥生时代瓮棺的规模有所增大。

其二,绳纹时代的瓮棺主要被用作幼儿葬和再葬。到了弥生时代,瓮棺用途变广,逐渐从幼儿葬发展为成人葬。

弥生时代的瓮棺葬非常特殊。正如金关恕[1]所说:"不得不说瓮棺葬是弥生时代在九州北部创立的葬法。"确实,盛行于九州北部的瓮棺文化可以说是弥生时代独有的要素之一。毋庸置疑的是,该文化的形成与绳纹时代的瓮棺文化,以及东亚的瓮棺文化之间有源流关系。

瓮棺文化在朝鲜半岛并不盛行。但在中国,从新石器时代到汉代,这种葬法与其他葬法一起被广泛使用。随着中国考古学发掘的进展,瓮棺的分布范围显著扩大,在长江中游及其以南的湖北、广州的珠江三角洲也发现有瓮棺。在湖北省天门镇邓家湾遗址[2]中发现有土圹墓 20 座、瓮棺 11 座。在湖南澧县宋家台遗址东区的 20 座墓葬中发现了 8 座瓮棺墓。[3]在珠江三角洲发现的瓮棺是由 2 个粗陶瓮组合而成的,陶瓮上刻有符号,瓮棺内装殓有从头部到下肢都被非常准确折叠的人骨。[4]

从现有资料来看,中国的瓮棺葬集中于河南、陕西、山西等地。在陕西省商县紫荆遗址[5]所发掘的 23 座坟墓中,瓮棺有 7 座,占比约为 30%。洛阳王湾遗址第一期文化层中共发现有 76 座坟墓,其中瓶棺葬和瓮棺葬合计 47 座,占总坟墓数的 61.8%。在中国,被称为瓮棺的墓葬所使用的葬具,除瓮之外,还有瓶、鼎、钵、鬲、釜、罐等。以黄河以南的洛阳、郑州、开封、许昌为中心的河南中部地区[6]则主要将鼎作为葬具。该地区在墓葬时大多使用 1 个鼎,也有使用 2 个鼎的,或组合使用鼎和钵(或盆)的。小口尖瓶棺葬在洛阳王湾遗址颇为盛行,共发现有

① 金关恕:「カメ棺文化の謎」,『稲作渡来と有明のみち』,「弥生的使者徐福」刊行会 1989 年版。

② 石河考古队:《湖北省石河遗址群 1987 年发掘简报》,《文物》1900 年第 8 期,第 1—16、98—101 页。

③ 袁家荣等:《临澧县胡家屋场新石器时代遗址》,《中国考古学年鉴:1987》,文物出版社 1988 年版,第 207 页。

④ 杨式挺:《试论西樵山文化》,《考古学报》1985 年第 1 期,第 9—32 页。

⑤ 商县图书馆:《陕西商县紫荆遗址发掘简报》,《考古与文物》1981 年第 3 期,第 33—47 页。

⑥ 濮阳市文管会等:《河南濮阳西水坡遗址发掘简报》,《文物》1988 年第 3 期,第 1—6 页。

43座。在陕西省何家湾新石器时代遗址①中发现有2座瓮棺,其中一座被横放在长方形竖穴土圹里,所使用的葬具为2个夹砂陶瓮,一大一小,陶口合在一起,瓮底部开有小孔。另一座被横放在椭圆形墓圹里,墓圹长125厘米,宽65厘米,深18厘米,葬具与上述相同。

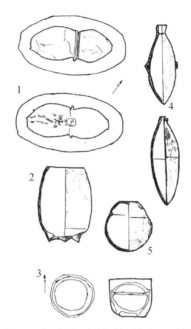

1. 瓮棺(陕西何家湾);2. 陶鬲(陕西汾阳峪道河);3. 鼎(河南濮阳西水坡);
4. 瓶棺(洛阳王湾);5. 陶釜(咸阳长陵)。

图5-1　中国瓮棺的诸形态

注:1转引自陕西省考古研究所汉水考古《陕西西乡何家湾新石器时代遗址首次发掘》;2转引自王克林、海金东《山西汾阳县峪道河遗址调查》;3转引自孙德萱、丁清贤、赵连生等《河南濮阳西水坡遗址发掘简报》;4转引自严文明《论半坡类型和庙底沟类型》;5转引自咸阳秦都考古工作队《咸阳长陵一带考古调查》。

陕西省所发现的瓮棺中也有大型瓮棺。如汉中市龙岗寺遗址、潼关县姜寨遗址中出土的大型瓮棺高87厘米,外径43厘米,左右有把手,棺口边缘部有纹饰。在姜寨遗址的365座坟墓中,瓮棺有190座,占总坟墓数的52.1%。②在190

---

① 陕西省考古研究所汉水考古队:《陕西西乡何家湾新石器时代遗址首次发掘》,《考古与文物》1981年第4期,第13—27页。

② 巩启明、严文明:《从姜寨早期村落布局探讨其居民的社会组织结构》,《考古与文物》1981年第1期,第63—72页;巩启明:《三十年来陕西石器时代考古的主要收获》,《考古与文物》1980年第1期,第54—64页。

座瓮棺中,大型瓮棺约有50座。此外,沿着山东半岛海岸北上,经过天津和沈阳,再到吉林,向西到内蒙古,在这一广大地区内也发现有瓮棺。

1990年冬,笔者在山东半岛做调查的时候,曾听闻当地农民在修整田地时发现了大量壶棺。令人遗憾的是,因农民缺乏专业的考古知识,故出土的大量壶棺均遭到了破坏。在渤海沿岸的天津市郊外也发现了瓮棺。在静海县西钓台战国遗址[1]中共发现40余座坟墓,其中瓮棺有20余座,约占总数的50%。宝坻县歇马台汉代遗址[2]中也发现有1座瓮棺。

中国的瓮棺墓,除了少数成人葬,多为幼儿葬,这与绳纹时代的瓮棺葬相似。因此绳纹时代的瓮棺与中国的瓮棺之间可能存在源流关系。弥生时代的瓮棺在规模的大型化方面与姜寨的瓮棺相似。但由于两者之间存在年代及地理位置的差距,因此很难说两者之前有直接关系。

此外,弥生时代的瓮棺葬不仅仅用于幼儿葬,在成人葬中也被广泛使用。虽然表面上看弥生时代的瓮棺葬与中国的瓮棺葬之间没有直接关系,但从意识形态的角度来看,两者之间似乎存在着直接关系。正如梅原猛所指出的,这种瓮棺的葬俗反映了弥生时代九州人的一种新思想。[3]瓮棺是道教的永生思想在日本被简略化后所表现出来的一种墓葬形式。从战国到秦汉时期,在中国上至君主,下至臣民,均追求不老不死的境界。人们不只追求不老不死,更期盼在成为仙人之后(实际上即死亡),遗体也能够存续。

从弥生时代的瓮棺墓及从中出土的镜、剑、玉等随葬品来看,中国的肉体不灭和精神不死的"不老不死思想"确实传到了日本以九州北部为中心的地区。当时的东亚世界盛行多种埋葬形式,为何九州北部的弥生人特别重视瓮棺呢?其根本原因在于瓮棺符合人们对永久不灭的期盼。事实上,瓮棺以外的各种墓葬形式都很难让遗骨存续,而只有瓮棺能够让遗骨存续下去,甚至连埋葬的姿势也不会发生变化。

在当时的条件下,使用瓮棺葬确实是实现死后永久不灭的最好方式。因此,弥生时代的瓮棺葬可以说是在绳纹时代埋葬传统的基础上,受到了中国"不老不

---

[1] 赵文刚:《静海县西钓台战国、汉代城址》,《中国考古学年鉴:1984》,文物出版社1984年版,第74页。

[2] 韩嘉谷等:《宝坻县歇马台战国遗址》,《中国考古学年鉴:1985》,文物出版社1985年版,第106页。

[3] 梅原猛:「徐福伝説が意味するもの」,『稲作渡来と有明のみち』,「弥生的使者徐福」刊行会1989年版。

死思想"的影响,再经过弥生人的创造而形成的一种新墓葬形式。

第二节　箱式石棺

箱式石棺在中国也被称作石棺。有学者认为箱式石棺是东北亚文化[1]或北亚文化[2]。事实上,这种墓葬形式是古代中国的西北、西南、东北等地各民族常用的一种埋葬方式[3]。20世纪80年代,在江苏省也发现有这种墓葬形式。如在江苏省北部的灌云县大伊山新石器时代遗址[4]中发掘出24座石棺墓。就其构筑方法来看,首先在长方形土圹四壁上嵌入数块薄石板作墓壁,一般在其中两侧各嵌入两三块石板,而在另外两端则各使用1块石板。顶部也用石板做成棺盖,底部则不放置石板。石棺长1.85—2.20米,宽0.38—0.80米,高0.28—0.45米。大伊山石棺是在中国所发现的最初期的石棺。这种墓葬在四川西部、西藏[5]、云南[6]等地也有,四川西部及西藏的石棺墓葬一直从公元前2世纪持续到秦汉时期。四川、西藏、云南以及东北地区的石棺构造基本相同。这种墓葬在东北地区的吉林、辽宁两省多有发现,如吉林省蓝旗小团山、红旗东梁岗[7]、骚达沟、永吉星星哨[8]、西团山[9]、磐石吉

[1] 和島诚一、田中義昭:「住居と集落」『日本の考古学・弥生時代』,河出書房新社1967年版。

[2] 金廷鶴:『日本の歴史:別巻1 任那と日本』,小学館1977年版。

[3] 童恩正:《试论我国从东北至西南的边地半月形文化传播带》,《文物与考古论集》,文物出版社1986年版,第252—277页。

[4] 吴荣清:《灌云县大伊山新石器时代遗址》,《中国考古学年鉴:1987》,文物出版社1988年版,第138页。

[5] 侯石柱:《西藏考古工作的回顾:为西藏自治区成立二十周年而作》,《文物》1985年第9期,第1—9页。

[6] 张新宁:《云南省德钦县纳古石棺墓》,《考古》1983年第3期,第220—225页。

[7] 董学增:《吉林口前蓝旗小团山、红旗东梁岗石棺墓清理简报》,《文物》1983年第9期,第51—58页。

[8] 吉林市文物管理委员会、永吉县星星哨水库管理处:《永吉星星哨水库石棺墓及其遗址调查》,《考古》1978年第3期,第145—157页。

[9] 佟柱臣:《吉林西团山石棺墓发掘报告》,《考古学报》1964年第1期,第29—49、140—149页。

昌①、舒兰黄鱼圈②，以及辽宁省大连、旅顺③、抚顺④地区、辽阳接官厅遗址⑤等地均发现有石棺墓。

日本弥生时代的箱式石棺主要分布在九州北部及本州西部地区，更明确地说，是分布在以福冈县为中心的山口、佐贺、长崎、熊本等县。箱式石棺在弥生前期就已出现，但大量出现则是在瓮棺消失以后，即弥生时代后期至古坟时代前期。箱式石棺很少在单独的墓地中被发现，一般都是与其他墓葬形式并存的。

表5-1　中日石棺测量表

单位：米

国名	遗址·石棺	长	宽	深	出处
日本	福冈·石桥1	1.15—1.20	0.34	0.25	『福冈县文化财調査報告書：第60集』（福冈県教育委員会）
	2	1.52	0.34	0.30	
	3	0.55	0.17		
	4	0.81	0.28		
	5	1.77	0.34	0.60	
	佐贺砾石B　SC05	1.91	0.35	0.36	『佐賀県文化財調査報告書：第91集』（佐賀県教育庁文化課）
	SC06	1.82	0.32	0.35	
	SC07	1.73	0.33	0.30	
	SC09	1.81	0.30	0.30	
	SC10	1.86	0.30	0.21	
	SC11	1.85	0.40	0.30	
	SC12	1.81	(0.36)	0.22	
	佐贺三津永田	0.65	0.32	0.26	『日本の考古学·弥生時代』（和島誠一）
	山口土井浜	2.90	0.38—0.52		
中国	吉林·红旗·东梁岗	1.64	0.40	0.45	《吉林口前蓝旗小团山、红旗东梁岗石棺墓清理简报》（董学增）
	辽宁·清原·门胁	1.85	0.45	0.55	
	小错草沟	2.00	0.60	0.55	

① 张英、王侠：《吉林磐石县吉昌小西山石棺墓》，《考古》1984年第1期，第51—58页。

② 吉林省文物工作队：《吉林舒兰黄鱼圈珠山遗址清理简报》，《考古》1985年第4期，第336—348页。

③ 许明纲、刘俊勇：《大连于家村砣头积石墓地》，《文物》1983年第9期，第39—51页。

④ 王秀嫣：《抚顺地区早晚两类青铜文化遗存》，《文物》1983年第9期，第58—65页。

⑤ 邹宝库：《辽阳市接官厅石棺墓群》，《考古》1983年第1期，第72—74页。

续　表

国名	遗址·石棺	长	宽	深	出处
中国	吉林·小团山	1.65	0.42	0.51	《吉林口前蓝旗小团山、红旗东梁岗石棺墓清理简报》（董学增）
	江苏·大伊山	1.85—2.20	0.38—0.80	0.28—0.45	《中国考古学年鉴：1987》（中国考古学会）
	云南·纳古	1.50—1.95	0.44—0.70	0.05—0.50	《云南德钦县纳古石棺墓》（张新宁）

根据现有资料，中日两国的石棺大致有以下共同点：

第一，多为土圹石棺墓。一般先制作土圹底，平整地基后再嵌入石材，制成石棺。其形状为长方形或圆角长方形。

第二，石棺有4种类型：①由石块堆积而成；②用石板或石头碎片制成；③四壁使用石板、上方使用石块；④建有正、副墓室。正墓室采用石块，副墓室采用石板。或者相反，正墓室采用石板，副墓室采用石块。

第三，弥生时代箱式石棺的内侧尺寸，一般长 1.50—2.00 米，宽 0.35—0.50 米，深 0.30—0.36 米。而古代中国的石棺一般长 1.50—2.00 米，宽 0.35—0.60 米，深 0.35—0.55 米。

朝鲜半岛也有箱式石棺。因此，中国（主要是东北地区）、朝鲜半岛及日本（主要是九州地区）的石棺之间似乎存在源流关系。

第三节　支石墓

本节所叙述的内容是以石盖墓为中心的墓葬形式。石盖墓有多种类型，支石墓是其中主要的墓葬形式之一。为了叙述方便，这里将石盖墓当作支石墓来处理。

多数研究者认为支石墓是与朝鲜半岛有密切关联的一种墓葬形式。支石墓在日本出现的最早时期可追溯至绳纹时代晚期的夜臼式土器期，那时在现在的佐贺、福冈、长崎三县的北部海岸一带就已经有这种墓葬形式存在了。

根据森贞次郎的研究[1]，早期支石墓的下部构造主要有以下5种：①长方形粗

---

[1]　森贞次郎：『九州の古代文化』，六兴出版1983年版。

制箱式石棺;②近似方形的粗制箱式石棺;③圆形或长椭圆形土圹;④椭圆形石围;⑤无支石石棺。

其上层构造主要有3种:①无支石,上部石块直接用作石盖,设计成粗制的箱式石棺;②铺石状积石上面放有石头,支石并不明显,下部有石围的小儿瓮棺;③有数块支石的墓。

上述5种下部构造中,圆形或长椭圆形土圹最多,紧随其后的是近似方形的粗制箱式石棺,而长方形粗制箱式石棺极少。

以上为绳纹时代支石墓的特质。事实上,弥生时代的支石墓形式还是没能够突破上述各墓葬形式。

日本学者提倡支石墓的朝鲜半岛起源说,其理由在于两地的支石墓之间存在相似性。朝鲜半岛的支石墓大多分为朝鲜半岛北部式和南部式。北部式的主要特征是外观呈桌状,石室墓一半裸露在地面上,石室上部巨大的石板由2块平行摆放的壁石撑起;南部式的特征是石室、石棺均埋藏于地下。

若进行更详细的分类,南部式还可分为3种类型[1]:①石室由4块或4块以上石板在地表下构筑而成;②石块堆积而成的石室、组合形式的石棺等上方覆有露出地表的大石头及石盖;③大石下方有数块支石。

日本的支石墓与上述类型③相似。

支石墓在中国也有发现。中国学者将这种墓式称为"石棚墓"或"抬石墓"。中国的山东半岛原本是东夷族的居住区之一,嵎夷是东夷族的一个分支,崇拜太阳神。

1. 庄河县栗子房乡栗子房村支石墓的侧面;2. 新宾胜利村支石墓;3. 抚顺县山龙峪村支石墓。

图5-2　在中国辽宁省发现的支石墓

注:转引自许玉林《辽东半岛石棚的新发现》。

---

① 森贞次郎:『九州の古代文化』,六興出版1983年版。

据说嵎夷的祖先曾采用过支石墓这种墓式。山东省牟平县昆仑山的东南及母猪河的西岸一带，现在仍保留有"东石棚""西石棚"之类的村名，在山东半岛地区常可发现石棚遗构。在浙江省南部沿海的瑞安市[1]也发现有支石墓，墓高1米，周围以4块天然大石为支柱，上方以1块长约2米、宽约1米、厚约0.5米的大石为石盖，这样的支石墓分散在瑞安山的前山、岱石山、石垟等处。在岱石山就发现有10余座支石墓，外形基本上完全相同。根据对其中1座的调查[2]，其构造为上部有1个长方形石盖，石盖长2.7米，宽2.1米，厚0.48—0.56米，石盖四角各以1根高度不等的石条为柱，墓的北边以3块大石为围墙，3块大石之间用石砾填充，墓的南边也有石砾堆成的围墙。此支石墓的室内高度为0.75米，室内地面要比室外地面低0.47米，室内发现有几何学印纹硬陶片的堆积层。

图5-3　朝鲜南部金海内洞的支石墓

注：转引自金廷鹤『日本の歴史：別巻1　任那と日本』。

在中国发现支石墓最多的地方是辽东半岛。许玉林对辽宁地区的支石墓展开了调查，共发现有97座，主要分布在辽东半岛的岫岩、海城、庄河、开原、盖县，以及大连市的普兰店区。[3]许玉林的调查为我们正确认识东亚地区支石墓的形成与发展提供了崭新的资料。

辽东半岛的大部分支石墓还未被发掘，因此关于墓的详细构造还不清楚。但从目前掌握的资料可以推测出以下类型：①地面上用2个或3个或4个石块制成石壁，在上方放置巨大的石盖；②石壁的一部分埋于土中，一部分裸露在地表上，以露出部分为支柱，在上面放置石盖；③无支石，直接以大石为石盖，石盖的

---

① 董楚平：《吴越文化新探》，浙江人民出版社1988年版。

② 浙江省文物管理委员会、浙江博物馆：《浙江新石器时代文物图录》，浙江人民出版社1958年版。

③ 许玉林：《辽东半岛石棚的新发现》，《辽宁大学学报》1985年第2期，第108—112、154页。

下面为土圹墓或箱式石棺墓抑或是积石墓。这种类型的墓广泛存在于大连市普兰店区北部山区①的同益、乐甲、安波、俭汤、双塔等地;④大石盖与地表的支石呈分离的状态②;⑤大石盖的下方以数块石头为支石。这种墓在大连市普兰店区发现有11座③。

由上述内容可知,存在于朝鲜半岛及日本(主要是九州北部)的各种形式的支石墓也存在于中国的辽东半岛。特别需要注意的是,朝鲜半岛支石墓的下部构造普遍是箱式石棺,而日本支石墓的下部构造则普遍采用土圹墓的形式。大连市普兰店区的支石墓与日本的支石墓相似。

在佐贺县久保泉丸山遗址④共发现有155座支石墓,就其中118座墓的下部构造而言,石盖土圹墓有93座,占总数的78.81%;土圹墓有8座,占比6.78%;粗制石棺墓有1座,占比0.85%。目前,在中国还未发现下部构造为箱式石棺的支石墓,这应该不是偶然。

土圹在日本多为圆形或椭圆形,而在中国辽东半岛出土的土圹均为长方形,还未发现有圆形和椭圆形的。也许不久之后会有发现吧。

综上所述,支石墓在日本、中国、朝鲜均有存在,彼此有相似之处,但中日支石墓之间的相似点更多,因此日本的支石墓与中国的支石墓之间可能存在源流关系。

第四节　坟丘墓

有坟丘的弥生时代坟墓均属于坟丘墓范畴。

一般认为有封土的坟丘墓在日本出现于弥生时代中期后半。关于最早出现坟丘墓的地区,学者们持有不同见解。以柳田康雄为代表的九州学者认为坟丘墓始于九州,而以春成秀尔及都出比吕志为代表的关东学者则认为坟丘墓最早出现于畿内。尝试冷静思考一下这个问题的话,就会发现坟丘墓出现在九州和畿内的时期是非常相近的,几乎是在同一时期,两地只是在葬具及墓域的构成方

---

① 许明纲、许玉林:《辽宁新金县双房石盖石棺墓》,《考古》1983年第4期,第293—295页。

② 许玉林:《辽东半岛石棚的新发现》,《辽宁大学学报》1985年第2期,第108—112、154页。

③ 刘俊勇:《辽宁大连新金县碧流河大石盖墓》,《考古》1984年第8期,第709—711页。

④ 佐贺県教育庁文化課:『佐贺県文化財調査報告書:第84集』,佐贺県教育委員会1986年版。

面存在差异。畿内地区最早出现的坟丘墓为方形周沟墓,而九州地区最早出现的是瓮棺坟丘墓,两者都出现于弥生时代中期。

方形周沟墓大致可分为6种类型[1]:①建在共同墓地的一处角落里;②一座或数座,数量较少,建在村落附近;③聚集在村落周边;④聚集在与村落隔绝的山丘山脊上;⑤在与村落隔绝的山丘山脊上,有明确的坟丘,在同一坟丘内呈聚集形态;⑥在与村落隔绝的山丘山脊上,有明确的坟丘,呈一坟一基的形态。

⑤和⑥型很明显属于坟丘墓的范畴。一般来说,坟丘的封土在1米左右。在大阪府瓜生堂遗址[2]中发现有50座方形周沟墓,其中的二号墓南北长14.8米,东西宽9.7米,高1.2米。其坟丘上埋葬有木棺6座、土圹6座、瓮棺4座、壶棺1座。

北陆地方的方形(或圆形)台状墓[3]有非常大规模的周沟和盛土,盛土有1—2米的高度。

九州地区的坟丘墓主要为瓮棺坟丘墓和箱式石棺坟丘墓。在福冈县冢崎西畑御庙冢、福冈县前原町泊、大分县宇佐金屋庙森等遗址中均发现有坟丘墓,一般是高2米的小圆坟[4]。20世纪80年代以后,关于九州地区的坟丘墓有了新的发现。

1983年,在调查吉武樋渡遗址[5]时,发现了弥生中期的140座瓮棺墓。其中有30多座坟丘墓,就其规模而言,每个坟丘墓东西24米,南北25米,坟丘高2.5米,是椭圆形坟丘墓。最值得注意的是,在100多座没有坟丘的瓮棺墓中随葬品虽然很少,但从6座瓮棺坟丘墓中出土了贵重的随葬品,即细形铜剑(3把)、青铜制把头饰品(1个)、西汉时期的重圈纹星云镜(1面)、铁剑(3把)、环头大刀(1把)、刀子(1把)、铁镞(1个)、玉类等共52件。

1986年,考古学者在调查朝仓郡夜须町东小田峰遗址[6]之时,发现了532座瓮棺墓。在该墓地的一处角落里有用沟渠包围形成的墓域,从这一墓域中检测出50座瓮棺。这些瓮棺原本是带有坟丘的,从复原的结果来看,坟丘的高度接近2米。墓域中央有1座最大的坟丘墓(10号瓮棺墓),该墓中出土有西汉镜(2面)、

① 下津谷達男:「方形周溝墓とその提起する諸問題」,『歷史教員』1967年第15卷第3期。
② 坪井清足監修,河原純之編:『図説発掘が語る日本史:第3卷』,新人物往来社1986年版。
③ 坪井清足監修,河原純之編:『図説発掘が語る日本史:第3卷』,新人物往来社1986年版。
④ 小林行雄:『日本考古学概説』,創元社1983年版。
⑤ 下村智、横山邦継:「福岡県樋渡遺跡:福岡市西区吉武遺跡群第3次調査」,『日本考古学年報』1983年第36期。
⑥ 井上裕弘:「墓と青銅器:北部九州社会の展開」,『弥生人とまつり』,六興出版1990年版。

玻璃璧(2块),以及铁剑(1把)、铁戈(1把)、铁镰(1支)等随葬品。

吉野里坟丘墓[1]的发掘为弥生时代坟丘墓的研究提供了宝贵的资料。该坟丘墓位于吉野里丘陵北侧山脊的凸出地方。根据调查的结果,坟丘内确认有8座瓮棺,在坟丘墓的周围有由400余座弥生时代前期末至中期后半的瓮棺墓组成的墓地,坟丘墓就被建在这些墓地内的最高处。现存的坟丘是南北约40米、东西约30米、高约2.5米的平面,基本呈椭圆形,在当地似乎已经被开垦过,受过大规模削平。因此,坟丘墓当时的坟丘规模应比现存的还要大。该坟丘墓似乎是在弥生时代中期前半建成的,墓域南北在50米以上。根据对土层的观察,可以确定该坟丘是使用版筑技术建造的,从中可以看到中国技术的影响。

坟丘墓的出现暗示社会阶级结构的变化。像吉野里遗址这类坟丘墓的出现进一步意味着弥生时代中期存在统治者集团。从坟丘顶部瓮棺中出土的细形铜剑和把头附有柄铜剑等遗物,则是统治者权力的象征。

图5-4 南京市郊外(溧水县)的土墩墓

弥生时代出现的坟丘墓起源于中国,根据文献资料,可知坟丘墓出现在中国春秋战国时期。孔子云:"吾闻之古也,墓而不坟,今丘也,东南西北之人也,不可以弗识也,于是封之,崇四尺(约90厘米)。"[2]西汉时期,大臣刘向奉汉成帝旨,专门记载了墓葬史。西周、春秋时期的文王、武王、周公、秦穆之时,实行"薄葬",他们的墓都没有"丘陇"(即坟丘),但至战国时期秦惠王之后,诸王皆"大作丘陇,多所瘗藏"[3]。

---

① 佐賀県教育委員会:『環濠集落吉野ケ里遺跡概報』,佐賀県教育委員会1990年版。
② 《礼记·檀弓上》。
③ 《汉书·楚元王传》。

据此,西汉人也承认坟丘墓开始于战国时期。那时坟丘的大小反映的是被葬者的社会地位,一般下层民众的坟墓"不封不树"①。与之相反,有权有势的人的坟墓不仅坟丘"高大若山"②,墓地上还种有很多树木。

战国时期,坟丘墓在长江下游的吴越地区最为盛行。现在,在江苏、浙江丘陵地带也能看到馒头形土墩墓。此土墩墓也就是中国早期的坟丘墓。

土墩墓分为2种类型:一种是石室土墩墓,另一种是无石室土墩墓。土墩墓一般直径10—15米,高3—5米。

公元前2500年左右,长江下游地区出现了良渚文化,在良渚文化的墓葬中发现了大型坟丘墓。中国的考古学者将良渚时期的大型坟丘墓称为"高台土冢"或"土筑文化金字塔"。良渚文化的大型坟丘墓共发掘出14座,分布在浙江、江苏、上海等地。良渚文化的大型坟丘墓有如下特征:

①大型墓的坟丘为人工堆积,其高度约为10米。浙江余杭反山遗址③的大型墓高7.3米,江苏吴县草鞋山遗址④的大型墓高10.5米,江苏吴县张陵山⑤大型墓高8.4米,上海青浦福泉山⑥大型墓高6米,江苏常州武进寺墩⑦大型墓高20米。

②坟丘顶部有埋葬设施。良渚的大型坟丘墓构造⑧是先用土筑圆丘状坟丘,再在坟丘的上部建造长方形土圹墓。土圹墓长3.0—3.5米,宽1.40—2.15米,深0.30—1.30米,墓地周围有10厘米左右的浅沟,墓底呈床状低土台,上面有朱砂。

③大型墓的主人是良渚时代的贵族,墓地里随葬品有大量玉器,主要是象征

---

① 《礼记·王制》。

② 《吕氏春秋·安死》。

③ 浙江省文物考古研究所:《浙江余杭反山发现良渚文化重要墓地》,《浙江学刊》1989年第10期,第2页。

④ 南京博物院:《江苏吴县草鞋山遗迹》,《文物资料丛刊(3)》,文物出版社1980年版,第1—24页。

⑤ 南京博物院:《江苏吴县张陵山遗址发掘简报》,《文物资料丛刊(6)》,文物出版社1982年版,第25—36页。

⑥ 黄宣佩:《上海福泉山良渚文化墓葬》,《文物》1984年第2期,第1页;孙维昌:《上海青浦福泉山良渚文化墓地》,《文物》1986年第10期,第1—25页。

⑦ 汪遵国、李文明、钱锋:《1982年江苏常州武进寺墩遗址的发掘》,《考古》1984年第2期,第109—129、194—197页;南京博物院:《1982年江苏常州武进寺墩遗址的发掘》,《考古》1984年第2期,第109—129、194—197页。

⑧ 王明达:《余杭县反山良渚文化墓地》,《中国考古学年鉴:1987》,文物出版社1988年版,第152页。

权威的玉礼器,比如玉琮、玉钺、玉璧等。

秦汉时期的陵墓封土更加多样化,从外观来看,分为坊形、覆斗形、圆丘形、山形[1]。封土是秦汉时期地位的反映,帝王陵墓的封土全部很高。秦始皇陵[2]的坟丘高 76 米,上方呈方形,面积为 485×515 平方米。汉武帝茂陵的坟丘高 46.5 米,上方呈方形,一边长 240 米。汉宣帝杜陵的坟丘高 26 米,上方是方形,一边长 150 米。

弥生时代出现的坟丘墓大概在某种程度上受到了长江下游土墩墓、良渚的大型坟丘墓的影响。不过像吉野里遗址这样的大型坟丘墓及弥生后期畿内地区的大型坟丘墓,比如楯筑坟丘墓等和良渚的大型坟丘墓有很多相似之处。

第五节　殡宫

本节将叙述墓上的建筑物。根据考古学知识,弥生时代后期的几个大型墓的上方造有建筑物,下面列举 2 例。

其一是岛根县出云西谷遗址[3]的三号墓。该墓是日本海沿岸最大级别的四隅突出型坟丘墓,东西向长 40 米,南北向长 30 米。其埋葬主体有东西 2 个部分:东侧是箱状木椁,覆盖在畿内地方所确认的木棺外;西侧有围绕主体部分的方形(东西向长 2.8 米,南北向长 2.1 米),在方形四角处确认有柱孔,在这 4 个柱孔外侧间隔约 0.9 米处又发现有 4 个新的柱孔。从土层可以推测出这些柱孔是属于同一时期的,构成方形的 4 根柱子外侧也立着 4 根柱子,形成了双层。

其二是福冈县平原弥生遗址。原田大六[4]在『実在した神話』中做出如下推论:"在其古坟的方形土圹周围发现了整齐的柱孔群。首先在土圹的东南墙和西北墙的几近中间区域各发现有 1 个柱孔。西南和东北有 4 个柱孔,东北排列有 2 个候补柱孔。从大体上来看,与上面画着一看便知是铜铎和弥生式土器等物的栋持柱、人字形屋顶仓库建筑的柱子的配置极为接近。一般认为这是与殡宫相关的遗构。此殡宫的正面好像是朝东北方向的,在这个方向有像是鸟居遗址的 2

---

[1] 李毓芳:《西汉陵墓封土渊源与形制》,《文物》1987 年第 3 期,第 39—41 页。

[2] 徐萍芳:《中国秦汉魏晋南北朝时代的陵园和茔域》,《考古》1981 年第 6 期,第 521—530 页。

[3] 『山陰中央新報』,1990 年 3 月 31 日。

[4] 原田大六:『実在した神話』,学生社 1966 年版。

个柱孔和殡宫的主轴线平行排列。"

弥生时代后期出现的坟墓上方的殡宫建筑明显不是日本独有的葬俗。根据考古资料,中国从商代开始,历经春秋战国再到秦汉时期,便时而出现墓上建筑。此葬俗一直持续到后唐、宋代。在河北省出土的中山王陵的《兆域图》中,可以看到5座墓上建筑物的画。

关于墓上建筑物,中国学者持有不同看法。有人[1]认为这种建筑物是墓祭的"享堂",也就是供奉食物等物品的地方,也有人[2]认为是"寝殿"。

实际上,中国的墓上建筑物也在随着时代的发展而变化。商、周、春秋战国时期,墓上建筑物被称作"堂""享堂",一般建在坟墓上面。秦汉时期,墓上建筑物从墓上方移到陵墓的一部分中,被称为"寝殿"。从西汉中期前后开始,墓上建筑物被建在陵墓的外侧。[3]尽管墓上建筑物的位置发生了变化,但是其功能并没有改变,即墓上建筑物是祭场这一事实并没有发生变化。根据民俗学调查,墓上建筑物在20世纪三四十年代也依然存续在云南省的少数民族中。[4]

墓上建有建筑的坟墓多为有权有势的人的坟墓,在这一点上,中国与日本相似。

第六节　随葬品朱砂

随葬品是墓文化的重要组成部分。生产工具、武器、生活用具、祭祀器具等在反映生动的社会现象的同时,也暗示了社会地位和地域特质。

在弥生时代和古代中国的墓葬中,红色颜料和硫化汞多次被发现。从中日的发现例来看,随葬红色物品表示对长生不老的追求。随葬的红色物品亦因死者的社会地位不同而有所不同。一般在社会地位低的人墓中随葬红色颜料(在中国称作朱砂,即天然硫磺和水银的化合物),而在社会地位高的人的坟墓中随

① 杨鸿勋:《关于秦代以前墓上的建筑问题》,《考古》1982年第4期,第402—406页;杨鸿勋:《〈关于秦代以前墓上建筑的问题〉要点的重申:答杨宽先生》,《考古》1983年第8期,第739—740页。
② 杨宽:《先秦墓上建筑问题的再探讨》,《考古》1983年第7期,第636—638、640页。
③ 刘庆柱、李毓芳:《西汉十一陵》,陕西人民出版社1987年版。
④ 易谋远:《基诺族人的农村公社及其历史略探》,《魏晋隋唐史论集(第一辑)》,中国社会科学出版社1981年版,第267—304页。

葬硫化汞。

在佐贺县山古贺遗址①发现的 14 座石棺墓当中,8 座随葬有红色物品,占比约为 57%,反映出随葬红色物品的普及程度。在千叶县香取郡城之台南贝冢②的墓葬中,红色颜料散布于人骨周围。

在中国,红色物(朱砂)的随葬也相当普及,尤其是华北③、中原、西北地区。河南省偃师二里头④墓的墓底铺有红色物(朱砂),其中 M4 墓铺的朱砂最厚处达 8 厘米。陕西省凤翔马家庄一号遗址⑤的人骨周围也散布着朱砂。

虽然随葬硫化汞的出土例很少,但也有几例。比较有名的有佐贺县的吉野里遗址,福冈县的平原弥生遗址和畿内的楢筑遗址等。在吉野里遗址⑥的弥生中期坟丘上挖掘出 8 座瓮棺,发现其中有 5 座随葬了硫化汞。尤其是在 1002 号瓮棺内,被证实有大量硫化汞。虽然平原弥生遗址的木棺只残留下了木质,但"通过分析薄炭化层⑦和棺内所涂的鲜艳朱红(硫化汞),证实了其形体"。畿内的楢筑遗址⑧有弥生时代末期的大坟丘墓,在主体部长约 3.5 米、宽约 1.5 米的木椁中放置了长 2 米、头部宽 0.8 米、脚部宽 0.6 米的木棺,木棺中使用了超过 30 千克的硫化汞。

在古代中国,随葬水银最早可追溯至公元前 685 年,最晚持续到 589 年。

随葬水银最典型的例子属秦始皇陵,《史记·秦始皇本纪》中记载有"以水银为百川江河大海,机相灌输,上具天文,下具地理",暗示秦始皇陵内随葬了水银。为了调查墓内是否真的随葬了水银,1981 年,中国地质学者⑨用汞含量测定法探查了秦始皇陵。

---

① 佐賀県教育庁文化課:『佐賀県文化財調査報告書:第 97 集』,佐賀県教育委員会 1990 年版。

② 『千葉日報』,1990 年 7 月 28 日。

③ 王巍、黄秀纯:《1981—1983 年琉璃河西周燕国墓地发掘简报》,《考古》1984 年第 5 期,第 405 页。

④ 杨国忠:《1981 年河南偃师二里头墓葬发掘简报》,《考古》1984 年第 1 期,第 37—40、99—100 页。

⑤ 韩伟、尚志儒、马振智:《凤翔马家庄一号建筑群遗址发掘简报》,《文物》1985 年第 2 期,第 1—29、98 页。

⑥ 佐賀県教育委員会:『環濠集落吉野ケ里遺跡概報』,佐賀県教育委員会 1990 年版。

⑦ 原田大六:『実在した神話』,学生社 1966 年版。

⑧ 坪井清足監修,近藤喬一編:『図説発掘が語る日本史:第 5 巻』,新人物往来社 1986 年版。

⑨ 常勇、李同:《秦始皇陵中埋藏汞的初步研究》,《考古》1983 年第 7 期,第 659—663、671 页。

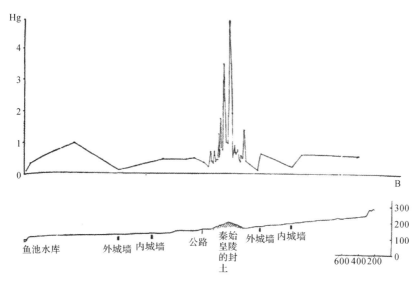

图5-5　西安骊山—以鱼池水库为中心的地区的土壤水银量变化

注:转引自常勇、李同《秦始皇陵中埋藏汞的初步研究》。

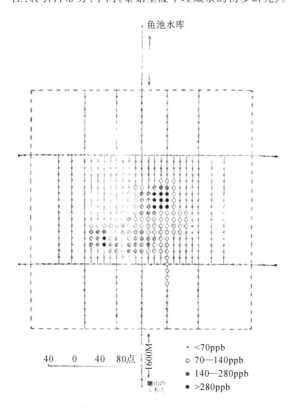

图5-6　秦始皇陵的探测点及其各点水银含量

注:转引自常勇、李同《秦始皇陵中埋藏汞的初步研究》。

同年12月,他们在秦始皇陵的封土上设置了南北3条、东西1条探查线,并且每隔10米就采集地下30—60厘米处的土壤来检查汞含量。1982年初,在封土中央位置确认发现了很高的汞含量。同年5月,他们运用10米间隔的网格法进行了更进一步的探查,结果表明125900平方米的封土中约12000平方米的范围内出现汞异常区。异常区内汞含量变化为70—1500ppb,含汞量平均值为205ppb。

为了确认这种汞异常是土壤本身固有的,还是人为埋藏的,中国地质学者也进一步对封土中的砷(As)、锑(Sb)、铋(Bi)等元素进行了化学分析。结果表明以上3种元素的含量全部都在土壤的正常含量范围内,和水银的变化完全无关。据此,证实了秦始皇陵封土中的汞异常属人为导致,也证明了《史记》记载的可靠性。

虽然吉野里遗址、平原弥生遗址、楢筑木棺墓中硫化汞的含量比秦始皇陵中的埋藏量少得多,但是其中所反映出的思想即祈求长生不老的思想是完全一致的。

第六章　弥生人的生活习俗与中国

第一节 麻、丝织物和贯头衣

一、种植苎麻、养蚕、织布

随着农耕生产的发展,弥生人的食物、住所、穿着等日常生活和习俗也发生了明显的变化。首先,以穿着为例。在渔捞、狩猎时代,人类为了生存,不论男女每天都在为寻找食物而忙碌着。由于用来维持生活的食物尚不充足,因此当时的人们完全不具备改善、美化穿着的条件。人们只是对树皮和兽皮进行很简单的加工,就拿来当衣服穿。在食物得到基本保障之后,人们开始改善自己的穿着。

根据《魏书·倭人传》,弥生人为了获得衣服的原料,开始种苎麻、养蚕,并且开始织布。当时,用苎麻编织班布、细宁等麻线,还用蚕丝编织出倭锦、绛青缣、异文杂锦等织物。文献上记载的编织物通过考古学发掘得到了证实。在很多遗址中,不仅发现了大量的纺车,还出土了纺织品。比如,在奈良县山木、唐古,静冈县登吕等遗址中发现了织机部件刀杼、梭、综棒。此外,在大分县安国寺遗址中发现了贯。又传闻在香川县出土的铜铎上发现了关于纺织的绘画,画中的纺织者哈着腰翘着臀,一只手操作着"工"字形器具,另一只手高高举起。据布目顺郎[1]的分析,这幅画里面的"工"字形器具就是织机部件,反映了当时的纺织状况。

弥生遗址出土的麻和丝织物残片进一步证明了《魏书·倭人传》所记载内容的可信性。在东亚世界中,日本是继中国之后最早开始养蚕、织绸的国家。弥生

---

[1] 布目順郎:「銅鐸面の『工字形器具を持つた人物』画像に就て」,『考古学雑誌』1950年第36巻第2期,第25—31頁。

时代丝织物的出土地只有现在的九州北部地区,根据丝织物的发掘顺序,可将弥生遗址排列为:福冈县有田遗址(前期末)、吉武高木(中期初)、比惠(中期前半),佐贺县朝日北、吉野里(中期中叶),福冈县栗山、立岩、门田、须玖冈本、吉浦、樋渡,长崎县三会(中期后半)。

布目顺郎认为,"虽然到目前为止,从14个遗址中出土的弥生时期丝织品都是平纹绸,有21种类型,但从其编织密度和纤维断面完全度的数值来看,一般都被认为产自日本","有田遗址的绢和构成其纺织材料的纤维产自日本,如果产出这种纤维的蚕具备华中性格的话,那就是在弥生前期末以前(公元前2世纪左右)的某个时期,华中地区饲养的蚕种(即卵)被带到九州北部饲养,以此蚕丝作为材料的绢就是在那附近被织成的"[1]。

根据考古学资料,在弥生时代已经开始有布、丝织品的染色技术。吉野里遗址出土的弥生时代中期的贝镯[2]上就附着有被认为是用茜草染色的布片。布片边长约为8毫米,呈方形,竖织和横织的线交互组合而成的平纹绸被染成了红褐色。离吉野里遗址西北方向大约4千米的地方是朝日北遗址,该遗址位于城原川右岸的丘陵上,是从弥生时代延续到近世的复合遗址。其中有一座弥生初期的瓮棺,里面被认为埋葬着成年男子,这个成年男子人骨的胸部到大腿部都附着有布片。根据小春次男的鉴定[3],从编织方法可知此布片是日本产的绢。这暗示着当时就有运用紫草、茜草和野漆树等染料染出紫色、红色、黄色、茶色和白色等颜色的多样技术。

布目顺朗认为弥生时代的蚕种是从中国的华中地区传来的,同时他也认为吉野里地区的染织技术与长江中游以南的染织技术有共通性。弥生时代的丝绸似乎是和稻作技术一起传入日本的。弥生时代中日之间存在着一条"丝绸之路",为了解决"丝绸之路"是从哪里出发的这个问题,让我们先从古代中国的养蚕和织布的状况说起。

二、丝织物技术的故乡和中国

中国是最早开始养蚕、缫丝和织绸的国家。中国养蚕、织绸的故乡一般被认

---

[1] 布目顺郎:「絹の道:長江下流域ルートを探る」,『稲作渡来と有明のみち』,「弥生的使者徐福」刊行会1989年版。

[2] 『西日本新聞』,1990年7月9日。

[3] 『佐賀新聞』,1990年7月10日。

为是在黄河流域。但在20世纪80年代，关于中国的蚕丝起源，某学者[1]根据考古学资料提出了多中心说。

从现有的资料来看，在新石器时代，养蚕和织绸确实已经存在于黄河及长江中下游地区。

经上海市纺织科学研究院检查[2]，从河南省荥阳县青台仰韶文化遗址中检测出的炭化纺织物被确认为麻织物。在西安半坡遗址中出土的陶器上发现了纺织品的压痕。1926年从山西省夏县西阴村又发现了一颗被刀切过的蚕茧。

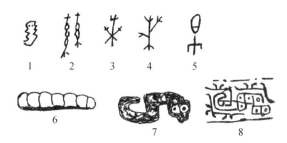

（上）甲骨文（1. 蚕；2. 丝；3、4. 桑；5. 帛）；（下）蚕的纹饰（6. 玉蚕；7、8. 铜器上的蚕纹）。

图6-1　甲骨文与蚕的纹饰

注：转引自《古代经济专题史话》编写组《古代经济专题史话》。

1958年，位于长江下游地区的浙江省吴兴钱山漾遗址中出土了竹筐，竹筐里面有很多绢片和线等物。根据检测得知绢片和线等物的原料是家养蚕的蚕丝，绢片的经纬密度是每平方厘米各48根丝线，丝织技术是平纹织法。

河姆渡遗址出土的骨器上刻有蚕纹。此外，还从江苏省梅堰遗址[3]发现了刻有蚕纹的黑陶。

以上资料表明了蚕丝起源的多元性。

在商周时期的青铜器上能看到蚕纹，玉器中有玉蚕，甲骨文中也有占卜蚕桑的相关记载。春秋战国时期，黄河和长江中下游地区的蚕丝业取得了进一步发展，其中属黄河下游地区山东的齐鲁两国最为发达。根据《左传》，齐桓公时，齐国境内有许多桑树林；根据《管仲》，齐国民间有很多持有蚕、桑技术，以及能治疗

① 蒋猷龙：《中国蚕业的源流》，《中国农史》1986年第1期，第110—115页。

② 陈立信、张松林：《荥阳县青台仰韶文化遗址》，《中国考古学年鉴：1984》，文物出版社1984年版，第125页。

③ 中国社会科学院近代研究所近代文化史研究室：《中国文化研究集刊：第4辑》，复旦大学出版社1987年版。

蚕生病的人。此外,《穀梁传》中有"王后亲蚕"的记载。而且,《战国策》中说鲁国的"鲁缟"是非常有名的丝织品。秦代宫廷用丝织品是山东东阿地方出产的"阿缟"。汉代朝廷在山东的临淄(原来的齐国都城)设置了"服官",专门管理丝织物。

在长江中下游地区,吴、越、楚三地的蚕丝业最为发达。根据《吕氏春秋》和《史记》,公元前518年,吴国和楚国之间发生了战争,原因是两国边境的女人们互相抢夺桑树,而抢夺桑树明显是为了养蚕。由此可知,养蚕业在吴楚两国的国境地带非常盛行。在原楚国地区内发现的多处重要考古遗址中,湖北省江陵马山砖厂战国遗址[①]和长沙马王堆汉墓遗址是最重要的两处遗址。

江陵马山砖厂一号墓的特征之一是在墓中发现了大量丝织品。[②]发现的丝织品种类繁多,主要有绢、纱、罗、锦、绣、绦等,品种不同,织造方法、色彩和纹样也不同(见图6-2和图6-3)。马山砖厂一号墓出土的绢的经纬密度比过去发现的同类绢的密度都要高(见表6-1)。锦是丝织品中最高水平的代表,马山砖厂一号墓中出土的锦色彩繁多,采用了复杂的丝织技术。经纬线大多使用二重经。N_5彩色动物纹的经纬密度是每平方米22根×38根,N_4是156根×52根。马山砖厂一号墓中出土的丝织品颜色丰富多彩:绢的颜色除白色之外,还有褐、紫、红、黑、黄色等;锦的颜色有朱红、暗红、黄、深棕、浅棕和褐色等;绣的颜色有朱红、绛红、金黄、浅黄、蓝、绿、棕、黑、褐色等。这反映了战国时期高超的染色技术。

图6-2　江陵马山砖厂一号墓出土的龙凤纹绣绢

注:转引自彭浩《湖北江陵马山砖厂一号墓出土大批战国时期丝织品》。

---

① 彭浩:《湖北江陵马山砖厂一号墓出土大批战国时期丝织品》,《文物》1982年第10期,第1—9页。

② 陈跃钧、张绪球:《江陵马砖一号墓出土的战国丝织品》,《文物》1982年第10期,第9—12页。

图6-3 江陵马山砖厂一号墓出土的龙凤虎纹绣罗

注:转引自彭浩《湖北江陵马山砖厂一号墓出土大批战国时期丝织品》。

表6-1 中国战国时期绢的经纬密度

遗址	经纬密度/根·㎡
渕城桥一号墓	70×32
长沙子弹库一号墓	66×36
左家塘四十四号墓	84×50
	75×45
马山砖厂一号墓	
N_4	50×30
N_{14}	80×40
N_{17}	112×47
N_{23}	158×70

马王堆汉墓遗址[1]出土的织物表现出了汉代江南丝织技术的最高水准。从该遗址一号墓出土的衣服有40多件,杂用纺织品有20多件,成匹的丝织物有50多件。丝织物品种有绢、方孔纱、绮、菱形文罗、锦和绦等。色彩丰富,有朱红、绛、紫、墨绿、黄绿、深褐、浅褐、深棕、浅棕、深蓝、浅蓝、银灰、黑、白、金色、银色等色,展现出西汉时期丝织、染色、刺绣工艺的高超水准。

20世纪七八十年代,在三国时期的吴国境内发现了纺织工具,这一贵重资料表明三国时期中国南方和北方的蚕丝业继承了各自的历史传统,取得了进一步

---

[1] 湖南省博物馆、中国科学院考古研究所、文物编辑委员会:《长沙马王堆一号汉墓发掘简报》,文物出版社1972年版。

发展。在安徽省南陵县也发现了木制纺织工具梭、锭等。①出土的一件梭形状像枣核，中间做了槽口，在槽口的一侧有一个小丹孔，像是绑纬线的孔，槽口的两端原本好像有金属线钩，出土的时候只有小孔。梭长 31.6 厘米，宽 3.1 厘米。出土的一件锭表面被涂黑，锭长 2.1 厘米，直径 1.1 厘米，锭身上有 3 个凹槽，可能是磨损痕。另有线板 4 件，上下两端呈半圆形，长约 14.0 厘米，宽约 4.5 厘米，厚约 0.5 厘米，两面都被涂黑了。此外还有尺子 1 件，残留部分长 24.1 厘米。虽然原本在两端好像包裹有铜片，但发现的时候已经看不到了。尺子是被等分的，其间钉有 3 个铜钉。如果以 10 等分复原尺子的话，实测长度接近 25.0 厘米。

顺便说一下，《中国历代古尺考》中记载有三国时期的魏尺、蜀尺，但未记载吴尺。根据《古尺考》，魏尺一尺长 24.17 厘米；蜀尺沿袭汉代旧制度，一尺长 23.0 厘米。出土的木尺长度接近魏尺。

古代中国朝廷对蚕种的管理非常严格，严禁把蚕种带到国外。在这样的背景下，传入日本的蚕种应该绝没有经过朝鲜半岛。原因有 2 点：其一是陆路上设有关口，要把蚕种带到国外是非常困难的；其二是中国东北地区没有养蚕的地方。因此，传到日本的唯一路径只有海路。从长江下游到山东半岛的广大沿海地区一直是古代中国蚕丝业的发达地区，再加上海岸线又很长，所以沿海住民很容易就能避开各地方政府的监视，携带蚕种东渡到日本。

三、发型和贯头衣

关于弥生人的穿着和装饰，《魏书·倭人传》中生动地描写道："男子皆露紒，以木绵招头。其衣横幅，但结束相连，略无缝。妇人被发屈紒，作衣如单被，穿其中央，贯头衣之。"弥生人的发型和穿着应该与东亚世界各民族的发型和穿着有一定的关联吧。首先试从发型展开探讨。

以前中国人总是用"断发文身"来形容古越人的习俗。"断发"也称"祝发""被发""剸发""翦发""椎发"。虽然称呼不一样，但意思是相同的，都指梳头发，装饰头发。在以上这些发型中，"被发""椎发"这 2 种发型当时最为流行。"被发"也就是披发，"椎发"就是把头发束成发髻的意思，其形状像"椎"一样。根据研究②，发现椎发在百越地区最为流行，从吴越地区到岭南地区很多部族都梳这种发型。古代人曾称呼越人为"椎髻之民"。

---

① 李德文：《安徽南陵县麻桥东吴墓》，《考古》1984 年第 10 期，第 974—978 页。
② 徐恒彬：《"断发文身"考》，《民族研究》1982 年第 4 期，第 71—80 页。

《魏书·倭人传》中所记载的弥生人的发型其实和古越人很相似。所谓"男子皆露纷,以木绵招头"就是指男人的头发全都用木绵束成发髻,与越人的"椎发"很相似。关于"妇人被发屈纷"有2种解释:一是女人头发梳成披发状,和束发相组合;二是女人披发或是把头发挽到头上。从考古学发掘来看,很难发现有这样的发型。1983年,在河南信阳地区发现了春秋时期早期的"黄君孟夫妇"[①]的合葬墓。该墓女主人的发型复原之后就如图6-4所示。

图6-4 中国春秋战国时期的发型

注:原载于欧潭生《春秋早期黄君孟夫妇墓发掘报告》。

此发型也有2种样式,一种是高髻式,另一种是披发式,与《魏书·倭人传》中记载的日本人发型很相似。信阳地区与吴越地区有着密切的文化交流,在该地区还盛行养蚕,听说蚕种就是从越地传过来的。这座墓里面也有数件玉蚕的随葬品,所以墓的女主人发型可能是受到了越人发型的影响。

《魏书·倭人传》中所记载的日本人"横幅""贯头衣"在中国江南的百越居住地区也很盛行。笔者在此引用一下相关史料:

(a)越在九夷,劙衣关(贯)头。(《论衡·恢国篇》)

(b)儋耳、珠崖郡,民皆服布如单被,穿中央为贯头。师古曰:"著时从头而贯之。"(《汉书·地理志》)

(c)西部都尉·广汉郑纯……为永昌太守。纯与哀牢人约,邑豪岁输布贯头衣二领,盐一斛以为常赋。(《后汉书·西南夷传》)

(d)扶南人……大家男子截锦为横幅,女为贯头,贫者以布自蔽。(《南齐书·列传三九》)

(e)黑僰濮,在永昌西南,山居耐勤劳,其衣服,妇人以一幅布为裙,或以贯头。(《通典·边防·南蛮》)

---

① 欧潭生:《春秋早期黄君孟夫妇墓发掘报告》,《考古》1984年第4期,第302页。

上述哀牢夷及黑僰濮分布在现在的云南，儋耳、珠崖分布在现在的海南省，扶南则分布在现在的柬埔寨境内，属少数民族，是原来的百越及其后裔的居住地。

"横幅""贯头衣"是越人的穿着文化。弥生人，至少弥生时代九州人的穿着文化与百越地区越人的穿着文化是完全一致的。弥生人的穿着文化与中国越人穿着的类似性绝不是偶然，其中一定有深层关系。

就像文献中所记载的一样，就织造"横幅""贯头衣"的原料而言，权贵用的是绢和锦等织物，穷人用的则是麻布。

关于贯头衣的形态，长时间以来有很多学者都在进行研究。一些学者也在进行广泛的民俗调查[1]。近代的很多民族依然在穿贯头衣。

近年，在考古学发掘中出土的土器上发现画有和贯头衣相似的东西。如奈良县清水风遗址出土的土器上画有3个人像，观察画中后面2个人的衣服，能深刻感受到"这就是贯头衣"。

笔者认为贯头衣并非缺乏美意识的单调衣物。分析弥生时代的玉器和丝织品等出土物，会发现贯头衣也有各种各样的装饰。弥生人会用腰带、玉饰、石饰、蚌饰等装饰贯头衣的基本形态，还会通过在绢、麻和原料上染花纹、绘画来丰富贯头衣的色彩。

第二节　环濠和住居

一、环濠聚落

环濠聚落是弥生时代的新聚落形态，之前一般被认为是西日本特有的形态，但是后来在东日本也发现有很多环濠聚落。1990年5月，笔者参加了千叶县木更津市鹿岛冢A遗址的现场说明会，在那里看到了弥生时代环濠聚落的遗构。被发现的鹿岛冢A遗址的环濠北侧一部分断面呈"V"字形，环濠为双层。外壕长约80米，内壕长约50米，最深的地方约2.5米，最宽的地方约3米，环濠的东侧延伸到调查区域的外面，西侧因为丘陵沙土塌方所以没有被检测出。环濠原来的

---

[1]　宫本势助：「貫頭型衣服考」，『論集日本民族の起源：倭と倭人（日本古代文化叢書）』，大和書房1978年版。

形状大概是绕着丘陵的边缘,将整个聚落围绕了起来。在包括木更津市在内的君津郡地区,除鹿岛冢A遗址之外,还在其他5处遗址中发现了环濠。

图6-5 吉野里遗址的环濠木栅

注:笔者摄。

埼玉县熊谷市的池上遗址①也是关东地区典型的环濠遗址,考古学者从这个遗址中发现了3个壕沟。一号长64米以上,宽4.2米,深1.3米;二号长113米以上,宽2.5米,深1.3米;三号长44米,宽2.6米,深1.1米。3个壕沟是依次被挖掘出来的,可能是围成方形的环濠。1990年,据说在新潟县新津的八幡山遗址中也发现了环濠聚落。

根据都出比吕志的研究②,环濠有2种形态:一种是选址冲积平原,四周都围有壕沟;另一种是选址狭窄丘陵山脊,省去了一部分聚落外侧斜面部位的壕沟。

一般在壕沟外侧(或者内测)造土垒,有的聚落拥有2层或者3层环濠,壕沟之间建有土垒。比如,爱知县朝日遗址③发现的双层环濠的壕沟之间距离约为5米,壕沟间堆有土,比居住区域的地基要高数十厘米。在大阪府的山贺遗址发现了4个壕沟,壕沟之间均建有土垒。在静冈县伊场遗址中检测出3个环濠间建有2个土垒。

弥生时代的环濠聚落规模分为小规模(不到3000平方米)、中规模(5000—10000平方米)、大规模(超过20000平方米)。中规模以上的环濠聚落多呈椭圆

① 春成秀尔:「弥生时代」,『図説発掘が語る日本史:第2巻』,新人物往来社1986年版。
② 都出比吕志:「住居の構造と集落の形態」,『世界考古学大系・日本編補遺』,平凡社1959年版。
③ 愛知県教育委員会:『朝日遺跡群第一次調査報告:環状2号線関係』,愛知県教育委員会1975年版。

形、卵形、长方形。

　　虽然环濠聚落的原型出现在绳纹时代,但是用途与绳纹时代的不同。比如,
在北海道苫小牧市静川16号遗址①(绳纹中期末)发现的围绕2栋住居的空壕沟,
长138.5米,断面呈"V"字形。学者们认为这种空壕沟和弥生时代的环濠聚落不
同,这是因为其没有聚落的防卫设施,空壕沟所围绕的住居也非常少。也许空壕
沟范围内的区域是紧急避难所或者是举行祭祀等仪式的场所。

　　弥生时代的新村落形态即环濠聚落的源流是哪里? 学界对此还没有定论。
但是,1990年2月,在朝鲜半岛南部的庆尚南道蔚州郡检丹里遗址发现环濠遗构
后,一时盛行环濠是从朝鲜半岛传来的说法。检丹里遗址是以釜山大学金钟圆
为首的考古学者发现的。

图6-6　蔚州检丹里遗址的环濠(东北侧)

注:高田淳摄。

　　该遗址的年代是在公元前4—公元前3世纪,和福冈县板付遗址属于同一时
期②。该环濠以遗址的丘陵山脊线部为中心,呈椭圆形,被设在丘陵的斜面上。
目前经确认的环濠长210米,原地面大多流失掉了,现在宽0.5—2.0米,深0.2—
0.9米,断面呈"V"字形。而且据推测,环濠内部东西宽85米,南北长160米。环
濠南侧部位被切断,像是村落的入口,总的来看,环濠是被设置成倾斜的地面,所
以其内部不会积水。经确认,环濠内的遗构有住居遗址33栋,竖穴3栋,带状遗
构5座。

---

① 林謙作:「縄文時代」,『図説発掘が語る日本史:第1巻』,新人物往来社1986年版。

② 『佐賀新聞』,1990年7月6日。

　　检丹里遗址环濠聚落的发现具有重大意义。不过,这种规模的环濠聚落形态在朝鲜半岛南部是独自产生的吗?

　　春成秀尔[1]对此发表了如下看法:

　　　　要说检丹里遗址的源流是在公元前三四世纪的话,那么在中国相当于春秋末到战国时期初期。这一时期的中国在建造都市时会在其外部把土夯实,建造5米至30米厚的城墙,并在城墙外侧留出10米左右的间隔设置宽二三十米、深三四十米的壕沟,从河川引水进来。笔者认为检丹里遗址和日本环濠聚落均起源于中国都市,因所容纳的人口少而变得小规模化,移到高地和丘陵上面是为了用最少的劳动力起到最大的防御效果。

　　都出比吕志[2]也认为环濠聚落的起源地是在中国,他指出:

　　　　环濠聚落的建造技术是和水稻栽培技术同时从中国、朝鲜传入的。因为中国、朝鲜在接近弥生时代开始时期的聚落实际状态尚未被研究清楚,所以现在不能证明其直接的系谱关系,但在中国仰韶文化时期的西安半坡遗址中,已确认聚落周围有环濠。半坡遗址的环濠由上面宽6—8米、底面宽1—3米、深5—6米的断面呈"V"字形的壕沟围成长直径200米、短直径140米的椭圆形,表现出与弥生时代大规模环濠聚落相近的形态和规模。

　　笔者也赞同春成秀尔、都出比吕志的看法。

　　中国的环濠聚落遗址绝非只有西安半坡遗址。根据笔者手头现有的资料,有如下遗址:①西安半坡遗址;②陕西渭南北刘遗址;③内蒙古兴隆洼遗址;④安阳殷墟宫殿遗址;⑤河南郾城县郝家台遗址;⑥陕西临潼姜寨遗址;⑦江苏句容县丁沙地遗址;⑧江苏武进县淹城遗址;⑨内蒙古敖汉旗西台遗址。

---

① 『佐賀新聞』,1990年7月6日。

② 都出比吕志:「住居の構造と集落の形態」,『世界考古学大系・日本編補遺』,平凡社1959年版。

陕西渭南北刘遗址的环濠[①]壕沟宽4.8米,深2.4米,经确认的环濠长25米。

内蒙古兴隆洼遗址[②]的环濠呈不规则圆形,直径200米,环濠范围内有100余个居住场所。在内蒙古西台遗址发现了2个完整的环濠,区分开了2个相邻的遗址。东南部的环濠周长600.25米,基本上呈长方形,环濠的东南部有天桥。另一个环濠位于西北部,规模比东南部的环濠小,有一边与东南部的环濠共有。

安阳殷墟宫殿遗址的环濠[③]最早发现于1959年。该遗址位于小屯村的东北部,洹水自西向东流。环濠位于宫殿遗址的西侧,朝向先向南北,接着朝向东西,形状宛如曲尺,与洹水相接构成长方形的防卫壕沟。宫殿遗址位于该环濠范围内的东北部。据测算,该环濠南侧长105米,东西长约650米,宽为10—15米,最窄的地方为7—8米,最宽的地方为30余米,壕沟底部距离地面约5米。

河南郾城县郝家台遗址[④]是龙山文化的古城遗址,平面呈长方形,南北长147米,东西长130米,古城周边有夯土墙和环濠。

陕西临潼姜寨遗址[⑤]南倚骊山,北望渭水,西有临河。这一带土地平坦,水源充足,是农耕地带,动植物资源相当丰富。该遗址第一期(仰韶文化半坡型)文化遗构中发掘出住居群、环濠、墓域和广场。村落呈椭圆形,南北直径约为150米,东西直径约为160米,面积为18000—19000平方米。住居分为5组。该住居群的周围有环濠,被分成北、东、南3段。北段残留部分长约150米,东段长约50米,南段一部分被水破坏,残留部分长约70米。分析整体地形,推测环濠北段、南段进一步延伸到西边,其西南部分似乎离河岸也很近。环濠上部宽1.0—2.0米,底部宽0.7—1.0米,深1.0—2.0米,壕沟的走向十分规则,明显是人工建成的。3段环濠不连续,虽然没有排水设施,但是有防御设施。

在与姜寨第一期同时期的西安半坡遗址[⑥]的环濠中发现了3根炭化木柱,也

---

① 张瑞岭:《渭南北刘遗址第二、三次发掘简报》,《史前研究》1986年第1—2期,第111—128页。

② 杨虎:《敖汉旗兴隆洼遗址》,《中国考古学年鉴:1984》,文物出版社1984年版,第90页。

③ 杨锡璋:《安阳殷墟宫殿区防卫沟》,《中国考古学年鉴:1987》,文物出版社1988年版,第183页。

④ 曹桂岑、翟继才:《郾城县郝家台遗址龙山文化和二里头文化遗址》,《中国考古学年鉴:1987》,文物出版社1988年版,第178页。

⑤ 西安半坡博物馆、临潼县文化馆:《临潼姜寨遗址第四至十一次发掘纪要》,《考古与文物》1980年第3期,第1—14页。

⑥ 中国科学院考古研究所、陕西省西安半坡博物馆:《西安半坡:原始氏族公社聚落遗址》,文物出版社1963年版。

许是环濠内侧木栅的木柱。姜寨环濠的内侧似乎也同样建造有木桩、木栅或围墙。在姜寨环濠的内侧,还发现了3处哨所遗构。根据目前所发现的哨所遗址之间的距离,推测至少还有2处哨所遗构。

以上是在长江以北地区发现的环濠聚落遗址。在长江以南的江苏省也发现了2处环濠遗址,一处是句容县丁沙地遗址,另一处是武进县淹城遗址。淹城遗址是春秋晚期的军事城堡,建造有外城、内城、子城3层城墙,在城与城之间又建造了内外双层的环濠,濠沟宽45米、深10米。发掘之时,在环濠的水中发现了3条独木舟,从独木舟中发现了吴国的青铜器和印纹陶器[①]等。

通过上述中国、朝鲜、日本的环濠聚落遗址资料,东亚地区环濠聚落的中国起源说一定会得到很多人的赞同吧。

关于环濠的作用,学界有各种意见。主要有"聚落的境界设施说""排水沟说""灌溉用说""防御设施说""驱魔设施说"等,其中最主要的是"防御设施说",中国学者也大多主张这一说法。

二、住居形态的比较

人类的住居都始于巢居和穴居,中日两国也不例外。进入新石器时代后,人类从树上的巢居下到地上的洞穴,又从地上的洞穴移到丘陵、平原的建筑。住居的形态呈现出多样化特征。

就中国来看,从新石器时代到秦汉时期,建筑技术取得了很大进步。尤其是王公贵族的住居即宫殿建筑是非常辉煌的。与宫殿建筑相比,民间住居的发展并没有那么迅速。在此,我们比较的是一般人的住居。

中国地域辽阔,因气候、地理环境的不同,各地区的住居构造也不尽相同。在此,我们先来看看北方地区和南方地区早期的住居形态。

中国北方地区地势高,气候干燥,冬天特别冷,住居大多是为了适应这些条件而建造的。根据现有资料,北方地区的早期住居大多为深竖穴式、半竖穴式、平地式等。比如,在甘肃省清水县陇东镇原常山遗址[②]发现的14号住居遗址由住室、门洞、门坑(坑道)3个部分构成,建造在黄土里面。该住居入口小,底部是宽阔的袋状深穴,从坑口往下有约为50厘米的直墙,底部有4个柱孔,出入口道路倾斜,长180厘米,外端造有20厘米高的台阶。

---

① 安志敏赐教。
② 张孝光:《陇东镇原常山遗址14号房子的复原》,《考古》1983年第5期,第474—477页。

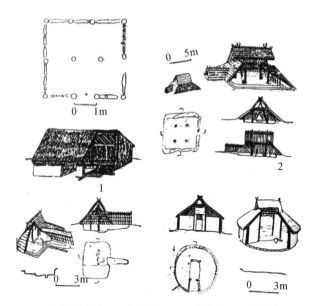

1. 24号方形建筑；2. 大房子；3. 方形住居；4. 圆形住居。

图6-7　西安半坡遗址的建筑平面图及其复原图

注：转引自祁英涛《中国早期木结构建筑的时代特征》。

除去深竖穴式，半竖穴式（或者浅竖穴式）和平地式有如下共通性[1]。

①建筑平面多为圆形或者方形，建筑面积一般为20—30平方米，最大达到100平方米。方形建筑时代比圆形建筑迟。方形建筑逐渐从浅穴式发展为地面建筑，又形成"间"的构造。比如，在郑州大河村遗址发现的住居遗址中出现了隔开室内空间的墙壁。

②屋顶样式有圆锥式、两坡式和四坡式，主要由树枝、草、泥土混合制成。

③在浅穴住居中，立柱形态是用中心的木柱和斜椽建立屋顶框架；在方形或者长方形的平地建筑中，立柱形态是在四角立起柱子，并在柱子和柱子之间立起细木，粘上草泥建造木骨草泥墙。

④为了防止室内地面潮湿，一般采取2种方法：一种方法是铺石灰，另一种方法是用火烤地面。但在西安半坡遗址中，是在地面上铺木板。在河南安阳的鲍家堂村遗址中，则是在地面上铺木炭。

⑤注意防火。半坡遗址中采取在橡木的表面涂泥的防火方法。

---

① 祁英涛：《中国早期木结构建筑的时代特征》，《文物》1983年第4期，第60—75页。

⑥筑墙采取夯筑法和沙土堆积法。

⑦在室内设置炉子。由于气温低,经常在室内设置2个或者3个炉子。

⑧在山东半岛和辽东半岛中间的庙岛群岛上发现了竖穴住居,其周围建造有段状的土台子。台高约30厘米,宽约30厘米,台子上面放有石磨盘、石磨棒等生活用具。

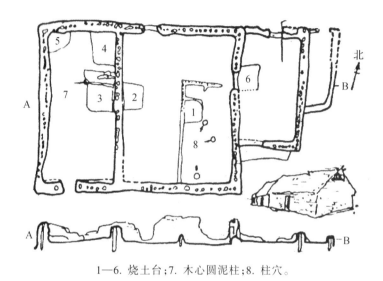

1—6. 烧土台;7. 木心圆泥柱;8. 柱穴。

图6-8　多间构造的地面房址(河南郑州大河村新石器时代遗址)

注:转引自郭德维《郑州大河村仰韶文化的房基遗址》。

综观中国北方地区住居的发展情况[1],住居设计经历了从圆形到方形,再从方形到长方形的过程。方形住居的建筑技术比同时存在的圆形住居发达,规模也有所扩大。住居的使用面积逐渐增加,室内构造也从1间发展至2间,甚至更多间。室内的"间"多建成方形和长方形。"间"也代表着家庭生活和婚姻状况。中国宫殿建筑的基本构造[2]应与多"间"住居形式有源流关系,这在河南省平粮台遗址、二里头遗址所发掘出的住居遗址中被证实。

住居建筑技术的关键在于上部构造和其支撑力度。关于支撑力度,在古代中国主要采用2种技术:一种是榫卯技术,用榫连接立柱、横梁、斜椽等材料,加强支撑力度;另一种是夯筑技术,将夯筑技术应用到墙体构造上,为建筑物形式的

① 周星:《黄河流域的史前住宅形式及其发展》,《中国原始文化论集》,文物出版社1989年版。

② 北京大学历史系考古教研室商周组:《商周考古》,文物出版社1979年版。

多样化创造了可能条件。该技术的应用进一步推进了住居平地化的进程。

中国江南地区地势低,又因多雨湿气重,因而江南地区与北方地区的住居特征不同。

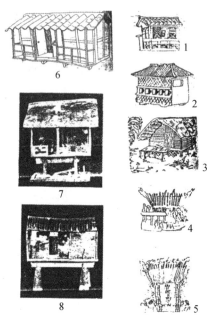

1. 陶屋(广东广州);2. 陶屋(安徽寿县);3. 云南的高床住居(云南腾冲县);
4. 铜器上的高床住居纹饰(云南晋宁石寨山);5. 高床住居的纹饰(云南石寨山);6. 铜屋(广西浦西汉墓);7—8. 陶屋(贵州赫章可乐)。

图6-9　中国的高床住居建筑

注:1—6转引自祁英涛《中国早期木结构建筑的时代特征》;7—8转引自贵州省博物馆考古组等《赫章可乐发掘报告》。

1972年,在浙江省余姚县河姆渡遗址[①]发现了木构造的住居。从住居遗构来分析的话,河姆渡人的住居是干栏式(即高床式)建筑。这种建筑是先在土层中打入木桩,接着在木桩上面放置横木、横板,横板和地面间取0.8—1.0米的间隔。除了在浙江,考古学者还在广东、广西、云南、四川等地发现了干栏式建筑。

干栏式建筑的存在时期非常长,至少秦汉六朝时期在长江下游一带仍然盛行。在西南、华南地区则盛行了更长时间,西南地区的少数民族直到现在还在使

---

① 河姆渡遗址考古队:《浙江河姆渡遗址第二期发掘的主要收获》,《文物》1980年第5期,第1—16页。

用高床式住居。

古代的江南人在使用干栏式住居的同时,还使用其他形式的住居。在河姆渡遗址发现干栏式住居之际,也发现了平地住居。20世纪80年代,考古学者在江苏省吴江龙南遗址①发现了多个住居遗址,但在这些住居遗址中完全没有干栏式建筑,全部都是半竖穴、浅竖穴、平地住居。此发现具有深远意义,完全颠覆了江南地区住居主要为干栏式这个一直以来的见解,这表明江南的住居形式呈多样化,并与北方地区的住居在某种程度上具有相似性。

从江苏省龙南遗址住居的复原图来看,可以清楚地知道其住居是木骨泥墙棚架式构造。87F$_5$的室内地面有4个柱孔,排成1列。地面和屋顶的距离一般为2.2—2.5米。在多雨又多低地的江南地区,采用这些半竖穴、浅竖穴、平地住居从某一方面来看是非常不合适的,但实际上并不奇怪。从全体地貌来看,江南地势低,河川交错,但是从局部来看,江南地区也有平原、高地、丘陵,适合半竖穴、浅竖穴、平地住居的地形也广泛存在。居民根据地形来选择住居形式是理所当然的事情。因此,在江南地区没有必要只采用一种住居形式,此外在技术层面也没有必要只选择一种建筑方法。

在日本,竖穴住居从绳纹时代开始就是主要的住居形式。住居基本上有圆形和方形,从复原的住居遗址来看,圆形竖穴住居的柱孔以炉子为中心配置成圆形,屋顶构造为圆锥形。方形住居的屋顶呈两坡式或者四坡式(即山形屋顶、四柱建筑)。这与中国的半竖穴、浅竖穴住居构造相似。

在弥生时代,除了继承绳纹时代的竖穴式,还出现了平地住居和高床住居。弥生时代的大多数住居有如下特征。

①竖穴住居有方形、长方形、圆角方形、椭圆形、圆形等多种形态。

②竖穴住居主柱的配置方式②,在东日本采用"长轴、短轴原理"或者"有轴对称原理",在西日本采用"求心原理"。

③在登吕遗址等处检测出平地住居。采用在住居外侧挖沟槽、打木桩,放置横木、横板的方法。这种平地住居的建筑方法和中国河姆渡的平地木构造住居的建筑方法基本一致。

① 钱公麟:《吴江龙南遗址房址初探》,《文物》1990年第7期,第28—32页。

② 都出比吕志:「住居の構造と集落の形態」,『世界考古学大系・日本編補遺』,平凡社1959年版。

④在平地住居和高床式住居中出现了"间",大多分为3种类型[①],即：(a)房屋横向(进深)1间,纵向(开间)1间或3间以上；(b)房屋横向2间,纵向3间；(c)房屋横向1间或2间,中央有束柱等。

⑤采取防潮措施。在各地发掘出的住居遗址中,除了炉子痕迹周边有红色烧土,从其他地面也发现了红色烧土,也许是采取了火烧地面土的方式来防潮。

虽然很难发现有高床住居,但是可以从掘立柱建筑遗构的构造推测出这种住居的存在。比如在掘立柱建筑遗构中,房屋进深1间或2间,中央有束柱,束柱是增强支撑力度的高床建筑构造中的一个要素。因此,有束柱的建筑遗构很可能就是高床式建筑遗址。此外,房屋纵向、横向的间隔狭窄且集中的也应该是高床式建筑遗址。当然高床式建筑物不全是住居,如高床式仓库。

如果从上述住居形态及与弥生聚落生活相关的遗构,比如联系仓库、井、环濠等方面来考虑的话,弥生聚落设施与古代中国村落的基本设施几乎没有差异。虽然不能说弥生时代的聚落内部各生活设施全部是由中国传过去的,但至少可以说随着中国农耕的传入,中国人应对农耕的生活方式也传了过去,并且对日本产生了很大的影响。

第三节　装饰品及其风俗

人类都有美的意识,弥生人也不例外。弥生人利用自然界馈赠的物质,如贝、玉、石、金属等制造出了很多装饰品。在当时有限的生活条件和技术水平下,弥生人追求美的欲望仍非常强烈,而且正赶上当时东亚世界美的潮流。在此,笔者拟将弥生时代的佩戴物(玉玦、勾玉、管玉)以及入墨(文身)、拔齿等习俗,同中国同类的物品及习俗进行简单的比较。

一、佩戴物——玉玦、勾玉和管玉

绳纹时代,住在日本列岛的人们开始用玉石、贝类制作装饰品,之后又用玻璃原料制作装饰品。根据中国学者的研究[②],从日本出土的玉玦、勾玉、管玉等在

---

① 都出比吕志：「住居の構造と集落の形態」,『世界考古学大系・日本編補遺』,平凡社1959年版。

② 周南泉：《试论太湖地区新石器时代玉器》,《考古与文物》1985年第5期,第74—90页。

中国有完全相同的物品,不止外部形状,连用途和磨制技术也几乎一致。例如,玉玦基本上是置于死者头骨两侧的,明显像耳饰。勾玉(中国的玉角形器)、管玉(中国的玉管)是单个或者成套佩戴在头部、胸部、腹部的佩戴物。玉玦、勾玉、管玉都有孔,孔眼呈喇叭状,整体有光泽。

1. 玉玦

关于玉玦的使用起源,有学者[1]认为是中国的商朝,并且延续到汉代。根据考古学资料,玉玦在河姆渡文化、良渚文化时期被广泛使用,并一直持续至唐宋时期。

在中国出土的玉玦分无纹玦和有纹玦2种类型。商朝以前多为无纹玦,战国时期以后有纹玦占多数。在玦的纹饰中,龙纹居多。玉玦虽然主要用作耳饰,但也有用作腰饰的,如故宫博物馆藏的一个无纹玦直径为19.5厘米,其明显不是耳饰。作为耳饰的玉玦一般直径为2—5厘米,最大也不超过7厘米。佩戴玉玦时一般是将缺口部分直接戴在耳上,但有学者[2]认为是用彩带系着玉玦挂在耳垂上的。

中国的玉玦大多是从长江中下游和华南地区的新石器时代遗址中出土的。根据安志敏的统计[3],中国玉玦出土数量为浙江省15件、上海市1件、江苏省58件、四川省3件、湖北省1件、广东省20件、河南省1件,以及台湾3件。

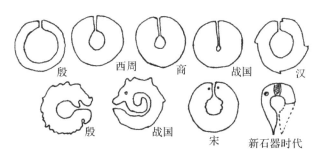

图 6-10　中国的玉玦

注:1-8转引自那志良《玉器辞典》;9转引自安志敏《长江下游史前
文化对海东的影响》。

在日本,玉玦从绳纹时代开始盛行。从出土的玉玦形式来看,基本上和中国

---

① 夏鼐:《汉代的玉器——汉代玉器中传统的延续和变化》,《考古学报》1983年第3期,第125—147页。
② 那志良:《古玉鉴裁》,台湾国泰美术馆1980年编印。
③ 安志敏:《长江下游史前文化对海东的影响》,《考古》1984年第5期,第439—448页。

的玉玦形式差不多,即没有超出圆形、椭圆形、长方形、三角形等形式的范围。从日本出土的玉玦形式、技术、工艺以及分布地区来分析的话,正如安志敏所说的那样,一般认为日本的玉玦文化与吴越的玉玦文化之间有深厚的渊源。

2. 勾玉

日本很多学者认为勾玉是在日本独自发展起来的装饰品。原田大六[1]认为在过去"只有装饰品中的勾玉没有受到中国的影响,是实现了日本独自发展的装饰品"。此外,后藤守一[2]认为"虽然外国也有和勾玉形状相似的玉,但是似乎没有任何一个地方的玉堪比日本勾玉的优美与盛行。因此,可以理解成勾玉是在日本独自发展起来的,可以认为在韩国发现的勾玉与日本本土的勾玉系统相似"。

勾玉在绳纹时代就已经盛行,进入弥生时代后,形式更加多样。森贞次郎[3]把勾玉分为7种类型,即兽形勾玉、绪缔形勾玉、牙形勾玉、半玦状勾玉、丁字头勾玉、定形勾玉、不定形勾玉等。日本的勾玉确实有自己的特点,但如果从考古学角度来分析的话,可以说勾玉始于中国。

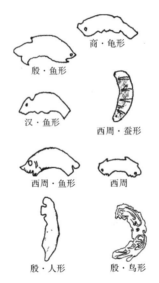

图 6-11　中国的玉角器(勾玉)

注:转引自那志良《玉器辞典》。

---

①　原田大六:『実在した神話』,学生社 1965 年版。

②　後藤守一:『日本考古学』,四海書房 1927 年版。

③　森貞次郎:『九州の古代文化』,六興出版 1983 年版。

商周时期至汉代,中国有种叫"佩饰璜"[①]的装饰品广泛流行,其形状和勾玉相似。佩饰璜又叫玉角形器[②]。其出土数量很多,形态各异,工艺也非常精湛,基本形态有龙、虎、鱼、鸟、蚕、人等。相较于佩饰璜,勾玉的形态是比较简单的,但是它们的基本形态一致。比如,玉器器体的背部是弯曲的、底部呈弧形,且大多数都带孔,穿孔的位置一般在头部。兽形勾玉"腹部剜空"的构造也可以在佩饰璜中看到。尤其是龙形、虎形的佩饰璜,它们几乎都是腹部剜空的构造。另外,除了兽形勾玉,其他各造型的勾玉形态虽然都有各自细节部分的改变,但很明显基本形态是统一的。不管是定形勾玉,还是不定形勾玉,一般都被认为是中国的蚕形或者鸟形佩饰璜的变形。中国的玉器文化最早产生于东部沿海的东夷人和吴越人所在地,西部玉器文化的发展受到了东部的影响[③]。

在中国出土的蚕形佩饰璜,反映了当时人们对蚕的喜爱和重视。之所以蚕形配饰璜深受人们欢迎,大概是因为当时蚕在人类生活中占有非常重要的地位吧。鸟形佩饰璜更是与鸟崇拜有关。人们将这样的玉器戴在身上,在让自己变美的同时,更是为了护身。这正如现在的护身符一样,人们以鸟形佩饰璜来祈求"丰衣足食"和安定。日本勾玉的含义也与之相同。勾玉和蚕形、鸟形佩饰璜基本形态的相似性,与弥生人和中国东部沿海人民的生活习俗、信仰的相似性是有一定关联的。

3. 管玉

管玉在中国被叫作玉管,这是组合的装饰品,在中国和日本都出土了很多。中国长江下游地区的出土量最为丰富。加上长江下游的新石器时代遗址,共120多处,从已经整理的30多处遗址中出土的几乎都是玉器(包含管玉)[④]。

在河姆渡文化遗址中发现的玉器有玦、璜、管、珠。在马家浜文化遗址(公元前4500—公元前4000年)中发现的玉器有玦、璜、环、镯、管、珠。在崧泽文化遗址(公元前4000—公元前3500年)中发现的玉器有玦、璜、镯、珠、管等。在良渚文化遗址(公元前3500—公元前2000年)中发现的玉器有玦、璜、环、镯、管、珠、坠、瑗、笄、锥、针、纺轮、斧、铲、琮、壁等。

根据以上出土情况,管玉包含在诸多玉器中,尤其是在成套的佩戴物中。

① 周南泉:《试论太湖地区新石器时代玉器》,《考古与文物》1985年第5期,第74—90页。
② 烟台博物馆李步青赐教。
③ 闻广:《苏南新石器时代玉器的考古地质学研究》,《文物》1986年第10期,第42—50页。
④ 周南泉:《试论太湖地区新石器时代玉器》,《考古与文物》1985年第5期,第74—90页。

中国管玉的形状有束腰形、圆柱形、腰鼓形,其中束腰形在河姆渡文化遗址中发现了很多,圆柱形和腰鼓形在崧泽文化遗址和良渚文化遗址中出土了很多。江苏省武进市寺墩遗址的上层出土了很多颈部饰品,这些颈部饰品是由玉管、玉珠、玉坠组合而成的(见图6-12)。玉管在成套的佩戴物中是最主要的东西。

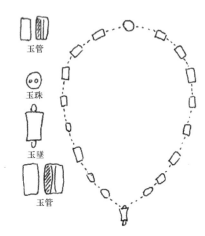

玉管
玉珠
玉坠
玉管

图6-12　江苏寺墩遗址出土的颈部饰品

注:转引自周南泉《试论太湖地域新石器时代玉器》。

从日本的弥生遗址中也屡次出土了管玉。其中佐贺县吉野里遗址[①]出土的管玉是最典型的,和有柄铜剑一起被检测出来的玻璃制管玉大约有75件。被检测出来的管玉呈鲜艳的淡蓝色,长为2.0—6.8厘米,直径为0.5—0.8厘米。这些管玉并没有明确的规格。但最大的长6.8厘米,长度在5厘米以上的有11件。对弥生时代玻璃制玉器中最大的1件进行了化学分析,结果显示,其不仅杂质含量极少,还含有一般在弥生时代玻璃中少有的由酸化硼和氯组成的成分。它使用的是上乘的原材料,一般认为至今为止只有中国制造过这样的玻璃。虽然不能说这些玉管产自中国,但至少它的原材料很可能产自中国。当然,也不排除其在技术上也受到了中国的影响。

二、入墨(文身)

邪马台国时期,入墨(文身)这一习俗曾经在西部日本的沿海居民中相当流行。《魏书·倭人传》中记载:"今倭水人好沉没、捕鱼蛤,文身亦以厌大鱼水禽,后

---

① 佐贺县教育委员会:『環濠集落吉野ケ里遺跡概報』,佐贺县教育委员会1990年版。

稍以为饰。诸国文身各异,或左或右,或大或小,尊卑有差。"

国分直一曾经做过关于"文身"的研究,并指出"大家广泛认可的一个观点就是,文身在全世界范围内都有分布,尤其显著集中于东南亚"。

从史料来看,文身习俗主要盛行于从长江下游到东南亚的百粤地区,其起源正是长江下游的吴越地区①。这一习俗大概就是在吴越两国灭亡之后,尤其是随着越人的外流,开始广泛传播的。东亚世界受文身文化影响的主要国家和地区有中国、日本、朝鲜半岛,以及琉球等。

首先,《魏书·辰韩传》中有这样的记载:

> 今辰韩人皆褊头。男女近倭,亦文身。②

其次,《后汉书·西南夷列传》里有关于西南地区哀牢族传说的记载:

> 哀牢夷者,其先有妇人名沙壹,居于牢山。尝捕鱼水中,触沈木若有感,因怀妊,十月,产子男十人。后沈木化为龙,出水上,沙壹忽闻龙语曰:"若为我生子。今悉何在?"九子见龙惊走,独小子不能去,背龙而坐。龙因舐之。其母鸟语,谓背为"九",谓坐为"隆",因名子曰"九隆"。其后长大,诸兄以九隆为父所舐而黠,遂共推以为王。后牢山下有一夫一妇,复生十女子。九隆兄弟皆娶以为妻,后渐相滋长。种人皆刻画其身,像龙文,衣皆著尾。③

最后,《隋书·流求传》中有如下记载:

> 妇人以墨黥手,为虫蛇之文。④

---

① 《左传》《史记》等中有如下记载:
　(a)太伯端委,以治周礼,仲雍嗣之,断发文身,裸以为饰。(《左传·哀公》)
　(b)太伯、仲雍二人乃奔荆蛮,文身断发。(《史记·吴太伯世家》)
　(c)吴,夷狄之国也,祝发文身。(《春秋·榖梁传》)
　(d)越人勾践,剪发文身。(《墨子·公孟篇》)
② 陈寿:《三国志:图文珍藏本》,岳麓书社2005年版,第573页。
③ 黄懿陆:《云南史前史》,云南人民出版社2018年版。
④ 吕思勉:《白话本国史》,北京日报出版社2018年版,第66页。

从以上史料可以看出,流行文身习俗的地区是以长江下游的吴越为中心的,北部包括日本(主要是九州)、朝鲜半岛(主要是南部),南部包括百越居住的中国(主要是福建、湖南、广东、海南、广西、云南)、越南,以及缅甸。

三、拔牙

东南亚地区的拔牙习俗最早可追溯到山东大汶口文化时期(公元前4000—公元前2500年)。而且一直到20世纪40年代,中国贵州省的仡佬族[1]还保留着拔牙文化。

中国发现拔牙习俗的遗址主要分布在山东到长江下游[2]这一带。重要遗址如下:山东省的泰安大汶口[3]、曲阜西夏侯[4]、兖州王因[5]、邹县野店[6]、荏平尚庄、诸城呈子[7]、胶县三里河[8],江苏省的邳县大墩子[9]、常州于墩,上海市的崧泽[10],福建省的闽侯县石山[11],广东省的佛山河岩、高要蚬壳洲[12]、增城金兰寺[13]、南海县灶

---

[1] 华西:《仡佬族的民族来源和迁徙》,《民族研究》1960年第6期,第43—45页。

[2] 韩康信、潘其风:《我国拔牙风俗的源流及其意义》,《考古》1981年第1期,第64—77页。

[3] 颜訚:《大汶口新石器时代人骨的研究报告》,《考古学报》1972年第1期,第91—122页。

[4] 颜訚:《西夏侯新石器时代人骨的研究报告》,《考古学报》1973年第2期,第91页。

[5] 胡秉华:《山东兖州王因新石器时代遗址发掘简报》,《考古》1979年第1期,第5—14、26、97—100页。

[6] 张振标:《从野店人骨论山东三组新石器时代居民的种族类型》,《古脊椎动物与古人类》1980年第1期,第65—76页。

[7] 韩康信、潘其风:《我国拔牙风俗的源流及其意义》,《考古》1981年第1期,第64—77页。

[8] 吴汝祚:《山东胶县三里河遗址的发掘简报》,《考古》1977年第4期,第262页。

[9] 韩康信、陆庆伍、张振标:《江苏邳县大墩子新石器时代人骨的研究》,《考古学报》1974年第2期,第125—141页。

[10] 黄象洪:《上海崧泽新石器时代人骨初步研究》,《北京猿人第一头盖骨发现50周年纪念会论文摘要汇编》,北京猿人第一头盖骨发现五十周年纪念会筹备组1977年编印,第154页。

[11] 韩康信、张振标、曾凡:《闽侯县石山遗址的人骨》,《考古学报》1976年第1期,第121—144页。

[12] 李岩:《高要县蚬壳洲新石器时代贝丘遗址》,《中国考古学年鉴:1989》,文物出版社1990年版,第228页。

[13] 吴新智:《广东增城金兰寺遗址新石器时代人类头骨》,《古脊椎动物与古人类》1978年第3期,第201—205页。

岗[1],河南省的淅川、安阳殷墟[2]、周口,湖北省的房县七星河、黄梅县塞墩,台湾的高雄凤鼻头等地。

根据韩康信、潘其风的研究[3],中国的拔牙习俗有以下特征。

①除山东胶县三里河遗址以外,其他遗址发现的拔牙几乎都限于上颌中的侧切牙,以及尖牙。

②根据对433例标本的统计,有413例是拔掉对称牙,约占总数的95.4%。

③一般盛行的拔牙形态是拔掉一对上颌侧切牙,有402例,约占总数的92.8%。除上述以外,上颌单侧切牙拔掉的有9例(全部是25岁以上的男性);拔掉一对上颌侧切牙、一对上颌侧尖牙的有3例;拔掉一对上颌侧切牙、上颌单侧尖牙的有3例;拔掉一对上颌侧切牙、上颌单侧中切牙的有3—4例;拔掉一对上颌侧中切牙或者上颌单侧中切牙的有3例;拔掉一对上颌侧切牙、上颌前臼齿的有1例。拔掉下颌牙的例子很少,只在山东省胶县三里河遗址的大汶口文化层出土过1例拔掉一对下颌中切牙的例子,在龙山文化层出土物中发现了5例拔掉全部下鄂切牙的,以及2例拔掉上切牙和下切牙的。从表6-2可以看出中国的男女拔牙率,一般都在60%以上。

表6-2　中国的男女拔牙率

单位:%

遗址	男	女
王因	77.0	75.0
大汶口早期	71.0	78.0
呈子	89.0	100
大墩子	61.4	68.2
七星河	62.0	80.0
河宕	100	75.0

注:转引自韩康信、潘其风《我国拔牙风俗的源流及其意义》。

① 广东省博物馆:《广东南海县灶岗贝丘遗址发掘简报》,《考古》1984年第3期,第203—212页。

② 金关丈夫:「中国古代人における拔齿例骨」,『解剖学雑誌』1951年第26卷第2期。

③ 韩康信、潘其风:《我国拔牙风俗的源流及其意义》,《考古》1981年第1期,第64—77页。

　　日本的拔牙习俗开始于绳纹时代。根据对发掘出的人骨的分析,日本人的拔牙率相当高。从宫城县里浜贝冢出土的人骨的拔牙率是84.5%、爱知县稻荷山贝冢是100%、吉胡贝冢是93.9%、岗山县津云贝冢是86.3%[1]等等。进入弥生时代,拔牙习俗仍在继续,但到了弥生中期以后,拔牙率明显降低,而且拔牙习俗在福冈平原渐渐淡化[2]。

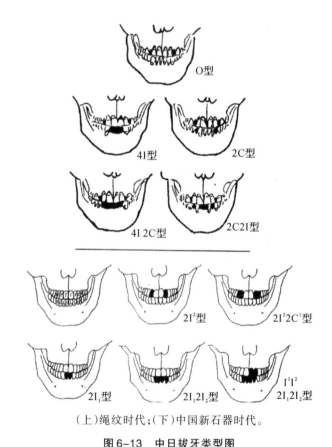

（上）绳纹时代；（下）中国新石器时代。

图6-13　中日拔牙类型图

注：（上）转引自坪井清足監修,水野正好編『図説発掘が語る日本史：第4巻』；
　　（下）转引自韩康信、潘其风《我国拔牙风俗的源流及其意义》。

---

[1]　江坂輝弥：『古代史発掘二』,講談社1973年版；春成秀尔：「抜歯の意義」,『考古学研究』1973年第20卷第2期。

[2]　春成秀尔：『弥生時代の始まり』,東京大学出版会1990年版。

根据春成秀尔的研究①,绳纹时代的拔牙可分为5种类型,即:以只拔掉上颌左右尖牙的O型为基础,再拔掉4颗下颌中、侧切牙的是4I型;在4I型的基础上,拔掉下颌两侧尖牙的是4I2C型;在O型的基础上,拔掉下颌两侧尖牙的是2C型;在2C型的基础上再拔掉下颌中、侧切牙的是2C2I型。拔牙的进行过程大体可以划分为两大系列,即O型→4I型→4I2C型和O型→2C型→2C2I型。很明显,绳纹时代的拔牙形式主要是拔掉尖牙。

弥生时代的拔牙②主要有2种类型:一种是拔掉上颌尖牙和下颌的尖牙、切牙,另一种是拔掉上颌侧切牙。这2种类型中,前者明显属于绳纹时代的类型,而以拔除上颌侧切牙为主的拔牙形式很明显与中国的拔牙习俗相似。春成秀尔指出:"拔掉上颌侧切牙的形式主要分布在中国至朝鲜半岛,这种形式可能是从弥生时代初期就开始传入了日本。"

关于拔牙的意义,春成秀尔提出了3种不同意义的拔牙,即成人之后的成人拔牙、表示结婚资格的婚姻拔牙及服丧拔牙。③春成秀尔还提出绳纹时代日本实行了夫方居住形态的族外婚。中国的韩康信、潘其风则认为拔牙是氏族成员已具备结婚资格或已经成人的标志。

韩康信、潘其风观察了从山东省王因新石器时代墓地出土的约712座墓、1062具人骨。其中合葬墓有23座(同性合葬19座、异性合葬4座)。同一氏族的男女死后没有被合葬在一起,表明同一氏族的男女禁止通婚。据此推测,王因遗址的氏族应该是与外族通婚的。

总而言之,绳纹时代的拔牙形式和中国沿海地区东夷人的拔牙形式是不同的。前者主要是拔尖牙、后者主要是拔上颌侧切牙。但拔牙的意义是相同的。弥生时代的拔牙既有绳纹时代的拔牙形式,也有和中国一样拔掉上颌侧切牙的形式。弥生时代拔牙形式的出现反映了它和中国大陆的拔牙习俗有着直接的源流关系。

---

① 春成秀尔:『弥生時代の始まり』,東京大学出版会1990年版。
② 春成秀尔:「抜歯」,『弥生文化の研究8』,雄山閣1987年版。
③ 春成秀尔:「抜歯の意義」,『考古学研究』1973年第20卷第2期。

第七章

弥生人的信仰

第一节　鸟崇拜

鸟崇拜是太平洋西海岸地区盛行的古老信仰。鸟崇拜的文化圈,以中国的长江下游、东南沿海、渤海湾沿岸为中心,南至中国的云南、广东、广西,以及越南的北部,北至朝鲜半岛和日本列岛,最远的涉及俄罗斯远东地区的沿岸及诸岛。

鸟崇拜能够在如此广泛的范围内盛行,大概和农耕文化有关吧。从考古学资料和传说来看,鸟崇拜有3个社会功能:一是作为氏族的记号,即图腾崇拜的社会功能;二是借助鸟类超出凡人的力量,追求美好境界的巫术功能;三是作为生产上的精灵,即神鸟崇拜的功能。

虽然地区不同,鸟崇拜的重点也有所不同,但通常这3个社会功能相互交错地存在着。

中国是东亚世界鸟崇拜的起源地。史籍中有很多关于鸟崇拜的传说及史实,我们先来看一下关于这方面的记载。

一、从史籍看鸟崇拜

从史籍中可以了解到,中国东部沿海地区的东夷人是崇拜鸟的氏族。东夷人的世祖少昊氏曾经在自己的氏族地区内定下官制,给所有的24个官职都起了与鸟有关的名字,即五鸟、五鸠、五雉、九扈等。叫作"扈"的这个应该是鸟吧。

表7-1　少昊氏二十四官职表

五鸟	五鸠	五雉	九扈
凤鸟氏 玄鸟氏 伯赵氏 青鸟氏 丹鸟氏	祝鸠氏 鴡鸠氏 鸤鸠氏 爽鸠氏 鹘鸠氏	鹈雉氏 鷑雉氏 翟雉氏 鷷雉氏 翬雉氏	春扈氏 夏扈氏 秋扈氏 冬扈氏 棘扈氏 行扈氏 宵扈氏 桑扈氏 老扈氏

根据《说文》，"扈"是"农作候鸟"。那么"九扈"毫无疑问就是属于鸟类了。中国黄河流域的商族、秦族先祖是东夷族，他们也是有崇拜鸟的文化的。根据《诗经》《史记》，商朝第一代王契是在其母亲吞了玄鸟蛋而生的。在商朝时期的甲骨文、金文中也可以看到很多鸟形图像。

在吴越地区的早期农耕时期，"鸟田"非常盛行。大量"鸟田"是吴越人粮食生产的主要来源，因此吴越人对于帮助他们生存的鸟类必然就会产生出崇拜之情。这种对鸟的崇拜逐渐被神格化和人格化，就出现了人鸟相结合的神。

关于鸟身人面神，《山海经》里记载有"四方神"。据说东方神是句芒、西方神是蓐收、南方神是祝融、北方神是禺疆(见图7-1)。在这4位神中除了西方神蓐收(人的形状)、南方神祝融(兽身人面)，其他都是鸟身人面神。

东方句芒，鸟身人面，乘两龙。(《山海经·海外东经》)

北方禺疆，人面鸟身，珥两青蛇，践两青蛇。(《山海经·海外北经》)

对鸟身人面神的崇拜从汉代开始，一直持续到唐宋时期。在坟墓里的壁画和帛画中也常常可以看到这样的鸟身人面画像。

长沙马王堆一号汉墓的帛画中就画有一对人面鸟[1]，还有洛阳卜千秋墓(属于西汉时期)的壁画里也有关于人面鸟身的画像。该画像是长发髻、长耳朵，两缕乌黑的头发垂在发鬓两侧[2]。

---

[1] 湖南省博物馆、中国科学院考古研究所、文物编辑委员会：《长沙马王堆一号汉墓发掘简报》，文物出版社1972年版。

[2] 黄明兰：《洛阳西汉卜千秋壁画墓发掘简报》，《文物》1977年第6期，第1—12、81—83页。

1—东方句芒;2—西方蓐收;3—南方祝融;4—北方禺疆。

图7-1 中国四方神像

注:引自佚名《山海经》。

在山东省的嘉祥、沂南地区的汉墓画像石上也有人面鸟身的画像,其形象各异,而且栩栩如生。图7-2的编号1是嘉祥县宋山画像石墓里的一幅画像,此汉墓里有很多像这样的人面鸟身画像,分别立于"东王公""西王母"的左侧[①]。编号2—7是沂南画像石墓中的画像[②]。编号2头上顶着冠冕,颈部和背部的羽毛翘起。编号3头部梳着环形髻。编号4似是老者,有长胡须。编号5是双首鸟身,头上戴着帽子,颈部有长羽毛伸出。编号6戴着帽子,然后从帽子那里有像丝带一样的东西飞了起来,颈部那里也有飞起来的彩带。编号7头部和颈部的装饰与编号6相同,与之相对的是人面虎身像。

---

① 朱锡禄:《山东嘉祥宋山发现汉画像石》,《文物》1977年第9期,第1—6页。

② 曾昭燏、蒋宝庚、黎忠义:《沂南古画像石墓发掘报告》,文化部文物管理局1956年编印。

1. 山东嘉祥县宋山画像石墓;2—7. 山东沂南画像石墓。

图7-2　人面鸟身画像

注:原载于王恺《"人面鸟"考》。

二、从发掘中看到的鸟崇拜

中国沿海地区的鸟崇拜可以从大量考古学资料里得到证实。下面举几个例子。

其一,在河姆渡文化的陶器纹饰中,最美的是鸟纹(见图7-3),早期陶盆上刻有2种纹饰。根据《河姆渡遗址第一期发掘报告》[①],一种纹饰是鱼藻纹,另一种是凤鸟纹。此外,根据最近学者的研究[②],其认为该纹饰的图案是双鸟守护祭祀、保护禾稻,此鸟像鸠,被双鸠守护的禾苗像是幼稻,在祭祀桌子上供奉的东西可能是农作物。

其二,从大汶口文化遗址中出土的鬶形器为鸟形态的变形,其把手与鸟的尾巴相似,长颈就像是鸟的颈部一样。腹部有3只脚,前面2只脚像是鸟的胸部,后面1只脚像是触地的鸟尾。此鬶形器的整体形态与鹤或者鹭很相似[③]。

---

① 浙江省文物管理委员会:《河姆渡遗址第一期发掘报告》,《考古学报》1978年第1期,第39—94、140—155页。

② 石邦兴:《我国东方沿海和东南地区古代文化中鸟类图像和鸟祖崇拜的有关问题》,《中国原始文化论集》,文物出版社1989年版,第157—261页。

③ 石邦兴:《我国东方沿海和东南地区古代文化中鸟类图像和鸟祖崇拜的有关问题》,《中国原始文化论集》,文物出版社1989年版,第157—261页。

图7-3 浙江省河姆渡遗址出土的陶盆上的鸟纹

注：原载于浙江省文物管理委员会、浙江省博物馆《河姆渡遗址第一期发掘报告》。

其三，从良渚文化遗址中出土了很多玉璧，其中的3件现收藏于美国的弗利尔美术馆。这3件玉璧上画有鸟形图像（如图7-4中的编号1—3），有学者[1]认为这些图像是象形文字，也有学者[2]认为这些纹饰缺少规则性，并不是文字。

上海福泉山遗址也出土了与弗利尔美术馆藏的玉璧纹饰相似的物件。

1—3. 玉璧（弗利尔美术馆）；4—6. 玉鸟（上海福泉山）；7. 玉琮的鸟纹（上海福泉山）；8—10. 玉鸟（浙江反山、瑶山）；11. 玉符的鸟纹（瑶山）。

图7-4 中国良渚文化玉器的玉鸟和鸟纹

注：转引自张明华、王惠菊《太湖地区新石器时代的陶文》。

① 李学勤：《重新估价中国古代文明》，《人文杂志》1982年增刊，第1—8页。
② 张明华、王惠菊：《太湖地区新石器时代的陶文》，《考古》1990年第10期，第903—907页。

图7-4的编号4就是上海福泉山出土的物件,是一个鸟形小玉片状物,下面部分已损坏。以弗利尔美术馆藏玉璧上的鸟形图像尺寸为参考来进行复原的话,可以得到如图7-4中的编号5、编号6一样的玉璧,高约10厘米。浙江反山、瑶山,上海福泉山等良渚文化遗址中出土的玉器上有很多鸟形纹饰,形状各异,种类丰富。比如图7-4中的编号7是鹌鹑、编号8是雀、编号9是鸽、编号10是燕、编号11类似于鸵鸟。

前文已叙述了中国的东夷人始祖少昊氏,以鸟的名字设置官职之事。有学者认为少昊氏时期和良渚文化时期大约处于同一时期。良渚文化时期盛行鸟形玉器,表明良渚时期在氏族社会中存在具有明确社会功能的组织。

其四,1982年3月,考古人员在浙江省绍兴市坡塘狮子山的306号墓发现了一件铜制屋顶的模型。屋顶的顶端中央部分有竖柱,有一只鸟站立在柱子的最尖端,这是战国时期越人对鸟崇拜的象征[1]。

其五,在云南省石寨山出土的铜制鼓纹饰中有不少羽人纹。图7-5中的羽人们头上戴着羽冠,身上穿着羽衣,全身呈现出鸟的一种形态。他们所划的船形状也与鸟相似,这应该是古越人的传统习俗。古越人在出海的时候,通常会把自己打扮成羽人,借此来祈求平安。同样的羽人形象在浙江省鄞县(今宁波市鄞州区)出土的铜钺,以及在广西省贵县出土的西汉铜鼓上也可以看到。

1. 越南收藏;2. 广南出土。

图7-5 铜鼓上的羽人划船纹

注:转引自曹锦炎、周生望《浙江鄞县出土春秋时代铜器》。

---

[1] 林华东:《再论越族的鸟图腾》,《浙江学刊》1984年第1期,第94—97页。

图7-6　铜钺上的羽人纹（浙江省鄞县甲村出土）

注：转引自曹锦炎、周生望《浙江鄞县出土春秋时代铜器》。

三、弥生人的鸟崇拜

如前文所述，日本处在东亚鸟崇拜的文化圈内。因缺少文献资料，故弥生时代的鸟信仰文化此前并未受到重视，直到20世纪80年代，这个问题才得到重视。

由考古学资料可知，弥生人最崇拜的鸟类是鹤和鹭。鹤和鹭被视为在春天里可以带来谷灵的神鸟，这种神鸟[1]是神和人之间的中间人。据传岛根县出土的邪视纹铜铎上的鹤纹饰是最典型的例子，该铜铎的上半部分有大眼睛、大鼻子的邪视纹，下半部分有可爱的鸟纹。从鸟纹的形状来看，与鹤[2]相似。一般认为上半部分的大眼睛、大鼻子是对邪恶的敌视和警戒，鹤是吉祥和安乐的象征。这些资料充分表明了弥生人的信仰，以及他们对吉祥和安乐的追求。

图7-7　画在铜铎上的鹤（神户市樱丘出土）

注：转引自佐原真『日本のあけぼの：4』。

---

[1]　金関恕：「神を招く鳥」，『考古学論考』，平凡社1982年版。

[2]　小林達雄他：『日本文化の源流』，学生社1988年版。

　　弥生时代关于鸟信仰的遗物有很多。比如从畿内的池上遗址、岛根县西川津遗址发现了鸟形木器,从鸟取县仓吉市中峰遗址、岛根县隐岐郡西乡町、冈山县大道卡、同县久米郡三明寺、真庭郡下市濑、仓敷市上东等遗址发现了鸟形印纹的土器片。在中峰遗址[①]中发现的鸟形纹全长2厘米左右,眼睛和羽毛则用稍粗的线条来表现。

　　在奈良县唐古遗址中出土了上面画有人物、船,以及鸟的壶形土器,这幅画[②]中画了5个以上乘船的人物形象。船的左侧有一只颈部很长的鸟,更左边有另外一只颈部很长的鸟,这2只鸟一左一右,面对面站着。千叶县佐仓市大崎台遗址[③]出土有瓮形土器的破片,其躯干部分画有高床仓库和鹭的画像。

　　岛根县稻吉遗址出土的土器上也画着与中国云南铜鼓上的羽人相似的人物画。金关恕[④]指出:“这幅画很明显是在描写一种场景,可能是祭祀场景。”

　　这幅画的左边立着一棵树,树上有一对纺锤形的器物垂下来,树的右边有2栋建筑物。在这幅画的右边是前进的船,划船人的头上带着长羽毛状的东西,可能是羽冠。这应该与中国云南的铜鼓上画的鸟装羽人意义相同。

　　随着鸟信仰的盛行,鸟祭司也开始出现。鸟祭司的形象也可以在好几个遗址出土的土器上看到。比如,奈良县清水风遗址出土的土器上画着3个人物画像,其中最前面的1个人是长脖子,在与长脖子正交处用一笔描绘出了头形,虽然没有画2只手,但是画了一对向上举着的翅膀,像在振翅一样(见图7-8)。金关恕[⑤]推测这个振翅的人很可能代表的就是穿着鸟装的祭司,在该人左侧的2个人应该就是参加祭祀仪式的人员。

　　奈良县坪井遗址中发现的壶形土器破片上也画有鸟装祭司的形象,虽然此人物画像的右侧缺了一点,不是很清楚,但左侧的手是下垂着的(见图7-9)。从左肩附近开始,往上朝着头的方向,出现了羽毛状的东西。毫无疑问,这就是鸟装祭司。

① 森下哲哉:「鳥取県後中尾遺跡・中峰遺跡」,『探訪弥生遺跡・西日本篇』,有斐閣1987年版。

② 小林達雄他:『日本文化の源流』,学生社1988年版。

③ 佐倉市大崎台B地区遺跡調査会:『大崎台遺跡発掘調査報告1』,佐倉市大崎台B地区遺跡調査会1985年版。

④ 金関恕:「鳥夷と弥生時代の祭り」,『稲の道:吉野ヶ里遺跡と中国江南文化』,出版者不明,1990年。

⑤ 金関恕:「鳥夷と弥生時代の祭り」,『稲の道:吉野ヶ里遺跡と中国江南文化』,出版者不明,1990年。

图7-8　画在土器上的祭司像(奈良县清水风遗址出土)

注:转引自春成秀尔「銅鐸のまつり」。

图7-9　画在土器上的祭司像(奈良县坪井遗址出土)

注:转引自春成秀尔「銅鐸のまつり」。

佐贺县吉原遗址[①]出土的铎形土制品上也画有左手握弋举起、头上戴着像是羽毛尾巴的装饰品的人物形象。画中人物的双手下面画有表示振翅状态的粗线。很明显,画中人物应该就是鸟装祭司。

朝鲜半岛南部也存在鸟崇拜习俗[②]。考古学者在忠清南道大田村附近发现了一枚铜牌。铜牌正面和背面的所有地方都有绘画,正面画着4只鸟,背面是3个人物画像。其中1个人脚踩着锹在耕田,该人的脑袋后面有羽毛,像是羽人。

从羽人和鸟装祭司的形象来看,日本和朝鲜半岛(主要是南部)的鸟信仰应该都是直接从中国(主要是沿海地区)传过去的。

有学者认为中国鸟崇拜盛行于新石器时代,而日本鸟崇拜盛行于弥生时代,两者之间有相当大的时间差,所以不能说鸟崇拜是从中国直接传入日本的。确实,中国的鸟信仰最早可以追溯到河姆渡文化时期,但在那之后经历了大坟口文

---

① 金关恕:「鳥夷と弥生時代の祭り」,『稲の道:吉野ヶ里遺跡と中国江南文化』,出版者不明,1990年。

② 春成秀尔:「銅鐸のまつり」,『国立歴史民俗博物館研究報告』1987年第12期,第1—38頁。

化、良渚文化、龙山文化时期,并且到西汉、东汉、唐、宋时期,鸟信仰也一直存在。这一点从文献资料中都能得到证实。由此可见,中日两国之间完全不存在鸟崇拜和信仰的传播时间差。

第二节　卑弥呼的"鬼道"和早期道教

一、中国道教的三要素

一般认为,中国道教对日本是没有影响的,而且作为宗教的道教也没有传到日本去。那么,这种看法正确吗?

道教的正式成立是在东汉中叶。其成立有一定的社会背景,同时还有深奥的思想基础。早期道教的三大要素,即民间巫术、神仙信仰以及道家哲学(主要是黄老思想)。梁代的刘勰论述了道教立法的根据"上标老子,次述神仙,下袭张鲁"[①],即指出道教是老子哲学、神仙术以及张鲁巫术的综合产物。

1. 民间的巫术

中国民间巫术的产生要追溯到原始社会。进入文明时代后,人们从对日、月、星、河海、山岳、鸟兽的自然崇拜逐渐演变成对天神、地祇、鬼神的崇拜。社会上开始出现专门施行巫术的人,他们自称是神鬼的直接联络者。在那个时代,统治机构中设立了巫、史、祝、卜等官职。

有时,精通巫术的人,如叫巫咸和巫贤的2个巫师先后都担任了商代的国相。春秋时期,各诸侯国基本上都专门设立了占卜官这一职位。战国时期,诸国从朝廷到民间都有很多从事占卜的人。发现的卜骨就是巫术用的工具,用卜骨来占吉凶就是巫术的主要内容之一。

占卜巫术在东汉中叶以后成为早期道教的道术之一。《太平怪》中记载:"古者圣人问事,初一卜占者,其吉凶是也,守其本也,乃天神下告之也。再卜占者,地神出告之也。三卜占者,人神出告之也。"卜占巫师成为天神、地神、人神的代表。

2. 神仙信仰

从春秋战国时期到秦汉时期,在以楚、齐、燕等地为中心的地区,神仙思想盛

---

① 《弘明集》卷八。

行。神仙信仰伴随着人类长生不老的愿望,日益发展,上至帝王、下至民间,盛行于整个社会。齐威王、齐宣王、燕昭王、秦始皇、汉武帝全都是神仙信仰者,同时又是积极追求长生不老之药或者祈求成仙的人。

方士这一阶层在神仙崇拜、信仰热潮下应运而生。方士和巫师的不同之处在于,方士拥有更高水平的知识,精通医术、天文、地理、炼丹、养生等方面知识。

道教将神仙信仰和其活动纳入了自己的道术范围内,并且在此基础上构建了进一步发展的理想神仙世界。在道教的神仙系谱中,共总结了430余位神仙。《抱朴子》是晋代神仙道教的代表性著作,其中记载了"古之得仙者,身生羽翼,失人之本,更受异形,升天。⋯⋯虽至老年,体仍强健,容貌如童子,寒气、风湿不能伤身体,鬼神、妖怪不敢侵犯,不管是什么样的兵器或毒气都不怕,扔掉全部忧愁、喜乐、失败、荣誉,然后成仙"。道教就是用这样的仙人思想来教导信徒的。

3. 道家哲学(黄老思想)

只把民间的巫术、神仙信仰划分到自己的道术范围内,并不能算作宗教。作为宗教必须还要有自己的理论体系,早期道教的理论体系是黄老思想。黄老思想里面包含了很多神秘的要素。秦汉以后,黄老思想与神仙信仰相结合的产物就是早期道教的雏形。

二、弥生时代的巫术

在弥生时代,不能确切地说道教传入了日本,但可以说当时日本已存在早期道教的一些要素(如占卜等)。如前所述,占卜是当时巫术的主要手段,而巫术又是早期道教的三大要素之一。关于弥生时代的占卜术,《魏书·倭人传》中也有如下记载:

> 其俗举事行来,有所云为,辄灼骨而卜,以占吉凶,先告所卜,其辞如令龟法,视火坼占兆。

关于日本卜骨的出土例,神泽勇一做了详细的统计:弥生时代有116例,古坟时代有22例,奈良时代有64例。弥生时代的出土例大多集中在南关东到东海地区的太平洋沿岸,尤其是在神奈川县三浦半岛,从6个遗址中发现了42例,占出土总数的近1/4。出土例在大阪湾附近也有些许集中倾向,但在四国、本州的内陆地区很少。虽然在九州本岛还没有发现,但在壹岐等岛屿均有出土例。将出土的116例弥生时代卜骨按时期划分:前期0例、前中期0例、中期31例、中后期2

例、后期77例,时期不详的有6例。①这表明占卜术是在弥生时代中期传到日本的,到了后期才盛行起来。弥生时代卜骨的发展状况与中国早期道教的形成过程相吻合。因此,不能否认弥生时代的巫术有受到中国巫术影响的可能性。

分析出土的卜骨,我们发现中日两国的占卜技术有以下不同点。

第一,卜骨的材料。中国出土的卜骨材料主要是牛、乌龟、鹿、羊、野猪等。随着时代的更替,不同遗址所使用的卜骨制作材料也不一样。商代的卜骨制作材料多是牛的肩胛骨,然后就是龟甲,龟甲基本用的是腹部和背部的壳。在洛阳北窑西周铸铜遗址②出土的35例卜骨中,龟甲24例,占68.6%;牛的肩胛骨11例,占31.4%。弥生时代的卜骨材料③主要是鹿骨、猪骨,没有发现牛骨和龟甲。在116例弥生时代的卜骨中,鹿骨有88例,占75.86%;猪骨有16例,占13.79%。

第二,卜骨的整治和使用。卜骨材料的入手和使用④一般会经过如下过程:①素材的入手。②整治。削平肩胛骨前缘、后缘,以及肩胛颈的全部或者一部分肥厚部分。③钻。用锥子挖出圆形。④凿。用凿子挖。⑤灼。灼烧凹处,看里面的裂痕做判断。但实际上按以上顺序来使用卜骨材料的只有中国的商周时期。而且,新石器时代的卜骨大多没有钻和凿的过程,只有灼烧的过程。弥生时代的卜骨基本上也是直接进入灼烧过程,经历钻、凿的过程很少。

第三,钻、凿及灼烧的规则性。弥生时代卜骨的灼烧裂痕⑤大多呈现出以下5种状态:①一个单独存在。②数个乃至数十个呈点列状排列。③数个单位分散在两三个地方。④少数凌乱分散着。⑤不规则分散。以上灼烧裂痕的形态虽然各式各样,但从整体来看,可以充分认为卜骨的灼烧绝不是无规则的,而是存在着某种标准。中国出土的卜骨钻、凿灼痕十分具有规则性。山东省济阳刘台子西周墓⑥出土的一个卜骨正面有5纵列钻孔,合计21个孔(除去1个孔)的排列相当有规则性,一般4个孔成一纵列,只是第二纵列有5个孔。其北面有6列钻孔,共计16个孔。河北省藁城台西商代遗址⑦发现了509例占卜用的卜骨、卜甲。其

① 石川日出志:『弥生人とまつり』,六興出版1990年版。

② 赵振华:《洛阳两周卜用甲骨的初步考察》,《考古》1985年第4期,第371—379页。

③ 石川日出志:『弥生人とまつり』,六興出版1990年版。

④ 木村幾多郎:「長崎県壱岐島出土の卜骨」,『考古学雑誌』1979年第64卷第4期,第283—304页。

⑤ 石川日出志:『弥生人とまつり』,六興出版1990年版。

⑥ 熊建平:《刘台子西周墓地出土卜骨初探》,《文物》1990年第5期,第54—55页。

⑦ 李学勤、唐云明:《河北藁城台西甲骨的初步考察》,《考古与文物》1982年第3期。

中卜骨 407 例,龟腹甲 32 例,龟背甲 59 例,基本上钻、凿、灼孔都很有规则性,如其中某龟背甲的钻、凿孔沿边缘排列,且肋上的钻、凿孔呈横向排列。

1979 年,在陕西省扶风县齐家村西周遗址[①]发现了甲骨 10 例,之后又采集了 22 例,合计出土了 32 例。钻孔全部呈现规则性,比如其中一件龟甲长 19.5 厘米,宽 11.1 厘米,背面有方形钻孔 35 个,分 6 纵列规矩排列着,正面刻有卜辞 23 字,内容卜问营造宫室的事。另一件牛肩胛骨残长 21 厘米,宽 9 厘米,背面有圆形钻孔 14 个,纵向排列,正面竖刻着卜辞 8 字,内容是卜问牧畜的事。

第四,灼、钻、凿的形态。中国古籍《礼记·卜师》中记载:

> 掌开龟之四兆,一曰方兆、二曰功兆、三曰义兆、四曰弓兆。

文中的"方""功""义""弓"全部是指卜骨孔的形态。"方兆"是方形孔,"弓兆"是半圆形孔,"功兆""义兆"的具体形态还不太清楚。从出土的卜骨来看,孔的形态有方形、半圆形、圆形、椭圆形 4 种,所以"功兆""义兆"也许分别是指圆形和椭圆形吧。与中国的卜骨相比,弥生时代卜骨的灼孔形态比较单一,因主要采取烧灼法,所以灼孔只有圆形。

根据上述几点比较,可以推测出弥生时代的占卜与中国的占卜有着密切关系。日本的卜骨研究者也明确指出了这一点。神泽勇一认为"弥生时代的卜骨起源于中国的风俗习惯"[②],木村几多郎认为"与中国北方的卜骨存在状态有类似性"[③],新田荣治认为"从这一地区开始经朝鲜半岛传播而来"[④]。中国占卜最盛行的地区是在黄河中、下游地区,因此日本学者尤其关注中国北方的占卜与弥生时代占卜的类似性是非常准确的。

三、卑弥呼的"鬼道"是何种类型的宗教

关于邪马台国女王的形象,《魏书·倭人传》中有如下记载:

> 共立一女子为王,名曰卑弥呼。事鬼道,能惑众。年已长大,无夫

---

① 贾靖:《扶风县齐家村西周甲骨发掘简报》,《文物》1981 年第 9 期,第 1—7、97 页。
② 石川日出志:『弥生人とまつり』,六興出版 1990 年版。
③ 木村幾多郎:「長崎県壱岐島出土の卜骨」,『考古学雑誌』1979 年第 64 卷第 4 期,第 283—304 頁。
④ 新田荣治:「日本出土卜骨への視角」,『古代文化』第 29 卷第 12 期。

婿，有男弟佐治国。自为王以来，少有见者。以婢千人自侍，唯有男子一人给饮食，传辞出入。居处宫室楼观，城栅严设，常有人持兵守卫。

卑弥呼的"鬼道"是何种类型的宗教？一般认为她的"鬼道"是原始巫术。人们往往只关注卑弥呼"鬼道"的"鬼"字，而疏忽"道"字。在东亚人的意识里，鬼会下地狱，是污秽、邪恶的象征，而仙与之相反，仙会上天堂，是长生不老和吉祥的象征。卑弥呼的"鬼道"是"事鬼道"，不是"事仙道"，所以被认为是落后的巫术。实际上，卑弥呼的"事鬼道"已经超越了"鬼"的范畴。"鬼道"的"道"是非常重要的字，正如《庄子·缮性》中所记载的"道，理也"，卑弥呼的"鬼道"也许具备了某种思想、理论。重松明久[1]提出的"鬼道"即道教一说，富有启发性。《魏书·张鲁传》中也可以看到"鬼道"这样的文字：

> 鲁，遂据汉中，以鬼道教民，自称"君师"。初，其学道者，皆命名鬼卒，受本道已信，号"祭酒"。

张鲁是早期道教最大宗派之一的五斗米道的教主。东汉灵帝（169—189年在位）时，道教有2个宗派，张鲁在陕西汉中一带竖起"五斗米道"的旗帜，信奉老子为教主，以《老子五千文》为教典，而东方有张角竖起"太平道"的旗帜，以《太平经》为教典。不管是五斗米道，还是太平道，传道的基本方法是一样的。五斗米道、太平道已经不是一般的巫术，而是以《老子五千文》《太平经》为理论基础的宗教。

虽然不能说卑弥呼的"鬼道"与早期道教有直接的关系，但是可以说她的"鬼道"绝不是一般的巫术。卑弥呼是在国内大乱中被拥立为王的，她成为王之后，平治大乱，并且受到了争斗双方的拥护。她的权威没有依靠武力，也没有依靠权力，只是通过"鬼道"。她的"鬼道"能在国内大乱时产生重大影响表示当时"鬼道"的信奉者非常多，"鬼道"可以说是普遍的宗教。"能惑众"3个字表明了"鬼道"的影响力。

四、楼观是祭神的场所吗

道教是指通过个人的修行能达到长生不老境界的教。道教有各式各样的修

---

[1] 重松明久：『古墳と古代宗教』，学生社1978年版。

行方式,如精神的修行、形体的修行、饮食的修行等等,精神的修行是最重要的修行。精神修行的关键是"收心习静",通过"静定"来实现心灵的净化,再舍弃对物欲、得失、名誉等杂念的追求,即"去物欲,简尘事",之后得道升仙。

《魏书·倭人传》中的"自为王以来,少有见者"这一记载暗示卑弥呼是在静室中进行静心修行的。她在为王之后也依然专心修行、"事鬼道",以此得到解脱,并且超越俗事,达到清净的心境。一般的巫师绝对不具备这样的心境。

关于"宫室楼观,城栅严设,常有人持兵守卫"的记载,很多学者认为是描写卑弥呼住居和王宫建筑的情况。这段文字的确是在描写卑弥呼住居、王宫的情况,但这也是迎接神或祭祀神的建筑,即这一记载是在叙述有楼观一事。在中国历史上,一般称道教的祭神、齐醮、祈祷等场所为宫、观。

楼观起源于中国的周代,《楼观本起传》中记载:"楼观者,昔周康王大夫关令尹喜之故宅也。以结草为楼,观星望气,因以名楼观。此宫观所自始也。"在中国,自汉武帝时期始,到处建有宫室、楼观。

正如"尤敬鬼神之祀"[①],汉武帝笃信神佛和长生不老。汉武帝数次东巡,派遣方士去海上寻求神药。汉武帝最初建造的祭祀用宫室叫甘泉宫,其在甘泉宫中建高台祭祀天神。之后,为了祭祀"神君",建造了建寿宫、北宫。公元前109年,公孙卿建议汉武帝"为神佛降临,必须修建宫观,因为仙人喜欢楼居"。汉武帝采纳了公孙卿的建议,并且命其在长安建造蜚廉桂观、益延寿观,同时还让其在长安的甘泉宫里建造高30丈的通天台。

汉武帝驾崩后,每个朝代都开始建造宫室、楼观。从中国皇帝屡次建造迎接神仙的楼观一事来看,可以考虑如下一事,即卑弥呼的楼观难道不是祭祀神仙的场所吗?

上文论述了在卑弥呼的"鬼道"中可以看到早期道教的要素,但也不能就说卑弥呼的"鬼道"中有早期道教。在探索"鬼道"与中国早期道教之间的类似点的同时,也不能忽视绳纹时代以来长期存在于日本列岛的精灵崇拜和鬼神信仰等带给"鬼道"的影响。从国内外两方面来看,可以认为"鬼道"是基于日本的原始巫术,在多少受到中国早期道教的影响后形成的复合宗教[②]。

---

① 《史记·孝武帝本纪》。
② 上田正昭:「王権と祭儀」,『日本民俗文化大系3:鉄と稲』,小学館1983年版。

浙江工商大学东亚研究院
日本研究中心资助成果

浙 商 大 日 本 研 究 丛 书
王金林日本史研究著作选集

汉唐文化与古代日本文化

王金林 著

浙江工商大学出版社
ZHEJIANG GONGSHANG UNIVERSITY PRESS
·杭州·

图书在版编目(CIP)数据

汉唐文化与古代日本文化 / 王金林著. —杭州：
浙江工商大学出版社,2022.12
（王金林日本史研究著作选集）
ISBN 978-7-5178-5328-2

Ⅰ. ①汉… Ⅱ. ①王… Ⅲ. ①文化史—中国—汉代②
文化史—中国—唐代③文化史—研究—日本—古代 Ⅳ.
①K234.03②K313.03

中国版本图书馆 CIP 数据核字(2022)第242936号

汉唐文化与古代日本文化
HANTANG WENHUA YU GUDAI RIBEN WENHUA
王金林 著

策划编辑	姚 嫒
责任编辑	王 英
责任校对	夏湘娣
封面设计	朱嘉怡
责任印制	包建辉
出版发行	浙江工商大学出版社
	（杭州市教工路198号　邮政编码310012）
	（E-mail:zjgsupress@163.com）
	（网址:http://www.zjgsupress.com）
	电话:0571-88904980,88831806(传真)
排　版	杭州朝曦图文设计有限公司
印　刷	杭州宏雅印刷有限公司
开　本	710mm×1000mm　1/16
印　张	102.5
字　数	1781千
版印次	2022年12月第1版　2022年12月第1次印刷
书　号	ISBN 978-7-5178-5328-2
定　价	298.00元(全五册)

前　言

　　光阴荏苒,我的日本史研究不觉已度过60年岁月。60年一甲子,今年适逢其时。浙江工商大学东亚研究院筹划将若干拙著重印出版,纳入该院的学术研究著作系列。当今,浙江工商大学东亚研究院是我国研究日本历史和文化的重镇之一,人才聚集,成果丰硕,闻名于国内外。拙著能列入该院的学术研究著作系列,深感荣幸。

　　本选集由5部著作组成,具体如下:

　　《简明日本古代史》

　　《日本弥生时代史》

　　《汉唐文化与古代日本文化》

　　《日本人的原始信仰》

　　《中国的日本史研究史略》

　　上述著作,反映了我的日本史研究生涯的基本轨迹,从中也可以看出我的研究方法的变化、课题选择范围的不断扩大,以及研究深度的渐进。

　　5部著作中,除《中国的日本史研究史略》是近年完成的,其他均成书于20世纪的80年代初至21世纪初。时间最早的《简明日本古代史》,距今约有40年,较近的《日本人的原始信仰》距今也约有15年之久了。因此,每部著作的资料来源、阐述内容和观点分析等,都明显地带有各阶段的时代烙印。

一

　　《简明日本古代史》成稿于1980年,1984年付梓。当时,国门刚刚打开,学术

交流尚浅,有关日本史的原始资料奇缺。撰写此书时的参考资料,大多依赖于北京图书馆的日文藏书、天津图书馆的日文旧藏和1972年中日建交后天津社会科学院前身——天津市历史研究所陆续购进的日文书籍。受条件所限,使用的资料大多为第二手资料。

从今天的视角来看,该书中的部分知识和结论,特别是原始时代部分的一些知识与结论,明显已经过时。原始时代的知识,是依据"二战"后日本的考古学资料和当时学界公认的观点整理出来的。在20世纪70年代末80年代初,这些认知尚属前卫。可是,21世纪初,风云骤变,动摇了学界原有的认知。导因是日本考古学界爆出造假丑闻,事情发生在2000年。那一年的11月5日,日本《每日新闻》头版头条揭露了考古学者藤村新一在宫城县上高林旧石器时代遗址的造假事件,涉及多项旧石器时代考古结论。此事如同强烈的地震,震动了日本考古学界,引发了人们对日本旧石器时代遗址和发掘物,包括古人类遗骨和石器等结论的质疑。造假丑闻被揭露以后,日本学界在对日本的旧石器时代遗址、古人类遗骨及出土器物等的复核中,发现了由于当时科技检测水平有限,鉴定结论存在偏差的情况。

按理,《简明日本古代史》中的这一部分内容应该好好研究重写,但如今我已入耄耋之年,实在是力不从心。有鉴于此,在此次出版之前,我决定将原第一章第一节全部删去。《简明日本古代史》是在当时学术背景下写就的著作,反映了20世纪70年代末80年代初的研究状况和学界的普遍认知。它的存在本身,就说明学术认知是不断改正、充实、提高的过程。因此,其他章节保持原状,不做删改。在此谨向读者说明。

二

《日本弥生时代史》是我在日本出版的3部相关著作的合译本,由浙江工商大学陈红、程璐璐等人翻译,首次在国内刊印。3部著作分别为『古代の日本—邪馬台国を中心として—』(《古代的日本——以邪马台国为中心》)、『邪馬台国と古代中国』(《邪马台国与古代中国》)、『弥生文化と古代中国』(《弥生文化与古代中国》)。因为主要都是探索公元前3世纪至公元3世纪弥生时代的日本,故将此合译本取名为《日本弥生时代史》,但各部分维持原内部结构。

有关公元前3世纪至公元3世纪弥生时代日本列岛的史料,除我国史籍中有限的记载以外,并无更多的文献资料可寻。由于史料的匮乏,日本史学界对于这段历史中的某些问题的论争已延续多年。"二战"后,日本考古学有了惊人的发

展,弥生时代遗址不断被发现,考古发掘资料日益丰富,这就为探索弥生时代日本列岛提供了极有利的条件。在日本学界友人的支持和鼓励下,我积极涉足弥生时代研究领域,在中日学界已有研究的基础上,通过有限的文献资料和丰富的考古资料进行研究分析、对比,探秘公元前3世纪至公元3世纪日本列岛的实态。《日本弥生时代史》就是相关研究成果之一。

通过对日本弥生时代文化的研究,我在书中提出了若干观点:第一,针对日本学界关于弥生时代的日本地域发展最发达的地区是九州北部还是畿内大和地区的论争,提出了当时日本地域发展的多元论,在九州北部存在邪马台国的同时,在畿内大和地区也已存在同样发展水平的国家;第二,阐明中国史籍所载的邪马台国的性质,主张它已是一个统一的地域国家;第三,中国古代沿海文化是日本弥生文化的主要渊源;等等。

虽然在弥生时代史研究方面有所收获,但我毕竟不是考古学专业出身,对考古资料的选择、应用与释解肯定有不妥之处。此次翻译出版,在某些专业知识的表述上或许也会存在这样那样的不足,特别是对于同一类出土器物,中国与日本的学术称谓有所不同,因而部分器物仍然使用原著中的日本名称。

三

《汉唐文化与古代日本文化》是1996年出版的著作。读者定会发现,此书的内容与我在日本出版的几部著作(即此次选集中的《日本弥生时代史》与另一部日文著作《奈良文化与唐文化》)多有重合。关于此事,我在《汉唐文化与古代日本文化》的“后记”中有交代,此次出版之际,有必要进一步说明。

20世纪80年代中后期和90年代初,我的4部日文版拙著先后问世,并得到国内外学界的诸多正面评价。国内同人建议我在国内出中文版。我受此建议的启发,曾为此做过努力,因为当时我国学界对隋唐文化与日本文化交流的研究较多,而对从春秋战国、秦汉至魏晋南北朝的两国交流的研究较少,有关这一时期的两国文化的比较研究成果,更是凤毛麟角。我希望把我的研究成果呈献给国内读者,然而实现起来困难很大。主要困难有二:其一是版权。此事虽然不能说没法解决,但是解决起来过程繁杂,出版社难以为一本不见经传的“赔本”的书,花时间和精力去与国外的出版社商谈版权。其二是出版费。当时,出版专业书大多需自掏腰包,我难以割舍有限的工资去出一本书,于是出中文版的意愿终未实现。

天津人民出版社长期以来一直扶植学术著作的出版。大概是在1994年秋,

天津人民出版社的编审李洁萍告诉我,可以给我出一本本版书(即列入出版社出版计划,且无须著者付出版费的书)。听到这一消息,我喜出望外,感激之情难以尽言。我终于有了实现上述未了心愿的机会。

《汉唐文化与古代日本文化》虽然在具体的史事叙述方面与我在境外出版的著作多有重合,但是该书的内容比我在境外出版的著作更丰富、充实,其中增加了不少新的研究成果。例如"从大和国的'司马''典曹''舍人''史''藏'职看中国官职的影响""大陆先进军事性手工业技术的引进""中国的天地观和祭祀制与日本的古坟文化"等章节,都是新研究的成果。

"从大和国的'司马''典曹''舍人''史''藏'职看中国官职的影响",通过对文献记载的"司马"一职和文物刀铭中所载的"典曹人"称谓的分析论证,提出了大和国已实行类似中国的"府官制"和"典曹官制"的观点;"大陆先进军事性手工业技术的引进",则针对大和国出土的进攻性武器与防御性武器,从武器技术的视角论证了技术源自中国的观点,并考察了大和国的骑兵及其装备;"中国的天地观和祭祀制与日本的古坟文化",对日本学界论争很久的关于前方后圆坟的渊源问题提出了自己的看法,对天地崇拜、神祇信仰、天圆地方观与古坟建筑结构等进行了翔实而系统的论述,并对古坟时代筑造前方后圆坟的思想价值和社会价值做了分析;等等。这些新内容、新观点都是我在境外出版的著作中所没有的,是通过《汉唐文化与古代日本文化》一书首次披露的。除增加了研究新成果之外,《汉唐文化与古代日本文化》在整体结构设置上也呈现了系统展现从春秋战国、秦汉至唐时期中日文化交流史的特点。这些新的内容、观点和特点,正是我决定将此书纳入本选集的原因。

四

有关日本人的原始信仰,日本学界已有较长的研究史,著述也不少。但是,从诸多研究成果分析,大致以20世纪50年代为分水岭,此前的研究主要依赖于两本古籍,即《古事记》和《日本书纪》。可是,这两本古籍成书于8世纪初,书中的神代篇和早期天皇的纪事,虽然在一定程度上反映了日本的古代社会和早期信仰,但毕竟成书较晚,且其中不乏掺杂后人的思维与观点,因此不可避免地使这一时期的研究带有很强的局限性。进入20世纪50年代以后,随着"二战"的结束,改革的推进和资产阶级民主化的建设,大多数学者开始科学地审视日本的历史和文化。由于考古学的发展,以及文化人类学、民俗学研究方法的引入,学界对原始信仰的研究出现了前所未有的新局面。考古学家和史学家的结合,使研

究成果有了新的深度。《日本人的原始信仰》就是相关研究成果之一。

《日本人的原始信仰》一书中叙述的内容，跨越了几千年的时空。在这一时空内，按考古学的时代划分法，日本经历了绳纹时代、弥生时代和古坟时代。人们的生产活动从狩猎、捕捞发展到农耕，特别是稻作农耕。生产技术随着生产活动变化，也从木、石器并用发展到木、铁器并用。与生产活动和生产工具的进步相适应，人们的信仰也从自然崇拜逐渐地发展到原始宗教的状态。4世纪以后，在外来文化的影响下，日本人的原始信仰逐渐发生质的变化，到7世纪后半期嬗变为早期神道。

五

《中国的日本史研究史略》是新近完成的书稿，首次付梓。本书主要由3部分组成：一是我的学习笔记，梳理中国自古至今的日本史研究成果；二是对中国日本史学会的人与事的回顾，通过我的亲身经历，展现改革开放后中国日本史研究者相互支持的精神和研究队伍不断壮大的过程；三是具有自传性质的内容，叙述我作为一名普通日本史研究者的成长历程，通过个体事例，力图说明我们这一代人所达到的研究水平。

本书旨在利用我国日本史研究的历史传统与继承、研究者群体与个体相结合的结构模式来呈现中国日本史研究的学术史，可以说是我的一次尝试。

浙江工商大学东亚研究院江静院长亲自策划、组织了本选集的出版工作。东方语言与哲学学院吴玲副院长、薛晓梅等老师，以及浙江工商大学出版社的各位编辑在本选集的出版过程中操心、费力殊多。翻译日文拙著的几名研究生和多名校对书稿的同学认真努力，为本选集出了力。在此，我对一直关心、支持我的学界挚友，一并深表感谢！

拙著多有不足和谬误，敬请读者诸君一如既往，予以批评、指正。

王金林

2020年中秋于杭州西山国家森林公园山麓

西湖区社会福利中心怡竹斋

目　录

第一章

秦汉时代的中国与日本

第一节　公元前3世纪—公元3世纪的日本

一、地域小国群

当中国已在战国时代进入封建社会时,日本仍在新石器时代缓慢地发展着。自公元前3世纪前后,由于大陆文化,特别是中国战国、秦文化的影响,日本社会发生了质的变化,很快进入了阶级社会。

由于当时日本尚无文字,所以有关古代日本的社会、文化状况,几乎没有文字记载,因此研究与中国的战国、秦汉、魏晋相同时期的日本,不得不依靠大量的考古资料。公元前3世纪以前的时期,考古上称绳纹时代,其文化称为绳纹文化。公元前3世纪至公元3世纪的时期,称为弥生时代,其文化称弥生文化。本章内容,主要论述绳纹时代晚期至弥生时代在外来文化的影响下,日本社会的变化。

弥生时代是一个变革的时代,称它为"弥生维新"一点也不过分。从现有的考古资料可知,弥生时代的文化具有四个特征,即多元性、传统性、国际性和创造性。[①]

任何新文化的产生和发展,都遵循着这样一条规律:"外部因素通过内部因素发生作用。"当我们在探求弥生文化的外来因素时,切不可忽略日本列岛内部的因素,即绳纹文化在促进弥生文化的产生与发展中的重大作用。绳纹文化是产生弥生文化的基石。这是因为,如果没有绳纹文化奠定的基础,以及绳纹人对

---

① 王金林:《从中国看日本弥生文化》,《东亚中的弥生文化与安国寺集落遗迹国际学术讨论会文集》,出版者不详,1992年。

新文化的追求,先进的大陆文化是不可能在日本列岛获得迅速传播的。

考古资料表明,弥生文化与绳纹文化是有继承关系的。这种关系在东部日本表现得最明显。在和歌山县的太田、黑田遗址①中,考古学者发现了弥生前期的底部穿孔的瓮和极似绳纹晚期的深钵形陶器共存的情况。据调查,这种绳纹陶器的遗存②,不单出现在太田、黑田遗迹中,在和歌山市周围,在九州、四国、东海等地区,甚至在南畿内等弥生遗址中,都可以看到具有绳纹式陶器传统的煮沸形态的瓮的存在。

绳纹人对弥生文化的最大贡献,就是农耕知识的积累。在日本学术界,很多人认为,日本的农耕技术是外来的。这种观点并没有错,但说得不全面。正确地说,日本的农耕文化是大陆的先进技术和绳纹人的农耕经验的结晶。有人或许会问,绳纹人以采集、狩猎经济为主,能有农耕的经验吗?任何知识和经验的积累,都是有一个过程的。如果绳纹人没有农耕知识的积累,大陆的先进农耕技术就不会在短时期内迅速推广到日本的广大地区。外来移民可以把先进技术带入日本,并在有限的区域内进行示范,但他们无力传播到更广的地域。水稻农耕技术迅速地推广至西部日本以及更广泛的地区,应该归功于绳纹人和他们的子孙。藤间生大氏说:"绳纹晚期的日本列岛人,特别是西日本人已具备了吸取这种外来文化丰富自己生活的主体条件。"他还说:"扬弃绳纹式文化,创造弥生式文化的关键是输入水稻,水稻这一历史性大事件,归根结底仅依靠外来人的手是不行的,最终需要长期居住在日本列岛的全体居住民的决断和努力。"③日本列岛居住民的这种划时代的决断和努力,是由多种条件促成的,其中最重要的就是农耕知识的积累。也就是说,在水稻农耕传入以前,绳纹人已开始从事农作物种植。关于日本农耕始自何时的问题,学术界有不同看法。根据考古发掘的食物、石器、陶器、集落的环境变化和扩大,有学者提出了绳纹中期已有陆耕的主张。④这种"绳纹中期农耕论"受到了许多学者的反对。我认为绳纹中期陆耕的意义,不在于它在经济生产中是否占主导地位,而在于它预示了新的生产方式的黎明的到来。尽管农耕技术比较原始,种植品种少,但它确确实实地突破了采集、狩猎经

---

① 森浩一、白石一郎:《南近畿前中期弥生式土器的一样相》,《考古学期刊》1966年第33期。

② 白石一郎:《在古代学研究会月例会上的报告要旨》,《史学杂志》1969年第79期。

③ 藤间生大:《日本民族的形成》,岩波书店1951年版。

④ 藤森荣一:《日本原始陆耕诸问题——中期绳纹时代的一种生产形态》,《历史评论》1955年第4卷第4期;澄田正一:《日本原始农业发生问题》,《名古屋大学文学部研究论集》1955年第11期。

济的框框,成为绳纹人获取食物的一种全新的方式。正是绳纹中期以后出现的原始农耕,为绳纹晚期和弥生初期稻作农耕的兴起积累了经验,奠定了基础。

考古资料表明,绳纹晚期的稻作农耕以九州地区最为普遍,稻壳、农耕具的遗迹遍布各县。近年,菜畑(唐津)、曲田(糸岛郡)、板付(福冈市)三个绳纹水田遗址的发现,更雄辩地说明,绳纹晚期所达到的农耕生产水平的先进性。[①]其表现之一为水利设施的完备。水是稻作农耕的生命,因此衡量稻作水平的首要条件是水利设施。从九州北部发现的水田遗迹可知,水路构造比较科学和合理,如板付绳纹水田遗迹中的水渠宽 2 米、深 1 米,断面呈 U 字形,水渠中途设有井堰,并有入水口和排水口;用畦埂区划水田,水田呈长方形,表明耕作的精细化;为保证水渠和畦埂的牢固和水流的畅通,运用了木桩、木板加固技术。这些技术与当时中国的耕作技术相差无几。

值得注意的是,在畿内、中部日本、四国等地的绳纹晚期的遗迹中,也陆续发现了与稻作农耕相关的资料。畿内地区的长原遗址中发现了稻谷压痕和摘穗工具石刀。[②]茨木市牟礼遗址中,发现了灌溉设施。[③]冈山市津岛江道遗址中发现了水田遗迹。[④]高知县中村遗址中发现了稻的花粉,香川县林坊城遗址中发掘出木制的手锹、宽锹等农耕工具。甚至在北陆地区的石川县金泽近冈绳纹晚期遗址中也发现了稻的花粉。[⑤]虽然从陶器的编年看,九州以东地区的稻作遗迹与九州地区发现的遗迹有一定的时间差,表明了稻作由西向东传播的路线,但是,从畿内、四国等地的地理条件看,绳纹晚期的稻作文化,是直接受到大陆稻作文化的影响而产生的。

绳纹晚期出现的稻作文化,如星星之火散布在九州、四国、畿内,乃至日本海一侧的北陆地区。可是一进入弥生时代,便呈现燎原之势,迅速蔓延。公元前 2 世纪时,稻作已到达东北地区的北部。[⑥]到了弥生时代中期,已遍及全日本,成为弥生时代经济的支柱。

农耕经济的发展,激发了社会的重大变革,考古学者春成秀尔氏把这种变革

① 山崎纯男:《西日本后晚期的农耕》,《绳纹文化的研究 2》,雄山阁 1983 年版。
② 日本考古学协会:《日本稻作农耕的起源与展开》,学生社 1991 年版。
③ 宫胁薰:《绳纹晚期的水田遗址:大阪府牟礼遗迹》,《考古学》1986 年第 15 期。
④ 春成秀尔:《弥生时代的开始》,东京大学出版会 1990 年版。
⑤ 藤则雄、四柳嘉草:《金泽绳纹晚期近冈遗址发现稻》,《考古学研究》第 67 卷。
⑥ 伊乐信雄:《东北地区稻作农耕的成立》,《日本史的黎明》,六兴出版社 1985 年版。

称为"弥生革命"①。其具体表现就是贫富、阶级和地缘社会的出现。以血缘为纽带的"共同社会"从绳纹时代中期末以后,已广泛可见。如在东京湾周边存在着许多绳纹贝冢。以加曾利遗址为代表的马蹄形贝冢的中央有一块"广场"遗址。它显然是该地的绳纹人从事集体活动(会议、祭祀)的公共场所。这种绳纹时代的"共同社会"中,是否已有尊卑贵贱差别呢?日本学术界的传统观点都持否定态度,认为它还是一个平等的社会。可是,近年来,越来越多的学者认为绳纹社会是一个阶层化社会。②随着生产的发展和扩大,绳纹人从游牧的生活方式逐渐变为定居,生产分工进一步专门化,工艺、技术进一步高度化和特殊化,"共同社会"内部首长的权力日益增大,生产领域中也出现了技术熟练者与非熟练者的社会地位的差别。这种差别必然导致上下层级和贵贱的分化。到绳纹社会晚期,分化更加显著。小林达雄氏说,社会已经出现结构的、身份的阶层性。他甚至认为也许在绳纹晚期已有奴隶。③

绳纹晚期弥生初期,由于农耕的发展,人们生存所需要的食粮有了基本保证。与农业相伴的水的管理、生产工具的制造和管理,以及祭祀的管理等权力的扩大,促进了社会的分化。阶层社会向阶级社会转化。

根据日本学者的研究,弥生社会大致经历了家族集团→地域集团→地域性统一集团等阶段。④地域集团由若干个家族集团聚合而成。其主要机能在于调整利用同一水系的家族集团之间的关系,在统一意志的基础上扩大生产。地域性统一集团的机能是"在开垦新的农耕地、建筑水利设施时产生的地域集团间权益的保障和调整"。从九州北部的情况看,地域性统一集团已经具有如下特征:其地域范围大多以平原、盆地为中心,有河流流经全域;经济以农耕为主,稻作为主体,辅以杂谷;在很多集团中心地域的遗址中,发现了中国汉代的铜镜、青铜兵器及玉器等;在集团范围内的重要遗址内发现了防御设施,如以福冈县朝仓郡夜须町为中心的宝满川流域中期遗址群构成了一个地域性统一集团,处于该统一集团的东、南、北三个入口处的田屋、三泽、常松遗址,都筑有土垒沟。常松的土垒沟贯穿4个丘陵地带,长达1000米,显然具有防御性质。贺川光夫氏把这种地域性统一集团称为"原生小国"⑤。他认为这类原生小国,在九州北部普遍可见。

① 春成秀尔:《弥生时代的开始》,东京大学出版会1990年版。

② 渡边仁:《绳纹式阶层化社会》,六兴出版社1990年版。

③ 小林达雄:《日本文化的基层》,《日本文化的源流》,学生社1988年版。

④ 高仓洋彰:《弥生时代社会的研究》,宁乐社1981年版。

⑤ 贺川光夫:《原生国的崩费与古代国家的成立过程》,《生活与科学》1981年第13期。

这种新的地域性社会形态——小国,不但在九州北部,而且在以大阪湾沿岸为中心的畿内地区也是存在的。近年来,酒井龙一氏根据考古发掘,提出了弥生中期"畿内据点集落理论"①。依据酒井氏的研究,弥生中期的畿内据点集落的基本生活领域和生产、祭祀、墓域等社会机能的活动空间,大致为直径700米的范围。如果再考虑到与人们生活相关的生态环境,那么,据点集落的领域为半径5000米的圆形范围,面积大约为20平方千米。在畿内地区具有据点集落条件的遗址多达53个,主要集中在摄津平原东部、河内平原北半部和大和盆地南半部地区,形成了3个聚集区,即摄津区、河内区、大和区。虽然3个聚集区的社会机能尚需进一步研究,但是从考古发掘可知,各个聚集区的文化具有共性。在据点集落的基础上,每一个聚集区很可能就是一个原生国家。如果这一看法能够成立,那么,弥生时代前、中期,畿内地区已处在阶级国家发展的途中了。

据中国的史籍记载,日本早期国家的形成,经历了3个发展阶段,即"百余国"(《汉书·地理志·燕地》)→"三十许国"(《后汉书·倭传》)→"邪马台国"(《魏书·倭人传》)。我认为,前述的九州北部的小国群与畿内地区的地域集落群,大致处在"百余国"阶段或由"百余国"向"三十许国"发展的过渡阶段。由"百余国"进入"三十许国"阶段,是社会发展的一大进步,表明日本正在一步步地实现地域的统一。关于"三十许国"的具体情况,中国史籍没有详细记载,但从考古发掘资料分析,这三十余国主要分布在九州北部、中部地区、畿内地区。以九州北部为例,在该地区的弥生中、后期的遗址中,发现了不少厚葬的坟墓,其中出土的大量贵重的汉制品遗物,雄辩地证实这一地区存在着若干与汉保持交往关系的王权。

第一,以须玖、冈本遗迹为中心的奴国。其范围大体包含福冈县的筑紫、早良、粕屋等郡和贯穿福冈市的那珂川、御笠川流域。在须玖遗址的D地点稍南处的一瓮棺墓中出土了丰富的遗物,其中有数百片汉镜片,复原以后有30余面,都是西汉镜,包括重圈、内行花纹清白镜、精白镜、昭明镜、日光镜、重圈四乳叶文镜、草叶文镜等。除铜镜外,尚有铜剑、铜矛、玻璃璧等。②镜、剑、璧均是权威和富有的象征,尤其是玻璃璧的发现,说明西汉与奴国之间,可能存在着"册封"关系。东汉时,汉与奴国的"册封"关系得到进一步的巩固。体现这种"册封"关系的信物就是公元57年汉光武帝赐予奴国的金印。1784年2月,在福冈县志贺岛发现了"汉委奴国王"金印。对于这枚金印是否就是汉光武帝授予的金印的问

---

① 酒井龙一:《弥生时代》,《图说发掘话日本史4》,新人物往来社1985年版。

② 中山平次郎:《须玖冈本出土的镜片研究》,《考古学杂志》第18卷第10、11号。

题,曾产生过激烈的争论。有不少人对此印系汉代遗物表示怀疑。但随着中国考古学者不断发掘出汉代印章,"汉委奴国王"金印确系汉代遗物的证据也越来越多,争论也便销声匿迹了。"滇王之印""广陵王玺""文帝行玺"都是近年来在中国发现的汉代金印。"滇王之印"是1956年在云南省晋宁县(今晋宁区)石寨山发现的;"广陵王玺"是1981年在江苏省扬州邗江县(今邗江区)甘泉镇出土的;"文帝行玺"是汉时南越国的第二代国王之印,于1983年在广州市出土。这是至今在中国发现的最大的西汉金印,也是考古发掘中唯一见到的一枚帝印。若将上述四枚汉代金印做一比较,可以清楚地看到,"汉委奴国王"印与"滇王之印"的纽式、形制、字体相似,与"广陵王印"比较,两印的形制、边长、高、重量、字体相似,与"文帝行玺"比较,两印的形制、字体相似。由上可以断定"汉委奴国王"印无疑是汉代印章。

第二,伊都国,地处糸岛地区,是与大陆交通的要冲地带。《魏书·倭人传》记载,"有千余户,世有王",说明王权存续时间很长。日本考古学者在这一地区有很多重大发掘。在三云南小路遗址,出土了54面汉镜,其中一号瓮棺墓出土铜镜35面以上,除2面战国镜外,都是西汉镜(以连弧纹清白铭镜为主)。二号瓮棺墓出土西汉镜22面以上。一号瓮棺墓中还发现了玻璃璧(8枚)、有柄细形铜剑(1把)、细形铜矛(2把)、中细铜戈(1把)等遗物。二号瓮棺中还发现垂饰、硬玉、勾玉、玻璃勾玉等。[①]这个"王墓"的年代大约在公元前后,即弥生中期。在南小路"王墓"的南侧100米处的井原鑓沟也发现了厚葬的"王墓",出土了破碎的铜镜片数百片,纽21个。镜缘的纹饰主要是唐草纹、流云纹、兽纹等。"王墓"的年代大致在1世纪末,相当于弥生中期末和后期初之间。

1965年,考古学者在三云遗址的西侧曾根丘陵上,发现了弥生古坟。这就是平原遗址。古坟的发掘取得了重大收获。据原田大六氏的调查,主要收获是:发现了弥生文化时期的木棺,棺内有硫化水银;墓的方形土圹周围有规则的柱穴群,是与殡葬有关系的建筑;素环头大刀1把,长约75厘米;汉中期至东汉前半期的铜镜37面,其中方格规矩四神镜35面、内行花纹镜1面、四螭镜1面。另外,还有5面仿制镜和大量玉器。[②]伊都国三座王墓之间,具有先后的时间差。三云南小路最早,井原鑓沟次之,平原遗址最晚。原田大六氏认为伊都国王的编年,可

---

① 柳田康雄:《伊都的考古学——对外交涉的开始》,《大宰府古文化论丛》,吉川弘文馆1983年版。

② 原田大六:《实在的神话》,学生社1977年版。

能有六代,其顺序是: $\boxed{}$ →三云南路→ $\boxed{}$ → $\boxed{}$ →井原鑓沟→平原[①]。从王墓中出土的资料表明,平原王墓已具有极大的权威性,木棺、水银朱、殡宫等葬仪制,显然仿效的是中国王室的葬仪制度。素环头大刀象征力量与权威,铜镜则是祭祀天神的道具。伊都王掌握着政治、祭祀及外交大权。伊都国位于与大陆交流的前沿阵地,很早就受到大陆先进文化的影响。因此,其社会发展的进程也会比其他地区快。

第三,以唐津平原为中心的末庐国。这里是经壹岐、对马,与朝鲜半岛、中国大陆交流最近的地区。菜畑遗址的水田遗迹和炭化米的发现,说明绳纹晚期唐津平原地区受大陆文化影响,稻作农耕技术已相当先进。至弥生时代前期,在以宇木汲田为中心的地区,稻作农业已发展得相当好。在宇木汲田的弥生前期到中期的遗址中,出土了丰富的随葬品,包括多纽细纹镜、铜剑、铜矛、铜戈,以及石斧、石刀、石镞等。[②]多纽细纹镜与中国东北地区的多纽镜有渊源关系。《魏书·倭人传》载,末庐国人以捕鱼为主,但从菜畑遗址的情况分析,《魏书》的记载不是很全面的。将文献记载与考古发掘结合起来看,在末庐国的生产活动中,稻作与捕鱼处于同等重要的地位。

第四,吉野里王国。脊振山南麓的佐贺平原,有着良好的农耕自然环境。近年来,在该地区出土了许多青铜器、铁器遗物,其中包括铜铎、铜剑、铜戈、巴形器等的铸型。说明这一地区也是弥生时代九州北部的文化中心之一。吉野里遗址的发掘,揭示了佐贺平原弥生国家的实态,展示了九州地区早期国家的结构,具有划时代意义。

若根据考古资料对吉野里遗址进行全面的分析,我认为吉野里遗址反映了在弥生中期佐贺平原已经具备了阶级国家的主要基础。尽管国家机能很不完整,但毕竟迈出了坚实的一步。主要根据是:

其一,存在着拥有权威和实力的王。据考古发掘[③],在吉野里丘陵地区,有一座坟丘墓,现存坟丘南北约40米,东西约30米,高约2.5米,平面呈椭圆形。此墓建于弥生时代中期前半,墓域的东侧有长约50米、宽约5米的长而大的祭祀遗构。坟丘内部发现了8个瓮棺,除其中的1008号为小儿棺外,其他7个皆是成人棺。7个瓮棺具有共通的埋葬习俗,即棺的内外两面涂有材料不明的黑色涂料;

---

① 原田大六:《实在的神话》,学生社1977年版。

② 高岛忠平:《佐贺县宇木汲田遗迹》,《探访弥生遗迹·西日本编》,有斐阁1987年版。

③ 佐贺县教育委员会:《环城河村落吉野里遗址概况》,吉川弘文馆1989年版。

棺内有赤色颜料(水银朱);随葬物主要是铜剑,特别是1002号瓮棺,有一把极为精制的"把头饰有柄铜剑"和约75件玻璃制管玉。铜剑和玉象征着权威。坟丘墓的埋葬形式和出土遗物,与遗址内其他大量的瓮棺墓相比,具有明显的区别。7个瓮棺中的埋葬者,可能就是吉野里王国的历届国王或王族。

其二,已经建立了某种秩序。吉野里遗址表明,该地区瓮棺的埋葬方式有3种:一是前述的坟丘墓式;二是规则性的排列埋葬,如在遗址的志波屋四坪地区,有弥生前期末至中期前半形成的排列埋葬,在宽3—4米的夹道两边,整齐地埋葬着二列瓮棺墓,延续达650米;三是与排列埋葬形成对比的不规则的瓮棺墓群。不同的埋葬方式可能反映了墓主三种不同的社会地位,反映了社会的等级秩序。虽然不能肯定地说已有王、臣、民等级,但是贵贱、上下的区分是肯定无疑的!

其三,可能已有原始的赋税。从出土的石器、木器、铁器工具可知,吉野里地区的生产以水稻农耕为主,种稻、养蚕、织绢已是当时人们的基本生产内容。稻作的开发,增加了社会财富。储藏剩余的粮食成为人们防备天灾的必要手段。遗址内发现了两种储藏设施,一种是土圹储藏穴,一种是立柱建筑——干栏式仓库。土圹储藏穴常与竖穴式住居相伴而存在,而干栏式仓库并不是分散在竖穴住居群中的。吉野里环濠集落的干栏式仓库是与竖穴住居分开的,集中建在集落外濠西外侧的丘陵及低地地带。据调查,共有18栋。依据世界古代史的发展,在国家产生的同时,赋税也必然应运而生。一般情况下,统治者将征来的赋税集中在政治中心地及其附近,构筑仓库群。吉野里的干栏式仓库群是否也说明了原始赋税的出现呢?

其四,武器和武装。吉野里地区发现了石镞、铁镞武器。瓮棺中出土的铜剑有锐利的锋刃,表明这是一种实用的武器。铜、铁武器在当时的东亚地区是最先进的战争工具。在吉野里遗址及其附近遗址出土的人骨显示,有异常死亡者,如身体中有石剑的刺痕,或残留着射入的铁镞,这些异常死亡者揭示了当时存在着斗争。

第五,古出云国。在九州北部存在着地域国家的同时,在日本中部地区是否也已存在着类似的地域国家呢?我认为是存在的。出云地区就有地域国家存在。出云国之名,在《日本书纪》《古事记》《出云风土记》中均有记载。1985年和1986年,岛根县簸川郡斐川町大字神庭字西谷的荒神谷遗址的发掘,表明传说中的出云国是确实存在过的。①考古学者在细长的山谷最深部,标高28余米的小丘

---

① 岛根县教育委员会:《荒神谷遗迹铜剑发掘概况》,岛根县教育委员会1985年版。

陵斜面上,发现了四列并排的中细形 C 类铜剑,计 A 列 34 把、B 列 111 把、C 列 120 把、D 列 93 把,此外尚有铜矛 16 把(其中中细形 2 把、中宽形 14 把)、铜铎 6 个。年代大致在弥生时代中期后半至后期前半。荒神谷遗址的发掘是使人振奋的,但问题是比中细形 C 类更古的铜剑在出云地区不曾发现过。因此中细形 C 类铜剑的来源成了学术界关注的问题。①

从岛根县的考古发掘可知,在松江市的布田遗址中出土了不少弥生前期后叶至中期后叶的壶、瓮、高杯形陶器。在夫敷遗址中发现了弥生中期的水田遗迹。古浦炒丘遗址中发现了卜骨,以及弥生人的拔齿习俗。在志谷奥遗址中发现了与荒神谷遗址相同类型的中细形 C 类铜剑、外缘纽及扁平纽式铜铎。综合分析岛根县内的弥生文化遗物和遗存,我们可以清楚地看到,古出云地区在弥生中期确实已存在独立的统一的政治、经济实体。它的文化既受到畿内文化的影响,又受到九州北部文化的影响。同时,由于它濒临日本海,是对马海流途经之地,因此也有直接受到大陆文化影响的条件。虽然荒神谷遗迹埋没大量铜剑的原因尚不清楚,但是有一点是明确的,即在古出云国地区,已出现拥有大量铜剑及掌握祭祀大权的权威。

第六,畿内地区的地域国家。关于畿内地区的地域国家,虽然没有九州北部的奴国、伊都国等那样明确的称谓,但是我认为类似的地域国家也是存在的。畿内地区的地域国家状况究竟如何呢? 我想特别介绍一下寺泽熏氏的大阪湾沿岸的"农耕共同体论"②。寺泽氏依据大阪湾沿岸地域约 250 个弥生时代遗址所在的位置和发展状况等,将其划分为 8 个"地域农耕共同体"。

每一个农耕共同体遗址中,都有出土遗物比较丰富的核心遗址。弥生时代畿内的"农耕共同体"具有如下特征:第一,从发掘的石器、木器农具分析,诸遗址居民主要从事稻作生产;第二,除石、木器具外,铁器也已应用于生产领域;第三,每一个共同体的境域内都有一条或若干条河流流经全域;第四,同地域内具有共同的信仰和习俗;第五,同一地域的诸集落间,已有明显的高位集落和低位集落的差别;第六,已有阶级和斗争。在大阪府尼崎市的田能遗址中,发现了一块人骨上有 5 支石镞。③同遗址的 16 号棺中的人骨涂有水银。④水银伴葬反映了权威

---

①　王金林:《中国江南文化与弥生文化》,《读卖新闻》夕刊,1990 年 7 月 5 日。

②　寺泽熏:《大阪沿岸地区弥生时代遗址群展开及其社会》,《古代学研究》1979 年第 73 卷。

③　尼崎市田能遗址发掘调查委员会:《田能遗迹概况》,兵库县社会文化协会 1967 年版。

④　安田博幸、鹤崎晓子:《尼崎田能遗迹一六号人骨上的朱赤色物质的成分》,《古代学研究》1967 年第 49 卷。

者追求长生不老的信仰。根据上述情况,我们完全可以推测大阪湾沿岸地区至少存在着8个地域国家。这些地域国家就是后来形成古大和国的基础。

二、璧和铜镜片与弥生国家的封爵

璧在中国历史上被视为珍宝,比铜镜珍贵百倍。因此璧的出土,比铜镜的出土具有更深远的意义。璧有玉璧和玻璃璧。虽然其原料不同,但在古代都具有昂贵的价值。璧在日本的出土例不多,至今仅知福冈县三云遗址、须玖遗址、夜须町峰等出土过玻璃璧,宫崎县的串间市之山出土过一件软玉制的完璧。宫崎县完璧的出土地尚有疑问,福冈县的玻璃璧的出土却是确定无疑的,是在弥生中期遗迹中发现的,而且是中国制品。

最早发现玻璃璧的学者是青柳种信氏,他在1882年刊行的《柳园古器略考》中论述了三云村1号瓮棺墓中发现玻璃璧的情况:

> 重叠的(铜)镜中间,有填充物,形状平而圆,径二寸八分,中间有穴,穴径七分,两面均涂有垩土,有霰纹,厚二分许。

除三云1号瓮棺墓中共发现8片玻璃璧外,在须玖冈本奴国王墓中也有发现。柳田康雄氏认为,三云王墓中的玻璃璧是伊都王死时,汉帝国送的葬送品。

贺川光夫氏对于三云、须玖出土的玻璃璧的性质,发表了新说。[1]他认为,"在中国,殷制有三爵、周制有五爵,爵位的象征是用玉器来标识的。璧相当于周制的子爵,所以拥有璧的人是王,璧是他的王标。因此璧是比镜更为重要的器物。拥有璧的三云、须玖瓮棺的被葬者应认为是从汉朝接受爵位册封的人"。贺川氏还根据须玖冈本遗址之南的朝仓郡夜须町峰遗址的10号中瓮棺发现的2片加工过的璧,指出奴国王与峰遗址的地方首长之间有封爵关系。他说,九州北部后汉镜破片的再加工物与在各地被发现的一样,应认为这也是学习中国的爵位的分封而加工分割而成的。因此,峰遗址出土的璧的再利用,反映了弥生时代的支配关系,同时也反映了它是奴王(须玖冈本遗址)学习中国的封爵制度,给地方首长(峰遗址)的下赐品。峰遗址10号瓮棺中,加工过的璧片是放置在遗体上部的,足见其贵重。

归纳起来,贺川氏的新观点是:以璧、镜、金印为媒介,弥生时代的奴、伊都等

---

[1] 贺川光夫:《有明海文化圈与吉野里》,《历史与旅》1989年第11期。

国已接受中国的封爵;奴、伊都等国,学习中国的封爵制,很可能也在自己所属的地域内实行封爵,用再生璧和分割的铜镜作为地方首长的"王标"。

璧是非常珍贵之物,由于数量的限制,璧不可能被广泛用作封爵的标志。当时,唯一能够代替璧作为"王标"的东西就是汉镜。后汉镜片的分割与分与就是在这一背景下产生的。

在九州,发现后汉镜片的遗址已超过20处。多数是从箱式石棺中发现的,也有不少是在住居址中发现的。据高仓洋彰氏[1]和贺川光夫氏[2]的研究,随葬的汉镜片具有如下特征:都是王莽(新)时代和东汉时代的铜镜碎片,其中以内行花纹镜、方格规矩镜为主;镜片的折损部几乎都能看到显著的磨研痕,其中有的有悬垂孔或补修孔。从考古发掘资料可知,弥生遗址中出土的西汉镜,其分布大致不出福冈、糸岛平原范围;而东汉镜分布范围稍有扩大,在丰前行桥一带及西侧的有明海岸也发现数例,其范围以福冈市的博多附近为中心,直径50—100千米间最为集中。

把象征权威的铜镜有意识地割切,并有规则地分散各地,说明握有镜片分与权的人,是这一地域的最高权力者。接受镜片者,则是各地区的统治者。[3]

在古代中国,玉器是神圣之物,它既是权力和高贵的象征,也是祭祀天地和众神的最珍重礼器。首先,让我们来看一看玉器与封爵制的关系。中国的封爵制始于殷商,延续到秦汉。在殷商时代,朝廷将王畿以外的领地分封给诸侯管理。诸侯分为三爵,即"侯、伯、甸"三等。周以后,等级日渐森严,天子之下的诸侯分为"公、侯、伯、子、男"五等。五等侯爵都以玉器作为他们地位的标志。成书于战国时代的《周礼》记载说:

> 以玉作六瑞以等邦国。王执镇圭。公执桓圭。侯执信圭。伯执躬圭。子执谷璧。男执蒲璧。

其意思是说,用玉制作成6种瑞祥之物,以使国家安定统一。文中所说的"镇圭""桓圭""信圭""躬圭""谷璧""蒲璧"就是6种瑞祥之物,它是爵位高低的象征。

---

① 高仓洋彰:《弥生时代社会的研究》,宁乐社1981年版。

② 贺川光夫:《所谓北九州外域后汉镜片出土背景》,《日本大学史学科五十周年纪念历史学论文集》,三书楼书铺1978年版。

③ 王金林:《古代日本——以邪马台国为中心》,六兴出版社1986年版。

圭是一种斧形的玉器,周时以尖首形为多,汉代时以山形居多。《周礼》规定,公、侯、伯、子、男在朝见君主,以及诸侯相互拜见时,均须手执代表自己身份的玉器。王执的"镇圭"的"镇"字,意为安定四方。镇圭长一尺二寸,约39.5厘米。公爵执的"桓圭"的"桓"字,意为宫室的支柱,系指公爵是国家的重臣。桓圭长九寸,约30厘米。侯爵的"信圭"的"信"似是"身"字之误,它与伯爵的"躬圭"一样,表示万事要谨慎之意。信圭、躬圭皆为七寸长,约23.5厘米。子爵、男爵的璧,前者以谷为纹饰,后者以蒲为纹饰,谷可以养人,蒲即席,可以使人安卧。谷璧与蒲璧直径皆为五寸,约16.5厘米。谷纹璧与蒲纹璧始见于春秋战国时期。璧之珍贵,屡见于史籍记载,《史记》中所载的《完璧归赵》故事,至今仍被广泛传颂。类似的故事,在《左传》《战国策》中屡屡可见。

在古代中国,玉器还作为祭祀礼器,史称"六器"。《周礼·春官》载:

> 以玉作六器,以礼天地四方。以苍璧礼天,以黄琮礼地,以青圭礼东方,以赤璋礼南方,以白琥礼西方,以玄璜礼北方。

文中的"苍璧""黄琮""青圭""赤璋""白琥""玄璜"就是六器。其中以苍璧最为贵重,是祭天之礼器。黄琮次之,为祭地之礼器。璧的形状为圆,象征天圆,琮为方形,象征地方,所以璧、琮二器,意为天圆地方。六器的形状与颜色及祭祀之神,与中国的五行思想有密切关系。按五行思想,地属土,东方属木,西方属金,南方属火,北方属水。土色为黄,木色为青,金色为白,火色为赤,水色为黑。木星为青龙,金星为白虎,火星为朱雀,水星为玄武。因此,六器中除祭天的圆形璧之外,其他五器的颜色和形状均与五行思想相应。青龙似蛇,蛇形扁长,故祭东方之圭为扁长形;祭西方的玉呈扁平状,上有虎纹;祭南方的璋,呈鸟形;祭北方的璜形似龟甲。

除祭祀外,玉器还作为帝王贵族的随葬。按照《周礼》,随葬位置一般是"圭在左,璋在首,琥在右,璜在足,璧在背,琮在腹"。

如上所述,璧主要用于封爵、祭祀、馈赠等。至汉代,其用途更广,但仍不失为最珍贵之物。从史籍看,汉代册封已不用璧,而采用金印紫绶。

现在我们回过头来看一看日本出土的璧。在三云、须玖冈本及夜须町峰遗址出土的玻璃璧,均为谷纹璧。谷纹璧在中国的战国时代最盛行,再考虑到与玻璃璧相伴出土的铜镜大多是西汉镜,其中重圈彩画镜是战国末至西汉初的铜镜,雷纹镜、草叶纹镜为西汉前半至中期的镜。据此可推断,奴国、伊都国地区与中国战国时期的北方诸国已有密切关系，至秦汉之际，交往更密切。玻璃璧传入的时间，最早可以追溯到战国时期，最晚也不会迟于西汉前半期。最珍贵的璧的授予，反映了奴、伊都等国在中国统治者眼中的地位。虽不能说接受谷纹玻璃璧的奴国王、伊都国王已被纳入《周礼》中所说的子爵，但是可以肯定，它象征着奴国、伊都国已进入中国的册封体制。后汉光武帝时，奴国派使朝贡，史载："使人自称大夫。"我认为"大夫"之称，并非奴国使者擅自杜撰。在西汉，卿、大夫皆为高级官阶。如果将玻璃璧与"大夫"之称相联系的话，不是清楚地表明，在西汉时奴国已被授予"大夫"之爵了吗？

关于日本出土的玻璃璧的埋葬位置，据柳田康雄氏说，与铜镜置于死者周围（也包括死者的背部）。[1]这一点非常重要。夜须町峰遗址10号瓮棺出土的2片再生璧，其放置位置在遗体的上位。[2]这里所说的上位，可能是胸部，也可能是背部。中国《周礼》载，璧的随葬一般放在死者的背部，古代以背为阳，以腹为阴，璧的随葬位置最为尊贵。由此推断，当时奴、伊都国的璧的随葬基本与古代中国相似。

从须玖冈本、峰两遗址的璧的出土，以及九州北部地区存在的铜镜片的分割与分布看，九州北部确实存在过高一级的王向低一级的王分封的事实。虽然尚不能肯定采取的是爵位制，但是这种分封很有可能是受到了古代中国封爵制的影响的。从这一意义上说，我们不能低估弥生中期时代，日本列岛先进地区的社会政治所达到的发展水平。

三、近畿地区的早期国家

公元1世纪前后，在日本经济较为发达的地区，相继出现了实力较强、地域较广的地域性国家，在九州北部，出现了《魏志·倭人传》中所载的邪马台国，而在近畿地区也有统一的地域国家存在。虽然关于近畿的地域国家是否存在没有详细的文字记载，却有丰富的考古资料可以佐证。近畿的地域国家乃是公元3世纪以后统一全日本的大和国的前身，因此，暂且称其为"古大和国"。

《魏书·倭人传》记载："女王国东渡海千余里，复有国，皆倭种。"从这一记载推测，魏国使节不曾到过女王国以东地区，但听说在距女王国东方千余里的地方也有国家。"皆倭种"强调了东方的国家与邪马台国之间人种上的一致性。考古

---

[1] 柳田康雄：《伊都的考古学——对外交涉的开始》，《大宰府古文化论丛》，吉川弘文馆1983年版。

[2] 高仓洋彰：《弥生时代社会的研究》，宁乐社1981年版。

资料表明,畿内地区的社会发展进程,并不迟于九州地区。正如本章第一节所述及的那样,从弥生时代前期末以后,畿内的社会发展已逐步地向原始小国迈进。大和、河内、大阪湾地区存在的诸小国群,成为更大范围的古大和国的基础。

畿内乃至近畿地区的社会发展进程,基本上是与九州北部同步的,其之所以能够迅速发展,是由多种因素决定的。

首先,以大阪湾地区为中心的地域,可以从多种渠道吸收外来文化。由南太平洋北上的黑潮,在日本列岛以南的海域,分成两支北上,其主流沿日本列岛东侧的太平洋北上,另一支流通过对马海峡进入日本海,沿日本列岛西侧北上。这种海流,使畿内地区有可能从三个方向传入大陆文化:一是从东侧,随北上的太平洋黑潮通路;二是从日本海沿岸通路;三是通过九州北部,途经濑户内海的路线。近年来,在近畿地区陆续发现了绳纹晚期的稻作文化遗物,表明近畿的稻作文明的起步时间和水平,与九州北部的是相当接近的。虽然并不排除近畿的稻作文明是经由九州传入的可能性,但是也不能否认存在着在传入九州前后直接从中国大陆传入的可能性。

其次,从绳纹时代起,近畿地区就是日本列岛东西文化的交汇点。冈田茂弘氏说:“近畿地区不是单一文化区,乃是东西日本的绳纹文化的接触地带,这便是这一地区的最大的地域性特征。”冈田氏曾以陶器为主对近畿地区的绳纹文化的变迁做了如下的归纳:

> 与近畿地区的早期前半存在的单一文化相比,进入后半期以后,靠太平洋地区受到东海地区陶器的强烈影响。而靠日本海的地区,不用说分布着与北陆、山阴地区有关系的陶器。一进入绳纹前期,与濑户内地区几乎相同的文化扩展至全域。这种倾向一直持续到中期前半期,在后半期则相反,受到来自东日本的影响,中期末种种形式的陶器分别存在于各地。到了后期初,再次日渐受到濑户内地区文化的影响;进入后期中叶,整个地区文化几乎与濑户内地区文化相同;一直延续到晚期末,最后与濑户内地区完全统一。[1]

绳纹时代的近畿地区对周边地域文化的开放,必然成为推进近畿地区弥生文化发展的重要因素。绳纹文化传统与稻作文化是畿内的地域国家得以形成和

---

[1] 冈田茂弘:《近畿》,《日本的考古学·绳纹时代》,河出书房1980年版。

发展的基础。过去学术界一直认为，畿内地区进入弥生时代，与九州北部有一定的时间差。可是越来越多的考古材料表明，九州北部与畿内地区几乎是同时进入弥生时代的。由于地域上的差别，两地的弥生文化具有不同的特征。

佐原真氏曾指出畿内弥生文化与九州北部弥生文化的不同特征，主要表现在祭器、墓制、随葬品、生产用具的出土数和村落变迁等方面。[①]祭器，畿内用铜铎，九州用青铜利器。畿内坟墓的随葬品很少，而九州北部却十分豪华。铁器的出土数，畿内少，九州北部多。村落和墓制，九州北部变化大，而畿内相对比较稳定。如何看待畿内文化的稳定呢？稳定性是否意味着后进性呢？对此，早在1986年，我在日本出版的《古代日本》一书中，曾经有过如下的看法："在一定历史时代，关于社会的变化与稳定，不能作简单的肯定或否定，要看变动与稳定是否对社会的前进有利。若社会不断地变动，却不能促进社会的前进，当然不能予以肯定，相反，社会稳定而墨守成规，拒绝吸收新文化，这样的稳定当然也不值得肯定。事实上，九州北部的不断变化是不断吸收先进文化的结果，这不仅对九州北部，而且对全日本的社会发展有利。畿内地区的稳定性也不是停滞不前，而是在该地区的原有文化的基础上，消化新的外来文化的结果。"[②]

畿内地区的稳定性和九州地区的变化性，是与东亚世界的形势变化、文化传播的程度有直接关系的。公元前5世纪以后，中国的政局经常处在动乱之中。动乱的政局促使社会人口的流动。人们为了生活的安定和躲避剥削、赋课，纷纷逃亡，寻找人间乐土。东方的朝鲜半岛及日本列岛是北方的齐人、燕人以及长江下游的吴越人移动的去处之一。随着集团的或非集团的移民流动，相应的地域文化也传了进去。自绳纹时代后期以来，畿内和九州北部都与大陆文化发生接触，而由于九州北部更接近大陆，受到大陆文化的冲击尤其猛烈。当一种新的文化传入以后，未及消化，又有一种更新的文化输入进来。这种不断变化的新的文化，有的是随着朝代的更替而变化，有的是随地区的不同而变化。常常是几种文化同时影响九州北部地区，九州北部的弥生人对许多外来的东西来不及消化和融合，就生吞活剥地接受了下来。这就是九州北部的弥生文化变化性大的根本原因。与九州北部相反，畿内地区的地理位置与大陆相距稍远，虽然大陆文化也不断影响这一地区，但是，其影响并不像九州北部那样激烈。因此，这一地区的原有社会基础，没有像九州北部那样受到强烈的震动。畿内地区能够在绳纹文

---

① 佐原真：《铜铎与武器形祭器》，《铜铎与女王国时代》，日本放送出版社协会1983年版。

② 王金林：《古代日本——以邪马台国为中心》，六兴出版社1986年版。

化的传统基础上,有选择地、循序渐进地吸收和消化大陆文化。这也就是畿内弥生文化稳定的原因吧。变化性与稳定性所造就的日本弥生文化遗产,应该说是十分灿烂的。无论是九州北部的弥生文化,抑或是畿内的弥生文化,都可以无愧地列入当时东亚最高的文化领域。不过,九州北部的弥生文化之中,大陆文化因素占有重要的地位;而畿内的弥生文化中,弥生文化自身的因素非常突出。这种弥生文化的自身因素,既不是固守传统文化的旧习,也不是外来文化的照搬照抄,而是基于传统文化和外来文化的一种再创造。关于这方面的问题我在后面还要详述,在此就不再赘述了。

概括地说,畿内弥生文化是在绳纹文化基础上,有选择地吸收外来文化,逐渐发展而成的。地域国家的诞生与发展,都必须有相适的经济基础。弥生时代,近畿地区的生产水准如何呢?下面拟从稻作农耕的水平、生产工具、冶炼技术三个方面加以考察。

第一,稻作农耕。据都出比吕志氏的研究,古代日本的水田,概括起来有A、B两种类型。[①]"A型,以板付(福冈)、登吕(静冈市)两遗址为标式,大块水田内不再划分小块水田。这种类型的水田皆用木桩、矢板加固畦埂。这种类型处在地下水位高的地方。""B型,以服部遗址、百间川遗址为标式,大块水田内再划分小块田。这种类型建在冲积地和台地的缓倾斜地上,畦埂中筑有水口。"[②]实际上,A、B型水田,在近畿地区是并存的。滋贺县大中湖南遗址、京都府森本遗址、冈山县津岛遗址的水田遗迹均属A型,滋贺县服部遗址、冈山县百间川遗址的为B型。服部遗址是琵琶湖东岸的一个据点集落。这里发现了弥生时代前期的水田260块,被确认的总面积达到18700平方米。

冈山县百间川原尾岛遗址,不但揭示了弥生时代近畿地区的水田技术,而且揭示了当时的农村风貌。在遗址的微高地,考古学者发现了从前期至后期的住居址与生活设施,其中竖穴住居28间、立柱建筑物13栋、水井24口、土圹245个、沟109条,在微高地的边缘和低地带是水田区,弥生时代中期和后期的水田遗址上下相重叠。水田区内发现了用畦埂分割的小块水田、水渠堰、水口等。[③]小块水田标志着耕作技术的精细化,大块水田适宜于粗耕,小块田适宜于细耕。与小块田相适应,秧田育苗、插秧法也出现了。有的学者依据出土的木器农具,认为

---

① 都出比吕志:《古代水田的两种类型》,《展望亚洲考古学》,新潮社1983年版。

② 坪井清足监修:《图说发掘话日本史4》,新人物往来社1985年版。

③ 冈山县教育委员会:《旭川放水路(百间川)改修工事发掘调查》Ⅰ—Ⅴ,1977—1984年。

弥生后期已开始采用插秧法[①]，有的则认为弥生中期至后期秧田育苗已经普遍化。[②]更有说服力的是，在百间川原尾岛遗址发掘出成把的稻秧痕[③]，这说明插秧方法在弥生时代中期的近畿地区已开始实行了。插秧法的采用，是稻作农耕生产技术的一次飞跃。因为它标志着选种育树、水温掌握、水田整理等一系列技术的提高。这种技术的直接影响，就是产量的提高。其保证了社会的稳定，生产领域的分工更趋细化。最明显的表现就是保证人们衣着的家庭纺织业的发展。以大阪府和泉市池上遗址为例，在这个被称为"弥生模式村"的遗址内，发现了居住址 11 栋、干栏式建筑物 3 栋、沟 30 条、水井 13 口、方形周沟墓 10 座、陶棺墓 13 座、包括墓在内的土圹 100 座，以及石、木器农具等。此外还发现了纺织工具——织机 54 件、纺锤 1 件。[④]这表明农耕以外家庭纺织也相当兴盛。

第二，生产工具。弥生时代近畿地区的生产工具，主要是石、木、铁器。随着时间的流逝，由前期到后期，石、木工具数量日渐减少，而铁器工具日渐增多。大量木、石器的存在并不能说明铁器工具尚未应用，从弥生早期的唐古遗址、瓜破遗址中出土的木器可知，铁器已经被应用。如果没有铁器工具，是制作不出那么精细的木器具的。出土的木器主要是锹、锄、无齿耙、槌、杵、臼等。石器主要有双刃石斧、柱状单刃石斧、扁平单刃石斧、环状石斧、石锥、石小刀、叩石等。[⑤]一般情况下，锹是根据土质，采用不同的角度被安装在柄上的。60°角安装法，适用于深耕。[⑥]唐古遗址发现的一种万能锹是一种五齿农具，装柄的榫眼周围有船形隆起，锹身和柄的角度是 70°，是适于黏土土壤作业的工具。[⑦]掘土的锄，在唐古、瓜破、池上、爱知县的瓜乡、京都的深草等遗址中均有大量出土，而且还有大量的半成品。无齿耙是水田农具。这种农具在大阪府池上遗址中有发现[⑧]，在唐古遗址中也有类似的农具出土。[⑨]

① 木下忠：《农具》，《日本考古学·弥生时代》，河出书房 1980 年版。

② 近藤义郎：《弥生文化论》，《日本历史 I》，岩波书店 1962 年版。

③ 日本考古学协会：《日本稻作农耕的起源与展开》，学生社 1991 年版。

④ 冈山县教育委员会：《旭川放水路（百间川）改修工事发掘调查》I—V，冈山县教育委员会 1977—1984 年版。

⑤ 窪田藏郎：《铁的考古学》，雄山阁 1979 年版。

⑥ 木下忠：《农具》，《日本考古学·弥生时代》，河出书房 1980 年版。

⑦ 小林行雄、末永雅雄：《木器类及植物制品》，《京都帝大文学部研究报告》1943 年第 16 期。

⑧ 坪井清足监修：《图说发掘话日本史 4》，新人物往来社 1985 年版。

⑨ 木下忠：《农具》，《日本考古学·弥生时代》，河出书房 1980 年版。

近畿地区出土的铁器,数量上不及九州地区。出土的弥生时代的铁器,九州地区共344件,近畿地区80件。[①]但是,出土数的多与寡并不能说明实际的使用状况。在大阪府堺市四池遗址[②]、兵库县明石市玉津町吉田遗址D地点[③]、奈良县唐古遗址中,先后发现了弥生前期的刀子、板状铁制品、棒状铁制品、刀子柄等铁器[④]。全日本出土的3世纪时的铁制武器,九州占37%(福冈22%、佐贺15%),畿内占30%(奈良10%、京都14%、大阪6%)。[⑤]九州与畿内并无太大的差距。从以上情况推测,近畿地区出土量少,可能与近畿地区的酸性土壤不宜保存铁器有关。

第三,冶炼技术。弥生时代的冶炼中心,主要在九州和近畿两个地区。冶炼技术分为两个方面:铁器的冶炼和铜器的冶炼。

日本大约从弥生时代前期就已开始使用铜器,那时大部分铜器是从中国传入的。中期以后,开始自己生产铜器。九州地区以仿制中国的镜、剑、戈、矛为主。近畿地区则以制造铜铎为主。关于铜铎的制作,过去一直认为畿内是唯一制作地。可是,1980年以后,在九州北部的佐贺县安永田遗址、福冈县赤穗浦遗址等地也发现了铜铎铸型。说明在制作高精度的铜铎技术方面,两地的水平是相当的。虽然九州地区出土了铜铎铸型,但是仍然改变不了近畿地区是铜铎制作中心的地位,正像近畿发现剑、戈铸型也改变不了九州地区的铜利器制作中心的地位一样。据统计,在近畿和九州发现的铜器铸型如下:

近畿 铜铎33件 80.5% 铜利器4件 6.0%

九州 铜铎8件 19.5% 铜利器58件 94.0%

出土数和百分比,清楚地表明了两个不同的青铜器制作中心的特点。铜铎的冶炼技术要比制作青铜利器的技术高。其主要表现为:①铜铎中的锡的含量比青铜器中的锡含量少,熔点因此比较高。②形态复杂。"铜铎是由身、鳍、纽三部分组成的。鳍、纽上饰有左右对称的饰耳。多数铜铎有十个穴孔。"[⑥]③纹饰复杂多样。铜铎全身大多铸有纹饰,主要以流水纹、袈裟纹为主。此外还有绘画

---

① 窪田藏郎:《铁的考古学》,雄山阁1979年版。

② 窪田藏郎:《铁的考古学》,雄山阁1979年版。

③ 直良信夫、小林行雄:《播磨国吉田史前遗址研究》,《考古学》3—5,河出书房1932年版。

④ 末永雅雄等:《大和唐古弥生式遗址研究》,《京都帝大文学部研究报告》1943年第16期。

⑤ 金关恕监修:《邪马台国十三解》,《历史群像特别编集》,学习研究社1989年版。

⑥ 镰木义昌:《祭祀与信仰》,《日本考古学·弥生时代》,河出书房1980年版。

纹、锯齿纹、连涡纹、带纹等。这样复杂的样式和纹饰,如果没有高超的技术是难以达到的。

由于铁器发现量少,所以关于近畿地区的铁器冶炼技术,一直不甚清楚,然而,近年来随着考古发掘量的增多,这一地区的冶炼业的状况也日渐明朗。特别是在丹后半岛的峰山町扇谷遗址、京都府熊野郡函石浜遗址,都发现了铁渣。据新闻报道,从扇谷环濠集落遗址中出土的铁渣,形状如拳头,长6厘米、宽4厘米、厚3厘米,表面呈凹凸状。经鉴定,这是用砂铁系原料锻造铁器时的铁渣。扇谷遗址内还出土了大量半成形的管玉。推测这里是一个生产劳动工具和生活用具的作业点。[①]在冈山县弥上也发现过铁块。[②]另外,在以近畿为中心的弥生中期至后期的遗址中,发现过近20例板状铁斧。这说明弥生时代中期开始,近畿地区确实已经掌握铁的冶炼和铁器生产技术。

近畿地区弥生时代的墓葬,大体上经历了如下类型:土圹墓、壶棺→方形周沟墓→坟丘墓→古坟。土圹墓、壶棺是弥生时代前期至中期时的墓葬。通常在一个土圹内,埋葬1—3个壶形陶棺。这种土圹式墓葬在琵琶湖西岸的南滋贺遗址、大阪平原南部海岸的黄金山遗址、日明山遗址,以及大阪府安威遗址、六甲山南斜面的会下山遗址、兵库县名古山遗址中均有发现。[③]另外,在奈良县、大阪府、兵库县、京都府的多处遗址中还发现过"合盖陶器"。弥生前期后半以后,新的方形周沟墓开始出现在近畿地区。东大阪市瓜生堂遗址中的2号墓,在150平方米的坟丘部,共埋葬了3组男女夫妇木棺,还有6个小型瓮棺。这是一座以夫妇为核心的三代墓葬。[④]方形周沟墓的随葬物很少,贵重遗物更是少见。但如果从方形周沟墓墓域、坟墓规模的大小,与并存的土圹墓做比较的话,仍然可以看出弥生中期阶级分化的情况。例如大阪府宫前遗址内,土圹墓有100座,而方形周沟墓只有20座。瓜生堂弥生中期遗址中,方形周沟墓群与土圹墓群是截然分开的,有一条沟将两墓域分隔开,而且方形周沟墓有1米高的坟丘。这种差别,显然与阶级分化有关。

进入弥生时代后期,畿内地区出现了更显权威性的新墓式,这就是坟丘墓。虽然同为坟丘墓,但是坟丘的形式是不一样的,有的呈圆形,有的为方形台状,有

---

① 《京都的遗址发现锻冶渣》,《读卖新闻》,1984年1月14日。

② 冈本明郎:《弥生时代金属生产的技术·社会问题》,《古代吉备4》,古代吉备研究会1961年版。

③ 田边昭三、佐原真:《近畿》,《日本考古学·弥生时代》,河出书房1980年版。

④ 石川日出志:《弥生人的墓与社会》,《弥生人与祭祀》,六兴出版社1990年版。

的为中心部圆形、两侧方形突出的双方中圆形。具有代表性的坟丘墓为大阪平原的加美遗址1号墓、西条古坟、冈山仓敷市的楯筑坟丘墓等。坟丘墓的出现,最早可以追溯到弥生中期后半。位于大阪市东南部的加美遗址中的1号坟就是一例。[①]加美遗址1号墓的规模,南北约26米,东西约15米,高约3米,并有宽6—10米、深0.6—1米的周沟环绕。坟丘上葬有长2米左右的成人木棺14座,1米左右的小型(儿童用)木棺9座。木棺中发掘出了铜剑、玻璃玉。在坟丘、环沟中还出土了陶器、石器和铁器。楯筑坟丘墓的坟丘形态具有特殊性,即"中心坟丘部分是圆形,两侧是方形。其圆丘部的直径约50米,推测全坟全长80米"。内有木椁墓室,埋木棺,显然受到大陆墓式的影响。[②]播磨平原的西条52号坟则是圆形坟丘的石椁墓,调查报告载,石椁床面铺砾石、散朱丹。坟丘高1米,径20米。从主体部出土的遗物有铁剑1把、内行花纹镜1面、弥生式陶器片等。[③]在坟墓中同时出土铁剑、铜镜以及朱丹,这在近畿地区是十分少见的。铁剑和铜镜是权力的象征,朱丹则是信仰和富有的表现。

古坟的出现,许多学者认为是在4世纪初,然而有的学者认为在3世纪后半[④],代表性的古坟就是位于奈良盆地东南部的箸墓。这座古坟全长272米,后圆部直径157米,前方部宽125米。关于箸墓的建造,还有一段动人的传说。据《日本书纪》的记载,这是一个名叫倭迹迹日百袭姬命的坟墓。[⑤]传说她是大物主神的妻子。她自从与大物主神成婚以后,一直没有在白天见过丈夫。丈夫总是在夜间来会妻子。一天,倭迹迹日百袭姬命对大物主神说:"没有在白天见过你,一直不清楚你的尊容。所以,今天请你不要走,留下住一宿,我想在天明时看看你美丽的容貌。"大神回答说:"你说得有道理,天一亮,我就藏入你的梳妆盒里,但愿你看到我的形状时不要吃惊。"倭迹迹日百袭姬命深感奇怪,待天一亮,她就打开梳妆盒一看,只见里面有衣带那样长的一条美丽的小蛇。她顿时惊恐万状,失声大叫。大物主神深感被辱,忽然变为人形,对妻子说:"你惊恐呼叫,令我羞辱,我马上就回去,以此来羞辱你。"说罢便登御诸山而去,倭迹迹日百袭姬命望之而悔恨,遂用箸(筷子)戳自己的阴部而亡。因此,时人称她的墓为箸墓。透过传

---

① 佐原真:《原始农耕的开始与阶级社会的形成》,《岩波讲座·日本历史1》,岩波书店1980年版。

② 关川尚功:《畿内的古代遗迹》,《历史群像特别编集》,1989年9月。

③ 西条古坟群发掘调查团:《西条古坟群调查简报》,西条古坟群发掘调查团1964年版。

④ 白石太一郎:《造古坟的时代》,每日新闻社1989年版。

⑤ 《日本书纪》卷5,崇神十年。

说,看一看规模可观的墓域,能够想象3世纪时畿内王权的存在。

总之,土坊墓、方形周沟墓、坟丘墓、前方后圆墓的发展过程,就是近畿地区阶级社会产生和发展的过程,也就是近畿地区分裂的小国渐趋统一的过程。到了弥生后期,统一而强大的地域国家已屹立在近畿地区了。

沿濑户内沿岸的近畿、中国[①]、四国地区,在弥生时代的中、后期,出现了高地性集落。这种集落,大多建在标高数十米至数百米的山地上。如和歌山的向山(80米)、高地山(200米)、岩仓山(80米)、六甲山南斜面的五筒山(140米)、会下山(200米)、城山(250米)、保久良(175米)、伯母野山(200米)、生驹山西斜面的山烟(60—80米)、高尾山(鹰巢山,280米)、奈良县东大寺山遗迹(30米)等。关于高地性集落遗址的性质,多数学者主张其具有军事性质。[②]但也有学者认为是旱作农耕的村落。[③]考古学者小野忠凞氏曾经主张高地性集落是军事性遗址,指出这种军事性遗迹与《魏书》中所载的"倭国大乱"有关。[④]然而,又经过若干年的调查研究,他放弃了原有的主张,认为在高地性集落遗址中很少见到战争用具和设施,石镞的数量也不多,这种遗址无疑与旱地农耕有关。[⑤]与他的主张相反,田边昭三氏等人则认为,弥生中期时,以畿内为中心地区的石器武器,无论质还是量都有明显的发展,这种质和量的强化,是与多数高地性遗址的成立相呼应的。当然,他们也不排除存在旱作农耕的可能性。[⑥]

从至今已知的高地性集落的资料分析,我们既不能否认其军事性的特征,也不能忽略其农耕生产的客观事实。这种兼备军事和农耕的高地集落,究竟是什么类型的遗迹呢?我认为它类似中国汉魏时代的军事屯田。戍边和驻守军事要塞的军队,自己垦田种粮,以解决军粮。屯田兵战时作战,无战时务农。濑户内沿岸地区的高地性集落,似乎属于军屯遗址。因此,我把它称为"屯田型军事性高地集落",主要有如下根据:

第一,此类遗址集中在沿濑户内一侧的中国、四国、畿内地区,一般位于住居不便而能够远眺的地方,显然具有军事意图。第二,在高地性集落中发现了石、铜、铁武器和生产工具。石器主要是凸基石镞,这是一种有杀伤力的武器。它的

---

① 中国指中国地区,日本的一个区域概念,包括冈山、广岛、山口、岛根、鸟取5县。

② 田边昭三、佐原真:《近畿》,《日本考古学·弥生时代》,河出书房1980年版。

③ 小林行雄、佐原真:《紫云出》,诧间町文化财保护委员会1964年版。

④ 小野忠凞:《濑户内地区弥生式高地性集落及其机能》,《考古学研究》1959年第612卷。

⑤ 小野忠凞:《岛田川流域的遗址》,《岛田川》,山口大学岛田川遗址学术调查团1953年版。

⑥ 田边昭三、佐原真:《近畿》,《日本考古学·弥生时代》,河出书房1980年版。

重量与铜、铁镞相近，前端十分锐利。在会下山遗址中发现了铜镞、汉式三角镞和铁镞。[①]铁用具的出土例也不少，如兵库县伯母野山发现了凿形铁器，会下山遗址发现了铁斧、铁凿等20余件，大中、五箇山遗迹也有铁器发现。[②]这些武器与用具，反映了高地性遗址的武器和工具是当时代最先进的。这种情况与中国汉魏时的屯田相似。汉魏朝廷为鼓励军事屯田，往往为之配备较先进的武器和工具。第三，高地性集落的结构，反映了集落内部的阶层差别。如会下山遗址，据调查，山脊最高的地方建有村中最大的房子，而且在房后有用一抱大的石头建造的祭祀场所，大房子前发现了若干柱穴状的穴，显然是栅栏性的设施。[③]虽然还发现零星的家的遗址，但唯有大房子设备全，有青铜制的镞，房子内有大火炉，而其他房子内均无炉子。从中可以看到高地性集落中的阶层化差别。在弥生后期的大阪东山遗址，发现了层次不同的住居遗址，表明存在着军事屯田的阶层化。第四，在高地性遗址中发掘出铜铎、铜利器、铜镜、土制生殖器状的制品以及祭祀址等。这些特殊遗物，显然与农耕和信仰有关。

总之，"屯田型军事性高地集落"既反映了弥生中期至后期近畿地区的军事布防，也反映了农耕技术的进步和耕作范围的扩大。在其背后，有一个统一控制畿内乃至近畿地区的实力强大的王权。这个王权就是古大和国。

四、九州北部的统一地域国家——邪马台国

关于畿内地区古大和国的社会结构、国家政权结构，由于文字记载的贫乏，我们无法勾画出其确切面貌，而只能在考古资料的基础上，推测其发展程度基本上与九州北部的邪马台国相近。因此，邪马台国的社会、国家面貌，实际上就是认识古大和国（甚至还有别的地域国家）的社会面貌和国家政权结构的一面镜子。为此，下文着重剖析邪马台国的社会面貌和国家政权结构。

有的日本考古学者认为，弥生社会的结构可划分为三个阶段：一是由5栋前后住居构成的共同经营与消费的经济体，即单位集团；二是以水利为轴的制约各作业单位（经营单位）的更大的生产集团，即集落；三是受水系、地理环境制约，各生产单位相互结合的地域性统一集团，即农业共同体。[④]有的学者对此做了更为

① 村川行弘、石野博信：《会下山遗址》，《芦屋市文化财调查报告》，兵库县芦屋市教育委员会1959年版。

② 田边昭三、佐原真：《近畿》，《日本考古学·弥生时代》，河出书房1980年版。

③ 石野博信：《弥生的城与突出墓》，《为什么筑造古坟》，大和书房1988年版。

④ 近藤义郎：《共同体与单位集团》，《考古学研究》1959年第21卷。

深入的补充,认为弥生社会的集团构成也是三个阶段:一是以食生活为主的日常共同生活的家庭集团,这种家族集团的构成,在西日本由5栋左右的住居构成,在东日本则由7栋左右住居构成;二是若干住居群形成村落的地域集团,地域集团的机能是农耕地的维持和开辟新的耕地,共同祭祀,并对所属家族集团进行控制;三是"地域性统一集团",其机能是在开辟新农耕地、建筑水利设施时,有效地保障和调整地域集团间的权益。[①]上述三个发展阶段,也就是向阶级社会发展的过程。

考古学者所主张的社会集团组织,在《魏书·倭人传》中是否有所反映呢? 且看如下记载:

> 有屋室,父母兄弟卧息异处。……其犯法,轻者没其妻子,重者灭其门户及宗族。

由上述记载可知,在邪马台国时代,日本的社会基层,存在着"屋室""门户""宗族"等社会单位。"屋室""门户""宗族"之间显然有着亲缘关系。古代中国把"屋室""门户"都解释为"家",从《魏书·倭人传》看,"屋室""门户"虽都可用"家"来解释,但是"屋室"的家与"门户"的家在范围及地位上是不同的,"门户"的地位高于"屋室","屋室"隶属于"门户"。由此推测,"屋室"很可能就是家族集团的成员,相当于一个住居。"门户"系指家族集团,相当于一个居住群。《魏书·倭人传》中所载的"宗族",乃是若干个有血缘关系的"家族集团"的称谓。中国的《尔雅·释亲》载:"父之党为宗族。"《周礼·春官·大宗伯》载:"以饮食之礼,亲宗族兄弟。"由此可见,尊崇共同祖先的兄弟家族集团称为"宗族"。我国有的学者把宗族视为农业共同体。这种看法似不妥当。因为农业共同体已经超越了血缘关系。农业集团是数个或十数个宗族组合而成的。基于上述解释,我们完全可以推测出当时的基层社会结构。

地域集团(国),在弥生时代中期的九州北部和畿内已到处可见。对此,我在前文中已做了详细的叙述。各自独立的地域集团(国)为了扩大农耕地,争夺水源,争夺劳动力,彼此之间发生争战。就在这种争战中,出现了强者与弱者。强国逐渐成为某一大地域的霸主,弱国则被其兼并,成为其属国。邪马台国就是九州北部地区的霸主,其属下有近30国。依据上述分析可知,以九州北部为中心的

---

① 高仓洋彰:《弥生时代社会的研究》,宁乐社1981年版。

弥生中后期社会结构,自上而下呈如下模式:邪马台国(统一的地域集团)→国(地域集团)→宗族→家族集团→屋室。

当我们弄清邪马台国的社会结构之后,摆在我们面前的新课题是解明邪马台国的性质。要解明邪马台国的性质,需要从阶级关系、王与官僚制、租赋制、刑制诸方面入手。现在,首先来分析一下邪马台国的阶级关系。

九州北部地区,在弥生时代前期末已出现阶级差别,这已为考古资料所证实。中期以后,阶级分化更为明显。从《魏书·倭人传》的记载中,是否能看到具体的阶级关系呢?答案是可以的。从《魏书·倭人传》中可清楚地看到有关邪马台国存在着阶级、上下尊卑之别的记载:

> 诸国文身各异,(咯)尊卑有差。

> 尊卑各有差序,足相臣服。

特别是"尊卑各有差序"一句的"差序",系指"等级秩序"。说明当时已有人人必须遵守的等级秩序。《魏书·倭人传》虽然没有详细记述这种等级秩序,但是我们仍然不难从中找到这种秩序的梗概。《魏书·倭人传》中所能见的阶级有"王""大人""下户""生口""奴婢"。现对"大人"做一简略叙述。

大人。《魏书·倭人传》中有关"大人"的记载有三处:

> 见大人所敬,但搏手以当跪拜。

> 其俗,国大人皆四五妇。

> 下户与大人相逢道路,逡巡入草。

从上述三条史料可以看出,大人阶级中是分阶层的,最上层的称为"国大人",可能包括邪马台国及其属国的高级官吏,而"大人"则是对中下贵族的称呼,可能包括女王国及其属国中的中下官吏及有势力的家族集团的首长。他们拥有特权,一般臣民与之相遇,或避让,或跪拜。在婚俗上其娶妻纳妾之数也比臣民多一倍。国大人、大人与邪马台国王构成了统治阶级。

下户。《魏书·倭人传》中有关"下户"的记载有两处:

其俗,国大人皆四五妇,下户或二三妇。

下户与大人相逢道路,逡巡入草。传辞说事,或蹲或跪,两手据地,为之恭敬,对应声曰噫,比如然诺。

显然"下户"的社会地位低于"大人"。关于"下户"的阶级属性,我国学者间有不同看法:有人认为是自由民,或是农奴阶级;有的则认为是类似古代希腊斯巴达的希洛人奴隶,是一种农耕奴隶。其实,《魏书·东夷传》中也有关于"下户"的记载,其并非仅见于邪马台国,在高句丽、夫余、濊、韩等国中也多次出现。如:

(1)其国中,大家不佃作,坐食者万余口,下户远担米粮、鱼、盐供给之。(《高句丽传》)

(2)邑落有豪民,名下户皆为奴仆。(《夫余传》)

(3)有敌,诸加自战,下户俱担粮饮食之。(《夫余传》)

(4)自汉以来,其官有侯邑君、三老,统主下户。(《濊传》)

(5)其俗好衣帻,下户诣郡朝谒,皆假衣帻。(《韩传》)

有的学者认为,邪马台国的下户与上述各国的"下户"一样,不是自由民,也不是封建农奴,而是有家室、有耕种份地、缴纳地租的"下户分与地耕作奴隶"[1]。他们把邪马台国的"下户"遇到大人的卑躬屈膝的态度,以及与大人的臣服关系,说成是"下户"的人身完全被"大人"占有;把高句丽的"下户"挑鱼、盐、米粮供给国中的富户"大家"说成是奴隶给奴隶主的供养;还说《韩传》中的汉郡吏赐给下户"衣帻"也应视为给奴隶赐物。这种观点是难以接受的。因为无论是邪马台国的"下户",抑或是高句丽、夫余、濊、韩的"下户",从记载中是得不出"'下户'是奴隶"这个结论的。决定"下户"是奴隶还是农奴的主要依据是其人身依附的程度。如果我们仔细加以分析,从《魏书·东夷传》可知,"下户"有如下共同特征:第一,下户自有家室。下户的"户"字就是家庭之意。第二,"下户"的婚姻不同于奴隶,他们拥有娶妻纳妾的权利。第三,他们是社会财富的主要生产者,"种禾稻,苎

---

[1] 赵秉新等:《略论下户的身份问题》,中国日本研究会:《日本史论文集》,生活·读书·新知三联书店1985年版。

麻,绩绩蚕桑"。第四,他们有缴纳租赋的义务。邪马台国的租赋主要是下户缴纳的。高句丽的下户远担米粮、鱼、盐供养"坐食者",实际上也是租赋。第五,租赋源于土地。"下户"的耕地属何种性质的耕地呢?如果"下户"是奴隶的话,那么"下户"耕种的土地以及土地上的产品应全部属于奴隶主,但史料并没有提供这种事实。在《高句丽传》记载的"其国中,大家不佃作,坐食者万余口,下户远担米粮、鱼、盐供给之"中,我们应该特别注意"大家不佃作"句。"大家"系指身份高的有势有财之家。"佃作"系指从事租佃农耕。这句话的意思是高句丽的有势有地位之家是不从事耕作的。这种不事耕作的人多达万余人,他们的生活是由"下户"供养的。维持有势有地位之家生活的"下户",也可以称为"从事佃作之户"。所谓"佃作之户",租佃农也。中国的《六部成语·户部·佃户》注释说:"本身无田,租富豪之田而耕,佃户是也。"租富豪之田,按期缴纳实物租赋,绝不是奴隶制的剥削形式,而是一种带有封建性的剥削形式。第六,"下户"有人身自由。把邪马台国的下户见到大人要跪拜,回答问话时要"是,是"地应声,以及在道路上遇到大人要躲到草丛中,视为没有人身自由,是不对的。在封建时代,东亚诸国的平民百姓见到官吏或有势者不也是要跪拜、要避让的吗?这种尊卑之间的礼仪,虽然不能说对人身自由毫无约束,但是也不能说人身毫无自由。像《韩传》中所载,"下户"能够独自到汉在半岛设立的带方郡"朝谒",并接受郡衙赐予的"衣帻",怎么能说没有人身自由呢?第七,"下户"有支援军务的义务。《夫余传》所载"有敌,诸加自战,下户俱担粮饮食之"便是明证。综上所述,我认为,"下户"是类似农奴的劳动民众。

关于"生口",日本学界异说纷呈,有"生口是日本最早的留学生"说[1]、"好捕鱼腹者"说[2]、"捕虏"说[3]、"未开化人"说[4]、"奴隶"说[5]等。在中国,大多数人把生口与下户一起视为奴隶阶级。但也有不同的看法,我就是持不同看法者。我认为:邪马台国的"生口",其社会地位是不高的,卑弥呼第一次向曹魏贡献的"生口"是与班布一起赠送的。第二次台与献上的"生口"是与异文杂锦一起赠送的。依据记载,邪马台国的"生口"除具有奴隶的特性外,还具有另一面特性,那就是

① 中山平次郎:《〈魏书·倭人传〉的生口》,《考古学杂志》1928年第18卷第9期。

② 桥本增吉:《关于〈魏书·倭人传〉的生口》,《考古学杂志》1929年第19卷第1期。

③ 波多野永五郎:《生口是俘虏》,《考古学杂志》1929年第19卷第5期。

④ 市村瓒次郎:《〈魏书·倭人传〉解释——特别关于生口问题》,《史学杂志》1930年第41卷第3期。

⑤ 桥本增青:《生口问题再考察》,《史学杂志》1930年第41卷第5期。

他们是不能被任意杀戮的。相反,奴婢则是可以被任意残杀的。卑弥呼女王死时,殉葬奴婢达百余人,却没有一个"生口"殉葬。我认为不能被任意杀戮的原因是他们人数少,且掌握特殊技能。一般情况下,在外交上作为国家的赠物,大多是该国有特色的东西。邪马台国王把"生口"作为头等礼物送给曹魏,似乎表明"生口"并不是一般的奴隶,而是具有特种技能的人。这种人大体上是后来的大和国时代的品部民的前身。①

从《魏书·东夷传》可知,东夷诸国中,国家官僚机构较完整的只有三国,即夫余、高句丽和邪马台国。夫余有国王,国王之下设马加、牛加、猪加、狗加、大使、大使者、使者七官。高句丽,在国王之下有各级官吏,官名分别为相加、对卢、沛者、古雏加、主簿、优台丞、使者、帛衣先人等。与夫余、高句丽相比,邪马台国的官僚机构更为复杂。邪马台国自国王以下,设有中央、地方两级官吏,地方官吏根据地区的重要与否,或设四等官(邪马台、伊都国),或设二等官(对马国、一支国、奴国、不弥国、投马国)。设四等官的邪马台是国都所在,伊都国是国际交往的要道,又是中央派遣巡回官吏的常驻之处。伊都国的四等官中,包括《魏书·倭人传》所载的"世有王"的王。在女王的统属之下,伊都王虽然尚保留"王位",但已是女王国属下的地方政权的王了。

《魏书·倭人传》记载,女王卑弥呼统治期间,总揽国务的辅臣是男弟。大凡中央一级官吏,其官职前,皆有"大"字,分别管理国家政治、贸易、外交等。②中央一级官吏的设置是与国家机构的渐趋完善相适应的。

大倭。有的学者把大倭理解为"大和朝廷"③。这显然是汉文理解上的错误。《魏书·倭人传》是这样记载的:"收租赋,有邸阁,国国有市,交易有无,使大倭监之。"理解这段记载的关键是"使大倭监之"句中的"使"和"监"两字。根据中国典籍,"使""监"应做如下解释:

　　使　　《说文》使,令也。
　　　　　《正字通》使,……令人治事也。
　　　　　《广韵》使,役也,令也。
　　监　　《说文》监,临下也。

---

① 王金林:《古代日本——以邪马台国为中心》,六兴出版社1986年版。
② 王金林:《古代日本——以邪马台国为中心》,六兴出版社1986年版。
③ 栗原朋信:《邪马台国与大和朝廷》,《史观》1964年第70期,第2—35页。

《方言十二》监，察也。

《广韵》监，领也，察也。

很清楚，全句之意是"女王令大倭监察领导收租赋、交易之事"。如此看来，大倭应是统管全国经济的中央官吏。

当时邪马台国的贸易，尚处在物物交易阶段，没有出现货币。这种物物交易，一是国际性的，如制作青铜礼器和制作铁器的原料，是从大陆输入的，《魏书·弁辰传》载："国出铁，韩、濊、倭皆从取之。"这说明铁器原料主要来源于朝鲜半岛。二是国内贸易，主要是交流有无，如对马国以捕鱼为主，常以海产物乘船"南北市籴"。一支国产竹木，则以竹木换取食物。当时女王国属下的诸国均有交易市场，并有专职官吏管理，其秩序井然可以想象。大倭还掌管租赋、仓库。其情况后面还将叙及，在此暂不多叙。

大率。《魏书·倭人传》载："自女王国以北，特置一大率，检察诸国，诸国畏惮之。常治伊都国，于国中有如刺史。王遣使诣京都、带方郡、诸韩国，及郡使倭国，皆临津搜露，传送文书、赐遗之物，诣女王，不得差错。"从这条史料中，可以获得如下认识：①大率是女王特设的中央官职，其政厅所在地在伊都国。②其职责有二，一是负责巡察女王国以北诸国的政情及官吏的清廉与否。"于国中有如刺史"就是指的这一种职责。中国的刺史始于汉武帝时，直至三国时期，虽称谓屡有变化，或称刺史，或称州牧，但其职责并未变化，初为巡察官，东汉灵帝以后，掌握一州的军政大权。大率直接受命于女王，奖廉惩贪。正因为如此，诸国官吏都畏惧他。其职责之二是无论是女王国派往中国和朝鲜半岛诸国的使节，抑或是中国使节到女王国，大率都要到启程和登陆口岸检校证件和货物，凡赠送女王之文书和礼物，由其负责送给女王，不能有任何差错。由此看来，大率似乎具有海关官吏的性质。

大夫。对"大夫"一职，虽然学界曾对名称来源及其爵位做过考证，但对其在邪马台国内的地位和职责做过研究的还不多。数年前，我曾指出："大夫是管理外交事务的中央官吏。"[①]《魏书·倭人传》载："自古以来，其使诣中国，皆自称大夫。"就是说，凡出使中国的使节（指正使）都有"大夫"的头衔，如景初三年的正使难升米，正始四年的使节伊声耆、掖邪狗二人，皆为"大夫"。其后台与派遣掖邪狗送魏带方郡使张政返还，掖邪狗的官职依然是"大夫"。

---

① 王金林：《古代日本——以邪马台国为中心》，六兴出版社1986年版。

　　汉魏以前,东亚诸国中,有"大夫"称谓的国家,只有中国和倭两国。中国的"大夫"一职始于夏、商、周,当时有卿、大夫、士三阶官职。秦时,其成为赏封功臣的爵位之一。汉以后,成为中央要职之一,如御史大夫、中大夫、光禄大夫等。我以为,邪马台国的外交官的"大夫"之称是受了中国的影响。如果把邪马台国的辅臣(男弟)比喻为卿,那么次于卿的官职应该是"大夫"了。

　　大将(或称大军)。这一官职在《魏书·倭人传》中并无明确记载,这是依据《魏书·倭人传》中有关军事的记载推测出来的。弥生时期的中后期,九州北部和畿内都处于紧张的军事形势之下。畿内的高地性集落,九州北部的瞭望楼遗迹就是明证。邪马台国要统一九州北部,没有强大的军事力量作为后盾是难以实现的。同时,邪马台国的安全还经常受到邻近国家,如狗奴国的威胁,军事冲突经常发生。另据《三国史记》,3世纪时,倭国(实为邪马台国)还不断派兵侵犯朝鲜半岛南部地区。综上所述,无论对内,还是对外,邪马台国都必须有一支军队。当时,邪马台国与魏国外交接触的重点之一,也是军事问题。邪马台国使节出使曹魏时,魏王常授予官爵,所授官爵皆是军事官爵。使节难升米被授予率善中郎将,并赐以黄幢;都市牛利被授予率善校尉;掖邪狗被授予率善中郎将。授以如此高的军事职位,显然与邪马台国的军事立国有密切关系。从考古资料可知,在九州北部的33处弥生中期遗迹中,发现了157件铁剑、铁镞。[1]可见其军备也是先进的。

　　租赋是国家机构财政的主要来源,邪马台国是否已经有租赋呢?《魏书·倭人传》载"收租赋,有邸阁",证明当时不但有租赋,还有储存租赋的仓库。由于邪马台国尚无文字,所以不可能像奈良、平安时代那样有缴纳租赋的账籍遗留下来,可是储存粮食和财物的仓库遗构到处可见。在前述的吉野里遗址,发现了18栋干栏式仓库,其床面面积要比一般的仓库大2—3倍。据考古学者估计,在吉野里遗址调查范围以外的西侧,可能存在着大规模的仓库群[2]。大规模仓库群的存在,正是存在租赋制度的证据。

　　租赋制是建立在经济发展的基础上的,邪马台国的经济情况如何呢?

　　首先看看农业经济。弥生时代,九州北部的稻作农耕技术水平的先进性,已是众所周知的事情。当时稻作农耕技术的先进与否,主要表现在水利设施、水田的构造和生产工具上。

---

① 吉田晶、永原庆二:《学习日本史》,有斐阁1975年版。
② 佐贺县教育委员会:《环城河村落吉野里遗址概况》,吉川弘文馆1989年版。

《魏书·倭人传》载:"种禾稻、苎麻、蚕桑、缉绩,出细苎、缣绵。"这段简洁的文字,为我们描绘了一幅美丽的农村景象:田间长着绿色的禾稻,竖穴住居前后栽着桑树,蚕室里发出轻微的"沙沙沙"的蚕吃桑叶的声音,有的女性正以苎麻、蚕丝为原料,在编织布和绢。农村一片繁忙和兴旺。

邪马台国时期虽然仍在使用石、木器,但铁器已相当普遍。据1977年以前的统计数据,九州地区发现铁器的遗址有110处,遗物344件,其中铁制工具55件、铁制农具39件。①铁制农具主要是铁镰刀、铁锄和铁锹。"铁镰的应用说明水稻的收割法由摘穗法进入根割法阶段,铁锄、铁锹的应用表明农耕的地域更广、耕地面积的扩展和粮食收获量的增加。"弥生人的铁器拥有量,以福冈县三云地区弥生后期居住遗址发掘数统计,番上的9户住居址出土8件铁器,仲田的16户住居址出土5件,加贺石的1户住居址出土1件。②实际拥有量肯定还要高。正是铁工具的广泛使用,以及水利设施的完善等技术水平的进步,使邪马台国农业收成量日渐提高,使人们除食粮之外,还可以酿酒。

邪马台国的租赋制度就是建立在农业经济发展的基础上的。

邪马台国已存在刑罚。"其犯法,轻者没其妻子,重者灭其门户及宗族。"《魏书·倭人传》的记载虽然简单,但是"轻""重""没""灭"寥寥几个字却表明了刑罚的等级。《魏书·倭人传》虽只记载了"没妻与子"和"灭门户和宗族"两种刑罚,但如果参照《日本书纪》早期皇纪的记载可知,除"没妻""灭门户""灭宗族"外,还有"神祇探汤""死罪""科墨""火刑""贬姓""杖流""赐死"等。

从《魏书·东夷传》的记载分析,当时东亚诸国中除中国外,刑罚以夫余、邪马台国最为完善。夫余国的刑罚有三:一是杀人者处以死刑,并没家人为奴婢;二是盗窃者以偷一罚十二处置;三是男女淫、妇女妒,皆被杀,凡被杀者皆抛于山岭,直至腐烂。家族收尸,要以牛马相赎。邪马台国尚无法律文书,但是社会上下必须遵守的刑罚的存在,实际上就是一部不文律。

基于上述叙述,现在来看一看邪马台国的社会性质。关于邪马台国的性质问题,多数学者主张邪马台国是一个部落联盟国家。卑弥呼女王是受到各部落首长制约的统治者。

邪马台国是一个部落联盟国家吗? 我认为不是,它是一个统一的地域政权,女王(通过男弟)实施集中统治。其根据是:第一,经济、外交、军事大权都掌握在

---

① 窪田藏郎:《铁的考古学》,雄山阁1979年版。
② 福冈县教育委员会:《三云遗迹》,福冈县教育委员会1980、1981、1982年版。

女王手中,具体事务皆由女王任命的大倭、大夫等中央官吏行使。如果说,卑弥呼是受到各部落首长制约的人,她怎么能够派大率去监督、管理诸国的集市贸易呢?第二,女王属下的地方官吏皆受到女王的监督与控制。即使是伊都国的王也不例外,"伊都国……世有王,皆统属女王国"。"统属女王国"的意思十分清楚,是指伊都国的历届王,均归属女王国。如果伊都国王与卑弥呼是平等的各自部落的首长,那么伊都国王怎么可能被女王国统属呢?同样道理,其他各国也是如此。卑弥呼对各地方官吏的监督与控制是通过"大率"来实现的。"(大率)检察诸国,诸国畏惮之。"如果邪马台国是一个联盟国家,各国在联盟内是平等的,那么,卑弥呼有什么权力来监督各国呢?各国又有什么必要对女王派遣的检察官畏惧呢?这种畏惧不正说明女王对各国官吏的威慑与权威吗?第三,卑弥呼死后的葬仪特殊。《魏书·倭人传》中对各级官吏(包括伊都国王)的葬仪并无特别记述,唯卑弥呼的葬仪有突出记载:"卑弥呼以死,大作冢,径百余步,殉葬者奴婢百余人。"这种特殊规格的坟墓与殉葬,反映了邪马台国王的至高地位,这是其他诸国官吏望尘莫及的。如果说,其他诸国首长与卑弥呼地位相同,那么他们死后为什么没有百余步大冢和百余奴婢殉葬呢?这只能说明,他们是卑弥呼之下的臣、吏,其葬仪规格是不能超过她的。

再来分析一下邪马台国内的两次大乱。第一次大乱发生在男王统治末期,根据《后汉书》《北史》《太平御览》等中国史籍,这次大乱发生的具体时间,在公元160年至170年。第二次大乱发生在247年。两次大乱相隔七八十年。《魏书·倭人传》告诉我们,邪马台国有三任国王,第一任男王,统治七八十年;第二任女王(卑弥呼),也统治了七八十年;第三任又是女王(台与),在位多少年不详。邪马台国的两次大乱,都是在稳定七八十年之后,在王位更替时发生的。因此,我认为大乱与王位有关。第一次"倭国乱,相攻伐历年",为的是争夺男王之后的王位。互相火拼的对立集团,可能是邪马台国上层有势力的集团,男王世系集团要继续执权,反男王世系的集团则要乘机篡夺王权。由于势均力敌,历年攻伐而无结果。最后抬出卑弥呼以缓和矛盾。我考虑卑弥呼的出身很可能是介于两个有势力集团之间的有力的贵族阶层家庭。第二次大乱,问题也出在王位上。有的要"更立男王",有的则不服,反对男王执政。反对者中肯定会有卑弥呼世系的势力。前已叙及,卑弥呼统治期间对各级官吏的控制是极严的,可以想象在动乱发生时,卑弥呼世系的势力集团对反对者进行了镇压,《魏书·倭人传》中的"当时杀千余人",就是指被镇压的人数。由于卑弥呼世系的势力集团控制着中央,所以卑弥呼宗女台与继承了王位。在东亚诸国的古代历史上,贵族集团之间为争夺王位而大动干戈造成国内混乱的事是屡见不鲜的。邪马台国也不例外。站在邪马台国是一个粗具规模的阶级国家这一观点来认识两次大乱,问题就简单而明了了。

第二节 秦汉时代的中日关系

一、春秋战国时代,中国沿海民的东渡

提起倭、倭人的起源问题,多数人会毫不怀疑地说,"倭"就是古代日本,"倭人"就是居住在日本列岛的古代日本居住民。"倭人"果真是一直居住在日本列岛的古代原居住民吗? 近年来,不少学者对此提出了新说。提出新说的日本学者,据笔者所知,有井上秀雄[1]、角林文雄[2]、田中胜也[3]、江上波夫[4]、国分直一[5]、山尾幸久[6]诸氏,他们的观点虽然各有不同,但都认为,古代的倭人不仅生存在日本列岛,而且在朝鲜半岛、中国沿海地区均有居住。中国学者提出新说的有李江浙氏(《倭人考》)、董楚平氏[7]。他们都主张,倭起源于中国。

最早记载倭人的中国史籍是《山海经》,其次是《论衡》《汉书》。现在让我们看一看这些古籍中有关倭人的记载:

(1)《山海经·海内东经》:钜燕在东北陬。盖国在钜燕南、倭北,倭属燕。

(2)《论衡·恢国篇》:成王之时,越裳献雉,倭人贡畅。

(3)《论衡·儒增篇》:周时天下太平,越裳献白雉,倭人贡鬯草。

(4)《汉书·地理志》:夫乐浪海中有倭人,分为百余国,以岁时来献见。

---

[1] 井上秀雄:《中国古典的朝鲜与倭》,《倭与倭人的世界》,每日新闻社1975年版。

[2] 角林文雄:《倭与韩》,学生社1983年版。

[3] 田中胜也:《环东支那海的神话学——倭韩始祖传承》,新泉社1984年版。

[4] 江上波夫:《东亚倭人的起源与活动》,《从倭人国到大和朝廷》,平凡社1984年版。

[5] 国分直一:《倭与倭种的世界》,《东支那海之道——倭与倭种的世界》,法政大学出版局1980年版。

[6] 山尾幸久:《〈日本书纪〉中的朝鲜》,《共同研究日本与朝鲜的古代史》,三省堂1975年版。

[7] 董楚平:《吴越文化新探》,浙江人民出版社1988年版。

以上四史料中,唯(4)是反映汉时日本列岛状况及其时中日关系的。对此,学界观点比较一致。史料(1)(2)(3)说的是周、春秋战国时倭的地理位置,以及倭人与周的关系。对此,学者间观点不一。分歧点主要是倭人、倭是不是在日本列岛的问题。为弄清此问题,有必要对上述史料做一细致的分析。史料(1)中的关键问题是"盖国"在哪里? 许多学者认为"盖国"在朝鲜半岛,理由是它在钜燕的南方,方向上正好在朝鲜半岛,同时,朝鲜半岛有两个盖马县(《汉书·地理志》"玄菟条"),高句丽又有"盖马大山"(《后汉书·东夷传》),盖马即盖国。[1]若依此说,则有如下问题难以解决:一是中国古书中并无将"盖马"简称为"盖"的资料[2];二是若盖马在朝鲜半岛的东北部,方位与"在钜燕南"相违;三是《山海经》将燕、盖、倭三国均作为"海内"国家。若将倭作为日本列岛国家,似与《山海经》原意相背。井上秀雄氏认为倭在中国东北的南部。井上氏此说的主要根据之一是《后汉书·乌桓鲜卑列传》中的一条史料。这条史料说,鲜卑族王檀石槐于178年西攻酒泉,其时,见乌侯秦水,长数百里,水流不停,河中又有鱼,但当地人不懂捕捞技术,无法捕捉。因"闻倭人善网捕,于是东击倭人国,得千余家"[3],并将他们迁移到秦水,命令他们捕鱼以补当地粮食不足。井上氏据此认为这里所说的"倭人""倭人国"就在中国东北的南部。关于《后汉书》的这条史料的可靠性,沈仁安氏指出,此处的"倭人""倭人国",系《后汉书》的笔误,"倭人""倭人国"乃是"汗人""汗国"之误,倭在中国东北的南部说也难以成立。[4]《山海经》中的"倭"究竟在哪里? 董楚平氏提出的新说[5],颇有说服力。他说"盖国"就在山东省的曲阜,古代为奄国之地,先秦古籍"奄""盖"相通,为同声字。《墨子》《韩非子》均载有周公伐商盖的事。"商盖"就是"商奄",也即曲阜的奄国。曲阜位于燕正南部,与《山海经》的"盖国在钜燕南"的说法相一致。"倭"字在中国古代有三种读音:读作 wěi、读作 wō、读作 wǒ。其中,wǒ 音与"越"的古音相近,wō 音与"瓯"的古音相近。越、瓯属同族,由此推知,越、瓯、倭很可能是中国东南地区的同族土著民。《山海经》似是南方人之作。《论衡》的作者王充是会稽(古越地)人,对"倭"的了解必然比其他人清楚。根据上述分析,董氏认为大概在春秋以前,江南的土著居民称

---

① 郝懿行:《山海经笺疏》,巴蜀书社1985年版。

② 董楚平:《吴越文化新探》,浙江人民出版社1988年版。

③ 《后汉书·乌桓鲜卑列传》。

④ 沈仁安:《倭国与东亚》,六兴出版在1990年版。

⑤ 董楚平:《吴越文化新探》,浙江人民出版社1988年版。

"倭",春秋以后称"越"。江南的倭与燕有往来关系。如此,"盖国在钜燕南、倭北,倭属燕"就很容易理解了。日本列岛的倭是从中国江南地区东渡过去的。

若按董楚平氏的解释,《论衡》中的"倭人"也容易理解了。这个"倭人"也不是日本列岛上的"倭",而是与越同族的中国江南地区的"倭"。"倭人"贡献的"鬯草""畅"是一种珍贵的香草,叫郁金香,中国古代用此草酿制祭祀用的香酒。没有听说古日本有此草,而中国的江南和西南地区则有此草。

原住在江南地区的"倭人",后来逐渐地向江南以外的地区发展,其中有的迁徙到朝鲜半岛南部和日本列岛西部地区。

东亚各国间,人与人之间的交流、迁徙是常有的事。从旧石器时代起,这种交流、迁徙就已开始。这可以从许多石器遗物的共通性中获得佐证。中国古籍中记载的最早的迁徙,是殷商时期的箕子东走朝鲜。《尚书大传》《史记》载:箕子是商纣王的叔父,官至太师。商朝末年,纣王昏庸侈靡,国事皆衰,箕子向纣王进谏直言,纣王不但不听,反而把箕子打入牢狱。周朝灭商,周释放箕子。于是箕子东走朝鲜半岛,周武王封其为朝鲜侯。箕子原为商的高官,具有较高的文化水准和治政能力,因此,他在朝鲜半岛有诸多政绩。他教民以礼义和农耕、蚕桑,并制定《乐浪朝鲜民犯禁八条》。八条犯禁的内容,今可知的只有三条,即"相杀者,以当时偿杀""相伤者,以谷偿""相盗者,男没入为其家奴,女子为婢,欲自赎者,(每)人五十万(金)"(《后汉书·濊传》)。其治政严明,最终使社会安宁,无人偷盗,甚至无须闭锁门户。

箕子东走朝鲜半岛,发生在公元前11世纪。此事虽与古代日本并无直接关系,但是,我们从这一事件可以得到启发,即商周之时,中国辽宁、山东、江苏、浙江沿海一带的东夷人(其中包括倭、越)也有不少从海路东渡朝鲜半岛南部及日本九州与日本海沿岸地区。日本绳纹人的一些习俗,如拔齿、断发文身、玉玦、勾玉等等与中国沿海各族民俗相似,便是极好的例证。

秦汉以前,长江中下游地区的居住民,主要是越人,由于部落众多,故又有"百越"之称。此外,在长江以北渤海以南的沿海地区,也有古越(倭)族的后裔。在中国历史上,越人的大量迁徙发生在公元前4世纪左右,当时因为战国拼战,社会难以安定,人民苦于战争。公元前496年,吴越于槜李(今浙江嘉兴西南)会战,吴军大败,吴王阖闾受伤至死,其子夫差继位。公元前494年,吴越再战,越国大败。越王勾践"卧薪尝胆"10年,最后乘吴国军兵北上争霸,境内兵力空虚之机,率兵攻入吴都,吴国请和。公元前473年,越国又攻吴国,吴国亡。灭吴之后,越王步吴王后尘,北上争霸,与齐晋诸侯会于徐州(今山东滕州)。当时,"越兵横行于江、淮之间，诸侯毕贺，号称霸王"(《史记·越王勾践世家》)。越王无疆(公元前342—公元前333在位)时，越又发兵，北伐齐，西伐楚。结果，越军大败，无疆被杀，楚军占领吴越之地。《史记》载："越以此散。"

　　长江下游的越人发生大迁徙。迁徙的路线有两条：一是南下，散布于湘、粤、南海，然后沿西江进入广西、云南地区。《汉书·地理志》师古注，"自交趾至会稽七八千里，百越杂处各有种姓"。百越杂处就是越灭亡以后形成的。二是由海路至朝鲜半岛和日本列岛。

二、秦汉人的渡日

　　有关徐福的传说，载于《史记》的"秦始皇本纪""封禅书""淮南衡山列传"中。根据这三处记载，有关传说的梗概大致如下：

　　秦始皇统一天下之后，生活上日渐奢侈，筑宫室，造坟墓，更想长生不老。公元前219年(始皇二十八年)，秦始皇东巡泰山，并东至芝罘，南至琅琊，筑琅琊台(今山东黄岛区南)，所到之处，立石颂扬自己统一天下的功绩。燕齐地区早有仙人、不老药的传说。秦始皇巡游其间，屡有听闻。及至琅琊台刻石毕，果然有一名叫徐福(也作徐芾)的齐人上书始皇帝。上书说：大海中有蓬莱、方丈、瀛洲三神山，上面有仙人居住，请准命其前去求仙人赐以长生不老之药。秦始皇欣然允准，但徐福船队至海上遇风未能成功。公元前218年(始皇二十九年)，秦始皇又东游，东至芝罘。始皇此行，显然与徐福入海求仙药有关。可是，徐福入海求仙药之事，一无所得，且费资甚多，徐福害怕秦始皇怒。于是见始皇时，编了一套谎话，说他曾进入海中神山，见到了大神，大神要求贡献"年轻男女及百工"方可给延年益寿之药。秦始皇听此，非但不怒，反而十分高兴，便命徐福率三千男女、百工及五谷渡海求仙药。不久，徐福越海，到了一平原广泽的地方，再也没有回来。

　　对于这一传说，长期以来，学界都对其真实性持怀疑态度，甚至许多人不承认徐福确有其人。徐福渡海求仙药的事，是否可信呢？我认为，其中虽有夸张和浓厚的神秘色彩，但其基本史事是可信的。主要根据是：

　　第一，渡海求仙药之事，早在战国时期，在齐、燕等国已经盛行。《史记·封禅书》载：

　　　　自威、宣、燕昭，使人入海求蓬莱、方丈、瀛洲。此三神山者，其传在渤海中，去人不远，患且至，则船风引而去，盖尝有至者，诸仙人及不死药皆在焉。

在齐、燕地区长期盛行的求仙、寻找长生不老药的习俗与信仰，传至秦始皇时代是不奇怪的。中国帝王居高位，食、住、行皆远超一般百姓，对他们来说，人生已无他求，只求长生不老，这也是情理中的事。史书载，徐福是齐国人，又是一方士（当时的知识者），迎合秦始皇长生之愿望，请求出海，也是有可能的。

第二，秦始皇自公元前219年东巡，遇徐福后，又多次东巡，显然与盼望得到仙药有关。公元前218年东巡，见仙药未能求得，他非常失望。过了2年，到公元前215年（始皇三十二年），秦始皇巡游碣石（今河北昌黎北）时，又派燕人卢生等人入海求"仙人不死之药"。此事载于《史记·秦始皇本纪》三十二年条，可信。由此推测4年前他派徐福从琅琊入海求仙药也是可信的。

第三，公元前210年，秦始皇死在东巡返回京都的途中。这次东巡他先到吴越之地，然后又到琅琊、芝罘，显然也是为了仙药。因为徐福出海求仙药已过数年，始皇帝急盼结果。由于没有见到徐福，他很失望，怏怏不乐，以至归途中病亡。如果没有徐福求仙药之事，秦始皇何必每每亲自到东海之滨巡游呢？

第四，《史记》作者司马迁，生于公元前145年，距徐福出海仅65年。司马迁之父司马谈于公元前140年任太史令，与徐福是同时代人，对徐福出海之事不可能毫无所知。

根据上述理由，我认为徐福传说之事是可信的。

验证徐福事迹的存在，还必须进一步对徐福其人做了解。经近年来的研究，徐福生平日渐清晰。现知徐福身世如下：

徐福，亦名徐芾(fú)，本名议，字君房。为战国时代齐国人。据考证生于公元前255年，据现存《徐氏宗谱》，其先祖是西周时代的东方一侯国君主，叫徐偃王。徐福为徐偃王的二十九世孙。其伯祖父曾官至朝议大夫，伯父为京兆尹。齐国为战国时雄踞东方的强国，疆域北达渤海（今河北、天津一带）、东至黄河，农业、渔业、手工业、商业均十分发达，是东方的政治、经济、文化中心。徐福年长，成为齐国方士。方士崇仰道家哲学，掌握天文、地理、医学养生、炼丹、植物等知识。徐福能够冒险上书秦始皇，说明他才识过人。南朝梁帝天监年成书的《百家谱》（王僧孺著）载："议（注，即徐福），秦始皇使往蓬莱，居东海，今日本国。"又《鉴汀谱》载："秦始皇时，议领童男童女三千，往蓬莱山采药，因阻风不还，居东海，号徐福国，今日本是也。"

1984年,罗其湘氏等发表了有关徐福故里的文章[1],在中国学术界引起强烈反响。自此,中国的徐福研究日渐兴旺,徐福确有其人之说,得到了越来越多学者的支持。

在中国,近年来对徐福及其东渡日本的研究相当兴盛。这种研究热的兴起,起因于徐州师范大学地理系教授罗其湘氏等人发现了徐福村。1982年5月,罗氏在江苏省连云港市赣榆县(今赣榆区)进行地名普查时,依据地理沿革、《宗谱》、地理环境和考古发掘等资料,发现了徐福故里。此后,以徐州师范大学(现为"江苏师范大学")为中心的徐福学研究正式开始,该大学成立了徐福研究室,并于1986年5月在赣榆县召开了"江苏省首届徐福学术讨论会"。1987年4月,中国太平洋学会、中国日本史学会等12个学术团体联合召开了"全国首届徐福学术讨论会",并出版了论文集,推动了研究的深入。1990年10月,山东省社会科学院、龙口市政府等在山东省龙口召开了"徐福籍贯学术讨论会"。同年12月,江苏赣榆县举行了徐福节,其间还召开了学术讨论会。1992年,中国徐福会正式成立。此后山东省琅琊、龙口等市也相继召开了学术研讨会。

根据现今的研究,中国学界对徐福是否真有其人的问题,已无异议。但对于徐福的籍贯(即故居),以及其出海后到达的"平原广泽"是否为日本有不同看法。

对徐福的籍贯问题,目前主要有三说:江苏赣榆说、山东黄县说、琅琊说。限于篇幅,对此问题不再赘述。

关于徐福到达日本的问题,大多数中国史研究者肯定徐福"止而不归"的"平原广泽"就是日本。航海学者从航海的海流、天文、气象学分析,大多也同意东渡日本说;中日关系史、日本史研究者,则大多持慎重态度,因为中国重要史籍《史记》等并无明文记载徐福确系到达日本。没有史料根据就肯定"平原广泽"就是日本,是不妥当的。

中日关系史研究者汪向荣氏认为,作为原始资料的《史记》《汉书》《后汉书》等的记事,并没有将徐福入海的事和当时称为"倭"的日本列岛相联系,因此,不能将"承认徐福其人、其事",与"是否到了日本列岛,在那里止王不来"相混淆。"前者不容有所怀疑,而后者却需谨慎。在没有取得确证之前,不能有所结论。"公元前2—3世纪,即弥生时代初期,有过大量外国移民进入日本列岛的事,这些外国移民中的绝大部分来自中国,他们是通过朝鲜半岛南部,抵达九州北部地区

---

[1] 罗其湘、汪承恭:《秦代东渡日本的徐福故址的发现与考证》,《光明日报》,1984年4月18日。

的,然后由九州向东,经濑户内到近畿地区。弥生中期以后,近畿地区已成为生产最发达的先进地区①。

我本人也在1987年发表了看法:关于徐福东渡的文字记载是极少的,仅凭现有的文字记载,是很难得出徐福东渡日本的结论的。但从弥生时代的生产技术与秦代技术的比较看,秦代时无疑已有不少秦民移居日本。因此,"徐福很可能是当时迁居日本的秦人中的一支"②。我认为,徐福主动上书秦始皇,出海求仙药,此事很可能出于政治动机,因为当时秦政苛刻,征役无度,始皇帝又对有知识者横加压制,齐国又是秦始皇的新征服地,人们畏秦而出走者肯定不少。日本《新撰姓氏录》中所载"左京诸藩大秦公,秦始皇三世孝武王之后",反映了秦末沿海秦民的外逃。徐福身为方士,对政治形势十分清楚。他对秦始皇的上书,实际上是要以求长生不老药为名,取得正当出境的权利。按徐福的社会地位和学识,他显然懂得出走一旦失败,将会遭到极严峻的处罚,因此,对出逃一事,他是进行过周密考虑的。这种周密考虑,包括海上航行的能力、到达异地以后如何生存、出走的航线等一系列问题。就当时的条件来看,徐福率团航行,是否有能力呢?这首先要看造船技术和航海知识了。

春秋战国时代,沿海、沿江诸国,齐、燕、吴、越、楚等国的造船业已相当发达,船舶不仅用于捕捞,还用于战争,当时的船舶已有多种类型。③以战船为例,有大翼、中翼、小翼、突冒、楼船、桥船、戈船、太白、飞云、苍隼、金船、小儿、先登、飞鸟等,各自负责海战中的不同任务。船舶结构较为坚固,已使用铁钉技术,载重量也有明显增加,如秦国的飞云船长五十步,越国的戈船可载二三百人,吴国的战船大翼长约27.6米、宽约3.68米,中翼长约22米、宽约3.1米,小翼长约12.9米、宽约2.76米。一条大翼可载91人(战士26人,棹手50人,船舻手3人,持长钩、矛、斧者4人,吏仆、射长各1人,等等)。楼船船大楼高,是古代战船。基于这种造船业,吴、越、齐等纷纷成为海上强国,彼此之间,屡有水战。春秋战国时,沿海诸国对海上航行已习以为常。公元前473年,越国灭吴,越国势力推进到今山东地区。公元前468年,越王将国都迁往琅琊。这次迁都就是通过海上进行的,动用战士8000人,戈船300艘。(《越绝书·记地传》)当时,各国船队组织已有严格阵法,具

---

① 汪向荣:《徐福——日本的中国移民》,《徐福研究》1987年第5期。

② 王金林:《从西汉初期以前中日文化交流看徐福东渡的可能性》,《徐福研究论文集》,中国矿业大学出版社1988年版。

③ 孙光圻:《中国古代航海史》,海洋出版社1989年版。

有组织远距离航行的能力。

造船和航海技术至秦汉更趋发达。特别是风帆、船尾舵的应用,使航海可以获得用之不尽的海风助力,尾舵又可以在波涛起伏的状态下,有效地控制航向。徐福生于号称"海王之国"的齐国,一生活动在沿海一带,对于航海知识,以及远航船队的组织,一定是相当精通的。

在上述分析的基础上,我们再来分析一下徐福船队可能的去向。《史记》载,"三神山者,其传在渤海中",从历史地理学考察,秦代的渤海包括今日的渤海、黄海(古称东海)。今日的东海,古称南海。徐福既然为避秦而去,必须到秦的势力所不及的地方才行。当时,秦的控制范围已远及朝鲜半岛平壤附近,所以,"三神山"不可能在渤海范围内的各海湾地区,因为在这些地方他随时都会被缉拿问罪。因此,徐福船队的去向必须是更远的地方。黄海以外有"平原广泽"的地方,只有三处:菲律宾诸岛、中国台湾岛、日本列岛。"三神山"又被规定"在渤海中",而菲律宾、中国台湾均不在"渤海"范围之内,因此,最有可能的就是日本列岛了。如果这一分析成立,那么,徐福船队的航路是怎样的呢?中国的航海学者和海洋学者分别提出了不同的意见。航海学者认为,考虑徐福船队的航线,应注意三点:航线必须受地理条件和海洋条件制约,必须受秦代航海工具与航海技术影响,必须尽可能与考古学成果及古代文化传播态势相吻合。基于此,他们认为,徐福船队是循岸分阶段前进的。其航路顺序是:琅琊港—芝罘港—庙岛群岛—辽东南端老铁山鸭绿江口—朝鲜半岛西海岸—釜山—巨济岛—对马岛—冲岛—大岛—九州北部沿岸—关门海峡—濑户内海—大阪湾—和歌山。①海洋学者从海流着眼,提出不同看法。他们认为,从史籍记载推测,徐福出航时间当在农历二月下旬至三月上旬间,这时正是季风转换季节,风向变化大,东北季风逐渐转换为西南季风,但是东北季风仍有出现。自台湾以北的中国近海,其海流是沿岸流,外海则是黑潮。黑潮主流自台湾北部,开始转向冲绳海沟,向东偏北方向流动。同时有两支分流:一支向北,为对马暖流;一支为黄海暖流,进入黄海。徐福船队不论从山东半岛任何地方出发,其航路必然受黄海沿岸海流影响,向南或向东南方向航行。若黄海南海域没有风浪,即可随黑潮到达日本。若遇东北大风,则航向可能偏南,有可能抵达中国台湾,如果航海技术好,在风浪的作用下,仍能继续向东南方向航行,就有可能进入黑潮主流,到达冲绳、九州及东侧海岸。②

---

① 孙光圻:《中国古代航海史》,海洋出版社1989年版。
② 李文渭:《论徐福等入海之去向》,《徐福研究论文集》,中国矿业大学出版社1989年版。

徐福的船队是一支庞大的船队,包括童男女和百工、弓射手等,加起来有3000多人,按一条戈船载300人计算,至少要10余艘船;按一条大翼载100人计,则需要30余艘船。这样一支船队,若按山东半岛—朝鲜半岛—日本列岛的路线行进,在通过对马暖流的时候,大部分船只抵达九州北部的同时,其中一部分也有可能会随暖流漂至日本海沿岸的其他地区。若按前述的海洋学者设想的路线,则庞大的船队可能会彼此失散,有的可能会漂至中国台湾,有的顺黑潮主流北上抵达日本的太平洋一侧沿岸,有的则会抵达九州西侧的有明海、北侧的唐津湾、博多湾,以及日本海一侧沿岸地区。总之,不论走哪一条路线,庞大的船队都不可能全部,即一船不少地抵达某一个地方。因此,徐福率领的船队很可能像种子一样,散布在日本列岛、朝鲜半岛南部的许多地方。但依据史籍,徐福本人到了一个"平原广泽"的地方。那么,"平原广泽"在什么地方呢?就日本列岛内来看,"琵琶湖和近江平原、稍狭小的宍道湖和出云平原、有明海及其沿岸的筑紫平原、濑户内海与冈山平原等"地方都有可能。近年,随着吉野里遗迹的发掘,有明海沿岸说受到越来越多的学者的重视。伊藤清司氏说:有明湾的入口有岛原半岛和天草岛,经狭窄的早崎海峡与外海相通,从其地形状况看,称之为大泽、广泽也并无明显的夸大。另一方面,筑紫平原是继关东平原、浓尾平原之后的大平原。即使从位于其一角的吉野里遗址看,有明海沿岸也是拥有相当多人口的地方,而且有明湾最接近中国江南。[①]

有关秦人东渡日本、朝鲜半岛之事,在日本史籍中也略有记载。《日本书纪》钦明元年条载:"八月……召集秦人、汉人等诸藩投化者,安置国郡,编贯户籍。秦人户数总七千五十三户。"按五口之家计算,当有三万五千余人。这里当然包括在日本出生的秦人后裔。为了印证秦人东渡日本确有其事,让我们来看看与日本一水之隔的朝鲜半岛南部诸小国内的秦人情况。根据《后汉书·魏书·东夷传》的记载,朝鲜半岛南部的一些小国,就与秦人有密切关系。如辰韩就是秦人建立的,"耆老自言秦之亡人,避苦役,适韩国,马韩割东界地与之"。辰韩人的语言与秦语相似,称国为邦,弓(gong)说成弧(hu),行酒说成行觞,贼称为寇。在风俗方面,婴儿出生后,有使其头形变成扁形的习俗,此习俗与山东半岛龙山、大汶口遗迹中发现的变形头骨相似。马韩人的许多习俗也与战国以来的中国沿海民的习俗相似,如"知田蚕,作绵布""露紒""建大木以县(悬)铃鼓,事鬼神""文身"等。秦末汉初,战乱频仍,逃亡至朝鲜半岛的人更多,以燕、齐、赵人最多,其

---

① 伊藤清司:《中国所见的倭》,《无限大》,日本IBM1990年版。

中有燕人卫满至濊国,击败原国王,自立为王。

从朝鲜半岛南部秦汉人的简略情况可以推知,在日本列岛,类似的小国不会没有。关于汉人东渡,这里仅就文献材料做一简述,因为考古学方面的资料,在本书的以后各章节中还将述及。《日本书纪》神功五年条记载,大和国使者曾从新罗的蹈鞴津、草罗城俘获大批工匠。这些工匠就是后来桑原、佐糜、高宫、忍海四邑汉人的始祖。这一记载说明:①日本从新罗俘获的工匠都是汉人,而不是新罗人;②朝鲜半岛南部沿海,汉人颇多;③"蹈鞴津"中的"蹈鞴"是脚踏风箱的意思。因此,蹈鞴津应是冶炼手工业集中的地方。①从这里俘获的俘虏,应是以冶炼工匠为主的技术人员吧。

再如《日本书纪》应神纪中关于弓月氏的记载:

> 是岁,弓月君自百济来归。因以奏之曰,臣领己国之人夫百廿县而归化,然因新罗人之拒,皆留加罗国。爰遣葛城袭津彦,而召弓月之人夫于加罗,然经三年而袭津彦不来焉。②
>
> 诏之曰:袭津彦久之不还,必由新罗人拒而滞之,汝等急往之击新罗,披其道路。于是木菟宿祢等进精兵莅于新罗之境;新罗王愕之,服其罪,乃率弓月之人夫与袭津彦共来焉。③

史料中的"百廿县"系指人数之多,可能恰如徐福船队的童男女一样,是从各地招募而来的。从新罗王阻拦弓月氏一行前往日本推测,很可能一行中有百工,这对新罗来说也是十分宝贵的财富。

继弓月氏之后,规模较大的汉人东渡,是以阿知使主及其子都加使主为首的东渡集团。

> 秋九月,倭汉直祖阿知使主,其子都加使主,并率己之党类十七县而来归焉。④

---

① 吴杰:《从〈日本书纪〉看中国侨人的记载》,《日本史论文集》,生活·读书·新知三联书店1982年版。
② 《日本书纪》应神十四年是岁条。
③ 《日本书纪》应神十六年八月条。
④ 《日本书纪》应神二十年秋九月条。

阿知使主及其子,后来曾担当从中国江南招募缝工织女的任务。被招者有兄嫒、弟嫒、天织、穴织四位女工。①

公元前108年,汉在朝鲜半岛设立乐浪、临屯、玄菟、真番四郡后,汉人迁居朝鲜半岛者日益增多,其中不少工匠通过半岛南部前往日本,而日本也有意识地派人到半岛去招收汉工匠。《日本书纪》雄略纪中记载了一段史事:雄略大王任吉备上道臣田狭为朝鲜半岛南部任那地区的国司,后雄略大王占有田狭之妻,被田狭获知,他愤而投向新罗。自此新罗与大和国断绝关系。大王便遣兵往返新罗。就在此时,有一个名叫欢因知利的西汉才伎上奏大王说:"在韩国有许多有手艺的工匠,可以召他们前来。"雄略大王乃派欢因知利与弟君等,一同前往新罗、百济等国,让半岛诸国贡献"巧者"(即工匠),最后从百济带回"手末才伎"。百济所贡的这些工匠,大概就是汉工匠及其子孙吧。

三、奴国与"汉委奴国王"金印

《后汉书》记载,东汉成立后不久,位于博多湾沿岸的奴国,便遣使朝贺,受到了光武帝的特别重视,以诸王、宰相相待,授以金印紫绶。1784年2月23日,福冈县志贺岛发现了"汉委奴国王"金印,证实了中国史籍记载的可靠性。为什么日本列岛上的一小国会受到汉光武帝刘秀的如此重视呢? 对此,我在日文版《古代的日本——以邪马台国为中心》中曾指出:"东汉王朝之所以重视奴国,大概是出于自己的外交战略。东汉的战略目的在于与奴国结成同盟关系,来制压朝鲜半岛(特别是乐浪郡以南地区)反对汉朝的独立势力,形成对他们腹背夹击之势。"②有的学者对此提出了不同的看法,认为后汉与奴国结盟是不可能的。其理由有三点:①当时朝鲜半岛形势平静,无须利用日本来制约朝鲜半岛。②远交和联盟的对手,只能是平等的伙伴。奴国是东汉的臣属之国,地位不平等,不能远交和联盟。③"汉武帝灭朝鲜以来,中国历代封建王朝的统治者从未提出过联合日本夹击朝鲜的外交政策或政策思想。"③这是涉及如何看待当时的东亚形势和中日关系的大问题。我们有必要做一详细的剖析。

第一,汉光武帝时,中国周边的形势。

有的学者说自公元25年刘秀称帝以后,汉的周边动乱局面也随之结束,代之

---

① 《日本书纪》应神三十七年春二月条。
② 王金林:《古代的日本——以邪马台国为中心》,六兴出版社1986年版。
③ 沈仁安:《倭国与东亚》,六兴出版社1990年版。

以周边种族纷纷前来朝贡和内属的"国际潮流"。从表面上看似乎东亚地区确实出现了和平睦邻的景象。但事实是,在这股"国际潮流"的背后,仍潜伏着许多不安定因素,时刻威胁着东汉王朝的安定和振兴。对此,东汉王朝并没有丧失警惕,仍然戒备不弛。南匈奴归汉,朝廷仍然"恐南单于有二心"。北匈奴两次乞和,要求和亲,朝廷虽应允和亲,但认为其"无有礼信",仍不放松对其的警惕。乌桓虽于49年内属,但经常叛逃,重新成为寇害。高句丽于32年朝贡,49年即发兵侵扰右北平、渔阳、上谷、太原等地。高句丽侵扰被平定后,其势力转向朝鲜半岛,向半岛纵深扩展,造成对汉置乐浪郡的威胁。与此同时,在朝鲜半岛南部,诸地域国家日渐发展,尤其是与乐浪郡接壤地区,潜在的威胁显而易见。这种威胁,到了汉灵帝末年更公开化。"灵帝末,韩、濊并盛,郡县不能制,百姓苦乱,多流亡入韩者。"(三国志·东夷列传)表明朝鲜半岛南部人民反抗的加强和乐浪郡控制力的衰弱。有的学者只注意到表面上的乞和与内属,而忽略了潜在的危机,对形势缺乏全面的分析。作为军事家与政治家的汉光武帝刘秀,并没有被周边种族纷纷前来朝贡和内附的"国际潮流"而冲昏头脑,他为了防备周边形势的突变,始终保持着"安不忘危"的警觉性。在财政上,为保证"师旅之费",他恢复了盐铁的国家专卖("先帝……深思远虑,安不忘危,探视旧典,复收盐铁,欲以防备不虞,宁安边境"),足见汉光武帝的远谋大略。

第二,汉光武帝的外交策略。

东汉成立后,其外交对策,与其说重视武力,莫如说更重视谋略。51年,匈奴发生饥荒,众臣上书建议乘匈奴之危消灭匈奴。光武帝不赞成,他认为建国不久,不宜动兵远征;主张对外事务用以柔胜刚、以弱胜强之策,以和平手段争取周边安宁。综观汉光武帝时期的外交策略,大致有如下几种:

其一,以夷制夷。主要针对匈奴。48年南北匈奴分裂,南匈奴要求内属。对此,光武帝举行廷议,征求诸臣意见。大多朝臣以天下初定,国内空虚,又不知南匈奴单于归汉是否有诚意为由,反对允准南匈奴内属。此时,唯有驸马校尉耿国与众议不同,他力主同意南匈奴乞和内属。他认为与南匈奴议和,东可以制约鲜卑,北能抗拒北匈奴,使边境安宁(《后汉书·耿国传》)。光武帝排除众议,采取了耿国校尉的主张。日后,南匈奴在抗拒北匈奴方面确有建树。在南匈奴的制约下,北匈奴不战而败却千里。

其二,对周边国家首领实行招安政策。49年乌桓内属,朝廷封81名渠帅为侯、王、君、长,后又置乌桓校尉,对内属乌桓进行监护(《后汉书·乌桓传》)。41年,光武帝派祭肜任辽东太守。祭肜在任期间,对鲜卑、高句丽、乌桓实行分化瓦解之策。当时,匈奴、鲜卑、乌桓联合寇边,祭肜首先用财物引诱鲜卑,促使鲜卑大都护归降。然后以鲜卑之力攻击匈奴。49年高句丽寇边,祭肜亦用"恩信招之"(《后汉书·高句丽传》),结果恢复了边境安宁。

(3)远交和结盟。这是汉光武帝的又一项重要策略。这种策略的具体表现就是对西域的莎车国和日本的倭奴国的重视。有的学者说,"倭人刚刚登上东亚历史舞台",所以东汉王朝不可能对其实行远交近攻的政策。事实上,倭奴国绝非"刚刚登上东亚历史舞台"的国家。史籍记载表明,倭人与朝鲜南部诸国的关系,从公元前1世纪末起,就已十分频繁了。乐浪郡也曾利用过倭人与新罗的矛盾来扩大领地。14年,倭人派船百余艘,掠新罗边境,新罗举力反抗,造成内部空虚,乐浪郡乘机进占新罗金城(《三国史记》卷1)。由此表明,东汉王朝对于倭国在牵制韩人反抗势力方面的重要性,是深有所知的。

有的学者还说,光武帝授倭奴国金印紫绶,仅仅是"一种特殊的礼遇",并无外交意识。这种看法似很片面。倭奴国到后汉朝贡的时候,适值朝鲜半岛反对汉朝统治的潜在势力发展,乐浪郡的控制力日益削弱,郡域范围日渐缩小之时,当时又是东汉立国不久,国内又有灾变,朝廷无力远征。在这样的时刻前来朝贡,光武帝必然会从外交角度来考虑接待倭奴国的规格。另外,东汉时代,朝廷授周边诸国的金印紫绶,为数很少,这并不是随意授予的。每授予一次,都是从外交策略出发的。据史籍记载,汉光武帝曾向南匈奴、莎车、倭奴国授过金印紫绶。其中授莎车国王贤的印绶,在授予之后立即收回。所以汉光武帝时,实际授金印紫绶的只有两次。授南匈奴金印的目的,前已叙及是为了制约北匈奴,授倭奴国金印无疑为的是制约朝鲜半岛。古今的世界历史都表明,远交与联盟的对手,并不都是"平等的伙伴"。外交政策是国内政策的延伸,任何国家的外交活动,都是以维护己国利益为准绳的。只要对己国有利,大国可以与"不平等"的小国结盟,反之,小国也可以根据需要,选择和改变自己的大国盟友。昨日盟友,今日变为仇敌;昔日"平等伙伴",今日也可成为"不平等伙伴"。这样的事,在古今世界历史中举不胜举,强国与弱国、大国与小国结成君臣性的联盟,本身就存在着"不平等"。东汉初期,倭奴国、南匈奴、莎车国,无论国力还是疆域,都比不上后汉王朝,彼此之间明显地存在着不平等,但是,正是这种不平等,使倭奴国、南匈奴等国臣服于后汉。光武帝也正是利用这种不平等的臣属关系,为建立和平睦邻的周边地区的国策服务。金印紫绶虽有"特殊礼遇"的作用,但它更是远交和联盟的信物。

有关倭国的记载,争论的第二个问题是倭国使者是否受到汉安帝接见。有的学者说,在史籍中没有关于安帝接见倭国使节并赐以印绶的记载,因此,可以说,倭国使者并未受到重视。并说倭国使者不受重视的原因很简单,因为这时朝贡的主体既不是单独的政治实体(如奴国王),也不是统一的政治性实体(如邪马台国女王),而是以面土王为首的诸王的联合体。[①] 这一观点的产生,是对《后汉书》记载的错误理解所致。《后汉书》载:"倭国王帅升等献生口百六十人,愿请见。"有的学者说,"愿请见"三字是说倭国使者请求东汉皇帝接见。众所周知,中国古籍中,"愿"字有多种解释,最常见的有如下几种:①请求、希望、恳求;②愿意、情愿;③打算;④怀有;⑤敬慕、爱慕;等等。根据《后汉书》的记载,我认为"愿请见"的"愿"字应解释为"愿意";"请"字不作"请求"解释,而是有"召"的意思(师古曰:请,召也)。"倭国王帅升等献生口百六十人,愿请见"句,译成今日白话文,应是"以国王帅升为首的倭国派遣的使节,前来朝贡,献生口百六十人。(孝安帝)愿召见"。当时,孝安帝弱年继位,永初元年十月倭国使到达时,距其登位才14个月。倭国使团是孝安帝继承皇位后来的第一个外国使团。接见使团,既可以标榜外藩朝贡,提高安帝形象,又能够使少年皇帝初试接见外藩使节的礼仪。因此,倭国使节被接见是情理之中的事。我们不能以是否授予印绶来衡量倭国及其使者受不受重视。据有关史籍,东汉时代,从光武帝开始,接见异国使者无数,但并非每接见一次,都授予印绶。实际上授印绶者为数极少,而不授者则是绝大多数。东汉皇帝对待诸国使节,大致采取三种方式:一是接见而不封爵、不授印绶;二是接见,并封爵号,但不赐印绶;三是接见并赐印绶,而不封爵。因此,仅以是否授以印绶来断定是否受到重视,显然是不妥的。

四、邪马台国与东汉、曹魏的关系

在叙述邪马台国时的外交关系之前,有必要先对邪马台国成立的年代做一个交代。不少学者把邪马台国成立的时间断定在2世纪末3世纪初。这与卑弥呼即位的时间相近。根据史籍记载推算,卑弥呼被拥立为王的年代,在2世纪70年代或80年代。把卑弥呼被拥立为王的时间作为邪马台国的成立时间是不对的。因为《魏书·倭人传》清楚地记载着,卑弥呼以前,邪马台国由男王统治了七八十年。这一记载告诉我们,卑弥呼是在男王统治了七八十年后成为国王的。因此,以卑弥呼立为王的170—180年为基准,上推七八十年,即1世纪末2世纪初,可能就是邪马台国成立的年代。这正是考古学上的弥生时代中期后半,或后

---

① 沈仁安:《倭国与东亚》,六兴出版社1990年版。

期初。从中国历史这一角度看,这时正是东汉中期,是和帝和安帝在位期间(89—125年)。从《后汉书》记载可知,自中元二年(57年)倭奴国奉贺朝贡以后,大约有50年不曾有倭国遣使朝贡的记载。这50年大概是日本社会激烈动荡的时期,是分裂的小国间或联合,或分裂,逐步形成地域统一的重要时期。在这样不稳定的背景下,诸国当然无暇派遣使节了。恰好是倭奴国通使东汉后的第50个年头,即107年,日本列岛又有一个使节团至汉,派遣者是"倭国王帅升等",作为通交的礼物,使团奉献了"生口百六十人"。从奉献生口人数之多,也可推知,倭国王帅升等是在国内兼并战争结束后不久派出使节团的。如果上述推断能够成立的话,那么《后汉书》中记载的东汉安帝永初元年,向汉王朝贡献生口的倭国,大体上是初期的邪马台国,国王帅升即是卑弥呼以前的第一代男王。[①]在推断帅升是邪马台国第一代男王的基础上,我们再对如下两个问题做一分析:一是怎样理解《后汉书》中的"倭国王帅升等"的记载?"等"字是什么意思?二是帅升为什么在立国不久就遣使东汉?其外交意图是什么?

首先分析一下"倭国王帅升等"的含义。稍微懂一点汉文的人,都会毫不怀疑地说,这里的"等"字,表示复数和从者的意思,译成今文,就是"倭国王帅升及其属下"。可是有的学者却反对说,这个"等"字既不是复数,也不是从者的意思,而是等同和平等的意思,说这个"等"字表明在国王帅升之外,还有别的国王,这些国王彼此是平等的,因为当时尚未形成统一的政治实体。[②]在汉语中,"等"字的解释多达10余种,除了"等同""平等"之解外,尚有同一、阶级、类、辈、待、等闲、复数等解释。"倭国王帅升等"的"等"字无疑应以复数解释为佳。在《后汉书》中,类似这样的记载是很多的。试举数例:

(1)建武十三年,广汉塞外白马羌豪,楼登等率种人五千户内属,光武封楼登为归义君长。(《南蛮·西南夷传》)

(2)建武二十年,韩人廉斯人苏马堤等,诣乐浪贡献,光武封苏马堤为汉廉斯邑君。(《韩传》)

(3)建武二十三年冬,句骊蚕支落大加、戴升等万余口诣乐浪内属。(《东夷传·句马丽》)

(4)永平中,白狼王唐菆等,慕化归义,作诗三章。(《难蛮·西南

---

① 王金林:《古代的日本——以邪马台国为中心》,六兴出版社1986年版。
② 沈仁安:《倭国与东亚》,六兴出版社1990年版。

夷传》)

这样的记载,还可以找出数十条。在这些记载中,"楼登等""苏马提等""戴升等""唐菆等",是"以某某为首"或"某某及其属下"的意思。和倭国王帅升一样,楼登、苏马堤、戴升、唐菆都是其所属国、部落的首长和权威者,"等"所包含的人,均是他们的臣属或部下,这里毫无等同、平等可言。《后汉书》中的这种语法结构也足以说明倭国王帅升已是九州北部统一的政治实体的领导者。

现在再分析一下帅升国王在立国之初遣使后汉的意图。古今历史表明,国与国之间的交往,都是有其动机和目的的。同样,倭国王帅升也不会例外。我在前文中,已经述及九州北部地区的地域小国群立的状况。在众多的地域小国中,像伊都国、奴国、末卢国等都是实力相当强的,而且均与汉朝有着密切关系,邪马台国要把伊都、奴、末卢国等势力较强的小国完全征服,没有足够的实力是难以做到的。经过数十年的拼战,邪马台国终于统一了九州北部,可是,在统一之后,邪马台国面临着更严峻的形势。为了维护已取得的统一,其首先要巩固自己的统治地位,其次要防止统治区域以外的敌对势力的侵扰。邪马台国男王帅升就是在这种背景下遣使东汉的。东汉王朝对倭奴国曾经有过厚遇。关于伊都国与东汉的关系,虽然在文献中不曾见到,但从考古发掘中可知,它也是与汉有过文化交往并受到过厚遇的。帅升遣使东汉,一则是向东汉报告新的政权的建立和自己已成为新政权的统治者;二则是表示要继续尊重以往奴国、伊都国等地域小国与东汉建立的关系,以取得东汉的信任。对帅升来说,借助诸地域小国与汉的传统关系来建立邪马台国与汉的新关系是最好的捷径。与东汉的新关系一旦确立,则内可以压制奴、伊都等国的反抗,外可以以东汉为后盾,在与周边地域诸国的交往中,增强自己的威望,提高自己的地位。在帅升统治的七八十年中,邪马台国与周边地域的关系,基本上是友好的,其国内的政局也是平稳的。由此可见,邪马台国男王内政外交的成功。

东汉灭亡以后,统一的中国重新进入分裂状态。以东汉为中心的东亚世界,也打破了原有的平静,发生了地域政治的重新排列与组合。中国的魏、吴、蜀三国中,论实力魏国最强,但局势也是魏国最严峻。魏国北有乌桓、鲜卑,东北有高句丽以及方兴未艾的新罗、百济,西南有蜀汉,南有吴。207年,曹操亲征乌桓,斩乌桓首领蹋顿,其部族皆降,乌桓之患暂告平息。然而鲜卑时降时叛,仍是北边之患。公孙氏据辽东后,曾有意联合鲜卑反魏。因此,对魏国来说,对鲜卑的向背是不能疏忽大意的。高句丽也如鲜卑一样,时和时战。东汉末,朝廷曾以高句丽为辽东、玄菟两郡之害为由,兴师讨伐。高句丽王宫,诈降请和,却秘密遣军攻玄菟,烧城池戮杀吏民。宫死,其子伯固继位,势力向半岛纵深发展,杀带方令,俘掠乐浪太守妻子等。169年,在汉军征讨下,伯固降伏。此后,在魏征讨公孙渊的过程中,高句丽王曾派主簿大加率数千人支援。但242年以后,高句丽又叛,寇掠魏境。如此情势,对魏极为不利。实际上魏国经常处于腹背夹击之中。

位处江南的吴国,为了战胜魏国,在加强军事力量的同时,积极开展外交活动。其重要的活动之一,就是在230年派将军卫温、诸葛直率万余战士渡海求夷洲、亶洲。《吴志》载:"亶洲在海中,长老传言,秦始皇遣方士徐福将童男童女数千人入海,求蓬莱神山及仙药,止此洲不还。"吴国的这次海上活动,最终因亶洲所在绝远,而未能到达。从地理和历史分析,夷洲似是中国的台湾,而亶洲很可能就是日本列岛。孙权派兵探求夷洲、亶洲,显然是有战略目的的。从远航能力而言,吴国胜于魏国。当时吴国已有载重万斛的航海大船。孙权曾派使与东南亚、南亚和西亚诸国往来。其使者朱应、康泰出使诸国,"其所经过及传闻,则有百数十国"(《梁书》卷54)。吴国不但与扶南、林邑(印度半岛古国)、印度有交往,而且与大秦(罗马帝国)也有往来。对于吴国的海上势力,魏国并未轻视,也加强了海上力量。魏明帝期间,曾在青、兖、幽、冀四州,大造海船(《魏书·明帝纪》)。魏国的意图,显然在于截断吴国的海上包围圈,并发展与朝鲜半岛及日本列岛的海上联系。

自107年倭国帅升遣使东汉以来,史籍上不再见倭国使节到达洛阳的记载。没有记载当然并不意味着没有往来。这期间的交往大概是通过汉在朝鲜半岛设置的乐浪郡进行的。《魏书·韩传》中载:"建安中,公孙康建带方郡,遣公孙模、张敞等收集遗民,兴兵伐韩、濊……是后倭、韩遂属带方。"这条史料表明,在公孙康置带方郡以前,韩、倭不属带方郡,是归属乐浪郡的。

从考古资料可知,在1世纪末至3世纪初的百余年间,邪马台国主要着力于国内建设,不断吸收、消化大陆的先进文化制度和生产技术,使社会发展和生产力水平获得迅速发展。可是从3世纪初以后,大概是由于国力的增强和东亚形势急剧变化,邪马台国开始在东亚世界活跃起来。随着经济的发展,其迫切需要解决手工业资料和劳动力问题,为此,邪马台国首先向朝鲜半岛南部地区扩张势力。利用半岛南部诸国之间的矛盾,插足其地。这些情况,在《日本书纪》和《三国史记》中均有所记载。当时,朝鲜半岛分别以高句丽、新罗、百济为中心,逐渐趋向对立。百济逐渐兼并马韩及半岛西南地区。与此同时,新罗势力向半岛南部的六伽倻地区扩展。201年,伽倻国屈服于新罗。212年,伽倻国又以王子为人质,臣属新罗。新罗势力的发展,造成了百济与新罗的矛盾。六伽倻地近日本,与九州北部隔海相望,此地不但有矿产资源,如铁等,而且集聚着大量汉人工匠,这对邪马台国来说,是扩张势力的理想之地,其当然不会轻视新罗势力的发展。《日本书纪·神功皇后纪》中所载的对新罗、百济的政策,反映了这种欲望。虽然学者对神功皇后有种种看法,但笔者在这里不想对神功皇后做任何评论。《神功皇后纪》中反映的思想是当时对外思想的反映,值得重视。神功纪四十七年四月条,有如下记载:

> 百济王使久氏、弥州流、莫古,令朝贡。时,新罗国调使,与久氏共诣。于是,皇太后、太子誉田别尊,大欢喜之曰:"先王所望国人,今来朝之,痛哉,不逮于天皇矣。"群臣皆莫不流涕。

从"先王所望国人"句可知,使朝鲜半岛南部诸国成为属国,是其久已怀有的愿望。当时,虽然百济、新罗同来朝贺,但受到的待遇是不一样的。其对百济友好亲善,对新罗冷淡、仇视。倭与新罗的关系,据《三国史记》的记载,2世纪时,倭与新罗基本是睦邻友善的,然而进入3世纪,两国关系却处于紧张状态。在此期间,邪马台国还面临着邻国狗奴国的军事威胁。这种冲突,在3世纪30年代至40年代,更趋频繁和严重。面对这种形势,卑弥呼采取新的策略,即①停止对新罗的军事行动;②通使魏国,与魏国结盟,争取魏国的支持;③对狗奴国实行坚决的军事反击。

关于邪马台国卑弥呼女王遣使魏国的军事目的,在以往的研究中,虽然有许多学者注意到了,但是,评价还是不够的。238—247年间,邪马台国遣使魏国5次,魏遣使邪马台国2次。如此频繁的交流,在古代中日两国关系史上是不多见的。

卑弥呼第一次遣使,是在景初二年(238年)。6月,使者难升米、都市牛利等人动身前往带方郡,要求郡太守协助他们到洛阳见魏王。其时,适司马懿率兵抵辽东围歼公孙渊。由于战事及旅途险峻,难升米等很可能滞留带方郡,等候时机。公孙渊被消灭是在8月23日。不久,从带方经辽东的道路很快被打通。难升米一行可能就在辽东恢复正常后不久,就启程赴洛阳了。难升米等是在庆祝辽东之役胜利的时刻到魏都的外国使节,当然受到了格外隆重的接待。魏明帝在给卑弥呼的诏书中,对卑弥呼遣使节到洛阳表示赞赏,说:"汝所在逾远,乃遣使朝贡,是汝之忠孝,我甚爱汝。"为嘉奖卑弥呼和使者,魏明帝隆重行赏,首先,封卑弥呼为"亲魏倭王",授以金印紫绶;其次,封使节难升米为"率善中郎将",都市牛利为"率善校尉",绶银印青绶。同时,为回报女王贡献的男女生口、班布,魏明帝以绛地交龙锦5匹、绛地皱粟罽10张、倩绛50匹、绀青50匹相赠。除此之外,又特别以绀地句文锦3匹,细班华罽5张,白绢50匹,金8两,五尺刀2把,铜镜100枚,珍珠、铅丹各50斤,送给卑弥呼个人。

"亲魏……王"之称是魏国授予周边诸国的最高荣誉。类似的称谓只在229年12月24日授予过大月氏王波调。①魏国对北方周边诸国封王、封侯,也是常有的事。据史籍载,魏国册封北方诸国情况如下:

220年(延康元年),魏文帝立辽西鲜卑素利·弥加为归义王。立轲比能为附义王。(《魏书·乌桓传》)

文帝即位后,鲜卑步度根遣使献马,文帝封步度根为王。(《魏书·乌桓传》)

233年(青龙元年),鲜卑归泥率其部众归降,拜为归义王,赐幢麾、曲盖、鼓吹。(《魏书·乌桓传》)

238年(景初二年),魏明帝为打击公孙渊,暗遣带方太守刘昕、乐浪太守鲜于嗣越海恢复二郡时,赐诸韩国首领为邑君、邑长,并授以印绶。(《魏书·东夷传》)

247年(正始八年),濊国朝贡,封其王为不耐濊王。(《魏书·东夷传》)

很明显,对上述诸国的册封与对邪马台国的册封是有根本区别的。对鲜卑诸首长的册封,虽然也称为王,但"王"之上的附加语是"归义""附义",带有改邪归正的含义。这种称谓有严格的时效性,即今日归义则封王,明日背义则王称自然失效。朝鲜半岛只有辰韩被封为王,其他均为邑君、邑长。在规格上卑弥呼与辰王均为"王",但亲密程度上,卑弥呼显然在辰王之上。邪马台国使者受到隆重接待的重要原因,还必须从魏对敌国吴的战略部署方面考虑。坂元义种氏指出:"公孙氏的威胁解除以后,魏倾注主力与之斗争的劲敌是华南地区的吴。魏国对邪马台国外交的一半原因,必然与此不无关系。"②

魏对邪马台国的特别礼遇,对邪马台国而言又有什么利益可取呢?其取得的益处是很大的。首先标志着邪马台国外交的一次大胜利。前面说过,邪马台国是在与狗奴国的尖锐对峙中遣使魏国的,其目的显然是要得到魏国道义上的支持,利用魏国的支持,使自己在战争中占据有利的国际优势。这一点,卑弥呼的目的完全达到了。"亲魏倭王"之封,使邪马台国成为魏国的臣属之国,同时,卑

---

① 《魏书·明帝纪》太和三年十二月癸卯条。

② 坂元义种:《古代东亚的日本与朝鲜》,吉川弘文馆1978年版。

弥呼也从魏国取得了统率日本列岛诸国的权力。《后汉书·百官志》载："四夷国王,率众王。"魏明帝在给卑弥呼的诏书中明确要求她说:"汝其绥抚种人,勉为孝顺。"卑弥呼依据这一诏书,成为得到魏帝承认的统领倭人种族的正当代表。

魏帝的诏书及赐物,是翌年,即240年由带方郡派遣的建中校尉梯儁等人带去的。对此,卑弥呼受宠若惊,又派使者上表魏国,对魏国盛大的礼遇和丰厚的赐物表示感谢。这是第二次遣使。

邪马台国第三次遣使是在243年。使团以大夫伊声耆、掖邪狗为首,共8人。贡献的礼物有生口、倭锦、绛青缣、棉布、丹木、弣、短弓矢。从献物可知,这次遣使也与战事相关。因为生口、弣、短弓矢,均是战利品。弣是弓的把手,把弓的把手作为国礼,看起来是没有道理的,但作为战利品奉献给魏国,那就毫不奇怪了。通过贡献战利品,显示自己的力量和成绩,以图得到魏的进一步支持,这就是这次遣使的目的。使者受到了盛情接待,"掖邪狗等壹拜率善中郎将印绶"。学界有人据此认为使团8个人全被授予"率善中郎将"。这种看法似乎不妥。"率善中郎将"相当于俸禄二千石的爵,并不是所有的使团人员都有资格领受的。这次使团的8名成员,能够领受"率善中郎将"爵的只有掖邪狗和伊声耆,所以"掖邪狗等壹拜率善中郎将印绶"中的"等",系指这二人。

第四次遣使是在247年(正始八年)。使节只到带方郡,拜晤了新任太守王颀。这次遣使与军事形势的紧张有关。"倭女王卑弥呼与狗奴国男王卑弥弓呼素不和,遣倭载斯、乌越等诣郡,说相攻击状。"显然,这是要求带方郡予以直接支援而遣使的。形势紧迫,带方郡太守迅速派遣张政等人赴邪马台国。张政等人此行,带去了魏帝于245年下诏赐予难升米的黄幢等物。这是一个军事性的使团。张政的官职是带方郡的塞曹掾史。汉代的郡府都设有"诸曹掾史",负责具体事务,带方郡为边远之郡,塞曹可能是主管异族国家事务的官职。张政到达邪马台国后,向难升米宣读了魏帝的诏书,并授予黄幢。黄幢就是黄色的军旗,因此授黄幢时的气氛一定非常庄严。还应注意的是,《魏书·倭人传》中载,张政授黄幢的同时,还"为檄告喻之"。有的学者认为,张政宣谕的檄,"大概是谴责狗奴国的告示书"[①]。所谓"檄",在古代中国是指使节携带的写在木简上的文书。张政携带的"檄",并不是谴责狗奴国的纠弹告示书,而可能是带方郡太守王颀写给难升米的文书,其内容似与狗奴国的战争有关,大凡是鼓励难升米等邪马台国的重臣们的士气,激励他们坚决击退狗奴国的进攻,等等。

---

① 沈仁安:《倭国与东亚》,六兴出版社1990年版。

郡使张政等人,并未立即返回,这与常规不符。按常规,他宣读诏书、授予黄幢之后,使命也就完成,便可返回带方郡府,然而,他并未这样做,这更加说明了他还负有更重要的使命。这个使命,也与邪马台国和狗奴国的军事冲突有关。他们似乎是作为军事顾问而被紧急派遣的。从《魏书·倭人传》的记载可知,自张政被派遣到邪马台国以后,不再出现狗奴国侵扰之患,大概在这次军事对峙中,邪马台国取得了胜利。

张政在邪马台国期间,邪马台国还发生了三件大事:①卑弥呼女王去世;②国中因为确立王位继承人的问题发生内乱;③确立了13岁的台与为王位继承人。从史籍记载分析,这三件事均发生在与狗奴国的战争之后。卑弥呼的死是正常的老死。她继承王位时,"年已长大",至247年,至少也有80岁。张政至邪马台国,从级别上看,卑弥呼并无接见的必要,但张政是作为特使被派遣的,是在邪马台国紧急时刻到来的,卑弥呼理应予以接见,但她没有接见,究其原因,我推测,当时女王已在病中。她的死是预料中的事。她死后的葬仪十分隆重,"大作冢,径百余步。殉葬者奴婢百余人"。从整个古代日本的历史经验可以推知,卑弥呼卧病期间,邪马台国上层阶级内部的不同势力集团间,对继承问题肯定已开始活动和斗争,只是因为女王未死,又有狗奴国侵扰,矛盾尚未爆发。一旦打败狗奴国,卑弥呼一死,争夺王位的斗争便一下子爆发了。张政的滞留对亲魏派肯定有利。从《魏书·倭人传》分析,亲魏派是拥立卑弥呼宗女台与的主要势力集团。邪马台国内乱的平定,新的女王的确立,保证了亲魏政策的延续性,这对魏国来说也是外交上的一分收获。"政等以檄告喻台与。"张政代表郡守向新女王表示祝贺。至此,张政的特殊使命圆满完成。张政启程返郡,台与遣使掖邪狗等20人陪送,并到洛阳朝贡,这次携带的礼物有男女生口30人、贡白珠5000孔、青大句珠2枚、异文杂锦20匹。

魏国对邪马台国内部事务如此关切,实为罕见。我认为魏也出于战略目的。邪马台国的安定和强盛,一可以牵制朝鲜半岛,二可以牵制吴国的海上制霸。

邪马台国与魏国的关系,至此中止。这与魏国内部纷争有关。直至265年(泰始元年),司马炎灭魏建立晋朝,女王台与又于翌年十月遣使"重译入贡"(《晋书·四夷传》)。这次遣使以后,在中国史籍上大约有150年之久未见倭国的记载。没有记载是否就说明没有往来呢?并非如此。查《晋书》,屡屡有"东夷"诸国朝贡的记载,如"东夷六国来献"(278年)、"东夷二十国朝献"(280年)、"东夷五国朝献"(281年)、"东夷绝远三十余国来献"(289年)、"东夷七国朝贡"(290年)、"东夷五国遣使来贡方物"(382年)。(《晋书·帝纪·孝武帝纪》)"东夷"一词,在中国古

书中,主要指鲜半岛和日本列岛的古代国家。个别场合也包括中国东北地区的
少数民族。上述年代的东夷诸国使节中,也应包括倭国在内吧。在此期间,东亚
形势发生了动荡和变化。日本列岛也处在变化中,一个更加强盛、更加统一的国
家正在形成。

第三节　秦汉文化对日本文化的影响

一、稻作文化的东传

稻作栽培,在中国开始很早。至今,中国考古学者已发现72处新石器时代的
稻作遗迹。其分布遍及长江流域(57处)、黄淮流域(9处)。1973—1974年发掘
的浙江余姚河姆渡遗址被认为是中国最早的稻作文件遗址,距今约7000年。[①]继
河姆渡之后,浙江桐乡县(今桐乡市)又发现了罗家角遗址,其也被认为是最早的
稻作文化遗址之一。然而,考古学者又在湖南省澧县彭头山距今约8000年的新
石器时代早期层位中发现了炭化水稻谷粒、稻壳,时间显然早于河姆渡遗址。[②]

关于水稻的发源地,考古学界有多种见解。有的说,太湖地区的史前农业,
主要是种植水稻,发现的距今7000年的稻谷,都属于世界最早的标本之一,它告
诉人们,中国是世界上水稻起源地之一。[③]有的认为,从考古资料和生态学分析,
杭州湾两岸及太湖平原是中国最早的渔业稻作农耕文化起源地。[④]有的指出,亚
洲栽培稻的起源地应在中国长江以南地区,有两种可能性,即可能在杭州湾一
带,更有可能在纬度较南的云南、广西、广东。[⑤]有的把起源地的范围划得很广,
说亚洲栽培稻起源于从中国浙江、福建、江西、台湾、广东、广西、云南到越南北
部、缅甸北部、老挝北部、印度阿萨姆这一广阔的弧形地带,但云南的可能性最

---

① 《河姆渡遗址第一期发掘报告》,《考古学报》1978年第1期;《河姆渡遗址第二期发掘的主要
　收获》,《文物》1980年第5期。

② 湖南省考古研究所:《湖南澧县彭头山新石器时代早期遗址发掘简报》,《文物》1990年
　第8期。

③ 吴汝祚:《太湖文化区的史前农业》,《农业考古》1987年第2期。

④ 王在德:《论中国农业的起源与传播》,《农业考古》1986年第2期。

⑤ 童恩正:《略述东南亚及中国南部农业起源的若干问题》,《农业考古》1984年第2期。

大。①也有的学者,从安徽合肥、凤阳、怀远地区湖泊中自生的一种粳型野稻,推论出这是粳稻的祖先种。②游修龄氏则明确提出,亚洲栽培稻起源于以中国云南和印度阿萨姆为中心的地带。太湖地区的稻作是从以云南、阿萨姆为中心的地带经海路传入的。③

关于稻作起源问题,在日本也是众说纷纭,有低纬度低湿地起源说、高纬度高原地带说等。但是,得到学界多数首肯的,则是渡部忠世氏的"阿萨姆、云南起源说"。他在实地调查的基础上,提出了亚洲稻作扩展的三大系列,即"湄公河系列"水稻群、"孟加拉系列"水稻群和"扬子江系列"水稻群。而三大系列水稻群的源头都在以阿萨姆、云南为中心的地区。④

"扬子江系列"水稻群的起点是云南,它的传播途径是沿发源于云南境内的龙川江、普栏河、牛栏江、天全河等支流,与长江上游的金沙江汇合,直至长江中下游地区。另外,通过西江上游的诸支流东下,汇入西江后,到达广西、广东。"扬子江系列"传播的稻大概以旱稻类与粳稻为主体。"扬子江系列"水稻群,与以后东传日本的稻的种类有密切关系。

在中国古籍中,很早就有关于稻作栽培的记载。《史记·货殖列传》载:"楚越之地,地广人稀,饭稻羹鱼,或火耕而水耨。"《汉书·地理志》载:"江南地广,或火耕水耨,民食鱼稻,以渔猎山伐为业。"所谓"饭稻羹鱼",就是对楚人和越人生活方式的生动描写;"火耕水耨"则是原始农耕技术的写照,即一般所说的生荒耕作制。《墨子》和《论衡》中有关于"象耕鸟耘"的记载。过去,人们都把这种耕耘方法视为神话传说,而实际上这不是传说,而是确确实实存在过的耕作方法。关于这种方法,《论衡·书虚篇》中是这样描述的:

> 苍梧多象之地,会稽众鸟所居。
> …………
> 象自蹈土,鸟自食苹,土蹶草尽,
> 若耕田状,壤靡泥易,人随种之。

---

① 李昆声:《亚洲稻作文化的起源》,《社会科学战线》1984年第4期。

② 周拾禄:《中国粳稻的原产地》,《中国稻作》1984年第7期。

③ 游修龄:《太湖地区稻作起源及其传播和发展问题》,《中国农史》1986年第1期。

④ 渡部忠世:《稻之道》,日本放送出版协会1990年版。

在古代的长江中下游地区,不但有"象田",还有"麋田",大群的麋鹿在沼泽地里踩蹈,泥土像经过耕耘的一样,人们随后种稻,可以不耕而获利。后来,人们由"象耕鸟耘"发展到"牛踏耕""马踏耕",即驱赶大群的牛或马,到沼泽地或水田里踏踩,把土壤踩成泥浆,然后播种。中国古越人发明的这种"踏耕",如今在东南亚尚可看到。①

进入夏、商、周以后,水稻耕作技术有了长足的进步。灌溉排水知识已十分丰富,《周礼·地官》载:以"潴"蓄水,以"防"止水,用"沟"流水,用"遂"均水,用"列"挡水,用"浍"排水。这是有关灌水、排水知识和水准的最好概括。"潴"就是堰,"防"就是土堤,"沟""遂"是小沟,"列"是畦,"浍"是大沟。当时,稻的品种在《诗经》中已有粳、糯的区分,籼稻中有白稻、陵稻等品种。春秋战国时代,稻作耕作形成了精耕细作的传统。公元前3世纪时成书的《吕氏春秋》收录了多篇农学著作,其中的"上农""任地""辩土""审时"四篇,反映了当时农业科学技术的发展水平。"辩土"篇论及不同土壤结构的耕地,在耕作时应有先有后,同时指出土地的充分利用,以及合理密植的思想和措施。它指出种植要防止"三盗",即一防沟大垄小,二防苗没有行列而植株又太密,三防苗没有行列而植株太稀。为防止上述三种情况,采取的措施是垄要大而平,沟要小而深,即"亩畮(垄)欲广以平,圳(沟)欲小以深"。植株时要纵横有行列,横行相互间错,纵行要直,以达到通风的目的,即"横行必得,纵行必术,正其行,通其风"。为使土壤保持能让农作物生长的最佳状况,"任地"篇提出了土质改良、轮作制度、施肥保墒、土壤干湿等发挥地力的五项原则,即"力者欲柔,柔者欲力;息者欲劳,劳者欲息;棘者欲肥,肥者欲棘;急者欲缓,缓者欲急;湿者欲燥,燥者欲湿"。

秦汉之时,由于王室的重视和推动,农业迅速发展。汉武帝曾说过:"农,天下之本也。泉流灌浸,所以育五谷也。"(《汉书·沟洫志》)他认为疏通沟渠,蓄水于陂泽,可以抗旱,即"通沟渎,畜陂泽,所以备旱也"(《汉书·沟洫志》)。当时,水田灌溉时特别讲究对水温的调节。据《氾胜之书》记载,农民在不同的季节,利用水的流动控制温度。插秧之初,开畦对流,可以保持田里的水温,吸收阳光的田水不会轻易流失。到了暑天,禾稻成长,需要通风,防止温度过高,采取田畦错口,可以加速水的流动,受阳光照射的高温田水,能够及时地排出。

关于日本的稻作栽培起于何时的问题,日本学术界争论了很久,从20世纪50年代开始就有人提出绳纹时代农耕论。有的人认为绳纹时代中期已有旱地农

---

① 渡部忠世:《亚洲稻作文化之旅》,日本放送出版协会1987年版。

耕。①有的人认为绳纹后、晚期已存在农耕②，并认为九州的阿苏山台地，已有旱田轮作制度③。当时，绳纹农耕论曾受到过激烈的批评，然而随着近年来考古学的发展，绳纹晚期农耕论得到了普遍的认可。绳纹中期农耕论虽至今仍未受到足够的重视，但从绳纹晚期农耕技术达到的较先进的水平来看，绳纹中期已存在农耕也是可能的，随着考古发掘的进展，最后会得到证实。据现有资料可知，九州长崎、大分、熊本等县的火山灰台地，在绳纹晚期已有陆稻耕作。陆稻耕作一直延续到弥生时代，不仅在九州地区，而且在关东地区的静冈市丸子遗址、佐渡遗址、埼玉县池上遗址都有陆稻栽培。④长野县下伊那郡北原遗址，是弥生中期遗址，其出土的陶器上，发现了稻谷压痕。有学者认为这是水田稻压痕，但有的学者认为是陆田栽种稻，因为该遗址发现了大批打制石锹。⑤

　　总之，日本的稻作农耕，很可能陆稻早于水稻，但也有可能陆稻与水稻是同时传入，并根据不同的地理环境分别发展的。

　　近年来，日本考古学者先后在九州北部地区的菜畑、板付、曲田绳纹遗址发现了水稻遗迹。这一发现结束了长期以来关于绳纹时代农耕生产的争论，不仅使农耕开始的时间大大提前，而且开拓了绳纹文化、弥生文化等一系列研究的新视野。绳纹水田遗迹的发现，并不是偶然的，而是日本考古学者们经过较长时期有计划有意识的调查的结果。对于这一课题的研究，考古学者从"二战"结束以后不久就开始了。他们是从绳纹文化与弥生文化的接触点着手调查的，在1952—1954年，终于获得了突破性进展。他们在福冈县板付遗址，发现了环沟竖穴仓库群，还发现同一层位中共存着最古式弥生陶器与绳纹晚期的刻目凸带文（夜臼式）陶器，以及炭化稻谷、稻壳压痕、深钵形甑等。板付遗址的新发现，引起考古界的注意，他们进而扩大了对绳纹文化的探究，以九州地区为中心，对诸多遗址进行发掘调查，如长崎县的原山、山寺、小浜，岛原市砾石原等。通过这一阶段的调查，得到了如下新的认识：①绳纹文化是构成弥生文化的要素之一；②弥生前期已经拥有高水平的农耕技术，由此推定在这种高水平农耕技术以前已存在着某种程度的农耕文明是很自然的；③弥生文化成立的过程是一个复杂的过

---

① 藤森荣一：《日本原始陆耕诸问题——中期绳纹时代的一种生产形态》，《历史评论》1955年第4卷第4期。

② 贺川光夫：《农耕的起源》，讲谈社1972年版。

③ 贺川光夫：《关于绳纹晚期农耕论的备忘录》，《史丛》1977年第20期，第76—88、109页。

④ 春成秀尔：《弥生时代的开始》，东京大学出版会1990年版。

⑤ 神村透等：《北原遗址》，文森町教育委员会1972年版。

程,它不是在短时期内形成的,它是多种因素相互交融的结果。①在以上认识的基础上,从20世纪60年代开始,考古学者对绳纹农耕进行追踪探究,直到20世纪70年代末,终于在板付遗址发现了绳纹水田遗迹,接着在20世纪80年代初,相继发现了唐津市菜畑、福冈县糸岛郡曲田绳纹水田遗迹。众多考古学家的集体努力,终于敲开了绳纹稻作农耕的神秘大门。

板付绳纹水田位于村落台地两侧的冲积地带。该水田遗迹的上方是弥生前期水田遗迹。水田遗迹除发现水田外,还发现了与水田密切相关的其他设施,包括水渠、井堰、供水与排水口、田畔等。据发掘,水渠宽2米、深1米,断面呈U字形,约有300米长。水渠中途有用木条做成的井堰,是具有贮水、给水、排水机能的水利设施。沿水路的水田,筑有用木桩、木板加固的田畔。水田沿水路呈细长的长方形状,东西宽6—10米,南北长50米以上,面积在500平方米以上。

菜畑水田遗迹是至今所知最早的稻作遗迹,位于唐津市菜畑松圆寺山丘的前端,扇形谷的中央低地。据发掘,水田遗迹的范围南北约20米,东西约15米。先发现四块水田,田与田之间用土畔相隔,并用木桩、木板加固,一块水田的面积约在30平方米以上。

森贞次郎氏对菜畑、曲田、板付三个遗址的共同性做过比较,他认为,它们的共同性主要表现在6个方面:①三遗址均属于绳纹晚期的遗构;②都伴有大陆系的磨制石器,如厚形石斧、扁平单刃石斧、棒状单刃石斧、抉入单刃石斧、石刀等;③都发现炭化米和陶器上的稻壳压痕;④发现有朝鲜式的支石墓;⑤陶器群中,有较多的大型壶形陶器和磨研壶形陶器;⑥在接近台地的低地区种植水稻,并筑有水渠和灌溉排水设施。

绳纹稻作遗迹的发现,具有划时代的意义。过去人们认为稻作文化是突然出现的,现在,此说已难以成立了。事实表明,从绳纹后期的稻作到弥生稻作之间,存在一个持续发展的过程。绳纹水稻耕作遗迹被发现的意义还在于,它不但证明了绳纹晚期稻作栽培技术的高水平,更告诉人们,在达到这种高水平以前,可能存在着技术水平由低向高的发展过程,或者可以说存在着一个吸收、消化大陆的稻作高技术的过程。这种符合事物发展规律的推测,有待考古发掘的新进展。

按传统的观点,日本列岛的稻作传播是以九州地区为基点,由西向东波浪式推进的,即在弥生前期(公元前100年前后),推进到今福井县、爱知县一带;弥生中期(公元100年前后)又推进到岩手县、秋田县一带;最后大约在公元300年期

---

① 森贞次郎:《日本农耕文化起源的研究》,《九州考古》1960年第10期。

间,波及本州岛最北端的青森县地区,除北海道以外,全日本实现了农耕化。然而,近年来的考古发掘已经对此说提出了挑战。首先,传播的时间大大提前了,即由弥生前期提前到绳纹晚期。绳纹晚期的稻作遗址,不但在九州地区有发现,而且在四国、中国、近畿等地也有发现。

特别应该引起注意的是日本东北地区的考古新进展。在这一地区的北部,远贺川式陶器相伴的遗址内不断发现炭化米、稻壳痕,如在龟冈遗址,从大洞A层出土了稻壳、炭化米。在宫城县栗原郡山王围遗址,虽然没有发现稻壳痕和炭化米,但出土的盖、瓮、石刀等,与近畿地区弥生前期土器的组合非常相似。有的学者认为这一发掘可以推定,在靠近绳纹晚期时代,这一地区已经从西日本传入稻作农耕这种生活方式。①1987年在青森县弘前市砂泽遗址,发掘出了水田遗构。②从上述资料可以推测,大约在弥生时代前期,而不是传统的公元300年间,水稻耕作已经传入东北地区了。

从传播途径看,传统的九州—西部日本—关东地区—东北地区的波浪式推进说,也发生了动摇。东北的考古学者提出了"日本海路线"说。他们依据在青森、秋田、山形等弥生前期遗址中发现的陶器,推测东北的稻作是从西日本通过日本海侧传入的,尤其是在1987年青森县弘前市的砂泽遗址发现弥生前期的水田遗迹以后,"日本海路线"说更有说服力了。当然也不能排除在传入九州地区前后直接从大陆传入的可能性。

现在来看一看,日本的水稻是怎样从亚洲大陆传入的。关于水稻农耕的传入路线,涉及日本文化渊源的问题,所以一直受到诸多学者的重视。至今论述颇多,尚无一个统一的说法能够使大家接受。归纳起来,大致有如下几种观点:

A. 从福建省经台湾、冲绳诸岛,北上九州说;

B. 从长江下游直接渡航说;

C. 从山东半岛经朝鲜半岛南部直渡说;

D. 从山东半岛与长江入海口之间的沿海地区直渡说;

E. 沿海岸线东渡说,即山东半岛沿岸—辽东半岛沿岸—朝鲜半岛西侧沿岸—九州北部。

若从地理条件、气候条件以及生态考古学资料分析,以上五说都各有可能性。C线,即从山东半岛经朝鲜半岛南部直渡说,从地理、海洋条件分析,是极有

---

① 伊东信雄、须藤隆:《山王围遗迹调查图录》,一迫町教育委员会1985年版。

② 春成秀尔:《弥生时代的开始》,东京大学出版会1990年版。

可能的。不过,这条路线的起点地区——山东半岛,其出土的稻作例较少,目前只有山东半岛的栖霞龙山文化遗址中发现过稻壳和稻壳压痕。该遗址在北纬37.15°,是中国史前最北的稻作栽培遗址。①栖霞遗址出土的稻壳与稻壳压痕,现保存在山东省烟台市博物馆,用肉眼观察,此稻谷品种类似粳稻。D线说把东渡起点的地域相对扩大,即从长江入海口至山东半岛这一漫长的海岸线上。在这一海岸线上,有许多可以启航直渡的海港,从地理环境、气候条件看,这也是适宜稻作的地区。但在这一地带,出土的稻作例也较少,除前述的山东半岛栖霞遗址外,尚有江苏北部的东海县焦庄遗址,在这一遗址中出土了典型的粳稻米粒。②该遗迹属于西周时代,虽然它比山东栖霞遗址年代晚,但从环境、气候、技术等条件分析,这里在西周以前肯定有过一个较长时期的稻作栽培过程。

对A线说,有若干批评,有人认为中国台湾与日本冲绳之间有一条海沟,对古代船只能否渡过这一海域持怀疑态度。虽然学术界对A线持有怀疑,但我认为通过台湾北上九州这种可能性是有的。古代的航行与海流关系甚大,在台湾岛靠近太平洋一侧正是黑潮主流流经之处,依靠黑潮驾船顺流北上,是能够抵达日本列岛的。另外,从考古资料可知,台湾在距今3000—4000年前,已开始栽培水稻。台北芝山岩遗址下层,发现了成束的稻穗,其品种属于粳稻。该遗址的文化与福建、浙江的新石器文化有亲缘关系。③

B线说的赞成者,近年来日渐增多,这是因为学者们围绕"稻之道"进行了多学科的综合研究。人类学、民俗学、语言学、海洋学、考古学、文献学、植物学等学者发现,长江下游地区的古代文化与九州北部文化有着许多渊源。对于B线,人们也曾有过怀疑,即怀疑吴越人是否有能力横渡东海。前已叙及,在春秋战国时代,长江下游的吴越两国,已有强大的水军,战船已有多种类型,越国甚至能够沿海北上至山东半岛。在勾践统治时期,越人分为"内越""外越"两部分。"外越"系指居住在海岛上的越人,他们既擅长航海、捕捞,也擅长农耕,"他们是越人中最善于驾驭海浪的弄潮儿,是传播越文化于海外的先锋"④。同样,吴国人也擅长海战,吴国水师也曾从海路航行数千里北上伐齐。有了船和驾船人之后,余下的问题,就是能否横渡大洋了。横渡能否成功,关键在于气象和天文知识。气象知识

---

① 严文明:《中国稻作农业的起源(一)》,《农业考古》1982年第1期。
② 南波:《江苏省东海县焦庄古遗址》,《文物》1975年第8期。
③ 游学华:《介绍台湾新发现的芝山岩文化》,《文物》1986年第2期。
④ 董楚平:《吴越文化新探》,浙江人民出版社1988年版。

方面,早在殷商时期,古代中国人已能观测不同方位的风向,称东风为"劦",南风为"凯",西风为"彝",北风为"殴",并已能区别风力,将风分为小风、大风、大撖风(大骤风)、大飚风(大狂风),还能预卜当天及两三天内的天气,指出晴、阴、晦、黑、雨、雪、雷、虹、雾等。至春秋战国,已掌握八方风和十二方风知识,而且当时对大海的潮流也有了新的认识,如《管子》载:"渔人之入海,海深万仞,就彼逆流,乘危百里,宿夜不出者,利在水也。"《禹贡》载:"潮汐迎之,则逆行而上。"这两段文字的意思是海船出海,要趁涨潮,顺其逆流而行,则可远流而去;海船远航,要充分利用海洋的定向潮流,顺其潮流方向,则可以"乘危百里"到达目的地。①至于航行方位的观察,虽然战国时期中国已发明磁石式"司南",但尚未应用于海上,定向主要依靠北极星和太阳,白天观察太阳方位,夜晚观察北极星方位。当时对星辰的观察能力已相当精细。由上可知,从长江下游直渡日本是完全可能的。这种可能性也得到了考古学、民俗学等方面的证明。

我们对稻种传入日本的5条路线都予以肯定,是因为我们认为稻作的传入与其他文化一样,道路不是一元的,而是多元的。当然也不否认五条路线中,B、D两条路线发挥了非常重要的作用。

在研究日本稻作渊源的时候,必然要涉及朝鲜半岛的稻作农耕。朝鲜半岛已发现稻谷、稻壳压痕的遗迹并不多,主要有如下10余处,自南向北依次是全罗南道的郡谷里,庆尚南道的勒岛、东外洞、朝岛、大坪里、江楼里、府院洞、会岘里,全罗北道的松龙里、盘谷里、所山里,庆尚北道的城洞,忠清南道的松菊里,忠清北道的荷川里,京畿道的丽妓山、欣岩里,江原道的中岛,安南道的南京里。依据传统的说法,朝鲜半岛的稻作农耕始于无纹陶器时代。无纹陶器时代的最早时间,朝鲜学者大多认为在公元前1000年左右,而有的日本学者则有不同看法,认为在公元前600年左右。韩国学者金元龙认为公元前10世纪朝鲜半岛已传入稻作农耕技术。②其代表性遗址有平壤附近的南京遗址、南汉江流域的欣岩里遗址(公元前8—公元前四五世纪),锦江流域的松菊里遗址(公元前5—公元前3世纪)。金氏还认为,朝鲜半岛稻作农耕传入路线是陆路,即从山东半岛经辽东半岛传入。日本的樋口隆康氏认为,朝鲜半岛稻作的最早遗址是京畿道的欣岩里,据碳-14测定,其年代在公元前1260(±70)年至前670(±100)年间。③春成秀尔氏

① 孙光圻:《中国古代航海史》,海洋出版社1989年版。
② 金元龙、贺川光夫、安志敏:《联合日中韩的稻之道》,*MUSEUM KYUSHU*1989年第31期。
③ 樋口隆康:《从大陆看古代日本》,学生社1990年版。

认为平壤南京遗址的稻作,是由京畿道附近北上的。[①]

由于地理位置的关系,朝鲜文化很早就受到中国文化的影响,自汉武帝在半岛建立乐浪、临屯、玄菟、真番四郡以后,更受到汉文化的直接影响。但是如果细加考察的话,可以发现朝鲜半岛北部与南部所受到的中国文化的影响是不一样的。朝鲜半岛北部主要是受中国北方辽东文化、燕文化的影响,而朝鲜半岛南部则主要是受来自长江中下游至山东半岛的沿海文化的影响。从农耕来看,北部主要是受北方粟、麦文化的影响,而南部则主要受稻作文化的影响。这从甲元真之氏对朝鲜半岛农耕的分类可以得到进一步的认识。甲元氏按土壤把朝鲜半岛农耕分为四型:

A 型　朝鲜半岛东北　　　　　耕作粟、稗

B 型　朝鲜半岛东北　　　　　耕作粟、黍、高粱、稗

C 型　朝鲜半岛西北　　　　　耕作麦

D 型　朝鲜半岛西部、南部　　耕作水稻

很显然,A、B、C 三型都处在朝鲜半岛北部,主要耕作物是粟、稗、黍、麦等,水稻十分少见。D 型主要在朝鲜半岛南部、朝鲜半岛西部等沿海地区,正处在中国沿海文化辐射的地域范围之内。

朝鲜半岛受中国文化影响确实要比日本早,但是,就稻作农耕而言,却是例外,其几乎是同时期从中国传入的。

对朝鲜半岛发现的炭化米和稻壳压痕的计测表明,这类大多是短粒日本型,即粳稻品种,它与中国长江中下游及其以北地区、日本列岛,构成了日本型水稻耕作圈。

二、秦汉农耕器具与日本

改变日本生产面貌的稻作农耕是直接从大陆传入的,那么,与稻作农耕相适应的主要的生产工具,是否与大陆的生产工具有渊源呢? 在做出明确回答以前,还是让我们对主要的石、木、铁农耕具做一比较。

(一)石器具

1. 石刀

石刀是铁农具尚未盛行以前主要的收割具。这是一种握在手中的摘取麦、

---

① 春成秀尔:《弥生时代的开始》,东京大学出版会1990年版。

稻穗的工具。在中国,石刀的应用最早可以追溯到仰韶文化时期,在某些地区直至汉代仍有使用。现知的考古资料表明,中国各地均有出土,从形态学分析,各地出土的石刀,大致可以分为5类:

    A. 抉入打制型

    B. 长方形型

    C. 半月形直刃型

    D. 半月形外弯刃型

    E. 纺锤形型

A—E皆是磨制品。[1]总体上说各类型是交叉分布于各地的,但各地区也有地域特征。

在西北地区,长方形型、抉入打制型、纺锤形型、半月形型均有出土,但以抉入打制型、长方形型为最多。抉入打制型以甘肃、陕西、山西、河南诸省最为集中。陕西商县(今商州区)紫荆遗址出土的250余件石刀,约86%为抉入打制型。[2]洛河上游的焦村、沟滩两个遗址出土的石刀数目虽不多,但十分典型,有长方形型、纺锤形型,但两端都有被砍的缺口。

黄河和淮河中下游地区,以河南、河北、山东、江苏北部地区为中心,主要盛行长方形型石刀。这类石器都为磨制品,一般都穿有一孔、二孔或三孔,也有五孔、七孔的,但为数较少。长方形型石刀,主要出自龙山文化遗址。

长江下游地区,以江苏、浙江、上海、江西诸省为中心,出土石刀形式多样,既有长方形型,又有半月形直刃型和半月形外弯刃型,但是最多的还是半月形型。

东北地区出土的石刀,除抉入打制型以外,其他各型均有,但最集中的则是半月形直刃型、半月形外弯刀型和近似纺锤形型。至今该地区出土过半月形型石刀的遗址已达40余处。东北地区出土的半月形型和近似纺锤形型石刀,大致可分为4种:

    A型   近似纺锤形,背部弧形,刃部也为弧形,刃部与背部的弧形基本相对称

---

① 安志敏:《中国古代的石刀》,《考古学报》1955年第2期。

② 商县图书馆:《陕西商县紫荆遗址发掘简报》,《考古与文物》1981年第3期。

　　B型　半月形直刃,背部弧形,刃呈直线或凹线,双孔或单孔,长度在9—12厘米,宽为3—5厘米

　　C型　半月形弯刃,背部直刃部弧形,单孔或双孔,极个别为三孔,长度一般在22厘米左右,也有长达40厘米的,宽4—7厘米

　　D型　弯月形,背部呈凹形,刃部为弧形,双孔或三孔,一般长为20厘米左右,但也有长33余厘米的,宽4—6厘米[①]

　　关于以上各型的地域分布,大致辽东半岛及辽西地区流行A、B两型,吉林长春地区流行器型较长的C、D型,黑龙江绥芬河流域发现器型较小的B型,牡丹江流域也以刀身较长的D型为最多。

　　上述各型石刀的原料,主要是板岩、页岩、角岩、砂岩等。

　　在东亚世界,广泛应用石刀的地区还有朝鲜半岛和日本。朝鲜半岛的石刀,北部地区受中国北方的类型影响较深,以长方形型和半月形型居多;南部地区则半月形外弯刃型居多,与中国长江下游地区的类型相似。[②]

　　在日本,石刀与水田遗构、水渠、木制农具一起,被视为弥生时代开始的标志。[③]它与弥生农耕紧密联系在一起。石刀盛行于弥生时代前期、中期,但有的地区一直延续到弥生时代的末期。

　　在日本列岛,石刀的分布地域很广,但九州、濑户内沿岸、中部地区、东北地区出土量最多。九州地区各县都有石刀出土,福冈、佐贺最为集中。福冈县饭冢市立岩遗址群出土的成品和损坏品,多达1488件[④],其中成品205件、损坏品1283件。在濑户内沿岸,香川县西半部、爱媛县东部、兵库县西南部、冈山县南部、广岛县东南部也都有出土。[⑤]中部地区沿信浓川、天龙川水系,有不少打制和磨制石刀出土。[⑥]关东地区虽然石刀的发现例不多,但在关东地区南部发现了不少贝刀[⑦],反映了地域性特征。在东北地区的福岛、山形、宫城、岩手等县的弥生遗址

---

①　瑜琼:《东北地区半月形穿孔石刀研究》,《北方文物》1990年第1期。

②　石毛直道:《日本稻作的系谱——石庖丁》,《论集日本民族的起源》,大和书房1978年版。

③　近藤义郎:《总论——变化·画期·时代区分1》,《岩波讲座·日本考古学6》,岩波书店1986年版。

④　中村修身:《立岩产辉绿凝灰岩石刀的再检讨》,《地域相研究》1983年第13期。

⑤　潮见浩、藤田等:《中国·四国》,《日本的考古学·弥生时代》,河出书房1967年版。

⑥　神村透:《中部高地》,《日本的考古学·弥生时代》,河出书房1967年版。

⑦　赤星直忠:《海蚀洞窟——三浦半岛的弥生式遗迹》,《神奈川县文化财报告》20,神奈川县教育厅社会教育1953年版。

中也有出土。从石刀形态学分析,在日本除长方形型极少发现外,其他抉入打制型、半月形型、纺锤形型均有发现。

抉入打制型主要分布在以香川县西半部为中心的濑户内沿岸地区。这一地区盛产的岩石坚硬,不易钻孔,所以往往将石刀的两侧做成抉入状,以便于组装。除濑户内沿岸外,在九州的宫崎县也有此类石刀出土。九州北部石刀的主要形态除了个别的长方形型和背、刃皆呈弧形的纺锤形型外,数量最多的是半月形型。半月形型中又以背部为直线、刃部呈弧形的外弯形居多。除少量的单孔、三孔之外,大多为双孔,器体皆经磨光。立岩地区出土的石刀中有近似三角形的,实际上这种类型是半月形外弯刃型的变异,应划入外弯刃型范围之内。

当时,日本各地已出现石刀专业制作集团。九州地区的立岩是著名的石刀产地,辉绿凝灰岩石材制作的石刀遍布九州北部全域,甚至在中部山地的阿苏、人吉盆地至宫崎西南山地、大分东部都有发现。有的学者认为,九州地区的辉绿凝灰岩石刀都是在立岩遗址制造的。[①]石刀的制作与分布,是与稻作农耕的发展和金属农具尚未普遍化相适应的。地域性石器的制作中心,在东北地区的仙台平野、福岛县的天神泽、以香川县为中心的濑户内沿岸肯定也是存在的。

由上可知,东亚世界的石刀形态是基本相似的。总体上看,抉入打制型主要分布于中国的西北地区、日本的濑户内沿岸;半月形型分布于中国的长江流域、华北、东北,朝鲜半岛南部,日本列岛的九州、濑户内地区、中部地区和东北地区。其中半月形外弯刃型,又以中国的长江下游与日本九州北部最为集中。

2. 石斧

石斧与石刀一样是新石器时代主要的生产工具。在东亚各地均有广泛发现。在日本,一般把石斧分为三种形制,即厚形双刃、抉入、扁平单刃。在中国,称呼上与日本略有区别。根据中国学者的习惯,称谓大致有石斧、石锛、石铲之分。

石斧,分为无孔石斧与有孔石斧。无孔石斧,器身较厚,厚与宽之比约为1∶2,或更厚。一般上窄下宽,双刃,横断面呈椭圆形,器身有扁平长方形和方柱形等。中国各地均有出土,此种石斧与日本的厚形双刃石斧相似。有孔石斧,器身扁而薄,大多为上窄下宽,呈梯形,也有呈方形的,一般都在器身的上部靠近顶端处有穿孔。这类石器以长江下游最为盛行,但在其他地区也有发现,如陕西商县紫荆遗址、姜寨遗址、河北省唐山市均有出土。日本福冈县板付遗址出土过类似的石器。

---

① 下条信行:《铸型与立岩石刀·今山石斧的分布》,《奴国展》,福日新闻社1979年版。

石锛,有常型石锛与有段石锛之分。有常型石锛单刃,与日本的扁平单刃石斧相似。有段石锛,其特点是背面有段,主要分布于长江以南地区。关于有段石锛的起源,有的学者认为始于河姆渡文化和马家浜文化。朝鲜半岛和日本列岛盛行的抉入石斧虽然与有段石锛在组装部位的处理上有区别——有段石锛制成段阶,而抉入石斧采取向体内凹入状——但是两者的目的是一致的,即便于装在木柄上。为此,日本学术界大多认为,抉入石斧与有段石锛有渊源关系。日本学者八幡一郎氏指出:抉入石斧的分布,西日本多,东日本少。在朝鲜半岛,北部少,南部则多。他还说:"本石器的祖型是有段石斧。"[1]关于中国的有段石锛技术的东传途径,樋口隆康氏认为是先传入朝鲜半岛南部和西日本地区,然后变形为抉入石斧。从"有段"变化为"抉入",实际上是一次技术上的革新。[2]

石铲,器形扁平而宽,一般皆双面刃,有的上部有双肩,称为有肩石铲(或有肩石斧)。此类石器在日本出土不多,但也有所见。中国石铲多为磨制,而日本出土的则以打制居多,主要分布在南部九州和南岛列岛。乙益重隆氏明确指出,这类石器的特点为:"头部短长方形,肩部角状,刃部呈纵长长方形,日本的石铲其形状酷似中国的石铲。"[3]

上述石斧、石锛、石铲都是农耕生产工具。这些器具的制法,都有一个由打制、打磨相兼到磨制的发展过程。随着时代的发展,磨制的数量越来越多。这些石器大多是装柄后使用的复合工具。这些石器装有木柄,在中国、日本都有发现。

3. 环状石斧

在中国、朝鲜、日本的许多遗址中,还出土了一种环形石器,学术界把它们称为"环刃石器""环状石斧"或"多头石斧"等。环状石斧基本的特征是:形制为圆盘状,中央穿有一圆孔,孔一般较小;周缘为刃,有的双刃,有的单刃,制作精细,大多通体磨光;其大小,平均外径为13厘米,孔径2.8厘米,厚2.8厘米。其根据器体基本特征,可分为4型:

Ⅰ型,扁平圆盘状,或两面鼓起,周缘为双刃,中央的穿孔大多为两面对钻,孔缘一般较大;

Ⅱ型,扁平圆盘状,一面平或稍内凹,另一面鼓起,周缘为单刃,个别为双刃,

---

① 八幡一郎:《围绕抉入石斧的诸问题》,《信浓》1966年第18卷第8期。

② 樋口隆康:《从大陆看古代日本》,学生社1990年版。

③ 乙益重隆:《有肩打制石器小考》,《日本史的黎明》,六兴出版社1985年版。

器体一般较薄,刃较锋利,中央的穿孔是两面对钻的;

Ⅲ型,也是圆盘状,一面平或稍内凹,另一面微微鼓起,鼓起面的中央穿孔四周凸起,呈圆台,台高一般不足1厘米,器身周缘为单刃;

Ⅳ型,圆盘状,两面的中央穿孔四周凸起呈圆台,台高2厘米以上,圆台以外器身较扁薄,周缘为双刃。

由Ⅰ型到Ⅳ型体现了这种器具由原始向较精细发展的过程。

此类石器,据现有的资料,中国主要分布在东北地区,即东起吉林省东端,西至内蒙古赤峰市,北自吉林省北部,南达辽东半岛南端,其中又以辽东半岛南部、丹东地区、吉林省长春地区、延边地区最为集中。[①]东北地区以外,据说河南陕州区庙底沟、江西万年仙人洞、广西桂林甑皮岩、广东潮安梅林湖等遗址也发现过这类石器。朝鲜半岛以西北部较为多见。而在日本,虽然出土数量不多,但在九州地区、畿内地区、中部地区、东北地区均有发现。中国出土的这类石器流行的年代,最早可追溯到公元前2000年,最晚到公元前后。而在日本,绳纹时代晚期就在某些地区使用,中部地区的西部绳纹晚期遗址出土较多[②]。在福岛县的天王山弥生后期遗址[③]、福冈县的三云番上弥生后期遗址中,此类石器与磨制石斧、石刀等农具一同出土。这说明至少在弥生后期,这种环状石斧仍在使用。在池上遗址出土了9件环状石斧和环状石斧穿孔用具。考古发掘资料表明,环状石斧是组装木柄的复合工具。京都府森本弥生时代中后期遗址中出土的环状石斧的中央孔中,有木柄着装痕。[④]对于这种装柄的石器的用途,目前看法很多,有敲砸工具说[⑤]、纺锤说[⑥]、掘土器说[⑦]、狩猎具说[⑧]、原始武器说[⑨]、反映权力的指挥棒说[⑩]、佩饰说[⑪]、加工皮毛刮削器说[⑫]等。从环状石斧相伴出土的石器、陶器来看,它应该

① 云翔:《我国发现的环刃石器及相关问题》,《考古》1986年第6期。

② 冈本勇:《劳动用具》,《日本的考古学·绳纹时代》,河出书房1980年版。

③ 伊藤玄三:《东北》,《日本的考古学·弥生时代》,河出书房1967年版。

④ 后滕直等:《板付》(上卷本编),福冈市教育委员会1976年版。

⑤ 日下部善己:《环状石斧》,《绳纹文化的研究》,雄山阁1983年版。

⑥ 李恭笃:《辽宁东部地区青铜文化初探》,《考古》1985年第6期。

⑦ 酒诘仲男等:《考古学辞典》,改造社1951年版。

⑧ 王培新:《吉林延边出土的环状石器及其用途》,《文物》1985年第4期。

⑨ 水野清一、小林行雄:《图解考古学辞典》,创元社1959年版。

⑩ 黄基德:《通过墓葬考察朝鲜青铜时代的社会关系》,《朝鲜考古民俗》1953年第4期。

⑪ 王培新:《吉林延边出土的环状石器及其用途》,《文物》1985年第4期。

⑫ 云翔:《我国发现的环刃石器及相关问题》,《考古》1986年第6期。

是一种与农业有关的器具。

（二）木农具

在东亚世界的早期农耕社会中，木农具曾经与石、铜、铁农耕具一起，发挥过重要的作用。与石、铜工具不同，木工具并不因为铁农具的普及而完全消失。从河姆渡遗址发现的木耜、木铲，说明距今7000年前，长江下游地区的稻作农耕中，木农具已成为主要的农耕器具之一。而这类木农具直至铁器盛行的汉代还在使用。在长江中下游地区的湖北、湖南，以及黄河流域的河南、陕西南部等稻作区域的汉墓中，出土了不少陶俑。这些陶俑大多手执一农具，其形状呈λ形，与中国古籍所载的木耒相似。湖南省长沙市的西汉墓中，出土过此种木耒模型8件，湖北省江陵县纪南城82号井中出土了一件完整的木耒，证实了木耒农具在汉代仍在普遍使用。[①]除木耒外，当时尚使用木锹，这种木质锹在长沙咸嘉湖一西汉墓中出土了一件完整品。从其结构看，显然是掘土工具。木农具之所以能够与铁质农具并行，一是由于木质原料比铁更容易得到；二是河流的冲积地、沼泽地的土壤松软、肥沃，用木农具就能开垦，其适合江南地区的农耕生活。

从古籍记载可知，中国开始应用木器的时代很早，传说神农氏是创制木农具的始祖，他以木料制成耜、锹、耒等，教民用以开垦荒地，种植农作物，使五谷繁茂。从新石器时代，经春秋战国，至汉的许多遗址中均不断有木器农具出土。浙江省宁波市慈湖良渚文化遗址中出土了木耜[②]，苏州市新庄东周遗址中出土了木锸[③]。木耜、木锸均是掘土工具。

学者一般认为，耒和耜是一种工具的两个部分，即耒是柄，耜是掘地的部分，但陈文华氏认为耒和耜是两种器具。中国古籍《管子·海王篇》中载"耕者必有一耒一耜一铫，若其事立"，《盐铁论·国疾》中也有"秉耒抱锸"的记载，这都说明耒、耜是不同形制的农具。从文字学看，"耒"与"耜"也是不同的。古文字与出土实物均表明，耒为双齿挖土器，而耜为锹形器。古籍中提到的"锸"也是一种锹形掘土木农具。耒的原始形态是单齿尖木棒，后来发展为双齿。单齿或双齿耒，由于有很大局限性，到了战国、西汉以后，可能向多齿锄方向发展。多齿木锄在中国

---

① 陈文华：《汉代长江流域的水稻栽培和农具的研究》，《中国稻作的起源》（日文版），六兴出版社1989年版。

② 王海明：《宁波市慈湖新石器时代遗址》，中国考古学会：《中国考古学年鉴 1987》，文物出版社1987年版。

③ 王德庆：《苏州新庄东周遗址》，中国考古学会：《中国考古学年鉴 1986》，文物出版社1986年版。

尚未有考古发现,但在日本弥生遗址中有出土,有三齿、四齿、五齿,甚至有六齿的。

木农具是不易保存的器物,与石器、骨器、金属器相比,在中国出土的数量并不多。与中国相比,日本弥生时代遗址中出土的木农具却相当多,而且种类也比较齐全。从某种意义上说,从弥生木农具可以推想古代中国木农具的盛况。

出土木质器具的弥生遗址,分布地区很广,主要集中在日本列岛中部和西部。如富山县的江上、静冈县的登吕、山木,爱知县的瓜乡、篠束,奈良县的鸭都波、唐古,京都府的深草,大阪府的瓜破、中垣内,兵库县的上岛,滋贺县的苇刈,岛根县的西川津,山口县的宫久保,福冈县的板付,长崎县的里田原,大分县的安国寺等遗址,均有大量木器具出土。特别引人注目的是在东北地区的宫城县仙台市若林区中在家南遗址(弥生中期)出土了多达150件木器具,出土的数量是十分可观的。长崎里田原遗址出土木制品千余件,其中以农工具居多。池上遗址出土的木器中农具仅147件,计锹74件,锄47件,锤4件,杵16件,等等。各弥生遗址出土的木农具种类虽多,但最基本、最重要的是掘土具、平土具、收获具、脱粒具等。掘土具有锄、锹,收获具有木镰,脱粒具有杵、臼等。锄、锹是中国的耒、耜的变形。由耒演变为多齿锹,由耜演变为锄和诸种形态的锹。在技术上,耒、耜等木器具大多是一体式,是直式使用法,而日本出土的锄、锹(多齿锹)都是组合式,一般柄与器身成60°—80°角。为了组装木柄,锄、锹(多齿锹)的器身上部或中部均穿有或圆或方的孔。

在日本,木器具的盛行是与铁器工具的使用和普及有关的。这不但从许多木器上留有铁工具的印痕可以证实,而且在弥生中期以后的遗址中不断有铁器工具的出土也可以证实。据窪田藏郎氏统计,弥生时代出土的铁工具有115件,其中铁斧32件,占出土数的28%;钁40件,占34.8%;刀子33件,占28.7%;等等。①这些铁工具正是制作木器的基本用具。

弥生时代木器制作中最突出的是从中国传入的榫接技术的应用。这种技术的应用,使组合工具的制作成为可能,使其不但能够制作耕作具、食器、发火器及机织具,而且能够筑造房屋、船舟。这种技术大概是随着稻作农耕的传入而引进的。

(三)铁器农具传入日本

如果说稻作文化推动了日本社会的根本变化,那么,铁器文化的出现,则使

---

① 窪田藏郎:《铁的考古学》,雄山阁1979年版。

日本的社会发展如虎添翼,使其更为迅速地迈入了早期国家阶段。在中国,从石器时代到铁器时代,中间经历了一个相当长的青铜器时代,铜质生产工具、实用具在社会的发展中有过积极作用。可是,日本弥生时代虽然也有许多富有自身特色的铜器,但主要用于礼仪和祭祀,毫无实用意义,实际上日本并不存在铜器为社会生产发展发挥过作用的时代。日本铁器文化的出现,没有任何文献材料可依据,唯一可仰仗的是考古资料。考古资料表明,绳纹时代已有铁器存在。属于该时代晚期遗址的福冈县系岛郡曲田遗址发现了一件小铁片,从形状看,好像是板状铁斧的一小部分。对于这一发现,学界一般持慎重态度,但仍有相当一批学者坚持绳纹晚期已出现铁器文化的观点。绳纹晚期正是中国的铁器文化普及民间的阶段。当时长江下游的吴越地区,黄河下游的齐、鲁地区以及渤海湾的燕国地区,都是铁文化发达的地区,铁器与农耕文化相伴而存在。因此随着农耕文化的传入,铁器和制铁术也必然会东传。日本开始使用铁器的年代,恐怕要比青铜器的传入年代早。

在铁器传入的初期,铁器主要掌握在有势者手中,一般的下层人民显然没有条件拥有这种最先进的武器和生产工具。随着时代的发展,铁器增多,普及程度日益提高。尤其是弥生中期以后,日本进入了铁器应用的新时期,其最重要的标志,就是铁器普及率的明显提高。据窪田藏郎氏早些年的统计,弥生前期出土铁器的遗址有6处,出土铁器15件;中期的遗址达到52处,出土铁器191件;后期的遗址有96处,出土铁器244件。如果包括遗址不明的铁器,弥生时代从前期至后期共有203处遗址,合计出土了542件铁器。[1]考古资料还表明,铁器的普及呈现出阶段性。从绳纹时代晚期至弥生中期中顷是铁制工具普及阶段,中期后半至后期中顷为铁制武器的普及阶段,后期后半至终末是铁农具的普及阶段。[2]这种铁器普及的阶段性,是与弥生社会的发展相适应的。稻作的传入,农耕的发展,最需要的是生产工具的供应,需求的增加,必然要求采用新的技术和制作方法。只有用坚硬的铁器,才能达到量产化。铁斧、铁铇、铁凿、刀子等就是在这种背景下传入和普及的。弥生中期以后,日本社会发生了激烈的动荡,地域国家的产生和发展,导致了区域性的争战。一些实力较强、物质条件较好,并与大陆有交往的地域国家,当然会对大陆早已普及的铁制武器发生兴趣。这种铁质武器具有较强的杀伤力,因此,引进铁武器,毫无疑问会增强自己的实力。九州北部的福

① 窪田藏郎:《铁的考古学》,雄山阁1979年版。

② 高仓洋彰:《日本金属器出现期的研究》,学生社1990年版。

冈县春日市冈本四丁目遗址出土的短剑,表明在弥生早期,铁武器已在这一地区受到重视。福冈县饭冢市立岩堀田的弥生中期遗址,出土了铁剑(4把)、铁矛(1把)、铁戈(2把)等铁武器。似乎说明,当时这一地区的上层人物,已掌握并广泛使用了这类武器。其出土的环首大刀,是一种兼具杀伤力和指挥权的武器。日本出土的这种大刀,其长度在50—80厘米之间,这与中国出土的此类武器相似。后期的铁农具的普及是与地域的统一、社会的稳定、农业生产经验的积累和技术的提高,以及与大陆交流的深化有密切关系的。

铁器文化出现的初期,所有的铁器都是从大陆传去的。随着普及率的提高,显然不可能所有的铁器都从大陆输入,尤其是小型的铁器,如铁镞武器之类。于是就出现了制铁术。关于弥生时代的制铁术开始于何时的问题,学界的一般看法是,弥生时代前期乃至中期就已存在了。越来越多的考古资料表明,在弥生中期,日本已掌握锻冶技术。锻冶术是一种造型加工术,在保证铁原料的前提下,是很容易推广的,何况弥生中期以后,中日的交流密切化,这种在中国极为普遍的技术很快传入以九州北部为中心的地域是不容怀疑的。除了锻冶术外,当时日本是否还存在铁的铸造技术呢?虽然证明这种技术存在的资料还不多,但是证明其存在的实例是有的。大分县下城弥生前期至中期的遗址中,发现铁镰、锹形铁器、尖头状铁器、纺锤形铁器、钉形铁器的同时,也发现了大量铁渣。经研究,出土的铁器含有较多的碳素量,因此推断是铸造品。[1]20世纪20年代,在福冈县糸岛郡松原弥生中期的砂丘遗址中,曾发现过铁的碎片、木炭、炉灰和铁渣。学者认为这是一个铁的铸造地。[2]据说,在福冈县发现的弥生制铁遗址达到60余处。暂且不论弥生时代炼铁技术水平的高低,我们仅从上述数例遗址就可以知道,弥生时代,铁的冶炼是确实存在的。

弥生时代的铁文化,显然是受到中国的铁文化的影响的。秦汉时代中国的铁器铸造技术已达到相当成熟的程度,这是众所周知的,无须赘述。现在看一看它东传的途径。

按传统的观点,铁器文化东传的路线是从中国华北的赵、燕之地,经朝鲜半岛北部,然后传入朝鲜半岛南部的。日本的铁器文化是从朝鲜半岛南部传入的。事实上,朝鲜半岛的铁器文化分为两个阶段,其发展的前期,主要局限在北部地

---

[1] 贺川光夫:《关于丰后国下城弥生式遗迹中的铁器遗物编年的考察》,《大分县地方史》1954年创刊号。

[2] 森贞次郎:《九州的古代文化》,六兴出版社1983年版。

区,发现的铁器大多是铸造品,并且与明刀钱相伴出土,明显地受燕国的铁器文化的影响。在北部地区传入燕国的铁器文化的时候,南部各遗址极少有铁器出土。①南部地区铁器文化的盛行,在公元前1世纪前后。大多数学者认为,这种铁器文化的传播,与公元前108年西汉在朝鲜半岛设立乐浪等四郡有直接关系。这种看法当然没有原则性错误,但是,这一看法忽略了秦汉之际,大批秦民流入朝鲜半岛南部这一历史背景。特别应该注意的是这些避秦的汉人,大多是燕、齐、赵三国之民。这三国,正是春秋战国至秦汉时代,中国北方沿海地区铁文化相当发达的国家。数以万计的移民中,肯定不乏精通铁的铸造和铁工具制作的工匠。《魏书》记载,王莽的"新"时代,在辰韩有伐木汉人1500人。1500个汉人在山中伐木,显然是为了炼铁烧制木炭。②辰韩虽然有丰富的铁矿资源,但如果没有精通采矿、炼铁的人,矿资源也不会变成铁。辰韩的铁矿之所以能获得开采、熔炼,其之所以能成为周边地区和国家的铁器原料的供应地,主要依仗移居的汉人。如果上述秦末汉初中国北方的沿海民众东迁朝鲜半岛南部,使该地铁文化兴盛的始期说能够成立的话,那么,中国铁文化向朝鲜半岛传播的路线就不仅仅是陆路了,因为从燕国、赵国、齐国到朝鲜半岛南部,海路比陆路更方便。

　　大多数学者认为,朝鲜半岛的铁文化与日本的铁文化有前后相承的关系。其根据就是日本出土的铁器与朝鲜半岛出土的铁器在种类和制作技术上的相似性。前已叙及,日本使用铁器的始期,是在绳纹时代晚期。关于弥生时代的始期,目前学界有多种说法,有主张公元前200年左右的,也有主张九州北部从公元前5世纪末已进入弥生时代的,但一般采取公元前300年前后说。我们若以公元前300年前后作为弥生时代的起点的话,那么,绳纹晚期的具体时间,大约在公元前400—公元前300年之间吧!这个时期,与朝鲜半岛北部的铁文化始期,几乎是同一时代。再具体到朝鲜半岛南部的铁器始期,与日本相比,日本的始期显然要早得多。因此可以说日本使用铁器的年代,几乎与朝鲜半岛北部相当,却又早于朝鲜半岛南部。这就说明日本的早期铁文化不是从朝鲜半岛传入的,而是从中国大陆经海路传入的。

　　从海路传入的中国沿海地区的铁文化,除了前述的燕、赵、齐等国的铁文化,还不应忽视长江下游地区铁文化的影响。长江下游地区铁器的发掘量不多,但是这一地区在吴、越、楚统治时期,冶炼业是十分发达的,历史上的记载也是不少

---

① 高仓洋彰:《日本金属器出现期的研究》,学生社1990年版。
② 窪田藏郎:《铁的考古学》,雄山阁1979年版。

的。《吴越春秋》记载,吴王曾命令工匠干将制剑,干将"采五山之铁精"冶炼,并有300童男女协助"鼓橐装炭"。开始时多次失败,最终获得成功,炼成了宝剑2把。这两把剑分别以"干将""莫邪"命名。《越绝书》也记载说,吴国有著名工匠干将,越国有欧冶子,两人合作做铁剑3把。事实上在江苏、浙江地区不断有铁器出土,如在浙江绍兴西施山、江苏六合程桥、浙江嘉兴五峰山、浙江温州永嘉等地都发现过春秋战国时代的铁器。这些都说明吴越地区不但有先进的青铜冶炼业,而且拥有先进的铁的冶炼业和铁器的制造业。

日本的铁器文化的发展顺序和铁器盛行的阶段性,均具有自身的独特性,是根据自身的环境和社会发展的需要而不断递进的。比如绳纹晚期和弥生中期时,由于铁资源的贫乏,以及种种条件的限制,不可能全面输入各种铁器具,针对丰富的森林资源,其就把引入的重点放在铁器工具上,用以制作大量的木器,以适应迅速发展的农业的需要。弥生中期以后,重点又移向铁武器,后期又移向农具。这是因为社会的发展,这一点前面我们已叙及,不再赘述。当然,阶段性的重点转移并不否认各种铁器具的交叉并存。类似日本的铁器具应用的重点的变换,在朝鲜半岛是看不到的。日本铁器具类型的演进,与其说受朝鲜半岛的影响,不如说受中国沿海地区的影响更深。现仅就主要的锄、锹、镰等铁质农具做一比较。

铁农具的普及化,首先是通过木制的锄、锹的掘土部位的先端镶嵌铁片实现的。这种镶嵌铁的锄、锹,在日本各地的弥生后期的遗址中都有发现。镶嵌铁片的制作,一般都是采用一块扁平的长方形铁板,将其两短边内折,并将长边的一侧锻打成刃,然后装在木锄、木锹上使用。这种工具和技术,应该说源于中国的"铦"。

从目前的考古资料可知,这种木器的先端镶嵌金属片的农具,中国早在殷商和周代就已出现,战国时代又有进一步发展,而到了汉代更加盛行。所不同的是,殷、商、周时代是铜制品,而战国、两汉时代是铁制器。其平面形状基本上有两种:一是呈凹字形,刃部有的为直刃,有的为微弧形;二是长方形,刃部为平刃。在日本发现的锄、锹的铁口,大体上也是凹形和长方形平刃两类。

作为收割具的铁镰也是反映铁农具普及的重要标志之一。根据现有的资料,在东亚世界,镰的祖型是石镰和蚌镰,石刀是蚌镰、石镰的变形。石镰(包括石刀)进一步发展到铜锯齿镰,锯齿镰演变为铁镰。石刀除演变为锯齿镰外,又演变为铁刀式镰和手镰。从出土状况看,在日本,蚌镰、石镰、石刀均有出土,唯铜锯齿镰尚未发现。岛根县西津川出土的一件木镰与中国湖北襄阳出土的有把锯齿镰极相似。日本的铁镰在形态上与中国的铁镰基本相似。石刀形铁镰,在朝鲜半岛的渭原道龙渊洞遗址和日本福冈县加贺石遗址有出土,但形状有区别,龙渊洞遗址出土的为半月形直刃镰,福冈加贺石出土的为纺锤形镰,背、刃均为弧形。日本出土的手镰,可能是石刀形镰的变形。日本之所以没有引进在中国的春秋战国时代相当流行的铜锯齿镰,我考虑与日本青铜生产工具不发达有关。石刀形镰在中国尚未见到出土实例。就日本而言,这种器具也不发达,大概是由于收割方式已由割穗法向根割法转变的关系。铁镰适应了这种转变,所以出土例也多。

总之,弥生时代的铁器文化的发展具有自身的独特性。铁器文化的出现与朝鲜半岛北部几乎处于同时代,而比朝鲜半岛南部要早。弥生时代的铁器,早期可能是直接从中国沿海地区渡海传入的,后期则可能是经海路和陆路(即经朝鲜半岛)两条路线传入的,但以海路为主。日本的铁器文化与中国的春秋战国至秦汉时期的吴、越、楚、齐、赵、燕等地的铁器文化具有更多的共性。

三、青铜器的比较

(一)中国青铜剑的特点及其地域分布

中国历史上有过一个辉煌的青铜时代,其时的制品和技术传播很广。就东亚而言,朝鲜半岛和日本是受惠最大的国家。中国青铜技术对日本产生影响的范围很广,但主要是青铜利器和铜镜,现就此加以探索。

中国的青铜剑,在不同地区、不同时期具有不同的特征。因此,关于铜剑的分类,也出现了多样性。有人认为春秋战国时代,全国的铜剑可分为六式,有的则认为应分为五式或三式,有的认为分为四式。总之,至今尚没有一个全国都能接受的分类法。

中原地区的学者根据该地区出土的铜剑以及与全国各地铜剑的比较,提出了分为四型的主张。中原地区即指春秋战国时代的周、郑、晋、卫、燕范围内的地区,主要在今河南、河北、山西、陕西等省。

据李伯谦氏、林寿晋氏的研究,平原铜剑可分为 A、B、C、D 四型。[1]

A 型,形制特点是,剑身较短,呈柳叶形,扁茎,无格,无首,无箍,茎上有 1—2 个小圆孔,此型铜剑可能源自柳叶形剑。柳叶形剑主要分布在中国西部、北部。大概是在东周时代,中原地区受其影响产生了 A 型铜剑。此类剑在甘肃灵台,陕

---

[1] 李伯谦、林寿晋:《中原地区东周铜剑渊源试探》,《文物》1982年第1期。

西宝鸡、岐山、西安张家坡,北京房山,河南洛阳等地均有发现。

B型,可分为Ba、Bb两个亚型,它们的基本特点是剑身的脊部与茎部是一根一铸式的柱体,无格,无箍,Ba有首,而Bb无首。从一铸式脊柱、无格、无箍看,它与东北地区的青铜短剑相似,但青铜短剑多为曲刃,并有丁字形剑首等,所以两者又是不相同的。B型剑发现的并不多,至今只在洛阳、陕县(今陕州区)、山东蓬莱有少量出土,学者们根据出土量估计,这类青铜剑似乎不起源于中原地区。

C型,主要特征是茎为圆形,茎中空或半空,格窄,无箍,但有首。

D型,茎为圆形,茎为实茎,茎上有2道或3道凸箍,格较宽,有首。D型与C型从形制看比较接近,或许两者之间是相互影响的。中原地区的D型青铜剑,其渊源是吴越铜剑。

依据中原类型四分法可知,B型集中在中原地区,特别是河南省。A型流行于北方,愈向南愈少。C型、D型主要流行于南方,愈向北愈少。

《汉书·地理志》载"自交趾至会稽七八千里,百越杂处",反映了"百越"所在的地域之广。从长江中下游至广东、广西以及云贵高原的一部分地区,是古越人居住的地区。在这一地区出土的秦以前的铜剑具有自身的独特性,据分析研究,古越人聚居地区出土的青铜剑可分为五类[①]:

A型,茎为扁形,无格,剑茎与剑身交接处呈弧形,或呈斜削肩形,剑的整体形状如柳叶,剑身断面为扁菱形,或三角形,两刃无血槽,扁茎上有的有1—2个穿孔,通长一般为15—30厘米。有的学者称此类剑为"青铜匕首""青铜短剑"。其主要分布在广东、湖南、广西、福建等地,其中广东、湖南南部、广西东北部最多。

B型,这种铜剑虽然整体形态与A型相近,但剑茎与剑身成折,两刃铸有血槽,剑身断面有明显凸起的柱脊,大多有分铸的剑首。这类剑,分布在广东、广西、湖南、湖北等地,尤以广西东部地区分布最为密集。另外,山东省沂水等地也有少量出土。

C型,剑身较长,一般都在30厘米以上,大部分两刃平斜、钝刃,个别剑铸有血槽。格较宽,大多呈凹字形,茎圆实形或中空形,茎上有1—2道圆箍,首成喇叭形。有的剑身上饰有暗菱纹图案,或铸有铭文,著名的"越王""吴王"铭文剑,大部分属于此类剑。此类剑主要分布在浙江、江苏、江西、福建等地。有"越王""吴王"铭文的剑分布范围较广,在湖北、山西、山东、安徽、河南均有出土,在已出土

[①] 贺刚:《先秦百越地区出土铜剑初论》,《考古》1991年第3期。

的 17 件"越王""吴王"铭文剑中,属于此类的剑有 9 件,占出土总数的 53%。①

D 型,剑身与 C 型剑相似,但茎圆而空,茎上无箍,格为"一"字形薄格。分布地区与 C 型一致,推测此类剑也起源于吴越地区。

E 型,剑身与 A 型相似,但两刃大多无血槽,剑身断面呈扁菱形,格为薄格,柄、茎为连体合铸。个别剑身上有纹饰和符号。主要分布在湖南、广东、广西地区。

总之,以上诸型铜剑,A、B、E 主要分布在中国的中南部或偏西部,C、D 分布在东南部、江淮流域和中原地区。这里的 C 型与中原分类法中的 D 型,这里的 D 型与中原分类法中的 C 型实属同一类型的铜剑。

商代后期至春秋战国时期,在中国的河北、山西、内蒙古、吉林等地,流行一种短剑,学术界称其为鄂尔多斯青铜短剑。这类短剑为"一铸式"直刃剑。根据柄首的不同形式,可将其分为三种类型:A 型,柄首为动物形或铃形,柄部弧曲,剑身平面呈长三角形。主要分布在河北省的青龙抄道沟、山西柳林高红等地。B 型,柄首或为蘑菇状,或为动物。柄为直柄,剑身呈柳叶形,北京昌平白浮村有出土。C 型,柄首为单环或双环直柄。主要分布在河北省怀来县和内蒙古杭锦旗、和林格尔县、凉城等地。

鄂尔多斯 A、B、C 三型短剑的发展顺序是:A 型→B 型→C 型。C 型的双环柄首式短剑是鄂尔多斯短剑的繁荣期。②

顺便指出,类似鄂尔多斯短剑中的 A 型剑,在云南省的德钦县纳古石棺墓中也发现了 2 件。

大约在春秋战国之际,中国东北地区,特别是辽宁、吉林地区盛行一种曲刃短茎式青铜剑,日本学术界称之为琵琶形青铜剑。这类铜剑的基本特征是:剑身曲刃,大多呈琵琶形;有 T 字形剑柄,柄的顶端有横盘状柄首,盘内装有石质枕状物;剑柄与剑身分铸;茎比较短,一般在 3 厘米左右,最短的仅 2.4 厘米,最长的也不超过 4 厘米。根据现已发现的遗物,此类剑有多种形式,有曲刃銎柄式短剑、曲刃短茎式剑、曲刃匕首式剑。下文仅对曲刃短茎式剑做一分析,因为此类剑与朝鲜半岛、日本有较深的渊源关系。曲刃短茎式铜剑大致可分为三种类型。

A 型,总体形态似琵琶形。剑身中间有柱脊,柱脊上有隆起的脊突,剑刃两侧有节尖,脊突与节尖一般都在剑身的中部,即 1/2 处,但也有与剑尖比较靠近,约在剑身的 1/4 处的。曲刃弧度较大,剑身最宽的多在 5.2—5.6 厘米间,剑身长度

---

① 李伯谦、林寿晋:《中原地区东周铜剑渊源试探》,《文物》1982 年第 1 期。

② 张锡瑛:《试论我国北方和东北地区的"触角式"剑》,《考古》1984 年第 8 期。

不等。此型剑在辽宁省的旅顺口、葫芦岛、朝阳十二台营子、宁城南山根、辽阳二道河子、建平、新金双房,吉林省的吉林市永吉、磐石吉昌小西山均有出土。

B型,与A型相比,曲刃弧度明显减小,锋部增长,血槽尖部相应下移,无脊突,节尖不明显,剑身后部弧度较弱。此类剑在辽宁省的抚顺市将军堡、丹东宽甸县双山子乡及葫芦岛寺儿堡等地均有出土。

C型,铜剑剑身明显细形化,剑身长,剑锋也较长,刃部前端较直,后部也无A、B两型的曲刃弧度,而有一个直折,后端比前端宽,宽度也比A、B两型窄,剑中间有柱脊,但无脊突。此类剑在集安太平乡、五道沟门方坛、丹东东沟县(今东港市)合隆、抚顺新宾大四平东升半拉岭、大四平马架子等地均有出土。从年代看,C型剑出现最晚,大约在战国至汉时盛行。再从形制观察,此类剑与朝鲜半岛和日本的细形剑可能有渊源。

(二)日本青铜利器的渊源

弥生时代的日本,以九州北部为中心,盛行青铜利器文化。青铜剑就是这一文化内涵的主要内容之一。据已知的考古资料,日本存在着两大类青铜剑:一类是舶载剑,即大陆的传入品,其中有从中国传入的有柄式铜剑以及从朝鲜半岛传入的细形铜剑;一类是在日本制造的仿制细形青铜。依据日本学者的研究,舶载品与仿制品的区别在于,舶载品的剑身的抉入是在铸成以后研磨加工成的,而仿制品的抉入是铸造时就已成形了的。[①]青铜剑输入日本大约是在弥生前期,从中期中顷开始出现仿制细形铜剑。输入的铜剑是作为实战武器而传入的,这与当时社会的迅速变化有密切关系。中期以后,随着地域的逐渐统一,铜剑及其他铜利器逐渐成为礼仪器具,剑形也因之变得大型化和非实用化。

所以我们可以肯定地说早期的舶载品是作为实用武器输入的,是因为在弥生中期的一些墓葬中,发现了细形铜剑片的随葬。出土随葬铜剑片的坟墓的年代,大致在弥生前期前半至中期中顷之间。其主要分布地区在九州北部。山口县也有出土例。随葬的剑片以细形剑的剑头为最多。剑头是铜剑的最锋利部位。从剑头折损情况看,最长的为13厘米,最短的为3.1厘米。用折损的剑头,而不是用剑的其他部位随葬,这是极有意思的现象。有人说用剑的部分碎片随葬,表明剑的绝对数不足。对此,有的学者指出:用细形铜剑碎片随葬,并非为解决绝对数的不足,用剑头随葬,自然意味着对细形剑头的重视。剑头的随葬原因,

---

① 森贞次郎:《青铜器的渡来与铜剑、铜矛、铜戈的铸造》,《九州的古代文化》,六兴出版社1986年版。

我认为应该从军事上去考虑。实际上,在筑紫野市的永冈遗址发现过刺入人骨的2片细形铜剑片。与东汉镜片曾与社会的权力有密切关系一样,铜剑剑头的随葬也应该是与军事争斗有密切关系的。伴有铜剑剑头的坟墓的被埋葬者,大概曾经是斗争中的有功之臣,或者是军事的指挥者。剑头象征着勇敢和所向无敌。同样,九州北部出土的磨制石剑的随葬,大概也具有同样的意义。

如果说由大陆传入的舶载品青铜剑是用于实战的话,那么,弥生时代中期以后出现的日本本土制作的仿制剑,则主要是用于祭祀和信仰。其特点是剑形趋向大型化、非实用化。

从考古资料可知,传入日本的铜剑主要是B、C两种样式,鄂尔多斯C型剑、东北地区的曲刃青铜剑也有传入。

鄂尔多斯C型剑,后来发展为"触角式"铜剑。触角式青铜剑是剑柄与剑身"一铸"而成的,柄首铸有双环状触角。

触角式铜剑目前所知出土数不多。在中国,已知的有1977年在吉林市郊外西半山遗址采集到的1件,1979年在吉林省桦甸县(今桦甸市)西荒山出土3件残段[1],1981年在吉林市永吉县乌拉街出土1件完整的剑。[2]此类剑,据梅原末治氏发表的论文,在英国伦敦见过1件,为Eumorfopoulos氏收藏品,还有1件为山本悌二郎藏品。日本出土过2件此类剑的触角剑柄:1件出土于佐贺县唐津市柏崎的石藏,1件出土于长崎县上县郡峰村三根高松坛。[3]日本学者森贞次郎氏按日本的分类,将这2件触角式铜剑的残件,编入细形铜剑的Bla型细形剑和B2型细形剑。关于日本出土的这两件触角式铜剑柄的来源,学界有不同的看法:有的认为源于朝鲜半岛[4];有的认为是中国东北地区的铸造品,是由东北地区传入朝鲜半岛和日本的[5];有的则认为是在朝鲜半岛南部和九州北部制造的[6]。如果与中国出土的触角式铜剑柄做一比较的话,显然它们是中国的制造品。将吉林市永吉乌拉街出土的触角式铜剑与唐津市柏崎石藏出土的铜剑柄首做一比较,可以清楚地发现,剑柄首的结构是基本相同的,即剑柄首的两个"触角"都是向里的,然

① 吉林省文物工作队等:《吉林桦甸西荒山屯青铜短剑》,《东北考古与历史丛刊》1982年第1辑。
② 陈家槐:《吉林永吉县乌拉街出土"触角式剑柄"铜剑》,《考古》1984年第2期。
③ 森贞次郎:《关于弥生时代细形铜剑的流入》,《九州的古代文化》,六兴出版社1983年版。
④ 森贞次郎:《关于弥生时代细形铜剑的流入》,《九州的古代文化》,六兴出版社1983年版。
⑤ 梅原末治:《有柄细形铜剑的一新例》,《考古学杂志》1927年第17卷第9期。
⑥ 江上波夫:《径路刀考》,《东方学报》1932年第3期。

后向下折成90°构成两个近似圆形的孔,厚重的柄首中央是一个平面呈"Y形"的孔,孔的上方有方向相对的斜线纹,在柄首与剑身连接的剑格处有"✔"纹饰。这种柄首的造型,实际上是两只伫立并回头用嘴梳理羽毛的仙鹤的形象,触角是长长的鹤颈,"Y"上方的斜线纹示意羽毛。[1]柏崎出土的残件,虽然看不到剑身的结构,但是我们从相同的柄首,可以推知它的剑身也可能与吉林市永吉乌拉街出土的同类剑相似。乌拉街出土的触角式铜剑通长47厘米,剑身长33.5厘米。剑身形制为上宽下窄,宽的部分与窄的部分的长度之比为1:2,剑的脊为柱状,柱脊两侧各有一道锋槽。从触角式铜剑的结构可知,将这类铜剑归入细形剑是不妥当的。

在日本的山口县向津具、佐贺县的吉野里等地,还出土过一种名叫"把头饰有柄铜剑"的剑。有人说这种剑是由朝鲜半岛传入日本的。其实它的祖源是中国东北的曲刃青铜剑。因为剑的把头与曲刃青铜剑的T字形剑柄极相似。中国的剑,剑柄与剑身是分别铸成后组合成的。日本的"把头饰有柄铜剑"的剑身与剑柄是连铸的"一铸式",这是弥生人为克服组合式青铜剑剑身、剑柄容易脱离的弱点改进而成的。

(三)铜矛、铜戈的异同

在细形铜剑盛行的同时,日本还盛行铜矛、铜戈等铜利器。日本出土的铜矛、铜戈,若以最大宽度为标准进行分类,可分为细形、中细、中广、广形。若以锋的长短为标准进行分类,可分为短(A)、中(B)、长(C)等样式。细形铜矛、铜戈,大多为舶载品,其分布地以铜矛为例,主要在对马岛、唐津平原、糸岛平原、早良平原、福冈平原以及沿玄界滩的诸平原地区。这一地区集中了出土的细形铜矛的89%。[2]细形铜矛、铜戈,与细形铜剑一样,具有强大的杀伤力,是作为武器输入的。中细、中广、广形铜矛、铜戈,是在日本制造的,实用性日渐减退,在造型上逐渐向长、宽发展。至今已发现铜矛457件,其中除35件细形、中细形及形式不明的以外,其余422件中,中广202件、广形162件、中广乃至广形58件。[3]铜矛的分布区域,也是随着样式的发展而逐渐扩大的。据高仓洋彰氏的研究,中细形铜矛的分布圈,已越出了细形铜矛的范围,向南扩大到朝仓平原、筑后平原、远贺川流域以及熊本县北部。中广形铜矛范围更大。福冈平原地区铸造的中广形铜矛,向北传到对马岛,向南传至今大分县、熊本县,向东传至四国地区。广形铜矛

---

① 林沄:《中国东北系铜剑初论》,《考古学报》1980年第2期。

② 高仓洋彰:《日本金属器出现期的研究》,学生社1990年版。

③ 高仓洋彰:《日本金属器出现期的研究》,学生社1990年版。

主要分布在对马、福冈平原、大分平原、濑户内海的西海岸以及四国的西南部。[①]
尽管铜矛的分布范围不断扩展,但是其制作地并无明显变化,一直是以福冈平原
为中心的。

关于日本国产的铜矛、铜戈的祖型或渊源问题,学术界有诸多高见。但是多
数人把眼光集中在朝鲜半岛,认为铜矛、铜戈的祖源在朝鲜半岛。我认为,这种
看法是值得商榷的。现今已有的资料表明,朝鲜半岛开始盛行细形铜矛、铜戈的
时间,相当于日本的弥生时代前期末或中期前半期,其与日本出现细形铜矛、铜
戈的时间基本相同。佐贺县的惣座遗址和吉野里遗址都出土了细形铜矛的铸
型,虽然尚不能确定具体的铜矛铸型年代,但是从此类利器的流入和发展的过程
来看,认定九州北部在弥生前期末或中期前半已能制造细形铜矛是没有问题的。
朝鲜半岛和九州北部同时盛行此类利器,很难说是谁先谁后,或谁影响谁的。特
别应该引起重视的是吉野里发现的铸型的如下特征,即袋部筑有节带,两侧有
耳。袋部筑有节带及两侧有耳是中国铜矛的传统技术。

在中国,自殷商至战国时代,青铜兵器的发展经历了四个阶段,即殷商为青
铜兵器的始期;盛商时代为发展期;西周至春秋时代为成熟期;从战国时代起,由
于铁兵器的应用,青铜兵器开始衰落。铜矛、铜戈的盛衰是与之相适应的。中国
早期铜矛的发源地是长江中下游地区。从技术上看,商代铜矛有一个发展过程,
即矛的锋部,柳叶形→窄三角形→宽三角形或凹腰尖叶形;骹部,圆形→椭圆形
或菱形;骹部的下部,无双耳→有双耳或穿孔。到了春秋战国时代,形式多样化,
锋部有柳叶形的,有三角形的,也有剑形的;锋部中央有的有脊柱,有的无脊柱。
骹部大多为圆筒形,但也有椭圆形的;骹部一般有附耳,有的为双耳,有的为单
耳,也有没有耳的;有的在骹部下端有2圈或3圈突带。中国的铜矛一般通长为
20—25厘米之间。

我认为,日本出土的细形铜矛(A型)的构造,是直接受中国铜矛影响的。相
近似的铜矛在长江中下游的楚、越以及北方的燕国地域都有出土。

在日本、朝鲜半岛出土的细形B型、C型铜矛的特点是锋部似剑形,而且锋部
的长度为骹部的两三倍,骹部末端附有单耳。在中国的巴蜀和关中一带虽也出
土过类似剑形的铜矛[②],但其骹部扁而短,更无附耳,显然与日本、朝鲜半岛出土
的细形B、C型矛不同。因此日本式细形B、C型铜矛的渊源至今尚难找到直接的

① 高仓洋彰:《日本金属器出现期的研究》,学生社1990年版。
② 陈平:《试论春秋型秦兵的年代及有关问题》,《考古与文物》1986年第5期。

根据。众所周知,中国长江下游的吴越地区,曾是中国历史上有名的铜矛、铜剑的生产地。在春秋时代的中晚期,吴越铜矛的锋部逐渐从宽、短向狭、长发展,出现了一种短剑式铜矛,一件出土于安徽贵池,一件出土于湖北江陵马山五号墓("吴王夫差"有铭铜矛)。[①]这两件铜矛的矛体狭长,有中脊。中脊的中心线有一凹槽沟,骹扁圆而短,上有穿纽,骹端的銎口呈凹叉形,矛的锋部饰有菱形几何暗花纹。此矛极为锋利,至今为止,尚未发现比此类矛更细长的。因此,很难说这类铜矛是日本式细形B、C型铜矛的祖型。从细形B、C型铜矛的结构看,我认为它实际上是剑和矛的组合物。锋部的剑形与长江下游吴越地区和中游的楚地区的铜剑的剑身相似。骹部的构造特点是,长骹,附有单耳。这样的骹部构造的铜矛,在吴越地区出土很多。由此,能否做这样的推断,即日本的细形B、C型铜矛是在吴越青铜文化影响下产生的。此类矛的制作者博采了吴越青铜剑和矛的所长,组合而成了具有独特风格的兵器。从这一意义上讲,这类矛,应该归入弥生文化自身因素范围之内。如果说,在此类铜矛中还可以找到中国青铜文化的某些影响的话,那么在中广、广形铜矛中就已经找不到大陆因素的痕迹了。

现在,我们再来看一看铜戈的情况。铜矛是一种突刺兵器,戈则是钩兵器。自殷商以后,中国的铜戈,根据其装柄的方法,分为"内"(茎)着柄法、銎安柄法两类。每类根据戈的样式,又可分为直内(柄)、曲内(柄)和带胡三种。进入西周以后,銎式、曲内式逐渐被淘汰,而直内式和直内短胡式流行,但以直内短胡式最盛行。朝鲜半岛与日本出土的细形、中广、广形铜戈,其样式属于直内式。其祖型可能就是中国的直内式铜戈。近年来,中国考古学者在贵州省赫章县可乐地区的发掘中,发现了两件直内式铜戈,其样式为"直援",内(柄)为长方形,内(柄)的后端饰有弦纹和斜线纹,援的中间有脊,末端有两个穿孔。此戈的基本形状与朝鲜半岛、日本的铜戈极相似,赫章的可乐在古代称汉阳县(今汉阳区),秦始皇三十三年设置象郡,汉阳县属该郡管辖。汉武帝建元六年(公元前135年)建犍为郡,辖汉阳县。直内戈出土的墓葬为汉代濮人墓葬。从史籍记载和考古发掘可知,濮人有"椎髻,耕田"的习俗,住处为干栏式(高床)建筑。濮人是古越人的一支。他们使用的铜戈竟与朝鲜半岛、日本出土的相近,这或许与春秋战国时代越人的迁徙有关。类似的直内式铜戈在中国西至四川、陕西,北至北京,南至广东,东至江苏、浙江的广泛地区都有出土。尤其是江苏句容市、湖北盘龙城、浙江长兴出土的直内式,与朝鲜半岛、日本的样式相似,表明两者之间的渊源关系。

---

① 肖梦龙:《吴国青铜兵器研究》,《考古学报》1991年第2期。

总之,从青铜利器的渊源考虑,细形青铜剑源于以辽宁为中心的中国东北的曲刃青铜短剑,其传播路线是以"中国东北地区→朝鲜半岛→日本"的顺序递进的。可是,从朝鲜半岛、日本出土的铜矛、铜戈的流行时期及其样式分析,它们可能是受楚、越文化的影响而发展的。它们的传播路线可能正好与青铜剑相反,是以"中国江南→九州北部→朝鲜半岛"这一顺序推进的。

(四)汉镜在日本的分布与特征

汉镜在日本弥生遗址中发现的数目是十分可观的,在160余个遗址中,出土了320余面。从分布情况看,弥生中期中顷以前主要集中在九州北部,中顷以后则扩大到西部日本各地。从现已发现的数百面铜镜可知,汉代流行过的主要镜式,都可以在日本出土的遗物中见到,而且弥生墓葬中随葬的铜镜的镜式随着时间的递进,呈现出阶段性。以福冈县境内的三云、须玖、立岩3个遗址为例,在这3个遗址的5个墓葬中,出土铜镜共95面以上。其中除三云南小路1号瓮棺中出土的重圈彩画镜、雷纹镜为战国铜镜外,其他93面皆是汉镜。若按镜式多寡排列,其顺序是:连弧纹清白镜31面,占出土总数的32.6%;连弧纹日光镜22面,占23.2%;连弧纹昭明镜15面,占15.8%;重圈纹清白镜10面,占10.5%;星云镜6面;草叶纹镜3面;等等。[①]这些镜式正是西汉中期最流行的样式。

公元前32年至公元75年是西汉晚期、新(王莽)及东汉早期阶段,是汉代历史的转换期,铜镜文化也有新的变化,流行镜式除前一时期盛行的日光镜、昭明镜外,更出现了方格规矩镜、虺龙纹镜等新的镜式。方格规矩镜出土不少。《洛西汉墓》中公布的175面铜镜中,规矩镜有47面,占26.9%;《广州汉墓》公布的西汉前期铜镜32面,其中规矩镜17面,占53.1%;西汉后期铜镜34面,其中规矩镜16面,占47.1%。中国学者中有人认为规矩镜为王莽新时代或稍后出现的镜,也有学者认为规矩镜可能出现在西汉末,王莽时期最盛,其下限可延伸到东汉中期。日本弥生时代中期末至后期中顷阶段大致与此相对应。在这一阶段的弥生遗址中出土的汉镜也基本相吻合,主要是连弧纹昭明镜、虺龙纹镜、方格规矩镜。福冈县糸岛郡井原镫沟遗址的一瓮棺中,一次就出土了21面以上。在唐津市樱马场遗址中也有出土。方格规矩镜按镜背纹饰可分为四神规矩镜、鸟兽纹规矩镜、几何纹规矩镜,但以四神规矩镜最为流行。井原镫沟一共出土了21面以上的汉镜,全部是四神方格规矩镜。这类镜式,一般为圆纽、四叶纹纽座或圆纽座,座外饰方框,有的镜在方框内刻有"子丑寅卯辰巳午未申酉戌亥"十二地支铭,方框四

---

① 高仓洋彰:《日本金属器出现期的研究》,学生社1990年版。

边外侧有 T、L 形符号相对,方框的四角又有 V 形符号相对,T、L、V 将内区分为八等分,分别配置四神或青龙、白虎、朱雀、玄武及羽人、鸟等纹饰,外区有铭文带,铭文主要是"尚方"铭。边缘纹饰多样,但以锯齿纹、波纹、流云纹为主。

弥生后期中顷以后,汉镜的出土状况发生了变化:一是完整的铜镜发现例减少,镜片的发现例增多;二是分布地域越出了西部日本,在东日本若干遗址中也有出土;三是由于汉镜随葬数的减少,仿制铜镜开始增多。据统计,从这一阶段的 135 处遗址中,出土了 169 面汉镜,其中完整镜 38 面、破镜 87 面,另外出土时为镜片,整理成全镜的有 44 面。破镜片的随葬,固然说明了汉镜输入的不足,但更重要的是它反映了弥生后期社会等级制的形成,以及地域统一的形成和扩大。

弥生后期,昭明镜、虺龙纹镜、方格规矩镜继续在社会中流行,如福冈县平原弥生古坟遗址,共出土铜镜 42 面,其中汉镜 37 面、仿制镜 5 面。37 面汉镜中方格规矩镜就占了 35 面。[①]长宜子孙连弧纹镜是新流行的镜式。此类镜又可分为云雷纹和蝙蝠座两种。云雷纹比蝙蝠座出现的时期要早。在福冈三云、山田后山、笹原、宫原、稻童石井、日佐原、上所田、佐贺县一本松、大曲、大分二本木、兵库县大中、大阪府瓜破北、岐阜县瑞龙山古坟,以及福冈铫子冢古坟、平原古坟、熊本县向野田古坟、宫崎县持田古坟、冈山县汤迫车冢古坟、京都府大冢山古坟、奈良县天神山古坟、静冈县松林山古坟,皆有长宜子孙云雷连弧纹镜铜镜的镜片或完整镜出土。蝙蝠座型在福冈三云寺口、前田山、颖田町谷头、筑紫野市苇城,以及福冈宫崎、爱媛、岛根、广岛、兵库、岐阜等早期古坟中都有出土。[②]夔凤镜、平缘神兽镜也有出土。

弥生时代后期出现的仿制小铜镜的出土数值得注意,截至 1985 年,达到 148 例[③],远远超出朝鲜半岛的仿制镜出土数(仅 18 例)。从已发现的仿制镜可知,早期的仿制镜,大体上是以汉镜为模本进行模铸的。但此后的仿制镜则有许多的变化。这些变化表现在镜背纹饰的简单化和抽象化。汉镜中的日光连弧纹镜(内行花纽日光镜)的构造一般是这样的:圆纽,圆纽座,座外有一圈八瓣连弧纹,外区为铭文带,铭文间夹有"⚲"或"✦"形符号,平缘。日本出土的此类镜的仿制品,纽外也有一圈连弧纹,只是瓣数一般都少于八瓣。有的仿制镜的连弧纹是双

---

① 原田大六:《实在的神话》,学生社 1977 年版。

② 柳田康雄:《三、四世纪的陶器与镜——从伊都陶器看九州北部》,《古文化论集:森贞次郎博士古稀纪念》,学术图书出版 1982 年版。

③ 高仓洋彰:《日本金属器出现期的研究》,学生社 1990 年版。

线连弧纹。铭文带则抽象化,常以蕨手状纹、兽形纹、栉齿纹、S纹等纹饰配置在铭文带区。重圈纹日光仿制镜的情况也基本相似,铭文带和镜背纹饰有较多的简化,有的设有拟铭文带,往往配饰涡纹、蕨手纹、菱形纹、兽形纹、栉齿纹等。有的几乎看不到拟铭文带。

仿制镜虽然在制作技术上不及汉镜,但是在这些简朴的小型铜镜中可以看到一种精神,这就是弥生人在吸收、消化外来文化过程中的独创精神。有的学者认为仿制镜的出现,反映了汉镜输入的断绝,是为适应社会的需要而产生的。这种看法有一定的道理,但是,我认为更主要的原因是,经过了相当时期的汉镜的输入和传播,弥生人逐渐地从依赖铜镜成品的输入转向原料输入。这是技术发展的一次飞跃。弥生文化的因素就是这样产生和发展的。

(五)三角缘神兽镜

据《魏书·倭人传》的记载,景初三年六月①卑弥呼女王派遣大夫难升米来魏国。其年十二月,魏帝宣布赠送一批珍贵物品给卑弥呼,其中就有"铜镜百枚"。在魏帝赠送的珍贵物品清单中,并未注明"铜镜百枚"的具体镜式,这引起了后人的不同看法。在日本前期古坟中,出土了大量的三角缘神兽镜,其中就有"景初三年""□始元年"等魏纪年铭三角缘神兽镜。三角缘神兽镜虽然是古坟前期的随葬物,但由于其涉及邪马台国与曹魏的文化交流关系,因此,也就成为研究弥生文化时必然会涉及的重要问题。

魏帝赠送的百枚铜镜究竟是不是三角缘神兽镜的问题,曾经引起学者们的研究和讨论,但现在这类问题已不是讨论的关键了。关键在于这类铜镜究竟是在哪里制作的? 过去,这一问题的论争仅限于日本学者之间,但是进入20世纪80年代以后,中国学者也加入了这一问题的讨论,从而激起了更为热烈的论争。中国的考古学家王仲殊氏在1981—1984年间连续发表了多篇学术论文,阐述了他对三角缘神兽镜的看法。②他的观点归结起来有如下7点:①三角缘神兽镜在中国境内,无论是北方还是南方,均没有制造过和出土过。②东汉中期至三国时代,中国流行平缘神兽镜,各种平缘神兽镜与三角缘神兽镜相比,不但缘部不同,而且纹饰也有许多相异之处,两者之间相似的地方只是镜内区的神像和兽形,只

---

① 《魏书·倭人传》记载,邪马台国第一次遣使是在景初二年,但多数学者认为景初二年是景初三年之误。笔者赞成"景初三年说"。

② 王仲殊:《关于日本三角缘神兽镜问题》《关于日本的三角缘佛兽镜——答西田守夫先生》《日本三角缘神兽镜综论》,分别载《考古》1981年第4期、1982年第6期、1984年第5期。

能证明日本的三角缘神兽镜参考了中国的平缘神兽镜而已。③中国的平缘神兽镜从来就是长江流域生产的,黄河流域不生产此类铜镜,因此可以说,平缘神兽镜是吴镜,不是魏镜。至今出土此类铜镜的地方都在长江以南,江苏、浙江、安徽、江西、湖北、湖南、福建、广东、广西均有出土。④三国时代的各种画像镜与三角缘神兽镜有相似之处,如缘的断面为三角形,内区饰以车马纹饰,外区的纹带也很相似。这表明三角缘神兽镜是参考了平缘神兽镜和三角缘画像镜而设计制作的。⑤三角缘神兽镜不是在中国制作的,而是吴国的工匠在日本制作的。这种镜具有吴镜的风格,而具体形式和纹饰更与魏镜不同。⑥三角缘神兽镜不是魏王赠给卑弥呼的百枚铜镜。魏王赠予的铜镜是魏晋时代在中国北方流行的方格规矩镜、内行花纹镜、兽首镜、夔凤镜、双头龙凤纹镜、"位至三公"镜等。除双头龙凤镜外,上述各镜在日本均有发现。⑦三角缘神兽镜中所见的笠松形纹样在中国镜中不曾见过,铭文中"铜出徐州"的徐州,在历史上并不出产铜,"师出洛阳"之句也不过是一个虚词,并不能依此认为是洛阳制品。1986年10月,从京都府福知山市广峰15号坟发现一面铸有"景初四年"铭文的盘龙镜,不久辰马考古资料馆宣布该馆也藏有盘龙镜的同范镜一面,引起世人的注意。对于"景初四年"盘龙镜的发现,王仲殊氏认为,它更确实地证明了三角缘神兽镜是由东渡日本的吴工匠制作的。

王仲殊氏的学说受到了日本学术界的重视,有的赞同,有的反对,而反对者似乎占多数。一般认为三角缘神兽镜是在中国制造的。有的学者对王仲殊氏所说吴国工匠亡命日本制作魏的纪年铭镜提出疑问:"景初三年,□始元年纪年镜都是刻有'陈是作'铭文的同向式神兽镜,王仲殊氏认为,'陈是'是从吴国的故乡亡命出国,到了海东绝域,根据吴的样式制作了记有魏国年号的铜镜。这种看法是难以自圆其说的。"①

考古学家樋口隆康氏对王仲殊说的批评是尖锐而严厉的。他的批评归结起来有如下诸点:①制作铜镜,仅靠一个工匠是不可能实现的。需要图案设计人、模具制作者和铜镜铸造者,更需要制作原料铜、铅、锡。制作数百面三角缘神兽镜,需要一个制镜大集团携带原料进入日本。这是不可能的。②铜镜上的铭文都是一篇篇押韵的优秀的诗文,这是当时倭人做不出来的。③王仲殊氏对资料的取舍是有偏见的,合乎自己论点的就采取,不合乎的就舍弃。比如对镜上的铭文"用青同至海东"认为可信,而对"铜出徐州""师出洛阳",则认为是虚词。④吴

---

① 贺川光夫:《同向式神兽镜与景初·正始年镜》,《别府大学纪要》1989年第30号。

国工人在日本制作三角缘神兽镜,当然应该使用吴国的年号,可是镜上的年号是魏国的年号。⑤徐州系指长江北边的广大地区,在这一地区的南边也是产铜的,所以铜出徐州并非虚词。①

在中国,学者间对王仲殊氏说也有两种态度,多数人支持,少数持怀疑态度,也有人对其学说中的个别问题表示不同的看法,例如"铜出徐州"问题。考古学界的孔祥星、刘一曼两人在《中国古代铜镜》一书中,明确表示"铜出徐州"铭的出现,至少说明在那一带是有铸铜器的优质原料的。②地理学者罗其湘、武利华两人也发表专文提出了徐州自古就是铜产地的观点。③

罗、武两人指出:徐州之名,由来甚早,《禹贡》中就有"海岱及淮惟徐州"的记载。当时的徐州系指东至海、北抵泰山、南达淮河的广泛区域,相当于今日的山东东南、江苏、安徽的淮北地区。汉时,置"刺史部十三州",徐州就是其中之一,其管辖范围,据《汉书·地理志》,包括琅琊、东海、临淮三郡及广陵、泗水、楚三国。东汉时,楚改为彭城国,仍归徐州管辖。三国时,徐州属魏国,刺史治所迁至彭城(今徐州市)。

从徐州及其附近地区的地理条件分析,该地是一个铁、铜等多种金属伴生的矿产地。徐州的利国地区是以铁为主,伴以铜、钴、金、银的伴生矿;班井地区则是以铜为主,伴以金、银的矿区。利国铁矿的高铜磁铁富矿、高铜赤铁富矿的铜含量,平均为0.03%,局部达到0.3%—1%,最高含量可达20%以上。在古代,含铜量在10%—20%的矿石,直接投入简易的炼炉,因炉温较低,矿石中的铁的成分是极少还原的,所以能够得到较纯的铜。④徐州及其附近曾经产铜也是有考古实物佐证的。其一,有"铜出徐州"铭文的铜镜,1955年在辽宁省辽阳市三道壕一座西晋墓中出土1面⑤,镜中铭文为"吾作大镜真是好,同(铜)出余(徐)州(清)且明兮"。此镜为方格规矩镜。其二,1955年以来,分别在徐州地区的北洞山楚王墓、云龙山下圆墩发现西汉"四铢半两""五铢钱"的阴文铜范。1986年又在北洞西汉楚王石室墓中出土了铸有"半两"的数万枚铜钱。⑥《汉书》中记载:"更立五

---

① 樋口隆康:《从大陆看古代日本》,学生社1990年版。

② 孔祥星、刘一曼:《中国古代铜镜》,文物出版社1984年版。

③ 罗其湘、武利华:《日本出土三角缘神兽镜铭文"铜出徐州"考辩》,《徐州师范学院学报》1987年第1期。

④ 北京钢铁学院:《中国古代冶金》,文物出版社1978年版。

⑤ 王增新:《辽阳三道壕发现的晋代墓葬》,《文物参考资料》1955年第11期。

⑥ 南京博物馆:《江苏省出土文物选集》,文物出版社1960年版。

铢钱,民多盗铸,楚地尤甚。"(《后汉书·汲郑传》)"楚地"就是古徐州;大量铜钱的出土,证实了此地私铸铜钱甚为兴盛。铸钱业兴盛,必然以有铜原料及采铜业为前提。由此推测,"铜出徐州"并非虚词。

另一个关键问题是,在中国是否不曾出土过三角缘神兽镜。王仲殊氏断定在中国至今没有出土过一面三角缘神兽镜。可是,1985 年 12 月,在复旦大学文博班的一次中日学者座谈会上,有中国学者明确指出,洛阳博物馆藏有两面三角缘神兽镜:一是蔡氏作有铭东汉镜,一是日月天王神兽镜。实际上,这两面铜镜曾于 1983 年在日本冈山市奥利爱特美术馆举办的"古都洛阳秘宝展"上展览过,并收录在当时出版的《古都洛阳秘宝展图录》①中,在日本考古界引起轰动。这两面三角缘铜镜都是 1982 年在洛阳市金谷园车站东北出土的。据日本学者研究,其中的"日月天王神兽镜"的结构、画像与长江下游发掘的平缘神兽镜相似点很多,同时与日本古坟出土的三角缘神兽镜相似点也很多。②

在日本发现的铜镜中,有一种名叫陈氏镜师制作的铭文镜。据我所知,在中国和日本发现的陈氏制作的平缘镜和三角缘镜共有 26 面之多。若从陈氏制铜镜入手,或许可以探索出有关日本三角缘神兽镜的渊源。因此,自 20 世纪 80 年代初开始,我对陈氏制铜镜问题产生了兴趣,于 1989 年发表了《关于陈氏镜的若干问题》一文。③该文对陈氏镜做了较为仔细的分析。其要点是:

第一,根据已知的 26 面陈氏制铜镜,从铜镜的边缘断面看,可分为平缘镜和三角缘镜两类。平缘镜铭文中均刻有制造的年月日。三角缘镜大多也刻有铭文。铭文可分为三类:一是刻有魏国的年号"景初三年""景初四年""□始元年";二是没有刻纪年,却有"至海东"文字;三是刻有描写铜镜上神、兽位置和状态的文字,如"上有仙人""东王母西王母""左龙右虎""身有文章口衔巨"等文字。

第二,从陈氏制铜镜的技术来看,其受吴国铜镜制作技术的影响很大。西汉中期以来,长江流域盛行神兽镜、画像镜,而陈氏制铜镜大部分是神兽镜。将上海、杭州、绍兴等地所见的铜镜与日本出土的三角缘铜镜相比较,可见其中的密切关系。一是陈氏制三角缘神兽镜内区所刻的神像与兽形,与平缘和半三角缘吴国神兽镜上的图像非常相似;二是日本出土的三角缘画像镜、盘龙镜,在江浙

① 山本遗太郎谷、谷一尚、藤井纯夫:《古都洛阳秘宝展图录》,冈山市立东方美术馆 1983 年版。

② 贺川光夫:《三角缘柙善镜的源流——日月天王环状乳神兽镜(洛阳镜)》,《九州上代文化论集:乙益重隆先生古稀纪念论文集》,乙益重隆先生古稀纪念论文集刊行会 1990 年版,第 591—604 页。

③ 王金林:《关于陈氏镜的若干问题》,《别府大学纪要》1989 年第 30 期。

一带也有出土,两者之间存在直接渊源关系是十分清楚的;三是陈氏制铜镜上的纹样,如珠纹座乳、栉齿纹、外行锯齿纹等,都是吴国镜的常用纹样;四是吴国镜的镜缘技术,经历了平缘、半三角缘、三角缘的发展过程,可见日本的三角缘镜缘技术是直接从中国传入的。

　　第三,根据已经发现的陈氏制铜镜,凡刻有"黄武七年""黄龙元年"的平缘铜镜,分布在长江以南的地区;凡刻有"景初""□始"年号的三角缘镜都出自日本的古坟。从这一状况分析,似可做如下推断,即黄龙元年(229年)以前,陈氏在吴国领域内活动;自景初三年(239年)以后,他可能已在日本。现在的问题是,从黄龙元年(229年)至景初三年(239年)的10年间,陈氏在哪里? 这是镜师陈氏生涯中的一段空白期。根据如下分析,我认为这10年陈氏很可能从吴国到了魏国,居住在魏都洛阳,成为魏尚方局的镜师。理由是:①陈氏制"景初三年"镜中有"本是京师,绝地亡出"铭文,"□始元年"镜中有"本是菏师,杜地命出"铭文。王仲殊氏认为这两句铭文表明陈氏本是吴国国都(今镇江市)的制镜师,说"本是菏师",即扬州出身的镜师。所谓"绝地亡出""杜地命出"是说陈氏从故乡亡命出国到了"海东"之国日本。王仲殊氏的上述观点有若干疑问,一是在史籍上,江苏镇江称"京口",不曾称"京"或"京师"。虽然孙权曾称镇江为"京城",但其不曾做过国都。吴国的正式国都,先是建业(今南京),后为武昌。从《后汉书》《三国志》的记载看,"京师"系指洛阳。因此"京师"并非王仲殊氏所说的吴国国都的镜师。铜镜上的"本是京师",似应是"我陈氏来自京师洛阳"之意。同样,把"本是菏师"解释为"扬州出身的镜师"也是不妥的。日本滋贺县大岩山出土过一面刻有"荆幕周岐用青同"的铭文镜。有学者认为"荆幕周岐"是制镜师的名字,我认为不是镜师的名字。"荆幕"系指夏商朝,"周岐"系指周朝。中国古代有禹在荆山(今陕西富平县)铸鼎、古公亶父在岐山下的周原(今陕西岐山县)建周国的传说。"本是菏师"的"菏",恐是"荆"字之误。公元前770年,周平王迁都洛邑(今洛阳),以洛京、雒邑为中心形成了周文化圈。这一带是中国铜镜制造业最早发达的地区,在甘肃、青海的距今4000年前的齐家文化遗址中,发现过2面铜镜,在河南、陕西的商周时代遗址中发现过11面商周铜镜。日本滋贺大岩山出土的"镜陈氏作佳大工""荆幕周岐用青铜"铭文镜,是陈氏用此铭文强调自己的制镜技术受到了周文化传统的影响。"菏(荆)师"之称,似乎也与铜镜制作有关,可能是镐京、洛邑地区制镜业的行业称呼,专指镐京和洛邑。②日本发现的陈氏制三角缘纪年铜镜的纪年都是魏国的年号。如果这10年间陈氏居住在吴国,他作为江南的制镜师,应该制作吴国的纪年镜,如"黄龙二年""黄龙三年"或"嘉禾元年"等。若这10年间,陈氏已在日本,作为原吴国镜师,也决不会用魏国的"景初""正始"作为镜的纪年,而应用吴国纪年。③日本出土的陈氏镜的铭文中大多受尚方镜镜铭的影响。如果将陈氏三角缘神兽镜与陈氏平缘镜的铭文做一比较,可清楚地看出两者的差异;而陈氏三角缘镜铭文与尚方镜铭文比较,则两者的风格基本相似。如尚方镜中的"尚方作竟真大好""尚方作竟自有纪""上有仙人不知老""渴饮玉泉饥食枣""长宜子孙""君宜高官""上有西王母东王公""左龙右虎""巧工刻之成文章""寿如金石"等铭文,在陈氏三角缘镜中均有所见。陈氏三角缘镜铭文之所以受到尚方镜铭的深刻影响,可能与他在洛阳尚方局工作过有关。由于他出生、成长于吴国,后又进入魏国,所以他的制镜风格受到了吴、魏技术的双重影响,结果制作出在吴国盛行的神兽纹饰的铜镜上刻有魏国流行的铜镜铭文或纪年。

第四,从陈氏制作的铜镜可知,陈氏的一生可分为三个时期:一为吴国制镜师期,也即吴国镜制作期,此期间制作了吴国特有的神兽平缘镜,并刻有"黄武""黄龙"吴国年号;二为洛阳尚方镜师期,综合吴国和魏国的技术,制作了刻有魏国年号的三角缘神兽镜和盘龙镜;三为东渡日本期,主要制作不刻年号而刻尚方镜铭文的三角缘神兽镜。日本出土的"景初""□始"纪年三角缘铜镜是在洛阳制造后携入日本的。

(六)日本的铜铎与中国的青铜乐器

在日本,以近畿为中心的地区,即东至福井县、岐阜县、长野县、静冈县,西至岛根县、广岛县、香川县、高知县的范围内,广泛地发现了青铜遗物——铜铎,其发现数已多达400余个。最集中的地区是在大阪湾北岸、猪名川、淀川、大和川西岸。①在日本,铜镜、铜剑、铜矛大多是作为墓葬的随葬物而埋入墓穴的,而铜铎却不同,它并不埋在坟墓内,而是被埋在山脉的中腹部、平原、河川沿岸和海岸的岩阴等处。其埋藏数,有单数也有复数,多的可达数十个。琵琶湖东岸的小篠原遗址在相邻的三处遗迹中出土了24个。岛根县荒神谷遗址中,6个铜铎与16口铜矛在一起。神户市的樱丘遗址中,14个铜铎与7件铜戈埋藏在一起。铜铎上的纹饰有横带纹、流水纹、袈裟祥纹、突线带纹等。铜铎的纽主要有菱环纽式、外缘纽式、扁平纽式、突线纽式等。铜铎的铸型也有多处发现,据20世纪80年代初统计,全日本共发现41件铸型,其中畿内33件,占总数的80.5%。长期以来,学者们普遍认为,铜铎的制作地在畿内,九州北部地区是不生产铜铎的。然而,1980—1982年,在九州北部地区的佐贺县鸟栖市安永田、福冈市赤穗浦,相继出土了铜

---

① 川西宏幸:《铜铎的埋葬和传世镜》,《考古学杂志》1976年第61卷第12期。

铎的铸型,从而推翻九州北部不能生产铜铎的传统观点。安永田和赤穗浦遗址发现的铸型,都是外缘纽式横带纹铎,纹饰中还有钩针状纹和奔走的鹿。这种类型的铜铎在广岛、冈山、岛根、鸟取等县均有发现。

日本铜铎的祖源在哪里?对此,学术界大致有三种观点,即朝鲜小铜铎祖型说[1]、中国编钟祖型说[2]、日本弥生时代自生说[3]。其中以朝鲜小铜铎祖型说势力最大。

至今,在朝鲜半岛发现的小铜铎大约有37个。从遗物的技术和形制分析,我认为朝鲜半岛的小铜铎作为日本铜铎的祖型是值得怀疑的。两者之间有如下差异:朝鲜小铜铎形制小,最大的高14厘米,一般都在10—13厘米之间,而日本早期的菱环纽式铜铎,一般都为20厘米左右;朝鲜小铜铎没有纹饰,而日本铜铎铎身均饰有纹饰;朝鲜小铜铎都是墓葬的随葬品,而在日本,铜铎是一种神圣的祭器;朝鲜小铜铎主要集中在以平壤为中心的地区,已发现的37个铜铎中,南部朝鲜仅5个,而朝鲜半岛北部却占了出土总数的86.5%;日本九州北部出土的小铜铎虽外形与朝鲜小铜铎相近,但是细部或多或少有变化,而且技术上比朝鲜小铜铎要精,出土的地方,除福冈嘉穗郡原田的小铜铎是在木棺墓域内,春日市冈本四丁目小铜铎铸型是在瓮棺墓地一隅发现的以外,其他均是在竖穴居住址和沟中出土的。即使是原田小铜铎和冈本铸型,虽是在墓域中出土的,但也与朝鲜半岛在墓葬中出土的有所区别。

有的学者认为中国的编钟是铜铎的祖型。此说是否有道理呢?《古今乐录》载:"凡金为乐器有六,皆钟之类也:曰钟,曰镈,曰錞,曰镯(铃),曰铙,曰铎。"从中国青铜乐器的发展过程看,铃是钟、铙、镈、铎的祖型。铎是诸乐器中出现比较早的一种。

据中国古籍中的记载,铎以铜铸成,形状与铃、铙近似。铜铎作为乐器,其使用方法有二:一是震动法。《大同正乐》载:"铎……以木为舌,摇之以和鼓也。"《礼记·明堂位篇》也载:"振木铎于朝,天子之政也。"二为敲击法。湖南长沙马王堆3号汉墓出土的55号竹简载:"四人击鼓,铙、铎。"显然,用敲击法的铜铎是无舌的。这种铜铎是否在历史上存在过呢?是确实存在过的。河北省平山县中山王墓出土过一口"中山王**鼎",其铭文中有"**桴晨铎"句。据考证,"**"可解释为"奋",

---

① 佐原真:《铜铎的铸造》,《世界考古学大系二》,平凡社1960年版。

② 梅原末治:《铜铎考》,《考古学杂志》1963年第48卷第3期。

③ 伊藤祯树:《围绕铜铎的诸问题》,《日本考古学的诸问题》,考古学研究会1964年版。

"桴"为"槌","農"与"震"字同。译成今天的白话文,即"奋槌震铎"。这说明战国时期的中山国是用槌敲铎的。《国语·吴语》中也有"鸣钟、鼓、丁宁、镎于、振铎"。"振铎",也是敲击法。

在中国,长期以来人们把铎与甬钟、纽钟等乐钟相混淆,因为它们之间的形制有许多近似之处。如钟体呈扁形,截面为梯形,钟口的边缘线(称"于")呈弧形。但铎的甬短,大多呈方形或长方形,甬的胴内空,与钟体内腔相通,形体较小,大多通体无纹,仅少数有纹饰,铭文仅数字,个别的铭文有数十字。中国先秦时期的铜铎形体较小,一般为6—7厘米高,铣距(最大宽度)与通高几乎相等。从战国至前汉,铜铎最显著的形制变化,就是铜铎的高度增加,铣距缩小。汉以后的铜铎,通高与铣距之比,有的达到1.5∶1,甚至达到2∶1。[①]

从总体构造分析,中国的铜铎与日本的铜铎看不出有直接的渊源关系,反而是日本的铜铎与中国的铃(又称镯、马铎)、钟、镈有许多近似之处。

若将中国铜铃与日本小铜铎、铜铎相比较,可见其有如下的相似性,即都有桥纽、型持孔、纽下有悬挂铃舌的孔,以及几何纹(斜格子纹)等。

钟、镈的结构比铃、铎都要复杂,技术上更为精致。首先纽部多样化。如铜镈的纽,有扁方形纽、伏兽状纽、左右纹饰对称纽等。钟体的钲部均铸有乳状圆珠(称为"枚"),枚的数目多寡不一,山东海阳嘴子村出土的铜镈前后各有六组枚,每组三枚。[②]枚的顶部一般都饰有纹饰,常见的有盘龙纹、涡纹、云纹等。钟、镈的舞部、钲部、鼓部均饰有纹饰,纹饰有云纹、回纹、S纹、双头夔龙纹、贝纹、三角纹、涡纹、兽首纹、蟠螭纹等。铜镈、铜纽钟的底部一般都不呈弧形,呈平形。铜镈、铜钟的形体已不像铃、铎那样小,渐次大型化,广东博罗县出土的春秋时代的7件铜甬钟[③],最大的一件通高为50.9厘米,10.75公斤重;最小的一件为通高22.0厘米,1.8公斤重。兴宁县出土铜编钟6件,最大的通高50.5厘米,重14.25公斤;最小的38.1厘米,重7.75公斤。铜镈、铜钟虽然大多从墓葬中出土,但是也不尽是墓葬的随葬品。在长江流域,早期钟、镈有在山丘之坡、川泽之滨出土的,并且大多是单个埋葬,很少有其他器物伴出。[④]

① 曹淑琴:《先秦铜铎及其相关问题》,《文物》1991年第3期。

② 滕鸿儒、王洪明:《山东海阳嘴子前村春秋墓出土铜器》,《文物》1985年第3期。

③ 丘立诚、黄观礼:《博罗县出土春秋青铜甬钟》,《中国考古学年鉴 1985》,文物出版社1985年版。

④ 殷玮璋、曹淑琴:《长江流城早期甬钟的形态学分析》,《文物与考古论集》,文物出版社1986年版。

从上述铜镈、铜钟的特征分析中,不难看出,日本的铜铎在许多方面也与铜镈、铜钟有相似之处。从整个东亚世界的青铜文化发展的视角分析,我认为铜铎的祖型,似乎呈如下系谱(见图1-1):

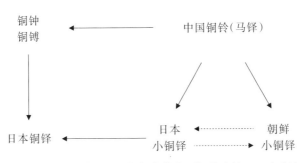

（转引自王金林:《弥生文化与古代中国》,学生社1992年版）

图1-2　铜铎的祖型系谱

若如图1-1所示可以成立的话,那么,似可做如下结论:朝鲜小铜铎与日本小铜铎虽然彼此之间有共同之处,但都直接受到中国铜铃的影响;朝鲜小铜铎不是日本小铜铎的祖型,祖型应是中国的铜铃。日本铜铎的基本形态应是日本小铜铎的改进和发展版。其在形成和发展过程中,又受到中国的铜镈、铜钟等乐器的形态、结构、纹饰等的影响。外来的影响和启发,再加上智慧和创造,便形成了在东亚青铜文化中独树一帜的日本铜铎文化。日本的铜铎,由于不像中国铜镈、铜钟受到发音音色的限制,因此在构造上有诸多创新,如纽的多样化,并在基本的钟纽之外,加宽、加厚或增加附加装饰,钟体两侧增饰鳍,使钟体美观大方。中国的铜镈、铜钟的纽部、舞部、钟体上虽然饰有纹饰,但铸有绘画的则很少见。中国镈、钟的纹饰具有一种抽象化的威严感,而日本的铜铎既保留了某些纹饰的抽象化的威严性,又增加了反映现实生活的绘画。这种抽象与现实结合的构思,反映了弥生人对稳定的、富裕的现实生活的追求和对神灵的膜拜。

日本铜铎上的纹饰大多可在中国的青铜器上见到,一般比较简练、朴实,主要是涡纹、锯齿纹、斜格纹、栉齿纹、流云纹、横带纹。日本学者大多把流云纹称为流水纹,实际上它是中国青铜器上的云纹的夸大。另外,日本铜铎中有一种邪视纹铜铎,饰有巨大的眉、目、鼻纹。正如多数日本学者所说,这是中国青铜器上的饕餮纹的简练化。这种大眉、大目、大鼻的纹饰在中国良渚文化的玉饰中也屡屡可见。

中国的铃、镈、钟等是作为实用器物流行于世的,在北方地区,铃是马的装饰物,因此,常常与马一道被埋入主人的坟墓里。镈、钟是高贵的乐器,被作为拥有者的个人财富和社会地位的象征,所以,也被作为主要的随葬物,埋入高官贵族的坟墓里。但是,如前所述也有被埋纳在山坡、河川之滨的。在日本,铜铎作为随葬品是极罕见的,一般都被埋在山地、平原和海滨。这种特殊的埋没方法究竟具有何种性质呢? 有的说这是有权力者的传世宝器[1];有的说是共同体用于农耕祭仪之物[2];有的认为是稻魂信仰产物[3];有的认为是"鬼道"的祭具[4];也有的认为铜铎的埋没,是为了防御境域以外的"恶灵"和外敌的侵入[5]。

从日本铜铎的结构看,它不是实用的乐器;从埋纳的场所分析,它也不是属于某一权贵的个人宝器。因此,只能认为这是一种与当时的信仰有关的祭祀器物。它既反映了以畿内为中心的广大地区存在着共同的原始信仰,也说明这种原始信仰已形成了独特的祭祀方法。有的学者把它局限在祈求农事的丰收和镇邪上。实际上,日本铜铎上的绘画所反映的内容,不仅仅是农耕,尚有狩猎、人之间的争斗等内容,因此,把铜铎仅仅作为农耕的祭祀器是不够全面的。据铜铎的化学分析[6]和铅同位素比分析[7],其原材料大部分是从中国、朝鲜半岛输入的。用珍贵的进口材料铸成的特殊器物,被埋入山地、平原、滨海的土中,并不是一件简单的事,肯定是发生了重要事件才这样做的,或者是敌人来攻,或者是出兵远伐,或者是发生重大的天灾、病疫之时,祈求天神地祇的保佑,以实现国安民丰,消灾免病。

用珍贵的青铜铸制铜铎,绝不是私人所能做到的,因此,弥生时代存在着控制铜铎生产和管理、处置铜铎的机构,而且很可能铜铎的祭祀和埋纳权掌握在少数人手中,他们是以畿内为中心的统一国家的王,或者是隶属于王的专管祭祀的大臣。日本历史上出现的神祇官,其渊源大概始于弥生时代吧!

---

[1] 大林太良:《原始的美与咒术》,《图说日本文化的历史 1》,小学馆 1956 年版。

[2] 小林行雄:《铜铎》,《图说考古学辞典》,创元社 1958 年版。

[3] 春成秀尔:《铜铎的祭祀》,《国立历史民俗博物馆研究报告 12》1987 年第 12 期。

[4] 水野正好:《青铜祭器与鬼道》,《铜铎与女王国时代》,日本放送出版协会 1983 年版。

[5] 酒井龙一:《铜铎及其内在世界》,《摄河泉文化资料》1978 年第 10 卷。

[6] 龟井清:《神户市樱丘出土铜铎的冶金学研究》,《神户市樱丘铜铎铜戈调查报告书》,兵库县社会文化协会 1969 年版。

[7] 马渊久夫、平尾良光:《从铅同位体比看铜铎的原料》,《考古学杂志》1982 年第 686 卷第 1 期。

第二章

弥生时代日本人的信仰、习俗与中国

第一节　邪马台国女王的"鬼道"与早期道教

在相当长的时期内,学术界大多数人都认为中国的道教不曾对日本产生过影响,作为宗教的道教也没有传入日本。这种观点,随着学术研究的深入,也日趋动摇。

梁代的刘勰在论述道教立法的依据时,曾明确指出:"上标老子、次述神仙,下袭张鲁。"①这就是说,中国的早期道教包含三大要素,即民间巫术、神仙信仰和成仙术、荆楚文化的道家哲学。中国的民间巫术渊源很久远,可追溯到原始社会。进入阶级社会后,人们逐渐地从对日月星辰、河海山岳的自然崇拜,转向对天神、地祇和鬼神的崇仰。

殷商时代,极为崇神鬼、重巫术,社会上出现了一批专门从事巫术活动的人。在朝廷的官职中也设置了巫、史、祝、卜等职,甚至名叫巫咸、巫贤的两个精通巫术的人先后被任命为相。春秋时期,各地诸侯都有专职占卜官。至战国时,上自宫廷,下至市井均有卜人,巫术之兴盛可想而知。考古中发现的巫术工具就是卜骨。在古代,通过卜骨祈求吉凶,是巫术的主要内容之一。在中国新石器时代至战国时代的遗址中,常有卜骨出土。至后汉中叶早期道教成立时,占卜巫术便成为道教的道术之一。《太平经》卷40载:

> 古者圣人问事,初一卜占者,其吉凶是也,守其本也,乃天神下告之也。再卜占者,地神出告之也。三卜占者,人神出告之。

①《弘明集》卷8。

中国的神仙信仰，自春秋战国至秦汉期间，以楚、齐、燕为中心，对神仙的崇拜相当盛行。神仙崇拜盛行，与人们盼望长生不老的愿望密不可分。上自帝王，下至平民百姓，均不乏热忱的信徒。齐威王、齐宣王、燕昭王、秦始皇、汉武帝都是信仰神仙，积极寻求长生不老的人。与崇拜神仙的时代潮流相适应，社会上出现了一批自称能够沟通人与神联系的"方士"。方士在春秋战国、秦汉时代颇受重视，究其原因，主要在于他们自称能够从仙人处得到长生不老仙药。方士与巫师不同的是，方士具有较高的知识水平，是精通医术、天文地理以及炼丹、养生等的知识者。道教把神仙信仰和求仙的活动，纳入了自己的道术范围，并进一步构筑了一个完整的神仙世界。所以，中国的道教，又被称为神仙道教。道教的神仙谱系中，汇集了430余位神仙。晋代神仙道教的代表作《抱朴子·内篇·对俗》曾对成仙之道有过如下的描述：

> 古之得仙者，或身生羽翼，变化飞行，失人之本，更受异形。……老而不衰，延年久视，出处任意，寒温风湿不能伤，鬼神众精不能犯，五兵百毒不能中，忧喜毁誉不为累，乃为贵耳。

道教作为宗教，仅仅把民间的巫术、神仙崇拜纳入自己的道术范围是不够的，为了自身长期的生存和发展，必须要有自己的理论体系。包含许多神秘主义因素的黄老思想，在秦汉以后，与神仙信仰相结合，成为早期道教的理论基础。

目前虽然尚不能肯定在日本弥生时代道教已经传入日本，但是，可以肯定地说，弥生时代确实已存在着早期道教的若干因素。在文献和考古学中可以获得证实的因素之一，就是占卜。占卜这种巫术，已如前述，是早期道教的三大要素之一。

《魏书·倭人传》中有如下记载：

> （邪马台国）其俗举事行来，有所云为，辄灼骨而卜，以占吉凶，先吉所卜，其辞如令龟法，视火坼占兆。

在考古发掘中，卜骨的出土例也屡屡可见。据日本学者的统计数据，弥生时代出土的卜骨共有116例，古坟时代22例，奈良、平安时代64例。弥生时代的116例，大多数集中在关东地区南部至东海地区的太平洋沿岸。其中仅神奈川县三浦半岛就出土了42例,占全日本出土总数的1/4。在大阪湾附近的四国、本州内陆部也有若干出土。①出土的116例弥生时代卜骨按时间顺序划分,弥生中期31例,中后期2例,后期77例,不详6例。这充分表明大陆的占卜术是从弥生时代中期开始传入日本,而盛行于弥生后期的。日本卜骨的流行趋势,与中国的早期道教的形成过程相吻合。

从出土的卜骨分析,中日两国的占卜技术有如下异同。

卜骨的材料。中国的卜骨材料主要有牛、龟、鹿、羊、猪等动物的骨,但不同时代和不同遗址中,使用的卜骨材料不尽相同。商代出土的卜骨中,以牛肩胛骨最多,龟甲次之。龟甲多用腹甲和背甲。在洛阳北窑西周铸铜遗址,出土了35例甲骨,其中龟甲24例,占68.6%;牛肩胛骨11例,占31.4%。②日本弥生时代的卜骨材料,主要是鹿骨和猪骨。出土的卜骨中,鹿骨88例,占75.86%;猪骨16例,占13.79%。③

对弥生时代出土卜骨的灼痕进行分析,可发现其有多种分布状态,有的数个乃至十数个灼痕呈排列状,有的以几个灼痕为单位散布于卜骨的若干处,有的则零星地不规则地散布于卜骨各处。从整体看,灼痕基本上是有规则的。

中国出土的卜骨的钻、凿、灼痕是很有规则的。山东济阳刘台子西周墓出土的一件卜骨,正面有钻孔5纵列共21孔(一孔残),排列规则,多以4孔为纵列,只有第2列有5孔。此卜骨的背面,也有6列钻孔,共16孔。④河北省藁城台西商代遗址共出土占卜用骨509件,其中牛骨407件,龟腹甲32件,龟背甲59件,等等。钻、凿、灼孔大多十分有规则。如"TA:13"龟背甲,两侧钻、凿孔基本上呈对称状;又如"T13:174"龟背甲,钻、凿孔沿边缘排列,肋上则是横向排列。⑤陕西省扶风县齐家村西周遗址于1979年发掘甲骨10件,附近采集22件,共32件,钻孔也都有规则。如"H3〔2〕:1"是龟背甲,长19.5厘米,宽11.1厘米,背面有方形凿孔35个,分为6纵列,整齐有序。正面刻卜辞32字,卜问营造宫室之事。又如"NH1〔3〕:1"是牛肩胛骨,残长21厘米,宽9厘米,背面有圆钻孔14个,纵向排列。正面竖刻卜辞8个字,卜问畜牧之事。⑥

---

① 神泽勇一:《咒术的世界——卜骨祭祀》,《弥生人与祭祀》,六兴出版社1990年版。

② 赵振华:《洛阳西周卜骨的初步考察》,《考古》1985年第4期。

③ 神泽勇一:《咒术的世界——卜骨祭祀》,《弥生人与祭祀》,六兴出版社1990年版。

④ 熊建平:《刘台子西周墓地出土卜骨初探》,《文物》1990年第5期。

⑤ 李学勤、唐云明:《河北藁城台西甲骨的初步考察》,《考古与文物》1982年第3期。

⑥ 陕西周原考古队:《扶风县齐家村西周甲骨发掘简报》,《文物》1981年第9期。

关于卜骨灼、钻、凿孔的形态,中国的古籍《周礼·卜师》是这样记载的:

> 掌开龟之四兆,一曰方兆,二曰功兆,三曰义兆,四曰弓兆。

对于这段文字,后人解释甚多,其中《龟卜通考》有如下解释:

> 《周礼·卜师》所谓四兆,非谓兆坼,而是开龟之形象也。"方"、"弓"、"义"、"功"谓钻凿之状也。"方兆"谓方形,"弓兆"指半圆形,"功兆""义兆"则不可知矣。①

从出土的卜骨孔的形态可知,至少有方形、圆形、半圆形、椭圆形四种。日本弥生时代灼孔的形态主要是圆形,比较单一,这说明弥生时代日本人不采用钻、凿技术,只采用烧灼法。

从上述比较可以推断,弥生时代的卜占,与中国的卜占有着密切的关系。日本的卜骨研究者们也都赞同这一看法。有的说弥生时代的卜骨风俗起源于大陆②;有的说日本的卜骨与中国北方的卜骨存在着相似性③,是从中国北方经朝鲜半岛传入的④。中国卜占最兴盛的地区是黄河中下游地区,因此日本学者特别关注中国北方卜占与弥生时代卜占的相似性。

早期道教对日本的影响,还可以从相当于中国三国时代的邪马台国的信仰中得到证实。《魏书·倭人传》中有关于邪马台国女王的形象描述:

> 卑弥呼,事鬼道,能惑众。年已长大,无夫婿,有男弟佐治国。自为王以来,少有见者。以婢千人自侍,唯有男子一人给饮食,传辞出入。

卑弥呼女王的"鬼道",是怎样的一种宗教信仰呢?长期以来,人们只着眼于"鬼",而忽视了"道",因此一般都认为它是一种原始巫术。其实,卑弥呼的"事鬼之道",已超过了"鬼"的范畴。日本学者重松明久氏提出了"鬼道道教说"⑤,我认

---

① 沈启无、朱耘庵:《龟卜通考(续)》,《国立华北编译馆馆刊》1943年第2卷第1期。

② 神泽勇一:《咒术的世界——卜骨祭祀》,《弥生人与祭祀》,六兴出版社1990年版。

③ 木村几多郎:《长崎县壹岐岛出土之卜骨》,《考古学杂志》1979年第64卷第4期。

④ 新田荣治:《日本出土卜骨的视角》,《古代文化(京都)》1977年第29卷第12期。

⑤ 重松明久:《古坟与古代宗教》,学生社1978年版。

为这是很有启发性的见解。在读《魏书·倭人传》的这一段文字时,我认为"鬼道"的"道"字是一个关键性的文字。《庄子·缮性》中载:"道,理也。"卑弥呼的"鬼道",已经具备了某种理论和思想也未可知。在《三国志·魏书》中,除《倭人传》中载有"鬼道"一词外,在《张鲁传》中也使用了"鬼道"一词:

> 鲁遂据汉中,以鬼道教民,自号"师君"。其来学道者,初皆名"鬼卒"。受本道已信,号"祭酒"。

东汉灵帝时(168—189年),中国有两大道教派别,陕西汉中一带有张鲁,树五斗米道之旗,奉老子为教主,以《老子五千文》为教典;东方有张角,树太平道之旗,以《太平经》为教典。无论是五斗米道,抑或是太平道,传教的基本方式是相同的。如为病人治病时,太平道教病人叩头思过,然后饮符水,如果病愈,表明此人是信道者,若病未愈,则为不信道者。五斗米道则首先让病人将3份写有自己姓名和罪过,并表示决心改正的文书,1份呈天(放置山上),1份祭地(埋在地下),1份沉于水中,以求病愈。太平道、五斗米道的传道治病的手段,显然来源于民间巫术,却又不是一般的巫术。它已是以《太平经》《老子五千文》为理论基础的宗教信仰了。其用传统的巫术手法团结群众,以达到抗衡封建统治的目的。

我们虽然不能肯定邪马台国卑弥呼的"鬼道"与以太平道、五斗米道为代表的早期道教的"鬼道"有直接关系,但可以肯定,她的"鬼道"绝不是一般的巫术。卑弥呼是在国内大乱中被拥立为王的。她之所以能够平息国内大乱,并博得争斗双方的拥护,不是依靠武力和权力,依靠的却是"鬼道"。她的"鬼道"的信仰者已是十分普遍了。"能惑众"三个字反映了"鬼道"的影响力。

我们说卑弥呼的"鬼道"具有早期道教性质,还可以从她的清净无为的修炼方法和楼观建筑两方面获得证实。

道教主张通过人自身的修炼,达到祛病延年、长生不老的目的。道教有多种修炼方法,如精神修炼、形体修炼、食物修炼等,但以精神修炼最为重要。精神修炼的关键就是"收心习静",通过"静定",实现心灵的净化,排除对物质利益的追求、对名位的奢望。"去物欲,简尘事",最后得道成仙。《魏书·倭人传》载:卑弥呼"自为王以来,少有见者",隐入静室,闭门修道。被立为国王以后,她仍不为名位所动,把治国的政事交给了"男弟",自己却专心修炼,专事"鬼道",说明她具有脱俗超凡的心境。这种心境不是一般从事巫术活动的巫师所能够具备的。

在《魏书·倭人传》中还有这样的记载:"(卑弥呼)居处宫室楼观,城栅严设,常有人持兵守卫。"人们大多认为这段文字记述了卑弥呼的宫室建筑的豪华。我认为,这段文字除了表明女王所在宫室的豪华之外,还说明了宫室之外,在"城栅"之内还建有迎神、祭神的建筑物——楼观。在中国历史上,道教供奉、祭祀神灵,做斋醮祈禳等活动的场所被称为宫、观。据古籍记载,最早出现楼观,是在周代。《楼观本起传》载:"楼观者,昔周康王大夫关令伊(喜)之故宅也。以结草为楼,观星望气,因以名楼观。此宫观所自始也。"实际上广泛建立宫室、楼观,始自汉武帝时。《史记》记载,汉武帝即位以后,"尤敬鬼神之祀"(《史记·孝武帝本纪》),笃信神仙,追求长生不老,曾数次东巡,派方士入海求神仙,并炼丹药。汉武帝最早建立的祭祀宫室名叫甘泉宫,宫中作台,以祭天神。其后又建寿宫、北宫,祭"神君"。公元前109年,又听从公孙卿的"仙人好楼居",为神仙建筑宫观的建议,在长安筑有"蜚廉桂观""益延寿观",并在甘泉宫内筑高30丈的通天台,以招迎神仙。汉武帝之后,为神仙建筑宫室、楼观之事,在各朝代仍然有所见。道教建立后,凡该教祭神及举行道教活动的场所,也称为宫、观,沿用至今。从汉武帝广建楼观、招迎神仙的史事中,我们似乎可以推测日本弥生时代邪马台国女王卑弥呼的楼观也是同样具有迎神、祭神性质的建筑物,而且其名也叫"楼观"。

以上叙述了早期道教与邪马台国女王卑弥呼"鬼道"的关系。当然,当我们强调"鬼道"与中国的早期道教相似的同时,也不能忽视自绳纹时代以来,日本列岛长期存在着的精灵崇拜和神鬼信仰对"鬼道"的影响。因此,可以这样说,"鬼道"应该是在日本固有的原始巫术信仰的基础上,吸收了中国早期道教的某些因素而形成的一种复合性"宗教"①。

第二节 弥生人的衣服与装饰

从《魏书·倭人传》中的记载可知,弥生时代的日本已种植苎麻和养蚕,并从事编织工作。当时,已能用苎麻织出班布、细苎等麻织物,也已能用蚕丝编织丝织物。主要丝织物有倭锦、绛青缣、异文杂锦等。这种丝织物,在考古发掘中也得到了证实。在日本的弥生时代遗址中,不仅发现了大量的纺锤,而且出土了纺织具,如在奈良县山木遗址、唐古遗址、静冈县登吕遗址等出土了刀杼、榙、综棒,大分县安国寺遗址出土了贯。在香川县出土的一件铜铎上,有一人一只手拿着

---

① 上田正昭:《王权与祭仪》,《日本民俗文化大系3 铁与稻》,小学馆1983年版。

工字形工具,另一只手举着线的绘画。日本学者认为铜铎上的这幅画中的工字形器具是机织具,反映了当时纺织的状态。[①]

如果说出土的纺织具和铜铎上的图画说明日本弥生时代存在着原始纺织技术的话,那么在弥生时代遗址中发现的麻、绢织物的残片,进一步证明《魏书·倭人传》中记载的真实性。绢织物的出土也说明除中国之外,在东亚世界,日本是次于中国的最早养蚕织绢的国家之一。至今,日本弥生时代绢织物的出土地,仅限于九州北部。按时代先后顺序,主要遗址有:福冈县的有田遗址(弥生前期末)、吉武高木遗址(中期初)、比惠遗址(中期前末),佐贺县的朝日北遗址、吉野里遗址,福冈县的粟山、立岩、门田、须玖冈本、吉浦、樋渡,长崎县的三会遗址(中期后半)等。据日本学者的研究,"至今从14个遗址出土的31种平绢,全是日本织制的"。还说有田遗址出土的绢的丝线,具有华中产蚕丝的特性,那是在弥生前期末以前(公元前2世纪左右),通过将从华中方面传入的蚕种,在九州北部饲育而成的。

近年来的考古发掘进一步显示,弥生时代已经掌握了布、绢织物的染色技术。佐贺县的吉野里遗址出土了弥生时代中期中叶的赤茶色绢片。它是一块用纵丝和横丝交织而成的平绢。[②]在吉野里遗迹西北约4公里处的朝日北遗址的弥生初期瓮棺中,在一成年男子的人骨上也发现了一块绢片,经鉴定这也是日本产的绢。从绢片的颜色分析,表明当时已掌握紫、赤、黄、茶、白多种染色技法,有学者认为这种染织技术是从中国传入的。[③]这说明古代中日之间除存在着"稻之道"外,还存在着一条"绢之道"。

中国是全世界公认的最早养蚕、抽丝织绢的国家。中国的养蚕、丝织技术早在新石器时代就已存在,那时黄河中下游、长江中下游已生产蚕丝。河南荥阳县(今荥阳市)青台仰韶文化遗迹中,出土了炭化纺织物,经检测,确认为丝麻织物。[④]西安半坡遗址中发现过一些陶器上的纺织品压痕。在山西夏县西阴村,出土过一个被刀子割切过的蚕茧。在浙江省的吴兴钱山漾遗址中曾发现一批盛在

---

① 布目顺郎:《关于铜铎面上的持工字形器具人物画像》,《考古学杂志》1950年第36卷第2期,第25—31页。

② 布目顺郎:《绢之道——探索长江下游路线》,《稻作渡来与有明之路》,弥生使者徐福刊行会1989年版。

③ 《佐贺新闻》,1990年7月9日。

④ 陈立信、张松林:《荥阳县青台仰韶文化遗址》,《中国考古年鉴 1984》,文物出版社1984年版,第125页。

竹筐内的绢片、丝带、丝线等,经检测,其原料是家养的蚕丝,经纬密度每厘米为48根。在同省的河姆渡遗址出土了刻有蚕纹的骨器。在江苏省梅堰遗址,发现了刻有蚕纹的黑陶。①由上可知蚕丝起源的多元性。

殷商时期养蚕织绢更为普遍。在青铜器上常见到蚕纹,玉器中也有形态逼真的玉蚕(日本勾玉与此相似)。甲骨文中也多有占卜、蚕桑的记载,其中有用三牛祭"蚕神"的内容,表明在每年育蚕期间有祭神的习俗。春秋战国至秦汉时代,黄河中下游、长江中下游地区蚕丝业更趋发展,其中北方以山东的齐鲁两国最为兴盛。齐桓公时,齐国栽有大片桑林(《左传》)。齐国民间熟知蚕桑技术,甚至已有很多能治蚕病的人(《管仲》)。《战国策》载,鲁国出产"鲁缟",甚为有名。秦朝时,宫廷中所用丝织品,是山东东阿一带产的"阿缟"。汉代在山东临淄(原齐国都城)设有"服官",管理丝织物品。南方的养蚕、绢织最盛之地在长江中下游的吴、越、楚。反映这一地区蚕丝业发达的考古遗址很多,最为重要的是湖北江陵马砖战国遗址和长沙马王堆汉墓遗址。江陵马砖一号墓②出土的丝织物种类甚多。据分析,墓中衣物的原料有绢、纱、罗锦、绣、绦等。在每一品种中,织法、色彩、纹样各异。绢是出土最多的品种之一,多为平绢。马砖一号墓出土的绢的经纬密度比过去发现的要复杂得多。锦是丝织品中最高水平的代表。因为色彩多样,所以织造时采用分区法。经线大多采用二重线。丝织物的颜色可谓五彩缤纷,如绢以白色为主外,尚有褐、紫、红、黑、黄等;锦有朱红、暗红、黄、深棕、浅棕、褐等;绣品的配色有朱红、绛红、金黄、浅黄、蓝、绿、棕、黑、褐等。这些生动地反映了染色技术的高超。③马王堆汉墓反映了汉代时江南的丝织水平。马王堆一号墓出土衣着、鞋袜等40余件,杂用纺织物20余种,成匹的丝织物50余件。丝织物有绢、方孔纱、各种花纹的绮、菱形纹罗、锦、绦等,色彩鲜艳多样,有朱红、绛紫、墨绿、黄绿、深褐、浅褐、深棕、浅棕、深蓝、浅蓝、银灰、黑、白、金色、银色等,反映了西汉的丝织、印染、刺绣技艺的高超。④

① 吴浩坤:《中国古代文明的基石——殷商文化述路》,《中国文化研究集刊:第五辑》,复旦大学出版社1987年版,第108—131页。

② 彭浩:《湖北江陵马山砖厂一号墓出土大批战国时期丝织品》,《文物》1982年第10期,第1—9页。

③ 陈跃钧、张绪球:《江陵马砖一号墓出土的战国丝织品》,《文物》1982年第10期,第9—12页。

④ 河南省博物馆,中国科学院考古研究所文物编辑委员会:《长沙马王堆一号汉墓发掘简报》,文物出版社1972年版。

近年,考古学者在三国时代的吴国境内,发现了十分珍贵的纺织具。在安徽南陵县发现的纺织具有梭、纺锭、线板、尺。梭的形状如枣核,中间有一槽口,一侧有一小圆孔,是穿纬线用的,槽口两端原有金属线钩,发现时仅存小孔。梭长31.6厘米,宽3.1厘米。纺锭一件,木质,锭身有三条凹槽,可能是磨损的痕迹,表面涂有黑漆,长2.1厘米,圆径1.1厘米。线板四件,木质,上下两端呈半圆形,两面均涂黑漆,约长14厘米,宽4.5厘米,厚0.5厘米。尺一件,残长24.1厘米,两端原包有铜片,已脱落,分为十等,每等间钉铜钉三粒,尺的一端有一圆孔,可能是系挂绳用的。[①]

古代中国朝廷,对蚕种的控制极严,是不许携出国境的。在这种背景下,中国的蚕种传入日本,显然不可能经朝鲜半岛从陆路传入,原因有两个:一是陆路关卡甚严,不容易携出;二是中国东北地区并不是蚕丝生产的中心地。传入日本的唯一途径,是由海路直接传入,因为长江下游至黄江中下游地区,特别是山东半岛一带,一直是古代中国蚕丝业兴盛之地,而且漫长的海岸使政府无法实行严格的控制,沿海的中国人是很容易将蚕种携出国境东渡日本的。

有了植麻、养蚕、纺织,人们的衣着也随之改善。弥生时代的衣服,据《魏书·倭人传》:"男子……其衣横幅,但结束相连,略无缝。妇人……作衣如单被,穿其中央,贯头衣之。"弥生时代日本男人的"横幅",女子的"贯头衣",在古代中国,特别是江南的百越地区十分流行。对此,中国古籍中屡有记载,如:

> 越在九夷,厥衣关(贯)头。(《论衡·恢国篇》)
> 儋耳珠崖郡,民皆布如单被,穿中央为贯头。师古曰,著时从头而贯之。(《汉书·地理志》)
> 西部都尉,广汉郑纯……为永昌太守,纯与哀牢人约,邑豪岁输布贯头衣二领、盐一斛以为常赋。(《后汉书·南蛮西南夷列传·哀牢夷》)
> 扶南人……大家男子截锦为横幅,女为贯头。贫者以布自蔽。(《南齐书·列传》39)
> 黑爨濮,在永昌西南,山居耐勤苦,其衣服,妇人以一幅布为裙,或以贯头。(《通典边防·南蛮》)

[①] 李德文:《安徽南陵县麻桥东吴墓》,《考古》1984年第11期,第974—978、1020、1058—1059页。

哀牢夷、黑僰濮所在相当于今日云南地区,儋耳珠崖在今海南省,扶南在柬埔寨,皆属于百越或其后裔居住区。"横幅""贯头衣"乃是越人的服饰文化特征。弥生时代日本的服饰文化与中国百越地区的服饰文化一致,反映了它与越文化的联系。

人都有美的意识,弥生时代的日本人也不例外。弥生人利用自然界赐予的种种物质,如蚌、玉石、金属等,制作了各种美化自己的装饰物。在当时的生活条件和技术允许的范围内,这种追求美的欲望是十分强烈的,而且与当时的东亚世界的美的潮流相适应。弥生时代的佩饰主要是玉玦、勾玉、管玉,并流行文身、拔齿等习俗。

从绳纹时代开始,日本列岛上的居住民就已利用玉石制作装饰物,之后又用玻璃原料制作饰物。日本出土的玉石、玻璃饰物,据中国学者的研究,在中国都有相似物,不光是外形,包括用途和琢磨制作的工艺都几乎一致[1],如玉玦,多发现于死者头骨两侧,显然是耳饰。玉管(日本称管玉)、玉角形器(日本称勾玉),或单个或组合,作为颈部或胸腹部佩饰。玉玦、玉管、玉角形器都有孔,孔眼呈喇叭形,通体光泽。

关于玉玦的起源和使用,有的学者认为,在中国始于殷商,止于汉代。[2]这种结论,与史籍记载和考古发掘不尽相符。考古发掘表明,中国早自河姆渡文化、良渚文化时代,晚至唐宋时期一直在使用。中国出土的玉玦有无纹玦和有纹玦两种。殷商以前,无纹玦占多数;战国以后,有纹玦占多数。玦纹中又以龙纹居多。在中国发现的玉玦,从长江中下游和华南地区的新石器时代遗址出土的最多。据安志敏氏的统计,浙江15件,上海1件,江苏58件,四川43件,湖北1件,广东20件,台湾3件,而黄河流域仅在河南省孟津龙山文化遗址出土1件。[3]

日本的玉玦在绳纹时代已经很盛行。从已发现的玉玦的形制看,基本上没有越出中国玉玦的形制,即圆形、椭圆形、长方形、三角形等范围。从日本已出土的玉玦的形制、工艺、分布地域等方面分析,安志敏氏认为,它与吴越的玉玦文化有深刻的关联。[4]

关于勾玉,日本的考古遗址中出土了不少。一些日本学者认为这是日本自

---

① 周南泉:《试论太湖地区新石器时代玉器》,《考古与文物》1985年第5期,第74—90页。

② 夏鼐:《汉代的玉器——汉代玉器传统中的延续和变化》,《考古学报》1983年第2期,第125—147页。

③ 安志敏:《长江下游史前文化对海东的影响》,《考古》1984年第5期,第439—449页。

④ 安志敏:《长江下游史前文化对海东的影响》,《考古》1984年第5期,第439—449页。

身产生的文化。①如果站在东亚考古学的高度来研究、对比勾玉的话,就不难看出勾玉并不是日本独自产生的,它的祖源在中国。前已叙及,与日本勾玉的相似物,叫"玉角形器",或"佩饰璜"。在殷商、周至汉代期间广泛流行。"玉角形器"不但出土数量多,而且形态多样,制作工艺精巧。据已知的资料,其形态有龙、虎、鱼、鸟、蚕、人等。日本的勾玉,其形态并不如中国的玉角形器那样多样化,其构造虽比较简单,但仍可看出它是中国的蚕形、鸟形玉角形器的变形。古代日本人为什么对蚕形、鸟形玉器发生兴趣呢?这大概与当时人们的生活信仰有关。蚕形玉角形器反映了人们对蚕的喜爱与重视,与蚕在人们生活中的重要地位有关。鸟形玉角形器更与鸟崇拜有密切关系。这些玉器,既可以美化自己,又能作为护身物。勾玉与蚕形、鸟形玉角形器的相似性,表明弥生人和中国东部沿海地区人们的生活习俗和信仰存在着内在的联系。

管玉是一种组合用的装饰物,在中、日两国均有大量出土。在中国长江下游地区尤为丰富。长江下游地区的新石器时代遗址有120余处,其中已清理的30余处,大多有玉器出土。②管玉在诸玉器中占有一定的位置,尤其是在组合佩饰物中,管玉是绝对不可缺少的。中国的管玉的形状有三种:一是束腰形;二是圆柱形;三是腰鼓形,即两端略小,中间外突。束腰形在河姆渡文化遗址中多见,圆柱形、腰鼓形在崧泽文化遗址和良渚文化遗址中多见。在江苏省寺墩遗址的上层,出土过组合的玉项饰,是由管玉、玉珠、玉坠组合成的。管玉在这一组合佩饰中占主要地位。

日本各地的弥生时代遗址中,管玉也屡有出土,其中以九州北部的佐贺县吉野里遗址最为典型。在该遗址中,与有柄铜剑一起出土了约75枚玻璃制管玉。据发掘报告:出土的管玉呈淡蓝色,其尺寸并无明确的规则,一般长2.0—6.6厘米,宽0.5—0.8厘米,但长度也有超过6.6厘米而达到6.8厘米的。从化学角度分析,与历来出土的弥生时代的玻璃制品相比,吉野里玻璃管玉的不纯物含量小,氯和酸化硼成分是弥生时代常见的玻璃制品不曾有的。所以说其原材料是非常优良的。这样的玻璃制品除中国以外,其他国家是不曾生产过的,至少原材料来自中国这种可能性是很大的,当然也不能排除技术上受中国影响的可能性。③

① 原田大六:《实在的神话》,学生社1965年版。
② 周南泉:《试论太湖地区新石器时代玉器》,《考古与文物》1985年第5期,第74—90页。
③ 佐贺县教育委员会:《环城河村落吉野里遗址概况》,吉川弘文馆1990年版。

第三节　文身、拔齿习俗的比较

《魏书·倭人传》载：

> 今倭水人，好沉没捕鱼蛤，文身，亦以厌大鱼水禽，后稍以为饰。诸国文身各异，或左或右，或大或小，尊卑有差。

> 男子无大小，皆黥面文身。

"文身"又称"入墨"。从史籍记载可知，文身习俗盛行于中国长江下游至东南亚的百越人居住区。文身习俗虽然分布较广，但究其起源，根据史籍，似在吴、越地区。中国史籍最早记载吴、越人文身的是《左传》《史记》等：

> 太伯端委，以治周礼，仲雍嗣之。断发文身，裸以为饰，岂礼也哉？有由然也。(《左传》哀公七年)
> 太伯、仲雍二人乃奔荆蛮，文身断发。(《史记·吴太伯世家》)
> 吴，夷狄之国也，祝发文身。(《春秋谷梁传》卷12)
> 越人勾践，剪发文身。(《墨子·公孟篇》)
> 东方曰夷，被发文身。(《礼记·王制》)
> 吴越之俗，断发文身。(《论衡·四讳》)

大概由于吴、越两国的灭亡，以及越人的迁移，文身习俗也传至周围国家和地区。据可查的史籍资料，在东亚诸国中，除日本外，朝鲜半岛的南部诸小国和琉球群岛也受到过文身文化的影响。《魏书·辰韩传》载："今辰韩人皆褊头，男女近倭，亦文身。"《隋书·流求国》载，该地区"妇人以墨黥手，为虫蛇之文"。概括而言，文身习俗流行的范围，以中国长江下游的吴越为中心，北至日本海沿岸的九州、朝鲜半岛南部，南至古百越居住的福建、湖南、广东、海南、广西、云南、越南和缅甸等国家和地区。

从日本的考古发掘中，还发现从绳纹时代起，古日本人存在拔牙的习俗。据发掘的人类头骨分析，古日本人的拔牙率是相当高的，如宫城县里浜贝冢出土遗骨的拔牙率为84.5%,爱知县稻荷山贝冢为100%,吉胡贝冢为93.9%,冈山县津云贝冢为86.3%。[①]

在东亚地区,有拔牙习俗的国家不仅是日本,该习俗在中国也是早已存在的。中国的拔牙习俗,最早可以追溯到公元前4000—公元前2500年的山东大汶口文化时期,最晚的一直延续到20世纪40年代,中国贵州地区的仡佬族仍在流行。中国境内已发现拔牙风俗的遗址,主要在山东、长江下游一带[②]。重要遗址有:山东省泰安大汶口、曲阜西夏侯、兖州王因、邹县野店、茌平尚庄、诸城呈子、胶县(今胶州市)三里河,江苏省的硕县大墩子、常州于墩,上海市的崧泽,福建省的闽侯昙石山,广东省的佛山河岩、高要蚬壳洲、增城金兰寺,海南省灶岗,河南省淅川、安阳殷墟、周口地区,湖北省的房县七里河、黄梅县塞墩,台湾高雄凤鼻头,等等。据韩康信、潘其风两人的研究,中国的拔牙风俗有如下特点:①除山东胶县三里河外,诸遗址发现的拔牙范围,大多限于上颌中侧门牙、犬牙;②据433例标本统计,左右对称拔除的占绝对多数,有413例,占总数的95.4%;③普遍流行的拔牙形态是拔除一对上颌侧门牙,有402例,约占总数92.8%。[③]

日本绳纹时代人的拔牙形态,据春成秀尔的研究,可分为五型,即

①拔去上颌左右犬牙(称为O型);

②在O型的基础上,再拔去下颌中、侧四颗门牙(4I型);

③在4I型基础上,再拔下颌两犬牙(4I2C型);

④在O型基础上,再拔下颌两犬牙(2C型);

⑤在2C型基础上,再拔下颌中、侧门牙(2C2I)。[④]

很显然,日本绳纹时代人的拔牙习俗以拔去犬牙为主型。进入弥生时代,日本人的拔牙习俗呈两种形态:一是以拔去上颌犬牙和下颌犬牙、门牙为主型,二是以拔去上颌侧门牙为主型。显然前者继承了绳纹人的拔牙习俗,而后者则与中国的拔牙形态相似。所以日本学者说:"拔除上颌侧门牙型分布于中国至朝鲜半岛,其传入日本大概是在弥生时代初期。"[⑤]

关于拔牙的意义,中日学者都有研究,日本学者认为有三种不同意义:一是成人拔牙,表示个体的人开始进入成人行列;二是婚姻拔牙,表示取得成婚资格;

[①] 江坂辉弥:《古代史发掘2》,讲谈社1973年版。

[②] 韩康信、潘其风:《我国拔牙风俗的源流及其意义》,《考古》1981年第1期,第64—77页。

[③] 韩康信、潘其风:《我国拔牙风俗的源流及其意义》,《考古》1981年第1期,第64—77页。

[④] 春成秀尔:《弥生时代的开始》,东京大学出版会1990年版。

[⑤] 春成秀尔:《弥生时代的开始》,东京大学出版会1990年版。

三是服丧拔牙。中国学者认为拔牙是表示氏族成员获得结婚资格,或标志其已经成人。

总之,日本绳纹时代的拔牙形态,虽然与中国沿海地区的东夷人的拔牙形态不同,前者以拔犬牙为主,后者以拔上颌侧门牙为主,但是,拔牙的意义,两者之间是相同的。弥生时代的拔牙形态,既有源自绳纹时代的形态,又有与中国相同的拔上侧门牙的形态。后一种形态的出现,不正反映了与中国拔齿习俗的直接渊源吗?

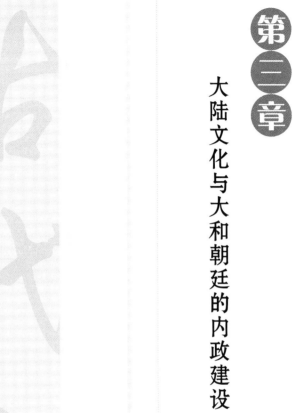

第二章

大陆文化与大和朝廷的内政建设

从4世纪开始,日本列岛逐渐实现国土的统一,出现了以畿内为中心的大和统一王权。这种统一,不仅是日本国内发展的需要,也是日本列岛作为一个整体,走向国际的开始,具有划时代的意义。5世纪初,大和王权进入倭五王,即赞、珍、济、兴、武五位王统治时期。自此,大和国一方面致力于成为中国南朝册封体制下的属国,另一方面则仿照中国的册封体制,在自己势力所及的范围内建立"倭本位"的地域性册封关系。根据中国、朝鲜以及日本的典籍记载,大和国所着力建立的"倭本位"册封关系的范围,主要是朝鲜半岛南部,即包括百济、新罗在内的半岛南部诸国。经过较长时间的努力,大和国终于获得中国南朝的认可,成为包括倭、新罗、任那、加罗、秦韩、慕韩在内的地域势力范围的军事统帅者,成为能与高句丽、百济相抗衡的国家。

中国南朝对大和国的地位的承认,并不等于大和已成为实际上的地域强国。要真正成为地域强国,对大和国来说,还必须在政治、经济、文化上接近和超过东亚诸国,为此大和国在积极推进外交活动的同时,大量吸收大陆文化,在国内开展了政治、经济、文化建设。

第一节　国际人才的吸收和招聘

人才是建设事业成功与否的关键,近代是如此,古代也是如此。为了缩小自己与东亚先进国家的差距,较快较好地使大和国成为东亚地域的强国之一,大和国诸王对吸收和招聘大陆人才予以特别重视,事实上也取得了重大成绩。

4—6世纪期间,中国的政治动乱和不断战乱,使广大人民,其中也包括许多身具各种技艺的人才陷入水深火热之中。人们为了摆脱动乱,摆脱贫困,纷纷逃亡和迁移。其中一部分人迁移至朝鲜半岛和日本,尤其是朝鲜半岛的百济、伽倻等南部地区,这里成为汉人的集聚地。这里集聚着许多知识者和具备各种技艺的工匠。这种人口的流动,为大和国吸收人才提供了有利条件。同时,高句丽、百济等国由于地理上接近中国,受汉文化的影响,在许多领域也涌现出不少掌握先进思想文化和技术的人才,而且由于半岛国家之间的战乱,也有不少人移居日本。这对大和国也是有益的。

总体来说,当时移住大和国的人才,有四种。

一是被俘掠的技术工匠。407年,大和国入侵新罗南部边境,掠一百人。① 418年(新罗讷祇麻立干二年,《日本书纪》神功皇后摄政前纪五年),大和国使葛城袭津彦从新罗蹈鞴津俘获大批汉人而归,这些汉人就是后来"桑原、佐糜、高宫、忍海四邑汉人等始祖也"②。其中有不少人是冶炼工匠,因为"蹈鞴津"中的"蹈鞴"是脚踏风箱的意思,所以蹈鞴津肯定是新罗的一个冶炼中心地。实际上这批汉人到日本后所住的忍海邑、佐糜邑,也确实是锻冶技术较发达的地区。462年倭人攻破新罗活开城,虏一千人。③463年,雄略大王派军"往罚新罗",令百济"献巧者"。兵临城下,百济国献出了大量"手末才伎"。这些"才伎"中有制陶工匠、制鞍匠、画匠、织锦工以及译语工等,到日本后被安置在上桃原、下桃原、真神原三个地方。④

二是大和国派使者到大陆诸国招聘来的人才。如大和国曾派遣阿部使主、都加使主为使,到吴国求缝工女。从吴国招聘的缝工女,成为皇室的吴衣缝。⑤允恭大王三年正月,大和国遣使新罗,求良医为大王治病。八月良医自新罗来,"令治天皇病,未经几时,病已差也,天皇欢之"⑥。493年9月,遣日鹰吉士到高句丽招聘"巧手者"。日鹰吉士回国时,招来两名工匠,一名叫须流枳,一名叫奴流枳,都是皮革工匠。⑦

三是东亚诸国赠送的人才。这方面的事例在《日本书纪》《古事记》中多有记载。百济进献的人才有思想学问方面的五经博士、易博士,天文学方面的历博士,医学方面的医博士,生产技术方面的冶炼工匠、纺织工匠、制陶工匠,农业方面的水利技工、养蚕工等。百济进献的这些人才,大部分是汉人及其后裔。所以

---

① 《新罗本纪》实圣尼今师六年春三月。
② 《日本书纪》卷9,神功五年三月。
③ 《新罗本纪》慈悲麻立干五年五月。
④ 《日本书纪》卷14,雄略七年八月。
⑤ 《日本书纪》卷10,应神三十七年、四十一年。
⑥ 《日本书纪》卷13,允恭三年。
⑦ 《日本书纪》卷15,仁贤六年是岁。

从某种意义上讲,当时的百济是中日文化、技术人才交流的中转站。除了百济进献的人才外,也有中国南朝赠送的。如大和国使者身狭村主青、桧隈民使博德,出使南宋,于470年归国时,南宋赠送了"手末才伎"四人,即汉织、吴织及衣缝技师兄媛、弟媛。

四是自己迁移日本的人才。通过这一方式的移民,数量很多,除了规模较大的移民团,或技术特别优秀者外,一般史籍中都不曾记载。从《日本书纪》记载可知,有两大集团性迁移对大和国的影响颇大。一是以弓月君为首的秦氏移民集团,一是以阿知使主为首的汉氏移民集团。弓月君移民之事,《日本书纪》是这样记载的:

> 是岁,弓月君自百济来归。因以奏之曰,臣领己国之人夫百廿县而归化,然因新罗人之拒,皆留加罗国,爰遣葛城袭津彦,而召弓月之人夫于加罗。

但是葛城袭津彦久久未见归来,于是应神大王又遣人带精兵召弓月之人夫:

> (十六年)八月遣平群木菟宿祢、的户田宿祢於加罗……木菟宿祢等进精兵,莅于新罗之境,新罗王愕之,服其罪,乃率弓月之人夫,与袭津彦共来焉。[1]

阿知使主之事,也载于《日本书纪》:

> 秋九月,倭汉直祖阿知使主,其子都加使主,并率己之党类十七县而来归焉。[2]

以上史料中所载的"百廿县""十七县",并非指行政区域的县,可能是指120个和17个氏族集团[3],或表示人数之多。

---

① 《日本书纪》卷10,应神十四年是岁、十六年八月。
② 《日本书纪》卷14,雄略二〇年九月。
③ 吴杰:《从〈日本书纪〉看中国侨人的记载》,中国日本史研究会:《日本史论文集》,生活·读书·新知三联书店1982年版。

除集团性移民之外,还有不少技术优秀者也转道朝鲜半岛进入日本,如466年,有一名"从百济国逃化来者",名叫贵信,是中国南朝人,他的后代磐余、屋形麻吕等都是大和国有名的吴琴手,可知贵信本人很可能是一名弹演吴琴的高手。

大陆移民的人数虽然没有可靠的史籍记载,但是日本学者通过计算机模拟法,推算出移民的人数是很可观的。人类学家埴原和郎氏指出,亚洲大陆移民开始于绳纹晚期,弥生时代以及继此的古坟时代、初期历史时代有爆发性的增长。这一时期内,日本列岛人口的增长率,大大超过了0.1%,而达到0.427%。这样高的增长率并非日本本土的自然增长,而应考虑到大量移民的进入。埴原氏还根据"形态变化模式"推测,移民的人数多达百万人。①

《日本书纪》雄略七年纪中,把移居日本的技术人才称为"今来才伎",其意为"新来的才伎"。这说明弥生时代以后迁移到日本列岛的技术人才,有"旧来"和"新来"之分。540年,大和国曾对外来移民进行过一次整顿,朝廷"召集秦人、汉人等诸藩投化者,安置国郡、编贯户籍"。其中仅秦人就有7053户。每户秦人的人数虽很难估计,但以中国的习惯,按五口之家计算,7000余户的人口,当在3.5万余人。当时的中国移民除秦氏系统外还有东汉氏、西汉氏系统,如果加上这两大系统的移民,大和国时代生活在日本的中国人至少有10余万人。②如果把高句丽人、新罗人、百济人和伽倻地区人包括在内,全部移民加在一起的总数与埴原和郎氏的推算基本相符。

大陆移民的分布地域是十分广泛的。从《新撰姓氏录》来看,在"京、山城、大和、摄津、河内、和泉"区域内的1059氏中,外来移民占324氏,占总数的31%。畿内地域的移民无疑是直接受大和朝廷控制的,但是在西日本各地,特别是九州北部和面临濑户内海的山阳道、南海道的诸国有大量不受朝廷控制的外来移民居住。③韩国学者段熙麟氏曾对日本的外来移民遗迹进行过广泛的调查,从他已出版的关于近畿、关东、山阴、北陆、山阳的调查资料可知,移民的足迹遍及整个日本列岛。

由于大和国对外来人才实行开放政策,对渡来的工匠和移民,能按照技术特长予以安置,使他们能充分发挥作用,所以大和国的政治、经济、文化诸领域均获得了前所未有的进步和发展。

---

① 内藤大典等:《弥生的使者徐福:稻作渡来与有明之道路》,《弥生的使者徐福》刊行会1989年版。

② 吴杰:《从〈日本书纪〉看中国侨人的记载》,中国日本史研究会:《日本史论文集》,生活·读书·新知三联书店1982年版。

③ 加藤谦吉:《渡来的人们》,《雄略天皇及其时代》,吉川弘文馆1988年版。

第二节　汉族移民对大和国文化的作用

大批大陆移民中,最值得重视的是精通儒学的人才。这类人才带来的不是提高生产水平的技术,而是先进的思想和文物制度。

最早将儒家文化带入日本的,是一个名叫阿直岐的人,他本是饲马工,于应神十五年,受百济王派遣到日本向大和国赠献两匹良马,并由他"掌饲"。阿直岐能读中国的经典,所以应神大王令其担任太子菟道稚郎子的老师,教太子读中国的典籍,且很有成效。有一天,应神大王问阿直岐:有没有比你更精通中国典籍的博士? 阿直岐回答说:有一个名叫王仁的,是一个精通中国经典的佼佼者。听罢,应神大王便派使者到百济招聘王仁(《古事记》中称和迩吉师)。第二年二月,王仁应聘抵达日本:

> 王仁来之,则太子菟道稚郎子师之,习诸典籍于王仁,莫不通达,故所谓王仁者,是书首之始祖也。[①]

王仁携入日本的儒学著作有《论语》《千字文》等。王仁等人所起的作用,主要是通过《论语》等典籍,培养了日本阅读汉文的人才。江户时代的儒学者荻生徂徕说过:"吾东方之国,泯泯乎罔知觉,有王仁氏,而后民始识字。"

其实汉字、汉文传入日本,最早可以追溯到弥生时代中、后期,是随着大批铜镜的输入而传入的。铜镜上的铭文,不但使上层弥生人认识到镜上的汉字、汉文,而且对其中所包含的思想也有所领悟。如果说铜镜铭文使弥生人接触并初步认识汉字、汉文的话,那么,在倭五王时代则已开始用汉字、汉文来表示自己的思想和意愿了。最具说服力的资料,一是稻荷山古坟出土的铁剑铭文和江田船山古坟出土的大刀铭文,二是中国《宋书》中记载着的大王武的表文。

稻荷山古坟出土的铁剑是1978年3月发掘的,这把铁剑上有金象嵌的铭文,共115个汉字。埼玉县教育委员会发行的《稻荷山古坟出土铁剑金象嵌铭概报》载,铭文分正面和背面嵌刻,其内容为:

---

① 《日本书纪》卷10,应神十六年二月。

　　辛亥年七月中记,乎获居臣上祖名意富比垝。其儿多加利足尼、其儿名弖已加利获居、其儿名多加披次获居、其儿名多沙鬼获居、其儿名半比、其儿名加差披余、其儿名乎获居臣,世为杖刀人首,奉事来至今。获加多支卤大王寺在斯鬼宫。时,吾左治天下,令作此百练利刀,记吾奉事根原也。

　　这是一篇非常出色的汉文,它记载了雄略(倭王武)时期的历史状况。对于这一百余字的铭文,日本史学界有过热烈的争论,一些看法至今尚未统一,这里对争论不做详细介绍。要想确切理解这一铭文,有必要对铭文中的两个字的字义做出正确判断,即"获加多支卤大王寺"中的"寺"字和"时,吾左治天下"中的"左"字。

　　"寺"字在汉字中有诸多含义。其中之一,系指治政之所:

　　《一切经音义》14　寺,治也。官舍也。
　　《汉书·元帝纪》　城郭官寺,[注]师古曰,凡府庭所在,皆谓寺。

　　所以说铁剑铭文中的"寺"作为治政之所来解释是最适当的。
　　"左"字与"佐"字相通,其意义诸多,但在中国古籍中屡屡把"左"(或"佐")解释为辅助之意:

　　《玉篇》　　　　左,助也。
　　《集韵》　　　　左,说文,手相左助也。
　　《字汇》　　　　左,相助也,导也。
　　《书经·益稷》　予欲左右有民。《传》左右,助也。
　　《周礼·春官》　大宗伯以佐王建保邦国。

　　弄清了"寺""左"的含义,再来看看铁剑的铭文。我认为稻荷山古坟出土的铁剑铭文,记载了"获加多支卤大王"(即雄略大王或称倭王武)的大臣"乎获居臣"的家世和功绩。铭文最后两句"令作此百练利刀,记吾奉事根原(源)也"是说明做此铭文铁刀的目的就是要记载"乎获居臣"奉事雄略大王的史实。铭文告诉我们,"乎获居臣"的上祖名叫意富比垝,他生了七个儿子,"乎获居臣"是意富比垝的最小的儿子。"乎获居臣"家世世为杖刀人之首,一直"奉事"朝廷"至今"。铭文说"獲加多支卤"大王的政所(寺)设在"斯鬼宫"内。其时,由"乎獲居臣"辅佐治理天下,命令制造了"百练利刀"。从汉文结构上讲,这篇铭文文笔精练、逻辑性极强。文中大和人的人名和宫室名,皆用汉字标音,成为日本用汉字注音的最早的金文资料之一。

江田船山古坟出土的大刀铭文共有50余字,主要记载了如下内容:①此大刀制作于獲加多支卤大王统治时期的某年八月;②管理此刀制作事务的是典曹人无□弖;③具体制作工匠名叫伊太□;④铭文的书写者是一个叫张安的人;⑤制作此刀的工具和原料是"大铸釜",80把"四尺廷刀";⑥拥有此刀者,可以长寿。

倭王武给南宋顺帝的上表文,载于《宋书·倭国传》,全文236字,文体颇具魏晋风格。虽然文章可能出自入籍大和国的汉人之手,但它毕竟反映了雄略大王统治时期,朝廷中不但聚集了一批擅长写文章的东渡汉人,而且培养出了不少了解中国文化,能够运用汉字、汉文的王族。

第三节 儒学在大和国上层社会中的影响

雄略大王之后,儒学的影响愈益深化。精通中国典籍的学者不断地通过百济东渡到大和国。先后渡日的学者有五经博士马丁安、段杨尔、高安茂、王柳贵等。

五经博士是汉武帝时,采用公孙弘建议设立的学官,专门从事经学传授。传授的典籍,主要是《诗》《书》《礼》《易》《春秋》。百济立国之后,大概也仿照中国博士制度,建立了五经博士,并从中国吸收了大批这方面的人才。上述的日本儒学者马、段、高、王等人,其姓氏都是中国的姓氏,说明这些人多是中国的移民,或是移民的后裔。

大和国时期,儒学的传入在规模上没有后来奈良、平安时期大且深入民众。每一新的学问和思想的输入、传播和扩大,首先决定于统治者对这一新的学问和思想的积极性,尤其是像日本这样国家统一较迟、文化发展水平相对比较落后的国家,要吸收新的学问与思想,王权起着决定性的作用。从倭五王时代以来,大和朝廷所表现出来的对新文化思想的积极热情,是应该予以充分评价的。儒学正是在大和朝廷的参与下,首先在中央政权内部确立了自己的地位。儒学对大和朝廷内的许多王族成员的影响是很深的。众所周知的太子菟道稚郎子让王位于大鷦鷯尊的事迹,就是在儒学的影响下发生的。据《日本书纪》,应神大王死前,曾有遗言由菟道稚郎子继承王位。因此,菟道稚郎子在应神大王死后,成为大王是理所当然的事,但是,菟道稚郎子毅然让位于兄长大鹪鹩尊。兄弟之间有一段对话,颇具思想,故录之:

> 菟道稚郎子:
>
> "夫君天下以治万民者,盖之如天,容之如地,上有欢心,以使百姓,百姓欣然,天下安矣;今我也弟之,且文献不足,何敢嗣位登天业乎。大王者风姿岐嶷,仁孝远聆,以齿且长,足为天下之君。……仆之不佞,不足以称,夫昆上而季下,圣君而愚臣,古之常典焉……"
>
> 大鹪鹩尊:
>
> "先皇谓:皇位者一日之不可空,故预选明德,立王为贰,祚之以嗣,授之以民,崇其宠章,令闻于国。我虽不贤,岂弃先帝之命,辄从弟王之愿乎。"

两位王子的对话,所反映的思想,来源于《汉书》和《文选》。对话中涉及的思想有如下三点:第一,君王之德,必须"盖之如天,容之如地",善使百姓;第二,兄尊弟卑,"昆上而季下",弟不能超越兄而登王位,兄终才能弟及;第三,虽然兄上弟下,但父王以贤选君,先王之意不能违背。由上可以看出,菟道稚郎子兄弟在王位继承问题上的言行,完全受到了儒学思想的支配。这说明儒学在大和国王族中的深入影响。

其实,儒学对大和国王族的影响,远不止菟道稚郎子兄弟,更为重要的是,诸大王通过学习儒学思想,逐渐地形成了前所未有的治国理念,现略举数例叙之。

菟道稚郎子的兄长大鹪鹩尊继位后称仁德天皇,他治政的理念是"君以百姓为本"。他继位之时,国内百姓非常贫困。一天,他登高远望,见百姓家炊烟不起,非常不安,他召集群臣说:

> 朕闻,古圣王之世,人人诵咏德之音,家家有康哉之歌。今朕临亿兆,于兹三年,颂音不聆,炊烟转疏,即知五谷不登,百姓穷乏也。封畿之内尚有不给者,况乎畿外诸国耶?[①]

---

① 《日本书纪》卷11,仁德四年二月。

他还说：

> 其天之立君，是为百姓，然则君以百姓为本。是以古圣王者，一人
> 饥寒顾之责身，今百姓贫之，则朕贫之；百姓富之，则朕富之，未之有百
> 姓富之君贫矣。[①]

仁德大王以"君以百姓为本"为理念，进行了内政建设。他采用的办法，不外是中国秦汉以来诸贤君所采取的办法。其一是轻徭薄赋。仁德四年三月二十二日，宣诏"自今之后，至于三载，悉除课役，以息百姓之苦"。其二是崇尚俭约。在实行"悉除课役"的同时，要求朝廷君臣"削心约志"，节俭生活，"黼衣、绲履不弊尽不更为也；温饭暖羹不酸馁不易也"。其三是兴修水利。先后治理许多河流，修筑水池，围堤造田。其中较为重要的水利工程有筑茨田堤、横野堤、挖山背栗隈县大渠以及感玖大渠等。仅感玖大渠一项工程，完工后就能灌溉上铃鹿、下铃鹿、上丰浦、下丰浦四处郊原，并开垦4万余顷田。[②]

由于仁德天皇能以"君以百姓为本"的理念治政，政绩颇为显著。《日本书纪》中对仁德大王的政绩评价甚高：

> 天皇夙兴夜寐，轻赋薄敛，以宽民氓。布德施惠，以振困穷。吊死
> 问疾，以养孤孀。是以政令流行，天下太平，廿余年无事矣。[③]

雄略大王（中国史书中的倭王武）是另一位以"德政"治国的大王，他的治政理念是"令普天之下永保安宁"。对雄略大王的评价有贬有褒。贬他的人称他为"大恶天皇""恶行之主"，褒他的人则称他为"有德天皇"。站在不同的立场，评价就截然不同。事实上，雄略大王确实杀戮了不少人，除了一些由于个人猜疑而误杀的，多数还是从确立国家正常统治秩序这一目的出发的。

雄略大王死时，曾留有遗诏，其内容的重点是说明他的治政理念：

> 方今区宇一家，烟火万里，百姓乂安，四夷宾服，此又天意，欲宁区

---

① 《日本书纪》卷11，仁德七年四月。
② 《日本书纪》卷11，仁德十四年十一月。
③ 《日本书纪》卷11，仁德六十七年冬十月。

夏,所以小心励己,日慎一日,盖为百姓也。臣连伴造,每日朝参,国司、郡司随时朝集,何不罄竭心府,诚敕殷勤,义乃君臣,情兼父子,庶藉臣连智力,内外欢心,欲令普天之下永保安乐。……但朝野衣冠未得鲜丽,教化政刑犹未尽善,兴言念此,唯以留恨。

从遗诏可知,雄略大王一生奋斗,为的是"朝野衣冠鲜丽","教化政刑尽善";严以从政,依靠"臣连智力",以实现"令普天之下永保安乐"。

雄略大王内政建设的最大业绩,我认为是法治,就是他遗诏中所说的"教化政刑"。从雄略大王的严刑酷法这一视角分析,他很可能受到了中国自春秋战国至秦时代的法家思想的影响。中国的战国时代,为了巩固统治,维护社会秩序,使社会安定,诸国都采取了"严刑峻法"。魏国李悝的《法经》指出,"王者之政,莫急于盗贼"。秦国的商鞅认为"去奸之本,莫深于严刑"。秦始皇统一中国后,也实行了"严刑峻法"。雄略大王可能是通过中国典籍获得了法治知识,并根据当时大和国国情,毅然采取"严刑峻法"的。从这一意义上讲,日本大化改新以后建立的律令制度,也是在像雄略大王那样的长期应用、实践的基础上,进一步吸收中国的法律思想而建立的。

继体大王是继雄略大王之后治国卓有成就的大王之一。其治国之策,不少是参照中国经验的。继体七年,其立皇太子的诏书中这样写道:

> 日本邕邕,名擅天下。秋津赫赫,誉重王畿。所宝惟贤,为善最乐。……宜处春官,助朕施仁,翼吾辅阙。①

诏书所叙及的"贤""善""乐""仁",皆是儒学的核心思想内容。

继体大王在位期间,特别重视仁贤者。他说"(王)皆赖博物之臣,明哲之佐""继体之君,欲立中兴之功者,曷尝不赖贤哲之谋乎?",并宣布"有大略者,不问其所短,有高才者,不非其所失",皆可予以重用。他说拥有人才,才能因此而"获奉宗庙,不危社稷","天下清泰,内外无虞,土壤膏腴,谷稼有实"。②

除举贤良、广用人才外,继体大王还重农耕、奖蚕桑。他登王位不久,就诏令全国:

---

① 《日本书纪》卷17,继体七年十二月。
② 《日本书纪》卷17,继体廿四年二月。

朕闻,士有当年而不耕者,则天下或受其饥矣。女有当年不绩者,天下受其寒矣。故帝王躬耕而劝农业,后妃亲蚕而勉桑序,况厥百寮暨于万族,废弃农绩而至殷富者乎。有司普告天下,令识朕怀。①

继体大王还提倡廉节。他认为在天下平安、朝野殷富之时,尤其要防止"藉此成骄"而生活奢侈,因此要"令人举廉节,宣扬大道"。

其实重农耕、重蚕桑的思想,大和国的大多数大王都有,前叙的仁德、继体是这样,继体大王之后的安闲、宣化也是这样。宣化大王曾明确指出:"食者天下之本也,黄金万贯不可疗饥,白玉千箱何能救冷。"为此,宣化大王推行了中央集中控制储备粮食的政策,以备非常。

第四节　从大和国的"司马""典曹""舍人""史""藏"职看中国官职的影响

关于大和国时期的国家机构和官吏的设置,能够查阅的资料并不多,但是已知的史籍记载和铭文中出现的官职名,显示了一些可资探讨的线索,而这些官职大多是受中国官职影响的。现在,对此做具体分析。

一、从"司马"看大和国的府官制

《宋书·倭国传》载:"元嘉二年,赞又遣司马曹达奉表献方物。"司马是倭王赞派往南宋的使节官衔。关于当时是否已有"司马"官职的问题,日本学术界有不同看法。坂元义种氏认为,这种"司马"职的设置有两种可能性:一是可能确实已存在这种官职,二是作为外交使节的临时任命。因此有"实司马"和"虚司马"之分。②那么,大和国的"司马曹达"的"司马"职,究竟是"实司马",还是"虚司马"呢?

"司马"职务,在中国出现很早,在周时就置有司马,掌握邦政。至汉初,虽未设此职,但至汉武帝元狩四年(公元前119年),又开始设"司马"职。汉代有大司

---

① 《日本书纪》卷17,继体元年三月。
② 坂元义种:《古代东亚的日本与朝鲜》。

马和司马之分,大司马为朝廷重臣,司马则为朝臣诸公、大将军等官府中的具体事务官:

> 自太尉至大将军、骠骑、车骑、卫将军,皆有长史一人,将军又各置司马一人。(《宋书·百官志》)

自东晋以后,依据官志规定,凡诸公皆可建立官府,官府的职官:

> 置长史、仓曹掾、户曹属、东西阁祭酒各一人,主簿、舍人二人,御属二人,令史无定员。领兵者,置司马一人,从事郎中二人,参军无定员。(《宋书·百官志》)

《宋书·百官志》又载:

> 自车骑以下为刺史,又都督及仪同三司者,置官如领兵,但云都督不仪同三司者,不置从事中郎,置功曹一人,主吏在主簿以上。

由上可知,自车骑将军以下设置官府,可置以下官职:

> 长史一人,仓曹掾一人,户曹属一人,东阁祭酒一人,西阁祭酒一人,司马一人,功曹一人,主簿一人,舍人二人,乡属二人,令史、参军无定员。

大和国从南朝受到的册封是车骑以下的将军爵号和都督职,但不是"仪同三司者",所以如果设置官府的话,允许官府设置的定员官职为10人。从《宋书·百官志》的长史、从事中郎、主吏等记载来看,大和国的使者司马曹达应是负责军事的官员。如果从当时朝鲜半岛的军事形势分析,倭王赞以司马曹达为使节,具有很大的军事性目的。再则从倭五王积极而主动要求南宋册封,以图在外交上达到与高句丽、百济抗衡的强国意识来看,我认为大和国根据中国南朝的册封制,相应地建立都督、将军府是非常有可能的。都督、将军府内相当一部分官职则是由汉系血统的移民或他们的后裔担任的。有日本学者指出,大和朝廷的政权结构,是由"内廷"和"外廷"构成的,内廷即大王的家政机关,外廷即行政机关。①由此,是否可以推测大和国的内廷机关很可能是仿照中国的都督、将军府设置的呢?

二、从铁刀铭文"典曹人"看大和国的典曹官制

在日本江田船山古坟出土的大刀铭文中有"奉事典曹人"铭文。"奉事典曹人"是何等官职,它源于何处呢? 其实,"典曹"一职源于中国。东汉的太尉府内就设有"令史、各典曹文书"等职。在三国时代的蜀国设有"典曹都尉"一职。从汉字的字义上分析,"典"有主管、执掌之意,"曹"即是专事某种事务的官署(役所)。因此,从事某一事务的役所官员,都可泛称为"典曹人"。

据《宋书·百官志》载,魏晋时代的大将军府设有如下诸曹:

> 置掾十人,西曹、东曹、户曹、仓曹、贼曹、金曹、水曹、兵曹。

相国府则设有东曹、西曹、户曹、贼曹、金曹、兵曹、车曹、铠曹、法曹、奏曹、集曹、仓曹、戎曹、马曹、媒曹等。至南朝,府官中"曹"官有十余种:

> 今诸曹则有录事、记室、户曹、仓曹、中直兵、外兵、骑兵、长流、贼曹、刑狱贼曹、城局贼曹、法曹、田曹、水曹、铠曹、车曹、士曹、集、右户、墨曹,凡十八曹参军。参军不署曹者,无定员。(《宋书·百官志》)

每一曹均有其长官,称为"掾"。各"曹"的职责,如其称谓所示,东曹管二千石长史及官吏,西曹管府史,户曹管民户、祠祀、农桑,仓曹主仓库,奏曹管议奏事,法曹管邮政、驿站,贼曹管盗贼事,兵曹管兵事,金曹管货币、盐、铁事,等等。从中国的"曹"官可知,这些人官阶虽不高,却是具有一定技术特长的具体事务官。日本江田船山铭文中的"奉事典曹人"就属于这种官吏。从铭文分析,他是专门掌管冶炼方面的"曹"官。我考虑,"典曹人"很可能与"司马"一样,是将军府内的役官。

---

① 八木充:《国造制的结构》,《岩波讲座·日本历史2》,岩波书店1980年版。

三、"舍人""史""藏"职

"舍人"在《日本书纪》中有记载,被称为"舍人""大舍人""左右舍人"。从记载可知,他们都是大王或贵族的亲信。

大和国的"舍人"的设置,很可能源于中国。中国早在周代时就有舍人官职。《周礼·地官》载:"舍人,掌平宫中之政,分其财,守以法,掌其出入。"自战国至汉初王公、高官的官府都有舍人设置。晋和南北朝时期近侍之官也称为舍人,诸公和将军、都督等官府的役人中也有"舍人"建置。由此看来,大和朝廷的"舍人""大舍人"似是内廷机构中的官职,是吸收了将军、都督府中的"舍人"的建置而设立的。

"史"职的情况与"舍人"差不多。日本的"史"职最早见于应神纪。前面叙及的由百济抵达大和国的王仁,就是大和国的首任史官。当时称书首。书首的日文训读为"ふみのずびと",亦即"ふみひとの首",是从事教授经典和文书记事工作者。"史"的训读为"みふと",即"ふみひと"的缩音。由此可知,"史"是"书人"的另一种称谓。当时,从大陆移民从事"史"职的人,有王仁系统的西文氏和阿知使主系统的东文氏。自403年(履中四年),大和朝廷宣布在"诸国置史、记言事方达四方志"始,"史"职的设置由中央扩大到了地方。为供养史官,朝廷还专门设置"史户"。汉移民身狭村主青是雄略朝的史官。据史籍记载,雄略大王"唯所爱宠,史部身狭村主青、桧隈民使博德等也",说明大王对高级知识者的器重以及对史官一职的重视。

在中国,史官始自殷商时代,原为驻外武官,后遂成为大王左右的史官,主要掌管祭祀和记事等。至西周,设有太史、内史等职,春秋时更有外史、左史、南史等职。《礼记·玉藻》记载说:"动则左史书之,言则右史书之。"这表明春秋时,史官职责已有详细分工。除朝廷设立主史官外,从中央到地方都设有史官。《周礼·天官》载,官府设有"府""史"职,皆由长官任免。

《汉书·艺文志》载:"古之王者,世世有史官,君举必书。"大和朝廷对史官制的完善和发展,一方面表明了文治意识的加强,另一方面表明了中国史官制对其的影响。还必须指出的是,日本的"史"职,不再局限于文书、记录,而且扩大到经济领域,如藏史、津史(司关税)、三宅史(司营造)、船史、马史等。

在日本古代史上,"藏职"是相当重要的官职。这一官职的设置和完善,对于王权的巩固是至关重要的。在古代中国,主管山海、池泽、赋税和皇室手工业的官职称为少府,是皇帝的私府。这种藏官之制,在秦汉时代已相当完善,列为中央九卿之一,银印青绶,俸禄二千石。西汉时,不仅皇室设置有"少府",而且诸侯王和有势的郡守也设有此官职。南北朝也继承了秦汉建制,但北朝在名称上略有变化,已不称"少府"而称"太府"。名称虽变,官员职责未变。

大和国"藏职"正式作为官职是在5世纪初。《日本书纪》和《古语拾遗》载:

> (履中六年春正月)辛亥,始建藏职,因定藏部。(《日本书纪》)
>
> 更建内藏,分收官物,仍令阿知使主与百济王仁记其出纳,始更定藏部。(《古语拾遗》)

及至5世纪中叶,由于"诸国贡调,年年盈溢",进而建立了"大藏",并令苏我麻智宿祢,检校三藏,任命秦氏担当出纳,东、西文氏记录,秦氏、汉氏为内藏、大藏主钥。可见藏官一职中,由于汉人善于理财常被重用,其中秦氏尤为活跃,在古代日本史籍中出现的秦酒公、秦大津父、秦公志胜等人,都是朝廷的大藏官。[①]

大和国把藏官分为斋藏、内藏、大藏三职,分别管理祭祀物品、皇室内廷物品和中央机关的外廷物品,表明大和国的藏职范围远远超过了中国秦汉以来作为皇室私府的少府的职责范围,是对这一官吏组织和其职责的发展。

第五节 大陆先进军事性手工业技术的引进

大和国时期是继弥生时代之后,又一个吸收大陆文化的高潮期。国家的统一和发展,外交活动中地位的提高,都必须有较强的经济实力作后盾,因此,发展经济成为大和国历代大王的基本国策。

大和国采取多种手段来繁荣经济。首先是加强对劳动者的管理,推行部民制,即按劳动者的专业特点和统治者的生活需要,将生产者编成各专业生产组织。《日本书纪》记载,这种部民的生产组织多达百余种以上。部民组织虽多,但就生产领域而言,可分为农业生产(包括田、捕捞、狩猎等部)和手工业生产(品部)两大类。这种"部"的生产组织形式的最大优点,除了便于控制,有利于发挥专业特长外,更大的优点是便于吸收大陆的先进技术和安置有技艺的从大陆进

---

① 上田正昭:《归化人》,中央公论社1969年版。

入日本的移民。①事实上,农耕、手工业生产的许多先进技术,大多是由这些被组合成部民的移民传入的。这些渡日的汉人、高句丽人、百济人等和日本列岛的原居住民一起,共同在大和国的经济发展中发挥了重要的作用。大和国的农业、手工业因此有了非常明显的进步。现着重对反映当时手工业水平的新兴军事性手工业做一简述。

一、进攻性武器与防御性武器技术的传入

人类的历史表明,军事上的兵器和用具,反映了新的生产力水平。社会的最高水平生产技术,常常首先表现在军队的武器装备上。从史籍记载和考古资料可知,大和国时代的军事手工业是非常兴盛的,且技术已达到了东亚世界的先进水平。

四五世纪时,东亚世界的武器有两大类:一是刀剑、枪矛、弓矢等进攻型武器,二是甲胄、盾等防御型武器。当时的兵种有步兵、水军和骑兵。其中最富战斗力的是骑兵。上述的武器和兵种,在大和国也都是存在的。

(一)进攻型兵器

刀剑、枪矛、弓矢等武器,在日本弥生时代已有较多使用,但四五世纪后,随着国内统一战争和对外战争的需要,又有了较大的发展。大和朝廷把专门人才聚集在一起,建立了锻冶部、刃部、矢作部、弓削部等技术集团,进行刀剑、枪矛、弓矢的生产。

刀剑是具有较大杀伤力的近距离武器。从中国的武器变化来看,西汉至东汉时代,长刀逐渐替代剑作为格斗武器。战斗时,士兵往往左手持盾,右手执刀。铁刀的最长长度常常超过1米。如长沙东汉墓出土的铁刀长达128.5厘米。②河北定县(今定州市)43号汉墓出土的铁刀长为105厘米。③山东苍山发现的一把纪年铭刀长为111.5厘米。据洛阳西郊23座西汉墓出土的铁刀计测,其长度在85—114厘米之间。④三国和南北朝时期,铁刀完全代替了剑,成为步兵的最主要武器。

汉以后铁刀的柄头饰,以环首为主。洛阳23座汉墓中出土的铁刀均是环首刀。三国时,诸葛亮曾命其下属在斜谷造"神刀"三千,其柄首形状为"屈耳环

---

① 王金林:《日本古代部民性质初探》,中国日本史研究会:《日本史论文集》,生活·读书·新知三联书店1982年版。

② 湖南省博物馆:《湖南省文物图录》,湖南人民出版社1964年版。

③ 河北定县博物馆:《河北定县43号汉墓发掘简报》,《文物》1973年第11期,第8—21页。

④ 陈久恒、叶小燕:《洛阳西郊汉墓发掘报告》,《考古学报》1963年第2期,第1—58、111—124、138—153页。

者"，也属环首刀。除屈耳环首刀外，尚有龙环、凤环、麟环、狮子环、象环等柄首刀等。日本在相当于魏晋南北朝时期，刀剑也是十分兴盛的。从畿内地区古坟中出土的刀剑是相当可观的。仅大阪府大冢山古坟和七观古坟就各出土了300把以上的刀剑。

日本古坟中出土的铁刀，其长度在30—150厘米之间。奈良县天理市东大寺山古坟出土了一把有"中平"年号铭文的环首铁刀，显然是一把东汉制造的铁刀。刀上尚有"百炼"铭文。熊本县船山古坟出土的铁刀上有"八十炼"的铭文。这说明中国用百炼钢制作的刀和百炼技术，很早就传入了日本。古坟中出土的铁刀的柄头，虽然形式多样，但也是以环首刀为主。

远距离进攻性武器有弓矢。汉、魏、晋、南北朝时，一种新式的远射兵器——弓弩的使用已相当普遍。这是由臂、弓、机三部分组成的武器，臂用木制作，弓也由木制，机则用青铜制。就日本而言，弓的应用从绳纹时代已开始，一直延续到古坟时代，但是在弥生晚期及古坟时代，是否已传入中国的弩，现已见到的资料中尚无实例。可是这种弩在朝鲜半岛已经确实传入，乐浪汉墓中就出土过。石岩里219号墓中出土过一件弩，木臂长54.1厘米，弩铜郭长9.38厘米[1]；同212号墓中也出土弩一件，木臂长67.5厘米，弩铜郭长13.6厘米[2]；贞柏里127号墓也出土了一件汉弩，木臂长61厘米[3]；同356号出土的汉弩，残长55.5厘米[4]。弩虽然在日本尚未发现，但不能因此说此类兵器不曾传入日本。它通过朝鲜半岛传入日本是非常有可能的，只是尚未发现罢了。

与弓或弩配套使用的是镞。有石、骨、竹、蚌、铜、铁等不同原料做成的镞。日本古坟时代前期，主要用的是铜镞和铁镞，而铁镞的数量日渐超过铜镞。有的古坟中发掘的铁镞随葬量非常大，如在大阪府アリ山古坟的北设施中发现了1542枚[5]，京都府大冢山古坟中发现了200枚[6]。根据学者的研究，古坟时代铁镞的发展可以划分为两大时期，前期以平根式铁镞为主，后期以尖根式铁镞为主。在平根式与尖根式之间，有一个过渡期。[7]随着时代的推移，尖根式铁镞被采用

---

① 椎本杜人、中村春寿：《乐浪汉墓》第2册，乐浪汉墓刊行会1975年版。
② 梅原末治、藤田亮策：《朝鲜古文化综鉴》第2卷，《乐浪》，养德社1948年版。
③ 小场恒吉、榧木龟次郎：《乐浪王光墓》，朝鲜古迹研究会1935年版。
④ 梅原末治、藤田亮策：《朝鲜古文化综鉴》第2卷，《乐浪》，养德社1948年版。
⑤ 滕直干等：《河内古坟调查》，《大阪大学国史研究室调查报告》1964年第1期。
⑥ 梅原末治：《椿井大冢山古坟》，《京都府文化财调查报告书》1964年第24期。
⑦ 田中晋作：《从武器的形态看古坟被葬者的性质》，《论集武具》，学生社1991年版。

得越来越多。因为这种锐利的尖端、细身的兵器,具有很强的杀伤力。这种尖根式铁镞,在中国的汉至魏晋南北朝时期,也是被广泛采用的。河北省满城西汉刘胜墓中,出土的 273 枚铁镞中的 75% 是尖根镞,镞体前端是四棱形,然后形成尖锋。[1]在长安汉代武库的第 7 号遗址出土的铁镞也以这类为最多。[2]除上述四棱形尖根镞外,尚有三角形、三翼形铁镞,但在数量上不及四棱形。

尖根镞的使用,反映了战斗攻击力的进一步增强。

(二)防御性武器

军队防御装备的先进与否,也直接影响着战斗力的强弱。因此,对防御装备的重视程度,反映了统治集团军事上的战略、战术意识。典型的防御武器就是铁制甲胄。《宋书·倭国传》中所载的倭王武的上表中有"自昔祖祢,躬擐甲胄,跋涉山川,不遑宁处"句,说明至少在倭五王时期已有甲胄等防御装备。古坟出土资料中也表明日本在 4 世纪时已开始使用短甲,而 5 世纪中叶以后,则出现了挂甲。

关于日本短甲的变迁,考古学界或从技术上、机能上的变化,或从最新武器的组合的视角出发,进行了分类研究,认为短甲是以如下顺序演变的:

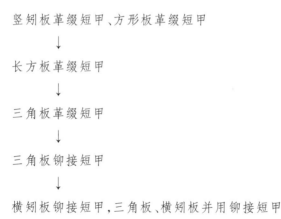

竖矧板革缀短甲、方形板革缀短甲
↓
长方板革缀短甲
↓
三角板革缀短甲
↓
三角板铆接短甲
↓
横矧板铆接短甲,三角板、横矧板并用铆接短甲

从演变顺序可以看出,短甲的发展在技术工艺上可以分为两个阶段,即革缀和铆接阶段。[3]铆接大约在 4 世纪末已在日本出现。革缀向铆接的转变,反映了短

---

① 中国社会科学院考古研究所等:《满城汉墓发掘报告》,文物出版社 1980 年版。

② 中国社会科学院考古研究所汉城工作队:《汉长安城武库遗址发掘的初步收获》,《考古》1978 年第 4 期,第 261 页。

③ 北野耕平:《五世纪甲胄出土古坟诸问题》,《考古学杂志》1969 年第 54 卷第 4 期。

甲的制作规格渐趋统一。中国的杨泓氏认为,日本短甲的发展过程有四个特点:一是甲片形制由小型的多样向大型固定形制规范化发展;二是制作技术由革缀向铆接固定发展;三是短甲的形制构造由不定形向两段七排的规范定制发展;四是辅助性防御用具,例如颈甲、胄等,日趋完备。短甲的形制与工艺的定型和规范化,有利于扩大生产规模,增加产量,并促进军队装备的标准化,有利于提高战斗力。[①]

对于日本的铁制短甲的出土情况,日本学者有过统计(堀田启一《铁制短甲的形式学的研究——以大和国为中心》),全国各地已发掘的444座古坟中,出土过短甲的有273座,其中,近畿地区96座、九州地区81座、中部地区33座、关东地区27座、中国地区22座、四国地区14座。近畿地区出土短甲的96座古坟中,出土短甲数依次为大阪府84领、奈良35领、京都府23领、兵库县12领、滋贺县10领、三重县5领、和歌山县4领,共173领。

与短甲同步发展的是铁胄。从形态看,铁胄可分为小札革缀胄、衔角胄和眉庇胄。从制作技术看,胄也经历了革缀向铆接技术的转变。

甲胄的制作技术,特别是用铆接技术制造的甲胄的渊源问题,学者之间有不同的看法。有的日本学者通过对朝鲜半岛出土的甲胄,如釜山市东莱区建山洞古坟、庆尚道上柏里古坟出土铆接甲胄,以及汉城(今首尔)的高丽、崇田两大学校博物馆收藏的眉庇胄与日本古坟出土的甲胄的比较研究,认为朝鲜半岛南部出土的甲胄是在日本畿内制作后传入的,其主要通过交易或赠予传入朝鲜半岛南部。

韩国学者提出了不同看法,认为5世纪时朝鲜半岛南部的甲胄文化存在着两种形态,即受高句丽系甲胄文化直接影响的骑马用甲胄和以短甲等为中心的非骑马用甲胄;指出从对朝鲜半岛出土的甲胄的制作技术以及半岛丰富的铁生产的背景等做综合分析看,日本学者的日本制作论是很值得怀疑的。[②]

我认为,在探讨某一新技术的渊源时,必须从这一新技术与固有的传统技术之间的联系,以及与周边国家所拥有的同一技术的关系两个方面加以研究。甲胄防御装备是在古坟时代前期才在日本列岛出现的。这种先进的军事防御装备,在弥生时代的武器中不曾见到过。所以这一技术并不存在所谓传统技术的因素。相反,在中国,早在公元前3世纪前后就已使用这种防御武器。朝鲜半岛使用此武器大概是在汉代,即108年汉王朝在朝鲜半岛建立乐浪等四郡的时期。

---

① 杨泓:《日本古坟时代甲胄与中国古代甲胄的关系》,《中国古兵器论丛》(第2版),文物出版社1985年版。

② 郑澄元、申敬澈:《古代韩日甲胄断想》,《论集武具》,学生社1991年版。

不论是中国,抑或是朝鲜半岛诸国和日本,甲胄技术都经历了革缀、铆接两个阶段。其革缀技术与中国的革缀技术有渊源关系,学术界已有定论。[①]至于用铆接技术制造的甲胄,至今在中国虽尚无发现,仅见于朝鲜半岛和日本,但是铆接技术在中国的西汉已普遍应用。因此说朝鲜半岛诸国、日本的铆接技术受到中国的铆接技术的影响是不会有问题的。这种技术很可能是以"中国→高句丽→百济、新罗、伽倻→日本"为路径传播的。只是朝鲜半岛诸国和大和国把这种技术应用在军事手工业上罢了。

在肯定甲胄技术外来的基础上,还必须看到日本对甲胄技术的创新。最明显的表现就是,从"中国铁铠的发展变化概括来看,甲片由大型向中型至小型演进,编缀的方法由以固定编缀为主转向活动编缀为主,形制由单一向多样化发展。而日本的短甲相反,在引进小型甲片、皮索编缀的仿制阶段以后,甲片由小型向中型再向大型演进,组合的方法由以皮索固定编缀为主转向以铆合整体固定为主,形制趋向定型的单一化发展"[②]。这种创新目的在于使工艺简易化,以达到较大的量产,满足军事上的需要。

从5世纪的东亚形势看,在朝鲜半岛南部发现日本制甲胄是不足为奇的,因为朝鲜半岛南部尤其是伽倻地区,是大和国在朝鲜半岛伸展势力的前哨阵地,也是倭军频繁活动的地区。但也不应由于在朝鲜半岛南部发现日本制甲胄,而否认朝鲜半岛自身也存在着用铆接技术制造甲胄的手工业。

二、大和国的骑兵及其装备

骑兵是古代东亚诸国最先进的兵种。作为海洋国家的古代日本是否有过骑兵呢?如果有过,那么它是什么时候开始出现的?它的装备情况又如何呢?大凡骑兵的出现,必须具有诸种因素,比如军事上的急迫性、饲马业的发展、骑兵装备手工业的存在,等等。虽然在弥生时代遗址中出土过马的遗骨,说明当时日本列岛已有马的存在,但是就此仍不能说明当时的日本已有骑马的风习,更不用说骑兵了。最早记载马受到朝廷重用,并出现骑马风习的文献是《日本书纪》。从该书的应神至崇峻共10代王纪中,有关马的记事共有52次。其中叙及朝廷为了

---

① 杨泓:《日本古坟时代甲胄与中国古代甲胄的关系》,《中国古兵器论丛》(第2版),文物出版社1985年版。

② 杨泓:《日本古坟时代甲胄与中国古代甲胄的关系》,《中国古兵器论丛》(第2版),文物出版社1985年版。

发展马的饲养,专门成立了饲部,并从大陆引进良马。良马为建立骑兵提供了最基本的条件。制造骑兵装备的手工业技术也已日渐先进。代表骑兵装备手工业生产水平的典型遗物,就是古坟中出土的挂甲和成套的马具。挂甲、马具是重装骑兵的防御武器。考古发掘表明,在4世纪末至5世纪末间,日本确实已存在重装骑兵了。考古资料与《日本书纪》的记载是相符合的。据《日本书纪》仁德五十三年条记载,这一年,因"新罗不朝贡",大和国派军责问新罗。其时,大和国军率"精骑"袭击新罗军。所谓"精骑"大概就是指重装骑兵吧!另一条表明大和国已有骑兵的史料,载于《三国遗事》。4世纪末以后,新罗与高句丽结成军事联盟。为了从倭国召回作为人质的新罗王子,新罗派使赴大和国策划王子逃回新罗一事。据载,新罗王子走后,大和国甚惊,"左右奔告于王,王使骑兵逐之"[①]。可见文献资料和考古资料都确实无误地证实了4世纪末以后,大和国已建立了一支装备精良的骑兵部队。

大和国的骑兵的建立,从时间上看,晚于中国和朝鲜半岛的高句丽、百济;但从骑兵装备的先进程度来看,它已可与当时的中国和高句丽等国的骑兵装备相比。中国的挂甲从汉至南北朝时期,流行裲裆式和胴式,但以裲裆式为主。日本古坟出土的挂甲,也有裲裆式和胴式,但主要以胴式为主。[②]古坟时代的挂甲与两晋南北朝时期的中国挂甲在构造上有许多相似之处。

为了在战争中保护战马,马铁甲便应运而生。在中国,马铁甲始于东汉末年,至东晋和南北朝时期有较大的发展。中国的马铁甲由六部分组成,即面帘、鸡颈、当胸、身甲、搭后、寄生。在日本的古坟中,虽然尚未发现完整的马铁甲,但是从和歌山市大谷古坟出土的马的面帘,可以推测马铁甲是确实存在过的。尤其值得注意的是大谷山出土的面帘,与高句丽境内出土的面帘及中国南北朝以前的面帘具有共同的形态特征,似乎说明马铁甲是以高句丽为跳板,经由朝鲜半岛,引入日本本土的。同时引进的不仅仅是马铁甲,还有非军用马的装具,如鞍桥、衔、面系、胸系、尻系等。

依据古坟中出土的大量马装具,日本史学家江上波夫氏提出了所谓的"骑马民族征服说"。他认为4世纪初以崇神天皇为中心的骑马民族在九州登陆,而且不到1个世纪,即在4世纪末至5世纪初,在畿内确立了强大的王权。由于骑马民族政权的建立,在文化方面也发生了变化。"弥生文化时代及继此的古坟文化前

---

① 《三国遗事·纪异》第一奈勿王金堤上。
② 小林谦一:《古代的挂甲》,《论集武具》,学生社1991年版。

期的咒术性、象征性、平民性、东南亚性的农耕民族的特征逐渐减弱，而现实性、战斗性、王侯贵族性的北亚的骑马民族的特征明显占据了统治地位。"①江上氏的学说引起了学术界的广泛讨论。

从历史学、考古学和文献学的视角来看，四五世纪时期，东亚诸民族间的迁移确实是存在的，但是说日本被"骑马民族征服"，大和政权就是骑马民族政权，还是值得商榷的。这一问题不是本书的课题，不打算展开论述，现仅就大量马具的出土和骑兵出现的原因做一简略的探索。

我认为骑兵的出现及大量马具的出土，与其说是骑马民族的入侵，不如说是大和国家为实现"倭本位"册封体系，成为地域性强国推行的具体措施之一。当大和国推行强国外交时，遇到了来自高句丽的强大阻力。高句丽拥有强大的骑兵，大和国军在与高句丽军的多次对峙中，屡遭高句丽骑兵的挫伤。最典型的战事是400年高句丽以5万步兵和骑兵支援新罗，战斗中大和国军惨败。404年，大和国军和百济兵协同侵入原带方郡地区，又遭高句丽军袭击，"倭寇溃败，斩杀无数"。在《好太王碑》中还记载了407年的一次大战役：

（广开土王）十七年丁未，教遣步骑五万，□□□□□□□□，王师□□合战，斩□荡尽，所获铠钾一万余领，军资器械，不可称数。

由于碑文脱字，此次战争没有明确记载对象国。王建群氏认为这是一次高句丽与百济的战争。但是从404年即十四年甲辰碑文中记载的"而倭不轨，侵入带方界，□通残兵□石城"来看，407年的战争很可能也是大和国和百济的联合军事行动，又遭到了高句丽骑兵的沉重打击。

大概是从在朝鲜半岛屡遭高句丽骑兵打击的惨重教训中，大和国省悟到仅以水军之力，是无法在朝鲜半岛扩展势力的，更谈不上建立势力范围了。正是在这一背景下，大和国加速了建设骑兵的步伐，从大陆引进人才，建立军事手工业集团，吸收中国、高句丽先进的骑兵装备技术，结合日本的条件，创造性地建立了重装骑兵。

骑兵的出现，同时促进了骑马风习的盛行，从而使马具制造业越发兴盛。这就是大和国时代（亦即古坟时代前中期）开始，日本列岛大量出现甲胄武器和马具的原因。不是骑马民族的入侵，而是大和民族内在的骑马风习的盛行。

---

① 石田英一郎、江上波夫：《日本民族的起源》，筑摩书房1958年版。

第四章　中国的天地观和祭祀制与日本的古坟文化

第一节　关于前方后圆坟的渊源问题的争论

公元3世纪至8世纪前半叶的日本,在考古学上称为古坟时期,在日本列岛普遍出现了各种形态特异的坟墓,有前方后圆坟、前方后方坟、双方中圆坟、双圆坟、上圆下方坟和八角形坟等,其中以前方后圆坟最具代表性。

以前方后圆坟为首的特殊形态的古坟,不仅体现了古代日本人的墓葬文化,更反映了社会的政治、阶级状况。它是"国家结构中反映人们身份的建筑",是"与大和政权的政治秩序相适应的"。[①]考古学者依据古坟规模的大小,揭示了大和政权统治阶级的"中小首长—地域大首长—中枢大首长—大王"的具体构成。[②]

这种既反映政治状况,同时也反映当时人们思想意识和信仰的坟墓,其渊源究竟在何处呢? 学术界有各种看法。有不少学者主张,前方后圆坟源自日本自身的弥生文化。他们从考古学的视角,对古坟文化与弥生文化进行比较,指出:"前方后圆坟正是日本独自的历史的产物。""构成前方后圆坟的诸要素,都能在弥生坟丘的诸要素中找到其萌芽和渊源。"[③]古坟源于弥生时代坟墓的观点,也并不是所有的考古学者都赞同的,有的考古学者指出:古坟的出现,不能认为是弥生时代方形周沟墓的历史发展的直接结果。[④]

近年,由于在韩国的庆尚南道松鹤洞、全罗南道的长鼓山也发现了前方后圆

---

① 西岛定生:《古坟与大和政权》,《冈山史学》1960年第101期。
② 和田晴吾:《古坟时代前期的政治与宗教》,《日本考古学协会1992年度大会研究发表要旨》,学生社1992年版。
③ 近藤义郎:《前方后圆坟的时代》,岩波书店1983年版。
④ 大塚初重:《东国的古坟文化》,六兴出版社1986年版。

坟,因此,朝鲜半岛是不是日本的前方后圆坟的发源地的问题,也引起了学界的广泛关注。韩国的学者,大多主张日本的前方后圆坟源于朝鲜半岛。[①]日本学者大多对此持慎重态度。也有学者认为,朝鲜半岛发现的前方后圆坟,不是朝鲜人的坟墓,而是"建筑在朝鲜半岛的倭人墓"[②]。

有的日本学者从中国的皇陵中探索古坟的渊源,明确指出:与东亚地区的王陵做比较可以看到,给拥有巨大规模的日本古坟以影响的,乃是中国的皇陵,倭人模仿皇陵,建造巨大的高冢坟墓,以夸耀王权。[③]

在研究古坟的渊源时,从国内因素和外来因素两方面进行探索,无疑是正确的。但是,从现有的资料来看,在传统的日本弥生时代的墓制和东亚世界的墓制中,可以作为渊源因素的,只有坟丘墓,即高冢墓可能是"前方后圆"坟的"后圆"部的渊源。可是,这种圆形的坟丘墓却没有能够在日本盛行,相反出现了"前方后圆"的特异墓式。为什么会出现这种现象呢? 要解决这个问题,仅从墓制的异同进行探讨,至少在现在,问题的解决是很难的。但若从东亚世界的意识形态和官爵制、礼制方面进行研究,或许能找到合理的答案。

可喜的是,确有不少日本学者摆脱了单纯从墓制建筑形式探索古坟渊源的方法,开始从意识形态、爵位制、礼制和祭祀制进行探索和研究。这方面的研究,可以追溯到江户时代的中后期。著名的儒学者蒲生君平于1808年完成了《山陵志》一书,其中对古坟与中国的郊祀制关系有深刻的分析。《山陵志》一开头就这样写道:"古代帝王奉祀祖宗,致诚仁孝,郊祀配天,立庙享祖。配天之时则作灵畤;享祖之时则立大宫,置祝宰,百世不毁。山陵如宗庙,若无此,则臣子以何敬仰?"显然,在蒲生君平看来,山陵不仅是陵墓,更是宗庙。

在日本的思想史学者中,有人受蒲生君平提出的古坟与中国的经学思想关系的启发,对此进行了进一步的探索。加地伸行氏在其于1985年出版的著作中指出:"从日本古坟时代能够建筑巨大的古坟的技术水平推测,与其相并行,作为知识情报的许多中国书籍,当时已传入日本。"因此,"我认为'前方后圆'形状与经学问题是有关系的。这是因为关于圆形或方形这种人工造型的观念与行为,古代人与我们现代人的技能、意匠优先的立场是不同的,常常表现为某种特别的意义","尤其是从其背后的宗教的或思想的意义上考虑乃是自然的,也就是说意

---

① 金元龙:《韩国考古学概说》,西谷正译,六兴出版社1984年版。

② 石野博信:《古代日中韩三题》,《东亚古代文化》1987年第50期,第118—119页。

③ 甘粕健:《坟的形成与技术的发达》,《岩波讲座·日本历史1》,岩波书店1980年版。

味着它与人工世界的指导理论经学有着深刻的关系"。"作为日本前方后圆坟等的建造的思想性意义的渊源,我认为,与其说山陵源于中国的宗庙制,不如说与郊祀制有深刻的关系。"①

　　有的日本史学家则从中国的礼制探索古坟的渊源,认为东亚诸国的国家形成与高冢坟墓的形成存在着密切的关系,高冢坟墓发生的外因是,其向中国王朝的臣服,赋予了其官爵身份,其以此种与身份相适应的礼制为基础营造了古坟,在国内显示统治者的身份与权威。②有的史学家则从中国的祭祀制探索前方后圆坟的渊源,认为中国皇帝祭天筑圜丘(天坛),祭地作方丘(地坛),圜丘与方丘的结合就是日本前方后圆的典型范例。晋武帝泰始二年(266年),结合圜丘与方丘,合祭天地。同年,日本根据朝贡的使者的见闻,建造最早的前方后圆坟。③不少考古学者也加入了这一研究行列。有的认为前方部即祭坛;有的说前方部是祭坛或仪式场,圆丘部是埋葬场。④1992年的日本考古协会大会上,考古学者堀田启一氏在报告中指出:古坟反映了在3世纪至6世纪日本古代国家形成过程中的祭祀和政治权的消长,其背景中虽可以设想存在由于征服产生的统合型、亲戚关系的同盟型及其他多种形态,但其基本则是祭祀权和大王权的继承。古坟的中心部是埋葬主人公的中心设施。虽然后圆部、前方部也存在埋葬设施,但一般情况下后圆部可能是葬送礼仪场。⑤

第二节　古代中国人和日本人的天地崇拜

　　古坟是日本民族文化的骄傲。要解开古坟的渊源之谜,我认为有必要首先探索一下古代日本人的信仰与中国人的信仰之间的关系。

　　根据史料可知,在古代东亚,人们所崇拜和祭祀的神包括:①天神;②地祇;③祖神;④鬼神,即人的灵魂。四神中,对于国家和统治集团来说,最为重要的是天神、地祇、祖神。这种信仰,在中国自周、秦以后,逐渐理论化,成为儒学的核心

---

①　加地伸行:《从中国思想研究日本思想》,吉川弘文馆1985年版。

②　西岛定生:《古坟出现的国际性契机》,《日本的考古学Ⅳ月报4》,河出书房新社1966年版。

③　山尾幸久:《关于日本古代王权的成立过程》,《立命馆文学》1970年第297期。

④　小林行雄:《古坟的话》,岩波书店1959年版。

⑤　堀田启一:《巨大古坟的指向性》,《日本考古学协会1992年度大会研究发表要旨》,学生社1992年版。

内容。《礼记·郊特牲》说:"万物本乎天,人本乎祖。""天地合而后万物兴焉。"《周易·说卦》更把天地视为父母[①],天(父)、地(母)合,才能万物茂盛,"天地不合,万物不生"。因此在儒学中,天上最尊严的是天帝,地上最尊严的是地祇。儒学者进而把天神、地祇与人结合在一起,构成了"天、地、人"的一统思想,指出人是天神地祇创造的,"有天地然后有万物,有万物然后有男女,有男女然后有夫妻,有夫妻然后有父母"(《周易·序卦》)。人既然是天地的造物,那么理应人人都可以与天神、地祇直接沟通。可是儒学却渲染,能够直接与天沟通的,只有作为天地之子的君主。汉代大儒董仲舒说:"天地与人之中以为贯而参通之,非王者孰能当是。"(《春秋繁露·王道》3)"天子者,与天地参。"(《经解》)由此而形成了如图4-1所示的维护统治集团的理论模式。这种模式在中国一直占有统治地位:

图4-1　维护统治集团的理论模式

古代日本是否也存在着崇拜天地的信仰呢? 如果存在的话,这种信仰与王权的关系又如何呢? 它与古代中国的天地观有什么异同呢? 虽然关于这方面的文献资料很少,但是,我们仍能从现存的《古事记》《日本书纪》(以下简称"记""纪")中,找到一些痕迹。从这些有限的记载中可以推测,古代日本确实是存在着崇仰天神、地祇的信仰的。

纪、记的神代篇中,神话色彩浓重,因此有关记载难以作为可靠的史料证据。但是,我们也不能因此否定这些传说的价值。流传于民间的传说,常常折射出古时候人们的生活和信仰。从纪、记的神话中,我们可以获得两点启示:其一,在古代日本人中存在着天(神祇)创造国土、创造人、创造治理国土的君主的思想。据记载,有伊弉诺尊、伊弉冉尊两位天神首先创造了"大八洲国"和山川草木,然后又创造了治理国土的天照大神、月读尊、素戋鸣尊三神。其中天照大神被视为皇祖,成为所谓天皇系谱的祖神。进入历史时代以后,天照大神既是祖神,又是天神。其二,根据神创造国土与王的传说,人们不难推测,在古代日本的统治集团中,存在着王权天授的思想。如图4-2所示:

---

① 《周易·说卦》:"乾,天也,故称乎父。坤,地也,故称乎母。"

图 4-2　王权天授

这种思想意识后来成为原始神道的思想基础。

（2）从纪、记的记载中，我们还可以看到，在统一的大和国时期，已经存在祭祀"天社之神"和"国社之神"的信仰。^①所谓"天社之神"大概是指"天神"，"国社之神"系指"地神"吧。在《日本书纪》的继体纪中，有一段大王的诏文，其中有这样的文字：

> 神祇不可乏主，宇宙不可无君，天生黎庶，树以元首。^②

这里的"主"系指民（黎庶）。神祇创造了民，有民才显出神祇的神威。所以说，"神不可乏主"。诏文中的"宇宙"，是指国土、疆域。治理国土和疆域必须有君，所以说"宇宙不可无君"。诏文中的"元首"，系指统治者。天创造了黎庶（人），同时为了统治黎庶，又指派了"元首"（君主）。这一诏文表明，儒教中的天、君、民的思想，于6世纪初在日本皇室中已相当深入了。

第三节　古代中国人和日本人对天神、地祇的祭祀

如上所述，在儒家思想中，君主（皇帝）的权力和地位是天赋的。因此君主必须遵奉"天之道"治理国家。儒学把奉祀天地作为封建统治的三大礼仪中最重要的礼仪。《大戴礼记》载：

> 礼有三本，天地者生之本也，先祖者类之本也，君师者治之本也。无天地焉生，无先祖焉出，无君师焉治。三者偏亡，无安之人，故礼，上事天，下事地，宗事先祖而宠君师，是礼之三本也。

奉祀天地、先祖最具体的礼仪就是祭祀。"帝王之义，莫大于承天，承天之序，

---

① 《日本书纪》神武纪戊午年九月条。

② 《日本书纪》卷17，继体大王元年三月。

莫重于郊祀。"祭祀是中国皇帝最为重大的国事活动。由于祭坛建在京城的郊外,因此把这种祭祀天地的仪式,称为郊祀。祭天的祭坛建在南郊,祭地的祭坛建于北郊。在中国,郊祀从周代一直延续到清代。祭祀一般在如下情况下进行:①皇帝即位之时;②季节性祭祀,冬至之日祭天,夏至之日祭地;③兴师出征必先祭天地。

古坟时代的日本,虽然还难以肯定已有如中国这样的祭祀制度,但是,既然有天神、地祇、祖神信仰,那么,祭祀天地、祖神的活动是肯定存在的。祭祀遗址,以及作为祭祀物的铜铎、铜剑等的发掘,都表明祭祀活动的存在。其实在《日本书纪》等典籍中,也有不少有关祭祀制的记载。推古女王曾发布一诏书,其中载:

> 朕闻之,曩者我皇祖天皇等宰世也,跼天蹐地,敦礼神祇,周祠山川,幽通乾坤,是以阴阳开和,造化共调。今当朕世,祭祀神祇,岂有怠乎,故群臣共为竭心,宜拜神祇。甲午,皇太子及大臣率百僚以祭拜神祇。[①]

此诏书说明,推古女王以前的历代大王不但祭祀神,还"周祠山川"。在古代中国,山川属于地神范畴。从许多记载中可知,当时,大和朝廷在战争过程中和出征归来,都要祭祀神祇。这一点虽与中国的出征前祭祀天地,在时间上不同,但从求神以助军事胜利这一点上看是相似的。关于大王即位祭告神祇的问题,虽然材料不甚充分,但从如下记载中也可推知其存在。《日本书纪》"雄略纪"记载:"命有司,设坛于泊濑朝仓,即天皇位。""清宁纪"记载,大王"命有司,设坛场于磐余瓮栗,陟天皇位,遂定宫焉"。"武烈纪"记载:"命有司,设坛场于泊濑列城,陟天皇位,遂定都焉。"这三条记载中都没有说明"坛场"的实际性质。但如果仅仅是为了即王位和宣布定都,似乎用不着建造"坛场"[②]。因此,我认为"坛场"很可能是祭祀神祇的神坛。大王既然是神子、神孙,那么新王在即位之前,在坛上祭告神祇,宣布即位,也是情理之中的事。这与日本《令义解》中的"凡天皇即位,总祭天神地祇"的记载是一致的。

---

① 《日本书纪》卷22,推古十五年二月。

② "坛场"之词在《汉书·郊祀志》中也可见。文帝十四年,文帝发诏曰:"诸祀皆广坛场,圭币俎豆以差加之。"之后,文帝又筑"五帝坛"。

第四节　中国的"天圆地方"观和祭坛的结构

如果说《日本书纪》"雄略纪""清宁纪""武烈纪"中的"坛场"使祭坛之说能成立的话，那么，这种"坛场"的构造是什么样的呢？可惜在日本，至今没有任何文字记载可考。

从公元3世纪到8世纪前叶这一历史时期内，东亚地区盛行着"天圆地方"观，即把"方""圆"与"天""地"联系在一起。中国的古典《大戴礼记》中有曾子与学生单居离的一段对话：

单居离："天圆而地方者，诚有之乎？"

曾子："离而闻之云乎？"

单居离："弟子不察此，以敢问也。"

曾子："天之所生上首，地之所生下首，上首之谓圆，下首之谓方，如诚天圆而地方，则是四角之不掩也，且来吾语汝，参尝闻之夫子曰：天道曰圆，地道曰方。"

《吕氏春秋·圆道》也说：

天道圆，地道方，圣王法之，所以立上下。

总之，在古代中国的经学者眼里，天是圆的，地是方的，并且把"天圆地方"的认识与对天、地的崇拜和信仰相结合，直接影响到皇室的祭祀制和天子的车舆制以及服饰制等。如自皇帝至卿大夫的礼服中的冠（冕），其形状也是前圆后方的。《后汉书·舆服志》载，这种冠，其尺寸大体上是一样的，即宽7寸，长2寸。又如古代的车的形状，也是按天圆地方来设计的。据《周礼·考工记》，车盖是圆的，轸是方的。"轸方且象地，盖圆且象天。"（《周礼·考工记》）又如古代皇帝宣明政教的殿堂——明堂，其构造也是上圆下方的。《孝经援神契》载："明堂，上圆下方八窗四达，布政之宫，在国之阳。"又据《新论》："明堂，上圆法天，下方法地，八窗法八风，四达法四时，九室法九州。"

受"天圆地方"思想影响最深的是中国历代王朝的祭祀制度，其具体表现在两个方面。

一是祭品。《周礼》规定"礼神必象其类"。意思是说祭祀神的祭品,必须与神的形象相似,祭天之物应圆形,祭地之物应方形,等等。中国皇帝的祭祀活动,一般于冬至之日祭天,夏至之日祭地,立春之日祭东方神,立夏之日祭南方神,立秋之日祭西方神,立冬之日祭北方神。祭品中,最贵重的是玉器。不同的神用不同的玉器。《周礼》记载:

> 以玉作六器,以礼天地四方。以苍璧礼天。以黄琮礼地。以青圭礼东方。以赤璋礼南方。以白琥礼西方。以玄璜礼北方。

其中祭天的苍璧是一种圆形的玉器,象征天。黄琮是方形的玉器,象征地。因此璧、琮两物意味着"天圆地方"。

二是祭坛。前已叙及,古代中国建立了祭祀天地的郊祀制度,一般情况下,祭天于南郊,祭地于北郊。

中国的郊祀,始于周、秦,但其制度的确立是在西汉。汉高祖曾宣布"上帝之祭及山川诸神当祠者,各以其时礼祠之"(《汉书·郊祀志》)。公元前164年汉文帝亲往郊外,祭祀"上帝诸神",并筑"五帝坛"(《汉书·郊祀志》)。汉武帝即位以后,于公元前113年在汾阴建立后土坛,翌年又在甘泉建立天神泰一坛。至汉成帝,召集群臣议论祭祀之事,集众臣之议,最后决定将甘泉的泰一坛、河东汾阴的后土坛移至长安南北郊。此后,郊祀制度正式确立。

西汉以后,郊祀制度根据各个朝代的不同需要发生变化,但是祭祀天、地诸神的祭坛的形状和构造,除个别朝代之外,基本上是很少有变化的,如祭天之坛为圆形,祭地之坛为方形。现就各朝代的郊祀制和祭坛形状的发展情况,做一简述。

圆丘、方泽的出现,最早可以追溯到周代,其原是奏乐的场所。《周礼·大司乐》载:冬至之日,在地上的圆丘上奏音乐;夏至之日,在泽中的方丘上奏乐。周以后,圆丘、方泽与天地观相结合,逐渐演变为祭祀天、地的祭坛。至西汉末,皇帝祭天于南郊筑圆丘,祭地于北郊筑方泽的制度进一步巩固。公元4年(元始四年),王莽上书汉平帝,陈述郊祭的重要性,指出:帝王之义,莫大于承天,承天之序,莫重于郊祀。祭天于南就阳位,祠地于北主阴义。圆丘象天,方泽则地。圆、方一体,南北从位。

东汉建武二年(26年),汉光武帝于洛阳城南七里的鄗筑圆坛,实行天地合祭。①

　　三国时代的魏,于景初元年(237年)十月,在洛阳之南的委粟山造圆丘祭天帝。蜀国则曾命诸葛亮营造南、北祭坛。吴国的孙权,也曾在国都之南郊造圆丘祭坛。但因魏、吴、蜀三国战乱不绝,祭祀制度日趋混乱或被废弃。至晋武帝即位(266年),开始恢复冬至之日于南郊祭天于圆丘,夏至之日于北郊祭地于方泽的郊祀制度。

　　439年,中国北疆的鲜卑族国家北魏统一了分裂中的北部中国,中国进入了南北朝对峙时代。鲜卑族原生活在草原地区,文化比较落后,但是自从进入中原以后,受到汉文化的强烈影响,文化素质飞速提高。汉族的各种制度也被北魏统治者所接受,郊祀制度就是其中之一。北魏道武帝时,就开始采纳汉王朝的“冬至祭上帝于圆丘,夏至祭地于方泽”的传统,不同的是,祭天之坛建在西郊,而不是南郊。另外,祭天坛也不是采用圆形,而用方坛。至魏孝文帝时,实行大规模的汉化政策,因此,郊祀制也完全按汉传统实行,他宣布废止魏道武帝的西郊祭天制,改为在南郊祭天,并亲自监督在南郊建祭天圆丘,在北郊建祭地方泽。②

　　与北魏对峙的南朝,依然保持着郊祀传统。南朝的陈时代,朝廷曾将南、北郊祀的祭坛规模扩大了。

　　南、北郊祀之制,在隋、唐直至明、清时代一直为朝廷所重视。唐承隋制,“冬至祀昊天上帝于圆丘”,“夏至祭皇地祇于方丘,坛在宫城北四十里”(《旧唐书·礼仪志》)。

　　关于圆丘、方泽的构造,历代均有明确规定。从总体上看,各朝的圆丘、方泽规模大小虽然不完全相同,但基本上都是以西汉的规定为基准的。西汉的规定是:“上帝坛圆八觚,径五丈,高九尺。”“后土坛方五丈六尺。”

　　汉以后的祭坛规模,从史籍中可知:

　　南朝的梁代,祭天圆丘高2丈7尺,上径11丈,下径18丈;祭地方泽,高1丈,上径10丈,下径12丈。(《隋书·礼仪志一》)

　　南朝的陈代,祭天坛高2丈2尺5寸,宽10丈;祭地坛高1丈5尺,宽8丈。陈代宣帝时,曾议论扩大规模:祭天坛高至2丈7尺,上径12丈,下径18丈;祭地坛高至1丈2尺,上方10丈,下方15丈。(《隋书·礼仪志一》)

　　北朝的后齐,祭天圆丘高45尺,上径46尺,下径270尺,祭地方坛高4尺,宽

----

① 《陈书·世祖本纪》建武二年春正月壬子条。

② 《魏书·高祖纪》太和十二年闰九月甲子条、太和十三年春正月辛亥条、太和十八年二月己丑条。

40尺。(《隋书·礼仪志一》)

隋朝,在国都之南太阳门外2里,建祭天圆丘,共4层,各层高8尺1寸,下层宽20丈,二层宽15丈,三层宽10丈,最上层宽5丈;祭地方丘建于宫城北14里处,共2层,每层高5丈,下层方10丈,上层方5丈。(《隋书·礼仪志一》)

唐朝于武德年间宣布继承隋制的祭坛结构和规模。(《隋书·礼仪志一》)

祭祀天地的祭坛的构造中,有两点必须引起注意:一是坛是有层的建筑,除上述的隋、唐时期,祭天圆丘是四层建筑外,其他各个朝代均是三层。祭地的方丘,一般都是二层。二是祭天圆丘大多建有园墙,祭地方丘建有围沟,沟中注水。

第五节　日本古坟的外部结构

上面我们叙述了古代中国人和日本人的天地崇拜,对天神、地祇的祭祀,以及中国的"天圆地方"观和祭坛的结构。现在我们来看一看以前方后圆坟为首的日本古坟的外部结构,并探讨一下它的渊源。

日本古坟的外部构造,如前所述基本上是由两种形状组合而成的,一种是圆形,一种是方形。圆形、方形的不同组合,形成了古坟的三个结构形态:第一,圆形形态,有圆坟和双圆坟;第二,方形形态,有方坟和前方后方坟;第三,圆、方形形态,有前方后圆坟、双方中圆坟、上圆下方坟。各类形状的古坟中,以圆坟占绝大多数,其次是前方后圆坟、方坟。根据大和地区的调查,在6000座古坟中,圆坟占90%,前方后圆坟约220座,占3.7%,方坟约120座,占2.0%,双圆坟、双方中圆坟、前方后方坟数目很少。从规模上来看,前方后圆坟明显大于其他各种形式的古坟。一般情况下,这种前方后圆坟似乎大多是王和王族"死后的殿堂",所以,它反映了古坟时代以王室为中心的高层贵族们的思想意识。

下面我们重点探讨一下前方后圆坟。前方后圆坟的结构,有三个方面值得注意:

第一,一般情况下,后圆部高,前方部低。略举数例:

盐冢古坟	后圆部高9米,前方部高1.5—2米
日叶酢媛命陵	后圆部高约20米,前方部高12.3米
櫻井茶白山古坟	后圆部高21米,前方部高13米
メスリ山古坟	后圆部高19米,前方部高8米

茅原大墓坟	后圆部高 8 米,前方部高 2 米
天神山古坟	后圆部高 7 米,前方部高 4 米
巢山古坟	后圆部高 25 米,前方部高 21 米
乙女山古坟	后圆部高 15.5 米,前方部高 3 米

这种圆形部高、方形部低的结构,与古代中国的祭天坛高、祭地坛低的构造是相似的。古代中国的祭天坛、祭地坛高度,以南北朝的梁、陈、北齐和隋唐时代为例,大致如下:

梁代	祭天坛(圆丘)高 7.97 米,祭地坛(方丘)高 2.95 米
陈代	祭天坛(圆丘)高 6.64 米,祭地坛(方丘)高 4.43 米
北齐	祭天坛(圆丘)高 10.85 米,祭地坛(方丘)高 0.96 米
隋、唐	祭天坛(圆丘)高 9.56 米,祭地坛(方丘)高 2.95 米

天坛(圆丘)高、地坛(方丘)低的结构,具体反映了"天高地低""天圆地方"的"天地观"。前方后圆古坟结构与古代中国祭坛结构的相似性,似乎说明了古坟时代的王族们已在固有的祭祀天神、地祇的基础上,吸收了古代中国王族们的"天圆地方"的思想。

第二,前方后圆坟一般采用段(层)筑法。有的三段(层),有的二段(层)。例如应神天皇陵,底层全长 430 米,中段(层)为 360 米,上段(层)为 300 米。[①]这种段(层)筑结构,其实并非古坟时代日本人的独创,古代中国的祭坛就是采用段筑结构的。在西汉,祭天神的"泰一坛"就是三段(层)建筑。东汉时的祭天坛是三段筑,祭地坛是二段筑;北魏时期祭天圆丘为三段,北周时祭天坛也是段筑结构。至隋、唐,祭天圆丘为四段筑,地坛为二段筑。唐以后各朝,大多实行圆丘三段,方丘二段结构。因此可以说,除个别朝代外,祭天坛(圆丘)三段,祭地坛(方丘)二段是古代中国天、地祭坛的基本结构。

日本前方后圆古坟的段筑,尤其是如大阪府弁天山 C1 古坟的圆部采用三段筑、方部采用二段筑,表明了它们与古代中国祭坛结构的相似性。这种相似不能认为是一种简单的巧合,实际上彼此之间有渊源。

第三,许多前方后圆坟的周围,筑有环绕古坟的濠。就大和地区而言,从考

---

① 水野正好:《古坟时代》,《图说发掘话日本史·畿内篇》,新人物往来社 1985 年版。

古发掘中已经确认筑有濠的古坟有磐之媛命陵、驹冢古坟、箸墓古坟、缠向石冢古坟、冢平古坟、见濑丸山古坟、钦明天皇陵、市尾墓山古坟、乙女山古坟等。以应神天皇陵为例,在全长430米的坟丘周围筑有47米宽的内濠、47米宽的内堤和40米宽的外濠、20米宽的外堤及40米宽的围堤带。

古坟的环濠建筑,不能不使人想到古代中国围绕着祭天坛(圆丘)的墙和围绕着祭地坛(方丘)的濠。一般情况下圆丘四周都筑有一条或两条墙,方丘周围则是环濠,祭地的方丘因此也被称为方泽。墙、濠建筑表示在其范围之内是皇帝与天、地联络的地方,是神圣之地。由此推测,日本前方后圆坟的周濠,恐怕也应具有神圣之地的含义。

第四,前方后圆坟中的被埋葬者,除少数外,一般情况下,大多被埋葬在后圆部。这种埋葬方式形象而具体地反映了被埋葬者与天神的关系,即王和王族是神子、神孙的思想意识。古坟的前方部象征地,后圆部象征天。死者(王或王族)作为神子、神孙和治理国土之君,死后回归"天国"(葬后圆部),正是这种意识的体现。

第六节　古坟时代筑造前方后圆坟的思想价值和社会价值

日本古坟时代虽已存在着崇仰天神、地祇的思想,但至今尚无可信的资料证明当时的日本确已从中国吸收了郊祀制并筑造祭坛祭祀天神、地祇。但是前方后圆坟的结构十分清楚地表明,古坟时代的日本确实存在着与古代中国相类似的"天地观""天人观"。

古坟时代的日本人,把象征天的圆形和象征地的方形结合在一起,创造了前方后圆坟。要认识这种坟墓的价值,我们就应该透过坟墓形状的表层,从当时日本所面对的国内、国际背景去揭示它的本质。

3世纪至8世纪,是东亚世界剧烈变化的时期。就日本而言,其首先实现了国内的统一。各自独立的地域国家,先后归属于统一的大和国家。这种形势也在朝鲜半岛发展着,高句丽、新罗、百济之间的兼并和争斗,使朝鲜半岛朝着统一迈进。其间,中国也经历了多次的分裂和统一,先后出现了文化的繁荣。

统一后的大和国,面临着两个严峻的问题:一是如何使统一的中央政权得到进一步巩固;二是如何在东亚国际社会中确立强国地位,以便在朝鲜半岛南部地区扩展自己的势力范围。要解决这两个严峻的问题,就需要丰厚的经济实力和军事实力。从这一时期日本的国内建设来看,历代大王为经济的发展、军事实力的增强都倾注了努力。除了经济、军事实力外,这一时期的历代大王还着力于思想文化建设,在传统文化的基础上,吸收古代中国的先进思想文化,形成适合自身发展的新文化。

人们都承认自6世纪末以后,日本已有自觉的意识形态,自圣德太子《宪法十七条》至奈良时代出现的各种文物制度,以及宗教信仰和学说等,都反映了意识形态的存在。但是在4世纪至6世纪末之间,日本是否也存在着意识形态呢? 对此人们很少叙及,其原因主要在于缺乏文献资料。前方后圆这种特殊形式的古坟,实际上是比文字记载更为可靠的资料。它表明,古坟时代,在王和王室贵族中,盛行天神地祇的崇拜,其与古代中国皇帝和皇族一样,认为天是圆的,地是方的,并以圆形象征天,用方形象征地。把圆丘和方丘组合成巨大的建筑物,并将圆丘顶部作为埋葬地。这显然反映了天、地、人的一统思想,与古代中国的"天地观"和"天人观"极为相似。"天地观"与"天人观"的核心思想就是"天子受命于天",亦即王权神授。前方后圆坟所反映的这一思想,对巩固大和国统一政权无疑是十分重要的,这就是它的社会价值之所在;同时,前方后圆坟建筑结构的统一性,反映了天神地祇信仰已摆脱了原始信仰的随意性,受到了较高理论的武装,具有一定的理念性。这是古代日本思想史上的一次大飞跃,也是前方后圆思想价值之所在。

从《好太王碑文》和中国的《宋书》等典籍可知,四五世纪时,大和国在东亚世界的活动非常频繁。其在外交上采取亲中国以牵制高句丽的外交政策,在朝鲜半岛与百济联合对抗高句丽、新罗联盟。通过军事和外交手段,显示了自己的实力和才能,成为东亚国际社会中的重要角色。从外交意义上讲,通过巨大的前方后圆坟,大和国王族向外国使节显示了自己的力量和权威,表现出涉足东亚舞台的自信。

总之,前方后圆坟所反映的大和国的大王、王族的思想和理念,即意识形态,具有三重价值,即社会价值、思想价值和外交价值。

第五章

唐代的政治、经济制度与奈良王朝

第一节　唐和奈良朝的官僚机构

一、皇帝和天皇

日本自大化改新以后,开始全面地吸取唐文化。但就统治集团而言,吸收的重点则在于学习和模仿唐的封建制度,完善各级统治机构,确立上自天皇、下至地方官吏的责任制。这种对唐朝的封建统治制的学习和模仿,到奈良时代,达到了顶点。

唐朝封建中央集权的核心是皇帝,它拥有统治国家的一切大权。唐朝的一切制度,都是围绕着维护皇权和以皇帝为核心的中央统治集团而制定的。大化改新以后的历届日本政府,在吸取唐朝统治经验的过程中,必然对加强皇权产生兴趣。事实证明,日本的天皇正是模仿中国的皇帝日渐加强和巩固自己的地位的。

关于日本的天皇,尽管日本史籍中一再宣扬"万世一系""八宇一纮",是世代统治日本的最高权威,但事实上,在日本历史中,天皇的权威并非一直是至尊至圣的。众所周知,在大化改新以前,其权力是受到限制的。世袭氏姓豪族,一直左右着王权。豪族不满大王,随时可以将其废除,甚至杀害。592年,苏我马子杀死崇峻大王就是最典型的例子。圣德太子就是力图振兴王权而推行"推古朝改革"的。他所实行的"冠位制",企图以控制冠位大权来达到抑制骄横的世袭贵族的目的。他所制定的《十七条宪法》,其用意也在于用儒家的君、臣、父、子的严格等级制度来确立王室的绝对权威。"国靡二君,民无两主,率土兆民,以王为主,所任官司,皆是王臣。""君则天之,臣则地之。"①这就是《十七条宪法》的核心思想。在天皇的称呼上,也仿照中国的皇帝,宣称"天子""天皇"②。这种称呼,在国际关系中反映了与隋的对等,在国内则展现了皇权的崇高。然而圣德太子振兴王权的愿望并未实现。世袭氏姓豪族苏我氏,依然控制着王室。圣德太子改革失败的基本原因,就在于没有打破豪族势力的经济基础,以及控制军事实权。645年的大化改新,吸取了圣德太子失败的经验教训,一开始就从政治、经济改革入手。大化改新诏书的四项内容中,两项是政治方面的,两项是经济方面的,核心是废除世袭氏姓贵族的政治特权和经济实力,确立以天皇为首的中央集权制。天智天皇率先学习唐的统治制度,结合日本的惯习,制定了《近江令》,力图用法律来保证天皇的权威。直至迁都奈良以后,随着维护中央集权的各项制度的完备,天皇的权威也达到了日本历史上的最高峰。自平安中叶以后,皇权便又渐趋衰落了,在外戚藤原氏的控制下,天皇成为政治傀儡。虽然11世纪中叶以后,出现了以太上天皇为核心的院政时代,但由于中央集权的君主专制制度赖以生存的国有土地制度业已瓦解,院政已无力恢复奈良时代和平安初期时天皇的至高无上的权威了。12世纪后叶,武士政权建立,出现了二元政治。这时天皇不仅经济实力甚微,而且完全丧失了对军事力量的控制,因此,天皇只是形式上的国家统治者,应幕府之命而发布敕令。可是到了江户时代,连这种形式也被剥夺了。幕府用法律的形式,规定天皇只有按照先规决定年号的权力,其他一切国家大权均归将军。国家的最高统治者,不是天皇,而是德川将军。

因此,从严格意义上讲,古代日本的天皇,真正显示自己权威的时代,也就是说握有国家一切大权的时代,是在大化以后至平安前期,而奈良时代则是其顶峰。

圣武天皇所说的"有天下之富者朕也,有天下之势者朕也"③的话,就反映了奈良时代天皇对自己权威的夸耀和拥有的实力,充满了号令全国的自傲和信心。

皇帝之称,在中国始自秦代,秦统一六国以后,秦王嬴政自以为"德兼三皇,功高五帝",从"三皇""五帝"各取一字,称为"皇帝"。此后,历代君主皆用此称呼。从史籍记载可知,中国皇帝又称"天子",如唐太宗说:"我为大唐天子。"意为我是天神所生,受命统治大唐天下。这就把自己放在天神之下、万民之上,放在

①《日本书纪》卷22,推古十二年四月。

②《日本书纪》卷22,推古十六年九月。

③《续日本纪》卷15,天平十五年十月。

沟通神与人联系的重要位置上。因此，皇帝又常常自称"兆民之主"①。"天子"之称一般在领域之内使用，而"皇帝"之称，既对内使用，又对外使用，代表国家。"凡夷夏之通称，天子曰皇帝。"②

日本奈良朝的天皇，全盘吸收了中国皇帝的职能。首先，标榜自己为神的后裔，在诏书中自称为"现神""明神"③，意为现世之神。"天地生乎万物，万物之内，人是最灵，最灵之间，圣为人主，是以圣主天皇。"④把自己喻为万物中最灵最圣的生灵，是上承天命、下治万民的人主。受天之命，"君临九州，滋养万姓"⑤。正是由于皇帝与天皇具有位处天神之下、万民之上的共同特征，所以，在奈良时代，日本的天皇也有"天子""皇帝"之称，并写入了奈良时代制定的律令之中。如758年（天平宝字二年）8月，孝谦天皇让位淳仁皇太子时，朝臣藤原仲麻吕等曾上表称孝谦天皇为"宝字称德皇帝"⑥。同月9日，淳仁天皇宣敕，追赠圣武天皇为"胜宝感神圣武皇帝"⑦。770年（宝龟元年）5月，奉称德女皇为"皇帝陛下"⑧。

在《养老律令》的仪制、公式两令中，也有关于"天子""天皇""皇帝"称呼的规定：

> 天子。祭祀所称。
>
> 天皇。诏书所称。
>
> 皇帝。华夷所称。

公式令还规定天皇的诏书格式有四种，其中第一种格式是"明神御宇日本天皇"，显然是在国际交流中使用的称谓。这里的"天皇"与中国的"皇帝"一样，是"华夷之通称"，包含着有志于成为仅次于唐帝国的东亚次帝国的雄心。从《续日本纪》中的记载可知，当时朝鲜半岛的新罗和中国东北的渤海国，在国书中对天皇的称呼也是"天皇""皇帝"混用的。比如新罗国曾于780年遣使赴日，国书中写

---

① 《资治通鉴》卷196。

② 《唐六典》卷4。

③ 《续日本纪》卷4，庆云四年七月。

④ 《日本书纪》卷25，大化二年八月。

⑤ 《续日本纪》卷11，天平三年十二月。

⑥ 《续日本纪》卷21，天平宝字二年八月。

⑦ 《续日本纪》卷21，天平宝字二年八月。

⑧ 《续日本纪》卷30，宝龟元年五月。

道:"夫新罗者,开国以降,仰赖圣朝,世世天皇恩化。"①759年,渤海国使节所携国书则写道:"国王大钦茂言,承闻在于日本照临八方圣明皇帝,登遐天宫,攀号感慕,不能默止。"②在日本8世纪以前的历史上,天皇能够像唐朝皇帝那样,在国内号令一切,在国际上以强国的姿态活跃,并获得邻国的承认,这在日本历史上是不多见的,反映了皇权的扩大与巩固。

为了维护皇帝(天皇)的至高无上的权威,唐王朝和奈良王朝都在国家制定的律令中,规定了相应的条目,显示皇权的不可侵犯性。依据《唐律疏议》《养老律令》,在唐和奈良时代所犯诸罪中,以"十恶"(《养老律令》为"八虐")最为严重。而"十恶"(或"八虐")中,直接触犯皇权、社稷的有四罪,即谋反罪、谋大逆罪、谋叛罪和大不敬罪。按律,为臣者,理应"惟忠惟孝",奉祀君父,若违反忠孝之理,心怀凶匿,"将图逆节,而有无君之心",危及君位者,列入谋反罪;凡谋毁皇室宗庙、山陵、宫室者为谋大逆罪;企图背叛本朝,投奔异国者为谋叛罪;若偷盗朝廷的祭神之物、皇帝(天皇)的乘舆、服饰,伪造皇帝印玺,毁谤皇帝(天皇),指斥乘舆,对捍御使者,皆称大不敬罪。犯有上述罪状者,都处以斩、绞、流等重刑。每逢大赦,"十恶"(或"八虐")均不在赦免之列。

天皇权力的扩大和巩固,是日本封建中央集权体制业已确立的重要标志之一。只有天皇绝对权威的确立,才能保证各项封建事业的顺利进行。奈良王朝所推行的一系列完善封建统治体系的工作,正是以皇权的至高无上为基础的。

二、宰相制和太政官制

不论是唐王朝,还是奈良王朝,皇帝和天皇为了能够全面地贯彻自己的旨意,巩固自己的统治,都自上而下地建立起一整套官僚统治机构。控制和指挥这套官僚机构运转的人,都是皇帝和天皇的亲族、亲信。这些围绕着皇帝(或天皇)的高级官吏的任命、废黜制度,成为中央集权制的重要组成部分。这种以皇帝(或天皇)为核心的中枢官僚制,在中国称为"宰相制",在日本则称为"太政官制"。

"宰相之职,佐天子总百姓,治万事,其任重矣。"(《新唐书·百官志》)中国的宰相制,始自战国时代,自汉以后,虽称呼不一,多有变化,但宰相建制日趋完善。西汉时以相国或左、右丞相为宰相。汉成帝时,以司空、司马、丞相为三公,皆为

---

① 《续日本纪》卷36,宝龟十年正月。
② 《续日本纪》卷22,天平宝字三年正月。

宰相。魏朝时，将丞相改为司徒。魏文帝时，设置中书监令，主掌机密，也为宰相。唐朝的宰相制，因袭隋制，以尚书、门下、中书三省长官，即中书令、侍中（隋为纳言）、尚书令"共仪国政"，皆为宰相。在三省长官之上，有三师、三公之设，虽然其职权是"无所不统"，但又是"则厥"之官，有其人则设之，无其人则不设。以三师为例，在天宝以前，"虽有其位，而无其人"①。相当一个时期内是虚有其位、实无其人的。宰相之任，受官位、资历、皇亲关系的影响，因此有两大缺点：其一，一些官位低、资历浅而有真才实学的人，难以参与国政；其二，位高、资历深的人，又往往年纪过大，处理国政时因循守旧，保守性强，而进取性弱。②盛唐之时，针对以上弊病，宰相一职有所变通。其变化有三：一是以"仆射"为尚书省长官。唐武德初，李世民曾担任过尚书令，其继位以后，臣下避而不敢担任尚书令一职。因此，以尚书省次官左、右仆射代行尚书令职，并与中书省、侍中，同为宰相。二是将资历浅而年纪较轻又有才识者，列为宰相。如唐太宗于贞观元年，拔擢吏部尚书杜淹，"参议朝政"。贞观三年，魏徵以秘书监身份"参议朝政"。贞观四年，萧瑀以御史大夫之名"参议朝政"。戴胄以检校吏尚、侯君集以兵尚之名"参议朝政"。贞观九年，萧瑀以特进之名"参议政事"。贞观十五年，刘洎以黄门侍郎"参知政事"。岑文本以中书侍郎身份，专事机密。名称虽不同，但实际上都行使宰相之职。唐高宗以后，除三师、三公、中书令外，凡任宰相者，必须加"同中书、门下三品"之头衔，因为侍中、中书令都是三品官。无"同中书、门下三品"之称者，不得参与朝政。《唐会要》载："尚书左、右仆射，自武德至长安四年以前，并是正宰相。"③可见长安四年以后，左、右仆射已退出宰相之列，专事本省政务。三是永淳元年（682年）以后，凡不是侍中、中书令而任宰相者，必须有"同中书、门下平章事"之衔。侍中、中书令已于大历二年升为正二品，因此，"同三品"之衔早已不用。"同中书、门下平章事"，实际上是以"同正二品"之衔进入宰相之列的。

综上所述，唐朝的宰相制，是以三师、三公、侍中、中书令、左右仆射为主体组建而成的。那么，日本奈良王朝时期的太政官制，与唐朝的宰相制是否有关系呢？现在，我们对此做一简略分析。

在日本史籍中，最早出现的官职是左右大臣。大化元年六月，孝德天皇任命

---

① 《通典》卷20，职官二。

② 岑仲勉：《隋唐史》，中华书局1980年版。

③ 《唐会要》卷57。

阿倍内麻吕为左大臣、苏我石川麻吕为右大臣。[1]天智十年(671年)正月二日,天智天皇任命大友皇子为太政大臣。这是日本历史上最早的太政大臣。在任命大友皇子的同时,还任命苏我赤兄为左大臣,中臣金为右大臣,苏我果安、巨势人、纪大人等三人为御史大夫。[2]大化和天智年间设置的以太政官为首的中央官职,是受唐代官制,尤其是宰相制影响的。当时设置的目的是国内政治形势的迫切需要。这与后来律令制中的太政官制是有区别的。因此,不能认为天智年间的太政官、左右大臣、御史大夫是令制太政大臣、左右大臣、大纳言的前身。[3]至天武朝,朝廷虽然设置了太政官、大弁官等要职,但由于朝政大权紧紧地掌握在天武天皇手中,因此,太政官、大弁官等,与其说是执政官、国政参议官,不如说是天皇的侍奉官、宣奏官。[4]令制太政官制的成立,应该说始自701年大宝律令制定以后。太政官制从此成为中央集权制的重要一环,成为"社稷之镇守,国家之管辖","奉主命而施号令,退奸伪而进贤良",决策王朝大政的重臣(《令集解·卷二·职员令》)。

太政官制中,最高的官职是太政大臣,根据《大宝令》《养老律令》,太政大臣是模仿唐朝三师、三公而设置的。唐朝三师、三公的职责是"师范一人,仪形四海""经邦论道、燮理阴阳"(《通典·卷二十·职官二》)。而日本奈良时代的太政大臣的职责也是"师范一人,仪形四海,经邦论道,燮理阴阳"(《养老律令·职员令》)。由于太政大臣位高任重,既是君、臣的师范,又是庶民之楷模,因此这种人才极为难得。像唐朝的三师、三公一样,有其人而设官,无其人则缺(《通典·卷二十·职官二》)。从大宝年间(701—703)至奈良时代末,日本共任命了5名太政大臣(又称知太政官事)。5人中,除道镜和尚出身低微外,其他都是皇族,品位都在三位以上。

日本太政官制中,次于太政大臣的官职,是左大臣和右大臣。左、右大臣的职责,是"统理众务,举持纲目,总判庶事,弹正纠不当者,兼得弹之"(《养老律令·职员令》)。其职责与权限,与唐代尚书省的左右仆射相似。所不同的是,左、右大臣在奈良时代,始终参与国政;而唐的左、右仆射自长安四年以后,退出宰相之列,不再参议国政。日本史籍记载,自大宝年间至奈良时代末期,共任命了8名左

① 《日本书纪》卷25,大化元年六月。
② 《日本书纪》卷27,天智十年正月。
③ 早川庄八:《律令制的形成》,《岩波讲座·日本历史2》,岩波书店1980年版。
④ 早川庄八:《律令制的形成》,《岩波讲座·日本历史2》,岩波书店1980年版。

大臣,13名右大臣。若无太政大臣时,国政大事由左、右大臣全权负责。若左大臣缺位,则右大臣负责。

大纳言是太政官制中次于左、右大臣的重臣,是"王者喉舌之官","纳下言于上,宣上言于下"(《令集解·卷二·职员令》),与太政大臣,左、右大臣一起"参议天下之庶事"。若右大臣以上诸官缺位,天下庶事则由大纳言主持。《职员令》规定大纳言4人,但常常不能满额。庆云二年(707年)四月,文武天皇曾发布诏敕说:"依官员令,大纳言四人。职掌既比大臣,官位也超诸卿。……任重事密,充员难满,宜废二员为定两人。"为弥补大纳言之不足,又专门设置了3名中纳言。[①]大纳言既是模仿唐代门下省的侍中而建立的,又继承了大化改新前后日本存在过的大夫制传统。[②]大纳言的职责是"参议庶事、敷奏、宣旨、侍从、献替"(《令集解·卷二·职员令》)。大纳言的上述责务是学习唐门下省官吏的责务总合而成的。唐门下省侍中,负有参议国务、敷奏、宣旨之责;门下侍郎负有献替之责;左散骑常侍,负有侍从之责(《新唐书·百官志二》)。可见,大纳言几乎包容了门下省侍中、侍郎、左散骑常侍等官吏的职责。不过,大纳言的下属机构的建制,与唐门下省不同,而近似尚书省。在大纳言之下,设有左大弁、右大弁、少纳言等职。其中左大弁统管中务、武部、治部、民部四省,右大弁统管兵、刑、大藏、宫内四省。在唐朝,朝廷各部的统管归尚书省。尚书省的左、右仆射之下,设有左丞、右丞两职。左丞统管吏、户、礼三部,右丞统管兵、刑、工三部。不难看出,大纳言之下的左、右大弁,是参考唐尚书省的左、右丞而设的。

上述比较表明,奈良时代的太政官制,与唐朝的宰相制有着一定的因缘关系,其不但在官吏的设置上模仿唐制,而且官吏的职能也颇相似。宰相制是中央封建集权制下的核心官僚机构,是唐王朝的中枢指挥系统。而日本的太政官制,至少在奈良时代,也是以天皇为首的中央集权制下的核心官僚机构,是奈良封建国家的指挥系统。太政官制在奈良时代的政治、经济、文化的发展中,起了积极的主导作用。

三、品阶制和品位制

据日本《令集解》,在奈良时代,朝廷任官是按位阶贵贱而定的。"凡位有贵贱,官有高下,阶贵则职高,位贱则任下,官位相当,各有等差。"(《令集解·卷一·

---

① 《续日本纪》卷3,庆云二年四月。
② 《日本书纪》卷27,天智十年正月。

官位令》)这种按位阶贵贱而任官的原则,其实是受中国封建官僚的选叙原则的影响而制定的。

中国的品阶制度始于三国时代。黄初元年(220年),曹魏的尚书陈群提出了九品中正法案(《魏书·陈群传》)。魏文帝曹丕接受此案,并付诸实施。凡官有品,品分九等。至南北朝时的北魏,对"九品中正法"加以发展:对鲜卑族八姓贵族,实行九品制;而对非鲜卑族八姓出身的官吏,又另设七等官位(《魏书·刘昶传》)。与此同时,实施从品制。过去一品到九品,均无从品。自北魏开始,每一品都有正品与从品之分。"后魏置九品,品各有从,凡十八品。"并且自四品以下,每品又分上下阶(《魏书·官氏志》)。因此品阶增至三十阶。另外实行勋品制,"勋品流外,位卑而不载矣。"(《魏书·官氏志》)虽然《魏书·官氏志》中没有详载勋品,但勋品的存在是毫无疑问的。北魏对品阶制的发展,直接影响着隋唐品阶制的建立。隋朝的品阶制,集魏、晋以来品阶之大成。据史籍记载,隋朝品阶按贵贱分为四类:第一类称为流内品,设有九品三十阶(《通典·卷十九·职官一》),与北魏的九品制相似。第二类称为视流内品,从视正二品起,至视九品止,共八品,每品又分为正、从二级。第三类称为流外品,也分为九品,即勋品、二品、三品、四品、五品、六品、七品、八品、九品。诸司的令史、录事、典谒、亭长等下级官吏,皆授以流外品。第四类视流外品,也有九等。

唐朝的品阶制,基本上承袭隋制,虽然经常有小变化,但不损基本内容。《旧唐书》中对唐朝的品阶设置是这样记载的:

> 流内九品三十阶之内,又有视流内,起居(正)五品至从九品……又有流外,自勋品以至九品……视流外,亦自勋品至九品。

可见,唐的品阶,与隋的品阶基本相近,除流内、流外之外,也有视品。所不同的是,从唐玄宗开元年间起,视品官的设置发生了变化。本来,视品是授予中央政府以外的诸侯、地方官吏、学生、归附的外国人,以及有关宗教如祆教的外国人的官吏品阶,但到唐玄宗时,视流内只保留了视正五品萨宝、视从七品祆正两个官品,视流外也只保留了萨宝祆正等官品,其余一概取消。

中国的品阶制对日本的位阶制是有影响的,但影响究竟有多深呢?

日本的位阶,最早始于圣德太子的"冠位十二阶"。大化三年,改为十三阶;同五年,改为十九阶;至天智年间,增至二十六阶。天武年间制定的"净御原朝廷令",进一步将亲王、诸王的位阶与诸臣的位阶分开,前者设十二阶,后者设四十八阶。《大宝律令》《养老律令》中所载的位阶制度，明显地反映了传统的冠位制与唐朝的品阶制的融合。传统冠位制的遗制是亲王四品制。亲王位阶设四等。《令集解》载：

> 义云，品谓位也。亲王称品者，别于诸王。

就是说，"品"与"位"，其意义是一样的，亲王称品，为的是与诸王区别，以显地位的高贵。除亲王四品外，诸王、诸臣设九位，与唐的九品制一样，也有正、从之分。从正四位起，不论正、从，每位分上、下二阶，共三十阶。

另外，日本的品位制，也吸收了隋唐时期流内品、流外品制，把位阶分为内位和外位。也像唐朝一样，内位授予贵姓者，外位授予卑姓者。日本最早推行内外位制度是在672年。曾我部静雄氏指出：大宝、养老的令制的内位，类似隋唐的流内品，外位类似唐开元以前，授予下级地方官吏、公主诸王的职员、学生等的视品。[1]唐的视流内品，起自正五品，而《大宝律令》《养老律令》中的外位，也是从五位开始的，即自外从五位至外少初位下，共二十阶。日本内外位，根据位阶的高低，由不同的官府授予。"内外五位以上敕授。内八位、外七位以上奏授。外八位及内外初位皆官判授者。"（《令集解·卷四·选叙令》）根据《大宝律令》《养老律令》，郡司、国博士、医师、大毅、小毅、帐内、资人等，原则上都授予外位。但也有例外，如奉祀亲王家的帐内、五位以上家的资人，则是被列入内位的。

奈良品位制与唐品阶制不同的地方，就是品位制不设正九位、从九位，而是设置大初位、少初位来代替唐的正、从九位。日本的初位与唐代的流内品、流外品、视品中的相应品阶相比较，具有双重性。《令集解》载："初位非职事，品秩卑微。""职事初位与八位同，然则虽有位，无官之日，其身犹贱。"这是说，受初位者，如果任官，则地位与八位相同，若只有位而不任官，则地位甚低，如同百姓。据《大宝律令》和《养老律令》，初位官大多是中央、地方政府机关内所属部门和官僚家庭中的少属、令史、目、书吏等，是掌文书记录的官吏，相当于唐的书令史。书令史属于唐的流外品。另外，日本的初位官，在政治、经济待遇上，与位阶中的八位以上官有明显差别。由此可见，初位具有唐朝的流外品的性质。[2]可是，如前所述，日本的官吏有内外之别。"在京诸官为京官，自余皆为外官。"（《令集解·卷

---

① 曾我部静雄：《以律令为中心的日中关系史研究》，吉川弘文馆1970年版。
② 曾我部静雄：《以律令为中心的日中关系史研究》，吉川弘文馆1970年版。

六·仪制令》）凡内官的初位官，在政治待遇上，又高于初位外官。他们在所属的机关内，掌管文书记录，统称为主典官。在官制上，主典属于各相应的政府机关中的四等官，在权限的范围内，可以参加朝会、考课等活动。"凡文武官，初位以上每朔日朝。"（《令集解·卷六·仪制令》）就此而言，初位官又与唐朝的流内品相似。因此，可以说，日本的初位是根据流外品和流内品的特性，结合日本的政治需要而设置的低级位阶。

四、神祇官的异同

日本律令时代官制的特色之一，就是神祇官的独立。在唐朝，拥有祭祀权的官吏是三公，具体管理祭祀事务的官是礼部尚书，事务机构是礼部属下的祠部。不论是三公，还是礼部尚书，他们虽然都拥有祭祀权，但祭祀并不是他们的专职，只是他们工作职责的一部分。事务机关祠部也不是独立的机关，而是礼部属下的四个事务机关（礼部、祠部、膳部、主客）之一。然而，日本就不一样了，掌握祭祀权的神祇伯是专事祭祀的官吏，与太政官并立，直属于天皇的领导，负责全国各地祭祀活动的事务机关也是独立于政府机关之外的，直接听命于神祇伯的管辖。根据《官位令》，神祇伯的位阶为从四位下，不但低于太政官制中的太政大臣、左大臣、右大臣、大纳言，而且低于八省一台的卿和弹正台。正如吉田孝氏所说，即使神祇官官位远比太政官的议政官低，但也不能否定其与太政官并立的意义。①

在律令制下，日本封建王朝重视祭祀官的原因是多方面的，我认为主要有如下两点：其一，崇尊天神、地祇是日本固有的信仰传统。从邪马台国时期埋葬铜铎祭祀天神、地祇开始②，一直延续到律令时代，标榜"万民之主"的天皇利用这一传统信仰以笼络民心。其二，天皇自喻为天神之子，自己是承天神之命统领天下的，因此，牢牢地把握住祭祀权，对于维护天皇的权威性，无疑是至关重要的。将祭祀官及祭祀机构从政府机构中分离出来，天皇能够直接掌握祭祀大权，便于利用神权来维护皇权。

《养老律令》中的"神祇令"，就神祇官的职掌，以及祭祀的礼仪、管理、运营等，都做了详细的规定。虽然神祇令充满着日本神道信仰的传统特色，但是，如果把它与唐朝的祠令相比较，仍有相似之处。神祇令共二十条，唐代的祠令经复

---

① 吉田孝：《律令国家与古代的社会》，岩波书店1983年版。

② 王金林：《古代的日本——以邪马台国为中心》，六兴出版社1986年版。

原,有四十六条。从神祇令和唐祠令条目内容的分析对比中,可以看出,神祇令无疑是参照唐祠令而制定的[1],令条的总体结构基本上是一致的。不过就条文的具体内容而言,毕竟由于传统的祭祀观点不同,两者之间有较大的差别。如祭祀形式,唐朝的祠令规定有祀、祭、亨、释奠四种。对天神曰祀,对地祇曰祭,对人鬼曰亨,对先师先圣曰释奠。对此,日本的神祇令规定,只行祀、祭,而且祀、祭的概念无明显区别。对先师先圣的释奠,移至学令。又如祭祀期间的斋日,中日两国的令中都有"致斋"和"散斋"之分,斋日期间的禁忌也基本相近,如不得吊表、问疾,不判决和签署刑杀文件,不决罚罪人,不作乐,不做秽恶之事,等等。根据祭祀对象的不同,都规定了大祀、中祀、小祀三种不同规模的活动。并依据祭祀的规模,规定了斋日。可是,斋日的具体天数,中日两国的规定是不同的。以散斋为例,唐令规定大祀四日、中祀三日、小祀二日(《唐令拾遗·卷二》),而日本令则规定大祀一月、中祀三日、小祀一日(《养老律令·神祇令》)。

　　总之,日本的神祇官的设置,虽然在其职掌、机构、条令的制定过程中,参考了唐朝的有关制度,但是,由于传统的信仰和习俗不同,在奈良时代的官职中,它是最具有日本特色的官职,神祇令也是诸令中受唐令影响较小的条令。神祇官的独立,既适应了古代日本的信仰传统,又有利于律令制皇权的巩固。这一点表明日本统治者在建立和发展律令制度的过程中,不但积极地吸收异国的先进文化,而且还认真地继承和发挥了本民族的固有文化传统,并且把两者结合起来,纳入新的统治体制之中。

五、中央和地方行政官僚机构

　　奈良时代的中央行政官僚机构,主要指太政官之下的八省、一台、五卫府。八省系指中务、式部、治部、民部、兵部、刑部、大藏、宫内八省,一台是指弹正台,五卫府系指守卫京城的卫门府、左右卫士府、左右兵卫府。上述机构的设置,与唐朝相应的机构和卫府相近,其官吏的职责也较相近。

　　中务省的职责:主管朝廷礼仪、诏书文案的起草和审理,宣布诏敕,接纳奏章,监修国史,管理内宫名账以及诸国户籍、租庸调账、僧尼名籍等。如果对照唐朝的职官志,可以清楚地看出,唐朝的诏书由中书省起草,门下省审查,尚书省执行。手续繁杂,事务重复。日本针对这一弊病,加以改进,把诏书的起草、审理、宣旨集中于中务省,从而在机构设置上比唐朝更精简。中务省的管理内宫名账

----

[1]　井上光贞:《神祇令补注》,《律令》,岩波书店1977年版。

一事,在唐属殿中省内官之责任。监修国史属中书省史馆职责范围,僧尼名籍属尚书省的祠部,诸国户籍、租庸账归户部郎中、员外郎管理。由此表明,中务省吸收了唐朝中书、尚书、殿中等省的职责。

式部省是仿唐朝吏部而建立的,其主要使命是掌管全国官吏名籍,以及官吏的选授、勋封、考课。对于内外官吏的考课,唐朝考课令规定:"凡应考之官家,具录当年功过行能,本司及本州长官对众读,议其优劣,定为九等考第。"(《旧唐书·职官二》)对此,日本奈良时代对内外官的考课,也有相同的规定(《令集解·卷四·考课令》)。唐代考课官吏的标准分为两层:先考核一般表现,史称"四善"。"德义有闻"为第一善,"清慎显著"为第二善,"公平可称"为第三善,"恪勤匪懈"为第四善。考核上述四善之后,再考核各官是否称职,共有二十七"最"(《旧唐书·职官二》)。奈良朝对官吏考课也如唐朝,规定了"四善"以及各官职勤务的优劣。与唐朝不同的是,奈良朝规定了四十三"最"(《令集解·卷四·考课令》)。

日本的式部省下设有两寮,即大学寮和散位寮。唐朝的国子监是独立于六省之外的,奈良朝却把大学寮纳入八省之一的式部,这是唐、日的不同。

治部省掌管五位以上官吏的继嗣婚姻、丧葬、赠赙、国忌、诸藩朝贡、祥瑞等,其职责与唐朝的礼部相同。

民部省相当于唐朝的户部,掌全国户籍、田租、庸调、地理、课役。

兵部省与唐兵部相同,主管天下武官选授及国防事务。

大藏省与唐大府寺相同,掌管国家钱粮、财物。

刑部省与唐刑部相同,掌管刑狱、裁判等事。

宫内省是仿照唐朝的殿中省、光禄寺、宗正寺建置,将上述一省两寺的职务精简合并而建立的,主要职责是掌管宫内庶务。其属下的正亲司掌管皇亲名籍,在唐朝是由宗正寺掌管的。大膳职掌管的酒醴、膳镶之事,在唐朝是由光禄寺掌管的。

弹正台的职掌,与唐御史台相似,在于整肃纲纪、弹奏内外非违之事。

唐朝为守卫宫殿和京城的巡察,设置十六卫府,即左右卫府、左右骁卫府、左右武卫府、左右威卫府、左右领军卫府、左右金吾卫府、左右监门卫府、左右千牛卫府。奈良时代,建立了五卫府,即卫门府、左右卫士府、左右兵卫府。五卫府的职掌包括唐朝十六卫府的职责。机构减少,职责保留,充分反映了日本在引入唐制的过程中,很了解唐朝的机构臃肿、人浮于事的弊端,因此采取了取其长而避其短的方针,力求建立一个精干而有实效的官僚机构。

关于政府各官厅官吏的职阶,奈良王朝与唐王朝也是相似的。唐朝实行四等官制,即长官、通判官、判官、主典四职。日本也设四等官制,分为长官、次官、判官、主典四职。

再看地方行政官僚机构。中国自秦汉至唐,地方机构虽然屡有变化,但不出郡县或州县范围。隋朝统一中国,实行郡县制。至唐初,高祖改郡为州,实行州县制,唐太宗贞观元年,又在州之上设道。根据山岳河川形成的地理形势,将全国分为十道(后又增至十五道)。道是便于朝廷遣使巡察而设置的,不另外任命官吏,因此,地方行政实权仍在州县。特别地区设府,如京兆府、河南府、太原府。据统计,贞观十三年,有府、州358个;开元二十六年,有府、州315个。京兆、河南、太原三府管辖的县,凡在京城范围之内的称京县,京城之外称畿县。京县有长安、万年、河南、洛阳、太原、晋阳六县。县按户口多寡分为上县、中县、中下县和下县四级。县下设乡,乡下设里,百户为里,五里为乡。府设牧,州设刺史,县设令。

奈良时代,地方行政官僚机构基本上是仿照唐制建立的。全国实行国、郡、里制。学习唐朝的王畿十道制,也建立了畿内七道制。国分为大、上、中、下四级,每国置国守一人。郡分为大、上、中、下、小五级,每郡置郡令一人。里置里长,以五十户为一里。国的官吏由中央派遣,每任六年(后改为四年)。郡的官吏,一般从地方豪族中选任,原则上是终身之任。里长从百姓中推举。和唐朝一样,特别地区,设立特设机构。如左右京职、摄津职和大宰府。京职管理奈良城,摄津职管理摄津国,大宰府是朝廷的派出机构,具体管理九州地区的九国、三岛,以及边防、对外交流等事务。

在奈良时代,作为地方行政基层单位的里,也是有变化的。灵龟元年(715年),里被改为乡,在乡之下设里。关于里被改为乡的原因,主要有两个:一是为了适应当时日本农村的乡户、房户制的变化[①];二是因为唐朝推行乡里制,朝廷有意进一步接近唐制。

第二节　唐和奈良朝的土地、赋役制度

一、中国均田制的变迁

均田制始自北魏太和九年(485年)十月。魏孝文帝发诏说:"今遣使者,循行

---

① 坂本太郎:《日本全史2 古代1》,东京大学出版会1965年版。

州郡,与牧守均给天下之田,还受以生死为断。劝课农桑,兴富民之本。"(《魏书·高祖本纪上》)北魏实施均田制,原因殊多,但主要有三:第一,由于长期战乱,人民流离失所,大批土地荒芜。第二,大地主、大牧主占有大片田地,并不断兼并小农土地,严重地影响了农村的稳定。为了稳定社会,发展生产,有必要抑制大地主、大牧主势力的扩张。第三,许多农户为避免战祸,纷纷放弃自己的田地,投靠有武装力量的豪强士族,形成了大量的荫附户(《魏书·韩麒麟传》)。据史书载,荫附户少者,"五十、三十家方为一户"(《通典·乡党》),多者"百室合户,或千丁共籍"(《晋书·慕容德载记》),有的甚至"一宗将近万室,烟火连接,比屋而居"(《通典·乡党》)。除荫附户外,社会上还存在着为数可观的游民,就北魏京城而言,"今京师民庶,不田者多,游食之口,三分居二"(《魏书·韩麒麟传》)。大批荫附户及游民的存在,对政府最直接的影响,就是使政府的税源枯竭。为了保证社会的安宁和政府的财政收入,实行土地国家化乃是势在必行的措施。

北魏均田制的内容,主要有:①百姓所受田有露田、桑田、麻田、园宅田。桑田为世业田。根据均田令,一丁男受露田40亩、倍田20亩、桑田20亩,合计80亩;妇女受露田20亩、倍田20亩,合计40亩。一夫一妇受田120亩。②奴婢和丁牛皆受田,奴婢依良,丁牛一头受田30亩,但最多限4头。③关于田地的还受,法令规定,桑田"不在还受之限",可以买卖,也可传给后代,但买卖只能在有余或不足时进行,"不得卖其分,亦不得买过所足"。露田和麻田定期还受,"老免及身没则还田"。④狭乡田地不足,允许迁移宽乡,但"唯不准避劳就逸"。本地田地足够,"不得无故而移"。⑤规定地方官受田数。"诸宰民之官,各随地给公田",刺史15顷,太守10顷,治中、别驾各8顷,县令、郡丞6顷。(《魏书·食货志》)

北齐、北周时继续实行均田制,大体上沿用北魏旧制,但也有一些变更。不同之处是:①受田年龄不同,北魏规定15岁以上为受田年龄,北齐、北周均为18岁,比北魏增加了3岁。②北魏有倍田的规定,北齐、北周无倍田规定;受田数额也不同,北魏时,一夫一妇共受田120亩,北齐、北周均为140亩。③还田年龄不同,北魏为70岁,北齐为66岁,北周为65岁。④奴婢受田的不同,北魏时,奴婢受田不受限制,而北周奴婢不受田,北齐则对受田奴婢的数目加以限制,规定多者300人,少者60人。

隋唐时期,沿袭旧制,推行均田之制。隋唐两朝,推行均田制的目的,主要在于将农民束缚在土地上,以保证基本劳动力的稳定,使封建国家的财源不至枯竭。隋唐之初,皆因动乱,农村荒废,人口流失。以唐初为例,由于隋末动乱,"率土之众,百不存一",又加上豪强兼并,形成大批荫户和荫丁。为了解决劳动力问题,恢复农村经济,封建王朝虽采取了多种措施,如限制豪强广泛侵占土地。《唐律》规定,"占田过限者,一亩笞十,十亩加一等,过杖六十,二十亩加一等,罪止徒一年",但恢复农村经济,招徕劳动力的最根本办法是推行均田制。隋于开皇十二年(592年),"发使四出,均天下田"。大业五年(609年),隋炀帝又"诏天下均田"(《隋书·食货志》)。唐于武德七年(624年)开始推行均田制。(《旧唐书·食货志》)隋朝的均田制沿袭北齐、北周之制,而唐朝的均田制又因袭隋朝,因此,这里对隋朝均田制不再赘述,只就唐制略加叙述。唐朝均田制的基本内容如下:

> 受田之制,丁及男年十八以上者人一顷,其八十亩为口分,二十亩为永业。老及笃疾废疾者人四十亩,寡妻妾三十亩。当户者增二十亩,皆以二十亩为永业,其余为口分。永业之田,树以榆枣桑及所宜之木,皆有数。田多可以足其人者,为宽乡,少者为狭乡。狭乡授田,减宽乡之半。其地有薄厚,岁一易者,倍受之。宽乡三易者,不倍授。工商者,宽乡减半,狭乡不给。凡庶人徙乡及贫无以葬者,得卖世业田。自狭乡而徙宽乡者,得并卖口分田。已卖者不复授。死者收之以授无田者。凡收授皆以岁之十月,授田先贫及有课役者。凡田乡有余以给比乡,县有余以给比县,州有余以给近州。(《新唐书·食货志》)

如果将唐的均田制与北魏以来的各代均田制做一比较的话,就会发现其中的变化。其变化之一就是受田人。首先是除寡妻妾之外,所有妇女均不授田。这种妇女不授田的情况,虽然在隋炀帝时就已出现,但从律令中做出明确规定,则始于唐朝。对于寡妻妾的授田,主要体现封建宗法关系下"抚恤孤贫""敦睦九族"的儒家思想。[①]唐均田制中,不授田的,除妇女外,还有奴婢,同时还取消了牛的授田规定。唐均田制也增加了一些新的授田对象,如道士、女冠、僧尼、工商业者。变化之二是倍田制的恢复。北魏有倍田的规定,北齐、北周、隋朝都取消了此项规定。唐朝又恢复北魏之制。不过唐朝的倍田规定比北魏更具体、更细致。倍田是按田地肥瘠、是否需要轮作而授予的,主要在宽乡实行,狭乡及近郊地区皆不给倍田。变化之三是放宽了对土地买卖的限制。北魏时,在永业田有余的条件下,允许永业田出卖,永业田不足时可以购进。在隋朝放宽限制,允许永业田的买卖;而到了唐朝,不仅是永业田,而且赐田、口分田、园宅地,在一定条件下

---

① 韩国磐:《北朝隋唐均田制度》,上海人民出版社1984年版。

也可买卖了。《唐律疏议·户婚律》载：

> 即应合卖者,谓永业田,家贫卖供葬。及口分田卖充宅及碾磑、邸
> 店之类。狭乡乐迁宽乡者,准令并许卖之。其赐田欲卖者,亦不在禁
> 限。其五品以上,若勋官永业地,亦并听卖。

从这段记载可知,在两种情况下,可以出卖永业田、口分田、园宅地:一是家贫无法丧葬,二是由狭乡迁徙至宽乡。土地买卖限制的放松,为私田的扩大创造了条件。

关于唐代均田制的实施范围,中国学者间分歧殊多。有的认为,实施地区只限于畿内。[①]有的认为,从传世文献的记载,以及从甘肃敦煌、新疆吐鲁番发现的唐代户籍残卷看,唐代均田制的实施,遍于全国。[②]对于均田制实施情况,韩国磐氏曾依据唐代户籍残卷做过分析。以敦煌残卷中52户为例,其受田情况如表5-1所示:

表5-1 唐代均田制实施情况(以敦煌残卷中52户为例)/户

田地类别	总户数	受田户数	未受田户数	受田足额户数	不足额户数
永业田	52	51	1	43	8
口分田	52	41	11	1	40

(引自韩国磐:《北朝隋唐均田制度》)

从表5-1可以清晰地看到,敦煌地区52户中,已受永业田的有51户,占98%;未受户仅1户,占2%。其中,受足额的有43户,不足额的8户,前者占总户数的83%。52户中已受口分田的有41户,占79%;未受田的11户,占21%。其中,受足额的仅1户,不足额的40户(占77%)。说明在敦煌地区,均田制是普遍实行的,但均田的实施,首先保证永业田的授予,98%已受永业田,而其中绝大部分,即83%是受足额的。户籍中反映的受田不足,主要是口分田不足。52户中已受口分田户占79%,但其中不足额的占77%。从敦煌的状况,也可推知全国的情况了。

尽管均田制在推行过程中,有这样那样的问题,口分田的授予常常不足,但

---

① 贺昌群:《汉唐间封建土地所有制形式研究》,上海人民出版社1964年版。

② 韩国磐:《北朝隋唐均田制度》,上海人民出版社1984年版。

是永业田是基本上予以保证的。因此,均田制在唐代经济发展过程中是有作用的。它使广大无地和少地的农民,有了维持基本生计的土地使用权,基本上实现了统治者将农民束缚在土地上的目的。均田制在抑制豪强对农民的侵夺、激励农民生产的积极性方面,也是有作用的。唐初的"桑农咸废""饥寒重切"的情景,由于实施均田制变成了"天下无事,百姓安堵,各务称职,家给人足"。社会的安宁、物质财富的增加,奠定了唐代封建王朝鼎盛的基础。

二、日本班田制的确立

日本大化二年正月,孝德天皇宣布改新诏书,正式宣布实行"班田收授法"。大化新政权为什么在建立不久,便宣布实行班田制呢? 为了了解实行班田制的背景,首先看一看《日本书纪》中的如下记载:

> 遣使者于诸国,录民元数,仍诏曰:自古以降,每天皇时,置标代民,垂名于后,其臣连等伴造国造各置己民,恣情驱使,又割国县山海林野池田,以为己财,争战不已,或者兼并数万顷田,或者全无容针少(立)地,进调赋时,其臣连伴造等,先自收敛,然后分进,修治宫殿,筑造园陵,各率己民,随事而作。……方今百姓犹乏,而有势者分割水陆,以为私地,卖与百姓,年索其价。从今以后,不得卖地,勿妄作主兼并劣弱。百姓大悦。[1]

这段史料,说明如下三点:第一,大化前夕,私有土地相当兴盛,上自王族,下至豪强,不但占领"国县山海林野池田",而且兼并百姓土地,以至豪族占有万顷土地,而平民百姓无立足之地;第二,大批劳动力成为王族、豪族等有势之家的私有民,"各置己民,恣情驱使";第三,豪族之间互相争战,自立为强,并且藐视大王和朝廷,自己修筑宫殿、园陵。进调赋税时,首先满足自己,然后再向朝廷进调。

根据中国北魏至隋唐的统治经验,封建中央集权体制的建立和巩固,其最起码的前提条件是中央控制全国土地大权,以及将百姓束缚在土地上,以保证国家的财政来源。北魏至隋唐的封建统治者,就是针对土地严重私有化,以及大批农民沦为有势之家的荫附户而推行均田制的。从这一点讲,大化改新后的日本,在经济上所面临的问题,与唐代初期是很相似的。

---

[1]《日本书纪》卷25,大化元年九月。

　　大化改新的核心目的是加强皇权。因此,私有地盛行,以及大批劳动力沦为豪族家的私有民,都是削弱和侵蚀皇权的毒瘤。如何才能铲除这种危及中央集权机体的毒瘤呢?以中大兄为首的改新政府,吸收了圣德太子改革失败的教训,以及北魏至隋唐时期中国封建统治者的成功经验,断然实行了土地制度的变革,宣布全国的私有土地收为国有,全国百姓皆为公民。把大批拥有私有土地的豪族势家,变为隶属于天皇的各级官僚,用丰厚的食封换取他们的土地私有权。用班田法,把广大公民束缚在土地之上,成为以天皇为核心的封建朝廷榨取财富的主要对象。

　　从大化政变以后新政府采取的各项经济措施可以看出,实行班田制是中大兄皇子和中臣镰足在大化政变以前,早已筹措好了的。因为,如果没有事先的筹划,是不可能在政变后的极短时间内,立刻开始准备实施班田制的。这些准备工作是,大化元年八月五日,任命东国国司,"作户籍,及校田亩,其园池水陆之利,与百姓俱"。并向倭国六县派使"造户籍,并校田亩"①。对寺院拥有的僧尼、奴婢以及田亩之数,也派寺司进行勘查。同年九月十九日,又遣使臣于诸国,登录户口("录民元数"),并宣布从今以后,豪族势家"不得卖地,勿妄作主兼并劣弱"。清查人口、制作户籍、检校田亩,都是全面实行班田制必不可缺的前期工作。只有人口、土地查实了,才有推行班田制的可靠基础。大化二年正月宣布实行班田制,就是建立在人口、土地的检校基础上的。

　　大化政府宣布实行班田制后,在统治者内部,仍然有人对于取消皇族以及群臣、伴造、国造的私有地表现出犹豫不决。孝德天皇本人就是如此。他一边宣诏实行公田公民制,一边却询问中大兄皇子:"其群臣连及伴造国造所有,昔在天皇日所置子代入部、皇子等私有御名入部、皇祖大兄御名入部及其屯仓,犹如古代而置以不?"②意思是说,皇族和伴造、国造的私有地,还让其像过去那样存在吗?流露出拿不定主意的状态。对此,中大兄皇子的态度却十分坚决,回答说:"天无双日,国无二主,是故兼并天下,可使万民,唯天皇耳。别以入部及所封民、简宛仕丁,从前处分,自余以外,恐私驱役,故献入部五百廿四口、屯仓一百八十一所。"③对于这段文字,学者间是有不同解释的。我认为这段文字有三层意思:第一,"天无双日,国无二主,是故兼并天下,可使万民,唯天皇耳",特别强调了天皇

---

① 《日本书纪》卷25,大化元年八月。
② 《日本书纪》卷25,大化二年三月。
③ 《日本书纪》卷25,大化二年三月。

的绝对权威。第二，"别以入部及所封民、简宛仕丁，从前处分"，这是说关于入部、封民以及选拔仕丁之事，依照以前的规定办。所谓"从前处分"的"从前"是指什么时候的规定呢？从整个行文来看，显然是指同年正月宣布的"改新之诏"。中大兄皇子的这句话，是要求孝德天皇不要动摇、犹豫。第三，"自余以外，恐私驱役，故献入部五百廿四口、屯仓一百八十一所"，这句话如果译成现代汉语，应该是"另外，为了防止私自驱役，因此将自己领有的部民五百廿四口、屯仓一百八十一所奉献给朝廷"。中大兄皇子奉献部民、屯仓的行动，既给皇族、豪族势家树立了拥护公田公民制的榜样，又鼓励以孝德天皇为代表的一部分犹豫、动摇的人下定决心。中大兄皇子给孝德天皇的这一奏文，果然产生了极大作用。八月十四日，孝德天皇进一步宣布：①"所有品部，宜悉皆罢为国家民"；②所有卿大夫、臣、连、伴造氏氏人等，"改去旧职，新设百官，及著位阶，以官位叙"；③派遣国司前往任国，开始实施均田制，"以收数田，均给予民"。①《日本书纪》载，白雉三年二月"班田既讫"，表明班田实施完毕。②从大化二年八月开始实施至白雉三年二月班田完毕，整整花了五年零七个月的时间。

关于日本班田制的内容，虽然《日本书纪》《续日本书纪》等史籍均有断断续续的记载，但最集中的记载，莫过于《大宝律令》和《养老律令》了。《令集解·卷二十·田令》载，班田制内容要点如下：

第一，授田年龄为六岁以上，男给口分田二段，妇女为男子的三分之二。易田（休耕田）倍给。

第二，官户奴婢授田数，与良人相同。家人奴婢授田根据所在乡的土地情况，给良人的三分之一。

第三，狭乡田不足，可授予宽乡田。

第四，园地、宅地随地多少平均分配。若户绝还公。

第五，土地不许任意买卖，凡买卖宅地，必须经郡、国两级官司批准。

第六，每六年班田一次。

第七，关于官吏受田，按田令规定，有位者给位田，有职者给职分田，有功者给功田。位田，外位者给内位的二分之一，妇女给三分之一。

---

① 《日本书纪》卷25，大化二年八月。
② 《日本书纪》卷25，白雉三年二月。

位田为输租田。职分田为不输租田。太政大臣职分田四十町,左右大臣三十町,大纳言二十町,以下依此类推。功田可以传世。大功可以世世相传,上功传三世,中功传二世,下功传一世。

比较班田制和中国的均田制,两者存在着明显的异同。因为后面还将专门叙及,在此暂不赘述。

班田制从 7 世纪中叶开始,至 9 世纪末 10 世纪初消亡,延续了 2 个世纪余。在历史长河中,200 余年虽然很短暂,但是我认为,班田制的历史作用,绝不是以时间的长短来衡量的。应当说,班田制的实施,是当时日本历史发展的必然结果。大化前代的土地私有化,虽然在生产力方面日渐进步,但是从总体上说,与大陆相比,是相当落后的。分散割据的土地制度,对于大规模地吸收先进技术,提高生产率,显然是不利的。当时土地权力的私有化造成了中央权力的软弱化,在全国难以形成一个统一的整体,因此影响了日本在东亚世界的地位。土地的私有化,使大批劳动力沦为豪族势家的私民,使中央政权丧失了经济来源。更重要的是,由于豪族势力的繁重剥削,广大百姓和部民的劳动积极性受挫。面对私有土地的兴盛及其产生的不良影响,改变上述现象成为新政府刻不容缓的大事。可是,在当时的形势下,日本本身并无可资借鉴的现成的、可以医治上述弊病的土地制度。相反,在中国却有一整套经过近一百五六十年实践的均田制,而均田制在加强中央集权,制止农民流动,保证国家税收,增进生产力方面均有明显的效果。因此,借鉴均田制的模式,并结合国情加以改造,制定适合日本国情的新的土地制度,便成为大化新政府的重要使命。事实表明,班田制的实施,对日本社会的发展是起了积极作用的。第一,它从经济上保证了日本国家的统一,使其能够迅速地以强国的姿态活跃于东亚国际舞台。第二,由于土地的国有化,农民被稳固在土地上,有利于先进生产技术的推行。第三,广大部民变为隶属于国家的公民,从手无寸土的人,变成了拥有土地使用权的农民。虽然国家征收的赋税、徭役仍然不轻,但是,有了自己支配劳动剩余产品的权利,劳动的积极性有了明显的提高。正是这种积极性,促进了生产力的发展,形成了奈良时代和平安时代的繁荣。

三、实施班田制的社会基础

在中国,自北魏至隋唐,有两种因素影响着均田制的实施,一是农村公社的遗制,二是封建的宗法关系。农村公社遗制,表现在土地的定期还受和同族的互相扶助上。宗法关系则表现在同族的缓急相助上。"男子相助耕耘，妇人相从纺绩，大村或数百户，皆如一家之务"(《隋书·公孙景茂传》)，"任其亲戚乡里相就，每十户以上，共作一坊……使缓急相助，亲邻不失"(《唐会要·逃户》)。中国统治者正是利用农村公社遗制，以及宗法关系来加强对农民的控制，以保证均田制和租庸调制的实施。唐朝在农村实行邻保制，即四家为邻，五邻为保。邻保组织一是为了保证农村社会的安定，二是为了保证国家租税的征收。据《唐会要》，如果出现逃户，逃户"应赋租庸课税，令近亲邻保代输"。

　　日本推行班田制，除了已经述及的社会原因外，也存在着实施班田制的社会条件，主要是：第一，村落共同体某些特征的遗存；第二，以血缘为基础的家父长制的世代共同体家庭——乡户的存在。村落共同体某些特征的残存，主要反映在两个方面：其一，村落公有地的遗存。大化时代规定的"园池水陆之利，与百姓俱"①的制度，被律令政府保存了下来，规定"山川薮泽，公私共利"②。其二，古代村落共同体的若干机能的遗存。如村落神社以及社首祭祀权的遗存。③又如利用村落共同体的互相扶助的传统关系，建立起律令制度下的农村联保制度，即所谓"凡户皆五家相保，一人为长，以相检查"④的制度。这种联保制度与唐代的邻保制度，虽然在制度的细节上有所不同，但是就其政治目的而言，两者是一致的，就是为了保证农村社会的安定和国家租赋的征收。与联保制相关联的，是农村的家庭形态。日本奈良时代的乡户的构成，虽然呈现出不同的类型⑤，但它们都是由家父长制的世代共同体构成的。这种家庭，是以血缘关系为纽带的，它把户主的直系的、旁系的亲族结合在一起，因此，户口数量上要比中国多。据中国史书《地理志》，每户平均人口数，前汉为4.87人，晋为6.57人，隋为5.16人，唐为5.72人。也就是说，每户平均人口大致在5至6人间；而日本的乡户，据学者研究，平均为27人⑥，为中国唐代每户平均人口的4.7倍。日本的乡户内部结构，比中国的家庭复杂。在唐代，虽然有兄弟子侄同堂共食的，也有数代共居的，但社会最基本的家庭形态，不是日本乡户那样的大家庭，而是一夫一妻的单婚家庭。奈良时代的日本家庭结构，据《令集解》，"一户之内，纵有十家，以户为限"，是由

---

① 《日本书纪》卷25，大化元年八月。
② 《类聚三代格》延历十七年太政官符。
③ 义江彰夫：《律令制下的村落祭祀和公出举制》，《历史学研究》1972年第380号。
④ 《日本书纪》卷25，白雉三年是月。
⑤ 门胁祯二：《日本古代共同体的研究》，东京大学出版会1960年版。
⑥ 三桥时雄：《日本农业经营史的研究》，ミネルウア书房1979年版。

若干个单婚家庭组合成的。又据下总国葛饰郡大岛乡养老五年户籍记载,该乡分为三里,即:

> 甲和里户肆拾肆
>
> 仲村里户肆拾肆
>
> 岛俣里肆拾贰
>
> 乡户合伍拾　里三①

史料表明:第一,大岛乡由五十户乡户组成,五十户乡户分居在甲和里、仲村里、岛俣里。第二,史料记载中的"里户"数与"乡户"数不一样,"里户"共130户。130户"里户"很可能就是分别隶属50户乡户的小家庭(房户)。乡户是一个复合大家庭,它既是血缘关系的结合、单婚小家庭的结合,又是不同阶级成员的结合。以这种复合家庭形态作为律令国家的社会基本单位,在世界历史上也是不多见的。②这种复合的大家庭,虽然保存着氏族残余,并表明一夫一妻小家庭在社会上尚未独立,但是它基本适应了大化改新后社会发展的进程。当时,新政权在既要吸取唐代的先进文明,但又不能越出日本本身条件的前提下,实行各项社会改革。土地制度的改革是大化改新后的重大变革之一。班田制的实施,就是以乡户为社会基础的。

那么,这种保存着氏族残余的乡户,为什么能够与班田土地制度相适应呢?我认为,主要有以下三个因素:第一,律令政府实施班田制的目的,是要保持农村的安定,以及保证国家财政收入的稳定。要实现这一目的,关键在于农村社会的基本细胞——家庭的稳定。乡户恰恰在这一方面符合了这一要求。由于乡户内存在着广泛的血缘关系的残余,在家庭内部又实行家父长制统治,因此,律令政府如果能够控制住每个家庭的户主,也就是说每一个乡控制五十名乡户主,那么,这个乡的社会安定和赋税的征收,就有了基本保证。第二,班田制与唐均田制一样,赋税的征收,是按丁计算的,而不是以田亩计算的。《令义解·户令》规定:"凡户主皆以家长为之。户内有课口者,为课户。无课口者,为不课户。"户作为征收赋税和徭役的基本单位,因此,乡户主具有二重性:对政府,他是复合大家庭的代表,向国家缴纳租赋和应征徭役,是被征收的对象;在家庭内部,他又是遵奉

---

① 转引自竹内理三:《从古代到中世(下)》,吉川弘文馆1978年版。

② 李卓:《论乡户》,《日本研究》1986年第2期,第41—46页。

政府的指令，向所属房户征集租、庸、调以及杂役的协调。第三，正仓院遗存的户籍表明，国家所授的口分田，虽然按口授田，但实际上是按乡户人口计算分配到户的。口分田均登录在乡户主名下，并不意味着乡户是耕种土地的基本单位。实际上，房户才是进行生产的基本单位。他们通过乡户主领取国家班给的口分田，依靠单婚家庭的力量辛勤耕耘，并按时向乡户主缴纳租、庸、调和应征徭役。问题是这种各自独立的房户，为什么在奈良时代，彼此之间能够融合在乡户大家庭之内呢？除了他们彼此之间存在着血缘关系的因素外，其关键还在于生产技术水平的局限。奈良时代的生产工具和生产技术虽然有了长足的进步，比如铁制农具铁锹、锹、锄、镰等的使用比过去更加普遍，牛马等畜力也逐渐代替人从事繁重劳动。但是像铁制农具、耕畜这样重要的农具，在当时，一方面每一个单婚家庭——房户，是不可能依靠己力单独拥有或置备齐全的。因此需要大家族的支持和调配。另一方面，每遇灾荒或病患时，房户也是往往难以克服困难缴纳租赋和应征杂役的，同样需要同一大家族内各房户之间的帮助和协作。上述因素，正是维系各房户之间内聚的原因。由于各房户之间的内聚力超过了分裂力，因而实现了乡户制的相对稳定。而乡户制的稳定，又适应了当时社会的变革，有利于社会的发展。

根据正仓院遗存的户籍可知，奈良时代的乡户之间，存在着贫富的差距。乡户按贫富分为十等。除律令规定的九等户外，还存在着一种"等外户"。730年，越前国义仓账籍载，该国总户数为1019户，其中下户以上（不包括下户）39户，约占总户数的4%；下户69户，约占总户数的7%；等外户920户，约占总户数的90%。750年，安房国总户数为415户，其中下户83户，约占20%；等外户327户，约占79%。可见下户和等外户占绝大多数，越前国下户、等外户约占该国总户数的97%，安房国约占99%。乡户中，像筑前国岛乡川边里的肥君猪手那样的富户占极少数。广大的中、下户和等外户，靠耕种口分田为生。他们是国家实施班田制的阶级基础。国家通过乡户征收劳役地租和生产品地租，榨取乡户的剩余劳动。以乡户主为首的每一个家庭成员，都是中央集权国家的依附民，国家与乡户之间的关系，是封建的隶属关系。

四、班田制与均田制的比较

关于班田制与均田制的关系问题，在中国学术界，有人否定两者之间的联系。相反，也有不少人认为，两者之间存在着密切的关系，班田制是仿照均田制而制成的。笔者也曾在著书和论文中论及这一观点。但是，我觉得以前的论述强调了它们之间的相似性,而忽略了日本在吸收均田制过程中的创造性。诚然,日本班田令中有73%的条文,都可以找到均田令条文的痕迹,有的甚至是全文抄录。从整体上说,班田令是参照唐均田令,根据日本国情而创制的新的土地制度。因此,否定唐均田制对日本班田制的影响是不对的,同样,看不到班田制所具有的民族特色,也是不对的。

事实表明,班田令的制订者,首先是立足日本国情来研究、吸收中国的均田制度的。凡有益于日本社会发展,或符合日本国情的条令,积极地加以吸收,凡不利于日本社会发展,或不符合日本国情的条令,一概不予吸收,并且创造了唐均田令中不曾有的新条令。[1]

对日本的班田制和唐代的均田令加以比较,主要有以下异同:

第一,关于田制的结构。唐代的均田制,实行永业田和口分田的双重结构。"凡田分为二等,一曰永业,一曰口分。丁之田二为永业,八为口分。"(《唐六典·尚书户部》)日本的班田制,没有采用口分田和永业田的双重结构,而仅采用了口分田制[2]。中国的均田制,从北魏至隋唐,皆以大量未垦荒地为主,而日本的班田制,却以已垦水田为主。班田令规定:"凡给口分田,务从便近,不得隔越。"(《令集解·田令》)但由于班田以水田为主,受水田数量的限制,"务从便近,不得隔越"是很难实现的。岸俊男氏和虎尾俊哉氏等,通过具体的寺领田的分析,揭示了口分田耕营的实态,即普遍地存在着错圃形态,口分田所在地与该田的受给者的居住地,一般都有相当的距离。[3]

第二,授田的对象。唐的均田制和日本的班田制,在授田的总原则方面,都实行按丁授田,彼此之间是相似的。但是具体到授田对象,彼此间是有差异的。首先是授田年龄,唐规定为18岁以上,而日本班田令规定为6岁以上。再是妇女授田与否的不同。唐令规定除"寡妻妾以三十亩,若为户者,则减丁之半"之外,一般妇女是不授田的。与此相反,日本的班田令则规定妇女授田:"凡给口分田者,男二段(女减三分之一)。"(《令集解·田令》)这一点,虽与北魏均田制相似,但在授田的数量上略有差别,北魏均田法规定"诸男夫十五以上,受露田四十亩,妇人二十亩"(《魏书·食货志》),是男子的二分之一。日本给的是男子的三分之二。唐代的均田令还规定奴婢不授田,日本却与北魏、北齐相似,对奴婢授田。北魏

① 王金林:《古代的日本——以邪马台国为中心》,六兴出版社1986年版。

② 吉田孝:《律令国家与古代的社会》,岩波书店1983年版。

③ 虎尾俊哉:《口分田耕营的实态》,《班田收授法之研究》,吉川弘文馆1961年版。

均田令规定"奴婢依良"，也就是说奴依男夫，受露田四十亩；婢依妇人，受二十亩。北齐奴婢授田也同良人，奴同男夫，授露田八十亩；婢同妇女，授田四十亩。（《隋书·食货志》）日本虽然与北魏、北齐一样，给奴婢授田，但是授田数又有不同。日本的奴婢分为官户奴婢和家人奴婢两种，"凡官户奴婢口分田，与良人同。家人奴婢，随乡宽狭，并给三分之一"（《令集解·田令》）。即官奴给田二段，官婢给一段百二十步。家奴按乡宽狭班田，一般情况下，家奴二百四十步，家婢一百六十步。北魏时，受田的奴婢是课租赋的。一般学者都认为日本的班田奴婢是不交租赋的，但是据笔者研究，日本的班田奴婢不交租赋的仅仅是官奴婢，而家人奴婢则是要交租赋的，请看《令集解》卷十二"田令"中的记载：

> 穴云，田租及寺家人等田并放令释也，家人奴婢可出租，陵户亦可
> 出租。
>
> 朱云。贞云，家人奴婢口分田之租，准良人出者。

上述记载表明，家人奴婢是要缴纳口分田的田租的，而且田租的标准与良人一样。

唐均田令中规定："凡道士给田三十亩，女冠二十亩，僧尼亦如之。"（《唐六典·尚书户部》）"诸以工商为业者，永业、口分田各减半给之，在狭乡者并不给。"（《通典·田制下》）在日本班田令中，没有道士、女冠、僧尼、工商业者授口分田的记载。日本虽然在吸收中国文化的过程中，在思想领域吸收了一些道教思想，但是作为宗教的道教并没有被引进日本列岛，道士、女冠当然也不可能存在，因此也不可能有道士、女冠受田可言。至于僧尼的经济来源，主要依靠授予的寺田的收入，寺田不受班田令限制，因而也无必要在班田令中做出明确规定。当时的日本，虽然物资日渐丰富，商业也有所发展，但商品经济的发展受农村生产力的限制，尚未达到唐代那样的繁荣程度，工商业者大部分以公民的身份，编入户籍，与家族一起领取口分田，因此也无必要像唐均田令那样规定专门条文。

第三，关于土地买卖。不论是唐王朝，还是奈良王朝，为了保证农村的稳定，不使公有土地私有化，以及大批农民因丧失土地而沦落为荫户，对土地的买卖都是采取严格控制的。唐律规定"诸卖口分田者，一亩笞十，二十亩加一等，罪止杖一百"（《唐律疏议·贼盗》）。日本班田令中，也严格禁止口分田的买卖、让渡，甚至口分田的赁租时间，也严格控制在一年之内。"凡赁租田者，各限一年。"（《唐律疏议·贼盗》）

虽然唐朝和奈良朝都严禁土地买卖，但是，土地买卖也并不是绝对不允许的，在特殊的情况下，经过官司的审批，也是可以出卖的。比如在唐朝，前已叙及在两种情况下可以卖永业田和口分田，一是家贫，难以丧葬时，可以卖永业田；二是百姓由狭乡迁居宽乡时，可卖口分田。此外，"赐田欲卖者，亦不在禁限"。与唐相比，日本虽然也允许在官司批准下，出卖、让渡土地，但是只限于园宅地和私田。"园任赁租及卖，皆须经所部官司申牒，然后听。""私垦田听永卖何？……私治田听永卖也。"（《令集解·田令》）唐朝在一定条件下，可卖公有田，而日本只能卖园宅地及私垦田，因此日本对土地的控制比唐朝更严格。

第四，关于编造户籍。由于唐朝和奈良朝都推行按丁授田的方法，并且征收租、庸、调又以户为单位，所以编造和勘查户籍成为实行均田制和班田制的关键。唐令规定，唐朝实行"每岁一造计账，三年一造户籍"制，说明唐朝的户口登记有账和籍两类。据学者研究，账又有乡账和计账之分。乡账登录某乡本年度的户口。计账则是中央户部预计下一年度赋税的依据。三年一造的籍，登录手续较繁杂，而且登记项目、格式详细。从敦煌发现的唐代户籍分析，登记项目与授田有关，因此可知籍是为授田所需而造的。[①]奈良时代，日本的计账、户籍之制，大致与唐相似，只是造籍时间有所不同而已。据《令集解》，计账也是一年一造，每年六月三十日以前，由"户头"将家口年纪一一记录交乡里，最后由国汇集，造册上报民部，并在八月三十日以前，送太政官。虽然史籍没有载明一年一造计账的用意，但我们从唐朝的计账用途，可以推知奈良朝的计账用途，也是为了预算下一年度的国家的财政收支。至于造籍，《令集解》中明确指出是与班田直接有关的。唐朝是三年一造籍，奈良朝则六年一造籍。六年一造籍是与土地六年一班有关。每至班年，由十一月上旬起，按乡里勘查户籍，并逐级上报郡、国，至次年五月三十日勘查完毕，在勘查户籍的基础上，实行班田。奈良朝的六年一造籍与唐朝的三年一造籍，虽然在时间上相差三年，但作为中央集权国家剥削广大百姓的依据则是一样的，也就是说它们的阶级本质是完全相同的。

第五，关于官吏受田。唐朝官吏受田，分为永业田、职分田、公廨田三种。永业田，可以传子孙，不在收授之限，实际上成为官吏的私田。职分田是官吏的俸禄，按品位高低授田多寡，京官一品十二顷、二品十顷、三品九顷、四品七顷、五品六顷、六品五顷、七品三顷五十亩、八品二顷五十亩、九品二顷；诸州官职分田均比京官高，如二品十二顷、三品十顷、四品八顷。公廨田是各级政府机关的办公

---

① 黄盛璋：《唐代户口的分布与变迁》，《历史研究》1980年第6期，第91—109页。

费用,由农民租耕。

奈良朝的官吏受田,除口分田外,尚有位田、职分田、公田和官田。位田、职分田按品位、职务高低授田多寡。如一品八十町,二品、三品、四品各为六十町、五十町、四十町。正一位八十町,从一位七十四町,正二位六十町,从二位五十四町,以下依次递减。外位与内位也不一样,"外位者内位减半给之,女减三分之一"(《令集解·田令》)。职分田为官吏俸禄,太政大臣四十町,左、右大臣各三十町,大纳言二十町,以下按职位高低,依次递减。唐代外官的职分田比京官高,奈良时代的外官职分田比京官低。位田和职分田,"得职位之日即授,死阙之日即收"。日本的公田,与唐公廨田近似。据载,"凡诸国公田。皆国司随乡土估价赁租,其价送太政官以充杂用"(《令集解·田令》)。奈良时代,朝廷还在畿内地区设置官田一百町,供应朝廷食料,官田由宫内省管辖。奈良朝廷的中央官僚,除位田、职分田外,尚有大量的食封,太政大臣的食封多达三千户,左、右大臣各二千户,大纳言八百户。(《令义解·禄令》)有功者,还赐以功田等。

此外,班田令和均田令都为照顾某些特殊人员做了规定,如"因王事没落外藩者",或"身死王事者",他们应得的身份田(即唐朝的永业田、口分田,奈良朝的口分田),均可予以保留。唐令规定保留六年,日本养老律令规定保留十年。凡战死者,所应受的身份田,均可传给子孙(《唐六典·尚书户部》)。

五、唐与奈良朝的租庸调制

唐与奈良朝的赋役制度是基本一致的,如唐朝的赋役包含租、庸、调、杂役四个方面,奈良时代的赋役也是租、庸、调、杂役四个方面。我们说基本一致,是指赋役的范围,而不是说具体内容细节。事实上,相异之处也是很多的。现在,粗略地分析一下彼此之间的异同。

第一,关于课户与不课户。唐与奈良朝的户令中都对课户和不课户有明确规定,如表5-2所示:

表5-2　唐与奈良朝户令中关于课户和不课户的规定

唐开元廿五年令	奈良养老律令
诸户主皆以家长为之。户内有课口者为课户,无课口者为不课户。诸视流内九品以上官及男年二十以上,老男、废疾、妻妾、部曲、客女、奴婢,皆为不课户	凡户主皆以家长为之。户内有课口者,为课户。无课口者为不课户。不课,谓皇亲及八位以上,男年十六以下,并荫子、耆废疾妻女、家人、奴婢

从上述引文可知,关于不课口的规定,有两点不同:①课口的年龄不同。唐令规定20岁以下的中男和60岁的老男属于不课口,而养老律令则规定16岁以下的小男和66岁以上的耆为不课口。很明显,奈良时代把中男、老男都列入课口范围,比唐朝扩大课口年龄10岁,课口范围比唐朝广。②官吏不课户范围的不同。唐规定京官九品以上为不课户,而养老律令则规定,皇亲及八位以上为不课户,没有明确规定限于京官,由此可以推知八位以上的京外官也享受不课户待遇。这一规定,养老律令比唐令的范围广。

第二,关于"课役"的含义。唐与奈良朝的课役,从总体上说是一致的,包括租、庸、调、杂役四个方面,但是在具体征收课役时,彼此之间却有所不同。在唐朝,租、庸、调和杂役,是以"人丁为本"的(《新唐书·食货志》)。租,每丁纳粟二石。调,每丁每年或输绫、绢、绝或输布,若输绫为二丈,则输布为二丈五尺,麻三斤。庸,每丁每年二旬,闰年加二日。若以物代役,则每日折合布三尺七寸五分。杂役也按丁摊派,平时可用输钱代役。据史籍记载,唐天宝十三年(754年),全国总户数为962万,其中有课口户为530万,约占总户数的55%;总人口为5288万,其中课口为766万,课口约占总人口的14%。天宝十四年,分别约60%、16%。政府从14%或16%的课丁中,征收的租、庸、调为3785万(《通典·赋税下》),约占全国财政总收入的73%。

与唐比较,奈良时代的租、庸、调和杂役,不完全是按丁征收的。例如田租是按班田的田数征收的,"段租,稻二束二把,町租,稻廿二束"(《令集解·田令》)。与此不同,庸和调则是以丁为本的。"凡正丁岁役十日,若须收庸者,布二丈六尺。""凡调,绢绝丝绵布,并随乡土所出。正丁一人……布二丈六尺。"(《令义解·赋税令》)由此可见,奈良时代租的征收与唐不同,而庸、调则与唐完全相同,是按丁征收的。

第三,授田和征收租、庸、调的关系。不论是唐朝,还是奈良朝,课户和课口都是国家财政的主要来源,因此在政策上,对课户与不课户,课口与不课口都有明显的区别。比如,授田原则,都首先保证课户和课口,唐令和养老律令载,"授田先课役后不课役,先贫后富,先无后少"(《令集解·田令》)。与授田原则相对应,两国律令都规定,赋税和徭役也是先征课户、课丁。"凡差科,先富强,后贫弱,先多丁,后少丁。"(《令义解·赋役令二》)很明显,奈良时代的班田及租、庸、调的课役原则,与唐代是完全一致的。

第四,关于租、庸、调的减免,唐与奈良朝的规定不尽相同。如田地遭水、旱、虫、霜等灾害后,两国赋税令都规定了减免,但唐朝规定损失十分之四以上免租,十分之六以上免租和调,十分之七以上租、庸、调全免(《唐六典·尚书户部》)。奈良朝规定,损失十分之五以上免租,十分之七免租和调,十分之八以上租、庸、调全免(《令义解·赋税令》)。这表明减免的标准奈良朝比唐朝严格。不过也有相同的地方,如对于桑麻全部损失无力输调的,不论唐朝,还是奈良朝,都规定可以免交。若已服役,或已缴纳租、调的,可以扣除下一年的租、庸、调。

对于由狭乡迁居宽乡者,唐朝与奈良朝都以路程远近规定免除课役的年限,所不同的是,唐以千里、五百里、三百里为标准,而奈良朝以十日、五日、二日为标准。迁居千里以外(十日以上)免三年课役,五百里以外(五日以上),免两年课役,三百里以外(二日以上)免课役一年。对于没落外藩归来者的课役减免,奈良朝和唐朝的规定完全相同,即没落外藩一年以上者,免三年;两年以上免四年;三年以上免五年。外藩人投化日本者,免十年(《通典·赋税下》)。对于因公出使友邻国家者,养老律令规定免一年课役。出使唐朝者,可免三年课役。

另外,关于租、调的缴纳方式,唐与奈良朝也有所不同。唐朝的田租,以上交中央为主,在特殊情况下,交给州府。日本则以上交国衙为主,只向朝廷缴纳春米。[1]关于调的缴纳,唐令规定,首先按户成匹,当户不能合成匹、端、屯[2]时,就与相近的乡户合成匹、端、屯(《唐令拾遗·赋役一》)。奈良朝则不同,它不按户合成匹、端、屯,而是以一郡为单位合成。

六、班田制失败的原因

关于班田制的失败,日本史学家已经做过较深的研究。今新宫、德永春夫、林陆郎、直木孝次郎、虎尾俊哉、竹内理三、宫本救、门胁祯二等氏,都发表了精深的观点。诸氏的观点,虽然不尽相同,但是在人口增加、口分田不足、班田手续繁杂、地方官不正,以及伪籍等原因方面,大家的意见是基本一致的。

在中国,对班田制失败问题,尚未深入展开研究和讨论。笔者在《简明日本古代史》一书中,曾对这一点做过探索。笔者认为班田制失败的根本原因,在于大土地所有制的发展。它的发展,必然导致国有土地所有制的瓦解。大土地所有制的发展,表现在哪些方面呢? 主要有如下几个方面。

第一,国有土地所有制的双重性。班田制是以土地国有制为基础的。据统计,奈良时代,全国水田总面积为6.70万町,其中口分田约占80%。除此之外,尚

---

① 吉田孝:《田令注解》,《日本思想大系律令》,岩波书店1987年版。
② 匹、屯、端皆是奈良时代的度量衡。

有约20%的王公贵族、官僚、神社、佛寺等特权阶级占有的土地。①以上两种土地占有形式,表面上都受到中央集权国家的严格控制,但实际上,两者之间有明显的差异。首先,特权阶级占有的土地,除他们的口分田外,大多不受班田制的影响。其次,特权阶级占有的土地,虽然表面上是国家所有,实际上除职分田外,其他各田基本上成为世袭田。权门贵族占有的田地,主要的耕种者是班田农民,他们把土地租赁给班田农民,然后收取实物地租。律令政府虽然严格规定租赁期限,限制一年,但常常是一年之后,再度延续契约关系,事实上成为永久性的租赁关系。这种租佃人对田主债务的慢性化,逐渐演变成人身的隶属关系,促进了大土地私有的发展。②事实表明,部分国家所有形式下的私有土地,后来转变为庄园。

第二,大批荒地的存在,为私有土地的发展提供了条件。中国的均田制是以大批荒芜土地为主体进行均分的。可是,日本的班田制,主要对水田进行分配,而大批荒芜土地是不包括在内的。因此可以说,大批荒芜土地从班田制实施之日起,就成为威胁班田制存在的重要因素。这种荒芜土地的存在,首先为国司、郡司、里长等地方官僚扩张势力提供了方便。8世纪以后,地方官吏"背公家,向私业"③的行为屡屡发生。他们"多占山野。妨百姓业",凭借一二亩赐田,乘机"逾峰跨谷,浪为境"。④中央集权政府虽然采用多种手段,抑制地方官吏及豪强势力侵占山野,扩大私地,可是由于"三世一身法"和"垦田永世令"的颁布,这种扩大私地的趋势不但没有减弱,反而更趋严重。"三世一身法"和"垦田永世令"本是增加耕田面积,解决口分田不足的一项措施,然而,在这两项措施的实行中,得到好处的不是广大班田农民,而是官僚贵族和豪强之家,形成了"天下诸人竞为垦田","势力之家驱役百姓,贫穷百姓无暇自存"的局面。⑤在颁布"垦田永世令"的同时,朝廷对各级贵族和寺院的垦田数,都做了限制,但从规定数额看,实际上是对官僚贵族、寺院进行垦田的鼓励。按规定,一品及一位,准垦500町,二品及二位400町,三品及三位300町,四位200町,五位100町,六位以下八位以上50町,初位至庶人10町,郡司大领、小领30町,主政、主账10町。⑥各寺院的垦田数,

---

① 竹内理三:《体系日本史丛书·土地制度史Ⅰ》,山川出版社1973年版。

② 菊地康明:《日本古代土地所有的研究》,东京大学出版会1969年版。

③《续日本纪》卷12,天平六年十一月。

④《续日本纪》卷3,庆云三年三月。

⑤《续日本纪》卷26,天平神护元年三月。

⑥《续日本纪》卷15,天平十五年五月。

大倭金光明寺4000町,元兴寺2000町,大安、药师、兴福、大倭法华及诸国金光明寺各1000町,弘福、法隆、四天王、崇福、新药师、建兴、下野药师寺、筑紫观,世音寺各500町,诸国法华寺各400町,自余寺院各100町。[①]实际上,有势之家侵占山野、垦田之数远超朝廷规定的限额。延历三年(784年),侵占山川田泽,扩大私有土地的行为有增无减,严重影响了社会的安宁以及国税的收入,朝廷为此直接出面干预,重申"民惟邦本,本固国宁,民之所资,农桑是切"[②]的治国方针,首先禁止国司等"私贪垦辟"[③]。其次禁止"王臣家及诸司、寺家,包并山林,独专其利"[④]。延历十年(791年),又遣使山背国,"勘定公私之地,各令有界"[⑤]。即使国家进行干预,但私有土地的发展也已如开闸之水无法阻拦了。到了弘仁年间(810—823年),地方官吏国司等,凭借权力侵占兼并土地之势,更加严重他们"或假他人名,多买垦田,或托言王臣,竞占腴地"[⑥]。奖励垦田的政策,加速了大土地私有制的发展,同时也加速了班田制崩溃的进程。

第三,大土地所有制的发展,引起了社会的深刻变化。

变化之一是广大班田农民,逐渐成为私有田主的租佃农。在班田制下,大多数班田农民从国家手里领取的班田,常常是一些贫瘠之地,"徒受其名,不堪输租"[⑦]。除殷富家庭之外,大部分家庭靠口分田的收入,不足以养活一家,于是只得在耕种口分田外,去租佃土地耕种;或出卖劳动力,当雇佣工。农村中的这些剩余劳动力,正好适应了王公贵族、官僚势家扩大私有土地的需要,不但成了有势之家的口分田、位田、职分田、功田等土地的主要耕种者,而且成为他们霸占的山野的垦殖者。荒地开垦之后,有势之家又将其转租给开垦者,收取田租。起初,这些班田农民既是国家的公民,又是私有土地领有者的依附农或雇工。但随着地方豪强势力的兼并和官吏的繁重征役,班田农民或寄身于有势之家,完全成为私有大土地(庄园)的租佃民;或逃亡他方,成为那里的私有大土地领有者的租佃农。政府实施班田制之初,所企望的在中央集权制下的农村的稳定,已经发生动摇。政府财政收入的主要征课对象班田农民,日渐减少。

---

① 《续日本纪》卷17,天平胜宝元年七月。
② 《续日本纪》卷6,和铜六年十月。
③ 《续日本纪》卷38,延历三年十一月。
④ 《续日本纪》卷38,延历三年十二月。
⑤ 《续日本纪》卷40,延历十年六月。
⑥ 《日本后纪》卷32,弘仁三年五月。
⑦ 《续日本纪》卷40,延历十年五月。

变化之二是家庭结构的变化。我们在"实施班田制的社会基础"部分,已叙述了奈良时代的家庭结构。以血缘为基础的家父长制的世代共同体——乡户的存在,是班田制得以实施的社会基础。但是,随着时代的变迁,这种家庭结构也日渐发生变化。由于生产技术的进步,以及铁制农具逐渐地从家父长世代共同体集体所有转变为单婚家庭——房户的个体所有,单婚家庭的独立化进一步加强。房户也日渐引起社会上的重视:

> 宜给户头百姓,种子各二斛、布一常、锹一口,令农蚕之家,永无
> ﹒﹒﹒﹒﹒﹒﹒
> 失业。①
>
> 宜赐京邑六位以下至庶人户头人,盐一颗,谷二斗。②

以上两条史料中所说的"户头人",我认为就是房户主,"农蚕之家"系指房户。房户的独立化进程,本身就是乡户制解体的过程。再加上豪强势力的土地兼并、高利贷的盘剥、繁重的赋役,使以血缘为纽带的家父长制世代共同体,难以维持以往的内部稳定。虽然史籍没有为我们提供足够的史料,但是我们完全可以想象,以房户为单位向豪强势家租佃土地,或以房户为单位背井离乡,浮浪他乡的现象是相当普遍的。房户脱离乡户而独立,实际上为大土地所有者提供了劳动力,成为私有大土地存在和发展的社会基础。

变化之三是律令体制的松懈,官僚豪强势力的增长,皇权的衰落。律令体制下的基层官僚机构是国、郡、里(乡)。国司、郡司、里长掌握着这些基层官僚机构的土地、户籍、租赋、徭役。这些掌握一国、一郡、一里的官僚,常常利用自己手中的实权,牟取私利。他们上与诸王群臣、下与乡里豪富相勾结。到了8世纪中叶,竟发展到"曾无一国守领,政合公平"。至8世纪末期,更是"廉平称职(者),百闻不一,侵渔润身,十室而九"③。地方官僚扩大势力的手段是多种多样的,一是侵占兼并公私田以及荒野,驱使百姓垦殖。二是利用放贷官稻,谋取利息。按照规定,官稻放贷的目的,在于扶植生产,利率为30%,可是各地国司常常"苛规利润,广举隐截",滥加利息,利率高达50%。三是截留租税庸调,以肥私囊。贡进庸调,规格品质,本有法定,但是地方官吏常常以次充好,致使"诸国贡物,粗恶多不

---

① 《续日本纪》卷9,养老七年二月。

② 《续日本纪》卷10,神龟四年二月。

③ 《续日本纪》卷39,延历五年四月。

中用"。更有甚者,竟拖欠租税,造成中央财政紧张。延历五年(786年),朝廷指责国司不按时缴纳贡物,"诸国所贡,庸调支度等物,每有未纳","物漏民间,用乏官库"[1]。延历九年(790年),朝廷宣布各地拖欠的租税,按国大小,每年补交,大国三万束,上国二万束,中国一万束,下国五千束。若仍旧拖欠不交,按情节轻重论罪。[2]尽管朝廷不断整肃地方官吏,但侵吞官物的行为有增无减,致使纲纪松弛,皇权衰微。总之,大土地所有制的发展,动摇了班田制赖以生存的社会基础,从而造成了班田制的崩坏。班田制的崩坏,又直接动摇了中央集权体制,从而皇权日渐衰落。

---

① 《续日本纪》卷39,延历五年四月。
② 《续日本纪》卷40,延历九年十一月。

第六章

奈良王朝治政的理论支柱

第一节　儒学的应用

一、治政之要

中国的唐代,虽然在宗教信仰方面,推崇道教和佛教,可是政治统治的指导思想,却始终以儒家思想占主导地位。对于日本奈良王朝来说,虽然也积极地推崇和信仰佛教,出现过称德天皇重用道镜和尚,实行政教合一的统治时期,但是,那只不过是极短暂的一个历史时期,从总体上看,奈良王朝治政的指导思想,应该说是深受儒家思想影响的。

史籍记载表明,奈良王朝的诸天皇,大多对中国的史书、经典有较深的研究。文武天皇为人宽仁,"愠不形色,博涉经史,尤善射芸"[1],他不但是一位精通经史者,而且也是一位以儒家思想修身的人。元正天皇"神识沈深,言比典礼"[2]。在其统治期间,对于中央集权体制的巩固和完善,建树颇多。就是笃信佛教的孝谦天皇,也是一位经常研习儒家经典的人,她自己说过:"朕览周礼,将相殊道,政有文武,理亦宜然。"[3]孝谦在位期间,遵奉儒家治政思想,施政业绩不少,如她特别注重安民政策,遣派使节到各地巡问民情,扶贫恤病,救济饥寒。[4]为减轻人民负担,将中男年龄由17岁提高到18岁,正丁年龄由21岁提高到22岁。[5]并以"治民

---

① 《续日本纪》卷1,文武元年。

② 《续日本纪》卷7,灵龟元年八月。

③ 《续日本纪》卷20,天平宝字元年五月丁卯。

④ 《续日本纪》卷20,天平宝字二年正月戊寅。

⑤ 《续日本纪》卷20,天平宝字二年七月癸酉。

安国必以孝理"为由,令全国百姓家藏《孝经》一本,"精勤诵读,倍加教授"①,若有孝行出众者,便给予奖励表扬,凡"不孝、不恭、不友、不顺者",则流放东北荒凉地区。继孝谦之后的淳仁天皇,也是一位对儒学经典颇为喜好的人。"朕以余闲历览前史"②,对中国的古典史籍及本国史籍都有所披阅。他的治政思想是"德惟善政,政在养民"③。为了实现善政,他首先调查各地官吏政绩,并加以整顿。他明确宣布自己的用人标准。那些在家无孝、在国无忠、见利忘耻、施政不仁、使民痛苦,以及不服从朝廷任命,称病不去边疆地区任职、不遵守国家法律者,若屡教不改,则贬官归乡。他说,犯有上述恶劣行为的官吏,即使有"周公之才,朕不足观之"④。淳仁天皇在位期间实行的另一项措施是改变中央机构的名称,太政官改为乾政官,太政大臣称大师,左大臣称大傅,右大臣称大保,大纳言称御史大夫,紫薇中台改称坤宫官,中务省改为信部省,式部省改为文部省,治部省改为礼部省,民部省改为仁部省,兵部省改为武部省,刑部省改为义部省,大藏省改为节部省,宫内省改为智部省,弹正台改为纠正台,等等。⑤淳仁天皇此举,不能简单地认为只是名称的改变,而应该认识到这种改变反映了他治政的指导思想更倾向于儒教化。将太政官改为乾政官,将太政大臣、左大臣、右大臣分别改为大师、大傅、大保,表明以淳仁天皇为首的统治集团要使中央核心领导层在形式上更接近唐朝的官制。尤其值得注重的是以仁、义、礼、智、信来命名民部省、刑部省、治部省、宫内省、中务省,反映了以儒学治国的决心和信心。这种名称的改变,目的是要求有关官吏在行使职权时,严格遵守自己的职责。民部省的职责是施政于民,改为仁部省后,其所属官吏就必须牢记施政于民、以仁为贵的思想。刑部省改为义部省,表明淳仁朝廷在法律方面,特别推崇"德主刑辅"思想,采取宽刑主义。除上述五省外,还有大藏省的改名,也反映了儒家思想的影响。儒家以俭约为美德,反对铺张浪费。淳仁天皇把大藏省改为节部省,就是要提醒官吏用财之道,务必节约,崇仰俭约的美德。

淳仁朝之后,孝谦天皇重祚。她从统治阶级内部矛盾斗争的需要出发,大力推行佛教政治。但是五年之后,光仁天皇继位,否定了佛教政治,重又推行儒家政治。光仁天皇上台伊始,就遇到两大难题:一是官僚机构庞大,官员冗多;二是

① 《续日本纪》卷20,天平宝字元年四月辛巳。

② 《续日本纪》卷23,天平宝字五年二月。

③ 《续日本纪》卷23,天平宝字四年十一月。

④ 《续日本纪》卷23,天平宝字五年八月。

⑤ 《续日本纪》卷21,天平宝字二年八月甲子。

由于天平年间盛行建造寺院、建造大佛之风,劳役百姓,用尽国库,财政日趋紧张。面对难题,光仁朝廷有针对性地采取了若干有力措施:第一,否定佛教政治,驱逐参与朝政的道镜和尚出京,贬为下野药师寺别当。道镜的亲属流放土佐。被道镜排挤、打击的人,重新恢复名誉,恢复职务。与此同时,整顿僧尼,加强纲纪。第二,整顿官吏。宝龟元年(770年)九月,光仁天皇曾以太子身份颁布旨令,指出令外官人数过多,徒费国家财物而与国无益,宣布除重要机构和必要的官吏外,冗官和不必要的机构予以撤销。先后被撤销的机构,有内监省、外卫府等。被废除的官吏有畿内员外史生,以及历任五年以上的员外国司等。宝龟十一年(780年)三月,太政官根据当时官吏众多、财政日困的状况,提出"当今之急,省官息役,上下同心,唯农是务"之策。[①]光仁天皇对此表示赞同,对有关政府机构和官员进行精简。与此同时,对兵制也进行了整顿,除三关边要之外,按每国大小确定兵员名额。凡羸弱兵士,一律解甲归农。诸司的仕丁、驾舆丁、厮丁,以及三卫府的火头等,也都解职回乡,从事农业生产。第三,当时国郡司大多利用职权,牟取私利。牟取私利的手段之一,就是放贷官稻。为了阻止非法行为,防止广大平民百姓破产,光仁朝廷采取了三项措施:一是重申高利贷的利率,按律令规定不许超过一倍。违纪者按违敕罪论处。[②]二是宣布国郡司不得任意隐截官稻,更不许拿隐截的官稻进行放贷。若有违犯者,不论隐截官稻数量多少,一律以贪赃论处,解除公职,永归乡里。[③]三是每当春天饥荒时节,用国库之粮,以低于时价的价格卖与贫民[④],使天下百姓免受谷价腾贵之苦。第四,光仁天皇说过:"杂类之中,人最为贵。"[⑤]这种思想,与唐太宗的"国以人为本"[⑥]的思想是完全相同的。光仁朝十分重视百姓的安定,特别防止百姓流离他乡,沦为隐户。宝龟十一年(780年)十月,根据伊势国检查户口中查出不少"隐首"(隐瞒的户口)的经验,敕令全国进行户口检查。凡"隐首",皆应编入户籍。凡浮逃他乡的农民,愿返回本籍的,可送其归乡;不愿回本籍者,应编入当处户籍。凡私自役使"隐首"和浮流者,若是官吏则罢官,若是百姓则决杖一百。[⑦]

---

① 《续日本纪》卷36,宝龟十一年三月辛巳。

② 《续日本纪》卷35,宝龟十年九月甲午。

③ 《续日本纪》卷35,宝龟十年十一月乙未。

④ 《续日本纪》卷32,宝龟四年三月己丑。

⑤ 《续日本纪》卷32,宝龟四年十二月乙未。

⑥ 《贞观政要》卷30。

⑦ 《续日本纪》卷36,宝龟十一年十月丙辰。

781年,桓武天皇继光仁之后,执掌朝政。他继续执行光仁天皇的加强律令体制的方针。首先着力于整肃纲纪。针对各级官吏数目冗多的情况,宣布内外文武官,员外之任,一律废除。[①]延历五年(786年),针对国郡司的弊政,制定了国郡司褒贬条例十六条。[②]不允许国郡司在公廨田之外,再经营水田,更不许侵害百姓农桑地和垦殖荒地,违犯者,垦殖之田,收获之作物,全部没收,并罢官归乡。禁止王臣、诸司、寺院兼并山林,如有违犯,按违犯敕令罪处之;有关官吏包庇、纵容,也按同罪处理。国郡司若将粗恶不能食用的调、庸贡进朝廷,朝廷将根据贡物滥秽的程度,依法惩罚。国司违犯则革职罢官,永不录用;郡司违犯除革职罢官,还要断其谱第,革除爵位。对于贪沾国税者,惩罚尤严,国司一人贪沾,其属下官吏同罪,解除官职,永不叙用。延历九年(790年),宣布各国历年拖欠的租税,按大国三万束、上国二万束、中国一万束、下国五千束的数额,每年填补,如果依然拖欠不交,则按情节轻重科罪。

总之,奈良时代的治政思想,是以儒家政治贯彻始终的。儒家政治的核心内容,其一是"政在养民"。把富国安民的基点,放在农村的安稳和农民摆脱贫困之上。对于"君,舟也。民,水也。水所以载舟,亦所以覆"的儒家伦理,奈良时代的天皇是领悟颇深的。因此"农者天下之本"[③]的思想,始终成为统治者治政的首要大事。其二是"简人任能"。对于各级官吏选拔、政绩良劣都十分关注。因为良吏可以使社会安定、户口增加,赋税征收有保障。朝廷对良吏是颇为重视的,如道君首名、石川年足等人,均因在出任国守期间,政绩出色,而被誉为良吏的典范。[④]其三是"俭约"。儒家认为,帝王崇尚俭约,则民心不乱,国可兴盛。若贪欲骄奢,征收无度,百姓贫困,则民心乱,国亡之日也就不远了。奈良时代虽然大造佛像,用尽国库,但从整体看,历代天皇均比较注意俭约。元正天皇在位期间,就曾发诏全国号召俭约。诏文中说:"制节谨度,禁防奢淫,为政所先,百王不易之首。"[⑤]光仁天皇也曾说过:"政先俭约,志在忧勤。"[⑥]这种既强调从物质上俭约,又要求在精神上勤奋的做法,表明了以光仁天皇为首的统治集团对儒家学说的深刻理解和发展。

---

① 《续日本纪》卷36,天应元年六月。

② 《续日本纪》卷39,延历五年四月庚午。

③ 《续日本纪》卷28,神护景云元年四月癸卯。

④ 《续日本纪》卷8,养老二年四月乙亥。《续日记纪》卷24天平宝字六年九月乙巳。

⑤ 《续日本纪》卷8,养老五年三月乙卯。

⑥ 《续日本纪》卷36,宝龟十一年正月乙酉。

二、官吏的选叙和考课

中国和日本的古代史都表明,凡是重视吏治的朝代,政治都较为清廉,民生安定,经济繁荣。中国的唐朝和日本的奈良朝就是如此。吏治之要,在于选拔贤良,量才授职,赏罚严明。唐朝的"贞观之治","开元天宝之治",奈良朝的"养老·天平之治"和"宝龟·延历之治",对官吏的选叙、考课、升赏、惩罚都取得了一定的成绩。

唐代的官吏录用制度,采取科举制,通过考试选拔人才。奈良时代的官吏录用制度,虽然不能说完全照搬科举制度,但是科举制度的影响也是存在的,如考试科目等。唐朝科举考试科目,据《日知录》,有秀才、明经、进士、明法、明字、明算6科。《新唐书》所载科目虽然多达19种,但是最主要的依然是上述秀才等6科。奈良时代的官吏录用考试也是秀才、明经、进士、明法、书、算等六科。(《令集解·考课令·学令》)考生来源,唐代有两种:一是国子监、弘文馆、崇文馆和各州县学馆的学生;二是各地方推荐的优秀知识者,称为"乡贡"。日本奈良时代的考生来源主要是中央和地方学校的学生,没有"乡贡"。这是奈良时代官吏录用制度中与唐代略有不同的地方之一。日本仿唐代教育制度,设中央、地方两级学校,中央设大学寮,有学生430人;地方设国学,大国有学生50人,上国40人,中国30人,小国20人。官员的来源,主要从中央、地方两级学生中选拔。考试的内容,唐朝和奈良朝的规定是基本相同的。唐朝规定秀才"试方略策五道",奈良朝规定"试方略策二条"。考试成绩都是按上上、上中、上下、中上四等判分。(《令集解·考课令》)凡在四等以上者皆可考取,四等以下者皆落选。秀才科考试难度较大,唐朝自贞观以后考生日少,大多考生皆热衷于进士科。在日本,自奈良时代前夕的庆云年间(704—707年)至平安时代的承平年间(931—937年)的230余年间,考取秀才者仅65人,而且考取者成绩优秀的为数甚少。平安时代著名的学者菅原是善、菅原道真、三善清行的成绩也仅仅是第四等中上水平。

明经科的考试,唐朝规定需答问大义10条、时务策3道。奈良朝规定需问经文10条(或11条),也是以上上、上中、上下、中上四等为录取分数线。据《养老律令·考课令》,10条全通者为上上,通8条以上者为上中,通7条者为上下,通6条者为中上。

进士科考试内容,中日两朝都是只试时务策和"帖读"(暗诵)。不同的是唐朝试时务策5条,奈良朝试时务策2条。唐朝帖读"一大经",而奈良朝规定帖读《文选上秩》7帖、《尔雅》3帖。就是说,从《文选上秩》中出7道题,从《尔雅》中出3道题。考试成绩在甲、乙两等者为及格。不同的是乙等的评分标准有出入,奈良朝规定获乙等成绩者,必须是时务策全部答对、帖读10题中答对6题者。唐朝规定稍宽,时务策答对80%(即5条中对4条)、帖读4题以上者,可给乙等成绩。

关于明法科的考试内容、录取标准,唐朝和奈良朝是完全相同的。即都考律、令,其中律7条,令3条。全通为甲,通8条为乙。

书科,奈良朝和唐朝都要考墨试,以《说文解字》《字林》等为主。

算科,唐朝规定有两种试题:一是考大义10条,即从《九章》《海岛》《孙子》《五曹》《张丘建》《夏侯阳》《周髀》《五经算》中出10题,答对6题及格;另还须帖读10题,对9者及格。二是考《缀术》《缉古》,10题对6者及格;帖读也是10题,对9者及格。奈良朝算科的考试也有两种,基本与唐相近,但具体内容则略有不同。第一种考试,考《九章》《海岛》《周髀》《五曹》《九司》《孙子》《三开重差》,共出9道题,全对为甲,对6题为乙。不过即使对6题,而不会《九章算经》者,也不录取。第二种考试,考《缀术》《六章》,共9道题,全对为甲,对6题为乙。两种考试都没有帖读一项。

如果比较唐与奈良朝官吏选拔的过程的话,那么很明显唐朝的选拔过程较烦琐,而奈良朝则比较简单。唐朝,知识者进入官途,必经三次考试,即学馆试(或乡贡试)、礼部的贡举试、吏部试(或殿廷试、都堂试)。只有吏部试合格者,才能正式授官。奈良朝的知识者进入官途,只需两次考试,即大学试(或国学试),合格者参加式部主持的贡试,式部试合格者即可授官。授予合格者的官位,除秀才相同外,明经、进士、明法等,奈良朝所授官位,都比唐朝高。唐与奈良朝官吏考试录用制度的主要差别是考生来源,唐朝比奈良朝广泛,唐朝除学生外,还通过乡贡广泛搜集人才,而日本规定主要从五位以上子弟及长期从事史部实际事务的六位以下的下级官吏子弟中选取。在唐朝,不少人通过科举逐步升至宰相,而日本则几乎没有不通过考试而达到大臣地位的。由此可见奈良朝的官吏录用制度,具有选拔骨干务实官吏的浓厚色彩。

奈良朝和唐朝一样,特别重视对官吏的考核,并根据考核的成绩(即业绩的良劣),进行升降、褒贬。官吏的考核,由各级官吏的长官进行,考核内容分别为"四善""四十二最"。

"四善",一是"德义有闻",二是"清慎显著",三是"公平可称",四是"恪勤匪懈"。这"四善"基本上与唐朝考核官吏的"四善"相一致,只是"清慎显著"一条,唐代是"清慎明著",文字上有稍微出入,但其含义是相同的。"四善",实际上是用儒家的德义、清慎、廉洁、恪勤检验官吏的德行。

除了德行的检查考核外,还对每个官吏职责范围内的工作进行考核。唐朝对官吏考核,将文武官吏职位分为二十七类,即"近侍""选司""考核""礼官""乐官""判事""宿卫""督领""法官""校正""宣纳""学官""将军""政教""文史""纠正""句检""监掌""役使""屯官""仓库""历官""方书""关津""市司""牧官""镇防"。每一类官职最高的业绩,称为"最"。因此总称"二十七最"。奈良朝的考核,根据文武官职位分为四十二类,即"神祇""大纳言""少纳言""弁官""中务""式部""治部""民部""兵部""刑部""大藏""宫内""弹正""京职""主典""文史""内记""博士""方术""历师""市司""解部""太宰""国司""国掾""防司""司"等,称为"四十二最"。从上述分类可见,奈良朝的"四十二最"是对唐朝"二十七最"的取舍和发展,奈良朝的规定范围广而具体。唐朝的"二十七最"虽然规定了中央官吏的考核标准,但具体各部的标准并未明确指明。与此不同,奈良朝的"四十二最"中,分别对式部、治部、民部、兵部、刑部、大藏省的职责都做了规定。奈良朝廷对官吏考核标准做如此详尽的规定,充分体现了朝廷力图通过考核制度,树立各级官吏明确自身职责,坚守岗位、廉洁奉公的踏实的工作作风和务实精神。

考核的时候,对官吏的德行和具体业绩,进行综合考核,即以"四善""四十二最"逐项对照进行。《养老律令·考课令》规定:"一最以上有四善为上上。一最以上有三善,或无最而有四善为上中。一最以上有二善,或无最有三善为上下。一最以上有一善,或无最而有二善为中上。一最以上,或无最而有一善为中中。职事粗理,善最弗闻为中下。爱憎任情,处断乖理为下上。背公向私,职务废阙为下中。居官谄诈及贪浊有状为下下。"这一考核标准与唐朝的规定完全一样。

考核每年进行一次。唐朝以"四考为限",奈良朝以"六考为限"。即唐朝综合四年考核成绩决定官吏的升降,奈良朝综合六年考核业绩决定升降。唐朝规定,四年考核成绩均为中中者,则升进一阶。如果四年中,三年中中,一年中上,可再进一阶,每考上下则进二阶。(《新唐书·选举志》)奈良朝则规定,常任之官以六年考核成绩为准,"六考中中,进一阶叙。每三考中上,及二考上下,并一考上中,各亦进一阶叙。一考上上进二阶叙"(《养老律令·选叙令》)。这就是说,以中中的成绩为基准,成绩每高一等,阶位累进一等。每低一等,位阶降低一等。业绩上上者可晋二阶,再加上中中业绩可升一阶的规定,实际上晋升三阶。业绩上中者实际晋升二阶。在唐朝和奈良朝时代,官吏贪污、渎职行为虽然时有发生,但是,从全局看,严格的官吏选拔和考察制度的施行,确实保证了官吏队伍的素质,以及在一定时期内,封建官僚政治的廉洁,促进了经济的发展和政局的稳定,以及中央集权体制的巩固。

三、仁、礼、忠、孝

贞观元年,唐太宗曾说过:中国古来帝王,凡以仁义治国者,国家皆能兴盛,统治皆能良久,而以严刑酷法治国者,虽能救弊于一时,其亡国之时也快。因此,他宣布要以"仁义诚信为治"(《贞观之治·仁义》)。仁、礼、忠、孝成为唐代诸皇帝十分推崇的治国思想,其实仁、礼、忠、孝并非唐代皇帝的创举,而是孔子思想的继承和发展。因为孔子的核心思想就是德治。他认为义就是道德原则,义的内容就是仁,仁是最高的道德规范。随着唐代制度的东传,以孔子为代表的儒家思想当然也传入日本,并为奈良朝诸天皇所推崇和鼓吹。天平宝字三年(759年)六月二十二日,淳仁天皇曾发布敕旨,要求各级官吏以儒家的仁、义、礼、智、信作为治民之道,并明确规定了施行仁义之政的具体标准:

一、滥不杀生,能矜贫苦为仁;

二、断诸邪恶,修诸善行为义;

三、事上尽忠,抚下有慈为礼;

四、遍知庶事,断决是非为智;

五、与物不妄,触事皆正为信。[①]

与此同时,还对不行仁、义、礼、智、信,而行贪、嗔、淫、盗等行为做了规定:"非分希福(为)不义,欲物为贪,心无辨了,强逼恼人为嗔,事不合理,好是自愚为痴,不爱己妻,喜犯他女为淫,人所不与,公取窃取为盗。"淳仁天皇认为官吏不行仁、义、礼、智、信之政,则难以教导士民。因此他要求各级官府用人,应荐拔"修习仁、义、礼、智、信之善,戒慎贪、嗔痴、淫盗之恶"者。

在仁、义、礼、智、信中,诸皇帝和天皇都把"仁"列为首位。养老年间,元正天皇说:"详细布政之方,莫先仁恕之道。"[②]这是认为实行仁政,可以安稳百姓,万事平安。[③]桓武天皇也说过"思布仁恩,用致安稳"[④]。奈良时代的宽刑政策,就是建立在仁政思想基础之上的。

---

① 《续日本纪》卷22,天平宝字三年六月丙辰。

② 《续日本纪》卷9,养老六年四月辛卯。

③ 《续日本纪》卷9,养老七年二月巳酉。

④ 《续日本纪》卷40,延历九年闰三月壬午。

奈良时代的诸天皇,对礼治也是殊为重视的。文武天皇说过:"夫礼者,天地经义,人伦熔范也。"①他把礼作为天地间的经世大义,为人的准绳。因此治国治政,也必须奉行礼治。"为政之道,以礼为先,无礼言乱,言乱失旨。"②淳仁天皇说:"安上治民,莫善于礼,移风易俗,莫善于乐。"③他把"礼"视为"安上治民"的良策。

奈良时代的诸天皇,把"忠""孝"纳入"礼"的范畴。对事君不忠、尊上不孝者,皆视为大逆不道。740年,藤原广嗣之乱,其罪状之一,就是"不孝不忠"。元正天皇说:"至公无私,国士之常风,以忠事君,臣子之恒道焉。"④

为了把儒家学说中的"孝",推广到社会的各个阶层,孝谦天皇曾明令全国,家藏《孝经》一本,她说百行百业,应以"孝敬为先"。对于乡间间,有精勤诵读《孝经》并"孝行通人"者,应予以嘉奖,而对于那些不孝、不恭、不友、不顺者,应将他们发配东北地区,以示惩罚。⑤奈良时代,朝廷十分重视发现孝行出色者,并借机加以宣传。如养老四年六月,漆部司令史丈部路石胜,因盗窃漆部司的漆,被判流放罪。此时,丈部路石胜的三个孩子(分别为12岁、9岁、7岁)为赎父亲之罪,请求没为官奴。对三个年幼儿童的行动,朝廷大为赏识。天皇为此还专门发布了诏书,竭力渲染三个幼子愿以身赎父罪的举动是孝敬之举,并要全社会向他们学习,诏文说:"人禀五常,仁义斯重,士有百行,孝敬为先。"诏书正式同意了三个孩子的请求,没为官奴,并赦免了他们父亲的罪。诚然,年仅7、9、12岁的三个孩子,愿以己身抵赎父罪的行为,确有感人之处,但是,作为统治者竟然同意把父亲之罪,转嫁于尚未成年的儿童身上,并以"孝"的典型加以渲染,足以说明"孝"的虚伪性了。在《续日本纪》等史籍中,关于乡间间以孝见称而被免除田租的记载,也是不乏其例的。如甲斐国八代郡,有个名叫小谷直五百依的人,因为孝行出众,被免除田租终身。信浓国更级郡的建部大垣,也因"为人恭顺,事亲有孝",被免除田租终身。⑥奈良王朝把中国的儒家学说中的仁、义、礼、智、信移植到日本的政治生活之中,其目的,用孝谦女皇的话说,就是"防乱于未然"⑦。以儒家学说的教条,从思想上控制人民,防止人民的不满和反抗,最终实现封建政权的巩固。

---

① 《续日本纪》卷3,庆云三年三月丁巳。

② 《续日本纪》卷3,庆云四年十二月辛卯。

③ 《续日本纪》卷20,天平宝字元年八月己亥。

④ 《续日本纪》卷8,养老五年正月甲戌。

⑤ 《续日本纪》卷20,天平宝字元年四月辛巳。

⑥ 《续日本纪》卷29,神护景云二年五月辛未。

⑦ 《续日本纪》卷20,天平宝字元年四月。

这一点,是与唐朝统治者的用意完全相同的。

第二节 唐代佛教与奈良佛教

一、唐代佛教对奈良佛教的影响

佛教传入日本,是在中国的梁代。[1]据日本学者的研究,日本的佛教是受中国佛教的强烈影响而发展的。但从传入的途径而言,并非全部是直接从中国传入的。大致在大化以前,是通过朝鲜半岛间接传入日本的。[2]大化以后,随着遣唐使、学问僧、留学生的入唐,以及唐朝僧侣、知识者的东渡,唐代文化(包括佛教)开始直接被移植到日本。因此,奈良佛教的兴盛,与唐代佛教有着密切的关系。本节试图对唐代佛教和奈良佛教的共同特征,做一粗浅的探索。

佛教传入中国,大约在西汉末、东汉初,至东晋初,开始渐盛。[3]南北朝时期以后,诸宗佛学互相竞荣。至隋唐,达到盛期,基本上走上了独立发展的道路。

唐初,朝廷虽然重视儒学,信奉道教,但对佛教也不是取排斥态度的。

贞观十九年(645年),玄奘法师自印度取经归来以后,以唐太宗为首,朝廷开始重视佛教。唐太宗晚年笃信佛教,深叹"朕共师(玄奘)相逢晚,不得广兴佛寺"(《大慈恩寺三藏法师传》卷7)。唐太宗的好佛,直接影响了唐高宗李治。高宗对佛教的态度,远比他的前辈热情。当他还是皇太子的时候,就写了《述三藏圣教序》,热情地赞扬佛教和玄奘的贡献。(《广弘明集》卷22)高宗支持玄奘的译经事业,改玉华宫为佛寺。乾封元年(666年),又颁诏:兖州置寺、观各三所,天下诸州建寺、观各一所。至武则天时,唐代佛教的兴盛达到顶峰。691年,武则天发布诏书宣布:"自今以后释老宜在道法上,淄服处黄冠之前。"(《全唐文》卷95)这改变了唐初以来,道教第一、佛教第二的惯例。《资治通鉴》载,武则天统治期间,"里陌动有经坊,阛阓亦立精舍"(《资治通鉴》卷207唐纪23)。佛寺、经坊遍及街市、乡里,每有佛事,规模大,耗资巨。"每作无遮会,用钱万缗,士女云集。"(《资治通鉴》卷205唐纪21)武则天死后,中宗、睿宗、玄宗、肃宗、代宗、德宗、宪宗、穆宗等皇

---

① 汤用彤:《隋唐佛教史稿》,中华书局1982年版。

② 田村园澄:《古代朝鲜和日本佛教》,讲谈社1985年版。

③ 汤用彤:《隋唐佛教史稿》,中华书局1982年版。

帝,仍遵循先例重视佛教。唐会昌年间(841—846年),唐武宗实行毁佛政策,被拆毁的佛寺4600余所,被毁的招提、兰若4万余所,还俗僧尼26万余人,收寺院奴婢15万人,良田数千万顷。(《唐会要》卷47)可见会昌年间以前,唐代佛教之兴旺。

唐代佛教传入日本,是由三种人完成的:一是日本学问僧,如道昭、定惠、智通、智达、智藏、道慈、胜晓、玄昉等;二是唐朝的东渡高僧,如道明、道荣、道睿、鉴真等;三是新罗国僧侣,如审祥等。

唐代佛教对奈良佛教的影响是多方面的,以下五个方面的影响尤其不可忽略。

第一,日本学习唐代佛教各宗学说,建立奈良佛教研究团体。中国的佛教,在南北朝时,还没有形成宗派,各派学说是共存共荣的。隋朝时,虽然宗派渐兴,但学术气氛仍然很浓。隋文帝下敕建立五众主、十众主。(《续高僧传》卷9、卷10、卷11)这里的"众",不是宗派,而是学术团体。唐代时,佛教宗派大兴,虽然宗派的对立隔绝了各宗派的学术交流,但是为了竞争,各宗更着力于完善自己的教义、教规和传教的程式,因而促进了各宗的繁荣。唐代盛行的成实宗、三论宗、法相宗、俱舍宗、华严宗、法华(天台)宗、律宗、禅宗、密(真言)宗、净土宗,都有自己系统的理论著作和传教方式。这样众多的精深学说,就为日本学问僧提供了择优的余地。园珍的《诸家教相同异集》载,奈良时代日本有六宗,即"一华严宗、二律宗、三法相宗、四三论宗、五成实宗、六俱舍宗"(《大正藏》卷74)。石田茂作氏在正仓院文书中发现的宗名,正好与园珍所述六宗一致。[1]

奈良的僧侣虽然学习了唐代佛教各主要宗派的理论、法规和传教方法,但是并没有学习唐代的派系对立。僧侣之间建立了不同的佛学研究团体,这种团体的基层组织也称"众"。这种"众"在中国的陈、隋,以至于唐初广泛存在。因此很可能是由学问僧或大陆的僧侣传入日本的。[2]散布于日本各寺院的"众",横向统一组成了"宗",如东大寺的法性众、山阶寺的法性众、药师寺的法性众,相互之间组成了法性宗。[3]这种"宗"依然是学术团体。在宗师的领导下,他们定期举行佛经的研究会,如维摩会、华严会、最胜会、仁王会、般若会等。奈良朝廷一直采取六宗"分业劝催,共令竞学,凡此诸业,废一不可"的共存共荣政策,使奈良佛教始

① 石田茂作:《奈良时代文化杂考》,创元社1944年版。
② 田村园澄:《日本佛教史2》,法藏馆1975年版。
③ 石田茂作:《奈良时代文化杂考》,创元社1944年版。

终保持着繁荣的局面。

第二，大量汉译佛经输入日本。唐代佛教兴盛的标志之一，就是印度佛经的传入、翻译和注释。同样，奈良佛教的繁荣，也与输入大量汉译佛典和唐代僧侣的著述有关。在唐代，翻译事业经历了三次热潮。第一次是在玄奘法师自印度携回大量佛经以后。据《三藏法师传》，玄奘携回经论共657部，自贞观十九年（645年）至麟德元年（664年），在玄奘的主持下，共译经论74部1338卷。第二次高潮是在武则天时期，义净三藏从印度归来，携回梵本经、律、论约400部，在洛阳开译场，共译56部230卷。第三次是唐玄宗时期，所译经论，以密宗经典为主，共译77部120余卷。此外，中国僧侣的注释、论著、纂集也大量涌现，其数不下数千卷，经过遣唐使、学问僧的努力，汉译经典和论著，绝大部分传入日本，其中玄昉一人，携回日本的佛典就达5000余卷。①佛典的传入和传教活动的开展，大大促进了奈良时代的写经事业。据学者研究，奈良时代的写经组织大体上分为三类：一为官设写经所，隶属写经司；二为寺院的写经所；三为贵族设立的写经所。②以前两种写经所为主。据统计，奈良时代书写的汉译印度佛典约1193部4884卷；中国僧侣的著述约636部4218卷，总计1829部9102卷③，足见写经事业的发达。

第三，盛行经论讲习之风。前已述及，由于宗派的出现，在唐代，以研究、讲说本宗经典的佛会极为盛行。此风对奈良佛教界也有很深影响。在奈良时代，佛经讲说会不但在寺院内举行，还经常在皇宫中举行。奈良朝廷经常以财、物支持讲说会。地方政权也常以国税资助当国举行的讲说会。④讲说会的程式，也与唐代的程式相似。敦煌文献所载讲说会的程式，主要有唱经文和讲说经文两项。奈良时期的讲说会也是如此。首先由读师诵读有关经文，然后由讲师讲解，听众若有疑问，可以提出，由讲师答疑。

与讲说会有关的经文的音义、音训，奈良时代也是完全照搬唐音、唐训的：

> 释典之道，教在甚深，转经唱礼，先传恒规，理合遵承，不须辄改。比者或僧尼自出方法，妄作别音，遂使后生之辈，积习成俗，不肯变正。恐污法门，从是始乎，宜以汉沙门道荣，学问僧胜晓等，转经唱礼，余音

---

① 《续日本纪》卷16天平十八年六月己亥。

② 石田茂作：《奈良时代文化杂考》，创元社1944年版。

③ 川崎庸之、笠原一男：《体系日本史丛书18 宗教史》，山川出版社1964年版。

④ 田村园澄：《日本佛教史2》，法藏馆1975年版。

并停之。①

这是养老四年(720年)发布的诏书。在延历十二年(793年),更进一步规定"年分度者,非习汉音,不许得度"(《类聚国史》卷187佛道14)。可见用汉音诵经,是僧侣必须遵奉的原则。

第四,显示权威,铸造大佛。铸造卢舍那佛铜像,是奈良时代的一项巨大工程。这是模仿唐朝铸佛工程而进行的。圣武天皇发愿建造铜佛像是在天平十五年(743年)。据史籍记载,早在43年前,即周久视元年(700年),武则天曾在洛阳北邙山白司马坂,动工造佛像(《资治通鉴》卷207),中宗神龙年间(705—707年)完工。我认为洛阳大佛与奈良大佛是有联系的。其根据是:①洛阳大佛与奈良大佛都是铜佛像,武则天"倾四海之财,殚万人之力,穷山之木为塔,极冶之金以为像"(《旧唐书·张延珪传》);圣武天皇"奉造卢舍那金铜像一躯尽国铜而熔像,削大山以构堂"②。②所铸铜佛像都是卢舍那佛。关于奈良大佛是卢舍那佛这一点,日本史书已载明,唯洛阳大佛究竟是何佛像,史书不载。但我们从武则天时期,华严宗在唐朝特别兴盛这一点可以得到启示。因为卢舍那佛是华严宗的教祖。③造佛的资金来源相似,武则天造佛,首先向全国僧尼征收了17万贯捐税(《资治通鉴》卷207),同时动用国库,"倾四海之财","极冶之金以为像"。圣武天皇造佛的财源,一是信徒的捐赠,《东大寺要录》中有信徒捐赠的姓名和钱、物的记载;二是国库,"尽国铜而熔像"。据载,所耗熟铜达73.9万余斤,白铬1.2万余斤,炼金1万余两,水银5.8万余两。(《东大寺要录》卷2)动用如此巨大的资财,都是超出当时唐王朝和奈良王朝的国力的。

第五,模仿唐制,建立国分寺制。在唐代,佛教被视为护国教的重要表现之一,就是国家把京城及各州的佛寺建筑,纳入国家的财政计划之内。唐高宗于乾封元年(666年)正月,敕令"兖州界置紫云、仙鹤、万岁观,封峦、非烟、重轮三寺。天下诸州置观、寺一所"(《旧唐书·高宗本纪》)。武则天于天授元年(690年)七月,"制颁于天下,令诸州各置大云寺,总度僧千人"(《旧唐书·则天皇后本纪》)。唐中宗于神龙元年(705年),宣敕"诸州置寺、观一所,以中兴为名"(《旧唐书·中宗本纪》)。神龙三年又改名为龙兴寺(《旧唐书·中宗本纪》)。唐玄宗于开元二十六年(738年),宣敕诸郡建开元寺。唐代由国家在京及诸州郡建筑佛寺的制

① 《续日本纪》卷8,养老四年十二月癸卯。
② 《续日本纪》卷15,天平十五年十月辛巳。

度,对奈良王朝的统治者也有影响。日本实行国分寺制是在圣武朝。天平九年(737年),天皇令诸国"造释迦佛像一躯,挟侍菩萨二躯,兼写大般若经一部"①。天平十二年(740年)六月,天皇又令"天下诸国每国写法华经十部,并建七重塔"②。天平十三年三月,更进一步明确国分僧尼寺名、封户、封田及僧尼人数,规定每国僧寺名"金光明四天王护国寺",封户50,封水田10町,定额僧20名;每国尼寺名"法华减罪寺",封水田10町,定额尼11名。③至此,国分寺的构想基本完成。④为了实现国分寺计划,天平十六年(744年),又规定四畿内七道诸国,每国割征税4万束,放贷取息,以充建筑费用。⑤天平十九年(747年),又向诸国僧寺增封田地90町,尼寺40町。虽然国分寺的建造几经周折,但在国家的干预下,其逐渐地在日本各地建立起来。

日本的佛教史家,把奈良佛教称为"国家佛教"。所谓"国家佛教",也即国家(通过皇帝和天皇)把作为意识形态的佛教,控制在法律所许可的范围内,利用它的咒术,"祈求国泰民安,消灾减病,风调雨顺,五谷丰穣"。同时,利用佛教的经典理论,力图说明神和国王(皇帝和天皇)、天国和现世、彼岸和此岸、剥削和被剥削、富有和贫困,都不是截然脱节的,而是互为因果的,从而达到维护律令、国家体制的目的。这种意义上的佛教,实际上唐代与奈良时代是相同的。它已经与印度佛教产生了明显的变化。印度佛教不依附于世俗特权,僧侣不受政治的、社会的规范约束,然而以唐为中心的东亚佛教(包括日本、新罗),都成了国家政权的附庸。因此可以说,"国家佛教"是当时东亚诸国佛教的共同特征。

二、佛儒和佛神(道)的调和

佛教作为外来宗教,传入中国以后,也同传入日本以后一样,首先受到了传入国的传统信仰的挑战。在中国受到儒学的挑战,在日本受到神道的挑战。能不能和这些传统信仰调和,直接关系到佛教是否能在中国和日本长期生存的问题。历史表明,佛教在中国和日本,都得以生存和发展,究其原因,我认为就是它和所在国的传统信仰相调和。

佛教在传入中国的时候,传统的儒学已广泛植根于民间,儒学所主张的对父

---

① 《续日本纪》卷12,天平九年三月丁丑。

② 《续日本纪》卷13,天平十二年六月。

③ 《续日本纪》卷14,天平十三年六月乙巳。

④ 坂本太郎:《日本全史2》,东京大学出版会1965年版。

⑤ 《续日本纪》卷15,天平十六年七月甲申。

母尽孝,对君主尽忠的伦理道德,成为全社会信奉的美德。佛教要想在中国人的心目中占有一席之地,就必须使自己的教义与儒学的伦理观相适应,使中国人感到佛教不是与传统的伦理道德相对立的外来宗教,从而从怀疑转为信仰。中国的僧侣采用了三种方法①,实现了自己的愿望:①他们在宣教的时候,着重讲明在佛教的经典中,孝的佛经也不少。如《佛说善生子经》《六方礼经》《妙法莲华经》《父母恩难报经》《菩萨睒子经》《盂兰盆经》等。尤其是《盂兰盆经》,在唐代有多种注释本,较为著名的有吉藏大师的《盂兰盆经疏》一卷、宗密大师的《盂兰盆经疏》二卷。上述佛经和注释,都强调了子女应报答父母的养育之恩。②编纂以孝为核心的新佛经,即所谓"伪经",以适应社会的需要。如唐代盛行的《父母恩重经》,就是这一类佛经。其中心内容是详尽地记述母亲十月怀胎及抚育婴孩的辛劳,宣扬子女应尽孝尽忠。经文情节之生动,言语之感人,不逊于儒家著作。③强调佛教所主张的孝的境界,比儒家所主张的境界更高,所包含的内容更充实。唐代著名高僧法琳,曾著有《破邪论》和《辨正论》两书,其内容中就有涉及忠孝的。书中指出,沙门虽表面上没有孝顺父母,但心中是孝顺父母的。受佛的教育,佛徒崇敬普天下父母,崇敬的是天下的君主。这种说教,把佛教的忠孝的境界,提高到儒学之上。因为儒学只强调敬爱自己的父母。另有一本佛经,叫《佛说孝子经》,用佛陀与沙门对答的形式,宣传佛教的忠孝观。如:

　　佛陀问:应如何报答父母之恩?

　　沙门答:应尊敬双亲、服侍双亲。

　　佛陀问:把好吃的、好穿的给父母,并背负父母云游四海,算不算孝行?

　　沙门答:再没有比这更大的孝行了。

　　佛陀反对说:这些都不是孝。更伟大的孝行是劝阻父母放弃邪念,皈依佛门,使每一个家庭都成为父母慈爱、子女孝行、丈夫高尚、妻子贞淑、家庭和睦、忠君爱国的模范。

　　佛教不但在理论上宣扬自己的忠孝观,而且通过举办斋会、法会等形式,让信徒为父母和祖先超度亡灵。唐代最盛行的祭祀是每年七月十五日举行的盂兰盆会。日本入唐僧圆仁的《入唐求法巡礼行礼》中,记载了盂兰盆会的盛况:

---

① 陈胜观:《佛教和中国社会》,日本金花舍1981年版。

（开成五年）十五日……斋后入度脱寺,巡礼盂兰盆会,及入州见龙泉,次入崇福门,巡礼佛殿阁下诸院,皆铺设张列,光彩照人,供陈珍妙,倾城人尽来巡礼。黄昏自恣。……诸寺盂兰盆会,十五日起首,十七日罢。（卷3）

（会昌四年）长安城中诸寺,七月十五日供养,诸寺作花蜡、花饼、假花、果树等,各竞奇妙。常例皆于佛前,铺设供养。倾城巡寺随喜,甚是盛会。今年诸寺铺设供养胜于常年。（卷4）

除孝行之外,佛教僧侣还把佛教的五戒与儒学的五常相比较。从表6-1可知,唐代僧侣的许多著作,都认为佛教的不杀生、不偷盗、不饮酒、不妄语等五戒,就是儒教的仁、义、礼、智、信。

表6-1　五戒、五常比较表

	不杀生	不偷盗	不邪淫	不饮酒	不妄语
道世《法苑珠林》	仁	义	礼	智	信
宗密《原人论》	仁	义	礼	智	信
湛然《止观辅行佛传弘决》	仁	义	礼	智	信
智颉《仁王经疏》	仁	智	义	礼	信
智藏《仁王经疏》	仁	智	义	礼	信
法琳《弁正论》	仁	智	义	礼	信

（引自陈观胜:《佛教与中国社会》）

从唐朝传到日本的佛教,是经过中国僧侣改良过的,即儒、佛融合的新佛教,这种宣扬忠孝护国的新佛教,对奈良王朝来说,无疑是有益无害的,受到了统治者的欢迎。但是,这种新佛教对日本人来说,仍然是外来的意识形态,与传统的神道信仰存在着矛盾。佛教要在日本赢得众多的信徒,需要使佛教崇仰的菩萨和神道崇仰的神融为一体。神、佛融合与儒、佛融合所不同的地方,在于儒、佛融合主要着力于伦理观的调和,而神、佛融合则着力于崇拜的偶像以及祭祀仪式等方面,因为神道本身在当时还没有形成像儒学、佛教那样的理论系统。

神、佛调和是一个渐进的过程,在奈良时代虽然这个过程尚未完结,但是奈良时代是神、佛融合十分重要的、不可忽视的阶段。在中国，儒、佛融合是僧侣努力的结果。然而日本的神、佛融合则是奈良朝廷自上而下推动的结果。究其原因，主要是自唐代传入的汉译佛经典中，有不少是宣扬王权神授思想的。而这种帝王权力神授思想与日本的天皇权力神授的传统观念是一致的，因此，佛教经典中的护国经论，正适应了奈良王朝的政治需要。

前已叙及，日本古代神话中的天照大神，被视为皇室的祖神。天照大神是众神的领袖。作为天照大神"直系子孙"的天皇，当然成为神在人世间的代言人，成为众人的领袖。关于这一点，历代天皇都是直言不讳的：

> 原夫天地阴阳不使四时相乱，唯此天地生乎万物，万物之内，人是最灵，最灵之间，圣为人主，是以圣主天皇，则天御寓。①

> 夫天高不覆，人民何生。厚地不载，草木谁凭，营生之尤灵，唯人为贵之原，唯君唯王。君是人父，民则君子。②

这种天皇权力神授的思想，在佛经中是容易找到根据的。奈良朝廷特别推崇的佛经，主要是《大般若经》《最胜王经》《金光明经》《仁王般若经》等。受到推崇的重要原因之一，就是这四部佛经的内容，都贯穿着国王权力神授的思想。比如《金光明经》中就有国王受神的安排，投宿于母胎，降临人世而治理国土的记载。国王出生之前就受神意降世治国的思想，与以天照大神为祖神的天皇家统治日本的由来，是非常相似的。又如《最胜王经》中较详细地记述了国王必须遵循的治国之道。佛经中说：国王若能"正法"治国，就能受到佛的保护。"令胜位永保，安宁国内人民咸蒙利益。"若不以"正法"治国和不"修行正化于世"，那么就要受到佛的舍弃，家破国亡。这种说教，从另一个侧面说明了国王权力神授的思想，是"与天地生乎万物，万物之内人是最灵，最灵之人乃是圣主天皇"的传统观念完全一致的。对奈良王朝来说，佛教的可贵之处，在于它宣布：遵奉佛法之国，佛将竭力护国护君。《金光明经》中说：

> 世尊，如诸国王所有土境，是持经者若至其国，是王应当往是人所，

---

① 《日本书纪》卷25，大化二年八月。
② 《类聚国史》卷177，佛道四仁王会。

听受如是微妙经典,闻已欢喜,复当护念恭敬是人。世尊,我等四王,复
当勤心拥护,是王及国人民,为除衰患,令得安稳。

又如《金光明最胜王经》中载,若讲说《金光明经》,对国王所统治的国土有四
种利益:一是可以使"国王军队强盛无敌";二是"中宫、妃后、王子、诸臣和悦无
争";三是国内众生"修行正法,无病安乐";四是国内安逸,百姓间平等相待、"无
伤害心"等。如此系统并富有哲理的护国护君的理论,是神道所缺乏的。因此,
奈良朝廷着力推进神、佛融合。根据史籍记载,神、佛融合最早始于天平十三年
(741年)。这一年圣武天皇遣使向宇佐八幡神宫奉纳秘锦冠,《金字最胜王经》、
《法华经》,并造三重塔一基,以及度者10人,封户马5匹。①天平十七年(745年)
正月,行基法师被任命为大僧正以后,曾奉敕前往大神宫,祷告造东大寺事。行
基得神托说"日神为卢舍那佛"②,正式把佛和神融为一体。天平胜宝元年(749
年)十二月,八幡大神祢宜尼大神杜女拜东大寺,太上天皇、皇太后、天皇皆同前
往。在这次东大寺盛会中,八幡大神奉为一品官位,比卖神奉为二品官位。③天
平神护二年(766年)七月,称德天皇遣使造佛像于伊势神宫寺。④神宫寺的出现
最早始于养老年间建造的若狭比古神宫寺。此后,天平神护四年(768年)建八幡
比卖神宫寺,延历三年(784年)建下野二荒神宫寺,等等。神、佛融合就这样一步
一步地向前推进。

三、僧侣依附于政治

前已叙及,印度佛教是脱离世俗权势的,僧侣是远离政治的。然而,中国、日
本的佛教则与此相反,它与政治和权势是紧密相连的,僧侣对政治和权势的依
附,表现出积极的热情。这种依附,其表现形式是多方面的。唐代高僧玄奘为了
获得朝廷的支持,积极依附于唐太宗。唐太宗曾对玄奘说:你西域求经,山川险
阻,异国风俗人情不同,竟能够抵达圣域,我真难以想象。此时玄奘说:"既赖天
威,故得往还无难。"把取经成功,归于唐太宗的"天威"。唐太宗说:"师长者之
言,朕何敢当也。"玄奘又进一步说:"愿毕生行道,以报国恩。"⑤在武则天时期,魏

---

① 《续日本纪》卷14,天平十三年闰三月甲戌。
② 《大日本史》卷364佛事一。
③ 《续日本纪》卷17天平胜宝元年十二月丁亥。
④ 《续日本纪》卷27天平神护二年七月丙子。
⑤ 《大慈恩寺三藏法师传》卷6。

国寺僧法明等人，应武则天篡权所需，注释《大云经》，以《大云经》中有女主威伏天下的预言，把武则天比定为女主，说武则天是弥勒降生，理所当然作为阎浮提主，统领天下。①不久，参加注疏《大云经》的9名僧侣，均被授县公②，从此开僧侣做官之风。在奈良时代，先有高僧道慈，竭力推荐护国佛经《金光明最胜王经》，于天平九年（737年）亲自在太极殿登坛讲说，并建议遵循唐制，实现佛教的国家化（"一国佛法"）。后有高僧玄昉，因积极依附朝廷，博得信任，以至于参与朝政。

唐代武则天、奈良朝称德天皇时，僧侣从事政治活动达到顶峰。其典型事例是唐白马寺寺主怀义、奈良朝的道镜法师的得宠。怀义因支持武则天篡位得宠，屡屡被委以重任。总章元年（668年），因督造明堂有功，拜为左卫大将军、梁国公。此后又被任命为新平道行军大总管职，率20万军征讨突厥。延载元年（694年），被任命为朔方道行军大总管，后升为朔方道节度使。怀义因得宠于武则天，随意出入后宫，生活骄奢，为人暴虐，并在白马寺召集千名体力强健僧侣，渐渐引起朝野痛恨。朝臣向武则天告其有谋反之嫌，引起武则天的警惕，最后派人将其杀死。

奈良朝的道镜从政的具体情节，虽然与唐朝的怀义不同，但就其得天皇之宠的程度，以及在政坛上的专横，则是十分相似的。道镜与孝谦太上天皇接近，始自天平宝字六年（762年），为太上天皇医病而得宠。翌年被任命为少僧都。同八年，太上天皇再次登祚，谓称德天皇。登位之始便发诏设立大臣禅师职，并任命道镜担任。同年九月二十八日，天皇又发诏阐明设大臣禅师职的目的："欲隆佛教，无高位则不得服众，劝奖缁徒，非显荣则难令速进。"③天平神护元年（765年），道镜进而任太政大臣禅师，一身二任，统管政务及佛教事务，"政之巨细莫不取决"④。翌年，道镜又被誉为"法王"。位高野心大，道镜不满足于"法王"地位，企图篡夺皇位。天平神护三年，他导演了八幡神托事件，为篡位制造舆论，结果招致朝野群臣之恨，终于在宝龟元年（770年）失足。无论是唐朝的怀义，还是日本的道镜，他们的受宠和失足，一方面暴露了僧侣，尤其是上层僧侣追逐权势，依赖政治的虚荣性和野心；另一方面也表明，僧侣官僚的出现，是"国家佛教"发展的

---

① 《资治通鉴》卷204。

② 《资治通鉴》卷204。

③ 《续日本纪》卷25，天平宝字八年九月壬戌。

④ 《续日本纪》卷26，天平神护元年闰十月庚寅。

必然结果,他们是"国家佛教"所产生的畸形儿。

四、国家对佛教的严格控制

在中国和日本,佛教的兴衰是与国家的兴衰、朝廷的好恶有密切关系的。就唐朝和奈良朝而言,佛教之所以兴隆,是与当时政治的稳定、经济的繁荣,以及朝廷的支持分不开的。这一时期,国家对佛教的重视程度,以及国家对佛教的严格控制,都是中国和日本历史上未曾有过的。依据中、日两国的史料,可见唐朝廷和奈良朝廷对佛教严格控制的措施是基本相似的。其主要措施如下:

第一,国家掌握僧侣的得度权。按照常规,信徒成为僧尼的得度权,应掌握在寺院或僧团手里。可是在唐代,或在日本奈良时代,得度权控制在国家手中。一切私自得度的僧尼,一律被视为非法僧尼。在唐代,佛教信徒要成为僧尼(即得度),大致有三种方式:一是通过考试达到国家规定的条件,允许得度。二是皇帝的"恩度"。一般在皇帝的诞生日、祭日,或行幸寺院时进行。有的时候一次"恩度"的人数是相当可观的。如贞观九年(635年),唐太宗一次敕许得度僧尼3000人。同二十二年(648年)九月,唐太宗令"京城及天下诸州寺,宜各度五人,弘福寺宜度五十人"①当时全国有寺院3716所,按每寺度僧5人计算,总数近20000人。唐高宗时,为超度皇太后,一次得度僧侣、道士400人。三是购买度牒(僧尼身份证明书)。志愿者可用相当于14斗米的钱,从官府买一张度牒,可入僧尼之列。不过此种方式,主要在唐末盛行。

日本奈良时代,朝廷对僧尼得度的控制也是极严的。得度的方式,除没有唐代的卖度牒一项外,其他考试、恩度等方法,皆与唐代相同。《令义解·卷二·僧尼令》规定,"凡有私度及冒名相代"者,一经发现,必须还俗。奈良朝廷很重视僧尼的学业,时常谴责不审学业而得度的行为。按奈良时代初、中期规定,国家僧尼达到的学业水平是"暗诵法华经一部,或最胜王经一部,兼解礼佛、净行三年以上"②,凡达到上述水平者可以得度。到了奈良末平安初,要求又有所改变。延历十二年(793年)规定,"年分度者,非习汉音,勿令得度"③。延历十七年(798年),朝廷针对当时"年分度者,例取幼童,颇习二经之音,未阅三乘之趣,苟避课役,才忝缁徒,还弃戒珠,顿废学业"的弊病,决定"年分度者,宜择年三十五以上,操履

---

① 《大慈恩寺三藏法师传》卷7。
② 《续日本纪》卷11,天平六年十一月戊寅。
③ 《类聚国史》卷187,佛道十四。

已定,智行可崇,兼习正音,堪为僧者为之"。①

奈良时代,得度僧尼学业水平的考试,首先在僧纲所进行,由精通学业的高僧主考。"所习经论,总试大义十条,取通五以上者",然后由僧纲所向官府申报考试结果。经官府同意,合格者方可得度。得度之后,经一定时间的学业修养,再进行一次考试。总试大义10条,通8条以上者为合格。合格者允许受戒,受戒权虽然曾一度委任于唐僧鉴真,但自唐招提寺、东大寺、下野药寺、筑前观世寺分别建立戒坛之后,复又归国家掌握。

奈良朝的"恩度",一般在四种情况下实施:①太上天皇,或天皇,或皇后,或皇族的主要成员患疾,为祈求病愈而宣布"恩度"。如天平十七年(745年),圣武天皇病,宣敕度僧3800人。②天平胜宝四年(752年),因同样原因,又度僧950人,尼50人。②祈求国泰平安。如天平九年(737年)八月,为天下太平、国土平安,于宫中度僧400人,并在四畿内、七道诸国度578人。③天平胜宝元年(749年)闰五月,在宫中度僧1000人。天平宝字元年(757年)正月,度僧800人。③嘉奖信徒参加慈善事业。如天平十三年(741年),造贺世山东河桥,畿内及诸国优婆塞共775人,参加劳动,桥建成后,全部得度为僧。④④对坚持多年修行的私度僧,在特殊情况下可恩准得度。如天平三年,恩准曾追随行基法师,男61岁、女55岁以上的优婆塞、优婆夷得度⑤,总数达400人。天平宝字二年(758年)八月,恩准"天下诸国隐于山林清行逸士十年已上(者),皆令得度"⑥。

第二,国家定期肃正僧尼。不论是在唐朝,还是在奈良朝,僧尼是可以免除租赋和徭役的。因此,寺院常常成为逃避赋役的避风港。百姓们"剪发髡鬓,辄著道服"(《唐六典·卷四》),坐食国库者日增,缴纳租赋者渐减。因此,统治者不得不对僧尼人数严加控制。其主要措施是:①严禁私度。唐贞观初,朝廷规定,凡私度者,皆处以极刑。当时两国的寺院都有定数,建立寺院受朝廷限制。无皇帝和天皇诏敕建立的寺院皆为非法。②编造僧尼户籍。凡信徒得度为僧尼后,立即从乡里户籍中除名,随即编入僧尼户籍。僧尼户籍定期编造,唐朝每三年编一次,奈良朝每六年编一次,僧尼户籍一式三份。在唐朝,一份送祠部,一份送鸿

① 《续日本纪》卷16,天平十七年九月癸酉。

② 《续日本纪》卷12,天平九年八月丙辰。

③ 《续日本纪》卷14,天平十三年十月癸巳。

④ 《续日本纪》卷11,天平三年八月癸未。

⑤ 《续日本纪》卷21,天平宝字二年八月庚子。

⑥ 《续日本纪》卷7,养老元年四月壬辰。

胪寺,一份留州县。(《唐六典·卷四》)在奈良朝,一份送玄蕃寮,一份送中务省,一份留诸国。③不断清除品质恶劣、不慎戒律者。据日本《僧尼令》,7种违纪僧尼应还俗:

> 非在寺院,别立道场,妄说罪福,并殴击长宿者;
>
> 饮酒醉乱,与人斗打者;
>
> 以自己的公验(度牒)转让俗人者;
>
> 私度及冒名顶替者;
>
> 占卜吉凶,及用巫术治病者;
>
> 家人奴婢出家者;
>
> 触犯刑律,含徒刑一年以上者。

据史籍记载,唐中宗以后,"贵戚争营佛寺,奏度人为僧,兼以伪妄,富户强丁多削发以避徭役",全国僧尼骤增。因此唐玄宗于开元二年(714年),"命有司沙汰天下僧尼"。被还俗的伪妄僧尼达1.2万余人。①④实行度牒制,凡有度牒的僧尼为合法僧尼,无度牒者为非法私度者。关于唐代颁行度牒的年代,素有争论。据《释氏要览》一书,度牒又称祠部牒。因为"此牒自尚书省祠部出,故称祠部牒"。唐朝僧尼归属祠部是在武则天延载元年(694年)五月。因此,唐代的度牒大概始自694年。度牒在日本称为度缘,或称为公验。奈良朝正式试行公验制,据《续日本纪》,是在养老四年(720年)正月,正好是唐代推行度牒制后的第26个年头。这一年,治部省进行考试,合格者仅15人。神龟元年(518年),治部省对僧尼进行了一次清查,发现无公验者1000余人,经圣武天皇允准,全部补发了公验。

有关公验制的变化和颁发手续。《日本后纪》记载如下:

> 治部省言:承前之例,僧尼出家时,授之度缘,受戒之日,重给公验。据勘灼然,真伪易辨。胜宝以来,受戒之日,毁度缘停公验,只授十师戒牒,此之为验。于事有疑,如不改张,恐致奸伪。伏望不毁度缘,永为公验者。许之。②

---

① 《资治通鉴》卷211。

② 《日本后纪》卷22,弘仁四年二月丙戌。

可见胜宝年间以前,僧尼出家受度缘,受戒给公验。胜宝以后,僧尼以戒牒为凭证。度缘、公验由治部省发给,盖治部省印。戒牒由戒师发放,上签10位戒师姓名。不论是治部省颁发的度缘、公验,还是十戒师签发的戒牒,都起到了限制僧尼伪滥的作用。

第三,国家通过僧官统治寺院和僧尼。日本始行僧官制,是在推古朝时期,建立了僧正、僧都、法头三级官制。田村园澄氏认为推古朝的僧官制,主要吸取了北齐的昭玄寺建制。[①]北齐的僧官组织,分为两个系统:一为昭玄寺系统。设大统1人,统1人,都维3人。下置功曹,主簿员。诸州县郡设立沙门主。全国寺院僧尼皆由昭玄寺管辖。二为鸿胪寺所属的典寺署系统,下置僧祇部,专门掌管官庭的佛事、法令、京城的大官寺及其僧尼事务。[②]推古朝僧官制,主要参照前者,即昭玄寺系统。

隋朝和唐初,中国的僧官制发生了明显的变化。北齐时由僧侣任僧官统治全国寺院和僧尼的昭玄寺系统已不复存在,一切权力归于鸿胪寺所属的崇玄署,由俗官来掌管全国的寺院、僧尼。至唐中叶,虽然武则天将管理僧尼、寺院权,由鸿胪寺崇玄署划归礼部所属的祠部,但仍没有改变俗官统制佛教的局面。在这一方面,奈良王朝并没有学习隋唐的做法。推古朝以后,日本的僧官设置,虽也曾有过变化,但变化不大。到了天智朝、天武朝,推古时期的三级僧官制,变成了四级僧官制,即在僧正、僧都、法头之下,又增设佐官一级。在四级僧官中,僧正、僧都、佐官都是由僧侣担任的,唯法头一职,由俗官担任。天武十二年(683年)以后,僧官制更趋完善,佛教事务分别由两个组织系统分管。凡僧尼的管辖,由僧正、僧都负责,史称僧纲制。僧纲之下置佐官。凡佛教的行政事务,如寺院和僧尼名籍的管理等,由治部省的玄蕃寮负责。前者由僧侣任职,后者由俗官担任。可以说,奈良朝的僧官制,与中国北齐时代的僧官制相似。

唐朝的僧官制与奈良朝的僧官制,虽然有明显的区别,但是作为律令国家的统治制度之一,其性质是相同的。僧官尽管由僧侣担任,但担任了僧官的僧侣,变成了披着袈裟的国家官僚。另外,就奈良朝的僧官而言,在佛教界的地位确实很高,有的也很受朝廷器重,但他们的言行,却受到严格的限制。他们必须在国家所允许的限度内行使自己的职责,一旦超出国家所允许的限度,朝廷就会出来干预。天平十六年(744年),圣武天皇曾以"今闻僧纲任意用印,不依制度"为由,

---

① 田村园澄:《僧官制度的成立》,《日本佛教史》,法藏馆1975年版。

② 《续日本纪》卷15,天平十六年九月己丑。

将僧纲之印收归朝廷,宣布"僧纲之政,亦申官待报"①。可见僧官仍然受到俗官的控制。朝廷虽然一再宣称,凡僧纲皆由"智德具足,真俗栋梁,理义该通,戒业精勤,缁侣以之推让,素众由是仰归"者担任,但实际上,僧纲的任命和罢黜,都是以天皇的好恶为标准的。只要天皇宠爱,即使智德不备,缁侣不敬者,也可任为僧纲,如道镜。反之,天皇所恶,即使智德具备,缁侣敬仰的僧纲,可以随意撤销其职,如天平宝字七年(763年)九月,朝廷以"行政乖理不堪为纲"的理由,撤销了慈训法师的少僧都职。

总之,无论是唐初的崇玄署,以及唐中期祠部的一元统制,还是奈良朝僧纲和玄蕃寮的二元统制,其实质,都表现了国家对佛教的严格控制。

第四,僧尼受到戒律和法律的双重约束,僧尼既受佛教戒律的约束,又必须如同俗人一样,受国家法律的约束。这是唐朝与奈良朝时期"国家佛教"的又一个共同的特征。为了规约僧尼,唐贞观年间(627—649)制定了《道僧格》,奈良朝制定了《僧尼令》。《道僧格》《僧尼令》详细地规定了僧尼必须遵守的最起码的道德规范。凡超出起码的道德规范者,轻者处以苦役、还俗,重者则被引渡给政府司法机关,按俗律论罪。

唐代的《道僧格》已散失。但据说日本的《僧尼令》是以《道僧格》为范本的,因而,从《僧尼令》也可了解《道僧格》的概貌。

《僧尼令》共27条。其内容分为两大类。一类属于僧尼道德规范之内的,若僧尼有犯,轻者教育,重者罚以苦役,以至还俗,科罪权在三纲。另一类属于触犯国家法律的,一般先勒其还俗,然后送有关官厅,按法论罪,量刑权在国家司法机关。

属于僧侣道德范围内的令条共20条。其中,有4条是僧纲失职的处置,其余都是一般僧尼违纪处置。对一般僧尼违纪处置,规定甚细。既有对不遵佛法,进行巫术、占卜者的处罚,也有对日常生活中违戒而荤食、酗酒以及僧尼私交者的处罚。如荤食者苦役30日;酗酒者和斗殴者还俗;着绫罗锦绮及杂色衣者,各苦役10日;着俗衣者苦役百日;僧尼私交,轻则苦役10日,重则苦役百日;等等。

属于触犯刑律的僧尼处置条令有7条。凡触犯刑律僧尼,不论罪行轻重,一律先脱籍还俗。"凡僧尼有犯,准格律,合徒年以上者还俗。"(《令义解·卷二·僧尼令》)犯死罪者,先还俗后处死。犯流罪者,先还俗后配流。这是因为"其格律者,元为俗人设法,不为僧尼立制之故"(《令义解·卷二·僧尼令》)。那么哪些僧尼应

①《续日本纪》卷9,养老六年七月巳卯。

脱籍还俗,引渡给政府机关处罪呢？据《令义集》,有如下数种：

> "上观玄象、假说灾祥,语及国家,妖惑百姓,并习读兵书,杀人奸
> 盗,及诈称得圣道"者；
> 盗"三宝物"者；
> 非在寺院,别立道场聚众教化,并妄说罪福,及殴击长宿者；
> 将自己的公验转给俗人,使俗人成为僧尼者；
> "谋大逆、谋叛及妖言惑众"者；
> "私度及冒名相代,并已判还俗,仍被法服者"；
> 知情留宿谋叛逃犯者；
> "焚身舍身"者。

犯上述8种罪行的僧尼,若与格律对照,其量刑涉及徒、流、死刑,即使《僧尼令》规定僧尼可以以公验抵罪一年,但从总体上看,其科罪轻重,与俗人无异。

从律令制国家对僧尼的惩治手段可知,律令国家虽然承认僧尼在社会上的特殊地位,但更害怕这种特殊地位的无限膨胀,以致危及统治秩序。因此,国家对僧尼采取了双重惩罚制,即凡违戒者,通过国家任命的僧官,按令中规定对其科罪；凡违法者,则一律与俗民一样,由国家法律机关,按律科罪。通过这种双重惩罚制度,国家牢牢地控制了全国的僧尼,使他们安分守己,服从于国家,服务于国家。

基于以上对唐代佛教和奈良佛教的简略比较,可以概略地说：①唐代佛教的兴盛,对奈良佛教的影响很深。这种影响表现在佛教研究团的建立、汉译佛典的传入、讲习之风的盛行,以及国分僧尼寺制的施行和卢舍那大佛的铸造等。②唐代佛教和奈良佛教,都受到了各自国家的支持和扶植,因而成为名副其实的"国家佛教"。在这一共同性质的前提下,唐代佛教与奈良佛教之间,尚有许多相似之处,如：两国僧侣都积极地使佛教教义与各自国家的传统信仰相融合；两国僧尼都主动地依附于政治,有的甚至追随皇帝和天皇的政治需要,篡改和伪造佛经；国家对佛教实行严格的控制,这种控制表现在国家掌握僧尼的得度权,定期肃正僧尼,设置僧官统制寺院和僧尼,以及用双重惩罚制度约束僧尼的言行等。

第七章

古代中日法治思想及律令比较

第一节　中国律令制的形成与发展

一、从刑鼎到云梦"秦简"

为了便于对中日法治思想和律令制度做比较,有必要对中国律令制的发展做简略的概述。中国法律的形成源远流长,大约在夏商时代,已有不成文的刑法。《左传》载,"夏有乱政,而作禹刑"。禹刑主要推行大辟、膑、宫、劓、墨五刑。在执行禹刑过程中,积累了不少案例,史称"夏刑三千条"(《唐律疏议·名例疏》)。商代有"汤刑"(《左传》),刑罚基本沿用夏朝之制。至西周,统治者实行"礼""刑"并行的治国方针。礼治的目的和法治的目的,实际上是一致的,所谓"安上治民,莫善于礼"(《孝经·广要道章》),就是要通过礼治,达到维护统治制度的目的。西周的礼治是有严格的阶级区分的。当时明确规定:"礼不下庶人,刑不上大夫。"(《礼记·礼上》)因此礼的作用,在于调和贵族阶级内部的矛盾,维持贵族阶级的尊严。而对于广大庶民来说,统治者是不会以礼相待的,而常常是用残酷的刑罚加以镇压。《周礼》载"司刑掌五刑",说明周朝仍然袭用夏商以来的五刑制。至周穆王时,五刑处罚案例多达三千条(《尚书·吕刑》)。其实,西周时,在五刑之外,还有流、赎、鞭、扑等刑。就五刑之一的大辟而言,种类繁多,有斩、杀、焚、辜(肢解)、磬(绞)等刑。

春秋战国时代,中国社会发生重大变化,随着奴隶制度的日趋衰落,封建地主阶级势力的日渐强盛,在法律制度方面,也发生了根本变化。春秋时期,诸侯国相继公布成文法,即铸刑鼎、刻竹简。郑国于公元前536年铸刑于鼎,以后又有邓析著"竹刑"。公元前513年,晋国铸刑鼎,把范宣子所著的刑书铸在鼎上。到战国时期,刑律更趋公开化,各诸侯国都制定了自己的刑法。如赵国的"国律"、楚国的"宪令"、韩国的"刑符"、魏国的"魏宪"、秦国的"秦律"、齐国的"七法"等。刑律的公开,打破了"刑不可知,威不可测"的局面。这也反映了新兴地主阶级的立法原则,即"刑无等级"的思想。管仲首先提出了君臣上下贵贱皆以法。商鞅主张"刑无等级"(《商君书·赏刑》)。韩非则进一步提出了"法不阿贵"(《韩非子·有度》)的思想,即大臣犯罪,也应处刑;庶民匹夫有功,也应嘉赏。

战国时期,在中国法制史上占有重要历史地位的法家,要数魏国的李悝和秦国的商鞅了。李悝受魏文侯之命,"集诸国刑典,造《法经》六篇:一盗法,二贼法,三囚法,四捕法,五杂法,六具法"(《唐律疏议·名例疏》)。李悝的《法经》是中国历史上第一部比较系统的封建成文法典。[①]贯穿该书的核心思想是"王者之政,莫急于盗贼"(《唐律疏议·名例疏》)。因此,他把"盗""贼"列为《法经》的首篇。"盗"篇是保护封建私有财产的法律。"贼"篇是保护统治阶级人身安全以及维护封建社会秩序的法律。《法经》在用刑上,处处反映了"严刑酷罚"的原则。这种"严刑酷罚"的原则,虽然在当时的时代背景下,对于奴隶主贵族对新兴的封建制度的反抗,起到了限制和约束的作用,但不可否认,其"严刑酷罚"的主要对象,依然是广大平民百姓。

商鞅的作用,在于他进一步完善了封建法律制度,是他首先将"法"改为"律",竭力主张用法律来统一人们的思想,约束人们的行动。他说,实现国安民治,首先必须"明法",使"万民皆知所避就"(《商君书·定分》),知法而不犯法。其次必须实行"重刑","去奸之本,莫深于严刑"(《商君书·开塞》)。他的"严刑"原则,最突出的是防患于未然。他说:"王者刑用于将过,则大邪不生。"(《商君书·开塞》)就是说,要在人们即将犯罪的时候,加以重重惩处,那么就可以避免大乱发生。与此相关联,他进一步强化了族诛连坐法,一人犯法,殃及同族、同宗,以至同乡。商鞅所制定的法律,明确号召密告,告奸者可以奖赏,匿奸者则要处以重罚。

商鞅对法律制度的改革,为秦国封建统治的巩固和发展,起了重要作用。此后,历代秦王,虽然对秦律不断进行补充、删订,但其基本内容仍以商鞅立法为基础。公元前221年,秦统一中国以后,秦始皇为巩固统一的需要,对法律制度也进行了整理和统一。公元前213年,李斯曾受命"明法度,定律令"(《史记·李斯列传》)。可惜秦律已散佚不见。1975年末,湖北省云梦县睡虎地秦墓中出土的竹

---

① 张晋藩:《中国法制史》,群众出版社1985年版。

简,成为我们了解秦律的宝贵资料。云梦出土的秦代竹简有一千余支,大部分内容与秦律有关。据学者初步研究,竹简可分为三类,即《秦律二十九种》(包括秦律十八种、效律、秦律杂抄)、《法律问答》、《封诊式》。《法律问答》是刑律条文及其解释,以及诉讼程序的说明。《封诊式》是对官吏审理案件的要求和各类例的程序。竹简《秦律》有若干篇目,如"田律""徭律""金布律""厩苑律""仓律""工律""除吏律""除弟子律""司空律""置吏律""内史杂律""游士律"等。《秦律》内容,以刑事法规为主,但也涉及民法、经济法、行政法、诉讼法、军法。据学者研究,云梦竹简中所反映的律文,并不是秦律的全部律文,而是墓主(可能是法律官吏)根据实际需要而抄录的部分律文。[①]

秦朝的刑罚种类之多,手段之残酷,在中国历史上是极其有名的。秦始皇统治下的秦王朝,人民不但承受着战祸、徭役、租赋和高利贷,而且在精神上、肉体上还要受到严酷的法律和刑罚的摧残。只要稍微触犯法令,便被处以严刑。因此,全国各地一片"赭衣塞路,囹圄成市"的景象。秦王朝的残暴统治,激起了人民的反抗,最终导致其灭亡。

二、汉律

汉朝在秦末农民起义的高潮中诞生。汉高祖刘邦目睹秦朝的酷刑厉法,也目睹了不忍酷刑厉法迫害而愤怒的农民群众。因此在立国之初,着力废除秦苛法,先宣布约法三章,谓"杀人者死,伤人及盗抵罪,余悉除去秦法"(《史记·高祖本纪》)。后又命萧何修订律令、韩信制军法、叔孙通制礼仪。萧何吸收李悝的《法经》,即盗、贼、囚、捕、杂、具六篇,并增加户、兴、厩三篇,形成汉律九章。此后历经西汉、东汉各朝,每朝均有修订、增删,但皆以九章为基础。

汉朝的立法思想,与秦代的立法思想有明显的差别,秦时以"严刑酷罚"为指导思想,而汉朝则力主"德主刑辅"(道德第一,刑罚第二)、"礼法并用"(礼治和法治并重)。这种德、礼重于刑罚的思想,是与汉武帝以后朝廷"独尊儒术,罢黜百家"的政策密切相关的。"德主刑辅"的主张,就是汉朝大儒家董仲舒提出来的。正因为立法思想受儒学的影响,因此在律令之内,也不乏儒家礼仪成为条文的例子。最典型的例子,就是维护封建等级和秩序的"亲亲尊尊"思想,成为汉律的重要内容。如"上请制度",亲属之间允许隐匿、包庇罪行的制度("亲亲相首匿")等。所谓"上请",就是官僚贵族犯罪,裁断权在皇帝,司法官吏无权处置。汉律

---

① 张晋藩:《中国法制史》,群众出版社1985年版。

规定,郎中以上的官吏,凡有耐罪(剔去胡须、鬓发)以上者,均应上请朝廷,大多可以获得赦免和减刑。这完全是保护封建官吏贵族特权的措施。至于"亲亲相首匿"的规定,也是出于儒家"仁孝"思想,子孝父母、妻尊夫是情理中的事,因此"子首匿父母、妻匿夫、孙匿大父母",皆可以免于刑事处分。相反,父母爱子、夫爱妻、祖父母爱孙子,也是"仁爱"之举,所以"父母匿子,夫匿妻,大父母匿孙,罪殊死,皆上请廷尉以闻",也就是说长辈对下辈的隐匿、包庇,除死刑报请官方予以免刑外,其他一概不给予处分。又如对老年人和幼童的恤刑制度,反映了儒家的矜老怜幼的思想,汉朝皇帝曾多次诏令,年80以上老人、8岁以下幼童除犯诬告和杀伤人罪外,其他各罪皆可免受刑事处罚(《汉书·刑法志》)。

汉朝的刑罚与秦律所载刑罚相比,有所简化。比如死刑,秦律规定有十四种,而汉律死刑主要是腰斩、枭首、弃市三种。又如肉刑,秦朝以黥、劓、刖、宫、笞五刑为主。汉朝自汉文帝起,宣布废黥、劓等刑,减为笞、宫、断右趾三种,其中又以笞刑为主。

汉律形式与以前各代相比,日渐趋向稳定。明确分为律、令、科、比四种形式。刑法称为律,皇帝的诏令称为令,科条禁令为科,司法审判的案例称为比。上述四种法律形式,虽然在汉以前各朝已经存在,但像汉朝这样明确确立,大概还是首次。四种法律形式中的令,实际上反映了封建皇帝的绝对权威。因为令具有最高的法律权威,一切成文的法律,若与令相抵触,皆以令为依据。皇帝诏令涉及范围很广,内容也十分繁杂,以西汉为例,自汉高祖至汉武帝时,诏令已多达350余章,至汉成帝时,字数竟多达百余万字。

三、魏晋南北朝的法律变化

东汉灭亡以后,中国历史走向分裂,经三国鼎立,至西晋才实现统一。但统一不久,又出现分裂。动乱的历史延续了近400年。这种动乱反映了中国封建制度的发展和社会矛盾的深化。为了维护封建统治和社会秩序,无论是魏、蜀、吴三国,还是西晋、东晋,以及南北两朝的统治者,都重视法律制度的建设。魏承"汉律",蜀有"蜀科",吴有"科条"。魏国在曹操时,主要依承汉律,至魏明帝时着手制定"魏律",共有新律18篇、州郡令45篇、尚书官令、军中令等共180余篇(《晋书·刑法志》)。司马炎建立晋朝后,加紧了晋律的修订,至268年完成,并公布施行。晋律虽然以汉律和魏律为范本,但删繁就简,全文共有20篇602条。处刑也比汉律宽。进入南北朝对峙以后,南朝法制沿袭晋律,并无突出建树;而北朝却有较大的贡献,尤以北魏和北齐最突出。

北魏时期,曾进行过多次立法活动,但以魏孝文帝时规模最大,影响最深。北魏律共20篇。535年北魏分裂以后,东魏制定了《麟趾格》,西魏制定了《大统式》。北齐建立后,法律家遵循"法令明审,科条简要"的原则,校正古今律令,去伪存真,制定齐律12篇949条。12篇篇名为名例、禁卫、婚户、擅兴、违制、诈伪、斗讼、贼盗、捕断、毁损、厩牧、杂律。除律之外,还编纂诏令50卷等。北魏律令和北齐律令对后世的隋唐律令影响极大。

综观魏晋南北朝的律令,它们在下列问题上有所创新。第一,法律形式多样化。商周以来,中国法律体裁以律、令为主要形式,至于汉朝,除律、令之外,又增加了科、比两种形式。三国、两晋、南北朝,法律形式又增加了格、式两种,因此形成了律、令、科、比、格、式多种形式并存的局面。在法律的体例上也有创新。最明显的例子就是汉律中的"具律",被改为"刑名律",并作为律文的篇首。《唐律疏议》记载,将具律改为刑名律,并置于篇首,始于曹魏。晋朝时,从"刑名律"中又分出"法例律"。至北齐,又将"刑名""法例"合并为"刑名律"。此后,直至隋唐,沿袭不变。所谓名例,据载"名者五刑之罪名;例者五刑之体例"(《唐律疏议·名例疏》),是定罪之要纲,更是全律的纲领(《晋书·刑法志》)。除"刑名律"的创设之外,其他如卫禁律、职制律、斗讼律、诈伪律,也是这一时期的新创,标志着法律结构日趋严密。第二,"八议制度"的创立。作为封建社会的法律,毋庸置疑是维护封建统治阶级利益的。官僚贵族犯罪,其量刑的标准,显然不同于平民百姓。汉朝推行的"上请制度",利用皇权把官僚贵族置于法律之上。这种"上请制度"虽然对官僚贵族极为有利,但带有皇帝个人的随意性,也常有厚此薄彼之嫌。而况全国官僚无数,每有案情,皆上请皇帝,皇帝也颇有应接不暇之虞。《魏律》开创"八议制度"之先例,在法律上明确规定8种人享有法律赦免特权,比汉代的"上请制度"要宽得多。"上请制度"局限在郎中(或600石)以上官僚,而"八议制度",姑且不论皇亲故旧、功臣、贵族,就是一般官僚,都能以贤、能、勤而获得赦免和减刑。北魏时,在继承"八议制度"的同时,又创立了以官爵抵罪的"官当"制,进一步维护了官僚贵族的利益。第三,进一步发展"礼法并用"思想,确立"重罪十条"之制。"重罪十条"即反逆、大逆、叛、降、恶逆、不道、不敬、不孝、不义、内乱(《隋书·刑法志》)。十条重罪,深深地刻印着忠、孝、礼、义的儒家道德的烙印。何谓反逆、大逆、叛、降、恶逆?归结起来就是不忠。不忠于朝廷、不忠于皇帝、不忠于封建秩序,因此罪不可赦,不但违犯者可斩可杀,而且要株连同族。何谓不道、不敬?实际上是对封建礼教的背叛。将封建礼教中的礼、义、孝的背叛者列入重罪犯,虽然秦汉以来不乏其例,但是作为法律形式规定下来,还是始于北齐。北齐实行的"重罪十条",在隋唐时期发展为"十恶"。由此可见,儒家所推行的"礼法并用"的阶级实质。

四、隋朝的《开皇律》

隋朝时期,进行过两次立法活动,一次是隋文帝于开皇年间制定的《开皇律》,再是隋炀帝于大业三年(607年)制定的《大业律》。但《大业律》不论内容和形式,基本沿袭《开皇律》,并无创新。《开皇律》对于魏、晋、齐、梁的律令制都有继承和发展,对唐律的影响颇大。

《开皇律》的主要特色是"刑网简要,疏而不失"(《隋书·刑法志》)。律文体例以北齐律为基础加以适当变动。如篇章的设置,《北齐律》为十二篇,《开皇律》也是十二篇,但篇名不尽相同。《北齐律》是名例、禁卫、婚户、擅兴、违制、诈伪、斗讼、贼盗、捕断、毁损、厩牧、杂律十二篇,而《开皇律》是名例、卫禁、职制、户婚、厩库、擅兴、贼盗、斗讼、诈伪、杂律、捕亡、断狱十二篇。在刑罚方面,《开皇律》革除了长期以来沿袭的酷刑,减少了刑罚的种类,确立了死、流、徒、杖、笞五刑制。每一种刑罚中的处置形式,也大为精减。如死刑,只有两种形式:一是绞,二是斩。流刑有三种:一是远流二千里,二是中流一千五百里,三是近流一千里。徒刑分为三年、二年半、二年、一年半、一年五种。杖刑自六十杖至一百杖,共分为五种。笞刑自十至五十,也分为五等。《开皇律》把《北齐律》中的"重罪十条制",改为《十恶之条》(《隋书·刑法志》),即谋反、谋大逆、谋叛、恶逆、不道、大不敬、不孝、不睦、不义、内乱。把"重罪"改为"恶"字,表面上似乎只是一个字的改变,但实际上"恶"字更加体现了"礼刑并用"所内含的阶级本质。"恶"与"善"是相对立的,也是与儒家的"仁"相悖的。汉朝儒学家董仲舒,提倡"以德善化民"(《汉书·董仲舒传》),以"仁义"治国,但对于不崇"德善"、不遵"仁义"者,统统视为大逆不道,是不足为怪的。《开皇律》继承了《魏律》的"八议制度"和"官当"制,并增加了"例减"和"听赎"制。所谓"例减",就是七品以上官吏犯罪,可以减罪一等。所谓"听赎",就是凡九品以上官吏犯罪,允许用金钱赎罪,为犯罪官吏不受法律的惩处提供了更广阔的途径。

五、唐律令的制定

隋律比之以往的律法有很大的进步,但是在实施过程中,朝廷并未遵照律条处刑。尤其是在隋文帝晚年和隋炀帝统治时期,用法不依科律,单凭帝皇一时的喜怒。《隋律》中已经不载的酷刑,如枭首、磔等刑,依然施行。严刑酷罚引起了百姓的怨恨和社会的动荡。唐王朝在隋末动乱中诞生,因此,统治者深知隋朝灭亡的主要原因之一,在于"法令尤峻,人不堪命"(《旧唐书·刑法志》)。唐初三代皇帝,都着力于安定民生,推行"礼治为先,刑法为辅"的方针。唐高祖李渊在进入长安之初,为笼络民心,宣布了约法12章,除杀人、动盗、背军、叛逆者处以死刑外,隋朝酷刑一律废除。建国以后,高祖主持制订《武德律》,共12篇500条。《武德律》以隋《开皇律》为基础,根据唐初的实际情况加以增删(据载,唐初增加了53条新格)。(《旧唐书·刑法志》)唐太宗继位后,进行了新律的修订。唐太宗修订新律的原则有两条:一是"死者不可再生,用法务在宽简"(《贞观政要·论刑法》);二是"国家法令,惟须简约,不可一罪作数种条"(《贞观政要·论赦令》)。贞观十一年(637年),《贞观律》完成。《贞观律》充分体现了唐太宗的"法务宽简"的原则,首先将隋律中的"大辟罪"(即死罪)降为流刑,其次废除连坐俱死法(《贞观政要·论刑法》),使贞观年间成为极少使用酷刑的历史时期。唐高宗李治,于永徽年间修订《永徽律》。名为修订,实际上只是对《贞观律》的注疏而已,对《贞观律》的律文本身未做根本性的改动。唐高宗之所以对《贞观律》未做根本性改动,主要是因为《贞观律》的内容基本符合当时的需要,同时也反映了统治者维护法律的连续性和稳定性。[①]永徽年间完成的《永徽律疏》(又称《唐律疏义》)是一部现存的完备的封建法典。唐玄宗时期,编纂了《唐六典》。这是我国现存的一部封建行政法典。自此开始,行政法从刑律中独立,自成体系。这样,封建法律包含了两大法典,即刑法和行政法。唐律共12篇502条。结构严谨,内容广泛,涉及政治、经济、文化、军事、家庭等社会的各个方面。条文内容除针对广大百姓外,相当数量的条文是针对官吏不轨行为的。据学者统计,除名例律外,其他各篇涉及官吏职务方面的犯罪规定,几乎占全律文的1/2。[②]这表明,唐朝廷十分重视吏治,企图通过吏治,达到治民的目的。

唐律是中国封建社会最完备的法典,"盖姬周而下,文物仪章,莫备于唐"(《唐律疏议·序》),它批判地继承了自殷周以来的历朝法典。立法思想的系统化、理论化程度,达到从未有过的高度,刑律的整体结构,更具有科学性。唐律不但直接影响了日后的宋、元、明各代封建法典的确立,而且对东亚诸国法典的确立,也产生了深刻的影响。在日本、朝鲜、越南等国的封建法典中,都可以看到唐律的痕迹。

---

① 乔伟:《唐律研究》,山东人民出版社1985年版。
② 乔伟:《唐律研究》,山东人民出版社1985年版。

第二节　日本律令制度的形式

一、原始刑罚

法律是阶级社会的产物。在人类社会黎明时期,阶级社会尚未形成,因此不存在法律,但是在那样的社会里,社会成员之间也是有共同遵守的习俗和行为规则的。这种习俗和行为规则,由于没有文字记载,其详情不甚清楚,但是我们从遗存的神话传说中,仍可以获得一些了解。日本的神话传说告诉我们,日本的原始时代,是存在着人们共同遵守的习俗和行为规则的。

日本神话说,创世神伊奘诺尊和伊奘冉尊兄妹生有三个子女,即天照大神、月神、素戈呜尊。其中素戈呜尊是一个目无秩序的神。他曾到天照大神统治的高天原去探视姐姐。他在高天原期间,行为粗鲁,破坏了那里的生产设置,扰乱了社会的正常秩序。春天播种的时候,他毁坏御田的田埂,秋天快要收割的时候,他把天斑驹放到田里去糟蹋庄稼。当新谷收割完毕,天照大神要用新谷祭神的时候,他在存放祭物的宫室里拉屎、拉尿。天照大神在织制神衣的时候,素戈呜尊把天斑驹杀死,并剥了皮,把它从屋顶掷下去,使天照大神受惊,结果织布的梭子伤了她的身子。天照大神十分生气,便闭门不出。天照大神是太阳之神,她闭门不出以后,世界一片黑暗。于是八十万神齐集天照大神居室门外,鸣乐歌舞。歌乐之声传入天照大神耳中,她想:我闭门不出,世界一片黑暗,众神为何如此欢乐呢?于是开门窥看,顿时被众神拉出门外,世界重现光明。此后,众神谴斥素戈呜尊,并一致议决对他做如下处罚:其一,"科之以千座置户",意为设造千座放满被物的仓库,以赎其罪;其二,拔去头发以赎其罪;其三,上述两项处罚完毕后,立即将其逐出高天原。[①]这一传说的寓意为:在氏族社会里,氏族内部的秩序和集体劳动的成果,是靠集体来维护和爱护的。谁违背了集体的利益,谁就要受到制裁。素戈呜尊破坏社会秩序,受到了赔款、剃发(或拔手脚指甲盖)、驱逐出境的处罚。

原始刑罚除《古事记》《日本书纪》中所载素戈呜尊的传说外,在《古语拾遗》

---

① 《日本书纪》卷1神代上。

《延喜式》《类聚三代格》中,也有记载。据载,原始时代有天津罪和国津罪。[①]天津罪包含八种罪行,即畔放、沟埋、桶放、频莳、串刺、生剥、逆剥、屎户八罪。国津罪包含十四种罪行,如生杀、断尸、奸母、奸子、母子通奸、犯畜、虫灾、鸟灾等等。如果依上述罪名衡量的话,传说中的素戈呜尊犯了天津罪中的畔放、生剥、屎户三罪。公元1世纪末2世纪初,日本列岛出现了邪马台国和古大和国等阶级国家。[②]随着阶级国家的出现,维护统治阶级利益的刑律也便应运而生了。不过因为当时尚无文字,所以还没有成文法。

关于日本不成文的法律,在中国和日本史籍中都可以找到。在《日本书纪》的记载中,可以看到存在过如下刑罚:诛刑、神祇探汤、死刑、墨刑、贬姓、流放、焚刑、族诛、下狱等。《魏书·倭人传》载,邪马台国有两种刑罚:一是"没其妻子",二是"灭其门户及宗族"。实际上,这两种刑罚都与"族诛连坐法"相近,是对犯罪者家族的处罚。虽然没有载明对犯罪者的处罚,但对犯罪者本人的刑罚,肯定是存在的。可惜《魏书》并未叙及。《北史·倭传》中,对古代日本的刑罚记载颇详:

> 俗,杀人、强盗及奸,皆死。盗者计藏酬物,无财者没身为奴。自余轻重,或流,或杖。每讯冤狱,不承引者,以木压膝,或张强弓以弦锯其项,或置小石于沸汤中,令所竞者探之,云理曲者即手烂,或置蛇瓮中,令取之,云理曲者即螫手。

我们如果把《魏书·倭人传》《北史·倭传》及《日本书纪》中有关刑罚的记载加以整理,便可知日本不成文法时期的刑罚种类,主要有如下数种:死刑,有诛、狱死、火、族诛;肉刑,有黥、杖、神祇探汤;赎刑,有赎田、赎身(贬为奴婢)、赎姓(贬姓);流刑。这些刑罚有日本本身传统的刑罚,也有一些与中国汉代刑罚相似,因此并不能排除受汉代刑罚的影响。

二、圣德太子的法治思想

日本正式进入成文法时代,应该说始于推古朝。推古十一年(603年)推行"冠位制",以德、仁、礼、信、义、智来划分不同的官位等级。推古十二年,圣德太子又亲自制定了《宪法十七条》。它的制定,是日本法制史上的里程碑。许多学

---

① 《延喜式》卷8六月晦大祓。
② 王金林:《古代日本——以邪马台国为中心》,六兴出版社1986年版。

者(包括我自己在内)历来都从思想理论的角度评价《宪法十七条》,而忽略了从立法的角度去评价它。虽然《宪法十七条》从思想、理论上论述了君、臣、父子的等级制度,规定了人与人之间不同的社会地位和权利义务,具有代表新兴阶级的政治纲领性质,但应该看到《宪法十七条》自始至终贯彻着"以礼治国"的立法思想,它规定了礼治的内容和条律。从当时日本的内外环境分析,圣德太子的礼治思想,很可能是受到汉魏以来的"德主刑辅、礼法并用"的立法思想启发的。所不同的是,汉魏以来的"德主刑辅",主要依据儒家思想;而圣德太子的《宪法十七条》,则不仅仅是依据儒家思想,而是广泛地综合了中国的儒、道、佛、法诸家思想,形成了独具特色的"德治"体系。圣德太子的《宪法十七条》,具有如下特点:

第一,强调"礼"是治国之本。第四条明文规定,"治民之本,要在乎礼,上不礼而下不齐,下无礼以必有罪,是以君臣有礼,位次不乱,百姓有礼,国家自治"。中国春秋时期的孔子就曾主张"安上治民,莫善于礼"(《礼记·礼运》)。他认为用单纯的刑罚,不能使百姓养成遵纪守法之心,只有用礼、义教育百姓,他们才能遵纪守法。孔子的礼治思想,到了汉代得以发扬。圣德太子很可能从孔子和汉代董仲舒的礼治思想中获得启发,认为只有礼才能统一全国上下,才能使百姓安分守己,从而实现治国的目的。圣德太子还依据"礼之用,和为贵"(《论语·学而篇》)的儒家伦理观,指出实现礼治的关键在于"和"。如果君臣、父子、夫妻、邻里都能以"和"相待,那么就能使全国上下和睦。因此,他把"以和为贵,无忤为宗"列为《宪法十七条》的第一条。要实现"和为贵",其先决条件,必须人人遵守信义,因此,《宪法十七条》第九条特别提出了"信是义本"的原则,说"其善恶成败,要在于信,群臣共信,何事不成,群臣无信,万事俱败"。

第二,把崇仰佛教作为"礼治"的重要手段。佛教主张扬善去恶。中国南北朝时期的南宋,就曾崇尚佛教的善恶观,以图达到行善止刑的目的。宋文帝曾提出"行一善则去一恶,一恶既去,则息一刑,一刑息于家,则万刑息于国"[①],全国家家户户没有犯罪的人,全国就不会施刑罪,那么国家也就太平了。圣德太子崇仰佛教的目的,与宋文帝主张的"行善去恶"的目的是一致的。佛教的"善"与儒家的"礼"是不矛盾的。《宪法十七条》第一条的"和"与第三条的"善"只不过是对同一个道德标准的不同提法而已。因此,把佛教的善恶观作为衡量是非曲直的标准,对于"礼治"是大有益处的。圣德太子不但把佛教的善恶观引进《宪法十七条》,而且把道教的无为思想引入其中。第十条明确提出"绝忿弃瞋,不怒人违",

---

① 释僧佑:《答宋文帝赞扬佛教事》,《弘明集》卷9—11,上海商务印书馆1929年版。

认为世人都是"凡夫",对待别人要宽容以怀,因为"我必非圣,彼必非愚"。

第三,强调"礼治",并不忽略"法治"。圣德太子如此重视礼、义、信和善恶观,是否说明他不主张"法治"呢?不是的。在《宪法十七条》中,他的法治思想也是表现得十分明显的。如第六条提出了"惩恶劝善,古之良典"的原则,认为诌诈、佞媚、诽谤皆是不利于国、不利于民的大恶,"是大乱之本",必须严惩。第十一条提出"明察功过,赏罚必当",要纠正有功不赏、有罪不惩的现象。关于推古朝时期是否有成文的刑律的问题,由于史料的限制,至今尚不得其详,但是,推古朝时期除了《宪法十七条》之外,肯定还有刑律规定,试举两例:①推古十六年(608年),遣隋使小野妹子完成使命回国,途经朝鲜半岛的百济国时,将隋炀帝给推古女皇的书信遗失了。对此,朝野群臣议论纷纷,一致指责小野妹子失职:"使人虽死之不失旨,是使矣,何怠之失大国之书哉,则坐流刑。"①后来由于推古女皇的保驾,才免除流刑。②推古三十二年(624年),有一僧侣,执斧殴击祖父,推古女皇闻之,欲以"恶逆"罪惩罚之。后因百济僧侣观勒上表恳请,才得以赦免。观勒的上表中说:"当今时,以僧尼未习法律,辄犯恶逆。"②又如舒明八年记载,当时规定"奸采女者皆罪之",三轮君小鹨鹩因奸采女,以"刺颈而死"③。上述例子一方面表明了推古朝时期律法的存在,另一方面也表明,在推古朝及其后,日本统治者也与中国汉魏时代一样,推行"德主刑辅、礼法并用"的政策。

第四,通过吏治达到民治的目的。《宪法十七条》中有十四条明确规定了针对各级官吏的行为准则,占全条文的82%,可见圣德太子对吏治特别重视。圣德太子特别注重吏治的思想,渊源于中国战国时代以及秦代的法家思想。战国时代法家韩非曾说过:"明主治吏不治民。"(《韩非子·外储说右下》)认为治国之本,必先吏治,然后才能役使万民。云梦秦简中对于吏治有更明确的记载,其中说为吏之道有"五善",即"一曰中(忠)信敬上,二曰精(清)廉毋谤,三曰举事审当,四曰喜为善行,五曰龚(恭)敬多让"。秦以后,特别注意吏治的是唐代。由此看来,圣德太子对于吏治的重视,早于唐代。《宪法十七条》对吏治的详尽规定,充分表明了圣德太子对韩非以及云梦秦律中的吏治思想的发展。这一方面长期以来被学者们所忽略。有的日本学者认为《宪法十七条》几乎与律令是无缘的,它仅显示了其后律令发展的方向。这种看法是很难苟同的。这种看法的根本弱点,就在

①《日本书纪》卷22,推古十六年四月。

②《日本书纪》卷22,推古三十二年四月。

③《日本书纪》卷23,舒明八年三月。

于它忽略了东亚诸国律令中,吏治的重要地位。关于这一点平安初期的学者的评价,比近代学者的评价要客观得多。820年公布的《弘仁格式序》中说:"上宫太子亲作《宪法十七条》,国家制法自兹始焉。"我认为这一评价是十分确切的。

圣德太子所规定的官吏行为的准则,归纳起来是7个方面,即治心、治身、敦教化、尽地利、擢贤良、恤狱讼、均赋役。

三、从《近江令》到《净御原令》

645年,以中大兄皇子为首的锐意政治改革的贵族,发动了宫廷政变。政变的成功,为日本迅速地走上"法式备定"之国开辟了道路。大化改新之初,由于百业待兴,还不可能着手修订完整的律法制度,但是,鉴于当时的形势需要,新政府也不断地制定和公布了单项法令。大化元年七月十二日,新政府首先公布了治国方针:"当遵上古圣王之迹而治天下,复当有信可治天下。"①这就是说,新政府的治国方针,第一要遵循日本固有的文化传统,第二实行信赏必罚。八月,宣布国司等在其统领的国域内,"不得判罪,不得取他货贿",奉法者当奖,违法者以轻重科罪。与此同时,设立"钟匮之制"、男女奴婢之法。九月,禁止土地私自买卖。②大化二年,宣布改新之诏,废除土地私有,实行"班田制"和"租庸调制"。大化三年,推行新的"冠位制",共设冠位13阶。大化五年,又制冠位19阶,并设立八省百官。

在大化年间,新政府对违法者处刑甚严,如大化五年,朝廷以谋叛罪处石川麻吕为死罪,株连者甚众。据载株连的23人中,有14人被处以戮刑,9人被处以绞刑。石川麻吕虽自杀身死,朝廷仍遣兵屠其头。尽管用刑颇严,但从总体上说,大化新政府贯彻了"礼法并用"的原则,尤其重视吏治。孝德天皇曾对国司等说:为官者,必须"先当正己,而后正他,如不自正,何能正人","汝率而正,孰敢不正"。③就在这一谈话的同一个月,朝廷实行大赦,全国的"流人及狱中囚,一皆放舍"④。至天智天皇即位,由于国内经济初步获得了发展,政治上也较大化年间稳定,因此开始制定律法。《弘仁格式序》载:"至天智天皇元年,制令二十二卷,世人所谓近江朝廷之令也。"《近江令》的制订始于668年,完成于671年。同年由大海

---

① 《日本书纪》卷25,大化元年七月。
② 《日本书纪》卷25,大化元年九月。
③ 《日本书纪》卷25,大化二年三月。
④ 德川光国:《大日本史·卷三五六·刑法一》,吉川弘文馆1900年版。

人皇子宣布施行。①关于《近江令》的制定，《日本书纪》中没有明文记载，因此学者中也有人对于是否存在过《近江令》表示怀疑。但是除《弘仁格式序》简单叙及外，《大织冠传》中也有记载，其中说："帝令大臣(指中臣镰足)撰述礼仪，刊定律令，通天人之性，作朝廷之训，大臣与时贤人，损益旧章，略为条例。"由此看来，受天智天皇之命，以中臣镰足为首的一批学者开始制订《近江令》是可能的。《官位令集解》也说："上宫太子并近江朝廷，唯制令而不制律。"

《近江令》制定的翌年，朝廷内部发生对立(壬申之乱)，皇权由大友皇子手中转移到大海人皇子手中。大海人皇子即位，称天武天皇。天武天皇是大化改新的积极参加者，其学识、才能，颇得中臣镰足等人的赏识。天武天皇治政之始，便在大化改新的基础上，进一步完善中央集权体制。建立完备的律令制度，就是其为之奋斗的主要目标之一。天武天皇认为，国家之治首先在于吏治。他说，社会上出现的暴恶行为，责任在官吏，因为他们"忍而不治，或见恶人也，倦之匿以不正，其随见闻以纠弹者，岂有暴恶乎"。见犯罪者，随时惩处，就不会有暴恶者了。因此，他要求说："自今以后，无烦倦，而上责下过，下谏上暴，乃国家治焉。"②为了使制定的律令更有利于国家的巩固和人民的安定，天武天皇于九年(680年)十一月七日，诏令百官，公开征求"有利国家、宽百姓之术"。如果所提办法，"词合于理，立为法则"③。翌年二月二十五日，天武天皇亲自召集亲王、诸王和诸大臣，正式宣布："朕今更欲定律令，改法式。"④可是修改律令的工作并没有马上开始。第二年八月，他又向亲王及大臣广泛征求了一次意见，让他们各自提出对"法式应用之事"的看法。这种做法，表明了天武天皇对修订律令的慎重态度，目的是减少阻力，统一中央官吏们的看法。就在统一认识的基础上，其于八月五日正式开始"造法令"⑤。顺便提一下，对"造法令"这一记载，学者中有不同解释。有的认为它表明《天武令》(又名《净御原令》)已正式完成，有的则认为不能说明《天武令》已正式完成。我认为从《日本书纪》的文字结构分析，它不是表明《天武令》的完成，而是表明它的开始。天武十一年以后的史籍中，一直没有载明《天武令》完成的年月，但有一点是明确的，即持统三年，正式向诸司班赐"令一部二十二

---

① 《日本书纪》卷27，天智十年正月。
② 《日本书纪》卷29，天武八年十月。
③ 《日本书纪》卷29，天武九年十一月。
④ 《日本书纪》卷29，天武十年二月。
⑤ 《日本书纪》卷29，天武十一年八月。

卷"①。我认为这部22卷的新令,就是天武八年开始修订的法令。从该令的卷数(22卷)看,《天武令》很可能是以《近江令》为基础的,只在内容上做了一些修改而已。有的学者认为《天武令》可能一直未能完成。事实上,持统三年"班赐令一部"本身就是《天武令》确实完成的最好说明。另外,持统四年曾诏令诸国司:"凡造户籍者,依户令也。"②《续日本纪》文武天皇元年闰十二月,天皇宣布禁止正月往来拜贺之礼,如有违犯者,"依净御原朝廷制决罚之"。据史籍记载,大宝元年制定的新律令基本上是以"净御原朝廷令为准正"的。③这表明《天武令》是确实存在过的。

从《日本书纪》的记载可知,天武天皇在行刑方面,贯彻了官民同罪的方针。他于天武四年(675年)发诏书宣布:"群臣百僚,及天下人民莫作诸恶,若有犯者,随事罪之。"④天武十一年(682年)十一月,又明确宣布:不论是亲王、诸王、大臣,还是庶民百姓,凡犯法者,皆应依法处罪。虽在朝廷禁省,只要犯法,即可纠弹,犯重罪者,"应请则请,当捕则捉",若有拒捕者,则"起当处兵而捕之";罪状昭然,却矢口抵赖则加倍处罪。⑤这打破了"刑不上大夫"的限制,使天武朝出现了官吏廉洁奉公、社会安稳的局面。

四、大宝、养老律令的制定及其意义

日本律令的确立,到了文武天皇时期进入了高潮。文武二年(698年),为禁止公私奴婢逃亡,以及民间隐匿不告,制定了"笞法"⑥。文武四年(700年)三月十五日,天皇诏诸王、诸臣读习令文,并撰成律条。六月十七日,任命藤原不比、粟田真人、毛野古麻吕、伊吉博德、伊余部马养、萨弘恪等19人,开始"撰定律令"⑦。至大宝元年(701年),撰定律6卷,令11卷⑧,并开始依据新令,"改制官位名号"。内官设亲王4品、诸王14阶、诸臣以下30阶;外官自正五位至少位初下,共20阶;

---

① 《日本书纪》卷30,持统三年六月。

② 《日本书纪》卷30,持统四年九月。

③ 《续日本纪》卷1,文武元年闰十二月。

④ 《日本书纪》卷29,天武四年二月。

⑤ 《日本书纪》卷29,天武十一年十一月。

⑥ 《续日本纪》卷1,文武二年七月。

⑦ 《续日本纪》卷1,文武四年六月。

⑧ 《类聚三代格》卷上。

勋位自三位至从八位下,共 12 阶。[①]律令制定以后,文武天皇首先采取上自中央下至地方的层层宣讲运动。大宝元年四月,派参与撰定律令的毛野古麻吕等 3 人,向亲王、诸大臣、百官宣讲新令。之后,诸王、诸大臣、百官进行了专门的学习和讨论。六月,派下道首名,到大安寺向僧侣宣讲《僧尼令》。四月八日,天皇宣敕:一切庶务,皆按新令。同日,"遣使七道,宣告依新令为政"。八月八日,又派明法博士于六道讲新令。在深入宣讲新律令的基础上,朝廷正式向全国公布了新律令。十月,又将新律令的文本,印发全国各道。[②]正是由于文武天皇周全细致的部署,日本历史上第一次最大的立法运动,能够在全国平稳的政局中予以实施。

虽然《大宝律令》现已散佚,但律令中的不少内容在其他古籍中仍然可觅。日本学者为复原《大宝律令》花费了不少精力。从复原的《大宝律令》分析,该律令除了律的本文和注,还有疏文,与唐代的《永徽律令》极相似。日本学者明确指出:《大宝律令》的内容,是受到《永徽律令》的深刻影响的。[③]

继《大宝律令》之后,养老二年(718 年),以太政大臣藤原不比等为首,以《大宝律令》和唐《永徽律令》为基础,修撰了《养老律令》。据《弘仁格式序》,《养老律令》计令 10 卷、律 10 卷。参加《养老律令》修撰者,除藤原不比等外,还有留唐学生、专治律法的大和长冈,熟知唐律和本国律令的学者阳胡真身、矢集虫麻吕、盐屋吉麻吕、大倭小东人、百济人成等。他们"执持刀笔,删定科条,成功虽多,事匪国难,比校一同"[④],以《大宝律令》为基础,对照唐朝《永徽律令》,以及当时日本国情,进行增删。《养老律令》制定以后,并没有像《大宝律令》那样,进行广泛的宣传,也没有向全国公布。但是,没有公布不等于没有付诸实施。《养老律令》虽然在内容上与《大宝律令》相比较有不少差异,但是主要是《大宝律令》赘文冗句的省略、字句的修改、名称的变更,以及对直译唐律令的生硬文句的改译[⑤],因此,完全没有必要兴师动众,再掀起一个宣传运动。《养老律令》除了对《大宝律令》在文字、语句上进行修改外,更重要的是在用刑的指导思想方面,比《大宝律令》更宽、更轻。

《养老律令》之后,日本各代天皇根据政治需要也进行过多次律令格式的修

---

① 《续日本纪》卷 2,大宝元年三月。

② 《续日本纪》卷 2,大宝元年四月、六月、八月,大宝二年二月、十月。

③ 泷川政次郎:《律令研究》,刀江书院 1931 年版。

④ 《续日本纪》卷 9 养老六年二月。

⑤ 泷川政次郎:《律令研究》,刀江书院 1931 年版。

改,但其规模都比较小,其内容也大多是《养老律令》的补充和删减。如延历十年(791年)三月,桓武天皇命吉备真备、大和长冈删定律令24条。同十一年向弹正台下达新弹例83条。延历二十二年(803年),颁布由管野真道起草的《交替式》1卷等。除此之外,还有弘仁十一年(820年),嵯峨天皇命藤原冬嗣等人编撰《弘仁格式》。该格式"上起大宝元年,下至弘仁十年,总计式四十卷、格十卷"。该格式的特点是:"其辞简,其事详,其文约,其旨广。"①天长年间(824—833年),右大臣清原夏野等,"集数家之杂说,举一法之定准,经过十年的努力,编成了11卷《令义解》"(《令义解·序》)。这是现存的较完备的封建法典。贞观十年(868年)颁布了《交替式》2卷。同十一年,藤原氏宗编成《贞观格》12卷,翌年又编成《贞观式》20卷。延喜年间,醍醐天皇命朝臣制定格式,先后制定格12卷、式50卷,称为《延喜格式》。

《大宝律令》和《养老律令》的制定,其意义是很大的。它是大化改新开始以来,各朝法治建设的总结,也是对吸收和消化唐代文化的肯定。它是唐代文化和日本传统文化的结晶之一。它标志着日本的中央集权制度的完善。

第三节　唐律与养老律的比较——以《名例律》为中心

一、唐与奈良朝的立法思想

我们在前面已经说过,唐太宗的立法原则是"用法务在宽简"。所谓"宽",就是要礼刑结合,礼主刑辅。所谓"简",就是法律科条要简要。唐太宗的"宽""简"思想,反映了唐代法律的主要特点。唐太宗的宽刑原则,是立足"德礼为政教之本""王政本于仁恩"的思想基础之上的。唐太宗执政之初就曾对大臣们说过,"凡事皆须务本,国以人为本,人以食为本"(《贞观政要·论务农》),从而达到"安人宁国"的目的。要达到国家安宁,人民足食,除了政治上采取多项措施外,还需要法律予以保障。隋朝后期,由于治法严酷,农民怨声载道,国家不得安宁,这一教训引起了唐朝皇帝的深思。"以宽仁治天下,而于刑法尤慎"(《新唐书·刑法志》)的贞观之治,就是吸取了隋朝酷刑政策的教训的结果。

---

① 《类聚三代格》卷上。

日本奈良朝的"宽仁以安黎元"①的思想,同唐太宗的"宽仁治天下"是完全相同的。奈良时代的天皇,大多重视研读中国的历史。隋亡唐兴的历史转变,以及其中的经验和教训,都为他们的统治提供了借鉴。从《续日本纪》等史籍记载中可以看出,大宝、养老、天平时代,天皇的治政是深受唐太宗等皇帝的治政思想的影响的。唐太宗以"德礼为政教之本",日本天皇也认为"布政之方,莫先仁恕之典"②。唐太宗主张"凡事皆须务本",日本天皇也说"国家隆泰,要在富民,富民之本,务从货食"③。"安人宁国"的思想反映在立法上,就是"宽仁"和实行"德主刑辅"之策。养老二年十二月,元正天皇发布了如下诏书:

> (朕)思欲广开至道,退扇淳风。为恶之徒,感深仁以迁善。有犯之辈,遵令轨以靡风。④

诏书中所说的"感深仁以迁善",就是说要以"仁"来教育恶徒改邪归正。与此同时,也不放弃刑罚,那就是诏书中的"遵令轨以靡风"。所谓"令轨",就是用法律来匡正不正的社会风气。这一诏书充分反映了奈良王朝的"德主刑辅"思想。为了实现以"仁德"致善,朝廷特别强调"富民"政策,认为"人足衣食,共知礼节"⑤,"家有衣食之饶,人生廉耻之心,刑错之爱兴,太平之风可致"⑥。奈良朝廷由于推行"德主刑辅"的立法思想,出现了海内晏静,区夏安宁"⑦的盛世。据记载,养老六年,全国犯流放罪以上的罪犯,总共只有41人。⑧可见宽刑政策的效果。

二、《养老律令》与唐律令的篇章体例

奈良时期的律令与唐律令的比较,理应首先从《大宝律令》开始,但由于《大宝律令》已散佚,我们只能用《养老律令》与之比较,这是因为《养老律令》是以《大宝律令》为基础编纂而成的。《养老律令》虽然也有散佚,但从尚存的部分仍可以

---

① 《续日本纪》卷8,养老七年二月。
② 《续日本纪》卷9,养老六年四月。
③ 《续日本纪》卷7,灵龟元年十月。
④ 《续日本纪》卷8,养老二年十二月丙寅。
⑤ 《续日本纪》卷6,和铜七年二月辛卯。
⑥ 《续日本纪》卷7,灵龟元年十月。
⑦ 《续日本纪》卷6,灵龟元年九月。
⑧ 《续日本纪》卷9,养老六年四月。

看出奈良朝和唐朝之间立法思想和法律制度的异同。

唐代的法律采用律、令、格、式四种形式。《养老律令》也采用律、令、格、式四种形式。《弘仁格式序》载：

> 律以惩肃为宗，令以劝诫为本，格则量时立制，式则补阙拾遗。四者相须足以垂范，比犹寒暑递以成岁，昏旦迭而育物。有沿有革，或轻或重，实是治国之权衡，信驭民之缰策也。

通过律、令、格、式四种法律形式，把社会的各个方面都纳入法律的范围之内，标志着奈良时代及平安初期，日本法律制度的系统化和周密化。

奈良时代的律令，与唐代的律令之间，是有着密切关系的。首先看一看唐令和养老律令的关系。从两令的篇目对照看，养老律令中的僧尼令、学令、继嗣令、禄令、假宁令、捕亡令等篇目，是唐六典所列唐令篇目中所没有的，这显然是根据日本自身的需要而增设的。上述各令虽然在唐令中不见，但其内容却是参照唐令中的有关令条的，如僧尼令参照了唐朝的《道僧格》，继嗣令参照了永徽令中的封爵令，禄令和捕亡令在永徽令中，也均可找到相应的条文。学令之名，在《唐会要》中也有记载。奈良时代的律令编纂者，在参照唐令时，是有选择性的。《通典》记载，唐贞观有1590条。《唐六典》记载，开元四年令有1546条。养老律令总共只有953条，与贞观令相比，减少了637条；与开元令相比，减少了593条。表7-1是仁井田陞氏对养老律令与唐令所做的比较，数字表明养老律令并不是唐令的全搬全抄，而是经过严格的选择而吸收的。

再看一看养老律与唐律的关系。从现存的律文比较，可以看出唐律对养老律的影响是颇深的。二者不但在立法思想上相同，而且在篇章体例和内容上也基本相近。如表7-1、表7-2所示：

表7-1　养老律令与相关的唐令对照表

篇　目	养老律令/条	唐令/条
神祇令	20	4
户　令	25	39
田　令	37	30
赋役令	39	20

篇 目	养老律令/条	唐令/条
学 令	22	12
选叙令	38	20
继嗣令	4	4
考课令	71	53
禄 令	15	4
宫卫令	28	5
军防令	76	39
仪制令	26	22
衣服令	14	9
营缮令	17	7
公式令	79	28
仓库令	16	3
厩牧令	28	17
医疾令	27	10
假宁令	13	10
丧葬令	17	15
关市令	20	11
捕亡令	15	6
狱 令	63	30
杂 令	41	22

（引自仁井田陞：《日唐两令对照表》）

表7-2 唐律、养老律篇章比较

篇 目	唐律疏议/条	养老律（残存）/条
名 例	57	32
卫 禁	33	14
职 制	59	56
户 婚	46	0

续　表

篇　目	唐律疏议/条	养老律（残存）/条
厩　库	28	0
擅　兴	24	0
贼　盗	54	53
斗　讼	60	3
诈　伪	27	0
杂　律	62	0
捕　亡	18	0
断　狱	34	0
合　计	502	158

（引自青木和夫："名例律注解"）

　　唐律的篇章体例共分12篇，其顺序是名例、卫禁、职制、户婚、厩库、擅兴、贼盗、斗讼、诈伪、杂律、捕亡、断狱。①而养老律的篇章和顺序，与唐律完全一样，据《养老律·律目录》，其顺序如下：

　　　　名例第一　职制第三　厩库第五
　　　　卫禁第二　户婚第四　擅兴第六
　　　　贼盗第七　诈伪第九　捕亡第十一
　　　　斗讼第八　杂律第十　断狱第十二②

　　养老律律文散佚颇多。若与《唐律疏文》条文相对照，从表7-2可知，《养老律》的户婚、厩库、擅兴、诈伪、杂律、捕亡、断狱等七律已完全散佚，斗讼律也基本散佚。唐律共12篇502条。养老律虽12篇篇名尚存，但律文仅存158条。散佚虽多，但是因为"令有律语，律有令语"《令集解·官位令·序》，某些律文仍可从令文中找到。

---

① 仁井田陞：《唐令拾遗》，东京大学出版会1964年版。
② 石尾芳久：《律令的编纂》，《日本古代法的研究》，法律文化社1959年版。

三、五刑及赎刑之制

不论是唐律,还是养老律,开宗第一篇,就是名例篇。何谓"名例"?《唐律疏议》载:"名者,五戒之罪名;例者,五刑之体例。"它是全律的纲领。名例篇首先列出刑名及其量刑等级。据养老律规定,奈良时代与唐朝一样,实行五刑制度,即采用笞、杖、徒、流、死五种刑罚手段。

笞刑是最轻的刑罚。笞刑的用具,汉时用竹片,唐朝时用荆条,长3尺5寸。笞刑部位主要是臀部,也有脊背、腿部受刑的。笞刑分为笞10、笞20、笞30、笞40、笞50共五等。

杖刑是用杖打臀部的刑罚,比笞刑重一等。杖刑在唐和奈良以前的中国和日本均已存在。《尚书》载:"鞭作官刑。"鞭刑即杖刑。魏晋南北朝时,律文中有杖刑的规定,并有大杖、小杖、法杖之分。在日本,也早在敏达十四年(585年)已使用杖刑。当年三月,物部氏毁佛寺时,曾在海石榴市亭,用杖(楚)抽打僧尼。[①]至大化二年(646年),孝德天皇三令五申官吏不可依仗官势掠取私财物,违犯者"次官以上,降其爵位,主典以下,决其笞杖"[②]。天武十一年(682年),天武天皇也曾宣布:犯罪者不论身份高低,该捕则捕,该罚则罚。该处杖刑者则杖一百以下。[③]养老律中的杖刑,既是历史上存在过的杖刑的总结,又是借鉴唐朝杖刑的结晶,养老律的杖刑与唐律规定一样,都是五等,即60、70、80、90、100杖五等。

比杖刑更高的刑罚是徒刑。徒刑是在一定时间内被剥夺人身自由的惩罚。《唐律疏议》说:"徒者,奴也。"他们在服刑期间,要像奴隶一样,在武力监督下从事苦役。在中国,徒刑起源于周朝。而日本在不成法时代也已广泛使用。徒刑的服刑年限,在隋唐以前,最长的5年,最短的1年。隋以后改为1至3年。唐律承袭隋制,分为五等,即1年、1.5年、2年、2.5年、3年。养老律全文照搬唐律的徒刑条文,也实行1至3年的徒刑五等制。

流刑是次于死刑的重刑。"不忍刑杀,宥之于远也。"(《唐律疏议·名例》)隋以前,流刑有五等,隋唐时改为三等,但流刑的远近,隋、唐两朝不同。隋时分为一千里、一千五百里、二千里三等,唐时分为二千里、二千五百里、三千里三等。二千里行程,大约要走四十日(《唐律疏议》)。养老律中的流刑也是三等,但没有明

---

① 《日本书纪》卷20,敏达十四年三月。

② 《日本书纪》卷25,大化二年三月。

③ 《日本书纪》卷29,天武十一年十一月。

确标出里数,而是按远、中、近划分。圣武天皇神龟元年(724年),才正式定远近里程。按流放地与京城的距离与行程所需天数列表如下:

近流	越前	315 里	4 日
	安芸	490 里	7 日
中流	信浓	560 里	10 日
	伊豫	560 里	8 日
远流	伊豆	770 里	11 日
	安房	1190 里	17 日
	常陆	1575 里	15 日
	佐渡	1325 里	17 日
	隐岐	910 里	18 日
	土佐	1225 里	18 日[①]

其中,最近的315里,最远的1575里。途中日程最少的4天,最多的是18天。里程与天数均大大少于唐律的里程和天数。

死刑又称大辟,是最严重的刑罚。《唐律疏议》载:"绞斩之坐,刑之极也。"不论是中国,还是日本,死刑在各自的历史上是早就存在了的。种类也很多,有腰斩、枭首、车裂、戮、绞、磔等。刑罚之残酷也是目不忍睹的。就中国而言,至隋以后,才改定为绞、斩二刑。唐朝继承此制,并且对死刑的判处控制甚严。规定死刑必须三次奏报皇帝,未得皇帝批准,擅自执刑的主管官吏,要受到流放二千里的重罪处分。即使皇帝批准,下达执行死刑命令也必须在命令下达的第三天方可行刑。如果提前行刑,有关官吏就要受到徒刑一年的惩罚。这样严格的控制,目的就是减少误判,尽量减少死刑。养老律吸收了唐律中对死刑的严格控制政策,也规定了死罪的复奏制度:

> 凡决大辟罪,在京者,行决之司三复奏。决前一日一复奏,决日再复奏。在外者,符下日三复奏。初日一复奏,后日再复奏。(《令义解·狱令》)

---

① 青木和夫:《名例律注解》,《日本思想大系·律令》,岩波书店1977年版。

再三复奏的规定,是以"宽刑"政策为前提的。正如《令义解》所说:"凡用刑之道,非是好杀,舍速从迟,是为优长。"复奏可以减少错杀。事实上,唐太宗统治期间,基本上废除了死刑,以流放或断右趾代替死刑。日本奈良时代,天皇大多信奉佛法,对死刑颇为慎重。神龟二年(725年)十二月,圣武天皇发布诏书说:"死者不可生,刑者不可息,此先典之所重也。"并宣布,全国囚徒,"死罪宜降从流,流罪宜从徒,徒以下并依刑部奏"①。很明显,圣武天皇的宽刑政策,是深受唐太宗的宽刑思想影响的。圣武天皇之后,虽然偶有对谋叛者的严刑,但基本上实施"死刑从流"(《唐律疏议·十恶》)的政策。

唐律与养老律在规定五刑的同时,也规定了相应的赎罪之法。和唐律一样,养老律的赎刑的适用范围是有限制的。允许赎刑者,按唐律规定主要是:①"应议、请、减及九品以上之官吏";②七品以上官吏的祖父母、父母、妻、子孙犯流罪以下者;③老人和少年、儿童犯流罪以下,也可允许赎罪。养老律规定的范围,大致与唐律相同,略有变化。如唐律规定九品以上官可赎刑,养老律则改为"应议、请、减及八位、勋十二等以上"。唐律规定70岁以上、15岁以下犯流刑可赎罪,养老律则规定70岁以上、16岁以下可赎罪。另外唐律和养老律中都规定:加役流、反逆缘坐流、子孙犯过失流不孝流及会赦犹流者,均不得赎刑。关于赎金,笞、杖、徒三刑,唐律与养老律的规定完全相同,只是流刑、死刑不同。养老律的流刑赎金分别为铜100斤、120斤、140斤,而唐律的赎金分别为铜80斤、90斤、100斤。死刑赎金,养老律为铜200斤,唐律为120斤。从赎金规定表明,一般平民百姓是拿不出这样数额的赎金的,只有官僚贵族才有能力支付,这从另一个方面反映了赎刑的阶级本质。

四、"十恶"和"八虐"

"十恶"是唐律中最严重的罪行,"八虐"则是养老律中最严重的罪行。《唐律疏议》载"五刑之中,十恶尤切",是对封建专制统治威胁最大的行为。在中国,"十恶"的形成是有历史发展过程的。在汉《九章》中已有不道、不敬的律文,因此可以说"十恶"萌于汉代。至北齐已有"重罪十条",即反逆、大逆、叛、降、恶逆、不道、不敬、不孝、不义、内乱。直至隋开皇时,十恶之制才正式确立。它是以北齐重罪十条为基础整理而成的。隋开皇律的"十恶","一曰谋反,二曰谋大逆,三曰谋叛,四曰恶逆,五曰不道,六曰大不敬,七曰不孝,八曰不睦,九曰不义,十曰内

---

① 《续日本纪》卷9,神龟二年十二月。

乱"。唐朝全盘搬用隋朝十恶之条。

养老律的"八虐",实际上是唐律"十恶"的日本化。若以"八虐"与唐"十恶"对照,除唐律中的"不睦""内乱"二恶外,其他"八恶"与"八虐"内容基本相同,只是在个别文字上做了改动而已。养老律之所以没有把"不睦"和"内乱"列入诸虐之中,主要是日本固有的习俗与唐不同。如"不睦"中的近亲买卖,在大宝律施行前的日本历史上,不曾见过。又如"内乱"中的近亲相奸、同姓不婚的原则,也不适合日本的习俗。①虽养老律没把"不睦""内乱"列入诸虐,但"不睦""内乱"中的某些适用的条文如"殴告及谋杀伯叔父、姑、兄姐、外祖父母、夫、夫之父母、杀四等以上尊长及妻"(不睦条)、"奸父祖妾"(内乱条)等条文,分别归入"不道""不孝"之内。

养老律的"八虐"虽然取自唐律中除"不睦""内乱"之外的"八恶",但在量刑时,则每每与唐律不尽相同,有的相差还很大。现在,将"八虐"与"十恶"中有关罪行的量刑做一比较。②如表7-3所示:

表7-3 "八虐"与"十恶"中有关罪行的量刑比较

序 号	罪 名	内 容	养老律	唐 律
(1)	谋 反	谋危国家	斩	斩
(2)	谋大逆	谋毁山陵宫阙	绞	绞
(3)	谋 叛	谋背国从伪	绞	绞
(4)	恶 逆	殴祖父母、父母	斩	斩
		谋杀祖父母、父母	斩	斩
		杀伯叔父、姑、外祖父母	斩	斩
		杀兄、姐	斩	斩
		杀夫	斩	斩
		杀夫之父母	(斩)	斩
(5)	不 道	杀一家非死罪3人、肢解人	斩	斩
		造畜蛊毒	斩	斩

① 青木和夫:《名例律注解》,《日本思想大系·律令》,岩波书店1977年版。

② 青木和夫:《名例律注解》,《日本思想大系·律令》,岩波书店1977年版。

序　号	罪　名	内　容	养老律	唐　律
（5）	不　道	厌魅	徒1年	徒2年
		殴伯叔父、姑、外祖父母	徒2年	徒3年
		殴兄、姐	徒1.5年	徒2.5年
		殴夫	杖100	徒1年
		殴夫之父母	徒3年	绞
		告伯叔父、姑、外祖父母、夫、夫之父母	徒1年	徒2年
		谋杀伯叔父、姑、兄、姐	远流	斩
		谋杀外祖父母、夫、夫之父母	斩	斩
		杀四等以上尊长	（斩）	斩
		杀妻	绞	斩
（6）	大不敬	盗大祀神御之物	中流	流2500里
		盗乘舆服御物	中流	流2500里
		盗神玺（御宝）	绞	绞
		盗内印	远流	徒1年
		伪造神玺（八宝）	斩	斩
		伪造内印	绞	流2000里
		合和御药、误不如本方、封题误	徒3年	绞
		造御膳、误犯食禁	徒3年	绞
		御幸舟船、误不牢固	徒3年	绞
		指斥乘舆、情理切害	斩	斩
		对捍诏使而无人臣之礼	绞	绞
（7）	不　孝	告祖父母、父母	绞	绞
		诅祖父母、父母	徒2年	斩
		骂祖父母、父母	徒3年	绞
		祖父母在，别籍异财	徒2年	徒3年
		居父母丧，身自嫁娶	徒2年	徒3年

续　表

序　号	罪　名	内　容	养老律	唐　律
（7）	不　孝	居父母丧,作乐,释服从告	徒1.5年	徒3年
		闻祖父母丧,匿不举哀	徒2年	流2000里
		诈称祖父母、父母死	徒1.5年	徒3年
		奸父母妾	徒2.5年	绞
（8）	不　义	杀本主、本国守(村主、刺史、县令)		
		杀业师		
		史卒本部五位(品)以上官长		
		闻夫丧,匿不举哀		
		居夫丧作乐,释服从告		
		居夫丧政嫁		

　　从上述量刑情况可以看出,对谋反、谋大逆、谋叛、恶逆四罪的惩罚,唐与奈良朝基本一致,但对不道、大不敬、不孝、不义四罪的惩罚,唐律比养老律严峻。如御药有误、造御膳有误、造御幸舟船不牢固,养老律皆处以3年徒刑,而唐律皆处以绞刑。又如奸父祖妾,养老律处2.5年徒刑,唐律处绞刑。

　　唐律"十恶"和养老律的"八虐"都被各自的朝廷视为危及国家安全、社会道德的重罪,因而明文规定,犯有"十恶""八虐"者,一不能赎刑,二不在赦免之列。

五、八议和六议

　　八议和六议是唐朝封建政权和奈良王朝保护封建官僚、贵族的法律制度。八议之人犯罪,通过封建朝廷的议定,可以予以减刑和免刑。若议之人犯死罪,更需上奏皇帝(或天皇)御裁,司法机关无权审理判刑。唐律中规定予以保护的八种人:一曰议亲,包括皇帝的袒免以上亲、太皇太后、皇太后的缌麻以上亲、皇后的小功以上亲;二曰议故,即皇帝的故旧;三曰议贤,即社会贤人、有德有才者;四曰议能,即封建朝廷的治政、治军的杰出人才;五曰议功,即国家的有功之臣;六曰议贵,系指职事官三品以上、散官二品以上、爵一品的上层官僚贵族;七曰议勤;八曰议宾,指已退位的皇帝和贵族。日本养老律的六议,除没有议勤、议宾外,其他与唐律的前六议完全相同。应该说明的是,养老律虽然没有议勤条,但其内容基本纳入议功条内。因此严格地说,养老律只取消了唐律中的"议宾"条。

养老律的六议对象,和唐律的八议对象一样,享有议、请、减、赎、当、免等法律特权。议,又称"议章",六议之人(或八议之人)若犯死罪,将其所犯罪状和按律应处刑罚,以及其应议的理由,上报中央,先由朝臣集体议定处理方案,然后由天皇(或皇帝)最后裁定。一般情况下,只要不属十恶之罪,六议(或八议)之人,皆可减刑免死。请,又称"请章",即六议(或八议)之人的亲属和五位、勋四等(唐为五品)以上官吏,犯死罪者可以上请,将其犯罪情况,以及上请的理由,报请圣裁。减,又称"减章",凡六位、七位、勋六等、七等(唐为六品、七品)以上的文武职事官、散官、卫官、勋官等,以及享有"请章"特权者的亲属,犯流罪以下,均可各减刑一等。赎,又称"赎章",八位、九位(唐八品、九品)、勋十二等(唐九品)以上官吏的家属,以及拥有议、请、减特权的人,犯流罪以下,可以赎刑。当,就是以官位抵挡刑罚。养老律规定,官吏犯私罪,允许以官抵罪。一品以下、三位以上,以一官当徒3年;五位以上,一官当徒2年;八位以上,一官当徒1年。若犯公罪,一官所当各可增加1年。唐律规定犯私罪五品以上,一官当徒2年;九品以上,一官当徒1年,犯公罪也可增加1年官当。免,是采取开除官职(除名)、罢免官职(免官)、撤销现任官职("免所居官")三种手段,使犯有徒刑罪的官吏免受桎梏之苦的制度。养老律、唐律都规定,"除名"抵徒刑3年,"免官"抵徒刑2年,"免所居官"抵徒刑1年。开除、罢免、撤销现职的官吏,虽然以官抵罪,一时失去官位,但养老律和唐律都规定,这些人在一定时间内仍可恢复官职。如开除6年后、罢免3年后、撤职1年后,皆可重回官场,降级录用。从官僚、贵族享有的议、请、减、赎、当、免等特权可以清楚地看出唐律和养老律维护统治阶级利益的阶级本质。

六、奈良朝和唐朝的司法制度

奈良朝推行的司法制度,与唐朝的司法制度相似之处颇多,但也有不少不同的地方。以司法机关而论,唐朝实行大理寺、刑部、御史台三个机构并存的"三司之制"。大理寺审理中央官僚及京城内的徒刑以上案子,但没有最后裁决权,死刑呈皇帝批准,徒刑、流刑送刑部复核。刑部负责复核大理寺送来的流刑以下案件及全国州县上报的徒刑以上案件。全国州县上报的死刑案,要送大理寺复审,并呈皇帝御定。御史台是监察机关,可以监察大理寺、刑部的审判。与唐代的大理寺、刑部、御史台的"三司之制"相比,奈良时代有明显的不同。奈良时代没有设立唐代大理寺那样的司法机关。京城内的官吏犯徒刑罪以上者,皆由刑部审理,监禁五位以上官吏,必须先呈报天皇,得到批准后才可执行。京城百姓犯罪,皆有京职推断。奈良时代的刑部省,兼有唐代刑部、大理寺的职责。刑部省受太政官、弹正台的监督。奈良朝的太政官拥有司法实权。凡刑部省和诸国判为流刑以上的案件,均须呈报太政官复审。有不明之处,太政官便派使者赴当事国调查复核。京城案件即交刑部省再次复核。复核确实后,由太政官呈天皇批准。刑部及诸国对于重大案件的执刑情况,事后也必须呈报太政官备案。奈良时代的弹正台的主要职责是"纠弹非违""肃清风俗"。除太政大臣外,全国官吏违法,弹正台皆可弹劾,并可根据违法状况起诉,但弹正台没有判决权。判决权分别属于太政官、刑部和地方政府的裁判所。从中央一级司法机构的设置状况可以看出,奈良朝的司法机构比唐朝的机构精简。唐朝和奈良朝都严格限制告发。除谋反、叛逆罪外,告祖父母、父母者,要被处以绞刑;告外祖父母、夫、夫之祖父母,虽告发属实,但也要被处以徒刑;奴婢告发主人,除告发谋反、逆叛外,其他均处绞刑。据律令规定,凡告发他人罪行,必须提出被告者犯罪的年月日和具体罪状,如果讲不出年月日和具体罪状,只凭嫌疑,那么告发者就要受到笞40的刑罚。如果官吏以嫌疑受理立案,要受到更为严厉的惩处,如告死罪,受理官吏当处以流刑;告流罪,受理官吏当处以徒3年。(《政事要略·卷八十四·纠弹杂事》)因此,每有告发者,官吏必首先告诉告发者:告发不许虚假,若以不实之事告发,当以诬告罪处之。凡告他人罪除告谋叛罪外,官司必须进行三审,以防诬陷。

对案犯的审判,不论是唐朝,还是奈良朝,在重视物证、人证的同时,都非常重视犯人的口供,唐"狱官令"和奈良朝的"狱令"均明确规定:"凡察狱之官,先备五听,又验诸证信。事状疑似,犹不守实者,然后拷掠。"这就是说,审判官审案,必须考察被告者的情态。何谓"五听"? 日本的《令义解》载:

> 五听者,一曰辞听,观其出言,不直则烦;二曰色听,观其颜色,不直则赧然;三曰气听,观其气息,不直则喘;四曰耳听,观其听聆,不直则惑;五曰目听,观其眸子,不直则眊然也。

审判官根据"五听"直接感受犯人的情态,然后结合证据,进行综合检验。检验属实,即可推判。如尚有疑点,而罪犯又不肯供认,可采用刑讯,逼其招供。但拷掠逼供只限3次。《养老律令》规定,在审讯过程中,有的疑案,地方司法机关难以裁决时,应移交刑部省。若刑部仍不能裁决,则移送太政官,由太政官审理推断。

总之通过上述阐述,我们可以清晰地看到,日本从天智天皇编纂《近江令》开始,经《飞鸟净御原朝廷令》《大宝律令》至《养老律令》的制定过程,既是学习唐朝法律制度逐步深化的过程,又是日本中央集权的封建国家体制逐步走向完善的过程。尤其是《大宝律令》和《养老律令》的制定,标志日本已成为一个法式完备的中央集权的封建国家,俨然以仅次于唐朝的次大国的姿态,屹立于东亚世界。

第八章

唐文化与奈良文化

第一节　教育制度

日本教育制度的正式建立,大概始于大化改新以后的天智年间,及至大宝、养老年间,教育制度纳入律令体系。根据律令记载,奈良王朝的教育制度是在学习和消化唐朝教育制度的基础上建立起来的。唐朝的教育机关,中央有两馆六学,即弘文馆、崇文馆、国子学、太学、四门学、律、书、算学。地方上则州、县、乡均有学校。奈良时代的教育机关,虽然没有唐朝那样多,但也分为中央、地方两级。中央有大学,地方有国学。此外还有隶属于中务省的阴阳寮,隶属于宫内省的典药寮。

奈良朝的教育制度与唐朝的教育制度,存在着许多相似之处。关于学生来源,唐规定,国子学收文武三品以上子孙,太学收五品以上子孙,四门学收七品以上子孙。奈良朝规定,中央的大学寮,收五位以上及史部官吏子孙。唐规定地方学校,以州县长官子孙为主。奈良朝也规定地方国学,收郡司子弟。学生出身的限制,表明培养封建官吏的宗旨,唐与奈良朝是完全相同的。学生年龄,两国不同,唐规定14岁以上19岁以下,律学生18岁以上25岁以下;而奈良朝规定13岁以上16岁以下(《新唐书·选举志》)。

学习科目,唐规定必修的有《孝经》《论语》,选修的有《礼记》《春秋左氏传》(以上为大经),《诗》《周礼》《仪礼》(以上为中经),《周易》《尚书》《春秋公羊传》《谷梁传》(以上为小经)。书学生必读《国语》《说文》《字林》《三苍》《尔雅》。算学生必读《孙子》《五曹》《九章》《海岛》《张丘建》《夏侯阳》《周髀》《五经算》《缀术》《缉古》《记遗三等数》。奈良朝的学习科目,基本与唐相同,只是选修科目中没有《春秋公羊传》和《谷梁传》。因此,小经只有《周易》和《尚书》。算书科目,没有

《张丘建》《夏侯阳》《五经算》《缉古》《记遗三等数》,却有《六章》《三开重差》《九司》。

奈良朝的大学寮学生所用课本,都有明确规定,如《周易》用郑玄注释本,或王弼注释本。《尚书》用孔安国注本,或郑玄注本。《毛诗》用郑玄注本。《左传》用服虔注本,或杜预注本。《孝经》用孔安国注本,或郑玄注本。《论语》用郑玄注本,或何晏注本。

授课方式,奈良朝大学寮设有音博士,每一课程开始时,首先由音博士教学生读经文,也即首先解决汉文的读音问题。唐朝的学校不设音博士,主要是因为汉族学生不存在汉文的发音问题。对于奈良朝学生来说就不同了,因为汉文是外文,要解课本内容及含义,不解决读音显然是困难的。通过音博士的教导,在学生熟读课文的基础上,由博士讲解课文。

唐与奈良朝学生的放假制度完全相同,即每旬(10日)放假1天,此外每年五月有田假,每年九月有授衣假。考试制度也一样,每旬一小考,每年年终有大考。一是考大义,博士从二千言中提出一个问题,一共出三题,让学生回答,答对两题为及格,不及格者要处罚。年终考试,时间都在每年的七月,考试范围都是一年内学习的内容。成绩评定标准,唐和奈良朝略有不同。唐朝规定口试大义10条,对8条者为上,对6条者为中,5条为下。奈良朝规定口试大义8条,对6条者为上,4条以上为中,3条以下为下。

唐朝中央和地方各级学校,每年春秋祭奠孔子的制度和仪式,也被奈良朝的大学寮和国学吸收,成为固定的制度。祭奠孔子的制度是由留唐学生传入的。天平胜宝四年(752年),大学寮助教膳大丘入唐留学,见国子监两门有"文宣王庙"的题额,不解其意,当时有一个名叫程览的国子监学生告诉膳大丘:当今皇帝大崇儒学,因此将孔子改为文宣王。膳大丘归国后上书天皇,恳请追从唐制,改孔子为文宣王,得到天皇敕准,每年祭奠并立为制度。每年祭奠所需的酒食、祭服等物资一律由国库开支。日本《延喜式》规定,每年春秋的释奠仪式极为隆重。释奠时设祭坛11座。主座是先圣文宣王孔子和先师颜子,东旁座有闵子骞、冉伯牛、仲弓、冉有,西旁座有季路、宰我、子贡、子游、子夏。座前放祭品。孔子、颜子座前祭放笾、豆、簠、甑、铏、酒樽等装满食物的器皿。祭奠之日,祭祀官、陪祭官及大学寮学生等,皆盛装礼服。祭奠时礼乐大作,众人跪拜叩首。祭祀官先跪于孔子座前,然后又跪于颜子等十贤座前,朗读祭文。祭文称颂孔子"经纬礼乐,阐扬文教,余烈遗风,千载是仰",并表示对其业绩的崇敬。(《延喜式·大学寮》)祭祀结束后,举行学术研讨会(讲论会)。先由"执读"朗读所讲书籍全文,然后由"执经"解释文意。有疑问者,即可当场提出疑问。除这种较大型的学术讲论会外,还举行明经、明法、算学等科的专题研讨会。学术会之后,更有文章博士等赋诗吟歌。

奈良时代的教育制度,为中央集权的封建王朝培养了不少务实的官吏,但是,问题也存在不少。[①]首先是上流贵族子弟的学习积极性不高。《学令》规定,入大学寮的400名学生,主要吸收上流贵族子弟。《学令》又规定,经过大学寮艰苦学习的学生,经国家考试及格,才授以八位或初位官爵。这种通过学校谋求低阶官位的仕途,显然对上流贵族子弟没有吸引力,其积极性当然不会高。相反出身于卑姓的子弟,却显出极大的热情,因为通过刻苦学习,步入仕途,对他们来说是十分难得的机会。在地方上,遇到的困难是国学教官的缺乏,影响了国学的发展。

虽然在推进教育和文化事业中,遇到过种种困难,但是奈良政府对文化教育事业的发展,是十分关心的,积极推行文化奖励政策。朝廷曾再三地宣布:"文人武士,国家所重,医卜方术,古今斯崇。""优游学业,堪为师范者,特加赏赐,劝励后生。"[②]对于技术超群的人,即使其身份地位低微,也可以破格晋升。

第二节　天文、历算

德川光国的《大日本史》说:"上古民物淳朴,机智未开,是以历数占测之术,未闻其有。"上古之世,日本虽不曾掌握天文及历算技术,但随着与中国和朝鲜半岛交往的发展,中国的天文、历算也陆续传入日本。中国的天文、历算在南北朝时期的发展甚为惊人。例如,何承天创制了定朔法和调日法,编制了元嘉历;祖冲之用新闰法,编制大明历;张子信发现了日行盈缩现象等。当时,中国的天文、历算知识,是通过朝鲜半岛传入日本的。6世纪中叶,朝鲜半岛的百济经常派遣文化人赴日,其中就有易博士、历博士等。钦明十四年(553年),日本遣使百济,要求百济定期轮换派遣医博士、易博士和历博士,并索取卜书、历本和种种药物。[③]554年,百济应钦明大王所求,贡易博士王道良、历博士王保孙等。[④]由此可

---

① 儿玉幸多等:《图说日本文化史大系 第三卷》,小学馆1956年版。
②《续日本纪》卷8,养老五年正月。
③《日本书纪》卷19,钦明十四年正月。
④《日本书纪》卷19,钦明十五年二月。

知,天文、历算等知识,在钦明时代已传入日本,当可深信无疑。

至推古朝,天文、历算进一步获得发展。推古十年(602年),百济僧侣观勒赴日,携带历本、天文地理、遁甲方术之书等。推古天皇便选派书生随观勒学习诸法。其中阳胡史祖玉陈学习历法,大友村主高聪学习天文遁甲,山背臣日立学习方术。①此三人经过研习,均掌握了各自学习的知识,成为日本第一代天文、历法等专门人才。当时,百济采用中国的元嘉历。正是由于观勒的传授,以及阳胡史祖玉陈等人的钻研,日本很快于推古十二年(604年)正式宣布使用元嘉历。中国施行元嘉历是在元嘉二十二年(445年),传入并在日本流行的推古十二年,正是中国施行后的160年。日本天文学者曾对推古十二年甲子至持统五年(691年)辛卯,共87年的月朔干支,与元嘉历加以对照,发现二者之间完全吻合,说明推古朝以后,日本确实施用过元嘉历。

大化改新以后,日本与中国唐代加强了直接联系,天文、历法也开始直接交流。隋唐两代的天文、历算非常出色,先后改行历法10次,其中传入日本的历法都是比较先进的。如唐高宗麟德元年(664年),李淳风编制《麟德历》。《麟德历》是在唐高宗仪凤年间(676—678年)传入日本的,因此日本史籍上把《麟德历》称为《仪凤历》。690年11月,持统天皇颁诏"始行元嘉历与仪凤历"②。说明当时日本参用元嘉、麟德二历,开始编制适合日本国情的历法。文武朝以后,历法的编制主要参照《麟德历》。

《大宝律令》《养老律令》进一步规定,在中务省下置阴阳寮,专门掌管天文、历法。阴阳寮内设有历博士1人及历生10人。历博士负责教授历生和编制翌年的历本(《令集解·职员令》)。由于朝廷的重视,日本拥有了一批精通历学的专家。至天平二年(730年),太政官发现阴阳、历法、医术等博士大多年岁渐老,身体衰弱,若不抓紧培养接班人,上述学问大有失传的可能,因此以"阴阳医术及七曜颁历等类,国家要道,不得废阙"为由,请求天皇批准7名老学者招收弟子、传授技艺。招收的弟子皆按大学寮学生待遇。天皇同意招收阴阳3人、医术3人、曜历4人。③

正当奈良朝廷以《麟德历》为基础,加强历学人才培养的时候,在唐朝,僧一行编成了《大衍历》,并由开元十七年(729年)起,正式施行。《大衍历》,不但总结、

---

① 《日本书纪》卷22,推古十年十月。

② 《日本书纪》卷30,持统四年十一月甲申。

③ 《续日本纪》卷10,天平二年三月。

吸收了中国唐以前诸朝的历学知识,而且吸收了印度的历学知识,因此是一部先进的历法。该历法共分7篇,其中记载了平朔望、平气、七十二候,太阳、月球每天的位置和运动,星象和昼夜的时刻,日食、月食,以及五大行星的位置等。《大衍历》在唐施行的时期,日本青年吉备真备正在唐留学。他对《大衍历》产生了极大兴趣,对其进行了学习和研究。天平七年(735年),也就是《大衍历》施行后的第7年,吉备真备留学期满回国。他携回的书籍中就有《大衍历经》1卷、《大衍历立成》12卷,这引起了奈良王朝历学家们的重视。757年,孝谦天皇为鼓励学问,解决大学、雅乐两寮及天文、历算、阴阳、医针等科学生的衣食,特别设置公廨田,计大学寮20町、雅乐寮10町、阴阳寮10町、内药司8町、典药寮10町。(《类聚国义·职官十二》)并针对不少博士、医师的选拔不以学识而以人情的弊病,特别强调了学识水平,指出经生需通三经,传生需精通三史,医生必通大素、甲乙、脉经、本草,针生需通素问、针经、明堂、脉决,天文生应通汉晋天文志、天官书、三色簿赞、韩杨要素,历算生必须精通汉晋律令历志、大衍历议、九章、六章、周髀、定天论等。[①]763年8月,奈良朝廷宣布废《仪凤历》,正式使用《大衍历》。此时离唐颁行《大衍历》已37年。实际上,唐代此时已停用《大衍历》,而采取更先进的《五纪历》了。

较为先进的《五纪历》传入日本,是在奈良朝末期,由遣唐使团录事羽栗翼传入。羽栗翼于781年向朝廷呈献《五纪历》,并指出当今大唐已停用《大衍历》而用《五纪历》。桓武天皇虽有意推行《五纪历》,敕令历官根据《五纪历》编选历法,可是由于无人熟习,故不能如愿。直至平安时代,历博士真野麻吕在深入研究《大衍历》和《五纪历》之后,发现两历"注月大小,颇有相谬",认为《五纪历》比《大衍历》进步,并于856年上书文德天皇,建议采用《五纪历》。天皇与朝臣对真野麻吕的建议进行了认真的讨论。朝臣们虽然认为日本推行《大衍历》时日已久,确有改进之必要,但仍然不敢贸然采用《五纪历》,故决定《大衍历》与《五纪历》并存,两者参照使用。在两历并存和参照使用的过程中,学者们时常发生争执。861年,有渤海国使赴日,赠送了唐朝长庆期间编纂的《宣明历》。历博士真野麻吕又对《大衍历》《五纪历》《宣明历》进行了对比,认为《宣明历》更为先进,建议停用《大衍历》《五纪历》,而改用《宣明历》。清和天皇允准采用《宣明历》,这时离唐朝采用《宣明历》已40年。

受中国天文学的影响,日本的天文学在大化改新后获得了长足的进步。尤

---

① 《续日本纪》卷20,天平宝字元年十一月。

其是天智天皇本人,从青年时代起就喜欢天文学。他曾制造过漏刻器,并于天智十年(671年)造漏刻台,采用漏刻器报告时辰。[①]天武天皇时,开始建造占星台,观察日、月、星象二十八宿。[②]奈良时期及平安时期,日本的天文知识急骤增长,比如日食、月食、彗星等天文变异,史籍均有详细记载。从文武二年(698年)至延历十三年(794年)的96年间,据载发生过76次日食。早在634年,人们已对彗星有所认识。当时,人们就把这种长尾巴的星变,称为"彗星"。《日本书纪》载:"秋八月,长星见南方,时人曰彗星。""七年春正月,彗星回见于东。"[③]舒明十一年正月二十五日,"长星见西北,时旻师曰彗星也"[④]。这里的"旻师"系留唐学问僧。史籍对彗星的记载,随着天文知识的增长,越到后面越详细。从总体上看,奈良时代比前代详细,而平安时代又比奈良时代详细。平安时代的彗星记载,不仅记录了出现方向,而且记载颜色、形状以及持续时间,如:

有彗星于东南,光芒东指。

彗星见东北,色赤有芒角。

有彗星于西北,逮二十四日,芒长三十余丈。

彗星见西南,光似野火。

…………

第三节　医学

奈良时代,日本受汉方医学的影响,医学科学的发展十分显著。奈良王朝是从三个方面加强医学科学水平的:一是培养医学人才;二是大量输入唐朝的汉医

---

① 《日本书纪》卷27,天智十年四月。

② 《日本书纪》卷29,天武四年正月。

③ 《日本书纪》卷23,舒明六年八月,七年正月。

④ 《日本书纪》卷23,舒明十一年正月己巳。

书籍;三是奖励优秀的医学人员,激励他们在汉医学的基础上,有所发明,有所创造。

奈良王朝为培养更多的医学人才,在宫内省设置了恰如今日医学院的典药寮,分别培养医、针、按摩、咒禁人才。典药寮由典药头、典药助负责全面工作,下设医师10人,掌管诸疾病的诊疗。医博士1人,掌诸药方脉经,教授医生。针师5人,针博士1人,按摩师2人,按摩博士1人,咒禁师2人,咒禁博士1人,药园师2人。医、针、按摩、咒禁、药园等科,分别招收医生40人,针生20人,按摩生10人,咒禁生6人,药园生6人。各科学生来源,首先吸收药部和医学世家子孙,然后取庶人之子,年龄在13至16岁之间。各科学生的学习课目,分必修和选修两种。课本皆采用汉籍医书。医生必修《甲乙经》《脉经》《新修本草》,选修《小品集验方》等书。针生必修《素问》《黄帝针经》《明堂》《脉决》,选修《流注经》《偃侧图》《赤乌神针经》等。按摩生学习《按摩伤折方》以及针刺之法。医生的学习分两个阶段,两年学习基础知识,两年后开始分体疗(内科)、创肿(外科)、少小(儿科)、耳目口齿(五官科)四科学习。40人中,24人学体疗科,6人学创肿科,6人学少小科,4人学耳目口齿科。体疗科学习7年(加上基础科2年,实际上是9年毕业),少小、创肿学5年,耳目口齿学4年,针生学7年。学成之日,在宫内省进行考试,及格者准允从业。除体疗、创肿、少小、耳目口齿四科外,当时还有女医专门学习妇产科。女医招收15至25岁、聪明伶俐的官户婢共30人,集中在内药司学习。由医、针、按摩等博士教授安胎、难产、创肿、伤折、针灸等技术,学习期限为7年。为鼓励自学医疗技术,奈良时代准允自学成才者。凡自学成才者,可以以医、针生的同等学力参加国家考试。[①]

唐代的医学著作,如孙思邈的《千金要方》《千金翼方》、王焘的《外台秘要》,以及苏敬等人编的《新修本草》,在奈良时代影响很广。很多书在日本有多种手抄本。对于唐代各医学著作,学者们都进行了深入研究。典药寮的学者,就曾对《新修本草》和陶隐居集注的《本草》两书做过比较,最后发现《新修本草》比《本草》的内容更充实,大约增加100余条。[②]孙思邈的《千金方》尤其受到广泛的重视。《千金方》中的医师道德和诊治疾病的辨证思想,极受推崇。如《千金方》要求医师对待病患者,不得问其贵贱贫富,不论长幼亲疏都应平等对待,认真医治。这些思想被奈良朝医师奉为准则。朝廷规定,医、针师至患者之家诊治,医疗态

---

① 《政事要略》卷95,至要杂事(学校)。

② 《续日本纪》卷39,延历六年五月戊戌。

度和医治效果,都要加以考察。患者之家应将医师姓名及医疗效果等报告宫内省,作为奖惩的依据。又如孙思邈的"人年四十以上,勿服写(泻)药,恒□补药"的观点,奈良朝的贵族阶层颇为信奉。

佛教的推广和传布,对日本的汉方医学的发展,也起了极大的推动作用。佛教主张仁慈,因此十分注意信徒的生老病死,积极开展慈善事业。许多高僧都精通医术。圣武天皇生病时,给他看过病的僧侣,多达120余人。尤其是唐僧鉴真和尚东渡日本,对汉方医学在日本的普及,作用甚大。鉴真和尚不仅在佛学上有高深的学问,而且精通医道。他在长安拜弘景和尚为师。弘景和尚的祖师是道宣,而道宣同著名医学家孙思邈友谊很深,两人在医学和佛学上,互有影响。据说孙思邈的《千金方》书中的地、水、火、风四大说和天竺耆婆诸方,都是受道宣的思想影响的。鉴真从道宣的弟子弘景那里得到了很多验方。从师承关系看,鉴真的医道,也间接地受到孙思邈的影响。鉴真的故乡是唐代江南名城扬州。扬州有专门交易草药的药市,唐代诗人曾写有"扬州喧喧卖药市"的诗句。在药市上,中国的、南亚的、西南亚的,以及东非的名贵药材都有出售。扬州地区出产的菟丝、蛇床、括萎姜、藕、蜂蜜等,在中国也颇有名气。在药材交易中,药商们掌握了一套鉴别药物质量的技术。他们用嘴品味,用鼻嗅气,用眼视色,用牙咀嚼,用手扪捏。这套技术,对于出身商人家庭的鉴真来说,恐怕在年少之时也略有接触和掌握吧。鉴真在东渡日本的过程中,转辗中国南北各地,扩大了草药知识,如海南岛的乳香、苏方,广西的益知子、槟榔子、荔枝、钟乳石(桂林),广东的诃梨勒、青莲花等。正因为鉴真有广泛的药学知识和鉴别药物的本领,所以,他到日本后,在传播律宗之余,还给人看病。在诊治过程中,他写下了不少药方,著有《鉴上人秘方》一书。此书虽已失传,但在日本学者所著的《医心方》中,还能看到鉴真的医方,如"脚气入腹方""诃梨勒丸""鉴真服钟乳随年煎方"等。随鉴真东渡的弟子中,也有人是精通医道的,如高徒法进,曾在大安寺讲授鉴真的医药法。他曾说过,患畏寒病者,可用陈柳、陈橘皮、陈干姜各三大两,研成细末,掺入蜂蜜,做成药丸,每日早晨服用,此药丸称为"三陈丸"。他说患热病者,可用栀子叶一升,捣碎后和水搅拌成汁,每日空腹服之。

佛教对汉方医学的促进,不但表现在僧侣精通医道,而且表现在佛经中也有专门宣传治病去灾的篇章,教习一些医治方和药物。如奈良时代朝廷推崇的《金光明最胜王经》中,就有"除病品"一章。经文中说,病有四种区别,即风、热、痰、癃。患病与季节有密切关系,说"春中痰癃动,夏内风病生,秋时黄热增,冬节三俱起",冬天是各种病患容易发生的季节。指出治病首先应弄清病源,然后才能

"随病而设药"。看病时，先观患者的形色、语言、性行，然后问睡眠状况，是否多梦。"除病品"中对于诃梨勒等药物特别推崇，经文说：

诃梨勒一种　　具足有六味

能除一切病　　无忌药中王

又三果三辛　　诸药中易得

砂糖蜜苏乳　　此能疗众病

自佘诸药物　　随病可增加

随着唐代医学知识的传入，日本也陆续涌现了一大批精通汉方医术的人。如曾担任过遣唐使团录事的羽栗翼曾受天皇之命，在难波炼朴硝。奈良末期，他任内药正兼侍医。当时，已有人开始收集日本民间药方。《政事要略》载，医、针学生除学习规定的科目外，还应"钞古方诵之"。所谓"古方"，大概就是流传于民间的古药方。事实上，当时流传于民间的药方不少。如"淮南王七神仙散方""枸杞延龄方"等。"淮南王七神仙散方"系由茯苓、地黄花、菊花、车前子、地虞、竹实、寄生等草药配成的药方，据说此七药与天上七星相应（如图8-1所示），服之可以成仙。此药方虽然存在着佛教和神学的迷信色彩，但是也反映了诸如地黄、茯苓等药草知识已普及民间。"枸杞延龄方"是一剂抗衰老药方。据载，山城国爱宕郡的竹田千继，17岁时入典药寮当医生，他在攻读《新修本草》时，对于枸杞草药的功能特别重视。为了检验枸杞的效应，他自己买了二段土地，全部种植枸杞，并亲自服用，春夏时服枸杞叶，秋冬时食枸杞根，并用枸杞的茎根熬汁，用以酿酒，经常饮之，每天洗澡也用枸杞的根茎煮成的水。如此坚持了70余年，大见功效。他79岁时，仍然鬓发乌黑，肌肤润滑，牙齿完好，脸色如少年。他活了101岁。[1]奈良时代医学的发展和对古方的搜集，

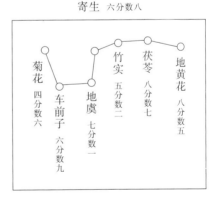

图8-1　"淮南王七神仙散方"的配药与天上的七星图

（引自《政事要略·卷九十五·至要杂事》）

---

[1]《政事要略》卷95，至要杂事（学校）。

为平安时期日本学者撰写的多种医学著作的出现,奠定了基础。9世纪时,所撰写的《大同类聚方》《金兰方》等,就是搜集、整理民间古医方而编成的。

第四节　奈良文学

　　奈良文学在日本文学史上,占有重要的位置。由于受到汉文化的强烈影响,它具有鲜明的时代特征。虽然奈良时期的文学无不打上汉文化的烙印,但是应当承认,它是日本文学从幼稚走向成熟阶段的渡桥。如果没有奈良汉文学的繁荣,平安时代的日本民族文化的形成和发展,也很难在短时间内实现。奈良汉文学实际上起到了两个作用:一是提高了知识界和上层贵族的文化素质;二是激励了一部分有识之士消化汉文化,发展本民族文化的积极性。有的日本学者把奈良时代移植唐文化看成"受外来文化的毒害",是逐步走上"殖民地化"的征兆。[①]我认为,对前人的这种严酷指责是不妥当的。试想,当时的日本,在连本民族的文字都尚未形成的情况下,能够形成"文化上的民族特点"吗? 能够构成大和民族的文化个性吗? 是不可能的。我认为自推古朝以后至整个奈良时代,贵族和知识者把当时世界上的先进文化之一的唐文化(其中包括文学),大量地引进日本,其结果不是使日本成为汉文化的殖民地,而是使日本的文化能够站在世界先进水平的高度上,迅速地形成具有大和民族特点的文化。如果站在这种立场上看奈良文学,就不会把它看作"接近于化石遗物的文学",相反会认为它是日本文学史上的巨大财富了。

　　奈良文学,大致可分为散文和韵文两大类。散文有《古事记》《日本书纪》《续日本纪》《日本灵异记》《唐大和上东征传》等。韵文主要是《怀风藻》《万叶集》。此外尚有《笠金村歌集》、《高桥虫麻吕歌集》、《类聚歌林》(山上忆良)、《衔悲藻》(石上乙麻吕)等。不论是散文,还是韵文,都不同程度地受到了汉文化的影响。散文如《日本书纪》等,系模仿荀悦的《汉纪》。[②]《古事记》《日本书纪》中的神话传说,有不少与中国的神话传说相似,如盘古降生神话,槃瓠的传说、桃枝避鬼的传说等。韵文中的《怀风藻》受六朝到唐初的骈俪文影响很深。就是著名的《万叶集》,在形式上也是仿照《诗经》的。《万叶集》中的长歌、短歌、旋头歌,其音节的组

① 西乡信纲:《日本文学史——日本文学的传统与创造》,厚文社1954年版。

② 梁容若:《中国文化对日本的影响》,《中日文化交流史论》,商务印书馆1985年版。

成,都以五、七为主。这种五、七音节,实际上是仿照中国的五言诗和七言诗的,而长歌则是仿乐府古诗的。在题材上有的模仿刘伶的《酒德颂》,有的模仿李白的《月下独酌》,有的模仿李峤的咏物诗。因此,可以说《万叶集》也有浓厚的中国诗气味。[①]关于这一点,在日本学者中持此看法的人也是不少的。小岛宪之氏在其《奈良朝的韵文》一文中就明确指出了这一点。[②]

奈良时代诗和歌的兴盛,与朝廷的提倡和支持是分不开的。当时,君臣之间,以及贵族之间吟诗唱和蔚然成风。神龟三年(726年)九月,圣武天皇曾敕令“朝野道俗等,作玉来诗赋”。12天之内,有112人应敕赋《玉来诗》。[③]天皇按诗的优劣设奖:一等者奖给绝20匹、棉30屯、布30端;二等者奖给绝10匹、棉20屯、布20端;三等者奖给绝6匹、棉6屯、布8端;四等者奖给绝4匹、棉4屯、布6端;其他应征者,均给鼓励奖,奖绝1匹、棉1屯、布3端。逢年过节,以及天皇出游、巡幸、酒宴,常常以吟诗为乐。在诗人之间也屡有诗会。如左大臣长屋王就经常在私宅举行诗会,留下不少优秀诗篇。

从近江朝至奈良时代,是诗人辈出的时代。至今尚存的《怀风藻》和《万叶集》,就是这一时期文学水平的最高代表作。《怀风藻》成于天平胜宝三年(751年),编纂者不详。据该书序文所述,编纂的目的在于“不忘先哲遗风”,因此以“怀风”为名。全书共收集了64名作者的120篇汉文诗。除7首七言诗外,其余100余首全是五言诗。这一点与中国六朝诗相似。六朝文选中所收494首诗和乐府中,有447首是五言诗。从《怀风藻》的内容看,侍宴、从驾之作最多,其次是游览、宴会之作。诗作中吟诵儒家君臣、仁智、圣德、尧舜、帝道的诗句,随处可见,但也有表露老庄思想的诗篇,如刑部卿少辅的《述怀》一诗写道:

> 文藻我所难　　庄老我所好
> 行年已过半　　今更为何劳

又如葛野王的《游龙门山》一诗:

---

① 梁容若:《中国文化对日本的影响》,《中日文化交流史论》,商务印书馆1985年版。
② 小岛宪之:《奈良朝的韵文》,儿玉幸多等:《图说日本文化史大系　第3卷》,小学馆1956年版。
③ 《续日本纪》卷9,神龟三年九月。

命驾游山水	长忘冠冕情
安得王乔道	控鹤入蓬瀛

以上都反映出喜老庄之说,求道成仙为人生之趣的思想感情。

汉诗讲究格律声韵,对于近江、奈良时代的日本人来说,要完全领会和掌握,困难是巨大的。但鉴于对汉文化的追求和羡慕,免不了采取模拟手法。因此,不少诗作中,还可以看出汉诗的痕迹。[①]如大学头山田三方的《七夕》诗:

金汉星榆冷	银河月桂秋
灵姿理云鬟	仙驾度潢流
窈窕鸣衣玉	玲珑映彩舟
所悲明日夜	谁慰别离忧

诗中的"金汉星榆冷,银河月桂秋"和"仙驾度潢流",是模拟隋朝江总的《七夕诗》而来的。江总《七夕诗》中有"汉曲天榆冷,河边月桂秋"和"飘翼渡浅流"句。又如百济公和麻吕的《七夕》诗也有明显的模拟痕迹,其诗全文是:

仙期呈织室	神驾逐河边
笑脸飞花映	愁心烛处煎
昔惜河难越	今伤汉易旋
谁能玉机上	留怨待明年

中国梁武帝的《七夕》诗中有"兰膏依晓煎,昔悲汉难越,今伤河易旋"句。可见百济公和麻吕《七夕》诗中的"愁心烛处煎,昔惜河难越,今伤汉易旋"句,系临摹梁武帝《七夕》诗而成。葛野王的《春日玩莺梅》一诗中有"素梅开素靥,娇莺弄娇声"句,诗句中重用同字的手法也是仿效六朝诗的。梁湘东王的春日诗中,就有"春还春节美,春日春风过"句,重用"春"字。纪末茂的《临水观鱼》诗,受陈朝张正见的钓竿篇影响很深。这样的例子很多。

长屋王是奈良时代汉诗的旗手,在他周围聚集着一大批诗人,以长屋王为核

---

① 小岛宪之:《奈良朝的韵文》,儿玉幸多等:《图说日本文化史大系 第3卷》,小学馆1956年版。

心的诗人们在写作技巧上,受唐朝初期诗坛"四杰"中的王勃、骆宾王的影响很深。

《怀风藻》中虽然模拟汉诗之作占多数,但是佳作也有不少。其中大津皇子的《此夕谁家向》一诗,不但名扬日本诗坛,而且对中国诗人也有影响。大津皇子的诗文是:

> 金乌临西舍　　鼓声催命短
> 泉路无宾主　　此夕谁家向

此诗日后在中国也颇有影响,据载中国五代时,有一名叫江为的人,也作过类似的诗:

> 衙鼓惊人急　　西倾日易斜
> 黄泉无旅店　　今夜宿谁家

明朝文人孙蕡临刑时也吟过同样格式的诗:

> 鼍鼓三声急　　西山日又斜
> 黄泉无客舍　　今夜宿谁家

清朝初,据说小说评论家金人瑞被诬处刑前,也诵过绝命诗一首:

> 御鼓丁东急　　西山日又斜
> 黄泉无客舍　　今夜宿谁家

中国学者梁容若氏认为五代的江为、明代的孙蕡、清初的金人瑞吟诵的绝命诗,很可能是受到大津皇子的诗的影响而改编的,这说明唐代晚期,《怀风藻》已传入中国。①

《万叶集》是一部抒情歌集,收录了5—8世纪中叶的歌谣4500首,作者有天皇、贵族,也有普通民众。其中以柿本人麿、山上忆良、大伴旅人、山部赤人、大伴家持最有名。这些诗人,由于他们所处的年代和所处的社会地位不同,表现出各

---

① 梁容若:《日本最古之汉诗集》,《中日文化交流史论》,商务印书馆1985年版。

不相同的风格。据西乡信纲氏分析,柿本人麿的歌风,带有浓厚的悲剧性,所创作的作品中,将近一半是挽歌性质的。山上忆良深受儒家学说影响,因此他的创作思想偏重文化修养、概念和知识。大伴旅人出身于名门,又做过高官,受过汉文化的熏陶,因此歌风平淡而又富有哲理性。山部赤人以写短歌著称,其作品短小精悍、简练,独具风格。大伴家持是《万叶集》末期有代表性的诗人,他的作品已没有前辈歌人的激情、豪放,更多的是纤细、孤寂。①

如果说《怀风藻》诗集充满着汉诗风格的话,那么,《万叶集》则可以说是奈良文人企图逐步摆脱汉诗影响的产物。它既收录了大量充满下层人民生活气息的民间歌谣,又收录了许多受汉文化熏陶的学者文人创作的歌谣。可是,严格地说,《万叶集》并没有能够完全摆脱汉诗的影响。实际上其中的不少歌,是以民族歌谣为基础,吸收汉诗的技巧和意境的新诗体。

《万叶集》中,有关汉诗文的影响是很多的。比如天平二年正月十三日,大伴旅人任大宰帅的时候,曾在大宰府的帅府里举行梅花宴,30多人聚集在一起,以梅花为题材,每人赋和歌一首,共吟咏了32首。首先,这种梅花宴的诗会形式,实际上是从中国学习来的。赏梅吟诗在中国是很盛行的。《万叶集》卷5收录了这次梅花宴的全部诗文,总标题是"梅花之歌三十二首并序"。特别值得注意的是序文的词句,具有浓厚的汉诗序的风格。序文全文如下:

> 天平二年正月十三日,萃于帅老之宅,申宴会也。于时,初春令月,气淑风和,梅披镜前之粉,兰薰佩后之香。加以曙岭移云,松挂萝而倾盖,夕岫结雾,鸟对谷而迷林。庭舞新蝶,空归故雁。于是盖天坐地,促膝飞觞。忘言一室之里,开衿烟霞之外。淡然身放,快然自足。若非翰苑,何以摅情。请纪落梅之篇,古今夫何异矣。宜赋园梅聊成短泳。②

小岛宪之氏认为上述序文是受到王羲之的《兰亭集序》的启发的。③从整个诗序的结构分析,承袭了王勃等唐初诗歌的诗序形式。又如大伴旅人写有"梧桐日本琴序":

---

① 西乡信纲:《日本文学史——日本文学的传统与创造》,厚文社1954年版。
② 杨烈译:《万叶集》卷5,湖南人民出版社1984年版。
③ 小岛宪之:《奈良朝的韵文》,儿玉幸多等:《图说日本文化史大系 第3卷》,小学馆1956年版。

此琴化娘子曰,余托根遥岛之崇峦,晞干九阳之体光。长带短霞,
逍遥山川之阿。远望风波,出入雁木之间,唯恐百年之后,空朽沟壑。
偶遭良匠,散为小琴,不顾质菰音少,恒希君子左琴。

序文中的"余托根遥岛之崇峦,晞干九阳之体光"句,仿照六朝《昭明文选》中
嵇叔夜的《琴赋》润色而成。"长带短霞,逍遥山川阿。远望风波,出入雁木之间"
句,与中国唐朝张文成的《游仙窟》中的"非隐非遁,逍遥鹏鷃之间,非吏非俗,出
入是非之境"句的结构近似。《游仙窟》的影响,直至《万叶集》后期仍然存在。大
伴家持的歌谣中就有不少,试举两首:

《大伴家持赠坂上大娘歌》		《游仙窟》
今宵莫闭户	我将待此人	今宵莫闭户
言约来见我	梦里相亲昵	梦里向渠边

《大伴家持赠娘子歌》	《游仙窟》
梦中忽见妹子笑	今朝忽见渠姿首
不觉爱火烧心口	不觉殷勤着心口

不少《万叶集》的作者,在思想上深受中国的儒学、老庄、佛学思想影响,因此
在创作中,不免把这些思想渗透于诗歌之中。如大伴旅人的《赞酒歌十三首》,不
仅饱含着作者内心世界的哀愁,更流露了作者对人生、社会的冷漠:

世上无聊事,如何反复思,一杯浊酒在,痛饮甘如饴。

作者借酒解愁、看破红尘的态度,是受到老庄思想的深刻影响的。在诗歌的
风格上,受到刘伶的《酒德颂》、李白的《月下独酌》的启示。

又如山上忆良的诗歌和文章,也受到中国的诸家思想的影响。其著名的《沈
痾自哀文》所包含的思想,涉及佛学、儒学、老庄等学说。文中涉及中国的古典有
《抱朴子》《游仙窟》《论语》,以及佛教的《延寿经》等。所引用的中国谚语也不少,
如"痛疮灌盐,短材截端""百病不愈,安得长生""人愿天从"。文中涉及的中国古
代历史人物有扁鹊、华佗、张仲景、孔子、神农氏等。山上忆良的另一首和歌《悲

叹俗道假合即离易去难留诗》的序文,同样典型地反映了佛、儒、老庄思想的影响,兹将序文录引如下:

> 窃以,释慈之示教,先开三归五戒,而化法界,周孔之重训,前张三纲五教,以齐济郡国。故知,引导虽二,得悟唯一也。但以世无恒质,所以陵谷更变。人无定期,所以寿夭不同。击目之间,百龄已尽,伸臂之顷,千代亦空。旦作席上之主,夕为泉下之客。白马走来,黄泉何及。陇上青松,空悬信剑,野中白杨,但吹悲风。是知世俗本无隐遁之室,原野唯有长夜之台。先圣已去,后贤不留。如有赎而可免者,古人谁无价金乎。未闻独存,遂见世终者。所以维摩大士疾玉体于方丈,释迦能仁掩金容乎双树。内教曰,不欲黑暗之后来,莫入德天之先至。故知生必有死。死若不欲,不如不生。况乎纵觉始终之恒数,何虑存亡之大期者也。①

奈良时代,歌谣这种形式,日渐为人喜爱,吟诵者渐多。可是,其中不懂音韵者甚多,以至于擅长歌句却不知句病的现象比比皆是。针对上述弊病,有关写作歌谣的文法书,便应运而生了。参议兼刑部卿藤原滨成于宝龟三年(772年)五月七日撰成的《歌经标式》,就是第一部有关和歌写作的文法书。该书指出,当时和歌写作存在着七种通病:一是头尾病;二是胸尾病;三是腰尾病;四是黡子病;五是游风病;六是同音韵病;七是遍身病。头尾病,错在第一句尾字和第二句尾字同音。胸尾病,犯了第一句尾字与第二句的第三、第六字同声的错误。腰尾病,系指本韵字与各句尾字同声。黡子病中的"黡子"系指所犯错误的严重程度。如果五句型的和歌中,有一句的尾字与本韵字同声,称为一黡子;有二句尾字与本韵字同声,称为二黡子;有四句同声,则称为多黡子病。游风病,指一句中有两个字与尾字同声同字。同声韵病犯了头一韵与第二韵同字同声的错误。遍身病指一首歌中,有四处同字同韵。《歌经标式》还详细记述了和歌的押韵格式,以及开头和结尾。认为歌体有三:一是求韵,二是查体,三是杂体。并以例句示范,通俗易懂。《歌经标式》的问世,无疑对促进和歌的普及和发展,起到了推进作用。平安时代和歌的繁荣,是与奈良朝廷的提倡密不可分的。

---

① 杨烈译:《万叶集》卷5,湖南人民出版社1984年版。

第五节　建筑和美术

关于日本建筑史的发展,伊东忠太氏早在58年前便发表了很好的看法。[1]他说从神代到佛教传入是日本建筑史上的第一期,从佛教传入到明治维新是第二期,明治以后是第三期。他还说:日本式建筑的基础是在天平时代奠定的。天平以后的建筑,或在天平的基础上加以完善,或更加日本化。但主要的方面并无根本变化。以天平建筑为典型代表的奈良建筑文化,与中国的建筑文化是有着亲缘关系的。

奈良时代的建筑文化,主要表现在宫都的建设和佛寺的建造上。日本的宫都建设,最早始于邪马台国时期,据载,卑弥呼女王"宫室、楼观、城栅严设,常有持兵守卫"(《魏书·倭人传》)。这里所说的宫室、楼观、城栅,大概就是邪马台国宫都的设施吧。当然,邪马台国的宫都建设的规模和水平是无法与后来的平城京、平安京相比的。日本真正开始宫都的建设,应该说是在大化改新以后。先后有难波京、藤原京、平城京、平安京的建设。大化改新以后,日本皇室重视宫都的建设,这是与皇权意识的加强密切相关的。宫室的豪华,都城的宏大、庄严,都象征着天皇的崇高权威。另外,中国的都城的繁华和建设经验的积累,也为日本统治者提供了借鉴的模式。

由于本书主题的限制,我们不可能对宫都的建设做全面的论述。这里仅就平城京(即奈良)的布局结构,以及它与唐长安城的异同,做一粗略的探讨。

平城京以前,朝廷以藤原京为宫都。藤原京除规模较小外,其他条件皆宜于作国都。可是,庆云四年(707年)二月,文武天皇突然召集五位以上的朝臣商议建造新都事宜。文武天皇为什么突然提出迁都呢?史籍并无记载其中原因,但从当时日本国内灾害频甚,人民苦于病患和饥馑来看,大概是希望通过迁都来祈求平安和昌盛。关于这一点,在文武天皇的继承者元明天皇的诏书中也可得到证实。和铜元年(708年)二月十五日,元明天皇发布了关于建造新都的诏书,其中说:"昔殷王五迁,受中兴之号,周后三定致太平之称,安以迁其久安宅。"[2]很显然,迁都的用意在于:"中兴"和"太平"。元明天皇在同一诏书中,还明确了新都

---

① 伊东忠太:《天平时代的建筑》,《天平之文化》,朝日新闻社1942年版。

②《续日本纪》卷4,和铜元年二月。

地址选定在奈良,因为奈良地势险要、交通方便。三月,设立了造宫省。新都的设计工作开始一步一步进行。九月二十日,天皇亲赴奈良平原,"巡幸平城,观其地形"①。九月三十日,设立造平城京司,任命阿倍奈麻吕、多治比池守为长官,中臣人足、小野广人、小野马养等人为次官,坂上忍熊为大匠,下设判官7人,主典4人。②所谓"大匠",实际上相当于今日的总工程师,专门掌握技术、设计和建筑。被任命为大匠的坂上忍熊出身于倭汉直一族,是与大陆有血缘关系的人,仅这一点,就很发人深思。同年十二月五日,举行了平城宫奠基礼。经过一年余的建造,至和铜三年(710年)初,新京宫室陆续完工。三月十日开始迁都平城新京。迁都之时,虽工程并未全部竣工,但迁移加速了全部工程的建设进度。

大多数学者认为,平城京是模仿唐都长安而建造的。学者们的认识,是基于考古学基础上的。日本考古学者对平城宫进行了发掘③,中国学者也对长安进行了发掘④,关于长安与平城京的异同,学者们发表了许多研究论文。中国建筑学家梁思成认为,长安与平城京的规划,原则上是完全一致的,虽然规模不同,但大体上都是方形城郭。宫城位置都在城中轴线的北端,干道都直对一个城门,宫城正门都称朱雀门,门前干道都称朱雀大街。⑤在诸多论文中,我认为关野雄氏的《中国》一文对平城京与长安城的异同,做了出色的比较,下面主要介绍关野雄氏的观点。关野氏认为,长安城和平城京的异同主要表现在如下方面:①地形选择,都以谶纬思想为指导,挑选风水好的地方。平城京之所以选择在奈良盆地,就是因为它符合谶纬思想的要求。和铜元年二月十五日的天皇诏书中说:"平城之地,四禽叶图,三山作镇,龟筮并从,宜建都邑。"⑥文中所说的"三山"就是奈良的地形三面环山,一面是开阔的平原。所谓"四禽叶图",就是说与青龙、白虎、朱雀、玄武四兽神相应的风水之地。可见选择宫都的指导思想,是深受中国谶纬思想影响的。②规模和形状。据考察,长安城南北长约8220米,东西宽约9560米。平城京南北约4800米,东西宽约4200米。虽然基本上都呈正方形,但严格地说,平城京为纵长形,长安城为横长形。整个城市的面积,平城京大约为长安城的1/4。整个城市的布局,宫城都位于城中央的北端,以朱雀大街为中轴,把城市划分

---

① 《续日本纪》卷4,和铜元年九月。
② 《续日本纪》卷4,和铜元年九月。
③ 工藤圭章:《平城京与平城宫》,《日本的考古学·历史时代下》,河出书房新社1979年版。
④ 马得志:《唐代长安城考古纪略》,《考古》1963年第1期,第595—611、4—6、637页。
⑤ 梁思成:《唐招提寺金堂和中国唐代的建筑》,《现代佛学》1963年第5期,第48—54页。
⑥ 《续日本纪》卷4,和铜元年二月。

为左右两部分。仿照长安城,平城京的外郭筑有城墙(罗城)。所不同的是,长安的城墙是版筑土墙,平城京则采用就地筑基(土垒)。③街路和坊。长安和平城京都用纵横的街道区划城市的区域,但由于城市的大小不一样,所以街路的数量也不一样,平城京东西向的街路有10条,南北向的有9条。长安城东西向街路有14条,南北向的有11条。街路两侧都有沟并栽有树木。纵横的街路划分出坊里。长安城的坊,其形状是东西向长方形,坊内有"十"字或"井"字形小巷。平城京的坊是正方形,坊内每三条小路划分出十六坪。长安城在坊的周围筑有厚土墙,而平城京并无此类建筑。④市。长安城和平城京都设有东、西两市。但它们所处的位置,略有不同。长安城的东西市,以朱雀大街为轴,在城市中央部位的东西两侧。而平城京的东西市,则位于城市南部的东西两侧,是不对称的。⑤宫城。新中国成立以来,对唐朝的宫城大明宫,进行了多次发掘。因此对其基本布局大致有了认识。大明宫的正殿是含元殿。殿前左右两侧有翔鸾、栖凤二阁。含元殿北,近300米处有宣政殿。在含元殿与宣政殿间,可能有门下省、中书省等政厅官衙建筑。宣政殿北约130米处有紫宸殿,殿北有太液池。紫宸殿西北约600米处,有麟德殿。①日本的朝堂院和内里相当于唐的宫城。大明宫的含元殿相当于平城京的朝堂院的主殿太极殿,紫宸殿相当于内里的主殿大安殿。朝堂院的机能相当于大明宫中的东西朝堂和麟德殿,初期兼有朝廷仪式场所和政厅的作用。后来随着八省院等政厅在大内里相继建立,朝堂院失去了政厅的机能,而作为宫中专门的仪式场所了。

除上述的长安城和平城京的城市结构有诸多相似之外,在建筑风格上,也有不少相似之处。主要表现在中国的版筑基坛的建筑特色,在日本的飞鸟、奈良时代已被采用,从若草伽蓝和川原寺的建筑上,可见其痕迹。中国的宫殿和寺院建筑,地面上一般都铺砖。大明宫的麟德殿则铺大理石。日本固有的建筑,或用高床,或用地板铺设。但平城宫遗址有地面铺石的痕迹。奈良时代的铺石建筑,大概是受中国的影响的。又如中国建筑物上的斗拱,在飞鸟时代已传入日本,被奈良时代的许多建筑广泛采用。云岗、龙门建筑中的三斗和人字形蟆股,在法隆寺的中门和金堂建筑中也可见到。当然,日本的斗拱样式,并非完全模仿中国,其中有许多独创。又如屋根用鸱尾和鸟形装饰,显然是受唐式建筑的影响的。②寺院的布局也有相似之处,如正殿一般都在寺院的中心位置,正殿前有中门,中门

---

① 梁思成:《唐招提寺金堂和中国唐代的建筑》,《现代佛学》1963年第5期,第48—54页。

② 关野雄:《中国考古学研究》,东京大学出版社1956年版。

前有对称的塔两座。唐招提寺的建筑风格,尤其明显地表现出唐朝风格。此外,大安寺等也莫不受唐式建筑的影响。据说大安寺是在道慈和尚的主持下建造的。道慈在唐都长安时,曾绘制了西明寺的平面图,回国后受命仿西明寺建造了大安寺。

与宫殿、寺院建筑相关的问题是美术水平的提高。奈良时代的美术技艺之高,在日本的美术史上占有极高的地位。奈良美术的迅速发展,固然与日本人民的勤劳和智慧密不可分,但是唐代美术的影响,也是极为重要的因素。

奈良时代最出色的美术作品是佛像的制造,即所谓天平雕刻。当时的雕刻种类甚多,有泥塑、干漆、铜、银、金、石、砖、木等。前期以金铜造、脱干漆造为主,后期以木心干漆造和泥塑造为最盛,因为木、泥等原材料价低、易找,所以极易推广。泥塑、干漆法都直接吸收了唐代的技艺。泥塑的黏土中,掺入草纸、楮树纤维、麻等物。佛像的表面用掺有云母的细土,待泥塑佛像充分干燥之后,再涂上漆箔和色彩。干漆造在7世纪时已从中国传入日本,中国称为夹纻。干漆造分为两种,一种是脱干漆造,一种是木心干漆造。脱干漆造的制作方法,先是用泥土雕塑成佛像,然后一层一层地用漆将麻布漆上,一般漆七八层布,也有漆十数层的。待漆布干透之后,便将中间的泥土取掉,成为一尊干漆空心佛像。木心干漆造的制作方法,基本与脱干漆造相同,只是开始时,内部不是泥土,而是木雕佛像雏形。像成后,木雕雏形仍然保留在佛像内部。虽说有四种木心干漆造,但基本上都是以木为本体的。[①]干漆造艺术,在奈良后期不仅用来制造佛像,而且用来塑造人物形象,"鉴真和尚像"就是用脱干漆的手法制作的。

金属佛像以铜像为最多,著名的东大寺的卢舍那佛像就是用铜铸造而成的。木雕以唐招提寺的木雕最为出色,大多以一木雕成。佛像躯体肥大、衣饰贴衣、肉体透露、色彩鲜艳。唐招提寺的木雕像,小的小到尺寸,大的大到丈余,卢舍那佛像有1.6丈,在它的背后,却雕刻了864个小佛,可见技艺的高超。

除雕刻之外,绘画也十分出色。朝廷在中务省内设立了画工司,设擅长绘画的正1人、佑1人、令史1人、画师4人、画工60人。天平宝字二年(758年),在装饰东大寺大佛殿时,画工司全力以赴,全员搬到东大寺内工作。奈良时代的佛画,是深受中国的佛寺壁画和敦煌千佛洞壁画的影响而发展的。这种佛画主要描述佛国净土的变相图,宣传佛教的三世轮回的因果报应思想。日本描绘净土变相世界的代表作,是法隆寺的壁画。还应指出的是,奈良时代还有一种佛画叫飞天菩

---

① 久野健:《(奈良)雕刻》,儿多幸多等:《图说日本文化史大系 第3卷》,小学馆1956年版。

萨像,这种给人以飘然欲飞的形象的画,恐怕与敦煌石窟中的飞天有渊源关系。

在奈良时代,反映世俗的风俗画、山水画也很有水平。特别是与贵族阶层生活相关的屏风画相当先进。据天平胜宝八年(756年)的东大寺献物账可知,献物中屏风甚多,其中有舞马屏风、子女画屏风、素画夜游屏风、鸟毛立女屏风、大唐勤成楼前观乐图屏风、大唐古式宫殿画屏风、古人宫殿屏风、山水画屏风、古式山水画屏风、国图屏风、古式本草画屏风、鸟画屏风,还有夹缬染屏风、蜡缬染屏风等。[①]许多屏风已失传,从今存的鸟毛立女屏风可以看出,其人物的姿态、形象,与唐人形象颇相似,其艺术手法明显与唐画有关系。另外乐器上的风俗画,如琵琶、阮咸上的狩猎图、骑象鼓乐图、妇女奏乐图、松下围棋图等,都具有浓厚的唐代艺术色彩。这些反映贵族生活的具有唐画风格的绘画,对后来平安时代形成的"唐绘"有深刻的影响。

第六节 乐舞

大和民族本是擅长歌舞的民族。早期的神话传说,留下了许多生动的神曲和情歌。在考古发掘中,也不时有五弦琴之类的乐器被发掘。最早记载日本有歌舞习俗的书,是中国的《魏书·倭人传》。记载说:倭人死后都要停丧10余日,其间丧主哭泣,其他人则一边歌舞一边饮酒。大和国建立以后,随着与大陆交往的增加,中国的舞、乐通过朝鲜半岛传入日本。推古二十年(612年),有一个名叫昧摩之的百济人迁居日本,他说他曾在吴国学过伎乐舞。推古天皇令少年向其学伎乐舞。伎乐是一种音乐伴奏的戴假面的舞蹈。这种舞的假面和服装,在正仓院仍有保藏。据传圣德太子也精通音律,并自制横笛。大化改新以后,隋唐乐舞陆续传入。随着日本中央集权制度的确立和在东亚世界中地位的加强,日本事事力求与其他东亚各国并驾齐驱,舞乐方面也不例外。因此,外来的乐、舞与日本民族的传统乐、舞,竞相争辉,呈现了一派繁荣景象。大宝年间,朝廷开始在治部省下设雅乐寮,掌管"文武雅曲正舞"。雅乐寮下设和乐、唐乐、三韩(高丽、百济、新罗)乐和伎乐四部,其规模以和乐最大,计有歌师4人、歌人40人、歌女100人、舞师4人、舞生100人、笛师2人、笛生6人、笛工8人。唐乐与三韩乐规模相同,计乐师各12人、乐生各60人。随着遣唐使团和留学生的往返,唐代盛行的

---

① 田中一松:《(奈良)绘画》,儿玉幸多等:《图说日本文化史大系 第3卷》,小学馆1956年版。

乐、舞大多直接传入日本,而且音乐的乐理书籍,以及乐器也被携回日本。其中留唐学生吉备真备最为突出,他携回的有关音乐的书籍、器物就有调律管1部、方响、《乐书要录》10卷、《写律管声十二条》等。乐书的传入,大大提高了日本的乐理水平。德川光国的《大日本史》载:

> 本朝所传乐制,五音六律,清浊轻重之法,今不可得而详也。盖其始受之于隋唐,以为歌调。

中国古代的音阶有宫、商、角、变徵、徵、羽、变宫七声。以七声配十二律,可得八十四调。隋唐时,燕乐以琵琶的四弦定调,所以在宫、商、角、羽四弦上,共构成二十八调,通称“燕乐二十八调”[1]。日本虽然输入了唐代的音调,但并非全部输入,只吸收了其中的商调和羽调,即日本的吕旋和律旋。吕旋有壹越调、大食调、双调,律旋有平调、黄钟调、般涉调等。当时,日本之所以只吸收商、羽两调,可能是因为这两个调最接近日本人的感觉。[2]

奈良时代乐、舞的兴盛与朝廷的提倡密不可分,养老年间,朝廷发掘和整理了隼人及各地风俗歌舞。天平六年,圣武天皇亲自观览规模盛大的歌垣。天平胜宝四年(752年),东大寺大佛开眼典礼,雅乐寮及诸寺竞相贡献乐舞。唐乐舞、三韩乐舞、林邑乐,以及日本传统的五节、久米等歌舞分庭而奏,规模盛大,是一次名副其实的国际性乐舞会演。圣武天皇曾设置“内教坊”,令女伎专门学习唐乐及踏歌。天平三年七月,奈良朝廷重新对雅乐寮的杂乐生人数做出规定,即大唐乐39人、三韩乐38人(其中百济26人、高丽乐8人、新罗乐4人)、度罗乐62人、诸县舞8人、筑紫舞20人。[3]

奈良朝廷把外来乐舞,分为左部乐和右部乐两类。左部乐以唐乐为主,右部乐以三韩乐为主。隋唐诸乐150余曲,高丽30余曲,雅乐寮均能演奏。每当节日和天皇行幸、宴会,外国诸乐与日本传统古乐一起演奏。在诸外国乐舞中,以唐代乐舞地位最高,也最受重视。根据《和名抄》等史籍的记载,左部乐所奏唐乐舞,主要如下:

①壹越调:《皇帝破阵乐》(又名《武德太平乐》),大曲,有舞,据传此乐由遣唐

① 田青:《中国古代音乐史话》,上海文艺出版社1984年版。
② 山根银二:《日本的音乐》,岩波书店1957年版。
③ 《续日本纪》卷11,天平三年七月。

大使粟田真人传入;《团乱旋》(又名《后帝团乱旋》),大曲,有舞,与《皇帝破阵乐》同时传入;《春莺啭》,大曲,有舞,据传此乐舞系唐太宗创作,与《破阵乐》等同时传入;《玉树后庭花》(又名《霓裳羽衣》),南北朝时的陈后主所作,中曲,有舞;《承天乐》,中曲,有舞;《河水乐》(唐称《河清歌》),中曲,无舞;《梁州诏应乐》,中曲,有舞;《北庭乐》,中曲,有舞;《酒胡子》,唐人宴会时用此曲,小曲,有舞。还有《天寿乐》《厥磨赋》《苏罗密》《武德乐》等。

②沙陀调:《陵王》(又名《兰陵王》),中曲,有舞;《最凉州》,即唐《功成庆善乐》,唐太宗在庆善宫宴群臣,赋诗谱曲而成,中曲,有舞;《涩河鸟》,隋炀帝杨广所作,中曲,有舞。还有《一德盐》《曹婆》等。

③双调:《柳花苑》,由遣唐舞生久礼真茂传入,中曲,有舞;《春庭乐》,也由久礼真茂传入,中曲。

④平调:《相府莲》(又名《相夫怜》),中曲,有舞;《万岁乐》(又名《炀帝万岁乐》),系隋朝乐曲,皇帝行幸、驾仪、元旦朝拜奏此曲,中曲,有舞;《甘州乐》,小曲,有舞;《裹头乐》,汉乐,中曲,有舞;《庆云乐》,中曲,有舞;《越天乐》,唐乐,属太簇商曲;《皇獐》,相传中国民间有黄獐曲,唐景龙年间(707—710年)契丹叛,唐中宗派王孝杰讨伐,王战死于黄獐谷,中宗嘉奖其忠诚,特作此曲,中曲;《天寿乐》(又名《三台盐》),中曲,有舞。除此之外还有《移都师》《夜半乐》《春杨柳》(即唐乐《大春杨柳》)《古娘子》(唐《康老子曲》)《回忽》等。

⑤大食调(又称"道调"):《太平乐》(又名《项庄鸿门曲》),描述项庄舞剑,害汉高祖之事,中曲,有舞;《打球乐》,中曲,有舞;《五常乐》(即《舜乐虞韶乐》),中曲,有咏词并舞。除此之外还有《上元乐》《五更啭》《仙人河》《圣明乐》(隋乐)《拔头》《倾杯乐》(六朝乐)《饮酒乐》《大宝乐》《大补乐》《大定乐》《五坊乐》(即唐《五方狮子舞》)《感恩多》《贺王恩》等。

⑥乞食调:《秦王破阵乐》,为唐三大舞之一,朝廷宴会时必舞之,描述唐太宗被封为秦王时,讨伐叛将刘武周的事迹,舞者最多时达120人,气势雄伟。日本演此舞时,舞者只有4人。其气势大不如唐朝雄伟。另有《还京乐》《放鹰乐》等。

⑦性调:《按弓士》(隋乐),中曲,有舞;《王昭君》,汉乐,中曲,无舞。另有《西河》《长命女儿》等。

⑧黄钟调:《喜春乐》《央宫乐》《感城乐》《赤白桃李花》《皇帝三台》等,皆有舞。还有《英雄乐》。

⑨水调有三曲,即《重光乐》《九城乐》《泛龙舟》(隋乐)。

⑩般涉调:《剑器裈脱》,中曲;《秋风乐》,中曲,有舞;《轮台》,中曲,唐诗人岑

参有《轮台歌》,因此《轮台》可能由唐传入;《莫苏者》,中曲,有舞。还有《山鹧鸪曲》《般涉参军》《千秋乐》等曲。

除上述左部乐的乐、舞外,汉族传统的《踏歌》,在奈良时代也极为盛行。日本最初舞踏歌,是在持统七年正月。此后每当喜庆节日,尤其是正月十五日,人们常以踏歌为乐。踏歌实际上是一种集体舞,许多人挽臂而歌,以踏步为节拍,边唱边走。踏歌传入日本之初,大多用唐音唱唐诗,后来逐步用和音唱日本诗人作的汉诗。日本诗人所写的踏歌的汉诗,流传至今的不多,现引录延历十四年(795年),桓武天皇迁都平安京后的第一个元宵节时,人们所唱踏歌歌词,由此可见歌词的大概:

一

山城显乐旧来传　　帝宅新成最可怜

郊野道平千里望　　山河擅美四周星

新京乐　　平安乐土　　万年春

二

冲襟乃卷八方中　　不日爱开亿载宫

壮丽裁规传不朽　　平安作号验无穷

新京乐　　平安乐土　　万年春

三

新年正月北辰来　　满宇韶光几处开

丽质佳人伴春色　　分行连袂舞皇垓

新京乐　　平安乐土　　万年春

四

卑高泳泽洽欢情　　中外含和满颂声

今日新京太平乐　　年年长奉我皇庭

新京乐　　平安乐土　　万年春

反映唐与奈良乐、舞交流的许多实物,至今仍保存在奈良的正仓院内。据1948—1952年间的调查,现存乐器18种81件,大多是中国传入的,如琵琶、五弦、阮咸、箜篌、尺八、横笛、笙、竽、箫、方响板、钲鼓等。舞具、舞服、舞面也有不少遗存。正仓院还保存了一页《天平琵琶谱》,是天平十九年抄的,所用符号和记谱方法,和敦煌发现的唐乐谱极相似。[①]

上述史实表明,奈良乐、舞深受唐代乐、舞的影响。但是有一点是必须指出的,即奈良王朝在吸收以唐为主体的外国乐、舞的过程中,始终没有忘记本民族的传统歌舞,也没有忘记把外来因素融到民族歌舞中去。如前所述,左部乐以唐乐为主,但也有不少是日本乐师和舞师编作的乐、舞。这种既不排斥外来文化,又保持和发展本民族传统文化的政策,为奈良乐、舞的繁荣,提供了可靠的保证。

第七节　娱乐风俗和年中行事

奈良时代是日本物质文明和精神文明,朝着东亚诸国先进水平迅速发展的时期。人们在生活中,也随着对外开放政策的推行,日渐追求新的、美的东西。因此,在传统习俗的基础上,新的服饰、新的娱乐、新的年中行事,日渐渗透到社会各阶层的生活之中。

新的服饰式样的引进,首先出现在上层贵族阶层。据史籍记载,自推古朝至大宝、庆云年间,日本的服饰几经改进。这种改进,大概与吸收唐代服饰文化分不开。

日本引进中国服饰,大约在公元5世纪,当时中国江南的机织工和缝衣工,曾受聘赴日定居,成为日本的缝衣部的始祖。至推古朝时,仿隋朝制度颁布冠位十二阶,制定官员的冠与朝服式样及颜色。遗存的圣德太子像,头戴幞头,身着汉式官服,完全是中国官吏的打扮。《大宝律令》中有关服饰的规定,与唐朝服饰相似。资料表明,唐代男子官服,一般是头戴乌纱幞头,内穿小袖内衣、外套圆领、窄袖袍衫,袍长过膝,过膝处设有"横襴",腰系皮带,足着乌皮六合靴。奈良朝男子朝服,大致也是幞头、窄袖袍衫(文官穿有"襴"袍,武官袍无"襴"),手抱笏,白裤、腰系皮带,白袜、乌皮靴。关于天皇的服饰,《日本书纪》天平四年正月载:"天皇始服冕服。"[②]这里所说的"冕服",实际上是与唐皇帝一样,接见外宾和群臣朝贺时穿的大礼服,红底绣有日月星辰、龙、山、火等花纹。"冕"就是皇帝戴的冠,上有长方形的板,板的两端,有金鬓下垂,板上饰以珠宝,以示庄重和富有。女子的

---

① 阴法鲁:《从音乐和戏曲史上看中国和日本的文化关系》,《中日文化交流史论文集》,人民出版社1982年版。

② 《续日本纪》卷11,天平四年正月。

服饰也是基本相同的。天气冷时,穿襦裙,暖和时穿衫裙,裙子很长。上衣的襦、衫,长至腰部,用带子在胸前结住,袖口窄狭。自大宝年间以后,日本女子开始流行唐代妇女的发式,即高髻发型。中国古时衣衫左襟,日本也是左襟,然而中国自周以后改为右襟。养老年间,朝廷明令"天下百姓右襟"。在《令义解》中甚至有缝制方法的具体规定。

由唐朝传入日本的娱乐很多,主要是围棋、象棋、双陆、相扑、打球、蹴鞠等等。①

围棋,在中国春秋战国时期的著作中就有记载,称下棋者为"弈者""博弈者"。所谓"弈"就是围棋。至唐代,围棋更盛,名手甚多,顾师言、阎景实、郑观音、王积新、贾玄、杨希粲等人,都是棋艺高超的人。唐玄宗的棋艺也不凡,至今仍遗存着他与郑观音对弈的棋谱。围棋何时传入日本不清楚,但8世纪初在贵族官僚阶层中已相当盛行。如天平十年(738年)七月,左兵库少属大伴子虫与右兵库头中臣东人"政事之隙相共围棋"②,就是明证。《大宝令·僧尼令》曾明文规定:禁僧尼音乐及博戏,但围棋不在禁止之列,表明僧尼中善围棋者甚多。大宝年间,赴唐留学的学问僧弁正就是一名围棋手。他在唐期间曾与唐玄宗对弈,颇得赏识。就是这位弁正和尚在唐时,时时怀念自己的祖国,写有《在唐忆本乡》五言绝句一首:

日边瞻日本　　云里望云端
远游劳远国　　长恨苦长安

弁正最后客死唐朝,生有二子,后来次子朝元归国,于天平年间受天皇之命任遣唐使判官。因其父之故,朝元倍受唐朝廷厚赏。当时赴唐访问的人员中,像弁正这样善围棋的人员是很有名的。《北梦琐言》中有一篇关于唐宣宗时,中日棋手对弈围棋的记载。记载中说,当时日本国王子到唐都长安。王子善围棋,唐宣宗便命围棋名手顾师言与日本王子对弈。王子拿出从日本带来的围棋局和棋子,棋局和棋子都是用玉做的,做棋子的玉叫冷暖玉,握在手中冬暖夏凉,十分精致。③两人下到三十三手,仍未决出胜负,顾师言害怕下输了,有辱皇帝的面子,

---

① 马兴国:《中国娱乐习俗交流初探》,《日本研究》1986年第1期,第64—68页。

② 《续日本纪》卷13,天平十年七月。

③ 孙光宪撰,林艾园校点:《北梦琐言》,上海古籍出版社1981年版。

急得手心里都出了汗。最后日本王子失败。他回到住处问鸿胪寺的礼宾官："师言是国中第几名?"礼宾官说："第三名。"王子说："我希望与第一名对弈。"礼宾官说："你胜第三名后,才能见第二名。胜第二名后,才能见第一名。"王子感叹地说："小国第一名,竟战不胜大国第三名。"故事中的王子,可能就是出身贵族世家的围棋名手。这段故事虽然发生在平安时期,但也说明自奈良时代以来,围棋技艺的迅速提高。

蹴鞠,即古代的足球运动。据传中国战国时代已有蹴鞠活动。日本的蹴鞠与中国蹴鞠有着密切关系。日本的《游庭秘抄》记载:蹴鞠出自"沧海万里之异域"(中国),遍于"赤县九陌之皇域"(日本)。《蹴鞠九十九条》中明确指出"鞠始于大唐"。蹴鞠具体在哪一年传入日本,不甚清楚。中大兄皇子和中臣镰足在法兴寺槻树下相识的故事是人所共知的。当时,中大兄在法兴寺槻树下踢鞠(即蹴鞠),不慎皮鞋随鞠脱落,臣镰足见情,立即上前拾起鞋送还给中大兄,自此两人成为心腹之交,这段故事说明,至少在7世纪40年代,蹴鞠活动在贵族青年中已盛行了。

相扑,秦汉时称"角抵",晋以后才称相扑。这种力士相角力的活动,日本民间也早已存在。《日本书纪》垂仁纪中有这样一段记载,说在葛下郡当麻邑有一位大力士,名叫当麻蹶速,力大无比。他常常对人说:"有比我力气大的人吗?"遇到力气大的人,他总不顾生死,与其争搏。一天,垂仁大王问群臣说:"听说当麻蹶速是天下大力士,究竟有没有比他力气还大的人?"一位大臣回答说:"出云国有一位勇士名叫野见宿祢。"于是天皇下令召见野见宿祢,让他与当麻蹶速相角力,结果当麻蹶速失败而丧命。①这是日本最早的相扑记载。大概就是在这种民间角力的基础上,引进了唐代盛行的相扑,使两者汇合而成日本式的相扑。相扑的"土俵场"体现了古代中国的阴阳五行思想。②土俵场由28个小土俵组成。"二十八"代表了天上的二十八星宿。今天在土俵场上方吊挂的木制房形屋顶,古代是用四根柱子支撑的。屋顶涂有青、赤、白、黑四种颜色,象征着青龙、朱雀、白虎、玄武四兽,寓意吉祥如意。

唐朝人十分喜欢打球的运动,在章怀太子李贤墓壁画中,就有骑马打球的画面。参加者在场上骑马奔跑,挥动弯头的击球棒,互争胜负。此项运动,在8世纪初也在日本贵族青年中盛行。《万叶集》卷六"四年丁卯春正月,敕诸王诸臣子等

---

① 《日本书纪》卷6,垂仁七年七月。

② 马兴国:《中国娱乐习俗交流初探》,《日本研究》1986年第1期,第64—66页。

散禁于授刀寮时作歌一首并短歌"之后,有如下一段注文:

> 上,神龟四年正月,数王子及诸臣子等集于春日野而作打球之乐。其日忽天阴两雷电,此时官中无侍从及侍卫,敕行刑罚,皆散禁于授刀寮,而妄不得出道路,于时悒愤即作斯歌。[①]

这段注文说明青年贵族们对打球运动的喜爱。从诗文中的"常偕并马玩"句,说明这是一次马球运动。打球活动到平安时代,仍然受欢迎。弘仁十三年(822年)正月,渤海国派王文矩为使,赴日聘好。十八日,嵯峨天皇在丰乐殿宴请渤海国使王文矩和五位官爵以上大臣。其间除演奏踏歌外,还举行了打球比赛,渤海使王文矩等人也参加了比赛,嵯峨天皇并以棉200屯,打赌谁赢谁输。[②]这场比赛激发了嵯峨天皇的诗兴,即兴赋汉诗一首,名为《早春观打球》:

芳春烟景早朝晴　　　使客乘时出前庭
回状飞空疑初月　　　奔球转地似流星
左拟右承当门竞　　　分行群踏虬雷声
大呼伐鼓催等急　　　观者犹嫌都易成

除马球外,唐代还有一种"步打球",也在奈良时代传入日本。"步打球"的情景,在遗存的屏风画上,尚可观其大概。

中日两国,都有各自传统的年中行事。它们反映了人们的信仰、追求和习俗。中日两国史籍表明,随着文化交流的深入,反映人们信仰、追求和习俗的某些年中行事,也发生了交流和渗透。中日两国各自的传统年中行事很多,而有几个主要的节日是一致的。如元日、正月初七日、正月十五(或十六)日、三月三日、五月五日、七月七日、七月十五日、九月九日等。

元日是一年之始。在这万象更新之时,朝廷必定举行盛大拜贺典礼。这种典礼,奈良朝称为元会之仪。受唐朝元会的影响,奈良朝廷把元旦拜贺仪式作为显耀皇威和国威的机会。大宝元年(701年),文武天皇在太极殿举行拜贺典礼。此日宫殿正门,树鸟形幢,左为日像、青龙、朱雀幡,右为月像、玄武、白虎幡,外国

---

① 杨烈译:《万叶集》卷5,湖南人民出版社1984年版。
②《日本纪略》前篇卷14,弘仁十三年正月。

使者阵列左右①,完全模仿唐朝朝贺模式。灵龟元年举行元会时,北至陆奥、出羽,南至奄美、夜久、度感等边远地区,均派人来奈良进贡特产,其时,朱雀门左右,阵列鼓吹骑兵,吹吹打打好不热闹,显示出皇权威震全国的气势。元日饮屠苏酒,以避百邪的习俗,也是由中国传入的。

正月初七,中国称为"人日"。传统习俗把正月初一日作为鸡日,二日为狗日,三日为猪日,四日为羊日,五日为牛日,七日为人日。②为何如此称呼,不知所以。每到人日,人们以七种菜为羹,并以绿纸或镂金纸剪人形,贴于屏风上,或戴在头上,以求幸福无灾。日本也有七日节会,据传始于景行大王,至天武天皇时作为固定节日。一到此日,天皇置酒宴群臣,赋诗、歌舞,并赐禄等。平安朝承和元年,仁明天皇在丰乐院观青马并宴群臣。此后正月七日观青马(或白马)成为节日活动的主要内容之一,因此有青马节之称。

正月十五日是中国传统的上元灯节。此日,京城和民间皆张灯结彩,各式各样的彩灯把夜空照得如同白昼,古人用"火树银花"来形容灯节的壮观。上元观灯时,常以歌舞相伴。人们手臂相连,边唱边舞边观灯。相伴的歌舞是踏歌。日本的上元节,定在正月十六日,此日天皇宴百官。持统七年正月十六日,汉人奏踏歌。八年又有唐人奏踏歌。③自此,中国上元节盛行的踏歌传入日本,并受到奈良朝廷贵族们的喜爱。每年正月十六日,也就成为踏歌节。踏歌初由中国东渡者唱并舞,后来普及到官吏贵族。天平二年正月十六日,百官主典以上,全部参加了踏歌。后来发展到少男童女舞踏歌。随着踏歌的推广,出现了擅长踏歌的专业者。据载,天平胜宝三年正月十六日,孝谦天皇曾授踏歌歌头女儒忍海伊太须外从五位下官爵。儒忍海伊太须大概是专业的踏歌歌头。

三月三日,早在汉时,在中国已为节日。人们经历了寒冬,迎来了春暖花开。为了祓除污浊,阳春三月三日,人们都离家春游,在东流水中洗濯,然后在东流水旁饮酒吟诗作歌,渐有曲水宴之称。后来文人挚友,也往往在三月三日聚会野外,相互赋吟。王羲之曾作有三月三日兰亭序。文中说,永和九年三月三日与友人会于会稽山的兰亭,崇山峻岭,茂林修竹,清流激湍,大家曲水列座,虽无丝竹管弦伴奏,但沐浴朗朗晴天,习习春风,在大自然中吟诗和唱,畅述情怀,十分欢乐。日本始有曲水宴,大约在5世纪后期,8世纪初已成为固定的年中行事。每

---

① 《类聚国史》卷71,岁时二元日朝贺。

② 《太平御览》卷30,时序部十五。

③ 《类聚国史》卷72,岁时二踏歌。

逢此日,天皇便在宫院或在郊野设曲水宴。如神龟六年在松林苑,天平宝字六年在宫西南新造池亭,神护景云四年则在博多川旁举行。曲水宴时,除百官群臣外,文人以及大学寮的学生也往往应召陪游。天皇酒兴之时,常出题让文人或学生赋曲水之诗。

五月五日,是中国传统的端午节。端午,也称端五,系指仲夏之初。夏天一到,瘟气、病毒丛生。因此每逢端午,人们采摘艾枝、菖蒲悬挂门户,以驱毒气、防疾病。江南地区,五月五日还要举行龙舟比赛。据说当年屈原投汨罗江身亡后,百姓竞相拯救。为了不使蛟龙伤其身,人们就用竹叶包裹糯米,煮熟后投入江中。这些习俗一直流传至今。日本有端午节,始自推古十九年,至奈良时代成为固定的节日。从史籍记载可知,端午节传入之初,主要着眼于防病除瘟。每逢端午,人们也以菖蒲为缦,以避百邪。天平十九年五月五日,朝廷还明文规定,不以菖蒲为缦者,不许进入宫中。在推古朝时期,朝廷常在端午这一天举行采药活动,称为"药猎"。参加者的装束如同狩猎者。这种"药猎"活动,后来演变为"猎骑"。到了奈良朝,"药猎"活动不存在了,而"观猎骑"(或称"观射")则成为端午节的传统活动。

七月七日,史称七夕。在中国,有一段世代相传的七夕神话。传说牛郎、织女彼此相爱,结为夫妻。但遭天神的蛮横干涉,被分割在天河的两侧。每年七月七日,才允许夫妻相见。每到七夕之日,无数喜鹊搭成渡桥,使牛郎、织女渡过天河短暂相见。古代诗人写下了不少七夕诗。"迢迢牵牛星,皎皎河汉女。纤纤擢素手,轧轧弄机杼。终日不成章,泣涕零如雨。河汉清且浅,相去复几许?盈盈一水间,脉脉不得语"[1],生动地描述了这一爱情故事。日本始有七夕节,是在天平六年。当年七月七日圣武天皇在宫内观相扑,晚上又在南苑命文人赋七夕诗。此后每逢七月七日,观相扑、赋七夕诗成为朝廷的例行活动。因此,日本的七月七日,又称为相扑节。很显然,日本的七夕,已经不是中国式的纪念牛郎织女相会的节日了。不过,七夕活动内容的不同,并不能说明中国的神话传说对日本的七夕节毫无影响。事实上,遗留至今的奈良时代的诗人的七夕诗,大多是借喻中国的七夕神话的。

七月十五日为盂兰盆节。此节日的兴盛与佛教的深入传播有关。《荆楚岁时记》说:"七月十五日,僧尼、道俗,悉营盆供诸寺。"盂兰盆节出自佛教的《盂兰盆经》。该经文说,佛弟子目莲得了六神通,用道眼看到了他已经死去的母亲堕入

---

[1]《太平御览》卷31,时序部十六七月七日。

饿鬼群中,当她拿着盛饭的钵将要入口的时候,饭食立时化为火炭而不得食。目莲见后,大惊失色,跑回来向佛讨求救出亡母的方法。佛说:你母罪重,靠一人之力难以救出,只有依靠十方僧众才能挽救。每年七月十五日,盛饭食百味、五果于盆中,供养十方大德佛,施舍僧众,这样便可免除七世父母的饿鬼之苦,现世父母也可保寿命。后世信奉者颇多,遂成节日。随着佛教的传入,盂兰盆节也相应传入日本。日本最早供奉盂兰盆,是在推古十四年七月十五日,天皇在每寺设斋。齐明三年七月十五日,天皇在飞鸟寺设盂兰盆会。天平五年七月,朝廷规定,盂兰盆的供养,由大膳职负责,正式作为恒例公事。中世初期以后,单纯的供奉进一步发展为男女信徒一边唱诵佛经,一边跳盆踊的群众性活动。盆踊在江户时代更趋兴盛,而且各地有各地的特色。这种习俗一直流传至今。

九月九日的九是阳数,月、日均为九,故称重九,或重阳。在中国,每逢重阳,人们爬山登高,采折茱萸、菊花、茯苓,插于发中,可避恶气、御初寒,食之可长寿。此日家家饮菊花酒,传说菊花有延年益寿之功。大概由于重阳佳节与长寿有关,此风也被移入日本。此日天皇在宫中宴群臣,称为菊花之宴。

后　记

在 2000 余年的中日文化交流史中,两国之间有过多次的文化交流高潮。其第一个高潮期就是汉唐时期。这一高潮的形成和发展,上可以追溯到中国的春秋战国和秦朝,中经两汉、魏晋南北朝,最后至隋唐达到最高潮。

综观我国学术界对这一时期的研究状况和成果,除对隋唐文化与日本文化交流有较多研究外,对始自春秋战国至魏晋南北朝间的两国交流的研究则相当少,对于这一期间的两国文化的比较研究,更是凤毛麟角了。之所以产生这种薄弱环节,是因为这一历史时期遗存的文献资料极为贫乏。

对中日文化进行比较研究,一直是我的心愿。自 20 世纪 80 年代中叶开始,我在国内外学术界朋友的支持和鼓励下,着手汉唐文化与日本文化的比较研究。其间碰到的困难是很多的。这一研究除史学外,还涉及考古、人类、农业、环境地理、民族、民俗等学科领域。对于学识浅陋的我来说,不得不像小学生那样老老实实地从头学起。有志者事竟成。经过数年的努力,我终于开始有了收获。20世纪 80 年代末期,我的某些阶段性成果,开始在日本的国际学术讨论会上发表,并陆续在国内外刊物上刊载,引起了学界同人的注意和评价。

我在本书的研究和写作过程中,得到了众多的关心和支持。本课题曾作为天津市社会科学重点课题,得到政府的资助。日本别府大学前校长、考古学家贺川光夫,国学院大学研究生院院长铃木靖民等,在精神上和资料上均给予了难以忘怀的支持。在本书付梓之际,对于上述国内外友人的帮助和支持,谨表衷心的感谢。

鉴于学识浅陋,谬误之处敬请读者诸君批评指正。

王金林
1995 年 3 月于中国天津

浙江工商大学东亚研究院
日本研究中心资助成果

浙商大日本研究丛书
王金林日本史研究著作选集

日本人的原始信仰

王金林 著

浙江工商大学出版社
ZHEJIANG GONGSHANG UNIVERSITY PRESS

·杭州·

图书在版编目(CIP)数据

日本人的原始信仰 / 王金林著. —杭州:浙江工
商大学出版社,2022.12
（王金林日本史研究著作选集）
ISBN 978-7-5178-5328-2

Ⅰ.①日… Ⅱ.①王… Ⅲ.①信仰—文化研究—日本
Ⅳ.①B933

中国版本图书馆 CIP 数据核字（2022）第242940号

日本人的原始信仰
RIBEN REN DE YUANSHI XINYANG

王金林 著

策划编辑	姚 媛
责任编辑	董文娟　王 英
责任校对	韩新严
封面设计	朱嘉怡
责任印制	包建辉
出版发行	浙江工商大学出版社
	（杭州市教工路198号　邮政编码310012）
	（E-mail:zjgsupress@163.com）
	（网址:http://www.zjgsupress.com）
	电话:0571-88904980,88831806(传真)
排　版	杭州朝曦图文设计有限公司
印　刷	杭州宏雅印刷有限公司
开　本	710mm×1000mm　1/16
印　张	102.5
字　数	1781千
版印次	2022年12月第1版　2022年12月第1次印刷
书　号	ISBN 978-7-5178-5328-2
定　价	298.00元(全五册)

前　言

光阴荏苒,我的日本史研究不觉已度过60年岁月。60年一甲子,今年适逢其时。浙江工商大学东亚研究院筹划将若干拙著重印出版,纳入该院的学术研究著作系列。当今,浙江工商大学东亚研究院是我国研究日本历史和文化的重镇之一,人才聚集,成果丰硕,闻名于国内外。拙著能列入该院的学术研究著作系列,深感荣幸。

本选集由5部著作组成,具体如下:

《简明日本古代史》

《日本弥生时代史》

《汉唐文化与古代日本文化》

《日本人的原始信仰》

《中国的日本史研究史略》

上述著作,反映了我的日本史研究生涯的基本轨迹,从中也可以看出我的研究方法的变化、课题选择范围的不断扩大,以及研究深度的渐进。

5部著作中,除《中国的日本史研究史略》是近年完成的,其他均成书于20世纪的80年代初至21世纪初。时间最早的《简明日本古代史》,距今约有40年,较近的《日本人的原始信仰》距今也约有15年之久了。因此,每部著作的资料来源、阐述内容和观点分析等,都明显地带有各阶段的时代烙印。

一

《简明日本古代史》成稿于1980年,1984年付梓。当时,国门刚刚打开,学术

交流尚浅,有关日本史的原始资料奇缺。撰写此书时的参考资料,大多依赖于北京图书馆的日文藏书、天津图书馆的日文旧藏和1972年中日建交后天津社会科学院前身——天津市历史研究所陆续购进的日文书籍。受条件所限,使用的资料大多为第二手资料。

从今天的视角来看,该书中的部分知识和结论,特别是原始时代部分的一些知识与结论,明显已经过时。原始时代的知识,是依据"二战"后日本的考古学资料和当时学界公认的观点整理出来的。在20世纪70年代末80年代初,这些认知尚属前卫。可是,21世纪初,风云骤变,动摇了学界原有的认知。导因是日本考古学界爆出造假丑闻,事情发生在2000年。那一年的11月5日,日本《每日新闻》头版头条揭露了考古学者藤村新一在宫城县上高林旧石器时代遗址的造假事件,涉及多项旧石器时代考古结论。此事如同强烈的地震,震动了日本考古学界,引发了人们对日本旧石器时代遗址和发掘物,包括古人类遗骨和石器等结论的质疑。造假丑闻被揭露以后,日本学界在对日本的旧石器时代遗址、古人类遗骨及出土器物等的复核中,发现了由于当时科技检测水平有限,鉴定结论存在偏差的情况。

按理,《简明日本古代史》中的这一部分内容应该好好研究重写,但如今我已入耄耋之年,实在是力不从心。有鉴于此,在此次出版之前,我决定将原第一章第一节全部删去。《简明日本古代史》是在当时学术背景下写就的著作,反映了20世纪70年代末80年代初的研究状况和学界的普遍认知。它的存在本身,就说明学术认知是不断改正、充实、提高的过程。因此,其他章节保持原状,不做删改。在此谨向读者说明。

二

《日本弥生时代史》是我在日本出版的3部相关著作的合译本,由浙江工商大学陈红、程璐璐等人翻译,首次在国内刊印。3部著作分别为『古代の日本—邪馬台国を中心として—』(《古代的日本——以邪马台国为中心》)、『邪馬台国と古代中国』(《邪马台国与古代中国》)、『弥生文化と古代中国』(《弥生文化与古代中国》)。因为主要都是探索公元前3世纪至公元3世纪弥生时代的日本,故将此合译本取名为《日本弥生时代史》,但各部分维持原内部结构。

有关公元前3世纪至公元3世纪弥生时代日本列岛的史料,除我国史籍中有限的记载以外,并无更多的文献资料可寻。由于史料的匮乏,日本史学界对于这段历史中的某些问题的论争已延续多年。"二战"后,日本考古学有了惊人的发

展,弥生时代遗址不断被发现,考古发掘资料日益丰富,这就为探索弥生时代日本列岛提供了极有利的条件。在日本学界友人的支持和鼓励下,我积极涉足弥生时代研究领域,在中日学界已有研究的基础上,通过有限的文献资料和丰富的考古资料进行研究分析、对比,探秘公元前3世纪至公元3世纪日本列岛的实态。《日本弥生时代史》就是相关研究成果之一。

通过对日本弥生时代文化的研究,我在书中提出了若干观点:第一,针对日本学界关于弥生时代的日本地域发展最发达的地区是九州北部还是畿内大和地区的论争,提出了当时日本地域发展的多元论,在九州北部存在邪马台国的同时,在畿内大和地区也已存在同样发展水平的国家;第二,阐明中国史籍所载的邪马台国的性质,主张它已是一个统一的地域国家;第三,中国古代沿海文化是日本弥生文化的主要渊源;等等。

虽然在弥生时代史研究方面有所收获,但我毕竟不是考古学专业出身,对考古资料的选择、应用与释解肯定有不妥之处。此次翻译出版,在某些专业知识的表述上或许也会存在这样那样的不足,特别是对于同一类出土器物,中国与日本的学术称谓有所不同,因而部分器物仍然使用原著中的日本名称。

三

《汉唐文化与古代日本文化》是1996年出版的著作。读者定会发现,此书的内容与我在日本出版的几部著作(即此次选集中的《日本弥生时代史》与另一部日文著作《奈良文化与唐文化》)多有重合。关于此事,我在《汉唐文化与古代日本文化》的"后记"中有交代,此次出版之际,有必要进一步说明。

20世纪80年代中后期和90年代初,我的4部日文版拙著先后问世,并得到国内外学界的诸多正面评价。国内同人建议我在国内出中文版。我受此建议的启发,曾为此做过努力,因为当时我国学界对隋唐文化与日本文化交流的研究较多,而对从春秋战国、秦汉至魏晋南北朝的两国交流的研究较少,有关这一时期的两国文化的比较研究成果,更是凤毛麟角。我希望把我的研究成果呈献给国内读者,然而实现起来困难很大。主要困难有二:其一是版权。此事虽然不能说没法解决,但是解决起来过程繁杂,出版社难以为一本不见经传的"赔本"的书,花时间和精力去与国外的出版社商谈版权。其二是出版费。当时,出版专业书大多需自掏腰包,我难以割舍有限的工资去出一本书,于是出中文版的意愿终未实现。

天津人民出版社长期以来一直扶植学术著作的出版。大概是在1994年秋,

天津人民出版社的编审李洁萍告诉我,可以给我出一本本版书(即列入出版社出版计划,且无须著者付出版费的书)。听到这一消息,我喜出望外,感激之情难以尽言。我终于有了实现上述未了心愿的机会。

《汉唐文化与古代日本文化》虽然在具体的史事叙述方面与我在境外出版的著作多有重合,但是该书的内容比我在境外出版的著作更丰富、充实,其中增加了不少新的研究成果。例如"从大和国的'司马''典曹''舍人''史''藏'职看中国官职的影响""大陆先进军事性手工业技术的引进""中国的天地观和祭祀制与日本的古坟文化"等章节,都是新研究的成果。

"从大和国的'司马''典曹''舍人''史''藏'职看中国官职的影响",通过对文献记载的"司马"一职和文物刀铭中所载的"典曹人"称谓的分析论证,提出了大和国已实行类似中国的"府官制"和"典曹官制"的观点;"大陆先进军事性手工业技术的引进",则针对大和国出土的进攻性武器与防御性武器,从武器技术的视角论证了技术源自中国的观点,并考察了大和国的骑兵及其装备;"中国的天地观和祭祀制与日本的古坟文化",对日本学界论争很久的关于前方后圆坟的渊源问题提出了自己的看法,对天地崇拜、神祇信仰、天圆地方观与古坟建筑结构等进行了翔实而系统的论述,并对古坟时代筑造前方后圆坟的思想价值和社会价值做了分析;等等。这些新内容、新观点都是我在境外出版的著作中所没有的,是通过《汉唐文化与古代日本文化》一书首次披露的。除增加了研究新成果之外,《汉唐文化与古代日本文化》在整体结构设置上也呈现了系统展现从春秋战国、秦汉至唐时期中日文化交流史的特点。这些新的内容、观点和特点,正是我决定将此书纳入本选集的原因。

四

有关日本人的原始信仰,日本学界已有较长的研究史,著述也不少。但是,从诸多研究成果分析,大致以20世纪50年代为分水岭,此前的研究主要依赖于两本古籍,即《古事记》和《日本书纪》。可是,这两本古籍成书于8世纪初,书中的神代篇和早期天皇的纪事,虽然在一定程度上反映了日本的古代社会和早期信仰,但毕竟成书较晚,且其中不乏掺杂后人的思维与观点,因此不可避免地使这一时期的研究带有很强的局限性。进入20世纪50年代以后,随着"二战"的结束,改革的推进和资产阶级民主化的建设,大多数学者开始科学地审视日本的历史和文化。由于考古学的发展,以及文化人类学、民俗学研究方法的引入,学界对原始信仰的研究出现了前所未有的新局面。考古学家和史学家的结合,使研

究成果有了新的深度。《日本人的原始信仰》就是相关研究成果之一。

《日本人的原始信仰》一书中叙述的内容，跨越了几千年的时空。在这一时空内，按考古学的时代划分法，日本经历了绳纹时代、弥生时代和古坟时代。人们的生产活动从狩猎、捕捞发展到农耕，特别是稻作农耕。生产技术随着生产活动变化，也从木、石器并用发展到木、铁器并用。与生产活动和生产工具的进步相适应，人们的信仰也从自然崇拜逐渐地发展到原始宗教的状态。4世纪以后，在外来文化的影响下，日本人的原始信仰逐渐发生质的变化，到7世纪后半期嬗变为早期神道。

五

《中国的日本史研究史略》是新近完成的书稿，首次付梓。本书主要由3部分组成：一是我的学习笔记，梳理中国自古至今的日本史研究成果；二是对中国日本史学会的人与事的回顾，通过我的亲身经历，展现改革开放后中国日本史研究者相互支持的精神和研究队伍不断壮大的过程；三是具有自传性质的内容，叙述我作为一名普通日本史研究者的成长历程，通过个体事例，力图说明我们这一代人所达到的研究水平。

本书旨在利用我国日本史研究的历史传统与继承、研究者群体与个体相结合的结构模式来呈现中国日本史研究的学术史，可以说是我的一次尝试。

浙江工商大学东亚研究院江静院长亲自策划、组织了本选集的出版工作。东方语言与哲学学院吴玲副院长、薛晓梅等老师，以及浙江工商大学出版社的各位编辑在本选集的出版过程中操心、费力殊多。翻译日文拙著的几名研究生和多名校对书稿的同学认真努力，为本选集出了力。在此，我对一直关心、支持我的学界挚友，一并深表感谢！

拙著多有不足和谬误，敬请读者诸君一如既往，予以批评、指正。

王金林
2020年中秋于杭州西山国家森林公园山麓
西湖区社会福利中心怡竹斋

目　录

绪论

日本是一个多元的宗教信仰国家。日本人的宗教观是相当宽广的,一个日本人可以同时信奉两个,甚至多个宗教。据前些年的资料,全日本的宗教信徒有2亿余人,平均每人信奉2种宗教。在2亿多个信徒中,神道信徒有1.04亿人,佛教徒有8700万人,基督教徒有150万人,其他诸宗教信徒有1600万人。这种1亿人口2亿信徒的现象,直至今日仍无明显变化。这种现象的产生,固然与"二战"后有了宽松、自由选择宗教的环境,个人信仰不再受国家的强制有关,但也不排除在日本的历史长河的流动过程中,传统信仰的遗存。

在日本人信仰的诸宗教中,神道是唯一土生土长的宗教。在历史上,神道曾分别与佛教、儒学(日本人称儒教)长期地并存,成为天皇制的精神支柱。神佛、神儒并存的传统虽然被留存了下来,但是立足于传统信仰的神道占据着重要的地位。中国学术界,自20世纪70年代末以来,出现了前所未有的研究日本热潮,学者们对日本的广泛领域进行了多视角的深层研究,并涌现了大量研究成果。但是,应当指出的是,在这股研究热潮中,神道的研究明显滞后。其原因是多方面的,主要的似有以下几点:

第一,对研究日本神道的意义,尚缺乏充分的认识。神道从形成开始至今已有1300余年,如果加上神道形成以前的原始信仰,它的历史就更长了。贯穿日本历史的神道,对日本各个历史时期的政治、文化和意识形态的影响是极深的。对神道的研究,有益于历史地、深层次地认识日本的昨天和今天,对我们预测明天的日本也是有益的。

第二,受到学科知识的限制。对神道的研究,不但需要历史知识,而且需要考古学、文化人类学、民俗学、宗教学、哲学等广泛的知识。综合知识的不足,影响了研究者们涉足这一领域的信心。

第三,在研究日本的热潮中,各研究单位或研究者的课题选择和设置一般情况下是厚今薄古,即一般首选有益于中国现代化借鉴的近现代的政治、经济、文化等方面的课题。这些首选课题,往往在人力和经费方面是有保证的,而那些古代的、社会效益暂时不明显的课题,如对神道等的研究,自然难以开展。

不过,应当指出的是,说这些方面研究滞后,并不是说这些方面的研究毫无成果,其实也有一些学者一直在关注这些领域,并且有相关的著述问世,只不过数量较少而已。

日本的神道立足于传统的原始信仰,并在此基础上形成。在 7 世纪初叶以前,日本尚未出现作为宗教的神道,但已存在着构成神道的诸因素,即巫术、神仙信仰和源于中国道家和早期道教的某些理论和思想。正因为已存在这些因素,所以在 7 世纪初叶前后,传统的原始信仰向早期神道转化。

本书主要研究和叙述远古至 7 世纪后半期之间日本人的原始信仰及原始信仰向早期神道的转化过程。有关日本人的原始信仰,在日本学界已有较长的研究史,著述也不少。但是,从诸多研究成果分析,大致以 20 世纪 50 年代为分水岭,此前的研究主要依赖于两本古籍,即《古事记》和《日本书纪》。可是,这两本古籍成书于 8 世纪初,书中的神代篇和早期天皇的纪事,虽然在一定程度上反映了日本的古代社会和早期信仰,但毕竟成书较晚,且其中不乏掺杂后人的思维与观点,因此不可避免地使这一时期的研究带有很强的局限性。进入 20 世纪 50 年代以后,随着“二战”的结束,改革的推进和资产阶级民主化的建设,大多数学者开始科学地审视日本的历史和文化。由于考古学的发展,以及文化人类学、民俗学研究方法的引入,学界对原始信仰的研究出现了前所未有的新局面。考古学家和史学家的结合,使研究成果有了新的深度。

相对于日本学界的研究状况,可以说中国学者尚未真正地涉足这一领域。薄弱的研究基础,乃是我们在涉足这一领域时,首先要面对的一大困难。虽然有日本学者的研究可资借鉴,但是如何用中国人的思维和观点去阐述那些发掘于地下的文物和传世的神话传统,是我们应该思考的问题。文献资料的匮乏是我们涉足这一领域的又一大困难。日本真正出现自己的文字比较晚,从远古至 6 世纪尚无文字,因此当时的日本并无如中国那样的丰富翔实的史事记载。有关早期日本的记载,首见于中国的《山海经》《论衡》《汉书·地理志》等。但记载都很简单,《山海经》《论衡》只提到了“倭”和“倭人”,而“倭”“倭人”究竟是否就是日本,学界尚有不同意见。《汉书·地理志》的记载虽略为详细,但也只有 19 个字,即“夫乐浪海中有倭人,分为百余国,以岁时来献见”。有关“倭”的内部情况、民俗信仰等均没有提及。比较详细记载早期日本情况,且史料价值和可信度较高的是《后汉书·倭传》和《魏书·倭人传》。这两本书成为研究古代日本政治、经济、文化(包括原始信仰)非常珍贵的资料。但依据这些记载尚不能揭开当时日本人的信仰的全貌,因此,利用丰富的考古学资料,以及批判地分析和利用《古事记》《日本书纪》中的神话传说,成为深入研究的关键。

本书叙述的内容,跨越了几千年的时空。在这一时空内,按考古学的时代划分法,日本经历了绳纹时代、弥生时代和古坟时代。人们的生产活动从狩猎、捕捞发展到农耕,特别是稻作农耕。生产技术随着生产活动变化,也从木、石器并用发展到木、铁器并用。与生产活动和生产工具的进步相适应,人们的信仰也从自然崇拜逐渐地发展到原始宗教的状态。4世纪以后,在外来文化的影响下,日本人的原始信仰逐渐发生质的变化,到7世纪后半期嬗变为早期神道。

从已有资料可知,日本人的原始信仰,除了其自身的特性外,不少信仰和祭祀明显地与东亚,特别是中国人的早期信仰有相似性。因此,本书在叙述过程中,拟以一定的篇幅对此进行比较。

我虽然于数年前对早期日本的社会和文化有过研究,并利用中国古籍中有关日本的有限史料和日本的考古学资料,以及日本的神话传说等,完成了《弥生文化与古代中国》《邪马台国与古代中国》《汉唐文化与古代日本文化》等著作,但对于日本人的原始信仰的研究并不深入,因此写作此书,于我而言是一项全新的工作。我自知学识浅薄,要较好地完成此课题,难度甚大。但是对这一领域探索的欲望,强力地推动着我迈出了这一步。虽知未必能很好地完成此任,但也要尽最大努力去拓殖这一处女地,以期能为中国的日本学研究做出一点贡献。如果本书能为读者提供一些新鲜的知识,得到大家的认可,那就自感欣慰了。

第一章

世间美丽物，何处不寻常？——生殖神、鸟神、鹿神信仰

自然神的崇拜,涉及的领域相当广泛,自然界的日月、星辰、山川、湖海、花草、树木、鸟兽、昆虫等都可以成为人类崇拜的对象。从人类自身的发展而言,则有性器崇拜和生殖神的崇拜。总之,在人类对自然现象缺乏认识的时候,万物皆可成为他们崇拜的神。日本人当然也不例外。由于资料的局限性,本章拟对古代日本人的几种典型的自然神崇拜略加叙述。

第一节　生殖器崇拜和生殖神崇拜

在古代信仰中,最使人敬畏的自然属性是生育和生殖能力。繁衍后代是人类谋求自身生存的根本需求。在远古时期,人类受认知水平和物质生活条件的制约,对自身生育的原因、过程的认识,经历了一个漫长的阶段。由于对人类自身是从何而来,又是如何产生的等问题的无知,人们认为生育存在着神秘感。面对出生与死亡,人们感到茫然。在这种茫然中,生殖崇拜的原始信仰应运而生。

一、生殖器崇拜

生殖崇拜是世界上各民族都曾经历过的原始信仰,具有许多共通性。这种共通性,源于人类婚姻历程的近似性。根据摩尔根的《古代社会》一书中的研究,人类经历了群婚、族外婚、对偶婚,以及一夫一妻诸阶段。在群婚阶段对女性性器的崇拜盛行,而对偶婚阶段则开始对男根崇拜。群婚阶段,男女混杂而居,两性关系极为混乱。男女的交媾,只是一种生理需求,并不知晓它与生儿育女之间的必然联系。所以人们只知其母,而不知其父。在群婚阶段,女性成为共同体生存和发展的支柱。因此,创造生命的女性及表现女性生理特征的乳房、阴户等,被视为神灵之物,受到广泛崇拜。

这种女性生殖崇拜,在日本也是存在的。在公元前1万年,日本进入新石器时代。考古学者从遗址中发现了一种饰有绳纹的陶器,称之为绳纹陶器。这种陶器跨越的时间是从公元前1万年至公元前3世纪止,考古学者将其命名为绳纹时代。根据现已发掘的考古学资料,绳纹时代大约处在以母系为主体的或母系社会向父系社会转化的社会阶段。当时,原始日本人也崇拜女性和女性性器。虽然有关女性生殖崇拜的考古资料不是很多,但仅从已知的资料分析,绳纹时代的生殖崇拜显然有两种表现方式:一是直接地表露女性性器,二是用象征物较为隐晦地表现女性性器。二者中更多的是直接表露的方式。

直接表露的实物,据已知的遗物,有砾石和土制板面的刻纹和女性陶俑。爱媛县上浮穴郡的上黑岩洞穴曾发现绳纹时代的砾石一件,砾石上下均有细线雕刻,上部刻有两只大大的乳房,下部有一深凹的圆形小坑,似是女性的阴部。这件砾石,被称为"女神雕刻砾"[①]。另有一件岩石制作的人体像,是在新潟县元屋敷绳纹遗址中发现的。岩石高126厘米,上狭下宽,上狭部刻有人的眼、鼻孔、口;中部略有隆起处,左右分别刻有一小孔,表示女性乳房,下部刻有四瓣叶形的刻纹构成一椭圆形。椭圆形的中心有一凹处,凹处的下方有一浅点,这应是女性阴户的表现。[②]长野县松本市绳纹遗址,出土了一枚土制板(见图1-1),长15.8厘米,背面雕有花纹,正面则雕有女性的全身像,上部是眉、眼、鼻、嘴,中部的两侧有凸起的乳房,下部则刻有表现裙裤的纹饰,在裙裤纹饰的衬托下,十分明显地刻出女性阴部的图案"W"。图案富有象征意义,极似一朵含苞待放的花。

图1-1 长野县松本市绳纹遗址出土的女性土制板像

---

① 镰木义昌:《日本的考古学2·绳纹时代》,河出书房新社1980年版,第314页。
② 文化厅:《被发掘的日本列岛·考古新发现速报》,朝日新闻社1996年版,第79页。

女性陶俑在日本全国绳纹遗址中多有发现。被发现的陶俑,有不少是没有脑袋的,仅有身体部分。如大分县中津市高畑遗址出土的两件女性陶俑:一件没有头、手、脚,只有隆起的乳房和凸起的肚脐,另一件没有头,也没有下半身,只有双臂和隆起的乳房。[①]同县宇佐市石原贝塚出土的一件陶俑,仅有两只下垂的大大的乳房。[②]岛根县顿原町下山遗址出土的一件陶俑,也没有头,除了隆起的乳房外,在下部有一圆孔,似乎象征着女性的阴户。岩手县长仓遗址出土的一件制作十分精巧完整的女性陶俑(见图1-2),头部有发饰,两只大眼睛里,都用一条细直线画出了上下眼睑。两眼间有高翘的鼻子,鼻下有口,颈部有衣领的装饰纹,双手下垂,双乳隆起,在腹部有一圆孔,孔的周围有数十个小圆点。圆孔应是阴户,周围的小圆点似是阴毛的象征。

除了上述直接表露性器崇拜外,古代日本人还采用间接的表现方式来表达对女性性器的崇拜。大分县本耶马溪町洞穴绳纹遗址,出土了一件陶钵,钵的壁上有一幅很显眼的刻画。初看刻画,似一粒外壳微张的果核,核内有等待时机发芽的果仁。然而仔细一看,这绝不是一幅描绘果核的画,而是一幅夸张的女阴图。

图1-2 岩手县长仓遗址出土的女性陶俑

从上述出土资料可见,绳纹时代的日本人,主要采用直观的、写实的手法表示对哺育新生儿的女性乳房和产生新生命的女性阴部的神圣的崇拜。

人类从对女性生殖崇拜向男性生殖崇拜的转化,反映了社会婚姻关系的变

[①] 大分县教育委员会:《丰国创世纪展》,羽阳书房1987年版,第35页。
[②] 大分县教育委员会:《丰国创世纪展》,羽阳书房1987年版,第38页。

化。如前所述,在女性生殖崇拜阶段,人们只知其母,而不知其父,母性是社会的核心,但是随着男性在物质生产中地位的逐渐提高,两性关系也逐渐从群婚向对偶婚发展。虽然对偶婚初期,男女间的固定关系极为不稳定,但是人们从这种不稳定的两性关系渐向稳定的过程中,认识到男性在生育中的作用,只有女性而无男性不能出现新的生命,女性的怀孕是同男性交媾之后才出现的。在这种认识过程中,产生了对男根的崇拜。

关于男根遗物,在中国有木、石、陶、玉等制成的模拟男根,在日本则以石、木为主。不过,在日本男根遗物出土资料较少,对于已知的出土资料,学界也有不同看法:有的认为是棒类物,也有的认为是性器崇拜。棒类物也好,性器也好,从出土情况分析,这些遗物大多是仪礼、祭祀(如图1-3)和崇拜之物。①青森县是川遗址出土了多件石制男根,其制作相当精巧,大多经过打磨。多数石制男根是单头的,但也有例外,如其中一件是两头的,龟头部分经过精细的打磨。

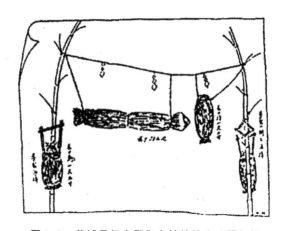

图1-3 茨城县行方郡御舟神社的生殖器祭祀

注:引自西冈秀雄《性神大成》

二、生殖神崇拜②

人们在崇拜生殖器的同时,逐渐产生了对生殖神的崇拜。出现生殖神崇拜

① 鸟居龙藏:《吾人祖先有史以前的男根尊拜:弥生式土器之男根》,《人类学杂志》1923年第38卷第3号,第97—100页。

② 参见野口义麻吕:《信仰》,《日本的考古学2·绳纹时代》,河出书房新社1980年版,第353—356页;斋藤忠:《日本考古学用语辞典》,学生社1992年版,第346页;等等。

的标志,就是人们不单单是崇拜性器,而是有意识地对性器和生殖神进行祭祀。对于生殖神崇拜的资料,在日本虽然不多,但也有若干实例,这足以说明这种信仰的存在。在以长野县为中心的日本中部和关东地区的绳纹中期遗址中,发现了一些"人面装饰吊手陶钵"。这些陶钵的上首部所表现的形象,除了人面外,还有怪异的形象,有的似蛇头,有的只有两只大大的象征双眼的孔。这些陶钵中与性神崇拜有直接关系的主要有长野县御所前遗址出土的"人面装饰吊手陶钵"(见图1-4)和长野县曾利32号遗址出土的"蛇面装饰吊手陶钵"(见图1-5)。"人面装饰吊手陶钵"的正面是人面,背面则是蛇头。准确而言,正面应称为"神人钵",背面应称为"蛇头人身钵"。现在,我们来具体看一看"神人钵"和"蛇头人身钵"的结构。

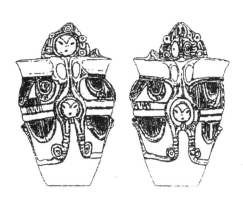

图1-4　长野县御所前遗址出土的
"人面装饰吊手陶钵"结构图

图1-5　长野县曾利32号遗址出土
的"蛇面装饰吊手陶钵"结构图

注:引自川谷真《吊手土器的象征性》。

我们先来看一看正面。这件陶钵的正面,整体上是一位生殖女神。钵的上首(即吊手部)是装饰的头部,眉、眼、鼻、嘴构成一张安详、和善的脸庞。女神面部正对面的钵缘处,有左右对称的两个椭圆形孔,似是象征双乳。钵的上半部雕有象征华丽服饰的纹饰,下部则雕有双腿和裤纹。在中下部的正中,即双腿之间有一开启的女性阴户,从阴户中露出一张眉、眼、鼻、口端正的可爱的婴儿的脸庞,示意婴儿即将诞生。

再看钵的背面,除了人面被换成蛇头外,其他均与正面完全一样。不论是正面的"神人",还是背面的"蛇头人身",似均反映了古代日本人的以下心理状态:第一,人的孕育、出生是神的旨意;第二,神通过女性阴户将人送到世间,因此,阴户是神圣的,值得尊重的。

在长野县曾利遗址的32号遗址出土的一件吊手陶钵,从其正面的整体结构看,似一位男性神。钵的上首的顶端,有一张仰天张开的三角形嘴,嘴下的钵缘部是两个大圆孔,其下是鼻。下部有八字分开的、粗粗的隆带纹,在粗粗的隆带纹正中,有一特殊的隆起物,形状似伞,也似蘑菇,挺直的隆起纹顶着伞叶。这种造型,似可做如下结论:三角形嘴是蛇的头部,两个大圆孔是两只大眼,下部八字分开的隆带纹应是两条腿,隆带纹正中的特殊隆起物,即挺直的隆起纹顶着伞叶图形的显然是男根。因此,把这一男性神图称为"蛇头人身男性神图"较为恰当。

把蛇头与人身结合起来表现神的形象,其实在东亚地区是不足为奇的。如在中国的《山海经》中就有许多人体与动物相结合的神。如该书记载:在巫咸国,"国中有九首蛇身,自环,食于九土,所居不雨"。又如:轩辕国有"人面蛇身尾交首上"。在日本中部和关东地区的绳纹中期遗址出土的蛇与人体结合的女性神和男性神说明,蛇在当时日本人的心目中也是极受崇仰的神物。蛇信仰的出现,一般与水域,或山地的垦殖有关。日本多有山泽湖泊,是蛇生长之处,再加上绳纹中期以后,人们在以狩猎、捕捞为主的采集经济之外,已开始出现粗放的陆耕。人们在垦殖过程中会经常遇到蛇,遭蛇咬致伤、致命的事屡屡发生。久而久之,在人们的思维中,蛇成为关系到人的生死的重要因素,最终被视为神,人们期望它不是降祸于人,而是降福于人。这大概就是出现"蛇头人身女性神"与"蛇头人身男性神"的原因吧。

日本绳纹时代的生殖神崇拜的最为典型的事例是北海道、青森县、秋田县、岩手县、栃木县、群马县、山梨县、静冈县、长野县等的绳纹遗址中发现的环状列石遗迹。现在试以秋田县大汤环状列石遗迹为例,进行具体叙述。

秋田县的东北部有一处叫作十和田湖的湖泊。湖泊附近,有座名叫鹿角市的城市。在该城市的一处因河流侵蚀而形成的台地上,发现了两处绳纹时代后期的列石遗迹。一处在台地东南,名为野中堂遗迹;另一处在台地西北侧,名为万座遗迹。野中堂遗迹由内外双重石环构成,外环直径东西41.5米,南北38.5米,呈椭圆形。环内有圆形、方形的列石群。现存有44座列石。万座遗迹也是由内外双重石环构成,其外环直径为46米,环内现存列石48座。据考古学者调查,环形列石可分为8种情况,即:

(1)环形中央立一柱状石,围绕柱状石再平铺石块;

(2)环形四角各置柱状石,中央用平石铺地;

(3)用多块(五块以上)平石铺地;

（4）用柱状石构成环形外圈,圈内不铺石;

（5）用柱状石横向铺成马蹄形,马蹄形内用大小杂石铺地;

（6）直立柱状石和横向放置的柱状石构成环形外圈,圈内用小石铺地;

（7）横向放置柱状石,构成环形外圈,圈内不铺石;

（8）环形中央直立两块柱状石,同时四角各立一块柱状石,其间铺细长石条。

8种环形列石结构,实际上可以归纳为两类:一是柱状石或直立,或横向放置,构成环形(有的为马蹄形),环形外圈内用杂石或小石或条石铺地面;二是柱状石或直立,或横向放置,构成环形,环形外圈内没有用任何东西铺地面。关于这两种类型,我们在后面谈及环形列石的性质时还要叙述。

值得大家注意的是,考古学者在万座遗迹西北处,发现了25座立柱居住建筑遗迹。其中22座居住遗迹的位置,是在环形列石群同心圆的外侧,与列石群相距28米。在这些围绕环形列石群的居住建筑遗迹内,并无炉迹和使用火的痕迹。这说明这些建筑不是人们长时间生活的地方,而是有某种特殊用途的场所。这一点对于我们下面将要叙及的观点来说很重要。

关于环形列石群和居住遗迹的性质与用途,至今日本学术界的观点仍不一致。主要有两种观点:一是认为其基本上既是坟墓,也是祭祀场所;二是认为从野中堂遗迹中心的柱状石向万座遗迹中心的柱状石间连成一直线,其延长线正是夏至日落的方向,所以环形列石是测量时间的工具。

上述观点是有待商榷的。在叙述我们的观点以前,先介绍一下古代中国的"高禖石信仰"。"高禖"是司婚媾和祈子的祭祀。这种祭祀在《周礼》《礼记》中均有记载。在举行高禖祭祀时,必须有祭拜神的牌位。这种牌位在古文献中被称作"祏"(同"主"),"祏"多以石象征,称"高禖石"(或简称"禖石")。所以古人把放置这种祭祀、婚媾、求子的"祏"的地方,叫作"祐"。

"祏,宗庙主也。周礼有郊宗石室。"[①]据史载,汉武帝在喜得太子刘据时,建立了高禖祠,并以石为主。此事在《通典》中有明确记载:

"汉武帝年二十九乃得太子,甚喜,始立为高禖之祠于城南。"杜佑

---

① 《说文·一示部》。

注释说:"高禖者,人之先也,故立石为主,祀以太牢也。"①

有学者指出,高禖石的最初形象,大概是象征着人类的生殖器。②

中国古代神话传说中的禹、启都是从石中诞生的。"禹产于昆石,启生于石。"③《淮南子》中也说:"禹生于石,契生于卵。"高诱注释说:"禹母脩己感石而生禹,折胸而出。"④

又据《周礼·地官》禖氏篇记载:

> 仲春之月,令会男女,于是时也,奔者不禁。若无故而不用令者罚
> 之。司男女之无夫家者而会之。

这是讲祭高禖之日,男女百姓,尤其是男女未婚者都积极参加婚媾活动。所谓"司男女之无夫家者而会之",系指未婚者在活动中可以相识相交,民间俗称"野合"。这种于仲春之月开展的祭高禖活动,皇室也是参加的:

> 至之日,以大牢祠于高(禖),天子亲往,后妃率九嫔御。乃礼天子
> 所御,带以弓韣,授以弓矢,于高禖之前。⑤

这是讲祭高禖之日,皇室后宫的后妃等与天子一起参加祭祀,在高禖石前求子的情形。

实际上,"高禖之祀是各时代各地域通用的祀典"⑥。古代中国存在的高禖石(生殖器)崇拜,在日本是否存在呢?答案是肯定的。2001年11月,笔者赴日本参加"丝绸之路国际学术讨论会",会后在友人的陪同下在奈良县考察时,就在飞鸟地区参观了一座规模不大的名叫飞鸟座的神社(见图1-6)。该神社内到处可见象征男根和女阴的石头,大的有二人之高,数十吨重,小的则尺余高。这一景象,不禁令笔者惊叹:这不就是典型的灵石(生殖神)崇拜吗?!

---

① 《通典·高禖》。

② 孙作云:《中国古代的灵石崇拜》,《民族杂志》1937年第5卷第1期,第191、205—206页。

③ 《太平御览》卷51,引《随巢子》。

④ 《淮南子》卷19,修务训。

⑤ 《礼记月令·仲春之月》。

⑥ 孙作云:《中国古代的灵石崇拜》,《民族杂志》1937年第5卷第1期,第191、205—206页。

图1-6　奈良县飞鸟座神社供奉的男根、女阴

其实，这种灵石崇拜的遗存在日本列岛的其他地方也是有的。如岐埠县的中津川市内，就有象征男根与女阴的巨石存在。在著名的伊势神宫的正门外，立有镇石。那镇石应是男根的象征，它意味着阴阳平衡，因为伊势神宫祭祀的天照大神是女神，有了镇石，阴阳就平衡了。

日本的灵石（生殖神）崇拜可以追溯到绳纹时代，最典型的例子，就是前已叙及的秋田县的野中堂、万座两遗迹中的环形列石群。

现在，我们再回过头，对野中堂、万座两遗迹中的环形列石群的性质发表一点看法。前面已说过，日本学者对环形列石的性质主要有两种观点：一是坟墓兼祭祀场所；二是测量时间的工具。这两种观点都不甚确切。第一，如果是坟墓，应该有尸骨，可是对14座环形列石进行发掘后，发现其中11座之下有深为70—80厘米，宽70厘米的土圹，土圹中填埋物有石镞和涂有红色的木制品，唯独不见尸骨。把没有尸骨的土圹定性为坟墓是不妥的。第二，应该也不是测量时间的工具，因为直立或横向放置的柱石，取材于自然石，从其高度看难以作为测量日影的器具。因此，笔者认为唯一能成立的就是它是祭祀场所的观点。但是，这究竟是什么祭祀呢？多数日本学者没有明确指出，唯有考古学者大场磐雄对此有过明确阐述。他在调查报告中说，这种列石群是一种石崇拜。他指出：

　　原始人对石具有的观念，与现今的我们是相当不同的。或者是作为神灵凭依的灵体，或是招来神灵的场所，或者把石本身作为神来敬仰、崇拜等。……石崇拜乃是作为原始宗教的一课题表现出来的。①

①　上原遗迹调查会：《上原：长野县埋藏文化财发掘调查报告2》，长野县教育委员会1957年版，第149—150页。

大场磐雄虽然敏锐地指出了环形列石群是原始宗教,即石崇拜的反映,但是他并没有指出这种列石群的本质,即生殖神崇拜。

绳纹中期广泛存在的环形列石遗迹,以及遗迹附近的居住建筑遗迹,揭示了当时生殖神崇拜的面纱。根据前面的分析,笔者认为秋田县野中堂、万座两遗迹中的柱石应为男性生殖器的象征,而用柱石或立或横向放置构成环形,且环形内部中心不铺石的那一类遗迹,似是女性生殖器的象征。特别是野中堂遗迹中的一组环形列石(见图1-7),中心部位直立着一块重约88.5千克的柱石,它的周围铺着石条,呈放射状,放射状石条的外端则用横放的石条和椭圆形石块构成环形。这是一幅典型的"天地合一"的石祭祀图。它体现了男女两性,也即阴阳的自然融合。其寓意着两性创造世界的朴实的思想!类似这样的石祭祀图在万座遗迹及各地的遗迹中,都能见到。

图1-7　野中堂遗迹的环形列石

既然我们确定环形列石群是生殖神崇拜物,那么,其附近的居住建筑又是做什么用的呢?因为居住遗迹内没有炉子和用火的痕迹,也没任何废弃物,废弃物都被抛弃在离建筑约24米的地方,由此是否可以推定,这些居住建筑不是用于祭祀的,也不是当时人的居住处,而是供参与生殖神祭祀的人进行性活动,即类似"野合"之类活动的场所?如果这种推测成立,那么由此可以构想出绳纹时代日本人生殖神崇拜活动的情景:

每年春暖花开的季节的某一天,或某一时间,同一胞族间的各氏族男女,特别是青年男女,聚集在一起,进行一年一度的生殖神祭祀活动,祈愿氏族的兴旺。在祭祀活动中,男女之间,彼此相择相拥,相歌相舞。然后,一对对男女分别隐入附近的居住建筑内,进行圣洁的生殖交媾。

这样的构想,并非凭空臆造。因为在这样的祭祀之夜,男女在祭祀场所附近进行性交欢的习俗,一直延续到很晚时期。在《万叶集》中还辑录了有关诗作:

> 鹜住筑波山,有裳羽服津,
> 津上率往集,男女少壮人。
> 来赴燿歌会,舞蹈唱新歌,
> 他向我妻问,我与他妻亲。
> 自古不禁者,即此护山神,
> 只今莫见怪,此事莫相嗔。①

你看,男女聚集在一起,又歌又舞,其时,不论已婚、未婚,都可以找自己相爱的人交欢,"他向我妻问,我与他妻亲",因此这是"自古不禁"的事,就"莫见怪""莫相嗔"。

直至近代,日本人的许多男女相安相处的习俗,如男女共浴之类,大概其中就有古代的遗风的因素吧。原始人的灵石崇拜的祭祀活动,在中国西南地区的少数民族中仍保留着。民俗学家曾在云南省宁蒗彝族自治区永宁地区纳西族做过调查,在民主改革以前,当地的摩梭人保留着生殖神崇拜的祭祀活动。在卡瓦村西南有一座山,山的东北坡有一个岩洞,岩洞内有一积水而成的池,池中间有一处平台,靠近岩洞口的平台上有一根天然形成的钟乳石柱,被视为男性生殖器。钟乳石柱不断滴下的水滴,被称为"哈吉"(意为精液)。村里妇女为了生育,和巫师、丈夫等一起上山向钟乳石叩头,求育的妇女到岩洞的池里淋浴,以涤除身上的污浊。淋浴后,求育妇女便喝从钟乳石上滴下的水,连喝三次。这样,祭祀仪式完毕后,求育妇女如同新婚一样,回到家中,当晚必须与丈夫结合。②青年男女在节日或祭祀活动中野合的习俗,在四川、广东、广西、贵州、青海等地某些少数民族中仍有遗留。如四川省良山州木里县纳西族,每年农历十二月底至次年三月初期间,要过一个名为"米华登格"的节日。在节日活动中,青年男女围着篝火,一起唱歌、跳舞、饮酒。深夜,情投意合的男女,便到山洞或岩石下野合。③

---

① 《万叶集》卷9,第1759首。本书所引《万叶集》的中文译文,均来自杨烈译本《万叶集》,湖南人民出版社1984年版。以下不再注明。

② 严汝娴、宋兆麟:《永宁纳西族的母系制》,云南人民出版社1983年版,第204—209页。

③ 宋兆麟:《人祖神话与生育信仰》,《神与神话》,联经出版事业公司1988年版,第232—233页。

在人类婚姻历史的发展过程中,灵石崇拜和野合等形式的性活动,各民族基本上是相似的。由此看来,绳纹时代的日本人,通过祭祀生殖神的活动,促进男女之间的野合,以达到氏族人口的兴旺是不足为奇的。其实,生殖神崇拜的习俗,在日本一直延续至今。群马、长野、山梨、神奈川、静冈等县民间流行的道祖神信仰,就是生殖神崇拜的延续。

三、神话传说中的生殖神崇拜与信仰

神话传说是人类历史的沉积。人类生存过程中的生殖神崇拜也能在神话传说中找到它的痕迹,世界各国如此,日本也不例外。形成于8世纪初的《古事记》《日本书纪》《风土记》等古典中,可以看到若干性崇拜的神话传说。现在,试举几例。

例证一:

《常陆国风土记》记载,在远古荒凉年代,香岛郡(今鹿岛郡)地方有一对青年男女神,男神叫那贺寒田之郎子,女神叫海上安是之娘子。郎子英俊,娘子美丽。两神早就相互暗暗倾慕,却没有会晤时机。好不容易等到了举行山歌会,两神终于在歌会上邂逅。他们用歌传情,倾诉爱情。然后,两神携手离开了人群,在山下的一棵老松树下,相许、相拥,两颗心紧紧连在一起,肉体紧紧贴在一起。

例证二:

《古事记》记载,三岛地方有一个姿容美丽的女孩,名叫势夜陀多良比卖。美和地方的大物主神见了这个女孩,非常喜欢,很想娶她,于是乘她到设在河流上的厕所方便的时候,大物主神化为一支红色的箭,从厕所的下方直冲女孩的阴门射去。未及红箭射入阴门,女孩一把把箭抓住,急慌慌地跑回家里,把箭放在床头边。不一会儿,箭变成了壮夫。于是,大物主神与女孩共眠,最后生了一女,取名伊须岐比卖。

红色的箭直冲阴门的情节,反映了对女阴的崇拜和将箭作为男根的象征。以弓矢象征男性器的事,在《风土记》中也有记载,《山城国风土记》逸文中就记载着美女玉依日卖抱矢怀孕、生子的传说。

例证三:

《古事记》还记载,上面讲的那个名叫伊须岐比卖的女孩长大后,也像她的母亲那样美丽动人。一天,她与六个朋友一起野游,碰上了大王。大王见七个女孩都十分可爱,决定在七个女孩中选取一个最喜欢的。于是,他从七个女孩中选中了站在前头的伊须岐比卖。大王挑中伊须岐比卖后,她说了句"我就奉命吧"的话后,就和大王去到河边的房子里共同欢乐了一宿。后来,伊须岐比卖被召进大王的宫中。大王一直对那一夜的野合念念不忘,因此,在伊须岐比卖进宫时,他对着她唱了一首歌,回忆当时的情景:"苇原的芦苇茂盛,在河边的小屋里,铺着清洁的菅草席子,我们二人曾在那里同枕共眠过呀。"

例证四:

最典型的生殖神崇拜是创造日本列岛的伊奘诺尊(《古事记》中称伊耶那岐命)和伊奘冉尊(《古事记》中称伊耶那美命)的神话故事。据《古事记》和《日本书纪》神代卷载,伊奘诺尊和伊奘冉尊两神受天神之命创造国土,天神赐给他们一根长长的镶嵌着珠宝的矛。于是兄妹两神来到天桥上往下看,只见下面是茫茫大海,波浪滔滔。怎样才能降落到大海之中呢? 他们将矛深入到广阔无边的滚滚波浪中,并不断地搅动,然后将矛提上来。突然间,当矛上的海水滴入大海中的时候,在大海中出现了一座岛。此岛名为淤能碁吕岛,意思是自然凝结之岛。

兄妹两神十分高兴,他们终于有了立足之处,便一起从天桥降到了这座新形成的岛上。降到岛上之后,他们首先树起了一根天柱,既作为往返天地的通途,又作为兄妹爱情的象征(性柱)。立完这根天柱后,他们又造了用来栖身的"八寻殿"。有了安身的地方后,兄妹两神才有时间用爱慕的眼光仔细地端详对方。兄神看到妹神优美的胴体,不禁血液上涌;而妹神看到兄神英俊而强健的体形,也不无激动。这时,兄神问妹神:"可爱的妹神啊,你的胴体是怎样长成的?"

妹神回答说:"我英俊的兄神,我的胴体是与生俱来的,现在,我的胴体虽然美丽,但有一处永远不能愈合,成为凹处,不知是什么缘故。"

兄神说:"美丽的妹神啊,我的身体也是与生俱来的。可是,我的身上有一块永远多余的凸出部分。这大概是上天赋予我们创造世界的体形。今天用我凸出之处填补你的不足之处,共同来创造国土吧!"

妹神欣然答应。兄神说:"那我们分别绕着天柱走,相遇时就结合。"于是,他们一个从右一个从左绕着天柱走。当他们相遇时,妹神迫不及待地喊道:"啊,兄神啊,你真是一个有阳刚之气的好男子!"

兄神也压制不住激动地说:"啊,妹神啊,你真是一个美丽绝伦的女子!"

说完,他们紧紧地相拥在一起,在天柱底下,实现了圣洁的结合。

就这样一次次地结合,不断地创造了国土和治理国土的众神。

在这一神话中,古代日本人毫不掩饰地描述了两性。这种对生殖神的崇拜,生动地反映了日本先人的性神创世的纯朴的思想。

对两性性器和两性关系的毫不掩饰的描述的神话并不是日本独有的,在其周边国家无论是从古典记载,还是从民俗学资料中,均可以看到性神崇拜及两性关系的资料。如在古代的高丽国,《三国志·高句丽传》载:

其民喜歌舞,国中邑洛,暮夜男女群聚,相就歌、戏。

文中的"歌"是指相聚而歌舞,而"戏"含义则较广,其中就包括两性的欢悦与交媾。

当日本先人尚处在直露地表达性和性神崇拜的时候,中国的古人已把性崇拜提高到哲学的高度。许多古籍都将性与创生万物联系在一起。如《易》中指出,"有天地然后有万物[1]""天地之大德曰生""天地不交,万物化醇,男女构精,万物化生[2]"。《礼记》一书中也说,"天地不合,万物不生[3]""夫天地合而后万物兴焉[4]"。正是基于对天与地,男与女结合的神圣作用的认识,所以古籍中对两性的状态也有生动的描述。如《易》中载:

夫乾,其静也专,其动也直,足以大生焉;夫坤,其静也翕,其动也辟,是以广生焉。[5]

---

① 《易·序卦》。
② 《易·系辞下》。
③ 《礼记·哀公问》。
④ 《礼记·郊特性》。
⑤ 《易·系辞上》。

对于这段文字,《易》学学者徐志锐在其《周易大传新注》中是这样注释的:

> 专,陆德明作抟。抟同团。举《易》书中乾卦说,它代表天,阳性,以刚画—为标志。它静的时候是团团的,动的时候是直的,所以能大生万物。乾天阳性的刚画—(乾卦的符号),深求则无止境,近说切于人身即可领会其意。宋衷:"翕,犹闭也。"陆德明:"辟,开也。"举《易》书中坤卦说,它代表地,阴性,以柔画--(坤卦的符号)为标志。它静的时候是合闭的,动的时候是辟开的,所以能广生万物。坤地阴性的柔画--,深求则无止境,近说切于人身则可领会其意。[①]

徐志锐在叙述这段文字的含意时,凡"切于人身",就用词隐晦,并不直白。如果将这段文字引申于人(或神),那么"夫乾"一段描述了男性性器的静时和动时状态;"夫坤"一段描述了女性性器的静时和动时状态。关于两性状态的描写在《老子》《列子》等书中也有所见,如《老子·道德经》说:"天下之交,天下之牝,牝常以静胜牡。"《列子·天瑞》中说:"谷神不死,是谓玄牝,玄牝之门,是谓天地之根。"正是由于两性性器的静动、刚柔、团直与闭开的结合,它们具有了"大生万物"与"广生万物"的神圣作用,成为崇拜与祭祀的对象。

综合本节所述内容,可做如下结论:

第一,日本人也如世界上其他各国人民一样,在原始时期有过生殖器崇拜。而生殖器崇拜首先表现为女性性器崇拜,然后,随着社会的发展,出现了崇拜男性性器的现象。

第二,在绳纹时代,已存在生殖神崇拜。考古学资料表明,绳纹遗址中发现的环形列石具有重要意义。这种以石为性器崇拜物,在当今日本仍然可以寻到踪迹。另外,《古事记》《日本书纪》及《风土记》中也有不少关于生殖神崇拜的神话传说。

第三,生殖器崇拜和生殖神崇拜并不是日本独有的,在其周边国家也是存在的。尤其是中国的古典记载中,已将这种崇拜上升到哲学的高度。

---

① 徐志锐:《周易大传新注》,齐鲁出版社1986年版,第418页。

第二节　鸟神信仰

1992年笔者曾论及日本弥生时代的鸟信仰,指出这种信仰曾广泛存在于太平洋西岸:

"鸟崇拜的文化圈,以中国长江下游、东南沿海、渤海湾沿岸为中心,南至中国的云南、广东、广西,以及越南的北部,北至朝鲜半岛和日本列岛,最远的涉及俄罗斯远东地区的沿岸及诸岛。"[①]

本节拟对东北亚的中国、朝鲜半岛和日本的鸟信仰加以简述,以便两者做一下比较。

一、中国及朝鲜半岛的鸟神信仰

从考古资料可知,古代中国的鸟崇拜,在公元前4000年左右就已存在。在浙江省河姆渡遗址出土的一件陶盆的盆腹中,刻有两对鸟纹饰。[②](见图1-8)上图中有一对鸟,分别守于祭祀桌的左右侧,桌上供着农作物,似是神鸟守护供祭神灵的丰收成果;下图中也有一对鸟,分别守护在一株稻禾两旁,象征着神鸟与人们生活必需的粮食间密不可分的关系。同一遗址出土的一块骨匕柄部的正面刻着两组双头凤鸟纹,鸟头有冠,两鸟头朝向相反方向,身与尾相连;还有一块象牙板上,刻有两只鸟纹,两鸟面向一火焰般燃烧着的太阳,鸟翅呈飞翔状,充分反映了当时的先人对鸟的神圣作用的崇拜。在公元前4000余年前的仰韶文化遗址中出土的器物上,也不乏鸟纹的存在。仰韶文化中的鸟纹写实的少,写意的、象征性的多。考古学家将这一时期的鸟纹特征,归纳为从写实纹向象征纹发展进程的图式。公元前3000年左右的大汶口文化遗址中出土的鸟状陶器,表明了古代东夷人的崇鸟习俗。尤其是公元前2000多年,长江下游地区的良渚文化遗址出土的玉器上,有多种鸟纹发现。从玉器的纹饰可推知鸟的种类有雀、鸽、燕、鹌鹑、鸵鸟等。现存于美国弗利尔美术馆和上海博物馆的鸟形图是这样的:五峰形山的底座上,竖立着直指天际的立柱,柱的顶端,站着昂首翘尾的鸟。其寓意是相当深的,即

---

① 王金林:《弥生文化与古代中国》,学生社1992年版,第242页。
② 浙江省文物管理委员会:《河姆渡遗址第一期发掘报告》,《考古学报》1978年第1期,第39—94页。

意味着鸟是联络天地的神,而五峰形山即是灵山了。(见图1-9)

图1-8　浙江省河姆渡遗址出
土的陶盆上的鸟纹

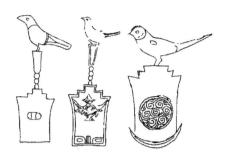

图1-9　中国良渚文化中玉璧上的鸟纹

注:引自林已奈夫《良渚文化的若干玉器》。

从中国的甲骨文、青铜器的铭文,以及古典文献记载看,鸟崇拜的习俗在中国古代的北方和南方曾普遍存在过。在甲骨文中,殷人在祭祀先祖高祖王亥的卜骨中,卜辞都用鸟形开头。[1]有学者从商周29件青铜器的铭文中发现,铭文开头也冠以鸟形象。[2]

远古时期,中国的东部沿海地区,住着东夷人,这是崇仰鸟的氏族。史籍记载,东夷人世祖少昊氏,曾在自己氏族的区域内,制定了官制,共24个官职,全部是用鸟命名的,即五鸟、五鸠、五雉、九扈。(见表1-1)鸟、鸠、雉皆是鸟,大家都比较清楚。而扈是鸟吗?大家一定会有疑问。回答是肯定的,它是鸟。根据《说文》,"扈"为"农作候鸟"。

表1-1　少昊氏二十四官职表

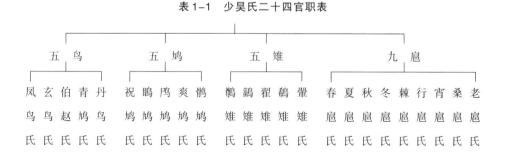

五　鸟					五　鸠					五　雉					九　扈								
凤鸟氏	玄鸟氏	伯赵氏	青鸠氏	丹鸟氏	祝鸠氏	鴡鸠氏	鸤鸠氏	爽鸠氏	鹘鸠氏	鹩雉氏	鷮雉氏	翟雉氏	鵫雉氏	翬雉氏	春扈氏	夏扈氏	秋扈氏	冬扈氏	棘扈氏	行扈氏	宵扈氏	桑扈氏	老扈氏

[1]　胡厚宣:《甲骨文商族鸟图腾遗迹》,《历史论丛》第一辑,中华书局1964年版,第134页。

[2]　石邦兴:《我国东方沿海和东南地区古代文化中鸟类图像与鸟祖崇拜的有关问题》,《中国原始文化论集——纪念尹达八十诞辰》,文物出版社1989年版,第234—266页。

中国黄河流域的商族、秦族的先祖是东夷族,所以他们也崇拜鸟。《诗经·商颂·玄鸟》载:"天命玄鸟,降而生商。"《史记·殷本纪》更为明确地说,商朝第一代王契是他母亲吞了玄鸟蛋而生的——"殷契母曰简狄。……三人行浴,见玄鸟堕其卵,简狄取吞之,因孕生契"。

长江下游的吴越地区是多象多鸟之地。晋人王嘉的《拾遗记》中有"越王入国,有丹鸟夹王而飞"的记载。在《论衡》中也有记载,"苍梧多象之地,会稽众鸟所居",因此"象自蹈土,鸟自食苹,土蹶草尽,若耕田状。壤靡泥易,人随种子"[①]。象踩泥地如同耕田,鸟食草苹如同除草,为先人种植创造了良好的条件。象、鸟所为,与先人的生存密切相关,久而久之,象、鸟便成为被崇拜的对象。

随着对鸟的进一步神化,人们创造了人与鸟结合的神鸟形象,即鸟身人面神。在《山海经》中,这种形象的神鸟像多有所见。如《山海经》中载有四方神(见图1-10),即东方神句芒、南方神祝融、西方神蓐收、北方神禺疆的故事和图像,其中东方神句芒、北方神禺疆是鸟身人面神。

①东方句芒;②西方蓐收;③南方祝融;④北方禺疆。

图1-10 中国四方神像

①《论衡·书虚篇》。

东方句芒,鸟身人面,乘两龙。(《山海经·海外东经》)

北方禺疆,人面鸟身,珥两青蛇,践两青蛇。(《山海经·海外北经》)

鸟身人面神的图像,不但在文献中可见,而且在考古遗物和壁画中可见。从长江中下游、黄河中下游到东北松辽平原,纵横数千里,均有发现。其跨越的时代,早自我国秦、汉,经南北朝、隋唐,迟至宋,但以汉墓出土遗物和壁画中所见为最多。如长沙马王堆一号汉墓的帛画上,绘有1对人面鸟,栖于璧的绶带上,左侧为男性,右侧似女性,皆梳高髻、合翼、有长尾。[①]洛阳发掘的卜千秋西汉墓中,发现在墓门内壁正中,绘有1幅人面鸟身像,头部梳长髻,两缕黑发下垂于鬓角,两只长耳平伸。[②]山东省嘉祥、沂南地区的汉墓画像石上,描绘的人面鸟身像,形象各异,栩栩如生。嘉祥县宋山汉墓的第1、3、5三块画像石的上层,均有人面鸟身像,分别立于"东王公""西王母"的左侧。[③]沂南地区的汉墓中,有6幅人面鸟身画像,分别置于墓的北壁上部,以及前堂、后堂的擎柱上。6幅鸟神画像,形态各异(见图1-11):有的头戴高冠,颈部羽毛上翘,腿上有羽毛伸出,背部有3撮羽毛翘起;有的头上梳成环形髻;有的似一老者,有长胡须;有的为双首鸟身,头戴平顶帽,颈部有长毛伸出;有的头戴帽,有飘带向后飘起,带端饰有缨络,颈部有华带飘向前方,作展翅飞翔状;最后1幅是人面鸟身神与人面虎身神相对,鸟神双翅振动,昂首挺胸,两者正在对峙。[④]

古代中国人不但把鸟设想成稻谷神、生命神、登仙神、"太阳之精",而且还把鸟作为人死后将魂灵载到冥府的神灵。在人死后葬仪中常常将鸟的羽毛作为殡仪之物。如在出殡时,"羽旄旌旗",用羽毛装饰丧仪的旗幡。[⑤]

① 湖南省博物馆、中国科学院考古研究所、文物编辑委员会:《长沙马王堆一号汉墓发掘简报》,文物出版社1972年版。

② 黄明兰:《洛阳西汉卜千秋壁画墓发掘简报》,《文物》1977年第6期,第1—12、81—83页。

③ 朱锡禄:《山东嘉祥宋山发现汉画像石》,《文物》1977年第9期,第1—6页。

④ 曾昭燏、蒋宝庚、黎忠义:《沂南古画像石墓发掘报告》,文化部文物管理局1956年版。

⑤ 《吕氏春秋·节丧》。

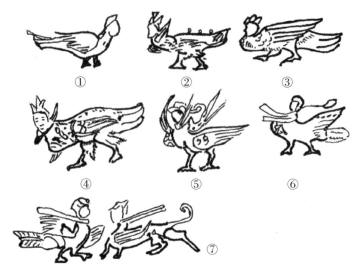

①山东嘉祥县宋山画傈石墓；②—⑦山东沂南画像石墓。

图1-11　人面鸟身画像

鸟崇拜在与日本相邻的朝鲜半岛也是存在过的。据传韩国大田地方，出土了一枚青铜器，其正面可见两个人像：一人头上有羽毛装饰，手握木农具正在掘地；另一人头上也有羽毛装饰，双手向前放飞一只鸟，鸟振翅向天空飞去，在放鸟人的面前有一只陶钵。这枚青铜器的背面刻有4只在树枝上欢跳、鸣唱的鸟。正反面的刻绘，具体而生动地说明古代韩国的鸟信仰与农耕密切相关。[①]庆州的天马冢出土了金制鸟形冠和金制鸟翼形冠。在庆州的瑞凤冢也出土了金冠，该金冠是由三只鸟、一对鹿和三棵生命树构成的。[②]

除了考古发掘外，在《三国史记·新罗本纪》中，有两处记载了王室与鸟的关系的传说。这两处传说，都记载在新罗王脱解尼师今本纪内。

第一个传说，叙述了脱解王卵生的过程。说新罗国初期，国王娶女国王的女儿为妻，不久其妻怀孕，生了一个大卵。国王获知后非常不高兴地说，人生卵是不祥之兆，决定把大卵丢掉。其妻不忍，便用布帛把卵包裹好，装入一个木盒中。同时，盒中还放了许多珍贵宝物，然后把木盒放到海里，任其漂流。木盒随波漂流过程中，一只喜鹊一直盘旋在木盒所在海域上空，鸣叫着护送木盒。木盒最后漂流到辰韩的阿珍浦口。在阿珍浦口海岸，有一位老妇听到了喜鹊的鸣叫，循着

---

① 春成秀尔：《弥生时代的开始》，东京大学出版会1990年版，第94页。

② 平林章仁：《鹿与鸟的文化史》，白水社1992年版，第201页。

鸣声,她看到了海上漂动的木盒,于是设法把木盒弄到海岸边,捞上岸。她打开木盒一看,只见里面是一个婴儿,老妇收养了他。婴儿长大后身高九尺,"风神秀朗,知识过人"。因漂来时有喜鹊飞鸣,就以取鹊字之半,以昔为姓氏,又因是从木盒中救出来的,就取名为"脱解"。后来,"脱解"被立为新罗国王。

第二个传说,叙述国号"鸡林"的来历。记载说,在公元65年春三月,新罗王在深夜里听到从京城西边名叫"始林"的树林里传来的鸡叫声。快天明时,大王派使臣到树林里去看一看有什么动静。使臣到林中一看,只见树枝上挂着一个黄金制作的小盒,一只白鸡在小盒旁啼鸣。使臣回来向大王禀告详情,大王立即派人将小金盒取回宫中。打开一看,盒中有一个小男儿,"姿容奇伟"。大王高兴地对左右说:"这是天降我子嗣啊!"就将小男儿收养了。小男儿长大后,"聪明多智略",就取名叫"阏智",因为出自金盒,所以赐姓金氏。城西树林的名字也由"始林"改为"鸡林",并以此为国号。在古代,"鸡"也是鸟的一种称谓。

两个传说透视了在朝鲜半岛南部,鸟崇拜与王室政治的关系。

在中国的《三国志·魏书·弁辰传》中,有关于朝鲜半岛南部弁辰国用鸟羽毛送葬的记载:

> (弁辰)嫁娶礼俗,男女有别。以大鸟羽送死,其意欲使死者飞扬。

这段记载,表明在朝鲜半岛,鸟崇拜不但与祈求社会、王室政治安定和农业丰收有关,而且与死者升天成仙有关。

二、日本人的鸟神信仰

古代日本的鸟崇拜,可追溯到绳纹时代晚期,经弥生时代、古坟时代,一直延续到奈良时代、平安时代。从考古资料看,以弥生时代和古坟时代鸟崇拜最盛,在奈良时代、平安时代的文献中也屡有所见。接下来,笔者将对此分别加以叙述。

由考古发掘资料可知,弥生时代的鸟崇拜,主要的反映是发现的木制鸟形品。这种木制鸟形遗物,在佐贺县、岛根县、京都府、大阪府、奈良县等地均有出土。分析已知的木制鸟形品发现:弥生前期的遗物,大多鸟的头颈长,与鹤或鹭相近;而弥生中期的遗物,则鸟的头颈短,因此难以确定其象征的鸟类。[1]在已出土的木制鸟形遗物中,有的在鸟身中部钻有圆孔,这显然是与木杆配套制成鸟杆

---

[1] 春成秀尔:《弥生时代的开始》,东京大学出版会1990年版,第93页。

使用的。关于鸟杆的形状,在福井县井向遗址出土的铜铎的纹饰中可见,即在竖立的杆的顶端,装有木鸟,或平卧,或直立,呈展翅飞翔状。(见图1-12)这种鸟杆的寓意与前已叙及的在中国良渚文化遗址发现的山峰形底座上竖立的鸟柱的寓意类似,即鸟是联络天地的神。

图1-12　福井县井向遗址出土的铜铎的鸟、鸟杆纹饰

注:引自平林章仁《鹿与鸟的文化史》。

在奈良县、静冈县、香川县等地弥生遗址出土的铜铎上,发现有数十只鸟的图像,这些鸟基本上是鹤和鹭。弥生时代的陶器绘画,也不断有鸟形图像发现。特别是一些具有神秘色彩的"楼阁"绘上,常常绘有神鸟,如奈良县的清水风遗址、唐古健遗址都有出土。

在古坟时代的古坟中,出土了不少鸟形明器,有土制的,也有陶制的。据统计,全日本60处古坟遗址,出土了百余件鸟形明器。自20世纪90年代以来,木制鸟形遗物在古坟中也不断有发现。北自山形县,南至佐贺县,已发现有40余例。木制鸟形品可分为两种类型:一种是鸟的体型较大,双翼张开,是被装饰在鸟杆上的;另一种是鸟的体型较小,是被装饰在两根柱杆之间的横木上的。

鸟形陶器,大多是墓葬品,有的形状奇特,显然不是生活中的实用品,而是祭祀用具,如爱知县岩津1号坟出土的鸟形陶器(日本称"须惠器"),器具顶盖上立有一鸟,器身中部圆凸部分则立有多只鸟。与这种鸟形陶器作用相似的,还有古坟石室中的壁画上的鸟。茨城县的幡横穴6号墓中,在石室内绘有大小鸟的壁画,在大鸟的左下方,可清晰地看到绘有死者的面庞,似乎寓意鸟是超度死者灵魂的神。(见图1-13)

图1-13 茨城县幡横穴6号墓壁画中鸟呵护死者图

注:引自平林章仁《鹿与鸟的文化史》。

奈良县天理市的东殿冢古坟出土了圆筒形明器,在这件明器上刻绘了3艘装饰华丽的船。最大的一艘,船头、船尾高扬,舳、舻之内装载器物,舻部有一操舵用的大棹,船腹部有7支船桨。值得注意的是,船头立有一鸟,头朝正前方。船中部立有幡杆,幡旗正迎风飘动。幡杆旁竖立一树形杆,左右枝丫上各有一件形状不明的饰物,似叶,又似鸟。3艘船中最小的1艘的结构也与大船相似,船头竖立一杆,杆上是一只有冠大鸟,船中部并立3根幡杆,幡旗飘动。据统计,类似东殿冢古坟船画那样,船头有鸟,船中有幡的船形明器,全日本共发现30余例。[①]

除了上述考古学资料外,在日本的《古事记》《日本书纪》《风土记》,以及奈良时代和平安时代的诗集中也有不少有关鸟的记载。在这些记载中,鸟常常被赋予多种社会功能,或是天神的使者、传播稻谷的神灵、生育之灵,或是死者升仙的魂魄、爱与情的象征,等等。下面略作叙述。

(一)鸟是天神,亦是天神的使者

在《近江国风土记》逸文中,记载着这样一个美丽的传说:近江国伊香郡与胡乡有一条小江。某一天,天上的8位仙女一起变为白鸟,从天上降到这条小江边,脱去天羽衣,又恢复了仙女形象,跳入江水中沐浴,嘻嘻哈哈,十分欢悦。有一个名叫伊香刀美的小伙子正在西山上劳动,远远地看到了一群白鸟降落江边,颇感奇异,以为是神人降临。为了探个究竟,他便悄悄地下山来到江边窥视。不看不知道,一看吓了一跳,真是一群仙女! 小伙子见而生爱,久久不忍离去。他偷偷地放出一条白色的狗,让它去把仙女的天羽衣偷来。结果白狗把最小的仙女的

---

① 辰巳和弘:《前期古坟时代的精神》,《东亚的古代文化》1998年第96号,第34—47页。

天羽衣偷来了。仙女们发现有人窥视,且有白狗偷衣,十分慌张,7位仙女迅速地穿上自己的天羽衣,飞回天上去了。可怜最小的仙女,因天羽衣被偷,天路永塞,遂成了当地的居民。这位仙女与偷天羽衣的伊香刀美成了婚,生有2男2女。过了许多年后的一天,仙女忽然发现了被伊香刀美藏着的天羽衣,顿生归天之心,便穿上天羽衣,抛下子女独自升空回归仙境。伊香刀美独守空房,不断叹息。

类似的神话,在《常陆国风土记》香岛郡白鸟里条中也有记载:

> 郡北三十里,有白鸟里,古老曰:伊久米天皇(垂仁大王)之世,有白鸟自天上飞来,化为童女,朝夕不停地搬石造池,她所筑的堤,虽日积月累,但最终没有筑成,塌掉了。

白色象征圣洁,化成白鸟的仙女是圣洁的,而白鸟化成的童女也是圣洁的。它反映了古代日本人对鸟的崇拜和对美女所在的仙境的向往。

《古事记》和《日本书纪》把天照大神所在的天国描绘成"盛世仙境",仙境内的众神安居乐业,各司其职。在这片天国乐土中,也有种种神鸟存在,如"长夜之长鸣鸟""雉名鸣女""八咫鸟"等就是有名的神鸟。"长夜之长鸣鸟"是日落之后在漫漫长夜中不断鸣叫的鸟,它的鸣叫声能使恶神丧胆,并具有呼唤太阳东升的作用。"雉名鸣女"曾是天照大神的使者,奉命调查过被派到"苇原中国"的天若日子神不能按时返回天国的原因。鸟作为太阳神的使者的例子,还可以从神武大王东征的传说中看到。传说神武大王东征途中曾遇到了许多困难,当困难无法摆脱时,天照大神就派了一只"八咫鸟"去帮助他,或引导神武军走出无路可走的大山,或在讨伐敌军久攻不下时,献计献谋招降敌营。在神武大王征讨地方豪族长髓彦时,"连战不能取胜",又是"八咫鸟"突然飞来助威。它停在神武大王的弓箭上,顿时"鸱光晔煜,状如流电",强烈的光芒使敌军"皆迷眩不复力战"。[①]

(二)传布稻谷的神灵

在《风土记》中,有不少白鸟的传说,且大多与食粮、稻种、稻穗等有关,如白鸟化为饼和芋茾,[②]或饼化为白鸟,养育稻谷。山城国的稻荷神社就是祭祀由饼化为白鸟养育稻谷的神社。[③]

---

① 安万侣著,《日本书纪》卷3,神武即位前纪。

② 《丰后国风土记》。

③ 《山城国风土记》逸文。

(三)生育之灵

《日本书纪》卷1中有这样的记载:阴阳两神在创生之初,不知如何交媾("将交合而不知其术"),这时,"有鹡鸰飞来,摇其首尾,二神见而学之,即得交道"。另一则叙述生育之灵的神话,记载在《日本书纪》卷11中,是有关仁德大王的名字由来的故事。仁德大王是5世纪初日本的统治者,他的名字叫大鹪鹩。关于这个名字的由来,《日本书纪》中是这样记载的:

> 初,天皇生日,木菟入于产殿。明旦,誉田天皇(注:仁德大王之父)唤大臣武内宿祢,语之曰:"是何瑞也。"大臣对言:"吉祥也,复当昨日,臣妻产时,鹪鹩入于产屋,是亦异焉。"誉田天皇曰:"今朕之子与臣之子同日共产,并有瑞,是天之表焉,以为取其鸟名,各相易名子,为后叶之契也。"则取鹪鹩名,以名太子,曰大鹪鹩皇子,取木菟名,号大臣之子,曰木菟宿祢。①

文中的"木菟"是鸟名,又称鸱鸺、鸱鸮。仁德大王与武内宿祢大臣的儿子是同日出生的,仁德出生时,木菟飞入产房,武内大臣之子出生时,鹪鹩飞入产房。鸟入产房被视为祥瑞之兆,是天神之意("天之表"),于是皇子以飞入大臣之子产房的鹪鹩为名,大臣之子以飞入皇子产房的木菟命名。

这则故事生动地说明,木菟、鹪鹩是皇子及大臣之子的生育之神。因为鸟是生育之神,因此,古代日本人对鸟的羽毛也是极为迷信的。在生育的时候,人们常常用羽毛装饰产房。在《古事记》和《日本书纪》中有一则神话传说说的就是这方面的事。传说山神彦火火出见尊,本打算到海里去向海神讨回兄长火阑降命的钓钩,结果却与海神的女儿丰玉比卖结了婚。丰玉比卖怀孕时,山神彦火火出见尊已回到了陆地。临产时,丰玉比卖到海滨将鹈的羽毛作为盖房的草,搭建了一间产房。用鹈的羽毛盖房,是因为这种羽毛含有祝愿顺产之意。

(四)死者的魂灵

鸟在丧葬仪礼中,常常被作为神化的对象。这是因为鸟有翅膀,人们想象它会将死者的魂灵带走。在日本的古籍中也屡屡可见这类事的记载。如天照大神为了能让自己的子孙统治地上的苇原中国,曾派遣天若日子到苇原中国去说服苇原中国的统治者让出权力。可是天若日子一去不复返。不但不返,而且当天

---

① 《日本书纪》卷11,仁德元年正月。

神派雉名鸣女去调查时,他竟用射杀邪恶的箭把雉名鸣女射死了。这令天照大神十分生气,她将射死雉名鸣女的那支箭从天国反射下来,把天若日子杀死了。天若日子死后,他的父亲从天上下来,为儿子办丧事。为天若日子的丧事忙碌的全是鸟神:河雁给死人运食物,鹭鸶持帚扫地,翠鸟做庖人,麻雀舂米,雉鸡做悲哭的女人。这样忙了八日八夜。①

除了上述鸟神治丧仪礼的记载外,更有死者魂灵化作白鸟升仙的记载。据《日本书纪》,在景行大王执政时期,大王对日本列岛东西两侧不服统治的势力进行征伐。在征伐过程中,王子日本武尊屡建奇功,西征刚结束,又立即东征。由于极度疲劳,日本武尊最后在归途中死亡。大王得知消息后,立即下诏群卿百僚,宣布将日本武尊葬于伊势国(今三重县)。葬礼之日,日本武尊的尸体刚刚安葬完毕,只见一只白鸟从陵中飞出,一直向倭国方向飞去。群臣十分惊讶,认为白鸟是日本武尊的化身。为了证实这一猜测,便开棺探看虚实,结果棺内只有衣物而无尸骨。②白鸟最终飞到河内国(今大阪府),人们在其停留的地方又造了陵墓,称为白鸟陵。

古代日本人还用鸟来表达对死者的哀思,如:

> 飞鸟似君魂,空际飞来去,
> 人虽不得知,松却知其处。③

> 晓鸟总哀鸣,哀音犹哭声,
> 欲逢吾妹子,今后已无成。④

(五)爱与情的象征

日本,青山碧海,山有山鸟,海有海鸟。在如此环境下,人们常常借鸟抒情,或思念,或相恋,或怨忿。如:"平原满炊烟,海上多鸥鸟,美哉大和国,国土真窈窕"⑤,是赞美大好河山的;"淡海波涛阔,夕阳千鸟鸣,汝鸣心绪动,思古起幽

---

① 安万侣著,周启明译:《古事记》,人民文学出版社1963年版,第34页。
②《日本书纪》卷7,景行四十年。
③《万叶集》卷2,第145首。
④《万叶集》卷3,第483首。
⑤《万叶集》卷1,第2首。

情"①,是因鸟鸣引发思古幽情的;"今来渡佐保,顿起恋乡情,屋上鸣啼鸟,妻儿可爱声"②,是借鸟思妻的。关于相恋相思的诗,在《万叶集》中更多。如:

> 每念吾家妹,心如朝雾萦,
> 我恋千万重,如鹤九皋鸣。③

> 虽然杜宇鸟,今日不来鸣,
> 万世应常语,相思不断情。④

> 鸟鸣在单思,昼夜无停时,
> 相思不能见,我念可人儿。⑤

下面是日本历史上弓削皇子与额田王之间互赠的恋诗。额田王原是女歌人,因才貌双全,追求者很多,曾与弓削皇子相爱,后成为天智天皇妃。两年后两情人偶然在吉野宫邂逅,旧情依然,即刻吟诗互诉衷肠。

> 弓削王赠诗:
> "古昔诚堪恋,
> 杜鹃为此鸣,
> 弓弦叶御井,
> 上有鸟鸣声。"

> 额田王答诗:
> "恋昔悲鸣鸟,
> 诚然是杜鹃,
> 吾今念往昔,

---

① 《万叶集》卷3,第266首。
② 《万叶集》卷4,第663首。
③ 《万叶集》卷4,第509首。
④ 《万叶集》卷3,第372首。
⑤ 《万叶集》卷2,第111首。

如鸟也凄然。"①

综上所述,鸟崇拜在古代日本所具有的社会功能,似可以得出如下结论:

第一,氏族的标志,具有图腾崇拜的功能;

第二,借助鸟的超人之力,追求美好境界的巫术功能;

第三,农耕社会中,作为传布稻谷的神鸟功能;

第四,象征性器的生殖崇拜;

第五,爱与情的象征。

第三节　鹿神崇拜

在日本人原始信仰的动物中,除鸟之外,最受古人崇拜的就是鹿了。这种崇鹿、爱鹿的习俗一直延续至今。其实,如同崇鸟一样,崇鹿习俗在东亚地区也是普遍存在过的。在中国,春秋战国、秦汉时期就很盛行鹿崇拜,有关鹿的遗物多有发现。如:内蒙古一战国晚期墓中,曾出土过一对银制雌雄鹿像;湖南长沙一春秋晚期楚墓中,曾出土过卧着的涂漆的木鹿,鹿头的两侧还留有孔,似是鹿角的位置;湖南长沙马王堆一号汉墓的棺侧板上,绘有两只白鹿,相向奔腾,正在攀登仙山(见图1-16);江苏涟水出土了一件卧着的青铜鹿,长长的鹿角高高竖起。这些鹿遗物反映了古代中国人对鹿的神化意识,尤其是企望通过鹿将死者魂灵升入仙境。

图1-14　长沙马王堆出土的双鹿登山图

①《万叶集》卷2,第112首。

古代日本人的鹿崇拜习俗的产生,缘于鹿在人们的生活环境中普遍存在。在《日本书纪》中,用"麋鹿甚多,气如朝雾,足如茂林"[①],以及"猪鹿多有,其戴角类枯树末,其鹿脚如弱木株,呼吸气息似于朝雾"[②]来形容古代日本的鹿群。正由于鹿是人们生活中不可或缺的动物,因此久而久之就产生了对鹿的崇拜。

一、从考古资料看鹿神崇拜

日本考古学者春成秀尔曾根据绳纹时代和弥生时代发掘的鹿骨数目做过量的比较。他选取西部日本的7处绳纹遗址,分别为福冈县、鸟取县、广岛县、大阪府、爱知县各1处,静冈县2处,又将发现的鹿骨按时期分类,中期19具,后期194具。同期发现的猪骨分别为18具和169具。鹿骨与猪骨的数据说明,在绳纹时代中期和后期,鹿与猪都是人们狩猎的对象。可是,到了弥生时代,则发生了明显的变化。从佐贺县、福冈县、冈山县、兵库县、大阪府、奈良县、三重县、爱知县、静冈县等地的15处弥生遗址中出土的鹿骨与猪骨的大致情况是:早期,分别为10具和33具;前期,分别为66具和139具;中期,分别为72具和422具。由此可以看出,在弥生时代,鹿的捕猎明显地受到了限制。[③]受到限制的原因是鹿在弥生时代日本人心目中已成为"土地的精灵"。人们在生活实践中,观察到鹿角生长的规律与稻的生长规律几乎是一致的,即每年四五月间鹿角自然脱落,新角开始生长,到了秋天,新角长成。这一过程与稻的播种、生长、收获相同。于是,弥生人把鹿视为令稻茂盛的神灵。[④]

正是基于上述信仰,弥生时代的不少陶器、青铜器上有鹿的刻纹。20世纪80年代末90年代初,有日本学者曾做过调查,在160余件绘画陶器中,有63件陶器上绘有鹿,占绘画陶器总数的近40%。在绘画铜铎中,有26件铜铎上刻有鹿,其数目多达138只。[⑤]大阪府巨摩遗址出土了一件壶形陶器,器壁上绘了一群奔跑的鹿。神户市樱丘出土的2号铜铎的器壁上刻着流水纹,在流水纹中,有行走的鹿群刻纹。这样的铜铎在丰冈市也有发现。水是农耕特别是稻作农耕的重要因素,有水才有农作物的生长。把鹿与水连在一起,表明在弥生时代日本人的心目中鹿是"稻作精灵"。在香川县出土的一件袈裟纹铜铎上,刻绘了一组祭祀图。

---

① 《日本书纪》卷7,景行四十年是岁。
② 《日本书纪》卷14,雄略即位前纪。
③ 春成秀尔:《弥生时代的开始》,东京大学出版会1990年版,第90—91页。
④ 春成秀尔:《弥生时代的开始》,东京大学出版会1990年版,第92页。
⑤ 平林章仁:《鹿与鸟的文化史》,白水社1992年版,第34页。

这组祭祀图共6幅（见图1-15），右侧自上而下是蜻蜓、鹿与执箭的猎人、高床式房屋；左侧自上而下是龟、执工形器的人、双人捣臼。蜻蜓与龟都是吉祥物，而执工形器的人应是巫（后文将详述）。双人捣臼，表示正在制作祭祀供品；高床式房屋是祭祀的"神殿"；猎人射鹿，应是为祭祀准备供奉神灵的牺牲。鹿成为供奉神灵的最佳供物。鹿作为牺牲的绘图，在其他出土物上也有多处发现，如奈良县的一座古坟出土的大刀形明器上，以及京都府水内古坟出土的圆筒形明器上，都可以看到神人持弓射鹿的画。

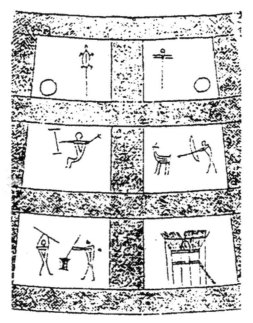

图1-15　香川县出土的袈裟纹铜铎上的绘画

更富有寓意的是大阪府瓜生堂遗址中出土的一件瓮形陶器上，绘有一只静止站立的肥壮的鹿，它的背上负着一支直立的箭，箭头是朝天的。（见图1-16）在辰马考古馆保存的一件袈裟纹铜铎上也有鹿负箭的画，只不过这只鹿背上的箭特别大，同时鹿是奔跑的，边奔跑边高昂着头略向后视，似在回望背上的巨箭。（见图1-17）这种形象的鹿，显然已不是作为供奉神的牺牲了，寓意更为深刻，似乎表明这类鹿乃是充满生命力的、负有天神使命的神。

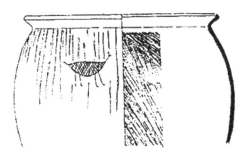 

图1-16 陶器上鹿背负箭的鹿纹 　　图1-17 铜铎上的鹿纹

注:引自平林章仁《鹿与鸟的文化史》。

在大阪府岸和田古坟、兵库县的西宫山古坟出土的须惠器上,都刻有鹿的造型,表达了古代日本人意识中的另一层意义。大阪府岸和田古坟出土的一件须惠器的壶盖上刻有一只立着的鹿,同时在壶的腰部刻有一个人和四只小鹿。四只小鹿显然是壶盖上那只鹿的子鹿。兵库县西宫山古坟出土的壶上刻的鹿,则是成年鹿和幼鹿。将刻有成年鹿与幼鹿的壶作为丧葬的明器,其中蕴含着人们祈求死者能够像鹿一样永世不灭、再世重生的愿望。

二、古籍中的鹿神崇拜

在古籍中,也有不少关于鹿的记载。现在让我们穿越历史的隧道,去探索一下古籍作者笔下的鹿的形象。

(一)白鹿是神

中国古籍《埤雅》中说:"旧说鹿者仙兽,常自能乐,性从云泉。"鹿中又以白鹿最为神化,被认为是长寿之仙。《抱朴子·对俗篇》载:"虎及鹿、兔皆寿千岁,满五百岁者,其毛色白,能寿五百岁者,则能变化。"《述异记·鹿》载:"鹿千年化为苍,又五百年化为白,又五百年化为元。"由此,白鹿在古代中国人心目中的神化意识可见一斑。在日本古代传说中,白色的鹿也常常被视为神的化身,如《尾张国风土记》逸文中有这样的记载:

叶栗郡川岛社,御宇奈良之宫天皇(圣武)时,因海部忍人传言:"(川岛)神经常化为白鹿现世。下诏奉斋,以(川岛社)为天社。"

《日本书纪》中也有关于白鹿的记载:传说在日本武尊奉命东征时,进入信浓国(今长野县)境内,由于"山高谷幽,翠领万重",岩石峰叠,战马不前,人即使挂着拐杖也难攀登。日本武尊及其军旅辗转于山间,疲劳而饥饿,只得觅食于山中。不料日本武尊及其军旅的行为,触怒了山神。山神决意要为难日本武尊,便化为一只白鹿,立于日本武尊之前。日本武尊猛见白鹿极为惊讶,便随手捡了一粒蒜头扔向白鹿,蒜粒打中了白鹿的眼睛,结果白鹿死了。白鹿一死,日本武尊及其军旅也因此忽然"失道,不知所出"[①],迷失了方向。

(二)鹿血育稻秧

在《播磨国风土记》中的赞容郡条中,记载了这样一个传说:一个名叫玉津日女命的神,捕到了一只活鹿,他剖开了鹿的腹腔,撒入稻种,一夜间,稻种长成了稻秧。在同一部书的贺毛郡云润里条中也记载说:一个叫太水神的神,用(鹿)血灌溉田地,不用河水灌溉。说明当时人们为了祈求稻作的丰收,每当播种、育秧时节,举行农耕祭祀时,将活鹿作为祭祀供品,祭祀时当场宰杀,取血洒向田地。

这种以鹿为供品的祭祀,不仅限于农耕,由《延喜式》中的神祇式规定可知,许多祭祀将鹿皮、鹿角等作为祭品,有10余种。(见表1-2)

表1-2　神祇祭祀中的鹿祭品

祭祀名	鹿祭品
新年祭	198座神社,每社用鹿角1根
镇花祭	大神社用鹿皮10张,鹿角3根;狭井神社用鹿皮10张,鹿角4根
三枝祭	鹿角1根
风神祭	鹿皮4章,鹿角2根
月次祭	198座神社,每社用鹿角1根
大祓	鹿皮6张,鹿角3根
道飨祭	鹿皮4张
霹雳神祭	鹿皮4张
镇新宫地祭	鹿皮5张
罗城御赎	鹿皮8张
宫城四隅疫神祭	鹿皮4张

---

① 《日本书纪》卷7,景行四十年。

续　表

祭祀名	鹿祭品
畿内　十处疫神祭	每堺鹿皮1张
蕃客送神祭	鹿皮2张
障神祭	鹿皮4张

注:引自平林章仁《鹿与鸟的文化史》。

(三)鹿是保佑平安的灵物

日本是多岛之国,波涛常常阻隔岛与岛之间人们的正常交往。古代日本对于能够自由往来于岛屿之间的人与动物,自然会产生羡慕和崇拜。日本列岛的鹿就具有往来岛屿之间的能力,古籍中对此屡有记载。

《摄津国风土记》逸文中记载了一个有关鹿的故事,其大意是:远古时,一只雄鹿和它的嫡妻,同住在摄津国(今大阪府)的刀我野地方,而它的妾则住在淡路国(今兵库县)的野岛。雄鹿与妾十分恩爱,虽波涛相隔,雄鹿还是经常渡海到野岛去,与妾相欢。有一天夜里,雄鹿并没有去野岛,而是与嫡妻在一起。临天明时,雄鹿告诉嫡妻说:"今晚我梦见我的背上有雪花。"接着又说:"我还梦见背上长了芒草。"嫡妻一直怨恨雄鹿经常渡海去野岛,所以听了雄鹿的梦后,便吓唬它说:"背上生芒草,是中了箭,背上有雪花是被涂了白色的盐。你经常渡海去野岛,总有一天会被船夫发现,当心被他们射杀呀!"雄鹿听了不以为意。这一天,雄鹿非常想念妾,忍不住又渡海去野岛了。不料被它的嫡妻言中,途中果然遇到了船只。船夫发现了它,就放箭把它射死了。

这则传说虽然说的是鹿的情爱与悲惨遭遇,但从本州岛到濑户内海的野岛,这中间隔着海洋,雄鹿无论风平浪静,抑或狂风暴雨,都能安全往返,可以看出鹿的渡海本领。因此,可以说这个传说除了讲述鹿的爱情,还包含着人们对鹿往来于岛屿之间的奇特技能的崇仰。正是出于这种崇仰,古代日本人把水手叫作"鹿子"。《日本书纪》中有关于"鹿子"过海的记载。记载说,应神大王时,大王听说日向国(今宫崎县)有一位美女,名叫髪长媛,大王非常倾慕,"心里欲觅"。髪长媛的父亲原为朝臣,因年老已辞官归家。他听闻大王有意于自己的女儿,便带着髪长媛上京,从海路直向播磨(今兵库县)。当时,应神大王正在淡路岛游猎。这一天,当他在游猎时,无意间看到西边的海上有"数十只鹿"游到了播磨"鹿子"入门的地方。大王十分奇怪,便问左右:"那是何种麋鹿啊,这么多一起浮海而来?"大王的随从们也颇感奇怪,马上派人去察看。被派去的人到了这些"鹿"上岸的地方,一看不是鹿,而是戴着鹿角,穿着鹿皮的人。问他们是谁,回答说是进贡美女髪长媛的队伍。[1]渔夫戴鹿角、穿鹿皮并非哗众取宠,而是表示其对鹿的崇仰,试图披戴鹿身上的角、皮,以求鹿神的保佑,平安渡海抵达目的地。

(四)鹿能使人长寿、升仙

由于鹿具有旺盛的生命力和强大的再生灵力,所以人们认为鹿的全身都是宝。人们不但认为披鹿皮、戴鹿角可长寿、成仙,而且认为食鹿肉也可长寿、成仙。这样就出现了一种矛盾现象,即一方面把鹿视为神,视为促进农业丰收的神灵,另一方面又争相把鹿作为高级滋补的长寿之药。把崇拜的神物,当作自己成仙、长寿的宝物,看似矛盾,实际上也并不奇怪。在太平洋群岛、东亚各国民俗学中,都有少数族人屠杀、食用自己崇拜的图腾物的事例。

有时出于某种需要,人们认为即便是崇拜物,也是可杀、可食的。不过,古代日本人猎杀鹿,并非为了维持生存,而是为了祭祀神灵,获取圣洁的牺牲,也为了长寿或死后成仙。意识形态的因素占了主导地位。关于祭祀神灵,获取圣洁的牺牲这一点,前面已经叙及,这里不再多述,现在来看一看为了长寿或死后成仙的有关记载。

日本进行药猎源于何时?我们不甚清楚。但最早关于药猎活动的记载,见于《日本书纪》中:

> (推古)十九年夏五月五日,药猎于菟田野,取鸡鸣时,集于藤原池上,以会明乃往之。[2]

自推古朝以后,药猎便成为朝廷的仪礼性活动,五月仲夏之月,正是解鹿角的时节。

值得注意的是,推古大王和大臣们参加药猎时,都是穿着华丽的服装的。去猎鹿为什么要穿得那么好呢?《日本书纪》中没有点明内中的原因。中国的《抱朴子》载:

> 猎人得之,以索系住取茸,然后毙鹿。鹿之血未散也。

---

[1]《日本书纪》卷10,应神十三年。
[2]《日本书纪》卷22,推古十九年五月五日。

　　这就是说，为了不使鹿血散失，保持鹿茸最佳药效，猎人捕到鹿后，先用绳索将鹿捆绑好，然后将鹿打死，最后取茸。由此看来，推古大王等人实际上不是去亲自捕猎，而是去参加捕鹿取茸的仪式，所以人人盛装，以示隆重。《万叶集》中收录了一首《乞食者咏歌》。这里的"乞食者"并非沿街乞讨的乞丐，而是参加药猎后，乞食鹿肉者。作这首和歌的人，在篇末有一注释，说他是"为鹿述痛作之也"。现将其主要部分摘录如下：

> 重叠平群山，四月五月间，
> 猎兽制药时，来到偏僻山。
> 山上立二木，二株栎木前，
> 众人夹长弓，并控箭与弦。
> 严阵以待鹿，鹿叹声凄然：
> 立时吾可死，死后用处宽。
> 吾角可饰笠，吾耳作墨坩，
> 吾目制明镜，吾爪作弓尖。
> 吾毛可作笔，吾皮作箱边，
> 吾肉可为食，吾肝可佐餐。
> 吾胃加盐后，可作胃肉干，
> 老矣吾一身，开花各色艳，
> 色艳宜褒奖，褒奖万万千。①

　　这首和歌详细地叙述了鹿被猎杀和鹿身上各个部位的利用价值。特别要注意的是，这首和歌中所说的每年"四月五月间，猎兽制药时，来到偏僻山"句，说明药猎已成为朝廷贵族中的仪礼定式。在这首和歌里，在谈到鹿角时，只是说"吾角可饰笠"，而没有涉及可作为滋补佳品的鹿茸，不知何故。

　　综上所述，关于古代日本人的鹿崇拜，似可做出如下结论：

　　第一，根据考古发掘的鹿骨分析，弥生时代的前期、中期，狩猎鹿受到一定的限制。主要是因为鹿在当时人的心目中已成为"土地的精灵"。

　　第二，考古发掘的陶器、铜铎等遗物上，多有鹿的形象。同时，在日本的古籍

---

① 《万叶集》卷16，第3885首。

中也有不少有关鹿的传说和神话。从这些传说和神话中,不难看出鹿崇拜的普遍存在。

第三,由已有的资料可知,古代的日本人,特别是弥生时代以后的日本人崇拜鹿,主要是因为鹿有如下社会功能:

(1)鹿本身是神;

(2)鹿与稻作农耕有着密切的关系,它是农耕祭祀仪礼中的牺牲;

(3)鹿是吉祥动物,它会给人们带来平安和富裕;

(4)鹿具有强大的生命力,可以使人强健,以及长寿,并可以使人死后成仙,等等。

第四,古代的日本人崇拜鹿,尊鹿为神,却又去猎杀、食用鹿,原因何在? 这主要出于人们对鹿旺盛的生命力和灵力的崇仰,企望从鹿身上获取延年益寿的药力,同时寄托了死后成仙的愿望。

第四节　相关剪影

图1-18　每年4月15日长野县诹访大社的"御头祭"

注:引自白洲正子等《日本的神祭》。

图1-19　京都市八坂神社的"祇园祭"其一

注:引自田中义广《日本的祭祀事典》。

图1-20　京都市八坂神社的"祇园祭"其二

注:引自田中义广《日本的祭祀事典》。

第二章

寻常世中物，何者为神灵？——太阳神信仰和山、蛇、河（海）等神的崇拜

第一节　稻作的传入与扩展

在人类原始信仰中,最为虔诚和隆重的祭祀活动,就是太阳神的祭祀。在东亚各国,太阳神崇拜与农耕的出现和发展是分不开的,因为太阳的东升西落,四季的冷暖变化,关系着以稻为主体的农作物的生长与收获。而农作物的丰歉,又关系着人们维系生存的粮食。在日出日落、阳光强弱的有规律的变化中,孕育了古代人关于阴与阳、生与死、光明与黑暗等等朴素的原始哲学。

古代日本人也曾狂热地崇信太阳神,并且这种崇信一直延续至今。日本人的太阳神信仰,也是伴随着农耕的出现而出现的。因此,我们有必要先来介绍一下日本早期农耕发展的情况。

日本农耕的出现,可以追溯到绳纹时代中期,因为从这一时期的考古发掘中,已发现蒸食芋类食物用的陶器、掘地用的石斧、摘穗用的石刀(或称爪镰),以及板形的研磨黍米等陆地作物用的石磨盘、石磨棒。陆地作物的耕种,虽然改变了古代日本人狩猎、捕鱼的单一生产方式,但是并没有引起社会的急剧变化。引起日本社会急剧变化的是绳纹时代后期稻作农耕的产生和发展。

二十世纪七八十年代以来,考古学者在绳纹时代后期的一些遗址中,陆续发现了炭化米或米的压痕。特别是在九州北部地区,多处先后发现了绳纹时代后期的水田遗迹,如福冈市的板付遗址、系岛郡的曲田遗址、唐津市的菜畑遗址,其中以菜畑遗址的年代最早。①据发掘,菜畑遗址在南北约20米,东西约15米范围内划分出4块水田,水田间筑有土畦,并用木桩或木板进行了加固。板付绳纹遗

---

① 公元前1000年前后的遗构。

址不但发现了水田遗迹,而且发现了水渠遗迹。水渠宽2米、深1米,断面呈"U"字形,约有300米长。在水渠中途,筑有贮水、给水、排水功能的井堰。沿水渠一侧的水田田畦,都用木桩、木板进行了加固。水田面积在500平方米以上。在板付绳纹水田遗迹的上方,重叠着弥生时代前期的水田遗迹。从九州北部的绳纹水田遗迹的发掘结果可以看出,在绳纹时代后期,九州北部地区已有相当成熟的稻作栽培技术。绳纹时代后期稻作技术的成熟,为弥生时代(公元前3世纪至公元3世纪)稻作农耕的普及奠定了基础。

日本的稻作农耕是从中国传入的,这已成为不争的事实。在中国古籍中,楚、越地区很早就有水稻栽培。"楚越之地,地广人稀,饭稻羹鱼,或火耕而水耨。"[1]"江南地区,或火耕水耨,民食鱼稻,以渔猎山伐为业。"[2]"饭稻羹鱼"是对长江中下游地区居民的生活方式的描写,"火耕水耨"是原始农耕方式的写照。至夏、商、周,与农耕密切相关的水利建设技术取得了长足的进步。据《周礼·地官》,当时已用"潴"(堰)蓄水,用"防"(土堤)止水,用"沟"(小沟)流水,用"遂"(小沟)均水,用"列"(畦)挡水,用"浍"(大沟)排水。稻的品种也已有粳米、糯米的区别。春秋战国时期至秦汉时期,出现了多部关于农学的著作。《吕氏春秋》中提出了"上农""任地""辨土""审时"的农耕理论,论述了包括土地改良、轮作、施肥、施水、植株等耕种技术。《氾胜之书》记载,当时的农民已掌握了不同季节控制稻田水温的技术,即:在插秧之初,开畦对流,以保持充足的阳光,达到一定温度的水不被流失;到了夏天,禾稻成长,需要通风,水温也不能过高,为此采取田畦错口,加速水的流动,及时排出高温的水。

关于中国稻作技术传入日本的途径,虽然有多种观点,但在学术界比较认可的观点是从中国沿海一带东传的。至今,我国已发现的新石器时期的稻作遗迹已有70余处,其中长江流域52处,黄淮流域9处。从这70余处稻作遗迹中发现的炭化米、稻谷和稻谷压痕看稻谷品种,属于粳米品种的有22处,且大多集中在长江中下游、淮河流域,因此中国稻作技术从长江下游和淮河流域传入日本的可能性最大。从考古发掘的农耕用具看,中国沿海地区与日本九州北部地区的农耕用具是极为相似的。如摘穗用的石刀,在长江下游地区,江苏、浙江、上海、江西等省市出土最多,且大多是半月形,而九州北部出土的石刀,也以半月形数量

---

① 《史记·货殖列传》。

② 《汉书·地理志》。

为多。①

按照日本传统的观点,稻作传入日本后,首先在九州北部生根,然后以九州北部为基点,由西向北呈波浪式推进。也就是说,在公元前100年前后(弥生时代前期)由九州北部推进到今天的福井县、爱知县一带;公元100年前后(弥生时代中期)推进到今天的岩手县、秋田县一带;公元300年前后(弥生时代后期)推进到今天的青森县地区,除北海道外,几乎全日本实现了稻作农耕。

但是,近几十年的考古发掘,动摇了上述波浪式推进说。首先在日本的四国、中国、近畿地区发现了绳纹时代后期的稻作遗构与遗物。在大阪府牟礼遗址发现了灌溉设施,其水渠的宽度有6—7米。水渠中有用木桩构成的井堰和取水沟,虽然没有发现水田,但可以推测是有水田存在的。在冈山市津岛的江道遗址,发掘出在旧河道上垦殖的用小畦区划的水田遗迹,其宽度有12米,长度有数10米乃至100米。②这些遗迹的发现表明,在公元前200年左右,这一地区已存在水稻耕作。其次,在日本的东北地区也广泛地发现了绳纹晚期、弥生初期和中期的稻作遗迹。如在龟冈遗址出土的远贺式陶器上发现了炭化米和稻壳痕。在仙台平原的富泽遗址发现了水田址和水路。在山口遗址也发现了水田遗迹。在秋田县横长根A遗址的竖穴内的地面上发现了炭化米。③在宫城县角田市鲈沼弥生初期遗址也发现了不少炭化米。另外在阿武隈川下游左岸的河岸段丘上有绳纹时代后期至弥生时代的集落遗址,从遗址中出土了许多弥生时代初期的陶器、石刀、炭化米,陶器上有稻谷的压痕。青森县田舍馆的垂柳遗址是弥生时代中期的稻作遗迹,位于津轻平原的东部,浅瀬石川的左岸,水田已被火山灰埋没。据发掘,共有656块水田,面积达3966.55平方米,散布在3万平方米的范围内。此外还发现了20余粒烧过的米粒和陶器上的稻谷压痕。④1987年继垂柳遗址发现以来,考古学者又在弘前市的砂泽遗址发现了弥生时代前期的水田遗迹。这些都表明弥生时代初期、中期时,东北地区的稻米种植已相当普遍。这些发现动摇了传统的公元300年前后稻作推进到青森县的观点。

依据上述考古资料,有日本学者主张:日本东北地区的稻作技术,不是由以九州为基点的波浪式推进而来的,而是从西部日本通过日本海传入的。笔者曾

① 安志敏:《中国古代的石刀》,《考古学报》1955年第10期,第27—51页。
② 春成秀尔:《弥生时代的开始》,东京大学出版会1990年版,第4—5页。
③ 秋田县若美町教育委员会:《横长根A遗迹》,出版者不详,1984年。
④ 青森县教育委员会:《垂柳遗迹发掘调查报告》,出版者不详,1985年。

这样认为,关于这些稻作遗迹的发现,我们还可以做这样的推测,即"日本东北地区的稻作是与九州地区相前后,有直接从(中国)大陆传入的可能性"[①]。

稻作农耕的发展,改变了古代日本人的生活方式,推动了社会的发展,同时也深化了原始宗教信仰的内容和价值。日本太阳神信仰的完善,便是建立在农耕社会的基础之上的。

第二节　太阳神信印

一、太阳神的诞生

崇拜太阳神是世界上很多国家先民的共同信仰,但是就其崇拜形式和内容而言,各国是不尽相同的。比如说,关于太阳神的诞生,中国史籍记载如下:

> 东南海之外,甘水之间,有羲和之国,有女子名曰羲和,方日浴于甘渊。羲和者,帝俊之妻,生十日。[②]

羲和所生的10个太阳,每天轮流着光照大地,而且日出日落和一年四季的运动,都是有鸟托载的:

> 一日方生,一日方出,皆载于鸟。[③]

由十日的出生和运行,引申出诸多有关太阳神的神话传说。

然而,日本的太阳神诞生与中国史籍记载的有所不同。传说,日本的太阳神叫天照大神,是女性神。她的出生有两说。一说是太阳神是创世神伊奘诺尊和伊奘冉尊(《古事记》中的伊耶那岐命和伊耶那美命)共生的。

> 伊奘诺尊、伊奘冉尊共议曰:"吾已生大八洲国及山川草木,何不生

---

① 王金林:《邪马台国与古代中国》,学生社1990年版,第57页。
② 《山海经·大荒西经》。
③ 《山海经·大荒东经》。

天下之主者欤?"于是共生日神,号大日灵贵。此子光华明彩,照彻于六
合之内,故二神喜曰:"吾息虽多,未有若此灵异之儿,不宜久留此国,自
当早送于天而授以天上之事。"是时,天地相去未远,故以天柱举于
天上。①

　　另一说是太阳神是男神伊奘诺尊在洗濯身子时所生的。女神伊奘
冉尊由于生了火神,被灼烧而死。伊奘诺尊想念爱妻,特意到黄泉国去看她,不料看到妻子满身脓血,上面爬满蛆虫,惊恐地逃出黄泉国。因到过"凶目污秽之处",所以为"涤去吾身之浊秽"就到海里去荡涤身上的污浊。伊奘诺尊在海中洗涤过程中,一共生了12位神,其中就有日神:

　　　　洗左眼,因以生神,号曰天照大神。复洗右眼,因以生神,号曰月读
　　　　尊。复洗鼻,因以生神,号曰素戈鸣尊。凡三神矣。已而伊奘诺尊敕任
　　　　三子曰:天照大神者,可以治高天原也,月读尊者,可以治沧海原潮之八
　　　　百重也,素戈鸣尊者,可以治天下也。②

　　尽管关于天照大神的出生有两说,但是有两点是一致的:第一,天照大神是女性太阳神;第二,光华"照彻于六合之内"的神只有天照大神1个,并不像中国史籍记载的那样有10个。

　　《日本书纪》神代篇把天照大神统治下的天国世界,描述成一个祥和、安定、温饱的农业乌托邦社会。这种神话架构,既反映了农耕社会的背景,又反映了古代日本人的心愿。

　　因此,古代日本人把天照大神塑造成3种形象,即劳动者形象、关爱苍生的形象和光明神形象。首先看一看劳动者形象。在神话中,天照大神不仅是"照彻于六合之内"的日神,而且还是躬身耕织的劳动者。她亲自农耕,拥有农田多处,有天安田、天平田、天邑田、天垣田、天狭田、天长田等。这些神田均筑有畦畔、水渠、水沟等,都是旱涝保收的良田,"虽经霖旱无所损伤"。每到农作物收割之后,她还要举行"新尝祭"。在天照大神的理想国——高天原里还设有"斋服殿",内有织机,她亲自编织"神之御服"。不难看出,她治理下的高天原,完全是食有粮,

---

① 《日本书纪》卷1,神代上。
② 《日本书纪》卷1,神代上。

穿有衣,社会安定的人人要劳动的农业理想国。[1]

神话中说,天照大神不但善于治理天国,而且还关心天下苍生,为他们寻找维持生存的粮食。

天照大神听说在地上的苇原中国有一位保食神,他能生产人们生活中的必需品——粮食。为了弄清情况,她派月神去见这位保食神。月神受命从天上降落到苇原中国,见到了保食神。保食神对太阳神派来的月神很尊敬。他为了招待月神,安排了一桌丰盛的饭菜。保护神回头看向陆地,便从自己的口中吐出米饭;又回头看向海,便从口中吐出大鱼、小鱼等海鲜;仰头看向山,便从口中吐出兽肉、鸟肉……就这样,弄了满满一桌食物请月神品尝。不料想,月神不但不称赞,反而一脸愤怒地说:"多么污秽,多么鄙陋,你怎么可以用口吐之物来供养我呢!"说罢,月神便拔出佩剑将保食神斩杀了。

月神返回天国,向天照大神汇报了事情的前因后果。月神以为自己的行为会受到称赞,哪知天照大神听后十分生气,怒斥月神说:"你是一个恶神,我不愿再见到你!"从此天照大神与月神分开而居。这就是太阳与月亮一个白天出来一个夜晚出来的原因。

斥责完月神之后,天照大神又派天熊人降到苇原中国处理保食神的事。天熊人抵达苇原中国以后,便知保食神已不能复生了。正在为难之际,天熊人看到保食神的尸体发生了变化:

> 其(保食)神之顶,化为牛马,颅上生粟,肩上生茧,眼中生稗,腹中生稻,阴中生麦及大豆、小豆。[2]

天熊人十分高兴,赶忙取了这些粟、茧、稗、稻、麦、大豆、小豆,牵着牛马返回天国。天照大神见了大喜过望,说道:"这些东西可以使苍生活命了。"于是天照大神以粟、稗、麦、豆为陆地的种子,以稻为水田的种子,并在自己的天狭田、天长田中试种,结果到了秋天获得了丰收。与此同时,天照大神也开始养蚕,当蚕"口里含茧,便得抽丝"。

古代日本人崇拜太阳神的神话,就是这样与农业紧密联系在一起的。

太阳造福于人类,主要是因为它的光与热。因此,在神话中天照大神的威

---

① 《日本书纪》卷2。
② 《日本书纪》卷1,神代上。

力,还在于她给宇宙以光明。《古事记》和《日本书纪》中的"天之岩户"的神话,就是树立天照大神光明形象的故事。

> 天照大神的兄弟素戈鸣尊即将去治理自己的"根国"。临行时,他到天国来探望天照大神,并在天国滞留多时。在滞留期间,他干了许多扰乱天国安定的事。春天时毁掉天照大神播下的种子和田畦;秋天时把马驹放到田里,糟蹋已成熟的稻子;天照大神要举行新尝祭,他又把屎尿放到祭祀殿;天照大神在"斋福殿"织布时,他又从天窗里投下死马驹,使天照大神受惊,伤及身体。如此种种恶劣行为,使天照大神非常生气。她只身躲进"天之岩户",从此闭门不出。天照大神的这一举动,立刻使天地大暗,"六合之内,常暗而不知昼夜之相代"[①]。由于黑暗而不知宇宙日夜的交替,于是恶神如五月蝇似的到处起哄,种种灾祸都起来了。[②]为了能够使天地间恢复光明,天国的八百万位神,紧急动员,想尽办法,最后把天照大神从"天之岩户"中拉了出来,天地间光明重现,恶神和灾祸也被一扫而光。

神话中用这种黑暗与光明的对比,强调了太阳神赐福宇宙光明的形象,从而唤起人们对太阳神——天照大神的崇拜。

二、从考古资料看日本人的太阳神崇拜

神话传说固然反映了古代人的太阳神崇拜的史事,但是如前所述,《日本书纪》和《古事记》等古典,毕竟形成于8世纪初期,正是封建王权的上升期,所以其中的记载明显有人工雕琢的痕迹。这种神话传说的体系化,也是为古代天皇制服务的。因此,从考古发掘资料中,寻求古代日本人崇仰太阳神的遗迹,就显得尤有必要了。当然,笔者仅依靠现已掌握的资料,尚难以梳理出这一信仰的系统规律,但从点点滴滴的材料中,还是能够看出这种信仰存在的实态的。

有关太阳神信仰的遗痕,在绳纹时代晚期遗址出土的陶器纹饰中就已出现,在弥生时代出土的陶器纹饰中也陆续有新发现。3世纪末4世纪初开始的古坟时代,太阳信仰的遗物日渐增多,充分反映了那一时期太阳神信仰的盛行。在笔

---

① 《日本书纪》卷1,神代上。
② 《古事记》上卷。

者现已掌握的资料中,最为重要的遗物是铜镜和古坟内的壁画。

(一)"天日之光,天下大明"——铜镜的象征意义之一

在古代日本社会的渐进过程中,铜镜在意识形态领域具有多种社会功能和意义。关于铜镜的功能与意义,本书后面的有关章节还将述及,在这里仅就其象征意义做一叙述。

在日本的考古发掘中,曾经出土了大量铜镜。弥生时代的160余处遗址中出土的铜镜有320余面,几乎都是中国的汉镜。其中以汉代中期的草叶纹镜、星云纹镜、日光镜及清白镜最为流行。仅福冈县的三云、须玖、立岩等弥生时代中期遗址中的5座墓地,就出土了95面汉镜,除去少数战国铜镜,其余全是西汉时代的铜镜,其中弧纹清白镜31面、连弧纹日光镜22面、连弧纹昭明镜15面、重圈纹清白镜10面、星云纹镜6面、草叶纹镜3面。自进入古坟时代以后,考古学者从古坟遗址中大量出土了一种名叫三角缘神兽镜的铜镜。

铜镜从中国传入日本,其数量是相当可观的。《三国志·魏书》记载,当时位于九州北部的邪马台国,曾于景初三年(239)遣使曹魏。使节带回日本的物品中,仅铜镜就有百枚。文献中虽然没有载明带回的百枚铜镜的镜式,但是大致可以推定,其与九州北部出土的汉式铜镜一致。

弥生时代和古坟时代的日本人,特别是社会上层,为什么如此热衷于铜镜呢?其原因之一是这种圆形的,正面平滑光泽,具有良好的光照作用,且背面铸有吉祥物与吉祥铭文的器物,具有象征太阳的意义。从中国和日本出土的汉镜中,有许多铜镜背面铸有有关"日"的铭文。仅汉镜中,出现的有关"日"的铭文就有如下多种:

> 见日之光;
>
> 光夫象日月;
>
> 见日之光,长不相忘;
>
> 见日之光,长毋相忘;
>
> 内青(清)以昭明;
>
> 内请(清)质以昭明,光辉象夫日月;
>
> 见日之光,所见必当;
>
> 见日之光,天下大明;
>
> 见日之光,天下大阳;
>
> 与天无极,如日之光,长未央……

在古坟时代出土的三角缘神兽镜中,有不少铜镜上的铭文是"天王日月"
(见图2-1)等。

图2-1　三角缘神兽镜

注:"天王日月"铭文,现藏于石切剑箭神柱。

正是这种铜镜具有象征太阳的意义,所以其成了天照大神的神体象征。

前面我们叙及的"天之岩户"的神话,其中说当天照大神躲入"天之岩户"后,
天国的八百万位神非常着急,想尽办法要把天照大神从"天之岩户"中拉出来。
办法之一就是铸造象征神体的铜镜。关于这一点,《日本书纪》中是这样记载的:

> 时有高皇产灵尊之息思兼神者,有思虑之智,乃思而白曰:宜图造
> 彼神之象而奉招祷也。故即以石凝姥为冶工,采天香山之金以作日
> 矛(镜)。[①]

思兼神是高天原最有智慧的神,铸造象征天照大神的铜镜是其想到的首要
良策。根据他的建议,众神立即从天香山上采来矿石,由冶炼工石凝姥铸造。铜
镜很快铸造成功,众神便把它挂在"天之岩户"洞口的神树上。这便是在日本历
史上被称为三神器之一的神镜传说的起源。传说这面铜镜后来被天照大神在派
她的独生子天忍穗耳尊去统治苇原中国时交给了他,并亲口说过这面铜镜就是
她自己的神体象征的话:

---

① 《日本书纪》卷1,宝镜开始。

是时,天照大神手持宝镜,授天忍穗耳尊,而祝之日:"吾儿视此宝镜当犹见吾。可与同床共殿以为斋镜。"①先前在天之岩户前面迎接过天照大御神的八尺勾玉、神镜,以及草薙之剑,并以常世思金神、手力男神、天石户别神为副赐给他,对他说道:"这镜子算是我的魂灵,要照祭我那样祭祀它……"②

虽然之后降临苇原中国的不是天忍穗耳尊,而是天忍穗耳尊的独生子(天照大神之孙)天津彦火琼琼杵尊,神镜随天照大神之孙的降临而降临。天照大神之孙成了日本天皇世家的始祖,而神镜则成为天皇世家承天而治的权威象征。

(二)转动的"太阳"——巴形铜器

在弥生遗址和古坟遗址中出土了一种火轮状青铜器物(见图2-2),日本学界因其形状像"卍"(万)字,故称其为巴形铜器。该器物中部呈圆形,其外围有同向微微弯曲的叶轮,或四瓣或七瓣,似转动的火轮。

图2-2 大坂府黄金冢古坟出土的巴形铜器及盾牌上的巴形图

日本学者大多认为,这一种装饰物,是装饰在古代武具盾牌上的。也有一些学者认为,这既是装饰物,同时也具有咒术意义。但到底具有何种咒术意义,大多没有细述。其实,这种中心圆形与微弯的叶片构成的器物,给人最直观的形象,是一个转动的火轮。如果再深入思考的话,这种形似火轮的器物,显然不会

---

① 《日本书纪》卷2,天孙降临。
② 《古事记》上卷。

仅仅是一种普通的具有咒术意义的明器,而是具有更深层含义的祭器,不然就不会在弥生遗址、古坟遗址中普遍发现。那么,这种动态的、永恒不灭的火轮状的器物,究竟是何种信仰的祭器呢?笔者认为它应该与太阳神信仰有关。弥生时代的日本人和古坟时代的日本人用它作随葬品,其目的似是祈求死后能够升入天国,获得太阳神的庇护,并将此作为神器,驱除黑暗与邪恶等。

在日本的考古资料中,除了上述的巴形铜器,还常常可以看到描绘在器物上的同心圆纹。这种纹饰虽然不能说都是古代人用来表示太阳的,但不可否认在某些场合,这也是古代人用来表示太阳的方式之一。在福井县三方郡的鸟滨绳纹贝塚遗址,出土了一些涂漆的木器和陶器。其中有一件高7.5厘米的全身涂有红漆的陶器,在红色的器壁上又用黑漆绘了若干红黑相间的同心圆。这是一幅太阳与海浪相重叠的图。黑色圆似海浪,而与黑色圆相间的红色圆则似太阳。这种意境的图,只有看到过太阳从海浪中初升或西沉的人,才能创造出来。因此,只有对太阳和海怀有崇敬之情,以及有过海上和海边生活经历的人,才能有此条件。

(三)古坟壁画中的太阳主题

1973年,日本考古学者在茨城县的虎冢古坟中,发现了彩色壁画(见图2-3)。虎冢古坟是建于7世纪初期的前方后圆坟,全长56.5米。该古坟的墓室在后圆部。经测量,墓室长3米,宽1.4米,高1.4米。墓的玄室置有厚20厘米的石板门。推开石板门,可进入墓室。墓室由正面、东、西两侧和天井组成墓壁,正面壁和东侧壁各用1块板石,西侧壁用2块板石,天井用3块板石,地面用7块板石。正面,东、西两侧共3面板石上均抹了白色的黏土,黏土上绘有红色壁画。正面壁的中央(见图2-3),绘有2个醒目的红色圆圈。2个圆圈大小不一,左侧稍大。据测,右侧圆圈外径为32厘米,内径为12厘米。在两个红色圆圈上方,有"⊠"纹。圆的下方,左侧有竖立的15个形似生产工具和武具的图形,右侧有4个大小不等的筐形,其中有2个似装满了谷物之类的东西,另外2个则未见装物。西侧墓壁上部绘有多个红色的圆,中部则绘有一条弯曲的弧线,呈"U"字形。东侧墓壁的东北隅绘有"S"形双头涡纹,涡纹上有一下垂的小圆。中部绘有一条粗长的横线,横线上绘有5件器物,其中2件酒杯形容器(似祭器),里面似装满了谷物之类的东西,其他3件则似塞满东西(似粮食类)的大布袋,5件器物在粗横线上一字排开。东侧墓壁的西南隅绘有似刀之类的物件。①

---

① 胜田市教育委员会:《史迹虎冢古坟保存整备报告书》,胜田市教育委员会1981年版。

图 2-3　茨城县虎冢古坟壁画

对于上述古坟中的壁画,日本考古学者曾做过总体评价,认为它反映了古人祈求再生的意愿,具有镇魂仪礼的特色,以及驱魔辟邪的性质。[1]但是,关于彩色壁画所绘内容具体所指,学者们并没有明确的观点。

那么,虎冢古坟的壁画具体描述了一个什么样的图景呢?笔者认为似可以用 6 个字来概括,即"天地、日月、人间"。正面墓壁上的"X"纹是"天"与"地"的象征,上边的一横代表天,下边的一横代表地,而中间相交的两条线,则代表天地相连的通路。按照神话传说,天地是相通的,神们往返天地是通过天柱(或称天梯)实现的。正面墓壁上的红色圆圈,大的是太阳的象征,小的是月亮的象征。所以,可以称之为"天地、日月"。西侧墓壁上的多个红色圆,似亦应视为太阳的象征。墓的主人祈愿多个太阳的存在,能够使幽暗的墓室永远有灿烂的阳光,以驱除黑暗与邪恶。正面墓壁上的筐形物和竖立的工具、武具,以及东侧墓壁上排列在粗线(形式化的船)上的杯形容器和布袋形物件等,表现了"人间"的生产、丰收和祭祀。上述所有"人间"的活动都是在天国的阳光照耀下实现的。显然,虎冢古坟的这幅壁画,在"天地、日月、人间"的意境中,突出了太阳的主导作用,反映了直至 7 世纪初,日本仍保留着太阳神崇拜的原始信仰。

(四)太阳与古代日本人的早期季节意识

古代日本人的早期季节意识的产生,主要依据他们日常生活中所看到的日出日落的规律和太阳光线的强弱,以及伴之出现的植物生长、成熟,海水的潮起潮落等等自然现象的变化。随着稻作农耕的传入和发展,太阳的变化规律与稻

---

[1]　朝日新闻社:《战后 50 年古代史发掘概观》,1996 年 4 月 1 日。

的播种、耕耘、成熟、收割的循环相结合,逐渐地形成了朴素而实用的四季意识,即春播、夏耘、秋收、冬治水利等。

兵库县姬路市的长越遗址,曾出土了一件古坟时代初期的陶壶,在壶身部分,刻画了一组图案(见图2-4),即在一长方形框架内,划分了3个部分,中间刻了一个大圆,左、右分别刻有一座山,每座山的两侧上端又各刻有一个圆。很显然,这是一组与太阳有关的图案。5个圆均表示太阳。有学者在出土该陶壶的遗址实地考察时发现该遗址的西方确实有两座与画中相似的山,据此认为这是一幅描绘太阳运行轨迹的画,反映了弥生末期与古坟初期,人们观测太阳,确定有关农业节气的朴素认识。[①]

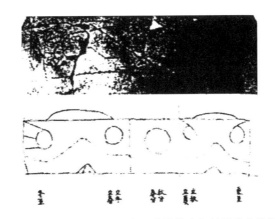

图2-4 兵库县长越遗址出土陶器的太阳的季节变化图

注:引自寺泽熏《描绘弥生人的心》。

在我国山东肥城孝堂山祠堂的汉画像石上,也有日月之象。在日象中有鸟,在月象中有蟾和兔。反映了当时山东地区古人的日月观,也是通过观察生活形成的。

三、太阳神的祭祀

有信仰就会有祭祀。对太阳神的祭祀,在弥生时代以前,似乎是没有固定时间的。人们一般会根据自然变化,或者自身部族的需要而举行。或迎日出,或祭于春暖花开时节,或拜于秋华冬寒之时。祭拜地点也是视具体情况而定的,或在

---

① 寺泽熏:《描绘弥生人的心》,《古代日本心中的宇宙》,中央公论社1987年版,第124—
126页。

山顶,或在海边,或在平原广泽。祭拜时,大多面向东方,即太阳升起的地方。进入弥生时代以后,农业生产成为日本的头等大事。虽然日本的农耕技术受中国的影响有了长足的进步,但是农作物的收成主要还是靠天。因此,农事,特别是与稻作农耕相关的祭祀,开始从不定时逐渐趋于固定,如播种、插秧、驱虫、收割、尝新等都有祭祀活动。而这些祭祀都是与稻作,亦即基本上是与太阳的运行规律相一致的。祭祀之日,也就是耕作民的节日,大家都会怀着虔诚的心去祭拜天神和稻谷神。《万叶集》中有这样一首和歌:

> 谁推此屋门,此为持斋屋,
> 为赴尝新祭,我夫尚未归。①

和歌中记述了古代的村落中有专门的"持斋屋",人们定期举行祭祀的情况。歌人吟诵此和歌的时间,正是冬季举行"尝新祭"的时节。为了参加这一重要的祭祀,主人早早出门,至今尚未归来。这是一首如实反映社会实态的和歌。

盛行于民间的祭祀,逐渐被引入上层贵族和王宫之中,尤其是随着王权的巩固与加强,不少有关稻作与太阳神的祭祀成为王室的每年定例活动。至七八世纪,由于古代天皇制的建立,这些祭祀又被纳入国家的令制,成为天皇必行的仪礼,并一直延续至今。

王宫内的每年定例活动,从正月初至年末,几乎月月不断,有数十次。但其中最为重要的是冬至的镇魂祭和新尝祭,以及作为新天皇继位典礼的大尝祭。

670年以前,新尝祭与大尝祭是没有区别的,作为新天皇继位典礼的大尝祭常常与新尝祭相结合举行。然而从673年开始,新尝祭便与大尝祭独立开来,均成为宫中的大祭祀。

(一)镇魂祭

新尝祭实际上是分两段进行的。在仲冬(农历十一月)的第一个卯日,由宫廷神官祭祀,供奉的是民间上交的当年的庸、调。在第二个卯日,则由天皇亲祭,供奉品主要是当年的新谷。特别应该注意的是,在第一个卯日后的寅日举行的是镇魂祭。也就是说,在天皇亲祭新尝祭前,要举行镇魂祭。

镇魂祭中的"魂",虽然有不同说法,但核心是指体现太阳神(天照大神)神体

---

① 《万叶集》卷14,第3460首。

的阳光。①镇魂祭的出现,源自民间对太阳光的渴望。每当进入冬季,随着地球的运转,北半球的阳光变弱,万物萧索。立冬是一年中日照最短的时候,此后进入漫长的寒冷期。在寒冷和长夜中,人们是多么希望太阳的温暖啊。于是,在这种朴素的企盼中,产生了祭祀太阳神,祈求阳光快点回来,寒冬与长夜快点过去的镇魂祭。

镇魂祭的祭法,是根据《古事记》和《日本书纪》中的"天之岩户"的神话进行的。祭祀中,颂祝词、唱神歌。祝词也好,神歌也罢,其内容都离不开对太阳的歌颂与祈求:"太阳永驻穹空,光热恩施天地,沐浴神光、神温的大地,万物茂盛。"

民间的镇魂祭引入宫中后,便成为由天皇亲祭的大祭。其内容也由单纯祭祀太阳神的"魂",掺入了祈求作为天神后代的天皇的魂灵的复活。经过一年的活动,天皇的魂灵也如同隆冬时节的阳光,日趋衰弱,而开始游离本体。因此,使渐趋游离本体的魂灵回归,成为镇魂祭的重要内容。宫内的镇魂祭一般在绫绮殿封闭举行。由此可见,这一祭祀具有"咒术性秘密仪礼"的性质。

(二)新尝祭

经过镇魂祭的天皇,由于"魂"的回归,已有了新的活力,便作为斋主,在宫内的神嘉殿举行新尝祭。新尝祭供奉的神是以天照大神为主的天神地祇。供奉品有用新收获的米和粟煮成的饭和粥,用新米酿制的白酒、黑酒,副食有生鱼4种、干鱼4种、水果4种,以及熟菜、汤汁等。装供品的器皿是用柏叶做的碗和盘,供奉时使用竹筷。用来煮饭、粥的新米和新粟是从斋田中收获的。斋田有两处,一处是悠纪田,另一处是主基田。

新尝祭最关键的是"神膳御亲供"和"御直会"两项内容。所谓"神膳御亲供",是天皇一人进入祭祀主殿,与神座相对而坐,用水净手后,用竹筷将柏叶碗中的供品夹入柏叶盘中——向神供奉,大约花费2个小时。之后,天皇做礼拜并奏诵御告文,感谢新谷丰收,祈愿皇室、国家、国民兴旺。接着进行的是"御直会",即天皇与众神共食供奉的新饭、新粥。天皇以极为虔诚的姿势,首先拍手3次,并口念"一起用膳"顶礼膜拜。然后,用竹筷尝新饭3次,饮白酒4次,饮黑酒4次,酒盅一次一换。"御直会"的宗教性意义在于,表明天皇与天照大神及其他众神的神圣关系。通过面对面与神同餐共饮,天皇从以天照大神为首的众神那里得到灵气,与神一体化,自己也从祭祀的斋主,成了被祭祀的神。由此可以看出,原本是民间祭祀太阳神,感谢神在一年间使稻谷丰盛的原始宗教活动,被引入王

---

① 小林美元:《神道的国际性》,《神道理论大系》,新国民社1984年版,第152页。

宫后,却成了标榜天皇即神,王权神授的仪礼。

(三)大尝祭

如果说新尝祭被王室利用以标榜王权神授的话,那么作为新天皇继位典礼的大尝祭,在这方面则更为深化了。

新尝祭只是数日间的祭祀,而大尝祭则是长达数月的祭祀。因为是标志一代新帝的登场,所以特别隆重。一旦确定要举行大尝祭,从农历八月上旬开始就派大被使到各地为祭典准备用来供神的种种器具,农历九月上旬派神服使赴地方准备服饰。斋田里的稻谷成熟后,要举行拔穗式。首先拔下的四束稻米是用来作祭典的饭和粥的,其余的稻米是用来造白酒、黑酒的,这些都要送到京城。农历十月,新天皇举行"御禊祭",即在流动的河水中洁身,清除污浊。这种被除污浊和不祥的"禊"的习俗,在中国早已有之,一般有农历三月三日的"春禊",农历七月中旬的"秋禊"。《史记·外戚世家》中有"武帝被坝上还"的记载。《晋书·礼志下》中有"汉仪,季春上巳,官及百姓,皆禊于东流水上,洗濯被除,去宿垢"的记载。日本从何时开始有此习俗,不得而知,但《古事记》和《日本书纪》中皆记载了创世神伊奘诺尊从黄泉国回来后,在河流中洗濯身子,被禊污浊,并产生天照大神等神的神话。从史书记载可以看出,此习俗后来成为日本民间和皇室成员的祭祀定式。新天皇的继位典礼一般会在农历十一月举行,所以典礼前的"御禊祭"就定在农历十月。

在做种种准备的同时,还要建造大尝宫。如图2-5和图2-6所示,大尝宫由两院构成,即悠纪院和主基院。两院均有以正殿为主体的种种建筑物。建筑物均以带有树皮的大圆木为柱,用青茅草铺顶,以草席为壁。悠纪院和主基院的内部结构相同,即都建有第一神座、第二神座和御座。第一神座位于主室中央,其上建有床,床的基部铺草,草上铺竹席,竹席之上再铺草席,最后放上寝具——御衾、坂枕。第一神座旁则置第二神座和御座。大尝宫在典礼前夕完工。悠纪院和主基院北侧建有回立殿。

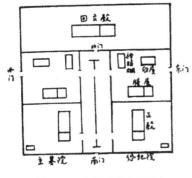
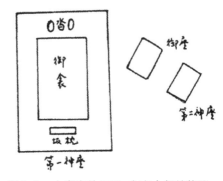

图2-5 大尝宫的平面图   图2-6 大尝宫的正殿、主室内部结构图

注:引自荒川纮《古代日本人的宇宙观》。

　　大尝祭的高潮是农历十一月的第二个卯日。这一天的夜里十时(亥时),新天皇进入北侧的回立殿,沐浴洁身。然后进入悠纪院,坐在御座上,向神座一一供祭用新米煮的饭、粥,以及用新米酿的白酒、黑酒。供祭多时之后,新天皇开始与神共餐,食新饭,饮新酒。用餐之后,新天皇则入卧第一神座的御衾,意为与神共床,一直到次日上午十时(寅时),然后返回回立殿,再次沐浴。入夜十时,进入主基殿,把在悠纪院进行过的祭祀过程再进行一遍。

　　如前所述,新尝祭原本是供奉太阳神的祭祀,可是引入宫中,作为宫中的仪礼后,并与新天皇继位典礼相结合,则具有了新的含义。大尝祭中与神(天照大神)共食、同床共眠的程式,使天皇与神成为一体,从而使祭神的仪式掺入了天皇成为“现人神”的内容。通过这一仪式,天皇的位置从祭祀者转变为被祭祀者。在《古事记》和《日本书纪》的神话中,已经明示了天皇与高天原的天照大神及天照大神之孙天津彦火琼琼杵尊的血缘的神统系谱。这种所谓的神统关系,通过大尝祭的神秘仪礼,最终得以实现。[①]

　　这里还必须告诉读者的是,在大尝祭的祭祀过程中,通过悠纪院和主基院的环境布置和气氛,都可以看到中国文化的影响。日本《类聚国史》卷8大尝会条中,记载了834年仁明天皇继位时举行大尝祭的筹备情况,其中详细地叙及了悠纪院与主基院的环境布置状况。虽然其记载的是9世纪时的情况,但是从中也可窥见9世纪以前的状况。为了从中探究9世纪以前大尝祭的状况,有必要将这段资料译成白话文:

---

① 荒川纮:《古代日本人的宇宙观》,海鸣社1983年版,第172—173页。

悠纪、主基两院树立了标志。悠纪院的标志是在庆山上栽梧桐,梧桐上有两只凤凰,树被布置成五色彩云那样,上挂绣有"悠纪近江"四字的大布标,布标上有日像。庆山前有天老和麒麟像,山后栽连理吴竹。主基院的庆山上栽恒春树,树也被布置成五色云和霞,上挂"主基备中"。庆山上有西王母献益池图,以及偷王母仙桃的童子,还有鸾凤、麒麟和独立的鹤。悠纪院内筑有一只大象,象背是歌舞的平台,有两名童子站在台上两侧,各擎一布幡,上分别写《周礼》曰旄人掌乐"和"《礼记》曰民劳其舞缀短,民逸其舞缀远"。

你看这段描述中的凤凰、天老、麒麟、吴竹、西王母献益池图、偷王母仙桃的童子,以及《周礼》《礼记》的引文中从百姓对乐舞的冷热,观察社会民情、安危的思想,无不受到中国的文化习俗的影响。因此,可以说,日本传统的皇室仪礼,实际上是以民间的传统祭祀为基础,吸收了外来的,特别是中国的文化习俗后逐渐形成的。

第三节 山、蛇、河(海)等神的崇拜

日本著名学者梅原猛说过:"日本人最初的神灵信仰是一种自然信仰,一座山、一棵树、一块石头都可以被认为是神,或者是神栖息的地方。这种信仰的痕迹至今仍然遗留在三轮山神社(大神神社)、石上神宫和冲岛中。在三轮山神社,三轮山本身就是神体。在石上神宫,树木就是神栖息的地方。玄海滩的孤岛冲岛,是日本民族自古以来最信仰的神岛。在这里,岛本身就是神。"[1]也就是说,古代日本人对自然物的崇拜,其范围是极为广泛的,除了前述的性、鸟、鹿、太阳之外,还有其他飞禽走兽、山川、河海、树木、花草、雷、风、雨、雾,有生之物、无生之物皆可以成为古代日本人崇拜的神。《古事记》创神篇,详细地记载了诸神的名称及其产生的过程。在某种程度上可以说,与古代人的生存与生活有密切关系的自然界的方方面面,都曾经被视为过神。当今日本各地的民间祭祀传统中,仍保留着这些古老的崇拜和信仰。

---

[1] 梅原猛:《诸神流窜——论日本〈古事记〉》,经济日报社1999年版,第139页。

关于古代日本人的广泛信仰与崇拜,本书有限的篇幅内无法完全呈现。因此,本节拟对比较典型的山、蛇、河(海)等崇拜做一粗略的叙述。

一、灵山崇拜

中国的古籍《抱朴子》中说:"山无大小,皆有神灵,山大则神大,山小即神小也。"①在古代日本人的心目中,山也是神圣之地。天照大神派其孙子统治苇原中国,她的孙子从天上下来的时候,首先降落的地点是在筑紫日向地方的高千穗灵峰。在《出云国风土记》中,记载了这样一段神话:

> 在常陆国(今茨城县)的久慈郡的东边有座大山,山的名字叫贺毗礼高峰。位于贺毗礼高峰山下的松泽八俣地方,住着一位从天上下到凡间的天神,名叫立速男命。这位神十分威严,但是松泽八俣地方的居民并不畏惧他,常常朝其所在的方向大小便。这种不敬行为,当然会遭到天神的惩罚,朝其所在方向大小便的人常常会遭灾,身陷疾苦。久而久之,居民们也不堪忍受痛苦,便写了一份请愿书,递到了朝廷。朝廷收到请愿书后,便派了一个名叫片冈大连的人到松泽八俣地方来解决此事。片冈大连一到松泽八俣地方,首先亲自敬祭这位天神,并向天神祈求说:"现在天神您所在的地方,附近杂居着平民百姓,朝夕秽臭。其实这里不该是您所在之处,您应避开此处,迁移到高山上的清净之处为好。"天神听了片冈大连的祈求,觉得也有道理,便应允离开此地,迁移到贺毗礼高峰,并在那里以石为垣,建了神社。

这则朴素而简明的神话,将"秽臭"与"清净",平地与高山相对比,突显了高山的神圣性。

山除了是神圣之地外,同时也是国家繁荣、祥瑞、安全的象征。对此,《万叶集》中的《藤原宫御井歌》一诗,生动地揭示了这种象征的价值:

> 东望有青山,青青香具山,
> 春山正繁荣,为国守关东;
> 西望有瑞山,祥瑞亩火山,

---

① 《抱朴子·内篇》登涉卷。

> 山峰高入云,为国守西关;
> 北望有神山,神灵耳犁山,
> 山上生青菅,为国守北关;
> 南望有名山,名高吉野山,
> 云居远可望,为国守南关。①

在古代日本人的意识中,山还具有永恒的生命力,是永世不灭的存在。因此,人们总是借此来祈祷人死后的灵魂长存。《万叶集》中收录了诗人柿本朝臣人麻吕在其妻子去世后写的一首"泣血哀恸"的和歌,摘抄如下:

> 相思相见知无益,
> 若欲相逢恐无期,
> 人言吾妹今尚在,
> 羽易山前可寻之。
> 劈石开山又何苦,
> 终亦碰壁将无疑,
> 一念吾妹现在身,
> 虚无缥缈寻何为。②

吾妹已死,纵然相思也已不可能再相见。假如能够再相逢,恐怕也是遥遥无期。人说吾妹仍活着,在高山丛岭中可以寻找到。可是,既然她现身在神秘莫测的群山之中,又何苦劈石开山去寻她呢,只要祈念她的存在就可以了。

如此感人的和歌,深刻地反映了人们对人死后,被融入大山之中,灵魂能够永存的信念。

二、蛇神崇拜

对蛇的信仰与崇拜,与人们的生产方式由狩猎转向农耕有密切关系。随着农耕的发展,荒原被辟为农地,水泽变为稻田。在垦殖与生产过程中,人与蛇会时常相遇。在长期的接触中,这种既柔软又令人心悸的动物,成为与人们的生活

---

① 《万叶集》卷1,第52首。
② 《万叶集》卷2,第210首。

安定和生产丰收有关的神灵。对蛇的信仰,至今在日本各地的祭祀中仍然可见。如在岛根县的出云大社的神社祭中,就有蛇的形象。同是岛根县,至今仍广泛地存在着"荒神"信仰,人们常常在村落入口、山谷口、神社内的大树上用草绳做成蛇体,围盘在树干上,以示祭祀。人们对蛇的崇仰,从根本上说,无非是慑于蛇对人的祸害,希望通过崇仰和奉为神祇,求得其成为庇护人的神。在日本古籍有关蛇的记载中,蛇神基本上有两种形象:第一种是凶猛的具有强大灵力的神;第二种是多情,最后又负情的神。下面列举4例,其中:属于第一种形象的神话有2例,分别载于《常陆国风土记》行方郡条和《古事记》;属于第二种形象的神话也有2例,分别载于《常陆国风土记》那贺郡条和《日本书纪》。

(一)阻挠开垦的夜刀神

传说在6世纪前期,常陆国行方郡有一个名叫箭括氏麻多智的人,他看中了郡西边的一片水泽地,要把它开辟成水田。于是麻多智开始作业,首先割掉茂盛的苇草,并准备在四周打上木桩。然而,麻多智的行动,惊动了长久占据此地的夜刀神。夜刀神是头上长角的蛇神,十分凶恶,常常祸害周围的居民。为阻挠麻多智开垦水泽,夜刀神率领众蛇神,盘踞在这片水泽地里。麻多智见此,虽然十分愤怒,但也不示弱,他穿上铠甲,手执武器,勇敢地与蛇神拼搏,一直把众蛇神赶到山的入口处。麻多智在山的入口处竖了一块界碑,并对夜刀神说:"界碑以上是神地,任你所为,而界碑以下是人们造田之处。自今以后,我自任神祝,永远敬祭你。"此后人们与蛇神相安无事。麻多智在水泽地一共开辟了十余町[1]耕田,他与他的子孙每年都祭祀夜刀神。[2]

(二)8个脑袋、8条尾巴,吞食少女的蛇神

天照大神的兄弟速须佐之男(《日本书纪》中称"素戋鸣尊")被天上的众神驱逐后,降落到出云国(今岛根县)肥河的鸟髪地方。他降落的时候,正有年迈的男女神围着自己的女儿哭泣。速须佐之男上前询问原因。老年男神告诉他说:"我有8个女儿,其中7个都被高志地方的一条八岐大蛇吞吃了,大蛇每年都来,现在又是来的时候了,我们的小女儿因此也将性命难保了。"这条八岐大蛇,十分怪异,"它的眼睛像红色的酸酱,一个蛇身,上面长着8个脑袋和8条尾巴。身上还长满了苔藓、桧杉,身子横亘8个山谷,8个山峰。它的腹部常流血,皮肉糜烂"。当说起这条大蛇的样子的时候,老年男女神和他们的小女儿都呈现出恐惧的神

---

① 面积单位,1町等于10畝,约9917平方米,约等于1公顷。

② 《常陆国风土记》行方郡条。

态。速须佐之男对他们说:"你们不用怕,我是天照大神的兄弟,我来帮助你们。"于是,他吩咐两位老年神,首先把酒酿好,要酿成浓郁的酒,然后用篱笆把住所围起来,并开8个入口,每个入口处建1个平台,每个平台上放1个酒槽。很快,他们酿好了酒,之后老年神在速须佐之男的指挥下,在入口处的八个酒槽内灌满浓郁的酒。——照办停当,大家便等着大蛇的到来。一天,大蛇果然来了。当嗅到酒槽中的酒香时,大蛇的8个脑袋分别伸进8个酒槽中狂饮起来。酒饮尽了,大蛇也醉了。这时,速须佐之男手握利剑将八岐大蛇切成数段,蛇血染红了肥河水。当速须佐之男砍杀蛇尾的时候,发现尾部藏有一把锋利的剑。这是奇异的东西。速须佐之男把此剑呈送给了天照大神。这把剑就是有名的草薙剑,后来成为象征日本皇权的宝器之一。[①]这则八岐大蛇的神话明显地存在后人加工的痕迹,草薙剑的出现也颇为神奇。据说,这把剑至今仍被安置在热田神宫里。传说江户时代,有一位神官曾悄悄地看过这把剑,并对人说了如下的话:这把神剑长2尺8寸,剑尖成菖蒲叶状,剑柄约6寸,剑身厚实,有纹饰,剑体白色。其真实性如何,我们不得而知。

以上传说中的蛇神,都是以阻碍生产和扰乱民生的形象出现的。但是,夜刀神因让出了地盘,使民间能够扩大耕地,间接地有利于人民而受到崇拜;八岐大蛇,每年吞食少女,被杀被砍实属应当,然而其尾藏草薙剑成为被祭祀的神器,这样一来八岐大蛇自然也成了神。

(三)抛弃爱情使妻亡故的蛇

《日本书纪》中记载,崇神大王时,有一个名叫倭迹迹日百袭姬命的女人,她是大物主神之妻。虽然名为夫妻天天相会,但妻子一直未曾见过丈夫的尊容,因为其夫大物主神白天是见不着的,他常常深夜来会妻,待天明时就离开。一天夜里,妻子对丈夫说:"白天见不着夫君,我不曾见过尊容。希望你今夜不要走,留下来,待天明时,让我看看你美丽而威武的仪容。"大神听后回答说:"你说的有道理,天明时,我就在你的梳妆盒里,希望你见了我的形状不要吃惊。"妻子听不懂夫君的话,一夜疑惑不解。待到天明,她打开梳妆盒一看,只见里面盘着一条衣带那样长的小蛇,顿时惊恐万分,失声惊呼。大物主神感到妻子羞辱了自己,他一下子变回人形,对妻子说:"你惊恐呼叫,令我羞辱,我马上回去,以此来羞辱你。"说完便径直登上御诸山(即三轮山)而去。倭迹迹日百袭姬命望着远去的丈夫十分懊悔,遂用筷子戳自己的阴部而亡。她的墓十分宏伟,时人称她的墓为

---

① 《古事记》上卷;《日本书纪》卷1,神代上。

"箸墓"。①这段蛇神的爱情传说,情节显而易见是虚构的,但箸墓是真实存在的。这是一座规模宏大的前方后圆坟,至今仍保存在奈良盆地的东南部。此墓全长272米,前方部宽125米,后圆部直径157米。庞大的坟墓说明3世纪末4世纪初畿内地区王权的存在。把美丽的蛇神传说与反映王权的古坟相联系,反映了当时的上层贵族的蛇神信仰。箸墓与蛇神的结合,以及前已叙及的八岐大蛇与神剑的结合,都是这一信仰和意识的具体表现。

(四)负恩的蛇神

《常陆国风土记》那贺郡条记载,常陆国的茨城里北,有一高丘,名叫哺时卧山,传说那里曾居住着兄妹两人。经常有不知姓名的人,在夜里到妹妹的卧室内来求婚,夜来昼归。日子久了,妹妹便与求婚者发生了关系,而且怀了孕。妹妹怀孕足月分娩,生出来的竟是一条小蛇。这条小蛇在白天常常悄无声息,到了夜里却与母亲交谈不绝。兄妹两人感到不可思议,暗暗地认为:大概是神的儿子吧。于是兄妹两人布置了一处祭坛,并找来一只干净的杯子,将小蛇放入杯中,供养在祭坛前。可是,一夜之间杯子竟容纳不下长大的蛇。换了一个大盆,大盆也很快装不下长大的蛇身,只得又换了一个大缸。如此一次、两次、三次、四次……经过多次,再也没有容器可装得下这条蛇了。这时,无奈的母亲对蛇说:"一看你的容姿,自然会明白你是神的儿子,根据我们兄妹的能力,再也无法养育你了,这里你是再也不能住了,请你去找你的父亲吧!"蛇听了此话,悲伤地哭了,流着泪说:"谨承母命,不敢违背。可是,我不能独自去找,应该有陪我一起去的人吧。请可怜我,派一个陪我的人吧。"母亲回答说:"你是知道的,在我们家里只有我和你的舅舅两个人,没有陪你去的人。"听了母亲的话,蛇顿生怨恨,一言不发。临离别时,蛇再也控制不住怨恨,一怒之下杀死了舅舅,独自升天而去。母亲见此无情孽子,就拿起身边的一只陶盆,向正在升天的蛇猛掷过去,陶盆打到了蛇身,受伤的蛇从天上掉了下来,再也没有能力升天,便在哺时卧山峰住了下来。村里建了神社,世代祭祀这条蛇。曾装过这条蛇的盆、缸之类的容器也被放置在这座神社里。

将负恩的蛇供奉在神社里,与其说是对蛇的祭奉,不如说是古人想要告诫子孙不要忘记母亲养育之恩的有意识的作做法吧。

---

① 《日本书纪》卷5,崇神十年。

三、河（海）神崇拜

河流和海洋是古代日本人维系生存的资源之一，特别是进入农耕社会以后，水就成为保证水稻丰收的前提。因此与水相关的河（海）神就成了人们的原始信仰之一。流传下来的一些河（海）神的传说，大多与争水、治水有关。

（一）争夺水源的兄妹二神

《播磨国风土记》记载，在播磨国（今兵库县）的揖保郡有一条河叫美奈志川。当地住着兄妹二神，兄神叫石龙比古命，妹神叫石龙比卖命。兄妹二人本是同胞手足，但为了水源灌田之事，闹得很凶。兄神想使美奈志川的水向北流，流入越部村，灌溉那里的田地；而妹神希望美奈志川的水向南流，流入泉村，灌溉那里的田地。有一天，兄神果断地在山顶上截住水源，让水流向北边。妹神获知后，毫不犹豫地拔下插在头上的梳子，把它插在美奈志川河中，梳子如同一道堤坝阻止了河水向北流动。之后，妹神又在山顶上挖沟，让河水流向南边的泉村。就这样，二神争夺不绝。兄神为了阻止河水流入泉村，特意到了河流下游，把水引向西边的桑原村。妹神不甘示弱，又动工建造了地下通道，把水引入泉村的田头。由于妹神的引水工程，从此美奈志川河水枯竭，成了一条无水河。[①]

（二）祭河（海）神，止洪水

在古代，河水泛滥，海潮入侵，是人们十分恐慌的事情。尤其是在日本，因为国土狭小，又多丘陵，河流短，一到雨季，水流湍急，决堤泛滥是常有的事。与此同时，海潮也屡屡入侵，影响农耕，影响了人们的生存和生活。因此，与河（海）水斗争便成了古代日本人艰巨的任务。人们一方面兴修水利，开凿河道；另一方面则期望得到神灵的帮助，祭祀河神的祭仪应运而生。最初的祭仪是在泛滥季节，人们常常用活人祭奠河（海）神。这种用活人祭奠河（海）神的祭仪，固然反映了人们对河（海）神的尊崇与信仰，但也反映了人们的愚昧与无知。不少年轻的生命丧失了，但是洪水、海潮依然危害不断。在此情况下，人们逐渐失去对河（海）神的信赖，开始出现战胜、驱逐河（海）神的神话传说。《日本书纪》卷11仁德大王纪中，记载着人与河神斗争的事。仁德大王为了改变"田圃少乏，且河水横逝，以流末不映，聊逢霖雨，海潮逆上而巷里乘船"的现象，诏令群臣治水，要实现"决横源而通海，塞逆流而全田宅"，根治河患。发布诏令的这一年冬农历十月，治水工程首先从宫都所在地的难波（今大阪府）开始，在王宫的北郊开渠"引南水以入西

---

① 《播磨国风土记》，揖保郡。

海";为防"北河之涝",建筑茨田堤,以引导河水。在筑堤工程中,有两处堤岸因水流湍急,无法合龙,情况十分紧急。在这期间仁德大王做了个梦,梦中有神告诉大王说:只有两个人可以救工程,一个是武藏(今东京、千叶一带)人强颈,另一个是河内(今大阪府)人茨田连衫子,只要用这二人祭祀河神,大堤就能合龙。梦醒后,大王紧急派人寻得此二人,并在河边举行了祭仪,准备将二人投入河中祭神。强颈哭得十分伤心,一被投到河里就淹没而亡了,一处大堤果然合龙了。茨田连衫子并没有哭泣,而是抱了两个葫芦,站在另一处堤岸上,面对滚滚河水,她先后把两个葫芦投入水中,并大声地说:"河神啊河神,我尊崇你!今天要以我为祭品,所以我来啦!如果你想得到我,就让葫芦沉没吧!葫芦一旦沉没,我就知道你是真神,我就投入水中;如果葫芦不沉,我就知道你是伪神。既然是伪神,我又何必枉自献身呢?"正说之间,忽然风起,大浪将葫芦打入水中。可是不一会儿,葫芦又漂了起来,伴随着�湃的浪涛声,渐渐漂向远方。最终,茨田连衫子用智慧战胜了河神,有幸免于一死,而大堤的决口也在众人的努力之下,终于合龙了。①

　　这则传说,用朴素的情节,热情讴歌了像茨田连衫子这样的普通劳动者的智慧,对人们对河(海)神存在的真实性的质疑予以了肯定,这种质疑精神是难能可贵的。

---

① 《日本书纪》卷11,仁德十一年四月甲午。

第四节 相关剪影

图2-7 《古事记》中天照大神之弟速须佐之男命在高天原的恶作
剧:毁沟渠、剥斑马皮等,最后被放逐的情景

注:崛江友声绘。转引自梅原猛《古事记》。

图2-8 太阳女神——天照大神

注:山边神杜藏,堀江友声绘。转引自荻原昌好、野村升司《图解趣味古典1:古事记·风土记》。

图2-9 《古事记》中天照大神入天之岩户,宇宙一片黑暗,为把天照大神
　　　从天之岩户中拉出来,高天原八百万位神协议及狂舞的情景

注:崛江友声绘。转引自梅原猛《古事记》。

第二章

天地本无极，长远无终始——原始的宇宙观与创生观

第一节　原始的宇宙

一、古代日本人的宇宙生成观

我国的《淮南子·齐俗篇》中记载:"往古来今谓之宙,四方上下谓之宇。"这里所说的"往古来今"是指时间的流动和发展,"四方上下"是指空间范围的无限。时空观乃是构成宇宙观的核心。

在早期社会,不同地域环境和生活特性的人类的宇宙观有许多相似性,同时也有一些差异性。

古代日本人对于宇宙一词,虽没有像《淮南子》那样进行简明而又富有哲理性的概括,但它的宇宙观明显地存在于《古事记》与《日本书纪》神代篇之中。《古事记》《日本书纪》的开篇都叙及了宇宙的形成过程。如《日本书纪》的卷首,清楚地载道:

> 古天地未剖,阴阳不分,混沌如鸡子,溟涬而含牙(芽),及其清阳者,薄靡而为天;重浊者,淹滞而为地。精妙之合搏易,重浊之凝竭难,故天先成而地后定,然后神圣生其中焉。故曰,开辟之初,洲壤浮漂,辟犹游鱼之浮水上也。于时天地之中生一物,状如苇牙,便化为神。[①]

这段文字的意思是:很久很久以前,天地尚未分开,阴阳不分,混混沌沌像一个鸡蛋。在自然之气中孕育着芽苗。其清阳之气上升为天,阴浊之气沉积为地。

---

① 《日本书纪》神代上。

因为清阳之气上升容易，阴浊之气沉积艰难，所以先生成的是天，后生成的是地，然后是诸神诞生。因此说，开天辟地之初，大地犹如游鱼漂浮在水上一样，神是从天地之气中的苇芽转化而来的。

《日本书纪》的上述有关开天辟地的文字，我们在《淮南子》中可以找到类似的记载：

> 道始于虚郭，虚郭生宇宙，宇宙生气。气有涯垠，清阳者薄靡而为天，重浊者凝滞而为地，清妙之合专易，重浊之凝竭难，故天先成而地后定。①

如果对照《日本书纪》和《淮南子》中的两段文字，可以看出两者思想的一致，即都认为：第一，"气"是宇宙的本源，而"气"又分清、浊二气。清气，阳，轻而清，薄靡，上浮至天；浊气，阴，重而浊，凝滞，下沉为地。第二，宇宙是从无名无形向有名有形进化的。这种气生天地和无名无形向有名有形进化的认知的一致，表明了两者的渊源，反映了中国早期哲学思想对日本的影响。

中国早期关于宇宙起源的哲学思想，不仅对《日本书纪》有影响，而且对《古事记》的影响也是存在的。《古事记》的开篇刊有编撰者太安万侣作的序，序具体地阐述了《古事记》中所表达的古代日本人的宇宙观。他是这样写的：

> 夫混元既凝，气象未效，无名无为，谁知其形。然乾坤初分，参神作造化之首，阴阳斯开，二灵为群品之祖。所以出入幽显，日月彰于洗目，浮沉海水，神祇呈于涤身。故太素杳冥，因本教而识孕土产岛之时，元始绵邈，赖先圣而察生神立人之世。②

这是说混沌的世界虽然已出现凝结，但是形成万物的生命尚未出现，处于无名无为，谁也不知其形的状态。然而自乾坤初分以后，出现了3位造化神，然后又出现了阴阳和男女之神，成为生成万物的祖先。依据传说，人们可以了解日本列岛产生时的原始状态，依赖先圣的遗教，察知众神诞生和治国治世的情况。

太安万侣作的这段序，表述了他关于（亦即广泛意义上的古代日本人的）宇

---

① 《淮南子·天文训》。
② 安万侣著，周启明译：《古事记》，人民文学出版社1963年版，序。

宙万物生成过程的阶段论,即天地未分、乾坤初分、阴阳斯开、日月神诞生、列岛与诸神产生五个阶段。《古事记》就是循着这一思维模式构建的。太安万侣的五阶段论,显然有其独特之处。太安万侣把世界宇宙生成观与日本列岛的产生和统治列岛的众神的产生结合在一起,体现了宇宙观的民族特色。但是我们应当知道,上述宇宙万物产生的五阶段论,在中国早就存在了。晋代人皇甫谧在其《帝王世纪》中,对道家和老庄关于宇宙生成的过程,做了简明且通俗的归纳:

> 天地未分,谓之太易。
>
> 天地始萌,谓之太初。
>
> 气形之初,谓之太始。
>
> 形变有质,谓之太素。
>
> 质形已具,谓之太极。

皇甫谧把宇宙形成分为"太易""太初""太始""太素""太极"五个阶段,即无形无色的大混沌("太易")→混沌中出现阳气("太初")→混沌中的阳气开始孕育万物的胚胎("太始")→胚胎逐渐分化出物形("太素"亦叫"太白")→物形完成,天地万物由此开始("太极")。

如果把太安万侣所作序文中的五阶段论与皇甫谧的五阶段论相对照,那么可以发现两者之间明显地存在着一致性。"无名无为,谁知其形",与"天地未开"的"太易"阶段相对应;"乾坤初分,参神作造化之首",与"天地始萌"的"太初"阶段相对应;"阴阳斯开,二灵为群品之祖",与"气形之初"的"太始"阶段相对应;"神祇呈于涤身",与"形质有变"的"太素"阶段相对应;"因本教而识孕土产岛之时,元始绵邈,赖先圣而察生神立人之世",与"质形已具"的"太极"阶段相对应。《帝王世纪》成书于3世纪,《古事记》成书于8世纪初,因此,太安万侣为《古事记》作的序中所表述的古代日本人的宇宙生成的五阶段论,定是受到了中国宇宙生成观的影响。当然古代日本人在吸收这一思想的时候,把它同日本国土的形成和国土的统治与开发相结合,发展成了具有日本特色的宇宙生成思想。

前已叙及,《日本书纪》的开篇中提到了"天先成而地后定"的观点。实际上,无论是《日本书纪》,还是《古事记》,在具体叙述宇宙生成时,都是依据这一观点,自天至地依次进行的。天固然是清阳之气上升而成的,但是有了天,而没有天界的神,当然构建不了天神世界的神话,所以寓于日本神话中的宇宙结构思想中,天的生成的具体表现,就是统治天国的神的生成。根据《日本书纪》神代篇,混沌世界中首先诞生的神是国常立尊、国狭槌尊、丰斟渟尊（即《古事记》中的天之御中主神、高御产巢日神、神产巢日神）。这3位神无形而独性，所谓"独性"就是阳性神，"乾道独化，所以成此纯男"。中国的《周易大传》中说："乾道成男，坤道成女。"《日本书纪》中说的"乾道独化"，是指阳性虽已出现，但阴性尚未形成，所以在这一阶段，还不能创生万物。继这3位"独化"的阳神之后，逐渐出现了阴阳两性神，共4对，即8位神：

> 泥土煮尊和沙土煮尊；
>
> 大户之道尊和大苫边尊；
>
> 面足尊和惶根尊；
>
> 伊奘诺尊和伊奘冉尊。

每一对的前一位是男神，后一位是女神。"凡八神矣，乾坤之道相参而化，所以成此男女。"[1]在这8位神中，伊奘诺尊和伊奘冉尊（《古事记》中称伊耶那岐命和伊耶那美命）是创造日本列岛和列岛上的神（人）的创世神。太安万侣所作的序中的"二灵为群品之祖"的"二灵"，就是指这2位神。

3位"独化"的阳神，加上上述8位神，一共11位神，即构成了宇宙结构中"天"的基本格局。

"天"及天神产生以后，便开始"地"与地神的创生。承担地世界创生任务的神是伊奘诺尊和伊奘冉尊。他们受命首先创生了八大岛和很多小岛，以及山川草木，然后又创生了"天下之主"（众神），于是构成了"地"的基本格局。

"天"与"地"、"天上之神"与"天下之主"的创生，基本上就是日本神话中的宇宙起源。

二、宇宙结构观

"天"与"地"的创生，仅表达或反映了古代日本人的宇宙主体创生观。但从宇宙结构论来看，"天"与"地"虽是宇宙的主体，但并不是全部。如果我们从立体的视角来探视《日本书纪》和《古事记》中记述的神话，就可以明白古代日本人的宇宙空间垂直结构思想。早在20世纪20年代，日本著名学者鸟居龙藏就已明确

---

[1] 《日本书纪》卷1，神代上。

地指出了日本神话中的宇宙垂直三分空间的思想,被称为"宇宙三段说"[1]。所谓"宇宙三段"即"天(高天原)—地(苇原中国)—地下(黄泉国、根国和海神国)"。

其实,日本神话中的宇宙垂直三分空间的思想,也并非独创。在中国的神话中,宇宙立体图像的基本特征是天、地、水。不同物质形态的天、地、水,形成了阴阳二元的对立世界。以地为界,分为天上、地和地下三层结构:天上是神的世界,地上是人的世界,属于阳界,地下(或海水之下)则是海神的世界、阴间世界,属于阴界。中国的天上世界、地上世界、地下世界的垂直三段论与日本神话中的"高天原—苇原中国—黄泉国、根国和海神国"的宇宙垂直三分空间的思想大体上是一致的,只不过具体叙述内容有些差异而已。

现在,我们对日本神话中的天上世界、地上世界和地下世界的各自的结构做一尝试性探索。

(一)天上世界

在日本神话中,天是高于一切的,天是神住的地方。天给大地阳光,没有阳光,"高天原立即黑暗,苇原之中国亦悉幽暗,变成永久之夜",那样,"恶神如五月蝇似的到处起哄,种种灾祸都起来了"。天拥有统治大地的权威,天神认为苇原中国是天神之子理所当然地统治的国土。因此,天神要地上的神让出统治权,地上的神是不能有异议的。《古事记》中,关于大国主神(地上的神)让国于天照大神之孙的故事,就反映了这一意识。正因为天较之于地的崇高权威性,所以在古人的意识中,天国具有极大的神秘性。天国究竟是怎样的? 它是否是分层的? 这是古人心中怀着的疑问。

在中国,早在春秋战国时期,古人就对天怀有种种疑问。楚国诗人屈原的《天问》就是楚民对天的疑问的集中表现。《天问》中有关于宇宙起源,以及天的结构的诗句:

> 遂古之初,谁传道之?
>
> 上下未形,何由考之?
>
> 冥昭瞢暗,谁能极之?
>
> 冯翼惟象,何以识之?
>
> 明明暗暗,惟时何为?

---

[1] 鸟居龙藏:《从人类学看我国上代的文化》,《鸟居龙藏全集》第1卷,朝日新闻社1975年版,第6页。

阴阳之合,何本何化?

圆则九重,孰营度之?

惟兹何功,孰初作之?

对于上述诗句,郭沫若在《屈原赋今译》中是这样用白话文解释的:

请问:关于远古的开头,谁个能够传授?

那时天地未分,能根据什么来考究?

那时混混沌沌,谁个能够弄清?

有什么在回旋浮动,如何可以分明?

无底的黑暗生出光明,这样为的何故?

阴阳二气,渗合而生,它们的来历又从何处?

穹隆的天盖共有九层,是谁能手经营?

这样个工程,何等伟大,谁个是最初的工人?

屈原诗中的"圆则九重",是古人认为天国是九重结构,具体地表明了古人认为天是有层次的这一原始看法。这种天有九层的设想,在《淮南子·天文训》中也有反映,其中说"天有九野,九千九百九十九隅,去地五亿万里",指出九天的高低层次是不同的。

日本神话中对于天的结构,并没有像中国那样的明确记载,但是,细加探究,似乎也能朦胧地感觉到天国分层的意识,这种分层意识,主要表现在神话中自宇宙起源以后,先后产生的神的不同的"代"。《日本书纪》神代篇记载的天国有8代神,《古事记》所载的天国则有13代神,其先后次序如下:

《日本书纪》	《古事记》
01 国常立尊	01 天之御中主神
02 国狭槌尊	02 高御产巢日神
03 丰斟渟尊	03 神产巢日神
04 泥土煮尊	04 宇麻志阿斯诃备比古迟神
沙土煮尊	
05 大户之道尊	05 天之常立神
大苫边尊	

06 面足尊　　　　　　　　　06 国之常立神
　　惶根尊

07 伊奘诺尊　　　　　　　　07 丰云野之神
　　伊奘冉尊

08 天照大神　　　　　　　　08 宇比地迩神
　　　　　　　　　　　　　　　　须比迩神

　　　　　　　　　　　　　　09 角杙神
　　　　　　　　　　　　　　　　活杙神

　　　　　　　　　　　　　　10 意富斗能地神
　　　　　　　　　　　　　　　　大斗乃辨神

　　　　　　　　　　　　　　11 淤母陀琉神
　　　　　　　　　　　　　　　　阿夜诃志古泥神

　　　　　　　　　　　　　　12 伊耶那岐命神
　　　　　　　　　　　　　　　　伊耶那美命神

　　　　　　　　　　　　　　13 天照大御神

　　这里所说的"代"似乎具有"层"的含义。"代"即"层"的意识在中国也能看到,如在中国的《太平御览·皇王部》中有这样的记载:

　　　　天皇十三头,号天灵,治万八千岁,被迹在柱州昆仑山下;地皇十一头,治八千岁,兴于熊耳龙门山;人皇九头,兄弟各三百岁,起于形马山提地之国。

　　这里的"十三头""十一头""九头"的"头"似有"代"(或"层")意思。代与代之间是有时间相隔的。代与代之间的这种相隔,有时是漫长的。中国道教的《太始论》中说,各"气"化生,相去九十九万亿九十岁。从日本神话中可知,各代神的生理功能、形体特征和职责是不同的。最先产生的神是单性,形体为无形。然后经过漫长的时间出现了阴阳两性,形体也由无形趋于有形,并开始天神的生育与演化。前一代神与下一代神虽然不能确定是父神与子神关系,但将其视为神系先后的延续关系则是毫无疑义的。再则从东方各民族的民俗传统来看,日本的上下代神也是各司其职,有不同天国层位区域的。所以说,古代日本人的天国分层的意识虽然较为模糊,但不能因此而说它并不存在。

另外,颇有意思的是,根据《日本书纪》神代篇天神产生的先后,即从3位独性的国常立尊、国狭槌尊、丰斟淳尊至伊奘诺尊、伊奘冉尊这11位神,似能按照中国的《洛书》列卦图排出一卦图。中国的《洛书》列卦图的原则是以乾为父,以坤为母,震为长男,巽为长女,坎为中男,离为中女,艮为少男,兑为少女。那么,我们如果把日本11位天神作为一组父母兄弟姐妹的家族,那么他们中最先出现的两性神是泥土煮尊和沙土煮尊,把自泥土煮尊至伊奘冉尊的8位天神按《洛书》列卦图的原则排列,那么泥土煮尊应为父在乾位,沙土煮尊应为母在坤位,大户之道尊为长男在震位,大苦边尊为长女在巽位,面足尊为中男在坎位,惶根尊为中女在离位,伊奘诺尊为少男在艮位,伊奘冉尊为少女在兑位。卦的中心,则是3位独性神(见图3-1)。

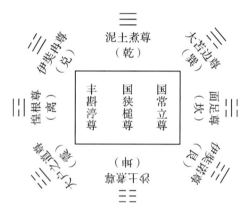

图3-1　日本神话中开创诸神的列卦图

(二)地上世界

地上世界的创造,是从伊奘诺尊和伊奘冉尊创生八大岛屿开始的。关于八大岛屿出现的先后次序,《日本书纪》与《古事记》中的记载是不同的,而且岛名也有差异。

《古事记》中所载的八大岛出现次序是:

> 淡道之穗之狭别岛(今淡路岛)→伊予二名岛(今四国)→隐岐三子岛(今隐岐岛)→筑紫岛(今九州岛)→伊岐岛(今壹岐岛)→津岛(今对马岛)→佐渡岛→大倭丰秋津岛(今本州岛)

《日本书纪》中所载的八大岛出现次序是:

丰秋津洲(今本州岛)→伊予二名洲(今四国)→筑紫洲(今九州岛)→

亿伎岛(今隐岐岛)→佐渡洲(今佐渡岛)→越州→大洲→吉备子岛

尽管《日本书纪》《古事记》两书中记载的次序与岛名不尽相同,但都反映了神话的编撰者所具有的地理知识,其是依据早期日本列岛的地形状况构想的。

遗存至今的最早的日本地形图是805年的《延历舆地图》。除了这张地图,还有一张地图,即供中世日本公卿备忘用的百科全书《拾芥抄》中的《行基日本图》。行基是7世纪中叶至8世纪40年代的僧侣,为宣传佛教,曾长期在民间活动。《行基日本图》应是对日本列岛地形的认识。将《延历舆地图》和《行基日本图》相比较,应该说,《延历舆地图》所反映的地形认识,要比《行基日本图》更原始。如果说《行基日本图》是8世纪时的日本人的地理认识的话,那么《延历舆地图》所反映的应当是8世纪以前的日本人的地理认识。

根据《延历舆地图》,在早期日本人的认识中,日本列岛是东西走向的,而《行基日本图》则是东北向西南走向的。

如果我们按照《延历舆地图》的走向确定《古事记》中八大岛的所在方位的话,那么应该是这样的:

淡路岛位于日本列岛的东南;

伊予二名岛(今四国)南位;

隐岐三子岛(今隐岐岛)北位;

筑紫岛(今九州岛)西南位;

伊岐岛(今壹岐岛)西位;

津岛(今对马岛)西北位;

佐度岛(今佐渡岛)东北位;

大倭丰秋津岛(今本州岛)东位。

如果将上述八大岛所处的方位,与中国的后天八卦卦位相对照,那么结果如下:

淡路岛　　　　　巽位　　　"巽,东南也"

伊予二名岛　　　离位　　　"离也者……南方之卦也"

筑紫岛	坤位	"坤为地,方位在西南"
伊岐岛	兑位	"兑卦方位在正西"
对马岛	乾位	"乾,西北之卦也"
隐岐岛	坎位	"坎者,水也,正北方之卦也"
佐渡岛	艮位	"艮,东北之卦也"
大倭丰秋津岛	震位	"震,东方也"①

根据《延历舆地图》上八大岛所处的位置,以及与后天八卦卦位相对应的方位,拟可绘出一图(见图3-2)。从这张日本八岛地形八卦图中,可以看出如下两点。第一,它显示了古代日本人对东方("震")位的重视。在《出云国风土记》一书的篇首有这样一段记载:

国之大体,震为首,坤为尾。东和南是山,西和北属海。

这虽然说的是出云国的地形,但是"震"为首,"坤"为尾的思想则与《日本书纪》《古事记》两书的八大岛重视"震"位的思想是一致的。《古事记》的神话中,把大倭丰秋津岛(今本州岛)放在八大岛出现的最后,而《日本书纪》则又把它作为最先出现的岛。不论是放在最后,还是放在最先,都是为了突出本州岛在八大岛中的中心地位。如前所述,按照古地图和卦位,本州岛处于震位,方向为东。《周易》中说"帝出于震""万物出于震",这里的"帝"系指"主宰万物者",与"君"同义,当然也与古代日本的"王"或"大王"同义,震位既是"王"的出生之地,也是万物萌发之地,其重要性是不言而喻的。大倭丰秋津岛(今本州岛)是日本列岛中最大的岛,其中心地位的确立也为以大和为中心的王权地位的确立做下了铺垫。

第二,八大岛的卦位图,也显示了当时的日本人已有对不同时辰和季节的认识:东方象征初升的旭日,以及春天的太阳;南方象征正午的炎阳和夏季的太阳;西方象征夕阳和秋季的太阳;北方象征沉入地底的太阳和冬季的太阳。

另外,还要向读者指出的是,《古事记》在记述八大岛出现顺序时,除了个别岛屿外,基本上是从东南的淡路开始,按顺时针的方向推进。这种从东南方开始按顺时针记述的方法,与中国《淮南子》中记述中国九大州的次序和方向是一致的。古代中国疆土分为九州,《淮南子·地形训》中记述的次序是:东南的神

---

① 《周易大传·系辞传下》。

州→正南的次州→西南的戎州→正西的弇州→正中的冀州→西北的台州→正北的沛州→东北的薄州→正东的阳州。这种次序和方向的一致,应该不是巧合吧?

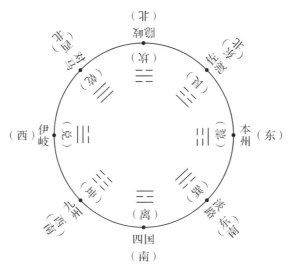

图3-5 日本八岛地形八卦图

　　天神伊奘诺尊和伊奘冉尊创造了日本八大岛,确定了地上世界的领域。但是构筑地上世界仅有领域是不够的,还必须有管理和治理领域的神(人)。于是创生地上世界的神(人)成了重要任务。综观《古事记》《日本书纪》的记载可知,创生地上世界的神(人)是通过两种方式实现的:一是由伊奘诺尊和伊奘冉尊两位神的性交创生;二是由伊奘冉尊和伊奘诺尊身上之物化生。由性交创生的神共有25位,其中有石神、树神、山神、平原神、风神、水神、海神、土神、船神、火神等等。

　　两神性交创生这一方式的结束,是因为伊奘冉尊生了火神,灼伤了阴部,导致重病卧床不起。伊奘冉尊在重病期间,其呕吐物、粪便等物化生了10位神。伊奘冉尊死后到了黄泉国,伊奘诺尊曾到黄泉国去探望过爱妻,当他从黄泉国回来之后,为了洗涤黄泉国的污秽,便在流动的海水中洗涤身子,通过他的洗涤,共化生了26位神,其中天照大神、月神和速须佐之男命(素戋鸣尊)就是在这次洗涤中化生的。天照大神被送上天去治理高天原,月神被送去治理夜国,速须佐之男命原来是要被送去治理海原的,但由于他自己不同意,最终去治理地下世界了。速须佐之男命在去治理地下世界之前,曾去高天原与天照大神告别,后来又从高天原到了苇原中国。他在苇原中国滞留期间,曾结婚、生子。其子大国主神是地上世界中势力最强的神。大国主神在治理苇原中国的过程中,曾得到过两位神的帮助。一位是由天上降下来的少名毗古神。他们"相并建设了国土,然后,少名毗古命便渡到海那边去了"①。少名毗古命走了以后,大国主神又受到了御诸山神的帮助。这位神就是大三轮神,它的住地就在奈良的三轮山。②

正当大国主神在御诸山之神的帮助下建设国土的时候,天上的天照大神看上了这片土地,说这是她子孙应当统治的地方。于是在大国主神及其子答应让国的前提下,天照大神派其孙子天津彦火琼琼杵尊(又称番能迩迩艺命)来统治这片国土。他"分开丛云,威势堂堂地走来,从天之浮桥上,下到浮洲,站在上边,遂降至筑紫日向的高千穗灵峰上了"。当天孙降落日向之后,陪同他从天而降的天钿女,立即独自去了伊势的五十铃川边。从大国主神建国到天孙降临,天钿女东去伊势的这段神话中,有4个地名是甚为重要的,即大国主神的出云,三轮山神的大和,天孙降临的日向,以及天钿女落脚的伊势。日本学者荒川纮指出:出云—大和—伊势构成了水平宇宙轴。③如果基于荒川纮的观点,把水平宇宙轴从出云延伸到日向,那么就构成了东西基本对称的横向水平空间。这种基本对称的横向空间观与垂直空间观构成了古代日本人的宇宙结构观的核心(见图3-3)。

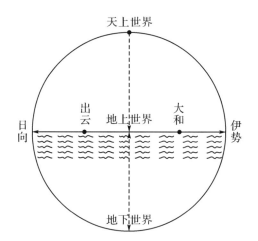

图3-3　日本神话中的横向空间观与垂直空间观

---

① 《古事记》上卷。
② 《日本书纪》卷1,神代上。
③ 荒川纮:《古代日本人的宇宙观》,海鸣社1983年版。

（三）地下世界

日本神话中的地下世界,应包含3部分,即黄泉国、根国和海神国。三者虽同属地界以下,但环境和状况是完全不同的。黄泉国虽然没有中国传说中的阴曹地府那么可怕,却也是个污秽的地方;根国虽充满危险,却也有神(人)间之情;与黄泉国与根国不同,海神国是一片安谧的、充满情爱的乐土。现在我们分别来看一看《日本书纪》《古事记》记载的神话中的地下世界。

1. 黄泉国

黄泉国的状况,神话中是通过伊奘诺尊与伊奘冉尊在黄泉国不愉快的会晤构筑的。伊奘冉尊因生火神而卧床不起,不久丧命去了黄泉国。伊奘诺尊想念妻子,便去黄泉国探视。见了妻子,伊奘诺尊对她说:"妻啊,我们的创造尚未完成,请跟我回去吧!"伊奘冉尊回答说:"夫啊,我很想跟你回去,可是你来迟了,我已吃了黄泉国灶火煮的食物了。不过,我去和黄泉神商量商量看,不知他是否同意放我走。请你待在这里不要动,耐心等我回来。"说罢,她进入了黑洞洞的内殿。伊奘诺尊等了很久很久,仍不见爱妻回来。不耐烦的他,拔下插在头上的木栉,从中折取一个栉齿,点燃作为照明的火把,进入内殿。火光驱散了黑暗,把内殿照得一清二楚,猛然间,伊奘诺尊看见爱妻赤裸裸地躺在地上,满身脓血,上面爬满了蛆虫。在她的头部、胸部、阴部、左手、右手、左足、右足各生出了一尊雷神。伊奘诺尊见了不禁惊恐,急忙转头往外跑,边跑边说:"我竟到了不曾见过的极度污秽之国。"伊奘冉尊见丈夫逃跑而去,十分生气地说:"你违背了诺言,擅自闯入内殿,又羞辱了我,你要付出代价!"便命黄泉国的8个丑女追赶。丑女没有追赶上伊奘诺尊,妻子又命8个雷神率黄泉军追赶,一时间,雷声大作,天昏地暗。一直追到黄泉国的边界比良坂地方,伊奘诺尊从比良坂上的一棵桃树上摘下3个桃子,朝雷神和黄泉军抛去,顿时雷声停止,黄泉军溃散。这时,伊奘冉尊也追赶到比良坂,夫妻二人站在阴阳界的两边,妻对夫说:"夫啊! 今后我们的夫妻情谊不复存在了。因为你这次对我的羞辱,我将每天杀死你国度的1000个人!"伊奘诺尊回答说:"妻啊,你如果这样做,我将每天建1500个产房! 使生命不息,人类永存!"

这则神话,揭示了黄泉国与地上世界的截然不同:那里没有光明,只有黑暗;那里将美丽变成丑恶,善良变成凶残,情谊变成怨仇。一旦死后进入黄泉国,再也无法返回人类世界了。

2. 根国(根之坚洲国)

根国的状况,神话中是通过大国主神的遭遇表现的。传说,因为争夺美女,大国主神屡屡受到他的兄弟神的迫害,先是想用被火烧红的大石头把他压死烧死,但由于天神的救治和母神的照料,其最终免于一死。众兄弟神接着把他骗到山里,把他夹在劈开的树缝里,企图把他夹死。又是由于母神的救助,他活了过来。看到他的处境,母神对他说:"你的兄弟最终是要把你杀死的,你可往你父亲速须佐之男命的根之坚洲国去躲一躲,请你的父亲帮你谋划谋划。"

大国主神听从母神的建议,就到根之坚洲国去找父亲。大国主神见到速须佐之男命后,向他诉说了自己受众兄弟神迫害的事。速须佐之男命听后,并没有说什么,心里却设计好了一系列磨炼他的方案,他对儿子说:"你走累了,先休息吧!"大国主神被引到一个满是蛇的房间里,父亲让他睡在那里。这时,大国主神得到速须佐之男命的女儿亦即他的妹妹须势理比卖的帮助。须势理比卖将一块辟蛇的领巾偷偷地交给大国主神,并对他说:"如果蛇要咬你,你就将领巾摇三遍,蛇就不敢咬你了。"大国主神遵照吩咐,轻轻地摇了三遍,蛇便安静地盘曲一边。大国主神美美地睡了一夜。

第二天,大国主神又被领进了另一个房间,这是养着大黄蜂和蜈蚣的地方。住在这里,必定会受到大黄蜂的攻击和蜈蚣的蜇咬,那时小命就难保了。正在危急之时,又是须势理比卖救了大国主神,她给他送来了一块辟大黄蜂和蜈蚣的头巾。遵照她的吩咐,大国主神又逃过了一劫。

速须佐之男命见大国主神平安地闯过了两关,便又心生一计,他把大国主神带到荒凉的野地,当着大国主神的面,用弓把一支响箭射向荒野,并说:"这支箭已无影无踪,你去把它找回来!"当大国主神进入荒野去寻找响箭的时候,速须佐之男命便把荒野里的野草点着,刹那间火势凶猛,大国主神面对熊熊烈火,不知所措。此时,有一只田鼠跑窜过来,对他说:"进口狭小,底下空洞。"大国主神领悟到地下有洞。于是,他用足力气踩地,果然地表塌陷,出现了一个大坑,大国主神躲了进去,大火就从上面烧过去了。那只田鼠又来到大坑边,叼着那支响箭,交给了大国主神。

速须佐之男命和须势理比卖都以为大国主神被烧死了,正准备为他办丧事,他却平安地回来了。

接下来,速须佐之男命又叫大国主神到他住的房间内给自己捉头上的虱子。其实,爬满他头上的虫子,并不是虱子,而是一条条蜈蚣。见了蜈蚣,大国主神哪里敢下手去捉啊。正在犹豫时,须势理比卖悄悄地递给他一把椋树的树籽和一抔红土,示意他把两样东西放到嘴里咀嚼成泥。大国主神暗暗地照样做了,然后把红色的烂泥状的东西从嘴里吐了出来。速须佐之男命见了,以为是嚼碎的蜈蚣，不觉心中佩服自己的儿子，认为他经受住了多重考验。想着想着，他安心地睡着了。见速须佐之男命睡熟后，大国主神不觉恨从心起，决定趁此机会逃出苦海。于是，他把父亲的头发拴在房梁上，用大石头堵住大门，取了父亲的十握剑、弓箭和天沼琴，背着妹妹须势理比卖逃走了。在逃跑中，天沼琴不意碰上了一棵大树，发出了巨大的响声，惊醒了速须佐之男命。速须佐之男命发现自己的头发被拴在房梁上，便知道儿子带着妹妹逃跑了。等他解开头发追赶时，大国主神和须势理比卖已经跑得很远了。最后，大国主神和他的妹妹越过了根国比良坂。这时速须佐之男神远远地对大国主神大声喊道："你拿着你应该有的十握剑、弓箭，将你的兄弟们赶走，自己统治国土吧！"

这则神话，与前一则伊奘诺尊和伊奘冉尊反目成仇和阴间的污秽情景不同，它所揭示的虽然是大国主神饱受父亲严酷的考验，但在严酷之中，深蕴着父子之情和兄妹之情。速须佐之男命对儿子进行考验，目的是锻炼儿子，使其成长，只有经过磨炼才能成为出色的苇原中国的统治者。考验虽然严酷，甚至是生命的炼狱，但是大国主神在亲情、友情的支撑下闯过了难关。

这则神话表明，根国是速须佐之男命住的地方。他与伊奘冉尊居住的黄泉国是不尽相同的。正因为如此，日本学术界关于"根国"有多种不同的观点。有的说，根国神话是依据古代的被称为"竖穴式古坟"和"横穴式古坟"中的石棺结构为模式编写的；也有的说，依据"根"的字义，可将"根国"解释为"下根之国""底根之国"，其与黄泉国是同一性质的国。针对上述种种观点，学者荒川纮提出了不同的看法，他说：

> 根国具有浓厚的高天原也能瞧见的海洋性特点。基于此，对伊奘冉尊的黄泉国和素戋鸣尊（速须佐之男命）的根国的情景做一比较，黄泉国是通过一点火烛之光窥视内部状况的，是一片暗黑的世界，蠕动着无数蛆虫的污秽的世界，所以到过这一地方的伊奘诺尊必须到河水里洗濯。与此相比，根国虽然有蛇、蜈蚣之类的动物，但完全没有黑暗、污秽之感。根国的大房间有八间宽，它与"横穴式古坟"的墓室相差甚远。素戋鸣尊的根国虽然被设定是在出云，但说不定它是以隔海的远国海岸的洞窟为模式的。[①]

---

① 荒川纮：《古代日本人的宇宙观》，海鸣社1983年版，第123页。

将海岸的洞窟作为神话编撰者编写根国的模式是有可能的,但是,根国究竟是地上世界还是地下世界?学界对这个问题争论了很久,但至今仍未取得统一意见。

从《古事记》①和《日本书纪》②中的记载看,关于速须佐之男命所治国的记述,主要共有10处,如表3-1所示:

表3-1 《古事记》和《日本书纪》中关于速须佐之男命所治国的记述

《古事记》4处	《日本书纪》6处
①伊耶那岐命(伊奘诺尊)洗左目时所产的神名为天照大御神,其次洗右目时所生的神名为月读命,其次洗鼻时所生的神名为速须佐之男命。此时,伊耶那岐命命令速须佐之男命道:"你去治理海原。"	①伊奘诺尊(伊耶那岐命)和伊奘冉尊(伊耶那美命)生了素戈鸣尊(速须佐之男命)后,因为此儿"勇悍安忍,且常以哭泣为行,故令国内人民多以夭折,复使青山变枯",就"敕素戈鸣尊:汝甚无道,不可以君临宇宙,当远適之于根国矣,遂逐之"。
②速须佐之男命不服从分配,不愿去治理海原,一直哭闹。父亲于是问他:"你为什么不去治理你母亲命你治理的国土,却尽在哭闹?"速须佐之男命回答说:"我想到母亲(伊奘冉尊)的国土根之坚洲国去,所以哭泣。"于是,父亲大怒说:"那么,你不必在这个国里住着了!"将他驱逐了出去。	②伊奘诺尊从黄泉国回来后,在海中洗涤,"洗左眼,因此生神号曰天照大神,复洗右眼,因此生神号曰月读神,复洗鼻,因此生神号曰素戈鸣尊,凡三神矣"。接着伊奘诺尊任命三子:"天照大神者可以治高天原也,月读神者可以治沧海原潮之八百重也,素戈鸣尊者可以治天下。"当时,素戈鸣尊"常以哭泣恚恨",不愿去治天下。为此,伊奘诺尊问他:"汝何故恒啼如此耶?"素戈鸣尊回答说:"吾欲从母于根国,只为泣耳。"伊奘诺尊听后很生气,说:"可以任情行矣。"便驱逐了他。
③被父亲驱逐后,速须佐之男命便到高天原要与天照大神见一面。当时,天照大神一见兄弟,便问他:"你有什么事上来?"速须佐之男命回答说:"我上来并无恶意,我就想往母亲的国去,要告诉姐姐一声,所以就上来了。"	③一书曰:"伊奘诺尊敕任三子曰:'天照大神者可以御高天之原也,月夜见尊者可以配日而知天事也,素戈鸣尊可以御沧海之原也。'"
④母神对大国主神说:"你可往(你父亲)速须佐之男命所在的根之坚洲国去。"	④当伊奘诺尊驱逐素戈鸣尊时,儿子向父亲要求说:"吾今奉教将就根国,故欲暂向高天原与姐姐相见,而后永退矣。"得到伊奘诺尊同意后,素戈鸣尊就到了高天原。天照大神对弟弟的到来怀有戒心,责问他为什么到高天原来。素戈鸣尊回答说:"父母已有严敕,将永就乎根国,如不与姐相见,吾何能敢。"

---

① 《古事记》上卷。
② 《日本书纪》卷1,神代上。

续　表

《古事记》4处	《日本书纪》6处
	⑤素戈鸣尊在高天原滞留期间,屡屡作恶,最后遭到高天原众神的驱逐,众神对他宣布说:"汝所行甚无赖,故不可住于天上,亦不可居于苇原中国,宜急适于底根之国。"
	⑥素戈鸣尊被逐出高天原后,降到了出云国,在那里杀了八岐大蛇,取了当地神的女儿奇稻田姬(《古事记》中称"栉名田比卖"),生了儿,为儿子盖了宫殿,将儿托给妻子和岳父母抚养,自己便独自"遂就于根国矣"。

根据以上10处记载,可知速须佐之男命(素戈鸣尊)应去的或欲去的国土的名称有以下5种:

　　(1)"海原"(或称"沧海之源")2处
　　(2)"母亲之国"(即"黄泉国")1处
　　(3)"根之坚洲国"2处
　　(4)"底根之国"1处
　　(5)"根国"4处

从5种不同名称看,"海原"(或称"沧海之原")本是伊奘诺尊敕命速须佐之男命应去的地方,可是,他始终不愿意,最终也没有去。因此,应该排除掉。再则,"母亲之国"(即"黄泉国"),是否是他最终去治理的地方呢? 应该说也不是。因为,前面已经说过,速须佐之男命所处的环境与伊奘冉尊所在的黄泉国完全不同。黄泉国黑暗、阴森、腐烂、充满蛆等污秽。而速须佐之男命所在的地方,除了蛇、大黄蜂、蜈蚣之外,并无黑暗、污秽的迹象,显然与黄泉国是有区别的。可是史料记载中又一再显示,速须佐之男命到达的地方乃是他母亲所在的根国。那么,它究竟与黄泉国有什么关系呢? 为什么会出现不同的环境呢?

"根国""底根之国""根之坚洲国"三者,实际是对同一个地方的不同称谓。关于"根"字,中国古籍有如下注释:

　　根,根柢也。(《广韵》)
　　根者,书之所谓柢也。(《韩非子·解老》)

根，始也。(《广雅·释诂一》)

是谓天地根。河上公注：根，元也。(《老子》)

万物有所生，而独知守其根。(《淮南子·原道训》)

很清楚，"根"主要有"植物之根"和"万物生成之本"两解。根生长在泥土之下，万物生成之本是地底的土壤和水分。因此，从这一含义引申，"根国""底根之国"和"根之坚洲之国"，都应解释为"地下之国"。根国是地下之国，黄泉国也是地下之国，所以两者所处的大范围是同一的，即地下世界。但所不同的是，速须佐之男命是受天神敕任的地下世界的管理者；伊奘冉尊虽然是神，但她是死亡了的天神，已失去了原有的神威，她的躯体已经腐化，满是脓血，上面爬满蛆虫，她的魂魄受到黄泉国的"鬼律"的限制。所以说，由于地位的不同，两者所处的环境自然不同。一个是神，是管理者；另一个是鬼，是被管理者。

写到这里，我想起了中国西南地区少数民族的天地分层的原始宇宙观：世界有三层，即"天上一层，人间一层，地下一层"。有的认为天有七层，地有七层，或天有三十三层，地也有三十三层。[①]前已述及，日本神话中说天上世界也存在不同层次。那么，地下世界的根国和黄泉国虽然存在管理与被管理的关系，但是否同时表明二者所在的层次不同呢？根国似应更接近地上世界，是地上世界与黄泉国之间的过渡层次。根据这一推测，拟可画出世界的结构，具体如图3-4所示：

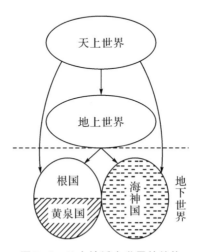

图3-4 日本神话中世界的结构

① 王天玺、李国文：《先民的智慧——彝族古代哲学》，云南教育出版社2000年版，第140页。

3. 海神国

日本神话中的海神国,虽然与根国、黄泉国同处地下世界,但是与它们的环境迥然不同。那里简直是一个隔世的仙境。关于海神国的情况,可以通过"海幸与山幸"的神话来了解一二。

神话说,天照大神之孙降到了日向的高千穗峰以后,与当地的大山祇神的女儿鹿苇津姬一见钟情,一夜之欢后,鹿苇津姬怀孕了,最终生了3子,其中长子火阑降命(又称海幸彦),以打渔为生,最小的儿子彦火火出见尊(又称山幸彦),以狩猎为生。两人各操己业,相安为生。可是有一天,弟弟彦火火出见尊突然向哥哥提出要求说:"哥哥啊,我们能不能交换一下工具,你拿我的弓箭去打猎,我拿你的钓钩去钓鱼?"哥哥经不住弟弟的再三恳求,最终答应了他的要求,两人交换了工具。第二天,哥哥拿了弟弟的弓箭上山狩猎,弟弟拿了哥哥的钓钩下海钓鱼。一天下来,两人都一无所获,更为严重的是,弟弟把哥哥的钓钩弄丢了。晚上,哥哥把弓箭还给弟弟,并索要自己的钓钩。这时,弟弟垂头丧气地告诉哥哥,钓钩在海上丢失了。哥哥一听非常生气,非要弟弟还钓钩不可。弟弟说:"钓钩已找不着了,我制作一个新钩还你。"他把自己的剑熔化后,制作了500个钓钩给哥哥,哥哥不要。做了1000个钓钩给哥哥,哥哥还是不要。哥哥只是一个劲儿地说:"我只要自己原来的那个钓钩。"为此,弟弟来到海边哭泣徘徊,碰见了盐土老人。老人问他:"你在这海边哭泣徘徊,有什么困难事啊?"彦火火出见尊一五一十地诉说了事情的原委。盐土老人听后,安慰彦火火出见尊说:"请不要忧愁,我给你想想办法。"盐土老人做了一条竹子笼似的密封防水小船,让彦火火出见尊坐在里面,把它沉到了海底。彦火火出见尊走出小船,在海底巡走。走了好久,突然来到一座宫殿前,只见宫殿台宇玲珑,殿前有一棵茂盛的桂树,树下有一口井。彦火火出见尊根据盐土老人的叮嘱,爬上了桂树。不一会儿,从宫里出来一个侍婢,她手中拿着玉杯,到井台来打水。侍婢打水时,从水中看到有个人影,抬头一望,见树上有一个英俊的男子,很是惊讶。彦火火出见尊忙从树上跳下来,向侍婢讨水喝。侍婢将装满水的玉杯递给他。彦火火出见尊接过杯子,他将随身佩带的一块玉衔在嘴里假装喝水,然后将玉吐在杯中。玉一入杯内,便牢牢地粘在杯底,无法拿开。侍婢没办法,只得将装有水和玉的杯子拿回宫中,递给海神的女儿丰玉姬(又称丰玉比卖)。侍婢告诉丰玉姬自己在宫殿门口遇到了英俊而高贵的彦火火出见尊的事。丰玉姬看见了杯中的玉,便知是珍贵之玉,非寻常人家子弟所有,于是亲自出来窥视。彦火火出见尊一表人才、气宇轩昂,不禁使海神之女心头如小鹿乱撞。她急忙回宫禀告海神说:"父亲,我们的宫门外来了一位尊贵的客人。"海神也亲自出来窥视,惊讶地说:"这是天神之子呀!"于是,用隆重的典礼,把彦火火出见尊迎进宫殿内,"大设宴飨,随即将其女儿丰玉姬(丰玉比卖)婚配给了他"。①

彦火火出见尊在这安静的、浪漫的海底仙境,一住就是3年。诚挚的爱情使他忘却了他到海底来的目的。可是有一天,他突然想起了钓钩的事,想起他的哥哥还在等他把钓钩找回去。想到这里,不觉大声叹息。丰玉姬听见丈夫的叹息后,便去告诉海神说:"彦火火出见尊3年来不曾叹息过,今天却发出大声的叹息,不知何故。"海神听后,就问女婿:"听女儿说,你3年来不曾叹息过,今天为什么叹息呢?"彦火火出见尊便将丢失钓钩的事详详细细地告诉了海神。

海神得知详情后,便召集海里的大鱼小鱼,命令其搜寻彦火火出见尊丢失的钓钩,结果在一条黑鲷的喉咙里发现了那个钓钩。"彼处虽复安乐,犹有忆乡之情。"②找到钓钩的彦火火出见尊归心似箭,虽海神和丰玉姬百般挽留,他还是决定返回故乡苇原中国去。在海神的帮助下,彦火火出见尊离开了海神国,回到故乡,将钓钩还给了哥哥。

这便是地下世界中,与根国和黄泉国完全不同的海底乐园。

叙述到此,古代日本人的宇宙观拟可做如下归纳:

第一,"气"是宇宙的本源,清气上升成天,浊气下沉成地;宇宙是由无形向有形发展的。这一思想与中国道家思想中的宇宙观有着明显的一致性。

第二,宇宙是由天、地、地下的垂直三层结构构成的。垂直结构与日本神话相结合,形成了"天(高天原)—地(苇原中国)—地下(黄泉国、根国和海神国)"这一结构模式。高天原是天神的世界,苇原中国是以日本列岛为主的地神(人)的世界,而地下的黄泉国、根国和海神国是与天上世界和地上世界相对应的阴界,三者虽同为阴界,但情况各不相同,并非都是恐怖、污秽之地,实际上也有仙境乐土。

第三,在叙述苇原中国过程中,内含着与古代日本人的宇宙结构垂直空间观相对应的横向空间观,即东侧的伊势、大和,分别与西侧的日向、出云相对称,构成古代日本主体区域的空间结构。

---

① 《古事记》上卷。
② 《日本书纪》卷1,神代下。

第二节　原始的创生观

世界各民族的创生观,有许多相似之处,同时也存在着明显的差别。日本神话中所反映出来的创生观,并非只有一种类型,而是呈现出多元的特点。比如前叙的《日本书纪》神代篇的序论中,就包含着卵生、元气化生、细胞分离等创生说。"古天地未剖,阴阳不分,混沌如鸡子",反映的是卵生思想;"溟涬而含牙,以及清阳者,薄靡而为天,重浊者淹滞而为地",反映的是元气化生的思想;"开辟之初,洲壤浮漂……于时天地之中生一物,状如苇牙,便化为神",反映的是细胞分离思想。这些创生思想,明显地受到了中国早期宇宙创生思想的影响。虽说古代日本人的创生观是多元的,但是其主要的类型是父母型和化生型。现在拟就父母型和化生型两类,做一个叙述。

一、父母型创生观

父母型创生观,顾名思义,就是通过男女两性的结合创生的思想。父母型创生,在日本神话中基本分为2类:一类是男女神(人)的创生,另一类是神(人)与动物的创生。

(一)男女神(人)的创生

这方面的典型是前面已有详细记述的伊奘诺尊和伊奘冉尊相交媾而生山川、河海、风雨、雷电、森林、花草及众神的神话。这则伊奘诺尊(男神)与伊奘冉尊(女神)通过性交媾创生宇宙万物的神话,虽然主要反映了古代日本人独特的思想,但也不能否认其中隐含着中国的阴阳思想。伊奘诺尊和伊奘冉尊初次创生时,两神约定女神向左、男神向右围着天柱转,相遇时就结合。遵照这一约定,女神向左转,男神向右转,两神会合时,女神首先开口说:"多健壮的可爱的少男啊!"男神应声说:"多美丽的可爱的少女啊!"于是结合为夫妻,可是,这次结合后生下的是一个残疾儿。男女神不知原因,于是双双上天,请教天神。天神占卜后告诉他们说,生下残疾儿是因为违反了阴阳次序。依据阴阳次序,围绕天柱时,应男神向左、女神向右,两神相遇时,应男神先开口,女神后开口。从天神那里得到启示后,两神改正了原先错误的次序,并遵照阴阳原则开始创生。终于,顺利地创生了国土和众神。萧吉在《五行大义》中指出:"阳则为刚、为君、为夫、为上、为外、为表、为动、为进、为起、为仰、为前、为左、为德、为施、为开;阴则为柔、为臣、为妻、为妾、为财、为天、为内、为里、为止、为退、为伏、为(俯)、为后、为右、为(刑)、为藏、为闭。阴阳所拟,例多且略,大纲如此。"[1]

除了伊奘诺尊和伊奘冉尊的创生神话外,这种阳为上阴为下的思想被渗透到生活的各个领域。父母型创生的例子尚有不少。如素戈鸣尊与奇稻田姬婚合生了大国主神,大国主神与屋盾比卖命生了事代主神。天照大神为其孙统治苇原中国,派天使救命让国的时候,就是得到了大国主神和事代主神应允的。天照大神之孙天津彦火琼琼杵尊降临苇原中国后,构建了自己的神系。琼琼杵尊的神系如图3-5所示:

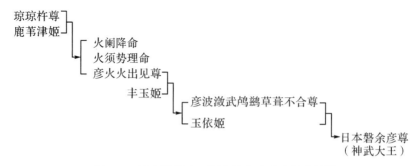

图3-5 日本神话中天照大神之孙琼琼杵尊的神系

琼琼杵尊神系的神子们的产生,也是有过许多趣闻逸事的。如琼琼杵尊从天降临日向后,在巡视笠狭之崎的时候,遇见了一个美人,名叫鹿苇津姬(又名木花之佐久夜比卖)。两人一见倾心,便有了一夜之欢,鹿苇津姬因此怀孕。一天,她对天孙琼琼杵尊说:"我怀着你的孩子,已到了临产的时候。"天孙听后,诧异地说:"我的孩子? 一夜之欢,不可能是我的孩子,一定是别的神的孩子吧!"鹿苇津姬非常生气。为此,她盖了一间没有门窗的房子,自己住了进去。她在房子内大声地对房外的琼琼杵尊说:"我所怀的孩子,如果不是你天孙之胤,必当被火烧死,如果是你天孙之胤,是不怕火烧的。"说完便在房内点火烧房子。在熊熊火焰中,天孙的3个孩子相继诞生了。这3个孩子分别是老大火阑降命、老二火须势理命、老三彦火火出见尊。生完3个孩子后,鹿苇津姬从火焰中出来对天孙说:"我与我所生的儿子在火中毫发无损,你看见了吗?"天孙高兴地说:"刚才的怀疑是开个玩笑,我知道你生的是我的儿子。一夜有娠,既说明天神的能耐,也说明你有灵异之威,这样,孩子们才有出众的气质呀!"

---

[1] 《五行大义》卷2。

(二)神(人)与动物的创生

神(人)与动物的变形相爱、相欢,以至产生新一代神的神话,在《古事记》和《日本书纪》神代篇中也有好几例。如天孙琼琼杵尊神系的第三代彦波潋武鸬鹚草葺不合尊,就是第二代彦火火出见尊和海中鳄鲨的变形女子结合所生的。前已叙及,彦火火出见尊因丢失了哥哥的钓钩,在海神国滞留了3年。后来思乡心切,离开丰玉姬回到了故乡。分离时,他的妻子海神的女儿丰玉姬已怀有身孕。临产时,丰玉姬来到海边找到丈夫,告诉他自己将要生产的事,并开始在海岸边搭建产房。产房尚未搭完,丰玉姬肚子疼得不行,便进了产房。这时丰玉姬对彦火火出见尊说:"我生产时,要变成我原来的形状才能生下孩子,所以请你千万不要看我。"丈夫听后颇为奇怪,忍不住偷偷地向产房窥视,不看不知道,一看吓一跳,原来美丽可爱的妻子现出了原形,她变成了一条鳄鲨(《日本书纪》中说变成了龙)。正在生产的丰玉姬知道彦火火出见尊偷看了自己的原形,感到很是耻辱,她对丈夫说:"原本想我们的孩子出生后,我会常来常往照顾他的。可是你看到了我的原形,我感到耻辱,我今后不能来了。"说完就回到海里去了。丰玉姬虽然回到了海神国,但她仍然惦记着自己生下来的孩子,于是,她让自己的妹妹玉依姬去照看儿子。他们的儿子就是玉依姬照看的彦波潋武鸬鹚草葺不合尊。后来,彦波潋武鸬鹚草葺不合尊与自己的姨母玉依姬婚合,生下了日本历史上被认为是第一代天皇的日本磐余彦尊(神武大王)。天孙琼琼杵尊的神系表明日本皇室的形成和发展是与海洋有着密切关系的。

有关神(人)与动物结合创生的例子,除了上述神与鳄鲨结合创生外,还有第一章中已叙及的载于《常陆国风土记》那贺郡条的一女子与蛇神偷情怀孕生小蛇的神话等。

二、化生型创生观

一提起化生型创生观,我们会马上想到盘古化生的神话。关于盘古化生神话,有好几种说法。

其一,是《绎史》卷1引《五运历年纪》的记载说:

> 首生盘古,垂死化身,气成风云,声为雷霆,左眼为日,右眼为月,四肢五体,为四极五岳,血液为江河,筋脉为地里,肌肤为田土,发髭为星辰,皮毛为草木,齿骨为金石,精髓为珠玉,汗流为雨泽,身之诸虫,因风所感,化为黎氓(lí méng)。

其二,《述异记》卷上记载说:

> 昔盘古氏之死也,头为四岳,目为日月,脂膏为江海,毛发为草木。
> 秦汉间俗说,盘古氏头为东岳,腹为中岳,左臂为南岳,右臂为北岳,足
> 为西岳。先儒说,盘古氏泣为江河,气为风,声为雷,目瞳为电。古说,
> 盘古氏喜为晴,怒为阴。吴楚间说,盘古氏夫妻,阴阳之始也。

其三,《广博物志》卷9引《五运历年纪》说:

> 盘古之君,龙骨蛇身,嘘为风雨,吹为雷电,开目为昼,闭目为夜。

虽然有多种说法,但都说明,在古代中国人意识中,盘古死后,其尸体化生成种种自然现象。这种化生,学术界称之为"尸体化生"。

在日本神话中,化生的类型除了"尸体化生"外,尚有神体化生、被褥化生、嚼物化生等等,下面对此一一叙述。

1. 尸体化生

尸体化生的例子之一,是前已叙及的伊奘冉尊生火神受伤,在死前和死后化生了若干神。在她弥留之际,呕吐物化为神,称金山彦;小便化为神,名罔象女;大便化为神,名垣山姬。伊奘冉尊死后,到了黄泉国,尸体化为雷神,即头化出大雷,胸化出火雷,腹化出土雷,背化出稚雷,臀部化出黑雷,手化出山雷,足化出野雷,阴部化出裂雷。

尸体化生例子之二,是伊奘冉尊丧生后,伊奘诺尊愤怒地拔剑斩杀了火神。他把火神斩成五段,火神的头化为大山神,身子化为中山神,手化为簏山神,腰化为正胜山神,足化为繁山神。斩杀火神的剑上沾着的血,滴到天安河里,化成了500块磐石。

2. 神体化生

所谓神体化生,是指从活着的神(人)的身体某一部分化生自然物。这样的神话,有以下3例:

(1)《日本书纪》关于伊奘冉尊生火神受伤,最后死亡的神话的异说之二说,伊奘冉尊将要死的时候生了土神垣山姬和水神罔象女。火神与土神垣山姬结

合，生了稚产灵。稚产灵的"头上生蚕和桑，脐中生五谷"①。

（2）保食神化生五谷和动物。这则神话在本书第二章已有叙及，但关于化生五谷，《日本书纪》与《古事记》的记载略有不同。《日本书纪》中说，天照大神听说苇原中国有保食神，所以先后派了月读神和天熊人去进行调查的。月读神看到的是从保食神口中吐出的饭、鱼和兽肉之类。而天熊人看到的则是从被月读神杀死的保食神的身上生出的谷物和动物：头顶→牛马，颅→粟，眉→茧，眼→稗，腹→稻，阴部→麦、大豆、小豆。

《古事记》中则说速须佐之男命（素戈呜尊）被高天原的众神驱逐出高天原后，到了一地，向一个名叫大气津比卖的女神乞讨食物。大气津比卖热情地从口、鼻和肛门中取出种种美味食物让速须佐之男命吃。可是速须佐之男命"以为她以秽物相食"，就把她杀死了。结果从被杀的神的身上长出了谷物和蚕等与农业相关的生物：头→蚕，两眼→稻，两耳→粟，鼻→小豆，阴部→麦，肛门→大豆。

（3）用身体之物育树。《日本书纪》关于素戈呜尊（速须佐之男命）神话的异说之五说，素戈呜尊为了让自己的子孙以后能够渡海到朝鲜半岛，他觉得必须要有船。要造船就需要上好的木材，要有上好的木材必须种树。于是他身体力行，拔身上的毛发化生树木：

> 拔须髯散之，即成杉；又拔散胸毛，是成桧；尻毛是成柀；眉毛是成橡樟。……杉及橡樟此两树者可以为浮宝（引者注：指船），桧可以为瑞宫之材，柀可以为显见苍生奥津弃户将卧之具。②

这是说他身上的毛发化生的树中，杉树、樟树可以造船，桧树可用作造宫殿的材料，而柀树是被平民百姓用来制作家具的木材。素戈呜尊为使日本八洲的山岭成为青山，还让他的子女广泛播撒树种。

3. 被禊化生

被禊化生是日本创生观中极为重要的类型之一。最典型的例子就是前已叙及的伊奘诺尊从黄泉国回来后，为除去身上的污秽进行被禊时化生了26位神，其中包括对日后日本历史影响很深的日神、月神及素戈呜尊。

---

① 《日本书纪》卷1，神代上。
② 《日本书纪》卷1，神代上。

4. 嚼物化生

所谓嚼物化生,就是男女神各取对方身中和手中物,放在嘴中咀嚼,在咀嚼过程中吹出的气化生为神。《日本书纪》神代篇中的"瑞珠盟约",以及《古事记》上卷的"天照大御神与速须佐之男命的誓约",都是记述这方面的神话。神话中说,素戈鸣尊(速须佐之男命)性格怪诞,行为不羁,所以,当天照大神听说他要到高天原来见她时,她认为弟弟的到来是怀有歹意的,恐"有夺国之志",于是全副武装在天安河边迎见弟弟。一见面,天照大神就气势汹汹地诘问素戈鸣尊:"有什么事到这里来?"弟弟回答说:"父母已决定让我去根国,就是想在去根国前,看一看姐姐,我上来并无坏意。我跋涉云雾,远道而来,姐姐你竟凶巴巴地对待我。"

天照大神又问:"你说没有坏意,怎样证明你的心是纯净的呢?"

素戈鸣尊回答:"我可以与姐姐立誓约。不过立誓就会生子,如果我所生的是女儿,则说明我有坏心,如果是男儿,那就表明我的心是纯净的。"

于是,两神在天安河边立誓约。天照大神拿过弟弟手中的剑,把它折成三段,并在井水中洗净,然后放在嘴里嘎吱嘎吱地咬碎嚼烂,这时从嘴里喷出的雾气化生了三位女神。接着,素戈鸣尊取了姐姐头上和腕上的玉饰,也在井水中洗净,放在嘴里咀嚼,从嘴里喷出的雾气,化生了五位男神。这一组男女神的化生,表明了素戈鸣尊并无夺国之意。于是,天照大神应允弟弟在去根国之前,先在高天原滞留。

5. 感光化生

在日本神话中,除了上述种种化生类型外,尚有其他类型的化生。感光化生就是其中之一。在《古事记》中卷应神大王条中,记述了这样一则故事,说新罗国的一个王子,名叫天之日矛,他从朝鲜半岛渡海到了日本。他之所以来到日本,是因为他的妻子在他之前已来日本,他是来追妻。这里有一段感光化生的曲折故事:

> 王子所在的新罗国有一片池沼,有一个贫贱女子,经常大白天在池沼边睡觉。有一天,她正睡着,突然间感到"日光如虹,(直)指其阴处"。不久,该女子怀了孕,且生了一个红色的球。当时,有一个贫贱男子,窥见了贫贱女子感受日光怀孕生红球的全过程。他见女子生下红球后,就去向女子讨要那个红球,女子慷慨地把红球给了他。贫贱男子经常把红球挂在腰间,在山间耕田。一天他赶着牛上山,牛背上驮着佃农们吃的食物。当他进入山谷时,遇见了王子天之日矛。王子问贫贱男子:

"你为什么让牛驮着食物到山里去?你一定是要杀牛食肉吧?"不等贫贱男子解释,王子就把贫贱男子抓了起来,关进了大牢。贫贱男子解释说:"我不是杀牛的,我是去给佃农们送吃的。"王子还是不信。直到最后,贫贱男子把红球送给王子,才被释放。王子把红球放在自己的床边,突然间,红球化成了一个美丽的姑娘,王子遂与姑娘成婚,并把姑娘定为嫡妻。姑娘十分贤惠,常拿各种美味给王子享用。王子越来越奢侈,心情却越来越差,经常辱骂其妻。姑娘最后说:"我原来本不是做你妻子的女人,你这样对待我,我要回到我母亲所在的国度里去。"于是,她便悄悄地乘船逃离了新罗国,回到了难波(今大阪)。

这则故事虽然说的是新罗国王子,但是红球化生的姑娘的故乡是崇仰太阳神的日本。

6. 动物、植物互为化生

《丰后国风土记》的速见郡田野条记载着这样一个传说:

　　田野。地域广大,土地肥沃,开垦之便无处能比。昔者,郡内百姓居住在此,开垦了许多水田。粮食有余,置于垅上。已富,日渐奢侈,作饼为箭的。其时,饼化为白鸟,向南飞去。当年,百姓死绝,不造水田,遂至荒废,自此以后,不宜水田。

在《丰后国风土记》的"总记"中也记载了白鸟的传说,但与上面引的速见郡田野条的内容略有出入。"总记"中是这样记载的:

　　一名叫菟名手的男子,来到丰前国仲津郡中臣村,并在此住了一宿。天明时,忽见有白鸟自北来此村群集,菟名手和仆人观看白鸟之间,鸟化为饼,片刻间,饼又化为数千株芋,即使冬天,花、叶也繁荣。

同是一本书所载的关于同一内容的传说,其细微部分是不尽相同的:前者说饼化为白鸟,而后者说白鸟化为饼;前者说饼化成白鸟后向南飞去,而后者说白鸟从北方飞来;前者说由于百姓不珍惜粮食,做成饼当箭靶,致使粮食断绝,百姓饿死,田地荒芜,而后者说白鸟化成饼,饼又化成芋,而且在冬季,芋仍然长势很好。芋是粮食之一,百姓因此生活有了保障。虽然主题都是粮食、白鸟,但两者内容是不同的。从创生观来看,鸟、稻(饼)、芋三者间的互动转化,反映了古代日本人对粮食创生的主题是极为重视的。

第三节　哲学认识的萌芽

神话是古代人把握外部世界的一种思维方式,透过这种原始的思维方式,能够看到古代人的哲学认识的萌芽。从本章前两节有关日本神话中的宇宙观、创生观的事例中,我们也不难发现其中蕴藏着的原始哲学认识。本节拟对反映古代日本人的原始的哲学认识,做一简略的归纳。

一、先天后地、先天地后人(神)——宇宙自然顺序的认识

人类认识自然,常常是从了解天、地、人的起源开始的。古代日本人也不例外。前已叙及,古代日本人已明确认识到天地的形成是"天先成而地后定"。[①]虽然这种认识明显地受到古代中国思想的影响,但是结合古代日本的文化背景看,也可以看到日本自身的传统内涵。

在8世纪以前,日本尚无自己的文字,当然不可能出现如中国这样丰富的哲理性的著述。随着其自身文化发展,把民间流传很久的朴素的天地形成观,用文字加以哲理性归纳,已成为古代日本人的愿望。要实现这一愿望,最便捷的办法,就是借助中国古典中的文字来概括自己业已存在的传统观念。正因如此,才出现了古代日本人的天地观与中国古籍(如《淮南子》等)中记载的天地观相类似的情形。

古代日本人的天地观的形式,用程式表示,即:

> 天地未开→清气浊气分裂→清气上升为天→浊气下降为地→天地间生一物,状如苇芽→苇牙化为神→天神缔造八大岛屿(日本列岛)→天神创生治理岛国的神(人)。

这一程式,实际上揭示了古代日本对天地形成的两个层次的思维模式。其一是受中国宇宙观的影响,把"气"分裂产生天地视为"大宇宙"的形成;其二是把

----

① 《日本书纪》卷1,神代上。

日本列岛及治理列岛的众神的创生,视为"小宇宙"的形成。先有"大宇宙",后有"小宇宙"的思维,反映了当时的日本人的认知水平。

二、海洋——"万物之本源"

中国春秋初期的思想家管仲对水的重要性有过论述。他说"水者,地之血气",它"集天地而藏于万物",没有水万物不生,因此水是"万物之本源也,诸生之宗室也"。[①]

对生存在四面环海的地方的日本人来说,海洋就是他们的生命之源了。事实上,古代日本的神话中,海洋乃是重中之重的主题。古代日本人的"海洋是生命之源"的这一意识,可以从如下几个方面得以表明:

(1)日本列岛是在苍茫的海洋上产生的。关于日本列岛产生前的状况,《日本书纪》和《古事记》中分别是这样记述的:

> 伊奘诺尊、伊奘冉尊,立于天浮桥之上共计曰:底下岂无国欤,乃以天之琼矛指下而探之,是获沧溟,其矛锋滴沥之潮,凝成一岛,名之曰磤馭卢岛。[②]

> 天神乃命令伊耶那岐命、伊耶那美命二神,使去造成那个漂浮着的国土,赐给一支天之琼矛。二神立在天之浮桥上,放下琼矛去,将海水骨碌骨碌地搅动,提起矛来,从矛上滴下的海水积累而成一岛,是即为淤能碁吕岛。[③]

两书的记载都表明,天底下本来并无岛屿,而只有茫茫大海。伊奘诺尊(伊耶那岐命)和伊奘冉尊(伊耶那美命)从天而降的落脚地,也是他们用"天之琼矛"搅动海水凝结而成的。这两段文字,都十分明显地表明了古代日本人认为日本的国土是从茫茫的海洋中形成的这一意识。

(2)以天照大神为首的许多神是在海水中诞生的。依据《古事记》,自宇宙阴阳分离,天地产生后,总共创生了81位神,其中从天地始分至伊奘诺尊与伊奘冉

---

① 《管子·水地篇》。
② 《日本书纪》卷1,神代上。
③ 《古事记》上卷。

尊结合之前,共化生了17位神;伊奘诺尊、伊奘冉尊两神共生了38位神;伊奘诺尊从黄泉国返回后,在海水中被禊(涤身)时,化生了26位神。海水中化生的26位神,占总数的32%,而且这些神中包括了太阳神天照大神等。

(3)山海结合是王族世系的肇始。古代日本的神话,把天照大神及其孙琼琼杵尊作为天皇家族的始祖神,而《古事记》和《日本书纪》中作为日本第一代天皇的神武大王的父亲彦波潋武鸬鹚草葺不合尊则是由山神彦火火出见尊与海神之女丰玉姬结合而生的。

在中国的《周易》中,山为艮卦☶,海为坎卦☵。艮、坎两卦结合,为第64卦中的蒙卦䷄,即上山下海。《序卦传》说"有天地,然后万物生焉","物生必蒙,姑受之以蒙"。其本义是说,万物由天地交媾而生,而万物产生之初必然幼小无知,因此要通过启蒙教化,"蒙以养正",这样幼小无知者才能循此达成圣人的功业。

我们虽然不能肯定日本的山神与海神之女结合的神话是否受《周易》思想的影响,但可以肯定地说,这种结合的内涵与蒙卦的本义是一致的。山神与海神之女相交而生的彦波潋武鸬鹚草葺不合尊,恰处于日本神话中的权威系统由神制体系向人制(王权)体系转变的转折点。他是神制体系的最后一员,又是人制(王权)体系开始的一员。作为人制(王权)体系的开始,他的出现如同蒙卦本义所说的"物生必蒙"那样,还反映不出人制(王权)体系的全貌,因为只有"受之以蒙",才能逐渐地清晰、完善。彦波潋武鸬鹚草葺不合尊在其姨母玉依姬的抚育下成长,之后又与玉依姬成婚,实现了海神血统的第二次结合,终于诞生了人制(王权)体系的第一代王——神武大王。海洋与日本王权的关系就是这样密不可分的。对此,日本著名学者大林太良有过归纳性的论述:

> 上天的统治者天照大神是在海水中出生的,其子孙作为地上的统治者由天而降后,其中之一(引者注:指彦火火出见尊)赴海中完成王者加冕仪式成为真正的统治者,他与海神之女所生的孩子便是天皇家的祖先。[①]

三、朴素的对立统一意识

古代日本神话中的朴素的对立统一意识,似表现在以下几方面:

[①] 大林太良:《东亚有关海的民间信仰》,《中日民俗异同和交流》,北京大学出版社1993年版,第157页。

第一，阴阳、刚柔意识。《日本书纪》神代篇中，对阴阳两性有这样的记载：

> 乾坤之道相参而化，所以成此男女。

此句实际上源于《易辞传》中的"乾道成男，坤道成女"，是说万物皆由两性生成。《乾·凿度》中说："乾坤者，阴阳之根本，万物之祖宗也。"《系辞》中说："乾知太始，坤作成物。"乾（阳）坤（阴）的作用不同，独阳不生，独阴也不生，只有两者结合万物才能生长。所以说"乾坤之道相参而化"，就是强调阴阳两性相合而生育万物的。

古代日本神话中，男性神大多具有阳刚气质，而女性神则大多柔和温顺。男性神在两性关系中，常常居于高位，而女性神则处于低位。这与《易》中"乾（男）主施，坤（女）主受，乾主始物，坤主生物"的主张相吻合。"大哉乾元，万物资始，乃统天。"[1]"至哉坤元，万物资生，乃顺承天。"[2]例如，伊奘诺尊与伊奘冉尊、素戈呜尊与奇稻田姬、琼琼杵尊与鹿苇津姬、彦火火出见尊与丰玉姬等，都是前者阳刚，后者柔和温顺的典型。

第二，圣数"八"的推崇与"水火相射"。

在古代中国人们特别推崇的数字是"九"，但在古代日本，人们比较推崇的数字是"八"。表现数量"八"时，一是直接用"八"；另一是通过"三""五"成"八"的思维方法体现的。

（1）"三""五"成"八"的思维方法，似受中国汉代的《三五历记》中的"数起于一，立于三，成于五"，以及《史记·天官书》中的"为国者必贵三五""为天数者，必通三五"的影响。

在《日本书纪》神代篇中，天照大神与素戈呜尊在天安河边誓盟，用素戈呜尊的剑化生3位女神，用天照大神的玉化生5位男神；伊奘冉尊生火神时受伤，其丧生前排泄物化为三神，伊奘诺尊用剑斩杀了火神，化生为五神，等等。

（2）直接用"八"和八的倍数的方法。在《日本书纪》和《古事记》中直接用八表达的有数十处，如"大八洲""八寻之殿""沧海原潮之八百重""天八十河""（黄泉）丑女八人""八色雷公""八雷""八坂琼之曲玉""八握剑""八十万神会合于天安河""八咫镜""八十玉签""八岐大蛇""吾儿有八个少女""酿八酝酒""大蛇头尾各有八岐""蔓延于八丘八谷之间""八十木（树）种""八寻大鳄""八日八夜啼哭悲

①《乾·象传》。
②《坤·象传》

歌""于海中造八重苍柴篱""子孙八十连属""八重宫垣""八云立出云""八千矛神""八耳神""八天八夜歌舞""八重云""铺设八重席"等等。

有学者认为,古代日本人不崇"九"而信"八",究其原因,恐怕与日本人的忌讳有关,"'九'字的日语发音为'ku',与汉字'苦'谐音,含有'痛苦''苦难''苦命'之意,因此,'九'自古以来就是大和民族的忌讳之数"[1]。

关于崇"八",其原本似乎与"九"并无多大关系,探其主要原因,似应另辟蹊径。应该引起注意的是数字"八"恰与中国的八卦的"八"相合,看来并非巧合。与"八"相关的是,《古事记》中伊耶那岐命与伊耶那美命两神所生的神数,一共是64位(两神共生38位,男神被禊化生26位)。这"六十四"与六十四卦的"六十四"也是相合的。这是不是偶然呢?对于这一问题,有的日本学者也注意到了。《古事记》的编纂者太安万侣在序中就写了"道轶轩后,德跨周王,握乾符而总六合,得天统而包八荒",其用《周易》的世界观,把六十四神化现为《周易》的六十四卦。《周易》由上经三十卦,下经三十四卦构成,上经的最后一卦是"离"卦。"离为火",而《古事记》中伊耶那美命生育告一段落,最后所生的一个神就是火神,恰好应了"离"卦的火。"离"卦的九四爻有"突如其来如,焚如,死如,弃如"之意,昭示了新世纪的黎明。[2]日本学者从上经、下经转换的阶段性的角度解释了《古事记》中火神出生与"离"卦的对应性关系。现在,我们再从另一个卦位看一看伊耶那美命所生火神的卦义。如果将日本神话中的64位神按六十四卦卦位顺次排列,那么伊耶那美命所生的火神是第38位神,六十四卦中与第38位神相对应的卦应是睽卦。

睽卦☲,"下兑上离"。这一卦是由兑卦☱与离卦☲构成的,这是一个对立而又矛盾的卦。《象传》中说"火动而上,泽动而下",火的性质是燃上,而泽(水)的性质是润下,所以"水火不相射"。两者虽成一卦,但由于性质相背,必然睽乖离散。正如"离"卦九四爻的"突如其来如,焚如,死如,弃如",伊耶那美命"突如"生了火神,火炎灼热,遭到了"焚如",终于自己"死如""弃如",命归黄泉。火神燃上,母神入地,正体现了睽卦的卦义。

由此可见,日本神话中崇"八"数和创生的64位神与八卦卦数的相合,似是神话作者的有意之举吧。

---

① 刘毅:《高天原浮世绘——日本神话》,辽宁大学出版社1994年版,第208页。

② 小林美元:《神道的国际性》,《神道理论大系》,新国民社1984年版,第150页。

第四节　相关剪影

图3-6　《古事记》神话中的美丽女神木花之佐久夜毗卖(《日本书纪》载为鹿苇津姬)与天照大神的孙子迩迩艺命(《日本书纪》载为琼琼杵尊)一见钟情,最后结婚生子图

注:安田靫彦绘。转引自《图解趣味古典1:古事记·风土记》。

图3-7　《古事记》神话中的"天孙降临"图

注:山边神杜藏,堀江友声绘。转引自《图解趣味古典1:古事记·风土记》。

第四章

巫觋通神灵，卜筮求吉凶——古代日本的巫与骨卜

在人类历史发展进程中,几乎世界上所有民族的原始时代,都存在过巫与巫术。基于认识自然的水平有限,人们把在生产和生活中遇到的种种困难和痛苦,归结为神与鬼的作为。为了摆脱困难和痛苦,人们开始寻求解除的方法。起初,这种寻求只是个体的和分散的行为。人们只满足于自身的解脱,采用的方式方法只限于提高自己克服困难、解除痛苦的能力,增强自身对自然的控制力。方式方法也是五花八门的。但是,随着很多个体的具有巫意识的方式方法的增加,由个体的分散的巫行为逐渐融合为公众共识的巫行为。这种具有普遍性的并被公认的具有巫意识的方式方法便是巫术。巫术的形成,为巫师的出现提供了条件。在古代社会中,"巫和巫术不仅能适应当时人们的思想认识状况,在人们的各项生活中起到重要作用,而且成为人们争取生存、求得发展的重要精神支柱"[1]。

这种重要精神支柱,在古代日本是否也存在呢?它的具体情况又如何呢?虽然有关资料不甚丰富,但是从现有资料中,可以肯定地说,巫和巫术在古代日本也是存在过的。

本章拟对此做一个粗略的回顾。

第一节 古代日本的巫

关于古代日本的巫,我们可以从神话传说、考古学资料、史籍中找到其存在的痕迹。

说起日本神话传说中巫的形象,我们首先想到的就是《古事记》中的天宇受卖命女神(《日本书纪》神代篇中的天钿女命神)。在天照大神因速须佐之男命的

---

[1] 张紫晨:《中国巫术》,上海三联书店1996年版,第3页。

胡作非为而生气,躲进天之岩户,天地一片黑暗的时候,天宇受卖命女神在引出天照大神恢复天地光明的行动中发挥了重要作用。《古事记》中有关于她的描写:

> 天宇受卖命以天香山的日影蔓束袖,以葛藤为发鬘,手持天香山的竹叶的束,复空桶于岩户之外,脚踏作响,状如神凭,胸乳皆露,裳纽下垂及于阴部。于是高天原震动,八百万众神哄然大笑。[①]

这位以日影蔓束袖、以葛藤为发鬘的女神,手中拿着一把竹叶,双脚在一只空木桶背上踩踏着,发出有节奏的声响,响声震动了整个高天原,也使躲在天之岩户内的天照大神十分诧异,说:

> 我隐居此处,以为高天原自然黑暗,苇原中国也都黑暗了,为什么天宇受卖命还在舞蹈,八百万众神这样欢笑呢?[②]

一边说着,一边悄悄打开天之岩户。这时,众神乘机把天照大神拉了出来。

在这则神话里,天宇受卖命的形象是浪漫、性感、善舞的。穿着裳纽下垂到阴部的裙裳,露着双乳,手持竹叶,奔放舞蹈,这大概就是原始时代的女巫形象,以及祭祀活动中,女巫施术的状况吧。

关于巫的形象,在日本考古学资料中也偶有发现,且大多呈现在出土的陶器和铜铎上的绘画。现举数例。

(1)奈良县清水风遗址出土的残陶片上绘有3个人的图画(见图4-1),左边的两人,衣着简单,似《魏书·倭人传》中所说的"贯头衣"。右边的那个人则衣着华丽,两袖宽大,衣服的胸前部位绣有一只神鹿。右边的人一只手高高举起,似是一个巫师,正在施巫术。左边的两人,似是在请求巫师施巫术。中国的《说文解字》中对巫的解释是:"巫,祝也。女能事无形,以舞降神者也。像人两衮舞形,与工同意。"所谓"无形"是指神,"两衮"是指两袖。巫舞起宽大的两袖,祭祀神灵。图4-1中右边的宽袖人物不正是这种形象吗?

---

① 安万侣著,周启明译:《古事记》,人民文学出版社1963年版,第14—15页。
②《古事记》上卷。

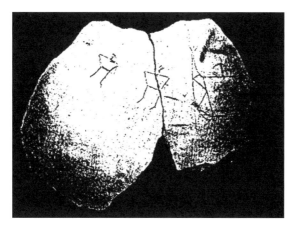

图4-1　奈良县清水风遗址出土的残陶片上的巫(右侧)的形象

(2)奈良县坪井遗址出土的残陶器中,有一巫人像。此巫人两肩向上,头部周围有一圈放射状细线。类似的图像,在佐贺县吉原遗址出土的铎形陶器上也可见。人物的头上有羽冠装饰物,双手之下有羽毛状放射线。

日本学者认为这些放射状细线是羽毛,因此绘画中的人是"鸟人"。这种认识虽然不能说有错,但似不甚确切。"鸟人"是以鸟为信仰,用鸟的羽毛装饰自己的人,或是古人心目中升入仙境的仙人。但从坪井遗址的图像看,与其说画中人是"鸟人",不如说是古代的巫人。巫人用鸟羽做帽,施行巫术时,边唱边舞,这在中国是有记载的。在郑玄注的《周礼》中有关于"皇舞"的记载:

> "皇舞,以羽帽复头上,衣饰翡翠之羽。"郑玄注:"皇,杂五彩羽,如凤凰色,持以舞。"

巫师头上戴羽帽,身上穿用翡翠制成的五彩缤纷的羽毛状衣服,翩翩起舞。"皇"字在《说文解字》中写成"翌"字:

> 翌,乐舞,以羽自翳其首,以祀星辰也。

如此看来,巫师祭祀日月星辰时,舞"皇(翌)舞"乃一种公认的巫术。奈良县坪井遗址出土的残陶器上的巫人,头上的放射状细线,似是与中国"皇舞"中的羽帽类似的饰物。从其形象看,好像也在舞巫舞。

(3)京都市黄金冢2号古坟的后圆部出土的一件盾形明器上,刻有一人物像。

此人物像高19厘米,头上有三角形物体,似是冠,宽大的两耳上各饰一个半月形玉垂,着花纹衣,一手屈伸,五指分开,一手下垂,也五指分开。两脚叉开,双足裸露(见图4-2)。从其外形观察,似为男性。因此,这应该是一幅男巫的形象画。我国的《国语·楚语下》中对巫有过这样的描述:"其圣能光远宣朗,其明能光照之,其聪能听彻之。"换言之,他们聪明、智慧,有超乎常人的感觉力。正因为具有这些异于常人的本领,"则明神降之,在男曰觋,在女曰巫"。这说明,在古代中国,巫既有男的,也有女的。在古代日本,虽然并无有关男巫、女巫的文字记载,但是京都黄金冢2号古坟中出土的明器上刻有的人物像,明确地表明,男巫也是存在过的。无论是男巫,还是女巫,他们的职责都是与神明沟通与交流,"神"降附于巫觋,"转达"神意(日本称之为"神托")。从《日本书纪》的记载中可知,这种通过"神托"表达神意的现象,在后来的日本神道中,成为一种常式。

图4-2　京都黄金冢2号古坟出土的盾形明器上刻有的男觋形象

(4)福岛县清户迫古坟的内壁上,有一组有关人与动物的壁画。其中有两人形象奇特,一人胴体瘦长,双手双脚外叉,头戴平形帽,耳侧似有饰物,下着宽裤,裤脚紧束;另一人胴体略胖,所穿的裤子,上部宽肥,下部紧束,头部戴有"T"字形装饰,两耳侧各有外飘的头发(或饰物),一只手向外伸出,另一只手则叉腰,叉腰的手的上部伸出一根粗黑的线,构成8个连续的圆圈。

画中的两个人,似是巫师,瘦长者是男性,略胖者为女性。这是一幅巫人通天的幻想图。那8个连续的圆圈,似乎是表现八重天。天地虽相隔遥远,但唯有巫能与天相连、相通;在巫与天的沟通中,天神降附于巫,传达神意,使人间安逸、兴旺。

(5)北海道余市郡余市町畚部洞窟内发现了早期的壁画,其中有"羽人"壁画，一个直立的人，双臂是一对张开的翅膀。这种鸟羽着装，很可能是早期巫人施行巫术时的装束，显然与第一章中叙述的鸟信仰有一定的关系。用鸟羽着装的人，不仅仅将双臂装饰成翅膀，而且有的将鸟羽做成头饰。鸟取县稻吉角田遗址出土的陶器片上，绘有头饰羽冠的羽人划船的形象（见图4-3）。

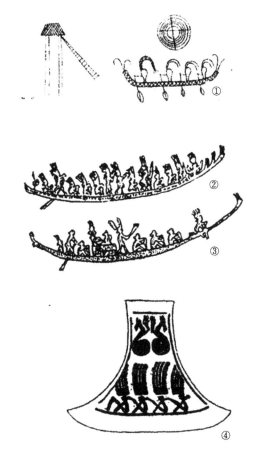

①日本鸟取县稻吉角田遗址出土的陶器上的纹饰；②越南出土的铜鼓上的纹饰；③中国云南出土的铜鼓上的纹饰；④中国浙江鄞州区出土的铜钺上的纹饰。

图4-3 羽人划船图

由于陶片残损，所以图像也有缺损。经考古学家春成秀尔复原后，其图是：一艘行进的船上有4个划船的人，4人均头饰羽冠，冠高耸而向后弯曲，船的上方是由多重圆圈组成的太阳，船的前方有一座由立柱构成的建筑，高耸入云，并有一长长的梯子与建筑上端的台屋相通。这幅图像向人们揭示了什么呢？它揭示了古代日本人的一种祭祀场面：用羽冠装饰的巫人或氏族的成员，划船到海的彼岸,爬上长长的梯子,站在高高的建筑的顶端,去祭祀太阳神。

这种使用羽冠装饰进行祭祀的活动,不仅日本有,中国、越南等国也有。中国的广西、云南出土了古代人使用的铜鼓。云南石寨山出土的铜鼓纹饰中,描绘了一条正在向前行驶的船,船上有八九个人,其中有多个人身着羽装。尤其是船中央站立的那个人,不但头戴羽冠,而且身着羽衣,双手如翅膀向前伸出,其身后置有桌子样的平台,上面堆放着祭物之类的物品。这是幅典型的巫师举行祭祀活动的图。在浙江鄞州区甲村出土的一把古代铜钺上,铸有4个着羽冠的人正在划船的形象,与日本鸟取县稻吉角田遗址的陶器纹饰颇为相似。

(6)铜镜、铜铎、铜剑上的"田""工""×"纹饰反映了巫的存在。

相当长一段时间里,日本青铜器上出现的"田""工""×"纹饰,引起了学术界的广泛关注。尽管许多学者认为,这些纹饰具有咒术意义,但大多未能将其与巫和巫术联系起来。最早提出巫的含义的日本考古学者,是寺泽薰。他在1992年专门就"田"字形仿制铜镜中的"田"字,发表了其独自的见解,指出"田"字即"巫"字。

至今,日本考古学者共发现了6枚有"田"纹饰的小型仿制铜镜(见图4-4)。

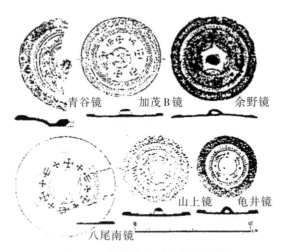

图4-5 "田"字小型仿制铜镜图

注:引自寺泽薰《巫镜》。

这6枚铜镜的发现地和直径详见表4-1。

表4-1　6枚有"玊"纹饰的小型仿制铜镜的基本情况

铜镜名称	发现地	直径/厘米
龟井镜	大阪府八尾市的龟井遗址	5.4
八尾南镜	大阪府八尾市的八尾南遗址	8.4
山上镜	大阪府丰中市的山上遗址	6.1
加茂B镜	冈山市足守川的加茂B遗址	6.7
青谷镜	神户市的青谷遗址	7.7
余野镜	爱知县丹羽郡的余野遗址	7.5

镜背图纹的构成中,都有拟铭带(模拟中国铜镜的铭文带,但没有铭文,只用图纹表示铭文)。6枚铜镜的拟铭带大多为"玊"纹饰。据寺泽薰的描述:余野镜的拟铭带由四乳和四"玊"纹相间隔组成;青谷镜比较特别,有2条拟铭带,外圈拟铭带有12个"玊"纹,内圈则有10个"屮"纹;加茂B镜拟铭带由4个"玊"纹与4个"屮"纹相隔而成;山上镜有4个"玊"纹,在"玊"纹与"玊"纹之间,分别配有"𝄞""ꓱ""ꞵ""𝄈"纹;龟井镜由四乳与四"玊"纹相间而成。

从6枚有"玊"纹饰的小型仿制铜镜的制作年代来看,具有双重拟铭带的青谷镜最早。中国铜镜中具有双重铭文带的铜镜是西汉时期盛行的平缘重圈纹镜,推测日本的青谷镜是模仿我国西汉时期的平缘重圈纹镜制作的。

在日本出土的铜铎的绘画中,有手执工字形器具的人物像。如神户市樱丘出土的3号铜铎上,有一人左手执工字形器具,右手向上,手指张开;同地出土的4号铜铎上的人则是右手执工字形器具,左手斜伸,手指张开;香川县出土的铜铎上的人也是右手执工字形器具,左手斜伸,手指张开;还有一件私人收藏的铜铎上绘的也是右手执工字形器具的人物。上述4幅人物像,他们的头部都呈"〇"形。根据日本考古学者佐原真对铜铎上人物性别的研究,一般情况下"〇"形头者为女性,"△"形头者为男性。据此可以认为4个执工字形器具者都是女性。现在的问题是,执工字形器具的是什么人物? 工字形器具是何种性质的器具? 有日本学者认为它是纺织工具。如果是纺织工具的话,那么执工字形器具的女性应是正在从事纺织的女性。这种观点,有待商榷。笔者认为工字形器具是巫术器具,执工字形器具的人是女巫。其理由将在后面详述。

除了铜镜上的"卍"纹、铜铎上的"工"纹外,在铜剑上还能见到"X"纹。日本考古学者于1984年夏,在岛根县簸川郡荒神谷发现了大量青铜剑,其总数多达358把。在发现的青铜剑中有相当数量的剑在剑柄部位刻有"X"纹。对于这些纹饰的含义,至今仍很少有人论及。青铜剑在古代日本的很多场合是用作祭祀器的,因此"X"纹,应该说并不是一个简单的记号,而应与上述"卍""工"纹的性质是一样的,其很可能是"卍"纹的简化。

下面拟对"卍""工"纹做进一步探讨。要想弄清日本青铜器上的"卍""工"纹,则有必要从古代中国的"巫"字的本义说起。

古代中国的"巫"字,在卜辞和金文中都有所见。前已叙及,《说文解字》中对"巫"字是这样解释的:

> 巫,祝也,女,能事无形,以舞降神者也,像人两衺舞形,与工同意。

对于"工"字,《说文解字》中解释说:

> 工,巧饰也,像人有规矩也,与巫同意。

这里,十分明确地指出了"巫"与"工"的意义是相同的。"巫"以"工"为道具,而"工"有如"人有规矩",即"工"就是规矩。"规矩也,从工像手持之",它的象形,如同人手持工。由此看来,"巫""工""矩"的本义是互解的。

在中国古代,巫为什么要将工即规矩作为施行巫术的工具呢?《周髀算经》中的一段记载,有助于我们理解这一问题:

> 请问用矩之道。商高曰:"平矩以正绳、偃矩以望高、覆矩以测深、卧矩以知远、环矩以为圆、合矩以为方。方属地,圆属天,天圆地方。"是故,知地者智,知天者圣。

《周髀算经》是于汉代定稿的,是反映中国古代算术水平的著作。其中的内容有的可以上溯到公元前6世纪。它除了反映当时的算术水平外,还反映了当时人的思想意识。上述引文中指出"矩"是测量、规划工具。这里所说的"平矩""偃矩""覆矩""卧矩""环矩""合矩"指使用矩时,矩放置的位置和视角不同,达到的效果也不同。平放可以"正绳"，仰放可以"望高"，俯放可以"测深"，卧放可以"知远"，环矩成圆，合矩成方，而方、圆在古代中国人的宇宙思想中，是地和天的象征，即引文中所说的"方属地，圆属天，天圆地方"。因此，在当时的人看来，能画天画地的人，也是能知天知地、通天通地的人，可称之为智者、圣者（"知地者智，知天者圣"）。这些知天知地、通天通地的智者、圣者就是巫。①

从上述古代中国对"巫""工""矩"的本义的诠释，有助于我们对日本青铜器上相关纹饰的解读。

观察日本的6枚小型仿制铜镜上的"![巫]"纹（见图4-5），十分明显，其字形与中国的金文"巫"字（见图4-6）相比，毫无二致。由此推断，寺泽薰提出的"![巫]"即"巫"的观点是正确的。

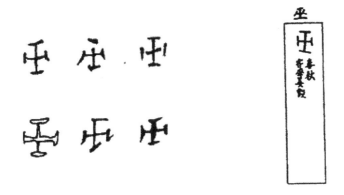

图4-5　日本小型仿制铜镜上的"![巫]"纹　　图4-6　中国的金文"巫"字

前已叙及，在中国工即矩，其形状即如"从工像手持之"，就是说矩的形状宛如人手拿着矩。在中国周代的金文中可见"矩"的字形（见图4-7）。"![矩字]"是站立的人左手执矩（工），"![矩字]"是站立的人右手执矩（工）。

日本铜铎中执工者的形象（见图4-8），与中国的矩（工）形是极为近似的，如"![图]"与"![矩字]"相近，"![图]"与"![矩字]"相近。这表明了铜铎中执工者不是纺织者，而是知天知地、通天通地的巫。

①　张光直：《中国青铜器时代》，生活·读书·新知三联书店1999年版，第252—259页。

①谷文晁藏铜铎纹;②神户樱丘3号铜铎纹;③香川县出土铜铎纹;④神户樱丘3号铜铎纹;⑤神户樱丘4号铜铎纹。

图4-7 中国周代金文中的"矩"字　　图4-8 日本铜铎上的执工字形具器的人物像

至此,我们似可得出以下结论:第一,日本小型仿制铜镜中的"玉"纹,应是"巫"字,这种"巫"纹镜的存在,说明小型仿制铜镜可能是巫师祭祀时的用具;第二,铜铎上的执工者也应是巫,它形象地描述了巫施行巫术的状态,其手中的工(矩)乃是他们施术时的祭器;第三,从上述比较中可以看出,日本的巫施行的巫术器具与中国的巫施行的巫术器具相似度很高,虽然不能据此说日本的巫术源自中国,但也不能排除其受到了中国巫术的影响。

第二节　日本巫的发展

早期的巫与巫术是与人们的生产活动相结合的,在氏族群体中巫本身就是劳动者或首领,他(她)所施行的巫术也是以模拟劳动过程的祭祀为重的,所以早期的巫兼容了劳动者、首领,以及祭祀天地、鬼神的巫三重身份。后来随着社会的发展,巫开始脱离生产,只保留了首领与巫的双重身份。"私巫"变成"公巫"。身为公巫者,便俨然成了当地的领袖。领袖的权力越来越大,于是变为酋长,变为帝王。[①]在中国古代历史上的尧、舜、禹,以及商朝的汤,均是具有巫色彩的领袖人物。

---

① 李安宅:《巫术的分析》,四川人民出版社1982年版,第23页。

日本自1世纪末2世纪初开始,在九州北部和畿内地区逐渐出现统一的地域国家。中国的《魏书·倭人传》中记载的邪马台国,就是位于九州北部的地域国家。这个邪马台国曾多次派使节到中国来,与东汉王朝和曹魏政权建立外交关系。东汉王朝和曹魏政权也曾遣使邪马台国,《魏书·倭人传》就是依据汉、魏使节出使时搜集的资料编写而成的。《魏书·倭人传》记载,邪马台国有三任国王,首任国王是个男王,统治国家七八十年。第二任国王是个女王,名叫卑弥呼,也统治了七八十年。第三任也是个女王,是卑弥呼的宗女,统治年限不详。第一任男王统治的后期,邪马台国发生了内乱。关于这次内乱及其结果,《魏书·倭人传》中是这样记载的:

> 其国本亦以男子为王,住七八十年,倭国乱,相攻伐历年,乃共立一女子为王,名曰卑弥呼,事鬼道,能惑众,年已长大,无夫婿,有男弟佐治国。

又据《梁书·倭传》,这次内乱发生在中国东汉灵帝时的光和年间(178—183)。因此,从"相攻伐历年"的记载看,内乱至少延续了4年。内乱的原因虽不甚清楚,但从最后共立一女子卑弥呼为王来看,这场内乱应是为了争夺王权。卑弥呼之所以能够被国人"共立",主要是因为她"事鬼道,能惑众"。

邪马台国的第二次大乱,发生在3世纪40年代,《魏书·倭人传》中记载:

> 卑弥呼以死……更立男王,国中不服,更相诛杀,当时杀千余人。复立卑弥呼宗女台与,年十三为王,国中遂定。

显然,这次内乱也是为了争夺王权,"更立男王,国中不服",表面上看,似乎是男子为王和女子为王的斗争,而实际上并非在于男女。从最终以"复立"卑弥呼的宗女为王结束了内乱来看,女子台与成为王,主要还是在于她是"事鬼道,能惑众"的卑弥呼的宗女。由此似乎可推断,台与也是一位"事鬼道,能惑众"的人物。

由于卑弥呼、台与成了统治国家的王,她们的身份也发生了变化,即具有了王与巫的双重身份。这样,有较高巫术,并得到了公众拥戴的大巫卑弥呼、台与便由民巫变成了官巫。她们的职责不仅仅是原先的为民祈福、驱邪避灾,更重要的是通过巫术,维护国家的统一与稳定,巫成为为国家的祭祀、政治和军事服务的工具。

《魏书·倭人传》并未就卑弥呼的"鬼道"详加介绍。因此,我们无法深入了解这种"鬼道"的宗教性内涵。《魏书·倭人传》中记载:

> (卑弥呼)自为王以来,少有见者。以婢千人自侍,唯有男子一人给饮食,传辞出入。居处宫室楼观,城栅严设,常有人持兵守卫。

这段文字表明,卑弥呼的"鬼道",已不是一般意义上的巫。她被立为王以后,把治国的政事交给了"男弟",自己却闭门修道,专心修炼。她的这种隐入静室,闭门修道的做法,与中国早期道教强调自身修炼的精神颇为相似。中国的道教的修炼方法有多种,如形体修炼、食物修炼和精神修炼,其中精神修炼最为重要。精神修炼的关键就是"收心习静",通过"静定",实现心灵静化,"去物欲,简尘事",最后达到仙化。卑弥呼的"收心习静"、隐居不出的方法,对己则可修炼成仙,对国家而言,她的隐居更增强了她在国人心目中的神秘感,通过"男弟"传递的言辞,更具有惑众性。

据载,卑弥呼自为王以来,"居处宫室楼观"。不少学者认为"宫室楼观"表明宫室的豪华。持这种观点者重视文中的宫室,而忽略了楼观。这里的楼观不仅仅表示宫室建筑,也表示祭神建筑。中国最初出现楼观是在周代。最早是"以结草为楼,观星望气"(《楼观本起传》),是观察天文气象的建筑。至汉代,楼观则成为"尤敬鬼神之祀"的场所。[①]汉武帝曾建甘泉宫,并在宫中作台,以祭天神。后又建寿宫、北宫祭"神君"。公元前109年又为神仙建宫观,名"蜚廉桂观""益寿、延寿观",并在甘泉宫内筑30丈高的通天台,招迎天上的神仙。从汉武帝建楼观祭神的史事中,我们似可以联想到卑弥呼女王所居的楼观,是否也具有祭神、迎神的功能呢?

根据上述分析,是否可以说,邪马台国女王卑弥呼所从事的"鬼道"已不是原始巫术,而是在原始巫术的基础上,有了进一步发展,已具有了早期宗教的某些因素? 用日本学者的话说,"鬼道"应该是在日本固有的原始巫术信仰的基础上,吸取了中国早期道教的某些因素而形成的一种复合性"宗教"。[②]

巫与王权的政治、军事结合的传说,在《古事记》和《日本书纪》中也屡有所

---

① 《史记·孝武帝本纪》。

② 纲野善彦等:《日本民俗文化大系:第3卷》,小学馆1983年版。

见。现举数例。

（1）神武大王东征是古代日本十分重要的历史传说，不少学者甚至认为神武东征确有其事，认为神武大王统一了日本。本书不以研究《日本书纪》《古事记》的真伪为任，所以对神武大王东征的真实性不予论证。

据载，神武大王率军东征抵达纪伊国（今和歌山县、三重县）以后，不断遇到神的阻拦，进军速度缓慢。当进军到东牟娄郡的时候，神武大王及其军队因"神吐毒气，人物咸瘁"，都躺倒了。就在神武大王及其军队中毒不省人事的当晚，当地有一个叫熊野高仓下的人做了一个梦。他梦见天照大神对武瓮雷神说："我听到苇原中国很吵闹，我的儿子们似乎很不安全。苇原中国原是你平定的，所以你还是再去一趟吧。"武瓮雷神回答说："用不着我再降到苇原中国去，只要将我当时平定那里时用的剑降下去就可以了。只要将剑降下去，那里的混乱就可以平定了。"于是，天照大神催促说："那你赶快把那把剑降下去吧。"武瓮雷神便对熊野高仓下说："我的剑，号称韴灵，现在我把它降到你的仓库里，你取出后速速交给神武大王。"①天一亮，熊野高仓下依据梦中神的指示打开仓库，果然有一把神剑立于仓库的地板上，他马上取了剑去见昏迷中的神武大王。神剑一到，神武大王马上醒来，继而，军队中的将士也一一苏醒过来，重振士气。

重振士气的神武大王率领军队继续前进，可是在行进途中又遇到了困难，即碰到了悬崖绝壁，无路可走，众将士一时不知所措。当夜，神武大王也做了一个梦，他梦见天照大神对他说："现在我派一只头大八尺的鸟去帮助你，让它给你当向导。"②梦醒之后，果见一只大鸟自高空中飞下。神武大王忙让大军向着鸟飞翔的方向前进，最后摆脱了险境绝路，到达了大和国地区。

（2）神功皇后也是日本古代传说中的人物，她在随仲哀大王征讨九州地区的少数民族熊袭时，曾借助神的托言，要仲哀大王先远征朝鲜半岛诸国。关于此事，《日本书纪》和《古事记》中都有记载，现引录《古事记》中的记述：

> 皇后息长带日卖命（神功皇后），施降神之术，招神灵降临。很快就有神附到她的身上。当时，仲哀大王正在筑紫的诃志比宫，准备去袭击熊曾国。大王弹着琴，大臣建内宿祢在斋场向附在神功皇后身上的神请命。皇后便将神嘱咐的话一一道明："西边有一个国家，那里有黄金

①《古事记》中卷。
②《古事记》中卷。

白银,光辉夺目。"大王听后,却这样对神说:"我登上高山,举目西望,那里根本没有国土,只是一片汪洋大海,你一定是个说谎的神吧。"说罢,大王不再弹琴,默默地坐在那里。那个神大为恼怒,生气地说:"你这个人根本没有资格统治天下,你快去黄泉国算啦!"大臣建内宿祢赶忙对大王说:"卑臣诚惶诚恐,大王啊,请您继续弹琴吧!"于是,大王把琴拉到身边,勉强地接着弹了起来。可是,不一会儿竟听不到琴声了,点起火来一看,他已经驾崩了。①

仲哀大王驾崩后,神功皇后实现了征讨朝鲜半岛的新罗国的愿望。

(3)崇神大王是《日本书纪》中记载的早期的大王之一。据载,在其统治的第七年,国内疫病流行,崇神大王"恐朝无善政",受到神祇的斥责,于是亲自与神"对话":

> 天皇沐浴斋戒,洁净殿内,向神祈求说:"朕礼神不尽心,遭此灾祸,愿神赐教,盼在梦里教之。"

他请神"梦里教之"的要求,当夜就实现了。梦中,日本大和国地方的神——大物主神对大王说:

> 你不要为国内的灾害发愁,只要你找到我的儿子大田田根子,让他负责对我的祭祀,国内就会平安,国外的国家也会来归伏。

遵照梦托,大王下令让全国人民寻找大田田根子。找到大田田根子后,崇神大王将其任命为"祭大物主大神之主",并建造了"天社""国社",于是疫病平息,"风雨顺时,百谷用成,家给人足,天下太平"②。

除了上述所举例子外,类似的传说和记事在《日本书纪》中尚有多处可觅。例如在神武大王即位的那天,一个名叫道臣命的大臣,曾向大王奉献了"密策"。据说这一"密策"能"以讽歌倒语扫荡妖气"。所谓"讽歌倒语"大概就是行巫时的

---

① 《古事记》中卷。
② 《日本书纪》卷5,崇神十二年九月。

巫术用语吧。[①]

通过以上所引例子，我们似可以得出如下结论：

第一，文中的熊野高仓下、神武大王、神功皇后、崇神大王，以及大臣建内宿祢、道臣命等，似是具有巫色彩的人物。他们或如神功皇后通过招神附身与神沟通，或如熊野高仓下、神武大王、崇神大王那样，从梦中接受神的托言等等。

第二，以上人物，除熊野高仓下外，都是朝廷权贵，他们既是权力的象征，又是觋与巫式的人物，一身二任。

第三，文中所引数事，都涉及皇室在势力扩张过程中的政治、军事活动，从而表明巫和巫术与皇室政治、军事的密切关系，反映了古代日本的许多政事和军事等重大决策是在巫的帮助下实现的。巫越来越受王权的重视。

第三节　巫的分化

随着王权的发展和外来先进文化的影响，巫也开始发生分化。由于国家统治机构的日趋完善，除了在民间尚保存传统的巫和巫术外，很大一部分巫被纳入国家政权结构，原先巫所具有的职能，逐渐由国家设定的神祇官分别承担。从日本来看，这种分化主要包括两个方面，一是国家官僚机构之一的神祇官属下的官员，如中臣氏、忌（斋）部氏等承担祭祀方面的职责；二是天照大神的斋祭，直接由皇室承担，由内亲王或女王承担沟通皇室与天照大神联络的职责。现对以上两个方面的情况，做一个简述。

一、由巫分化而来的祭祀官

神祇官的下属官员中，由巫分化而来的主要有如下几种。

（一）史

巫在没有文字和传说的时代，是社会中知识最丰富的人，其既能用巫术求解人们的痛苦，祈求平安，又负有记录国家大事之责。随着国家的形成，巫的记言记事的职能，则由史来承担了。在古代中国，史分为六职，即大史、小史、内史、外史、左史、右史，分别负责国家的典章、国志，以及皇帝的言行等事。与中国不同，日本只在神祇官下设置大史、少史两职。其职责主要是"受事上抄""勤署文书"

---

① 《日本书纪》卷3，神武辛酉年正月。

"检出稽失""读申公文"①。也就是说,登录上级言行,起草文案,勤于记事等是史官之责。从这些职责来看,史虽然设在神祇官下,但其已与直接的祭祀脱离,即使参加祭祀,也只是作为官吏身份参与。

(二)祝

在中国先秦时期,巫与祝是被连用的。《说文解字》中说:"巫,祝也。"可见,两者意义相同。"祝,祭主赞词者"指祝是祭祀仪式中担任祝祷职责的人。关于祝的职能,《周礼·春官》中说,祝"掌六祝之辞,以事鬼神示,求福祥,求永贞"。"六祝之辞"即"一曰顺祝,二曰年祝,三曰吉祝,四曰化祝,五曰瑞祝,六曰策祝"。顺祝,即顺丰年;年祝,即求永贞;吉祝,即祈福祥;化祝,即弭灾兵:瑞祝,即逆时雨、宁风旱;策祝,即远罪虐。

在古代日本,除中央在神祇伯下建祝部外,地方上也设有祝,属国造领导。日本关于祝的职责,虽然没有中国古代典籍中记载的那么详细,但是其核心,也不外乎如中国的祝那样,在于"以事鬼神示,求福祥,求永贞"。

古代日本的祝,在国家的祭祀中主要承担宣读祝词(又称寿词、被词)等事。古代日本一般由神祇官中臣氏、忌(斋)部氏负责此事。中臣氏、忌(斋)部氏是祝部的长上。

> 凡祭祀祝词者,御殿、御门等祭,斋部氏祝词,以外诸祭,中臣氏祝词。②

除了宣读祝词外,祝还有其他职责,如忌(斋)部氏在一些祭祀中负有供奉玉、币、帛等祭具的职责。如在"大殿祭"中,虽然中臣氏、忌(斋)部氏都要出席,但忌(斋)部氏是主角。首先忌(斋)部氏"取玉悬殿四角",然后,"忌部向巽,微声申祝词",祝词之后,继续至汤殿、厕殿、御厨子、紫宸殿四角悬挂玉。所谓"忌部向巽,微声申祝祠",是说忌(斋)部氏面向东南(八卦中的巽位),轻声宣读祝祠。在每年农历六月、十二月的晦日大祓祭中,中臣氏则是主角。祭祀时,"亲王以下百官会集朱雀门,中臣氏趋就座读祝词"。

中臣氏、忌(斋)部氏虽然在各种祭祀中,有宣祝词之责,但是,也并不是所有的祭祀,必定由中臣氏、忌(斋)部氏来宣读祝词。例如,朝廷向国外派遣使节时,

---

① 《令集解》卷2,职员令。

② 《延喜式》卷8。

要举行出行祭祀。其时，祝词是由大使亲自宣读的（"大使自陈祝词"）。又如朝廷任命国造后，赐予国造金装横刀等物。国造接受赐刀回到任国后，洁斋1年。洁斋毕，国造率本国的祝部等入朝，向朝廷敬献方物。再过1年，国造再次入朝，奏"神寿词"。这里国造兼有祝的色彩。国造所奏"神寿词"和祝词，显然出自国造和该国造属下的祝部之手。

祝词词义往往比较艰深，带有不可解释性和神秘性。它表现人们祝告天神，祈求赐福的心愿。古代日本的祝词，遗存至今的尚有28篇，其中27篇收录在《延喜式》中，1篇收录在《台记》中。现存的祝词，几乎包含了古代日本朝廷的主要祭祀仪式时的祝词，其中有祈年祭、春日祭、月次祭、晦日大祓祭、镇火祭、大尝祭、御门祭、大忌祭、风神祭、大殿祭、平野祭，以及伊势神宫的祈年、月次、神尝、迁宫等祭祀时的祝词。现存祝词的字数长短、音节、韵律都有一定的规律，可以想象祝在唱诵时大多伴有舞蹈动作。祝词一般采用有汉文注音的历史假名文，但也有例外，即其中有一首祝词，完全采用汉文体。从内容来看，这首祝词明显地存有道教咒文的痕迹。现在，不妨将这首祝词全文抄录，或许大家能从中体悟到古代中日之间的文化影响：

> 谨请：
> 皇天上帝、三极大君、日月星辰、八方诸神、司命司藉、左东王父、右西王母、五方五帝、四时四气，捧以银人，请除祸灾；捧以金刀，请延帝祚。咒曰：东至扶桑，西至虞渊，南至炎光，北至弱水，千城百国，精治万岁，万岁万岁。[1]

这首祝词的核心内容：一是去除灾祸（"请除祸灾"）；二是保持帝位长久（"请延帝祚"）；三是稳固国家统治（"千城百国，精治万岁"）。祝词中所列出的神，都是道教祭祀中经常提到的神。"三极大君"，即是指天宝君、灵宝君、神宝君；"司命""司藉""东王父""西王母"都是道教中的神；"银人"和"金刀"指祭祀时用的道具；"扶桑""虞渊""炎光""弱水"指宇宙东、西、南、北的四极。在道教的《五篇真文》《三皇内文》《太上洞渊神咒经》等咒语经文中可以找到近似的祝词。

（三）卜人和阴阳师

古代日本的卜人属于神祇伯管辖的卜部。据载，卜部共有20人，其中有2人

---

[1]《延喜式》卷8。

为卜长上。卜部的执掌,据《令义解》的注说,"掌卜兆耳""凡卜者,必先墨画龟,然后灼之,兆顺入墨,是为卜食""凡灼龟占吉凶者,是卜部之执业者"。可见,卜部负责卜骨,以灼骨求吉凶、祸福。

古代日本的阴阳师属于阴阳寮。设阴阳师6人,阴阳博士1人,阴阳生10人。阴阳师的职责是"掌占筮、相地"。"占筮"是卜的一种,是用蓍草占卦。因此,阴阳师负责筮占。在古代中国,骨卜(亦称甲占)、筮占,还有梦占都是卜人兼任的,卜人通过卜、筮,占卜国事、天象、人事的吉凶。然而,日本将两者分离,运用易卦、筮算吉凶之职归阴阳师,而运用甲骨占卜吉凶之职归卜部。不过,虽然职责分工不同,但占卜目的是相同的。因此,朝廷凡有重大事宜时,常常是阴阳师、卜人同时施法,以求两者祈求结果一致。例如,8世纪初日本在定都奈良以前,朝廷曾派遣官吏、阴阳师、卜部等选择都城地址。最后,选定了奈良(平城)地方。之所以相中奈良,是因为"方今平城之地,四禽叶图,三山作镇,龟筮并从,宜建都邑"[1]。这是说,无论从龟卜结果,还是筮占结果,都认为平城这个地方是一块风水宝地,适合作为都城。

卜、筮并用这一点,中日两国是相似的。《史记·龟策列传》中说:"王者决定诸疑,参以卜筮,判以蓍龟。"这是说古代中国的王在决定诸大事时,也是同时让卜筮师进行占卜,以骨卜、筮占结果决定大事。《系辞传》中说:"探赜索隐,钩深致远,以定天下之吉凶,成天之下亹亹(wěi)者,莫大于蓍龟。"意思是,探讨事物的繁杂与隐晦,以及其深层的事理,判断出天下事物的吉凶,促进人民奋发勇进的最好方式是进行龟蓍。《洪范》记载,中国商周时期,王决断和预测国事是参照五方面的意见做出的,即王自己内心的思考、谋士的看法、庶人的意见、龟卜的结果、筮占的结果。如果王、谋士、庶人、卜、筮意见不一致,但只要卜、筮一致,结果就是吉;如果多方面意见一致,而卜、筮不一致,结果就为凶。可见,骨卜、筮占具有决定性作用。关于决断、预测国事的做法,日本的皇室大概也是如此吧。

据载,古代日本的卜人和阴阳师的工作业绩,每年是要考察的。考察时,阴阳、天文、医、卜4种人归为一类,"占、候、医、卜,效验多者,为方术之最"[2]。"占"为阴阳师,"候"为天文师,"医"为医师,"卜"为卜人,每年的工作中,校验基本正确无误,被定为优秀,就会受到嘉奖或升级。

---

① 《续日本纪》卷4,和铜元年二月。
② 《令集解》卷19。

（四）御巫

关于御巫的记事，散见于《延喜式》《续日本纪》等典籍中。据载，御巫有御门巫、生岛巫、座摩巫等不同称谓。御门巫、生岛巫，既可以从庶民中选拔（"庶中堪事［者］充之"），也准许从散事宫人中选考。座摩巫则从居住在都城内的国造氏的 7 岁以上童女中选取。御巫没有明确任期，但到了年长可嫁时，在获得准许后可由新人更替。御巫的隶属并无明确记载，但从"神祇官人率御巫等""神祇官人以下神部以上者着青摺衣，率御巫等入就厅上座"等记载分析，似隶属于神祇官。除神祇官属下设有御巫外，中宫和东宫也各设有御巫一人。①

御巫的职责，不甚明确，但散见于《延喜式》中，大致有如下职责：

（1）独自负责某些例行祭祀。如御门巫负责每年农历四月、十二月的四面御门祭，座摩巫负责农历四月、十二月的御川水祭，以及九月御巫的斋神祭、御门巫的斋神祭、座摩巫的斋神祭、生岛巫的斋神祭。这些御巫执行的祭祀，一般情况下，都在神祇官斋院举行。

（2）在大型祭祀中，御巫与祝部等一起参与，但职责不同。如在农历六月的大殿祭中，"忌部取玉悬殿四角，御巫等散米、酒、切木绵（于）殿内四角"；在十一月的镇魂祭中，首先由御巫在神祇官斋院内"舂稻"，然后将米糠簸净，在灶上煮成饭，装入饭具。御巫煮成供奉的米饭后，由神部派二人将装饭的器具送至供祭处。在此后的镇魂祭仪式中，虽然御巫不参加祭仪，但祭仪结束后，在神祇伯调度下，御巫有随琴笛之声起舞的任务：

> （神祇伯）命云，御琴笛会之，先吹笛一曲，即调御琴，歌者始奏。神部于堂上催拍手，御巫及猨女等依例舞。②

引文中的"猨女"是缝殿寮的女缝工。

由上可知，御巫地位虽不及史、祝，但也是朝廷祭祀中不可缺少的组成部分，她们处事细心，不厌繁杂，为许多例行祭祀的顺利进行奠定了基础。

二、斋宫、斋王制的形成与发展

古代日本的统治者，除了通过在朝廷官职中加强神祇官的地位，以巩固国家

---

① 《延喜式》卷 1、卷 2。

② 《延喜式》卷 2。

的祭祀大权外,还直接控制对皇室祖神——天照大神的祭祀权。大王(天皇)为了渲染王权神授,表明自己与祖神天照大神的直系关系,必须建构与祖神直接沟通的祭祀体系,斋宫、斋王制就是在这种思想的基础上逐步形成和完善的。

斋宫、斋王制的出现,是从祭祀的斋庭、神祠的建造开始的。斋庭、神祠的设置和建造,在神话传说中就已显现。在神话传说中,祭神的场所叫作"天津神篱"和"天津磐境"。后来,随着王权的建立,出现了被称为"灵時"的祭神场所。"灵時"最早出现于《日本书纪》的神武纪,神武四年二月,当时神武大王发布了一道诏书:

> 我皇祖之灵也自天降鉴,光助朕躬,今诸虏已平,海内无事,可以郊祀天神……乃立灵時于乌见山中……用祭皇祖天神焉。

昭书的大意是:由于皇室祖神的帮助,今日终于平定了诸反抗势力,国内平静,因此要对天神进行祭祀。为了祭祀皇室祖神,特建造了"灵時",即神祠。

继神武大王之后,崇神大王时又建造了神祠。据载,崇神六年,由于国内疾病灾害,民众多有死亡,因此"百姓流离,或有背叛,其势难以统治之",于是崇神大王在大殿内祭祀天照大神和倭大国魂神,早晚在神祇前请罪。天照大神托梦给王女丰锹入姬命说大殿内人杂,人神共住,不是清净之处,授意另建祭祠。于是根据神意,崇神大王命人在倭笠缝邑建祠祭祀。同时倭大国魂神托梦给王女渟名城入姬命,要求在矶坚城建神篱(神祠),并让她祭祀。根据神意,崇神大王也命人在矶坚城建了神祠。

从丰锹入姬命开始,与天照大神沟通的任务,便由王女中的某一人来承担。

丰锹入姬命之后受命与天照大神沟通的王女叫倭姬命,是垂仁大王之女。据载,垂仁二十五年三月某日,"天照大神托(言)于倭姬命",让她选定建造天照大神"居住"的神宫的地点。受神托之后,倭姬命便奉命到处寻找,最后到了伊势地方。这时,天照大神又托言倭姬命说:

> 是神风伊势国,则常世之浪重浪归国也,傍国可怜国也,欲居是国也。

意思是:伊势国(今三重县)是有神气的地方,又面对大海,海浪滔滔,直至遥远之处。这是最适合我居住的地方,就选定这伊势地方吧。

　　倭姬命将天照大神的托言转述给了朝廷。据此，朝廷就在伊势建造了天照大神宫。与此同时，朝廷还在大神宫附近建造了斋宫。大神宫是天照大神"居住"之处，斋宫则是侍奉(祭祀)天照大神的王女倭姬命的居所。

　　虽然不能肯定地说倭姬命象征着日本侍奉天照大神的斋宫、斋王制的初始，因为倭姬命这一人物是否确实存在尚难确定，但是在此后的日本历史上，斋宫、斋王制作为皇室祖神天照大神的祭祀制度的重要部分，受到了历代大王(天皇)的重视并日臻完善。这种斋宫、斋王制本身就是巫与巫术的贵族化和公式化。

　　斋宫、斋王制自形成以后，一直伴随着王权延续了很久。特别是在古代天皇制形成后，斋宫、斋王制成为朝廷祭祀体制中极为重要的组成部分。因此，有必要对此做个介绍。

(一)斋王的选定和入居初斋院

　　斋宫、斋王制是随着时间的推移及王权的更迭而日渐完善的。其具体的细节，《延喜式》中有所记载。按照斋宫、斋王制的规定，并不是任何皇室的成员都可以成为斋王的：

> 凡天皇即位者，定伊势太神宫斋王，仍简内亲王未嫁者卜之。若无内亲王者，依世次，简定女王卜之。

　　这是说，选定伊势神宫的斋王，是每一任新大王(天皇)即位后首先考虑的大事之一。斋王从未曾婚嫁的内亲王中挑选，由占卜确定。如果没有内亲王，则从天皇的其他王女中挑选，也由占卜确定。一旦确定某个内亲王，或某个王女，朝廷就会立即派遣敕使至其家，告知占卜结果。随敕使同往的还有负责朝廷神祇祭祀的官吏。同时，遣使赴伊势神宫，向天照大神奉告卜定斋王的情况。

　　在确定斋王以后，即由阴阳寮卜部的占卜师在宫城内选择一处建筑，将其作为初斋院。在确定初斋院以后，择定吉日，斋王乘车至阴阳寮选定的流水河边，举行"临流而禊"，即沐浴涤污仪式。仪式完毕，斋王正式入住初斋院。初斋院建有斋堂。斋王自入居初斋院之日起，必须在初斋院闭门居住到第二年的农历七月。在此期间，每当朔日和晦日，斋王"著木绵鬟，参入斋殿"，遥拜天照大神。

(二)移居野宫

　　在斋王居住初斋院后，朝廷又在宫城外选定风水宝地，建造野宫。选定宫址后，首先要举行"镇野宫地祭"，然后才能开工建造宫殿。野宫必须在斋王入居初斋院的第二年七月底前后建成。野宫建成之后，一般都要选择流过京域的贺茂川、鸭川、葛野川等清澈的河段,将其作为斋王祓禊的河段,并在选定的河段张幕作室。至八月上旬的吉日,天皇派遣朝廷大纳言、中纳言等大臣,让他们作为敕使陪同斋王,乘舆至选定的河段,举行仪式,颂念祓词之后,斋王入幕室,临流沐浴。沐浴完毕,斋王立即乘舆入居野宫。自入居之日起,斋王要在野宫住到次年的农历八月(即她被选定斋王后的第三个年头的八月)。野宫内建有斋庭,斋王每临祭祀之日,遥拜天照大神。凡祭祀所用祭物,均由国库按定额拨给。

(三)移居斋宫

当斋王在初斋院和野宫闭门"洁斋"期满3年后,即进入移居伊势地方的斋宫的一系列活动。

首先,朝廷会于3年期满的前一个月或当月选定大祓使。然后,于八月底在京城大道的朱雀门或建礼门前举行大祓仪式,同时对远在伊势地区的斋宫进行修缮。接下来的九月一日至三十日,宣布京城周边地区及伊势、近江(今滋贺县)等地不许点北辰灯及举行丧事和改葬事宜。最后,朝廷选定监送使、神誉使等,随行人员的装束、物具、交通工具等。

斋王前往斋宫前,先在野宫内斋祭天照大神。斋毕,出野宫,"临于川头",在流水中洁身。然后,天皇在大极殿后殿候见斋王。斋王乘舆前往大极殿,"下舆入就殿上座"。天皇与斋王话别后,斋王即刻登程前往伊势斋宫。

斋王在斋宫的年限,没有明确规定,从历史记载看,长短不一。从表4-2可知,长的达19年,短的有3年。一般情况是一代天皇选定一个斋王,但也有一个斋王任期跨几代的,如6世纪80年代选定的斋王酢香手姬皇女,"历三代以奉日神"[①]。所谓"三代",即用明(586—587)、崇峻(588—592)、推古(593—628)三代大王。

表4-2 7—9世纪时日本斋王表

朝代	斋王	选定年月	赴斋宫年月	任期/年
天武	大来皇女	647年4月	675年10月	12
文武	当耆皇女	698年9月		3
	泉内亲王	701年2月		3
	田形内亲王	704年8月		?

① 《类聚国史》卷4。

续　表

朝代	斋王	选定年月	赴斋宫年月	任期/年
元正	久势女王	717年4月		11
圣武	井上内亲王	727年9月		19
	县女王	746年9月		3
	安倍内亲王	761年8月		11
光仁	酒人内亲王	772年12月	774年9月	13
桓武	朝原内亲王	785年8月		11
	布势内亲王	797年4月	799年9月	9

注：笔者根据《类聚国史》记载制作。

　　斋王离京城前往斋宫时，朝廷除天皇亲自话别外，还要举行规模盛大的送行礼。这一天朝臣官吏都要盛装，大臣以下"百官陪从至大和国界而还"。斋王任期期满返京前，朝廷在返京沿途建造供斋王停宿的行宫（史称"顿宫"）。然后派朝廷高官迎斋王回京，到达京城时，在建礼门前举行大祓礼。

　　从上述斋宫、斋王制发展的过程，可以看出斋宫、斋王制是由古代日本的原始巫、巫术发展而来的。其根据有三：第一，斋王被确定以后闭门不出，专事祭拜的举动，与《魏书·倭人传》中的女王卑弥呼极为相似。再则，从初斋院→野宫→斋宫清净修身的过程中多次在天然的流水中被禊洁身，似是巫师施行巫术之前洁身沐浴的遗风。第二，斋王是朝廷与皇室祖神天照大神沟通的桥梁，因此，选定斋王虽然是通过占卜而定，但选中者大多是清丽纯洁的皇室少女。凡行为不轨的内亲王或王女，即使已卜定为斋王，也必须更换。如钦明大王（540—571）时，本选定磐隈皇女为斋王，但后因她与皇子的奸淫事发，结果被取消了斋王之职。敏达大王（572—585）时的菟道皇女，在被任为斋王后，也因"奸池边皇子，事显而解"[①]。第三，斋王入居斋宫后，每逢节日，都要进行斋祭。关于斋祭形式，一是在斋宫遥拜，如正月初一，"斋内亲王遥拜太神宫，讫开宫南门"[②]；二是"三节祭时参神宫"，即六月、九月、十二月这3个月斋王必定要从斋宫前往伊势神宫斋祭。据载，三节祭每次历时3天，即在祭月的十五日，斋王离开斋宫，前往大神宫，十八

---

① 《类聚国史》卷4。
② 《延喜式》卷5。

日返回。特别值得注意的是祭拜仪式中的舞蹈。斋王及神宫司们的跪拜、拍手、宣唱祝词、进贡币帛等行为,实际上是行祭舞。除此之外,在祭拜完毕,退出神殿内垣门后,参拜者在外垣门还要依次跳舞,先舞"倭舞",后舞"五节舞"。[①]巫与巫术的重要表现形式之一就是歌舞。

巫施术或行祭祀时,采用歌舞形式不是古代日本独有的,这种风俗盛行于其周边国家和地区。如朝鲜半岛的马韩,据载其常于五月播种结束后祭鬼神,其时"群聚歌舞,饮酒昼夜无休"[②]。涉国,常在十月祭天,其时"昼夜饮酒歌舞,名之为舞天"[③]。夫余国,以正月祭天,祭祀多日,"饮食歌舞,名曰'迎鼓'"[④]。在中国,有关巫以歌舞祭神的记载也有很多:

(1)楚国南郢一带,"其俗信鬼而好祀,其祀必须巫、觋作乐、歌舞,以娱神"。(《楚辞·章句》)

(2)"大乐之野,夏后启于此舞九代。"(《山海经·海外西经》)

(3)汤灭夏桀之后,汤命臣伊尹"作为《大护》,歌《晨露》,修《九招》《六列》,以见其舞"。(《吕氏春秋·仲夏纪古乐》)

(4)商代时,虽有镇乱的《汤刑》,但当时歌舞依然盛行,宫中依然,"其恒舞于宫,是谓巫风"。(《墨子·非乐》)

这些歌舞习俗,都是巫和巫术的遗风。

其实以舞娱神的神话传说在日本也是存在的,前已叙及的在天之岩户前,祖露胸背,颤着两只大大的乳房的天宇受卖命(天钿女),就是以欢快的舞蹈使天照大神由惊恐、愤恨转为欢乐,走出岩户的。这是典型的日本式的"以歌舞娱神"的故事。由此不难看出,斋王的拜舞和祭拜之后,在外垣门参加者依次进行的群舞,其实是早期巫施行巫术时翩翩起舞传统的遗存。

---

① 《延喜式》卷5。

② 《三国志·魏书·马韩传》。

③ 《三国志·魏书·涉传》。

④ 《后汉书·夫余传》。

第四节　骨卜

在前一节，我们已经述及卜筮在古代国家祭祀中的重要性。从发展过程来看，占卜似乎是经历了自然占卜、神灵占卜和宗教占卜的不同阶段。具体到占卜和筮卦，显然卜先于筮。从中国来看，筮卦的出现与龟甲资源容易获得的难易程度有很大关系。就日本而言，虽有关于卜筮并用的记载，但筮卦似应晚于骨卜。其实，日本的筮卦技术必然受到了中国技术的影响。日本的考古资料中，卜骨多有发现，而筮卦并不多见，这或许也与筮卦资料不易保存有关。卜骨多有发现似乎合情合理，它体现了日本的固有传统。因此，本节拟对卜骨做较为详细的叙述。

日本学者藤野岩友在《巫文学论》一书中指出，占卜术有多种，如粟卜、蠡卜、鸡卜、虎卜、鸟卜、樗蒲卜、十二棋卜、竹卜、牛骨卜、灼骨卜、羊胛卜、镜卜、响卜等等。但在他所指出的种种骨卜中，没有日本出土的鹿骨卜。

早在弥生时代，日本的占卜已得到普遍使用。最早表明日本存在占卜习俗的古籍是中国的《魏书·倭人传》。该书中记载：

> 其俗举事行来，有所云为，辄灼骨而卜，以占吉凶，先告所卜，其辞如令龟法，视火坼占兆。

这是说，在3世纪，日本人办事或出行等，都要用骨卜的方法来求吉凶，吉行凶止。骨卜时，总是要先告骨卜目的，其释词如同中国的令龟法，占卜结果由灼烧兽骨产生的裂痕判断。《魏书·倭人传》的记载，已得到日本考古学资料的证实。据20世纪90年代的统计，在25个弥生时代遗址中，共出土了116件卜骨。其中弥生时代中期的31件，后期的78件，时期不详的7件。由此可见，至少在弥生时代中期，日本已出现骨卜习俗。[①]考古发现的遗址，主要在日本列岛的太平洋沿岸一侧。

根据已经出土的卜骨来分析，中日两国的骨卜具有许多异同点。

---

① 神泽勇一：《咒术的世界——卜骨祭祀》，《弥生时代与祭祀》，六兴出版社1990年版，第82页。

一、骨卜目的的相似

中日两国骨卜的目的是相似的,即通过骨卜求吉凶。

中国学者曾对中国出土的甲骨文中所涉及的占卜内容做过调查,认为甲骨文卜事主要有下列20种:

> 卜祭祀、卜征战、卜田狩、卜游观、卜享、卜行止、卜旬、卜夕、卜告、卜匄、卜求年、卜受年、卜日月食、卜有子、卜娩、卜梦、卜疾病、卜死亡、卜求雨、卜求启。[①]

日本出土的卜骨,都没有文字,所以难以从卜骨的灼纹判断占卜的内容,但从《古事记》和《日本书纪》早期诸皇纪中,可以了解古代日本人骨卜的若干内容。

(一)卜生育

《古事记》诸岛生成篇中记载了伊耶那歧命与伊耶那美命二神创生日本诸岛的事。起初,由于他们不懂男女房事的规矩,所以生出来的孩子都是残疾儿。为了生育正常儿,他们决定回到天上请教天神。天神没有直接回答,只是让他们占卜,从占卜中二神得知了房事次序。于是,他们又回到岛上,根据占卜的告示,重新开始了房事,结果生下的都是正常儿。

(二)卜神祇

《古事记》垂仁大王篇记载,王子本牟智和气,年纪已经不小了,胡须已长到胸前,可是一直不能说话。垂仁大王为此很是烦恼。一天,大王梦见一位神告诉自己:你如果把我的神殿造得像宫殿一样,王子就会说话。梦醒后,大王虽然愿意按照梦中的神的要求去做,可是不知这位梦中托言的神是哪一位神。大王召来卜师,让他"大占卜问是哪一位神的意思"。占卜后才知道这是出云大神的托言。卜师决定让王子到出云国(今岛根县)去祭拜这位神。问题又来了,应该派谁陪同王子去呢?大王又请卜师进行占卜,结果是曙立王合适。大王随即任命曙立王为使,陪同王子一起去祭拜出云大神。出行前又进行了占卜,卜问走什么路线最好?占卜得到的卜辞是:走奈良户路线会碰到跛脚的人和盲人,不吉;走大阪户路线也会碰到跛脚的人和盲人,也不吉利;走木户路线,路虽远,却是吉祥之路。遵从卜辞,王子等人走了木户路线。祭拜回来的路途中王子终于开口说

---

① 董作宾:《甲骨学六十年》,艺文馆1995年版,第101—102页。

话了。

（三）卜灾害

《日本书纪》崇神纪记载：崇神大王在位时，灾害频发，大王害怕灾害是因"朝无善政"，招致神祇的惩罚，放心不下，决定召卜师，"命神龟以极致灾之所由"，即卜问造成连年灾害的原因。大王亲自参加了在"神浅茅原"（山野之地）举行的卜问仪式。

（四）卜祭祀

《日本书纪》景行纪载，景行大王在其统治的第三年，打算去纪伊国巡游，并将在那里"祭祀群神祇"，为此在出行前占卜，结果认为大王出行祭祀不吉利。于是大王"车架止之"，派其他人前往祭祀。又据崇神纪载，大王曾卜问在祭祀大物主神的同时，是否可以顺便祭祀其他神，结果为"不吉"；又卜问在祭祀倭大国魂神的同时，可否顺祭其他神，结果为"吉"。

（五）卜祭物

《日本书纪》垂仁纪载，古代日本供神的供祭物品中是没有兵器的。垂仁大王想将兵器供于神前，遂令祠官卜吉凶，得到"吉"的结论后，便以"弓矢及横刀"供奉在各神社内。日本自此开始"兵器祭神祇"。[①]

（六）卜神托（即卜梦）

《日本书纪》履中纪载，履中大王有一次到淡路岛去打猎，为打猎的队伍牵马的是河内饲部。所谓"饲部"就是专门养马的贱民，社会地位极低。为了区别贱民与良民，统治者常常在贱民的额头或脸上黥上记号，饲部部民也不例外。随大王去打猎的饲部部民，刚黥面不久，被针刺的部位还没有完全愈合，血肉模糊。所以到了淡路岛上，当地的神梦中托言于祝说："不堪（如此）血臭。"祝将神的托言转告了大王。于是大王令卜人占卜，得到的结论是神不喜欢饲部等黥面的样子。因此，大王宣布自此以后，饲部部民不再黥面。

（七）卜吉日

《日本书纪》神功纪载，神功皇后决定征伐朝鲜半岛的新罗国，船舶、兵卒均已聚集，为了选定出发的日子，神功皇后"爰卜吉日，而临发有日"。[②]

（八）卜宫地

卜宫地的事例，除前述的卜筮平城宫（奈良城）址外，在平安时代的相关记载

---

① 《日本书纪》卷6，垂仁廿七年八月。
② 《日本书纪》卷7，神功摄政前纪。

中说,839年伊势神宫的斋宫因大火被毁坏,朝廷为选定新斋宫的地址,举行占卜,最后"卜定度会离宫以为斋宫焉"①。原来的度会离宫可代替斋宫。

(九)卜行止

卜行的事可列举二例。第一例,《日本书纪》神功纪载,神功皇后出征新罗国后,从九州走海路返京。当时,在京的麛坂王、忍熊王听说仲哀大王已死,皇后远征,新王子诞生,于是两人商议用武力阻止神功皇后返京,并不让新王子继位,屯兵于皇后返京的要道难波一带(今大阪),"使皇后之船迥于海中,以不能进"。神功皇后不得不退至"务古水门(今兵库)",在此占卜去路。根据占卜所示,最后绕道归京。②第二例,《万叶集》中载有一诗,诗意是卜出行吉凶,若吉利则去与心上人约会。诗文是:

> 月夜出门去,步行卜吉凶;
> 卜占如吉利,此去欲相逢。③

到了律令时代,占卜又得到进一步发展,并被纳入国家仪礼制度之内。占卜延及天皇的登祚、行事、祭祀等活动的每一个环节,以及神社活动的方方面面。不论早期的占卜,还是律令时代的占卜,其内容与目的基本上都与中国是相似的。

二、骨卜用材的不同

中日两国骨卜的相异之处在于骨卜的用材。

在古代中国,骨卜的用材主要是龟甲,其次是牛骨。古代中国人之所以将龟甲作为祈求吉凶的材料,是因为龟是长寿动物。

> 龟之为言久也,千灵之灵,禽兽而知吉凶者也。(《书传》)
> 灵龟,玄文五色,神灵之精也。上隆法天,下方法地,能见存亡,明于吉凶。(《洛书》)

---

① 《类聚国史》卷3。
② 《日本书纪》卷9,神功摄政元年。
③ 《万叶集》卷4,第736首。

《系辞》更称龟是"天生神物"。正是基于这一认识，龟甲成为骨卜的重要材料。

然而，从考古学资料可知，古代日本的骨卜材料并不是龟甲。虽然《日本书纪》中偶有记载占卜时用龟甲的，但主要还是鹿的肩胛骨、肋骨。从弥生时代至奈良时代、平安时代，都有卜骨出土。据20世纪90年代初的统计，全日本共出土卜骨202件，其中弥生时代116件、古坟时代27件、奈良时代8件、平安时代初期51件。说明骨卜最盛行的时期是弥生时代。再从卜骨的原料分析（见表4-3），鹿骨共116件，其中弥生时代88件、古坟时代14件、奈良时代4件、平安时代初期10件，占出土卜骨总数的57%。龟甲原料的运用是在古坟时代至平安时代初期间出现的，仅有8例，占出土卜骨总数的4%。

表4-3　日本出土卜骨分类表

单位：件

时代	鹿骨	猪骨	海豚骨	海龟甲	不详	合计
弥生时代	88	16	1		11	116
古坟时代	14		1	8	4	27
奈良时代	4		2		2	8
平安时代初期	10		41			51
总计	116	16	45	8	17	202

注：笔者根据神泽勇一的统计修改制作。

弥生时代日本人为什么不将龟甲，而将鹿骨作为判断吉凶的神物呢？究其原因不外乎3个方面：第一，龟甲较少，难以获得。在古坟时代出土的卜骨有8件，全部是以海龟甲为原料的，而同期出土的以鹿骨为原料的卜骨有14件。前者占同时期出土总数的29.6%，后者占51.8%。第二，鹿骨较易获得，《日本书纪》中这样形容日本列岛鹿之多："麋鹿甚多，气如朝霞，足如茂林。"[①]用词虽然夸张，但鹿多应是事实。第三，鹿也是古代日本人心目中的神兽。这一点本书第一章已有详细叙述。其实把鹿视为神物，在中国的古籍中也屡有所见，如《抱朴子》中就把鹿、虎、兔同视为"寿千岁"的神物。《埤雅》中则明确指出"鹿者仙兽"。把仙兽骨作为骨卜的材料，其价值应该与用龟甲是同等的吧。

---

① 《日本书纪》卷7，景行四十年是岁。

三、骨卜技术的异同

(一)卜骨的占卜过程

从中国出土的卜骨看,在商、周时代,卜骨的制作一般要经历如下过程:首先,对卜骨加以整理,将肩胛棘、肩胛骨的前后边缘、肩胛颈的肥大部分,以及高低不平处,或剔除,或磨削,使其成为可占卜的原料;其次,用锥子把将要卜占部分的正面钻成圆孔;最后,用凿子将圆孔进一步凿深。当然,上述骨卜步骤,并非每一个时代都如此,如在商、周以前大多没有钻、凿过程,只有灼烧。分析日本出土的卜骨可知,其技法类似于商、周以前,即仅用灼烧法(见图4-9)。

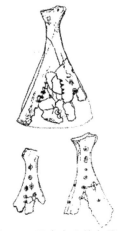

图4-9　日本出土的卜骨

注:引自神泽勇一《咒术的世界——骨卜祭祀》。

(二)钻、凿、灼烧孔排列的规则性

中国出土的卜骨,钻、凿、灼烧孔的排列是相当规则的。例如山东省济阳刘台子西周墓出土的一件卜骨,正面有5纵列钻孔,除第二纵列为5孔外,其他每列4孔,共有21孔,颇有规则。这一卜骨的背面也有6列钻孔,共16孔。[1]又如河北省藁城台西商代遗址出土卜骨407件,其中龟腹甲32件,龟背甲59件,钻、凿、灼烧孔排列也都有规则。[2]陕西省扶风县齐家村西周墓出土甲骨32件,钻孔都有规

---

[1] 熊建平:《刘台子西周墓地出土卜骨初探》,《文物》1990年第5期,第54—56页。

[2] 李学勤、唐云明:《河北藁城台西甲骨的初步考察》,《考古与文物》1982年第3期,第57—58页。

则性，例如：其中的一件长 19.5 厘米，宽 11.1 厘米的龟甲，在其背面有钻孔 35 个，分 6 纵列排列，其正面刻有卜辞 32 个字，主要是卜问造宫之事。另一件用牛肩胛骨制成的卜骨残长 21 厘米，宽 9 厘米，背面纵向排列 14 个圆形钻孔，正面竖刻 8 个字的卜辞，卜问畜牧之事。[①]与中国相比，日本弥生时代的卜骨的灼痕，呈多种状态，有的呈数个乃至数十个灼痕排列状，有的以几个灼痕为单位散于卜骨的若干处，有的则零星地不规则地散于卜骨各处。总体而言，这也呈现了弥生时代日本人的规则意识。

（三）卜骨钻、凿、灼孔的形态

中国古籍《周礼·卜师》中有这样的记载：

> 掌开龟之四兆，一曰方兆，二曰功兆，三曰义兆，四曰弓兆。

这是说龟甲的钻、凿、灼孔的 4 种形态，"方兆"是指方形孔，"弓兆"是指半圆形孔。"功兆""义兆"虽不知所指形态，但从出土卜骨孔形态有方形、半圆形、圆形、椭圆形 4 种来看，大概分别是指圆形、椭圆形吧。与中国的 4 种形态相比，日本的灼孔形态则比较单一，只有圆形孔。

从上述中日两国卜骨技术的异同比较，可见两者之间的渊源关系和各自的特点。从总体上看，虽然日本的技术较为简单，但其技术与中国有着密切关系。这一点，日本的学者大多也是赞同的。

古代日本人的骨卜习俗，随着天皇制和神道的形成与发展，被延续了下来。直至近现代，这种习俗还能在地方的民间活动和神社的神事中见到。以下试举数例。

东京都的青梅市有一座御岳神社，该神社在每年的农历一月三日，都要举行名为太占祭的神事，主要是骨卜当年农作物的丰歉（见图 4-10 及图 4-11）。占卜结果用数字表示，凡结果为"10"的数，表示当年该农作物将会丰收，依次表示收成的程度，若结果为"3"或"4"则表示该农作物将会歉收。这种占卜结果被记载在神社的记事板上，供农家栽种时做参考，决定种植的品种和数量，由所附"御岳神社太占祭"和卜骨图可知，1980 年一月三日太占祭占卜的农作物有早稻、晚稻、陆稻、黍、稗、小米、麦、荞麦、芋、土豆、瓜、茄子、茶叶、烟叶、胡萝卜、桑、大豆、小豆、葱等等。

---

① 陕西周原考古队：《扶风县齐家村西周甲骨发掘简报》，《文物》1981 年第 9 期，第 1—7 页。

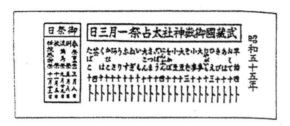 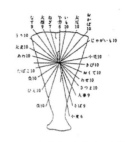

图4-10　东京都青梅御岳神社卜祭祭日　　　图4-11　东京都青梅御岳神社卜
　　　　　　及占卜内容　　　　　　　　　　　　祭卜骨及内容

注:引自神泽勇一《咒术的世界——骨卜祭祀》。

一月十三日的太占祭,在长崎县的对马岛也存在。根据对马岛遗存的文书,太占祭在江户时代就已存在,当时的对马藩主,常常通过太占祭占卜国家的政治动向、对大陆的贸易、藩内统治的趋势,以及天空、航海、疾病等等。

在群马县富冈市的贯前神社,每年十二月上旬,都要举行鹿占神事,主要占卜第二年的火灾情况。占卜时,用烧红的金属锥子灼烧鹿的肩胛骨。如果锥子顺利插入卜骨为大吉,表示不会有火灾;如果锥子虽顺利插入卜骨,但拔出来时不太顺利,则为小吉,表示要小心用火;如果锥子拔不出来,则为凶,表示要特别小心火烛。在该神社可以看到占卜时曾使用过的卜骨。[①]

第五节　相关剪影

图4-12　中国内蒙古乌兰察布草原岩画上的女巫舞蹈图

注:引自王红旗、孙晓琴《中国古代神异图说》。

---

① 神泽勇一:《咒术的世界——骨卜的祭祀》,《弥生时代与祭祀》,六兴出版社1990年版,第99—102页。

图 4-13　中国阴山格尔敖包沟山石上的巫人岩画

注：引自王红旗、孙晓琴《中国古代神异图说》。

第五章

仙境多诱人，谁愿入黄泉？——死者的仪礼与长生不老思想

生与死是人类自身发展过程中的两件大事。在古代,死亡对于活着的人所产生的震撼,远远超过生。生后的世界是可见的,而死后的世界则存在着许多不可知的问题:死后将如何生活？死后魂魄归向何处？那幽冥的世界究竟如何？是污秽的牢笼,还是脱离苦海的乐土？神会拯救死者的灵魂,升迁天国吗？等等。正是出于种种疑惑,以及对死后世界的茫然不知,不同时期的古代日本人都对死充满了畏惧,他们采取了不同形式的仪礼,为死者祈求冥福。本章拟对古代日本人的墓葬制的变迁、死者的仪礼,以及祈求死后升仙的思想等进行粗略的探究。

第一节　古代日本丧葬制的变迁

一、墓制的变化

坟墓是死者的归所,同时又是时代文化的体现。古代日本人的墓文化,由于不同地域的发展程度、对外交流等的差异,呈现出多样化的特征。

就单纯的埋葬死者这一行为而言,其在日本列岛有人类生存时起就已存在了。但是,将墓葬作为生者对死者的仪礼形式之一则始于绳纹时代。这一时期的墓葬,总体上看还是比较简单的。

从考古资料分析,绳纹时代的埋葬地,最普遍的是在聚落外,大多是人们抛弃的贝壳堆的底层。这种墓葬看不出有专门设计墓地的痕迹。另一种墓葬,则显得相对严肃和慎重——死者是被埋葬在聚落中心的广场上的。在绳纹时代,人们是按氏族群居的。氏族群居的聚落,呈圆形或马蹄形,氏族成员的房屋,一般围绕圆形或马蹄形周缘建造。由氏族成员房屋围绕的聚落中心是氏族的公共活动场所,也是祭祀的空间。此外,有的氏族就是在此空间内埋葬死者的。这种祭祀场所和埋葬地的重合,以及生者与死者不相隔离的方式,反映了绳纹人的一种朴素的意识,即人死即为神灵,神灵与生者共生。

绳纹时代的死者埋葬,一般都取屈肢葬,或上身弯曲,或左右侧向内弯曲,或上半身直立而下半身弯曲。

绳纹时代的埋葬除了直接土葬外,还有瓮棺葬,瓮棺葬主要用于小儿葬和遗骨再葬。

进入弥生时代,墓葬出现多种形式并存的局面,而且各地区出现各具特色的墓式。九州北部有瓮棺墓、支石墓、箱式石棺墓等,以瓮棺墓最为发达;近畿地区则盛行方形周沟墓;中部地区和山阴、北陆地区出现一种方形台状墓。到了弥生后期,畿内地区及其周边出现了坟丘墓。

(一)瓮棺葬

这种墓葬虽然是由绳纹时代延续而来的,但与绳纹时代的小儿葬不同,已成为成人的主要埋葬方式之一。因此有学者认为,这是始于九州北部的埋葬方式。在福冈、佐贺,瓮棺葬尤为盛行。弥生时代所用的陶瓮一般都是1米左右的大型瓮。使用时,以两个同样大的陶瓮组成合口棺。埋葬时常常与水平方向呈30度角倾斜摆放。之所以采用呈30度角倾斜埋葬,可能是因为要先将死者的下半身(或上半身)放入作为棺身的陶瓮中,然后再将作为棺盖的陶瓮套上。这种放入死者的程序简单而且省力,所以被广泛采用。

瓮棺葬以集中埋葬为多。在一个墓域内有的集中了数十甚至数百个瓮棺。如福冈市的吉武樋渡遗址中有一个集中埋葬了140余个瓮棺的墓地;福冈县朝仓郡东小田峰遗址的墓域内埋葬着532个瓮棺;佐贺县吉野里遗址,在坟丘的周围埋葬的瓮棺有400余个。

瓮棺葬很少有瓮棺独自的标志,但一般情况下一个墓域有一定的标志,最普遍的标志就是坟丘。如福冈板付遗址,数十个瓮棺墓地的标志,就是一座高3米的圆形坟丘。福冈市的吉武樋渡遗址的瓮棺墓地中,有30余个瓮棺一起埋在一座长24米、宽25米的长圆形坟丘中。福冈县朝仓郡东小田峰遗址的墓域内,有50余个瓮棺埋在用沟区划出来的方形墓域内。在福冈的立岩遗址和冈本遗址,古代日本人都用石头排列成圆形石围,并以此为墓域的标志。

(二)箱式石棺

这种墓型在中国、日本和朝鲜都有发现。日本的石棺主要集中分布在北部九州和本州的西部地区,更明确地说,即在以福冈为中心的山口、佐贺、长崎、熊

本等县。根据现有资料,中日两国的石棺具有如下共同点:

(1)多采用土圹石棺墓。埋葬前先挖成长方形或圆角长方形土圹,然后用石头做成石棺。

(2)石棺的用石,大致有4种情况:一是用石块堆积而成;二是用石板或石片做成;三是棺的四壁用石板,上方用石块覆盖;四是有正副两室的墓,正室用石块,副室用石板,或者相反。

(3)石棺的规模:中国石棺的尺寸一般为长 1.50—2.00 米、宽 0.35—0.60 米、深 0.35—0.55 米;日本的石棺一般为长 1.50—2.00 米、宽 0.35—0.50 米、深 0.30—0.36 米。两者基本一致。

石棺埋入土圹后,在棺上方的地面上,大多筑有高 2 米以下,各不相等的小型坟丘。这与瓮棺葬不同,瓮棺葬只有墓域的标志,而无瓮棺独自的标志。石棺却有了一棺一坟丘的标志,尽管它的标志规模不大。

(三)支石墓

这种墓式,在中国被称为石棚墓或抬石墓。墓的结构,其下部是长方形或近似于方形的石棺,以及圆形或椭圆形的土圹墓葬,其上部则用数块大石覆盖整个墓体。

这种墓式在中国、日本、朝鲜都有分布。

朝鲜半岛的支石墓可分为北部式和南部式两类。北部式的主要特征是呈桌子状,石头墓室露出地面,即用两块平行直立的石头作墓室支柱,上面再铺上巨大的石板,形成桌式支石墓。南部式则与之不同,石室与石棺全部埋入地下,不露出地面,在地面上覆盖巨石,而巨石下一般有数块大石做支柱。[①]

中国的支石墓,在山东半岛、辽东半岛及浙江南部沿海的瑞安县等地均有发现。古代的山东半岛是东夷族居住区,嵎夷是东夷的一支,嵎夷的先祖就用支石墓埋葬。浙江瑞安的支石墓,散布在瑞安山的前山、岱石山、石垟一带。仅岱石山一地就发现了 10 余座。据调查,其中最为完整的一座,它的结构是这样的:墓的上部有一块长 2.70 米、宽 2.01 米、厚 0.48—0.56 米的长方形盖石,盖石的四隅各有一块高度不等的条石做支柱。墓的北边用 3 块大石做了围墙,3 块大石之间用小砾石填充。墓的南边则用砾石堆积成围墙。墓室建在地下,距地面 0.47 米。在墓室内有印纹硬陶片。[②]

---

① 森贞次郎:《九州的古代文化》,六兴出版社 1893 年版。

② 董楚平:《吴越文化新探》,浙江人民出版社 1988 年版。

（三）支石墓

日本的支石墓，早在绳纹时代后期已经出现，在现今的佐贺、福冈、长崎北部海岸一带广泛存在，一直延续到弥生时代。日本支石墓的形式虽然多样，但以数块支石作柱，上盖大石的形式为多，墓的地下部分，则以长方形或方形的箱式石棺，以及圆形或椭圆形的土圹、石围为主。佐贺县久保泉丸山遗址发现的155座支石墓，其中101座的下部结构是土圹，占总数的79.4%，可见土圹支石墓占主要地位。

（四）方形周沟墓

当九州北部地区流行瓮棺、箱式石棺、支石等墓式的时候，在畿内地区则盛行方形周沟墓，并波及全国。顾名思义，这种墓是用沟围成的。根据大阪府瓜生堂遗址2号方形周沟墓，在15米×10米的坟丘部挖掘出3组男女墓棺及小型瓮棺分析，这种墓式是以夫妇为核心的世代家族墓，其为显示了父权家长制社会的家族墓形态。

方形周沟墓的规模不一。小的一边4—5米长，一般为一边10米左右，大的则10余米，甚至20余米，如大阪市加美遗址的2号方形周沟墓，是15米×26米的大形墓。

从考古资料看，方形周沟墓的墓区，往往与当时人的居住区域紧密相连。福井县敦贺市吉河遗址是一处约有1万平方米的弥生中后期遗迹，由居住区和墓域构成（见图5-1）。该区域的北半部是居住区，南半部是方形周沟墓的墓区。在墓区一共发掘出25座方形周沟墓，以及没有周沟的10座墓坑。方形周沟墓群排列有序，墓区有一条总墓道，墓群沿墓道两侧按顺序排列，墓道东侧有11座方形周沟墓，西侧有14座。除了总墓道外，墓与墓之间还有支墓道。这种有序排列，反映了当时基层社会的组织和管理状况。

方形周沟墓都有不高的封土。但是，随着社会阶级的变化，出现了封土加高的情况，形成方形台状的新墓型。这种被称为方形台状墓的墓，似是用来埋葬去世后的地域首长的。

多数方形周沟墓内的随葬品很少，考古工作者只从少数墓中出土了玉管。墓中有玉类随葬品的死者，应是首长这一类有权势者吧。

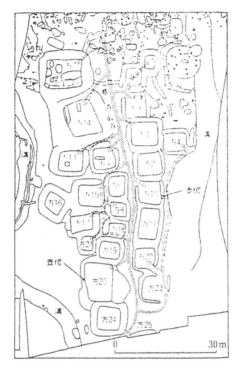

图5-1　福井县敦贺市吉河遗址的方形周沟墓群图

注:引自寺泽熏《描绘弥生人的心》。

(五)四隅突出台状墓与坟丘墓

四隅突出台状墓是一种特殊的墓形,主要分布在靠日本海一侧的山阴、北陆地区,即今天的岛根、鸟取、福井、石川、富山、新潟等县。这种墓的特点是方形坟丘的四角有呈放射状的凸起部分。到了弥生时代后期,此种墓型趋于大型化。岛根县出云市西谷3号墓,据测量其长度超过50米,四隅有更明显的凸起,而且坟丘的周边筑有石垅。

在山阴、北陆地区出现四隅突出台状墓前后,在本州岛中部地区出现了双方中圆坟,即坟墓的中间是圆丘,而圆丘的前后则有呈方形的凸起部。最典型的墓是位于冈山县仓敷市的楯筑古墓。这座双方中圆坟推定的全长为80米,仅中间的圆丘的直径就有50米,高约5米。考古学界称此墓为古坟时代的祖型。

四隅突出台状墓与楯筑古墓,虽然在外形上有所区别,但是在筑墓的技术和埋葬的习俗上都有相同点。比如:它们的坟丘和台状墓基是人为筑成的,都采取坟丘顶部中心埋葬法,等等。

高坟丘、大坟墓的出现,揭示了社会阶级结构的变化。

155

日本坟丘墓的出现时间比中国晚。依据文献资料,早在春秋战国时期中国就已出现了坟丘墓。孔子说过,"古人死后,建墓而不建丘",可是到了春秋末期,出现了封土,封土有4尺高。战国时期秦惠王以后的诸王,都大造丘陇,将许多器物埋藏于墓中("大作丘陇,多所瘗藏"①)。但从考古资料看,公元前3000年左右,中国在长江下游的吴越地方,已普遍存在坟丘墓,今人称其为"土墩墓",一般直径为10—15米、高为3—5米。大约在公元前2500年,这一地区的良渚文化遗址中出现了大型坟丘墓(又称"高台土塚")。良渚大型坟丘墓有如下特征:

(1)这种墓是人工堆筑的,建在丘陵的缓坡山脊地带。

(2)祭坛与墓复合,即在高台上同时筑有祭坛和坟墓。以杭州瑶山遗址为例,其在方形高台上筑有祭坛一座,由中心和内外三重设施构成。中心部分为红土台,东壁长7.6米,西壁长7.7米,南壁长6.2米,北壁长5.9米。土台四周有土沟环绕。在祭坛的南部和西部有两列墓葬,共12座,显示了墓葬与祭祀的紧密关系。

(3)在坟墓中出土了大量玉器,如象征权威的玉琮、玉钺、玉璧等。由此表明这是有权势者的坟墓。

虽然不能肯定地说,良渚墓葬与日本的四隅突出台状墓、楯筑古墓有直接的渊源,但是十分有意思的是,人工筑造、高台埋葬、坟丘等都很相似。不过,四隅突出台状墓、楯筑古墓中没有良渚大型坟丘墓中那样丰富的和贵重的随葬品。令人感到意外的是,楯筑古墓中出土了柱形特殊的器台。另外,四隅突出的台状部分,以及楯筑古墓的前部和后部的方形部分,似是具有祭坛性质的建筑形态。如果这一推测成立,那么它们与良渚大型坟丘墓一样,也是祭坛与坟墓复合的具有双重功能的建筑物。

以上是日本绳纹时代和弥生时代墓制的变迁情况。从社会学的视角看,不同时期流行的不同墓式反映了当时的社会变化状况。但如果从意识形态的视角去看,墓制中也反映了当时代人们的信仰和精神追求。

关于绳纹时代的屈肢葬,学术界有多种看法:有的认为屈肢埋葬占用的土地面积小;有的认为屈肢表示死者处于睡眠和休息状态;有的认为胎儿在母体时就是屈肢姿势,死后采取这一姿势,乃是祈求死者再生;也有的认为这不是祈求再生,相反,是不让死者再生。从上述各种观点看,认为屈肢可以少占土地,以及屈肢表示睡眠、休息,似乎不太合理。在当时人口稀少,多有荒原,墓地与耕地之间

---

① 《汉书·楚元王传》。

并无尖锐矛盾，大可不必使死者身体弯曲去节省土地。屈肢葬的合理解释似应是当时的人们祈求死者再生思想的表现。他们通过再现在母体孕育时的形态，表示死者重进母体，并将重新获得生命。这种朴素的意识，虽然很粗浅，但其确实是存在过的。当然也不排除存在畏惧死者再生的意识。大阪府南河内郡道明寺村国府遗址出土了一具人骨，死者双手抱着置于胸前的一块石头。这或许示意生者对这个死者的诅咒，用石头压住了他的灵魂，不让他再胡作非为。

弥生时代的坟墓和埋葬方式也是有其特殊意义的。比如瓮棺葬，为什么九州北部的弥生人特别看重这种方式呢？相当长一段时间里，人们都认为这是一个谜。按照九州北部的地理环境，是不缺少制作棺材的木料的，弥生人制造巨型陶瓮当葬具，猛然一想似乎不可理解，但是如果细细地想一想，你就会认识到，这里面蕴含着一种欲望和思想。这就是反映了当时的人追求身体不灭，死后长生的新思想。日本学者梅原猛说，这是中国道教的长生不老思想在日本的简化表现。

在中国的战国时期至秦汉时期，上自君主，下至平民百姓都追求长生不老。人们不仅追求永生不死，成仙升天，而且希望自己的肉体永不消失。日本的九州北部地区到中国距离最近，因此中国古人的这种信仰也不可避免地传播到了日本。从有些瓮棺中出土的镜、剑、玉等遗物看，九州北部的弥生人确实存在着永生不死的成仙思想，因为镜、剑、玉等都是成仙的道具。虽然有多种流行的葬具，但是在当时的技术条件下，唯一能保证遗骨完整存放的葬具就是陶瓮。事实上，在发掘的瓮棺中，大多数遗骨经过千余年仍保存完好，而且连埋葬时的姿势也没有变化。而瓮棺葬以外的其他埋葬，遗骨能完整遗存下来的很少。

弥生时代中期、后期，四隅突出台状墓和楯筑古墓的出现，既反映了社会的变化，又表现了人们死灵观的变化。这种大型坟墓是首长、权贵的墓，他们与普通百姓的墓的差距是非常大的。《魏书·倭人传》中载：邪马台国的一般人死了，"有棺无椁，封土作冢"，而卑弥呼女王死时，则"大作冢，径百余步，殉葬者奴婢百余人"。

这些权贵的坟墓不仅规模大，而且形状特殊。那么，这些特殊的墓究竟反映了当时的人们何种意识呢？虽然不明白之处还有很多，很难做出确切的判断，但是有一点是明确的，即这与祭祀和死后灵魂的归宿有密切关系。四隅突出台状墓及楯筑古墓，都说明高台既是祭祀，又是死者灵魂升天的场所。当时的人们通过这些墓式，使死者与天、神融合。同时，这也是活着的权贵，向被统治者示明权势天授的思想。

二、古坟的出现及其内涵

大约在3世纪末至8世纪之间,日本列岛上出现了规模较大、形态各异的坟墓,考古学上将这些坟墓称为古坟。这些坟墓有近10种形态。除了方坟与圆坟、八角坟之外,其他古坟都是由方与圆,或圆与圆,或方与方组合而成的(见图5-2)。在各种古坟中,圆坟占绝大多数,其次是前方后圆坟。据大和地区的调查,6000座古坟中,90%是圆坟,其次是前方后圆坟,约220座,占3.7%。

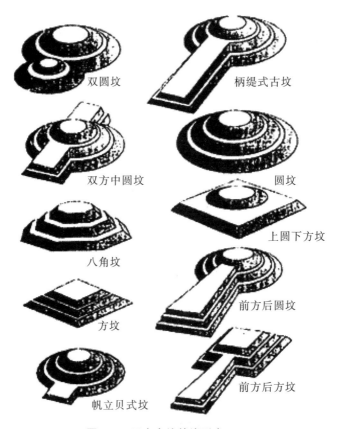

双圆坟　　柄缇式古坟

双方中圆坟　　圆坟

八角坟　　上圆下方坟

方坟　　前方后圆坟

帆立贝式坟　　前方后方坟

图5-2　日本古坟的诸形态

注:引自藤天田友治《古代日本与神仙思想》。

前方后圆坟,顾名思义,即坟墓的前部基本上呈方形,后部则呈圆形。此类墓大多是长百余米或数百米的巨坟。这种墓式的渊源和它表现的深层含义一直是学界关注的话题,尽管至今仍众说纷纭,难以统一。值得注意的是,目前不少学者或从中国的礼制,或从中国的祭祀制中去探究其内涵。主张中国礼制为古坟渊源的学者认为,由于古代日本向中国王朝的臣服,在这种礼制下建造了古坟,以显示统治者的身份和权威;也有一些学者认为,中国皇帝祭天时建环丘,祭地时筑方丘,环丘和方丘就是前方后圆坟的渊源。多数学者认为前方部是祭坛,后圆部则可能是葬送仪礼场和埋葬场。

前已叙及,古代中国人的宇宙观,概言之,就是"天圆地方,大地环水"。而日本的前方后圆坟,正是"天圆地方,大地环水"的形象写照。后圆部像"天",前方部像"地",围绕古坟的环濠是"环水"。

中国古代人的天圆地方思想,反映在朝廷的祭祀制度上,最典型的是郊祀制度——朝廷在都城的南郊祭天,北郊祭地。祭坛的形状与结构,在西汉时期已有明确规定,此后历代很少有变化,即祭天坛为圆形,祭地坛为方形。祭坛的规模,也基本上遵循西汉时期的规定,即"上帝坛圆八觚,径五丈,高九尺","后土坛方五丈六尺"。

中国的祭祀天地坛的结构,有两点应特别注意:一是祭坛是有层建筑,除隋、唐时期祭祀天的圆丘坛是4层外,其他各朝代都是3层。祭地的方丘坛一般都是2层。二是祭天坛周围筑有围墙,祭地坛周围建有围濠,濠中注水。一般情况下,圆丘的围墙都是1道墙或2道墙。

日本前方后圆坟的结构,有3个方面值得注意。

第一,前方部和后圆部的高低有3种情况。

一是圆形部高、方形部低,见表5-1。

表5-1　圆形部高、方形部低结构古坟代表

单位:米

古坟	后圆部高	前方部高
天神山古坟	7.0	4.0
茅原大坟墓	8.0	2.0
盐塚古坟	9.0	1.5—2.0
乙女山古坟	15.5	3.0
メスリ山古坟	19.0	8.0
日叶酢媛命陵	约20.0	12.3
櫻井茶臼山古坟	21.0	13.0

二是圆形部略低、方形部略高,见表5-2。

表5-2 圆形部略低、方形部略高结构古坟代表

单位：米

古坟	后圆部高	前方部高
宫司冢	8.0	9.0
峰 冢	9.0	10.0
石上大冢	12.0	14.0
佐纪高冢	12.0	14.0
川合大冢山	15.8	16.9
太田茶白山	19.0	20.0
前 山	20.5	23.3
市野山	22.3	22.3

三是前方部的高度，几乎与后圆部相等。

有的学者注意到第一种情况，即圆形部高、方形部低，认为这符合中国的天坛高、地坛低的规律，提出了祭坛说。与此相反，有的学者注意到第二种情况，即圆形部略低、方形部略高，认为这不符合天坛高、地坛低的规律，否定了祭坛说。

中国的天坛高于地坛的建制，是建立在天尊地卑、天高地低的思想基础上的。如果说，日本古坟吸收了中国的天坛、地坛的祭坛建制的话，那么从上述3种不同的前方后圆坟结构并存的情况看，当时的日本似乎并没有把中国的天尊地卑的思想作为古坟建筑的思想。这可以从607年推古女王发布的有关敬神的诏书中看出。该诏书说，历代大王都小心谨慎地敬仰天地，敦礼神祇，周祀山川，因而达到了"幽通乾坤"，阴阳调和。本朝廷不应忽视这一传统，岂有怠慢的道理？群臣要共同竭心，祭拜神祇。①这一诏书把天和地，神祇与山川都放在同等位置上，对乾（阳）坤（阴）的沟通，阴与阳的协调都予以了重视。大概古代日本人正是基于这种思维，才建造了前方后圆古坟不同结构的吧。

第二，与中国祭坛一样，前方后圆坟也是有层（亦称"段"）建筑，有3层的，也有2层的，不过3层建筑居多。奈良县的箸陵、景行陵、应神陵等都是3层建筑。以应神陵为例，底层全长430米，中层360米，上层为300米。大阪府的弁天山C1古坟，其后圆部采取3层建筑，而前方部则采用2层建筑，与东汉时的天坛3层，地坛2层相似。

---

① 《日本书纪》卷22，推古十五年春戊子。

第三,许多前方后圆坟的周围,都筑有环绕古坟的壕沟。有的建有内外双重壕,如应神天皇陵筑有宽阔的内外壕。据测量,内壕宽47米,外壕宽40米,内外壕之间还设有内外堤和围堤带,内堤宽47米,外堤宽40米,围堤带宽40米。

第四,前方后圆坟中的被埋葬者,除少数之外,大多被埋葬在后圆部。同时,在后圆部的坟顶有土坛遗存,如箸坟坟顶有不规则圆形土坛,西殿冢古坟坟顶有方形土坛,メスリ山古坟坟顶则有一个用圆筒祭器排列成的方形坛,等等。这些土坛应是祭祀场所吧。如果这一推测成立的话,那么可以说古坟的后圆部既是祭祀场所,又是埋葬场所。这与中国的良渚瑶山遗址极为相似。前方部象征地,后圆部象征天,死者(王或王族)作为神子、神孙和治理国土之君,被葬于后圆部,体现了希望他们回归天国的强烈意愿。这种回归天国的意愿,在当时的一些诗作中就有反映,如7世纪后期至8世纪初的宫廷诗人柿本人麻吕在吊唁一个皇子时有如下诗句:

> 天照日女命　　彼时统天京
> 苇原瑞穗国　　彼时在地平
> 命神统治之　　直到天地盈
> 此神奉命下　　天上别九重
> 来统地上国　　统国何雍容
> 高照日皇子　　此神之后裔
> 飞鸟净见宫　　统国逢盛世
> 天原石门开　　忽升归上帝[1]

皇子本是天神之后裔,因此最终遁入"天原石门",升归上帝之乡,即魂归天国。

前方后圆坟的上述特点,反映了日本民族的信仰和理念的提升。同时,我们也应看到前方后圆坟的结构和内涵,与中国的祭坛结构和王权神授思想存在着许多相似之处。

古坟时代的日本人,把象征天的圆形和象征地的方形结合在一起,创造了特殊的建筑,这其中反映的思想就是天、地、人的一统思想。而这种一统思想与古代中国的"天地观""天人观"是非常相似的。"天地观""天人观"的核心思想就是

---

[1]《万叶集》卷2,第167首。

"天子受命于天",亦即王权神授。前方后圆坟所体现的这一思想,对巩固王权无疑是十分重要的,这也是它的社会价值所在。同时,前方后圆坟建筑结构的统一性,也反映了当时日本的神祇信仰已摆脱了原始信仰的随意性,并且已明显地受到了较高的外来(主要是中国)理论的影响,具有一定的理念性。[①]

正是由于前方后圆坟内含的王权神授,王或贵族死后回归天国的理念,这种庞大的坟墓才成为"圣地",因此人们感到的不是死者之墓的阴森可怕,而是宏伟建筑的神圣壮观。它体现了古代日本人的智慧及思想意识。

三、古坟的祭祀

前已叙及,古坟既是王者、贵族们死后的归宿,也是祭坛。那么,究竟会有什么样的祭祀呢? 此方面的文献记载十分缺乏。考古学者在古坟墓域内发现了木柱的痕迹。如京都府长冈市今里车冢古坟的坟丘底部的葺石边,每间隔4米就有一个石柱痕迹;横滨市轻井泽一号坟,在全长26米的坟丘底部和外堤,发现了40处小坑,显然是埋柱子用的。墓域内发现木柱痕的古坟还有兵库县神户市五色冢古坟、京都府芝山古坟、田鸟谷古坟、大阪府柏原市玉手山九号坟等等。在古坟墓域内树立柱子是做什么用的呢? 奈良县佐味田宝冢曾出土了一面铜镜,镜背镂刻了一座房屋、一只鸟,以及一根木柱。这种木柱上部的斗笠形木制品在车冢古坟(京都府)、黑冢古坟(奈良县)、市尾基山古坟等遗址中均有发现。

这种特殊的木柱,应该是一种祭祀物。直至今日,长野县诹访大社还保留着被称为御柱祭的神社活动,每隔7年,亦即每逢申、寅年的春天,该社都要举行1次御柱祭。届时要更新御柱,选用16根大冷杉木,将其中8根立在上社,8根立在下社。有学者说,木柱上除了装饰斗笠形饰物外,还装饰了鸟形木制品。鸟形木制品多有发现,发现的鸟形木制品的中部大多有插入木柱的凹部。鸟是引导灵魂归天的圣物,由此可以推想,在古坟的坟丘周边树立木柱,正是祈求死者能够回归天国的做法。

除了木柱遗痕可表明存在御柱祭外,考古学者在古坟的墓域内还发现了圆筒形祭器(埴轮)。这种祭器在畿内地区最为典型,且数量较多。奈良盆地东南端的樱井市的周边是前方后圆坟最集中的地方,其中メスリ山古坟是圆筒祭器(见图5-3)大量配置的典型一例。据调查,这座前方后圆坟是4世纪时建造的,坟墓全长224米,后圆部直径128米,高19米,前方部宽80米,高8米。坟丘是3

---

① 王金林:《汉唐文化与古代日本文化》,天津人民出版社1996年版,第197页。

层建筑,坟的后圆部顶上有一个用大型圆筒祭器围成的双重方坛状区域。圆筒祭器直径大的有1米,小的也有50厘米。经复原,其高度最高的有242厘米,是日本至今发现的最大的圆筒祭器。双重方坛状的内侧方坛由69个圆筒祭器构成,外侧方坛由106个圆筒祭器构成。在方坛的四角都配置了大型圆筒祭器。メスリ山古坟的圆筒祭器的样式有3种:一是上下都呈平面的圆筒形,占大多数;二是圆筒形的上部口缘部向外伸张,呈圆盆状;三是直径较小的细筒,而筒的上部有杯状装置,学者们称之为高杯形特殊圆筒祭器。后两种祭器都比较高,且形状特殊。

图5-3　メスリ山古坟出土的特殊圆筒祭器

在圆筒祭器围成的方坛内的黏土层下,发现了8块天井石,石下是长约83米,宽约13米,高约16米的竖穴式石室。虽然曾被盗掘,但从中还是发现了铜镜、玉器、石器等随葬品。

类似于メスリ山古坟这样的在后圆部顶上用祭器围成方坛状的古坟,虽然还有奈良市的佐纪陵山古坟、京都府加悦町的蛭子山古坟、三重县上野市的石山古坟、大阪府美原町的黑姬山古坟、冈山市的金藏山古坟等,但是均没有メスリ山古坟那样大量使用祭器及双重方坛结构。

使用大量圆筒祭器的古坟,还有奈良县的葛城郡河合町的ナガレ古坟,其规模比メスリ山古坟还要大。在该坟的坟丘底部和中部各用圆筒祭器排列成一条围绕整个坟丘的祭器带。所用的圆筒祭器除了一般的上下呈平面的以外,还有较大型的高杯形特殊圆筒祭器。两种圆筒祭器相间而置,即在每个上下平面的圆筒祭器之后,放一个特殊圆筒祭器,如此排列至终。坟丘底部和中部两条圆筒祭器的配置,使整个坟丘显得蔚为壮观,墓域也显得更为神圣与神秘。

关于这种特殊祭器的作用和意义,有日本学者认为其具有区划圣域与非圣域的作用,给人一种强烈的似"玉垣"的感觉。

日本学者的看法似乎并不十分妥当。因为古坟的环濠和围堤等设施,早已把圣域和非圣域区分开了,完全没有必要在已是圣域的墓域内再做一次圣域和非圣域的区分。至于给人一种强烈的似"玉垣"感觉的看法,则颇有启发性。

在思考圆筒祭器的作用和意义时,有必要谈一下中国江浙一带的良渚文化。在良渚文化遗址中出土了大量玉器,其中之一就是玉琮。虽然玉琮和圆筒祭器在外形上不一样,但是它们所要表达的理念,笔者认为是有相似之处的。关于玉琮的作用和意义,中国学术界有诸多观点:

(1)性器的象征。有人说是女阴的象征,有人说是男根,也有人说是男女性器的"密合"等。

(2)礼器说。有人说是专门敛尸用的明器,也有人说是祭祀天地的礼器。

(3)国家缔造者的神化形象和王权、神权的象征。

(4)中国古人宇宙观和沟通天地的象征。

以上4种观点中,除了玉琮象征男女性器的观点笔者难以苟同外,其他3种均有一定的道理。如将它们归纳一下,则是否可以说玉琮是有权者用以祭祀天地、沟通天地的祭器? 说它是有权者使用的祭器,因为玉琮大多出自祭坛和大中型良渚墓中。玉琮外方内圆,是体现中国古人的"天圆地方"说的典型器物,把它埋在祭坛和墓中,正说明这种器物祭祀天地、沟通天地的意义与价值。

日本前方后圆坟中的圆筒祭器,与良渚文化遗址中的玉琮有如下几点不同:

(1)形状不同,玉琮在一般情况下是外方内圆,而圆筒祭器内外均是圆柱形。

(2)玉琮大多出土于祭坛和大中型墓中,而圆筒祭器并不埋入墓中,只是在墓域内一个挨一个地排列配置。

(3)玉琮由玉石制成,圆筒祭器则是在窑中通过高温烧制的陶器。

根据上述不同,可以对圆筒祭器做出这样的推断:第一,它不是祭地的器物,它的圆柱状器形应是属于前述的御柱祭的一种;第二,将圆筒祭器围绕前方后圆坟坟丘排列,或在后圆部顶端排列成方形区域或祭坛(见图5-4)是要示明这是一种特别隆重的祭祀,同时也表明死者是有权势者,是天神的子孙;第三,表示有权势者(死者)回归天国的方式,即通过天柱回归,因为天柱是联系天地的通道。

图5-4　奈良县樱井市メスリ山古坟的后圆部由特殊圆筒形围成的祭坛

注：引自河上邦夫《观察古坟时代人的心》。

关于天柱是天地之间的通道的事，《日本书纪》中也有记载，如神代篇中讲：创世神伊奘诺尊和伊奘冉尊从天降到海上，在海水凝结的岛上，首先建立的就是御天柱；天照大神产生之后，也是通过"天柱举于天上"的。另外在推古大王时，朝廷曾于620年十月修缮桧隈陵，先用小石子铺在陵墓的表面，并沿坟丘积土成山，做成围绕坟丘的堤，然后让朝臣和有权势者每人在土堤上立大柱。在围绕坟丘的堤上立大柱的做法，与在墓域中配置圆筒祭器做比较，虽然一个在墓域外的土堤上，另一个在墓域内，但是目的和作用是相同的，同样具有象征沟通天地的意义，都表达了祈求死者回归天国的愿望。

第二节　殡丧之礼

死是人生历程的终结，因此，人类对死的仪礼特别注重。在古代，葬礼是诸仪礼中最为烦琐的礼节。

现在，我们所能见到的有关古代日本的葬礼的文字，始见于中国的《魏书·倭人传》，继而在《北史》《隋书》中也有记载：

其死，有棺无椁，封土为冢。始死停丧十余日，当时不食肉，丧主哭泣，他人就歌舞饮酒。已葬，举家诣水澡洁，以如练沐。（《魏书·倭人传》）

死者敛以棺椁，亲宾就尸歌舞，妻子兄弟以白布制服。贵人三年殡于外，庶人卜日而瘗（yì）。及葬，置尸船上，陆地牵之，或以小舆。（《隋书·倭国》）

165

从上述《魏书·倭人传》《隋书·倭国》中的记载可知,在公元7世纪以前的古代日本,丧葬仪礼大致有如下步骤:

（1）白布制丧服；

（2）停尸十余日,丧主哭泣,亲宾饮酒、歌舞；

（3）敛尸入棺,丧主哭,亲宾歌舞；

（4）棺停殡庭,贵人殡三年,庶人择日而葬；

（5）出葬,棺置于船上,或置于小舆至墓地；

（6）埋葬毕,丧主全家入水中浴澡,以涤去污垢。

在上述诸步骤中,最为重要的是敛尸入棺以后,将灵枢移至别处行殡丧之仪。所谓"殡",系指尸体入殓之后至入土安葬间的丧仪。《日本书纪》中记载,仲哀、反正、钦明、敏达、推古、舒明、孝德、齐明、天智、天武、持统、文武等12代王,除反正、文武2代王的殡宫地址不明外,其他10代王的殡宫地址并不完全相同,钦明、敏达、推古、舒明、天智5代王的殡宫在王宫之外,而仲哀、推古、孝德、天武、持统5代王的殡宫在王宫内,或在某一宫殿,或在宫殿的南庭（见表5-3）。所以,日本的殡宫都是与死者原先居住的宫殿分离的。

表5-3　古代日本大王（天皇）的殡宫表

大王（天皇）名	宫都名	死时所在宫殿	殡宫所在	出处
仲哀	穴门半浦宫	不明	穴门丰浦宫	《日本书纪》
反正	丹比柴篱宫	正寝	不明	《日本书纪》
钦明	矶城岛金刺宫	内寝	河内古市	《日本书纪》
敏达	译语田幸玉宫	大殿	广濑	《日本书纪》
推古	小垦田宫	不明	南庭	《日本书纪》
舒明	百济宫	百济宫	宫北	《日本书纪》
孝德	难波长柄丰碕宫	正寝	南庭	《日本书纪》
齐明	后飞鸟冈本宫	朝仓宫	飞鸟川原	《日本书纪》
天武	飞鸟净御原宫	正宫	南庭	《日本书纪》

大王(天皇)名	宫都名	死时所在宫殿	殡宫所在	出处
持统	藤原宫	不明	西殿	《续日本纪》
文武	藤原宫	不明	不明	《续日本纪》

注:引自王海燕《古代日本宫都的南庭——殡宫仪礼为中心》。

关于殡仪所包含的内容很繁杂,主要是由"恸哭""发哀""奉奠""诔(lèi)""奏乐(歌舞)"等内容构成的。人死而悲,悲而恸哭,但是在殡仪过程中,哭也是有规矩的。据《礼记》,小敛前后的哭,亲宾的位置和面向都有明确规定。如:

> 小敛之前哭:子坐于东方,卿、大夫、父、兄、子姓立于东方;有司、庶士哭于堂下,北面;夫人坐于西方,内命妇、姑、姐、妹、子姓立于西方;外命妇率外宗哭于堂上,北面。小敛之后的朝夕哭:妇人位于堂,南上,哭;主人拜宾,旁立,右还,入门哭;等等。

再如将棺柩安葬完毕返回后,再在宗庙哭,以表哀伤,此被称为反哭。反哭过后,举行安抚死者灵魂的虞祭时也要哭,此被称为卒哭。卒哭后则不再发哭。

以上是古代中国的殡仪中的哭。古代日本的殡仪中是否有如此规定,不得而知,即使是7世纪末8世纪初形成的"丧葬令"中也没有这样的条文。至今已知的古代日本最详细的殡仪过程是天武天皇的殡仪。据载,天武天皇是686年9月9日驾崩的,他驾崩后的第三日,即11日入殓,然后移棺于南庭,这时哭才开始("始发哭")。此后,几乎每日都有致哀而哭的人,如"诸僧尼发哭于殡庭""皇太子率公卿百寮人等,适殡宫而恸哭"等等。可见在实际的殡仪中,日本也是有约定成俗的原则的。

殡仪过程中最重要的内容是吊唁者对死者的诔。所谓"诔",《说文解字》的解释是:"诔,谥也。谥,行之迹也。"诔是对死者一生行迹的赞颂。所以《白虎通》说,临葬而谥,是为了"显扬之也"。当然,诔也是有规则的,如"贱不诔贵,幼不诔长"[①],贫贱的人没有资格赞颂尊贵者,年纪轻的人不能向年长的死者行诔礼。又如王死,臣子若要行诔礼,则必须先至"南郊告天",然后才能行诔礼,此谓"天而

---

① 《礼记·曾子问》。

谥之"或"天以诔之",意思是收到天的命令后对王进行赞颂。从天武天皇的殡仪的诔的内容来看,这不仅仅是对天武天皇本人业绩的赞颂,而且还包括朝廷各个部门的工作汇报和皇族的族谱及事迹等。

殡仪中亲朋宾友在吊唁中的歌舞、奏乐也是重要的内容之一。在日本神话中就有以歌舞祭神的记载,如伊奘冉尊生了火神,因火灼伤,不久后死去,人们经常祭祀她,"花时亦以花祭,又用鼓吹、幡旗,歌舞而祭"[①]。又如前已叙及的《古事记》中所载的天若日子被神矢击中而亡以后,他的父亲和妻子从天上降到苇原中国,将他的尸体入棺后,建立了丧屋,举行殡仪。在殡仪期间,人们"八日八夜作乐送葬"。[②]

686年9月天武天皇的殡仪中,多次出现歌舞、奏乐:

> 百济王良虞,代百济王善光而诔之,次国国造等,随参赴各诔之,乃奏种种歌舞。
>
> 皇太子率公卿百寮人等,与诸蕃宾客,适殡宫而恸哭焉。于是奉奠,奏楯节舞。
>
> 皇太子率公卿百僚人等,适殡而恸哭焉。——乐官奏乐。[③]

人死是令人悲痛的事情,怎么还歌舞、奏乐呢? 其实,歌舞、奏乐也是一种悲哀情感的表现,与恸哭是一样的。歌是哀歌,乐是哀乐,舞是哀舞。当然也有歌颂死者功德的舞,如天武天皇殡仪中的"楯节舞",是表现胜利者的舞,是对天武天皇在"壬申之乱"中取得王位的事迹的赞扬。

在殡仪中用舞来表达意思的,不仅仅是古代日本,古代中国也是存在过的。中国的《礼记》中就记载着死者亲人"踊"的规定。据载,踊有"群踊"和"爵踊"之别。"群踊"是死者的男性亲人表达极度哀伤所跳的舞,"爵踊"是死者的女性亲人表达哀伤所跳的舞。按礼制规定,士三踊,大夫五踊,诸侯七踊,天子九踊。每一踊是三跳步,以三踊九跳为一节。女性舞爵踊时,双脚不能离地,即不能跳跃,舞时要呈现随时要倒下的样子。在小殓时,男主人踊时要袒(即露出左臂),而女性

---

① 《日本书纪》卷1。

② 《古事记》上卷。

③ 《日本书纪》卷29,朱鸟元年,百济王良虞是百济王善光之子;《日本书纪》卷30,持统元年正月、十一月。

因不宜露臂，所以踊时要有抚胸，表示悲痛欲绝的动作。①古代日本人的殡仪中的歌舞，虽然没有像中国那样有明确的严格规定，但是作为表达生者对死者的哀情，踊与舞的性质是相同的。

殡仪期间，日本的习俗是丧主不食肉、不饮水，而其他亲属则"就歌舞饮酒"。这一点似与中国不同。据《礼记·丧大记》，居丧期间，丧主和亲属一般是"疏食水饮"，以粗粮为食，不能饮酒，只能喝水，更不用说食肉了。"期之丧，三不食，食疏食水饮，不食菜果""大功之丧不食醯(xī)酱；小功缌麻不饮醴(lǐ)酒"。②死者入土之后，菜果、肉、酒之禁才逐渐解除。

人死之后，人们都希望死者灵魂能升天而不入黄泉。古代日本人曾通过神话传说，描述了黄泉之国的污秽。为了不使死者灵魂入黄泉，古代日本人，尤其是有势有权者在殡仪过程中，采取了两项措施：一是由游部守护灵柩，二是出殡时动用战争时的鼓、大角、小角等鸣器。

游部是指大王和朝臣死时，专门从事护卫的人。这种人"终身无事，免课役，任意游行，古云游部"。在丧事中，他们负刀持戈，或负刀持酒守护在灵柩前，其作用是"隔幽显境，镇凶疠魂"。③所谓幽、显，是指阴界和阳界。"隔幽显境"是指由于游部的守护，阻挡了通往阴界的路，使死者避阴就阳，升腾天国。"凶疠魂"是指黄泉国的厉鬼。"镇凶疠魂"，意为震慑厉鬼。像《古事记》中伊耶那岐命那样，不让追杀他的黄泉丑女、八雷神等厉鬼越过阴阳界黄泉比良坂。从而使死者能安然地踏上通往天国之路。

出殡时的鼓吹和仪仗，根据社会地位的高低，规模自然有所不同。以716年死亡的志贵亲王的送葬队伍为例，当时鼓乐队由240人组成，其中鼓手80人，大角手40人，小角手80人，金钲手20人，铙鼓手20人。仪仗由357名军人组成，持350面幡和7支楯。二品位阶的志贵亲王的殡仪规模都如此盛大，大王(天皇)的殡仪规模便可想而知了。

由史籍记载可知，日本古代各大王(天皇)驾崩后的殡仪期长短不一。从表5-4可知，殡仪期最长的达到5年8个月，最短的是2个月。长时间将灵柩置于殡宫而不下葬，往往与王室内部的权力斗争有关。如敏达大王驾崩后，朝廷出现苏我氏与物部氏之间的不和，以致在殡宫行诔礼时，物部守屋大连耻笑苏我马子

① 傅亚遮：《中国上古祭祀文化》，东北师大出版社1999年版，第301页。
② 《礼记·间传》。
③ 《令集解》卷40，丧葬令。

"如中猎箭之雀鸟";而物部守屋大连行诔礼时,"手脚摇震",苏我马子则笑他"可悬铃矣"。在大王驾崩,继嗣未定,大臣间对立的政治背景下,穴部王子决心反叛,他愤愤地说:"何故事死王之庭,弗事生王之所也。"①意思是说,没有必要为死去的大王做殡仪,应该去建立新王权。穴部王子与物部守屋大连勾结,欲武装夺取政权,结果被苏我马子等派兵诛杀。正是在这种背景下,敏达大王的殡仪期长达5年8个月。掌握朝权的王族和苏我马子,企图用死人来压活人,以大王尸骨未寒,谁敢篡权的手法来震慑篡权者。直到物部守屋大连势力被灭,苏我马子稳固地控制朝政后,才将敏达大王的灵柩入土。

表5-4　古代日本各大王(天皇)殡仪期统计表

大王(天皇)	死亡年月	建殡宫年月	埋葬年月	殡仪期
钦明	571年4月	571年5月	571年9月	4个月
敏达	585年8月	585年8月	591年4月	5年8个月
推古	628年3月	628年3月	628年9月	6个月
舒明	641年10月	641年10月	642年12月	1年2个月
孝德	654年10月	654年10月	654年12月	2个月
齐明	661年7月	661年11月	667年2月	5年3个月
天智	671年12月	671年12月	不明	不明
天武	686年9月	686年9月	688年1月	2年2个月
持统	702年12月	702年12月	703年12月	1年
文武	707年6月	707年6月	707年11月	5个月

还有一种现象值得注意,即殡仪期较长还可能与继承王位的是女性有关,如舒明大王驾崩后,继位的是皇极女王,天武天皇驾崩后,继位的是持统女王。继位的女王为了巩固其政治地位,亟须利用前王的权威,因此延长殡仪期也在情理之中。持统女王执政后,也曾出现过王权危机,大津皇子企图谋反夺权,而一直被群臣看好、有继位希望的草壁皇子突然病逝。持统女王匆忙登位,更需要借助丈夫天武天皇的威望,所以殡仪期长达2年2个月。

---

① 《日本纪略》前篇六。

齐明天皇的殡仪期长达5年3个月,这除了国内政治原因外,还有外交、军事原因。齐明天皇驾崩后不久,中大兄皇子(后为天智天皇)涉足了朝鲜半岛内部矛盾,派兵支持行将灭亡的百济国,结果大败。对外战事的惨败,使中大兄皇子的政治地位受到了内外的压力。在此严峻的局势下,中大兄皇子当然特别需要内政的稳定。中大兄皇子直到667年2月才安葬了齐明天皇。并在10个月后宣布自己正式继位。

从上述史事可以看出,殡仪在当时的社会上层,不仅仅是丧葬的仪礼,更是一种争权夺利的手段,具有浓厚的政治色彩。

第三节 祈求长生的随葬品

在叙述古代日本的墓制变化时,我们已触及古代日本人企求长生和升天的思想。其实,这种思想不仅反映在坟墓的外形结构方面,而且表现在坟墓中出土的随葬品上。由考古资料可知,自弥生时代至古坟时代,墓葬的随葬品大致有两类:一是死者生前的用品,二是具有宗教意识的器物。前者主要是生产工具、武器、生活用具等。根据死者社会地位的不同,随葬品的种类、数量和质量也会有明显的差别。后者是具有宗教意识的器物,主要有如下种类:

(1)朱砂、赤色水银(或赤色颜料);

(2)桃核;

(3)玉石;

(4)铜镜;

(5)神剑;

……

现对上述器物逐一进行叙述。

一、朱砂、赤色水银求长生

在弥生时代的墓葬中,常常可发现墓中有朱砂随葬,如佐贺县山古贺遗址的14座石棺墓中,有8座有朱砂随葬,占总墓数的57%。在千叶县香取郡城台南贝冢墓葬中,人骨的周围都撒有红色物,似是朱砂。

除朱砂外,还有用赤色水银随葬的,如佐贺县的吉野里遗址、福冈县的平原弥生遗址、畿内地区冈山县的楯筑古坟等。

吉野里遗址的坟丘顶上，埋有8个瓮棺，其中5个瓮棺内有赤色水银。特别是编号为1002号的瓮棺内赤色水银使用量较大。[①]平原弥生遗址，在木棺葬的墓中，虽然木棺已被腐蚀得不成样子，但在死者形体所在位置的薄薄的炭化层和棺位中，发现了颜色鲜艳的遗物，据分析遗物上是硫化水银。[②]前一节叙及的楢筑古坟是弥生时代后期的大型坟丘墓，在长约3.5米，宽约1.5米的木椁内放置木棺，在木棺中的赤色水银量超过30千克。[③]

朱砂与水银的随葬，实际上蕴含着一种深层的意识。这种随葬，在古代中国也相当普遍，在华北、中原、西北等地的早期遗址中尤为突出。在河南偃师二里头墓的墓底，有的朱砂的厚度达到8厘米。[④]在陕西凤翔马家庄遗址，人骨周围也撒有朱砂。

在古籍记载中，古代中国的墓葬，用水银随葬的例子，最早的是齐桓公（公元前685—643年）的墓葬。这种习俗一直延续到南北朝时期。最典型的是秦始皇陵。《史记》记载，秦始皇"以水银为百川江河大海，机相灌输，上具天文，下具地理"[⑤]。表明陵墓中有水银随葬。中国考古学者自1981年以来，多次对秦始皇陵进行学术探查，以探测陵墓内的水银含量。他们在陵墓的封土上，设置南北三条、东西一条探查线，并以间隔10米的距离，采集封土下30—60厘米处的土壤。后他们又在封土的中央用间隔10米的网格法采取标本。结果发现在125900平方米的封土范围内，有强烈水银异常的区域达12000平方米。这异常区域内的水银含量变化的平均值是205PPb。然后他们又对封土中的砷素、锑酸盐、铋等元素进行分析，表明其含量均在土壤正常含量范围内，与水银变化没有关系，由此可以确认秦始皇陵中的水银，是人为埋入的，证明了《史记》记载的真实性。[⑥]

日本的吉野里遗址、平原弥生遗址，以及楢筑古坟中的水银含量，虽然都没有秦始皇陵中的含量高，但所反映的思想意识是相同的。

那么朱砂、水银究竟反映了中日古人的何种思想意识呢？且看中国古典《抱朴子》中的有关记载：

---

① 佐贺县教育委员会：《环濠集落吉野里遗址概报》，佐贺县教育委员会1990年版。
② 原田大六：《实在的神话》，学生社1966年版。
③ 近藤乔一：《图说发掘话日本史》，新人物往来社1986年版。
④ 杨国忠：《1981年河南偃师二里头墓葬发掘简报》，《考古》1984年第1期，第37—40、99—100页。
⑤ 《史记·秦始皇本纪》。
⑥ 常勇、李同：《秦始皇陵中埋藏汞的初步研究》，《考古》1983年第7期，第659—663、671页。

朱砂为金，服之升仙者为上士也。

《铜柱经》曰：丹砂可作金，河车可作银，立则可成，成则为真，子得其道，可以仙身。[①]

仙药之上者丹砂。[②]

另外，在道教的秘要诀法中，若道士见了死尸等血秽之物，则必须解秽除污，方法之一就是"以朱砂一铢散水中，因以洗目、漱口，并洗手足"[③]。

《抱朴子》和《云笈七签》的记载表明，朱砂是追求成仙的良药之一。中国墓葬中的朱砂随葬表明，这种人死后祈盼永生不死的意识应是源于道家思想，而日本古代墓葬中的朱砂的出现，也应与永生不死意识有关。这从另一侧面反映了中日古人在成仙上的思想意识的雷同。

二、桃子驱鬼

日本也曾存在过桃树与桃实驱鬼、驱邪的习俗，其证据就是坟墓中出土的桃核。考古学者曾在奈良县牧野古坟的石棺附近发现了一颗桃核。这颗桃核已在墓中存在了1300余年。虽然在墓中发现桃核的资料不多，但是仅就牧野古坟的这颗桃核，就给我们揭示了古时存在桃子驱鬼这一民间习俗的基本事实。德岛县板野郡黑谷川郡头遗址出土了桃核形装饰，前叙的楢筑古坟中出土的神体石上也有变形的桃核形纹饰等，这大概也反映了桃符信仰吧。[④]

前已叙及，在《古事记》里，明白地记载着伊耶那岐命从黄泉国逃出来的时候，已成为黄泉国鬼的伊耶那美命，曾派了很多黄泉国的厉鬼追杀他。伊耶那美命首先派了黄泉丑女追杀，伊耶那岐命抛掷黑色葛蔓阻挡，葛蔓变成了黑葡萄，丑女停下来摘葡萄吃的时候，伊耶那岐命乘机跑远了。于是伊耶那美命派八雷神率1500名黄泉军追杀，伊耶那岐命孤军奋战，边打边退，十分危险。在接近黄泉国边界，快被赶上的时候，伊耶那岐命看见了黄泉国与苇原中国交界处有一棵桃树，上面结满了桃子，于是他急步上前，摘了3个桃子，等黄泉军靠近，便将桃子

---

① 《抱朴子·内篇·黄白卷》。

② 《抱朴子·内篇·仙药卷》。

③ 《云笈七签》卷46，三元隐谢解秽内法。

④ 河上邦彦：《看古坟时代人的精神》，《心中的宇宙》，中央公论社1987年版，第151—152页。

抛掷出去,顿时,八雷神和1500名黄泉军溃败而逃。因为桃子救了伊耶那岐命,所以他便对着桃树说:"桃树啊,你救了我。像你现在帮助我一样,当生在苇原中国的大众遇到忧患的时候,也去帮助他们吧。"①

其实,桃树驱邪避鬼思想,古代东亚各国也是有过的。在中国,甚至直至今日,在广泛的乡村地区,依然有桃符驱邪的习俗。在中国典籍中有不少关于桃子的驱邪、长生功能的记载,如:

> 枭桃在树不落,杀百鬼,如服玉桃则长生不死。《本草纲目》)
> 桃五木之精,故作桃符置于门,以厌邪。此仙木也。(《典术》)
> 桃弧棘矢,以除其灾。(《左传》)

中国的道教中也有用桃来辟邪免灾的做法。道教有"五香汤"沐浴术,其中第二术就是在洗澡水中加入桃皮,因为"桃皮能避邪气"②。

可见,中日两国的桃符驱邪的习俗是相同的。

三、玉石之美

在日本的古代墓葬中屡有玉出土。至今发现的玉有玉玦、玉管、勾玉等。

玉玦在绳纹时代的遗址中多有出土,说明当时已经很盛行。玉玦的形制有圆形、椭圆形、长方形和三角形。玉管是组合用的装饰物,主要出土地在九州北部,以佐贺县吉野里遗址为例,在该遗址的一瓷棺中,与1把有柄铜剑一起出土的玉管约有75枚。勾玉在弥生时代遗址中非常普遍。

在日本古籍中最早关于玉的记事,是《古事记》记述天照大神迎接其弟弟速须佐之男命到高天原见面时,对天照大神的装束有如下描述:

> (天照大神)解发结成男髻,左右髻的发鬘上以及左右手上,均挂有许多美丽的八坂勾玉(引者注:《日本书记》中称八坂琼曲玉)的串饰,背负千枚的箭筒,胸悬五百枚箭筒,臂上著威严的竹柄,摇动弓鞘,顿足陷地,蹴散坚土有如微雪,雄武地等着速须佐之男命的到来。

---

① 《古事记》上卷。
② 《云笈七签》卷41,沐浴。

在这段描述中，八坂勾玉是装饰品，天照大神的头上和双手上挂满了勾玉的串饰，显得十分高贵和华丽。

八坂勾玉的再次出现，则是在速须佐之男命在高天原触犯了神规，天照大神隐入天之岩户，天下一片黑暗时，众神为诱使天照大神走出天之岩户，首先制造了镜和玉，并将它们挂在神木上：

> 拔取天香山连根的神木，上枝挂着美丽的八尺勾玉的串饰，中枝挂着八尺之镜，下枝挂着青布白布，作为御币。

这段文字中的八尺勾玉的作用和价值已发生了变化，即它已不仅仅是一种佩饰物了，而是被作为一种与神和宇宙的光明相连的圣物。后来天照大神派遣天孙从天降临，统治苇原中国时，交给他的3件圣物中就有玉。自此开始，玉、镜、剑成为日本王权天授的象征。于是，最早被人们作为装饰品，体现美意识的玉，被赋予了神的色彩，成为具有政治价值的神器。

玉为什么会被古代日本的统治者选为三大神器之一，作为象征日本王权的圣物呢？现存的日本方面的资料（包括考古、文献、民俗等）难以解开这一历史之谜。在回答这一问题之前，我们不妨先对中国古人对玉的作用和价值的看法做一探索。

古代中国人，对玉怀有深情，人们将玉广泛地用于生活、祭祀、典礼等，更赋予其道德的、政治的含义，形成了一系列关于玉的传统观念。

（1）玉是生活中的宝物，首先是体现人身价的饰物，所以"古之君子必佩玉"（《玉藻》）。在古代，玉还被用来制作兵器和工具。成书于战国至东汉时期的《越绝书》中记载了一个名叫风胡子的人，曾向楚国的昭王讲述轩辕、神农、赫胥、黄帝等传说中人物的作为时进言："黄帝之时，以玉为兵，以伐树木为宫室，凿地。夫玉，神物也。"[1]说明黄帝时，玉已被应用于生产、军事领域，成为兵器、农工具。到了商周时期，玉则成为宝物，王室有大量储藏。后来，玉也成为用来馈赠的礼物。

（2）玉是永生、不朽之物。《抱朴子》一书认为玉是使人死后不会腐朽的宝物，"金玉在九窍，则死人为不朽"。正是受这种观念的影响，古代贵族的殡仪中有含礼的规定：天子饭以玉，诸侯以珠，大夫以璧，士以贝。珠、璧都是玉的制品，所以

---

① 《越绝书·外传记》。

王、诸侯、大夫死时在口中含玉。"含用珠宝物何也？有益死者形体。"[①]不但死者口中含玉，而且死者墓中有玉器随葬。关于随葬的目的，除了使"死者形体"不变外，还包含着玉是仙物，有以玉为伴升入仙境的用意。如果翻开道教经典，涉及仙境的人和事物，常常是以玉冠名的，如玉阙、玉门、玉房、玉札、玉宫、玉芝、玉华、玉舆、玉女、玉童、玉仙之身明玉之轮等。在《山海经》中，"玉"字一共出现了173次，其中127次与山相连。仙境中的"玉"意识，反映在人死后的殡仪中，自然是与死后成仙的祈求密切相关的。

（3）玉是君子之德的象征。董仲舒在《春秋繁露》中说："玉有似君子。"所以，古代的"君子无故玉不去身，君子与玉比德焉。"[②]《礼记·聘义》中也有颇为生动的记述，其指出玉的品质中，有仁、智、义、礼、乐、忠、信等德。"湿润而泽"是仁；"缜密以栗"为智；"廉而不刿"是义；"垂之如队"为礼；"叩之其声清越以长"为乐；"瑕不掩瑜，瑜玉掩瑕"是忠；"孚尹旁达"是信。其中还说"气如白虹"为天，"精神见于山川"为地，"天下莫不贵者"为道，所以"君子贵之"。

除了《礼记》所载的玉有上述七德外，《说文解字》则指出玉有五德，即仁、义、智、勇、絜。

（4）玉是统治阶级身份等级的象征。在古代中国，为表示王与贵族间的等级差别，特用玉制作了6种玉器，即镇圭、桓圭、信圭、躬圭、谷璧和蒲璧。这就是《礼记》中所说的"以玉作六瑞，以等邦国"。圭是一种斧形玉器，周代尖首形居多，汉代山形居多。依据《周礼》，公、侯、伯、子、男朝见君主，以及相互拜晤时，都应手握代表自己身份的玉器。"镇""桓""信""躬"表示圭的不同等级。"镇"意为安定四方，"桓"意为宫室支柱，"信"（身）和"躬"均为处事谨慎之意。王所执的镇圭长约39.5厘米；公爵所执的桓圭长约30厘米；侯爵所执的信圭和伯爵所执的躬圭长度相同，约为23.5厘米；子爵和男爵所执的璧是圆形玉器，直径约为16.5厘米，两种璧所不同的是纹饰，前者用谷纹，后者用蒲纹。

（5）玉是祭祀用的礼器。作为祭祀礼器的玉，被称为"六器"。"以玉作六器，以礼天地四方。"[③]六器分别为苍璧、黄琮、青圭、赤璋、白琥、玄璜。璧、琮、圭、璋、琥、璜是用玉制成的不同形状的礼器，苍、黄、青、赤、白、玄表示不同的颜色。形状与颜色，以及相对应的祭祀的神，与五行思想关系密切。根据五行思想，地属

---

① 《白虎通·崩薨》。

② 《玉藻》。

③ 《周礼·春官》。

土，土色为黄；东方属木，木色为青；西方属金，金色为白；南方属火，火色为赤；北方属水，水色为黑。除祭天用的圆形璧之外，其他五器均与五行思想相应。如："青圭礼东方"，东方神兽为青龙，而青龙似蛇，蛇形扁长，所以"青圭"形状为长方形；"白琥礼西方"，西方神兽为白虎，所祭西方用的白琥呈扁平状，上有虎纹；"以赤璋礼南方"，南方神兽是朱雀，所以祭南方用的赤璋，呈鸟形；"以玄璜礼北方"，北方神兽为玄武，所以祭北方用的玄璜形似龟甲。

上述5个方面，是古代中国人关于玉的传统观念，这些观念自商周经春秋战国延续至汉唐。随着人口的流动，文化交流日渐密切，这些思想观念必然也会传到日本。正处在社会变革，而自身又缺乏理论的古代日本的上层社会，自然会对这些思想观念产生兴趣，特别是对其中的玉是不朽的、永生之物，玉是等级身份的象征很感兴趣。前者的吸收导致玉成为墓葬的器具，而后者的吸收被演绎为王权神授的象征。特别应当强调的是，古代日本在吸收中国关于玉的传统观念的时候，并没有从玉的形制上去模仿，而是根据从弥生时代至古坟时代这一社会变革时期的政治需要，注重对思想观念的启发、吸收和创造。

四、铜镜——驱邪、会神、登仙的宝物

本书第二章，在阐述古代日本人的太阳神信仰时，曾对铜镜是天照大神神体象征，以及其成为古代日本王权的神器之一做了叙述。其实，古代日本人认为铜镜除了象征太阳神神体外，还具有驱邪、升仙等作用。现在拟对这方面的作用做一简明的阐述。

日本古坟中出土的铜镜，主要是一种边缘断面呈三角形的大型镜，最大的直径有25.9厘米，最小的有17厘米，而最多的是22厘米左右。镜的背面大多铸有铭文和神仙像、兽形，学术界称之为"三角缘神兽镜"。这种铜镜分布的地域很广，北自福岛县，南至宫崎县，至今已出土了560余面。

尽管关于三角缘神兽镜的制造地究竟是在中国还是在日本这一问题中日两国学界一直有不同的见解，但是，认为铜镜是礼器则是并无异议的。

从已发掘的古坟看，有的前方后圆坟中埋入的三角缘神兽镜的数量是相当可观的。如：京都府大冢山古坟出土的37面铜镜中三角缘神兽镜有32面；奈良县的黑冢古坟出土的34面铜镜中三角缘神兽镜有33面；奈良县的宝冢古坟出土的36面铜镜中三角缘神兽镜有20余面，等等。人们一定会问，为什么古坟的主人对铜镜如此注重呢？为了说明问题，我们先对若干古坟中铜镜的埋葬状况略加说明。

（1）京都府椿井大冢山古坟。古坟中37余面铜镜,全部沿着墓壁依次相立,镜面向外。

（2）奈良县大和天神山古坟。坟中发现的23面铜镜,全部被放置在木棺内,镜面朝上,被平铺成长方形状。

（3）福冈县一贵山铫子冢。墓穴的东半部（即死者的上半身部位）沿墓壁配置10面铜镜,2面被放置在头部,两侧各置4面。

（4）冈山县鹤山丸山古坟。发现33面铜镜,除一面斜置在棺木北端的突起面上外,其余32面铜镜被放置在棺身的两侧。

（5）奈良县黑冢古坟。32面铜镜,1面被放置在死者头部附近位置,并有大量朱色物,其余31面铜镜被放置在木棺外侧的北半部分,亦即相当于死者的上身部分位置,呈"コ"字形放置。

呈"コ"字形放置的古坟,除奈良县黑冢古坟外,还有奈良县佐纪卫门户丸山古坟、兵库县西求女冢古坟等。

从上述古坟中铜镜的放置状况看,基本上呈现如下规律:如果墓中只有一面或两三面铜镜,那么一般会被放置在死者的头部或头部附近;如果墓中有若干面铜镜,则大致被放置在死者的头部和足部;如果墓中铜镜的数量较多,那么大多会围绕棺木外侧或死者头和身体两侧安放[①]（见图5-5及图5-6）。

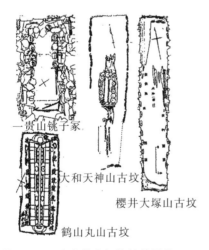

图5-5 日本古坟中铜镜的放置状况

图5-6 黑冢古坟中铜镜的放置图

注:引自藤田友治《古代日本与神仙思想》。

---

① 上田正昭:《古代日本与渡来文化》,学生社1997年版。

古坟中铜镜放置的这种规律性,究竟反映了古坟时代的日本上层贵族的何种祈念呢? 对此,至今学术界并未给出令人信服的答案。虽然有学者看到了这种规律的咒术性内涵,但是是何种咒术呢? 仍然不甚清楚。要解开这一历史之谜,我们不妨把目光转移到中国,看看中国古人对铜镜的作用和价值有什么见解,或许能从中得到启发。

中国的《抱朴子》一书中,对铜镜有如下一段记载:

> 用明镜九寸以上,自照,有所思存。七日七夕则见神仙,或男或女,或老或少,一示之后,心中自知千里之外,方来之事也。明镜或用一,或用二,谓之日月镜。或用四,谓之四规镜,四规者,照之时,前后左右各施一也。用四规所见来神甚多。或纵目,或乘龙驾虎,冠服彩色,不与世同,皆有经图。欲修其道,当先暗诵所当致见诸神姓名位号识其衣冠。①

这段引文的核心内容是,无论是男是女,是老是少,只要用9寸以上的铜镜,虔诚静心自照,7天7夜便能见到神仙,并且在见到神仙之后,灵智顿开,不但"心中自知千里之外",而且能知"方来之事"。用铜镜的方法,有的用1面或2面,用的2面铜镜被称为"日月镜"。也有用4面铜镜的,通称"四规镜",用的时候,是在自己前后左右各放置1面,这样可以从各个方向见到神。这些神都身着彩色冠服,或乘龙或骑虎。神的形象与世俗不同,因此,要能熟知这些神,最好暗暗地记住他们的姓名位号,识别各种服饰。

《抱朴子》的"四规镜法",在后来的道教的秘要诀法中有了进一步的发挥。道教典籍中有《老君命照法叙事》篇,详细地叙述了四规镜的使用方法与效果。其中说,所用明镜,其径应为9寸,镜面不要有偏缺、毁渍、疵瑕,以"清明周正不失人容色者为善"。还说往昔老君的先师,曾用1尺2寸的铜镜,在自身的前后左右各放1面,名为四规。然而用1尺2寸镜的四规法,不但不能速成,而且容易因受惊而失败。后来又用1尺镜置于正前面,此法虽然能见到神,但是"不能长生"。用9寸镜2面,放置自身左右,名为日月,"亦以延年矣。若欲分身散形,坐在立亡,上升黄庭,长生不死,役使百灵",可以成仙。《老君命照法叙事》中还说"四规之道,必见尊神"。东规(即放置东侧的铜镜)当见仙人二人,戴"丹缃之冠,面貌

---

① 《抱朴子·内篇·杂应卷》。

狭小,耳高,其头身皆生黑毛";西规(即放置西侧的铜镜)"当见西王母,玉女侍之";南规(即放置南侧的铜镜)"当见中和无极之君,一身十一头",戴自然之冠,穿赤色衣;北规(即放置北侧的铜镜)"当见天皇君,十三头,衣冠之色,如其时也"。凡采用上述明镜之法的人,上士只需7日,中士1旬,下士1月即可显现见神。行施明镜之法,除了可以见神之外,还可以"还年却老"①。道教的《宝镜法》中载有一首祝词,全文如下:

> 大明宝镜,分形散化,鉴朗元神,制御万魔,飞行上清,披云巾罗,役使千灵,封山召河。毕,常能行之,灾害不生,而位登仙。②

意思是说经常照镜,不但不会遭遇灾害,而且能离俗登仙。

《云笈七签》中除上述引文外,还收录了《摩(磨)照法》一文。文中讲了这样一个故事,说过去有一个磨镜道士,巡游民间,为老百姓磨铜镜,镜无大小,只收六七钱工本费。他磨镜时用药涂,药一抹,铜镜便光明异常。某天道士到某地,某地有一个好事者,名叫袁仲阳,听说道士技术高超,便邀请道士留宿在家,并以隆重之礼相待。当晚,袁仲阳请教铜镜的功能。道士告诉他说,明镜有四大功能:一、"可以分形变化,以一为万";二、"能令人聪明,逆知方来之事";三、能"令人与天上诸真(引者注:诸神)相见",如果行法得当,天上诸神仙都会前来相见,而奉镜之人则能"长生不老,还成少童";四、能避众恶。还说道士入山会碰到山精老魅变成人形前来为害,因此,入山道士在山间石室之中,常悬9寸铜镜于背后,以避众恶。山精老魅虽能变成人形,但在镜中它们的形影是不变的。所以用镜照其原形,山精老魅就会退去,不敢害人。③

类似《摩(磨)照法》中的文字,在《抱朴子·内篇》中也有记载。《本草纲目》中也说:"镜乃金木之精,内明外暗——若有神明,故能辟邪,魑魅忤恶。"

综合上述中国古典所载,似可对镜的功能做如下结论:

(1)镜能使人睿智开扩,能知未来之事。

(2)镜能使人延年益寿,长生不老。

(3)镜能使人与天上神仙见面,并能随仙遁入仙境。

---

① 《云笈七签》卷84,秘要诀法部。
② 《云笈七签》卷84,秘要诀法部。
③ 《云笈七签》卷48,秘要诀法部摩照法。

(4)镜能识别真神和山精老魅,能避众恶。

在了解了古代中国对铜镜功能的认识后,古代日本人在古坟中放置铜镜的意义就十分清楚了。古坟中的铜镜头足放置法及上下左右放置法,实质上与中国的四规镜法是一致的,只不过有的古坟中安置的铜镜数目多于四规镜法的数目而已,数目虽不同,实际意义却是一样的。从前述古坟中铜镜安置的情况看,我们似可推测古代日本人重视铜镜,主要着眼于:第一,长生不老;第二,灵魂归天;第三,避百害,驱邪魅,协调阴阳。

这种推测并不是凭空臆造的,这不仅是从中国的铜镜中受到的启发,更重要的是古坟中出土的铜镜本身就蕴含着长生不老、驱邪、升仙的思想。

关于铜镜本身蕴含的思想,主要可以从铜镜上的神兽和铭文两方面看出。现在对此做一个探索。

(一)三角缘神兽镜上的神和兽

已出土的三角缘镜,大部分是神兽镜,即镜上的主纹铸有神和兽,有二神二兽镜、二神三兽镜、三神二兽镜、三神三兽镜、三神五兽镜、四神三兽镜、四神四兽镜、五神四兽镜、六神三兽镜、六神四兽镜等种类。

镜中涉及的神甚广,主要是黄帝、东王父、西王母、王子乔、赤松子、伯牙、钟子期等等。黄帝、东王父、西王母都是道教中重要的神,而王子乔、赤松子等人则是凡人升天成为的神。

黄帝,传说是中国文化的创始者。他治理天下,建立规章,创八卦,定律吕,选历律,叙六甲阴阳之道。在他的治理下,领土广大,境内"万国咸宁"。他在"天下既理,物用具备"之后,开始"寻真访隐,问道求仙",游华山、首山、泰山,"时致怪物,而与神仙通",于是决定乘龙升仙。某一天果有一人,乘龙来迎,黄帝便乘龙遁入仙境。①

东王父,亦称木公、扶桑大帝、东华帝君。东王父的信仰源于太阳神崇拜。传说他住在碧海之中,主清阳元气,"冠三维之冠,服九色云霞之服",凡天下男子登仙得道者,都归他掌管。

西王母,又称瑶池金母。在中国的战国时期已成为人们信仰的对象。《庄子》中说她得道后,"莫知其始,莫知其终",即成为长生不老的仙人。葛洪的《枕中书》中说,东王父、西王母是元始天尊以下的第一辈尊神。西王母居玉山,主太阴之气,是女仙之王。

---

① 《云笈七签》卷100,轩辕本纪。

王子乔则是周灵王之子,自幼好道术,又善吹笙,笙音似凤鸣,吹奏之时,常群鸟来聚,因悉心仙道,后乘白鹤升天。

赤松子是神农氏时代的司雨神。

与神像一起铸在镜上的兽,主要是天鹿、麒麟、狮子、凤凰、青龙、赤鸟、白虎、玄武(龟蛇交合体)。诸神兽除表示吉祥等意义外,更主要的是它们(特别是龙、虎、鸟)都是世人升入仙境时必须驾乘的神兽。

(二)三角缘神兽镜上的铭文

三角缘神兽镜上大多镂刻了铭文。铭文大致可以分3类:一是富贵铭,如"其有服者,命久富贵";二是记述制镜者行动的铭,如"陈是作镜,自有经述,本是京师,绝地亡出""君宜高官,至海东";三是追求长寿、成仙的铭,这类铭文居多,这类铭文是与镜上的神兽图相配合的。铭文中提到的神,主要是东王父、西王母及一些仙人;铭文中提到的兽,主要是青龙、白虎。值得一提的是,东王父、西王母在铭文中出现最多(见图5-7)。"古有圣人东王公西王母,渴饮玉泉饥食枣""上有圣人王父母,渴饮玉泉,饥食枣"等等。

（10）三珠形	（7）齐发形	（4）双髻形	（1）三山形
（11）单珠形	（8）武冠形	（5）总角形	（2）三山形
（12）通天冠形	（9）建章冠形	（6）总角二山形	（3）头巾形

图5-7 铜镜上的东王父、西王母的头型及冠型

注:引自樋口隆康《三角缘神兽镜综览》。

三角缘神兽镜对东王父、西王母的特别重视与人们的成仙思想是密不可分的。在中国的道教中，天界最高的地方是"三清"，即玉清、上清、太清。"三清"的治理者，以玉清的元始天尊为最高神，其次是上清的灵宝天尊，再次是太清的道德天尊。世人升天成仙，要想进入九天，并到三清仙境，拜见道德天尊、灵宝天尊及元始天尊前，必须经过一道关卡，那就是必须先拜谒东王父和西王母。没有他们的认可是升不了九天，入不了三清，见不了最高神的。所以，道教文献中说，不论成仙者的品次，"其升天之时，先拜木公，后谒金母，受事既讫，方得升九天，入三清，拜太上，觐奉天尊"。①

东王父与西王母的这种"权威"，在古代中国是老少皆知的。《云笈七签》中载有一首童谣《汉初童谒歌一首并序》：

> 汉初，有四五小儿戏于路中，一儿歌曰："着青裙，入天门，揖金母，拜木公。"
> 时人皆莫知之，唯张子房知之，乃往拜焉，曰："此乃东王公之玉童也。言仙人得道升天，当揖金母而拜木公也。"②

正是出于入天门首先要拜揖金母、木公，在三角缘铜镜的制作中，特别强化了东王父、西王母的地位。这也在某种意义上反映了古代日本人用三角缘神兽镜随葬的根本思想，即追求脱俗成仙，灵魂归天。

五、神剑代尸，魂归天

在日本，铜剑的使用始于弥生时代。铜剑最早是从中国传入的，主要用于实战。弥生中期以后，出现了在日本本土制作的仿制剑，主要用于祭祀和信仰。其特点是剑趋于大型化，而非实用化。③随着王权的产生、巩固和发展，剑也逐渐成为象征王权天授的宝器之一。同时，铜剑也被贵族和皇室成员们作为随葬品埋入墓中。

铜剑之所以会被作为王权的象征，是因为它具有武力的威慑和权威的高尚。这一点是很容易理解的。可是，它作为随葬品，难道也是仅仅为了显示死者生前

---

① 《云笈七签》卷114，西王母传。
② 《云笈七签》卷97，赞颂部歌诗。
③ 王金林：《汉唐文化与古代日本文化》，天津人民出版社1996年版，第108页。

的武力与权威吗？这样推论,未免有些草率了。如果我们将埋在墓中的铜镜、玉和铜剑一并来考虑的话,显然铜剑的随葬除了显示死者生前的社会地位(武力与权威)之外,同时也应是祭祀、信仰之物,体现了一种宗教意识。

那么,铜剑究竟蕴含着人们何种宗教意识？为了揭开这一历史之谜,我们不妨如前述铜镜一样,先探索一下中国道教中的成仙术之一剑解术,或许能从中受到某种启发。

中国道教的神仙观中,神仙和人类一样,也是有等级之分的。据载,神仙共分为9品:

第一品　九天真王

第二品　三天真皇

第三品　太上真人

第四品　飞天真人

第五品　灵仙

第六品　真人

第七品　灵人

第八品　飞仙

第九品　仙人

9品的地位高低是不能打破,也不能随意超越的。

在道教思想中,人经过自身的修炼是可以直接进入仙人行列的。所以《抱朴子》把仙人分为3类:一是升空的天仙,二是隐入名山的地仙,三是通过尸解入仙的尸解仙。前两者是活着的人直接成仙,而后者是死后成仙。死后成仙必须以物代尸,即所谓"凡尸解者,皆寄一物而后去。或刀或剑,或竹或枝,及水火兵刃之解"[①]。这清楚地表明,刀、剑解是死后成仙术中重要的方法。"真人用宝剑以尸解者,蝉化之上品也"[②],意思是说用宝剑作尸解物,是死者蝉化为仙的最上等的方法。因此,道教中对剑解法有严格的教示:要修剑解之法的人,应斋戒百日,请锻冶工选吉日制作利剑,长三尺九寸,宽一寸四分,厚三分半,剑环和剑背刻字,然后将剑长期放置在卧床上枕柎被褥之间,常不离身。尸解前托疾、抱剑而卧,

---

① 《云笈七签》卷85,尸解部。

② 《云笈七签》卷84,造剑尸解法。

同时口含灵丸，默呼剑名，并念祝词：

> 良非子干，今以曲晨飞精相哺，以汝代身，使形无泄露，我当潜隐，汝暂入墓，500 年后，来寻我路。今请别矣，慎勿相误，上登太极，言功八素。

念祝词毕，闭目咽气九十息，不久张开眼就会看见太一神以天马来迎于寝卧之前，在乘天马之前，自己所抱的剑已代替己身，变成了死尸。换上太一神送来的神衣，将原先穿的衣巾覆盖在剑上。在入棺之前，剑变成死尸，而入棺之后，剑即刻又恢复原形。①

道教典籍中，不但载有剑解法，还列举了剑解成仙的故事。

一是黄帝升仙的传说：

> 据传黄帝曾采首山的铜铸鼎及镜、剑等器物。黄帝在世的时候，曾听说了一件使他羡慕不已的事情，即有一个善于医马的人，叫马师皇，技术十分高超。某一天有一条龙大白天降落在马师皇的庭院内，张口闭目，伏地不动，马师皇见后说：这条龙有病，是来求我医治的。于是马师皇在龙口上下针灸，并用牛乳煎甘草喂灌。很快龙的病好了，龙在归天的时候，马师皇也乘此龙升了天。这一传闻使黄帝十分羡慕，他也想升入天国，于是他自己择日占卜。根据占卜约定的日子，果然有龙来，并垂下龙须，迎黄帝升天，黄帝与友人、臣僚 72 人攀龙须仙去，而小臣们不得随去，号啕大哭。为追思黄帝，人们"或取几杖立庙而祭，或取衣冠立墓而守"，乔山冢便是以剑及衣冠等物为替代品建造的黄帝墓。时过 500 年，"乔山墓崩，惟剑与赤舄在焉，一旦亦失"。乔山墓崩塌时，墓内只有剑和鞋子还在，但不久剑、鞋子也不见了。②

二是玉子的传说：

> 据传玉子系黄帝之孙帝喾，曾在位 70 年。喾寿年 105 岁。他感叹

---

① 《云笈七签》卷 84，尸解次第事迹法度。
② 《云笈七签》卷 100，轩辕本纪。

人生世间,生短死长,认为"位为王侯,金玉如山,何益",唯有"神仙度世可以无穷"。于是拜师,修道术,著道书,养性治病消灾散祸。由于精诚修炼,道术渐臻精良,具有能起风,能涉江海,能吐气五色,又能举眼即见千里之物的本领。最后入崆峒山炼丹,服丹后佯死,抱剑尸解,在渤海之滨建墓。夏代时,有人盗掘玉子墓,开墓后,墓室中没有任何东西,唯有一把置于墓北部的剑。墓室打开,只听得这把剑发出"龙鸣虎啸"的声音,盗墓者不敢走近,惊恐而逃。大约500年后,有人再次盗墓,墓中铜剑已去无影踪了。①

三是前面已提及的铜镜上的仙人王子乔的故事:

> 传说王子乔在嵩高山得道,乘白鹤升天,建墓于京陵。战国时,有人掘其墓,见墓室内只有一把铜剑,掘墓人伸手想拿起来看一看,忽然铜剑飞入空中。②

通过剑解成仙的例子不少,仅以上3例就可说明,剑在人死后被埋入墓室中的深层意义。日本没有关于以剑代身而仙化的文献资料,但是,古坟内铜剑的随葬,似与道教的尸解术相同,所以说铜剑的随葬是为了让死者实现魂归仙境,其为以物代尸的工具。

综合本节所述,拟可得出如下结论:日本古代墓葬中的随葬品,除了显示社会地位的高低外,更重要的是为了辟邪、长生、登仙,这在一定程度上受到了中国道家、道教思想的影响。

第四节　常世国与浦岛子的传说

从前述的诸节内容中,我们已知中国的道家和道教的仙人观和长生不老思想很早就对日本产生了影响,而且对上层社会的影响尤为深刻。

中国的道家、道教的文化和思想是通过什么途径东传的呢?最直接的途径

---

① 《云笈七签》卷85,尸解部。
② 《云笈七签》卷85,尸解部。

就是人与人之间的交流。

中国的道家是以老庄学为核心的学派，产生于战国时期，盛行于秦汉时期。至汉代，以道家理论为基础，并吸收古代人的方仙术和民间的巫术、神鬼信仰，形成了道教。道教以精神形体的修炼而"成仙得道"为宗教。道教思想符合人们现世脱俗、长生不老的欲望，所以很快获得了发展。

关于秦汉时期人们对长生不老，成仙得道的狂热程度，可以从齐威王、齐宣王、燕昭王、秦始皇和汉武帝的求仙活动中得到证实。秦始皇统一六国不久，为了求得长生不老的仙药，多次巡游山东半岛和沿海各地，并先后派方士齐人徐福、燕人卢生寻找仙人和不死之药。继秦始皇后，又有汉武帝笃信成仙之术，派方士入海求仙，制作丹砂等，并亲自多次东巡海上，欲会神仙、得仙药。公元前109年汉武帝在甘泉宫内筑高30丈的通天台，以招迎神仙。公元前104年，汉武帝东巡海上一无所获，回到都城后，又下令造建章宫，在宫的北面凿建太液池，池中筑有象征海上神山的蓬莱、方丈、瀛洲、壶梁等小岛。

秦、汉两朝朝廷对仙人、长生不老药的追求，渗透到社会的各个阶层，成为人们普遍追求和信奉的活动。

中国与东亚周边国家，自古以来人与人之间的交流是相当频繁的。随着人与人之间的交流，民族之间的信仰与习俗交流也日益密切。中国自春秋战国至秦汉之间，战事不断，社会不安定，人民苦于战乱，常常背井离乡。例如公元前4世纪，居住在长江中下游的越族大迁徙就是事例。当时，越族大迁徙的路线，一条是南下，散于湘、粤、南海、桂、黔等地；另一条是从海路东航到朝鲜半岛南部和日本列岛。除越族外，燕、齐等沿海地区的人民也有不少东渡的。战国、秦、汉时期的神仙信仰以北方地区的燕、齐为最盛，而且在该地区活跃着一批精通天文、地理、医学、养生、炼丹和植物知识的方士。如果懂得方仙术的方士加入了东渡的队伍，那么神仙信仰在所到达的国家传播则是情理中的事。那么，方士之类的人物是否也有到达日本的呢？虽然至今尚无确切的资料说明有哪一个方士抵达日本，但是关于具有方士身份的人被皇帝派遣到东方海上求仙药的史事，在中国的古籍《史记》中是明明白白地记载着的。那就是方士徐福受秦始皇的命令出海寻找不老仙药的事。

《史记》记载，公元前219年，秦始皇东巡泰山，并到芝罘（今山东烟台北）琅琊（今山东胶南）巡游，其间方士徐福上书，称东海中有蓬莱、方丈、瀛洲3座神山，上有仙人居住，并栽有不老仙药，表示愿前往采药献给皇上。秦始皇早就听说燕、齐沿海有仙人，现在方士徐福主动献策，他非常高兴，并答应了徐福的请求。第二年,即公元前218年,秦始皇东巡至芝罘,探听徐福一行入海求仙药的情况。其实自秦始皇命徐福下海采药的一年多来,徐福并无作为。因此,当秦始皇再次到来时,徐福向皇帝编了一套谎言,说他曾进入海中神山,见到了神仙,也见到了满山的不老仙药,但由于没有带去皇上给神仙的贡献之物,所以仙药未能采回。不过,神仙答应只要贡献年轻男女和百工,取回仙药是毫无问题的。秦始皇听后信以为真,便命令徐福率三千童男童女、百工及五谷渡海求仙药。可是,徐福带领三千童男童女及百工出海东去之后,便再也没有回来。《史记》记载说:

> 徐福得平原广泽,止王不来。[①]

到了有平原广泽的海岛上,称王而不再归来。那么,这个"平原广泽""止王不来"的地方究竟在哪里呢?有人说就是今天的日本。对于这一问题,笔者曾有专文发表,认为:虽然《史记》中有关于徐福的记载,但是依据现有的文字论断徐福东渡的终点是日本还是不够的。不过,对比日本弥生时代的生产技术与秦代的技术,表明秦代时无疑已有不少秦人移民日本,因此,徐福集团很可能是当时迁居日本的秦人中的一支。[②]

秦汉时代,北方各地的人中有很多从海路移居到了朝鲜半岛南部和日本。如朝鲜半岛南端的一些小国,就与中国关系密切。小国马韩就是秦人建立的。小国马韩的许多习俗也与秦汉沿海民间习俗相同。在《日本书纪》中也有关于秦汉移民的简略记载,如汉人弓月君曾率"百二十县"(注:指人数之多)从中国移居日本,途径朝鲜半岛时,受到新罗国的阻拦,为此,日本派专使急往新罗国,迎接弓月君等。弓月君之后东渡日本的是以阿知使主为首的17县东汉人。之后不断有缝工织工、能工巧匠进入日本。由此不难推测其中也有像徐福这样的方士移居日本。这些方士与日本巫的接触,使中国的方术与日本原有的巫术相结合,发展成为具有日本特色的神仙信仰和神仙观。

一、常世国与田道间守的传说

在中国,蓬莱被称为仙人居住的岛屿。在日本,虽然也有把蓬莱当作仙境

---

① 《史记·淮南衡山列传》。

② 王金林:《从西汉初期以前中日文化交流看徐福东渡的可能性》,《徐福研究论文集》,中国矿业大学出版社1988年版。

的,但这是在平安、镰仓时代的文艺作品中出现的。在平安时代以前的日本,常用"常世国""常世乡"来表达仙人所在的神秘之地。

"常世"一词,最早出现在《日本书纪》神代篇中,记载说在"熊野之御崎"(即今岛根县)有"常世乡"。此后,一直到奈良时代,"常世国"在典籍中屡有所见。

《日本书纪》卷6,记载了如下一段史事:

> "(垂仁)天皇命田道间守,遣常世国,令求非时香果。"
>
> 这位田道间守奉命前往常世国,前后去了10年。第十年他从常世国归来,带回了"八竿八缦"非时香果。可是,他回到京城得知,派遣他去常世国的垂仁大王已经死了。田道间守很是悲伤。他将带回的非时香果供在坟头,并哭诉着他去常世国的艰难。他说,受大王之命,"远往绝域,万里蹈浪,遥渡弱水",最终到了常世国。这是"神仙秘区",是凡人俗夫不能到达的地方。往来10年,跋山涉水,横渡河海,历经艰辛,终于回归本土。哪知大王您已逝世,不能亲口向您复命,臣虽活着,但已无益。
>
> 田道间守就在悲痛中为大王殉死。

这则传说中,值得我们注意的并不是大臣为大王殉死,而是田道间守说的"是常世国,则神仙秘区,俗非所臻"的话。这就是说,常世国是神仙居住的仙境,反映了神仙信仰确实存在。《日本书纪》中说田道间守从常世国带回的"非时香果"是橘子。橘子在当时的日本是稀世珍果,因此"非时香果"在当时一定是被看作仙药的吧。这种对橘子的珍爱一直延续到奈良时代。736年圣武天皇在一诏书中对橘子做了如下描述:"橘者,果子之长上,人所好,柯凌霜雪而繁茂,叶经寒暑而不凋,与珠玉共竞光,交金银以逾美。"[①]橘子是比金银更美,且胜于珠玉的长生果品。

虽然我们不敢贸然论断田道间守的传说是受到中国方士徐福求仙药故事的影响而编撰的,但是,"神仙秘区"常世国受中国蓬莱仙境的传统思想的影响,似是可以肯定的。有日本学者指出,"常世国即是蓬莱山的翻版"[②]。

大约迟至8世纪,日本人仍然保持着居住在常世国的人是仙人的信念,认为

---

① 《续日本书纪》卷12,天平八年十一月丙戌。

② 壶岐一郎:《徐福集团东渡与古代日本》,天津人民出版社1996年版,第130页。

常世国的人是永远年轻的。《万叶集》中就有多首赞美常世国的女性清纯、圣洁和越活越年轻的和歌,如:

> 吾妹似天仙
> 居住常世国
> 往日曾相见
> 而今更年少①

> 海中有仙女
> 待君在松浦
> 常世国少女
> 飘然赴约来②

到了奈良时代,日本随着与唐朝交流的加深,受中国文学作品的影响,传统的神仙信仰(或者说常世国信仰)发生了新的微妙的变化,即蓬莱仙境开始替代常世国的称谓,人们对仙境的向往,对神仙的爱慕,逐渐与青年的情爱相结合,出现了许多具有神话色彩的故事和文艺作品,从而使神仙信仰进一步深化。最典型的就是浦岛子的故事。

二、浦岛子的故事

最早记载浦岛子的故事的典籍是《丹后国风土记》。其中记载说丹后国与谢郡日置里有一个村,名叫筒川村。很久以前,这个村里有一个名叫筒川屿子的人。此人姿容秀美,风流无比。有一天筒川屿子独自划船出海去钓鱼,经过3天3夜,没有钓到一条鱼,却从海中钓上了一只五色龟。筒川屿子心中感到怪异,就把龟放在船中带回家中,后五色龟忽然变为一女子。

这个故事,《日本书纪》中也有记载:

> 丹波国余社郡管川人水江浦岛子,乘船而钓,遂得大龟,便化为女,

---

① 《万叶集》卷4,第650首。
② 《方叶集》卷5,第865首。

于是,浦岛子感以为妇,相逐入海,到蓬莱山,历觐仙众,语在别卷。①

这段记载与《丹后国风土记》中的记载有所不同:一是地名略有不同,《丹后国风土记》中的"与谢郡筒川村",在《日本书纪》中为"余社郡管川";二是"屿子",在《日本书纪》中为"水江浦岛子";三是《丹后国风土记》中只说龟变成女子,再无下文,而《日本书纪》中详细地说浦岛子感以为妇,即成为夫妻,并随妇入海,去到了蓬莱山,并一一见到了山上的众神仙,使故事情节与传统的神仙信仰和长生不老的追求相融合,反映了当时人们的愿望。蓬莱山代替"常世国",成为人们祈求成仙的思想支柱。

浦岛子的故事,最初很可能是在民间传诵的,后来传入了上层社会,为贵族阶层所知所传,甚至被编成长歌。编纂者在编纂《万叶集》时,也把这首长歌收入其中。现将这首长歌抄录如下:

咏水江浦岛子一首
并短歌

春霞弥漫日　来到海岸边
住吉海岸望　但见众渔船
望船来往盛　怀古思悠悠

水江浦岛子　昔日颇矜夸
来此钓鱼去　七日不还家
摇船过海界　驶向海若神
海神有好女　一见便相亲
事成结夫妻　永恒来住此
二人携手来　海若神宫里
内殿作深宫　不老亦不死

可叹世俗子　原是一愚人
告语吾妹子　家中有双亲
须臾归家去　告以此中情

① 《日本书纪》卷14,雄略二十二年七月。

明日事语毕　即可转回程

妹言君欲去　携箧以防灾

但愿重相见　望君早归来

欲还永恒世　此箧切莫开

归来住吉家　老家已不见

欲望故乡人　故乡无一片

试开此宝箧　或可见旧家

宝箧一开启　内出白云霞

云霞漫空中　飞向永恒世

追逐且叫呼　顿足挥衣袂

忽然心情失　嫩皮起皱纹

黑发变白发　气绝遂无闻

水江浦岛子　死后见家坟①

反　歌

永恒不老国　大可住居来

我意犹如此　此君亦蠢哉②

　　原本流传的故事经过艺术加工,更加显得有人情色彩。其大意是说和歌的作者,追溯动人的民间传说,来到住吉海岸边,他望着茫茫大海和海面上的点点渔船,脑海中浮现了浦岛子的形象:英俊的浦岛子驾船离家到海上去钓鱼,已有7天尚未回家。原来,他的船进入了"海若神"的仙境。在这绝世佳境内,他与海神的女儿一见钟情,结成了夫妻。于是,在这长生不老的仙境内,浦岛子陶醉在爱河之中。时过3年,浦岛子忽然想起了家中的双亲,惦记他们的安危,而且也盼望将自己遇到的一切告诉他们,与他们分享幸福,便决定要回一趟世俗社会。妻子劝也劝不住,浦岛子决意马上上路。临行时,妻子为了防灾,交给浦岛子一个盒子,并告诉他说,希望你早日回到"海若神"仙境,如果你打算要回到这个"永恒世"的话,可千万不要打开盒子啊! 回到世俗的住吉海岸,浦岛子的家和父母都已不存在了,故乡已荒芜一片,他恨自己独自离家,使家和父母遭到如此巨大变

---

① 《万叶集》卷9,第1740首。

② 《万叶集》卷9,第1741首。

化。他思念父母心切,竟忘记妻子的告诫,以为从盒中能见到父母,于是打开了盒子。可是,盒子一打开,只见一股白雾升上天空,飘向"永恒世"仙境。浦岛子顿足捶胸,追悔莫及。在愁闷之下,白嫩的脸上忽然生满皱纹,乌黑的头发顿时成了似雪的白发。

　　和歌的作者站在贵族阶层的立场上,不懂得民间庶人浦岛子留恋父母、留恋家乡的感情,却把他的举动说成愚人行为("可叹世俗子,原是一愚人"),而且在反歌中,更进一步批评说,到了"永恒世",本来可以永远住下去的,却离开了它,这个人实在是一个蠢人啊。和歌作者的观点,反映了上层社会和知识者追求长生、久居"永恒世"的愿望。

第五节　相关剪影

图 5-8　中国神话中的东王父

注:引自王红旗、孙晓琴《中国古代神异图说》。

图5-9　中国神话传说中的西王母

注：引自王红旗、孙晓琴《中国古代神异图说》。

图5-10　中国神话传说中的赤松子

注：引自王红旗、孙晓琴《中国古代神异图说》。

第六章

朝廷祭群神，岛国成『神州』？——原始信仰向早期神道的嬗变

原始信仰

第一节　大和王权与中国文化的吸收

　　稻作农耕的传入和发展,以及金属农工具的应用,促进了日本社会的发展。先是以家庭为单位的个体劳动代替了氏族的集体劳动,继而出现了地域的联合。公元前1世纪至公元初之间,日本国内小国群立,至1世纪末2世纪初,出现了统一的地域国家,如九州北部的邪马台国,大和地区的大和国等。大约在公元4世纪末5世纪初,在地域国家的政治、经济、文化发展的基础上,以大和国为中心实现了日本列岛主要地区的统一。在统一的大和政权下,积极开展对外交流,广泛吸收中国文化,日本社会更迅速地向前发展。

　　由于大和国的开放政策,中国文化源源不断地传入日本。中国文化的东传,一是通过朝鲜半岛传入,二是由中国沿海直接传入。

　　有关大陆移民和文化的传入,除了前几章已经叙及的考古资料中有介绍外,在《日本书纪》中也屡有所见。《日本书纪》记载,最早移民到日本的有新罗人、百济人、高丽人及秦汉人的后裔等。最早的中国人是以秦人后裔弓月君为首的移民团,人数很多。移民团成员的籍贯涉及120个县。该移民团是经由朝鲜半岛而东渡至日本的。东渡的过程并不顺利,他们到了朝鲜半岛南部,受到了新罗国的扣留。其间弓月君孤身脱逃,经百济国抵达日本,向日本朝廷叙述了移民团受阻的情况。日本朝廷听后,便派了一个名叫葛城袭津彦的人前往新罗国交涉。经过3年的艰苦交涉,最后移民团才登上日本列岛。①

　　弓月君移民团之后,不断有优秀的技工、学者等从朝鲜半岛进入日本。百济

---

① 《日本书纪》卷10,应神十四年是岁。

人阿直岐(《古事记》中称"阿知吉师")受百济王之命,向应神大王贡良马2匹,应神大王命阿直岐负责2匹良马的饲养工作,又因为他精通经典,所以又让他教太子学经典。一天,应神大王问阿直岐:"你们国内有比你优秀的人吗?"阿直岐回答说:"有啊,王仁就是一个非常优秀的人。"应神大王马上派了一名大臣到百济国招揽王仁。第二年,王仁抵达日本。王仁携去的书籍有《论语》10卷,《千字文》1卷。[1]太子菟道稚郎子拜王仁为师,学习诸经典。

继弓月君、王仁之后,进入日本的是东汉灵帝的曾孙阿知使主(又称为"阿智王")率领的移民团。《日本书纪》中记载:

> 阿知使主、其子都加使主,并率己之党类十七县而来归焉。[2]

阿知使主在日本倭五王时期,即赞、珍、济、兴、武等五位大王统治时间,在文化建设方面起过重要作用。

自统一王权形成后,大和朝廷在加强政治、经济领域建设的同时,也加强了意识形态方面的建设。意识形态方面建设的重点是使传统的原始信仰组织化、理论化。要实现上述目标,最简便的办法就是吸收中国文化,使其与传统的原始信仰相结合,发展成为王权服务的宗教。因此,懂得中国经典和思想哲理的大陆移民便成为十分难得的人才。这也是王仁、阿知使主等人受到器重的原因。

日本学者研究指出,在日本古代家传的记载中说,阿知使主是一个精通两汉时期思想哲理,即儒学、阴阳道、易学和神仙道的人物,朝廷曾委任他进行原始信仰理论化的工作。[3]阿知使主也曾奉命到中国的江南地方招聘缝工、织女,将兄媛、弟媛、吴织、穴织等4名女技工带到了日本。阿知使主之后,又有身狭村主青和桧隈民使博德二人被派往中国江南地方招聘技工。[4]以往学者们在论及招聘技工一事时,只强调了中国纺织、缝纫技术的影响,而忽略了招聘缝工、织女也是朝廷的原始信仰组织化的重要措施之一。其具体表现就是,引进的这些缝工、织女首先制作的便是传统信仰中的神服。如阿知使主带回4名女技工到达九州筑紫(今福冈县)时,应当地的"胸形大神"(今宗像神社)的需要,就将其中的兄媛留

---

[1]《古事记》中卷。

[2]《日本书纪》卷10,应神二十年九月。

[3] 山荫基央:《日本神道显学》,《神道理论大系》,新国民社1989年版,第349页。

[4]《日本书纪》卷14,雄略十二年四月、十四年正月。

在九州，专门奉祠胸形大神。又如身狭村主青等人聘回的织女和缝工，分别成为神的奉祠女和朝廷贵族的供奉女。"衣缝兄媛奉大三轮神，以弟媛为汉衣缝部也。汉织、吴织、衣缝是飞鸟衣缝部，伊势衣缝之先也。"[1]汉衣缝部、飞鸟衣缝部是为王室、贵族服务的，而大三轮、伊势衣缝则是为神服务的。专门设置技工为神制作祭祀时供奉的织物，说明传统信仰中的某些神，已被纳入王室信仰的范围之内。

5世纪末6世纪初，中国文化的东传更趋频繁。这一时期，不但中国的典籍继续传入日本，而且精通这些经典的人才也不断地进入日本。如五经博士段杨尔、汉高安茂等人曾在日本传授经典多年。段杨尔是513年由百济进入日本的，汉高安茂是在516年由百济到日本替代段杨尔的。554年，又有五经博士王柳贵、易博士王道良、历博士王保孙等抵日。他们传授的五经(《诗》《书》《礼》《易》《春秋》)的学识和思想，对于建设支持大和朝廷的意识形态的作用是不可小视的。虽然，在《日本书纪》中没有关于除五经以外的其他经典和思想的传入的记载，但是从考古遗址、遗物中可以看出，秦汉时期中国盛行的诸子思想，特别是道家、儒家思想，同时孔子、孟子、淮南子、荀子、老子等人的学问和思想也相继传入了日本，并受到日本朝廷的重视。特别应引起注意的是，5世纪末以前，虽然中国的思想文化大量涌入，但是它与日本的原始信仰非但没有发生过冲突，反而被吸收融合，给日本传统的原始信仰赋予了新的哲理思想。

中国的思想文化之所以没有与日本的原始信仰发生冲突，是因为中国的道、儒学说和诸子思想中的许多内容，有益于日本传统信仰的宗教化进程。比如，《易·象传》主张"圣人以神道设教"，儒家主张"祭神如神在""天人合一"，老庄主张回归自然，等等思想，实际上与日本原始信仰中的信仰理念是基本一致的。再则，"君子者天地之参""万物之总"，以及王权神授等思想也是大和王权巩固所急需的理论。正是基于上述共同特点，中国思想文化的传入成为推动日本社会进步的重要因素之一。

第二节　佛教的传入及其与原始信仰的冲突

6世纪中叶，佛教经朝鲜半岛传入日本。由于佛教的教理和传教方法与原始信仰不同，结果产生了极大的冲突。这种冲突和当时大和朝廷上层权贵间的矛

---

[1]《日本书纪》卷14，雄略十四年三月。

盾相结合,斗争越发尖锐激烈。

佛教是通过朝鲜半岛进入日本的。最早是538年百济国圣明王向大和国的钦明大王赠送了一尊百济国造的丈六佛像。圣明王在愿文中说,佛法"功德甚大",愿佛法能够移居日本,"俱蒙福佑"。552年10月,百济国圣明王又遣使日本,献释迦佛金铜像一尊,以及幡盖、经论等。圣明王在致钦明大王的表文中极力推崇佛法:

> 是法于诸法中,最为殊胜,难解难入,周公、孔子尚不能知。此法能生无量无边福德果报。①

钦明大王听说佛法有如此功德,非常高兴,便召集群臣说:"朕从昔来,未曾得闻如是微妙之法。""西蕃献佛相貌端严,全未曾看。"从来没有听说过如此微妙的佛法,也从来没有看见过如此庄严的佛像,钦明大王感到十分新鲜。于是问大臣:"你们说佛法可不可以顶礼膜拜啊?"大王的询问,立即引起了大臣间的争论,以苏我氏为代表的赞成派欢迎佛教进入日本,认为"西蕃诸国一皆礼之,丰秋日本岂独背也"。西边的国家都在遵奉佛法,我国为什么不能尊敬呢?以物部尾舆和中臣镰子为代表的反对派认为:"我国家之王天下者,恒以天地社稷百八十神,春夏秋冬祭拜为事,方今改拜蕃神,恐致国神之怒。"②大和国之所以能够实现日本列岛主要地区的统一,完全是依赖于天神地祇,现在忽然要放弃祭拜天神地祇,而改拜外来的蕃神,是要惹怒众神的。钦明大王觉得两派意见都有道理,又无法调和,于是他做出决断:"苏我稻目宿弥主张接受佛法,那么你暂且先试行礼拜吧!"苏我稻目宿弥高高兴兴地把佛像迎至位于小垦田的家,以此家为寺。

矛盾并没有因此而结束。不久,由于国内疫病流行,两派的矛盾更加尖锐。因为疫病,"民致夭残,久而愈多"。人死了很多,却没有消灭疫病的办法。这时,物部尾舆、中臣镰子二人重提排佛之事。他们上奏大王说:先前不听臣的主张,结果酿成疫病流行,病死者不少,幸而信仰蕃神时日不长,纠正错误还为时不晚,"宜早投弃,勤求后福"。面对瘟疫及病死者日渐增多,钦明大王也不得不同意了物部氏、中臣氏的请示,命令有关官吏将佛像抛入河内,放火烧掉供养佛像的苏我稻目宿弥用来供奉佛像的家。这是第一次排佛运动。

---

① 《日本书纪》卷19,钦明十三年十月。
② 《日本书纪》卷19,钦明十三年十月。

佛像被抛弃了，佛寺被烧掉了，苏我氏与物部氏两大氏族间的矛盾也变得越来越不可调和了。两大氏族围绕着拥护"国神"和信仰"蕃神"的斗争持续了60余年。

第一次排佛，并没有阻止佛教的传播。577年5月，敏达大王派遣使节赴百济。11月使节归国时，百济国王回赠的礼物是"经论若干卷，并律师、禅师、比丘尼、咒禁师、造佛工、造寺工六人"①。579年新罗国遣使日本贡特产及佛像。在这一背景下，584年9月，苏我稻目宿弥的儿子苏我马子独自行动大兴佛法。第一步，他从别人那里请来2尊佛像，其中1尊是弥勒石像。第二步，他找到了一个原为僧侣，但已经还俗的朝鲜半岛移民，请他为法师，将中国南梁人司马达等的女儿和另外2个分别叫丰女、石女的女孩度为尼姑，分别赐名善信尼、禅藏尼、惠善尼。第三步，他在自己住宅的东边建了佛殿，安置弥勒石像，并让3名尼姑念佛设斋。第二年，即585年2月，"深信佛法，修行不懈"的苏我马子又在大野丘北（今奈良县高市和田村）建造佛塔，并举行盛大斋会。正当苏我马子大力推进佛法的时候，历史再次重演。疫病又在这一紧要关头流行，"是时国行疫病，民死者众"。苏我马子自己也染上了疫病。

维护国神的反对派抓住这一良机，推动了第二次排佛运动。物部尾舆的儿子物部守屋和中臣镰子的儿子中臣胜海联名上奏敏达大王，奏文说：因为不接受臣的主张，结果造成"疫病流行，国民可绝"；疫病流行完全是苏我大臣兴行佛法的缘故。敏达大王是一位"不信佛法，而爱文史"的君主。当他看完物部、中臣两氏的奏文后，断然下令禁断佛法。物部守屋、中臣胜海马上行动，推倒佛塔，焚烧佛殿、佛像。他们当面指责苏我马子和信奉者，并让苏我马子交出3名尼姑。当苏我马子交出3名尼姑后，反对派剥掉了她们身上的袈裟，把她们拉到水陆交通要道，即热闹的海石榴市亭，当众鞭打，然后把她们禁锢起来。

流行的疫病是一种不知名的疮痘（疑是天花），迅速地在日本全国蔓延开来。敏达大王也不幸染上疮痘，最后不治身亡。据记载，患上疮痘的人都有一种"身如被烧、被打、被摧"的感觉，最后"啼哭而死"②。人们把这种被烧、被打、被摧的感觉，与焚烧佛像、鞭打尼姑的事件相联系，朝廷上下都有人说这是烧佛像的罪过所造成的！

在社会极不安定的情况下，用明大王继位。用明大王是"信佛法、尊神道"

---

① 《日本书纪》卷20，敏达六年十一月。

② 《日本书纪》卷20，敏达十四年三月。

的君主。他上台伊始,为了稳定社会,缓解矛盾,他允许尚在病中的苏我马子可以独行佛法,并把3名尼姑送回。苏我马子遵旨"定礼三尼,新营精舍,迎入供养"。

587年,即用明大王继位的第二年四月,大王在朝堂上对群臣说,自己"思欲归三宝",并让群臣公开发表看法。物部守屋和中臣胜海依然坚持不能"背国神,敬他神"。苏我马子则恃大王之威说:"圣诏要兴佛法,谁敢违背('随诏而奉助,谁生异计')?"说话间,用明大王的弟弟穴部皇子将一个名叫丰国法师的僧侣领入朝堂。物部守屋见此,勃然大怒。这时,有人悄悄地告诉物部守屋说,今日群臣企图要害你,即将切断你的退路。得此消息,物部守屋急速退出朝堂,聚集武力防备苏我马子为首的崇佛派的进攻。自此,拥护国神和崇信佛法的斗争,演变为朝廷两大势力集团的武力对抗。

不久,用明大王也因染上疮痘病逝。苏我马子在诸王子的支持下,以反对物部氏为旗号,权倾朝廷,并率官军围剿物部氏。在声讨物部氏的军旅中,厩户王子(即后来的圣德太子)是冲锋在前的一员。他把头发束在额前,头顶木制的四天王像,发誓说:"今天如果助我战胜敌人,我一定为护世四王建寺造塔。"苏我马子也发誓说,诸天王、大神王若能助我,愿奉仕诸天王和大神王,"起立寺塔,流通三宝"[①]。最后,物部守屋被杀,物部氏军队溃散。

战胜物部氏后,朝廷在摄津国(今大阪市)造了四天王寺,苏我马子在飞鸟地方(今奈良市)造了法兴寺,以还所许之愿。

593年推古女皇即位,苏我马子为大臣,厩户王子为皇太子。由于苏我马子和圣德太子都是崇佛派,所以在推古朝,佛教达到传入以来的鼎盛时期。594年2月,推古女皇诏令圣德太子和苏我马子"兴隆三宝"。因此,当时出现了"诸臣连等,各为君亲之恩,竞造佛舍"热。604年,圣德太子制定《宪法十七条》,其中第二条就规定了"笃敬三宝。三宝者,佛法僧也"。自此,佛教在日本站住了脚跟,成为日本古代天皇制的精神支柱之一。

第三节 原始信仰向早期神道的嬗变

佛教起源于印度,发展于中国。公元前2年佛教传入中国,经两汉、魏晋、南

---

① 《日本书纪》卷21,崇峻即位前纪。

北朝、隋唐，佛教与中国传统文化相融合，成为中国封建社会意识形态之一。4世纪后期，佛教从中国传入朝鲜半岛。如前所述，6世纪中叶传入日本。

佛教的传入，对日本原始信仰无疑是一大威胁，因为传入的佛教不但组织严密、法式健全，而且有一整套宗教理论和经文。这些都是日本原始信仰中所没有的。面对外来宗教的冲击，原始信仰如果不做出改变，肯定是无法生存下去的。经过拥护国神的反对派与信仰佛教的赞成派的激烈冲突以后，原始信仰的宗教化被急速提上了日程。

当然，原始信仰如果没有遇到佛教的冲击，也会不断地发生变化，以适应社会的发展和王权的需要的，不过其变化的速度则要缓慢得多。

原始信仰的宗教化的变革，是在朝廷的领导下进行的。或许有人会问，前一节所叙述的崇佛派大多是大王、大臣和王子，为何他们又会推动原始信仰的宗教化呢？其实，大和朝廷对原始信仰从来没有放弃过，他们之所以会崇尚佛法，是因为看重了佛教经典和理论有益于王权的巩固。由于原始信仰植根于民间，因此扶植和提升原始信仰，可以稳定民心，更有助于王权的巩固。正因如此，朝廷在诏令笃敬三宝的同时，也诏令祭祀神祇。实际上，信仰佛法者，大多也是神、佛并重的。比如首先接受佛法的苏我稻目宿弥，就是一个既信佛又信国神的人。555年，百济国王子惠到日本，禀明百济国圣明王被新罗国杀死的事。当时，王子惠和苏我稻目宿弥大臣有一席谈话。苏我稻目宿弥问王子惠有什么办法来镇抚你的国家，王子惠十分悲观，回答说："臣禀性愚蒙，不知大计，何况祸福所倚，国家存亡者乎。"①这时，苏我稻目宿弥给王子讲了一件事，说在雄略大王在世的时候，百济国曾受到高句丽国的威胁，"危甚累卵"，到了灭亡的边缘。在这种危机情况下，雄略大王命令神祇伯，向神祇请求对策，结果神托言说，只要祭请"建邦之神，往救将亡之主，必当国家谧靖，人物乂安"。于是，他根据神的托言，请了神到百济国，社稷终于获得安宁。据此，苏我稻目宿弥进一步指出：所谓建邦神，就是自天降临创造国家的神，听说你们百济国从不祭祀这位神，所以出现了危机。现在是改正错误的时候，赶快修建神宫，奉祭神灵，你的国家就会昌盛。这一点你要牢记不忘啊！

苏我稻目宿弥同百济国王子惠的这席谈话，是在他接受佛像，信奉佛法以后。由此不难看出他对于传统的国神的信仰并没放弃，祭祀神灵是国家昌盛的传统观念，这一点他也没有忘记。

---

① 《日本书纪》卷19，钦明十六年二月。

再如推古女皇,是一位佛法的积极拥护者。是她推动了群臣竞造佛舍(寺)热;是她动用国库资材,建造铜丈六佛像和绢绣丈六佛像,并将佛像供奉在元兴寺内;又是她首先把佛法引入宫内,让圣德太子在宫内宣讲《胜鬘经》。就是这位女皇,在她热衷佛法时,并没有忽略对原始信仰中的天神地祇的崇敬。607年二月,她发布过一道诏书,其原文是这样的:

> 曩者我皇祖天皇等宰世也,蹋天踏地,敦礼神祇,周祠山川,幽通乾坤,是以阴阳开和,造化共调。今当朕世,祭祀神祇,岂有怠乎? 共群臣为竭心,宜拜神祇。①

诏书的意思是,从前我皇室祖宗,即历代大王统治的时候,对天地神祇,都是恭恭敬敬顶礼膜拜的,通过祭祀天地神祇,沟通乾坤,达到阴阳调和,实现社会安定、万物繁荣的。现在是我当世,也不能怠慢天地神祇,群臣应团结一致,共拜神祇。

在这道诏书下达后,圣德太子和朝廷众臣都对神祇进行了祭祀。由苏我稻目宿弥和推古女皇的例子可以看出,上层权贵之间发生的拥护国神和信仰佛法的斗争,与其说是外来文化与传统文化的冲突,不如说是权贵之间的矛盾。②

原始信仰的宗教化,实际上是由个别的、分散的自然信仰向氏族的或地域的信仰的变化开始的。从不定期的祭祀,以及没有固定场所的神的信仰,变化为氏族神、地域神后,即被纳入氏族和地域集团的固定的崇仰的神,祭祀的场所也开始固定化,起初可能是某一处自然的场所,后来在自然场所建造了祭祀屋,慢慢地祭祀屋成了祭祀某神或某些神的神社。到了五六世纪,氏族神、地域神,以及相应的神社的割据状态,与传入的儒、道、佛相比较,已显得相当落后。因此,如何使神社组织化,仪礼规范化,并赋予新的哲理思想便成了日本亟须面对的问题。不论是地方的巫、觋,还是中央朝廷都在思考对策。

有两件事反映了地方上的巫、觋的关心。

第一件事大约发生在5世纪末。据记载,月神托言给山城国(今京都府)的巫说:"我祖神高皇产灵尊,有创造天地之功,因此应划拨民地供祭我月神,如果依我所请,献地给我,我会赐福人的。"巫把这番托言转达给当地的地方官。地方

---

① 《日本书纪》卷22,推古十五年二月。
② 王金林:《日本天皇制及其精神结构》,天津人民出版社2001年版,第58页。

官立即上京向朝廷奏明此事。朝廷马上同意将山城国葛野郡一处名为"歌荒巢田"的田地作为建立祭祀月神神社的用地。不久,大和国地方的巫,也向地方官转达了日神的托言,要求将大和国十市郡一处名为"磐余田"的田地献给高皇产灵尊,地方官也奏明朝廷,朝廷依神的要求割地40町作为神社用地。

这件事,往往被学者们所忽略。神的托言,完全是巫的编造,但这恰恰说明巫、觋已在思考如何将地方上的神和神社纳入国家的祭祀系统了。

第二件事发生在644年七月,日本列岛的东部地区的橘树和山椒树上出现了一种奇特的虫子,其长4寸余,粗如大拇指,全身绿色并有黑点,类似于蚕。当地的巫、觋中有一个名叫大生部多的人,乘机带头向村民们宣传说:"这是常世虫,赶快祭拜此虫吧,祭了此神可以致富、增寿。"其他巫、觋也说:"神已经托言了,神说'祭常世神者,贫人致富、老人还少'。"于是百姓中掀起了祭祀"常世虫"的热潮。有的将虫请回家,置于家中供养,歌舞求福、求寿;有的则备酒备菜,宰杀六畜,在路旁祭拜,嘴里喊着"新富入来,新富入来"①。由虫引发的群众性祭祀活动,使地方官很是害怕,有一个名叫葛野秦造河胜的官吏为了不让祭虫活动进一步发展,首先抓了大生部多,并对他进行了鞭打。这一打压反而激起了巫、觋和百姓的不满。在巫、觋的鼓动下,有人编了一首歌谣,满村满乡地传唱:

> 秦造河胜者,
> 听闻众神降,
> 打罚常世神。

把打压巫、觋说成是"打罚常世神",其煽动性自然是很强烈的了。

当东部地区盛行祭祀"常世虫"时,都城内也出现了怪事。645年正月,都城内的人都能远远地听到猿的鸣叫声。叫声似乎是在山上,又似乎是在河边、寺院与王宫之间。只闻叫声而不见猿影。从声音辨别,好像有一二十只猿在叫唤。如此怪状,正好为民间巫、觋提供良机,他们乘机散布言论说:猿是伊势大神的使者。从而引发人们对国神,特别是伊势大神的崇仰。

以上几件事说明了3点:第一,它表明原来分散的、个体的巫、觋,开始了彼此间的合作与协调,初显了他们的集体意识;第二,把蚕那样的虫与民间的常世信仰(即神仙信仰)相结合,引发了一场广大百姓参与的祭祀运动,说明巫、觋在民

---

① 《日本书纪》卷24,皇极三年七月。

间的影响力和组织能力之强大;第三,把猿声与伊势大神相联系,说明民间的巫、觋已在有意识地向朝廷的祭祀和信仰靠拢,因为伊势大神在当时已成为皇室祭祀的最高对象。民间的巫、觋的动向,在一定程度上推动了原始信仰的宗教化进程。同时,大和朝廷也对原始信仰的宗教化表现出极大的热情,他们之所以表现出热情,是因为他们从中国传入的许多典籍中,感悟到天(神)、黎民百姓、君主之间的关系,认识到传统的祭祀和神的信仰,是王权长期生存和发展的重要因素。继体大王曾发过一道诏书,其中说:

> 神祇不可乏主,宇宙不可无君。天生黎庶,树以元首。①

"神祇不可乏主"的"主"是指庶民。意思是说,有了广大民众的信仰,神祇才能成为神祇。同理,治理国家的元首,没有民众,也是空有其名,"天生黎庶"与"树以元首"两者之间,却是天意所定,互不可缺的。继体大王的这种认识,来源于中国的《左传》和《尚书》。

前已叙及,日本的传统信仰的宗教化,在5世纪以后已经有了变化。

第一,祭神的场所日渐固定化,先后出现了峙、祠、社等。

第二,对传统信仰的神进行整理。552年10月,在拥护国神和信奉佛法的首次争论中,物部尾舆和中臣镰子的奏文是这样写的:

> 我国家之王天下者,恒以天地社稷百八十神,春夏秋冬祭拜为事,
> 方今改拜蕃神,恐致国神之怒。②

文中的"天地社稷",系指祭天神社和祭地神社,"百八十神"虽然是一个概数,但也可表明中央和地方的官祭神社的大致数目。

第三,在众多官祭神社的基础上,皇室神社逐渐形成,天照大神作为皇室的祖神得到了特别的重视,朝廷不但为其在伊势建造了神社,而且建立了斋宫制度。

尽管有以上变化,但是从严格意义上来说,原始信仰的宗教化从645年大化改新开始才加快了速度。

---

① 《日本书纪》卷17,继体元年三月。
② 《日本书纪》卷19,钦明十三年十月。

大化改新是受中国思想影响的上层年轻贵族发动的,用来反对苏我氏专权和振兴王权的政治运动。大化改新的核心人物是中大兄皇子和中臣镰足。中大兄皇子是皇极女皇之子。皇极女皇在位期间,苏我氏藐视王权,多方歧视、冷落女皇和皇室成员,并阴谋篡权。中大兄皇子对此极为痛恨,立志革新政治,维护王权。中臣镰足出身于豪族之家。在大和朝廷中,中臣氏与忌部氏一起负责朝廷的祭祀,是祭祀官。644年,中臣镰足被任命为主持祭祀的神祇伯,但他也因不满苏我氏专权,便称病推辞任命,毅然隐退。后中大兄皇子与中臣镰足相识相知,共同学习中国古籍,密商打倒苏我氏,实行政治改革的计划。因苏我氏扶植佛教,而中臣镰足出自祭祀官之家,一心弘扬原始信仰,即所谓国神祭祀,因此从某种意义上来说,大化改新也是神佛斗争的继续。645年6月,中大兄皇子、中臣镰足等发动宫廷政变,成功地打倒了苏我虾夷、苏我入鹿父子,夺回了朝廷实权,建立了以孝德天皇、中大兄皇子、中臣镰足为核心的新政权。

大化新政权成立之初,新政府首先发布了治政方针:

> 当遵上古圣王之迹而治天下,复当有信可治天下。[①]

意思是说要遵奉"上古圣王"的建国理念和业绩,指导皇国建设,同时要用"信",即"信赏必罚"的思想原则治理天下。这里的"上古圣王",可能既包括中国古代的黄帝、尧、舜、禹、文王、武王和周公等,又包括日本自大和国统一以来的历任大王。

新政府在推行政治、经济改革的同时,加强了意识形态方面的建设,尤其重视对国神威信的重振。这方面的建设主要是从3个方面展开的。

第一,反复强调王权神授思想。宫廷政变后的第11天,即645年六月十九日,孝德天皇、中大兄皇子召集群臣,在大槻树下集体向天神地祇誓盟:

> 天覆地载,帝道唯一。而末代浇薄,君臣失序。皇天假手于我,诛
> 殄暴逆。今共沥心血,而自今以后,君无二政,臣无贰朝。若贰此盟,天
> 灾地妖,鬼诛人伐,皎如日月也。[②]

---

① 《日本书纪》卷25,大化元年七月。
② 《日本书纪》卷25,即位前纪。

誓文说了3层意思:一是说宇宙间,天道是至高无上的,是谁也不能违背的;二是说由于有人不遵天道,丧失君臣之序,所以皇天(天神)将铲除暴逆的大任委托于我,由于大家的共同努力,暴逆终于被铲除;三是从今以后,作为君主要遵循天道,不辜负皇天委予的大任,一心治政,而群臣则应忠于朝廷,严格遵守君臣之序,保证国家的统一。

同年八月,天皇在向国司等地方官吏发布的诏书的开头,强调了天神与政权的关系:

受天神所授大政,方今始将修万国。[①]

647年四月,孝德天皇在另一道诏书中,再次指明大化新政权与天神的关系。这道诏书的核心意思是:唯神之道,始于天地形成之初,当时天神赐其子孙应治之国,于是天孙降临到所赐之国。今天,应遵循天神所嘱,管好国家,臣与百姓应该明白朕治国治民,使天下太平之任。[②]

650年,孝德天皇在改年号诏书中更明确地提出自己与天神的关系:

四方诸国郡等,由天委付之故,朕总临而御寓。[③]

并要求公卿百官,应"以清白意,敬奉神祇""令荣天下"。

第二,把祭祀神祇放在议政之前。大化元年(646)七月,宫廷政变功臣之一的苏我石川麻吕大臣,向新政府的领导们提出:"先以祭镇神祇,然后应议政策。"综观大化新政府的改革政策的提出和实现,大致上都是按照这一建议实行的。在苏我石川麻吕提出先祭神后议政的建议的当天,政府就派了2名要员到地方征课祭神的财物,一人到了尾张国(今爱知县),另一人到了美浓国(今岐阜县)。再如日本历史上著名的《改新诏书》,即大化新政府的4项政治、经济改革的政策和措施的宣布,也是在祭镇神祇后的大化二年(647)正月实行的。

如果说大化改新加速了原始信仰宗教化的进程,那么可以说7世纪末期的天武朝、持统朝是早期神道的形成期。

---

① 《日本书纪》卷25,大化元年八月。原文为"随神之所奉寄,方今始将修万国"。
② 《日本书纪》卷25,大化三年正月。
③ 《日本书纪》卷25,白雉元年。

　　大化改新的核心人物中大兄皇子,于668年继承皇位,称天智天皇。统治期间,他在国内政策上逐渐趋于保守,而在对外政策方面,又由于涉足朝鲜半岛的矛盾,军事干涉失败,引起了统治集团内部的意见分歧。再加上天智天皇过分宠爱自己的儿子大友皇子,而轻视在大化改新中立有战功的皇弟大海人皇子(后来的天武天皇),因此,天智天皇驾崩后,便形成了大友皇子与大海人皇子两大势力的对峙。大海人皇子依靠东部地区地方势力的支持,力量不断加强。在他潜入东部地区和进军近江京的征途中,特别重视对神祇的祭祀。672年五月,大海人皇子潜入东部地区前,曾在伊势国境内朝明郡的一条名叫迹太川的河边,举行了"望拜天照大神"的祭祀仪礼。在东部地区征集兵力期间,一遇困难,大海人皇子也经常祭拜神社,乞求神灵。如有一次,预定第二天要去检阅军队,可是夜里雷电风雨大作,一直未停。这时,大海人皇子虔诚地祈祷天神地祇说:"天神地祇扶朕者,雷雨息矣。"不久,雷雨果然停息,第二天他顺利进行了军队的检阅。所以,对大海人皇子来说,最后之所以能打败大友皇子军,夺回朝廷权力,除了军纪严明、深得民心、指挥正确等,以天照大神为首的天神地祇的扶持的精神因素也是不可忽视的。因此,大海人皇子在登基后,首先处理的国事之一就是任命大来皇女为伊势斋宫的斋王。677年为保证神社的开支,规定神社所属神户上缴的田租和庸调(亦称神税)的分配,即1/3为供神所需费用,2/3为神主的开支。681年正月初二颁币帛(供神的祭物)于诸神祇。同月十九日又诏令"畿内及诸国,修理天社、地社、神宫"。①这一诏书表明,朝廷已将京畿地区及地方上祭祀天神的神社和祭祀地神的神社,纳入了皇室管辖的范围。这是早期神道形成的标志之一。

　　早期神道形成的标志之二是始于681年二月,完成于同年八月的《飞鸟净御原朝廷令》的编纂。②其在《官位令》中设置了神祇官;在《神祇令》中规定了祭祀常典;在《职员令》中,把神祇官放在诸官的首位。神祇官有伯、大副、少副、大佑、少佑、大史、少史等神官,下属神部30人、卜部20人、使部30人。神祇伯的职责是:

　　　　掌神祇祭祀、祝部、神户名籍、大尝、镇魂、御巫、卜兆、总判官事。③

---

① 《日本书纪》卷29,天武十年正月。
② 日本进行律令编纂最早体现为天智天皇时编制的《近江令》。但《日本书纪》中对此没有记载,只是在《弘仁格式》一书中记载了"天智天皇六年,制令二十二卷,世人所谓近江朝廷之令也"。
③ 《令义解·职员令》。

凡天神地祇者,神祇官皆依常典祭之[1]。

常典的祭祀有四季祭,即仲春的祈年祭,季春的镇花祭,孟夏的神衣祭、大忌祭、风神祭、三枝祭,季夏的月次祭、镇火祭,孟秋的大忌祭、风神祭,季秋的神衣祭、神尝祭,仲冬的相尝祭、大尝祭、镇魂祭,季冬的月次祭、镇火祭。《神祇令》还规定了天皇继位典礼的大尝祭的程式等。

早期神道形成的标志之三是在王权神授思想的基础上,把天皇神化,天皇被称为"明神御宇""明神御"。所谓"明神"就是"现世神"。在天武天皇以前,无论是孝德天皇、齐明天皇,抑或是天智天皇,虽然在文书中称自己是"明神御"("现世神"),但在皇族和贵族的心目中,天皇还仅仅是"代天行道"的君主,管辖天下的"人主"。可是,天武天皇执政后,不但天武天皇自己认可"现世神"思想,而且得到了皇族和群臣们的认可。[2]

综上所述,对日本的早期神道似可做如下归纳:

第一,它是以皇室祭祀为中心,重组了原始信仰的祭祀。

第二,在组织形式上,是以中央管辖的大神社为主体,形成了中央、地方不同层次的神社实体,容纳了原始信仰中的各类神灵。

第三,早期神道虽然没有像佛教、儒学、道教那样的完整理论,但是其以极为简明而且实用的思想,构成了独自的理论基础,即"王权神授""天照大神是皇室之祖",以及"天皇是'现世神'"。正是基于以上特点,早期神道在其形成之初便成了律令制国家的重要精神支柱。

---

① 《令义解·神祇令》。

② 王金林:《日本天皇制及其精神结构》,天津人民出版社2001年版,第24页。

浙江工商大学东亚研究院
日本研究中心资助成果

浙商大日本研究丛书
王金林日本史研究著作选集

中国的日本史研究史略

王金林 著

浙江工商大学出版社
ZHEJIANG GONGSHANG UNIVERSITY PRESS
·杭州·

图书在版编目(CIP)数据

中国的日本史研究史略 / 王金林著. —杭州:浙
江工商大学出版社,2022.12
（王金林日本史研究著作选集）
ISBN 978-7-5178-5328-2

Ⅰ.①中… Ⅱ.①王… Ⅲ.①日本—历史—研究—中
国 Ⅳ.①K313

中国版本图书馆 CIP 数据核字(2022)第242082号

中国的日本史研究史略
ZHONGGUO DE RIBENSHI YANJIU SHILYUE

王金林 著

策划编辑	姚 嫒	
责任编辑	鲁燕青	
责任校对	夏湘娣	
封面设计	朱嘉怡	
责任印制	包建辉	
出版发行	浙江工商大学出版社	

（杭州市教工路198号　邮政编码310012）

（E-mail:zjgsupress@163.com）

（网址:http://www.zjgsupress.com）

电话:0571-88904980,88831806(传真)

排　　版	杭州朝曦图文设计有限公司	
印　　刷	杭州宏雅印刷有限公司	
开　　本	710mm×1000mm　1/16	
印　　张	102.5	
字　　数	1781千	
版 印 次	2022年12月第1版　2022年12月第1次印刷	
书　　号	ISBN 978-7-5178-5328-2	
定　　价	298.00元(全五册)	

前　言

光阴荏苒,我的日本史研究不觉已度过60年岁月。60年一甲子,今年适逢其时。浙江工商大学东亚研究院筹划将若干拙著重印出版,纳入该院的学术研究著作系列。当今,浙江工商大学东亚研究院是我国研究日本历史和文化的重镇之一,人才聚集,成果丰硕,闻名于国内外。拙著能列入该院的学术研究著作系列,深感荣幸。

本选集由5部著作组成,具体如下:

《简明日本古代史》

《日本弥生时代史》

《汉唐文化与古代日本文化》

《日本人的原始信仰》

《中国的日本史研究史略》

上述著作,反映了我的日本史研究生涯的基本轨迹,从中也可以看出我的研究方法的变化、课题选择范围的不断扩大,以及研究深度的渐进。

5部著作中,除《中国的日本史研究史略》是近年完成的,其他均成书于20世纪的80年代初至21世纪初。时间最早的《简明日本古代史》,距今约有40年,较近的《日本人的原始信仰》距今也约有15年之久了。因此,每部著作的资料来源、阐述内容和观点分析等,都明显地带有各阶段的时代烙印。

一

《简明日本古代史》成稿于1980年,1984年付梓。当时,国门刚刚打开,学术

交流尚浅,有关日本史的原始资料奇缺。撰写此书时的参考资料,大多依赖于北京图书馆的日文藏书、天津图书馆的日文旧藏和1972年中日建交后天津社会科学院前身——天津市历史研究所陆续购进的日文书籍。受条件所限,使用的资料大多为第二手资料。

从今天的视角来看,该书中的部分知识和结论,特别是原始时代部分的一些知识与结论,明显已经过时。原始时代的知识,是依据"二战"后日本的考古学资料和当时学界公认的观点整理出来的。在20世纪70年代末80年代初,这些认知尚属前卫。可是,21世纪初,风云骤变,动摇了学界原有的认知。导因是日本考古学界爆出造假丑闻,事情发生在2000年。那一年的11月5日,日本《每日新闻》头版头条揭露了考古学者藤村新一在宫城县上高林旧石器时代遗址的造假事件,涉及多项旧石器时代考古结论。此事如同强烈的地震,震动了日本考古学界,引发了人们对日本旧石器时代遗址和发掘物,包括古人类遗骨和石器等结论的质疑。造假丑闻被揭露以后,日本学界在对日本的旧石器时代遗址、古人类遗骨及出土器物等的复核中,发现了由于当时科技检测水平有限,鉴定结论存在偏差的情况。

按理,《简明日本古代史》中的这一部分内容应该好好研究重写,但如今我已入耄耋之年,实在是力不从心。有鉴于此,在此次出版之前,我决定将原第一章第一节全部删去。《简明日本古代史》是在当时学术背景下写就的著作,反映了20世纪70年代末80年代初的研究状况和学界的普遍认知。它的存在本身,就说明学术认知是不断改正、充实、提高的过程。因此,其他章节保持原状,不做删改。在此谨向读者说明。

二

《日本弥生时代史》是我在日本出版的3部相关著作的合译本,由浙江工商大学陈红、程璐璐等人翻译,首次在国内刊印。3部著作分别为『古代の日本—邪马台国を中心として—』(《古代的日本——以邪马台国为中心》)、『邪馬台国と古代中国』(《邪马台国与古代中国》)、『弥生文化と古代中国』(《弥生文化与古代中国》)。因为主要都是探索公元前3世纪至公元3世纪弥生时代的日本,故将此合译本取名为《日本弥生时代史》,但各部分维持原内部结构。

有关公元前3世纪至公元3世纪弥生时代日本列岛的史料,除我国史籍中有限的记载以外,并无更多的文献资料可寻。由于史料的匮乏,日本史学界对于这段历史中的某些问题的论争已延续多年。"二战"后,日本考古学有了惊人的发

展,弥生时代遗址不断被发现,考古发掘资料日益丰富,这就为探索弥生时代日本列岛提供了极有利的条件。在日本学界友人的支持和鼓励下,我积极涉足弥生时代研究领域,在中日学界已有研究的基础上,通过有限的文献资料和丰富的考古资料进行研究分析、对比,探秘公元前3世纪至公元3世纪日本列岛的实态。《日本弥生时代史》就是相关研究成果之一。

通过对日本弥生时代文化的研究,我在书中提出了若干观点:第一,针对日本学界关于弥生时代的日本地域发展最发达的地区是九州北部还是畿内大和地区的论争,提出了当时日本地域发展的多元论,在九州北部存在邪马台国的同时,在畿内大和地区也已存在同样发展水平的国家;第二,阐明中国史籍所载的邪马台国的性质,主张它已是一个统一的地域国家;第三,中国古代沿海文化是日本弥生文化的主要渊源;等等。

虽然在弥生时代史研究方面有所收获,但我毕竟不是考古学专业出身,对考古资料的选择、应用与释解肯定有不妥之处。此次翻译出版,在某些专业知识的表述上或许也会存在这样那样的不足,特别是对于同一类出土器物,中国与日本的学术称谓有所不同,因而部分器物仍然使用原著中的日本名称。

三

《汉唐文化与古代日本文化》是1996年出版的著作。读者定会发现,此书的内容与我在日本出版的几部著作(即此次选集中的《日本弥生时代史》与另一部日文著作《奈良文化与唐文化》)多有重合。关于此事,我在《汉唐文化与古代日本文化》的"后记"中有交代,此次出版之际,有必要进一步说明。

20世纪80年代中后期和90年代初,我的4部日文版拙著先后问世,并得到国内外学界的诸多正面评价。国内同人建议我在国内出中文版。我受此建议的启发,曾为此做过努力,因为当时我国学界对隋唐文化与日本文化交流的研究较多,而对从春秋战国、秦汉至魏晋南北朝的两国交流的研究较少,有关这一时期的两国文化的比较研究成果,更是凤毛麟角。我希望把我的研究成果呈献给国内读者,然而实现起来困难很大。主要困难有二:其一是版权。此事虽然不能说没法解决,但是解决起来过程繁杂,出版社难以为一本不见经传的"赔本"的书,花时间和精力去与国外的出版社商谈版权。其二是出版费。当时,出版专业书大多需自掏腰包,我难以割舍有限的工资去出一本书,于是出中文版的意愿终未实现。

天津人民出版社长期以来一直扶植学术著作的出版。大概是在1994年秋,

天津人民出版社的编审李洁萍告诉我,可以给我出一本本版书(即列入出版社出版计划,且无须著者付出版费的书)。听到这一消息,我喜出望外,感激之情难以尽言。我终于有了实现上述未了心愿的机会。

《汉唐文化与古代日本文化》虽然在具体的史事叙述方面与我在境外出版的著作多有重合,但是该书的内容比我在境外出版的著作更丰富、充实,其中增加了不少新的研究成果。例如"从大和国的'司马''典曹''舍人''史''藏'职看中国官职的影响""大陆先进军事性手工业技术的引进""中国的天地观和祭祀制与日本的古坟文化"等章节,都是新研究的成果。

"从大和国的'司马''典曹''舍人''史''藏'职看中国官职的影响",通过对文献记载的"司马"一职和文物刀铭中所载的"典曹人"称谓的分析论证,提出了大和国已实行类似中国的"府官制"和"典曹官制"的观点;"大陆先进军事性手工业技术的引进",则针对大和国出土的进攻性武器与防御性武器,从武器技术的视角论证了技术源自中国的观点,并考察了大和国的骑兵及其装备;"中国的天地观和祭祀制与日本的古坟文化",对日本学界论争很久的关于前方后圆坟的渊源问题提出了自己的看法,对天地崇拜、神祇信仰、天圆地方观与古坟建筑结构等进行了翔实而系统的论述,并对古坟时代筑造前方后圆坟的思想价值和社会价值做了分析;等等。这些新内容、新观点都是我在境外出版的著作中所没有的,是通过《汉唐文化与古代日本文化》一书首次披露的。除增加了研究新成果之外,《汉唐文化与古代日本文化》在整体结构设置上也呈现了系统展现从春秋战国、秦汉至唐时期中日文化交流史的特点。这些新的内容、观点和特点,正是我决定将此书纳入本选集的原因。

四

有关日本人的原始信仰,日本学界已有较长的研究史,著述也不少。但是,从诸多研究成果分析,大致以20世纪50年代为分水岭,此前的研究主要依赖于两本古籍,即《古事记》和《日本书纪》。可是,这两本古籍成书于8世纪初,书中的神代篇和早期天皇的纪事,虽然在一定程度上反映了日本的古代社会和早期信仰,但毕竟成书较晚,且其中不乏掺杂后人的思维与观点,因此不可避免地使这一时期的研究带有很强的局限性。进入20世纪50年代以后,随着"二战"的结束,改革的推进和资产阶级民主化的建设,大多数学者开始科学地审视日本的历史和文化。由于考古学的发展,以及文化人类学、民俗学研究方法的引入,学界对原始信仰的研究出现了前所未有的新局面。考古学家和史学家的结合,使研

究成果有了新的深度。《日本人的原始信仰》就是相关研究成果之一。

《日本人的原始信仰》一书中叙述的内容，跨越了几千年的时空。在这一时空内，按考古学的时代划分法，日本经历了绳纹时代、弥生时代和古坟时代。人们的生产活动从狩猎、捕捞发展到农耕，特别是稻作农耕。生产技术随着生产活动变化，也从木、石器并用发展到木、铁器并用。与生产活动和生产工具的进步相适应，人们的信仰也从自然崇拜逐渐地发展到原始宗教的状态。4世纪以后，在外来文化的影响下，日本人的原始信仰逐渐发生质的变化，到7世纪后半期嬗变为早期神道。

五

《中国的日本史研究史略》是新近完成的书稿，首次付梓。本书主要由3部分组成：一是我的学习笔记，梳理中国自古至今的日本史研究成果；二是对中国日本史学会的人与事的回顾，通过我的亲身经历，展现改革开放后中国日本史研究者相互支持的精神和研究队伍不断壮大的过程；三是具有自传性质的内容，叙述我作为一名普通日本史研究者的成长历程，通过个体事例，力图说明我们这一代人所达到的研究水平。

本书旨在利用我国日本史研究的历史传统与继承、研究者群体与个体相结合的结构模式来呈现中国日本史研究的学术史，可以说是我的一次尝试。

浙江工商大学东亚研究院江静院长亲自策划、组织了本选集的出版工作。东方语言与哲学学院吴玲副院长、薛晓梅等老师，以及浙江工商大学出版社的各位编辑在本选集的出版过程中操心、费力殊多。翻译日文拙著的几名研究生和多名校对书稿的同学认真努力，为本选集出了力。在此，我对一直关心、支持我的学界挚友，一并深表感谢！

拙著多有不足和谬误，敬请读者诸君一如既往，予以批评、指正。

王金林
2020年中秋于杭州西山国家森林公园山麓
西湖区社会福利中心怡竹斋

序

立国扶桑近日边,外称帝国内称天。

纵横八十三州地,上下二千五百年。

这是黄遵宪《日本杂事诗》卷一的第一首诗。简明的诗句,概述了日本的地理位置和悠久历史。对于"立国扶桑近日边"的邻国日本的历史,中国有着悠久的研究传统。从研究史的视角来看,最早使用文字记录日本列岛史事的文献是中国古代的正史,因此可以说,世界上最早研究日本列岛的学者是中国古代知识分子。研究日本历史的悠久传统,自古延续至今。

本书的书名为《中国的日本史研究史略》,叙述的是中国自古以来的日本史研究简史。对于中国人研究日本国历史的学术史的研究,曾经鲜有涉足者。但20世纪80年代以来,研究者日益增多,陆续有著述问世,主要有武安隆、熊达云的《中国人的日本研究史》(『中国人の日本研究史』),李玉等主编的《中国的日本史研究》《中国的中日关系史研究》,刘岳兵的《"中国式"日本研究的实像与虚像》,等等。相关论文也屡见于学术刊物。其中,宋成有、汤重南等人对20世纪80年代以来中国人研究日本史的状况多有研讨和评价。本书试图在已有研究成果的基础上,依据笔者自己的学习体会和积累的资料,特别是在为中国日本史学会服务的20余年中掌握的一些资源,对中国研究日本史的悠久历史传统和各个历史时期的研究者的传承,做一简略的探索。

撰写本书的另一个动机,是向关心中国的日本史研究的广大读者,展现中国学者的学识水平和治学精神,以亲见亲历的事例回答对中国的日本史研究现状

1

的质疑之声。中国的日本史研究,自1949年中华人民共和国成立以后,开始进入新的历史阶段。在新的历史背景下,日本史研究者依然继承了悠久的传统,为中国的日本史研究的发展和研究水平的提高尽了力,做出了贡献。尤其是21世纪初以来,中国的日本史学界的进步,引起了海外的日本史学界朋友的关注和评价。但在国内,日本史研究水平却多次受到质疑,甚至有媒体刊登了批评中国的日本史研究的文章。2007年8月30日,《南方周末》发表了一名网友的质疑"中国为什么没有日本史泰斗?":

> 但除了戴季陶、周作人、鲁思·本尼迪克特等有关日本的著作,鲜有当代国人研撰的雅俗共赏的精品。为什么日本能出现白鸟库吉、内藤湖南、宫崎市定那样的汉学大师,而中国却鲜有驰誉中外的日本学泰斗? 难道我们就只能通过读几本故人的旧作、看几部热播的日剧,去了解一个有着深厚底蕴且不断变化的国家? 那样的话,我们永远只能知道"邻居"的电器和樱花,而不清楚"邻居"到底是什么"人"。

该文发表的2年后,即2009年7月30日,《南方周末》又发表了一篇题为《中国的外国研究有问题,中国的中国研究也有问题》的文章。文章的作者不仅言及中国的日本史学界自20世纪80年代初起取得的研究成果水平低下,而且将矛头直指中国的日本史研究泰斗吴廷璆先生主编的《日本史》:

> 中国一所颇有名望的大学,出版了一部颇被看好的《日本史》①,我请东京大学一位研究中国的教授来发表其个人的评价。由于是熟人,他也没有办法回避,支支吾吾了半天,最后才说,相当于日本中小学教材的水平。如果真能达到日本中小学教材的水平,我还可以认为不错,因为中小学教材要求提供最可靠的知识,但这位教授有一句话,让我感到背后发冷,"他们缺乏研究"。

《南方周末》的文章给中国的日本研究者带来了很大的冲击。确实作为中国的日本史研究者,我们尚需不断地提高研究水平,我们也"鲜有驰誉中外的日本

---

① "有名望的大学"指南开大学;《日本史》系由吴廷璆先生主编,由南开大学、辽宁大学10余名日本史研究者合作编撰的100余万字的巨著。

学泰斗"(事实上我们是有荣获日本学术奖的权威的)。在推出面向一般读者的出版物方面也尚需努力,但是,所有的不足并不意味着中国学者的研究没有价值。尤其是《南方周末》刊登的批评吴廷璆先生主编的《日本史》一书的文字,让笔者非常震惊。《日本史》一书是10余名学者以各自多年研究的成果为基础撰写而成的新中国历史上第一部通史性的日本历史专著。《日本史》从撰写到出版历时10余年。在撰写该书的时代,由于当时中日学术交流的程度并未如今日频繁,中国学者能够入手的史料、资料有限,著者们可以说是克服了重重困难,集体完成这部巨作的。拈笔而写的批评是很容易的,但是不了解中国的日本史研究历程,实际上也就无法判断各个历史时期的研究成果的真正价值。

《南方周末》的上述文字,使笔者想起20世纪80年代初一位日本著名大学的教授亲口对笔者说过的一句话:"你们中国的日本史学界的日本历史水平只有'小学水平'。"正是从那时起,我们中国的日本史学界同人,为了证明我们的实际水平,为振兴中国的日本史学,奋斗了40余年。尽管我国的日本史研究尚存在不足,尚需继续努力,但是在一些研究领域,我国学者也不乏创新的观点,有让日本学者刮目相看的成果,所达到的实际水平受到了日本史学界的注目,以史学权威上田正昭、门胁祯二、西岛定生、远山茂树、家永三郎、铃木靖民等为代表的日本史学界、考古学界的诸多专家、学者,都曾经撰文介绍过中国学者的研究。

我们可以毫不夸大地说,40年余来,中国的日本史研究成果,无论是在数量上,还是在学术水平上,都达到了中国历史上未曾有过的高度,其中不乏学术精品。本书中叙及的近60名学界精英的代表作就是显例。虽然学术精品的数量离社会的希望和要求尚有很大差距,但是已出版的有关日本史的著述成果的体裁与结构也是多种多样的,仅就日本通史一项而论,就有数十种之多,不仅有通俗的、简明的,更有学术性的。

本书由上、中、下3编组成。上编介绍了中国人研究日本史的悠久传统与传承;中编阐述了中国第一个研究日本史的民间学术团体;下编则是笔者作为一个普通的日本史研究者的成长历程撰述。

上编的重点是传统与传承。主要包含3个方面的内容:一是中国正史中的日本史研究,这是笔者学习各朝正史中的日本传的心得笔记,对各日本传的优点和不足,阐述独门见解;二是肇始于明清时期的日本史研究;三是20世纪以来中国的日本史研究,这部分是基于2014年笔者受邀在台湾大学做的学术报告,主要对1949年以后中国的日本史研究发展历程、学术创新等做了较为系统、翔实的记述。

中编重点介绍了中国第一个研究日本史的民间学术团体——中国日本史学会的人和事。内容皆是笔者亲见亲历的人和事,主要包括:一是中国日本史学会的成立及其学术活动,叙及该学会的筹备、成立过程,以及历届年会的筹备、会议情况等;二是详细记叙中国的日本史研究者举办和参与的学术活动,即《东亚的日本历史》(『東アジアのなかの日本歴史』,全13卷)在日本出版的过程及其影响,中日"大化改新"国际学术讨论会的筹备、举行及影响,渤海国与日本学术讨论会的筹备经过及其"流产",编纂中国版《日本史辞典》,等等;三是中国日本史学会部分会员的代表作。文中叙及近60名会员的100余部代表作。首先对新中国的日本史研究奠基者(第一代)吴廷璆、周一良、邹有恒等先生的贡献和他们的学术成就,以及他们在国内外学术界的影响,如对周一良先生荣获日本大阪山片蟠桃学术奖等进行记述。接着,对出生于20世纪20年代(第二代)、20世纪30年代至40年代(第三代)、20世纪50年代(第四代)、20世纪60年代至70年代(第五代)的学者的重要著作及其影响分别做了简介。例如,对王仲殊关于三角缘神兽镜和日本古代史的观点,以及他荣获日本福冈亚洲文化奖大奖等均有具体记述。笔者拟通过近60名会员研究完成的100余部代表作,说明近数十年来,中国的日本史学界同人,不论老少,都在默不作声地埋头耕耘,为建设具有国际学术水平的日本史学而贡献各自的力量。告诉世间,我们的研究已摆脱政治史的旧套,逐渐向更宽广的领域拓展,已有的成果包含政治史、经济史、文化史、思想史、社会史、宗教史、外交史、灾害史等,从通史、断代史视角看,有古代史、中世史、近世史、近代史、战后史等。同时也想告诉人们,我们的研究已呈现出多种研究手法的融合之势。过去国内史学界广受"史从论出"的影响,日本史学者也不例外,常常是先有结论,然后用史料填补。而如今,"论从史出"被史学界同人奉为圭臬。在掌握翔实史料的基础上,用唯物辩证法进行深入分析,已成为研究的基本方法。他们不但注意微观、宏观研究的融合,而且重视多学科知识和方法的融合。

下编是一个普通日本史研究者的成长历程。在本书中添加这一内容,本意是透过个体的事例,展现中国的日本史研究者成长的实态,呈现研究者们的精神面貌。在20世纪30—50年代出生的中国日本史学会会员,大多是中国自己培养的学者,他们多出身工人、农民、知识分子家庭,成长的过程曲折艰辛。他们每一项研究课题的完成、每一部著作的问世,都显现了他们刻苦、坚忍的意志和毅力。他们每一个人的研究生涯,都可以写成一部丰富多彩的传记。笔者曾思考过,能否从学术史的视野组织编撰一部我国的日本史学者精英系列丛书。但由于条件与精力所限,此项计划一直未能提上日程。如今年老力薄,更难付以实现,只寄望于有志此事的后来者。

作为我国日本史研究者群体中的普通一员,笔者从20世纪60年代初步入史学研究行列,以研究日本历史为业,至今已60余年。在退休之前,笔者一直坚持在研究第一线,并参与、组织中国日本史学界的学术研究和活动。从笔者的平凡生平中,在某种程度上可以看到笔者这一代研究者所经历的学术环境的变迁及时代的发展。

从我国日本史研究的历史传统与继承、研究者群体与个体相结合的结构模式来叙述中国的日本史研究学术史,对于笔者来说是初次尝试,其中必定多有不足和错谬,敬请同行和读者指正。

目 录

下　编　从农民到学者
——一个普通日本史研究者的成长历程

上 编

中国人研究日本史的悠久传统与传承
——学习中国的日本史研究笔记

第一章

中国历代正史中的日本研究

中国是世界上最早关注日本和研究日本历史的国家。自《汉书》之后，直至明代，我国多部正史中载有日本的史事和其与中国的交往（见表1-1）。虽然各朝正史对日本记载的内容多寡不一，史料价值强弱各异，但是我们能从中看到日本历史发展的基本轨迹，同时这也反映了中国各个朝代统治阶级对日本的认识，以及认识的深化和扩展。

表1-1　记载日本史事的中国正史

典籍名	成书时间	作者	关于日本内容所在志、传
《汉书》	不详	班固	《地理志·燕地》
《后汉书》	宋元嘉二十二年（445）	范晔	《倭传》《韩传》
《三国志》	晋太康十年（289）	陈寿	《魏书·倭人传》《魏书·齐王本纪》《东夷传·韩传》《弁辰传》
《晋书》	唐贞观二十年（646）	房玄龄等	《倭人传》《武帝纪》《安帝纪》
《宋书》	齐永明六年（488）	沈约	《倭国传》《文帝本纪》《孝武帝纪》《顺帝纪》
《南齐书》	梁天监十三年（514）	萧子显	《倭国传》
《梁书》	唐贞观九年（635）	姚思廉等	《倭传》《武帝纪》
《隋书》	唐贞观十年（636）	魏征等	《倭国传》《炀帝纪》《流求传》
《南史》	唐显庆四年（659）	李延寿	《倭传》
《北史》	唐显庆四年（659）	李延寿	《倭传》
《旧唐书》	后晋开运二年（945）	刘昫	《倭国传》《日本传》《高宗纪》《则天皇后纪》《德宗纪》《顺宗纪》《文宗纪》《刘仁轨传》《张荐传》《渤海靺鞨传》

典籍名	成书时间	作者	关于日本内容所在志、传
《新唐书》	宋嘉祐五年(1060)	欧阳修等	《日本传》《高宗纪》《百官志》《高智周传》《刘仁轨传》《张荐传》《文艺传》《北狄传》《百济传》
《宋史》	元至正五年(1345)	元脱脱等	《日本国传》《宁宗纪》《理宗纪》《礼记》《兵志》《高丽传》
《元史》	明洪武三年(1370)	宋濂等	《日本传》
《新元史》	1920年	柯劭忞	《日本传》《世祖纪》《成宗纪》《泰定帝》《顺帝纪》《百官志》《兵志》《赵良弼传》《张禧传》《刘宣传》
《明史》	清乾隆四年(1739)	张廷玉等	《外国列传》《日本传》《太祖纪》《成祖纪》《英宗纪》《景帝纪》《宪宗纪》《孝宗纪》《世宗纪》《神宗纪》《礼志》《职官志》《食货志》《兵志》

资料来源:武安隆、熊达云:《中国人的日本研究史》,六兴出版社1989年版。

第一节　《汉书》《后汉书》

我国最早载有"倭人"的正史古籍是《汉书·地理志》。我国古人称日本为"倭",称日本人为"倭人"。《汉书·地理志》载道:

夫乐浪海中有倭人,分为百余国,以岁时来献见。

这段记载虽然文字不多,仅19个字,但包含3个方面的信息。一是首次指出了"倭人"所在的地理位置是"乐浪海中"。乐浪,即汉元封三年(前108)汉武帝在朝鲜半岛设立的郡。二是表明当时的倭人正处于"分为百余国"的状态,地域小国群立,还未统一。三是说明日本列岛上的小国与汉朝的关系,虽不能说十分密切,但也不断有往来。"以岁时来献见",表明每年均有通聘交流。

《后汉书》由南朝宋时的范晔所撰。从成书年代而言,它在《三国志》之后。正因为如此,《后汉书·倭传》中所载倭国史事,引录《三国志·魏书·乌丸鲜卑东夷传·倭》^①者颇多,且多有错误引申。其错误引申明显之处举2例。

第一例是《魏书·倭人传》记载说,倭人所在,"计其道里,当在会稽、东冶之东",其地"所有无与儋耳、朱崖同"。《后汉书·倭传》却改为"其地大较在会稽、东冶之东,与朱崖、儋耳相近"。竟把"所有无与儋耳、朱崖同"之意误为"(所在)与朱崖、儋耳相近"。差之毫厘,谬以千里。

第二例是《魏书·倭人传》记载说:"其俗,国大人皆四五妇,下户或二三妇。妇人不淫,不妒忌。"显然,这段文字说的是日本婚俗,地位高低不同,拥有妻妾的人数也不同,并未涉及男女性别人数多寡的比例。可是,《后汉书·倭传》的引用恰恰是从两性比例失调来叙述的:"国多女子,大人皆有四五妻,其余或两或三。"这样一来,倭国便成了女多男少的国度。问题的严重性在于这一观点对其后的《晋书》《南史》《北史》《梁书》《隋书》等的编纂产生了影响,各书均承接了倭国女多男少的观点。

《后汉书·倭传》的错误表明编纂者当时并没有掌握更多有关日本社会的资料和情况。虽然《后汉书·倭传》在史料引录、诠释方面有错,但是也有其他正史倭传中不曾见的新资料,尤其是以下2条史料最为珍贵。

其一,"建武中元二年,倭奴国奉贡朝贺,使人自称大夫,倭国之极南界也。光武赐以印绶"。这条史料的宝贵,在于它与九州北部地区的弥生遗址的考古发掘资料吻合。文中的"倭奴国"大致在今日本福冈县的筑紫、早良、粕屋等郡和贯穿福冈市的那珂川、御笠川流域。在这一区域内发现了许多汉代青铜器、镜、剑、矛和玻璃璧等。仅其中的须玖遗址的一瓮棺墓中,出土的铜镜片就有数百片,复原后有30余面铜镜,包括重圈内行花文清白镜、精白镜、昭明镜、日光镜、重圈四乳叶纹镜、草叶纹镜等。更重要的是,史料所说的中元二年(57)汉光武帝赐给倭奴国的"印绶"也在这一区域内被发现,即1784年2月,在福冈县志贺岛发现的"汉委奴国王"金印。对于这枚金印究竟是否就是汉光武帝授予的金印的问题,曾发生过激烈的争论。有不少人对此印系汉代遗物表示怀疑。但随着20世纪50年代以后中国考古学者不断发掘出汉代印章,"汉委奴国王"金印被证明确系汉代遗物,争论也便销声匿迹了。中国考古学者先后发现的"滇王之印""广陵王玺""文帝行玺"都是汉代金印。"滇王之印"是1956年在云南晋宁石寨山发现的;"广陵王玺"是1981年在江苏邗江甘泉镇出土的;"文帝行玺"是汉时南越国的第二代国王之印,于1983年在广州出土,是至今在中国发现的最大的西汉金印。若

---

① 为方便叙述,以下简称为《魏书·倭人传》。

将"汉委奴国王"金印与"滇王之印"比较,可以清楚地看到,两印的纽式、形制、字体相似(见图1-1);若将其与"广陵王玺"比较,两印的形制、边长、高、字体相似;若将其与"文帝行玺"比较,两印的形制、字体相似(见表1-2)。由上可以断定"汉委奴国王"金印无疑是汉代印章。此外,从后汉王朝赐周边国家侯爵印绶来看,其并非只授予倭奴国。据史籍所载,26—121年间,后汉皇帝曾先后向南单于国王、莎车王贤、倭奴国王、掸国王雍由调、西羌号多、左鹿蠡王须沈、西羌麻奴授金印紫绶(见表1-3)。

图1-1 "滇王之印"和"汉委奴国王"金印

表1-2 中日出土的汉代金印比较表

金印名	印形	印纽	边长/厘米	高/厘米	重量/克	字体	现藏所
"汉委奴国王"金印	方	蛇	2.3	2.2	108	阴刻篆文	福冈市博物馆
滇王之印	方	蛇	2.3	1.8	89.5	阴刻篆文	中国国家博物馆
广陵王玺	方	龟	2.3	2.1	123	阴刻篆文	南京博物院
文帝行玺	方	龙	3.1	1.8	148.5	阴刻篆文	南越王博物馆
偏将军印章	方	龟	2.4	2.0	108.9	阴刻篆文	重庆中国三峡博物馆
朔宁王太后玺	方	龟	2.4	2.0	112.6	阴刻篆文	重庆中国三峡博物馆

资料来源:王金林:《邪马台国和古代中国》,学生社1992年版。

表1-3 后汉皇帝授周边诸王金印紫绶表

年份	国王名	后汉皇帝诏书
26年	南单于	"诏赐单于冠带、衣裳、黄金玺、盭绶缘。"(《南匈奴传》)
41年	莎车王贤	"赐贤西域都护印绶,及车旗黄金锦绣。"(《西域传》)

年份	国王名	后汉皇帝诏书
57年	倭奴国王	"倭奴国奉贡朝贺……光武赐以印绶。"（《后汉书·倭传》）
97年	掸国王雍由调	"掸国王雍由调遣重译奉国珍宝,和帝赐金印紫绶。"（《西南夷传》）
107年	掸国王雍由调	"掸国西南通大秦。明年元会,安帝……封雍由调为汉大都尉,赐印绶。"（《西南夷传》）
115年	西羌号多	"二年春,号多等率众七千余人……降,遣诣阙,赐号多侯印绶遣之。"（《西羌传》）
116年	左鹿蠡王须沈	"度辽将军邓遵率南单于及左鹿蠡王须沈万骑,击零昌于灵州,斩首八百余级,封须沈为破虏侯,金印紫绶。"（《西羌传》）
121年	西羌麻奴	"麻奴等孤弱饥困,其年冬,将种众三千余户诣汉阳太守耿种降。安帝假金印紫绶。"（《西羌传》）

资料来源:王金林:《邪马台国和古代中国》,学生社1992年版。

其二,"安帝永初元年,倭国王帅升等献生口百六十人,愿请见。桓灵间,倭国大乱,更相攻伐,历年无主,有一女子名曰卑弥呼,年长不嫁,事鬼神道,能以妖惑众,于是共立为王"。这段记载显然来自《魏书·倭人传》。

《魏书·倭人传》的记载是这样的:

> 其国本亦以男子为王,住七八十年,倭国乱,相攻伐历年,乃共立一女子为王,名曰卑弥呼,事鬼道,能惑众,年已长大,无夫婿,有男弟佐治国。

两者的不同之处主要有以下3点:一是《魏书·倭人传》的记载中没有说女王之前的男王的称谓,而《后汉书》则称其为"帅升";二是《魏书·倭人传》没有记载在东汉时,倭国男王曾与东汉王朝有过交往,而《后汉书》则明确记载汉安帝永初元年(107),"倭国王帅升等献生口百六十人,愿请见";三是《魏书·倭人传》没有记载"倭国乱"发生在何年,只说男王统治七八十年,倭国乱,而《后汉书》则载明"桓灵间,倭国大乱"。"桓",即指东汉桓帝,146—167年在位;"灵"指东汉灵帝,168—189年在位。由此似可推知,"倭国乱"在2世纪40—80年代间。

以上史料,是范晔对倭国研究的贡献,也是《后汉书·倭传》的价值所在。

第二节 《魏书·倭人传》

《三国志》成书于晋太康十年(289),陈寿著。其中收录的《魏书·倭人传》是我国关于古代日本历史最早、最权威的文献资料。该传全文约2000字,具体而完整地描述了弥生时代①日本的基本状况,是研究当时日本社会的唯一文献,具有极高的历史价值。

《魏书·倭人传》的历史价值,主要在于揭示了如下诸方面的史实。

一、生产和生产力水平

(一)生产以水稻农耕为主,采集、捕捞为辅

《魏书·倭人传》中有如下记载:

> 种禾稻、纻麻,蚕桑、缉绩。

如果结合考古学资料,完全可以佐证"种禾稻"记载的正确性。资料表明,日本的水稻农耕,始于靠近大陆的九州地区,然后逐步由西向东波浪式推进。大约公元前100年(弥生前期)推进到今天的福井县、爱知县一线;公元100年前后(弥生中期)推进到岩手县、秋田县一线;公元300年前后,推广至本州最北端的青森县地区。弥生人已掌握一定的水田技术,一般都筑有畦畔、水路、堰。水路设给水、排水装置,水路两侧为水田。以静冈县南部安倍川东岸的登吕遗址为例,共发现了50块水田,面积达7万余平方米,最大的2300平方米,最小的300平方米,其中1400平方米的有10块,1500平方米的有5块,1600平方米的有3块,1700平方米的有5块。1400—1700平方米的水田共有23块,占总田数的46%。这表明登吕水田为大田块制。②当然,各遗址的田块大小是不一样的。比如,大阪市山贺遗址中最大块的水田面积是140(14米×10米)平方米,最小的是49(7米×7

---

① 日本学界对弥生时代的始、终期有多种观点,但通说是始于公元前300年,终于公元300年。其中公元前300年至公元前100年为前期,公元前100年至公元100年为中期,公元100年至300年为后期。本文所言弥生前、中、后期的时限皆采用此说。

② 杉原庄介:《日本农耕社会的形成》,吉川弘文馆1977年版。

米）平方米①；又如高崎市日高遗址，发现的水田总面积约为2万平方米，被分割为50块小水田，一块小水田面积为60—180平方米②。

水稻种植显示了生产力水平的提高，但仅凭水稻收获还不能完全维持全氏族成员的生计，因此采集、捕捞仍是补充食物的重要手段。《魏书·倭人传》中载：

> 其木有柟、杼、豫樟、楺枥、投橿、乌号、枫香，其竹篠簳、桃支。有姜、橘、椒、蘘荷……

这表明山间密林之中有丰足的野生果实可供采摘。日本四周环海，"今倭水人好沉没捕鱼蛤"，"好捕鱼鳆，水无深浅，皆沉没取之"。水产多样而丰富。动物虽无"牛、马、虎、豹、羊、鹊"，却有"猕猴、黑雉"。山林河海为古代日本人提供了丰富的食物资源，足以弥补农耕收获的不足。

此外，《魏书·倭人传》还记载：

> 出细纻、缣绵。

种植纻麻、饲养蚕桑为弥生时代日本人提供衣着的重要原料，也促进家庭手工纺织的发展。《魏书·倭人传》中的"缉绩"，"出细纻、缣绵"就是家庭手工纺织的反映。文中虽然没有详记生产的"细纻、缣绵"的种类和达到的水平，但是从使节送魏王的外交礼品中有"倭锦、绛青缣、绵衣、帛布"及"异文杂锦"等来看，肯定是其技术水平最好的物品之一。

（二）已应用铁兵器和制作青铜器具

《魏书·倭人传》记载：

> 兵用矛、楯、木弓。木弓短下长上，竹箭或铁镞或骨镞……

虽然在当时，金属器具在数量上还没有达到全面覆盖，处在木、石、金属共用期，但铜、铁确已在生产、生活和战争中应用，而且人们也已掌握一定的冶炼铜、

---

① 酒井龙一：《弥生时代》，《图说发掘讲述的日本史4》，新人物往来社1985年版。

② 平野进一、大江正行：《高崎市日高遗址的水田址》，《月刊文化财》1978年第181期，第30—37页。

铁的技术。《魏书·倭人传》中记载的矛、楯、木弓、竹箭、铁镞、骨镞,是指当时使用的兵器。虽然对金属器只简明提及矛、楯、镞,但这足以说明金属的应用已确实无疑。大量的考古资料可以佐证这一记载。表1-4详细列举了弥生时代遗址中出土的铁器。数据表明,弥生时代的日本各地,已普遍应用铁器,随着时间的推移,中期比前期多,后期比中期更多。全日本203处弥生遗址共出土542件铁器遗物,其中又以九州地区数量最多,有遗址110处,出土铁器遗物344件,占遗址总数的54%,遗物总数的63%。

表1-4　日本弥生时代铁器出土状况

地方	前期		中期		后期		不明		合计	
	遗址数	铁器数	遗址数	铁器数	遗址数	铁器数	遗址数	铁器数	遗址数	遗址数
东北	0	0	1	1	0	0	1	1	2	2
关东	0	0	7	8	12	15	1	2	20	25
中部	0	0	1	3	15	25	2	5	18	33
近畿	2	5	4	6	16	65	2	4	24	80
中国	2	7	4	5	9	15	6	13	21	40
四国	0	0	2	11	5	6	1	1	8	18
九州	2	3	33	157	39	118	36	66	110	344
合计	6	15	52	191	96	244	49	92	203	542

资料来源:洼田藏郎:《铁的考古学》,雄山阁1973年版。

根据洼田藏郎:《铁的考古学》,弥生时代出土铁器共542件,铁器的种类包含手工生产工具、农业生产工具、渔业工具、武器等。在542件出土的铁器遗物中,有手工生产工具115件,农具40件,渔具8件,武器181件。按地域出土数量看,以九州为最多,共344件,近畿次之,共80件,反映了地域的生产力水平。

表1-5是九州北部、近畿两地弥生遗址中考古发现的铜器模铸统计表。众所周知,模铸是浇注金属器具的铸器。它的出土表明冶炼技术的存在及其水平。从表1-5中可知已见的模铸包括剑、戈、矛、铎等。从总量看,两地共发现116件,其中九州北部79件,近畿37件,数量上前者多于后者。结合出土的铜剑、铜戈、铜矛、铜铎等实物分析,九州北部地区以制作和使用青铜利器为多,而近畿地区则以制作和使用铜铎为多。

表1-5　九州北部和近畿出土铜器模铸表

地区	铜剑	铜戈	铜矛	铜铎	其他	合计
九州北部	7	20	31	8	13	79
近畿	1	3	0	33	0	37
合计	8	23	31	41	13	116

资料来源:中村修身:《弥生时代后期手工具的实态》,《地域相研究》1981年第10期,第18—26页。

上述考古数据,佐证了《魏书·倭人传》中关于生产方面的记载的可信性。

二、社会生活面貌

关于倭人的社会生活状况,《魏书·倭人传》记述颇详,涉及衣着、饮食、民俗等。

(一)衣着

《魏书·倭人传》记载道:

> 男子皆露纷,以木绵招头。其衣横幅,但结束相连,略无缝。妇人被发屈纷,作衣如单被,穿其中央,贯头衣之。

这一段记述,具体而生动地展现了早期日本人的衣饰形象。文中的"纷",其意为束发为髻。男子"皆露纷,以木绵招头"好理解,即指用木绵作头绳,在头上结发。关于女子的"被发屈纷",则可作二解:其一,指披发,然后在披散的头发上做装饰性的弯曲结髻;其二,把披散的头发盘在头上结髻。这两种发型,与我国河南信阳地区发掘的春秋时代的"黄君孟夫妇"墓中女主人复原发型很相似(见图1-2)①。

(1—高髻形;2—披发、丝线缠形。)

图1-2　早期日本女性的发型

---

① 欧潭生:《春秋早期黄君孟夫妇墓发掘报告》,《考古》1984年第4期,第302—332页。

关于衣着,“横幅”“贯头衣”实际上与我国南方地区的古代越人的习俗也相近。在我国的古籍中,对古代越人的贯头衣多有记载,如:

《论衡·恢国篇》:越在九夷,罽衣关(贯)头。

《汉书·地理志》:儋耳、珠崖郡。民皆服布如单被,穿中央为贯头。师古曰,著时从头而贯之。

《后汉书·西南夷传》:西部都尉广汉郑纯……为永昌太守。纯与哀牢夷人约,邑豪岁输布贯头衣二领,盐一斛,以为常赋。

《南齐书·东南夷传》:扶南人……大家男子截锦为横幅,女为贯头,贫者以布自蔽。

《通典·南蛮上》:黑僰濮,在永昌西南,山居耐勤苦。其衣服,妇人以一幅布为裙,或以贯头。

可见古代日本人的衣着与中国越人有着明显的相似性。

(二)饮食

《魏书·倭人传》中关于饮食的文字并不多,但简略的记述足以反映倭人的饮食习惯。

倭地温暖,冬夏食生菜,皆徒跣。

食饮用笾豆,手食。

前者指气候与饮食习惯,后者指饮食用具和饮食方法。笾和豆,皆是古代人祭祀和饮食时盛食物的器具。笾,竹制器具;豆,木制器具。

《魏书·倭人传》还对日本列岛不同地区的地理环境和食物丰瘠状况做了一些记述。

对马国:土地山险,多深林,道路如禽鹿径,有千余户,无良田,食海物自活,乘船南北市籴。

一支国:多竹木丛林,有三千许家,差有田地,耕田犹不足食,亦南北市籴。

末卢国:有四千余户,滨山海居,草木茂盛,行不见前人。好捕鱼鳆,水无深浅,皆沉没取之。

这些记载说明,除了本地食物供应外,还存在异地之间的食物交易。

(三)民俗

1. 殡丧

　　　其死,有棺无椁,封土作冢。始死停丧十余日,当时不食肉,丧主哭泣,他人就歌舞饮酒。已葬,举家诣水中澡浴,以如练沐。

倭人死后,"有棺无椁,封土作冢"。在弥生时代的考古发掘中,九州地区的坟丘墓和畿内地区的方形周沟墓,就是这种埋葬形式的具体反映。畿内地区的方形周沟墓的坟丘不高,一般坟丘封土高1米。九州地区的坟丘墓,墓内埋葬的棺有瓮棺、石棺。坟丘的高度一般在2—2.5米间。[①]

2. 避邪

　　　夏后少康之子封于会稽,断发文身以避蛟龙之害。今倭水人好沉没捕鱼蛤,文身亦以厌大鱼水禽,后稍以为饰。诸国文身各异,或左或右,或大或小,尊卑有差。

这条史料说明倭人有文身避邪和修饰之习,且各地文身的样式都不相同,并指出倭人的这种习俗与会稽的"断发文身"习俗相似。东亚历史上,文身习俗主要盛行于从长江下游至东南亚的百越文化地区。日本似是文身文化的东沿之地。

《魏书·倭人传》还记述了古代日本人航海时的避邪习俗,称为"持衰"。其具体情形是这样的:

　　　其行来渡海诣中国,恒使一人,不梳头,不去虮虱,衣服垢污,不食肉,不近妇人,如丧人,名之为持衰。若行者吉善,共顾其生口财物;若有疾病,遭暴害,便欲杀之,谓其持衰不谨。

---

① 王金林:《弥生文化和古代中国》,学生社1992年版,第183—184页。

(四)信仰

1．"鬼道"

关于古代日本人的信仰，《魏书·倭人传》有如下记载：

> 倭国乱，相攻伐历年，乃共立一女子为王，名曰卑弥呼，事鬼道，能惑众，年已长大，无夫婿，有男弟佐治国。

卑弥呼是地域国家邪马台国的女王，她之所以被推举为王，是因为她"事鬼道，能惑众"，用"鬼道"平息多年的混乱和互相攻伐。由此可以推知，"鬼道"是邪马台国全国上下尊奉的信仰。卑弥呼女王死后，国内又由于嗣立国王之事，发生矛盾，先是立了一位男王，"国中不服，更相诛杀，当时杀千余人"，国家又一次陷入混乱。最终"复立卑弥呼宗女台与，年十三为王，国中遂定"。显然，年轻的台与之所以被推为王，亦是因为她与卑弥呼一样，是一位"事鬼道，能惑众"的巫女，说明"鬼道"在日本的影响力。

2．占卜

占卜是古代东亚地区住民普遍采取的祈求祸福吉凶的手段。《魏书·倭人传》告诉我们，古代日本人也不例外，同样信奉此术。

> 其俗举事行来，有所云为，辄灼骨而卜，以占吉凶，先告所卜，其辞如令龟法，视火坼占兆。

20世纪90年代初，有日本学者对考古发掘的卜骨资料做过分析①：出土的卜骨中，有弥生时代116例，古坟时代22例，奈良时代64例。弥生时代116例的时期分布，分别是中期32例，后期78例，不明6例。分期状况说明占卜以弥生中后期最兴盛，这与《魏书·倭人传》记载的时期正相吻合。

三、社会形态

《魏书·倭人传》更有价值的是相当于中国曹魏时期的日本列岛社会形态的相关记载。从所记的相关史料中，我们可以对弥生时代中后期日本列岛的社会发展进程、社会性质进行粗略的判断。

---

① 神泽勇一：《咒术的世界——骨卜节》，石川日出志：《弥生人和祭典》，六兴出版社1990年版。

（一）社会结构

《魏书·倭人传》关于社会基层的结构情况有如下记载：

> 自女王国以北，其户数道里可得略载，其余旁国远绝，不可得详。
>
> 有屋室，父母兄弟卧息异处。
>
> 其犯法，轻者没其妻子，重者灭其门户。及宗族尊卑，各有差序，足相臣服。

从上述记载可知，"屋室""户""门户""宗族"是邪马台国时代日本的基层社会组织。在中国，"屋室""户""门户"皆可解释为"家"。《魏书·倭人传》中的"屋室""户""门户"也当属"家"的范畴。但是细读《魏书·倭人传》的上述记载，似乎"屋室"之家与"门户"之家在规模和地位上有一定的差别。从弥生时代居住址的发掘情况看，在西日本，一般以5栋居住遗址为一个基层单位；在东日本，一般以7栋居住遗址为一个基层单位。因此，日本考古学者认为，一个基层单位似是一个"家族集团"单位，即《魏书·倭人传》中所载的"门户"。而"屋室"或"户"应是"家族集团"（门户）中的成员，以夫妻及其未婚子女构成的家室。我国的《尔雅》"释亲"解释："父之党为宗族。"由此，可以说数个尊崇共同祖先的兄弟家族集团（门户）构成了"宗族"。据此，似可推断日本弥生时代中后期自上而下的社会结构，呈现如下模式：域（统一的地域集团）→国（地域集团）→宗族→家族集团（门户）→屋室。

（二）地域统一国家的形成

> 倭人在带方东南大海之中，依山岛为国邑。旧百余国，汉时有朝见者，今使译所通三十国。

这是《魏书·倭人传》开篇之语，寥寥数语，道出了倭人社会的发展历程。所谓"旧百余国"，指曾经小国分立，有百余国之多，而如今情况有变，与曹魏相通的仅有30国。百余国分立状况的消失，表明了通过互相兼并，强者益强，逐渐成为统领诸小国的地域统一国家。据《魏书·倭人传》所载，当时日本列岛的"西""南""东"皆有国家存在：一是位处"西"边的与曹魏有国交关系的邪马台国，因国王卑弥呼为女性，又称女王国；二是地处邪马台国"南"的狗奴国，该国以"男子为王，其官有狗古智卑狗，不属女王"，因"女王卑弥呼与狗奴国男王卑弓呼素不和"，卑弥呼女王曾遣使"诣郡说相攻击状";三是女王国"东","渡海千余里,复有国,皆倭种"。

由于"西""南""东"各国的地理位置离带方郡远近不同,关于交往的记载,《魏书·倭人传》中有详有略,其中邪马台国离带方郡最近,又与中国王朝交往较多,因此中国对"西边"的邪马台国的了解较多,记叙也颇详。依据记载,邪马台国已是一个地域统一国家,包括自己国家在内,其统领的属国约30个,如对马国、一支国、末卢国、伊都国、奴国、不弥国、投马国、邪马台国、斯马国、已百支国、伊邪国、都支国、弥奴国、好古都国、不呼国、姐奴国、对苏国、苏奴国、呼邑国、华奴苏奴国、鬼国、为吾国、鬼奴国、邪马国、躬臣国、巴利国、支惟国、乌奴国等。

在上述归属邪马台国的诸国中,邪马台国是"女王之所都",是地域统一国家的政权中心。其属下的伊都国,由于地理位置介于带方郡与女王所在的邪马台国之间,因此成为女王监督所属国和对外交往的要地:

> 自女王国以北,特置一大率,检察诸国,诸国畏惮之。常治伊都国,于国中有如刺史。王遣使诣京都、带方郡、诸韩国,及郡使倭国,皆临津搜露,传送文书赐遗之物诣女王,不得差错。

(三)邪马台国的性质

《魏书·倭人传》中尤为宝贵的是记录了邪马台国国内的阶级状况、官僚设置、租赋、刑罚,为后人认识邪马台国的性质提供了佐证。

第一,国内明显存在上下尊卑的区别,所谓:

> 宗族尊卑,各有差序。
> 下户与大人相逢道路,逡巡入草。传辞说事,或蹲或跪,两手据地,为之恭敬。对应声曰噫,比如然诺。

第二,自上而下置有各级官吏。直属于卑弥呼女王的中央一级官吏有"大率""大倭""大夫"等。"大率",主要负有巡察所属各国的职责。"大倭","收租赋,有邸阁;国国有市,交易有无,使大倭监之",是主管财政、贸易的官吏。"大夫",外交官。中央官吏之下,所属各国依据国家大小设置官员。邪马台、伊都两国各设四级官制,其他皆为两级官制。

第三,已有租赋制度,"收租赋,有邸阁"。所谓"邸阁",似指收储租赋的仓库。这种仓库,在弥生遗址中多有发现。如佐贺县的吉野里遗址中,就有大规模的仓库群。[①]

第四,已有不成文的惩罚制度。"其犯法,轻者没其妻子,重者灭其门户"这一记载简单明了,文中的"轻""重""没""灭"显示了刑罚的等级。

据《魏书·倭人传》提供的资料,人们不难得出这样的结论:邪马台国已具有一个阶级国家必须具备的主要特征,它是日本列岛上最初的国家政权。

四、邪马台国与曹魏的交往

《魏书·倭人传》详细记叙了邪马台国与曹魏的外交关系(见表1-6)。

表1-6　邪马台国与曹魏往来史事表

时间	具体交流内容
景初二年(238)六月	倭女王遣大夫难升米诣洛阳。十二月,魏明帝发诏册封卑弥呼女王为"亲魏倭王",授金印紫绶
正始元年(240)	带方太守弓遵遣建忠校尉梯儁等"奉诏书印绶诣倭国,拜假倭王"。"倭王因使上表答谢恩诏"
正始四年(243)	倭王遣大夫伊声耆、掖邪狗等人赴魏献生口、倭锦等。魏少帝授掖邪狗等为率善中郎将
正始六年(245)	魏帝"诏赐倭难升米黄幢,付郡假授"
正始八年(247)	倭女王遣载斯、乌越等诣带方郡,诉说"女王卑弥呼与狗奴国男王卑弥弓呼素不和"及"相攻击状"
正始八年(247)	魏遣"塞曹掾史张政等因赍诏书、黄幢,拜假难升米为檄告喻之"
约正始九年(248)	卑弥呼女王死,国人拥其宗女台与为王。魏使张政等"以檄告喻台与"
正始九年(248)	"台与遣倭大夫率善中郎将掖邪狗等二十人送政等还。因诣台"

依据记载,238—248年的10年间,邪马台国与魏国之间的交往频繁,邪马台国遣使魏国(含带方郡)4次,魏国也多次遣使邪马台国。

综上所述,足见《魏书·倭人传》的学术价值,其称得上是中国历史上最早的系统、翔实地研究日本历史的著述。正因为如此,其后的诸正史中的倭人传,大多以此为范本,只是做适当的增删而已。

[①] 佐贺县教育委员会:《环濠集落吉野里遗迹概报》,吉川弘文馆1990年版。

第三节 《晋书·倭人传》

《晋书》成书于唐代贞观年间,由房玄龄等人编纂。其"倭人传"内容简单,全传仅400余字。大多是《魏书·倭人传》的辑录。但文中也有2处新的内容。

其一是婚俗方面的"嫁娶不持钱帛,以衣迎之"。这是《魏书·倭人传》中没有的,可作为补充。

其二是关于倭晋交往的事。

> 宣帝之平公孙氏也,其女王遣使至带方朝见,其后贡聘不绝。及文帝作相,又数至。泰始初,遣使重译入贡。

这段史料中的"宣帝……及文帝作相,又数至",是讲邪马台国与曹魏间的往来,不属于晋史的范畴。"泰始初,遣使重译入贡",才是晋时倭与晋的往来。有关这次倭的遣使入贡事,除《晋书·倭人传》中有记载外,其他典籍中也有记载:

《晋书·武帝纪》:(泰始二年)十一月己卯,倭人来献方物。

《册府元龟·外臣部·朝贡》:晋武帝泰始元年,倭人国女王遣使重译朝献。……二年十一月,倭人来献方物。

《日本书纪·神功皇后纪》有如下注释:六十六年。是年,晋武帝泰初二年。《晋起居》注云:武帝泰初二年十月,倭女王遣(使)重译贡献。

虽然《晋书·武帝纪》《册府元龟·外臣部·朝贡》《日本书纪·神功皇后纪》记载的年月互有出入,但是泰始二年(266)倭国女王(台与)遣使朝献事则是一致的,足以说明此事的真实性。自此以后,长久不见倭国前来通好。直至晋安帝继位后的第九年,即义熙九年(413),史籍中又见倭国献方物的记载:"是岁,高句丽、倭国及西南夷铜头大师并献方物。"①

---

① 《晋书·安帝纪》。

第四节 《宋书·倭国传》

《魏书·倭人传》之后，南北朝时期的《宋书·倭人传》也颇具史料价值。《宋书·倭人传》由南朝梁时的沈约编撰。《宋书·倭人传》的特点是，不引录此前各朝代编撰的倭人传的内容，而是直书当时所了解的倭国情况及其与南朝宋的交往。其篇幅不长，仅560余字，却记录了5世纪初至6世纪初间日本的赞、珍、济、兴、武5位大王[①]与南朝宋的交往，并接受宋皇帝册封的史事。

《宋书·倭人传》的前半部，主要记述赞、珍、济、兴4位倭王遣使乞求册封，以及宋册封名号与官爵；后半部分，主要记述倭王武遣使向宋皇帝呈递表文事及表文的内容。因此，可以说这是研究5世纪时的日本和同时期中日关系史的重要文献。

一、倭五王遣使乞求南朝宋的册封

依据《宋书》记载，倭五王遣使南朝宋9次，遣使的核心目的是向南朝宋乞求册封，借以提高其在朝鲜半岛的地位，巩固国内的统治。

永初二年（421），即南宋刘宋王朝建立后的第二年，倭王赞遣使朝贡，宋高祖发诏嘉许："倭赞万里修贡，远诚宜甄，可赐除授。"这里虽然没有明确记载倭的诉求，但是宋高祖诏书最后的"可赐除授"4字，反映出倭使的动机。

元嘉二年（425），宋文帝时，倭王赞遣使司马曹达"奉表献方物"。倭王赞死后，"弟珍立，遣使贡献"。倭王珍乞求册封的爵号是："使持节、都督倭百济新罗任那秦韩慕韩六国诸军事、安东大将军、倭国王。"同时要求册封倭隋等13人为平西、征虏、冠军、辅国将军号。宋帝并未完全满足倭王珍的要求，只册封其为"安东将军、倭国王"。倭隋等13人的爵号全部允准。

元嘉二十年（443），倭王济"遣使奉献"，宋文帝册封其为"安东将军、倭国王"，维持了与倭王珍同样的封爵。

元嘉二十八年（451），倭王济再次向刘宋派遣使节，宋文帝提高了倭王济的爵位，册封其为"使持节、都督倭新罗任那加罗秦韩慕韩六国诸军事，安东将

[①] 对于赞、珍、济、兴、武在《日本书纪》中相对应的天皇是谁这一问题，学界虽有不同意见，但一般认为，似是仁德、反正、允恭、安康、雄略5位大王。

军"①,并对23名军、郡予以册封。大明四年(460),济死后,继位的世子兴"遣使贡献"。

大明六年(462),宋孝武帝发诏书:"倭王世子兴,奕世载忠,作藩外海,禀化宁境,恭修贡职。新嗣边业,宜授爵号,可安东将军、倭国王。"兴之后的倭王是武,其于升明二年(478)遣使朝宋,希望宋授"开府仪同三司"及"使持节、都督倭百济新罗任那加罗秦韩慕韩七国诸军事、安东大将军、倭国王"爵号。宋顺帝除没有同意"开府仪同三司"和"都督百济"两项要求外,其余要求均予以允准。

从上述倭国与南朝宋的交往过程中可以看到,倭国册封的乞求,虽然政府并不是完全应允,但册封的倭王地位也是日渐提升的,在当时南朝宋册封的高句丽、百济、倭国三国中,唯一得到南朝宋承认可以越出自己国界都督他国军事的只有倭国,足见南朝宋对倭国战略地位的重视。

二、5世纪时的日本国情

升明二年(478)倭王武派遣的使节向南朝宋帝所呈表文,是具体反映5世纪时日本国情的史料。表文的全文是:

> 封国偏远,作藩于外。自昔祖祢,躬擐甲胄,跋涉山川,不遑宁处。东征毛人五十五国,西服众夷六十六国,渡平海北九十五国,王道融泰,廓土遐畿,累叶朝宗,不愆于岁。臣虽下愚,忝胤先绪,驱率所统,归崇天极,道迳百济,装治船舫,而句骊无道,图欲见吞,掠抄边隶,虔刘不已,每致稽滞,以失良风。虽曰进路,或通或不。臣亡考济实忿寇仇,壅塞天路,控弦百万,义声感激,方欲大举,奄丧父兄,使垂成之功,不获一篑。居在谅暗,不动兵甲,是以偃息未捷。至今欲练甲治兵,申父兄之志,义士虎贲,文武效功,白刃交前,亦所不顾。若以帝德覆载,摧此强敌,克靖方难,无替前功。窃自假开府仪同三司,其余咸各假授,以劝忠节。

表文内容反映出倭五王时期,其用武力统一了日本列岛的大部分地域,同时也表明倭五王在建立统一国家之后,就意欲称雄朝鲜半岛,抱有向外扩张的野心。为实现这一野心,其采取称臣于宋的策略,接受册封,以取得宋对其向朝鲜

---

① 《宋书·文帝本纪》记载与此略有出入:"(元嘉二十八年)秋七月甲辰,安东将军倭王倭济进号安东大将军。"

半岛扩张的支持。

南北朝时期的《南齐书》《梁书》也有有关倭国的记载,但其内容叙述皆无新意,大多引录旧有记载,故在此不做赘述。

第五节　《隋书·倭国传》

《隋书·倭国传》由唐王朝秘书监魏征等人编撰。该传除了在篇首引录旧有倭人传的资料外,大部分内容使用了前所未知的新材料,具体介绍了6世纪末7世纪前半期倭国的政治制度、风俗习惯,其与隋的交往及外交政策等。

一、政治制度

(一)倭王听政

关于倭王,《隋书·倭国传》有如下记载:

> 倭王姓阿每,字多利思比孤,号阿辈鸡弥。
> 使者言倭王以天为兄,以日为弟,天未明时出听政,跏趺坐,日出便停理务,云委我弟。

文中的"阿每",是日语"天"的音译。"多利思比孤"是"足彦"的音译,一般是男性的名字。"阿辈鸡弥"一般是"大君"或"天君"的音译。6世纪末7世纪前半期倭国的男性大王中,并没有名"阿每·多利思比孤"(天足彦)的,因此似是当时天皇的泛称。文中"天未明时出听政,跏趺坐,日出便停理务,云委我弟"的记载,表明了当时天皇处理朝政的制度。

(二)后宫之制

有关倭国大王的后宫,《隋书·倭国传》有如下记载:

> 王妻号鸡弥,后宫有女六七百人。

"鸡弥"(ひめ)是"姬"的音译。后宫集聚数百名女性,表明日本的后宫之制也日渐形成。

（三）中央官（冠位）制

> 内官有十二等：一曰大德，次小德，次大仁，次小仁，次大义，次小义，次大礼，次小礼，次大智，次小智，次大信，次小信，员无定数。

以上是《隋书·倭国传》关于倭国中央官职（内官）的记载。所谓"内官有十二等"，似是指推古王朝制定的"十二阶冠位"。可是"十二阶冠位"制定的时间是推古十一年（603）。而《隋书·倭国传》记载的开皇二十年（600）倭使使隋时，"十二阶冠位"还没有制定，因此可以断定关于"十二阶冠位"的信息，肯定是开皇二十年（600）以后倭国遣隋使传递的。同时还要指出的是，《隋书·倭国传》所载的十二阶位次与《日本书纪》推古十一年（603）十二月壬申条记载的位阶次序有所不同。《日本书纪》中的位次是"大德、小德、大仁、小仁、大礼、小礼、大信、小信、大义、小义、大智、小智并十二阶"。

（四）地方官制

除了中央官职外，《隋书·倭国传》对倭国的地方官职也有描述：

> 有军尼一百二十人，犹中国牧宰。八十户置一伊尼翼，如今里长也。十伊尼翼属一军尼。

文中的"军尼"是日语"国"的音译汉字，读作"クニ"，指地方官吏"国造"。"伊尼翼"是日语"稻置"的音译汉字，读作"イナギ"。这一记载表明，当时的日本地方官吏设有国造、稻置官职。《隋书·倭国传》中的地方官职记载的价值，从《大日本史》中可见一斑。日本德川幕府时代成书的《大日本史》食货志三户口条，在叙述国造、稻置地方官时有一条注解，其全文如下：

> 按《北史·倭传》云："有军尼一百二十人，犹中国牧宰。八十户置一伊尼翼，如今里长也。十伊尼翼属一军尼。"军尼盖谓国造，其数粗与《旧事本纪》合。翼疑冀之讹，伊尼冀盖稻置也。其制国史不详，而此说颇详悉，或得其实，附备参考。

《大日本史》注解中值得注意的有如下2点。

一是"军尼盖谓国造，其数粗与《旧事本纪》合"。《旧事本纪》的全名为《先代旧事本纪》，据传是推古朝时圣德太子、苏我马子等人主持撰写的，实际成书的时间极有可能是9世纪，是《日本书纪》的诠释书。《先代旧事本纪》卷10国造本纪中所载国造数为134人，《隋书·倭国传》所载120人与此数相近，故有"其数粗与《旧事本纪》合"的结论，表明了《隋书·倭国传》基本可信。

二是"其制国史不详，而此说颇详悉，或得其实，附备参考"。这是说国造、稻置之制，日本的史书中并无详细记载，相反《隋书·倭国传》中却记载得非常详细，或许确是史实（"颇详悉，或得其实"），因此可作为参考。其史料价值，不言自明。

（五）刑罚制度

《隋书·倭国传》所记载的倭国的刑罚制度，比此前各正史中的倭人（倭国）传都更为详细。《隋书·倭国传》记录的倭国推行的刑罚有如下多种：

死刑	其俗杀人、强盗及姦皆死。
流刑、杖刑	自馀轻重，或流或杖。
酷刑	每讯究狱讼，不承引者，以木压膝，或张强弓，以弦锯其项。或置小石于沸汤中，令所竞者探之，云理曲者即手烂。或置蛇瓮中，令取之，云曲者即螫手矣。
没身为奴	盗者计赃酬物，无财者没身为奴。

二、对隋王朝的外交之策

关于倭国与隋王朝的往来，《隋书·倭国传》的记载有3次，时间分别是开皇二十年（600）、大业三年（607）、大业四年（608）。其中大业四年的遣隋使是隋使裴世清从倭国回国时倭王派遣的送使。开皇二十年，恰值倭国的推古八年。这次遣使在日本史籍中并无记载。而大业三年和大业四年2次遣隋使，《日本书纪》中均有记载。大业三年，即倭国的推古十五年，是推古女皇执政时期。《日本书纪》推古十五年七月庚戌条记载："大礼小野妹子遣于大唐，以鞍作福利为通事。"此次小野妹子所携带的倭王给隋皇帝的国书中有如下文字表述：

日出处天子致书日没处天子，无恙。①

---

① 日本《善邻国宝记》在记述这一国书时，引《经籍后传记》说："是时，国家书籍未多，爰遣小野臣因高于隋国，买求书籍，兼聘隋天子，其书曰：'日出处天皇致书日没处天子'。"《经籍后传记》的作者、成书年代不详。

国书中的表述,引起了隋炀帝的不悦,怒斥之曰:"蛮夷书有无礼者,勿复以闻。"隋炀帝不悦的原因,显然在于倭王称隋炀帝为"日没处天子",而自诩为"日出处天子"。他把自己置于与隋炀帝完全同等的"天子"之位。隋炀帝的不悦,固然反映了隋炀帝的宗主意识,但也体现了6世纪末7世纪前期的倭国对隋外交的政策,即倭王对隋外交的对等意识,其力图摆脱倭五王以来称臣乞求册封的国策。虽然隋炀帝对倭王的国书表示了极大的不满,但大业四年(608),当倭国使归国时,他还是派遣了文林郎裴世清出使日本,裴世清也携带了隋炀帝致倭王的国书。关于隋的国书内容,《日本书纪》也有记载:

> 皇帝问倭王①。使人长吏大礼苏因高等至,具怀。朕钦承宝命,临仰区宇,思弘德化,覃被含灵,爱育之情,无隔遐迩。知皇(王)介居海表,抚宁民庶,境内安乐,风俗融和。深气至诚,远修朝贡,丹款之美,朕有嘉焉。稍暄比如常也。故遣鸿胪寺掌客裴世清,指宣往意,并送物如别。

隋炀帝的信,居高临下,显示了宗主国对藩属国的姿态。但倭王对隋的对等政策并未因隋的态度而变化。裴世清归国时,倭王又遣苏因高(小野妹子)率使团陪同裴世清来隋。这次遣隋史也携有倭王致隋皇帝的国书。关于此次国书的内容,《隋书·倭国传》未载,《日本书纪》推古十六年九月辛巳条载曰:

> 东天皇敬白西皇帝,使人鸿胪寺掌客裴世清等至,久忆方解。季秋薄冷,尊何如。想清念此即如常。今遣大礼苏因高大礼乎那利等往,谨白不具。

在这封国书中,最明显处是称谓有了改变,把"日出处天子"改为"东天皇",把"日没处天子"改为"西皇帝"。虽然用词做了变动,但是对等思想丝毫未变。

倭五王时,遣使南朝的目的是乞求册封,而推古朝遣使隋的目的又是什么呢?隋炀帝认为是倭王"远修朝贡"。而大业三年(607)的倭国使节则说"闻海西

---

① 此处的"王"字,《日本书纪》把它改为"皇"字。中国正史中从无称"倭王"为"倭皇"的。故此处用"王"字。

菩萨天子重兴佛法,故遣朝拜,兼沙门数十人来学佛法"。推古朝时,推古女皇和圣德太子及苏我马子推崇佛法,因此因隋王朝崇佛而前来"朝拜"和"学佛法"的用词,反映了学习佛教是遣隋使的重要目的。但根据《隋书·倭国传》所载,倭王对裴世清说"我闻海西有大隋,礼义之国,故遣朝贡",以及陪同裴世清归国的第三次遣隋使团成员中,有4名留学生和4名学问僧,倭王派遣使节出使隋,不仅仅是学佛法,还意在学习更为广泛的中国文化。

第六节 《旧唐书·倭国传》《旧唐书·日本传》 《新唐书·日本传》

《隋书·倭国传》之后的《南史》《北史》均设有倭传,但内容大多引录此前诸史所载,并无新的资料。与此不同,《旧唐书》《新唐书》则以更新的资料介绍了日本的历史发展,以及其在东亚国际舞台上的活跃姿态。《旧唐书》《新唐书》的记载中,如下数点尤显特色。

一、首次揭示"倭国"改名为"日本"

《旧唐书·日本传》记载道:

> 倭国之别种也。以其国在日边,故以日本为名。或曰:倭国自恶其名不雅,改为日本。或云:日本旧小国,并倭国之地。

《新唐书·日本传》记载道:

> 咸亨元年,遣使贺平高丽。后稍习夏音,恶倭名,更号日本。使者自言,国近日所出,以为名。或云日本乃小国,为倭所并,故冒其号。使者不以情,故疑焉。

如上所引,《旧唐书》《新唐书》2书在叙述倭国更名为日本的同时,还分析了更名的若干原因,但是没有写明改名的具体时间。那么,由倭国改为日本,究竟是哪一年呢?

第一,旧、新两唐书虽未载明具体年代,但从记载可以推算唐王朝知晓倭改称日本的大致时间。《旧唐书·倭国传》载:"贞观五年,(倭国)遣使献方物。太宗矜其道远,敕所司无令岁贡。……至二十二年,又附新罗奉表,以通起居。"说明在唐太宗任内,直至贞观二十二年(648),唐王朝仍沿用"倭国"之名称呼日本。唐王朝改变"倭国"称谓,似应在武则天时代的长安三年(703)。《旧唐书·日本传》载:"长安三年,其大臣朝臣真人来贡方物。……则天宴之于麟德殿,授司膳卿,放还本国。"对此,日本的《善邻国宝记》引录了《唐录》中的如下记载:"唐录曰,天长安三年,日本国遣其大臣朝臣真人来贡方物,因言其国近日所出,故号曰日本国。"

第二,看一看日本国内的情况。文献中记载日本国内正式使用"日本"之名,是大化元年(645)。《日本书纪》大化元年七月丙子条载,当时朝鲜半岛的高句丽、百济、新罗"遣使进调",孝德天皇分别向高句丽使、百济使发布诏旨:"诏于高丽使曰:明神御宇日本天皇诏旨。""又诏于百济使曰:明神御宇日本天皇诏旨。""明神御宇日本天皇诏旨"用语,后来在律令的公式令中被规定为专门用于对外交涉的文书。但是,关于大化元年时是否已经采用"日本"国号,学界也是存在不同看法的。

从上述可知,可能早在7世纪中叶日本国内就已使用"日本"这一称谓。而唐王朝正式承认这一称谓,是在8世纪初,具体而言,似应始自长安三年(703)。

二、详细罗列日本的皇统谱

《新唐书·日本传》对日本王统谱的记述是依据不同历史发展阶段进行的,首先是神代阶段:

> 其王姓阿每氏,自言初主号天御中主[①],至彦瀲[②],凡三十二世[③],皆以"尊"为号,居筑紫城。

接着是记述隋以前倭国的各朝天皇(大王),依照顺序是:

---

① 天御中主,即神话中的"天中御主神",被视为元祖神。

② 彦瀲,全名为彦波瀲武鸬鹚草葺不合尊,神话中的神,传说是神武天皇之父。

③ 后述的《宋史·日本国传》所载神代诸神的世系是二十三世,与此所载三十二世有出入。三十二世之数似是二十三世之误。

　　彦濲子神武立—绥靖—安宁—懿德—孝昭—天（孝）安—孝灵—孝元—开化—崇神—垂仁—景行—成务—仲哀—开化曾孙女神功—应神—仁德—履中—反正—允恭—安康—雄略—清宁—显宗—仁贤—武烈—继体—安闲—宣化—钦明—海（敏）达—用明—崇峻—钦明之孙女雄（推）古。

最后是记述唐王朝时期的天皇系谱：

　　舒明—皇极—孝德—孝德子天丰财①—天智—天智子天武②—天武子总持③—文武—文武子阿用④—阿用子圣武⑤—圣武女孝明⑥—大炊⑦—圣武女高野姬⑧—白壁⑨—桓武—诺乐⑩—嵯峨—浮和⑪—仁明—文德—清和—阳成—光孝。

　　《新唐书》所载的系谱截至唐光启元年，即885年。虽然《新唐书》的记载多有差错，但从神代一直叙及9世纪后叶日本的皇统延续系谱，反映了其时中国的王朝上层对日本的关注和了解。⑫

---

① 天丰财，全名为天丰财重日足姬，原皇极女王。其是孝德王之姐，不是子。孝德死后，重祚为王。
② 天武，天智天皇的同母弟，非子。
③ 总持，系指持统女皇。持统是天武天皇之妃，而非子。天武死后继位。
④ 阿用，应是元明女皇。元明，名阿閇，是文武天皇之母，此处错记为"子阿用"。文武死后登祚。
⑤ 元明女皇死后，继位的是其女元正。元正死后的继位者是圣武天皇。《新唐书》漏记了元正天皇。圣武天皇是文武天皇之子，元正女皇之侄。
⑥ 孝明，应为孝谦，系圣武天皇之女。名阿倍高野姬。
⑦ 大炊，即淳仁天皇，幼名大炊王，天武天皇之孙。
⑧ 系指孝谦女皇重祚，谓称德女皇。
⑨ 称德女皇之后继位的光仁天皇，名白壁。
⑩ 诺乐，系指桓武之子平城天皇，名安殿。
⑪ 浮和，应为淳和天皇，桓武之子，名大伴。
⑫ 《新唐书》之所以能如此介绍日本的皇统，大概与入宋的日僧奝然携来的资料有关。奝然于宋太平兴国八年（983）入宋，雍熙三年（986）归国。其时，他向宋太宗呈献了《职员令》《王年代纪》等书籍。《新唐书》成书于宋嘉祐五年（1060）。欧阳修编纂时，肯定会参考《王年代纪》等。

三、首次开创实名记述来唐的日本精英的史事

《旧唐书》《新唐书》中具体指名的来唐日本人有7人,未指名的遣唐使若干。被明记者的姓名有朝臣真人(粟田真人)、朝臣仲满(朝衡)、真人兴能、橘免(逸)势、空海、高阶真人(高阶远成)等。朝臣真人、真人兴能、高阶真人(高阶远成)是遣唐使节;朝臣仲满、橘免(逸)势、空海是随遣唐使来唐的留学生和学问僧。旧、新两唐书对这些有名者或未名者在唐的言谈举止,大多予以赞赏。朝臣真人是第七次遣唐执节使,《旧唐书·日本传》记载说:

> 朝臣真人者,犹中国户部尚书,冠进德冠,其顶为花,分而四散,身服紫袍,以帛为腰带。真人好读经史,解属文,容止温雅。

与朝臣真人一样,遣唐使大多容止温雅,酷爱经史。他们中有的一入长安即"请从诸儒授经","(以)鸿胪寺为师","阔幅布以为束修之礼"。归国时,则"所得锡赉,尽市文籍,泛海而还"。

朝臣仲满、橘免(逸)势、空海等在唐期间,皆以刻苦好学著称。留学生朝臣仲满,原名阿倍仲麻吕,来唐后入国子监,因"慕中国之风",留在唐朝仕官,颇得唐皇帝赏识,赐名"朝衡"(又称"晁衡"),官至从三品秘书监兼卫尉卿。

旧、新两唐书通过日本遣唐使、留学生、学问僧等精英人物在唐的实际表现,描绘了当时日本追慕先进文化,追求先进潮流,融入以大唐为中心的东亚社会的实情。

第七节 《宋史·日本国传》

继《新唐书》之后的《宋史》,修于元代至正三年至五年(1343—1345)。《宋史·日本国传》与此前诸史的倭国传、日本传相比,显著特点是全篇很少引录前代研究资料,大多采用新资料,所用资料新颖而翔实,充分反映了中国人对日本历史和现状的了解更趋丰富和深入。而这些丰富知识的获得,实际上主要源于中日民间交流的深入,尤其是入宋巡礼的日僧奝然的贡献不可忽略。

奝然,日本平安时代中期的三论宗僧侣。983年入宋,谒见宋太宗,受赐法齐大师之号。987年携5000余卷《大藏经》等归国。关于日僧奝然入宋后向北宋王

朝介绍日本的情况,《宋史·日本国传》有如下记载:

> 雍熙元年,日本国僧奝然与其徒五六人浮海而至,献铜器十余事,
> 并本国职员令、王年代纪各一卷。……奝然善隶书,而不通华言,问其
> 风土,但以书对。

奝然所献《职员令》《王年代纪》,以及他关于日本风土的应答,成为《宋史》编纂者的基本资料。

《宋史·日本国传》主要依据奝然提供的资料,介绍了诸方面的史事。

一、神代诸神的系谱

关于日本神代,如前所述,《新唐书·日本传》只有"其王姓阿每氏,自言初主号天御中主,至彦潋,凡三十二世,皆以'尊'为号",寥寥数语。但是,《宋史·日本国传》则不同,依据《王年代纪》,其具体罗列了神名及其系谱:

> 其年代记纪所记云:初主号天御中主,次日天村云尊,其后皆以"尊"为号。次天八重云尊,次天弥闻尊,次天忍胜尊,次瞻波尊,次万魂尊,次利利魂尊,次国狭槌尊,次角龚魂尊,次汲津丹尊,次面垂见尊,次国常立尊,次天鉴尊,次天万尊,次沫名杵尊,次伊奘诺尊,次素戋乌(鸣)尊,次天照大神尊,次正哉吾胜速日天押穗耳尊,次天彦尊,次炎尊,次彦潋尊,凡二十三世,并都于筑紫日向宫。

虽然《宋史》所录神名与日本史籍中的神名多有不同,但是作为正史,正式把日本传说中与皇族系谱相连的神名一一记录,并明确把神代作为日本历史的初始阶段(神代史),这在《宋史》以前的日本研究史上是未有的。

二、天皇世系名录

《新唐书·日本传》所记载的天皇系谱只引录至9世纪末期光孝天皇,因为此后的天皇不属唐史叙述范畴,故而未能继续引录。《宋史·日本国传》则将天皇世系的时代延续至10世纪末的圆融天皇时代,共64世,即:

神武—绥靖—安宁—懿德—孝昭—孝(安)—孝灵—孝元—开化—

崇神—垂仁—景行—成务—仲哀—神功（皇后）（亦称之息长足姬）—应神—仁德—履中—反正—允恭—安康—雄略—清宁—显宗—仁贤—武烈—继体—安开（闲）—宣化—天国排开广庭（亦名钦明）—敏达—用明—崇峻—推古—舒明—皇极—孝德—天丰财重日足姬（齐明）—天智—天武—持总（统）—文武—阿闭（閇）①—畈依②—圣武—孝明（谦）—天炊③—高野姬—白壁—桓武—诺乐④—嵯峨—淳和—仁明—文德—清和—阳成—光孝—仁和⑤—醍醐—天庆⑥—封（村）上—冷泉—守平⑦。

三、畿内及全日本的道、州、郡的地方行政建置

在《宋史》之前的诸正史日本传中叙及日本地方建制的，只有《隋书·倭国传》，但也只是"有军尼一百二十人，犹中国牧宰。八十户置一伊尼翼，如今里长也。十伊尼翼属一军尼"34个字。与此相比，《宋史·日本国传》所载却颇为翔实。按其所载，日本全国地方建置结构是：畿内、七道→州→郡。其具体情况是：

畿内有山城、大和、河内、和泉、摄津凡五州，共统五十三郡。

东海道有伊贺、伊势、志摩、尾张、三河、远江、骏河、伊豆、甲斐、相模、武藏、安房、上总、常陆凡十四州，共统一百一十六郡。

东山道有通（近）江、美浓、飞骡、信浓、上野、下野、陆奥、出羽凡八州，共统一百二十二郡。

北陆道有若狭、越前、加贺、能登、越中、越后、佐渡凡七州，共统三十郡。

山阴道有丹波、丹彼（后）、祖（但）马、因幡、伯耆、出云、石见、隐伎（岐）凡八州，共统五十二郡。

---

① 系指元明天皇。元明小名称"阿閇皇女"。

② 从皇统上看，应是元正天皇。

③ 系指淳仁天皇。淳仁讳大炊王。"天"字疑为"大"字之误。

④ 系指平城天皇。"平城"的日语发音为"なら"。"诺乐"疑是"なら"的汉字译音。

⑤ 光孝天皇之后继位的是宇多天皇。宇多继位初，沿用"仁和"年号。此处似用"仁和"年号称谓宇多天皇。

⑥ "天庆"是朱雀天皇所用的年号，天庆天皇指朱雀天皇。

⑦ 系指圆融天皇。

　　小(山)阳道有播么(磨)、美作、备前、备中、备后、安艺、周防、长门凡八州,共统六十九郡。

　　南海道有伊纪(纪伊)、淡路、河(阿)波、讚耆(岐)、伊豫、土佐凡六州,共统四十八郡。

　　西海道有筑前、筑后、丰前、丰后、肥前、肥后、日向、大隅、萨摩凡九州,共统九十三郡。

　　又有壹伎(岐)、对马、多襉凡三岛,各统二郡。

　　是谓五畿、七道、三岛,凡三千七百七十二都,四百一十四驿,八十八万三千三百二十九课丁。

四、中日文化交流的史事

《宋史·日本国传》对于中日之间的交流用了很多笔墨。首先概要地回顾了始自汉代至隋唐时代的交流,指出:

　　自后汉始朝贡,历魏、晋、宋、隋皆来贡。唐永徽、显庆、长安、开元、天宝、上元、贞元、元和、开成中,并遣使入朝。

　　按隋开皇二十年,倭王姓阿每,名自多利思比孤,遣使致书。唐永徽五年,遣使献琥珀、马脑。长安二年,遣其朝臣真人贡方物。开元初,遣使来朝。天宝十二年,又遣使来贡。元和元年,遣高阶真人来贡。开成四年,又遣使来贡。此与其所记皆同。大中、光启、龙德及周广顺中,皆尝遣僧至中国,唐书中、五代史失其传。唐咸亨中及开元二十三年、大历十二年、建中元年,皆来朝贡,其记不载。

在叙述汉至隋唐的交流史略后,又特别具体地叙述了日本朝廷派遣僧侣来中国求佛法的史事,即:

　　隋开皇中,遣使泛海至中国,求法华经。

　　白雉四年,律师道照求法至中国,从三藏僧玄奘受经、律、论,当此土唐永徽四年也。

　　令僧智通等入唐求大乘法相教,当显庆三年。

大宝三年,当长安元年①,遣粟田真人入唐求书籍,律师道慈求经。

宝龟二年,遣僧正玄昉入朝②,当开元四年。

天平胜宝四年,当天宝中,遣使及僧入唐求内外经教及传戒。

二十四年,遣二僧灵仙、行贺入唐,礼五台山学佛法③。

(桓武天皇)遣腾元(藤原)葛野与空海大师及延历寺僧(最)澄入唐,诣天台山传智者止观仪。当元和元年也。

当开成、会昌中,遣僧入唐,礼五台④。

光孝天皇,遣僧宗睿(叡)入唐传教,当光启元年也⑤。

仁和天皇,当此土梁龙德中,遣僧宽建等入朝⑥。

《宋史·日本国传》如此周详地把上述派遣僧侣来中国求法、求经籍的事一一记录在案,并把文化交流定位在佛教、僧侣层面,大概是因为所引用的史事主要依赖于日僧奝然所提供的资料。

五、日本入宋僧奝然、寂照、成寻在华的交流活动

《宋史·日本国传》还用较多的篇幅记述了入宋求法的日僧的活动。

(一)奝然

入宋日僧首推东大寺法师奝然。奝然一直有入宋之愿,10世纪70年代初他就向日本朝廷提出申请,但未能如愿。直到10世纪80年代初才得到朝廷允准,翌年(983)八月搭乘宋商船入宋,雍熙元年(984)进觐宋皇。

奝然不但携来《职员令》《王年代纪》,以及日本僧侣的有关著作等有益于北宋王朝了解日本的历史资料,而且他还以口答、笔谈的形式介绍了日本的国情,

---

① 大宝三年相当于长安三年(703),故"当长安元年"是错的。

② 据日本史籍记载,玄昉入唐是灵龟年间,宝龟二年并无派遣僧侣入唐的记载。因此"宝龟二年"似是"灵龟二年"之误。"灵龟二年"正当唐开元二年(714)。

③ 此处的"二十四年"不知确指何年。据《灵仙三藏行历考》,灵仙入唐是在804年(延历二十三年),故"二十四年"似有误。再则行贺入唐早于灵仙,是在752年(天平胜宝四年)。

④ 开成、会昌年间入唐日僧较多。开成三年(838)入唐的有圆行、常晓、义澄、圆仁、惟正、惟晓、圆载、仁好、圆觉;会昌元年(841)入唐的是惠萼;会昌二年(842)入唐的是惠云;会昌六年(846)入唐的是性海。礼五台山的只有圆仁、惠萼二人。圆仁著有《入唐求法巡礼行记》。

⑤ 宗叡入唐是在唐咸通三年(862),且是作为从僧入唐的,并无传教之事。

⑥ 日僧宽建入唐是在后唐天成二年(927),并非后梁龙德年间(921—922)。

丰富了当时宋人对日本的认识。关于奝然笔谈、口答的内容,《宋史·日本国传》有详细记载:

> 奝然善隶书,而不通华言,问其风土,但书以对云:"国中有五经书及佛经,白居易集七十卷,并得自中国。土宜五谷而少麦。交易用铜钱,文曰'乾文大宝'①。畜有水牛、驴、羊,多犀、象②。产丝蚕,多织绢,薄致可爱。乐有中国、高丽二部。四时寒暑,大类中国。国之东境接海岛,夷人所居,身面皆有毛。东奥州③产黄金,西别岛出白银④,以为贡赋。国王以王为姓,传袭至今王六十四世,文武僚吏皆世官。"

如此大段地引用奝然所提供的信息,可见奝然的笔谈、口答受到了宋朝廷的重视。宋太宗特别召见了他,"存抚之甚厚,赐紫衣,馆于太平兴国寺"。尤其是宋太宗听了奝然的日本国王一姓传继,臣下皆是世官的介绍后,颇为感慨地说:

> 此岛夷耳,乃世祚遐久,其臣亦继袭不绝,此盖古之道也。中国自唐季之乱,宇县分裂,梁、周五代享历尤促,大臣世胄,鲜能嗣续。朕虽德惭往圣,常夙夜寅畏,讲求治本,不敢暇逸。建无穷之业,垂可久之范,亦以为子孙之计,使大臣之后世袭禄位,此朕之心焉。

奝然从宋归国后,于988年(日永延二年,宋端拱元年)派弟子嘉因等二人再度入宋。关于嘉因等人入宋的目的,根据《宋史·日本国传》的说法是来谢恩的。这一点从《宋史·日本国传》中记载的嘉因呈奉的奝然表文和大量礼品中也可以得到佐证。其表文中说:

> 伏惟陛下惠溢四溟,恩高五岳,世超黄、轩之古,人直金轮之新。奝然空辞凤凰之窟,更还蝼蚁之封,在彼在斯,只仰皇德之盛,越山越海,

---

① 应为"乾元大宝"。

② "多犀、象",恐有误。日本少见犀、象之类动物。

③ 指日本列岛东北地区的陆奥国。

④ 西别岛不知所指。《日本书纪》天武三年三月庚戌朔丙辰条有如下记载:"对马国司守忍海造大国言:银始出于当国,即贡上。……凡银有倭国,初出于此时。"又《延喜式·主计式》规定:"对马岛调:银。"因此,有学者认为西别岛即对马岛。

敢忘帝念之深,纵粉百年之身,何报一日之惠。染笔拭泪,伸纸摇魂,不胜慕恩之至。

其实除谢恩以外,嘉因等人尚有其他任务。据日本文书集成《续左丞抄》第一太政官符大宰府"应为使传灯大法师位嘉,因重发遣大唐,令供养五台山文殊菩萨,兼请度新译经论等事"的文件可知,在上表谢恩之外,嘉因的主要任务,一是"供养五台山文殊菩萨",二是"请度新译经论"。

(二)寂照

寂照亦称寂昭,是宋景德元年(1004)偕元灯、念救、觉因、明莲等7名弟子来宋的日僧。关于寂照入宋一事,《宋史·日本国传》记载极为简略,仅45个字:

> 景德元年,其国僧寂照等八人来朝,寂照不晓华语,而识文字,缮写甚妙,凡问答,并以笔札。诏号圆通大师,赐紫方袍。

关于寂照在宋的情况,宋代文学家杨亿的《杨文公谈苑》中记载颇详。杨亿是寂照在宋时的挚友之一,其所述情况甚为可信。因此,《杨文公谈苑》的资料可补《宋史·日本国传》的不足。《杨文公谈苑》寂照篇中,与日本史事相关的内容主要有二。其一,寂照向宋有关方面介绍日本国内政治、宗教情况:"国王年二十五,大臣十六七人,群寮百许人。每岁春秋二时集贡士,所试或赋或诗,及第者常三四十人。国中专奉神道,多祠庙,伊州有大神,或托三五岁童子降言祸福事。山州有贺茂明神。"其二,介绍了日本国内所藏的典籍:"书有《史记》《汉书》《文选》《五经》《论语》《孝经》《尔雅》《醉乡日月》《御览》《玉篇》《蒋鲂歌》《老子》《列子》《神仙传》《朝野金载》《白集六帖》《初学记》。本国有《国史》《秘府略》《交观词林》《混元录》等书。释氏论及疏钞传集之类多有,不可悉数。"

寂照在宋,多有朋友,他与丞相丁谓(《杨文公谈苑》载为"三司使丁谓")交往甚深,后经丁谓挽留,并由他推荐留居姑苏,入住吴门寺,丁每月"分月俸给之"。寂照在姑苏久住之后,"渐通此方言,持戒律精至,通内外学,三吴道俗以归向"。寂照最终圆寂在杭州。

(三)成寻

成寻是距寂照来宋48年之后入宋求法的日僧。宋熙宁五年(1072)三月成寻为巡礼天台山、五台山,偕弟子多人乘坐宋商之船,四月入宋。关于成寻在宋的活动,《宋史·日本国传》中仅有79字的记载:

> 熙宁五年,有僧诚(成)寻至台州,止天台国清寺,愿留。州以闻,诏
> 使赴阙。诚寻献银香炉,木槵子、白琉璃、五香、水精、紫檀、琥珀所饰念
> 珠及青色织物绫。神宗以其远人而有戒业,处之开宝寺,尽赐同来僧紫
> 方袍。

其实,成寻在宋期间,与宋官吏、僧俗展开了广泛的文化交流。成寻的日记
《参天台五台山记》中都有详细的记录。从他的日记中可知,成寻在谒见宋神宗
前,朝廷官员曾向其了解日本的情况,提出了16个问题,其中有:人户多少？国家
四至境界？国郡邑设置数？国王称号？百姓姓号？日本与明州相距不远,为何
不通中国？官制设置？朝廷世系？四时寒暑是否与中国相同？从明州至日本,
先到何州郡,离都城远近？要用中国何物？国王姓氏？日本去毛国远近？等等。
对这些问题,成寻一一做了回答。成寻的回答,使宋朝廷对奝然、寂照之后近半
个世纪日本的国家变化有了新的了解。宋神宗对成寻一行也特别重视和关注。
例如,对于成寻希望得到宋版《大藏经》的乞求,神宗皇帝专门诏书显圣寺,敦促
予以支持。①

六、救助漂流民事件

中日两国沿海百姓在航海途中遇风浪之灾漂流至对方国家,并受到救助的
事,自古以来常有发生,但从未见中国正史的倭传和日本传记载过此等事。《宋
史·日本国传》可谓开了先河,对这类事做了记载:

> 咸平五年,建州海贾周世昌遭风漂至日本,凡七年得还,与其国人
> 滕木吉②至,上皆召见之。

---

① 关于宋皇帝的圣旨,成寻在《参天台五台山记》中有如下载:"赐显圣寺新经,圣旨到来,如
　右:传法院,据日本国延寺阿阇梨大云寺主、传灯大法师位、赐紫成寻状,伏覩圣朝新译经五
　百余卷,未传日本。昨雍熙元年,日本僧奝然来朝,蒙大宋皇帝赐号法济大师,三年还归,赐
　大藏经一藏及新译经二百八十六卷,见在日本法成寺(经)藏内。咸寻今来欲乞赐上件新译
　经。所冀流通,祝延圣寿。况成寻去显圣寺拣点收赎。宫中不许外国收赎,是致有此陈黩,
　伏乞据状敷奏。本院遂具进呈。奉圣旨,今显圣寺印新经赐与咸寻,本院支钱。右请显圣
　寺印经院,依圣旨指挥,仍先供报,合使钱数。熙宁六年三月。"
② 咸平五年,即1002年;建州,今福建建瓯县;周世昌,《邻交征书》载为姜世昌;滕木吉,《邻交
　征书》载为藤原为时。

　　三年①,风泊日本舟至明州,众皆不得食,行乞至临安府者复百余人。诏人日给钱五十文、米二升,俟其国舟至日遣归。十年,日本七十三人复飘至秀州华亭县,给常平义仓钱米以振之。绍熙四年,泰州及秀州华亭县复有倭人为风所泊而至者,诏勿取其货,出常平米振给而遣之。庆元六年至平江府,嘉泰二年至定海县,诏并给钱米遣归国。

　　《宋史·日本国传》分别记载了1002年日本人救助宋商人,以及1176年、1183年、1193年、1200年、1202年宋人5次救助日本漂流民事件,虽然篇幅不大,但意义重大。因为它揭示了以往不曾引起关注的中日漂流民交流、互助的研究新领域。

第八节　《元史·日本传》

　　《元史》修于明洪武二年至三年,即1369—1370年间。从《元史·日本传》所载内容来看,其以浓重的笔墨,大篇幅记述了忽必烈2次东征日本的准备、经过和结果。而对日本的历史虽偶有涉及,但也与东征有关。因此,从严格意义上讲,其似应称为忽必烈东征日本实录。

　　忽必烈于至元十一年(1274)发动了第一次东征(日本称"文永之役"),于至元十八年(1281)发动了第二次东征(日本称"弘安之役")。

　　两次东征是中国历史上少数从大陆出兵远征海外的历史事件。

　　1266年,忽必烈派遣兵部侍郎黑的赴日时所携国书,是以"大蒙古国皇帝"开头的,充分体现了其一统东亚的"雄心"。国书以居高临下的姿态,把高丽、日本视为必然隶属蒙古国的臣服之国并威胁称:"圣人以四海为家,不相通好,岂一家之理哉。以至用兵,夫孰所好,王若图之。"这种威胁之语,在致书中多次出现。1269年,元使节赵良弼所携国书中更以命令口吻道:"特命少中大夫秘书监赵良弼充国信使,持书以往。如即发使与之偕来,亲仁善邻,国之美事。其或犹豫以至用兵,夫谁所乐为也,王其审图之。"其时的日本,正值镰仓幕府时代,朝廷和镰仓幕府共同构成二元政治体制,与周邻少有国事交往,且国内皇权衰弱,镰仓武士幕府主政,对外更持防范警惕之心,对于忽必烈的威胁,最终采取了不理睬的

---

① 三年,系指南宋淳熙三年(1176)。

方针。故此,忽必烈征日也是必然之势。蒙古军远征欧亚,所向披靡,但唯独征日之战,两战两败。长期以来,大多学者认为,蒙古数十万军卒,千百艘兵船,若不是遭受"大风雨""飓风",难说会以失败告终。但从《元史》所载分析,蒙古军遭风雨是偶然,而最终失败乃是必然结果。①

《元史·日本传》虽然极少叙及当时日本国内的史事,但是对于蒙古国为征日所进行的准备、发动、结束的全程,记载甚详,为后人研究和反思13世纪后半叶东亚国际关系史留下了宝贵的资料。这就是它的价值所在。

忽必烈两次东征,值得反思的地方很多,但是有两点尤其值得深思:第一,战争使中国、高丽、日本三国百姓备受苦难,生活凋敝;第二,促使日本朝野"日本乃神国"思想的张扬。其律令时代对内"皇权神授"的统治思想,发展到对外"神国不可战胜"的思想,埋下了日后军国主义的祸根。

第九节 《明史·日本传》

《明史》成书于乾隆四年(1739),其"日本传"是可以与《魏书·倭人传》《宋史·日本国传》媲美的史书,出色地记述了明代的中日关系和日本历史,记录翔实。《明史·日本传》的记述重点:一是当时骚扰明朝沿海的倭寇之患,以及明朝就倭寇之患与当时控制九州地区的怀良亲王的交涉;二是明王朝与室町幕府足利氏的交往及中日勘合贸易;三是丰臣秀吉的擅权及其发动的侵入朝鲜的战争。

一、有关倭寇之患的交涉

日本自进入13世纪起,社会矛盾重重。镰仓幕府与皇室的矛盾、幕府内部将军与执权的权力之争、皇室内部的正统之争、武士阶层的贫困化等矛盾十分尖锐。再加上忽必烈2次东征的冲击,各种矛盾更趋激化,最后导致镰仓幕府的消亡。皇室的分裂和斗争,与幕府内部武士的分裂和斗争交织在一起,形成了南北朝对立,进而室町幕府建立。就在这种长期矛盾重重的背景下,13世纪中叶以后,日本全国盗贼丛生,在西部沿海地区,更出现了武装海寇,他们与朝鲜半岛和中国沿海的凶徒、囚犯、罢吏、黠僧等勾结,侵扰、抢掠朝鲜半岛和中国沿海地区。

---

① 关于忽必烈两次征日失败的原因,请参阅王金林:《日本中世史》下卷,昆仑出版社2013年版,第471—478页。

这就是自元朝末年以来的倭寇之患。

1368年明朝建立时,日本正是南朝后醍醐天皇当政,这一年足利义满担任室町幕府将军。其时,中国沿海的倭寇之乱也是兴盛之时,解决倭患成为明王朝成立之初的朝政大事。明王朝一边加强海防着力抗倭,一边遣使日本,交涉倭患之事。

明帝朱元璋首度遣使赴日,是在洪武二年(1369)三月,即登基后的第二年,其派遣使者杨载携国书前往日本。杨载所携国书的核心内容是"诏谕其国,且诘以入寇之故",要求日本朝贡,并制止倭寇:

> 宜朝则来廷,不则修兵自固。倘必为寇盗,即命将徂征耳,王其图之。[1]

当时主持九州事务的是后醍醐天皇的皇子怀良亲王(《明史·日本传》误记为"良怀")。杨载一行抵达九州的大宰府后,与怀良亲王交涉。怀良亲王见杨载所递交国书,用词严厉,如同当年忽必烈使节赵良弼所携国书一样,遂不分青红皂白,斩杀了杨载使团中的5名使者,杨载则被幽禁。明朝的第一次交涉终遭失败。

杨载去而不归,明太祖朱元璋又于洪武三年(1370)[2]派遣莱州府同知赵秩持书责问。由于明朝不了解日本国情,不知怀良亲王之上有天皇和幕府将军,所以赵秩一行抵日后,又与怀良亲王交涉。关于赵秩抵达大宰府后的情况,《明史·日本传》记录颇详。在交涉中,怀良亲王与赵秩的对话充分反映了彼此的隔阂和误解。当时,怀良亲王对赵秩说:

> 吾国虽处扶桑东,未尝不慕中国。惟蒙古与我等夷,乃欲臣妾我。我先王不服,乃使其臣赵姓者誂我以好语,语未既,水军十万列海岸矣。以天之灵,雷霆波涛,一时军尽覆。今新天子帝中夏,天使亦赵姓,岂蒙古裔耶?亦将誂我以好语而袭我也。

大意是说:蒙古使赵良弼诱我先王,又发十万大军征伐。上天有灵,蒙古军

---

[1] 诏谕全文,《明太祖实录》有载。

[2] 有学者认为派遣赵秩是在洪武四年(1371)。

尽灭。如今你的新天子又派你这位赵姓者为使,难道你是蒙古人的后裔,又要诱我而后袭我?说完,怀良亲王示左右欲杀赵秩。赵秩毫不畏惧,铿锵有力地说了如下的话:

> 我大明天子神圣文武,非蒙古比,我亦非蒙古使者后。能兵,兵我。

亲见赵秩的凛然之态的怀良亲王,态度全变,"下堂延秩,礼遇甚优"。赵秩归国时,怀良亲王派"僧祖来奉表称臣,贡马及方物,且送还明、台二郡被掠人口七十余"。对怀良亲王使节的到来,朱元璋称赞有加,宴请赐物。使者归时,又派僧祖阐、克勤等8人陪送赴日,并"赐良怀《大统历》及文绮、纱罗"。这次交涉取得了成功。

二、室町幕府与明朝的交流

(一)与足利义满的交往

祖阐、克勤一行是洪武五年(1372)五月从明州出发的,当他们抵达博多(今福冈市)时,日本的政治形势已发生变化,九州地方由于被幕府将军足利义满派遣的今川了俊占领,怀良亲王势力被逐出九州。祖阐、克勤一行受到今川了俊的拘押,在博多的圣福寺滞留一年多。在被拘押期间,祖阐、克勤了解了日本的情况,知道九州大宰府之上有天皇和幕府将军,而握有实权的是幕府将军足利义满。于是,他们秘密与日本天台宗座主尊道亲王联络,并得到帮助,与幕府取得了联系。翌年(1373)六月,祖阐、克勤一行被允许进京,住京都嵯峨向阳庵。滞留两个月后,祖阐、克勤一行启程回国。幕府将军足利义满派僧宣闻溪、净业、喜春为使,随祖阐、克勤一行入明。《明史·日本传》中"(日本)大臣遣僧宣闻溪等赍书上中书省,贡马及方物,而无表"的记事,就是指的这次日本幕府的遣使。这是幕府与明朝的最初通使。虽然朱元璋以使者"无表"为由,"命却之,仍赐其使者遣还"。但这毕竟是多年断绝往来之后的首度互遣使者,在中日关系史上,是值得肯定的事。

自此之后,室町幕府多次遣使来明,如洪武九年(1376)四月,遣僧圭廷用为使,入明朝,并"谢罪"。可是,明帝却"恶其表词不诚,降诏戒谕"。洪武十三年(1380),将军足利义满遣使。使节携带"征夷将军源义满"信函入明。明朝又予以拒绝,理由是"无表,但持其征夷将军源义满奉丞相书,书辞又倨。乃却其贡",并派使赴日谴责。同年,明朝发生左丞相胡惟庸谋叛事件。明朝认为,此事件与日本相关,因此危及与日本的交流。洪武十四年(1381),日本又遣使来贡,明帝"再却之,命礼官移书责其王,并责其征夷将军,示以欲征之意"。关于胡惟庸案与日本的关系,《明史·日本传》有如下记载:

> 胡惟庸谋逆,欲借日本为助。乃厚结宁波卫指挥林贤,伴奏贤罪,谪居日本,令交通其君臣。寻奏复贤职,遣使召之,密致书其王,借兵助己。贤还,其王遣僧如瑶率兵卒四百余人,诈称入贡,且献巨烛,藏火药、刀、剑其中。既至,而惟庸已败,计不行。帝亦未知其狡谋也。越数年,其事始露,乃族贤,而怒日本特甚,决意绝之,专以防海为务。

其中的"其王遣僧如瑶率兵卒四百余人",在日本史籍中不见记载。从足利义满多次遣使谋求与明朝建立国与国的关系来看,文中的"其王"率兵举动,不太可能是幕府所为。有人认为,似是怀良亲王所为。不过除怀良亲王外,也有可能是九州地方的其他有力大名所为。不论是谁所为,其结果是使已经启动的明朝与日本的交涉戛然而止。

明朝与日本关系的重新启动是在朱元璋死后的建文帝朱允炆治政时期。建文三年(1401)五月,室町幕府的足利义满[①]任命商人肥富为正使、僧祖阿为副使前来明朝纳贡。此次日本的遣明使事,《明史·日本传》没有记载。肥富携有足利义满签署的"国书",其中主要内容是:

> 大明皇帝陛下,日本国开辟以来,无不通聘于上邦。某幸秉国钧,海内无虞,持遵往古之规法,而使肥富相、副祖阿通好献方物……搜寻海岛漂寄者几许人还之焉。[②]

建文帝接受了足利义满的称臣纳贡,并于建文四年(1402)二月任命禅僧道彝天伦、一庵一如为使,随日使肥富一同赴日。道彝天伦等人给室町幕府带去了明建文帝的诏书。此诏书被收录在《善邻国宝记》中。建文帝的诏书称足利义满

[①] 此时足利义满已出家,法名"道义",并将征夷将军一职让给其子义持,但足利义满仍掌握室町幕府的实权。

[②] 瑞溪周凤编:《善邻国宝记》卷中"应永八年日本准三后某上书",田中健夫编:《译注日本史料:善邻国宝记·新订续善邻国宝记》,集英社1995年版,第108页。

为"日本国王源道义"。现抄录诏书全文于后,以供参阅:

> 奉天承运,皇帝诏曰:覆载之间,土地之广,不可以数计,古圣人疆
> 而理之,于出贡赋、力役,知礼义,达于君臣,父子大伦者,号曰中国。而
> 中国之外,有能慕义而来王者,未尝不予而进之,非有他也,所以率天下
> 同归于善道也。朕自嗣大位,四夷君长朝献者,以十百计,苟非戾于大
> 义,皆思以礼抚柔之。兹尔日本国王源道义,心存王室,怀爱君之诚,踰
> 越波涛,遣使来朝,归逋流人,贡宝刀、骏马、甲胄、纸、砚、副以良金,朕
> 甚嘉焉。日本素称诗书国,常在朕心,弟(第)军国事殷,未暇存问。今
> 王能慕礼义,且欲为国敌忾,非笃于君臣之道,畴克臻兹。今遣使者道
> 彝、一如,班示大统历,俾奉正朔,赐锦绮二十匹,至可领也。呜呼,天无
> 常心,惟敬是怀;君无常好,惟忠是绥。朕都江东,于(与)海外国,惟王
> 为最近,王其悉朕心,尽乃心,思恭、思顺,以笃大伦,毋容逋逃,毋纵奸
> 宄,卑天下以日本为忠义之邦,则可名于永世矣。王其敬之,以贻子孙
> 之福,故兹诏谕,宜体眷怀。
>
> 建文四年二月初六日[1]

以上所述的室町幕府足利义满的国书和明建文帝的诏书,标志着幕府与明
朝关系的正式确立。

明使道彝天伦一行七月初到达博多,八月中旬抵京都。九月五日,足利义满
在其北山第新邸举行接受明皇诏书、"日本国王"册封和欢迎明使的盛大仪式。
如此隆重的典礼,在日本历史上是绝无先例的。当明使归国时,足利义满任命僧
坚中圭密为正使,率300余人来明。日本使团于永乐元年(1403)九月九日抵达宁
波。此时,使团获知明朝已换新主。明成祖朱棣即位主政。于是使团立即将自
己的使命,由朝贡建文帝改为"贺新主",呈表献物。

在日本幕府使者尚未抵达宁波之前,明成祖朱棣任命左通政赵居任、张洪等
人为赴日使节,以"诏谕其国"。正当赵居任等人准备启程时,日本的贡使已于宁
波登陆。这次日本使节私自挟带兵器贩卖。按明廷惯例,藩使入中国不得私携
兵器鬻民,所司扣押船舶,违犯者押送京师处理。但是,明成祖朱棣因为刚登基

---

[1] 瑞溪周凤编:《善邻国宝记》卷中"应永八年日本准三后某上书",田中健夫编:《译注日本史
料:善邻国宝记·新订续善邻国宝记》,集英社1995年版,第108—110页。

不久,听到日本使节到来非常高兴,因此对日本使节的违禁行为网开一面地说:"外夷修贡,履险蹈危,来远,所费实多。有所赍以助资斧,亦人情,岂可概拘以禁令。至其兵器,亦准时直市之,毋阻向化。"十月,日本使节坚中圭密等到达明都,向明成祖呈表文,献贡物。其表文如下:

> 日本国王臣源道义表:臣闻太阳升天,无幽不烛;时雨沾地,无物不滋,矧大圣人明并耀英,恩均天泽;万方向化,四海归仁。钦惟大明皇帝陛下,以尧舜神圣,汤武智勇,启中兴之洪业,当太平之昌期。虽垂旒深居北阙之尊,而皇威远畅东滨之国。是以谨遣使某伏献方物,为此谨具表闻。①

读此表文,明成祖自然欣喜万分,故对使者"厚礼之",并议定了勘合贸易协定。永乐二年(1404)四月,日本使节归国之际,明成祖以赵居任为送使,率团赴日。据《明史·日本传》所载,赵居任使团携带明成祖赐"道义冠服、龟钮金章②及锦绮、纱罗"。

日本使节坚中圭密要求的贸易协定,得到明成祖的欣然同意。贸易协定的主要内容是"日本十年一贡,人止二百,船止二艘,不得携军器,违者以寇论"。这一协定史称《永乐勘合贸易协定》。规定贸易船以勘合为凭。赵居任一行前往日本时,除所携上述金印、锦绮、纱罗外,还携带了本字勘合100道及日字底簿1册。

足利义满与明朝皇帝共同构建了自日本停止派遣遣唐使以来中断多年的国交关系。这一时期由于互信的增加、勘合贸易的实行,中国沿海地区的倭寇之患也有了缓解。正因为如此,明成祖对足利义满的功绩有较高的评价:

> 日本国王源道义,慈惠恭和,聪明特达,持身有礼,处事有义,好善恶恶,始终一志。敬天事上,表里一诚,负弘伟之度,怀卓荦之才,仁厚

---

① 瑞溪周凤编:《善邻国宝记》卷中"日本国王臣源道义表",田中健夫编:《译注日本史料:善邻国宝记·新订续善邻国宝记》,集英社1995年版,第110—112页。

② 文中的"龟钮金章",即刻有"日本国王之印"的金印。关于此金印,日本文献《满济准后日记》《荫凉轩日录》均有记录。《满济准后日记》永享六年(1434)六月三日条载:"鹿苑院殿(系指足利义满——引者注)以来,受日本王封号,并由中国赐印曰日本(国)王之印。"《荫凉轩日录》宽正六年(1465)六月十三日条载:"(龟钮金章)光辉照人,斤两尤重,两手又自以提持,实国家之遗宝也。"

洽于国人，贤德昭于远迩；自朕御极以来，忠敬之心愈隆，职贡之礼，有加无替，遵奉朝命，斯须不稽，竭力殚心，惟恐不及；殄寇盗于海岛，安黎庶于边隅，並海之地，鸡犬得宁，烽警不作，皆王之功也。[①]

（二）与足利义教的交往

足利义满于1408年五月去世，其子义持继承将军位。足利义持遣使向明讣告。明成祖朱棣遣使吊唁，同时授足利义持为"日本国王"，望其继承乃父通好之业。足利义持掌权期间，虽然与明王朝偶有人员往来，但基本上国交关系断绝，经济贸易中断。其对外政策的改变，导致走私盛行，也使倭寇再度猖獗。

室町幕府与明朝的关系，直到1428年才又有改善。这一年正月足利义持死亡，其弟足利义教继任将军职，全面恢复了足利义满的外交方针。1429年，足利义教曾对朝鲜使节表达了欲恢复对明的外交、贸易的意愿，希望朝鲜国王能从中斡旋，但朝鲜并未向明朝转达此意。从1431年开始，足利义教着手组建船队，准备直接赴明恢复关系。1432年八月，足利义教任命天龙寺僧龙室道渊为正使，率3艘船只，从兵库启航前往明。

足利义教继任将军之际，明宣宗已继位多年。明宣宗于宣德七年（1432）正月，任命中官柴山为使节前往琉球，希望通过琉球向日本转达恢复关系和制止倭寇的愿望。但琉球王未能及时转达此意。正当明宣宗切望日本来贡的时候，日本使节龙室道渊一行抵达中国，于宣德八年（1433）五月到达北京，向宣宗呈表文和献物。此事《明史·日本传》记为"王源义教遣使来"之事。足利义教给明帝的表文内容如下：

> 天启大明，万邦悉被光贲，海无惊浪，中国兹占泰平，凡在率滨，孰不惟赖。钦惟大明皇帝陛下，四圣传业，三边乂安，勋华继体，从昔所希，宣光中兴，不图复觏，贡茆不入，固缘弊邑多虞，行李往来，愿复治朝旧典。是以，谨使某人仰观国光，伏献方物，为是谨具表。[②]

---

① 瑞溪周凤编：《善邻国宝记》卷中"永乐六年十二月二十一日皇帝制曰"，田中健夫编：《译注日本史料：善邻国宝记·新订续善邻国宝记》，集英社1995年版，第128页。

② 瑞溪周凤编：《善邻国宝记》卷中"永享四年遣唐表"，田中健夫编：《译注日本史料：善邻国宝记·新订续善邻国宝记》，集英社1995年版，第152页。

"愿复治朝旧典",表达了日本恢复国交的愿望。宣宗甚喜,设宴款待,奖赐颇优。日本使节在京期间,还签订了《宣德勘合贸易协定》,以代替《永乐勘合贸易协定》。新协定内容:"十年一贡,人毋过三百,舟毋过三艘。"相较《永乐勘合贸易协定》,人数和船数均有放宽。虽然此后在执行《宣德勘合贸易协定》的过程中,日方屡有违规行为,但总体上贸易实现了有规可循。此协定实施后,倭寇扰边之事明显减少。龙室道渊回日本时,宣宗派雷春为正使,随同赴日,携带国书,并本字号勘合100道及日字勘合底簿1本。

15世纪30年代以后,室町幕府势力日趋衰弱,幕府已无力单独派遣贸易船。虽然多次来明的勘合贸易船都以幕府名义前来,但实际上,船队构成,或与寺院、神社有关,或与有力大名相关。到了16世纪初,幕府完全退出对明贸易,勘合贸易被有力大名大内氏、细川氏掌控(见表1-7)。

表1-7　日本入明勘合贸易船表

序次	正使名	出发年份	入明年份	船舶所属	船数	派任者
1	肥富	1401	1401	室町幕府		足利义满
2	坚中圭密	1403	1403	室町幕府		足利义满
3	明室梵亮	1404	1404	室町幕府		足利义满
4	(源通贤)	1405	1405	室町幕府		足利义满
5	坚中圭密	1406	1407	室町幕府		足利义满
6	坚中圭密	1408	1408	室町幕府		足利义满
7			1408	室町幕府		足利义持
8	坚中圭密		1410	室町幕府		
9	龙室道渊	1432	1433	幕府、相国寺、山名氏等	5	足利义教
10	恕中中誓	1434	1435	幕府、相国寺、大乘院、山名氏等	6	足利义教
11	东洋允澎	1451	1453	天龙寺、九州探题、大友氏、大内氏等	9	足利义政
12	天与清启	1465	1468	幕府、细川氏、大内氏	3	足利义政

续　表

序次	正使名	出发年份	入明年份	船舶所属	船数	派任者
13	竺芳妙茂	1476	1477	幕府、相国寺	3	足利义政
14	子璞周璋	1483	1484	幕府、内里	3	足利义政
15	尧天寿蓂	1493	1495	幕府、细川氏、大内氏	6	足利义植
16	了庵桂悟	1509	1511	大内氏、细川氏	3	足利义澄
17	宗设谦道		1523	大内氏	3	足利义晴
	鸾冈瑞佐	1520	1523	细川氏	1	足利义晴
18	湖心硕鼎	1538	1540	大内氏	3	足利义晴
19	策彦周良	1547	1549	大内氏	4	

资料来源：田中健夫《中世对外关系史》、森克己等《对外关系史》、木宫泰彦《日中文化交流史》。

第二章

明清时期的日本史研究

上述正史日本传的记载,虽然提供了十分宝贵的研究古代日本和古代中日关系史的资料,但是从中国的日本史研究史的视角考虑,尚难以界定为纯日本史研究。中国的日本史学应该说是肇始于明代嘉靖年间薛俊编撰的《日本考略》。继之有郑若曾的《日本图纂》《筹海图编》,万历年间刊行的李言恭、郝杰编撰的《日本考》(后以《日本风土》之名,收录在侯继高编撰的《两浙兵制》一书内),郑舜功的《日本一鉴》。以上诸书,虽不能说是专门研究日本历史的著作,但是各书均把日本的历史放在重要位置。其中《日本考略》《筹海图编》《日本一鉴》尤有特色。

《日本考略》有3卷(亦有4卷说),现存1卷。从现存卷可知,该书从日本的沿革、疆域、州郡、属国、山川、土产、世纪、户口、制度、风俗、朝贡、贡物、寇边、文辞、寄语等方面阐述、介绍了日本。

《日本考略》的主要内容大多取自正史倭人传、倭国传、日本传。作者依据旧有史料进行整理归纳,展现了日本的历史与国情。如"朝贡"篇,作者对始自汉代直至明代嘉靖二年(1523)的中日关系进行编排,颇有参考价值。但是本书存在2点问题:一是少有新的内容,知识较为陈旧;二是对原始资料的理解和诠释失当。尽管《日本考略》的知识陈旧,诠释多有失当之处,但该书的问世,有其积极意义。它"突破了日本研究局限于正史'外国传'范围的框架,开辟了自主发展的道路,展现日本研究的新天地"[1]。

《筹海图编》实际上是一部针对倭患的海防书。成书于嘉靖四十一年(1562)。有关日本史和中日关系史的部分,集中在卷二。卷二由"王官使倭事略""倭国入贡事略""倭国事略"三大部分构成。"王官使倭事略"辑了自魏至明的诸朝使节赴日的史事;"倭国入贡事略"辑录了汉建武年间至明嘉靖二十六年

① 武安隆、熊达云:《中国人的日本研究史》,六兴出版社1989年版,第74页。

(1547)之间的日本历代使华的史事。"王官使倭事略"中,还基于《渡海方程》《海道针经》等书籍,对明朝使节出使日本的2条海上航线加以叙述,一条是自太仓港口启航至日本的航线"太仓使往日针路",另一条是从福建梅花东外(沙)山至兵库港的航线"福建使往日针路"。其中,福建前往日本的航路中途经过台湾北部沿海地区、彭佳屿、钓鱼岛、赤尾屿、琉球群岛,然后进入日本沿海港口,记载颇详。

《日本一鉴》成书于嘉靖四十四年(1565),其最大特点是作者郑舜功亲赴日本实地考察,以见闻类别成集目,以所搜集的资料为依据编撰而成。郑舜功在倭寇猖獗的时代,于嘉靖三十五年(1556)奉浙江总督杨直(宜)之命,出海至日本九州的丰后(今大分县),打探日本国情,并与丰后守护大友义镇(宗麟)交涉倭患对策。

《日本一鉴》由三部分组成,即"桴海图经""绝岛新编""穷河话海"。其中,"桴海图经"3卷,主要叙述从岭南道广东启航赴日的航路,以及日本的地理、地图。"绝岛新编"4卷,叙述岛国日本的地理环境,并附有多幅地图。"穷河话海"9卷,主要叙及日本历史、风土、人物、习俗、语言、文学、信仰等。"穷河话海"中不乏有关日本历史、人物、制度等的新内容、新知识。如"职员"项中,具体介绍了300余官职名,"人物"项中介绍了历史上的名人,内容翔实,颇具新意,都是郑舜功实地考察所获。郑舜功在书中说,他在日本是"谘其风俗,询其地位,得闻其说,得览其书"。正因为他的勤奋,该书在史料的丰富、观点的清新等方面均超越其他各书。

中国人撰写的真正意义上的日本史著作,是19世纪初翁广平的《吾妻镜补》。这是翁广平花费7年时间完成的一部日本史巨著,是我国日本史研究史上第一部体例规范的日本通史,可以说是里程碑式的著作。

翁广平(1760—1842),吴江平望人。家境贫寒,但勤奋好学,嗜古好奇,涉猎群书,故而博学多才。他着手撰著《吾妻镜补》,正是"嗜古好奇"所致。大约在19世纪初期前后,日本古籍《吾妻镜》传入中国。因中日两国都实行闭关政策,中日之间交往甚少,国人对日本的了解不多,所以《吾妻镜》的传入受到文人墨客的关注和阅读。翁广平最早看到的是24册的《吾妻镜》抄本。他向友人借阅,遭到拒绝。后来他在另一友人处看到了《吾妻镜》的删节抄本。然而这一抄本,全书不足300页,内容很不全。翁广平读了这部删节抄本,发现其中存在不少疏漏,于是决定对《吾妻镜》进行校补。他广泛引用中日典籍校勘、补充,引自中国刻书籍150余种,日本刻书籍30余种。

翁广平在该书的自序中说:"凡七阅岁,五易稿而成《吾妻镜补》一书。"该书完成于嘉庆十九年(1814)。翁广平为什么将自己花了7年时间,五易其稿的著作取名为《吾妻镜补》呢? 他在该书的凡例中如是写道:"此书本《吾妻镜》与《海东诸国纪》《年号笺》《年代览要》诸书而成,因名《吾妻镜补》。"而从体例上看,因体例似志,翁广平本人也认为可以称为《日本国志》[①],犹如日本的《吾妻镜》,另名《东鑑》一样。

翁广平的友人石韫玉在《吾妻镜补·跋》中说道:

> 翁子海琛,以日本《吾妻镜》一书阙略未备,积一生心力,穷搜博采,撰成《吾妻镜补》若干卷。凡重国之世代谱系、山川、都邑、典章、风俗、物产、方言无不详。

该书取材之广、刊校之细,颇得当时代的知识分子赞许。著名桐城派学者姚鼐曾这样称赞:

> 经史百家,象讳舆地之书,韵学与夫山海之经,殊方异域之志,莫不淹贯。[②]

现存的《吾妻镜补》抄本,有30卷本和28卷本。关于2个抄本的异同,日本学者石原道博曾做过比较(见图2-1)。从图2-1可知,30卷本比28卷本多了卷十一绘图、卷二十八国语解二。

全书主要内容由世系表、地理志、风土志、食货志、通商条规、职官志、艺文志、国书、国语解、兵事、附庸国志等构成。

世系表10卷,其篇幅占全书的1/3。翁广平用中日两国的史籍,通过对勘、校补,记述了神代23世神、从神武天皇以后的120世天皇的系谱及其间的大事。

地理志2卷,对照中日典籍记载,叙述了日本的五畿、七道、三岛的地理,并附有日本地理图、长崎图、中日航路图等。

风土志2卷,主要介绍了日本的风土人情、习俗、锁国政策、幕府禁止天主教令等。

---

① 比黄遵宪的《日本国志》早70多年。
② 翁广平:《听莺居文钞·序》。

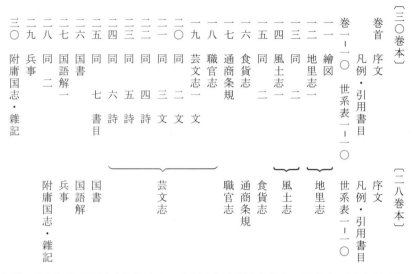

资料来源:石原道博:《锁国时代的清人日本研究》,《茨城大学文理学部纪要人文科学》1965年第16期,第1—22页。

图2-1 《吾妻镜补》两抄本异同比较

食货志1卷,详细叙述了日本的物产,包括矿产品、农产品、海产品,以及进出口货物的种类等。

通商条规1卷,摘录了幕府针对对外贸易(主要是中日贸易)制定的规则。

官职志1卷,主要记述日本官制的沿革,具体罗列了官职的称谓。

艺文志7卷,选载了60余名日本的学者、文人、诗人的文章和诗作,共计文章32篇,诗114首。诗文的年代,始自5世纪,终于19世纪。翁广平还用1卷的篇幅,专门列举了日本所藏的119种典籍目录,其中包括中国已经散佚而仍存日本的汉典。

国书1卷、国语解2卷。前者主要介绍日本的假名,在汉字词旁注假名音读;后者集日语1000多个词汇,分属天文、时令、地理、人物、人事、服舆、花鸟鱼虫、房屋、俗语等门类。

兵事1卷,根据《平壤录》一书的记载,揭示丰臣秀吉侵略朝鲜的经过。

这样一部标志着中国人的日本历史研究转折的巨著,由于各种原因,完稿后未能付梓刻印,所以只有少量抄本,流传有限。因此,翁广平和他的《吾妻镜补》鲜有人知。

继《吾妻镜补》之后,中国人撰写的日本史专著是黄遵宪的《日本国志》。

19世纪中叶以后,中国遭受西方列强的侵略,一步步沦为半殖民地半封建社会。与此同时，近邻日本，通过学习西方文明，实行明治维新，加强皇权，富国强兵，殖产兴业，文明开化，迅速走上资本主义道路，成为东亚强国。日本由弱至强的发展事实，促使中国的有识之士了解日本、学习日本，实行政治改良的欲望日显。在此背景下，出现了研究日本、研究明治维新热，发表了许多有关日本的著作。在众多著作中，作为研究日本历史的著作，最具学术水平的是黄遵宪的《日本国志》。

黄遵宪（1848—1905），号人境庐主人，出生在广东嘉应一商人家庭。少年时他就怀有大志，关心国家和世界大事。1876年及第举人，时年28岁。1877年受同乡翰林院侍读、首任驻日公使何如璋的引荐，任参赞职，随何公使赴日。他在日本使馆任职4年间，完成了《日本国志》初稿。此书从初稿到最终定稿，前后费时近10年。在该书的"自叙"中，黄遵宪如是说："既居东二年，稍稍习其文，读其书，与其士大夫交游，遂发凡起例，创为《日本国志》一书。朝夕编辑，甫创稿本。"1882年，黄遵宪调任驻美国旧金山（圣弗朗西斯科）总领事，无暇修改初稿。及至1885年，由美回国，"念是书弃置可惜"，推辞一切派任，均谢不往，"闭门发箧，重事编纂"。如此又历2年，大著终于定稿，凡类12，卷40。

黄遵宪立志著《日本国志》乃是出于忧国之心，为了尽己之责，"副朝廷咨诹询谋之意"。同时亦愤于士大夫们沉醉于清谈，不思改革，不了解域外世界变化，以至见识狭隘而误国。他在《日本国志·自叙》中说：

> 以余观日本士夫，类能读中国之书，考中国之事；而中国士夫，好谈古义，足己自封，于外事不屑措意。无论泰西，即日本与我，仅隔一衣带水，击柝相闻，朝发可以夕至，亦视之若海外三神山，可望而不可即，若邹衍之谈九州，一似六合之外荒诞不足论议也者，可不谓狭隘欤？

《日本国志》对日本历史进行了系统、全面的叙述，涉及广泛的领域，但是就全书而言，其核心内容则是明治维新的历史。在这一点上，黄遵宪曾直言不讳地把《日本国志》称为《明治维新史》。1882年，在奉命赴美接任美国总领事官时，他写有一诗，此诗的前四句是：

> 海外偏留文字缘，
> 新诗脱口每争传。
> 草完明治维新史，

吟到中华以外天。①

在"明治维新史"一句的注释中,他明确注解,此即是指《日本国志》。换句话说,他写《日本国志》根本之意是探究"明治维新史"。

正因为重点在明治维新史,所以《日本国志》虽上下跨度 2000 余年,所撰录的原则是"详今略古,详近略远"。这一点黄遵宪在《日本国志》的凡例中叙述得十分清楚:

> 日本变法以来,革故鼎新,旧日政令百不存一。今所撰录,皆详今略古,详近略远。凡牵涉西法,尤加详备,期适用也。

在全书的叙述中,黄遵宪常常以中国的现状对照明治新政,并提出自己的主张。正因为如此,该书在近代中国的维新变法运动中成为主张改革者的重要读本。

黄遵宪对体裁多有思考。如前所述,其撰写《日本国志》的目的在于"副朝廷咨诹询谋之意",探究重点又在于明治维新时期日本实行的各项制度和改革的思想。既能贯通古文,又能"详今""详近"的体裁,就是传统的"志"。用"志"的体裁,叙述日本的历史,对黄遵宪来说,无可借鉴,唯有自创。他所见的日本史著作,《六国史》是编年体,德川光国的《大日本史》是纪传体,有纪有传而无表,志亦只有兵、刑二志而已。而蒲生君平、新井白石二人虽欲作志,但终未成就。因无志,则"蒐求典礼,网罗政事,戛戛乎其难矣"②。无志则典章缺也。正因日本史书缺志,所以黄遵宪立意补其不足,决意开创以志叙日本史的新例。

《日本国志》由 1 表、12 志 40 卷构成。

1 表名为"中东年表",实是中日对照年表。日本从神武元年至明治十四年(前 660—1881),中国从周惠王十七年至光绪年间(前 660—1908),按年次两相并列于表,对中国人了解日本时代的发展颇为有益。

12 志 40 卷包括国统志 3 卷、邻交志 5 卷、天文志 1 卷、地理志 3 卷、职官志 2 卷、食货志 6 卷、兵志 6 卷、刑法志 5 卷、学术志 2 卷、礼俗志 4 卷、物产志 2 卷、工艺

---

① 黄遵宪:《人境庐诗草·奉命为美国三富兰西士果总领事留别日本诸君子》。

② 黄遵宪的《日本杂事诗》卷一中载有"纪事编年体各存,黄门自立一家言。乒刑志外征文献,深恨人无褚少孙"。此处所引之文,是他对上诗的注释语。

志1卷。其中：

国统志，记述日本神代诸神至明治十二年（1879）开设国会间的史事。

邻交志，前三卷叙述中日关系史，后两卷叙述日本与西方国家的交流关系。

天文志，叙述了日本吸收中国历代历法的历史过程及明治时期历法改革，采用西历的措施等，并附有"太阳历授时略表"。

地理志，前两卷叙述各藩（国）的地理状况，后一卷是有关地理环境的表格，包括府县沿革表、郡区町村表、岛名表、河川表等。

职官志，内容包括职官沿革、明治政府构成、官吏等级、官吏俸禄等，附有明治时期大臣、参议更迭表等。

食货志，内容包括户籍、租税、财政、国债、货币、商务6个方面。在具体叙述中，注重与中国的现状做比较。

兵志，介绍日本兵制及陆军、海军状况。重点介绍日本学习西方国家，推行征兵制，并主张中国应该进行兵制改革。

刑法志，主要叙述日本于1881年颁布的刑法和治罪法。

学术志，主要叙及汉学、洋学、文学和学制，力说应学习西方的科学技术。

礼俗志，对日本的朝会、祭典、婚礼、丧葬、服饰、饮食、住居、岁时、乐舞、游宴、宗教、氏社等进行了广泛的介绍。

物产志，主要叙述日本的物产和贸易。

工艺志，对日本的工艺技术的发展做了叙述，其中包括医药、农事、织工、刀剑、铜器、陶器、漆器、扇、纸、绘画等。叙述中，黄遵宪表达了发展技术的重要性，称其是富国强兵的重要手段，批判中国士大夫好空谈、轻实学的习气，主张中国也应振兴技术，在轮船、铁路、电信等方面进行技术革新。

《日本国志》成稿后，黄遵宪在国内奔走请托，希望通过总理衙门渠道刊行，但一直未能得到赞语和支持，呈送的书稿遭受冷遇，被束之高阁。1889年，黄遵宪将书稿远寄时任驻英、法、意、比四国的钦差大臣薛福成。薛福成阅后，大为称赞，直呼："此奇作也！"薛福成还为《日本国志》作序，序文如下：

> 嘉应黄遵宪公度，以著作才，屡佐东西洋使职。先（光）绪初年，为出使日本参赞，始创《日本国志》一书，未卒业，适他调。旋谢事，闭门赓续成之。采书至二百余种，费日力至八九年，为类十二，为卷四十，都五十余万言。……余浏览一周，啧曰：此奇作也，数百年来鲜有为之者。自古史才难，而作志尤难，盖贯穿始末，鉴别去取，非可率尔为也。而况

中(中国)东(日本)暌隔已久,纂辑于通使方始之际乎? 公度可谓闳览
劬学之士矣。速竣剞劂,以饷同志,不亦盛乎? 他日者家置一编,验日
本之兴衰,以卜公度之言之当否可也。

终于至1895年,《日本国志》正式刻印出版。

除了上述翁广平、黄遵宪2部通史外,这一时期的代表作还有首任清朝驻日
公使何如璋的《使东述略》、陈家麟的《东槎闻见录》、叶庆颐的《策鳌杂摭》、顾厚
焜的《日本新政考》、康有为的《日本变政考》等,这些著作都对近代中国的历史产
生过不同程度的影响。

《日本国志》作为通史著作,是在历史发展的过程中探索明治维新史的,而
《日本新政考》《日本变政考》则从现实的变法维新的政治需要出发,直接对明治
维新进行研究。《日本新政考》全面记述和介绍了日本明治维新的新政。全书分2
个部分,前一部分分为洋务部、财用部、陆军部、海军部;后一部分分为考工部、治
法部、纪年部、爵禄部、舆地部等。而《日本变政考》以编年体手法,对明治元年至
明治二十三年(1868—1890)间日本发生重要的事件和改革措施一一加以辑录,
并常常在每一条事件之后加写评语,提出应否学习、模仿的意见。康有为的这些
意见,日后成为"戊戌变法"运动指导思想的重要组成部分。

第三章

20世纪以来中国的日本史研究

第一节　20世纪前40年中国的日本史研究

进入20世纪以后,随着日本帝国主义对中国的不断侵略,中国学者对日本的研究也在不断加强。其间,中国学术界掀起了目的在于揭示日本帝国主义侵略本质的研究热。这一新的研究热,在20世纪三四十年代达到高潮,涌现了许多优秀著作。据已知的资料可以看出,20世纪前期,中国学者撰著的著作颇多,择其主要者有:

(1)日本通史类,主要有王先谦的《日本源流考》(1902)、陈恭禄的《日本全史》(1935)、缪凤林的《日本史鸟瞰》(1935)、洪启翔的《日本历史概论》(1944)、金学成等人的《日本史纲》等。

(2)日本断代史和专史,主要有程恩培的《日本变法次第类考》(1902)、郑学稼的《日本财阀史论》(1936)、李建芳的《日本明治维新运动》(1937)、郑学稼的《日本明治维新史纲》(1940)、张水淇的《日本明治维新前史》(1941)、何兹全的《日本维新史》(1942)等。

(3)中日外交交涉史,主要有刘彦的《欧战期间中日交涉史》(1921),故宫博物院的《清光绪朝中日交涉史料》(1932)、《清宣统朝中日交涉史料》(1933),王芸生的《六十年来中国与日本》(1933)、《清光绪朝中日外交史料》(1935),张健甫的《近六十年来的中日关系》(1937),王信忠的《中日甲午战争之外交背景》(1937),杨家骆的《中日国际编年史详目(近代部分)》(1940)、《甲午以来中日军事外交大事纪要》(1941)等。

(4)日本侵华史,主要有蒋坚忍的《日本帝国主义侵略中国史》(1930)、朱偰的《日本侵略满蒙之研究》(1930)、王钟麒的《中日战争》(1935)、吴兆铭的《日本的大陆政策》(1939)、(刘)思慕的《战争途中的日本》(1939)、张觉人的《日本帝国主义侵略中国史》(1939)、张治安的《从甲午到七七》(1944)、谢南光的《日本主义的没落》(1944)等。

从上述书目可知,这一时期的历史研究主要是适应时代的需要,研究重点是明治维新史。如20世纪初始问世的王先谦的《日本源流考》,按天皇在位顺序,叙述了日本建国至明治二十六年(前600—1893)的史事,并对明治维新史做了系统的介绍。程恩培的《日本变法次第类考》,更是以明治时期的法律和行政政策为主线,分门别类地介绍和点评了明治新政。这一时期的著作特别是对日本明治维新史的研究都反映了当时代中国学界的史观,在中国的日本研究史上具有独特的价值。

第二节 1949年后中国的日本史研究

1949年,中国进入了新的历史时期。从那时算起至20世纪末,有51年之久。其间,中国的日本史研究经历了曲折的发展历程。大致以1979年为分界线,1949—1978年间,中国的日本史学者在极艰难的环境下努力开辟中国的日本史研究环境和进行日本史教学;1979年至20世纪末,中国的日本史学者在相对宽松的环境下,展开了广泛而深入的教学和研究,取得了史无前例的成绩,极大地提高了我国的日本史研究水平。

一、1949—1978年的日本史研究

20世纪40年代后期,东亚世界的政治形势发生了极大变化。中国在社会科学等方面取得了一定发展,但是就外国史研究而言,其发展是滞后的。据不完全统计,20世纪50年代,中国学者(不包含台湾地区)出版的日本史著作有7种,60年代有5种,70年代有11种。很明显,20世纪50—70年代,中国的日本史著作仅有23种,平均一年出不了一本书。这与中国这样的大国地位是不相称的。

从有限的出版著作的内容可见,这一时期的研究成果,研究中日关系多于研究日本历史。研究日本历史的著作有王立达的《日本幕府政治》(1962)、万峰的《日本军国主义》(1962)、朱谦之的《日本哲学史》(1964)等。

这一时期的研究状况,与政治环境的变化有一定关系。自1950年起,中国高等学校进行了院系大调整,各大学加强了世界历史教学和研究的力量,日本历史作为世界史教学的重要内容之一受到了一定的重视。当时具有较强的日本史教

学和研究能力的大学,主要是北京的北京大学、天津的南开大学、长春的东北师范大学。上述3所高校的日本史教学和研究的开拓者是周一良、吴廷璆、邹有恒等学者。后来中国的日本史研究者,都或直接或间接地受过他们的学术思想的影响。

1962年,中央政府决定加强对日本的研究,于是在北京、天津、河北、东北等地相继建立了日本研究机构,南开大学、天津市历史研究所(天津社会科学院日本研究所前身)、河北大学等相继成立了日本史研究室。辽宁省在沈阳成立了"辽宁省哲学研究所"(该所名为"哲学所",实际上是专门从事日本研究的机构,它就是现在的辽宁大学日本研究所的前身)。在这种背景下,日本史研究取得了一定的成果。

1949—1966年间,除了前述所列著作外,在论文方面,据统计:全国共发表日本历史论文79篇,其中古代史15篇,近代28篇,战后22篇,历史人物4篇,历史评述10篇;发表中日关系史论文93篇。[①]不过,此期间的日本史、中日关系史研究,主要服从于当时的政治和外交需要,论文的内容多以揭示近代日本的侵略战争、战后日本动向,批判日本军国主义和美日同盟等为主。

在这种政治影响研究的氛围下,从学术的视角分析、研究日本历史是十分困难的。即使如此,老一辈学者也硬是在困境中闯出一条学术研究之路,撰写和出版了学术性著作,发表了史料翔实、论述精当的学术论文。例如,周一良在1958年出版了《亚洲各国古代史》,书的一半篇幅讲述的是日本古代史。1962年,周一良又相继发表了《日本"明治维新"前后的农民运动》《关于明治维新的几个问题》等学术论文。吴廷璆于1955年发表了《大化改新前后日本的社会性质问题》、1964年发表了《明治维新和维新政权》等学术论文;邹有恒也先后发表了《1837年日本大盐平八郎起义失败原因及历史意义》《日本长州藩天保改革的性质和意义》等学术论文。其间,纯学术的著述数量虽少,但老一辈学者的研究成果的出版、发表,其意义极大。

1967年以后,中国开始了达10年之久的"文化大革命"。其间,偌大的国土难容一张书桌,研究、文化机构被撤销,学校停课,大批研究者、教师、作家、文化人或去干校,或被下放到农村和工厂。在这种氛围下,知识分子心灰意冷,学术研究重振无望。在这种文化遭毁、学术被砍的境遇中,20世纪70年代初,中美、

---

① 李玉:《中国的中日关系史研究——以中日关系史论著数量统计为中心》,李玉等编:《中国的中日关系史研究》,世界知识出版社2000年版,第44页。

中日外交关系相继建立,给中国的外国史研究带来了新机,已经被撤销的涉外研究机构开始陆续恢复。部分日本研究者也陆续从干校、农村、工厂重返原来的研究岗位,开始接受研究任务。

由于国家尚处在"文化大革命"的热潮之中,日本研究虽然重新恢复,但依然受到严重的干扰。即使如此,日本史研究者们仍极为珍惜难得的机会,开始潜心工作,写出了一批供广大国民和外事部门了解日本历史和中日关系的文章和著作。有的学者甚至开始着手编写日本通史。最典型的事例,就是南开大学日本研究所和辽宁大学哲学研究所的学者们开始联合启动编撰《日本史》。

还有一件事,也必须在此提及,即1976年1月,北京大学历史系开办了"日本近现代史讲习班",时达半年之久,主讲人是日本京都大学的井上清教授,学员是来自各大学和各日本研究机构的学者。这次讲习班对中国日本学的复兴和发展具有极积极的意义,参加讲习班的学员,大多是20世纪80年代复兴中国日本学的中坚力量。

二、1979年至20世纪末的日本史研究

(一)1979—1995年发表的日本史文章

20世纪70年代末80年代初,中国实行对外开放、对内改革的政策。经济的发展、政策的宽松,以及国际经济、文化交流的推进,为学术的隆盛构筑了良好的环境。日本史研究也达到了中国历史上从未有过的兴盛。1996年秋,笔者曾参加过天津社会科学院与日本东京工业大学组织的"当代日本文化与中国"的中日联合调查,负责对全国1320余种公开的、内部的报刊进行调查和统计。通过调查,了解到1979—1995年间刊载的有关日本政治、经济、文化、军事、科技、宗教等领域的文章总数达到15898篇,平均每年发表近1000篇,每月发表80余篇。这在中国的日本学研究史上是前无先例的。其中,研究日本经济的文章占了一半(50.1%),其次就是文化、教育、文学、历史、语言、艺术、体育、卫生,占总数的第二位(42.2%),而这类研究文章中,又以历史、地理占第一位。

1979年以来,中国的学者对日本各时代的历史进行了或纵向、或横向、或纵横结合的研究,使中国的日本史研究水平达到新的高度。在20世纪80年代初,尚有日本的学者藐视中国的日本史研究水平。而到了20世纪90年代初,日本的史学界已普遍为中国的研究水平的提高而惊讶了。

据统计,1979—1995年,中国学者发表的有关日本历史、地理的论文和文章,共有2045篇,其中有关日本历史的有近1800篇之多(见表3-1)。

表3-1　中国报纸、杂志所载日本历史、地理论文和文章的统计

单位:篇

分类	1979—1990	1991—1995	合计
日本史学史	128	37	165
历史人物	247	134	381
古代史(含中世、近世)	138	107	245
近代史	203	74	277
现代史	275	287	562
战后史	65	17	82
日本历史研究状况	37	7	44
中日比较与中日关系史	54	47	101
地理、民俗及其他	138	50	188
合计	1285	740	2045

从对近1800篇历史论文、文章的分析可知,这些文章的内容几乎涉及日本史上的大部分重要历史事件,远至绳纹、弥生时代,近至20世纪90年代的事件和人物。然而不能忽略的事实是,中日关系史、近现代史的文章占了文章总数的大多数。这种倾向从20世纪80年代至90年代初中国出版的日本史和中日关系史的专著中也可以看到。20世纪80年代出版有关中日关系史的著作82部,其中有关近现代中日关系史的有56部。1990—1993年出版的有关中日关系史的著作有18部,其中有关近现代中日关系史的有4部(见表3-2)。

这种研究重心的倾斜,一方面反映了中国的日本史研究力量集中在近现代史和中日关系史部分,另一方面也反映了中日关系史和日本近现代史研究的现实意义与价值。

表3-2　20世纪80年代至90年代初中国出版的日本史、中日关系史

单位:部

年代	日本历史				中日关系史				合计
	通史	古代	近现代	战后	通史	古代	近现代	战后	
20世纪80年代	7	6	22	10	11	15	56	0	127
20世纪90年代初(1990—1993年)	8	2	8	8	8	4	4	2	44

注:古代含中世、近世。

(二)通史、专史和断代史的情况

1. 日本通史

1979年之后的30年内,我国学者撰写了多部日本通史,主要有吴廷璆主编的《日本史》,赵建民、刘予苇主编的《日本通史》,辽宁大学哲学研究所的《日本简史》,武安隆的《文化的抉择与发展——日本吸收外来文化史说》,等等。

吴廷璆主编的《日本史》是吴先生受教育部委托主持编写的高等学校教材。在吴先生的主持下,辽宁大学、南开大学的日本史研究者集体编撰了这一部巨著,共有3卷36章,百万余字。从1982年开始到1993年定稿交付出版社,历经11年之久。参加编撰的学者主要有(依章节顺序)禹硕基、张玉祥、吴廷璆、朱守仁、米庆余、赵宝库、郑彭年、易显石、俞辛焞、刘天纯、王敦书、刘予苇、吕永祚、李秀石、王振锁等。参加后期工作的还有武安隆、王家骅、杨栋梁等。

主编在前言中说:"2000余年特别是一个半世纪以来,中日人民的遭遇可歌可泣,彼此都积累了深刻的经验教训。日本学者对日中两国历史的研究成果累累,作为中国人民,借鉴前人的业绩,用我们的观点方法试写一部日本的历史,似也责无旁贷。"这部著作反映了20世纪八九十年代我国日本研究的最高水平。

赵建民、刘予苇主编的《日本通史》,是一部适应日本史课程教学需要的教材。该书在概括日本历史全貌的基础上,提纲挈领,抓住重点,有详有略,广泛探讨日本历史的发展规律和特点,深化对日本历史和民族特点的认识和理解。王金林、赵建民、蒋立峰、周家骅、汤重南、孙仁宗、刘予苇参加了编著,最后由赵建民、刘予苇统稿。

武安隆的《文化的抉择与发展——日本吸收外来文化史说》,实际上是从日本吸收外来文化的视角叙述日本历史的发展过程。吴廷璆先生为本书作序,认为书中很多见解富有启发性:"本书不仅全面叙述了日本吸收外来文化的历史过程,还着力于对这种吸收过程的规律性的探求,从而使'史'和'论'做到完好的统一。"

2. 中日关系史(含文化交流史)

日本与中国之间的关系史,用一句话归纳,即是2000年友好,半世纪仇恨。所谓"半世纪仇恨",系指日本自明治维新之后,在实现本国近代化的过程中,不断地侵略中国,直至第二次世界大战结束,日本宣布投降为止。20世纪70年代以来,日渐兴盛的中日关系史研究,主要是对2000年友好史的研究。据粗略查询,自1972年中日复交至1988年,有关中日之间的文化交流史的文章约有200篇之多,其中近代以前的有149篇。而149篇中又以有关唐代文化交流的文章最多,有128篇。在这128篇文化交流史文章中,研究唐僧鉴真和尚东渡的占第一位,共有67篇;研究日本僧侣空海的占第二位,共有11篇。从中可以看出,人们对于中日亲善相邻时期的历史有极大的兴趣,希望以往友好的历史经验为建设走向21世纪的新的中日关系提供借鉴。

著作方面,主要有张声振的《中日关系史》(卷一)、郭洪茂的《中日关系史》(卷2)、田桓的《战后中日关系史年表》等。

3. 古代史(含中世、近世)

有关日本古代史(含中世、近世)的研究,1979—1995年共发表论文245篇。著作则有王金林的《简明日本古代史》、禹硕基的《日本大化改新》、汪向荣的《邪马台国》、沈仁安的《日本起源考》《德川时代史论》、张玉祥的《织丰政权与东亚》等。

虽然在古代史领域,有许多空白尚待我们开拓,但也不能忽视,中国学者在短短几年内,已对日本历史上的许多重要问题进行了探索。例如,古代国家的形成、邪马台国的地理位置和社会性质、部民的性质、大化改新的原因和性质、封建社会的始期、封建土地制度、庄园制的特点、江户幕府实行锁国的原因及其影响、江户时期的幕政改革、幕末下级武士在维新运动中的作用与地位等。不少论述无论在理论上,抑或在史料挖掘的深度上,都达到了较高的水平,引起了日本史学家们的关注。

4. 近代史

有关日本近代史的研究,1979—1995年共发表论文与文章277篇,其中1979—1988年间发表的有188篇。在这188篇中,涉及明治维新的92篇,中日甲午战争11篇,在中国领土上进行的日俄战争18篇,日本近代化13篇,自由民权运动6篇,日本大陆政策6篇。上述几项共计146篇,占总数188篇的77.7%。

这期间出版的断代史和专史,比较重要的有万峰的《日本近代史》《日本资本主义史研究》、吕万和的《简明日本近代史》、伊文成等人的《明治维新史》、吴廷璆的《日本近代化研究》、周颂伦的《近代日本社会转型期研究》、管宁的《日本近代棉纺织业发展史》、王晓平的《近代中日文学交流史稿》、王晓秋的《近代中日文化交流史》等。

封建的日本走向近代化是从明治维新开始的。中国学者在研究明治维新史时,除了重视其性质外,更重视明治维新过程中具体的措施,如明治维新前后日本是怎样学习西方的,明治政府的文明开化政策,明治维新在科学上的意义,明治时期的教育改革,近代文官制度的形成,明治时期的地税改革,明治初期建立近代法制的过程,等等。

日本近代化的研究侧重于日本近代产业革命的政策与措施、近代工业化的进程及其特点、日本近代高速发展的诸因素等。在对中日甲午战争和日俄战争的研究中,研究者对日本帝国主义的本质及其大陆政策进行了剖析,揭示了近代日本对外侵略的实质。

通过对日本近代史的研究,中国人看到了近代日本发展的2条并行且相辅相成的道路,即近代化的道路和对外(特别是对中国)侵略的道路。

5. 现代史(含战后史)

1979—1995年,有关日本现代史的文章多达562篇。几乎每个月都有日本现代史方面的文章发表。其中,1979—1985年为90篇,1986—1990年为185篇,1991—1995年为287篇,呈逐渐上升趋势。这种对日本现代史研究的高涨,实际上是与日本对侵略历史的态度有密切关系的。以1995年为例,当时日本政府中的个别阁僚和民间法西斯势力相继发表否认侵略史实和慰安妇的言论,否认屠杀中国人的罪行,激起了全中国人民的愤怒。这一年发表的揭示日本侵略史和侵略暴行的文章达135篇,平均每个月有11篇文章发表。

在20世纪八九十年代,中国出版了不少日军在华暴行录,如《日伪统治河南见闻录》《侵华日军在山西的暴行》《日军祸豫资料选编》《日伪在北京地区的五次强化治安运动》《日本侵华罪行档案新辑》。有关南京大屠杀的书籍就有《侵华日军南京大屠杀史料》《日军侵华暴行——南京大屠杀》《侵华日军南京大屠杀史稿》《侵华日军南京大屠杀档案》《中外军事法庭审判日本战犯——关于南京大屠杀》等,学者们用大量具体史实驳斥了日本法西斯势力否认侵略、否认屠杀的反动言论。

中国学者对日本现代史的研究,着眼点是要用历史事实唤起中国人的爱国主义精神,要人们不忘被侵略的历史,时刻不忘国耻,警惕日本军国主义势力的复活,加强中日之间的睦邻友好,增进经济文化交流。

对于日本战后的研究,有多部学术性的战后史问世,其中有宋成有、李寒梅的《战后日本外交史(1945—1994)》,王振锁的《战后日本五十年(1945—1995)》,等等。

(三)若干日本历史问题上中国学者的观点

还应特别提及的是,20世纪八九十年代间,中国的日本史学者对日本历史上有争论的若干问题发表了各自的观点,引起日本学界的广泛重视。

1. 邪马台国时期日本社会多元论

邪马台国是中国的《三国志·魏书》中记载的日本列岛上的一个地域国家。关于邪马台国的地理位置和性质问题,日本史学界争论了近300年,至今尚无定论。中国学界对此问题,以往很少涉及讨论。但因为邪马台国的史料载于中国史籍,如果中国学者参与讨论,肯定具有一定的参考价值。在1979—1989年的10年间,中国学者积极参与,在国内和日本发表了多篇论文和专著,从不同于日本学者的视角提出了独特的见解。依据考古数据和文献数据,中国学者提出了"公元1世纪至3世纪间,在日本列岛形成了若干地域国家,其中九州北部的邪马台国和畿内的前大和国势力最盛,邪马台国和前大和国并存,形成了2个不同的政治、经济中心,产生了2种文化,前者以青铜器为代表,后者以铜铎为代表"[1]的观点,受到了日本学术界的重视,在日本引起了广泛的关注。

2. 关于三角缘神兽镜制造者和制造地

日本古坟中出土的三角缘神兽镜也是日本考古学界和古代史学界长期争论的问题。关于这种铜镜的制造地和制造者问题,日本考古学界和古代史学界一直未有定论。对此,中国社会科学院考古研究所王仲殊在20世纪80年代中期,先后发表了《景初三年镜和正始元年镜的铭文考释》《景初三年镜和正始元年镜铭文补释》《吴镜师陈世所作神兽镜论考》等论文,提出了三角缘神兽镜是中国工匠东渡后于日本制作的观点,震动了日本学术界。

3. 关于"好太王碑"释文的新见解

"好太王碑"是记录4—5世纪高句丽广开土王事迹的石碑,现存于吉林省集安市。此碑文中载有4世纪末5世纪初倭国在朝鲜半岛活动的史事。长期以来,日本、朝鲜、韩国学者对记载有不同的解读,分歧很大。由于许多客观原因,我国学者一直未能发表自己的见解。随着学术环境的改善,学者们开始公开自己的研究,发表独有的观点。1984年,王健群出版了《好太王碑研究》一书。

日本学者与朝鲜、韩国学者的"好太王碑"争论,涉及问题颇多,主要问题之一是关于以下一段碑文的标点诠释:

> 百残新罗旧是属民由来朝贡而倭以辛卯年来渡海破百残□□□罗
> 以为臣民

---

[1] 王金林:《关于邪马台国的若干问题》,《天津社会科学》1984年第5期,第54—59页。

日本学者的标点和诠释是:

> 百残、新罗旧是属民,由来朝贡。而倭以辛卯年来渡海,破百残□
> □□罗以为臣民。

朝鲜、韩国学者的标点和诠释是:

> 百残新罗旧是属民,由来朝贡,而倭以辛卯年来。(高句丽)渡海破
> (倭)。百残□□(招倭)□(侵)罗,以为臣民。

两者不同的是"渡海破百残□□□罗以为臣民"的主语相异。日本学者认为是"倭……渡海破……"。朝、韩学者认为是高句丽"渡海破(倭)"。主语不同,意思全然相异。

对此,王健群明确指出,"渡海"的主语是"倭",表明了其遵守原碑文的严肃态度。

朝、韩学者还指出,日本参谋本部曾对"好太王碑"碑文的拓本有篡改。为了弄清事实,中国社会科学院世界历史研究所的徐建新经过多年努力,搜索和判别"好太王碑"旧拓本。他对现存于北京、天津、南京等地近30件拓本进行辨识,确认了其中6件为原拓本,为今后的研究提供了宝贵的资料。[①]

4. 关于明治维新史的性质

明治维新是我国学者研究较深入,讨论最热烈的课题。我国学者先后出版了《明治维新的再探讨》(1981)、《明治维新史》(1987)等著作。此时期发表的关于明治维新的论文有152篇。[②]关注的重点是明治政权的性质。日本学术界大多主张明治政权是"绝对王权",而中国学者大多不同意"绝对王权"说,提出了多种不同主张,基本上可以概括为地主和资产阶级联合政权说、资产阶级专政国家说和带封建性的特权大资产阶级专政说等。以上3种观点虽然各异,但是有一点是共同的,那就是都认为由于明治维新的不彻底性,日本长期保留了大量封建残余。[③]

---

① 徐建新:《北京现存好太王碑原石拓本的调查与研究——以北京大学所藏拓本为中心》,《朝鲜文化研究》1996年第3期,第25—58页。

② 李玉等编:《中国的中日关系史研究》,世界知识出版社2000年版,第54页。

③ 汤重南:《新中国成立以来我国学者对日本史的研究(1949—1989)》,《史学月刊》1990年第1期,第87—98页。

这里要特别提及的是20世纪80年代吴廷璆、武安隆发表的《明治维新与资产阶级革命》一文。①此文从理论深度探视了明治维新的性质,针对明治维新"绝对王权",提出独特的新见解。文章认为明治维新完全是一次资产阶级革命。它通过国内战争推翻了封建领主制度,实现了政权从一个阶级向另一个阶级的转移,为资本主义发展开辟了道路,因此具备了资产阶级革命的基本特征和资本主义社会经济内容。但是,明治维新区别于典型的资产阶级革命,因为它是后进国的资产阶级革命。

第三节　21世纪后的研究新趋势

一、研究机构的扩展

20世纪80年代开始出现的研究日本史热,进入21世纪后,得以继续延续和加强。由于国家经济的发展,对科学文化事业加大投入,学术自由度进一步提高,学术界一片繁盛景象。日本史研究也获得了新的发展。21世纪的日本史研究是基于20世纪80年代以来已取得的组织成果和研究成果,所以起点较高。其组织成果表现为研究机构的扩展和布局的渐趋合理。前已叙及,长期以来,我国的日本研究机构主要集中在北京、天津、沈阳、长春,而随着改革开放的深入,研究机构和团体突破了原有的地域局限,大江南北的高等院校和地方省市也陆续成立了日本研究机构和社团,原有的日本研究机构的规模也都有所扩大。

20世纪五六十年代日本研究机构设在北方的主要原因是,京、津、沈、长等城市在历史上与日本联系较多,且日本败战后,有大量图书、数据遗留在这些城市,这里更聚集着一批研究人才。如前所述,北京大学、南开大学、辽宁大学、东北师范大学、河北大学、天津市历史研究所都是当时具有研究日本实力的单位。

20世纪90年代以后,状况又有大变化。在北京,除北京大学成立了日本研究中心、中国社会科学院成立了日本研究所外,世界历史研究所、历史研究所、近代史研究所、世界经济与政治研究所等也都建有日本研究室,北京外国语学院在日本国际交流基金会的援助下,建立了北京日本学研究中心。在天津,南开大学

---

① 载《世界历史》编辑部编:《明治维新的再探讨》(《世界历史》增刊),中国社会科学出版社1980年版。

以原有的日本史研究室(所)为基础,扩大成立了日本研究院,天津社会科学院以原天津市历史研究所日本史研究室为基础,成立了日本研究所。在河北省保定,河北大学成立了日本研究所。在东北地区,原辽宁省哲学研究所改为辽宁大学日本研究所,东北师范大学、吉林大学、吉林省社会科学院各自建立了日本研究所,黑龙江社会科学院、辽宁省社会科学院也有研究日本史和中日关系的机构。在上海,复旦大学、上海交通大学、上海社会科学院等也相继建立了日本研究机构;在浙江,杭州大学建立了日本文化研究所(后并入浙江大学,再后移至浙江工商大学),成为江南地区新崛起的日本研究阵地。总之,日本研究单位遍布全国,北自哈尔滨,南至广州,东自青岛、上海、厦门,西至西安等广泛地区。据调查,截至1996年底,国内有日本研究机构约98所,日本研究学会43个,日本学研究者有1260人。①

各地研究日本的重点是不尽相同的,具有明显的地域特征。例如,北京、上海、天津的各研究机构多以政治、经济、文化等综合研究为主;东北地区的辽宁、吉林、黑龙江三省的社会科学院均把日本对东北的侵略等作为重点研究课题;延边大学以研究中朝日关系史为特色;杭州的浙江大学、浙江工商大学以研究宋、元、明、清时期的中日文化交流为特色;广州的暨南大学、广州大学以研究日本与南洋诸国关系史为特色;厦门大学以研究日本与中国台湾关系史、在日华侨史为特色;等等。

二、思想解放,突破学术禁区

长期以来,由于受阶级斗争意识形态的影响,在日本史研究领域无形中产生了某些禁区,其中对日本历史人物的评价表现得尤为突出。学者们不敢涉及历史人物,害怕评价"不当",会招来"政治之祸"。对历史人物评价的缺失,直接影响了研究的深入。因此,从20世纪80年代后期开始,要求打破旧有框框,以唯物史观展开日本人物研究的愿望日趋增强。在此背景下,一批学者开始对日本历史上的关键人物进行研究,并做出独立的评价。这些人物中有中世的楠木正成,近代的近卫文麿、山本五十六、乃木希典,等等。

思想解放、突破禁区的过程并不是风平浪静的,其间不同认识的冲突也很尖锐。以日本文学史为例,三岛由纪夫是当代日本文学史上重要的人物,在20世纪六七十年代,他被定性为推动日本军国主义加速复活的反动作家、右翼法西斯分

---

① 骆为龙、徐一平主编:《中国的日本研究》,社会科学文献出版社1997年版,第23—25页。

子。他的作品全被说成是贯穿着日本武士道加色情的黑线，是军国主义逐步复活的一个侧面。对三岛由纪夫的这种评价，不少学者是存疑的，但是在那个时期谁也不敢声言。进入20世纪90年代，有学者在《文艺报》等报刊上发表文章，对三岛由纪夫及其作品提出了新见解，指出三岛由纪夫的精神结构的双重性和文学作品的复杂性，同时还编集了10卷本《三岛由纪夫文集》，出版了《怪异鬼才三岛由纪夫传》。此时，有人站出来指责这些学者，批评他们"没有民族感情"，搞"三岛热"，认为他们是为军国主义分子翻案，甚至有关部门还责令停止《三岛由纪夫文集》的发行。

但是，禁区的闸门一经打开，行政命令就难以拴住思想开放的学术界了。此后不但有新编《三岛由纪夫研究》《三岛由纪夫作品集》出版，而且召开了"三岛由纪夫文学研讨会"，对三岛由纪夫等人做出实事求是的评价，使日本文学史战后部分更客观、更具新意。[①]

三、重视基础性课题研究与研究领域的拓宽、视角的创新

中国的日本史研究通过机构的扩大、研究梯队的建立，以及学术禁区的突破、自由研究氛围的养成，迎来了耀眼的进步，学术水平达到了新的高度。

（一）基础性研究结硕果

21世纪后的学术进步，首先得益于对基础性研究课题的重视。经过多年的潜心努力，到了21世纪初叶，终于有一批基础性研究著作相继问世。据笔者所知，较为重要的基础性著作有沈仁安的《日本起源考》、徐建新的《好太王碑拓本研究》、李卓的《中日家族制度比较研究》、韩东育的《日本近世新法家研究》、王金林的《日本天皇制及其精神结构》《日本神道研究》、杨栋梁的《日本后发型资本主义经济政策研究》，以及王仲涛和汤重南合著的《日本史》、叶渭渠的《日本文化通史》等。

在断代史研究方面，则有王海燕的《日本古代史》、王金林的《日本中世史》、李卓等的《日本近世史》、沈仁安的《德川时代史论》、宋成有的《新编日本近代史》、王新生的《战后日本史》、刘岳兵的《日本近现代思想史》等。

在史料整理方面，则有《南京大屠杀史料集》（张宪文编）、《日本在华中经济掠夺史料（1937—1945）》（上海市档案馆编）、《日本掠夺华北强制劳工档案史料集》（居之芬等编）等。

---

① 叶渭渠:《日本文化通史·自序》,《日本文化通史》,北京大学出版社2009年版,第1页。

（二）研究领域的拓展

中国的日本史研究在20世纪90年代已有的基础上,在政治史、经济史、外交史、文化史、社会史、思想史、宗教史、史学史诸领域均有一定深度和宽度上的发展。如在政治史方面,在20世纪90年代,就有武寅的《近代日本政治体制研究》、王新生的《现代日本政治》等著作问世,进入21世纪后,有高洪的《日本政党制度论纲》、王振锁的《战后日本政党政治》等著作出版。在经济史方面有湛贵成的《幕府末期明治初期日本财政政策研究》、杨栋梁等的《近代以来日本经济体制变革研究》。在外交史方面,20世纪90年代有张健的《战后日本的经济外交》、杨曾文的《日本佛教史》、李小白的《信仰·利益·权力:基督教布教与日本的选择》,进入21世纪有米庆余的《近代日本的东亚战略和政策》、俞幸煌的《辛亥革命时期中日外交史》。在思想史和宗教史方面,有刘岳兵的《中日近现代思想与儒学》,纪廷许的《现代日本社会与社会思潮》,高渭杰编的《日本的社会思潮与国民情绪》,戚印平的《日本早期耶稣会史研究》,汪向荣、汪皓的《中世纪的中日关系》,李玉、夏应元、汤重南主编的《中国的中日关系史研究》,李玉、梁云祥主编的《文明视角下的中日关系》,陈小法的《明代中日文化交流史研究》,等等。

研究领域的拓展还表现在断代史的研究范围的扩大与深入上,以古代史(含中世、近世史)为例,20世纪90年代以后,研究范围扩及古代日本人族源、中日古代稻作文化、中日玉文化渊源、古代都城制度、儒学东传的变异、古代日本社会结构、古代日本家族制度、古代婚姻形态、中国古籍流传路途、江户时代町人文化、古代日本与东亚等,这些都是中国学者研究的课题。[①]

（三）展示集体实力的研究成果

由于人才的积累,不少日本研究机构形成了各自的学术团队,具有集体分工研究的实力。据笔者所知,东北师范大学历史文化学院的近世东亚思想史研究、北京大学历史系的德川时代史系列研究、南开大学日本研究院的日本现代化历程系列研究、天津社会科学院日本研究所的战后史研究、浙江工商大学东亚研究院的日本文化研究、亚太研究院的日本文化史研究,都建立了自己的人才梯队,近年来取得了丰硕的集体研究成果。这些成果,涉及某一断代或某一领域的各个方面,如北京大学的德川时代史系列,除了上述沈仁安的《德川时代史论》外,还出版了以下著作:《武士阶级与日本的近代化》(李文,2003)、《日本江户时代庶

---

① 宋成有:《中国的日本史研究(1997—2007)》,中华日本学会、南开大学日本研究院:《中国的日本研究(1997—2009)》(参考资料),2010年,第46页。

民伊势信仰研究》(刘琳琳,2009)、《武士道与日本的近代化转型》(唐利国,2010)、《日本德川时代货币制度研究》(周爱萍,2010)等。又如南开大学日本研究院的日本现代化研究,历经10年,最终完成了由杨栋梁主编的"日本现代化历程研究丛书"(共10卷),分别为《日本近现代经济史》(杨栋梁)、《日本近现代外交史》(米庆余)、《日本近现代政治史》(王振锁、徐万胜)、《日本近现代社会史》(李卓)、《日本近现代思想史》(刘岳兵)、《日本近现代文学史》(王健宜、吴艳、刘伟)、《日本近现代文化史》(赵德宇等)、《日本近现代教育史》(臧佩红)、《日本近现代绘画史》(彭修银)、《日本近现代对华关系史》(宋志勇、田庆立)。这套丛书用不同于西方的学术观,以中国人独特的视角,对近代以来的日本进行了全方位的、系统的探究和评析。这套丛书既反映了南开大学日本研究院的整体实力,又体现了当今中国日本史研究最新达到的水平。

当今显示中国日本史研究实力的另一表现是大型的系列研究平台的建立。如中国社会科学院的"中日历史研究中心文库"、南开大学日本研究院的"南开日本研究丛书"、复旦大学日本研究中心的"日本研究丛书"、浙江工商大学日本文化研究所的"中日文化研究文库"等。①

四、中日共同历史研究的实现

进入20世纪90年代以来,中日学者之间的交流频繁,互相参加彼此的学术会议成为常态,共同研究也日渐增多。

共同研究首举2006年底启动的"中日共同历史研究"。这项共同研究由中日两国各派10名学者参加,研究的是中日古代交往史、近代不幸史、战后史。此项共同研究至2009年完成了第一阶段的研究,分别写出了古代中世史、近现代史两部分报告(2014年,报告书的日文版在日本出版)。上述中日共同历史研究,因为是由中日两国政府主导的,带有浓厚的政治、外交色彩,虽然参加共同研究的两国学者间有不少共识,但由于各自必须站在各自国家的利益和立场上,上级部门在参加共同研究的人选方面也各有各的偏重,因此分歧和异见在所难免,一定程度上影响了研究的拓展和学术性的提升。与此相比,两国学者间的民间共同研究,则显得较为宽松。由王勇等中日学者共同策划、携手共著的10卷本《中日文化交流史大系》于1995年陆续问世,这是民间共同研究的成功典范。《中日文化交

---

① 蒋立峰、杨栋梁:《中国的日本研究现状与展望》,中华日本学会、南开大学日本研究院:《中国的日本研究(1997—2009)》(参考资料),2010年,第6页。

流史大系》共10卷,主编是周一良(中国)、中西进(日本),由浙江人民出版社和日本大修馆书店分别出版中文版、日文版。执笔者,日本方面多有学界名宿如池田温、源了圆、大庭修、上原昭一等;中国方面则多是年富力强者,且是各自学术领域的佼佼者。全书内容涵盖面广,包含历史、法制、思想、宗教、文学、艺术、民俗、科技、典籍、人物10个方面。各卷分主编,由中日各一名学者担任。各卷的撰写都采取中日学者合写方式,互相密切配合,彼此尊重对方主张,充分体现了中日两国学术界合作与文化交流的意图。

第四节 任重道远:建立中国的日本史研究体系

建立中国特色的日本史研究体系是我国日本史学界共同的诉求与目标。从老一辈学者开始一直都在为之努力,每位学者都在自己的教学、研究实践中不断探索。周一良先生曾对我国的日本史和世界史学界应持有各自的研究方法和研究观点有过深刻论述。他说:

> 我们在学术上要放眼世界,不能闭关自守、盲目自大,不能再满足于过去那样夸夸其谈,只谈规律、意义等抽象的大问题,而不去脚踏实地从具体问题具体史料搞起。另一方面,也不能妄自菲薄,看见人家五花八门的学说观点,就目迷心眩,丢掉历史唯物主义的根本道理。
>
> (研究历史的)方法和途径可以多种多样,最后用来解释历史的观点,还是两家:历史唯物主义和历史唯心主义。我们的态度是,在人类历史发展以及涉及理论性问题的根本解释上,应当坚持历史唯物论。但在某些问题上,只要是从实际出发的,实事求是的,持之有故言之成理的研究成果,都应该学习、吸收,为我所用。只有吸收一切有益的研究成果,才能丰富和发展马克思主义的历史科学。①

周先生虽然没有指出这些是建设中国特色日本史研究体系不可或缺的条件,但实际上,他所强调的治史的方法、理论、态度,都是建立中国特色日本史研

---

① 汤重南、宋成有:《周一良先生与新中国的日本史研究》,李玉主编:《新中国日本史研究的回顾与展望》,天津古籍出版社2012年版,第24页。

究体系绝不可缺的基本条件。

邹有恒先生对于中国特色的日本史研究体系也有明确的指示,他说:

> 中国的日本史研究要想打开局面,则必须建立中国特点,否则难以
> 冲破苏联史学界和日本史学界观点的影响,很难取得发言权。而要搞
> 中国特色,其前提是实事求是。要以中国的实际为依托,不迷信不盲
> 从,才能建立自己的日本史研究体系。[①]

归结到一点,确立具有中国学术特色的日本史研究体系的标志,就是要在日本的各主要历史时期的各领域,包括政治、经济、外交、文化、社会、思想、宗教、军事、历史事件、历史人物等,都提出经得起检验并得到国际学界认可的史论结合的中国人独有的日本史理论体系。

近30年来,中国日本史学会的全体会员遵照老一辈们的要求,向建立具有中国学术特色的日本史研究体系而努力。虽然已取得了很大的进步,但是实事求是地说,我们离最终建立具有中国学术特色的日本史研究体系还有一段距离,仍任重道远,尚须团结努力。

关于建立具有中国学术特色的日本史研究体系事,大家也时有讨论,尤其对"中国学术特色"的理解,从不同的视角和深度进行了探讨。虽然看法有差异,但大家一致认为,确立日本史研究的具有"中国学术特色"人才的聚积和培养,并保持长期稳定的学术梯队是关键之一。宋成有在《近十余年来的中国日本史研究概述》一文中,对建立学术梯队做了如下的界定:

> 其一,站在中国看日本,突出中国学人的立场、观点,并自成一家之
> 言,而非亦步亦趋地复制、转述外国学者的观点,甚至挟洋自重,傲视本
> 国学术界。其二,体现中国学人全方位的思维方式,具有审视全局的大
> 气度和大格局;将局部与整体、点与面辩证地联系起来思考,综合地而
> 非孤立地、完整地而非零散地把握研究对象,探讨其来龙去脉;知其然
> 亦知其所以然,明其事也明其理。其三,研究与应用相结合,以外国的
> 历史经验教训为他山之石,为我所用,有所区分、有所选择、有所梳理、

[①] 周颂伦、杨孝臣:《修身见于世、独善之间谋兼善——记邹有恒先生》,李玉主编:《新中国日本史研究的回顾与展望》,天津古籍出版社2012年版,第57页。

有所发掘,而非囫囵吞枣,自我矮化或者不分青红皂白地顶礼膜拜。其四,是用准确、流利的汉语撰写文章,而不是用原封不动地照搬日语汉字词汇,"协和语"充斥字里行间,等等。①

笔者完全赞成宋成有的上述观点。但除上述观点外,笔者认为如下2点也有强调的必要,即:研究梯队中的每一名成员,都应具有扎实的通史功底,并以此为基础,对日本史的某一断代或某一专题有深入的研究,而不是古代史学者不知或不甚知近现代史,近现代史学者不知或不甚知古代史(古代、中世、近世);在研究方法上,既要多"蹲"下来做微观考证,又要能"站"起来做宏观的归纳和总结。

对于研究梯队能否顺利建立,老实说笔者很担忧。近些年来,年轻学者不是不想踏踏实实地搞学问,而是浮夸、焦虑之风使不少年轻学者无法静下心来为学术而奋斗。浮夸、焦虑是因为需要生存,人们被房贷、职称、课题等压得透不过气来,不得不写急就章,不得不写好发的文章。有了数量,才能评上职称,至于评上职称后,又由于各人的原则不同,各人的表现各不相同。有的人踏踏实实做学问;有的人随波逐流,到处刷存在感,推销自己;有的人则忙着到处讲课赚钱;等等。总之,浮夸、焦虑之风不除,日本史研究梯队的建立无望。

第五节　当前日本史研究中的问题

改革开放以来,中国的日本史研究取得了骄人的成绩,研究成果无论在数量、质量上,抑或在领域的宽度、深度上都达到了前所未有的高度。今天,我们在肯定成绩的同时,也应看到存在的若干问题。

现在的问题首先是史学理论问题。宋成有曾于2010年对中国在日本史研究的史学理论和研究方法上取得的进步予以肯定,但同时他也严肃地指出,随着浮夸、浮躁之风的影响,进入21世纪后,"有关日本史的史学理论和研究方法的探讨却在渐行渐远,淡出人们的视线"。"在今后较长的时期内,这个课题依然会既是一个寂寞的学术空白点,也是一个富矿深藏的创新点。"面对淡化史学理论的情况,他呼吁:"(中国)日本史研究最急切的任务之一,是尽快推出史学理论和研究

---

① 宋成有:《近十余年来的中国日本史研究概述》,李玉主编:《新中国日本史研究的回顾与展望》,天津古籍出版社2012年版,第444—445页。

方法论的研究著作。"

没有理论就没有历史科学。中国的日本史的史学理论探索问题,确实应该引起学界同人更多的关注。关于如何解决这一问题,宋成有提出:

> 中国日本史新生代,若能在先学发表多篇介绍、评述和研究的论文基础上,运用史学理论和丰富的史论,写出中国学者的日本史研究史学理论和方法论的学术专著,则不仅有学术价值,更有将国内日本史研究推上新台阶的意义。[①]

在宋成有呼吁重视日本史研究的理论建设时,新生代学者刘岳兵已经走在探索日本史研究理论的路上了。2015年,他出版了《"中国式"日本研究的实像与虚像》一书,对日本史研究理论进行富有特色的研究,对存在的问题,展开了尖锐而坦诚的评述。他说:"中国日本史研究,目前面临两大瓶颈,即史料的瓶颈和理论的瓶颈。"他认为:"(史料的瓶颈和理论的瓶颈)两者不能分治,必须兼攻。原典意识的强化和方法论的自觉,只有打成一片,才能别开生面。……如何去开采这个'富矿',我想史学史研究或许是一条捷径。理论和方法本来就是历史形成的,还原的过程也是启新的过程。"[②]他还认为,要重建中国日本史研究的学术传统,必须夯实中国日本史研究的学科基础,而夯实学科基础的根本途径是"回归原典"。"不在'原典日本'的解读与翻译上下功夫,不在建设系统的中国日本史史料上下功夫,无论是个人还是集体或国家,我们的日本研究都难以深化。"

笔者认为,要建成中国特色的日本史研究理论和方法,其基础应是史料(包括原始史料和学术著作),并对中外学界的以往研究有透彻的认识、理解,同时要有实事求是的治学态度与方法。史学理论是严谨治史之后的结果。正是由于我们基础功底的薄弱,所以真正称得上实证有发现、分析有深度、理论有创新,并且在国际上有影响的学术精品不多。

其次是研究人才资源和资料配置不够合理。研究人员主要集中在东部地区,特别是东北、京津、沪浙、闽广地区。二三线大学的日本史研究,"单兵作战"较为普遍,缺乏研究力量的整合。同时,多数地区研究资料匮乏。

[①] 宋成有:《中国的日本史研究理论与研究方法演进30年综述》,李薇主编:《当代中国的日本研究(1981—2011)》,中国社会科学出版社2012年版。

[②] 刘岳兵主编:《日本的宗教与历史思想——以神道为中心》,天津人民出版社2015年版。

再次是国际学术交流有待深化,尤其是通过共同研究取得共识的学术成果较少。今后,对外交流应重质量轻数量、重内容轻形式,在原有基础上更趋深化。

除了上述存在的问题外,还应注意到日本史研究中还存在着一种隐患,那就是研究重点的严重失衡。以博士论文为例,笔者对中国国家数据图书馆所藏1990—2008年的博士论文做过调查,与日本史相关的论文有114篇,按历史时期划分,古代9篇,中世5篇,近世7篇,近代19篇,现代13篇,战后(包括现状)61篇。战后的论文占了53.5%,古代至近世占18.4%,近现代占28.1%。再进一步细分战后的61篇论文的选题内容,其中日本外交22篇,政党政治13篇,经济6篇,社会思潮6篇,教育1篇。统计数字说明:在20世纪末至21世纪初的近30年里,国内培养的日本史博士生大多数把战后史和现状作为专业的主攻方向,而战后史和现状的研究又注重于外交、政党、政治。虽然说历史研究要为现实服务,人才结构和课题要体现"厚今薄古",战后部分占多数并不为过,但是如果把现状当作历史研究,必将导致研究重点的失衡。如若失衡继续发展下去,就会导致中国日本史研究人才的整体结构失衡,产生前近代史逐渐少有人甚至无人研究,而战后、现状的研究人才集聚,研究课题又集中于外交、政党、政治,导致研究重复,资源浪费。同时,选题不可避免地受政治、外交环境的影响,难免有追风之作、浮躁之作产生。这种现状若不引起重视,任其发展,最终必将影响中国的日本史研究结构的合理发展和整体研究水平的提升。

中　编

中国第一个研究日本史的民间学术团体
——参与1979—2000年间学会活动的自述

在叙述正文前,有必要慎重说明:中国日本史学会从筹备、成立、发展,自始至终是全体会员的共同努力,特别是历届理事长(会长)、副理事长(副会长)、正副秘书长、常务理事都做出了很大贡献。本编所叙内容,仅为笔者先后担任副秘书长、秘书长、副会长、常务副会长期间亲历、亲为之事。这些学术活动成功的基础是集体的团结协作,笔者只是执行者和推动者,其中对人和事的评论,也只是个人的观点。

自20世纪80年代起,中国出现了日本史研究热。这种研究热的显现,除与学术环境的优化和学者们的自身努力密不可分外,还有不可忽略的重要因素是研究单位之间、学者之间的交流与合作。民间学术团体对这种交流与合作起了桥梁作用。中国的日本史学界的民间学术团体,就是成立于1980年的中国日本史学会(初名为中国日本史研究会)。它是中国历史上第一个研究日本历史的民间学术团体。其建立以后,对促进中国的日本史研究事业方面所起的作用是十分显著的。中国日本史学会的活动,从另一侧面反映了新时期中国的日本史研究的状况。

中国日本史学会①从1980年成立以来已有40余年。40余年来,对于中国日本史研究的发展与进步,该学会发挥了一定的推进作用,在中国的日本史研究史中,应有其相应的地位。因此有必要将其发展和活动的相关史事记录在案。这里仅就我所知和直接参与组织、策划的1979—2000年间的一些学术活动情况,做一简略的回顾。我未参与的学会活动,皆不在此文中记叙。

---

① 学会在筹备、成立之初时,皆称"中国日本史研究会",第二届年会时,正式决定改名为"中国日本史学会"。

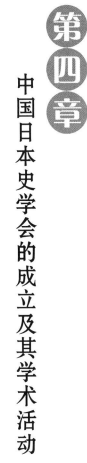

第四章

中国日本史学会的成立及其学术活动

第一节　中国日本史学会的成立

一、筹备

中国开始允许组织民间学术团体,是在20世纪70年代末80年代初。这是一种新生事物。最早公开提倡成立研究会,是在1978年6月,我作为代表之一在北京参加了座谈会。当时,中国社会科学院的于光远同志在他的报告中曾明确倡议建立学术研究会。就是在这种氛围下,在1979年,中国日本史学界就有人开始商谈筹组学术研究会的事。当年4月,中国社会科学院召开世界史研究规划座谈会,与会的吴廷璆、邹有恒、万峰、沈仁安诸位先生就关于成立日本史研究会事进行初步磋商。以后又经过多次联络和会商,时机逐渐成熟。对此,沈仁安有这样的回忆,他说:

中国日本史学会是1980年在天津召开成立大会,也是第一次学术会议,在这以前经过了一个酝酿和筹备的过程。记得在这以前的一年夏天,吴廷璆先生大概是来北京开会,开完会后到北大(北京大学),住在朗润园的专家招待所,我去看他。他又约了世界历史研究所的万峰同志,一天傍晚,我们三人在招待所前面湖边的草地上席地而坐,商量筹建日本史研究会的事(当时还未称为史学会)。这可能是最早的酝酿吧。后来就有了在北大历史系会议室召开的由各地各方面代表参加的正式的筹备会议。①

沈仁安的回忆没有确切的时日,似应是1979年4月,世界史研究规划座谈会举办前后。若将他的回忆与我的记载对照,我认为吴、万、沈在北京大学会商的时间,一种可能是在世界史研究规划座谈会前,即规划会期间磋商的前奏;另一种可能是在规划会后,目的是三方为落实世界史研究规划座谈会期间达成的共识,进一步磋商召开全国筹备会事。不管是哪一种情况,都说明在中国日本史研究会的筹备过程中,中国社会科学院世界历史研究所、南开大学、北京大学起了核心作用。

全国性的筹备会议于1979年7月4日在北京大学召开。根据我的手记和回忆,主要参加单位中,社科系统有中国社会科学院世界历史研究所、天津社会科学院日本研究所;大学系统有北京大学、南开大学、辽宁大学、东北师范大学、吉林大学、复旦大学、陕西师范大学等。各单位的代表有吴廷璆、邹有恒、胡锡年、吴杰、万峰、莽景石、沈仁安、王金林等。周一良先生虽然未参会,但在会议期间他与各位代表见了面。

筹备会的议程有3项。第一项议程是各单位介绍基本情况和今后规划。第二项议程是对成立全国性日本史研究会的必要性和迫切性进行讨论,代表们对这一议题的态度颇为热烈。大家一致认为,成立全国性日本史研究团体对于推进我国的日本史研究,加强各单位间的合作和信息交流都是必要的,期望能早日成立。第三项议程是对日本史研究会章程(草案)进行讨论,该草案是以中国社会科学院世界历史研究所万峰为首的多位日本史同人参照国内外相关资料草拟的。大家经过讨论,提出了具体意见,建议再做进一步修改后递交成立大会审议。筹备会最后在大家同意及早成立并举行首届大会的前提下,商议了中国日本史研究会成立大会暨第一届学术会议的时间和地点问题。在商议中,关于成立大会的时间,大家认为这取决举办地点和举办单位,即使举办单位确定,也还有诸多的事情要准备,因此筹备会难以确定具体时间。至于由哪一单位承办的问题,当时北京大学、中国社会科学院世界历史研究所的代表都表示在会议申报、经费申请等方面都有一定的困难,因此成立大会在北京召开似有难度。与此不同,时任辽宁大学日本研究所的莽景石所长则热忱地表示欢迎放在沈阳召开。

---

① 沈仁安:《结缘"日本历史"五十载》,李玉主编:《新中国日本史研究的回顾与展望》,天津古籍出版社2012年版,第180页。

根据当时的情况,中国社会科学院方面代表认为,虽然在北京召开有难度,但毕竟是首届大会,还是放在离北京近的地方开比较好,以便有事时可以就近及时请示。离北京近的地方当然是天津了。在天津召开的话,承办单位理应是南开大学,大家最初的意见也是力推南开大学来办。可是,吴廷璆先生却力荐由天津社会科学院来承办。看到吴先生坚持,与会者也相继表示赞成。问题是天津社会科学院会接下这个重任吗?我是天津社会科学院的代表,于是大家转而问我:"行吗?"这样重大的事,就我的身份和地位,当然是无法当场做出行与不行的回答的。我只是说:"我院刚成立不久,承办全国性学术会议,估计领导会重视,但最终能否应承,我得回去汇报请示。"

筹备会一结束,7月6日我便带着大家的期许返回天津。7月7日,我向院领导汇报。院长及院办公室等领导认真详细地听取了情况汇报。我把北京大学筹备会议的主题,各地教育、研究单位的现状,以及筹备会议多数代表期望由我院承办中国日本史研究会成立大会暨第一届学术讨论会事,做了详尽的陈述。听完汇报后,院领导问我:"大会预计多少人参加?会期多长?经费预算要多少?"我说:"大会规划拟为100人,会期7天左右。"至于经费预算,院领导当场做了估算,认为起码要1万元(当时是一个相当不小的数字)。院长最后说:"现在的问题:一是经费;二是我们不能以地方的名义开全国性的会议,需要请示。"当场指示我尽快写一份书面报告,阐明会议意义、内容、会期、大致经费预算等,以便院务会议讨论并上报天津市委。不久,经院务会议研究正式决定,天津社会科学院同意承办中国日本史研究会成立大会暨第一届学术讨论会,并报请中共天津市委批准。

经过相当时日,最终等来了市委宣传部的下文,同意由天津社会科学院承办中国日本史研究会成立大会暨第一届学术讨论会,并由市财政划拨经费2万元。

得到复函后,在院办公室领导下,天津社会科学院很快成立了会议筹备组。筹备组成员由院办公室、行政处、日本研究所派人组成。院办公室召开了筹备组会议,对具体事务做了分工。参加筹备组成员大多曾在市政府行政部门工作过,都有筹备、承办大型会议的经验。我是筹备组的主要成员之一,负责学术方面的事务。此后筹备事务都顺利而有序地推进。

二、成立大会

在紧张的筹备之后,中国日本史研究会成立大会暨第一届学术讨论会于1980年7月10—18日在天津隆重召开(见图4-1)。

　　参加会议的有中国社会科学院世界历史研究所、中国社会科学院历史研究所、中国社会科学院考古研究所、吉林省社会科学院日本研究所、吉林大学日本研究所和历史系、东北师范大学外国问题研究所和教育研究所、辽宁大学日本研究所和历史系、天津社会科学院日本研究所、南开大学历史研究所日本史研究室、北京大学历史系和亚非研究所、北京师范大学历史系、北京外国语学院、外交学院、现代国际关系研究所、中共中央对外联络部日本处、天津师范学院、河北师范学院、哈尔滨师范大学、延边大学、山西大学、山西师范学院、陕西师范大学、青海师范学院、山东大学、安徽大学、南京大学、扬州师范学院、复旦大学、杭州大学、江西大学、江西师范学院、郑州大学、武汉大学、华中师范学院、西南师范学院、昆明师范学院、广西壮族自治区社会科学院等研究机构和高等院校的代表，人民出版社、商务印书馆、世界知识出版社、光明日报社、《历史研究》编辑部、《世界历史》编辑部、《历史教学》编辑部、上海译文出版社、辽宁人民出版社、吉林人民出版社、天津人民出版社、新华社天津分社等新闻出版单位的代表，以及上海历史学会、天津市委宣传部等54家单位的代表，共90余名代表。①

图4-1　中国日本史研究会成立大会合影

　　会议期间，中国社会科学院副院长宦乡到会做了关于日本史研究问题的报告。世界史研究所所长刘思慕对今后开展日本史研究工作做了讲话。世界知识

---

① 经过多年发展，不少高校和机构都已更名。为了如实叙述当年学术会议的举办情况，本书统一使用当年各高校和机构的名称，后文同。

出版社郑森禹、中日友协顾问赵安博、外交部亚洲司副司长肖向前等,分别就日本形势、战后日本史等问题做了专题报告和发言。时任天津市副市长白桦、市委宣传部副部长沈其朋先后出席了会议并讲话。时任天津社会科学院副院长吴雨也出席了会议。

大会收到了日本"中日关系史研究会"发来的贺电,时任中日友好协会副会长张香山、时任台湾民主自治同盟副主席李纯青、正在日本考察的中国社会科学院世界历史研究所亚非拉研究室主任万峰、现代国际关系研究所潘在微等分别来电来函,祝贺大会的召开。

大会讨论并通过了《中国日本史研究会章程》,选举产生了研究会理事23人(其中保留台湾地区理事1人)。一致推举刘思慕为名誉理事长;聘请张香山、李纯青、郑森禹、赵安博、孙平化、肖向前等为顾问;推举吴廷璆为理事长,邹有恒、周一良、吴杰、田琛为副理事长;任命万峰为秘书长,王金林、任鸿章为副秘书长。

研究会会址设在天津社会科学院。会议决定出版会刊《日本史研究》,并决定第二次代表大会暨日本史学术讨论会在辽宁沈阳举行,由辽宁大学日本研究所主办。

理事会成立后,理事会成员讨论了本会的工作,并提出今后6项研究重点,即:日本古代史研究;日本近代史研究;日本现代史研究;日本战后史研究;中日关系史研究;编纂日本历史辞典。

依据中国日本史研究会章程,研究会的性质是"国内日本史工作者自愿组成的有关日本史研究的学术团体"。经理事会讨论,研究会的主要职责有5点:一是通过各种可行方式,广泛联络、组织和团结全国日本史研究者,共同努力,推进我国日本史研究的深入开展;二是促进各日本史研究单位的研究计划的交流和协调;三是组织切实可行的协作项目和共同研究;四是组织各种类型的学术讨论会;五是开展国际学术交流。

会议决定,研究会的事务由理事长、副理事长主持,秘书长、副秘书长协助工作。研究会有23名理事,由理事长、副理事长等组成常务理事会,下设办公室,由秘书长主持日常事务,副秘书长协助执行。

成立大会在全体代表的共同努力下圆满闭幕。大家对天津市委和市政府对这次会议的大力支持,表示由衷的感谢;对天津社会科学院办公室、行政处、日本研究所、南开大学历史研究所日本史研究室的同志的服务工作,表示诚挚的谢意。

三、第一届学术讨论会

中国日本史研究会成立大会期间,举行了第一次日本史学术讨论会。来自全国各省、市的70多名日本史研究者、专家、教授,向大会提交了50篇论文。会议根据论文的不同内容,成立了4个专题讨论小组:日本古代史组主要讨论了"邪马台国"、日本奴隶社会与封建社会的分期等问题;日本近代史一组主要讨论了明治维新的性质及其断限、对西乡隆盛等的评价等问题;日本近代史二组主要讨论了日本资本主义的原始积累、对锁国政策的评价、日本民族活力在实现近代化过程中的作用、对幸德秋水的评价、田中奏折的真伪、"九一八事变"策划者等问题;日本战后史组主要讨论了战后改革的评价问题。

与会同志解放思想、畅抒己见,贯彻了百家争鸣的精神。

周一良先生及各小组召集人在大会上就讨论情况做了汇报发言。大会收到的论文由各单位联系发表。生活·读书·新知三联书店选编了部分论文,出版了《日本史论文集》。论文集共收录24篇论文,其中古代5篇,中、近世4篇,近代10篇,战后3篇,史学史2篇。

中国日本史研究会章程

一、本会为国内日本史工作者自愿组成的有关日本史研究的学术团体

二、本会宗旨

团结我国日本史工作者,在马列主义、毛泽东思想指导下,贯彻党的双百方针,大力开展日本史的科学研究活动,以期有所成就、有所创新,多出人才、多出成果。通过史学研究,增进中日两国人民和两国史学工作者的友谊,为贯彻执行我国外交路线和实现社会主义现代化建设做出贡献。

三、本会任务

1. 广泛联系、组织国内研究日本史的有关机构专业人员,促进各单位日本史研究计划的交流和协调,组织切实可行的协作和共同研究项目。接受和承担国家或有关单位委托的科研任务。

2. 组织学术讨论,开展学术(包括图书资料)交流活动;推进专题研究和史料的收集、编译、出版等工作,向出版单位推荐研究成果。

3. 鉴定本研究会和委托单位的重要科研成果。

4. 加强日本史研究队伍的建设,调动一切有利于开展日本史研究

的积极因素,发现和培养人才。

5. 出版会刊。

6. 开展必要的国际学术交流活动。

四、会员

1. 个人会员:凡从事本专业和有关专业的科研、教学和其他人员,由本人申请,经本会同意,即可成为本会会员。

2. 团体会员:凡本专业的科研机构、教学及其他单位,得自愿加入本会,成为团体会员。

3. 名誉会员:与本学科有关的国内外著名史学家、社会活动家,可邀请为名誉会员。

4. 赞助会员:国内外热心资助或以各种方式协助本会工作的非本专业的团体或个人,可成为本会赞助会员。

5. 会员权利和义务。

有选举权和被选举权;有参加本会所组织的学术活动,接受本会分发的研究资料及优待订阅会刊的权利;有对本会工作提出批评和建议的权利。有支持本会组织和安排的各项工作的义务。

五、机构

1. 本会由会员代表选出理事若干人,组成理事会,领导本会工作。理事会互选理事长一人,副理事长若干人,秘书长一人,并由理事会任命副秘书长若干人。

2. 理事会每两年改选一次,理事可连选连任。

3. 理事会每年开会一次,研究安排本会工作。平时可以通信联系代替会议。

4. 理事会下设办公室,为本会常设机构。办公室由秘书长负责组成,报请理事会批准。办公室在秘书长领导下,负责处理日常事务,包括吸收会员工作在内。

5. 本会可在各地区设分会。

六、会刊

会刊定名为《日本史研究》,暂定为年刊,发表学术论文、研究报告、重要研究资料。同时出版《日本史研究通讯》,介绍国内外史学动态和书刊评介,以及反映会员的意见和建议等。

七、会议

会员代表会议,每两年召开一次,总结会务工作,改选理事会成员。
会员代表会议尽可能和学术年会结合进行。

学术讨论大会,每两年召开一次,主要是举行学术讨论活动。

八、本会为世界史学会的团体会员

九、本会会址设在天津社会科学院

中国日本史研究会第一届理事会成员名单

名誉理事长　刘思慕

顾　　问　张香山　李纯青　郑森禹　赵安博　孙平化
　　　　　　肖向前

理　事　长　吴廷璆

副理事长　邹有恒　周一良　吴　杰　田　琛

秘　书　长　万　峰

副秘书长　王金林　任鸿章

理　　　事　万　峰　马家骏　田　琛　吕万和　伊文成
　　　　　　朱守仁　任鸿章　吴　杰　吴廷璆　汪　淼
　　　　　　沈仁安　陈本善　邹有恒　张声振　杨柏华
　　　　　　周一良　俞辛焞　姜晚成　胡锡年　高兴祖
　　　　　　程万里　童云扬
　　　　　　台湾地区理事一名(暂缺)

参加中国日本史研究会成立大会及第一届学术讨论会代表名单(部分)

特邀代表

姓名	职务或职称	工作单位
刘思慕	所长	中国社会科学院世界历史研究所
郑森禹	社长	世界知识出版社
赵安博	顾问	中共中央对外联络部
肖向前	副司长	外交部亚洲司
王仲殊	研究员	中国社会科学院考古研究所

代表

吴廷璆	教授、所长	南开大学历史研究所
田　琛	副院长	天津社会科学院
邹有恒	教授	东北师范大学外国问题研究所
吴　杰	教授	复旦大学
周一良	教授	北京大学
汪向荣		中国社会科学院世界历史研究所
姜晚成		商务印书馆
程万里	研究员	现代国际关系研究所
于清高		现代国际关系研究所
刘万镇		中共中央对外联络部
吕永和	助理研究员	中国社会科学院世界历史研究所
汤重南	助理研究员	中国社会科学院世界历史研究所
杨丽华	助理研究员	中国社会科学院世界历史研究所
李　玉	讲师	北京大学历史系
沈仁安	讲师	北京大学历史系
王汉昌	讲师	北京大学亚非研究所
马家骏	副教授	北京师范大学历史系
韩文娟	讲师	北京师范大学历史系
杨柏华	讲师	外交学院
刘文英	副教授	辽宁大学历史系
任鸿章	副所长	辽宁大学日本研究所
张玉祥	副教授	辽宁大学日本研究所
朱守仁	副教授	辽宁大学日本研究所
禹硕基	讲师	辽宁大学日本研究所
刘天纯	讲师	辽宁大学日本研究所
金基凤	讲师	延边大学历史系
李书成		北京外国语学院亚非语系
夏应元		中国社会科学院历史研究所
汪　淼	讲师	吉林大学历史系
陈本善	副教授	吉林大学日本研究所
吕永清	讲师	吉林大学日本研究所

冯瑞云	讲师	吉林大学日本研究所
伊文成	副教授	东北师范大学外国问题研究所
王 桂	讲师	东北师范大学教育研究所
杨孝臣	讲师	东北师范大学外国问题研究所
郎维成	讲师	东北师范大学外国问题研究所
李树藩	所长	东北师范大学外国问题研究所
高书全	助理研究员	吉林省社会科学院日本研究所
张声振	副研究员	吉林省社会科学院日本研究所
谭秉顺	讲师	山东大学历史系
赵连泰	副教授	哈尔滨师范大学历史系
叶昌纲	讲师	山西大学历史系
李世琮	讲师	山西师范学院
胡锡年	副教授	陕西师范大学
郑庆云	讲师	陕西师范大学
吕叔和	讲师	郑州大学
高兴祖	讲师	南京大学历史系
杭 舟	讲师	扬州师范学院历史系
孙仁宗	讲师	杭州大学历史系
胡洽坤	讲师	安徽大学历史系
童云扬	讲师	武汉大学历史系
王宏吉	讲师	华中师范学院
刘若翰	讲师	昆明师范学院历史系
王兴运	讲师	西南师范学院历史系
方安发	讲师	江西大学
王文超	讲师	江西师范学院历史系
韦启孙	干部	广西壮族自治区社会科学院
潘达钧	讲师	青海师范学院
俞辛焞	讲师	南开大学历史研究所
王文定	讲师	天津师范学院历史系
刘剑乔		天津社会科学院日本所
吕万和	副所长	天津社会科学院日本所
周启乾		天津社会科学院日本所

王金林		天津社会科学院日本所
李　华		天津社会科学院图书馆
聂长振		天津社会科学院日本所
武安隆	讲师	南开大学历史研究所
王家骅		南开大学历史研究所
马新民		中国社会科学院世界历史研究所

新闻出版单位等代表

陈清泉	编辑	光明日报社
陈应年	编辑	商务印书馆
张郁兰	编辑	人民出版社
杨慧梅	编辑	人民出版社
李玉奎	编辑	《历史研究》编辑部
王家宝	助理研究员	《世界历史》编辑部
毛良鸿	编辑室副主任	上海译文出版社
杨复保	记者	新华社天津分社
章以淦	编辑	天津人民出版社
俞慈韵	编辑	吉林人民出版社
迟达明	编辑室主任	吉林人民出版社
郑先进	干部	天津市委宣传部
武克全	干部	上海历史学会
黄　斌		中国社会科学院世界历史研究所科研处

第二节　成立大会后研究会的活动

一、研究会办公室运行准则和流程

　　成立大会后,研究会办公室开始进行日常事务工作。由于秘书长万峰在北京,副秘书长任鸿章在沈阳,因此常务工作自然落在作为副秘书长的我的肩头。天津社会科学院日本研究所日本史研究室的张健、赵德宇等都协助参与过具体工作。我们为研究会服务都是义务的,不取任何报酬,并且都是在正常的研究业务之外的时间进行的。

我们办公室的工作流程,首先是秉承理事长、秘书长的指示,积极主动地实施理事会决定的6项研究工作。有时我们考虑到某些工作有必要开展,便主动向理事长、秘书长请示。请示的形式或为直接请示,或为书信请示。由于理事长吴廷璆先生在天津,向他请示以直接为主。秘书长万峰在北京,向他请示多用书信,他的指示有时直接以写信的方式传达给我,但大多由汤重南转达。因此,汤重南先生实际上参与了研究会的日常事务工作。

当初的工作对我们来说困难是很大的,第一是缺乏会务经验,第二是经费问题。初期研究会并无行政经费,办公用品大多由天津社会科学院配给。后来虽然由世界历史研究所科研处下拨给研究会经费,但初期每年只有3000元,后虽逐年增多,每年最高也只有6000元。这笔经费由天津社会科学院财会处管理,还要抽一定的管理费。

从当时我国日本史研究的实际情况考虑,研究会办公室本着少花钱(甚至不花钱)的原则,推动学术活动的开展。我们开展的首项工作是搜集北京图书馆和上海图书馆的日本史藏书目录,并整理了北京图书馆《日本史藏书目录》,便于会员查阅。根据会章中关于会刊的决定,出了一期《日本史研究》会刊(见图4-2)、若干期《日本史研究通讯》。

图4-2 《日本史研究》第一期

此外,根据会章关于积极组织、开展学术活动的规定,研究会在1981—1987年间几乎每年都举行学术活动。

二、第二次理事(扩大)会(芜湖会议)

1981年5月4—7日,第二次理事(扩大)会在安徽芜湖召开。此次会议得到了安徽师范学院(今安徽师范大学)历史系的支持和帮助。

参加此次会议的有理事17人,扩大参会者3人,各出版社代表5人,安徽师范学院历史系2人。会议由理事长吴廷璆,副理事长邹有恒、吴杰相继主持。

此次理事会着重对自研究会成立以来的工作及我国现有的日本史研究队伍的实力进行了评估。首先,大家肯定研究会在发展会员、扩大队伍方面取得了一定的成绩。1980年7月在天津开成立大会时,会员有130余人,截至1981年4月已经有180余人。有不少高等学校和研究机构有关日本史教学和科研的同志相继参加。东北师范大学邹有恒先生举办的日本史讲习班结业后,全体学员加入了研究会。同时,研究会在各方面的联系工作还在继续进行。

科研成果方面,与会者一致认为近年来收获较大。《日本史论文集》已经编成,交生活·读书·新知三联书店出版。《世界历史》编辑部编成了《明治维新的再探讨》一书,已交中国社会科学出版社出版。研究会还印行了《日本史研究通讯》2期,加强与会员的联系。天津会议上的学术论文已有不少在《历史研究》《世界历史》,以及各高等学校的学报及专门刊物上发表。万峰的《日本近代史》增订本已经印成,有40余万字,除文本有增补外,还加了年表等附录。天津社会科学院日本研究所翻译的《日本外交史》(信夫清三郎编)在商务印书馆出版。胡锡年在1967年前译成的《日中文化交流史》(木宫泰彦著)也在商务印书馆出版。复旦大学《亚洲新巨人》翻译组翻译的《亚洲新巨人》(休·帕特里克等主编)上册,已在上海译文出版社出版。东北师范大学出版了《外国问题研究》2期,载有数篇日本史论文。天津社会科学院日本研究所继续出版了《日本情况参考资料》。北京大学历史系世界史专业编的《国外史学动态》第9期主要介绍了日本律令社会研究概况及日本史学界研究亚细亚生产方式的历史和现状。武汉大学历史系编印了《日本古代中古史教学参考资料》。复旦大学日本史组编印了《三年来有关日本的论著与论文索引(以日本史为主)》。在半年多的时间内有这些论著、译书和资料出版,成果不能算少。

不少人认为,日本史研究会是一个会员较多、实力不俗的学术团体。今后要建立一种优良的学风,搞好各项科研重点项目,相互协作,做出更多的成绩来。

关于如何提高日本史研究水平的问题,与会者一致认为,这是研究会面临的一个非常重要且十分迫切的课题。新中国成立以后,日本史研究领域有了可喜的发展。但是,就目前的状况来看,与世界主要国家对日本史的研究相比,存在着一定的差距。怎样用马克思主义的观点辩证地论述日本各个时期的历史,是时代赋予我们的责任,需要我们艰苦奋斗。

关于要不要办《日本史研究》刊物的问题,会上有争论。一部人认为组稿、编辑和印刷都有困难。但吴廷璆、邹有恒等先生都主张要办,并且作为研究会的学报,一定要办好。经过充分讨论,后来意见逐渐统一,最后一致同意要克服困难,争取出版。不过有的人主张要保证一定质量,并且与国外交流,反映中国研究日本史的水平。有的人一方面希望学有专长的会员尽量以高质量的稿件优先供给《日本史研究》,另一方面希望刊物能顾及初学者的研究成果,相应刊载,培养后学。还有的人希望写稿会员以大局为重,不要因为个人稿件的刊载与否,造成编辑的为难处境。最后决定:先暂定内部发行,逐步争取做到公开发行;先暂定不定期,逐步做到定期;先暂定不付稿酬。总之,要坚持长期地办好我国日本史学界的百花齐放的园地。① 在发言中,吴廷璆先生介绍了在天津举行的亚细亚生产方式讨论会的情况,特别提到了意大利的梅洛蒂在《马克思与第三世界》一书中有关日本的见解。马克思曾经指出:"日本有纯粹封建性的土地占有组织和发达的小农经济。"梅洛蒂就以此为论据,认为日本和欧洲是同一类型,所以能够走上资本主义道路,和其他亚洲各国并不一样。但这种说法只是寻章摘句,没有全面反映日本史的真实面貌,所以要以马克思主义为指导思想,联系具体的历史实际进行分析研究,才能揭示日本史的发展规律。吴杰先生也认为,日本的史学界有各式各样的学派,即使自称为马克思主义者的日本史学家,也不免或多或少存在着偏见,或者摆脱不了所属学派的传统见解。因此,特别要学习马克思主义,不断提高理论水平,并深入分析日本的原始史料,然后提出自己的见解。

三、1981 年 10 月理事长、秘书长会议

1981 年 10 月 26—27 日,研究会理事长、秘书长会议在天津举行。会议着重研究了研究会第二届年会的有关问题。出席会议的有理事长吴廷璆,副理事长邹有恒、周一良、吴杰、田琛,秘书长万峰,副秘书长王金林、任鸿章。

---

① 《日本史研究》于 1982 年出了第 1 期,所载论文有:邹有恒的《古代日本"邪马台国"所在地争论浅见》、张声振的《"景初二年"析》、王金林的《从〈魏书·倭人传〉看邪马台国的社会性质》、刘毅的《推古朝中日关系浅论》、戴禾的《〈日本遣唐使者小考〉考》、张玉祥的《关于中世纪加贺国一向宗门徒起义的几个问题》、宋成有和沈仁安的《明治维新前后中国对日本的影响》。由于研究会无办刊经费并存在人力问题,此后一直未能续刊。

会议经过充分讨论,对下述问题,取得了一致意见。

第一,关于第二届年会的时间、地点和主持单位。根据第一届年会纪要,第二届年会决定在沈阳召开。与会者一致同意上述决定不变。时间初步定于1982年7月底8月初,会议由辽宁大学日本研究所负责主持。会议经费由辽宁大学日本研究所设法解决。上述意见,已得到辽宁大学日本研究所积极支持。会议委托研究会副秘书长任鸿章负责下届年会的筹备工作。会议的规模拟为一百二三十人。

第二,关于第二届年会的任务。会议商定第二届年会的任务主要有3个:一是改选本会理事长和秘书长;二是组织学术讨论;三是举行研究、教学经验交流。

学术活动侧重3个方面的交流,即:本会各断代史部会的研究情况;有关国外史学界对日本史研究的情报;日本史教学和科研经验的交流。会议要求各断代史部会指定专人为上述交流内容做好充分准备。

第三,关于第二届年会的议程。初步议定主要议程为:(1)研究会2年工作报告;(2)学术讨论和交流;(3)选举产生研究会下一届领导机构。

第四,关于代表的产生。根据研究会会章,凡本会会员都有权利参加年会活动。但因会场等条件限制,不可能满足全体会员的要求。与会者认为,考虑到今后日本史研究的发展,代表的名额既要照顾各专门研究机构、重点高等院校,也要考虑各个地区的代表性,因此拟按地区产生代表。为了做好此项工作,会议要求各会员(单位)在1982年3月15日前将各单位参加年会的名单报辽宁大学日本研究所。会议委托辽宁大学日本研究所根据报名情况,统一平衡,确定参加者名单,并通知本人及其所在单位。

第五,关于研究会办公室所在地问题。第一届年会决定研究会办公室设在天津社会科学院内。2年来,天津社会科学院领导多方面给予支持,该院日本研究所为研究会学术活动的开展做了不少工作。此次会议期间,天津社会科学院日本研究所的同志提议,自下届年会起办公室实行轮流设置。对此,与会者经过讨论和研究,提出几个方案:一是办公室设在理事长所在单位;二是每届年会确定本届办公室地点;三是按主持年会单位轮流;四是为保持研究会会务的一贯性,继续设在天津社会科学院内。与会者一致认为,此问题应通过代表大会讨论做出决定。

第六,关于理事长、秘书长人选问题。会议对理事长、秘书长的人选问题展开了认真的讨论。诸位理事长十分关心中青年的成长,他们一致认为,应当逐步让中青年日本史学工作者,挑起研究会领导工作的重担。他们纷纷要求退居第二线,并表示一定会当好顾问,为发展中国的日本史学而尽心尽力。考虑到研究会的现状和工作的连续性,暂不宜大换班,争取今后几年内逐步实现人员交替,并先由第二届年会做起,选出若干名年富力强的同志进入研究会的领导核心,逐步接替年事已高的前辈。改选名额和候选人名单,由理事会在下届年会期间讨论决定。凡退居第二线的同志均聘为研究会顾问。

第七,其他研究事项。为了使第二届年会开得有成效,会议认为,参加年会者不再以提交论文作为参会条件,但参加者应认真地领会前述第二届年会的任务,对分享自己在教学、研究过程中的心得、问题和经验做好充分准备。各断代史部会的负责人,必须在年会前对本部会所要交流、讨论的重点做好安排,并确定专人在年会的学术讨论、交流中提出报告或做重点发言。与会者认为,不以提交论文为参加年会的条件,可以使全体会员活跃思想、开阔视野,对我国日本史学界研究的成绩、经验、问题等方面都有积极的帮助,有助于发扬优点、克服不足,力争在较短的时间内把日本史教学、研究水平大大提高一步。

第三节　第二届年会暨学术讨论会

第二届年会暨学术讨论会于1982年7月29日至8月5日在沈阳举行。此次年会根据前述理事长、秘书长会议决定的目的和方针,由辽宁大学日本研究所承办。会议的筹备全程由副秘书长、辽宁大学日本研究所所长任鸿章主持。

在大会正式开幕前,首先于29日上午举行理事会,由副秘书长任鸿章汇报会议筹备经过,讨论了大会的议程,宣读了世界历史研究所所长、日本研究学界的前辈、名誉顾问刘思慕的信,研究和协商了学会会章的修改和理事会的人选等。

关于学会的人事问题,一致同意刘思慕所长的提议,学会不再设名誉顾问一职,适当扩大理事名额并议定了新理事会推荐名单;一致同意"中国日本史研究会"改称为"中国日本史学会","理事长"称谓改称"会长"。学会的会址固定不变,仍设在天津社会科学院内。

为促进各断代史的研究,决定在学会之下设置5个分会,即古代史(含中世、近世)分会、近代史分会、现代史分会、战后史分会、中日关系史分会。每个分会设置会长和副会长若干。

同日下午,举行与会会员全体会议,推荐新理事会成员。然后,由新理事会推举会长、副会长、秘书长、副秘书长,以及各断代史分会正、副会长。

中国日本史学会第二届领导人名单

会　　长　　吴廷璆

副会长　　邹有恒　周一良　吴　杰　万　峰

秘书长　　王金林

副秘书长 任鸿章　汤重南

古代史分会

会　　长　　张玉祥

副会长　　沈仁安　张声振

近代史分会

会　　长　　伊文成

副会长　　马家骏　吕万和　朱守仁

现代史分会

会　　长　　刘天纯

副会长　　俞辛焞　胡德坤

战后史分会

会　　长　　吴　杰(兼)

副会长　　陈本善　高兴祖

中日关系史分会

会　　长　　胡锡年

副会长　　易显石　夏应元

　　30日上午举行了隆重的学术讨论会开幕式,辽宁省副省长、辽宁大学校长等莅临会议并先后致祝词。开幕式后,学术讨论会正式开始,与会者根据所提交的论文,按古代史组、近代史组、现代史组、战后史组、中日关系史组分别进行活动。各组讨论热烈而深入。下面是各组讨论的大致情况。

　　古代史组主要讨论了古代日本的社会性质、部民和部民制的性质、大化改新后日本的社会性质、日本封建社会的始期和中世织丰政权时期的经济政策等问题。

　　近代史组讨论了倒幕维新思想的形成,明治维新成功的原因、性质,明治政府的大陆政策,日本近代化等问题。关于倒幕维新思想的形成的讨论甚为热烈。有学者认为"兰学"是倒幕维新思想的基础之一。幕末日本社会的矛盾是民族矛盾和人民与封建领主的矛盾并存。1863—1864年虽然民族矛盾激化,但是萨摩、长州两藩对外战争的失败,促使维新派认识到要挽救民族危机,必须首先倒幕,建立统一的国家政权。有学者则认为,幕末日本社会存在3种矛盾:一是人民与外来侵略势力的矛盾;二是封建统治者内部的矛盾;三是农民、市民与封建领主的矛盾。3种矛盾形成3种势力,导致维新运动的到来。关于日本近代化问题的讨论中,有学者认为明治维新是日本近现代史上的第一次"大跃进",在很多方面都值得我们借鉴,即要发挥民族活力,制定适合国情的经济方针,重视教育,始终把经济发展放在首位,建立得力的领导核心,等等。

现代史组讨论了日本法西斯的特点、天皇和天皇制、战时农业政策等。关于日本法西斯的特点,学者们有2种不同的观点。一种观点认为,日本法西斯的基本特点是天皇制法西斯专政,以天皇为主宰,政府、元老、军部、财阀、政党为支柱,构成近代天皇制统治。1936年"二二六事件"后建立的内阁,实质上是日本法西斯专政。"大政翼赞会"的建立标志着日本式法西斯体系的确立。另一种观点认为,日本法西斯的特点是天皇、军部法西斯专政,而起决定性作用的是军部。东条内阁的成立标志着日本法西斯专政体制的确立。

战后史组讨论了日本投降诸因素、战后民主改革、美国对日占领政策、战后农业等,特别是对战后改革的讨论热烈而一致,认为日本战后改革有两重性,既有进步的一面,又有局限的一面。进步方面,包括清除日本社会封建因素,为战后经济高速发展、实现国民经济现代化打下社会必要的经济基础,实行农地改革,解散财阀,劳动立法,等等。局限方面,主要指改革的不彻底性,它不是一次彻底的资产阶级民主革命。不彻底性有多方面表现,"解散财阀"表现得最为突出。

中日关系史组讨论了中国文化对日本古代文化的影响、宋代中日关系、勘合贸易等。

另外,沈仁安、宋成有做了日本史学史专题报告,汤重南做了近年来国内日本史研究观点综述的专题报告。

会议期间还与出席会议的生活·读书·新知三联书店,辽宁、天津、黑龙江、吉林等地的人民出版社,上海译文出版社,中国社会科学杂志社等的代表就日本历史文章刊登和图书出版事宜进行了座谈。日后出版的第二届学术讨论会的《日本史论文集》等,就是在这次座谈会上确定的。

第四节　险遭流产的第三届年会暨学术讨论会

学会准备于1987年的6月召开第三届年会暨学术讨论会,并从1986年起就开始筹备此事。山东济南是1928年日本侵略者制造"济南惨案"的城市,所以大家希望这届年会能在济南召开。学会常务理事、日本哲学史研究者李威周教授时任山东大学日本研究中心主任,我和汤重南两人专门与李威周教授联络,商议拟在济南召开第三届年会。李威周教授对此设想表示出极大的兴趣,应诺会议由山东大学日本研究中心承办。会务筹备由他全权负责,学术讨论会的组织、安排则由学会负责。双方议定会议于1987年6月26—30日举行。达成协议后,筹备工作相继展开。

1987年5月,我和汤重南参加复旦大学出版社召开的赵建民、刘予苇主编的《日本通史》的编者会后,在从上海返回京津的途中顺道去了济南,想了解会议筹备情况,看看有何问题。其时,李威周先生还是说没有问题。因此,我们便安心地返回京津。

随着会期越来越近,参会人员陆续确认。日本方面,日本现代史研究者江口圭一、神田文人、吉见义明3位教授也确定前来参会。提交大会的论文也陆续寄达学会办公室和李威周先生处。

会议日期日渐临近,正当我们期待年会顺利举行的时候,6月中下旬,突然收到李威周先生写于6月5日、分别寄给我和汤重南的信。信的全文如下:

　　金林同志、重南同志:

　　　　截至今天,已收到31人的回单和郎维成同志邮来的一包论文。我每天都打电话催山东社科院外事处,今天得到该处转来省委宣传部的回话,说中央文件(规定)必须有中宣部的批件,否则不能召开此会。该部建议日本史学会尽快想法通过中国社科院向中宣部申请。时间太紧了,我现在也不知该怎么办才好,只能等待您的意见了。想法:①您赶快想办法向中宣部审批;②推迟会期;③不约日本学者,改成国内的会议;④不开。没有省委宣传部点头,我这里是经费拿不到一分,办事人员找不到一个,我也不好办了。请快定夺,我等您的意见!

　　　　握手

　　　　　　　　　　　　　　　　　　　　　　　　　　　威周

　　　　　　　　　　　　　　　　　　　　　　　1987年6月5日

接到此信犹如晴天霹雳,我心急如焚,收到信的日期离会议召开的日期仅有五六天之距。信中提出的4条建议都难以实现。因为所有与会者均已购定赴会车、船、机票,日本学者也办妥了出国参会手续。当时通信手段落后,即使马上通知中止会议也已不可能了。经过与汤重南的紧急商量,为使会议能如期举行,6月22日,我急匆匆地奔赴济南。

到达济南,下了火车,已是傍晚,我直奔李威周先生家。从李威周先生的叙述中,我深切地感到会议遇阻的症结所在。我们的年会暨学术讨论会本是学会与山东大学日本研究中心合办的。山东大学日本研究中心是由各系研究日本的教师组成的机构,没有编制,也无经费。李威周先生名为中心主任,实际上其自身的人事所属哲学系,对其他系的成员并无统领实力,而日本史教学和研究者多在历史系。李威周先生有热情,希望日本研究中心能开一次全国性学术会议,以扩大影响,但无奈手下无人,筹备事务少有人协助,再加上原定与会者入住的山东大学留学生招待所也变卦不予支持。校内无法解决,于是他求助于省政府朋友,期望得到山东省社会科学院的协助,承办成会。他误认为省里的朋友更容易解决困境。然而,与他的设想相反,省里更为严格,要求走正常审批程序,首先必须见中央宣传部同意召开有国外学者参加的学术会议的批件。在当时,这一要求等于完全堵塞了山东省社会科学院支持的可能性。因为会期已近,即使中宣部同意,亦无运作时间,更何况中宣部绝无可能为一个学术团体的学术活动开具证明。

鉴于上述情况,我认为会议如要举行,必须在山东大学内部打开通道。当晚,我直接拜访谭秉顺、曹淑珍两位教授的家。谭、曹夫妇两人皆是研究日本近现代史的学者,也是日本史学会的常务理事。我叩开谭先生的家门,一进门,谭先生以颇为责备的口气说:"金林,我想你一定会来找我!"坐定后,我首先向谭、曹两位先生做了检讨,对会议筹备过程中未能与先生沟通深表歉意,并叙述了当前困难情况:"会议在即,但场所、住宿均无着落,恳望先生鼎力挽救。"谭先生是东北长春人,早年毕业于东北大学(今东北师范大学),为人正直、亲和,办事细致、周到、果断。其实,我未找他前,他早已听说此事。他见我满脸愁云,便安慰我说:"金林,放心,我一定尽力帮助你!"他边说边从座位上站起来,拉着我的手说:"走,我们去找主管文科的校长!"当时山东大学主管文科的校长是陈之安教授,是一位魏晋隋唐史学者,在世界史领域也颇有造诣。谭先生和他是多年同事,两人交情颇深。我们出了谭家门,直奔陈校长家。一进陈校长家,才知陈校长日前已出门到基层县调查考察去了,3天后才归。事不凑巧,只得等待。我心急火燎地等到了第三天。陈校长是24日晚上9点多归家的,谭先生和我急匆匆地赶到了他家。一进门,只见陈校长正在洗漱。因为谭先生事先已与他联系过,所以他已知我们拜访的目的。因为陈校长也是杭州人,所以我们一见如故,他便一边洗漱一边询问情况。听完我们的汇报后,陈校长明确地说:"欢迎在山东大学召开日本史学术讨论会,时间已经很紧了,后天报到,仅有一天时间准备。明天一上班,我会与有关处室打招呼,确定会场、会议室,代表的食宿还是放在留学生招待所。"听了陈校长的话,我深表感谢,濒于流产的年会,终于遇上贵人相助,逢凶化吉,可以如期召开了。

走出陈校长家的门,夜已深,微风习习,吹散了多日以来忧积心头的焦虑。谭先生和我都很高兴。

第二天,山东大学有关行政、后勤部门相继落实学会会议事务,过程十分通畅,只是留学生招待所的刘主任坦诚地对我说:"留学生招待所欢迎各位专家入住,但是我们的厨师、清洁工增加了工作量,我没有条件给他们适当补偿。"意思很清楚,为了服务好,应给招待所的员工以一定的慰问,因为我们的入住,大大地增加了他们的劳动量,给以适当的慰劳是应该的。我答应刘主任的要求,表示一定会想办法解决。想什么办法? 会议的经费都已预付,身边也无一文现钱,到哪里去筹集这笔经费呢? 情急之下,我决定向参会的江口圭一等3位日本学者每人收取1万日元的会议费。会议报到那天,我交代会务人员务必让江口圭一、神田文人、吉见义明3位教授各交纳1万日元的会议费。当时,3位学者并未表示异议。我把收来的3万日元亲手交给了刘主任,请他向招待所的员工传达慰问。有了这笔慰问费,会议期间伙食和住宿环境确实搞得颇为出色。但是,我的这一决定,实际上"得罪"了江口圭一等日本友人。据说江口先生回到日本后,曾撰文介绍此次会议,文中也提及了1万日元会议费问题,他说:"会议通知不曾提及收费之事,可是不知什么缘由,王金林向我们每人收取1万日元。"因为此后不曾与江口先生再有见面,所以也没有机会向他解释和致歉。

在年会开幕的前夜,即6月26日,学会召开了理事会和常务理事会。会上,首先由夏应元、杨孝臣和我先后传达了周一良、邹有恒、吴廷璆3位先生的口头和书面的请辞会长、副会长之职的愿望,以及对年会的祝福。第二届年会以后,吴廷璆、邹有恒、周一良3位前辈看到经过五六年的发展,日本史学会内涌现了热心学会工作、富有才干、研究出色的中青年群体,为了学会的发展,使学会的领导层年轻化,让年轻一代站到学会的第一线,他们相继请辞学会会长、副会长之职。为了落实3位前辈的建议,我和汤重南曾多方听取意见,并于1987年5月在上海拜访了副会长吴杰,直接向他汇报学会情况并商议年会事务,包括学会人事安排等事宜。会晤中,吴杰先生也表示响应吴、邹、周的号召,让位于年轻一代。在理事会上,中青年理事们对前辈们的高风亮节表示尊敬,并一致决议:为对前辈们在中国日本史教学、研究和中国日本史学会的建设中所做出的杰出贡献表示敬意,学会设置名誉会长一职。这一决议后来获得会员代表会通过,吴廷璆、邹有恒、周一良、吴杰皆被尊为名誉会长。

理事会上,就新的正、副会长的人选展开了热烈的讨论。由于对会长、副会长任职资格的认识不同,大家产生了争论。有的认为任职者应以有教授职称者为先,有的认为应以实际学术成就且热情为学会服务者为先。争论直至子夜也未能统一,最后采取投票的方式确定了会长、副会长、秘书长人选。这是日本史学会自成立以来,唯一一次关于会长、副会长、秘书长候选人的票选。一般情况下,学会领导推荐人选都是友善协商后提出的。理事会推荐的学会领导人选最终得到了会员大会通过。理事会还对会章做了修改,其中将学会年会由每3年召开一次,改为每5年召开一次。

1987年6月27日,第三届年会开幕式终于如期隆重举行。然而,我未能出席开幕典礼。此时,我正在北京师范大学马家骏教授的研究生姚嶂剑的陪护下,在济南人民医院打针输液。因多日的焦虑、疲劳,内火上升,咽喉肿胀,已失声不能说话。虽然我病了,但是在万峰、汤重南、谭秉顺等同人的协力下,最终年会取得了圆满成功。

中国日本史学会第三届领导人及常务理事名单

名誉会长	吴廷璆	邹有恒	周一良	吴 杰
顾 问	张香山	李纯青	郑森禹	赵安博
	孙平化	肖向前	田 琛	
会 长	万 峰			
副 会 长	马家骏	王金林(常务)	吕万和	伊文成
	张声振	张玉祥	俞辛焞	夏应元
秘 书 长	汤重南			
副秘书长	任鸿章	金桂昌	杨孝臣	
古代史分会会长	沈仁安	童云扬		
近代史分会会长	汪 淼	韩文娟	武安隆	
现代史分会会长	刘天纯	田 桓	郎维成	
战后史分会会长	陈本善	高兴祖	郭洪茂	

中日关系史分会会长　易显石

（以上均为常务理事）

常务理事　胡锡年　赵连泰　李威周　谭秉顺

第五节　1989—1991年学会面临的生存危机

20世纪80年代末,国家对意识形态领域的监督日趋加强,学术团体的活动也在其列。1989年夏季开始,中央和地方政府加强了对社会团体活动的管理,并开始进行社团整顿。中国社会科学系统的各学会也被纳入整顿之列。民政部规定各学会必须重新注册登记。中国社会科学系统的各学会是纯学术团体,理应与非学术团体有所区别,允许其继续存在并鼓励其健康发展,然而整顿采取一律之策(见图4-3)。

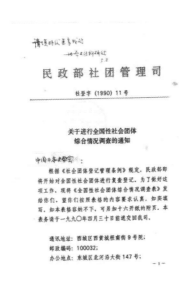

图4-3　由中国社会科学院世界历史研究所科研处转来的民政部通知

为了学术团体的生存,中国社会科学院为所属及挂靠的纯学术团体做了许多挽救工作。以世界历史研究所为例,该所为所属的各学会的继续存在想了许多办法,做了许多争取工作,然而效果全然不佳,甚至到了计划筹组成立全国性的世界史学会的地步,力图在各学会"消失"后,使全国的世界史学术研究活动不受影响。但世界史学会的筹组也进展艰难。

时间在焦急中一天一天过去,大约是在1991年底,学会办公室收到了秘书长汤重南从北京寄来的专信。信中通知了新的精神,即世界历史研究所下属诸学会已可以单独注册登记,但条件是:(1)学会必须有财务账面存款10万元;(2)所有手续资料,包括申请书、学会章程、学会工作报告、领导成员名单及简历、财务存款的银行证明等一应齐全,必须在1992年某月某日前提交(以邮局当日邮戳为准),过期无效。

从今天的立场看,上述要求似乎并不严厉,但是在当时,对我们学会来说是相当严厉的,特别是"必须有财务账面存款10万元"的规定,成了我们能否顺利申请登记的关键。中国日本史学会不是营利性社团,也不向会员收取会费,学会的经费是由世界历史研究所科研处划拨的,每年仅有3000元。有限的经费是由天津社会科学院财务处代管的,还要扣除一定的管理费。10万元的存款对我们这些穷秀才来说是一笔巨款。

对于中国日本史学会申请需要递交的所有书面材料,我们很快准备就绪,但经费问题始终无法落实。正当我们苦思用什么办法筹集这10万元巨款,以挽救学会生存权的时候,又收到了秘书长汤重南的来信。他在信中说:中国美国史学会通过集资,已解决了钱的问题,已经申报注册了。汤重南在信中建议说:我学会能否也与中国美国史学会一样采用集资的办法。

遵照汤重南的建议,学会办公室起草了一封信,分别发送给全体理事,向他们求助。信发出后不久,先后收到了将近20名理事的回函,大家出自对学会的关心和热爱,各自根据自己的能力,应诺了自己能够支援的金额。但应诺的总数,总共也只有三四万元,差距仍很大。在当时,大家收入不高,能支援一两千元就已经着实不易了。

筹集款项的办法行不通,因此最终并未让各位理事汇款。我们希望能找到更好的解决方法。

在苦思冥想中,我们想到了一个办法,即向某一机构财务借10万元,然后以中国日本史学会的名义存入银行,借以从银行取得存款证明。待以适当时日,再把这10万元还给原主。这种方法实际上是弄虚作假之举,但为学会的生存,几个书生居然想出此法。

方法想出来了,但问题是向谁借? 谁又愿意借给我们?

离申请登记截止的日期越来越近,直到申请截止的前一天,10万元账户存款仍未解决。我们已对争取学会的生存失去了信心。

申请注册登记的最后一天上午11点左右,我家的电话铃响了。我拿起电话,话筒里传来张健的声音。他在电话那头说："王老师,10万元可以解决了。但是要等到午后才能打入学会的账户。"这是张健多日来奔波联系的结果,他为学会的继续生存做出了极大努力。

有了钱,我们非常高兴。当日下午1时许,我和张健去到天津农业银行王顶堤分理处开具存款证明,期望在邮局下班之前将证明寄往北京。但是,事情并非我们想的那样简单。当我们提出开具证明要求时,得到的银行回答是:"当天打入的款项,当天是不能开具证明的。"下午5点银行关门以前拿不到证明,意味着学会就会失去生存的机会。我们向银行告之实情,苦苦请求银行协助。银行分理处的主任最后告诉我们说:"若要开证明,必须有天津市西郊农业银行领导的同意。"我们当即要求分理处主任给天津市西郊农业银行领导打电话,转告他:我们马上去亲自面叙。在获得上级农业银行的同意后,张健和我马上动身。那时,已是下午2点半,离银行下班只剩2个半钟头,而天津市西郊农业银行在杨柳青,离天津社会科学院有30余千米距离。那时的交通不像今天那样畅通,我和张健心急如焚,好不容易打了一辆出租车,直奔杨柳青。到了天津市西郊农业银行行长办公室,行长热情地接待了我们,并认真听取了我们的诉求,得知了我们的困境。最后,行长真诚地表示给予我们学会以特别支持。银行领导批准了我们的要求,但是证明书必须返回市内由开户行开具。于是,我们又马不停蹄地从西郊杨柳青往市里赶。等我们回到王顶堤分理处,银行已经下班多时。我们从银行侧门敲门,分理处的主任正在等我们。他说:接到了上级行领导的通知,同意给我们学会开具存款证明。时近下午7点,我们终于得到了"10万元银行存款证明信"。

为了不耽误学会注册登记,张健又直奔天津东站天津市邮电总局,将证明、申报资料等寄出,以取得截止注册登记当日的邮戳。

不久,北京传来消息,中国日本史学会成功重新登记注册。此后不久,学会又从民政部获得了法人资格,得到了继续存在的合法资格。

第六节　第四届年会暨"日本人与国际化问题"
国际学术讨论会

一、会议的筹备

在重新登记成功后,学会有了生存权,于是我们开始筹划第四届年会暨学术讨论会。经过和会长万峰、秘书长汤重南的商议,决定于1993年适当时间举行年会暨学术讨论会。通过各种联络,我们向理事和会员征询了学术讨论会的主题,要求主题既要体现现实性,又能涵盖日本历史的各个阶段。在征询的基础上,经过和会长、秘书长的商议,最后确定为"日本人与国际化问题"。

1993年,正是中国的日本史研究自改革开放以后,走过的第十五个年头,无论研究队伍,抑或研究成果,都呈现出一片繁茂景象,因此我们希望新一届年会和学术讨论会开成高水平的国际学术会议。我和我的团队(以张健为首的天津社会科学院日本所的年轻人)就是以此为筹备工作的具体目标的。

从1992年底开始,我们相继向国内外学者发出邀请信函,很快得到众多学者的响应,尤其是日本的学者表示了从未有过的极大兴趣。截至1993年3月,境外报名人数已近40人,国内学者有80余人。

学术讨论会主题及参加者名单均已确定,但举行会议需要的经费尚存问题。这么多人参会,需要的经费绝不是一笔小钱。当时学会的账务上仅有3000元,要开百余人的国际学术会议,如果放在今天,一定会被嗤笑为天方夜谭。其实,当时我也为此伤透脑筋。会议的经费用处主要包括如下几方面:与会者的食宿费;会议资料费,会场、会议室租用费;欢迎宴和闭幕宴费;市内考察交通费;翻译费等杂用费;等等。经过仔细的核算,会议决定:(1)与会者的食宿,除确有困难者外,基本上以自理为原则;(2)境外学者,除食宿自理外,还需交纳100美元的会议资料费。这一决定基本可以解决经费不足的问题,但仍有缺口。

为解决尚存在的缺口,我亲自去找天津社会科学院的科研处处长万新平(后为副院长),主动提出希望学会与院方联合举办这次国际学术讨论会。这一建议得到了积极响应。在与万处长的协商中,我提出的具体要求是:科研处全面参与会务,组成会务领导小组;会议款项的收取、支付由科研处经管科研经费并有财务经验的同志负责;学术会议的欢迎宴和闭幕宴费用由院方支付;除大会会场向宾馆租用外,分会会场、小组会议室无偿借用学院的会议室。以上建议经科研处向院领导请示,获得了全面支持。至此,经费问题基本解决。

在解决好经费问题后,尚有一件重要事项需要落实,即境外学者的邀请、出入境等相关的外事手续,以及经由北京出入境学者的接送等事务。这方面的工作,经北京大学李玉教授的介绍,我们和中国国际文化交流中心的张贵来先生取得了联系。经协商,中国国际文化交流中心作为联合主办单位之一,承担上述外事事务。

1993年8月18—23日,由中国日本史学会、天津社会科学院和中国国际文化交流中心联合主办的中国日本史学会第四届年会暨"日本人与国际化问题"国际学术讨论会在天津华城宾馆隆重举行。以"日本人与国际化问题"为主题的国际学术讨论会在我国尚属首次,因此受到学界同人的关注,出席讨论会的中外学者多达120余人,其中日本、美国等国外学者28人。

二、举行第四届年会

会议分2个阶段进行。第一阶段为中国日本史学会第四届年会(见图4-4和图4-5)。会议对6年来的学会工作做了总结,并修改了学会章程。

图4-4　中国日本史学会第四届年会现场

图4-5　中国日本史学会第四届年会部分与会人员

(从左往右:吴廷璆、万峰、夏应元、汤重南、林景渊)

会上,与会人员还就全国各地近年来研究日本史的情况进行了介绍和交流。林景渊先生介绍了40年来台湾地区日本史的研究概况,周颂伦、汪淼、刘毅、武安隆、周启乾、沈仁安、王新生等人分别介绍了东北师范大学日本研究所、吉林大学、辽宁大学日本研究所、南开大学、天津社会科学院日本研究所、北京大学、中国社会科学院日本研究所近年来日本史的研究情况,周维宏介绍了北京日本学研究中心的情况。从学会工作总结报告和各位学者介绍的各地区近年来研究日本史的情况中可以看到,中国的日本史研究在中国日本史学会和各所属单位的积极组织与大力推动下取得了长足的进步,其研究范围之广、研究程度之深、研究成果之丰、对外交流之频,都是前所未有的。

全体代表经过选举产生了中国日本史学会新一届的领导班子。万峰教授继任会长,副会长做了若干调整,除原有的马家骏、张声振、张玉祥、夏应元、王金林继任之外,沈仁安、汤重南、武安隆新增为副会长,秘书长为汤重南(兼)。

三、"日本人与国际化问题"国际学术讨论会

会议的第二阶段为国际学术讨论会。19日上午举行了隆重的开幕式并合影留念(见图4-6和图4-7)。中国日本史学会名誉会长吴廷璆、会长万峰,天津社会科学院院长王辉,中国国际文化交流中心代表张贵来,天津市委宣传部副部长郑先进,台湾中兴大学林景渊副教授,以及日本著名学者、大阪女子大学校长上田正昭,美国俄亥俄州立大学朱昌峻教授出席了开幕式并致辞。

开幕式后,中国日本史学会会长万峰做了《日本人国际化问题的历史意义》、日本国学院大学教授铃木靖民做了《藤原京、平城京的外国人》、美国俄亥俄州立大学教授朱昌峻做了《甲午战争与日本的国际化》的主题报告。同日下午开始进入分组讨论。会议共收到论文60余篇。这些论文在时间上跨越古今;在研究范围上从各个领域集中探讨了日本人与国际化问题。关于各组异常热烈的讨论情况,在《"日本人与国际化问题"国际学术讨论会纪要》中有详细记录。

学术讨论会按古代史组、近代史一组、近代史二组3个组分别进行。

图4-6 "日本人与国际化问题"国际学术讨论会全体参会者合影

图4-7　（从左往右）上田正昭、吴廷璆、铃木靖民、万峰、
王金林在讨论会上的合影

（一）古代史组

古代史组（含中世史、近世史）会议期间共发表论文20篇，其中有关6世纪以前的4篇；飞鸟、奈良时代的7篇；平安时代的5篇；江户时代的1篇；综合性质的3篇。从总体而论，以叙述飞鸟、奈良、平安时代日本对外交流，特别是与中国的隋唐，朝鲜半岛的高句丽、新罗、百济在各个领域（人员、制度、都城、舞乐、文字等）的交流，所占数量最大，论述当时日本国际交往的程度与内容最深。日本著名古代史专家上田正昭的报告，阐述了平安时代平安京中渡来人氏族所占的比例；村山光一叙述了日本班田制形成过程中所受唐令的影响；铃木靖民阐述了藤原京、平城京聚居的新罗人的情况。发言人从不同侧面论证了古代日本国际化的广度与深度。

此外，还有一些学者就古代日本的国际关系及对外政策发表了自己的研究成果。中方的王金林从5世纪大和朝廷的倭五王时所受中国南朝册封的封号，论述倭国当时在东亚世界所处的国际地位，并从其册封所牵涉的范围、扩展，以及与朝鲜半岛的关系，表明了倭国在外交上的动向和企望。夏应元就遣唐使初期及大化改新前后倭国的对外政策做了详细的阐述。沈仁安就《续日本纪》中所载754年第十一次遣唐使在唐发生的"争席位"事件的可靠性问题，发表了自己的看法。禹硕基就渤海国遗址的文物遗存中发现的汉字瓦当，论述了日本与渤海国间的交流及共同受唐文化影响的观点。

古代史组中青年学者也相当活跃。在古代史组,共有5名青年学者发言,其中日方4人、中方1人。中方的年轻学者徐建新就4—5世纪日本对外关系中的重要史料——高句丽好太王碑的拓本问题做了发言,叙述了他在北京发现的迄今最为古老的拓本——"王氏藏本"的发现过程及对它的研究,受到了与会学者的极大关注。日方的年轻学者对9—10世纪日本对外关系走向和某些具体事件、人物、问题,通过实证研究,提出自己的看法。

总的来看,从古代史组所做报告的内容可以看出,古代日本与朝鲜半岛及中国有过频繁而深入的国际交往,并在文化的各个领域分别接受中国及朝鲜半岛的多方面的影响,构成日本民族文化的重要因素。

美中不足的是,有关中世以后的论文数量相对较少。出现这一现象的原因,与日本自9世纪停派遣唐使之后,对外交往较为萎缩的基本史实有关,同时也反映了中世史、近世史研究力量的薄弱。这应成为中国日本史研究者今后注意的课题之一。

还需要特别提及的是,在此次古代史组的会上,中日双方互相尊重、互相学习。虽然讨论的时间不多,但均能开诚布公,或质疑答疑,或不同意见相争论,或对论文中疏漏的内容无保留地提出补充。

资历最深的上田正昭对古代史组的讨论有过评价,他说:"这个会的质量很高,即使原样拿到日本去开,也是一个颇有水平的学术讨论会。"听到这一番话,与会者颇受鼓舞。

在古代史组的上述讨论成就的基础上,中国日本史学会决定设立"日本渤海关系史专业委员会"。中日双方与会的古代史学者一致同意,拟在1995年共同召开"从中日关系史视角研究渤海国史的国际学术讨论会",共同表示要力争为这一目标的实现而努力。

(二)近代史一组

参加近代史一组讨论的中外学者从不同角度和层面,围绕日本近现代史分野的国际化问题发表了各自的看法。广岛大学的小林文男、桥本学、柴田岩及在大东文化大学研修的荀涛等学者,从评价鹿地亘、绿川英子、服部繁子、永井柳太郎等历史人物入手,充分肯定了那些在特殊历史条件下为两国人民友好交流做出贡献的人。大东文化大学的田中浩、和田守将视野上溯到明治时代,以福泽谕吉、长谷川如是闲、德富苏峰的思想学说为分析对象,研讨了自明治初年的思想启蒙、自由民权运动的兴起,至颁布帝国宪法、大正民主运动,再至战后议会民主之间的历史发展阶段,认为自明治维新以来日本人的国际化就是西洋化。但甲午中日战争之后,日本向帝国主义转化,并将侵略亚洲作为国际化的基本途径,其历史教训值得认真总结。广岛市高阳中学教谕足立宏二则以日本中学历史教学为例,认为开展反核和平教育,推进中日友好交流,承认日本在战前对亚洲,尤其是对中国发动了侵略战争,并承认日本帝国主义是加害者是必要的。

相对而言,中国学者涉及的研究课题更为宽泛,涉及的问题有:中国的日本孤儿调查情况、日本女教习在内蒙古地区开展教育的活动、岩仓使节团与日本的近代化问题、从铁路建设角度论日本人的近代意识、慰安妇问题、日本人国际化的前提条件及问题所在、关于国际化概念的问题、战后日美关系的演进与日本国际化战略重心选择问题、战后日本人国际化的发展过程问题等。

关于"日本人与国际化问题"的讨论,主要集中在下述几个方面。

1. 关于"国际化"的定义

与会者认为,从普通意义上来说,国际化是当代世界的历史潮流、全球一体化的发展趋势,正如万峰所概括的那样,国际化是世界史演进中的普遍现象,即由地区到全球、由相互隔绝到相互交流融合并日益走向世界的发展过程。换言之,即各民族将自身创造的独特文化推广到世界,加入世界文化宝库并产生积极影响的过程。从特定意义上看,日本的"国际化"一词的出现,有着浓厚的经济、政治背景。汪淼认为,"近代化"一词自20世纪60年代风行了20余年之后,80年代以来"国际化"取而代之,这是日本政府对外方针的新变化,也是民族主义兴起的外在表现形式,日本的国际化是国际日本化,而不是日本国际化。杨孝臣认为,日本的国际化主要是指战后政治、经济、思想文化的外向发展过程,政治国际化是一种政策,经济国际化表现为日本商品充斥国际市场,思想文化国际化表现为推广日本生活方式,等等。

2. 日本国际化的途径

战败前的日本以军事侵略为基本手段,竭力追求东亚、东南亚地区的日本殖民化,其最终目的是"大东亚共荣圈"的建立。但日本帝国主义的败亡,宣告了武力国际化的计划破产。战后的日本以和平贸易为基本手段,走出战后初期的困境,实现了经济起飞并成为经济大国,在竭力实现政治大国的过程中,新国家主义在抬头,自卫队的军力也在不断增强,但目前日本仍以和平贸易和文化输出为实现其国际化的基本手段。

3. 国际化的类型

与会者认为,国际化既有内向的一面,即接受外来文化并将其融入本国文化的一面;又有外向的一面,即将本国文化推向世界,扩大本国影响的一面。两者互相交叉进行,相互发生作用。国际化涉及多个领域,如政治、经济、文化、思想等。

4. 国际化的起点

与会者不同意将国际化与外交、文化交往、人员交流等概念混同起来看待,认为国际化最初的起点是在地理大发现时代,或是近代大工业、世界市场发展过程中的一种历史趋势。在西方列强推行殖民主义炮舰政策的时代,印度的英国化、越南的法国化、夏威夷的美国化,均为当时的国际化事例。

5. 日本实现国际化的阻碍因素

与会者认为,日本的国际化面临着诸多不易克服的阻碍,如:囿于文化传统,片面宣扬"单一民族论",不尊重甚至歧视其他民族;新国家主义抬头,大国意识日益膨胀,意欲凌驾周边国家之上,构筑日、美、欧三极的国际新秩序;民族利己主义思潮流行,文化交流中出现"有限交流论",只顾"为我所用";未能主动清除历史障碍,对于军国主义发动的侵略战争,历届内阁或轻描淡写,或推诿搪塞,甚至为侵略战争辩护,因而招致亚洲各国的不信任;精神世界的深处仍存有种族优越意识,对外国事物、外国人持排斥态度,内心"锁国"。除上述思想意识方面的阻碍外,日本国内市场的开放程度,居高不下的外贸顺差,日益白炽化、扩大化的贸易摩擦,也阻碍着日本的国际化。与会者认为,国际化和日本的国际化问题是个既有学术价值,又有现实意义的大课题,仍有诸如国际化的实质、衡量基准、程度估计、发展前景等若干问题值得进一步探讨。

(三)近代史二组

近代史二组学者发表的论文按照内容可分为以下3类:关于日本国际化的概念问题、战争责任问题、日本军国主义重新抬头的可能性问题。

1. 关于日本国际化的概念问题

与会学者一致认为,在研究日本国际化问题时,首先有必要对国际化概念做一番研究,给国际化下一个明确的定义。在发言和讨论中,大家提出了这样几种国际化的定义。

一部分学者认为,国际化是一个历史现象。日本由于其特殊的地理条件,从远古时代就开始吸收先进国家的文化,争取跻身于世界民族之林,国际化实质上就是开放化,就是大量吸收外来文化,和世界各国交流,共同发展,因此日本国际化历史可以上溯到古代。

一部分学者认为国际化就是近代化的一种表现形式,某种意义上等同于近代化。日本的国际化因此可以分为3个时期:明治时期、战后时期和20世纪80年代开始的新时期。

大多数学者认为,国际化不等于对外交流,是个特殊的概念。日本国际化是20世纪80年代日本经济高度发达以后,面临着世界各国的压力和自我意识、反省的结果。它既有对自己力量的自信而产生的成为政治大国的欲望,也有对自我孤立的深刻反省而希望和世界各国真正友好相处的一面。

还有一部分学者指出,只是因为民族狭隘性,日本才面临着特殊的国际化课题,才提出国际化口号。其他国家,比如中国面临的是现代化,即包含国际化内容的现代化主题,没有必要像日本那样专门国际化。

在肯定国际化就是全面开放,跻身于世界民族之林,积极参与世界政治、经济,对全人类做出贡献的定义后,与会代表对日本20世纪80年代以来的国际化内容和意义进行了分析,提出了以下3种观点。

第一,日本真正的国际化应该是克服民族狭隘主义,走和平发展道路,和世界各国人民共同前进,加强联系和交流,这样的国际化应该支持。而任何其他目的的国际化都不是国际化,不应称之为国际化。

第二,一部分学者认为,日本目前的国际化实质上是政府和御用文人的一种阴谋,实际上就是从经济大国走向政治大国甚至军事大国,就是想要谋求世界事务的领导权,我们应该坚决反对,予以揭露。

第三,日本学者若林义夫和中国多数学者经过讨论认为,应该区分2种不同性质的国际化:一种是政府主导的,经济、政治甚至军事上的国际化,这种国际化有明显的追求霸权地位的特征,有军国主义的危险;另一种是以人民为主体的,人性与文化的国际化,其目标是克服日本人的狭隘民族心理,融合日本文化和世界各国文化,实现全球人民大团结和一体化,为人类和平和环境做出贡献。应该积极推行这种人民的文化的国际化,以防止和反对政客们经济、政治及军事上的"国际化"。

与会学者还着重分析了日本国际化的困难之处,指出日本人的狭隘民族心理、利己主义、傲慢态度,以及对战争责任含糊其词、追求在国际事务中的领导地位(权力欲),是日本人实现真正国际化的几大主要障碍,有待日本人民努力克服。中日关系的发展有助于克服这些困难。

2. 战争责任问题

在讨论对战争责任的认识、影响日本人的国际化问题时,一部分学者认为战争是一小撮军国主义分子挑起的,战争责任在于他们,而日本人民是无辜的。但日本学者和一部分中国学者不同意这种说法,认为日本人也必须反省过去的责任,一定要追究政府和军国主义分子的责任。

3. 日本军国主义重新抬头的可能性问题

结合国际化问题和日本政府的最新动向,与会代表还谈到了对日本未来的展望,就日本重新走上军事大国的可能性进行了争论。一部分学者表示,日本目前的走向是从经济大国走向政治大国,这已是一个必然趋势,也可能走向军事大国,这种危险充分存在,若任其发展,后果不堪设想。而日本学者和一部分中国学者不同意这种观点,他们认为日本虽然追求政治大国,军国主义有可能重新上台,但日本人民不可能接受,全世界人民也不会答应。双方就此展开了争论,最后双方一致认为应该警惕军国主义的动向,当前最主要的就是要使日本政府明确承认战争责任,并用历史事实教育青年。

与会学者提交大会的学术论文,会后大多收入由王金林、汤重南主编的论文集《走向国际化的日本》(天津人民出版社,1995)一书。

四、日本著名史学家上田正昭的参会体验

日本著名史学家上田正昭全程参加了这一届学术讨论会。讨论会结束回国后,他在1993年9月18日的《朝日新闻》夕刊(见图4-8)和10月10日的《朝日新闻》上发表了对这次学术会议和中国的日本史研究成果的评价。

图4-8　上田正昭在《朝日新闻》夕刊上发表的文章

其评论全文如下[①]：

不可轻视的中国日本史研究
（日本）上田正昭

　　最近中国的日本史研究的动向是不容轻视的。这是我今年8月（笔者注：1993年）间以4天时间参加在中国天津社会科学院和华城宾馆举行的国际学术会议时的实际感受。

　　此次国际学术讨论会是由中国日本史学会、天津社会科学院和中国国际文化交流中心主办的。约100位中国学者，以及来自日本、美国的28位学者参加了会议。中国日本史学会于1980年以研究会的名称成立，1982年改为学会。在此之前，该学会多次举办国际学术讨论会，是中国日本史研究者（其中主要是文献史学者）的学术团体。此次讨论会北至内蒙古师范大学，南至云南大学，汇集了来自中国各地的研究人员。会议的主题是"日本人与国际化问题"。

　　今年3月上旬，当收到中国日本史学会发来的邀请我参会的邀请信时，我曾对主办此会的意图，即为什么现在中国要研究"日本人与国际化问题"这一课题感到困惑不解。由于常务副会长王金林（天津社会科学院教授）再次发来邀请，我最终决定参加会议。

　　作为海外学者的代表，我在祝词中强调，对于充实国际化的实质内容，"民族国际化"是不可缺少的。因此，不仅要探讨国家之间的关系史，而且也不能忽视对民族之间、民众之间的交往与交流史的研究。在同中国社会科学院的夏应元教授共同主持全体会议的过程中，我大致认识到了主办者召开此次学术讨论会的目的。分组会分为古代史组（在中国，近代以前的历史都归入古代史）、近代史一组和近代史二组3个组。我连日出席了古代史组的会议。由于明年（笔者注：1994年）是平安京建都1200周年，在会上，我就9—10世纪的平安京与渡来文化和渡来集团的关系问题做了报告。日本方面的国学院大学教授铃木靖民等人的报告也有许多值得重视的内容。特别是中国方面的报告超出预料地接连提出新的问题，以至于未能有时间进行充分的讨论。例如，王金林教授所做的关于倭五王的报告，提出了积极评价倭五王对南朝外

---

① 本书中的中译文皆由笔者自译。

交的新见解;夏应元教授关于遣唐使初期的对外政策的报告,从不同于日本方面研究的角度,即从唐王朝的立场出发进行了考察;北京大学沈仁安教授所做的关于8世纪初期的唐日关系的报告,将唐日关系与唐朝同渤海、突厥的关系进行了对比。另外,辽宁大学禹硕基副教授有关渤海国文字瓦中的日本字介绍也颇有新意。

特别是中国社会科学院世界历史研究所研究人员徐建新的报告《北京地区所藏好太王碑原石拓本的发现及其研究》,将会对今后的研究产生很大的作用。他从1991年开始在北京和天津进行调查,从14种拓本中发现了2种原石拓本(即"王氏藏本"和"北京图书馆藏本"),在会上公布了迄今为止未曾被释出的新的碑字。同时,他还指出了以往释文中应当进行修正的部分。报告中还提到陆军参谋本部的密探酒匂景信带回日本的所谓"酒匂本",并提示了研究该本制作过程的线索。他注意到"王氏藏本"跋文(1917年)中"近闻为日本人所侵守"的词句,重新提出"日本人曾干预过好太王的捶拓"。这一研究是极为实证性的,我期待着其著作的出版。

在古代史组学者的恳谈会上,我从中国方面的代表那里听到:1980年时,有位日本有名的学者曾说,中国的日本史研究还处于小学生水平。那么现在的情形如何呢? 看来他们一直是将这一严厉的批评作为一种激励。在此次学术讨论会上,中国学者屡次提出了令人震惊的见解,而他们指出的正是日本学者往往欠缺的研究视角和我们正在丧失的问题意识,与1980年时相比,中国的日本史研究有了长足的进步。今后,应当怎样推进双方的共同研究呢? 我认为,现在我们已经迎来了这样一个阶段,即不仅是单纯地相互占有双方的研究成果,而且还要进一步就研究的目的与方法进行探讨,进一步从亚洲史的立场出发促进学术交流。

这是一次使我学到了日本学的国际化和民族化所应遵循的方向的学术讨论会。

第七节　第五届年会和"日本与东北亚" 国际学术讨论会

学会的第五届年会本应在1998年召开,但鉴于学会没有足够的经费,所以未能如期举行。再则我已于1995年退休。虽然学会大事有会长、副会长们筹措,但学会具体活动的运作及细琐的事务是由办公室执行、推进的,需要有人接替常务工作。尽管我已退休,但是尽快设法举行第五届年会仍是我心头之急。

1999年1月,天津社会科学院新成立了"东北亚研究所"。该研究所以日本为主要对象国,对其与东北亚地区诸国的政治、经济、国家关系等问题进行全方位和多层次的研究。时任天津社会科学院副院长的易明兼任该所所长。易明的父母是留日归国的学者,他承继家学,也成了日本学学者。该所的副所长是信金爱,是研究俄罗斯问题和俄日关系的学者。东北亚研究所成立时,我经常受所长之邀,在研究和筹办刊物等方面"发挥一点余热"。

为了扩大在学界的影响,该所欲在成立之初举办一次日本问题国际学术讨论会,邀我作为顾问参与筹备其事,介绍一点办会经验,或出点主意。由于会议拟邀请的国内学者大部分是中国日本史学会的会员,因此我萌生了此次学术讨论会让中国日本史学会和东北亚研究所共同主办的想法。我向具体筹备此次会议的信金爱副所长提出了上述想法。该想法很快得到了他们的支持。据此,我又进一步提出,会议期间,中国日本史学会拟举行学会第五届年会。经商议,学术会议主题是"日本与东北亚",并商定会议第一阶段举行中国日本史学会第五届年会;第二阶段为学术讨论会。学会年会由学会独自举行;第二阶段学术讨论会由东北亚研究所主办,中国日本史学会协办。

2000年8月,"日本与东北亚"国际学术讨论会在天津隆重举行。参会的国内外代表多达120余人,国外学者主要来自日本和韩国。

汤重南和我主持了第一阶段的中国日本史学会第五届年会。年会首先报告了自1993年以来的学会工作及财务情况等,接着就扩大团体会员和学会领导层的年轻化问题进行讨论。

关于扩大团体会员问题,主要是介绍和欢迎浙江大学日本文化研究所入会一事。我国的日本史研究一直以北方为主,南方地区除上海外,其他地区人少且力量分散。可是自20世纪80年代起,各地异军突起,尤以浙江大学日本文化研究所最为突出。该研究所原属杭州大学,成立于1989年,初名为"杭州大学日本文化研究中心"。1998年,杭州大学并入浙江大学,研究所也随之隶属浙江大学。该所成立已10余年,在中日文化比较研究和中日学术交流方面颇有成绩和特色,在国内外也有相当的名声和影响,已成为江南地区日本研究的重镇之一。可是,由于该所与日本史学会疏有联系,致使彼此之间少有学术交流的深入展开。从20世纪90年代中期开始,该所的王勇、王宝平2位学者与学会渐有接触,学会办公室对该所的实力、研究方向、成果,以及与境外的学术交流情况也渐有了解。因此,我们一直在寻机向日本史同人介绍和推荐该研究所。第五届年会正是最佳机会。在会上,我向与会代表详细介绍了该所的业绩和贡献,该研究所时任副所长王宝平也表达了加入日本史学会的愿望。结果大会一致鼓掌欢迎该所成为学会新的团体会员。

学会领导班子的年轻化问题,是吴廷璆、周一良、邹有恒等老一辈学会领导人特别关心的问题。他们希望年轻一代能不断充实学会的领导层,使学会充满活力和生机。学会办公室一直遵循老一辈嘱咐,促进学会领导的年轻化。1990年5月26日至6月25日间,我曾受国学院大学之邀,在日本进行了一个月的学术考察,学会组织年轻化问题也是考察内容之一。在考察结束后,我曾在《历史学研究》上发表一篇关于"访日所感"的文章,其中关于重视年轻学者在学术活动中的作用问题,写有一段感想:

> 日本的史学界,老、中、青三代研究者,皆精力充沛地研究学问,著书立说。但其中最活跃的是30—40岁的研究者。每年召开的全国性的"历史学研究会"的组织者和报告者,主要是年轻学者。由此我想到了中国学界(至少是历史学界),中坚、年轻的学者极少被重视。一些已取得显著业绩的50岁一代的学者,至今仍难以进入学界的指导层,更不要说30—40岁一代的学者了。中国日本史学会的情况相对比较好,在领导层中选有40—50岁一代的学者。但是,从总体上看,青年学者指导、组织学术活动之事,尚属少见。为使他们成为中国的日本研究的根本力量,今后必须改变这种状况。

实际上,在1993年第四届年会时,我和汤重南一起为年轻学者参与学会工作做了相应的努力。其时,如张健、杨栋梁等优秀青年学者步入了学会领导层,更多的人被选为理事。

第四届年会以后,万峰会长多次向我表明他欲辞去会长一职,以便于学会的年轻化。其间有不少同人询问:"万峰之后,谁来继任会长一职?"因此,进一步推进学会人事年轻化一事成为会员们极为关心的议题。为妥善做好此事,在会议前,我们广泛征询了京津地区的会长、副会长、常务理事、理事的意见,京津以外的副会长等人,则通过电话等方式联系。在征询意见的过程中,多名副会长也表示欲辞任副会长职务。申明辞任的副会长有马家骏、张声振、张玉祥、夏应元、沈仁安、王金林、武安隆。

通过征询意见，大家一致认为应推荐学术研究有成就，并且热心学会工作的优秀年轻学者继任学会各职。在广泛征询意见的基础上，学会办公室草拟了一份推荐名单。推荐名单的原则主要有2条：一是根据日本史研究单位和研究力量的分布状况，确定副会长的名额，即北京3名，天津2名，东北2名，华东1名；二是被推荐的副会长人选，首先需在学术上已有一定造诣，并且历年来热心于学会工作，年龄在40—50岁。除副会长名单外，学会办公室还草拟了学会下属的专业委员会的会长推荐名单。专业委员会会长的推荐按照中年学者和青年学者相结合的原则。这份推荐名单，又在第五届年会前和年会中进行反复的商议，最终得到了一致的赞同。最后在大会上获得了全票通过。

获得通过的中国日本史学会第五届领导人名单如下：

会　　　长　汤重南

副 会 长　宋成有（常务）　刘　毅　周颂伦　张　健　杨栋梁
　　　　　周维宏　管　宁　王　勇

秘 书 长　张　健（兼）

副秘书长　信金爱（常务）　王　健　纪廷许　宋志勇　郑　毅

古代史专业委员会会长　冯良珍　李　卓　徐建新

近代史专业委员会会长　米庆余　张劲松　杨绍先

现代史专业委员会会长　孙　承　杨宁一　徐康明

战后史专业委员会会长　王振锁　王新生　郭洪茂

政治、社会专业委员会会长　李广民　张　翔　徐　勇

经济、科技专业委员会会长　丁　毅　张明国　莽景石

对外关系史专业委员会会长　陈景彦　高芳英　焦润明

思想文化史专业委员会会长　王宝平　卞崇道　崔新京

青年学者学术交流委员会会长　李小白　赵德宇　祝曙光

海外联络部部长　区建英　管　宁（兼）　熊达云

图书出版信息交流部部长　马新民　姚玉民　韩铁英

新一届领导层成员基本上都是当时活跃在中国日本史教学和研究第一线的中青年学者，富有朝气。年会洋溢着团结、合作的气氛。新领导集体的形成，使中国日本史学会青春焕发，呈现一派繁荣景象（见图4-9）。全体与会代表为褒扬

我和沈仁安、武安隆等对学会的贡献,一致同意赋予我们"名誉会长"之誉。

第五届年会在欢愉声中结束。自此,我彻底退出了学会工作的第一线。眼看着中国日本史学会发展的新气象,我感到无比欣慰!

"日本与东北亚"国际学术讨论会也开得相当成功,但讨论会是由东北亚研究所信金爱副所长和学会新会长汤重南等主持的,我没有参与其中,故对讨论会实情无法详述。

图4-9　出席第五届理事会的全体理事合影

第八节　值得记述的专题学术会议

前已记述1980年学会成立以后,我国的日本史研究出现了从未有过的研究热潮。学会办公室及各专业委员会相继举办了多项学术活动。

因长期政治运动,我国的日本史教育和研究受到了严重冲击,所以学会成立之初,学会办公室的工作重心之一就放在做有益于日本史教学和研究的事情上。为了使学会会员掌握国内主要图书馆的日本史典籍的收藏情况,有益于图书资料的查阅,学会办公室搜集、编印了《日本史藏书目录》手刻油印本,以供查阅。同时期抄录的北京大学图书馆和上海图书馆的日本史藏书目录,因经费短缺,一直未能刻印。

20世纪80年代,学会的各断代史分会都举行了各自的研讨会。下面就其中笔者参与组织或亲自参加的专题学术会做简略的记述。

一、"邪马台国社会性质"学术讨论会

1981年10月,学会的部分古代史学者在天津举行了一次小型的"邪马台国社会性质"学术讨论会。会议由时任副会长、东北师范大学邹有恒先生主持。参加者除邹有恒外,尚有吉林社会科学院的张声振,辽宁大学日本研究所的张玉祥、禹硕基,天津师范大学的王文定,南开大学的王家骅,天津社会科学院的王金林、史丽华等10余名学者。这次讨论会规模虽小,内容却十分充实。会上,邹有恒先生自始至终发挥了作为前辈学者的核心作用。他根据自己长期的资料积累和研究,翔实、系统地做了题为《古代日本邪马台国所在地争论浅见》的发言,就日本学界对这一问题的争论史阐述了他自己的观点,并预测这一研究课题的发展趋势。这一发言,后来在《外国问题研究》1981年第2期上刊载。这次讨论会奠定了我国邪马台国问题研究的基础。邹先生的报告给大家最深刻启发的是他如下的观点:

> 日本的畿内说和九州说两派学者,为了说明自己所持观点的成立,不惜改动《魏书·倭人传》的原文,这说明依靠文献立论似乎已到达尽头,非考古发掘有所发现,研究已难以深入。

邹先生的主旨发言中明确指出:邪马台国所在地在九州还是在畿内大和,这个争议并没有解决。"目前我国对于这个问题的研究,大部分是介绍日本学术界的研究成果,对于复杂而烦琐的争论加以整理,介绍其有代表性的立论。此外,我也有一些自己的看法。这对于年轻的中国日本史研究,是一种可喜的现象。"邹先生说:"由于古代中日两国有着很密切的文化交往,中国的历史学界和考古学界如果能注意这方面的研究,也会有所贡献。"

与会者围绕邪马台国的地理位置和性质问题,展开了热烈的讨论。

关于邪马台国的地理位置,参会者有不同的主张,主要分为大和说和北九州说。大和、北九州两说都有不足之处,确切的结论有待考古发掘的突破,但就目前资料看,以北九州说较为有理。在北九州存在邪马台国的同时,在大和地区也有国家产生。

与会者关于邪马台国性质的看法,主要有3种意见:部落国家;部落联盟;国家。与会者还就《魏书·倭人传》所载的"生口""下户"的性质进行了讨论。

同时,与会者对1982年年会上古代史分部的中心议题提出了建议,希望古代

史部会员围绕"日本有无奴隶社会"这一中心做好准备。为便于大家思考,与会者又提出了几个参考题,如"部民制起源和性质""邪马台国的性质""氏姓制度和农村公社""从神话传说中反映的日本古代社会""大化改新"等。此外,为贯彻本会会长、秘书长会议精神,决定由南开大学的杨兴国准备汇报"日本学者对奴隶制的研究情况",由吉林省社会科学院日本研究所张声振准备汇报"近年来我国学者对日本古代史的研究情况",在第二届年会时做专题报告。

二、"高等院校日本史教学经验"学术讨论会

第二届年会以后,学会举行了多项学术活动,主要有1983年在江西庐山召开的"高等院校日本史教学经验"学术讨论会;1984年在开封举行的"日本封建社会始期"学术讨论会、在重庆召开的"日本历史人物评价"学术讨论会、在苏州召开的"近现代史"学术讨论会、在大连召开的"战后日本史"学术讨论会;1985年在河北省北戴河召开的《日本史辞典》编辑工作会议、在辽宁大学日本研究所召开的"战后日本四十年"国际学术讨论会;1992年与北京中日关系史学会等单位在北京共同召开的"纪念中日邦交正常化二十周年"国际学术讨论会;等等。以下着重就"高等院校日本史教学经验"学术讨论会做一简略回顾。

"高等院校日本史教学经验"学术讨论会是1983年6月5—14日在江西庐山召开的。举办这次活动的目的是交流日本史教学经验,推动日本史教育质量的提升。

这次活动之所以放在江西举办,是应江西方面会员的要求。学会理事、江西师范学院的汪祖德说,江西的外国史教学和研究比较滞后,建议学会能在江西举行一次活动,以推动其教学研究。之后,他在南昌多方联系以促成此事。大约在1982年初冬,汪祖德写信给我说,他已与江西省社会科学界联合会联系,江西省社会科学界联合会方面有意与中国日本史学会合作,召开日本史学术会议,但希望与学会具体面商。汪祖德先生为此嘱托我南下落实此事。在得到会长的同意后,1983年初春,我专程去到南昌。江西省社会科学界联合会秘书长郭皓先生与我进行了具体商谈。郭秘书长对中国日本史学会能到江西开学术会议表示欢迎,他说这能推动他们的工作。我们最后商定:学术会议名称为"'高等院校日本史教学经验'学术讨论会";会议举办单位是中国日本史学会、江西省社会科学界联合会,学会负责学术筹备,江西省社会科学界联合会负责会务筹备;会务经费由中国日本史学会负担3000元,出席会议代表的食宿费自理;会议日期定于1983年6月;会议地点在江西庐山。

1983年6月5日,会议顺利召开。由于这次会议前,在湖南长沙召开了全国历

史规划会议世界史组大会。在这次大会上提出了撰写多卷本《日本通史》,并纳入第七个五年计划的提议。因此,如何促进这项计划的实现,成为中国日本史学会当时必须认真思考的问题。有鉴于此,我和副秘书长汤重南决定乘庐山会议的机会,与各位常务理事一起商议此事。在4日晚上的常务理事会上,我们与参会的常务理事吴杰、胡锡年、吕万和、马家骏、张玉祥、张声振、刘天纯、伊文成等人会商,建议把全国历史规划会议世界史组大会精神传达和撰写多卷本《日本通史》2件事作为"高等院校日本史教学经验"学术讨论会的第一阶段内容,获得了大家的赞同。因此,"高等院校日本史教学经验"学术讨论会实际上是分2个阶段进行的。

6月5—7日为第一阶段会议,讨论如何贯彻全国历史规划会议世界史组大会精神。会上首先宣读了梅益同志在长沙规划会议上的报告。梅益的报告主要讲了制订历史学科"七五"计划应注意的4个问题:一是要搞好计划的科学性;二是制订计划时布局要合理,发挥各方面的积极性,"协调发展,各有特色,各有贡献";三是科研中要重视质量;四是提倡大协作。

在传达梅益同志的报告之后,汤重南和我又分别介绍了长沙规划会议情况,以及《日本通史》编写设想等。

在讨论中,大家对编写《日本通史》的积极性很高,具体讨论了编写多卷本《日本通史》的可能性和必要性,并把更多的精力放在如何写出具有中国特色的问题上,提出了许多建设性意见。大家一致认为有以下4点。

第一,《日本通史》的编写必须运用马克思主义的理论和方法,结合日本的实际进行具体研究和分析。以往我国的世界史教学和研究没有突破苏联的史学体系,日本史研究也没有突破讲座派体系。

第二,《日本通史》的编写要进行全面综合的分析,既要阐述人民革命斗争的一面,又要阐述统治者活动的一面;既要阐明政治经济方面的历史演变,又要重视文化教育、哲学思想和科学技术的经验总结。总之,要描述日本史的全貌,防止片面性。这就要求在正确观点的指导下,掌握大量资料和进行周密的调查研究,然后才能以质量取胜,获得创造性的成果。为此,搜集史料的工作必须先行,历史分期的看法力求统一。

第三,关于日本史的分期问题,这在日本和我国史学界都存在分歧意见。这个问题不解决,就会妨碍科学的论述,因此必须加强研究,统一看法。在编写时必须抓住"日本如何从原始社会进入阶级社会""日本前资本主义社会发展规律的特点是什么"2条主线,才能建立科学的日本历史的分期观。

第四,要充分运用中国史料和中国学者的研究成果编写《日本通史》,不可忽视对中国方面有关史料的分析和利用。在考察日本民族来源和国家产生问题时,把中国史料与日本考古学成果结合起来,进行分析对比。正确分析古代中国文化对日本的影响,近代日本对中国政治、经济的侵略和文化输出。充分吸收日本和各国学者的研究成果,抵制、克服其不正确的倾向。注意总结日本历史的经验教训,为我借鉴。针对日本修改教科书问题,充分揭露日本军国主义的危害。

此外,古代史组提出了若干重点研究课题:日本民族的起源和国家的形成;奴隶制问题,包括亚细亚生产方式、普遍奴隶制与家长制奴隶制;奴隶与农奴身份的区别;日本封建社会分期及其依据;氏族政治的形成及其意义;从庄园制向领主制的发展,领国制与领主制的特点;镰仓、室町幕府时期武家政治的演变;织丰政权与幕藩体制建立的意义;15—16世纪商业与城市的发展;日本资本主义萌芽问题;日本吸收消化中国文化的过程;中国文化在日本各个历史时期发挥的作用;日本的封建制;等等。

近现代史组提出的重点研究课题有25个包括:日本资本主义的发展及特点;日本帝国主义的形成及其特点;日本法西斯主义的形成及其特点;日本帝国主义的形成、特点,与日本法西斯的关系;日本的大陆政策的形成及其特点;日本近现代史的分期问题;近代文化教育和哲学思想的发展;日本军部与天皇的战争责任;日本天皇制的特点及其阶级基础;等等。

战后史组提出的重点研究课题有7个:日本战败投降的原因;美国占领军问题;战后人民运动;战后改革;战后占领政策的嬗变;经团联体制;高速增长问题。

6月8—14日为第二阶段会议,内容为高等学校日本史教学经验的讨论和交流。主要讨论的问题有8个:一是日本史教学的任务与目的;二是如何理解日本史教学与科研的中国特点;三是关于日本史的课程设置和教学方法问题;四是对日本史上一些重大问题的探讨;五是基本建设问题,特别是教材、资料的问题和解决办法;六是教学与科研的关系;七是教学方法与经验;八是研究生培养问题。讨论异常热烈。其中北京师范大学的马家骏就存在的问题和研究生培养问题做了发言。他说:"日本史课才开不久,需要推动。要解决的问题是要明确开设此课的目的和任务,要建立科学的日本史教学体系。现在的教学方法比较陈旧,即多用灌输式。教学方法是涉及教学思想的问题,应该探索新的教学方法。"河南师范学院(今河南师范大学)的王继麟谈了自己教学中的探索,特别介绍了其在明治维新的教学方面的改革。他还提出了若干急需解决的问题:一是没有通用的日本史教学大纲,日本史教学无章可循,希望日本史学会组织力量,提出大纲,下发试行,边用边讨论边修改,最后制定出正式大纲;二是缺乏通史,近代史和战后史的教材虽有三四种,但是历史教材和教学用书十分缺乏,这是目前高等院校日本史教学中所面临的巨大难题之一。王继麟提到,到现在为止,系统的日本通史书籍只有一部译著——井上清的《日本历史》。此书原著出版于20世纪60年代,对许多问题的叙述往往语焉不详,不能满足需要。希望能尽快出版一批日本史教学用书和参考资料,以解燃眉之急。同一学校的赵步云谈了日本史的教学目的,他说:"学生对学习日本史是有兴趣的。他们想了解日本的历史,尤其是对战后日本历史更为关注。但有的学生片面地看到日本经济繁荣,不了解日本在经济、科学技术、文化发达的另一个方面,存在着资本主义社会所不可克服的症结。针对学生的这种思想状况,在教学中首先明确教学目的是至关重要的。同时,通过日本史教学,使学生了解中日关系史,提高学生民族自尊心等。"南开大学的武安隆报告了他教授选修课"明治维新史"的心得。广西师范大学的孙月娥谈了她培养学生学习日本史兴趣的经验。北京师范大学的韩文娟介绍了教学与科研相结合的经验。山西师范学院(今山西师范大学)的林和生谈了师范院校日本史教学的宗旨。吉林大学的高晶就开设中日关系史课程的重要性和教学目的发表了看法。杭州大学(今浙江大学)的孙仁宗公布了自己的"日本近现代史专题讲座教学计划"。哈尔滨师范大学的赵连泰介绍了指导本科生和研究生撰写论文的经验。

会议圆满结束,与会者一致希望这样的学术讨论会能够多举行。会议结束后,学会出版了第5期《中国日本史学会通讯》日本史教学经验专刊(见图4-10)

图4-10　1983年第5期《中国日本史学会通讯》日本史教学经验专刊

三、"日本封建社会分期问题"学术讨论会

1984年9月,学会在开封召开了"日本封建社会分期问题"小型学术讨论会。

随着研究的深入,从事日本古代史研究的各位学者都感到研究古代日本的社会性质越来越重要,为此古代史分会会长张玉祥多次给我信函,建议召开一次关于日本封建社会分期的学术会议。受其嘱托,我与河南大学的赵步云联系,探讨能否在开封举行一次小型的学术会议。赵步云先生很快答应了此事。

"日本封建社会分期问题"学术讨论会于1984年9月15—19日举行。参加者皆是学会的古代史分会成员,主要是辽宁大学的张玉祥,吉林省社会科学院的张声振,武汉大学的童云扬,天津师范学院的王文定,河南大学的赵步云、王继麟、李成德,南开大学的李卓,天津社会科学院的史丽华、王金林。

会议一开始,与会者首先对日本学界关于日本封建社会分期的学说进行了梳理,指出日本学界对日本封建社会分期主要存在4种观点,即平安末期说、镰仓幕府封建说、太阁检地说、江户幕府说。主张平安末期说的学者认为,平安末期是总体奴隶制社会的最后阶段,亚细亚公社成员分化,一部分转化为农奴,一部分转入农奴制经营。大约11世纪末,庄园制形成,封建社会开始。关于镰仓幕府封建说,有的学者认为武家社会类似西欧中世纪的主从制(等级制),主从制(等级制)的形成就是封建制的形成。这派学者中,有人把封建制看成社会经济形态,认为律令制社会是总体奴隶制社会。总体奴隶制社会解体后出现了民主经济体(庄园)。主张太阁检地说的学者认为,律令制社会是总体奴隶制的最后阶段,上层班田农民转化为奴隶主(领主),过渡到家长制奴隶制的庄园制社会,历经平安末、镰仓、室町,至织丰时期步入封建社会。由于太阁检地推行小农政策,否定领主结构,家长制社会毁灭,农奴制经济逐渐成熟。

在梳理日本学界的基本要点后,与会者根据自己的研究体会,相继发表了自己的观点。张玉祥认为,日本学者在阐述自己的观点时,大多引经据典,用马克思主义理论论证,但由于对理论的理解不同,产生了不同的结论。

张声振认为,家长制是形式,它可以是奴隶制的,也可以是封建制的。研究日本的总体奴隶制时,不应与西欧比,因为马克思说铁的出现产生奴隶社会指的是西欧。研究日本的奴隶制,首先应与中、朝联系起来认识。他还说,他原本是大化改新封建社会的赞成者。但大化改新后日本的土地、阶级关系没有根本改变,只改革了政治制度,大化以前是部民奴隶制,大化以后是纯粹奴隶制。因此,他转变为"庄园制出现后,武家(平氏)政权标志封建社会开始"的主张者。他说,

日本奴隶社会是从邪马台国开始的,日本奴隶社会的特点之一是父家长制。

童云扬认为,日本学者机械地把日本史与西方历史做对照,又在运用马克思理论时根据各自的理解突出某一点。故此形成分歧,观点纷纭。他说,日本的庄园制是不能与西方庄园制相提并论的。日本庄园本身结构并不一样,只有畿内地区领主自己控制庄园,其他地域的庄园主大多住在城市,庄园的实际权控制在地方势力(庄官、在地领主)手中,所以最大的庄园领主是寄生的腐朽贵族。日本庄园始终在两大政治集团斗争中转移。西方的庄民因为基本上是自耕农,所以才有可能由自由小农发展为经济小农,然后发展成经济城市。而日本庄园制的瓦解不是先在先进地区发生的,而是从庄园开始的。其瓦解的原因不是生产关系的变化,更多的是政治原因,所以这一瓦解并不意味着封建生产关系的不适应,只是说明需要调整而已,即排除贵族势力,由地方势力推动社会前进。织丰统一政权的成立,有助于封建生产关系的发展。他主张日本封建社会可分为形成期、发展期和衰落期。大化改新是封建社会的开始,庄园制形成至江户前期(元禄以前)是发展期。

会议结束,与会者考察了洛阳周边唐代中日交流的历史遗迹。

四、"日本历史人物评价"学术讨论会

长期以来,学界对日本史的研究存在一些较少触及的领域,其中对人物评价尤为突出。历史人物评价的缺失,直接影响了研究的深入。因此,日本史学会成立以后,学界同人普遍要求学会能带领大家突破这一局限,以唯物史观展开对日本历史人物的评价。《日本历史风云人物评传》一书就是在这一背景下应运而生的。

着手组编这本书,是在1982年夏天。那一年7月,中国日本史学会在沈阳召开第二届年会,其间有人向我探询,能否组编一部反映我国日本史研究最新水平的学术性著作,并提出希望撰稿人以中青年骨干研究者为主。会议间隙,我与有关学者认真商议了此事,大家的积极性甚高。大家认为,要么不写,要写就写日本史中我国学者尚未涉及的课题,一可以促使我国日本史研究向纵深发展,二可以充实目前高等学校的日本史教学内容。那么,符合上述要求的历史课题是什么呢?多数人认为,目前我们的研究弱项颇多,但最弱的是对历史人物的研究。因此,首先应齐心协力编一部日本历史风云人物评价方面的书。经过沟通,多数人同意先写一部历史人物评传。当时商定,入选的历史人物应以3个条件为准:是日本历史转折时期举足轻重的人物;是我国学者尚无专文探讨过的人物;是日

本史学界有争议的人物。

根据上述标准,我们初步拟定了27个人物,并约定在适当的时期召开一次有关人物评价的小型座谈会。

此后,确定由我负责联络作者,并与出版社商谈出版事宜。在沈阳会议期间,我已与天津人民出版社编辑初步确定了该书的出版意向。回天津后,我继续与天津人民出版社的章以淦、梁书成多次联系,在确定内容和作者人选及编著计划后,他们再次表现出极大兴趣,表示将积极予以出版支持。

1982年8月,编写组成员开始进入研究撰写阶段。2年以后的1984年10月,在重庆北碚召开了"日本历史人物评价"学术讨论会(见图4-11)。这次会议的目的是检查所确定的历史人物的研究和撰写的进度,以及发现研究和撰稿过程中遇到的难点,并对某些难度较大的历史人物的评价进行探讨。

图4-11 "日本历史人物评价"学术讨论会全体参会者合影

与会者一致认为,正确评价历史人物,是历史研究工作的重要组成部分,作为日本历史研究和教学工作者,只有对众多的日本历史人物,特别是对其中一些有代表性的历史人物进行深入研究,并做出正确评价,才能较为正确地把握住日本历史,编写出质量较高的著述。基于这一认识,会上就经过2年多的努力已完成初稿的丰臣秀吉、楠木正成、德川庆喜等进行激烈的评议和争鸣。例如,关于丰臣秀吉的认识,以往我国学者主要强调了他对外侵略和统一国内,简单地视他为侵略者、刽子手。讨论中,一些学者认为,虽然他有对外侵略、对内残忍的一面,但是他结束长期战乱、统一全国、清丈土地、实行检地政策等举措,对促进生产、推动社会发展起了积极作用,这些应该予以肯定。

通过讨论,大家对进一步提高论文质量充满信心。会上,作者们约定,会后要抓紧时间对已成文稿再做一次认真细致的修改、提高,于1985年底提交最终定稿。1988年,《日本历史风云人物评传》正式出版发行。

除了上述中国日本史学会独自举行的年会和学术会议外,学会还与团体会员单位联合举办了多次专题学术讨论会。1980—2000年,在学界同人的努力下,学会先后与下列团体会员单位联合,成功地举办了一系列学术活动:东北师范大学、北华大学、辽宁大学、大连大学、南开大学、天津社会科学院、苏州大学、山西财经学院(今山西财经大学)、四川大学、云南大学、浙江岱山县外事与侨务办公室、中国徐福学会等。1992年7月,在汤重南、夏应元、陈应年等人的努力下,学会与北京市中日关系史研究会等单位在北京举行了规模盛大的"中日交流史上的友好使者——纪念中日邦交正常化二十周年国际学术讨论会"(见图4-12)。

图4-12　中日交流史上的友好使者——纪念中日邦交正常化二十周年国际学术讨论会
(北京)全体参会者合影

第五章

中国日本史研究者的学术形象

前已叙述,20世纪70年代末80年代初,日本学者轻视我国日本史研究水平。当时虽然我们的日本史研究水平与国外有一定的差距,但我们也并不是毫无建树、一无所长,在某些领域也是有所作为的。因此,摆在当时中国日本史学会面前的重任,一是组织、协调全国研究者,加强与扎实基础知识相关的工作,如调查国内日本史藏书状况,举行多种学术会议,交流研究成果,等等;二是发掘我国现有的研究、有所建树的课题,寻找机会向外界集体展示中国日本史学者的专业形象。

本章将介绍20世纪80年代我参与组织、推动的几项展现中国学者集体专业形象的学术活动,即组织撰写《东亚之中的日本历史》(全13卷)并在日本出版;组织、推进中日两国古代史学者举行面对面的学术讨论会;组织、推动编纂一部百万字的《日本史辞典》。现就上述学术活动的启动、经过做一回顾。

第一节　中国日本史研究者首次在日本出版日本历史丛书

一、《东亚之中的日本历史》丛书编写的起因

1984年5—6月,我受日本别府大学邀请,参加该校的史学科成立20周年纪念会。在会上,我做了题为《关于邪马台国的若干问题》的学术报告,提出了北九州的邪马台国与畿内地区的"前大和国"并存说,引起了学界和媒体的关注。日本专门出版考古学和古代史的六兴出版社,据此约我写一本以邪马台国为中心的专著。1986年初,我的《古代的日本——以邪马台国为中心》出版了,日本学界对此书有较好的评价。有鉴于此,六兴出版社编辑部长福田启三萌生了请中国学者撰著一套日本历史丛书的想法。在当时,中国的日本史研究水平尚未被日

本学界看好,在这种情况下组织中国学者编撰、出版日本历史丛书,不啻是一个大胆的设想。可是福田先生通过他对中国学界的了解,用具体的论据和周密的设想得到了全社的支持,该项目成为该社的重点出版计划。在被确定为全社计划后,福田先生第一时间给我写信,告知了这一计划,希望中国学者予以支持。根据当时国内日本史学界的实际水平,只要具有学术功底的学者共同努力,我们是完全有能力完成的,因此我的积极性非常高。为推动这一有益于日本史学界和日本人了解中国的日本史研究状况的好事能真正实现,我首先促成了以天津社会科学院的名义邀请福田先生来华访问。1985年5月,福田先生来到中国,随后他与天津社会科学院主管科研的副院长商谈,达成了2项协议:一是以天津社会科学院为依托,由中国学者撰写一套多卷本的讲述日本历史的图书;二是该多卷本的具体编写、出版相关事宜,委托天津社会科学院王金林执行。

之后,天津社会科学院的领导正式授权我执行此事,并指示在保证本院学者的参与名额外,其余名额可在国内的日本史研究者中物色。这样,我便以天津社会科学院日本研究所副所长和中国日本史学会秘书长的双重身份担当此任,开始着手丛书的编写、出版工作。

二、选题与作者会议

首要工作是确定选题。

起初,我是从"纯"日本史的角度设计选题的,共选了10个选题,但很快被出版社否定了。出版社建议从非"纯"日本史的角度考虑,力求新颖。这一提示使我思维顿开。的确,中日两国学者的学术风格、论述方式、研究热点、史学观点不同,尤其是对一些历史事件存在观点分歧,再加上我们对日本历史的各断代史尚无系统、深入的研究,因此如果从"纯"日本史角度设题,既不受日本学界的关注,又难以显示我们的优长。为此,我重新从中日关系的视角思考有关日本历史的选题,再根据国内学界的情况和部分学者的专长,拟出一份选题和作者的初选名单,开始逐个拜访或书信联系作者,商议是否愿意承担选题并征求对选题的意见。经过反复商议、筛选,最后确定了12个选题和14名作者。1985年8月初,我把新拟定的选题和作者名单汇报给福田先生。8月24日,我收到福田先生的来信,其中有如下内容:

> 接来信,拜读您的《日本历史》新提案,感觉内容既通俗易懂,又充实。第十二卷是新增的,这对日本人会有极大的参考价值。本社完全

接受这一方案。为此,请先生向各卷的作者说明编写计划,并请他们接受计划,同意执笔。作者似乎都是居天津、沈阳、北京者。若全体成员接受计划,应诺执笔后,能否把大家召集到天津开次会? 其时,我将作为社长的代表出席,以表敬意,并和诸位充分协商,希望诸位能够同步开始编著。会议期间,我打算向作者递交出版合同,虽然不知是否有可能,但如果今年10月举行聚会,那么我现在就要开始准备了。因此,希望贵研究所能给我发一份邀请函。

我希望全体作者同时开始执笔,截稿日期为1987年3月末。每一卷的篇幅是日语400字稿纸400页,与这次先生的原稿(指《古代的日本——以邪马台国为中心》一书)篇幅相同。我们计划于1987年9月开始出版,每月发行一卷。为确保(这套书)能得到重大反响,因此特别恳请诸位作者在正式出版前务必严守这一计划,本社也不会对任何人谈及此计划。这一计划是我社独创的,计划一旦泄密,各出版社大有模仿的可能性,届时各位作者和我社都会受到打击。为此,望先生务必请诸位予以协助为盼。

应出版社的要求,1985年10月30日,参加该丛书编写的12名作者(2名因事缺席)齐聚天津(见图5-1),与福田先生共同商讨了相关事宜。会上,各作者与福田先生举行了简单的签名仪式(见图5-2)。

图5-1　丛书编写者见面会

(前排从右往左:易显石、汤重南、任鸿章、沈仁安、王金林、万峰、吕万和;
后排从左往右:武安隆、马家骏、周启乾、王家骅、熊达云)

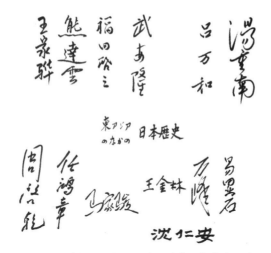

图5-2 《东亚之中的日本历史》丛书著者签名

会议最终确定的各卷书名及作者如下：

第1卷 《倭国与东亚》(『倭国と東アジア』,沈仁安)

第2卷 《奈良文化与唐文化》(『奈良文化と唐文化』,王金林)

第3卷 《织丰政权与东亚》(『織豊政權と東アジア』,张玉祥)

第4卷 《近世日本与日中贸易》(『近世日本と日中貿易』,任鸿章)

第5卷 《中日儒学的比较》(『日中儒学の比較』,王家骅)

第6卷 《明治维新与中国》(『明治維新と中国』,吕万和)

第7卷 《明治的经济发展与中国》(『明治の経済発展と中国』,周启乾)

第8卷 《日中近代化的比较》(『日中近代化の比較』,马家骏、汤重南)

第9卷 《孙文的革命运动与日本》(『孫文の革命運動と日本』,俞辛焞)

第10卷 《日本法西斯的兴亡》(『日本ファシズムの興亡』,万峰)

第11卷 《日本的大陆政策与中国东北》(『日本の大陸政策と中国東北』,易显石)

第12卷 《中国人的日本研究史》(『中国人の日本研究史』,武安隆、熊达云)

后来,我与出版社协商,又增添了第13卷《天皇与中国皇帝》(『天皇と中国皇帝』)。

《天皇与中国皇帝》卷原计划邀请中国社会科学院历史所夏应元担任,但因某种原因,夏应元先生未能承接,最后改邀该院沈才彬承担编写工作。

三、中日权威学者的推荐

各卷书稿在1987年下半年陆续送达出版社。六兴出版社在收到各卷书稿后,一直到第1卷上市前后,才在日本学界进行了广泛的宣传和推介。在宣介中,出版社对出版该丛书的动机做了说明:

> 与日本一衣带水的中国,无论在政治还是文化方面,对日本都是影响巨大的。这样说,一点也不过分。而在中国,如周知的那样,早在1世纪班固的《汉书》中,就已把日本记为"倭",随后日本在中国不断地受到关注,有许多研究著作。
>
> 中国、朝鲜、西伯利亚等的诸民族与日本民族之间,以政治、经济为首,包括语言、文字、文学、宗教、思想、美术、科学、民俗等广泛领域有过许多交往,这点毋庸置疑,这些均对日本社会、文化的发展产生了深刻的影响。然而,明治维新以后,日本一改传统,学习欧美近代文明,走向"近代化"道路。在这种背景下,给亚洲诸民族造成了罄竹难书的苦恼和伤害。这是永远难能忘怀的事。
>
> 我们拟以独特的视点,观察从古代至1945年战争结束的日中两国的政治、经济关系,文化的接纳及其发展的方法,日本的国际地位和作用等历史。而且,期望通过探讨给日本以种种强烈影响的东亚诸国的关系,再一次以新的眼光来观察日本人的生活方式、思维方式和东亚世界。敝社遵奉这一趣旨,计划由继承中国悠久历史学传统并取得日本史(研究成果)的中国学者编著《东亚之中的日本历史》(全13卷)。
>
> 自1980年中国日本史学会创立以来,中国的日本史研究取得了惊人的成果。我们能从本丛书中看到中国丰实的研究成果。正值日中恢复邦交十五周年之际,愿本丛书的出版成为日中友好的新桥梁,这是敝社衷心的愿望。

日本著名史学家家永三郎、远山茂树、门胁祯二、西岛定生等著文推荐。这些日本史学界的大家以既惊又喜的心情写下他们的期待,字字句句充满着友好之情。现将他们的短文译载如下。

(1)东京教育大学名誉教授家永三郎:

期待《东亚之中的日本历史》问世

在了解日本的历史时略去与中国的交往,是难以理解日本历史的。那样深厚的关系,自古代一直延续到现代。在日本通史中,与中国的关系的叙述往往占了很大的篇幅。其中有范围广泛的使人心暖的文化交流,也有悲惨的战争。一直以来,在日本人为主轴的历史中登场的中国,需要以不同的角度予以记述。

日本的中国史研究有丰富的积累和许多中国史著述,然而,这些著述当然不免局限于用日本人的眼光看中国的历史。另一方面,中国人怎样看日本的历史,许多日本人几乎是不知的。通过中国的日本史研究者撰写的这套丛书,就可知晓中国人眼中的日本历史,这无疑对于仅以日本人的眼光看日本历史的我们有极大的启发。期待这一划时代的计划完成。

(2)横滨市立大学名誉教授远山茂树:

日中学术交流的集大成

知道中国的日本史研究者撰写《东亚之中的日本历史》全13卷的计划,我在惊叹的同时也寄予很大的期待。我国的史学界也经常说,要加强世界史中的东亚史研究,要重新检讨日本与中国的历史交流意义。在对两国历史进行比较研究的过程中,我国出现了个别研究成果。这次中国研究者的计划并非从古代至近代的体系性著作。正因为如此,我们在学习这套丛书的同时,也应该学习他们的研究态度。最近10年间,中国的日本史研究发展惊人,出现了许多学术交流成果。丛书的研究者中也有我的友人,深受感动的是他们谦虚地学习日本学界(研究)成果的真挚态度,以及站在历史大潮流前列,坚持尖锐且率直的批评姿态。我相信,这套丛书将大大有助于日中学术交流和日中友好。

(3)京都府立大学校长门胁祯二：

想要学习中国的新成果

中国日本史学会自1980年成立以来，我们只接触过其若干研究成果，但是其真实的发展状态具有很大的魅力。我们最早接触中国历史学界是在1964年北京的学术会议，自那以后的研究动向和成果我们全然不知。正因为如此，得知在日本出版中国日本史学会会员的研究成果一事，我感到由衷的高兴。当然，和日本的外国史研究一样，获取研究对象国的原始文献、史料，或总体研究动向是困难的。中国的日本史研究也有种种困难。因此，我认为这些方面要交流和相互补充。基于上述情况，我非常想要了解、学习中国研究者提出的日本史的问题，以及他们是如何考察的，例如中国的日本史学史、日中比较论。非常期待《东亚之中的日本历史》(全13卷)的出版发行。

(4)东京大学名誉教授西岛定生：

走向互相理解历史的真正友好之路

我曾经说过：为继续发展日本和中国的友好关系，必须互相了解对方的历史。但是，一看两国的教育制度内容，虽然在日本的历史教育中，学习中国的历史设有一定的比重，但在中国则稍有不同。因此，我期望中国的日本史研究有所发展。然而，即使中国的日本史研究正在顺利发展，我们却了解甚少。这次由中国学者撰写的《东亚之中的日本历史》(全13卷)正好显示其实情之一端。从中国的视角看日本历史，与在日本看日本史研究，两者的理解是不一样的。这和从日本看中国史，与在中国看中国史研究，其理解完全不同是一样的。然而，我认为重要的是当这种不同的理解出现时，要围绕不同的理解，相互间加深对彼此历史的了解，并由此深化两国的友好关系。

(5)中国日本史学会名誉会长吴廷璆：

对日本史研究的贡献

《东亚之中的日本历史》的出版我颇为欣喜，深表祝贺。中国学者用日语书写13卷"日本历史",在日本出版,这是中日文化交流史上的一件大事。1980年中国日本史学会创立以来,中国的学者们继承和发扬中国的历史学传统,通过对日本历史的科学地探求和研究,已经发表400余篇论文,出版30余种著作。《东亚之中的日本历史》这套丛书,是中国学者近年来研究成果的结晶。毋庸置疑,这13卷著作,虽然还不能说已达完璧之域,但至少说明,在这一领域,中国的日本史研究者已经具有独立贡献研究成果的条件和能力。中日两国的历史学者间存在着悠久的传统友谊。因此,我由衷地期望两国学者今后更加紧密联系,进行更广泛的合作和相互切磋琢磨,为继承、发展两国人民真挚的友谊和追求真理的精神而共同努力。

笔者作为作者代表,也向日本读者表达了我们的心声:

这是中国的日本史研究者初次奉献给诸位日本读者的著作。最近七八年来,中国的日本史研究取得了迅速发展。本丛书的诸位作者皆是中国日本史学会的中坚研究者。作者们的观点和研究水平,毫不过言地说,反映了当今中国的日本史研究水平。六兴出版社敏锐地观察到中国的日本史研究状况,计划出版本丛书,并邀约我们执笔,以此成果介绍给日本国民,这是极有远见的。能有这样的机会,我们深为感谢。我们切望中国的研究者和日本的研究者间结成更深的友好之谊,展开真挚的学术对话。我们确信本丛书的出版将对中日学者间的交流产生深远的影响。最后,希望日本读者不吝批评。

四、丛书出版及出版社获奖

《东亚之中的日本历史》于1988年3月起陆续出版。作为本丛书最先出版的是拙著《奈良文化与唐文化》(第2卷),最终卷是1990年3月出版的《天皇与中国皇帝》。自1985年初策划开始到1990年3月,13卷全部出版完毕,历时5年,可谓中日史学交流史上前所未有的一大工程(见图5-3)。出版后,该丛书受到日本史学界和史学爱好者的欢迎。多名权威学者在报纸、杂志上发表书评,既肯定我们的优长,又诚恳地批评不足(见图5-4)。热情而严格的评价,既鼓励了我们继续保持和发挥自身研究特色,深入拓展研究领域的信心,又使我们认识到要使中国的日本史研究达到先进水平,建立起中国的日本史学体系,仍然任重道远,我们必须为此努力。

图5-3 《东亚之中的日本历史》部分著作

图5-4 BRUTUS上刊载的山口修的评论文

六兴出版社因出版《东亚之中的日本历史》丛书,获得了日本出版界最高的奖赏——"梓会出版文化赏"1988年年度特别赏。《日本经济新闻》于1988年12月4日报道了六兴出版社获奖一事,文中写道:

超越国史范围,近年日本兴盛研究东亚之中的日本史,然而最果敢的实践是正在刊行的《东亚之中的日本历史》(全13卷)。执笔者皆是中国的日本史研究家。来自中华思想本家的看法,可以预想这会触动日本人的自尊心。过去是师弟,而随着在近代化过程中的成功与失败,视线也多有曲折变化。但是,倾听他者的看法,必须放下自尊心。不论怎样,虽然看法有差异,但这一实践性的日本史(的刊行)是有意义的。

中国的日本史学者通过自己的实践,将我们的实际水平呈现在日本学者和读者面前,这是1949年以来我们的首次尝试。通过此次丛书的写作、出版,我们感悟到成功与不足,同时也增加了继承悠久的中国式学术传统和建立独立的日本史学术体系的信心。

第二节　中日"大化改新"学术讨论会的成功举办

一、会议的筹备

(一)发起单位的确定

1987年中期,《东亚之中的日本历史》(全13卷)的书稿全部完成后,我就开始策划中日学者的专题学术讨论会。最初我希望扬长避短,以我们研究较多的课题与日本史学界精英直接对话,让日本学界看到中国学者对某些日本历史问题的研究深度和独特看法。说到底也是一种急于走出"中国的日本史研究是小学水平"阴影的愿望的反映。

实现这一设想的首要条件是经费问题。为此,我乘着六兴出版社对中日课题的浓厚兴趣,给福田启三编辑部长写信,探询六兴出版社资助召开一次中日学者古代史讨论会的可能性。谁知他很快回信表示赞同,并询问会议主题。我从一直以来我国学者研究较有深度的诸日本历史问题中选出了"大化改新"这一选题,并相继与国内研究日本古代史的同人磋商。与此同时,还向日本古代史学家、国学院大学教授铃木靖民探询日本学者就此选题响应的可能性。得到的回答都是积极、热情的。心里有了底数后,我就此向六兴出版社汇报了"大化改新"选题。出版社对其做了认真的评估,最后同意资助中日古代史学者的"大化改新"专题学术会。

经费落实后,随即进入实质性的筹备工作。筹备工作由中日双方同时进行。中国方面由我全权负责,日本方面由铃木靖民全权负责。我的工作首先是落实发起、承办单位,建立工作班子。铃木靖民的工作是征集和组织日方代表团。

考虑到此会议是1949年后中日两国的日本古代史研究者的首度面对面交流,又是中国日本史学会成立以来的第一次国际会议,因此举办地以北京为首选。为此我专程上京拜访北京大学日本研究中心副秘书长李玉教授,邀他一同为此会出力。他欣然答应了我的邀请。我们两人考虑到日方组团前来参会,外事工作不可疏忽,应有具备外事经验的单位参与筹备。于是,我和李玉又一同拜访了中国国际文化交流中心的张贵来先生,三人一起研究了会议的筹备事务。经研究,最后确定这次学术讨论会以中国日本史学会、北京大学日本研究中心、中国国际文化交流中心作为发起单位。中国日本史学会负责学术讨论事务,北京大学日研中心负责会务,中国国际文化交流中心负责外事。此后,北京大学日本研究中心做了大量会务工作,保障讨论顺畅、圆满、成功;中国国际文化交流中心为外宾的接送、安全保障做了大量周到、细致的工作。

中国日本史学会的筹备主要是拟定讨论选题、落实中方参会学者名单,以及确定发言内容的分工、会议日程的排定等。

(二)确定参会学者名单和拟定议题

中方参会学者的确定,原则上凡中国日本史学会古代史分会会员均可参加,研究大化改新有关史事者优先。同时,考虑到通过国际学术讨论会推进我国的日本古代史研究,在参会者的年龄结构上注重老、中、青结合,其中以中、青学者为主体。经过多次协商,最后确定29人参会。这些人多来自各地的社会科学研究院、高等院校,其中来自北京、天津、河北三地16人,东北三省8人,上海、安徽、河南5人。这里要特别指出的是,在确定名单时,筹办方没有把我国日本史界的几位老前辈列入名单。但在讨论会开始之后,名誉会长周一良先生一直亲临会议,参与会议全过程。因此,实际上中方参会学者全员共30人。

关于议题的拟定,我曾与铃木靖民先生商定先由我方负责提出,然后征得日方同意。我在思考议题时,一是着眼于日本大化改新研究史及日本学界争论的焦点;二是注重我国日本史学界对大化改新的研究状况及主要观点;三是所选议题必须是中日双方共同关注,并能引起双方热烈讨论和争鸣的。基于上述思考,我拟定了8个大题和24个子题。

议题初稿拟定后,我用信函的形式先与国内日本古代史学者同人交换意见。在基本获得赞同后,再发函致铃木靖民先生和福田先生,征求日方学者意见。二人的回函中都表明日方对议题初稿无异议。自此,中日双方进入全面的准备阶段。

1988年3月10—11日,日本史学会召集准备参会的国内学者在北京举行了预备会议。正在中国访问的铃木靖民先生也被邀请列席此会。预备会议的意图是根据国内学者各自的研究,确定主要议题的中方主旨报告者和子题的发言者,并要求承担者在会议召开前提交发言摘要。预备会议还对在中日学者面对面交流中应持的态度和原则进行讨论。大家一致同意应持有如下的态度和原则:热情谦虚,不卑不亢,以史实为依据,充分发表自己的观点和主张。预备会议上,大家情绪热烈、兴奋,表示一定充分做好准备,一展中国的日本史研究的真实水平。

中方的筹备会情况,尤其是议题的分工,由铃木靖民先生带回日本,分别向日方的参会学者做了汇报。1988年5月2日,铃木靖民先生向我汇报了日方的情况,其来函中有如下内容:

> 3月10—11日的筹备会纪要已译成日文通报给讨论会预定参加者门胁祯二先生等人,并皆得以确认。已确定的参加者,除门胁先生外,还有原(秀三郎)、佐藤(宗淳)、鬼头清明、薗田(香融)、吉村(武彦)。3月10日我提出的(会议议题日方主报告人)提案,也向诸位传达了,并得到了各位的同意。

会议以平等为原则,即每个主题均设2名主题报告者,中、日双方各出1名。当年5月,筹备组就拟定了议题讨论次序和主报告人名单(见表5-1)。

表5-1 议题讨论次序和主报告人

主报告题目	报告人
中国人为什么关心大化改新	王金林(中方)
中国人和日本人的改新观	佐藤宗淳(日方) 徐建新(中方)
7世纪前期日本社会的矛盾	鬼头清明(日方) 徐德源(中方)
东亚世界形势与日本	铃木靖民(日方) 夏应元(中方)
围绕改新政策的实施	原秀三郎(日方) 沈仁安(中方)
律令制——以班田制为中心	吉村武彦(日方) 宋家钰(中方)
大化改新后日本社会的阶级变化	佐藤宗淳(日方) 张声振(中方)
关于大化改新后的社会性质	原秀三郎(日方) 张玉祥(中方)
今后的课题	门胁祯二(日方)

二、会议的举办

中日"大化改新"学术讨论会定于1988年8月2—4日召开。8月1日,以京都府立大学校长门胁祯二为团长、静冈大学原秀三郎为副团长、铃木靖民为秘书长的日本学者团一行7人(包括六兴出版社的福田编辑部长)抵达北京,入住北京大学勺园。当天下午,全国人大常委会副委员长、世界史学家周谷城接见了日方全体成员。

讨论会的正式会议于8月2日上午在北京大学电教大楼顺利举行。在开幕式上,中国日本史学会会长万峰、北京大学日本研究中心主任王学珍、日本国驻华使馆文化参赞大和滋雄、中国日本史学会名誉会长周一良、京都府立大学校长门胁祯二相继致辞。万峰在致辞中感谢日本史学家对这次学术会议和中国的日本史研究的大力支持,并指出召开中日"大化改新"学术讨论会很有意义。其意义主要有3点:"第一,通过有关大化改新问题的学术讨论,可以在纵向和横向上深入探讨日本古代社会政治变革的进程、日本古代社会结构和社会制度演变的问题等。比如,弄清古代天皇制的确立经过及其后果,律令制社会的成立及其演变,以及采取班田收授法的公田公民的特点等。这些都将有助于从史实到理论深化对日本奴隶制以至封建制的研究。第二,通过大化改新问题的学术讨论,可以深入探讨日本摄取外来文化史及国际文化交流史的问题。第三,在一定意义上,大化改新是摄取唐文化的产物,因此研究大化改新这一历史重要课题,自然会深化对古代中日文化交流的研究。"

门胁祯二在致辞中强调了"从国际性角度"研究大化改新史的必要性。他说:"众所周知,在日本史学界迄今为止的研究中,许多学者对这一问题提出了各种各样的观点,其中不少人对各自古代的历史强调其独特性,这就使我们感到有必要从国际性的角度出发,进行更加深入的研究。从这个意义上讲,我们非常感谢这次国际学术讨论会的召开。日本史学界对大化改新的看法不尽一致,即使是在出席这次大会的日本学者中,也存在很多不同看法,所以我希望讨论会能够在中日两国学者间及日本学者间展开坦率而热烈的讨论中进行。"

周一良先生的致辞,着重阐述了大化改新事件在亚洲史上的意义。先生的这一讲话精湛、深刻,他说道:"我热烈祝贺大化改新国际学术讨论会的召开,同时也热烈欢迎以门胁祯二教授为团长、原秀三郎教授为副团长的日本学者代表团的光临。大化改新是与日本明治维新、战后改革并列为日本历史上的三大改革之一。无论是肯定论者或者是否定论者,都不能否认这次改革在历史上具有极大的、重要的意义。横向来看,大化改新在当时的亚洲和世界也是一个很重要的事件。比如说,从中国来讲,其中就有在中国留过学,然后回日本去参加改革运动的日本政治家。所以说,大化改新不仅是日本历史上的重要事件,也是亚洲历史上的重要事件。今天能有这么多的日本历史学专家、学者参加并同中国的专家学者一起讨论研究这样一个重要的历史事件,我想意义是非常重大的。特别是我们中国,今天也在改革开放,那么历史上无论什么时代、什么国家的改革,我想对于我们今天的改革运动多多少少都会有一些启示、启发的作用。因此,我们今天的讨论也就更加有意义。谨祝讨论会圆满成功!"①

讨论会从8月2—4日为期3天,讨论发言十分热烈。因为日方多名学者是持大化改新否定论者,而我方大多是大化改新肯定论者,双方首次面对面,既有交流,又有争辩。争论虽然热烈,但彼此谦虚而融洽。我国学者以史实为依据,充分发表自己的观点和主张,引起了日本学者的强烈关注。中国学者对大化改新研究的深入,让日本学者感到惊讶。

三、中日学者的评价

8月4日下午,大会举行了闭幕式,对讨论会进行了总结。日方团长门胁祯二先生说:"中国代表团各位学者的报告非常丰富,大大超出了我们的想象。我们了解了中国方面关于阶级问题和社会性质、政治史、外交、思想等,以及其他一些个别问题上的研究动向和观点。我们还充分理解了中国日本史学会成立的必要性以及它所发挥的重大作用。"中方的中国日本史学会名誉会长周一良先生在总结中说:"这次大会是非常成功的一次大会。……取得非常成功的最根本的原因,一是非常充分、非常仔细的准备工作;二是双方代表团的成员都是这方面的专家。日本方面的代表都是今天在日本古代史学界非常活跃的学者、专家。中国方面的代表,不用说,也都是研究日本古代史的,特别是大化改新问题的专家,或者是对这个问题有兴趣的先生。特别高兴的是,中国方面的代表团是老、中、青三代结合的。"

这次学术讨论会的成功,无论对于日本的古代史学界,还是我国的日本史学界,其意义都是十分重大的。会后,日本学者在日本期刊上发表了自己的参会感受(见图5-5和图5-6)。

---

① 以上引文皆见北京大学日本研究中心编:《通讯》第2期,1988年8月25日。引用时略有改动。

图 5-5 原秀三郎在《静冈新闻》夕刊上
发表感想

图 5-6 鬼头清明在《信浓每日新闻》上
发表感想

那么,这场讨论会对日本学界的意义是怎样的? 且看日本学者鬼头清明在日本报刊上发表的如下一段话:

> 6个谨慎的日本人,到国外参加日本史领域的讨论,这在日本史研究史上是罕见的,其意义是很大的。尤其是日本史研究者,与谨慎相伴,还具有日本史研究自己比外国人熟知的自负意识。若有这种强烈的自负意识,就会认为与外国人进行学术交流是不必要的。依据我的经验,日本史研究者(至少是古代史研究者),对国际学术交流的态度是消极的。其原因是谨慎和自负的表里如一。这种印象,即使在这次学术讨论会期间,也是存在的。对此,我认为有必要考虑日本人为什么有必要走出国门到外国去讨论日本史,进行日本史的讨论。虽然我不能充分回答这一问题,但我认为日本人的日本史研究,如果不能通过他者的眼光,并据此进行反省,就会完全失去国际学术交流的意义。通过交流,日本人的日本史研究开始一步步接近普遍性,这种交流不是很有意义吗? 这样的意义是克服了谨慎和过于自负的意识,期望更多的年轻研究者参加国际学术交流。

这次学术讨论会,对我们中国的日本史研究而言,其意义也是很大的。这是中国的日本史学界首次与日本古代史学者的集体面对面的学术交流,是继《东亚之中的日本历史》(全13卷)之后,又一次集体亮相。虽然我们的日本史研究方兴未艾,距离登上国际前沿第一线还任重道远,但是我们对日本历史并非一无所知,也不是毫无研究的"小学生"。就日本古代领域而论,中华人民共和国成立几十年来,在老一辈先师的领导下,我们在若干领域、课题上也多有研究,拥有自己有理有据的学术观点。这次与日本学者的直接对话、交流就是最好的检验。这次会议的成功,无疑提振了我们的信心。与此同时,通过交流,我们学习和了解了日本学者的史料发掘、辨析和论证方法,对我们加强微观与宏观相结合的研究方法颇为有益。

讨论会上中国学者的表现,改变了日本学者对中国的日本史研究的看法。日本学者佐藤宗谆曾对我说,他是带着好奇心来参加讨论会的,想知道中国人为什么要研究大化改新,怎样研究日本史。对于能否开好这次讨论会,实际上并没有信心。可是通过3天的讨论会,他明白了中国人为什么对大化改新感兴趣,以及中国人的研究水平。

日本学者回到日本后大多撰文发表了参会感想,他们的感想基本上可以归纳为以下3点。一是感到中国学者对这次学术讨论会的认真,而且发言的时间把控具有组织性。"中方学者在研讨会发言之前,大多分发了日文或中文的报告文章。即使在讨论会上日中交互自由发言时,中国的参加者多有发言。(他们的)发言,几乎事前都写了发言稿,准备周到。"[1]二是感叹中国拥有深厚的研究力量。日本学者来中国之前,大多认为研究日本史,特别是古代史,只有日本人最有发言权,对于和作为外国人的中国学者进行对谈存在怀疑。但参加会议后,他们感到"中国的日本史研究层意外地深厚,在此基础上,研究方向更是多样"。"值得注意的是,中国的研究者中不仅采用马克思、恩格斯学说,而且采用韦伯学说进行研究。"[2] 三是中国的研究者具有强烈的变化和发展的历史意识。"这种意识的具体表现,在大化改新律令制成立的评价中具有代表性。"中国方面的这种强烈地评价历史发展的史观,与"日本的历史研究者重视原始共同体遗制问题,也就是历史后进性、停滞性的倾向形成对比。……中国方面的意见未必都正确,但围绕律令制的评价,中国方面是积极的,而日本方面,评价则是消极的,强调停滞性一

---

① 吉村武彦:《参加日中讨论会"大化改新与古代的日本"》,《历史学研究》1989年第9期,第
　　61—63页。
② 鬼头清明:《参加"大化改新"日中古代史讨论会》,《日本史研究》1988年第316期,第
　　79—83页。

面,它似向我们提供了检讨我们的历史意识的机会,即我们是否会在不知不觉中陷于停滞论的危险性"①。

六兴出版社原计划在《东亚之中的日本历史》(全13卷)出齐以后,出版一册以门胁祯二、王金林为主编的大化改新学术会议的文集,内容包括双方的主报告和各子题讨论的发言。由于原稿量大而文集篇幅有限,因此出版社要求每篇主报告和发言稿都必须进一步提炼和压缩,并要求中方代表提交日文稿。会后,中方各代表都对自己的报告、发言文稿做了认真修改。各代表的文稿完稿后陆续汇集我处。我对文稿进行了审读,并做必要的编辑处理后,大约于1989年上半年寄给了出版社。《东亚之中的日本历史》最后一卷的出版时间是1993年3月,文集出版理应在此后提上日程。可是,当年的7月25日我接到消息,六兴出版社已于6月29日宣告破产,文集出版终成泡影。遗憾的是,我们中方学者的文稿一直未能取回,终至失散。

第三节　"东亚之中的渤海国与日本"学术讨论会的 筹备及其"流产"

本节我将对一次学会成功筹备而最后未能召开的中日学术讨论会做一介绍。

这个"流产"的会议即"东亚之中的渤海国与日本"学术讨论会。关于为何要召开该讨论会,其缘由起自于中日"大化改新"学术讨论会的成功。中日两国史学家都期望这种面对面的交流能继续下去,并为之积极地寻找共同合作的课题。

1992年9月,在辽宁大学日本研究所举行"中国东北与日本"国际学术讨论会期间,来自全国各地的渤海国及渤海、日本关系史研究的专家、学者一致认为开展多方位、多国家的合作研究时机已经成熟,建议成立一个学科间、地区间、国际间的研究网络,以便使渤海史研究开创新领域,取得新进展。②经充分协商、酝酿,辽宁大学日本研究所专门成立了"渤海日本关系研究课题组",邀请国内日本古代史、渤海国史、渤海考古的知名学者进行合作研究。该课题组建立后,做了

---

① 鬼头清明:《参加"大化改新"日中古代史讨论会》,《日本史研究》1988年第316期,第79—83页。

② 辽宁大学日本研究所编:《渤海日本关系研究》1993年第1期。

很多组织和联络工作。

1993年,中国日本史学会召开第四届年会暨"日本人与国际化问题"学术讨论会。会上,参加会议的中日两国的日本古代史学者也一致同意适时召开"东亚之中的渤海国与日本"学术讨论会。为了推动、落实讨论会,日本史学会专门成立了"日本·渤海国关系史专业委员会",由辽宁大学的禹硕基教授担任专业委员会会长,负责筹备国际会议。此后,中国日本史学会与辽宁大学"渤海日本关系研究课题组"相配合,在禹硕基、易显石、任鸿章、马兴国、刘毅等的共同协力下,开始了学术会议的筹备工作。

会议的筹备,得到国内外学者的支持和鼓励。周一良先生热情地鼓励说:"中国、渤海国与日本关系的历史,是中国、日本及东亚古代历史上的重要课题,希望同志们取得优异成绩,做出突出贡献。"

渤海国史与日本渤海国关系史学术会议的筹备是复杂而细致的工作,因为对该课题的研究,不仅中国、日本,而且朝鲜、韩国也颇盛。从总体上看,中日学者的观点相近,而中朝、中韩学者间的观点则多有相异。因此,筹备工作的第一步是明确这次讨论会不是渤海国问题的国际学术会议,仅是一次中日学者间有关渤日关系史的学术对话和交流。

在这一原则确定后,以禹硕基教授为首的筹备工作组便与国内(主要是东北地区)的有关院校、研究单位和知名学者进行了广泛的联络和沟通,得到了热情的支持,进而确定以中国日本史学会、辽宁大学日本研究所、牡丹江师范学院为发起单位。最后拟定议题,经多次商议,确定了8个议题。在筹备工作基本就绪后于1994年议定,"东亚之中的渤海国与日本"学术讨论会将于1995年召开。

关于筹备的基本情况,1995年3月15日,会议筹备组负责人禹硕基教授寄来一封信,详细叙及筹备情况,部分内容如下:

金林兄:

您好!惠书早已收到,非常高兴。迟迟未能回信,请原谅。

一、关于经费问题,据传日本国际交流基金会资助此会可能性很大,但尚未接到通知,只能如您所说,立足点放在拉赞助和以会养会的方案上。按您指示,对日本学者以自费标准通知。

二、关于邀访日本学者问题,尊重铃木(靖民)先生的意见,以他组织的人选为主。……

三、关于大会规模,按您的意见,以50人左右为宜。现初步决定国内学者,下列诸位为拟必邀者,即朱国忱、魏国忠、张太湘、金杲、张高、姜华春、王侠、孙玉良、孙进己、任鸿章、张玉祥等。……国内学者加会务人员一起不超过30人。日本学者如果来20人,参加会议的人也就50人左右了。

四、关于大会的讨论方式,采取大化改新会议的方式,每一段,中日双方学者都有发言和讨论。国内学者的发言初步分工如下:张太湘、金杲谈考古,孙进己谈民族问题,刘毅谈社会性质,禹硕基谈渤海与新罗关系,其他人都在一一落实。这次研究考古的学者参加不少。朱、张、金、魏、王都是研究渤海考古的,据说近来有不少新的发现,他们会在会上发表。

您5月以后有较多时间参加筹备工作,那就好了。5月以后我们可以到长春、哈尔滨、牡丹江再次落实具体事项。……

筹备情况简单汇报如上,不当之处请指正。

弟　硕基

1995年3月15日

与此同时,日本方面征集参加者的工作也进行得十分顺利,日方的联络人铃木靖民先生于1994年9月给我的来信中专门叙及渤海史会议之事,其信内容如下:

王金林先生,您好!

尊函已拜读。明年渤海学术讨论会的大议题和小议题,我(们)完全赞成。同时,对关于参加会议者仅限于中国和日本的研究者的原则,表示同意。但是住在日本的韩国籍李成市氏(去年因急病未能参加天津会)希望务必能予以参加。在日本,对渤海史有兴趣的市民很多,但在研究渤海与日本,渤海与新罗、唐关系,并有论著者并非很多。另外还有一件事想与你商议,就是中日双方的考古学者参加这次讨论会是必要的。(据我所知)除吉林省王侠先生外,在吉林省文物考古研究所、文管会里都有从事渤海历史、考古研究的学者,同样,黑龙江省文物考古研究所也有这方面的研究者。日本学者中也有若干名考古学者参加。

关于每个小议题设定一至三人发言者事,日本方面正在考虑合适的发言人选。因此希望在年内或更早一点,在确定人员之后,有关发言人名单及其发言的议题,能互相再联络一下。……

铃木靖民
1994 年 9 月 19 日

铃木靖民先生的信表明,如中日"大化改新"学术讨论会筹备工作一样,中日双方为渤海国讨论会的成功举办进行了细致、缜密的准备。1995 年 1 月,铃木靖民先生又来信,详细列出了日方参加者名单,除 1993 年参加天津"日本人与国际化问题"学术讨论会的古代史学者悉数参加外,尚有 20 余名学者热望参加,并附录名单。从名单可知,他们都是当时日本古代历史、考古、东北亚史的知名学者。这些学者所属的学校或单位包括早稻田大学、东京大学、中央大学、龙谷大学、九州大字、金泽大学、宫内厅书陵部、高知大学、大阪大学、富山大学、新潟大学、秋田大学、东洋大学、奈良大学、创价大学、山梨大学、法政大学、青山学院大学、东京国立博物馆等。

基于中日两方的准备工作的进展,中国日本史学会、牡丹江师范学院先后于 4 月陆续向国内和日本有关学者发出邀请函。5 月初,根据回执和递交论文或论文提要情况,又向参会的日本学者发出学术讨论会具体事宜通知:

"东亚之中的渤海国与日本"学术讨论会具体事宜通知

1. 会期:1995 年 8 月 5—10 日。

2. 地点:中国黑龙江省牡丹江市镜泊湖风景区(渤海国故都上京龙泉府所在地)。

3. 研讨项目:渤海国历史研究动向;渤海国民族问题;渤海国社会性质;渤海国与日本;渤海国与唐;渤海国与新罗;渤海国经济、文化;渤海国考古、发掘。

4. 参加者须交纳会议参加费,每人 1 万日元。

5. 参加者的交通、住宿、食事费用全部由参加者自己负担

6. 收到邀请函后,于 1995 年 6 月 20 日以前,将您到达中国所乘航班的航班号、日期、抵达地点(北京或大连)告知我们。……

中国日本史学会
1995 年 5 月 6 日(章)

一切就绪,只等会议日期的到来。依据经验,我认为这次讨论会一定会如期

召开,肯定是一次成功的会议。这将再一次展现我国学者在这一领域的集体实力,推进中日渤海国史研究的国际交流与合作。

可是,正当中日学者期待已久的讨论会日期日益临近之时,会议却因为某种政治性因素被要求停止举行。就这样,经过多年筹划的纯学术性的中日学者面对面的讨论和交流会议,最终无奈地"流产"了!

会议虽然"流产"了,但是中国学者的渤海国问题的研究实力,通过会议的筹备和宣传,已为日本的史学、考古学界尽知。

第四节　中国版《日本史辞典》的编纂出版

一、策划与准备

长期以来,我国日本史研究者一直希望有一部用我们自己的立场、观点和方法编纂的,具有中国特色的《日本史辞典》。这不仅有益于今后日本史研究工作的展开,同时也能普及日本史知识,增进我国人民对日本的了解,以及加深两国人民的友谊。基于此,中国日本史学会第一届理事会把编纂《日本史辞典》确定为重要任务之一。为落实这项理事会决议,从1984年初始,学会办公室就开始了编纂工作的运作。首先请远在上海的副会长吴杰向上海辞书出版社探询支持辞典编纂的可能性。同时,向编纂外国史辞典有经验的单位取经。

1984年2月23日,我收到了吴杰先生的来信,其中转来了上海辞书出版社世界史辞典负责人唐荣智的信。唐荣智先生在信中说,编《日本史辞典》的事已与该社的副总编王芝芬、史地组组长陈光裕商议过了。但对辞典的领导结构、撰稿人、审读人等相关情况不清楚,所以希望我能在3月去一趟上海,共同商量相关事宜。

3月3日,学会办公室张健、赵德宇专程去北京,到中国社会科学院拉丁美洲研究所学习编撰历史辞典的经验。此后,我们开始考虑辞书的结构、设置、撰稿人等,并把初步的设想拟了一份草案。

3月下旬,我带着草案专程前往上海。3月29日下午,吴杰副会长和我一同拜访上海辞书出版社。当时出版社的副总编王芝芬,史地编辑室的唐荣智、任余白等人接待了我们。双方进行了实质性的讨论和协商。讨论和协商的问题主要有3点。

一是上海辞书出版社是否能将《日本史辞典》纳入该社的出版计划。首先由我向出版社介绍了此前所做的准备工作,以及今后的进程安排。王芝芬听后高兴地说:"我觉得考虑得比较周密。"她表示出版社愿意出版《日本史辞典》,并就辞典的编写原则做了说明,要求稿件必须严格按照他们社的标准撰写。双方首先对此做了确认。

二是双方就编撰者的选聘范围和基本标准进行商榷。根据全国日本史研究者的力量分布状况,双方确认参编者的选定原则上以北京、天津、沈阳、长春、上海的日本史研究者为主,适当邀请其他地区的日本史专业者参加。参编者要以实干者为主,要选年富力强、学有所长者担当。

三是对主编人选进行协商。出版社方面提出辞典要设主编,拟聘吴杰先生担任。为确保辞典的质量,我提出了设副主编的必要性,并告知了事先商定的4位副主编名单。最后,出版社接受了设副主编的方案。

我从上海回到天津后,立即根据上海辞书出版社的凡例和有关院校的编写经验,进一步完善《日本历史词典编写计划(草案)》《日本历史词典选词条工作计划(草案)》①。

《日本历史词典编写计划(草案)》主要内容包括编辑总原则、编写组织工作、参加编写人员、时间安排等。其中总原则规定:"坚持历史唯物主义原则和实事求是的科学态度,力求科学性、稳定性和系统性。在学术观点上应具有中国的特色,反映我国最新研究成果和通行观点,同时介绍国内外各种不同的史学流派的学术观点,讲求知识性。在编写技术上,做到文字洗练,用词准确,通俗易懂,查阅方便。"

关于时间安排,具体如下:

准　　备　1984年3—6月;

选定词条　1984年7—12月;

撰　　写　1985年1—4月为试写阶段;1985年5月至1986年4月为释文
　　　　　阶段。

审　　稿　1986年4月至1987年4月。

4月中旬,上海辞书出版社以书面形式聘请了《日本史辞典》的主编和副主编,即主编吴杰,副主编吕万和、王金林、张玉祥、沈仁安。寄达天津社会科学院的函件全文如下:

---

① 该辞典原定名为《日本历史词典》,最终出版书名为《日本史辞典》。

上海辞书出版社

天津社会科学院：

　　3月下旬，你院日本研究所王金林同志与复旦大学吴杰同志来我社商谈撰写《日本史辞典》，并提出该辞典编写计划草案与组织人选。经研究，我社同意将该辞典列入我社出版计划，并纳入我社出版的《世界历史大词典》分卷之一。现拟请吴杰任主编，吕万和、王金林、张玉祥（辽宁大学）、沈仁安（北京大学）任副主编。经常组织工作由你院日本研究所承担协调。我们切盼你院的支持和帮助。

　　顺致

敬礼

1984年4月11日

　　4月29日，上海辞书出版社唐荣智、吴雅仙又专程赴天津社会科学院，就《日本史辞典》一事与天津社会科学院进一步协商，希望天津社会科学院予以支持。天津社会科学院方表示，将在一定范围内尽力支持《日本史辞典》的编撰工作。依此，上海辞书出版社方面基本确定《日本史辞典》的组织、协调工作，委托天津社会科学院日本研究所负责。

　　天津社会科学院日本研究所依此与中国日本史学会办公室联合成立了《日本史辞典》编辑工作小组，正式开始工作。我以研究所副所长、日本史学会副秘书长的双重身份担任组长，组员有张健、赵德宇、马玉珍等人。

二、选定词条与撰写

　　编辑工作小组成立后，依据《日本历史词典编写计划（草案）》《日本历史词典选词条工作计划（草案）》的精神，开始选定词条，并提出词条方案，选聘撰稿人。

　　词条方案的确定是缜密、细致的过程。首先确定4条选择词条的原则：词条的取舍应反映目前国内外日本史学界研究的状况和水平；选用词条应体现我国日本史学界和学术特色；选用词条应讲究系统性，即同类词条的取舍统一，重要词条决不遗漏；选用词条应按各类及各断代。

　　工作组参阅国内外已刊行的权威辞典，并根据我国日本史教学研究的实际需要提出方案，经过征求意见，再三讨论、筛选，基本定稿。当时共选词条4176条，其中古代、中世2073条，近现代（包括战后）2103条。

根据出版社对主要撰稿人要精明强干、学风正派、治学严谨、热心辞书工作的要求,工作组很快确定了第一批撰稿人名单,并发出了邀请函,共发出36份,收到回函33份。回函者大多愉快地表示能参加撰稿,他们分别是吴杰、赵建民、孙志民、伊文成、李树藩、杨孝臣、陈本善、冯瑞云、高晶、高书全、任鸿章、张玉祥、易显石、禹硕基、刘文英、徐德源、吕万和、金桂昌、米庆余、武安隆、王家骅、刘予苇、韩文娟、沈仁安、李玉、刘天纯、夏应元、童云扬、周启乾、王金林。后又增补了赵连泰、高兴祖2人,共32人。①

词条和主要撰稿人经主编、副主编和出版社确认后,便开始实质性的撰写工作。撰写词条阶段工作分两步走。首先是试写词条,工作组向撰稿人分配了试写的词条,每人根据其特长分配1—2条。试写完成后,由主编、副主编、出版社编辑审读,总结优点,发现问题。

为了沟通情况、互相交流经验,从1984年7月开始出刊《〈日本历史词典〉编辑简报》(见图5-7)②,分送各撰稿人。

图5-7 《〈日本历史词典〉编辑简报》封面

---

① 辞典撰稿人最后发展到70余人。

② 《〈日本历史词典〉编辑简报》共出了2期。第1期刊载了《日本历史词典》编辑工作筹备情况、主要撰稿人征询意见情况、编写计划草案、选词工作计划草案。第2期刊载了姜晚成、童云扬、汤重南、张玉祥、刘文英等人对编出具有中国特色日本史辞典的宝贵意见。

试写词条是从1984年5月开始的,8月以后陆续有撰稿人完成试写样条。

1984年10月,在部分作者完成试写样条后,工作组在重庆北碚召开了《日本史辞典》工作会,对试写样条及相关事宜进行研讨。部分撰稿人、正副主编,以及上海辞书出版社副总编王芝芬、责编任余白出席了会议。

会议上,除对已写样条进行讨论外,还就词条的总字数和各词条的长短、字数的分配进行了讨论。最后确定《日本史辞典》总字数为100万字,词条分特长、长、中、短、参见条5种。其中特长条12条,长条600条,中条2400条,短条600条,参见条388条。

会议后,撰写词条工作全面展开,工作组根据撰稿人的研究、教学情况,并征得撰稿人本人的意见,分别分配了词条。为了保证词条质量,1985年春夏之交时,工作组又在北戴河召开撰稿人会议,对撰稿进度、经验、困难进行了交流。

三、审稿与最终出版

1986年年中以后,大部分撰稿人完成了释文初稿,陆续将撰写的初稿寄达工作组。1987年开始,工作组对稿件进行了分类编排,并由我将全稿初读一遍,剔出质量不够格的词条,退回作者重写;对于写重的词条,则做文字加工,予以合并;短缺和未撰写(撰稿人退回)的词条,则重新安排人加写。这样的工作进行了1年多时间。

在上述工作完成后,工作组遂将古代史部分交张玉祥、王金林,近现代史部分交吕万和、沈仁安,4位副主编分别对各自所负责的词条进行通读、通审,并对行文做必要的增删、修订。在4位副主编认真负责的工作下,审定工作圆满而高质量地完成。4位副主编审读后,提出的尚待处理的问题,工作小组逐个进行了处理。除少数问题词条最后交给吴杰主编解决外,可以说全稿已达到了出版社的"齐、清、定"要求。

1990年下半年,工作小组将基本上达到"齐、清、定"的书稿寄给主编吴杰先生。依据吴杰先生给我的书信可知,他收到书稿后做了以下工作:其一是在其研究生的帮助下对全稿进行了再审读;其二是增加了若干条战后(当代)词条和处理工作组移交的疑难问题;其三是在其研究生的协助下,对词条进行笔画编排。

《日本史辞典》最终于1992年2月由复旦大学出版社出版。

《日本史辞典》的编纂出版又一次显示了中国日本史研究者的集体形象。研究者们依靠集体的团结协力,发挥各自智慧和专长,填补了历史的空白。

但是,在赞誉编纂出版《日本史辞典》的同时,我们还必须指出,最终在没有与副主编们商量，也没有事先告知学会办公室和天津社会科学院的情况下，主编擅自改变了出版社，将书稿交给了复旦大学出版社。这一改变或许是因为吴杰先生身在复旦，有其考量。但是如前所述，《日本史辞典》的编撰全过程是在上海辞书出版社指导下进行的，主编、副主编也是由该社聘任的，具体的编务也是该社与天津社会科学院商定的。因此对于我们来说，是没有任何理由擅自违背约定改换出版社的。退一步说，即使需要更换出版社，也应该由主编、副主编集体讨论决定，通过正当手续改变约定。此外，出版社还曾打算不署副主编和撰稿人名。对此，我曾以学会办公室的名义专函复旦大学出版社提出异议，才得以保留副主编和撰稿人的署名。

第六章

中国日本史学会部分学者及其代表作

中国日本史学会是中国世界史学界诸学会中,会员人数最多的学术团体。近300名会员是现今中国的日本史教学、研究的基石。各年龄层的会员都对中国的日本史学的发展做出了各自的贡献。由于篇幅所限,加之笔者所知有限,因此这里所列的会员的成果只是一部分会员的研究成果。

现在,拟按年龄和学术经历对中国日本史学会部分精英会员及其学术成果(代表作)做简略的介绍。

第一节　第一代学者及其代表作

本书将20世纪10年代出生的学者作为第一代学者。代表人物有吴廷璆、周一良、邹有恒、胡锡年等,他们被称为中国日本史学的第一代学者和奠基者。他们在难以想象的艰苦条件下,为建立和推进日本史教学、研究,做出了不可磨灭的贡献。

吴廷璆[①],南开大学教授(见图6-1)。吴先生自1949年调任南开大学后,一直为日本史学科的建设尽心尽力。在他的努力下,南开大学成为我国日本史研究的基地之一,培养出不少人才。

日本史是吴先生的重点研究领域之一,其在大化改新、明治维新等重大问题上的观点独树一帜,影响了我国史学界的几代人,并对日本、朝鲜等国际学界产生了影响。

---

① 资料引自杨栋梁:《坎坷人生路,文途武道始为伊——记吴廷璆先生》,李玉主编:《新中国日本史研究的回顾与展望》,天津古籍出版社2012年版,第27—42页。

图6-1　吴廷璆先生

《大化改新前后日本的社会性质问题》一文首次提出"大化改新封建说"。文中指出："大化改新以前的日本社会既非单纯的氏族社会,也不是奴隶社会,而是一种过渡性的社会。""大化改新的结果是,日本古代社会的阶级关系发生了重大的变化,旧的族长贵族的统治崩溃了,部曲民脱离了豪族的支配。从农村公社关系中游离出来的公民——氏人同部曲民一道变成了班田农民。""另一方面,由于班田法的实施,天皇成为最高的封建领主,官僚贵族们又用各种形式取得了自己的土地,法令把农民紧紧缚在土地上,使他们成为农奴,这说明日本古代社会已从家长氏族制过渡到封建制了。"

吴先生的明治维新观,首见于《明治维新与维新政权》一文。文章以革命与改革的"两点论"论证了明治维新是"没有完成的资产阶级革命"。1982年,吴先生与武安隆合作发表《资产阶级革命与明治维新》一文,进一步论证了后进国家中"没有资产阶级的资产阶级革命",认为封建因素不可能通过一次资产阶级革命把它完全打扫干净,因而"彻底"的资产阶级革命是罕见的。明治维新由于幕末革命形势的出现,维新志士通过国内战争推翻了封建领主制度,实现了政权从一个阶级到另一个阶级之间的转移,为资本主义发展开辟了道路,从而具备了资产阶级革命的基本特征和社会经济内容。文章的结论是:"明治维新完全是一次资产阶级革命。如果为了说明它的特点以区别于典型的资产阶级革命,那么称它为'后进国的资产阶级革命'可能更妥切一些,因为明治维新之有异于西方先进国家的革命,几乎全部是资本主义发展的后进性所造成的。"

从20世纪70年代起,吴先生率领南开大学、辽宁大学两校的10余名日本史学者,花了10余年时间编撰、修改、出版了我国的第一部百万余字的日本通史巨著,成为我国高等院校日本历史教学的基础教本。

周一良[1]，北京大学教授，精通中国史、亚洲史，日本史是其专长之一。周先生早年毕业于燕京大学历史系，其本科毕业论文是《〈大日本史〉之史学》，显示了对日本历史的衷情。该论文运用中国史的传统标准，评论了《大日本史》，受到日本学界的重视。关于这篇论文，周先生曾有过如下的回忆，他说："现在看来，这篇文章是中国学者研究并评论日本重要历史著作的第一篇文章，而且引起日本学者的注意和重视，不宜妄自菲薄。"

周先生自大学本科毕业后，便开始从事史学教学。教学伊始，"日本史"成为他主要教授的课程之一。1949年，周先生担任清华、北京、燕京3所大学的日本史课程的授课教师。20世纪50年代初，周先生开始在北京大学历史系首创亚洲史新学科，进行包含日本、朝鲜、越南古代史的教学、科研工作，其中以日本古代史分量最重。同时，周先生还给高年级历史系学生讲授"日本史""日本近现代史专题讲座"等选修课，并培养日本史专业研究生。

1958年，周先生编著的《亚洲各国古代史》一书出版。该书的一半篇幅记述了古代日本的史事。书中运用辩证的唯物史观，整理、传授了日本历史的基础知识。许多日本古代史的观点，一直影响着我国日本古代史的教学和研究。例如，关于奴隶制，他认为日本是"由原始公社制进入奴隶制，但特殊的是日本奴隶制不发达。不发达的原因是低生产力水平，社会分工和社会交换不发达，奴隶来源枯竭，受到中国封建剥削方式的影响"。关于部民，他认为其属性与奴隶有区别。关于大化改新，他认为645年的"改新"标志着日本的主要地区已进入封建社会。关于中世日本的对外贸易，他认为有"刺激日本国内工商业的发展"和"推动日本发展资本主义的可能"。[2]这些观点都是在掌握充实的史料基础之上，用唯物辩证的思维方式分析得出的结论，为后辈树立了理论与史料结合的治史榜样。

20世纪五六十年代，周先生陆续撰写了多篇学术论文，例如《日本"明治维新"前后的农民运动》《关于明治维新的几个问题》《日本近代史分期兼及日本帝国主义的性质》等，提出了独特的、有创见的史观。

20世纪90年代，周先生虽然已是耄耋之年，但这一时期是他著述、出版著述的旺季。在论文方面，周先生主要对日本文化特征、日本民族性格、古代和近代历史人物、中日文化交流等进行了深度的研究和论述。在著作方面，周先生出版

---

[1] 资料引自宋成有、汤重南：《周一良与中国的日本史研究》，《百年潮》2012年第2期，第43—49页。

[2] 周一良编著：《亚洲各国古代史》，高等教育出版社1958年版，第16—51页。

了《中日文化关系史论》《日本史与中外文化交流史》等。

周先生对日本历史和文化的精深研究和成果载誉中外。1997年,周先生获得了日本大阪第15届"山片蟠桃奖"并出席了颁奖仪式(见图6-2)。

图6-2　周一良先生在大阪"山片蟠桃奖"颁奖仪式上讲话

邹有恒①,东北师范大学教授(见图6-3)。邹先生一生为新中国日本史学的起步和发展做出了杰出贡献。

图6-3　邹有恒先生

邹先生的主要贡献有三。

第一,在大学内建立新中国第一个日本研究机构。中华人民共和国成立后,中日之间没有建立外交关系,对日本的研究难能引起重视,更难言建立研究机构了。然而,在这种氛围下,1955年邹先生在东北师范大学历史系担任系副主任期

---

① 资料引自周颂伦、杨孝臣:《修身见于世,独善之间谋兼善——记邹有恒先生》,李玉主编:《新中国日本史研究的回顾与展望》,天津古籍出版社2012年版,第43—58页。

间,倡议系里建立日本研究室,并亲任室长。日后在中国日本史坛十分活跃的伊文成、杨孝臣、郎维成等都是该研究室的主要成员。这是我国高校创建的第一家日本研究的专门机构。东北师范大学给研究室拨了专款,研究室设有收藏规模颇大的资料室。1975年,在日本研究室的基础上,东北师范大学进而建立了全校性的、以研究日本为主体的外国问题研究所,全校的日本历史、哲学、经济、文学的研究人才大汇合,在当时的中国堪称首屈一指。

第二,培养了一大批日本史教学、研究人才。邹先生从1949年起,就在东北师范大学开设日本历史课。尤其是改革开放后的1981年,邹先生受国家教育委员会(教育部的前身)之托,承担了日本史研修班的指导工作。日本史研修班聚集了来自全国各大院校的20名副教授。邹先生为研修班撰写了30万字的讲稿。给研修班学员讲授了从旧石器考古到战后经济高速增长的日本历史,并指导论文撰写。邹先生一生培养的学生遍布国内各大学。20世纪八九十年代,国内的日本史学界和中日关系史学界聚会时,在通报自己的师承关系时,常常乐于称自己是"北京大学帮""南开大学帮""东北师范大学帮"。"三帮"之中,尤以"东北师范大学帮"人数最多,分布地域最广。"当时学界公认,中国日本史研究的半数学者都是从东北师范大学邹有恒的课堂中走出去的。"[①]其中多有知名学者,如伊文成(东北师范大学)、张声振(吉林省社会科学院)、任鸿章(辽宁大学)、马家骏(北京师范大学)、谭秉顺(山东大学)、孙仁宗(浙江大学)、叶昌纲(山西大学)、刘明翰(青年政治学院)等。

第三,学术观点多有创新。邹先生最珍贵的著作是一部30万字的日本通史讲稿。它虽然没有公开出版,却是诸多受教于邹先生的学子日本史知识的始知之源。讲稿融入了邹先生的学术观点。在教学之余,邹先生还发表了多篇学术论文,如《1837年日本大盐平八郎起义的失败原因及其历史意义》《日本长州藩天保改革的性质和意义》《古代日本"邪马台国"所在地争论浅见》《〈田中奏折〉真伪论》《论战后日本农地改革》等,各篇论文都有独到的见解和创见。邹先生还与人合译了日本古籍《古事记》。

邹先生一生为建立有中国特色的日本史体系而操心。他一再地指出:"在学问上要树中国之日本研究;中国的外国史研究要走有中国特色的研究之路;要以中国的实际为依托,不迷信不妄从,才能建立自己的日本史研究体系;中国的日

---

① 周颂伦、杨孝臣:《修身见于世,独善之间谋兼善——记邹有恒先生》,李玉主编:《新中国日本史研究的回顾与展望》,天津古籍出版社2012年版,第43—59页。

本史研究既要发展,又要精深,还要昂首挺胸取得话语权。"

胡锡年,陕西师范大学教授。胡先生是对中国的中日关系史、中日文化交流史研究做出贡献的老一辈学者。在20世纪60年代初期,胡先生开始翻译日本著名学者木宫泰彦的巨著《日中文化交流史》,后几经周折和磨难,终于在1980年由商务印书馆出版。这部近70万字,集日本史学界数十年研究大成的著作在中国出版,极大地推动了中国的中日关系史研究的深入发展,为中国学者提供了一部空前完备的重要参考书籍,受到了学术界的一致推崇。此外,胡先生还陆续发表了《隋唐时代中日关系中的二三事》《古代日本对中国的文化影响》《唐代的日本留学生》《中日两国在历史上相互了解程度的比较》等一系列重要论文,对中日关系史中的若干重大问题进行了独树一帜的研究,其中针对中外学术界不少旧说,发表了许多精辟见解和结论,至今为学界广为沿用。

第二节　第二代学者及其代表作

20世纪20年代出生者是第二代学者,其代表人物有汪向荣、吴杰、万峰、王仲殊、吕万和、汪淼、伊文成、赵连泰、张声振、朱守仁、徐德源等。20世纪80年代,这一代学者在中国的日本史、中日关系史领域非常活跃,有的研究成果载誉中外。

汪向荣,中国社会科学院世界历史研究所研究员,是对中日关系史研究做出重大贡献的学者。汪先生于20世纪40年代初赴日留学,在京都大学学习。京都大学是日本史京都学派的大本营。他后来回顾说,他的治学方法受京都学派的影响很大。在日本学习期间,他还写出了《中日交涉年表》和《中国人留日教育史》两本著作,前者于1944年由北京的中国公论社出版,后者未出版,多年后他将其中的部分内容删减增补成册,于1988年出版了《日本教习》一书。

1949年后,汪先生曾在北京的出版社等单位工作,1978年调入中国社会科学院世界历史研究所古代史研究室,潜心学术,辛勤耕耘,专门从事中日关系史研究,为我国的中日关系史研究奠定了坚实的基础。在良好的研究环境下,汪先生进入了著述旺季,将数十年积累的资料,经过缜密的分析研究,撰成专著,贡献给广大读者。其主要著作有《中日交涉年表》(1945)、《邪马台国》(1982)、《中日关系史文献论考》(1985)、《古代中日关系史话》(1986)、《中国的近代化与日本》(1987)、《日本教习》(1988)、《古代的中国与日本》(1989)、《中世纪的中日关系》

（合著，2001）、《古代中国人的日本观》（2006）等。其中《邪马台国》等在日本翻译出版。

张声振，吉林省社会科学院研究员，专注于中日关系史的研究，其代表作《中日关系史》（卷一）是1949年以后的第一部系统叙述中日关系的史书。该书用辩证唯物史观叙述了古代至近代前期中日交往的历史，对历史上中日两国交往过程中的重大事件和政治、经济、外交、文化交流做了细致的梳理和辩释。此外，张先生还对邪马台国的地理位置、性质，日本封建社会分期等日本古代史中的问题多有论述。

王仲殊，中国社会科学院考古研究所研究员。王仲殊最大的贡献是将考古学资料和文献资料相结合研究日本古代史和古代中日文化交流史。关于日本古代历史的文献，特别是公元1世纪前后至5—6世纪之间的文献资料奇缺，因此学界对于这一时期的日本历史实像异见颇多。中国学者从20世纪80年代开始关注这一历史时期问题，用考古资料和文献资料相结合的方法进行探索，并得出异于日本学者的观点，受到日本考古学界和史学界的极大关注。王仲殊曾对日本古坟中出土的三角缘神兽镜做过缜密的分析，发表了《关于日本三角缘神兽镜的问题》《景初三年镜和正始元年镜的铭文考释》《论吴晋时期的佛像夔凤镜》《"黄初""黄武""黄龙"纪年镜铭辞综释》《论日本出土的景初四年铭三角缘盘龙镜》等多篇论文，独立地提出三角缘神兽镜是中国吴地工匠在日本所做的观点，引起了日本历史、考古学界的重视。他还曾对日本古代都城制度与中国古代都城制度的关系，以及日本高松冢古坟的年代和葬者进行过研究，先后在日本出版了《探索中日古代文化的交接点》（合著，1982）《古代日本的国际化》（合著，1990）、《三角缘神兽镜》（1992）、《从中国看古代日本》（1992）等书。2005年还出版了《中日两国考古学·古代史论文集》。1996年，王仲殊荣获日本福冈亚洲文化奖大奖。

万峰，中国社会科学院世界历史研究所研究员，主攻日本近现代史，其代表作是《日本近代史》，这是1949年之后出版的第一部有关日本史的断代史著作。此外，万峰还著有《日本军国主义》等著作。

《日本近代史》涉及19世纪50年代中期日本开港前后至第一次世界大战前后近代日本发展的全过程。这是日本史研究中问题较复杂、史学界争论最激烈的历史时期。《日本近代史》以马克思主义理论为武器，对纷纭的历史现象进行比较深入的剖析，提出了自己的见解。这集中地表现在万峰对明治维新性质问题的分析上。关于明治维新性质问题，从20世纪二三十年代到现在，史学界（特别是日本史学界）一直争论了50多年，始终没有取得统一的认识，至今还在探讨。

在几十年的争论中,尽管众说纷纭,但是基本上是两大观点的对立。一种意见认为,明治维新是一次资产阶级革命,虽然他们常常在"资产阶级革命"之前,加上"不彻底的""未完成的""半途而废的"冠语(这种观点被称为"资产阶级革命论")。与这种意见相反,另外一批史学家则认为,明治维新不是资产阶级革命,而是封建制度的重新组合,它导致了绝对主义专制王权的形成(这种观点被称为"绝对主义专制王权论")。万峰的《日本近代史》却与以上2种观点不同,提出了独特的新的观点:明治维新是具有资产阶级革命意义,并带有近代民族民主运动鲜明特点的一次资产阶级改革运动。换句话说,明治维新乃是属于近代民族民主运动范畴的资产阶级改革运动。日本与西方资本主义国家不同,由于明治维新后靠国家大力扶植保护,自上而下地实行产业革命和资本主义工业化,几乎没有经过自由资本主义发展阶段,就过渡到垄断资本主义阶段。

关于明治维新新政府实行的地税改革,《日本近代史》中写道:"其实质在于改革土地制度。"明治政府通过承认既成事实的办法,确认了在幕末时期因封建经济解体和农村阶级分化逐渐产生的新兴地主,以及富裕自耕农对土地的所有权,最后废除了封建领主的土地所有制。这种新的土地所有制具有两重性,即"就土地自由买卖,土地成为一种商品和资本主义的私有财产而言,它比封建领主土地所有制是一个进步,是一种近代的土地制度"。新兴地主中,多数人过去与封建领主经济有千丝万缕的联系,所以"改革后的农业经济,和地主对农民的剥削关系,还保留着好些封建的因素。因此,这种土地所有制是打上封建烙印的近代土地所有制"。关于近代天皇制性质问题,万峰认为近代天皇制政权建立后,虽然仍保留着"朝廷"传统、独特的一套机构、制度、法规等,但是"它的阶级基础和阶级属性发生了重大的变化",天皇家已不是封建领主阶级的成员之一,"而是地主、资产阶级的一个重要组成部分,近代天皇制的阶级基础已是地主和资产阶级的联盟"。明治政权"是地主、资产阶级的联合专政(属资产阶级专政范畴)"。对于日本早期帝国主义的特点,他认为日本资本主义向帝国主义转变的过程,就显示了以军事垄断代替财政金融资本垄断的特殊规律。

吕万和,天津社会科学院研究员,主攻日本近现代史,其代表作有《简明日本近代史》《明治维新与中国》。《简明日本近代史》也是改革开放初期出版的日本近现代断代史著作。对于当时社会上众多读者认识、了解近现代日本起了促进作用。此书出版后,成为不少高校的日本史教材和年轻学子考研的参考书。《明治维新与中国》是《东亚之中的日本历史》丛书中的一卷,全面和系统地叙述了明治维新对中国的影响及我国对明治维新史研究的历史和现状,并介绍了我国学者的明治维新观。

伊文成,东北师范大学教授,主攻日本近现代史。20世纪80年代,伊文成积极联系多名学者,主编了多部日本历史著作,主要有《明治维新史》《日本历史人物传》(上、下卷)等。这些著作对当时的我国日本史研究的推进起了不可忽略的作用。

《明治维新史》是1949年后我国学者撰著的首部关于明治维新的专著,于1987年出版。这是一部集体之作。参加本书撰著的主要是第二代学者,除伊文成外,还有北京师范大学的马家骏、辽宁大学的朱守仁、吉林大学的汪淼等人。该书对明治维新前的时代背景,明治维新的过程、施策、意义等问题进行了系统的叙述并提出了独特的见解。

马家骏,北京师范大学教授,主攻日本近现代史,是国内较早运用现代化理论对明治维新进行研究的学者之一。他与伊文成等人合著的《明治维新史》是我国第一部系统全面论述明治维新专史著作。该书重视基础史料,对当年国内所能查阅的日本战前出版的史料,特别是当时最新出版的史料进行查阅和研究,并吸取了中外学者的研究成果,进行了实事求是的分析,阐明了自己的独到见解。他还与汤重南合著了《东亚之中的日本历史》丛书中的《日中近代化的比较》,在日本学术界获得众多好评。

吴杰,复旦大学教授,长期从事日本史、中日关系史的教学与研究工作,并发表了许多研究和翻译成果。主编的《日本史辞典》是第一本由众多中国学者集体编成的日本历史专科辞典。

张玉祥,辽宁大学日本研究所教授,主攻日本古代中世史,对于日本封建社会分期等问题,有较深研究。《确定日本封建社会始期的两个理论问题》是其这一研究的代表性论文。文章针对日本学者的日本封建说,提出了独特的观点。代表著作有《织丰政权与东亚》(《东亚之中的日本历史》丛书),对织田信长、丰臣秀吉时代的日本与东亚诸国的关系进行了系统的分析和研究。

第三节　第三代学者及其代表作

20世纪三四十年代出生者是第三代学者。他们是中国自己培养的一代日本史研究者,是20世纪80年代以后复兴和发展中国日本史研究的中坚力量。他们中的不少人不但研究任务繁重,而且是所在单位的领导,肩负着行政和组织科研工作的重任。这一代人大多经历过社会动荡和政治风暴的磨炼,是事业上被耽误的一代人。但他们的特点是坚韧、勤奋、刻苦,事业心和自律性特强,能在极其艰难的环境下积累知识、钻研学问。他们具有较强的史学理论和比较扎实的日本史基础知识。这就是为什么在20世纪80年代他们能较快地发表和出版研究成果。从20世纪80年代开始,这一代人和前辈学者一道,在中国的日本史研究的繁荣和发展工作中发挥了主力军的作用,功不可没。这一代人人数颇多,以下简略介绍我所熟知的部分同人。

沈仁安,北京大学教授,对日本古代史和德川时代史均有精深的研究和突出贡献。著述颇丰,主要著作有《日本起源考》《日本史研究序说》《德川时代史论》《倭国与东亚》《从中国看日本的古代》等。

《日本起源考》应是我国首部日本上古断代史著作,该书对日本民族的起源、国家的形成、社会性质,以及与东亚诸国的关系提出了有异于传统观念的独到见解,对传统的史料诠释和研究方法也多有批判。

《德川时代史论》是当时我国唯一一部史论结合的关于德川时代的专著。由于我国中世、近世史研究力量薄弱,所见著述不多,所以沈仁安所著的《德川时代史论》更显宝贵。该书立足"江户时代所独有的将军集权、大名分权与天皇至尊、将军至强等双重二元政治结构"的政治特色,对日本武士阶级的形成与发展、江户时代的历史特征、江户幕府的三大改革、社会基层的民众、对外政策等,进行了史论结合的深入阐释。

李玉,北京大学教授。李玉在中国日本史学史和中日关系史学史方面贡献很大。在他的推动和主持下,北京大学亚太研究院、日本研究中心,南开大学日本研究院,复旦大学日本研究中心于2011年4月12日在北京大学联合举办了"新中国日本史研究的拓荒者"学术会议(见图6-4)。李玉代表会议主办单位在开幕式上致辞并说明了会议缘起和宗旨。与会学者追忆了中国日本史研究的奠基人周一良、吴廷璆、邹有恒等率领"拓荒者们"艰苦创业的历程,总结了1949年以来,尤其是改革开放后中国日本史研究的发展阶段、学术思想变迁、研究特色和标志性成果,畅谈了个人从事日本史研究的经历、经验和治学心得,同时还对今后日本史研究的方向、方法和重点课题展开热烈讨论,提出了许多中肯的意见。李玉对中国日本史研究史的贡献,还在于以他为核心编著了4本研究史著作,即《新中国日本史研究的回顾与展望》《中国的日本史研究》《中国的中日关系史研究》《中国的日本研究杂志史》。

图6-4　"新中国日本史研究的拓荒者"学术会议合影

（从右往左，后排：胡令远、汤重南、邵继勇、禹硕基、叶昌纲、王振锁、李崇义、赵建民、米庆余、王晓秋、蒋立峰、宋成有。中排：周启乾、周维宏、孙光礼、孙玉玲、刘明翰、刘予苇、田桓、王敏、李玉、杨栋梁。前排：孙仁宗、易显石、沈仁安、王金林、吕万和、杨孝臣、刘天纯、夏应元）

《新中国日本史研究的回顾与展望》对60年的日本史研究历程和成果进行了全方位评点。内容包括奠基者的劳绩、先哲学者的贡献、拓荒者的感言、新中国日本史研究的历程与硕果。第一篇"奠基者的劳绩"，载有纪念周一良先生的《周一良先生与新中国的日本史研究》，纪念吴廷璆先生的《坎坷人生路，文途武道始为伊》，纪念邹有恒先生的《修身见于世，独善之间谋兼善》等纪念文。第二篇"先哲学者的贡献"，载有《吴杰先生的日本史学术研究活动》和《王辑五与日本史研究》两文。第三篇"拓荒者的感言"，载有吕万和、王晓秋、王振锁、蒋立峰、叶昌纲、孙仁宗、孙玉玲、赵建民、刘予苇、沈仁安、田桓、周启乾、米庆余、马兴国、王金林、邵继勇、汤重南、夏应元、宋成有、李崇义、孙光礼、刘明翰、郎维成等"拓荒者"的感言。第四篇"新中国日本史研究的历程与硕果"，主要选载了汤重南的《新中国成立以来我国学者对日本史的研究（1949—1989）》、宋成有的《中国的日本史研究轨迹》、李玉的《古代至20世纪90年代中期的中国日本史研究——以日本史研究论著数量统计为中心》《古代至20世纪90年代中期的中国中日关系史研究——以中日关系史研究论著数量统计为中心》、王金林的《略论中国的日本史研究及21世纪初期的发展趋势》、宋成有的《近十余年来的中国日本史研究概述》。附录包括杨栋梁的《"新中国日本史研究的拓荒者"学术研讨会纪要》和"作者及学术讨论会发言人简介"。

夏应元，中国社会科学院历史研究所研究员，主要从事古代中日关系史研究。主要著述有《策彦周良入明史迹考察记及研究》（合著）。

《策彦周良入明史迹考察记及研究》是对明代入中国的日本僧人策彦周良的历史史迹的考证作品。夏应元经过大量实地考察和文献检索，廓清了策彦周良在明代的活动，对了解明代入中国的日本僧人有比较大的帮助，对推动中日关系史的研究有一定贡献。

汤重南，中国社会科学院世界历史研究所研究员，主攻日本近代史和中日关系史。在中国日本史学会的建设和推进中国的日本史研究事业中贡献诸多。学术著作颇丰。其主要著作有《日本史》（合著）、《日中近代化的比较》（合著）、《日本文化与现代化》（合著）、《日本帝国的兴亡》（主编）等。

《日本史》是一部从古代日本的形成至冷战结束的通史。《日本文化与现代化》一书阐述了文化与现代化的关系，包括日本社会结构、家族制度、文化教育的变化等。

田桓，中国社会科学院研究员，主攻日本战后史、战后中日关系史。主要编著了《战后中日关系史（1945—1995）》《战后中日关系文献集（1945—1970）》《战后中日关系年表（1945—1993）》等。

《战后中日关系文献集（1945—1970）》是田桓经数十年搜集、整理、分析的成果。《战后中日关系史（1945—1995）》基于战后50年的历史资料，对于战后50年间中日两国的政治、经济、文化关系做了条理分明的叙述。全书结构，前有绪论，后有总结，正文按时代顺序分为9章，显示了从战后初期至21世纪初，中日关系的轨迹和不同历史时期的特点。诸如20世纪50年代初的"以民促官"民间交流，50年代后半期至60年代初民间交流的受挫，60年代至70年代初的"半官半民"的交流，以及70年代初两国复交以后，两国关系正常化的路径。田桓退休以后，将其在国内外发表的部分论文蒐集成册，出版了《田桓日本研究文选》一书。

刘天纯，中国社会科学院研究员，精通日本近代史，尤其是对日本近代化和产业革命多有研究。在20世纪80年代就已出版《日本产业革命史》（1984）、《日本改革史纲》（1988），对当时方兴未艾的我国的改革，颇有借鉴意义。

俞辛焞，南开大学日本研究院教授，南开大学日本史研究的主要奠基者之一。1988年领导创立了南开大学日本研究中心，后又以此中心为基础建立了南开大学日本研究院。研究领域主要是日本现代史和近代中日关系。日本现代史侧重于日本外交史。俞辛焞著述等身，其主要代表作是《俞辛焞著作集》（全10卷），由南开大学出版社出版，汇集了其40多年来的研究成果。该书涵盖了如辛亥革命时期的中日关系、"九一八"事变时期的中日关系、田中奏折问题、孙中山与日本的关系等近现代中日关系史上的主要问题。著作大量利用了日本的第一手档案资料,开国内利用日本外交档案研究中日关系史的先河。著作集还收录了不少用日语撰写的论文和著作。这些研究成果不仅大大深化了辛亥革命时期中日关系史的研究,在中国近代史、中国革命史、东亚国际关系史研究上也具有重要意义,提高了中国学者在日本学界的影响。尤其是著作集中收录的《辛亥革命时期的中日外交史》《"九一八"事变时期的中日外交史研究》两部作品,是他众多著述中的精华。《"九一八"事变时期的中日外交史研究》一书是1986年由日本东方书店出版的,受到日本史学界的普遍重视。以往中日两国研究"九一八"事变的学者,大多从军事史的视角进行研究,而系统地从外交史视角揭示"九一八"事变的研究实属少见,因此从这一意义上讲,《"九一八"事变时期的中日外交史研究》应是一部填补空白之作。该书由绪论及10个篇章构成,第1—3章阐述"九一八"事变的"战前外交";第4—8章为"战时外交";第9—10章为"战后外交"。俞辛焞依据翔实的史料,在准确把握整个日本近现代外交史的基础上,从列强、日本、中国广泛的国际关系的视角,进行对比研究,提出了诸多新观点。

王家骅,南开大学日本研究院教授(见图6-5),主要从史学的视角研究日本思想史。他是"文化大革命"结束后从河北农村转入南开大学,专事日本史教学和研究的。优良的研究环境使他的才能井喷式爆发。短短数年之间,发表和出版了诸多著述。但因积劳成疾,不幸英年早逝。其代表作有《日中儒学的比较》《儒学思想与日本现代化》《儒学思想与日本文化》《中日儒学:传统与现代》等。

《儒学思想与日本文化》分为上、下篇。上篇阐述儒学在日本的兴衰,从社会变革的理论需要,到早期儒学促进多维价值观模式的萌芽;从古代学校中的儒学教育、大学寮的衰微到五山禅僧的儒典研究;从中世、近世儒学家到德川幕府的"宽政异学之禁";从兰学的传布到洋务派的形成及与中国洋务派、变法派的比较,进行系统全面的论述。下篇则从日本各时代中的具体的史事,阐述儒家思想对日本文化的影响。内容丰富,史料翔实,且文句通畅,是一部通俗易懂的学术著作。

图6-5　王家骅与其他学者合影

［从右往左：（前）王家骅、吕万和、汤重南、王金林；（后）崔新京］

　　《中日儒学：传统与现代》是根据王家骅生前发表的研究中日儒学的学术论文编辑而成，大部分内容完成于20世纪90年代。全书分"日本古代的儒学""前近代日本社会及其变化""儒学与近代思想""儒学与日本的现代化""中日儒学比较""中日思想文化研究观察与思考"几个部分。全书较为深入地探讨了日本儒学发展的历史及其特点，阐述日本儒学在传统与现代社会的不同表现，揭示日本现代化的二重性与日本儒学的二重性之间的紧密关系。本书还系统地论述了20世纪20—90年代，学术界对相关问题的研究状况和作者本人对相关问题意识产生的背景，集中体现了王家骅在这一领域的研究成果和研究特色。

　　武安隆，南开大学日本研究院教授，主攻日本近代史、中日文化交流史。其主要著作有《文化的抉择与发展——日本吸收外来文化史说》《中国人的日本研究史》（合著）、《遣唐史》等。

　　《文化的抉择与发展——日本吸收外来文化史说》是武安隆多年潜心研究的成果。该书由导论和章节正文两部分构成。前者探讨了吸收外来文化的一些规律性问题；后者叙述了日本在不同历史发展时期吸收外来文化的史实和过程。这种结构既揭示了日本吸收外来文化的规律性，又提供了翔实的史实；既从宏观的视野俯瞰日本人对外来文化的态度，吸收外来文化的手段、方法，以及外来文化在日本历史发展中的作用和地位，又从微观的视角考察日本文化形成、发展的过程中，与先进的世界文化的接触、冲突、融合的状况，体现了该书的系统性、理论性和严谨性。该书提出了许多独到的见解：日本文化具有吸收性，吸收传统文化具有保守性和混杂性;日本人对世界文化的态度,采取"积极接触"和"消极接触"的矛盾心态,但主流是对世界文化"表现出鲜明的主动性和进取性";国际间的文化交流和吸收是有层次性的、低层次的文化吸收,主要表现为吸收主体的文化总量的扩大,而较高层次的文化吸收,除了总量扩大外,还注意质的提升;日本吸收外来文化呈现周期性,崇外主义占优势时就出现对外来文化的"热情的吸收期",相反,鄙外主义占上风时,就出现"冷漠抵制期";"越是那些在严重的较量中战胜了自己的异文化,就越能获得日本人的崇拜和激起他们学习的热情";等等。

在结语中,武安隆指出:日本之所以从一个原本文化后进的民族发展为今天这样一个高度发达的文明国家,其重要的原因之一,就是在2000年历史中,它像"长鲸吸百川"一样地吸收了世界上的先进文化,并加以选择、改造、融合,即日本化。

《中国人的日本研究史》是我国首部系统整理、评述自古以来中国人研究日本的通史性著作。武安隆以翔实的史料阐述中国人研究日本的传统及其特点(其中包含存在的问题)。武安隆总结指出,中国人研究日本的特点有5个:一是中国人研究日本最早;二是研究具有连续性;三是政治形势影响日本研究;四是"隔海的日本研究",缺乏实地考察;五是宏观研究,缺乏深入钻研原始史料的功底。

米庆余,南开大学日本研究院教授,主攻近代日本外交史、中日关系史、琉球史。主要著作有《日本近现代外交史》《明治维新——日本资本主义的起步与形成》《琉球历史研究》等。

《日本近现代外交史》以日本政府的对外决策和行动选择为主,旨在论证近代以来日本国家的追求与实践。对近现代百余年的日本外交,从战前的大陆政策到战后的日美同盟等问题进行了系统的梳理和分析。米庆余认为近代以来的日本外交,分为前后两个阶段,即:第二次世界大战结束之前为前阶段,以推行"大陆政策"为主;战后为后阶段,其间的日本外交是以日美同盟为核心贯彻和推行本国的外交政策。书中指出,一个国家的对外政策的正确与否,往往决定着一个国家的前途和命运。近代日本的外交关系执行了一条错误路线,不但祸害了东亚周边诸国,而且祸害了本国人民。

王振锁,南开大学日本研究院教授,主攻日本战后史,是我国战后史研究颇有成就的学者之一。主要著作有《日本战后五十年:1945—1995》《自民党的兴衰——日本"金权政治"研究》《战后日本政党政治》《日本农业现代化的途径》等。我国学者中,关心和从事战后日本农业史者甚少,而王振锁把日本农业现代化作为研究重点之一,这是特别应当肯定的。

周启乾,天津社会科学院日本研究所研究员,主要从事近代中日经济关系史、日俄关系史研究。主要著作有《明治的经济发展与中国》《日本近现代经济简史》《日俄关系简史:1697—1917》等。

赵建民,复旦大学教授(见图6-6),主攻日本历史和日本东亚关系史。著述颇丰,论述范围颇广。主要著作有《日本通史》(主编)、《晴雨耕耘录——日本和东亚研究交流文集》等。《日本通史》由复旦大学出版社于1989年出版,该书详细介绍了日本历史的史前时代、大和时代、奈良时代、平安时代、镰仓时代、室町时代、战国时代、江户时代、明治时代、大正时代,以及战前和战后昭和时代的历史。每章有详细的作者点评,内容简明,客观明确。通过阅读《日本通史》,可以很快了解日本各时代的政治、文化、经济特征。

图6-6　赵建民与其他学者合影

(从左往右:赵建民、刘予苇、吕永和、汤重南、田桓、王金林)

《晴雨耕耘录——日本和东亚研究交流文集》是赵建民多年发表的诸多著述的精选集,显示了他30余年来在日本和东亚的研究交流征程中求索的心路历程。内容包括学术论文、访日感怀、书评、日本和东亚研究的回顾等,其中有"中日文化差异因果择释""中日两国摄取欧洲近代文化之比较""兰学:日本近代化的胚胎""传日儒学的逆输出""东亚视域观日本"等章节。

孙仁宗,浙江大学教授,主攻日本近现代史,主要著作有《日本:速兴骤亡的帝国》、《法西斯运动和法西斯专政》(合著)、《日本通史》(合著)等。

《日本:速兴骤亡的帝国》用"速兴"和"骤亡"形象地归纳了近代日本的历史

轨迹。全书共设10章,第1—6章通过叙述日本从明治维新到跻身资本主义世界强国之列的过程,揭示了日本崛起,跻身世界列强的秘密;第7章揭示了当时日本一方面是大正民主运动及政党政治的兴起,另一方面却是民间和军部法西斯涌动的政局,面临道路抉择的十字路口;第8—10章阐述了日本对外发动战争,对内实行法西斯独裁,走向衰亡的过程。孙仁宗从系统的阐释中,总结出日本帝国的速兴骤亡的特殊性。日本帝国速兴的原因也正是它骤亡的原因,其中包括历史传统的两重性,其在不同的历史时代起着截然不同的作用。日本的盛衰规律和经验教训,为我们提供了历史借鉴。

在《法西斯运动和法西斯专政》中,孙仁宗负责日本法西斯部分的撰写。他通过阐述、分析,诠释了长期存在的诸多日本法西斯的问题,如:日本究竟是否存在法西斯主义,日本军部如何实现法西斯化,近代天皇制是如何嬗变为法西斯体制的,怎样区分民间右倾势力和法西斯主义,等等。他指出,日本法西斯主义与德、意法西斯主义不同,它是在军部的控制下进行不断的对外战争,并借助天皇权威确立的。因此,日本军部是近代天皇制的核心,日本法西斯主义的基本形态应概括为天皇制法西斯主义。一般把日本法西斯定位为军部法西斯主义。但这种定位的最大缺陷是"冲淡了近代天皇制在法西斯化中的作用。相反,天皇制法西斯主义的提法则包含了军部的主导作用"。正是基于上述诠释,才能释解近代天皇制及其意识形态对日本法西斯主义的深刻影响和制约,使其形成了不同于德、意法西斯主义的特征。

郎维成,东北师范大学教授,主攻日本近现代史,著有《日本军部、内阁与"九一八"事变》《中国政局与币原外交》等。

任鸿章,辽宁大学日本研究所教授,主攻明清时代中日关系史,著有《近世日本与日中贸易》等。

易显石,辽宁大学日本研究所教授,主攻日本现代史,著有《日本的大陆政策与中国东北》《"九一八"事变史》(合著)等。

禹硕基,辽宁大学日本研究所教授,主攻日本史,尤以日本古代史见长,著有《日本大化革新》等。

马兴国,辽宁大学日本研究所教授,主攻中日文化和民俗比较,编有《中日文化交流史大系·民俗卷》(主编)等。

第四节　第四代学者及其代表作

20世纪50年代出生（包括1949年出生）者为第四代学者。这一代人是20世纪80年代初、中期前后步入日本史教学、研究领域的，是20世纪80年代初、中期至21世纪最初10年间的中国日本史教学、研究的主力军。他们和他们的前辈一起，创造了30余年日本史研究的繁荣。他们是中国日本史学会中人数最多的群体，有颇多佼佼者。这一群体的特点是，都经过系统的日本史基础知识和技能的学习，大多是硕士和博士，并有赴日进修和留学的经历。由于眼界开阔，既掌握中国的史学研究传统，又吸收了日本的研究方法，治学刻苦钻研，因此研究成果的质量和数量达到新的高度。[①]他们中有的学者不但研究成果丰硕，而且在组织、推动中日学术交流，开展中日共同研究等方面贡献甚大。

下面是我所熟知的这一群体中的部分学者及其代表作简介。

李小白，东北师范大学教授，主要研究领域是日本史、日本宗教史和日本文化。代表著作有《信仰·利益·权力——基督教布教与日本的选择》。此书是她在博士论文的基础上，经过增加史料、推敲议论等再度精心修改后出版的优秀之作。

16世纪中叶至19世纪中叶是日本历史上一个非常重要的时期。日本社会逐步摆脱了封建制度，开始向资本主义过渡，采取"脱亚入欧"之策，跻身西方国家行列。在日本完成社会转型过程中，西方宗教基督教传教士把西方文明和宗教思想带到日本，开启日本文明转型的契机。《信仰·利益·权力——基督教布教与日本的选择》是一部研究基督教在日本布教，以及日本人认同基督教和西方文明历史的著作。

本书对基督教传入日本的历史背景，亦即传入的必然性与偶然性有深度的探究；对在明治维新之前的江户时代，日本为何实行锁国政策做了理性的分析，并从宏观的角度，叙述了开港前后日本面临的国际关系和国内政治格局的变化；揭示了德川幕府推行基本上与外部世界断绝联系的闭关政策的原因。本书还重点叙述了以下4点。一是基于一种思想主张，她指出："如果认为德川幕府推行基

---

① 宋成有：《中国的日本史研究轨迹》，李玉主编：《新中国日本史研究的回顾与展望》，天津古籍出版社2012年版，第321页。

本与外部世界断绝联系的闭关政策首先是基于一种思想主张,那么,由基督教在日本布教所引发的宗教斗争导致的江户日本人由奉佛教为国教和视儒学为本宗向思想多样性转变,就顺理成章地成为讨论的起点。"二是揭示基督教在传布过程中,与日本各阶层人的接触状况。三是基督教在日本布教过程中遇到的种种矛盾和斗争,特别是与日本传统势力和道德理念的冲突。四是基督教的传布对日本社会、文化、历史发展的巨大而深远的影响。基督教在日本布教过程中所引发的宗教斗争,最终导致了江户时代的日本人由尊奉佛教为国教和视儒学为本宗,逐渐向思想多样性转变,认同和接受西方文明和理念。这种有层次的系统阐述,为读者提供了基督教从传入日本到被日本人抵制、认同、接受的完整知识。

以往研究基督教在日的布教史,大多局限于宗教活动或宗教思想,很少越出这一范围。然而,本书却注意到基督教布教与经济贸易的必然联系。贸易活动使日本统治者感到危机。在西方宗教(思想)和经济的双重压力下,日本开始寻求解救危机之策。本书比较系统全面地对这一问题进行了研究,阐释了日本如何选择了一条正确的道路,摆脱封建闭塞状态,以及踏上近代化、现代化之路。李小白认为,西方的双重压力,使日本文化被动地应对强大挑战,江户时代的日本社会逐渐积蓄着所谓"传导性变革"的各类因素,主观上以关闭国门对抗之,客观上却开启着接纳"兰学—洋学—西学"的思想路线。被动性的应战呈现出实行锁国的客观背景,而主动性的回应,即"选择"也预示着日本在世界一体化运动中踏入近代化路途的必然。日本做出这种选择经历了一个艰苦而又漫长的过程。这个过程不仅仅是简单的文化、宗教传播的过程,也是一种文化上的碰撞,对日本原有的宗教信仰、经济利益、价值观念、世俗权力造成了巨大冲击。这些阐释深刻、新鲜、富有创见。

周颂伦,东北师范大学教授,主攻日本近现代史。其代表作有《近代日本社会转型期研究》。此书自1998年出版后,被学界同人认为观点新、论述深、资料详、结构严,是一部长年苦心钻研,厚积薄发而成的颇具研究功力的专著。

《近代日本社会转型期研究》以全新的视角,探视近代日本"社会转型"的嬗变。在治学方法上,史论结合,既重视理论分析,俯瞰近代日本的"社会转型"的路径,又从丰富的原始资料中精心发掘,认真诠释,提出独自的看法。该书在序言中清楚地指出,日本社会的转型即是从政治型社会向大众型社会的转变。这种转变,不仅是社会进步的集中表现,而且是现代化运动表现其目的的关键步骤。为了清晰地展现日本社会嬗变的过程和特征,周颂伦将明治维新开启的近代日本社会至日本战败的77年历史时间(1868—1945),划分为4个时期:1868—

1890年为近代国家草创和民众政治热情高涨时期;1891—1905年为经济初步发展和新兴贵族社会形成时期;1906—1936年为经济较高水平发展和向大众社会接近时期;1937—1945年为战争和强力政治统治时期。

在上述总体结构的基础上,周颂伦把第三时期(1906—1936)所包含的大正时期作为本书讨论的重点。他用翔实的史料、理性的分析,探明经济发展、社会结构的变化,文化呈现多样化状态,使得大正社会呈现出大众消费、大众政治参与和大众文化的鲜明特点。大正时期日本社会向大众社会接近的趋势,本应将日本社会导入政治民主和经济高度发达的社会发展模式之中,然而情况恰恰相反——日本发动了大规模的对外侵略战争,实行了极端的法西斯统治。据此,他以历史学家的眼光深刻地指出:在外交、经济、政治等诸领域,日本都遇到了其本身无法超越的界限,不进则退地滑向政治反动之中。

陈景彦,吉林大学教授,主攻日本现代史和战后史,著有《二战期间在日中国劳工问题研究》《20世纪中日俄(苏)三国关系史研究》(合著)等。

郭洪茂,吉林省社会科学院研究员,主要研究领域是中日关系史和满铁研究。著述颇多,有《中日关系史》第一卷(合著)、《满铁的中国劳工状况——以铁路经营部门为中心》、《日本涉华密档总目录·海陆军省卷》(合著)等。

刘毅,大连大学教授,主攻方向早期为日本古代史,后期为日本经济史。早期代表作有《悟化的生命哲学——日本禅宗》《高天原浮世绘——日本神话》;后期有《日本股份制变革研究》。《悟化的生命哲学——日本禅宗》和《高天原浮世绘——日本神话》是姐妹篇。前者阐述日本禅宗史,后者阐述日本人的原始信仰。

禅宗是佛教诸宗中对日本影响最深、持续时间最长的宗派,因此揭示日本禅宗的形成、发展及其思想内涵、社会价值、历史作用等,便显得格外重要。《悟化的生命哲学——日本禅宗》正是从一个新的视角揭示了禅宗在镰仓时代、室町时代、江户时代等时期的兴衰过程,以及战后新禅宗在日本的兴盛与传布。众所周知,禅宗被真正赋予一种全新的宗教意义是在中国的盛唐时代,而当时又正是中日文化交流的盛期,其间佛教各宗相继东传。刘毅把这一问题提了出来:"中国禅宗兴起的唐代,恰恰是中日文化交流的第一个全盛时期,也是中国佛教宗派在日本生根开花的青春期。为什么中国化的禅宗偏偏在全面吸收盛唐文化的日本没有一席之地? 为什么与禅宗大体上同时兴起的天台宗、真言宗、净土宗得以沸沸扬扬、轰轰烈烈地在日本列岛传播扩展,而唯独禅宗竟然在奈良、平安时代难觅踪迹?"循着这些疑团,刘毅进行了深入的探索。最终,他发现了日本奈良、平安时代未能吸收禅宗的原因之所在。其原因主要有3个：第一，"禅宗离经叛道，不崇拜佛像，不诵佛经的宗旨"，与当时日本朝廷推崇的"政治佛教"的宗旨相悖，因此它"很难与时代潮流相契合，其命运便可想而知了"；第二，当时禅宗既无伽蓝寺院，又无系统的经传，难以引起日本遣唐使团和学问僧的重视，他们所需要的是有益于"政治佛教"的寺院建制和浩瀚、深奥的经卷；第三，至唐代末期，中国的禅宗进一步发展，影响日炽，如果中日交流仍能进行的话，禅宗的传入也不是没有这种可能，但在这一时期，一方面，由于"日本佛教已进入在原已传入日本的各派中国佛教的基础上吸收消化、融会贯通的阶段，日本化的新宗派开始兴起，中国的新宗派已失去了往日的吸引力"，另一方面，日本在895年废止了派遣遣唐使的制度，阻断了禅宗向日本传播的通道。

日本真正形成禅宗热始于镰仓时代。为什么它会受到武士社会的欢迎呢？该书对此做了精当分析：禅宗与旧有的佛教诸宗不同，它"以直指人心，见性成佛，教外别传，不立文字"的宗旨，为武士"提供不靠一切形式、不依任何他力即可成佛的法理"，给他们"提供了一条引向彼岸世界的新路"。"不诵经、不拜佛仿佛是专门为武士提供的优惠条件，'放下屠刀，立地成佛'在禅宗那里不但可以理解，而且是天经地义的'见性成佛'的结果。禅宗之所以吸引武士，原因即在于此。"同时，镰仓幕府建立以后，幕府也需要一种有利于自己统治的"政治佛教"，于是出现了禅宗与幕府的"双向选择"，禅宗公开提倡"兴禅护国"，以寻求幕府的政治庇护，幕府则通过支持、扶植禅宗，以达到与京都朝廷和旧佛教的抗衡；再则推进武士学禅热潮，实现"禅武一体"，可以奠定巩固的政治基础。刘毅在研究中提出独特的观点，即日本文化的特征是"悟化的禅意（非禅宗）文化"。该书文笔优美，充溢哲理，可以看出刘毅是以"生命哲学"的"悟化"写就了这部"悟化的生命哲学"。

宋成有，北京大学教授，研究领域是日本近代史、日本史学史和东北亚史等。代表著作有《新编日本近代史》。

《新编日本近代史》是一部在研究视角、内容取舍、史料选用等方面均有创新的著作。该书的创新主要有3点：一是突破以往以1853年美舰叩关为日本近代史开端的固有观点，而是从日本自身内在因素，即从近世与近代的联系中，寻求历史发展的轨迹；二是在具体叙述中，善于从不同于以往的视角揭示史事，如从欧化和民族化2个阶段，分别叙述了明治维新的特点，又如把日本法西斯化进程与侵华战争相联系，并予以分析和评论等。

此外，宋成有在日本史学史方面的研究贡献甚大。20世纪80年代开始，他就和沈仁安一起撰写多篇论述日本史学史和史学流派的文章,使国人首次系统地了解日本史学界的状况。特别应当指出的是,他对中国日本史学界约60年的研究史多有探索,多有报告和论文发表,称得上是关注当代中国日本史研究史的第一人。他发表的《中国的日本史研究理论与方法》是其多篇史学史论文中最具代表性的一篇。如其论文表题所示,文章从"理论"和"方法"2个方面对中国的日本史研究史进行了系统而周详的叙述。全文从1949年以前中国悠久的日本研究传统和方法探索开始,然后分为1950—1977年、1978—1990年、1991—2001年、21世纪之后4个历史时期,对各时期的日本史研究理论和方法进行阐述,层次分明,史事周详,评介精当。在文章中,宋成有特别对"今后国内的日本史研究,需要继续深化史学理论,讲究方法论问题",提出了如下需要思考的问题。一是中国的日本史研究目标问题。他认为长远的目标,应该是"以唯物史观为指导,打破黑格尔以来西方学者解释东亚历史的强势格局,构筑中国学者对东亚历史的认知体系,对日本历史在这个认知体系中的位置给予准确定位"。具体目标则是继续深化探寻日本历史的发展规律、演进模式;把握日本民族的过去、现在和未来,以及民族特性;文化的独特性和基本特点;等等。二是坚持唯物史观与研究方法多样化。他指出,坚持马克思主义的唯物史观,应成为"中国日本史研究学术特色的理论立场"。中国的实证研究不能满足于就事论事,必须对研究对象加以理论的探讨和归纳,"在此基础上,不应排斥而应大力推进研究理论和方法的多样化"。三是宏观研究和微观实证相结合。他认为:"在新世纪,不能想象,没有理论思维的中国日本史研究……缺乏丰富、准确、真实的史料支撑'论从史出'、推陈出新。"文章的最后,他急迫地向全国日本史学界同人呼吁说,中国日本史研究最急切的任务之一,是尽快推出史学理论和研究方法的研究著作。但是,"在今后较长的时期内,这个课题依然是一个寂寞的学术空白点,也是一个富矿深藏的创新点"。

王新生,北京大学教授,主攻日本史,尤以日本战后史见长。著述颇丰,主要著作有《战后日本史》《现代日本政治》《政治体制与经济现代化——"日本模式"再探讨》等。

《战后日本史》是国内学者所著的第一部反映战后日本68年历史全貌的著作,叙述了1945—2013年的战后日本的历史。全书结构、内容、论述多有创新。王新生立足中日两国历史文化、价值观念及行为模式等存在的差异,对日本战后历史进行全方位的梳理。其范围包括盟国占领政策、朝鲜战争、日美旧金山媾和、占领期间思想和文化、岸信介的亚洲外交、反安保斗争、产业政策及消费革命、经济增长及其影响、大众社会的出现、经济大国的形成、日中复交，以及历届内阁的动态及其内外政策、各种政治势力互相角逐的历史轨迹和潜藏在历史表象背后的纷繁万象，等等。

总之，除外交领域外，本书对社会生活、政治、经济、安全、民众思潮、时尚流行、学术观点、文学艺术等方面都有较多论述。章节设置颇多新意，如"战败后的社会""废墟上的生活与精神""占领时期的思想与文化""社会运动与校园斗争""大众社会的出现""昭和元禄""一亿中流""居民投票与世系末思想""组织化的松动"等。有论有史，既学术又通俗，是一部认识战后日本不可多得的著作。

刘金才，北京大学教授，专攻日本语言文化和日本思想史，对日本中世思想史研究颇深。代表作有《町人伦理思想史研究：日本近代化动因新论》等。

《町人伦理思想史研究：日本近代化动因新论》是思想史范畴的著作。町人阶级形成于日本中世初期，进入镰仓时代后，随着商品经济和手工业的发展，以及都市社会的出现而逐渐发展。17世纪初，由于德川幕府制定和实行士农工商等级身份制度，町人阶级才正式登上历史舞台。町人和町人思想在日本社会从封建社会转向资本主义社会的过程中，有过不可忽略的作用和影响。因此，对此进行研究，可以更深层地认识日本近代化思想的渊源和过程。可是由于我国研究日本中世、近世历史的力量薄弱，许多历史问题尚无人去探索，像涉足町人和町人思想这样的课题的学者，可谓凤毛麟角。刘金才应是涉足这一课题的第一人。《町人伦理思想史研究：日本近代化动因新论》无疑具有填补学术空白的意义和价值。

《町人伦理思想史研究：日本近代化动因新论》全书除绪论、结论外，共分5章，即"町人阶级的形成及其伦理思想的萌生""元禄町人的崛起及其价值伦理的形成""町人经济地位的腾达及其伦理体系的确立""町人价值伦理的发展及其对士农的冲击和渗透""倒幕维新时期的町人及其价值伦理的近代取向"。该书完整、系统地对新兴阶级——町人伦理思想的形成、发展、社会文化背景、内涵和精神指向，以及其不同历史阶段中的地位、作用，进行了翔实、思辨的历史性考察和研究。该书在资料的引用、多学科（伦理学、历史学、社会文化学的理论）知识的运用上，都有鲜明的特色。研究的切入视点，也与传统不同。例如，以往关于日本近代化精神动因的视点，大多以"武士道伦理精神动力论""日本儒学伦理作用论""农民一揆"等来解释日本近代化的精神动力。该书却以町人伦理的新观点揭示日本近代化的精神动因。故此，书中多有新论，如认为，在日本德川时代，只有掌握了经济和文化主导权，成为推进商品经济发展的主体势力，才能主导德川社会并成为阶级中最先进的阶级,而当时具有掌握经济和文化主导权的阶级是町人阶级。又如,书中极形象地揭示了町人阶级的阶级本性,即"唯以货币为贵""以金钱为本位""以营利为善",但以正直、俭约、精算手段致富为价值伦理。正是町人阶级及其价值伦理在日本近代历史的发展进程中起到了侵蚀、瓦解、毁灭封建统治的重要作用,才推动了日本由封建社会向近代资本主义社会转型和发展。

管宁,国家博物馆研究员,主攻日本近代史,但对古代中日思想文化比较也有精深的研究。主要著作有《日本近代棉纺织业发展史——兼论日本近代资本主义起源问题》。这是管宁以博士论文为基础,几经充实提高后撰成的专著。该书是中国学者对特定的行业阐述近代日本资本主义发展的典型之作。

该书用丰实的史料和唯物史观,对幕末开国前后的日本棉纺织业到近代大机器棉纺织业的成立做了翔实的阐述。史论结合,揭示了资本原始积累的转移及"自上而下"变革的必然性。该书指出,由于日本被迫开国后国际形势的变化,日本棉纺织业发展过程中本身存在的资本原始积累不足、机械化基础太弱等问题,以及明治新政府成立后为解决这些问题而不得不采取的牺牲农业、对各种"前期性"资本(商业资本、高利贷资本等)进行强制性转化等措施,日本的近代棉纺织业也未能如英、美等国那样走上完全自由发展的道路,而是通过国家资本的引导性投入和政策扶植,走上了一条官民并举、迅速向大垄断化发展的道路。而这一点也最能说明为什么日本明治维新后选择的是"自上而下"地发展资本主义的道路,而不是像英、美等国那样,让资本以"自由地"发展。其中隐藏着所谓"日本道路"或"日本模式"的根本成因之所在。

这是我读过的用唯物史观理论和翔实的史料、数据论述史事的较好的专史之一。

徐建新,中国社会科学院研究员,主要研究日本古代史、中世史、古代东北亚关系史等,特别是在研究古代国家起源、好太王碑等方面尤为出色,在国内和日本学界颇有好评。

最近30余年来,我国日本史同人对日本古代国家形成史问题的研究十分重视,多有研究成果问世。徐建新用马克思主义国家理论对日本古代国家形成的诸问题,提出了独到的见解。他所论及的问题主要有以下6个。

第一,日本古代国家形成史的分期。他认为,古代国家形成的基本前提有二:一是古代国家都是建立在已拥有相当规模的生产性经济的社会之上;二是古代国家是从社会资源被不平等占有的社会中产生的。古代国家是一种在必要时用强制力维护对社会资源的不平等占有的政治组织。日本古代国家的形成过程中，经历了通过氏族社会自身发展而产生的原生国家和先进地区的物质文化、制度文化和思想文化影响，逐渐形成成熟的日本古代国家形态的过程。其形成的过程一般分为3个阶段：发生期，约在世纪初；初步形成期，约在4—6世纪；确立期，约在7—8世纪。

第二，关于中国正史中出现的日本古代"国"的性质。《汉书·地理志》中记载的"百余国"，不具有今天的国家的含义。同样，《后汉书·倭传》中记载的建武中元二年（57年）向中国遣使朝贡的倭奴国也还没有发展成为国家，其所谓的国王，只是当时地域共同体的首领。到了3世纪，在中国史料中记载的西日本地区的小国变成30国，包括势力最大的邪马台国都不是真正意义上的国家。邪马台国时代，西日本地区还没有统一，但在以邪马台国为首的地域性的农业共同体中已开始演化出后世古代国家的公共权力机构的一些要素，其中之一就是官制。

第三，古代西日本统一王国的出现。3世纪中后期到4世纪初，在畿内地区出现了强大的王权。到了5世纪，日本各地的古坟群特别是畿内大和地区的古坟群中，开始盛行随葬种类繁多的攻击性武器和防御性武器。这一重大的变化，不仅说明当时的军事技术、武器制造技术大大提高了，同时也表明武力在社会政治中的作用变得更为重要了。这时期的大和王权中可能已出现原始形态的常备军。日本国内出现了部落统一战争。大和地区的王权就是通过武力征服、统一西日本后形成的。

第四，倭王权的东亚外交方针。当时倭王权的外交方针主要表现在2个方面：一方面是与中国南朝积极交往，致力于成为南朝册封体制下的属国；另一方面是仿照中国的册封体制，试图在自己势力所及的范围内建立所谓倭本位的地区性册封关系。

第五，古代天皇制的特点。因为日本古代国家的权力掌握在天皇和由他任命的贵族手中，所以日本古代国家的权力体系是封闭性的，而不是开放性的。这就是日本律令制国家政权最重要的特征。天皇是凌驾于法律之上的，天皇的身份是凌驾于全社会之上的。因此，日本古代国家政体的性质只能是君主制，而不是贵族共和制。

第六，日本国家形成的一般特征。日本古代国形成有3个重要特征：一是东亚大陆文化，特别是中国文化对日本列岛的影响巨大；二是日本引进中国文明的过程还体现了日本自身的选择能力，这种选择主要取决于当时日本社会内部的需要，与各时期日本列岛上的社会发展水平大致是相适应的；三是与典型的原生形态的国家相比,日本古代国家的形成过程是比较短暂的。与中国相比,日本则是在较短的1000—1200年的时间里把在中国和朝鲜半岛发展起来的先进文化成功地吸收进来,形成了古代国家。

徐建新在好太王碑研究领域取得的成果,把中国学界的研究水平推进到新的高度。为了弄清好太王碑拓本的实情,他历经多年在各地寻找藏于图书馆和民间的原始拓本,然后对各拓本进行比较研究。他在国内和日、韩书刊中发表的相关论文多达20余篇。就在深入发掘、研究的基础上,他于2006年在日本出版了《好太王碑拓本的研究》一书,得到了日本学界的关注和好评。

《好太王碑拓本的研究》是继王健群《好太王碑研究》之后,论述好太王碑的学术著作。全书由7章构成,分别对学界的研究史、早期墨本的制作和传布、1981年好太王碑旧藏本的发现及其基础调查,以及初期拓本和原石拓本的调查和研究做了系统而全面的阐述。

还有一点要顺便叙及的,即2012年我国考古学者在吉林集安新发现了集安高句丽碑。考古、文物、历史学界对新发现的碑文进行了研究和释读,徐建新参与其中。他提出了3个与众不同的观点。他认为,集安新碑所成的年代,应是"412年(好太王死后)至427年(长寿王迁都前)";碑文释读,学界一般最多释读出156字,而他释读出160字,并指出新碑文为"古代高句丽的守墓烟户制度提供了实证"。

武寅,中国社会科学院研究员,重点研究日本近现代史。代表作有《近代日本政治体制研究》《从协调外交到自主外交——日本在推行对华政策中与西方列强的关系》等。

《近代日本政治体制研究》出版后受到国内外学者好评。万峰曾在《日本学刊》上发表《一部颇具创意的力作》一文,予以评价。万峰在评价中说,《近代日本政治体制研究》一书,对明治维新后国家政治体制的建立过程及其所走的道路进行了系统的探讨。该书有3个特点。一是有理论深度,它超出了单纯的叙述和介绍范畴,特别是紧紧抓住日本政治体制迥异于欧美议会民主的特点,在体制内结构、运作方法、权力制衡机制内在的矛盾等重要问题上提出了独到的个人见解。二是选题视角。在日本近代史的研究中,政治体制的研究,与经济、侵华史、中日关系等相比,始终是一个薄弱环节。因此,本书正好弥补了这一不足。该书选定天皇制的神秘、军部的跋扈、政党组织的松散等人们关注的问题,从政治制度、民族心理,乃至上层建筑的层面进行了释解。三是具有较强的现实意义。本书从国家政体层次上对日本军国主义的形成、特点及历史趋势进行了理论上的分析与论证,有益于人们准确地把握、认识诸如侵略战争历史问题、《日美安全保障条约》等重要问题,也为处理这些问题并制定行之有效的对日政策提供了线索。

周维宏,北京日本学中心教授,主要从事日本战后史研究,尤其是对日本农村工业化和农村经济组织等具有现实意义的课题有研究。主要著作有《日本农村工业化史研究》《农村工业化论——从日本看中国》《中日农村经济组织比较》(主编)。

《农村工业化论——从日本看中国》是周维宏从事中日农村工业化比较研究方面的一个论文集。内容分为4编:第一编收录了周维宏关于农村工业化概念的几篇理论探索论文;第二编是对战前日本农村工业化进程的探索;第三编是对战后日本农村工业化进程的探索;第四编是对中日两国农村工业化几个侧面的比较。最后附录中收录了周维宏对日本农业和新农村建设的看法和建议。周维宏是年轻一代学者中把日本农村作为重要研究课题的少数学者之一,值得肯定。

鲁义,国际关系学院教授,主攻战后史,侧重于地方自治和公务制等。主要著作有《日本地方自治制度》《中日公务员制度比较研究》等。

张健,天津社会科学院研究员,主攻日本现代史,对战后日本经济史、外交史尤有研究。主要著作有《战后日本经济的恢复、调整和起飞》《战后日本的经济外交(1952—1972)》《日本两次跨世纪的变革》《世纪末的伙伴》《当代日本》(主编)等。

《战后日本经济的恢复、调整和起飞》一书于20世纪90年代问世。张健开始这一课题的研究是20世纪80年代初。10余年间,张健面对我国"正由计划经济体制向市场经济体制转变"的现实状况,出于一种责任感,为借鉴日本成功的经验,探索了战后日本经济发展的全过程。书中涉及的时间范围,重点放在1945年日本战败投降至1964年日本全面走上国际经济舞台的20年。之所以选择这一时间段,张健在前言中说:"这不仅是因为当时我国学者对这一时期日本经济状况的研究还相对的少,而且因为正处于起步阶段的我国经济状况与当年日本的经济状况有许多相似之处。毫无疑问,研究当年日本所遇到的经济发展问题,或许可以对我国的经济建设有些借鉴作用。"由此可见,张健选题的用心,以及这一课题的学术价值和现实意义。

该书虽然不是一部系统研究战后日本经济恢复和发展史的著作。但总体上,内容的叙述还是按照时代发展顺序推进的。从中可以了解日本由战败投降,经过经济的恢复和调整,最后走向经济全面起飞,由被全面占领和经济被封锁,实现独立并走向全面经济开放的过程。在整个结构布局中,叙述是有重点的。

其主要重点是"战后日本的经济政策、经济思想和经济外交"。在叙述方法上,张健既宏观把握史事脉络,又对重要的史和事进行细微的叙述、分析。例如那些在日本经济恢复、调整、起飞中曾经遇到过,并经过努力而解决了的难题,都是他着墨最多的问题。他之所以重视日本经济发展中的难题,以及问题解决的过程,是因为他认为:"这些难题可能恰恰就是当今我国经济发展中已经出现,并正在着手解决的问题。"例如,战后初期,日本是如何处理经济恢复与发展,以及发展与控制通货膨胀的关系的,此后日本又是如何处理经济的增长与稳定的关系的,日本是如何制订经济计划和确定经济增长率的,日本在"入关"时的经济外交、对外贸易政策,等等。

《战后日本的经济外交(1952—1972)》是张健的另一部代表作,对日本高速增长时期的经济外交进行了梳理和研究,分析和评价了这一时期日本政府的各项经济外交政策、经济外交的实践,以及产生的效果。在20世纪八九十年代,中国学者已有多人对战后日本经济外交进行了研究,但对于"经济外交"的概念则多有异见。该书对此做出了诠释:"所谓经济外交,有两种表现形式:其一是指国家为实现其经济目标而进行的外交活动,即以外交为手段,为国家谋求经济上的利益;其二是指国家为实现其外交目标(在政治上或军事上提高本国的国际地位等)而进行的经济活动,即以经济为手段,为国家谋求外交关系上的利益。"

李卓,南开大学日本研究院教授,主要研究方向为日本古代史、日本社会史。著述颇丰,主要著作有《"儒教国家"日本的实像》《日本近现代社会史》《家族制度与日本的近代化》《中日家族制度比较研究》等。

《"儒教国家"日本的实像》是我国第一部具有较高学术水平的日本社会史领域的专著。从社会史的视角探究了日本社会与历史,开拓了新的研究领域。李卓在该书前言中,对书中阐述的核心内容有明确的交代:"本书关注的是制度史、文化史等研究领域不太涉及的内容,力图通过对社会组织、社会集团、社会控制、生活方式、人际关系等方面的论述,阐明日本社会发展过程中的真实情景和日本人的真实生活。重点对日本的身份等级制度、家族制度等对国民性的形成具有重大影响,且独具特色的问题进行分析和研究,也向越来越多关注日本的人们展现一个更全面、更实际的日本。"

近年来,中日两国之间摩擦不断。这种摩擦的产生除了政治因素外,还包括社会、文化因素。对日本社会、文化因素的深层了解,有益于我们多元地认识中日摩擦的历史成因。因此,该书的问世不仅具有学术价值,且具有现实意义。该书凝聚着李卓长期以来研究中积累的知识和史观。在翔实的阐述基础上,在本书正文篇末,专门设置"结语与思考",便是其研究所得史观的体现,也是该书精华的浓缩。例如:日本是否"儒家国家";认识中日文化的差异的重要性;贵族传统的社会史意义;身份、等级制度的再认识;家制度的功过是非;明治维新的不彻底性及社会近代化的滞后;等等。

对上述问题的结语和思考,虽然有的还有进一步深化的空间,但无疑反映了我国日本社会史研究现时所站立的水准线,有益于我国的日本史研究,特别是能够推进和发展方兴未艾的日本社会史研究。通过中日文化差异等的记述,她释解了日本的"非儒"特征,提醒大家"不要掉进'儒教国家'的陷阱"。她认为,如同"深受佛教文化影响,却不能说日本是佛教国家,深受基督教文化影响,却不能说日本是基督教国家一样,日本深受儒家文化影响,也不能说它是儒教国家"。凡是在日本得以长期存在的中国因素,都是"物质的、表层文化的内容,而日本固有的传统与精神则始终居于日本文化的最深层,任凭世事变幻而不变其宗"。这种深层的日本文化,正是中日社会与文化差异的本质所在。站在文化输出国的角度,认识社会与文化的差异比仅仅认识其共同之处更为重要。

书中多有李卓独到的观点和认识。例如,在国内出版的日本历史著述中,对于日本的古代家族、律令制的官僚贵族有过较多的研究,而对于幕府时代的武士,却很少放在"贵族"这一层面上来阐述。李卓却新提出了"军事(武士)贵族"概念,指出:"日本社会是与贵族传统相伴始终。""从古代的豪族到律令贵族到军事贵族,尽管体制不同,功能不同,但实行贵族统治是相同的。"

《"儒教国家"日本的实像》一书对长期以来学术界有争议的问题,尤其是日本古代史领域内的重大事件多有关注,其涉及的问题包括部民制、大化改新诏书、科举制、幕府政治的特征等。

《日本近现代社会史》是李卓的又一部力作。该书探讨了近现代日本的发展进程,分析了明治维新后和战后日本社会结构的变化,阐述了处于社会各个阶层的人们的生存状态、社会意识及其对社会的影响,并分别论述了近代以来的家庭、妇女、人口等社会史方面的重要问题。该书特别对近代化做了诠释,认为近代化的全部内容和任务,不仅仅是资本主义工业化,还应包含社会的近代化。人在社会上是否受到尊重,是否能够行使个人的权利与义务,是否拥有完善的制度保障,也是是否实现近代化的重要指标。该书认为,近代日本整个国家走向歧途的重要原因之一,是日本在推进经济的近代化时,社会的近代化未能与之同步而行。日本社会的近代化是在战后改革中逐渐实现的。

杨栋梁,南开大学教授,主要研究方向为日本近现代政治经济史,特别是日本经济政策史研究。主要著作有《日本战后复兴期经济政策研究》《国家权力与经济发展——日本战后产业合理化政策研究》《近代以来日本经济体制变革研究》《日本近现代经济史》《日本后发型资本主义经济政策研究》等。

《日本战后复兴期经济政策研究》是一部开创性研究之作。如书名所示,本书的主要研究对象是日本战后复兴时期的思想、政策、制度。杨栋梁之所以选择这一时期,是因为"从某种意义上说,战后复兴时期与明治维新一样,构成了近代以来日本资本主义发展的两大里程碑",是战后各种思想涌现,政策、制度剧烈变化的时期,也是日本由战争经济向和平民主经济,通货膨胀经济向稳定、增长经济,统治封闭经济向自由开放的市场经济转化的时期。因此,对这一时期进行探索和研究,既具有现实意义,又具有历史意义。该书从实证的视角对日本战后经济体制的形成做了深层次的探索和研究,揭示战后日本出现经济奇迹及20世纪90年代经济萧条的导因。该书在重视实证性研究的同时,极为重视思想和理论应用,其研究重心是战后日本经济政策的制定和执行。制度、政策的形成,都是与当时的思想、理念密不可分的,因此杨栋梁非常重视思想与政策、制度之间的关系。他指出,思想先于政策,对政策具指导作用,是经济政策形成的基础,并说经济政策是特定公共权力为社会经济发展而制定的实施目标、方法及手段的总和,属于实践范畴。这部著作的阅读价值在于,通过本书可以全面地把握战后日本诸种经济制度形成、变化、发展的思想、路径。这些制度包括财务制度、金融制度、贸易制度、产业制度等。

《日本近现代经济史》是杨栋梁的另一部力作。该书是他在多年的研究基础上,将自己的研究中形成的观点和累积的史料归纳总结而成的精品之作。故此,该书出版后,学界多有好评,被认为是一部学术视野宽阔、实证考察细腻和理论分析精湛的著作。该书从德川幕府封建经济到当代泡沫经济的崩溃及其后的经济改革,系统地展现了近代以来日本经济发展的过程、经验、教训。

杨栋梁对中国日本史研究的贡献,还在于他组织学者对重大学科进行集体攻关。他主编的10卷本《日本现代化历程研究丛书》就是一例。这是中国的日本史研究史上里程碑式的著作。关于该丛书的意义,周颂伦教授在《评〈日本现代化历程研究丛书〉》(《世界历史》2012年第3期)一文中有精当的评价:

　　　　杨栋梁教授主编的10卷本《日本现代化历程研究丛书》,分量甸沉,敦厚笃实,在学术界引起很大反响。日本亦有多位学者向笔者问及此书,关注殊甚。记忆中,改革开放后我国的日本史研究再度起步之始,

《世界历史》编辑部编、中国社会科学出版社曾在20世纪80年代初出版了一本《明治维新的再探讨》文集,如今撰文者中数位前辈已仙逝,仍在研究第一线辛勤耕耘的为数寥寥。屈指算来,我国的日本史研究历经30年悠悠岁月,以此文集所关注的明治维新研究为立足点,终于迎来了由点延线、由线至面、由面达里、由里结实的新局面,成就了眼前这套堂堂10卷、近500万字的研究性丛书。在此期间,日本史研究也经历过兴盛低回。若将此套丛书视为我国日本史研究的一个里程碑,那么通史、断代史、专题史研究的众多成果,卓有成效地构成了本套丛书得以付梓的推动托举力量。正可谓"宝剑锋从磨砺出,梅花香自苦寒来"。

赵德宇,南开大学教授,主要研究日本文化史、日本中世史。代表作有《日本近现代文化史》《西学东渐与中日两国的对应》等。

《日本近现代文化史》是赵德宇多年探索日本文化问题基础上的总结之作。在撰写方法上,既可以看到其原有的微观实证和宏观理论分析的手法,在叙述中,又可见其追求内容的周全和体系的构建,对近现代日本文化分门别类进行梳理。《日本近现代文化史》以史实为依据,内容涵盖日本近现代的思想、道德、教育、价值观、人文学术、宗教信仰、文艺美术、报刊媒体、社会生活等文化领域,勾勒出日本近现代文化史的整体发展脉络和演化逻辑。

《西学东渐与中日两国的对应》是一部研究近代以前中国的西学和日本的洋学的历史的著作。赵德宇多年来对近代以前中日两国吸收西方文化的过程、特征、共性和差异深有研究。对于中日两国应对西方文化东渐的共性和差异,他在本书的前言中有明确的揭示。随着西方的发展和西方势力的东扩,对于中日两国来说,学习西方先进事物,尤其是西方近代科学已是必由之路。从这个意义上说,中日西洋学的历史无论在时间上(16世纪中叶至19世纪中叶),还是在内容上(学习西方文化),都可作为同一历史时期看待。而另一方面,中国的西学和日本的洋学在不同阶段出现互相交错,在传播媒介及学问内容等方面却呈现出很大的差异。"两者在宏观上的共性和具体内容上所表现出来的差异,正是本书的切入点。"

该书涉及的内容和范围广而博,然而思路是清晰的。其思路是:以原始史料为据,总体上沿着时间顺序,深入到中日两国西洋学史的具体史实中,通过分别厘清西学和洋学的总体脉络,显现它们的异同,以及对两国近代所产生的各自影响,"即所谓查清经纬,究明原因,论其结果,成一史鉴"。正是思路的清晰,成就了一部风格独特的填补空白之作。

王宝平,浙江工商大学教授,主要研究领域是近代中日文化交流史、中日近代比较文学、清代中日学术交流史、中日文献学。著述颇多。史学方面的代表作有《中日文化交流史研究》《吾妻镜补——中国人最早的日本通史》《清代中日学术交流的研究》等。

《中日文化交流史研究》是一部专题结构型学术著作。全书由人物、典籍、史学、画像、学界动向等专题构成。这种结构有利于作者充分运用自己积聚的知识,或纵向或横向自如地畅述。全书史料翔实,文笔细腻。

《吾妻镜补——中国人最早的日本通史》《清代中日学术交流的研究》两书是在日本出版的,引起了日本学界的关注。《吾妻镜补》是清朝著名文人翁广平的著作,中日学界对《吾妻镜补》多有研究,但是将《吾妻镜补》影印出版却是首次。

除史学著作外,王宝平更多的贡献是对中日特别是清代中日交流文献资料的发掘与整理,例如《日本典籍清人序跋集》《教育考察记:晚清中国人日本考察记集成》和《日本藏晚清中日朝笔谈资料》(全8卷)等。

王勇,浙江工商大学教授,研究方向为中日文化交流史、日本古代史。著述颇丰,在国内和日本出版多部著作并主编多种丛书。主要史学代表作有《日本文化——模仿与创新的轨迹》。

《日本文化——模仿与创新的轨迹》实际上叙述了从原始时代至江户时代日本人模仿、吸收和创新具有日本特色的文化的历史。全书以文化发展的时间顺序,共设10章,即岩宿文化、绳纹文化、弥生文化、古坟文化、飞鸟文化、奈良文化、平安文化、镰仓文化、室町文化、江户文化。前4章引用了较多的考古学资料,后6章则引用了丰富的文献资料。全书注重史实,也不乏分析归纳。每一章都置有"余论"一节,重在对这一章的核心内容的总结。如第一章有"余论:人类文明的发展阶段",第二章有"余论:一种'畸形发展的文化'"。

王勇还主编出版了《历代正史日本传考注》(全5卷)。这项工程是他带领博士研究生一起完成的,反映了他的史观和治史方法。这项工程的完成对于我国日本古代史、古代中日关系史的研究和传布,颇有意义。全书分为5卷,即《汉魏两晋南北朝卷》《隋唐卷》《宋元卷》《明代卷》《清代卷》。每卷都由"题解""正文""注释""杂考""研究余录"5个部分构成。关于每个部分的具体内容,王勇在回答《读书周刊》记者的提问时做了部分说明:"题解"是对传记作者、成书经过、主要内容及版本的介绍;"注释"是对文中难解字词和专有名词的解释和说明;"杂考"是对文中许多重要内容,如事件、遣使背景、年份,以及句读等问题的考释和交代;"研究余录"是针对文中学术界尚存争议或需要廓清的一些问题撰写的研究论文及资料汇编,一般都是国内外的最新研究成果。

还必须提及的是,在中日文化交流史的研究中,王勇提出的唐代中日之间存在着"书籍之路"的学术观点成为一家之说,受到国内外学者的关注。

第五节　第五代学者及其代表作

20世纪六七十年代出生者是第五代学者。这一代人大约于20世纪90年代步入日本史教学、研究领域,是当今我国处在日本史教学和研究第一线的主力,承担着中国日本史研究承上启下的重任。这一代人的特点是:大多数都有中日联合培养的经历,既在国内读书,又到日本深造。不少人在中日两国的高校都取得了高学位,基本上都是博士。由于他们大多在日本有较长时间的生活经历,对日本文化、日本人的理念和价值观有较深的亲身体验。在研究方法上,他们深受日本研究方法的影响,"蹲"下来做微观考证的功夫较强。其中有的年轻学者既能"蹲",又能"站"起来做宏观的归纳和总结。他们不但有基本的通史功底,而且对日本历史的某一领域有较深的研究,大多有较高水平的论著问世,引起国内和国外同行的关注。随着20世纪50年代出生的学者逐步退休,六七十年代出生者中一些人承担着领导者职责。实际上,有的已经身兼两职,既是组织者,又是研究者。总之,他们是中国的日本史研究新发展的希望。①

这一代学者在学术上展现才能的时候,我已退休多年,所以与他们中的大部分学者接触不多。虽说如此,但也与其中的一部分佼佼者结成了忘年之交。下面介绍现今正活跃在研究和教学第一线的几位我所知的年轻学者。

韩东育,东北师范大学教授,主攻中国和日本前近代思想史、中日思想比较,尤对日本近世法家思想史有深入探究,代表作有《日本近世新法家研究》等。

《日本近世新法家研究》是我国第一部研究日本近世法家历史的著作,具有开创性意义。长期以来,我国学界在有关日本近代化的研究中,占主流的观点认为,日本近代化过程中贯穿着的思想是"儒家资本主义"。对这一观点,韩东育提出了全新的看法。他指出,就观念形态的主调而言,日本的近代化自始至终是一

---

① 宋成有:《中国日本史研究的希望在新生代》,李玉主编:《新中国日本史研究的回顾与展望》,天津古籍出版社2012年版,第268页。

个"脱儒"的过程,而且这种变化并非来自海外刺激,而是文化内视——对先秦实学思想的再诠释的结果。他认为,这种"文化内视——对先秦实学思想的再诠释的结果",恰好明显体现在明治维新前江户思想所发生的"脱儒入法"运动这一历史性转变中。为真实地再现法家思想资源在日本自生近代化过程中的奠基作用,他从江户时代"脱儒入法"运动初始直至新法家理论体系的完成,深入探究了江户时代新法家、新儒家、原始法家与原始儒家之间的深刻关联。

该书按照近世新法家的缘起、发展、完成的规律,在整体结构上设计了3个部分:第一部分论叙"脱儒"经世学的形成;第二部分论叙新法家思想、理论的进一步发展;第三部分专论近世新法家的形成。关于近世新法家的形成史,韩东育是通过对3位典型近世哲学家获生徂徕、太宰春台、海保青陵的思想剖析实现的。值得注意的是,长期以来,学界大多把这3位哲学家归入儒家思想家的范畴。而《日本近世新法家研究》则是以"近世新法家"的代表人物予以描述的。仅这一点就可见此书观点之新。

韩东育将获生徂徕、太宰春台、海保青陵冠以"近世新法家"之名,是建立在对他们的学说深入探究基础上的。他所重视的不是他们学说中的"儒"的因素,而是"脱儒"的新因素。3位哲学家所处历史时期有先后,相互的学说有传承,在新法家思想体系构建过程中,各自做出了不同的历史贡献。即获生徂徕是近世新法家的原始者,太宰春台是新法家学说的继承者,海保青陵是近世新法家学说体系的完成者。

《日本近世新法家研究》对于中国的近世日本史研究,不仅开拓了新的领域,建立了新的学说,同时也为缺乏新法家形成过程的近代中国,提供了一个新的比较分析的观察点。

刘晓峰,清华大学教授,主要研究日本史、中日文化交流史,尤其对日本民俗、民族性、东亚地区的时间文化,以及中日文化比较等有精深的研究。代表作有《东亚的时间:岁时文化的比较研究》《古代日本中国年中行事的受容》等。

《东亚的时间:岁时文化的比较研究》如书名所示,是一部以探究中日岁时文化为主的著作。虽然国内学界有关中日岁时文化的著作时有所见,但涉及内容之广、研究程度之深,均以《东亚的时间:岁时文化的比较研究》为最。该书内容翔实、资料丰富,主要特点有4个:一是阐述中国岁时节日的序列及其阐释系统的形成、岁时节日的内部结构体系,以及其内在节奏特征等;二是对若干中国节日的源流、特点做了新的探索和考证,如寒食、端午、夏至、冬至、上巳、踏歌等;三是阐述中国的思想、节俗对日本的年中行事的深刻影响,如儒家思想与日本的释奠、天命思想与日本的冬至、日本神道与卯杖献、中国的浴佛节与日本的花祭等；四是对岁时习俗典籍的考释，如《十节记》新考、《荆楚岁时记》在日本的传布等。

刘晓峰对以中日文化交流为主的东亚诸国间交流的研究，是站在宏观、辩证的学术观基础之上的。他在国家图书馆做学术报告时，关于国与国之间的文化交流有一段意味深长的话，他说："国家的边境并不是文化之边境。历史悠久的东亚文化圈，其边境远远大于后来的民族国家的边境。而这一地区共有的东亚文化，是我们东亚各国曾经在文化上血肉相连的历史记忆，是可以增进我们连带感的共同文化财富。我们应当放弃用民族国家的边界来切割东亚共同拥有的文化的思路，而思考如何有效地利用这些文化财富。"这段话充分显示了他宽阔的学术视野和宏观、辩证的史观。

郑毅，北华大学教授，主要研究方向是日本现代和战后史。对吉田茂的外交思想和政策研究颇深，有多部著作问世，如《美国对日占领史研究(1945—1952)》《铁腕首相吉田茂》《吉田茂时代的日本政治与外交研究》等。而其中的代表作是《吉田茂的帝国意识与对华政策观研究》。

《吉田茂的帝国意识与对华政策观研究》是郑毅长期研究之后的心得之作。该书主要对吉田茂在战前任职外交官、战后任职首相过程中所反映的其个人的帝国意识与对华政策进行系统的剖析。吉田茂是现代及战后日本的政治家和外交家。在战前及战后，他的外交思想与对华政策在日本政界和外交界中有着深刻的影响。对吉田茂的帝国意识进行系统剖析、研究，在盟军对日占领史研究领域具有一定的开创性价值，既有历史意义，又有现实意义。

郑毅在对吉田茂帝国意识的研究中，特别注意追根溯源，首先从时代背景、社会意识、家庭环境与教育背景探索吉田茂帝国意识的渊源，进而探究吉田帝国意识的具体构成。在论述中强调吉田茂帝国意识的核心理念是伸张帝国权益，维持亚洲领袖地位。关于吉田帝国意识的内核，郑毅分析指出，它包含"亲美外交观的养成""重建日英同盟的努力""战前的中国观""与军部政治的分裂""战后的中国政策观"等核心内容。该书使用了较为丰富的日文原始资料及吉田茂个人私人信函，颇有史料价值。

刘岳兵，南开大学日本研究院教授，是我国新一代颇具活力和实力的日本学研究者，在哲学和史学上均有造诣。在日本史领域，主攻日本思想史、中日思想文化交流等。刘岳兵治学勤奋，著述颇丰，主要代表作有《日本近现代思想史》《"中国式"日本研究的实像与虚像——重建中国日本研究相关学术传统的初步考察》等。

　　《日本近现代思想史》是中国学者撰写的第一部阐述整个日本近现代思想史的研究著作，具有开拓性的学术价值和极为重要的现实意义。该书的叙述跨度，上至近代日本思想萌芽时期的江户时代，下至日本战后初期，以日本政治思想史的演变为阐述重点，同时对于思想论争、庶民思想、女性思想、儒学、佛学、神道，以及马克思主义、京都学派哲学、现代化理论、战后思潮等，都有深入的叙述。

　　该书由 7 章构成，分别对各时代的主流思想进行研究、分析、评论。第一章阐述了日本近代思想萌芽时代的思想。进入近代之前的社会主流思想，如儒学中的实学思想、洋学，以及变革和批判思想、国家意识等多有叙及。第二章阐述和分析了建构明治新国家的思想，从思想史的视角剖析明治维新的意义。第三章阐述日本帝国宪法颁布到日俄战争期间的思想。对于《大日本帝国宪法》的形成及其思想内容都有详细的揭示。对明治宪法所包含的皇权主义与立宪主义的矛盾，以及日后思想界对这一问题的论争，也做了详细的介绍。第四章记叙日本帝国主义的形成过程和明治时代结束的思想。第五章叙述大正时期的思想，对诸如女性解放、大正民主主义、理想主义、人格主义、文化主义等思想都有比较详细的介绍。第六章重点阐述昭和前期的思想。该章最有特色的部分，是对京都学派哲学内容的评述。第七章主要叙述战后思想，以翔实的史料，特别详细论述了东京审判、战争责任及象征天皇制问题。这种结构，既继承了以时代发展为顺序的史学传统，在具体论述中又突出了不同时代的思想构成和特点，显现了作者日本哲学思想的发展观。

　　《日本近现代思想史》刊行以后，学界多有好评。我国的日本哲学史家卞崇道指出，这是一部"系统论述日本近现代思想史的力作"，"该书框架严谨，涉猎广泛，引典充分，内容丰富"。他认为该书的第一个特点是注重史料研究，并以历史学的研究方法穿插在研究成果中，力图展示思想史的丰富性和可能性。第二个特点是该书内容上溯江户时代，下叙战后时代的初期，为系统地了解日本近现代思想史提供了一个基本的线索和框架，使我们能清楚地看到日本近代以来100多年历史中的重大事件、重要人物、主要论著的思想史脉络与意义，为进一步进行学术研究奠定了基础，同时也为一般读者了解、认识日本提供了很有益的读本。[①]徐凡教授评论说："刘岳兵不惜将自己的观点藏匿在历史文献的背后，他的日本学研究力图以彻底的历史文献的实证方法，去扫清中国日本学研究中长期

---

① 卞崇道：《系统论述日本近现代思想史的力作——刘岳兵〈日本近现代思想史〉评介》，《高校理论战线》2010年第12期，第55页。

存在的情绪化和理论先行的倾向,他的努力得到了与他同时代的正在崛起的日本学研究者的肯定。"①2012年8月,北京哲学思想读书会举行对该书的评价会。会上,宋成有教授指出,该书反映了中国日本近现代史,特别是日本近代史研究的最新成果,从研究深度而言,这是一部代表作。北京外国语大学日本学研究中心的郭连友教授指出,关于日本思想的通史性著作,最近即便在日本学界也不多见,刘岳兵以一人之力完成的《日本近现代思想史》这部力作,填补了我国这方面研究的空白,具有重要的学术意义。王青副教授认为整体性、系统性、学术性是该书的三大特色。中国传媒大学国际传媒研究所的刘建平副教授指出,刘岳兵研究日本思想史,也不光是要在日本思想史的范畴内说清楚日本各种思想结构之间的关系,不光是要说清楚日本各种思想的演变和社会之间的关系,而且还怀有一种中国研究者的问题意识。这本书的一个独特的贡献就是为我们提供了一个中国学者的视角,用中国的问题意识,为我们带来对思考中国问题的启发。

周颂伦教授在《世界历史》上发表评论文章指出,《日本近现代思想史》通篇充溢着强烈的"挑战"意识,这种"挑战"主要表现在5个方面:第一,对理论设定先行而后以采撷的资料填补"我执"手法的质疑;第二,对把日本学的构建直接视同汲取成功经验或批判工具这一惯性倾向的批评;第三,以与史料肉搏式发掘与理解的态度,对目前我国日本研究尚不够深入的现状做出告白式的焦虑;第四,在日本近现代思想史中强调"中国经验"的提示;第五,在某些特定课题的研究中,向日本学术界展示中国学者的理解、研究力量及特色。该书不仅大大地改变了我国学术界对相关问题认知的简单化、表层化倾向,而且全面"暗示性"地传递了"挑战"意识,值得以加倍的关心去仔细研读。②

吴光辉教授也发表了《书评:刘岳兵〈日本近现代思想史〉》一文,他指出:"该书的第一大特点,即注重史料研究,穿插研究成果,力图展示思想史的丰富性与可能性,由此而提供可展开多样性的解读的研究材料,以供自身乃至后来学者之选择利用。"③

《"中国式"日本研究的实像与虚像——重建中国日本研究相关学术传统的初步考察》是一部颇有见地的中国日本研究学术史著作。刘岳兵从学术史的视

---

① 徐凡:《中国日本学研究推出通史性日本思想史著作》,《中国社会科学报》2010年10月21日,第16版。

② 周颂伦:《评〈日本现代化历程研究丛书〉》,《世界历史》2012年第3期,第131页。

③ 刘东主编:《中国学术》总第32辑,商务印书馆2012年版,第378页。

角,对中国日本研究的历史和现状,有理论深度且系统地进行了思考和分析。这是他多年来勤奋学习、研究的结果。全书到处可见他敏锐的眼光、辩证的思维、扎实的学风。该书真诚、直爽、系统、有理地对我国30余年来日本历史、思想史、中日关系史等学术领域的研究历程和现状,"特别是对日本思想史研究领域所取得的成绩(实像)和存在的问题(虚像)进行了系统的评述"。

该书的特点之一,即自始至终贯穿着对被评价著作的学术成果和创新之处的充分肯定;同时对存在的不足和问题,也客观地提出了看法,而其提出的看法,多是以史料为依据的,具有说服力。其批评的方式也是探讨性的,心态是诚恳的,目的是明确的,为的是推进学术研究的深入和进步。既有作者个人对学术问题的独特看法,又有与不同见解者的相互对话与交流。这种既有肯定、又有批评和自我批评的学风,正是多年不曾相见,且又是我们希求的学术风气。

特点之二是对学风的强调,提倡日本研究者应有的学术态度和应有的学风,指出:"历史研究者的工作,只是为了擦亮历史这面镜子。为了擦亮镜子,就应以确凿的史实、完整的史实,然后在此基础上梳理出清晰的历史脉络。""如果不建构一种夯实的'知的土壤',恐怕连某种能够得到真正认可的理论观点,甚至都很难提出,遑论整体上的理论提升。"

特点之三是对长期以来中国史学界存在着史学研究中究竟是理论先行,还是史料先行的问题,明确阐述了观点,指出学界中流行的所谓"论史结合"的主张,实质上依然是以"论"(理论)为先。实践表明,大多浮躁急就之作、应命之作、空泛之作,无不都是以"论"为先的研究结果。历史研究虽然具有普世意义,但是"历史研究的目的在于求真"。求真就必须了解历史事件的时代背景、经过和结果。涉及历史的真实性,仅靠理论先行是无法实现的。那么,如何使历史研究实现"求真"的目的呢?我国本就有悠久的治史传统,由于不断受到政治运动的冲击,渐渐被轻视、被架空,本书不但就治史目的和方法多有翔实的论及,尤为可贵的是刘岳兵提出了"重建中国日本研究相关学术传统"的建言。他认为要重建中国日本研究相关学术传统,必须扎实中国日本研究的学科基础,而扎实学科基础的根本途径是"回归原典":不在"原典日本"的解读与翻译上下功夫,不在建设系统的中国日本史史料上下功夫,无论是个人还是集体或国家,我们的日本研究都难以深化。在诠释史学理论和史料的关系时,吴光辉认为:"史学理论的生命力来源于其解释史实范围的广度和阐发历史进程之所以然的深度。"

"回归原典"需要研究者个人素质的养成。刘岳兵在书中提出了研究者应树立专业化的态度和专业化的训练的具体标准。所谓专业化的态度,即把日本研究"'纯粹地作为学术'来研究的态度,而不是在出发点上就将日本学作为寻找启示,或总结经验的手段"。所谓专业化的训练,即"要独立地掌握能够客观地研究和分析日本这一研究对象的各种技能"。这种技能似应包括汉语、日语、史学理论、微观和宏观相结合的研究方法等。

上述"回归原典"等的观点,出自当前我国日本研究第一线的年轻学者,我想中国的日本研究的深化和提高是大有希望的。

王海燕,浙江大学教授,专攻日本史、中日关系史、中日文化比较研究,尤通日本古代史、古代中日关系史。她也是力主"回归原典"的年轻学者之一。对于"论史结合"的问题,她认为一切历史结论皆源于史料和史实。应该是"论从史出",而不是"先有论,后有史"。其主要成果有《日本古代史》《古代日本的都城空间与礼仪》《日本平安时代的社会与信仰》。

对于《日本古代史》,有学者评价认为:这是多年来,难得一见的日本断代史新作,也是改革开放以来的第一部古代日本的通史。①多年来,我国学者研究、撰写、出版了不少日本史著作,其中包括多部日本通史和简明日本古代史等。但以简明概括的著述居多,而以史料为基础,对日本各个历史时期进行深入系统叙述的却少见。断代史的研究,要求对某一历史阶段的基本史料进行搜集、研究和分析。进入21世纪以后,我国的日本史学界出现了重视日本断代史研究的新动态,一些有志于断代史研究的学者,在以往研究已取得成果的基础上,以新的思维和方法分工合作,分别对日本各历史时期的断代史进行探索和研究。《日本古代史》则是上述日本断代史研究中首先付梓的成果。

此书的叙述范围,上自远古,下至11世纪前半叶,主要阐述日本国家形成和发展的历史。关于这一历史时期,虽然我国学者在20世纪八九十年代有过研究和著述,但进入21世纪后,继续对此进行深入研究者,可谓寥寥。《日本古代史》的问世,反映了我国学者对远古至11世纪前半叶日本国家形成和发展的历史研究有了后继之人,研究深度有了进一步的扩展。该书的特点是史料翔实,研究方法新颖。具体而言,就是立足丰富的原始史料,对发生的事件、主要人物等进行细微的、有条理的记叙和梳理。这种以原始史料为基础的记叙,必然带来研究方法的改进。我国学者多善于宏观研究,而弱于微观研究。与此同时,日本学者则多善于微观研究,而弱于宏观研究。结果,中国学者的日本史著述,辨析论述多而

---

① 李小白:《日本断代史研究的新作——读王海燕〈日本古代史〉》,《东北亚学刊》2013年第5期,第62页。

史料不足。日本学者的著述,史料考证与引用细微深入,而理性归纳少见。王海燕受日本学者影响颇深,具有"蹲下去"埋头搜集、运用原始史料的功底;与此同时,也可见其努力地学习"站起来",运用唯物史观对史事进行辨析,得出相对合理的结论。

该书对一些我国学者未曾涉及的领域,多有不同程度的新探索。例如,对古代日本历史转折时期国家权力机构、社会结构微妙变化的探索。该书从史料入手,探讨了"政"的体系和朝廷重臣集体磋商政务的"阵定"体系,既揭示了律令制下朝廷政事处理的流程,又探明了皇权日渐由盛至衰的趋向。对律令制国家由盛至衰过程中官制的变化也做了研究,指出官制的变化表现在律令制以外官职的设置,在中央出现了律令制中不曾有的机构和"权官""藏人所""检非违使"等官职,在地方出现"受领"层等。对平安时代中期开始的土地、税收制度的变化,也进行了探索。叙述征税制度的变化,认为其表现在从人头税为主体的租庸调制逐渐趋向以土地为主体的地税制,而这一变化促使了中央财政和课税体系的转化,从而触动了原有律令制国家的财政税收体系。该书还从东亚史的视角,依据凿实的史实,揭示了古代日本不同历史阶段所奉行的外交政策和外交意图。

《日本平安时代的社会与信仰》是我国学界撰著的第一部专叙日本平安时代的著作,具有一定的开创性。关于撰著此书的动机和研究视角,王海燕在该书的前言中有如下记述:

> 平安时代是以天皇为顶点的中央集权制逐渐走向贵族政治的时期。与8世纪的奈良时代相比,平安时代不仅持续时间长,而且无论是在政治、经济、文化制度方面,抑或是在社会信仰方面,都有着独自的特质。然而,由于文献史料入手困难等因素,我国学者对于平安时代的研究多集中在文学或文化方面,史学方面的论述相对较少。而另一方面,日本的古代史学界关于平安时代的研究却有着庞大的先行研究积蓄。笔者力图在先行研究的基础上,从史学的视角论及平安时代的政治、社会和信仰,同时以年中行事为切入点,探讨平安文化中的中国因素。

该书摆脱了历史著作必然以政治史为主体的结构模式,而是根据平安时代有别于奈良时代的特点,选择了贵族政治的确立、贵族社会的动荡、平安京的生活、古代日本国的灾异认识、平安佛教、神道、年中行事等课题,构筑了平安时代的社会和信仰。该书不但注目平安文化的独特性,同时对中国文化因素在平安时代的政治、经济、文化、信仰中的影响多有探索,指出:"一提起平安时代,人们往往会注目平安文化的独特性,而忽略中国文化的影响。但事实上,平安时代的贵族对中国文化的汲取丝毫不逊于奈良时代。在平安时代的政治、经济、文化制度和信仰中,都不乏中国文化因素的存在。"

江静,浙江工商大学东方语言与哲学学院教授,主攻中日文化交流史、日本中世汉文学,尤以中世(宋、元时期)中日文化交流史见长。代表作有《赴日宋僧无学祖元研究》《径山文化与中日交流》(合著)等。

《赴日宋僧无学祖元研究》是一部通过宋代名僧无学祖元剖析日本中世文化和宋文化对日本的影响的佳作。无学祖元于1279年受邀赴日,不但传播禅宗,而且推动日本五山文学的兴盛,影响深而广,对他进行深入研究,有益于深化中世期间中日文化交流的认识。虽然中日学界对无学祖元的生平、著述、思想等有诸多研究,但是全方位、多视角的考察与分析的研究成果并不多见。《赴日宋僧无学祖元研究》的可贵,就在于它是一部全方位对无学祖元的生平、著述、思想等方面进行研究的著作。可以说,此书是我国学界有关赴日宋僧个案研究的开山之作,颇具学术价值。

该书对遗存的有关无学祖元的传记、碑文、塔铭、墨迹、尺牍、语录等进行全面的、综合的考证、分析与比较。无学祖元的传记资料,虽然不多,但也有10余种。该书认为这些资料有三大价值:一是可作为研究无学祖元生平、交友、思想及其对弟子应机施教方式的重要史料;二是为研究宋代禅宗史提供了史料根据;三是可作为研究宋元时期中日关系史和中日文化交流史的资料来源。

该书揭示了无学祖元的禅宗思想和禅法的独特性。禅宗虽然提倡"不立文字",但是宋代也出现了"不离文字"的文字禅,而且也传到日本,在日本禅林中相当流行。无学祖元是文字禅的赞成者,他认为文字禅是"彻悟正见之人阐发禅机的一种方式,引领学人领悟禅意的一种手段",但他反对一味地背诵古德语录,简单地模仿先人做法来实现最终自我的悟道解脱。关于无学祖元禅法思想的特点,该书认为主要有二:一是强调"自我本性";二是宣扬"自心是佛""心外无佛"。参禅者悟道的根本,在于"不假外求,参取自己",应内心省悟,去除迷妄,认识自己的清净本性。这种简明而深入的阐述,正是无学祖元思想受日本武士欢迎的根本原因所在。

该书充分肯定了无学祖元在日本五山汉文学中的地位和作用。关于日本五山汉文学的始祖,学术界有不同主张,有的认为是无学祖元,有的认为始于晚于无学祖元抵达日本的一山一宁。而江静主张无学祖元始祖说,这是建立在充分的史料基础上的。无学祖元始祖说的根据主要有3个。一是无学祖元通过参与并指导诗文创作,引导五山汉文学的发展。江静通过对无学祖元语录的分析,发现他创作了大量偈颂和赞语,仅据《语录》的卷二、卷八、卷九统计,就有礼祖塔文6篇,偈颂326篇,佛祖赞231篇,自赞41篇。其中的偈颂内容丰富,有宣扬禅宗思想的哲理诗、寄赠诗、怀古诗,又有山水诗、抒情诗和咏物诗等。二是无学祖元的诗文成为后世传抄、唱和的对象,影响日本五山汉诗文的创作。三是无学祖元开创的佛光派成为五山汉文学的主力军,左右着五山汉文学的进步。日本的禅宗有24流派,佛光派是大派。据《赴日宋僧无学祖元研究》统计,五山汉文学僧在滥觞期(1191—1326)约有71人,在隆盛期(1327—1425)约有305人,在衰退期(1426—1620)约有289人。其中属于佛光派的人数分别是9人,占12.7%;113人,占37.0%;123人,占42.6%。再从佛光派弟子的作品在日本五山汉文学作品中所占比率看,250种五山汉诗文集中,佛光派弟子的作品有77种,占总数的30.8%;219部语录中,佛光派弟子的作品有46种,占总数的21.0%;48种日记、史料集中,佛光派弟子的作品有14种,占总数的29.2%。用数量化的方法,清楚地论证了无学祖元在五山汉文学中的地位和作用,反映了年轻学者江静所持的严谨、踏实的学风,也体现其所持的"史料为本,论从史出"的学术观。

下　编

从农民到学者
——一个普通日本史研究者的成长历程

第七章

求学与研究之路

第一节　小学和中学的经历

杭州西湖,三面环山,一面平川。站在西湖的东侧,向西侧瞭望,是蜿蜒的群山。在那薄纱般雾霭笼罩的群山之中,有一座小山,名叫飞来峰,传说其自印度飞来。飞来峰古木参天,溪水潺潺。山的南北两侧多有佛寺和庵堂,著名的灵隐寺和天竺寺,就深藏在这青山绿水之中。每天清晨和傍晚,寺钟回荡,诵经之声,悠扬天地,堪称佛国圣地。我就出生和成长在这一胜境之中。

我家祖辈为农民,租佃灵隐禅寺的3亩土地,以种植蔬菜为生。我4岁时,父亲病逝,致使本就困穷的生活更加艰辛。采茶时节,母亲、姐姐会帮人采茶,借以补贴家用。由于家境贫寒,家里无力供养我读书上学,我自小就和哥哥一起经营农作,但我一直渴望读书。

大约在我10岁时,从外地来了一对夫妻,在中天竺的一座庙宇内招收天竺一带的孩子上学。2位老师身体上都有些不便,经常生病。去他们那里听课,无钱交学费的,可以用农产品抵学费。我便以每天供应老师蔬菜为条件去听他们的课。老师身体不好,上课也极不正规。就是在这种境况下,我开始"上学"读书。那时,我朦胧地产生了将来当小学老师的想法。再后来,在灵隐寺山门口附近的白乐桥设立了一所正规的公立小学,名为灵隐小学。家里看我想读书,就让我上了灵隐小学。那时我的年龄比我的同学都要大。每天上午去上学,下午放学以后马上回家担水、挑粪、锄草、浇地,坚持农业劳动。

1949年5月3日,杭州解放。不久后,灵隐小学陆续有老师被调到城内的中学任职,其中的Z老师被调到杭州私立正则中学当了教务主任。他一直关注农家子弟的学习,因此有人鼓励我去找他。经联系,Z老师同意我到他新去的中学上学。正则中学是私立学校,有一定名额的助学金。我怀着强烈的求学欲望踏进了正则中学校门。学校在杭州城站火车站不远的巷弄里,是一座中式砖木结构两层楼房。因离灵隐较远,我便住在学校。事不凑巧,上学之后不多久,Z老师被调走了,于是我失去了能够关照我的人。

我的小学是跳跃式上的学,知识基础很差。进入正则中学后,我的成绩与城里的同学相比总有差距,而助学金是根据学习成绩的优劣给予的。由于差距明显,成绩落后,助学金一直得不到足额的补助。所得的助学金交了学费就不够交伙食费。而当时,家里是无力负担我每月的伙食费用的。学校食堂由膳食委员会管理,学生如果未交伙食费就得停伙。在离学期结束还有三四周时,因交不上伙食费,膳食委员会停止了我的伙食。学校小,我被停伙的消息全校师生尽知。那时的杭州已入冬季,骤然面临饥饿和寒冷的我,情绪十分低落和沮丧。就在这困难之时,有2个家住城里的走读生,他们得知我的情况后,每天都把饭盒装得满满的,真诚地让我和他们一起吃。厨房里的厨师是山东人,个子高高的,我挨饿的事他也听说了,所以每每在食堂晚餐结束后,他会把剩菜剩饭装满一大碗,隔墙喊一声"王金林",我便应声到厨房把饭碗接过来,回到宿舍里吃(我的宿舍与厨房一墙之隔)。我很是感激,但厨师大叔却对我说:"不用谢,这些剩菜剩饭你不吃,也要倒了的!"同学和厨师的关心,使我感受到人与人之间除了歧视、贫富差距外,更有情谊和温暖的同情心。没过多久,厨师给我剩饭剩菜的事传遍了全校,为此膳食委员会严厉地训斥了厨师,并且不让他再给我剩菜剩饭了。在饥饿难耐之下,我只得退学。可是,当我即将离校时,校方以尚欠学费、伙食费之由,扣下了我仅有的一条缝了补丁的棉被。

这一段刻骨铭心的经历,深深地埋在我的心中,我至今不忘,它一直影响着我对人和事的评判和好恶。

从正则中学退学后,虽然我的自尊心受到严重的挫伤,但是此后我对读书的渴望更浓、更迫切。开春以后,我进了位于西湖杨公堤郭庄的私立明远中学(现在杭州市第十五中学的前身),开始走读。每天步行上学,来回于灵隐、郭庄之间,虽然辛苦,但无食宿费用的烦恼。在这期间,灵隐地区进行了土地改革,我家租用的3亩农地,政府划归我家使用。母亲、哥哥、嫂子和我的阶级成分被定为贫农。

在明远中学走读期间,我听说城内的公立中学不但老师教学水平高,而且助学金名额也多。这一信息激活了我报考公立中学的欲望。因为我已在正则、明远读了1年初一,因此若要考公立中学,必须从初一重新读起。思考再三,为了自己的前程,我毫不犹豫地决定重读。1951年7月,我报考了杭州初级中学(简称

"杭初",现杭州第四中学)。这是一所浙江省的重点初中学校,是很难考的。我自知单凭我的学习水平,录取的希望是很渺茫的。然而,出人意料的是我被录取了,心头的喜悦难以言表。后来,我知道了我被录取的原因,除了考试成绩基本达到要求外,更重要的还在于我的贫农出身。当年,政府提倡学校向工农(子弟)"开门",据说那一年,全杭州市有工农子弟100多人被"开门"进入公立中学,我便是其中的幸运儿之一。

杭初位于吴山脚下,近侧便是西湖,柳浪闻莺公园离学校仅数百米,环境幽静,学风颇盛。进入杭初后,虽然我的成绩未能达到获得全额助学金的标准,但是我享受的助学金等级,基本上够我的学费和伙食费,所以已无住食之忧,更无被停伙、被扣棉被之惧。

杭初的良好学习环境使我的学习成绩明显提高。3年初中生活,不知不觉地很快度过。1954年7月,我初中毕业。其时,我面临着毕业后的选择。为圆我原初当一名小学教师的梦想,我报考了杭州师范学校。经过考试,自觉考试成绩不错,但没有被录取。原因是在体检时发现我有色弱的视力缺陷。梦想未能实现,我心头很是难过,心想我的命运该是一辈子当农民吧。

正当十分迷茫之时,班主任及时找我谈了一次话。谈话的核心内容是鼓励我继续升学,报考高中。她说:"高中毕业,你可以考大学,大学的专业很多,色弱者可以考文科的多种专业。"考大学?我从来没有想过。可是在班主任的鼓励下,继续求学的火焰在我的心头燃起。于是,我毅然地走上了报考高中的路。杭初的毕业生大多报考杭州第一中学(简称"杭一中",现杭州高级中学),自然我也报考了杭一中,终被录取。杭一中也是浙江省重点名校,以高中教学质量高而闻名全省、全国。由于初中毕业时受到的挫折,进入高中伊始,我的目的非常明确,即在保证数理化各科成绩达到基本要求的前提下,特别偏重文史,意在能够以优异的考分进入大学的文科专业。

我在杭一中顺利地度过了3年。1957年又是我人生抉择的关头。这一年是高考升学较难的一年。政府一再号召"知识青年到农村去"。毫无疑问,像我这样贫农家庭出来的学生,如若落榜,更应该回家务农了。当年报考大学是先填志愿后考试。每一个考生一共可以填13个志愿。我的志愿全是文史,填报的学校是北京大学、中国人民大学、复旦大学、南京大学、南开大学等名校。这样的报考志愿和学校的排序是很不科学的,按照如今的第一志愿录取原则,我是绝无被录取的机会的。当时没有人指导填报志愿,完全是个人自己决定的。高考结束后,虽然自觉考得还可以,但心里一直为填报志愿的不合理而不安。

高考结束之后,我回到了家里,又开始劳动。每天在掘地、撒种、担粪、施肥、挑水、锄草等农活之余,总以忐忑的心绪,不绝地期盼能听到邮递员的"王金林有信"的喊声。就在这种忐忑和焦虑不安中,果真有一天突然听到了邮递员的喊声。闻声,我飞快地跑出家门,从邮递员手中接过厚厚的一封信,封面上印着"南开大学"4字。打开信封一看,得知我被南开大学历史系录取,是填报的第五志愿。被南开大学录取的消息迅即在四邻传开,这是灵隐、天竺一带贫农家庭中出现的第一位大学生,大家也为之高兴。

接到录取通知后的欣喜很快被筹措入学费用的困难所压倒。贫寒的家庭不但无力供养一名大学生,而且从杭州到天津的车资也难以着落。当时,我已22岁,正是家中需要的劳动力,为此家里并不赞成我远离家乡赴天津求学,希望我放弃上学,在家务农,早日成家。但对我来说,从初中到高中的奋斗,都是为了能有一天得到做读书人的机会,今天机会来了,怎么能轻易地失去它呢!最后,我的心愿得到了母亲和兄长的理解,并得到姐姐及亲戚的帮助,凑足了车资,离开了秀丽的杭州,直奔北方港口城市天津。

第二节 5年大学生活

20世纪50年代,从杭州到天津只有速度缓慢的火车,且票源紧张。为解决大批新生北上的问题,铁路部门专门加开了一趟杭州至北京的慢车,途经上海、南京、济南,直达京津。当年考取北京、天津的学生大多是乘这趟车北上的。在闷热的车厢里度过了三天两夜,我终于抵达了天津,踏进了心仪已久的南开大学。

南开大学校园规模不大,但环境幽雅、布局精致。从八里台校门进入,展现在眼前的是笔直的大中路,从南一直向北延伸,路的两旁绿树成荫。学校的主要建筑分布在大中路的左右两侧。左侧,围绕着小巧精致的中心花园,周边有第一教学楼、第二教学楼(又称"化学楼")、芝琴楼、教师宿舍等建筑;右侧,是行政办公楼、图书馆、体育场、学生宿舍区、食堂等,还有师生休闲的马蹄湖、新开湖。大中路的尽头是一片开阔地,其中虽偶尔能见块块稻田,但以荒芜地为主,杂草丛生,被大家戏称为"西伯利亚"。

南开大学是一所有着百年历史的名校。1919年由教育家张伯苓、严范孙创立,原是一所私立大学。在"二战"期间,南开大学遭到日本飞机的轰炸,严遭破坏。1937年夏,学校南迁,在湖南长沙,与北京大学、清华大学组成长沙临时大学。1938年,临时大学迁至昆明,改名国立西南联合大学(简称"西南联大")。1946年,西南联大结束,三校恢复原状,教育部宣布南开大学为国立大学。

南开大学素有"贵精不贵多,重质不重量"的办学原则,注重学生的德、能培养。校训"允公允能,日新月异"寓意深刻。张伯苓校长曾做过精确的诠释。他说:

> 允公是大公,而不是小公,小公不过是本位主义而已,算不得什么公了。唯其允公,才能高瞻远瞩,正己教人,发扬集体的爱国思想,消灭自私的本位主义。允能者,是要做到最能,要建设现代化国家,要有现代化的科学才能,而南开学校的教学目的,就在于培养有现代化才能的学生,不仅要求具备现代化的理论才能,而且要具有实际工作的能力。所谓日新月异,不但每个人要接受新事物,而且要成为新事物的创造者;不但要能赶上新时代,而且要能走在时代的前列。

在校训的引导下,南开大学培养了无数精英。就在这种注重德、能教育的氛围中,我在南开大学开始了新的人生征途。

南开大学以化学、数学、历史、经济实力最强。我进入的历史系,成立于1922年,第一任系主任是蒋廷黻,范文澜等曾任职于此。1952年,全国大学之间院系调整,著名明清史专家郑天挺、世界史专家雷海宗,由清华大学调入南开大学,与南开大学历史系原有的师资构建成实力雄厚的史学教学和研究阵营。我入学时,其实力当在全国前列,名师辈出。

入学以后,新生开始基础课的学习,主要基础课程是中国通史、世界通史、汉语和外语等,授课多以教授、副教授为主。

入学的第一年,我们在课堂上"平静地"度过。两门通史的扎实知识,基本上是在第一年里掌握的。然而,入学第二年,即1958年,学习环境变得动荡不定。传统的教学方法、教学体制遭到批判,过多的社会活动、体力劳动,替代了原有的课堂教学,课堂教学和学习受到巨大的影响。

这期间,我经历了一次短暂的身份转变。事情是这样的:1959年,河北省提出要实现高等教育的普及,师资是必备的条件之一。于是,为解决师资之缺,便在当时的在学学生中选人并进行培养。南开大学受托为河北省普及高等教育选拔、培养、储备师资。学校便在全校各系选人。历史系也在各年级选拔了五六名学生,"提前毕业"作为预备师资,被编入教研组,成为"新助教"。我是被选拔者之一。被选拔为助教,我很高兴,因为有了"工作",能开始拿"工资"。在当助教的近2年时间里,我被分配在中国近代史教研组,在魏宏运、李义佐等先生的指导下,参加近代工人运动史资料的搜集和整理工作。因此,在我们年级的同学频繁地参加政治运动和社会活动的时候,我在平静的图书馆、资料室里埋头于各种资料中。这段工作经历培养和锻炼了我搜集资料、整理分析资料的基本能力。1961年我发表在《天津日报》学术副刊上的第一篇学术论文《天津工人运动史中的光辉一页——纪念天津工人1916年反帝斗争45周年》[①]和在《天津晚报》连载的《天津人民反对法国侵占老西开的斗争》等文章,都是在这一期间积累的资料基础上形成的。我在日后的研究生涯中,比较注重微观研究的治学方法,可以说也是从这时开始逐步养成的。

1961年,中央提出了"调整、巩固、充实、提高"八字方针,教育部也提出了贯彻八字方针的"高教六十条"。总的原则是学校以教学为主,尊重教学规律,在教学中提高教学质量。学校的状况又逐渐趋向正常。作为"新助教"的我也随之复原为学生,归队回到历史系,重过学生生活。

1961—1962年毕业前的2年间是我们收获最大的时期。历史系领导本着以往被去掉的基础课重新开设,过去没有学或学得不好的课安排补课的精神,调动教师的积极性,开设了多门专业课和特色专题课,尤其是老教授们都亲临教学一线开设特色课,如郑天挺先生的明清史专题、吴廷璆先生的日本史专题、杨生茂先生的美国史专题。特别是在反右派运动中饱受苦难的雷海宗先生,虽身患疾病,腿脚不便,也坐着轮椅到教学楼讲授"外国史学名著选读""世界宗教史""世界语言体系"等史学专题,吸引了历史系、中文系等科系的学生,阶梯教室里常常是济济一堂。其间,北京大学的齐思和先生、周一良先生等也定期专程来南开大学给我们开讲座课。系里给我们设置了如此丰富的高水平课程,极大地激发了我们的学习积极性,同学们的学识水平、研究能力都有明显的提升。

1962年,我们顺利毕业,相继告别了生活5年的南开大学,开始了新的人生征途。

---

① 《天津日报》学术版,1961年6月28日。

第三节　坎坷的学术研究

1962年6月,5年的大学生活行将结束,我又一次站在了人生的转折路口。在当时,毕业后的去向是服从国家分配。毕业之前,虽然恩师吴廷璆、俞辛焞曾暗示过,系里申请了日本史助教的名额,似乎我有被留校的可能。可是等分配方案下来后才知,我们这一届历史系毕业生并无留校教学的名额。因此,我已无留校的可能。同年级的同学大多已确定了去向,并纷纷离校。其时,我和少数几位同学的去向还没有一点信息。直到7月,终于来了通知。我和同年级的武安隆、罗澍伟3人被分配到天津市历史研究所。

天津市历史研究所坐落在和平区马场道的一座英式庭园里,环境幽雅。该所成立于1958年,隶属于中共天津市委宣传部。吴廷璆先生是该研究所的兼职副所长。后来得知,我和武安隆、罗澍伟3人原本是被计划留在南开大学历史系的,但由于留校指标没有申请下来,最后把我们送到这里,原意是想把我们暂时"寄养"在这里作为储备,一旦有机会再把我们调回南开大学。然而南开大学方面的如意打算终未实现,因为天津市历史研究所成立不久,正是发展之时,也需要增添新生力量,自然不会放走已经进入自己编制的有生力量。

天津市历史研究所内设中国近代史、日本史、资料翻译等研究室和图书馆。尽管是地方研究所,但日本史研究却是重点。该所购置日文书籍资料的外汇,则是由中央的廖承志办公室直接划拨的。我和武安隆被分配在日本史研究室,负责日本侵华史的研究。

1962—1979年的17年间,是动荡的17年。除第一年,即1962—1963年我做了一年的学术研究外,其余的年月,都是在政治运动中度过的。我先是辗转于天津市的东郊、南郊农村,参加"农村社会主义教育"运动3年,后又参加了10年之久的"文化大革命"运动。

1969年秋,天津市历史研究所被宣布解散,所有图书资料被运至天津体育学院体育馆封存,全体人员被下放到天津西郊的"五七干校"从事农业劳动。1970年,天津市决定从下放干校的人员中,抽调一部分人到工业战线,充当工厂的劳动力,一部分人支援中小学教育战线当教师。我被抽调到了教育战线,成了一名中学历史教师。当时,爱读书的学生不多,教师们也不受尊重。就在这种环境中迎来了1972年。这一年,随着美国总统尼克松的访华,日本首相田中角荣也来中国访问,中日实现了邦交正常化。外交关系的发展和变化也影响了国内的某些政策。为适应外交的变化需要,在周恩来总理和廖承志等中央领导的关心下,国际问题研究(包括日本研究)又被提上日程。中央下达了加强日本研究的指示,天津市历史研究所受命重新恢复,被下放到农村、工厂、中学的研究人员陆续被调回。1973年,我接到了调令,正式被调回研究所。

我和被调回研究所的同事们接受了新任务,迅速地投入了工作。当时的任务主要有3个:一是搜索和了解日本基本国情,编写文稿,刊印《日本情况参考资料》,提供给相关领导和外事等单位;二是整理和编写中日关系史方面的文章和书籍;三是翻译出版(内部)日本历史书籍。我们先后翻译了井上清的《日本历史》《战后日本史》、信夫清三郎的《日本外交史》等。其中《日本历史》《战后日本史》内部出版发行,《日本外交史》晚至20世纪70年代末由商务印书馆公开出版发行。1973年至1974年上半年,我和另一位同事接受中日关系史的编写任务。初稿以《中日两国人民的友谊源远流长》为题先后在所内的《日本情况参考资料》中刊出,1976年由人民出版社公开出版。当时翻译者和编著者是不能署个人之名的,皆以集体之名署之。

到了1974年冬,我的研究又受到冲击。我再次被派到农村,到静海县(今天津市静海区)的团泊洼村参加"农业学大寨"运动。1975年底,我从静海县团泊洼村返回研究所。1976年上半年,对我来说有一件特别应该记载的事,这就是北京大学历史系聘请日本著名历史学家、京都大学的井上清教授开办了"日本近现代史专题研究班",我有幸成为其中的一员(见图7-1)。

图7-1　北京大学"日本近现代史专题研究班"学员在长城合影

于是我从天津入住北京大学。研究班的学员来自北京、天津、沈阳、长春、武汉等地,皆是高等学校和研究机构的中年教师和学者,共有20余人。研究班的学习长达半年之久,参加研究班的学员后来都成为我国研究日本政治、经济、历史等领域的骨干。

第四节　学术春天的降临

1978年之后的岁月,中国步入社会主义建设的新时期(亦称"改革开放时期")。学术界也迎来了学术研究的青春期,多年被压抑的史学界又投入振兴史学的热潮中。

一、参加世界史研究规划会议

史学界在欢庆"文化大革命"终止的热潮中,相继召开了全国史学工作座谈会和历史规划会议。

全国史学工作座谈会于1978年6月中旬在北京举行,与会代表170余人。座谈会的主要任务之一是商谈史学规划草案,并提出修改意见。我有幸受邀,与史学界的前辈们一道参加了这次具有历史意义的盛会。世界史小组的学习和讨论十分热烈。会上,参会代表相互介绍了各自单位的基本情况,并对世界史研究规划提出了建议和设想。根据当时学科建设的需要,大家对国别史和地区史予以极大的关注,代表们提出,应集中力量研究和编写苏联史、日本史、法国史、英国史、美国史、东南亚史、非洲史、拉美史等。当时根据各大学、地方研究所的人才和专长,对全国性统筹协作做了初步构想,如建议苏联史由世界历史研究所、北京大学、南开大学、兰州大学等协作;日本史由南开大学、辽宁大学、天津市历史研究所、东北师范大学、北京大学、世界历史研究所、吉林大学协作。

在1978年的座谈会后,又于1983年5月召开了世界史学科规划会议。我是4月接到中国社会科学院科研办公室和历史学科规划小组的联合邀请通知的。关于这次会议的议题,通知指出:一是研究确定"六五"期间重点研究项目;二是签订重点研究项目的"议定书";三是讨论"七五"期间重点研究项目的设想并提出具体意见。通知书还写道:"根据国家'六五'计划规定的主要研究课题,经历史学科规划小组讨论,初步确定世界史方面有两大课题,即世界通史和周边国家、地域史。"

世界史学科规划会议于1983年5月21—27日在湖南长沙召开,会议围绕通知中所述的3个议题,分3阶段进行。关于"七五"规划的设想,时任中国社会科学院世界历史研究所所长的朱庭光在主旨发言中明确指出,"七五"规划的中心是围绕"世界通史"。因此设想和规划不能脱离这一主题。要完成《世界通史》,就需要相应地先行研究、出版一批断代史、地区史、国别史等。对此,与会者议论相当热烈。当时日本史的研究力量相对较强,日本史学会也已成立,所以把《日本历史》多卷本列入"七五"规划是有一定条件的。当时我是中国日本史学会主持日常事务的副秘书长,了解全国日本史的研究状况,为此朱庭光所长曾在私下征询过我的意见,并希望我能就此议题在会上做一发言。

我在会上的发言,主要阐述了把《日本历史》多卷本列入"七五"规划的有利条件。其依据:一是1980年以后,中国日本史学会会员已相继编写或出版了一批学术著述;二是中国日本史学会做了一些基础准备,如搜集了北京图书馆、长春市图书馆、上海市图书馆的日文藏书目录等;三是中国日本史学会准备举行一系列小型的断代专题讨论会等。在发言中,我还就《日本历史》多卷本的规模提出了如下建议:全书拟设8卷;设主编和各卷的分主编;各卷应写出中国学者的特色,对重要的史事应有自己的观点。

我的发言受到与会的日本史同人的支持,也得到朱庭光所长的赞同。他指出,应该对一些重大问题进行先行研究,如:日本的封建社会是如何转向资本主义的,日本法西斯主义,日本资本主义化的特点,日本文化发展的轨迹,等等。关于项目主持人,虽有不同意见,但他倾向于由吴廷璆、邹有恒、周一良3位先生当顾问,由万峰担任主编,下设班子要精干,要互相协作、共事、善始善终。

二、日本历史讲习班

经过10年荒芜的中国的日本史研究者,获得"新生"以后,大家都怀着尽快把失去的时间补回来的雄心,一方面废寝忘食,复习日本史基础知识,为开展研究做准备;另一方面则争取日本学界朋友的帮助,希望他们能把10年间域外的研究成果和动态传递给我们。为此,各单位都相继邀请日本学者来华开讲习班。1980年以后,就有辽宁大学日本研究所的日本古代史讲习班、天津社会科学院日本研究所的日本近代史讲习班、南开大学历史研究所的日本史讲习班。其中,我参加了辽宁大学的讲习班,负责组织了天津社会科学院日本研究所的讲习班。

(一)辽宁大学日本古代史讲习班

1980年年中,辽宁大学日本研究所邀请日本专修大学教授久保哲三举办"日本古代史讲习班"。消息传来,我急切地报了名。

久保哲三教授先后就职于日本专修大学和早稻田大学,是著名的考古学家和古代史学家,专长于从旧石器时代至飞鸟时代的历史,著述颇丰。久保教授擅长的这段历史,因为缺少文献资料,主要依据考古资料,而这正是我们所缺的。因此,久保教授的传授,恰如雪里送炭,适逢其时,成为我们弥补早期日本古代史知识缺失的良机。

讲习班于当年9月开课。学员以辽宁大学日本研究所、历史系研究人员和教师为主,校外学员主要有哈尔滨师范大学的赵连泰、苏州大学的黄文浩、复旦大学的赵建民、南开大学的王家骅等。

久保教授深知中国的日本史研究者不仅需要系统的基础知识,更需要最新的学术信息和研究成果,因此,他在授课中,毫无保留地将自己专攻领域内的最新资讯和最新学术成果介绍给我们,体现了一个学者的无私和诚信。他的授课依据考古资料,系统而有重点地讲述了始自旧石器时代、绳纹时代、弥生时代、古坟时代至飞鸟时代的古代日本历史,使我们对这段并无文字记载的历史的认识,一开始就能够站在较高的学术起点上。

(二)天津社会科学院日本近代史讲习班

基于辽宁大学久保哲三讲学的经验,我也想筹办一次日本近现代史讲习班。此计划的萌生,缘于北京大学亚非研究所卞立强先生的嘱托。卞立强对我说:"日本早稻田大学的依田熹家教授访问中国多次,但没有在中国较长时间讲课的经历。你能不能设法帮助解决一下?"卞立强的嘱托,正好与我心中的计划相吻合。于是我就把邀请依田教授讲学作为推进的目标。首先于1981年1月初,依田教授应北京大学亚非研究所邀请来华访问之际,我向天津社会科学院领导打了邀请依田教授来津访问的报告并获得批准。1月5日,我专程赴京把依田教授接到天津,在天津进行了2天的先期学术访问,与天津社会科学院和天津市历史学会的学者会晤并座谈。其间,在天津社会科学院和天津市历史学会宴请他的时候,依田教授向社科院领导提出了"希望能有一个较长时间到天津来讲学,与中国学者共同探讨学术问题"的愿望,当场得到了我院领导的首肯。把依田教授送回北京后,院领导嘱我负责落实依田教授讲学之事。1981年4月8日,我草拟了《关于邀请日本早稻田大学社会科学研究所依田教授讲学计划的请示报告》,上呈院领导。报告具体申述了组成30余人的日本近代史讲习班的计划。报告得到正式批准后,我便进入紧张的准备工作。

1981年8月10日,依田教授偕夫人抵达天津。8月12日,日本近代史讲习班正式开班。学员除天津地区学者以外，大多是来自南方的日本史教师和研究者，都有一定的教学和研究经历。他们参加讲习班的目的很明确，就是希望获取更深刻的学术知识和最新的研究动态。

9月13日，讲习班结束。虽然一个月的讲习顺利结束，但是说心里话，教学效果和学员的收获并未完全达到预期设想，与辽宁大学的久保哲三讲习班，以及后来南开大学的井上清讲习班相比，均有着明显的差距。其主要原因是依田教授始终认为"中国的日本史研究只有小学水平"，一直不肯加强讲授深度和介绍最新的学术动态。

三、立志

1976年，我已42岁，人生中精力最充沛的时光消耗在动荡的岁月之中。青春已成烟云，一去不复返，但未来仍可追。改革开放政策的推行、学术环境的改变，提供了学术研究的新转机。

当时，我和学界的许多同人一样，由于学业荒芜时间太长，知识缺失太多，胸中充满着求知的渴望。我们渴望新知识的诉求，陆续得到不少日本史学界友人的响应，他们给予了帮助和支持，但也受到了极个别日本学者的藐视和拒绝。友好的帮助和支持，极大地鼓舞了我们的信心，助推了中国久受荒芜的日本史研究事业的开拓和研究水平的提升。极个别日本学者的藐视和拒绝施援，虽然刺痛了我们，但是也激励了我们自强不息的意志和振兴中国的日本史研究的决心。

20世纪80年代，我亲历过2次日本学者的藐视。一次就是某教授在某日本近代史讲习班期间，再三拒绝施援；另一次是在西安的一次学术讨论会上某日本学者的傲慢。

日本某教授的日本近代史讲习班本是中国学者期望值较高的一次学习机会，大家希望能够通过这次学习获取更多更深的知识和日本学界的最新研究动态，因此希望某教授讲授内容能够加深加宽。某一天晚上，我受参加者之托，带着学员的要求和建议应约去拜见某教授。当我转达了大家的意见后，他却不假思索地说了下面的一段话："你们中国的日本史知识只有小学水平，我用不着讲深，给你们讲中学教科书就够了。"

他说此话时，是坐在沙发上说的，没有穿袜子，双脚架在沙发边上，一边用手搓着光脚丫子一边说。此言此情，40余年来我一直没有忘记，至今仍记忆犹新，犹在昨天。当时，一种被藐视、被污辱之感直刺我的心窝。

1988年，陕西师范大学召开中外文化交流的学术讨论会，参会者除中国学者外,还有欧美、日本等地的学者,我也有幸出席会议。在一次答辩会上,有一位研究日本近代史的日本学者在会上做近代日本问题的报告。他在报告时,语气与态度非常傲慢。为此,在答疑时,参会者多有提问。复旦大学的赵建民、南开大学的王家骅及我也相继对其报告中的有关内容提出了疑问,以示请教。我提出的问题主要涉及古代天皇制。他听了我们的提问,用非常肯定的语气回答说:"日本古代没有天皇制,只是近代以后,日本才有天皇制!"回答时,他仍以一种傲慢且冷视的神态看着我,似乎在说:"连这样简单的问题你也不知道?"见了他的神态,听了他的回答,我心头为之一颤。作为日本的学者,竟以此来蔑视中国的学者,实在太狂妄了。

以上2名日本学者之所以这样明目张胆地对待我们,究其根源是他们认为"日本史是日本人的专属知识领域,中国人都是低水平的'小学生'"。另一方面,也在于多年的政治运动使我们没有机会展示自己的知识和才能。其时,我们日本史的研究水平虽然不高,但也不至于"小学水平"和不知有没有"古代天皇制"的程度。

我的个性保持着浓重的中国农民的性格,表现是记恩、记恨。记恩,对有恩于己者,终生难忘,寻机报恩;记恨,对于被歧视、被欺压,会终生不忘。面对歧视、欺压,我心中充满不屈服的情绪,立志自强的决心油然而生。受到上述2名日本学者的蔑视后,"一定要在日本史领域争取中国人的说话权"的意愿,开始深深地植入我心间,成为我的座右铭。当年,我立下的决心是:

> 努力扎实日本史基本知识,在此基础上扬长避短,选择重点课题,深入探究;参与学术争论,争取话语权;借重中国日本史学会平台,争取和我国日本史学界友好同人一道,在某些我国已有研究成果的领域上,集体展示中国日本史的研究水平和实力。

改革开放40多年以来,特别是20世纪80年和90年代期间,我就是遵循这一立志的路径走过来的。

回顾40多年的历程,虽然自己的学习和研究并未做出惊人的成绩,尚有诸多的不足和缺憾,但是从总体上看,我基本上实现了立志意愿。在日本古代史领域,我的著述和学说受到了日本古代史学界的关注,并与我国日本史研究学界同人一道在若干学术争论的问题上取得了一定的话语权。

第八章

学术成长途中深受影响的导师与挚友

20世纪90年代初,我在作为日本国学院大学客座教授期间,曾在友人陪伴下到东京浅草寺一游,求得一上上谶,谶文是:

> 射鹿须乘箭,
> 故僧引路归。
> 遇道同仙籍,
> 光华映晚晖。

4句谶文,我认为隐含了4层意思,即说一个人要在事业上取得成功("射鹿"),自己必须要有本事("箭");而这一本事的养成,是因为有师长("故僧")指导和教育("引路归"),同道挚友("遇道同仙籍")的支持和帮助,基于上述条件和基础,即使晚年也仍能发挥余力做出贡献。这一谶文正好与我的实情相符。我是个智商并不高的人,在学术研究道路上之所以能取得一定的成绩,主要得益于师长的引领、挚友的支持、帮助。在我国的日本史学界和日本的史学界,多有我的师长和挚友。由于篇幅所限,下面仅对对自己学术成长影响最深刻的几位导师、挚友做一往事回忆。

第一节　国内三导师

一、导师吴廷璆

进入南开大学伊始,我对系里教师的了解是极肤浅的。前三年,因为没有吴廷璆先生的课,加上其他原因,阻隔了师生的深入接触,印象中只知道先生在全国世界史学界有较高名望,专长于东亚历史。开始与先生接触是在1960—1962年间,他给我们年级开设日本史专题课。在听课、提问、求释、答疑中,师生间逐渐增加了了解。先生的讲课风格很独特,常常是起始声音洪大,然后声调逐渐趋弱,直至宛如自言自语。但当你正洗耳恭听其细语之间,他又会突然洪亮发声。听他的课,学生决不会瞌睡、走神。几十年之后,同学聚会时,大家还会谈起此事,怀念他的课堂传授,生动的讲课形象,宛如昨天。听先生的讲授,突出之处,就是内容丰富、旁征博引,又有评说;既讲学术界的争论点,又讲日本史的难点。所以听了他的课,不但能了解基本史事,而且也能知道当时日本史学界的基本状况,以及学术研究的重点所在。我后来的有些研究课题和成果,实际上是在先生课堂上传授的知识的基础上延伸出来的。先生的讲授还使我懂得:学习和研究历史,首先应当掌握基本知识,并在此基础上钻研难点,敢于参与学术论争,只有这样才能站在学术的前沿。我的治学就是遵照这一路径走过来的。

在学期间,除通过课堂听课、提问、求解疑问直接与先生接触外,私底下我与先生很少有直接接触。因此,当时我认为先生对我是不会有深入了解的。但是在毕业前,我与先生有过一次短暂的直接对话。这次对话的内容已记不全了,但先生如下的话,在我的脑子里记忆犹新。先生说:"今后我国的日本史研究会日渐加强,这方面的人才需要也会增多。""我们学校正计划加强日本史教学和研究,正在争取人员编制。"听了这些话我才知道,原来先生对我的学识、志愿基本上是了解的。他简短的话语,深含着对我的鼓励和希望。

我与先生有较多的接触还是在毕业以后。如前所述,我被分配到天津市历史研究所日本史研究室工作。当时,先生兼任天津市历史研究所副所长。我被分配到该所后,有关研究事宜,所里常派我去南开大学与先生联系,因此得以经常出入先生居所,聆听先生的直接教诲。

1980年8月,中国日本史学会成立,先生被推选为会长,研究会办公室设在天津社会科学院内,我被聘为副秘书长,主持研究会日常事务,因此我和先生接触的机会更多了,交谈的内容除学术问题、会务问题外,也会叙及生活问题。

先生对我在学术上取得的进步,一再予以肯定和鼓励。1973年,《历史教学》需要一篇记述中日关系的文章,先生首先推荐我担当此任。我在学术上每有进步,先生都为我高兴。如1984年以后,我的《简明日本古代史》和日本版《古代的日本——以邪马台国为中心》等著作出版,当我向先生报告我的成果时,他拿着我呈送的著作,总是显示出为自己有这样的学生而骄傲的神态。我的学术观点,大多延续先生的学说,诸如古代日本社会性质、部民、大化改新等,都是在他的学说基础上加以发挥的。因此,当我的观点受到日本古代史学者们关注时,他总是为此而高兴,鼓励我要继续努力。

先生祖籍浙江绍兴,出生在杭州,并在杭州成长,所以我们是同乡。20世纪80年代中期,我曾与先生远行参加过2次学术会议。一次是1986年9月15—20日,中国中外关系史学会在宁波召开的学术讨论会;一次是同上庐山,参加中国日本史学会常务理事会。在参加完宁波的中外关系史学术讨论会后,我和先生,还有曹中屏先生一同回到杭州。青少年时,先生考入浙江盐务中学。回到杭州后,他首先提出要我陪他看看盐务中学旧址。我在杭一中上学的时候,就听说过与杭一中紧挨着的那片空地就是盐务中学旧址(现在已成为杭州高级中学的一部分)。回杭州的第二天,我们就去了盐务中学旧址。从杭一中的北校门进入校园,先生仔细地欣赏北校门内的风景,回忆着在盐务中学求学时的情景。这是他离开杭州数十年后,第一次回到盐务中学,其心中的激动可想而知。随后,我们从北向南走到杭一中南校门,其间我向先生介绍了我在杭一中上学时的宿舍区、教学区等。这次同游使深厚的师生之情之外又添加了校友之情,不觉感到师生相识的缘分。在杭期间,我们还同游了西湖景点。

在庐山参加中国日本史学会常务理事会期间,除会议外,最值得追忆的是我曾同先生一起攀登庐山锦绣谷。同游之日天气晴朗,下午乘会议休息,我和先生步入锦绣谷景区。锦绣谷千岩竞秀,万壑环绕,景色如画,依山而筑的山道弯弯曲曲。我们沿石阶缓步而登,边走边谈。记得那次谈话中,先生谈了他的人生、家庭和为人原则。我听后甚为感动,对先生更加崇敬。在上庐山参加中国日本史理事会前不久,先生才访问日本归来。因此,在理事会上,先生就访问情况做了发言。其中涉及许多日本史学问题,反映了先生的学术思想。他说:

> 我国的日本史研究,始于(20世纪)50年代初期。1964年,周恩来总理提出了要加强外国史研究。我介绍了中国(日本史)研究队伍的扩大,日本人听了很惊讶,没有想到有这样庞大的研究队伍。接着,我谈了中国的观点与日本不同的地方。日本与中国的关系,不但史学界,而且自然科学界也在研究,如裴文中的研究成果说北京猿人时代中日就有交往。我去日本前,问过夏鼐,他说尚处在假设之中。又如徐福,在和歌山有徐福墓,所在地姓秦的人很多,而且以此为荣。这种传说很美,如欧洲的荷马的墓到处都有,但只不过是人们对此事的追想。关于邪马台国问题,我说我国国内有争论,但论点与日本不一样。我说我是

不主张大和说的。理由一是大和说引用的材料《魏书·倭人传》出于3世纪。古坟的建筑与《魏书·倭人传》的时间距离一两百年;二是有的人说生产力最发达的地方就是邪马台国的所在地,但最早的(铜器)祖型和熔范是在北九州发现的,说明邪马台国不在大和。……我认为国家的形成,一定要从生产关系上说明,而不是生产力。从《魏书·倭人传》可见,邪马台国有下户、人殉、筑大冢等,表明不是部落联盟所能做到的,而必然有一个专制君主,是一个初期的国家。……日本奴隶制有其特点,只要有纳贡就不会被杀戮。农村公社在西方是很难看到的,而日本一直存在至德川时代。由于血缘关系,东方奴隶制比西方奴隶制较温和。日本学者用西方历史来套日本,所以把奴隶社会搞得很长。……学术上要独立自主,不要随便接受别人的观点,你向别人观点妥协,人家就会瞧不起。因此,现在写日本史教材、专著,首先要站稳马克思主义立场,要在学术上保持中国特色,有自己的观点。史料与观点要密切结合。

庐山会后,我陪先生到南昌。在南昌,江西省社会科学界联合会组织了一场学术报告会,请先生做了专题报告。

二、导师周一良

我虽不是周一良先生和邹有恒先生的入室弟子,但我是他们或直接或间接教授过的学生,在学问上也多有承继。

我与周一良先生的师生缘是在20世纪60年代初。如前所述,那时正是教学秩序重新恢复时期。南开大学历史系为了弥补学生因非常时期学业严重荒芜的状况,开设了很多专题课,同时还从北京大学历史系邀请齐思和、周一良等先生定期来南开讲课。

周先生来南开大学讲的主要内容是亚洲各国古代史。其中关于日本史,主要讲述了自远古至7世纪中叶的古代历史。先生的日本古代史观,对我的影响是至为深刻的。现今我所主张的有关日本古代史中重大历史事件的观点,实际上是在"吴廷璆学说"和"周一良学说"的根基上成长的,例如"3世纪初期日本出现了初期国家"说、日本奴隶制不发达说、部民不同于奴隶说、5世纪大和国家统一说、大化改新"标志着日本主要地区转入封建时期"说、镰仓幕府建立后的中世政权观等。①因此,我自认为自己似应是周先生未入室的日本古代史学说的继承者之一。我的《简明日本古代史》出版后,周先生专门来函予以鼓励(见图8-1):

图8-1　周一良先生的亲笔信

日本古代史,此为中国学者所写第一部日本古代史。可喜可贺。书中利用不少原始材料,广泛参考日本著作及中国学者近年发表的论文,众说纷纭者皆予以胪列,这些做法都是值得称赞的。

三、导师邹有恒

首次聆听邹有恒先生的教导,是在1963年4—5月间。当时,他到访南开大学。吴廷璆先生希望他到天津市历史研究所日本史研究室看看,并做指导性讲话。所里非常重视此事,派我专程到南开大学专家招待所迎接先生。记得先生到所后参观了图书室,然后在日本史室认真地听取了研究所和研究室介绍的情况,并与我们全体成员进行了座谈。先生介绍了国内日本史研究情况,但重点是关于日本史研究的条件和方法。其中对于天津市历史研究所的研究条件,说得非常直率,他说:"根据你们的现况,不具备研究日本史的条件!"他的这句话我记得特别深刻。几十年过去了,其讲话的诚恳感和语气犹如昨日。先生讲没有条件,主要指书籍和原始资料缺少,其次是人才不足。先生讲的是实话。在当时环

---

① 周一良:《亚洲各国古代史》上册,高等教育出版社1958年版,第15—38页。

境下,先生的直言实属可贵。

再次见先生,是在史学工作者座谈会和世界史规划会,以及中国日本史学会成立之时。在此后的多次学术活动中,聆听了先生的诸多教诲。先生的学术思想对我影响最深的领域,如前所述,是邪马台国问题,即关于3世纪前后的日本的观点。先生在1981年第2期《外国问题研究》上发表了《古代日本"邪马台国"所在争论浅见》。此文发表前,先生已在中国日本史学会古代史分会的学术会上做了报告。先生的报告提供了大量研究信息,也是中国学者首次公开发表观点。"邪马台国问题"是研究日本古代史不能逾越的问题,我认真地聆听了他的报告,也认真地研究了他的文章。先生的诸观点中,特别揭示了已有的邪马台国研究不能深入的根本原因。先生说,学界无论是九州说者,还是大和说者,都采取了必须改动《魏书·倭人传》的文字来阐明自己观点的地步,这说明依靠文献立论似乎已到尽头,即是说,只有考古发掘,以及对考古资料研究的深入,才有可能大大推进邪马台国问题的研究。实际上,先生的这一观点,给我以深刻的启发,成了我研究邪马台国问题的方向性指针。日后我的邪马台国研究采取了文献资料和考古资料并重的方法,在前人研究的基础上,提出了邪马台国时代日本多元论,北九州的邪马台国与大和地区的"前大和国"并存说。《古代的日本——以邪马台国为中心》《弥生文化与古代中国》《邪马台国与古代中国》3本书,都是运用文献资料和大量考古资料阐明1—4世纪前后古代日本社会的著作。

第二节　日本学界的导师和挚友

在日本考古学、史学界我有许多朋友,尤其是古代史学界,多有挚友。但其中2位学者对我的学术进步和推进中日学术交流帮助甚大。一位是考古学家贺川光夫,一位是古代史学家铃木靖民。

一、引导我进入考古学知识领域的导师贺川光夫

贺川光夫,日本别府大学教授、校长,著名考古学家,专长于旧石器、绳纹时代考古学。为人诚恳、热情,在学术上虚心、踏实、勤奋,热爱中国文化,乐于与中国学者交流。他最著名的考古业绩是日本大分县木匠村圣岳洞穴遗址的发掘。

在叙及我与贺川先生的情谊之前,必须首先叙述在2000年藤村新一考古造假事件给日本考古学界带来的巨大冲击和震荡,贺川先生受到了媒体对他作为

学者的人格的攻击,愤然自杀以示抗议之事。

2000年11月5日,日本《每日新闻》头版头条揭露了考古学者藤村新一宫城县上高森旧石器时代遗址造假事件。由于这一事件,在日本新闻界、考古界掀起了对已发掘的旧石器遗址研究成果的大怀疑潮。其中,被波及者之一便是贺川先生领队发掘的圣岳洞穴遗址。圣岳洞穴遗址是1961—1962年间发掘的。当时在洞穴中发掘出石器、动物遗骨和一具不十分完整的人的头盖骨。经过考古技术及手段检测,确定石器属于晚更新世晚期的遗物,人的头盖骨属于旧石器时代,命名为圣岳人。

2001年1月18日,周刊杂志《周刊文春》(文艺春秋社)刊登了怀疑大分县圣岳洞穴遗址造假的文章。针对这一怀疑,贺川先生以学者真诚、真挚的态度,于1月25日请九州地区的17名考古学者对圣岳洞穴遗址出土的石器进行重新验证复查。2月,17名考古学者以现代的考古学技术对圣岳洞穴遗址出土的12件石器进行了验证复查,并于3月6日在别府大学举行了记者会,公布了复查的结果,从学术的角度指出20世纪60年代的结论存在偏差,同时贺川先生也表示欢迎以新的现代的目光重新审视40年以前的调查,非常高兴看到考古学的学问进步,但是40年前自己绝没有造假。然而,3月8日出版的《周刊文春》不仅没有提及6日的记者会,还反复强调贺川先生造假。翌日(2001年3月9日),贺川先生在家中的书斋自杀,以示抗议。

2001年4月7日,日本考古学协会、九州考古学会、别府大学圣岳问题检讨委员会、大分县考古学会联合成立了"有关圣岳洞穴遗址问题调查检讨委员会"。经过对遗址、遗物的多次考察、研究,2003年,调查检讨委员会公布了"圣岳洞穴遗址验证报告",认为没有证据说明遗物出土状况等是造假的。贺川先生的家属于2001年9月向大分地方法院提出诉讼,状告文艺春秋社。2003年5月,法庭宣判原告胜诉,文艺春秋社不服,上诉。2004年,《日本考古学协会会报》第153期刊登了《周刊文春》谢罪文和《关于圣岳洞穴遗址》一文。

我为贺川先生之死悲伤多日,叹息、惋惜、敬佩等情感交织在一起。

我和贺川先生交往颇深。他一直以来见人便说:"我们是兄弟。"实际上,应该说他是我的考古学导师,是他引导我进入日本考古学的知识宝库,探索日本早期社会的。

我与贺川先生的联系始于1980年。那时,我从日本的有关书籍中看到他在20世纪70年代发表的2篇论文:一是《原生国家的崩溃与古代国家的成立》,二是《所谓北九州外域后汉镜片的出土》。这2篇论文对于研究早期日本的国家形成史颇有参考价值,于是我直接致函向他索求两文。1980年8月29日,他给我回了第一封信并寄来了他的多篇论文。之后续有信函、资料往来。我也把我的研究状况和论文寄给他。1984年2月17日,我收到了贺川先生的来信,邀请我出席别府大学的学术讨论会。信函主要内容如下:

> 突然致函是因为打算邀请您参加别府大学史学科创设20周年特别学术会议,您是否能够来日,望回信。学术会议日期是今年(1984)6月,具体哪一天尚未定。(一)学术会议由别府大学史学会主办。(二)预定邀请的讲师为:天津(社会)科学院日本研究所王金林先生(题名:《邪马台国的问题》或《关于日本古代的研究》均可);京都大学史学科岸俊男教授(题目:《日本的旧都与中国的关系》)。

经天津社会科学院领导批准和贺川先生的努力,我最终实现了赴会畅述学术观点的良机。这是我首次走出国门,首次站在国际学术讲坛上发言。这也是我的学术观点受日本古代史学界关注的起点。

我与贺川先生有3次难忘的单独学术交流经历。第一次是别府大学史学科创立20周年学术会议后,先生亲自陪伴我考察了大分、福冈、佐贺、长崎4县的诸多遗址、遗物:大分县丘陵中的古寺庙,宇佐神社的祭神仪式中的乐、舞;福冈博物馆收藏的国宝"汉委奴国王"金印原物、金印发掘遗址,元军征日登陆地和九州历史资料馆;佐贺县的多处弥生时代遗址及遗址出土的镜、剑和瓮棺等;长崎县的日本武士抵御元军的名护屋城、长崎市内的中国商人集居区遗址和充溢西方文化氛围的长崎公园等。同时,他介绍我认识九州地区的考古学家、史学家。在长达一周的考察过程中,最为宝贵的是他直接向我传授了不少日本绳纹时代和弥生时代的考古学知识。

我与贺川先生的第二次单独交流是在1985年12月上旬,他受天津社会科学院之邀来华访问考察。我陪同先生访问了天津、沈阳、济南、徐州、南京、上海,访问了天津社会科学院日本研究所、辽宁大学日本研究所、山东大学历史系、徐州师范大学、南京大学历史系、复旦大学历史系。在济南考察了城子崖遗址,在徐州参观了汉兵马俑遗址,并在徐州师范大学做了关于日本农耕起源的学术报告。在南京大学与历史系教师就早期日本社会性质等问题进行座谈。在上海博物馆参观了吴镜原物,并与复旦大学历史系文博班的学员(学员皆来自全国各地的博物馆)进行了广泛深入的博物学与考古学方面的学问座谈。

这次在中国的学术之旅,对他来说,进一步了解了中国文化和中国学者。他回国后,来信对这次访问做了如下简短总结:

> 这次访问,我收获很大。与中国的考古学者、历史学诸先生直接交谈,听取了他们很多学术观点。我能参观城子崖遗址,直接认识中国的远古文化,为此我非常感动。也为能够考察黑陶、汉墓、画像石等而高兴。在上海博物馆直接参观神兽镜、画像镜,是我多年所望,终于实现夙愿。

在这次访问过程中,我与贺川先生之间有许多学术交谈,我除了向他介绍古代中国文化外,更多的是向他讨教考古学的学问,包括绳纹、弥生时代人的住居、墓葬、镜剑知识,并谈及共同研究的可能性。

我与贺川先生的第三次单独交流是在1991年11月中下旬,我受邀参加在大分县国东半岛召开的"东亚弥生文化与安国寺集落遗址"学术讨论会。其间与先生重逢。讨论会间隙,先生和我前往安国寺遗址访古。他与我分享了当年发掘的艰辛及发现遗物时的喜悦。

学术讨论会后,我受别府大学史学会、宇佐史料馆、大分自然与历史之会等邀请,分别在别府大学、宇佐市、臼杵市、大分市、中津市巡回讲演。先生一直陪同我讲演。每当我讲毕以后,他总要为我的报告进行阐释,使听众更好地理解中国学者的看法。每场演讲,经他的阐释,全场的友好交流气氛更浓。

贺川先生不止一次地说过:"我与你是心相连的兄弟,你在研究中有什么需要,如资料方面,我一定帮助你。"事实上,我的若干有关邪马台国、弥生文化方面的著述中,不少考古学知识和资料,都得到过他真诚无私的指导和帮助。

20世纪80年代末,北九州地区成立"东亚文化交流史研究会"。经贺川先生的推荐,我被吸收为该研究会会员。该研究会的宗旨是,通过调查实地遗址,搜集原始资料,研究东亚(特别是中日)文化的共同性。该研究会汇集了日本众多著名学者。1989年10月,该研究会组织了"江南学术调查团",到我国长江下游地区进行实地学术考察,探寻日本文化与长江下游文化的关系。"江南学术调查团"的团长是著名考古学家樋口隆康,团员包括中国思想史学家福永光司,农业史家渡部忠世,考古学家金关恕、菅谷文则,农业经济学家宫岛昭二郎等10余人,随团媒体有《西日本新闻》、佐贺电视台等的记者。我也是"江南学术调查团"的成员之一。每个团员都有考察调查的选题。全团的主要选题有:"稻之道与江南传布路线""江南的农耕技术：木制农具、稻（古代米）的品种""农耕仪礼：祭祀遗踪""农耕遗址与吉野里遗址""葬送仪礼：墓制（土墩墓）""江南的民俗学：农耕风俗""日本语的源流：江南的语言学""楚、吴越文化与古代日本""江南与绢之道""江南人与弥生人"。

"江南学术调查团"先后考察了上海、苏州、南京、无锡、杭州、宁波、余姚、南昌等地的遗址、遗迹、博物院（馆），拜访了我国多位考古学、农学、民俗学、史学、博物学等方面的专家（见图8-2）。

图8-2　江南学术调查团访问南京市博物馆

（前排左五福永光司，前排左六樋口隆康，前排左八渡边忠世）

在这次调查的基础上，1990年5月19—20日在佐贺市举行了名为"古代日本之谜——稻之道，吉野里与中国江南文化"的国际学术会议。参加者除上述"江南学术调查团"主要成员外，新邀请了梅原猛、山田庆儿、中本正智、安志敏、游修龄等中日专家。会议分2天进行。第一天，樋口隆康、安志敏分别做了题为《稻之道与日本的黎明》《管窥吉野里与江南文化》的基调报告；第二天，梅原猛做了题为《江南人的生死观与古代日本》的基调报告，我做了题为《作为日本文化源头的古代中国》的基调报告。我的基调报告后来分别以《古代中国的沿海文化与日本文化》《吉野里王国和古代中国的江南文化》为题，在国内和日本发表。

除了上述3次与贺川先生的单独学术交流外，我与贺川先生也共同参加过多场学术会议、重要仪式，每每交谈甚欢（见图8-3）。

图8-3　在中日邦交正常化20周年学术讨论会上（北京）的合影

（从右往左：大庭修、贺川光夫、王金林）

我从中国的一名普通学者到能与日本著名学者相识相交，并共同登上学术讲台，固然有自己的努力和奋斗，但其中与贺川先生的推荐、引导不无关系。此恩一直铭记在心。

二、共同推进中日学术交流的挚友铃木靖民

铃木靖民，国学院大学教授，著名日本古代史和东亚国际关系史学家。1986年6月12日，我第一次收到铃木先生用中文写的一封信：

王金林先生：

近读《古代的日本》，详知中国日本史研究现状。其中，天津社会科学院日本研究所研究成绩很出色。

今年夏天我有机会访问中国，我希望在访中期间能够访问天津社会科学院，并同贵院的日本史学者共同研究学术问题，同时能就今后中日学者间的交流交换意见。盼望能实现这一愿望。

我与铃木先生实现相见是在1987年10月。那一年，他受吉林大学之聘，在外文系从教一年。乘国庆节放假，他乘长春至天津的152次列车，10月1日上午抵达天津。我去车站接他。虽然我们未曾见过面，可是我们在熙攘的人群中立刻认出了对方。他见到我，对我说的第一句话是："我一眼就认出你了。你的《简明日本古代史》上有你的相片。"铃木先生在天津滞留2日，我们就日后的学术交

流交换了意见,其中最重要的内容是关于召开大化改新学术讨论会的事。因为他在日本古代史学界有良好的人缘关系,我要求他协助促成此事。他明确地表示:"我会尽力协助大化改新学术讨论会的召开。"

我与铃木先生之间的情谊就是在中日学者交流的过程中加深的。他对中国日本古代史研究的肯定,对中国学者的尊重,是很让人感动的。我与他共同推进的中日学术交流是从中日"大化改新"学术讨论会开始的。有关他对此次讨论会所做的工作,在前述第五章第二节中已有叙及,此处再略做补充。

1988年1月,他在吉林大学的聘期结束后,又受天津社会科学院之邀,以客座研究员的身份在天津滞留了2个月,其间他遍访了北京、天津、南京、上海的中国日本史学者,了解中国的日本史研究状况。因此,他成为在日本史学界中最了解中国的日本史研究状况的学者,也是最积极推动共同研究的民间使者之一。

同年3月10—11日,参加中日"大化改新"学术讨论会的中方学者在北京开筹备会。当时,铃木先生正在中国,所以邀他列席会议。3月23日,他归国。回国后,他迅速与日方日本古代史学者通报了中方学者筹备会的情况和议题。之后他又推动召开了日方学者筹备会,4月14日他的来信中,有如下一段内容:

> 我也用电话与六兴出版社的福田编辑部长联系了。向他提出,请六兴出版社资助,5月份内,日方的参加者会集合举行一次会议。无论如何有向(日方)代表告知中国的日本古代史研究的状况的必要。

在他的推动下,决定参加在北京召开的中日"大化改新"学术讨论会的日方学者于1988年6月11—12日在京都集合,为参会做准备。铃木先生介绍了中国日本古代史研究的状况。

由于中日双方缜密的准备,中日学者间的首次大化改新学术讨论会非常成功。会后,铃木先生很是高兴,对促进中日共同研究事更加热心。8月19日,他写信给我,信中说:

> 由于王先生的周到准备,会议取得了很大成功,达到了学术讨论会的最初目的,即促进日中学者的相互理解和交流。基于这次学术讨论会的经验,今后不仅日本古代史,而且就日本史的各时代、各领域进行国际学术讨论会的可能性大为增加。在大化改新学术讨论会召开的前一天,听说了明治维新(学术讨论会设想),我打算与近代史研究者商量

（此事）。古代史方面,我拟以不久的将来邀请中国学者来日本参加学术讨论会为目的展开工作。

虽然他信中所说的2次学术讨论会最终均未能实现,但是他确确实实做了许多工作。例如,为实现明治维新学术讨论会,他曾找吉川弘文馆等出版社,探询作为协办单位的可能性。当吉川弘文馆编辑部长告诉他该社经社务会议研究,不能提供支援时,他仍表示要继续努力。1988年9月21日他的来信中如是说:吉川弘文馆不能支持,怎么办呢? 日本出版社中,长期出版历史方面书籍的出版社,还有山川出版社、小学馆、角川书店等。他和吉村武彦与出版社的编辑部长熟知,他要继续努力,探寻可能性。除此之外,他也曾与近代史学家宫地正人(历史评论编辑长)讨论过如何实现此事。宫地先生建议说:中方应就此事与中国学者关系很深的芝原拓自、石井宽治联络。他把此信息告诉我们的同时,还亲自与芝原拓自进行了联络。

一位著名的古代史学家,为推进中日近代史学家的交流,如此热诚地默默工作,着实是十分少见的。他的这些努力,在中日历史学的交流史上留下了美好的回忆。

在共同推进中日历史学交流的过程中,我与铃木先生的情谊更趋加深。1990年5月,我参加了在佐贺市召开的"古代日本之谜——稻之道,吉野里与中国江南文化"国际学术讨论会。会后在铃木先生的推荐下,我受日本国际文化交流事业财团邀请,作为1990年度外国学者和国学院大学的客座教授访问1个月。当我从佐贺经福冈,抵达京都做短暂滞留时,铃木先生亲自从东京赶到京都迎接我。在东京1个月,他不但周到细致地安排日程,还亲自陪我考察、访问,介绍我认识当时活跃在日本古代史学界第一线的老、中、青三代学者,让我真正体验到日本古代史研究队伍的结构、研究现状,以及他们突然面对中国学者的学术进步时的震惊和欢迎。

6月19日,铃木先生陪我考察了镰仓地区的诸多考古遗址。是夜住先生家,受到先生和夫人的盛情款待(见图8-4)。

图 8-4　1990 年 6 月 20 日摄于铃木先生横滨住宅前

我曾作小诗一首,以作留念:

> 夜卧铃木庄,
> 静听风涛声。
> 书香人亲睦,
> 感深兄弟情。

后来铃木先生将小诗译成日语:

> 夜鈴木の莊に卧し、
> 静かに聞く風涛の聲。
> 書香り人親しく睦む、
> 感深し兄弟の情。

我们的情谊一直延续至今。

第九章

研究成果及学界评价

数十年来，我在"努力扎实日本史基本知识，扬长避短，选择重点课题，深入探究"的方针下，边学习，边研究，边写作，走过了充实的研究生涯。其间，虽然取得的成果不多，学术水平难言高深，但是我努力了，尽力了，尽心了。

下面拟对我部分著述的写作动机、写作过程、基本内容，以及学界的部分评价等，做一回顾。

第一节 日本史基础知识之作

一、《简明日本古代史》

扎实日本史基本知识的想法，是在撰写《简明日本古代史》时付诸行动的。1976年，我拟订了一个从古至今的日本史基本知识的复习计划，用意有三：一是从头重读日本历史，恢复已经荒芜的基本史事；二是在重新复习基本史事的过程中，寻找和确定今后研究的重点、难点；三是在重新复习的同时，了解日本史学界的研究状况。

正当我按照计划复习之时，我的大学同窗、上海人民出版社的金永华来函告诉我说，上海人民出版社正在筹组一套国别史，问我有否著述规划。乘此机会，我便把重新复习日本历史的情况和拟在学习的基础上编撰一本简明日本通史的想法告诉了他。不久，我便收到金永华的复信。他说，他已把我的日本通史写作计划推荐列入他们社里的出版计划了。于是，原本单纯的基础知识的复习计划，变成了复习、研究、著述三者结合的计划。

责任在身，更有了干劲，我开始进入夜以继日的复习、研究、著述三者并进的日程。原本想自己独自完成日本通史的编撰，可是经过一年的努力，进度却十分缓慢,要深入探究的问题很多,我开始感到靠自己一人之力完成一部自古至战后有翔实资料且有观点的日本通史,显然是困难的。于是我开始寻求合作者。其间,有的同人讥笑我好高骛远,说我们现在的水平写不了书,只能翻译日本人的著作。我知道自己水平不高,但是高水平是在学习和研究过程中产生的,讥笑并未使我动摇。后来同人吕万和爽快地应诺参与日本通史的编撰。经协商,我们两人做了分工:我负责远古至1853年开国的古代、中世、近世部分(当时统称为"古代史"),1853年开国以后的近现代部分由吕万和负责。

自1977年开始至20世纪80年代初,经过四五年的努力,我复习、研究、著述三者结合的计划基本结束,完成了30万字的古代史初稿。吕万和也完成了30万字的近现代史初稿。

初稿完成后,天津市的宣传出版部门获知这一信息,便力主书稿应在天津出版。那时正值上海人民出版社调整出版计划,于是60余万字的书稿交由天津人民出版社。书稿于1984年出版,分为2册,一为拙著《简明日本古代史》,一为吕万和的《简明日本近现代史》。

我在《简明日本古代史》的后记中有一段话,反映了我的心声:

> 我自20世纪60年代初大学毕业至今,从事日本历史的研究,名义上也有22年了,但实际上真正坐下来读点日本史的书,研究一些问题,还是近几年的事。
>
> 和成千上万的中年知识分子一样,我怀着喜悦的心情欢呼科学春天的到来,又惶恐地感到肩头的压力。毕竟学业荒疏多年,自己究竟还能有多大作为? 但是,振兴中华,繁荣学术,提高整个民族文化水平的责任感,鞭策我不甘落后。"千里之行,始于足下",一切从头开始。我就是在这种情况下开始摸索日本古代中世纪史的。因此,可以说这本《简明日本古代史》,是近几年来学习的结晶,是一部学步之作。

在撰写书稿的过程中,我始终受到业师吴廷璆的关注和鼓励。完成书稿后,北京大学考古系的严文明、吕遵谔,历史系的沈仁安,复旦大学历史系的张荫桐、赵建民,辽宁大学日本研究所的张玉祥,哈尔滨师范大学历史系的赵连泰等先生分别对书稿的相关章节进行了审读,提出了许多宝贵的修改意见。《简明日本古代史》正式出版后,得到学界前辈和同人的支持和评论。《历史教学》《天津社会科学》《日本问题》《世界史研究动态》《文汇报》等报刊都有书评发表,肯定优长,指出不足。有评论指出,该书是一部颇有特色的古代日本通史著作,具体特色表现在如下4个方面:一是"在深入研究的基础上,提出了日本未经奴隶社会,直接从原始公社过渡到封建社会的独到见解";二是"不仅在内容上有独到见解,而且在通史的编写方法上也有创新……它既运用马克思主义观点分析,把历史的来龙去脉、前因后果交代得清清楚楚";三是"力图做到学术性与通俗性相结合,即在把握科学性的前提下,力求文笔生动、不拘一格";四是"对史料的发掘、辨析、选择和运用,向来是衡量水平的尺度。《简明日本古代史》在这方面的努力也是值得称道的"。①北京大学的朱浩东、李寒梅在《可贵的起点——评王金林著〈简明日本古代史〉》一文中,也做了如下的肯定:

> 建立有中国特色的世界史体系,要求我们改变以往用某种现成理论框架去剪裁形式多样的各国历史的状况;要求我们探索各具特色的各国前资本主义时代的历史进程,在此基础上总结出规律性的东西。王金林近著《简明日本古代史》可以说是我国史学界这种努力的一部分。它从旧石器时代写到幕末开国前夕的1853年,涉及政治、经济、文化、对外关系等领域,既记述史实,又阐明己见,是一部颇有特色的古代日本通史著作。②

在充分肯定优长的同时,对不足,更确切地说对尚需深入探索的问题,大家提出了建议。这些问题是:第一,关于应在现有基础上,有必要对"部民制生产关系下的部民既不是奴隶又不是农奴"的特点,"加以具体分析,就会更加强其论点的说服力";第二,关于部民具有多样阶级属性的原因问题,"为什么日本会出现部民这种具有多样阶级属性的复杂社会集团呢? 又是什么原因促使日本能够超越奴隶制的社会发展阶段呢? 该书虽然分析了日本奴隶制不发达原因,然而没有回答这些重大问题";第三,关于大化前代的社会性质问题,"也是一个需要进一步探讨的重要问题";第四,中国文化对日本封建制发展过程的影响问题。多数日本学者不承认日本从大化改新以后进入封建社会,同时认为中国文化没有深入日本社会肌体的内部。"如果我们不用史实反驳这种观点,那么在中国先进

---

① 伍明:《简评王金林著〈简明日本古代史〉》,《天津社会科学》1985年第6期,第93页。

② 朱浩东、李寒梅:《可贵的起点——评王金林著〈简明日本古代史〉》,《世界史研究动态》1986年第2期。

文化影响下日本超越奴隶制阶段进入封建社会的论点就显得缺乏说服力。遗憾的是,《简明日本古代史》虽然对日本民族吸收外来文化的特殊能力有所论述,但没有从根本上触及这个问题。"批评尖锐而诚恳。

中国香港的考古学者邓聪也在香港《读者良友》1986年第4卷第1期发表专文《王金林著〈简明日本古代史〉读后》,就拙著中的旧石器时期的技术性记述提出了商榷。其中涉及日本旧石器、绳纹石器的制作技术,包括濑户内技术、涌别技术、西海技术、绳纹石器的基本技法等。

由于长期受政治运动影响,当时国内日本史书籍十分匮乏。因此《简明日本古代史》一出版,就受到不少年轻学子的广泛关注,此书也被作为考学和考研的参考书。

二、《日本中世史》

《东亚之中的日本历史》(全13卷)出版后,有日本学者曾尖锐地指出,这套丛书的前近代部分,有古代卷、近世卷,唯独没有中世卷,反映了中国学界对中世史研究的薄弱。日本学者的这一评价,我一直惦记在心,期望着我国学者撰写的关于日本中世史的著作早日问世。然而,直至21世纪初,仍无日本中世史著作出现。此时,我虽年事渐高,精力不如从前,但使命感仍难以释怀,我有意在学习、研究日本天皇制的基础上编著一部《日本中世史》。

2005年,我正式开始中世史的学习和研究。《日本中世史》的编著设想是,尽可能用原始史料解读历史事件和人物。著述的难度主要在于原始史料的搜集和解读。所以在学习和撰写中世史的过程中,我的主要精力放在了史料的解读上。现已问世的《日本中世史》起自平安时代末期的藤原氏专权的衰落和院政的开始,止于日本战国时代后期织田信长进入京都前,全书11章,以政治史为主体,旁及经济、文化、外交等。虽然可以说全书史料较为翔实,但史料诠释得是否恰当,却是自己一直思考的问题。

本书出版后,陆续受到学界的关注。其中中国社会科学院世界历史研究所徐建新教授等在《2013年中国世界古代中世纪史学科发展综述》中,对本书做了如下评述:

> 多年来,日本中世纪史的研究一直是中国日本史研究中的弱项,迄今为止,尚无一部日本中世纪断代史著作。这既有史料积累方面的原因,也有中世古文解读方面的原因。今年度出版的王金林著《日本中世

史》(上下册)填补了我国学术界在这一领域的研究空白。该书的叙述时代,起自平安时代末期,止于日本战国时代后期,即织田信长进入京都前。全书共分11章,以政治史为叙述主体,旁及经济、文化和外交领域。在该书前言中,作者对日本中世史的断代问题、中世政权的性质和结构问题进行了分析。他认为,在镰仓幕府初期,存在着幕府、朝廷双重政权,而承久政变以后,幕府成为统治全日本的政权,朝廷和天皇只是象征性地延续其至高无上的形象而已。

第二节 专题性著述

除了上述2部基础历史著作外,我还对多项专题性基本知识课题进行了研究,也相应完成了若干著述,如《汉唐文化与古代日本文化》《日本天皇制及其精神结构》《日本人的原始信仰》《日本神道研究》等。

一、《日本天皇制及其精神结构》

这是一部专门阐述日本天皇和天皇制形成、发展过程的通史性著作。对于日本天皇制知识积累,始自20世纪80年代,但真正进入课题研究是在20世纪90年代初,我得到天津市社科基金的支持,该课题被纳入市社科重点课题。书稿于1995年完成,经专家会审,给予充分肯定。书稿受日本文化研究大家叶渭渠之约,经《东方文化集成》编委会同意,被纳入《东方文化集成·日本文化编》,于2001年出版。

该书的后记中,对于编著此书的目的和动机有明确的记叙:

我产生研究天皇制的念头是在1988年春,在一次学术讨论会上,我对日本的古代天皇制和近代天皇制问题发表了看法。其间有一位日本学者,对于我提出的"古代天皇制"说法提出批评,他说日本没有古代天皇制,只是近代以后才有天皇制,其言辞十分肯定。在一般人看来,他是日本人,其观点似乎是不会错的。其实他的观点,我是难以苟同的。

从那次学术讨论会之后,我便有了一定要研究天皇制的决心。一是为了向那些轻视中国学者的日本人表明,中国人对日本国的历史并不是一无所知的,更不会出现那种"古代无天皇制"的常识性错误;二是自己认识到研究日本的历史与文化,如果不研究天皇制,就难以有深层的发掘和提高;三是日本天皇和天皇制,在悠久的中日关系史中,发挥了或正面或负面的历史作用。对天皇制进行较深入的研究,无论是对以往两国关系的历史经验的总结,抑或对未来中日关系的预测都是极为有益的。

本书的立意和结构,基本上是:通过始自远古天皇及天皇制的形成,直至战后象征天皇制的现状和未来的预测的大跨度时空,勾画出日本天皇和天皇制的总体形象;通过对不同时代的天皇制的政治结构和精神结构的分析,揭示天皇制在各个历史时期的特征,以及其能长期存续的原因;通过立足翔实史料的叙述和分析,客观地揭示天皇和天皇制在日本不同历史发展阶段中所处的地位和内外政策上所起的或进步的或反动的作用。

二、《日本神道研究》

日本神道是颇有研究价值的课题。它的研究价值,在于它是了解和认识日本文化的一把钥匙。一种文化和宗教、信仰,能在本国的历史演变过程中生存和发展,表明它具有深厚的民众根基。神道是日本土生土长的宗教信仰,它是在日本人传统的原始信仰基础上,在外来文化的影响下逐渐演化而成的。从神道的历史演变的长河中,我们可以看到日本悠久的文化传统,日本人原始朴实的明、净、正、直的理念,以及他们在各个时代的不同人生观、价值观取向;还可以看到日本的本土文化与外来文化的冲撞、消化、融合、反叛、再融合的状况,以及神道对古代、近代,以至当代日本政治的影响等。

从我国学术界总体情况来看,对日本神道的研究是滞后的。关于日本神道研究滞后的原因,我在《日本人的原始信仰》一书的前言中有如下叙述:

中国学术界,自20世纪70年代末以来,出现了前所未有的研究日本热,对日本的广泛领域进行了多视角的深层研究,涌现了大量的研究成果。但是,应当指出的是,在这股研究热潮中,神道研究明显滞后。滞后的原因是多方面的,其主要的似有以下几点:

第一,对研究日本神道的意义,尚缺乏足够的认识。神道从它形成开始也有1300余年了,如果加上神道形成以前的原始信仰,那么它的历史则更长了。贯穿于日本历史的神道,对日本各个历史时期的政治、文化和意识形态的影响是极深的。对神道的研究,有益于历史地、深层次地认识日本的昨天和今天,对于我们预测明天的日本也是有益的。

第二,受到学科知识的局限。对神道的研究,不但需要历史知识,也需要考古学、文化人类学、民俗学、宗教学、哲学等广泛的知识。各学科相融合的综合知识的不足,影响了涉足这一领域的信心。

第三,在研究日本的热潮中,各研究单位和研究者的课题选择和设置,一般情况是厚今薄古,有益于中国现代化借鉴的近现代的政治、经济、文化等方面的课题,成为研究的首选。为保证首选课题的完成,在人力和经费方面无疑得到了保证,而那些古代的、社会效益暂时不明显的课题,如神道等的研究,自然难以得以开展。

说日本神道研究滞后,并不是说没有研究。实际上,以浙江大学王守华教授为代表的哲学和思想史学者从20世纪90年代就开始了研究,并有专著、论文问世。浙江工商大学的王勇、玉宝平、江静等教授,带领学生从文化的视角进行了探索,并且陆续有成果问世。

我有志于神道研究是20世纪90年代,从那时开始学习和搜集相关资料,但真正进入实质性的研究是在21世纪初。2001年,我受时任浙江大学日本文化研究所王勇所长、王宝平副所长之邀,被聘为该所客座教授。该所以研究日本文化见长,日本神道也是其重点研究课题之一。当时,该所与日本的国际神道学会合作,每年都有神道方面的学术活动,国际神道学会理事长梅田善美及其夫人每年都来杭州讲学。该所的神道学术氛围,与我有志于神道研究的意愿不谋而合。得王勇等人的支持,我的神道研究被列入该所的计划,并得到了梅田善美先生及其夫人梅田节子的鼓励和支持。自此,我开始了对神道的实质性研究。

2004年,受国际神道学会理事长梅田善美的邀请,我自9月末至11月初赴日本学术访问2个月,其间承蒙国学院大学研究生院院长铃木靖民教授、国学院大学日本文化研究所所长杉山继林教授、大东文化大学校长和田守教授等的帮助和支持,得以在国学院大学图书馆、日本文化研究所资料室、大东文化大学图书馆查阅史料。

在研究神道的过程中,2005年,我首先出版了《日本人的原始信仰》。这是神道研究的中期研究成果。2002年秋的某日,我接到天津师范大学王晓平教授的电话,他告诉我说,他正在组编一套"日本人文新书",目的是"用我们自己的眼睛把日本文化看清楚,用我们自己的话把它说明白,研究出深度",并邀请我参与其事,选一个合适的题目,作为其计划中的一册。应晓平之约,我将正在进行中的神道研究的第一部分,即原始神道的内容加以调整和充实,并以《日本人的原始信仰》为名,忝入"日本人文新书"之列,2005年由宁夏人民出版社出版。《日本人的原始信仰》一书受到了广大读者的欢迎,使我完成神道课题更有了信心。2006年,《日本神道研究》书稿得到日本国际交流基金会和神道国际学会的资助,被收入浙江大学日本文化研究所的"中日关系史丛书",由上海辞书出版社出版。

《日本神道研究》从历史学的视角,追溯日本神道的形成和发展的历史,对日本神道发展的背景、思想特点及其在各个历史时期的地位和作用,与外来文化的冲突、融合等做了探索。

第三节　在日本出版的4部著作及学界评价

20世纪70年代末开始,我在学习、加深日本史基础知识的同时,对一些日本史学界久已争论的史事产生了兴趣,而中国学者对这些史事虽有一定的研究,但很少或尚未参与过讨论。我觉得我们中国学者对这些史事,是可以发挥自己的专长、发表看法的,我们的观点或许会益于这些争论问题的解决。从20世纪80年代开始,我在日本出版的著作,基本上是基于讨论形成的。因为反映了中国学者的观点,又成一家之言,故引起了日本学界和读者的关注和评论。

一、《古代的日本——以邪马台国为中心》

在我国的史书《三国志·魏书》中记载着日本的邪马台国与魏交往的史事。关于邪马台国的地理位置及其性质等问题,日本古代史学界争论了200多年,也没有取得一致的意见,这就为中国学者参与讨论提供了空间。

如前所述,在20世纪70年代末80年代初,我国的日本史学界的前辈们开始重视邪马台国的研究,这一研究逐渐引起了大家的关注。邹有恒先生的论文,详尽地介绍了200多年来日本学术界的主要观点,首先指出各派观点的可取点和不足处。关于邪马台国的地理位置,他认为有3种结果:九州说、畿内说,都有其确实性,即真的邪马台国在畿内大和,假的在九州;二是邪马台国既不在九州,也不在大和,有可能在日本本州岛的中国地区;三是二者取一,不在九州,必在大和。邹先生虽没有明确主张是大和还是九州,但实际上他显然是大和说的主张者。1982年,中国社会科学院世界历史研究所汪向荣先生出版了《邪马台国》一书,受国内外学界的关注。此书几乎用一半的篇幅,介绍了日本学界的争论史及研究成果。汪先生以生产力水平的高低,比较了九州与大和,并确定大和先进于九州,因此推断邪马台国在大和。[①]

吴廷璆先生对汪向荣先生的观点提出了不同看法,认为确定邪马台国的地理位置,不应该仅考虑生产水平,而应考虑生产关系。邪马台国所在地应该是生产力虽不甚发达,但容易接受大陆文化,内部阶级矛盾和阶级斗争又非常尖锐的九州地区。[②]

从几位老前辈的观点可知,在邪马台国的地理位置上,我国也和日本学界一样,存在九州说和大和说的对立。

我对邪马台国问题的研究是从探讨邪马台国的性质及其所处时代的日本列岛社会状况开始的,从考古学和文献学相结合的视角,撰写和发表了多篇论文,提出了一些不同于传统观点的看法。

1984年6月,受日本别府大学之邀,我参加了该校举办的第三届国际学术研究会。此次会议的主题是"日本古代国家成立期的日中交流史"。在会上,我做了题为《关于邪马台国的若干问题》的主题报告。报告主要从5个方面提出了见解:邪马台国建立的年代、邪马台国建立的时代背景、邪马台国的社会性质、下户和奴隶的反抗、邪马台国与前大和国。

我的观点是吸收了日本学界和我国学界对立双方的合理主张,同时用文献、考古资料进行佐证之后提出的。我认为邪马台国时代的日本列岛,其社会发展是多元的,即在北九州邪马台国存在和发展的同时,在畿内地区也存在着发展水平相近的"前大和国"。

我的报告引起了日本学界和媒体的强烈反响。主流媒体如《读卖新闻》《朝日新闻》《今日新闻》《每日新闻》《西日本新闻》等都做了报道。《读卖新闻》以"中国学者的邪马台国九州说"、《朝日新闻》以"中国研究者的邪马台国论"、《西日本新闻》以"中国学者的邪马台国新说"介绍了报告中的新观点,特别是邪马台国时代日本社会发展的多元说。《历史读本》在《这里就是邪马台国》特集中,也以《特报"邪马台国和前大和国并存"中国学者发表新论点!》为题,对我的观点做了全面而详细的介绍。

---

① 汪向荣:《邪马台国》,中国社会科学出版社1982年版。

② 吴廷璆:《日本古代国家形成的决定因素问题》,《中日文化与交流》,中国展望出版社1984年版。

东京专门出版学术书籍的六兴出版社,也派编辑部长福田启三到别府市直接与我见面,约我以别府大学报告为基础,写成书稿。这便是写作并出版《古代的日本——以邪马台国为中心》的缘由。此书于1986年1月出版。

我在此书的前言中,特别分析了日本学界的邪马台国论争长期不能统一的原因,并强调了日本列岛社会发展的多元性:

> 在邪马台国的研究过程中,两派学者间的论争长期没有统一的重要原因是,许多人受《魏书·倭人传》著者的影响,用一元论的观点看待当时日本的发展,认为邪马台国是当时日本唯一的、最发达的地域国家,形成了最先进、最发达的地域是九州或畿内的观点。认为畿内最先进的学者,主张邪马台国在畿内。同样,认为北九州最先进的学者,认为邪马台国在北九州。随着考古学的发展,尤其是战后40年来,日本考古学的优异成果,有力地证明,邪马台国时代的日本,其经济文化的发展是多元的。在邪马台国存在的同时,日本列岛存在着多个地域国家。

此书出版后,得到了日本媒体和学者的关注。1986年2月1日《朝日新闻》夕刊的文化专栏,刊载了著名评论家源弘道的《邪马台国论新局面》一文(见图9-1),

图9-1 《朝日新闻》1986年2月1日夕刊

其主要篇幅依据拙著《古代的日本——以邪马台国为中心》一书,介绍中国学界的邪马台国研究状况,同时对拙著的主要内容和观点做了评介,其中有如下叙述:

> 王金林的《古代的日本》,是从旧石器时代至大化改新的日本列岛发展和东亚的广泛范围中来思考邪马台国的,分析1世纪末至3世纪的日本列岛的生产和社会状况,已经形成若干地域国家,其中以北九州和畿内的势力最盛。前者与中国北部的魏有国家关系,后者与南部的吴有民间往来,前者是邪马台国,后者是前大和国。虽然不能说(此说)决定性地结束了200年来的论争,但是令人惊奇的是其广泛地参阅了日本的研究成果,提出了不少问题和启发。

1986年4月7日的《产经新闻》文化版以《中国学者的邪马台国论,从广阔的视野进行论考,北九州说的新观点》为标题,对《古代的日本——以邪马台国为中心》做了详细报道,肯定该书是"日中两国的邪马台国研究中有影响力的日本古代史论"。文章追溯了日本学界邪马台国研究史,并对拙著的内容做了归纳和评价:

> 日本关于邪马台国的论争的根源,可以追溯到260余年前,更古可以追溯到15世纪中叶,禅僧周凤在他的《善邻国宝记》书中,提出九州说。1688年松下见林在《异称日本传》中论述了大和说。在江户时代有新井白石的九州说和本居宣长的大和说的对立。明治时期,那珂通世、内藤虎次郎、白鸟库吉,第二次世界大战后,直木孝次郎、井上光贞、上田正昭等各自发表了学说。由于考古发掘,铜镜、遗址、墓制的明朗化,论争再次白热化。……王金林氏详细地分析了日本方面的邪马台国研究成果,叙述了日本和东亚的旧石器文化的共同点、社会形态的变迁、生产技术、原始农耕的发展过程,同时从邪马台成立前的东亚各国的动向和对日本的影响、东汉和奴国的关系等,论述了邪马台国成立的必然性。不仅探索了邪马台国的所在地,而且在探求邪马台国时代的日本经济发展的水准、社会发展的程度和在东亚的国际地位等的基础上,揭示邪马台国的所在地;战后40年来,日本考古发掘证明,邪马台国时代的日本,经济、文化的发展是多元的,邪马台国存在于北九州的同时,在

日本列岛还存在着发展程度相近的一两个地域国家。……具有广阔视野的王金林的邪马台国论，作为全新且富有想象力的概论，可以说《古代的日本》是古代史不可忽视的书。

6月号《历史读本》的"本月的日本史"专栏中发表了古代史学家、国学院大学教授铃木靖民的评论文章（见图9-2）。在铃木靖民的文章之前，有一段该杂志的编者所加的醒目提要：

图9-2 《历史读本》1986年6月号所刊铃木靖民文章

近年来，中国的日本古代史研究有了惊人的进展。日本如何适应来自国外的这种见解呢？

接着，铃木先生首先做了如下的评论：

最近出现了令人饶有兴趣的邪马台国的新说。中国天津社会科学院日本研究所王金林所著的《古代的日本》一书就是其中之一。……该书在消化吸收日本的考古学、文献史学的许多成果的基础上，对邪马台国前后的日本史的变迁，做了深入细致的描述，作为独具见地的通史，取得了不可忽略的业绩。特别是近来，日本学术界关于日本历史发展阶段、时代划分的研究稍稍低落的情况下，积极参加上述问题的议论，并发表见解,就此而言是重要的。况且这不仅是王金林个人的见解,也反映了20世纪80年代中国日本史研究者的主要研究动向。

铃木先生还以《重新评估通说》为题评价拙书中的日本社会发展的多元论。他说:

> 王金林的研究目的和见解,当然也反映在邪马台国研究中。关于邪马台国的所在地,王金林不是单纯地探索它的所在地,而在于探讨邪马台国时代日本经济发展的水平、社会发展的程度及其在东亚的国际地位等。王金林的论点虽然是多方面的,但笔者最注意的是弥生时代中后期,日本列岛文化发展的多元论,利用丰富的考古资料,阐明北九州和畿内地区发展水平极相似这一点。其结果,王金林主张从《魏书·倭人传》记载看,邪马台国在北九州,而在畿内地区存在着日后统一全日本的大和政权的前身"前大和国"。

日本出版系统有一个图书书评委员会,由15名专家组成,对各出版社每年出版的图书进行评优。据《朝日新闻》1986年2月10日读书专栏刊载消息可知,《古代的日本——以邪马台国为中心》一书,虽然没有入优秀图书之列,但书评委员会对其是有好评的。现将《朝日新闻》所载的《书评委员会来的消息》一文中涉及拙著的内容抄录如下:

> 担任中国日本史学会秘书长的王金林的《古代的日本——以邪马台国为中心》是一本具有特色的古代史。虽然尚未被书评委员会选中,但可以说是一本了解中国的日本史研究水平的好书。在书中,王金林坚持邪马台国北九州说,认为当时的日本,还没有形成统一的国家,在北九州、畿内并存着多个地域国家。据王金林书中的序文,于1980年成立的"中国日本史学会",现有会员300人。据说每年召开邪马台国等问题的专题学术座谈会。在东亚世界变动过程中来理解古代日本,这种方法,虽然现在习以为常,但外国研究者的加入,对于(日本)古代史的构筑,且不说王金林学说的当否,今后不是更有必要吗?

在国内,也有若干书评发表,《日本问题》1986年第5期刊载了严久生的《一部独具特色的日本古代史著作——评王金林同志新著〈古代的日本〉》;《历史教学》1986年第10期发表了习谷的《一本富有新意的日本古代史专著——简评王金林著〈古代的日本——以邪马台国为中心〉(日文版)一书》。两文在充分肯定本书的特点的同时,也指出了不足。例如,该书具有"广泛吸收中日学者的研究成果","把考古发掘的最新成果引进日本古代史研究领域","从东亚的视角研究古代日本","尊重客观历史,坚持求实态度"等特点,但也存在如下缺点:

> 作者认为九州存在邪马台国的同时,在畿内还存在一个前大和国。书中对邪马台国的考察研究比较严密,但对前大和国论证失之简单,似乎给人以牵强的印象,因而削弱了立论的依据。同时,作者认为邪马台国与魏产生了国家关系,而前大和国与吴只有民间往来,亦同样存在论据不足的缺点。对大化改新后社会性质的分析,如能进一步从农民拥有家庭、生产工具和生产资料等方面加以论证,则会更具说服力。

书评中指出的上述不足,在日后出版的著述中,我做出了明显的改进。

二、《弥生文化与古代中国》与《邪马台国与古代中国》

1986年,日本考古学者在九州的佐贺县发掘出一座规模甚大的以弥生时代为主体的遗址,即吉野里遗址。遗址中发掘的墓葬和遗物等,明显反映了2世纪前后,日本早期的地域国家的实态。日本考古学界和古代史学界对吉野里遗址进行了广泛的研究和讨论,其中对吉野里遗址所反映的社会性质,分歧诸多。我对吉野里遗址的考古资料产生浓厚兴趣,对此问题做了认真研读。

1990年5月,在日本佐贺市召开了"古代日本之谜——稻之道,吉野里与中国江南文化"国际学术讨论会,我国考古学家安志敏、农学家游修龄和我被邀参加。在会上,我发表了题为《作为日本文化源头的古代中国》的基调发言。讨论会后,又到东京学术访问,相继在东京的国学院大学、明治大学做了内容相近的报告。《读卖新闻》1990年7月5日夕刊详细登载了我在国学院大学所做的报告(见图9-3)。

从日本归国后不久,我收到了东京学生社社长鹤冈阤已的来信,他诚约我撰写一部有关弥生时代文化与中国文化方面的书籍。社长在信中说:

> 怀着浓厚兴趣拜读了王先生的著书(日文版)《古代的日本》《奈良

图9-3　《读卖新闻》1990年7月5日夕刊

文化与唐文化》。鄙人是日本学生社社长。最近，日本《读卖新闻》也在7月5日刊登了您关于中国江南文化与弥生文化的共通性的研究，很是敬佩。因此，我考虑请王先生为日本人撰写一部新的日文版著作，题名拟称《中国文化与弥生文化》。内容若能涉及稻作、金属制炼、习俗、祭仪等为中心的日本弥生时代的中国与日本关系，将十分有幸。

鹤冈社长的约稿正合我意，因为此前多部著作中，都反映了考古资料的搜集和研读欠缺的问题，以至于在对邪马台国的论述中，存在"对邪马台国的考察比较严密，对前大和国论证失之简单"等缺憾。《古代的日本——以邪马台国为中心》出版以后，在日本友人的帮助、支持下，我一直没有放松对日本弥生时代的考古资料的搜集、研读，逐渐充实和完善了自己的观点。学生社的约稿，使我有机会把自己的观点更充分地献给广大读者。

鹤冈社长原约定我的书稿篇幅，是400字的稿纸250—300页，图版40—60张，然而我完成的书稿将近700页。按照日本出版社通例，肯定是要让我减删的。

书稿里有不少我的新的资料、新的感悟、新的思维,所以心里一直希望不要删减。书稿寄出后,一直未收到出版社的消息,也没有让我减删的通知。1991年11月,我受邀在大分县国东半岛国东町参加"东亚弥生文化与安国寺集落遗址"国际学术研讨会,鹤冈社长专程从东京亲赴国东半岛约见我。未见面前,我认为一定是为了书稿的篇幅缩减问题而来,但是一见面,鹤冈社长却希望我同意把书稿分成2册出版。鹤冈社长和我的希望不谋而合,双方愉快地达成了共识。这就是《弥生文化与古代中国》《邪马台国与古代中国》姊妹篇出版的原委。

《邪马台国与古代中国》是1992年9月出版的。我在该书的前言中,具体叙及执笔该书的目的:

> 长时期以来,许多学者从朝鲜半岛文化与弥生文化的同一性中寻求日本文化的源流。从朝鲜半岛与日本的地理位置看,两国间从远古以来,保持着文化的交流,因而在某些领域,两国文化存在着同一性,这是能够理解的。但是在我的脑海里,始终存在疑问,即弥生文化与中国文化是否有关系?在弥生文化的外来要素中,中国文化所处何种地位呢?可喜的是,近年来,不少日本的学术名家在探索日本文化源流中,把视野扩展到东亚全域。为此,弥生文化中的中国文化的地位和作用,逐渐地被重视。在中国,研究日本(弥生)文化和中国文化关系的学者很少,除一部分考古学者外,几乎没有系统地进行研究的人。我就是在这种状况下执笔本书的。

《邪马台国与古代中国》一书运用翔实的考古资料,分析和研究了弥生时代的日本社会:一是揭示了多元地域国家的存在;二是具体阐述了北九州和畿内地区的生产和生产力,揭示了邪马台国与前大和国发展水平及社会性质,弥补了此前对前大和国论证简单、证据薄弱的缺憾;三是从文献资料和考古资料入手,论述了弥生时代的中日关系。

同年12月,《弥生文化与古代中国》出版。本书与其姊妹篇《邪马台国与古代中国》的视角是有所不同的。如上所述,《邪马台国与古代中国》是从文献和考古学资料阐述弥生时代日本社会的发展及其在东亚世界中的地位与古代中国的关系的。而《弥生文化与古代中国》则主要运用中日两国的考古学资料,探求弥生文化的特征和它与中国的古代文化的源流关系。全书从7个方面进行了中日文化比较:铜镜的源流与三角缘神兽镜、青铜器的类似性与创造性、铜铎之谜、农耕具的类似性、弥生时代的墓与古代中国、弥生人的生活习俗与中国、弥生人的信仰。

三、《奈良文化与唐文化》

(一)《奈良文化与唐文化》的出版

如前所述。由于《古代的日本》一书得到日本学界的肯定,激发了六兴出版社让中国学者撰写多卷本的设想。有关多卷本的形成过程,在本书的中编已有详述,故在此不再赘述。

六兴出版社的多卷本计划中,我担任了第2卷的撰写,书名为《奈良文化与唐文化》。此书于1988年3月作为这套多卷本的首卷出版。这是一部中日文化比较的专史。在该书的前言中,我言明了自己对唐文化和奈良文化的基本观点:

> 近年,在探究中日文化交流中,有人强调唐文化对日本的影响,忽视日本人民对唐文化有意识地取舍与改变;有人则过分强调在奈良文化的发展过程中日本内在的民族要素,轻视外在要素唐文化的作用。这两种倾向,在日本的学者中也是存在的。笔者认为,文化的交流,恰如高山流水,由高处向低处流。从先进国家、先进地域向后进国家、后进地域流动。当时,唐文化处于繁荣顶峰,而日本正处于封建文化形成的过程中。从这一前提看,前者对后者的影响是极自然的,也是必然的。这种影响,不是弱化日本封建文化的形成,而是加速其形成和发展。因此,全面否定唐文化的影响是不妥当的。而强调唐文化的影响时,应当看到日本对唐文化并不是全盘照抄的,而是立足固有的民族传统文化,吸收符合国情的唐文化。当时制定的一系列政治、经济、文化制度,从表面上看,似乎大部分复制了唐朝的制度,然而若深入地进行比较,可见其在移植过程中多有加工和取舍,且有不少创新。本书拟从政治、经济、文化制度、意识形态、文艺、科学技术等方面,对唐和奈良王朝进行较为深入的比较,以翔实的资料阐明唐文化和奈良文化的关系,同时指出奈良文化的特点。

(二)日本学界的评论

此书出版后,立即引起日本史学界和新闻媒体的极大关注。1988年4月30日,NHK日本电台邀请史学家对该书做了专题评价。之后,多名古代史有名学者著文评论。发表专文评论的学者有西岛定生、田村圆澄、铃木靖民、鬼头清明、关和彦等。1990年,我赴日访问时,东京的古代史学者和京都的古代史学者分别举行了《奈良文化与唐文化》学术恳谈会,和我面对面进行交流。东京座谈会的参加者有铃木靖民、鬼头清明、吉村武彦、石上英一、石井正敏、荒木敏夫、池田温、林陆朗、吉田孝等40余人;京都座谈会的参加者有门胁祯二、上田正昭、山尾幸久、佐藤宗谆、镰田元一、胜山清次、馆野和已、菊地登、本乡真绍、西山良平等。其间,皇学馆大学的田中卓也约见了我,在伊势我与多名皇国史观的学者举行了座谈。日本古代史学界如此热情地对待一名中国学者,在日本史学史上似是不多见的。

日本学者对拙著的评论,总体上看是友好的、客观的,既肯定优点,又批评不足。但批评是极严厉的,甚至可以看到中日不同观点的碰撞。为了从评论中更好地提取日本古代史家对拙著的肯定与批评,拟将各篇评论文章的核心内容做一概要的摘录,是为镜鉴。

(1)铃木靖民:《从不同的角度提出问题——以民族文化的视点展开独特的考察》(载《周刊读书人》第1738号学术思想专栏,见图9-4)。

图9-4　铃木靖民在《周刊读书人》上发表的评论文章

铃木先生在书评中对拙著做了如下评价:

> 著者认为,7—8世纪的200年间是日本历史发生重大改革的时期,即是贵族社会向封建中央集权制社会转变,并且封建国家渐次建成;在

传统的民族文化的基础上，吸收当时世界文化精粹的唐文化，创造全新的文化——奈良文化。……著者从日本和中国的交流史探求奈良文化的性质，论证了奈良文化是唐文化和固有的大和文化相融合而产生并发展繁荣的封建文化。例如积极输入佛教，以维护中央集权体制，并使其与传统的神道融合，努力创建新的意识形态。王金林以民族文化的视点对奈良时代前后的日本国家、文化进行了广泛、全面、系统的独特考察。

（2）田村圆澄：《中国人看奈良时代的日中交流》（载《东方》1988年8月号第90期，见图9-5）。

图9-5　田村圆澄在《东方》上发表的评论文章

田村先生是日本著名的佛教史学家、九州历史资料馆馆长、九州大学名誉教授。他对拙著的评价是：

本书的特色在于将强烈影响奈良文化的隋唐文化，对比奈良文化，进而拉近两国文化的实体距离。这种对比不是表面的、权宜性的，也不是部分的，是东亚世界古文化源泉，又与日本有着2000年以上交涉、交流传统的中国研究者，首次崭新注目"奈良文化"与唐文化的关联，从而构成本书《奈良文化与唐文化》。

（3）关和彦：《书评王金林〈奈良文化与唐文化〉（〈东亚之中的日本历史〉第2卷）》（载《历史学研究》1990年第6期，见图9-6）。

图9-6　关和彦在《历史学研究》上发表的评论文章

关先生是日本古代史研究中颇有成就的中年学者，他的看法代表了当年日本古代史学界中青年学者的观点。他在叙述拙著的详细内容之后指出："思考本书出版的意义，不是从内容的具体赞否，而是从深化今后日中古代史研究者的学术交流的观点予以归纳总结。"接着他提出了4点问题，既指出拙著的问题，又指出日本学界在日中学术交流中的问题，具有启发性，故详细引录如下：

首先是本书标题的历史用语问题。题目"奈良王朝"是在何种意义上被使用的呢？我很关心以王金林为首的中国学者对于"王朝"用语持有怎样的形象？因为另一方面使用了"唐王朝"用语。一方以地名（指奈良——笔者注）作为接头词的历史用语，另一方是国名（指唐——笔者注）作为接头词的历史用语，两者并用，难道不是问题吗？再则，希望有关于积极使用"唐风文化"历史用语的意义的说明。王金林虽然认为在日本以奈良文化为唐风文化，以平安文化为国风文化，但是真的是普遍的观点吗？现实是，在我国的文化史的时代划分中，对奈良时代使用白凤、天平文化,对平安时代使用延喜、贞观文化及国风(藤原)文化等。在展望日中历史研究交流的今天,尚未被完全淘汰的新历史用语的"乱用",乃是引起论议不一致的要因。如今有稍加慎用的必要。

其次,王金林论述日本古代史的姿态是抑制的民族主义,是禁欲式的。关于日中关系也是采用多视角的方法,很成功。但是,对于大化改新以外学说的整理是不充分的,特别是对日朝关系史的问题点,或许会给日朝两国研究者以束之高阁处理的感觉。

再次,虽然本书作为今后古代史研究的日中交流的关键,予以高度评价,但是另一方面颇有冷清之感。其一是王金林在书中参考、引用的日本的古代史研究著作较少。这不是其个人的问题,而是日中学术交流体制的多维的问题。这与日本的每一位古代史家积极、自觉的"真意"不充分相关。组织、个人有必要把上述问题放在心中,建立共享研究成果体制。

最后,本书因其出色的内容,已有多篇书评发表,包括本书评,都对其内容给予高度评价。但令人担心的是,在今后我国古代史的研究中,是否真的能够积极地予以关注,即担心现在处于个别分散化的我国古代史研究,能否充分地应对本书提出的以唐朝为中心的东亚社会中的超越民族的社会、文化的类似性,以及其传统的独自性的统一把握等。这一点若不能克服,就不能与王金林的业绩相呼应,其结果也就是无用的。1988年4月10日初版发行以来,已经2年余岁月。究竟有多少(日本)古代史研究者持有本书呢? 大家不是有关注与自身相关的研究著作的倾向吗? 笔者自身虽购入本书,但直到写这篇书评之前,不曾阅读。接触了王金林的业绩,我痛感必须戒省自身的研究姿态。

(4)西岛定生:《中国人研究者所见的日本古代史——关于王金林著〈奈良文化与唐文化〉》(载《文明的十字路口》1988年第28期,见图9-7)。

西岛先生是东京大学名誉教授、日本研究中国史的大家,在日本东亚史研究中的权威学术观点"册封体制",就是他创说的。

图9-7　西岛定生在《文明的十字路口》上发表的评论文章

他在对拙著的评论中,首先提出了中日两国学术交流的基础必须是相互理解的观点。他说:王金林著的日本古代史,特别是对奈良文化的态度,首先是将奈良朝国家放在东亚史中来理解的,为此最先应当说明当时的东亚史动向及其性质。著者的视角,与近年日本学界提倡的应该从东亚的历史中所处的地位理解日本历史的主张是一致的。但是,问题是著者的理解和我们的理解哪些是一致的,哪些是不同的。特别是从中国方面揭示的内容与日本方面理解的内容,有何不同这一点,对于今后两国学术交流方面,抑或是相互理解不同的历史意识方面,都是重要的。因为两国的友好是应该建立在相互认识之上的。

西岛先生对拙著的批评是和善而严厉的,他说:"虽然对著者所见提出二三批评,但不是为指摘著作的缺点。这本著作作为日本古代史的研究书,其内容是厚重明解的。广泛地涉猎历来的学说,特别是日本人的著作、论文,史实也皆依据《续日本纪》等原始资料并校订。书中随处可见著者的解释,清楚地显示以中国研究者的眼光理解日本古代史。上述诸点之外,优秀的观点随处可见,足见中国人的日本研究的高水平。"

西岛先生的批评,涉及日本古代史的史学理论及中日学者见解的异同,他主要指出3个问题。

第一是关于唐朝成立后完成的东亚一体化的理解方法问题。他分析了拙著中对此问题的观点。他认为书中是将东亚一体化作为唐文化圈来理解的,指出书中关于东亚一体化形成的主要原因和结构的特质,归结为2点。一是"由于唐朝的隆盛,唐和周边国家间自然地建立了政治的、军事的联盟关系。维持这一联盟关系的则是以唐为核心的封官制度和朝贡制度"。二是"周边国家,特别是东亚诸国在政治、经济、文化领域,大量导入唐的文物制度,实施有益于社会发展的改革"。依据著者的观点,由于第一点认为中国方面是能动的主体,因此与此相对,第二点揭示了周边诸国方面也有导入中国文物制度的主体性愿望。第一点与第二点相结合带来了东亚的一体化。但是,如同第一点指出的那样,即使是加入册封体制的参加国自身,既有基于中国一方的希望,也有周边诸国一方的愿望。因此,第二点指出的内容是应该包含在第一点的周边诸国的愿望的延长线上的。所以要从诸国国内动向中了解其具体愿望,特别是在当时日本所处的国际政治的诸条件中,这样的视点是很重要的。他还写道:

> 在将日本置于东亚一体化中考虑时,不可轻视的是日本与朝鲜三国的关系,百济、高句丽灭亡后,则是与新罗及渤海的关系。恰如本书指出的那样,日本对唐朝,总是保持对等地位的交涉。在理解日本的这种姿态时,不应该认为这只是日本自尊心的表现,而应从日本(倭国)与朝鲜诸国的历史关系,以及唐朝与朝鲜诸国的政治秩序关系的三角关系中去理解,即日本(倭国)将朝鲜诸国视为属国的事实,是唐朝视朝鲜诸国为册封国的前提下,得出的日本必须与唐王朝具有同等地位的结论,如若不持有这种姿态,日本对新罗和渤海就会丧失依据,很可能会成为日本的国内政治问题。我认为,从这一问题点来看,本书应该从国际政治的平衡点来考察唐日关系及朝鲜诸国问题。

第二是关于日本史的时代划分论,特别是应该如何从时代划分理解奈良时代社会构成的问题。他写道:

> 依据著者的观点,日本史中的封建制时代始自大化改新,直至明治维新,延续1200年,其间相继呈现各种封建制形态:从大化改新至平安时代中期是国家封建制;从平安中期中经镰仓、室町时代,至太阁检地是领主封建制;从太阁检地至幕末是地主制(或租佃农制)。这种时代划分观,对我们来说是突然的,也有难以理解之处。再如基础事实的认识,例如认为太阁检地以后是地主、租佃农制,也有与实态不符的情况。而且现在,我国学界因为对于时代划分论本身,已从关心的对象,变为如同被遗弃之状,因为有此灰色残影的存在,所以对著者的见解反应冷淡。……依据著者的见解,所谓国家封建制,一是国家是最高地主,也

是土地的所有者,同时又是主权者,直接榨取生产者;二是地租和租税合一;三是生产者直接从国家那里获得土地,国家通过这份土地,牢牢地束缚生产者的体制。这是在8世纪的东亚各国普遍存在的制度,隋唐的均田制、新罗的丁田制、日本的班田制等皆属于这一范畴。但是,著者认为唐均田制实行的是未垦地,已垦地不在实施之列,与此相反,日本班田制实施的是已垦地的水田。若两者都显示国家封建制的话,那么可理解为,唐实施的是部分的,而日本实施的是全面的。这种矛盾是出自著者对唐均田制实施状态的理解。唐均田制的实施状况的理解,虽然未必是了然的,著者以未垦地和已垦地区分实施状况的理解是没有实证的,至少在现存的均田法规中,没有显示这样的内容。因此,均田制和班田制施行情况的比较,使著者所说的国家封建制的理解产生混乱。

第三是关于遣唐使及其派遣目的的理解方法的问题。他具体指出,虽然重视遣唐使所肩负的外交事务的使命,以及关注朝贡贸易问题是拙著优秀之处,但是在朝贡、回赐和国书问题上,认为拙著的理解被旧有的观点所束缚。

(5)鬼头清明:《王金林著〈奈良文化与唐文化〉》(载《史学杂志》1989年第98卷第8期,见图9-8)。

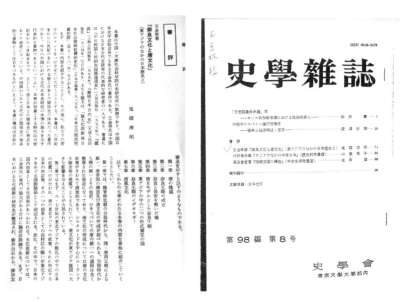

图9-8　鬼头清明在《史学杂志》上发表的评论文章

鬼头先生是日本著名的古代史专家,曾长期在奈良文化遗产研究所任职,后为东京东洋大学教授。其对奈良时代的政治、经济、文化研究颇深,对考古发掘的木简多有独到见解。

鬼头先生的书评不仅介绍了拙著的整体布局、各章内容、叙述特色,更对中日不同的观点予以评述。他认为拙著的主要特点有4个:

第一,与其说本书是日本古代史概说,莫如说是论述日中关系,特别是大化改新后,唐的文物、制度对日本的影响,以及与此相关的唐的制度的著作。在篇幅上,本书也给了日中关系和唐的体制以相当的比例。从这一意义上说,本书作为目前日本还未有的出版物,可以说是非常珍贵的作品。

第二,虽然本书用较多篇幅论述了唐文化对日本奈良文化的影响和两者的比较,但是并不单是文化现象表面的比较论、传播论,而是在对社会结构、政治机构、支配制度等历史进行全面、总体的把握的基础上予以叙述的。本书不是只看表象的一面,而是以追求全体像的历史唯物论为方法,使具体的分析升华。

第三,作为中国学者的研究成果,自然是从中国史的角度看日中关系史、日中文化交流史。这一特点比较显著。虽然对于这一点,日本研究者存在异议,但是日本的研究应尊重从不同视点所做的研究。

第四,本书最重要的论点之一,是强调日本以大化改新为契机,迅速接近中国,吸收唐文化,使国内的社会体制、文化等大幅前进。这种观点在书中随处可见。

鬼头先生还写道:在日本的史料、研究资料难以入手的困难条件下,王金林的这本书,广泛搜集史料,每一个论点都一一注明出处,实证性方面也达到了高水准。再则关于日本研究状况,虽然也存在只反映较旧学说的情况,但对最新的著作也常常关注和使用,因此本书内容既是面向普通读者的概说书,同时也是一部专门书。

关于拙著的问题点,鬼头先生指出,本书从律令官僚制、班田制、租税制度的问题点及相关文化、文物方面比较唐日文物、制度的异同,以及唐文化对日本的影响。论点集中在唐日统治秩序结构的比较,即关注作为上层建筑的统治机构,而将作为推动历史发展的主要因素的统治阶级斗争排除在外,或者说从结果来看轻视了统治阶级斗争的影响性。由于采取强调以唐为中心的国际交流的叙述方针,本书对唐周边诸民族(本书是日本人)的主体性,存在叙述薄弱等问题。不仅是主体性,类型的独自性也被置于视野之外。

关于大化改新问题,鬼头先生指出,王金林主张大化改新肯定论。但是肯定论的背后,与日本学界的动向相比,其对"记纪"(《古事记》《日本书纪》)的批判稍显薄弱。在有关部民制的记述中也同样存在着过于依赖"记纪"史料的情况。"是否是我们过大地背负着'记纪'被皇国史观利用之痛,抑或是在中国的研究中,对于这样的近代史学史的日本悲剧,在学问上还没有被理解。"

对于社会结构史论的中日相异点问题,鬼头先生写道:"中国学界,如本书所述的那样,将7世纪的变革视为隶农制阶段向农奴制阶段,或奴隶制向农奴制发展的过渡期。这样就否定了总体奴隶制论制。日本学界则以8世纪为界。"

(三)阅读书评后的感悟

读了日本学者对拙著的评价,我有若干感悟。

从日本学者的书评中可以看到,日本学者对中国学者的成果持有的又惊、又喜、又忧的复杂心绪,以及对日后双方学术交流的期待。中国的日本史研究有悠久的历史和传统,两国的史学交流也是绵延悠长。但是,"二战"结束以后,尤其是1949年以后,鉴于政治、外交的原因,两国学术界疏于交流,中国学者的著述更难见在日本出版。日本学术界对中国的日本史研究状况几近全无了解。可是改革开放不久,突然间中国学者集体在日本出版了一套13卷本的日本历史丛书,日本史学界的惊愕是可以想象的。13卷中的《倭国与东亚》(沈仁安)和《奈良文化与唐文化》(王金林)2部著作,对日本传统的古代史观不但有评论和取舍,而且提出了中国学者自己的史观,着实使日本古代史学者感到惊讶。日本学者一直认为,日本古代史是日本人的学术阵地,日本人对自己国家的古代史的发言权是独一无二的。战后除了美国学者的学说受到日本学界重视外,其他国家学者的研究并不被看重。可是骤然之间,看到了中国学者的不同声音,其感受肯定是复杂的。《倭国与东亚》和《奈良文化与唐文化》在研究方法上也突破了以往的宏观方法,而采取了宏观与微观结合之法,在具体史事的叙述中,以史料为基础进行理论性的分析,形成了中国学者的特色。正是这些特色,引起了日本同行的重视和评价。

日本学者特别关注彼此之间史观的异同,其中最为重要的古代史关注点有如下4点。

第一,645年大化改新问题。《日本书纪》中详细记载的大化年间的改革,在日本存在着2种看法：一是肯定论，以皇国史观学者为主；二是否定论，以运用马克思主义辩证唯物方法进行研究的学者为主。大化改新否定论是战后日本古代史界的主流史观之一。在我国学界也有大化改新否定论者，但肯定论则是学界的主流观点。拙著《奈良文化与唐文化》依据日本文献史籍论述了与日本否定论完全不同的观点。鬼头先生的批评，说我不重视对"记纪"史料的批评，过于看重"记纪"中的记载。其实，我们肯定大化改新史事的存在，并不是对日本史籍的记载全无批判研究的，也不是受日本皇国史观的影响。我国学者普遍认为，《日本书纪》中记载的《改新诏书》有后人修改的痕迹，但它的基本内容是应该肯定的。而日本学者否定"记纪"记载的真实性，因而否定改变日本历史转折的大化改新的存在，这就产生了中日之间大化史观的聚焦、碰撞。

第二，日本封建社会的分期问题。关于日本封建时代的划分，首先是封建社会始于何时的问题。日本学界普遍认为日本封建社会是在庄园制形成以后开始的，而我国的主流观点是7世纪中叶就开始进入封建社会。虽然我们对日本封建社会的开始有较多的论述，且论述也是建立在史料分析基础上的，但问题是我们对日本整个封建时代的理论及各阶段的特点并未有系统的研究，西岛先生的质疑正是我们研究中的短板。他认为："著者的(封建论)见解的背后存在着现代中国史学界对从战国时代至鸦片战争长达2000年的中国是封建社会的认知。"

西岛先生的批评，使我深切地感悟到从史学理论的视角，对日本社会的性质(包括奴隶社会、封建社会)进行系统的研究，是摆在我国日本古代史研究者面前的重任。

第三，从东亚史的视野研究日本的问题。由于拙著《奈良文化与唐文化》是阐述唐代中日关系的著作，因此文中极少叙及朝鲜半岛诸国的历史及其与日本的关系。因此，无论在书评中，抑或在东京、京都的恳谈会上，多名日本学者对此都表示不解。他们认为，日本的地位必须从中、朝、日三角关系的政治秩序中寻求答案，对于给予日本文化以很大影响的朝鲜半岛文化应该予以叙述。

日本学者重视朝鲜半岛诸国的政治、文化，从东亚的视野探究日本社会发展的意见没有错。但是，拙著的主题范围是唐日关系，朝鲜半岛与日本的关系并不在阐述范围之内。另外，关于日本文化的外来因素，无论是日本学界，还是朝、韩两国学者，长期以来都过分地强调半岛文化在日本发展中的作用，甚至把中国的文化因素视为半岛文化因素。我在日本出版的诸书中，都有意识地力图从中日文化的比较中，揭示中国文化对日本社会发展的积极作用。这就是为什么《奈良文化与唐文化》极少叙及朝鲜半岛史。

第四,关于中日学术交流体制的问题。在撰写《奈良文化与唐文化》及我在日本出版诸书过程中,虽然我尽力搜集当代学者著作以作参考,但是由于条件所限,始终难以尽善。正如前述关和彦的书评中所说:"王金林在书中参考、引用的日本的古代史研究著作较少。这不是其个人的问题,而是日中学术交流体制的多维的问题。这与日本的每一个古代史家积极、自觉的'真意'不充分相关。组织、个人有必要把上述问题放在心中,建立研究成果共享体制。"

从20世纪80年代中日学者呼吁建立"研究成果共享"学术体制开始,40余年来,情况有了显著的改进,无论是机构间还是个人之间的研究成果交流有了明显的推进,日本学者把自己的藏书无偿赠予我国的大学和研究机关的事屡有所见所闻,使中国的日本学研究者不出国门就能查阅需要的资料。恳切地希望这种交流能得到进一步的深入和延续。

第四节　关于三角缘神兽镜问题的见解

日本考古发掘的三角缘神兽镜已多达数百面,它是研究早期日本社会和早期中日文化交流的重要文物资料。关于这类铜镜的特质和意义,以及它究竟是在哪里制作的等问题,是每一个日本古代史研究者无法回避的。我在研究弥生文化和早期日本社会时,也不例外地对此做了探究,提出了个人的观点。

对于三角缘神兽镜在何处制作的问题,日本学者间已展开了长达数十年的争论,至今也没有定论。日本学者的观点,基本上有2种:一种意见认为,此类镜是从中国传入的,称为"舶载镜",《魏书·倭人传》中载有魏国皇帝赠送邪马台国女王卑弥呼"铜镜百枚"的记载;另一种意见则认为是在日本本土制造的,称为"仿制镜"。

中国学者从20世纪80年代起也加入了这一讨论。最早对此发表意见的是我国考古学家王仲殊,他先后于1981年、1982年、1984年在《考古》杂志上发表文章,并在日本的学术会议上发言,发表了他对三角缘神兽镜特征和制作地的看法,引起了日本考古界和史学界的激烈讨论。王仲殊的观点归纳起来大致有如下5点:(1)三角缘神兽镜,在中国没有出土过;(2)日本出土的三角缘神兽镜,只参考了中国的平缘神兽镜;(3)中国的平缘神兽镜是南方的吴镜,不是北方的魏镜;(4)三国时代的各种画像镜与三角缘神兽镜有相似之处,如断面为三角形,镜的内区饰以车马纹,外区纹带也很相似;(5)三角缘神兽镜不是在中国制造的,而是吴国的工匠在日本制造的。

王仲殊的观点受到了主张在日本制造论者的热烈欢迎,但也受到了主张由中国传入论者的严厉批评。其中著名考古学家樋口隆康的批评尤为尖锐。他认为:(1)制作铜镜仅靠一个工匠是不可能实现的,制作数百枚三角缘神兽镜,需要有一个制镜大集团携带原料一起进入日本,但这是不可能的;(2)铜镜上的铭文,均是押韵的诗文,这是当时的倭人作不出来的;(3)王仲殊对史料取舍有偏见,对与自己论点相符者就采用,不合者则弃之;(4)吴国工人在日本制作的三角缘神兽镜上刻的年号应该使用吴国年号,可是镜上的铭文年号是魏国年号。

王仲殊的加入,虽然重燃学者们对于三角缘神兽镜的讨论,但两派对立的现象并无改观。

我对三角缘神兽镜的关心,如前所述,是出于研究早期日本社会的需要,从20世纪80年代中叶开始探索。1989年,我在日本《别府大学纪要》发表了《关于三角缘陈氏镜的若干问题》一文,提出了不同于已有的对立两派的观点。1992年,我又在《弥生文化与古代中国》一书中,详细地阐述了我的观点。对于我的观点,有的日本者认为是不同于传统的舶载镜说和仿制镜说,是新的"第三种观点",即"舶载魏镜,日本产吴镜"说。具体而言,日本出土的刻有魏年号的三角缘神兽镜是在魏制作后带入日本的,没有刻年号的三角缘兽镜,则是中国工匠在日本制造的。

对于我的三角缘神兽镜的新观点,日本《每日新闻》专门报道考古研究和资讯的著名记者冈本健一在他的《邪马台国论争》(讲谈社,1995年)一书中有详细的归纳和批评。现将他书中的"王金林异说"一节全文引录如下:

据说在中国,王仲殊说成为公认的定论,反对此说的人极少。其中只有日本研究者王金林一人对王仲殊的观点有不同看法。在《弥生文化与古代中国》(1992年)一书中,(王金林)介绍了使人震惊的事实:"1982年在洛阳发现了三角缘神兽镜。"进而展开了自己的观点。洛阳出土的三角缘神兽镜,若是真正的三角缘神兽镜,长久以来的制作地论争,大大地向前进了一步。根据王金林所述,1985年在上海复旦大学举行的"日中考古学诸问题"座谈时,洛阳博物馆的赵振华说洛阳博物馆藏有2面三角缘神兽镜,一面是三角缘神兽镜(日月天王神兽镜),另一面是三角缘画像镜。比此更早,2面镜发掘的第二年,即1983年,在日本冈山市立オリエント美术馆举行了"古都洛阳秘宝展"。我也到访参观，洛阳出土的唐三彩光彩夺目，很遗憾，关于三角缘神兽镜则并无记忆。在会场购买的"古都洛阳秘宝展"的图录中，载有与埼玉稻荷山古坟的环状乳神兽镜相比较的内容。据图录解说，日月天王神兽镜（直径14.3厘米）"缘宽幅突出，蟠螭、禽兽、栉齿纹环绕镜缘，内区浮雕有翼神像，神像间饰有'日月天王'4字和13个环状乳，是中原地区珍贵的青铜工艺品中的佳作"。另外，关于"东王公西王母"画像镜（19.2厘米），图录写道："与日本出土的三角缘神兽镜相似之处不少，是中原地区少有的珍品，是对于三角缘神兽镜研究的参考资料。"

王金林在《弥生文化与古代中国》中说："洛阳的日月天王三角缘神兽镜的出土，具有很大意义。它的出土至少说明，后汉末，在中国已经能制造三角缘神兽镜了，动摇了中国绝没有铸造三角缘神兽镜的观点。"

然而，对于这面洛阳镜，日本方面少有人认为它是真正的正铭三角缘神兽镜。最主要的问题是其直径仅有14.3厘米这一点，与日本出土的大型三角缘神兽镜（平均22.3厘米，最小17厘米）相比，过于小。也未见三角缘神兽镜特有的围绕外区的锯齿纹和复波纹带。此镜难以归入日本考古学者所说的三角缘神兽镜的范畴，应该是斜缘神兽镜。此类三角缘画像镜在《鄂城汉三国六朝铜镜》（1989年）中已有报告。再三提到的"中国有三角缘神兽镜"，实际上是小型的斜缘神兽镜。即使是大型的三角缘画像镜，也只不过是幻想。很遗憾这面洛阳镜也不过是研究争论中的一段插曲。

但是，王金林对王仲殊的"魏国内几乎不制作神兽镜"的观点，给出了相当多的反证。

王金林遍历了"吴工匠"陈氏制作的铜镜，构筑了与王仲殊不同的"第三种学说"。

"陈氏（陈是、陈世）作镜"，包括中国的平缘神兽镜和日本的三角缘神兽镜，总共有28面。"陈氏作镜"的三角缘神兽镜，从吴的神兽镜的图像直接受到影响，这是现在众所周知的事。不仅如此，与洛阳出土的"尚方作镜"的铭文做对比，两者基本是相似的。尚方镜中的"尚方作镜真大好""尚方作镜自有纪""上有仙人不知老""上有西王母东王公""渴饮玉泉饥食枣""长宜子孙""君宜高官""寿如金石""左龙右虎""巧工刻之成文章"等铭文，直接影响了陈氏镜。

这样强烈的影响，若没有在洛阳尚方局工作过的人是不可能有的。

王金林依据陈氏制作的三角缘神兽镜所具有的上述吴镜和魏镜的要素，做出了如下的结论。

曾是吴国镜师的陈氏离开吴国后，到了魏国都城洛阳，成为尚方局的镜师。在尚方局制作了纪年铭三角缘神兽镜，之后不久东渡日本，（在日本）制作了其他的三角缘神兽镜。实际上，从陈氏制作的铜镜看，镜师陈氏的生涯分为3个时期。第一时期为吴国的镜师期，即陈氏吴镜的制作期。黄武七年至黄龙元年间，其制作了吴国特有的神兽镜，并刻有吴国纪年铭。第二时期是亡命魏国，作为洛阳尚方镜师的时期，其制作的吴式铜镜上镂刻魏国纪年铭（景初、正始等纪年铭）。景初三年镜和正始元年镜均是同向式神兽镜，景初四年镜是盘龙镜。第三时期是在日本制作没有吴国和魏国纪年的三角缘神兽镜时期。

日本出土的景初三年、景初四年及正始元年铭镜，是陈氏于第二时期作为魏国尚方局镜师制作后带入日本的。如果那样，作为尚方镜师的陈氏，因为怎样的原因，实际上没有制作景初四年镜呢？王金林认为，皇帝宣布的"景初四年正月"，实是景初三年的"后十二月"。实际生活中，以"后十二月"为"景初四年正月"是符合常理的，也是不违背正始改元纶旨的。尤其是"景初四年五月丙午之日"的"丙午"是不存在的。王金林认为这不是制作"景初四年"铭镜的日子，是金石文的常套用语。

归纳王金林的观点，他认为：纪年铭三角缘神兽镜是从魏国来的舶载镜（舶载的魏镜）；无纪年的三角缘神兽镜是在日本制作的（国产吴镜）。围绕三角缘神善镜的产地，"舶载魏镜"说和"国产吴镜"说长期对立，而王金林的立场同时解决了"舶载说的关键＝产地问题""国产说的要害＝纪年问题"。可以说，（王金林说）是第三种观点"舶载魏镜·国产吴镜"混合说。①

20世纪90年代以后，不少国内的考古文物界的学者也开始关注洛阳出土的三角缘镜。在报刊上也屡见相关文章，如1994年《华夏考古》第3期刊有朱亮的《洛阳30号墓出土的三角缘画像镜》，2006年12月《中国文物报》载有张懋镕的《试论洛阳发现的三角缘神兽镜》等，都反映了中国学界对这一问题的研究状况。

---

① 冈本健一:《邪马台国论争》,讲谈社1995年版,第213—217页。

尽管冈本健一在评论时认为洛阳三角缘神兽镜,因它的直径小于日本发现的三角缘神兽镜而否定它属于三角缘神兽镜,并讥讽这是一个"幻想"和"插曲",洛阳出土的这面三角缘神兽镜,虽是小镜,但它实实在在证明,魏国的镜师已完全掌握了制作三角缘神兽镜的技术,既能制作这类小镜,制作此类大镜有何难呢?

第十章

退休之后

第一节 20年"慢笔生活"

1995年9月,我如期退休。在我退休以前的16年间,我和我同时代的学界同人一样,在沉重的使命感之下,紧张而充实地度过每一天。到了退休的年纪,又是我人生一转折。退休之后的生活该怎么过? 有好友劝我说,你已"功成名就",该挂笔休息了。挂笔休息是不可能的,在我的心中并无休息之念,尚有不少课题等着我去探索。但是也不可能同在职时那样,全部精力放在研究上。尤其是过去顾家很少,现在妻子身体又欠佳,需要用较多的时间关心家庭生活。因此,退休后不可能再如前16年那样过紧张节奏的研究生活了,调整方式、放缓节奏是必然趋势。于是我开始了生活、休养、研究相协调的生活。把生活、休养放在第一位,但也安排了适当的学习和研究时间。学习和研究时间每天保证在2—3小时。

1995—2015年的20年就是这样度过的。我把这种既顾生活,又保证学习和研究时间的生活,称为"慢笔生活"。

就在这20年的"慢笔生活"期间,我的学术研究虽然成果不显,但也有可喜收获,完成了《日本人的原始信仰》(2000)、《日本神道研究》(2008)、《日本中世史》(2013)、《日本历史基本史料集》第1卷(2017)。2000年与张健共同主编《日本的两次跨世的变革》。出版的著作及发表的若干篇论文,总字数也有200余万字吧。此外,还与日本大阪的民间史学家藤田友治合作主编《问日本教科书的历史》(日本论创社,2002)。我还多次受邀出境参加学术会议。例如:2001年参加日本奈良举行的"丝绸之路国际学术讨论会";2005年夏参加东京举行的"中日文化交流研讨会——井真成墓志及遣唐使文化"(人民日报社、日本朝日新闻社联合主办)(见图10-1);2013年赴中国台湾义守大学做讲座;2014年赴中国台湾台湾大学做讲座。每次参会,我都提交论文并做大会报告。

图10-1　2005年在东京"中日文化交流研讨会"上做报告

第二节　与浙江大学日本文化研究所研究生相处的日子

退休后另一件值得追忆的是与青年学子的交往。

2000年之后，我返回故乡杭州居住。其间受王勇、王宝平之邀，每周给浙江大学日本文化研究所的研究生授课一次。在我的前半生研究生涯中，由于天津社会科学院没有研究生院，所以缺少与年轻学子接触的机会。虽然我也曾在南开大学给研究生开过"日本古代史"的课，但是与年轻人交流的时间极为有限。王勇、王宝平之邀，虽然是低报酬，但是我欣然接受了。

当时，浙江大学日本文化研究所聚集了数十名优秀的硕士生，他们大多勤学、好问，有的已显露出如能进一步深造，日后学问上必有作为的功底。其间的情况，王宝平在《日本历史与文化论集——王金林学术论文选编》序言中有如下评述：

> 那时研究所主要成员经常赴日，一去一年半载，这时往往将研究生"寄养"给先生。而先生宅心仁厚，视同己出，呵护有加，为浙江大学培养出众多的研究生。如今，昔日得到亲炙的学生多在浙江等地晋升为教授、副教授，成为我国日本学教学与研究的栋梁之材。

其间,我除了每周一次的授课外,还做了一件有意义的事,即在我的主持下,我和该所的部分研究生共同编著了一本《日本历史》。这就是2003年由高等教育出版社出版的、以浙江大学日本文化研究所署名的《日本历史》。关于编著之事,王宝平也有记述:

> 还有一件记忆深刻的事。有感于日本右翼势力否定侵略的言行,2001年研究所决定编写一部《日本历史》。该书共分15章,上起日本早期社会,下至走向国际化时代的日本,时间紧,任务重,先生焚膏继晷,字斟句酌,从章节设计,到稿件审定,占用了大量的时间,不少书稿密密麻麻地写满了先生批改的蝇头小字。但在出版时,先生对名利固辞不受。老一辈学者的道德文章,令人肃然起敬。

这本书的编纂始末是这样的:2000年以来,以日本"新历史教科书编纂会"为代表,一批右翼史学家掀起了一股宣扬军国主义史观,否定侵略战争的暗潮。为了让研究生们及时了解日本的史学界动态,我在课堂上专门批判性地讲述了《新历史教科书》的主要内容和观点,并让研究生们展开了热烈的讨论。讨论过程中,年轻学子们都很愤怒,心情不能平静。有研究生对我说:"王老师,我们不能旁观,应该参加批判。我们能否在您的主持下编一本有针对性的日本通史?"这位同学的发言得到多数同学的赞同。

20世纪八九十年代,虽然我国编著出版了多种通史和专题史,但是以日本史专业的研究生为主体编一部日本通史,尚无先例。是否可行,当时我也一时不能作答。这样一件大事,可行与否,决定权在他们的导师。于是,我对他们说:"这件事,你们要请示你们的导师。若他们同意了,我们再来具体讨论此事。"课后,他们向远在日本的2位导师做了请示报告。2001年年中,研究生们收到了导师王勇、王宝平关于著述《日本历史》的回信,支持他们在我的主持下编写《日本历史》。

有了他们导师的许诺,我和研究生们便开始了实质性的具体工作。首先专门开了关于编写历史著述的课程。我讲述了编著必须遵守的道德原则、科学态度和著述程序等。其中特别强调必须以辩证唯物主义和历史唯物主义为指导,尊重历史,史论结合,揭示日本各历史阶段的发展轨迹,强调在重视国外的研究成果的同时,重视中国学者的研究成果。在统一认识的基础上,根据各人的研究领域和历史时段,进行了分工,提出设计提纲的要求,并要求撰稿人各自拟出自已负责章节的提纲草案。全体成员对编写提纲草案进行了反复的讨论、修改，最后由我统一格式，审定正式编写提纲。最终全书共设定14章。2001年暑假开始，我要求大家充分利用假期，集中精力研究、撰写。2002年初，各章初稿相继完成。各章初稿集中后，由我对初稿进行审读。递交上来的初稿质量参差不齐，有的已基本成形，再略做修改后即可用；有的离成形尚有距离，需要做较大的修改，尤其需要增添资料，加强理性分析；个别初稿问题较大，需要重写。我初审之后，分别向撰稿人指出问题与意见，促其认真修改、增删。这样反复审读、修改多次，最后由我再度统修、统改，最终定稿。说句实在话，这本书确实占了我很大精力。此书编写者有江静、吴玲、陈小法、葛继勇、郑屹、王力、孙楠、黄宇雁、孔颖、李小兰、楼晓杰、余继忠、王维先等。

我在与浙江大学日本文化研究所年轻学子们相处的日子里是充实而愉快的。我从他们身上受到了很多启发和鼓舞。他们之中的大多数，如今已成为各单位的骨干，有的已是学术上有成就的学者。

第三节　伞寿之庆

时光荏苒，不知不觉中，我迈入耄耋之境。2015年是我步入80岁（伞寿）之年。早在2013年，浙江工商大学中日文化比较研究所、天津社会科学院日本研究所就开始策划我的伞寿之庆。首先由江静主持编辑了一部拙著论文集。关于此事，江静在论文集的编后记中是如此记述的：

> 光阴荏苒，转眼间，与王金林先生的相识已过了16个年头，先生也迎来了80岁华诞。在浙江工商大学日本语言文化学院王宝平院长的支持下，我们打算为先生编一本论文自选集，以庆祝这一学界盛事。王先生著述等身，可是大量论文或是刊行于20世纪八九十年代，或是发表在国外，颇不易见，而这些论文，即使在今天看来，依然颇有见地，授人知识，给人启迪，极具价值。我们认为尽量全面完整地收集王先生的研究论文，以将先生的学术和思想尽可能系统地介绍给日本学研究者，显然是件很有意义的事情。就在论文集编排好后不久，听闻此事的天津社会科学院张健院长与我们取得了联系，表示对论文出版之事全权负责，于是，在很短的时间内，一部装帧精美、内容翔实的论文集便展现在了

读者的面前。本论文集共收录王金林先生自选论文33篇,时间跨越古今,内容涵盖日本历史、宗教、文化等多个方面,既反映了先生的研究历程,也从一个侧面反映了中国日本学研究的发展轨迹。

天津社会科学院院长张健、浙江工商大学日本语言文化学院(今东方语言与哲学学院)院长王宝平分别为论文集写了序言。

2014年金秋,浙江工商大学中日文化比较研究所召开了"日本历史与文化研究座谈会暨《王金林学术论文选编》出版发布会",以此庆贺我的伞寿(见图10-2和图10-3)。

图10-2　日本历史与文化研究座谈会暨《王金林学术论文选编》
出版发布会合影留念(一)

(从左往右:许海华、董科、张丽山、刘岳兵、吴玲、江静、王金林、
王宝平、王力、陈越、周建高)

图10-3　日本历史与文化研究座谈会暨《王金林学术论文选编》
出版发布会合影留念(二)

　　参加座谈会的有从北京、天津、长春、大连、沈阳、上海专程赶来的学界挚友汤重南、赵建民、徐建新、管宁、李小白、周颂伦、郑毅、刘毅、王铁军、李卓、刘岳兵、程永明、乌兰图雅、周建高，浙江工商大学中日比较文化研究所的王宝平、江静、吴玲、郭万平，以及杭州各高校从事日本文化教学和研究的原浙江大学日本文化研究所毕业的研究生、浙江工商大学日本语言文化学院的在读研究生等40余人。

　　座谈会上，大家回忆往昔，畅谈友谊，对我的为人、治学、研究成果等多有肯定和褒美。大家赠我诸多祝福，赠我礼物，其中有乌兰图雅所献意味着纯洁神圣、清新永恒、淳朴善良、美好吉祥的蒙古族蓝色哈达，刘岳兵的手抄拙著目录等。我深深地沉醉在纯洁的情谊之中。

　　刘岳兵在"目录抄后叙"（见图10-4）中写了如下颇使我感动的话：

　　　　王金林先生80华诞，乃中国日本史学界之盛事。浙江工商大学日本语言文化学院发起并举办纪念活动，可谓情深意长之义举。小生有幸忝列，除拜读、领会先生著作，弘扬先生学问，努力推进中国的日本史研究，不知此外有何更好的方法来报答先生平日提携与教诲之恩。先生强调历史研究要树立通史意识，如此研究方可深入。这对学界许多只见树木，不见森林之所谓专家，正可谓切中要害。小生惭愧于日本古代史还是门外汉，虽早有发奋弥补之想，却常以不知从何入手，或以杂务为借口。而先生老当益壮，新著迭出，实在令晚生汗颜。学习日本古代史愿从抄先生著作目录开始。留此一卷以为先生伞寿之纪念，望笑纳，并恭祝先生学术生命常青。

　　　　　　　　　　　　　　　　　　　　　　　　　刘岳兵于天津鱼茑堂

图10-4　刘岳兵所献手抄书目的封面和扉页

会上,中国日本史学会秘书长、天津社会科学院日本研究所所长程永明代表中国日本史学会宣读了贺信。贺信全文如下:

尊敬的王金林先生:

欣逢先生80华诞,中国日本史学会全体同人谨向先生表示衷心的祝贺和崇高的敬意!

先生致力于日本史研究60载,功力深厚,学识精湛,持论允当,著述等身。举凡日本历史、文化、宗教诸领域,先生均有深入研究,尤以日本古代史研究见长,所撰《简明日本古代史》《日本天皇制及其精神结构》等著作为我国日本史研究者奉为圭臬,广为尊崇。在日本学界也产生了重大影响。至今先生虽登耄耋,仍笔耕不辍,时有论著发表,惠泽学界。

先生是中国日本史学会的主要发起人之一,亲历学会从无到有,逐步成长壮大过程,为学会的发展呕心沥血,不辞艰辛,做出了重要贡献。长期以来,先生一直担任中国日本史学会的重要领导职务,深受日本史学会同人的尊重和爱戴。30多年来,在先生的积极推动和协调下,学会在组织编撰辞典、出版日本史系列著作、召开学术研讨会等方面开展了许多卓有成效的工作,使中国日本史学会在学术界享有崇高声誉,成为凝聚中国日本史研究力量的重要纽带。为此,我们向先生表示诚挚的感谢!

先生时刻关心年轻人的成长,提携晚辈,奖掖后进,一大批青年学者在先生的指导和帮助下,成长为我国日本史研究的新生力量。

莫道桑榆晚,为霞尚满天。值先生杖朝之年,我们衷心祝愿先生学术之树长青。祝愿先生身体健康,家庭幸福!

中国日本史学会

2014年9月27日(章)

自学会筹备、成立起的前20年间,我作为学会的具体工作者,虽然工作可圈可点,可惜难称完美,但值得告慰的是,我为中国的日本史研究的发展和扩大对外交流,尽己所能,尽心,尽职。今天获得同人们的肯定和褒扬,深感欣慰!

"吾生也有涯,而知也无涯。"人已耄耋,生命有期。有限的余生,仍将劳心于扶桑史学也。

后　记

2014年,在完成《日本历史基本史料集》第1卷初稿后,我萌生了撰写本书的念头。心想:人生中的一些经历、感悟,趁现在记忆尚佳、精力允许,何不把它记下来?自提笔开始起,写写停停,先后经过了5个年头。写作过程中,总体结构不断调整。原计划本书无第一部分,即现在的上编。考虑增加上编是在有关中国日本史学会的人和事完稿之后,感到自1979年以来,我国日本史学界同人们的所作所为,实际上是在继承和弘扬我国悠久的日本史研究传统,是在书写我国日本史研究史的新的一页。为了对我国日本史研究的历史和传统有一个完整的、简明的认识,应该对我国历史上的悠久传统有一个追溯,于是我开始重新研读正史中的倭国传、日本传,以及明清以来的民间日本史的研究成果,将新的研读心得,结合以往的读史笔记加以整理,并将数年前在中国台湾大学所做的题为《60年来中国的日本史研究回顾》的报告略加增删,一并构成了本书的上编。

将我的学术生涯作为本书的下编,并不是为了宣扬自己,是在目前尚无可能撰写一部当代日本史研究者人物志的情况下,我决定先从自己的经历开始。我与大多数同辈的学界同人的经历有许多相似之处。若能通过我的记述,看到我们这一代人的坎坷经历、治学态度等,我将幸甚至哉,这就是我的初衷。

现在初稿终于完稿。在此我要感谢南开大学的刘岳兵教授、浙江工商大学的江静教授和浙江大学的王海燕教授,他们在百忙之中,抽出宝贵的时间,细读了我的初稿,并提出了很宝贵的建议和意见。李小白教授为我搜寻到邹有恒先生的照片。江静教授应诺将此稿收入她主编的“浙江工商大学日本研究丛书”。对上述诸教授的关心与支持,谨表感谢!

王金林

2018年暑夏定稿于杭州西山国家森林公园山麓

西湖区社会福利中心怡竹斋